上海建科工程咨询有限公司简介

上海建科工程咨询有限公司是上海建科集团股份有限公司下属的国有公司，隶属上海市国资委。公司现拥有工程监理综合资质（可以承接住房和城乡建设部全部 14 个大类的工程项目）、工程咨询资信建筑甲级、工程设计建筑甲级、工程设备监理甲级，业务规模和产值在工程监理行业排名第一，是全国首批全过程工程咨询试点企业。上海建科工程咨询依托上海建科集团，打造工程咨询“一站式”服务，提供建设工程全生命周期系统化咨询及管理服务，实现项目建设效益最大化，提供建设工程高质量管理服务。公司践行“专业、责任、创新、共赢”核心价值观，坚持“为客户提供满意的、富有价值的工程咨询服务”。

公司的经营业务范围涵盖全过程工程咨询、建设工程项目管理、代理建设管理、工程设计、工程监理、设备监理、招标代理、造价咨询、风险管理咨询和专项工程咨询十类业务产品。公司承担了众多上海市乃至国家重点工程、标志性建筑以及特大型建设工程，工程总投资超过万亿人民币，在全国 31 个省（市、自治区）以及柬埔寨、以色列、印尼等海外市场开展工程咨询服务。近年来先后参与完成上海中心、国家会展中心、上海浦东国际机场三期卫星厅、深圳技术大学等一批重大知名工程的建设，参建项目荣获国家级奖项 240 余项，省部级奖项 1000 余项。

精选参建项目：浦东国际机场南区地下交通枢纽及配套工程、国家会展中心、上海中心大厦、浙石化 4000 万吨 / 年炼油化工一体化项目、深圳市体育中心改造提升工程、上海市轨道交通市域线崇明线一期工程、以色列海法 Bayport 港口工程、上海迪士尼乐园、世博文化公园。

网址：http://www.jkec.com.cn

（本页信息由上海建科工程咨询有限公司提供）

上海建筑设计研究院有限公司简介

上海建筑设计研究院有限公司隶属于华建集团，原名上海市民用建筑设计院（以下简称“上海院”），成立于1953年，是一家具有工程咨询、建筑工程设计、城市规划、建筑智能化及系统工程设计资质的综合性建筑设计院，也是中国乃至世界最具规模的设计公司之一，被评为建筑设计行业“高新技术企业”，通过国际ISO9001质量保证体系认证，在国内外享有较高的知名度。70年的积淀与发展将上海院的历史与国家、城市发展的各个时期紧紧联系在一起，在新中国建设史上留下了一页页骄人篇章。

上海院致力于建筑设计的专项市场研究创新，在着眼于体育建筑、医疗建筑、文化建筑、酒店建筑、办公建筑、商业建筑、会展与博览建筑、教育建筑、大科学装置、历史建筑保护与既有建筑改造、住宅建筑等核心设计领域的同时，依托雄厚的人才、技术积累实施多维度的技术开拓，不仅在大跨度空间结构及新型结构设计、超高层设计方面开展前瞻性技术研究，更致力于绿色与节能建筑设计、低碳和可持续发展的城市规划设计、数字建筑集成设计、智能化系统设计等专项技术研究工程应用，形成专业研发团队与设计团队相互促进共同发展的格局，为国内外客户提供优质的一体化服务。

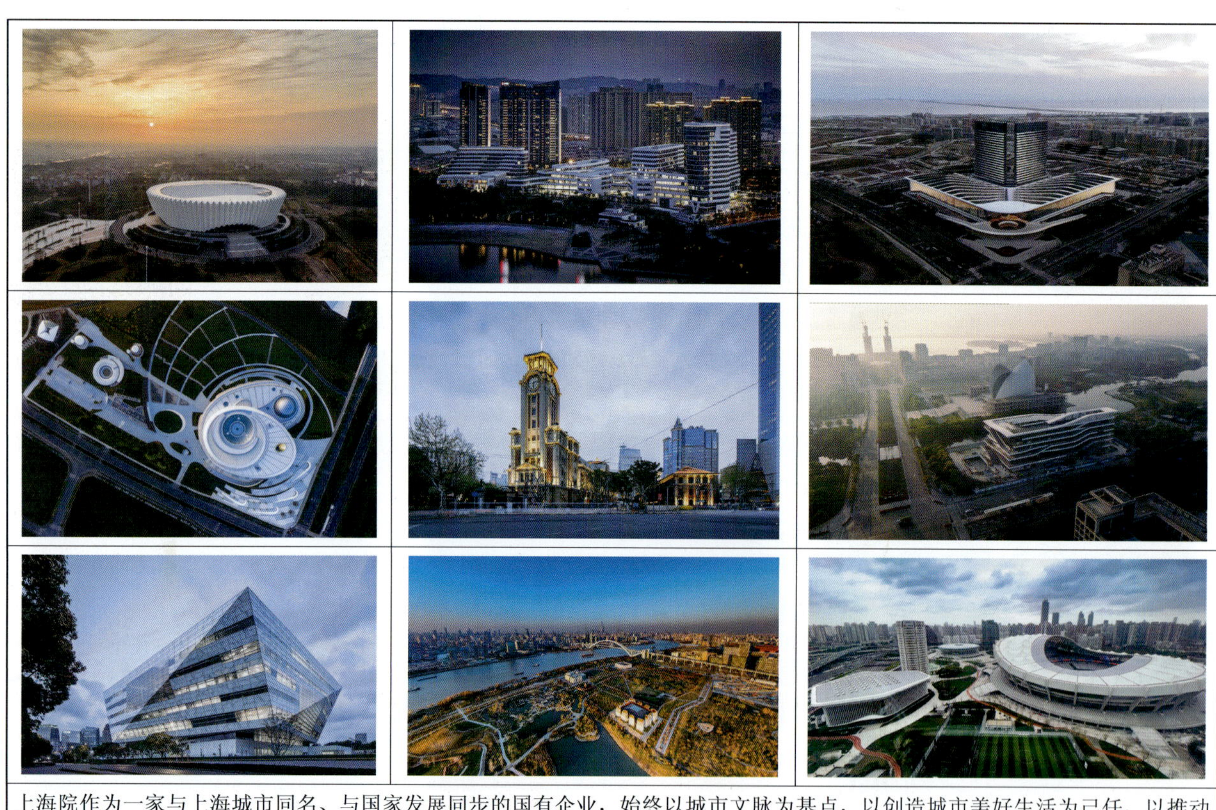

上海院作为一家与上海城市同名、与国家发展同步的国有企业，始终以城市文脉为基点，以创造城市美好生活为己任，以推动技术进步为抓手，创造了众多散发城市魅力的建筑和空间场所。

网址：www.aisa.com.cn

华建集团

上海建筑设计研究院有限公司

Arcplus Institute of Shanghai Architectural Design & Research(Co.,Ltd.)

（本页信息由上海建筑设计研究院有限公司提供）

上海浦公节能环保科技有限公司简介

上海浦公节能环保科技有限公司（以下简称“浦公节能”）是一家致力于城市低碳发展的碳中和综合服务商。公司积极践行国家“双碳”战略目标，以技术创新与集成为基础，以合作共赢为纽带，依靠国际化的技术研发与经营管理团队，形成了以智慧能源监管为龙头，以科研咨询为引领，以工程实施为导向，集节能、环保、智能化等多专业领域相互交叉的多维度发展格局，是国内极富竞争力的节能环保服务集成提供者。公司坚持“让城市生活更低碳、让城市运营更智慧”的企业使命，秉承“勇担责任，追求卓越”的企业精神，努力为“双碳”目标实现和城市低碳建设作出贡献。

浦公节能作为浦东新区建筑能耗监测与管理中心以及同济大学城市风险管理研究院城市安全运行公估研究所，提供面向智慧城市、政府公建、绿色商场、生态校园、绿色医院、星级酒店、智能交通、数据中心、绿色园区以及低碳社区等领域的全面能源优化系统解决方案，提供从数字化碳管理、低碳咨询、减碳工程、智慧运营等一站式节能降碳服务，是专注于规划、设计、施工、集成，到后期运维全周期的综合能源服务管理专家。公司主导完成了三亚海棠湾智慧城市建设、浦东新区政府能耗监测平台建设，以及海南省政府、上海市区大型政府机关、上港集团、申通地铁、旭辉、西门子等数百个绿色低碳示范项目，累计承担国家、市、区级课题 30 多项，主持制定（修订）标准 12 项，申请专利 12 项，拥有软件著作权 49 项。

智慧城市、绿色低碳咨询、能碳管理平台、交通节能、工业节能、建筑节能、能源托管等实践范例由上海浦公节能环保科技有限公司提供。

网址：http://www.pgjn.com.cn

（本页信息由上海浦公节能环保科技有限公司提供）

上海上咨规划建筑设计有限公司简介

上海上咨规划建筑设计有限公司（以下简称“上咨设计”）隶属于上海投资咨询集团，是集团全资子公司上海国际投资咨询有限公司控股的混合所有制企业，始于1997年1月。上咨设计是上咨集团旗下唯一从事规划建筑设计业务的子公司，拥有建筑工程甲级资质、城乡规划甲级资质和风景园林乙级资质，自2002年起建立质量管理ISO9001认证体系。注册资本1500万元整。公司内设五个部门，截至2023年，上咨设计目前在职人员近140人，专业技术人员约占90%，上海市住房和城乡建设管理委员会科学技术委员会委员1人，各类注册人员37人，高级工程师约占20%，工程师约占50%，具有丰富的工程经验，卓越的设计能力，良好的职业素养和超前的服务意识。

上咨设计是一家多元、专业、创新的综合设计公司，以“精心设计，信守合同，精益求精，热忱服务”为宗旨，专业从事规划设计、建筑设计、景观设计、室内设计、BIM设计以及相关工程管理咨询等城市开发全过程咨询业务。公司立足上海，业务涉及全国20多个省市，致力于为客户提供专业、创新、一流的专业技术服务，是新世纪中国城市建设大潮的见证者和参与者。

上咨设计多次被授予上海市建设系统先进集体称号，曾获国家级奖项3项、省部级奖项68项，参与或主编多项国家标准、行业标准及规范图集，在城乡规划和建筑设计行业享有良好声誉。上咨设计将依托上咨集团这一上海国资领域最具代表性的综合性专业智库，整合行业优势资源，培育行业领军人物，打造行业交流平台，夯实全过程咨询产业链，结合公司丰富的工程经验及规范化的企业管理，力争为客户提供具有上咨特色的一站式城市开发全过程咨询解决方案，共同谱写中国特色城市化的新篇章。

（本页信息由上海上咨规划建筑设计有限公司提供）

深圳华森建筑与工程设计顾问有限公司简介

深圳华森建筑与工程设计顾问有限公司成立于 1980 年，是在原建设部建筑设计研究院基础上，成立的中国第一家中外合资建筑设计企业，目前是国务院国资委直属的大型骨干科技型中央企业——中国建设科技集团股份有限公司全资子公司，是集团在华南区域支点企业。

公司拥有各类技术和管理人才近 1000 人，其中广东省勘察设计大师 1 名，国家和省、市优秀设计师 30 名。国家一级注册建筑师、一级注册结构工程师、注册规划师、注册公用设备工程师近 100 人；高级建筑（工程）师超过 100 人。公司还聘请了 1 名中国工程院院士担任顾问总建筑师，1 名全国工程勘察设计大师担任顾问总工程师。

公司拥有建筑工程设计甲级资质、建筑智能化系统工程设计甲级资质、城乡规划编制乙级资质。公司坚持以建筑设计为核心，主营业务包括建筑工程设计、工程与技术咨询、规划设计、景观设计、设计总承包等。公司多年来打造了超高层、办公、商业综合体、酒店文旅、住宅社区、医疗健康、文体教育、产业园区 8 大优势板块，形成了建筑设计与设计总包、城市设计与景观设计、联合 EPC、BIM 技术应用、装配式建筑技术应用、审图与特色咨询、绿色正向设计和商业策划 8 项服务模式。

公司发挥央企骨干带头作用，积极做强“华森出品”质量，强化“华森设计”品牌，努力实现高质量发展，为客户创造更大价值。

网址：www.huasen.com.cn

（本页信息由深圳华森建筑与工程设计顾问有限公司提供）

中建八局科技建设有限公司简介

中建八局科技建设有限公司为中建八局全资子公司，于2020年4月9日在临港新片区注册成立，注册资本金3.6亿元，与中建八局上海公司按照“两块牌子，一套班子”方式运营。公司拥有建筑工程施工总承包一级、市政公用工程施工总承包一级等10项建筑业企业资质和工程设计建筑行业甲级资质。2021年科技建设通过了国家高新技术企业认证，2022年获评临港新片区“专精特新”企业，2023年顺利通过上海市企业技术中心认定。

科技建设是高新技术企业和“专精特新”企业，并拥有上海市企业技术中心。科技建设现有员工2000余名，本科及以上学历人员占比94%。2021年、2022年连续两年位踞临港建筑企业纳税第一大户，承建的两港大道项目为八局在沪首个市政工程鲁班奖，累计荣获中国安装之星2项、上海市用户满意企业1项、上海市“白玉兰”奖6项、上海市五一劳动奖状、上海市工人先锋号等多项省部级荣誉，并连续3年获得上海市重点工程实事立功竞赛“金杯公司”荣誉称号。科技建设始终秉持“科技智造幸福空间”的理念，大力发展智慧建造、绿色建筑、装配式建筑、新型建筑材料等业务，系统打造集投资、规划、设计、生产、施工、运营、维护于一体的全生命期的智慧绿色产业链，致力于发展成为智慧建造领域具备一定竞争力的投资建设集团。

中建八局科技建设有限公司

CHINA CONSTRUCTION EIGHTH ENGINEERING BUREAU TECHNOLOGY CONSTRUCTION CO., LTD.

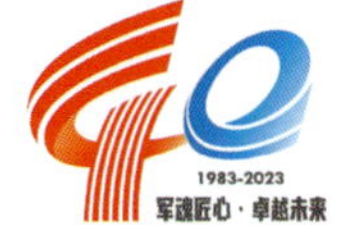

网址：8bur.cscec.com

中建八局科技建设有限公司地址：上海市浦东新区高科西路899号中建广场B座5/6/7楼

（本页信息由中建八局科技建设有限公司提供）

上海市上规院城市规划设计有限公司简介

上海市上规院城市规划设计有限公司（Shanghai Urban Planning and Design Co.,Ltd.of Shanghai Planning Institute，简称“上规公司”），是上海市城市规划设计研究院院属一级全资企业，是市规划资源局和市规划院的重要支撑，也是管理创新的试验田和规划技术推广的先行者。并于今年被认定为规划设计行业“高新技术企业”。

上规公司以“上善知城，规行智远”为职业使命，以“拼搏、求真、卓越”为价值追求，聚焦三大重点业务领域：一是创新引领领域，突出前瞻性、战略引领和规划影响力；二是主体规划领域，突出发展的保障力与重大城市发展战略；三是延伸服务领域，突出精细化和技术服务支撑。业务范围覆盖战略规划与总体规划、详细规划与城市设计、交通规划与市政规划及土地、旅游、园林规划等多个领域。公司在服务好上海城乡建设的同时，积极开拓全国规划设计重点市场，优质地完成了大量城乡规划与咨询项目，受到业界的瞩目和好评。

秉承“围绕主业，服务大局”的原则，聚焦生命化、精细化、定制化的业务特色，聚焦上海、服务长三角、辐射全中国，引领市场、创新研究、造就人才、服务人民。

网址：https://www.supdri.com/

上海市上规院城市规划设计有限公司

Shanghai Urban Planning and Design Co., Ltd of Shanghai Planning Institute

（本页信息由上海市上规院城市规划设计有限公司提供）

建设工程企业资质资格管理
（第二版）

张 毅 编著
中国建筑业协会 上海市绿色建筑协会 编

中国建筑工业出版社

图书在版编目（CIP）数据

建设工程企业资质资格管理 / 张毅编著；中国建筑业协会，上海市绿色建筑协会编 . — 2 版 . —北京：中国建筑工业出版社，2024.1（2024.2重印）
ISBN 978-7-112-29490-9

Ⅰ . ①建… Ⅱ . ①张… ②中… ③上… Ⅲ . ①建筑企业—工业企业管理—中国 Ⅳ . ① F426.9

中国国家版本馆 CIP 数据核字（2023）第 242910 号

责任编辑：唐 旭 吴 绫
文字编辑：吴人杰
责任校对：芦欣甜

建设工程企业资质资格管理
（第二版）
张 毅 编著
中国建筑业协会 上海市绿色建筑协会 编
*
中国建筑工业出版社出版、发行（北京海淀三里河路9号）
各地新华书店、建筑书店经销
北京雅盈中佳图文设计公司制版
北京市密东印刷有限公司印刷
*
开本：850毫米×1168毫米 1/16 印张：52¾ 插页：6 字数：1595千字
2024 年 1 月第二版 2024 年 2 月第二次印刷
定价：188.00元
ISBN978-7-112-29490-9
（42173）

《建设工程企业资质资格管理（第二版）》编委会

主编单位（排名不分先后）：

中国建筑业协会　上海市绿色建筑协会

参编单位（排名不分先后）：

上海建工二建集团有限公司

上海建科工程咨询有限公司

上海建筑设计研究院有限公司

上海浦公节能环保科技有限公司

建学建筑与工程设计所有限公司

沪港国际咨询集团有限公司

鲁班软件股份有限公司

上海环创安装工程集团有限公司

上海德森建筑设计有限公司

上海德方环保科技有限公司

上石明象建筑科技（上海）有限公司

上海上咨规划建筑设计有限公司

深圳华森建筑与工程设计顾问有限公司

中建八局科技建设有限公司

上海市上规院城市规划设计有限公司

国诚集团有限公司

金都建工集团有限公司

上海家树建设集团有限公司

上海东方投资监理有限公司

上海百通项目管理咨询有限公司

上海容基工程项目管理有限公司

序

根据国务院《优化营商环境条例》和《中华人民共和国国民经济和社会发展第十四个五年规划和2035年远景目标纲要》经济社会发展主要目标，要统筹城市规划建设管理，推行城市设计和风貌管控，落实适用、经济、绿色、美观的新时期建筑方针，建设宜居、创新、智慧、绿色、人文、韧性城市。

建筑业是国民经济的支柱产业，实行建设工程企业资质市场准入，是我国建筑市场监管的重要制度之一，为规范市场主体行为发挥了重要作用。全国住房和城乡建设工作会议要求建筑市场监管向“宽进、严管、重罚”转变，用好数字化和信用手段，构建诚信守法、公平竞争、追求品质的市场环境。要规范建筑市场秩序，激发企业活力。

为全面配合优化国家统一大市场环境，推进工程项目绿色低碳建设，引导建设单位自主选择符合工程建设要求的企业，引导会员单位对照建设工程企业资质人员资格等诸要素就位，使项目建设单位、工程勘察设计企业、建筑业（施工）企业、工程监理企业以及建筑师、勘察设计师、建造师、监理师、造价师等职业资格人员较完整地融合数字经济筹划配置各类资源，实践好数字化转型的一体化绿色建造、数字建造、智能建造。

《建设工程企业资质资格管理（第二版）》在这一思想指导下得以面世。

作者张毅同志三十多年来从事建设工程项目管理的教学和城乡建设管理工作，熟知并长期关注建设工程企业资质资格审批制度沿革变迁。在2008年编著《建设工程企业资质资格管理》（计160万文字）基础上，2023年12月又编写了第二版（计139万文字），其内容更加充实。涵盖了建设业主、建设工程企业、工程项目建设资质资格管理全过程全领域的审批要求。本书还概要介绍了梁思成建筑奖评选、中国建设工程鲁班奖、中国土木工程詹天佑奖、全国绿色建筑创新奖、全国工程勘察设计大师等奖项，把涉及各管理部门的审批、核准、备案要求，全面地、完整地、系统地予以归纳总结简要概述。

《建设工程企业资质资格管理（第二版）》书中取材丰富、内容详实、覆盖面广，颇具针对性、全面性、实用性、可靠性、指导性和可操作性，为会员企业提供了工程项目建设市场主体行政审批事项简明介绍，是一个很好地参考文本。

2023年12月

前　言

依据国务院《优化营商环境条例》、《关于深化“证照分离”改革进一步激发市场主体发展活力的通知》要求，打造市场化法治化国际化营商环境，激发市场主体活力和发展内生动力，提高宏观政策实施的时效性和精准性，形成推动改革的工作合力，在全国范围内实施涉企经营许可事项全覆盖清单管理，按照直接取消审批、审批改为备案、实行告知承诺、优化审批服务等四种方式分类推进审批制度改革。住建部《关于进一步加强建设工程企业资质审批管理工作的通知》，提出要规范建筑市场秩序，激发企业活力。加强建设工程企业资质审批管理工作，要提高审批效率、统一审批权限、加大动态核查力度、强化建筑业企业资质注册人员考核和信用管理。加强企业重组分立的资质重新核定，要完善工程业绩认定方式，强化事中事后监管，提高资质审查的智能化水平。企业资质全国通用，维护统一规范的建筑市场。实行企业资质审批事项线上办理，全程网上申报和审批“一网通办”，通过企业资质审批告知承诺制，推行电子资质证书，加大资质审批后的动态监管力度。同时，完善工程招投标制度，优化调整工程项目招标条件设置，引导建设单位更多从企业实力、技术力量、管理经验等方面进行综合考察，自主选择符合工程建设要求的企业。进一步明确注册人员在工程建设活动中的权利、义务和责任，持续规范执业行为，落实工程质量终身责任制等。

历时三年三个月编写《建设工程企业资质资格管理（第二版)》，主要特点：权威性，体现国务院各部委最新工程建设项目和企业资质资格审改实施意见；创新性，有关企业资质资格管理审改内容属创新题材专著；指导性，体现住建部主导企业资质资格管理审改组织和实施；全过程，内容上按照工程建设项目和企业资质资格全过程审批制度改革；可操作性，通过设置一个系统（窗口、表单）机制，诠释受理审批全过程场景。限于篇幅扼要简版的要求经反复调整优化，《建设工程企业资质资格管理（第二版)》主要包括：企业资质职业资格审批改革，绿色建筑节能低碳发展，既有建筑保护和更新改造及评价，城镇化与投资项目审批改革，建设项目专项审批改革，城市规划设计与工程质量安全，工程项目招标投标施工许可，工程竣工验收和费用审计，预算项目绩效管理，工程勘察设计企业资质资格管理，建筑业（施工）企业资质资格管理，工程监理咨询企业资质资格管理，工程造价企业资信资格管理，房地产开发企业资质资格管理，城市规划编制单位资质资格管理，检测安全消防、文保工程企业资质资格管理，科技企业认定评价与标准创新，行政审批清单和企业资质人员资格审批事项等十八章。

为便于推进住房和城乡建设部要求的建筑市场监管向“宽进、严管、重罚”转变，用好数字化和信用手段，构建诚信守法、公平竞争、追求品质的市场环境。本书可供各省市建设行政管理部门和建设单位、房地产开发、城市规划、勘察设计、建筑业（施工）、工程监理咨询、造价咨询等企业以及建筑师、勘察设计师、建造师、监理师、造价师、房地产估价师、城市规划师、咨询师（投资）等执业资格人员参考使用，也可服务于相关企业作为建设工程企业资质执业资格管理文本。本书得以问世，得到了住房和城乡建设部和上海市住房和城乡建设委员会有关领导的关心和提携。感谢中国建筑业协会、上海市绿色建筑协会、上海建工二建集团有限公司等参编单位，谨在此诚表敬意；感谢中国建筑工业出版社为本书的出版给予了大力支持，感谢编辑老师焕发而出的才华、积极认真的态度，增添了让本书被更多人知晓的可能性。在此，谨向各级领导、同仁以及参考文献的作者表示衷心的感谢。由于时间仓促，加之作者水平有限，书中疏漏、在所难免，敬请专家、同仁和读者不吝赐教，使之能更好地为广大读者服务。

目　录

第一章　企业资质职业资格审批改革

数字政府建设为牵引，拓展经济发展新空间，培育经济发展新动能，提高数字经济治理体系和治理能力现代化水平。据核算，2022 年国内生产总值 1210207 亿元，比上年增长 3.0%。2022 年我国数字经济规模达 50.2 万亿元，占国内生产总值比重提升至 41.5%，成为推动经济增长的主引擎之一。城市基础设施是保障城市正常运行和健康发展的物质基础，也是实现经济转型的重要支撑、改善民生防范安全风险的重要保障。建筑业发展规划，进一步放宽建筑市场准入限制，优化审批服务，激发市场主体活力。按照国务院深化“放管服”改革部署要求，做好建设工程企业资质（包括工程勘察、设计、施工、监理企业资质）认定事项改革。工程造价管理坚持市场化改革方向，促进建筑业转型升级。到“十四五”时期末，技能人才占就业人员的比例达到 30% 以上，高技能人才占技能人才的比例达到 1/3。专技人员职称和《国家职业资格目录》改革，是深化行政审批制度和人才发展体制机制改革的重要内容。本章包括：数字政府建设数字经济规划；全国城市基础设施建设规划；工程勘察设计行业发展规划；建筑业发展规划；建设工程企业资质管理改革；工程造价改革工作方案；住房和城乡建设行业职业实名制；专技人员职称改革与职业资格清单等。

第一节　数字政府建设数字经济规划

一、数字中国建设整体布局规划

（一）建设数字中国是数字时代推进中国式现代化的重要引擎，是构筑国家竞争新优势的有力支撑。数字中国建设整体布局规划，坚持稳中求进工作总基调，完整、准确、全面贯彻新发展理念，加快构建新发展格局，着力推动高质量发展，统筹发展和安全，强化系统观念和底线思维，加强整体布局，按照夯实基础、赋能全局、强化能力、优化环境的战略路径，全面提升数字中国建设的整体性、系统性、协同性，促进数字经济和实体经济深度融合，以数字化驱动生产生活和治理方式变革，为以中国式现代化全面推进中华民族伟大复兴注入强大动力。到 2025 年，基本形成横向打通、纵向贯通、协调有力的一体化推进格局，数字中国建设取得重要进展。数字基础设施高效联通，数据资源规模和质量加快提升，数据要素价值有效释放，数字经济发展质量效益大幅增强，政务数字化智能化水平明显提升，数字文化建设跃上新台阶，数字社会精准化普惠化便捷化取得显著成效，数字生态文明建设取得积极进展，数字技术创新实现重大突破，应用创新全球领先，数字安全保障能力全面提升，数字治理体系更加完善，数字领域国际合作打开新局面。到 2035 年，数字化发展水平进入世界前列，数字中国建设取得重大成就。数字中国建设体系化布局更加科学完备，经济、政治、文化、社会、生态文明建设各领域数字化发展更加协调充分，有力支撑全面建设社会主义现代化国家。数字中国建设按照“2522”的整体框架进行布局，即夯实数字基础设施和数据资源体系“两大基础”，推进数字技术与经济、政治、文化、社会、生态文明建设“五位一体”深度融合，强化数字技术创新体系和数字安全屏障“两大能力”，优化数字化发展国内国际“两个环境”。要夯实数字中国建设基础，打通数字基础设施大动脉，整体提升应用基础设施水平，加强传统基础设施数字化、智能化改造。畅通数据资源大循环，构建国家数据管理体制机制，健全各级数据统筹管理机构。推动公共数据汇聚利用，释放商业数据价值潜能，加快建立数据产权制度，开展数据资产计价研究，建立数据要素按价值贡献参与分配机制。要全面赋能经济社会发展，做强做优做大数字经济，培育壮大数字经济核心产业，研究制定推动数字产业高质量发展的措施，打造具有国际竞争力的数字产业集群。推动数字技术和实体经济深度融合，在农业、工业、金融、教育、医疗、交通、能源等重点领域，加快数字技术创新应用。支持数字企业发展壮大，健全大中小企业融通创新工作机制，推动平台企业规范健康发展。发展高效协同的数字政务，加快制度规则创新，完善与数字政务建设相适应的规章制度。强化数字化能力建设，促进信息系统网络互联互通、数据按需共享、业务高效协同。提升数字化服务水平，推进线上线下融合，加强和规范政务移动互联网应用程序管理。建设绿色智慧的数字生态文明，推动生态环境智慧治理，加快构建智慧高效的生态环境信息化体系，运用数字技术推动山水林田湖草沙一体化保护和系统治理，完善自然资源三维立体“一张图”和国土空间基础信息平台，构建以数字孪生流域为核心的智慧水利体系。加快数字化绿色化协同转型，倡导绿色智慧生活方式。要强化数字中国关键能力，构筑自立自强的数字技术创新体系，健全社会主义市场经济条件下关键核心技术攻关新型举国体制，加强企业主导的产学研深度融合。强化企业科技创新主体地位，发挥科技型骨干企业引领支撑作用。加强知识产权保护，健全知识产权转化收益分配机制。筑牢可信可控的数字安全屏障，切实维护网络安全，完善网络安全法律法规和政策体系。增强数据安全保障能力，建立数据分类分级保护基础制度，健全网络数据监测预警和应急处置工作体系。要优化数字化发展环境，建设公平规范的数字治理生态，完善法律法规体系，制定数字领域立法规划。构建技术标准体系，编制数字化标准工作指南，加快制定修订各行业数字化转型、产业交叉融合发展等应用标准。提升治理水平，健全网络综合治理体系，提升全方位多维度综合治理能力，构建科学、高效、有序的管网治网格局。

（二）数字中国建设“2522”整体框架布局，如图 1-1 所示。数字经济分析框架由“IBCDE”五部分组成，即数字基础设施、产业互联网、消费互联网、数据要素以及数字技术赋能万千场景。方案的内部逻辑可概括：以数字基础设施（I）为发展基石，由数据要素（D）为第一要素驱动力量，衍生出消费互联网（C）和产业互联网（B）两大组织生态，推动产业数字化发展、赋能万千场景（E）。数字中国建设的“IBCDE”框架是在安全高效利用数据要素的基础上搭建起“通用能力 + 专业能力”的生态互补关系，最终赋能万行万业。基于“IBCDE”框架对数字经济进行解构，有助于厘清数字经济各部分的联系，为数字中国建设“2522”整体框架布局的实施落地提供一种更为模块化、更具操作性的可行方案。

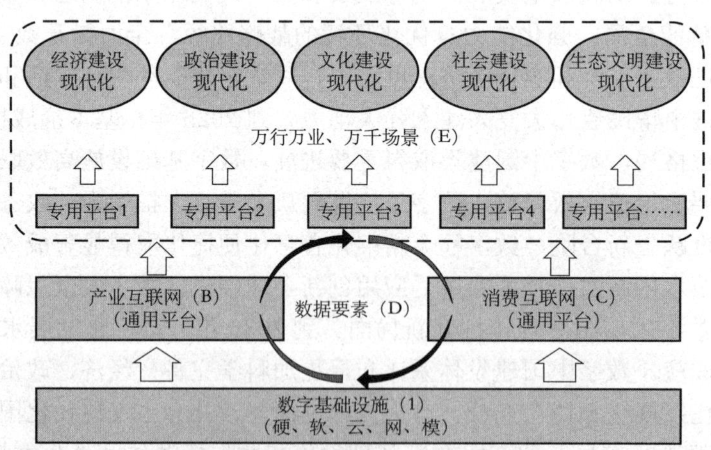

图 1-1　数字中国建设的“IBCDE”框架

（三）推动数字中国建设，建设更普惠的数字基础设施。要推动更普惠的数字基础设施高效联通，助力产业互联网和消费互联网广泛触达生产、生活的各个地区和领域，推进国内大循环更畅通。有活力、有后劲的经济需要新模式、新业态的不断涌现，随着数字技术在连接、计算、存储等方面能力不断增强，数字经济赋能的场景也不断扩大。加强产业链、供应链自主可控和韧性提升，实现中国式现代化必须要有稳定发展的国内环境和自主可控的产业体系，实现产业链供应链自主可控，最重要的是实现数字技术的自主可控。数字经济是我国经济发展的新动能，其中，数字基础设施是保障数字经济可持续快速发展的基础。必须在数字基础设施的硬件、软件、云计算、互联网，以及大语言模型等方面建立第二生态，实现自主可控。提高产业链供应链韧性，最重要的是推动制造业数智化改造升级。要全面推进生产制造、采购销售等环节全流程数智化改造升级，实现降本增效。数字经济往往通过数字平台企业将供应链上的各类市场主体、供需主体联系起来，形成强大的网络效应，降低信息成本和生产成本，提高市场匹配效率。数字技术在研发设计环节的深化应用将进一步推进研发进程、降低研发成本、提升研发效率。网络化协同能够汇聚研发智力，实现企业设计模式从线性走向非线性，创新模式从封闭走向开放，提升研发设计效率。实现以数据为新要素、以数字化智能化为新动力，全面推进降本增效的目的，提升产业国际竞争力。以政务服务数字化和智慧化为手段推动数字政务建设，其根本目标是政务透明、效率提升。“IBCDE”框架下的数字中国建设是实现这一目标的重要驱动力。要建设并完善全国一体化政务服务平台，提升政务服务流程、结果透明度。以“通用+行业”为组合的人工智能基础设施建设赋能价值挖掘，以“IBCDE”为系统构建“通用+行业”为组合的人工智能基础设施赋能传统文化产业数智化转型、打造产业新形态。以数据要素共享共用推进社会治理精准化智能化发展，IBCDE体系建设赋能丰富场景，通过增强数据要素共享性、普惠性来打通社会治理的各个领域和环节。要以大数据、人工智能、数字孪生、元宇宙等数字技术应用为基础，打造智慧社区、智慧城市，建立在更大规模、更高质量数据需求与更强算力、更丰富应用场景的基础之上。应加快推进数据要素制度法规完善、推动数据要素市场建设，加快全领域人工智能渗透发展。以数字化绿色转型推进生态文明建设现代化，生态文明建设现代化一方面要求以更精准、更高效的方式进行绿色治理，另一方面要求绿色技术进步、应用进程加快。IBCDE体系能将数字化通用技术应用到企业生产的各个环节，优化企业流程，促进企业低碳绿色转型。以数字技术进行全环节、全流程深度赋能，实现耗能、排放等数据实时追踪、精准识别，以系统性思维为指引，进行耗能、排放智慧治理。

二、数字政府与数字经济发展规划目标

（一）数字政府建设主要目标：到2025年，与政府治理能力现代化相适应的数字政府顶层设计更加完善、统筹协调机制更加健全，政府数字化履职能力、安全保障、制度规则、数据资源、平台支撑等数字政府体系框架基本形成，政府履职数字化、智能化水平显著提升，政府决策科学化、社会治理精准化、公共服务高效化取得重要进展，数字政府建设在服务党和国家重大战略、促进经济社会高质量发展、建设人民满意的服务型政府等方面发挥重要作用。到2035年，与国家治理体系和治理能力现代化相适应的数字政府体系框架更加成熟完备，整体协同、敏捷高效、智能精准、开放透明、公平普惠数字政府基本建成，为基本实现社会主义现代化提供有力支撑。全面推进政府履职和政务运行数字化转型，统筹推进各行业各领域政务应用系统集约建设、互联互通、协同联动，创新行政管理和服务方式，全面提升政府履职效能。以数字政府建设全面引领驱动数字化发展，全面强化数字政府安全管理责任，落实安全管理制度，加快关键核心技术攻关，加强关键信息基础设施安全保障，强化安全防护技术应用，切实筑牢数字政府建设安全防线。以数字化改革促进制度创新，保障数字政府建设和运行整体协同、智能高效、平稳有序，实现政府治理方式变革和治理能力提升。加快推进全国一体化政务大数据体系建设，加强数据治理，依法依规促进数据高效共享和有序开发利用，充分释放数据要素价值，确保各类数据和个人信息安全。强化安全可信的信息技术应用创新，充分利用现有政务信息平台，整合构建结构合理、智能集约的平台支撑体系，适度超前布局相关新型基础设施，全面夯实数字政府建设根基。围绕加快数字化发展、建设数字中国重大战略部署，持续增强数字政府效能，更好激发数字经济活力，优化数字社会环境，营造良好数字生态。

（二）数字经济是继农业经济、工业经济之后的主要经济形态，是以数据资源为关键要素，以现代信息网络为主要载体，以信息通信技术融合应用、全要素数字化转型为重要推动力，促进公平与效率更加统一的新经济形态。数字经济发展速度之快、辐射范围之广、影响程度之深前所未有，正推动生产方式、生活方式和治理方式深刻变革，成为重组全球要素资源、重塑全球经济结构、改变全球竞争格局的关键力量。“十四五”时期，我国数字经济转向深化应用、规范发展、普惠共享的新阶

段。到2025年，数字经济迈向全面扩展期，数字经济核心产业增加值占GDP比重达到10%，数字化创新引领发展能力大幅提升，智能化水平明显增强，数字技术与实体经济融合取得显著成效，数字经济治理体系更加完善，我国数字经济竞争力和影响力稳步提升。数据资源体系基本建成，利用数据资源推动研发、生产、流通、服务、消费全价值链协同。数据要素市场化建设成效显现，数据确权、定价、交易有序开展，探索建立与数据要素价值和贡献相适应的收入分配机制，激发市场主体创新活力。产业数字化转型的支撑服务体系基本完备，在数字化转型过程中推进绿色发展。数字技术自主创新能力显著提升，数字化产品和服务供给质量大幅提高，产业核心竞争力明显增强。新产业新业态新模式持续涌现、广泛普及，对实体经济提质增效的带动作用显著增强。数字基础设施广泛融入生产生活，对政务服务、公共服务、民生保障、社会治理的支撑作用进一步凸显。数字营商环境更加优化，电子政务服务水平进一步提升，网络化、数字化、智慧化的利企便民服务体系不断完善，数字鸿沟加速弥合。协调统一的数字经济治理框架和规则体系基本建立，跨部门、跨地区的协同监管机制基本健全。政府数字化监管能力显著增强，行业和市场监管水平大幅提升。政府主导、多元参与、法治保障的数字经济治理格局基本形成，治理水平明显提升。与数字经济发展相适应的法律法规制度体系更加完善，数字经济安全体系进一步增强。展望2035年，数字经济将迈向繁荣成熟期，力争形成统一公平、竞争有序、成熟完备的数字经济现代市场体系，数字经济发展基础、产业体系发展水平位居世界前列。

三、政务大数据中心体系建设

（一）建设高速泛在、天地一体、云网融合、智能敏捷、绿色低碳、安全可控的智能化综合性数字信息基础设施。推进云网协同和算网融合发展。加快构建算力、算法、数据、应用资源协同的全国一体化大数据中心体系。按照绿色、低碳、集约、高效的原则，持续推进绿色数字中心建设，加快推进数据中心节能改造，持续提升数据中心可再生能源利用水平。稳步构建智能高效的融合基础设施，提升基础设施网络化、智能化、服务化、协同化水平。高效布局人工智能基础设施，提升支撑“智能＋”发展的行业赋能能力。推动新型城市基础设施建设，提升市政公用设施和建筑智能化水平。深化政务数据跨层级、跨地域、跨部门有序共享。建立健全国家公共数据资源体系，统筹公共数据资源开发利用，推动基础公共数据安全有序开放。结合新型智慧城市建设，加快城市数据融合及产业生态培育，提升城市数据运营和开发利用水平。全面提升全国一体化政务服务平台功能，加快推进政务服务标准化、规范化、便利化，持续提升政务服务数字化、智能化水平，建立健全政务数据共享协调机制，加快数字身份统一认证和电子证照、电子签章、电子公文等互信互认，推进发票电子化改革，促进政务数据共享、流程优化和业务协同。推动政务服务线上线下整体联动、全流程在线、向基层深度拓展，提升服务便利化、共享化水平。统筹推动新型智慧城市和数字乡村建设，协同优化城乡公共服务。深化新型智慧城市建设，推动城市数据整合共享和业务协同，完善城市信息模型平台和运行管理服务平台，因地制宜构建数字孪生城市。加快既有住宅和社区设施数字化改造，鼓励新建小区同步规划建设智能系统，打造智能楼宇、智能停车场、智能充电桩、智能垃圾箱等公共设施。深化“放管服”改革，优化营商环境，分类清理规范不适应数字经济发展需要的行政许可、资质资格等事项，进一步释放市场主体创新活力和内生动力。鼓励和督促企业诚信经营，强化以信用为基础的数字经济市场监管，建立完善信用档案，推进政企联动、行业联动的信用共享共治。建立健全数据安全治理体系，建立数据分类分级保护制度，研究推进数据安全标准体系建设，规范数据采集、传输、存储、处理、共享、销毁全生命周期管理，推动数据使用者落实数据安全保护责任。

（二）一体化政务大数据体系建设目标和任务，政务数据在调节经济运行、改进政务服务、优化营商环境等方面发挥了重要作用。《国务院关于加强数字政府建设的指导意见》部署要求，整合构建标准统一、布局合理、管理协同、安全可靠的全国一体化政务大数据体系，加强数据汇聚融合、共享开放和开发利用，促进数据依法有序流动，充分发挥政务数据在提升政府履职能力、支撑数字政府建设以及推进国家治理体系和治理能力现代化中的重要作用。2023年年底前，一体化政务大数据体系初步形成，基本具备数据目录管理、数据归集、数据治理、大数据分析、安全防护等能力，数据共享和开放能力显著增强，政务数据管理服务水平明显提升。全面摸清政务数据资源底数，建立政务数据目录动态更新机制，政务数据质量不断改善。建设完善人口、法人、自然资源、经济、电子证照等基础库和医疗健康、社会保障、生态环保、应急管理、信用体系等主题库，并统一纳入全国一体化政务大数据体系。政务大数据管理机制、标准规范、安全保障体系初步建立，基础设施保障能力持续提升。政务数据资源基本纳入目录管理，有效满足数据共享需求，数据服务稳定性不断增强。到2025年，一体化政务大数据体系更加完备，政务数据管理更加高效，政务数据资源全部纳入目录管理。政务数据质量显著提升，"一数一源、多源校核"等数据治理机制基本形成，政务数据标准规范、安全保障制度更加健全。政务数据共享需求普遍满足，数据资源实现有序流通、高效配置，数据安全保障体系进一步完善，有效支撑数字政府建设。政务数据与社会数据融合应用水平大幅提升，大数据分析应用能力显著增强，推动经济社会可持续高质量发展。其主要任务包括：统筹管理一体化，完善政务大数据管理体系，建立健全政务数据共享协调机制，形成各地区各部门职责清晰、分工有序、协调有力的全国一体化政务大数据管理新格局。数据目录一体化，按照应编尽编的原则，推动各地区各部门建立全量覆盖、互联互通的高质量全国一体化政务数据目录。建立数据目录系统与部门目录、地区目录实时同步更新机制，实现全国政务数据"一本账"管理。数据资源一体化，推动政务数据"按需归集、应归尽归"，加强政务数据全生命周期质量控制，实现问题数据可反馈、共享过程可追溯、数据质量问题可定责，推动数据源头治理、系统治理，形成统筹管理、有序调度、合理分布的全国一体化政务数据资源体系。共享交换一体化，整合现有政务数据共享交换系统，形成覆盖国家、省、市等层级的全国一体化政务数据共享交换体系，提供统一规范的共享交换服务，高效满足各地区各部门数据共享需求。数据服务一体化，优化国家政务数据服务门户，构建完善"建设集约、管理规范、整体协同、服务高效"的一体化政务大数据服务体系，加强基础能力建设，加大应用创新力度，推进资源开发利用，打造一体化、高水平政务数据平台。算力设施一体化，合理利用一体化大数据中心协同创新体系，完善政务大数据算力管理措施，整合建设一体化政务大数据体系主节点与灾备设施，优化全国政务云建设布局，提升政务云资源管理运营水平，提高各地区各部门政务大数据算力支撑能力。标准规范一体化，编制全面兼容的基础数据元、云资源管控、数据对接、数据质量管理、数据回流等标准，制定供需对接、数据治理、运维管理等规范，推动构建一体化政务大数据标准规范体系。安全保障一体化，以"数据"为安全保障的核心要素，完善数据安全防护和监测手段，加强数据流转全流程管理，形成制度规范、技术防护和运行管理三位一体的一体化政务大数据安全保障体系。

（三）一体化政务大数据体系总体架构，全国一体化政务大数据体系包括三类平台和三大支撑。三类平台为"1+32+N"框架结构。"1"是指国家政务大数据平台，是我国政务数据管理的总枢纽、政务数据流转的总通道、政务数据服务的总门户；"32"是指31个省（自治区、直辖市）和新疆生产建设兵团统筹建设的省级政务数据平台，负责本地区政务数据的目录编制、供需对接、汇聚整合、共享开放，与国家平台实现级联对接；"N"是指国务院有关部门的政务数据平台，负责本部门本行业数据汇聚整合与供需对接，与国家平台实现互联互通，尚未建设政务数据平台的部门，可由国家平台提供服务支撑。三大支撑包括管理机制、标准规范、安全保障三个方面。构建数据基础制度发挥数据要素作用，数据作为新型生产要素，是数字化、网络化、智能化的基础，已快速融入生产、分配、流通、消费和社会服务管理等各环节，深刻改变着生产方式、生活方式和社会治理方式。数据基础制度建设事关国家发展和安全大局。加快构建数据基础制度，充分发挥我国海量数据规模和丰富应用场景优势，激活数据要素潜能，做强做优做大数字经济，增强经济发展新动能，构筑国家竞争新优势。建立保障权益、合规使用的数据产权制度。探索建立数据产权制度，推动数据产权结构性分置和有序流通，结合数据要素特性强化高质量数据要素供给；在国家数据分类分级保护制度下，推进数据分类分级确权授权使用和市场化流通交易，健全数据要素权益保护制度，逐步形成具有中国特色的数据产权制度体系。建立合规高效、场内外结合的数据要素流通和交易制度。完善和规范数据流通规则，构建促进使用和流通、场内场外相结合的交易制度体系，规范引导场外交易，培育壮大场内交易；有序发展数据跨境流通和交易，建立数据来源可确认、使用范围可界定、流通过程可追溯、安全风险可防范的数据可信流通体系。建立健全数据交易规则，制定全国统一的数据交易、安全等标准体系，降低交易成本。在智能制造、节能降碳、绿色建造、新能源、智慧城市等重点领域，大力培育贴近业务需求的行业性、产业化数据商，鼓励多种所有制数据商共同发展、平等竞争。建立体现效率、促进公平的数据要素收益分配制度。顺应数字产业化、产业数字化发展趋势，充分发挥市场在资源配置中的决定性作用，更好地发挥政府作用。完善数据要素市场化配置机制，扩大数据要素市场化配置范围和按价值贡献参与分配渠道。完善数据要素收益的再分配调节机制，健全数据要素由市场评价贡献、按贡献决定报酬机制。建立安全可控、弹性包容的数据要素治理制度。把安全贯穿数据治理全过程，构建政府、企业、社会多方协同的治理模式，创新政府治理方式，完善行业自律机制，规范市场发展秩序，形成有效市场和有为政府相结合的数据要素治理格局。创新政府数据治理机制，充分发挥政府有序引导和规范发展的作用，打造安全可信、包容创新、公平开放、监管有效的数据要素市场环境。强化分行业监管和跨行业协同监管，建立数据联管联治机制，建立健全鼓励创新、包容创新机制。加快推进数据管理能力成熟度国家标准及数据要素管理规范贯彻执行工作，推动各部门各行业完善元数据管理、数据脱敏、数据质量、价值评估等标准体系。一体化政务服务平台政务服务效能常态化工作机制：建立健全办事堵点发现解决机制；建立健全服务体验优化机制；建立高频服务清单管理、闭环优化机制；强化新技术应用赋能机制，依托全国一体化政务服务平台，探索利用大数据、人工智能、区块链等新技术，分析预判通过智能问答、智能预审、智能导办等方式，提供智能化、个性化、精准化服务；完善经验推广和服务宣传机制，完善全国一体化政务服务平台服务宣传推广矩阵，多样化展示和推广“一网通办”服务应用；加强协同联动，建立健全平台支撑能力提升机制，强化政务服务渠道统筹和线上线下协同服务机制，优化政务数据有序共享机制，更好地发挥公共通道作用，进一步发挥国家政务服务平台作为全国政务服务总枢纽的作用，强化跨地区、跨部门、跨层级业务协同和公共支撑，细化全国一体化政务服务平台协同运营机制，持续提升平台服务能力；做好制度支撑，建立健全效能提升保障机制，健全政务服务法规制度和标准规则迭代机制，健全政务服务评估评价机制，健全数字素养能力提升机制。全国一体化政务大数据体系总体架构如图 1-2，国家平台与地方和部门平台

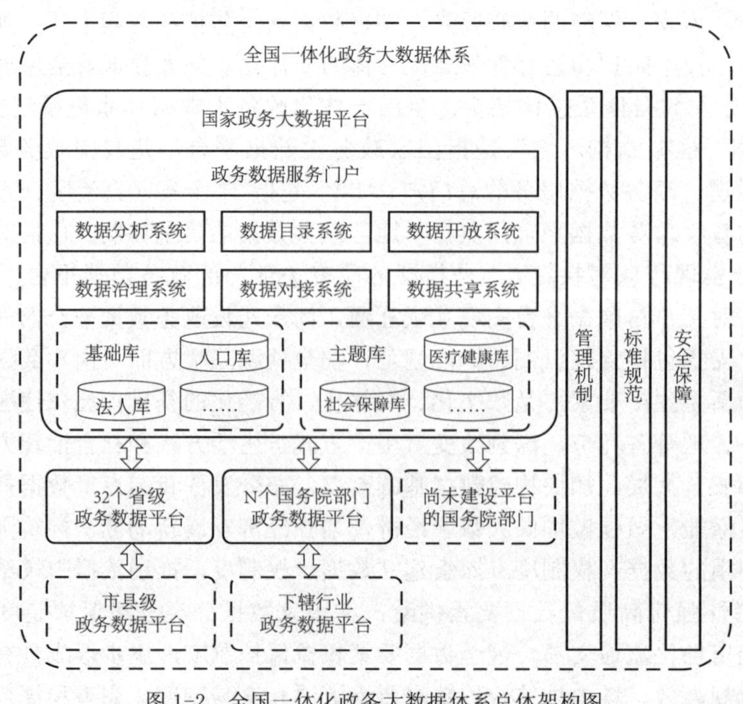

图 1-2　全国一体化政务大数据体系总体架构图

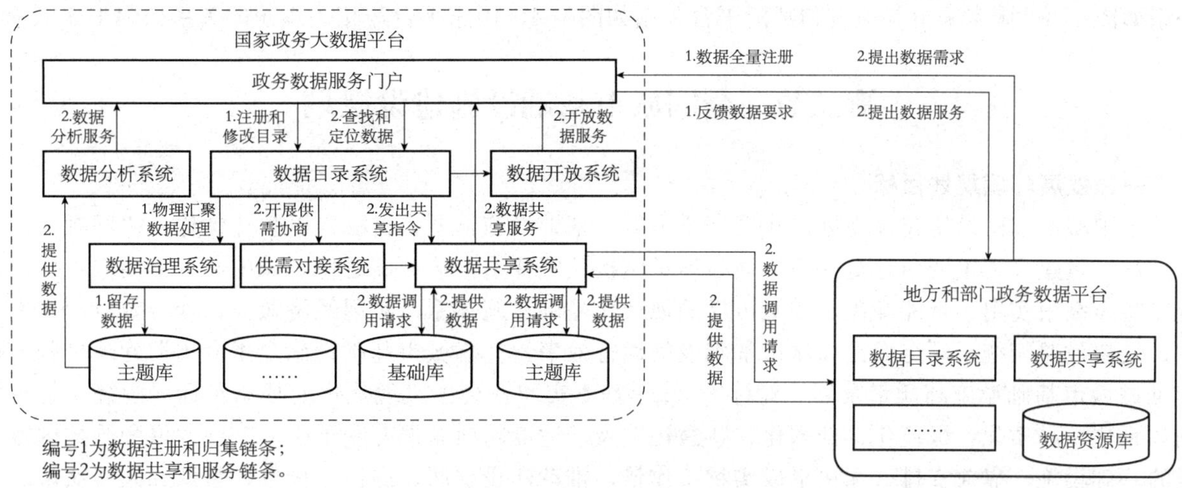

图 1-3 国家平台与地方和部门平台关系图

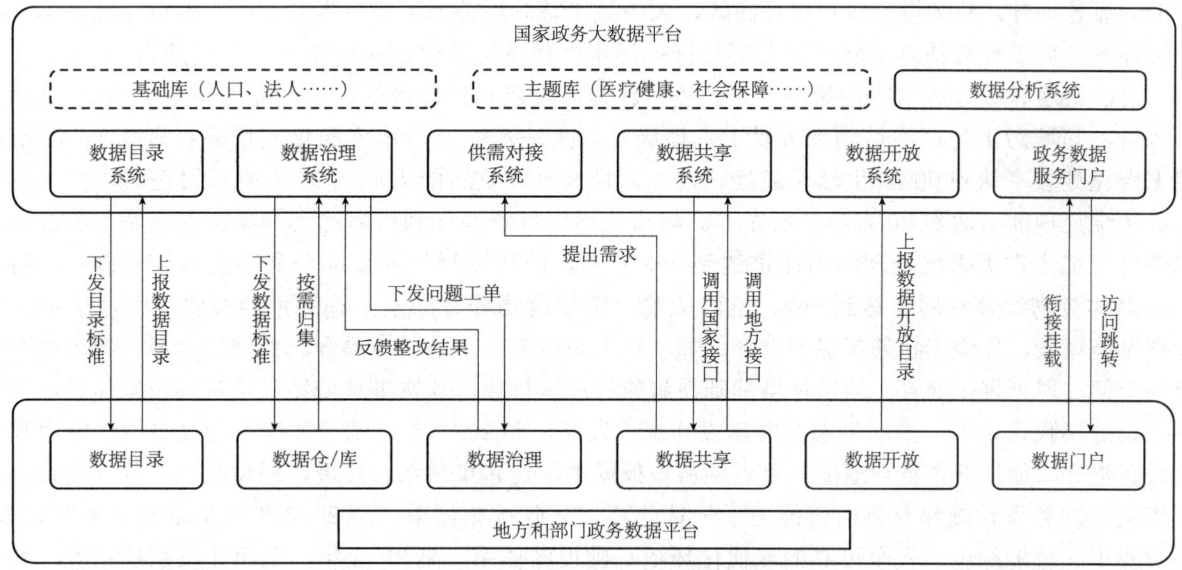

图 1-4 国家平台与地方和部门平台有关系统关系图

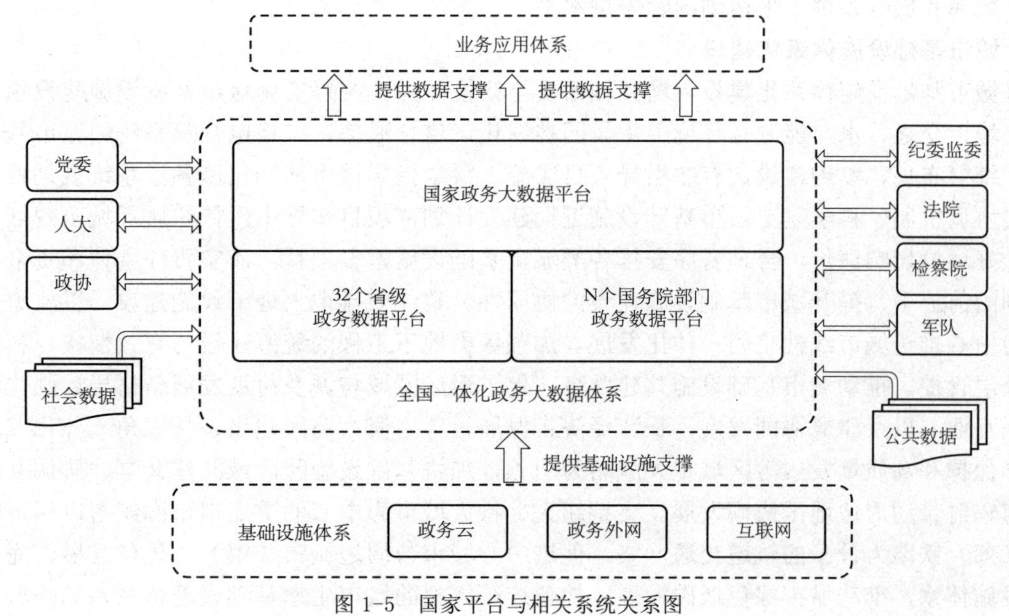

图 1-5 国家平台与相关系统关系图

关系如图 1-3，国家平台与地方和部门平台关系如图 1-4，国家平台与相关系统的关系如图 1-5 所示。

第二节　全国城市基础设施建设规划

一、发展环境规划目标

全国城市基础设施建设规划以建设高质量城市基础设施体系为目标，以整体优化、协同融合为导向，从增量建设为主转向存量提质增效与增量结构调整并重，响应碳达峰、碳中和目标要求，构建系统完备、高效实用、智能绿色、安全可靠的现代化基础设施体系，实现经济效益、社会效益、生态效益、安全效益相统一，全面提高城市基础设施运行效率，完善城市基础设施全生命周期管理机制，持续推进城市基础设施高质量发展。对标 2035 年基本实现社会主义现代化的战略目标，围绕基础设施的体系化、品质化、绿色化、低碳化、智慧化发展，适度超前布局有利于引领产业发展和维护国家安全的基础设施，靠前安排、加快形成实物工作量，推动建设宜居、绿色、韧性、智慧、人文城市。到 2025 年，城市建设方式和生产生活方式绿色转型成效显著，基础设施体系化水平、运行效率和防风险能力显著提升，基础设施运行更加高效，大中城市基础设施质量明显提升，中小城市基础设施短板加快补齐。城镇环境基础设施建设主要目标：污水处理及资源化利用新增污水处理能力 2000 万立方米 / 日，新增和改造污水收集管网 8 万公里，新建、改建和扩建再生水生产能力不少于 1500 万立方米 / 日，县城污水处理率达到 95% 以上，地级及以上缺水城市污水资源化利用率超过 25%，城市污泥无害化处置率达到 90%。生活垃圾处理的生活垃圾分类收运能力达到 70 万吨 / 日左右，城镇生活垃圾焚烧处理能力达到 80 万吨 / 日左右。城市生活垃圾资源化利用率达到 60% 左右，城市生活垃圾焚烧处理能力占无害化处理能力比重达到 65% 左右。固体废物处置及综合利用能力显著提升，新增大宗固体废物综合利用率达到 60%。危险废物、医疗废物处置的基本补齐危险废物、医疗废物收集处理设施短板，危险废物处置能力充分保障，技术和运营水平进一步提升，县级以上城市建成区医疗废物全部实现无害化处置。城镇环境基础设施建设总体目标，加快推进城镇环境基础设施建设，提升基础设施现代化水平，推动生态文明建设和绿色发展，到 2025 年，城镇环境基础设施供给能力和水平显著提升，加快补齐重点地区、重点领域短板弱项，构建集污水、垃圾、固体废物、危险废物、医疗废物处理处置设施和监测监管能力于一体的环境基础设施体系。到 2030 年，基本建立系统完备、高效实用、智能绿色、安全可靠的现代化环境基础设施体系。到 2035 年，全面建成系统完备、高效实用、智能绿色、安全可靠的现代化城市基础设施体系，建设方式基本实现绿色转型，设施整体质量、运行效率和服务管理水平达到国际先进水平。

二、城市基础设施体系化建设

推进城市基础设施体系化建设，增强城市安全韧性能力。统筹实施城市基础设施建设规划，系统编制涵盖城市交通、水、能源、环境卫生、园林绿化、信息通信、广播电视等系统的城市基础设施建设规划，统筹布局、集约建设，有序引导项目实施，科学指导城市基础设施各子系统规划编制，健全规划衔接协调机制。科学制定城市基础设施近期建设计划，项目实施中，依法履行城乡规划建设相关程序，做好环境影响评价，合理有序安排各类城市基础设施建设项目，落实责任主体和资金安排。在统一规划的前提下，提升城市基础设施建设的协同性。整体安排地上地下设施建设，以轨道交通、城市道路为中心推进城市线性空间一体化发展。加强各类地下工程的统筹建设与有效衔接，科学实施地下空间分层管控。推动城市基础设施共建共享，促进形成区域与城乡协调发展新格局。强化区域基础设施互联互通。以京津冀协同发展、长江经济带发展、粤港澳大湾区建设、长三角一体化发展、黄河流域生态保护和高质量发展等区域重大战略为引领，加快基础设施跨区域共建共享、协调互动，加强中心城市辐射带动周边地区协同发展。支持超大、特大城市为中心的重点都市圈织密以城市轨道交通和市域（郊）铁路为骨干的轨道交通网络，促进中心城市与周边城市（镇）一体化发展。完善城市生态基础设施体系，推动城市绿色低碳发展。构建连续完整的城市生态基础设施体系，加强城市自然生境保护，提高自然生态系统健康活力，建设蓝绿交织、灰绿相融、连续完整的城市生态基础设施体系。采用自然解决方案，合理确定城市生态基础设施规模、结构和布局，提高蓝绿空间总量和生态廊道网络化水平，使城市内外的生态环境有机连接，形成与资源环境承载力相匹配的山水城理想空间格局。以水而定、量水而行，构建城市健康水循环。保护城市自然山水格局，合理布局绿心、绿楔、绿环、绿廊，多途径增加绿化空间。加快新型城市基础设施建设，推进城市智慧化转型发展。推动城市基础设施智能化建设与改造，加快推进城市交通、水、能源、环卫、园林绿化等系统传统基础设施数字化、网络化、智能化建设与改造，加强泛在感知、终端联网、智能调度体系构建。推进面向城市应用、全面覆盖的通信、导航、遥感空间基础设施建设运行和共享。

三、完成城市基础设施指标

城市交通设施体系化与绿色化提升行动，城市交通设施体系化与绿色化提升工程，城市轨道交通扩容与增效。新增城市轨道交通建成通车里程 0.3 万公里。城市道路和桥梁建设改造，新建和改造道路里程 11.75 万公里，新增和改造城市桥梁 1.45 万座。新增实施人行道净化道路里程 4.8 万公里，建设非机动车专用道 0.59 万公里。城市水系统体系化建设行动，新建改造供水厂规模 0.65 亿立方米／日，预计新建改造供水管网 10.4 万公里，对不符合技术、卫生和安全防范要求的加压调蓄设施进行改造。新建改造污水管网 8 万公里，预计新、改、扩建污水处理设施能力 2000 万立方米／日。开展国家海绵城市建设示范，选取 50 个左右城市开展示范，力争通过 3 年集中建设，示范城市防洪排涝能力明显提升。城市能源系统安全保障和绿色化提升行动，新建和改造燃气管网 24.7 万公里，推进天然气门站和加气站等输配设施建设，新建清洁热源和实施集中热源清洁化改造共计 14.2 万兆瓦，新建和改造集中供热管网 9.4 万公里，开展城市配电网扩容和升级，重点城市中心城区供电可靠率高于 99.99%。全国城市新增生活垃圾分类收运能力 20 万吨／日、生活垃圾焚烧处理能力 20 万吨／日、生活垃圾资源化处理能力 3000 万吨／年，改造存量生活垃圾处理设施 500 个。全国城市新增建筑垃圾消纳能力 4 亿吨／年，建筑垃圾资源化利用能力 2.5 亿吨／年。全国新增和改造城市公园绿地面积约 10 万公顷，逐步形成覆盖面广、类型多样、特色鲜明、普惠性强的公园体系。全国新增和改造绿道长度约 2 万公里，建设一批具有示范效应的国家生态园林城市。建设智能化道路 4000 公里以上，建设智慧多功能灯杆 13 万基以上，建设新能源汽车充换电站 600 座以上，累计建成公共充电设施 150 万个。新一代信息通信基础设施体系建设，完成全国县级及以上城市城区千兆光纤网络升级改造。加快广电网络转型升级，完成县级及以上城市有线电视网络数字化转型和光纤化、互联网协议化改造。建成的 21.9 万个需改造城镇老旧小区改造任务，完成城市燃气管道老化更新改造任务，实施排水管道更新改造、破损修复改造，改造易造成积水内涝问题和混错接的雨污水管网，因地制宜推进雨污分流改造，解决市政污水管网混错接问题，消除污水直排。

第三节　工程勘察设计行业发展规划

一、行业发展目标

工程勘察设计行业稳步发展，规模持续扩大，效益显著提高，勘察设计在工程建设中的引领作用进一步凸显。勘察设计相关法规制度不断完善，市场环境进一步优化，诚信体系初步建立，勘察设计质量得到充分保障。工程勘察设计行业绿色化、工业化、数字化转型全面提速，技术管理创新和综合服务能力不断增强，标准化、集成化水平进一步提升，持续助力建筑业高质量发展。市场环境进一步优化，勘察设计企业资质、专业技术人员执业资格管理进一步完善，行业诚信体系进一步健全，个人守信从业、企业有序竞争、协会自律服务、政府引导监管的共同治理体系框架初步建立，优胜劣汰、优质优价的市场环境逐步形成。设计质量进一步提升，勘察设计质量监管法治化、智能化、专业化水平进一步提升，质量安全底线得到充分保障。绿色低碳设计理念充分践行，设计系统化、科学化、精细化水平进一步提升，完成一批高品质绿色建造示范工程项目设计。创新能力进一步增强，勘察设计科技创新投入持续加大，关键核心技术攻关取得突破，产业赋能作用不断显现，科技成果转让收入大幅提升。行业数字化转型进程加快，建筑信息模型（BIM）正向设计、协同设计逐步推广，数字化交付比例稳步提升。人才结构进一步优化，符合工程勘察设计行业特点的人才培养、评价、流动、激励机制基本完善，从业人员技术能力显著提升，行业复合型人才、高技能人才比例不断提高，人才结构明显改善，培养一批行业领军人物。发展效益进一步提高，工程勘察设计行业营业收入持续增长，年增长率不低于GDP增幅。工程总承包、全过程工程咨询、建筑师负责制等新业务模式得到有效推行。大型勘察设计企业综合化、集成化发展，中小型勘察设计企业专业化、特色化发展，培育一批高端设计咨询服务品牌，“中国设计”国际竞争力逐步增强。

二、绿色低碳理念

（一）健全市场运行机制，优化发展环境。稳步推进市场准入制度改革，优化勘察设计企业资质管理制度，逐步精简企业资质类别、等级。完善注册建筑师、勘察设计注册工程师考试制度，推进注册执业管理制度实施，培育壮大注册执业人员队伍。完善个人执业资格制度，进一步落实注册执业人员的权利和责任。强化属地管理责任，定期组织开展集中检查及动态核查，加强对企业和相关技术人员的监管和核查惩戒力度。营造健康有序市场环境，进一步清理废除妨碍全国勘察设计统一市场和公平竞争的规定和做法，完善对跨地区、跨行业承揽业务企业的监管机制，构建开放有序的全国勘察设计市场。组织编制不同种类工程建设组织模式下的合同示范文本，维护市场主体平等地位。支持行业协会发布行业服务成本信息，探索推进“人工时”计价模式，引导合理设计取费和设计周期。充分发挥行业组织作用，鼓励企业加强合作，优势互补，资源共享，打造良好行业生态。进一步优化招投标管理制度，持续完善勘察设计招投标机制，探索符合勘察设计特点的招标方式。倡导按质择优的评标原则，适度增加技术标权重，鼓励品质竞争，营造公平竞争环境。推动实施投标方案未中标经济补偿制度，保护创作积极性。探索评定分离制度，强化发包方自主定标权利和责任。推行专家评审意见公示制度，接受公众和舆论监督。完善信用管理和协同监管机制，推进将勘察设计质量信息、建设工程消防设计审查技术服务信息纳入信用信息管理。建立信用信息报送和共享制度，推进信用信息科学规范使用，构建以信用为基础的新型勘察设计市场和质量安全协同监管机制。完善信用惩戒机制，鼓励市场主体开展信用修复。完善全国建筑市场监管公共服务平台，加强与交通、水利等相关平台互联互通和信息共享，加大勘察设计信用信息公开力度。保障勘察设计质量，严守发展底线。加强建筑和城市风貌管理，严把建筑设计方案审查关，完善城市、街区、建筑等相关设计规范和管理制度，强化城市设计对建筑的指导约束。加强超大体量公共建筑、超高层地标建筑、重点地段建筑和大型城市雕塑管理，大型公共建筑设计方案要按照重大建筑项目管理程序进行审议和审批。探索建立城市总建筑师制度。开展“国家建筑奖”评选工作，引领建筑设计和建造水平全面提升。完善勘察设计质量责任体系，全面落实各参建单位勘察设计质量责任，突出建设单位首要责任，明确勘察设计企业主体责任。推动勘察设计企业加强质量体系建设，完善质量内控机制，确保企业质量岗位责任制度的科学性和有效性。进一步落实勘察设计企业法定代表人、项目负责人、专业负责人、注册执业人员责任，完善质量终身责任追究制度。健全处罚机制，依法依规对勘察设计违法违规行为严肃处罚。创新勘察设计质量监管方式，严格执行《建设工程勘察质量管理办法》，推进勘察质量监管信息化，进一步加强勘察质量过程和结果监管。全面推进设计质量监管信息化建设，强化政府设计质量监管信息化平台互联互通。加强勘察设计质量事中事后监管，不断完善“双随机、一公开”监管相关配套制度和工作机制，将随机抽查的比例频次、被抽查概率与抽查对象的信用等级、风险程度挂钩。深化施工图审查制度改革，推进施工图审查制度改革，强化施工图审查监管作用，严格落实建设单位、勘察设计企业和施工图审查机构责任。加大施工图审查信息公开力度，为政府监管和行业诚信体系建设提供重要数据支撑。完善施工图联合审查机制。聚焦结构、消防等安全审查，提高审查效率效能。推进施工图审查数字化、智能化，扩大人工智能审图试点范围，逐步推广BIM审图。探索建立勘察设计质量保险制度，鼓励开展勘察设计质量保险相关研究，研发满足行业和市场需要的险种。研究个人与企业风险分担模式，科学界定个人和企业之间的责权利关系，提升从业人员质量责任意识和风险控制能力。建立由最终用户潜在质量缺陷保险、勘察设计职业责任保险等构成的勘察设计质量保险体系，发挥保险等金融工具对提升勘察设计质量的促进作用。

（二）贯彻绿色低碳理念，提高发展质量。全面落实绿色发展理念，全面树立因地制宜、低碳发展、清洁生产、文化传承的绿色发展理念，倡导“被动式技术优先、主动式技术优化”设计原则，优化功能空间布局，充分发掘场地空间、工程本体与设备在节约资源方面的潜力。倡导有效利用地域自然条件，尊重城市肌理、产业特征和地域风貌，实现建筑布局、工艺布局、交通组织、场地环境、场地设施和管网的合理设计，推动工程建设领域绿色低碳转型发展。提升建筑绿色低碳设计水平，按照《绿色建筑评价标准》等相关标准，全面推广绿色建筑设计，提高建筑节能水平。强化绿色建筑设计方案技术论证，发挥设计在工程价值链上的引领作用。推动绿色建筑设计理念、方法、应用技术创新，形成涵盖安全耐久、健康舒适、生活便利、资源节约、环境宜居等方面的绿色建筑技术体系。强化住宅健康性能设计，提升室内空气、水质、隔声等设计水平。加强建筑碳排放计算，充分考虑建材生产、建筑设计、建筑施工、建筑拆除等全生命周期碳减排。探索建立绿色建筑设计、评估、反馈机制，促进设计技术不断迭代优化。鼓励各地因地制宜制定绿色建筑设计导则。发挥绿色勘察基础作用，倡导绿色勘察理念，鼓励对岩土工程工艺、工法进行创新，加强勘察工作中的环境保护。强化勘察工作全过程服务，重视可行性研究及方案设计阶段的勘察工作，加强地质地理环境特征和岩土工程条件分析，提高地基基础方案建议的科学性和针对性。提高勘察数据准确性，减少因勘察原因产生的重大变更，节约工期和造价。加强低碳关键技术研发和应用，鼓励绿色低碳关键技术与设备产品研发创新，持续完善绿色低碳技术体系。研究既有建筑最大化利用等城市更新关键技术，研究可再生能源建筑一体化应用、建筑电气化等建筑低碳关键技术，合理利用浅层地能、太阳能、风能等可再生能源以及余热资源，大力推广超低能耗、近零能耗建筑，发展零碳建筑技术。鼓励绿色建材、低碳技术等在工程建设全生命周期中的应用。完善建筑工程质量标准，进一步完善建筑工程项目性能标准指标，提高安全标准指标，合理确定节能、室内外环境质量、无障碍、适老化等建筑品质指标。完善抗震设计标准，研究制定工程抗震鉴定和加固标准、工程减震隔震等抗震新技术应用标准。研究完善绿色建筑设计、施工、运行维护标准，完善既有建筑绿色改造技术及评价标准。编制超低能耗、近零能耗建筑相关标准。提升科技创新能力，增强发展动力。完善勘察设计科技创新体制机制，引导社会多方力量参与，形成以企业为主体、市场为导向、政府为引导的工程勘察设计行业科技创新体系。深化科技创新合作，支持勘察设计企业、科研机构、高等院校、生产厂商等共同开展科研攻关任务。引导建立以质量、贡献、绩效为核心指标的科技创新评价体系，加强科技创新与资质、职称、评优评奖等关联，激发从业人员创新动力。以设计为先导推广应用具有自主知识产权的先进技术、工艺设备、新型材料，推进科技创新成果应用。持续加强前瞻性技术研究，强化基础学科和交叉学科建设，鼓励科研机构、高等院校自主布局基础理论研究。鼓励勘察设计企业加大研发投入，围绕生态环保、数字化、新型城镇化建设、重大工程、建设工程消防安全、防灾减灾等领域开展前瞻性研究，创新设计方法，开发核心技术、专利技术及产品。支持有条件的企业创建研发中心、重点实验室、院士大师专家工作站、博士后工作站等科技创新平台，提升创新能力和国际竞争力。发挥企业创新主体作用，强化企业创新主体地位，引导建立创新机制和激励制度，激发企业创新活力。开展工程勘察设计行业转型试点，培育一批有影响力的创新型领军企业。鼓励中小型勘察设计企业在专业细分领域开展技术创新和产品创新，积极争取国家引导基金支持，支持中小型企业“专精特新”发展。增强方案设计原创能力，尊重城市发展规律，将绿色低碳、人文关怀、科技创新融入设计实践。深入研究中国历史传统文化、地域文化，充分融合国内外先进设计思想，完善中国特色建筑理论体系。鼓励建筑师在工程实践中大胆创新，形成多样化的本土建筑风格。建立健全建筑设计方案比选和公开公示制度，鼓励开展方案竞赛，提升原创设计水平。倡导开展建筑评论，促进建筑设计理念交融和升华，推进优秀传统建筑文化传承和创新。

（三）推动行业数字转型，提升发展效能。推进勘察设计企业管理信息系统升级迭代，以信息技术赋能勘察设计企业管理创新，优化管理模式，重塑管理流程，持续完善企业管理、生产管理信息系统数据与功能的无缝集成，逐步实现全面动态业务管理。鼓励有条件的勘察设计企业建立数据资产管理信息系统，利用先进技术手段进行数据治理和分级分类管理，保障数据资产安全完整、合理配置、有效利用。推进BIM全过程应用，加快提升BIM设计软件性能，重点突破三维图形平台、建模软件、数据管理平台，开发基于BIM、5G、云计算等技术的协同设计应用系统。加快推进BIM正向协同设计，倡导多专业协同、全过程统筹集成设计，优化设计流程，提高设计效率。鼓励企业优化BIM设计组织方式，统一工作界面、模型细度和样板文件，不断丰富和完善BIM构件库资源。逐步推广基于BIM技术的工程项目数字化资产管理和智慧化运维服务。推广工程项目数字化交付，优化行政审批、成果交付与应用、档案管理等方面制度规定，推进工程项目设计方案BIM交付，完善工程项目设计及竣工成果数字化交付体系。推进BIM软件与CIM平台集成开发公共服务平台研究与应用，积极探索工程项目数字化成果与CIM基础平台数据融合，研究建立数据同步机制。积极推进智能化标准化集成化设计，构建资源配置合理、专业分工明确、数据交互共享、成果系统集成的网络化设计环境，积极探索跨组织、跨地域勘察设计协同工作新模式。鼓励勘察设计企业建立知识管理系统，收集设计方案、标准规范、设计图集等知识资源。积极推广知识图谱和人工智能技术应用，促进勘察设计智能化，不断提升勘察设计质量和效率。推行建筑、结构、设备管线、装修等多专业一体化集成设计，推广少规格、多组合设计方法。实施建筑平面、立面标准化设计，选用标准化部品部件及其接口，避免二次拆分设计。充分发挥装配式建筑集成综合优势，落实设计选型标准，促进设计和生产、施工有效衔接，提升新型建筑工业化水平。

三、创新人才培养和激励机制

推进多元服务模式，完善发展方式。稳步推进工程总承包模式，发挥以设计为主导的工程总承包示范项目引领作用，鼓励有条件的设计企业承接技术复杂的建筑工程、市政工程以及以工艺为主导的工业工程总承包项目，提升设计的科学性、安全性、精细度和施工便利性。引导有条件的设计企业建立与工程总承包相适应的组织机构和管理体系，进一步转变生产经营理念和组织实施方式，培育工程综合服务能力，推动与国际化生产组织方式接轨。鼓励政府投资项目和国有企业投资项目优先采用工程总承包模式。推广全过程工程咨询，支持勘察设计企业向产业链前后延伸，发展涵盖投资决策、工程建设、运营等环节的全过程工程咨询服务模式。加快建立全过程工程咨询服务交付标准、工作流程、合同体系和管理体系，明确工程建设各方责权利关系，完善服务酬金计取方式，为勘察设计企业开展全过程工程咨询服务创造条件。鼓励政府投资项目和国有企业投资项目带头推行全过程工程咨询。推进建筑师负责制，在民用建筑工程项目中推行建筑师负责制，发挥建筑师对建筑工程品质管控作用。深化建筑师负责制试点并跟踪评估进展情况，建立健全与建筑师负责制相配套的制度体系。研究起草建筑师负责制有关指导意见、合同示范文本，制定多类别、多层次的建筑师负责制工作清单，厘清责权利关系，规范执业行为。优化注册建筑师考试内容，强化继续教育中建筑师负责制的有关内容，提升建筑师综合协调能力。进一步推行岩土工程专业体制，提升岩土工程在工程建设全过程的专业集成化服务价值，推动具备条件的勘察企业提供岩土工程勘察、设计、施工、监测一体化服务。发挥注册土木工程师（岩土）在岩土工程技术服务中的主导作用，落实执业责任。强化岩土工程原位测试、检测监测先进技术应用，鼓励岩土工程专业分析技术和治理工艺、工法、设备研发与创新。鼓励发展国产岩土工程设备，促进岩土工程设备数字化、智能化发展。优化人才培养体系，筑牢发展基础。创新人才培养和激励机制，深化“产学研设”联动培养机制，鼓励企业同科研机构、高等院校联合，推进工程勘察设计行业人才跨学科、跨专业培养，培养大批卓越工程师。完善从业人员继续教育课程设计，增加前沿技术、项目管理、造价控制、施工管理、消防设计施工等培训内容，提升从业人员全过程综合服务能力。鼓励企业传承创新“传帮带”培养模式，结合项目实践提升年轻专业技术人员业务能力。鼓励企业建立与岗位职责、工作业绩、实际贡献紧密结合的分配激励机制，通过权益性激励、内部创业平台、合伙人等模式激发人才潜力。壮大行业领军人才队伍，鼓励企业加大对领军人才的扶持力度，引导支持企业布局各类创新型人才专项计划，大力选拔培养一批具有发展潜力的中青年科技创新领军人才，积极打造一批具有较强技术前瞻性和较高潜在价值的工程科研创新团队。完善全国工程勘察设计大师管理制度，探索建立后评估机制，更好地发挥大师在带团队、做项目、做科研等方面的作用。增强注册执业人员综合能力，调整完善执业资格考试内容，更加重视注册执业人员对于施工、监理、运营、维护等产业链后端环节的把控能力。引导和支持勘察设计企业加大对注册执业人员的引进和培养力度，增加注册执业人员数量，提升注册执业人员质量。进一步完善勘察设计注册工程师管理规定，规范勘察设计注册工程师执业活动。加强行业人员职业道德建设，大力倡导专业、公正、负责、诚信的职业精神，加强注册执业人员法律法规、职业道德等方面的继续教育。加强行业引导，促进行业自律，支持行业协会制定勘察设计从业人员职业道德基本准则，为加强职业道德建设、规范从业行为提供指引和依据。

第四节　建筑业发展规划

一、发展目标

根据《国民经济和社会发展第十四个五年规划和2035年远景目标纲要》，住房和城乡建设部编制建筑业发展规划，主要阐明建筑业发展的战略方向，明确发展目标和主要任务，是行业发展的指导性文件。“十四五”是新发展阶段的开局起步期，是实施城市更新行动、推进新型城镇化建设的机遇期，也是加快建筑业转型发展的关键期。建筑市场作为我国超大规模市场的重要组成部分，是构建新发展格局的重要阵地，在与先进制造业、新一代信息技术深度融合发展方面有着巨大的潜力和发展空间。城市发展由大规模增量建设转为存量提质改造和增量结构调整并重，将为建筑业提供难得的转型发展机遇。建筑业迫切需要树立新发展思路，将扩大内需与转变发展方式有机结合起来，从追求高速增长转向追求高质量发展，从“量”的扩张转向“质”的提升，走出一条内涵集约式发展新路。2035年远景目标以建设世界建造强国为目标，着力构建市场机制有效、质量安全可控、标准支撑有力、市场主体有活力的现代化建筑业发展体系。到2035年，建筑业发展质量和效益大幅提升，建筑工业化全面实现，建筑品质显著提升，企业创新能力大幅提高，高素质人才队伍全面建立，产业整体优势明显增强，“中国建造”核心竞争力世界领先，迈入智能建造世界强国行列，全面服务社会主义现代化强国建设。“十四五”时期发展目标对标2035年远景目标，初步形成建筑业高质量发展体系框架，建筑市场运行机制更加完善，营商环境和产业结构不断优化，建筑市场秩序明显改善，工程质量安全保障体系基本健全，建筑工业化、数字化、智能化水平大幅提升，建造方式绿色转型成效显著，加速建筑业由大向强转变，为形成强大国内市场、构建新发展格局提供有力支撑。国民经济支柱产业地位更加稳固；产业链现代化水平明显提高；绿色低碳生产方式初步形成（新建建筑施工现场建筑垃圾排放量控制在每万平方米300吨以下）；建筑市场体系更加完善；工程质量安全水平稳步提升。

二、发展主要任务

加快智能建造与新型建筑工业化协同发展：完善智能建造政策和产业体系；夯实标准化和数字化基础，2025年基本形成BIM技术框架和标准体系；推广数字化协同设计；大力发展装配式建筑；打造建筑产业互联网平台，建筑产业互联网平台体系初步形成，培育一批行业级、企业级、项目级平台和政府监管平台；加快建筑机器人研发和应用，形成一批建筑机器人标志性产品，实现部分领域批量化应用；推广绿色建造方式，各地区建筑垃圾减量化工作机制进一步完善，实现新建建筑施工现场建筑垃圾（不包括工程渣土、工程泥浆）排放量每万平方米不高于300吨，其中装配式建筑排放量不高于200吨。健全建筑市场运行机制：加强建筑市场信用体系建设，2025年基本形成覆盖建筑业的“互联网＋政务服务”和“互联网＋监管”体系，对接支撑建筑产业互联网平台；深化招标投标制度改革；完善企业资质管理制度；强化个人执业资格管理；推行工程担保制度；完善工程监理制度；深化工程造价改革。完善工程建设组织模式：推广工程总承包模式；发展全过程工程咨询服务；推行建筑师负责制。培育建筑产业工人队伍：改革建筑劳务用工制度；加强建筑工人实名制管理；保障建筑工人合法权益。完善工程质量安全保障体系：提升工程建设标准水平；落实工程质量安全责任；全面提高工程质量安全监管水平，2025年预拌混凝土管理法规制度更加完备，预拌混凝土质量总体可控、稳中有升，重大安全风险管控和隐患排查治理机制更加健全，安全生产责任体系更加完善，安全科技支撑能力显著增强，施工安全事故得到有效遏制；构建工程质量安全治理新局面；强化勘察设计质量管理；优化工程竣工验收制度；推进工程质量安全管理标准化和信息化，城市轨道交通工程质量安全责任体系、风险防控体系更加健全，标准化、信息化、智能化水平明显提升。稳步提升工程抗震防灾能力：健全工程抗震防灾制度和标准体系；严格建设工程抗震设防监管；推动工程抗震防灾产业和技术发展；提升抗震防灾管理水平和工程抗震能力。加快建筑业“走出去”步伐：推进工程建设标准国际化；提高企业对外承包能力；加强国际交流与合作。强化规划实施，各地要加大统筹、协调和支持力度，建立协同推进机制，加强动态跟踪。发挥好行业自律作用，提升服务行业和企业的能力。开展评估考核，加强对规划实施情况的统计监测和绩效评估，根据任务进展情况、阶段目标完成情况、技术发展新动向等对规划进行动态调整。完善监督考核机制，调动社会各界支持建筑业高质量发展的积极性，营造良好的发展环境。

三、住房和城乡建设高质量发展

坚持稳中求进工作总基调，完整、准确、全面贯彻新发展理念，持续实施城市更新行动和乡村建设行动，打造宜居、韧性、智慧城市，建设宜居宜业和美乡村，促进房地产市场平稳健康发展，推动建筑业工业化、数字化、绿色化转型升级，着力在服务新发展格局、推动高质量发展上取得新突破，着力在推动绿色发展、促进人与自然和谐共生上实现新进展，着力在保障质量安全、为社会提供高品质建筑产品上作出新贡献，奋力开创新征程住房和城乡建设事业高质量发展新局面。城市建设工作必须紧紧围绕打造宜居、韧性、智慧城市这个目标任务。在规划设计方面，落实好国土空间规划纲要，编制好城镇开发边界内的建设专项规划。尊重城市发展规律，研究建立城市设计管理制度，提高城市的宜居性和韧性。研究建立建设工程许可制度，以工程质量安全为核心，构建从建设工程设计、到施工、到验收、再到运维的闭环管理制度。建筑业是重要的实体经济，为经济社会发展提供重要支撑。资质审批要提速，增加审批频次，提高审批效率。严格实施项目建设全过程动态监管，构建诚信守法、公平竞争、追求品质的市场环境。施工现场要向科技进步要质量、要安全、要效益，突出提品质、降成本两个主攻方向，集中攻关关键核心技术，大力推广应用新材料、新工法、新产品，加强建筑工人队伍培训教育。要大力推进数字化建设，举全行业之力打造“数字住建”。落实新时期建筑方针，要将适用、经济、绿色、美观的新时期建筑方针贯穿到设计、施工、运维全过程。国家建筑奖、勘察设计大师评选、鲁班奖等都要向住宅项目倾斜，树立鲜明的为民导向。要加强科技引领，持续巩固提升世界领先技术，大力推广应用惠民实用技术，以科技赋能住房和城乡建设事业高质量发展。要深化改革创新，以高质量发展为目标，加快形成与高质量发展要求相适应的新的制度体系、新的发展模式。要健全住房和城乡建设领域法规体系、标准体系，加快住房和城乡建设领域数字化应用，建立新型智库。推动住房和城乡建设事业高质量发展迈出新步伐，以增信心、防风险、促转型为主线，促进房地产市场平稳健康发展。大力支持刚性和改善性住房需求，因城施策、精准施策。大力增加保障性租赁住房供给，扎实推进棚户区改造，新开工建设筹集保障性租赁住房、公租房和棚改安置住房360万套（间）。积极发挥住房公积金作用，推进住房公积金数字化发展；以实施城市更新行动，着力打造宜居、韧性、智慧城市。在设区的城市开展完整社区建设试点，新开工改造城镇老旧小区5.3万个以上。加快城市基础设施更新改造，新开工城市燃气管道等老化更新改造10万公里以上，改造建设雨水管网1.5万公里以上，因地制宜推进地下综合管廊建设；以深化城市管理改革为动力，提高城市科学化、精细化、智能化管理水平。加强城市管理统筹协调，发挥好综合执法的统筹协调、督导服务作用。以提升现代生活条件为目标，建设宜居宜业的美丽村镇。实施农房质量安全提升工程，继续开展农村危房改造和农房抗震改造，推进现代宜居农房建设，深入开展乡村建设评价，因地制宜建设小城镇，提高基础设施、公共服务设施建设水平；以建筑业工业化、数字化、绿色化为方向，不断提升建筑品质。资质审批要提速，限时办理。提升住宅设计水平，健全工程质量保障体系，启动涵盖建筑全生命周期的质量保险试点，发展智能建造、装配式建筑等新型建造方式；以彰显地域特征、民族特色和时代风貌为核心，加强城乡历史文化保护传承。推进历史文化名镇名村保护工作，构建保护传承体系，持续开展专项评估，推进历史文化街区修复和历史建筑修缮，加强传统村落保护利用；以协同推进降碳、减污、扩绿为路径，切实推动城乡建设绿色低碳发展。加快建筑节能和绿色建筑发展，扎实推进垃圾分类处理，加强城市园林绿化建设，大力推进公园绿地开放共享，再创建一批国家生态园林城市；以健全风险防控机制为关键，坚决守住城乡建设领域安全底线。启动城市基础设施生命线安全工程建设，建立住房和城乡建设领域安全生产信息员制度，持续抓好自建房、燃气安全专项整治，继续深入开展房屋市政工程安全生产治理行动；以制度创新和科技创新为引擎，激发住房和城乡建设事业高质量发展动力活力。推进住房和城乡建设领域立法工作，构建新型工程建设标准体系，推进工程建设项目审批制度改革，深化“数字住建”建设，支持国家建筑绿色低碳技术创新中心建设，加强住房和城乡建设领域智库建设，使智库成为政策研究和科技创新的支撑；持续为世界人居领域发展作贡献，推进工程建设领域职业资格国际互认、工程建设标准的国际化对接与融合。

第五节　建设工程企业资质管理改革

一、资质管理改革

充分发挥市场在资源配置中的决定性作用，更好地发挥政府作用，坚持以推进建筑业供给侧结构性改革为主线，持续优化营商环境，大力精简企业资质类别，归并等级设置，简化资质标准，优化审批方式，进一步放宽建筑市场准入限制，降低制度性交易成本，加快推动建筑业转型升级，实现高质量发展。加大事中事后监管力度，切实保障建设工程质量安全。精简资质类别，归并等级设置。进一步优化建筑市场营商环境，工程勘察资质分为综合资质和专业资质，工程设计资质分为综合资质、行业资质、专业和事务所资质，施工资质分为综合资质、施工总承包资质、专业承包资质和专业作业资质，工程监理资质分为综合资质和专业资质。资质等级原则上压减为甲、乙两级（部分资质只设甲级或不分等级），资质等级压减后，中小企业承揽业务范围将进一步放宽。放宽准入限制，激发企业活力。住房和城乡建设部会同国务院有关主管部门制定统一的企业资质标准，大幅精简审批条件，放宽对企业资金、主要人员、工程业绩和技术装备等的考核要求。适当放宽部分资质承揽业务规模上限，多个资质合并新资质承揽业务范围相应扩大至整合前各资质许可范围内的业务，充分发挥市场在资源配置中的决定性作用。下放审批权限，方便企业办事。将除综合资质外的其他等级资质，下放至省级及以下有关主管部门审批（其中，涉及公路、水运、水利、通信、铁路、民航等资质的审批权限由国务院住房和城乡和建设主管部门会同国务院有关部门根据实际情况决定），方便企业就近办理。企业资质全国通用，维护统一规范的建筑市场。优化审批服务，推行告知承诺制。深化“互联网＋政务服务”，企业资质审批事项线上办理，实行全程网上申报和审批，推行电子资质证书，实现企业资质审批“一网通办”，并在全国建筑市场监管公共服务平台公开发布企业资质信息。加快推行企业资质审批告知承诺制，扩大告知承诺制使用范围，提升企业资质审批的规范化和便利化水平。加强事中事后监管，保障工程质量安全，全面推行“双随机、一公开”监管方式和“互联网+监管”模式。

二、制度改革措施

（一）持续深化工程招投标制度改革，完善工程招标资格审查制度，调整工程项目招标条件设置，引导建设单位更多从企业实力、技术力量、管理经验等方面综合考察，自主选择符合工程建设要求的企业。积极培育全过程工程咨询服务机构，为业主选择合格企业提供专业化服务。大力推行工程总承包，引导企业依法自主分包。完善注册人员职业资格管理制度，明确注册人员在工程建设活动中的权利、义务和责任，推动建立个人执业责任保险制度，持续规范执业行为，落实工程质量终身责任制，为提升工程品质、保障安全生产提供有力支撑。加强监督指导，制定建设工程企业资质标准指标说明，进一步细化审批标准和要求，提升资质审批服务能力和水平。进一步完善建筑市场信用体系，强化信用信息在工程建设各环节的应用。加快推行工程担保和保险制度，规范工程建设各方主体行为，有效控制工程风险。做好资质标准修订和换证工作，确保平稳过渡，合理调整企业资质考核指标。设置过渡期，按照新旧资质对应关系直接换发新资质证书，不再重新核定资质。建设工程企业资质改革措施和改革后建设工程企业资质分类分级，详见表 1-1、表 1-2。

建设工程企业资质改革措施 **表1-1**

1. 工程勘察资质			
资质类别	序号	勘察资质类型	改革措施
综合资质	1	综合资质	保留，不分等级
专业资质	1	岩土工程	合并为岩土工程专业，设甲、乙两级
	2	岩土工程勘察分项	
	3	岩土工程设计分项	
	4	岩土工程物探测试检测监测分项	
	5	水文地质勘察	
	6	海洋工程勘察	
	7	海洋岩土勘察分专业	
	8	海洋工程环境调查分专业	
	9	工程测量	合并为工程测量专业，设甲、乙两级
	10	海洋工程测量分专业	
劳务资质	1	工程钻探	与岩土工程物探测试检测监测分项部分内容合并为勘探测试专业，设甲、乙两级
	2	凿井	

2. 工程设计资质				
资质类别	序号	行业	设计资质类型	改革措施
综合资质	1	综合	综合资质	保留，不分等级
行业资质及其包含专业资质	1	建筑	建筑行业资质	保留，设甲、乙两级
			建筑工程专业	保留，设甲、乙两级
			人防工程专业	保留，设甲、乙两级
	2	市政	市政行业资质	保留，设甲、乙两级
			行业资质（燃气工程、轨道交通工程除外）	保留，设甲、乙两级
			给水工程专业	保留，设甲、乙两级
			排水工程专业	保留，设甲、乙两级
			城镇燃气工程专业	保留，设甲、乙两级
			热力工程专业	保留，设甲、乙两级
			道路工程专业	合并为道路与公共交通工程专业，设甲、乙两级
			公共交通工程专业	
			桥梁工程专业	保留，设甲、乙两级
			城市隧道工程专业	保留，只设甲级
			载人索道专业	并入机械军工行业机械工程专业
			轨道交通工程专业	保留，只设甲级
			环境卫生工程专业	并入环境工程通用专业
	3	公路	公路行业资质	保留，只设甲级
			公路专业	保留，设甲、乙两级
			特大桥梁专业	保留，只设甲级
			特长隧道专业	保留，只设甲级
			交通工程专业	保留，设甲、乙两级

续表

2. 工程设计资质				
资质类别	序号	行业	设计资质类型	改革措施
行业资质及其包含专业资质	4	铁道	铁道行业资质	调整为铁路行业，设甲、乙两级
			桥梁专业	保留，只设甲级
			隧道专业	保留，只设甲级
			轨道专业	保留，只设甲级
			电气化专业	保留，只设甲级
			通信信号专业	保留，只设甲级
	5	水运	水运行业资质	调整为港口与航道行业，设甲、乙两级
			港口工程专业	合并为港口工程专业，设甲、乙两级
			港口装卸工艺专业	
			修造船厂水工工程专业	
			航道工程专业	合并为航道工程专业，设甲、乙两级
			通航建筑工程专业	
			水上交通管制工程专业	
	6	民航	民航行业资质	保留，设甲、乙两级
	7	水利	水利行业资质	保留，设甲、乙两级
			水库枢纽专业	保留，设甲、乙两级
			引调水专业	保留，设甲、乙两级
			灌溉排涝专业	保留，设甲、乙两级
			围垦专业	保留，设甲、乙两级
			河道整治专业	合并为河道整治与城市防洪专业，设甲、乙两级
			城市防洪专业	
			水土保持专业	合并为水土保持与水文设施专业，设甲、乙两级
			水文设施专业	
	8	电力	电力行业资质	保留，设甲、乙两级
			火力发电专业（含核电站常规岛设计）	调整为火力发电工程专业，设甲、乙两级
			水力发电专业（含抽水蓄能、潮汐）	调整为水力发电工程专业，设甲、乙两级
			风力发电专业	合并为新能源发电工程专业，设甲、乙两级
			新能源发电专业	
			送电工程专业	合并为送变电工程专业，设甲、乙两级
			变电工程专业	
	9	核工业	核工业行业资质	并入电力行业
			反应堆工程设计（含核电站反应堆工程）专业	合并为核工业工程专业，设甲、乙两级
			核燃料加工制造及处理工程专业	
			铀矿山及选冶工程专业	
			核设施退役及放射性三废处理处置工程专业	
			核技术及同位素应用工程专业	
	10	煤炭	煤炭行业资质	保留，设甲、乙两级
			矿井专业	保留，设甲、乙两级
			露天矿专业	保留，设甲、乙两级
			选煤厂专业	保留，设甲、乙两级

续表

2. 工程设计资质				
资质类别	序号	行业	设计资质类型	改革措施
行业资质及其包含专业资质	11	冶金	冶金行业资质	与建材行业合并为冶金建材行业，设甲、乙两级
			金属冶炼工程专业	合并为冶金工程专业，设甲、乙两级
			金属材料工程专业	
			焦化和耐火材料工程专业	
			冶金矿山工程专业	调整为冶金建材矿山工程专业，设甲、乙两级
	12	建材	建材行业资质	与冶金行业合并为冶金建材行业，设甲、乙两级
			水泥工程专业	合并为建材工程专业，设甲、乙两级
			玻璃、陶瓷、耐火材料工程专业	
			新型建筑材料工程专业	
			无机非金属材料及制品工程专业	
			非金属矿及原料制备工程专业	调整为冶金建材矿山工程专业，设甲、乙两级
	13	化工石化医药	化工石化医药行业资质	保留，设甲、乙两级
			炼油工程专业	合并为化工工程专业，设甲、乙两级
			化工工程专业	
			化工矿山专业	保留，设甲、乙两级
			石油及化工产品储运专业	保留，设甲、乙两级
			生化、生物药专业	合并为原料药专业，设甲、乙两级
			化学原料药专业	
			中成药专业	合并为医药工程专业，设甲、乙两级
			药物制剂专业	
			医疗器械专业（含药品内包装）	
	14	石油天然气	石油天然气行业资质	并入化工石化医药行业，设甲、乙两级
			油田地面专业	合并为油气开采专业，设甲、乙两级
			气田地面专业	
			海洋石油专业	保留，设甲、乙两级
			管道输送专业	并入石油及化工产品储运专业，设甲、乙两级
			油气库专业	
			油气加工专业	并入化工工程专业，设甲、乙两级
			石油机械制造与修理专业	
	15	电子通信广电	电子工程行业资质	与通信、广电行业合并为电子通信广电行业，设甲、乙两级
			电子整机产品项目工程专业	合并为电子工业工程专业，设甲、乙两级
			电子基础产品项目工程专业	
			显示器件项目工程专业	
			微电子产品项目工程专业	
			电子特种环境工程专业	
			电子系统工程专业	保留，设甲、乙两级
			通信工程行业资质	与电子、广电行业合并为电子通信广电行业，设甲、乙两级
			有线通信专业	保留，设甲、乙两级
			邮政工程专业	取消，已取得邮政工程专业资质的企业，可直接换发相应等级的建筑工程专业资质

续表

2. 工程设计资质				
资质类别	序号	行业	设计资质类型	改革措施
行业资质及其包含专业资质	15	电子通信广电	无线通信专业	合并为无线通信专业，设甲、乙两级
			通信铁塔专业	
			广电工程行业资质	与电子、通信行业合并为电子通信广电行业，设甲、乙两级
			广播电视中心专业	合并为广播电视制播与电影工程专业，设甲、乙两级
			电影工程专业	
			广播电视发射专业	合并为传输发射工程专业，设甲、乙两级
			广播电视传输专业	
	16	机械	机械行业资质	与军工合并为机械军工行业，设甲、乙两级
			通用设备制造业工程专业	合并为机械工程专业，设甲、乙两级
			专用设备制造业工程专业	
			交通运输设备制造业工程专业	
			电气机械设备制造业工程专业	
			金属制品业工程专业	
			仪器仪表及文化办公机械制造业工程专业	
			机械加工专业	
			热加工专业	
			表面处理专业	
			检测专业	
			物料搬运及仓储专业	
	17	军工	军工行业资质	与机械合并为机械军工行业，设甲、乙两级
			导弹及火箭弹工程专业	合并为军工工程专业，设甲、乙两级
			弹、火工品及固体发动机工程专业	
			燃机、动力装置及航天发动机工程专业	
			控制系统、光学、光电、电子、仪表工程专业	
			科研、靶场、试验、教育培训工程专业	
			地面设备工程专业	
			航天空间飞行器工程专业	
			运载火箭制造工程专业	
			地面制导站工程专业	
			航空飞行器工程专业	
			机场工程专业	
			船舶制造工程专业	
			船舶机械工程专业	
			船舶水工工程专业	
			坦克、装甲车辆工程专业	
			枪、炮工程专业	
			火、炸药工程专业	
			防化、民爆器材工程专业	
	18	轻纺	轻纺行业资质	与农林、商物粮行业合并为轻纺农林商物粮行业，设甲、乙两级
			轻工工程行业资质	
			纺织工程行业资质	

续表

<table>
<tr><td colspan="5">2. 工程设计资质</td></tr>
<tr><td>资质类别</td><td>序号</td><td>行业</td><td>设计资质类型</td><td>改革措施</td></tr>
<tr><td rowspan="37">行业资质及其包含专业资质</td><td rowspan="13">18</td><td rowspan="13">轻纺</td><td>制浆造纸工程专业</td><td rowspan="8">合并为轻工工程专业，设甲、乙两级</td></tr>
<tr><td>食品发酵烟草工程专业</td></tr>
<tr><td>制糖工程专业</td></tr>
<tr><td>日化及塑料工程专业</td></tr>
<tr><td>日用硅酸盐工程专业</td></tr>
<tr><td>制盐及盐化工程专业</td></tr>
<tr><td>皮革毛皮及制品专业</td></tr>
<tr><td>家电电子及日用机械专业</td></tr>
<tr><td>纺织工程专业</td><td rowspan="5">合并为纺织工程专业，设甲、乙两级</td></tr>
<tr><td>印染工程专业</td></tr>
<tr><td>服装工程专业</td></tr>
<tr><td>化纤原料工程专业</td></tr>
<tr><td>化纤工程专业</td></tr>
<tr><td rowspan="12">19</td><td rowspan="12">农林</td><td>农林行业资质</td><td rowspan="3">与轻纺、商物粮行业合并为轻纺农林商物粮行业，设甲、乙两级</td></tr>
<tr><td>农业工程行业资质</td></tr>
<tr><td>林业工程行业资质</td></tr>
<tr><td>农业综合开发生态工程专业</td><td rowspan="4">合并为农业工程专业，设甲、乙两级</td></tr>
<tr><td>种植业工程专业</td></tr>
<tr><td>兽医／畜牧工程专业</td></tr>
<tr><td>渔港／渔业工程专业</td></tr>
<tr><td>设施农业工程专业</td></tr>
<tr><td>林产工业工程专业</td><td rowspan="5">合并为林业工程专业，设甲、乙两级</td></tr>
<tr><td>林产化学工程专业</td></tr>
<tr><td>营造林工程专业</td></tr>
<tr><td>林业资源环境工程专业</td></tr>
<tr><td>森林工业工程专业</td></tr>
<tr><td rowspan="7">20</td><td rowspan="7">商物粮</td><td>商物粮行业资质</td><td>与轻纺、农林行业合并为轻纺农林商物粮行业，设甲、乙两级</td></tr>
<tr><td>冷冻冷藏工程专业</td><td rowspan="6">合并为商物粮专业，设甲、乙两级</td></tr>
<tr><td>肉食品加工工程专业</td></tr>
<tr><td>批发配送与物流仓储工程专业</td></tr>
<tr><td>成品油储运工程专业</td></tr>
<tr><td>粮食工程专业</td></tr>
<tr><td>油脂工程专业</td></tr>
<tr><td rowspan="5">21</td><td rowspan="5">海洋</td><td>海洋行业资质</td><td rowspan="5">取消，已取得海洋行业和专业资质的企业，可直接换发水利、电力等相近行业的相应资质</td></tr>
<tr><td>沿岸工程专业</td></tr>
<tr><td>离岸工程专业</td></tr>
<tr><td>海水利用专业</td></tr>
<tr><td>海洋能利用专业</td></tr>
<tr><td rowspan="3">事务所资质</td><td>1</td><td colspan="2">建筑设计事务所</td><td rowspan="3">保留，不分等级</td></tr>
<tr><td>2</td><td colspan="2">结构设计事务所</td></tr>
<tr><td>3</td><td colspan="2">机电设计事务所</td></tr>
</table>

续表

<table>
<tr><td colspan="5">2. 工程设计资质</td></tr>
<tr><td>资质类别</td><td>序号</td><td>行业</td><td>设计资质类型</td><td>改革措施</td></tr>
<tr><td rowspan="8">专项资质</td><td>1</td><td colspan="2">建筑装饰工程设计专项</td><td>调整为建筑装饰工程通用专业，设甲、乙两级</td></tr>
<tr><td>2</td><td colspan="2">建筑智能化工程设计专项</td><td>调整为建筑智能化工程通用专业，设甲、乙两级</td></tr>
<tr><td>3</td><td colspan="2">照明工程设计专项</td><td>调整为照明工程通用专业，设甲、乙两级</td></tr>
<tr><td>4</td><td colspan="2">建筑幕墙工程设计专项</td><td>调整为建筑幕墙工程通用专业，设甲、乙两级</td></tr>
<tr><td>5</td><td colspan="2">轻型钢结构工程设计专项</td><td>调整为轻型钢结构工程通用专业，设甲、乙两级</td></tr>
<tr><td>6</td><td colspan="2">风景园林工程设计专项</td><td>调整为风景园林工程通用专业，设甲、乙两级</td></tr>
<tr><td>7</td><td colspan="2">消防设施工程设计专项</td><td>调整为消防设施工程通用专业，设甲、乙两级</td></tr>
<tr><td>8</td><td colspan="2">环境工程设计专项（分为5个分项资质）</td><td>取消5个分项，合并为环境工程通用专业，设甲、乙两级</td></tr>
<tr><td colspan="5">3. 施工资质</td></tr>
<tr><td>资质类别</td><td>序号</td><td colspan="2">施工资质类型</td><td>改革措施</td></tr>
<tr><td rowspan="13">施工总承包资质</td><td>1</td><td colspan="2">施工总承包企业特级资质</td><td>调整为施工综合资质，不分行业，不分等级</td></tr>
<tr><td>2</td><td colspan="2">建筑工程施工总承包</td><td>保留，设甲、乙两级</td></tr>
<tr><td>3</td><td colspan="2">公路工程施工总承包</td><td>保留，设甲、乙两级</td></tr>
<tr><td>4</td><td colspan="2">铁路工程施工总承包</td><td>保留，设甲、乙两级</td></tr>
<tr><td>5</td><td colspan="2">港口与航道工程施工总承包</td><td>保留，设甲、乙两级</td></tr>
<tr><td>6</td><td colspan="2">水利水电工程施工总承包</td><td>保留，设甲、乙两级</td></tr>
<tr><td>7</td><td colspan="2">市政公用工程施工总承包</td><td>保留，设甲、乙两级</td></tr>
<tr><td>8</td><td colspan="2">电力工程施工总承包</td><td>保留，设甲、乙两级</td></tr>
<tr><td>9</td><td colspan="2">矿山工程施工总承包</td><td>保留，设甲、乙两级</td></tr>
<tr><td>10</td><td colspan="2">冶金工程施工总承包</td><td>保留，设甲、乙两级</td></tr>
<tr><td>11</td><td colspan="2">石油化工工程施工总承包</td><td>保留，设甲、乙两级</td></tr>
<tr><td>12</td><td colspan="2">通信工程施工总承包</td><td>保留，设甲、乙两级</td></tr>
<tr><td>13</td><td colspan="2">机电工程施工总承包</td><td>保留，设甲、乙两级</td></tr>
<tr><td rowspan="17">专业承包资质</td><td>1</td><td colspan="2">地基基础工程专业承包</td><td>保留，设甲、乙两级</td></tr>
<tr><td>2</td><td colspan="2">起重设备安装工程专业承包</td><td>保留，设甲、乙两级</td></tr>
<tr><td>3</td><td colspan="2">预拌混凝土专业承包</td><td>保留，不分等级</td></tr>
<tr><td>4</td><td colspan="2">模板脚手架专业承包</td><td>保留，不分等级</td></tr>
<tr><td>5</td><td colspan="2">桥梁工程专业承包</td><td>保留，设甲、乙两级</td></tr>
<tr><td>6</td><td colspan="2">隧道工程专业承包</td><td>保留，设甲、乙两级</td></tr>
<tr><td>7</td><td colspan="2">钢结构工程专业承包</td><td>并入建筑工程施工总承包</td></tr>
<tr><td>8</td><td colspan="2">环保工程专业承包</td><td rowspan="2">合并为通用专业承包，不分等级</td></tr>
<tr><td>9</td><td colspan="2">特种专业工程专业承包</td></tr>
<tr><td>10</td><td colspan="2">建筑装修装饰工程专业承包</td><td rowspan="2">合并为建筑装修装饰工程专业承包，设甲、乙两级</td></tr>
<tr><td>11</td><td colspan="2">建筑幕墙工程专业承包</td></tr>
<tr><td>12</td><td colspan="2">防水防腐保温工程专业承包</td><td>保留，设甲、乙两级</td></tr>
<tr><td>13</td><td colspan="2">电子与智能化工程专业承包</td><td rowspan="3">合并为建筑机电工程专业承包，设甲、乙两级</td></tr>
<tr><td>14</td><td colspan="2">建筑机电安装工程专业承包</td></tr>
<tr><td>15</td><td colspan="2">城市及道路照明工程专业承包</td></tr>
<tr><td>16</td><td colspan="2">消防设施工程专业承包</td><td>保留，设甲、乙两级</td></tr>
<tr><td>17</td><td colspan="2">古建筑工程专业承包</td><td>保留，设甲、乙两级</td></tr>
</table>

续表

3. 施工资质

资质类别	序号	施工资质类型	改革措施
专业承包资质	18	公路路面工程专业承包	合并为公路工程类专业承包或公路工程施工总承包，设甲、乙两级
	19	公路路基工程专业承包	
	20	公路交通工程专业承包	
	21	铁路铺轨架梁工程专业承包	并入铁路工程施工总承包
	22	铁路电务工程专业承包	合并为铁路电务电气化工程专业承包，设甲、乙两级
	23	铁路电气化工程专业承包	
	24	机场场道工程专业承包	合并为民航工程施工总承包，设甲、乙两级
	25	民航空管工程及机场弱电系统工程专业承包	
	26	机场目视助航工程专业承包	
	27	港口与海岸工程专业承包	合并为港口与航道工程类专业承包，设甲、乙两级
	28	航道工程专业承包	
	29	通航建筑物工程专业承包	
	30	港航设备安装及水上交管工程专业承包	
	31	水工金属结构制作与安装工程专业承包	合并为水利水电工程类专业承包，设甲、乙两级
	32	水利水电机电安装工程专业承包	
	33	河湖整治工程专业承包	并入水利水电工程施工总承包
	34	输变电工程专业承包	保留，设甲、乙两级
	35	核工程专业承包	保留，设甲、乙两级
	36	海洋石油工程专业承包	并入石油化工工程施工总承包
施工劳务企业资质	1	不分等级	调整为专业作业资质，由审批制改为备案制，不分等级

4. 工程监理资质

资质类别	序号	监理资质类型	改革措施
综合资质	1	综合资质	保留，不分等级
专业资质	1	房屋建筑工程专业	调整为建筑工程专业，设甲、乙两级
	2	铁路工程专业	保留，设甲、乙两级
	3	航天航空工程专业	调整为民航工程专业，设甲、乙两级
	4	水利水电工程专业	取消，其资质要求执行有关行业主管部门规定，已取得资质企业可换发同等级电力工程或市政公用工程专业资质
	5	公路工程专业	取消，其资质要求执行有关行业主管部门规定，已取得资质企业可换发同等级市政公用工程或机电工程专业资质
	6	港口与航道工程专业	取消，其资质要求执行有关行业主管部门规定，已取得资质企业可换发同等级市政公用工程或机电工程专业资质
	7	通信工程专业	保留，设甲、乙两级
	8	市政公用工程专业	保留，设甲、乙两级
	9	冶炼工程专业	调整为冶金工程专业，设甲、乙两级
	10	农林工程专业	取消，不再设置资质准入限制，已取得资质企业可换发同等级市政公用工程或机电工程专业资质
	11	矿山工程专业	保留，设甲、乙两级
	12	化工石油工程专业	调整为石油化工工程专业，设甲、乙两级
	13	电力工程专业	保留，设甲、乙两级
	14	机电安装工程专业	调整为机电工程专业，设甲、乙两级
事务所资质	1	不分专业、等级	取消

改革后建设工程企业资质分类分级 **表1-2**

<table>
<tr><td colspan="4">1. 工程勘察资质</td></tr>
<tr><td>资质类别</td><td>序号</td><td>勘察资质类型</td><td>等级</td></tr>
<tr><td>综合资质</td><td>1</td><td>综合资质</td><td>不分等级</td></tr>
<tr><td rowspan="3">专业资质</td><td>1</td><td>岩土工程</td><td>甲、乙级</td></tr>
<tr><td>2</td><td>工程测量</td><td>甲、乙级</td></tr>
<tr><td>3</td><td>勘探测试</td><td>甲、乙级</td></tr>
<tr><td colspan="4">2. 工程设计资质</td></tr>
<tr><td>资质类别</td><td>序号</td><td>设计资质类型</td><td>等级</td></tr>
<tr><td>综合资质</td><td>1</td><td>综合资质</td><td>不分等级</td></tr>
<tr><td rowspan="14">行业资质</td><td>1</td><td>建筑行业</td><td>甲、乙级</td></tr>
<tr><td>2</td><td>市政行业</td><td>甲、乙级</td></tr>
<tr><td>3</td><td>公路行业</td><td>甲级</td></tr>
<tr><td>4</td><td>铁路行业</td><td>甲、乙级</td></tr>
<tr><td>5</td><td>港口与航道行业</td><td>甲、乙级</td></tr>
<tr><td>6</td><td>民航行业</td><td>甲、乙级</td></tr>
<tr><td>7</td><td>水利行业</td><td>甲、乙级</td></tr>
<tr><td>8</td><td>电力行业</td><td>甲、乙级</td></tr>
<tr><td>9</td><td>煤炭行业</td><td>甲、乙级</td></tr>
<tr><td>10</td><td>冶金建材行业</td><td>甲、乙级</td></tr>
<tr><td>11</td><td>化工石化医药行业</td><td>甲、乙级</td></tr>
<tr><td>12</td><td>电子通信广电行业</td><td>甲、乙级</td></tr>
<tr><td>13</td><td>机械军工行业</td><td>甲、乙级</td></tr>
<tr><td>14</td><td>轻纺农林商物粮行业</td><td>甲、乙级</td></tr>
<tr><td rowspan="21">专业和事务所资质</td><td>1</td><td>建筑行业建筑工程专业</td><td>甲、乙级</td></tr>
<tr><td>2</td><td>建筑行业人防工程专业</td><td>甲、乙级</td></tr>
<tr><td>3</td><td>市政行业（燃气工程、轨道交通工程除外）</td><td>甲、乙级</td></tr>
<tr><td>4</td><td>市政行业给水工程专业</td><td>甲、乙级</td></tr>
<tr><td>5</td><td>市政行业排水工程专业</td><td>甲、乙级</td></tr>
<tr><td>6</td><td>市政行业燃气工程专业</td><td>甲、乙级</td></tr>
<tr><td>7</td><td>市政行业热力工程专业</td><td>甲、乙级</td></tr>
<tr><td>8</td><td>市政行业道路与公共交通工程专业</td><td>甲、乙级</td></tr>
<tr><td>9</td><td>市政行业桥梁工程专业</td><td>甲、乙级</td></tr>
<tr><td>10</td><td>市政行业隧道工程专业</td><td>甲级</td></tr>
<tr><td>11</td><td>市政行业轨道交通工程专业</td><td>甲级</td></tr>
<tr><td>12</td><td>公路行业公路专业</td><td>甲、乙级</td></tr>
<tr><td>13</td><td>公路行业特大桥梁专业</td><td>甲级</td></tr>
<tr><td>14</td><td>公路行业特长隧道专业</td><td>甲级</td></tr>
<tr><td>15</td><td>公路行业交通工程专业</td><td>甲、乙级</td></tr>
<tr><td>16</td><td>铁路行业桥梁专业</td><td>甲级</td></tr>
<tr><td>17</td><td>铁路行业隧道专业</td><td>甲级</td></tr>
<tr><td>18</td><td>铁路行业轨道专业</td><td>甲级</td></tr>
<tr><td>19</td><td>铁路行业电气化专业</td><td>甲级</td></tr>
<tr><td>20</td><td>铁路行业通信信号专业</td><td>甲级</td></tr>
<tr><td>21</td><td>港口与航道行业港口工程专业</td><td>甲、乙级</td></tr>
</table>

续表

2. 工程设计资质			
资质类别	序号	设计资质类型	等级
专业和事务所资质	22	港口与航道行业航道工程专业	甲、乙级
	23	水利行业水库枢纽专业	甲、乙级
	24	水利行业引调水专业	甲、乙级
	25	水利行业灌溉排涝专业	甲、乙级
	26	水利行业围垦专业	甲、乙级
	27	水利行业河道整治与城市防洪专业	甲、乙级
	28	水利行业水土保持与水文设施专业	甲、乙级
	29	电力行业火力发电工程专业	甲、乙级
	30	电力行业水力发电工程专业	甲、乙级
	31	电力行业新能源发电工程专业	甲、乙级
	32	电力行业核工业工程专业	甲、乙级
	33	电力行业送变电工程专业	甲、乙级
	34	煤炭行业矿井工程专业	甲、乙级
	35	煤炭行业露天矿工程专业	甲、乙级
	36	煤炭行业选煤厂工程专业	甲、乙级
	37	冶金建材行业冶金工程专业	甲、乙级
	38	冶金建材行业建材工程专业	甲、乙级
	39	冶金建材行业冶金建材矿山工程专业	甲、乙级
	40	化工石化医药行业化工工程专业	甲、乙级
	41	化工石化医药行业化工矿山专业	甲、乙级
	42	化工石化医药行业石油及化工产品储运专业	甲、乙级
	43	化工石化医药行业油气开采专业	甲、乙级
	44	化工石化医药行业海洋石油专业	甲、乙级
	45	化工石化医药行业原料药专业	甲、乙级
	46	化工石化医药行业医药工程专业	甲、乙级
	47	电子通信广电行业电子工业工程专业	甲、乙级
	48	电子通信广电行业电子系统工程专业	甲、乙级
	49	电子通信广电行业有线通信专业	甲、乙级
	50	电子通信广电行业无线通信专业	甲、乙级
	51	电子通信广电行业广播电视制播与电影工程专业	甲、乙级
	52	电子通信广电行业传输发射工程专业	甲、乙级
	53	机械军工行业机械工程专业	甲、乙级
	54	机械军工行业军工工程专业	甲、乙级
	55	轻纺农林商物粮行业轻工工程专业	甲、乙级
	56	轻纺农林商物粮行业纺织工程专业	甲、乙级
	57	轻纺农林商物粮行业农业工程专业	甲、乙级
	58	轻纺农林商物粮行业林业工程专业	甲、乙级
	59	轻纺农林商物粮行业商物粮专业	甲、乙级
	60	建筑设计事务所	不分等级
	61	结构设计事务所	不分等级
	62	机电设计事务所	不分等级

续表

2. 工程设计资质			
资质类别	序号	设计资质类型	等级
专业和事务所资质	63	建筑装饰工程通用专业	甲、乙级
	64	建筑智能化工程通用专业	甲、乙级
	65	照明工程通用专业	甲、乙级
	66	建筑幕墙工程通用专业	甲、乙级
	67	轻型钢结构工程通用专业	甲、乙级
	68	风景园林工程通用专业	甲、乙级
	69	消防设施工程通用专业	甲、乙级
	70	环境工程通用专业	甲、乙级
3. 施工资质			
资质类别	序号	施工资质类型	等级
综合资质	1	综合资质	不分等级
施工总承包资质	1	建筑工程施工总承包	甲、乙级
	2	公路工程施工总承包	甲、乙级
	3	铁路工程施工总承包	甲、乙级
	4	港口与航道工程施工总承包	甲、乙级
	5	水利水电工程施工总承包	甲、乙级
	6	市政公用工程施工总承包	甲、乙级
	7	电力工程施工总承包	甲、乙级
	8	矿山工程施工总承包	甲、乙级
	9	冶金工程施工总承包	甲、乙级
	10	石油化工工程施工总承包	甲、乙级
	11	通信工程施工总承包	甲、乙级
	12	机电工程施工总承包	甲、乙级
	13	民航工程施工总承包	甲、乙级
专业承包资质	1	建筑装修装饰工程专业承包	甲、乙级
	2	建筑机电工程专业承包	甲、乙级
	3	公路工程类专业承包	甲、乙级
	4	港口与航道工程类专业承包	甲、乙级
	5	铁路电务电气化工程专业承包	甲、乙级
	6	水利水电工程类专业承包	甲、乙级
	7	通用专业承包	不分等级
	8	地基基础工程专业承包	甲、乙级
	9	起重设备安装工程专业承包	甲、乙级
	10	预拌混凝土专业承包	不分等级
	11	模板脚手架专业承包	不分等级
	12	防水防腐保温工程专业承包	甲、乙级
	13	桥梁工程专业承包	甲、乙级
	14	隧道工程专业承包	甲、乙级
	15	消防设施工程专业承包	甲、乙级
	16	古建筑工程专业承包	甲、乙级
	17	输变电工程专业承包	甲、乙级
	18	核工程专业承包	甲、乙级
专业作业资质	1	专业作业资质	不分等级

续表

4. 工程监理资质			
资质类别	序号	监理资质类型	等级
综合资质	1	综合资质	不分等级
专业资质	1	建筑工程专业	甲、乙级
	2	铁路工程专业	甲、乙级
	3	市政公用工程专业	甲、乙级
	4	电力工程专业	甲、乙级
	5	矿山工程专业	甲、乙级
	6	冶金工程专业	甲、乙级
	7	石油化工工程专业	甲、乙级
	8	通信工程专业	甲、乙级
	9	机电工程专业	甲、乙级
	10	民航工程专业	甲、乙级

（二）国发文件决定取消的建设工程企业资质衔接，为深化建筑业“放管服”改革，做好改革后续衔接，各级住房和城乡建设主管部门停止受理国发文件决定取消的建设工程企业资质（表1-3）所列建设工程企业资质的首次、延续、增项和重新核定的申请，重新核定事项含《住房和城乡建设部关于建设工程企业发生重组、合并、分立等情况资质核定有关问题的通知》规定的核定事项；至新的建设工程企业资质标准实施之日止，资质证书继续有效，有效期届满的，统一延期至新的建设工程企业资质标准实施之日。新的建设工程企业资质标准实施后，持有上述资质证书的企业按照有关规定实行换证；建筑业企业施工劳务资质由审批制改为备案制，由企业注册地设区市住房和城乡建设主管部门负责办理备案手续。完成备案手续并取得资质证书后，即可承接施工劳务作业。线上办理实行全程电子化申报和审批，精简企业申报材料。企业和注册人员注册所在地省级住房和城乡建设主管部门，应当在接到报告或通报之日起3个工作日内，做出在事故调查处理期间暂停其资质升级、增项，资格认定、注册等事项的处理。属于住房和城乡建设部审批资质资格的企业和注册人员，其注册所在地省级住房和城乡建设主管部门应当在接到事故调查报告或批复后7个工作日内，将事故调查报告或批复以及对责任企业责任人员的处理建议上报住房和城乡建设部。各资质审查部门应实行申报企业注册人员、工程业绩等公示制度。各级住房和城乡建设主管部门应当充分利用信息化等手段，对企业取得资质后是否继续符合资质标准进行动态核查，每年动态核查的比例应不低于在本地区注册企业总数的5%；对在本地区从事经营活动的企业和注册人员招标投标、合同订立及履约、质量安全管理、劳务管理等市场行为实施动态监管；规范和完善外省市企业和注册人员进入本地区的告知性备案管理制度，将备案信息及时通报本地区各级住房和城乡建设主管部门。构建覆盖工程项目招标投标、合同备案、施工图审查、施工许可、质量监督、安全生产监督、竣工验收备案各主要环节，包括工程规模、工程造价、参建企业以及与项目有关的主要管理、技术人员等信息的全国工程项目中央数据库。建立建筑市场监管的指标数据库、信息发布与共享数据库和数据分析及应用模型，实现基础数据库的整合、统计、分析、评价及发布。完善各类企业和注册人员诚信行为标准，实现各地诚信信息互通、互用和互认，及时将企业和注册人员在合同履约、招标投标、工程质量管理、安全生产管理等方面的良好行为信息和不良行为信息记入诚信档案。

（三）建设工程企业资质审批管理工作：提高资质审批效率，住房和城乡建设主管部门和有关专业部门要积极完善企业资质审批机制，提高企业资质审查信息化水平，提升审批效率，确保按时作出

国发文件决定取消的建设工程企业资质 **表1-3**

1. 工程勘察资质			
资质类别	序号	工程勘察资质类型	等级
专业资质	1	岩土工程勘察分项	丙级
	2	水文地质勘察专业	丙级
	3	工程测量专业	丙级
2. 工程设计资质			
资质类别	序号	工程设计资质类型	等级
行业资质	1	水利行业	丙级
专业资质	1	建筑行业（建筑工程）专业	丙级、丁级
	2	市政行业（给水工程）专业	丙级
	3	市政行业（排水工程）专业	丙级
	4	市政行业（城镇燃气工程）专业	丙级
	5	市政行业（热力工程）专业	丙级
	6	市政行业（道路工程）专业	丙级
	7	市政行业（环境卫生工程）专业	丙级
	8	公路行业（公路）专业	丙级
	9	水利行业（水库枢纽）专业	丙级
	10	水利行业（引调水）专业	丙级
	11	水利行业（灌溉排涝）专业	丙级
	12	水利行业（围垦）专业	丙级
	13	水利行业（河道整治）专业	丙级
	14	水利行业（城市防洪）专业	丙级
	15	水利行业（水土保持）专业	丙级
	16	电力行业（送电工程）专业	丙级
	17	电力行业（变电工程）专业	丙级
	18	农林行业（营造林工程）专业	丙级
专项资质	1	建筑装饰工程设计专项	丙级
3. 建筑业企业资质			
资质类别	序号	建筑业企业资质类型	等级
施工总承包资质	1	建筑工程施工总承包	三级
	2	公路工程施工总承包	三级
	3	铁路工程施工总承包	三级
	4	港口与航道工程施工总承包	三级
	5	水利水电工程施工总承包	三级
	6	市政公用工程施工总承包	三级
	7	电力工程施工总承包	三级
	8	矿山工程施工总承包	三级
	9	冶金工程施工总承包	三级
	10	石油化工工程施工总承包	三级
	11	通信工程施工总承包	三级
	12	机电工程施工总承包	三级
专业承包资质	1	地基基础工程专业承包	三级
	2	起重设备安装工程专业承包	三级
	3	桥梁工程专业承包资质	三级

续表

3. 建筑业企业资质			
资质类别	序号	建筑业企业资质类型	等级
专业承包资质	4	隧道工程专业承包	三级
	5	钢结构工程专业承包	三级
	6	建筑机电安装工程专业承包	三级
	7	古建筑工程专业承包	三级
	8	城市及道路照明工程专业承包	三级
	9	公路路面工程专业承包	三级
	10	公路路基工程专业承包	三级
	11	铁路电务工程专业承包	三级
	12	铁路电气化工程专业承包	三级
	13	港口与海岸工程专业承包	三级
	14	航道工程专业承包	三级
	15	通航建筑物工程专业承包	三级
	16	水工金属结构制作与安装工程专业承包	三级
	17	水利水电机电安装工程专业承包	三级
	18	河湖整治工程专业承包	三级
	19	输变电工程专业承包	三级
	20	环保工程专业承包	三级
4. 工程监理企业资质			
资质类别	序号	工程监理企业资质类型	等级
专业资质	1	房屋建筑工程专业	丙级
	2	市政公用工程专业	丙级
	3	公路工程专业	甲、乙、丙级
	4	水利水电工程专业	甲、乙、丙级
	5	港口与航道工程专业	甲级、乙级
	6	农林工程专业	甲级、乙级
事务所资质	1	事务所资质	不分等级

审批决定。住房和城乡建设部负责审批的企业资质，2个月内完成专家评审、公示审查结果，企业可登录住房和城乡建设部政务服务门户，点击“申请事项办理进度查询（受理发证信息查询）”栏目查询审批进度和结果。统一全国资质审批权限，企业资质审批权限下放试点地区不再受理试点资质申请事项，统一由住房和城乡建设部实施。试点地区已受理的申请事项应在规定时间内审批办结。试点期间颁发的资质，在资质证书有效期届满前继续有效，对企业依法处以停业整顿、降低资质等级、吊销或撤销资质证书的，由试点地区住房和城乡建设主管部门实施。加强企业重组分立及合并资质核定，企业因发生重组分立申请资质核定的，需对原企业和资质承继企业按资质标准进行考核。企业因发生合并申请资质核定的，需对企业资产、人员及相关法律关系等情况进行考核。完善业绩认定方式，申请由住房和城乡建设部负责审批的企业资质，其企业业绩应当是在全国建筑市场监管公共服务平台上满足资质标准要求的A级工程项目，专业技术人员个人业绩应当是在全国建筑市场平台上满足资质标准要求的A级或B级工程项目。业绩未录入全国建筑市场平台的，申请企业需在提交资质申请前由业绩项目所在地省级住房和城乡建设主管部门确认业绩指标真实性。自2024年1月1日起，申请资质企业的业绩应当录入全国建筑市场平台。申请由有关专业部门配合实施审查的企业资质，相关业绩由有关专业部门负责确认。加大企业资质动态核查力度，住房和城乡建设主管部门要完善信息化手段，

对企业注册人员等开展动态核查，及时公开核查信息。经核查，企业不满足资质标准要求的，在全国建筑市场平台上标注资质异常，并限期整改。企业整改后满足资质标准要求的，取消标注。标注期间，企业不得申请办理企业资质许可事项。强化建筑业企业资质注册人员考核要求，申请施工总承包一级资质、专业承包一级资质的企业，应当满足《建筑业企业资质标准》要求的注册建造师人数等指标要求。加强信用管理，对存在资质申请弄虚作假行为、发生工程质量安全责任事故、拖欠农民工工资等违反法律法规和工程建设强制性标准的企业和从业人员，住房和城乡建设主管部门要加大惩戒力度，依法依规限制或禁止从业，并列入信用记录。企业在申请资质时，应当对法定代表人、实际控制人、技术负责人、项目负责人、注册人员等申报材料的真实性进行承诺，并授权住房和城乡建设主管部门核查社保、纳税等信息。建立函询制度，住房和城乡建设主管部门可就资质申请相关投诉举报、申报材料等问题向企业发函问询，被函询的企业应如实对有关问题进行说明。经函询，企业承认在资质申请中填报内容不实的，按不予许可办结。强化平台数据监管责任，住房和城乡建设主管部门要加强对全国建筑市场平台数据的监管，落实平台数据录入审核人员责任，加强对项目和人员业绩信息的核实。全国建筑市场平台项目信息数据不得擅自变更、删除，数据变化记录永久保存。住房和城乡建设部将以实地核查、遥感卫星监测等方式抽查复核项目信息，加大对虚假信息的处理力度，并按有关规定追究责任。住房和城乡建设主管部门要完善企业资质审批权力运行和制约监督机制，严格审批程序，强化对审批工作人员、资质审查专家的廉政教育和监督管理，建立健全追责机制。推进企业资质智能化审批，实现审批工作全程留痕，切实防止发生企业资质审批违法违纪违规行为。

三、住房和城乡建设部主管的行政许可事项

为贯彻落实《国务院办公厅关于全面实行行政许可事项清单管理的通知》要求，住房和城乡建设部制定了部主管的39项行政许可事项实施规范（基本要素）。

（一）注册造价工程师注册

1.行政许可事项名称：注册造价工程师注册

2.中央主管部门：住房和城乡建设部

3.实施机关：住房和城乡建设部；省级住房和城乡建设部门

4.设定和实施依据:《中华人民共和国建筑法》《注册造价工程师管理办法》（建设部令第150号公布，住房和城乡建设部令第50号修正）、《国家职业资格目录（2021年版）》

5.子项：一级注册造价工程师注册（审核通过）；二级注册造价工程师注册（审核通过）

（二）房地产估价师注册

1.行政许可事项名称：房地产估价师注册

2.中央主管部门：住房和城乡建设部

3.实施机关：住房和城乡建设部会同自然资源部

4.设定和实施依据:《中华人民共和国城市房地产管理法》《国家职业资格目录（2021年版）》

5.子项：无

（三）商品房预售许可

1.行政许可事项名称：商品房预售许可

2.中央主管部门：住房和城乡建设部

3.实施机关：直辖市、设区的市级、县级住房和城乡建设（房产）部门

4.设定和实施依据:《中华人民共和国城市房地产管理法》

5.子项：商品房预售许可（直辖市权限）（审核通过）；商品房预售许可（设区的市级权限）（审核通过）；商品房预售许可（县级权限）（审核通过）

（四）房地产开发企业资质核定

1.行政许可事项名称：房地产开发企业资质核定

2.中央主管部门：住房和城乡建设部

3. 实施机关：住房和城乡建设部（由省级住房和城乡建设部门受理）；省级、设区的市级住房和城乡建设部门

4. 设定和实施依据：《城市房地产开发经营管理条例》《房地产开发企业资质管理规定》（建设部令第 77 号公布，住房和城乡建设部令第 45 号修正）

5. 子项：房地产开发企业一级资质核定（审核通过）；房地产开发企业二级资质核定（省级权限）（审核通过）；房地产开发企业二级资质核定（设区的市级权限）（审核通过）

（五）勘察设计注册工程师执业资格认定

1. 行政许可事项名称：勘察设计注册工程师执业资格认定

2. 中央主管部门：住房和城乡建设部

3. 实施机关：住房和城乡建设部〔土木工程师（水利水电工程）由住房和城乡建设部、水利部审批，土木工程师（港口与航道工程、道路工程）由住房和城乡建设部、交通运输部审批，环保工程师由住房和城乡建设部、生态环境部审批〕；省级住房和城乡建设部门

4. 设定和实施依据：《中华人民共和国建筑法》《建设工程勘察设计管理条例》《勘察设计注册工程师管理规定》（建设部令第 137 号公布，住房和城乡建设部令第 32 号修正）、《国家职业资格目录（2021 年版）》

5. 子项：一级注册结构工程师执业资格认定（审核通过）；注册土木工程师（岩土）执业资格认定（审核通过）；注册土木工程师（水利水电工程）水利水电工程规划专业执业资格认定（审核通过）；注册土木工程师（水利水电工程）水工结构专业执业资格认定（审核通过）；注册土木工程师（水利水电工程）水利水电工程地质专业执业资格认定（审核通过）；注册土木工程师（水利水电工程）水利水电工程移民专业执业资格认定（审核通过）；注册土木工程师（水利水电工程）水利水电工程水土保持专业执业资格认定（审核通过）；注册土木工程师（港口与航道工程）执业资格认定（审核通过）；注册土木工程师（道路工程）执业资格认定（审核通过）；注册公用设备工程师（暖通空调）执业资格认定（审核通过）；注册公用设备工程师（给水排水）执业资格认定（审核通过）；注册公用设备工程师（动力）执业资格认定（审核通过）；注册电气工程师（发输变电）执业资格认定（审核通过）；注册电气工程师（供配电）执业资格认定（审核通过）；注册化工工程师执业资格认定（审核通过）；注册环保工程师执业资格认定（审核通过）；二级注册结构工程师执业资格认定（审核通过）

（六）监理工程师执业资格认定

1. 行政许可事项名称：监理工程师执业资格认定

2. 中央主管部门：住房和城乡建设部

3. 实施机关：住房和城乡建设部

4. 设定和实施依据：《中华人民共和国建筑法》《注册监理工程师管理规定》（建设部令第 147 号公布，住房和城乡建设部令第 32 号修正）、《国家职业资格目录（2021 年版）》

5. 子项：监理工程师执业资格认定（建筑工程专业）（审核通过）；监理工程师执业资格认定（冶金工程专业）（审核通过）；监理工程师执业资格认定（矿山工程专业）（审核通过）；监理工程师执业资格认定（石油化工工程专业）（审核通过）；监理工程师执业资格认定（电力工程专业）（审核通过）；监理工程师执业资格认定（铁路工程专业）（审核通过）；监理工程师执业资格认定（民航工程专业）（审核通过）；监理工程师执业资格认定（通信工程专业）（审核通过）；监理工程师执业资格认定（市政公用工程专业）（审核通过）；监理工程师执业资格认定（机电工程专业）（审核通过）

（七）建造师执业资格认定

1. 行政许可事项名称：建造师执业资格认定

2. 中央主管部门：住房和城乡建设部

3. 实施机关：住房和城乡建设部（部分会同国务院有关部门审批）；省级住房和城乡建设部门（部分专业会同同级有关部门审批）

4. 设定和实施依据:《中华人民共和国建筑法》《注册建造师管理规定》(建设部令第153号公布，住房和城乡建设部令第32号修正)、《国家职业资格目录(2021年版)》

5. 子项：一级建造师执业资格认定(建筑工程专业)(审核通过)；一级建造师执业资格认定(公路工程专业)(审核通过)；一级建造师执业资格认定(铁路工程专业)(审核通过)；一级建造师执业资格认定(民航机场工程专业)(审核通过)；一级建造师执业资格认定(港口与航道工程专业)(审核通过)；一级建造师执业资格认定(水利水电工程专业)(审核通过)；一级建造师执业资格认定(市政公用工程专业)(审核通过)；一级建造师执业资格认定(通信与广电工程专业)(审核通过)；一级建造师执业资格认定(矿业工程专业)(审核通过)；一级建造师执业资格认定(机电工程专业)(审核通过)；二级建造师执业资格认定(建筑工程专业)(审核通过)；二级建造师执业资格认定(公路工程专业)(审核通过)；二级建造师执业资格认定(水利水电工程专业)(审核通过)；二级建造师执业资格认定(市政公用工程专业)(审核通过)；二级建造师执业资格认定(矿业工程专业)(审核通过)；二级建造师执业资格认定(机电工程专业)(审核通过)

(八)注册建筑师执业资格认定

1. 行政许可事项名称：注册建筑师执业资格认定

2. 中央主管部门：住房和城乡建设部

3. 实施机关：全国、省级注册建筑师管理委员会

4. 设定和实施依据:《中华人民共和国建筑法》《建设工程勘察设计管理条例》《中华人民共和国注册建筑师条例》《中华人民共和国注册建筑师条例实施细则》(建设部令第167号)、《国家职业资格目录(2021年版)》

5. 子项：一级注册建筑师执业资格认定(审核通过)；二级注册建筑师执业资格认定(审核通过)

(九)建筑工程施工许可

1. 行政许可事项名称：建筑工程施工许可

2. 中央主管部门：住房和城乡建设部

3. 实施机关：省级、设区的市级、县级住房和城乡建设部门

4. 设定和实施依据:《中华人民共和国建筑法》《建筑工程施工许可管理办法》(住房和城乡建设部令第18号公布，住房和城乡建设部令第52号修正)

5. 子项：建筑工程施工许可(省级权限)(审核通过)；建筑工程施工许可(设区的市级权限)(审核通过)；建筑工程施工许可(县级权限)(审核通过)

(十)关闭、闲置、拆除城市环境卫生设施许可

1. 行政许可事项名称：关闭、闲置、拆除城市环境卫生设施许可

2. 中央主管部门：住房和城乡建设部

3. 实施机关：直辖市、设区的市级、县级环境卫生部门会同生态环境部门

4. 设定和实施依据:《中华人民共和国固体废物污染环境防治法》

5. 子项：关闭、闲置、拆除城市环境卫生设施许可(直辖市权限)(审核通过)；关闭、闲置、拆除城市环境卫生设施许可(设区的市级权限)(审核通过)；关闭、闲置、拆除城市环境卫生设施许可(县级权限)(审核通过)

(十一)拆除环境卫生设施许可

1. 行政许可事项名称：拆除环境卫生设施许可

2. 中央主管部门：住房和城乡建设部

3. 实施机关：城市政府环境卫生部门

4. 设定和实施依据:《城市市容和环境卫生管理条例》

5. 子项：拆除环境卫生设施许可(直辖市权限)(待提交)；拆除环境卫生设施许可(直辖市权限)(审核通过)；拆除环境卫生设施许可(设区的市级权限)(审核通过)；拆除环境卫生设施许可

（设区的市级权限）（待提交）；拆除环境卫生设施许可（县级权限）（待提交）；拆除环境卫生设施许可（县级权限）（审核通过）

（十二）从事城市生活垃圾经营性清扫、收集、运输、处理服务审批

1.行政许可事项名称：从事城市生活垃圾经营性清扫、收集、运输、处理服务审批

2.中央主管部门：住房和城乡建设部

3.实施机关：城市政府环境卫生部门

4.设定和实施依据:《国务院对确需保留的行政审批项目设定行政许可的决定》

5.子项：从事城市生活垃圾经营性清扫、收集、运输服务审批（直辖市权限）（审核通过）；从事城市生活垃圾经营性处理服务审批（直辖市权限）（审核通过）；从事城市生活垃圾经营性清扫、收集、运输服务审批（设区的市级权限）（审核通过）；从事城市生活垃圾经营性处理服务审批（设区的市级权限）（审核通过）；从事城市生活垃圾经营性清扫、收集、运输服务审批（县级权限）（审核通过）；从事城市生活垃圾经营性处理服务审批（县级权限）（审核通过）

（十三）城市建筑垃圾处置核准

1.行政许可事项名称：城市建筑垃圾处置核准

2.中央主管部门：住房和城乡建设部

3.实施机关：城市政府环境卫生部门

4.设定和实施依据:《国务院对确需保留的行政审批项目设定行政许可的决定》

5.子项：城市建筑垃圾处置核准（直辖市权限）（审核通过）；城市建筑垃圾处置核准（设区的市级权限）（审核通过）；城市建筑垃圾处置核准（县级权限）（审核通过）

（十四）城镇污水排入排水管网许可

1.行政许可事项名称：城镇污水排入排水管网许可

2.中央主管部门：住房和城乡建设部

3.实施机关：直辖市、设区的市级、县级城镇排水部门

4.设定和实施依据:《城镇排水与污水处理条例》

5.子项：城镇污水排入排水管网许可（直辖市权限）（审核通过）；城镇污水排入排水管网许可（设区的市级权限）（审核通过）；城镇污水排入排水管网许可（县级权限）（审核通过）

（十五）拆除、改动、迁移城市公共供水设施审核

1.行政许可事项名称：拆除、改动、迁移城市公共供水设施审核

2.中央主管部门：住房和城乡建设部

3.实施机关：直辖市、设区的市级、县级城市供水部门

4.设定和实施依据:《城市供水条例》

5.子项：拆除、改动、迁移城市公共供水设施审核（直辖市权限）（审核通过）；拆除、改动、迁移城市公共供水设施审核（设区的市级权限）（审核通过）；拆除、改动、迁移城市公共供水设施审核（县级权限）（审核通过）

（十六）拆除、改动城镇排水与污水处理设施审核

1.行政许可事项名称：拆除、改动城镇排水与污水处理设施审核

2.中央主管部门：住房和城乡建设部

3.实施机关：直辖市、设区的市级、县级城镇排水部门

4.设定和实施依据:《城镇排水与污水处理条例》

5.子项：拆除、改动城镇排水与污水处理设施审核（直辖市权限）（审核通过）；拆除、改动城镇排水与污水处理设施审核（设区的市级权限）（审核通过）；拆除、改动城镇排水与污水处理设施审核（县级权限）（审核通过）

（十七）由于工程施工、设备维修等原因确需停止供水的审批

1. 行政许可事项名称：由于工程施工、设备维修等原因确需停止供水的审批

2. 中央主管部门：住房和城乡建设部

3. 实施机关：城市政府供水部门

4. 设定和实施依据：《城市供水条例》

5. 子项：由于工程施工、设备维修等原因确需停止供水的审批（直辖市权限）（审核通过）；由于工程施工、设备维修等原因确需停止供水的审批（设区的市级权限）（审核通过）；由于工程施工、设备维修等原因确需停止供水的审批（县级权限）（审核通过）

（十八）燃气经营许可

1. 行政许可事项名称：燃气经营许可

2. 中央主管部门：住房和城乡建设部

3. 实施机关：直辖市、设区的市级、县级燃气管理部门

4. 设定和实施依据：《城镇燃气管理条例》

5. 子项：燃气经营许可（直辖市权限）（审核通过）；燃气经营许可（设区的市级权限）（审核通过）；燃气经营许可（县级权限）（审核通过）

（十九）燃气经营者改动市政燃气设施审批

1. 行政许可事项名称：燃气经营者改动市政燃气设施审批

2. 中央主管部门：住房和城乡建设部

3. 实施机关：设区的市级、县级燃气管理部门

4. 设定和实施依据：《城镇燃气管理条例》、《国务院关于第六批取消和调整行政审批项目的决定》（国发〔2012〕52号）

5. 子项：燃气经营者改动市政燃气设施审批（设区的市级权限）（审核通过）；燃气经营者改动市政燃气设施审批（县级权限）（审核通过）

（二十）市政设施建设类审批

1. 行政许可事项名称：市政设施建设类审批

2. 中央主管部门：住房和城乡建设部

3. 实施机关：直辖市、设区的市级、县级政府（由市政工程部门承办）；直辖市、设区的市级、县级市政工程部门

4. 设定和实施依据：《城市道路管理条例》

5. 子项：占用、挖掘城市道路审批（直辖市权限）（审核通过）；依附于城市道路建设各种管线、杆线等设施审批（直辖市权限）（审核通过）；城市桥梁上架设各类市政管线审批（直辖市权限）（审核通过）；占用、挖掘城市道路审批（设区的市级权限）（审核通过）；依附于城市道路建设各种管线、杆线等设施审批（设区的市级权限）（审核通过）；城市桥梁上架设各类市政管线审批（设区的市级权限）（审核通过）；占用、挖掘城市道路审批（县级权限）（审核通过）；依附于城市道路建设各种管线、杆线等设施审批（县级权限）（审核通过）；城市桥梁上架设各类市政管线审批（县级权限）（审核通过）

（二十一）特殊车辆在城市道路上行驶审批

1. 行政许可事项名称：特殊车辆在城市道路上行驶审批

2. 中央主管部门：住房和城乡建设部

3. 实施机关：直辖市、设区的市级、县级市政工程部门

4. 设定和实施依据：《城市道路管理条例》

5. 子项：特殊车辆在城市道路上行驶审批（直辖市权限）（审核通过）；特殊车辆在城市道路上行驶审批（设区的市级权限）（审核通过）；特殊车辆在城市道路上行驶审批（县级权限）（审核通过）

（二十二）改变绿化规划、绿化用地的使用性质审批

1. 行政许可事项名称：改变绿化规划、绿化用地的使用性质审批

2. 中央主管部门：住房和城乡建设部

3. 实施机关：城市政府绿化部门

4. 设定和实施依据：《国务院对确需保留的行政审批项目设定行政许可的决定》

5. 子项：改变绿化规划、绿化用地的使用性质审批（直辖市权限）（审核通过）；改变绿化规划、绿化用地的使用性质审批（设区的市级权限）（审核通过）；改变绿化规划、绿化用地的使用性质审批（县级权限）（审核通过）

（二十三）工程建设涉及城市绿地、树木审批

1. 行政许可事项名称：工程建设涉及城市绿地、树木审批

2. 中央主管部门：住房和城乡建设部

3. 实施机关：城市政府绿化部门

4. 设定和实施依据：《城市绿化条例》

5. 子项：临时占用城市绿化用地审批（直辖市权限）（审核通过）；砍伐城市树木、迁移古树名木审批（直辖市权限）（审核通过）；临时占用城市绿化用地审批（设区的市级权限）（审核通过）；砍伐城市树木、迁移古树名木审批（设区的市级权限）（审核通过）；临时占用城市绿化用地审批（县级权限）（审核通过）；砍伐城市树木、迁移古树名木审批（县级权限）（审核通过）

（二十四）在村庄、集镇规划区内公共场所修建临时建筑等设施审批

1. 行政许可事项名称：在村庄、集镇规划区内公共场所修建临时建筑等设施审批

2. 中央主管部门：住房和城乡建设部

3. 实施机关：乡级政府

4. 设定和实施依据：《村庄和集镇规划建设管理条例》

5. 子项：无

（二十五）乡村建设规划许可

1. 行政许可事项名称：乡村建设规划许可

2. 中央主管部门：住房和城乡建设部

3. 实施机关：城市、县城乡规划部门

4. 设定和实施依据：《中华人民共和国城乡规划法》第四十一条：在乡、村庄规划区内进行乡镇企业、乡村公共设施和公益事业建设的，建设单位或者个人应当向乡、镇人民政府提出申请，由乡、镇人民政府报城市、县人民政府城乡规划主管部门核发乡村建设规划许可证。……在乡、村庄规划区内进行乡镇企业、乡村公共设施和公益事业建设以及农村村民住宅建设，不得占用农用地；确需占用农用地的，应当依照《中华人民共和国土地管理法》有关规定办理农用地转用审批手续后，由城市、县人民政府城乡规划主管部门核发乡村建设规划许可证。……

5. 子项：乡村建设规划许可（设区的市级权限）（审核通过）；乡村建设规划许可（县级权限）（审核通过）

（二十六）建设工程质量检测机构资质审批

1. 行政许可事项名称：建设工程质量检测机构资质审批

2. 中央主管部门：住房和城乡建设部

3. 实施机关：省级住房和城乡建设部门

4. 设定和实施依据：《建设工程质量管理条例》、《建设工程质量检测管理办法》（建设部令第141号公布，住房和城乡建设部令第24号修正）

5. 子项：无

（二十七）建筑施工企业安全生产许可

1. 行政许可事项名称：建筑施工企业安全生产许可

2. 中央主管部门：住房和城乡建设部

3. 实施机关：省级住房和城乡建设部门

4. 设定和实施依据：《安全生产许可证条例》、《建筑施工企业安全生产许可证管理规定》（建设部令第128号公布，住房和城乡建设部令第23号修正）

5. 子项：无

（二十八）建筑施工企业主要负责人、项目负责人和专职安全生产管理人员安全生产考核

1. 行政许可事项名称：建筑施工企业主要负责人、项目负责人和专职安全生产管理人员安全生产考核

2. 中央主管部门：住房和城乡建设部

3. 实施机关：省级住房和城乡建设部门

4. 设定和实施依据：《中华人民共和国安全生产法》、《建设工程安全生产管理条例》《建筑施工企业主要负责人、项目负责人和专职安全生产管理人员安全生产管理规定》（住房和城乡建设部令第17号）

5. 子项：建筑施工企业主要负责人安全生产考核（审核通过）；建筑施工企业项目负责人安全生产考核（审核通过）；建筑施工企业专职安全生产管理人员安全生产考核（审核通过）

（二十九）建筑施工特种作业人员职业资格认定

1. 行政许可事项名称：建筑施工特种作业人员职业资格认定

2. 中央主管部门：住房和城乡建设部

3. 实施机关：省级住房和城乡建设部门

4. 设定和实施依据：《中华人民共和国安全生产法》、《建设工程安全生产管理条例》、《建筑起重机械安全监督管理规定》（建设部令第166号）、《国家职业资格目录（2021年版）》

5. 子项：建筑施工特种作业人员职业资格认定（建筑电工）（审核通过）；建筑施工特种作业人员职业资格认定〔建筑架子工（普通脚手架）〕（审核通过）；建筑施工特种作业人员职业资格认定〔建筑架子工（附着升降脚手架）〕（审核通过）；建筑施工特种作业人员职业资格认定（建筑起重司索信号工）（审核通过）；建筑施工特种作业人员职业资格认定〔建筑起重机械司机（塔式起重机）〕（审核通过）；建筑施工特种作业人员职业资格认定〔建筑起重机械司机（施工升降机）〕（审核通过）；建筑施工特种作业人员职业资格认定〔建筑起重机械司机（物料提升机）〕（审核通过）；建筑施工特种作业人员职业资格认定〔建筑起重机械安装拆卸工（塔式起重机）〕（审核通过）；建筑施工特种作业人员职业资格认定〔建筑起重机械安装拆卸工（施工升降机）〕（审核通过）；建筑施工特种作业人员职业资格认定〔建筑起重机械安装拆卸工（物料提升机）〕（审核通过）；建筑施工特种作业人员职业资格认定（高处作业吊篮安装拆卸工）（审核通过）

（三十）超限高层建筑工程抗震设防审批

1. 行政许可事项名称：超限高层建筑工程抗震设防审批

2. 中央主管部门：住房和城乡建设部

3. 实施机关：省级住房和城乡建设部门

4. 设定和实施依据：《建设工程抗震管理条例》《国务院对确需保留的行政审批项目设定行政许可的决定》

5. 子项：无

（三十一）建筑起重机械使用登记

1. 行政许可事项名称：建筑起重机械使用登记

2. 中央主管部门：住房和城乡建设部

3. 实施机关：直辖市、设区的市级、县级住房和城乡建设部门

4. 设定和实施依据：《中华人民共和国特种设备安全法》《建设工程安全生产管理条例》

5. 子项：建筑起重机械使用登记（直辖市权限）（审核通过）；建筑起重机械使用登记（设区的

市级权限）（审核通过）；建筑起重机械使用登记（县级权限）（审核通过）

（三十二）历史建筑实施原址保护审批

1. 行政许可事项名称：历史建筑实施原址保护审批

2. 中央主管部门：住房和城乡建设部

3. 实施机关：城市、县政府依法确定的部门会同文物部门

4. 设定和实施依据：《历史文化名城名镇名村保护条例》

5. 子项：历史建筑实施原址保护审批（直辖市权限）（审核通过）；历史建筑实施原址保护审批（设区的市级权限）（审核通过）；历史建筑实施原址保护审批（县级权限）（审核通过）

（三十三）历史文化街区、名镇、名村核心保护范围内拆除历史建筑以外的建筑物、构筑物或者其他设施审批

1. 行政许可事项名称：历史文化街区、名镇、名村核心保护范围内拆除历史建筑以外的建筑物、构筑物或者其他设施审批

2. 中央主管部门：住房和城乡建设部

3. 实施机关：城市、县政府依法确定的部门会同文物部门

4. 设定和实施依据：《历史文化名城名镇名村保护条例》

5. 子项：历史文化街区、名镇、名村核心保护范围内拆除历史建筑以外的建筑物、构筑物或者其他设施审批（直辖市权限）（审核通过）；历史文化街区、名镇、名村核心保护范围内拆除历史建筑以外的建筑物、构筑物或者其他设施审批（设区的市级权限）（审核通过）；历史文化街区、名镇、名村核心保护范围内拆除历史建筑以外的建筑物、构筑物或者其他设施审批（县级权限）（审核通过）

（三十四）历史建筑外部修缮装饰、添加设施以及改变历史建筑的结构或者使用性质审批

1. 行政许可事项名称：历史建筑外部修缮装饰、添加设施以及改变历史建筑的结构或者使用性质审批

2. 中央主管部门：住房和城乡建设部

3. 实施机关：城市、县政府依法确定的部门会同文物部门

4. 设定和实施依据：《历史文化名城名镇名村保护条例》

5. 子项：历史建筑外部修缮装饰、添加设施以及改变历史建筑的结构或者使用性质审批（直辖市权限）（审核通过）；历史建筑外部修缮装饰、添加设施以及改变历史建筑的结构或者使用性质审批（设区的市级权限）（审核通过）；历史建筑外部修缮装饰、添加设施以及改变历史建筑的结构或者使用性质审批（县级权限）（审核通过）

（三十五）建设工程消防设计审查

1. 行政许可事项名称：建设工程消防设计审查

2. 中央主管部门：住房和城乡建设部

3. 实施机关：省级、设区的市级、县级住房和城乡建设部门

4. 设定和实施依据：《中华人民共和国消防法》《建设工程消防设计审查验收管理暂行规定》（住房和城乡建设部令第 51 号）

5. 子项：建设工程消防设计审查（省级权限）（审核通过）；建设工程消防设计审查（设区的市级权限）（审核通过）；建设工程消防设计审查（县级权限）（审核通过）

（三十六）建设工程消防验收

1. 行政许可事项名称：建设工程消防验收

2. 中央主管部门：住房和城乡建设部

3. 实施机关：省级、设区的市级、县级住房和城乡建设部门

4. 设定和实施依据：《中华人民共和国消防法》《建设工程消防设计审查验收管理暂行规定》（住房和城乡建设部令第 51 号）

5. 子项：建设工程消防验收（省级权限）（审核通过）；建设工程消防验收（设区的市级权限）（审核通过）；建设工程消防验收（县级权限）（审核通过）

（三十七）建设工程、临时建设工程规划许可

1. 行政许可事项名称：建设工程、临时建设工程规划许可

2. 中央主管部门：住房和城乡建设部

3. 实施机关：城市、县城乡规划部门；省级政府确定的镇政府

4. 设定和实施依据：《中华人民共和国城乡规划法》第四十条　在城市、镇规划区内进行建筑物、构筑物、道路、管线和其他工程建设的，建设单位或者个人应当向城市、县人民政府城乡规划主管部门或者省、自治区、直辖市人民政府确定的镇人民政府申请办理建设工程规划许可证。

5. 子项：建设工程、临时建设工程规划许可（直辖市权限）（审核通过）；建设工程、临时建设工程规划许可（设区的市级权限）（审核通过）；建设工程、临时建设工程规划许可（县级权限）（审核通过）；建设工程、临时建设工程规划许可（省政府确定的镇级权限）（审核通过）

（三十八）设置大型户外广告及在城市建筑物、设施上悬挂、张贴宣传品审批

1. 行政许可事项名称：设置大型户外广告及在城市建筑物、设施上悬挂、张贴宣传品审批

2. 中央主管部门：住房和城乡建设部

3. 实施机关：城市政府市容环境卫生部门

4. 设定和实施依据：《城市市容和环境卫生管理条例》

5. 子项：设置大型户外广告审批（直辖市权限）（审核通过）；设置大型户外广告审批（设区的市级权限）（审核通过）；设置大型户外广告审批（县级权限）（审核通过）；在城市建筑物、设施上悬挂、张贴宣传品审批（直辖市权限）（审核通过）；在城市建筑物、设施上悬挂、张贴宣传品审批（设区的市级权限）（审核通过）；在城市建筑物、设施上悬挂、张贴宣传品审批（县级权限）（审核通过）

（三十九）临时性建筑物搭建、堆放物料、占道施工审批

1. 行政许可事项名称：临时性建筑物搭建、堆放物料、占道施工审批

2. 中央主管部门：住房和城乡建设部

3. 实施机关：城市政府市容环境卫生部门

4. 设定和实施依据：《城市市容和环境卫生管理条例》

5. 子项：临时性建筑物搭建、堆放物料、占道施工审批（直辖市权限）（审核通过）；临时性建筑物搭建、堆放物料、占道施工审批（设区的市级权限）（审核通过）；临时性建筑物搭建、堆放物料、占道施工审批（县级权限）（审核通过）

第六节　工程造价改革工作方案

一、工程造价管理改革

工程造价、质量、进度是工程建设管理的三大核心要素。工程造价管理坚持市场化改革方向，在工程发承包计价环节探索引入竞争机制，全面推行工程量清单计价，充分发挥市场在资源配置中的决定性作用，促进建筑业转型升级。坚持市场在资源配置中起决定性作用，正确处理政府与市场的关系，通过改进工程计量和计价规则、完善工程计价依据发布机制、加强工程造价数据积累、强化建设单位造价管控责任、严格施工合同履约管理等措施，推行清单计量、市场询价、自主报价、竞争定价的工程计价方式，进一步完善工程造价市场形成机制。改进工程计量和计价规则，借鉴国际通行做法，修订工程量计算规范，统一工程项目划分、特征描述、计量规则和计算口径。修订工程量清单计价规范，统一工程费用组成和计价规则。通过建立更加科学合理的计量和计价规则，增强我国企业市场询价和竞争谈判能力，提升企业国际竞争力。完善工程计价依据发布机制，加快转变政府职能，优化概算定额、估算指标编制发布和动态管理，取消最高投标限价按定额计价的规定，逐步停止发布预

算定额。搭建市场价格信息发布平台，统一信息发布标准和规则，鼓励企事业单位通过信息平台发布各自的人工、材料、机械台班市场价格信息，供市场主体选择。加强市场价格信息发布行为监管，严格信息发布单位主体责任。加强工程造价数据积累，建立国有资金投资的工程造价数据库，按地区、工程类型、建筑结构等分类发布人工、材料、项目等造价指标指数，利用大数据、人工智能等信息化技术为概预算编制提供依据。加快推进工程总承包和全过程工程咨询，综合运用造价指标指数和市场价格信息，控制设计限额、建造标准、合同价格，确保工程投资效益得到有效发挥。强化建设单位造价管控责任，引导建设单位根据工程造价数据库、造价指标指数和市场价格信息等编制和确定最高投标限价，按照现行招标投标有关规定，在满足设计要求和保证工程质量前提下，充分发挥市场竞争机制，提高投资效益。加强工程施工合同履约和价款支付监管，引导发承包双方严格按照合同约定开展工程款支付和结算，全面推行施工过程价款结算和支付，探索工程造价纠纷的多元化解决途径和方法，进一步规范建筑市场秩序，防止工程建设领域腐败和农民工工资拖欠。

二、工程造价咨询业监管改革

深化工程造价咨询业监管改革，营造良好市场环境。简化工程造价咨询企业资质管理，全面实行行政许可事项网上办理，提高行政审批效率，逐步取消工程造价咨询企业异地执业备案，减轻企业负担。完善造价工程师执业资格制度，发挥个人执业在工程造价咨询中的作用。推进造价工程师执业资格国际互认，为“一带一路”国家战略和工程造价咨询企业“走出去”提供人才支撑。各级住房和城乡建设主管部门、有关行业主管部门要按照“谁审批、谁监管，谁主管、谁监管”和信用信息“谁产生、谁负责、谁归集、谁解释”的原则，加快推进工程造价咨询信用体系建设。积极推进工程造价咨询企业年报公示和信用承诺制度，加快信用档案建设，增强企业责任意识、信用意识。加快政府部门之间工程造价信用信息共建共享，强化行业协会自律和社会监督作用，建立工程造价咨询企业和造价工程师守信联合激励和失信联合惩戒机制，重点监管失信企业和执业人员，积极推进信用信息和信用产品应用。充分发挥工程造价在工程建设全过程管理中的引导作用，积极培育具有全过程工程咨询能力的工程造价咨询企业，鼓励工程造价咨询企业融合投资咨询、勘察、设计、监理、招标代理等业务开展联合经营，开展全过程工程咨询，设立合伙制工程造价咨询企业。促进企业创新发展，强化工程造价咨询成果质量终身责任制，逐步建立执业人员保险制度。共编共享计价依据，搭建公平市场平台。完善工程建设全过程计价依据体系，完善工程前期投资估算、设计概算等计价依据，清除妨碍形成全国统一市场的不合理地区计价依据，统一消耗量定额编制规则，推动形成统一开放的建设市场。加快编制工程总承包计价规范，规范工程总承包计量和计价活动。统一工程造价综合指标指数和人工、材料价格信息发布标准。大力推进共享计价依据编制，整合各地、各有关部门计价依据编制力量，共编共享计价依据，提高其时效性。各级工程造价管理机构完善本地区、本行业人工、材料、机械价格信息发布机制，探索区域价格信息统一测算、统一管理、统一发布模式，为工程项目全过程投资控制和工程造价监管提供支撑。突出服务重点领域的造价指标编制，为推进工程科学决策和造价控制提供依据，围绕政府投资工程，编制对本行业、本地区具有重大影响的工程造价指标。加快住房和城乡建设领域装配式建筑、绿色建筑、城市轨道交通、海绵城市、城市地下综合管廊等工程造价指标编制。完善建设工程人工单价市场形成机制，改革计价依据中人工单价的计算方法，满足市场实际需要。扩大人工单价计算口径，将单价构成调整为工资、津贴、职工福利费、劳动保护费、社会保险费、住房公积金、工会经费、职工教育经费以及特殊情况下工资性费用，并依据新材料、新技术的发展，及时调整人工消耗量。明确工程质量安全措施费用，突出服务市场关键环节。落实安全文明施工、绿色施工等措施费，各级住房和城乡建设主管部门要以保障工程质量安全、创建绿色环保施工环境为目标，不断完善工程计价依据中绿色建筑、装配式建筑、环境保护、安全文明施工等有关措施费用，并加强对费用落实情况的监督。合理确定建设工程工期，有效控制建设工程工期是确保工程质量安全的重要内容。各级住房和城乡建设主管部门要指导和监督工程建设各方主体贯彻落实《建筑安装工程工期定额》，在可行性研究、初步设计、招标投标及签订合同阶段应结合施工现场实际情况，科学合理确定工期。强化工程价款结算纠纷调解，营造竞争有序的市场环境。规范工程价款结算，强化合同对工程价款的约定与调整，推行工程价款施工过程结算制度，规范工程预付款、工程进度款支付。研究建立工程价款结算文件备案与产权登记联动的信息共享机制。鼓励采取工程款支付担保等手段，约束建设单位履约行为，确保工程价款支付。强化工程价款结算过程中农民工工资的支付管理，为保障农民工合法权益，落实人工费用与其他工程款分账管理制度，完善农民工工资（劳务费）专用账户管理，避免总承包人将经营风险转嫁给农民工，克扣或拖欠农民工工资。建立工程造价纠纷调解机制，制定工程造价鉴定标准，规范工程造价咨询企业、造价工程师参与工程造价经济纠纷鉴定和仲裁咨询行为，重点加强工程价款结算纠纷和合同纠纷的调解。积极搭建工程造价纠纷调解平台，充分发挥经验丰富的造价工程师调解纠纷的专业优势，提高纠纷解决效率，维护建设市场稳定。加强政府投资工程造价服务，各级工程造价管理机构要不断提高政府投资工程和重大工程项目工程造价服务能力，建立工程造价全过程信息服务平台，完善招标控制价、合同价、结算价电子化备案管理，确保资金投资效益。开展工程造价信息监测，各级造价管理机构要加强工程造价咨询服务监督，指导工程造价咨询企业对工程造价成果数据归集、监测，利用信息化手段逐步实现对工程造价的监测，形成监测大数据，为各方主体计价提供服务。建立工程造价监测指数指标，各级工程造价管理机构要通过工程造价监测，形成国家、省、市工程造价监测指数指标，定期发布造价指标指数，引导建设市场主体对价格变化进行研判，为工程建设市场的预测预判等宏观决策提供支持。规范计价软件市场管理，建立计价软件监督检查机制。各级造价管理机构要定期开展计价软件评估检查，加强计价依据和相关标准规范执行监管，鼓励计价软件编制企业加大技术投入和创新，更好地服务工程计价。

三、工程造价改革实施要旨

大力推行清单计量、市场询价、自主报价、竞争定价的工程计价方式，加快完善工程造价市场形成机制，全面推行施工过程结算，为提高项目投资效益、保障工程质量安全、维护建筑市场秩序提供更有力的支撑。对房地产开发项目和部分国有资金投资的房屋建筑、市政公用工程项目工程造价改革进行试点。引导试点项目创新计价方式，各地住房和城乡建设主管部门要积极引导试点项目试行清单计量、市场询价、自主报价、竞争定价等工程计价方式，并在工作方案中予以明确。试点项目的估算、概算、预算、最高投标限价等造价成果可通过市场询价，结合类似工程造价数据、造价指标指数等编制和确定。在确保项目投资可控的情况下，试点项目可不编制最高投标限价，推动投标人根据自身实际成本竞争报价。改进工程计量和计价规则。借鉴我国港澳地区及国际通行做法，制定房屋建筑和市政公用工程投资估算、概算编制办法。探索修订现有工程量清单计量、计价规范中与市场定价机制不一致的条款，取消工程量清单计量、计价受定额约束限制的规定，加快制定贯穿项目立项、勘察设计、施工、竣工等各环节的工程量清单计量、计价规则。创新工程计价依据发布机制，支持有条件的企事业单位和行业组织根据市场实际和有关规定进行修订、完善和补充工程计价依据，并经在工程造价信息化平台统一发布和动态管理，逐步形成“规则统一、行业共编、数据共享、动态调整”的计价依据体系。制定市场价格信息采集、分析、发布标准和市场询价指导规则。各地住房和城乡建设主管部门或者工程造价主管机构依据标准和规则采集、编审，并在造价平台发布本地区人工、材料、项目等市场价格信息和工程造价指标指数，以及投资咨询、勘察、设计、监理、造价、招标代理和全过程工程咨询等服务费用的市场价格信息。各级住房和城乡建设主管部门积极构建多元化工程造价信息服务方式，支持有条件的企事业单位和行业组织制订发布企业（团体）市场价格信息和工程造价指标指数，供市场主体参考。强化建设单位造价管控责任，各级住房和城乡建设主管部门应当引导建设单位结合工程实际，综合运用自身形成的或第三方提供的工程造价信息数据，或者省造价平台发布的市场价格信息和工程造价指标指数，有效控制设计限额、建造标准、合同价格。推动建设单位实施贯穿项目立项、勘察设计、施工、竣工等各环节的多层次全费用工程量清单，以目标成本管控为核心，实现市场化、动态化全过程造价管理。引导采用工程总承包和全过程工程咨询服务模式的项目建设单位、总承包单位、全过程工程咨询服务单位，按照《建设项目全过程造价管理规范》要求，实施全过程造价管控。制定政府投资项目发承包不可转嫁风险清单。完善政府投资项目工程价款结算管理机制，全面推行施工过程结算，将其纳入竣工结算，简化竣工结算手续。各级住房和城乡建设主管部门要完善工程造价纠纷处理机制，指导造价主管机构联合行业组织成立专家委员会，与司法、仲裁机构形成合力，并充分运用市场定价机制及有关成果，妥善化解工程造价纠纷。各级住房和城乡建设主管部门要落实深化“证照分离”改革要求，探索建立工程造价咨询企业信用与执业人员信用挂钩制度，推行工程造价咨询成果质量终身责任制和职业保险制度，完善监管数据共享、互为联动支撑的协同监管机制。

第七节　住房和城乡建设行业职业实名制

一、建设行业职业技能鉴定和教育

按照行业技能人才“培养、评价、使用、激励、保障”相互衔接、系统推进的总体目标，对从事《职业资格目录》中住房和城乡建设行业相关职业（工种）人员，按照技术技能人才评价政策要求和行业发展需要，开展职业技能鉴定工作。对《职业资格目录》以外从事住房和城乡建设行业相关职业（工种）人员，推动建立技能人才多元化评价机制。职业技能鉴定坚持理论知识与实际操作相结合，分级分类开展评价。住房和城乡建设部执业资格注册中心作为住房和城乡建设行业职业技能鉴定组织实施承接，统筹管理行业职业技能鉴定工作；建立全国统一的住房和城乡建设行业职业技能鉴定信息服务平台；加强职业资格证书归口管理，省级住房和城乡建设行业职业技能鉴定实施，建立住房和城乡建设行业职业技能鉴定站点和考评人员目录，实施动态管理和诚信评价。住房和城乡建设领域施工现场专业人员是工程建设项目现场技术和管理关键岗位从业人员，保证工程质量安全，坚持以人为本、服务行业发展、贴近岗位需求、突出专业素养，不断加强和改进施工现场专业人员职业培训工作。落实企业对施工现场专业人员职业培训主体责任，发挥企业和行业组织、职业院校等各类培训机构优势，不断完善施工现场专业人员职业教育培训机制，培育高素质技术技能人才和产业发展后备人才。省级住房和城乡建设主管部门确定施工现场专业人员职业培训机构应当具备的基本条件，督促指导企业使用具备相应专业知识水平的施工现场专业人员。要加强培训质量管控，完善培训机构评价体系、诚信体系，引导培训机构严格遵循职业标准，按纲施训，促进职业培训质量不断提升。创新考核评价方式，将依据职业标准、培训考核评价大纲，结合工程建设项目施工现场实际需求，建立全国统一测试题库，供各地培训机构免费使用。培训机构按照要求完成培训内容后，应组织参训人员进行培训考核，对考核合格者颁发培训合格证书，作为施工现场专业人员培训后具备相应专业知识水平的证明。培训考核信息须按照要求上传住房和城乡建设行业从业人员培训管理信息系统以备查验。各省级住房和城乡建设主管部门要充分利用住房和城乡建设行业从业人员培训管理信息系统，实现各省施工现场专业人员培训数据在全国范围内互联互通。做好施工现场专业人员培训信息记录、汇总、上传。全面推行培训合格证书电子化，结合施工现场实名制管理，提高证书管理和使用效率。加强诚信体系建设，将企业、培训机构守信和失信行为信息记入诚信档案。

二、建筑工人实名制管理

建筑工人实名制是指对建筑企业所招用建筑工人的从业、培训、技能和权益保障等以真实身份信息认证方式进行综合管理的制度，适用于房屋建筑和市政基础设施工程。住房和城乡建设部、人力资源社会保障部负责制定全国建筑工人实名制管理规定，对各地实施建筑工人实名制管理工作进行指导和监督；负责组织实施全国建筑工人管理服务信息平台的规划、建设和管理，制定全国建筑工人管理服务信息平台数据标准。省（自治区、直辖市）级以下住房和城乡建设部门、人力资源社会保障部门负责本行政区域建筑工人实名制管理工作，制定建筑工人实名制管理制度，督促建筑企业在施工现场全面落实建筑工人实名制管理工作的各项要求；负责建立完善本行政区域建筑工人实名制管理平台，确保各项数据的完整、及时、准确，实现与全国建筑工人管理服务信息平台联通、共享。建设单位应与建筑企业约定实施建筑工人实名制管理的相关内容，督促建筑企业落实建筑工人实名制管理的各项措施，为建筑企业实行建筑工人实名制管理创造条件，按照工程进度将建筑工人工资按时足额付至建筑企业在银行开设的工资专用账户。建筑企业应承担施工现场建筑工人实名制管理职责，制定本企业建筑工人实名制管理制度，配备专（兼）职建筑工人实名制管理人员，通过信息化手段将相关数据实时、准确、完整上传至相关部门的建筑工人实名制管理平台。总承包企业（包括施工总承包、工程总承包以及依法与建设单位直接签订合同的专业承包企业，下同）对所承接工程项目的建筑工人实名制管理负总责，分包企业对其招用的建筑工人实名制管理负直接责任，配合总承包企业做好相关工作。全面实行建筑工人实名制管理制度，建筑企业应与招用的建筑工人依法签订劳动合同，对不符合建立劳动关系情形的，应依法订立用工书面协议。建筑企业应对建筑工人进行基本安全培训，并在相关建筑工人实名制管理平台上登记，方可允许其进入施工现场从事与建筑作业相关的活动。项目负责人、技术负责人、质量负责人、安全负责人、劳务负责人等项目管理人员应承担所承接项目的建筑工人实名制管理相应责任。进入施工现场的建设单位、承包单位、监理单位的项目管理人员及建筑工人均纳入建筑工人实名制管理范畴。建筑工人应配合有关部门和所在建筑企业的实名制管理工作，进场作业前须依法签订劳动合同或用工书面协议并接受基本安全培训。建筑工人实名制信息由基本信息、从业信息、诚信信息等内容组成。基本信息应包括建筑工人和项目管理人员的身份证信息、文化程度、工种（专业）、技能（职称或岗位证书）等级和基本安全培训等信息。从业信息应包括工作岗位、劳动合同或用工书面协议签订、考勤、工资支付和从业记录等信息。诚信信息应包括诚信评价、举报投诉、良好及不良行为记录等信息。总承包企业应以真实身份信息为基础，采集进入施工现场的建筑工人和项目管理人员的基本信息，并及时核实、实时更新；真实完整记录建筑工人工作岗位、劳动合同或用工书面协议签订情况、考勤、工资支付等从业信息，建立建筑工人实名制管理台账；按项目所在地建筑工人实名制管理要求，将采集的建筑工人信息及时上传相关部门。已录入全国建筑工人管理服务信息平台的建筑工人，1 年以上（含 1 年）无数据更新的，再次从事建筑作业时，建筑企业应对其重新进行基本安全培训，记录相关信息，否则不得进入施工现场上岗作业。建筑企业应配备实现建筑工人实名制管理所必须的硬件设施设备，施工现场原则上实施封闭式管理，设立进出场门禁系统，采用人脸、指纹、虹膜等生物识别技术进行电子打卡；不具备封闭式管理条件的工程项目，应采用移动定位、电子围栏等技术实施考勤管理。相关电子考勤和图像、影像等电子档案保存期限不少于 2 年。实施建筑工人实名制管理所需费用可列入安全文明施工费和管理费。建筑企业应依法按劳动合同或用工书面协议约定，通过农民工工资专用账户按月足额将工资直接发放给建筑工人，并按规定在施工现场显著位置设置“建筑工人维权告示牌”，公开相关信息。各级住房和城乡建设部门、人力资源社会保障部门、建筑企业、系统平台开发应用等单位应制定制度，采取措施，确保建筑工人实名制管理相关数据信息安全，以及建筑工人实名制信息的真实性、完整性。应加强与相关部门的数据共享，通过数据运用分析，利用新媒体和信息化技术渠道，建立建筑工人权益保障预警机制，提高服务建筑工人的能力。各级住房和城乡建设部门可将建筑工人实名制管理列入标准化工地考核内容，建筑工人实名制信息可作为有关部门处理建筑工人劳动纠纷的依据。

三、建筑工人施工现场基本配置

建筑工人培育总体目标，新建、改建、扩建房屋建筑与市政基础设施工程建设项目，均应制定相应的施工现场技能工人配备标准。技能工人包括一般技术工人和建筑施工特种作业人员。一般技术工人等级分为初级工、中级工、高级工、技师、高级技师；工种类别包括砌筑工、钢筋工、模板工、混凝土工等，具体设置参照《住建部办公厅关于印发住房和城乡建设行业职业工种目录的通知》执行。各地可结合行业发展产生的新工种适时进行调整。建筑施工特种作业人员包括建筑电工、建筑架子工、建筑起重信号司索工、建筑起重机械司机、建筑起重机械安装拆卸工、高处作业吊篮安装拆卸工和经省级以上人民政府住房和城乡建设主管部门认定的其他特种作业人员等。2025 年，力争实现在建项目施工现场中级工占技能工人比例达到 20%、高级工及以上等级技能工人占技能工人比例达到 5%，初步建立施工现场技能工人配备体系。2035 年，力争实现在建项目施工现场中级工占技能工人比例达到 30%、高级工及以上等级技能工人占技能工人比例达到 10%，建立施工现场所有工种技能工人配备体系。符合建筑行业特点的用工方式基本建立，建筑工人实现公司化、专业化管理，建筑工人权益保障机制基本完善；建筑工人终身职业技能培训、考核评价体系基本健全，中级工以上建筑工人达1000万人以上。到2035年，建筑工人就业高效、流动有序，职业技能培训、考核评价体系完善，建筑工人权益得到有效保障，形成一支秉承劳模精神、劳动精神、工匠精神的知识型、技能型、创新型建筑工人大军。要按照《建筑工人施工现场生活环境基本配置指南》《建筑工人施工现场劳动保护基本配置指南》《建筑工人施工现场作业环境基本配置指南》要求，切实改善建筑工人生产生活环境，提高劳动保障水平。鼓励依托现有行业协会等社会组织，建设建筑工人培育产业协作机制，搭建施工专业作业用工信息服务平台，助力小微专业作业企业发展。对于符合条件的建筑企业，继续落实在税收、行政事业性收费、政府性基金等方面的相关减税降费政策。落实好职业培训、考核评价补贴等政策，结合实际情况，明确一定比例的建筑安装工程费专项用于施工现场工人技能培训、考核评价。对达到施工现场技能工人配备比例的工程项目，建筑企业可适当减少该项目建筑工人技能培训、考核评价的费用支出。引导建筑企业建立建筑工人培育合作伙伴关系，组建建筑工人培育平台，共同出资培训建筑工人，归集项目培训经费，统筹安排资金使用，提高资金利用效率。指导企业足额提取职工教育经费用于开展职工教育培训，加强监督管理，确保专款专用。对符合条件人员参加建筑业职业培训以及高技能人才培训的，按规定给予培训补贴。大力弘扬劳模精神、劳动精神和工匠精神。鼓励建筑企业大力开展岗位练兵、技术交流、技能竞赛，扩大参与覆盖面，充分调动建筑企业和建筑工人参与积极性，提高职业技能；加强职业道德规范素养教育，不断提高建筑工人综合素质，大力弘扬和培育工匠精神。《建筑工人施工现场生活环境基本配置指南》总体要求：加强建设工程施工现场生活区域标准化管理，改善从业人员生活环境和居住条件，保障从业人员身体健康和生命安全，生活区域应统筹安排，合理布局，按照标准化、智能化、美观化的原则规划、建设和管理。生活区域场地应合理硬化、绿化，生活区域应实施封闭式管理，人员实行实名制管理。生活区设置和管理由施工总承包单位负责，分包单位应服从管理。施工总承包单位应设置专人对生活区进行管理，建立健全消防保卫、卫生防疫、智能化管理、爱国卫生、生活设施使用等管理制度。生活区域应明确抗风抗震、防汛、安全保卫、消防、卫生防疫等方案和应急预案，并组织相应的应急演练。生活区域设置除应符合本指南的规定外，还应符合《建设工程临建房屋技术标准》DB11/693、《建筑设计防火规范》GB 50016、《建设工程施工现场消防安全技术规范》GB 50720等现行国家和行业标准要求。各地可根据本指南，结合本地区实际情况进一步细化，制定本地区建筑工人施工现场生活环境配置标准、指南或指引。《建筑工人施工现场劳动保护基本配置指南》总体要求：施工企业要树立“安全第一、预防为主”的思想，加强建筑工人施工现场劳动保护，保障从业人员身体健康和生命安全，提升施工安全和劳动保护水平，减少和消除事故伤害和职业病危害。施工企业及劳务企业（专业作业企业）要为本企业建筑工人配备统一劳动着装和劳动技术装备，严禁工人自备劳动保护用品。建筑工人施工现场劳动保护除应符合指南的规定外，还应符合《建筑施工人员个人劳动保护用品使用管理暂行规定》《建筑施工作业劳动防护用品配备及使用标准》JGJ 184等现行国家和行业标准要求。各地可根据本指南，结合本地区实际情况进一步细化，制定本地区建筑工人施工现场劳动保护配置指南、指引或导则。《建筑工人施工现场作业环境基本配置指南》总体要求：施工企业要加强施工现场作业环境管理，推进安全生产标准化，完善作业环境安全、设施等设置，确保符合安全生产条件。建筑工人施工现场作业环境除应符合本指南的规定外，还应符合《工作场所职业病危害警示标识》GBZ 158、《建设工程施工现场消防安全技术规范》GB 50720、《建筑施工安全检查标准》JGJ 59等现行国家和行业标准要求。

第八节　专技人员职称改革与职业资格清单

一、持续深化职称制度改革

动态调整职称评审专业。国家职称系列保持总体稳定，职称评审专业实行动态调整。通用性强、人才规模较大的评审专业由人力资源社会保障部会同有关行业主管部门研究设立。省级人力资源社会保障部门可会同省级有关行业主管部门，围绕国家重大战略需求和产业发展需要设立新评审专业。具有职称评审权的用人单位可结合本单位发展实际设立新评审专业，按管理权限报人力资源社会保障部门备案。探索将大数据、区块链、云计算、集成电路、人工智能、技术经纪、创意设计等新职业纳入职称评审范围。支持各地围绕特色产业、重点产业链设立特色评审专业，开展专项评审，实现产业链、人才链、创新链融合发展。省级人力资源社会保障部门应建立职称评审专业目录，实行清单式管理。科学制定职称评审标准，以激发专业技术人才创新活力为目标，突出品德、能力、业绩导向，分系列分专业修订职称评审标准，建立体现思想品德、职业道德、专业能力、技术水平、学术影响力、创新成效、决策咨询、人才培养、公共服务等多维度的评价指标，形成并实施有利于专业技术人才潜心研究和创新的职称评审标准。逐步开发专业技术类新职业标准，促进新职业标准与职称评审标准相衔接。鼓励从职业标准、技术标准、行业标准中提炼职称评审标准，将工作绩效、创新成果、解决实际问题能力等作为评价的核心内容。根据不同学科领域特点探索建立能够识别有天赋、有潜力人才的评价标准。合理设置论文和科研成果要求。卫生、工程、艺术、中小学教师等实践性强的职称系列不将论文作为职称评审的主要评价指标，评价标准中不得简单设立论文数量、影响因子等硬性要求。对研究系列人才，聚焦原创成果和高质量论文，注重评价原创性贡献、学术影响力和研究能力，淡化论文数量要求。推广代表性成果制度，标准开发、技术推广、技术解决方案、创新突破、高质量专利、成果转化、理论文章、智库成果、文艺作品、教案、病历等业绩成果均可作为代表性成果参加职称评审。探索通过学术委员会认定、同行专家评审、第三方机构评价、国际同行评价等方式，提高代表性成果评价的权威性。减少学历、奖项等限制性条件，各职称系列对申报人学历只作基本要求，不具备规定学历但业绩显著、贡献突出的，可由2名以上具备正高级职称的同行专家推荐破格申报，法律法规另有规定的除外。除涉及公共安全、人身健康的系列或专业外，从事专业与所学专业不一致的，可允许按照本人长期从事专业申报职称。非全日制学历与全日制学历、职业院校毕业生与同层次普通学校毕业生在职称评审方面享有同等待遇。技工院校中级工班、高级工班、预备技师（技师）班毕业，可分别按照中专、大专、本科学历申报相应系列职称。完善同行评价机制，建立专业性、自律性的职称评审委员会，开展公平公正、代表性强、权威性高的同行评价。高端人才可实行国际同行评价，职称分组评议可采取小同行评价。发挥学术共同体在同行评价中的作用，鼓励对成果本身进行直接性同行评价。建立职称评审专家推荐遴选、培训考核、信用记录、退出惩戒等制度。加强职称评审专家库建设，遴选专业技术水平高、贴近科研生产一线、业内公认的专家担任评审专家。进一步规范各级职称评审委员会核准备案工作，未经备案的职称评审委员会，评审结果不纳入全国职称评审信息查询验证系统。畅通职称评审绿色通道，取得重大基础研究和前沿技术突破、解决重大工程技术难题或在经济社会各项事业中作出重大贡献的专业技术人才，引进的海外高层次人才、急需紧缺人才，可直接申报高级职称。海外归国人员、党政机关交流或部队转业安置到企事业单位从事专业技术工作的人员，首次申报职称时可根据专业水平和工作业绩并参照同类人员评审标准，直接申报相应职称。根据单位类型和岗位特点有序下放职称评审权限，向用人单位授予更多的职称评审自主权。支持国家实验室开展高级职称自主评审。具有职称评审权的单位结合目标任务、岗位职责、绩效考核等分类制定职称评审标准，科学合理明确论文、科研成果等要求。鼓励通过同行评价、技术技能竞赛、揭榜挂帅、服务对象评价等多元评价方法识别人才，促进评用结合。用人单位要切实履行好推荐申报主体责任，对申报人员的品德、能力、业绩情况的真实性负责。国家重点实验室、国家技术创新中心、科技领军企业、行业龙头企业等可推荐本单位技术负责人直接评定相应层级职称。优化职称评审服务，进一步畅通外籍人才、港澳台人才、自由职业人才、高技能人才、农村实用人才职称申报渠道。优化职称评审工作流程，减少申报材料和证明材料。加强职称评审信息化建设，推行职称电子证书，加快实现职称评审结果全国查询验证。加强职称评审备案管理、巡视巡查、信息公开、数据监测等工作，完成各系列评审标准修订，形成职称评审专业目录，向社会公布。

二、专技人员职业资格证书管理

专业技术人员职业资格证书管理工作规程适用于由人力资源社会保障部统一制作的专业技术人员职业资格证书管理工作。专业技术人员职业资格证书管理工作应当坚持依法依规、安全规范、高效便民的原则。人力资源社会保障部负责专业技术人员职业资格证书的核发管理、政策制定、信息化及其他综合管理工作，对证书制作发放工作进行监督指导。各有关行业主管部门、各省级人力资源社会保障行政部门、有关行业协会或者学会负责本行业或者本地区专业技术人员职业资格证书制作发放的管理工作。各级考试机构（含具有专业技术人员职业资格考试管理职能的行业协会或者学会）负责证书数据的采集、审核以及证书的发放工作。人力资源社会保障部人事考试中心承担证书数据接收、证书制作、证书发放等具体管理工作，负责全国专业技术人员职业资格证书查询验证系统的运行维护，提供证书查询验证等应用服务。专业技术人员职业资格证书包括纸质证书和电子证书两种形式，具有同等法律效力，原则上应当同步制作和发放。专业技术人员职业资格证书按照法律法规、职业资格制度等有关规定用印。专业技术人员职业资格纸质证书记载的基本信息包括职业资格信息、持证人信息、管理信息和备注信息等。职业资格信息包括职业资格名称、级别、专业等；持证人信息包括姓名、性别、出生年月、本人照片、证件号码等；管理信息包括管理号、批准日期、查验二维码等；备注信息包括有效范围、有效期限、持证人信息变更情况记录等。专业技术人员职业资格电子证书记载的信息应当符合电子证照信息标准等有关规定。持证人信息一般由有关考试机构在组织考试报名时采集。有关考试机构应当按照考试报名证明事项告知承诺制和有关考试规定及时完成数据核查和处理工作，确保证书信息完整、准确、有效。有关考试机构原则上应当于考试成绩发布后 25 个工作日内向人力资源社会保障部人事考试中心提交符合信息标准的证书数据。不能于规定时限一次性提交证书数据的，可以分批提交。人力资源社会保障部人事考试中心接收证书数据后，一般应当于 20 个工作日内交付印制纸质证书并开通证书查询验证服务。已经实行电子证书的，应当同步制发电子证书。证书发放机构应当建立完善纸质证书交接、登记、保管、发放等工作制度，配备专门的工作场所和专责的证书管理人员，建立健全纸质证书管理风险防控机制和工作责任体系，公开纸质证书领取时间、方式和服务事项办理流程等。证书发放机构接收纸质证书时应当认真清点、检查和验收，并于履行签收手续后 10 个工作日内启动纸质证书发放工作。证书发放机构原则上应当提供纸质证书现场发放服务和邮寄服务，并提供证书邮寄服务的网上申请途径。证书邮寄费用一般由提出申请的持证人支付。现场发放的纸质证书应当由本人领取。确需委托他人代为领取的，应当提供持证人和代领人的身份证件、委托书等。未按时领取的纸质证书，由证书发放机构代为保管，保管期限为自考试结束日起 5 年。电子证书由人力资源社会保障部人事考试中心通过中国人事考试网全国专业技术人员职业资格证书查询验证系统提供下载等应用服务。持证人信息发生改变确需变更证书的，持证人可以按规定向证书发放机构申请换发证书。证书发放机构对换发证书申请初审后，报送有关考试机构或者考试主管部门。有关考试机构或者考试主管部门审核确认后，向人力资源社会保障部人事考试中心提交换发证书数据。人力资源社会保障部人事考试中心按程序重新制发证书。重新制发的证书，应当在证书的备注信息中载明持证人信息的变更情况，并在管理信息系统中记录。纸质证书遗失、损毁或者超出保管期限未领取的，持证人可以向证书发放机构申请补发纸质证书，证书补发与证书换发的工作流程一致，重新补发的纸质证书标注“补发”字样。已经制发电子证书的，不再补发纸质证书。有关考试主管部门或者考试机构应当对存量纸质证书进行归集整理，逐步将证书数据交由人力资源社会保障部人事考试中心汇总后，向社会提供网络查询验证服务。人力资源社会保障部人事考试中心根据存量证书数据归集整理情况，按照有关电子证照管理办法，对存量证书制作电子证书。证书换发、补发、存量证书归集整理和制作电子证书时，职业资格信息或者实施部门（单位）发生调整的，使用调整后的新信息。存量证书归集整理和制作电子证书时，持证人姓名、证件号码等关键信息缺失或者不完整的，按照信息标准补全关键信息；其他信息缺失或者不完整的，可以采取信息容缺方式处理。人力资源社会保障部人事考试中心通过中国人事考试网全国专业技术人员职业资格证书查询验证系统提供证书的查询验证服务。人力资源社会保障部按照相关规定通过国家政务服务平台、国家数据共享交换平台、全国人力资源和社会保障政务服务平台等提供专业技术人员职业资格证书信息共享和服务。人力资源社会保障部人事考试中心通过中国人事考试网定期向社会公布证书制作发放工作进度、证书查询验证范围、职业资格实行电子证书的范围等信息。

已经退出国家职业资格目录的职业资格办理证书换发和补发事项，按申请人自愿原则，由各地证书发放机构审核确认后开具相应的职业资格证明；人力资源社会保障部不再作为实施部门的，各级人力资源社会保障部门不再受理相关证书的换发和补发事宜。持证人或者有关单位对证书及其查询验证结果存在异议的，可以向证书发放机构申请核实。收回的纸质证书，以及超出保管期限未领取的纸质证书，由证书发放机构登记造册后按年度交由人力资源社会保障部人事考试中心销毁。由人力资源社会保障部颁发考试合格证明等，或者由人力资源社会保障部提供考试合格电子证明制作和应用服务的，参照规程管理。由省级人力资源社会保障行政部门组织实施的专业技术人员职业资格考试并颁发证书的，可以参照规程管理。职业资格考试合格标准和电子证书，对部分专业技术人员职业资格考试实行相对固定的合格标准，建设工程资格涉及以下专业技术人员职业资格考试，各科目合格标准为试卷满分的60%：注册城乡规划师、注册测绘师、注册建筑师（一、二级）、监理工程师、一级造价工程师、一级建造师、中级注册安全工程师、一级注册消防工程师、注册计量师（一、二级）、工程咨询（投资）、资产评估师（含珠宝评估专业）、环境影响评价工程师、房地产经纪专业人员（初、中级）、审计（初、中、高级）、设备监理师考试等职业资格考试。启用“人力资源和社会保障部专业技术人员职业资格证书专用章”电子印章，专用于制发专业技术人员职业资格电子证书。下列专业技术人员职业资格的电子证书使用“人力资源和社会保障部专业技术人员职业资格证书专用章”电子印章，包括注册城乡规划师、注册测绘师、注册建筑师（一、二级）、监理工程师、造价工程师（一级）、建造师（一级）、勘察设计注册工程师、注册安全工程师（中级）、注册消防工程师（一级）、环境影响评价工程师、设备监理师等。下列专业技术人员职业资格的电子证书使用有关行业协会、学会或有关部门指定机构的电子印章，包括工程咨询（投资）专业技术人员职业资格、房地产经纪专业人员职业资格等。以上专业技术人员职业资格电子证书可在中国人事考试网进行下载和查询验证，与纸质证书具有同等法律效力。推行电子证书后，纸质证书仍按照原方式制发。部分专业技术类职业资格与职称对应详见表1-4。

部分专业技术类职业资格与职称对应 **表1-4**

一、准入类职业资格			
序号	职业资格	文件号	可聘专业技术职务
1	注册消防工程师	人社部发〔2012〕56号	符合工程系列职称评价基本标准条件： 一级：工程师（是消防安全监测、消防设施检测领域申请评定消防专业高级工程师职称的必备条件） 二级：助理工程师
2	注册核安全工程师	人发〔2002〕106号	工程师
3	注册建筑师	国务院令第184号	一级：工程师 二级：助理工程师
4	监理工程师	建人规〔2020〕3号	工程师
5	房地产估价师	建房〔1995〕147号 人社部规〔2020〕1号	经济师
6	造价工程师	建人〔2018〕67号	一级：工程师或经济师 二级：助理工程师或助理经济师
7	注册城乡规划师	人社部规〔2017〕6号	符合工程或经济系列职称评价基本标准条件： 工程师或经济师
8	建造师	人发〔2002〕111号	符合工程或经济系列职称评价基本标准条件： 一级：工程师或经济师 二级：助理工程师或助理经济师

续表

一、准入类职业资格			
序号	职业资格	文件号	可聘专业技术职务
9	注册设备监理师	国人部发〔2003〕40 号	工程师
10	注册安全工程师	应急〔2019〕8 号	中级：工程师 初级：助理工程师
二、水平评价类职业资格			
序号	职业资格	文件号	可聘专业技术职务
1	工程咨询（投资）专业技术人员职业资格	人社部发〔2015〕64 号	符合工程或经济系列职称评价基本标准条件：工程师或经济师
2	经济专业技术资格	人社部规〔2020〕1 号	聘任相应级别专业技术职务： 中级：经济师 初级：助理经济师
3	房地产经纪专业人员职业资格	人社部发〔2015〕47 号 人社部规〔2020〕1 号	符合经济系列职称评价基本标准条件： 房地产经纪人：经济师 房地产经纪人协理：助理经济师
4	环境影响评价工程师	国人部发〔2004〕13 号	工程师
三、勘察设计注册工程师			
序号	职业资格	文件号	可聘专业技术职务
1	注册结构工程师	建设〔1997〕222 号	一级：工程师 二级：助理工程师
2	注册土木工程师（岩土）	人发〔2002〕35 号	工程师
3	注册土木工程师（港口与航道工程）	人发〔2003〕27 号	工程师
4	注册土木工程师（水利水电工程）	国人部发〔2005〕58 号	工程师
5	注册土木工程师（道路工程）	国人部发〔2007〕18 号	工程师
6	注册化工工程师	人发〔2003〕26 号	工程师
7	注册电气工程师	人发〔2003〕25 号	工程师
8	注册公用设备工程师	人发〔2003〕24 号	工程师
9	注册环保工程师	国人部发〔2005〕56 号	工程师

三、国家职业资格目录改革

根据《国务院关于推行终身职业技能培训制度的意见》，为进一步加强职业资格设置实施的监管和服务，人保部制定《国家职业资格目录》，建立国家职业资格目录是转变政府职能、深化行政审批制度和人才发展体制机制改革的重要内容。国家职业资格清单式管理，国家按照规定的条件和程序将职业资格纳入国家职业资格目录，实行清单式管理，目录之内除准入类职业资格外一律不得与就业创业挂钩，实行动态调整。设置准入类职业资格，其所涉职业（工种）必须关系公共利益或涉及国家安全、公共安全、人身健康、生命财产安全，且必须有法律法规或国务院决定作为依据；设置水平评价类职业资格，其所涉职业（工种）应具有较强的专业性和社会通用性，技术技能要求较高，行业管理和人才队伍建设确实需要。国家职业资格目录（2021 年版），涉项部分详见表 1-5。人力资源社会保障部经国务院同意，降低或取消《国家职业资格目录（2021 年版）》中 13 项准入类职业资格考试工作年限要求。《部分准入类职业资格考试工作年限要求调整方案》（表 1-6）自 2022 年起实施。考试工作年限要求调整后，专业技术人员取得的职业资格可继续按照有关规定与相应系列和层级的职称对应，并可作为申报高一级职称的条件。

表1-5

国家职业资格目录（2021年版）

一、专业技术人员职业资格（共计59项，涉项部分）

<table>
<tr><th>序号</th><th colspan="2">职业资格名称</th><th>实施部门（单位）</th><th>资格类别</th><th>设定依据</th></tr>
<tr><td>5</td><td colspan="2">注册城乡规划师</td><td>自然资源部、人力资源和社会保障部、相关行业协会</td><td>准入类</td><td>《中华人民共和国城乡规划法》</td></tr>
<tr><td>6</td><td colspan="2">注册测绘师</td><td>自然资源部、人力资源和社会保障部</td><td>准入类</td><td>《中华人民共和国测绘法》
《注册测绘师制度暂行规定》（国人部发〔2007〕14 号）</td></tr>
<tr><td>10</td><td colspan="2">注册建筑师</td><td>全国注册建筑师管理委员会及省级注册建筑师管理委员会</td><td>准入类</td><td>《中华人民共和国建筑法》
《中华人民共和国注册建筑师条例》
《建设工程勘察设计管理条例》
《关于建立注册建筑师制度及有关工作的通知》（建设〔1994〕第 598 号）</td></tr>
<tr><td>11</td><td colspan="2">监理工程师</td><td>交通运输部、水利部、人力资源和社会保障部</td><td>准入类</td><td>《中华人民共和国建筑法》
《建设工程质量管理条例》
《监理工程师职业资格制度规定》（建人规〔2020〕3 号）
《注册监理工程师管理规定》（建设部令 2006 年第 147 号，根据住房和城乡建设部令 2016 年第 32 号修订）
《公路水运工程监理企业资质管理规定》（交通运输部令 2019 年第 37 号）
《水利工程建设监理规定》（水利部令 2006 年第 28 号，根据水利部令 2017 年第 49 号修订）</td></tr>
<tr><td>12</td><td colspan="2">房地产估价师</td><td>住房和城乡建设部、自然资源部</td><td>准入类</td><td>《中华人民共和国城市房地产管理法》</td></tr>
<tr><td>13</td><td colspan="2">造价工程师</td><td>住房和城乡建设部、交通运输部、水利部、人力资源和社会保障部</td><td>准入类</td><td>《中华人民共和国建筑法》
《造价工程师职业资格制度规定》（建人〔2018〕67 号）
《注册造价工程师管理办法》（建设部令 2006 年第 150 号，根据住房和城乡建设部令 2016 年第 32 号、2020 年第 50 号修订）</td></tr>
<tr><td>14</td><td colspan="2">建造师</td><td>住房和城乡建设部、人力资源和社会保障部</td><td>准入类</td><td>《中华人民共和国建筑法》
《注册建造师管理规定》（建设部令 2006 年第 153 号，根据住房和城乡建设部令 2016 年第 32 号修订）
《建造师执业资格制度暂行规定》（人发〔2002〕111 号）</td></tr>
<tr><td rowspan="2">15</td><td rowspan="2">勘察设计注册工程师</td><td>注册结构工程师</td><td>住房和城乡建设部、人力资源和社会保障部</td><td>准入类</td><td>《中华人民共和国建筑法》
《建设工程勘察设计管理条例》
《勘察设计注册工程师管理规定》（建设部令 2005 年第 137 号，根据住房和城乡建设部令 2016 年第 32 号修订）
《注册结构工程师执业资格制度暂行规定》（建设〔1997〕222 号）</td></tr>
<tr><td>注册土木工程师</td><td>住房和城乡建设部、交通运输部、水利部、人力资源和社会保障部</td><td></td><td>《中华人民共和国建筑法》
《建设工程勘察设计管理条例》
《勘察设计注册工程师管理规定》（建设部令 2005 年第 137 号，根据住房和城乡建设部令 2016 年第 32 号修订）
《注册土木工程师（岩土）执业资格制度暂行规定》（人发〔2002〕35 号）
《注册土木工程师（水利水电工程）制度暂行规定》（国人部发〔2005〕58 号）
《注册土木工程师（港口与航道工程）执业资格制度暂行规定》（人发〔2003〕27 号）
《勘察设计注册土木工程师（道路工程）制度暂行规定》（国人部发〔2007〕18 号）</td></tr>
</table>

续表

序号	职业资格名称		实施部门（单位）	资格类别	设定依据
15	勘察设计注册工程师	注册化工工程师	人力资源社会保障部		《中华人民共和国建筑法》 《建设工程勘察设计管理条例》 《勘察设计注册工程师管理规定》（建设部令2005年第137号，根据住房和城乡建设部令2016年第32号修订） 《注册化工工程师执业资格制度暂行规定》（人发〔2003〕26号）
15	勘察设计注册工程师	注册电气工程师	人力资源社会保障部		《中华人民共和国建筑法》 《建设工程勘察设计管理条例》 《勘察设计注册工程师管理规定》（建设部令2005年第137号，根据住房和城乡建设部令2016年第32号修订） 《注册电气工程师执业资格制度暂行规定》（人发〔2003〕25号）
15	勘察设计注册工程师	注册公用设备工程师	住房和城乡建设部、人力资源和社会保障部	准入类	《中华人民共和国建筑法》 《建设工程勘察设计管理条例》 《勘察设计注册工程师管理规定》（建设部令2005年第137号，根据住房和城乡建设部令2016年第32号修订） 《注册公用设备工程师执业资格制度暂行规定》（人发〔2003〕24号）
15	勘察设计注册工程师	注册环保工程师	住房和城乡建设部、生态环境部、人力资源和社会保障部	准入类	《中华人民共和国建筑法》 《建设工程勘察设计管理条例》 《勘察设计注册工程师管理规定》（建设部令2005年第137号，根据住房和城乡建设部令2016年第32号修订） 《注册环保工程师制度暂行规定》（国人部发〔2005〕56号）
24	注册安全工程师		应急管理部、人力资源和社会保障部	准入类	《中华人民共和国安全生产法》 《注册安全工程师职业资格制度规定》（应急〔2019〕8号）
25	注册消防工程师		应急管理部、人力资源和社会保障部	准入类	《中华人民共和国消防法》 《注册消防工程师制度暂行规定》（人社部发〔2012〕56号）
34	工程咨询（投资）专业技术人员职业资格		国家发展和改革委员会、人力资源和社会保障部、中国工程咨询协会	水平评价类	《工程咨询（投资）专业技术人员职业资格制度暂行规定》（人社部发〔2015〕64号）
41	不动产登记代理专业人员职业资格		自然资源部、中国土地估价师与土地登记代理人协会	水平评价类	《不动产登记暂行条例》
43	环境影响评价工程师		生态环境部、人力资源和社会保障部	水平评价类	《建设项目环境保护管理条例》 《环境影响评价工程师职业资格制度暂行规定》（国人部发〔2004〕13号）

续表

序号	职业资格名称	实施部门（单位）	资格类别	设定依据
44	房地产经纪专业人员职业资格	住房和城乡建设部、人力资源和社会保障部、中国房地产估价师与房地产经纪人学会	水平评价类	《中华人民共和国城市房地产管理法》 《房地产经纪专业人员职业资格制度暂行规定》（人社部发〔2015〕47 号）
52	设备监理师	市场监管总局、人力资源和社会保障部	水平评价类	《国务院关于第三批取消和调整行政审批项目的决定》（国发〔2004〕16 号）
58	文物保护工程从业资格	国家文物局	水平评价类	《中华人民共和国文物保护法实施条例》 《文物保护工程管理办法》（文化部令 2003 年第 26 号） 《文物保护工程勘察设计资质管理办法（试行）》《文物保护工程施工资质管理办法（试行）》《文物保护工程监理资质管理办法（试行）》（文物保发〔2014〕13 号）

二、技能人员职业资格（共计13项，涉项部分）

序号	职业资格名称	实施部门（单位）	资格类别	设定依据	备注
4	消防设施操作员	消防行业技能鉴定机构	准入类	《中华人民共和国消防法》	
10	特种作业人员	应急管理部门、矿山安全监管部门	准入类	《中华人民共和国安全生产法》 《中华人民共和国劳动法》 《中华人民共和国矿山安全法》 《安全生产许可证条例》 《煤矿安全监察条例》 《危险化学品安全管理条例》 《烟花爆竹安全管理条例》 《特种作业人员安全技术培训考核管理规定》（国家安全监管总局令 2010 年第 30 号、2013 年第 63 号第一次修正、2015 年第 80 号第二次修正）	
11	建筑施工特种作业人员	住房和城乡建设主管部门及相关机构	准入类	《中华人民共和国安全生产法》 《中华人民共和国特种设备安全法》 《建设工程安全生产管理条例》 《特种设备安全监察条例》 《安全生产许可证条例》 《建筑起重机械安全监督管理规定》（建设部令 2008 年第 166 号）	
12	特种设备安全管理和作业人员	市场监督管理部门	准入类	《中华人民共和国特种设备安全法》 《特种设备安全监察条例》 《特种设备作业人员监督管理办法》（国家质量监督检验检疫总局令 2011 年第 140 号）	

表1-6

部分准入类职业资格考试工作年限要求调整方案（涉项部分）

序号	职业资格名称	实施部门（单位）	现报考条件	调整后报考条件
1	注册城乡规划师	自然资源部、人力资源和社会保障部、相关行业协会	（一）取得城乡规划专业大学专科学历，从事城乡规划业务工作满6年。 （二）取得城乡规划专业大学本科学历或学位，或取得建筑学学士学位（专业学位），从事城乡规划业务工作满4年。 （三）取得通过专业评估（认证）的城乡规划专业大学本科学历或学位，从事城乡规划业务工作满3年。 （四）取得城乡规划专业硕士学位，或取得建筑学硕士学位（专业学位），从事城乡规划业务工作满2年。 （五）取得通过专业评估（认证）的城乡规划专业硕士学位或城市规划硕士学位（专业学位），或取得城乡规划专业博士学位，从事城乡规划业务工作满1年。 除上述规定的情形外，取得其他专业的相应学历或者学位的人员，从事城乡规划业务工作年限相应增加1年	（一）取得城乡规划专业大学专科学历，从事城乡规划业务工作满4年。 （二）取得城乡规划专业大学本科学历或学位，或取得建筑学学士学位（专业学位），从事城乡规划业务工作满3年。 （三）取得通过专业评估（认证）的城乡规划专业大学本科学历或学位，从事城乡规划业务工作满2年。 （四）取得城乡规划专业硕士学位或建筑学硕士学位（专业学位），从事城乡规划业务工作满1年。 （五）取得通过专业评估（认证）的城乡规划专业硕士学位或城市规划硕士学位（专业学位），从事城乡规划业务工作满1年。 （六）取得城乡规划专业博士学位。 除上述规定的情形外，取得其他专业的相应学历或者学位的人员，从事城乡规划业务工作年限相应增加1年
2	注册测绘师	自然资源部、人力资源和社会保障部	（一）取得测绘类专业大学专科学历，从事测绘业务工作满6年。 （二）取得测绘类专业大学本科学历，从事测绘业务工作满4年。 （三）取得含测绘类专业在内的双学士学位或者测绘类专业研究生班毕业，从事测绘业务工作满3年。 （四）取得测绘类专业硕士学位，从事测绘业务工作满2年。 （五）取得测绘类专业博士学位，从事测绘业务工作满1年。 （六）取得其他理学类或者工学类专业学历或者学位的人员，其从事测绘业务工作年限相应增加2年	（一）取得测绘类专业大学专科学历，从事测绘业务工作满4年。 （二）取得测绘类专业大学本科学历，从事测绘业务工作满3年。 （三）取得含测绘类专业在内的双学士学位或者测绘类专业研究生班毕业，从事测绘业务工作满2年。 （四）取得测绘类专业硕士学位，从事测绘业务工作满1年。 （五）取得测绘类专业博士学位。 （六）取得其他理学类或者工学类专业学历或者学位的人员，其从事测绘业务工作年限相应增加1年
3	注册核安全工程师	生态环境部、人力资源和社会保障部	（一）取得理工类专业学士学位，从事核安全工作满5年；或取得其他专业学士学位，从事核安全工作满6年。 （二）取得理工类专业双学士学位或研究生班毕业，从事核安全工作满4年；或取得其他专业双学士学位或研究生班毕业，从事核安全工作满5年。 （三）取得理工类专业硕士学位，从事核安全工作满2年；或取得其他专业硕士学位，从事核安全工作满3年。 （四）取得理工类专业博士学位，从事核安全工作满1年	（一）取得核与辐射安全相关专业大学专科学历，从事核与辐射安全相关工作满4年；或取得其他专业大学专科学历，从事核与辐射安全相关工作满5年。 （二）取得核与辐射安全相关专业大学本科学历或学士学位，从事核与辐射安全相关工作满3年；或取得其他专业大学本科学历或学士学位，从事核与辐射安全相关工作满4年。 （三）取得核与辐射安全相关专业第二学士学位或研究生班毕业，从事核与辐射安全相关工作满2年；或取得其他专业第二学士学位或研究生班毕业，从事核与辐射安全相关工作满3年。 （四）取得核与辐射安全相关专业硕士研究生学历或硕士学位，从事核与辐射安全相关工作满1年；或取得其他专业研究生学历或硕士学位，从事核与辐射安全相关工作满2年。 （五）取得理工类专业博士学位

续表

序号	职业资格名称	实施部门（单位）	现报考条件	调整后报考条件
4	监理工程师	住房和城乡建设部、交通运输部、水利部、人力资源和社会保障部	（一）具有各工程大类专业大学专科学历（或高等职业教育），从事工程施工、监理、设计等业务工作满6年。 （二）具有工学、管理科学与工程类专业大学本科学历或学位，从事工程施工、监理、设计等业务工作满4年。 （三）具有工学、管理科学与工程一级学科硕士学位或专业学位，从事工程施工、监理、设计等业务工作满2年。 （四）具有工学、管理科学与工程一级学科博士学位。 经批准同意开展试点的地区，申请参加监理工程师职业资格考试的，应当具有大学本科及以上学历或学位	（一）具有各工程大类专业大学专科学历（或高等职业教育），从事工程施工、监理、设计等业务工作满4年。 （二）具有工学、管理科学与工程类专业大学本科学历或学位，从事工程施工、监理、设计等业务工作满3年。 （三）具有工学、管理科学与工程一级学科硕士学位或专业学位，从事工程施工、监理、设计等业务工作满2年。 （四）具有工学、管理科学与工程一级学科博士学位。 经批准同意开展试点的地区，申请参加监理工程师职业资格考试的，应当具有大学本科及以上学历或学位
5	造价工程师	住房和城乡建设部、交通运输部、水利部、人力资源和社会保障部	一级： （一）具有工程造价专业大学专科（或高等职业教育）学历，从事工程造价业务工作满5年；具有土木建筑、水利、装备制造、交通运输、电子信息、财经商贸大类大学专科（或高等职业教育）学历，从事工程造价业务工作满6年。 （二）具有通过工程教育专业评估（认证）的工程管理、工程造价专业大学本科学历或学位，从事工程造价业务工作满4年；具有工学、管理学、经济学门类大学本科学历或学位，从事工程造价业务工作满5年。 （三）具有工学、管理学、经济学门类硕士学位或者第二学士学位，从事工程造价业务工作满3年。 （四）具有工学、管理学、经济学门类博士学位，从事工程造价业务工作满1年。 （五）具有其他专业相应学历或者学位的人员，从事工程造价业务工作年限相应增加1年。 二级： （一）具有工程造价专业大学专科（或高等职业教育）学历，从事工程造价业务工作满2年；具有土木建筑、水利、装备制造、交通运输、电子信息、财经商贸大类大学专科（或高等职业教育）学历，从事工程造价业务工作满3年。 （二）具有工程管理、工程造价专业大学本科及以上学历或学位，从事工程造价业务工作满1年；具有工学、管理学、经济学门类大学本科及以上学历或学位，从事工程造价业务工作满2年。 （三）具有其他专业相应学历或学位的人员，从事工程造价业务工作年限相应增加1年	一级： （一）具有工程造价专业大学专科（或高等职业教育）学历，从事工程造价、工程管理业务工作满4年；具有土木建筑、水利、装备制造、交通运输、电子信息、财经商贸大类大学专科（或高等职业教育）学历，从事工程造价、工程管理业务工作满5年。 （二）具有工程造价、通过工程教育专业评估（认证）的工程管理专业大学本科学历或学位，从事工程造价、工程管理业务工作满3年；具有工学、管理学、经济学门类大学本科学历或学位，从事工程造价、工程管理业务工作满4年。 （三）具有工学、管理学、经济学门类硕士学位或者第二学士学位，从事工程造价、工程管理业务工作满2年。 （四）具有工学、管理学、经济学门类博士学位。 （五）具有其他专业相应学历或者学位的人员，从事工程造价、工程管理业务工作年限相应增加1年。 二级： （一）具有工程造价专业大学专科（或高等职业教育）学历，从事工程造价、工程管理业务工作满1年；具有土木建筑、水利、装备制造、交通运输、电子信息、财经商贸大类大学专科（或高等职业教育）学历，从事工程造价、工程管理业务工作满2年。 （二）具有工程造价专业大学本科及以上学历或学位；具有工学、管理学、经济学门类大学本科及以上学历或学位，从事工程造价、工程管理业务工作满1年。 （三）具有其他专业相应学历或学位的人员，从事工程造价、工程管理业务工作年限相应增加1年

续表

序号	职业资格名称	实施部门（单位）	现报考条件	调整后报考条件
6	建造师（一级）	住房和城乡建设部、人力资源和社会保障部	（一）取得工程类或工程经济类大学专科学历，工作满6年，其中从事建设工程项目施工管理工作满4年。 （二）取得工程类或工程经济类大学本科学历，工作满4年，其中从事建设工程项目施工管理工作满3年。 （三）取得工程类或工程经济类双学士学位或研究生班毕业，工作满3年，其中从事建设工程项目施工管理工作满2年。 （四）取得工程类或工程经济类硕士学位，工作满2年，其中从事建设工程项目施工管理工作满1年。 （五）取得工程类或工程经济类博士学位，从事建设工程项目施工管理工作满1年	（一）取得工程类或工程经济类专业大学专科学历，从事建设工程项目施工管理工作满4年。 （二）取得工学门类、管理科学与工程类专业大学本科学历，从事建设工程项目施工管理工作满3年。 （三）取得工学门类、管理科学与工程类专业硕士学位，从事建设工程项目施工管理工作满2年。 （四）取得工学门类、管理科学与工程类专业博士学位，从事建设工程项目施工管理工作满1年
9	注册安全工程师（中级）	应急管理部、人力资源和社会保障部	（一）具有安全工程及相关专业大学专科学历，从事安全生产业务满5年；或具有其他专业大学专科学历，从事安全生产业务满7年。 （二）具有安全工程及相关专业大学本科学历，从事安全生产业务满3年；或具有其他专业大学本科学历，从事安全生产业务满5年。 （三）具有安全工程及相关专业第二学士学位，从事安全生产业务满2年；或具有其他专业第二学士学位，从事安全生产业务满3年。 （四）具有安全工程及相关专业硕士学位，从事安全生产业务满1年；或具有其他专业硕士学位，从事安全生产业务满2年。 （五）具有博士学位，从事安全生产业务满1年。 （六）取得初级注册安全工程师职业资格后，从事安全生产业务满3年	（一）具有安全工程及相关专业大学专科学历，从事安全生产业务满5年；或具有其他专业大学专科学历，从事安全生产业务满6年。 （二）具有安全工程及相关专业大学本科学历，从事安全生产业务满3年；或具有其他专业大学本科学历，从事安全生产业务满4年。 （三）具有安全工程及相关专业第二学士学位，从事安全生产业务满2年；或具有其他专业第二学士学位，从事安全生产业务满3年。 （四）具有安全工程及相关专业硕士学位，从事安全生产业务满1年；或具有其他专业硕士学位，从事安全生产业务满2年。 （五）具有博士学位，从事安全生产业务满1年。 （六）取得初级注册安全工程师职业资格后，从事安全生产业务满3年
11	注册计量师（一级）	市场监管总局、人力资源和社会保障部	（一）取得理学或工学门类专业大学专科学历，工作满6年，其中从事计量技术工作满4年。 （二）取得理学或工学门类专业大学本科学历，工作满4年，其中从事计量技术工作满3年。 （三）取得理学或工学门类专业双学士学位或研究生班毕业，工作满3年，其中从事计量技术工作满2年。 （四）取得理学或工学门类专业硕士学位，工作满2年，其中从事计量技术工作满1年。 （五）取得理学或工学门类专业博士学位，从事计量技术工作满1年。 （六）取得其他学科门类专业相应学历、学位的人员，其工作年限和从事计量技术工作的最低年限相应增加1年	（一）取得理学或工学门类专业大学专科学历，从事计量技术工作满4年。 （二）取得理学或工学门类专业大学本科学历，从事计量技术工作满3年。 （三）取得理学或工学门类专业双学士学位或研究生班毕业，从事计量技术工作满2年。 （四）取得理学或工学门类专业硕士及以上学位，从事计量技术工作满1年。 （五）取得其他学科门类专业相应学历、学位的人员，其从事计量技术工作的最低年限相应增加1年
12	特种设备检验、检测人员资格	市场监管总局	学历、检验经历、技术职称、专业培训等资历满足申请项目的要求（其中报考检验师需持检验员证4年及以上，并在有效期内）	学历、检验经历、技术职称、专业培训等资历满足申请项目的要求（其中报考检验师需持检验员证3年及以上，并在有效期内）

第二章　绿色建筑节能低碳发展

绿色建筑指在全寿命期内节约资源、保护环境、减少污染，为人们提供健康、适用、高效的使用空间，最大限度地实现人与自然和谐共生的高质量建筑。《关于推动城乡建设绿色发展的意见》实施建筑领域碳达峰、碳中和行动，规范绿色建筑设计、施工、运行、管理，推进既有建筑绿色化改造，加强财政、金融、规划、建设等政策支持，推动高质量绿色建筑规模化发展，大力推广超低能耗、近零能耗建筑，发展零碳建筑，实施绿色建筑统一标识制度，建立城市建筑用水、用电、用气、用热等数据的共享机制，大力推动可再生能源应用等。进一步提升绿色建筑占比，在适宜气候区推广超低能耗建筑。推进既有建筑绿色化改造，提升建筑节能低碳水平。初步核算，2022 年全国万元国内生产总值二氧化碳排放比 2021 年下降 0.8%，万元国内生产总值能耗比 2021 年下降 0.1%。截至 2022 年年底，全国累计建成节能建筑面积超过 303 亿平方米，节能建筑占城镇民用建筑面积比例超过 64%；全国累计建成绿色建筑面积超过 100 亿平方米，2022 年当年城镇新建绿色建筑占新建建筑的比例达到 90% 左右。星级绿色建筑持续增加，既有建筑能效水平不断提高，装配化建造方式占比稳步提升，形成崇尚绿色生活的社会氛围。中国二氧化碳排放 2030 年前达到峰值、2060 年前实现碳中和。建筑垃圾综合利用率达到 60%，资源循环利用产业产值达到 5 万亿元。在建造全过程加大 BIM 技术、互联网、物联网、大数据、人工智能等新技术的集成与创新应用符合国家战略。本章包括：绿色发展理念推进绿色建造；建筑节能与绿色建筑发展规划；住房和城乡建设科技发展规划；绿色节能及资源化利用发展规划；智能建造与建筑工业化协同发展；城乡建设领域碳达峰实施方案；全国绿色建筑创新奖管理；建筑信息模型数字化集成应用等。

第一节　绿色发展理念推进绿色建造

一、城乡建设一体化绿色发展

（一）城乡建设是推动绿色发展、建设美丽中国的重要载体；是坚持人与自然和谐共生，尊重自然、顺应自然、保护自然，推动构建人与自然生命共同体。坚持整体与局部相协调，统筹规划、建设、管理三大环节，统筹城镇和乡村建设。坚持效率与均衡并重，促进城乡资源能源节约集约利用，实现人口、经济发展与生态资源协调。坚持公平与包容相融合，完善城乡基础设施，推进基本公共服务均等化。坚持保护与发展相统一，传承中华优秀传统文化，推动创造性转化、创新性发展。到 2025 年，城乡建设绿色发展体制机制和政策体系基本建立，建设方式绿色转型成效显著，碳减排扎实推进，城市整体性、系统性、生长性增强，城乡生态环境质量整体改善，城乡发展质量和资源环境承载能力明显提升。到 2035 年，城乡建设全面实现绿色发展，碳减排水平快速提升，城乡建设领域治理体系和治理能力基本实现现代化，美丽中国建设目标基本实现。促进区域和城市群绿色发展，建立健全区域和城市群绿色发展协调机制，充分发挥各城市比较优势，促进资源有效配置。在国土空间规划中统筹划定生态保护红线、永久基本农田、城镇开发边界等管控边界，统筹生产、生活、生态空间，实施最严格的耕地保护制度，建立水资源刚性约束制度，建设与资源环境承载能力相匹配、重大风险防控相结合的空间格局。统筹区域、城市群和都市圈内大中小城市住房建设，与人口构成、产业结构相适应。协同建设区域生态网络和绿道体系，衔接生态保护红线、环境质量底线、资源利用上线和生态环境准入清单，改善区域生态环境。推进区域重大基础设施和公共服务设施共建共享，建立功能完善、衔接紧密、保障有力的城市群综合立体交通等现代化设施网络体系。建设人与自然和谐共生的美丽城市，建立分层次、分区域协调管控机制，以自然资源承载能力和生态环境容量为基础，合理确定城市人口、用水、用地规模，合理确定开发建设密度和强度。提高中心城市综合承载能力，建设一批产城融合、职住平衡、生态宜居、交通便利的郊区新城，推动多中心、组团式发展。落实规划环评要求和防噪声距离。大力推进城市节水，提高水资源集约节约利用水平。实施海绵城市建设，完善城市防洪排涝体系，提高城市防灾减灾能力，增强城市韧性。实施城市生态修复工程，保护城市山体自然风貌，修复江河、湖泊、湿地，加强城市公园和绿地建设，推进立体绿化，构建连续完整的生态基础设施体系。实施城市功能完善工程，加强婴幼儿照护机构、幼儿园、中小学校、医疗卫生机构、养老服务机构、儿童福利机构、未成年人救助保护机构、社区足球场地等设施建设，增加公共活动空间，建设体育公园，完善文化和旅游消费场所设施，推动发展城市新业态、新功能。建立健全推进城市生态修复、功能完善工程标准规范和工作体系。推动绿色城市、森林城市、“无废城市”建设，深入开展绿色社区创建行动。推进以县城为重要载体的城镇化建设，加强县城绿色低碳建设，大力提升县城公共设施和服务水平。打造绿色生态宜居的美丽乡村，按照产业兴旺、生态宜居、乡风文明、治理有效、生活富裕的总要求，以持续改善农村人居环境为目标，建立乡村建设评价机制，探索县域乡村发展路径。提高农房设计和建造水平，建设满足乡村生产生活实际需要的新型农房，完善水、电、气、厕配套附属设施，加强既有农房节能改造。保护塑造乡村风貌，延续乡村历史文脉，严格落实有关规定，不破坏地形地貌、不拆传统民居、不砍老树、不盖高楼。统筹布局县城、中心镇、行政村基础设施和公共服务设施，促进城乡设施联动发展。提高镇村设施建设水平，持续推进农村生活垃圾、污水、厕所粪污、畜禽养殖粪污治理，实施农村水系综合整治，推进生态清洁流域建设，加强水土流失综合治理，加强农村防灾减灾能力建设。立足资源优势打造各具特色的农业全产业链，发展多种形式适度规模经营，支持以“公司 + 农户”等模式对接市场，培育乡村文化、旅游、休闲、民宿、健康养老、传统手工艺等新业态，强化农产品及其加工副产物综合利用，拓宽农民增收渠道，促进产镇融合、产村融合，推动农村一二三产业融合发展。

（二）绿色生态城区建设原则与要求：贯彻创新、协调、绿色、开放、共享的新发展理念，以政府统筹、部门协作、社会参与为基本途径，注重科学规划、统筹建设、协调推进，对标国际一流，全面推动绿色生态城区建设，形成生产、生态、生活“三生融合”的发展模式，为促进城市生态文明建设提供重要支撑。绿色生态城区是指以绿色低碳、生态宜居为发展目标，在具有一定用地规模的城市区域内，通过科学统筹规划、低碳有序建设、创新精细管理等诸多手段，最大限度地减少碳源和增加碳汇，实现空间布局合理、公共服务功能完善、生态环境品质提升、资源集约节约利用、运营管理智慧高效、地域文化特色鲜明的人、城市及自然和谐共生的城区。坚持创新探索、特色发展，创新工作思路、方法和机制，推进绿色生态相关的系统建设，着力培育在健康宜居、低碳高效、智慧管控等方面极具特色的绿色生态城区，形成本市绿色生态发展的新模式。坚持规划引领、统筹协调，科学编制和严格实施相关规划，统筹协调城市规划、建设、运营管理各方面，切实提高土地空间集约程度、基础设施绿色建设水平、能源资源利用效率。坚持因地制宜、分类推进，充分考虑各区经济社会发展水平、资源禀赋、文化特点，出台有针对性的政策措施；对新建城区、更新城区分类指导，全面推进新建城区绿色生态建设，大力开展更新城区的绿色低碳更新。坚持注重实效、着眼长效，在推进绿色生态城区规划建设的基础上，更加注重数字化技术应用，提高运营管理水平，努力形成绿色生态城区建设的长效机制和跟踪评估机制，并逐步纳入城市建设和管理的制度体系。增强公众对绿色生态城区的获得感，鼓励公众参与城区治理。用地规模对于新建城区，原则上应与相应单元控制性详细规划的用地范围保持一致，待开发用地面积不宜小于 0.5 平方公里；对于更新城区，宜与区域更新的用地范围保持一致，用地规模不宜小于 0.3 平方公里。推进要求对新建城区，各区政府、特定地区管委会要积极推进绿色生态城区建设，以绿色低碳理念为指导，开展现状评估及生态诊断、定位策划、系统规划等工作，建立健全绿色生态建设保障机制，落实韧性安全、健康宜居、低碳高效、经济活力、智慧管控等绿色生态指标和技术措施。对于更新城区应结合区域更新行动计划，以绿色低碳理念为指导，积极开展旧城区的绿色低碳更新，重点推动以功能提升、产业发展、生态环境改善、市政交通设施和公共服务完善等为导向的区域更新实践。要以旧城区绿色低碳更新为契机，结合“美丽街区”“美丽家园”建设，提升人民群众获得感、幸福感、安全感。旧城区绿色低碳更新要开展生态诊断、目标制定、更新规划等工作。绿色生态城区主要内容：绿色生态城区规划编制，纳入各区实施计划的城区，要遵循“规划引领、统筹协调”的原则，依据上位规划和绿色生态城区相关标准，开展生态诊断与潜力评估，确定绿色生态定位，编制绿色生态专业规划（含绿色生态指标体系、绿色生态规划方案和碳排放分析报告）。专业规划编制资金，由同级财政予以保障。绿色生态指标体系，结合所在区的经济社会发展水平、资源禀赋、建筑功能等，制定包含韧性安全、健康宜居、低碳高效、经济活力、智慧管控等方面内容的绿色生态指标体系，为绿色生态城区的规划建设明确方向。绿色生态规划方案，基于绿色生态指标体系，编制绿色生态规划方案，提出包含韧性安全、健康宜居、低碳高效、经济活力、智慧管控等方面的绿色生态实施策略。各区政府、特定地区管委会在城市设计阶段同步编制绿色生态规划方案，对即将编制或修编控制性详细规划的新建城区，将绿色生态规划方案核心理念与要求融入控制性详细规划；对于正在编制区域更新方案的更新城区，应同步编制绿色生态规划方案，并将其纳入区域更新方案中。碳排放分析报告，绿色生态城区应明确碳排放强度控制目标，编制详尽的碳排放分析报告，制定分阶段的减排目标和实施方案。

（三）绿色生态城区建设，绿色生态城区内的市政工程及地块建设项目，依照相关法律法规、工程设计标准及绿色生态相关标准等要求进行建设。发展改革、规划资源、建设交通、环境保护等主管部门在项目审批、评估评审、建设管理、竣工验收等环节，审查相关绿色生态指标和方案，确保城区真正落实绿色、低碳和生态内容。土地使用权取得和核定规划条件，对以划拨方式取得土地使用权的建设工程项目，以及利用自有土地实施新建、改建、扩建的建设工程项目，建设单位在申办建设项目规划土地意见书之前，规划资源部门要通过行政协助征询住房和城乡建设管理部门意见。住房和城乡建设管理部门根据相关政策及绿色生态专业，提出单位建筑面积年碳排放量、绿色建筑星级、超低/近零/零能耗建筑、预制率/装配率、可再生能源替代率、年径流总量控制率、智能建造、零碳建筑或光储直柔创新示范、附属绿地开放共享等绿色生态相关指标要求。对以出让方式取得土地使用权的建设工程项目，在土地出让前，规划资源部门要向同级相关管理部门征询出让条件，住房和城乡建设管理部门要提出绿色生态相关指标要求，并纳入土地出让合同。设计方案审核，对除工业项目（特指工业园区内带方案出让的工业项目）外的建设工程项目，建设单位要按照规划条件及绿色生态相关标准要求，编制设计方案，报送规划资源部门；规划资源管理部门就相关事项限时征求交通、交警、绿化市容等必询部门和其他选询部门意见。规划资源管理部门根据各部门反馈意见，完成设计方案审核。设计审图，设计单位要按照规划条件及绿色生态相关标准要求，编制相应设计文件。施工图设计文件审查机构要对施工图设计文件中的绿色生态相关内容进行审查。施工管理，施工单位要按照施工图设计文件中绿色生态相关内容，严格组织实施。监理单位应对绿色生态相关内容实施监理，并承担监理责任。建设工程安全质量监督部门要对绿色生态相关内容实施监督检查。竣工验收，建设单位应严格按照绿色生态专业规划及设计文件，组织绿色生态相关内容的竣工验收。竣工验收合格报告中，要明确绿色生态相关指标及工程措施的落实情况，绿色生态相关内容建设不符合要求的，不予出具竣工验收合格报告。绿色生态城区运营，绿色生态城区的运营依据相关法律法规的规定，遵循“注重实效、着眼长效”的原则，率先确立绿色低碳、数字智慧、安全韧性的空间治理新模式，结合精细化管理体系的完善和现代化治理能力的建设，探索建立绿色生态城区科学的运营管理模式。通过人才培养、数字化技术的应用和管理制度的创新，研究建立绿色生态城区长效运营管理机制。建立科学的运营管理模式，应结合市、区、街镇三级精细化管理体制机制，建立健全多部门协同常态长效管理体制机制和精细化管理工作动态评估机制。探索规划—建设—管理有机协同的全生命周期精细化管理路径，建立建设与管理要求前置、规划要求落地与复核的机制。完善重大工程项目协同推进机制。探索成立开发建设运营一体化的专项功能性平台。优选高水平的运营管理团队，开展高能级运营管理，确保实现高品质发展。培养高素质的管理人才，加强培养绿色生态城区运营管理人才，建立梯度人才培养体系，培育城市管理服务作业的工匠精神。建立定期培训机制，增强教育培训的针对性、操作性、实效性。用科学态度、先进理念、专业知识管理城区，促进城区治理体系和治理能力现代化，提升城区社会治理水平。加强数字化技术应用，各区政府和特定地区管委会要加强城区数字化建设，鼓励试点示范城区采用城市信息模型（CIM）技术辅助城区管理，并加强智慧交通、智慧社区、能耗监测、公共安全等管理数字化平台建设和功能整合，建设综合性城区管理数据库，将“一网统管”和数字治理的理念融入城区管理运营，优化城区运营管理策略，提高城区绿色运营管理水平。推动碳计量碳核查工作，各区政府和特定地区管委会要率先在试点示范城区开展碳计量和碳核查工作，实现对城区各个系统全环节碳排放进行连续、准确的实时追踪与监测，定期编制碳排放核查报告，并根据监测核查情况优化城区低碳管理工作，实现城区持续节能降碳。

二、创新城乡建设发展方式方法

建设高品质绿色建筑，实施建筑领域碳达峰、碳中和行动。规范绿色建筑设计、施工、运行、管理，鼓励建设绿色农房。推进既有建筑绿色化改造，鼓励与城镇老旧小区改造、农村危房改造、抗震加固等同步实施。开展绿色建筑、节约型机关、绿色学校、绿色医院创建行动。加强财政、金融、规划、建设等政策支持，推动高质量绿色建筑规模化发展，大力推广超低能耗、近零能耗建筑，发展零碳建筑。实施绿色建筑统一标识制度。建立城市建筑用水、用电、用气、用热等数据共享机制，提升建筑能耗监测能力。推动区域建筑能效提升，推广合同能源管理、合同节水管理服务模式，降低建筑运行能耗、水耗，大力推动可再生能源应用，鼓励智能光伏与绿色建筑融合创新发展。提高城乡基础设施体系化水平，建立健全基础设施建档制度，普查现有基础设施，统筹地下空间综合利用。推进城乡基础设施补短板和更新改造专项行动以及体系化建设，提高基础设施绿色、智能、协同、安全水平。加强公交优先、绿色出行的城市街区建设，合理布局和建设城市公交专用道、公交场站、车船用加气加注站、电动汽车充换电站，加快发展智能网联汽车、新能源汽车、智慧停车及无障碍基础设施，强化城市轨道交通与其他交通方式衔接。加强交通噪声管控，落实城市交通设计、规划、建设和运行噪声技术要求。加强城市高层建筑、大型商业综合体等重点场所消防安全管理，打通消防生命通道，推进城乡应急避难场所建设。持续推动城镇污水处理提质增效，完善再生水、集蓄雨水等非常规水源利用系统，推进城镇污水管网全覆盖，建立污水处理系统运营管理长效机制。因地制宜加快连接港区管网建设，做好船舶生活污水收集处理。统筹推进煤改电、煤改气及集中供热替代等，加快农村电网、天然气管网、热力管网等建设改造。加强城乡历史文化保护传承，建立完善城乡历史文化保护传承体系，健全管理监督机制，完善保护标准和政策法规，严格落实责任，依法问责处罚。开展历史文化资源普查，做好测绘、建档、挂牌工作。建立历史文化名城、名镇、名村及传统村落保护制度，加大保护力度，不拆除历史建筑，不拆真遗存，不建假古董，做到按级施保、应保尽保。完善项目审批、财政支持、社会参与等制度机制，推动历史建筑绿色化更新改造、合理利用。建立保护项目维护修缮机制，保护和培养传统工匠队伍，传承传统建筑绿色营造方式。实现工程建设全过程绿色建造，开展绿色建造示范工程创建行动，推广绿色化、工业化、信息化、集约化、产业化建造方式，加强技术创新和集成，利用新技术实现精细化设计和施工。大力发展装配式建筑，重点推动钢结构装配式住宅建设，不断提升构件标准化水平，推动形成完整产业链，推动智能建造和建筑工业化协同发展。完善绿色建材产品认证制度，开展绿色建材应用示范工程建设，鼓励使用综合利用产品。加强建筑材料循环利用，促进建筑垃圾减量化，严格施工扬尘管控，采取综合降噪措施管控施工噪声。推动传统建筑业转型升级，完善工程建设组织模式，加快推行工程总承包，推广全过程工程咨询，推进民用建筑工程建筑师负责制。加快推进工程造价改革。改革建筑劳动用工制度，大力发展专业作业企业，培育职业化、专业化、技能化建筑产业工人队伍。推动形成绿色生活方式，推广节能低碳节水用品，推动太阳能、再生水等应用，鼓励使用环保再生产品和绿色设计产品，减少一次性消费品和包装用材消耗。倡导绿色装修，鼓励选用绿色建材、家具、家电。持续推进垃圾分类和减量化、资源化，推动生活垃圾源头减量，建立健全生活垃圾分类投放、分类收集、分类转运、分类处理系统。加强危险废物、医疗废物收集处理，建立完善应急处置机制。科学制定城市慢行系统规划，因地制宜建设自行车专用道和绿道，全面开展人行道净化行动，改造提升重点城市步行街。深入开展绿色出行创建行动，优化交通出行结构，鼓励公众选择公共交通、自行车和步行等出行方式。统筹城乡规划建设管理，坚持总体国家安全观，以城乡建设绿色发展为目标，加强顶层设计，编制相关规划，建立规划、建设、管理三大环节统筹机制，统筹城市布局的经济需要、生活需要、生态需要、安全需要，统筹地上地下空间综合利用，统筹各类基础设施建设，系统推进重大工程项目。创新城乡建设管控和引导机制，完善城市形态，提升建筑品质，塑造时代特色风貌。完善城乡规划、建设、管理制度，动态管控建设进程，确保一张蓝图实施不走样、不变形。建立城市体检评估制度，建立健全"一年一体检、五年一评估"的城市体检评估制度，强化对相关规划实施情况和历史文化保护传承、基础设施效率、生态建设、污染防治等的评估。制定城市体检评估标准，将绿色发展纳入评估指标体系。城市政府作为城市体检评估工作主体，要定期开展体检评估，制定年度建设和整治行动计划，依法依规向社会公开体检评估结果。加强对相关规划实施的监督，维护规划的严肃性权威性。加大科技创新力度，完善以市场为导向的城乡建设绿色技术创新体系，培育壮大一批绿色低碳技术创新企业，充分发挥国家工程研究中心、国家技术创新中心、国家企业技术中心、国家重点实验室等创新平台对绿色低碳技术的支撑作用。加强国家科技计划研究，系统布局一批支撑城乡建设绿色发展的研发项目，组织开展重大科技攻关，加大科技成果集成创新力度。建立科技项目成果库和公开制度，鼓励科研院所、企业等主体融通创新、利益共享，促进科技成果转化。建设国际化工程建设标准体系，完善相关标准。推动城市智慧化建设，建立完善智慧城市建设标准和政策法规，加快推进信息技术与城市建设技术、业务、数据融合。开展城市信息模型平台建设，推动建筑信息模型深化应用，推进工程建设项目智能化管理，促进城市建设及运营模式变革。搭建城市运行管理服务平台，加强对市政基础设施、城市环境、城市交通、城市防灾的智慧化管理，推动城市地下空间信息化、智能化管控，提升城市安全风险监测预警水平。完善工程建设项目审批管理系统，逐步实现智能化全程网上办理，推进与投资项目在线审批监管平台等互联互通。搭建智慧物业管理服务平台，加强社区智慧化建设管理，为群众提供便捷服务。推动美好环境共建共治共享，推动形成建设美好人居环境的合力，实现决策共谋、发展共建、建设共管、效果共评、成果共享。下沉公共服务和社会管理资源，按照有关规定探索适宜城乡社区治理的项目招投标、奖励等机制，解决群众身边、房前屋后的实事小事。以城镇老旧小区改造、历史文化街区保护与利用、美丽乡村建设、生活垃圾分类等为抓手和载体，构建社区生活圈，广泛发动组织群众参与城乡社区治理，共同建设美好家园。

三、绿色建造工作方案

（一）绿色建造应将绿色发展理念融入工程策划、设计、施工、交付的建造全过程，充分体现绿色化、工业化、信息化、集约化和产业化的总体特征。同时，应统筹考虑建筑工程质量、安全、效率、环保、生态等要素，实现工程策划、设计、施工、交付全过程一体化，提高建造水平和建筑品质；应全面体现绿色要求，有效降低建造全过程对资源的消耗和对生态环境的影响，减少碳排放，整体提升建造活动绿色化水平；宜采用系统化集成设计、精益化生产施工、一体化装修的方式，加强新技术推广应用，整体提升建造方式工业化水平；宜结合实际需求，有效采用BIM、物联网、大数据、云计算、移动通信、区块链、人工智能、机器人等相关技术，整体提升建造手段信息化水平；宜采用工程总承包、全过程工程咨询等组织管理方式，促进设计、生产、施工深度协同，整体提升建造管理集约化水平。绿色建造是采用绿色化、工业化、信息化、集约化和产业化的新型建造方式，提供优质生态的建筑产品。推进绿色建造工作，促进形成绿色生产生活方式，推动建筑业转型升级和城乡建设绿色发展。发挥政府策划引导和政策支持作用，同时发挥市场配置资源的决定性作用，形成有利市场环境，激发企业推进绿色建造的内生动力。明确试点工作目标，深化体制机制改革，充分发挥创新的支撑作用，通过科技创新和组织管理创新，提升绿色建造能力。根据各地气候、环境、经济、建材等特点和建筑业发展水平，探索适应本地区情况的绿色建造方式和管理模式。坚持系统观念，对策划、设计、生产、施工等环节进行筹划协调，对生态、品质、安全、效率、成本、人文等要素进行统筹平衡，逐步形成建筑业全要素的绿色建造发展模式。选取房屋建筑和市政基础设施工程项目，在策划、建设等过程中开展绿色建造，到2023年年底形成可复制推广的绿色建造技术体系、管理体系、实施体系和评价体系。开展绿色建造试点项目在结构类型、性质用途等方面应具有代表性和广泛性，可包含一定比例的城市更新和存量住房改造提升工程。指导试点项目开展绿色策划，通过绿色设计、绿色建材选用、绿色生产、绿色施工、绿色交付的一体化绿色统筹，推进精益化建造，有效实现全过程绿色效益最大化。试点项目实现施工现场建筑垃圾减量化目标，提升建造绿色化水平。大力推动BIM技术在试点项目设计、生产、施工阶段的集成应用，以5G、物联网、区块链、人工智能等技术为支撑，推动智慧工地建设和建筑机器人等智能装备设备应用，实现工程质量可追溯，提高工程质量和管理效率，提升建造信息化水平。完善模数协调、构件选型等标准，统筹建立本地区标准部品构件库。试点项目采用少规格、多组合设计方法，推进住宅、公共建筑和工业建筑的模块化设计，实现标准化和多样化的统一，提升建造工业化水平。试点项目采用工程总承包、全过程工程咨询等集约化组织管理模式，健全配套的发包承包、施工许可、质量安全监管、造价管理、竣工验收等制度，促进设计、生产、施工深度融合，提高建造集约化水平。大型企业建立建筑产业互联网平台，实现数据采集、数据交互和信息共享，挖掘数据价值，提高资源配置效率。推动新建建筑全面实施绿色设计，制修订相关标准，将绿色建筑基本要求纳入工程建设强制规范，提高建筑建设底线控制水平。推动绿色建筑标准实施，加强设计、施工和运行管理。推动各地绿色建筑立法，明确各方主体责任，鼓励各地制定更高要求的绿色建筑强制性规范。建立全国绿色建筑标识管理平台，结合北方地区清洁取暖、城镇老旧小区改造、海绵城市建设等工作，推动既有居住建筑节能节水改造。开展公共建筑能效提升重点城市建设，推广合同能源管理与合同节水管理，推进公共建筑能耗统计、能源审计及能效公示。鼓励各地因地制宜提高政府投资公益性建筑和大型公共建筑绿色等级，推动超低能耗建筑、近零能耗建筑发展，推广可再生能源应用和再生水利用。提高住宅健康性能，完善实施住宅相关标准，提高建筑室内空气、水质、隔声等健康性能指标，提升建筑视觉和心理舒适性。推动住宅健康性能示范项目，强化住宅健康性能设计要求，严格竣工验收管理，推动绿色健康技术应用。推广装配化建造方式，大力发展钢结构等装配式建筑，新建公共建筑原则上采用钢结构。编制钢结构装配式住宅常用构件尺寸指南，强化设计要求，规范构件选型，提高装配式建筑构配件标准化水平。推动装配式装修，打造装配式建筑产业基地，提升建造水平。加快推进绿色建材评价认证和推广应用，建立绿色建材采信机制。指导各地制定绿色建材推广应用政策措施，推动政府投资工程率先采用绿色建材，逐步提高城镇新建建筑中绿色建材应用比例。积极探索5G、物联网、人工智能、建筑机器人等新技术在工程建设领域的应用，推动绿色建造与新技术融合发展。结合住房和城乡建设部科学技术计划和绿色建筑创新奖，推动绿色建筑新技术应用。

（二）绿色建筑标识管理，绿色建筑标识，是指表示绿色建筑星级并载有性能指标的信息标志，包括标牌和证书。绿色建筑标识由住房和城乡建设部统一式样，证书由授予部门制作，标牌由申请单位根据不同应用场景按照制作指南自行制作。绿色建筑标识授予范围为符合绿色建筑星级标准的工业与民用建筑。绿色建筑标识星级由低至高分为一星级、二星级和三星级3个级别。住房和城乡建设部负责制定完善绿色建筑标识制度，指导监督地方绿色建筑标识工作，认定三星级绿色建筑并授予标识。省级住房和城乡建设部门负责本地区绿色建筑标识工作，认定二星级绿色建筑并授予标识，组织地市级住房和城乡建设部门开展本地区一星级绿色建筑认定和标识授予工作。绿色建筑三星级标识认定统一采用国家标准，二星级、一星级标识认定可采用国家标准或与国家标准相对应的地方标准。新建民用建筑采用《绿色建筑评价标准》GB/T 50378，工业建筑采用《绿色工业建筑评价标准》GB/T 50878，既有建筑改造采用《既有建筑绿色改造评价标准》GB/T 51141。省级住房和城乡建设部门制定的绿色建筑评价标准，可细化国家标准要求，补充国家标准中创新项的开放性条款，不应调整国家标准评价要素和指标权重。住房和城乡建设部门建立绿色建筑专家库，专家应熟悉绿色建筑标准，了解掌握工程规划、设计、施工等相关技术要求，具有良好的职业道德，具有副高级及以上技术职称或取得相关专业执业资格。申报和审查程序，申报绿色建筑标识遵循自愿原则，绿色建筑标识认定应科学、公开、公平、公正。绿色建筑标识认定需经申报、推荐、审查、公示、公布等环节，审查包括形式审查和专家审查。绿色建筑标识申报应由项目建设单位、运营单位或业主单位提出，鼓励设计、施工和咨询等相关单位共同参与申报。申报绿色建筑标识的项目应具备以下条件：按照《绿色建筑评价标准》等相关国家标准或相应的地方标准进行设计、施工、运营、改造；已通过建设工程竣工验收并完成备案。申报单位应按下列要求，提供申报材料，并对材料的真实性、准确性和完整性负责。申报材料应包括以下内容：绿色建筑标识申报书和自评估报告；项目立项审批等相关文件；申报单位简介、资质证书、统一社会信用代码证等；与标识认定相关的图纸、报告、计算书、图片、视频等技术文件；每年上报主要绿色性能指标运行数据的承诺函。三星级绿色建筑项目应由省级住房和城乡建设部门负责组织推荐，并报住房和城乡建设部。二星级和一星级绿色建筑推荐规则由省级住房和城乡建设部门制定。住房和城乡建设部门应对申报推荐绿色建筑标识项目进行形式审查，主要审查以下内容：申报单位和项目是否具备申报条件；申报材料是否齐全、完整、有效。形式审查期间可要求申报单位补充一次材料。住房和城乡建设部门在形式审查后，应组织专家审查，按照绿色建筑评价标准审查绿色建筑性能，确定绿色建筑等级。对于审查中无法确定的项目技术内容，可组织专家进行现场核查。审查结束后，住房和城乡建设部门应在门户网站进行公示。公示内容包括项目所在地、类型、名称、申报单位、绿色建筑星级和关键技术指标等。公示期不少于 7 个工作日。对公示项目的署名书面意见必须核实情况并处理异议。对于公示无异议的项目，住房和城乡建设部门应印发公告，并授予证书。绿色建筑标识证书编号由地区编号、星级、建筑类型、年份和当年认定项目序号组成，中间用“-”连接。地区编号按照行政区划排序，从北京 01 编号到新疆 31，新疆生产建设兵团编号 32。建筑类型代号分别为公共建筑 P、住宅建筑 R、工业建筑 I、混合功能建筑 M。住房和城乡建设部负责建立完善绿色建筑标识管理信息系统，三星级绿色建筑项目应通过系统申报、推荐、审查。省级和地级市住房和城乡建设部门可依据管理权限登录绿色建筑标识管理信息系统并开展绿色建筑标识认定工作，不通过系统认定的二星级、一星级项目应及时将认定信息上报至系统。标识管理，住房和城乡建设部门应加强绿色建筑标识认定工作权力运行制约监督机制建设，科学设计工作流程和监管方式，明确管理责任事项和监督措施，切实防控廉政风险。获得绿色建筑标识的项目运营单位或业主，应强化绿色建筑运行管理，加强运行指标与申报绿色建筑星级指标比对，每年将年度运行主要指标上报绿色建筑标识管理信息系统。住房和城乡建设部门发现获得绿色建筑标识项目存在以下任一问题，应提出限期整改要求，整改期限不超过 2 年：项目低于已认定绿色建筑星级；项目主要性能低于绿色建筑标识证书的指标；利用绿色建筑标识进行虚假宣传；连续 2 年以上不如实上报主要指标数据。

（三）绿色建筑后评估，绿色建筑从规划设计、建造竣工，随即进入了建筑全寿命期中所占时间最长的运行使用和维护阶段，绿色建筑后评估即对绿色建筑运维阶段的实施效果、建成使用满意度及人行为影响因素进行主客观的综合评估。绿色建筑后评估是对绿色建筑投入使用后的效果评价，包括建筑运行中的能耗、水耗、材料消耗水平评价，建筑提供的室内外声环境、光环境、热环境、空气品质、交通组织、功能配套、场地生态的评价，以及建筑使用者干扰与反馈的评价。建筑运行使用和维护阶段在建筑全寿命期中所占时间最长，对绿色建筑的运行使用情况进行后评估，既可查验绿色建筑实际落实情况，展现绿色建筑实施效果，又可为绿色建筑业主、物业单位和开发单位在运行期间诊断和提升建筑性能和品质提供依据，并指导同类新建建筑在规划、设计方面的持续优化改进。《绿色建筑后评估技术指南》（办公和商店建筑版）绿色建筑后评估指标体系由节地与室外环境、节能与能源利用、节水与水资源利用、节材与材料资源利用、室内环境质量、运营管理 6 类指标组成，每类指标包含分值不等的评分项。参评的办公类和商店类的绿色建筑应满足现行《绿色建筑评价标准》GB/T 50378 的所有控制项要求，参评项目应有正常运行的能源与环境计量监测平台系统，且已投入使用满一年以上。参评项目应提供结构安全承诺书以及相关证明文件，证明参评建筑在运行使用阶段满足现行结构规范的要求。评估应遵循因地制宜、经济适用、鼓励创新的基本原则。绿色建筑后评估应以建筑单体或建筑群为对象，评价时凡涉及系统性、整体性的指标，应基于参评建筑单体或建筑群所属工程项目的总体进行评价。建筑群是指位置毗邻、功能相同、权属相同、技术体系相同或相近的两个及以上单体建筑组成的群体。常见的建筑群有住宅建筑群、办公建筑群。当对建筑群进行评价时，可先对各建筑进行评价，得到各建筑单体的总得分，再按各单体建筑的建筑面积进行加权计算得到建筑群的总得分，最后按建筑群的总得分确定建筑群的绿色建筑后评估等级。各类指标包含分值不等的评分项。评价体系总得分为各类指标得分率乘以 100 之后加权相加而得，满分为 100 分。绿色建筑后评估分为 3 个等级。各部分得分率低于 40% 不计等级。当绿色建筑后评估总得分分别达到 50 分、60 分、70 分时，绿色建筑后评估等级分别为及格、良好、优秀。与现行《绿色建筑评价标准》GB/T 50378 中对于一、二、三星级的难度基本相当，以此保证绿色建筑在运行使用阶段落实设计阶段技术要求，在建筑全寿命期内保持运行初期的实施效果不变的要求。

开展绿色社区创建行动，要将绿色发展理念贯穿社区设计、建设、管理和服务等活动的全过程，以简约适度、绿色低碳的方式，推进社区人居环境建设和整治。通过绿色社区创建行动，推动社区最大限度地节约资源、保护环境。到 2022 年全国 60% 以上的城市社区参与创建行动并达到创建要求，实现社区人居环境整洁、舒适、安全、美丽的目标。利用“互联网 + 共建共治共享”等线上线下手段，实现决策共谋、发展共建、建设共管、效果共评、成果共享。结合城市更新和存量住房改造提升，以城镇老旧小区改造、市政基础设施和公共服务设施维护等工作，积极改造提升社区供水、排水、供电、弱电、道路、供气、消防、生活垃圾分类等基础设施，在改造中采用节能照明、节水器具等绿色产品、材料。加大既有建筑节能改造力度，提高既有建筑绿色化水平。实施生活垃圾分类，完善分类投放、分类收集、分类运输设施。综合采取“渗滞蓄净用排”等举措推进海绵化改造和建设，结合地区地形地貌进行竖向设计，逐步减少硬质铺装场地，避免和解决内涝积水问题。整治小区及周边绿化、照明等环境，推动适老化改造和无障碍设施建设。合理布局和建设各类社区绿地，增加荫下公共活动场所、小型运动场地和健身设施。合理配建停车及充电设施，优化停车管理。规范管线设置，实施架空线规整（入地），加强噪声治理。绿色社区创建标准（试行）（表 2-1）。

绿色社区创建标准（试行） **表2-1**

内容	创建标准	
建立健全社区人居环境建设和整治机制	1	坚持美好环境与幸福生活共同缔造理念，各主体共同参与社区人居环境建设和整治工作
	2	搭建沟通议事平台，利用“互联网 + 共建共治共享”等线上线下手段，开展多种形式基层协商
	3	设计师、工程师进社区，辅导居民有效谋划人居环境建设和整治方案
推进社区基础设施绿色化	4	社区各类基础设施比较完善
	5	开展了社区道路综合治理、海绵化改造和建设，生活垃圾分类居民小区全覆盖
	6	在基础设施改造建设中落实经济适用、绿色环保的理念
营造社区宜居环境	7	社区绿地布局合理，有公共活动空间和设施
	8	社区停车秩序规范，无占压消防、救护等生命通道的情况
	9	公共空间开展了适老化改造和无障碍设施建设
	10	对噪声扰民等问题进行了有效治理
提高社区信息化智能化水平	11	建设了智能化安防系统
	12	物业管理覆盖面不低于 30%
培育社区绿色文化	13	社区有固定宣传场所和设施，能定期发布创建信息
	14	对社区工作者、物业服务从业者等相关人员定期开展培训
	15	发布了社区居民绿色生活行为公约
	16	社区相关文物古迹、历史建筑、古树名木等历史文化资源得到有效保护

第二节　建筑节能与绿色建筑发展规划

一、发展目标

到 2025 年，城镇新建建筑全面建成绿色建筑，建筑能源利用效率稳步提升，建筑用能结构逐步优化，建筑能耗和碳排放增长趋势得到有效控制，基本形成绿色、低碳、循环的建设发展方式，为城乡建设领域 2030 年前碳达峰奠定坚实基础。完成既有建筑节能改造面积 3.5 亿平方米以上，建设超低能耗、近零能耗建筑 0.5 亿平方米以上，装配式建筑占当年城镇新建建筑的比例达到 30%，全国新增建筑太阳能光伏装机容量 0.5 亿千瓦以上，地热能建筑应用面积 1 亿平方米以上，城镇建筑可再生能源替代率达到 8%，建筑能耗中电力消费比例超过 55%。建筑节能和绿色建筑发展指标见表 2-2。

建筑节能和绿色建筑发展指标　　**表2-2**

主要指标	2025 年
建筑运行一次二次能源消费总量（亿吨标准煤）	11.5
城镇新建居住建筑能效水平提升	30%
城镇新建公共建筑能效水平提升	20%
既有建筑节能改造面积（亿平方米）	3.5
建设超低能耗、近零能耗建筑面积（亿平方米）	0.5
城镇新建建筑中装配式建筑比例	30%
新增建筑太阳能光伏装机容量（亿千瓦）	0.5
新增地热能建筑应用面积（亿平方米）	1.0
城镇建筑可再生能源替代率	8%
建筑能耗中电力消费比例	55%

二、绿色建筑标准运行

提升绿色建筑发展质量，加强高品质绿色建筑建设。推进绿色建筑标准实施，加强规划、设计、施工和运行管理。倡导建筑绿色低碳设计理念，充分利用自然通风、天然采光等，降低住宅用能强度，提高住宅健康性能。推动有条件地区政府投资公益性建筑、大型公共建筑等新建建筑全部建成星级绿色建筑。引导地方制定支持政策，推动绿色建筑规模化发展，鼓励建设高星级绿色建筑。降低工程质量通病发生率，提高绿色建筑工程质量。开展绿色农房建设试点，完善绿色建筑运行管理制度。加强绿色建筑运行管理，提高绿色建筑设施、设备运行效率，将绿色建筑日常运行要求纳入物业管理内容。建立绿色建筑用户评价和反馈机制，定期开展绿色建筑运营评估和用户满意度调查，不断优化提升绿色建筑运营水平。鼓励建设绿色建筑智能化运行管理平台，充分利用现代信息技术，实现建筑能耗和资源消耗、室内空气品质等指标的实时监测与统计分析。高品质绿色建筑发展重点工程：绿色建筑创建行动。以城镇民用建筑作为创建对象，引导新建建筑、改扩建建筑、既有建筑按照绿色建筑标准设计、施工、运行及改造。到 2025 年，城镇新建建筑全面执行绿色建筑标准，建成一批高质量绿色建筑项目。星级绿色建筑推广计划，采取“强制 + 自愿”推广模式，适当提高政府投资公益性建筑、大型公共建筑以及重点功能区内新建建筑中星级绿色建筑建设比例。引导地方制定绿色金融、容积率奖励、优先评奖等政策，支持星级绿色建筑发展。提高新建建筑节能水平，以《建筑节能与可再生能源利用通用规范》确定的节能指标要求为基线，启动实施我国新建民用建筑能效“小步快跑”提升计划，分阶段、分类型、分气候区提高城镇新建民用建筑节能强制性标准，重点提高建筑门窗等关键部品节能性能要求，推广地区适应性强、防火等级高、保温隔热性能好的建筑保温隔热系统。推动政府投资公益性建筑和大型公共建筑提高节能标准，严格管控高耗能公共建筑建设。节能标准更新升级和应用实施，节能标准是国家节能制度的基础，也是推动全社会节能降碳的重要支撑。强制性能耗限额标准和强制性能效标准，是满足节能管理的基本要求，依法必须执行。我国已发布实施强制性能耗限额国家标准 108 项、强制性能效国家标准 66 项、推荐性节能国家标准 190 项，节能标准体系基本建立，对促进技术创新、推动产业升级、加快绿色低碳发展发挥了重要作用。在城乡建设领域，制定修订建筑节能、绿色建筑、绿色建造、农村居住建筑节能等标准，完善建筑与市政基础设施节能相关产品标准。在交通运输领域，完善交通基础设施和运输装备节能降碳设计、建设、运营、监控、评价等标准。在公共机构领域，加快制定修订节约型机关、绿色学校、绿色医院、绿色场馆等评价标准。稳步提升重点用能行业能耗限额要求，持续提高重点用能产品设备能效水平，重点用能产品设备强制性能效标准分为 3 级（部分为 5 级）。从全生命周期角度衔接节能标准和碳排放相关标准指标，探索将碳排放相关指标纳入节能标准。节能标准应用实施，相关企事业单位、机关、社会团体等用能单位是落实节能标准要求的责任主体，严格执行节能标准，特别是强制性能耗限额标准和强制性能效标准。引导和支持重点用能单位对标强制性能耗限额标准先进值和强制性能效标准 1 级水平，有序开展节能降碳升级改造，提高生产运行能效，实施重点产品设备更新改造。严格执行节能国家标准，在固定资产投资项目节能审查中严格执行强制性节能国家标准，新建和改扩建项目主要产品能效水平必须达到行业强制性能耗限额标准准入值，主要用能产品设备能效水平必须达到强制性能效标准 2 级水平。对于产能已经饱和的行业，主要产品能效水平原则上应达到行业强制性能耗限额标准先进值，主要用能产品设备能效水平原则上应达到强制性能效标准 1 级水平。基于强制性能效标准，进一步扩大能效标识和节能低碳等绿色产品认证实施范围，充分发挥能效标识和节能低碳产品认证在政府采购、引导绿色消费中的支撑作用。将产品设备节能减碳量纳入能效标识，推进实施重点行业、产业园区、城乡建设、公共机构等节能降碳工程。支持重点领域和行业节能降碳改造，推动重要产品设备更新改造，改造后主要产品能效水平达到强制性能耗限额标准先进值、主要用能产品设备能效水平达到强制性能效标准 1 级水平的项目，利用中央预算内投资现有资金渠道，对符合条件的给予积极支持。加强综合性政策支持，对行业主要产品能效水平普遍优于强制性能耗限额标准先进值或主要用能产品设备能效水平普遍优于强制性能效标准 1 级水平的，优先纳入《绿色产业指导目录》《绿色技术推广目录》等。落实好环境保护、节能节水、资源综合利用相关税收优惠政策。积极发展绿色金融，加大对符合更高能效水平项目的金融支持力度，支持符合条件的企业发行债券融资。夯实节能标准化工作基础强化节能标准化工作数据支撑，落实好用能单位能源统计分析、能源利用状况报告等制度，推动用能单位按照国家标准要求配备能源计量器具，鼓励用能单位依据标准开展能耗在线监测、能源管理中心等系统建设。建立节能标准实施评估和反馈机制，指导相关领域专业标准化技术委员会、相关行业协会、研究机构等建立节能标准实施效果评估指标体系和监测方法，面向产业集聚区建设强制性节能标准实施情况统计分析点，定期开展重点领域节能标准实施效果评估，并及时将评估结果作为标准更新升级的重要依据。探索实行标准动态转化机制，适时将强制性能耗限额标准先进值和强制性能效标准 1 级水平分别调整为限定值和 2 级水平。

三、绿色建筑重点工程

新建建筑节能标准提升重点工程：超低能耗建筑推广工程。到 2025 年，建设超低能耗、近零能耗建筑示范项目 0.5 亿平方米以上。高性能门窗推广工程。根据我国门窗技术现状、技术发展方向，提出不同气候地区门窗节能性能提升目标，推动高性能门窗应用。因地制宜增设遮阳设施，提升遮阳设施安全性、适用性、耐久性。加强既有建筑节能绿色改造，提高既有居住建筑节能水平。推动既有公共建筑节能绿色化改造。持续推进公共建筑能效提升重点城市建设，加强用能系统和围护结构改造。既有建筑节能改造重点工程：既有居住建筑节能改造。落实北方地区清洁采暖要求，适应夏热冬冷地区新增采暖需求，持续推动建筑能效提升改造，积极推动农房节能改造，推广适用、经济改造技术；结合老旧小区改造，开展建筑节能低碳改造，与小区公共环境整治、多层加装电梯、小区市政基础设施改造等统筹推进。到 2025 年，全国完成既有居住建筑节能改造面积超过 1 亿平方米。

“十四五”期间，累计完成既有公共建筑节能改造2.5亿平方米以上。推进新建建筑太阳能光伏一体化设计、施工、安装，鼓励政府投资公益性建筑加强太阳能光伏应用。加装建筑光伏的，应保证建筑或设施结构安全、防火安全，并应事先评估建筑屋顶、墙体、附属设施及市政公用设施上安装太阳能光伏系统的潜力。可再生能源应用重点工程：建筑光伏行动。积极推广太阳能光伏在城乡建筑及市政公用设施中分布式、一体化应用，鼓励太阳能光伏系统与建筑同步设计、施工。“十四五”期间，累计新增建筑太阳能光伏装机容量0.5亿千瓦，逐步完善太阳能光伏建筑应用政策体系、标准体系、技术体系。建筑电气化重点工程：建筑用能电力替代行动。以减少建筑温室气体直接排放为目标，扩大建筑终端用能清洁电力替代，到2025年，建筑用能中电力消费比例超过55%。新型建筑电力系统可以实现用电需求灵活可调，适应光伏发电大比例接入，使建筑供配电系统简单化、高效化。推广新型绿色建造方式，大力发展钢结构建筑，鼓励医院、学校等公共建筑优先采用钢结构建筑。在商品住宅和保障性住房中积极推广装配式混凝土建筑，完善适用于不同建筑类型的装配式混凝土建筑结构体系，加大高性能混凝土、高强钢筋和消能减震、预应力技术的集成应用。完善装配式建筑标准化设计和生产体系，推行设计选型和一体化集成设计，推广少规格、多组合设计方法，推动构件和部品部件标准化，扩大标准化构件和部品部件使用规模，满足标准化设计选型要求。标准化设计和生产体系重点工程：“1+3”标准化设计和生产体系。实施《装配式住宅设计选型标准》和《钢结构住宅主要构件尺寸指南》《装配式混凝土结构住宅主要构件尺寸指南》《住宅装配化装修主要部品部件尺寸指南》，引领设计单位实施标准化正向设计，重点解决如何采用标准化部品部件进行集成设计，指导生产单位开展标准化批量生产，逐步降低生产成本，推进新型建筑工业化可持续发展。促进绿色建材推广应用，加大绿色建材产品和关键技术研发投入，推广高强钢筋、高性能混凝土、高性能砌体材料、结构保温一体化墙板等，鼓励发展性能优良的预制构件和部品部件。在政府投资工程率先采用绿色建材，显著提高城镇新建建筑中绿色建材应用比例。优化选材提升建筑健康性能，开展面向提升建筑使用功能的绿色建材产品集成选材技术研究，推广新型功能环保建材产品与配套应用技术。推动绿色城市建设，开展绿色低碳城市建设，树立建筑绿色低碳发展标杆。在对城市建筑能源资源消耗、碳排放现状充分摸底评估基础上，结合建筑节能与绿色建筑工作情况，制定绿色低碳城市建设实施方案和绿色建筑专项规划，明确绿色低碳城市发展目标，确定新建民用建筑的绿色建筑等级及布局要求。推动开展绿色低碳城区建设，实现高星级绿色建筑规模化发展，推动超低能耗建筑、零碳建筑、既有建筑节能及绿色化改造、可再生能源建筑应用、装配式建筑、区域建筑能效提升等项目落地实施，全面提升建筑节能与绿色建筑发展水平。

第三节　住房和城乡建设科技发展规划

一、发展目标

到2025年，住房和城乡建设领域科技创新能力大幅提升，科技创新体系进一步完善，科技对推动城乡建设绿色发展、实现碳达峰目标任务、建筑业转型升级的支撑带动作用显著增强。关键技术和重大装备取得突破。突破一批绿色低碳、人居环境品质提升、防灾减灾、城市信息模型（CIM）平台等关键核心技术及装备，形成一批先进适用的工程技术体系，建成一批科技示范工程。科技力量大幅增强。布局一批工程技术创新中心和重点实验室，支持组建高水平创新联合体，培育一批高水平创新团队和科技领军人才，建设一批科普基地。科技创新体系化水平显著提高。住房和城乡建设重点领域技术体系、装备体系和标准体系进一步完善，部省联动、智库助力的科技协同创新机制更加健全，科技成果转化取得实效，国际科技合作迈上新台阶，科技创新生态明显优化。

二、发展重点任务

围绕建设宜居、创新、智慧、绿色、人文、韧性城市和美丽宜居乡村的重大需求，聚焦“十四五”时期住房和城乡建设重点任务，在城乡建设绿色低碳技术研究、城乡历史文化保护传承利用技术创新、城市人居环境品质提升技术、城市基础设施数字化网络化智能化技术应用、城市防灾减灾技术集成、住宅品质提升技术研究、建筑业信息技术应用基础研究、智能建造与新型建筑工业化技术创新、县城和乡村建设适用技术研究等方面，加强科技创新方向引导和战略性、储备性研发布局，突破关键核心技术、强化集成应用、促进科技成果转化。城乡建设绿色低碳技术研究，以支撑城乡建设绿色发展和碳达峰碳中和为目标，聚焦能源系统优化、市政基础设施低碳运行、零碳建筑及零碳社区、城市生态空间增汇减碳等重点领域，从城市、县城、乡村、社区、建筑等不同尺度、不同层次加强绿色低碳技术研发，形成绿色、低碳、循环的城乡发展方式和建设模式。城乡历史文化保护传承利用技术创新，以构建多级多要素的城乡历史文化保护传承体系为目标，加强历史文脉传承中的关键技术研发和创新，研究历史城区、历史文化街区、历史地段和历史建筑动态预警、防灾减灾及保护修缮技术，研究城乡历史文化资源数据采集与可视化展示技术，搭建城乡历史文化遗产保护监管平台。城市人居环境品质提升技术集成，以促进城市空间结构优化和人居环境品质提升为目标，研究城市更新基础理论与技术方法、城市体检评估技术、城市生态基础设施体系构建技术，开展城市地下空间高效开发、综合防疫技术集成、城市群和区域空间布局优化技术研究，提高城市综合承载力。城市基础设施数字化网络化智能化技术应用，以建立绿色智能、安全可靠的新型城市基础设施为目标，推动5G、大数据、云计算、人工智能等新一代信息技术在城市建设运行管理中的应用，开展基于城市信息模型（CIM）平台的智能化市政基础设施建设和改造、智慧城市与智能网联汽车协同发展、智慧社区、城市运行管理服务平台建设等关键技术和装备研究。城市防灾减灾技术集成，以提高城市应对风险能力为目标，研究韧性城市建设理论与方法，研究建筑和市政基础设施韧性提升、城市内涝治理、施工安全等关键技术，研发超高层建筑运行风险监测、探测识别与防控预警技术和装备，构建全过程、多灾种、多尺度城市风险综合防控技术体系。住宅品质提升技术研究，以提高住宅质量和性能为导向，研究住宅结构、装修与设备设施一体化设计方法、适老化适幼化设计技术与产品，开展住宅功能空间优化技术、环境品质提升技术、耐久性提升技术研究与应用示范，形成相关评价技术和方法。建筑业信息技术应用基础研究，以支撑建筑业数字化转型发展为目标，研究BIM与新一代信息技术融合应用的理论、方法和支撑体系，研究工程项目数据资源标准体系和建设项目智能化审查、审批关键技术，研发自主可控的BIM图形平台、建模软件和应用软件，开发工程项目全生命周期数字化管理平台。智能建造与新型建筑工业化技术创新，以推动建筑业供给侧结构性改革为导向，开展智能建造与新型建筑工业化政策体系、技术体系和标准体系研究。研究数字化设计、部品部件柔性智能生产、智能施工和建筑机器人关键技术，研究建立建筑产业互联网平台，促进建筑业转型升级。县城和乡村建设适用技术研究，围绕县域高质量发展，服务乡村振兴战略，构建以县城、小城镇和乡村为主体的统筹发展技术体系，研究县域城乡融合发展技术体系、农房和村庄建设现代化技术体系、小城镇人居环境整治技术体系、传统村落保护利用技术体系，研究产业与空间协同技术、适用于乡村的基础设施绿色建造技术与公共服务优化配置技术、现代宜居农房建造技术、农房建设信息化管理技术，有效提升县域综合承载能力和乡村发展水平。

三、进一步提高产品、工程和服务质量行动方案

到2025年，质量供给与需求更加适配，建筑品质和使用功能不断提高；生产性服务加快向专业化和价值链高端延伸，生活性服务可及性、便利性和公共服务质量满意度全面提升。推动建筑工程品质提升。进一步完善建筑性能标准，合理确定节能、无障碍、适老化等建筑性能指标。探索建立建筑工程质量评价制度，鼓励通过政府购买服务等方式，对地区工程质量状况进行评估。加快推进工程质量管理标准化建设，推动落实工程质量安全手册制度。强化住宅工程质量管理，探索推进住宅工程质量信息公示。开展预拌混凝土质量专项抽查和工程质量检测专项治理行动，依法严厉查处质量不合格和检测数据造假等违法违规行为。加强绿色建材推广应用，开展绿色建材下乡活动。

第四节　绿色节能及资源化利用发展规划

一、落实县城绿色低碳建设的有关要求

以绿色低碳理念引领县城高质量发展，推动形成绿色生产方式和生活方式，促进实现碳达峰、碳中和目标。严格落实县城绿色低碳建设的有关要求：县城建设要坚持系统观念，统筹发展与安全，明确县城建设安全底线要求。县城新建建筑应选择在安全、适宜的地段进行建设，并做好防灾安全论证。加强防洪排涝减灾工程建设，完善非工程措施体系，提高洪涝风险防控能力。控制县城建设密度和强度，县城建成区人口密度应控制在每平方公里 0.6 万至 1 万人，县城建成区的建筑总面积与建设用地面积的比值应控制在 0.6 至 0.8。县城民用建筑高度要与消防救援能力相匹配。县城新建住宅以 6 层为主，6 层及以下住宅建筑面积占比应不低于 70%。鼓励新建多层住宅安装电梯。县城新建住宅最高不超过 18 层。确需建设 18 层以上居住建筑的，应严格充分论证，并确保消防应急、市政配套设施等建设到位。加强 50 米以上公共建筑消防安全管理，建筑物的耐火等级、防火间距、平面设计等要符合消防技术标准强制性要求。县城建设应融入自然，顺应原有地形地貌，保持山水脉络和自然风貌。保护修复河湖缓冲带和河流自然弯曲度。县城绿化美化主要采用乡土植物，实现县城风貌与周边山水林田湖草沙自然生态系统、农林牧业景观有机融合。充分借助自然条件，推进县城内生态绿道和绿色游憩空间等建设。县城新建建筑要落实基本级绿色建筑要求，鼓励发展星级绿色建筑。加快推行绿色建筑和建筑节能节水标准，加强设计、施工和运行管理，不断提高新建建筑中绿色建筑的比例。加快推进绿色建材产品认证，推广应用绿色建材。发展装配式钢结构等新型建造方式，全面推行绿色施工。提升县城能源使用效率，大力发展适应当地资源禀赋和需求的可再生能源，通过提升新建厂房、公共建筑等屋顶光伏比例和实施光伏建筑一体化开发等方式，降低传统化石能源在建筑用能中的比例。县城基础设施建设要适合本地特点，以小型化、分散化、生态化方式为主，降低建设和运营维护成本。倡导大分散与小区域集中相结合的基础设施布局方式，并与周边自然生态环境有机融合。加强生活垃圾分类和废旧物资回收利用，提高生产生活用能清洁化水平。保护传承县城历史文化和风貌，保存传统街区整体格局和原有街巷网络。加快推进历史文化街区划定和历史建筑、历史水系确定工作，及时认定公布具有保护价值的老城片区、建筑和水利工程，确保有效保护、合理利用。及时核定公布文物保护单位，促进文物开放利用。建设绿色低碳交通系统。打造适宜步行的县城交通体系，建设连续通畅的步行道网络。优化过街设施，提高道路通达性。完善安全措施，加强管理养护。优先发展公共交通，引导绿色低碳出行方式。营造人性化公共环境。严格控制县城广场规模，县城广场的集中硬地面积不应超过 2 公顷。鼓励在行政中心、商业区、文化设施、居住区等建设便于居民就近使用的公共空间。控制县城道路宽度，县城内部道路红线宽度应不超过 40 米。合理确定建筑物与交通干线的防噪声距离，因地制宜采取防噪声措施。推行以街区为单元的统筹建设方式。要合理确定县城居住区规模，因地制宜配置市政、基本公共服务、生活污水和垃圾处理等设施。到 2030 年建成一批绿色农房，鼓励建设星级绿色农房和零碳农房。按照结构安全、功能完善、节能降碳等要求，制定和完善农房建设相关标准。引导新建农房执行《农村居住建筑节能设计标准》等相关标准，完善农房节能措施，因地制宜推广太阳能暖房等可再生能源利用方式。推广使用高能效照明、灶具等设施设备。鼓励就地取材和利用乡土材料，推广使用绿色建材，鼓励选用装配式钢结构、木结构等建造方式。大力推进北方地区农村清洁取暖，提高常住房间舒适性，改造后实现整体能效提升 30% 以上。推进生活垃圾污水治理低碳化，推动农村生活污水就近就地资源化利用。因地制宜，推广小型化、生态化、分散化的污水处理工艺，推行微动力、低能耗、低成本的运行方式。推动农村生活垃圾分类处理，从源头减少农村生活垃圾产生量。推广应用可再生能源，推进太阳能、地热能、空气热能、生物质能等可再生能源在乡村供气、供暖、供电等方面的应用。

二、城镇污水处理及资源化利用发展规划

截至 2022 年年底，全国城市道路长度超过 55.2 万公里，城市轨道交通建成和在建总长度达到

1.44万公里，供水普及率、燃气普及率、污水处理率分别达到99.39%、98.05%、98.11%，全国供水和排水管道总长度达到202万公里，累计开工建设综合管廊6655公里。城镇污水处理及资源化利用发展规划主要目标，到2025年，基本消除城市建成区生活污水直排口和收集处理设施空白区，全国城市生活污水集中收集率力争达到70%以上；城市和县城污水处理能力基本满足经济社会发展需要，县城污水处理率达到95%以上；水环境敏感地区污水处理基本达到一级A排放标准；全国地级及以上缺水城市再生水利用率达到25%以上，城市污泥无害化处置率达到90%以上。到2035年，城市生活污水收集管网基本全覆盖，城镇污水处理能力全覆盖，全面实现污泥无害化处置，污水污泥资源化利用水平显著提升，城镇污水得到安全高效处理，全民共享绿色、生态、安全的城镇水生态环境。2025年年底，实现新建建筑施工现场建筑垃圾（不包括工程渣土、工程泥浆）排放量每万平方米不高于300吨，装配式建筑施工现场建筑垃圾（不包括工程渣土、工程泥浆）排放量每万平方米不高于200吨。统筹工程策划、设计、施工等阶段，从源头上预防和减少工程建设过程中建筑垃圾的产生，有效减少工程全寿命期的建筑垃圾排放。推动建筑垃圾减量化技术和管理创新，推行精细化设计和施工，实现施工现场建筑垃圾分类管控和再利用。落实建设单位建筑垃圾减量化的首要责任，建设单位应将建筑垃圾减量化目标和措施纳入招标文件和合同文本，将建筑垃圾减量化措施费纳入工程概算，并监督设计、施工、监理单位具体落实。大力发展装配式建筑，积极推广钢结构装配式住宅，推行工厂化预制、装配化施工、信息化管理的建造模式。鼓励创新设计、施工技术与装备，优先选用绿色建材，实行全装修交付，减少施工现场建筑垃圾的产生。在建设单位主导下，推进建筑信息模型（BIM）等技术在工程设计和施工中的应用，提高资源利用率。推动工程建设组织方式改革，建设单位在工程项目中推行工程总承包和全过程工程咨询，推进建筑师负责制，加强设计与施工的深度协同，构建有利于推进建筑垃圾减量化的组织模式。统筹考虑工程全寿命期的耐久性、可持续性，设计单位采用高强、高性能、高耐久性和可循环材料以及先进适用技术体系等开展工程设计。根据“模数统一、模块协同”原则，推进功能模块和部品构件标准化，减少异型和非标准部品构件。对改建扩建工程，充分利用原结构及满足要求的原机电设备。设计单位应根据地形地貌合理确定场地标高，开展土方平衡论证，减少渣土外运。选择适宜的结构体系，减少建筑形体不规则性。提倡建筑、结构、机电、装修、景观全专业一体化协同设计，保证设计深度满足施工需要，减少施工过程设计变更。施工单位应组织编制施工现场建筑垃圾减量化专项方案，明确建筑垃圾减量化目标和职责分工，提出源头减量、分类管理、就地处置、排放控制的具体措施。施工单位应结合工程加工、运输、安装方案和施工工艺要求，细化节点构造和具体做法。优化施工组织设计，合理确定施工工序，推行数字化加工和信息化管理，实现精准下料、精细管理，降低建筑材料损耗率。施工、监理等单位应严格按设计要求控制进场材料和设备的质量，强化各工序质量管控，减少因质量问题导致的返工或修补。加强对已完工工程的成品保护，提高临时设施和周转材料的重复利用率。

三、绿色建筑和绿色建材政府采购

（一）政策实施范围，为推进政府采购支持绿色建材促进建筑品质提升政策实施工作，实施指南适用于纳入政府采购支持绿色建材促进建筑品质提升政策实施范围的建设工程项目可研编制、设计与审查、政府采购、施工、检测、验收、第三方机构（预）评价全流程的相关活动，包括医院、学校、办公楼、综合体、展览馆、会展中心、体育馆、保障性住房等政府采购工程项目（含适用招标投标法的政府采购工程项目）。纳入政策实施范围的采购人（含采购人委托的第三方代建机构）及有关各方应当参照指南执行。纳入政策实施范围的城市财政、住房和城乡建设、工业和信息化（经济和信息化）、自然资源、市场监管、政务服务等主管部门应参照指南，按照部门职责分工做好项目相关审批、采购与监管工作。纳入政策实施范围的建设工程项目除应符合本指南的规定外，还应符合国家、地方及行业现行相关法律、法规和标准的规定。可行性研究，项目建议书应明确本项目的绿色建筑星级、绿色建材应用比例和装配率目标值。编制可行性研究报告，应主动对照《绿色建筑和绿色建材政府采购需求标准》（以下简称“《需求标准》”），编写绿色建筑和绿色建材专篇，包括但不限于下列内容：

项目绿色建筑和绿色建材应用概况、编制依据，相关绿色规划与建设条件；绿色建筑星级目标，主要措施和相关专业建设要求；绿色建材应用率目标，主要措施和相关专业建设要求；装配式项目装配率目标值、全装修要求，主要措施和相关专业建设要求。编制项目投资估算，应综合考虑绿色建筑和绿色建材的相关增量成本以及绿色建材批量集中采购的成本节约，包括下列内容：绿色建筑的星级增量成本；绿色建材高性能要求（绿色要求和品质属性要求）的增量成本，具备条件的可经询价或参照材料设备目录价格和税费标准编制；新工艺、新技术、新材料、新设备的运用、检测、第三方（预）评价等环节的费用；装配式建造、全装修等技术运用增量成本；通用类绿色建材实施批量集中采购后的实际下降成本。纳入政策实施范围的城市投资主管部门根据相应流程对可研报告进行评审时，可邀请绿色建筑、绿色建材、装配式建筑相关专家，针对可行性研究报告中绿色建筑和绿色建材章节进行评审，并在评审结论中予以体现。

（二）设计与审查，在项目设计阶段应编制绿色建材使用量清单，并对绿色建筑中绿色建材的应用比例进行核算。核算方法可在现行《绿色建筑评价标准》GB/T 50378 的基础上进行细化，如相关政策或标准有所调整，应按最新政策或标准执行。工程设计成果文件应包含技术规格书，技术规格书应明确结构材料与构配件、建筑装饰装修材料、设备设施等绿色建材的指标要求。设计单位应根据项目实际情况，对照需求标准等规范要求进行项目设计。施工图审查机构应根据图审合同约定，对项目的绿色建筑和装配式建筑进行预评价，并出具预评价报告。未要求进行施工图设计文件审查的项目，由设计单位向采购人出具设计文件满足需求标准的承诺书。方案设计阶段，应对照《需求标准》进行绿色建筑和绿色建材设计策划，主要包括下列内容：规划与建设条件，绿色建筑星级等级定位及绿色建材应用总体策略；建筑工程项目建造方式及其结构形式；建筑专业建设要求；结构专业建设要求；暖通专业建设要求；给水排水专业建设要求；电气专业建设要求。初步设计阶段，设计成果文件中应明确绿色建筑和绿色建材主要设计应用内容和建材技术参数，还应包含下列绿色设计内容：绿色规划与建设条件，绿色建筑星级等级要求，其中星级等级应按照相应城市的绿色建筑专项规划和现行《绿色建筑评价标准》GB/T 50378 等相关要求分别明确；绿色建筑工程项目建造方式及其结构形式；建筑专业建设要求、设计内容及绿色建筑材料、装饰装修材料的基本要求；结构专业建设要求、设计内容及绿色结构材料与构配件的基本要求；暖通专业建设要求、设计内容及绿色功能设备设施的基本要求；给排水专业建设要求、设计内容及绿色功能设备设施的基本要求；电气专业建设要求、设计内容及绿色功能设备设施的基本要求；绿色建筑和装配式建筑预评价表，绿色建材应用比例计算书。施工图设计阶段，设计成果文件应对照《需求标准》明确绿色建筑和绿色建材主要设计内容、参数及具体构造和措施，并对前一阶段获取政府部门批复中的相关内容进行复核和深化。设计专篇应包含下列内容：建筑工程项目建造方式及其结构形式；建筑专业建设要求、设计内容及装饰装修材料要求；结构专业建设要求、设计内容及结构材料与构配件要求；暖通专业建设要求、设计内容及其设备设施要求；给水排水专业建设要求、设计内容及其设备设施要求；电气专业建设要求、设计内容及其设备设施要求；绿色建筑自评分表；绿色建材应用汇总表。采购人宜委托施工图审查机构对施工图设计文件是否落实需求标准进行评估。未要求进行施工图设计文件审查的项目，采购人应当在办理施工许可手续节点之前向建设行政主管部门提交落实需求标准的承诺书。政府采购，采购人组织工程量清单和政府采购最高限价 / 招标控制价编制时，应纳入需求标准的相关要求，包含绿色建筑和绿色建材实施成本。对施工图不明确之处，采购人应及时组织设计单位、编制单位进行沟通并形成书面文件。编制采购文件（含工程招投标文件）和拟定合同文本，应满足下列要求：根据不同的采购类型，如设计、施工或工程总承包（EPC）等，在采购文件和拟定合同中应按照《需求标准》明确相应的绿色建筑评价等级、建设要求及绿色建材采购（招标）要求；“建设工程要求和材料性能符合需求标准的相关要求”应作为采购文件的实质性要求并以醒目方式进行标识，且在投标无效条件或否决投标条件中作相应载明；在拟定合同范本中应按采购文件的要求明确项目的绿色建筑等级、绿色建材应用比例和装配率，并将符合需求标准相关要求作为实质性条款；拟定施工合同中，须明确工程承包单位对涉及使用需求标准中的绿色建材的，应当全部采购和使用符合需求标准的绿色建材。采购文件和拟定合同中，应要求绿色建材供应商在参与采购活动时提供下列证明性文件的其中一种作为核实依据：提供符合需求标准相关指标要求的绿色建材检测报告；提供符合需求标准相关指标的绿色建材产品认证证书；需求标准中明确由企业承诺的指标，供应商可仅提供企业承诺书。设区的市、自治州以上人民政府财政部门，根据纳入政策实施范围的项目实际需求和绿色建材供应商生产实际，综合考虑建材的通用性、标准化程度、金额和用量等因素，研究确定实施批量集中采购的通用类建材种类并制定批量集中采购实施方案。采购人梳理纳入批量集中采购范围的绿色建材应用数量，组织开展绿色建材集中采购应用量填报，在施工招标前报送财政部门和政府集中采购机构（部门集中采购机构）。政府集中采购机构（部门集中采购机构）根据政府采购相关法律法规、绿色建材批量集中采购实施方案等，编制采购文件，组织采购活动，分期分批实施批量集中采购。确定中标、成交供应商后，采购人、施工单位（或总承包单位）应在规定期限内与中标、成交供应商签署《绿色建材采购供货合同》，严格应用绿色建材批量集中采购结果。鼓励推进绿色建材电子化采购交易，所有符合条件的绿色建材产品均可进入电子平台交易，提高绿色建材采购效率和透明度。

（三）施工，采购人应健全工程项目质量管理体系。采购人的项目负责人应作为第一责任人，承担本项目政策实施工作组织与管理的首要责任，并指定专职人员，明确其绿色建材采购及使用环节的质量管理职责，不具备条件的可聘用专业机构或人员。施工单位应严格按照设计文件和需求标准的规定，以及相关建设工程标准进行施工。施工单位应建立相应的施工管理体系和组织机构，确定绿色建筑和绿色建材应用工作责任人。派驻现场监理的监理工程师应当具备绿色建筑与绿色建材相关的专业知识和管理能力，熟悉需求标准，全面掌握设计文件、施工合同中约定的相关内容。项目开工前，采购人应针对设计文件中绿色建筑和绿色建材的相关内容，结合需求标准组织专项会审，开展设计交底并形成书面纪要。设计单位应积极提供相关技术标准、协助指导施工单位进行新技术、新材料、新工艺、新设备的施工。施工单位应建立绿色建材进场专项台账，内容包括但不限于产品名称、规格型号、产品数量、进货单位、生产厂家、质量证明文件编号（包括绿色建材产品认证证书等证明性材料）、进场时间、进场复验报告等。施工单位应分地基和基础、主体结构、装饰装修与安装三个阶段开展自查自纠，重点检查该阶段应完成的绿色建筑和绿色建材相关内容是否已按设计文件实施，并满足需求标准及国家、地方其他相关规范标准的要求，且应形成书面文件。纳入政策实施范围的项目应建立绿色建筑和绿色建材相关内容的专项资料档案，包括且不限于下列内容：绿色建筑和绿色建材相应的责任名单等；经采购人、设计单位、施工单位、监理单位各方盖章确认的绿色建筑和绿色建材专项会审及设计交底纪要；建设过程中发生的绿色建筑和绿色建材相关内容的变更资料；变更流程应符合属地行业主管部门对项目节能系统变更管理的相关要求；绿色建材进场台账、质量证明文件及质量检测等资料；绿色建材检查记录、工程履约验收、隐蔽验收记录、竣工验收记录等；施工实施总结。施工过程中，若发现设计文件涉及绿色建筑和绿色建材的内容有不明确或错漏之处，须及时向采购人报告，并由设计单位进行补充、变更，涉及重大变更的应及时提交原节能评估单位及施工图审查机构进行审查。当工程设计变更时，其绿色建筑与绿色建材的相关性能不得低于需求标准、国家和地方其他现行相关标准的规定。采购人、施工、监理单位应严格按施工验收规范的要求做好绿色建材的进场检验工作，检验合格后方能用于工程现场。监理单位应严格按照绿色建筑与绿色建材专项监理实施细则开展监理活动。当发现工程施工不符合相关质量标准、技术要求或需求标准时，应当书面通知施工单位改正。当发现工程设计违反上述要求时，应报告采购人由其要求设计单位改正。有关城市建设行政主管部门应结合建设工程项目施工过程的监督管理检查流程，加强对项目绿色建筑和绿色建材相关内容监督管理，保证项目的顺利推进。建设行政主管部门和各行业协会，应针对相关的政策实施内容、技术要求、工作流程等，积极开展对建设、设计、施工、监理、检测机构等单位的培训工作，确保全面贯彻执行政策要求。检测与验收，纳入政策实施范围的项目绿色建筑与绿色建材性能检测的组织和管理应由采购人负责。检测机构应符合《建设工程质量检测管理办法》并通过资质认定

（CMA）。采购人可优先选择同时具备实验室认可（CNAS）资质的检测机构。检测方法和检测报告除应符合指南要求外，还应符合国家和地方现行规范及标准的要求。为保证建筑品质提升，采购人要按照需求标准的相关要求在材料进场和履约验收阶段开展检测报告核查以及相应的实体检测。其结果作为验收的重要依据。绿色建材进场检验时，施工、监理单位应当核查质量证明文件，包括合格证、相关指标检验（检测）报告 / 认证证书，其中相关指标检验（检测）报告需完整描述受检绿色建材的委托人名称及地址、制造商名称及地址、生产厂名称及地址、产品名称、产品描述、型号、规格，检验报告应给出需求标准相应指标要求的测试结果，并明确是否达到其相应的指标要求。绿色建材进场后应按建设工程相关验收规范进行复验，复验样品应随机抽取，并应满足分布均匀、具有代表性的要求。施工单位要加强对进入施工现场的建筑材料的质量管控，对质量证明文件不齐全的建筑材料，不得进场。施工单位及其取样、送检人员应确保提供的检测试样具有代表性和真实性。采购人或监理单位见证人员应对施工现场的取样和送检进行见证，且应保证取样和送检的真实性。竣工验收前，采购人应组织对绿色建筑、绿色建材、装配式建造情况进行专项验收，形成专项验收报告并对验收结果负责。专项验收报告至少包括下列内容：绿色建筑及绿色建材项目实施情况；相关材料复验和现场实体检验情况；绿色建材应用比例计算书；装配率计算报告。绿色建筑、绿色建材、装配率验收结果不合格的，竣工验收不得通过。纳入政策实施范围的项目通过竣工验收后应申请获得相应星级的绿色建筑标识。纳入政策实施范围的项目，工程进度款支付比例应当不低于已完工程价款的 80%。推行施工过程结算，发承包双方通过合同约定，将施工过程按时间或进度节点划分施工周期，对周期内已完成且无争议的工程进行价款计算、确认和支付。经双方确认的过程结算文件作为竣工结算文件的组成部分，竣工后原则上不再重复审核。

第五节　智能建造与建筑工业化协同发展

一、智能建造与建筑工业化协同发展任务

建筑业是国民经济的支柱产业，为我国经济持续健康发展提供了有力支撑。为推进建筑工业化、数字化、智能化升级，加快建造方式转变，推动建筑业高质量发展，加快智能建造与建筑工业化协同发展。围绕建筑业高质量发展总体目标，以大力发展建筑工业化为载体，以数字化、智能化升级为动力，创新突破相关核心技术，加大智能建造在工程建设各环节应用，形成涵盖科研、设计、生产加工、施工装配、运营等全产业链融合一体的智能建造产业体系，提升工程质量安全、效益和品质，有效拉动内需，培育国民经济新的增长点，实现建筑业转型升级和持续健康发展。市场主导，政府引导。充分发挥市场在资源配置中的决定性作用，强化企业市场主体地位，积极探索智能建造与建筑工业化协同发展路径和模式，更好地发挥政府在顶层设计、规划布局、政策制定等方面的引导作用，营造良好发展环境。立足当前，着眼长远。准确把握新一轮科技革命和产业变革趋势，加强战略谋划和前瞻部署，引导各类要素有效聚集，加快推进建筑业转型升级和提质增效，全面提升智能建造水平。跨界融合，协同创新。建立健全跨领域跨行业协同创新体系，推动智能建造核心技术联合攻关与示范应用，促进科技成果转化应用。激发企业创新创业活力，支持龙头企业与上下游中小企业加强协作，构建良好的产业创新生态。节能环保，绿色发展。在建筑工业化、数字化、智能化升级过程中，注重能源资源节约和生态环境保护，严格标准规范，提高能源资源利用效率。自主研发，开放合作。大力提升企业自主研发能力，掌握智能建造关键核心技术，完善产业链条，强化网络和信息安全管理，加强信息基础设施安全保障，促进国际交流合作，形成新的比较优势，提升建筑业开放发展水平。到 2025 年，我国智能建造与建筑工业化协同发展的政策体系和产业体系基本建立，建筑工业化、数字化、智能化水平显著提高，建筑产业互联网平台初步建立，产业基础、技术装备、科技创新能力以及建筑安全质量水平全面提升，劳动生产率明显提高，能源资源消耗及污染排放大幅下降，环境保护效应显著。推动形成一批智能建造龙头企业，引领并带动广大中小企业向智能建造转型升级，打造“中

国建造”升级版。到2035年，我国智能建造与建筑工业化协同发展取得显著进展，企业创新能力大幅提升，产业整体优势明显增强，“中国建造”核心竞争力世界领先，建筑工业化全面实现，迈入智能建造世界强国行列。重点任务：

加快建筑工业化升级，大力发展装配式建筑，推动建立以标准部品为基础的专业化、规模化、信息化生产体系。加快推动新一代信息技术与建筑工业化技术协同发展，在建造全过程加大建筑信息模型（BIM）、互联网、物联网、大数据、云计算、移动通信、人工智能、区块链等新技术的集成与创新应用。大力推进先进制造设备、智能设备及智慧工地相关装备的研发、制造和推广应用，提升各类施工机具的性能和效率，提高机械化施工程度。加快传感器、高速移动通信、无线射频、近场通信及二维码识别等建筑物联网技术应用，提升数据资源利用水平和信息服务能力。加快打造建筑产业互联网平台，推广应用钢结构构件智能制造生产线和预制混凝土构件智能生产线。加强技术创新，加强技术攻关，推动智能建造和建筑工业化基础共性技术和关键核心技术研发、转移扩散和商业化应用，加快突破部品部件现代工艺制造、智能控制和优化、新型传感感知、工程质量检测监测、数据采集与分析、故障诊断与维护、专用软件等一批核心技术。探索具备人机协调、自然交互、自主学习功能的建筑机器人批量应用。研发自主知识产权的系统性软件与数据平台、集成建造平台。推进工业互联网平台在建筑领域的融合应用，建设建筑产业互联网平台，开发面向建筑领域的应用程序。加快智能建造科技成果转化应用，培育一批技术创新中心、重点实验室等科技创新基地。围绕数字设计、智能生产、智能施工，构建先进适用的智能建造及建筑工业化标准体系，开展基础共性标准、关键技术标准、行业应用标准研究。提升信息化水平，推进数字化设计体系建设，统筹建筑结构、机电设备、部品部件、装配施工、装饰装修，推行一体化集成设计。积极应用自主可控的BIM技术，加快构建数字设计基础平台和集成系统，实现设计、工艺、制造协同。加快部品部件生产数字化、智能化升级，推广应用数字化技术、系统集成技术、智能化装备和建筑机器人，实现少人甚至无人工厂。加快人机智能交互、智能物流管理、增材制造等技术和智能装备的应用。以钢筋制作安装、模具安拆、混凝土浇筑、钢构件下料焊接、隔墙板和集成厨卫加工等工厂生产关键工艺环节为重点，推进工艺流程数字化和建筑机器人应用。以企业资源计划（ERP）平台为基础，进一步推动向生产管理子系统的延伸，实现工厂生产的信息化管理。推动在材料配送、钢筋加工、喷涂、铺贴地砖、安装隔墙板、高空焊接等现场施工环节，加强建筑机器人和智能控制造楼机等一体化施工设备的应用。培育产业体系，探索适用于智能建造与建筑工业化协同发展的新型组织方式、流程和管理模式。加快培育具有智能建造系统解决方案能力的工程总承包企业，统筹建造活动全产业链，推动企业以多种形式紧密合作、协同创新，逐步形成以工程总承包企业为核心、相关领先企业深度参与的开放型产业体系。鼓励企业建立工程总承包项目多方协同智能建造工作平台，强化智能建造上下游协同工作，形成涵盖设计、生产、施工、技术服务的产业链。积极推行绿色建造，实行工程建设项目全生命周期内的绿色建造，以节约资源、保护环境为核心，通过智能建造与建筑工业化协同发展，提高资源利用效率，减少建筑垃圾的产生，大幅降低能耗、物耗和水耗水平。推动建立建筑业绿色供应链，推行循环生产方式，提高建筑垃圾的综合利用水平。加大先进节能环保技术、工艺和装备的研发力度，提高能效水平，加快淘汰落后装备设备和技术，促进建筑业绿色改造升级。开放拓展应用场景，加强智能建造及建筑工业化应用场景建设，推动科技成果转化、重大产品集成创新和示范应用。发挥重点项目以及大型项目示范引领作用，加大应用推广力度，拓宽各类技术的应用范围，初步形成集研发设计、数据训练、中试应用、科技金融于一体的综合应用模式。发挥龙头企业示范引领作用，在装配式建筑工厂打造“机器代人”应用场景，推动建立智能建造基地。梳理已经成熟应用的智能建造相关技术，定期发布成熟技术目录，并在基础条件较好、需求迫切的地区，率先推广应用。创新行业监管与服务模式，推动各地加快研发适用于政府服务和决策的信息系统，探索建立大数据辅助科学决策和市场监管的机制，完善数字化成果交付、审查和存档管理体系。通过融合遥感信息、城市多维地理信息、建筑及地上地下设施的BIM、城市感知信息等多源信息，探索建立表达和管理城市三维空间全要素的城市信息模型（CIM）

基础平台。建立健全与智能建造相适应的工程质量、安全监管模式与机制。引导大型总承包企业采购平台向行业电子商务平台转型，实现与供应链上下游企业间的互联互通，提高供应链协同水平。加强组织实施，要建立智能建造和建筑工业化协同发展的体系框架，因地制宜制定具体实施方案，明确时间表、路线图及实施路径，强化部门联动，建立协同推进机制，落实属地管理责任，确保目标完成和任务落地。加大政策支持，要将现有各类产业支持政策进一步向智能建造领域倾斜，加大对智能建造关键技术研究、基础软硬件开发、智能系统和设备研制、项目应用示范等的支持力度。对经认定并取得高新技术企业资格的智能建造企业可按规定享受相关优惠政策。加大人才培育力度，各地要制定智能建造人才培育相关政策措施，明确目标任务，建立智能建造人才培养和发展的长效机制，打造多种形式的高层次人才培养平台。鼓励骨干企业和科研单位依托重大科研项目和示范应用工程，培养一批领军人才、专业技术人员、经营管理人员和产业工人队伍。建立评估机制，各地要适时对智能建造与建筑工业化协同发展相关政策的实施情况进行评估，重点评估智能建造发展目标落实与完成情况、产业发展情况、政策出台情况、标准规范编制情况等，并通报结果。营造良好环境，充分发挥相关企事业单位、行业学协会的作用，开展智能建造的政策贯彻、技术指导、交流合作、成果推广。

二、新型建筑工业化

加强系统化集成设计，推行新型建筑工业化项目建筑师负责制，鼓励设计单位提供全过程咨询服务。优化项目前期技术策划方案，统筹规划设计、构件和部品部件生产运输、施工安装和运营维护管理。建设单位和工程总承包单位以建筑最终产品和综合效益为目标，推进产业链上下游资源共享、系统集成和联动发展。通过数字化设计手段推进建筑、结构、设备管线、装修等多专业一体化集成设计，提高建筑整体性，确保设计深度符合生产和施工要求，发挥新型建筑工业化系统集成综合优势。完善设计选型标准，实施建筑平面、立面、构件和部品部件、接口标准化设计，推广少规格、多组合设计方法，以学校、医院、办公楼、酒店、住宅等为重点，强化设计引领，推广装配式建筑体系。落实新型建筑工业化项目标准化设计、工业化建造与建筑风貌有机统一的建筑设计要求，塑造城市特色风貌。在建筑设计方案审查阶段，加强对新型建筑工业化项目设计要求落实情况的论证。优化构件和部品部件生产，编制主要构件尺寸指南，推进型钢和混凝土构件以及预制混凝土墙板、叠合楼板、楼梯等通用部件的工厂化生产，满足标准化设计选型要求，扩大标准化构件和部品部件使用规模，降低构件和部件生产成本。编制集成化、模块化建筑部品相关标准图集，提高整体卫浴、集成厨房、整体门窗等建筑部品的产业配套能力，逐步形成标准化、系列化的建筑部品供应体系。综合考虑构件、部品部件运输和服务半径，定期发布构件和部品部件产能供需情况，提高产能利用率。编制新型建筑工业化构件和部品部件相关技术要求，推行质量认证制度，健全配套保险制度，提高产品配套能力和质量水平。发展安全健康、环境友好、性能优良的新型建材，推进绿色建材认证和推广应用，推动装配式建筑等新型建筑工业化项目率先采用绿色建材，逐步提高城镇新建建筑中绿色建材应用比例。推广精益化施工，鼓励医院、学校等公共建筑优先采用钢结构，积极推进钢结构住宅和农房建设。完善钢结构建筑防火、防腐等性能与技术措施，加大热轧H型钢、耐候钢和耐火钢应用，推动钢结构建筑关键技术和相关产业全面发展。完善适用于不同建筑类型的装配式混凝土建筑结构体系，加大高性能混凝土、高强钢筋和消能减震、预应力技术的集成应用。在保障性住房和商品住宅中积极应用装配式混凝土结构，鼓励有条件的地区全面推广应用预制内隔墙、预制楼梯板和预制楼板。装配式建筑、星级绿色建筑工程项目应推广全装修，积极发展成品住宅，倡导菜单式全装修。推进装配化装修方式在商品住房项目中的应用，推广管线分离、一体化装修技术，推广集成化模块化建筑部品，提高装修品质，降低运行维护成本。推行装配化绿色施工方式，引导施工企业研发与精益化施工相适应的部品部件吊装、运输与堆放、部品部件连接等施工工艺工法，推广应用钢筋定位钢板等配套装备和机具，在材料搬运、钢筋加工、高空焊接等环节提升现场施工工业化水平。

完善与新型建筑工业化相适应的精益化施工组织方式，推广设计、采购、生产、施工一体化模式，实行装配式建筑装饰装修与主体结构、机电设备协同施工，提高施工现场精细化管理水平。加强构件和部品部件进场、施工安装、节点连接灌浆、密封防水等关键部位和工序质量安全管控，强化对施工管理人员和一线作业人员的质量安全技术交底，通过全过程组织管理和技术优化集成，全面提升施工质量和效益。加快信息技术融合发展，推进BIM技术在新型建筑工业化全寿命期的一体化集成应用。充分利用社会资源，共同建立、维护基于BIM技术的标准化部品部件库，实现设计、采购、生产、建造、交付、运行维护等阶段的信息互联互通和交互共享。推进BIM报建审批和施工图BIM审图模式，推进与城市信息模型（CIM）平台的融通联动，提高信息化监管能力，提高建筑行业全产业链资源配置效率。推动大数据技术在工程项目管理、招标投标环节和信用体系建设中的应用，依托全国建筑市场监管公共服务平台，汇聚整合和分析相关企业、项目、从业人员和信用信息等相关大数据，支撑市场监测和数据分析，提高建筑行业公共服务能力和监管效率。推动传感器网络、低功耗广域网、5G、边缘计算、射频识别（RFID）及二维码识别等物联网技术在智慧工地的集成应用，发展可穿戴设备，推动物联网技术在监控管理、节能减排和智能建筑中的应用。加快新型建筑工业化与高端制造业深度融合，推动智能光伏应用示范，促进与建筑相结合的光伏发电系统应用。推广智能家居、智能办公、楼宇自动化系统，提升建筑的便捷性和舒适度。创新组织管理模式，新型建筑工业化项目积极推行工程总承包模式，促进设计、生产、施工深度融合。引导骨干企业提高项目管理、技术创新和资源配置能力，培育具有综合管理能力的工程总承包企业，落实工程总承包单位的主体责任，保障工程总承包单位的合法权益。大力发展以市场需求为导向、满足委托方多样化需求的全过程工程咨询服务，培育具备勘察、设计、监理、招标代理、造价等业务能力的全过程工程咨询企业。加强预制构件质量管理，积极采用驻厂监造制度，实行全过程质量责任追溯，鼓励采用构件生产企业备案管理、构件质量飞行检查等手段，建立长效机制。建立完善工程质量保险和担保制度，通过保险的风险事故预防和费率调节机制帮助企业加强风险管控，保障建筑工程质量。大力支持BIM底层平台软件的研发，加大钢结构住宅在围护体系、材料性能、连接工艺等方面的联合攻关，加快装配式混凝土结构灌浆质量检测和高效连接技术研发，加强建筑机器人等智能建造技术产品研发。建立新型建筑工业化重大科技成果库，促进科技成果转化应用，推动建筑领域新技术、新材料、新产品、新工艺创新发展。建立新型建筑工业化项目评价技术指标体系，重点突出信息化技术应用情况，引领建筑工程项目不断提高劳动生产率和建筑品质。鼓励新型建筑工业化项目单位在项目竣工后，按照评价标准开展自评价或委托第三方评价，积极探索区域性新型建筑工业化系统评价，评价结果可作为奖励政策重要参考，在项目立项、项目审批、项目管理各环节明确新型建筑工业化的鼓励性措施。政府投资工程要按照新型建筑工业化方式建设，支持社会投资项目采用新型建筑工业化方式。支持新型建筑工业化企业通过发行企业债券、公司债券等方式开展融资。完善绿色金融支持新型建筑工业化的政策环境，积极探索多元化绿色金融支持方式。建立建筑垃圾排放限额标准，开展施工现场建筑垃圾排放公示，各地对施工现场达到建筑垃圾减量化要求的施工企业给予奖励。各地优先将新型建筑工业化相关技术纳入住房和城乡建设领域推广应用技术公告和科技成果推广目录，将城市新型建筑工业化发展水平纳入中国人居环境奖评选、国家生态园林城市评估指标体系。支持新型建筑工业化项目参与绿色建筑创新奖评选。

三、智能建造与建筑工业化协同发展场景

推动建立以标准部品为基础的专业化、规模化、信息化生产体系，加快推动新一代信息技术与建筑工业化技术协同发展，在建造全过程加大建筑信息模型（BIM）、互联网、物联网、大数据、云计算、移动通信、人工智能、区块链等新技术的集成与创新应用。大力推进先进制造设备、智能设备及智慧工地相关装备的研发、制造和推广应用，提升各类施工机具的性能和效率，提高机械化施工程度。加快打造建筑产业互联网平台，推广应用钢结构构件智能制造生产线和预制混凝土构件智能生产线。加强技术攻关，推动智能建造和建筑工业化基础共性技术和关键核心技术研发、转移扩散和商业化应用，加快突破部品部件现代工艺制造、智能控制和优化、新型传感感知、工程质量检测监测、数据采集与分析、故障诊断与维护、专用软件等一批核心技术。研发自主知识产权的系统性软件与数据平台、集成建造平台。加快智能建造科技成果转化应用。围绕数字设计、智能生产、智能施工，构建先进适用的智能建造及建筑工业化标准体系。推进数字化设计体系建设，统筹建筑结构、机电设备、部品部件、装配施工、装饰装修，推行一体化集成设计。积极应用自主可控的BIM技术，加快构建数字设计基础平台和集成系统，实现设计、工艺、制造协同。加快部品部件生产数字化、智能化升级，推广应用数字化技术、系统集成技术、智能化装备和建筑机器人。加快人机智能交互、智能物流管理、增材制造等技术和智能装备的应用。以钢筋制作安装、模具安拆、混凝土浇筑、钢构件下料焊接、隔墙板和集成厨卫加工等工厂生产关键工艺环节为重点，推进工艺流程数字化和建筑机器人应用。以企业资源计划（ERP）平台为基础，实现工厂生产的信息化管理。推动在材料配送、钢筋加工、喷涂、铺贴地砖、安装隔墙板、高空焊接等现场施工环节，加强建筑机器人和智能控制造楼机等一体化施工设备的应用。探索适用于智能建造与建筑工业化协同发展的新型组织方式、流程和管理模式。加快培育具有智能建造系统解决方案能力的工程总承包企业，统筹建造活动全产业链，推动企业以多种形式紧密合作、协同创新，逐步形成以工程总承包企业为核心、相关领先企业深度参与的开放型产业体系。鼓励企业建立工程总承包项目多方协同智能建造工作平台，强化智能建造上下游协同工作，形成涵盖设计、生产、施工、技术服务的产业链。实行工程建设项目全生命周期内的绿色建造，以节约资源、保护环境为核心，通过智能建造与建筑工业化协同发展，提高资源利用效率。推动建立建筑业绿色供应链，推行循环生产方式，提高建筑垃圾的综合利用水平。加大先进节能环保技术、工艺和装备的研发力度，促进建筑业绿色改造升级。加强智能建造及建筑工业化应用场景建设，推动科技成果转化、重大产品集成创新和示范应用。发挥重点项目以及大型项目示范引领作用，拓宽各类技术的应用范围，初步形成集研发设计、数据训练、中试应用、科技金融于一体的综合应用模式。在装配式建筑工厂打造“机器代人”应用场景，推动建立智能建造基地。通过融合遥感信息、城市多维地理信息、建筑及地上地下设施的BIM、城市感知信息等多源信息，探索建立表达和管理城市三维空间全要素的城市信息模型（CIM）基础平台。建立健全与智能建造相适应的工程质量、安全监管模式与机制。引导大型总承包企业采购平台向行业电子商务平台转型，实现与供应链上下游企业间的互联互通。要建立智能建造和建筑工业化协同发展的体系框架，因地制宜制定具体实施方案，加大对智能建造关键技术研究、基础软硬件开发、智能系统和设备研制、项目应用示范等的支持力度。推动建立和完善企业投入为主体的智能建造多元化投融资体系，鼓励创业投资和产业投资投向智能建造领域。

第六节　城乡建设领域碳达峰实施方案

一、碳达峰、碳中和中长期目标

实现碳达峰、碳中和中长期目标，既是我国积极应对气候变化、推动构建人类命运共同体的责任担当，也是我国贯彻新发展理念、推动高质量发展的必然要求。中国在75届联合国大会提出30/60碳达峰与碳中和目标，到2035年，广泛形成绿色生产生活方式，碳排放达峰后稳中有降，生态环境根本好转，美丽中国建设目标基本实现。中国二氧化碳排放2030年前达到峰值、2060年前实现碳中和。加快推动绿色低碳发展，降低碳排放强度，支持有条件的地方率先达到碳排放峰值，制定2030年前碳排放达峰行动方案；推进碳排放权市场化交易。要加快调整优化产业结构、能源结构，推动煤炭消费尽早达峰，加快建设全国用能权、碳排放权交易市场，完善能源消费双控制度，实现减污降碳协同效应。要开展大规模国土绿化行动，提升生态系统碳汇能力。“十四五”期间，产业结构和能源结构调整优化取得明显进展，到2025年，非化石能源消费比重达到20%左右，单位国内生产总值能源消耗比2020年下降13.5%，单位国内生产总值二氧化碳排放比2020年下降18%。“十五五”期间，清洁低碳安全高效的能源体系初步建立，重点领域低碳发展模式基本形成，绿色低碳循环发展政策体系基本健全。到2030年，非化石能源消费比重达到25%左右，单位国内生产总值二氧化碳排放比2005年下降65%以上，顺利实现2030年前碳达峰目标。将碳达峰贯穿于经济社会发展全过程和各方面，加快推进城乡建设绿色低碳发展，推进城乡建设绿色低碳转型。倡导绿色低碳规划设计理念，增强城乡气候韧性，建设海绵城市。推广绿色低碳建材和绿色建造方式，加快推进新型建筑工业化，大力发展装配式建筑，推广钢结构住宅，推动建材循环利用，强化绿色设计和绿色施工管理。到 2025 年，城镇新建建筑全面执行绿色建筑标准，城镇建筑可再生能源替代率达到 8%，新建公共机构建筑、新建厂房屋顶光伏覆盖率力争达到 50%。城市生活垃圾分类体系基本健全，生活垃圾资源化利用比例提升至 60% 左右。到 2030 年，城市生活垃圾分类实现全覆盖，生活垃圾资源化利用比例提升至 65%，全国森林覆盖率达到 25% 左右，森林蓄积量达到 190 亿立方米。城乡建设是碳排放的主要领域之一。随着城镇化快速推进和产业结构深度调整，城乡建设领域碳排放量及其占全社会碳排放总量比例均将进一步提高。城乡建设领域碳达峰实施方案主要目标：2030 年前，城乡建设领域碳排放达到峰值。城乡建设绿色低碳发展政策体系和体制机制基本建立；建筑节能、垃圾资源化利用等水平大幅提高，能源资源利用效率达到国际先进水平；用能结构和方式更加优化，可再生能源应用更加充分；城乡建设方式绿色低碳转型取得积极进展，“大量建设、大量消耗、大量排放”基本扭转；城市整体性、系统性、生长性增强；建筑品质和工程质量进一步提高，人居环境质量大幅改善；绿色生活方式普遍形成，绿色低碳运行初步实现。到 2060 年前，城乡建设方式全面实现绿色低碳转型，系统性变革全面实现，美好人居环境全面建成，城乡建设领域碳排放治理现代化全面实现。

建设绿色低碳城市，优化城市结构和布局。城市形态、密度、功能布局和建设方式对碳减排具有基础性重要影响。积极开展绿色低碳城市建设，推动组团式发展。每个组团面积不超过 50 平方公里，组团内平均人口密度原则上不超过 1 万人 / 平方公里，个别地段最高不超过 1.5 万人 / 平方公里。加强生态廊道、景观视廊、通风廊道、滨水空间和城市绿道统筹布局，留足城市河湖生态空间和防洪排涝空间，组团间的生态廊道应贯通连续，净宽度不少于 100 米。推动城市生态修复，完善城市生态系统。严格控制新建超高层建筑，一般不得新建超高层住宅。新城新区合理控制职住比例，促进就业岗位和居住空间均衡融合布局。合理布局城市快速干线交通、生活性集散交通和绿色慢行交通设施，主城区道路网密度应大于 8 公里 / 平方公里。严格既有建筑拆除管理，坚持从“拆改留”到“留改拆”推动城市更新，除违法建筑和经专业机构鉴定为危房且无修缮保留价值的建筑外，不大规模、成片集中拆除现状建筑，城市更新单元（片区）或项目内拆除建筑面积原则上不应大于现状总建筑面积的 20%。盘活存量房屋，减少各类空置房。开展绿色低碳社区建设。社区是形成简约适度、绿色低碳、文明健康生活方式的重要场所。推广功能复合的混合街区，倡导居住、商业、无污染产业等混合布局。按照《完整居住社区建设标准（试行）》配建基本公共服务设施、便民商业服务设施、市政配套基础设施和公共活动空间，到 2030 年地级及以上城市的完整居住社区覆盖率提高到 60% 以上。通过步行和骑行网络串联若干个居住社区，构建十五分钟生活圈。推进绿色社区创建行动，将绿色发展理念贯穿社区规划建设管理全过程，60% 的城市社区先行达到创建要求。探索零碳社区建设。鼓励物业服务企业向业主提供居家养老、家政、托幼、健身、购物等生活服务，在步行范围内满足业主基本生活需求。鼓励选用绿色家电产品，减少使用一次性消费品。鼓励“部分空间、部分时间”等绿色低碳用能方式，倡导随手关灯，电视机、空调、电脑等电器不用时关闭插座电源。鼓励选用新能源汽车，推进社区充换电设施建设。全面提高绿色低碳建筑水平。持续开展绿色建筑创建行动，到 2025 年，城镇新建建筑全面执行绿色建筑标准，星级绿色建筑占比达到 30% 以上，新建政府投资公益性公共建筑和大型公共建筑全部达到一星级以上。2030 年前严寒、寒冷地区新建居住建筑本体达到 83% 节能要求，夏热冬冷、夏热冬暖、温和地区新建居住建筑本体达到 75% 节能要求，新建公共建筑本体达到 78% 节能要求。推动低碳建筑规模化发展，鼓励建设零碳建筑和近零能耗建筑。加强节能改造鉴定评估，编制改造专项规划，对具备改造价值和条件的居住建筑要应改尽改，改造部分节能水平应达到现行标准规定。持续推进公共建筑能效提升重点城市建设，到 2030 年地级以上重点城市全部完成改造任务，改造后实现整体能效提升 20% 以上。推进公共建筑能耗监测和统计分析，逐步实施能耗限额管理。加强空调、照明、电梯等重点用能设备运行调适，提升设备能效，到 2030 年实现公共建筑机电系统的总体能效在现有水平上提升10%。建设绿色低碳住宅。提升住宅品质，积极发展中小户型普通住宅，限制发展超大户型住宅。依据当地气候条件，合理确定住宅朝向、窗墙比和体形系数，降低住宅能耗。合理布局居住生活空间，鼓励大开间、小进深，充分利用日照和自然通风。推行灵活可变的居住空间设计，减少改造或拆除造成的资源浪费。推动新建住宅全装修交付使用，减少资源消耗和环境污染。积极推广装配化装修，推行整体卫浴和厨房等模块化部品应用技术，实现部品部件可拆改、可循环使用。提高共用设施设备维修养护水平，提升智能化程度。加强住宅共用部位维护管理，延长住宅使用寿命。提高基础设施运行效率。基础设施体系化、智能化、生态绿色化建设和稳定运行，可以有效减少能源消耗和碳排放。实施30年以上老旧供热管网更新改造工程，加强供热管网保温材料更换，推进供热场站、管网智能化改造，到2030年城市供热管网热损失比2020年下降5个百分点。开展人行道净化和自行车专用道建设专项行动，完善城市轨道交通站点与周边建筑连廊或地下通道等配套接驳设施，加大城市公交专用道建设力度，提升城市公共交通运行效率和服务水平，城市绿色交通出行比例稳步提升。全面推行垃圾分类和减量化、资源化，完善生活垃圾分类投放、分类收集、分类运输、分类处理系统，到2030年，城市生活垃圾资源化利用率达到65%。结合城市特点，充分尊重自然，加强城市设施与原有河流、湖泊等生态本底的有效衔接，因地制宜，系统化全域推进海绵城市建设，综合采用“渗、滞、蓄、净、用、排”方式，加大雨水蓄滞与利用，全国城市建成区平均可渗透面积占比达到45%。推进节水型城市建设，实施城市老旧供水管网更新改造，推进管网分区计量，提升供水管网智能化管理水平，城市公共供水管网漏损率控制在8%以内。实施污水收集处理设施改造和城镇污水资源化利用行动，全国城市平均再生水利用率达到30%。加快推进城市供气管道和设施更新改造。推进城市绿色照明，加强城市照明规划、设计、建设运营全过程管理，控制过度亮化和光污染，LED等高效节能灯具使用占比超过80%，30%以上城市建成照明数字化系统。开展城市园林绿化提升行动，完善城市公园体系，推进中心城区、老城区绿道网络建设，加强立体绿化，提高乡土和本地适生植物应用比例，城市建成区绿地率达到38.9%，城市建成区拥有绿道长度超过1公里/万人。优化城市建设用能结构。推进建筑太阳能光伏一体化建设，到2025年，新建公共机构建筑、新建厂房屋顶光伏覆盖率力争达到50%。推动既有公共建筑屋顶加装太阳能光伏系统。加快智能光伏应用推广。在太阳能资源较丰富地区及有稳定热水需求的建筑中，积极推广太阳能光热建筑应用。因地制宜推进地热能、生物质能应用，推广空气源等各类电动热泵技术。城镇建筑可再生能源替代率达到8%。引导建筑供暖、生活热水、炊事等向电气化发展，到2030年，建筑用电占建筑能耗比例超过65%。推动开展新建公共建筑全面电气化，电气化比例达到20%。推广热泵热水器、高效电炉灶等替代燃气产品，推动高效直流电器与设备应用。推动智能微电网、“光储直柔”、蓄冷蓄热、负荷灵活调节、虚拟电厂等技术应用，优先消纳可再生能源电力，主动参与电力需求侧响应。探索建筑用电设备智能群控技术，在满足用电需求前提下，合理调配用电负荷，实现电力少增容、不增容。根据既有能源基础设施和经济承受能力，因地制宜探索氢燃料电池分布式热电联供。推动建筑热源端低碳化，综合利用热电联产余热、工业余热、核电余热，根据各地实际情况应用尽用。充分发挥城市热电供热能力，提高城市热电生物质耦合能力。引导寒冷地区达到超低能耗的建筑不再采用市政集中供暖。推进绿色低碳建造。大力发展装配式建筑，推广钢结构住宅，到2030年，装配式建筑占当年城镇新建建筑的比例达到40%。推广智能建造，培育100个智能建造产业基地，打造一批建筑产业互联网平台，形成一系列建筑机器人标志性产品。推广建筑材料工厂化精准加工、精细化管理，施工现场建筑材料损耗率比2020年下降20%。加强施工现场建筑垃圾管控，新建建筑施工现场建筑垃圾排放量不高于300吨/万平方米。积极推广节能型施工设备，监控重点设备耗能，对多台同类设备实施群控管理。优先选用获得绿色建材认证标识的建材产品，建立政府工程采购绿色建材机制，星级绿色建筑全面推广绿色建材。鼓励有条件的地区使用木竹建材。提高预制构件和部品部件通用性，推广标准化、少规格、多组合设计。推进建筑垃圾集中处理、分级利用，到2030年建筑垃圾资源化利用率达到55%。

二、财政和科技支持碳达峰碳中和工作

财政支持碳达峰碳中和工作，坚持降碳、减污、扩绿、增长协同推进，积极构建有利于促进资源高效利用和绿色低碳发展的财税政策体系，推动有为政府和有效市场更好结合，支持如期实现碳达峰碳中和目标。主要目标：到2025年，财政政策工具不断丰富，有利于绿色低碳发展的财税政策框架初步建立，有力支持各地区各行业加快绿色低碳转型。2030年前，有利于绿色低碳发展的财税政策体系基本形成，促进绿色低碳发展的长效机制逐步建立，推动碳达峰目标顺利实现。2060年前，财政支持绿色低碳发展政策体系成熟健全，推动碳中和目标顺利实现。支持重点方向和领域，支持构建清洁低碳安全高效的能源体系。有序减量替代，推进煤炭消费转型升级。优化清洁能源支持政策，大力支持可再生能源高比例应用，推动构建新能源占比逐渐提高的新型电力系统。支持光伏、风电、生物质能等可再生能源，以及出力平稳的新能源替代化石能源。完善支持政策，激励非常规天然气开采增产上量。鼓励有条件的地区先行先试，因地制宜发展新型储能、抽水蓄能等，加快形成以储能和调峰能力为基础支撑的电力发展机制。加强对重点行业、重点设备的节能监察，组织开展能源计量审查。支持重点行业领域绿色低碳转型。支持工业部门向高端化智能化绿色化先进制造发展。深化城乡交通运输一体化示范县创建，提升城乡交通运输服务均等化水平。支持优化调整运输结构。大力支持发展新能源汽车，完善充换电基础设施支持政策，稳妥推动燃料电池汽车示范应用工作。推动减污降碳协同增效，持续开展燃煤锅炉、工业炉窑综合治理，扩大北方地区冬季清洁取暖支持范围，鼓励因地制宜采用清洁能源供暖供热。支持北方采暖地区开展既有城镇居住建筑节能改造和农房节能改造，促进城乡建设领域实现碳达峰碳中和。持续推进工业、交通、建筑、农业农村等领域电能替代，实施“以电代煤”“以电代油”。支持绿色低碳科技创新和基础能力建设。加强对低碳零碳负碳、节能环保等绿色技术研发和推广应用的支持。鼓励有条件的单位、企业和地区开展低碳零碳负碳和储能新材料、新技术、新装备攻关，以及产业化、规模化应用，建立完善绿色低碳技术评估、交易体系和科技创新服务平台。强化碳达峰碳中和基础理论、基础方法、技术标准、实现路径研究。加强生态系统碳汇基础支撑。支持适应气候变化能力建设，提高防灾减灾抗灾救灾能力。支持绿色低碳生活和资源节约利用。发展循环经济，推动资源综合利用，加强城乡垃圾和农村废弃物资源利用。完善废旧物资循环利用体系，促进再生资源回收利用提质增效。推动农作物秸秆和畜禽粪污资源化利用，推广地膜回收利用。支持“无废城市”建设，形成一批可复制可推广的经验模式。支持碳汇能力巩固提升。支持提升森林、草原、湿地、海洋等生态碳汇能力。开展山水林田湖草沙一体化保护和修复。实施重要生态系统保护和修复重大工程。深入推进大规模国土绿化行动，全面保护天然林，巩固退耕还林还草成果，支持森林资源管护和森林草原火灾防控，加强草原生态修复治理，强化湿地保护修复。支持牧区半牧区省份落实好草原补奖政策，加快推进草牧业发展方式转变，促进草原生态环境稳步恢复。整体推进海洋生态系统保护修复，提升红树林、海草床、盐沼等固碳能力。支持开展水土流失综合治理。支持完善绿色低碳市场体系。充分发挥碳排放权、用能权、排污权等交易市场作用，引导产业布局优化。健全碳排放统计核算和监管体系，完善相关标准体系，加强碳排放监测和计量体系建设。支持全国碳排放权交易的统一监督管理，完善全国碳排放权交易市场配额分配管理，逐步扩大交易行业范围，丰富交易品种和交易方式，适时引入有偿分配。全面实施排污许可制度，完善排污权有偿使用和交易制度，积极培育交易市场。健全企业、金融机构等碳排放报告和信息披露制度。

科技支撑碳达峰碳中和实施方案（城乡建设与交通），构建低碳零碳负碳技术创新体系，统筹提出支撑2030年前实现碳达峰目标的科技创新行动和保障举措，并为2060年前实现碳中和目标做好技术研发储备。通过实施方案，到2025年实现重点行业和领域低碳关键核心技术的重大突破，支撑单位国内生产总值（GDP）二氧化碳排放比2020年下降18%，单位GDP能源消耗比2020年下降13.5%；到2030年，进一步研究突破一批碳中和前沿和颠覆性技术，形成一批具有显著影响力的低碳技术解决方案和综合示范工程，建立更加完善的绿色低碳科技创新体系，有力支撑单位GDP二氧化碳排放比2005年下降65%以上，单位GDP能源消耗持续大幅下降。城乡建设与交通低碳零碳技术攻关行动，围

绕城乡建设和交通领域绿色低碳转型目标，以脱碳减排和节能增效为重点，大力推进低碳零碳技术研发与示范应用。推进绿色低碳城镇、乡村、社区建设、运行等环节绿色低碳技术体系研究，加快突破建筑高效节能技术，建立新型建筑用能体系。开展建筑部件、外墙保温、装修的耐久性和外墙安全技术研究与集成应用示范，加强建筑拆除及回用关键技术研发，突破绿色低碳建材、光储直柔、建筑电气化、热电协同、智能建造等关键技术，促进建筑节能减碳标准提升和全过程减碳。建筑节能减碳各项技术取得重大突破，科技支撑实现新建建筑碳排放量大幅降低，城镇建筑可再生能源替代率明显提升。低碳建筑材料与规划设计。研发天然固碳建材和竹木、高性能建筑用钢、纤维复材、气凝胶等新型建筑材料与结构体系；研发与建筑同寿命的外围护结构高效保温体系；研发建材循环利用技术及装备；研究各种新建零碳建筑规划、设计、运行技术和既有建筑的低碳改造成套技术。低碳零碳技术示范行动，以促进成果转移转化为目标，开展一批典型低碳零碳技术应用示范，建成 50 个不同类型重点低碳零碳技术应用示范工程，形成一批先进技术和标准引领的节能降碳技术综合解决方案。在基础条件好、有积极意愿的地方，开展多种低碳零碳技术跨行业跨领域耦合优化与综合集成，开展管理政策协同创新。加强科技成果转化服务体系建设，结合国家绿色技术推广目录和国家绿色技术交易中心等平台网络，综合提升低碳零碳技术成果转化能力，推动低碳零碳技术转移转化。完善低碳零碳技术标准体系，加强前沿低碳零碳技术标准研究与制定，促进低碳零碳技术研发和示范应用。低碳零碳建筑示范工程：建设规模化的光储直柔新型建筑供配电示范工程，长距离工业余热低碳集中供热示范工程，在北方沿海地区建设核电余热水热同输供热示范工程，在典型气候区组织实施一批高性能绿色建筑科技示范工程。支持基础条件好的地级市在规划区域内围绕绿色低碳建筑、绿色智能交通、城市废物循环利用等方面开展跨行业跨领域集成示范；在有条件的地方开展零碳社区示范。碳达峰碳中和科技发展评估报告。在开展碳达峰碳中和进展评估与趋势预判基础上，评估科技创新对实现碳达峰碳中和的支撑引领作用，动态评估国内外碳中和科技发展对社会经济和全球治理的影响。

三、绿色低碳先进技术示范工程实施方案

（一）工作原则和主要目标，为加快绿色低碳先进适用技术示范应用，在落实碳达峰碳中和目标任务过程中锻造新的产业竞争优势，国家发展改革委等 10 部门制定了《绿色低碳先进技术示范工程实施方案》。2023 年首批示范项目申报工作同步启动，按照优中选优、宁缺毋滥的原则，各地区报送数量不超过 10 个。通过实施绿色低碳先进技术示范工程，布局一批技术水平领先、减排效果突出、减污降碳协同、示范效应明显的项目，加快占领全球绿色低碳技术和产业高地，为实现碳达峰碳中和目标提供有力支撑，为经济社会高质量发展提供绿色动能。工作原则，创新驱动、示范引领，聚焦绿色低碳科技创新前沿，以技术基本成熟但尚未商业化推广的先进适用技术为重点，通过实施绿色低碳先进技术示范工程，加快科技成果转化和产业化推广，促进绿色低碳产业发展。目标导向、突出重点，围绕碳达峰碳中和“1+N”政策体系确定的目标任务，以能源、工业、建筑、交通等领域为重点，布局建设一批示范项目，全链条推进源头减碳、过程降碳、末端固碳先进适用技术示范应用。政府引导、市场主导，坚持有效市场和有为政府相结合，突出企业科技创新主体地位，强化政策引导，完善激励机制，鼓励各类企业积极参与绿色低碳领域创新与投资，更大激发市场活力和社会创造力。统筹部署、改革创新，加强部门和地方联动，综合运用投资、财政、金融等方式支持示范项目建设，协同推进相关领域改革创新，探索形成有利于绿色低碳新产业新业态发展的商业模式和政策环境。主要目标，到 2025 年，通过实施绿色低碳先进技术示范工程，一批示范项目落地实施，一批先进适用绿色低碳技术成果转化应用，若干有利于绿色低碳技术推广应用的支持政策、商业模式和监管机制逐步完善，为重点领域降碳探索有效路径。到 2030 年，通过绿色低碳先进技术示范工程带动引领，先进适用绿色低碳技术研发、示范、推广模式基本成熟，相关支持政策、商业模式、监管机制更加健全，绿色低碳技术和产业国际竞争优势进一步加强，为实现碳中和目标提供有力支撑。

（二）源头减碳类重点方向：非化石能源先进示范项目，包括高效智能光伏组件、碲化镉等新型薄膜太阳能电池、钙钛矿及叠层太阳能电池、超薄硅片等先进光伏产品研发制造与示范应用，大容量、低成本太阳能热发电、高效大容量风电、高效低速风电、深远海海上风电示范，生物天然气示范，浅层 / 中深层地热能供暖 / 制冷及综合利用、大容量高效地热能发电及干热岩发电示范，波浪能、潮流能、温差能等海洋清洁能源开发利用，先进核能发电与核能综合利用示范等。化石能源清洁高效开发利用示范项目，包括清洁高效煤电与新能源发电综合调节、煤电机组快速启停及深度调峰、大型燃气机组国产化及灵活调峰、大型煤电机组耦合生物质和低碳燃料掺烧发电、煤矿瓦斯高效抽采和利用、油气管网节能降碳、低碳（近零碳）油气田示范等。先进电网和储能示范项目，包括先进高效“新能源 + 储能”、新型储能、抽水蓄能、源网荷储一体化和多能互补示范，长时间尺度高精度可再生能源发电功率预测、虚拟电厂、新能源汽车车网互动、柔性直流输电示范应用。绿氢减碳示范项目，包括低成本（离网、可中断负荷）可再生能源制氢示范，先进安全低成本氢储存、运输装备研发制造与示范应用，氢燃料电池研发制造与规模化示范应用，纯烧、掺烧氢气燃气轮机研发制造与示范应用，氢电耦合示范应用等。过程降碳类重点方向：工业领域示范项目，包括低碳零碳钢铁冶炼示范、有色金属冶炼集成创新与流程优化，先进低碳石油化工、现代煤化工、绿色生物化工示范，可再生能源与石化化工生产系统耦合，工业绿色微电网、数字化绿色化协同降碳、“工业互联网 + 绿色低碳”、绿色（零碳、近零碳）数据中心、“海底数据中心 + 海洋清洁能源”示范等。工业领域示范项目能效水平应不低于行业标杆水平。建筑领域示范项目，包括超低能耗建筑、近零能耗建筑先进示范，既有建筑节能改造示范、公共基础设施近零碳排放改造示范、供热计量改造示范，高效热泵研发制造与示范应用，新型胶凝材料、低碳混凝土、先进生物基建材等低碳零碳新型建材研发生产与示范应用等。交通领域示范项目，包括综合交通枢纽场站绿色化改造示范，现代公路养护工程绿色化示范，低碳（近零碳）机场、港口码头、港区建设示范，高速公路服务区超快充充电基础设施建设示范，机场、物流园区集疏运方式绿色化改造，港口集疏运结构调整示范，智能交通系统建设，高性能电动载运装备应用推广示范，绿色智能船舶、新能源航空器示范应用，空管新技术和程序研发应用，先进生物液体燃料、生物天然气、可再生合成燃料以及可持续航空燃料、低碳船用燃料研发生产供应等。减污降碳协同示范项目，包括“废钢资源回收 + 短流程炼钢”、废铝资源同级利用示范，高炉废渣、电厂粉煤灰、煤矸石等固废再生替代原材料研发生产与示范应用，退役光伏组件、风机叶片、动力电池等新型废弃物高水平循环利用示范等。低碳（近零碳）产业园区示范项目，系统运用非化石能源开发、综合能源系统和智慧微网建设、能源系统优化和梯级利用、工艺流程再造、产业间物质流循环耦合、碳捕集利用与封存（CCUS）等多种方式，实现产业园区深度减排，建设绿色低碳产业园区。末端固碳类重点方向：全流程规模化 CCUS 示范项目，以石化、煤化工、煤电、钢铁、有色、建材、石油开采等行业为重点，选择产业集聚度高、地质条件较好的地方，建设若干全流程规模化 CCUS 示范项目。对于石化、煤化工、石油开采行业，项目年捕集利用与封存量不低于 50 万吨，原则上应配套建设二氧化碳输送管道；对于煤电、钢铁、有色、建材行业，项目年捕集利用与封存量不低于 10 万吨。二氧化碳先进高效捕集示范项目，采用新工艺、新设备、新型溶剂或材料，实现低浓度二氧化碳高效低成本捕集的先进技术示范项目。二氧化碳资源化利用及固碳示范项目，包括二氧化碳制备合成气、甲醇等液体燃料、聚合物材料等化学利用，二氧化碳人工生物转化，二氧化碳矿化固定等。

（三）加强中央预算内投资等资金支持，对属于固定资产投资项目的示范项目，统筹利用现有中央预算内投资渠道积极支持符合条件的示范项目，将符合条件的绿色低碳先进技术示范工程基础设施建设项目纳入地方政府专项债券支持范围。各地区应通过预算内投资及其他财政资金渠道，加大对绿色低碳先进技术示范工程建设的支持力度。加强金融税收政策支持，积极发挥碳减排支持工具作用，引导金融机构为符合条件的项目提供资金支持，鼓励各类金融机构按照市场化法治化原则加大对示范工程融资支持力度。创新投融资方式，加强气候投融资等绿色金融和转型金融产品对示范项目的支持力度。落实国家首台（套）重大技术装备保险补偿机制和重点新材料首批次应用保险补偿机制，促进先进适用技术装备示范应用。落实好有利于绿色低碳产业发展的税收政策。加强资源环境要素保障，加强用能要素保障，合理测算项目全生命周期能源消耗和碳排放，将碳减排效果作为节能审查的重点考量因素。加强用地用海要素保障，鼓励地方探索弹性年期出让、长期租赁、先租后让、租让结合等灵活的土地供应方式保障用地需求。各地区发展改革委要加强统筹，会同本地区有关部门扎实推进绿色低碳先进技术示范工程建设。各地区有关部门要参照本方案分工，加强对相关企业和研究机构的指导和支持，组织一批符合方向要求、技术水平领先、减排效果突出、前期工作扎实、引领效应明显的项目。各地区发展改革委要建立本地区绿色低碳先进技术项目储备库，将行业主管部门认可并推荐的项目择优纳入储备库，引导项目实施主体扎实做好项目审批（核准、备案）及用地预审、节能审查、环境影响评价等各项前期工作。项目申报，国家发展和改革委员会按年度向各地区和中央企业征集示范项目。各地区发展改革委要会同相关部门按照年度征集通知要求，以本地区储备项目为基础组织开展申报，对项目申报材料的真实性、完整性和合规性进行审核后，向国家发展和改革委员会报送本地区绿色低碳先进技术示范工程项目申报表、汇总表。中央企业示范项目由国务院国资委负责汇总推荐。项目遴选推介，国家发展和改革委员会汇总各地区及中央企业示范项目推荐清单后，按照部门职责分工将项目推送至各有关部门进行初审，确保项目符合重点方向要求。在初审基础上，国家发展和改革委员会会同有关部门委托第三方开展评审，并将第三方评审结果交由有关部门复核，根据部门复核意见确定结果。国家发展和改革委员会将示范项目清单推送至各地区、各有关部门和金融机构，作为落实各类支持政策的依据。项目管理，各地区要切实加强对示范项目的日常监管，持续跟踪项目建设进度、投资完成情况、技术减碳效果等，对于建设内容发生重大变更、技术路线发生重大调整或无法继续实施的项目，要及时提出更新、调整、退出的相关建议。对于可在全国范围内推广的，国家发展和改革委员会将会同有关部门加大宣传推广力度，适时将有关技术和产业纳入产业结构调整目录、绿色产业指导目录、绿色技术推广目录等，对好的经验做法予以复制推广。

第七节　全国绿色建筑创新奖管理

一、绿色建筑创新奖

绿色建筑是指为人们提供健康、舒适、安全的居住、工作和活动的空间，同时实现高效率地利用资源（节能、节地、节水、节材）、最低限度地影响环境的建筑物。绿色建筑是实现“以人为本”“人—建筑—自然”三者和谐统一的重要途径，也是我国实施可持续发展战略的重要组成部分。为贯彻落实科学发展观，促进节约资源、保护环境和建设事业可持续发展，推动我国绿色建筑及其技术的健康发展，规范全国绿色建筑创新奖的管理，实施细则适用于全国绿色建筑创新奖的管理。绿色建筑奖分为工程类项目奖和技术与产品类项目奖。工程类项目奖包括绿色建筑创新综合奖项目、智能建筑创新专项奖项目和节能建筑创新专项奖项目；技术与产品类项目奖是指应用于绿色建筑工程中具有重大创新、效果突出的新技术、新产品、新工艺。创新奖设一等奖、二等奖、三等奖三个等级，每两年评选一次。创新奖的奖励对象为，在住房和城乡建设领域节约资源、保护环境，推进绿色建筑发展具有创新性和明显示范作用的工程项目，以及在绿色建筑技术研究开发和推广应用方面作出重要贡献的单位和个人。推动绿色建筑发展的创新性包括，符合气候地域特征的先进适用的技术集成和创新、建筑艺术与绿色建筑技术的有机结合、采用绿色施工与运行管理保障措施的实施效果。住房和城乡建设部归口管理创新奖。住房和城乡建设部建筑节能与科技司负责创新奖的日常管理。各省、自治区、直辖市、计划单列市住房和城乡建设行政主管部门负责组织本地区创新奖的申报、初审和推荐上报。申报创新奖的项目应符合以下基本条件：在保护自然资源和生态环境、节地、节能、节水、节材、减少环境污染等方面，综合效果显著的公共建筑和住宅建筑等工程项目。符合国家基本建设程序和管理规定，以及有关的技术标准规范。因地制宜地采用适宜的绿色建筑技术、工艺与产品，运营管理水平较高，实现社会、环境、经济效益的统一。取得绿色建筑评价标识。项目无工程质量安全事故和隐患。创新奖申报单位原则上由工程项目建设、规划设计、施工总承包、技术咨询等主要参建单位联合申报；也可经建设单位同意后，由设计、施工总承包单位联合申报或其中一家单独申报。其他参建单位可随主要参建单位申报。

二、申报资料程序与评审公布奖励

申报单位应提交《全国绿色建筑创新奖申报书》和工程总结报告。工程项目总结报告包括，工程项目概况、工程项目创新性说明、取得的绿色建筑评价标识证书及工程项目总结报告。具体内容和要求如下：工程项目概况。工程项目创新性说明。对照《全国绿色建筑创新奖评审标准》，在绿色建筑评价标识申报材料的基础上，按节地与室外环境、节能与能源利用、节水与水资源利用和保护、节材与材料资源、室内环境质量和运营管理六类指标归纳和总结，重点对具有创新性和示范推广价值，以及技术措施的实施情况和效益等内容进行总结说明。相关证明资料，如设计文件、图纸、过程控制资料、运行报告及相关数据等。如在取得绿色建筑标识后，发生重大的技术变更，还应提交相关变更资料，包括设计说明、图纸、计算书、设计变更等。绿色建筑标识证书复印件和评价报告。申报程序：申报单位向省、自治区、直辖市、计划单列市住房和城乡建设行政主管部门提交申报资料，并对申报材料的真实性负责；省、自治区、直辖市、计划单列市住房和城乡建设行政主管部门，对申报材料进行初审，对初审合格的项目签署推荐意见并盖章后报送住房和城乡建设部建筑节能与科技司；住房和城乡建设部建筑节能与科技司负责对申报资料进行形式审查。住房和城乡建设部建筑节能与科技司负责组织创新奖的评审工作。评审专家委员会由部绿色建筑评价标识专家委员会成员组成。评审专家委员会依据《全国绿色建筑创新奖评审标准》，审查申报材料，通过质询、讨论和评议，进行评审，确定拟获奖项目及等级。住房和城乡建设部建筑节能与科技司根据具体情况可组织核查小组对需要实地核查的申报项目进行现场核查。核查小组由4-7名专家组成，被核查项目所在省、自治区、直辖市、计划单列市住房和城乡建设行政主管部门应派人参与核查工作。核查的内容和要求如下：听取申报单位对项目规划、设计、施工及运行情况的介绍。实地查验工程系统功能及运行情况。凡核查小组要求查看的工程内容和文件资料，申报单位应积极配合。听取业主及监理单位对项目的评价意见。核查小组向业主及监理单位咨询情况时，申报单位的有关人员应当回避。查阅工程的有关文件与技术、质量以及管理资料等。核查小组应向评审专家委员会提交书面核查报告。公示与公布，住房和城乡建设部建筑节能与科技司对通过专家评审的项目在住房和城乡建设部网站上公示，公示期30天。任何单位或个人对公示的项目持有异议，均可在公示期内以署实名的书面形式提出异议，并提供必要的证明材料。异议分为技术性异议和非技术性异议。凡对公示项目的创新性、先进性、实用性，以及申报资料的真实性提出的异议为技术性异议；对公示项目单位的有关情况及人员排序的异议为非技术性异议。审定等级不在异议范围内。技术性异议由住房和城乡建设部建筑节能与科技司负责协调解决，必要时可组织评审委员进行调查，提出处理意见。非技术性异议由项目所在省、自治区、直辖市、计划单列市建设行政主管部门负责协调解决，并将结果报住房和城乡建设部建筑节能与科技司。无异议或有异议已妥善解决的公示项目经审定后公布。创新奖每个获奖项目授奖单位和个人数量不应超过以下规定：一等奖授奖单位8个、个人20个；二等奖授奖单位6个、个人15个；三等奖授奖单位4个、个人10人。住房和城乡建设部向获得创新奖的项目、单位和个人颁发证书和证牌。有关部门、地区和获奖单位可根据本部门、本地区和本单位的实际情况，对获奖单位和人员给予奖励。

三、全国绿色建筑创新奖评审标准

为贯彻落实科学发展观，加快推进绿色建筑，引导绿色建筑健康发展，促进实现住房和城乡建设领域节约资源、保护环境的目标，全国绿色建筑创新奖评审标准适用于指导全国绿色建筑创新奖的申报和评审。申报全国绿色建筑创新奖的项目应在建筑全寿命周期内，在节能、节地、节水、节材、减少环境污染等方面符合绿色建筑相关标准的要求，并取得绿色建筑评价标识。申报绿色建筑创新奖的项目应在设计、技术和施工及运营管理等方面具有突出的创新性。包括绿色建筑的技术选择和采取的措施具有创新性，有利于解决绿色建筑发展中的热点、难点和关键问题。绿色建筑不同技术之间有很好的协调和衔接，综合效果和总体技术水平、技术经济指标达到领先水平。对推动绿色建筑技术进步，引导绿色建筑健康发展具有较强的示范作用和推广应用价值。建筑艺术与节能、节水、通风设计、生态环境等绿色建筑技术能很好地结合，具有良好的建筑艺术形式，能够推动绿色建筑在艺术形式上的创新发展。具有较好的经济效益、社会效益和环境效益。全国绿色建筑创新奖按照绿色建筑相关评价标准确定的评价指标体系，从节地与室外环境、节能与能源利用、节水与水资源利用、节材与材料资源利用、室内环境质量、运营管理六个方面进行评审。全国绿色建筑创新奖的评审专家根据申报项目提交的包括工程项目总结、绿色建筑技术措施和申报书等，按照规定的内容进行评审。评审采取实名独立打分和投票制。按照节地与室外环境、节能与能源利用、节水与水资源利用、节材与材料资源利用、室内环境质量、运营管理六类指标，根据各指标的创新性要求逐项评分，每类指标满分为 100 分。为体现不同类型建筑六类指标之间的相对重要性，住宅建筑和办公建筑分别设置权值。绿色建筑创新奖总得分满分为 100 分。总得分 = Σ指标得分 × 相应指标的权值。

节地与室外环境评审：场地的规划设计，应合理保护、利用与修复原有场地的生态资源；在绿地规划、景观设计、雨水利用等方面提高场地对周边环境改善的贡献率，使场地的生态效益最大化；保护周边人文环境、培养社区和谐氛围、塑造良好公共空间。建筑外部环境，在建筑布局与形体设计中采用被动式设计及其他相应的新技术措施，改善外部声环境、光环境、风环境、热环境等质量。节地与空间高效利用。通过采取各类设施共享、完善建筑设计、注重地下空间利用等措施，采用废弃地利用、旧建筑改造等新技术，提高空间利用效率。建筑设计，高效利用建筑空间，使建筑的平面与空间体量体现紧凑和集约的理念。其他节约或提高土地使用效率、改善室外环境质量，实现生态效应的创新技术或设计理念。建筑技术与建筑艺术达到完美结合。节能与能源利用评审：被动式节能技术应用，建筑平面、空间布局与当地的气候特征相适应，采取被动式太阳能技术，采用因地制宜的保温隔热方式，充分利用自然通风、自然采光、地道风等，通过外遮阳及建筑一体化等措施提高采光、遮阳效果。适合气候特点的保温及结构一体化技术体系。节能空调形式选择，采用适合当地气候、灵活可控的采暖空调系统、采用温湿度独立控制的空调系统等。可再生能源利用，采用高效的与建筑一体化的太阳能热水系统、太阳能光电系统等，以及其他高效的可再生能源技术等。分类分项计量，合理安装分项计量装置，并根据能源利用特点满足分类分区监测、控制要求。合理采用高效创新的绿色照明、电梯等设备的节能技术。其他创新技术、措施和设计理念。节水与水资源利用和保护评审：统筹综合利用各种水资源，结合地域特点合理使用市政再生水、建筑中水、雨水、海水等。采用节水器具、设备和系统。采用节水效果更优的卫生器具、节水绿化灌溉系统、节水冷却系统。其他能有效减少用水量、提高用水效率的创新技术措施和设计理念。节材与材料资源利用评审：高效利用材料资源，高效合理利用已有建筑物、构筑物；在保证安全的前提下，优化设计，使得主要材料用量指标低于当地同类建筑；采用资源消耗少的建筑结构体系。废弃物再生利用，合理使用可再循环利用的材料；选用资源消耗少的非结构构件；使用以废弃物为原料生产的建筑材料。采用能耗低的建筑材料。其他节材和高效利用材料资源的创新技术、措施和设计理念。室内环境质量评审：声环境改善，合理采取创新措施，优化空间平面布置，改善室内声环境。光环境改善，采用遮光、反光、控制眩光的材料、技术或措施。热环境改善，采用可有效改善太阳辐射、长波辐射的围护结构技术措施；空调系统采用合理的气流组织形式，改善室内热舒适性的创新设计措施；合理区分不同功能空间的室内热环境设计标准，如适宜的温度设计条件及新风标准等。空气品质改善，创新的新风系统设计、室内空气品质监测措施；创新的材料产品、装修污染预评估及辅助优化设计等。其他改善室内环境质量的创新技术措施和设计理念。运行管理评审：运行管理制度的制定与实施，采用建筑全寿命周期的理论及分析方法，制定绿色建筑运营管理策略与目标，在规划设计阶段考虑并制定运行管理方案等；制定并实施节能、节水、节材、保护环境的管理和激励制度；实施垃圾减量化、资源化管理，分类收集、处理与利用生活垃圾；运用网络化管理平台实施运营管理；通过技术与管理创新，提升物业管理效率与水平；利用分项计量系统，实现节约管理。智能化系统建设及运行，智能化系统完善、定位合理，能实时监控设备设施的运行状况；技术先进实用，能采集和分析资源消耗数据，为管理的不断改进提供支持；应用系统集成技术，有效提高管理和服务效率。其他节约资源、降低成本、营造和谐环境、提高管理效率、改善物业服务质量的创新技术措施和设计理念。

第八节　建筑信息模型数字化集成应用

一、BIM在建筑领域协同应用

（一）在建造全过程加大BIM技术、互联网、物联网、大数据、人工智能等新技术的集成与创新应用；积极应用BIM技术，加快构建数字设计基础平台和集成系统，实现设计、工艺、制造协同；通过融合遥感信息、城市多维地理信息、建筑及地上地下设施的BIM技术等多源信息，探索建立表达和管理城市三维空间全要素的城市信息模型（CIM）基础平台。BIM是在计算机辅助设计（CAD）等技术基础上发展起来的多维模型信息集成技术，是对建筑工程物理特征和功能特性信息的数字化承载和可视化表达。BIM能够应用于工程项目规划、勘察、设计、施工、运营维护等各阶段，实现建筑全生命期各参与方在同一多维建筑信息模型基础上的数据共享，为产业链贯通、工业化建造和繁荣建筑创作提供技术保障；支持对工程环境、能耗、经济、质量、安全等方面的分析、检查和模拟，为项目全过程的方案优化和科学决策提供依据；支持各专业协同工作、项目的虚拟建造和精细化管理，为建筑业的提质增效、节能环保创造条件。信息化是建筑产业现代化的主要特征之一，BIM应用作为建筑业信息化的重要组成部分，必将极大地促进建筑领域生产方式的变革。以工程建设法律法规、技术标准为依据，坚持科技进步和管理创新相结合，在建筑领域普及和深化BIM应用，提高工程项目全生命期各参与方的工作质量和效率，保障工程建设优质、安全、环保、节能。发挥企业在BIM应用中的主体作用，聚焦于工程项目全生命期内的经济、社会和环境效益，通过BIM应用，提高工程项目管理水平，保证工程质量和综合效益。发挥行业协会、学会组织优势，自主创新与引进集成创新并重，研发具有自主知识产权的BIM应用软件，建立BIM数据库及信息平台，培养研发和应用人才队伍。发挥政府在产业政策上的引领作用，研究出台推动BIM应用的政策措施和技术标准。坚持试点示范和普及应用相结合，培育龙头企业，总结成功经验，带动全行业的BIM应用。建筑行业甲级勘察、设计单位以及特级、一级房屋建筑工程施工企业应掌握并实现BIM与企业管理系统和其他信息技术的一体化集成应用。以下新立项项目勘察设计、施工、运营维护中，集成应用BIM的项目比率达到90%：以国有资金投资为主的大中型建筑；申报绿色建筑的公共建筑和绿色生态示范小区。

（二）BIM应用实施方案，各级住房和城乡建设主管部门要结合实际，制定BIM应用配套激励政策和措施，扶持和推进相关单位开展BIM的研发和集成应用，研究适合BIM应用的质量监管和档案管理模式。有关单位和企业要根据实际需求制定BIM应用发展规划、分阶段目标和实施方案，合理配置BIM应用所需的软硬件。改进传统项目管理方法，建立适合BIM应用的工程管理模式。构建企业级各专业族库，建立覆盖BIM创建、修改、交换、应用和交付全过程的企业BIM应用标准流程。建设单位全面推行工程项目全生命期、各参与方的BIM应用，要求各参建方提供的数据信息具有便于集成、管理、更新、维护以及可快速检索、调用、传输、分析和可视化等特点。实现工程项目投资策划、勘察设计、施工、运营维护各阶段基于BIM标准的信息传递和信息共享。满足工程建设不同阶段对质量管控和工程进度、投资控制的需求。建立科学的决策机制。在工程项目可行性研究和方案设计阶段，通过建立基于BIM的可视化信息模型，提高各参与方的决策参与度。建立BIM应用框架，明确工程实施阶段各方的任务、交付标准和费用分配比例。建立BIM数据管理平台。建立面向多参与方、多阶段的BIM数据管理平台，为各阶段的BIM应用及各参与方的数据交换提供一体化信息平台支持。建筑方案优化。在工程项目勘察、设计阶段，要求各方利用BIM开展相关专业的性能分析和对比，对建筑方案进行优化。施工监控和管理，在工程项目施工阶段，促进相关方利用BIM进行虚拟建造，通过施工过程模拟对施工组织方案进行优化，确定科学合理的施工工期，对物料、设备资源进行动态管控，切实提升工程质量和综合效益。投资控制，在招标、工程变更、竣工结算等各个阶段，利用BIM进行工程量及造价的精确计算，并作为投资控制的依据。运营维护和管理，在运营维护阶段，充分利用BIM和虚拟仿真技术，分析不同运营维护方案的投入产出效果，模拟维护工作对运营带来的影响，提出先进合理的运营维护方案。勘察单位建立基于BIM的工程勘察流程与工作模式，根据工程项目的实际需求和应用条件确定不同阶段的工作内容。开展BIM示范应用，工程勘察模型建立。研究构建支持多种数据表达方式与信息传输的工程勘察数据库，研发和采用BIM应用软件与建模技术，建立可视化的工程勘察模型，实现建筑与其地下工程地质信息的三维融合。模拟与分析，实现工程勘察基于BIM的数值模拟和空间分析，辅助用户进行科学决策和规避风险。信息共享，开发岩土工程各种相关结构构件族库，建立统一数据格式标准和数据交换标准，实现信息的有效传递。设计单位建立基于BIM的协同设计工作模式，根据工程项目的实际需求和应用条件确定不同阶段的工作内容。开展BIM示范应用，积累和构建各专业族库，制定相关企业标准。投资策划与规划，在项目前期策划和规划设计阶段，基于BIM和地理信息系统（GIS）技术，对项目规划方案和投资策略进行模拟分析。设计模型建立。采用BIM应用软件和建模技术，构建包括建筑、结构、给排水、暖通空调、电气设备、消防等多专业信息的BIM模型。根据不同设计阶段任务要求，形成满足各参与方使用要求的数据信息。分析与优化。进行包括节能、日照、风环境、光环境、声环境、热环境、交通、抗震等在内的建筑性能分析。根据分析结果，结合全生命期成本，进行优化设计。设计成果审核，利用基于BIM的协同工作平台等手段，开展多专业间的数据共享和协同工作，实现各专业之间数据信息的无损传递和共享，进行各专业之间的碰撞检测和管线综合碰撞检测，最大限度减少错、漏、碰、缺等设计质量通病，提高设计质量和效率。

（三）施工企业改进传统项目管理方法，建立基于BIM应用的施工管理模式和协同工作机制。明确施工阶段各参与方的协同工作流程和成果提交内容，明确人员职责，制定管理制度。开展BIM应用示范，根据示范经验，逐步实现施工阶段的BIM集成应用。施工模型建立，施工企业应利用基于BIM的数据库信息，导入和处理已有的BIM设计模型，形成BIM施工模型。细化设计，利用BIM设计模型根据施工安装需要进一步细化、完善，指导建筑部品构件的生产以及现场施工安装。专业协调，进行建筑、结构、设备等各专业以及管线在施工阶段综合的碰撞检测、分析和模拟，消除冲突，减少返工。成本管理与控制，应用BIM施工模型，精确高效计算工程量，进而辅助工程预算的编制。在施工过程中，对工程动态成本进行实时、精确的分析和计算，提高对项目成本和工程造价的管理能力。施工过程管理，应用BIM施工模型，对施工进度、人力、材料、设备、质量、安全、场地布置等信息进行动态管理，实现施工过程的可视化模拟和施工方案的不断优化。质量安全监控。综合应用数字监控、移动通讯和物联网技术，建立BIM与现场监测数据的融合机制，实现施工现场集成通讯与动态监管、施工时变结构及支撑体系安全分析、大型施工机械操作精度检测、复杂结构施工定位与精度分析等，进一步提高施工精度、效率和安全保障水平。地下工程风险管控，利用基于BIM的岩土工程施工模型，模拟地下工程施工过程以及对周边环境影响，对地下工程施工过程可能存在的危险源进行分析评估，制定风险防控措施。交付竣工模型，BIM竣工模型应包括建筑、结构和机电设备等各专业内容，在三维几何信息的基础上，还包含材料、荷载、技术参数和指标等设计信息，质量、安全、耗材、成本等施工信息，以及构件与设备信息等。工程总承包企业根据工程总承包项目的过程需求和应用条件确定BIM应用内容，分阶段（工程启动、工程策划、工程实施、工程控制、工程收尾）开展BIM应用。在综合设计、咨询服务、集成管理等建筑业价值链中技术含量高、知识密集型的环节大力推进BIM应用。优化项目实施方案，合理协调各阶段工作，缩短工期、提高质量、节省投资。实现与设计、施工、设备供应、专业分包、劳务分包等单位的无缝对接，优化供应链，提升自身价值。设计控制，按照方案设计、初步设计、施工图设计等阶段的总包管理需求，逐步建立适宜的多方共享的BIM模型。使设计优化、设计深化、设计变更等业务基于统一的BIM模型，并实施动态控制。成本控制，基于BIM施工模型，快速形成项目成本计划，高效、准确地进行成本预测、控制、核算、分析等，有效提高成本管控能力。进度控制，基于BIM施工模型，对多参与方、多专业的进度计划进行集成化管理，全面、动态地掌握工程进度、资源需求以及供应商生产及配送状况，解决施工和资源配置的冲突和矛盾，确保工期目标实现。质量安全管理，基于BIM施工模型，对复杂施工工艺进行数字化模拟，实现三维可视化技术交底；对复杂结构实现三维放样、定位和监测；实现工程危险源的自动识别分析和防护方案的模拟；实现远程质量验收。协调管理，基于BIM，集成各分包单位的专业模型，管理各分包单位的深化设计和专业协调工作，提升工程信息交付质量和建造效率；优化施工现场环境和资源配置，减少施工现场各参与方、各专业之间的互相干扰。交付工程总承包BIM竣工模型，工程总承包BIM竣工模型应包括工程启动、工程策划、工程实施、工程控制、工程收尾等工程总承包全过程中，用于竣工交付、资料归档、运营维护的相关信息。运营维护单位改进传统的运营维护管理方法，建立基于BIM应用的运营维护管理模式。建立基于BIM的运营维护管理协同工作机制、流程和制度。建立交付标准和制度，保证BIM竣工模型完整、准确地提交到运营维护阶段。运营维护模型建立，可利用基于BIM的数据集成方法，导入和处理已有的BIM竣工交付模型，再通过运营维护信息录入和数据集成，建立项目BIM运营维护模型。也可以利用其他竣工资料直接建立BIM运营维护模型。运营维护管理，应用BIM运营维护模型，集成BIM、物联网和GIS技术，构建综合BIM运营维护管理平台，支持大型公共建筑和住宅小区的基础设施和市政管网的信息化管理，实现建筑物业、设备、设施及其巡检维修的精细化和可视化管理，并为工程健康监测提供信息支持。设备设施运行监控，综合应用智能建筑技术，将建筑设备及管线的BIM运营维护模型与楼宇设备自动控制系统相结合，通过运营维护管理平台，实现设备运行和排放的实时监测、分析和控制，支持设备设施运行的动态信息查询和异常情况快速定位。应急管理，综合应用BIM运营维护模型和各类灾害分析、虚拟现实等技术，实现各种可预见灾害模拟和应急处置。建筑项目各阶段基于BIM技术的基本应用、其他应用详见表2-3、表2-4。

建筑项目各阶段基于BIM技术的基本应用 **表2-3**

序号	阶段	阶段工作内容描述	应用项
01	方案设计	本阶段目的是为建筑设计后续若干阶段的工作提供依据及指导性的文件。主要内容是根据设计条件，建立设计目标与设计环境的基本关系，提出空间建构设想、创意表达形式及结构方式的初步解决方法等	场地分析
02			建筑性能模拟分析
03			设计方案比选
04			虚拟仿真漫游
05	初步设计	本阶段目的是论证拟建工程项目的技术可行性和经济合理性，是对方案设计的进一步深化。主要工作内容包括：拟定设计原则、设计标准、设计方案和重大技术问题以及基础形式，详细考虑和研究建筑、结构、给水排水、暖通、电气等各专业的模型	建筑、结构专业模型构建
06			建筑结构平面、立面、剖面检查
07			面积明细表统计
08			机电专业模型构建
09	施工图设计	本阶段是设计向施工交付设计成果阶段，主要解决施工中的技术措施、工艺做法、用料等问题，为施工安装、工程预算、设备及构件的安放、制作等提供完整的模型和图纸依据	各专业模型构建
10			碰撞检测及三维管线综合
11			净空优化
12			二维制图表达
13	施工准备	本阶段是为建筑工程的施工建立必需的技术和物质条件，统筹安排施工力量和施工现场，使工程具备开工和连续施工的基本条件。其具体工作通常包括技术准备、材料准备、劳动组织准备、施工现场准备以及施工的场外准备等	施工深化设计
14			施工场地规划
15			施工方案模拟
16			构件预制加工
17	施工实施	本阶段是指自现场施工开始至竣工的整个实施过程。其中，项目的成本、进度和质量安全等管理是施工过程的主要任务，其目标是完成合同规定的全部施工安装任务，以达到验收、交付的要求	虚拟进度和实际进度比对
18			设备与材料管理
19			质量与安全管理
20			竣工模型构建
21	运维	本阶段是建筑产品的应用阶段，承担运维与维护的所有管理任务，其目的是为用户（包括管理人员与使用人员）提供安全、便捷、环保、健康的建筑环境。主要工作内容包括设施设备维护与管理、物业管理以及相关的公共服务等	运维管理方案策划
22			运维管理系统搭建
23			运维模型构建
24			空间管理
25			资产管理
26			设施设备管理
27			应急管理
28			能源管理
29			运维管理系统维护

建筑项目基于BIM技术的其他应用 **表2-4**

序号	应用项	阶段工作内容描述	应用分项
30	工程量计算	本项工作是在BIM环境下根据不同阶段的应用要求进行工程量计算，体现了BIM在数据的可视化展示、数据的结构化管理的重要特征，为设计、招投标、施工实施、竣工结算等阶段提供BIM工程量计算的工作内容和方法	设计概算工程量计算
31			施工图预算与招投标清单工程量计算
32			施工过程造价管理工程量计算
33			竣工结算工程量计算
34	预制装配式混凝土建筑	本阶段是预制装配式建筑项目在设计、生产和施工等方面不同于传统现场浇筑的工作内容，主要描述从构件深化设计、预拼装、工厂加工，到施工模拟和施工管理等的设计施工工作内容	预制构件深化设计
35			预制构件碰撞检测
36			预制构件生产加工
37			施工模拟
38			施工进度管理
39	协同管理平台	协同管理平台是工程项目管理信息化整体解决方案的支撑平台之一，可以涵盖业主、设计、施工、咨询等单位的管理业务。在项目BIM应用过程中，相关方宜通过软件技术和网络建立项目管理模式，将建设阶段的BIM应用流程纳入进平台进行管理，并对工程项目建设阶段中的进度、质量、成本等信息进行采集、检索、分析等，使各参与方能及时、有效地管理项目的工程建设	业主协同管理平台
			设计协同管理平台
			施工协同管理平台
			咨询顾问协同管理平台

二、城市信息模型（CIM）基础平台

（一）城市信息模型（以下简称CIM），以建筑信息模型（BIM）、地理信息系统（GIS）、物联网（IOT）等技术为基础，整合城市地上地下、室内室外、历史现状未来多维多尺度空间数据和物联感知数据，构建起三维数字空间的城市信息有机综合体。城市信息模型基础平台（CIM基础平台）是管理和表达城市立体空间、建筑物和基础设施等三维数字模型，支撑城市规划、建设、管理、运行工作的基础性操作平台，是智慧城市的基础性和关键性信息基础设施。住房和城乡建设部《城市信息模型（CIM）基础平台技术导则》（修订版），提出CIM基础平台建设在平台构成、功能、数据、运维等方面的技术要求，适用于城市信息模型（CIM）基础平台及其相关应用的建设和运维。CIM基础平台应遵循“政府主导、多方参与，因地制宜、以用促建，融合共享、安全可靠，产用结合、协同突破”的原则，统一管理CIM数据资源，提供各类数据、服务和应用接口，满足数据汇聚、业务协同和信息联动的要求。CIM基础平台的建设和使用及CIM数据采集、处理、传输、存储、交换和共享应符合国家相关法律法规、政策和标准规范的安全要求。CIM基础平台总体架构，CIM基础平台总体架构可参考图2-1。CIM基础平台可支撑工程建设项目策划协同、立项用地规划审查、规划设计模型报建审查、施工图模型审查、竣工验收模型备案、城市设计、城市综合管理等应用。

CIM基础平台的集成性，CIM基础平台应利用城市现有政务信息化基础设施资源，支撑城市规划、建设、综合管理和社会公共服务等多领域应用，实现与相关平台（系统）对接或集成整合，与其他系统关系见图2-2。CIM基础平台宜对接智慧城市时空大数据平台和国土空间基础信息平台，应对接或整合已有工程建设项目业务协同平台功能，集成共享时空基础、规划管控、资源调查等相关信息资源；CIM基础平台应支撑城市建设、城市管理、城市安全、住房、管线、交通、水务、规划、自然资源、工地管理、绿色建筑等领域的应用，应对接工程建设项目审批管理系统、一体化在线政务服务平台等系统，并支撑智慧城市其他应用的建设与运行。

（二）充分认识CIM基础平台建设，CIM基础平台是现代城市的新型基础设施，是智慧城市建设的重要支撑，可以推动城市物理空间数字化和各领域数据、技术、业务融合，推进城市规划建设管理的信息化、智能化和智慧化，对推进国家治理体系和治理能力现代化具有重要意义。通过信息资源整合提升，建设基础性、关键性的CIM基础平台，构建城市三维空间数据底板，推进CIM基础平台在城市规划建设管理和其他行业领域的广泛应用，构建丰富多元的“CIM+”应用体系，带动相关产

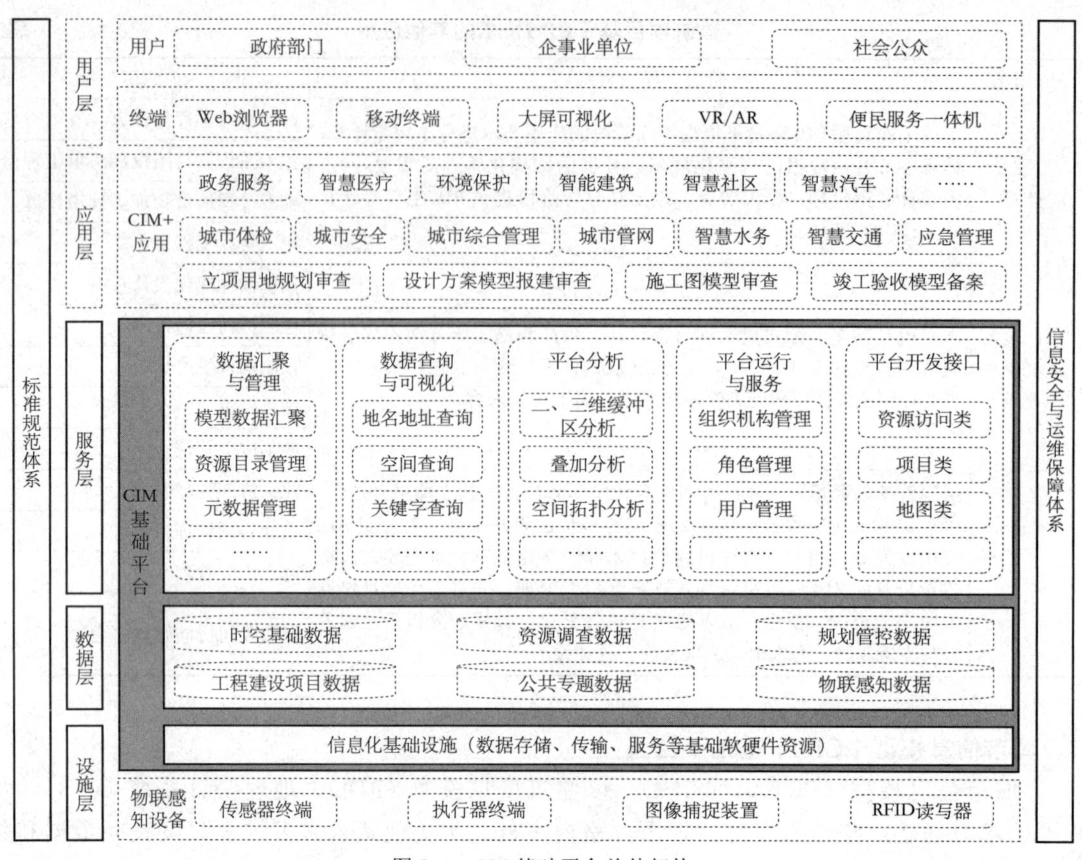

图 2-1　CIM 基础平台总体架构

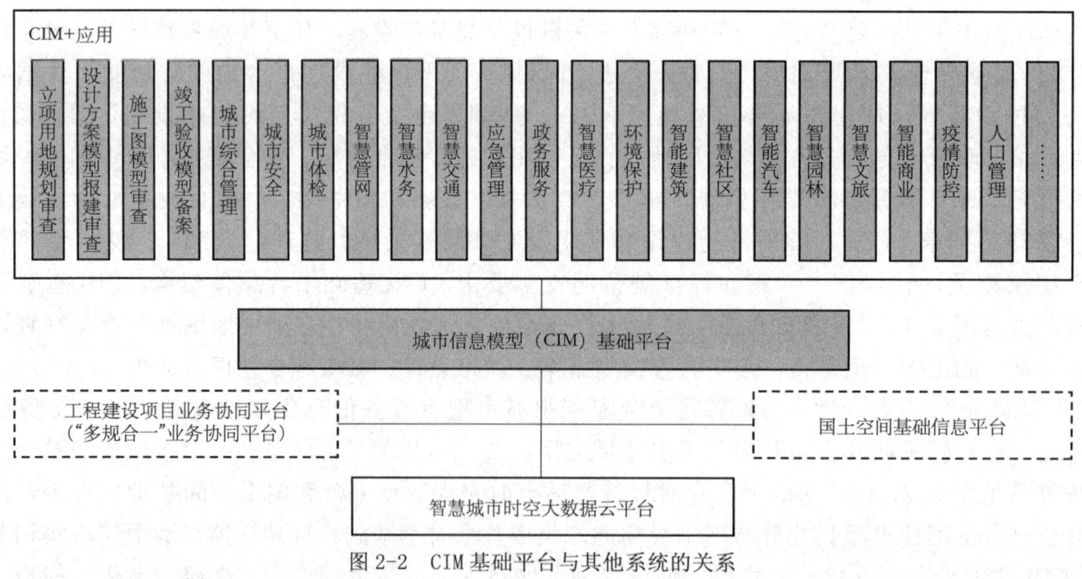

图 2-2　CIM 基础平台与其他系统的关系

业基础能力提升，推进信息化与城镇化在更广范围、更深程度、更高水平融合。坚持政府主导、部门合作、企业参与，打通“产学研用”协作通道，加强政策、资金、项目保障，统筹推进 CIM 基础平台建设。加强 CIM 基础平台设计，围绕各地城市规划建设管理实际需求和工作基础，探索 CIM 基础平台建设应用的新模式、新方法、新路径，不断推进 CIM 基础平台的迭代升级。遵循统一规划、统一标准、资源共享和安全可靠原则，充分利用和整合城市现有数据信息和网络平台资源，推动 CIM 基础平台与各信息平台的融合共享。推进 CIM 基础平台建设应用与 BIM 等软件产业发展互促共进，深化供需高效对接，提升产业供给能力。主要目标：全面推进城市CIM基础平台建设和CIM基础平台在城市规划建设管理领域的广泛应用，带动关键技术应用和相关产业发展，提升城市精细化、智慧化管理水平。构建国家、省、市三级CIM基础平台体系，逐步实现城市级CIM基础平台与国家级、省级CIM基础平台的互联互通。启动国家级CIM基础平台和超大城市、特大城市CIM基础平台建设，建设城市基础数据库，初步形成城市三维空间数据底板；启动省级CIM基础平台和省会城市、部分中小城市的CIM基础平台建设，助推工程建设项目审批、城市体检、城市安全、城市综合管理等领域信息化应用，初步建成国家、省、市三级CIM基础平台体系。2025年年底前，初步建成统一的、依行政区域和管理职责分层分级的CIM基础平台，在部分行业的“CIM+”应用取得明显成效，CIM基础平台与BIM软件实现系统兼容协同发展。

（三）加强统筹协调，共建共享CIM基础平台。CIM基础平台是在城市基础地理信息的基础上，建立建筑物、基础设施等三维数字模型，表达和管理城市三维空间的基础平台，是城市规划、建设、管理、运行工作的基础性操作平台，是智慧城市的基础性、关键性和实体性的信息基础设施。各地住房和城乡建设、工业和信息化、网络安全和信息化等部门要在城市既有信息平台基础上，加快建设统一共享的CIM基础平台，加强与相关业务系统对接，实现数据、技术、业务的融合。城市级CIM基础平台应具备基础数据接入与管理、BIM等模型数据汇聚与融合、多场景模型浏览与定位查询、运行维护和网络安全管理、支撑“CIM+”平台应用的开放接口等基础功能。国家级、省级CIM基础平台应具备重要数据汇聚、核心指标统计分析、跨部门数据共享和对下一级CIM基础平台运行状况的监测等功能。CIM基础平台应构建包括基础地理信息、建筑物和基础设施的三维数字模型、标准化地址库等信息的CIM基础数据库。有条件的城市可在此基础上增加城市倾斜摄影模型、BIM、地下管线管廊和地下空间模型等多种类、高精度的模型数据，不断更新完善城市三维数字模型库。建立统一的数据资源体系，并按照建库和访问要求，形成逻辑统一、分布存储的CIM基础数据库。遵循国家统一时空基准等现有标准，完善CIM基础平台相关技术标准、数据标准和应用标准。加强与BIM等相关领域标准的衔接，支持跨领域标准化合作，推进CIM基础平台与BIM软件产品、服务标准的贯通。加快CIM基础平台国家标准和技术规范的推广应用，推动地方建立标准化地址库，确保国家、省、市三级平台的数据互联互通。健全体制机制，加强平台运行管理和安全保障。夯实CIM基础平台数据基础，丰富和完善CIM基础平台的时空基础数据、资源调查与登记数据、规划管控数据、工程建设项目数据、公共专题数据和物联网感知数据等数据资源。充分利用基础测绘、更新巡查、工程建设项目审批电子报建、城建档案数字化、日常城市管理等途径，建立健全数据的生产、管理、质检、汇交、更新、归档、应用等同步更新机制。充分利用城市现有信息化基础设施，按照CIM基础平台建设及应用需求，完善软硬件环境建设。建立专业、稳定的CIM基础平台运行维护机构和人才队伍。制定CIM基础平台日常运行维护管理制度，软件、硬件和数据升级维护方案，以及相应的平台安全维护和应急预案。落实国家对基础地理、电子政务等方面的网络信息安全要求，加强关键信息基础设施和重要数据的安全保护，建立完备的信息安全和数据保密管理体系，严格按照应用场景进行数据分类分级管理。明确CIM基础平台安全责任主体，坚持网络安全与基础平台建设同步规划、同步建设、同步使用的原则，完善网络安全防护技术手段，加强网络安全监测预警，加强供应链安全管理。面向管理服务，推进“CIM+”平台应用。优先推进CIM基础平台在城市建设管理领域的示范应用。以工程建设项目审批制度改革为契机，推进CIM基础平台与工程建设项目审批管理系统的交互，支撑工程建设项目BIM报建及计算机辅助审批，并将数字化交付成果汇聚至CIM基础平台。积极探索CIM基础平台在城市体检、城市安全、智能建造、智能汽车、智慧市政、智慧园林、智慧水务、智慧社区以及城市综合管理等领域的应用，不断提升城市建设管理的信息化、数字化、智能化水平。积极拓展CIM基础平台在其他行业领域的智慧应用。将CIM基础平台作为城市基础性、开放性的信息平台，推动城市各行业、各部门的数据共享和业务协同，逐步深化CIM基础平台在人口管理、政务服务、疫情防控、应急管理、环境保护以及智慧交通、智慧文旅、智慧医疗以及智慧商业等领域的应用。加快突破关键核心技术，创新和攻关城市级海量数据处理、CIM建模和CIM基础平台构建技术，有序推动BIM软件与CIM基础平台集成创新，加强CIM基础平台与BIM、物联网、5G、云技术等信息技术融合。同步推进CIM基础平台建设应用与BIM软件产业发展协同。推进CIM基础平台与BIM软件兼容，完善适配验证等行业公共服务。启动基于CIM基础平台与BIM软件的数字化审批试点示范工程，推广优秀的产品及解决方案供应商。积极争取财政支持，将CIM基础平台建设涉及的顶层设计、平台建设、数据资源建设及更新、数据安全技术处理、标准规范编制等费用，纳入信息化建设经费、基础测绘经费或城市维护费等地方财政年度预算。积极探索社会资本参与CIM基础平台和专题应用建设的模式。强化对CIM基础平台工作人员和从业人员的业务培训，全面解读相关政策和标准。组建专家团队，全程跟踪指导CIM基础平台建设工作。强化CIM基础平台相关专业工程师的培养。

三、区域建筑信息模型技术应用

（一）以助力打造具有世界影响力的国际数字之都为核心目标，以BIM技术与城市建设和管理深度融合为主线，坚持问题导向、系统谋划、整体推进，进一步优化完善配套政策环境和标准体系，营造高水平开放、包容、安全、有序的制度规则和标准体系；进一步提升政府、企业和专业人员的应用能力，为BIM技术高质量应用和发展提供坚实的人才支撑；进一步推动规划、设计、建造和运维管理模式创新，实现“一模到底”，一体化全过程智慧建造和运营管理；进一步推动基于BIM技术的各类信息智能技术集成应用，打造一批宜居、韧性、智慧的绿色生态城区，为城市信息模型（CIM）和新型城市基础设施建设的全面推进提供强有力的支撑和保障。政府引导与市场主导相结合，继续发挥政策和标准引导作用，转变政府管理方式，加强政府服务指导、审批审查和事中事后监管。发挥政府投资项目的示范引领作用，发挥建设单位在BIM技术深化应用中的主导作用，持续扩大BIM技术应用的深度和广度，发挥市场资源配置功能，激发参建各方深化应用的动力，加快提高BIM技术应用的社会和经济效益，形成政府和市场双向推动的良性机制，提高工程建造和城市智慧管理的效率和能级。深化应用与行业转型相结合，完善BIM技术应用市场价格调节和评价机制，促进建筑设计、建造方式从二维向三维数字技术转变，从辅助应用向基础应用转型，不断提升应用效率和效益，激发企业应用方式转型，实现建筑业智能建造与工业化协同发展。人才培养与创新发展相结合，完善从基础应用到高端复合应用的创新型人才教育体系和考核机制，形成人才高地，推动深化应用。激发企业和高端人才创新创业，推动和支持研发自主可控的BIM软硬件产品，逐步提升BIM基础和配套软硬件产品的国产化比例和水平。对标国际最高标准、最好水平，持续推动技术攻坚克难、人才培养、企业转型和政府治理水平提升。通过五年的深入推进，本市BIM技术应用取得重大突破，应用水平和软件创新能力得到大幅提升，与城市规划建设管理的融合进一步深化，成为本市建设行业普遍应用的基础性数字化技术，在工程规划、设计、施工、运维阶段形成以BIM三维设计和BIM数字化表达的建造新业态。BIM技术在建筑运维和智慧城市管理方面的应用逐步深化，经济和社会效益显著增强，应用和管理水平持续保持全国前列，为全面推进城市数字化转型、建设国际数字之都提供有力的技术支撑。深化BIM技术应用范围，对适合开展应用BIM技术的政府投资的文化、体育、医疗卫生等大型、复杂或异形的公共建筑，以及轨道交通、市域铁路等基础设施项目，应当应用BIM技术。具体应用范围和要求由市住房和城乡建设管理委、市发展改革委另行制定，BIM相关费用在设计等费用中统筹。鼓励企业投资项目和其他政府投资项目应用BIM技术。提高BIM技术应用深度，到2025年年末，推动应当应用BIM技术的建设工程率先实现正向BIM应用（即直接运用BIM模型开展设计、施工等）。建设运维主体一致的，推动率先实现规划、设计、施工、运维全生命周期的BIM技术应用。推动绿色建筑示范项目实现运维阶段BIM技术应用；推动装配式建筑示范项目实现设计、生产、施工阶段的BIM技术应用。加强各环节BIM审批和监管，对于应当应用BIM技术的建设工程，在以下环节加强审批和监管：对以划拨、出让方式供地的建设工程项目，规划资源部门在办理规划土地意见书、土地出让前，应征询建设行政管理部门意见。在合同信息报送、规划许可、施工许可、竣工验收等环节和阶段，相关部门加强

BIM技术应用情况的抽查、审核和监管。试点基于BIM技术的工地现场质量安全智能监管体系，探索在线集成监管。在工程建设项目实施过程中，建设行政管理部门和各行业管理部门应当对BIM技术应用落实情况进行抽查，对于不符合应用要求的项目，要求建设单位限期整改。在建筑物建成交付后，房屋行政管理部门加强对物业服务企业使用BIM技术开展运维管理的监督。

（二）完善工程招投标环节BIM技术应用管理措施，进一步完善建设工程招标文件示范文本，对应当应用BIM技术的建设工程，招标文件中应明确应用范围、深度、交付标准和具体要求，并列入评标评审因素，投标文件应当予以实质性响应。具备条件的工程，可以采用带BIM模型的招标。推动技术复杂的建设工程直接采用BIM投标文件的方式开展招标。招标人需采购BIM技术咨询服务的，可以单独采购，也可以与设计招标合并招标。推行BIM模型辅助施工图设计文件审查、综合竣工验收，持续完善基于BIM和AI技术的智能辅助审查、验收系统，率先在结构专业推行基于AI技术的智能辅助审查；逐步推行各类建设工程使用BIM技术辅助施工图设计文件审查、抽查，将模型辅助审查的内容纳入施工图设计文件联合审查合格书或抽查意见书中；逐步推行各类建设工程在综合竣工验收阶段提交BIM模型，使用BIM模型辅助现场验收。推进参建各方开展BIM技术应用，推动建设单位主导工程建设项目BIM技术应用，实现建设各阶段信息传递和共享。工程招投标环节，在招标文件中明确BIM实施要求，并在后续签订合同时明确相应条款，在合同信息报送时如实填报；在施工图审查和综合竣工验收环节，组织编制与施工图、竣工图一致的BIM施工图和竣工模型；在交付使用时，将BIM竣工模型传递给运维单位，对于建设运维主体一致的新建工程，建设单位与物业服务企业等建筑物运维单位在运营服务合同中约定使用BIM技术开展运维管理的相关内容。推动设计单位使用BIM模型开展工程设计，设计单位根据建设单位编制的BIM技术应用方案开展各项BIM设计工作，建立基于BIM的协同管理模式，推进BIM正向设计，应用BIM技术开展方案比选、性能分析、出图交付，保障图模一致性；应当将施工图BIM模型传输给施工单位，协助施工单位使用BIM模型指导施工。推动施工单位使用BIM模型开展施工，施工单位基于设计单位构建的施工图BIM模型，深化构建施工BIM模型，并基于BIM模型开展施工过程可视化模拟、施工方案优化、施工进度和成本管控等。构件生产单位建立标准化的BIM产品库，根据采购要求，开展部品部件生产的BIM技术应用，应用物联网等信息技术建立基于BIM的构件生产管理系统，提升智能化生产能力。推动运维单位使用BIM模型开展运维管理，运维单位利用BIM竣工模型信息，进一步根据设备设施情况、建筑关键结构情况等完善BIM运维模型，建立基于BIM模型的运维管理平台，实施空间管理、资产管理、设备设施管理、安防和应急管理、能源管理等。构建基于BIM技术的规划、建设和运维全生命周期管理体系，结合新型生产组织方式，推行BIM技术在工程全生命周期中应用。结合工程总承包、全过程咨询、建筑师负责制、集成项目交付（IPD）等新型生产组织方式的改革推广，结合技术规格书、项目交付使用说明书等手段，促进工程参与方提前介入和利益共享，使用BIM模型传递工程各阶段数据，推行BIM技术在规划、建设、运维全生命周期中使用。建立基于BIM技术的区域管理体系，在浦东引领区、临港新片区和五个新城等区域，率先开展区域BIM技术应用试点示范，整合区域内的城市运行管理、建筑物运维管理等数据，形成基于BIM的数字底座。在“一江一河”、北外滩等区域研究高效的区域级数字建模体系，试点建立基于BIM技术的城市区域模型和管理平台。到2027年，形成10个以上基于物联感知、AI技术等试行“规、建、管”一体化运行的城市区域管理示范应用。探索建立基于BIM模型的超大城市建筑物精细化管理体系，研究制定基于BIM模型的精细化数据采集和交付标准，安置基于物联网的感知设备，推行重点建筑、设施大修和改造实施BIM技术应用并交付模型和数据。对接“一网统管”平台和城市“运管服”平台，探索建立房屋建筑和市政基础设施建设运行风险分类预警的全要素信息采集体系，为城市运行提供支撑和保障。升级完善标准和评价体系，围绕深化应用等推进工作，继续完善标准规范体系。根据国家建筑信息模型应用统一标准，修编本市建筑信息模型应用通用标准和各专业应用标准。根据国家建筑信息模型存储标准、分类和编码标准，结合本市BIM技术应用实际，编制本市建筑信息模型交付相关数据标准，实现模型数据全过程交换共享和交付。编制BIM模型出图规则和算量规则，支撑正向BIM应用，逐步推行BIM技术直接用于设计成果交付、工程计价、施工管控等环节。升级完善相关BIM技术应用指南，建立完善BIM技术应用标准规范体系，指导企业和参建各方编制企业级、项目级应用标准，推动项目深化应用落地。到2027年，全面升级完善标准规范体系，实现模型在政府、企业和项目之间顺利交付和全过程交换共享。完善BIM技术应用评价指标体系，发挥政府、社会团体和企业的各自优势，建立政府级、企业级、项目级BIM技术应用的评价体系，形成评价信息的日常采集体系和评价平台，定期发布应用推广的评价情况，作为调整优化BIM技术推进政策的决策依据。到2027年，建立成熟的应用评价体系，将所有应当应用BIM技术的项目中全部纳入评价范围。

（三）深化新业态、新技术和新模式的融合创新，以BIM技术为支撑，推动智能建造与工业化协同发展。深化BIM技术在装配式建筑和智能建造中的应用，组织关键核心技术攻关，推行装配式建筑深化设计、施工BIM技术应用，研发推广BIM构件从深化设计、工厂建造、现场安装全程信息共享和联动体系。借鉴飞机、汽车等现代制造业设计建造模式，基于标准构件库，探索基于建筑全生命周期和全流程建造的“机器人”互联智能化建造和管理模式。到2025年，形成一批全过程利用BIM技术进行装配式建筑深化设计、指导生产、现场安装的智能建造项目案例；到2027年，全市装配式建筑普遍使用BIM技术指导设计、施工、现场安装。深化BIM技术和绿色节能建筑、绿色生态城区的融合，深化节能建筑和绿色建筑基于BIM技术的设计、分析和评价算法，提高基于BIM技术的模拟分析软件水平，提升绿色建筑在节约资源、环境保护等方面的模拟分析和优化改进能力，推进BIM技术在绿色建筑、绿色生态城区建设中的使用。支持国产化BIM软硬件产品研发，推动通过市场机制引导多方资本参与，针对BIM技术图形引擎、建模等基础软件和关键薄弱环节，支持企业研发创新，促进产学研用深度融合、一体化推进。推动设计、施工等建筑业企业创新组织结构和生产经营方式，优化项目建造方式。支持软件开发企业自主创新和引进集成创新，研发具有自有知识产权的BIM技术应用相关的软硬件产品，加快产业化与应用部署。到2027年，在本市建立良好的国产化BIM软硬件生态。健全激励支持机制，对于建设工程中的BIM技术应用配套资金，建设单位应当加强使用管理，确保发挥BIM技术的应用效益。积极研究制定融资、市场准入等激励支持政策，统筹考虑支持BIM技术的试点示范、人才培训、成片建模和应用软件研发等工作。支持开展研发具有自有知识产权的BIM产品的企业申报高新技术企业、技术先进型服务企业。对于在国产BIM软硬件产品研发方面有突出贡献的高新技术企业，支持认定科技小巨人企业等。在区域BIM试点示范、数字化平台等方面有突出成果、突出贡献的企业，支持申报本市城市数字化转型专项资金。完善BIM技术应用相关信息采集机制，开展评估检查，奖优惩劣，规范企业和个人BIM技术应用。设计、施工阶段开展正向BIM技术应用、全生命周期应用的企业予以优先评奖评优和信用分鼓励，对先进应用企业和优秀应用项目予以表彰。建立市级BIM技术应用咨询专家库，为政府制定政策、技术深化发展研究提供决策咨询、技术支撑和应用评估。加快能力提升、构建人才高地，加强BIM技术基础应用的学历教育和继续教育，培养复合型人才。设置设计、施工和运维管理、物业管理人员等关键岗位人员的BIM技术应用能力要求和考核标准，开展关键岗位考核认定和持证上岗。加强从业人员继续教育管理，增设注册人员继续教育课程和考试科目。依托工程建设项目实操，开展校企合作，支持高等学校加强BIM技术相关学科专业建设，引导职业学校培养产业发展急需的技能型人才，建立校企合作和BIM学科专业体系，在相关高校、职业学校支持开设相关专业或课程。通过结合BIM技术应用项目实训、专业课程学习、国际合作交流、组织高峰论坛等多种方式，建立实训体系，培养一批精通全过程工程建设管理和BIM技术的复合型专业人才。加强国内国际BIM技术人才引进和交流，积极运用本市梯度化人才引进政策和重点领域产业类紧缺人才奖励政策，推进掌握专业技术的急需紧缺人才等纳入重点产业类紧缺人才目录，为引进高端BIM人才在职称评定、落户等方面提供支持，探索BIM技术相关的国际职业资格与国内职称评价相衔接，支持高层次人才申报“东方英才计划青年项目”等，形成人才集聚效应。提升BIM技术应用示范企业和项目标准，扩大示范企业和项目数量。

升级BIM技术应用示范企业和项目标准，加大对示范企业和项目的宣传，促进以设计、施工、监理和咨询企业为主的BIM技术应用与创新转型升级。形成评定机制，开展评定工作，好中选优，形成一批BIM技术应用能力处于全国领先水平的示范企业和项目，高质量地实施BIM技术深化应用。

（四）各类房屋建筑各阶段BIM技术应用项基本设置详见表2-5。BIM实施管理模式，设计—招标—施工（DBB）的建设管理模式下各参与单位职责宜符合以下规定（表2-6）；工程总承包（EPC）

房屋建筑各阶段BIM技术应用项基本设置 **表2-5**

序号	应用阶段	应用项	重点类型项目								其他类型
			医疗建筑	保障房－公共租赁房	商品住宅	养老建筑	学校建筑	大型场馆建筑	超大型商业综合体（10万平方米以上）	大型工业园区	
1	方案设计	场地模型、建筑专业模型构建	○	○	○	○	○	○	○	○	○
2		场地分析	●	●	●	●	●	●	●	●	○
3		交通组织分析	●	●	●	○	●	●	●	●	○
4		建筑性能模拟分析	●	○	●	●	●	●	●	●	○
5		设计方案比选	○	●	○	○	○	○	○	○	○
6		虚拟仿真漫游	○	●	○	○	○	○	○	○	○
7	初步设计	建筑、结构专业模型构建	●	●	●	●	●	●	●	●	●
8		建筑结构平面、立面、剖面检查	●	●	●	●	●	●	●	●	●
9		面积明细表统计	●	●	●	○	○	○	○	○	○
10		机电专业模型构建	●	○	○	○	○	●	●	●	○
11		仿真模拟	●	○	○	○	○	○	○	○	○
12	施工图设计	各专业模型和专项模型构建	●	●	●	●	●	●	●	●	●
13		碰撞检测及三维管线综合	●	●	●	●	●	●	●	●	●
14		净空优化	●	●	●	●	●	●	●	●	●
15		二维制图表达	●	○	○	○	○	●	●	○	○
16	施工准备	施工深化设计	●	●	●	●	●	●	●	●	●
17		施工场地规划	●	●	●	●	●	●	●	●	○
18		施工方案模拟	●	●	●	●	●	●	●	●	●
19		造价管理工程量计算	○	○	○	○	○	○	○	○	○
20		构件预制加工	●	●	●	●	●	●	●	●	○
21	施工实施	虚拟进度和实际进度比对	○	○	○	○	○	○	○	○	○
22		设备与材料管理	○	○	○	○	○	○	○	○	○
23		质量与安全管理	●	●	●	●	●	●	●	●	●
24		竣工模型构建	●	●	●	●	●	●	●	●	●
25	运维	运维管理方案策划	○	○	○	○	○	○	○	○	○
26		运维管理系统搭建和维护	○	○	○	○	○	○	○	○	○
27		运维模型构建	●	●	●	●	●	●	●	●	○
28		空间管理	●	○	○	○	○	●	●	○	○
29		资产管理	○	○	○	○	○	○	○	○	○
30		设施设备管理	○	○	○	○	○	○	○	○	○
31		安防与应急管理	●	●	●	●	●	●	●	●	○
32		能源管理	●	○	○	●	●	●	●	●	○

注1：●表示该类型项目中此应用项为必选项，○表示该类型项目中此应用项为可选项。

注2：危险性较大的工程在编制施工方案时应进行施工方案模拟应用，其他需编制专项施工方案的工程建议应用施工模拟。

设计-招标-施工（DBB）的建设管理模式下各参与单位职责 表2-6

序号	参建单位	工作职责
1	建设单位	1. 组建项目BIM实施团队，落实相关BIM费用，制定项目《BIM实施总体策划》，并宣贯落实； 2. 制定BIM技术应用相关标准和管理办法，并牵头搭建基于BIM的项目管理体系、落实标准化管理文件及制度； 3. 与各参建单位签订合同，明确与BIM相关的工作内容； 4. 审核并接收各参建单位BIM模型及应用成果； 5. 搭建基于BIM的项目协同管理平台； 6. 实施过程中接收各方提交的成果文件
2	BIM咨询单位（如有）	协助建设单位完成其工作职责
3	设计单位	1. 基于建设单位的BIM应用目标及合同工作内容组建BIM设计团队； 2. 根据BIM实施总体策划编制设计BIM实施方案； 3. 基于BIM标准开展合同中的BIM模型创建及应用工作； 4. 接收建设单位的监督，积极落实相关要求及工作整改意见； 5. 提供施工阶段BIM工作内容的必要配合
4	施工单位	1. 基于建设单位的BIM应用目标及合同工作内容组建BIM施工团队； 2. 根据BIM实施总体策划编制施工BIM实施方案； 3. 审核并接收设计单位BIM模型，并基于BIM标准开展合同中规定的施工阶段BIM模型创建、维护及应用工作； 4. 接受建设单位的监督，积极落实相关要求及工作整改意见； 5. 完成竣工模型的创建，保证模型、图纸和实物一致
5	监理单位	1. 配合建设单位审核所有提交各阶段模型及所有应用成果的专业性，提出专业意见； 2. 在基于BIM的协同平台中完成相关监理工作的上传与反馈

工程总承包（EPC）的建设管理模式下各参与单位职责 表2-7

序号	参建单位	工作职责
1	建设单位	1. 组建项目BIM实施团队，落实相关BIM费用，制定项目《BIM实施总体策划》，并宣贯落实； 2. 制定BIM技术应用相关标准和管理办法，并搭建基于BIM的项日管理体系、落实标准化管理文件及制度； 3. 与各参建单位签订合同，明确与BIM相关的工作内容； 4. 审核并接收各参建单位BIM模型及应用成果； 5. 搭建基于BIM的项目协同管理平台； 6. 实施过程中接收各方提交的成果文件
2	BIM咨询单位（如有）	协助建设单位完成其工作职责
3	工程总承包单位	1. 基于建设单位的BIM应用目标及合同工作内容组建BIM团队； 2. 根据BIM实施策划编制工程总承包BIM实施方案； 3. 基于BIM标准开展合同中规定的设计和施工阶段BIM模型创建、维护及应用内容； 4. 接受建设单位的监督，积极落实相关要求及工作整改意见； 5. 完成竣工模型的创建，保证模型、图纸和实物一致
4	监理单位	1. 配合建设单位审核所有提交各阶段模型及所有应用成果的专业性，提出专业意见； 2. 在基于BIM的协同平台中完成相关监理工作的上传与反馈

的建设管理模式下各参与单位职责宜符合以下规定（表2-7）；集成项目交付（IPD）的建设管理模式下各参与方职责宜符合以下规定（表2-8）。设计阶段BIM实施工作界面划分应包含“设计BIM实施准备”“设计阶段BIM应用准备”“设计阶段BIM应用内容和要求”“设计BIM成果归档和移交”等BIM实施具体内容，具体详见表2-9。施工阶段BIM工作界面划分应包含“施工阶段BIM实施准备”“施工阶段BIM应用准备”“施工阶段BIM应用内容和要求”“施工BIM成果归档和移交”等BIM实施具体内容，具体详见表2-10。

（五）建筑信息模型技术应用项目后评估，BIM技术应用后评估申报项目评分与评定等级

集成项目交付（IPD）的建设管理模式下各参与方职责 **表2-8**

序号	组织层级	单位	工作职责
1	战略层	建设单位	1. 制定BIM实施策划，明确BIM工作目标和任务； 2. 组建项目管理体系，明确职责分工，推进BIM实施
2		设计总承包单位	
3		施工总承包单位	
4	实施层	施工分包单位	1. 细化BIM实施策划，编制相应实施方案； 2. 基于实施方案完成各自BIM工作任务； 3. 接受战略层的检查，及时落实相关要求和整改； 4. 协调实施层各成员之间的协同工作
5		材料商	
6		专业设计单位	
7		监理单位	
8		运维单位	
9		BIM咨询单位（如有）	

设计阶段BIM实施工作界面划分 **表2-9**

应用阶段	工作内容	具体工作要求	实施单位
一、设计BIM实施准备	1. BIM招标文件编制	建设单位应在招标文件中增加BIM条款，明确设计BIM实施内容清单、BIM实施目标、BIM交付等技术要求，以及BIM业绩、BIM团队等商务要求	建设单位
	2. BIM投标文件评审	建设单位对投标文件中的BIM内容进行评审，主要包括BIM技术标、商务标和能力展示三项内容	建设单位
	3. BIM合同条款编制	建设单位在合同中明确BIM要求、验收标准、惩处措施等，作为BIM实施、费用支付、成果验收的主要依据	建设单位
	4. 各参建单位BIM团队要求	建设单位和设计单位等组建各自的BIM实施团队	建设单位、设计单位
	5. BIM实施软硬件配置	建设单位和设计单位等配置相应的软硬件环境，满足BIM应用的需要	建设单位、设计单位
二、设计阶段BIM应用准备	6. 设计BIM模型创建中的施工准备要求	设计单位应根据项目需求与建设单位BIM实施的统一要求，在编制《设计BIM实施方案》时应考虑与施工阶段BIM实施的衔接和准备工作，并在设计BIM模型创建时，充分考虑模型向施工阶段沿用的基本要求，如命名、编码规则、模型拆分等。 施工单位应对上述内容提出意见。 建设单位应综合协调，落实各方意见	建设单位、设计单位、施工单位
三、设计BIM应用内容和要求	7.《设计BIM实施方案》编制	设计单位编制项目的《设计BIM实施方案》，并作为项目设计BIM实施的依据	设计单位
	8.《设计BIM实施方案》评审	建设单位组织对本项目的《设计BIM实施方案》进行评审，经评审通过的《BIM实施方案》方可作为正式的实施依据	建设单位
	9. 编制设计BIM模型命名和编码规则	设计单位依据《建筑信息模型分类和编码标准》GB/T 51269、《房屋建筑施工图、竣工建筑信息模型建模和交付要求》，编制项目设计BIM模型命名和编码规则	设计单位
	10. 设计BIM模型创建	设计单位应以《建筑信息模型应用统一标准》GB/T 51212、《建筑信息模型设计交付标准》GB/T 51301、《建筑工程设计信息模型制图标准》JGJ/T 448、《房屋建筑施工图、竣工建筑信息模型建模和交付要求》，根据项目《设计BIM实施方案》的要求创建设计阶段BIM模型，且BIM设计成果交付深度应符合本市现行有关标准或行业主管部门的规定	设计单位
	11. 设计BIM技术应用	设计单位依据项目的《设计BIM实施方案》，基于设计BIM模型进行设计阶段BIM应用，提供BIM技术应用成果	设计单位
	12. 设计BIM应用与成果管理	建设单位应根据《设计BIM实施方案》中项目的BIM管理要求，阶段性地完成设计各专业BIM模型和BIM技术应用成果的审核工作	建设单位
四、设计BIM成果的归档和移交	13. 设计BIM成果归档	设计单位在设计各阶段结束后，负责本阶段的设计BIM成果归档、汇总工作，形成数字化成果	设计单位
	14. 设计BIM成果移交	设计单位将汇总的各阶段设计BIM成果移交给建设单位和相关单位，完成设计BIM成果的数字化移交	建设单位、设计单位、其他相关单位

施工阶段BIM工作界面划分 **表2-10**

应用阶段	工作内容	具体工作要求	实施单位
一、施工阶段BIM实施准备	1.BIM招标文件编制	建设单位应在招标文件中增加BIM条款，明确施工BIM实施内容清单、BIM实施目标、BIM交付等技术要求，以及BIM业绩、BIM团队等商务要求	建设单位
	2.BIM投标文件评审	建设单位对投标文件中的BIM内容进行评审，主要包括BIM技术标、商务标和能力展示三项内容	建设单位
	3.BIM合同条款编制	建设单位在合同中明确BIM要求、验收标准、惩处措施等，作为BIM实施、费用支付、成果验收的主要依据	建设单位
	4.各参建单位BIM团队要求	建设单位和施工总包单位等组建各自的BIM实施团队	建设单位、施工总包单位
	5.BIM实施软硬件配置	建设单位和施工总包单位等配置相应的软硬件环境，满足BIM应用的需要	建设单位、施工总包单位
二、施工阶段BIM应用准备	6.施工BIM实施要求	施工总包单位应根据项目需求与建设单位BIM实施的统一要求，在编制《施工BIM实施方案》时应考虑与设计阶段BIM实施的衔接，根据需要创建施工深化模型，并充分考虑模型向运维阶段沿用的基本要求，如命名、编码规则、模型拆分等。 施工总包单位应对上述内容提出意见。 建设单位应综合协调，落实各方意见	建设单位、设计单位、施工总包单位、运维单位
三、施工阶段BIM应用内容和要求	7.《施工BIM实施方案》编制	施工总包单位编制项目的《施工BIM实施方案》，并作为项目施工BIM实施的依据	施工总包单位
	8.《施工BIM实施方案》评审	建设单位组织对本项目的《施工BIM实施方案》进行评审，经评审通过的《BIM实施方案》方可作为正式的实施依据	建设单位
	9.BIM模型命名和编码规则沿用	依据设计单位编制的BIM模型命名和编码规则，细化施工深化模型命名和编码规则应用要求	施工总包单位
	10.施工深化BIM模型创建、竣工模型创建	施工总包单位应以《建筑信息模型应用统一标准》GB/T 51212、《建筑信息模型设计交付标准》GB/T 51301、《建筑工程设计信息模型制图标准》JGJ/T 448、《上海市房屋建筑施工图、竣工建筑信息模型建模和交付要求》，根据项目需要创建施工深化BIM模型，且BIM设计成果交付深度应符合本市现行有关标准或行业主管部门的规定	施工总包单位、施工分包单位、设计单位
	11.施工BIM技术应用	施工总包单位依据项目的《施工BIM实施方案》，基于BIM模型进行施工阶段BIM应用，提供BIM技术应用成果	施工总包单位、施工分包单位
	12.施工BIM应用与成果管理	建设单位应根据《施工BIM实施方案》中项目的BIM管理要求，阶段性地完成施工BIM模型和BIM技术应用成果的审核工作	建设单位
四、施工BIM成果的归档和移交	13.施工BIM成果归档	施工单位进行本阶段的BIM成果归档、汇总工作，形成数字化成果	施工总包单位、施工分包单位
	14.施工BIM成果移交	施工总包将汇总的BIM成果移交给建设单位和运维单位，完成施工BIM成果的数字化移交	建设单位、施工总包单位、运维单位、设计单位

项目评定总得分和等级划分 **表2-11**

序号	选用《技术目录》项目评定总得分P	等级
1	70≤P＜80	BIM应用一星
2	80≤P＜90	BIM应用二星
3	90≤P	BIM应用三星

（表2-11）要求如下：申报基础评定分100分，附加分15分，总分115分。申报应选用《市建筑信息模型技术应用项目后评估技术目录（暂行）》（表2-12）中的单项或多项技术，申报选择的技术条目应在申报前已实施完成。根据技术目录中条目要求，申报单位需自行编制《建筑信息模型技术应用项目后评估自评估报告》，自我评估项目评定总得分及申报项目评定等级。申报评定的项目须符

合《建筑法》《城市规划法》等相关法律法规，符合国家基本建设程序和管理规定以及相关技术标准规范，符合《建筑信息模型应用标准》DG/TJ 08—2201、《市建筑信息模型技术应用指南（2017版）》等本市BIM相关规范标准，申报单位应在申报材料中提交承诺书。

申报时应提供以下材料：《建筑信息模型技术应用项目后评估申报表》《建筑信息模型技术应用项目后评估申报承诺书》《建筑信息模型技术应用项目后评估自评估报告》（表2-13）纸质文件各两份，电子版本扫描件一份。纸质文件需加盖公章。相关证明材料均为电子版本，包括BIM实施方案、施工图纸、各阶段BIM模型、竣工图纸、相关运营管理资料等。申报程序：申报单位登陆BIM推广中心网站，由申报单位将电子材料（U盘）、书面材料统一盖章寄送至BIM推广中心。BIM推广中心负责组织专家对申报材料进行模型文件技术评定，通过后组织建筑信息模型技术应用项目后评估专家评定会。专家评定组由本市建筑信息模型技术领域相关专业的专家组成，依据本实施细则和技术目录，对申报材料进行评定，形成专家评定组意见。达到后评估应用要求的项目，BIM推广中心给予相应等级评定结果。通过评定的项目在BIM推广中心网站公示，公示期为10天。通过公示的项目在BIM推

市建筑信息模型技术应用项目后评估技术目录（暂行）　　表2-12

<table>
<tr><th>指标分类</th><th>指标层</th><th>分值</th><th colspan="2">指标
◆必选　◇可选</th><th>指标项
◆必选项　◇可选项</th><th>指标项要求</th></tr>
<tr><td rowspan="8">项目总体层面</td><td rowspan="4">组织模式</td><td rowspan="4">26分</td><td colspan="2">◆实施方案</td><td>◆有完整且详细的BIM应用组织模式且与项目管理模式匹配、协同高效；
◇实施方案中对各项效益指标进行提前预设及规划；
◇以正向设计为主的BIM实施模式；
◇项目级BIM标准</td><td>至少2项</td></tr>
<tr><td colspan="2">◆实施团队</td><td>◆团队规模大于10人；
◇团队成员中的中级职称（业务相关）比例达到50%；
◇高级职称（业务相关）比例达到20%；
◆形成BIM团队建设、协同工作机制、BIM人才培养、技术管理经验方面的总结报告</td><td>至少3项</td></tr>
<tr><td colspan="2">◆信息传递</td><td>◆实施跨阶段信息有效传递；
◆实施跨专业信息有效传递</td><td>—</td></tr>
<tr><td colspan="2">◆协同方式</td><td>◆采用合理有效的协同方式；
◆形成相应的项目协同标准文件；
◆业主/咨询顾问协同管理平台：达成跨专业、跨阶段的协同</td><td>—</td></tr>
<tr><td rowspan="4">效益分析</td><td rowspan="2">8分</td><td rowspan="2">经济效益指标</td><td>◆节约成本</td><td>◇设计概算工程计算；
◆招标过程中增设BIM技术应用条款；
◇施工图预算与招投标清单工程量计算；
◇施工过程造价管理工程量计算；
◇竣工结算工程量计算</td><td>至少2项</td></tr>
<tr><td>◆项目节能管理效益</td><td>◇建筑热工和能耗模拟分析；
◇基于BIM模型信息建立空间能耗对比模型
（此条款2020年以前竣工项目可不作为必选项）</td><td>至少1项</td></tr>
<tr><td rowspan="2">8分</td><td rowspan="2">社会效益指标</td><td>◆形成推广经验</td><td>BIM应用形成可复制推广经验：
◇发表论文；
◇发明专利；
◇著作权</td><td>至少2项</td></tr>
<tr><td>◆项目影响力</td><td>BIM应用项目的曝光度、社会认可度：
◇获得省市级及以上奖项；
◇省市级官方新闻报道；
◇或运用BIM技术减轻项目对环境的污染和损害，改善人文环境，提升居民生活体验等社会效益</td><td>至少1项</td></tr>
</table>

续表

指标分类	指标层	分值	指标 ◆必选 ◇可选	指标项 ◆必选项 ◇可选项	指标项要求
项目总体层面	效益分析	6分（至少一项）	其他效益指标 ◇环境效益	◇BIM技术应用于绿色建筑、低碳建筑、生态环境设计建造等环节，产生效益，并获得绿色建筑、低碳建筑、生态环境设计建造等环节认可与认证	—
			其他效益指标 ◇装配式BIM	◇BIM应用整体装配式成果应包含：BIM预制构件与设计模型校核报告，预制构件碰撞检查报告，BIM模型为基础的预制构件加工图； ◇BIM应用全装配式：预制构件深化设计，预制构件生产加工，预制构件施工模拟	至少1项
BIM专项层面	设计阶段	20分（至少达成5项）	◆模型质量（5分）	◆达到本市BIM相关要求与标准《上海市房屋建筑施工图、竣工建筑信息模型建模和交付要求（试行）》（沪建建管〔2021〕725号），应满足必选项要求，且满足3条以上与项目相匹配的可选项；除满足本市标准要求外，还宜符合《建筑信息模型设计交付标准》GB/T 51301和《建筑信息模型分类和编码标准》GB/T 51269等国家标准以及本市有关标准的相关要求	—
			◇节约设计成本	◇达成成本目标，有完整的节约成本测算且逻辑清晰合理	—
			◆减少设计错误	◆建筑结构平面、立面、剖面检查； ◆冲突检测及三维管线综合； ◆建筑结构专业辅助施工图设计； ◆形成冲突检查问题报告，且满足实施方案中检查项要求	—
			◆提高设计品质	◆竖向净空优化；成果应达到实施方案中净高目标，经济美观； ◇设计方案比选； ◇正向设计； ◆建筑结构专业辅助施工图设计； ◇参数化设计； ◇场地分析	至少3项
			◇降低质量风险	◇设计变更数量，满足实施方案中所规定的，因设计协调“错漏碰缺”产生的变更上限要求	—
			◇优化设计周期	◇达到优化周期目标，具备合理完善的进度计划表，形成进度控制总结报告中应包括可量化数据对比结论等成果	—
			◆提高沟通效率	◆可视化应用； ◆设计协同管理平台；（设计协同平台的搭建，设计专项团队使用沟通协同平台，各专业基于BIM模型标准化地信息传递、信息交换）	—
	施工阶段	20分（至少达成5项）	◆模型质量（5分）	◆达到本市BIM相关要求与标准（《上海市房屋建筑施工图、竣工建筑信息模型建模和交付要求（试行）》沪建建管〔2021〕725号），应满足必选项要求，且满足3条以上与项目相匹配的可选项；除满足本市标准要求外，还宜符合《建筑信息模型设计交付标准》GB/T 51301和《建筑信息模型分类和编码标准》GB/T 51269等国家标准以及本市有关标准的相关要求	—
			◇节约施工成本	◇达成成本节约的目标，有完整节约成本测算且逻辑清晰合理	—
			◇降低安全风险	◇建立安全措施模型； ◇应用智慧工地人员安全管理措施	至少1项
			◆提高项目交付品质	◆施工深化设计； ◇施工方案模拟； ◇三维激光扫描（改扩建建筑为必选项）； ◇数字化预制加工应用	至少3项
			◇提高沟通效率	◇施工协同管理平台：使用沟通协同平台且各参建方共同使用； ◇可视化交底	至少1项
			◇节约施工工期	具备合理完善的施工进度模拟成果，形成进度控制总结报告中应包括可量化数据对比结论等成果	—

续表

指标分类	指标层	分值	指标 ◆必选　◇可选	指标项 ◆必选项　◇可选项	指标项要求
BIM专项层面	施工阶段	20分（至少达成5项）	◆提升管理质量和效率	◆设备与材料管理：有完整的可视化施工资源物料管理应用成果； ◆虚拟进度和实际进度比对：有完整的可视化施工进度管理应用成果； ◇质量与安全管理：有完整的可视化全专业施工流程协调管理应用成果； ◇有完整的变更管理应用成果； ◇施工场地规划	至少3项
	运维阶段	12分	◆BIM运维系统建设（5分）	◆运维管理系统搭建系统搭建功能应用满足模块化设计要求，具有可扩展性； ◆运维模型构建搭建 （此条款2017年及2017以前竣工项目可不作为必选项）	—
			◆设备管理	◆设备资料（BIM模型关联）； ◆日常巡检（BIM模型关联）； ◆维保管理（BIM模型关联）	—
			◆空间管理	◆空间规划管理（BIM模型关联）； ◆空间分配管理（BIM模型关联）； ◆人流管理（BIM模型关联）； ◆统计分析（BIM模型关联）	—
			◆资产管理	◆基于BIM建立资产信息模型，进行资产统计、资产状态动态管理； ◆建立关联资产数据库，形成资产管理方案和运行记录	—
附加分		满分15分	◇难度附加（5分）	◇体现特殊建筑造型工程中BIM应用价值	至少1项
				◇体现特殊工艺项目中BIM应用价值	
			◇创新应用（5分）	◇提供说明文件，证明该创新可有效提高效益，可作为创新项	—
			◇国产软件（5分）	◇主平台BIM应用自主知识产权的国产软件	—

注：斜体加粗为BIM基本应用项（来源《市建筑信息模型技术应用指南》）

建筑信息模型技术应用项目后评估自评估报告　　表2-13

建筑信息模型技术应用项目自评估报告

项目名称：

建设单位：（盖章）

项目联系人：

手机：

电子邮箱：

年　　月　　日

一、项目概况

对项目背景、地理位置、建设规模、项目类型、总投资额、投资性质、项目的开工和竣工时间、目前项目阶段、项目建设特点和难点等进行介绍。

二、项目总体层面

（一）组织模式：BIM技术应用目标（说明项目应用BIM技术拟实现的目标和技术路线）；BIM技术应用范围和阶段，说明项目应用BIM技术的工程范围和应用阶段（全生命期 / 设计 / 施工 / 运维阶段）；实施方案，实施团队；信息传递（设计、施工等各阶段的建筑信息模型应当通过交换和共享机制实现跨阶段数据交换和数据传递）；协同方式。

（二）效益分析：经济效益指标，该节详细介绍项目在节约招投标成本和项目节能管理效益上的成效（说明指标计算依据和方法，以及验收的方法，尽量使用定量指标）；社会效益指标，该节详细介绍项目在推广经验、项目影响力上的成效。其他效益指标，介绍BIM技术应用于绿色建筑、低碳建筑、生态环境设计建造等环节，产生的效益等（说明指标计算依据和方法，以及验收的方法，尽量使用定量指标）；介绍BIM技术应用于装配式建筑的应用成果及效益（说明装配式BIM应用模式，并提供相应应用成果）。

三、BIM专项层面

结合不同阶段的应用项，介绍对应阶段的BIM应用成效。设计阶段介绍设计阶段的BIM应用成效；施工阶段介绍施工阶段的BIM应用成效；运维阶段介绍运维阶段的BIM应用成效。

四、建筑信息模型技术应用项目自评表，请申报单位按上述材料，完成以下自评表格。

续表

指标分类	指标层	分值	指标 ◆必选 ◇可选		指标项 ◆必选项 ◇可选项	指标项要求	自评分
项目总体层面	组织模式	26 分	◆实施方案		◆有完整且详细的 BIM 应用组织模式且与项目管理模式匹配、协同高效； ◇实施方案中对各项效益指标进行提前预设及规划； ◇以正向设计为主的 BIM 实施模式； ◇项目级 BIM 标准	至少 2 项	
			◆实施团队		◆团队规模大于 10 人； ◇团队成员中的中级职称（业务相关）比例达到 50%； ◇高级职称（业务相关）比例达到 20%； ◆形成 BIM 团队建设、协同工作机制、BIM 人才培养、技术管理经验方面的总结报告	至少 3 项	
			◆信息传递		◆实施跨阶段信息有效传递； ◆实施跨专业信息有效传递	—	
			◆协同方式		◆采用合理有效的协同方式； ◆形成相应的项目协同标准文件； ◆业主 / 咨询顾协同管平台： 达成跨专业、跨阶段的协同	—	
	效益分析	8 分	经济效益指标	◆节约成本	◇设计概算工程计算； ◆招标过程中增设 BIM 技术应用条款； ◇施工图预算与招投标清单工程量计算； ◇施工过程造价管理工程量计算； ◇竣工结算工程量计算	至少 2 项	
				◆项目节能管理效益	◇建筑热工和能耗模拟分析； ◇基于 BIM 模型信息建立空间能耗对比模型 （此条款 2020 年以前竣工项目可不作为必选项）	至少 1 项	
		8 分	社会效益指标	◆形成推广经验	BIM 应用形成可复制推广经验： ◇发表论文； ◇发明专利； ◇著作权	至少 2 项	
				◆项目影响力	BIM 应用项目的曝光度、社会认可度： ◇获得省市级及以上奖项； ◇省市级官方新闻报道； ◇或运用 BIM 技术减轻项目对环境的污染和损害，改善人文环境，提升居民生活体验等社会效益	至少 1 项	
		6 分（至少 1 项）	其他效益指标	◇环境效益	◇ BIM 技术应用于绿色建筑、低碳建筑、生态环境设计建造等环节，产生效益，并获得绿色建筑、低碳建筑、生态环境设计建造等环节认可与认证	—	
				◇装配式 BIM	◇ BIM 应用整体装配式成果应包含：BIM 预制构件与设计模型校核报告；预制构件碰撞检查报告；BIM 模型为基础的预制构件加工图； ◇ BIM 应用全装配式：预制构件深化设计；预制构件生产加工；预制构件施工模拟	至少 1 项	
BIM 专项层面	设计阶段	20 分（至少达成 5 项）	◆模型质量（5 分）		◆达到本市 BIM 相关要求与标准（沪建建管〔2021〕725 号《上海市房屋建筑施工图、竣工建筑信息模型建模和交付要求（试行）》），应满足必选项要求，且满足 3 条以上与项目相匹配的可选项；除满足本市标准要求外，还宜符合《建筑信息模型设计交付标准》GB/T 51301 和《建筑信息模型分类和编码标准》GB/T 51269 等国家标准以及本市有关标准的相关要求	—	
			◇节约设计成本		◇达成成本目标，有完整节约成本测算且逻辑清晰合理	—	

续表

指标分类	指标层	分值	指标 ◆必选 ◇可选	指标项 ◆必选项 ◇可选项	指标项要求	自评分
BIM专项层面	设计阶段	20分（至少达成5项）	◆减少设计错误	◆建筑结构平面、立面、剖面检查； ◆冲突检测及三维管线综合； ◆建筑结构专业辅助施工图设计； ◆形成冲突检查问题报告，且满足实施方案中检查项要求	—	
			◆提高设计品质	◆竖向净空优化（成果应达到实施方案中净高目标；经济美观）； ◇设计方案比选； ◇正向设计； ◆建筑结构专业辅助施工图设计； ◇参数化设计； ◇场地分析	至少3项	
			◇降低质量风险	◇设计变更数量，满足实施方案中所规定的，因设计协调"错漏碰缺"产生的变更上限要求	—	
			◇优化设计周期	◇达到优化周期目标，具备合理完善的进度计划表，形成进度控制总结报告中应包括可量化数据对比结论等成果	—	
			◆提高沟通效率	◆可视化应用； ◆设计协同管理平台（设计协同平台的搭建；设计专项团队使用沟通协同平台；各专业基于BIM模型标准化地信息传递、信息交换）	—	
	施工阶段	20分（至少达成5项）	◆模型质量（5分）	◆达到本市BIM相关要求与标准（沪建建管〔2021〕725号《上海市房屋建筑施工图、竣工建筑信息模型建模和交付要求（试行）》），应满足必选项要求，且满足3条以上与项目相匹配的可选项；除满足本市标准要求外，还宜符合《建筑信息模型设计交付标准》GB/T 51301和《建筑信息模型分类和编码标准》GB/T 51269等国家标准以及本市有关标准的相关要求	—	
			◇节约施工成本	◇达成成本节约的目标，有完整节约成本测算且逻辑清晰合理	—	
			◇降低安全风险	◇建立安全措施模型； ◇应用智慧工地人员安全管理措施	至少1项	
			◆提高项目交付品质	◆施工深化设计； ◇施工方案模拟； ◇三维激光扫描； （改扩建建筑为必选项） ◇数字化预制加工应用	至少3项	
			◇提高沟通效率	◇施工协同管理平台：使用沟通协同平台且各参建方共同使用； ◇可视化交底；	至少1项	
			◇节约施工工期	◇具备合理完善的施工进度模拟成果，形成进度控制总结报告中应包括可量化数据对比结论等成果	—	
			◆提升管理质量和效率	◆设备与材料管理：有完整的可视化施工资源物料管理应用成果； ◆虚拟进度和实际进度比对：有完整的可视化施工进度管理应用成果； ◇质量与安全管理：有完整的可视化全专业施工流程协调管理应用成果； ◇有完整的变更管理应用成果； ◇施工场地规划	至少3项	

续表

<table>
<tr><th>指标分类</th><th>指标层</th><th>分值</th><th>指标
◆必选　◇可选</th><th>指标项
◆必选项　◇可选项</th><th>指标项要求</th><th>自评分</th></tr>
<tr><td rowspan="4">BIM专项层面</td><td rowspan="4">运维阶段</td><td rowspan="4">12分</td><td>◆BIM运维系统建设（5分）</td><td>◆运维管理系统搭建：系统搭建功能应用满足模块化设计要求，具有可扩展性
◆运维模型构建搭建；
（此条款2017年及2017以前竣工项目可不作为必选项）</td><td>—</td><td></td></tr>
<tr><td>◆设备管理</td><td>◆设备资料（BIM模型关联）；
◆日常巡检（BIM模型关联）；
◆维保管理（BIM模型关联）</td><td>—</td><td></td></tr>
<tr><td>◆空间管理</td><td>◆空间规划管理（BIM模型关联）；
◆空间分配管理（BIM模型关联）；
◆人流管理（BIM模型关联）；
◆统计分析（BIM模型关联）</td><td>—</td><td></td></tr>
<tr><td>◆资产管理</td><td>◆基于BIM建立资产信息模型，进行资产统计、资产状态动态管理；
◆建立关联资产数据库，形成资产管理方案和运行记录</td><td>—</td><td></td></tr>
<tr><td colspan="2" rowspan="3">附加分</td><td rowspan="3">满分15分</td><td>◇难度附加（5分）</td><td>◇特殊建筑造型工程；
◇特殊工艺项目</td><td>至少1项</td><td></td></tr>
<tr><td>◇创新应用（5分）</td><td>◇提供说明文件，证明该创新可有效提高效益，可作为创新项</td><td>—</td><td></td></tr>
<tr><td>◇国产软件（5分）</td><td>◇主平台BIM应用自主知识产权的国产软件</td><td>—</td><td></td></tr>
<tr><td colspan="5">合计</td><td></td><td></td></tr>
</table>

广中心网站公告，公告期为7天。经公告，评定结果无异议，由BIM推广中心对获得评定的项目予以公布，颁发评定奖牌。

（六）房屋建筑施工图、竣工建筑信息模型建模和交付要求适用于房屋建筑工程施工图和竣工建筑信息模型的建模和成果交付活动。建筑信息模型建模和交付除应符合交付要求的规定外，还宜符合《建筑信息模型设计交付标准》GB/T 51301和《建筑信息模型分类和编码标准》GB/T 51269等国家标准以及本市有关标准的相关规定。建筑信息模型建模及其应用宜采用正向设计和施工方式开展，建筑信息模型精度及深度同时应满足设计和施工的要求，并应保证模型与图纸一致性。建筑信息模型贯穿建筑工程全生命周期的三维数字化信息模型。模型即为建筑工程信息库，包含了完整的、与实际情况一致的描述建筑物构件的几何信息和属性信息，还包含了非构件对象（如空间、运动行为）的状态信息，实现了信息高度集成，为建筑工程项目的相关利益方提供了工程信息交换和共享的载体。几何信息是建筑信息模型内部和外部空间结构的几何表达。属性信息是指除几何信息之外所有属性等信息的集合。工程对象构成建筑工程的实体对象或者实体对象的集合，如墙、梁、板、柱、设备、管道、系统等。模型单元建筑信息模型中承载建筑信息的实体及其相关属性的集合，是工程对象数字化表述。模型精细度建筑信息模型中所容纳的模型单元丰富程度的衡量指标，由模型单元的精度和深度组成。建筑信息模型审查系统相关政府部门和审查机构利用模型审查功能，对交付的建筑信息模型开展审查、验收和监管的计算机信息系统，是“工程建设项目审批管理系统”中的建筑信息模型审查子系统。工程审批系统中包含BIM审查系统、二维数字化审查和竣工验收系统等子系统。交付物基于建筑信息模型产生的各类成果性文件或与建筑信息模型配套的成果性文件。EDM数据文件从各类建模软件或原生模型文件导出的，专用于本市建筑信息模型施工图审查和竣工验收的交付数据文件，包含交付所需的几何和属性信息。

一般规定，交付按照阶段分为设计交付和竣工交付。设计交付指在施工图审查或施工许可时提交施工图建筑信息模型、模型使用说明等交付物的行为，竣工交付指在竣工验收时提交竣工建筑信息模型、模型使用说明等交付物的行为。交付物为EDM数据文件。EDM数据文件应通过工程审批系统提交，并应满足相关提交要求。建设单位对交付物的合规性、完整性和准确性等负总责，设计单位、施工单位等按照工作分工，分别对工作范围内的交付物的合规性、完整性和准确性等负责，并应保证交付物的交付满足交付要求。EDM数据文件交付要求：EDM数据文件应通过认证的数据转换插件或转换软件，从建筑信息模型建模软件或模型数据文件，按照总图以及建筑单体涉及专业分别导出。总图专业EDM数据文件，除建筑单体外，应包括场地信息。场地信息模型应包含围墙、构筑物等室外总体的内容，可独立交付，也可通过建筑专业数据文件合并交付。建筑专业EDM数据文件，应由建筑专业设计模型和必要的结构专业设计模型共同导出，并应包含各楼层平面、建筑立面、建筑剖面视图。结构专业EDM数据文件，应由结构专业设计模型导出，并应包含设计视图。给水排水专业EDM数据文件，应由给水排水专业设计模型导出，并宜包含设计视图。暖通专业EDM数据文件，应由暖通专业设计模型导出，并宜包含设计视图。电气专业EDM数据文件，应由电气专业设计模型导出，并宜包含设计视图。交付成果文件应根据审查和竣工验收要求进行文件组织，对模型间、模型与其他交付物的关联关系进行规划。交付物应按照项目-专业-交付物类别的方式进行文件组织。建筑信息模型宜按建筑单体、场地等分别建模；多个建筑单体公有的、连通的地下室宜整体建模，地上部分应按建筑单体分别建模。不同专业的模型宜按照专业进行拆分。交付物一般规定，包含建筑信息模型、模型使用说明、工程图纸、计算模型和计算书等，应以EDM数据文件交付，不得修改或删除文件名“.edm”后缀。交付物应满足相关章节的要求规定。交付物应满足BIM审查系统对施工图建筑信息模型和竣工建筑信息模型的数据要求。EDM数据文件交付数据和版本应保证与原生模型文件保持一致，原生模型文件应保存备查。交付物在交付前应当清理并消除冗余信息。建筑信息模型、工程图纸等需要按照建筑单体及专业分别交付。建筑信息模型，建筑信息模型的交付按照阶段分为设计交付和竣工交付。设计交付是指在申请施工图审查或施工许可申请时提交施工图建筑信息模型。竣工交付指在竣工验收时提交竣工建筑信息模型。建筑信息模型交付按照专业划分应至少包括总图、建筑、结构、暖通、给水排水、电气专业。模型使用说明书，模型使用说明书是指以文本的方式对建筑信息模型进行相对详细的表述，使得使用方认识、了解交付的建筑信息模型。模型使用说明书内容包含但不限于以下内容：项目的基本信息，经济技术指标表；建筑信息模型的制作方式，包括软件、软件版本；模型文件组织架构、链接方式及命名规则；模型高程坐标系；建筑信息模型的精度和深度执行标准；构件、视图、图纸、工作集等命名标准；机电系统分类及颜色方案。工程图纸，工程图纸由建筑信息模型生成的平面图和平面视图组成。施工图、竣工图指满足国家及地方各项设计标准，用于指导实际施工的图纸，宜基于建筑信息模型产生。工程图纸交付宜按照专业划分，应至少包括总图、建筑、结构、暖通、给水排水、电气专业。使用二维辅助设计软件绘制的施工图、竣工图文件应符合《建筑工程设计文件编制深度规定》，按照《工程设计、施工及竣工图数字化和白图交付实施要点》要求，单独在工程审批系统中的二维数字化审查和竣工验收系统中提交，用于二维数字化施工图审查和竣工验收。计算模型及计算文档，计算模型包括节能计算模型、结构计算模型、日照计算模型等。计算模型需要提供所采用计算软件的源文件，无需转换。计算文档包括节能计算文档、结构计算文档、给水排水计算文档、暖通空调及动力计算文档、电气专业计算文档等。计算模型及计算文档应与工程图纸匹配。计算文档应以PDF格式提交。非通过建筑信息模型形成的计算模型和计算文档，在工程审批系统的二维数字化审查和竣工验收系统中提交。通过建筑信息模型形成的计算模型和计算文档在工程审批系统的BIM审查系统中提交。其他类交付物，表格文档：对于不适合直接在模型中表达的信息，宜以Excel表格形式并按照指定模板完善后交付，包括项目经济技术指标、单体指标等。报告文档：应以PDF格式提交，如净空分析报告等。图片文件：以图片方式交付与项目相关的图片资料，如效果图、分析图等，格式应为“*.jpg”。视频文件：以视频文件方式交付项目相关的视频资料，如仿真动画、施工模拟动画等，格式应为“*.mp4”。

第三章　既有建筑保护和更新改造及评价

历史文化名城名镇名村、历史文化街区、历史建筑、传统村落是重要的历史文化遗产。目前，全国共有142座国家历史文化名城、312个中国历史文化名镇、487个中国历史文化名村，划定历史文化街区1200余片，确定历史建筑6.35万处，传统村落8155个，成为传承中华优秀传统文化最综合、最完整、最系统的载体。系统保护、利用、传承好历史文化遗产，保护好世界自然与文化双遗产和历史文化名城、利用好既有建筑和更新改造及老旧小区改造是城乡建设工作的使命和任务。要坚持一个“全”字，建立系统完整的城乡历史文化保护传承体系，做到“空间全覆盖、要素全囊括”。要坚持一个“真”字，保护真实、完整的历史信息和历史环境，让每个时代的历史痕迹和生活记忆都有生动留存。要坚持一个“活”字，以用促保，让历史文化遗产在有效利用中焕发新活力。要坚持一个“深”字，多层次、全方位深入挖掘各类历史文化遗产的文化价值、精神内涵，讲好城乡建设中的中国故事。城市安全纳入经济社会发展总体规划，城市把节水放在优先位置。中国人居环境奖授予在改善人居环境方面取得突出的城市和项目，国家园林城市申报主体为城市人民政府，推进将无障碍环境建设纳入文明城市、智慧城市、数字乡村建设内容。本章包括：文化保护传承利用工程实施方案；世界自然与文化双遗产申报和历史文化名城保护；城市既有建筑保留利用和更新改造及老旧小区改造；国家示范城市及装配式建筑评价；国家节水型城市居住社区评价；中国人居环境奖评价和范例奖评选；全国无障碍建设示范城市（县）管理；国家园林城市申报与评选等。

第一节　文化保护传承利用工程实施方案

一、城乡建设历史文化保护传承体系

（一）在城乡建设中系统保护、利用、传承好历史文化遗产，加强制度顶层设计，建立分类科学、保护有力、管理有效的城乡历史文化保护传承体系；完善制度机制政策、统筹保护利用传承，做到空间全覆盖、要素全囊括，既要保护单体建筑，也要保护街巷街区、城镇格局，还要保护好历史地段、自然景观、人文环境和非物质文化遗产，着力解决城乡建设中历史文化遗产屡遭破坏、拆除等突出问题，确保各时期重要城乡历史文化遗产得到系统性保护。到2025年，多层级多要素的城乡历史文化保护传承体系初步构建，城乡历史文化遗产基本做到应保尽保，形成一批可复制可推广的活化利用经验，建设性破坏行为得到明显遏制，历史文化保护传承工作融入城乡建设的格局基本形成。到2035年，系统完整的城乡历史文化保护传承体系全面建成，城乡历史文化遗产得到有效保护、充分利用，不敢破坏、不能破坏、不想破坏的体制机制全面建成，历史文化保护传承工作全面融入城乡建设和经济社会发展大局，人民群众文化自觉和文化自信进一步提升。构建城乡历史文化保护传承体系，准确把握保护传承体系基本内涵，城乡历史文化保护传承体系是以具有保护意义、承载不同历史时期文化价值的城市、村镇等复合型、活态遗产为主体和依托，保护对象主要包括历史文化名城、名镇、名村（传统村落）、街区和不可移动文物、历史建筑、历史地段，与工业遗产、农业文化遗产、灌溉工程遗产、非物质文化遗产、地名文化遗产等保护传承共同构成的有机整体。建立城乡历史文化保护传承体系的目的是在城乡建设中全面保护好中国古代、近现代历史文化遗产和当代重要建设成果。分级落实保护传承体系重点任务，建立城乡历史文化保护传承体系三级管理体制。国家、省（自治区、直辖市）分别编制全国城乡历史文化保护传承体系规划纲要及省级规划，建立国家级、省级保护对象的保护名录和分布图，明确保护范围和管控要求，与相关规划做好衔接。市县按照国家和省（自治区、

直辖市）要求，落实保护传承工作属地责任，加快认定公布市县级保护对象，及时对各类保护对象设立标志牌、开展数字化信息采集和测绘建档、编制专项保护方案，制定保护传承管理办法，做好保护传承工作。具有重要保护价值、地方长期未申报的历史文化资源可按相关标准列入保护名录。加强保护利用传承，明确保护重点，划定各类保护对象的保护范围和必要的建设控制地带，划定地下文物埋藏区，明确保护重点和保护要求。保护文物本体及其周边环境，大力实施原址保护，加强预防性保护、日常保养和保护修缮。保护不同时期、不同类型的历史建筑，重点保护体现其核心价值的外观、结构和构件等，及时加固修缮，消除安全隐患。保护能够真实反映一定历史时期传统风貌和民族、地方特色的历史地段。保护历史文化街区的历史肌理、历史街巷、空间尺度和景观环境，以及古井、古桥、古树等环境要素，整治不协调建筑和景观，延续历史风貌。保护历史文化名城、名镇、名村（传统村落）的传统格局、历史风貌、人文环境及其所依存的地形地貌、河湖水系等自然景观环境，注重整体保护，传承传统营建智慧。保护非物质文化遗产及其依存的文化生态，发挥非物质文化遗产的社会功能和当代价值。严格拆除管理，在城市更新中禁止大拆大建，不破坏地形地貌、不砍老树，不破坏传统风貌，不随意改变或侵占河湖水系，不随意更改老地名。切实保护能够体现城市特定发展阶段、反映重要历史事件、凝聚社会公众情感记忆的既有建筑，不随意拆除具有保护价值的老建筑、古民居。对于因公共利益需要或者存在安全隐患不得不拆除的，应进行评估论证，广泛听取相关部门和公众意见。推进活化利用，坚持以用促保，让历史文化遗产在有效利用中成为城市和乡村的特色标识和公众的时代记忆，让历史文化和现代生活融为一体，实现永续传承。加大文物开放力度，利用具备条件的文物建筑作为博物馆、陈列馆等公共文化设施。活化利用历史建筑、工业遗产，在保持原有外观风貌、典型构件的基础上，通过加建、改建和添加设施等方式适应现代生产生活需要。探索农业文化遗产、灌溉工程遗产保护与发展路径，促进生态农业、乡村旅游发展，推动乡村振兴。促进非物质文化遗产合理利用，推动非物质文化遗产融入现代生产生活。融入城乡建设，统筹城乡空间布局，妥善处理新城和老城关系，合理确定老城建设密度和强度，经科学论证后，逐步疏解与历史文化保护传承不相适应的工业、仓储物流、区域性批发市场等城市功能。按照留改拆并举、以保留保护为主的原则，实施城市生态修复和功能完善工程，稳妥推进城市更新。加强重点地段建设活动管控和建筑、雕塑设计引导，保护好传统文化基因，鼓励继承创新，彰显城市特色。依托历史文化街区和历史地段建设文化展示、传统居住、特色商业、休闲体验等特定功能区，完善城市功能，提升城市活力。采用微改造方式，增加历史文化名城、名镇、名村（传统村落）、街区和历史地段的公共开放空间，补足配套基础设施和公共服务设施短板。加强多种形式应急力量建设，制定应急处置预案，综合运用人防、物防、技防等手段，提高历史文化名城、名镇、名村（传统村落）、街区和历史地段的防灾减灾救灾能力。统筹乡村建设与历史文化名镇、名村（传统村落）及历史地段、农业文化遗产、灌溉工程遗产的保护利用。弘扬历史文化，在保护基础上加强对各类历史文化遗产的研究阐释工作，多层次、全方位、持续性挖掘其文化价值、精神内涵。分层次、分类别串联各类历史文化遗产，构建融入生产生活的历史文化展示线路、廊道和网络。住房和城乡建设、文物部门要履行好统筹协调职责，加强与宣传、发展改革、工业和信息化、民政、财政、自然资源、水利、农业农村、商务、文化和旅游、应急管理、林草等部门的沟通协商，强化城乡建设与各类历史文化遗产保护工作协同，加强制度、政策、标准的协调对接。加强跨区域、跨流域历史文化遗产的整体保护，结合国家文化公园建设保护等重点工作，积极融入国家重大区域发展战略。健全管理机制，建立历史文化资源调查评估长效机制，持续开展调查、评估和认定工作，及时扩充保护对象，丰富保护名录。坚持基本建设考古前置制度，建立历史文化遗产保护提前介入城乡建设的工作机制。推进保护修缮的全过程管理，优化对各类保护对象实施保护、修缮、改造、迁移的审批管理，加强事中事后监管。探索活化利用底线管理模式，分类型、分地域建立项目准入正负面清单，定期评估，动态调整。建立全生命周期的建筑管理制度，结合工程建设项目审批制度改革，加强对既有建筑改建、拆除管理。推动多方参与，鼓励各方主体在城乡历史文化保护传承的规划、建设、管理各环节发挥积极作用。明确所有权人、使用人和监管人的保护责任，严格落实保护管理要求。简化审批手续，制定优惠政策，稳定市场预期，鼓励市场主体持续投入历史文化保护传承工作。强化奖励激励，鼓励地方政府研究制定奖补政策，通过以奖代补、资金补助等方式支持城乡历史文化保护传承工作。开展绩效跟踪评价，予以表彰、奖励。

（二）文化保护传承利用工程实施，到2025年，全国城乡公共文化服务体系更加完善，重点文物和重大考古遗迹保护水平有效提升，中华文化重要标志的传播度和影响力进一步彰显。国家文化公园建设方面，大运河、长城、长征、黄河等国家文化公园建设基本完成，打造形成一批中华文化重要标志，相关重要文化遗产得到有效保护利用，一批重大标志性项目综合效益有效发挥，承载的中华优秀传统文化传承发展水平显著提高。国家重点文物保护和考古发掘方面，一大批价值突出、代表性强的国家级石窟寺遗址等遗产资源保护水平和数字化展示水平明显提升，遗址遗迹富集的重点地区考古机构文物发掘、存储、研究能力进一步增强。国家公园等重要自然遗产保护展示方面，各类自然遗产地保护设施进一步完善，以国家公园为主体的自然保护地体系初步建成。重大旅游基础设施建设方面，重点景区旅游基础设施条件显著改善，智能化水平明显提升，红色旅游实现规范和高质量发展，培育形成一批富有文化底蕴的世界级旅游景区和度假区、文化特色鲜明的国家级旅游休闲城市和街区。重点公共文化设施建设方面，中央单位重大文化广电和文物保护项目分类有序推进，公共文化服务设施条件不断改善。国家文化公园建设，主要支持长城、大运河、长征、黄河以及国家明确的其他国家文化公园建设，着力打造中华文化重要标志，彰显中华文化重要标志的吸引力和影响力，区分重点项目和其他项目。主要建设内容包括：博物馆、纪念馆（包括场馆新建改扩建和装修改造，配套停车场、广场及相关服务设施，必要的周边环境整治等）；重要遗址遗迹（包括文物保护管理设施、风貌改善和环境整治、绿化，标识系统、保护展示空间、游客管理服务中心等）；特色公园（包括游客流量监测调控和监管设施，垃圾污水收集、防灾减灾和预警设施，应急救援设施等）；非物质文化遗产（包括综合性非物质文化遗产馆以及必要的配套等，具备综合展示利用功能，包括传统表演艺术类的展演剧场、排练厅等）；历史文化名城名镇名村和街区（包括公有历史建筑修缮、抗震加固、数字化展示利用设施等）；文化旅游复合廊道（包括示范段内遗产点和景区（点）设施间的连接路、自行车道、风景道、游客驿站等建设，完善道路指示和国家文化公园形象标识等）。国家重点文物保护和考古发掘，全国重点文物保护单位，主要支持国家文化公园未覆盖的全国重点文物保护单位，包括重要石窟寺、国家考古遗址公园、革命文物和世界文化遗产等保护利用设施建设，着力提升重点不可移动文物保护水平。国家公园等重要自然遗产保护展示，国家公园，主要支持国家公园生态保护监测能力，完善宣教、救援、游憩等公共服务设施建设，着力提升国家公园统一管理和服务能力。重大旅游基础设施建设，主要支持旅游领域重点公共服务和智慧管理设施提升，着力培育一批富有文化底蕴的世界级旅游景区和度假区、文化特色鲜明的国家级旅游休闲城市和街区。重点公共文化设施建设，智慧广电固边，主要支持边境地区省份智慧广电设施建设，拓展广电网络服务内容和方式，提高政府信息发布和应急能力，着力巩固文化边防。

（三）国家文化公园建设项目筛选标准，原则上应位于国家文化公园管控保护区和主题展示区内，辐射文旅融合区和传统利用区，需列入相关国家文化公园建设保护规划，属于能够彰显中华优秀传统文化、革命文化、社会主义先进文化价值内涵的标志性工程。涉及不可移动文物、历史文化名城名镇名村和历史文化街区、非物质文化遗产的项目，须列入全国重点文物保护单位、国家历史文化名城、中国历史文化名镇名村和中央城市工作会议要求划定的历史文化街区、国家级非物质文化遗产等相关名录中，且能兼顾其他不同级别和类型的文化遗产保护传承的需要。国家重点文物保护和考古发掘项目，全国重点文物保护单位：需在全国重点文物保护单位名录中，具有突出的文物保护、爱国主义、优秀文化、科学普及价值。优先支持石窟寺、国家考古遗址公园（含挂牌单位和立项单位）、革命文物和世界文化遗产保护利用设施项目。国家公园等重要自然遗产保护展示项目，国家公园：需在国家明确的国家公园（含体制试点）范围内，由相关国家公园管理机构谋划申报，属于国家公园建设过程中必需的建设项目，具体分为保护管理设施、配套基础设施、科普宣教设施三类。重点国家级自然遗产地：需在国家森林公园、国家地质公园、国家海洋公园、国家湿地公园、国家沙漠（石漠）公园、国家草原公园和世界自然遗产（含世界文化自然双遗产）名录中，具有较高生态、科普教育价值，能够发挥重要的生态屏障作用。重大旅游基础设施建设项目。需在4A级及以上旅游景区和国家级旅游度假区、国家级旅游休闲城市和街区、全国红色旅游经典景区相关名录中，符合国家重大区域战略和跨区域旅游发展规划的任务要求，拥有良好资源环境禀赋、较高知名度和影响力，能够对区域经济社会发展发挥重要辐射带动作用。重点公共文化设施建设，需由边境地区相关省份统一谋划申报，建设内容位于边境县（含团场）范围内。国家公园建设财政政策，坚持山水林田湖草沙一体化保护和系统治理，加强顶层设计，创新财政资金运行机制，构建投入保障到位、资金统筹到位、引导带动到位、绩效管理到位的财政保障制度，为加快建立以国家公园为主体的自然保护地体系、维护国家生态安全、建设生态文明和美丽中国提供有力支撑。立足公益属性，充分发挥政府主导作用，明确财政支持重点方向，推动资金、税收、政府采购等政策协同发力，提升财政政策综合效能。合理划分中央与地方财政事权和支出责任，充分调动中央和地方两个积极性。统筹多元资金渠道，建立健全政府、企业、社会组织和公众共同参与的长效机制。尊重自然生态系统原真性、整体性、系统性及其内在规律，按照国家公园的自然属性、生态价值和管理目标，分类施策，有步骤、分阶段推进国家公园建设。将绩效理念和方法深度融入国家公园建设财政资金管理过程，提高财政资源配置效率和使用效益。主要目标为，到2025年充分发挥财政的支持引导作用，不断丰富完善财政政策工具，创新财政资金运行机制，基本建立以国家公园为主体的自然保护地体系财政保障制度，保障国家公园体系建设积极稳妥推进；到2035年完善健全以国家公园为主体的自然保护地体系财政保障制度，为基本建成全世界最大的国家公园体系提供有力支撑。财政支持重点方向，支持生态系统保护修复，坚持以自然恢复为主、人工修复为辅，综合考虑生态系统完整性、自然地理单元连续性和经济社会发展可持续性，统筹推进山水林田湖草沙一体化保护和修复。加强森林、草原、湿地等自然资源管护，以及受损自然生态系统、自然遗迹保护和修复。加强生物多样性保护，建设生态廊道。支持国家公园创建和运行管理，加强自然资源资产管理，支持国家公园开展勘界立标，自然资源调查、监测、评估、确权登记，全民所有自然资源资产清查、价值评估、资产核算、考核评价、资产报告编制，国家公园的规划编制、标准体系和制度建设等，摸清国家公园内本底资源及其变动情况。在符合国家公园总体规划和管控要求的前提下，完善国家公园内必要的保护管理站、道路等基础设施。探索建立生态产品价值实现机制，引导当地政府在国家公园周边合理规划建设入口社区。通过多种途径培育国家公园文化，中央预算内投资对国家公园内符合条件的公益性和公共基础设施建设予以支持。

（四）历史文化街区划定和历史建筑确定标准，历史文化街区划定标准，城镇中具备下列条件的传统居住区、商贸区、工业区、办公区等地区可以划定为历史文化街区，具有下列历史文化价值之一，在城镇形成和发展过程中起到重要作用，与历史名人和重大历史事件相关，能够体现城镇古代悠久历史、近现代变革发展、中国共产党诞生与发展、中华人民共和国建设发展、改革开放伟大进程等某一特定时期的建设成就。空间格局、肌理和风貌等体现传统文化、民族特色、地域特征或时代风格。保留丰富的非物质文化遗产和优秀传统文化，保持传统生活延续性，承载了历史记忆和情感。具有一定的规模和真实的物质载体，并满足以下条件，传统格局基本完整，且构成街区格局和历史风貌的历史街巷和历史环境要素是历史存留的原物，核心保护范围面积不小于1公顷。保存文物特别丰富，历史建筑集中成片，核心保护范围内文物建筑、历史建筑等保护类建筑的总用地面积不小于核心保护范围内建筑总用地面积的60%。历史建筑确定标准，具备下列条件之一，未公布为文物保护单位，也未登记为不可移动文物的居住、公共、工业、农业等各类建筑物、构筑物，可以确定为历史建筑，具有突出的历史文化价值：能够体现其所在城镇古代悠久历史、近现代变革发展、中国共产党诞生与发展、中华人民共和国建设发展、改革开放伟大进程等某一特定时期的建设成就；与重要历史事件、历史名人相关联，具有纪念、教育等历史文化意义；体现了传统文化、民族特色、地域特征或时代风格；具有较高的建筑艺术特征：代表一定时期建筑设计风格；建筑样式或细部具有一定的艺术特色；著名建筑师的代表作品。具有一定的科学文化价值：建筑材料、结构、施工工艺代表了一定时期的建造科学与技术；代表了传统建造技艺的传承；在一定地域内具有标志性或象征性，具有群体心理认同感。具有其他价值特色。

（五）文化保护传承利用工程投资计划，项目申报条件，申报项目的建设内容、申请金额、比例等需符合《文化保护传承利用工程中央预算内投资专项管理办法》和《文化保护传承利用工程实施方案》相关要求，不符合要求的项目不予安排。重大旅游基础设施建设方面，国家级旅游休闲城市和街区相关项目；重点公共文化设施建设方面，智慧广电固边项目。国家公园项目要由国家公园管理机构在与有关地方充分沟通的基础上谋划申报，重大旅游基础设施建设项目主体不得为县级及以下地方政府及其组成部门，或由其委托的事业单位、团体和企业等。具体申报要求，各地发展改革部门要会同相关行业主管部门切实做好项目编报审核工作，严格落实要求，充分发挥行业主管部门对项目建设内容的审核把关作用，共同做好项目遴选，确保建设内容和规模符合支持方向。要按照项目储备库编报要求及时进行公示，并通过“信用中国”网站等加强对项目单位法人的诚信甄别。要切实履行项目审批和城乡规划、用地预审等前期工作程序，确保投资计划下达后可如期开工建设，并根据项目轻重缓急排好顺序。填报并核对建设内容、申请资金等信息，按照中央预算内投资、地方预算内投资、地方政府专项债券资金等类别明确项目总投资及其构成，确保入库项目信息与纸质文件完全一致。要填写《文化保护传承利用工程中央预算内投资计划绩效目标》表（表3-1），随投资计划建议方案一并向发改委申报。绩效目标填报要充分考虑拟申报建设项目审批核定的建设目标、建设内容和规模、计划工期等情况，科学合理确定各项指标。

文化保护传承利用工程中央预算内投资计划绩效目标 **表3-1**

专项名称			文化保护传承利用工程	
申报地方或单位				
申请中央预算内投资（万元）				
总体目标				
绩效指标	一级指标	二级指标	三级指标	指标值
	实施效果指标	产值指标	支持项目数量	
			建设项目验收合格率	≥95%
	过程管理指标	计划管理指标	投资计划转发用时	≤10个工作日
			“两个责任”按项目落实到位率	≥95%
		资金管理指标	中央预算内投资支付率	≥65%
			总投资完成率	≥80%
		项目管理指标	项目开工率	≥90%
			超规模、超标准、超概算项目比例	≤10%
		监督检查比例	审计、督查、巡视等指出问题项目比例	≤1%

（六）在检察公益诉讼中加强协作配合依法做好城乡历史文化保护传承工作，明确城乡历史文化保护传承与检察公益诉讼协作的重点领域。历史城区整体管控主要包括：破坏历史城区的传统格局、历史风貌和空间尺度，改变与其相互依存的自然景观和环境；开展开山、采石、开矿等破坏传统格局和历史风貌的活动；占用保护规划确定保留的园林绿地、河湖水系、道路等；修建生产、储存爆炸性、易燃性、放射性、毒害性、腐蚀性物品的工厂、仓库等；在历史城区范围内新建、改建建筑超出保护规划确定的建筑高度要求；在城市更新中大拆大建、拆真建假、以假乱真；随意砍伐具有保护价值的大树、老树和古树名木；随意改建具有历史价值的公园，随意更改老地名等。历史文化街区和历史地段保护主要包括：从事建设活动对历史文化街区或历史地段的传统格局和历史风貌造成破坏性影

响；在历史文化街区核心保护范围内进行必要的基础设施和公共服务设施以外的新建、扩建活动；未经批准在历史文化街区核心保护范围内拆除历史建筑以外的建筑物、构筑物或者其他设施；未在历史文化街区和历史地段的核心保护范围的主要出入口设置保护标志牌，以及擅自设置、移动、涂改或者损毁标志牌；在历史文化街区或历史地段内损毁或拆除具有保护价值的老建筑、古民居；违背群众意愿搬空原住民进行商业、旅游开发等。历史文化名镇名村保护主要包括：破坏历史文化名镇名村的传统格局、历史风貌和空间尺度，改变与其相互依存的自然景观和环境；开展开山、采石、开矿等破坏传统格局和历史风貌的活动；占用保护规划确定保留的园林绿地、河湖水系、道路等；修建生产、储存爆炸性、易燃性、放射性、毒害性、腐蚀性物品的工厂、仓库等；在历史文化名镇名村核心保护范围内进行必要的基础设施和公共服务设施以外的新建、扩建活动；未经批准在历史文化名镇名村核心保护范围内拆除历史建筑以外的建筑物、构筑物或者其他设施；未在历史文化名镇名村的核心保护范围的主要出入口设置保护标志牌，以及擅自设置、移动、涂改或者损毁标志牌；在历史文化名镇名村保护范围内出现电线乱搭乱建、消防设施落后、古树被电线缠绕及居民缺乏消防应急处置能力等安全隐患。历史建筑保护主要包括：在历史建筑上刻画、涂污；未经批准擅自改变历史建筑原有的高度、体量、外观形象及色彩等；未设置历史建筑保护标志，擅自设置、移动、涂改或者损毁标志牌，未建立历史建筑档案；未按照保护规划的要求对历史建筑进行维护和修缮，造成历史建筑损坏；擅自迁移、拆除历史建筑；未经批准对历史建筑进行外部修缮装饰、添加设施以及改变历史建筑的结构或者使用性质等。

建立健全城乡历史文化保护传承与检察公益诉讼协作机制，线索移送，住房和城乡建设（规划）部门执法中发现涉及多个行政机关职责、协调处理难度大、执法后不足以弥补国家利益或者社会公共利益损失，以及其他适合检察公益诉讼监督的问题线索，应及时移送有关检察机关。检察机关在履职中发现涉城乡历史文化保护传承领域问题线索，可先行与住房和城乡建设（规划）部门磋商，督促依法处理。会商研判，各级检察机关与各级住房和城乡建设（规划）部门共同建立执法情况和公益诉讼交流会商和研判机制。信息共享，双方应积极参照行政执法与刑事司法衔接信息共享平台的经验做法，逐步实现城乡历史文化保护传承领域相关信息实时共享。联合专项，住房和城乡建设（规划）部门在部署开展城乡历史文化保护传承相关专项工作期间，如历史文化街区划定和历史建筑确定工作、历史文化名城保护专项评估工作等，可邀请检察机关参与专项督查工作，共同促进城乡历史文化保护传承领域依法行政。调查取证，检察机关在调查取证过程中，要加强与行政执法机关的沟通协调。专业支持，住房和城乡建设（规划）部门在调查取证、鉴定评估等方面为检察机关办案提供专业咨询和技术支持，协助做好涉案城乡历史文化遗产损害认定和修复等工作。公益诉讼案件法庭审理中，应检察机关请求或法庭通知，住房和城乡建设（规划）部门应当做出鉴定意见或者提出专业意见，需要出庭作证的应当出庭作证。规范城乡历史文化保护传承行政公益诉讼办案工作，坚持制度定位，履职尽责标准，诉前检察建议回复，行政公益诉讼起诉应诉。

二、城乡历史文化保护利用项目要求

（一）城乡历史文化保护利用应坚持科学规划、严格保护、合理利用与可持续发展的原则，加强价值认知与阐释，保持保护对象本体和历史环境的真实性、完整性，满足人民群众的多元需求，传承优秀传统文化。城乡历史文化保护利用工作应坚持公众参与，开展科学论证，广泛征求有关部门、专家和利益相关者的意见。工程建设所采用的技术方法和措施是否符合规范要求，由相关责任主体判定。其中，创新性的技术方法和措施，应进行论证并符合规范中有关性能的要求。历史文化名城、历史文化名镇名村、历史文化街区、历史地段、历史建筑等保护对象的保护利用应执行《城乡历史文化保护利用项目规范》，文物建筑和文物保护单位除外。《城乡历史文化保护利用项目规范》为国家标准，编号为 GB 55035，规范为强制性工程建设规范，全部条文必须严格执行。城乡历史文化保护利用应划定各类保护对象的保护范围，明确保护与利用要求，制定保护措施。当不同类别保护对象的保护范围出现重叠时，应按其中较为严格的控制要求执行。历史文化名城应根据城镇历史演变和现状风貌保存状况，将城镇中能体现其历史发展过程或某一发展时期风貌的地区划定为历史城区，保护和延续传统格局和历史风貌。历史文化名镇名村的保护范围应包括核心保护范围和建设控制地带。历史文化名镇名村内传统格局和历史风貌较为完整、历史建筑和传统风貌建筑集中成片的地区应划为核心保护范围，在核心保护范围之外应划定建设控制地带。历史文化街区的保护范围应包括核心保护范围和建设控制地带。历史文化街区内历史风貌较为完整、历史建筑和传统风貌建筑集中成片的地区应划为核心保护范围，在核心保护范围之外应划定建设控制地带。历史文化街区核心保护范围面积不应小于1公顷。历史地段的保护范围内应保存较为完整的传统格局和较好的历史风貌。历史建筑的保护范围应包括历史建筑本身和必要的风貌协调区。保护范围界线划定应符合下列规定：应保持在重要眺望点视线所及范围内建筑物外观界面完整及相应建筑物用地边界完整；应保持现状用地边界完整；应保持构成历史风貌的自然景观边界完整。城乡历史文化保护利用应分类别建立保护对象的档案数据库，进行信息化管理。城乡历史文化保护利用应采用多种形式加强应急力量建设，制定应急处置预案，综合运用人防、物防、技防等手段，提高防灾减灾救灾能力。城乡历史文化保护利用应加强保护对象的日常维护，及时发现并制止各类违法破坏行为。城乡历史文化保护利用应建立日常维护资金的投入机制，统筹整合各类资金，建立由政府、企业、事业单位、社会团体、个人等构成的多方合作机制。城乡历史文化保护利用应建立健全修缮技艺传承人和工匠的培训、评价机制，弘扬工匠精神。城乡历史文化保护利用应加强宣传教育，增强全社会历史文化保护传承意识。历史建筑应明确保护责任人及其保护义务和修缮、保养责任。

（二）历史文化名城应整体保护，传承传统营建智慧，新的城市建设不应改变与历史城区相互依存的人文环境及其所依存的地形地貌、河湖水系等自然景观环境。历史文化名城应保护城址环境的山水人文空间格局，制定切实可行的管控措施。历史文化名城应整体保护历史城区的传统格局、历史风貌和空间尺度，加强城垣轮廓、历史轴线、河湖水系、街巷肌理、重要节点等空间特征的保护和延续。历史文化名城应保护和延续历史风貌特色，严格控制历史城区的建筑高度、体量、风格、色彩。历史文化名城应保护重要的视线通廊，并对视线通廊内的建筑高度进行严格控制。历史城区应保护和延续具有历史意义的空间场所和标志物。历史城区内新建、改扩建的建（构）筑物应保持和延续历史风貌，增强名城特色。历史城区内与历史风貌不协调的建（构）筑物应予以整治改造。历史城区内城市更新禁止大拆大建、拆真建假、以假乱真，应遵循不破坏地形地貌、不砍老树，不破坏传统风貌，不随意改变或侵占河湖水系，不随意更改老地名，不随意拆除具有保护价值的老建筑、古民居的原则。历史城区应保持或延续原有的道路格局，保护传统街巷的原有空间尺度和界面。历史城区应优先发展公共交通，完善步行和自行车交通环境，提高公共交通可达性。历史城区的交通组织应以疏导为主，通过性的交通干路、交通换乘设施、大型机动车停车场应设置于历史城区外围。历史城区内不应新建高架道路、立交桥、货运枢纽等交通设施。历史城区内道路、桥梁、轨道、公交、停车场、加油站等交通设施的形式应满足历史风貌的管控要求，对风貌不协调的现有交通设施应予以整治改造。历史城区内应积极改善市政基础设施，设施建设应与历史风貌、用地布局及功能、道路交通等统筹协调。历史城区内不应保留污水处理厂、固体废弃物处理厂、区域锅炉房、燃气输气管线、输油管线和储气、储油设施等环境敏感型设施；不应新设置区域性大型市政基础设施站点。历史城区应因地制宜确定排水体制，优先采取雨污分流排水体制。历史城区应健全防灾安全体系，重视火灾及其他次生灾害的防治。历史城区内不应布置生产、储存易燃易爆、有毒有害危险物品的工厂和仓库。历史城区防洪堤坝工程设施应与自然环境、历史环境协调，保持滨水特色，重视历史防洪构筑物、码头等的保护与利用。历史文化名镇名村应保护山水形胜、地形地貌、河湖水系、田园风光、历史驳岸、古树名木等自然人文景观。历史文化名镇名村应保护与传统生产生活相关的设施、场所和景观。历史文化名镇名村应整体保护传统空间格局和历史风貌。历史文化名镇名村应保护街巷格局和尺度，不应拓宽传统街巷；路面铺装应保持延续传统的材料、尺寸和铺装方式。历史文化名镇名村的传统街巷界面应保持原有传统风貌建筑形式和高度。历史文化名镇名村应保持文化空间场所的景观环境和场地特征，保护和传承优秀传统文化。历史建筑、传统风貌建筑和其他传统生产生活设施，应采取分类保护和整治措施。历史建筑、传统风貌建筑的保护和修缮应采用地方材料、传统形式和施工工艺。历史建筑、传统风貌建筑应加强白蚁防治，分类施策，并做好动态监测和预防。不协调的建（构）筑物，应进行整治和改造。传统风貌建筑使用应根据居民的需求改善内部设施，适应现代生活，提升居住品质。历史文化名镇名村应保持和延续传统的道路格局和空间尺度，并利用原有道路街巷组织慢行交通。通过性交通干路不应穿越历史文化名镇名村的核心保护范围。机动车停车场的选址和规模不应破坏历史文化名镇名村的历史环境。历史文化名镇名村应积极改善市政基础设施，设施建设应与历史风貌、用地布局及功能、道路交通等统筹协调。历史文化名镇名村的消防应以防为主，消、防结合，强化火灾预警体系。因保护需要，按照现行标准和规范设置消防设施、消防通道确有困难的，应因地制宜制定防火安全保障方案。消防水塔建设应结合地形地貌，不应破坏历史风貌。寒冷地区消防给水管网应采取防冻措施。历史文化名镇名村应保留传统的自然排水方式，新建生活污水系统应因地制宜解决污水处理问题。当市政设施、管线布置与保护要求发生矛盾时，应在满足保护和安全性能要求的前提下，采取变通的技术措施。

（三）历史文化街区的保护与利用应保护历史信息的真实性，维护风貌的完整性，维持生活功能的延续性，禁止大拆大建、强制性搬迁居民。应保护和延续主体功能，传承传统文化习俗，保持历史文化街区内长期形成的邻里关系和社会结构。应采取政府主导、居民参与、逐步更新等方式改善生活条件和街区环境，完善城市功能，提升城市活力。历史文化街区应保护历史建筑、传统风貌建筑和古井、古桥、古树名木、围墙、石阶、铺地、水系、驳岸等历史环境要素。历史文化街区应改善基础设施和公共服务设施，提高环境品质。应以院落为单位采取逐步修缮与更新的方式，提高居住条件。历史文化街区应保护和延续文化活动，延续生活功能，提升街区活力。历史文化街区应对历史建筑、传统风貌建筑和其他建筑，分类采取修缮、改善、保留、整治等措施。历史文化街区核心保护范围内，除必要的基础设施和公共服务设施外，不应进行新建、扩建活动。新建必要的基础设施和公共服务设施应与历史风貌协调。历史文化街区内与历史风貌有冲突的建（构）筑物整治、拆除、重建，应符合历史风貌的保护要求。历史文化街区建设控制地带内新建、改建建筑的高度、体量、色彩、肌理等，应与核心保护范围内的历史风貌协调。历史文化街区内建筑物的使用，应根据居民当代生活需求，改善内部设施，确保安全、合理利用。历史文化街区内的标志牌、户外广告牌、招牌、空调室外机等设施不应破坏建筑外观和景观环境。历史建筑不应设置户外广告。历史文化街区应保护传统街巷格局、空间尺度和沿街建筑界面特征，不应擅自拓宽传统街巷。路面铺装应延续传统的材料、尺寸和铺装方式。历史文化街区内不应设置高架道路、立交桥、高架轨道、客货运枢纽、大型停车场、大型广场、加油站等交通设施。历史文化街区应优先发展步行和自行车交通，完善无障碍设施，提高公共交通出行的可达性。历史文化街区内的市政基础设施改善应保证历史建筑、其他既有建筑和管线的安全，按照先地下、后地上的顺序统筹安排。过境市政工程管线不应穿越历史文化街区核心保护范围。市政场站选址应避让历史建筑、古树名木等，并应采用小型化的市政站点设施，与历史风貌协调。市政工程管线应优先采用地下敷设方式，因受条件限制确需采用架空或沿墙敷设方式的，应进行隐蔽和美化处理，并应符合历史风貌保护要求。在狭窄地段敷设管线，无法满足相关规范的安全间距要求时，应采用新材料、新工艺等变通的工程措施，满足管线安全运营管理要求。必要的市政基础设施和公共服务设施配置，应优先利用既有建筑进行。历史地段的空间肌理及历史环境，历史地段内的历史建筑、传统风貌建筑和其他相关遗存均应进行保护。历史地段内的新建建筑应当与景观风貌相协调，不应破坏景观、污染环境。历史地段传统居住生活类型地区改善市政基础设施和公共服务设施应采用微改造方式。历史地段内应因地制宜增加小型公共开放空间，融入文化要素，提升公共空间品质。历史地段传统居住生活类型地区改善市政基础设施和公共服务设施应采用微改造方式。历史地段内应因地制宜增加小型公共开放空间，融入文化要素，提升公共空间品质。不同时期、不同类型的历史建筑均应进行保护，应加强保护修缮和日常保养维护，维护历史建筑的主要特征，不应破坏或遮挡体现历史建筑核心价值的外观、结构和构件。历史建筑加建、改建和添加设施应与历史建筑的传统形式、色彩、材质等相协调。在不影响历史文化价值的前提下，应结合实际使用需求有效提升历史建筑在消防安全、无障碍、节能等方面的性能。历史建筑应优先延续原有使用功能，并应改善结构、增加厨卫等内部设施，提升居民生活质量。应结合需求引导历史建筑与非物质文化遗产相结合，在保证安全前提下允许开展特色餐饮、酒店民宿、传统商业等与文化价值特色相适宜的经营活动。历史建筑的利用严禁下列行为：擅自涂改、迁移、拆除；损坏承重结构，危害建筑安全；破坏历史特征、艺术特征、空间和风貌特色的修缮维护、设施添加或结构改变；在历史建筑内生产、储存、经营爆炸性、易燃性、毒害性、放射性、腐蚀性等危险品。

三、中国历史文化名镇名村申报与美丽宜居村庄示范

（一）申报中国历史文化名镇名村，应为已经省级人民政府及新疆生产建设兵团批准公布的省级历史文化名镇名村，并符合下列条件：保存文物特别丰富，历史建筑集中成片，保留着传统格局和历史风貌，历史文化名镇现存文物保护单位、尚未核定公布为文物保护单位的不可移动文物及历史建筑总建筑面积不小于5000平方米；历史文化名村现存文物保护单位、尚未核定公布为文物保护单位的不可移动文物及历史建筑总建筑面积不小于2500平方米。传统格局基本完整，且构成镇（村）格局和历史风貌的街巷、环境要素是历史遗存原物，保存文物丰富或历史建筑集中成片。具有下列历史文化价值之一，对推动全国或某一地区的经济社会发展起过重要作用，具有全国或地区范围的影响；或系当地水陆交通中心，且为闻名遐迩的客流、货流、物流集散地；能够体现镇（村）古代悠久历史、近现代变革发展、中国共产党诞生与发展、中华人民共和国建设发展、改革开放伟大进程等特定历史时期的建设成就；与历史名人和重大历史事件、重大工程相关；镇（村）选址、空间格局、肌理风貌、建筑技艺、农耕景观等体现传统文化、民族特色、地域特征、时代风格或延续特定的农耕生产方式；保留有丰富的非物质文化遗产，保持传统生活延续性，承载历史记忆和情感。具有完善的保护管理机制，编制并有效实施历史文化名镇名村保护规划；保护管理主管部门明确，职责清晰，人员稳定，并有相应的专业管理人员；保障经费投入，将保护资金列入本级财政预算；建立对保护工作实施监督、意见反馈的公众参与机制。近3年未发生大拆大建、拆真建假、破坏保护对象等致使镇（村）历史文化价值受到严重影响的事件，未发生重大文物安全事故和重大文物违法事件。申报程序与材料，县级申请，按照“严谨、客观、规范”的原则，由申报地所在县级住房和城乡建设（规划）主管部门会同文物主管部门组织编制申报材料。申报材料要准确、真实，经县级人民政府同意后，报省级住房和城乡建设（规划）主管部门和省级文物主管部门。省级初审，各省级住房和城乡建设（规划）主管部门会同文物主管部门组织专家进行初审，将符合中国历史文化名镇名村要求的推荐名单报住房和城乡建设部、国家文物局。专家评审，住房和城乡建设部会同国家文物局组建专家组，对各地上报的材料进行评议，结合实地抽查，从中遴选出符合条件的镇（村），提出专家评议意见。确定名单，住房和城乡建设部会同国家文物局对专家评议意见进行审定，确定中国历史文化名镇名村建议名单。经向社会公示后，由住房和城乡建设部、国家文物局正式公布。请各省级住房和城乡建设（规划）主管部门在中国历史文化名镇名村申报信息平台录入并上传本地区历史文化名镇名村电子版申报材料。申报材料包括以下内容：申请报告，概述拟推荐镇（村）的地理位置、环境条件、村镇规模、民族构成、文化传统、水陆交通、社会经济和建设等状况，并着重说明其传统建筑（群）及其环境的历史沿革、原状保存情况、现状规模、空间分布、价值特色以及现存建筑的实际建造年代等情况。经省级人民政府及新疆生产建设兵团批准或省级住房和城乡建设（规划）主管部门组织审查的名镇名村保护规划。省级历史文化名镇名村证明文件。相关申报表格，包括《中国历史文化名镇名村申报表》（表3-2）、《中国历史文化名镇名村自评表》（表3-3）和《中国历史文化名镇名村基础数据表》（略）。名镇名村保护利用相关制度文件，包括对名镇名村原貌保存、修缮利用、环境整治等方面所制定的规章制度及具体办法。相关图片及电子幻灯片资料，能反映名镇名村传统建筑群风貌的，与《中国历史文化名镇名村自评表》有对应关系的照片（标注照片名称）、电子幻灯片等。电子幻灯片包括以下内容：名镇名村概况及历史沿革简介；历史文化特色简介；历史文化资源和特色风貌简介；名镇名村保护规划简介；名镇名村保护措施简介。各地组织做好中国历史文化名镇名村申报工作，同时对尚未深入开展历史文化名镇名村普查认定的县（市、区、旗），要注重发挥大专院校、科研设计单位、社会团体及专家学者等社会各方面力量开展调查工作，确保申报的镇（村）具有保护价值。

中国历史文化名镇名村申报表 **表3-2**

<table>
<tr><td>申报单位名称</td><td colspan="5"></td></tr>
<tr><td colspan="6">价值与特色简介：</td></tr>
<tr><td rowspan="4">各级文物保护单位数量、总面积及完好比率</td><td colspan="2">总体情况</td><td>国家级</td><td>省级</td><td>县（市）级</td></tr>
<tr><td>数量（处）</td><td></td><td></td><td></td><td></td></tr>
<tr><td>总面积（m²）</td><td></td><td></td><td></td><td></td></tr>
<tr><td>完好比率（%）</td><td></td><td></td><td></td><td></td></tr>
<tr><td rowspan="2">已公布登记不可移动文物数量</td><td rowspan="2"></td><td colspan="2">不可移动文物总建筑面积（m²）</td><td colspan="2">不可移动文物完好比率（%）</td></tr>
<tr><td colspan="2"></td><td colspan="2"></td></tr>
<tr><td rowspan="2">已公布历史建筑数量</td><td rowspan="2"></td><td colspan="2">历史建筑总建筑面积（m²）</td><td colspan="2">历史建筑完好比率（%）</td></tr>
<tr><td colspan="2"></td><td colspan="2"></td></tr>
<tr><td rowspan="2">镇（村）保护范围（hm²）</td><td rowspan="2"></td><td colspan="2">核心保护范围（hm²）</td><td colspan="2">建设控制地带（hm²）</td></tr>
<tr><td colspan="2"></td><td colspan="2"></td></tr>
<tr><td rowspan="2">非物质文化遗产数量</td><td rowspan="2"></td><td>国家级</td><td colspan="2">省级</td><td>县（市）级</td></tr>
<tr><td></td><td colspan="2"></td><td></td></tr>
<tr><td>历史名人和重大历史事件</td><td colspan="5"></td></tr>
<tr><td>县级住房和城乡建设部门、文物部门意见</td><td colspan="5">（签章）</td></tr>
<tr><td>省级住房和城乡建设、文物主管部门推荐意见</td><td colspan="5">（签章）</td></tr>
<tr><td>备　注</td><td colspan="5"></td></tr>
</table>

中国历史文化名镇名村自评表 **表3-3**

名称：　　　　省（自治区、直辖市）　　　　县（市、区）　　　　镇（村）　　　　填表人及电话：

填表时间（盖章）：

指标	指标分解及释义	分值升降方法指标填写	最高限分	实际得分
一、价值特色			70	
1. 镇或村庄建成区文物等级与数量	（1）文物保护单位数量	1处1分，每增加1处增加1分	5	
	（2）文物保护单位最高等级	县市级1分；省级3分；国家级和世界文化遗产5分	5	
	（3）尚未核定公布为文物保护单位的不可移动文物数量	2处1分	3	
2. 镇或村庄建成区历史建筑数量	（4）市县政府公布的历史建筑数量	2处1分	5	

续表

指标	指标分解及释义	分值升降方法指标填写	最高限分	实际得分
3. 镇或村庄建成区不可移动文物与历史建筑规模	（5）现存文物保护单位、尚未核定公布为文物保护单位的不可移动文物、历史建筑的建筑面积	名镇：5000 平方米 1 分，每增加 2500 平方米增加 1 分。 名村：2500 平方米 1 分，每增加 1000 平方米增加 1 分	3	
4. 重要职能特色	（6）反映重要职能与特色的不可移动文物和历史建筑保存完好情况（重要职能特色指历史上曾作为区域政治中心、军事要地、交通枢纽和物流集散地；少数民族宗教圣地；传统生产、工程设施建设地；集中反映地区建筑文化和传统风貌；重大历史事件发生地或名人生活居住地；突出反映社会主义制度建立各方面取得的巨大成就；突出反映改革开放后国家发展取得的伟大成就）	一级 3 分；二级 2 分；三级 1 分。 一级：不可移动文物和历史建筑（群）及其建筑细部乃至周边环境基本上原貌保存完好。 二级：不可移动文物和历史建筑（群）及其周边环境虽部分倒塌破坏，但“骨架”尚存，部分建筑细部亦保存完好。 三级：因年代久远，历史建筑（群）及周边环境虽曾倒塌破坏，但已按原貌对部分重要历史建筑进行加固修缮	3	
5. 历史环境要素	（7）保存有体现村镇传统特色和典型特征的环境要素数量	2 处 1 分，每增加 2 处增加 1 分。 （拥有 50% 保存完好的城墙为 1 分，每增加 10% 增加 1 分，以保存城墙的长度为基准衡量，出现明显断裂坍塌的分值减半）	3	
6. 历史街巷（河道）占比和规模	（8）历史街巷（河道）占比情况	形态完整、传统风貌连续的历史街巷（河道）数量占核心保护范围内街巷（河道）总数比例达 50% 的 1 分，每增加 25% 增加 1 分	2	
	（9）保存有形态完整、传统风貌连续的历史街巷（河道）数量	2 条 1 分，每增加 1 条增加 1 分。 注：历史街巷或河道的走向、宽度均应保持原貌，且长度不应低于 50 米，3 条及以上需有相交街巷，否则分值减半	5	
	（10）保存有形态完整、传统风貌连续的历史街巷（河道）总长度	200 米 1 分，每增加 200 米增加 1 分。 注：两侧或一侧有建筑的街巷（河道），文物建筑与历史建筑比例应为 60% 以上；对所有历史街巷（包括两侧均无建筑的街巷、河道），其路面（河岸）保持传统材料及铺装方式的比例均应为 75% 以上	3	
7. 核心保护范围风貌完整性、历史真实性、空间格局及特色功能	（11）空间格局及功能特色	聚落空间格局保持较为完整，传统功能尚在 1 分；聚落空间格局保持十分完整或仍保存有明显特殊功能（消防、给水排水、防盗、防御等）反映传统布局特色理论 2 分；聚落空间格局既保持十分完整，并且保存有明显特殊功能反映传统布局特色理论 3 分	3	
	（12）核心保护范围用地面积规模	注：核心保护范围文物建筑与历史建筑面积至少占 50% 以上，其中，名镇 5 公顷及以下 1 分；每增加 2 公顷增加 1 分。名村 2 公顷及以下 1 分；每增加 2 公顷增加 1 分	5	
	（13）核心保护范围文物保护单位、尚未核定公布为文物保护单位的不可移动文物、历史建筑用地面积占核心保护区全部用地面积比例	50% 及以下 1 分，每增加 10% 增加 1 分	4	
	（14）核心保护范围文物保护单位、尚未核定公布为文物保护单位的不可移动文物数量	5 处 1 分，每增加 3 处增加 1 分	4	
	（15）核心保护范围历史建筑数量	5 处 1 分，每增加 5 处增加 1 分	6	
8. 核心保护范围生活延续性	（16）核心保护范围中原住居民比例	50% 及以下 1 分，每增加 10% 增加 1 分。 注：每公顷用地面积常住人口不得小于 50 人，否则分值减半	5	

续表

指标	指标分解及释义	分值升降方法指标填写	最高限分	实际得分
9. 非物质文化遗产	（17）拥有传统节日、传统手工艺和特色传统风俗类型，以及源于本地，并广为流传的诗词、传说、戏曲、歌赋的数量	2个1分；每增加2个增加1分	3	
	（18）非物质文化遗产等级及数量	国家级1处及以上3分；省级1处1分，每增加1处增加0.5分；市县级1处0.5分，每增加1处增加0.2分。 注：不同等级非物质文化遗产得分相加最高为3分	3	
二、保护措施			30	
10. 保护规划	（19）保护规划编制与实施	已编制完成保护规划3分；规划已经批准、并按其实施8分。 没有按保护规划实施，造成新的破坏的此项不得分	8	
11. 保护修复措施	（20）历史文化名镇名村保护标志牌设置情况	设置2分，未设置0分	2	
	（21）对尚未核定公布为文物保护单位的不可移动文物建档并挂牌保护的比例	50%及以下1分；每增加10%增加1分	5	
	（22）对历史建筑挂牌保护的比例	未挂牌不得分，60%及以下1分；每增加10%增加1分	5	
	（23）建立保护规划及修复建设公示栏情况	建立保护规划公示栏1分；建立保护规划、修复、建设公示栏2分	2	
12. 保障机制	（24）保护管理办法的制定	办法已制定1分；正式颁布2分	2	
	（25）保护机构及人员	有保护管理人员1分；有专门保护管理机构2分；已成立政府牵头多部门组成的保护协调机构3分	3	
	（26）每年用于保护维修资金占全年村镇建设资金	10%（含）1分；每增加10%增加1分。（注：资金使用范围限于镇、村建成区范围内）	3	
总计	其中：一、价值特色为　　分；二、保护措施为　　分		100	

填表说明：历史建筑是经城市、县人民政府确定公布的具有一定保护价值，能够反映历史风貌和地方特色，未公布为文物保护单位，也未登记为不可移动文物的建筑物、构筑物。历史建筑以院落为单位填报。体现传统特色和典型特征的环境要素是指城墙、城（堡、寨）门、牌坊、古塔、园林、古桥、古井、100年以上古树等。保护范围是指保护规划确定的核心保护范围和建设控制地带的总和。表格根据填报内容可自行增加。

（二）美丽宜居村庄传统村落示范，到2025年，全国平均村庄绿化覆盖率达到32%，乡村“四旁”植树15亿株以上，全面巩固提升国家森林乡村，绿化一批国有林区、国有林场居住点，建设一批具有地方特色的森林乡村、绿美乡村，乡村自然生态得到全面保护，加强历史文化名镇名村、传统村落、传统民居保护与利用，提升防火防震防垮塌能力。保护民族村寨、特色民居、文物古迹、农业遗迹、民俗风貌，实现普查范围内乡村散生古树名木和古树群全面挂牌保护。以美丽宜居村庄创建示范为载体，推进乡村建设，持续改善乡村风貌和人居环境、完善公共基础设施、提升公共服务水平、培育文明乡风，为全面推进乡村振兴贡献力量。主要目标：“十四五”期间，争取创建示范美丽宜居村庄1500个左右，引领带动各地因地制宜推进省级创建示范活动，打造不同类型、不同特点的宜居宜业和美乡村示范样板，推动乡村振兴。创建示范标准，美丽宜居村庄以行政村为单位，通过创建示范达到环境优美、生活宜居、治理有效等要求（表3-4），与全面推进乡村振兴的要求相适应。美丽宜居村庄创建示范标准将根据乡村振兴工作要求和示范推进实践效果进行动态调整。同等条件下，符合下列情形之一的优先支持创建：村或村“两委”班子成员获得省部级以上荣誉称号；具备连片创建示范条件的核心村；有稳定建管资金和机制保障的行政村。创建示范程序，各地农业农村、住房和城乡建设部门动员组织辖区内行政村积极参与，对照创建示范标准，组织引导村民自愿进行创建提升。各地县级农业农村、住房和城乡建设部门将符合条件村庄的申报材料，按程序报送至省级农业农村、住房和城乡建设部门。省级农业农村、住房和城乡建设部门对申报材料进行审查，并组织实地核查，择优向农业农村部、住房和城乡建设部推荐。对省级农业农村、住房和城乡建设部门提交的推荐材料组织专家评审，并根据实际情况适时开展实地抽查。对通过评审的村，经公示后发文认定命名。农业农村部、住房和城乡建设部对已命名的美丽宜居村庄实施动态监测评估。

美丽宜居村庄创建示范标准指标 **表3-4**

一级指标	二级指标	指标内容
环境优美（30分）	1. 整体风貌	村庄布局合理，村庄形态与自然环境有机融合，村庄建设顺应地形地貌，彰显乡土特征和地域特色，整体风貌和谐
	2. 自然风光	山水林田湖草等自然资源得到有效保护和修复，不挖山填湖、不破坏水系、不砍老树
	3. 田园景观	村域内农田、牧场、林场、渔塘等田园景观优美，避免破坏性开发和过度改造
	4. 环境保护	工业污染物、农业面源污染得到有效控制，农业生产废弃物基本实现资源化利用。推广使用清洁能源。推进农村人居环境整治提升，村庄干净整洁有序
生活宜居（40分）	1. 宜居农房	开展农村危房改造和农房抗震加固，村内无危房。推广“功能现代、成本经济、结构安全、绿色环保、与乡村环境相协调”的现代宜居农房建设，满足农民现代生产生活需要。农房建设管理规范有序，新建农房有审批，农房风貌协调
	2. 街巷院落	村庄街巷、公共空间等保持传统乡村形态、尺度宜人，古树名木、石阶铺地、井泉沟渠等乡村景观保护良好，街巷院落干净整洁，广泛开展美丽庭院创建活动。积极采用乡土树种、果蔬对公共空间、房前屋后进行绿化美化
	3. 基础设施	基础设施完善，长效管护措施到位，管理维护良好。村庄道路硬化亮化，供水安全清洁，供电稳定，通信网络畅通，消防和防灾减灾设施齐全。基本普及卫生厕所，农村生活垃圾收运处置体系和生活污水治理设施完善
	4. 公共服务	农村教育、文化、医疗、养老、文化体育、应急救援等基本公共服务体系健全，居民享受公共服务可及性、便利性高。设置寄递物流和电商服务网点、益农信息社等服务平台，满足村民需求
治理有效（30分）	1. 共建共治	强化党建引领，村级党组织领导有力，村民自治制度健全，村民议事协商形式务实有效，村民主动参与村庄事务，共建共治共享美好家园
	2. 共同富裕	因地制宜发展特色产业，村集体经济可持续发展，村民人均可支配收入达到所在省份平均水平，村民获得感、幸福感、安全感显著提升
	3. 文化传承	充分挖掘和保护村庄物质和非物质文化遗存，传承优秀传统文化。保护利用文物古迹、传统村落、民族村寨、传统建筑、农业文化遗产、灌溉工程遗产。培育乡村建设工匠、乡村“明白人”“带头人”
	4. 乡风文明	社会主义核心价值观融入村民日常生活，村规民约务实管用，乡风民风淳朴、邻里和谐，推进移风易俗

备注：各地可结合实际对上述标准指标进行分值赋权，并根据指标内容进一步细化评分标准。

传统村落集中连片保护利用示范，支持目标和重点，在传统建筑保护和活化利用、县域统筹推进保护发展等方面探索和推广一批典型案例和经验做法，完善传统村落保护利用和传承发展政策机制和法规制度，处理好传统与现代、继承与发展的关系，坚定文化自信，留住乡亲、护住乡土、记住乡愁。把保护传承和开发利用有机结合起来，把我国农耕文明优秀遗产和现代文明要素结合起来，赋予新的时代内涵，推动乡村全面振兴，让中华优秀传统文化生生不息，让中华千年农耕文明彰显新时代的魅力和风采。支持重点向位处于中西部、基础工作较扎实、乡村特色产业成熟度较高的地区倾斜，重点支持建设宜居宜业和美乡村，推动留住乡风乡韵乡愁。2023年在全国范围选择35个左右传统村落集中的县开展传统村落集中连片保护利用示范，示范期2年。申报县区应拥有5个及以上列入国家保护名录的中国传统村落。每个省份可以推荐1~2个县区参评示范县区，中央财政对示范县区予以定额奖补，其中东、中、西部示范县区补助基准分别为3000万元、4000万元、5000万元；同时根据示范县区拥有中国传统村落数量情况赋予相应奖补系数，拥有5~9个、10~19个、20个及以上中国传统村落的示范县区补助系数分别为1、1.25、1.5。每个示范县区的补助资金为相应的补助基准乘以补助系数。申报流程，各省（自治区、直辖市）财政、住房和城乡建设部门结合实际按申报条件要求推荐符合条件的县区参评示范县区，制定传统村落保护补助资金绩效目标。可推荐2个示范县区的省份，推荐县区之间应体现文化内涵、产业特色、地区特征的差异。示范县区应按要求编制传统村落集中连片保护利用示范工作方案。推荐文件、绩效目标表及工作方案（仅电子版）上报。财政部、住房和城乡建设部对地方申报材料及相关佐证材料进行形式审核，确定参加评审的示范县区名单；组织专家对各省份申报材料进行评审，根据示范县区传统村落集中连片保护利用示范工作方案及相关佐证材料，进行现场打分；对评审结果进行认定，向社会公示无异议后正式公布，按程序拨付示范补助资金。传统村落保护利用示范工作方案，各省（自治区、直辖市）财政、住房和城乡建设部门组织申报传统村落保护利用示范工作，择优推荐符合条件的示范县区。各参评县区应紧扣要求编制工作方案，并仅报送电子版材料，切实减少申报工作相关支出。参评县区在编制传统村落保护利用示范工作方案：工作基础包括工作推动情况（包括省市级领导关心、支持传统村落保护发展情况），参评县区主要党政领导组织推动相关工作情况，参评县区成立领导小组、建立工作机制、召开专门会议、出台相关政策、投入省市级财政资金、吸引社会力量、组织动员村民等情况。保护发展现状包括传统村落挂牌情况、传统建筑数量变化情况、保护措施情况（含技术指导、整体保护要求、对新旧建筑的管控要求等）、风貌变化情况（含整体风貌、肌理格局、历史环境要素等）、非物质文化遗产代表项目传承发展情况、传统村落利用状态、利用形式、传统建筑利用情况、接待游客数量等情况，以及传统村落是否存在整体灭失情况。前期工作情况包括前期保护工作进展，公共传统建筑修缮、乡村基础设施建设、公共服务设施建设、人居环境整治、乡村特色产业发展奖补、制作传统村落数字影像资料等方面项目储备及开工情况，影响项目推进的主要原因。示范重点内容：各示范县区应着力探索传统村落保护、利用、传承、发展机制和模式，创新传统建筑保护和活化利用方式，在保持传统建筑原有外观风貌、典型构件的基础上，通过加建、改建和添加设施等方式适应现代生产生活需要，改善村落人居环境、保护传承文化遗产、挖掘利用特色资源发展新业态，发展乡土文化，留住乡愁记忆，破解传统村落可持续发展能力不足的问题。探索传统村落集中连片保护利用模式，以传统村落为节点，充分发挥片区内的历史文化、地方特产、绿色生态、田园风光等特色资源，实现资源规模化、多样化，促进一二三产业融合发展，探索县域统筹推进传统村落保护发展模式，强化县域传统村落保护利用规划引领，明确村落发展定位和发展时序，统筹基础设施和产业布局，破解农村房屋流转、建房用地、金融融资等政策机制障碍，整体提升乡村风貌，传承中华优秀传统文化，形成以传统村落保护利用推进乡村全面振兴的方法路径。示范工作措施与预期成效，明确示范工作目标及实施步骤，目标任务需明确量化，具有明晰的时间节点、建设任务分解、进度计划等。确定示范实施项目建设运营模式及资金安排渠道，明确相应的资金筹措方案和预算安排，相应的工作任务及职责分工、考核方式、运行维护资金分担保障机制等。建立共同参与机制，引导社会力量参与方式及内容等。明确引导企业、社会组织、城市居民等参与传统村落保护利用的措施及模式等。运用美好环境与幸福生活共同缔造理念，充分发挥政府、社会和村民力量。大力推动设计下乡工作，有关配套支持政策，包括在土地、房屋、金融、人才、就业等方面保障情况。示范县区通过示范项目建设应达到目标，工程措施方面保质保量完成实施方案确定的各项工程建设任务。

（三）乡村工匠“双百双千”培育工程实施方案，自2023年起，启动实施乡村工匠“双百双千”培育工程，力争到2025年底在全国认定百名乡村工匠大师、设立百个大师传习所，认定千名乡村工匠名师、设立千个名师工作室，弘扬传统技艺所蕴含的文化精髓和价值，活态传承发展优秀传统乡土文化，顺应乡土人才成长规律，激发乡村工匠内生动力，扶持乡村工匠领办创办特色企业，打造乡村工匠品牌。原则上每年每个省份可推荐9~10名乡村工匠名师，西部省份可增加1~2人，根据乡村工匠名师评定结果，每年每个省份可从中推荐1名乡村工匠大师，西部省份可增加1人。主要从县域内刺绣印染、纺织服饰、编织扎制、雕刻彩绘、传统建筑、金属锻铸、剪纸刻绘、陶瓷烧造、文房制作、漆器髹饰、印刷装裱、器具制作等领域的省级乡村工匠名师中产生。各地可结合实际适当拓展范围。认定条件：乡村工匠名师，国家相关部门联合认定的乡村工匠名师原则上从省级乡村工匠名师中产生，认定为省级及以上非遗代表性传承人的优先。同时具备以下条件：爱国敬业，遵纪守法，德艺双馨；技艺精湛、具有丰富传统技艺设计、制作实践经验和较高艺术造诣，在技艺传承中发挥重要作用；获得至少1次省级以上职业技能大赛、行业内省级以上比赛奖项，或在行业内享有较高声誉；领办创办或作为技术骨干参与经营的经营主体，在当地特色产业发展中起示范带头作用，能带动一定数量农民就业增收。乡村工匠大师，原则上从国家相关部门联合认定的乡村工匠名师中产生，认定为国家级非遗代表性传承人的优先。同时具备以下条件：爱国敬业，遵纪守法，德艺双馨；技艺精湛、具有丰富的创作经验和深厚的传统文化修养，是技艺传承中公认的代表人物；获得至少1次国家级职业技能大赛、行业内国家级比赛奖项，或在国内享有较高声誉；带动区域特色产业发展成效明显，已产生良好的经济社会效益。各省（自治区、直辖市）农业农村（乡村振兴）部门会同教育、工业和信息化、人力资源社会保障、住房和城乡建设、文化和旅游、妇联等相关部门，按照年度名额分配和认定条件推荐乡村工匠名师大师人选。支持技艺传承，支持乡村工匠名师大师设立工作室、传习所，开展师徒传承，提升技艺水平。对技艺设计提升能力强、带动县域产业发展、带动脱贫人口就业增收达到一定规模的工作室、传习所，经个人申请或组织推荐，省级农业农村部门审核推荐，由推进小组认定为乡村工匠名师工作室、大师传习所。支持技能培训，教育、文化和旅游、妇联等相关部门将乡村工匠名师工作室、大师传习所开展的技能培训纳入专项研培计划和专班培训，农业农村部（国家乡村振兴局）组织实施乡村工匠专门研培计划。鼓励普通高校、职业院校邀请乡村工匠名师大师进学校、进课堂，参与相关专业设置，特别是实践类课程建设，培养传统工艺专业人才。支持社会力量开展职业技能培训，助力乡村工匠提升技能水平。各地利用现有资金政策对乡村工匠名师大师开展技艺交流、产品研发、技能培训给予支持。支持产业发展，支持乡村工匠名师大师领办创办经营主体，鼓励申报农业农村部组织开展的新型农业经营主体信贷直通车活动，符合条件的按规定落实创业担保贷款、“富民贷”等各类金融支持政策；对吸纳脱贫人口、防止返贫监测对象就业的，按规定落实相关就业帮扶政策。鼓励乡村工匠名师大师领办创办特色产业项目，符合条件的纳入各地巩固拓展脱贫攻坚成果同乡村振兴有效衔接项目库，对发展产业带动就业，具有良好经济效益，并建立健全联农带农富农机制的，按规定统筹使用财政衔接推进乡村振兴补助资金、东西部协作资金、定点帮扶资金和社会捐赠资金等现有资金渠道予以支持。鼓励各地结合实际，加大政策支持力度，推动乡村工匠名师大师领办创办的各类经营主体集约发展，打造一批乡村工匠产业园区或依托现有产业园区培育发展一批乡村工匠专业园区。支持品牌培育，鼓励乡村工匠名师大师弘扬技艺、开发精品、创设品牌。鼓励高等学校和社会力量，挖掘乡村工匠品牌文化内涵，提升品牌策划设计水平，提高品牌价值和竞争力，打造乡村工匠产品品牌、劳务品牌。加大乡村工匠品牌宣传力度，讲好品牌故事，不断增强乡村工匠品牌知名度。依托中国农民丰收节、消费帮扶、劳务品牌发展大会等活动，提供营销服务，营造全社会支持乡村工匠品牌发展的良好氛围。支持开展多种形式的乡村工匠品牌交流展示活动，相互学习、相互借鉴、相互促进。支持评先评优，对传承传统技艺较好、产业带动效果明显、促进地方经济社会发展的乡村工匠名师大师，优先推荐为各级非物质文化遗产代表性传承人、乡村文化和旅游带头人，在全国城乡妇女岗位建功先进个人等表彰中予以适当倾斜，增强其获得感和荣誉感。组织乡村工匠名师大师参加全国乡村振兴职业技能大赛、巾帼创新创业大赛等活动，提高乡村工匠名师大师知名度。

第二节　世界自然与文化双遗产申报和历史文化名城保护

一、世界自然遗产申报项目

依据《城乡规划法》《风景名胜区条例》《保护世界文化和自然遗产公约》《实施〈保护世界文化和自然遗产公约〉的操作指南》等，规范世界自然遗产、自然与文化双遗产的申报，加强世界自然遗产、自然与文化双遗产的保护管理，适用申报列入联合国教科文组织《世界遗产名录》的自然遗产、自然与文化双遗产、涉及风景名胜区的文化景观，已列入《世界遗产名录》的世界自然遗产、自然与文化双遗产、涉及风景名胜区的文化景观的保护管理。世界自然遗产、自然与文化双遗产、涉及风景名胜区的文化景观申报、保护监督等工作应当遵循生态文明的理念，坚持科学规划、统一管理、严格保护、永续利用的原则。国家鼓励企业事业单位、社会团体、公民等以捐赠、技术支持、志愿者等方式参与世界遗产保护和研究。住房和城乡建设部负责组织审核世界自然遗产申报项目，会同国务院有关部门组织审核世界自然与文化双遗产、涉及风景名胜区的文化景观申报项目；负责世界自然遗产、自然与文化双遗产、涉及风景名胜区的文化景观的保护监督工作。省、自治区人民政府住房和城乡建设主管部门或直辖市人民政府风景名胜区主管部门按照职责分工，负责本行政区域世界自然遗产申报项目的初审，会同有关部门负责世界自然与文化双遗产、涉及风景名胜区的文化景观申报项目的初审；负责本行政区域世界自然遗产、自然与文化双遗产、涉及风景名胜区的文化景观的保护监督工作。申报世界遗产应当以保护和传承人类共同的珍稀遗产资源为宗旨，申报世界遗产的项目，应当满足下列基本条件：满足《世界遗产公约》《世界遗产公约操作指南》关于世界遗产突出价值、真实性和完整性等有关标准、条件和要求；编制了申报项目的保护管理规划；按程序列入《中国国家自然遗产、自然与文化双遗产预备名录》、联合国教科文组织《世界遗产预备清单》；属于依法划定的省级及以上风景名胜区等保护地；具有专门的管理机构。其中列入程序，按照住房和城乡建设部《中国国家自然遗产、自然与文化双遗产预备名录》和联合国教科文组织《世界遗产公约操作指南》有关要求执行。世界遗产申报流程分为申请预审和正式申报两个阶段。申请预审前，须报请所在省、自治区或直辖市人民政府批准同意。住房和城乡建设部收到预审申请后，组织专家对申请材料进行审核，并对申报项目进行综合评估；审核评估通过的项目，作为自预审申请开始第三年度的申报项目，按程序提交联合国教科文组织世界遗产中心进行预审。省、自治区人民政府住房和城乡建设主管部门或直辖市人民政府风景名胜区主管部门，应当将预审通过的项目，向住房和城乡建设部提出正式申报的申请。住房和城乡建设部收到正式申报的申请后，组织有关方面和专家对申报项目材料进行修改完善，按程序向联合国教科文组织世界遗产中心正式申报。联合国教科文组织世界遗产中心对预审材料或正式申报材料提出意见的，住房和城乡建设部组织有关省、自治区人民政府住房和城乡建设主管部门或直辖市人民政府风景名胜区主管部门、世界遗产地管理机构开展材料修改、补充和意见答复等工作。对列入联合国教科文组织《世界遗产预备清单》的世界遗产申报项目实行动态管理。世界遗产地管理机构应当按照国家有关法律法规、《世界遗产公约》等要求，建立健全各项保护管理制度，严格保护世界遗产地的资源、生态和环境，合理展示世界遗产地的突出价值。世界遗产保护管理规划是开展世界遗产保护管理和建设利用的基本依据。编制世界遗产保护管理规划应当依据《世界遗产公约操作指南》及有关技术规范的要求，坚持严格保护遗产地突出价值的原则，体现人与自然和谐发展和提升保护管理水平的要求，提出有关保护管理措施。世界遗产保护管理规划由世界遗产地管理机构负责组织实施。世界遗产地及其缓冲区范围内的各项管理措施和建设活动，应当符合世界遗产保护管理规划。世界遗产地内的建设项目，应当依法履行有关审批程序。住房和城乡建设部定期组织对世界遗产地资源保护管理情况进行集中检查和评估。对保护管理不力或人类活动影响致使其突出价值受到严重威胁或损害的世界遗产地，住房和城乡建设部将列入《中国世界遗产濒危名单》，并向全社会公布。

二、城市更新改造历史文化保护

具有保护价值的城市片区和建筑是文化遗产的重要组成部分，是弘扬优秀传统文化、塑造城镇风貌特色的重要载体。保护好、利用好这些珍贵历史文化遗存是城乡建设工作的使命和任务。历史文化街区划定和历史建筑确定专项工作，按照应划尽划、应保尽保原则，确保具有保护价值的城市片区和建筑及时认定公布。认定公布后，要及时挂牌测绘建档，明确保护管理要求，完善保护利用政策，确保有效保护、合理利用。对涉及老街区、老厂区、老建筑的城市更新改造项目，各地要预先进行历史文化资源调查，组织专家开展评估论证，确保不破坏地形地貌、不拆除历史遗存、不砍老树。对改造面积大于1公顷或涉及5栋以上具有保护价值建筑的项目，评估论证结果要向省级住房和城乡建设（规划）部门报告备案。历史文化街区是我国历史文化名城保护的核心内容，是历史文化遗产保护体系的重要组成部分，是历史传承的重要载体；历史建筑承载着不可再生的历史信息和宝贵的文化资源，具有重要的历史价值。开展历史文化街区划定和历史建筑确定，对于加强历史文化街区和历史建筑保护，延续城市文脉，提高新型城镇化质量，推动我国历史文化名城保护具有重要意义。核查所有设市城市和公布为历史文化名城的县中符合条件的历史文化街区和历史建筑基本情况和保护情况，公布历史文化街区和历史建筑名单。划定、确定工作为期5年。前3年基本完成目标任务，第一年完成总体工作的比例不低于30%，第二年不低于60%，第三年不低于90%；后2年对划定的历史文化街区和确定的历史建筑保护情况进行检查，补充发现符合条件但未公布的历史文化街区和历史建筑。历史文化街区划定标准，城镇中具备下列条件的传统居住区、商贸区、工业区、办公区等地区可以划定为历史文化街区：具有下列历史文化价值之一，在城镇形成和发展过程中起到重要作用，与历史名人和重大历史事件相关，能够体现城镇古代悠久历史、近现代变革发展、中国共产党诞生与发展、中华人民共和国建设发展、改革开放伟大进程等某一特定时期的建设成就。空间格局、肌理和风貌等体现传统文化、民族特色、地域特征或时代风格。保留丰富的非物质文化遗产和优秀传统文化，保持传统生活延续性，承载了历史记忆和情感。具有一定的规模和真实的物质载体，并满足以下条件，传统格局基本完整，且构成街区格局和历史风貌的历史街巷和历史环境要素是历史存留的原物，核心保护范围面积不小于1公顷。保存文物特别丰富，历史建筑集中成片，核心保护范围内文物建筑、历史建筑等保护类建筑的总用地面积不小于核心保护范围内建筑总用地面积的60%。历史建筑确定标准，具备下列条件之一，未公布为文物保护单位，也未登记为不可移动文物的居住、公共、工业、农业等各类建筑物、构筑物，可以确定为历史建筑：具有突出的历史文化价值，能够体现其所在城镇古代悠久历史、近现代变革发展、中国共产党诞生与发展、中华人民共和国建设发展、改革开放伟大进程等某一特定时期的建设成就。与重要历史事件、历史名人相关联，具有纪念、教育等历史文化意义。体现了传统文化、民族特色、地域特征或时代风格。具有较高的建筑艺术特征，代表一定时期建筑设计风格。建筑样式或细部具有一定的艺术特色。著名建筑师的代表作品。具有一定的科学文化价值，建筑材料、结构、施工工艺代表了一定时期的建造科学与技术。代表了传统建造技艺的传承。在一定地域内具有标志性或象征性，具有群体心理认同感。具有其他价值特色。

三、国家历史文化名城申报管理

国家历史文化名城应具有下列重要历史文化价值之一，与中国悠久连续的文明历史有直接和重要关联。国家历史文化名城应具有能够体现上述历史文化价值的物质载体和空间环境，体现特定历史时期的城市格局风貌、历史文化街区和历史建筑保存完好。历史文化街区不少于2片，每片历史文化街区的核心保护范围面积不小于1公顷、50米以上历史街巷不少于4条、历史建筑不少于10处。各级文物保护单位不少于10处，保存状态良好，且能够体现城市历史文化核心价值。申报国家历史文化名城的城市（县）应满足以下工作要求：对历史文化街区和历史建筑进行测绘，建立数字化档案，档案内容包括基础信息、测绘成果、保存保护状况、修缮利用情况、产权变更情况、建设资料等。建立历史文化名城保护管理平台，平台包括各类保护对象的数字测绘成果和基础信息、保护修缮、产权变更、建设资料等数字档案。设立历史文化街区和历史建筑标志牌。开展历史文化名城保护规划编制工作，评估历史文化价值、保护利用现状及存在问题，确定保护内容和重点，划定保护范围，提出保护展示利用策略建议，提出近期保护工作计划等。申报国家历史文化名城的城市（县）应对照国家历史文化名城条件标准，开展本市（县）历史文化价值研究，积极开展不可移动文物认定公布和文物保护单位核定公布，推动完成历史文化街区和历史建筑的认定公布工作，由城市（县）人民政府向省级住房和城乡建设（规划）主管部门提出评估申请。省级住房和城乡建设（规划）主管部门会同省级文物主管部门研究提出意见，经省、自治区、直辖市人民政府同意后，报请住房和城乡建设部、国家文物局开展评估。住房和城乡建设部会同国家文物局组织专家对申报城市（县）进行评估，出具是否符合国家历史文化名城条件标准的评估意见。经评估符合国家历史文化名城条件标准的城市（县），由省、自治区、直辖市人民政府提出申请，经住房和城乡建设部会同国家文物局组织有关部门、专家进行论证，提出审查意见，报国务院批准公布。名城内的名镇、名村（传统村落）、街区和历史地段、历史建筑等认定公布、设立标志牌、开展数字化信息采集和测绘建档，推进应保尽保、应挂尽挂等情况；文物保护单位核定公布情况，尚未核定公布为文物保护单位的不可移动文物登记公布、挂牌保护、建立并动态更新记录档案情况，地下文物埋藏区划定情况；工业遗产、农业文化遗产、灌溉工程遗产、非物质文化遗产、地名文化遗产等认定公布情况。历史建筑保护利用情况，包括留而不修、修后未用等空置状况。具有保护价值的老建筑、古民居加固修缮、消除安全隐患、活化利用等情况。历史文化街区和历史地段的保护修缮进展以及环境整治、公共服务设施提升、基础设施改造等情况。城镇格局、自然景观、人文环境和非物质文化遗产等保护情况，包括历史风貌破坏问题及整改情况。文物本体保存状况，文物保护单位保护范围和建设控制地带内影响文物保护单位安全及其环境的活动情况，以及已有的污染文物保护单位及其环境的设施情况；文物保护修缮工程（含安防消防防雷）情况；尚未核定公布为文物保护单位的不可移动文物日常保养情况；文物安全责任落实和安全管理情况；文物使用和开放利用的整体情况，文物对公众开放及开放状态情况。

第三节　城市既有建筑保留利用和更新改造及老旧小区改造

一、城市既有建筑保留利用和更新改造

城市发展是不断积淀的过程，建筑是城市历史文脉的重要载体，不同时期建筑文化的叠加，构成了丰富的城市历史文化。各地要充分认识既有建筑的历史、文化、技术和艺术价值，坚持充分利用、功能更新原则，加强城市既有建筑保留利用和更新改造。坚持城市修补和有机更新理念，延续城市历史文脉，保护中华文化基因。践行绿色发展理念，加强绿色城市建设工作，促进城市高质量发展。对不同时期的重要公共建筑、工业建筑、住宅建筑和其他各类具有一定历史意义的既有建筑进行认真梳理，客观评价其历史、文化、技术和艺术价值，按照建筑的功能、结构和风格等分类建立名录。建立既有建筑定期维护制度，指导既有建筑所有者或使用者加强经常性维护工作，保持建筑的良好状态，保障建筑正常使用。建立既有建筑安全管理制度，指导和监督既有建筑所有者或使用者定期开展建筑结构检测和安全性评价，及时加固建筑，维护设施设备，延长建筑使用寿命。鼓励按照绿色、节能要求，对既有建筑进行改造，增强既有建筑的实用性和舒适性，提高建筑能效。对确实不适宜继续使用的建筑，通过更新改造加以持续利用。按照尊重历史文化的原则，做好既有建筑特色形象的维护，传承城市历史文脉。支持通过拓展地下空间、加装电梯、优化建筑结构等，提高既有建筑的适用性、实用性和舒适性。对体现城市特定发展阶段、反映重要历史事件、凝聚社会公众情感记忆的既有建筑，尽可能更新改造利用。对符合城市规划和工程建设标准，在合理使用寿命内的公共建筑，除公共利益需要外，不得随意拆除。对拟拆除的既有建筑，拆除前应严格遵守相关规定履行报批程序。地方各级建设和规划主管部门要坚持共商共治共享理念，传承城市历史文脉、推进绿色发展的理念，鼓励全社会形成尊重、保护建筑历史文化和建筑资源的风气。对重要既有建筑的更新改造和拆除，保障公众的知情权、参与权和监督权。对不得不拆除的重要既有建筑，应坚持先评估、后公示、再决策的程序，组织城市规划、建筑、艺术等领域专家对拟拆除的建筑进行评估论证。对市县的城镇老旧小区、旧商业区、旧厂区改造，历史文化街区和历史建筑活化利用，以及利用存量房屋建设保障性租赁住房等既有建筑改造利用，由建设工程消防设计审查验收主管部门开展工作：完善消防设计审查验收技术依据。既有建筑改造不改变使用功能的，应执行现行国家工程建设消防技术标准，受条件限制的，应不低于建成时的消防技术标准。既有建筑改为他用的，试点市县消防设计审查验收主管部门应会同有关部门依据新旧消防技术标准，共同研究确定不同功能类型的既有建筑改造利用消防技术要点，作为消防设计审查验收的依据。连片改造中综合运用消防新技术、新设备、加强性管理措施等保障消防安全的，市县消防设计审查验收主管部门应会同有关部门组织特殊消防设计专家评审论证。既有建筑改造

利用不改变使用功能的，申请消防设计审查时可以不用提交建设工程规划许可文件；改为他用但不变更产权的，地区消防设计审查验收主管部门会同有关部门共同研究确定免于提交建设工程规划许可文件的情形。既有建筑改造利用消防验收应以经审查合格的消防设计文件为依据，细化与竣工验收同步开展或整合开展的具体措施。既有建筑改造利用应办理消防验收备案、火灾危险等级较低的，通过精简申请材料、告知承诺等方式，简化消防验收备案手续，加强信用管理。

二、老工业城市工业遗产保护利用实施方案

工业遗产是工业文明的见证，是工业文化的载体，是人类文化遗产的重要组成部分。工业遗产集中分布在老工业城市，见证了我国近现代工业化不同寻常的发展历程，也蕴藏着丰富的历史文化价值，亟需采取措施进行有效保护与合理利用。强化顶层设计和分级分类管理，形成能够彰显发展历程和文化特色的工业遗产保护利用体系。发挥政府投资引导作用，有效汇聚各类社会资源，营造各类主体共同参与的良好氛围。重点做好国家级和省级工业遗产保护利用，注重利用现代科技手段提高工业遗产保护利用水平。老工业城市应从尊重历史、尊重文化的角度出发，立足城市发展实际，探索加强工业遗产保护利用、打造“生活秀带”的有效路径。建立工业遗产分级保护机制，明确工业遗产构成，评估工业遗产价值，建设工业遗产数据库，为科学规划、分类保护、有效利用提供有力支撑。经认定的工业遗产清单及时向社会公布，具有重要价值的工业遗产及时核定公布为文物保护单位和珍贵可移动文物。加快甄别和抢救濒危工业遗产，完善工业遗产档案记录，加强修缮保养。依托价值突出、内涵丰厚的重点工业遗产，特别是已核定公布为全国重点文物保护单位和省级文物保护单位的工业遗产，开展工业遗产价值阐释展示，弘扬工业遗产当代价值。支持老工业城市依托工业遗产保护利用创建国家文物保护利用示范区。支持设立重要工业遗产博物馆、专业性工业技术博物馆、传统行业博物馆等，利用数字技术开发博物馆资源，建设智慧博物馆。将工业文化元素和标识融入内容创作生产、创意设计，利用新技术推动跨媒体内容制作与呈现，孕育新型文化业态。加快城市滨水地区港口和传统工业区的转型升级和用地更新，修复城市沿岸厂房、仓库和其他历史遗存，推动以工厂仓库为主的生产岸线转型为以公园绿地为主的生活岸线、生态岸线。强化博物馆、美术馆、纪念馆等公共文化服务功能，推动工业遗产保护利用工程对公众开放。依托工业遗产建设一批主题突出的工业遗址公园、城市文化公园等，推动工业遗产保护与城市形象提升相融合，将能够凸显工业文化特色的景观标志纳入城市建设规划。支持工业遗产保护利用与文化节、艺术节、博览会、体育比赛等交流活动相结合，弘扬新时代中国特色工业文化。实施城市工业遗产品牌培育提升行动，形成一批具有示范性、带动性和影响力的工业遗产文化产品和服务品牌，彰显城市特色。系统开展工业遗产价值研究，凝练中国工业遗产价值体系。围绕价值体系、认定原则、保护策略、利用模式等开展系统研究，形成相对完整独立的当代工业遗产保护理论体系。各老工业城市要提出《推动老工业城市工业遗产保护利用、打造“生活秀带”工作方案》，完善工业遗产档案记录，建设工业遗产数据库，及时向社会公布工业遗产清单。根据老工业城市印发实施的工作方案，选择部分具有重大价值或影响力、规模较大且工业历史风貌完整的优秀工业遗产，编制年度项目导向计划，适时启动工业遗产保护利用综合工程建设，优化工业遗产保护利用相关行政审批流程和规范标准。探索工业遗产国有资产确权和合法流通交易体制机制，鼓励各类市场主体以多种形式参与工业遗产保护利用，营造共建、共用、共享的良好氛围。

三、扎实有序推进城市更新

坚持城市体检先行，建立城市体检机制，将城市体检作为城市更新的前提。指导城市建立由城市政府主导、住房和城乡建设部门牵头组织、各相关部门共同参与的工作机制，统筹抓好城市体检工作。坚持问题导向，划细城市体检单元，从住房到小区、社区、街区、城区，查找群众反映强烈的难点、堵点、痛点问题。坚持目标导向，以产城融合、职住平衡、生态宜居等为目标，查找影响城市竞争力、承载力和可持续发展的短板弱项。坚持结果导向，把城市体检发现的问题短板作为城市更新的重点，一体化推进城市体检和城市更新工作。发挥城市更新规划统筹作用，依据城市体检结果，编制城市更新专项规划和年度实施计划，结合国民经济和社会发展规划，系统谋划城市更新工作目标、重点任务和实施措施，划定城市更新单元，建立项目库，明确项目实施计划安排。坚持尽力而为、量力而行，统筹推动既有建筑更新改造、城镇老旧小区改造、完整社区建设、活力街区打造、城市生态修复、城市功能完善、基础设施更新改造、城市生命线安全工程建设、历史街区和历史建筑保护传承、城市数字化基础设施建设等城市更新工作。强化精细化城市设计引导，将城市设计作为城市更新的重要手段，完善城市设计管理制度，明确对建筑、小区、社区、街区、城市不同尺度的设计要求，提出城市更新地块建设改造的设计条件，组织编制城市更新重点项目设计方案，规范和引导城市更新项目实施。统筹建设工程规划设计与质量安全管理，在确保安全的前提下，探索优化适用于存量更新改造的建设工程审批管理程序和技术措施，构建建设工程设计、施工、验收、运维全生命周期管理制度，提升城市安全韧性和精细化治理水平。创新城市更新可持续实施模式，坚持政府引导、市场运作、公众参与，推动转变城市发展方式。加强存量资源统筹利用，鼓励土地用途兼容、建筑功能混合，探索“主导功能、混合用地、大类为主、负面清单”更为灵活的存量用地利用方式和支持政策，建立房屋全生命周期安全管理长效机制。健全城市更新多元投融资机制，加大财政支持力度，鼓励金融机构在风险可控、商业可持续前提下，提供合理信贷支持，创新市场化投融资模式，完善居民出资分担机制，拓宽城市更新资金渠道。建立政府、企业、产权人、群众等多主体参与机制，鼓励企业依法合规盘活闲置低效存量资产，支持社会力量参与，探索运营前置和全流程一体化推进，将公众参与贯穿于城市更新全过程，实现共建共治共享。鼓励有立法权的地方出台地方性法规，建立城市更新制度机制，完善土地、财政、投融资等政策体系，因地制宜制定或修订地方标准规范。明确城市更新底线要求，坚持“留改拆”并举、以保留利用提升为主，鼓励小规模、渐进式有机更新和微改造，防止大拆大建。加强历史文化保护传承，不随意改老地名，不破坏老城区传统格局和街巷肌理，不随意迁移、拆除历史建筑和具有保护价值的老建筑，同时也要防止脱管失修、修而不用、长期闲置。坚持尊重自然、顺应自然、保护自然，不破坏地形地貌，不伐移老树和有乡土特点的现有树木，不挖山填湖，不随意改变或侵占河湖水系。坚持统筹发展和安全，把安全发展理念贯穿城市更新工作各领域和全过程，加大城镇危旧房屋改造和城市燃气管道等老化更新改造力度，确保城市生命线安全，坚决守住安全底线。各级住房和城乡建设部门要切实履行城市更新工作牵头部门职责，会同有关部门建立健全统筹协调的组织机制，有序推进城市更新工作。省级住房和城乡建设部门要加强对市（县）城市更新工作的督促指导，及时总结经验做法，研究破解难点问题。住房和城乡建设部将加强工作指导和政策协调，及时总结可复制推广的经验，指导各地扎实推进实施城市更新行动。坚持划定底线，除违法建筑和经专业机构鉴定为危房且无修缮保留价值的建筑外，不大规模、成片集中拆除现状建筑，原则上城市更新单元（片区）或项目内拆除建筑面积不应大于现状总建筑面积的20%。提倡分类审慎处置既有建筑，推行小规模、渐进式有机更新和微改造。倡导利用存量资源，鼓励对既有建筑保留修缮加固，改善设施设备，提高安全性、适用性和节能水平。对拟拆除的建筑，应按照相关规定，加强评估论证，公开征求意见，严格履行报批程序。严格控制大规模增建，原则上城市更新单元（片区）或项目内拆建比不应大于2。严格控制大规模搬迁，城市更新单元（片区）或项目居民就地、就近安置率不宜低于50%。确保住房租赁市场供需平稳，城市住房租金年度涨幅不超过5%。坚持应留尽留，全力保留城市记忆，保留利用既有建筑，不随意迁移、拆除历史建筑和具有保护价值的老建筑，不脱管失修、修而不用、长期闲置。保持老城格局尺度，延续城市特色风貌，坚持低影响的更新建设模式，保持老城区自然山水环境，保护古树、古桥、古井等历史遗存。鼓励采用当地建筑材料和形式，建设体现地域特征、民族特色和时代风貌的城市建筑。坚持量力而行，稳妥推进改造提升，加强统筹谋划，坚持城市体检评估先行，因地制宜、分类施策，合理确定城市更新重点、划定城市更新单元。探索可持续更新模式，推行混合用地类型，采用疏解、腾挪、置换、租赁等方式，发展新业态、新场景、新功能。提高城市安全韧性，在城市绿化和环境营造中，鼓励近自然、本地化、易维护、可持续的生态建设方式，优化竖向空间，加强蓝绿灰一体化海绵城市建设。城市更新实施是指在本市建成区内开展持续改善城市空间形态和功能的活动，具体包括：加强基础设施和公共设施建设，提高超大城市服务水平；优化区域功能布局，塑造城市空间新格局；提升整体居住品质，改善城市人居环境；加强历史文化保护，塑造城市特色风貌；市人民政府认定的其他城市更新活动，以及对旧区改造、旧住房更新、“城中村”改造的计划、实施等方面。城市更新规划资源部门负责组织编制城市更新指引，按照职责推进产业、商业商办、市政基础设施和公共服务设施等城市更新相关工作，并承担城市更新有关规划、土地管理职责。住房和城乡建设管理部门按照职责推进旧区改造、旧住房更新、“城中村”改造等城市更新相关工作，并承担城市更新项目的建设管理职责。经济信息化部门负责根据本市产业发展规划，协调、指导重点产业发展区域的城市更新相关工作。商务部门负责根据本市商业发展规划，协调、指导重点商业商办设施的城市更新相关工作。发展改革、房屋管理、交通、生态环境、绿化市容、水务、文化旅游、应急管理、民防、财政、科技、民政等其他有关部门在各自职责范围内，协同开展城市更新相关工作。城镇老旧小区改造工作衡量标准，详见表 3-5。

城镇老旧小区改造工作衡量标准 **表3-5**

一级指标	二级指标	内涵解释
一、需把牢的底线要求	（一）建立统筹协调机制	市、县均建立政府统筹、条块协作、各部门齐抓共管的专门工作机制，明确工作规则、责任清单和议事规程，形成工作合力。
	（二）科学合理确定改造计划	1. 确定年度改造计划从当地实际出发，尽力而为、量力而行，未层层下指标、搞“一刀切”，未超过当地资金筹集能力、组织实施能力，未盲目举债铺摊子、增加政府隐性债务。 2. 未将不符合当地城镇老旧小区改造对象条件的小区纳入改造计划。 3. 未以城镇老旧小区改造为名，随意拆除老建筑、搬迁居民、砍伐老树
	（三）改造资金使用符合相关规定	1. 建立城镇老旧小区改造项目储备库，对入库项目建立档案，实现同步录入改造项目基本情况、居民改造意愿、改造方案、工程进度、改造前后效果的数据、图片信息；根据小区配套设施状况，改造方案的完整性、针对性，居民改造意愿等，对入库项目初步实施方案进行量化计分、排序，明确纳入年度改造计划的优先顺序。 2. 无资金截留、挪用等违规违纪行为。
	（四）加强专营设施改造统筹衔接	1. 省、市、县年度改造计划均与水电气热信等相关专营设施增设或改造计划有效衔接。 2. 对需改造水电气热信等设施的小区，开工改造前就水电气热信等设施形成统筹施工方案。
	（五）群众改造意愿强烈的内容应改尽改	1. 对于在老旧管线等市政配套基础设施、小区内建筑物本体公共部位、北方采暖区建筑节能改造以及公共区域无障碍设施、适老化改造、适儿化改造等方面存在短板的小区，将相关设施短板纳入改造方案。 2. 对于存在停车、加装电梯、充电、安防、照明、智能信包箱及快件箱等完善类短板的小区，有相关内容纳入改造方案。 3. 对存在体育健身以及养老、托育等提升类设施短板的小区，将相关设施短板纳入改造方案，通过改造、新建、租赁、购买等方式在片区层面统筹补齐
	（六）健全动员居民参与机制	1. 市、县均明确街道、社区在推动城镇老旧小区改造中的职责分工。 2. 实施改造的小区健全动员居民参与机制，发动居民参与改造方案制定、配合施工、参与过程监督和后续管理、评价与反馈小区改造效果。 3. 当年完工小区群众满意度
	（七）改造方案充分征求居民意见	1. 纳入年度改造计划的小区，居民应对小区实施改造形成共识，参与率、同意率达到当地规定比例。 2. 开工改造前，小区改造方案应经法定比例以上居民书面（线上）表决同意
	（八）居民对长效管理机制形成共识	开工改造前，居民就改造后小区物业管理模式、缴纳必要的物业服务费用等，集体协商形成共识并书面（在线）确认
	（九）强化改造质量安全监管	1. 完善城镇老旧小区改造质量安全事中事后监管机制，压实建设单位、设计单位、施工单位、监理单位等参建单位质量安全责任。 2. 工程质量符合标准，改造工程竣工验收合格。 3. 城镇老旧小区改造项目无工程质量安全问题
	（十）加强发现问题的整改	及时核查整改审计、国务院大督查发现的问题

续表

一级指标	二级指标	内涵解释
二、需重点破解的难点问题	（一）结合改造完善党建引领城市基层治理机制	1. 在改造的小区内成立党组织，在改造中由小区党组织引领多种形式基层协商。 2. 坚持党建引领，引导改造的小区选举业主委员会，在改造中业主委员会发挥积极作用。 3. 引导居民利用“互联网＋共建共治共享”等线上手段，对改造中共同决定事项进行表决，提高居民协商议事效率
	（二）推进片区联动改造	推进相邻小区及周边地区联动、连片实施改造
	（三）构建社区生活圈	以居住社区为单元，对待改造小区所在社区设施短板、安全隐患、可利用存量资源等开展摸排，有针对性地确定居民最需要改造建设的各类设施
	（四）多渠道筹措改造资金	1. 积极引导企业、产权单位（原产权单位）、专业经营单位等社会力量及居民出资。 2. 地方财政安排补助资金用于城镇老旧小区改造，积极通过发行地方政府专项债券或一般债券用于城镇老旧小区改造
	（五）培育改造规模化实施运营主体	鼓励改造项目由城镇老旧小区改造规模化实施运营主体实施
	（六）提升金融服务力度和质效	鼓励改造项目通过银行贷款、债券融资等方式筹集资金
	（七）构建适应存量改造的政策制度	1. 省、市、县出台精简改造项目审批方面配套政策。 2. 省级、地级及以上城市因地制宜完善适应改造需要的标准体系。 3. 省、市、县出台整合利用小区及周边存量资源、改造中既有土地集约混合利用和存量房屋设施兼容转换等方面配套政策
	（八）小区专营设施专业化管理	将改造后小区公共区域的水电气热信等专营设施设备产权依照法定程序移交给专业经营单位，由其负责维护管理
	（九）结合改造完善住宅专项维修资金归集、使用、续筹机制	鼓励结合改造，建立健全老旧小区住宅专项维修资金归集、使用、续筹机制
	（十）居民同步实施户内改造	制定引导促进小区居民结合改造同步实施户内管线改造、整体装修、家具家电消费等方面的政策措施

第四节　国家示范城市及装配式建筑评价

一、国家安全发展示范城市

国家安全发展示范城市每年评价命名一次，经城市自评、省级复核、国家评议后，由国务院安委会统一命名授牌。获得命名的国家安全发展示范城市三年后复评，符合条件的继续保留命名。参加国家安全发展示范城市创建的城市要聚焦以安全生产为基础的城市安全发展体系建设，主要包括以下方面：把城市安全纳入经济社会发展总体规划，加强建设项目安全评估论证，推动市政安全设施、城市地下综合管廊、道路交通安全设施、城市防洪安全设施等城市基础及安全设施建设，推进实施城区高危行业企业搬迁改造和转型升级等。国家安全发展示范城市评价细则详见表 3-6。

二、国家安全产业示范园区创建

国家安全产业示范园区是指依法依规设立的各类开发区、工业园区（聚集区）以及国家规划重点布局的产业发展区域中，以安全产业为重点发展方向，特色鲜明的产业集聚、集群区域。工信部会同应急管理部负责示范园区（含创建）的命名和指导工作。申报示范园区（含创建）应当具备以下基本条件：产业规划具有明确的产业发展规划和目标，发展内容符合相关政策要求。产业实力具有一定区位优势、产业基础和创新能力；有特色鲜明的发展区域，示范园区（含创建）内企业年销售收入须达到一定规模。其中，示范园区不低于 100 亿元（特殊类型地区不低于 80 亿元），创建单位不低于 40 亿元（特殊类型地区不低于 30 亿元）。示范园区（含创建）的评价指标体系包括产业规模、创新能力、安全保障和发展环境 4 类一级指标和 19 个二级指标。国家安全产业示范园区指标评价体系，详见表 3-7。

国家安全发展示范城市评价细则（2023版） 表3-6

一级项	二级项	三级项	评价内容
源头治理18分	1. 安全规划（9分）	（1）规划实施（4分）	落实国土空间总体规划及应急管理体系、安全生产、防灾减灾、消防等专项规划
		（2）安全准入（3分）	严格执行产业结构调整指导目录；新建化工项目按规定进园入区；重大工程项目开展安全风险评估与论证
		（3）风险评估（2分）	全面普查城市安全风险点、危险源；定期组织开展城市安全风险评估
	2. 基础设施（9分）	（4）市政设施（4分）	市政消火栓（消防水鹤）完好率100%；供水、供热和燃气老旧管网占比＜10%
		（5）交通基础设施（3分）	城市道路、桥涵隧道符合规划建设标准；中小学校、幼儿园周边交通安全设施齐全有效；公路危旧桥隧改造和安全设施精细化提升按计划完成
		（6）防洪排涝基础设施（2分）	城市堤防、河道等防洪工程按规划标准建设；城市行洪排涝能力与城市管网系统排水能力相匹配
安全风险监测预警12分	3. 监测预警平台（12分）	（7）城市综合平台（8分）	建成城市安全风险综合监测预警平台，对城市整体安全运行态势和跨行业领域风险进行分析研判，实现分级分类预警和联动处置
		（8）重点行业领域平台（4分）	针对燃气爆炸、火灾、大客流、城市内涝等风险，建设重点行业领域监测预警系统，实现“能监测、会预警、快处置”
重大隐患排查整治22分	4. 事故隐患排查整治（16分）	（9）建筑施工（2分）	危大工程专项施工方案按规定审查并施工；采取措施保护周边管道设施及建（构）筑物安全
		（10）管线运行（3分）	地下燃气管线未被建（构）筑物占压；管线未违规穿越地下密闭空间；燃气调压装置设置安全保护装置
		（11）公共场所（5分）	餐饮场所使用合格燃气具产品；对大客流进行监测预警和应急管控；人员密集场所安全出口、疏散通道等符合标准要求；按规定设置火灾自动报警系统等消防设施，依法办理建设工程消防设计审查验收手续；按规定对游乐设施开展日常检查、维护保养与定期检验检测
		（12）城市交通（4分）	长途客运车辆、旅游客车、危险货物运输车辆安装防碰撞和智能视频监控报警装置；按照规定进行城市轨道交通工程可研阶段、试运营前阶段、验收阶段安全评价，运营阶段安全评估和消防安全评估；城市船舶满足相应的安全技术标准，驾驶人员持证上岗；消除人员密集区域铁路平交道口
		（13）房屋建筑（2分）	老旧房屋安全鉴定率100%，并落实管控措施；建筑物楼顶及外墙附着物结构安全
	5. 灾害治理（6分）	（14）气象洪涝（3分）	动态整改水库大坝重大工程问题、缺陷；城市易涝点按整改方案和计划完成防涝改造；易燃易爆场所安装雷电防护装置并定期检测
		（15）地震地质（3分）	地震高烈度地区开展城市活动断层探测；按抗震设防要求设计和施工学校、医院等建设工程；编制实施年度地质灾害防治方案，采取自动监测技术防治地质灾害隐患点
安全监督管理18分	6. 责任体系（10分）	（16）党委政府（5分）	定期研究部署城市安全工作，将城市安全重大问题提请党委常委会研究；领导班子分工体现城市安全“一岗双责”
		（17）行业部门（5分）	明确各级各有关部门城市安全监管职责分工； 按照业务相近原则，厘清新业态、新风险安全监管责任；各功能区、乡镇（街道）明确负责安全生产监督管理的机构
	7. 监管执法（8分）	（18）监管力量建设（3分）	负有安全监管职责的部门按规定配备安全监管人员和装备；定期教育培训执法人员，建立先培训后执法机制
		（19）监管执法效能（5分）	建立完善“互联网＋监管”“互联网＋执法”系统；信息化执法率＞90%，执法检查处罚率＞5%；严格行政执法“三项制度”，定期曝光典型案例；建立监管执法责任倒查机制
安全保障能力20分	8. 城市应急救援（8分）	（20）应急救援力量（3分）	城市消防救援力量与城市人口万人配比率达到规划要求；按规划建设重点领域专业应急救援队伍；符合条件的企业依法建立专职消防队
		（21）应急救援保障能力（5分）	建立完善的城市突发事件应急预案体系，定期开展演练；开展城市应急准备能力评估；应急物资储备符合规划要求；按标准建设应急避难场所；将社会力量参与救援纳入政府购买服务范围

续表

一级项	二级项	三级项	评价内容
安全保障能力20分	9. 安全科技（2分）	（22）推广应用及淘汰落后（2分）	推广一批先进安全技术和产品；淘汰落后生产工艺、技术和装备
	10. 社会化服务（4分）	（23）社会技术服务（2分）	发挥专业技术服务机构作用；高危行业安全生产责任险覆盖率 100%
		（24）社区安全网格化（2分）	社区网格化覆盖率 100%；发现的事故隐患处理率 100%
	11. 安全文化（6分）	（25）安全宣传教育（3分）	中小学安全教育覆盖率 100%，定期开展应急避险演练活动；在公共场所和媒体平台开展安全公益宣传；建设安全应急教育体验基地或场馆
		（26）市民安全意识和满意度（3分）	市民具有较高的安全获得感、满意度，安全知识知晓率高，安全意识强
安全状况10分	12. 事故指标（10分）	（27）各项指标相对值（10分）	近五年参评城市亿元国内生产总值生产安全事故死亡率；道路交通事故万车死亡率；火灾十万人口死亡率；平均每百万人口因灾死亡率
鼓励项（5分） （1）将安全发展示范城市创建工作向基层延伸，开展创建安全发展示范市、示范县（区、市）活动；（2）在城市安全管理体制、制度、手段、方式创新等方面取得显著成绩和良好效果；（3）开展全国综合减灾示范县创建工作			

说明：本细则由一级项、二级项、三级项及评价内容构成，其中：一级项 6 个、二级项 12 个、三级项 27 个。

本细则总分设定为 100 分：源头治理（18 分）、安全风险监测预警（12 分）、重大隐患排查整治（22 分）、安全监督管理（18 分）、安全保障能力（20 分）、安全状况（10 分）。综合得分高于 90 分的城市，视为评价合格。

国家安全产业示范园区指标评价体系 **表3-7**

一级指标（分值）	二级指标（分值）	申报示范园区创建单位	申报示范园区
1. 产业规模（30）	1.1 园区安全产业领域内企业年销售收入（20）	≥ 40 亿元，特殊类型地区≥ 30 亿元	≥ 100 亿元，特殊类型地区≥ 80 亿元
	1.2 安全产业规模和水平处于国内同行业水平，拥有业内骨干企业数量（10）	产业规模和水平处于国内同行业前列，拥有 2 家以上业内骨干企业	产业规模和水平处于国内同行业领先，拥有 5 家以上业内骨干企业
2. 创新能力（15）	2.1 研发机构数量（5） （1）国家级工程技术研究中心数量；（2）省级工程技术研究中心数量；（3）国家级企业技术中心数量；（4）省级企业技术中心数量	省级不少于 2 家；省级以上重点实验室、院士工作站、博士后工作站等研发资源作参考	国家级不少于 1 家或省级不少于 3 家；省级以上重点实验室、院士工作站、博士后工作站等研发资源作参考
	2.2 研发投入占销售收入的比例（6）	≥ 1%	≥ 2%
	2.3 有效发明专利拥有量（4）	企业每亿元主营业务收入有效发明专利数≥ 0.3 件	
3. 安全保障能力（15）	3.1 园区内企业近三年生产安全事故发生情况（5）	无较大生产安全事故（一票否决项），一般生产安全事故＜ 2 起	
	3.2 园区内安全管理机构和工作机制建设情况（5）	园区安全生产管理机构健全，具有比较完善的安全生产管理工作机制	
	3.3 园区内企业安全管理体系和安全生产责任体系建设情况（5）	企业安全生产管理体系完善，安全生产责任制健全	
4. 发展环境（40）	4.1 安全产业发展体制机制创新（5）	所在地政府在发展规划、财政政策、政务服务、创新创业等方面对安全产业发展给予支持	
	4.2 人才体系建设情况（3）	所在地有完善的人才培养、引进、激励机制和政策保障，劳动关系和谐	
	4.3 拥有的投资机构和金融机构数量（3）	拥有不少于 1 家投资机构，并满足园区发展需要	拥有不少于 2 家投资机构，其中参与安全产业投资的金融机构不少于 1 家
	4.4 地方政府有无安全产业资金投入（4）	在专项资金、产业引导基金、技术改造经费等方面有投入	

续表

<table>
<tr><th>一级指标（分值）</th><th>二级指标（分值）</th><th>申报示范园区创建单位</th><th>申报示范园区</th></tr>
<tr><td rowspan="7">4. 发展环境（40）</td><td>4.5 地方政府制定产业政策情况（5）</td><td colspan="2">制定了产业发展规划、指导意见等政策</td></tr>
<tr><td>4.6 产学研合作开展情况（3）</td><td colspan="2">建立了产学研合作机制，对园区发展有重要作用，建有共性技术研发和推广应用平台</td></tr>
<tr><td>4.7 产业服务体系建设情况（3）</td><td>初步建成支撑产业发展的公共服务平台，具备一定的服务能力</td><td>具有投融资、保险、科技成果交易、市场开拓、现代物流、人才培养等公共服务能力，设施完善</td></tr>
<tr><td>4.8 骨干企业在业内发展水平（4）</td><td colspan="2">企业规模、技术、产品等在业内具有一定竞争优势；重点产品列入国家相关产业推广目录</td></tr>
<tr><td>4.9 品牌情况（2）</td><td colspan="2">拥有一批国际国内知名品牌，区域品牌建设成效显著</td></tr>
<tr><td>4.10 社会公益服务能力（4）</td><td>安全产品演示、体验与安全教育培训基地建设列入园区建设规划</td><td>安全产品演示、体验与安全教育培训基地初步建成，可面向企业、社会公众提供教育培训、体验等公共服务</td></tr>
<tr><td>4.11 应用水平（4）</td><td>编制安全产品示范应用项目建设规划，制定了保障示范应用工程建设的政策措施</td><td>开展先进安全产品示范应用工程建设，成效显著，有效提升了社会本质安全水平</td></tr>
</table>

说明：以上表中各项指标均限定于园区内安全产业。特殊类型地区包括革命老区、民族地区、边疆地区、困难地区（资源枯竭地区、产业衰退地区、生态严重退化地区等）。

三、装配式建筑示范城市评价

（一）装配式建筑是用预制部品部件在工地装配而成的建筑。发展装配式建筑是建造方式的重大变革，是推进供给侧结构性改革和新型城镇化发展的重要举措，有利于节约资源能源、减少施工污染、提升劳动生产效率和质量安全水平，有利于促进建筑业与信息化工业化深度融合、培育新产业新动能、推动化解过剩产能。按照适用、经济、安全、绿色、美观的要求，推动建造方式创新，大力发展装配式混凝土建筑和钢结构建筑，在具备条件的地方倡导发展现代木结构建筑，不断提高装配式建筑在新建建筑中的比例。坚持标准化设计、工厂化生产、装配化施工、一体化装修、信息化管理、智能化应用，提高技术水平和工程质量，促进建筑产业转型升级。《国务院办公厅关于大力发展装配式建筑的指导意见》工作目标，以京津冀、长三角、珠三角三大城市群为重点推进地区，常住人口超过300万的其他城市为积极推进地区，其余城市为鼓励推进地区，因地制宜发展装配式混凝土结构、钢结构和现代木结构等装配式建筑。力争用10年左右的时间，使装配式建筑占新建建筑面积的比例达到30%。同时，逐步完善法律法规、技术标准和监管体系，推动形成一批设计、施工、部品部件规模化生产企业，具有现代装配建造水平的工程总承包企业以及与之相适应的专业化技能队伍。重点任务：健全标准规范体系，加快编制装配式建筑国家标准、行业标准和地方标准，支持企业编制标准、加强技术创新，鼓励社会组织编制团体标准，促进关键技术和成套技术研究成果转化为标准规范。强化建筑材料标准、部品部件标准、工程标准之间的衔接。制修订装配式建筑工程定额等计价依据。完善装配式建筑防火抗震防灾标准。研究建立装配式建筑评价标准和方法。逐步建立完善覆盖设计、生产、施工和使用维护全过程的装配式建筑标准规范体系。创新装配式建筑设计，统筹建筑结构、机电设备、部品部件、装配施工、装饰装修，推行装配式建筑一体化集成设计。推广通用化、模数化、标准化设计方式，积极应用建筑信息模型技术，提高建筑领域各专业协同设计能力，加强对装配式建筑建设全过程的指导和服务。鼓励设计单位与科研院所、高校等联合开发装配式建筑设计技术和通用设计软件。优化部品部件生产，引导建筑行业部品部件生产企业合理布局，提高产业聚集度，培育一批技术先进、专业配套、管理规范的骨干企业和生产基地。支持部品部件生产企业完善产品品种和规格，促进专业化、标准化、规模化、信息化生产，优化物流管理，合理组织配送。积极引导设备制造企业研发部品部件生产装备机具，提高自动化和柔性加工技术水平。建立部品部件质量验收机制，确保产品质量。提升装配施工水平，引导企业研发应用与装配式施工相适应的技术、设备和机具，提高部品部件的装配施工连接质量和建筑安全性能。鼓励企业创新施工组织方式，推行绿色施工，应用结构工程与分部分项工程协同施工新模式。支持施工企业总结编制施工工法，提高装配施工技能，实现技术工艺、组织管理、技能队伍的转变，打造一批具有较高装配施工技术水平的骨干企业。推进建筑全装修，实行装配式建筑装饰装修与主体结构、机电设备协同施工。积极推广标准化、集成化、模块化的装修模式，促进整体厨卫、轻质隔墙等材料、产品和设备管线集成化技术的应用，提高装配化装修水平。倡导菜单式全装修，满足消费者个性化需求。推广绿色建材，提高绿色建材在装配式建筑中的应用比例。开发应用品质优良、节能环保、功能良好的新型建筑材料，并加快推进绿色建材评价。鼓励装饰与保温隔热材料一体化应用。推广应用高性能节能门窗。强制淘汰不符合节能环保要求、质量性能差的建筑材料，确保安全、绿色、环保。推行工程总承包，装配式建筑原则上应采用工程总承包模式，可按照技术复杂类工程项目招投标。工程总承包企业要对工程质量、安全、进度、造价负总责。要健全与装配式建筑总承包相适应的发包承包、施工许可、分包管理、工程造价、质量安全监管、竣工验收等制度，实现工程设计、部品部件生产、施工及采购的统一管理和深度融合，优化项目管理方式。鼓励建立装配式建筑产业技术创新联盟，加大研发投入，增强创新能力。支持大型设计、施工和部品部件生产企业通过调整组织架构、健全管理体系，向具有工程管理、设计、施工、生产、采购能力的工程总承包企业转型。确保工程质量安全，完善装配式建筑工程质量安全管理制度，健全质量安全责任体系，落实各方主体质量安全责任。加强全过程监管，建设和监理等相关方可采用驻厂监造等方式加强部品部件生产质量管控；施工企业要加强施工过程质量安全控制和检验检测，完善装配施工质量保证体系；在建筑物明显部位设置永久性标牌，公示质量安全责任主体和主要责任人。加强行业监管，明确符合装配式建筑特点的施工图审查要求，建立全过程质量追溯制度，加大抽查抽测力度，严肃查处质量安全违法违规行为。加大政策支持，建立健全装配式建筑相关法律法规体系。结合节能减排、产业发展、科技创新、污染防治等方面政策，加大对装配式建筑的支持力度。支持符合高新技术企业条件的装配式建筑部品部件生产企业享受相关优惠政策。符合新型墙体材料目录的部品部件生产企业，可按规定享受增值税即征即退优惠政策。在土地供应中，可将发展装配式建筑的相关要求纳入供地方案，并落实到土地使用合同中。鼓励各地结合实际出台支持装配式建筑发展的规划审批、土地供应、基础设施配套、财政金融等相关政策措施。政府投资工程要带头发展装配式建筑，推动装配式建筑“走出去”。在中国人居环境奖评选、国家生态园林城市评估、绿色建筑评价等工作中增加装配式建筑方面的指标要求。强化队伍建设，大力培养装配式建筑设计、生产、施工、管理等专业人才。鼓励高等学校、职业学校设置装配式建筑相关课程，推动装配式建筑企业开展校企合作，创新人才培养模式。在建筑行业专业技术人员继续教育中增加装配式建筑相关内容。加大职业技能培训资金投入，建立培训基地，加强岗位技能提升培训，促进建筑业农民工向技术工人转型。加强国际交流合作，积极引进海外专业人才参与装配式建筑的研发、生产和管理。

（二）住房和城乡建设部装配式建筑行动方案，到 2020 年，全国装配式建筑占新建建筑的比例达到 15% 以上，其中重点推进地区达到 20% 以上，积极推进地区达到 15% 以上，鼓励推进地区达到 10% 以上。鼓励各地制定更高的发展目标。建立健全装配式建筑政策体系、规划体系、标准体系、技术体系、产品体系和监管体系，形成一批装配式建筑设计、施工、部品部件规模化生产企业和工程总承包企业，形成装配式建筑专业化队伍，全面提升装配式建筑质量、效益和品质，实现装配式建筑全面发展。到 2020 年，培育 50 个以上装配式建筑示范城市，200 个以上装配式建筑产业基地，500 个以上装配式建筑示范工程，建设 30 个以上装配式建筑科技创新基地，充分发挥示范引领和带动作用。明确重点任务：编制发展规划，各省（区、市）和重点城市住房和城乡建设主管部门要抓紧编制完成装配式建筑发展规划，明确发展目标和主要任务，细化阶段性工作安排，提出保障措施。重点做好装配式建筑产业发展规划，合理布局产业基地，实现市场供需基本平衡。制定全国木结构建筑发展规划，明确发展目标和任务，确定重点发展地区，开展试点示范。具备木结构建筑发展条件的地区可编制专项规划。健全标准体系，建立完善覆盖设计、生产、施工和使用维护全过程的装配式建筑标准规范体系。支持地方、社会团体和企业编制装配式建筑相关配套标准，促进关键技术和成套技术研究成果转化为标准规范。编制与装配式建筑相配套的标准图集、工法、手册、指南等。强化建筑材料标准、部品部件标准、工程建设标准之间的衔接。建立统一的部品部件产品标准和认证、标识等体系，制定相关评价通则，健全部品部件设计、生产和施工工艺标准。严格执行《建筑模数协调标准》、部品部件公差标准，健全功能空间与部品部件之间的协调标准。积极开展《装配式混凝土建筑技术标准》《装配式钢结构建筑技术标准》《装配式木结构建筑技术标准》以及《装配式建筑评价标准》宣传贯彻和培训交流活动。完善技术体系，建立装配式建筑技术体系和关键技术、配套部品部件评估机制，梳理先进成熟可靠的新技术、新产品、新工艺，定期发布装配式建筑技术和产品公告。加大研发力度。研究装配率较高的多高层装配式混凝土建筑的基础理论、技术体系和施工工艺工法，研究高性能混凝土、高强钢筋和消能减震、预应力技术在装配式建筑中的应用。突破钢结构建筑在围护体系、材料性能、连接工艺等方面的技术瓶颈。推进中国特色现代木结构建筑技术体系及中高层木结构建筑研究。推动“钢—混”“钢—木”“木—混”等装配式组合结构的研发应用。提高设计能力，全面提升装配式建筑设计水平。推行装配式建筑一体化集成设计，强化装配式建筑设计对部品部件生产、安装施工、装饰装修等环节的统筹。推进装配式建筑标准化设计，提高标准化部品部件的应用比例。装配式建筑设计深度要达到相关要求。提升设计人员装配式建筑设计理论水平和全产业链统筹把握能力，发挥设计人员主导作用，为装配式建筑提供全过程指导。提倡装配式建筑在方案策划阶段进行专家论证和技术咨询，促进各参与主体形成协同合作机制。建立适合建筑信息模型（BIM）技术应用的装配式建筑工程管理模式，推进BIM技术在装配式建筑规划、勘察、设计、生产、施工、装修、运行维护全过程的集成应用，实现工程建设项目全生命周期数据共享和信息化管理。增强产业配套能力，统筹发展装配式建筑设计、生产、施工及设备制造、运输、装修和运行维护等全产业链，增强产业配套能力。建立装配式建筑部品部件库，编制装配式混凝土建筑、钢结构建筑、木结构建筑、装配化装修的标准化部品部件目录，促进部品部件社会化生产。采用植入芯片或标注二维码等方式，实现部品部件生产、安装、维护全过程质量可追溯。建立统一的部品部件标准、认证与标识信息平台，公开发布相关政策、标准、规则程序、认证结果及采信信息。建立部品部件质量验收机制，确保产品质量。完善装配式建筑施工工艺和工法，研发与装配式建筑相适应的生产设备、施工设备、机具和配套产品，提高装配施工、安全防护、质量检验、组织管理的能力和水平，提升部品部件的施工质量和整体安全性能。培育一批设计、生产、施工一体化的装配式建筑骨干企业，促进建筑企业转型发展。发挥装配式建筑产业技术创新联盟的作用，加强产学研用等各种市场主体的协同创新能力，促进新技术、新产品的研发与应用。推行工程总承包。各省（区、市）住房和城乡建设主管部门要按照“装配式建筑原则上应采用工程总承包模式，可按照技术复杂类工程项目招投标”的要求，制定具体措施，加快推进装配式建筑项目采用工程总承包模式。工程总承包企业要对工程质量、安全、进度、造价负总责。装配式建筑项目可采用“设计—采购—施工”（EPC）总承包或“设计—施工”（D-B）总承包等工程项目管理模式。政府投资工程应带头采用工程总承包模式。设计、施工、开发、生产企业可单独或组成联合体承接装配式建筑工程总承包项目，实施具体的设计、施工任务时应由有相应资质的单位承担。推进建筑全装修，推行装配式建筑全装修成品交房。各省（区、市）住房和城乡建设主管部门要制定政策措施，明确装配式建筑全装修的目标和要求。推行装配式建筑全装修与主体结构、机电设备一体化设计和协同施工。全装修要提供大空间灵活分隔及不同档次和风格的菜单式装修方案，满足消费者个性化需求。完善《住宅质量保证书》和《住宅使用说明书》文本关于装修的相关内容。加快推进装配化装修，提倡干法施工，减少现场湿作业。推广集成厨房和卫生间、预制隔墙、主体结构与管线相分离等技术体系。建设装配化装修试点示范工程，通过示范项目的现场观摩与交流培训等活动，不断提高全装修综合水平。促进绿色发展，积极推进绿色建材在装配式建筑中应用。编制装配式建筑绿色建材产品目录。推广绿色多功能复合材料，发展环保型木质复合、金属复合、优质化学建材及新型建筑陶瓷等绿色建材。到 2020 年，绿色建材在装配式建筑中的应用比例达到 50% 以上。装配式建筑要与绿色建筑、超低能耗建筑等相结合，鼓励建设综合示范工程。装配式建筑要全面执行绿色建筑标准，并在绿色建筑评价中逐步加大装配式建筑的权重。推动太阳能光热光伏、地源热泵、空气源热泵等可再生能源与装配式建筑一体化应用。提高工程质量安全，加强装配式建筑工程质量安全监管，严格控制装配式建筑现场施工安全和工程质量，强化质量安全责任。加强装配式建筑工程质量安全检查，重点检查连接节点施工质量、起重机械安全管理等，全面落实装配式建筑工程建设过程中各方责任主体履行责任情况。加强工程质量安全监管人员业务培训，提升适应装配式建筑的质量安全监管能力。培育产业队伍，开展装配式建筑人才和产业队伍专题研究，摸清行业人才基数及需求规模，制定装配式建筑人才培育相关政策措施，明确目标任务，建立有利于装配式建筑人才培养和发展的长效机制。加快培养与装配式建筑发展相适应的技术和管理人才，包括行业管理人才、企业领军人才、专业技术人员、经营管理人员和产业工人队伍。开展装配式建筑工人技能评价，引导装配式建筑相关企业培养自有专业人才队伍，促进建筑业农民工转化为技术工人。促进建筑劳务企业转型创新发展，建设专业化的装配式建筑技术工人队伍。依托相关的院校、骨干企业、职业培训机构和公共实训基地，设置装配式建筑相关课程，建立若干装配式建筑人才教育培训基地。在建筑行业相关人才培养和继续教育中增加装配式建筑相关内容。推动装配式建筑企业开展企校合作，创新人才培养模式。

（三）装配式建筑示范城市与产业基地管理，装配式建筑示范城市是指在装配式建筑发展过程中，具有较好的产业基础，并在装配式建筑发展目标、支持政策、技术标准、项目实施、发展机制等方面能够发挥示范引领作用，并按照装配式建筑示范城市管理办法认定的城市，适用于示范城市的申请、评审、认定、发布和监督管理。各地在制定实施相关优惠支持政策时，应向示范城市倾斜。住房和城乡建设部建筑节能与科技司负责解释，住房和城乡建设部科技与产业化发展中心（住宅产业化促进中心）协助组织实施。申请示范的城市向当地省级住房和城乡建设主管部门提出申请。申请示范的城市应符合下列条件：具有较好的经济、建筑科技和市场发展等条件；具备装配式建筑发展基础，包括较好的产业基础、标准化水平和能力、一定数量的设计生产施工企业和装配式建筑工程项目等；制定了装配式建筑发展规划，有较高的发展目标和任务；有明确的装配式建筑发展支持政策、专项管理机制和保障措施；本地区内装配式建筑工程项目一年内未发生较大及以上生产安全事故；其他应具备的条件。申请示范的城市需提供以下材料：装配式建筑示范城市申请表；装配式建筑示范城市实施方案；其他应提供的材料。评审和认定，住房和城乡建设部根据各地装配式建筑发展情况确定各省（区、市）示范城市推荐名额。省级住房和城乡建设主管部门组织专家评审委员会，对申请示范的城市进行评审。评审内容主要包括：当地的经济、建筑科技和市场发展等基础条件；装配式建筑发展的现状：政策出台情况、产业发展情况、标准化水平和能力、龙头企业情况、项目实施情况、组织机构和工作机制等；装配式建筑的发展规划、目标和任务；实施方案和下一步将要出台的支持政策和措施等。各地可结合实际细化评审内容和要求。省级住房和城乡建设主管部门按照给定的名额向住房和城乡建设部推荐示范城市。住房和城乡建设部委托部科技与产业化发展中心（住宅产业化促进中心）复核各省（区、市）推荐城市和申请材料，必要时可组织专家和有关管理部门对推荐城市进行现场核查。复核结果经住房和城乡建设部认定后公布示范城市名单，并纳入部科学技术计划项目管理。对不符合要求的城市不予认定。示范城市应按照实施方案组织实施，及时总结经验，向上级住房和城乡建设主管部门提供年度报告并接受检查。省级住房和城乡建设主管部门负责本地区示范城市的监督管理，定期组织检查和考核。住房和城乡建设部对示范城市的工作目标、主要任务和政策措施落实执行情况进行抽查，通报抽查结果。住房和城乡建设部定期对示范城市进行全面评估，评估合格的城市继续认定为示范城市，评估不合格的城市由住房和城乡建设部撤销其示范城市认定。装配式建筑产业基地是指具有明确的发展目标、较好的产业基础、技术先进成熟、研发创新能力强、产业关联度大、注重装配式建筑相关人才培养培训、能够发挥示范引领和带动作用的装配式建筑相关企业，主要包括装配式建筑设计、部品部件生产、施工、装备制造、科技研发等企业。装配式建筑产业基地管理办法适用于产业基地的申请、评审、认定、发布和监督管理。由住房和城乡建设部建筑节能与科技司负责解释，住房和城乡建设部科技与产业化发展中心（住宅产业化促进中心）协助组织实施。产业基地优先享受住房和城乡建设部和所在地住房和城乡建设管理部门的相关支持政策。申请产业基地的企业向当地省级住房和城乡建设主管部门提出申请。申请产业基地的企业应符合下列条件：具有独立法人资格；具有较强的装配式建筑产业能力；具有先进成熟的装配式建筑相关技术体系，建筑信息模型（BIM）应用水平高；管理规范，具有完善的现代企业管理制度和产品质量控制体系，市场信誉良好；有一定的装配式建筑工程项目实践经验，以及与产业能力相适应的标准化水平和能力，具有示范引领作用；其他应具备的条件。申请产业基地的企业需提供以下材料：产业基地申请表；产业基地可行性研究报告；企业营业执照、资质等相关证书；其他应提供的材料。评审和认定，住房和城乡建设部根据各地装配式建筑发展情况确定各省（区、市）产业基地推荐名额。省级住房和城乡建设主管部门组织评审专家委员会，对申请的产业基地进行评审。评审内容主要包括：产业基地的基础条件；人才、技术和管理等方面的综合实力；实际业绩；发展装配式建筑的目标和计划安排等。各地可结合实际细化评审内容和要求。省级住房和城乡建设主管部门按照给定的名额向住房和城乡建设部推荐产业基地。住房和城乡建设部委托部科技与产业化发展中心复核各省（区、市）推荐的产业基地和申请材料，必要时可组织专家和有关管理部门对推荐的产业基地进行现场核查。复核结果经住房和城乡建设部认定后公布产业基地名单，并纳入部科学技术计划项目管理。对不符合要求的产业基地不予认定。产业基地应制定工作计划，做好实施工作，及时总结经验，向上级住房和城乡建设主管部门报送年度发展报告并接受检查。省级住房和城乡建设主管部门负责本地区产业基地的监督管理，定期组织检查和考核。住房和城乡建设部对产业基地工作目标、主要任务和计划安排的完成情况等进行抽查，通报抽查结果。住房和城乡建设部定期对产业基地进行全面评估，评估合格的继续认定为产业基地，评估不合格的由住房和城乡建设部撤销其产业基地认定。

（四）推进装配式建筑示范城市管理，各省（区、市）和重点城市住房和城乡建设主管部门建立完善覆盖设计、生产、施工和使用维护全过程的装配式建筑标准规范体系。部门要按照“装配式建筑原则上应采用工程总承包模式，可按照技术复杂类工程项目招投标”的要求，制定具体措施，加快推进装配式建筑项目采用工程总承包模式。支持装配式建筑的发展，特别是要积极协调国土部门在土地出让或划拨时，将装配式建筑作为建设条件内容，在土地出让合同或土地划拨决定书中明确具体要求。装配式建筑工程可参照重点工程报建流程纳入工程审批绿色通道。在中国人居环境奖评选、国家生态园林城市评估、绿色建筑等工作中增加装配式建筑方面的指标要求，要改革现行工程建设管理制度和模式，在招标投标、施工许可、部品部件生产、工程计价、质量监督和竣工验收等环节进行建设管理制度改革，促进装配式建筑发展。建立装配式建筑全过程信息追溯机制，把生产、施工、装修、运行维护等全过程纳入信息化平台，实现数据即时上传、汇总、监测及电子归档管理等，增强行业监管能力。按照《装配式建筑评价标准》规定，用装配率作为装配式建筑认定指标。装配率计算和装配式建筑等级评价应以单体建筑作为计算和评价单元，并应符合下列规定：单体建筑应按项目规划批准文件的建筑编号确认；建筑由主楼和裙房组成时，主楼和裙房可按不同的单体建筑进行计算和评价；单体建筑的层数不大于 3 层，且地上建筑面积不超过 500 平方米时，可由多个单体建筑组成建筑组团作为计算和评价单元。装配式建筑评价应符合下列规定：设计阶段宜进行预评价，并应按设计文件计算装配率；项目评价应在项目竣工验收后进行，并应按竣工验收资料计算装配率和确定评价等级。装配式建筑应同时满足下列要求：主体结构部分的评价分值不低于 20 分；围护墙和内隔墙部分的评价分值不低于 10 分；采用全装修；装配率不低于 50%。装配式建筑宜采用装配化装修。当评价项目满足标准规定，且主体结构竖向构件中预制部品部件的应用比例不低于 35%时，可进行装配式建筑等级评价。装配式建筑评价等级应划分为 A 级、AA 级、AAA 级，并应符合下列规定：装配率为

60%~75%时，评价为A级装配式建筑；装配率为76%~90%时，评价为AA级装配式建筑；装配率为91%及以上时，评价为AAA级装配式建筑。

（五）大力发展装配式建筑，重点推动钢结构装配式住宅建设，推动智能建造和建筑工业化协同发展。完善绿色建材产品认证制度，开展绿色建材应用示范工程建设。加强建筑材料循环利用，促进建筑垃圾减量化。推动传统建筑业转型升级，完善工程建设组织模式，加快推行工程总承包，推广全过程工程咨询，推进民用建筑工程建筑师负责制。加快推进工程造价改革，改革建筑劳动用工制度；推动形成绿色生活方式；推广节能低碳节水用品。倡导绿色装修。持续推进垃圾分类和减量化、资源化，推动生活垃圾源头减量。科学制定城市慢行系统规划，因地制宜建设自行车专用道和绿道，改造提升重点城市步行街。创新工作方法，统筹城乡规划建设管理，坚持总体国家安全观，以城乡建设绿色发展为目标，加强顶层设计，编制相关规划，建立规划、建设、管理三大环节统筹机制，统筹城市布局的经济需要、生活需要、生态需要、安全需要，统筹地上地下空间综合利用，统筹各类基础设施建设。建立城市体检评估制度，强化对相关规划实施情况和历史文化保护传承、基础设施效率、生态建设、污染防治等的评估。制定城市体检评估标准，将绿色发展纳入评估指标体系，加快推进信息技术与城市建设技术、业务、数据融合。推动建筑信息模型深化应用，推进工程建设项目智能化管理，促进城市建设及运营模式变革。完善工程建设项目审批管理系统，实现智能化全程网上办理，推进与投资项目在线审批监管平台等互联互通。

（六）协同推进标准、设计、生产、施工、使用维护等发展装配式建筑，以建造方式变革促进工程建设全过程提质增效，带动建筑业整体水平的提升。形成一批设计、施工、部品部件规模化生产企业，具有现代装配建造水平的工程总承包企业以及与之相适应的专业化技能队伍。加快编制装配式建筑国家标准、行业标准和地方标准，支持企业编制标准、加强技术创新，鼓励社会组织编制团体标准，促进关键技术和成套技术研究成果转化为标准规范。建立装配式建筑评价标准和方法，建立完善覆盖设计、生产、施工和使用维护全过程的装配式建筑标准规范体系。统筹建筑结构、机电设备、部品部件、装配施工、装饰装修，推行装配式建筑一体化集成设计。推广通用化、模数化、标准化设计方式，积极应用建筑信息模型技术，提高建筑领域各专业协同设计能力，加强对装配式建筑建设全过程的指导和服务。引导建筑行业部品部件生产企业合理布局，提高产业聚集度。支持部品部件生产企业完善产品品种和规格，促进专业化、标准化、规模化、信息化生产，优化物流管理，合理组织配送。建立部品部件质量验收机制，确保产品质量。引导企业研发应用与装配式施工相适应的技术、设备和机具，提高部品部件的装配施工连接质量和建筑安全性能。鼓励企业创新施工组织方式，推行绿色施工，应用结构工程与分部分项工程协同施工新模式。支持施工企业总结编制施工工法，提高装配施工技能。实行装配式建筑装饰装修与主体结构、机电设备协同施工。积极推广标准化、集成化、模块化的装修模式，促进整体厨卫、轻质隔墙等材料、产品和设备管线集成化技术的应用，提高绿色建材在装配式建筑中的应用比例，并加快推进绿色建材评价。推广应用高性能节能门窗，确保安全、绿色、环保。装配式建筑原则上应采用工程总承包模式，可按照技术复杂类工程项目招投标。工程总承包企业要对工程质量、安全、进度、造价负总责。要健全与装配式建筑总承包相适应的发包承包、施工许可、分包管理、工程造价、质量安全监管、竣工验收等制度，实现工程设计、部品部件生产、施工及采购的统一管理和深度融合，优化项目管理方式。支持大型设计、施工和部品部件生产企业通过调整组织架构、健全管理体系，向具有工程管理、设计、施工、生产、采购能力的工程总承包企业转型。完善装配式建筑工程质量安全管理制度，健全质量安全责任体系，落实各方主体质量安全责任。建设和监理等相关方可采用驻厂监造等方式加强部品部件生产质量管控；施工企业要加强施工过程质量安全控制和检验检测，完善装配施工质量保证体系；在建筑物明显部位设置永久性标牌。明确符合装配式建筑特点的施工图审查要求，建立全过程质量追溯制度。结合节能减排、产业发展、科技创新、污染防治等方面政策，加大对装配式建筑的支持力度。符合新型墙体材料目录的部品部件生产企业，可按规定享受增值税即征即退优惠政策。在土地供应中，可将发展装配式建筑的相关要求纳入供地方案，并落实到土地使用合同中。鼓励各地结合实际出台支持装配式建筑发展的规划审批、土地供应、基础设施配套、财政金融等相关政策措施。在中国人居环境奖评选、国家生态园林城市评估、绿色建筑评价等工作中增加装配式建筑方面的指标要求。

第五节　国家节水型城市居住社区评价

一、加强水资源节约集约利用

（一）落实“节水优先、空间均衡、系统治理、两手发力”治水思路，完整、准确、全面贯彻新发展理念，加快构建新发展格局，深入实施国家节水行动，坚持“四水四定”，健全节水制度政策，推进水资源总量管理、科学配置、全面节约、循环利用，大力推动农业、工业、城镇等重点领域节水，加强非常规水源利用，发展节水产业，建设节水型社会，促进经济社会发展全面绿色转型，加快建设美丽中国。主要目标为，到2025年，全国年用水总量控制在6400亿立方米以内，万元国内生产总值用水量较2020年下降16%左右，农田灌溉水有效利用系数达到0.58以上，万元工业增加值用水量较2020年降低16%。到2030年，节水制度体系、市场调节机制和技术支撑能力不断增强，用水效率和效益进一步提高。落实最严格水资源管理制度，严格用水总量和强度双控，加强省、市、县三级行政区域用水总量和强度控制指标管理。加快开展跨行政区江河流域水量分配，明确各区域取自不同河湖及调水工程的地表水可用水量。加快明确以县级行政区为单元的地下水取水总量和水位控制指标。各地根据本地区可用水量，合理配置本地区生活、农业、工业和河道外生态环境用水。坚持先节水后调水，把节水作为受水区的根本出路。强化取水管理，推行规划水资源论证，严格建设项目水资源论证。各级取水许可审批机关要按照各地区的可用水量和建设项目水资源论证情况，依法审批取水许可。依法规范取水行为，重点整治未经批准擅自取水、未依照批准的取水许可规定条件取水等违法问题。在水资源超载地区，依据有关规定暂停新增取水许可。规范自备井管理，依法关闭公共供水管网覆盖范围内或者通过替代水源已经解决供水需求的区域内的自备井。严格节水管理，健全用水定额体系，做好用水定额动态评估和更新，切实发挥用水定额在规划编制、水资源论证、节水评价、节水改造等方面的约束调节作用。在黄河流域、严重缺水地区逐步推行高耗水工业服务业强制性用水定额管理。落实《计划用水管理办法》，推动年用水量1万立方米及以上的工业服务业单位计划用水管理全覆盖。开展节水评价，从源头把好规划和建设项目节水关。推动县域节水型社会达标建设提质升级，到2025年，南水北调东中线工程受水区和北方60%以上、南方40%以上县（区）级行政区达到节水型社会标准。

（二）加强农业农村节水，坚持以水定地，统筹考虑水资源条件和粮食安全，优化调整农业生产结构，推进适水种植。西北等干旱地区压减高耗水作物种植，扩大低耗水高耐旱作物种植，因地制宜推行轮作休耕。地下水超采地区禁止新增开采难以更新的地下水用于农业灌溉，已经开采的要加快发展节水农业、旱作农业，减少地下水超采，逐步实现全面禁采。发展节水农业，持续推进高标准农田建设和节水型灌区建设，加快灌区续建配套和现代化改造，缺水地区推广喷灌、微灌、低压管灌等高效节水灌溉及水肥一体化等节水技术，加强用水精细化、智能化管理。发展旱作农业，推广深松蓄水、覆膜保墒、集雨补灌等旱作节水技术。加快牧区水利建设，发展节水高效灌溉饲草基地。缺水地区推广设施养殖、循环水养殖等水产养殖模式，推广尾水循环利用。推广节水型机械干清粪等技术和工艺。提高农村节水能力，加强农村生活供用水设施建设改造，配备安装计量设备，推广计量收费。扎实推进农村厕所革命，推广使用节水型改厕器具。因地制宜建设分散式生活污水收集处理回用设施，推广“生物+生态”污水处理技术，处理达标后就近灌溉回用和生活杂用。强化工业节水，坚持以水定产，强化水资源水环境承载力约束，根据可用水量，合理规划工业发展布局和规模，优化调整产业结构。水资源超载地区、严重缺水地区，依法依规有序压减高耗水产业规模，严格限制新上高耗水项目取水许可。缺水地区取水许可向先进制造业、战略性新兴产业等低耗水高产出产业倾斜。强化企业和园区集约用水，推进企业和园区用水系统集成优化，鼓励串联用水、分质用水，实现一水多用和梯级利用，打造节水型企业和园区，实施重点用水企业和园区水效领跑者引领行动。推动企业和园区完善节水管理制度，建立智慧用水管理平台。开展工业废水循环利用试点示范，引导重点行业、重点地区加强工业废水处理后回用。到2025年，规模以上工业用水重复利用率力争达到94%左右。实施节水改造，开展工业企业水平衡测试、用水绩效评价和水效对标行动，引导企业实施节水改造。制定重点用水行业水效标杆水平和基准水平，并定期更新。发布国家鼓励的工业节水工艺、技术和装备目录，编制典型应用案例。缺水地区、地下水超采地区新建、改建、扩建项目，应当制定节水方案，配套建设节水设施，并与主体工程同时设计、同时施工、同时投入使用。厉行城镇节水，坚持以水定城定人，以区域水资源承载能力为基础，科学设定城市功能定位，合理规划人口发展规模、城市空间结构，强化城镇开发边界管控，优化产业和基础设施布局，推动人口均衡发展、城市集约发展与水资源开发利用相协调。防止城市建设片面追求规模和“摊大饼”式无序蔓延。深入开展国家节水型城市创建。遏制用水浪费，从严控制高耗水服务业用水，严格用水定额管理。洗车、高尔夫球场、人工滑雪场等特种行业全面推广低耗水、循环用水等节水技术工艺，优先利用再生水、集蓄雨水等非常规水源，限制使用地下水。开展公共供水管网漏损治理，完善检漏制度，实施管网改造、分区计量、压力调控、智能化建设等工程，持续推进重点城市（县城）公共供水管网漏损治理。到2025年，城市公共供水管网漏损率控制在9%以内。公共机构率先垂范，制定《公共机构节约用水管理办法》，强化用水计划和定额管理。具备条件的公共机构定期开展水平衡测试，实施节水技术改造，新建、改建、扩建公共机构建筑全面推行使用节水器具。提高公共机构用水计量信息化水平，推广智能水表，逐步实现数据自动采集、统计信息直报、管网检漏智能化。在机关、学校、医院等重点领域实施水效领跑者引领行动，深入推进节水型高校建设。倡导减少瓶装饮用水浪费。推进生态景观节水，坚持以水定绿，坚持山水林田湖草沙一体化保护和系统治理，考虑水资源承载能力，宜林则林、宜草则草、宜荒则荒，统筹推进水源涵养、国土绿化、防沙治沙、湿地修复、水土保持。干旱半干旱地区以雨养、节水为导向，以恢复灌草植被为主，推广乔灌草结合的绿化模式，合理配置林草植被类型和密度，统筹安排公益林灌溉用水。合理配置三北工程国家重大战略林草生态用水。城镇绿化要根据当地自然条件和水资源禀赋科学选择植物，缺水地区宜选用耐旱型植物。合理配置绿化用水，优先使用符合标准的再生水、雨水、矿井水，推广节水灌溉。严控景观用水，严禁违背自然规律挖湖造景，限制盲目扩大景观和娱乐场地的水域面积。黄河流域严控新建亲水公园。缺水地区住宅小区、单位内部的景观用水禁止使用地下水、限制使用自来水。在不引起地下水污染、地下水超采、生态和地质环境问题前提下，合理利用城市可更新的浅层地下水用于生态用水。

（三）推广非常规水源利用，加强污水资源化利用，推行非常规水源纳入水资源统一配置。鼓励具备条件的地方充分利用非常规水源，缺水城市应积极拓展再生水利用领域和规模。坚持以需定供、分质用水、就近利用，推进再生水用于工业生产、市政杂用、国土绿化、生态补水等。开展典型地区再生水利用配置试点。实施区域再生水循环利用工程。缺水地区新建城区提前规划布局再生水管网，老城区结合城市更新改造及河道生态补水需要，因地制宜建设集中或分布式污水收集再生设施。西北地区推广再生水“冬储夏用”，依托自然河湖水系科学规划建设中水库。到2025年，全国地级及以上缺水城市再生水利用率达到25%以上，黄河流域中下游力争达到30%，京津冀地区达到35%以上。推动海水、矿井水、雨水等非常规水源利用，沿海缺水地区、海岛要将海水淡化水作为生活补充水源、市政新增供水及重要应急备用水源，工业园区、高耗水产业充分配置海水淡化水。统筹规划建设海水淡化工程，探索推动海水淡化水进入市政供水管网。鼓励海水作为火力发电、钢铁等行业的直接冷却水。推进煤炭绿色开采、保水开采，做好地下水保护，减少矿井疏干水量。矿区生产优先利用矿井水，将满足标准的矿井水用于周边工业生产、国土绿化、生活杂用、生态补水，统筹建设处理回用设施和管网。缺水地区探索实施煤炭生产矿井水配额制。西北干旱地区，采取适用的淡化技术，分区分类利用微咸水。结合土壤盐渍化防治，鼓励微咸水采用直接利用、咸淡混用和咸淡轮用等方式用于国土绿化和农业灌溉。缺水地区鼓励配套建设雨水收集利用设施。将海绵城市建设理念融入相关规划，提升雨水集蓄利用能力。农村地区结合地形集蓄雨水，用于农业灌溉、牲畜用水等。发展节水产业，加强技术研发应用，围绕水资源高效循环利用、智慧节水灌溉、水肥高效利用、海水淡化利用、矿井水利用等领域，持续实施重点科技专项，开展关键技术和重大装备研发。推进产学研用深度融合的节水技术创新体系建设，支持举办节水创新发展大会及高新技术成果展，推进技术产业化。推进智慧节水，强化数字孪生、大数据、人工智能等新一代信息技术在节水业务中的应用研究。推广节水产品，提高节水产品供给能力，推广使用节水型坐便器、淋浴器、水嘴、净水机等用水产品，加快淘汰不符合水效标准要求的产品。实施水效标识，将节水产品认证纳入统一绿色产品认证标识体系，推行绿色产品政府采购。依法打击水效虚标，规范市场行为。鼓励绿色建筑选用更高水效的产品。鼓励有条件的地方实施推广补贴政策。发展节水服务产业，积极开展用水权交易，将节水改造和合同节水管理取得的节水量纳入用水权交易，推动非常规水源市场化交易。完善用水权交易激励和投融资机制，落实交易收益分配制度，保护节水参与方合理收益权利。在公共机构、高耗水行业、供水管网漏损控制等领域推广合同节水管理。鼓励第三方节水服务企业参与节水咨询、检测认证、水平衡测试、用水绩效评价、技术改造、运行管理，提供社会化、专业化、规范化节水服务，通过节水效益分享等方式回收投资和获得合理利润。保障措施，健全标准计量体系，完善节水标准体系，加快制修订产品水效、行业用水定额、非常规水源利用等标准。加快推进非农业取水口和大中型灌区取水口计量全覆盖，地表水年许可水量50万立方米以上、地下水年许可水量5万立方米以上的非农业取水口以及5万亩以上大中型灌区渠首取水口要实现在线计量。大中型灌区应在产权分界点安装计量设施，在实施灌溉的高标准农田和高效节水灌溉项目区因地制宜配套实用易行的计量设施，进一步细化计量单元。取水单位、用水户应当使用经检定合格的水计量设施。完善经济政策，全面深化水价改革，深入推进农业水价综合改革，健全城镇供水价格形成和动态调整机制，推行居民阶梯水价、非居民用水及特种用水超定额累进加价。稳步推进水资源税改革，对试点地区取用地表水或者地下水的单位和个人征收水资源税，并停止征收水资源费。落实节水税收优惠政策。中央财政资金、中央预算内投资支持符合条件的节水项目。落实农业用水精准补贴、节水奖励和维修养护资金。拓宽投融资渠道，引导和规范社会资本参与节水项目建设运营。鼓励地方、企业通过“以奖代补”方式实现节水绩效。加强组织协调，充分发挥节约用水工作部际协调机制作用。各部门各司其职，加强沟通协调，做好行业和地区指导，抓好意见落实。将节水纳入经济社会发展综合评价体系和政绩考核。强化最严格水资源管理制度考核。鼓励有条件的地区将节水列为省级督查激励事项。加强国情水情教育，将节水纳入国民素质教育和中小学教育活动，加强节水科普，开展节水宣传，做好节水培训。

二、国家节水型城市申报与评选

为落实国家节水行动要求，推动城市高质量和可持续发展，坚持“以水定城、以水定地、以水定人、以水定产”，把节水放在优先位置，国家节水型城市申报与评选管理适用于国家节水型城市的申报、评选、动态管理及复查等工作。国家节水型城市申报与评选管理遵循自愿申报、动态管理和复查的原则。住房和城乡建设部会同国家发展改革委负责国家节水型城市申报与评选管理工作。申报主体为设市城市（含直辖市的区）人民政府。评选区域范围为设市城市（含直辖市的区）本级行政区域。申报国家节水型城市称号的城市应符合以下条件：城市节水法规政策健全，有城市节约用水，水资源管理，供水、排水、用水管理，地下水保护，非常规水利用方面的地方性法规、规章和规范性文件。城市节水管理主管部门明确，职责清晰，人员稳定，日常节水管理规范。推动落实各项节水制度，开展全国城市节水宣传周以及日常的节水宣传，开展城市节水的日常培训等。建立城市节水统计制度，有用水计量与统计管理办法，或者关于城市节水统计制度批准文件，城市节水统计至少开展2年以上。建立节水财政投入制度，有稳定的年度节水财政投入，能够支持节水基础管理、节水设施建设与改造、节水型器具推广、节水培训以及宣传教育等活动的开展。城市节水制度健全，有计划用水与定额管理、节水“三同时”、污水排入排水管网许可、取水许可、城市节水奖惩等具体制度或办法并实施；居民用水实行阶梯水价，非居民用水实行超定额累进加价；有关于特种行业用水管理、鼓励再生水利用等的价格管理办法。编制并有效实施城市节水规划，城市节水中长期规划由具有相应资质的机构编制，并经本级政府或上级政府主管部门批准实施。编制海绵城市建设规划，出台海绵城市规划建设管控相关制度，将海绵城市建设要求落实到城市规划建设管理全过程。推进智能化供水节水管理，建立城市供水节水数字化管理平台，能够支持节水统计、计划用水和超定额管理。申报国家节水型城市，须通过省级住房和城乡建设、发展改革（经济和信息化、工业和信息化，下同）主管部门预评选满 1 年（含）以上。近 3 年内（申报当年及前两年自然年内，下同）未发生城市节水、重大安全、污染、破坏生态环境、破坏历史文化资源等事件，未发生违背城市发展规律的破坏性“建设”等行为，未被省级以上人民政府或住房和城乡建设主管部门通报批评。近 3 年内受到城市节水方面相关媒体曝光，并造成重大负面影响的，自动取消参评资格。申报程序和评选时间及材料，国家节水型城市评选每 2 年开展一次，奇数年为申报年，偶数年为评选年。申报城市对照《国家节水型城市评选标准》进行自评，自评达标后分别报省级住房和城乡建设、发展改革主管部门提出申请。省级住房和城乡建设、发展改革主管部门对照《国家节水型城市评选标准》进行初审，提出初审意见，对符合申报条件、初审总分达 90 分（含）以上的城市，于申报年的 12 月 31 日前将申报材料联合报送住房和城乡建设部、国家发展改革委。直辖市的区（不含县）自评达到 90 分的，由直辖市住房和城乡建设（管）委（城市管理局、水务局）、发展改革委于申报年的 12 月 31 日前将申报材料联合报送住房和城乡建设部、国家发展改革委。直辖市自评达到 90 分的，由直辖市人民政府于申报年的 12 月 31 日前将申报材料报送住房和城乡建设部、国家发展改革委。住房和城乡建设部、国家发展改革委受理申报材料，并于评选年的 12 月 31 日前完成评选工作。通过省级初审的城市，采用线上线下相结合的申报方式提交申报材料，考核年限为申报或复查年之前的 2 年。申报材料（包括申报卷、评选指标、支撑材料等 3 卷材料）要真实准确、简明扼要，支撑材料的种类、出处及统计口径明确，有关资料和表格填写规范。由国家相关部门正式发布的指标或地方在其他工作中已上报的指标无需额外提供证明材料。申报卷主要包括：申报城市人民政府批准的国家节水型城市申报书；省级住房和城乡建设、发展改革主管部门的初审意见；国家节水型城市创建工作组织与实施方案；国家节水型城市创建工作总结；城市自体检报告（应包括国家节水型城市评选标准各项指标，详见表 3-8）；国家节水型城市自评结果及有关依据资料；评选区域范围示意地图；城市概况，包括城市基础设施建设情况、城市水环境概况、产业结构特点、主要用水行业及单位等；反映创建工作的影像资料（5 分钟内）或图片资料；不少于 4 个能够体现本地特色和创新的节水示范项目。评选组织与评选复查程序，住房和城乡建设部、国家发展改革委结合专家专业优势等因素，负责组建评选专家组，其成员由管理人员和技术人员组成。专家组负责申报材料预审、现场考评及综合评议等具体工作。参与申报城市所在省、自治区、直辖市组织的省级初审工作，或为申报城市提供技术指导的专家，原则上不得参与对该申报城市的考评工作。申报城市在申报材料和评选过程中有弄虚作假行为的，取消当年申报资格。国家节水型城市评选和复查的日常工作由住房和城乡建设部负责。评选程序包括申报材料预审，专家组负责申报材料预审，形成预审意见。第三方评价，住房和城乡建设部、国家发展改革委组织第三方机构，结合城市体检，对国家节水型城市建设情况进行评价。评价结果作为评选的重要参考。社会满意度调查，住房和城乡建设部、国家发展改革委组织第三方机构，调查了解当地居民社会节水意识情况。社会满意度调查结果作为评选的重要参考。现场考评，根据预审意见、第三方评价和社会满意度调查结果，由专家组提出现场考评建议名单，报住房和城乡建设部、国家发展改革委审核。对通过审核的申报城市，由专家组进行现场考评。申报城市至少应在专家组抵达前两天，在当地不少于两个主要媒体上向社会公布专家组工作时间、联系电话等相关信息，便于专家组听取各方面的意见、建议，并接受当地居民报名参与现场考评。专家组将现场考评意见书面上报；住房和城乡建设部、国家发展改革委共同组织综合评议，形成综合评议意见，确定国家节水型城市建议名单。公示及命名，国家节水型城市名单在住房和城乡建设部、国家发展改革委门户网站进行公示，公示期为 10 个工作日。公示无异议的，由两部委正式命名。动态管理及复查工作，国家节水型城市命名有效期为 5 年。

国家节水型城市评选标准 表3-8

序号	目标	指标	指标释义	指标类型	具体要求	评分标准
1	一、生态宜居	城市可渗透地面面积比例	（城市建成区内具有渗透能力的地表（含水域）面积 ÷ 城市建成区总面积）×100%	导向指标	黑龙江省、吉林省、辽宁省、西藏自治区、新疆维吾尔自治区、新疆生产建设兵团不低于40%，其他省（自治区、直辖市）不低于45%	6分； 评选年限内，城市可渗透地面面积比例达到标准得6分； 每低1%扣0.5分，扣完为止
2		自备井关停率	（城市公共供水管网覆盖范围内关停的自备井数 ÷ 城市公共供水管网覆盖范围内的自备井总数）×100%	底线指标	100%	4分； 评选年限内，城市公共供水管网覆盖范围内的，自备井关停率达100%得3分； 每低5%扣1分，扣完为止； 在地下水超采区，连续两年无各类建设项目和服务业新增取用地下水，得1分，有新增取水的，不得分
3		城市公共供水管网漏损率	[（城市公共供水总量－城市公共供水注册用户用水量）÷ 城市公共供水总量] ×100% －修正值其中，城市公共供水注册用户用水量是指水厂将水供出厂外后，各类注册用户实际使用到的水量，包括计费用水量和免费用水量；计费用水量指收费供应的水量，免费用水量指无偿使用的水量	底线指标	按《城镇供水管网漏损控制及评定标准》CJJ 92 规定核算后的漏损率≤ 9%	7分； 评选年限内，城市公共供水管网漏损率达到标准得5分； 漏损率在达到标准的基础上，每降低1个百分点，加1分；最高加2分； 每超过标准1个百分点（未达标），扣2分，扣完为止
4		城市水环境质量	提高城市生活污水收集效能，改善城市水环境质量	导向指标	建成区旱天无生活污水直排口，无生活污水管网空白区，无黑臭水体	5分； 评选年限内，建成区范围内旱天无生活污水直排口、无生活污水管网空白区、无黑臭水体得5分； 发现1个旱天污水直排口扣1分，扣完为止； 发现1个生活污水管网空白区扣2分，扣完为止； 有黑臭水体的，本项指标不得分
5		城市居民人均生活用水量	城市居民家庭年生活用水总量（新水量）÷（城市居民总户数×每户平均人数）其中，每户平均人数按最近一次人口普查统计数据确定	导向指标	不高于《城市居民生活用水量标准》GB/T 50331	4分； 评选年限内，达到《城市居民生活用水量标准》GB/T 50331得4分； 未达标，不得分
6		节水型居民小区覆盖率	（节水型居民小区或社区居民户数 ÷ 城市居民总户数）×100% 节水型居民小区（社区）是指由省级或市级人民政府有关部门向社会公布的小区（社区）	导向指标	≥ 10%	6分； 评选年限内，节水型居民小区覆盖率达到10%，得6分； 每低1%扣1分，扣完为止
7	二、安全韧性	用水总量	各类用水户取用的包括输水损失在内的毛水量	底线指标	不超过下达的用水总量控制指标	5分； 评选年限内，本行政区用水总量不超过下达的用水总量控制指标，得5分； 其余情况不得分

续表

序号	目标	指标	指标释义	指标类型	具体要求	评分标准
8	二、安全韧性	万元工业增加值用水量	年工业用水量（按新水量计）÷ 年城市工业增加值 其中，工业用水量是指工矿企业在生产过程中用于制造、加工、冷却（包括火电直流冷却）、空调、净化、洗涤等方面的用水量，按新水量计，不包括企业内部的重复利用水量；统计口径为规模以上工业企业或全口径工业企业，按国家统计局相关规定执行	导向指标	低于全国平均值的 50% 或年降低率≥ 5%	5 分； 评选年限内，达到标准得 5 分； 每低 2% 或增长率每低 1% 扣 2 分，该项分值扣完为止
9		再生水利用率	①对京津冀地区与地级及以上缺水城市： （城市再生水利用量 ÷ 城市污水处理厂处理总量）×100% ②对其他城市：按再生水、海水、雨水、矿井水、苦咸水等非常规水资源利用总量占城市用水总量（新水量 + 非常规水量）的比例计算； 计算公式：（城市非常规水资源利用总量 ÷ 城市用水总量）×100% 城市再生水利用量是指污水经处理后出水水质符合《城市污水再生利用》系列标准等相应水质标准的再生水，包括城市污水处理厂再生水和建筑中水用于工业生产、景观环境、市政杂用、绿化、车辆冲洗、建筑施工等方面的水量，不包括工业企业内部的回用水；鼓励结合黑臭水体整治和水生态修复，推进污水再生利用	导向指标	京津冀地区≥ 35%；京津冀以外的地级及以上缺水城市≥ 25%；其他城市≥ 25% 或年增长率≥ 5%	7 分； 评选年限内，达到标准得 7 分； 每低 2% 或增长率每低 1% 扣 2 分； 高出标准的，每增加 5% 加 1 分，最高加 2 分
10		居民家庭一户一表率	（建成区内居民抄表到户总水量 ÷ 建成区内居民家庭用水总量）×100%	导向指标	≥ 90%	5 分； 评选年限内，居民家庭一户一表率达 90% 以上，得 5 分； 每低 5 个百分点，扣 2 分，扣完为止
11		节水型生活用水器具市场抽检合格率	（抽检的生活用水器具市场在售节水生活用水器具样品数量 ÷ 总抽检样品数量）×100% 以地方有关部门对生活用水器具市场抽检结果为依据	底线指标	100%	3 分； 评选年限内，达到标准得 3 分。 若有销售淘汰用水器具的，本项指标不得分
12		非居民单位计划用水率	（已下达用水计划的公共供水非居民用水单位实际用水量 ÷ 公共供水非居民用水单位的用水总量）×100%	导向指标	≥ 90%	4 分； 评选年限内，非居民单位计划用水率达 90% 以上，得 4 分； 每低 5%，扣 2 分，扣完为止。
13		节水型单位覆盖率	｛节水型单位年用水总量（新水量）÷〔年城市用水总量（新水量）－年城市工业用水总量（新水量）－年城市居民生活用水量（新水量）〕｝×100% 节水型单位是指由省级或市级人民政府有关部门向社会公布的非居民、非工业用水单位	导向指标	≥ 15%	5 分； 评选年限内，达到标准得 5 分，每低 1% 扣 1 分，该项分值扣完为止

续表

序号	目标	指标	指标释义	指标类型	具体要求	评分标准
14	二、安全韧性	工业用水重复利用率	（工业生产过程中使用的年重复利用水量 ÷ 年工业用水总量）×100%，不含电厂其中，年用水总量 = 年工业生产新水量 + 年工业重复利用水量	导向指标	≥ 83%	4 分； 评选年限内，达到标准得 4 分； 每低 1 个百分点，扣 1 分，扣完为止
15		工业企业单位产品用水量	某行业（企业）年生产用水总量（新水量）÷ 某行业（企业）年产品产量（产品数量） 考核用水量排名前 10 位（地级市）或前 5 位（县级市）的工业行业单位产品用水量	导向指标	不大于国家发布的《取水定额》GB/T 18916 定额系列标准或省级部门制定的地方定额	4 分； 评选年限内，达到标准得 4 分，每有一个行业取水指标超过定额扣 2 分
16		节水型企业覆盖率	〔节水型企业年用水总量（新水量）÷ 年城市工业用水总量（新水量）〕×100% 节水型企业是指由省级或市级人民政府有关部门向社会公布的用水企业	导向指标	≥ 20%	5 分； 评选年限内，达到标准得 5 分，每低 2% 扣 1 分
17	三、综合类	万元地区生产总值（GDP）用水量	年用水总量（新水量）÷ 年地区生产总值，不包括第一产业	导向指标	低于全国平均值的 40% 或年降低率 ≥ 5%	6 分； 评选年限内，达到标准得 6 分； 低于全国平均值的 50%，但高于平均值的 40% 时，扣 3 分； 其他情况不得分
18		节水资金投入占比	（城市节水财政投入 ÷ 城市本级财政支出）×100%	导向指标	≥ 0.5‰	5 分； 城市节水财政投入占本级财政支出的比例 ≥ 0.5‰，得 5 分； 每低 0.1‰，扣 2 分，扣完为止
19		水资源税（费）收缴率	〔实收水资源税（费）÷ 应收水资源税（费）〕×100% 其中，应收水资源税（费）是指不同水源种类及用水类型的水资源税（费）标准与其取水量之积的总和	导向指标	≥ 95%	5 分； 评选年限内，水资源税（费）征收率不低于 95%，得 5 分； 每低 2%，扣 1 分，扣完为止
20		污水处理费（含自备水）收缴率	〔实收污水处理费（含自备水）÷ 应收污水处理费（含自备水）〕×100% 其中，应收污水处理费（含自备水）是指各类用户核算污水排放量与其污水处理费收费标准之积的总和	导向指标	≥ 95%	5 分； 评选年限内，污水处理费（含自备水）收缴率不低于 95%，得 5 分；每低 2% 扣 1 分，扣完为止

注：计算过程中应优先采用《城市统计年鉴》《城市建设统计年鉴》或地方其他年鉴等统计数据。

三、城市居住社区建设

（一）居住社区是城市居民生活和城市治理的基本单元，到 2025 年，居住社区建设标准，以居民步行 5~10 分钟到达幼儿园、老年服务站等社区基本公共服务设施为原则，以城市道路网、自然地形地貌和现状居住小区等为基础，与社区居民委员会管理和服务范围相对接，因地制宜合理确定居住社区规模，原则上单个居住社区以 0.5~1.2 万人口规模为宜。要结合实际统筹划定和调整居住社区范围，明确居住社区建设补短板行动的实施单元。按照《完整居住社区建设标准（试行）》，细化完善居住社区基本公共服务设施、便民商业服务设施、市政配套基础设施和公共活动空间建设内容和形式。完整居住社区建设标准相关内容，详见表 3-9。

完整居住社区建设标准（试行）　　**表3-9**

目标	序号	建设内容	建设要求
一、基本公共服务设施完善	1	一个社区综合服务站	建筑面积以 800 平方米为宜，设置社区服务大厅、警务室、社区居委会办公室、居民活动用房、阅览室、党群活动中心等
	2	一个幼儿园	不小于 6 个班，建筑面积不小于 2200 平方米，用地面积不小于 3500 平方米，为 3~6 岁幼儿提供普惠性学前教育服务
	3	一个托儿所	建筑面积不小于 200 平方米，为 0~3 岁婴幼儿提供安全可靠的托育服务；可以结合社区综合服务站、社区卫生服务站、住宅楼、企事业单位办公楼等建设托儿所等婴幼儿照护服务设施
	4	一个老年服务站	与社区综合服务站统筹建设，为老年人、残疾人提供居家日间生活辅助照料、助餐、保健、文化娱乐等服务；具备条件的居住社区，可以建设 1 个建筑面积不小于 350 平方米的老年人日间照料中心，为生活不能完全自理的老年人、残疾人提供膳食供应、保健康复、交通接送等日间服务
	5	一个社区卫生服务站	建筑面积不小于 120 平方米，提供预防、医疗、计生、康复、防疫等服务
二、便民商业服务设施健全	6	一个综合超市	建筑面积不小于 300 平方米，提供蔬菜、水果、生鲜、日常生活用品等销售服务；城镇老旧小区等受场地条件约束的既有居住社区，可以建设 2~3 个 50~100 平方米的便利店提供相应服务
	7	多个邮件和快件寄递服务设施	建设多组智能信包箱、智能快递箱，提供邮件快件收寄、投递服务，格口数量为社区日均投递量的 1~1.3 倍。新建居住社区应建设使用面积不小于 15 平方米的邮政快递末端综合服务站；城镇老旧小区等受场地条件约束的既有居住社区，因地制宜建设邮政快递末端综合服务站
	8	其他便民商业网点	建设理发店、洗衣店、药店、维修点、家政服务网点、餐饮店等便民商业网点
三、市政配套基础设施完备	9	水、电、路、气、热、信等设施	建设供水、排水、供电、道路、供气、供热（集中供热地区）、通信等设施，达到设施完好、运行安全、供给稳定等要求。实现光纤入户和多网融合，推动 5G 网络进社区；建设社区智能安防设施及系统
	10	停车及充电设施	新建居住社区按照不低于 1 车位 / 户配建机动车停车位，100% 停车位建设充电设施或者预留建设安装条件；既有居住社区统筹空间资源和管理措施，协调解决停车问题，防止乱停车和占用消防通道现象。建设非机动车停车棚、停放架等设施。具备条件的居住社区，建设电动车集中停放和充电场所，并做好消防安全管理
	11	慢行系统	建设联贯各类配套设施、公共活动空间与住宅的慢行系统，与城市慢行系统相衔接；社区居民步行 10 分钟可以到达公交站点
	12	无障碍设施	住宅和公共建筑出入口设置轮椅坡道和扶手，公共活动场地、道路等户外环境建设符合无障碍设计要求；具备条件的居住社区，实施加装电梯等适老化改造；对有条件的服务设施，设置低位服务柜台、信息屏幕显示系统、盲文或有声提示标识和无障碍厕所（厕位）
	13	环境卫生设施	实行生活垃圾分类，设置多处垃圾分类收集点，新建居住社区宜建设一个用地面积不小于 120 平方米的生活垃圾收集站；建设一个建筑面积不小于 30 平方米的公共厕所，城镇老旧小区等受场地条件约束的既有居住社区，可以采用集成箱体式公共厕所

目标	序号	建设内容	建设要求
四、公共活动空间充足	14	公共活动场地	至少有一片公共活动场地（含室外综合健身场地），用地面积不小于 150 平方米，配置健身器材、健身步道、休息座椅等设施，以及沙坑等儿童娱乐设施；新建居住社区建设一片不小于 800 平方米的多功能运动场地，配置 5 人制足球、篮球、排球、乒乓球、门球等球类场地，在紧急情况下可以转换为应急避难场所；既有居住社区要因地制宜改造宅间绿地、空地等，增加公共活动场地
	15	公共绿地	至少有一片开放的公共绿地。新建居住社区至少建设一个不小于 4000 平方米的社区游园，设置 10%~15% 的体育活动场地；既有居住社区应结合边角地、废弃地、闲置地等改造建设“口袋公园”“袖珍公园”等；社区公共绿地应配备休憩设施，景观环境优美，体现文化内涵，在紧急情况下可转换为应急避难场所
五、物业管理全覆盖	16	物业服务	鼓励引入专业化物业服务，暂不具备条件的，通过社区托管、社会组织代管或居民自管等方式，提高物业管理覆盖率；新建居住社区按照不低于物业总建筑面积 2‰比例且不低于 50 平方米配置物业管理用房，既有居住社区因地制宜配置物业管理用房
	17	物业管理服务平台	建立物业管理服务平台，推动物业服务企业发展线上线下社区服务业，实现数字化、智能化、精细化管理和服务
六、社区管理机制健全	18	管理机制	建立“党委领导、政府组织、业主参与、企业服务”的居住社区管理机制；推动城市管理进社区，将城市综合管理服务平台与物业管理服务平台相衔接，提高城市管理覆盖面
	19	综合管理服务	依法依规查处私搭乱建等违法违规行为；组织引导居民参与社区环境整治、生活垃圾分类等活动
	20	社区文化	举办文化活动，制定发布社区居民公约，营造富有特色的社区文化

（二）生态文明建设示范区（生态工业园区）建设评价报告大纲表式，详见表 3-10。

生态文明建设示范区（生态工业园区）建设评价报告大纲 **表3-10**

园区名称： 填报时间： 年 月 日

分类	序号	指标	单位	要求	是否选为考核指标	数值
经济发展	1	高新技术企业工业总产值	万元	—	—	
		园区工业总产值	万元	—	—	
		高新技术企业工业总产值占园区工业总产值比例	%	≥ 30	是 / 否	
	2	年末从业人口	人	—	—	
		工业增加值	万元	—	—	
		人均工业增加值	万元 / 人	≥ 15	是 / 否	
	3	规划基准年工业增加值	万元	—	—	
		2019 年工业增加值	万元	—	—	
		园区工业增加值三年年均增长率	%	≥ 15	是 / 否	
	4	资源再生利用产业增加值	万元	—	—	
		资源再生利用产业增加值占园区工业增加值比例	%	≥ 30	是 / 否	
产业共生	5	建设规划实施后新增构建生态工业链项目数量	个	≥ 6	必选	
	6	工业固体废物综合利用量	吨	—	—	
		工业固体废物总产生量	吨	—	—	
		综合利用往年贮存量	吨	—	—	
		工业固体废物综合利用率	%	≥ 70	是 / 否	
	7	再生产业再生资源循环利用量	吨	—	—	
		再生资源收集量	吨	—	—	
		再生资源循环利用率	%	≥ 80	是 / 否	

续表

分类	序号	指标	单位	要求	是否选为考核指标	数值
资源节约	8	工业用地面积	平方千米	—	—	
		单位工业用地面积工业增加值	亿元 / 平方千米	≥ 9	是 / 否	
	9	2019 年工业用地面积	平方千米	—	—	
		单位工业用地面积工业增加值三年年均增长率	%	≥ 6	是 / 否	
	10	综合能耗总量	吨标煤	—	—	
		规划基准年综合能耗总量	吨标煤	—	—	
		综合能耗弹性系数	—	当园区工业增加值建设期年均增长率＞ 0，≤ 0.6	必选	
				当园区工业增加值建设期年均增长率＜ 0，≥ 0.6		
	11	单位工业增加值综合能耗	吨标煤 / 万元	≤ 0.5	是 / 否	
	12	可再生能源使用量	吨标煤	—	—	
		可再生能源使用比例	%	≥ 9	是 / 否	
	13	新鲜水资源消耗量	万立方米	—	—	
		规划基准年新鲜水资源消耗量	万立方米	—	—	
		新鲜水耗弹性系数	—	当园区工业增加值建设期年均增长率＞ 0，≤ 0.55	必选	
				当园区工业增加值建设期年均增长率＜ 0，≥ 0.55		
	14	单位工业增加值新鲜水耗	立方米 / 万元	≤ 8	是 / 否	
	15	工业重复用水量	立方米	—	—	
		工业用水重复利用率	%	≥ 75	是 / 否	
	16	园区再生水（中水）回用量	万吨	—	—	
		园区污水处理厂排放总量	万吨	—	—	
		再生水（中水）回用率	%	缺水城市达到 20% 以上	是 / 否	
				京津冀区域达到 30% 以上		
				其他地区达到 10% 以上		
环境保护	17	工业园区重点污染源稳定排放达标情况	%	达标	必选	
	18	工业园区国家重点污染物排放总量控制指标及地方特征污染物排放总量控制指标完成情况	—	全部完成	必选	
	19	工业园区内企事业单位发生特别重大、重大突发环境事件数量	—	0	必选	
	20	环境管理能力完善度	%	100	必选	
	21	工业园区重点企业清洁生产审核实施率	%	100	必选	
	22	污水集中处理设施	—	具备	必选	
	23	园区环境风险防控体系建设完善度	%	100	必选	
	24	工业固体废物（含危险废物）处置利用率	—	100	必选	
	25	COD 排放量	吨	—	—	
		氨氮排放量	吨	—	—	
		SO_2 排放量	吨	—	—	
		氮氧化物排放量	吨	—	—	
		规划基准年 COD 排放量	吨	—	—	
		规划基准年氨氮排放量	吨	—	—	
		规划基准年 SO_2 排放量	吨	—	—	
		规划基准年氮氧化物排放量	吨	—	—	

续表

分类	序号	指标	单位	要求	是否选为考核指标	数值
环境保护	25	主要污染物排放弹性系数	—	当园区工业增加值建设期年均增长率＞0，≤0.3	必选	
				当园区工业增加值建设期年均增长率＜0，≥0.3		
	26	二氧化碳排放量	吨	—	—	
		规划基准年二氧化碳排放量	吨	—	—	
		单位工业增加值二氧化碳排放量年均削减率	%	≥3	必选	
	27	废水排放量	吨	—	—	
		单位工业增加值废水排放量	吨／万元	≤7	是／否	
	28	固废产生量	吨	—	—	
		单位工业增加值固废产生量	吨／万元	≤0.1	是／否	
	29	绿化覆盖率	%	≥15	必选	
信息公开	30	重点企业环境信息公开率	%	100	必选	
	31	生态工业信息平台完善程度	%	100	必选	
	32	生态工业主题宣传活动	次／年	≥2	必选	

注：园区中某一工业行业产值占园区工业总产值比例大于70%时，该指标的指标值为达到该行业清洁生产评价指标体系一级水平或公认国际先进水平。"指标4"无法达标的园区不能选择此项指标作为考核指标。

（三）《城市居家适老化改造指导手册》（2023版）针对城市老年人居家适老化改造需求，在通用性改造、入户空间、起居（室）厅、卧室、卫生间、厨房、阳台等7个方面形成了47项改造要点。基于老年人差异化需求将改造内容分为基础型、提升型两类，基础型改造内容以满足老年人基本生活需求、安全和生活便利需要为主；提升型改造内容主要满足老年人改善型生活需求，以丰富居家服务供给、提升生活品质为主。为城市居家适老化改造提供系统、简单、可行的改造方案和技术路径，可以帮助老年人提高居家适老化改造意识，提升行业居家适老化改造技术水平。城市居家适老化改造基础型、提升型清单，详见表3-11、表3-12。

城市居家适老化改造基础型清单 **表3-11**

序号	类别	改造要素	配置及技术要求
1	入户空间	入户门槛处理	根据施工可行性，可通过移除门槛、设置斜坡等方式消除高差，帮助老年人通行，若施工确有难度，宜在门旁设置其他安全辅助设施，辅助老年人通行
2		更换门锁	有条件的可更换为智能化门锁，提供多样化解锁方案
3		设置换鞋凳	换鞋凳宜选用带撑扶支架、下方带搁板的鞋凳，门厅空间较为紧张时，可设置折叠式鞋凳
4	卧室	安装床边护栏、抓杆	辅助老年人起身、上下床，防止翻身滚下床，保证老年人睡眠和活动安全
5		在床头增设照明开关	卧室照明开关宜采用多点控制，并在床头设置开关，开关面板宜选用大面板形式
6		设置紧急呼救装置	宜在床头设置按钮和拉绳相结合的紧急呼救装置
7	卫生间	高差处理	当卫生间存在较大高差，有条件的可做降台处理；当高差无法消除时，宜通过增设其他安全辅助设施
8		蹲便器改坐便器	为减轻蹲姿造成的腿部压力，宜将蹲便器改为坐便器，并匹配相适应的扶手
9		配置淋浴椅	在淋浴区域设置扶手和淋浴椅
10		设置浴帘	宜通过增加浴帘的方式实现干湿分离，并方便施救
11		安装抓杆	应在坐便器、浴缸及淋浴旁设置抓杆
12		设置紧急呼救装置	宜在坐便器及淋浴附近设置按钮和拉绳相结合的紧急呼救装置

续表

序号	类别	改造要素	配置及技术要求
13	厨房	安装报警器	安装烟雾、火灾等报警器，及时发现危险
14	阳台	更换晾衣架	晾衣架应采用可升降式衣架或低位晾衣杆，晾衣架周围宜保证一定的空间，便于老年人操作
15		增设护栏	当阳台无护栏时，宜增设护栏
16	通用类	高差处理	在改造时尽量消除室内高差，当高差难以消除时，应采取必要的措施辅助通行
17		室内门槛处理	室内宜更换为无门槛的推拉门或设置倒坡脚，扶手等安全设施，辅助通行
18		安装扶手	室内有高差变化处，或在玄关等需要弯腰、起身、下蹲的一些必要位置，宜加设扶手
19		防滑处理	地面应采用防滑、平整的材料，不同地面材质的衔接处摩擦系数不应差别过大
20		门把手更换	平开门、推拉门把手宜改造为选择易施力的下压式或U型把手
21		电源插座及开关改造	视情进行高／低位改造，避免老年人下蹲或弯腰，开关面板宜选用大面板的开关或带照明指示的开关

城市居家适老化改造提升型清单 **表3-12**

序号	类别	改造要素	配置及技术要求
1	入户空间	安装闪光振动门铃	宜设置语音、震动与闪光结合的门铃，屋内可设置分体式门铃，方便老年人在全屋及时了解来访情况
2		设置适老化鞋柜	门厅空间充足时可设置适老化鞋柜，方便储物的同时，为老年人进门提供支撑
3		设置全屋照明总开关或全屋智能开关	全屋智能开关宜设在户门入口处，选用声控或宽面板开关
4	起居厅	配置适老化沙发及茶几	选用座面较硬的沙发，并配有助起的扶手或支撑
5		配置适老化餐桌椅	宜选用适老餐桌椅，采用大圆角设计，避免老年人磕碰
6	卧室	设置床头照明	帮助失能老人完成起身、侧翻、上下床、吃饭等动作，辅助喂食、处理排泄物等
7		增设可移动坐便器	当卫生间离卧室较远，或老年人有护理需求时，可在卧室设置可移动坐便器，便于老年人如厕
8		配置适老化衣柜	卧室的储藏空间应便于老年人取放，同时考虑乘坐轮椅的老年人的操作高度，储物隔板可采用拉杆式或电动式，以避免老年人因活动不便而在取放物品时发生安全事故
9		地面防滑	卧室的地面宜选用防滑、保暖、隔声性能较好的地面材料
10		设置护理床	当老年人有护理需求时，应选用与其身体状况相匹配的护理床，帮助完成起身、侧翻、上下床、吃饭等行为
11		配置防褥疮床垫	避免长期卧床的老年人发生严重压疮，根据老年人不同需求配置相适应的防褥疮床垫
12	卫生间	干湿分离	卫生间宜干湿分区，通过合理组织排水，避免地面积水，以降低老年人因地面湿滑而造成安全伤害风险
13		浴缸／淋浴间改造	老年人宜优先选择淋浴，并在淋浴区域设置扶手和淋浴椅
14		盥洗台改造	盥洗台下方宜留空，便于使用轮椅及助行器的老年人使用
15		配置供暖设备	在淋浴区设置带有加热、排风和照明功能的采暖设施
16	厨房	加设中部柜	在吊柜下方设置开敞式中部柜、中部架，或设置可下拉式拉篮，方便老年人取放物品
17		操作台面改造	根据老年人身高和使用情况合理改造操作台尺度，操作台下留有足够放置膝盖及轮椅回转空间
18		更换燃气灶	选用点火、火力调节方便的产品、燃气灶应具有熄火保护功能和防干烧等功能或无明火的电炊灶具，炉灶和水槽工作区应有特定照明
19		墙面材质更换	炉灶背后宜选用防火、防水、耐腐蚀、耐油烟易于清扫的面材，如防菌墙面瓷砖、强化玻璃等材质
20		安装积水报警设备	可在厨房地面、水管下方等处安装积水报警器
21	阳台	增设绿植空间	在阳台可设置园艺操作空间，如放置园艺操作台、花架等装置
22	通用类	平整硬化	地面应平整，选用无过大凹凸的材质，不同材质交接处应保证平滑过渡，避免产生新的高差

续表

序号	类别	改造要素	配置及技术要求
23	通用类	安装防撞护角／防撞条	在家具尖角或墙角安装防撞护角或者防撞条，避免老年人磕碰划伤
24		房门拓宽	对于门宽较小的房间，在确保结构安全前提下，可适当拓宽门洞并进行加固处理
25		平开门改推拉门	根据老年人身体状况和需求，有条件的可将平开门改为推拉门，便于通行
26		安装自动感应灯具	安装感应便携灯，避免直射光源，强刺激性光源，人走灯灭，辅助老年人起夜使用

在社区开展完整社区建设试点的各级住房和城乡建设、发展改革、民政、商务、卫生健康、体育、能源等部门要建立协同机制，将完整社区建设试点工作与城镇老旧小区改造、养老托育设施建设、充电设施建设、一刻钟便民生活圈建设、社区卫生服务机构建设、家政进社区、“国球进社区”、社区嵌入式服务设施建设等重点工作统筹起来，整合有关资源、资金和力量，完善配套政策制度，指导督促试点社区细化试点工作方案，落实资金来源、建设时序和建设运营方式，确保试点工作取得实实在在的成效。要指导试点社区开展专项体检，组织动员居民广泛参与，摸清设施配套、环境建设、服务治理等问题短板，分清轻重缓急，制定完整社区建设项目清单，补齐养老、托育、健身、停车、充电、便利店、早餐店、菜市场、“小修小补”点等设施短板，推进社区适老化、适儿化改造，推动家政进社区，完善社区嵌入式服务，提高社区治理数字化、智能化水平，不断增强人民群众的获得感、幸福感、安全感。要加强对试点工作的调研指导和跟踪评估，广泛听取群众意见，及时协调解决试点工作中遇到的难点问题，扎实推动试点工作落地生效。要做好试点工作的宣传引导，总结推广试点工作的好经验好做法，营造“人民城市人民建”的良好氛围。住房和城乡建设部、国家发展和改革委员会、民政部、商务部、国家卫生健康委、体育总局、国家能源局将分别于2023年、2024年底前对试点工作情况进行评估，遴选一批完整社区样板，在全国范围内宣传推广。

第六节　中国人居环境奖评价和范例奖评选

一、中国人居环境奖

中国人居环境奖包括中国人居环境奖（综合）、中国人居环境奖（范例）两类。“中国人居环境奖（综合）”授予在改善人居环境方面取得突出成就的城市（含直辖市的区）。“中国人居环境奖（范例）”授予在改善人居环境相关领域具有重要示范价值的项目。中国人居环境奖申报评选管理遵循自愿申报、分类评选、动态管理和复查的原则。住房和城乡建设部负责中国人居环境奖申报评选管理工作。中国人居环境奖（综合）的申报主体是城市（含直辖市的区）人民政府。中国人居环境奖（范例）的申报主体是城市（含直辖市的区）和县人民政府。中国人居环境奖（综合）评选区域范围为城市建成区。中国人居环境奖（范例）评选区域范围为城市（县城、镇）建成区或者村庄。申报城市（县）近2年内（申报当年及前一年自然年内，下同）未发生重大安全、污染、破坏生态环境、破坏历史文化资源等事件，未发生严重违背城市发展规律的破坏性“建设”行为，未被省级以上人民政府或住房和城乡建设主管部门通报批评，且符合下列要求。中国人居环境奖（综合），符合《中国人居环境奖评选标准》要求。获得国家园林城市、国家节水型城市、全国无障碍建设城市命名。编制人居环境相关规划并组织实施。已经建立较为完整的城市基础设施档案。已建设城市运行管理服务平台。已获中国人居环境奖（范例）的，在申报中国人居环境奖（综合）时，可予特色加分，同等条件下优先考虑。中国人居环境奖（范例），在生态宜居、健康舒适、安全韧性、交通便捷、风貌特色、整洁有序、多元包容、创新活力和宜居乡村等方面具有重要示范价值的人居环境建设项目。已获国家园林城市、国家节水型城市、无障碍建设城市、历史文化名城名镇名村等相关奖项的示范项目，同等条件下优先考虑。中国人居环境奖评选标准（表3-13）。

中国人居环境奖评选标准 **表3-13**

序号	目标	指标	指标释义	指标类型	具体要求	评分标准
1	一、生态宜居	区域开发强度（%）	市辖区建成区面积占市辖区总面积的百分比	导向指标	超、特大城市≤30%；其他城市≤20%	2分；每超1%，扣0.1分，扣完为止
2		人口密度（万人/平方千米）	人口密度是指市辖区建成区内每平方千米的人口数量	导向指标	≤1.5万人/平方千米	2分；每超0.1万人/平方千米，扣0.1分，扣完为止
3		新建住宅建筑高度不超过80米的占比（%）	当年市辖区建成区内新建住宅建筑中高度不超过80米的住宅建筑占新建住宅建筑的比例；建筑高度是指建筑物屋面面层到室外地坪的高度	底线指标	100%	4分；达到标准得4分，达不到0分
4		单位GDP二氧化碳排放强度下降比例（%）	当年城市单位国内生产总值二氧化碳排放量近三年年均降速	导向指标	年降速≥3.6%	4分；达到标准得4分，每低0.1%，扣0.2分，扣完为止
5		城市环境噪声达标区覆盖率（%）	市辖区建成区内环境噪声达标区面积，占建成区总面积的百分比	导向指标	100%	2分；每低1%，扣0.1分，扣完为止
6		新建建筑中绿色建筑占比（%）	市辖区建成区内按照绿色建筑相关标准当年新建的建筑面积，占全部新建建筑总面积的百分比	导向指标	100%	2分；每低1%，扣0.02分，扣完为止
7		城市绿道服务半径覆盖率（%）	城市绿道1千米半径（步行15分钟或骑行5分钟）覆盖的市辖区建成区居住用地面积，占市辖区建成区总居住用地面积的百分比	导向指标	≥70%	2分；每低1%，扣0.04分，扣完为止
8		城市公园绿化活动场地服务半径覆盖率（%）	公园绿化活动场地服务半径覆盖的居住用地面积（平方千米）占居住用地总面积（平方千米）的百分比（5000平方米及以上公园绿化活动场地按500米服务半径测算；400~5000平方米的公园绿化活动场地按300米服务半径测算）	导向指标	≥90%	3分；每低1%，扣0.04分，扣完为止
9	二、健康舒适	空气质量优良天数比率（%）	全年环境空气质量优良天数占全年总天数的百分比	底线指标	≥87.5%	4分；达到标准得4分，达不到0分
10		地表水达到或好于Ⅲ类水体比例（%）	市辖区建成区内纳入国家、省、市地表水考核断面中，达到或好于Ⅲ类水环境质量的断面数量，占考核断面总数量的百分比	底线指标	≥85%	4分；达到标准得4分，达不到0分
11		城市生活垃圾资源化利用率（%）	市辖区建成区内城市生活垃圾中物质回收利用和能源转化利用的总量占生活垃圾产生总量的百分比	导向指标	≥60%	2分；每低1%，扣0.03分，扣完为止
12		新建住宅建筑密度（%）	市辖区建成区内新建住宅建筑基底面积与所在居住用地面积的比例	底线指标	≤30%	4分；达到标准得4分，达不到0分
13		完整居住社区覆盖率（%）	市辖区建成区内达到《完整居住社区建设标准（试行）》的居住社区数量，占居住社区总数的百分比	导向指标	≥50%	2分；每低1%，扣0.04分，扣完为止
14		社区便民商业服务设施覆盖率（%）	市辖区建成区内15分钟步行距离内有便民超市、便利店、快递点等公共服务设施的社区数占建成区社区总数的比例	导向指标	≥60%	2分；每低1%，扣0.03分，扣完为止

续表

序号	目标	指标	指标释义	指标类型	具体要求	评分标准
15	二、健康舒适	社区老年服务站覆盖率（%）	市辖区建成区内建有社区老年服务站的社区数，占社区总数的百分比	导向指标	≥ 50%	2 分；每低 1%，扣 0.04 分，扣完为止
16		普惠性幼儿园覆盖率（%）	市辖区建成区内公办幼儿园和普惠性民办幼儿园提供学位数，占在园幼儿数的百分比	导向指标	≥ 80%	2 分；每低 1%，扣 0.03 分，扣完为止
17		社区卫生服务中心门诊分担率（%）	市辖区建成区内社区卫生服务机构门诊量，占总门诊量的百分比	导向指标	≥ 23%	2 分；每低 1%，扣 0.1 分，扣完为止
18		人均体育场地面积（平方米 / 人）	市辖区建成区内常住人口人均拥有的体育场地面积	导向指标	≥ 2.5 平方米	2 分；每低 0.1 平方米，扣 0.08 分，扣完为止
19		特殊困难老年人家庭适老化改造率（%）	实施改造的特殊困难老年人家庭数量占计划改造的贫困老年人家庭总数的比例	底线指标	100%	4 分；达到要求得 4 分，达不到 0 分
20	三、安全韧性	城市易涝积水点消除率	历史上严重影响生产生活秩序的易涝积水点全面消除	导向指标	100%	2 分；每低 1%，扣 0.05 分，扣完为止
21		城市可渗透地面面积比例（%）	市辖区建成区内具有渗透能力的地表（含水域）面积，占建成区面积的比例	导向指标	黑龙江省、吉林省、辽宁省、西藏自治区、新疆维吾尔自治区、新疆生产建设兵团不低于 40%，其他省（直辖市、自治区）不低于 45%	3 分；每低 1%，扣 0.05 分，扣完为止
22		人均避难场所面积（平方米 / 人）	市辖区建成区内应急避难场所面积与常住人口的比例	底线指标	≥ 1.5 平方米 / 人	4 分；达到标准得 4 分，达不到 0 分
23		城市道路交通事故万车死亡率（人 / 万车）	市辖区每年因道路交通事故死亡的人数，与市辖区机动车保有量的比例	导向指标	≤ 2 人 / 万车	2 分；每低 0.1%，扣 0.1 分，扣完为止
24		城市标准消防站及小型普通消防站覆盖率（%）	市辖区建成区内标准消防站（7 平方千米责任区 /5 分钟可达）及小型普通消防站（4 平方千米责任区）覆盖的建设用地面积，占建成区面积的百分比	导向指标	100%	2 分；每低 1%，扣 0.02 分，扣完为止
25	四、交通便捷	建成区高峰期平均机动车速度（千米 / 小时）	市辖区建成区内高峰期各类道路上各类机动车的平均行驶速度	导向指标	主干路：≥ 20 千米 / 小时	2 分；每低 1 千米 / 小时，扣 0.1 分，扣完为止
26		平均单程通勤时间（分钟）	市辖区内常住人口单程通勤所花费的平均时间	导向指标	超大城市≤ 45 分钟；特大城市≤ 40 分钟；大城市≤ 35 分钟；中小城市≤ 32 分钟	2 分；每超 1 分钟扣 0.1 分，扣完为止
27		城市道路网密度（千米 / 平方千米）	市辖区建成区组团内城市道路长度与组团面积的比例	导向指标	≥ 8 千米 / 平方千米	2 分；每低 1 千米 / 平方千米，扣 0.25 分，扣完为止
28		绿色出行比例（%）	市辖区建成区内采用轨道、公交、步行、骑行等方式的出行量，占城市总出行量的比例	导向指标	≥ 70%	2 分；每低 1%，扣 0.02 分，扣完为止

续表

序号	目标	指标	指标释义	指标类型	具体要求	评分标准
29	四、交通便捷	通勤距离小于5千米的人口比例（%）	市辖区内常住人口中通勤距离小于5千米的人口数量，占全部通勤人口数量的百分比	导向指标	超大城市≥48%； 特大城市≥50%； 大城市≥55%； 中小城市≥60%	2分； 每低1%，扣0.04分，扣完为止
30	五、风貌特色	城市历史文化街区保护修缮率（%）	市辖区内近5年开展保护修缮项目的历史文化街区数量，占历史文化街区总量的百分比	导向指标	≥60%	2分； 每低1%，扣0.03分，扣完为止
31		城市历史建筑空置率（%）	市辖区内历史建筑空置数量占城市人民政府公布的历史建筑总数的比例	导向指标	≤5%	2分； 每超1%，扣0.04分，扣完为止
32		万人城市文化建筑面积（平方米）	市辖区内文化建筑（包括剧院、图书馆、博物馆、少年宫、文化馆、科普馆等）总面积与市辖区常住人口的比例	导向指标	≥2000	2分； 每低40平方米扣0.1分，扣完为止
33	六、整洁有序	城市居民小区生活垃圾分类覆盖率（%）	城市建成区内开展垃圾分类的小区占小区总数的比例	导向指标	≥80%	2分； 每低1%，扣0.04分，扣完为止
34		城市生活污水集中收集率（%）	市辖区建成区内通过集中式和分散式污水处理设施收集的生活污染物量占生活污染物排放总量的比例	底线指标	≥70%	4分； 达到标准得4分，达不到0分
35		实施专业化物业管理的住宅小区占比（%）	市辖区建成区内实施专业化物业管理的住宅小区数量，占建成区内住宅小区总量的百分比	导向指标	≥60%	2分； 每低1%扣0.03分，扣完为止
36		城市街道立杆、空中线路规整性（%）	城市新区、各类园区、成片开发区立杆、空中线路（电线电缆等）规整的城市街道数量占建成区区域内主干道、次干道、支路总量的百分比	导向指标	≥90%	2分； 每低1%扣0.15分，扣完为止
37	七、多元包容	道路无障碍设施设置率（%）	市辖区建成区内主干道、次干道、支路的无障碍设施设置率（%）	底线指标	100%	4分； 达到标准得4分，达不到0分
38		城市居民最低生活保障标准占人均消费支出比例（%）	城市最低生活保障标准（×12），占上年度城市居民人均消费支出的百分比	导向指标	≥30%	2分； 每低1%扣0.06分，扣完为止
39		新市民（青年）保障性租赁住房覆盖率（%）	市辖区正在享受保障性租赁住房的新市民、青年人数量，占应当享受保障性租赁住房的新市民、青年人总数量的百分比	导向指标	≥15%	2分； 每低1%扣0.15分，扣完为止
40	八、创新活力	全社会R&D支出占GDP比重（%）	当年全市全社会实际用于基础研究、应用研究和试验发展的经费支出，占国内生产总值的百分比	导向指标	≥2.5%	2分； 每低0.1%扣0.1分，扣完为止

二、评选主题内容及申报程序

第一类生态宜居：主题1城市水环境；主题2生活垃圾资源化利用；主题3公园绿地系统；主题4绿色建筑。第二类健康舒适：主题1完整居住社区；主题2城市社区服务设施（便民、养老、卫生）；主题3体育休闲活动场地；主题4老旧小区改造。第三类安全韧性：主题1城市内涝治理；主题2海绵城市；主题3城市生命线安全。第四类交通便捷：主题1城市慢行交通系统；主题2绿色出行；主题3公共交通。第五类风貌特色：主题1国家历史文化名城保护；主题2城市历史文化街区、历史地段保护与复兴；主题3历史建筑保护与利用。第六类整洁有序：主题1城市生活垃圾分类；主题2城市街道净化；主题3城市治理。第七类多元包容：主题1无障碍设施建设；主题2住房保障（住有所居）；主题3适老化。第八类创新活力：主题1智慧城市；主题2城市基础设施智能化；主题3智慧社区。第九类宜居村镇：主题1美丽宜居村镇建设；主题2农村和村庄建设现代化；主题3农村生活垃圾收运处置体系建设；主题4传统村落保护利用和乡村风貌提升。注：中国人居环境奖（范例）采用专家评价的方法，按百分制，由专家从申报材料质量、项目成效、综合创新和示范价值等方面对申报中国人居环境奖（范例）的项目进行评定，择优选取。中国人居环境奖评选每2年开展一次，偶数年为申报年，奇数年为评选年。申报中国人居环境奖（综合），申报主体为省（自治区）所辖城市人民政府的，城市人民政府应组织相关部门，对照《中国人居环境奖评选标准》进行自评，自评达标后向省（自治区）住房和城乡建设主管部门提出申请。省（自治区）住房和城乡建设主管部门进行初审，提出初审意见，对初审总分达到80分（含）以上的，由省（自治区）住房和城乡建设主管部门于申报年的12月31日前将申报材料报送住建部。申报主体为直辖市的区人民政府的，由市级住房和城乡建设主管部门负责进行初审，并于申报年的12月31日前将达到要求的区人民政府申报材料报送住房和城乡建设部。直辖市作为申报主体的，自评达标后由直辖市人民政府于申报年的12月31日前将申报材料报送住建部。申报中国人居环境奖（范例），申报主体为省（自治区）所辖城市（县）人民政府的，市（县）人民政府应对照评选主题认真研究，充分挖掘城乡规划建设管理、历史文化保护等方面促进城乡人居环境改善的好项目、好案例，并向省（自治区）住房和城乡建设主管部门提出申请；省（自治区）住房和城乡建设部门应立足城乡规划建设管理各环节、各行业，会同相关部门进行初审，择优推荐，原则上，每个类别可以推荐1项，由省（自治区）住房和城乡建设主管部门于申报年的12月31日前将申报材料报送住建部。申报主体为直辖市的区人民政府的，由项目所属行业的市级行业主管部门负责进行初审，涉及多个行业的项目由市级住房和城乡建设主管部门会同相关部门负责进行初审，初审部门要综合考虑，择优推荐，原则上，每个部门就同一类别限推1项，并于申报年的12月31日前将申报材料报送住房和城乡建设部。住房和城乡建设部受理省级住房和城乡建设主管部门和直辖市人民政府报送的申报材料，并于评选年的12月31日前完成评选工作。

三、申报和评选程序及动态管理

通过省级初审的申报主体，采用线上线下相结合的方式提交申报材料。申报材料要真实准确、简明扼要，各项指标支撑材料的出处及统计口径明确，有关资料和表格填写规范。中国人居环境奖（综合）：城市概况，包括评选区域范围示意地图；创建工作组织与实施方案、创建工作总结、申报内容介绍；体现申报基本条件要求的资料；城市自体检报告（应包括中国人居环境奖评选标准各项指标）；中国人居环境奖自评结果及有关依据资料；创建工作影像或图片资料；其他能够体现所申报奖项工作成效和特色的资料；不少于4个能够体现本地人居环境特色的示范项目，项目应分属于生态宜居、健康舒适、安全韧性、交通便捷、风貌特色、整洁有序、多元包容、创新活力等8个类别中的不同类别。中国人居环境奖（范例）：项目概况，包括所申报奖项创建及评选区域范围示意地图；创建工作组织与实施方案、创建工作总结、申报内容介绍；体现申报基本条件要求的资料；创建工作影像资料或图片资料；其他能够体现所申报奖项工作成效和特色的资料。专家组负责申报材料预审，形成预审意见。住房和城乡建设部组织第三方机构，结合城市体检，对人居环境建设情况进行第三方评价。第三方评价结果作为评选的重要参考。住房和城乡建设部组织第三方机构，了解当地居民对申报城市人居环境建设工作的满意度。社会满意度调查结果作为评选的重要参考。根据预审意见、第三方评价和社会满意度调查结果，由专家组提出中国人居环境奖（综合和范例）现场考评建议名单，报住房和城乡建设部审核。对通过审核的申报主体，由专家组进行现场考评。申报主体至少应在专家组抵达前两天，在当地不少于两个主要媒体上向社会公布专家组工作时间、联系电话等相关信息，便于评选组听取各方面的意见、建议，并接受当地居民报名参与现场考评。现场考评主要程序如下：听取申报主体的创建工作汇报；查阅申报材料及有关的原始资料；现场随机抽查与所申报奖项有关的人居环境示范项目的建设和工作措施落实情况，其中申报中国人居环境奖（综合奖）的示范项目必查；当地居民参与现场考评，并将其意见作为现场考评意见的重要参考；专家组成员在独立提出评选意见和评分结果的基础上，经集体讨论，形成现场考评意见；专家组就现场考评中发现的问题及建议进行现场反馈；专家组将现场考评意见书面报住房和城乡建设部。住房和城乡建设部组织综合评议，并形成综合评议意见，评议确定中国人居环境奖建议名单。综合评议通过的公示名单在住房和城乡建设部门户网站进行公示，公示期为10个工作日。公示无异议的，由住房和城乡建设部正式命名。中国人居环境奖（综合）命名有效期为5年。建立“中国人居环境奖”预备名单制度，各省级住房和城乡建设主管部门可将当地准备申报中国人居环境奖（综合）的城市和中国人居环境奖（范例）的项目，报住房和城乡建设部备案，作为预备目录清单。申报中国人居环境奖优先从预备目录清单中推选。

第七节　全国无障碍建设示范城市（县）管理

一、无障碍环境建设管理

国家采取措施推进无障碍环境建设，为残疾人、老年人自主安全地通行道路、出入建筑物，以及使用其附属设施、搭乘公共交通运输工具，获取、使用和交流信息，获得社会服务等提供便利。残疾人、老年人之外的其他人有无障碍需求的，可以享受无障碍环境便利。无障碍环境建设发挥政府主导作用，调动市场主体积极性，引导社会组织和公众广泛参与，推动全社会共建、共治、共享。无障碍环境建设应当与适老化改造相结合，遵循安全便利、实用易行、广泛受益的原则。无障碍环境建设应当与经济社会发展水平相适应，统筹城镇和农村发展，逐步缩小城乡无障碍环境建设的差距。县级以上人民政府应当将无障碍环境建设纳入国民经济和社会发展规划，将所需经费纳入本级预算，建立稳定的经费保障机制。县级以上人民政府应当统筹协调和督促指导有关部门在各自职责范围内做好无障碍环境建设工作。县级以上人民政府住房和城乡建设、民政、工业和信息化、交通运输、自然资源、文化和旅游、教育、卫生健康等部门应当在各自职责范围内，开展无障碍环境建设工作。乡镇人民政府、街道办事处应当协助有关部门做好无障碍环境建设工作。残疾人联合会、老龄协会等组织依照法律、法规，以及各自章程，协助各级人民政府及其有关部门做好无障碍环境建设工作。制定或者修改涉及无障碍环境建设的法律、法规、规章、规划和其他规范性文件，应当征求残疾人、老年人代表，以及残疾人联合会、老龄协会等组织的意见。国家鼓励和支持企业事业单位、社会组织、个人等社会力量，通过捐赠、志愿服务等方式参与无障碍环境建设。国家支持开展无障碍环境建设工作的国际交流与合作。对在无障碍环境建设工作中做出显著成绩的单位和个人，按照国家有关规定给予表彰和奖励。新建、改建、扩建的居住建筑、居住区、公共建筑、公共场所、交通运输设施、城乡道路等，应当符合无障碍设施工程建设标准。无障碍设施应当与主体工程同步规划、同步设计、同步施工、同步验收、同步交付使用，并与周边的无障碍设施有效衔接、实现贯通。无障碍设施应当设置符合标准的无障碍标识，并纳入周边环境或者建筑物内部的引导标识系统。国家鼓励工程建设、设计、施工等单位采用先进的理念和技术，建设人性化、系统化、智能化并与周边环境相协调的无障碍设施。工程建设单位应当将无障碍设施建设经费纳入工程建设项目概预算。工程建设单位不得明示或者暗示设计、施工单位违反无障碍设施工程建设标准；不得擅自将未经验收或者验收不合格的无障碍设施交付使用。工程设计单位应当按照无障碍设施工程建设标准进行设计。依法需要进行施工图设计文件审查的，施工图审查机构应当按照法律、法规和无障碍设施工程建设标准，对无障碍设施设计内容进行审查；不符合有关规定的，不予审查通过。工程施工、监理单位应当按照施工图设计文件，以及相关标准进行无障碍设施施工和监理。住房和城乡建设等主管部门对未按照法律、法规和无障碍设施工程建设标准开展无障碍设施验收或者验收不合格的，不予办理竣工验收备案手续。国家鼓励工程建设单位在新建、改建、扩建建设项目的规划、设计和竣工验收等环节，邀请残疾人、老年人代表，以及残疾人联合会、老龄协会等组织，参加意见征询和体验试用等活动。对既有的不符合无障碍设施工程建设标准的居住建筑、居住区、公共建筑、公共场所、交通运输设施、城乡道路等，县级以上人民政府应当根据实际情况，制定有针对性的无障碍设施改造计划并组织实施。无障碍设施改造由所有权人或者管理人负责。所有权人、管理人和使用人之间约定改造责任的，由约定的责任人负责。不具备无障碍设施改造条件的，责任人应当采取必要的替代性措施。县级以上人民政府应当支持、指导家庭无障碍设施改造。居民委员会、村民委员会、居住区管理服务单位以及业主委员会应当支持并配合家庭无障碍设施改造。残疾人集中就业单位应当按照有关标准和要求，建设和改造无障碍设施。国家鼓励和支持用人单位开展就业场所无障碍设施建设和改造，为残疾人职工提供必要的劳动条件和便利。新建、改建、扩建公共建筑、公共场所、交通运输设施以及居住区的公共服务设施，应当按照无障碍设施工程建设标准，配套建设无障碍设施；既有的上述建筑、场所和设施不符合无障碍设施工程建设标准的，应当进行必要的改造。国家支持城镇老旧小区既有多层住宅加装电梯或者其他无障碍设施，为残疾人、老年人提供便利。县级以上人民政府及其有关部门应当采取措施、创造条件，并发挥社区基层组织作用，推动既有多层住宅加装电梯或者其他无障碍设施。房屋所有权人应当弘扬中华民族与邻为善、守望相助等传统美德，加强沟通协商，依法配合既有多层住宅加装电梯或者其他无障碍设施。新建、改建、扩建和具备改造条件的城市主干路、主要商业区和大型居住区的人行天桥和人行地下通道，应当按照无障碍设施工程建设标准，建设或者改造无障碍设施。城市主干路、主要商业区等无障碍需求比较集中的区域的人行道，应当按照标准设置盲道；城市中心区、残疾人集中就业单位和集中就读学校周边的人行横道的交通信号设施，应当按照标准安装过街音响提示装置。停车场应当按照无障碍设施工程建设标准，设置无障碍停车位，并设置显著标志标识。无障碍设施所有权人或者管理人应当对无障碍设施履行以下维护和管理责任，保障无障碍设施功能正常和使用安全：对损坏的无障碍设施和标识进行维修或者替换；对需改造的无障碍设施进行改造；纠正占用无障碍设施的行为；进行其他必要的维护和保养。所有权人、管理人和使用人之间有约定的，由约定的责任人负责维护和管理。因特殊情况设置的临时无障碍设施，应当符合无障碍设施工程建设标准。任何单位和个人不得擅自改变无障碍设施的用途或者非法占用、损坏无障碍设施。因特殊情况临时占用无障碍设施的，应当公告并设置护栏、警示标志或者信号设施，同时采取必要的替代性措施。临时占用期满，应当及时恢复原状。国家推广通用设计理念，建立健全国家标准、行业标准、地方标准，鼓励发展具有引领性的团体标准、企业标准，加强标准之间的衔接配合，构建无障碍环境建设标准体系。地方结合本地实际制定的地方标准不得低于国家标准的相关技术要求。制定或者修改涉及无障碍环境建设的标准，应当征求残疾人、老年人代表，以及残疾人联合会、老龄协会等组织的意见。残疾人联合会、老龄协会等组织可以依法提出制定或者修改无障碍环境建设标准的建议。国家建立健全无障碍设计、设施、产品、服务的认证和无障碍信息的评测制度，并推动结果采信应用。国家通过经费支持、政府采购、税收优惠等方式，促进新科技成果在无障碍环境建设中的运用，鼓励无障碍技术、产品和服务的研发、生产、应用和推广，支持无障碍设施、信息和服务的融合发展。文明城市、文明村镇、文明单位、文明社区、文明校园等创建活动，应当将无障碍环境建设情况作为重要内容。国家实施无障碍环境建设目标责任制和考核评价制度。县级以上地方人民政府有关主管部门定期委托第三方机构开展无障碍环境建设评估，并将评估结果向社会公布，接受社会监督。县级以上人民政府建立无障碍环境建设信息公示制度，定期发布无障碍环境建设情况。

二、创建无障碍建设示范城市（县）

到 2025 年，无障碍环境建设法律保障机制更加健全，无障碍基本公共服务体系更加完备，信息无障碍服务深度应用，无障碍人文环境不断优化，城乡无障碍设施的系统性、完整性和包容性水平明显提升，支持 110 万户困难重度残疾人家庭进行无障碍改造，加快形成设施齐备、功能完善、信息通畅、体验舒适的无障碍环境，方便残疾人、老年人生产生活，增强人民群众获得感、幸福感、安全感，为 2035 年实现安全便捷、健康舒适、多元包容的无障碍环境奠定基础。加快推进无障碍环境建设立法，落实无障碍环境建设推进工作机制，推进将无障碍环境建设纳入信用体系，纳入文明城市、智慧城市、数字乡村建设内容。组织全国无障碍环境建设专家委员会和残疾人组织及代表、高等院校、科研院所等进行第三方评估。创建全国无障碍建设示范城市（县）遵循自愿申报、自主创建、科学认定、动态管理、持续建设和复查的原则。住房和城乡建设部、中国残疾人联合会负责创建全国无障碍建设示范城市（县）的申报与认定管理工作，总结推广无障碍环境建设示范模式。创建主体为城市（含直辖市的区）、县人民政府。创建区域范围包括城市（含直辖市的区）、县的建成区。申报创建全国无障碍建设示范城市（县）的地方应符合以下条件：对照《创建全国无障碍建设示范城市（县）考评标准》，提出创建目标、制定创建工作方案，编制无障碍环境建设发展规划，制定无障碍设施建设和改造计划，在创建周期内能够达到相应要求；建立无障碍环境建设工作协调机制，制定相应的地方性法规或规章制度；加强无障碍设施的运行维护管理，并广泛发挥社会监督作用；组织开展无障碍环境建设培训和宣传工作，形成良好的舆论氛围；积极推进信息无障碍建设，提供无障碍信息交流服务；对包括残疾人、老年人在内的社会成员开展满意度调查，满意度达到80%以上；近2年未发生严重违背无障碍环境建设的事件，未发生重大安全、污染、破坏生态环境、破坏历史文化资源等事件，未发生严重违背城乡发展规律的破坏性“建设”行为，未被省级以上人民政府或住房和城乡建设主管部门通报批评。创建全国无障碍建设示范城市（县）每2年开展一次评选，奇数年为申报年，偶数年为评选年。创建程序：申报地方向省级住房和城乡建设主管部门报送创建申请报告，提出创建目标和方案。其中，直辖市作为申报地方的，由直辖市人民政府将创建申请报告报送住房和城乡建设部。省级住房和城乡建设主管部门、残联对申请报告进行初审，遴选出创建目标和方案科学合理的申报地方。由省级住房和城乡建设主管部门于申报年的6月30日前将申请报告报送住房和城乡建设部。住房和城乡建设部、中国残联于申报年的12月31日前审核确认申报地方名单，对名单中的申报地方创建全过程跟踪指导，给予政策和技术支持。省级住房和城乡建设主管部门、残联对照《创建全国无障碍建设示范城市（县）考评标准》组织对申报地方进行评估，对评估总分达80分（含）以上的申报地方，由省级住房和城乡建设主管部门于评选年的6月30日前将评选认定材料报送住房和城乡建设部。其中，直辖市作为申报地方的，自行组织评估达标后由直辖市人民政府将评选认定材料报送住房和城乡建设部。住房和城乡建设部、中国残联于评选年的12月31日前完成认定命名。

三、评选认定材料和组织管理程序

申报地方采用线上线下相结合的方式提交评选认定材料。评选认定材料要真实准确、简明扼要，各项指标支撑材料的种类、出处及统计口径明确，有关资料和表格填写规范。认定材料主要包括：创建申请报告；创建工作情况报告；创建范围示意地图；申报地方自体检报告（应包括《创建全国无障碍建设示范城市（县）考评标准》各项指标）；评估结果及有关依据资料；不少于4个能够体现本地无障碍环境建设成效和特色的示范项目相关资料。其中，城市（含直辖市的区）作为申报地方的，至少提供2个以上街道、社区级示范项目；县作为申报地方的，至少提供2个以上镇、村级示范项目。创建工作影像资料或图片资料；能够体现工作成效和特色的其他资料。住房和城乡建设部、中国残疾人联合会负责组建评选专家组，其成员从住房和城乡建设部城市奖项评选专家委员会中选取。专家组负责评选认定材料预审、现场考评及综合评议等具体工作。参与申报地方所在省（自治区、直辖市）组织的省级评估工作，或为申报地方提供技术指导的专家，原则上不得参与住房和城乡建设部、中国残疾人联合会组织的对该申报地方的评选工作。申报地方在评选认定材料或评选过程中有弄虚作假行为的，取消当年申报资格。专家组负责评选认定材料预审，形成预审意见。住房和城乡建设部、中国残疾人联合会组织第三方机构，结合城市体检，对无障碍环境建设情况进行第三方评价。第三方评价结果作为评选认定的重要参考。住房和城乡建设部、中国残疾人联合会组织第三方机构，了解当地居民对申报地方无障碍环境建设工作的满意度。社会满意度调查结果作为评选认定的重要参考。根据预审意见、第三方评价和社会满意度调查结果，由专家组提出现场考评建议名单，报住房和城乡建设部、中国残疾人联合会审核。对通过审核的申报地方，由专家组进行现场考评。现场考评程序：听取申报地方的创建工作汇报；查阅评选认定材料及有关原始资料；随机抽查当地创建工作及示范项目应用情况（抽查的示范项目不少于2个）；专家组选定包括残疾人、老年人在内的当地居民代表参与现场考评，并将其意见作为现场考评意见的重要参考；专家组成员在独立提出意见和评分结果的基础上，经集体讨论，形成现场考评意见；专家组就现场考评中发现的问题及建议进行现场反馈；专家组将现场考评意见书面报住房和城乡建设部、中国残疾人联合会。住房和城乡建设部、中国残疾人联合会组织综合评议，形成综合评议意见，确定创建全国无障碍建设示范城市（县）建议名单。创建全国无障碍建设示范城市（县）建议名单在住房和城乡建设部门户网站公示，公示期为10个工作日。公示无异议的，由住房和城乡建设部、中国残疾人联合会正式命名。创建全国无障碍建设示范城市（县）命名有效期为5年。创建全国无障碍建设示范城市（县）考评标准（表3-14）。

创建全国无障碍建设示范城市（县）考评标准 **表3-14**

序号	目标	指标	指标释义	指标类型	指标要求	评分标准
1	一、安全便捷	新建道路通达率（%）	符合无障碍要求的新建道路数量占新建道路总数比例	底线指标	100%	5分
2		既有道路无障碍改造达标率（%）	符合无障碍要求的既有道路改造数量占既有道路改造数量比例	导向指标	80%	6分
3		新建公共交通设施通达率（%）	符合无障碍要求的新建公共交通设施数量占新建公共交通设施总数比例	底线指标	100%	5分
4		既有公共交通设施无障碍改造达标率（%）	符合无障碍要求的既有公共交通设施改造数量占既有公共交通设施改造数量比例	导向指标	80%	5分
5		市内公共交通线路无障碍达标率（%）	符合无障碍要求的市内公共交通线路数量占市内公共交通线路总数比例	导向指标	80%	5分
6		应急避难场所无障碍设施设置率（%）	符合无障碍要求的应急避难场所数量占应急避难场所总数比例	底线指标	100%	5分
7	二、健康舒适	新建居住社区无障碍设施设置率（%）	符合无障碍要求的新建居住社区数量占新建居住社区总数比例	底线指标	100%	5分
8		既有居住社区无障碍改造达标率（%）	符合无障碍要求的既有居住社区改造数量占既有居住社区改造数量比例	导向指标	80%	6分
9		新建居住建筑无障碍设施设置率（%）	符合无障碍要求的新建居住建筑数量占新建居住建筑数量比例	底线指标	100%	5分
10		既有居住建筑无障碍改造达标率（%）	符合无障碍要求的既有居住建筑改造数量占既有居住建筑改造数量比例	导向指标	80%	5分
11		困难重度残疾人家庭无障碍改造率（%）	实施改造的困难重度残疾人家庭数量占计划改造的困难重度残疾人家庭总数比例	底线指标	100%	5分
12		特殊困难老年人家庭适老化改造率（%）	实施改造的特殊困难老年人家庭数量占计划改造的特殊困难老年人家庭总数比例	底线指标	100%	5分
13	三、多元包容	新建公共建筑无障碍设施设置率（%）	符合无障碍要求的新建公共建筑数量占新建公共建筑总数比例	底线指标	100%	5分
14		既有公共建筑无障碍改造达标率（%）	符合无障碍要求的既有公共建筑改造数量占既有公共建筑改造总数比例	导向指标	80%	6分
15		公园绿化活动场地、广场无障碍设施设置率（%）	符合无障碍要求的公园绿化活动场地、广场数量占公园绿化活动场地、广场总数比例	导向指标	100%	6分
16		独立式公共厕所无障碍设施设置率（%）	符合无障碍要求的独立式公共厕所数量占独立式公共厕所总数比例	导向指标	80%	6分
17		福利及特殊服务建筑无障碍设施设置率（%）	符合无障碍要求的福利及特殊服务建筑数量占福利及特殊服务建筑总数比例	底线指标	100%	5分
18		政府网站、政务APP无障碍和适老化建设达标率（%）	符合无障碍和适老化要求的政府网站、政务APP数量占政府网站、政务APP总数比例	导向指标	80%	5分
19		无障碍信息交流服务覆盖率（%）	提供无障碍服务的公共信息服务平台（新闻类电视节目、公共图书馆等）数量占提供公共信息服务平台总数（新闻类电视节目、公共图书馆等）比例	导向指标	80%	5分

注：各项指标考评期限自申报年起计算。

第八节　国家园林城市申报与评选

一、国家园林城市申报评选

国家园林城市的申报与评选管理，适用于国家园林城市（含国家生态园林城市）的申报、评选、动态管理及复查等工作。国家园林城市申报评选管理遵循自愿申报、分类考查、动态管理和复查的原则。住房和城乡建设部负责国家园林城市申报评选管理工作。申报主体为城市（县、直辖市辖区）人民政府。评选区域范围包括城市的建成区。申报城市应符合以下条件：城市园林绿化规划、建设、管理等方面的规章制度、政策和标准较为健全；城市园林绿化建设资金纳入政府财政预算，能够保障城市园林绿化规划建设、养护管理、科学研究及宣传培训等工作的开展；城市园林绿化主管部门明确，职责清晰，人员稳定，并有相应的专业管理人员和技术队伍，园林绿化管理规范；编制并有效实施城市绿地系统规划、公园体系规划、生物多样性保护规划和海绵城市建设专项规划。县城可在绿地系统规划中增加公园体系、生物多样性保护专章内容；重视城市园林文化保护传承与发展，在园林绿化建设中体现地域、历史、人文特色，弘扬地方传统文化。定期组织开展专业培训和技能竞赛，园林营造技艺得到较好传承；及时更新“全国城市园林绿化管理信息系统”中相关信息，真实反映城市园林绿化基础工作；申报国家生态园林城市，须获得国家园林城市称号 2 年以上；近 2 年内（申报当年及前一年自然年内）未发生重大安全、污染、破坏生态环境、破坏历史文化资源等事件，未发生违背城市发展规律的破坏性“建设”和大规模迁移砍伐城市树木等行为，未被省级以上住房和城乡建设（园林绿化）主管部门通报批评。

二、申报程序和评选时间及申报材料

国家园林城市评选每 2 年开展一次，偶数年为申报年，奇数年为评选年。申报城市（县、直辖市辖区）对照《国家园林城市评选标准》进行自评，自评达标后向省级住房和城乡建设（园林绿化）主管部门提出申请。省级住房和城乡建设（园林绿化）主管部门对照《国家园林城市评选标准》进行初审，并提出初审意见。对符合申报条件，初审总分达 80 分（含）以上的申报城市，于申报年的 12 月 31 日前将申报材料报送住房和城乡建设部。直辖市作为申报城市的，自评达标后由直辖市人民政府于申报年的 12 月 31 日前将申报材料报送住房和城乡建设部。住房和城乡建设部受理省级住房和城乡建设（园林绿化）主管部门和直辖市人民政府报送的申报材料，并于评选年的 12 月 31 日前完成评选工作。通过省级初审的城市和通过自评的直辖市，采用线上线下相结合的方式提交申报材料。申报材料要真实准确、简明扼要，各项指标支撑材料的出处及统计口径明确，有关资料和表格填写规范。申报材料主要包括：省级住房和城乡建设（园林绿化）主管部门的推荐函（含初审意见）；城市人民政府的申报申请（应包括创建工作组织方案、创建工作总结和申报条件的情况说明）；城市自体检报告（应包括国家园林城市评选标准各项指标）；国家园林城市自评结果及依据资料；城市遥感调查与测评基础资料和测评报告；创建工作技术报告影像资料或图片资料；不少于 4 个能够体现本地园林绿化特色的示范项目；其他能够体现创建工作成效和特色的资料。

三、评选组织管理程序

住房和城乡建设部负责组建评选专家组，其成员从住房和城乡建设部城市奖项评选专家委员会中选取。专家组负责申报材料预审、现场考评及综合评议等具体工作。申报材料预审：专家组负责申报材料的预审，形成预审意见。根据预审意见、第三方评价和社会满意度调查结果，由专家组提出国家园林城市现场考评建议名单，报住房和城乡建设部审核。通过审核的城市进行现场考评，专家组将现场考评意见书面报住房和城乡建设部。综合评议：住房和城乡建设部组织综合评议，形成综合评议意见，评议确定国家园林城市建议名单。公示及命名：综合评议确定的国家园林城市名单在住建部门户网站进行公示，公示期为 10 个工作日。国家园林城市示范项目申报范围：绿地系统规划编制；城市园林绿化标准制定；园林绿化科研项目；公园绿地建设项目；山体生态和景观修复项目；水体生态和景观修复项目（含滨水绿地建设项目）；废弃地生态和景观修复项目；城市湿地保护建设项目；城市绿道绿廊建设项目；立体绿化建设项目；城市更新中小微绿地改造建设项目；城市林荫路建设项

目；防灾避险绿地建设项目；城市生物多样性保护项目；智慧园林建设项目；其他具有典型示范意义的项目。国家园林城市命名有效期为5年。被命名城市人民政府应于有效期满前一年向省级住房和城乡建设（园林绿化）主管部门提出复查申请，并提交自评报告。省级住房和城乡建设（园林绿化）主管部门于有效期满前半年完成对本行政区域内的国家园林城市复查，并将复查报告报送住房和城乡建设部。获命名直辖市人民政府于有效期满前半年将复查材料报送住房和城乡建设部。住房和城乡建设部受理省级（含直辖市）复查材料，视情况直接组织对地方进行复核。通过复查的城市，住房和城乡建设部继续保留其国家园林城市称号。国家园林城市评选标准，详见表3-15。

国家园林城市评选标准 **表3-15**

序号	目标	指标	指标释义	指标类型	具体要求		评分细则
					国家生态园林城市	国家园林城市	
1	一、生态宜居	城市绿地率（%）	建成区内各类绿地面积（平方千米）占建成区面积（平方千米）的百分比	导向指标	≥40%；城市各城区最低值不低于28%	≥40%；城市各城区最低值不低于25%	7分； 城市各城区最低值和城市绿地率均达标得7分； 城市各城区最低值达标，城市绿地率较达标值低1个（含）百分点以内得5分； 城市各城区最低值达标，城市绿地率较达标值低1~2个（含）百分点得3分； 城市各城区最低值达标，城市绿地率较达标值低2~3个（含）百分点得1分； 城市各城区最低值不达标或城市绿地率较达标值低3个百分点以上，不得分
2		城市绿化覆盖率（%）	建成区内所有植被的垂直投影面积（平方千米）占建成区面积（平方千米）的百分比	底线指标	≥43%；乔灌木占比≥70%	≥41%；乔灌木占比≥60%	7分； 城市绿化覆盖率和乔灌木占比均达标，得7分； 城市绿化覆盖率或乔灌木占比两项中任何一项不达标，不得分
3		人均公园绿地面积（平方米/人）	建成区内城区人口人均拥有的公园绿地面积（平方米/人） （城区人口包括户籍人口和暂住人口；毗邻建成区能够满足百姓日常休闲游憩的公园绿地可纳入统计）	底线指标	≥14.8平方米/人；城市各城区最低值不低于5.5平方米/人	≥12平方米/人；城市各城区最低值不低于5.0平方米/人	7分； 人均公园绿地面积和城市各城区最低值均达标，得7分； 人均公园绿地面积和城市各城区最低值两项中任何一项不达标，不得分
4		公园绿化活动场地服务半径覆盖率（%）	公园绿化活动场地服务半径覆盖的居住用地面积（平方千米）占居住用地总面积（平方千米）的百分比（5000平方米及以上公园绿化活动场地按500米服务半径测算；400~5000平方米的公园绿化活动场地按300米服务半径测算）	底线指标	≥90%	≥85%	7分； 公园绿化活动场地服务半径覆盖率达标，得7分； 不达标，不得分
5		城市绿道服务半径覆盖率（%）	建成区内绿道两侧1千米服务范围（步行15分钟或骑行5分钟）覆盖的居住用地面积占总居住用地面积的百分比	导向指标	万人拥有绿道长度≥1.2千米；服务半径覆盖率≥70%	万人拥有绿道长度≥1.0千米；服务半径覆盖率≥60%	6分； 万人拥有绿道长度达标得3分； 较达标值低0.1千米（含）以内得2分； 较达标值低0.1~0.2千米（含）得1分； 较达标值低0.2千米以上不得分； 服务半径覆盖率达标得3分； 较达标值低2个百分点（含）以内得2分； 较达标值低2~5个百分点（含）得1分； 较达标值低5个百分点以上不得分

续表

序号	目标	指标	指标释义	指标类型	具体要求		评分细则
					国家生态园林城市	国家园林城市	
6	一、生态宜居	10万人拥有综合公园个数（个/10万人）	建成区内城区人口每10万人拥有的综合公园个数（个/10万人）（城区人口包括户籍人口和暂住人口，大于等于50万人口城市，综合公园面积应大于10公顷； 小于50万人口城市，综合公园面积应大于5公顷）	导向指标	≥1.5个	≥1个	5分； 10万人拥有综合公园个数达标得5分； 较达标值低0.1个（含）以内得4分； 较达标值低0.1~0.2个（含）得3分； 较达标值低0.2~0.3个（含）得1分； 较达标值低0.3个以上不得分
7		城市生态廊道达标率	建成区内组团之间净宽度不小于100米的生态廊道长度与城市组团间应设置的净宽度不小于100米且连续贯通的生态廊道长度比率	导向指标	达标	达标	5分； 城市生态廊道达标率100%得5分； 达标率90（含）~100%得4分； 达标率80（含）~90%得3分； 达标率70（含）~80%得2分； 达标率60（含）~70%得1分； 达标率低于60%不得分
8		城市生物多样性保护达标率	地级及以上城市至少有一个符合标准规范要求，面积大于20公顷的植物园；近3年乡土适生植物应用面积占新建、改建绿地面积比例大于80%；具备连续3年的城市生物多样性监测数据	导向指标	达标	达标	6分； 植物园达标得2分，不达标不得分（不考核此项指标的城市不扣分）； 乡土适生植物应用比例达标得2分；较达标值低2个（含）百分点以内得1分； 较达标值低2个百分点以上不得分； 城市生物多样性监测达标得2分； 连续监测2年得1分； 连续监测少于2年不得分
9	二、健康舒适	城市林荫路覆盖率（%）	建成区内城市次干路、支路的林荫路长度（千米）占城市次干路、支路总长度（千米）的百分比（林荫路指绿化覆盖率达到90%以上的人行道、自行车道）	底线指标	≥85%	≥70%	7分； 城市林荫路覆盖率达标得7分； 不达标，不得分
10		城市道路绿化达标率（%）	建成区内道路绿化达到《城市道路绿化设计标准》CJJ/T 75的长度（千米）占城市道路总长度（千米）的百分比	导向指标	≥85%	≥80%	5分； 城市道路绿化达标率达标得5分； 较达标值低1个（含）百分点以内得4分； 较达标值低1~2个（含）百分点得3分； 较达标值低2~3个（含）百分点得1分； 较达标值低3个百分点以上不得分
11		立体绿化实施率（%）	建成区内实施立体绿化的项目数量（个）占项目总数量（个）的百分比（考核项目为近3年新建、改建的公共建筑、工业建筑和市政交通设施）	导向指标	≥15%	≥10%	5分； 立体绿化实施率达标得5分； 较达标值低1个（含）百分点以内得4分； 较达标值低1~2个（含）百分点得3分； 较达标值低2~3个（含）百分点得1分； 较达标值低3个百分点以上不得分
12		园林式居住区（单位）达标率（%）	建成区内园林式居住区（单位）的数量（个）占建成区内居住区（单位）总数量（个）的百分比	导向指标	≥60%	≥50%	6分； 园林式居住区（单位）达标得6分； 较达标值低0~1个（含）百分点得5分； 较达标值低1~2个（含）百分点得4分； 较达标值低2~3个（含）百分点得3分； 较达标值低3~4个（含）百分点得2分； 较达标值低4~5个（含）百分点得1分； 较达标值低5个百分点以上不得分

续表

序号	目标	指标	指标释义	指标类型	具体要求		评分细则
					国家生态园林城市	国家园林城市	
13	三、安全韧性	建成区蓝绿空间占比（%）	建成区各类绿地和水域总面积（平方千米）占建成区总面积（平方千米）的百分比	导向指标	≥ 45%	≥ 43%	5 分； 建成区蓝绿空间占比达标得 5 分； 较达标值低 0~1 个（含）百分点得 4 分； 较达标值低 1~2 个（含）百分点得 3 分； 较达标值低 2~3 个（含）百分点得 1 分； 较达标值低 3 个百分点以上不得分
14		防灾避险绿地设施达标率（%）	建成区达到《城市绿地防灾避险设计导则》设施要求的防灾避险绿地数量（个）占纳入城市防灾避险体系全部防灾避险绿地数量（个）的百分比	导向指标	100%	100%	5 分； 防灾避险绿地设施达标率达标得 5 分； 达标率 95（含）~100% 得 4 分； 达标率 90（含）~95% 得 3 分； 达标率 85（含）~90% 得 1 分； 达标率低于 85% 不得分
15		城市湿地保护实施率（%）	建成区内实施保护的城市湿地面积（平方千米）占建成区内城市湿地总面积（平方千米）的百分比	导向指标	100%	100%	5 分； 城市湿地保护实施率达标得 5 分； 较达标值低 1 个（含）百分点以内得 4 分； 较达标值低 1~2 个（含）百分点得 3 分； 较达标值低 2~3 个（含）百分点得 1 分； 较达标值低 3 个百分点以上不得分
16	四、风貌特色	具有历史价值的公园保护率（%）	建立具有历史价值的公园保护名录，按照名录和保护要求实施保护的具有历史价值的公园数量（个）占纳入名录具有历史价值的公园总数量的百分比	导向指标	100%	100%	4 分； 建立具有历史价值的公园保护名录得 2 分； 具有历史价值的公园保护率达标得 2 分； 不达标，不得分
17		古树名木及后备资源保护率（%）	建成区内受到保护的古树名木及后备资源（棵）占建成区内古树名木及后备资源总量（棵）的百分比	导向指标	100%	100%	4 分； 制定并实施古树名木和后备资源保护措施得 2 分； 古树名木和后备资源保护率达标得 2 分； 不达标，不得分
18		园林绿化工持证上岗率（%）	园林绿化工程中持证人员数量（人）占该工程技术工种上岗人员总数量（人）的百分比	导向指标	100%； 三级工以上≥ 20%	100%	4 分； 国家园林城市园林绿化工持证上岗率达标得 4 分； 较达标值低 1 个（含）百分点以内得 3 分； 较达标值低 1~2 个（含）百分点得 2 分； 较达标值低 2~3 个（含）百分点得 1 分； 较达标值低 3 个百分点以上不得分； 国家生态园林城市园林绿化工持证上岗率达标得 2 分； 较达标值低 2 个（含）百分点以内得 1 分； 较达标值低 2 个百分点以上不得分； 其中三级工以上达标得 2 分； 较达标值低 2 个（含）百分点以内得 1 分； 较达标值低 2 个百分点以上不得分

第四章　城镇化与投资项目审批改革

据统计，2022年全社会固定资产投资579556亿元，比上年增长4.9%。固定资产投资（不含农户）572138亿元，增长5.1%，其中，基础设施投资增长9.4%。推进“十四五”规划102项重大工程实施，实际新开工老旧小区改造5.25万个。全国城市建成区面积6.37万平方千米，市政设施固定资产投资2.66万亿元。城市建成区绿地面积257.97万公顷，建成区绿地率39.29%，人均公园绿地面积15.29平方米。《新型城镇化实施方案》坚持走以人为本、四化同步、优化布局、生态文明、文化传承的中国特色新型城镇化道路，深入推进以人为核心的新型城镇化战略的目标任务和政策举措，实施中涉及的重要政策、重大工程、重点项目要按规定程序报批。为了持续优化营商环境，国家持续深化简政放权、放管结合、优化服务改革，最大限度减少政府对市场资源的直接配置，优化营商环境、降低制度性交易成本是减轻市场主体负担、激发市场活力的重要举措。持续推进投资项目审批制度改革，增强投资法规的统一性和协同性。2023年安排中央预算内投资6800亿元，强化土地、用能、环评等要素保障。扩大工业和技术改造投资，推动企业技术改造和设备更新。实施城市更新行动，加快城镇老旧小区改造。坚持科学决策、民主决策、依法决策，建设项目审批制度改革涉及投资审批事项与市场准入清单、产业结构调整目录，以及投资项目可行性研究报告编写的内容和深度，对提升我国投资项目前期论证的水平和质量意义。本章包括：新型城镇化主要目标和举措；优化营商环境的审批改革；投资项目批准和实施改革；中央预算内投资专项管理；政府和社会资本合作管理；国际金融组织和外国政府贷款项目全生命周期管理；市场准入负面清单和产业结构调整指导目录；投资项目可行性研究报告编制与节能审查等。

第一节　新型城镇化主要目标和举措

一、城镇化空间布局和形态主要目标

到2025年，超大特大城市中心城区非核心功能有序疏解，以县城为重要载体的城镇化建设取得重要进展。城市可持续发展能力明显增强，城镇开发边界全面划定，新增建设用地规模控制在2950万亩（约196.67万公顷）以内，地级及以上城市空气质量优良天数比率提高到87.5%，城市建成区绿化覆盖率超过43%。系统完备、科学规范、运行有效的城市治理体系基本建立，治理能力明显增强。全面取消城区常住人口300万以下的城市落户限制，确保外地与本地农业转移人口进城落户标准一视同仁。全面放宽城区常住人口300万至500万的Ⅰ型大城市落户条件。完善城区常住人口500万以上的超大特大城市积分落户政策，依法保障进城落户农民的农村土地承包权、宅基地使用权、集体收益分配权，健全农户“三权”市场化退出机制和配套政策。各级国土空间规划编制修订充分考虑人口规模因素特别是进城落户人口数量，科学测算和合理安排城镇新增建设用地规模，在人口集中流入地区优先保障义务教育校舍建设和保障性住房建设用地需求。依托超大特大城市及辐射带动能力强的Ⅰ型大城市，以促进中心城市与周边城市（镇）同城化发展为导向，以1小时通勤圈为基本范围，培育发展都市圈。提高都市圈交通运输连通性便利性，统筹利用既有线与新线因地制宜发展城际铁路和市域（郊）铁路，有序发展城市轨道交通，构建高速公路环线系统，有序推进城际道路客运公交化运营。引导都市圈产业从中心至外围梯次分布、合理分工、链式配套，推动产业园区和创新基地合作共建。到2025年新增城际铁路和市域（郊）铁路运营里程3000千米，基本实现主要城市间2小时通达。系统布局和优化完善枢纽机场、支线机场、通用机场和货运机场，实现市地级行政中心60分钟到运输机场覆盖率达到80%。

二、推进新型城市建设

顺应城市发展新趋势，加快转变城市发展方式，建设宜居、韧性、创新、智慧、绿色、人文城市。推进公共设施适老化适幼化改造，完善无障碍环境建设。按照每百户居民拥有不低于 30 平方米建筑面积标准，优化社区综合服务设施。统筹发展生活性服务业，开展高品质生活城市建设行动，打造城市一刻钟便民生活圈。按照窄马路、密路网、微循环方式，构建级配合理的城市路网体系，完善机动车道、非机动车道、人行道“三行系统”。完善以配建停车场为主、路外公共停车场为辅、路内停车为补充的停车设施体系。推进水电气热信等地下管网建设，因地制宜在新城新区和开发区推行地下综合管廊模式，推动有条件城市路面电网和通信网架空线入廊入地。单列租赁住房用地供应计划，主要利用集体经营性建设用地、企事业单位自有闲置土地、产业园区配套用地和存量闲置房屋建设，适当利用新供应国有建设用地建设。有序推进城市更新改造，重点在老城区推进以老旧小区、老旧厂区、老旧街区、城中村等“三区一村”改造为主要内容的城市更新改造，探索政府引导、市场运作、公众参与模式。全面推进燃气管道老化更新改造，统筹推进城市及县城供排水、供热等其他管道老化更新改造。坚持山水林田湖草沙一体化保护和系统治理，落实生态保护红线、环境质量底线、资源利用上线和生态环境准入清单要求，提升生态系统质量和稳定性。到 2025 年城镇生活垃圾焚烧处理能力达到 80 万吨 / 日左右。加强城市大气质量达标管理，推进细颗粒物（$PM_{2.5}$）和臭氧（O_3）协同控制。锚定碳达峰碳中和目标，促进工业、建筑、交通等领域绿色低碳转型，推进产业园区循环化改造，鼓励建设超低能耗和近零能耗建筑。推进统一的绿色产品认证和标识体系建设，建立绿色能源消费认证机制。保护延续城市历史文脉，保护历史文化名城名镇和历史文化街区的历史肌理、空间尺度、景观环境，严禁侵占风景名胜区内土地。推动非物质文化遗产融入城市规划建设，鼓励城市建筑设计传承创新。提升城市治理水平树立全周期管理理念，聚焦空间治理、社会治理、行政管理、投融资等领域，提高城市治理科学化精细化智能化水平，推进城市治理体系和治理能力现代化。发挥发展规划引领作用，全面完成城市国土空间规划编制，划定落实耕地和永久基本农田、生态保护红线和城镇开发边界。推动开展城市设计，加强城市风貌塑造和管控，促进新老建筑体量、风格、色彩相协调。落实适用、经济、绿色、美观的新时期建筑方针，严格限制新建超高层建筑，不得新建 500 米以上建筑，严格限制新建 250 米以上建筑。提高建设用地利用效率，促进城镇建设用地集约高效利用，严格控制新增建设用地规模，推动低效用地再开发。创新城市投资运营模式，推进公共设施建设和土地潜在价值挖掘相统筹，提高收支平衡水平。引导社会资金参与城市开发建设运营，规范推广政府和社会资本合作（PPP）模式。持续深化投资审批制度改革，加强与用地、环评、报建等制度的协同衔接，全面改善投资环境。落实第二轮土地承包到期后再延长 30 年政策，完善农村承包地所有权、承包权、经营权分置制度，进一步放活经营权，稳妥推进集体林权制度创新。稳慎推进农村宅基地制度改革，加快推进房地一体的宅基地使用权确权登记颁证，探索宅基地所有权、资格权、使用权分置有效实现形式。开拓乡村建设多元化融资渠道，逐步提高地方土地出让收益用于农业农村比例。推进城乡一体规划设计，统筹县域城镇和村庄规划建设，实现县乡村功能衔接互补。推动城乡基础设施统一规划、统一建设、统一管护，统筹规划各类市政公用设施，推动供水供气供热管网向城郊乡村和规模较大中心镇延伸。到 2025 年农村自来水普及率提高到 88%，在有条件地区推进城乡供水一体化。加强乡村消防基础设施建设，改善消防安全条件。构建以现代农业为基础、乡村新产业新业态为补充的多元化乡村经济，到 2025 年建成 10.75 亿亩（约 0.72 亿公顷）集中连片高标准农田，农作物耕种收综合机械化率提高到 75%。

三、城镇化与城市发展科技创新专项规划

我国城镇化与城市发展科技创新战略需求，城市建设方式将由增量扩张转向存量挖潜，城市生产生活方式将加快绿色低碳转型。引领住房和城乡建设低碳转型，促进城镇可持续发展，全面支撑建设宜居、创新、智慧、绿色、人文、韧性城市。到 2025 年发展目标，城镇化与城市发展领域科技创新体系更趋完善，基础理论水平与创新能力显著提高，为新型城镇化提供更高质量的技术解决方案，有

力支撑城镇低碳可持续发展，推动城市建设与文化旅游等相关产业发展壮大，科技成果更多更好地惠及民生。构建国际领先、中国特色的国土空间、城市（群）建设规划理论和方法。在建筑结构体系与工程建造材料应用基础研究方向取得新突破，形成以健康、低碳和高品质为目标的数字设计、建造和运维的新方法和新工具。在城市更新、建筑低碳节能、韧性城市和全龄友好城市建设、智能建造软硬件平台、文旅资源保护利用等方面突破一批关键技术装备。实现建筑与基础设施功能提升、智能建造和智慧运维、公共文旅服务等领域关键核心技术的国际并跑与局部领跑。完成一批城市生态修复与功能完善、城乡历史文化遗产保护、城镇老旧小区改造创新示范工程，建设一批高品质绿色健康建筑和低碳宜居示范城市。发展重点任务：加强城市发展规律与城镇空间布局研究，推进以县城为重要载体的新型城镇化，推动城乡建设高质量发展，构建具有中国特色的城镇空间优化开发、城市（群）及都市圈建设规划设计、城市体检评估等新型城镇化创新理论方法、关键技术体系与应用示范平台。城市发展规律与城镇空间布局，城市群和区域可持续发展指标与智能监测技术，研究基于生态本底网络结构的城市群和区域绿色发展的方法论；研究城市群和区域可持续发展的指标与评价体系；研究基于碳中和目标的低碳城市综合评价方法、碳排放核算技术和全生命周期碳代谢模拟技术；研发城市群和区域建成区的实时监测与感知技术；研发基于生态优先的城市群人—地—产耦合评估技术；研究城镇复杂场景的多模态融合感知与场景智能认知技术。城市体检评估技术，研究城市体检评估方法、标准与指标体系；依托城市信息模型基础平台，搭建国家—省—市联动的仿真、模拟与智能决策的城市体检信息平台与数据库。数字化规划设计，研究基于多维空间传输的城市空间数字规划设计方法；研发具有自主知识产权的图形引擎技术；研发城市设计方案智能生成与仿真技术；研究基于实景三维的多尺度时空地理信息数据生产、建模、管理及服务技术，搭建国家—省—市多层级分布式时空地理信息数据库与平台。加强城市更新与品质提升系统技术研究，针对我国城市功能宜居、绿色低碳、智慧人文的发展需求，以城市全生命周期管理和市政设施运维安全高效、智慧智能、集约节约为目标进行关键核心技术研究，全面提升城市品质，支撑完整社区、城镇老旧街区（小区）改造、历史文化街区更新保护、既有建筑和工业园区再利用、地下空间高效利用等新时期城市更新工作，开展规模化工程示范。城市更新与品质提升，既有建筑和市政基础设施诊治更新，研究既有工业厂区、历史文化街区、城区人文保护、改造与功能提升技术；研究既有建筑、社区一体化绿色改造、健康改造、适老改造、消防安全改造、垃圾分类投放设施等宜居改造与性能提升技术与装备；研发建筑与基础设施全生命周期性态演变评估与控制技术。地下空间开发与地上空间高效利用，研究地下空间高效开发利用规划、建设和运维基础理论；研发地下空间开发建造技术与设备。全龄友好城市、活力街区和完整社区，研究城区各类建设场景的智慧建造技术，城市无障碍环境建设技术体系，全龄友好型城市公共设施、公共环境、居家环境、信息环境评价与建造技术体系，社区居家养老服务技术体系、普惠托育与适婴适童主动健康服务设施建设技术体系，多场景、多业态全龄社区服务设施建设技术。加强智能建造和智慧运维核心技术装备研发，以数字化、智能化技术为基础，开展智能建造与智慧运维基础共性技术和关键核心技术研发与转化应用，促进建筑业与信息产业等业态融合，显著提高建筑工业化、数字化、智能化水平，推进市政公用设施的物联网应用和智能化改造，提升城市运维效率。智能建造与智慧运维，工业化建造与智能建造软件装备，研究非线性几何特征建模与BIM图形引擎，建立具有自主知识产权的BIM三维图形平台并发展相应软件生态；研究大型工地施工现场全要素感知自适应组网技术与多模态异构数据的智能融合技术；研究贯通数字设计、智能生产、智能施工等全产业链的技术标准体系。高性能土木工程材料与结构体系，研究可持续及环境友好型先进土木工程材料；研发适应工业化与智能建造的新型建筑结构体系与关键技术。智慧运维，研究公共服务数据治理与数字孪生技术；研究基于三维空间单元的城市信息模型（CIM）理论和平台构建关键技术与应用；研究建筑、大型交通枢纽与市政公用设施智慧运维关键技术装备；研究融合智慧社区与智慧家庭构建方法和技术体系，开展智慧城镇综合示范。加强绿色健康韧性建筑与基础设施研究，为推进绿色建筑与基础设施建设，通过整合信息化、新能源和新材料技术，在基础理论和设计方法、工程技术标准、新型绿色建材、围护结构系统和部品、高效机电设备、高性能绿色建筑、健康社区与健康建筑、韧性城市等方面实现全链条技术产品创新并进行集成示范。绿色建筑与基础设施，高性能绿色建筑，编制高质量发展背景下新一代绿色建筑工程技术标准体系；研发低增量成本、高性能绿色建筑和超低能耗建筑、近零/零能耗绿色建筑关键技术体系。健康社区与健康建筑，建立包括多尺度室内外环境参数等在内的数据收集平台；开发社区—建筑室内外环境健康保障和优化提升关键技术，开展健康社区和健康建筑技术集成和示范。韧性城市，研究面向不同类型灾害风险的韧性城市理论及设计、分类评价技术，城市生态空间韧性功能提升技术，建筑抗震、抗风、防火抗爆韧性系统提升技术及韧性结构新体系，城市群、都市圈空间韧性功能协同提升技术。加强城镇发展低碳转型系统研究，以建筑领域积极落实碳达峰碳中和目标为导向，面向城镇能源系统发展目标，积极开展城镇低碳发展表征评价方法与监测系统、城市低碳能源系统、光储直柔新型配电系统、市政基础设施低碳减排与提质增效、城市生态修复与功能完善、零碳建筑、绿色消纳等关键技术与装备研究，推进零碳零排放城市示范。城镇低碳支撑系统，城镇新型低碳清洁能源系统，研发热水联供、热电协同、烟气余热利用与减排一体化、大温差跨季节水热联储等系列技术。市政基础设施低碳减排与提质增效，研究供排水设施低碳排放与提质增效协同优化技术，城市园林绿化碳汇增效技术。生态修复与功能完善，研究城市生态修复与生境重建相关的城市生态基础设施建设关键技术。绿色消纳，研究建筑与基础设施低环境影响拆解技术，拆除垃圾与城市垃圾低碳处理可再生综合利用技术。加强文物科技创新与城市历史文化遗产保护研究，面向包括历史文化名城名镇名村街区、文物史迹、古建筑、古遗址等在内的文化遗产保护和传承利用的重大需求，加强文物保护与认知基础研究和共性关键技术攻关，保护和共享城乡历史文化资源。文物保护和传承利用，建立主要产地的示踪指标基础数据库。文物保护与认知共性关键技术，研发考古探测、发掘与研究关键技术和装备。文物知识挖掘与展示传播技术，研究博物馆文物知识智能化深度展示方法与技术，研发馆藏文物数字物纹提取关键技术与智能监管系统；研发文物超高清数字化与超高真实感绘制、珍贵文物动态历史信息呈现与多模态交互、在线数字孪生博物馆关键技术。

第二节　优化营商环境的审批改革

一、建设全国统一大市场

建设全国统一大市场是构建新发展格局的基础支撑和内在要求。立足内需，畅通循环。以高质量供给创造和引领需求，使生产、分配、流通、消费各环节更加畅通，提高市场运行效率，进一步巩固和扩展市场资源优势，使建设超大规模的国内市场成为一个可持续的历史过程。立破并举，完善制度。从制度建设着眼，明确阶段性目标要求，压茬推进统一市场建设，同时坚持问题导向，着力解决突出矛盾和问题，加快清理废除妨碍统一市场和公平竞争的各种规定和做法，破除各种封闭小市场、自我小循环。有效市场，有为政府。坚持市场化、法治化原则，充分发挥市场在资源配置中的决定性作用，更好发挥政府作用，强化竞争政策基础地位，加快转变政府职能，用足用好超大规模市场优势，让需求更好地引领优化供给，让供给更好地服务扩大需求，以统一大市场集聚资源、推动增长、激励创新、优化分工、促进竞争。系统协同，稳妥推进。不断提高政策的统一性、规则的一致性、执行的协同性，科学把握市场规模、结构、组织、空间、环境和机制建设的步骤与进度，坚持放管结合、放管并重，提升政府监管效能，增强在开放环境中动态维护市场稳定、经济安全的能力，有序扩大统一大市场的影响力和辐射力。主要目标，持续推动国内市场高效畅通和规模拓展，发挥市场促进竞争、深化分工等优势，进一步打通市场效率提升、劳动生产率提高、居民收入增加、市场主体壮大、供给质量提升、需求优化升级之间的通道，努力形成供需互促、产销并进、畅通高效的国内大循环，扩大市场规模容量，不断培育发展强大国内市场，保持和增强对全球企业、资源的强大吸引力。加快营造稳定公平透明可预期的营商环境，以市场主体需求为导向，力行简政之道，坚持依法行政，公平公正监管，持续优化服务，加快打造市场化法治化国际化营商环境。充分发挥各地区比较优势，因地制宜为各类市场主体投资兴业营造良好生态。进一步降低市场交易成本，发挥市场的规模效应和集聚效应，加强和改进反垄断反不正当竞争执法司法，破除妨碍各种生产要素市场化配置和商品服务流通的体制机制障碍，降低制度性交易成本。促进现代流通体系建设，降低全社会流通成本。促进科技创新和产业升级，发挥超大规模市场具有丰富应用场景和放大创新收益的优势，通过市场需求引导创新资源有效配置，促进创新要素有序流动和合理配置，完善促进自主创新成果市场化应用的体制机制，支撑科技创新和新兴产业发展。培育参与国际竞争合作新优势，以国内大循环和统一大市场为支撑，有效利用全球要素和市场资源，使国内市场与国际市场更好联通。推动制度型开放，增强在全球产业链供应链创新链中的影响力，提升在国际经济治理中的话语权。强化市场基础制度规则统一，完善统一的产权保护制度，完善依法平等保护各种所有制经济产权的制度体系。健全统一规范的涉产权纠纷案件执法司法体系，强化执法司法部门协同，进一步规范执法领域涉产权强制措施规则和程序，进一步明确和统一行政执法、司法裁判标准，健全行政执法与刑事司法双向衔接机制，依法保护企业产权及企业家人身财产安全。推动知识产权诉讼制度创新，完善知识产权法院跨区域管辖制度，畅通知识产权诉讼与仲裁、调解的对接机制。实行统一的市场准入制度，严格落实“全国一张清单”管理模式，严禁各地区各部门自行发布具有市场准入性质的负面清单，维护市场准入负面清单制度的统一性、严肃性、权威性。研究完善市场准入效能评估指标，稳步开展市场准入效能评估。依法开展市场主体登记注册工作，建立全国统一的登记注册数据标准和企业名称自主申报行业字词库，逐步实现经营范围登记的统一表述。制定全国通用性资格清单，统一规范评价程序及管理办法，提升全国互通互认互用效力。维护统一的公平竞争制度，坚持对各类市场主体一视同仁、平等对待。健全公平竞争制度框架和政策实施机制，建立公平竞争政策与产业政策协调保障机制，优化完善产业政策实施方式。健全反垄断法律规则体系，加快推动修改反垄断法、反不正当竞争法，完善公平竞争审查制度，研究重点领域和行业性审查规则，健全审查机制，统一审查标准，规范审查程序，提高审查效能。健全统一的社会信用制度，编制出台全国公共信用信息基础目录，完善信用信息标准，建立公共信用信息同金融信息共享整合机制，形成覆盖全部信用主体、所有信用信息类别、全国所有区域的信用信息网络。建立健全以信用为基础的新型监管机制，全面推广信用承诺制度，建立企业信用状况综合评价体系，以信用风险为导向优化配置监管资源，依法依规编制出台全国失信惩戒措施基础清单。健全守信激励和失信惩戒机制，将失信惩戒和惩治腐败相结合。完善信用修复机制。加快推进社会信用立法。

二、依法编制行政许可事项清单

洛实国务院关于深化“放管服”改革优化营商环境的决策部署，依法编制、严格实施行政许可事项清单，持续推进行政许可标准化、规范化、便利化，加强事前事中事后全链条全领域监管，不断提高审批效率和监管效能。构建形成全国统筹、分级负责、事项统一、权责清晰的行政许可事项清单体系，编制并公布国家、省、市、县四级行政许可事项清单，将依法设定的行政许可事项全部纳入清单管理，清单之外一律不得违法实施行政许可。对清单内事项逐项编制完成行政许可实施规范，“十四五”时期基本实现同一事项在不同地区和层级同要素管理、同标准办理。国务院有关部门编制《法律、行政法规、国务院决定设定的行政许可事项清单》，各级行政许可事项清单应当逐项明确事项名称、主管部门、实施机关、设定和实施依据等基本要素。各地区行政许可事项清单中上级设定、本地区实施的事项及其基本要素，确保事项同源、统一规范。依托全国一体化政务服务平台，建设全国行政许可管理系统，将国家、省、市、县级行政许可事项清单全部纳入系统管理。市场准入负面清单、政务服务事项基本目录、“互联网＋监管”事项清单、投资项目审批事项清单、工程建设项目审批事项清单等中涉及的行政许可事项，应当严格与行政许可事项清单保持一致并做好衔接。行政许可事项清单调整的，有关清单要适时作出相应调整。严格依照清单实施行政许可，对清单内的行政许可事项要逐项制定实施规范，结合实施情况确定子项、办理项，明确许可条件、申请材料、中介服务、审批程序、审批时限、收费、许可证件、数量限制、年检年报等内容，并向社会公布。行政许可实施机关要依照行政许可实施规范制定办事指南，并向社会公布。各地区、各部门要按照政务服务标准化、规范化、便利化要求，通过推行告知承诺、集成服务、一网通办、跨省通办等改革措施。在行政许可事项清单之外，有关行政机关和其他具有管理公共事务职能的组织以备案、证明、目录、计划、规划、指定、认证、年检等名义，要求行政相对人经申请获批后方可从事特定活动的，应当认定为变相许可，要通过停止实施、调整实施方式、完善设定依据等予以纠正。加强事前事中事后全链条全领域监管，行政许可事项清单是完善事前事中事后全链条全领域监管的重要基础。对列入清单事项，各地区、各部门要充分评估实际情况和风险隐患，科学划分风险等级，实施有针对性、差异化的监管政策。与行政许可事项对应的监管事项，要纳入"互联网+监管"平台监管事项动态管理系统。严格依照法律法规和"三定"规定，确定监管主体；法律法规和"三定"规定未明确监管职责的，按照"谁审批、谁监管，谁主管、谁监管"的原则，确定监管主体。实行相对集中行政许可权改革的地区，按照改革方案确定监管职责。对多部门共同承担监管职责的事项，行业主管部门应当会同相关部门实施综合监管。有关部门之间就监管主体存在争议的，报同级人民政府决定。对于法律、行政法规、国务院决定设定的行政许可事项，实行相对集中行政许可权改革的地区，要明晰审管边界，强化审管互动，确保无缝衔接。《法律、行政法规、国务院决定设定的行政许可事项清单（2023年版）》，涉项内容见本书第十八章第一节。

三、跨部门综合监管

大力推动照后减证和简化审批，在全国范围内实施涉企经营许可事项全覆盖清单管理，按照直接取消审批、审批改为备案、实行告知承诺、优化审批服务等四种方式分类推进审批制度改革，同时在自由贸易试验区进一步加大改革试点力度，建立简约高效、公正透明、宽进严管的行业准营规则，大幅提高市场主体办事的便利度和可预期性。法律、行政法规、国务院决定设定的涉企经营许可事项，在全国范围内按照《中央层面设定的涉企经营许可事项改革清单》（涉项内容见本书第十八章第二节）分类实施改革。省级人民政府可以在权限范围内决定采取更大力度的改革举措。地方性法规、地方政府规章设定的涉企经营许可事项，由省级人民政府统筹确定改革方式。强化改革系统集成和协同配套，实施涉企经营许可事项清单管理，按照全覆盖要求，将全部涉企经营许可事项纳入清单管理，并逐项确定改革方式、具体改革举措和加强事中事后监管措施。清单实行分级管理，国务院审改办负责组织编制中央层面设定的涉企经营许可事项清单，省级审改工作机构负责组织编制地方层面设定的涉企经营许可事项清单。清单要动态调整更新并向社会公布，接受社会监督。清单之外，一律不得限制企业进入相关行业开展经营。深化商事登记制度改革，持续推进"先照后证"改革，推动将保留的登记注册前置许可改为后置。开展经营范围规范化登记，市场监管部门牵头编制经营范围规范目录，为企业自主选择经营范围提供服务。经营范围规范目录要根据新产业、新业态的发展及时调整更新。市场监管部门应当告知企业需要办理的涉企经营许可事项，并及时将有关企业登记注册信息推送至有关主管部门。推进电子证照归集运用，国务院有关部门要制定完善电子证照有关标准、规范和样式，全面实现涉企证照电子化。要强化电子证照信息跨层级、跨地域、跨部门共享，有关主管部门应当及时将电子证照归集至全国一体化政务服务平台、全国信用信息共享平台、国家企业信用信息公示系统，有关平台和系统要加快建设全国统一、实时更新、权威可靠的企业电子证照库。要加强电子证照运用，实现跨地域、跨部门互认互信，在政务服务、商业活动等场景普遍推广企业电子亮照亮证。凡是通过电子证照可以获取的信息，一律不再要求企业提供相应材料。创新和加强事中事后监管，适应改革要求明确监管责任，要落实放管结合、并重要求，按照"谁审批、谁监管，谁主管、谁监管"原则，切实履行监管职责。直接取消审批、审批改为备案的，由原审批部门依法承担监管职责。根据改革方式健全监管规则，国务院有关部门要根据涉企经营许可事项的改革方式，分领域制定全国统一、简明易行的监管规则，建立健全技术、安全、质量、产品、服务等方面的国家标准，为监管提供明确指引。直接取消审批的，有关主管部门要及时掌握新设企业情况，纳入监管范围，依法实施监管。对新技术、新产业、新业态、新模式等实行包容审慎监管，量身定制监管模式。为进一步加强跨部门综合监管，维护公平有序的市场环境，切实降低市场主体制度性交易成本，推动高质量发展，深入推进跨部门综合监管，是加快转变政府职能、提高政府监管效能的重要举措。加快构建新发展格局，坚持统筹发展和安全，健全监管体制机制，完善监管制度框架，创新监管方式方法，对涉及多个部门、管理难度大、风险隐患突出的监管事项，建立健全跨部门综合监管制度，强化条块结合、区域联动，完善协同监管机制，提升监管的精准性和有效性，维护公平竞争的市场秩序，为加快建设全国统一大市场、推动高质量发展提供有力支撑。建立跨部门综合监管重点事项清单管理和动态更新机制，在部分领域开展跨部门综合监管试点，按事项建立健全跨部门综合监管制度，完善各司其职、各负其责、相互配合、齐抓共管的协同监管机制。到2025年，在更多领域、更大范围建立健全跨部门综合监管制度，进一步优化协同监管机制和方式，大幅提升发现问题和处置风险能力，推动市场竞争更加公平有序、市场活力充分释放。

第三节　投资项目批准和实施领域改革

一、投资项目审批制度改革

进一步明确和简化投资审核管理，加快健全投资管理制度体系，深化投资领域“立改废”，加快修订中央预算内直接投资、投资补助、贷款贴息，以及企业投资项目核准和备案管理等制度规范，增强投资法规制度的统一性和协调性，不断提升投资决策科学化、制度化、规范化水平。尚未出台政府投资法规配套制度的地方，要进一步加大工作力度，尽快推动出台政府投资地方性法规制度，细化本地区政府投资管理的法定职责、程序和机制，为统筹安排、规范使用各类政府投资资金提供制度保障。严格投资审批事项管理，对有明确法律法规依据的审批事项，各地方应在《全国投资项目在线审批监管平台投资审批管理事项统一名称和申请材料清单》基础上，梳理形成本省区域内统一的投资审批清单和申报材料清单。同时，积极履行投资综合管理职责，严格控制新增或变相增设审批环节。对企业能够自主决定、市场能够有效调节、行业组织或者中介机构能够自律管理、行政机关采用事后监督等方式能够解决的审批事项，要及时推动取消。简化特定政府投资项目审批管理，落实《政府投资条例》有关规定，对列入相关发展规划、专项规划和区域规划范围的政府投资项目，可以不再审批项目建议书；对改扩建项目和建设内容单一、投资规模较小、技术方案简单的项目，可以合并编制、审批项目建议书、可行性研究报告和初步设计；对于《政府投资条例》第十三条第一款第三项规定属于地方审批权限的，其建设内容单一、投资规模较小、技术方案简单的政府投资项目的具体范围，由各省、自治区、直辖市和计划单列市、新疆生产建设兵团发展改革委作出具体规定，报国家发展改革委（投资司）。进一步创新和优化投资审批程序，推进实施企业投资项目承诺制，以优化投资环境为目标，规范有序实施以“告知承诺 + 事中事后监管”为核心的企业投资项目承诺制改革。坚持政府定标准，各地方发展改革部门要会同或推动有关部门以法律法规设定的标准作为准入承诺标准，除关系国家安全和生态安全、涉及全国重大生产力布局、战略性资源开发和重大公共利益外，分行业分领域研究提出企业投资项目实施所涉及的审批事项承诺内容和标准。坚持企业作承诺，对符合要求的企业投资项目，由企业自主选择并按照政府制定的标准作出具有法律效力的书面承诺，企业依法依规开展相关工作。坚持过程强监管，各地方发展改革部门要会同或推动有关部门加强对项目推进过程的监管，明确监管重要节点和相应监管要求，并纳入投资在线平台实行动态监督。创新投资在线平台建设应用，建立地方和企业反映投资审批问题的办理和反馈机制，梳理形成高频次咨询事项的统一答复口径，并向社会公布；要建立转办机制，并及时跟踪办理进度。要不断拓展投资在线平台应用领域，以固定资产投资项目代码为基础，推动解决企业和金融机构融资对接难题。利用投资在线平台归集的项目和审批信息，探索运用大数据分析技术开展投资意向分析等，为研判投资趋势、服务投资调控提供支撑。强化改革统筹协调，协同推进“标准地”“区域评估”等相关领域改革的创新做法。持续优化审批服务，大幅压减投资审批“编报评批”程序。推进智慧监管，积极助力投资主体便利化融资。固定资产投资项目代码制度是《政府投资条例》《企业投资项目核准和备案管理条例》明确规定的投资管理基本制度，全国投资项目在线审批监管平台生成的项目代码作为项目整个建设周期的唯一身份标识，是项目单位便捷获取政府管理服务信息、高效推进项目工作的重要工具。有效提升投资项目在线审批监管平台信息归集、数据交换、项目管理效率。固定资产投资项目是指在中国境内建设的，有一个主体功能、有一个总体设计、经济上独立核算、管理的建设单位（活动），适用于项目代码构成、赋码程序、编码规则、应用领域和维护方法的规范管理。执行项目代码制度，依法实现“一项一码”，项目审批、核准、备案机关和在线平台应用管理部门要积极引导和提醒项目单位在办理审批手续前领码和用码，在编制审批、资金申请等各项申报材料中标注项目代码。项目单位领码后，应确保在办理相关审批事项中使用该唯一代码。企业投资项目的赋码机关为该项目的核准、备案机关；政府投资项目的赋码机关为该项目的决策机关，一般为可行性研究报告审批机关。收到项目单位领码申请后，赋码机关应当为项目单位提供发展规划、产业政策等方面的咨询服务。对备案类项目，可结合备案手续同步开展赋码服务工作。各有关部门在受理投资项目审批事项时，首先查验项目具有项目代码，通过在线平台核验项目代码真实性、申报材料与在线平台上的项目信息一致，受理通知书应当注明项目代码。全国公共资源交易目录指引，拓展公共资源交易平台覆盖范围，由工程建设项目招标投标、土地使用权和矿业权出让、国有产权交易、政府采购等，逐步扩大到适合以市场化方式配置的自然资源、资产股权、环境权等各类公共资源，包括机电产品国际招标；林权交易包括：国有林地使用权、租赁权和林木所有权出让；集体统一经营管理的林地经营权和林木所有权出让。农村集体产权交易，包括农村集体土地经营权流转；农村集体经营性资产出租；农村集体资产股权转让。无形资产交易，包括基础设施和公用事业特许经营权授予；市政公用设施及公共场地使用权、承包经营权、冠名权有偿转让。排污权交易，包括定额出让排污权；公开拍卖排污权。碳排放权交易；用能权交易；司法机关和行政执法部门开展的涉诉、抵债或罚没资产处置。

二、投资审批管理事项统一名称清单

全国投资项目在线审批监管平台投资审批管理事项统一名称清单（审批事项名称，适用情形计42项）：

1. 政府投资项目建议书审批，政府直接投资或资本金注入项目。

2. 政府投资项目可行性研究报告审批，政府直接投资或资本金注入项目。

3. 政府投资项目初步设计审批，政府直接投资或资本金注入项目。

4. 企业投资项目核准，企业投资《政府核准的投资项目目录》内的固定资产投资项目（含非企业组织利用自有资金、不申请政府投资建设的固定资产投资项目）。

5. 企业投资项目备案，企业投资《政府核准的投资项目目录》外的固定资产投资项目（含非企业组织利用自有资金、不申请政府投资建设的固定资产投资项目）。

6. 建设项目用地预审，不涉及新增建设用地，在土地利用总体规划确定的城镇建设用地范围内使用已批准建设用地的建设项目，可不进行建设项目用地预审。

7. 选址意见书，按照国家规定需要有关部门批准或者核准的建设项目，以划拨方式提供国有土地使用权的。

8. 港口岸线使用审批，在港口总体规划区内建设码头等港口设施使用港口岸线的。

9. 无居民海岛开发利用申请审核，无居民海岛的开发利用。其中，涉及利用特殊用途海岛，或者确需填海连岛，以及其他严重改变海岛自然地形、地貌的，由国务院审批。

10. 建设项目压覆重要矿产资源审批，建设铁路、工厂、水库、输油管道、输电线路和各种大型建筑物或者建筑群压覆重要矿床的。

11. 海域使用权审核，建设项目需要使用海域的。

12. 建设项目环境影响评价审批，按照《建设项目环境影响评价分类管理名录》执行。

13. 节能审查，除年综合能源消费量不满1000吨标准煤，且年电力消费量不满500万千瓦时的固定资产投资项目，涉及国家秘密的固定资产投资项目，以及《不单独进行节能审查的行业目录》外的固定资产投资项目。

14. 江河、湖泊新建、改建或者扩大排污口审核，建设单位在江河、湖泊新建、改建或者扩大排污口。

15. 洪水影响评价审批，在江河湖泊上新建、扩建，以及改建并调整原有功能的水工程（原水工程规划同意书审核）；建设跨河、穿河、穿堤、临河的桥梁、码头、道路、渡口、管道、缆线、取水、排水等工程设施（原河道管理范围内建设项目工程建设方案审批）；在洪泛区、蓄滞洪区内建设非防洪建设项目（原非防洪建设项目洪水影响评价报告审批）；在国家基本水文测站上下游建设影响水文监测的工程（原国家基本水文测站上下游建设影响水文监测工程的审批）。

16. 航道通航条件影响评价审核，建设与航道有关的工程，包括：跨越、穿越航道的桥梁、隧道、管道、渡槽、缆线等建筑物、构筑物；通航河流上的永久性拦河闸坝；航道保护范围内的临河、临湖、临海建筑物、构筑物，包括码头、取（排）水口、栈桥、护岸、船台、滑道、船坞、圈围工程等。

17. 生产建设项目水土保持方案审批，在山区、丘陵区、风沙区，以及水土保持规划确定的容易发生水土流失的其他区域开办可能造成水土流失的生产建设项目。

18. 取水许可审批，利用取水工程或者设施直接从江河、湖泊或者地下取用水资源的建设项目。

19. 农业灌排影响意见书（占用农业灌溉水源灌排工程设施补偿项目审批），工程建设项目占用农业灌溉水源、灌排工程设施，或者对原有灌溉用水、供水水源有不利影响的。其中，工程建设项目占用农业灌溉水源或灌排工程设施需要建设替代工程满足原有功能的，需要进行占用农业灌溉水源灌排工程设施补偿项目审批；不能建设替代工程的需要进行评估，补偿相关费用上交财政用于灌排设施改造建设。

20. 移民安置规划审核，涉及移民安置的大中型水利水电工程。

21. 新建、扩建、改建建设工程避免危害气象探测环境审批，在气象台站保护范围内的新建、扩建、改建建设工程。

22. 雷电防护装置设计审核，油库、气库、弹药库、化学品仓库、烟花爆竹、石化等易燃易爆建设工程和场所，雷电易发区内的矿区、旅游景点或者投入使用的建（构）筑物、设施等需要单独安装雷电防护装置的场所，以及雷电风险高且没有防雷标准规范、需要进行特殊论证的大型项目，由气象部门负责防雷装置设计审核。（房屋建筑工程和市政基础设施工程防雷装置设计审核，整合纳入建筑工程施工图审查；公路、水路、铁路、民航、水利、电力、核电、通信等专业建设工程防雷管理，由各专业部门负责）

23. 建设项目使用林地及在森林和野生动物类型国家级自然保护区建设审批（核），使用防护林林地或者特殊用途林林地面积 10 公顷以上，用材林、经济林、薪炭林林地及其采伐迹地面 35 公顷以上的，其他林地面积 70 公顷以上的；使用重点国有林区林地的（原建设项目使用林地审核）；在森林和野生动物类型国家级自然保护区修筑设施。

24. 矿藏开采、工程建设征收、征用或者使用草原审核矿藏开发、工程建设征收、征用或者使用 70 公顷以上草原审核。

25. 风景名胜区内建设活动审批，在风景名胜区内除下列禁止活动以外的建设项目：开山、采石、开矿、开荒、修坟立碑等破坏景观、植被和地形地貌的活动；修建存储爆炸性、易燃性、放射性、毒害性、腐蚀性物品的设施；违反风景名胜区规划，在风景名胜区内设立各类开发区；在核心景区内建设宾馆、招待所、培训中心、疗养院，以及与风景名胜资源保护无关的其他建筑物。

26. 建设工程文物保护和考古许可，在文物保护单位保护范围内建设其他工程，或者涉及爆破、钻探、挖掘等作业的建设项目（原文物保护单位保护范围内其他建设工程或者爆破、钻探、挖掘等作业审批）；文物保护单位建设控制地带内的建设项目（原文物保护单位建设控制地带内建设工程设计方案审批）；大型基本建设工程（原进行大型基本建设工程前在工程范围内有可能埋藏文物的地方进行考古调查、勘探的许可）；经考古调查、勘探，在工程建设范围内有地下文物遗存的（原配合建设工程进行考古发掘的许可）。

27. 建设用地（含临时用地）规划许可证核发，在城市、镇规划区内以划拨方式提供国有土地使用权的建设项目，经有关部门批准、核准、备案后，应提出建设用地规划许可申请，依据控制性详细规划核定建设用地的位置、面积、允许建设的范围。

28. 乡村建设规划许可证核发，在乡、村庄规划区内进行农村村民住宅、乡镇企业、乡村公共设施和公益事业建设的。

29. 建设工程规划类许可证核发，在城市、镇规划区内进行建筑物、构筑物、道路、管线和其他工程建设的，建设单位或者个人应当申请办理建设工程规划许可证，提交使用土地的有关证明文件、建设工程设计方案等材料。需要建设单位编制修建性详细规划的建设项目，还应当提交修建性详细规划；涉及历史文化街区、名镇、名村核心保护范围内拆除历史建筑以外的建筑物、构筑物和其他设施的；涉及历史建筑实施原址保护的措施，以及因公共利益必须迁移异地保护或拆除的；涉及历史建筑外部修缮装饰、添加设施以及改变历史建筑的结构或者使用性质的。

30. 超限高层建筑工程抗震设防审批，超限高层建筑工程。

31. 建设工程消防设计审核，具有下列情形的人员密集场所：建筑总面积大于2万平方米的体育场馆、会堂，公共展览馆、博物馆的展示厅；建筑总面积大于1.5万平方米的民用机场航站楼、客运车站候车室、客运码头候船厅；建筑总面积大于1万平方米的宾馆、饭店、商场、市场；建筑总面积大于2500平方米的影剧院，公共图书馆的阅览室，营业性室内健身、休闲场馆，医院的门诊楼，大学的教学楼、图书馆、食堂，劳动密集型企业的生产加工车间，寺庙、教堂；建筑总面积大于1000平方米的托儿所、幼儿园的儿童用房，儿童游乐厅等室内儿童活动场所，养老院、福利院，医院、疗养院的病房楼，中小学的教学楼、图书馆、食堂，学校的集体宿舍，劳动密集型企业的员工集体宿舍；建筑总面积大于500平方米的歌舞厅、录像厅、放映厅、卡拉OK厅、夜总会、游艺厅、桑拿浴室、网吧、酒吧，具有娱乐功能的餐馆、茶馆、咖啡厅。具有下列情形之一的特殊建设工程：设有上条所述的人员密集场所的建设工程；国家机关办公楼、电力调度楼、电信楼、邮政楼、防灾指挥调度楼、广播电视楼、档案楼；单体建筑面积大于4万平方米或者建筑高度超过50米的公共建筑；国家标准规定的一类高层住宅建筑；城市轨道交通、隧道工程，大型发电、变配电工程；生产、储存、装卸易燃易爆危险品的工厂、仓库和专用车站、码头，易燃易爆气体和液体的充装站、供应站、调压站。

32. 工程建设涉及城市绿地、树木审批，工程建设涉及占用城市绿地、砍伐或迁移树木的。

33. 市政设施建设类审批，工程建设涉及占用、挖掘城市道路，依附于城市道路建设各种管线、杆线等设施，城市桥梁上架设各类市政管线的。

34. 因工程建设需要拆除、改动、迁移供水、排水与污水处理设施审核，因工程建设需要改装、拆除或者迁移城市公共供水设施，拆除、移动城镇排水与污水处理设施的。

35. 建筑工程施工许可证核发，各类房屋建筑及其附属设施的建造、装修装饰和与其配套的线路、管道、设备的安装，以及城镇市政基础设施工程的施工。

36. 水运工程设计文件审查，水运工程初步设计、施工图设计审查。

37. 公路建设项目设计审批，公路（包括各行政等级和技术等级公路）建设项目。

38. 公路建设项目施工许可，公路（包括各行政等级和技术等级公路）建设项目。

39. 水利基建项目初步设计文件审批，水利基建项目。

40. 民航专业工程及含有中央投资的民航建设项目初步设计审批，民航专业工程及含有中央投资的民航建设项目。

41. 涉及国家安全事项的建设项目审批，重要国家机关、军事设施、国防军工单位和其他重要涉密单位周边安全控制区域内的建设项目的新改扩建行为；部分地方法规规章中明确的国际机场、出入境口岸、火车站、重要邮（快）件处理场所、电信枢纽场所，以及境外机构、组织、人员投资、居住、使用的宾馆、旅馆、酒店和写字楼等建设项目新改扩建行为。

42. 民用核设施建造活动审批，民用核设施项目。

三、建设项目审批制度改革

（一）审批关键环节改革，进一步优化审批流程，全面梳理当前本地区工程建设项目全流程审批事项、环节、条件等，针对企业和群众反映强烈的堵点问题，制定切实可行的精简优化措施，最大限度优化审批流程。健全工程建设项目联审机制，按照“一家牵头、部门配合、成果共享、结果互认”要求，细化完善相关配套政策和运行规则，提升并联审批、联合审图、联合验收等审批效率。统一审批事项办理流程规则和办事指南，推动工程建设项目审批标准化、规范化。提高审批咨询、指导服务水平，推行帮办代办、“互联网+”等服务模式，形成线上线下联动融合的审批咨询辅导服务机制。加强项目前期策划生成和区域评估，建立完善项目策划生成机制，在“多规合一”基础上加强业务协同，先行完成考古调查等项目前期工作，统筹协调项目建设条件及评估评价事项要求，鼓励通过前期策划生成明确项目建设管控要求、技术设计要点、审批流程、事项清单和材料清单，简化项目后续审批手续。在各类开发区、工业园区、新区和其他有条件的区域，深化落实区域评估，进一步明确开展区域评估的事项清单和技术标准，及时公开评估结果。强化评估成果运用，明确项目具体建设条件和要求，以及实行告知承诺制的具体措施。精简规范技术审查和中介服务事项，工程建设项目审批所涉及的技术审查和中介服务事项，无法律法规规定的一律取消。健全完善技术审查和中介服务管理制度，公开办理（服务）指南，明确适用范围、服务标准、办事流程、服务收费和承诺时限。制定公布技术审查事项审查标准，鼓励通过信息化手段提高技术审查效率，支持开展智能化“电子辅助审批”探索。进一步完善工程建设项目中介服务网上交易平台功能，推动中介服务机构“零门槛、零限制”进驻，实现中介服务网上展示、服务委托、成果提交、监督评价等全过程管理。优化市政公用服务程序，全面优化供水、排水、供电、燃气、热力、广播电视、通信等市政公用服务报装接入流程，可将市政公用服务报装提前到工程建设许可阶段办理，推行“一站式”集中服务、主动服务。市政公用服务单位通过工程建设项目审批管理系统，实时获取项目市政公用服务接入需求、设计方案、图档等相关信息，实现与主体工程同步设计、同步建设、竣工验收后直接接入。规范市政公用行业管理，公开服务标准和服务费用，加强服务质量监督和用时管理。工程建设项目分级分类管理，细化项目分类和改革措施，根据具体情况和实际需要，进一步细化本地区工程建设项目分类，对工业、仓储、居住、商业、市政、教育、医疗、城镇老旧小区改造、城市更新等工程建设项目，分级分类制定“主题式”“情景式”审批流程，按照工程建设项目类型、投资类别、规模大小、复杂程度、区域位置等情况，制定更加精准的分类改革措施和要求，实现精细化、差别化管理。建立健全基于工程风险等级的监管机制，切实加强事中事后监管。结合工程建设项目审批制度改革，进一步优化乡村建设项目审批流程。推行“清单制+告知承诺制”审批改革，对一般社会投资的工业类项目推行告知承诺制审批，根据项目特点和风险等级，建立并公布不同类型项目的审批事项清单和告知承诺制审批事项清单。对于实行告知承诺制审批的事项，相关部门制定并公布具体要求，申请人按照要求作出书面承诺，审批部门直接作出审批决定。在确保安全前提下，对社会投资的小型低风险新建、改扩建项目，由政府部门发布统一的企业开工条件，企业取得用地、满足开工条件后作出相关承诺，政府部门直接发放相关证书，项目即可开工。对于规划建设条件明确、建筑结构相对简单或采用标准化方案设计的建设工程，探索将建设工程规划许可证和施工许可证合并办理。

（二）工程建设项目全流程在线审批，推进工程建设项目审批全程网上办理，按照《工程建设项目审批全流程网上办理规程》，加强工程审批系统运行管理，不断提升工程建设项目审批全流程网上办理水平，实现工程建设项目审批涉及的行政审批、备案、评估评审、中介服务、市政公用服务等事项全部线上办理，公开办理标准和费用。除复杂事项，以及需要现场踏勘、听证论证的事项外，加快推动工程建设项目审批从申请受理、审查决定到证件制作的全流程全环节在线办理。推行工程建设项目从勘察、设计、施工到竣工验收全过程数字化图纸闭环管理，并按照电子档案要求实时归集、动态维护、安全管理。精简明确联合验收所需测绘成果，推进联合测绘成果在线共享应用。加强对审批全过程线上监管，及时分析研判审批运行情况，有针对性地优化办事流程，提高审批服务效能。加强审批全过程信息共享，加快推进工程审批系统与投资审批等相关部门既有审批系统互联互通，实现工程建设项目审批申报信息一次填报、材料一次上传、相关评审意见等过程信息和审批结果信息实时共享。建立权威高效的数据共享协调机制，完善供需协调、规范使用、争议处理、监督考核、安全管理等数据共享制度，保障审批事项全覆盖、审批信息实时高效流转、审批全过程自动留痕。统一完善工程建设项目审批信息互联互通、实时共享技术标准和基础条件，不断提升数据共享质量、时效性和完整性。推进工程审批系统与建筑市场监管、施工现场监督、房地产管理等相关系统平台协同应用。提升网上审批服务便利度，建立健全工程建设项目网上审批服务工作机制，明确网上咨询服务、在线并联审批、联合会商等办理流程和服务责任。持续完善工程审批系统网上信息发布、咨询服务、申请、互动、投诉建议等服务功能，鼓励提供智能申报指引，辅助企业快速确定审批流程、事项清单、材料清单，自动关联相关电子证照和前序成果材料。工程建设项目审批系统，是指按照国务院工程建设项目审批制度改革部署要求整合建设，覆盖各有关部门和层级，具备业务协同、在线并联审批、统计分析、监督管理等功能，用于工程建设项目全流程审批、服务、管理的信息系统。工程审批系统分为国家工程审批系统、省（自治区）工程审批系统、城市工程审批系统。国家工程审批系统对各地工程建设项目全流程审批情况和工程审批系统运行情况进行监督管理和分析评估。省（自治区）工程审批系统对下辖地级及以上城市工程建设项目全流程审批情况和工程审批系统运行情况进行监督管理和分析评估，并将省级工程建设项目审批事项纳入工程审批系统管理。城市工程审批系统是指地级及以上城市工程审批系统，承载本地区工程建设项目全流程申报、受理、审批、服务、管理业务，实现统一受理、并联审批、实时流转、跟踪督办。工程审批系统覆盖从立项到竣工验收和公共设施接入服务全过程所有审批、服务和管理事项，包括行政许可、备案、评估评价、技术审查、日常监管、中介服务、市政公用服务等。除特殊工程和交通、水利、能源等领域的重大工程外，房屋建筑、城市基础设施等工程建设项目均应纳入工程审批系统进行管理。各地推进工程审批系统与全国一体化在线政务服务平台对接，与投资项目在线审批监管平台等相关信息系统互联互通。工程审批系统应当具备以下功能：业务协同功能，主要包括项目前期策划生成等内容；在线并联审批功能，主要包括咨询服务、网上申报受理、进度查询、电子材料分发流转、并联审批、部门征求意见、联合审图、联合测绘、联合验收等内容；统计分析功能，主要包括多维度查询、统计、分析、评估等内容；监督管理功能，主要包括审批计时、超期预警、效能督察、信用监管等内容。鼓励建筑信息模型（BIM）、城市信息模型（CIM）等技术在工程建设项目审批中的推广运用，加快推进电子辅助审批。系统运行管理，各地应当严格按照本地区制定公布的审批流程图、审批事项清单、办事指南、材料清单等规定，通过工程审批系统进行审批管理。申请人可以通过工程审批系统进行工程建设项目网上申报，并随时查询审批进度。工程审批系统和综合服务窗口应当主动公开办事指南、材料清单、承诺时限等信息，提供咨询、指导、协调等便民服务，实现线上线下提供综合服务。各地应当全面推进工程建设项目审批全流程网上办理审批。接到申请材料后，由综合服务窗口人员通过工程审批系统出具受理意见。符合受理条件的应当当即受理，并即时推送至相关审批服务单位。需要补正申请材料的，应当由综合服务窗口一次性告知申请人需要补正的全部内容。审批服务单位接到工程审批系统推送的申请材料后，根据相关法律法规对申请材料进行实质审查，在规定时限内作出审批决定。并联审批的牵头单位应当协调相关审批服务单位同步开展审查，共享办理情况和审查意见。审查过程中内部审批办理程序、部门征求意见，以及专家评审、技术审查、委托中介服务、公示、公告、检测等环节起止时间和办理结果等信息纳入工程审批系统。申请人可以通过工程审批系统及时获取审批意见和相关电子批复文件。各地应当规范审批办理程序，明确审批接件、受理、办理、办结等各环节的管理和时限要求。供水、供电、燃气、热力、排水、通信等市政公用服务应当纳入工程审批系统，为申请人提供咨询服务、报装受理、费用缴纳、验收接入申请等服务，实施统一规范管理。工程审批系统应当实现对工程建设项目全流程相关信息的归集和管理。工程建设项目实行统一代码管理，以项目代码贯穿工程建设项目审批全过程。工程审批系统应当对审批全流程各阶段、各事项、各环节进行计时管理，并依据承诺时限自动提醒相关审批服务单位，审批计时以工作日计算。工程建设项目全流程审批用时是指从立项到竣工验收和市政公用服务接入全过程所有事项审批办理总时间，包括行政审批、备案和依法由审批部门组织、委托或购买服务的专家评审、技术审查、中介服务等时间。施工图审查，以及市政公用服务报装接入时间计入审批用时，听证、检验、检测、公示、公告等时间不计入审批用时。电子证照和加盖电子印章的电子材料可以作为办理工程建设项目审批事项依据，经有效验证电子印章与实物印章具有同等法律效力。

（三）重大建设项目审批或核准，重大建设项目批准和实施过程中，各级政府和有关部门负责公开其在履行职责过程中制作或保存的信息，依法监督项目法人单位公开项目信息。重大建设项目，是指按照有关规定由政府审批或核准的，对经济社会发展、民生改善有直接、广泛和重要影响的固定资产投资项目（不包括境外投资项目和对外援助项目）。在重大建设项目批准和实施过程中，重点公开批准服务信息、批准结果信息、招标投标信息、征收土地信息、重大设计变更信息、施工有关信息、质量安全监督信息、竣工有关信息等8类信息。规范履行项目审批（核准、备案）程序。严格按照《政府投资条例》《企业投资项目核准和备案管理条例》等有关规定，履行投资项目审批（核准、备案）程序。政府投资项目要按照国家有关规定报批项目建议书、可行性研究报告、初步设计。企业投资项目要根据《政府核准的投资项目目录》等有关规定，履行核准或备案手续。未按规定履行审批（核准、备案）程序、不符合规定的建设条件的项目，不得开工建设。在前期工作阶段进一步加强工程质量管理，项目单位应当提高项目前期工作质量，确保项目建议书、可行性研究报告、初步设计、项目申请报告等文件的深度达到规定的要求。规划选址阶段要优化工程选址方案，尽量避免风险较大的敏感区域。可行性研究报告要对涉及工程安全质量的重大问题进行深入分析、评价，提出应对方案。初步设计要严格执行工程建设强制性标准，提出安全质量防护措施，并对施工方案提出相应要求。严把超高层建筑审查关，严格执行《关于进一步加强城市与建筑风貌管理的通知》，把超大体量公众建筑、超高层建筑和重点地段建筑作为城市重大建筑项目进行管理。其中，对100米以上建筑应严格执行超限高层建筑工程抗震设防审批制度，与城市规模、空间尺度相适宜，与消防救援能力相匹配；严格限制新建250米以上建筑，确需建设的，要结合消防等专题论证进行建筑方案审查，并报住房和城乡建设部备案；不得新建500米以上超高层建筑。落实项目决策咨询评估制度，项目审批（核准）部门在审批（核准）项目时按照有关规定应委托咨询评估的，必须先完成委托咨询评估程序，再作出审批（核准）决定。评估机构要加强对工程安全质量的评估，对出具的评估论证意见承担责任，投资主管部门要加强评估质量评价管理。执行项目管理制度和程序，落实项目法人责任制，项目单位和法定代表人对项目建设的安全质量负总责。落实招标投标制，按照《招标投标法》《必须招标的工程项目规定》《必须招标的基础设施和公用事业项目范围规定》等要求做好项目招投标工作，并将强制性安全质量标准等作为招标文件的实质性要求和条件。落实工程监理制，监理单位要认真履行监理职责，特别要加强对关键工序、重要部位和隐蔽工程的监督检查。落实合同管理制，建设工程的勘察设计、施工、设备材料采购和工程监理等要依法订立合同，并明确安全质量要求以及违约责任等。科学确定并严格执行合理建设工期，按照国家有关规定，在充分评估论证的基础上科学确定合理建设工期。严格执行建设工期，确需调整工期的，必须经过充分论证，并采取相应措施，通过优化施工组织等，确保工程安全质量。严格工程造价和建设资金管理，项目招标投标确定的中标价格要体现合理造价要求，政府投资项目所需资金应当按照国家有关规定确保落实到位。严格组织项目竣工验收，项目建成后，应当按照国家有关规定组织竣工验收，将工程质量作为竣工验收的重要内容。工程质量达到规定要求的，方可通过竣工验收；工程质量未达到要求的要及时整改，直至符合工程质量相关验收标准后，方可交付使用。严格做好项目档案工作，督促项目单位按照国家有关规定加强项目档案管理，做好项目审批、实施、竣工验收等各环节有关文件资料的收集、整理、归档、移交等工作。

第四节　中央预算内投资专项管理

为规范中央预算内投资支持有关项目管理，提高资金使用效益，推进中央预算内投资管理制度化、规范化、科学化，根据《政府投资条例》《中央预算内投资监督管理暂行办法》《中央预算内投资补助和贴息项目管理办法》《中央预算内直接投资项目管理办法》《国家发展改革委关于进一步规范打捆切块项目中央预算内投资计划管理的通知》《国家发展改革委关于加强中央预算内投资绩效管理有关工作的通知》《国家重大建设项目库运行管理暂行办法》《国家发展改革委关于规范中央预算内投资资金安排方式及项目管理的通知》等有关规定，国家发改委制定了中央预算内投资各类项目专项管理办法，完善工程项目建设管理程序，确保中央预算内资金使用合法合规、安全高效。

一、中央预算内投资项目管理

为加强应急管理部中央预算内投资项目管理，规范建设程序和建设行为，提升决策水平和投资效益，根据《政府投资条例》《中央预算内直接投资项目管理办法》等有关规定，项目是指国务院投资主管部门依据党中央、国务院重大工作部署和专项规划，安排中央预算内投资建设的固定资产投资项目。适用于应急管理部本级和部局所属事业单位及所属单位全部或部分使用中央预算内投资新建、改建、扩建的基础设施及设备购置等项目。党政机关办公用房项目按照党中央、国务院有关规定严格管理。中央预算内投资应当坚持公益性和非经营性，主要用于市场不能有效配置资源的公共领域，促进提升安全生产、防灾减灾救灾、应急救援等方面能力。

（一）项目决策，国家有关专项规划是项目决策的重要依据。项目实行审批制：中央预算内投资3000万元以上的项目，由应急管理部审核后，报国务院投资主管部门审批。中央预算内投资3000万元以下的项目，局本级以及部所属事业单位项目由应急管理部审批；局所属单位项目分别由本局审批。项目按项目建议书、可行性研究报告、初步设计依次审批。项目审批前，部所属事业单位的项目，项目建议书、可行性研究报告由部规划财务司组织审核；项目初步设计根据项目建设内容、主要用途和功能定位，由部相关司局组织审核。对符合下列条件之一，且在审批权限范围内的项目，可按照国家有关规定简化需要报批的文件和审批程序，采取将项目建议书与可行性研究报告合并审批，或可行性研究报告与初步设计概算合并审批等方式简化审批环节：党中央、国务院有明确要求的；为应对自然灾害和事故灾难等突发事件需要紧急建设的；国家有关专项规划已经确定主要内容、前期条件相对成熟的；建设内容单一、投资规模较小、技术方案简单的。项目建议书由项目单位委托工程咨询机构编制。项目建议书主要内容包括项目建设的必要性、建设条件、主要建设内容、拟建地点、拟建规模、投资匡算、资金筹措，以及经济效益和社会效益。项目建议书编制完成后，按程序报项目审批部门审批。需报国务院投资主管部门审批的项目，其建议书应由符合甲级资信评价标准的工程咨询机构编制。项目建议书获批后，由项目单位委托工程咨询机构编制可行性研究报告。可行性研究报告主要内容应包括建设内容、建设规模、建设方案比选、项目法人组建方案、建设工期，投资估算，以及资金筹措方案等，应当对项目建设的技术可行性和经济合理性、节能、生态环境影响、社会稳定风险进行全面分析论证，并提出项目勘察、设计、施工、监理，以及重要设备、材料等采购活动的具体招标范围（全部或者部分招标）、组织形式（委托招标或者自行招标）和招标方式（公开招标或者邀请招标）。项目可行性研究报告编制完成后，按程序报项目审批部门审批。需报国务院投资主管部门审批的项目，其可行性研究报告应由符合甲级资信评价标准的工程咨询机构编制。经批准的可行性研究报告是确定项目的依据。项目单位可以依据可行性研究报告批复文件，委托具有相应资质的设计单位进行初步设计。初步设计应当符合国家有关规定和可行性研究报告批复文件的有关要求，明确各单项工程或者单位工程的建设内容、建设地点、建设规模、建设标准、用地规模、主要材料、设备规格和技术参数等设计方案，以及资金筹措方案和投资概算，投资概算应当包括国家规定的项目建设所需的全部费用。初步设计编制完成后，按照规定程序报送项目审批部门审批。需报国务院投资主管部门审批或核定投资概算的建设项目，其初步设计应当由具备甲级资质的设计单位编制。经批准的初步设计及投资概算应作为项目建设实施和控制投资的依据。项目单位依据初步设计批复文件，按规定向建设行政主管部门办理报建手续，组织勘察、设计、招标等工作。项目初步设计概算总投资变更超过批准的可行性研究报告总投资 10% 以上，或项目单位、建设地点、建设规模、技术方案发生重大变更的，须按程序重新审批可行性研究报告。项目决策应当建立第三方辅助审核决策机制，不断提高项目审核决策的科学性、专业性和针对性。在审批或核报项目可行性研究报告、初步设计前，一般应委托第三方机构对项目进行咨询评估或技术审查。应急管理部根据项目审批情况，统一编制年度中央预算内投资计划，报国务院投资主管部门审核或审批。项目决策要体现科学决策、民主决策的原则，贯彻落实好“三重一大”制度。年度中央预算内投资计划必须经部党委会议审议通过后，方可报送国务院投资主管部门。项目单位应当加强项目前期工作，落实好开工前的各项建设条件，并对报送的项目建议书、可行性研究报告、初步设计，以及依法应当附具的其他文件的真实性负责。

（二）建设管理，项目单位要切实承担起项目实施主体责任，坚持先批后建，严格执行建设程序，严格按照批复的建设内容和投资概算开展项目建设活动，不得擅自扩大建设规模或提高建设标准，严禁未批先建。由于政策调整、价格上涨、土地条件发生重大变化等原因，确需调整项目建设方案，由项目单位提出调整方案，按程序向项目原审批单位提出调整申请。对总投资调增幅度超过原批复投资 10% 以上的，原则上应由项目单位先委托第三方审计机构进行审计，并依据审计结论报原项目审批部门申请调整。对中央预算内投资 3000 万元以下的项目，在中央预算内投资规模不增加且总投资调增幅度不超 10% 的情况下，由于技术进步、标准变化、施工图优化等原因，需要对部分设备、材料、工艺进行优化，提高技术指标、完善功能参数的，由项目单位组织第三方评估论证后自行调整。项目单位必须严格执行建设项目法人负责、招标投标、工程监理、合同管理、竣工验收等各项制度，加强项目全过程管理。项目单位应当按照《招标投标法》和《政府采购法》等有关法律法规，以及核准的招投标意见，组织开展勘察、设计、施工、监理，以及有关重要设备、材料的招标采购工作。项目资金必须依法严格管理，专人负责、专款专用，严格按照项目支出预算和施工进度拨付。不得拨付与项目无关的工程，超规模、超标准的开支，不得核销。项目单位按照批复完成建设任务后，应当组织工程验收；满足设计要求、具备使用功能的，应当及时开展竣工验收有关工作。中央预算内投资项目按以下权限组织竣工验收：中央预算内投资 3000 万元以上的，由应急管理部组织工程验收，报国务院投资主管部门申请竣工验收，或受其委托组织竣工验收；中央预算内投资 3000 万元以下的，由项目单位组织工程验收，报项目审批单位申请竣工验收。应急管理部负责工程验收或竣工验收的，有关工作由初步设计审核司局组织，或由初步设计审核司局委托第三方单位验收。项目竣工验收主要根据项目批复文件和批准的建设内容，对照地方主管部门出具的工程施工质量文件、环保验收文件和第三方竣工决算审计报告等资料，对项目总体完成情况、资金到位及使用情况、施工和设备完成情况、档案资料归档情况等进行验收，并形成验收意见。竣工验收合格后，项目单位应当及时办理竣工财务决算和固定资产移交手续，并对工程档案进行系统整理、分类立卷，及时按规定将全部档案移交有关部门。对项目建设形成的固定资产，未经原项目审批部门审批同意，任何单位不得随意变更用途或擅自处置。项目正式投入运行后一段时间，要按照国家有关要求开展绩效评价和后评估，并将评价评估结果报项目审批部门备案，作为今后项目决策的重要依据。

（三）对固定资产投资项目实行资本金制度，合理确定并适时调整资本金比例，是促进有效投资、防范风险的重要政策工具，是深化投融资体制改革、优化投资供给结构的重要手段。明确投资项目资本金制度的适用范围和性质，适用于我国境内的企业投资项目和政府投资的经营性项目。投资项目资本金作为项目总投资中由投资者认缴的出资额，对投资项目来说必须是非债务性资金，项目法人不承担这部分资金的任何债务和利息；投资者可按其出资比例依法享有所有者权益，也可转让其出资，但不得以任何方式抽回。分类实施投资项目资本金核算管理，设立独立法人的投资项目，其所有者权益可以全部作为投资项目资本金。对未设立独立法人的投资项目，项目单位应设立专门账户，规范设置和使用会计科目，按照国家有关财务制度、会计制度对拨入的资金和投资项目的资产、负债进行独立核算，并据此核定投资项目资本金的额度和比例。按照投资项目性质，规范确定资本金比例。适用资本金制度的投资项目，属于政府投资项目的，有关部门在审批可行性研究报告时要对投资项目资本金筹措方式和有关资金来源证明文件的合规性进行审查，并在批准文件中就投资项目资本金比例、筹措方式予以确认；属于企业投资项目的，提供融资服务的有关金融机构要加强对投资项目资本金来源、比例、到位情况的审查监督。港口、沿海及内河航运项目，项目最低资本金比例由25%调整为20%。机场项目最低资本金比例维持25%不变，其他基础设施项目维持20%不变。其中，公路（含政府收费公路）、铁路、城建、物流、生态环保、社会民生等领域的补短板基础设施项目，在投资回报机制明确、收益可靠、风险可控的前提下，可以适当降低项目最低资本金比例，但下调不得超过5个百分点。实行审批制的项目，审批部门可以明确项目单位按此规定合理确定的投资项目资本金比例。实行核准或备案制的项目，项目单位与金融机构可以按此规定自主调整投资项目资本金比例。对基础设施领域和国家鼓励发展的行业，鼓励项目法人和项目投资方通过发行权益型、股权类金融工具，多渠道规范筹措投资项目资本金。通过发行金融工具等方式筹措的各类资金，按照国家统一的会计制度应当分类为权益工具的，可以认定为投资项目资本金，但不得超过资本金总额的50%。存在下列情形之一的，不得认定为投资项目资本金：存在本息回购承诺、兜底保障等收益附加条件；当期债务性资金偿还前，可以分红或取得收益；在清算时受偿顺序优先于其他债务性资金。地方各级政府及其有关部门可统筹使用本级预算资金、上级补助资金等各类财政资金筹集项目资本金，可按有关规定将政府专项债券作为符合条件的重大项目资本金。项目借贷资金和不符合国家规定的股东借款、“名股实债”等资金，不得作为投资项目资本金。金融机构在认定投资项目资本金时，应严格区分投资项目与项目投资方，依据不同的资金来源与投资项目的权责关系判定其权益或债务属性，对资本金的真实性、合规性和投资收益、贷款风险进行全面审查，并自主决定是否发放贷款，以及贷款数量和比例。项目单位应当配合金融机构开展投资项目资本金审查工作，提供有关资本金真实性和资金来源的证明材料，并对证明材料的真实性负责。凡尚未经有关部门审批可行性研究报告、核准项目申请报告、办理备案手续的投资项目，均按规定执行。已经办理相关手续、尚未开工、金融机构尚未发放贷款的投资项目，可以按规定调整资金筹措方案，并重新办理审批、核准或备案手续。已与金融机构签订相关贷款合同的投资项目，可按照原合同执行。

二、中央预算内投资资本金注入项目管理

（一）为加强和规范中央预算内投资资本金注入项目管理，更好发挥中央预算内投资的引导和撬动作用，提高投资效益，激发全社会投资活力，根据《政府投资条例》等有关法律法规，中央预算内投资资本金注入项目管理适用于中央预算内投资资本金注入项目的决策、建设实施和监督管理等活动，中央预算内投资资本金注入项目，是指安排中央预算内投资作为项目资本金的经营性固定资产投资项目。其经营性固定资产投资项目，应由企业作为项目法人，实行独立核算、自负盈亏。采取资本金注入方式安排的中央预算内投资，应按照集中力量办大事、难事、急事的原则要求，主要投向《政府投资条例》第三条第一款规定领域的经营性项目，并积极引导和带动社会投资。对符合规定范围的政府和社会资本合作项目，可以采取资本金注入方式安排中央预算内投资。国家发展改革委根据国民经济和社会发展规划、国家宏观调控政策、国家级重点专项规划、国家级区域规划及实施方案，坚持科学决策、规范管理、注重绩效、公开透明的原则，平等对待各类投资主体，统筹安排中央预算内投资资本金注入项目，并依法履行有关监督管理职责。采取资本金注入安排中央预算内投资的专项，应当在工作方案或管理办法中明确资本金注入项目条件、资金安排标准、监督管理等主要内容，作为各专项资本金注入项目管理的具体依据。中央预算内投资所形成的资本金属于国家资本金，由政府出资人代表行使所有者权益。政府出资人代表原则上应为国有资产管理部门、事业单位，国有或国有控股企业。政府出资人代表对项目建成后中央预算内投资形成的国有产权，根据《公司法》、国有资产有关法律法规及项目法人章程规定，行使有关权利并履行相应义务。国家鼓励政府出资人代表对中央预算内投资资本金注入项目所持有的权益不分取或少分取红利，以引导社会资本投资。

（二）项目决策，中央预算内投资资本金注入项目原则上审批项目建议书、可行性研究报告和初步设计，并核定投资概算。国家对简化投资项目审批另有规定的，从其规定。国家发展改革委负责审批以下资本金注入项目：国家发展改革委直接安排投资的中央单位项目；需要跨地区、跨部门、跨领域统筹的项目；党中央、国务院要求或法律、行政法规规定由国家发展改革委审批的项目；国家有关规定中明确由国家发展改革委审批的其他项目。对于特别重大的项目，由国家发展改革委根据有关规定核报国务院批准。对于地方按照国家有关规定采取资本金注入方式安排中央预算内投资的项目，由地方人民政府发展改革部门或其他有关部门根据本地区规定权限负责审批。申请以资本金注入方式安排中央预算内投资的单位，应当按照规定的审批权限，报国家发展改革委、县级以上地方人民政府发展改革部门或其他有关部门审批。除涉及国家秘密的项目外，审批部门应当通过全国投资项目在线审批监管平台生成的项目代码，办理资本金注入项目审批手续。审批部门应当通过在线平台列明有关规划、产业政策等，公开项目审批的办理流程、办理时限和批准情况等，为项目单位提供相关咨询服务。中央管理企业申请投资建设应当由国家发展改革委审批的资本金注入项目，在报送项目建议书、可行性研究报告时，应联合项目所在地省级政府或省级发展改革部门申报，或附具省级发展改革部门的意见。国家有关部门申请投资建设应当由国家发展改革委审批的资本金注入项目，由该部门负责申报。地方申请应当由国家发展改革委审批的资本金注入项目，由项目所在地省级发展改革部门初审后报送国家发展改革委审批。资本金注入项目的项目建议书、可行性研究报告可以委托具备相应能力的工程咨询单位编制。初步设计应当按照国家有关规定委托具备相应能力的工程设计单位编制。项目建议书内容和深度应当达到规定要求，并阐述申请以资本金注入方式使用中央预算内投资的理由和依据，提出政府出资人代表和项目法人的初步建议。拟新组建项目法人的，应当提出项目法人的初步组建方案。审批部门对符合有关规定、确有必要建设的资本金注入项目，批准项目建议书。项目单位应当依据项目建议书批复文件或国家有关规定，组织编制资本金注入项目的可行性研究报告。可行性研究报告内容和深度应当达到规定要求，并应当包含以下内容：既有项目法人情况或新项目法人的组建方案；项目资本金比例，出资方及其出资数额、出资比例、出资方式，以及拟申请以资本金注入方式使用中央预算内投资的额度；政府出资人代表及其权利、义务；政府出资人代表同意接受中央预算内投资转为其拟持有国有股份的意见；项目建议书批复中要求说明的其他问题。项目单位在可行性研究报告中申请中央预算内投资资本金的比例，依托现有项目法人建设的，应当根据资产评估情况及有关规定，测算国家资本金所占比例；由新组建的项目法人负责建设的，按国家资本金在项目资本金总量中所占份额，计算出资比例。国家资本金折算股份的价格，不得低于项目其他股东出资的折算价格。政府和社会资本合作（PPP）项目拟申请以资本金注入方式安排中央预算内投资的，应当根据国家有关规定开展可行性论证，并将论证情况纳入可行性研究报告。审批部门对符合国家有关规定、具备建设条件并确需以资本金注入方式予以支持的项目，批准可行性研究报告。可行性研究报告批复文件应当明确项目法人、以资本金注入方式安排中央预算内投资的数额及出资比例、出资人代表或确定出资人代表的方式等。对于在批复可行性研究报告时明确予以中央预算内投资支持，但因特殊情况确实难以确定投资数额、出资比例的，按照年度中央预算内投资计划统筹予以明确。经批准的可行性研究报告是确定建设项目的依据。可行性研究报告批准后，由项目法人负责资本金注入项目的具体建设实施工作。初步设计及其提出的概算应当符合可行性研究报告批复文件，以及国家或有关行业标准和规范的要求。审批部门对符合可行性研究报告，以及国家或有关行业标准和规范要求的初步设计及其提出的投资概算予以批准。经核定的投资概算是控制资本金注入项目总投资的依据。根据政府投资项目审批权限有关规定，由国家发展改革委负责审批初步设计的项目，可以委托有关单位审批初步设计、核定投资概算，或委托有关单位审批初步设计，由国家发展改革委核定投资概算。审批资本金注入项目时，原则上应委托工程咨询单位对项目建议书、可行性研究报告进行评估。审批初步设计、核定投资概算时，原则上应当按照《政府投资条例》及有关规定经过专业评审。已完成审批、核准或备案的项目，又申请以资本金注入方式使用中央预算内投资的，应当按照规定重新履行审批程序。其中，对完成审批手续的项目，审批部门应当对可行性研究报告批复文件的项目法人、资金来源及筹措方式等进行相应调整；对完成核准手续的项目，建设地点未变更且建设规模、建设内容等未有较大变更的，审批部门可以参照核准批复文件简化审查内容；对完成备案手续的项目，应当按政府投资项目重新进行审批。资本金注入项目完成可行性研究报告审批后，又拟采取政府和社会资本合作方式投资建设的，按以下情况分别处理：仍安排中央预算内投资作为项目资本金的，应当重新编制、报批可行性研究报告。中央预算内投资全部退出项目资本金的，按照项目性质，办理相应的审批、核准或备案手续。其中，建设地点未变更且建设规模、建设内容等未有较大变更的，审批或核准机关应当参照已批复的可行性研究报告简化审查内容。资本金注入项目拟采取政府和社会资本合作方式投资建设的，原则上应当采用公开招标方式选择社会资本方。社会资本方遴选方案应当在可行性研究报告中作出说明。

（三）项目实施，政府出资人代表和项目法人为不同单位的，项目法人应当及时与政府出资人代表签订股权确认协议，在中央预算内投资到位后为政府出资人代表办理股权登记等手续。政府出资人代表和项目法人为同一单位的，在资金到位后，按照国家有关规定办理国有资产登记手续。审批初步设计核定投资概算时，中央预算内投资在项目资本金总量中所占比例发生变化的，应结合可行性研究报告批复中的内容，重新确定国家资本金的出资比例。发展改革部门根据政府投资管理有关规定，并结合资本金注入项目进展情况，一次或分次向政府出资人代表下达中央预算内投资计划。资本金注入项目中国家资本金的会计处理，按照国家有关规定办理。项目法人应当根据项目实际情况，依法办理资本金注入项目的规划许可、建设用地、环境影响评价、施工许可等手续，依法履行招标采购程序。资本金注入项目经批准的政府出资人代表发生变化的，应当报原政府出资人代表确定部门批准，并告知项目审批部门。资本金注入项目建设投资原则上不得超过经核定的投资概算。因国家政策调整、价格上涨、地质条件发生重大变化等原因确需增加投资概算的，项目法人提出调整方案及资金来源，按照规定的程序报原初步设计审批部门或者投资概算核定部门核定。其中，因增加投资概算拟变更运营补贴、政府付费、使用者付费等其他支持事项、合作条件的，应当征得相关主管部门同意。资本金注入项目建成并在国家规定的单项验收合格后，应当按照国家有关规定进行竣工验收，并在竣工验收合格后及时办理竣工财务决算。资本金注入项目的项目法人应当通过国家重大建设项目库在线平台如实报送项目的开工建设、建设进度、竣工等基本信息。涉密项目应当按照审批部门的要求报送项目建设情况。项目开工前，项目法人应当登录在线平台报备资本金注入项目开工基本信息。项目开工后，项目法人应当及时在线报备项目建设动态进度基本信息。项目竣工后，项目法人应当及时在线报备项目竣工基本信息。审批部门应当采取在线监测、现场核查、后评价等方式，加强对资本金注入项目实施情况的监督检查。其他有关部门按照规定职责分工，负责对资本金注入项目监督管理。项目法人应当按照国家有关规定加强资本金注入项目的档案管理，将项目审批和实施过程中的有关文件、资料存档备查。

三、中央预算内投资专项（涉项部分）管理

（一）城市燃气管道等老化更新改造和保障性安居工程中央预算内投资专项对符合条件的项目予以支持，推进城市燃气管道等老化更新改造，加强市政基础设施体系化建设，保障安全运行，促进城市高质量发展；推动保障性安居工程建设，改善住房困难群众居住条件，推动解决符合条件的无房新市民、青年人等群体的住房困难问题。专项原则上采用切块方式。综合考虑有关因素，确定各省、自治区、直辖市、计划单列市中央预算内投资年度切块规模，由各省发展改革部门在规定时限内将切块资金分解下达到具体项目，并上报备案。专项支持范围：城市燃气管道等老化更新改造。按照《城市燃气管道等老化更新改造实施方案（2022—2025年）》有关要求，更新改造材质落后、使用年限较长、运行环境存在安全隐患，不符合相关标准规范的城市燃气、供水、排水、供热等老化管道和设施。重点包括：建筑区划内居民共有的燃气立管、庭院管道和设施老化更新改造；居民户内更换燃气橡胶软管、需加装的燃气安全装置；政府所属燃气市政管道、厂站和设施老化更新改造；其他政府所属或建筑区划内居民共有的城市供水、排水、供热等管道和设施老化更新改造。中央预算内投资不得用于产权归属于专业经营单位和工商业用户的城市燃气管道等老化更新改造。国家发展改革委将根据有关工作部署要求、专项投资规模等，对年度纳入专项支持范围的项目类型进行必要调整。保障性安居工程城市、县城（城关镇）老旧小区改造配套基础设施建设；人口净流入的大城市新建、改建保障性租赁住房及其配套基础设施建设，投入企业的中央预算内投资，应用于保障性租赁住房配套基础设施建设；各类棚户区改造等保障性安居工程配套基础设施建设和国有工矿、林业、垦区棚户区改造，其中采取货币化安置的棚户区改造项目，可安排集中安置片区的配套基础设施建设；新筹集集中片区公租房配套基础设施建设；按照党中央、国务院部署，开展的其他保障性安居工程建设任务及其配套基础设施建设。保障性安居工程配套基础设施主要包括：小区内的燃气、排水、供水、供热、道路、供电、绿化、照明、围墙、垃圾收储等基础设施，小区的养老托育、无障碍、停车、充电桩、便民等公共服务设施，与小区相关的燃气、排水、供水、供热、道路和公共交通、通信、供电、停车库（场）、充电桩等城镇基础设施项目。原则上不得用于主干道、主管网、综合管廊、广场、城市公园等与小区不相关的城镇基础设施项目。国家发展改革委确定年度各省城市燃气管道等老化更新改造中央预算内投资计划规模，主要依据以下因素：各省当年和上一年度城市燃气管道等老化更新改造计划；各省城市燃气管道等老化更新改造项目储备情况；考虑东中西和东北地区等区域差异；各省上一年投资计划执行、监督检查和审计情况；按照党中央、国务院部署，需要考虑的其他因素。补助资金原则上按照东部、中部、西部、东北地区分别不高于对应非专业经营单位和工商业用户产权的老化更新改造投资（不包括征地拆迁费用）的30%、45%、60%、60%控制，四省涉藏州县和南疆四地州原则上按不高于80%控制，西藏可达100%；保障性安居工程建设项目城镇老旧小区改造、棚户区改造、公租房项目，可按照“区别对待、分类指导”的原则，结合实际采取不同的投资补助标准，补助金额最高不超过核定的项目建安投资。建设内容包括保障性租赁住房及其配套基础设施建设的政府投资项目，补助资金原则上不高于项目总投资（不包含征地拆迁费用）的30%；企业投资项目或建设内容仅包含配套基础设施的政府投资项目，补助资金原则上不高于项目配套基础设施投资（不包含征地拆迁费用）的50%。

（二）排水设施建设中央预算内投资专项以新型城镇化战略为导向，以近年来内涝严重城市为重点，支持各级有关城市和县城排水设施建设项目。各地方应当按照相关要求编制完成各级有关城市内涝治理系统化实施方案和县城排水设施建设系统化方案，并确保有关项目通过专家技术审查，符合有关规划要求，实施后内涝治理取得明显成效，老城区雨停后能够及时排干积水。本专项原则上采用切块方式，由国家发展改革委向有关省份（含新疆生产建设兵团）发展改革部门下达年度中央预算内投资计划，由省级发展改革部门按要求将年度投资计划分解安排到具体项目，并按规定时限报国家发展改革委备案。本专项对单个项目的支持比例原则上按东部、中部、西部、东北地区分别不高于项目总投资（不包括征地拆迁费用）的30%、45%、60%、60%控制。省级发展改革部门分解转发中央预算内投资计划时，应严格落实国家相关区域支持政策，切实落实地方建设资金、及时到位。

（三）为加强和规范中央预算内投资污染治理和节能减碳项目管理，保障项目顺利实施，切实发挥中央预算内投资效益，紧紧围绕实现碳达峰、碳中和，安排专项资金支持各地资源节约和环境保护基础设施能力建设，制定了《污染治理和节能减碳中央预算内投资专项管理办法》，继续统筹安排污染治理和节能减碳中央预算内投资支持资金，积极支持国家重大战略实施过程中符合条件的项目。专项安排的中央预算内投资资金，根据实际情况采取直接投资、投资补助、资本金注入等方式。专项中央预算内投资应当用于前期手续齐全、具备开工条件的计划新开工或在建项目，原则上不得用于已完工（含试运行）项目。国家发展改革委根据各类项目性质和特点、中央和地方事权划分原则、所在区域经济社会发展水平等，统筹支持各地污染治理和节能减碳项目建设，适度向国家生态文明试验区、能耗双控工作突出的地区和易地扶贫搬迁安置点倾斜。本专项重点支持污水垃圾处理等环境基础设施建设、节能减碳、资源节约与高效利用、突出环境污染治理等四个方向。

（四）文化保护传承利用工程中央预算内投资专项管理，“十四五”期间国家发展改革委分年度安排中央预算内投资支持的文化保护传承利用工程相关项目，专项覆盖范围包括相关行业主管部门。国家发展改革委负责编制《文化保护传承利用工程实施方案》，明确工程总体目标、具体建设任务和内容、项目筛选条件、资金安排标准等，作为安排年度中央预算内投资的主要依据。主要支持方向包括：国家文化公园建设；国家重点文物保护和考古发掘；国家公园等重要自然遗产保护展示；重大旅游基础设施建设；重点公共文化设施建设。国家发展改革委负责组织编制项目储备库。有关中央单位、省级发展改革部门，结合实际需求，根据项目前期工作进展、工程建设进度、工期等情况，加强本单位、本地区项目储备。专项根据项目具体情况，可采取直接投资、资本金注入、投资补助等方式安排资金。国家发展改革委综合考虑中央和地方事权划分原则、区域发展支持政策等，确定文化保护传承利用工程中央预算内投资支持比例。对地方项目，原则上东、中、西部地区（含根据国家相关政策享受中、西部政策的地区）项目分别按照不超过核定总投资（不含土地费用、市政费用，仅为工程建设投资，下同）的30%、60%和80%予以支持；西藏自治区、四省涉藏州县、南疆四地州项目可按照核定总投资予以足额支持；东、中部地区未实现国家垂直管理的国家公园（含体制试点）项目按照不超过项目核定总投资的80%予以支持；享受其他特殊区域发展政策地区按照具体政策要求执行。对中央单位项目，按照核定总投资予以足额支持。在满足资金支持比例限制条件的前提下，国家发展改革委可根据部分领域自身特点，进一步设置单个项目中央预算内投资最高支持限额，超出部分，不纳入中央预算内投资支持范围。有关中央单位、省级发展改革部门分别负责本单位、本地区年度中央预算内投资计划建议编制，明确申报年度中央预算内投资的项目排序，并于规定时间内报送国家发展改革委。申报年度中央预算内投资的项目建设内容必须符合相关法律法规、部门规章的要求，前期工作完备，具备开工条件。有关中央单位、地方人民政府对中央预算内投资支持项目负主体责任，要根据中央预算内投资支持标准和建设资金、建设用地等落实情况，合理申报投资计划，建设资金、建设用地等不落实的不得申报。国家发展改革委根据有关中央单位、省级发展改革部门申报年度中央预算内投资项目的建设内容、建设规模等，结合年度中央预算内投资规模，分年度下达文化保护传承利用工程中央预算内投资计划。年度投资计划下达至具体项目。国家发展改革委根据年度工作重点和各地入库项目总体建设任务占比，结合各地当年申报项目情况，划分拟安排各地的年度中央预算内投资额度。按照中央预算内投资奖励督促的相关规定，可根据相关项目执行情况适当调节各地额度。有关中央单位、省级发展改革部门在收到国家年度计划后，应于10个工作日内转发下达。安排中央单位项目的中央预算内投资，原则上使用直接投资的资金安排方式。申报中央预算内投资的地方项目要严格按照国家发展改革委中央预算内投资相关管理办法执行，由各地发展改革部门或依法依规授权的单位履行审批程序。可研报告审批应严格遵照基本建设程序要求，并符合相关行业主管部门的其他前置审批规定。各地根据实际情况，可以逐个审批项目，也可以对建设内容相近的项目进行打捆审批。中央预算内投资申请报告应在可行性研究报告或者初步设计批准后提出。实施条件发生变化或地方已建设完成的项目，不得申请中央预算内投资。中央单位项目要严格按照国家发展改革委中央预算内投资相关规定进行审批。有关中央单位、省级发展改革部门要督促项目实施主体建立中央预算内投资台账制度，严格做到专款专用，保证建设资金按时足额到位，严格依照批准的项目名称、内容、规模和标准进行建设。文化保护传承利用工程中央预算内年度投资计划执行过程中需要调整的，应按照投资计划调整、存量资金调整的有关规定及时调整。项目实施要严格遵循有关建设程序，符合土地、环评、节能等管理要求，落实好项目法人责任制、招标投标制、工程监理制、合同管理制，确保工程施工质量和项目按期完工。

（五）重大水利工程等农林水气项目前期工作中央预算内投资专项管理办法适用于申报使用中央预算内投资的水利、农业农村、林草、气象等领域前期工作项目。专项安排遵循突出重点、确有必要、程序完备、成果共享的原则。支持形成的研究性成果属于国家所有，应按规定加强共享共用，并及时报送国家发展改革委。对符合相关条件要求的项目，国家发展改革委综合采取直接投资、资本金注入、投资补助等方式安排中央预算内投资给予支持，并根据项目实际情况采取下达至具体项目、打捆切块下达等方式。其中，下达至具体项目的按项目明确资金安排方式，打捆切块下达的在分解投资计划时按项目明确资金安排方式。专项主要安排对农林水气行业发展有重要影响的重大基础设施前期工作。主要包括：党中央、国务院印发及批准印发的政策文件中提出的农林水气重大项目；国民经济和社会发展五年规划纲要，以及国家、各地区相关专项规划中提出的农林水气重大项目；纳入国家重大战略的农林水气重大项目；国家发展改革委印发的政策文件中提出的农林水气重大项目；对农林水气行业，以及重点地区发展具有全局性、基础性、战略性影响的农林水气重大项目；党中央、国务院决策部署开展的其他农林水气重大项目。专项所称的前期工作主要内容包括：建设规划、工程实施方案等研究和编制；项目建议书、项目可行性研究报告、项目初步设计报告编制，及服务于重大工程的勘察设计等基础性工作；涉及工程的重大问题研究及与建设项目相关度较高且确需支持的其他前期工作。专项重点支持中央单位推进的重大前期工作项目，适度支持西部省（区、市）推进的纳入相关规划或重大战略的重大水利工程前期工作项目，支持中央企事业单位等机构承担的重大前期工作项目。中央直管的前期工作项目可由中央投资全额安排。中央企事业单位等机构和地方前期工作项目，根据实际实行定额补助，地方项目中央投资支持比例原则上不超过60%。国家发展改革委组织有关行业部门、省级发展改革委、中央企事业单位等机构申报年度投资，审核下达投资计划。有关行业部门、省级发展改革委、中央企事业单位等机构负责年度投资计划的申报、分解下达、组织实施和监督管理，要依托国家重大建设项目库加强项目储备，编制项目三年滚动投资计划，持续动态更新储备项目信息，提高项目储备质量。有关行业部门申报安排前期工作项目应编制项目任务书。申报中央预算内投资规模超过3000万元需报国家发展改革委组织评审。有关行业部门、省级发展改革委、中央企事业单位等机构按照年度中央预算内投资计划草案编报的有关要求，审核报送本专项年度中央预算内投资申报计划，按要求填报投资绩效目标。投资计划申报单位应对申报本专项投资的项目开展审核。审核重点包括：申报项目是否符合本专项支持范围和补助标准；申报项目是否已获得其他中央预算内投资或其他中央资金支持；项目是否多头重复申报或超额申报中央预算内投资；项目单位是否被依法纳入严重失信主体名单；项目单位和监管单位“两个责任”填报是否规范等。投资计划申报文件应明确项目建设内容、实施周期、总投资及资金来源、年度投资需求、年度建设内容等。国家发展改革委综合考虑年度中央预算内投资规模、项目申报和上一年投资计划执行、审计等情况，对报送的中央预算内投资申报计划进行审核和综合平衡后，按项目直接下达或打捆切块等方式下达年度中央预算内投资计划，并同步下达绩效目标。对已明确到具体项目的中央预算内投资计划，有关行业部门、省级发展改革委、中央企事业单位等机构应在收到文件10个工作日内转发下达投资计划；对打捆切块下达的，应在收到文件20个工作日内分解落实到具体项目和下达投资计划，并对计划分解和下达投资的合规性负责。有关行业部门、省级发展改革委、中央企事业单位等机构在转发、分解下达中央预算内投资计划时，要逐一落实和明确具体项目单位及项目责任人、日常监管直接责任单位及监管责任人。项目单位应当严格按要求组织项目实施，不得擅自改变主要实施内容、实施周期等。对确因实际情况及其他不可抗力原因需要对实施内容等进行变更的，应当履行相应变更程序。建设项目前期费用应纳入工程概算总投资管理，不得重复申请中央预算内投资补助。

第五节　政府和社会资本合作管理

在公共服务领域推广运用政府和社会资本合作（PPP）模式，引入社会力量参与公共服务供给，有效防控地方政府隐性债务风险，发挥PPP模式积极作用，推动经济高质量发展。

一、政府和社会资本合作总体要求

健全制度体系，明确“正负面”清单，明确全生命周期管理要求，严格项目入库，完善“能进能出”动态调整机制，落实项目绩效激励考核。坚持必要、可承受的财政投入原则，审慎科学决策，健全财政支出责任监测和风险预警机制，防止政府支出责任过多、过重加大财政支出压力，切实防控假借 PPP 名义增加地方政府隐性债务。公平、公正、公开择优采购社会资本方。用好全国 PPP 综合信息平台，充分披露 PPP 项目全生命周期信息，保障公众知情权，对参与各方形成有效监督和约束。加强地方政府诚信建设，增强契约理念，充分体现平等合作原则，保障社会资本合法权益。依法依规将符合条件的 PPP 项目财政支出责任纳入预算管理，按照合同约定及时履约，增强社会资本长期投资信心。规范的 PPP 项目应当符合以下条件：属于公共服务领域的公益性项目，合作期限原则上在 10 年以上，按规定履行物有所值评价、财政承受能力论证程序；社会资本负责项目投资、建设、运营并承担相应风险，政府承担政策、法律等风险；建立完全与项目产出绩效相挂钩的付费机制，不得通过降低考核标准等方式，提前锁定、固化政府支出责任；项目资本金符合国家规定比例，项目公司股东以自有资金按时足额缴纳资本金；政府方签约主体应为县级及县级以上人民政府或其授权的机关或事业单位；按规定纳入全国 PPP 综合信息平台项目库，及时充分披露项目信息，主动接受社会监督。在符合上述条件的同时，新上政府付费项目原则上还应符合以下审慎要求：财政支出责任占比超过 5% 的地区，不得新上政府付费项目。按照“实质重于形式”原则，污水、垃圾处理等依照收支两条线管理、表现为政府付费形式的 PPP 项目除外；采用公开招标、邀请招标、竞争性磋商、竞争性谈判等竞争性方式选择社会资本方；严格控制项目投资、建设、运营成本，加强跟踪审计。对于规避上述限制条件，将新上政府付费项目打捆、包装为少量使用者付费项目，项目内容无实质关联、使用者付费比例低于 10% 的，不予入库。确保每一年度本级全部 PPP 项目从一般公共预算列支的财政支出责任，不超过当年本级一般公共预算支出的 10%。新签约项目不得从政府性基金预算、国有资本经营预算安排 PPP 项目运营补贴支出。建立 PPP 项目支出责任预警机制，对财政支出责任占比超过 7% 的地区进行风险提示，对超过 10% 的地区严禁新项目入库。各级财政部门要将规范运作，按照要求实施规范的 PPP 项目，不得出现以下行为：存在政府方或政府方出资代表向社会资本回购投资本金、承诺固定回报或保障最低收益的。通过签订阴阳合同，或由政府方或政府方出资代表为项目融资提供各种形式的担保、还款承诺等方式，由政府实际兜底项目投资建设运营风险的。本级政府所属的各类融资平台公司、融资平台公司参股并能对其经营活动构成实质性影响的国有企业作为社会资本参与本级 PPP 项目的。社会资本方实际只承担项目建设、不承担项目运营责任，或政府支出事项与项目产出绩效脱钩的。未经法定程序选择社会资本方的。未按规定通过物有所值评价、财政承受能力论证或规避财政承受能力 10% 红线，自行以 PPP 名义实施的。以债务性资金充当项目资本金，虚假出资或出资不实的。未按规定及时充分披露项目信息或披露虚假项目信息，严重影响行使公众知情权和社会监督权的。对于存在上述项情形已入库项目应当予以清退，项目形成的财政支出责任，应当认定为地方政府隐性债务，依法依规提请有关部门对相关单位及个人予以严肃问责。对于存在情形的应在限期内进行整改。无法整改或逾期整改不到位的，已入库项目应当予以清退，涉及增加地方政府隐性债务的，依规提请有关部门予以问责和妥善处置。

二、政府和社会资本合作规范发展

做好项目前期论证，充分做好项目前期工作，地方财政部门应会同有关方面科学把握 PPP 模式的适用范围，对于属于公共服务领域、需求长期稳定、回报机制清晰、收益水平合理、具有运营内容的项目，可采用 PPP 模式实施，优先实施具有强运营属性、具有长期稳定经营性收益的项目。项目实施机构应会同有关方面依法依规做好项目规划、立项、用地、环评等前期工作，科学编制项目实施方案，合理设置项目风险分担机制和投资回报机制，探索开展绿色治理评价，充分挖掘项目潜在经济效益、社会效益、环境效益，算好整体账和长远账，持续增强项目决策的科学性、严谨性、规范性。规范开展财政承受能力论证，省级财政部门应压实辖内市县财政部门财政承受能力论证责任，指导市县财政部门规范开展财政承受能力论证工作，严守每一年度本级全部 PPP 项目从一般公共预算列支的财政支出责任不超过当年本级一般公共预算支出 10% 的红线。省级财政部门对辖内项目库项目管理负总责。推动项目规范运作，保障社会资本充分竞争，项目实施机构应坚持公平、公正、公开原则，依法择优选择具有投资、运营能力的社会资本参与 PPP 项目。鼓励国有企业、民营企业、外资企业等各类市场主体作为社会资本方平等参与PPP项目。地市级、县区级地方人民政府实际控制的国有企业（上市公司除外）可以代表政府方出资参与PPP项目，不得作为本级PPP项目的社会资本方。地方财政部门应会同有关方面加强对PPP项目社会资本方资质的穿透管理，防止内幕交易、关联交易，防止政企权责不清和地方保护主义。规范存量资产转让项目运作，拟采用转让—运营—移交（TOT）等方式盘活存量资产的项目，应具有长期稳定经营性收益，严格履行国有资产评估、转让程序，合理确定转让价格。完善项目绩效管理，项目实施机构应结合行业特点和项目实际科学设定PPP项目绩效目标及指标体系，健全绩效运行监控机制，加强绩效评价及其结果应用，将PPP项目绩效评价结果作为按效付费的重要依据，强化对社会资本的激励约束。强化项目履约管理，政府和社会资本双方应切实增强诚信守约意识，依法依规履行合同义务，保障项目有序实施和公共服务持续稳定供给。严防隐性债务风险，加强项目合同审核，地方财政部门应会同有关方面严格做好本级PPP项目合同审查，严禁在项目合同及相关补充协议中约定由政府方或政府方出资代表向社会资本方回购投资本金、承诺固定回报、保障最低收益、承担社会资本方投资本金损失、承担项目融资偿还责任以及以其他名股实债方式融资等兜底条款。加强项目执行信息复核，地方财政部门应督促已签约PPP项目相关参与方按规定在PPP项目库上传项目合同等材料并更新项目相关信息。省级财政部门应组织对项目合同内容、社会资本方资格条件等进行复核。规范项目预算管理，PPP项目政府方按照PPP项目合同约定承担的股权投资、运营补贴等财政支出责任，以及取得的资产权益和特许经营权转让收入、股息、超额收益分成、社会资本违约赔偿等收入，依法依规全面纳入预算管理。对于已进入付费期的PPP项目，应按照预算编制程序和要求，将项目合同约定的年度财政支出责任纳入预算。

三、政府和社会资本合作信息管理

PPP综合信息平台是指由财政部建立的全国PPP综合信息管理和发布平台。所称PPP项目参与方包括财政部门、行业主管部门、项目实施机构、社会资本、金融机构、项目公司、咨询机构、专家等。财政部负责指导、监督PPP综合信息平台信息公开工作。县级以上地方财政部门负责组织、指导、协调、监督本行政区域内的PPP项目信息和PPP项目参与方信息公开工作。PPP项目参与方应落实责任，在PPP综合信息平台真实、完整、准确、及时录入、更新PPP项目信息及PPP项目参与方信息。信息公开的内容，PPP综合信息平台项目库储备清单中拟采用PPP模式实施的项目应当公开项目概况、行业主管部门、项目实施机构、发起情况、项目联系人及联系方式等基础信息。纳入PPP综合信息平台项目管理库的PPP项目应当公开基础信息，以及准备阶段、采购阶段、执行阶段相关信息。社会资本、金融机构、咨询机构和专家等PPP项目参与方应当公开其基本信息、参与PPP项目情况等信息。管理库项目准备阶段应当公开的信息主要包括：立项信息，包括计划开发年度，新建或改扩建项目的项目建议书批复、可行性研究报告批复、供地方案批复、环境影响评价批复、初步设计批复等；绩效管理信息，包括绩效目标、绩效指标体系、付费机制等；物有所值信息，包括物有所值评价报告及审核意见等；财政承受能力论证信息，包括财政承受能力论证报告及审核意见等；实施方案信息，包括经审核通过的实施方案及审核意见等；其他应当公开的信息。管理库项目采购阶段应当公开的信息主要包括：资格预审信息，包括项目资格预审公告及文件、资格预审文件评审结论性意见等；项目采购信息，包括项目采购方式、（预）中标或成交结果公告、中标或成交通知书等；合同签署信息，包括PPP项目合同审核批准情况、政府方授权文件调整更新情况、已签署的PPP项目合同等；采购阶段方案调整情况，包括采购前调整的实施方案及审核意见、物有所值评价报告及审核意见、财政承受能力论证报告及审核意见，采购后财政支出责任信息等；其他应当公开的信息。管理库项目执行阶段应当公开的信息主要包括：社会资本方或项目公司信息，包括中标社会资本方或项目公司基本信息、项目公司股权结构、增减资情况说明、履约保证措施等；项目融资信息，包括融资机构、金额等；履约信息，包括项目建设信息、绩效管理信息、项目公司运营信息、合作期间重大事件、合同变更信息、项目移交信息等；财政实际支出信息，包括项目投资竣工决算数、财政实际支出等；其他应当公开的信息。信息录入与公开方式，储备清单项目信息由行业主管部门（或政府指定的机关、事业单位）录入、更新。管理库项目准备阶段、采购阶段的信息主要由项目实施机构、本级财政部门录入、更新；执行阶段的信息主要由项目实施机构、项目公司（未设立项目公司的为社会资本）、金融机构、本级财政部门录入、更新。社会资本、金融机构、咨询机构和专家等PPP项目参与方信息主要由各参与方在PPP综合信息平台相关模块录入、更新。PPP项目信息公开的方式包括主动公开和依申请公开。PPP项目参与方应当落实责任，按要求在PPP综合信息平台录入PPP项目信息。县级以上地方财政部门应对PPP项目参与方所录入的项目信息进行确认，并对本级所公开PPP项目信息的真实性、完整性、准确性、及时性负责。PPP项目参与方信息录入主体对所公开信息的真实性、完整性、准确性、及时性负责。社会资本投融资合作对接重点项目信息详见表4-1。

社会资本投融资合作对接重点项目信息 **表4-1**

填报单位：

序号	项目基本信息									投融资合作对接进展										项目建设情况				
										项目资本金筹措					信贷资金筹措									
	对接时间	对接方式	项目名称	项目代码	项目类型	所属行业	建设地点	主要建设内容及规模	预计总投资（亿元）	项目资本金总额	引入社会资本时间	引入的社会资本方	引入社会资本规模（亿元）	社会资本资金到位（亿元）	项目借贷资金总额	引入金融机构时间	引入的金融机构	引入金融机构资金规模（亿元）	金融机构资金到位（亿元）	项目前期工作进展	开工时间	工程进展	竣工时间	实际总投资
1																								
2																								
3																								
……																								

备注：1. 对接方式：包括召开现场对接会、提供推介项目清单、信息平台实时共享等。

2. 项目代码：指项目在全国投资项目在线审批监管平台上的代码。

3. 项目类型：新建项目、在建项目或存量项目。

4. 引入社会资本（或金融机构）时间：填写与社会资本（或金融机构）签订有法律效力的投资（或贷款）协议或合同的时间。

5. 引入的社会资本方（或金融机构）：填写签订投资（或贷款）协议或合同的社会资本（或金融机构）名称。

6. 引入社会资本（或金融机构）资金规模：填写签订的投资（或贷款）协议或合同中社会资本（或金融机构）出资规模。

7. 项目前期工作进展：填写该项目已办结的审核备、报建审批等前期工作进展信息。

8. 工程进展：填写项目工程建设进度。

根据国办《关于规范实施政府和社会资本合作新机制的指导意见》，支持民营企业参与的特许经营新建（含改扩建）项目清单（2023年版）如下：

一、应由民营企业独资或控股的项目

（一）环保领域

1.垃圾固废处理和垃圾焚烧发电项目

（二）市政领域

2.园区基础设施项目

3.公共停车场项目

（三）物流领域

4.物流枢纽、物流园区项目

（四）农业林业领域

5.农业废弃物资源化利用项目

6.旅游农业、休闲农业基础设施项目

7. 林业生态项目

（五）社会领域

8. 体育项目

9. 旅游公共服务项目

二、民营企业股权占比原则上不低于 35% 的项目

（一）环保领域

10. 污水处理项目

11. 污水管网项目

（二）市政领域

12. 城镇供水、供气、供热项目

（三）交通运输领域

13. 城际铁路、资源开发性铁路和支线铁路，铁路客货运输商业类、延伸类业务项目

14. 收费公路项目（不含投资规模大、建设难度高的收费公路项目）

15. 低运量轨道交通项目

（四）物流领域

16. 机场货运处理设施项目

17. 国家物流枢纽、国家骨干冷链物流基地项目

（五）水利领域

18. 具有发电功能的小型水利项目

（六）新型基础设施领域

19. 智慧城市、智慧交通、智慧农业、智慧能源项目

20. 数据中心项目

21. 人工智能算力基础设施项目

22. 民用空间基础设施项目

三、积极创造条件、支持民营企业参与的项目

（一）交通运输领域

23. 列入中长期铁路网规划、国家批准的专项规划和区域规划的铁路项目

24. 投资规模大、建设难度高的收费公路等项目

25. 城市地铁、轻轨和市域（郊）铁路项目

26. 民用运输机场项目

（二）能源领域

27. 农村电网改造升级项目

28. 油气管网主干线或支线项目

29. 石油、天然气储备设施项目

（三）水利领域

30. 具有发电功能的大中型水利项目

第六节　国际金融组织和外国政府贷款项目全生命周期管理

一、项目管理

为了加强国际金融组织和外国政府主权贷款项目全生命周期管理，贯通管理链条、提升管理效能，国际金融组织和外国政府主权贷款项目全生命周期管理适用于项目征集与申报、备选项目规划编制，项目准备、对外磋商与谈判，项目签约与生效，项目实施，项目完工，项目绩效评价与审计，债

务偿还，监督检查等全生命周期的管理。按照政府承担还款责任的不同，贷款分为政府负有偿还责任贷款和政府负有担保责任贷款。政府负有偿还责任贷款，应当纳入本级政府的预算管理和债务限额管理，其收入、支出、还本付息付费纳入一般公共预算管理，按照部门预算相关规定开展评审，落实预算绩效管理相关要求。政府负有担保责任，不纳入政府债务限额管理。政府依法承担并实际履行担保责任时，应当从本级政府预算安排还贷资金，纳入一般公共预算管理。项目作为管理的基本单元，纳入财政部国际金融组织和外国政府贷款赠款管理系统项目库，依托外贷系统实施项目全生命周期管理。按照“横向到边、纵向到底”的原则，具备系统接入条件的项目参与方均应当通过外贷系统参与项目管理。项目全生命周期管理中涉及需上报、下达、报备文件资料等均通过外贷系统实施。政府债务外贷项目在完成申报审批等前期管理工作以后，纳入预算管理一体化系统项目库储备，按照规定实施全生命周期管理，外贷系统与预算管理一体化系统对接共享信息。财政部门按照“统一领导、分级管理”的原则，推进、指导、监督项目实施、配套资金落实、还款等活动。财政部门、项目协调机构和项目实施单位、采购代理机构、转贷或代理银行等单位根据有关规定各司其职，做好项目全生命周期管理工作，并根据管理要求分工做好外贷系统管理、信息录入和维护等工作。财政部门应当加强与发展改革等部门联动合作，强化项目统筹协调，做好项目事前评审、事中监管、事后绩效评价全生命周期管理。项目实施单位包括中央项目实施单位和地方项目实施单位。其中，中央项目实施单位是指实施项目的国务院有关部委、有关直属机构、中央企业、金融机构等；地方项目实施单位是指实施项目的地方政府有关部门或其他单位。项目协调机构是指由国务院行业主管部门协商财政部等管理部门确定的跨省、自治区、直辖市、计划单列市的联合执行项目的协调机构；由省级人民政府确定的省内跨地区、跨行业的联合执行项目的协调机构；由市、县（市、区）级政府确定的市、县（市、区）内跨行业的联合执行项目的协调机构。采购代理机构是指接受项目实施单位委托，根据项目需求，提供采购代理，以及相关咨询服务的供应商。代理银行是指接受项目实施单位或财政部委托，为做好项目前期准备并执行财政部门与项目实施单位签署的项目转贷协议或者执行协议，提供对外联络、咨询服务，代理收付款项及审核、债务核对与统计、结售汇和结算等业务的银行。转贷银行是指接受项目实施单位或财政部委托，将财政部代表我国政府借入的贷款再转贷给省级财政部门或项目单位，并负责贷款资金的提取和支付、本息和费用回收，以及对外偿付等活动的受托银行。项目运营单位是指项目完工后继续承担项目运行职责，并为项目持续运行提供人力资源、经费等各方面支持的单位。还款单位：承担项目最终还款责任的单位。

二、项目准备与实施

（一）项目征集与申报、备选项目规划编制，财政部定期在外贷系统上发布贷款信息，包括国际金融组织和外国政府贷款机构对华提供贷款的规模、重点支持领域、贷款条件等。项目征集与申报、备选项目规划编制按照《国际金融组织和外国政府贷款项目前期管理规程（试行）》有关规定执行。项目应当自申报开始，录入外贷系统项目分阶段管理。项目单位无接入外贷系统硬件条件的，由同级财政部门代为录入。地方申报项目应当由省级财政部门组织专家或委托第三方机构按照相关规定进行评审并出具财政评审报告。评审重点包括项目投入领域、贷款方式、绩效目标、融资安排、配套资金安排、偿债机制、债务风险和执行机构能力等。地方申报项目需同步报送省级财政部门出具的财政评审报告。省级财政部门应当要求开展项目财政评审工作、撰写报告；对于财政评审报告严格按照财政部相关格式及要素提出的相关风险提示及改进建议等，各级财政部门应当督促指导项目单位研究落实。中央申报项目由申报部门组织开展部门评审并出具评审报告，在此基础上，财政部根据有关预算评审管理规定，选取项目开展财政评审并出具评审报告；地方拟申请使用中央财政统借统还贷款资金项目，由省级财政部门组织开展财政评审并出具评审报告，在此基础上，财政部根据有关预算评审管理规定，选取项目开展财政评审并出具评审报告。项目准备、对外磋商与谈判，项目准备是指自备选项目规划下达后至项目对外磋商与谈判前需开展的各项工作。项目实施单位承担项目主体责任；财政部门应当指导、监督项目单位组织、开展项目准备工作。项目单位应当按照相关规定和要求，开展项目准备工作，完成环境和社会影响评价报告、土地利用报告、移民安置计划等的编报，配合贷款方和国内相关部门按时完成项目鉴别、评估等准备工作，落实配套资金，依次编制可行性研究报告或项目实施框架方案、资金申请报告等项目材料，办理相关审批手续，每季度结束后10个工作日内将季度项目准备及审批进展情况通过同级财政部门逐级上报省级财政部门。省级财政部门、中央项目协调机构应当于每季度结束后15个工作日内将包括但不限于项目进展、存在问题和下一步工作安排等项目准备情况通过外贷系统向财政部报告。已列入备选规划的项目，原则上不得进行重大调整。项目准备过程中，对于项目贷款来源、金额、内容、实施主体等特殊原因需要进行重大调整或终止项目的，项目单位应当及时逐级上报财政部门审核。涉及重大调整的，地方项目由省级财政部门出具评审意见后报财政部审核确认；中央项目直接报财政部审核确认。项目单位应当按照相关规定以及财政部、贷款方有关要求，完成采购代理机构、转贷或代理银行的选聘及合同签订工作，并接受同级财政部门监督。采购代理机构应当根据贷款法律文件、采购代理合同约定等，在项目前期准备、组织采购、合同执行等阶段提供采购代理服务。代理银行应当根据代理合同的约定，提供对外联络、咨询服务，代理收付款项及审核、债务核对与统计、结售汇和结算等业务。转贷银行参照代理银行职责办理相关业务，按照贷款法律文件约定负责办理贷款的转贷业务。外国政府及欧佩克国际发展基金、北欧投资银行等贷款项目，项目实施单位应当按照财政部门和贷款方的有关要求，原则上在备选项目规划下达3个月内完成委托转贷或代理银行和采购代理机构的选聘及合同签订工作。财政部根据项目准备情况，组织中央项目单位、省级财政部门等有关单位就贷款法律文件草本研提意见。对于贷款方要求谈判的国际金融组织贷款，财政部应当组织开展对外谈判。省级财政部门、中央项目单位应当组织有关部门配合并参与谈判工作，对贷款法律文件谈判草本提出修改或确认意见。如无特殊情况，项目在谈判前应当完成全部必要报批手续。

（二）项目签约与生效，财政部在对外磋商与谈判后，根据贷款方批准贷款等进展情况，组织签署贷款法律文件并办理生效手续。对于国际金融组织贷款，省级财政部门应当商项目单位等将签署项目协议等有关事项呈报省级人民政府。经省级人民政府批准后，省级财政部门按照程序在规定时限内办理项目协议文本的确认、委托授权、签署等事项。对于贷款方有特殊要求的外国政府贷款，转贷银行应当在事先征得省级财政部门和项目单位的书面确认后，与贷款方签署相关法律文件。中央签署协议由财政部按照相关要求生效手续；地方签署协议由省级财政部门按照相关要求办理生效手续。各级财政部门应当按照要求及时落实好贷款法律文件中规定的其他生效条件。中央财政统借统还的贷款，应当由财政部与省级人民政府或国务院有关部委、有关直属机构等签署执行协议，省级财政部门应当根据用款情况，与下级政府或有关部门和单位签署执行协议。财政部转贷的贷款，由财政部与地方项目单位所在地省级人民政府、国务院有关部委、有关直属机构、中央企业或金融机构等签署转贷协议。对于财政部转贷的贷款，省级人民政府负有偿还责任的，省级财政部门应当与下级政府或有关部门和单位签署执行协议；省级人民政府负有担保责任的，省级财政部门应当与下级人民政府或有关部门和单位签署转贷协议。省级以下人民政府接受上级政府转贷，比照前款规定签署执行协议或转贷协议。对于贷款方有特殊要求的外国政府贷款，转贷银行应当在事先征得省级财政部门同意后，代表财政部与省级财政部门或项目单位签署转贷协议，并将贷款法律文件和转贷协议报送财政部和省级财政部门备案。项目应优化转贷层级安排，严格按照项目受益范围，明确承担项目主体责任的相应级次政府。最终转贷至县级开展的项目，涉及已实行“省直管县”财政体制的县，由省级财政部门直接转贷至县级人民政府，与县级财政部门发生贷款收入、支出与还本付息关系。市级财政部门应当加强监管。对于政府担保外贷，项目实施单位应当以保证、抵押或质押等财政部门可接受的方式向同级财政部门提供担保或反担保。对于财政部转贷给中央企业和金融机构等使用的统借自还贷款项目，中央企业和金融机构等应当向财政部提供债券质押担保或见索即付银行保函等方式的还款保证。如项目准备或实施过程中发生相关变更，上述相关单位应当变更担保或反担保安排。

（三）项目实施，项目实施一般是指自项目签署转贷或执行协议后，至项目完工前需开展的各项工作。贷款法律文件约定的追溯报账项目，比照项目实施要求执行。项目单位应当按照贷款法律文件要求建立相应的项目管理机构，配备专业人员，建立健全项目管理和财务管理办法，按照规定实施项目。财政部门、项目单位可立足自身人力资源情况，在相关机构人员配置范围内统筹协调，确有必要，可按照程序申请安排必要项目管理工作经费列入同级预算管理，但必须严格控制、厉行节约，并遵守国内有关制度规定及贷款法律文件要求。项目实施单位应当编制年度贷款资金和配套资金使用计划、招标采购计划、出国（境）团组计划等项目年度实施计划，按照有关规定报同级财政部门审核确认或备案。相关年度计划通过外贷系统填报。政府债务外贷的提款、用款、还款应当纳入预算管理，按照财政部外贷预算管理有关规定办理。政府债务外贷实行债务限额管理。政府担保外贷按照有关规定加强管理。项目单位应当落实预算管理主体责任，对预算完整性、规范性、真实性，以及执行结果负责。财政部门应当督促项目单位提高预算编制准确性，提升预算执行率，强化预算对执行的控制，通过收支预算合理、全面、完整反映各项目活动。项目采购依照《政府采购法》等相关规定，以及贷款方与中方达成的贷款法律文件、财政部采购管理等有关规定执行。项目单位签署的合同应当符合贷款法律文件要求和国内相关规定。合同当事人应当按照合同约定履行义务，确保提供的工程、货物、服务等与合同约定相一致。合同变更须严格遵循国内相关审批程序和贷款方审核要求，重大合同变更应当报同级财政部门备案。省级财政部门或中央项目单位，需要开设指定账户的，应当按照贷款法律文件、财政专户和预算单位银行账户管理等有关规定开设贷款指定账户。转贷协议或执行协议签署后，省级财政部门、项目单位、转贷银行应当按照转贷协议或执行协议约定，向财政部报送提款签字人及签字样本。财政部审核无误后，签发提款签字人授权信并将签字样本一并提交贷款方。项目单位应当向财政部门、转贷银行报送提款签字人及签字样本。提款报账申请材料需经提款签字人签字后办理提款报账手续。在项目执行期内，提款签字人变更的，应当按照转贷协议或执行协议约定，及时向财政部报送新的提款签字人及签字样本。项目按照贷款法律文件、贷款方支付政策以及预算管理制度，由省级财政部门或中央项目单位向贷款方办理提款报账，或通过转贷或代理银行办理收付款手续。对于国际金融组织贷款项目，省级财政部门或中央项目单位确认收到贷款方资金或直接支付记录后，需在7个工作日内将相关信息录入外贷系统。对于外国政府贷款项目，转贷或代理银行应当根据项目单位或其委托的采购代理机构提交的经省级财政部门审核的提款申请，按照贷款法律文件等相关规定办理向贷款方提款的相关手续。转贷或代理银行确认收到贷款方的提款回单或直接支付记录后，应当将相关情况在5个工作日内通知项目单位和省级财政部门。省级财政部门或中央项目单位应当自确认收到提款回单或直接支付记录之日起10个工作日内将相关信息录入外贷系统。省级财政部门或中央项目单位按照贷款法律文件和国内相关规定审核下级单位提交的报账申请资料，对于合格的报账申请应当在10个工作日内办理资金拨付手续，对不合理的报账申请应当在10个工作日内通知下级单位进行修改、补充，或者拒绝支付并说明理由。省级财政部门或中央项目单位资金拨付后应当在7个工作日内将相关信息录入外贷系统。财政部门应当按照《财政总会计制度》，做好纳入一般公共预算管理的国际金融组织和外国政府贷款资金的核算工作。项目单位应当按照贷款法律文件和国内相关规定，加强项目各环节的成本费用管理，做好项目成本费用的测算、确认、支付、控制及核算等财务工作。项目单位应当严格按照贷款法律文件所规定的范围、标准、条件、类别及国内相关规定的要求，支付、归集各类费用支出，报同级财政部门或中央项目单位财务主管部门审核或备案，并将相关信息录入外贷系统。项目单位应当按照财政部、贷款方的要求，加强对项目成果指标的监测。项目单位应当于每季度结束后10个工作日内，编制并通过外贷系统逐级向省级财政部门、中央项目协调机构提交项目实施进度报告，每半年结束后20个工作日内编制并通过外贷系统逐级向省级财政部门、中央项目协调机构提交财务报告。财政部按照需要不定期检查相关报告。涉及结果导向型和发展政策等贷款工具的，项目单位应当按照贷款法律文件要求，及时组织或配合独立第三方机构完成各阶段指标核验工作。省级财政部门应当加强对项目设计、准备和实施的监督管理，严肃项目调整纪律。贷款使用过程中，原则上不予办理涉及贷款规模、项目内容的重大调整。确需调整贷款规模、项目建设目标和内容，改变贷款资金用途、支付比例和贷款期限等涉及贷款法律文件内容变更的，项目单位应当通过同级财政部门逐级向财政部提出申请，中央项目直接报财政部审核。由财政部与贷款方协商后提出贷款法律文件的变更申请。项目调整内容涉及项目建设内容、贷款金额及用途等重大调整的，省级财政部门应当向财政部同时提交发展改革部门的审核或确认文件，中央项目单位应当向财政部同时提交国家发展改革委的审核或确认文件。财政部门应当严格控制项目取消或终止情况，包括对外磋商谈判前取消、对外磋商谈判后签约前取消、签约后终止等。确因客观条件变化等因素无法推进时，省级财政部门应当向财政部正式报送申请取消或终止函。

三、项目评价与监督

（一）项目完工后，项目单位应当根据相关合同条款组织验收。涉及工程类的，项目单位应当及时组织开展竣工验收，编制竣工财务决算，按照国内相关规定报送财政部门或相关部门审批或备案。建设周期长、建设内容多的大型项目，单项工程竣工具备交付使用条件的，可以编报单项工程竣工财务决算，项目全部竣工后应当编报竣工财务总决算。项目完工时，项目单位应当按照要求在规定时限内编报项目完工报告，并通过外贷系统报省级财政部门和中央项目协调机构备案。财政部按照需要不定期检查相关报告。省级财政部门、中央项目单位会同项目实施单位按照贷款协定约定的关账日期做好项目完工和资金关账工作。如需延期，项目实施单位应当报省级财政部门或中央项目单位，由其审核后原则上应当关账日 6 个月前通过外贷系统报送财政部，由财政部提交贷款方审批。对已按期关账的项目，省级财政部门或中央项目单位应当督促贷款方及时办理贷款财务关账手续。项目竣工验收合格后应当及时办理资产交付使用手续，并依据批复的项目竣工财务决算进行账务调整。项目形成国有资产（含无形资产）的，其转移、出售、抵押、置换，以及报废清理等工作，应当按照相关规定进行。项目形成的资产由项目单位移交项目运营单位的，应当办理移交手续；移交后由项目运营单位承担管理职责。

（二）项目绩效评价与审计，对处于实施期第 2~3 年且此前未开展绩效评价的在建项目和已完工 2~3 年内且完工后未开展绩效评价的完工项目，地方财政部门和中央项目单位应当按照有关规定组织实施和管理本地区、本部门的绩效评价工作。对实施期 5 年及以上的项目，应当适时开展中期和实施期后绩效评价。省级财政部门和中央项目单位应当于每年 3 月底前制定本地区、本部门项目绩效评价工作计划，确定评价项目，并上传外贷系统备案。次年 3 月底前，应当将项目绩效评价报告以及评价结果应用建议按照要求上传外贷系统备案。绩效评价应当对项目的相关性、效率、效果和可持续性四个方面进行评价。对于完工项目，应当对上述四个方面进行全面评价并确定项目的综合绩效等级；对于在建项目，应当重点评价项目的相关性、效率和效果并确定项目的综合绩效等级。财政部可不定期抽选部分项目开展重点绩效评价或对相关绩效评价工作开展再评价。财政部、中央项目单位及地方各级财政部门应当加强项目绩效评价结果应用，并按照政府信息公开有关规定公开绩效评价结果。财政部门、项目单位应当配合做好审计工作，按照贷款方要求及时配合审计报告报送贷款方，并根据审计结果落实审计整改要求。

（三）贷款偿还，政府债务外贷由相应级次政府通过一般公共预算安排还款，履行相应预算管理程序并及时偿付；政府担保外贷应当建立健全偿债风险监测机制，及时防范化解债务风险、确保还款资金来源。财政部门和还款单位应当建立健全还贷保障机制，明晰债权债务关系，落实还贷责任，防控债务风险。财政部门组织债务偿还和回收工作，还款单位落实债务偿还的资金来源，并按照贷款方或财政部门的还款通知，及时足额偿还到期债务。根据贷款法律文件、转贷协议依次确定还款单位。各相关还款单位应当根据债务情况、还款年限以及利率水平测算承担债务金额、制定年度还款计划，落实还款资金来源，保证按时足额还款。财政部门应当建立和维护与外贷系统信息同步一致的债务偿还工作台账，及时掌握各相关还款单位的应偿还债务情况，督促相关还款单位制定年度还款计划，按时足额还款，防控债务风险。财政部原则上提前 1 个月下发国际金融组织贷款还款通知。外国政府贷款由转贷或代理银行负责通知，抄送相关财政部门备查。还款单位应当根据财政部门、转贷或代理银行的通知，按时办理还款支付手续，及时足额偿还到期债务。财政部门应当在外贷系统准确填报或确认还款情况。还款单位应当结合贷款、转贷协议等法律文本，就提前还款需求与财政部门及时沟通，逐级报财政部与贷款方磋商确认相关条件。各方达成初步一致后，还款单位通过同级财政部门逐级向财政部提交提前还款申请，财政部对外办理相关手续，下发国际金融组织贷款还款通知、或通过转贷或代理银行通知还款。在债务存续期间，还款单位如因实行资产重组、企业改制等可能导致产权变更、债权变更或债务转移等行为将会影响到贷款偿还的，应当事先征得同级财政部门的同意，并就有关债务偿还安排与同级财政部门达成书面协议，保证按时偿还贷款，防止债务逃废。同级财政部门应当将有关情况向上级财政部门备案。对未能履行还款义务的还款单位，财政部门可以采取财政预算扣款、加收罚息等有效措施以保证欠款回收，并按照转贷协议约定采取有效措施以保证欠款回收。已确定还款单位无法偿还债务，确需政府履行担保责任、予以代偿的贷款，财政部门应当在本级一般公共预算中足额安排资金用于还款。财政部门代为偿还后，依法对原还款单位享受追偿权，追回的资金缴入国库或财政专户，并列入相应年度财政预算，冲减当期支出。财政部门和还款单位应当分别做好贷款债权债务的会计和统计等相关工作，通过外贷系统准确反映债务余额及债权债务关系。财政部门和项目单位应当做好项目全生命周期台账等信息管理，分项目登记贷款方、贷款期限、贷款类别、贷款规模、限额、提款及支付（包括额度、币种、汇率、日期）、签约日、生效日、转贷、关账、调整情况等信息。上下级财政部门之间，财政部门与项目单位之间，财政部门与转贷或代理银行之间，建立项目管理信息实时互通和定期对账机制，确保账账相符、账实相符。具备条件的部门和单位，应当通过外贷系统开展核对工作。转贷或代理银行按照相关要求已发生的提款、还款明细报省级财政部门，省级财政部门在外贷系统中录入和核对明细数据。项目运营单位应当在机构设置、人力资源、经费等方面进行合理配置，满足项目持续运行的需要。在项目全生命周期内，政府负有担保责任贷款的项目运营单位、还款单位于每年 1 月 20 日、7 月 20 日前把机构或项目半年度、年度财务报表报送至同级财政部门，并由同级财政部门上传至外贷系统。

监督检查，财政部门应当对项目单位和有关机构履行贷款法律文件的情况实施监督检查。发现问题的，应当责令项目单位和有关机构采取有效措施，限期加以解决和纠正，并报告上级财政部门。财政部门未按照办法履行相应职责的，上级财政部门可通过书面提示、约谈等方式进行提醒，必要时予以通报批评，情节严重的在有关问题得到妥善处理前暂停新的贷款安排。财政部门可以通过企业信用信息公示系统等平台公示项目单位、采购代理机构、金融机构在贷款使用过程中的失信、违约等行为。项目单位和有关机构应当配合贷款方依据贷款法律文件开展的项目检查，接受财政部门对项目执行情况的监督检查。项目单位和有关机构存在违法违规行为的，依照《预算法》及其实施条例、《财政违法行为处罚处分条例》等国家有关规定追究相应责任。财政部每三年开展全国财政系统业务工作评比表彰工作，其中下设项目管理基础工作评分子项目，定期考核项目管理日常工作以及外贷系统管理和使用情况等。对于工作开展较好、项目质量较高、定期完成信息报送的省级财政部门，财政部在按照客观办法考评后，在全国范围内通报表扬。中央及地方项目单位作为项目信息管理直接责任人，应当落实主体责任，防范国家安全信息泄露风险。各级财政部门应当督促项目单位建立健全相关工作机制和落实相关工作。

第七节　市场准入负面清单和产业结构调整指导目录

一、市场准入负面清单制度

严格落实“全国一张清单”管理要求，坚决维护市场准入负面清单制度的统一性、严肃性和权威性，确保“一单尽列、单外无单”，应纳入全国统一的市场准入负面清单，确保符合“全国一张清单”管理要求。各地区各部门不得自行发布市场准入性质的负面清单，按照“谁审批、谁监管，谁主管、谁监管”的原则，全面夯实监管责任。要落实放管结合、并重要求，健全监管规则，创新监管方式，实现事前事中事后全链条全领域监管，提高监管的精准性有效性。要进一步健全完善与市场准入负面清单制度相适应的准入机制、审批机制、社会信用体系和激励惩戒机制、商事登记制度等，系统集成、协同高效地推进市场准入制度改革工作。开展效能评估信息化平台建设，探索效能评估结果应用。扎实做好清单落地实施工作，对清单所列事项，各地区各部门要持续优化管理方式，严格规范审批行为，优化审批流程，提高审批效率，正确高效地履行职责。清单之外的行业、领域、业务等，各类市场主体皆可依法平等进入，不得违规另设市场准入行政审批。市场准入负面清单事项类型和准入要求，市场准入负面清单分为禁止和许可两类事项。《市场准入清单（2022 年版）》列有禁止准入事项 6 项，许可准入事项 111 项，共计 117 项。

二、产业结构调整指导目录（涉项部分）

第一类鼓励类：建筑，建筑隔震减震结构体系及产品研发与推广；智能建筑产品与设备的生产制造与集成技术研究；集中供热系统计量与调控技术、产品的研发与推广；高强、高性能结构材料与体系的应用，太阳能热利用及光伏发电应用一体化建筑；先进适用的建筑成套技术、产品和住宅部品研发与推广；钢结构住宅集成体系及技术研发与推广；节能建筑、绿色建筑、装配式建筑技术、产品的研发与推广；工厂化全装修技术推广；移动式应急生活供水系统开发与应用；建筑信息模型（BIM）相关技术开发与应用；既有房屋建筑抗震加固技术研发与工程应用；装配式钢结构绿色建筑技术体系的研发及推广。城镇基础设施，城市高精度导航、高精度遥感影像和三维数据生产及关键技术开发；依托基础地理信息资源的城市立体管理信息系统；城市公共交通建设；城市道路及智能交通体系建设；城市交通管制系统技术开发及设备制造；城市及市域轨道交通新线建设（含轻轨、有轨电车）；城镇安全饮水工程、供水水源及净水厂工程；城镇地下管道共同沟建设，地下管网地理信息系统；城镇供排水管网工程、管网排查、检测及修复与改造工程、非开挖施工与修复技术，供水管网听漏检漏设备、相关技术开发和设备生产；城市燃气工程；城镇集中供热建设和改造工程；城市雨水收集利用工程；城镇园林绿化及生态小区建设；既有停车设施改造；停车楼、地下停车场、机械式立体停车库等集约化的停车设施建设；停车场配建电动车充电设施；城市建设管理信息化技术应用；城市生态系统关键技术应用；城市节水技术开发与应用；城市照明智能化、绿色照明产品及系统技术开发与应用；再生水利用技术与工程；城市供水、排水、燃气塑料管道应用工程；城市应急与后备水源建设工程；沿海城镇海水供水管网及海水淡化工程；城市积涝监测预警技术开发与应用，城市排水防涝工程；海绵城市建设关键技术产品开发与应用；合流制溢流污染、初期雨水等快速净化装备、分散净化设施；基于大数据、物联网、GIS 等为基础的城市信息模型（CIM）相关技术开发与应用。商务服务业，经济、管理、信息、会计、税务、审计、法律、节能、环保等咨询与服务；工程咨询服务（包括规划咨询、项目咨询、评估咨询、全过程工程咨询）；资信调查与评级等信用服务体系建设；资产评估、校准、检测、检验等服务；产权交易服务平台；广告创意、策划、设计、制作、代理、发布等广告服务；会展服务（不含会展场馆建设）；供应链管理服务（指基于现代信息技术对供应链中的物流、商流、信息流和资金流进行设计、规划控制和优化，将单一、分散的订单管理、采购执行、报关退税、物流管理、资金融通、数据管理、贸易商务、结算等进行一体化整合的服务）；其他服务业保障性住房建设与管理。

第二类限制类：其他，包括用地红线宽度（包括绿化带）超过下列标准的城市主干道路项目：小城市和重点镇 40 米，中等城市 55 米，大城市 70 米（200 万人口以上特大城市主干道路确需超过 70 米的，城市总体规划中应有专项说明）；用地面积超过下列标准的城市游憩集会广场项目：小城市和重点镇 1 公顷，中等城市 2 公顷，大城市 3 公顷，200 万人口以上特大城市 5 公顷；别墅类房地产开发项目；高尔夫球场项目；赛马场项目；4 档及以下机械式车用自动变速箱（AT）；排放标准国三及以下的机动车用发动机；不符合《大气污染防治法》《水污染防治法》《固体废物污染环境防治法》《节约能源法》《安全生产法》《产品质量法》《土地管理法》《职业病防治法》等国家法律法规，不符合国家安全、环保、能耗、质量方面强制性标准，不符合国际环境公约等要求的工艺、技术、产品、装备。

第三类淘汰类：（略）

三、鼓励外商投资产业目录（2022 年版，涉项部分）

为落实外商投资法及其实施条例，根据国民经济和社会发展需要，鼓励和引导外国投资者在特定行业、领域、地区投资，全国鼓励外商投资产业目录，其涉项部分包括：新能源电站建设、经营；垃圾焚烧发电厂建设、经营；供水厂的咨询设计、投资、建设、经营；再生水厂的咨询设计、投资、建设、经营；污水处理厂的咨询设计、投资、建设、经营，污泥处理与处置设施的咨询设计、投资、建设、经营铁路干线路网及铁路专用线的建设、经营；城际铁路、市域（郊）铁路、资源型开发铁路和支线铁路及其桥梁、隧道和站场设施的建设、经营，轮渡的建设；高速铁路、城际铁路基础设施综合维修；公路、独立桥梁和隧道的建设、经营；工程咨询服务；节能环保和循环经济技术研发与应用；资源再生及综合利用技术、企业生产排放物的再利用技术研发与应用；环境污染治理及监测技术研发；清洁生产技术开发与服务，传统能源清洁运营、工程施工与技术服务，清洁生产评价、认证与审核；碳捕集利用与封存（CCUS）技术开发与服务；绿色建筑节地与室外环境、节能与能源利用、节水与水资源利用、节材与材料资源利用、室内环境与运行管理综合技术研发与利用工业设计、建筑设计、服装设计等创意产业；城乡规划编制服务（城市、镇总体规划服务除外）；低碳、环保、绿色、节能、节水的先进系统集成技术及服务；环境友好型技术的开发及应用；专业设计服务；河道、湖泊水环境治理、水生态修复和管理保护与经营；城市封闭型道路的建设、经营；城市地铁、轻轨等轨道交通的建设、经营；垃圾处理厂，危险废物处理处置厂（焚烧厂、填埋场）及环境污染治理设施的建设、经营等。

第八节　投资项目可行性研究报告编制与节能审查

一、可行性研究报告编写大纲

根据《政府投资条例》《企业投资项目核准和备案管理条例》等规定，要着力推动高质量发展，增强投资对优化供给结构的关键作用。高质量发展需要高质量的投资，高质量的投资需要高质量的决策。巩固和深化投融资体制改革成果，进一步提升我国投资项目前期工作质量和水平，可行性研究是投资决策的核心环节，加强投资项目可行性研究是提升投资决策科学化水平的必然要求。《政府投资项目可行性研究报告编写通用大纲（2023 年版）》《企业投资项目可行性研究报告编写参考大纲（2023 年版）》和《关于投资项目可行性研究报告编写大纲的说明（2023 年版）》是指导有关方面开展投资项目可行性研究工作的指南，也是加强和改进投资项目决策管理的载体。要以可行性研究报告编写大纲实施为契机，推动各有关方面高度重视项目可行性研究工作，更加注重项目全生命周期管理，更加注重把握可行性研究的重点，更加注重防控项目建设实施风险，切实提升投资项目前期工作和投资决策的质量，为扩大有效投资，促进高质量发展提供有力支撑。区分项目性质，实施好可行性研究报告编写大纲，可行性研究报告编写大纲适用于我国境内各行业各类投资项目的可行性研究工作，是投资项目决策的重要依据。其中，政府投资项目可行性研究报告原则上应按照通用大纲进行编写，并作为各级政府及有关部门审批政府投资项目的基本依据。参考大纲主要是在落实企业投资自主权基础上，引导企业重视项目可行性研究，加强投资项目内部决策管理，促进依法合规生产经营，实现健康可持续发展。编写说明是对大纲的解释和阐述。在编写、审核项目可行性研究报告时，应同时借鉴和参考使用大纲及说明有关内容。在编写具体项目的可行性研究报告时，可结合项目实际情况对大纲所要求的内容予以适当调整。对于建设内容单一、投资规模较小、技术方案简单的项目，可按照国家有关规定简化大纲中的有关内容。对于重大或复杂项目，可在可行性研究报告正文之前形成摘要，综述项目概况、可行性研究过程、主要结论和建议等内容。兼顾行业特点和要求，细化优化可行性研究报告编写大纲。通用大纲和参考大纲是对投资项目可行性研究报告编写内容和深度的一般要求和基础指引。为更好适应不同行业领域的特点和要求，有关行业主管部门可参照编写大纲，在征求国家发改委意见、反映行业特殊性，并根据实际需要对编写大纲有关内容进行合理调整的基础上，制定适用具体行业或领域的可行性研究报告编写大纲或实施细则。加强跟踪反馈，建立可行性研究报告编写大纲动态调整机制。投资项目可行性研究报告与投资决策其他手续的关系。与政府投资项目建议书的关系，政府投资项目建议书重在论述项目建设的必要性，主要对项目的功能定位、主要建设内容和规模、投资匡算、资金筹措、社会效益和经济效益进行初步分析，为后续开展可行性研究提供基础。可行性研究报告主要研究项目建设的技术经济可行性，贯彻多方案比选理念，对项目的建设规模和内容、建设方案、运营方案、融资方案、财务方案、外部影响和效益等方面开展深入研究分析，为政府投资决策提供依据，是项目建议书的深化研究。政府投资项目建议书的编写，可参考通用大纲，并对相关内容予以适当简化。与企业投资项目申请书的关系，企业投资建设属于政府核准目录范围内的项目，须按照规定向核准机关提交项目申请书。项目申请书主要基于可行性研究的成果，重点分析企业投资项目在符合发展建设规划、技术标准和产业政策的前提下，可能产生的资源利用、公共利益等外部影响，旨在获得项目核准许可。企业投资项目可行性研究报告为企业投资决策提供依据，也为项目申请书提供编写基础，可行性研究相关成果可以转化为项目申请书相关内容。

二、投资项目可行性研究报告编写大纲的说明

制定目的，要加快构建新发展格局，着力推动高质量发展。高质量发展需要高质量的投资，高质量的投资需要高质量的投资决策，而可行性研究是投资决策的核心环节。要坚持科学决策、民主决策、依法决策，提升我国投资项目前期论证的质量和水平，实现投资高质量发展，就必须强化投资项目可行性研究的基础作用。为加强对项目前期工作的政策指导，巩固和深化投融资体制改革成果，推动投资高质量发展，根据《政府投资条例》《企业投资项目核准和备案管理条例》等规定，制定了《政府投资项目可行性研究报告编写通用大纲（2023 年版）》和《企业投资项目可行性研究报告编写参考大纲（2023 年版）》，两个大纲以下统称投资项目可行性研究报告编写大纲，供有关方面借鉴和参考。投资项目可行性研究报告编写大纲是对项目可行性研究报告编写内容和深度的一般要求。为更好适应不同行业领域的特点和具体要求，相关管理部门或机构可参照两个编写大纲，在充分反映行业特殊性、根据实际需要对两个编写大纲有关内容进行合理调整的基础上，制定适用具体行业或领域的可行性研究报告编写大纲。适用范围，适用领域指投资项目可行性研究报告编写大纲用于指导有关方面开展投资项目的可行性研究工作，适用于我国境内各行业各类项目的可行性研究工作，其研究成果作为投资主体内部决策、政府审批和核准及备案、银行审贷、投资合作、工程设计、项目实施、竣工验收，以及项目后评价等工作的基本依据。其中，政府投资项目可行性研究报告原则上应按照通用大纲进行编写，以保障政府投资项目前期工作质量，提升投资决策的科学化和规范化水平。参考大纲在落实企业投资自主权基础上，主要是引导企业重视项目可行性研究，加强投资项目内部决策管理，促进依法合规生产经营，实现健康可持续发展。适用人群指投资项目可行性研究报告编写大纲是指导全国投资项目开展可行性研究工作的行政规范性文件，主要面向投资建设领域从事可行性研究工作的专业人员，也可供政府部门、企事业单位等从事投资管理工作，银行等金融机构负责投资决策和信贷融资决策人员，以及高等院校相关专业的师生参考使用。具体项目适用指投资项目可行性研究报告编写大纲是对投资项目可行性研究报告编写内容和深度的基础性要求。项目单位、工程咨询机构等主体在编写具体项目的可行性研究报告时，可结合项目的实际情况，对两个大纲所要求的内容予以适当调整。比如，若论证的项目不涉及编写大纲中的部分内容，可在说明情况后不再予以详细论证；对于编写大纲未涉及的内容，必要时应结合行业特点进行论证。对于建设内容单一、投资规模较小、技术方案简单的项目，可以按照国家有关规定简化编写大纲中的有关内容；对于重大或复杂项目，可行性研究报告正文前面可以形成摘要，综述项目概况、可行性研究过程、主要结论和建议等内容。原则要求，坚持推动高质量发展，编写可行性研究报告要完整、准确、全面贯彻新发展理念，坚持以人民为中心的发展思想，更加注重发挥宏观战略、发展规划和产业政策的引领作用。同时，要立足投资项目全生命周期管理，研究借鉴可持续发展要求，更加注重经济、社会、环境评价等新理念新方法的应用，将绿色发展、自主创新、共同富裕、国家安全、风险管理等理念，以及投资建设数字化等要求融入可行性研究，推动建立适应高质量发展的投资项目可行性研究制度规范。坚持政府投资项目和企业投资项目分类管理，可行性研究应充分发挥市场在资源配置中的决定性作用，更好发挥政府作用，根据政府投资项目和企业投资项目分类管理要求，明确政府投资项目和企业投资项目可行性研究的不同侧重。其中，政府投资项目可行性研究应突出经济社会综合效益，并根据经济社会发展需要和财政可负担性，合理确定建设标准、建设内容、投资规模等，防范地方政府隐性债务风险；企业投资项目可行性研究应突出经济性，聚焦企业自主投资决策所关注的投资收益、市场风险规避等内容，引导企业提高投资决策的科学性和财务的可持续性。坚持以“三大目标、七个维度”为核心内容，围绕投资项目建设必要性、方案可行性及风险可控性三大目标开展系统、专业、深入论证，重点把握“七个维度”的研究内容。其中，项目建设必要性应从需求可靠性维度研究得出结论，项目方案可行性应从要素保障性、工程可行性、运营有效性、财务合理性和影响可持续性等五个维度进行研究论证，项目风险可控性应通过各类风险管控方案维度研究得出结论。

三、项目可行性研究报告的主要内容及编写说明

（一）概述。拟建项目和项目单位基本情况是项目决策机构掌握项目全貌、决定是否建设的前提和基础，也是投资项目可行性研究报告的重要内容。“项目概况”是对拟建项目的建设地点、建设内容和规模、总体布局、主要产出、总投资和资金来源、主要技术经济指标等内容的阐述，为项目决策机构对拟建项目的相关事项开展分析评价奠定基础。“项目单位（企业）概况”是对项目单位基本信息的阐述，为项目决策机构分析判断项目单位是否具备承担拟建项目的能力、国有控股企业是否聚焦主责主业等提供依据。拟新组建项目法人的，提出项目法人组建方案。政府资本金注入项目还需简述项目法人基本信息、投资人（或者股东）构成及政府出资人代表等情况。“编制依据”主要说明拟建项目取得相关前置性审批要件、主要标准规范及专题研究成果等情况，为相关研究评价和数据提供来源和支撑。“主要结论和建议”简述可行性研究的主要结论和建议，必要时可进行列表展示。

（二）项目建设背景和必要性。“项目建设背景”主要简述项目提出背景、前期工作进展等情况，便于项目决策机构掌握项目来源、工作基础和需要解决的重要问题等。说明项目投资管理手续办理情况，如建设项目用地预审与选址意见书、环境影响评价、排污许可、文物保护、矿产压覆、水土保持、地震安全性评价等行政审批手续，以及相关手续取得的保障条件。“规划政策符合性”应体现经济社会发展战略和规划，从扩大内需、共同富裕、乡村振兴、科技创新、节能减排、碳达峰碳中和、国家安全、基本公共服务保障等重大政策目标层面进行分析，研究提出项目建设的必要性，评价项目与战略目标、政策要求的一致性。“项目建设必要性”主要从宏观、中观和微观层面展开分析，研究项目建设的理由和依据。对于主要满足社会公共需求的非经营性项目，应进行社会需求研究，通过对项目的产出品、投入品或服务的社会容量、供应结构和数量等进行分析，为确定项目的目标受益群体、建设规模和服务方案提供依据。

（三）项目需求分析与产出方案。“需求分析”要根据经济社会发展规划、国家和地方标准规范，以及项目自身特点，通过文案资料、现场调研、数字化技术等方法，分析需求现状和未来预期等情况，研究提出拟建项目近期和远期目标、产品或服务的需求总量及结构，为研究确定项目建设内容和规模提供支撑。对于重大项目，应立足于构建以国内大循环为主体、国内国际双循环相互促进的新发展格局，研究两个市场、两种资源，促进畅通循环，论证产业链供应链的韧性和安全性。企业投资项目以满足市场需求为导向，应结合“企业发展战略需求分析”，更多从“项目市场需求分析”、市场竞争力等角度研究论证项目建设的必要性。“项目建设内容和规模”“产出方案”在需求分析基础上，阐述拟建项目总体目标及分阶段目标，提出拟建项目建设内容和规模，明确项目产品方案或服务方案及其质量要求，并评价项目建设内容、规模，以及产品方案的合理性。企业投资项目还要研究“项目商业模式”，分析拟建项目收入来源和结构，判断项目是否具有充分的商业可行性和金融机构等相关方的可接受性，并研究项目综合开发等模式创新路径及可行性。

（四）项目选址与要素保障。“项目选址或选线”应坚持国土空间“唯一性”要求，从规划条件、技术条件、经济条件和资源节约集约利用等方面，以国土空间规划和用途管制规则为基本依据，基于国土空间规划“一张图”，将耕地和永久基本农田保护、生态红线保护、节约集约利用土地作为方案比选核心要素，对拟定的备选场址方案或线路方案进行比较和择优。选址方案研究应鼓励公众参与，充分考虑不同影响和风险因素的早期筛查判断和初步分析成果，并结合利益相关方的诉求或建议反馈，完善和优化选址选线方案。“项目建设条件”主要分析拟建项目所在地的自然环境、交通运输、公用工程等支撑项目建设的外部因素。“要素保障分析”包括土地要素保障，以及水资源、能耗、碳排放强度和污染减排指标控制要求及保障能力等。对于新占用土地的投资项目，应当明确拟建项目场址或选线的土地权属、供地方式、土地利用状况、矿产压覆、占用耕地和永久基本农田、涉及生态保护红线、地质灾害危险性评估等情况。对于涉及新增占用耕地的项目，应明确耕地占补平衡落实方案。对于涉及耕地、永久基本农田、生态保护红线的项目，开展节约集约用地研究，评价土地资源节约集约利用水平。根据“要素跟着项目走”原则，重大项目应根据法规政策要求，提出要素予以特别保障的方案。企业投资项目应鼓励市场化配置资源，重点分析项目亟需的用地、用能、碳排放等要素的可得性。

（五）项目建设方案。项目建设方案主要从工程技术方案及工程实体建设的角度研究工程可行性，在绿色低碳、节约集约、智慧创新、安全韧性等方面加强比选。为有序推进项目实施，建设方案要对项目组织实施、工期安排、招标方案等进行分析，明确“建设管理方案”，并根据项目实际情况研究提出“数字化方案”，促进投资建设全过程数字化应用。同时，要对项目“技术方案”“设备方案”“工程方案”的合理性、先进性、适用性、自主性、可靠性、安全性、经济性等进行多方案比选，研究工程技术方案的可行性。根据生态文明建设、推进绿色发展、全面节约资源等要求，“工程方案”应重视节约集约用地、绿色建材、绿色建筑、超低能耗建筑、装配式建筑、生态修复等绿色及韧性工程相关内容。“用地用海征收补偿（安置）方案”应根据有关法律法规政策规定，对于投资项目涉及土地征收或用海海域征收的，明确征收范围、土地现状、征收目的、补偿方式和标准、安置对象、安置方式、社会保障、补偿（安置）费用等内容。其中，土地征收涉及补偿和安置等内容，用海征收一般只涉及补偿，不涉及安置。项目土地征收需要采取集中安置的，应提出集中安置点规划设计方案。项目采取过渡安置方式的，应明确过渡期限等，并分析其合理性。项目用地征收补偿（安置）方案应保证被征地农民原有生活水平不降低、长远生计有保障。

（六）项目运营方案。可行性研究要改变“重建设、轻运营”的做法，强调项目全生命周期的方案优化和系统性论证，既要重视工程建设方案可行性研究，也要重视项目建成后的运营方案可行性研究。同时，还要结合项目的工程技术特点，遵循有关部门颁布的各类运营管理标准（包括强制性标准和参考性标准等），确保满足产品或服务质量、安全标准等要求。运营方案要重视研究“运营模式选择”和创新。政府投资项目要评价市场化运营的可行性和利益相关方的可接受性，企业投资项目要确定“生产经营方案”，突出运营有效性。项目运营需要研究“运营组织方案”，并制定项目全生命周期关键绩效指标和绩效管理机制，提出项目主要投入产出效率、直接效果、外部影响和可持续性等绩效管理要求，即“绩效管理方案”。项目运营要牢固树立安全发展理念，提出“安全保障方案”，明确安全生产责任和应急管理要求，强化运营单位主体责任，落实政府监管要求。

（七）项目投融资与财务方案。项目投融资与财务方案是在明确项目产出方案、建设方案和运营方案的基础上，研究项目投资需求和融资方案，计算有关财务评价指标，评价项目盈利能力、偿债能力和财务持续能力，据以判断拟建项目的财务合理性，分析项目对不同主体的价值贡献，为项目投资决策、融资决策和财务管理提供依据。可行性研究阶段对项目“投资估算”的准确度要求在 ±10% 以内，以切实提高投资估算的精度，为项目全过程投资控制提供依据。政府投资项目的投资估算应依据国家颁布的投资估算编制办法和指标进行编制。投资估算要充分考虑项目周期内有关影响和风险管理的费用安排，如环境保护与治理、社会风险防范与管控、节能与减碳、安全与卫生健康等相关建设投入和费用支出等。对于政府资本金注入项目和企业投资项目，“盈利能力分析”是项目财务方案的重要内容。项目“融资方案”是在对项目自身盈利能力进行分析的基础上，研究项目的可融资性，以及采用政策性开发性金融工具、发行产业基金、权益型金融工具、专项债等融资方式的可行性。债务融资的投资项目要重视评价债务清偿能力；如果项目经营期出现经营净现金流量不足，还应研究提出资金接续方案，重点评价项目财务可持续性。项目“盈利能力分析”重点是现金流分析，通过相关财务报表计算财务内部收益率、财务净现值等指标，判断投资项目盈利能力。财务收入是构成投资项目财务现金流入的主要来源；成本费用是项目产品定价的基础，也是项目财务现金流出的主要构成。对于没有营业收入的非经营性项目，可不进行盈利能力分析，主要开展项目建设和运营阶段资金平衡分析，提出开源节流措施。如果营业收入不足以覆盖项目成本费用，应研究提出可行性缺口补助方案。为了适应投资项目融资主体多元化、融资渠道多样化、融资方式复杂化的变化，项目“融资方案”研究需要强化对融资结构、融资成本和融资风险等的分析。政府投资项目要从公共财政角度分析论证财政资金支持的必要性、支持途径和方式，以及资金筹措替代方案等，关注如何更好发挥政府作用。企业投资项目要关注项目业主、出资人、股东合法权益和价值实现，从财务管理的角度设计合理的投资模式和融资方案，评价项目的可融资性。综合性开发项目需要关注项目潜在综合收益，拓展项目市场化发展空间。基础设施项目应根据需要，研究项目建成后采取基础设施领域不动产投资信托基金等方式盘活存量资产、实现项目投资回收的路径。“债务清偿能力分析”是论证项目计算期内是否有足够的现金流量，按照债务偿还期限、还本付息方式偿还项目的债务资金，从而判断项目支付利息、偿还到期债务的能力。政府投资或付费类项目还要分析评价当地财政可负担性和是否可能引发隐性债务等情况。“财务可持续性分析”是根据财务计划现金流量表，综合考察项目计算期内各年度的投资活动、融资活动和经营活动所产生的各项现金流入和流出，计算净现金流量和累计盈余资金，判断项目是否有足够的净现金流量维持项目的正常运营。

（八）项目影响效果分析。可行性研究报告应重视经济社会、资源环境等外部影响效果的评价，并注意与节能评价、环境影响评价等专项评价的结果相衔接。“经济影响分析”是从经济资源优化配置的角度，利用经济费用效益分析或经济费用效果分析等方法，评价项目投资的真实经济价值，判断项目投资的经济合理性，从而确保项目取得合理的经济影响效果。重大投资项目还要分析其对宏观经济、区域经济和产业经济的影响。“社会影响分析”主要从项目可能产生的社会影响、社会效益和社会接受性等方面，研究项目对当地产生的各种社会影响，评价项目在促进个人发展、社区发展和社会发展等方面的社会责任，并提出减缓负面社会影响的措施和方案。“生态环境影响分析”是从推动绿色发展、促进人与自然和谐共生的角度，分析拟建项目所在地的生态环境现状，评价项目在污染物排放、生态保护、生物多样性和环境敏感区等方面的影响。“资源和能源利用效果分析”是从实施全面节约战略、发展循环经济等角度，分析论证除了项目用地（海）之外的各类资源节约集约利用的合理性和有效性，提出关键资源保障和供应链安全等方面的措施，评价项目能效水平，以及对当地能耗调控的影响。“碳达峰碳中和分析”通过估算项目建设和运营期间的年度碳排放总量和强度，评价项目碳排放水平，以及与当地“双碳”目标的符合性，提出生态环境保护、碳排放控制措施。此外，根据项目特点和实际需要，还可以开展安全影响效果论证，更好统筹发展和安全，提升供应链韧性和安全水平，实现经济效益、社会效益、生态效益和安全效益相统一。

（九）项目风险管控方案。可行性研究应重视风险管控，确保有效规避项目全生命周期风险。“风险识别与评价”主要是识别项目存在的各种潜在风险因素，包括市场需求、要素保障、关键技术、供应链、融资环境、建设运营、财务盈利性、生态环境、经济社会等领域的风险，并分析评价风险发生的可能性及其危害程度，提出规避重大和较大风险的对策措施及应急预案，即“风险管控方案”和“风险应急预案”，建立健全投资项目风险管控机制。重大项目应当对社会稳定风险进行调查分析，征询相关群众意见，查找并列出风险点、风险发生的可能性及影响程度，提出防范和化解风险的方案措施，提出采取相关措施后的社会稳定风险等级建议。可能引发“邻避”问题的，应提出综合管控方案。要通过深入分析评价，论证相关风险管控方案能否将项目各种风险均降低到可接受的状态。

四、政府投资项目可行性研究报告编写通用大纲

（一）概述。项目概况，项目全称及简称。概述项目建设目标和任务、建设地点、建设内容和规模（含主要产出）、建设工期、投资规模和资金来源、建设模式、主要技术经济指标、绩效目标等。项目单位概况，简述项目单位基本情况。拟新组建项目法人的，简述项目法人组建方案。对于政府资本金注入项目，简述项目法人基本信息、投资人（或者股东）构成及政府出资人代表等情况。编制依据，概述项目建议书（或项目建设规划）及其批复文件、国家和地方有关支持性规划、产业政策和行业准入条件、主要标准规范、专题研究成果，以及其他依据。主要结论和建议，简述项目可行性研究的主要结论和建议。

（二）项目建设背景和必要性。项目建设背景，简述项目立项背景，项目用地预审和规划选址等行政审批手续办理和其他前期工作进展。规划政策符合性，阐述项目与经济社会发展规划、区域规划、专项规划、国土空间规划等重大规划的衔接性，与扩大内需、共同富裕、乡村振兴、科技创新、节能减排、碳达峰碳中和、国家安全和应急管理等重大政策目标的符合性。项目建设必要性，从重大战略和规划、产业政策、经济社会发展、项目单位履职尽责等层面，综合论证项目建设的必要性和建设时机的适当性。

（三）项目需求分析与产出方案。需求分析，在调查项目所涉产品或服务需求现状的基础上，分析产品或服务的可接受性或市场需求潜力，研究提出拟建项目功能定位、近期和远期目标、产品或服务的需求总量及结构。建设内容和规模，结合项目建设目标和功能定位等，论证拟建项目的总体布局、主要建设内容及规模，确定建设标准。大型、复杂及分期建设项目应根据项目整体规划、资源利用条件及近远期需求预测，明确项目近远期建设规模、分阶段建设目标和建设进度安排，并说明预留发展空间及其合理性、预留条件对远期规模的影响等。项目产出方案，研究提出拟建项目正常运营年份应达到的生产或服务能力及其质量标准要求，并评价项目建设内容、规模以及产出的合理性。

（四）项目选址与要素保障。项目选址或选线，通过多方案比较，选择项目最佳或合理的场址或线路方案，明确拟建项目场址或线路的土地权属、供地方式、土地利用状况、矿产压覆、占用耕地和永久基本农田、涉及生态保护红线、地质灾害危险性评估等情况。备选场址方案或线路方案比选要综合考虑规划、技术、经济、社会等条件。项目建设条件，分析拟建项目所在区域的自然环境、交通运输、公用工程等建设条件。其中，自然环境条件包括地形地貌、气象、水文、泥沙、地质、地震、防洪等；交通运输条件包括铁路、公路、港口、机场、管道等；公用工程条件包括周边市政道路、水、电、气、热、消防和通信等。阐述施工条件、生活配套设施和公共服务依托条件等。改扩建工程要分析现有设施条件的容量和能力，提出设施改扩建和利用方案。要素保障分析，土地要素保障：分析拟建项目相关的国土空间规划、土地利用年度计划、建设用地控制指标等土地要素保障条件，开展节约集约用地论证分析，评价用地规模和功能分区的合理性、节地水平的先进性。说明拟建项目用地总体情况，包括地上（下）物情况等；涉及耕地、园地、林地、草地等农用地转为建设用地的，说明农用地转用指标的落实、转用审批手续办理安排及耕地占补平衡的落实情况；涉及占用永久基本农田的，说明永久基本农田占用补划情况；如果项目涉及用海用岛，应明确用海用岛的方式、具体位置和规模等内容。资源环境要素保障：分析拟建项目水资源、能源、大气环境、生态等承载能力及其保障条件，以及取水总量、能耗、碳排放强度和污染减排指标控制要求等，说明是否存在环境敏感区和环境制约因素。对于涉及用海的项目，应分析利用港口岸线资源、航道资源的基本情况及其保障条件；对于需围填海的项目，应分析围填海基本情况及其保障条件。对于重大投资项目，应列示规划、用地、用水、用能、环境，以及可能涉及的用海、用岛等要素保障指标，并综合分析提出要素保障方案。

（五）项目建设方案。技术方案，通过技术比较提出项目预期达到的技术目标、技术来源及其实现路径，确定核心技术方案和核心技术指标。简述推荐技术路线的理由。对于专利或关键核心技术，需要分析其取得方式的可靠性、知识产权保护、技术标准和自主可控性等。设备方案，通过设备比选提出所需主要设备（含软件）的规格、数量、性能参数、来源和价格，论述设备（含软件）与技术的匹配性和可靠性、设备（含软件）对工程方案的设计技术需求，提出关键设备和软件推荐方案及自主知识产权情况。对于关键设备，进行单台技术经济论证，说明设备调研情况；对于非标设备，说明设备原理和组成。对于改扩建项目，分析现有设备利用或改造情况。涉及超限设备的，研究提出相应的运输方案，特殊设备提出安装要求。工程方案，通过方案比选提出工程建设标准、工程总体布置、主要建（构）筑物和系统设计方案、外部运输方案、公用工程方案及其他配套设施方案。工程方案要充分考虑土地利用、地上地下空间综合利用、人民防空工程、抗震设防、防洪减灾、消防应急等要求，以及绿色和韧性工程相关内容，并结合项目所属行业特点，细化工程方案有关内容和要求。涉及分期建设的项目，需要阐述分期建设方案；涉及重大技术问题的，还应阐述需要开展的专题论证工作。用地用海征收补偿（安置）方案，涉及土地征收或用海海域征收的项目，应根据有关法律法规政策规定，提出征收补偿（安置）方案。土地征收补偿（安置）方案应当包括征收范围、土地现状、征收目的、补偿方式和标准、安置对象、安置方式、社会保障、补偿（安置）费用等内容。用海用岛涉及利益相关者的，应根据有关法律法规政策规定等，确定利益相关者协调方案。数字化方案，对于具备条件的项目，研究提出拟建项目数字化应用方案，包括技术、设备、工程、建设管理和运维、网络与数据安全保障等方面，提出以数字化交付为目的，实现设计—施工—运维全过程数字化应用方案。建设管理方案，提出项目建设组织模式和机构设置，制定质量、安全管理方案和验收标准，明确建设质量和安全管理目标及要求，提出拟采用新材料、新设备、新技术、新工艺等推动高质量建设的技术措施。根据项目实际提出拟实施以工代赈的建设任务等。提出项目建设工期，对项目建设主要时间节点做出时序性安排。提出包括招标范围、招标组织形式和招标方式等在内的拟建项目招标方案。研究提出拟采用的建设管理模式，如代建管理、全过程工程咨询服务、工程总承包（EPC）等。

（六）项目运营方案。运营模式选择，研究提出项目运营模式，确定自主运营管理还是委托第三方运营管理，并说明主要理由。委托第三方运营管理的，应提出对第三方的运营管理能力要求。运营组织方案，研究项目组织机构设置方案、人力资源配置方案、员工培训需求及计划，提出项目在合规管理、治理体系优化和信息披露等方面的措施。安全保障方案，分析项目运营管理中存在的危险因素及其危害程度，明确安全生产责任制，建立安全管理体系，提出劳动安全与卫生防范措施，以及项目可能涉及的数据安全、网络安全、供应链安全的责任制度或措施方案，并制定项目安全应急管理预案。绩效管理方案，研究制定项目全生命周期关键绩效指标和绩效管理机制，提出项目主要投入产出效率、直接效果、外部影响和可持续性等管理方案。大型、复杂及分期建设项目，应按照子项目分别确定绩效目标和评价指标体系，并说明影响项目绩效目标实现的关键因素。

（七）项目投融资与财务方案。投资估算，对项目建设和生产运营所需投入的全部资金即项目总投资进行估算，包括建设投资、建设期融资费用和流动资金，说明投资估算编制依据和编制范围，明确建设期内分年度投资计划。盈利能力分析，根据项目性质，确定适合的评价方法。结合项目运营期内的负荷要求，估算项目营业收入、补贴性收入及各种成本费用，并按相关行业要求提供量价协议、框架协议等支撑材料。通过项目自身的盈利能力分析，评价项目可融资性。对于政府直接投资的非经营性项目，开展项目全生命周期资金平衡分析，提出开源节流措施。对于政府资本金注入项目，计算财务内部收益率、财务净现值、投资回收期等指标，评价项目盈利能力；营业收入不足以覆盖项目成本费用的，提出政府支持方案。对于综合性开发项目，分析项目服务能力和潜在综合收益，评价项目采用市场化机制的可行性和利益相关方的可接受性。融资方案，研究提出项目拟采用的融资方案，包括权益性融资和债务性融资，分析融资结构和资金成本。说明项目申请财政资金投入的必要性和方式，明确资金来源，提出形成资金闭环的管理方案。对于政府资本金注入项目，说明项目资本金来源和结构、与金融机构对接情况，研究采用权益型金融工具、专项债、公司信用类债券等融资方式的可行性，主要包括融资金额、融资期限、融资成本等关键要素。对于具备资产盘活条件的基础设施项目，研究项目建成后采取基础设施领域不动产投资信托基金（REITs）等方式盘活存量资产、实现项目投资回收的可能路径。债务清偿能力分析，对于使用债务融资的项目，明确债务清偿测算依据和还本付息资金来源，分析利息备付率、偿债备付率等指标，评价项目债务清偿能力，以及是否增加当地政府财政支出负担、引发地方政府隐性债务风险等情况。财务可持续性分析，对于政府资本金注入项目，编制财务计划现金流量表，计算各年净现金流量和累计盈余资金，判断拟建项目是否有足够的净现金流量维持正常运营。对于在项目经营期出现经营净现金流量不足的项目，研究提出现金流接续方案，分析政府财政补贴所需资金，评价项目财务可持续性。

（八）项目影响效果分析。经济影响分析，对于具有明显经济外部效应的政府投资项目，计算项目对经济资源的耗费和实际贡献，分析项目费用效益或效果，以及重大投资项目对宏观经济、产业经济、区域经济等所产生的影响，评价拟建项目的经济合理性。社会影响分析，通过社会调查和公众参与，识别项目主要社会影响因素和主要利益相关者，分析不同目标群体的诉求及其对项目的支持程度，评价项目采取以工代赈等方式在带动当地就业、促进技能提升等方面的预期成效，以及促进员工发展、社区发展和社会发展等方面的社会责任，提出减缓负面社会影响的措施或方案。生态环境影响分析，分析拟建项目所在地的环境和生态现状，评价项目在污染物排放、地质灾害防治、防洪减灾、水土流失、土地复垦、生态保护、生物多样性和环境敏感区等方面的影响，提出生态环境影响减缓、生态修复和补偿等措施，以及污染物减排措施，评价拟建项目能否满足有关生态环境保护政策要求。资源和能源利用效果分析，研究拟建项目的矿产资源、森林资源、水资源（含非常规水源）、能源、再生资源、废物和污水资源化利用，以及设备回收利用情况，通过单位生产能力主要资源消耗量等指标分析，提出资源节约、关键资源保障，以及供应链安全、节能等方面措施，计算采取资源节约和资源化利用措施后的资源消耗总量及强度。计算采取节能措施后的全口径能源消耗总量、原料用能消耗量、可再生能源消耗量等指标，评价项目能效水平以及对项目所在地区能耗调控的影响。碳达峰碳中和分析，对于高耗能、高排放项目，在项目能源资源利用分析的基础上，预测并核算项目年度碳排放总量、主要产品碳排放强度，提出项目碳排放控制方案，明确拟采取减少碳排放的路径与方式，分析项目对所在地区碳达峰碳中和目标实现的影响。

（九）项目风险管控方案。风险识别与评价，识别项目全生命周期的主要风险因素，包括需求、建设、运营、融资、财务、经济、社会、环境、网络与数据安全等方面，分析各风险发生的可能性、损失程度，以及风险承担主体的韧性或脆弱性，判断各风险后果的严重程度，研究确定项目面临的主要风险。风险管控方案，结合项目特点和风险评价，有针对性地提出项目主要风险的防范和化解措施。重大项目应当对社会稳定风险进行调查分析，查找并列出风险点、风险发生的可能性及影响程度，提出防范和化解风险的方案措施，提出采取相关措施后的社会稳定风险等级建议。对可能引发“邻避”问题的，应提出综合管控方案，保证影响社会稳定的风险在采取措施后处于低风险且可控状态。风险应急预案，对于拟建项目可能发生的风险，研究制定重大风险应急预案，明确应急处置及应急演练要求等。

（十）研究结论及建议。主要研究结论，从建设必要性、要素保障性、工程可行性、运营有效性、财务合理性、影响可持续性、风险可控性等维度分别简述项目可行性研究结论，评价项目在经济、社会、环境等各方面效果和风险，提出项目是否可行的研究结论。问题与建议，针对项目需要重点关注和进一步研究解决的问题，提出相关建议。附表、附图和附件，根据项目实际情况和相关规范要求，研究确定并附具可行性研究报告必要的附表、附图和附件等。

五、企业投资项目可行性研究报告编写参考大纲

（一）概述。项目概况，项目全称及简称。概述项目建设目标和任务、建设地点、建设内容和规模（含主要产出）、建设工期、投资规模和资金来源、建设模式、主要技术经济指标等。企业概况，简述企业基本信息、发展现状、财务状况、类似项目情况、企业信用和总体能力，有关政府批复和金融机构支持等情况。分析企业综合能力与拟建项目的匹配性。属于国有控股企业的，应说明其上级控股单位的主责主业，以及拟建项目与其主责主业的符合性。编制依据，概述国家和地方有关支持性规划、产业政策和行业准入条件、企业战略、标准规范、专题研究成果，以及其他依据。主要结论和建议，简述项目可行性研究的主要结论和建议。

（二）项目建设背景、需求分析及产出方案。规划政策符合性，简述项目建设背景和前期工作进展情况，论述拟建项目与经济社会发展规划、产业政策、行业和市场准入标准的符合性。企业发展战略需求分析，对于关系企业长远发展的重大项目，论述企业发展战略对拟建项目的需求程度和拟建项目对促进企业发展战略实现的重要性和紧迫性。项目市场需求分析，结合企业自身情况和行业发展前景，分析拟建项目所在行业的业态、目标市场环境和容量、产业链供应链、产品或服务价格，评价市场饱和程度、项目产品或服务的竞争力，预测产品或服务的市场拥有量，提出市场营销策略等建议。项目建设内容、规模和产出方案，阐述拟建项目总体目标及分阶段目标，提出拟建项目建设内容和规模，明确项目产品方案或服务方案及其质量要求，并评价项目建设内容、规模，以及产品方案的合理性。项目商业模式，根据项目主要商业计划，分析拟建项目收入来源和结构，判断项目是否具有充分的商业可行性和金融机构等相关方的可接受性。结合项目所在地政府或相关单位可以提供的条件，提出商业模式及其创新需求，研究项目综合开发等模式创新路径及可行性。

（三）项目选址与要素保障。项目选址或选线，通过多方案比较，选择项目最佳或合理的场址或线路方案，明确拟建项目场址或线路的土地权属、供地方式、土地利用状况、矿产压覆、占用耕地和永久基本农田、涉及生态保护红线、地质灾害危险性评估等情况。备选场址方案或线路方案比选要综合考虑规划、技术、经济、社会等条件。项目建设条件，分析拟建项目所在区域的自然环境、交通运输、公用工程等建设条件。其中，自然环境条件包括地形地貌、气象、水文、泥沙、地质、地震、防洪等；交通运输条件包括铁路、公路、港口、机场、管道等；公用工程条件包括周边市政道路、水、电、气、热、消防和通信等。阐述施工条件、生活配套设施和公共服务依托条件等。改扩建工程要分析现有设施条件的容量和能力，提出设施改扩建和利用方案。要素保障分析，土地要素保障：分析拟建项目相关的国土空间规划、土地利用年度计划、建设用地控制指标等土地要素保障条件，开展节约集约用地论证分析，评价用地规模和功能分区的合理性、节地水平的先进性。说明拟建项目用地总体情况，包括地上（下）物情况等；涉及耕地、园地、林地、草地等农用地转为建设用地的，说明农用地转用指标的落实、转用审批手续办理安排及耕地占补平衡的落实情况；涉及占用永久基本农田的，说明永久基本农田占用补划情况；如果项目涉及用海用岛，应明确用海用岛的方式、具体位置和规模等内容。资源环境要素保障：分析拟建项目水资源、能源、大气环境、生态等承载能力及其保障条件，以及取水总量、能耗、碳排放强度和污染减排指标控制要求等，说明是否存在环境敏感区和环境制约因素。对于涉及用海的项目，应分析利用港口岸线资源、航道资源的基本情况及其保障条件；对于需围填海的项目，应分析围填海基本情况及其保障条件。

（四）项目建设方案。技术方案，通过技术比较提出项目生产方法、生产工艺技术和流程、配套工程（辅助生产和公用工程等）、技术来源及其实现路径，论证项目技术的适用性、成熟性、可靠性和先进性。对于专利或关键核心技术，需要分析其获取方式、知识产权保护、技术标准和自主可控性等。简述推荐技术路线的理由，提出相应的技术指标。设备方案，通过设备比选提出拟建项目主要设备（含软件）的规格、数量和性能参数等内容，论述设备（含软件）与技术的匹配性和可靠性、设备和软件对工程方案的设计技术需求，提出关键设备和软件推荐方案及自主知识产权情况。必要时，对关键设备进行单台技术经济论证。利用和改造原有设备的，提出改造方案及其效果。涉及超限设备的，研究提出相应的运输方案，特殊设备提出安装要求。工程方案，通过方案比选提出工程建设标准、工程总体布置、主要建（构）筑物和系统设计方案、外部运输方案、公用工程方案及其他配套设施方案，明确工程安全质量和安全保障措施，对重大问题制定应对方案。涉及分期建设的项目，需要阐述分期建设方案；涉及重大技术问题的，还应阐述需要开展的专题论证工作。资源开发方案，对于资源开发类项目，应依据资源开发规划、资源储量、资源品质、赋存条件、开发价值等，研究制定资源开发和综合利用方案，评价资源利用效率。用地用海征收补偿（安置）方案，涉及土地征收或用海海域征收的项目，应根据有关法律法规政策规定，确定征收补偿（安置）方案，包括征收范围、土地现状、征收目的、补偿方式和标准、安置对象、安置方式、社会保障等内容。用海用岛涉及利益相关者的，应根据有关法律法规政策规定等，确定利益相关者协调方案。数字化方案，对于具备条件的项目，研究提出拟建项目数字化应用方案，包括技术、设备、工程、建设管理和运维、网络与数据安全保障等方面，提出以数字化交付为目的，实现设计—施工—运维全过程数字化应用方案。建设管理方案，提出项目建设组织模式、控制性工期和分期实施方案，确定项目建设是否满足投资管理合规性和施工安全管理要求。如果涉及招标，明确招标范围、招标组织形式和招标方式等。

（五）项目运营方案。生产经营方案，对于产品生产类企业投资项目，提出拟建项目的产品质量安全保障方案、原材料供应保障方案、燃料动力供应保障方案，以及维护维修方案，评价生产经营的有效性和可持续性。对于运营服务类企业投资项目，明确拟建项目运营服务内容、标准、流程、计量、运营维护与修理，以及运营服务效率要求等，研究提出运营服务方案。安全保障方案，分析项目运营管理中存在的危险因素及其危害程度，明确安全生产责任制，设置安全管理机构，建立安全管理体系，提出安全防范措施，制定项目安全应急管理预案。运营管理方案，简述拟建项目的运营机构设置方案，明确项目运营模式和治理结构要求，简述项目绩效考核方案、奖惩机制等。

（六）项目投融资与财务方案。投资估算，说明投资估算编制范围、编制依据，估算项目建设投资、流动资金、建设期融资费用，明确建设期内分年度资金使用计划。盈利能力分析，根据项目性质，选择适合的评价方法，估算项目营业收入和补贴性收入及各种成本费用，并按相关行业要求提供量价协议、框架协议等支撑材料，分析项目的现金流入和流出情况，构建项目利润表和现金流量表，计算财务内部收益率、财务净现值等指标，评价项目的财务盈利能力，并开展盈亏平衡分析和敏感性分析，根据需要分析拟建项目对企业整体财务状况的影响。融资方案，结合企业自身及其股东出资能力，分析项目资本金和债务资金来源及结构、融资成本，以及资金到位情况，评价项目的可融资性。结合企业和项目经济、社会、环境等评价结果，研究项目获得绿色金融、绿色债券支持的可能性。对于具备条件的基础设施项目，研究提出项目建成后通过基础设施领域不动产投资信托基金（REITs）等模式盘活存量资产、实现投资回收的可能性。企业拟申请政府投资补助或贴息的，应根据相关要求研究提出拟申报投资补助或贴息的资金额度及可行性。债务清偿能力分析，按照负债融资的期限、金额、还本付息方式等条件，分析计算偿债备付率、利息备付率等债务清偿能力评价指标，判断项目偿还债务本金及支付利息的能力。必要时，开展项目资产负债分析，计算资产负债率等指标，评价项目资金结构的合理性。财务可持续性分析，根据投资项目财务计划现金流量表，统筹考虑企业整体财务状况、总体信用及综合融资能力等因素，分析投资项目对企业的整体财务状况影响，包括对企业的现金流、利润、营业收入、资产、负债等主要指标的影响，判断拟建项目是否有足够的净现金流量，确保维持正常运营及保障资金链安全。

（七）项目影响效果分析。经济影响分析，对于具有明显经济外部效应的企业投资项目，论证项目费用效益或效果，以及重大项目可能对宏观经济、产业经济、区域经济等产生的影响，评价拟建项目的经济合理性。社会影响分析，通过社会调查和公众参与，识别项目主要社会影响因素和关键利益相关者，分析不同目标群体的诉求及其对项目的支持程度，评价项目在带动当地就业、促进企业员工发展、社区发展和社会发展等方面的社会责任，提出减缓负面社会影响的措施或方案。生态环境影响分析，分析拟建项目所在地的生态环境现状，评价项目在污染物排放、地质灾害防治、防洪减灾、水土流失、土地复垦、生态保护、生物多样性和环境敏感区等方面的影响，提出生态环境影响减缓、生态修复和补偿等措施，以及污染物减排措施，评价拟建项目能否满足有关生态环境保护政策要求。资源和能源利用效果分析，对于占用重要资源的项目，分析项目所需消耗的资源品种、数量、来源情况，以及非常规水源和污水资源化利用情况，提出资源综合利用方案和资源节约措施，计算采取资源节约和资源化利用措施后的资源消耗总量及强度。计算采取节能措施后的全口径能源消耗总量、原料用能消耗量、可再生能源消耗量等指标，评价项目能效水平以及对项目所在地区能耗调控的影响。碳达峰碳中和分析，对于高耗能、高排放项目，在项目能源资源利用分析基础上，预测并核算项目年度碳排放总量、主要产品碳排放强度，提出项目碳排放控制方案，明确拟采取减少碳排放的路径与方式，分析项目对所在地区碳达峰碳中和目标实现的影响。

（八）项目风险管控方案。风险识别与评价，识别项目市场需求、产业链供应链、关键技术、工程建设、运营管理、投融资、财务效益、生态环境、社会影响、网络与数据安全等方面的风险，分析各风险发生的可能性、损失程度，以及风险承担主体的韧性或脆弱性，判断各风险后果的严重程度，研究确定项目面临的主要风险。风险管控方案，结合项目特点和风险评价，有针对性地提出项目主要风险的防范和化解措施。重大项目应当对社会稳定风险进行调查分析，查找并列出风险点、风险发生的可能性及影响程度，提出防范和化解风险的方案措施，提出采取相关措施后的社会稳定风险等级建议。对可能引发“邻避”问题的，应提出综合管控方案，保证影响社会稳定的风险在采取措施后处于低风险且可控状态。风险应急预案，对于拟建项目可能发生的风险，研究制定重大风险应急预案，明确应急处置及应急演练要求等。

（九）研究结论及建议。主要研究结论，从建设必要性、要素保障性、工程可行性、运营有效性、财务合理性、影响可持续性、风险可控性等维度分别简述项目可行性研究结论，重点归纳总结拟推荐方案的项目市场需求、建设内容和规模、运营方案、投融资和财务效益，并评价项目各方面的效果和风险，提出项目是否可行的研究结论。问题与建议，针对项目需要重点关注和进一步研究解决的问题，提出相关建议。附表、附图和附件，根据项目实际情况和相关规范要求，研究确定并附具可行性研究报告必要的附表、附图和附件等。

六、固定资产投资项目节能审查

（一）节能审查，是指根据节能法律法规、政策标准等，对项目能源消费、能效水平及节能措施等情况进行审查并形成审查意见的行为。为完善能源消耗总量和强度调控，促进固定资产投资项目科学合理利用能源，加强用能管理，推进能源节约，防止能源浪费，提高能源利用效率，推动实现碳达峰碳中和，节能审查办法适用于各级人民政府投资主管部门管理的在我国境内建设的固定资产投资项目。固定资产投资项目节能审查意见是项目开工建设、竣工验收和运营管理的重要依据。政府投资项目，建设单位在报送项目可行性研究报告前，需取得节能审查机关出具的节能审查意见。企业投资项目，建设单位需在开工建设前取得节能审查机关出具的节能审查意见。未按本办法规定进行节能审查，或节能审查未通过的项目，建设单位不得开工建设，已经建成的不得投入生产、使用。固定资产投资项目节能审查相关工作经费，按照国家有关规定纳入部门预算，并按照规定程序向同级财政部门申请。对项目进行节能审查不得收取任何费用。管理职责，国家发展改革委负责制定节能审查的相关管理办法，组织编制技术标准、规范和指南，开展业务培训，依据各地能源消费形势、落实能源消耗总量和强度调控、控制化石能源消费、完成节能目标任务、推进碳达峰碳中和进展等情况，对各地新上重大高耗能项目的节能审查工作进行督导。县级以上地方各级人民政府管理节能工作的部门应根据本地节能工作实际，对节能审查工作加强总体指导和统筹协调，落实能源消耗总量和强度调控，强化能耗强度降低约束性指标管理，有效增强能源消费总量管理弹性，控制化石能源消费，坚决遏制高耗能、高排放、低水平项目盲目发展。固定资产投资项目节能审查由地方节能审查机关负责。节能审查机关应当制定并公开服务指南，列明节能审查的申报材料、受理方式、审查条件、办理流程、办理时限等，为建设单位提供指导和服务，提高工作效能和透明度。上级节能审查机关应加强对下级节能审查机关的工作指导。节能审查机关与管理节能工作的部门为不同部门的，节能审查机关应与同级管理节能工作的部门加强工作衔接，重大高耗能项目节能审查应征求同级管理节能工作的部门意见，并及时将本部门节能审查实施情况抄送同级管理节能工作的部门。国家发展改革委核报国务院审批以及国家发展改革委审批的政府投资项目，建设单位在报送项目可行性研究报告前，需取得省级节能审查机关出具的节能审查意见。国家发展改革委核报国务院核准以及国家发展改革委核准的企业投资项目，建设单位需在开工建设前取得省级节能审查机关出具的节能审查意见。年综合能源消费量（建设地点、主要生产工艺和设备未改变的改建项目按照建成投产后年综合能源消费增量计算，其他项目按照建成投产后年综合能源消费量计算，电力折算系数按当量值，下同）10000吨标准煤及以上的固定资产投资项目，其节能审查由省级节能审查机关负责。其他固定资产投资项目，其节能审查管理权限由省级节能审查机关依据实际情况自行决定。年综合能源消费量不满1000吨标准煤且年电力消费量不满500万千瓦时的固定资产投资项目，涉及国家秘密的固定资产投资项目以及用能工艺简单、节能潜力小的行业（具体行业目录由国家发展改革委制定公布并适时更新）的固定资产投资项目，可不单独编制节能报告。项目应按照相关节能标准、规范建设，项目可行性研究报告或项目申请报告应对项目能源利用、节能措施和能效水平等进行分析。节能审查机关对项目不再单独进行节能审查，不再出具节能审查意见。单个项目涉及两个及以上省级地区的，其节能审查工作由项目主体工程（或控制性工程）所在省（区、市）省级节能审查机关牵头商其他地区省级节能审查机关研究确定后实施。打捆项目涉及两个及以上省级地区的，其节能审查工作分别由子项目所在省（区、市）相关节能审查机关实施。地方可结合本地实际，在各类开发区、新区和其他有条件的区域实施区域节能审查，明确区域节能目标、节能措施、能效准入、化石能源消费控制等要求。对已经实施区域节能审查范围内的项目，除应由省级节能审查机关审查的，节能审查实行告知承诺制。

（二）节能审查，需进行节能审查的固定资产投资项目，建设单位应编制节能报告。项目节能报告应包括下列内容：项目概况；分析评价依据；项目建设及运营方案节能分析和比选，包括总平面布置、生产工艺、用能工艺、用能设备和能源计量器具等方面；节能措施及其技术、经济论证；项目能效水平、能源消费情况，包括单位产品能耗、单位产品化石能源消耗、单位增加值（产值）能耗、单位增加值（产值）化石能源消耗、能源消费量、能源消费结构、化石能源消费量、可再生能源消费量和供给保障情况、原料用能消费量；有关数据与国家、地方、行业标准及国际、国内行业水平的全面比较；项目实施对所在地完成节能目标任务的影响分析。具备碳排放统计核算条件的项目，应在节能报告中核算碳排放量、碳排放强度指标，提出降碳措施，分析项目碳排放情况对所在地完成降碳目标任务的影响。建设单位应出具书面承诺，对节能报告的真实性、合法性和完整性负责，不得以拆分或合并项目等不正当手段逃避节能审查。节能报告内容齐全、符合法定形式的，节能审查机关应当予以受理。内容不齐全或不符合法定形式的，节能审查机关应当当场或者5日内一次告知建设单位需要补正的全部内容，逾期不告知的，自收到报告之日起即为受理。节能审查机关受理节能报告后，应委托具备技术能力的机构进行评审，形成评审意见，作为节能审查的重要依据。节能审查机关应当从以下方面对项目节能报告进行审查：项目是否符合节能有关法律法规、标准规范、政策要求；项目用能分析是否客观准确，方法是否科学，结论是否准确；项目节能措施是否合理可行；项目的能效水平、能源消费等相关数据核算是否准确，是否满足本地区节能工作管理要求。节能审查机关应在法律规定的时限内出具节能审查意见或明确节能审查不予通过。节能审查意见自印发之日起2年内有效，逾期未开工建设或建成时间超过节能报告中预计建成时间2年以上的项目应重新进行节能审查。通过节能审查的固定资产投资项目，建设地点、建设内容、建设规模、能效水平等发生重大变动的，或年实际综合能源消费量超过节能审查批复水平10%及以上的，建设单位应向原节能审查机关提交变更申请。原节能审查机关依据实际情况，提出同意变更的意见或重新进行节能审查；项目节能审查权限发生变化的，应及时移交有权审查机关办理。固定资产投资项目投入生产、使用前，应对项目节能报告中的生产工艺、用能设备、节能技术采用情况，以及节能审查意见落实情况进行验收，并编制节能验收报告。实行告知承诺管理的项目，应对项目承诺内容，以及区域节能审查意见落实情况进行验收。分期建设、投入生产使用的项目，应分期进行节能验收。未经节能验收或验收不合格的项目，不得投入生产、使用。节能验收主体由省级节能审查机关依据实际情况确定。节能验收报告应在节能审查机关存档备查。

（三）监督管理，固定资产投资项目节能审查应纳入投资项目在线审批监管平台统一管理，实行网上受理、办理、监管和服务，实现审查过程和结果的可查询、可监督。不单独进行节能审查的固定资产投资项目应通过投资项目在线审批监管平台报送项目能源消费等情况。节能审查机关应会同相关行业主管部门强化节能审查事中事后监管，组织对项目节能审查意见落实、节能验收等情况进行监督检查。日常监督检查工作应按照“双随机一公开”原则开展。管理节能工作的部门要依法依规履行节能监督管理职责，将节能审查实施情况作为节能监察的重点内容。各级管理节能工作的部门应加强节能审查信息的统计分析，定期调度已投产项目能源消费、能效水平等情况，作为研判节能形势、开展节能工作的重要参考。省级管理节能工作的部门应定期向国家发展改革委报告本地区节能审查实施情况，按要求报送项目节能审查信息和已投产项目调度数据。国家发展改革委实施全国节能审查动态监管，对各地节能审查实施情况进行监督检查，对重大项目节能审查意见落实情况进行不定期抽查。检查抽查结果作为节能目标责任评价考核的重要内容。固定资产投资项目节能审查应纳入投资项目在线审批监管平台统一管理，实行网上受理、办理、监管和服务，实现审查过程和结果的可查询、可监督。节能审查机关应会同相关行业主管部门强化节能审查事中事后监管，组织对项目节能审查意见落实、节能验收等情况进行监督检查。日常监督检查工作应按照“双随机一公开”原则开展。管理节能工作的部门要依法依规履行节能监督管理职责，将节能审查实施情况纳入节能监察重点内容。各级管理节能工作的部门应加强节能审查信息的统计分析，定期调度已投产项目能源消费、能效水平等情况，作为研判节能形势、开展节能工作的重要参考。省级管理节能工作的部门应定期向国家发展改革委报告本地区节能审查实施情况，按要求报送项目节能审查信息和已投产项目调度数据。国家发展改革委实施全国节能审查动态监管，对各地节能审查实施情况进行监督检查，对重大项目节能审查意见落实情况进行不定期抽查。检查抽查结果作为节能目标责任评价考核的重要内容。节能审查机关对建设单位、中介机构等的违法违规信息进行记录，将违法违规行为及其处理信息纳入全国信用信息共享平台和投资项目在线审批监管平台，在“信用中国”网站向社会公开。

第五章　建设项目专项审批改革

据统计，2022 年全国国有建设用地供应总量 76.6 万公顷，比上年增长 10.9%。其中工矿仓储用地 19.8 万公顷，房地产用地 11.0 万公顷，基础设施用地 45.8 万公顷。全年出让国有建设用地 30.7 万顷，与去年基本持平；出让成交价款 6.0 万亿元，同比下降 21.9%。根据国务院“放管服”改革优化营商环境，深化投资审批制度改革，建设项目专项审批还应强化城市停车设施、风景园林与绿色建筑空间利用，以及村庄规划和建设。关注城市更新规划、村庄规划编制、建设工程消防设计审查、建设项目环境影响专项审改，推进建设项目全流程审改。本章包括：建设项目用地审批改革；城市更新规划操作指引；村庄规划编制和建设简易审批；建设工程消防设计审查管理；建设项目环境保护管理；生态环境导向的开发模式实施方案；智慧公路数字化转型建设发展；建设项目全流程办理与审批等。

第一节　建设项目用地审批改革

一、自然资源资产产权制度

自然资源资产产权制度是加强生态保护、促进生态文明建设的重要基础性制度。归属清晰、权责明确、保护严格、流转顺畅、监管有效的自然资源资产产权制度基本建立，自然资源开发利用效率和保护力度明显提升，为完善生态文明制度体系、保障国家生态安全和资源安全、推动形成人与自然和谐发展的现代化建设新格局提供有力支撑。健全自然资源资产产权体系，适应自然资源多种属性以及国民经济和社会发展需求，与国土空间规划和用途管制相衔接，推动自然资源资产所有权与使用权分离，加快构建分类科学的自然资源资产产权体系，着力解决权利交叉、缺位等问题。处理好自然资源资产所有权与使用权的关系，创新自然资源资产全民所有权和集体所有权的实现形式。落实承包土地所有权、承包权、经营权“三权分置”，开展经营权入股、抵押。探索宅基地所有权、资格权、使用权“三权分置”。加快推进建设用地地上、地表和地下分别设立使用权，促进空间合理开发利用。明确自然资源资产产权主体，推进相关法律修改，明确国务院授权国务院自然资源主管部门具体代表统一行使全民所有自然资源资产所有者职责。研究建立国务院自然资源主管部门行使全民所有自然资源资产所有权的资源清单和管理体制。开展自然资源统一调查监测评价，加快自然资源统一确权登记。强化自然资源整体保护，编制实施国土空间规划，划定并严守生态保护红线、永久基本农田、城镇开发边界等控制线，建立健全国土空间用途管制制度、管理规范和技术标准，对国土空间实施统一管控。促进自然资源资产集约开发利用，推动自然生态空间系统修复和合理补偿。坚持政府管控与产权激励并举，增强生态修复合力。健全自然资源资产监管体系，完善自然资源资产产权法律体系。

（一）建设项目用地预审，是指国土资源主管部门在建设项目审批、核准、备案阶段，依法对建设项目涉及的土地利用事项进行的审查。需人民政府或有批准权的人民政府发展和改革等部门审批的建设项目，由该人民政府的国土资源主管部门预审。需核准和备案的建设项目，由与核准、备案机关同级的国土资源主管部门预审。需审批的建设项目在可行性研究阶段，由建设用地单位提出预审申请。需核准的建设项目在项目申请报告核准前，由建设单位提出用地预审申请。需备案的建设项目在办理备案手续后，由建设单位提出用地预审申请。依照规定应当由国土资源部预审的建设项目，国土资源部委托项目所在地的省级国土资源主管部门受理，但建设项目占用规划确定的城市建设用地范围内土地的，委托市级国土资源主管部门受理。受理后，提出初审意见，转报国土资源部。负责初审的国土资源主管部门在转报用地预审申请时，符合规定的预审申请和规定的初审转报件，国土资源主管部门应当受理和接收。受国土资源部委托负责初审的国土资源主管部门应当自受理之日起20日内完成初审工作，并转报国土资源部。国土资源主管部门应当自受理预审申请或者收到转报材料之日起20日内，完成审查工作，并出具预审意见。预审意见应当包括对规定内容的结论性意见和对建设用地单位的具体要求。预审意见是有关部门审批项目可行性研究报告、核准项目申请报告的必备文件。建设项目用地预审文件有效期为3年，自批准之日起计算。已经预审的项目，如需对土地用途、建设项目选址等进行重大调整的，应当重新申请预审。占用永久基本农田重大建设项目用地预审，严格限定重大建设项目范围，现阶段允许将以下占用永久基本农田的重大建设项目纳入用地预审受理范围。党中央、国务院明确支持的重大建设项目（包括党中央、国务院发布文件或批准规划中明确具体名称的项目和国务院批准的项目）。交通类国家级规划明确的民用运输机场项目。国家级规划明确的铁路项目，《推进运输结构调整三年行动计划（2018—2020年）》明确的铁路专用线项目，国务院投资主管部门批准的城际铁路建设规划明确的城际铁路项目，国务院投资主管部门批准的城市轨道交通建设规划明确的城市轨道交通项目。国家级规划明确的公路项目，包括《国家公路网规划》明确的国家高速公路和国道项目，国家级规划明确的国防公路项目。此外，将省级公路网规划的部分公路项目纳入受理范围：省级高速公路。连接深度贫困地区直接为该地区服务的省级公路。能源类国家级规划明确的能源项目。电网项目包括500千伏及以上直流电网项目和500千伏、750千伏、1000千伏交流电网项目，以及国家级规划明确的其他电网项目。其他能源项目，包括国家级规划明确的且符合国家产业政策的能源开采、油气管线、水电、核电项目。水利类国家级规划明确的水利项目。国务院投资主管部门或国务院投资主管部门会同有关部门支持和认可的交通、能源、水利基础设施项目。

（二）严格占用和补划永久基本农田论证，充分发挥用地预审源头把关作用，全面落实永久基本农田特殊保护的要求。重大建设项目必须首先依据规划优化选址，避让永久基本农田；确实难以避让的，建设单位在可行性研究阶段，必须对占用永久基本农田的必要性和占用规模的合理性进行充分论证。市县级自然资源主管部门要按照法定程序，依据规划修改和永久基本农田补划的要求，认真组织编制规划修改方案暨永久基本农田补划方案，确保永久基本农田补足补优；省级自然资源主管部门负责组织对占用永久基本农田的必要性、合理性和补划方案的可行性进行踏勘论证，并在用地预审初审中进行实质性审查，对占用和补划永久基本农田的真实性、准确性和合理性负责。对省级高速公路、连接深度贫困地区直接为该地区服务的省级公路，必须先行落实永久基本农田补划入库要求，方可受理其用地预审。自然资源部受理，部政务大厅收到通过网上申报系统上报的建设项目用地预审申请材料后即转用途管制司，用途管制司根据不同情况分别作出如下处理：受理申报材料符合要求，经部内会审司局审查无意见的，予以受理，出具《受理通知书》；审查有意见的，出具《补正告知书》。申请人30日内提交补正材料经审查无意见，或者审查有意见且再次按期提交补正材料的，予以受理，出具《受理通知书》。不予受理按照用地预审权限不应由自然资源部受理的，出具《不予受理决定书》，并告知申请人向有关自然资源主管部门申请。不需要办理用地预审的，告知申请人不受理。退回项目建设依据不充分，或者申报材料存在明显文字、数据、逻辑等错误的，退回予以更正后重新报送。审查与决定，用途管制司做好组织部内会审司局审查和提请部用地会审会审议的各项工作。对司局会审无意见且经会审会审议认定符合法定条件的项目，出具用地预审意见；对司局会审仍有意见或会审会审议未通过的项目，出具《不予行政许可决定书》。采用线下方式办理的涉密项目用地预审，受理和审查流程参照上述流程执行。经部批准，启用用地预审专用章。

（三）“多规合一”推进“多审合一、多证合一”改革，合并规划选址和用地预审，将建设项目选址意见书、建设项目用地预审意见合并，自然资源主管部门统一核发建设项目用地预审与选址意见书。涉及新增建设用地，用地预审权限在自然资源部的，建设单位向地方自然资源主管部门提出用地预审与选址申请，由地方自然资源主管部门受理；经省级自然资源主管部门报自然资源部通过用地预审后，地方自然资源主管部门向建设单位核发建设项目用地预审与选址意见书。用地预审权限在省级以下自然资源主管部门的，由省级自然资源主管部门确定建设项目用地预审与选址意见书办理的层级和权限。使用已经依法批准的建设用地进行建设的项目，不再办理用地预审；需要办理规划选址的，由地方自然资源主管部门对规划选址情况进行审查，核发建设项目用地预审与选址意见书。建设项目用地预审与选址意见书有效期为3年，自批准之日起计算。合并建设用地规划许可和用地批准，将建设用地规划许可证、建设用地批准书合并，自然资源主管部门统一核发新的建设用地规划许可证。以划拨方式取得国有土地使用权的，建设单位向所在地的市、县自然资源主管部门提出建设用地规划许可申请，经有建设用地批准权的人民政府批准后，市、县自然资源主管部门向建设单位同步核发建设用地规划许可证、国有土地划拨决定书。以出让方式取得国有土地使用权的，市、县自然资源主管部门依据规划条件编制土地出让方案，经依法批准后组织土地供应，将规划条件纳入国有建设用地使用权出让合同。建设单位在签订国有建设用地使用权出让合同后，市、县自然资源主管部门向建设单位核发建设用地规划许可证。将建设用地审批、城乡规划许可、规划核实、竣工验收和不动产登记等多项测绘业务整合，推进"多测合并、联合测绘、成果共享"。对同一标的物的测绘成果；确有需要的，可以进行核实更新和补充测绘。在建设项目竣工验收阶段，将自然资源主管部门负责的规划核实、土地核验、不动产测绘等合并为一个验收事项。依据"多审合一、多证合一"改革要求，核发新版证书。支持各地探索以互联网、手机APP等方式，为行政相对人提供在线办理、进度查询和文书下载打印等服务。

（四）建设用地使用权转让、出租、抵押二级市场，以建立城乡统一的建设用地市场为方向，以促进土地要素流通顺畅为重点，以提高存量土地资源配置效率为目的，以不动产统一登记为基础，与国土空间规划及相关产业规划相衔接，着力完善土地二级市场规则，提高节约集约用地水平。完善交易规则，维护市场秩序，保证市场主体在公开、公平、公正的市场环境下进行交易，保障市场依法依规运行和健康有序发展，促进要素流动和平等交换，提高资源配置效率。实现各类市场主体按照市场规则和市场价格依法平等使用和交易建设用地使用权，实现产权有效激励。建立产权明晰、市场定价、信息集聚、交易安全、监管有效的土地二级市场，市场规则健全完善，交易平台全面形成，市场秩序更加规范，制度性交易成本明显降低，土地资源配置效率显著提高，形成一、二级市场协调发展、规范有序、资源利用集约高效的现代土地市场体系。适用范围建设用地使用权转让、出租、抵押二级市场的交易对象是国有建设用地使用权，重点针对土地交易，以及土地连同地上建筑物、其他附着物等整宗地一并交易的情况。涉及到房地产交易的，遵守《城市房地产管理法》《城市房地产开发经营管理条例》等法律法规规定。将各类导致建设用地使用权转移的行为都视为建设用地使用权转让，包括买卖、交换、赠与、出资，以及司法处置、资产处置、法人或其他组织合并或分立等形式涉及的建设用地使用权转移。建设用地使用权转移的，地上建筑物、其他附着物所有权应一并转移。涉及房地产转让的，按照房地产转让相关法律法规规定，办理房地产转让相关手续。以划拨方式取得的建设用地使用权转让，需经依法批准，土地用途符合《划拨用地目录》的，可不补缴土地出让价款，按转移登记办理；不符合《划拨用地目录》的，在符合规划的前提下，由受让方依法依规补缴土地出让价款。以出让方式取得的建设用地使用权转让，在符合法律法规规定和出让合同约定的前提下，应充分保障交易自由；原出让合同对转让条件另有约定的，从其约定。以作价出资或入股方式取得的建设用地使用权转让，参照以出让方式取得的建设用地使用权转让有关规定；转让后，可保留为作价出资或入股方式，或直接变更为出让方式。完善土地分割、合并转让政策。分割、合并后的地块应具备独立分宗条件，涉及公共配套设施建设和使用的，转让双方应在合同中明确有关权利义务。拟分割宗地已预售或存在多个权利主体的，应取得相关权利人同意。以划拨方式取得的建设用地使用权出租的，应按照有关规定上缴租金中所含土地收益，纳入土地出让收入管理。宗地长期出租，或部分用于出租且可分割的，应依法补办出让、租赁等有偿使用手续。建立划拨建设用地使用权出租收益年度申报制度，出租人依法申报并缴纳相关收益的，不再另行单独办理划拨建设用地使用权出租的批准手续。市、县自然资源主管部门应当提供建设用地使用权出租供需信息发布条件和场所，制定规范的出租合同文本，提供交易鉴证服务。以划拨方式取得的建设用地使用权可以依法依规设定抵押权，划拨土地抵押权实现时应优先缴纳土地出让收入。以出让、作价出资或入股等方式取得的建设用地使用权可以设定抵押权。以租赁方式取得的建设用地使用权，承租人在按规定支付土地租金并完成开发建设后，根据租赁合同约定，其地上建筑物、其他附着物连同土地可以依法一并抵押。自然人、企业均可作为抵押权人申请以建设用地使用权及其地上建筑物、其他附着物所有权办理不动产抵押相关手续。允许不以公益为目的的养老、教育等社会领域企业以有偿取得的建设用地使用权、设施等财产进行抵押融资。在现有的城乡统一的土地市场交易平台，汇集土地二级市场交易信息，提供交易场所，办理交易事务，建立“信息发布—达成意向—签订合同—交易监管”的交易流程。交易双方可通过土地二级市场交易平台等渠道发布和获取市场信息；可自行协商交易，也可委托土地二级市场交易平台公开交易；达成一致后签订合同，依法申报交易价格，申报价格比标定地价低20%以上的，市、县人民政府可行使优先购买权。加强涉地资产处置工作衔接，政府有关部门或事业单位进行国有资产处置时涉及划拨建设用地使用权转移的，应征求自然资源主管部门意见，并将宗地有关情况如实告知当事人。加强建设用地使用权与房地产交易管理的衔接，建设用地使用权转让、出租、抵押涉及房地产转让、出租、抵押的，住房和城乡建设主管部门与自然资源主管部门应当加强信息共享。在土地交易机构或平台内汇集交易、登记、税务、金融等相关部门或机构的办事窗口，发展“互联网+政务服务”。严格落实公示地价体系，定期更新和发布基准地价或标定地价；完善土地二级市场的价格形成、监测、指导、监督机制，防止交易价格异常波动。土地转让涉及房地产开发的相关资金来源应符合房地产开发企业购地和融资的相关规定。强化土地一、二级市场联动，加强土地投放总量、结构、时序等的衔接，适时运用财税、金融等手段，加强对土地市场的整体调控。土地转让后，出让合同所载明的权利义务随之转移，受让人应依法履约。

（五）国有土地开发利用和供应，扩大国有建设用地有偿使用范围，根据投融资体制改革要求，对可以使用划拨土地的能源、环境保护、保障性安居工程、养老、教育、文化、体育及供水、燃气供应、供热设施等项目，除可按划拨方式供应土地外，鼓励以出让、租赁方式供应土地，支持市、县政府以国有建设用地使用权作价出资或者入股的方式提供土地，与社会资本共同投资建设。市、县政府应依据当地土地取得成本、市场供需、产业政策和其他用途基准地价等，制定公共服务项目基准地价，依法评估并合理确定出让底价。公共服务项目用地出让、租赁遵循公平合理原则，只有一个用地意向者的，可以协议方式供应。国有建设用地使用权作价出资或者入股的使用年限，应与政府和社会资本合作期限相一致，但不得超过对应用途土地使用权出让法定最高年限。修订《划拨用地目录》，缩小划拨用地范围。事业单位等改制为企业的，其使用的原划拨建设用地，改制后不符合划拨用地法定范围的，应按有偿使用方式进行土地资产处置，符合划拨用地法定范围的，可继续以划拨方式使用，也可依申请按有偿使用方式进行土地资产处置。上述单位改制土地资产划转的权限和程序按照分类推进事业单位改革国有资产处置的相关规定办理；土地资产处置的权限和程序参照国有企业改制土地资产处置相关规定办理。政府机构、事业单位和国有独资企业之间划转国有建设用地使用权，划转后符合《划拨用地目录》保留划拨方式使用的，可直接办理土地转移登记手续；需有偿使用的，划入方应持相关土地资产划转批准文件等，先办理有偿用地手续，再办理土地转移登记和变更登记手续。规范推进国有农用地使用制度改革，以承包经营以外的合法方式使用国有农用地的国有农场、草场，以及使用国家所有的水域、滩涂等农用地进行农业生产，申请国有农用地使用权登记的，可按相关批准用地文件，根据权利取得方式的不同，明确处置方式，参照《不动产登记暂行条例实施细则》规定，分别办理国有农用地划拨、出让、租赁、作价出资或者入股、授权经营使用权登记手续。国有农用地的有偿使用，严格限定在农垦改革的范围内。农垦企业改革改制中涉及的国有农用地，国家以划拨方式处置的，使用权人可以承包租赁；国家以出让、作价出资或者入股、授权经营方式处置的，考虑农业生产经营特点，合理确定使用年限，最高使用年限不得超过50年，在使用期限内，使用权人可以承包租赁、转让、出租、抵押。国家以租赁方式处置的，使用权人可以再出租。改变国有农用地权属及农业用途之间相互转换的，应当办理不动产登记手续。国有农场、牧场改制，应由改制单位提出改制方案，按资产隶属关系向主管部门提出申请，主管部门提出明确意见并征求同级国土资源、发展改革、财政等相关部门意见后，报同级政府批准。对属于省级以上政府批准实行国有资产授权经营的国有独资企业或公司的国有农场、国有牧场等，其涉及国有农用地需以作价出资或者入股、授权经营及划拨方式处置的，由同级国土资源主管部门根据政府批准文件进行土地资产处置。改制单位涉及土地已实行有偿使用或需转为出让或租赁土地使用权的，直接到土地所在地市、县国土资源主管部门申请办理变更登记或有偿用地手续。国有土地开发利用和供应管理，按照有度有序利用自然、调整优化空间结构的原则，严格管控土地资源开发利用，促进人与自然和谐共生。作价出资或者入股土地使用权实行与出让土地使用权同权同价管理制度，依据不动产登记确认权属，可以转让、出租、抵押。国有企事业单位改制以作价出资或者入股、授权经营方式处置的国有建设用地，依据法律法规改变用途、容积率等规划条件的，应按相关规定调整补交出让金。地方政府可依据国家产业政策，对工业用地采取先行以租赁方式提供用地，承租方投资工业项目达到约定条件后再转为出让的先租后让供应方式，或部分用地保持租赁、部分用地转为出让的租让结合供应方式。支持各地以土地使用权作价出资或者入股方式供应标准厂房、科技孵化器用地，为小型微型企业提供经营场所。国有建设用地使用权抵押应按照物权法、担保法等相关法律法规的规定执行。

（六）国务院授权和委托用地审批权的决定，将国务院可以授权的永久基本农田以外的农用地转为建设用地审批事项授权各省、自治区、直辖市人民政府批准。自本决定发布之日起，按照《土地管理法》第四十四条第三款规定，对国务院批准土地利用总体规划的城市在建设用地规模范围内，按土地利用年度计划分批次将永久基本农田以外的农用地转为建设用地的，国务院授权各省、自治区、直辖市人民政府批准；按照《土地管理法》第四十四条第四款规定，对在土地利用总体规划确定的城市和村庄、集镇建设用地规模范围外，将永久基本农田以外的农用地转为建设用地的，国务院授权各省、自治区、直辖市人民政府批准。试点将永久基本农田转为建设用地和国务院批准土地征收审批事项委托部分省、自治区、直辖市人民政府批准。自决定发布之日起，对《土地管理法》第四十四条第二款规定的永久基本农田转为建设用地审批事项，以及第四十六条第一款规定的永久基本农田、永久基本农田以外的耕地超过 35 公顷的、其他土地超过 70 公顷的土地征收审批事项，国务院委托部分试点省、自治区、直辖市人民政府批准。国务院将建立健全省级人民政府用地审批工作评价机制，根据各省、自治区、直辖市的土地管理水平综合评估结果，对试点省份进行动态调整，对连续排名靠后或考核不合格的试点省份，国务院将收回委托。各省、自治区、直辖市人民政府要按照法律、行政法规和有关政策规定，严格审查把关，特别要严格审查涉及占用永久基本农田、生态保护红线、自然保护区的用地，切实保护耕地，节约集约用地，盘活存量土地，维护被征地农民合法权益。各省、自治区、直辖市人民政府不得将承接的用地审批权进一步授权或委托。自然资源部要加强对各省、自治区、直辖市人民政府用地审批工作的指导和服务，明确审批要求和标准，切实提高审批质量和效率；要采取“双随机、一公开”等方式，加强对用地审批情况的监督检查，发现违规问题及时督促纠正，重大问题及时向国务院报告。自然资源部关于贯彻落实《国务院关于授权和委托用地审批权的决定》：委托试点省份省级自然资源主管部门要抓紧拟订实施方案，按照文件由省级人民政府报部备案。对应国务院授权和委托的用地审批权，将部的用地预审权同步下放省级自然资源主管部门；将先行用地批准权委托给试点省份省级自然资源主管部门。其中委托用地预审和先行用地批准权的期限与试点时间相同。上述实施方案应包括用地预审和先行用地批准内容。委托试点省份自然资源主管部门必须遵循严格保护耕地、节约集约用地的原则，按照法律政策规定及审查标准规范进行用地审查。对涉及占用生态保护红线的，应当符合中办、国办《关于在国土空间规划中统筹划定落实三条控制线的指导意见》规定，属于允许占用生态保护红线的国家重大战略项目，以及其他对生态功能不造成破坏的有限人为活动的建设项目范围。要按照中央文件规定组织论证。对涉及占用永久基本农田的，应当符合中央文件和部文件规定可以占用永久基本农田的重大项目范围。在办理委托事项时，批复文件开头要有

"受XX机关委托XX权"的意思表达。部将按照省级人民政府用地审批工作评价机制，通过"双随机、一公开"等方式进行严格检查，根据各地土地管理水平综合评估结果，及时提请国务院动态调整委托试点省份。

二、用地用海要素保障政策

（一）加快国土空间规划审查报批。严格落实《全国国土空间规划纲要（2021—2035年）》和"三区三线"划定成果，加快地方各级国土空间规划编制报批。在各级国土空间规划正式批准之前的过渡期，对省级国土空间规划已呈报国务院的省份，有批准权的人民政府自然资源主管部门已经组织审查通过的国土空间总体规划，可作为项目用地用海用岛组卷报批依据。国土空间规划明确了无居民海岛开发利用建设范围和具体保护措施等要求的，可不再编制可利用无居民海岛保护和利用规划。

（二）优化建设项目用地审查报批要求。缩小用地预审范围，以下情形不需申请办理用地预审，直接申请办理农用地转用和土地征收：国土空间规划确定的城市和村庄、集镇建设用地范围内的建设项目用地；油气类"探采合一"和"探转采"钻井及其配套设施建设用地；具备直接出让采矿权条件、能够明确具体用地范围的采矿用地；露天煤矿接续用地；水利水电项目涉及的淹没区用地。简化建设项目用地预审审查，涉及规划土地用途调整的，重点审查是否符合允许调整的情形，规划土地用途调整方案在办理农用地转用和土地征收阶段提交；涉及占用永久基本农田的，重点审查是否符合允许占用的情形以及避让的可能性，补划方案在办理农用地转用和土地征收阶段提交；涉及占用生态保护红线的，重点审查是否属于允许有限人为活动之外的国家重大项目范围，在办理农用地转用和土地征收阶段提交省级人民政府出具的不可避让论证意见。重大项目可申请先行用地，需报国务院批准用地的国家重大项目和省级高速公路项目中，控制工期的单体工程和因工期紧或受季节影响确需动工建设的其他工程可申请办理先行用地，申请规模原则上不得超过用地预审控制规模的30%。先行用地批准后，应于1年内提出农用地转用和土地征收申请。分期分段办理农用地转用和土地征收，确需分期建设的项目，可根据可行性研究报告确定的方案或可行性研究批复中明确的分期建设内容，分期申请建设用地。线性基础设施建设项目正式报批用地时，可根据用地报批组卷进度，以市（地、州、盟）分段报批用地。农用地转用和土地征收审批均在省级人民政府权限内的，可以县（市、区）为单位分段报批用地。重大建设项目直接相关的改路改沟改渠和安置用地与主体工程同步报批，能源、交通、水利、军事等重大建设项目直接相关的改路、改沟、改渠和安置等用地可以和项目用地一并办理农用地转用和土地征收，原则上不得超过原有用地规模。土地使用标准规定的功能分区之外，因特殊地质条件确需建设边坡防护等工程，其用地未超项目用地定额总规模3%的，以及线性工程经优化设计后无法避免形成的面积较小零星夹角地且明确后期利用方式的，可一并报批。其中，主体工程允许占用永久基本农田的，改路、改沟、改渠等如确实难以避让永久基本农田，在严格论证前提下可以申请占用，按要求落实补划任务。明确铁路"四电"工程用地报批要求，铁路项目已批准的初步设计明确的"四电"工程（通信工程、信号工程、电力工程和电气化工程），可以按照铁路主体工程用地的审批层级和权限单独办理用地报批。主体工程允许占用永久基本农田或生态保护红线的，"四电"工程在无法避让时可以申请占用。优化临时用地政策，直接服务于铁路、公路、水利工程施工的制梁场、拌合站，需临时使用土地的，其土地复垦方案通过论证，业主单位签订承诺书，明确了复垦完成时限和恢复责任，确保能够恢复种植条件的，可以占用耕地，不得占用永久基本农田。明确占用永久基本农田重大建设项目范围，党中央、国务院明确支持的重大建设项目（包括党中央、国务院发布文件或批准规划中明确具体名称的项目和国务院批准的项目）；中央军委及其有关部门批准的军事国防类项目；纳入国家级规划（指国务院及其有关部门颁布）的机场、铁路、公路、水运、能源、水利项目；省级公路网规划的省级高速公路项目；按《关于梳理国家重大项目清单加大建设用地保障力度的通知》要求，列入需中央加大用地保障力度清单的项目；原深度贫困地区、集中连片特困地区、国家扶贫开发工作重点县省级以下基础设施、民生发展等项目。重大建设项目在一定期限内可以承诺方式落实耕地占补平衡，对符合可以占用永久基本农田情形规定的重大建设项目，允许以承诺方式落实耕地占补平衡。省级自然资源主管部门应当明确兑现承诺的期限和落实补充耕地方式。兑现承诺期限原则上不超过2年，到期未兑现承诺的，部直接从补充耕地县级储备库中扣减指标，不足部分扣减市级或省级储备库指标。上述承诺政策有效期至2024年3月31日。规范调整用地审批，线性工程建设过程中因地质灾害、文物保护等不可抗力因素确需调整用地范围的，经批准项目的行业主管部门同意后，建设单位可申请调整用地。项目建设方案调整，调整后的项目用地总面积、耕地和永久基本农田规模均不超原批准规模，或者项目用地总面积和耕地超原规模、但调整部分未超出省级人民政府土地征收批准权限的，报省级人民政府批准；调整后的项目用地涉及调增永久基本农田，或征收耕地超过35公顷、其他土地超过70公顷，应当报国务院批准。调整用地涉及新征收土地的，应当依法履行征地程序，不再使用的土地，可以交由原集体经济组织使用。省级人民政府批准调整用地后，应纳入国土空间规划“一张图”实施监管，并及时报自然资源部备案。因初步设计变更引起新增用地可补充报批，单独选址建设项目在农转用和土地征收批准后，由于初步设计变更，原有用地未发生变化但需新增少量必要用地的，可以将新增用地按照原有用地的审批权限报批。建设项目原有用地可占用永久基本农田和生态保护红线的，新增用地也可申请占用。其中原有用地由省级人民政府批准的，确需新增用地涉及占用永久基本农田、占用生态保护红线的，要符合占用情形，建设项目整体用地（包括原有用地和新增用地）中征收其他耕地超过35公顷、其他土地超过70公顷的，应当报国务院批准。

（三）落实节约集约用地要求，完善自然资源资产供应制度。支持节约集约用地新模式，公路、铁路、轨道交通等线性基础设施工程采用立体复合、多线共廊等新模式建设的，经行业或投资主管部门审核同意采用此方式同步建设部分，且工程用地不超过相应用地指标的，用地可一并组卷报批。做好项目用地节地评价，超标准、无标准项目用地要严格执行《关于规范开展建设项目节地评价工作的通知》。重大项目中公路项目设置的互通立体交叉工程用地，超过《公路工程项目建设用地指标》有关间距规定，经省级以上交通主管部门审核认定必须设置的，省级自然资源主管部门应开展节地评价论证。优化产业用地供应方式，按照供地即可开工的原则，支持产业用地“标准地”出让，鼓励各地根据本地产业发展特点，制定“标准地”控制指标体系。在土地供应前，由地方政府或依法设立的开发区（园区）和新区的管理机构统一开展地质灾害、压覆矿产、环境影响、水土保持、洪水影响、文物考古等区域评估和普查。依据国土空间详细规划和区域评估、普查成果，确定规划条件和控制指标并纳入供地方案，通过出让公告公开发布。鼓励地方探索制定混合土地用途设定规则，依据国土空间详细规划确定主导土地用途、空间布局及比例，完善混合产业用地供给方式。单宗土地涉及多种用途混合的，应依法依规合理确定土地使用年限，按不同用途分项评估后确定出让底价。优化重大基础设施项目划拨供地程序，在国土空间规划确定的城市和村庄、集镇建设用地范围外的能源、交通、水利等重大基础设施项目，土地征收和农用地转用经批准实施后，直接核发国有土地使用权划拨决定书。探索各门类自然资源资产组合供应，在特定国土空间范围内，涉及同一使用权人需整体使用多门类全民所有自然资源资产的，可实行组合供应。将各门类自然资源资产的使用条件、开发要求、底价、溢价比例等纳入供应方案，利用自然资源资产交易平台等，一并对社会公告、签订资产配置合同，相关部门按职责进行监管。进一步完善海砂采矿权和海域使用权“两权合一”招标拍卖挂牌出让制度，鼓励探索采矿权和建设用地使用权组合供应方式。优化地下空间使用权配置政策，实施“地下”换“地上”，推进土地使用权分层设立，促进城市地上与地下空间功能的协调。依据国土空间总体规划划定的重点地下空间管控区域，综合考虑安全、生态、城市运行等因素，统筹城市地下基础设施管网和地下空间使用。细化供应方式和流程，探索完善地价支持政策，按照向下递减的原则收缴土地价款。城市建成区建设项目增加公共利益地下空间的，或向下开发利用难度加大的，各地可结合实际制定空间激励规则。探索在不改变地表原有地类和使用现状的前提下，设立地下空间建设用地使用权进行开发建设。推动存量土地盘活利用，遵循“以用为先”的原则，对于道路绿化带、安全间距等代征地，以及不能单独利用的边角地、零星用地等，确实无法按宗地单独供地的，报经城市人民政府批准后，可按划拨或协议有偿使用土地的有关规定合理确定土地使用者，核发《国有建设用地划拨决定书》或签订国有建设用地有偿使用合同。建设项目使用城镇低效用地的，可以继续按照《关于深入推进城镇低效用地再开发的指导意见（试行）》有关规定执行。

（四）加快“未批已填”围填海历史遗留问题处理，优化项目用海用岛审批程序。符合要求的“未批已填”围填海历史遗留问题可先行开展前期工作，在依法依规严肃查处到位、相关处理方案已经自然资源部备案的前提下，地方人民政府可根据需要先行组织开展沉降处理、地面平整等前期工作，并同步强化生态保护修复。进一步简化落地项目海域使用论证要求，已按规定完成生态评估和生态保护修复方案编制的“未批已填”围填海历史遗留问题区域，对选址位于其中的落地项目，一般仅需论证用海合理性、国土空间规划符合性、开发利用协调性等内容，并结合生态保护修复方案明确单个项目的生态保护修复措施。如多个项目选址位于集中连片的“未批已填”历史遗留围填海区域且均属于省级人民政府审批权限，地方可结合实际，实行打捆整体论证。项目用海与填海项目竣工海域使用验收一并审查，对利用“未批已填”历史遗留围填海、无新增围填海的项目，可在提交海域使用申请材料时一并提交竣工验收测量报告，海域使用论证报告与竣工验收测量报告合并审查。在项目用海批准并全额缴纳海域使用金后，对填海竣工验收申请直接下达批复。先行开展项目用海用岛论证材料技术审查，为加快审查，对暂不具备受理条件的项目，可以先行开展用海用岛论证和专家预评审等技术审查工作。开展集中连片开发区域整体海域使用论证，对集中连片开发的开放式旅游娱乐、已有围海养殖等用海区域，地方人民政府可根据需要组织开展区域整体海域使用论证，单位和个人申请用海时，可不再进行海域使用论证。省级人民政府自然资源（海洋）主管部门要根据实际情况明确区域整体海域使用论证评审工作要求，集中连片区域超过 700 公顷且不改变海域自然属性的用海、集中连片已有围海养殖区域超过 100 公顷的用海，原则上应由省级人民政府自然资源（海洋）主管部门组织论证评审。优化海底电缆管道路由调查勘测、铺设施工和项目用海审查程序，报国务院审批的海底电缆管道项目，海底电缆管道铺设施工申请可与项目用海申请一并提交审查；路由调查勘测报告与海域使用论证报告可合并编制，路由调查勘测申请审批程序仍按原规定执行。国际通信海缆项目取得路由调查勘测批复文件，即视同取得用海预审意见。优化临时海域使用审批程序，对海上油气勘探用海活动，继续按照临时海域使用进行管理，临时海域使用时间自钻井平台施工就位时起算。施工难度大、存在试采需求等特殊情形的海上油气勘探用海活动，建设周期较长的能源、交通、水利等基础设施建设项目涉及的临时海域使用活动期限届满，确有必要的，经批准可予以继续临时使用，累计临时使用相关海域最长不超过一年。临时海域使用期限届满后，应及时按规定拆除临时用海设施和构筑物。优化报国务院审批用海用岛项目申请审批程序，对同一项目涉及用海用岛均需报国务院批准的，实行“统一受理、统一审查、统一批复”，项目建设单位可一次性提交用海用岛申请材料。其中涉及新增围填海的项目，按现有规定办理。对助航导航、测量、气象观测、海洋监测和地震监测等公益设施用岛，可简化无居民海岛开发利用具体方案和项目论证报告。

（五）在经济发展用地要素保障工作中严守底线。坚持以国土空间规划作为用地依据，国土空间规划是各类开发保护建设活动的基本依据。各级自然资源主管部门应当加快国土空间规划的编制、报批，并按照国土空间规划和“三区三线”等空间管控要求，提前介入、积极配合和参与建设项目选址选线，在国土空间规划“一张图”上统筹建设项目空间布局。不得违反国土空间规划和“三区三线”管控规则批准用地。强化土地利用计划管控约束，建设项目需要使用土地的，必须符合土地利用年度计划管理规定，严禁无计划、超计划批准用地。各地要结合项目建设需要，统筹做好土地利用年度计划安排，严格实施计划指标配置与处置存量土地挂钩机制，以当年存量土地处置规模为基础核算地方计划控制额度。落实永久基本农田特殊保护要求，永久基本农田一经划定，任何组织和个人不得擅自占用或者改变用途。确需占用的，应符合《土地管理法》关于重大建设项目范围的规定，并按要求做好占用补划审查论证，补划的永久基本农田必须是可以长期稳定利用的耕地。严禁超出法律规定批准占用永久基本农田；严禁通过擅自调整国土空间规划等方式规避永久基本农田农用地转用或者土地征收审批。规范耕地占补平衡，实施补充耕地项目，应当依据国土空间规划和生态环境保护要求，禁止在生态保护红线、林地管理、湿地、河道湖区等范围开垦耕地；禁止在严重沙化、水土流失严重、生态脆弱、污染严重难以恢复等区域开垦耕地；禁止在25°以上陡坡地、重要水源地15°以上坡地开垦耕地。对于坡度大于15°的区域，原则上不得新立项实施补充耕地项目，根据农业生产需要和农民群众意愿确需开垦的，应经县级论证评估、省级复核认定具备稳定耕种条件后方可实施。各地要坚持以补定占，根据补充耕地能力，统筹安排占用耕地项目建设时序。落实补充耕地任务，要坚持“以县域自行平衡为主、省域内调剂为辅、国家适度统筹为补充”的原则，立足县域内自行挖潜补充，坚决纠正平原占用、山区补充的行为；确因后备资源匮乏需要在省域内进行调剂补充的，原则上应为省级以上重大建设项目。省级自然资源主管部门要加强补充耕地资源集中开发和指标统筹使用，坚决纠正和防范地方与社会资本在利益驱动下单纯追求补充耕地指标、不顾立地条件强行开发的行为；要严格规范省域内补充耕地指标调剂管理，实行公开透明规范调剂，将补充耕地指标统一纳入省级管理平台，进一步规范调剂程序，合理确定调剂经济补偿水平，严格管控调剂规模。稳妥有序落实耕地进出平衡，严格控制耕地转为林地、园地、草地等其他农用地，农业结构调整等确需转变耕地用途的，严格落实年度耕地进出平衡。水库淹没区占用耕地的，用地报批前应当先行落实耕地进出平衡。各地要综合考虑坡度、光热水土条件、农业生产配套设施情况、现状种植作物生长周期和市场经济状况、农民意愿、经济成本等因素，系统谋划农业结构调整、进出平衡的空间布局和时序安排，有计划、有节奏、分类别、分区域逐步推动耕地调入。耕地调入后，应通过农民个人或集体经济组织耕种、依法依规流转进行规模化经营等方式，提高耕地长期稳定利用的能力。要巩固退耕还林成果，严禁脱离实际、不顾农业生产条件和生态环境强行将陡坡耕地调入；严禁不顾果树处于盛果期、林木处于生长期、渔塘处于收获季等客观实际，强行拔苗砍树、填坑平塘；严禁只强调账面上落实耕地进出平衡，不顾后期耕作利用情况，造成耕地再次流失。严守生态保护红线，各地要强化生态保护意识，将生态保护红线作为项目选址的刚性约束，合理避让生态保护红线。坚决杜绝各类破坏生态环境、违反生态保护红线管控要求的违法建设行为。对在生态保护红线内的未批先建等违法违规用地行为，按照《土地管理法》《土地管理法实施条例》等法律法规规定从重处罚。严控新增城镇建设用地，各地要充分发挥城镇开发边界对各类城镇集中建设活动的空间引导和统筹调控作用。省市县各级国土空间规划实施中，要避免“寅吃卯粮”，在城镇开发边界内的增量空间使用上，为“十五五”“十六五”期间至少留下35%、25%的增量空间。在年度增量空间使用规模上，至少为每年保留五年平均规模的80%，其余可以用于年度间调剂，但不得突破分阶段控制总量，以便为未来发展预留合理空间。严格执行土地使用标准，各类建设项目要严格执行土地使用标准，超标准、无标准的项目用地要按规定做好项目用地节地评价，对于不符合标准的用地，在预审环节要坚决予以核减。推动新上项目节约集约用地达到国内同行业先进水平。加大存量土地盘活处置力度，坚持以“存量”换“增量”，多措并举消化批而未供土地，盘活闲置土地和低效用地，充分挖掘存量土地潜力。对上一年度闲置土地新增量超过处置量的，以及未完成批而未供和闲置土地处置任务的，要采取相应的规范约束措施。各地要加大对园区批而未供、闲置土地清查摸底和处置力度，加快推进供而未用、用而未尽等低效用地再开发，通过用途合理转换、用地置换腾退等盘活利用，对长期占而不用的要复垦，提高园区土地节约集约利用水平。对于建成率明显偏低的园区，严格控制新增的产业类土地征收成片开发规模，要优先盘活利用自身存量用地。切实维护群众合法权益，实施土地征收、先行用地、城乡建设用地增减挂钩，收回国有农用地等直接关系群众利益的用地行为，要严格落实法律法规有关规定，确保程序规范、补偿到位。坚决杜绝违法强拆、毁麦割青、强迫农民上楼等侵害群众合法权益的违法行为。实施复垦复耕，要做到既依法依规，又合情合理，要充分尊重农民意愿，根据实际情况适当给予经济补偿，要留出一定过渡期，给农户和经营者合理准备时间。

（六）开展低效用地再开发试点工作，坚持最严格的耕地保护制度、最严格的节约集约用地制度和最严格的生态环境保护制度，以国土空间规划为统领，以城中村和低效工业用地改造为重点，以政策创新为支撑，推动各类低效用地再开发，推动城乡发展从增量依赖向存量挖潜转变，促进形成节约资源和保护环境的空间格局、产业结构、生产方式、生活方式。试点城市要通过探索创新，统筹兼顾经济、生活、生态、安全等多元需要，促进国土空间布局更合理、结构更优化、功能更完善、设施更完备；增加建设用地有效供给，大幅提高利用存量用地的比重和新上工业项目的容积率，推广应用节地技术和节地模式，明显降低单位GDP建设用地使用面积；建立可复制推广的低效用地再开发政策体系和制度机制，为促进城乡内涵式、集约型、绿色化高质量发展提供土地制度保障。主要任务：

1. 规划统筹，加强规划统领。依据国土空间总体规划，明确低效用地再开发的重点区域，合理确定低效用地再开发空间单元。探索编制空间单元内实施层面控制性详细规划，明确土地使用、功能布局、空间结构、基础设施和公共服务设施、建筑规模指标等要求，经法定程序批准后，作为核发规划许可的法定依据。探索土地混合开发、空间复合利用、容积率奖励、跨空间单元统筹等政策，推动形成规划管控与市场激励良性互动的机制。突出高质量发展导向。国土空间规划应针对低效用地再开发，明确目标导向，提出规划对策，强调高质量发展导向。基于促进产业转型升级、优先保障公共服务设施和基础设施供给、保护生态和传承历史文脉，在体现宜居、人文、绿色、韧性、智慧等方面，提出空间布局优化引导对策。引导有序实施。试点城市应当依据国土空间总体规划和控制性详细规划，编制低效用地再开发年度实施计划，确定低效用地再开发项目并有序实施。加强全市域、分区域的规划统筹，从城市整体利益平衡出发谋划实施项目，避免过度依赖单一地块增容来实现项目资金平衡。

2. 收储支撑，完善收储机制。对需要以政府储备为主推进低效用地再开发项目实施的，结合国土空间控制性详细规划编制，探索以“统一规划、统一储备、统一开发、统一配套、统一供应”推动实施。探索将难以独立开发的零星地块，与相邻产业地块一并出具规划条件，整体供应给相邻产业项目用于增资扩产（商品住宅除外）。拓展收储资金渠道。统筹保障土地收储、基础设施开发建设等资金投入，做好资金平衡，合理安排开发时序，实现滚动开发、良性循环。完善国有土地收益基金制度，明确国有土地收益基金计提比例，专项用于土地储备工作。完善征收补偿办法。完善低效用地再开发中土地征收的具体办法，依据国土空间规划合理确定土地征收成片开发中公益性用地比例等具体要求，明确集体土地上房屋征收补偿标准和程序、依法申请强制执行情形等规定。

3. 政策激励，探索资源资产组合供应。在特定国土空间范围内，同一使用权人需使用多个门类自然资源资产的，探索实行组合包供应，将各个门类自然资源的使用条件、开发要求、标的价值、溢价比例等纳入供应方案，通过统一的自然资源资产交易平台，一并对社会公告、签订配置合同，按职责进行监管。鼓励轨道交通、公共设施等地上地下空间综合开发节地模式，需要整体规划建设的，实行一次性组合供应，分用途、分层设立国有建设用地使用权。完善土地供应方式。鼓励原土地使用权人改造开发，除法律规定不可改变土地用途或改变用途应当由政府收回外，完善原土地使用权人申请改变土地用途、签订变更协议的程序和办法。鼓励集中连片改造开发，在权属清晰无争议、过程公开透明、充分竞争参与、产业导向优先的前提下，探索不同用途地块混合供应，探索“工改工”与“工改商”“工改住”联动改造的条件和程序。依据国土空间规划确定规划指标，坚持“净地”供应，按照公开择优原则，建立竞争性准入机制，探索依法实施综合评价出让或带设计方案出让。优化地价政策工具。完善低效用地再开发地价计收补缴标准，分不同区域、不同用地类别改变用途后，以公示地价（或市场评估价）的一定比例核定补缴地价款；探索以市场评估价为基础按程序确定地价款，要综合考虑土地整理投入、移交公益性用地或建筑面积、配建基础设施和公共服务设施，以及多地块联动改造等成本。探索完善低效工业用地再开发不再增缴土地价款的细分用途和条件。完善收益分享机制。对实施区域统筹和成片开发涉及的边角地、夹心地、插花地等零星低效用地，探索集体建设用地之间、国有建设用地之间、集体建设用地与国有建设用地之间，按照“面积相近或价值相当、双方自愿、凭证置换”原则，经批准后进行置换，依法办理登记。探索完善土地增值收益分享机制，完善原土地权利人货币化补偿标准，拓展实物补偿的途径。优化保障性住房用地规划选址，增加保障性住房用地供应，探索城中村改造地块除安置房外的住宅用地及其建筑规模按一定比例建设保障性住房，探索利用集体建设用地建设保障性租赁住房。健全存量资源转换利用机制。在符合规划、确保安全的前提下，探索对存量建筑实施用途转换的方法，按照实事求是、简化办理的原则，制定转换规则，完善相关审批事项办理程序。鼓励利用存量房产等空间资源发展国家支持产业和行业，允许以5年为限，享受不改变用地主体和规划条件的过渡期支持政策。

4. 基础保障，严格调查认定和上图入库。探索完善评价方法，因地制宜制定低效用地认定标准。试点城市自然资源主管部门以第三次全国国土调查及最新年度国土变更调查成果为基础，全面查清低效用地及历史遗留用地底数，全部实现上图入库，经省级自然资源主管部门审核同意后报部备案，纳入国土空间规划“一张图”实施监督信息系统，作为试点相关政策实施和成效评估的依据。做好不动产确权登记。纳入低效用地再开发范围的土地、房屋等不动产，应当权利归属清晰、主体明确、不存在权属争议。防止因低效用地再开发产生新的遗留问题，导致不动产“登记难”。严禁违反规定通过“村改居”方式将农民集体所有土地直接转为国有土地。完成低效用地再开发后，不动产登记机构根据当事人申请，依法及时办理相关不动产登记，维护权利人合法权益。妥善处理历史遗留用地等问题。对于历史形成的没有合法用地手续的建设用地，要根据全国国土调查结果、区分发生的不同时期依法依规分类明确认定标准和处置政策，予以妥善处理，要确保底数清晰、封闭运行、严控新增、结果可控。对第二次全国土地调查和第三次全国国土调查均调查认定为建设用地的，在符合规划用途前提下，允许按建设用地办理土地征收等手续，按现行《土地管理法》规定落实征地补偿安置；对其地上建筑物、构筑物，不符合规划要求、违反《城乡规划法》相关规定的，依法依规予以处置。加快超期未开发住宅用地的依法处置，摸清底数和原因，落实责任单位，提出分类型、分步骤依法收回的具体措施。

5. 组织实施，低效用地再开发试点期限原则上为4年，各试点城市要按照本通知规定要求，积极稳妥、有力有效地推进试点工作。试点期间，部将组织开展中期评估，评价各试点城市实施成效，加强督促指导。及时研究部署，编制实施方案。各试点城市要将试点工作纳入政府重要议事日程，加强组织领导，及时研究部署，调动各方力量，协调重大问题。要结合本地实际，抓紧编制试点实施方案，明确试点工作的范围重点、目标任务、实施步骤、责任分工和保障措施，提出试点政策机制的创新思路与实现路径，由城市人民政府审定后实施。试点实施方案由省级自然资源主管部门报部备案。边实践边总结，深入推进试点。各试点城市要在坚持原则、守住底线的前提下，围绕试点目标任务，系统性、创新性地开展试点工作。注重阶段性总结评估，提炼可复制推广的制度、政策、机制性成果，每半年向部和省级自然资源主管部门报送试点进展与成果情况。部将组织试点城市座谈交流，研究重大问题，共同推进试点工作。加强跟踪指导，确保预期成效。省级自然资源主管部门要加强对试点工作指导，跟踪试点情况，及时纠正偏差，确保试点工作取得预期效果。各试点城市要坚持以人为本，强化项目信息公开，依法依规履行征求权利人意见、社会公示、集体决策等程序，畅通沟通渠道，接受社会监督，保障人民群众合法权益。稳妥有序推进，加强社会稳定风险评估和重大项目法律风险评估，有效预防和控制风险。为贯彻落实中央在超大特大城市积极稳步推进城中村改造的决策部署，未纳入本通知试点范围的超大特大城市，以及具备条件的城区常住人口300万以上的大城市，实施城中村改造项目可参照明确的试点政策执行。

三、用地审批前期工作推进基础设施项目建设

（一）加强用地空间布局统筹，充分发挥国土空间规划对各类开发保护建设活动的指导作用，统筹协调交通能源水利等基础设施的用地需求。经工程可行性论证、已确定详细空间位置的，在国土空间规划“一张图”上明确具体位置、用地规模及空间关系；尚未确定详细空间位置的，列出项目清单，在国土空间规划“一张图”上示意位置、标注规模，并依据项目建设程序各阶段法定批复据实调整，逐步精准确定位置和规模、落地上图。联合开展选址选线，各级自然资源主管部门应依据国土空间规划和“三区三线”等空间管控要求，积极配合和参与基础设施建设项目规划选址选线工作。在选址选线工作中，自然资源主管部门要切实落实最严格的耕地保护制度、节约集约制度和生态环境保护制度，重点评价分析建设项目涉及的耕地和永久基本农田保护、生态保护、节约集约用地和历史文化保护、地质灾害风险防控等红线底线要素并提出建设性意见。可研编制单位、项目设计单位要加强多方案比选，不占、少占耕地和永久基本农田，合理避让生态保护红线、历史文化保护红线和灾害风险区。严格落实节约集约，可行性研究阶段，用地涉及耕地、永久基本农田、生态保护红线的建设项目，需开展节约集约用地论证分析，从占用耕地和永久基本农田的必要性、用地规模和功能分区的合理性、不可避让生态保护红线的充分性、节地水平的先进性等对方案进行分析比选，形成节约集约用地专章作为用地预审申报材料提交审查，审查后的内容纳入可行性研究报告或项目申请报告相关章节。办理用地预审时，涉及占用耕地的，原则上项目所在区域补充耕地储备库指标应当充足，储备指标不足的地方自然资源主管部门应明确补充耕地落实方式，符合条件的可申请跨省域补充耕地国家统筹，并承诺在农用地转用报批时能够落实占补平衡要求，建设单位应承诺将补充耕地费用纳入工程概算；涉及占用永久基本农田的，需落实永久基本农田补划，明确永久基本农田补划地块。初步设计阶段，项目应因地制宜优先采用本行业先进的节地技术和节地模式，在满足安全生产等前提下，优化设计方案，提升项目节地水平；农用地转用和土地征收审批严格按照现行各类土地使用标准审查项目用地规模。省级自然资源主管部门根据本省地形地貌和耕地分布情况，区分项目类型，科学确定项目总用地规模中耕地和永久基本农田占比上限；加快建立重大项目节地案例库，提供查询比对服务。改进优化用地审批，简化用地预审阶段审查内容。涉及规划土地用途调整的，审查是否符合法律规定允许调整情形，不再提交调整方案；涉及占用生态保护红线的，审查是否符合允许占用情形，不再提交省级人民政府论证意见。用地预审批复后，申报农用地转用和土地征收占用耕地或永久基本农田规模和区位与用地预审时相比，规模调增或区位变化比例超过10%的，从严审查；均未发生变化或规模调减区位未变且总用地规模（不含迁复建工程和安置用地）不超用地预审批复规模的，不再重复审查。允许分期分段办理农用地转用和土地征收。确需分期建设的项目，可以根据可行性研究报告确定的方案，分期申请建设用地，分期办理建设用地审批手续。

（二）线型基础设施建设项目正式报批用地时，可根据用地报批组卷进度，以市（地、州、盟）分段报批用地。协同推进项目建设，各级自然资源主管部门要按照“统一底图、统一标准、统一规划、统一平台”要求，与发展改革、交通、能源、水利等有关部门共享国土空间规划“一张图”，主动为基础设施建设项目的选址选线提供合规性分析等支撑性、基础性服务。自然资源部会同有关部门加快修订完善公路、铁路、民用航空运输机场等工程项目建设用地指标。防止“未批先建”。有关部门对于未取得先行用地或未办理完成农用地转用和土地征收审批手续的项目，均不得办理开工手续，建设单位不得开工建设。各部门要积极发挥职能作用，相互配合、形成合力，指导督促各地依法依规加快推进基础设施项目建设。节约集约用地论证分析专章编制要点，国土空间规划确定的城镇和村庄建设用地范围外交通、能源、水利项目，在可行性研究阶段需开展节约集约用地论证分析，要点如下：项目概况，建设背景（建设依据、建设必要性）、建设内容（建设地点、建设性质、建设规模、建设标准）等。备选方案，占用耕地和永久基本农田的必要性，分析占用耕地和永久基本农田的理由是否充分，其中，涉及占用永久基本农田的，应符合国家有关政策要求。分析备选方案各功能分区占用耕地和永久基本农田的数量、质量，占用比例是否符合要求，不占、少占耕地采取的工程、技术措施，点状或块状附属设施是否已充分避让永久基本农田。同等工程技术和投资等条件下，推荐耕地尤其是永久基本农田占用比例低的方案。占比相同的，推荐占用耕地质量差的方案。涉及占用耕地的，分析项目所在区域补充耕地储备库指标是否充足，储备指标不足的是否明确了补充耕地落实方式，是否能够承诺在农用地转用报批时能够落实占补平衡要求。涉及占用永久基本农田的，分析是否按照“数量不减、质量不降、布局稳定”的要求，落实了补划方案，是否在县域内补划，未在县域补划的，说明理由。功能分区和用地规模的合理性，分析用地总规模、单位用地水平、各功能分区建设内容及用地规模符合对应的工程项目建设用地指标。分析备选方案用地和各功能分区是否体现了项目所在区域的地形地貌特征，是否充分利用既有设施、线路、场站，是否合理利用地上地下空间或者科学合理提高项目投资强度、容积率、建筑密度，是否采取土地复合、功能混合和设施融合或者应用先进的工艺流程、施工工艺和技术减少占用土地，是否设置了不必要的功能分区，是否符合国家或地方用地标准等。跨市域项目，应明确各市用地规模和功能分区。国家和地方均有标准的，按更严格的执行。在满足要求的前提下，尽量选用标准的中、低值，减少占地。避让生态保护红线的充分性，分析合理避让生态保护红线的情况，无法避让的详细说明符合生态保护红线管控规则的具体情形、空间布局和面积，以及可能造成的生态环境影响和减轻生态环境影响的具体措施。节地水平的先进性，从建设项目适用的设计依据、技术规范、技术标准出发，分析项目在设定的建设参数下，采用的节地技术、节地措施，取得的节地效果，并与节约集约用地案例进行对比，得出项目节地先进性结论及下阶段改进优化的建议（不再另外开展项目节地评价）。推荐方案情况，从选址、技术、用地、投资等各方面综合阐述最终选用方案的理由，以及自然资源主管部门参与选址选线过程中意见采纳情况。

（三）临时用地管理，界定临时用地使用范围，临时用地是指建设项目施工、地质勘查等临时使用，不修建永久性建（构）筑物，使用后可恢复的土地（通过复垦可恢复原地类或者达到可供利用状态）。临时用地具有临时性和可恢复性等特点，与建设项目施工、地质勘查等无关的用地，使用后无法恢复到原地类或者复垦达不到可供利用状态的用地，不得使用临时用地。临时用地的范围包括：建设项目施工过程中建设的直接服务于施工人员的临时办公和生活用房，包括临时办公用房、生活用房、工棚等使用的土地；直接服务于工程施工的项目自用辅助工程，包括农用地表土剥离堆放场、材料堆场、制梁场、拌合站、钢筋加工厂、施工便道、运输便道、地上线路架设、地下管线敷设作业，以及能源、交通、水利等基础设施项目的取土场、弃土（渣）场等使用的土地。矿产资源勘查、工程地质勘查、水文地质勘查等，在勘查期间临时生活用房、临时工棚、勘查作业及其辅助工程、施工便道、运输便道等使用的土地，包括油气资源勘查中钻井井场、配套管线、电力设施、进场道路等钻井及配套设施使用的土地。符合法律、法规规定的其他需要临时使用的土地。临时用地选址要求和使用期限，建设项目施工、地质勘查使用临时用地时应坚持尽量不占或者少占耕地。使用后土地复垦难度较大的临时用地，要严格控制占用耕地。铁路、公路等单独选址建设项目，应科学组织施工，节约集约使用临时用地。制梁场、拌合站等难以恢复原种植条件的不得以临时用地方式占用耕地和永久基本农田，可以建设用地方式或者临时占用未利用地方式使用土地。临时用地确需占用永久基本农田的，必须能够恢复原种植条件，并符合《自然资源部农业农村部关于加强和改进永久基本农田保护工作的通知》中申请条件、土壤剥离、复垦验收等有关规定。临时用地使用期限一般不超过两年。建设周期较长的能源、交通、水利等基础设施建设项目施工使用的临时用地，期限不超过四年。

城镇开发边界内临时建设用地规划许可、临时建设工程规划许可的期限应当与临时用地期限相衔接。临时用地使用期限，从批准之日起算。临时用地审批，县（市）自然资源主管部门负责临时用地审批，其中涉及占用耕地和永久基本农田的，由市级或者市级以上自然资源主管部门负责审批。不得下放临时用地审批权或者委托相关部门行使审批权。城镇开发边界内使用临时用地的，可以一并申请临时建设用地规划许可和临时用地审批，具备条件的还可以同时申请临时建设工程规划许可，一并出具相关批准文件。油气资源探采合一开发涉及的钻井及配套设施建设用地，可先以临时用地方式批准使用，勘探结束转入生产使用的，办理建设用地审批手续；不转入生产的，油气企业应当完成土地复垦，按期归还。申请临时用地应当提供临时用地申请书、临时使用土地合同、项目建设依据文件、土地复垦方案报告表、土地权属材料、勘测定界材料、土地利用现状照片及其他必要的材料。临时用地申请人根据土地权属，与县（市）自然资源主管部门或者农村集体经济组织、村民委员会签订临时使用土地合同，明确临时用地的地点、四至范围、面积和现状地类，以及临时使用土地的用途、使用期限、土地复垦标准、补偿费用和支付方式、违约责任等。临时用地申请人应当编制临时用地土地复垦方案报告表，由有关自然资源主管部门负责审核。其中，所申请使用的临时用地位于项目建设用地报批时已批准土地复垦方案范围内的，不再重复编制土地复垦方案报告表。临时用地恢复责任，临时用地使用人应当按照批准的用途使用土地，不得转让、出租、抵押临时用地。临时用地使用人应当自临时用地期满之日起一年内完成土地复垦，因气候、灾害等不可抗力因素影响复垦的，经批准可以适当延长复垦期限。落实临时用地恢复责任，临时用地期满后应当拆除临时建（构）筑物，使用耕地的应当复垦为耕地，确保耕地面积不减少、质量不降低；使用耕地以外的其他农用地的应当恢复为农用地；使用未利用地的，对于符合条件的鼓励复垦为耕地。县（市）自然资源主管部门依法监督临时用地使用人履行复垦义务情况，对逾期不恢复种植条件、违反土地复垦规定的行为，责令限期改正，并依照法律法规的规定进行处罚。按年度统计，县（市）范围内的临时用地，超期一年以上未完成土地复垦规模达到应复垦规模20%以上的，省级自然资源主管部门应当要求所在县（市）暂停审批新的临时用地，根据县（市）整改情况恢复审批。临时用地监管，自然资源部建立临时用地信息系统。县（市）自然资源主管部门应当在临时用地批准后20个工作日内，将临时用地的批准文件、合同以及四至范围、土地利用现状照片影像资料信息等传至临时用地信息系统完成系统配号，并向社会公开临时用地批准信息。县（市）自然资源主管部门负责督促临时用地使用人按照土地复垦方案报告表开展土地复垦工作，在信息系统中及时更新土地复垦等信息。建立定期抽查和定期通报制度，部和省级自然资源主管部门负责定期抽查占用耕地和永久基本农田临时用地的使用和复垦情况，对不符合用地要求和未完成复垦任务的，予以公开通报。各级自然资源主管部门在年度国土变更调查、卫片执法检查中要结合临时用地信息系统中的批准文件、合同、影像资料、土地复垦方案报告表等，认真审核临时用地的批准、复垦情况。

（四）《工业项目建设用地控制指标》由规范性指标和推荐性指标组成。规范性指标包括容积率、建筑系数、行政办公及生活服务设施用地所占比重3项，部制定控制值。推荐性指标包括固定资产投资强度、土地产出率、土地税收等指标，部制定固定资产投资强度的推荐值，各地可参考、选择全部或部分推荐性指标制定控制值后在本地实施。各省（区、市）自然资源主管部门以及有条件的市级自然资源主管部门，要会同同级产业等相关部门，在详细规划管控下，适应新产业、新业态和新生活方式需要，按照“多规合一”、节约集约和安全韧性的原则，因地制宜制定地方性规划标准和工业项目建设用地控制指标等土地使用标准，并纳入规划技术管理规定，作为详细规划编制审批和规划许可核发的审查依据。其中，容积率、建筑系数控制值原则上不低于控制指标；行政办公及生活服务设施用地所占比重原则上不高于控制指标；推荐性指标的控制值要结合本地区城乡经济发展水平，兼顾大中小企业投入产出状况。各地已出台地方工业项目建设用地控制指标且达到控制指标要求的，可适时修订，暂时未制定地方工业项目建设用地控制指标的，要先按照控制指标执行。控制指标是核定工业项目用地规模、评价工业用地利用效率的重要标准，新建、改建、扩建工业项目均要严格执行。控制指标适用于《国民经济行业分类》GB/T 4754的制造业，以及与《国民经济行业分类》GB/T 4754的制造业对应的战略性新兴产业、先进制造业。控制指标覆盖城乡，国有土地上的工业项目建设要严格执行，集体土地上的工业项目建设可参照执行。地方各级自然资源主管部门要严格依据控制指标审核工业项目用地，对不符合控制指标要求的工业项目，要按规定核减项目用地面积或不予供地。因安全生产、地形地貌、工艺技术等有特殊要求确需突破《控制指标》的工业项目，地方各级自然资源主管部门要根据建设项目节地评价相关要求开展建设项目节地评价论证。控制指标发布前已受理的工业项目，继续按照受理时的要求执行。各地要结合实际，探索通过增加资金和技术投入等方式提高空间利用效率，总结推广节地技术和节地模式，提升工业用地节约集约利用水平。地方各级自然资源主管部门要会同地方产业等相关部门建立控制指标联合实施和监管机制，加强工业用地全周期管理，推动工业用地提质增效。各地在工业用地管理中，要将控制指标作为编制项目用地有关法律文书、项目初步设计文件和可行性研究报告等的重要依据，将控制指标列入建设用地供应方案、出让公告、用地监管合同等，并约定相关违约责任。

（五）节约集约用地论证分析专章编制与审查，专章适用范围：经依法批准的国土空间规划确定的城镇开发边界和村庄建设边界外（土地利用总体规划确定的城市和村庄、集镇建设用地规模范围外）的交通、能源、水利等基础设施建设项目，可行性研究阶段，用地涉及耕地、永久基本农田、生态保护红线，应编制节约集约用地论证分析专章。交通、能源、水利之外的单独选址项目可参照执行。专章编制目的：落实选址选线要求和结果，统筹规划选址、耕地和永久基本农田保护、生态和历史文化保护、矿产资源保护、节约集约用地、地质灾害风险防控等要求，加强多方案比选，在满足功能需求、技术安全和合理投资的前提下，促进建设项目不占或少占耕地，合理避让永久基本农田、生态保护红线、国家重要矿产保护区和地质灾害高风险区，多项论证合并办理，提升项目节约集约用地水平，提高审批质量和效率。专章编制内容：整合现有的建设项目选址论证、节地评价、占用耕地踏勘论证、不可避让生态保护红线论证、永久基本农田补划等技术报告的核心内容，按照“突出重点，注重实效”的原则，从项目概况、方案比选、功能分区和用地规模的合理性、节地水平的先进性、占用永久基本农田的必要性、合理性和补划的可行性等方面编制专章。编制专章的建设项目，在办理用地预审和规划选址时，不再单独编制相关技术报告。专章编制主体：省级及以上项目由市级自然资源主管部门组织开展，省级以下项目由县级自然资源主管部门组织开展。专章编制单位由组织编制部门参照原技术报告编制情况确定。专章成果要求：专章成果应符合节约集约用地论证分析专章成果要求，成果构成专章成果包括：文本、附件、图件。文本按照节约集约用地论证分析专章文本大纲要求进行编制。选址选线具有唯一性建设项目，应增加选址选线唯一性论证内容，不分析备选方案和推荐方案，其他内容参照节约集约用地论证分析专章文本大纲进行编制。文本封面包括项目名称、委托单位、编制单位、编制日期。节约集约用地论证分析专章文本大纲如下：

一、项目概况

（一）建设依据

说明项目依据的规划或文件，以及规划或文件对项目内容（如名称、长度、地点等）的有关表述。

（二）建设内容

1.项目性质。说明项目类型（交通、能源、水利），项目级别（国家级、省级等），项目性质（新建、扩建、改建）。

2.建设标准。说明项目拟采用的技术标准，如高速公路设计时速、车道数量、路基宽度，民用机场等别等。

3.功能分区。说明项目功能分区依据和实际设置情况。

4.建设地点。线性工程具体到县级行政区，块状工程具体到乡镇。

5.备选方案。说明项目服务对象和选址选线必备要求；简要说明备选方案的过程情况；列表比较备选方案[包括备选方案投资估算、各功能分区及用地规模、涉及生态保护红线的具体情形及面积、占用现状重要地类面积、耕地占项目总用地比例、永久基本农田占项目总用地比例、征地拆迁情况等，线性工程还应包括长度、桥隧比、互通（或铁路车站）数量、互通（或铁路车站）平均间距等]。选址选线具有唯一性建设项目，应简要说明备选方案的唯一性。

二、选址选线方案比选

（一）国土空间规划“一张图”符合性

分析项目在国土空间规划“一张图”上图落位情况，是已精准确定空间位置，还是以线型示意表达，是否列入规划重点项目清单，是否预留了规划建设用地指标。未纳入国土空间规划的，是否符合现行用途管制规则。

（二）选址选线约束性

1.建设条件情况。分析备选方案所在区域工程地质、水文地质情况，是否存在地震、洪水、地质灾害等安全风险。简要说明备选方案对外交通运输、供电、供燃气、供热、给水排水等必要的基础设施衔接情况。

2.历史文化保护情况。分析备选方案所在区域有无压占历史文化名城、名镇、名村保护范围等。确需压占的，分析是否符合国家和地方法律法规、政策要求。

3. 生态保护情况。分析备选方案所在区域生态资源类型、数量、空间分布等情况，如有无侵占重要山体、公益林、河流湖泊、湿地、水库、风景名胜区、饮用水水源保护区等。确需压占，是否符合国家和地方法律法规、政策要求。

4. 矿产资源情况。按要求开展压覆矿产资源查询和调查评估，分析备选方案所在区域矿产资源类型、分布及矿业权设置情况，有无压覆重要的矿产资源，选址选线是否尽量减少和避免压覆重要矿产资源。

5. 安全防护情况。分析备选方案是否满足“邻避”要求，是否存在社会风险和人身安全风险。是否避让饮用水水源一级保护区。是否满足机场净空、微波通道、军事设施保护及国家安全等特殊要求。是否符合地震观测环境保护规定。

6. 重要设施影响情况。分析备选方案（特别是线性工程）对机场、铁路、公路、港口、航道、大型桥梁、堤防、高压走廊等重要基础设施影响程度，选择影响小的方案。

7. 投资情况。备选方案投资合理性分析，包括项目总投资、单位投资（线性工程单位长度投资额，块状工程单位用地投资额）等情况。

8. 其他影响情况。包括但不限于对景观风貌、视线通廊、城镇布局、水系连通、航道通行、拆迁安置等的影响，根据项目实际情况、区域特色和地方要求进行必要分析。

（三）占用耕地和永久基本农田的合理性

1. 占用的必要性。结合耕地和永久基本农田空间布局、项目选址选线要求等，论证备选方案各功能分区占用耕地和永久基本农田的理由是否充分。

2. 占用的合理性。涉及占用永久基本农田的，应说明是否符合国家有关政策要求，属于哪种情形。分析备选方案不占、少占耕地，特别是永久基本农田采取的工程、技术措施，以及取得的效果。说明备选方案各功能分区占用耕地和永久基本农田的规模（含水田面积）、坡度、质量、空间位置等情况，占用比例是否符合各省要求。说明配套设施、特别是经营性设施是否避让了永久基本农田。同等工程技术和投资等条件下，线性工程推荐选择耕地、特别是永久基本农田占项目总用地比例低的方案；占比相同的，选择耕地质量差的方案；块状工程推荐选择占用耕地、特别是永久基本农田面积小的方案。

（四）不可避让生态保护红线的充分性

1. 难以避让理由。说明备选方案是属于允许有限人为活动，还是属于允许有限人为活动外的国家重大项目占用情形，允许有限人为活动应明确属于管控规则中的哪种具体情形。结合生态保护红线的空间分布、项目选址选线要求等，说明已经合理避让生态保护红线情况；对确实难以避让的部分，分析可能造成的生态环境影响，并说明是否采取必要的工程技术措施减少压占生态保护红线。

2. 空间分布及重叠面积情况。说明备选方案涉及生态保护红线的空间分布、重叠面积等。若涉及自然保护地，应明确自然保护地的类型、名称和功能分区，是否符合相关法律法规和政策要求，并取得相关行业主管部门非否定性的意见。

3. 对生态环境影响程度。从施工期和运营期比较备选方案对生态系统、生物多样性、生态环境、生态景观的影响范围、强度和持续时间，推荐选择对生态环境影响小的方案（或局部线路）。

（五）推荐方案情况

在满足功能需求、技术安全和合理投资的前提下，通过定量比较和定性分析，确定推荐方案，优先选择永久基本农田占用少、耕地占用少或质量差、生态环境影响小的方案。说明推荐方案基本情况。

三、功能分区和用地规模的合理性

（一）功能分区

说明推荐方案功能分区依据，各功能分区建设内容及用地规模、占总用地比例情况，是否体现了项目所在区域的地形地貌特征，是否设置了不必要的功能分区，是否存在“搭车用地”等。跨市

（州、盟）项目，应明确各市（州、盟）用地规模和功能分区。

（二）设施利用

分析推荐方案各功能分区是否充分利用既有设施、线路、场站，是否合理利用地上地下空间或者科学合理提高项目投资强度、容积率、建筑密度，是否采取土地复合、功能混合和设施融合或者应用先进的工艺流程、施工工艺和技术减少占用土地。

（三）用地标准

国家和地方是否均有土地使用标准，按照更严格的执行。说明推荐方案总用地及各功能分区用地测算依据，计算过程和结果，是否符合对应的工程项目建设用地标准。在满足要求的前提下，尽量选用标准的中、低值，减少占地。改扩建项目须分别说明总用地情况、原有用地情况和新增用地情况，说明各功能区建成后的“总用地面积”符合指标情况。

因安全生产、地形地貌、工艺技术等特殊要求确需突破土地使用标准确定的规模和功能分区应重点论证，超标准的原因应充分，超出规模应合理。公路项目设置的互通立体交叉工程用地，超过《公路工程项目建设用地指标》有关间距规定的，应充分论证并取得省级以上交通主管部门出具的意见。

对于国家和地方未颁布土地使用标准的建设项目，应考虑安全生产、工程运行安全等因素，结合行业专业技术设计规范、建设规范等对各功能分区规模进行充分论证。

四、节地水平的先进性

（一）采用的节地技术

从建设项目适用的设计依据、技术规范、技术标准出发，分析推荐方案采用的节地技术、节地措施，取得的节地效果。对于突破土地使用标准的建设项目应分析项目采用的工艺流程、施工工艺、技术和设备的先进性。

（二）案例对比情况

与各省（区、市）节地项目案例库内同类型、同地貌的节约集约用地案例（单位用地量、功能分区占比）进行对比，得出项目节地先进性结论及下阶段改进优化的建议。省（区、市）内缺少比较案例的，选择其他省（区、市）同类型、同地貌先进案例进行对比或与类似项目节约集约案例进行对比、分析。

五、耕地占补平衡与永久基本农田补划

（一）耕地占补平衡

分析项目所在区域补充耕地储备库指标是否充足，储备指标不足的应明确补充耕地落实方式，并承诺在农用地转用报批时落实占补平衡。新建水利水电工程中水库淹没区涉及占用一般耕地的，分析是否能够落实耕地进出平衡，并承诺在土地征收报批时落实耕地进出平衡。

（二）永久基本农田补划

详细说明推荐方案占用的永久基本农田图斑个数、面积、质量情况。分析补划永久基本农田图斑个数、面积、质量情况，与生态保护红线、城镇开发边界的衔接关系，是否属于现状稳定耕地。说明是否优先在储备区中补划，未在储备区内补划的，应说明原因，并在县域内落实补划；不能在县域内落实补划的，应说明原因，提供承担补划任务的县（市）级人民政府意见，以及省级自然资源主管部门的确认意见。

六、其他情况

说明自然资源主管部门是否参与选址选线。如参与，说明参与的层级、形式、次数、反馈意见，以及意见采纳情况。

其中，备选方案主要指标对比（表5-1）、推荐方案用地情况（表5-2）、推荐方案涉及生态保护红线面积统计（表5-3）、永久基本农田占用补划情况（表5-4）。

备选方案主要指标对比 **表5-1**

指标分类	具体指标	备选方案 1	备选方案 2	……
基本情况	1. 线路长度（线性）/ 长与宽（块状）（km）			
	2. 投资概算（万元）			
	（1）单位投资（万元）			
	3. 桥隧比			
	4. 互通（铁路车站）数量（个）			
	5. 互通（铁路车站）平均间距（km）			
规划"一张图"情况	6. 规划符合情况			
选址约束性	7. 地质灾害			
	8. 生态保护			
	（1）			
	……			
	9. 压覆重要矿产资源储量情况			
	10. 安全防护			
	11. 重要设施			
	12. 其他影响			
耕地和永久基本农田	13. 占用耕地及水田面积（公顷）			
	14. 占用耕地质量情况			
	15. 耕地占项目总用地比例			
	16. 功能分区占用永久基本农田面积（公顷）			
	（1）			
	……			
	17. 永久基本农田占项目总用地比例			
生态环境影响	18. 与自然保护地核心保护区重叠面积（公顷）			
	19. 与自然保护地核心保护区以外生态保护红线重叠面积（公顷）			
	20. 生态环境影响程度			

注：可根据线性、块状项目类型，以及项目实际情况，对表格内容进行增减，可定量比较，也可以定性描述。

推荐方案用地情况 **表5-2**

单位：公顷（0.0000）

<table>
<tr><td rowspan="3">功能分区</td><td rowspan="3">用地面积</td><td colspan="3">农用地</td><td rowspan="3">建设用地</td><td rowspan="3">未利用地</td><td rowspan="3">围填海</td></tr>
<tr><td rowspan="2"></td><td colspan="2">其中：耕地</td></tr>
<tr><td></td><td>永久基本农田</td></tr>
<tr><td></td><td></td><td></td><td></td><td></td><td></td><td></td><td></td></tr>
<tr><td></td><td></td><td></td><td></td><td></td><td></td><td></td><td></td></tr>
<tr><td></td><td></td><td></td><td></td><td></td><td></td><td></td><td></td></tr>
<tr><td>合计</td><td></td><td></td><td></td><td></td><td></td><td></td><td></td></tr>
</table>

附件若涉及自然保护地、历史文化保护、重要生态资源、重要设施等，提供相关部门意见。图件按照专章图件名称及主要表达内容（表 5-5）要求进行编制。建设项目用地范围采用 2000 国家大地坐标系（CGCS2000），1985 国家高程基准，高斯 - 克吕格投影。

推荐方案涉及生态保护红线面积统计 **表5-3**

单位：公顷（0.0000）

涉及生态保护红线空间分布		面积	占总用地面积比重
1. 生态保护红线内自然保护地			
①国家公园	核心保护区		
	一般控制区		
②自然保护区	核心保护区		
	一般控制区		
③自然公园	一般控制区		
2. 生态保护红线内自然保护地以外区域			
合计			

注：不涉及生态保护红线项目，此表无需填写；在自然保护地整合优化成果批复前，涉及自然保护区的项目，按照核心区、缓冲区、实验区的功能分区填写。

永久基本农田占用补划情况 **表5-4**

单位：公顷（0.0000）

县（市、区）	占用永久基本农田情况			补划永久基本农田情况		
	图斑个数	面积	质量情况	图斑个数	面积	质量情况
××× 县						
××× 县						
……						
合计			—			—

专章图件名称及主要表达内容 **表5-5**

序号	图名	主要内容	备注
1	推荐方案区位图	表达项目在行政区的位置，与周边地区的关系、交通条件等；标注比例尺、风玫瑰、图例	图纸大小 A3
2	备选方案土地利用现状图	表达备选方案与启用的国土变更调查现状图的关系，现状图要素、颜色等按照各地要求执行，原则上与 1 ：1 万分幅图保持一致；标注比例尺、风玫瑰、图例等	图纸大小 A3，在同一张图上表达；有困难的，可分段表达
3	备选方案与三条控制线关系图	表达备选方案范围、永久基本农田、生态保护红线、城镇开发边界、规划路网（重要路名）、县级行政区边界和名称等。标注比例尺、风玫瑰、图例等	图纸大小 A3，在同一张图上表达；有困难的，可分段表达
4	备选方案国土空间规划图	表达备选方案与国土空间规划的关系，规划图要素、颜色、图例等按照规范要求执行；标注比例尺、风玫瑰、图例等	图纸大小 A3，原则上在一张图上表达；有困难的，可分段表达；国土空间规划批复前，用土地利用规划图表达
5	备选方案与生态保护红线重叠图	表达备选方案范围、生态保护红线（区分自然保护地核心保护区、一般控制区、自然保护地外生态保护红线）、县级行政区边界和名称等；标注比例尺、风玫瑰、图例等	图纸大小 A3，原则上在一张图上表达
6	推荐方案用地范围图	在地形图上表达项目用地范围。标注重要设施名称（道路、河流、互通）比例尺、风玫瑰、图例等内容	图纸大小 A3，有困难的，可分段表达
7	推荐方案占用永久基本农田分布图	表达推荐方案与永久基本农田的关系；标注重要道路、河流、比例尺、风玫瑰、图例等	图纸大小 A3，有困难的，可分段表达
8	推荐方案总平面图（块状工程）	表达推荐方案功能分区范围、建筑物名称、布局及层数、主要技术指标（包括但不限于用地面积、建筑密度、建筑高度、容积率、绿地率等）等；标注比例尺、风玫瑰、图例等	图纸大小 A3
9	永久基本农田补划地块土地利用现状图	表达补划地块与启用的国土变更调查现状图上的关系；现状图要素、颜色等按照各地要求执行，原则上与 1 ：1 万分幅图保持一致；标注比例尺、风玫瑰、图例等	图纸大小 A3

专章审查方式：专章作为建设项目用地预审申报材料之一，自然资源主管部门需对专章论证内容进行审查。报自然资源部预审的建设项目，由项目所在地的省级自然资源主管部门组织对专章进行审查并提出意见；地方预审的建设项目，按照预审层级，由对应的自然资源主管部门组织对专章进行审查。

专章审查要求：按照审查标准（表5-6）对专章进行量化评分，划分为不合格、一般（60.1—80分）、优良（80.1—100）。专章成果不符合要求、质量不合格的予以退回，质量一般的提出补正意见，优良的原则上不提出意见。

节约集约用地论证分析专章审查标准 **表5-6**

<table>
<tr><th>审查内容</th><th colspan="2">审查标准</th><th>分数</th><th>备注</th></tr>
<tr><td>规划“一张图”符合情况（2分）</td><td>—</td><td>已纳入规划“一张图”，或未纳入但符合现行用途管制规则</td><td>2</td><td>满足情形得2分，不满足得0分</td></tr>
<tr><td rowspan="6">选址选线约束性（15分）</td><td>建设条件</td><td>选择地震、洪水、地质灾害等安全风险隐患小的方案；选择对重要设施影响小或无影响的方案</td><td>2</td><td>未选择的，此项得0分</td></tr>
<tr><td>历史文化保护</td><td>选择历史文化名城、名镇、名村保护范围等影响小或无影响的方案，并经主管部门许可</td><td>2</td><td>根据内容打分，最高2分，最低0分</td></tr>
<tr><td>生态保护</td><td>不压占重要生态地类，或压占符合国家和地方法律法规要求</td><td>3</td><td>根据内容打分，最高3分，最低0分</td></tr>
<tr><td>压覆矿产</td><td>经不可避让论证确需压覆的，选择压覆量较小的方案</td><td>2</td><td>未选择的，此项得0分</td></tr>
<tr><td>邻避要求</td><td>满足“邻避”要求，避让饮用水水源一级保护区，满足机场净空、微波通道、军事设施保护及国家安全等特殊要求</td><td>3</td><td>根据内容打分，最高3分，最低0分</td></tr>
<tr><td>投资情况</td><td>选择单位投资小、经济效益好的方案</td><td>3</td><td>根据内容打分，最高3分，最低0分</td></tr>
<tr><td rowspan="4">避让生态保护红线情况（15分）</td><td rowspan="2">避让情况</td><td>无法避让生态保护红线的理由充分</td><td>6</td><td>根据内容打分，最高6分，最低0分</td></tr>
<tr><td>涉及生态保护红线具体情形、空间分布、面积清晰</td><td>2</td><td>根据内容打分，最高2分，最低0分</td></tr>
<tr><td rowspan="2">方案选择</td><td>选择对生态环境影响小的方案</td><td>4</td><td>根据内容打分，最高4分，最低0分</td></tr>
<tr><td>减轻生态环境影响的措施可行</td><td>3</td><td>根据内容打分，最高3分，最低0分</td></tr>
<tr><td rowspan="5">占用耕地和永久基本农田情况（25分）</td><td rowspan="2">避让情况</td><td>难以避让耕地和永久基本农田的理由充分</td><td>4</td><td>根据内容打分，最高4分，最低0分</td></tr>
<tr><td>采取了必要的措施避让耕地和永久基本农田，取得了明显效果</td><td>6</td><td>根据内容打分，最高6分，最低0分</td></tr>
<tr><td rowspan="3">方案选择</td><td>线性工程推荐选择耕地、特别是永久基本农田占项目总用地比例低的方案，占比相同的，选择耕地质量差的方案；沿线经营性配套设施应避让永久基本农田；块状工程推荐选择占用耕地、特别是永久基本农田面积小的方案</td><td>8</td><td>未选择且理由不充分的，此项得0分</td></tr>
<tr><td>满足各省（区、市）制定的占比上限要求</td><td>5</td><td>不满足的，此项得0分</td></tr>
<tr><td>耕地占补平衡和永久基本农田补划方案可行</td><td>2</td><td>不满足的，此项得0分</td></tr>
<tr><td rowspan="5">功能分区和用地规模的合理性（25分）</td><td rowspan="3">功能分区</td><td>功能分区依据充足，体现了项目所在区域地形地貌特征，未设置不必要的功能分区</td><td>5</td><td>根据内容打分，最高5分，最低0分</td></tr>
<tr><td>跨市（州、盟）项目，明确了各市（州、盟）用地规模和功能分区</td><td>1</td><td>未明确的，此项得0分</td></tr>
<tr><td>不存在“搭车用地”和预留用地情形</td><td>2</td><td>存在此情形，此项得0分</td></tr>
<tr><td rowspan="2">设施利用</td><td>充分利用既有设施、线路、场站，合理利用地上地下空间或者科学、合理提高项目投资强度、容积率、建筑密度等</td><td>2</td><td>根据内容打分，最高2分，最低0分</td></tr>
<tr><td>采取土地复合、功能混合和设施融合或者应用先进的工艺流程、施工工艺和技术减少占用土地</td><td>2</td><td>根据内容打分，最高2分，最低0分</td></tr>
</table>

续表

审查内容	审查标准		分数	备注
功能分区和用地规模的合理性（25分）	用地标准	单位用地指标、各功能分区用地规模符合对应的土地使用标准	5	不符合的，此项得0分
		国家和地方均有标准的，按更严格的执行；在满足要求的前提下，选用标准的中、低值	5	根据内容打分，最高5分，最低0分
		确需突破土地使用标准确定的规模和功能分区，超标准的原因充分，超出规模合理	3	根据论证内容打分，最高3分，最低0分；无此情形，此项得3分
		国家和地方未颁布土地使用标准的，结合行业专业技术设计规范、建设规范等对各功能分区规模进行充分论证	10	与有标情形并列。根据论证内容打分，最高10分，最低0分
节地水平的先进性（13分）	节地措施	采用的节地技术、节地措施合理，取得的节地效果明显	5	根据内容打分，最高5分，最低0分
	案例比较	选择了相似、真实的节约集约用地案例进行对比	3	根据内容打分，最高3分，最低0分
	节地水平	与省（区、市）内同类项目对比，节地水平先进	5	专家评定打分，最高5分，最低0分
专章编制规范性（5分）	文本质量	数据真实准确，图纸标注规范，图文并茂	2	根据内容打分，最高2分，最低0分
		文字逻辑清晰、论证合理充分，无明显错漏、矛盾	3	根据内容打分，最高3分，最低0分

注：建设项目不涉及生态保护红线，或者不涉及耕地和永久基本农田，对应项按满分计算。

（六）城市停车场规划建设及用地，城市停车设施专项规划调控，合理配置停车设施，提高空间利用效率，促进土地节约集约利用；充分挖潜利用地上地下空间，推进建设用地的多功能立体开发和复合利用；鼓励社会资本参与，加快城市停车场建设。依据土地利用总体规划、城市总体规划和城市综合交通体系规划，城市停车行业主管部门要会同规划部门编制城市停车设施专项规划，合理布局停车设施。专项规划应符合《城市停车规划规范》《城市停车设施规划导则》、充电基础设施建设等相关要求。编制专项规划同时，应对建设项目停车配建标准实施情况进行评估，并适时调整，调整后的停车配建标准应及时向社会公布。专项规划应坚持设施差别化供给原则，按照城市中不同区域的功能要求和城市综合交通发展策略，合理确定停车设施规模。对于老旧居住区等停车设施供需矛盾突出的重点区域，应结合片区停车综合改善方案，合理确定停车方式和停车规模；对于公共交通发达地区，应合理控制停车设施建设规模。可充分结合城市地下空间规划，利用地下空间分层规划停车设施，在城市道路、广场、学校操场、公园绿地，以及公交场站、垃圾站等公共设施地下布局公共停车场，以促进城市建设用地复合利用。经依法批准的专项规划中有关要求应及时纳入控制性详细规划，并作为城市停车场建设和管理的依据，严格执行。城市新建建筑配建停车设施应符合相应的停车配建标准。停车场建设项目的规划管理，单独新建公共停车场用地规划性质为社会停车场用地。为鼓励停车产业化，在不改变用地性质、不减少停车泊位的前提下允许配建一定比例的附属商业面积，具体比例由属地城市政府确定，原则上不超过20%。通过分层规划，利用地下空间建设公共停车场的，地块用地规划性质为相应地块性质兼容社会停车场用地。新建建筑超过停车配建标准建设停车场以及随新建项目同步建设并向社会开放的公共停车场（地下停车库和地上停车楼，配建附属商业除外），在规划审批时可根据总建筑面积、超配建的停车泊位建筑面积、公共停车场建筑面积等情况，给予一定的容积率奖励。其中，停车楼项目应符合日照、绿化、消防等相关标准。在符合土地利用总体规划和城市总体规划前提下，机关事业单位、各类企业利用自有建设用地增建公共停车场可不改变现有用地性质及规划用地性质。增建方式包括利用自有建设用地地下空间、既有建筑屋顶、拆除部分既有建筑新建、既有平面停车场改加建等，在符合日照、消防、绿化、环保、安全等要求的前提下增建后地块的建筑高度、建筑密度等指标可由城市政府有关部门按照程序依法进行调整。地下空间单独出让建设公共停车场的，项目出让规划条件应明确用地红线范围、公共停车场建筑面积等，有需要配建附属商业的公共停车场，还应明确商业建筑面积。利用现有城市公园绿地地下空间建设公共停车场的，在报城市政府规划部门审批时，应征求园林绿化部门及有关部门的意见，并符合国家和地方有关规范。地下停车库顶板上覆土最小厚度要保证停车场工程质量和安全，并满足绿化种植相关要求，其具体规定以及地下停车库面积占公园绿地面积的最大比例等规定，由城市政府有关部门根据实际情况研究制定。与其他功能的建筑结合开发的公共停车场应设置独立区域、单独出入口、明确的标志和诱导系统。在满足结构、消防安全等条件下，既有其他功能建筑改建为停车场的，可简化规划审批流程。临时公共停车设施（含平面及机械设备安装类）由城市政府建设和规划等相关部门通过联席会议（或相关综合协调制度）进行审定，不需要办理相关审批手续。机械停车设备应当按相关规定进行验收。居住区利用自有建设用地设置机械设备类停车设施，还应取得业主委员会同意（没有业主委员会的，街道办事处或社区居委会等要征求居民意见），且满足日照、消防、绿化、环保、安全等要求。停车场用地以出让方式供应的，建设用地使用权出让年限按最高不超过50年确定。工业、商住用地中配建停车场的，停车场用地出让最高期限不得超过50年。以租赁方式供应的，租赁年限在合同中约定，最长租赁期限不得超过同类用途土地出让最高年期。停车场用地供应应当纳入国有建设用地供应计划。新建建筑物配建停车场以及利用公园绿地、学校操场等地下空间建设停车场的，其建设规模应一并纳入建设用地供应计划。闲置土地依法处置后由政府收回、规划用途符合要求的，可优先安排用于停车场用地，一并纳入国有建设用地供应计划。符合《划拨用地目录》的停车场用地，可采取划拨方式供地，不符合的，应依法实行有偿使用。对新建独立占地的、经营性的公共停车场用地，同一宗用地公告后只有一个意向用地者的，可以协议方式供应土地。协议出让价不得低于按国家规定确定的最低价标准。供应工业、商业、旅游、娱乐、商品住宅等经营性用地配建停车场用地的，应当以招标、拍卖或者挂牌方式供地。标底或者底价不得低于国家规定的最低价标准。鼓励租赁供应停车场用地，各地可以制定出租或先租后让的鼓励政策和租金标准。城市公共交通停车场用地综合开发配建商服设施，采取划拨方式供地的，配建的商服等用地可按市场价有偿使用。出让土地建设公共停车场的，可根据城市公共停车场客观收益情况评估并合理确定出让地价。在城市道路、广场、公园绿地等公共设施下建设停车场，以出让等有偿方式供地的，可按地表出让建设用地使用权价格的一定比例确定出让底价。对营利性机构利用存量建设用地从事停车场建设，涉及划拨建设用地使用权出让（租赁）或转让的，在原土地用途符合规划相关标准规范的前提下，可不改变土地用途，允许补缴土地出让金（租金），办理协议出让或租赁手续。在符合规划相关标准规范的前提下，在已建成的住宅小区内增加停车设施建筑面积的，可不增收土地价款。各地要及时总结有利于节约集约用地的停车场建设技术和利用模式，对节地效果明显、有推广价值的节地模式和节地技术，在划拨和出让土地时，可将节地模式、节地技术作为供地条件，写入供地方案，合理评估出让底价，在供地计划、供地方式、供地价格、开发利用等方面体现政策支持，逐步建立和完善节约集约用地的激励机制。对新建建筑充分利用地下空间，超过停车配建标准建设地下停车场，并作为公共停车场向社会开放的超配部分，符合规划的，可不计收土地价款。停车场权利人可以依法向停车场所在地的不动产登记机构申请办理不动产登记手续，不动产登记机构要依据《不动产登记暂行条例》及其实施细则等法规规章政策，积极做好停车场登记发证服务工作。市、县国土资源管理部门应当在核发划拨决定书、签订出让合同和租赁合同时，明确规定或者约定：停车场建设用地使用权可以整体转让和转租，不得分割转让和转租；不得改变规划确定的土地用途，改变用途用于住宅、商业等房地产开发的，由市、县国土资源管理部门依法收回建设用地使用权；以出让或者租赁方式取得停车场建设用地使用权的，可以设定抵押权。以划拨方式取得停车场建设用地使用权设定抵押的，应当约定划拨建设用地使用权不得单独设定抵押权，设定房地产抵押权的停车建设用地使用权以划拨方式取得的，应当从拍卖所得的价款中缴纳相当于应缴纳的土地使用权出让金的款额后，抵押权人方可优先受偿。划拨决定书、出让合同和租赁合同要及时上传土地市场动态监测监管系统。坚持市场化原则，鼓励路内停车泊位和政府投资建设的公共停车场实行特许经营，通过招标等竞争性方式，公开选择经营主体。统筹地上地下空间开发，充分挖潜、高效利用土地资源，加快停车场规划建设，既有利于营造城市宜居环境，又有利于促进土地节约集约利用、促进经济发展方式转变。

（七）城镇开发边界管理，维护“三区三线”划定成果的严肃性和权威性。各地要切实将党中央、国务院批准的“三区三线”划定成果作为调整经济结构、规划产业发展、推进城镇化不可逾越的红线。各类城镇建设所需要的用地（包括能源化工基地等产业园区、围填海历史遗留问题区域的城镇建设或产业类项目等）均需纳入全省（区、市）规划城镇建设用地规模和城镇开发边界扩展倍数统筹核算。不得擅自突破城镇建设用地规模和城镇开发边界扩展倍数，严禁违反法律和规划开展用地用海审批。严格城镇开发边界范围内耕地和永久基本农田保护，确需对永久基本农田进行集中连片整治的，原则上仍应以“开天窗”方式保留在城镇开发边界范围内，且总面积不减少；确需调出城镇开发边界范围的，应确保城镇建设用地规模和城镇开发边界扩展倍数不扩大。在规划实施期内，城镇开发边界可基于5年一次的规划实施评估，按照法定程序经原审批机关同意后进行调整。推动城镇开发边界划定成果精准落地实施，各地要结合市县国土空间规划编制审批实施，进一步深化城镇开发边界内规划用地安排，细化功能分区和用地布局，统筹存量用地和增量用地、地上空间和地下空间，合理安排城镇建设用地规模、结构、布局和时序，使城镇开发边界划定成果精准落地实施。市县国土空间规划实施中，要避免“寅吃卯粮”，在城镇开发边界内的增量用地使用上，为“十五五”“十六五”期间至少留下35%、25%的增量用地。在年度增量用地使用规模上，至少为每年保留5年平均规模的80%，其余可以用于年度间调剂，但不得突破分阶段总量控制，以便为未来发展预留合理空间。在严格落实耕地保护优先序，确保城镇建设用地规模和城镇开发边界扩展倍数不突破的前提下，可对以下几种情形的城镇开发边界进行局部优化：国家和省重大战略实施、重大政策调整、重大项目建设，以及行政区划调整涉及城镇布局调整的；因灾害预防、抢险避灾、灾后恢复重建等防灾减灾确需调整城镇布局的；耕地和永久基本农田核实处置过程中确需统筹优化城镇开发边界的；已依法依规批准且完成备案的建设用地，已办理划拨或出让手续，已核发建设用地使用权权属证书，确需纳入城镇开发边界的；已批准实施全域土地综合整治确需优化调整城镇开发边界的；规划深化实施中因用地勘界、比例尺衔接等需要局部优化城镇开发边界的。统筹做好规划城镇建设用地安排，引导城镇建设用地向城镇开发边界内集中，促进城镇集约集聚建设，提高土地节约集约利用水平。城镇开发边界外不得进行城镇集中建设，不得规划建设各类开发区和产业园区，不得规划城镇居住用地。在落实最严格的耕地保护、节约用地和生态环境保护制度的前提下，结合城乡融合、区域一体化发展和旅游开发、边境地区建设等合理需要，在城镇开发边界外可规划布局有特定选址要求的零星城镇建设用地，并依据国土空间规划，按照“三区三线”管控和城镇建设用地用途管制要求，纳入国土空间规划“一张图”严格实施监督。涉及的新增城镇建设用地纳入城镇开发边界扩展倍数统筹核算，等量缩减城镇开发边界内的新增城镇建设用地，确保城镇建设用地总规模和城镇开发边界扩展倍数不突破。规范城镇开发边界的全生命周期管理，城镇开发边界发生变化的，省级自然资源主管部门应及时向部汇交数据（附审查认定文件、矢量数据等），检验合格纳入国土空间基础信息平台和国土空间规划“一张图”实施监督信息系统并反馈省级自然资源主管部门后，方可作为规划管理、用地用海审批的依据。部将依托国土空间规划“一张图”实施监督信息系统，加强对城镇开发边界实施、监督、评估、考核、执法等全生命周期管理。国家自然资源督察机构将把地方政府落实城镇开发边界管控要求情况作为督察的重要内容。

第二节　城市更新规划操作指引

一、城市更新定义

城市更新，指本市建成区内开展的提升城市功能、优化空间结构、改善人居环境、塑造特色风貌等持续改善城市空间形态和功能的活动。在现有以政府收储方式实施的城市更新活动，以及仅对公共空间或者建筑进行配套功能完善、品质提升的微更新活动的基础上，本指引重点聚焦《城市更新条例》创设的区域更新和零星更新，创新实施机制和保障措施，在公平公正的前提下，充分激发市场主体参与城市更新活动的积极性。区域更新：为更好地统筹安排功能提升、产业发展、生态环境、市政交通设施和公共服务，针对划定的更新区域，政府可以赋予统筹主体参与规划编制、统筹整体利益等职能，由统筹主体负责推动达成区域更新意愿、编制区域更新方案，明确区域内的城市更新项目和实施主体，组织推进城市更新项目实施。区域更新可以包含多个城市更新项目。零星更新：是基于物业权利人的意愿，由物业权利人等各类市场主体，根据规划和相关规定，对物业权利人自有的土地房屋实施城市更新建设。更新行动计划：仅针对区域更新，由区人民政府组织编制，划示区域更新范围，明确规划设计条件等内容，用于向社会公开招募统筹主体。更新行动计划根据更新需求和市场反馈情况，适时编制上报，可以包括一个或者多个区域。更新方案：更新方案包括区域更新方案和项目更新方案两类。区域更新方案明确各城市更新项目的开发指标、实施主体、实施时序、需要实施的公共要素、运营管理要求等。项目更新方案明确规划指标、需要实施的公共要素、实施时序等要求。更新统筹主体：针对区域更新，由市、区人民政府通过公开遴选或者指定的方式确定，承接政府授权，通过市场化运作，统筹平衡各方利益，推动更新区域内物业权利人达成统一的更新意愿，协调推进区域更新实施。统筹主体可以是物业权利人，也可以是其他市场主体。实施主体：城市更新项目的建设单位，可以是物业权利人、物业权利人和市场主体的联合体、物业权利人委托的市场主体、以协议方式取得房地产权益的市场主体等。区域更新中的实施主体也可以是统筹主体。公共要素：包括公共绿地、广场、公共通道等公共空间；文化、教育、体育、医疗卫生、养老福利等非营利性公共服务设施；道路、公共停车场、公交场站等交通设施；供应、环境卫生、消防等市政设施。城市更新指引适用范围包括本市建成区内开展的提升城市功能、优化空间结构、改善人居环境、塑造特色风貌等持续改善城市空间形态和功能的活动。城市更新活动应当按照规划引领、统筹推进，政府推动、市场运作，数字赋能、绿色低碳，民生优先、共建共享的原则，实现以下目标：优化区域功能布局，推动产业转型升级，提高城市能级与核心竞争力，促进创新发展。构建多元融合的“15分钟社区生活圈”，加强历史文化保护和活化利用，塑造城市特色风貌，持续提升城市文化软实力和城市魅力。完善公共服务设施和市政交通设施，提高城市服务水平，保障城市风险防控和安全运行，提升城市韧性。

二、区域更新与零星更新

（一）区域更新的基本流程，区域更新由区人民政府组织编制更新行动计划，报市人民政府审定后，向社会公布；区人民政府遴选或者指定各更新区域的统筹主体，并赋予统筹主体相应职能；统筹主体组织编制区域更新方案，报区人民政府认定后，组织实施。区人民政府应当根据各级国土空间规划与国民经济和社会发展规划，结合本辖区实际情况和开展的城市体检评估报告意见建议，对需要实施区域更新的，组织编制更新行动计划，划示更新区域，并针对各更新区域，明确规划设计条件、统筹主体的确定方式等内容。更新区域应当根据区域情况和更新需要予以划示，兼顾保民生和促发展的要求，综合考虑规划实施情况和专业主管部门的意见。更新区域一般涉及多个物业权利人，原则上不小于一个街坊。更新区域的规划设计条件应当符合各级国土空间规划，充分衔接相关专项规划的管理要求，包括区域更新目标，开发强度、高度分区等要求，可预留弹性；以及公共服务设施、市政交通设施、公共空间、历史风貌保护等底线要求。统筹主体的确定方式有公开遴选和指定两种。公开遴选统筹主体的，应当通过“公开招标”“竞争性谈判”等方式开展。属于历史风貌保护、产业园区转型升级、市政交通设施整体提升等情形的，市、区人民政府可以指定统筹主体。更新行动计划的编制，应当广泛听取各单位和个人的更新建议。更新行动计划编制过程中，区人民政府应当组织听取市、区相关部门意见，并组织专家委员会专家进行评审。

（二）零星更新的基本流程，零星更新是基于物业权利人的意愿，由物业权利人或者市场主体，向区规划资源部门申请相关基本信息；编制项目更新方案报区人民政府，经区人民政府认定后，实施城市更新。申请人可以向区规划资源部门申请相关基本信息，包括规划信息、地籍信息、城市更新支持政策等。区规划资源部门结合相关情况予以回复。申请人应当编制项目更新方案。项目更新方案主要包括实施主体、规划实施方案和全生命周期管理清单。申请人报送项目更新方案时，涉及联合体或者市场主体作为实施主体的，应当附具与原权利人的合作协议、房地产权益转让协议或者合作意向材料。项目更新方案由区规划资源部门接收，报区人民政府认定并明确有效期。涉及已批控详规划优化的，项目更新方案经认定前，规划实施方案应当取得市规划资源部门意见。项目更新方案经认定后，应当通过城市更新信息系统向社会公布。项目更新方案涉及控详规划优化的，控详规划组织编制主体应当同步形成控详规划成果，开展控详规划优化相关工作。项目更新方案经认定后不得随意调整。确需调整的，应当依照规定，履行相关程序。零星更新项目实施主体根据认定的项目更新方案予以实施。

（三）本市对城市更新项目实行全生命周期管理。市、区人民政府应当组织规划资源、住房和城乡建设管理、经济信息化、商务、交通、绿化市容等部门，综合考虑产业功能、区域配套、公共服务等因素，在更新方案中明确城市更新项目功能、改造方式、建设计划、运营维护管理、项目绩效、物业自持比例、持有年限、节能环保和公共要素建设等全生命周期管理要求。市、区人民政府应当将明确的全生命周期管理清单纳入城市更新信息系统，通过信息共享、协同监管，实现城市更新项目的全生命周期管理。有关部门应当按照“谁提出、谁负责、谁监管”的原则，对全生命周期管理清单落实情况进行评定并纳入城市更新信息系统，依法实施监督。城市更新项目涉及用地手续办理的，应当将土地全生命周期管理要求纳入建设用地使用权合同或者划拨决定书。统筹主体应当按照统筹实施协议中明确的区域更新方案编制完成时限，完成区域更新方案编制和报送。未能按时报送的，应当依约向区人民政府申请延期。在批准的延期时限内仍不能完成的，统筹主体资格依约失效。实施主体应当按照更新方案的有效期推进实施。未能按照规定时间实施的，应当按照申报程序向区人民政府申请延期。在批准的延期时限内仍不能完成的，更新方案失效。除更新方案另有规定外，公共要素应当与城市更新项目同步实施。有公共开放要求的上述设施，相关部门应当对设施的运营管理情况予以监管，确保公共开放要求的落实，促进其管理和服务水平的提升。

（四）城市更新的区域更新操作规程。城市更新行动计划制定，区域更新是针对需要整体提升转型的区域，由更新统筹主体按照规划，统筹各利益主体更新意愿，达成共识，编制区域更新方案，组织实施城市更新。零星更新主要针对有自主更新意愿的自有土地房屋，在符合整体规划的前提下，编制项目更新方案，实施城市更新。区域更新的操作流程分为城市更新行动计划制定、统筹主体确定、区域更新方案编制和项目实施四部分，区域更新操作流程详见图 5-1，区域更新项目（存量补地价）操作流程详见图 5-2。

（五）城市更新的零星更新操作规程，零星更新的操作流程分为项目咨询、项目更新方案编制和项目实施三部分，零星更新操作流程详见图 5-3，零星更新项目（存量补地价）操作流程详见图 5-4。

三、城市更新规划土地实施

（一）规划政策，区域更新：为更好地统筹安排功能提升、产业发展、生态环境、市政交通设施和公共服务，针对划定的更新区域，政府可以赋予统筹主体参与规划编制、统筹整体利益等职能，由统筹主体负责推动达成区域更新意愿、编制区域更新方案，明确区域内的城市更新项目和实施主体，组织推进城市更新项目实施。区域更新可以包含多个城市更新项目。零星更新：是基于物业权利人的意愿，由物业权利人等各类市场主体，根据规划和相关规定，对物业权利人自有的土地房屋实施城市更新建设。为完善本市城市更新规划土地相关保障政策，城市更新规划土地实施细则相应条款适用范围包括本市区域更新与零星更新活动。规划政策的适用，区域更新在优先保障公共空间、公共服务设施、基础设施等系统性公共要素的前提下，可以按照规划合理性，统筹开发指标与公共要素要求。零星更新可以以提供公共要素为前提，适用本章规划政策；也可以在区人民政府与实施主体协商土地、经济、招商、建设等其他条件的基础上，按照规划合理性确定指标。各区人民政府可以细化相应的协商规则。公共要素的认定标准，公共要素包括公共绿地、广场、公共通道等公共空间；非营利性的文化、教育、体育、医疗卫生、养老福利等公共服务设施；道路、公共停车场、公交场站等交通设施；

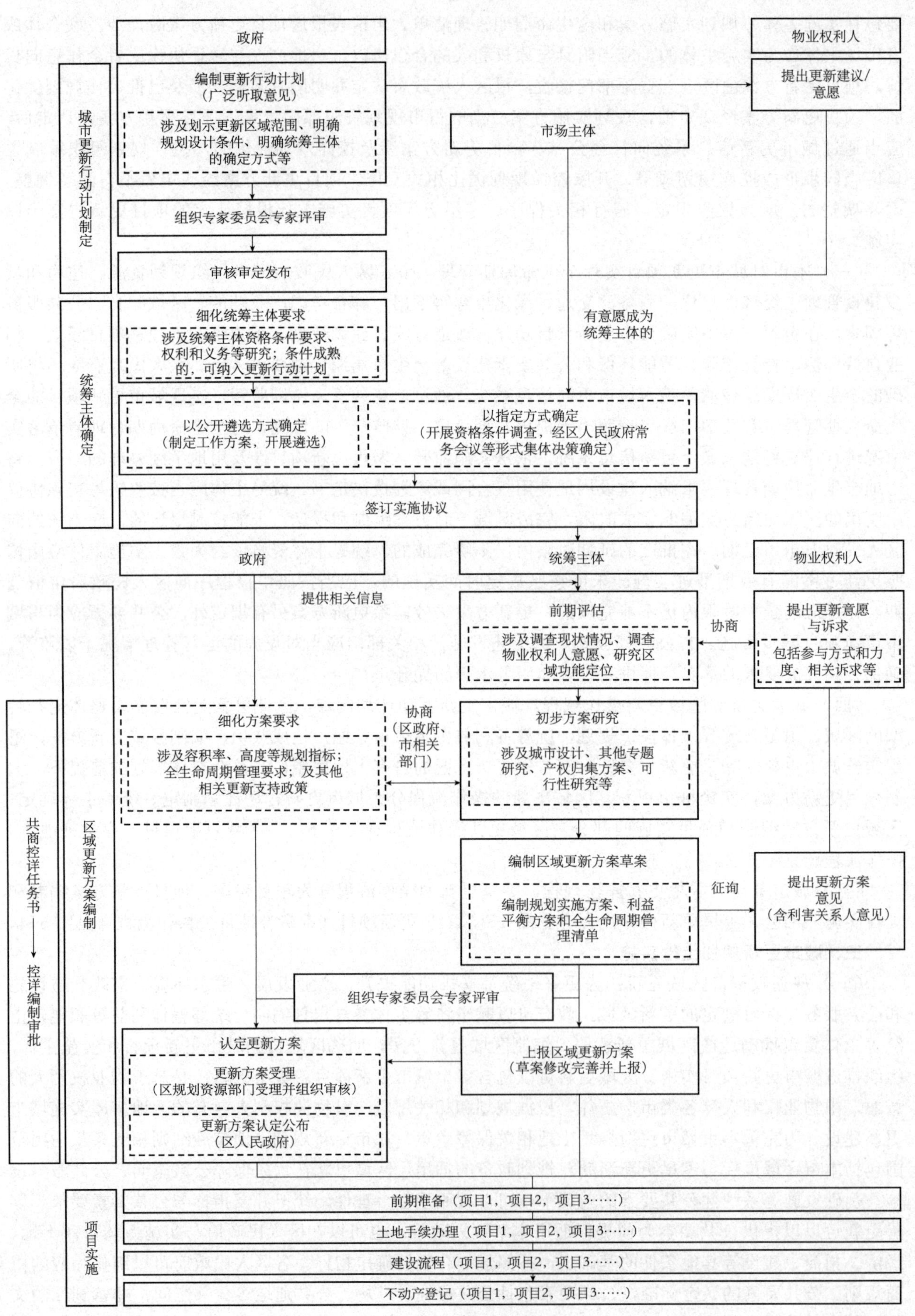

图 5-1　区域更新操作流程

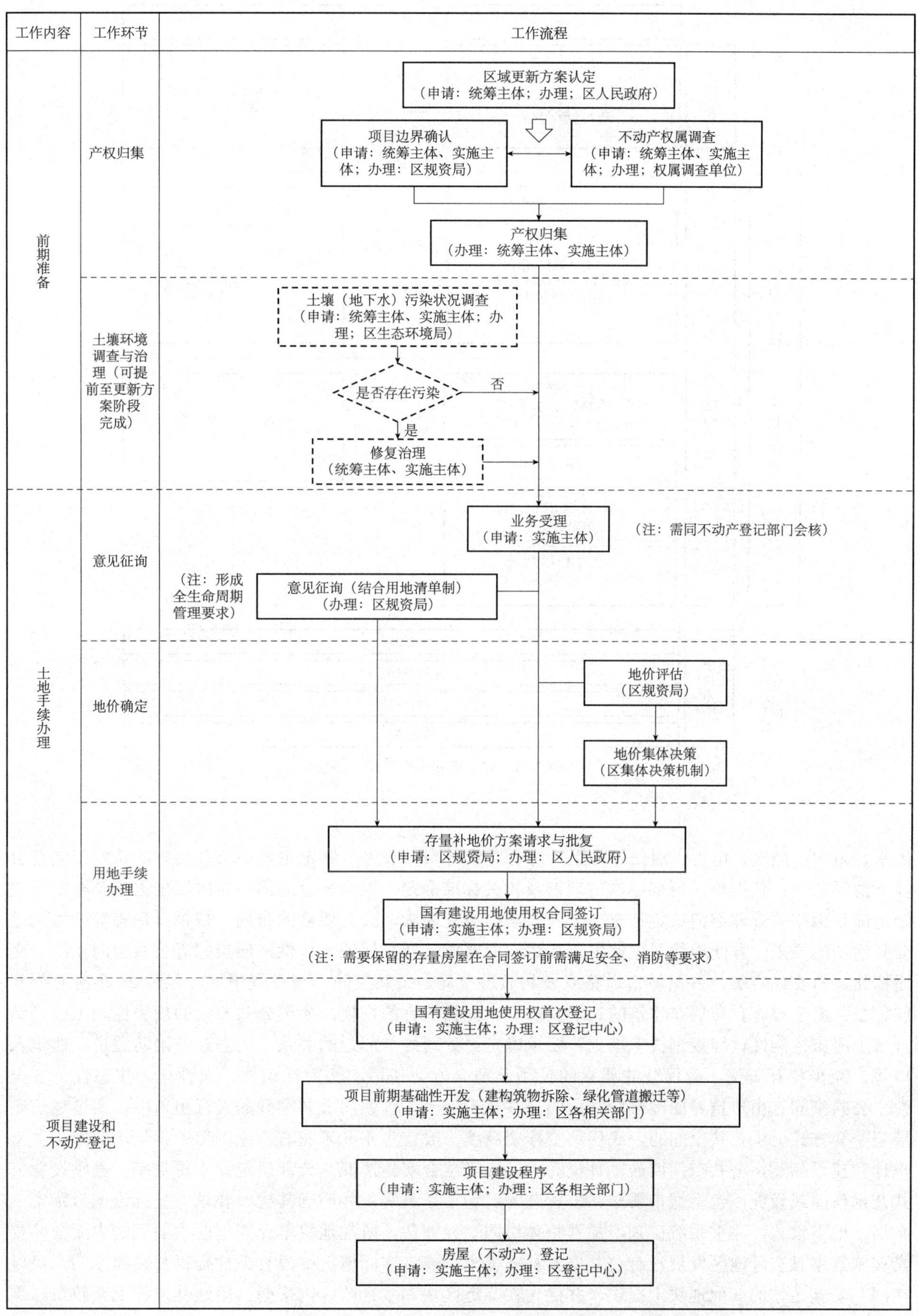

图 5-2　区域更新项目（存量补地价）操作流程

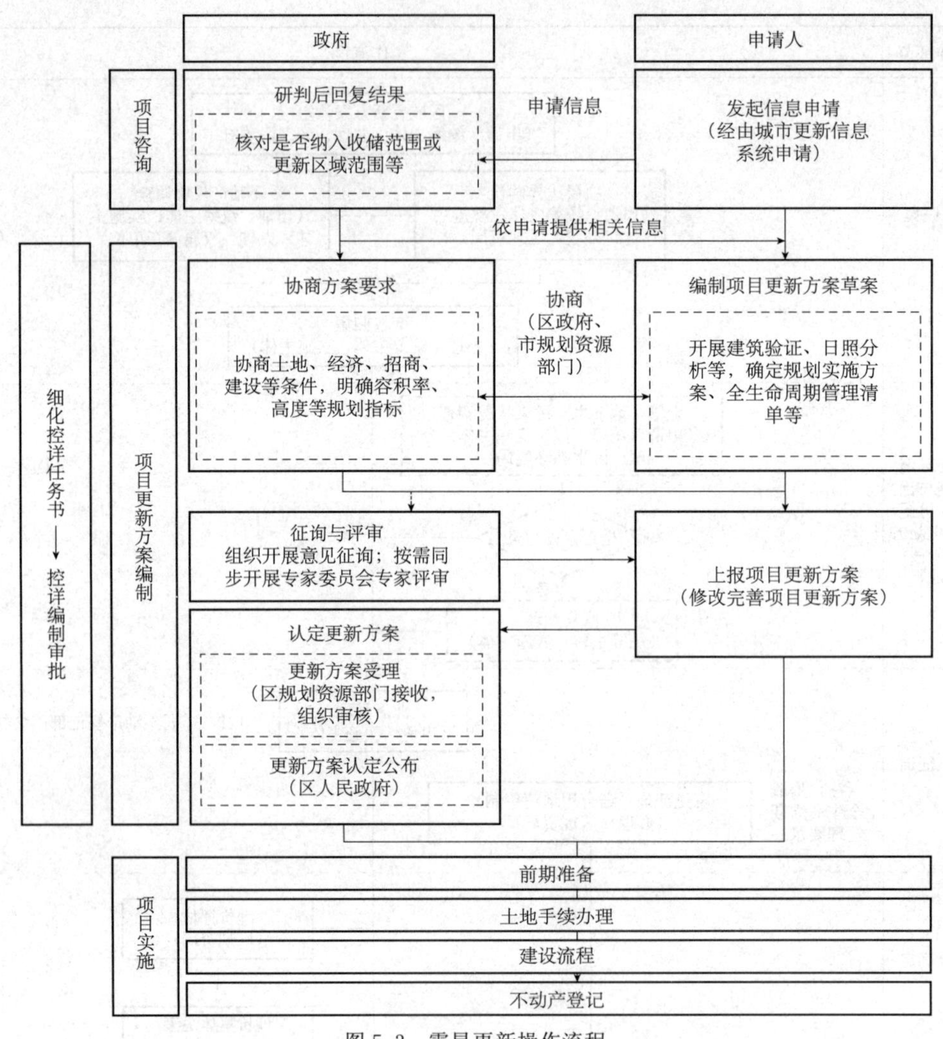

图 5-3　零星更新操作流程

供水、雨污、燃气、电力、通信、环卫、综合防灾等市政设施。零星更新中公共要素的认定应当符合以下情形之一：依据单元规划层次的规划及相关标准确定。根据公众意愿和地区发展需求补充。其他经论证且由相关管理部门认定补充。公共要素的设置要求，公共要素的布局、规模、形态等应当满足公共活动的要求，方便周边居民使用。具体设置要求包括：保证可达性，应当邻近公共空间系统、交通枢纽、轨交站点等，并沿城市道路或公共通道布局。公共空间不得设置围墙，保障 24 小时对外开放。公共服务设施宜布局在建筑的三层及以下。提供适宜的规模，各类公共要素的规模原则上应当结合《上海市控制性详细规划技术准则》要求确定。处理好与周边的关系，应当避开消防通道、建筑入口等，减少相互干扰，确保公共要素的使用品质。方便使用，注重标识性、人性化、生态性、安全性。公共空间宜由建筑界面围合，周边的公共建筑应当设置朝向公共空间的人行出入口。通过建筑底层架空等方式提供公共空间的，底层架空净空高度一般宜为 4.5 米左右，原则上不得低于 3 米。注重设计和建设品质，公共空间内鼓励种植乔木，应当结合实施情况，合理确定乔木覆盖率。鼓励设置公共艺术作品或设施，包括城市雕塑、装置艺术、城市家具等，并明确其建设要求。基础设施鼓励集中布局、地下设置，注重系统谋划，加强整体协同。经评估，所在地块单元规划层次的规划中无公共要素实施需求且实际地区发展没有公共要素补充需求，或者实际情况中没有条件提供公共要素的，可以在同一实施主体的其他地块上提供，并优先在临近区块和本行政区内平衡。用地性质的更新政策，零星更新涉及用地性质调整的，应当符合规划的功能定位与产业发展导向，有利于优化用地结构，激发

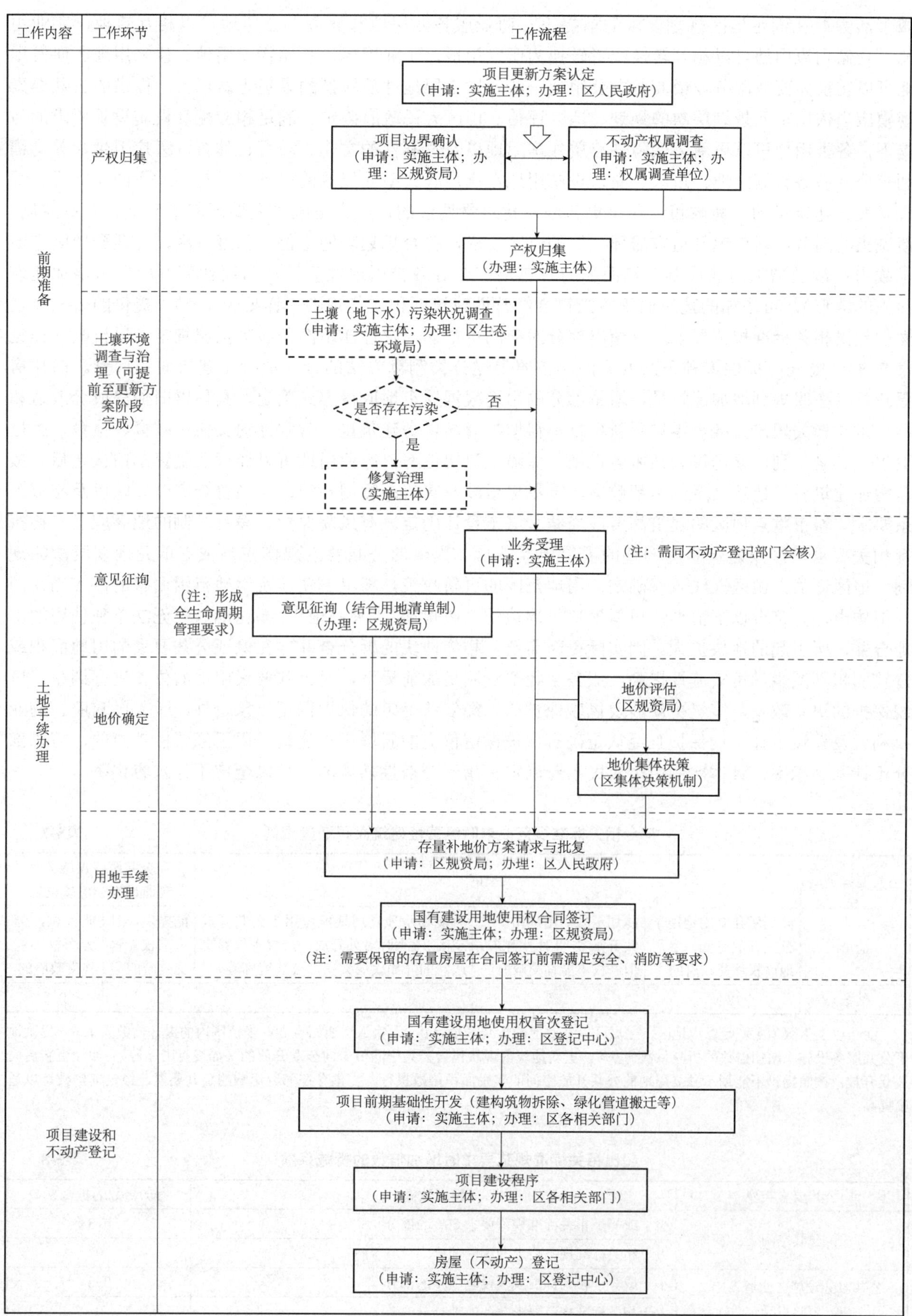

图 5-4　零星更新项目（存量补地价）操作流程

城市活力：在满足地区规划要求的前提下，商业服务业用地与商务办公用地可以相互转换，工业用地、仓储物流用地可以相互转换或者转换为研发用地，工业用地、仓储物流用地、住宅用地、研发用地可以转换为商业服务业或商务办公用地。涉及以上用地性质转换的零星更新项目，提供的公共要素规模应当依据单元规划层次的规划、地区评估，由区人民政府确定。满足相应配套设施设置要求的前提下，各类用地可以更新为保障性租赁住房用地以及营利性的文化、教育、体育、医疗卫生、养老福利等公共服务设施用地。市政、交通设施用地在满足底线型功能的前提下可以与相适应的功能进行综合开发。建筑量的更新政策，零星更新涉及建筑量调整的，应当按照“主城区双增双减、总量控制，新城集约高效，新市镇打造宜居环境”的分区要求，符合规划功能定位、强度分区，并匹配地区交通承载力：涉及增加商业商办建筑面积的（包括产业等各类用地性质转换为商业商办用地后增加建筑面积的情形），可增加的建筑面积应当符合经营性建筑面积增量规则（详见表 5-7）。提供的公共要素面积超出相关标准规范要求的，超出部分对应的可增加经营性建筑面积应当按照规定予以折减（详见表 5-8）。能同时提供多种公共要素的，按照上述分类测算方法的合计值确定建筑面积增量。旧住房更新可以按照规划增加建筑量，增量部分的用途根据原土地取得方式确定，具体以旧住房成套改造和拆除重建相关规定为准。零星更新项目不得增加商品住房建筑量。营利性的文化、教育、体育、医疗卫生、养老福利、菜场等公共服务设施，保障性租赁住房，产业用地可以经行业主管部门认定后，按需增加建筑量。建筑高度的更新政策，零星更新涉及建筑高度调整的，应当符合高度分区以及相邻关系要求。城市重点地区的建筑高度应当结合城市设计确定。有风貌保护、净空控制的地区应当严格执行相关要求。涉及建筑高度调整的零星更新项目，提供的公共要素规模应当依据单元规划层次的规划、地区评估，由区人民政府确定。用地范围的更新政策，零星更新涉及用地范围调整的，应当在同一街坊内，并符合以下情形：更新地块与周边的“边角地”“夹心地”“插花地”等无法单独使用的土地合并，所引起的地块扩大。因实际更新需要，相邻地块的拆分合并。在保证公共要素的用地面积或建筑面积不减少、可实施性提高、服务半径要求满足的前提下，对公共要素用地的位置进行调整。风貌保护的更新政策，零星更新涉及风貌保护的，经依法确定的保护保留对象之外，区人民政府、物业权利人及建设主体主动保护且经认定确有保护保留价值的新增历史建筑，用于经营性功能的，可以部分不计入容积率，具体比例由区人民政府确定；用于公益性功能的，可以全部不计入容积率。

符合相关标准规范要求时经营性建筑面积增量规则 **表5-7**

公共要素类型	公共空间			公共服务设施 / 交通设施 / 市政设施	
情形	能划示独立用地用于公共开放空间，且用地产权移交政府的	能划示独立用地用于公共开放空间对外开放，但产权不能移交政府的	不能划示独立用地但可用于公共开放空间 24 小时对外开放，产权不能移交政府的（如底层架空、公共连廊等）	能提供，且房产权能移交政府的	能提供，但房产权不能移交政府的
倍数	2.0	1.5	0.8	1.0	0.5

注：以上倍数为主城区以内地区，主城区以外对应的折减系数为 0.8。轨道交通站点 300 米范围内的提升倍数为 1.5。提供地下公共服务设施，增加倍数的折减系数为 0.8。更新地块内现状包含公共空间但未向公众开放的（如设有围墙等），如经更新后向公众开放，按照提供不能划示独立用地的公共开放空间的奖励面积倍数执行。提供存在邻避影响的公共要素，经论证倍数可以适度提高。

超出相关标准规范要求时增加倍数的折减系数 **表5-8**

公共要素类型	超出数额	增加倍数的折减系数
公共空间	小于或等于相关标准规范要求 50% 的部分	0.8
	大于相关标准规范要求 50% 的部分	0
公共服务设施 / 交通设施 / 市政设施	小于或等于相关标准规范要求 30% 的部分	0.5
	大于相关标准规范要求 30% 的部分	0

（二）土地政策，适用区域更新与零星更新。用地手续，更新方案中明确的城市更新项目，按照批准的控制性详细规划，采取差别化的土地供应方式，包括收储、收回再供应，存量补地价等方式。更新项目位于区人民政府明确的特定区域内、已纳入旧区改造范围或者涉及商品住宅开发建设等，应当通过收储、收回再供应方式实施城市更新。城市更新项目通过收储、收回再供应方式办理用地手续的，依法采用招标、拍卖、挂牌、协议出让以及划拨等方式供应土地，明确实施主体。城市更新项目通过存量补地价方式办理用地手续的，应当具备独立开发条件，权属清晰，由更新方案明确的实施主体办理存量补地价；通过协议等方式引入市场主体的，应当在用地手续办理前完成相应手续办理。城市更新项目用地手续办理过程中，市、区相关管理部门提出的建设管理、功能管理、运营管理、转让管理等要求，纳入建设用地使用权合同或批准文件。对于上述要求已在更新方案中明确的，可以直接纳入。土地使用期限，城市更新项目通过收储、收回再供应方式实施的，按照相关规定确定土地使用期限。城市更新项目通过存量补地价方式实施的，可以根据土地利用情况和相关政策要求，在相应用途的法定最高出让年限范围内重新设定土地使用期限。土地价款，城市更新项目通过收储、收回再供应方式实施的，按照相关要求评估土地出让价款。城市更新项目通过存量补地价方式实施的，涉及补缴土地价款，应当按照新、旧条件下土地使用条件，委托土地评估机构进行市场评估，并经区人民政府集体决策后确定。市场评估中可以综合考虑拆除重建项目的旧房屋拆除成本、土地通平费用等土地前期开发成本及新条件下无偿提供产权移交的公共要素土地和建设成本；区人民政府集体决策时可以综合考虑相关产业政策、土地利用情况、公共要素贡献等因素。不动产登记，城市更新项目不动产登记单元的确定应当符合相关技术规范以及建设用地使用权合同的相关约定。城市更新项目转让条件、建设用地使用权人出资比例、股权结构、实际控制人等重要约定内容，在不动产登记簿上予以记载。办理转移登记或变更上述重要注记内容时，根据建设用地使用权合同约定由出让人出具审核同意的意见。城市更新项目中需产权移交政府部门的公共要素设施物业，由更新方案中明确并纳入建设用地使用权合同的接收部门按规定办理首次登记。物业持有及转让管理要求，位于区人民政府确定的重要特定区域的城市更新项目，物业权利人应当持有全部物业产权，如确需转让，应当根据建设用地使用权合同约定征得出让人同意。规划为营利性教育科研、医疗卫生、社会福利、文化体育等公共管理与公共服务用地的城市更新项目，物业权利人应持有全部物业产权，确需整体转让的，应当根据建设用地使用权合同约定经出让人同意。规划为商业办公用地的城市更新项目，结合区域土地供应量、商办空置率和去化率等因素，经区人民政府综合考虑，在建设用地使用权合同中确定商业办公用地的持有比例和持有年限。符合销售条件的商业、办公部分的物业，通过建设用地使用权合同确定可售部分以层为最小单元销售。规划为产业用地的城市更新项目，物业持有及转让按照产业用地管理相关规定执行。

（三）聚焦城市更新共同目标、齐心协力。切实落实新发展理念，构建新发展格局，共创共建、携力推进城市更新可持续发展模式创新，全面推进建设具有世界影响力的社会主义现代化国际大都市。聚焦高质量发展、高品质生活、高效能治理。强化前瞻性思考、战略性谋划、系统性思维、整体性推进，突出开放协同、优势互补、集成创新、融合发展，探索超大城市的城市更新全生命周期发展模式，全面推进中国式现代化建设。坚持国际视野、世界标准、中国特色、高点定位。统筹国际国内资源要素，借鉴全球经验和先进理念，聚焦提升核心功能、核心竞争力，打通城市更新的关键瓶颈、路径障碍和突出问题，分区分类，突出重点，因地制宜，因案施策。聚焦城市更新中比较紧迫的民生难题、两旧一村等群众急难愁盼的突出问题，统筹各方力量，安全优先，规划引领，优布局、配资源，强功能、重服务，提品质、塑品牌，集中推进宜居、宜业、宜游、宜养、宜学的人民城市建设。坚持高起点规划、高水平设计、高质量建设、高标准管理。尊重城市更新客观规律，强化专业的人干专业的事，依托责任规划师、责任建筑师、责任评估师“三师联创一张图”机制，充分调动城市更新全领域、全周期的专业优势、要素资源和社会各界力量，突出设计引领、精品营造、匠心打造、时空锻造，力争在新征程上塑造出城市更新高质量发展的标杆和示范。坚持转变发展方式，强化改革，综合施策、精准对策，创新政策。针对超大城市的城市更新特点，统筹空间资源的总量、存量、增量、流量、数量、质量，创新优化多专业开放联创和集成规划范式、资源配置方式、开发建设模式和投资运营形式，用好增量空间，创造融合空间，盘活低效土地，做实集约用地，坚持一条可持续发展主线和一张图统筹机制，贯通资源、资产、资信、资金机制和路径，实现城市更新的综合平衡、近远平衡、整体平衡。坚持绿色低碳发展，人与自然和谐共生。贯彻可持续发展原则，以人与自然的和谐共生为目标，确保城市更新工作中社会民生可持续、经济发展可持续和生态环境可持续。推进各类资源节约集约和循环利用，降低建筑和产业能耗，加快形成集约紧凑和睿智空间发展模式，促进职住平衡、产城融合，提升环境品质，鼓励绿色出行，倡导简约适度、绿色低碳的生活方式。坚持文化传承、特色彰显，保护历史风貌。强化对城市风貌的整体保护和积极保护，传承红色文化、江南文化和海派文化，强化规划统筹与引导，深度挖掘城市历史文化内涵。结合城市功能发展和人民美好生活要求，在严格保护传承的基础上，科学推动历史文化空间的活化利用和更新焕新。强化功能策划与设计赋能，充分挖掘和运用特色历史建筑，提高土地使用价值、历史文化价值、区域整体价值，建设国际文化大都市。坚持科技创新、智能发展，提升城市发展能级。按照城市数字智能发展目标要求，推进城市更新数字化发展，强化城市更新全生命周期的信息化、智能化创新、探索。充分运用CIM、BIM等技术手段和元宇宙、大模型等基础支撑保障，探索城市更新“一张图、全周期、全时空”、虚拟与现实双线联动的数字空间可溯系统、业态应用实践场景，助力建设适应超大城市特点的数字孪生城市。坚持共同协商、一体推进，追求科学发展、可持续发展。充分调动社会各界的积极性和各方的资源优势，集思广益、协作共进，完善机制、统筹力量、攻坚克难，创造精品、追求卓越，着力营造全社会广泛发动、深度参与、同向发力、共建共治、开放共享的城市更新格局。全生命周期管理的城市更新活动中确定的公共要素建设、实施与运营要求，依据控制性详细规划与更新方案，落实到土地、建管、不动产登记环节，并在规划土地综合验收、综合执法环节进行监管。城市更新项目纳入建设用地使用权合同或划拨决定书的产业投资、功能实现、运营管理、物业持有、节能环保等土地全生命周期管理要求，按照“谁提出、谁负责、谁监管”原则实施共同监管。城市更新项目在办理用地手续前，应当按照属地环境保护主管部门要求，完成土壤环境（含地下水）调查评估。经认定存在污染并需要治理修复的，应当组织实施修复并达到国家和本市相关标准。对于未约定产业绩效、土地退出等全生命周期管理要求的存量产业用地，在城市更新活动中，应当通过重新签订建设用地使用权合同，明确全生命周期管理要求。

城市更新引入试点责任规划师、责任建筑师、责任评估师“三师联创”新机制。在引入“三师联创”机制的城市更新项目中，责任规划师、责任建筑师、责任评估师要形成合力，发挥全流程统筹支撑作用，进行整体性谋划、专业性策划、合理性评估、陪伴式服务，推动实现城市更新的综合成本平衡、区域发展平衡、近远衔接平衡，进而带动整个地区的品质提升、品牌塑造、价值彰显。其中，责任规划师进行长期跟踪，全流程服务区域规划，提高空间品质。责任建筑师负责选取试点单元，充分发挥设计点亮未来的引领作用，通过高水平设计提升地区整体品质，重塑功能，重现风貌。责任评估师这一角色很少出现在公众视野中，但又至关重要。传统评估工作主要基于土地价格，但随着社会发展、理念变化，城市空间的价值已经不仅仅局限于土地这一单一维度。规划部门在传统以土地价格为导向的土地估价师制度基础上，形成了城市更新责任估价师制度。如在土地房屋资源估价方面，综合考虑功能、空间、历史人文等多元素复合、多要素融合特点，尽最大限度挖掘区域价值。开展“三师联创”工作，深入调查实证、创新思路办法、破解难点裉节、打造示范引领。形成“三师联创”概念设计方案。传统城市更新项目一般聚焦于项目地块自身，在与周边区域功能联系、公共空间联动等方面考虑有限，对区域层面的整体性和系统性谋划策划较弱，本次的试点项目都探索建立了“三师”联创机制，发挥责任规划师对于城市更新谋划、协调、统筹的重要作用，发挥责任建筑师对于强化设计赋能、破解技术瓶颈、优化审批流程中的主导作用，发挥责任评估师在城市更新“强资信、明期权、可持续”模式中的支撑作用。赋能“三师”形成合力，共同发挥专业团队的全流程统筹支撑作用，实现城市更新的整体性谋划、专业性策划、合理性评估、陪伴式服务，共同推动实现城市更新的综合成本平衡、区域发展平衡、近远衔接平衡，进而带动整个地区的品质提升、品牌塑造、价值彰显。

第三节　村庄规划编制和建设简易审批

一、村庄规划总体要求

村庄规划是法定规划，是国土空间规划体系中乡村地区的详细规划，是开展国土空间开发保护活动、实施国土空间用途管制、核发乡村建设项目规划许可、进行各项建设等的法定依据。要整合村土地利用规划、村庄建设规划等乡村规划，实现土地利用规划、城乡规划等有机融合，编制“多规合一”的实用性村庄规划。村庄规划范围为村域全部国土空间，可以一个或几个行政村为单元编制。坚持先规划后建设，通盘考虑土地利用、产业发展、居民点布局、人居环境整治、生态保护和历史文化传承。坚持农民主体地位，尊重村民意愿，反映村民诉求。坚持节约优先、保护优先，实现绿色发展和高质量发展。坚持因地制宜、突出地域特色，防止乡村建设“千村一面”。坚持有序推进、务实规划，片面追求村庄规划快速全覆盖。工作目标，结合国土空间规划编制在县域层面基本完成村庄布局工作，有条件、有需求的村庄应编尽编。暂时没有条件编制村庄规划的，应在县、乡镇国土空间规划中明确村庄国土空间用途管制规则和建设管控要求，作为实施国土空间用途管制、核发乡村建设项目规划许可的依据。对已经编制的原村庄规划、村土地利用规划，经评估符合要求的，可不再另行编制；需补充完善的，完善后再行报批。编制要求，在调研访谈、方案比选、公告公示等各个环节积极参与村庄规划编制，协商确定规划内容。村庄规划在报送审批前应在村内公示 30 日，报送审批时应附村民委员会审议意见和村民会议或村民代表会议讨论通过的决议。村民委员会要将规划主要内容纳入村规民约。开门编规划。综合应用各有关单位、行业已有工作基础，鼓励引导大专院校和规划设计机构下乡提供志愿服务、规划师下乡蹲点，建立驻村、驻镇规划师制度。支持投资乡村建设的企业积极参与村庄规划工作，探索规划、建设、运营一体化。因地制宜，分类编制。根据村庄定位和国土空间开发保护的实际需要，编制能用、管用、好用的实用性村庄规划。对于重点发展或需要进行较多开发建设、修复整治的村庄，编制实用的综合性规划。对于不进行开发建设或只进行简单的人居环境整治的村庄，可只规定国土空间用途管制规则、建设管控和人居环境整治要求作为村庄规划。对于综合性的村庄规划，可以分步编制，分步报批，先编制近期急需的人居环境整治等内容，后期逐步补充完善。对于紧邻城镇开发边界的村庄，可与城镇开发边界内的城镇建设用地统一编制详细规划。规划成果要鼓励采用“前图后则”（即规划图表 + 管制规则）的成果表达形式。规划批准之日起 20 个工作日内，规划成果应通过“上墙、上网”等多种方式公开，30 个工作日内，规划成果逐级汇交至省级自然资源主管部门，叠加到国土空间规划“一张图”上。进一步做好村庄规划工作，统筹城乡发展，有序推进村庄规划编制。在县、乡镇级国土空间规划中，统筹城镇和乡村发展，合理优化村庄布局。结合考虑县、乡镇级国土空间规划工作节奏，根据不同类型村庄发展需要，有序推进村庄规划编制。集聚提升类等建设需求量大的村庄加快编制，城郊融合类的村庄可纳入城镇控制性详细规划统筹编制，搬迁撤并类的村庄原则上不单独编制。避免脱离实际追求村庄规划全覆盖。全域全要素编制村庄规划。以第三次国土调查的行政村界线为规划范围，对村域内全部国土空间要素作出规划安排。按照《国土空间调查、规划、用途管制用地用海分类指南（试行）》，细化现状调查和评估，统一底图底数，并根据差异化管理需要，合理确定村庄规划内容和深度。尊重自然地理格局，彰显乡村特色优势。在落实县、乡镇级国土空间总体规划确定的生态保护红线、永久基本农田基础上，不挖山、不填湖、不毁林，因地制宜划定历史文化保护线、地质灾害和洪涝灾害风险控制线等管控边界。以“三调”为基础划好村庄建设边界，明确建筑高度等空间形态管控要求，保护历史文化和乡村风貌。精准落实最严格的耕地保护制度。将上位规划确定的耕地保有量、永久基本农田指标细化落实到图斑地块，确保图、数、实地相一致。统筹县域城镇和村庄规划建设，优化功能布局。工业布局要围绕县域经济发展，原则上安排在县、乡镇的产业园区；对利用本地资源、不侵占永久基本农田、不破坏自然环境和历史风貌的乡村旅游、农村电商、农产品分拣、冷链、初加工等农村产业业态可根据实际条件就近布局；严格落实"一户一宅"，引导农村宅基地集中布局；强化县城综合服务能力，把乡镇建成服务农民的区域中心，统筹布局村基础设施、公益事业设施和公共设施，促进设施共建共享，提高资源利用节约集约水平。充分尊重农民意愿。规划编制和实施要充分听取村民意见，反映村民诉求；规划批准后，组织编制机关应通过"上墙、上网"等多种方式及时公布并长期公开，方便村民了解和查询规划及管控要求。拟搬迁撤并的村庄，要合理把握规划实施节奏，充分尊重农民的意愿。加强村庄规划实施监督和评估。村庄规划批准后，应及时纳入国土空间规划"一张图"实施监督信息系统，作为用地审批和核发乡村建设规划许可证的依据。不单独编制村庄规划的，可依据县、乡镇级国土空间规划的相关要求，进行用地审批和核发乡村建设规划许可证。村庄规划原则上以五年为周期开展实施评估，评估后确需调整的，按法定程序进行调整。上位规划调整的，村庄规划可按法定程序同步更新。在不突破约束性指标和管控底线的前提下，鼓励各地探索村庄规划动态维护机制。简易审批适用范围和审批，根据《政府投资条例》，具有审批权限的地方投资主管部门要会同有关部门，重点围绕生活垃圾污水、厕所粪污处理、村容村貌提升等农村人居环境建设，以及农村供排水、村内道路、文化体育等村庄建设领域，结合本地区实际制定并发布施行简易审批的村庄建设项目范围。

二、村庄建设项目施行简易审批

鼓励对村域内实施的村庄建设项目施行简易审批。投资规模较大、技术方案相对复杂的工程，以及关系人民群众生命财产安全的房屋修造类、能源类等项目，不得适用简易审批。已经纳入城市一体管理的村庄，按照有关规定执行。对于适用简易审批的政府直接投资项目，地方投资主管部门要简化审批程序，可以采取审批可行性研究报告的方式，合并办理项目建议书、可行性研究报告、初步设计等审批环节。经批准的可行性研究报告，作为项目招标采购、建设实施和竣工验收的依据。对于企业投资项目，项目单位应当按照有关规定办理核准、备案手续。审批、核准、备案等投资决策程序完成后，方可履行资金申请和审批程序，并在资金申请报告中列明项目基本情况、前期工作完成情况、申请资金的政策依据等内容。各地要依法研究简化项目开工前涉及的用地、规划等审批事项办理程序。使用集体建设用地开展建设的，项目单位无须办理建设项目用地预审与选址意见书。鼓励地方各级政府采取区域综合评估方式，取代对单个项目进行评价，支持采取容缺后补、告知承诺等便利化措施，依法取消和减少村庄建设项目需要办理的审批事项。鉴于适用简易审批村庄建设项目单体规模偏小、技术相对简单，允许地方结合实际，将小型村庄建设项目涉及的审批事项依法委托乡镇政府实施。提倡简化申报材料，实行一窗受理、综合办理，通过并联审批压缩办理时限，地方投资主管部门应当会同有关部门制定并通过投资项目在线审批监管平台发布和实施村庄建设项目简易审批流程，并以互联网、手机APP等方式，为项目单位提供在线办理、进度查询等服务。合理确定前期工作深度要求，对于适用简易审批的村庄建设项目，要在加强论证、确保质量的前提下，根据行业规程规范，区分项目类型明确前期工作深度要求。可行性研究报告一般包括建设内容及规模、建设性质、建设地址、建设工期，布置图，投资规模、资金来源与落实情况，覆盖村组范围及服务人口、管护方式，村民会议或者村民代表会议、村民小组会议决议意见，以及法律法规明确的其他内容。各地不得在法律法规之外，自行设立其他证明材料或审查意见。地方行业主管部门要结合本地区实际和本领域特点，商同级投资主管部门制定可行性研究报告申报范本，允许项目单位自行编制可行性研究报告，鼓励采用表单方式明确文本内容，着力消除模糊和兜底条款，避免机械套用、简单比照城市建设项目。严格执行招标投标法及其实施条例、政府采购法及其实施条例，以及《必须招标的工程项目规定》，使用国有资金投资的各类村庄建设项目，施工单项合同估算价不超过400万元，重要设备、材料等货物采购单项合同估算价不超过200万元，勘察、设计、监理等服务采购单项合同估算价不超过100万元的，可依法不进行招标。整县整乡推进的村庄建设项目，其子项目由不同项目法人组织建设实施，且该子项目达不到必须招标的规模标准的，可以不进行招标。对利用扶贫资金实行以工代赈、需要使用农民工等特殊情况，按照国家有关规定可以不进行招标。对于采取招标方式的项目，不得在法律法规外，针对投资规模、工程造价、招标文件编制等设立其他审批审核程序。对于依法不进行招标的项目，要建立完善项目村民决策监督和建设主体责任追究机制，确保项目实施公平公正、公开透明。要加强项目质量管理，严格按照合同开展验收。谋划实施项目，应当听取村民诉求，保障村民参与集体决策。对于安排政府投资资金的村庄建设项目，要综合考虑村庄实际和工作基础，确定项目法人单位。具备条件的，可以由村民委员会、村集体经济组织等作为项目法人。以行政村为基本单元实施的村庄建设项目，鼓励项目法人组织村民投工投劳、就地取材等开展建设。支持将政府投资村庄建设项目产权划归村集体经济组织，由其承担管护责任，鼓励地方对管护费用给予适当补助，确保村庄建设项目长期有效运行。

农业农村基础设施建设以工代赈，推广以工代赈方式的农业农村基础设施建设领域，主要包括投资规模较小、技术方案相对简单、用工技能要求不高的农村生产生活基础设施，农村小型交通、水利、文化旅游和林业草原等基础设施建设。适宜在农业农村基础设施建设领域推广以工代赈方式的省份，省级发展改革部门应会同相关部门建立健全省级推广以工代赈方式项目储备库（或清单，下同），按年度滚动管理。对于农业农村基础设施项目，在不影响项目建设进度和施工质量等前提下，应尽可能纳入项目储备库，采取以工代赈方式实施。县级发展改革部门应牵头统筹协调县域范围内农业农村基础设施建设领域推广以工代赈方式工作，结合实际制定工作流程、管理细则和考核办法，建立县级推广以工代赈方式项目储备库，规范项目组织实施和管理工作。县级发展改革部门会同相关部门负责农业农村基础设施建设领域推广以工代赈方式项目的认定工作，提请县级人民政府审定后，纳入县级推广以工代赈方式项目储备库管理，符合条件的项目可通过安排以工代赈专项资金予以支持。按照招标投标法和村庄建设项目施行简易审批的有关规定要求，农业农村基础设施建设领域推广以工代赈方式项目可以不进行招标。经认定为推广以工代赈方式的项目，应严格落实组织群众务工、开展就业技能培训等以工代赈政策要求，及时足额向当地农村群众发放劳务报酬，尽量提高项目资金中劳务报酬发放比例。重点工程项目实施以工代赈，适用以工代赈的重点工程项目建设领域，包括政府投资的交通、水利、能源、农业农村、城镇建设、生态环境、灾后恢复重建等。各地在谋划实施政府投资的重点工程项目时，应在确保工程质量安全和符合进度要求等前提下，按照“应用尽用、能用尽用”的原则，结合当地群众务工需求，挖掘主体工程建设及附属临建、工地服务保障、建后管护等方面用工潜力，尽可能通过实施以工代赈帮助当地群众就近务工实现就业增收。实施以工代赈的重点工程项目可行性研究报告或资金申请报告、初步设计报告或施工图设计文件、批复文件等，应明确适用以工代赈的建设内容和用工环节等政策要求。项目相关招标投标、签订劳务合同过程中应明确当地群众用工和劳务报酬发放要求等。明确实施以工代赈的建设领域和重点工程项目范围，交通领域主要包括高速铁路、普速铁路、城际和市域（郊）铁路、城市轨道交通，高速公路、沿边抵边公路，港航设施，机场，综合交通和物流枢纽等。水利领域主要包括水库建设、大中型灌区新建和配套改造、江河防洪治理等。能源领域主要包括电力、油气管道、可再生能源等。农业农村领域主要包括高标准农田、现代农业产业园等产业基础设施、农村人居环境整治提升、农业面源污染治理等。城镇建设领域主要包括城市更新、城市地下综合管廊、城市排水防涝、城市燃气管道等老化更新改造、保障性住房、县城补短板强弱项、产业园区配套基础设施、城镇污水垃圾处理设施、教育卫生文化体育旅游公共服务项目等。生态环境领域主要包括造林绿化、沙化土地治理、退化草原治理、水土流失和石漠化综合治理、河湖和湿地保护修复、森林质量精准提升、水生态修复等。灾后恢复重建领域主要包括基础设施恢复和加固、生产条件恢复、生活环境恢复等。形成以工代赈年度重点项目清单，国务院教育、生态环境、住房和城乡建设、交通运输、水利、农业农村、文化和旅游、卫生健康、体育、能源、林草、乡村振兴等相关部门要会同发展改革部门根据国家中长期发展规划、专项规划，综合考虑工程项目特点、当地群众务工需求等，在国家层面列出适用以工代赈的重点工程项目，分领域形成年度项目清单，指导地方建立本地区适用以工代赈的项目清单，实行动态管理。项目前期工作明确以工代赈要求，重点工程项目可行性研究报告或资金申请报告等要件中，要以适当形式体现能够实施以工代赈的建设任务和用工环节，在社会效益评价部分充分体现带动当地群众就业增收、技能提升等预期成效。初步设计报告或施工图设计文件要明确实施以工代赈的具体建设任务和用工环节及可向当地提供的就业岗位。相关部门要在批复文件中对项目吸纳当地群众务工就业提出相关要求。项目建设环节压紧压实各方责任，重点工程项目业主单位要在设计、招标投标过程中明确以工代赈用工及劳务报酬发放要求，在工程服务合同中与施工单位约定相关责任义务。施工单位负责以工代赈务工人员在施工现场的日常管理，及时足额发放劳务报酬。监理单位要把以工代赈务工人员在施工现场的务工组织管理和劳务报酬发放等作为工程监理的重要内容。项目建成后，项目竣工验收单位要会同相关部门、业主单位、施工单位和项目所在地县级人民政府对以工代赈实施情况开展评价，并将评价结果作为项目竣工验收、审计决算的重要参考。

三、农村住房建筑活动管理试点工作

基本原则与试点范围，坚持人民至上，生命至上，强化新建（含翻建）、改扩建农村住房的建设活动管理，通过农村住房建筑活动管理试点工作，形成农房建设管理可复制可推广的经验，加快推动建立农村住房建设全过程的建筑活动管理长效机制，不断提升农村住房建设质量安全和风貌水平。基本原则：依法依规、分级分类。严格对照国家和本市相关要求，按房屋用途、危险等级等，分类分级规范农房新建、存量房屋改扩建用于经营等建筑活动的管理，压实各级各方管理责任。突出重点、因地制宜。聚焦问题堵点，突出管理重点，结合农村特点，探索建立差异化、简便化的管理模式。充分尊重村民意愿，强化村民主体责任，发挥好村级组织自治作用。试点先行、有序推进。有针对性推动涉农区、乡镇开展试点，用一年左右时间积累总结经验，有序建立健全新建和改扩建房屋建筑活动管理的长效机制。试点范围：经充分征询各涉农区意见，选定松江区所有涉农乡镇、浦东新区航头镇、嘉定区徐行镇、奉贤区庄行镇、青浦区金泽镇先行开展试点。鼓励其他涉农区相关乡镇参照试点要求自主探索，进一步加强农村住房建筑活动管理。明确各级各方责任：市住房和城乡建设管理委是本市村民建房的建筑活动主管部门，并负责农村建筑风貌的引导。区建管部门负责辖区村民建房的建筑活动监督管理。乡镇政府受区建管部门委托，进行农户建房质量安全的现场指导和监督检查。村级组织在乡镇政府指导下落实自治协管。建房村民或集体经济组织对其建房活动承担主体责任。设计、施工等单位或个人依法依规依约承担相应责任。已明确纳入基本建设管理程序的农村住房，按照国家和本市规定的职责分工执行，压实各方责任。加强新建村民住房的建设管理，落实分类管理，属于集体建房（集体经济组织统一规划、统一设计、集中建造）的，适用国家和本市有关建设工程质量和安全的管理规定，应在取得乡村规划建设许可证后，向区建设行政管理部门办理建筑工程施工许可、竣工验收备案手续。属于农户个人建房的，重点强化以下各方面的管理：明晰管理关键环节，乡镇政府应在现行开工查验、竣工验收两道环节加强落实住建部门管理要求。开工前乡镇应落实质量安全专管人员，由其在开工前查验施工图纸、建房协议、安全生产书面承诺等建房要件，将以上资料规范存档，并报送区建管部门。施工过程中，由乡镇质量安全专管人员落实施工监管，区建管部门开展抽查和考核，建立区和乡镇两级的监管台账。竣工后，乡镇组织竣工验收时，应通知乡镇质量安全专管人员参加，并将竣工验收结果备案到区建管部门。严格施工图纸管理，施工图纸应包含建筑、结构等专业，并符合相应技术规范、设计标准，以及属地风貌要求。施工图纸可由建房村民自行委托具备资质的设计单位设计，或由乡镇政府统一购买设计服务，选用乡村建筑师等专业设计人员设计或对通用施工图集深化设计。设计方对施工图纸质量负责。严格施工队伍管理，村民建房应当选择具有相应专业能力的施工队伍，可选择具备相应资质的施工单位或者由乡村建设工匠组成的施工队伍承担，并签订建房协议。压实施工方责任，建房协议要明确质量员、安全员，明确质量安全责任和质量保修期等。施工队伍应按照施工图纸、建房协议，以及相关施工技术标准、规程等开展施工，对施工过程中的质量和安全负责。严格施工铭牌管理，乡镇政府要落实村民建房施工铭牌公示制度，施工铭牌是部门监管、村民监督的重要参考依据。施工队伍负责制作施工铭牌，在开工前将其设立在工地醒目位置。施工铭牌应如实公示房屋立面效果图、总平面图，建筑面积、层数、高度，设计、施工单位的名称，设计、施工负责人以及施工质量员、安全员的姓名和联系方式，监督举报电话等信息。加强既有村民住房改扩建用于经营的建设管理，严禁既有农村住房违规加层加盖、擅自变动建筑主体和承重结构等行为。经批准允许改扩建用于经营的农村住房，在依法依规取得相关批准文件后，参照限额以下小型项目管理对其建筑活动实施监管，开工前加强属地备案和信息报送，并应选择有相应资质要求的设计、施工单位开展设计和施工。农村住宅转为经营用途的，产权人或使用人在办理相关经营许可、开展经营活动前，应当委托市房管局公示名单内的检测鉴定单位开展房屋安全鉴定，依法依规取得房屋安全鉴定合格证明。加强工作保障，加强组织领导，市住房和城乡建设管理委加强农村住房建筑活动全过程管理试点的统筹指导，加强与相关部门联动，形成合力。区级建管部门协同相关区级管理部门，制定辖区内农村住房建设全过程监管试点工作方案，细化建房监管的内容和要求，组织培训指导，开展政策宣传，严格抽查考核。乡镇政府严格落实具体监管试点的属地责任，及时总结试点工作做法，形成可复制可推广的经验。充实监管力量，乡镇政府应当落实农村房屋质量安全专管人员对农户建房全过程实施质量和安全监督，也可以委托符合条件的第三方质量安全管理机构实施质量和安全监督。加大人员、资金和技术等保障力度，落实人员编制和经费预算。充分发挥村级组织自治、村民监督作用，发掘吸纳有一定施工技术常识的村民、乡村建设工匠等作为补充力量开展日常巡查等工作。强化建房队伍，用好乡村建筑师，持续推动乡村建筑师下乡开展陪伴式驻村指导，推动乡镇落实财政预算，统一购买乡村建筑师服务，为村民建房提供设计、咨询、管理等服务。健全乡村建设工匠管理机制，加强工匠技能培训和考核，提升乡村建设工匠职业技能和综合素质，建立乡村建设工匠名录，推动乡村建设工匠持证上岗全覆盖。加强信息化建设，探索建立农房建设管理信息系统，强化农村住房建筑活动信息掌握，推动与规划资源、农业农村等部门间信息互通共享，实现信息报送备案、过程监管、督办整改等在线办理，乡村建筑师、乡村建设工匠在线公布、选用、评价，房屋质量安全和风貌管理要求在线公布、宣传等功能，不断提升农村住宅建筑活动数字化监管和服务水平。

第四节　建设工程消防设计审查管理

一、建设工程消防设计审查验收管理规定

国务院住房和城乡建设主管部门负责指导监督全国建设工程消防设计审查验收工作。县级以上地方人民政府住房和城乡建设主管部门（以下简称消防设计审查验收主管部门）依职责承担本行政区域内建设工程的消防设计审查、消防验收、备案和抽查工作。跨行政区域建设工程的消防设计审查、消防验收、备案和抽查工作，由该建设工程所在行政区域消防设计审查验收主管部门共同的上一级主管部门指定负责。消防设计审查验收主管部门应当运用互联网技术等信息化手段开展消防设计审查、消防验收、备案和抽查工作，建立健全有关单位和从业人员的信用管理制度，不断提升政务服务水平。消防设计审查验收主管部门实施消防设计审查、消防验收、备案和抽查工作所需经费，按照《行政许可法》等有关法律法规的规定执行。消防设计审查验收主管部门应当及时将消防验收、备案和抽查情况告知消防救援机构，并与消防救援机构共享建筑平面图、消防设施平面布置图、消防设施系统图等资料。从事建设工程消防设计审查验收的工作人员，以及建设、设计、施工、工程监理、技术服务等单位的从业人员，应当具备相应的专业技术能力，定期参加职业培训。《建设工程消防设计审查验收管理暂行规定》适用于特殊建设工程的消防设计审查、消防验收，以及其他建设工程的消防验收备案（以下简称备案）、抽查，不适用住宅室内装饰装修、村民自建住宅、救灾和非人员密集场所的临时性建筑的建设活动。

二、有关单位的消防设计、施工质量责任与义务

建设单位依法对建设工程消防设计、施工质量负首要责任。设计、施工、工程监理、技术服务等单位依法对建设工程消防设计、施工质量负主体责任。建设、设计、施工、工程监理、技术服务等单位的从业人员依法对建设工程消防设计、施工质量承担相应的个人责任。建设单位应当履行下列消防

设计、施工质量责任和义务：不得明示或者暗示设计、施工、工程监理、技术服务等单位及其从业人员违反建设工程法律法规和国家工程建设消防技术标准，降低建设工程消防设计、施工质量；依法申请建设工程消防设计审查、消防验收，办理备案并接受抽查；实行工程监理的建设工程，依法将消防施工质量委托监理；委托具有相应资质的设计、施工、工程监理单位；按照工程消防设计要求和合同约定，选用合格的消防产品和满足防火性能要求的建筑材料、建筑构配件和设备；组织有关单位进行建设工程竣工验收时，对建设工程是否符合消防要求进行查验；依法及时向档案管理机构移交建设工程消防有关档案。设计单位应当履行下列消防设计、施工质量责任和义务：按照建设工程法律法规和国家工程建设消防技术标准进行设计，编制符合要求的消防设计文件，不得违反国家工程建设消防技术标准强制性条文；在设计文件中选用的消防产品和具有防火性能要求的建筑材料、建筑构配件和设备，应当注明规格、性能等技术指标，符合国家规定的标准；参加建设单位组织的建设工程竣工验收，对建设工程消防设计实施情况签章确认，并对建设工程消防设计质量负责。施工单位应当履行下列消防设计、施工质量责任和义务：按照建设工程法律法规、国家工程建设消防技术标准，以及经消防设计审查合格或者满足工程需要的消防设计文件组织施工，不得擅自改变消防设计进行施工，降低消防施工质量；按照消防设计要求、施工技术标准和合同约定检验消防产品和具有防火性能要求的建筑材料、建筑构配件和设备的质量，使用合格产品，保证消防施工质量；参加建设单位组织的建设工程竣工验收，对建设工程消防施工质量签章确认，并对建设工程消防施工质量负责。工程监理单位应当履行下列消防设计、施工质量责任和义务：按照建设工程法律法规、国家工程建设消防技术标准，以及经消防设计审查合格或者满足工程需要的消防设计文件实施工程监理；在消防产品和具有防火性能要求的建筑材料、建筑构配件和设备使用、安装前，核查产品质量证明文件，不得同意使用或者安装不合格的消防产品和防火性能不符合要求的建筑材料、建筑构配件和设备；参加建设单位组织的建设工程竣工验收，对建设工程消防施工质量签章确认，并对建设工程消防施工质量承担监理责任。提供建设工程消防设计图纸技术审查、消防设施检测或者建设工程消防验收现场评定等服务的技术服务机构，应当按照建设工程法律法规、国家工程建设消防技术标准和国家有关规定提供服务，并对出具的意见或者报告负责。

三、特殊建设工程的消防设计审查

（一）具有下列情形之一的建设工程是特殊建设工程：总建筑面积大于 2 万平方米的体育场馆、会堂，公共展览馆、博物馆的展示厅；总建筑面积大于 1.5 平方米的民用机场航站楼、客运车站候车室、客运码头候船厅；总建筑面积大于 1 万平方米的宾馆、饭店、商场、市场；总建筑面积大于 2500 平方米的影剧院，公共图书馆的阅览室，营业性室内健身、休闲场馆，医院的门诊楼，大学的教学楼、图书馆、食堂，劳动密集型企业的生产加工车间，寺庙、教堂；总建筑面积大于 1000 平方米的托儿所、幼儿园的儿童用房，儿童游乐厅等室内儿童活动场所，养老院、福利院，医院、疗养院的病房楼，中小学校的教学楼、图书馆、食堂，学校的集体宿舍，劳动密集型企业的员工集体宿舍；总建筑面积大于 500 平方米的歌舞厅、录像厅、放映厅、卡拉 OK 厅、夜总会、游艺厅、桑拿浴室、网吧、酒吧，具有娱乐功能的餐馆、茶馆、咖啡厅；国家工程建设消防技术标准规定的一类高层住宅建筑；城市轨道交通、隧道工程，大型发电、变配电工程；生产、储存、装卸易燃易爆危险物品的工厂、仓库和专用车站、码头，易燃易爆气体和液体的充装站、供应站、调压站；国家机关办公楼、电力调度楼、电信楼、邮政楼、防灾指挥调度楼、广播电视楼、档案楼；设有所列情形的建设工程及规定以外的单体建筑面积大于 4 万平方米或者建筑高度超过 50 米的公共建筑。

（二）对特殊建设工程实行消防设计审查制度。特殊建设工程的建设单位应当向消防设计审查验收主管部门申请消防设计审查，消防设计审查验收主管部门依法对审查的结果负责。特殊建设工程未经消防设计审查或者审查不合格的，建设单位、施工单位不得施工。建设单位申请消防设计审查，应当提交下列材料：消防设计审查申请表；消防设计文件；依法需要办理建设工程规划许可的，应当提交建设工程规划许可文件；依法需要批准的临时性建筑，应当提交批准文件。特殊建设工程具有下列情形之一的，建设单位除提交上述规定所列材料外，还应当同时提交特殊消防设计技术资料：国家工程建设消防技术标准没有规定的；消防设计文件拟采用的新技术、新工艺、新材料不符合国家工程建设消防技术标准规定的；因保护利用历史建筑、历史文化街区需要，确实无法满足国家工程建设消防技术标准要求的。特殊消防设计技术资料，应当包括特殊消防设计文件，以及两个以上有关的应用实例、产品说明等资料。特殊消防设计涉及采用国际标准或者境外工程建设消防技术标准的，还应当提供相应的中文文本。特殊消防设计文件应当包括特殊消防设计必要性论证、特殊消防设计方案、火灾数值模拟分析等内容，重大工程、火灾危险等级高的应当包括实体试验验证内容。特殊消防设计方案应当对两种以上方案进行比选，从安全性、经济性、可实施性等方面进行综合分析后形成。火灾数值模拟分析应当科学设定火灾场景和模拟参数，实体试验应当与实际场景相符。火灾数值模拟分析结论和实体试验结论应当一致。

（三）消防设计审查验收主管部门收到建设单位提交的消防设计审查申请后，对申请材料齐全的，应当出具受理凭证；申请材料不齐全的，应当一次性告知需要补正的全部内容。对具有规情形之一的建设工程，消防设计审查验收主管部门应当自受理消防设计审查申请之日起五个工作日内，将申请材料报送省、自治区、直辖市人民政府住房和城乡建设主管部门组织专家评审。省、自治区、直辖市人民政府住房和城乡建设主管部门应当建立由具有工程消防、建筑等专业高级技术职称人员组成的专家库，制定专家库管理制度。省、自治区、直辖市人民政府住房和城乡建设主管部门应当在收到申请材料之日起十个工作日内组织召开专家评审会，对建设单位提交的特殊消防设计技术资料进行评审。评审专家从专家库随机抽取，对于技术复杂、专业性强或者国家有特殊要求的项目，可以直接邀请相应专业的中国科学院院士、中国工程院院士、全国工程勘察设计大师，以及境外具有相应资历的专家参加评审；与特殊建设工程设计单位有利害关系的专家不得参加评审。评审专家应当符合相关专业要求，总数不得少于 7 人，且独立出具同意或者不同意的评审意见。特殊消防设计技术资料经 3/4 以上评审专家同意即为评审通过，评审专家有不同意见的，应当注明。省、自治区、直辖市人民政府住房和城乡建设主管部门应当将专家评审意见，书面通知报请评审的消防设计审查验收主管部门。消防设计审查验收主管部门应当自受理消防设计审查申请之日起 15 个工作日内出具书面审查意见。依照本规定需要组织专家评审的，专家评审时间不超过 20 个工作日。对符合下列条件的，消防设计审查验收主管部门应当出具消防设计审查合格意见：申请材料齐全、符合法定形式；设计单位具有相应资质；消防设计文件符合国家工程建设消防技术标准（具有规定情形之一的特殊建设工程，特殊消防设计技术资料通过专家评审）。对不符合前款规定条件的，消防设计审查验收主管部门应当出具消防设计审查不合格意见，并说明理由。实行施工图设计文件联合审查的，应当将建设工程消防设计的技术审查并入联合审查。建设、设计、施工单位不得擅自修改经审查合格的消防设计文件。确需修改的，建设单位应当依照规定重新申请消防设计审查。

四、特殊建设工程的消防验收

对特殊建设工程实行消防验收制度。特殊建设工程竣工验收后，建设单位应当向消防设计审查验收主管部门申请消防验收；未经消防验收或者消防验收不合格的，禁止投入使用。建设单位组织竣工验收时，应当对建设工程是否符合下列要求进行查验：完成工程消防设计和合同约定的消防各项内容；有完整的工程消防技术档案和施工管理资料（含涉及消防的建筑材料、建筑构配件和设备的进场试验报告）；建设单位对工程涉及消防的各分部分项工程验收合格；施工、设计、工程监理、技术服务等单位确认工程消防质量符合有关标准；消防设施性能、系统功能联调联试等内容检测合格。经查验不符合前款规定的建设工程，建设单位不得编制工程竣工验收报告。建设单位申请消防验收，应当提交下列材料：消防验收申请表；工程竣工验收报告；涉及消防的建设工程竣工图纸。消防设计审查验收主管部门收到建设单位提交的消防验收申请后，对申请材料齐全的，应当出具受理凭证；申请材料不齐全的，应当一次性告知需要补正的全部内容。消防设计审查验收主管部门受理消防验收申请后，应当按照国家有关规定，对特殊建设工程进行现场评定。现场评定包括对建筑物防（灭）火设施的外观进行现场抽样查看；通过专业仪器设备对涉及距离、高度、宽度、长度、面积、厚度等可测量的指标进行现场抽样测量；对消防设施的功能进行抽样测试、联调联试消防设施的系统功能等内容。消防设计审查验收主管部门应当自受理消防验收申请之日起15日内出具消防验收意见。对符合下列条件的，应当出具消防验收合格意见：申请材料齐全、符合法定形式；工程竣工验收报告内容完备；涉及消防的建设工程竣工图纸与经审查合格的消防设计文件相符；现场评定结论合格。对不符合前款规定条件的，消防设计审查验收主管部门应当出具消防验收不合格意见，并说明理由。实行规划、土地、消防、人防、档案等事项联合验收的建设工程，消防验收意见由地方人民政府指定的部门统一出具。

五、其他建设工程的消防设计、备案与抽查

其他建设工程，是指特殊建设工程以外的其他按照国家工程建设消防技术标准需要进行消防设计的建设工程。其他建设工程的建设单位申请施工许可或者申请批准开工报告时，应当提供满足施工需要的消防设计图纸及技术资料。未提供满足施工需要的消防设计图纸及技术资料的，有关部门不得发放施工许可证或者批准开工报告。对其他建设工程实行备案抽查制度，分类管理。其他建设工程经依法抽查不合格的，应当停止使用。省、自治区、直辖市人民政府住房和城乡建设主管部门应当制定其他建设工程分类管理目录清单。其他建设工程应当依据建筑所在区域环境、建筑使用功能、建筑规模和高度、建筑耐火等级、疏散能力、消防设施设备配置水平等因素分为一般项目、重点项目等两类。其他建设工程竣工验收合格之日起5个工作日内，建设单位应当报消防设计审查验收主管部门备案。建设单位办理备案，应当提交下列材料：消防验收备案表；工程竣工验收报告；涉及消防的建设工程竣工图纸。有关建设单位竣工验收消防查验的规定，适用于其他建设工程。消防设计审查验收主管部门收到建设单位备案材料后，对备案材料齐全的，应当出具备案凭证；备案材料不齐全的，应当一次性告知需要补正的全部内容。一般项目可以采用告知承诺制的方式申请备案，消防设计审查验收主管部门依据承诺书出具备案凭证。消防设计审查验收主管部门应当对备案的其他建设工程进行抽查，加强对重点项目的抽查。抽查工作推行“双随机、一公开”制度，随机抽取检查对象，随机选派检查人员。抽取比例由省、自治区、直辖市人民政府住房和城乡建设主管部门，结合辖区内消防设计、施工质量情况确定，并向社会公示。消防设计审查验收主管部门应当自其他建设工程被确定为检查对象之日起15个工作日内，按照建设工程消防验收有关规定完成检查，制作检查记录。检查结果应当通知建设单位，并向社会公示。建设单位收到检查不合格整改通知后，应当停止使用建设工程，并组织整改，整改完成后，向消防设计审查验收主管部门申请复查。消防设计审查验收主管部门应当自收到书面申请之日起7个工作日内进行复查，并出具复查意见。复查合格后方可使用建设工程。建设工程消防设计审查验收规则和执行规定所需要的文书式样，由国务院住房和城乡建设主管部门制定。新颁布的国家工程建设消防技术标准实施之前，建设工程的消防设计已经依法审查合格的，按原审查意见的标准执行。

六、建设工程消防设计审查验收

（一）建设工程消防设计审查验收是工程建设项目审批制度改革的重要组成部分，确保到年底实现所有县城和县级以上城市的消防审验纳入工程建设项目审批管理系统。2023年12月底前，将包括房屋建筑和市政基础设施工程在内的各类建设工程消防审验全部纳入工程审批系统，实现全流程网上办理，确保工程类型全覆盖、审批项目全覆盖，消防审验情况在工程审批系统实时可查，信息全面、准确、可靠。各地要结合工程建设项目审批全流程网上办理规程，统一确定房屋建筑、市政基础设施、能源、铁路、水利等各类建设工程消防审验的申请主体、申请表单、办理要件、内容要求、办理时限等事项信息的数据格式标准。在工程审批系统中增加消防审验功能的，应拓展完善线上审批内容，满足各类建设工程消防审验需要。已有独立开发建设消防审验系统的，应结合工程审批系统管理办法和标准，制定消防审验纳入工程审批系统的数据共享交换方案，保障消防审验全过程信息实时传递。实行施工图设计文件联合审查的，应当将建设工程消防设计的技术审查并入联合审查，意见一并出具。消防设计审查验收主管部门根据施工图审查意见中的消防设计技术审查意见，出具消防设计审查意见。实行规划、土地、消防、人防、档案等事项联合验收的建设工程，应当将建设工程消防验收并入联合验收。消防审验工作相关的特殊消防设计专家评审、消防设计文件技术审查、现场评定和备案抽查现场检查等信息应一并纳入工程审批系统。各地要公开消防审验服务事项、线上办事指南，在线上线下服务渠道同源发布、同步更新，做好宣传推广，提高社会公众对消防审验线上办理的知晓率和应用率。要按照规定比例在相关信息系统上随机确定消防验收备案抽查对象，并第一时间告知抽查对象。逐步推广使用消防审验电子证照，支持在线查验、打印。具备条件的地区，加快建设消防审验移动端，实现消防审验人员身份认证、实时查询、信息关联等功能，探索消防审验移动端申报和智能预填表单功能。各地在建设消防审验系统时应同步开发数据分析模块，动态反映消防审验业务受理、办理进度、办理结果等数据变化，具备时限监测、过程监测、超时预警、档案管理和数据对比分析等功能。国家级和省级工程审批系统可以根据权限，实时调阅地方消防审验申报材料、技术审查意见、审批结果等数据信息。具备条件的地区，要指导市级、县级主管部门应用信息化手段加强对本行政区域内消防设计审查、消防验收及消防验收备案项目的动态监测。各地已在线收取消防审验申请材料或通过部门间数据共享能够获取规范化电子材料的，不得要求申请人重复提交纸质材料。要落实消防审验纳入工程审批系统数据共享交换有关要求，将消防审验信息逐级共享至国家工程审批系统。主动协调相关部门做好数据接口对接工作，积极推动与相关部门共享建筑平面图、消防设施平面布置图、消防设施系统图等资料，保障消防审验信息流转简洁便利、公开透明和实时响应。各地要提高消防审验网上办理的稳定性和安全性，架构设置、权限设置、流程设置、办事日志、应急预警和数据运维管理应充分考虑各类安全风险，适度提高容错能力。强化网络安全保障，落实信息安全管理责任，定期组织开展漏洞扫描、漏洞修复和人工渗透测试。

（二）建筑高度大于250米民用建筑消防设计审查，防火设计加强性措施的研究论证，由省级建设工程消防设计审查主管部门负责组织。研究论证意见作为出具消防设计审查意见的依据之一。科学开展论证，省级建设工程消防设计审查主管部门应选择不少于7位专家组成专家组，对建筑高度大于250米民用建筑的防火设计加强性措施进行专题研究论证。专题研究论证依据《建筑设计防火规范》GB 50016和《建筑高度大于250米民用建筑防火设计加强性技术要求（试行）》，聚焦防火设计加强性措施的安全性、实用性和有效性。专题研究论证意见应当明确、具体，不得提出模棱两可、无法实施或需要另行解释的原则性意见。落实各方责任，省级建设工程消防设计审查主管部门要高度重视，落实专题研究论证组织责任。建设单位、设计单位应依法依规组织开展消防设计并对设计结果负责。论证专家应对提出的意见、结论负责。建筑高度大于250米的建筑，还应当说明在符合国家工程建设消防技术标准的基础上，所采取的切实增强建筑火灾时自防自救能力的加强性消防设计措施。包括：建筑构件耐火性能、外部平面布局、内部平面布置、安全疏散和避难、防火构造、建筑保温和外墙装饰防火性能、自动消防设施及灭火救援设施的配置及其可靠性、消防给水、消防电源及配电、建筑电气防火等内容。消防设计文件应当包括下列内容，封面：项目名称、设计单位名称、设计文件交付日期；扉页：设计单位法定代表人、技术总负责人和项目总负责人的姓名及其签字或授权盖章，设计单位资质，设计人员的姓名及其专业技术能力信息；设计文件目录；设计说明书，包括：工程设计依据，包括设计所执行的主要法律法规以及其他相关文件，所采用的主要标准（包括标准的名称、编号、年号和版本号），县级以上政府有关主管部门的项目批复性文件，建设单位提供的有关使用要求或生产工艺等资料，明确火灾危险性。工程建设的规模和设计范围，包括工程的设计规模及项目组成，分期建设情况，本设计承担的设计范围与分工等。总指标，包括总用地面积、总建筑面积和反映建设工程功能规模的技术指标。标准执行情况，包括：消防设计执行国家工程建设消防技术标准强制性条文的情况；消防设计执行国家工程建设消防技术标准中带有“严禁”“必须”“应”“不应”“不得”要求的非强制性条文的情况；消防设计中涉及国家工程建设消防技术标准没有规定内容的情况。总平面，应当包括有关主管部门对工程批准的规划许可技术条件，场地所在地的名称及在城市中的位置，场地内原有建构筑物保留、拆除的情况，建构筑物满足防火间距情况，功能分区，竖向布置方式（平坡式或台阶式），人流和车流的组织、出入口、停车场（库）的布置及停车数量，消防车道及高层建筑消防车登高操作场地的布置，道路主要的设计技术条件等。建筑和结构，应当包括项目设计规模等级，建构筑物面积，建构筑物层数和建构筑物高度，主要结构类型，建筑结构安全等级，建筑防火分类和耐火等级，门窗防火性能，用料说明和室内外装修，幕墙工程及特殊屋面工程的防火技术要求，建筑和结构设计防火设计说明等。建筑电气，应当包括消防电源、配电线路及电器装置，消防应急照明和疏散指示系统，火灾自动报警系统，以及电气防火措施等。消防给水和灭火设施，应当包括消防水源，消防水泵房、室外消防给水和室外消火栓系统、室内消火栓系统和其他灭火设施等。供暖通风与空气调节，应当包括设置防排烟的区域及其方式，防排烟系统风量确定，防排烟系统及其设施配置，控制方式简述，以及暖通空调系统的防火措施，空调通风系统的防火、防爆措施等。热能动力，应当包括有关锅炉房、涉及可燃气体的站房及可燃气、液体的防火、防爆措施等。设计图纸，包括：总平面图，应当包括场地道路红线、建构筑物控制线、用地红线等位置；场地四邻原有及规划道路的位置；建构筑物的位置、名称、层数、防火间距；消防车道或通道及高层建筑消防车登高操作场地的布置等。建筑和结构，应当包括平面图，包括平面布置，房间或空间名称或编号，每层建构筑物面积、防火分区面积、防火分区分隔位置及安全出口位置示意，以及主要结构和建筑构配件等；立面图，包括立面外轮廓及主要结构和建筑构造部件的位置，建构筑物的总高度、层高和标高以及关键控制标高的标注等；剖面图，应标示内外空间比较复杂的部位（如中庭与邻近的楼层或者错层部位），并包括建筑室内地面和室外地面标高，屋面檐口、女儿墙顶等的标高，层间高度尺寸及其他必需的高度尺寸等。建筑电气，应当包括电气火灾监控系统，消防设备电源监控系统，防火门监控系统，火灾自动报警系统，消防应急广播，以及消防应急照明和疏散指示系统等。消防给水和灭火设施，应当包括消防给水总平面图，消防给水系统的系统图、平面布置图，消防水池和消防水泵房平面图，以及其他灭火系统的系统图及平面布置图等。供暖通风与空气调节，应当包括防烟系统的系统图、平面布置图，排烟系统的系统图、平面布置图，供暖、通风和空气调节系统的系统图、平面图等。热能动力，应当包括所包含的锅炉房设备平面布置图，其他动力站房平面布置图，以及各专业管道防火封堵措施等。特殊建设工程，提交的特殊消防设计技术资料应当包括下列内容：特殊消防设计文件，包括设计说明。应当说明设计中涉及国家工程建设消防技术标准没有规定的内容和理由，必须采用国际标准或者境外工程建设消防技术标准进行设计的内容和理由，特殊消防设计方案说明以及对特殊消防设计方案的评估分析报告、试验验证报告或数值模拟分析验证报告等。应当说明设计不符合国家工程建设消防技术标准的内容和理由，必须采用不符合国家工程建设消防技术标准规定的新技术、新工艺、新材料的内容和理由，特殊消防设计方案说明以及对特殊消防设计方案的评估分析报告、试验验证报告或数值模拟分析验证报告等。设计图纸涉及采用国际标准、境外工程建设消防技术标准，或者采用新技术、新工艺、新材料的消防设计图纸。应提交设计采用的国际标准、境外工程建设消防技术标准的原文及中文翻译文本。采用新技术、新工艺的，应提交新技术、新工艺的说明；采用新材料的，应提交产品说明，包括新材料的产品标准文本（包括性能参数等）。应用实例应提交两个以上、近年内采用国际标准或者境外工程建设消防技术标准在国内或国外类似工程应用情况的报告；应提交采用新技术、新工艺、新材料在国内或国外类似工程应用情况的报告或中试（生产）试验研究情况报告等。

（三）对开展特殊消防设计的特殊建设工程进行消防设计技术审查前，应按照相关规定组织特殊消防设计技术资料的专家评审，专家评审意见应作为技术审查的依据。专家评审应当针对特殊消防设计技术资料进行讨论，评审专家应当独立出具评审意见。讨论应当包括下列内容：设计超出或者不符合国家工程建设消防技术标准的理由是否充分；设计必须采用国际标准或者境外工程建设消防技术标准，或者采用新技术、新工艺、新材料的理由是否充分，运用是否准确，是否具备应用可行性等；特殊消防设计是否不低于现行国家工程建设消防技术标准要求的同等消防安全水平，方案是否可行；建筑高度大于 250 米的建筑，讨论内容还应当讨论采取的加强性消防设计措施是否可行、可靠和合理。专家评审意见应当包括下列内容：会议概况，包括会议时间、地点，组织机构，专家组的成员构成，参加会议的建设、设计、咨询、评估等单位；项目建设与设计概况；特殊消防设计评审内容；评审专家独立出具的评审意见，评审意见应有专家签字，明确为同意或不同意，不同意的应当说明理由；专家评审结论，评审结论应明确为同意或不同意，特殊消防设计技术资料经 3/4 以上评审专家同意即为评审通过，评审结论为同意；评审结论专家签字；会议记录。省、自治区、直辖市人民政府住房和城乡建设主管部门应当按照规定将专家评审意见装订成册，及时报国务院住房和城乡建设主管部门备案，并同时报送其电子文本。消防设计审查验收主管部门可以委托具备相应能力的技术服务机构开展特殊建设工程消防设计技术审查，并形成意见或者报告，作为出具特殊建设工程消防设计审查意见的依据。提供消防设计技术审查的技术服务机构，应当将出具的意见或者报告及时反馈消防设计审查验收主管部门。意见或者报告的结论应清晰、明确。消防设计技术审查符合下列条件的，结论为合格；不符合下列任意一项的，结论为不合格：消防设计文件编制符合相应建设工程设计文件编制深度规定的要求；消防设计文件内容符合国家工程建设消防技术标准强制性条文规定；消防设计文件内容符合国家工程建设消防技术标准中带有“严禁”“必须”“应”“不应”“不得”要求的非强制性条文规定；特殊消防设计技术资料通过专家评审。消防设计审查验收主管部门开展特殊建设工程消防验收，建设、设计、施工、工程监理、技术服务机构等相关单位应当予以配合。消防设计审查验收主管部门收到建设单位提交的特殊建设工程消防验收申请后，符合下列条件的，应当予以受理；不符合其中任意一项的，消防设计审查验收主管部门应当一次性告知需要补正的全部内容：特殊建设工程消防验收申请表信息齐全、完整；有符合相关规定的工程竣工验收报告，且竣工验收消防查验内容完整、符合要求；涉及消防的建设工程竣工图纸与经审查合格的消防设计文件相符。建设单位编制工程竣工验收报告前，应开展竣工验收消防查验，查验合格后方可编制工程竣工验收报告。消防设计审查验收主管部门可以委托具备相应能力的技术服务机构开展特殊建设工程消防验收的消防设施检测、现场评定，并形成意见或者报告，作为出具特殊建设工程消防验收意见的依据。提供消防设施检测、现场评定的技术服务机构，应当将出具的意见或者报告及时反馈消防设计审查验收主管部门，结论应清晰、明确。现场评定技术服务应严格依据法律法规、国家工程建设消防技术标准和省、自治区、直辖市人民政府住房和城乡建设主管部门有关规定等开展，内容、依据、流程等应及时向社会公布公开。现场评定应当依据消防法律法规、国家工程建设消防技术标准和涉及消防的建设工程竣工图纸、消防设计审查意见，对建筑物防（灭）火设施的外观进行现场抽样查看；通过专业仪器设备对涉及距离、高度、宽度、长度、面积、厚度等可测量的指标进行现场抽样测量；对消防设施的功能进行抽样测试、联调联试消防设施的系统功能等。现场评定具体项目包括：建筑类别与耐火等级；总平面布局，应当包括防火间距、消防车道、消防车登高面、消防车登高操作场地等项目；平面布置，应当包括消防控制室、消防水泵房等建设工程消防用房的布置，国家工程建设消防技术标准中有位置要求场所（如儿童活动场所、展览厅等）的设置位置等项目；建筑外墙、屋面保温和建筑外墙装饰；建筑内部装修防火，应当包括装修情况，纺织织物、木质材料、高分子合成材料、复合材料及其他材料的防火性能，用电装置发热情况和周围材料的燃烧性能和防火隔热、散热措施，对消防设施的影响，对疏散设施的影响等项目；防火分隔，应当包括防火分区，防火墙，防火门、窗，竖向管道井、其他有防火分隔要求的部位等项目；防爆，应当包括泄压设施，以及防静电、防积聚、防流散等措施；安全疏散，应当包括安全出口、疏散门、疏散走道、避难层（间）、消防应急照明和疏散指示标志等项目；消防电梯；消火栓系统，应当包括供水水源、消防水池、消防水泵、管网、室内外消火栓、系统功能等项目；自动喷水灭火系统，应当包括供水水源、消防水池、消防水泵、报警阀组、喷头、系统功能等项目；火灾自动报警系统，应当包括系统形式、火灾探测器的报警功能、系统功能，以及火灾报警控制器、联动设备和消防控制室图形显示装置等项目；防烟排烟系统及通风、空调系统防火，包括系统设置、排烟风机、管道、系统功能等项目；消防电气，应当包括消防电源、柴油发电机房、变配电房、消防配电、用电设施等项目；建筑灭火器，应当包括种类、数量、配置、布置等项目；泡沫灭火系统，应当包括泡沫灭火系统防护区，以及泡沫比例混合、泡沫发生装置等项目；气体灭火系统的系统功能；

其他国家工程建设消防技术标准强制性条文规定的项目，以及带有“严禁”“必须”“应”“不应”“不得”要求的非强制性条文规定的项目。现场抽样查看、测量、设施及系统功能测试应符合下列要求：每一项目的抽样数量不少于2处，当总数不大于2处时，全部检查；防火间距、消防车登高操作场地、消防车道的设置及安全出口的形式和数量应全部检查。消防验收现场评定符合下列条件的，结论为合格；不符合下列任意一项的，结论为不合格：现场评定内容符合经消防设计审查合格的消防设计文件；现场评定内容符合国家工程建设消防技术标准强制性条文规定的要求；有距离、高度、宽度、长度、面积、厚度等要求的内容，其与设计图纸标示的数值误差满足国家工程建设消防技术标准的要求；国家工程建设消防技术标准没有数值误差要求的，误差不超过5%，且不影响正常使用功能和消防安全；现场评定内容为消防设施性能的，满足设计文件要求并能正常实现；现场评定内容为系统功能的，系统主要功能满足设计文件要求并能正常实现。消防设计审查验收主管部门应当严格按照国家有关档案管理的规定，做好建设工程消防设计审查、消防验收、备案和抽查的档案管理工作，建立档案信息化管理系统。消防设计审查验收工作人员应当对所承办的消防设计审查、消防验收、备案和抽查的业务管理和业务技术资料及时收集、整理，确保案卷材料齐全完整、真实合法。建设工程消防设计审查、消防验收、备案和抽查的档案内容较多时可立分册并集中存放，其中图纸可用电子档案的形式保存。建设工程消防设计审查、消防验收、备案和抽查的原始技术资料应长期保存。

第五节　建设项目环境保护管理

一、建设项目环境影响评价制度

（一）建设产生污染的建设项目，必须遵守污染物排放的国家标准和地方标准；在实施重点污染物排放总量控制的区域内，还必须符合重点污染物排放总量控制的要求。工业建设项目应当采用能耗物耗小、污染物产生量少的清洁生产工艺，合理利用自然资源，防止环境污染和生态破坏。改建、扩建项目和技术改造项目必须采取措施，治理与该项目有关的原有环境污染和生态破坏。国家实行建设项目环境影响评价制度。国家根据建设项目对环境的影响程度，按照下列规定对建设项目的环境保护实行分类管理：建设项目对环境可能造成重大影响的，应当编制环境影响报告书，对建设项目产生的污染和对环境的影响进行全面、详细的评价；建设项目对环境可能造成轻度影响的，应当编制环境影响报告表，对建设项目产生的污染和对环境的影响进行分析或者专项评价；建设项目对环境影响很小，不需要进行环境影响评价的，应当填报环境影响登记表。建设项目环境影响评价分类管理名录，由国务院环境保护行政主管部门在组织专家进行论证和征求有关部门、行业协会、企事业单位、公众等意见的基础上制定并公布。建设项目环境影响报告书，应当包括下列内容：建设项目概况；建设项目周围环境现状；建设项目对环境可能造成影响的分析和预测；环境保护措施及其经济、技术论证；环境影响经济损益分析；对建设项目实施环境监测的建议；环境影响评价结论。编制和审批环境影响报告书，依法应当编制环境影响报告书、环境影响报告表的建设项目，建设单位应当在开工建设前将环境影响报告书、环境影响报告表报有审批权的环境保护行政主管部门审批；建设项目的环境影响评价文件未依法经审批部门审查或者审查后未予批准的，建设单位不得开工建设。环境保护行政主管部门审批环境影响报告书、环境影响报告表，应当重点审查建设项目的环境可行性、环境影响分析预测评估的可靠性、环境保护措施的有效性、环境影响评价结论的科学性等，并分别自收到环境影响报告书之日起60日内、收到环境影响报告表之日起30日内，作出审批决定并书面通知建设单位。环境保护行政主管部门可以组织技术机构对建设项目环境影响报告书、环境影响报告表进行技术评估，并承担相应费用；技术机构应当对其提出的技术评估意见负责，不得向建设单位、从事环境影响评价工作的单位收取任何费用。依法应当填报环境影响登记表的建设项目，建设单位应当按照国务院环境保护行政主管部门的规定将环境影响登记表报建设项目所在地县级环境保护行政主管部门备案。环境保护行政主管部门应当开展环境影响评价文件网上审批、备案和信息公开。国务院环境保护行政主管部门负责审批下列建设项目环境影响报告书、环境影响报告表：核设施、绝密工程等特殊性质的建设项目；跨省、自治区、直辖市行政区域的建设项目；国务院审批的或者国务院授权有关部门审批的建设项目。前款规定以外的建设项目环境影响报告书、环境影响报告表的审批权限，由省、自治区、直辖市人民政府规定。建设项目造成跨行政区域环境影响，有关环境保护行政主管部门对环境影响评价结论有争议的，其环境影响报告书或者环境影响报告表由共同上一级环境保护行政主管部门审批。建设项目环境影响报告书、环境影响报告表经批准后，建设项目的性质、规模、地点、采用的生产工艺或者防治污染、防止生态破坏的措施发生重大变动的，建设单位应当重新报批建设项目环境影响报告书、环境影响报告表。建设项目环境影响报告书、环境影响报告表自批准之日起满5年，建设项目方开工建设的，其环境影响报告书、环境影响报告表应当报原审批部门重新审核。原审批部门应当自收到建设项目环境影响报告书、环境影响报告表之日起10日内，将审核意见书面通知建设单位；逾期未通知的，视为审核同意。审核、审批建设项目环境影响报告书、环境影响报告表及备案环境影响登记表，不得收取任何费用。建设单位可以采取公开招标的方式，选择从事环境影响评价工作的单位，对建设项目进行环境影响评价。任何行政机关不得为建设单位指定从事环境影响评价工作的单位，进行环境影响评价。建设单位编制环境影响报告书，应当依照有关法律规定，征求建设项目所在地有关单位和居民的意见。环境保护设施建设，建设项目需要配套建设的环境保护设施，必须与主体工程同时设计、同时施工、同时投产使用。建设项目的初步设计，应当按照环境保护设计规范的要求，编制环境保护篇章，落实防治环境污染和生态破坏的措施以及环境保护设施投资概算。建设单位应当将环境保护设施建设纳入施工合同，保证环境保护设施建设进度和资金，并在项目建设过程中同时组织实施环境影响报告书、环境影响报告表及其审批部门审批决定中提出的环境保护对策措施。编制环境影响报告书、环境影响报告表的建设项目竣工后，建设单位应当按照国务院环境保护行政主管部门规定的标准和程序，对配套建设的环境保护设施进行验收，编制验收报告。建设单位在环境保护设施验收过程中，应当如实查验、监测、记载建设项目环境保护设施的建设和调试情况。除按照国家规定需要保密的情形外，建设单位应当依法向社会公开验收报告。分期建设、分期投入生产或者使用的建设项目，其相应的环境保护设施应当分期验收。编制环境影响报告书、环境影响报告表的建设项目，其配套建设的环境保护设施经验收合格，方可投入生产或者使用；未经验收或者验收不合格的，不得投入生产或者使用。前款规定的建设项目投入生产或者使用后，应当按照国务院环境保护行政主管部门的规定开展环境影响后评价。环境保护行政主管部门应当对建设项目环境保护设施设计、施工、验收、投入生产或者使用情况，以及有关环境影响评价文件确定的其他环境保护措施的落实情况，进行监督检查。环境保护行政主管部门应当将建设项目有关环境违法信息记入社会诚信档案。

国家对从事环境影响评价工作的专业技术人员实行职业资格制度，纳入全国专业技术人员职业资格证书制度统一管理。环境影响评价工程师职业资格制度规定适用于从事规划和建设项目环境影响评价、技术评估和环境保护验收等工作的专业技术人员。环境影响评价工程师，是指取得《环境影响评价工程师职业资格证书》，并经登记后，从事环境影响评价工作的专业技术人员。凡从事环境影响评价、技术评估和环境保护验收的单位，应配备环境影响评价工程师。环境影响评价工程师职业资格实行定期登记制度。登记有效期为3年，有效期满前，应按有关规定办理再次登记。办理登记的人员应具备下列条件：取得《环境影响评价工程师职业资格证书》；职业行为良好，无犯罪记录；身体健康，能坚持在本专业岗位工作；所在单位考核合格。再次登记者，还应提供相应专业类别的继续教育或参加业务培训的证明。环境影响评价工程师职业资格登记管理机构应定期向社会公布经登记人员的情况。环境影响评价工程师在进行环境影响评价业务活动时，必须遵守国家法律、法规和行业管理的各项规定，坚持科学、客观、公正的原则，恪守职业道德。环境影响评价工程师可主持进行下列工作：环境影响评价；环境影响后评价；环境影响技术评估；环境保护验收。环境影响评价工程师应在具有环境影响评价资质的单位中，以该单位的名义接受环境影响评价委托业务。环境影响评价工程师在接受环境影响评价委托业务时，应为委托人保守商务秘密。环境影响评价工程师对其主持完成的环境影响评价相关工作的技术文件承担相应责任。环境影响评价工程师应当不断更新知识，并按规定参加继续教育。

（二）环境监管重点单位名录管理，环境监管重点单位，包括依法确定的水环境重点排污单位、地下水污染防治重点排污单位、大气环境重点排污单位、噪声重点排污单位、土壤污染重点监管单位，以及环境风险重点管控单位。同一企业事业单位可以同时属于不同类别的环境监管重点单位。国务院生态环境主管部门负责指导、协调和监督环境监管重点单位名录的确定和管理，建立、运行环境监管重点单位名录信息平台。省级生态环境主管部门负责协调和监督本行政区域环境监管重点单位名录的确定和发布。设区的市级生态环境主管部门负责本行政区域环境监管重点单位名录的确定、管理和发布。环境监管重点单位应当依法履行自行监测、信息公开等生态环境法律义务，采取措施防治环境污染，防范环境风险。各级生态环境主管部门应当加强对环境监管重点单位的监督管理。水环境重点排污单位应当根据本行政区域的水环境容量、重点水污染物排放总量控制指标的要求，以及排污单位排放水污染物的种类、数量和浓度等因素确定。具备下列条件之一的，应当列为水环境重点排污单位：化学需氧量、氨氮、总氮、总磷中任一种水污染物近3年内任一年度排放量大于设区的市级生态环境主管部门设定的筛选排放量限值的工业企业；设有污水排放口的规模化畜禽养殖场；工业废水集中处理厂，以及日处理能力10万吨以上或者日处理工业废水量2万吨以上的城镇生活污水处理厂。设区的市级生态环境主管部门设定筛选排放量限值，应当确保所筛选的水环境重点排污单位工业水污染物排放量之和，不低于该行政区域排放源统计调查的工业水污染物排放总量的65%。地下水污染防治重点排污单位应当根据本行政区域地下水污染防治需要、排污单位排放有毒有害物质情况等因素确定。具备下列条件之一的，应当列为地下水污染防治重点排污单位：位于地下水污染防治重点区内且设有水污染物排放口的企业事业单位；一级和二级环境监督管理尾矿库的运营、管理单位；涉及填埋处置的危险废物处置场的运营、管理单位；日处理能力500吨以上的生活垃圾填埋场的运营、管理单位。大气环境重点排污单位应当根据本行政区域的大气环境承载力、重点大气污染物排放总量控制指标的要求以及排污单位排放大气污染物的种类、数量和浓度等因素确定。具备下列条件之一的，应当列为大气环境重点排污单位：二氧化硫、氮氧化物、颗粒物、挥发性有机物中任一种大气污染物近三年内任一年度排放量大于设区的市级生态环境主管部门设定的筛选排放量限值的工业企业；太阳能光伏玻璃行业企业，其他玻璃制造、玻璃制品、玻璃纤维行业中以天然气为燃料的规模以上企业；陶瓷、耐火材料行业中以煤、石油焦、油、发生炉煤气为燃料的企业；陶瓷、耐火材料行业中以天然气为燃料的规模以上企业；工业涂装行业规模以上企业，全部使用符合国家规定的水性、无溶剂、辐射固化、粉末等四类低挥发性有机物含量涂料的除外；包装印刷行业规模以上企业，全部使用符合国家规定的低挥发性有机物含量油墨的除外。设区的市级生态环境主管部门设定筛选排放量限值，应当确保所筛选的大气环境重点排污单位工业大气污染物排放量之和，不低于该行政区域排放源统计调查的工业大气污染物排放总量的65%。生产、加工使用或者排放重点管控新污染物清单中所列化学物质的企业事业单位，应当纳入重点排污单位。噪声重点排污单位应当根据本行政区域噪声排放状况、声环境质量改善要求等因素确定。具备下列条件之一的工业企业，应当列为噪声重点排污单位：位于噪声敏感建筑物集中区域或者厂界外200米范围内存在噪声敏感建筑物集中区域，且造成噪声污染的；影响所在行政区域完成声环境质量改善规划设定目标的；噪声污染问题突出、群众反映强烈的。土壤污染重点监管单位应当根据本行政区域土壤污染防治需要、有毒有害物质排放情况等因素确定。具备下列条件之一的，应当列为土壤污染重点监管单位：有色金属矿采选、有色金属冶炼、石油开采、石油加工、化工、焦化、电镀、制革行业规模以上企业；位于土壤污染潜在风险高的地块，且生产、使用、贮存、处置或者排放有毒有害物质的企业；位于耕地土壤重金属污染突出地区的涉镉排放企业。具备下列条件之一的，可以列为环境风险重点管控单位：年产生危险废物100吨以上的企业；具有危险废物自行利用处置设施的企业；持有危险废物经营许可证的企业；生活垃圾填埋场（含已封场的）或者生活垃圾焚烧厂的运营维护单位；矿产资源（除铀、钍矿外）开发利用活动中原矿、中间产品、尾矿（渣）或者其他残留物中铀（钍）系单个核素含量超过 1Bq/g 的企业。

（三）生态文明建设示范区（生态工业园区）建设评价大纲：主要工作进展，对上年度生态工业园区建设开展的主要工作进行回顾总结，重点包括推进园区建设的组织领导、政策机制、能力建设、行动计划、重点项目、保障措施等，以及绩效评价意见落实和各级生态环境保护督察整改情况。取得的成效，按照《国家生态工业示范园区标准》分析各项指标运行情况，并从主要污染物控制、环境质量改善、经济发展水平及质量、资源能源利用效率提升、生态工业链网构建与完善、减污降碳协同增效、环境风险防控，以及园区管理体制机制创新等方面，总结示范园区建设取得的主要成效。存在的问题，园区在发展过程中遇到的问题和当前限制园区发展的主要制约因素。对于未验收园区应根据目前园区与《国家生态工业示范园区标准》要求之间存在的差距，分析存在差距的主要原因。下一阶段工作计划，根据园区发展现状和存在的问题，提出下一年度园区建设的目标、任务和工作内容。对照考核表 5-9，表内数据需全部填报，选择为考核指标的将考核其达标情况，数据基准年为 2022 年。

生态文明建设示范区（生态工业园区）建设评价考核 **表5-9**

园区名称：　　　　填报时间：　　年　　月　　日

分类	序号	指标	单位	要求	是否选为考核指标	数值
经济发展	1	高新技术企业工业总产值	万元	—	—	
		园区工业总产值	万元	—	—	
		高新技术企业工业总产值占园区工业总产值比例	%	≥ 30	是 / 否	
	2	年末从业人口	人	—	—	
		工业增加值	万元	—	—	
		人均工业增加值	万元 / 人	≥ 15	是 / 否	
	3	规划基准年工业增加值	万元	—	—	
		2019 年工业增加值	万元	—	—	
		园区工业增加值三年年均增长率	%	≥ 15	是 / 否	
	4	资源再生利用产业增加值	万元	—	—	
		资源再生利用产业增加值占园区工业增加值比例	%	≥ 30	是 / 否	
产业共生	5	建设规划实施后新增构建生态工业链项目数量	个	≥ 6	必选	
	6	工业固体废物综合利用量	吨	—	—	
		工业固体废物总产生量	吨	—	—	
		综合利用往年贮存量	吨	—	—	
		工业固体废物综合利用率	%	≥ 70	是 / 否	
	7	再生产业再生资源循环利用量	吨	—	—	
		再生资源收集量	吨	—	—	
		再生资源循环利用率	%	≥ 80	是 / 否	
资源节约	8	工业用地面积	平方公里	—	—	
		单位工业用地面积工业增加值	亿元 / 平方公里	≥ 9	是 / 否	
	9	2019 年工业用地面积	平方公里	—	—	
		单位工业用地面积工业增加值三年年均增长率	%	≥ 6	是 / 否	
	10	综合能耗总量	吨标煤	—	—	
		规划基准年综合能耗总量	吨标煤	—	—	
		综合能耗弹性系数	—	当园区工业增加值建设期年均增长率＞ 0，≤ 0.6 当园区工业增加值建设期年均增长率＜ 0，≥ 0.6	必选	

续表

分类	序号	指标	单位	要求	是否选为考核指标	数值
资源节约	11	单位工业增加值综合能耗	吨标煤／万元	≤0.5	是／否	
	12	可再生能源使用量	吨标煤	—	—	
		可再生能源使用比例	%	≥9	是／否	
	13	新鲜水资源消耗量	万立方米	—	—	
		规划基准年新鲜水资源消耗量	万立方米	—	—	
		新鲜水耗弹性系数	—	当园区工业增加值建设期年均增长率＞0，≤0.55	必选	
				当园区工业增加值建设期年均增长率＜0，≥0.55		
	14	单位工业增加值新鲜水耗	立方米／万元	≤8	是／否	
	15	工业重复用水量	立方米	—	—	
		工业用水重复利用率	%	≥75	是／否	
	16	园区再生水（中水）回用量	万吨	—	—	
		园区污水处理厂排放总量	万吨	—	—	
		再生水（中水）回用率	%	缺水城市达到20%以上	是／否	
				京津冀区域达到30%以上		
				其他地区达到10%以上		
环境保护	17	工业园区重点污染源稳定排放达标情况	%	达标	必选	
	18	工业园区国家重点污染物排放总量控制指标及地方特征污染物排放总量控制指标完成情况	—	全部完成	必选	
	19	工业园区内企事业单位发生特别重大、重大突发环境事件数量	—	0	必选	
	20	环境管理能力完善度	%	100	必选	
	21	工业园区重点企业清洁生产审核实施率	%	100	必选	
	22	污水集中处理设施	—	具备	必选	
	23	园区环境风险防控体系建设完善度	%	100	必选	
	24	工业固体废物（含危险废物）处置利用率	—	100	必选	
	25	COD排放量	吨	—	—	
		氨氮排放量	吨	—	—	
		SO_2排放量	吨	—	—	
		氮氧化物排放量	吨	—	—	
		规划基准年COD排放量	吨	—	—	
		规划基准年氨氮排放量	吨	—	—	
		规划基准年SO_2排放量	吨	—	—	
		规划基准年氮氧化物排放量	吨	—	—	
		主要污染物排放弹性系数	—	当园区工业增加值建设期年均增长率＞0，≤0.3	必选	
				当园区工业增加值建设期年均增长率＜0，≥0.3		
	26	二氧化碳排放量	吨	—	—	
		规划基准年二氧化碳排放量	吨	—	—	
		单位工业增加值二氧化碳排放量年均削减率	%	≥3	必选	
	27	废水排放量	吨	—	—	
		单位工业增加值废水排放量	吨／万元	≤7	是／否	

续表

分类	序号	指标	单位	要求	是否选为考核指标	数值
环境保护	28	固废产生量	吨	—	—	
		单位工业增加值固废产生量	吨 / 万元	≤ 0.1	是 / 否	
	29	绿化覆盖率	%	≥ 15	必选	
信息公开	30	重点企业环境信息公开率	%	100	必选	
	31	生态工业信息平台完善程度	%	100	必选	
	32	生态工业主题宣传活动	次 / 年	≥ 2	必选	

注：园区中某一工业行业产值占园区工业总产值比例大于 70% 时，该指标的指标值为达到该行业清洁生产评价指标体系一级水平或公认国际先进水平。“指标 4”无法达标的园区不能选择此项指标作为考核指标。

二、建设项目环境影响报告书（表）编制管理

（一）为了实施建设项目环境影响评价分类管理，根据《环境影响评价法》的有关规定，根据建设项目特征和所在区域的环境敏感程度，综合考虑建设项目可能对环境产生的影响，对建设项目的环境影响评价实行分类管理。建设单位应当按照名录的规定，分别组织编制建设项目环境影响报告书、环境影响报告表或者填报环境影响登记表。名录所称环境敏感区是指依法设立的各级各类保护区域和对建设项目产生的环境影响特别敏感的区域，主要包括下列区域：国家公园、自然保护区、风景名胜区、世界文化和自然遗产地、海洋特别保护区、饮用水水源保护区；除上述外的生态保护红线管控范围，永久基本农田、基本草原、自然公园（森林公园、地质公园、海洋公园等）、重要的湿地、天然林，重点保护野生动物栖息地，重点保护野生植物生长繁殖地，重要水生生物的自然产卵场、索饵场、越冬场和洄游通道，天然渔场，水土流失重点预防区和重点治理区、沙化土地封禁保护区、封闭及半封闭海域；以居住、医疗卫生、文化教育、科研、行政办公为主要功能的区域，以及文物保护单位。环境影响报告书、环境影响报告表应当就建设项目对环境敏感区的影响做重点分析。建设单位应当严格按照名录确定建设项目环境影响评价类别，不得擅自改变环境影响评价类别。建设内容涉及名录中两个及以上项目类别的建设项目，其环境影响评价类别按照其中单项等级最高的确定。建设内容不涉及主体工程的改建、扩建项目，其环境影响评价类别按照改建、扩建的工程内容确定。名录未作规定的建设项目，不纳入建设项目环境影响评价管理；省级生态环境主管部门对本名录未作规定的建设项目，认为确有必要纳入建设项目环境影响评价管理的，可以根据建设项目的污染因子、生态影响因子特征及其所处环境的敏感性质和敏感程度等，提出环境影响评价分类管理的建议，报生态环境部认定后实施。

（二）建设项目环境影响报告书（表）编制管理，建设单位可以委托技术单位对其建设项目开展环境影响评价，编制环境影响报告书（表）；建设单位具备环境影响评价技术能力的，可以自行对其建设项目开展环境影响评价，编制环境影响报告书（表）。技术单位是指具备环境影响评价技术能力、接受委托为建设单位编制环境影响报告书（表）的单位，不得与负责审批环境影响报告书（表）的生态环境主管部门或者其他有关审批部门存在任何利益关系。任何单位和个人不得为建设单位指定编制环境影响报告书（表）的技术单位。技术单位，建设单位应当对环境影响报告书（表）的内容和结论负责；技术单位对其编制的环境影响报告书（表）承担相应责任，建设单位优先选择信用良好和符合能力建设指南要求的技术单位为其编制环境影响报告书（表）。编制单位是指主持编制环境影响报告书（表）的单位，包括主持编制环境影响报告书（表）的技术单位和自行主持编制环境影响报告书（表）的建设单位，应当加强环境影响评价技术能力建设，提高专业技术水平。编制人员是指环境影响报告书（表）的编制主持人和主要编制人员。编制主持人是环境影响报告书（表）的编制负责人。设区的市级以上生态环境主管部门应当加强对编制单位的监督管理和质量考核，开展环境影响报告书（表）编制行为监督检查和编制质量问题查处，并对编制单位和编制人员实施信用管理。生态环境部负责建设全国统一的环境影响评价信用平台，组织建立编制单位和编制人员诚信档案管理体系。信用平台纳入全国生态环境领域信用信息平台统一管理。编制单位和编制人员的基础信息等相关信息应当通过信用平台公开。编制单位和编制人员应当坚持公正、科学、诚信的原则，遵守有关环境影响评价法律法规、标准和技术规范等规定，确保环境影响报告书（表）内容真实、客观、全面和规范。编制单位应当是能够依法独立承担法律责任的单位。前款规定的单位中，下列单位不得作为技术单位编制环境影响报告书（表）：生态环境主管部门或者其他负责审批环境影响报告书（表）的审批部门设立的事业单位；由生态环境主管部门作为业务主管单位或者挂靠单位的社会组织，或者由其他负责审批环境影响报告书（表）的审批部门作为业务主管单位或者挂靠单位的社会组织；由本款前两项中的事业单位、社会组织出资的单位及其再出资的单位；受生态环境主管部门或者其他负责审批环境影响报告书（表）的审批部门委托，开展环境影响报告书（表）技术评估的单位；本款的技术评估单位出资的单位及其再出资的单位；本款的技术评估单位的出资单位，或者由技术评估单位出资人出资的其他单位，或者由本款的技术评估单位法定代表人出资的单位。个体工商户、农村承包经营户以及规定单位的内设机构、分支机构或者临时机构，不得主持编制环境影响报告书（表）。

（三）编制单位应当具备环境影响评价技术能力。环境影响报告书（表）的编制主持人和主要编制人员应当为编制单位中的全职人员，环境影响报告书（表）的编制主持人还应当为取得环境影响评价工程师职业资格证书的人员。编制单位和编制人员应当通过信用平台提交本单位和本人的基本情况信息。生态环境部在信用平台建立编制单位和编制人员的诚信档案，并生成编制人员信用编号，公开编制单位名称、统一社会信用代码等基础信息以及编制人员姓名、从业单位等基础信息。编制单位和编制人员应当对提交信息的真实性、准确性和完整性负责。相关信息发生变化的，应当自发生变化之日起 20 个工作日内在信用平台变更。环境影响报告书（表）应当由一个单位主持编制，并由该单位中的一名编制人员作为编制主持人。建设单位委托技术单位编制环境影响报告书（表）的，应当与主持编制的技术单位签订委托合同，约定双方的权利、义务和费用。编制单位应当建立和实施覆盖环境影响评价全过程的质量控制制度，落实环境影响评价工作程序，并在现场踏勘、现状监测、数据资料收集、环境影响预测等环节以及环境影响报告书（表）编制审核阶段形成可追溯的质量管理机制。有其他单位参与编制或者协作的，编制单位应当对参与编制单位或者协作单位提供的技术报告、数据资料等进行审核。编制主持人应当全过程组织参与环境影响报告书（表）编制工作，并加强统筹协调。委托技术单位编制环境影响报告书（表）的建设单位，应当如实提供相关基础资料，落实环境保护投入和资金来源，加强环境影响评价过程管理，并对环境影响报告书（表）的内容和结论进行审核。除涉及国家秘密的建设项目外，编制单位和编制人员应当在建设单位报批环境影响报告书（表）前，通过信用平台提交编制完成的环境影响报告书（表）基本情况信息，并对提交信息的真实性、准确性和完整性负责。信用平台生成项目编号，并公开环境影响报告书（表）相关建设项目名称、类别，以及建设单位、编制单位和编制人员等基础信息。报批的环境影响报告书（表）应当附具编制单位和编制人员情况表。建设单位、编制单位和相关人员应当在情况表相应位置盖章或者签字。除涉及国家秘密的建设项目外，编制单位和编制人员情况表应当由信用平台导出。建设单位应当将环境影响报告书（表）及其审批文件存档。编制单位应当建立环境影响报告书（表）编制工作完整档案。档案中应当包括项目基础资料、现场踏勘记录和影像资料、质量控制记录、环境影响报告书（表）以及其他相关资料。开展环境质量现状监测和调查、环境影响预测或者科学试验的，还应当将相关监测报告和数据资料、预测过程文件或者试验报告等一并存档。建设单位委托技术单位主持编制环境影响报告书（表）的，建设单位和受委托的技术单位应当分别将委托合同存档。存档材料应当为原件。环境影响报告书（表）编制行为监督检查包括编制规范性检查、编制质量检查，以及编制单位和编制人员情况检查。各级生态环境主管部门在环境影响报告书（表）受理过程中，应当对报批的环境影响报告书（表）进行编制规范性检查。失信行为和记分相关情况在信用平台公开期限为五年。

三、建设项目环境影响报告书（表）审批程序

（一）生态环境部负责审批的建设项目环境影响报告书（表）的审批，坚持依法依规、科学决策、公开公正、便民高效的原则。依法应当编制环境影响报告书（表）的建设项目，建设单位应当在开工建设前将环境影响报告书（表）报生态环境部审批。建设项目的环境影响报告书（表）经批准后，建设项目的性质、规模、地点、采用的生产工艺或者防治污染、防止生态破坏的措施发生重大变动的，建设单位应当在发生重大变动的建设内容开工建设前重新将环境影响报告书（表）报生态环境部审批。对国家确定的重大基础设施、民生工程和国防科研生产项目，生态环境部可以根据建设单位、环境影响报告书（表）编制单位或者有关部门提供的信息，提前指导，主动服务，加快审批。建设单位向生态环境部申请报批环境影响报告书（表）的，除国家规定需要保密的情形外，应当在全国一体化在线政务服务平台生态环境部政务服务大厅提交材料。生态环境部对建设单位提交的申请材料齐全、符合法定形式，或者建设单位按要求提交全部补正申请材料的，予以受理，并出具电子受理通知单；国家规定需要保密的或者其他不适宜网上受理的，出具纸质受理通知单。生态环境部受理报批的建设项目环境影响报告书（表）后，应当按照《环境影响评价公众参与办法》的规定，公开环境影响报告书（表）、公众参与说明、公众提出意见的方式和途径。环境影响报告书的公开期限不得少于 10 个工作日，环境影响报告表的公开期限不得少于 5 个工作日。生态环境部负责审批的建设项目环境影响报告书（表）需要进行技术评估的，生态环境部应当在受理申请后一个工作日内出具委托函，委托技术评估机构开展技术评估。对符合规定情形的，技术评估机构应当根据生态环境部的要求做好提前指导。受委托的技术评估机构应当在委托函确定的期限内提交技术评估报告，并对技术评估结论负责。技术评估报告应当包括下列内容：明确的技术评估结论；环境影响报告书（表）存在的质量问题及处理建议；审批时需重点关注的问题。环境影响报告书（表）的技术评估期限不超过 30 个工作日；情况特别复杂的，生态环境部可以根据实际情况适当延长技术评估期限。生态环境部主要从下列方面对建设项目环境影响报告书（表）进行审查：建设项目类型及其选址、布局、规模等是否符合生态环境保护法律法规和相关法定规划、区划，是否符合规划环境影响报告书及审查意见，是否符合区域生态保护红线、环境质量底线、资源利用上线和生态环境准入清单管控要求；建设项目所在区域生态环境质量是否满足相应环境功能区划要求、区域环境质量改善目标管理要求、区域重点污染物排放总量控制要求；拟采取的污染防治措施能否确保污染物排放达到国家和地方排放标准；拟采取的生态保护措施能否有效预防和控制生态破坏；可能产生放射性污染的，拟采取的防治措施能否有效预防和控制放射性污染；改建、扩建和技术改造项目，是否针对项目原有环境污染和生态破坏提出有效防治措施；环境影响报告书（表）编制内容、编制质量是否符合有关要求。对区域生态环境质量现状符合环境功能区划要求的，生态环境部应当重点审查拟采取的污染防治措施能否确保建设项目投入运行后，该区域的生态环境质量仍然符合相应环境功能区划要求；对区域生态环境质量现状不符合环境功能区划要求的，生态环境部应当重点审查拟采取的措施能否确保建设项目投入运行后，该区域的生态环境质量符合区域环境质量改善目标管理要求。生态环境部对环境影响报告书（表）作出审批决定前，应当按照《环境影响评价公众参与办法》规定，向社会公开建设项目和环境影响报告书（表）基本情况等信息，并同步告知建设单位和利害关系人享有要求听证的权利。生态环境部召开听证会的，依照环境保护行政许可听证有关规定执行。建设项目环境影响报告书（表）审查过程中，建设单位申请撤回环境影响报告书（表）审批申请的，生态环境部可以终止该建设项目环境影响评价审批程序，并退回建设单位提交的所有申请材料。对经审查通过的建设项目环境影响报告书（表），生态环境部依法作出予以批准的决定，并书面通知建设单位。生态环境部应当自作出环境影响报告书（表）审批决定之日起 7 个工作日内，在生态环境部网站向社会公告审批决定全文，并依法告知建设单位提起行政复议和行政诉讼的权利和期限。国家规定需要保密的除外。生态环境部审批环境影响报告书的期限，依法不超过 60 日；审批环境影响报告表的期限，依法不超过 30 日。依法需要进行听证、专家评审、技术评估的，所需时间不计算在审批期限内。

（二）依法应当由生态环境部负责审批环境影响报告书（表）的建设项目，生态环境部可以委托建设项目所在的流域（海域）生态环境监管机构或者省级生态环境主管部门审批该建设项目的环境影响报告书（表），并将受委托的行政机关和受委托实施审批的内容向社会公告。受委托行政机关在委托范围内以生态环境部的名义实施审批，不得再次委托其他机构审批建设项目环境影响报告书（表）。生态环境部对所委托事项的批准决定负责。按照《建设项目环境影响评价分类管理名录》规定应当填报环境影响登记表的建设项目，建设单位应当依照规定，办理环境影响登记表备案手续。填报环境影响登记表的建设项目应当符合法律法规、政策、标准等要求。建设单位对其填报的建设项目环境影响登记表内容的真实性、准确性和完整性负责。县级环境保护主管部门负责本行政区域内的建设项目环境影响登记表备案管理。按照国家有关规定，县级环境保护主管部门被调整为市级环境保护主管部门派出分局的，由市级环境保护主管部门组织所属派出分局开展备案管理。建设项目的建设地点涉及多个县级行政区域的，建设单位应当分别向各建设地点所在地的县级环境保护主管部门备案。建设项目环境影响登记表备案采用网上备案方式。对国家规定需要保密的建设项目，建设项目环境影响登记表备案采用纸质备案方式。环境保护部统一布设建设项目环境影响登记表网上备案系统。省级环境保护主管部门在本行政区域内组织应用网上备案系统，通过提供地址链接方式，向县级环境保护主管部门分配网上备案系统使用权限。建设单位应当在建设项目建成并投入生产运营前，登录网上备案系统，在网上备案系统注册真实信息，在线填报并提交建设项目环境影响登记表。建设单位在办理建设项目环境影响登记表备案手续时，应当认真查阅、核对《建设项目环境影响评价分类管理名录》，确认其备案的建设项目属于按照《建设项目环境影响评价分类管理名录》规定应当填报环境影响登记表的建设项目。对按照《建设项目环境影响评价分类管理名录》规定应当编制环境影响报告书或者报告表的建设项目，建设单位不得擅自降低环境影响评价等级，填报环境影响登记表并办理备案手续。建设单位填报建设项目环境影响登记表时，应当同时就其填报的环境影响登记表内容的真实、准确、完整作出承诺，并在登记表中的相应栏目由该建设单位的法定代表人或者主要负责人签署姓名。建设单位在线提交环境影响登记表后，网上备案系统自动生成备案编号和回执，该建设项目环境影响登记表备案即为完成。建设单位可以自行打印留存其填报的建设项目环境影响登记表及建设项目环境影响登记表备案回执。建设项目环境影响登记表备案回执是环境保护主管部门确认收到建设单位环境影响登记表的证明。建设项目环境影响登记表备案完成后，建设单位或者其法定代表人或者主要负责人在建设项目建成并投入生产运营前发生变更的，建设单位应当依照规定再次办理备案手续。建设项目环境影响登记表备案完成后，建设单位应当严格执行相应污染物排放标准及相关环境管理规定，落实建设项目环境影响登记表中填报环境保护措施，有效防治环境污染和生态破坏。建设项目环境影响登记表备案完成后，县级环境保护主管部门通过其网站的网上备案系统同步向社会公开备案信息。县级环境保护主管部门应当根据国务院关于加强环境监管执法的有关规定，将其完成备案的建设项目纳入有关环境监管网格管理范围。建设项目环境影响后评价管理，环境影响后评价，是指编制环境影响报告书的建设项目在通过环境保护设施竣工验收且稳定运行一定时期后，对其实际产生的环境影响以及污染防治、生态保护和风险防范措施的有效性进行跟踪监测和验证评价，并提出补救方案或者改进措施，提高环境影响评价有效性的方法与制度。下列建设项目运行过程中产生不符合经审批的环境影响报告书情形的，应当开展环境影响后评价：水利、水电、采掘、港口、铁路行业中实际环境影响程度和范围较大，且主要环境影响在项目建成运行一定时期后逐步显现的建设项目，以及其他行业中穿越重要生态环境敏感区的建设项目；冶金、石化和化工行业中有重大环境风险，建设地点敏感，且持续排放重金属或者持久性有机污染物的建设项目；审批环境影响报告书的环境保护主管部门认为应当开展环境影响后评价的其他建设项目。环境影响后评价应当遵循科学、客观、公正的原则，全面反映建设项目的实际环境影响，客观评估各项环境保护措施的实施效果。建设项目环境影响后评价的管理，由审批该建设项目环境影响报告书的环境保护主管部门负责。环境保护部组织制定环境影响后评价技术规范，指导跨行政区域、跨流域和重大敏感项目的环境影响后评价工作。建设单位或者生产经营单位负责组织开展环境影响后评价工作，编制环境影响后评价文件，并对环境影响后评价结论负责。建设单位或者生产经营单位可以委托环境影响评价机构、工程设计单位、大专院校和相关评估机构等编制环境影响后评价文件。编制建设项目环境影响报告书的环境影响评价机构，原则上不得承担该建设项目环境影响后评价文件的编制工作。建设单位或者生产经营单位应当将环境影响后评价文件报原审批环境影响报告书的环境保护主管部门备案，并接受环境保护主管部门的监督检查。建设项目环境影响后评价文件应当包括以下内容：建设项目过程回顾。包括环境影响评价、环境保护措施落实、环境保护设施竣工验收、环境监测情况，以及公众意见收集调查情况等；建设项目工程评价。包括项目地点、规模、生产工艺或者运行调度方式，环境污染或者生态影响的来源、影响方式、程度和范围等；区域环境变化评价。包括建设项目周围区域环境敏感目标变化、污染源或者其他影响源变化、环境质量现状和变化趋势分析等；环境保护措施有效性评估。包括环境影响报告书规定的污染防治、生态保护和风险防范措施是否适用、有效，能否达到国家或者地方相关法律、法规、标准的要求等；环境影响预测验证。包括主要环境要素的预测影响与实际影响差异，原环境影响报告书内容和结论有无重大漏项或者明显错误，持久性、累积性和不确定性环境影响的表现等；环境保护补救方案和改进措施；环境影响后评价结论。建设项目环境影响后评价应当在建设项目正式投入生产或者运营后 3 至 5 年内开展。原审批环境影响报告书的环境保护主管部门也可以根据建设项目的环境影响和环境要素变化特征，确定开展环境影响后评价的时限。建设单位或者生产经营单位可以对单个建设项目进行环境影响后评价，对在同一行政区域、流域内存在叠加、累积环境影响的多个建设项目开展环境影响后评价。建设单位或者生产经营单位完成环境影响后评价后，应当依法公开环境影响评价文件。环境保护主管部门可以依据环境影响后评价文件，对建设项目环境保护提出改进要求，并将其作为后续建设项目环境影响评价管理的依据。

（三）切实依法做好重大投资项目环评保障，全力推进“十四五”规划重大工程、水利及交通等基础设施、煤炭保供、涉及补链强链的高技术产业等重大投资项目落地见效。优化审批，提高效率。各级生态环境部门要持续深化环评“放管服”改革，为重大投资项目提供从环评文件编制到环评审批的全过程保障，不断优化审批流程，创新服务方式，提升环评审批服务标准化、规范化、便利化水平，提高审批效率，便民惠企。守住底线，强化监管。各级生态环境部门要履职尽责，坚持生态优先、绿色发展，守住依法依规和生态环境底线，确保环评审批质量，确保重大投资项目不发生重大生态环境问题。防范“未批先建”“边批边建”等违法行为，强化事中事后监管，确保环评及批复提出的各项生态环保措施落实到位。加强统筹，做好协调。各级生态环境部门要加强统筹，畅通信息渠道，与重大投资项目主管部门建立沟通协调机制，为基层和企业做好指导服务，形成推动重大投资项目落地合力。建立环评管理台账，生态环境部持续完善环评审批“三本台账”（国家、地方、利用外资等三个层面重大项目台账），积极服务重大投资项目落地。各省级生态环境部门要摸清底数，参照“三本台账”内容和格式，建立重大投资项目环评管理台账，重大投资项目按各省（自治区、直辖市）确定的范围执行。各省级生态环境部门要建立与发展改革、工业和信息化、交通运输、水利、商务、能源等主管部门沟通协调机制，动态调整、及时更新台账，定期跟踪调度，准确掌握项目基本信息和环评编制及审批进展情况。指导优化简化环评文件编制。各级生态环境部门要指导建设单位运用“三线一单”生态环境分区管控成果，对照生态环境准入要求，做好项目前期方案论证，优化选址、选线，预防出现触碰法律底线的“硬伤”。指导符合产业园区规划环评要求的入园建设项目，简化政策和规划符合性分析、选址环境合理性和可行性论证等，共享园区基础设施的相关评价内容。指导建设单位共享共用当地生态环境质量的监测数据和产业园区的环境监测数据，便利环评文件编制。指导建设单位按照《建设项目环境影响报告表》内容、格式及编制技术指南，简化优化编制内容和技术要求。提供精准服务。对台账内当年开工的重大投资项目，各级生态环境部门可为建设单位提供“环评审批服务单”，载明对接联系人、服务措施等，确保政策传达到位、责任落实到位、审批服务到位。对需要编制环境影响报告书（表）的重大投资项目，指导建设单位及早启动、加快编制环评文件；需填报环境影响登记表的，指导建设单位在建成投产前完成网上备案；依法无需开展环评的，明确告知建设单位。发挥专家优势解决技术难题。生态环境部和各省级生态环境部门充分利用全国环评技术评估服务咨询平台和环境影响评价技术评估专家库，发挥部、省级技术评估机构和行业专家优势，对建设单位和基层环评审批部门有关咨询即收快办，及时予以回复或组织远程会诊，协助解决项目环评技术难题。对实施行政审批制度改革的地方，省级生态环境部门应加大技术帮扶指导力度。建立绿色通道，对符合生态环境保护要求的重大投资项目实施即报即受理即转评估，在法定审批期限内进一步压缩审批时间。落实行政许可事项清单管理要求，加快制定环评审批实施规范并完善办事指南，推进全国建设项目环评统一申报和审批系统应用，加强与全国投资项目在线审批监管平台信息共享。落实《建设项目环境影响评价分类管理名录》，名录未作规定的建设项目不纳入环评管理，省级生态环境部门认为确有必要的，按程序报生态环境部认定后实施；对建设内容不涉及主体工程的改建、扩建项目，按改建、扩建的工程内容确定环评分类，不得擅自提级或改变。对拟开工的铁路等重大基础设施项目，做好声环境、生态影响等新旧环评技术导则的统筹衔接。深化改革创新，积极开展环评审批方式改革试点，对需编制环境影响报告表的等级公路、城市道路、生活垃圾转运站、污水处理厂等项目，位于相同市级或县级行政区且项目类型相同的，可“打捆”开展环评审批；对公路、铁路、水利水电、光伏发电、陆上风力发电等基础设施建设项目和保供煤矿项目，在严格落实各项污染防治措施基础上，环评审批可不与污染物总量指标挂钩；对不涉及禁止开发区域、环境影响简单的城市轨道交通规划和项目，规划环评与项目环评统筹推进、压茬审查审批；对于跨省的不含水库的防洪治涝工程、不含水库的灌区工程、研究和实验发展项目、卫生项目，探索开展环评审批改革试点，守住审批底线。在重大投资项目环评审批中要严格把关。项目类型及其选址、布局、规模等要符合环境保护法律法规、法定规划；项目要采取有效污染防治措施，污染物达标排放，项目位于环境质量未达标区的，其措施要满足区域环境质量改善目标管理要求；项目要采取必要措施，预防和控制生态破坏；环评文件要数据真实，内容不存在重大缺陷和遗漏，结论明确合理。突出审批重点。重点关注事关群众环境权益、涉及环境敏感区的问题，应就项目对自然保护区、饮用水水源保护区等法定保护区域和各类环境保护目标的影响做重点分析。严格审核环境风险评价内容，避免出现遗漏主要风险源或环境保护目标、环境风险防控措施不符合要求等问题，防范重大环境风险。严格“两高”项目环评审批，重点审核污染防治措施、污染物区域削减措施有效性，推进减污降碳协同控制。鼓励地方细化“两高”项目范围，重点关注规模大、能耗高、排放量大的基础原材料加工项目，更加精准地管控“两高”项目。

第六节　生态环境导向的开发模式实施方案

一、生态环境导向的开发（EOD）模式试点项目

（一）开发模式试点目标：坚持生态优先，践行绿色发展理念，开展EOD模式试点，探索将生态环境治理项目与资源、产业开发项目有效融合，解决生态环境治理缺乏资金来源渠道、总体投入不足、环境效益难以转化为经济收益等瓶颈问题，推动实现生态环境资源化、产业经济绿色化，提升环保产业可持续发展能力，促进生态环境高水平保护和区域经济高质量发展。EOD模式是以生态文明思想为引领，以可持续发展为目标，以生态保护和环境治理为基础，以特色产业运营为支撑，以区域综合开发为载体，采取产业链延伸、联合经营、组合开发等方式，推动公益性较强、收益性差的生态环境治理项目与收益较好的关联产业有效融合，统筹推进，一体化实施，将生态环境治理带来的经济价值内部化，是一种创新性的项目组织实施方式。试点内容包括：发展理念创新，坚持生态环境优先，践行绿色发展理念，构建生态产业化、产业生态化的生态经济体系，将生态环境优势转化为发展优势。融合发展创新，围绕生态环境治理需求，着力推进生态环境领域重大工程建设，释放环保产业有效需求，推动生态环境治理市场化与产业化。同时，因地制宜，发展生态环境关联度高、经济发展带动力强的产业项目，探索建立产业收益补贴生态环境治理投入的良性机制，实现生态环境治理与产

业经济发展的充分融合。实施路径创新，充分发挥市场配置资源的决定性作用，着力打造良好的营商环境，激发市场主体活力。打破行业、企业、所有制界限，积极引入综合实力强、专业化水平高的市场主体参与试点工作。充分调动市场主体的能动性，鼓励拓展产业链，提高开发效率，保障生态环境持续改善。投融资模式创新，探索政府债券、政府投资基金、政府与社会资本合作（PPP）、组建投资运营公司、开发性金融、环保贷等多种投融资模式推进试点项目实施，推动建立多元化生态环境治理投融资机制。

（二）试点申报与实施主体，EOD模式试点申报主体和实施主体为市（县、区）人民政府、园区管委会等。依托项目已落地实施的地区，鼓励政府或园区管委会与试点依托项目承担单位联合申报与实施，政府或园区管委会为联合体牵头方。试点项目需同时符合以下条件：试点申报主体和实施主体为市级及以下人民政府或园区管委会，鼓励政府或园区管委会与试点依托项目承担单位联合申报与实施。生态环境治理与关联产业一体化实施，依托项目承担单位仅为一个市场主体。试点项目应以绿色化、系统性的发展思路，根据生态环境治理需求、区域产业培育重点、城乡可持续发展需要等，统筹确定。强化公益性较强、收益性差的生态环境治理项目与收益较好的关联产业一体化实施，以系统解决区域突出生态保护修复和环境治理问题为基础，试点依托项目之间相互关联、有效融合，项目边界清晰，且须在项目层面实现关联产业收益补贴生态环境治理投入。依托项目均须完成项目可研批复或备案等立项工作，并提交立项证明材料。采用政府和社会资本合作（PPP）模式的项目需纳入财政部或国家发展改革委PPP项目库。依托项目已完工的，侧重于EOD模式的经验总结。试点内容与项目实施合法合规，符合招投标、投融资、土地利用等现有政策要求，不增加地方政府隐性债务。需注重建立推进长效机制、试点项目的长周期运营维护等，确保生态环境治理效果和产业持续发展。试点实施程序，根据环境服务业试点工作的组织实施要求，试点按照申报、确定、实施、评估、总结的程序开展。省级生态环境部门、发展改革部门通知本行政区域内相关市（县、区）政府或园区管委会自愿申报。试点申报市（县、区）政府或园区管委会组织开展申报工作，因地制宜制定试点实施方案。符合申报条件的市级及以下人民政府或园区管委会组织开展申报工作，组织编制《生态环境导向的开发（EOD）模式试点实施方案》，并填报项目申报表（详见表5-10）。省级生态环境部门、发展改革部门审核同意后，汇总报送生态环境部和国家发展改革委。每个省份申报数量原则上不超过3个，依项目排序情况，对超过申报数量的项目均视为无效项目。重点支持实施基础好、投资规模适中、项目边界清晰、反哺特征明显、环境效益显著的试点项目。试点评审，试点确定需经过形式校核、专家指导、现场调查三个环节。形式校核，重点校核各地区申报试点实施方案的质量、依托项目的立项与论证批复情况等，与试点通知要求的符合性。专家指导，组织专家就试点实施方案进行技术指导。从试点思路、目标的符合性、试点内容的合理性与必要性、试点实施主体或项目的可行性与可达性、试点产出与示范意义及组织实施保障措施等方面进行评价。优先支持依托项目已落地实施、由政府或园区管委会与依托项目承担单位联合申报实施的试点。现场调查，组织专家赴试点申报项目所在地现场调查。重点核实现场实际情况与相关问题。生态环境部、国家发展改革委本着择优原则，在专家意见的基础上，对实施效果好、示范效应显著的项目确定为试点。试点申报和实施主体应依据试点实施方案，积极组织相关单位开展试点项目推进工作，做好过程管理，及时总结试点工作中好的经验和做法。生态环境部、国家发展改革委对EOD模式试点开展中期评估。国家开发银行对符合条件的试点项目，按照精准施策、市场化运作和风险可控的原则，发挥开发性金融大额中长期资金优势，统筹考虑经济效益和环境效益，在资源配置上予以倾斜，加大支持力度。

（三）生态环境导向的开发（EOD）模式试点要求，在试点工作开展过程中积极探索，创新生态环境治理项目组织实施方式，促进生态环境高水平保护和区域经济高质量发展。省级生态环境、发展改革部门等试点推进单位加强对试点工作的督促指导，对试点工作中发现的问题要及时予以纠正，推进试点工作规范实施。国家开发银行有关分行对符合条件的试点项目，按照精准施策、市场化运作和风险可控原则，发挥开发性金融大额中长期资金优势，统筹考虑经济效益和环境效益，在资源配置上

<table>
<caption>生态环境导向的开发模式试点项目申报表　　表5-10</caption>
<tr><td>试点名称</td><td>试点实施单位
（盖公章）</td><td>联系人</td><td colspan="2">联系电话</td><td colspan="3">通信地址</td></tr>
<tr><td rowspan="2"></td><td></td><td></td><td colspan="2"></td><td colspan="3"></td></tr>
<tr><td></td><td></td><td colspan="2"></td><td colspan="3"></td></tr>
<tr><td colspan="8">一、试点内容与依托项目情况</td></tr>
<tr><td>试点内容</td><td colspan="3"></td><td>试点产出</td><td colspan="3"></td></tr>
<tr><td rowspan="4">依托项目实施情况</td><td>依托项目名称</td><td colspan="3">建设内容</td><td>投资金额
（万元）</td><td>组织实施方式</td><td>实施进展</td></tr>
<tr><td>项目1</td><td colspan="3"></td><td></td><td></td><td></td></tr>
<tr><td>项目2</td><td colspan="3"></td><td></td><td></td><td></td></tr>
<tr><td>项目……</td><td colspan="3"></td><td></td><td></td><td></td></tr>
<tr><td colspan="2">生态环境治理与关联产业融合发展及反哺情况说明</td><td colspan="6"></td></tr>
<tr><td colspan="8">二、资金筹措情况</td></tr>
<tr><td rowspan="2">项目总投资
（万元）</td><td colspan="7">其中</td></tr>
<tr><td>中央财政资金</td><td>地方财政资金</td><td>社会资本投入</td><td>银行贷款</td><td>项目债券融资</td><td colspan="2">其他形式融资</td></tr>
<tr><td></td><td></td><td></td><td></td><td></td><td></td><td colspan="2"></td></tr>
<tr><td colspan="8">三、政策机制创新内容</td></tr>
<tr><td colspan="8"></td></tr>
<tr><td colspan="8">四、预期效益分析</td></tr>
<tr><td colspan="8"></td></tr>
<tr><td>填表人：</td><td></td><td>联系方式：</td><td colspan="5"></td></tr>
<tr><td colspan="8">备注：实施进展为完成可研批复（或备案）、初步设计、招投标、在建、设备安装调试、竣工验收、投入运营。</td></tr>
</table>

予以倾斜，加大支持力度。试点实施单位是试点工作的责任主体，要严格履行试点实施承诺，严格落实招投标、政府采购、投融资、土地、资源开发、空间管控、资产处置等各项法规政策，不以任何形式增加地方政府隐性债务。采用合法合规方式选择具备较强产业投资运营能力的项目实施主体，由一个主体一体化实施，确保产业开发项目持续运营。试点实施单位切实加强公益性生态环境治理项目与相关经营性产业开发项目一体化融合实施。在项目边界范围内实现产业开发项目对生态环境治理项目建设与运营的持续性收益反哺。实施中可适当优化试点依托项目，加强产业收益对生态环境治理的反哺力度，减少政府资金投入，力争实现政府资金“零投入”。试点实施单位加强统筹，及时总结经验做法，探索形成可复制、可推广的生态环境治理创新模式。

二、中央生态环保资金项目储备库制度

（一）加强项目储备建设，支持推动生态环保项目抓紧实施，是财政支持打好污染防治攻坚战和支持经济社会发展最直接的抓手。各地要采取积极有效措施，按照“资金跟着项目走”的原则，推动建立中央生态环保资金项目储备库制度，做好项目前期准备工作，加快预算执行，尽快形成有效投资。自然资源部、生态环境部、国家林草局会同财政部负责中央生态环保资金项目储备库制度的建设、管理和完善，已建立起项目储备库的要进一步完善相关制度，尚未建立的要加快推进建立。三部门分别会同财政部负责编制项目入库指南，组织地方申报项目，开展评估和审核项目入库，核准年度预算支持项目清单，强化项目执行监督指导。省级自然资源、生态环境、林草部门和财政部门负责本

省生态环保资金项目库建设，汇总上报本省生态环保项目，对项目内容的真实性、准确性负责，并加强对项目的管理和监督指导。要围绕本地区突出生态环境问题，切实采取措施开展项目储备，加强项目统筹谋划和投资论证，扎实开展项目前期工作，及时组织项目申报，有效推动相关工作开展。

（二）中央生态环保资金项目储备库管理，中央财政安排以下转移支付中可形成实物工作量的资金预算，均纳入中央项目储备库管理范围，具体包括：大气、水、土壤污染防治资金，农村环境整治资金，海洋生态保护修复资金，重点生态保护修复资金；林业草原生态保护恢复资金、林业改革发展资金（不含两项资金中全面停止天然林采伐补助及到人到户的补助）。纳入涉农、扶贫资金整合的农村环境整治、林业草原生态保护恢复、林业改革发展等资金，被整合用于涉农、扶贫领域的，按涉农、扶贫相关资金管理规定执行；没有被整合仍用于生态环保方面的且可形成实物工作量的资金，特大型地质灾害防治资金，参照规定执行。三部门分别会同财政部编制印发本领域生态环保资金中央储备库项目入库指南，明确项目储备库申报流程、时间节点，以及项目入库条件、绩效目标制定、申报材料、负面项目清单等相关要求，对地方项目库建设和项目申报予以规范和指导。储备库项目应用，项目储备是中央生态环保转移支付资金预算安排、项目执行的基础和前提。未列入中央项目储备库的项目，原则上不得安排资金支持。确需安排的，应向三部门履行必要的补库手续。中央项目储备库实行动态滚动管理。

（三）三部门会同财政部要强化对项目储备库制度建设的业务指导，采用现代化信息手段，加强项目储备库的动态化、标准化、信息化管理，确保工作有序开展。加强项目储备库与预算编制、预算执行、动态监控、绩效管理等工作的有效衔接，各地项目申报以及纳入中央储备库的项目情况，作为中央财政生态环保转移支付分配重要参考依据，充分发挥项目储备库制度的积极作用。

三、生态环保金融支持项目储备库入库指南

（一）总体要求与入库范围，建设项目储备库是引导金融资金投向、实现供需有效结合的重要措施，对改善生态环境质量、解决突出生态环境问题、推动减污降碳协同增效、促进经济社会发展全面绿色转型发挥重要作用。各级生态环境部门重点对支撑污染防治攻坚战的精准性、实施的必要性、内容的真实性进行把关，储备对污染防治攻坚战支撑作用大、实施必要性强、实施基础好、环境效益显著的重大工程项目，聚焦重点，避免泛化，提高项目储备质量。要明确金融支持项目储备库与中央生态环境资金项目储备库的差异。入库项目应适宜金融资金支持，包括治理责任主体为企业的项目，采用生态环境导向的开发（EOD）模式、政府和社会资本合作（PPP）模式及其他市场化方式运作的项目。项目实施必须严格依法依规，严禁新增地方政府隐性债务。入库范围：大气污染防治，包括北方地区冬季清洁取暖、挥发性有机物综合治理、工业企业深度治理、工业企业燃煤设施清洁能源替代、重点行业超低排放改造、重点行业清洁生产改造、锅炉综合治理、涉气产业园区和集群大气环境综合整治、高排放机动车淘汰换新、船及非道路移动源排放治理、典型行业恶臭治理、重污染天气应对能力建设等。水生态环境保护，包括黑臭水体治理、污水处理设施与配套管网建设改造、污水处理厂污泥处理处置、污水再生及资源化利用、工矿企业和医疗机构水污染治理、工业园区水污染治理、船舶港口水污染治理、水体内源污染治理、流域水生态保护修复、流域水环境综合治理、河湖生态流量保障、重点湖库富营养化控制、河湖生态缓冲带修复、天然（人工）湿地生态系统保护与建设、水源涵养区保护、饮用水水源地保护、入河排污口整治及规范化建设等。重点海域综合治理，以渤海、长江口—杭州湾、珠江口邻近海域为重点，包括海水养殖环境整治、入海排污口及直排海污染源整治、船舶港口污染防治、亲海岸滩环境整治、海洋生态系统保护修复、美丽海湾示范建设等。土壤污染防治，包括建设用地土壤污染风险管控、建设用地土壤污染修复、农用地工矿污染源整治、工矿企业重金属治理、历史遗留重金属污染区域治理、化学品生产企业及工业集聚区地下水污染风险管控、矿山开采区及尾矿库地下水污染综合治理、危险废物处置场及垃圾填埋场地下水污染防治、依赖地下水的生态系统保护、地下水型饮用水水源地保护、重点污染源防渗改造、废弃井封井回填等。农业农村污染治理，包括农村污水处理和资源化利用、农村垃圾治理、农村黑臭水体整治、废弃农膜回收利用、秸秆综合利用、畜禽与水产养殖污染治理和粪污资源化利用、种植业面源污染治理、农村生态环境综合整治等。固废处理处置及资源综合利用，以“无废城市”建设项目为重点，包括城乡生活垃圾收集与处理处置、餐厨垃圾收集与资源化利用、危险废物及医疗废物收集与处理处置、矿产资源（含尾矿）综合利用、废旧资源再生利用、农业固体废物资源化利用、工业固体废物环境风险管控、工业固体废物无害化处理处置及综合利用、建筑垃圾和道路沥青资源化利用、包装废弃物回收处理等。生态保护修复，重要生态系统保护和修复、山水林田湖草沙冰一体化保护和修复、矿区生态保护修复、采煤沉陷区综合治理、生物多样性保护及荒漠化、石漠化、水土流失综合治理等。其他环境治理，生态环境风险防控、放射性污染防治、噪声与振动污染控制、生态环境监测与信息能力建设等。

（二）申报条件，入库项目申报主体应为已建立现代企业制度、经营状况和信用状况良好的市场化企业，或县级（含）以上政府及其有关部门等。项目融资主体应为市场化企业，且其环保信用评价不是最低等级。治理责任主体为企业的生态环境治理项目，单个项目融资需求原则上应超过5000万元；其他项目单个项目融资需求原则上应超过1亿元。应明确项目实施模式。PPP项目需满足国家有关管理要求，应适时纳入财政部、国家发展改革委PPP项目库。鼓励推广生态环境整体解决方案、托管服务和第三方治理。EOD项目要参考《关于推荐第二批生态环境导向的开发模式试点项目的通知》基本要求，确保生态环境治理与产业开发项目有效融合、收益反哺、一体化实施。为稳步开展生态环境治理模式创新，规范有序推进EOD模式探索，EOD项目还需满足以下条件：地市级及以上政府作为申报主体和实施主体的EOD项目，原则上投资总额不高于50亿元；区县级政府作为申报和实施主体的项目，原则上投资总额不高于30亿元。项目边界清晰，生态环境治理与产业开发之间密切关联、充分融合，避免无关项目捆绑，组合实施的单体子项目数量不超过5个。除规范的PPP项目外，不涉及运营期间政府付费，不以土地出让收益、税收、预期新增财政收入等返还补助作为项目收益。加强重大项目谋划，优化项目建设内容，力争在不依靠政府投入的情况下实现项目整体收益与成本平衡。EOD项目中生态环境治理内容需符合入库范围要求，且要有明确的生态环境改善目标。产业开发要符合国家和地方产业政策、空间管控等各项要求，项目实施中严格落实招投标、政府采购、投融资、土地、资源开发、政府债务风险管控、资产处置等各项法规政策要求，依法依规推进项目规范实施，不以任何形式增加地方政府隐性债务。各省（自治区、直辖市）每年入库EOD项目原则上不超过5个。

（三）申报材料与方式：项目基本信息表（线上填报）。项目可行性研究报告或实施方案，应明确建设内容与规模、建设运营模式、融资金额、资金平衡方案等。省级生态环境部门项目论证评估意见（模板详见表5-11）。EOD项目应一并提交EOD项目实施方案（详见表5-12）与承诺函（模板详见表5-13）。承诺函由项目申报主体和实施主体（市级及以下人民政府或园区管委会）盖章。按照“成熟一个，申报一个”的原则，由县级及以上生态环境部门通过生态环保金融支持项目管理系统线上申报，省级生态环境部门论证评估同意后由线上提交。涉密项目要严格落实有关规定要求，不得通过生态环保金融支持项目管理系统申报。

______生态环境厅（局）关于________项目论证评估意见（模板）　　表5-11

我厅（局）按照《生态环保金融支持项目储备库入库指南（试行）》等相关要求，紧密围绕深入打好污染防治攻坚战加强项目谋划，组织地方开展项目前期准备，并对地方提交的项目申报材料开展论证评估。经研究，____________项目申报材料和信息真实，项目实施对我省实现“十四五”生态环境保护目标具有重要的支撑作用，属于现阶段急需推进的重点任务。

____________（公章）

年　月　日

生态环境导向的开发（EOD）模式项目实施方案编制大纲 **表5-12**

一、项目区域总体情况

（一）项目区域概况

包括项目区域范围、经济社会发展概况。

（二）生态环境现状与突出问题

（三）生态环境保护与产业融合发展思路

（四）项目实施目标

EOD项目生态环境效益目标，明确项目实施前后生态环境质量改善定量、定性目标。

二、项目建设内容

（一）项目建设内容之间的关联性

明确生态环境治理与产业开发之间的关联关系，做到两者融合共生。

（二）项目主要建设内容

分别说明生态环境治理与关联产业开发等建设内容、工程措施等。

三、项目实施方式与计划

（一）项目组织实施方式

生态环境治理与关联产业须实现一体化实施，依法依规确定EOD项目实施主体的方式，引入社会资本。

（二）实施期限

明确项目建设期、运维期等。

（三）项目实施进展

明确项目立项、项目实施进度等情况。

（四）年度计划

四、投资估算与资金筹措

（一）投资估算

包括编制依据与投资估算等。

（二）资金筹措

包括资本金筹集方式和比例、项目融资来源及渠道。

五、项目财务分析

（一）项目预期收益与支出

明确项目层面的成本、收益及其测算依据，增强项目收益、支出的科学性与合理性。

不以土地出让收益、税收、预期新增财政收入等返还补助作为项目收益。

项目建设、运维成本均包括生态环境治理与产业开发等内容。

（二）项目资金平衡方案

以EOD项目为整体开展财务测算。

项目建设和运营期间需政府资金投入的，需明确政府资金投入额度和投入方式。

除规范的PPP项目外，不涉及运营期间政府付费。

优化项目内容，力争在不依靠政府投入的情况下实现项目整体收益与成本平衡。

六、实施保障

EOD项目推进实施、长效机制建立等。

生态环境导向的开发模式项目基本情况表

<table>
<tr><td>项目名称</td><td colspan="4"></td></tr>
<tr><td colspan="2">申报单位名称</td><td>联系人</td><td>联系方式</td><td>通信地址</td></tr>
<tr><td colspan="2"></td><td></td><td></td><td></td></tr>
<tr><td colspan="2">实施主体名称</td><td>联系人</td><td>联系方式</td><td>通信地址</td></tr>
<tr><td colspan="2"></td><td></td><td></td><td></td></tr>
<tr><td colspan="5">一、项目内容</td></tr>
<tr><td>项目概况</td><td colspan="4"></td></tr>
<tr><td>项目实施目标</td><td colspan="4">1.
2.
……</td></tr>
<tr><td>项目实施主体确定方式</td><td colspan="4"></td></tr>
<tr><td rowspan="8">项目建设内容与投资</td><td colspan="2">建设内容</td><td>投资金额（万元）</td><td>实施进展</td></tr>
<tr><td>1</td><td></td><td></td><td></td></tr>
<tr><td>2</td><td></td><td></td><td></td></tr>
<tr><td>3</td><td></td><td></td><td></td></tr>
<tr><td>4</td><td></td><td></td><td></td></tr>
<tr><td>5</td><td></td><td></td><td></td></tr>
<tr><td>项目总投资（万元）</td><td>其中，生态环境治理投资</td><td colspan="2">产业开发项目投资</td></tr>
<tr><td></td><td></td><td colspan="2"></td></tr>
<tr><td colspan="5">二、建设资金筹措情况</td></tr>
<tr><td rowspan="5">建设资金来源（万元）</td><td colspan="4">其中：</td></tr>
<tr><td>中央财政资金</td><td>地方财政资金</td><td>专项债</td><td>企业自有资金</td></tr>
<tr><td></td><td></td><td></td><td></td></tr>
<tr><td>基金</td><td>银行贷款</td><td colspan="2">其他形式（说明具体融资方式）</td></tr>
<tr><td></td><td></td><td colspan="2"></td></tr>
<tr><td colspan="5">三、项目资金平衡情况</td></tr>
<tr><td>建设运维成本</td><td colspan="4">1. 建设成本
2. 运维成本</td></tr>
<tr><td>收益来源</td><td colspan="4">1.
2.
……</td></tr>
<tr><td colspan="5">主要财务指标</td></tr>
<tr><td colspan="2">项目投资所得税后财务内部收益率（%）</td><td>所得税后财务净现值（万元）</td><td>投资回收期（年）</td><td>偿债备付率</td></tr>
<tr><td colspan="2"></td><td></td><td></td><td></td></tr>
<tr><td colspan="5">四、保障措施</td></tr>
<tr><td colspan="5"></td></tr>
</table>

填表说明：

1. 项目申报单位为负责项目组织实施的政府或有关部门；项目实施主体为负责项目建设运维一体化实施的企业，尚未确定的可不填写。
2. 项目概况为项目区域范围，拟解决的突出环境问题，生态环境保护与产业融合发展思路、实施周期等。
3. 项目实施目标为项目经济、社会、环境目标，其中，生态环境目标涉及流域、湖泊水环境治理的，明确生态环境质量改善目标。
4. 项目实施主体确定方式为依法依规确定 EOD 项目实施主体的具体方式。
5. 实施进展为完成可研批复（或备案）、初步设计、招投标、在建、设备安装调试、竣工验收、投入运营。

EOD项目实施承诺函（模板） **表5-13**

本项目将按照EOD模式要求推进实施，并承诺如下：

1.生态环境治理与产业项目在实施中作为一个整体项目，在项目层面实现产业开发项目对生态环境治理项目建设与运营的持续性收益反哺。

2.采用合法合规方式选择具备较强产业投资运营能力的项目实施主体，由一个主体一体化实施，确保产业开发项目持续运营。

3.项目符合国家和地方产业政策等各项要求，项目实施中严格落实招投标、政府采购、投融资、土地、资源开发、空间管控、政府债务风险管控、资产处置等各项法规政策，依法依规推进项目规范实施。

4.不以任何形式增加地方政府隐性债务。

单位（签章）

年 月 日

第七节 智慧公路数字化转型建设发展

一、公路数字化转型发展目标要求

以加快建设交通强国为统领，以高质量发展为主线，实施公路数字化专项行动，坚持“统筹谋划、需求导向、协同共享、安全适用”的原则，推动公路建设、管理、养护、运行、服务全流程数字化转型，加快生产经营模式与新业态等联动创新，重安全、保畅通、提效率、优服务、降成本、减排放，助力数字交通建设、产业升级及数字经济发展，为加快建设交通强国、科技强国、数字中国提供服务保障。到2027年，公路数字化转型取得明显进展。构建公路设计、施工、养护、运营等“一套模型、一套数据”，基本实现全生命期数字化。基本建成“部省站三级监测调度”体系，公路运行效能、服务水平和保通保畅能力全面提升，打造公路出行服务新模式，提升公众满意度。公路市场数据资源充分整合，提升公路领域市场服务和治理能力。建立健全适应数字化的公路标准体系，在国家综合交通运输信息平台架构下，完善公路基础数据库，形成公路数字化支撑保障和安全防护体系。到2035年，全面实现公路数字化转型，建成安全、便捷、高效、绿色、经济的实体公路和数字孪生公路两个体系。公路建设、管理、养护、运行、服务数字化技术深度应用，提升质量和效率、降低运行成本。助力公路交通与经济运行及产业链供应链深度融合，公路数字经济及产业生态充分发展，为构建现代化公路基础设施体系、加快建设交通强国提供支撑。加强组织领导，部加强顶层设计，完善政策标准和协同推进机制，加强解读、宣贯、指导。省级交通运输主管部门组织有关单位细化实施方案，推进试点工作，加强对市县和基层单位的指导、支持。根据不同需求场景，分别明确高速公路、普通国省干线、农村公路数字化目标与工作内容，确保区域、路段之间兼容性和服务连贯性。明确任务分工，公路项目建设单位做好统筹策划，依据相关政策及试点安排等，明确智慧公路建设目标及勘察、设计、施工、验收等数字化要求并推动落实。勘察设计单位依据合同开展数字化勘察、设计，加快数字化转型。施工单位充分应用数字化设计成果，推广智慧建造，依据合同应用数字化施工管理系统。鼓励养护运营单位持续完善公路数字模型，推动智慧养护；积极探索数字赋能公路出行服务新模式。做好试点推进，结合交通强国建设试点，依托新改建工程和养护工程，按照“谁建设、谁负责”“谁管养、谁负责”的原则，统筹考虑区域、路段等因素，坚持问题导向、注重服务，遴选一批重要通道、重点区域路网、重点工程开展试点工作，优先纳入交通强国建设试点，通过1—2年时间，力争形成一批场景明确、效益显著、经济适用、可复制可推广的试点成果和技术方案。加强实施管理，公路工程项目应当结合智慧公路建设目标，深化设计方案与实施方案论证，软硬件系统与传统机电工程原则上应当融合设计、同步实施，或做好预留预埋，充分发挥系统优势，避免重复建设。要通过招标等方式优选参建单位，控制工程造价。要强化实施质量管理，依据设计指标、参数及相关标准规范等，做好设备和系统的检测、验证，加强验收总结。在役公路智慧化升级、改造工程，参照相关要求加强管理。强化技术支撑，依托部属单位、科研院所和相关行业企业，充实专家技术团队，充分发挥智力支撑作用，加强技术论证服务，协助做好政策宣贯、解读。组织编制相应技术标准，完善标准规范体系。加强试点项目跟踪、指导、评估总结和交流推广。完善政策保障，加强政府引导支持，完善配套政策和激励措施，鼓励数字化服务应用，推动以技术革新、降本增效呈现数字化价值，营造公平发展的良好环境。完善数据开放共享机制，加强政策引导，加强智慧公路共建共享，充分发挥企业主体作用，引导社会化技术创新和投融资模式创新。

二、智慧建造养护出行提升公路数字化水平

智慧建造提升公路设计施工数字化水平，推动公路勘察、设计、施工、验收交付等数字化，实现不同环节间数字化流转，促进基于数字化的勘察设计流程、施工建造方式和工程管理模式变革。加强公路全生命期数字化统筹，鼓励重大公路项目建设单位加强项目全过程数字化应用论证策划，以计量支付为核心功能，构建可实现设计、施工、项目管理数据传递的一套全生命期模型。鼓励采用设计施工总承包方式促进数据流通。各参建单位加强质量、安全、进度、绿色低碳、档案等数字化协同管理，逐步实现内业工作自动化，以数字化促进工程管理降本增效。规范数字化咨询工作，提高咨询策划水平。推广公路数字化勘测，积极应用无人机激光雷达测绘、倾斜摄影、高分遥感、北斗定位等信息采集手段，利用BIM+GIS技术实现数据信息集成管理，优化勘察测绘流程，推广“云+端”公路勘察测绘新模式。推进公路数字化设计，鼓励设计单位建立基于BIM的正向设计流程和协同设计平台，实现三维协同设计、自动生成工程量清单、参数化设计和复杂工程三维模拟分析，通过精细化、智能化设计提高设计效率、降低工程造价。自2024年6月起，新开工国家高速公路项目原则上应提交BIM设计成果，鼓励其他项目应用BIM设计技术。推动公路智能建造和智慧工地建设，促进BIM设计成果向施工传递并转化为施工应用系统，通过数字化模拟施工工艺、优化施工组织。鼓励研发公路智能化施工装备，推进各类装备编码和通信协议标准化，依托BIM模型实现装备间数据交换、施工数据采集、自动化控制等，提高加工精度和效率，逐步实现工程信息模型与工程实体同步验收交付。实施重大工程数字化监管，深化卫星遥感、视频监控、实时监测、环境监控、数字三维呈现等工程应用，注重体系建设，结合重点公路建设管理系统，通过“BIM+项目管理+影像系统”、区块链、人工智能、物联网等应用，提升工程信息采集与监管效率，提高工程质量安全水平。智慧养护提升公路养护业务数字化水平，依托工程建设数字化成果，以业务应用场景提质增效为抓手，结合大中修工程和路况检测等，逐步实现在役公路数字化，切实提升公路养护智能化水平。提升公路养护管理数字化水平，依托建设期BIM数据、历史数据等，并应用先进测量与快速建模等技术，结合既有养护系统以及养护大中修工程、改扩建工程等，推进公路资产数字化，重点完善地理信息、线形指标、安全设施、服务设施等信息，推广在线巡检、设施监测、防灾应急等场景应用，提升路况检测能力，逐步实现数据信息现场采集、填报，加强基于数字技术的养护评价、预测、决策等算法模型研究应用，优先构建基层路网智慧养护平台。鼓励养护与改造工程应用数字化技术。探索特殊路段限速、限载、限高等重要标志数字化联动预警，为精准实时导航、车路协同、自动驾驶等提供支撑。构建农村公路数字化综合监管体系，应用建设期资料和相关数据资源，结合日常巡检和路况检测、数字扫描和快速建模等技术，逐步推进农村公路数字化，完善基础设施数据库、高质量发展评价体系和养护管理数字化系统，构建部省两级农村公路数字化综合监管体系，实现农村公路“一张图”管理。推进公路养护装备智能化升级，加快桥梁、隧道、交安设施等智能化检测技术装备研发。鼓励精准化、低成本、环保型路网技术状况监测感知与路侧信息发布设施装备研发。研制基于人工智能、物联网的自动化巡查、无人机巡查、长期性能跟踪、养护质量管理等软硬件系统装备，提升路况检测及养护施工自动化智能化水平。构建公路安全应急数字管控体系，利用公路数字模型，完善公路基础设施安全监测预警体系。加强自然灾害综合风险公路承灾体数据库动态更新，提升地质灾害易发路段安全预警保障能力。推动应急管理多元数据汇聚融合，构建“公路综合风险一张图”，强化风险辨识和智能感知能力，逐步实现重要通道灾害事故仿真推演、灾情研判、应急预案、辅助决策智能化。推动应急信息共享。智慧出行提升路网管理服务数字化水平，以“可视、可测、可控、可服务”为目标，依托建设、养护等数据资源，完善部省站三级监测调度体系，提升路网智能感知、决策、调度、服务能力。打造路网智能感知体系，在充分利用高速公路既有感知设施的基础上，综合利用ETC门架系统、通信基站等设施，应用摄像机、雷达、气象检测器、无人机等各类感知手段，建设覆盖基础设施、运行状态、交通环境、载运工具的公路全要素动态感知网络，拓展各类数据应用，加强对车路协同和路网管理的支撑服务。提升重要国省干线视频监测覆盖率和综合感知能力。构建智慧路网监测调度体系，探索路网运行大数据、人工智能、机器视觉及区块链、北斗、5G等技术深度融合应用，建立实时交通流数字模型和重点区域路网信息智能处理系统，为出行规划和路网调度提供精准服务。在优化完善部省站三级监测调度体系的基础上，构建现代公路交通物流保障网络，实现会商调度、快速协同，人享其行、物畅其流，为公众安全出行提供有力支撑。推动公路管理服务设施智能化提质升级，推动既有服务设施及充电桩等数字化，建设智慧服务区。强化公路光纤联网数据传输能力，发挥公路通信专网作用。打造一体化公路出行服务新模式，汇聚公路沿线服务设施、车流量等动态信息，面向公众提供行前规划、预约出行、预约停车、预约购物、自助缴费，以及途中信息获取、事后反馈评价和票款核查等菜单式服务，实现一单到底、无感无障碍出行和公路一站式服务，探索开展储值优惠、积分优惠、阳光救援等创新服务，丰富车路协同应用场景和服务方式。依托重点区域及国家高速公路主通道等，打造数字赋能的公路出行服务新模式。

三、智慧标准数据升级提升公路数字化水平

智慧治理提升公路政务服务数字化水平，汇聚完善公路市场主体数据资源，以公路数字化推动完善公路管理规则与政策体系，助力形成充满活力、统一开放有序的全国公路大市场。建立健全市场主体数据库，优化公路从业单位和从业人员信息库，规范信用录入审核机制，推动资质、业绩、信用、人员等信息联动管理，促进数据互联互通共享，不断提升业务协同能力。提升“一网通管”监管能力，完善“互联网+监管”模式和部省两级公路市场监管系统，加强对市场主体市场行为的数字化监管，强化招投标及合同履约、转包、违法分包等市场分析、自动研判、智能预警能力，推动招投标及监管数字化。构建农民工实名制系统。加快数字治超、非现场执法站点规划部署及联网。提升“一网通办”的政务服务水平，完善“互联网+政务服务”模式，在国家综合交通运输信息平台框架下强化部省两级公路政务服务联动，完善公路相关许可网上办理流程，推进跨省大件运输并联许可“掌上办”。不断改进涉企服务和个人服务，及时发布涉企政策。以数字化推动审批监管制度重塑，以公路行业全链条数字化推动公路建设、养护、运行管理以及服务等流程再造、规则重塑、政策机制完善，促进公路审查、审批、监管制度变革，逐步构建适应数字公路的规则与政策体系。标准升级提升公路标准数字化水平，建立健全适应数字化的公路标准体系，搭建公路标准数字化成果共享服务系统，加快既有标准的数字化呈现，提升标准服务信息化水平。建立健全公路数字化标准体系，加快数字公路、数据治理等相关标准制修订，完善既有标准的数字化相应内容，及时调整与数字化不相适应的条文，支撑公路全生命期“一模到底”和数字公路“一张图”建设，促进建设、管理、养护、运行、服务等环节数据流通共享，保障公路数字化设施与公路基础设施同步建设、一体运营、一体养护。搭建标准数字化服务系统，推进既有标准的数字化，完善相应数据库，按照专业、要素、业务等维度搭建知识单元体系及典型案例，实现标准数字化呈现、智能化应用，拓展模糊检索、智能推荐、深度问答、定制服务等功能，推进标准体系多元开放共享。筑牢数字底座提升公路数字化基础支撑水平，夯实智慧公路高质量发展基础，加快构建行业大数据应用和网络数据安全保障体系与生态。建设完善公路基础数据库，依托国家综合交通运输信息平台部省联动建设，整合公路领域各类既有重点业务信息系统，依托建设与养护数字化，逐步完善公路基础数据库，支撑国家综合交通运输信息平台调度指挥、运行监测、政务服务等功能，全面提升公路服务和管理数字化水平。全面推广公路大数据技术应用，强化公路大数据共建共享、深度融合应用，加快构建与完善相关应用模型和专业算法，发挥数据潜能，强化数据分析、信息提炼、智能深度学习、智慧交互等功能，有力支撑公路数字化转型和产业化升级，壮大公路数字经济。强化公路数字化安全防护体系，按照“谁主管、谁负责”的原则，完善公路数据安全管理制度，强化数据安全分级分类管理、监测预警与应急响应能力，加强商用密码等基础技术应用，构建智慧公路安全防护体系。

第八节　建设项目全流程办理与审批

一、工程建设项目审批标准化规范化便利化

（一）大力推进审批标准化规范化，加强审批事项管理。按照国务院关于行政许可事项、政务服务事项清单管理要求，结合本地实际，进一步优化完善工程建设项目审批事项清单，并与投资审批事项清单做好衔接，将工程建设项目全流程涉及的行政许可、行政确认、行政备案、第三方机构审查、市政公用报装接入等事项全部纳入清单，确保事项清单外无审批。推动事项实施规范统一，根据国务院有关部门制定的行政许可事项实施规范，逐项修改完善本地区工程建设项目审批事项办事指南、申请表单等，明确申请条件、申请材料、办理流程、办理时限，细化量化受理审查标准，并向社会公开，加快实现同一事项无差别受理、同标准办理。提升审批服务水平，加强工程建设项目审批窗口人员业务培训，增强窗口服务意识，严格执行首问负责、一次性告知、限时办结等制度，鼓励提供帮办、代办、预约办等个性化服务。严格按照公布的办理流程和实施规范开展审批，不得额外增加或变相增加办理环节、申请材料等。对审批涉及的技术审查、现场勘验、听证论证等实行清单化管理，建立限时办结机制并向社会公开。持续整治“体外循环”和“隐性审批”问题，严禁申报前增加预审、指定机构事先审查、线下预审线上补录等行为。各地应建立健全工程建设项目审批监督管理机制，落实责任分工，明确违规情形和问题处置机制，通过监督抽查、电子监察等多种方式对审批行为进行常态化监管，及时分析研判审批各环节存在的问题，并推动解决。规范审批服务办理用时，梳理并公开本地区工程建设项目从立项到竣工验收和市政公用报装接入全流程审批服务事项办理用时，明确起止时点、计时规则等，包括行政许可用时，审批部门组织、委托或购买服务的技术审查、专家评审、会议审查、现场勘验等用时。不得通过“体外循环”审批、违规暂停审批计时或变通审批时限计算规则等方式“表面”压减审批时间。

（二）持续提升审批便利度，深化区域评估，区域评估成果经相关主管部门确认后及时公开，供建设单位免费使用。明确根据区域评估简化单个项目相应审批手续的具体情形和规则。鼓励推行社会投资项目“用地清单制”改革，在土地供应前，可由相关部门开展地质灾害、地震安全、压覆矿产、气候可行性、水资源论证、防洪、考古调查勘探发掘等评估，并对文物、历史建筑保护对象、古树名木、人防工程、地下管线等进行现状普查，形成评估结果和普查意见清单，在土地供应时一并交付用地单位，避免用地单位拿地后重复论证。分类优化精简审批环节，进一步优化建设工程规划许可（设计方案审查）等事项审批流程，统一规范会议审议情形及时限，减少非必要的政府会议审核程序。结合实际优化既有建筑改造、老旧小区改造、市政管网更新改造等城市更新项目审批流程，对无需办理施工图审查、建设工程规划许可的，应细化项目类型和具体条件。推进集成联合办理，进一步优化阶段并联审批协同机制，推动更多关联性强、办事需求量大的审批事项集成化办理。进一步优化施工图联合审查机制，审查机构出具消防、人防、技防等技术审查报告后，相关审批部门不再进行技术审查。鼓励施工许可、质量监督、人防质量监督、消防设计审查等联合办理。进一步优化联合验收方式，未经验收不得投入使用的事项（如规划核实、人防备案、消防验收、消防备案、竣工备案、档案验收等）原则上应当纳入联合验收，工程质量竣工验收监督可纳入联合验收阶段同步开展，牵头部门统一受理验收申请，协调专项验收部门限时开展联合验收，统一出具验收意见。在符合项目整体质量

安全要求、达到安全使用条件的前提下，对满足使用功能的单位工程，可单独开展联合验收。优化市政公用服务，大力推进水电气热信联合报装接入，实行“一站式”集中服务、主动服务，进一步优化报装接入服务流程，精简申报材料，公开服务标准和服务费用，加强服务监督，提高服务效率。建立市政配套统筹协调机制，推动市政公用单位在项目策划生成阶段提前主动开展技术指导，落实接线位置。对于市政公用接入工程涉及的建设工程规划许可、城市绿地树木审批、道路挖掘占用许可等实行全程并联办理。进一步优化网上审批服务能力，提升网上办事深度，深化工程建设项目审批管理系统应用，持续推动工程建设项目全流程在线审批。2023年底前实现工程审批系统覆盖全部县（区），消防设计审查验收全部纳入工程审批系统。进一步完善工程审批系统功能，更好支撑审批部门业务需求和工作特点，推广线上智能引导、智能客服等辅助申报方式，提高企业咨询、查询、填报、反馈等办事便利度。在工程审批系统开通市政公用联合报装、外线接入工程审批等集成化服务，拓展移动端应用，加快由网上可办向全程网办、好办易办转变。加强数据共享应用，进一步完善工程审批系统与投资、规划用地、生态环境、市政公用等系统的信息共享、协同应用机制，坚决杜绝重复登录、重复录入问题。大力推进工程建设项目全流程数字化报建，加快推进电子签名、电子印章、电子证照、电子材料、电子档案在网上办理过程中的归集共享，推动实现政府部门核发的材料一律免于提交，能够提供电子证照的一律免于提交实体证照。推进智能辅助审查，推进工程建设图纸设计、施工、变更、验收、档案移交全过程数字化管理，实现工程建设项目全程“一张图”管理和协同应用。鼓励有条件的地区在设计方案审查、施工图设计文件审查、竣工验收、档案移交环节采用建筑信息模型（BIM）成果提交和智能辅助审批，加强BIM在建筑全生命周期管理的应用。

（三）加强事中事后监管，推进审管联动，健全审管衔接机制，对于实行相对集中行政许可权改革的地区，各地应逐事项明确审批、监管的职责和边界，加强协同配合，加快推动审批和监管信息实时共享。要明确容缺受理和告知承诺制审批事项的工作规程和监管规则，在规定时间内对补正材料情况和履行告知承诺情况进行检查，发现不实承诺、违反承诺、弄虚作假的，要依法责令限期整改或撤销行政审批决定，并追究申请人相应责任。创新监管方式，完善基于工程风险的分类监管机制，根据工程类型、规模大小、技术复杂程度、人员密集程度、参建单位等因素确定工程风险等级，按照风险等级合理确定重点检查和随机抽查比例和频次。加强信用监管，强化工程建设项目相关市场主体信用信息归集，拓展多元化信用信息查询渠道，实现信用信息在审批过程中的自动核查与反馈。大力推进“互联网+监管”，加快建立单体房屋建筑编码赋码用码机制，推动工程审批系统与建筑市场公共服务平台、质量安全监管平台、智慧工地、房屋安全管理等系统互联互通、协同应用，建立工程建设项目设计、施工、验收、运营维护全生命周期数字化监管机制。加快推进工程审批系统向建设工程企业资质审批系统共享工程项目数据信息。保障措施，加强组织协调，各地要充分认识工程建设项目审批制度改革对促进投资建设、优化营商环境的重要意义，加强组织领导，充实工作力量，持续推动改革不断深化。各级工程建设项目审批制度改革牵头部门要主动作为，加强与相关部门的协同配合，完善工作机制，健全配套制度，及时协调解决改革工作推进过程中的矛盾问题，形成改革合力。鼓励各地开展工程建设项目标准化审批试点，我部将及时总结推广各地形成的典型经验和创新做法。加强宣传推广和监督评估，各地要加强改革政策宣传，通过多种形式向社会及时提供通俗易懂的政策解读，使企业和群众及时了解改革政策。严格落实政务服务“好差评”制度，方便企业和群众及时对审批服务作出评价。加强国家工程审批系统“工程建设项目审批制度改革建议和投诉”小程序推广应用，完善工程建设项目审批投诉举报处理机制，及时处理回复。

二、工程建设项目全流程网上办理审批

（一）工程建设项目审批全流程网上办理，是指依托工程建设项目审批管理系统，通过线上线下融合互通的方式，实现工程建设项目从立项到竣工验收和公共设施接入服务全流程所有审批服务事项网上办理。适用工程建设项目从立项到竣工验收和公共设施接入服务全流程审批服务事项，包括行政许可等审批事项和技术审查、中介服务、市政公用服务以及备案等其他类型事项。推进全流程网上办理，完善工程审批系统网上信息公开、申请、审批、互动等服务功能，实现工程建设项目审批从咨询、申请、受理、审查、决定、证件制作等环节全过程在线办理，全面推行工程建设项目审批全流程网上办理。工程建设项目线上线下审批服务实行一套标准，审批流程、事项清单、办事指南等相关信息通过政务服务大厅、工程审批系统网页客户端、移动客户端等服务渠道同源发布。工程审批系统实时记录线上线下行政审批、技术审查、中介服务和市政公用服务等全流程用时，实时归集相关审批服务信息 。以统一身份认证、统一电子印章、统一电子证照等公共支撑系统作为技术保障，推进工程建设项目审批全流程网上办理。采用加盖有效电子印章的电子材料作为申请材料，方便申请人网上办事。建立工程建设项目审批信息共享机制，推进工程审批系统与全国一体化在线政务服务平台对接，与投资项目在线审批监管平台等相关部门既有审批管理系统互联互通信息共享。项目前期策划生成线上流程一般包括启动生成、合规性审查、部门协同、意见汇总等，项目发起部门通过工程审批系统"多规合一"业务协同功能发起项目策划生成。相关部门通过工程审批系统"多规合一"业务协同功能进行合规性审查，确定项目预选址是否符合相关法律法规规定以及规划要求。部门协同 。项目前期策划生成工作的牵头部门发起部门协同，在线征求相关部门意见，各部门根据职能提出项目建设条件以及需要开展的评估评价事项等要求。项目前期策划生成工作的牵头部门统筹协调各部门提出的建设条件和建设要求，确定项目是否通过策划生成。通过策划生成的项目，其项目信息、建设条件和建设要求纳入工程审批系统。鼓励通过前期策划生成明确项目建设控制要求、技术设计要点、审批流程、事项清单和材料清单，为建设单位办理审批业务提供有效指引。工程审批系统应通过多种渠道主动公开工程建设项目审批流程、事项清单、办事指南、时限要求、办理标准、收费项目、收费依据、收费标准等信息，方便申请人及时获取。工程建设项目网上申报流程一般包括用户注册、用户登录、咨询服务、网上申报、信息查询。申请人通过实名认证后，登录工程审批系统网上综合服务窗口。申请人可以在线了解工程建设项目审批流程、办事指南等信息，在线咨询材料准备、办理流程等方面问题。申请人根据网上申报指引，选择项目审批流程类型、审批阶段、审批事项，按阶段填报"一张表单"，上传相关电子材料。已纳入统一电子证照库的申请材料，申请人可以从关联到的电子证照材料中选择；已提交过的电子材料，申请人可以从历史材料中选择。申请人可以在线实时查看审批服务办理进度。审批过程中受理、办结等关键环节的办理进度和办理意见信息，通过短信、网页、移动客户端等方式即时告知申请人。

（二）工程建设项目网上审批流程一般包括接件、受理、审批办理、审批办结，综合服务窗口工作人员接收申请人线上线下提交的办事申请和相关材料。申请人网上办理的，窗口人员通过工程审批系统对办事申请和相关材料进行形式审查；申请人到现场办理或邮寄办理的，窗口人员对办事申请和相关材料进行形式审查，将办事申请录入工程审批系统，并上传相关申请材料。申请人提交材料符合受理条件的，窗口人员作出"受理"操作。受理过程中确需征求相关审批服务单位意见的，可以在线征求相关审批服务单位受理意见。符合受理条件的，作出"受理"操作，即时将受理决定推送至相关审批服务单位。审批服务单位收到综合服务窗口转交办理事项和申请材料后，通过工程审批系统进行"开始办理"操作，开始对申请材料进行实质审查。审批服务单位作出审批决定后，将审批结果、相关评审意见、电子证件等通过工程审批系统反馈至综合服务窗口，由综合服务窗口统一向申请人反馈办理结果。审批结果采用电子证件的，告知申请人登录工程审批系统获取审批结果。按照相关规定，需要使用项目代码的工程建设项目，申请人在办理审批服务事项时，应提供准确的项目代码。工程建设项目根据实际需要分期分批建设的，由工程审批系统生成工程代码。工程审批系统通过项目代码（工程代码）实现全流程相关信息的归集和管理。审查过程中需要公示、公告、现场勘查、专家评审、上级部门审批等特别程序的，应纳入工程审批系统管理。多个事项并联办理的，综合服务窗口同时推送至各相关部门进行办理。工程审批系统自动生成"并联审批实例编码"，关联相关部门审批信息。没有前后时序关系的审批事项，各审批服务单位自行作出审批决定；有前后时序关系的审批事项，各审批服务单位同时开始办理，后序审批服务单位根据前序审批服务部门审批决定作出本部门审批决定；各部门审批过程中需要共同研究的，通过工程审批系统发起在线会商、在线征求意见，阶段牵头部门统筹协调相关部门意见；并联审批过程中有单位作出“办结不通过”审批决定的，通过工程审批系统将办结不通过原因推送至综合服务窗口。经过策划生成的项目，工程审批系统可通过项目前期策划时的名称、代码、地理位置信息等自动关联项目前期策划生成信息。区域评估范围内的工程建设项目在首次申报时，工程审批系统通过项目地理位置信息自动关联所属区域相关评估结果，区域评估成果材料无需申请人提交。对于实行承诺制办理的审批服务事项，审批服务单位按告知承诺制要求办理，部门办理开始时间、办理结束时间、办理结果、申请人履行承诺情况等信息纳入工程审批系统。需要通过部门审批业务系统办理审批的，工程审批系统实时将办事申请、申请材料等推送至部门审批业务系统；部门审批业务系统实时将受理决定、办理过程关键环节信息、办理结果信息、电子证件等实时推送至工程审批系统，实现审批信息实时流转。

（三）工程建设项目全生命周期数字化管理改革试点目标，加快建立工程建设项目全生命周期数据汇聚融合、业务协同的工作机制，打通工程建设项目设计、施工、验收、运维全生命周期审批监管数据链条，推动管理流程再造、制度重塑，形成可复制推广的管理模式、实施路径和政策标准体系，为全面推进工程建设项目全生命周期数字化管理、促进工程建设领域高质量发展发挥示范引领作用。重点开展工作：推进全流程数字化报建审批，完善工程建设项目审批管理系统（以下简称工程审批系统）功能，推进工程建设项目审批事项申请表单、申请材料标准化。加强电子文件、电子签章等应用，着力推进无纸化报建，审批结果全面实现电子证照。建立建筑单体赋码和落图机制，研究建立建筑单体划分、赋码、落图的工作规程和操作指南，在项目开工前首次办理相关审批事项时，按照《房屋建筑统一编码与基本属性数据标准》，为建筑单体赋予全生命周期唯一的编码，并与项目代码相关联，通过部门信息共享、数字化报建等方式，获取项目和建筑单体的空间位置信息。在办理后续审批事项，实施质量安全监管、建筑工人实名制管理等，均需核验项目代码、建筑单体编码和空间位置信息。建立全生命周期数据归集共享机制，推动工程建设项目审批、建筑市场监管、建筑工人实名制管理、质量安全监管、房屋安全管理等相关系统互联互通、协同应用。依托建筑单体编码和空间位置信息，建立工程建设项目审批、设计、施工、验收、运维等环节信息自动归集共享机制，实现各系统之间数据全面共享。以房屋建筑和市政设施调查数据为底板，将项目和建筑单体的空间位置信息实时归集落图，关联相关管理信息、审批信息等，实现工程建设管理数据矢量化、地图化。完善层级数据共享机制，按照《工程建设项目审批管理系统数据共享交换标准 3.0》，率先实现与省级、国家工程审批系统对接。配合住建部建立关键审批事项信息层级校验机制，保障数据可信安全。按照我部关于工程建设领域系统互联互通工作部署，根据“一数一源”原则和有关数据标准，调整相关系统数据内容并实时归集至省级、部级系统。推进工程建设项目图纸全过程数字化管理，全面应用数字化图纸，依托工程审批系统、施工图审查系统等，完善数字化图纸全过程应用功能，实现各方参建主体和施工图审查机构对图纸的审查、变更、确认、验收等在线业务协同，项目设计、施工、竣工、归档全过程“一套图”闭环管理，将数字化图纸作为相关部门监督检查、验收检查、质量安全事故调查等的依据，并为相关各方提供查阅、调用等服务。推进 BIM 报建和智能辅助审查，加强建筑信息模型（BIM）技术在建筑全生命周期中的应用，选取一批项目，在设计方案审查、施工图审查、竣工验收、档案移交等环节采用 BIM 成果提交和智能辅助审查，完善 BIM 成果交付和技术审查标准，探索基于 BIM 的建筑全生命周期审批监管创新模式和制度机制。推动数字化管理模式创新，深化数据融合应用，在企业资质智能化辅助审批、违法建设智能管控、质量安全数字化监管、智慧工地协同监管、工程档案数字化归档、信用联合奖惩等方面形成良好实践，挖掘数据潜力，在辅助政府投资决策、房屋预售监管、房屋安全管理等方面探索更多数字化管理模式。

三、技术审查及市政公用服务

审查流程。法律法规规定需要审批部门或申请人组织专家、委托技术审查机构进行审查的，如项目可行性研究报告评估、节能报告评审、环境影响评价文件审查、水土保持方案审查、设计方案审查、施工图设计文件审查等，技术审查全过程、审查结果信息应纳入工程审批系统。技术审查网上办理流程一般包括服务委托、审查开始、审查结束。在线发布技术审查办事指南、材料要求等信息，申请人或审批部门在线办理服务委托、提交相关材料。审查开始。技术审查机构在线接收申请人提交或审批部门推送的电子材料，进行审查。审查开始环节信息纳入工程审批系统。审查结束后，技术审查机构将审查结果、审查结束环节信息和相关结果电子材料纳入工程审批系统。审批部门可依据技术审查结果电子材料作出审批决定。工程建设相关项目建议书编制、可研报告编制等中介服务事项应纳入中介服务网上交易平台。申请人通过中介服务网上交易平台办理业务的，其服务委托、服务过程和相关成果信息共享至工程审批系统。中介服务流程一般包括服务委托、服务开始、服务结束。申请人可以通过中介服务网上交易平台查看办事指南、选择中介服务机构，委托信息应实时同步到工程审批系统。中介服务机构按照申请人委托开展服务，服务开始环节信息和服务结束环节信息时间纳入工程审批系统。中介服务机构编制成果电子材料纳入工程审批系统，通过项目代码关联到相应项目，申请人办理审批事项时可直接使用，作为办理审批手续的材料。工程建设项目涉及的供水、排水、供电、燃气、热力、广播电视、通讯等市政公用服务的报装和接入实行网上“一站式”服务，报装和接入全过程及相关信息纳入工程审批系统。市政公用服务流程一般包括报装受理、验收接入。申请人在线获取办事指南、收费标准等相关信息，在线提出报装申请，并提交相关材料。市政公用服务单位通过工程审批系统受理报装申请，按程序办理报装。报装受理开始时间、办结时间信息和办理结果信息纳入工程审批系统。市政公用服务单位通过工程审批系统受理验收接入申请，按程序办理验收接入。验收接入开始时间、办结时间信息和办理结果信息纳入工程审批系统。申请人在办理工程建设许可阶段审批事项时，市政公用服务单位可以通过工程审批系统实时获取项目设计方案、图档等相关信息。推进电子签名、电子印章、电子证照、电子材料、电子档案在工程建设项目全流程网上办理过程中的应用。有效可靠的电子签名，与手写签名或者盖章具有同等法律效力；电子印章与实物印章具有同等法律效力，加盖电子印章的电子材料合法有效；电子证照和加盖电子印章的电子材料可以作为办理政务服务事项的依据；符合档案管理要求的电子档案与纸质档案具有同等法律效力。实现与工程建设相关系统的协同应用，根据需要即时将审批信息推送至相关监管部门，事中事后监管信息实时共享至工程审批系统。

第六章　城市规划设计与工程质量安全

实现城市有序建设、适度开发、高效运行，努力打造和谐宜居、富有活力、各具特色的现代化城市，坚持规划先行与建管并重相结合，坚持改革创新与传承保护相结合，坚持统筹布局与分类指导相结合，坚持完善功能与宜居宜业相结合，坚持集约高效与安全便利相结合。海绵城市规划建设与民防审改应遵循专项规划要求。国家实施施工图文件专项审查制度，对超高层建筑抗震设防专项审查与评价，明确建设单位工程质量责任，如何实施房屋市政工程安全生产及危险性较大的工程安全与消防防范，并对财力项目组织代建管理。本章包括：城市规划和专项编制审批；海绵城市规划建设与民防审批；建设项目施工图设计文件审查；超限高层建筑工程抗震设防专项审查；建设单位工程质量首要责任；房屋市政工程安全生产管理；建设财力项目管理；政府投资管理和资源性指标统筹等。

第一节　城市规划和专项编制审批

一、建设用地国土空间规划

（一）建设项目需要使用土地的，应当符合国土空间规划、土地利用年度计划和用途管制以及节约资源、保护生态环境的要求，并严格执行建设用地标准，优先使用存量建设用地，提高建设用地使用效率。各级人民政府应当依据国民经济和社会发展规划及年度计划、国土空间规划、国家产业政策以及城乡建设、土地利用的实际状况等，加强土地利用计划管理，实行建设用地总量控制，推动城乡存量建设用地开发利用，引导城镇低效用地再开发，落实建设用地标准控制制度，开展节约集约用地评价，推广应用节地技术和节地模式。建设单位使用国有土地，应当以有偿使用方式取得；但是，法律、行政法规规定可以以划拨方式取得的除外。国有土地有偿使用的方式包括：国有土地使用权出让；国有土地租赁；国有土地使用权作价出资或者入股。国有土地使用权出让、国有土地租赁等应当依照国家有关规定通过公开的交易平台进行交易，并纳入统一的公共资源交易平台体系。除依法可以采取协议方式外，应当采取招标、拍卖、挂牌等竞争性方式确定土地使用者。《土地管理法》规定的新增建设用地的土地有偿使用费，是指国家在新增建设用地中应取得的平均土地纯收益。建设项目施工、地质勘查需要临时使用土地的，应当尽量不占或者少占耕地。临时用地由县级以上人民政府自然资源主管部门批准，期限一般不超过二年；建设周期较长的能源、交通、水利等基础设施建设使用的临时用地，期限不超过四年。土地使用者应当自临时用地期满之日起一年内完成土地复垦，使其达到可供利用状态，其中占用耕地的应当恢复种植条件。具有重要生态功能的未利用地应当依法划入生态保护红线，实施严格保护。建设项目占用国土空间规划确定未利用地的，按照省、自治区、直辖市的规定办理。

（二）将历史文化遗产空间信息纳入国土空间基础信息平台，各地文物主管部门要会同自然资源主管部门，进一步做好文物资源专题调查和专项调查，按照国土空间基础信息平台数据标准，结合建立历史文化遗产资源数据库，及时将文物资源的空间信息纳入同级平台，建立数据共享与动态维护机制。对历史文化遗产及其整体环境实施严格保护和管控，在市、县、乡镇国土空间总体规划中统筹划定包括文物保护单位保护范围和建设控制地带、水下文物保护区、地下文物埋藏区、城市紫线等在内的历史文化保护线，并纳入国土空间规划“一张图”，实施严格保护；针对历史文化资源富集、空间分布集中的地域，以及非物质文化遗产高度依存的自然环境和历史文化空间，明确区域整体保护和活化利用的空间管控要求；历史文化保护线及空间形态控制指标和要求是国土空间规划的强制性内容，作为实施用途管制和规划许可的重要依据。国土空间规划中涉及文物保护利用的部分应征求同级文物主管部门意见。加强历史文化保护类规划的编制和审批管理，各级文物主管部门要做好文物保护单位保护规划等文物保护类专项规划编制工作。文物保护类专项规划、历史文化名城名镇名村街区保护规划应与同级国土空间规划同步启动编制，落实和深化国土空间规划要求。有条件的地区可将历史文化名村保护规划与村庄规划、历史文化街区保护规划与详细规划合并编制。历史文化保护类规划中涉及自然环境、传统格局、历史风貌等方面的空间管控要求要纳入同级国土空间规划。待国土空间规划批复后，依据国土空间规划，深化细化保护规划内容后按程序报批。文物保护类专项规划、历史文化名城、名镇、名村街区保护规划报批前，省级人民政府自然资源主管部门应对保护规划成果是否符合国土空间规划进行审查。国家历史文化名城保护规划成果编制阶段，省级人民政府自然资源主管部门应提请自然资源部组织审查；文物保护类专项规划、历史文化名城、名镇、名村街区保护规划批复前，省级人民政府自然资源主管部门应核实保护规划与相关国土空间规划衔接及“一张图”核对情况；经批复的文物保护类专项规划、历史文化名城、名镇、名村街区保护规划主要内容要纳入详细规划，并叠加到国土空间规划“一张图”监督实施。保存文物特别丰富、历史建筑集中成片、能够较完整和真实地体现传统格局和历史风貌的历史文化街区在核定公布前，街区所在地的省级人民政府自然资源主管部门应基于国土空间规划“一张图”，核实历史文化街区空间范围和相关的空间管控要求。严格历史文化保护相关区域的用途管制和规划许可，经依法批准的详细规划是各类开发建设活动的依据，不得以历史文化遗产保护利用设计方案、实施方案等取代详细规划实施规划许可。自然资源主管部门严格依据详细规划，细化落实历史文化遗产保护利用的用途管制要求，依法核发建设项目用地预审与选址意见书、建设用地规划许可证、建设工程规划许可证和乡村建设规划许可证，并按程序予以规划核实。坚持先规划后建设的原则，实施城市更新和乡村振兴行动，防止大拆大建破坏文物等各类历史文化遗存本体及其环境，严禁违反规划或擅自调整规划在历史文化名城、名镇、名村相关区域建设高层建筑、大型雕塑等高大构筑物。对历史建筑实施原址保护、迁移异地保护、拆除和修缮改造的，应当报市县自然资源主管部门会同同级文物主管部门履行相关批准手续，并及时纳入国土空间规划“一张图”监管。文物保护单位的保护范围和建设控制地带内进行建设工程，应依法履行批准手续。健全“先考古，后出让”的政策机制，经文物主管部门核定可能存在历史文化遗存的土地，要实行“先考古、后出让”制度，在依法完成考古调查、勘探、发掘前，原则上不予收储入库或出让。具体空间范围由文物主管部门商自然资源主管部门确定。在文物主管部门完成考古工作，认定确需依法保护的文物，并提出具体保护要求后，自然资源主管部门在国土空间规划编制、土地出让中落实。暂不具备考古前置条件的，文物主管部门应在土地出让前完成考古工作。文物主管部门应及时向自然资源主管部门通报本文印发前已完成考古发掘且无文物原址保护要求的具体地块信息，该类地块在入库或出让时，原则上无需再进行事先考古；确需进行补充考古，文物主管部门应及时告知，并尽快组织开展考古工作。促进历史文化遗产活化利用，在不对生态功能造成破坏的前提下，允许在生态保护红线内、自然保护地核心保护区外，开展经依法批准的考古调查、勘探、发掘和文物保护活动，以及适度地参观旅游和相关必要的公共设施建设，促进文化和自然遗产的合理利用。各地自然资源主管部门对国家考古遗址公园建设等重大历史文化遗产保护利用项目的合理用地需求应予保障。考古和文物保护工地建设临时性文物保护设施、工地安全设施、后勤设施的，可按临时用地规范管理。鼓励各地自然资源主管部门商文物主管部门结合实际探索历史风貌分类管控机制，研究制定引导历史文化遗产合理利用的规划、土地等支持政策。各级自然资源主管部门、文物主管部门应建立协调机制，增强工作联动，将历史文化遗产保护纳入国土空间规划实施监督体系，有关执行情况纳入城市体检评估和自然资源执法监督范围。

（三）规划用地“多审合一、多证合一”改革。加快推进总体规划审批：各地要贯彻落实深化“多规合一”改革和《全国国土空间规划纲要（2021-2035年）》要求，加快推进地方各级国土空间总体规划编制审批；下级规划要服从上级规划，总体规划要统筹和综合平衡各相关专项规划的空间需求。及时开展详细规划编制或修编：各地自然资源主管部门应根据总体规划，在“三区三线”划定基础上，结合实际加快推进城镇国土空间详细规划和村庄规划的编制（修编）和审批，为开发建设、开展城市更新行动、乡村建设行动，以及实施建设用地规划许可、建设工程规划许可、乡村建设规划许可等提供法定依据；对有成片开发要求及全域土地综合整治试点、集体经营性建设用地入市试点需求的地区，应优先完成详细规划编制工作。依据规划实施农用地转用和土地征收：报批城镇用地农用地转用和土地征收应符合国土空间总体规划、详细规划和土地使用标准等要求，并按照《国土空间调查、规划、用途管制用地用海分类指南》明确土地规划用途和建设项目用地类型。实施规划选址综合论证：位于城镇开发边界外并涉及耕地、永久基本农田、生态保护红线的交通、能源、水利等建设项目，地方自然资源主管部门应整合现行的规划选址论证、耕地踏勘论证、永久基本农田占用补划论证、生态保护红线不可避让论证、节地评价等事项为规划选址综合论证，防止重复论证和审查，论证报告作为建设项目用地预审与选址意见书的申报材料。鼓励同步核发规划许可：对市政基础设施和标准厂房建设项目，在不违反市场公平竞争原则的前提下，可在土地供应前，由自然资源主管部门依据国土空间详细规划及土地使用标准核提规划条件，审查建设工程设计方案，按程序纳入供地方案，实施“带方案供应”；其中，以出让方式配置国有建设用地使用权的，国有建设用地使用权出让合同签订后，一并核发建设用地规划许可证、建设工程规划许可证；以划拨方式配置国有建设用地使用权的，一并核发国有建设用地划拨决定书、建设用地规划许可证与建设工程规划许可证。鼓励地方探索同步发放不动产权证书，依法依规实行“交地即交证”。聚焦规划条件落实情况：分类审查建设工程设计方案、核发建设工程规划许可证；市、县自然资源主管部门或省级人民政府确定的镇人民政府审查建设工程设计方案是否符合国土空间详细规划和规划条件，重点审查涉及安全、主要控制线、景观风貌等管理要求；其中，建筑工程类项目应重点审查土地用途、控制指标、场地布局、公共空间、相邻关系、建筑高度、风貌形态、设施配建等；交通工程类项目应重点审查道路等级（轨道交通类型）、相邻关系、竖向标高、横断面等；管线工程类项目应重点审查管线类型、安全间距、敷设埋深、相邻关系等。探索建立建设工程规划许可豁免清单和告知承诺制：各地可在不影响周边利害关系人合法权益、不改变建筑主体结构、不破坏景观环境、保证公共安全和公共利益的前提下，对老旧小区微改造、城市公共空间服务功能提升等微更新项目，探索制定建设工程规划许可豁免清单并完善监管机制；各地还可区分项目类型、风险程度，按照最大限度利企便民的原则探索建设工程规划许可告知承诺制，明确提交材料的要求、承诺的具体内容以及违反承诺应承担的法律责任；申请人以书面形式作出承诺的，可由自然资源主管部门直接作出许可决定，并做好后续监管。优化乡村建设规划许可管理：依据依法批准的村庄规划核发乡村建设规划许可证；未编制村庄规划的，可依据县或乡镇“通则式”的国土空间规划管理规定，核发乡村建设规划许可证；在城镇开发边界内使用集体土地进行建设的，可依据国土空间详细规划核发建设工程规划许可证；地方性法规另有规定的，从其规定；核发农村村民住宅类乡村建设规划许可应重点审查用地面积、四至范围、建设占用现状地类、建筑面积、建筑高度、建筑层数、相邻关系等事项。在尊重乡村地域风貌特色的前提下，鼓励各地提供农村村民住宅、污水处理设施、垃圾储运、公厕等简易项目的通用设计方案，并简化乡村建设规划许可的审批流程。推进用途管制全周期数字化管理：各地要加快实景三维中国建设，丰富时空信息数据供给，依托国土空间规划“一张图”、国土空间基础信息平台、用途管制监管系统，按照自然资源部印发的行政许可实施规范和国土空间规划、用途管制等有关标准，积极推动建设项目用地预审与选址、建设用地规划许可、建设工程规划许可、乡村建设规划许可、规划用地核实等规范化、标准化、数字化，实施国土空间用途管制业务全周期数字化监管；严格执行自然资源部监制（制定）的规划用地审批许可文书规范样式，有序推进规划许可电子证照应用；积极推动政府部门内部规划用地信息共享和办理结果自动推送，避免行政相对人在不同环节重复提交有关文件、证书等材料。积极通过互联网、手机APP等，为行政相对人提供在线办理等服务。

二、城市轨道交通规划管理

城市轨道交通系统，除有轨电车外均应纳入城市轨道交通建设规划并履行报批程序。地铁主要服务于城市中心城区和城市总体规划确定的重点地区，申报建设地铁的城市一般公共财政预算收入应在

300 亿元以上，地区生产总值在 3000 亿元以上，市区常住人口在 300 万人以上。引导轻轨有序发展，申报建设轻轨的城市一般公共财政预算收入应在 150 亿元以上，地区生产总值在 1500 亿元以上，市区常住人口在 150 万人以上。拟建地铁、轻轨线路初期客运强度分别不低于每日每公里 0.7 万人次、0.4 万人次，远期客流规模分别达到单向高峰小时 3 万人次以上、1 万人次以上。以上申报条件将根据经济社会发展情况按程序适时调整。城市政府根据城市总体规划、土地利用总体规划、城市综合交通体系规划，合理制定城市轨道交通线网规划，确定城市轨道交通近期建设线路，加强对居民区、商业区、交通枢纽等客流密集区域的覆盖，做好城市轨道交通规划线路沿线土地预留和控制，防止其他建设对城市轨道交通走廊空间的侵占。在此基础上，根据相关规划和城市发展需要、财力等情况制定城市轨道交通分期建设规划，规划期限一般为 5~6 年。建设规划要合理选择轨道交通系统制式、敷设方式，科学确定建设规模、项目时序、资金筹措方案，确保建设期和运营期的政府支出规模与财力相匹配，着力提升投资效益。强化城市轨道交通与其他交通方式的衔接融合，城市轨道交通规划要与国家铁路、城际铁路、枢纽机场等规划相衔接，通过交通枢纽实现方便、高效换乘。要加强节地技术和节地模式创新应用，鼓励探索城市轨道交通地上地下空间综合开发利用，推进建设用地多功能立体开发和复合利用，提高空间利用效率和节约集约用地水平。编制城市轨道交通建设规划时，应同步组织开展规划环境影响评价，由生态环境主管部门按程序审查环境影响报告书。省级发展改革部门会同城乡规划主管部门、住房和城乡建设部门进行城市轨道交通建设规划初审，按程序向国家发改委报送建设规划。城市轨道交通首轮建设规划由国家发改委同住建部组织审核后报国务院审批，后续建设规划由国家发改委会同住建部审批、报国务院备案。国家发改委、住建部要会同有关部门按照职责分工严格审核把关，未达到城市轨道交通建设申报条件的建设规划一律不得受理；对符合申报条件的建设规划，要认真审核规划建设规模及项目资金筹措方案，确保建设规模同地方财力相匹配。省级政府有关部门要进一步强化初审责任，确保城市财力、负债水平、建设规模、建设方案、项目时序等符合相关规定和规划要求。已经国家批准的城市轨道交通建设规划应严格执行，原则上不得变更，规划实施期限不得随意压缩。在规划实施过程中，因城市规划、工程条件、交通枢纽布局变化等因素影响，城市轨道交通线路功能定位、基本走向、系统制式等发生重大变化的，或线路里程、地下线路长度、直接工程投资（扣除物价上涨因素）等较建设规划增幅超过 20% 的，应按相关规定履行建设规划调整程序。建设规划调整应在完成规划实施中期评估后予以统筹考虑，原则上不得新增项目。原则上本轮建设规划实施最后一年或规划项目总投资完成 70% 以上的，方可开展新一轮建设规划报批工作。城市轨道交通项目由省级发展改革部门根据国家批准的城市轨道交通建设规划，按照相关程序审批（核准），未列入建设规划的项目不得审批（核准），严禁以市政配套工程、有轨电车、工程试验线、旅游线等名义违规变相建设地铁、轻轨项目。已审批（核准）建设城市轨道交通项目的城市要合理把握建设节奏，着力优化项目设计，合理控制工程造价，有效降低工程总投资。城市政府和相关企业不得不顾条件提前实施项目、随意压缩工期，对前期工作未完成、建设条件不具备、遇有特殊工程地质灾害且不能保证施工安全的项目，应根据实际情况暂缓实施，建设工期可相应顺延。有轨电车项目由省级发展改革部门负责审批（核准），并做好与相关规划的统筹衔接。城市政府应建立透明规范的资本金及运营维护资金投入长效机制，确保城市轨道交通项目建设资金及时足额到位。除城市轨道交通建设规划中明确采用特许经营模式的项目外，项目总投资中财政资金投入不得低于 40%，严禁以各类债务资金作为项目资本金。强化城市政府对城市轨道交通项目全寿命周期的支出责任，保障必要的运营维护资金。支持各地区依法依规深化投融资体制改革，积极吸引民间投资参与城市轨道交通项目，鼓励开展多元化经营，加大站场综合开发力度。规范开展城市轨道交通领域政府和社会资本合作（PPP），通过多种方式盘活存量资产。研究利用可计入权益的可续期债券、项目收益债券等创新形式推进城市轨道交通项目市场化融资，开展符合条件的运营期项目资产证券化可行性研究。

三、城市地下综合管廊工程规划

城市地下综合管廊工程规划编制应根据城市总体规划、地下管线综合规划、控制性详细规划编制，与地下空间规划、道路规划等保持衔接。编制管廊工程规划应以统筹地下管线建设、提高工程建设效益、节约利用地下空间、防止道路反复开挖、增强地下管线防灾能力为目的，遵循政府组织、部门合作、科学决策、因地制宜、适度超前原则。管廊工程规划由城市人民政府组织相关部门编制，用于指导和实施管廊工程建设。编制中应听取道路、轨道交通、给水、排水、电力、通信、广电、燃气、供热等行政主管部门及有关单位、社会公众的意见。管廊工程规划应合理确定管廊建设区域和时序，划定管廊空间位置、配套设施用地等三维控制线，纳入城市黄线管理。管廊建设区域内的所有管线应在管廊内规划布局。管廊工程规划应统筹兼顾城市新区和老旧城区。新区管廊工程规划应与新区规划同步编制，老旧城区管廊工程规划应结合旧城改造、棚户区改造、道路改造、河道改造、管线改造、轨道交通建设、人防建设和地下综合体建设等编制。管廊工程规划期限应与城市总体规划一致，并考虑长远发展需要。建设目标和重点任务应纳入国民经济和社会发展规划。管廊工程规划原则上五年进行一次修订，或根据城市规划和重要地下管线规划的修改及时调整。编制内容根据城市经济、人口、用地、地下空间、管线、地质、气象、水文等情况，分析管廊建设的必要性和可行性，规划目标和规模。明确规划总目标和规模、分期建设目标和建设规模。敷设两类及以上管线的区域可划为管廊建设区域。高强度开发和管线密集地区应划为管廊建设区域。主要是城市中心区、商业中心、城市地下空间高强度成片集中开发区、重要广场、高铁、机场、港口等重大基础设施所在区域，交通流量大、地下管线密集的城市主要道路以及景观道路。配合轨道交通、地下道路、城市地下综合体等建设工程地段和其他不宜开挖路面的路段等。根据城市功能分区、空间布局、土地使用、开发建设等，结合道路布局，确定管廊的系统布局和类型等。根据管廊建设区域内有关道路、给水、排水、电力、通信、广电、燃气、供热等工程规划和新（改、扩）建计划，以及轨道交通、人防建设规划等，确定入廊管线，分析项目同步实施的可行性，确定管线入廊的时序。根据入廊管线种类及规模、建设方式、预留空间等，确定管廊分舱、断面形式及控制尺寸。管廊三维控制线应明确管廊的规划平面位置和竖向规划控制要求，引导管廊工程设计。明确管廊与道路、轨道交通、地下通道、人防工程及其他设施之间的间距控制要求。合理确定控制中心、变电所、投料口、通风口、人员出入口等配套设施规模、用地和建设标准，并与周边环境相协调。明确消防、通风、供电、照明、监控和报警、排水、标识等相关附属设施的配置原则和要求。明确综合管廊抗震、防火、防洪等安全防灾的原则、标准和基本措施。根据城市发展需要，合理安排管廊建设的年份、位置、长度等。测算规划期内的管廊建设资金规模，提出组织、政策、资金、技术、管理等措施和建议。城市道路是城市交通系统、通信设施系统、广播电视传输设施系统、能源供应系统、给排水系统、环境系统和防灾系统等城市基础设施的共同载体。凡依附城市道路建设的各类管线及附属建筑物、构筑物，应与城市道路同步规划、同步设计、同步建设、同步验收，鼓励有条件的地区以综合管廊方式建设。各地管线综合管理牵头部门要协调城市道路建设改造计划与各专业管线年度建设改造计划，统筹安排各专业管线工程建设，力争一次敷设到位，并适当预留管线位置，路口应预留管线过路通道。城市道路建设单位要及时将道路年度建设计划告知相关管线单位，牵头组织开展道路方案设计、初步设计等阶段的管线综合相关工作。管线单位是管线普查的责任主体，要加快实现城市地下管线普查的全覆盖、周期化、规范化，准确掌握地下管线的基础信息，并对所属管线信息的准确性、完整性和时效性负责。管线综合管理牵头部门要推进地下管线综合管理信息系统建设，在管线建设计划安排、管线运行维护、隐患排查、应急抢险及安全防范等方面全面应用地下管线信息集成数据，提高管线综合管理信息化、科学化水平。建立地下管线综合管理信息系统与专业管线信息系统共享数据同步更新机制，加强地下管线信息数据标准化建设，在各类管线信息数据共享、动态更新，确保科学有效地实现管线信息共享和利用。各地有关部门要按照国务院“放管服”改革要求，将城市供水、排水、供热、燃气、电力、通信、广播电视等各类管线工程建设项目纳入工程建设项目审批管理系统，实施统一高效管理。推行城市道路占用挖掘联合审批，实施严格的施工掘路总量控制。严格落实施工图设计文件审查、施工许可、工程质量安全监督、工程监理、竣工验收以及档案移交等规定。建设单位要严格执行城市地下管线建设、维护、管理信息化相关工程建设规范和标准，提升管线建设管理水平。按标准确定管线使用年限，结合运行环境要求科学合理选择管线材料，加强施工质量安全管理，实行质量安全追溯制度，确保投入使用的管线工程达到管线设计使用年限要求。加强管线建设、迁移、改造前的技术方案论证和评估，以及实施过程中的沟通协调。鼓励有利于缩短工期、减少开挖量、降低环境影响、提高管线安全的新技术和新材料在地下管线建设维护中的应用。有关部门要把集约、共享、安全等理念贯穿于地下管线建设管理全过程，创新建设管理方式。推进老旧管网和架空线入地改造，推进地上地下集约建设。有序推进综合管廊系统建设，编制综合管廊建设规划，合理布局干线、支线和缆线管廊有机衔接的管廊系统，因地制宜确定管廊断面类型、建设规模和建设时序，统筹各类管线敷设。鼓励应用物联网、云计算、5G 网络、大数据等技术，积极推进地下管线系统智能化改造，为工程规划、建设施工、运营维护、应急防灾、公共服务提供基础支撑，构建安全可靠、智能高效的地下管线管理平台。

第二节　海绵城市规划建设与民防审批

一、海绵城市建设要求

贯彻新型城镇化和水安全战略有关要求，在有效防治城市内涝、保障城市生态安全等方面取得了积极成效。为加快推进海绵城市建设，修复城市水生态、涵养水资源，增强城市防涝能力，扩大公共产品有效投资，提高新型城镇化质量，促进人与自然和谐发展，通过海绵城市建设，综合采取“渗、滞、蓄、净、用、排”等措施，最大限度地减少城市开发建设对生态环境的影响，将 70% 的降雨就地消纳和利用。到 2020 年，城市建成区 20% 以上的面积达到目标要求；到 2030 年，城市建成区 80% 以上的面积达到目标要求。坚持生态为本、自然循环。充分发挥山、水、林、田、湖等原始地形地貌对降雨的积存作用，充分发挥植被、土壤等自然下垫面对雨水的渗透作用，充分发挥湿地、水体等对水质的自然净化作用，努力实现城市水体的自然循环。坚持规划引领、统筹推进，因地制宜确定海绵城市建设目标和具体指标，科学编制和严格实施相关规划，完善技术标准规范。统筹发挥自然生态功能和人工干预功能，实施源头减排、过程控制、系统治理，切实提高城市排水、防涝、防洪和防灾减灾能力。坚持政府引导、社会参与。发挥市场配置资源的决定性作用和政府的调控引导作用，加大政策支持力度，营造良好发展环境。积极推广政府和社会资本合作（PPP）、特许经营等模式，吸引社会资本广泛参与海绵城市建设。科学编制规划，编制城市总体规划、控制性详细规划以及道路、绿地、水等相关专项规划时，要将雨水年径流总量控制率作为其刚性控制指标。划定城市蓝线时，要充分考虑自然生态空间格局。建立区域雨水排放管理制度，明确区域排放总量，不得违规超排。严格实施规划，将建筑与小区雨水收集利用、可渗透面积、蓝线划定与保护等海绵城市建设要求作为城市规划许可和项目建设的前置条件，保持雨水径流特征在城市开发建设前后大体一致。在建设工程施工图审查、施工许可等环节，要将海绵城市相关工程措施作为重点审查内容；工程竣工验收报告中，应当写明海绵城市相关工程措施的落实情况，提交备案机关。完善标准规范，抓紧修订完善与海绵城市建设相关的标准规范，突出海绵城市建设的关键性内容和技术性要求。要结合海绵城市建设的目标和要求编制相关工程建设标准图集和技术导则，指导海绵城市建设。统筹推进新老城区海绵城市建设，全国各城市新区、各类园区、成片开发区要全面落实海绵城市建设要求。老城区要结合城镇棚户区和城乡危房改造、老旧小区有机更新等，以解决城市内涝、雨水收集利用、黑臭水体治理为突破口，推进区域整体治理，逐步实现小雨不积水、大雨不内涝、水体不黑臭、热岛有缓解。各地要建立海绵城市建设工程项目储备制度，编制项目滚动规划和年度建设计划，避免大拆大建。推进海绵型建筑和相关基础设施建设，推广海绵型建筑与小区，因地制宜采取屋顶绿化、雨水调蓄与收集利用、微地形等措施，提高建筑与小区的雨水积存和蓄滞能力。推进海绵型道路与广场建设，改变雨水快排、直排的传统做法，增强道路绿化带对雨水的消纳功能，在非机动车道、人行道、停车场、广场等扩大使用透水铺装，推行道路与广场雨水的收集、净化和利用，减轻对市政排水系统的压力。大力推进城市排水防涝设施的达标建设，加快改造和消除城市易涝点；实施雨污分流，控制初期雨水污染，排入自然水体的雨水须经过岸线净化；加快建设和改造沿岸截流干管，控制渗漏和合流制污水溢流污染。结合雨水利用、排水防涝等要求，科学布局建设雨水调蓄设施。推进公园绿地建设和自然生态修复，推广海绵型公园和绿地，通过建设雨水花园、下凹式绿地、人工湿地等措施，增强公园和绿地系统的城市海绵体功能，消纳自身雨水，并为蓄滞周边区域雨水提供空间。加强对城市坑塘、河湖、湿地等水体自然形态的保护和恢复，禁止填湖造地、截弯取直、河道硬化等破坏水生态环境的建设行为。恢复和保持河湖水系的自然连通，构建城市良性水循环系统，逐步改善水环境质量。加强河道系统整治，因势利导改造渠化河道，重塑健康自然的弯曲河岸线，恢复自然深潭、浅滩和泛洪漫滩，实施生态修复，营造多样性生物生存环境。创新建设运营机制，区别海绵城市建设项目的经营性与非经营性属性，建立政府与社会资本风险分担、收益共享的合作机制，采取明晰经营性收益权、政府购买服务、财政补贴等多种形式，鼓励社会资本参与海绵城市投资建设和运营管理。强化合同管理，严格绩效考核并按效付费。鼓励有实力的科研设计单位、施工企业、制造企业与金融资本相结合，组建具备综合业务能力的企业集团或联合体，采用总承包等方式统筹组织实施海绵城市建设相关项目，发挥整体效益。加大政府投入，中央财政通过现有渠道统筹安排资金予以支持，积极引导海绵城市建设。地方各级人民政府要进一步加大海绵城市建设资金投入，省级人民政府要加强海绵城市建设资金的统筹，城市人民政府要在中期财政规划和年度建设计划中优先安排海绵城市建设项目，并纳入地方政府采购范围。完善融资支持，各有关方面要将海绵城市建设作为重点支持的民生工程，充分发挥开发性、政策性金融作用，鼓励相关金融机构积极加大对海绵城市建设的信贷支持力度。鼓励银行业金融机构在风险可控、商业可持续的前提下，对海绵城市建设提供中长期信贷支持，积极开展购买服务协议预期收益等担保创新类贷款业务，加大对海绵城市建设项目的资金支持力度。将海绵城市建设中符合条件的项目列入专项建设基金支持范围。支持符合条件的企业通过发行企业债券、公司债券、资产支持证券和项目收益票据等募集资金，用于海绵城市建设项目。

二、海绵城市规划、立项、用地、设计管理

海绵城市是指通过加强国土空间规划和管理，充分发挥建筑、道路和公园绿地、水系等生态系统对雨水的吸纳、蓄渗和缓释作用，有效控制雨水径流，实现自然积存、自然渗透、自然净化的城市发展方式，适用于本市行政辖区内新、改、扩建建设项目和海绵城市规划、设计、建设、运营及管理活动。海绵城市建设，坚持“规划引领、生态优先、因地制宜、统筹建设”的原则，在国土空间规划和管理各个环节落实海绵城市建设理念，统筹协调给排水、公园绿地、道路等设施建设，综合采用渗、滞、蓄、净、用、排等措施，提升城市市政基础设施建设的系统性。海绵城市相关设施与主体工程同步规划、同步设计、同步建设、同时使用。编制全市海绵城市专项规划时，应明确海绵城市建设空间整体布局和年径流总量控制率等海绵城市建设控制指标。各区应组织编制本辖区海绵城市建设规划，分解落实全市海绵城市专项规划中年径流总量控制率等海绵城市建设控制指标。各区要组织编制片区海绵城市建设系统方案，进一步分解落实各区海绵城市建设规划中年径流总量控制率等海绵城市建设控制指标，明确海绵城市建设目标、策略、措施、建设方案及建设计划，优先覆盖近期达标区域，并上报市住房和城乡建设管理委。相关海绵城市建设控制指标要通过不同层级的规划逐级落实。国土空间总体规划编制和修编时，应统筹研究海绵城市专项规划中的相关指标；将海绵城市专项规划中提出的自然生态空间格局作为国土空间总体规划空间开发管制要素。市新区和各郊区国土空间总体规划、主城区单元规划、新市镇国土空间总体规划、特定政策区单元规划编制和修编时，应统筹研究行业主管部门认定的海绵城市建设规划中的相关指标。控制性详细规划、郊野单元村庄规划编制和修编时，应落实海绵城市建设内容和相关要求。防洪除涝、雨水、污水、公园绿地、道路交通等相关专项规划，应与海绵城市建设规划充分衔接，落实海绵城市建设内容和相关指标要求。建设项目在项目建议书、可行性研究或核准、初步设计等阶段，应贯彻海绵城市理念，因地制宜落实海绵城市设计方案。企业投资项目在备案阶段，应明确海绵城市建设目标、年径流总量控制率等海绵城市建设控制指标、建设内容、投资概算等。对使用划拨土地和自有土地进行建设的项目，规划资源部门在审批建设项目规划土地意见书阶段，应就海绵城市建设方面的要求征询住房和城乡建设管理部门意见。对于以出让方式供地的建设项目，规划资源部门在土地出让前，征询建设管理、水务部门有关海绵城市、绿色调蓄设施建设方面的意见，并将建设内容和相关指标要求纳入土地出让合同。由建设管理部门及水务部门对建设单位落实海绵城市、绿色调蓄设施的建设情况实施监管。已出让或划拨的建设项目，可以依法通过设计变更、协商激励等方式，落实海绵城市建设相关内容和要求。项目设计招标时，建设单位应在设计招标文件中明确海绵城市建设要求，项目方案设计中应有海绵城市设计专篇。设计单位提供的海绵城市设计方案，应满足国家和海绵城市相关技术规范和标准。项目设计单位在施工图设计文件中，应编制海绵城市设计专篇，提供的施工图设计文件，应满足国家和海绵城市相关技术规范和标准。施工图审查机构应按照国家和海绵城市相关技术规范、标准要求，强化施工图设计文件中海绵城市相关内容审查。施工图设计文件涉及海绵城市设计内容部分确需变更设计的，变更内容不得低于原设计目标。对于审图不合格的，不予颁发审图合格证。

三、建设、验收、移交和运营管理

海绵城市设施应按照“先地下、后地上”的要求，合理统筹施工。建设单位应严格按照审查通过的施工图设计文件中海绵城市建设内容和相关要求施工。项目验收时，建设单位应在工程竣工验收报告中，明确海绵城市建设相关工程设施的建设落实情况。有关主管部门应按照由设计、施工、监理各方确认的竣工图进行专项验收。验收不符合海绵城市建设要求的，应要求项目建设单位按照有关规定限期整改。海绵城市设施竣工验收合格后，应随主体工程同步移交。住房和城乡建设管理、水务、交通、生态环境、绿化市容等部门应按照各自职责，建立完善相关领域海绵城市设施运行维护管理标准和制度。市政设施、公园绿地、道路广场等公共项目海绵城市设施，由各项目管理单位负责维护管理，或由相关行业管理部门负责维护管理；公共建筑海绵城市设施由产权单位负责维护管理，产权单位可委托物业服务单位进行管理；住宅小区等房地产开发项目的海绵设施由产权人负责维护管理，产权人可委托物业服务单位进行管理。海绵城市设施维护管理单位应按照相关规定，建立健全海绵城市设施的维护管理制度和操作规程，利用数字化信息技术、监测手段，配备专人管理，保证设施完好和正常运行。第三方机构定期评估海绵城市设施，海绵城市设施维护管理单位应定期对设施进行监测评估，确保设施功能正常发挥、安全运行。建立健全海绵城市数据库和信息系统，为海绵城市设施建设与运行提供科学支撑。鼓励和支持海绵城市建设的科学研究和先进适用技术、设备和材料的推广使用。

四、建设项目民防审批和监督

工程建设项目民防审批和监督管理，是指工程项目建设过程中，民防管理部门依据法定职责实施的民防工程建设审批、兼顾人民防空要求审查、民防工程拆除审批、民防工程建设费收取和减免等民防审批、审查事项及民防工程建设过程中相关事中事后监督管理工作。公用民防工程建设审批和监督管理按其他规定执行。工程建设项目民防审批和监督实行分级管理。市民防办负责监督指导全市民防审批及监督，各区民防办、经授权或委托的特定地区管委会负责各自区域范围内的民防审批和监督。民防审批和监督管理工作应当遵循本市人民防空专业规划要求，贯彻“以建为主、应建必建”原则，符合统筹建设、集约建设发展方向，有利于实现民防工程布局优化、区域均衡、功能比例满足人民防空要求。工程建设项目民防审批和监督管理，按照政务服务“一网通办”要求，全流程实行信息化管理（保密项目除外）。

五、民防工程建设及兼顾设防

工程建设项目民防工程建设审批及兼顾人民防空要求审查，根据工程建设项目规划审批权限分级实施。市规划和自然资源局审批的工程建设项目，由市民防办负责；区规划和自然资源局审批的工程建设项目，由区民防办负责。特定地区管委会根据市或区民防办委托或授权，负责本区域内的工程建设项目民防审批。本市城市建设用地分类中居住用地、公共设施用地、对外交通用地、道路广场用地、仓储物流用地、市政设施用地、绿地及混合用地上的工程建设项目应依法配建民防工程。其中，装饰装修及修缮工程、临时建筑项目、单独修建的公共厕所、垃圾站（房）、水泵房、微型消防站、变配电房（站）、开闭所、区域机房等公共、公益类建筑等不作配建要求。工业用地、特殊用地建设项目不作配建要求。根据经济建设落实国防要求有关规定，下列项目应按兼顾人民防空要求建设：公共绿地地下空间、轨道交通地下工程、道路地下交通干线、公共地下停车场、大型地下连通道、公路和铁路隧道、城市地下电站、水库及城市水、电、气、通信等管线共同沟（综合管廊）等。工程建设项目应按下列标准配建民防工程：居住用地、公共设施用地的建设项目，按地上总建筑面积的10%配建。仓储物流用地、对外交通用地、道路广场用地、市政设施用地、绿地用地的建设项目，按地上总建筑面积的5%配建。混合用地，根据不同用地性质分别按相应配建比例配建。上述工程建设项目中的文物保护单位、优秀历史建筑的建筑面积不计入地上总建筑面积。改扩建项目按新建建筑（包括新增单体、拆除重建建筑、原建筑增容扩建部分）地上总建筑面积配建。轨道交通停车场上盖综合开发建设项目，应在项目落地部分中集中落实民防工程建设要求。停车场与上盖开发建设同步进行的，应在停车场建设中优先规划落实上盖综合开发建设项目民防工程建设要求。兼顾人民防空要求技术标准、重要经济目标类建设项目配建标准另行规定。民防工程等级和战时功能设置应符合国家有关政策规定及民防工程建设相关标准规范，并依据规划设置核武器抗力等级5级、常规武器抗力等级5级以上（含5级）的医疗救护、防空专业队、一等人员掩蔽部工程。不同建设主体开发建设的区域，适合统筹建设的，可实施区域统筹。由民防管理部门编制区域民防工程统筹建设专项规划，经规划管理部门同意，并将专项规划指标纳入控制性详细规划，工程建设单位根据控制性详细规划确定建设指标，建设民防工程。同一建设主体开发建设的项目，适合统筹建设的，可实施项目统筹。重点建设项目统筹建设民防工程，应由项目所在地民防管理部门编制民防工程统筹建设方案，并报民防办审查。民防工程统筹建设方案应满足建设项目整体防护要求。在条件允许时，统筹建设的民防工程应与周边民防工程连通。一般建设项目统筹建设民防工程时，同一地块分期开发的建设项目，民防工程统筹建设应优先在先期建设项目中修建民防工程，确需在后期建设项目修建的，后期建设项目应已完成项目立项手续。相邻地块统筹建设民防工程、相邻地块建设项目应同步开发建设。未同步建设的，应在先期开发建设地块项目修建民防工程。区域统筹和项目统筹所涉及的全部工程建设项目或地块应已确定规划建设指标，主要包括用地性质、用地面积、总建筑面积、地上总建筑面积、地下建筑面积等。因后期建设项目规划建设指标发生变化，造成统筹建设的民防工程配建面积不足的，应在后期建设项目补建差额部分。后期建设项目补建民防工程时，存在不宜修建民防工程情形时，须经民防管理部门批准，建设单位可缴纳民防工程建设费。工程建设项目符合不宜修建民防工程的情形包括：桩基承台顶面埋置深度小于3米，或者地下室空间净高达不到规定标准的，包括建设工程无地下室的、或地下室只有一层且地下室底板顶面至室外地坪不足3米的，或无新增地下建筑面积的改扩建项目；按规定应当修建结建民防工程的面积只占地面建筑底层的局部，且结构和基础处理困难的，包括轨道交通停车场上盖综合开发建设项目无落地部分的、或只在原有建筑中增加面积、不增加建筑单体（拆除重建情形除外）的改扩建项目；在建设用地范围内有流砂、暗河，或者基岩埋置深度较浅，地质条件不适于修建的（不包括规划有地下室建设的项目）；建设用地周围的房屋或者地下室管线密集，结建民防工程无法施工或者难以采取措施保证施工安全的，包括地铁隧道、城市地下交通干线、科研管井、市政管线通过建设用地，影响民防工程建设的，或建设项目室外地面条件限制，民防工程室外出入口无法设置的，或地下室全部用于水资源净化处理、危险化学品处理、涉核、强磁工艺处理及市政垃圾处理（含医废等涉毒处理）等用途的；应配建民防工程面积小于1000平方米的建设项目。建设单位可通过市工程建设项目审批管理系统（联审平台）技术咨询环节或通过民防管理部门行政审批服务窗口对建设项目民防工程建设或民防工程建设费征收的政策、标准进行咨询。民防管理部门咨询意见作为民防工程施工图设计、审查的依据。建设单位提出技术咨询申请时，应对咨询事项表述清晰，同时提交项目立项批准书或备案证明、规划方案批复、总平面图及土地出让（转让）合同、设计文本等申请资料。

因规定相关内容提出不宜修建技术咨询的，应在前款材料基础上提交由具有相应资质机构出具的技术报告，提交建设项目地质勘察报告。民防管理部门在出具咨询意见时，应组织专业技术评审，对前款的技术报告、地质勘察报告进行审查。

六、民防工程拆除管理

任何单位和个人不得擅自拆除民防工程，确因城市建设需要拆除的，应当向民防管理部门申请办理拆除审批手续。民防工程拆除审批按拆除后新建工程建设项目规划审批权限分级实施，由市、区民防办及经授权或委托的特定地区管委会根据权限分别负责。市民防办直属工程，由市民防办公室审批。拆除公用民防工程或者国家投资修建的其他民防工程，应按民防工程建设相关标准落实补建。因土地收储拆除公用工程和国家投资修建的其他民防工程，应将民防工程补建作为该地块划拨或出让条件。拆除规定以外的民防工程，其对应的地上建筑未拆除的，拆除单位应落实补建要求。符合不宜修建民防工程情形的，应按规定缴纳民防工程建设费；其对应的地上建筑同步拆除的，拆除单位应与工程权属人就拆除补偿达成一致意见。拆除民防工程应按下列标准进行补建：拆除钢筋混凝土结构的非等级民防工程，应当按照不低于最低等级民防工程的要求补建，补建的面积不得少于原面积的三分之二；拆除砖结构或者其他的非等级民防工程，应当按照不低于最低等级民防工程的要求补建，补建的面积不得少于原面积的三分之一。拆除公用工程后，补建工程应独立成单元，且在工程建成后将补建工程产权交付原民防管理部门。拆除补建公用民防工程及国家投资修建的其他民防工程时，经民防管理部门认定符合不宜修建民防工程情形，或补建的公用工程面积小于1000平方米且不能独立成单元的，应按规定缴纳民防工程拆除补偿费。缴纳民防工程拆除补偿费时，权属单位应选取有资质的资产评估机构进行资产评估，确定应补偿重置价值。由拆除单位按重置价值办理缴费手续。资产评估产生的中介服务费用由工程权属单位向市民防办申报结算。拆除单位在足额缴纳民防工程拆除补偿费后方可拆除。民防工程建设费收取和减免管理权限按照民防工程建设审批管理权限分别由市、区民防办和经授权或委托的特定地区管委会负责。经民防管理部门审批认定符合规定的工程建设项目，建设单位应在申领《建设工程规划许可证》前，向民防管理部门足额缴纳民防工程建设费。民防工程建设费收缴标准按市发展改革和财政主管部门的相关规定执行。经民防管理部门核定缴纳民防工程建设费的工程建设项目，按照规定符合下列情形的，可以减免民防工程建设费。予以减半收取的项目：新建幼儿园、学校教学用房（包括学校新建的包含教室、教师办公场所、电脑教学、教学实验室等教学活动，且以教学活动为主的单体多层教学综合楼项目）、为残疾人修建的生活服务设施、营利性养老和医疗机构、部队商品住房（包括部队经济适用住房）等。予以免收的项目：中小学校舍安全工程、廉租住房、共有产权保障住房（即经济适用住房）和公共租赁住房、非营利性养老和医疗机构、街道（乡镇）社区文化中心、“高新工程”、军队离退休干部住房、异地扶贫搬迁项目、因火灾、水灾或其他不可抗力造成损坏后按原建筑面积重建的建筑及不增加建筑面积的危旧住房翻新改造项目。

第三节　建设项目施工图设计文件审查

一、施工图设计文件审查制度

国家实施施工图设计文件审查制度。施工图审查，是指施工图审查机构按照有关法律、法规，对施工图涉及公共利益、公众安全和工程建设强制性标准的内容进行的审查。施工图审查应当坚持先勘察、后设计的原则。施工图未经审查合格的，不得使用。从事房屋建筑工程、市政基础设施工程施工、监理等活动，以及实施对房屋建筑和市政基础设施工程质量安全监督管理，应当以审查合格的施工图为依据。国务院住房和城乡建设主管部门负责对全国的施工图审查工作实施指导、监督。县级以上地方人民政府住房和城乡建设主管部门负责对本行政区域内的施工图审查工作实施监督管理。省、自治区、直辖市人民政府住房和城乡建设主管部门应当会同有关主管部门按照规定的审查机构条件，结合本行政区域内的建设规模，确定相应数量的审查机构，逐步推行以政府购买服务方式开展施工图设计文件审查。具体办法由国务院住房和城乡建设主管部门另行规定。审查机构是专门从事施工图审查业务、不以营利为目的的独立法人。省、自治区、直辖市人民政府住房和城乡建设主管部门应当将审查机构名录报国务院住房和城乡建设主管部门备案，并向社会公布。

二、审查机构按承接业务范围

审查机构按承接业务范围分两类，一类机构承接房屋建筑、市政基础设施工程施工图审查业务范围不受限制；二类机构可以承接中型及以下房屋建筑、市政基础设施工程的施工图审查。房屋建筑、市政基础设施工程的规模划分，按照国务院住房和城乡建设主管部门的有关规定执行。一类审查机构应当具备下列条件：有健全的技术管理和质量保证体系；审查人员应当有良好的职业道德；有15年以上所需专业勘察、设计工作经历；主持过不少于5项大型房屋建筑工程、市政基础设施工程相应专业的设计或者甲级工程勘察项目相应专业的勘察；已实行执业注册制度的专业，审查人员应当具有一级注册建筑师、一级注册结构工程师或者勘察设计注册工程师资格，并在本审查机构注册；未实行执业注册制度的专业，审查人员应当具有高级工程师职称；近5年内未因违反工程建设法律法规和强制性标准受到行政处罚。在本审查机构专职工作的审查人员数量：从事房屋建筑工程施工图审查的，结构专业审查人员不少于7人，建筑专业不少于3人，电气、暖通、给排水、勘察等专业审查人员各不少于2人；从事市政基础设施工程施工图审查的，所需专业的审查人员不少于7人，其他必须配套的专业审查人员各不少于2人；专门从事勘察文件审查的，勘察专业审查人员不少于7人。承担超限高层建筑工程施工图审查的，还应当具有主持过超限高层建筑工程或者100米以上建筑工程结构专业设计的审查人员不少于3人。60岁以上审查人员不超过该专业审查人员规定数的1/2。注册资金不少于300万元。二类审查机构应当具备下列条件：有健全的技术管理和质量保证体系。审查人员应当有良好的职业道德；有10年以上所需专业勘察、设计工作经历；主持过不少于5项中型以上房屋建筑工程、市政基础设施工程相应专业的设计或者乙级以上工程勘察项目相应专业的勘察；已实行执业注册制度的专业，审查人员应当具有一级注册建筑师、一级注册结构工程师或者勘察设计注册工程师资格，并在本审查机构注册；未实行执业注册制度的专业，审查人员应当具有高级工程师职称；近5年内未因违反工程建设法律法规和强制性标准受到行政处罚。在本审查机构专职工作的审查人员数量：从事房屋建筑工程施工图审查的，结构专业审查人员不少于3人，建筑、电气、暖通、给排水、勘察等专业审查人员各不少于2人；从事市政基础设施工程施工图审查的，所需专业的审查人员不少于4人，其他必须配套的专业审查人员各不少于2人；专门从事勘察文件审查的，勘察专业审查人员不少于4人。60岁以上审查人员不超过该专业审查人员规定数的1/2。注册资金不少于100万元。

三、施工图审查监督管理

建设单位应当将施工图送审查机构审查，但审查机构不得与所审查项目的建设单位、勘察设计企业有隶属关系或者其他利害关系。建设单位应当向审查机构提供下列资料并对所提供资料的真实性负责：作为勘察、设计依据的政府有关部门的批准文件及附件；全套施工图；其他应当提交的材料。审查机构应当对施工图审查下列内容：是否符合工程建设强制性标准；地基基础和主体结构的安全性；消防安全性；人防工程（不含人防指挥工程）防护安全性；是否符合民用建筑节能强制性标准，对执行绿色建筑标准的项目，还应当审查是否符合绿色建筑标准；勘察设计企业和注册执业人员以及相关人员是否按规定在施工图上加盖相应的图章和签字；法律、法规、规章规定必须审查的其他内容。施工图审查原则上不超过下列时限：大型房屋建筑工程、市政基础设施工程为15个工作日，中型及以下房屋建筑工程、市政基础设施工程为10个工作日。工程勘察文件，甲级项目为7个工作日，乙级及以下项目为5个工作日。以上时限不包括施工图修改时间和审查机构的复审时间。审查机构对施工图进行审查后，应当根据下列情况分别作出处理：审查合格的，审查机构应当向建设单位出具审查合格书，并在全套施工图上加盖审查专用章。审查合格书应当有各专业的审查人员签字，经法定代表人签发，并加盖审查机构公章。审查机构应当在出具审查合格书后5个工作日内，将审查情况报工程所在地县级以上地方人民政府住房和城乡建设主管部门备案。审查不合格的，审查机构应当将施工图退建设单位并出具审查意见告知书，说明不合格原因。同时，应当将审查意见告知书及审查中发现的建设单位、勘察设计企业和注册执业人员违反法律、法规和工程建设强制性标准的问题，报工程所在地县级以上地方人民政府住房和城乡建设主管部门。施工图退建设单位后，建设单位应当要求原勘察设计企业进行修改，并将修改后的施工图送原审查机构复审。任何单位或者个人不得擅自修改审查合格的施工图；确需修改的，凡涉及规定内容的，建设单位应当将修改后的施工图送原审查机构审查。勘察设计企业应当依法进行建设工程勘察、设计，严格执行工程建设强制性标准，并对建设工程勘察、设计的质量负责。审查机构对施工图审查工作负责，承担审查责任。施工图经审查合格后，仍有违反法律、法规和工程建设强制性标准的问题，给建设单位造成损失的，审查机构依法承担相应的赔偿责任。审查机构应当建立、健全内部管理制度。施工图审查应当有经各专业审查人员签字的审查记录。审查记录、审查合格书、审查意见告知书等有关资料应当归档保存。已实行执业注册制度的专业，审查人员应当按规定参加执业注册继续教育。未实行执业注册制度的专业，审查人员应当参加省、自治区、直辖市人民政府住房和城乡建设主管部门组织的有关法律、法规和技术标准的培训，每年培训时间不少于 40 学时。按规定应当进行审查的施工图，未经审查合格的，住房和城乡建设主管部门不得颁发施工许可证。县级以上人民政府住房和城乡建设主管部门应当加强对审查机构的监督检查，主要检查下列内容：是否符合规定的条件；是否超出范围从事施工图审查；是否使用不符合条件的审查人员；是否按规定的内容进行审查；是否按规定上报审查过程中发现的违法违规行为；是否按规定填写审查意见告知书；是否按规定在审查合格书和施工图上签字盖章；是否建立健全审查机构内部管理制度；审查人员是否按规定参加继续教育。县级以上人民政府住房和城乡建设主管部门实施监督检查时，有权要求被检查的审查机构提供有关施工图审查的文件和资料，并将监督检查结果向社会公布。涉及消防安全性、人防工程（不含人防指挥工程）防护安全性的，由县级以上人民政府有关部门按照职责分工实施监督检查和行政处罚，并将监督检查结果向社会公布。审查机构应当向县级以上地方人民政府住房和城乡建设主管部门报审查情况统计信息。县级以上地方人民政府住房和城乡建设主管部门应当定期对施工图审查情况进行统计，并将统计信息报上级住房和城乡建设主管部门。建筑工程设计文件编制深度规定，新增绿色建筑技术应用、新增装配式建筑设计的内容、新增建筑设备控制相关规定、新增建筑节能设计要求，包括各相关专业的设计文件和计算书深度要求、新增结构工程超限设计可行性论证报告内容、新增建筑幕墙、基坑支护及建筑智能化专项设计内容。根据建筑工程项目在审批、施工等方面对设计文件深度要求的变化，对原规定中部分条文作了修改，使之更加适用于目前的工程项目设计，尤其是民用建筑工程项目设计。

第四节　超限高层建筑工程抗震设防专项审查

超高层建筑在集约利用土地资源、推动建筑工程技术进步、促进城市经济社会发展等方面发挥积极作用。为贯彻落实新发展理念，统筹发展和安全，科学规划建设管理超高层建筑，严格管控新建超高层建筑，强化既有超高层建筑安全管理，加强超高层建筑规划建设管理，各地要抓紧完善超高层建筑规划建设管理协作机制，严格落实相关标准和管控要求，探索建立超高层建筑安全险。建立专家库，评估开展既有超高层建筑使用和管理情况专项排查情况。

一、管控新建超高层建筑

各地要严格控制新建超高层建筑。一般不得新建超高层住宅。城区常住人口 300 万人口以下城市严格限制新建 150 米以上超高层建筑，不得新建 250 米以上超高层建筑。城区常住人口 300 万以上城市严格限制新建 250 米以上超高层建筑，不得新建 500 米以上超高层建筑。各地相关部门审批 80 米以上住宅建筑、100 米以上公共建筑建设项目时，应征求同级消防救援机构意见，以确保与当地消防救援能力相匹配。城区常住人口 300 万以下城市确需新建 150 米以上超高层建筑的，应报省级住房和城乡建设主管部门审查，并报住建部备案。城区常住人口 300 万以上城市确需新建 250 米以上超高层建筑的，省级住房和城乡建设主管部门应结合抗震、消防等专题严格论证审查，并报住建部备案复核。各地要结合城市空间格局、功能布局，统筹谋划高层和超高层建筑建设，相对集中布局。严格控制生态敏感、自然景观等重点地段的高层建筑建设，不在对历史文化街区、历史地段、世界文化遗产及重要文物保护单位有影响的地方新建高层建筑，不在山边、水边以及老城旧城开发强度较高、人口密集、交通拥堵地段新建超高层建筑，不在城市通风廊道上新建超高层建筑群。各地要充分评估论证超高层建筑建设风险问题和负面影响。尤其是超高层建筑集中的地区，要加强超高层建筑建设项目交通影响评价，避免加剧交通拥堵；加强超高层建筑建设项目环境影响评价，防止加剧城市热岛效应，避免形成光污染、高楼峡谷风。强化超高层建筑人员疏散和应急处置预案评估。超高层建筑防灾避难场地应集中就近布置，人均面积不低于 1.5 平方米。加强超高层建筑节能管理，标准层平面利用率一般不低于 80%，绿色建筑水平不得低于三星级标准。各地应严格落实政府投资有关规定，一般不得批准使用公共资金投资建设超高层建筑，严格控制城区常住人口 300 万以下城市国有企事业单位投资建设 150 米以上超高层建筑，严格控制城区常住人口 300 万以上城市国有企事业单位投资建设 250 米以上超高层建筑。实行超高层建筑决策责任终身制。城区常住人口 300 万以下城市新建 150 米以上超高层建筑，城区常住人口 300 万以上城市新建 250 米以上超高层建筑，应按照《重大行政决策程序暂行条例》，作为重大公共建设项目报城市党委政府审定，实行责任终身追究。既有超高层建筑安全管理，各地要结合安全生产专项整治三年行动，加强对超高层建筑隐患排查的指导监督，摸清超高层建筑基本情况，建立隐患排查信息系统。组织指导超高层建筑业主或其委托的管理单位全面排查超高层建筑地基、结构、供电、供水、供气、材料、电梯、抗震、消防等方面安全隐患，分析易燃可燃建筑外墙外保温材料、电动自行车进楼入户、外墙脱落、传染病防疫、消防救援等方面安全风险，并建立台账。要加强对超高层建筑隐患整治的监管，对重大安全隐患实行挂牌督办。超高层建筑业主或其委托的管理单位要制定隐患整治路线图、时间表，落实责任单位和责任人。重大安全隐患整治到位前，超高层建筑不得继续使用。超高层建筑业主或其委托的管理单位应组建消防安全专业管理团队，鼓励聘用符合相关规定的专业技术人员担任消防安全管理人，补齐应急救援设施设备，制定人员疏散和应急处置预案、分类分级风险防控方案。要加强与超高层建筑消防救援需求相匹配的消防救援能力建设，属地消防救援机构要加强对超高层建筑的调研定期组织实战演练。指导超高层建筑业主或其委托的管理单位逐栋按标准要求补建微型消防站，建立专职消防队、志愿消防队等消防组织。超高层建筑业主或其委托的管理单位应完善供电供水、电梯运维、消防维保等人员的协同工作机制，组建技术处置队，强化与辖区消防救援站的联勤联训联动，提高协同处置效能。要建立健全超高层建筑运行维护管理机制，开展超高层建筑运行维护能耗监测，定期组织能耗监测分析，结果及时公开。指导超高层建筑业主或其委托的管理单位建立超高层建筑运行维护平台，接入物联网城市消防远程监控系统，并与城市运行管理服务平台连通。具备条件的，超高层建筑业主或其委托的管理单位应充分利用超高层建筑信息模型（BIM），完善运行维护平台，与城市信息模型（CIM）基础平台加强对接。超高层建筑业主或其委托的管理单位应结合超高层建筑设计使用年限，制定超高层建筑运行维护检查方案，委托专业机构定期检测评估超高层建筑设施设备状况，对发现的问题及时修缮维护。

二、抗震设防专项审查

（一）建设单位申报抗震设防专项审查时，应提供以下资料：超限高层建筑工程抗震设防专项审查申报表和超限情况表；建筑结构工程超限设计的可行性论证报告；建设项目的岩土工程勘察报告；结构工程初步设计计算书；初步设计文件；当参考使用国外有关抗震设计标准、工程实例和震害资料及计算机程序时，应提供理由和相应的说明；进行模型抗震性能试验研究的结构工程，应提交抗震试验方案；进行风洞试验研究的结构工程，应提交风洞试验报告。申报抗震设防专项审查时提供的资料，应符合下列具体要求：高层建筑工程超限设计可行性论证报告。应说明其超限的类型（对高度超限、规则性超限工程，如高度、转换层形式和位置、多塔、连体、错层、加强层、竖向不规则、平面不规则；对屋盖超限工程，如跨度、悬挑长度、结构单元总长度、屋盖结构形式与常用结构形式的不同、支座约束条件、下部支承结构的规则性等）和超限的程度，并提出有效控制安全的技术措施，包括抗震、抗风技术措施的适用性、可靠性，整体结构及其薄弱部位的加强措施，预期的性能目标，屋盖超限工程尚包括有效保证屋盖稳定性的技术措施。岩土工程勘察报告。应包括岩土特性参数、地基承载力、场地类别、液化评价、剪切波速测试成果及地基基础方案。当设计有要求时，应按规范规定提供结构工程时程分析所需的资料。处于抗震不利地段时，应有相应的边坡稳定评价、断裂影响和地形影响等场地抗震性能评价内容。结构设计计算书应包括软件名称和版本，力学模型，电算的原始参数（设防烈度和设计地震分组或基本加速度、所计入的单向或双向水平及竖向地震作用、周期折减系数、阻尼比、输入地震时程记录的时间、地震名、记录台站名称和加速度记录编号，风荷载、雪荷载和设计温差等），结构自振特性（周期，扭转周期比，对多塔、连体类和复杂屋盖含必要的振型），整体计算结果（对高度超限、规则性超限工程，含侧移、扭转位移比、楼层受剪承载力比、结构总重力荷载代表值和地震剪力系数、楼层刚度比、结构整体稳定、墙体（或筒体）和框架承担的地震作用分配等；对屋盖超限工程，含屋盖挠度和整体稳定、下部支承结构的水平位移和扭转位移比等），主要构件的轴压比、剪压比（钢结构构件、杆件为应力比）控制等。对计算结果应进行分析。时程分析结果应与振型分解反应谱法计算结果进行比较。对多个软件的计算结果应加以比较，按规范的要求确认其合理、有效性。风控制时和屋盖超限工程应有风荷载效应与地震效应的比较。初步设计文件设计深度应符合《建筑工程设计文件编制深度的规定》的要求，设计说明要有建筑安全等级、抗震设防分类、设防烈度、设计基本地震加速度、设计地震分组、结构的抗震等级等内容。提供抗震试验数据和研究成果。如有提供应有明确的适用范围和结论。

（二）抗震设防专项审查意见主要包括下列方面内容：对抗震设防标准、建筑体型规则性、结构体系、场地评价、构造措施、计算结果等做简要评定。对影响结构抗震安全的问题，应进行讨论、研究，主要安全问题应写入书面审查意见中，并提出便于施工图设计文件审查机构审查的主要控制指标（含性能目标）。结论分为“通过”“修改”“复审”三种。审查结论“通过”，指抗震设防标准正确，抗震措施和性能设计目标基本符合要求；对专项审查所列举的问题和修改意见，勘察设计单位明确其落实方法。依法办理行政许可手续后，在施工图审查时由施工图审查机构检查落实情况。审查结论“修改”，指抗震设防标准正确，建筑和结构的布置、计算和构造不尽合理、存在明显缺陷；对专项审查所列举的问题和修改意见，勘察设计单位落实后所能达到的具体指标尚需经原专项审查专家组再次检查。因此，补充修改后提出的书面报告需经原专项审查专家组确认已达到“通过”的要求，依法办理行政许可手续后，方可进行施工图设计并由施工图审查机构检查落实。审查结论“复审”，指存在明显的抗震安全问题、不符合抗震设防要求、建筑和结构的工程方案均需大调整。修改后提出修改内容的详细报告，由建设单位按申报程序重新申报审查。审查结论“通过”的工程，当工程项目有重大修改时，应按申报程序重新申报审查。专项审查结束后，专家组应对质量控制情况和经济合理性进行评价，填写超限高层建筑工程结构设计质量控制信息表。技术要点由全国超限高层建筑工程抗震设防审查专家委员会办公室负责解释。

（三）超限高层建筑地震安全性评价，本市对新建超限高层建筑应有针对性地开展地震安全性评价工作。建筑高度在200米（含）以上的超限高层公共建筑应当开展地震安全性评价工作。规划资源管理部门对超限高层建筑建设工程核提规划条件和审核设计方案时，应就抗震设防要求征询市地震局的意见。对需要进行地震安全性评价的超限高层建筑，市地震局应要求建设单位组织开展地震安全性评价工作。地震安全性评价工作应在编制建设工程设计方案前完成，由建设单位委托专业单位实施，并出具地震安全性评价报告。地震安全性评价报告的编制费用由建设单位承担，技术审查费用由地震部门承担。需要开展地震安全性评价的，必须严格执行国家地震安全性评价的技术规范，确保地震安全性评价的质量。超限高层建筑地震安全性评价报告，由市地震局按照国家有关规定进行技术审查并确定抗震设防要求。建设单位应按照市地震局审定的抗震设防要求进行抗震设防。在已经完成区域性地震安全性评价的范围内，需要开展地震安全性评价的超限高层建筑的抗震设防要求应根据区域性地震安全性评价的结果确定，不再单独开展地震安全性评价工作，但需报国家审批以及不适用于原区域性地震安全性评价报告成果的除外。设计单位对建设工程进行抗震设计时，应同时满足经审定的地震安全性评价结果和建设工程抗震设计强制性标准。应开展地震安全性评价的超限高层建筑未按照经审定的地震安全性评价结果进行抗震设计的，市住房和城乡建设管理委在进行超限高层抗震设防专项审查时不予通过。

三、绿色建筑设计文件技术审查

为规范绿色建筑工程施工图设计文件审查工作，明确审查内容，统一审查尺度，审查要点适用于新建、改建、扩建民用建筑工程的绿色建筑施工图设计文件审查。工业厂区内的办公楼、宿舍等类似民用建筑工程可参照执行。建筑面积小于300平方米的配套附属建筑，可不进行绿色建筑施工图审查。审查内容依据现行国家标准《绿色建筑评价标准》GB/T 50378。绿色建筑施工图审查时设计单位应提交《绿色建筑施工图审查集成表》，要点正文按照建筑、结构、给排水、暖通、电气专业分类说明各条文的审查要点，按照《绿色建筑评价标准》GB/T 50378的条文顺序列表说明各条文的审查要点。要点中涉及两个及以上专业的条文，应在相关专业分别审查后确定该条得分或是否满足要求。对多功能的综合体单体建筑，应按照本审查要点逐条对适用的区域进行评价，确定各评价条文的得分。施工图设计文件除符合本审查要点外，尚应符合国家的有关标准的规定。施工图审查集成表为依据《绿色建筑评价标准》GB/T 50378的评分表，绿色建筑一星级施工图审查时设计单位应根据项目情况相应填写达标情况、自评得分、不参评分及评分计算表。整合部分建设工程防雷许可，将气象部门承担的房屋建筑工程和市政基础设施工程防雷装置设计审核、竣工验收许可，整合纳入建筑工程施工图审查、竣工验收备案，统一由住房和城乡建设部门监管，切实优化流程、缩短时限、提高效率。油库、气库、弹药库、化学品仓库、烟花爆竹、石化等易燃易爆建设工程和场所，雷电易发区内的矿区、旅游景点或者投入使用的建（构）筑物、设施等需要单独安装雷电防护装置的场所，以及雷电风险高且没有防雷标准规范、需要进行特殊论证的大型项目，仍由气象部门负责防雷装置设计审核和竣工验收许可。公路、水路、铁路、民航、水利、电力、核电、通信等专业建设工程防雷管理，由各专业部门负责。清理规范防雷单位资质许可，取消气象部门对防雷专业工程设计、施工单位资质许可；新建、改建、扩建建设工程防雷的设计、施工，可由取得相应建设、公路、水路、铁路、民航、水利、电力、核电、通信等专业工程设计、施工资质的单位承担。同时，规范防雷检测行为，降低防雷装置检测单位准入门槛，全面开放防雷装置检测市场，允许企事业单位申请防雷检测资质，鼓励社会组织和个人参与防雷技术服务，促进防雷减灾服务市场健康发展。建设工程防雷安全监管，气象部门要加强对雷电灾害防御工作的组织管理，做好雷电监测、预报预警、雷电灾害调查鉴定和防雷科普宣传，划分雷电易发区域及其防范等级并及时向社会公布。各相关部门要按照谁审批、谁负责、谁监管的原则，切实履行建设工程防雷监管职责，采取有效措施，明确和落实建设工程设计、施工、监理、检测单位以及业主单位等在防雷工程质量安全方面的主体责任。同时，地方各级政府要继续依法履行防雷监管职责，落实雷电灾害防御责任。

第五节　建设单位工程质量首要责任

一、提升建设工程品质

《质量强国建设纲要》要求树立质量发展绿色导向，开展重点行业和重点产品资源效率对标提升行动，加快低碳零碳负碳关键核心技术攻关，推动高耗能行业低碳转型。全面推行绿色设计、绿色制造、绿色建造，健全统一的绿色产品标准、认证、标识体系，大力发展绿色供应链。优化资源循环利用技术标准，实现资源绿色、高效再利用。建立健全碳达峰、碳中和标准计量体系，推动建立国际互认的碳计量基标准、碳监测及效果评估机制。建立实施国土空间生态修复标准体系。开展质量管理数字化赋能行动，推动质量策划、质量控制、质量保证、质量改进等全流程信息化、网络化、智能化转型。建立质量专业化服务体系，协同推进技术研发、标准研制、产业应用，打通质量创新成果转化应用渠道。强化工程质量保障，全面落实各方主体的工程质量责任，强化建设单位工程质量首要责任和勘察、设计、施工、监理单位主体责任。严格执行工程质量终身责任书面承诺制、永久性标牌制、质量信息档案等制度，强化质量责任追溯追究。落实建设项目法人责任制，保证合理工期、造价和质量。推进工程质量管理标准化，实施工程施工岗位责任制，严格进场设备和材料、施工工序、项目验收的全过程质量管控。完善建设工程质量保修制度，加强运营维护管理。强化工程建设全链条质量监管，完善日常检查和抽查抽测相结合的质量监督检查制度，加强工程质量监督队伍建设，探索推行政府购买服务方式委托社会力量辅助工程质量监督检查。完善工程建设招标投标制度，将企业工程质量情况纳入招标投标评审，加强标后合同履约监管。提高建筑材料质量水平，加快高强度高耐久、可循环利用、绿色环保等新型建材研发与应用，推动钢材、玻璃、陶瓷等传统建材升级换代，提升建材性能和品质。大力发展绿色建材，完善绿色建材产品标准和认证评价体系，倡导选用绿色建材。鼓励企业建立装配式建筑部品部件生产、施工、安装全生命周期质量控制体系，推行装配式建筑部品部件驻厂监造。落实建材生产和供应单位终身责任，严格建材使用单位质量责任，强化影响结构强度和安全性、耐久性的关键建材全过程质量管理。加强建材质量监管，加大对外墙保温材料、水泥、电线电缆等重点建材产品质量监督抽查力度，实施缺陷建材响应处理和质量追溯。开展住宅、公共建筑等重点领域建材专项整治，促进从生产到施工全链条的建材行业质量提升。打造中国建造升级版，坚持百年大计、质量第一，树立全生命周期建设发展理念，构建现代工程建设质量管理体系，打造中国建造品牌。完善勘察、设计、监理、造价等工程咨询服务技术标准，鼓励发展全过程工程咨询和专业化服务。完善工程设计方案审查论证机制，突出地域特征、民族特点、时代风貌，提供质量优良、安全耐久、环境协调、社会认可的工程设计产品。加大先进建造技术前瞻性研究力度和研发投入，加快建筑信息模型等数字化技术研发和集成应用，创新开展工程建设工法研发、评审、推广。加强先进质量管理模式和方法高水平应用，打造品质工程标杆。推广先进建造设备和智能建造方式，提升建设工程的质量和安全性能。大力发展绿色建筑，深入推进可再生能源、资源建筑应用，实现工程建设全过程低碳环保、节能减排。

二、建设单位工程质量首要责任

（一）住建部有关部门针对房屋建筑和市政基础设施工程，依法界定并严格落实建设单位工程质量首要责任，不断提高房屋建筑和市政基础设施工程质量水平。建设单位作为工程建设活动的总牵头单位，承担着重要的工程质量管理职责，对保障工程质量具有主导作用。建设单位是工程质量第一责任人，依法对工程质量承担全面责任。建设单位要严格落实项目法人责任制，依法开工建设，全面履行管理职责，确保工程质量符合国家法律法规、工程建设强制性标准和合同约定。建设单位要严格履行基本建设程序，禁止未取得施工许可等建设手续开工建设。严格执行工程发包承包法规制度，依法将工程发包给具备相应资质的勘察、设计、施工、监理等单位。按规定提供与工程建设有关的原始资料，并保证资料真实、准确、齐全。建设单位要科学合理确定工程建设工期和造价，调整合同约定的勘察、设计周期和施工工期的，应相应调整相关费用。因极端恶劣天气等不可抗力以及重污染天气、重大活动保障等原因停工的，应给予合理的工期补偿。因材料、工程设备价格变化等原因，需要调整合同价款的，应按照合同约定给予调整。落实优质优价，鼓励和支持工程相关参建单位创建品质示范工程。建设单位应有满足施工所需的资金安排，并向施工单位提供工程款支付担保。建设合同应约定施工过程结算周期、工程进度款结算办法等内容。分部工程验收通过时原则上应同步完成工程款结算，不得以设计变更、工程洽商等理由变相拖延结算。建设单位要健全工程项目质量管理体系，配备专职人员并明确其质量管理职责。加强对按照合同约定自行采购的建筑材料、构配件和设备等的质量管理，并承担相应的质量责任。严格质量检测管理，按时足额支付检测费用。建设单位要在收到工程竣工报告后及时组织竣工验收，重大工程或技术复杂工程可邀请有关专家参加，未经验收合格不得交付使用。住宅工程竣工验收前，应组织施工、监理等单位进行分户验收，未组织分户验收或分户验收不合格，不得组织竣工验收。加强工程竣工验收资料管理，建立质量终身责任信息档案，落实竣工后永久性标牌制度。

（二）建设单位的质量责任和义务，应当将工程发包给具有相应资质等级的单位。建设单位应当依法对工程建设项目的勘察、设计、施工、监理以及与工程建设有关的重要设备、材料等的采购进行招标。建设单位必须向有关的勘察、设计、施工、工程监理等单位提供与建设工程有关的原始资料。原始资料必须真实、准确、齐全。实行监理的建设工程，建设单位应当委托具有相应资质等级的工程监理单位进行监理。建设单位在开工前，应当按照国家有关规定办理工程质量监督手续，工程质量监督手续可以与施工许可证或者开工报告合并办理。按照合同约定，由建设单位采购建筑材料、建筑构配件和设备的，建设单位应当保证建筑材料、建筑构配件和设备符合设计文件和合同要求。涉及建筑主体和承重结构变动的装修工程，建设单位应当在施工前委托原设计单位或者具有相应资质等级的设计单位提出设计方案。建设单位收到建设工程竣工报告后，应当组织设计、施工、工程监理等有关单位进行竣工验收。建设工程经验收合格的，方可交付使用。建设单位应当严格按照国家有关档案管理的规定，及时收集、整理建设项目各环节的文件资料，建立、健全建设项目档案，并在建设工程竣工验收后，及时向建设行政主管部门或者其他有关部门移交建设项目档案。建设工程实行质量保修制度，建设工程承包单位在向建设单位提交工程竣工验收报告时，应当向建设单位出具质量保修书。在正常使用条件下，建设工程的最低保修期限为：基础设施工程、房屋建筑的地基基础工程和主体结构工程，为设计文件规定的该工程的合理使用年限；屋面防水工程、有防水要求的卫生间、房间和外墙面的防渗漏，为 5 年；供热与供冷系统，为 2 个采暖期、供冷期；电气管线、给排水管道、设备安装和装修工程，为 2 年。其他项目的保修期限由发包方与承包方约定。建设工程的保修期，自竣工验收合格之日起计算。建设单位应当自建设工程竣工验收合格之日起 15 日内，将建设工程竣工验收报告和规划、公安消防、环保等部门出具的认可文件或者准许使用文件报建设行政主管部门或者其他有关部门备案。建设工程发生质量事故，有关单位应当在 24 小时内向当地建设行政主管部门和其他有关部门报告。

（三）完善工程质量保障体系，建设单位应加强对工程建设全过程的质量管理，严格履行法定程序和质量责任。建设单位应切实落实项目法人责任制，保证合理工期和造价。建立工程质量信息公示制度，建设单位应主动公开工程竣工验收等信息，接受社会监督。施工单位应完善质量管理体系，建立岗位责任制度，设置质量管理机构，配备专职质量负责人，加强全面质量管理。推行工程质量安全手册制度，推进工程质量管理标准化，将质量管理要求落实到每个项目和员工。建立质量责任标识制度，对关键工序、关键部位隐蔽工程实施举牌验收，加强施工记录和验收资料管理，实现质量责任可追溯。施工单位对建筑工程的施工质量负责。房屋所有权人应承担房屋使用安全主体责任。房屋所有权人和使用人应正确使用和维护房屋。房屋所有权人及其委托的管理服务单位要定期对房屋安全进行检查，有效履行房屋维修保养义务，切实保证房屋使用安全。完善日常检查和抽查抽测相结合的质量监督检查制度，全面推行“双随机、一公开”检查方式和“互联网＋监管”模式，落实监管责任。强化工程设计安全监管，加强对结构计算书的复核，提高设计结构整体安全、消防安全等水平。推行工程总承包，落实工程总承包单位在工程质量安全、进度控制、成本管理等方面的责任。积极发展全过程工程咨询和专业化服务，创新工程监理制度，严格落实工程咨询（投资）、勘察设计、监理、造价等领域职业资格人员的质量责任。在民用建筑工程中推进建筑师负责制，依据双方合同约定，赋予建筑师代表建设单位签发指令和认可工程的权利，明确建筑师应承担的责任。完善招标人决策机制，落实招标人自主权，在评标定标环节探索建立能够更好满足项目需求的制度机制。简化招标投标程序，推行电子招标投标和异地远程评标。强化招标主体责任追溯，强化标后合同履约监管。推行银行保函制度，推行工程担保公司保函和工程保证保险。招标人要求中标人提供履约担保的，招标人应当同时向中标人提供工程款支付担保。对采用最低价中标的探索实行高保额履约担保，组织开展工程质量保险。

贯彻落实“适用、经济、绿色、美观”的建筑方针，指导制定符合城市地域特征的建筑设计导则。建立建筑“前策划、后评估”制度，完善建筑设计方案审查论证机制，提高建筑设计方案决策水平。加强住区设计管理，科学设计单体住宅户型，增强安全性、实用性、宜居性。执行超限高层建筑工程抗震设防审批制度，加强超限高层建筑抗震、消防、节能等管理。创建建筑品质示范工程；在招标投标、金融等方面加大对优秀企业的政策支持力度，将企业质量情况纳入招标投标评审因素。完善绿色建材产品标准和认证评价体系，提高建筑产品节能标准，建立产品发布制度。大力发展装配式建筑，推进绿色施工，通过先进技术和科学管理，降低施工过程对环境的不利影响。建立健全绿色建筑标准体系，完善绿色建筑评价标识制度。推动开展老城区、老工业区保护更新，引导既有建筑改建设计创新。依法保护和合理利用文物建筑。建立建筑拆除管理制度，不得随意拆除符合规划标准、在合理使用寿命内的公共建筑。开展公共建筑、工业建筑的更新改造利用试点示范。制定支持既有建筑保留和更新利用的消防、节能等相关配套政策。建立健全缺陷建材产品响应处理、信息共享和部门协同处理机制，落实建材生产单位和供应单位终身责任，强化预拌混凝土生产、运输、使用环节的质量管理。企业建立装配式建筑部品部件生产和施工安装全过程质量控制体系，对装配式建筑部品部件实行驻厂监造制度。建立从生产到使用全过程的建材质量追溯机制，并将相关信息向社会公示。推进建筑信息模型（BIM）、大数据、移动互联网、云计算、物联网、人工智能等技术在设计、施工、运营维护全过程的集成应用，推广工程建设数字化成果交付与应用，提升建筑业信息化水平。完善技能鉴定、职业技能等级认定等多元评价体系。推行建筑工人实名制管理，建立健全与建筑业相适应的社会保险参保缴费方式，大力推进建筑施工单位参加工伤保险。建设单位要建立质量回访和质量投诉处理机制，及时组织处理保修范围和保修期限内出现的质量问题，并对造成的损失先行赔偿。建设单位对房屋所有权人的质量保修期限自交付之日起计算，经维修合格的部位可重新约定保修期限。房地产开发企业应当在商品房买卖合同中明确企业发生注销情形下由其他房地产开发企业或具有承接能力的法人承接质量保修责任。房地产开发企业未投保工程质量保险的，在申请住宅工程竣工验收备案时应提供保修责任承接说明材料。住宅工程开工前，建设单位要公开工程规划许可、施工许可、工程结构形式、设计使用年限、主要建筑材料、参建单位及项目负责人等信息；交付使用前，应公开质量承诺书、工程竣工验收报告、质量保修负责人及联系方式等信息。试行按套出具质量合格证明文件。各地要制定保障性安居工程设计导则，明确室内面积标准、层高、装修设计、绿化景观等内容，建立标准化设计制度，突出住宅宜居属性。政府投资保障性安居工程应完善建设管理模式，带头推行工程总承包和全过程工程咨询。

三、建设单位项目负责人质量安全责任

建设单位项目负责人是指建设单位法定代表人或经法定代表人授权，代表建设单位全面负责工程项目建设全过程管理，并对工程质量承担终身责任的人员。建筑工程开工建设前，建设单位法定代表人应当签署授权书，明确建设单位项目负责人。建设单位项目负责人应当严格遵守以下规定并承担相应责任：建设单位项目负责人应当依法组织发包，不得将工程发包给个人或不具有相应资质等级的单位；不得将一个单位工程的施工分解成若干部分发包给不同的施工总承包或专业承包单位；不得将施工合同范围内的单位工程或分部分项工程又另行发包；不得违反合同约定，通过各种形式要求承包单位选择指定的分包单位。建设单位项目负责人发现承包单位有转包、违法分包及挂靠等违法行为的，应当及时向住房和城乡建设主管部门报告。建设单位项目负责人在组织发包时应当提出合理的造价和工期要求，不得迫使承包单位以低于成本的价格竞标，不得与承包单位签订“阴阳合同”，不得拖欠勘察设计、工程监理费用和工程款，不得任意压缩合理工期。确需压缩工期的，应当组织专家予以论证，并采取保证建筑工程质量安全的相应措施，支付相应的费用。建设单位项目负责人在组织编制工程概算时，应当将建筑工程安全生产措施费用和工伤保险费用单独列支，作为不可竞争费，不参与竞标。建设单位项目负责人应当负责向勘察、设计、施工、工程监理等单位提供与建筑工程有关的真实、准确、齐全的原始资料，应当严格执行施工图设计文件审查制度，及时将施工图设计文件报有关机构审查，未经审查批准的，不得使用；发生重大设计变更的，应送原审图机构审查。建设单位项目负责人应当在项目开工前按照国家有关规定办理工程质量、安全监督手续，申请领取施工许可证。依法应当实行监理的工程，应当委托工程监理单位进行监理。建设单位项目负责人应当加强对工程质量安全的控制和管理，不得以任何方式要求设计单位或者施工单位违反工程建设强制性标准，降低工程质量；不得以任何方式要求检测机构出具虚假报告；不得以任何方式要求施工单位使用不合格或者不符合设计要求的建筑材料、建筑构配件和设备；不得违反合同约定，指定承包单位购入用于工程建设的建筑材料、建筑构配件和设备或者指定生产厂、供应商。建设单位项目负责人应当按照有关规定组织勘察、设计、施工、工程监理等有关单位进行竣工验收，并按照规定将竣工验收报告、有关认可文件或者准许使用文件报送备案。未组织竣工验收或验收不合格的，不得交付使用。建设单位项目负责人应当严格按照国家有关档案管理的规定，及时收集、整理建设项目各环节的文件资料，建立、健全建设项目档案和建筑工程各方主体项目负责人质量终身责任信息档案，并在建筑工程竣工验收后，及时向住房和城乡建设主管部门或者其他有关部门移交建设项目档案及各方主体项目负责人的质量终身责任信息档案。

四、建筑工程勘察单位项目负责人质量安全责任

建筑工程勘察单位项目负责人是指经勘察单位法定代表人授权，代表勘察单位负责建筑工程项目全过程勘察质量管理，并对建筑工程勘察质量安全承担总体责任的人员。勘察项目负责人应当由具备勘察质量安全管理能力的专业技术人员担任。甲、乙级岩土工程勘察的项目负责人应由注册土木工程师（岩土）担任。建筑工程勘察工作开始前，勘察单位法定代表人应当签署授权书，明确勘察项目负责人。勘察项目负责人应当严格遵守以下规定并承担相应责任：勘察项目负责人应当确认承担项目的勘察人员符合相应的注册执业资格要求，具备相应的专业技术能力，观测员、记录员、机长等现场作业人员符合专业培训要求。不得允许他人以本人的名义承担工程勘察项目。勘察项目负责人应当依据有关法律法规、工程建设强制性标准和勘察合同（包括勘察任务委托书），组织编写勘察纲要，就相关要求向勘察人员交底，组织开展工程勘察工作。勘察项目负责人应当负责勘察现场作业安全，要求勘察作业人员严格执行操作规程，并根据建设单位提供的资料和场地情况，采取措施保证各类人员，场地内和周边建筑物、构筑物及各类管线设施的安全。勘察项目负责人应当对原始取样、记录的真实性和准确性负责，组织人员及时整理、核对原始记录，核验有关现场和试验人员在记录上的签字，对原始记录、测试报告、土工试验成果等各项作业资料验收签字。勘察项目负责人应当对勘察成果的真实性和准确性负责，保证勘察文件符合国家规定的深度要求，在勘察文件上签字盖章。勘察项目负责人应当对勘察后期服务工作负责，组织相关勘察人员及时解决工程设计和施工中与勘察工作有关的问题；组织参与施工验槽；组织勘察人员参加工程竣工验收，验收合格后在相关验收文件上签字，对城市轨道交通工程，还应参加单位工程、项目工程验收并在验收文件上签字；组织勘察人员参与相关工程质量安全事故分析，并对因勘察原因造成的质量安全事故，提出与勘察工作有关的技术处理措施。勘察项目负责人应当对勘察资料的归档工作负责，组织相关勘察人员将全部资料分类编目，装订成册，归档保存。勘察项目负责人对以上行为承担责任，并不免除勘察单位和其他人员的法定责任。勘察单位应当加强对勘察项目负责人履职情况的检查，发现勘察项目负责人履职不到位的，及时予以纠正，或按照规定程序更换符合条件的勘察项目负责人，由更换后的勘察项目负责人承担项目的全面勘察质量责任。

五、建筑工程设计单位项目负责人质量安全责任

建筑工程设计单位项目负责人是指经设计单位法定代表人授权，代表设计单位负责建筑工程项目全过程设计质量管理，对工程设计质量承担总体责任的人员。设计项目负责人应当由取得相应的工程建设类注册执业资格（主导专业未实行注册执业制度的除外)，并具备设计质量管理能力的人员担任。承担民用房屋建筑工程的设计项目负责人原则上由注册建筑师担任。建筑工程设计工作开始前，设计单位法定代表人应当签署授权书，明确设计项目负责人。设计项目负责人应当严格遵守以下规定并承担相应责任：设计项目负责人应当确认承担项目的设计人员符合相应的注册执业资格要求，具备相应的专业技术能力。不得允许他人以本人的名义承担工程设计项目。设计项目负责人应当依据有关法律法规、项目批准文件、城乡规划、工程建设强制性标准、设计深度要求、设计合同（包括设计任务书）和工程勘察成果文件，就相关要求向设计人员交底，组织开展建筑工程设计工作，协调各专业之间及与外部各单位之间的技术接口工作。设计项目负责人应当要求设计人员在设计文件中注明建筑工程合理使用年限，标明采用的建筑材料、建筑构配件和设备的规格、性能等技术指标，其质量要求必须符合国家规定的标准及建筑工程的功能需求。设计项目负责人应当要求设计人员考虑施工安全操作和防护的需要，在设计文件中注明涉及施工安全的重点部位和环节，并对防范安全生产事故提出指导意见；采用新结构、新材料、新工艺和特殊结构的，应在设计中提出保障施工作业人员安全和预防生产安全事故的措施建议。设计项目负责人应当核验各专业设计、校核、审核、审定等技术人员在相关设计文件上的签字，核验注册建筑师、注册结构工程师等注册执业人员在设计文件上的签章，并对各专业设计文件验收签字。设计项目负责人应当在施工前就审查合格的施工图设计文件，组织设计人员向施工及监理单位作出详细说明；组织设计人员解决施工中出现的设计问题。不得在违反强制性标准或不满足设计要求的变更文件上签字。应当根据设计合同中约定的责任、权利、费用和时限，组织开展后期服务工作。设计项目负责人应当组织设计人员参加建筑工程竣工验收，验收合格后在相关验收文件上签字；组织设计人员参与相关工程质量安全事故分析，并对因设计原因造成的质量安全事故，提出与设计工作相关的技术处理措施；组织相关人员及时将设计资料归档保存。设计项目负责人对以上行为承担责任，并不免除设计单位和其他人员的法定责任。设计单位应当加强对设计项目负责人履职情况的检查，发现设计项目负责人履职不到位的，及时予以纠正，或按照规定程序更换符合条件的设计项目负责人，由更换后的设计项目负责人承担项目的全面设计质量责任。

六、建筑工程项目总监理工程师质量安全责任

建筑工程项目总监理工程师是指经工程监理单位法定代表人授权，代表工程监理单位主持建筑工程项目的全面监理工作并对其承担终身责任的人员。建筑工程项目开工前，监理单位法定代表人应当签署授权书，明确项目总监。项目总监应当严格执行以下规定并承担相应责任：项目监理工作实行项目总监负责制。项目总监应当按规定取得注册执业资格；不得违反规定受聘于两个及以上单位从事执业活动。项目总监应当在岗履职。应当组织审查施工单位提交的施工组织设计中的安全技术措施或者专项施工方案，并监督施工单位按已批准的施工组织设计中的安全技术措施或者专项施工方案组织施工；应当组织审查施工单位报审的分包单位资格，督促施工单位落实劳务人员持证上岗制度；发现施工单位存在转包和违法分包的，应当及时向建设单位和有关主管部门报告。工程监理单位应当选派具备相应资格的监理人员进驻项目现场，项目总监应当组织项目监理人员采取旁站、巡视和平行检验等形式实施工程监理，按照规定对施工单位报审的建筑材料、建筑构配件和设备进行检查，不得将不合格的建筑材料、建筑构配件和设备按合格签字。项目总监发现施工单位未按照设计文件施工、违反工程建设强制性标准施工或者发生质量事故的，应当按照建设工程监理规范规定及时签发工程暂停令。在实施监理过程中，发现存在安全事故隐患的，项目总监应当要求施工单位整改；情况严重的，应当要求施工单位暂时停止施工，并及时报告建设单位；施工单位拒不整改或者不停止施工的，项目总监应当及时向有关主管部门报告，主管部门接到项目总监报告后，应当及时处理。项目总监应当审查施工单位的竣工申请，并参加建设单位组织的工程竣工验收，不得将不合格工程按照合格签认。项目总监责任的落实不免除工程监理单位和其他监理人员按照法律法规和监理合同应当承担和履行的相应责任。

第六节　房屋市政工程安全生产管理

一、经营性自建房安全管理

（一）加强既有经营性自建房安全管理。严格落实主体责任，坚持产权人为房屋安全第一责任人，严格落实产权人和使用人安全责任。督促指导产权人和使用人加强房屋日常管理，定期开展安全自查，及时整治各类安全隐患，不得将存在安全隐患的房屋用作经营用途。对故意隐瞒房屋安全状

况、使用存在安全隐患房屋作为经营场所导致安全事故的，以及危及公共安全且拒不整改的，依法追究法律责任。强化日常检查，压紧压实属地责任，指导街道、乡镇建立房屋安全管理员制度和网格化动态管理制度，健全房屋安全隐患常态化巡查发现机制，加强对重点区域自建房安全隐患排查。聚焦三层及以上、人员密集、违规改扩建等容易造成重大安全事故的经营性自建房，组织城市管理部门、村（社区）“两委”，委托物业等单位对辖区内经营性自建房开展安全巡查，发现问题督促产权人和使用人及时整改。切实消除安全隐患，深入推进经营性自建房安全隐患整治，各地要组织专业力量对初步判定存在安全隐患的开展安全鉴定，建立整治台账，按照先急后缓、先大后小的原则，整改完成一户、销号一户。对存在结构倒塌风险、危及公共安全的，要立即采取停止使用、临时封闭、人员撤离等管控措施，该拆除的依法拆除；对存在设计施工缺陷的，通过除险加固、限制用途等方式处理；对一般性隐患要立查立改，落实整改责任和措施。要积极探索符合地方实际的整治措施，结合棚户区改造、城中村改造、农村危房改造、地质灾害工程治理、避让搬迁等，因地制宜采取分类处置措施，及时消除安全隐患。严格改扩建和装饰装修管理，经营性自建房改建、扩建，应当依法办理规划、建设等审批手续，严格按照有关法律法规和工程建设标准进行设计和施工，经竣工验收合格后方可使用。严禁违规加层加盖等行为。加强对经营性自建房的装饰装修管理，经营性自建房装饰装修不得擅自变动建筑主体和承重结构。街道、乡镇政府要督促产权人和使用人依法依规开展经营性自建房装饰装修活动，确保房屋安全。

（二）严格新增经营性自建房监管。加强规划建设审批管理，城市建成区范围内严格控制新建自建房。城乡新建经营性自建房应当依法办理用地、规划、建设等环节审批手续，依法委托具有相应资质的施工单位，按照专业设计图纸或标准设计图组织施工，经竣工验收合格后方可交付使用。强化转为经营用途安全监管，自建房转为经营用途的，产权人或使用人在办理相关经营许可、开展经营活动前，应当依法依规取得房屋安全鉴定合格证明。加大监管力度，强化日常安全巡查，对违法行为发现一起、严处一起，坚决杜绝新增经营性自建房安全隐患。清查整治违法行为，各地要加强统筹协调，组织相关部门加大对违法建设和违规经营自建房的执法力度，依法严厉查处未取得用地、规划、建设和经营等审批手续，擅自改建加层、非法开挖地下空间，封堵占用人员密集场所疏散通道，以及未落实经营场所安全管理要求等违法行为。对发现的问题，有关部门要按职责依法从严从快处置。建立群众举报奖励机制，畅通举报渠道，鼓励群众提供违法线索，情况一经查实，予以奖励。

（三）健全房屋安全管理体制机制。健全管理体制，各地要严格落实属地责任，按照“省级负总责、市县抓落实”的要求，健全部门协同机制，加强城镇房屋和农村房屋安全监管能力建设，加大监督执法力度，强化房屋全生命周期安全监管。省级人民政府要切实加强组织领导，进一步明确审批部门和行业主管部门的安全管理职责，强化督促指导，统筹协调解决重大问题。市县人民政府要抓好组织实施，落实市、县房屋安全监管责任，充实城镇房屋专业化管理力量，依托村镇建设、农业综合服务、乡镇自然资源等机构统筹农村房屋建设管理，强化监管执法保障，定期对一线执法人员开展培训，提升基层监管执法能力和水平。完善部门协同机制，住房和城乡建设主管部门要牵头会同有关部门全面加强经营性自建房监管。各行业主管部门要按照“三管三必须”要求，按职责落实行业监管范围内安全监管责任，依法依规协同做好经营性自建房安全管理工作。用地、规划、建设、经营等审批部门按照“谁审批，谁负责”要求，落实各审批部门安全监管责任，加强审批后监管，督促产权人和使用人落实房屋安全责任，建立健全部门联动的闭环管理机制。加强房屋安全鉴定管理，各地要规范房屋安全鉴定市场，公布房屋安全鉴定专业机构推荐名录。加强房屋安全鉴定机构和从业人员管理，定期开展专项检查，督促鉴定机构配备开展业务所必需的人员和设备，依法严厉打击出具虚假报告等行为。鉴定机构应对报告真实性和准确性负责，不得以局部安全鉴定代替整栋房屋安全鉴定。加快信息化建设，各地要将房屋安全管理信息化建设统筹纳入各级政务信息化工程给予经费保障。统筹建设城镇房屋、农村房屋综合管理信息平台，逐步将经营性自建房用地、规划、设计、施工、竣工验收、改扩建和经营等环节信息以及房屋建成年代、结构类型、排查整治和安全鉴定等房屋安全状况纳入系统，形成房屋电子档案，定期更新数据。充分利用“大数据+网格化”等技术手段，加强部门间数据互联互通和开放共享，提升数字化监管水平。完善法规制度，各地要积极探索创新房屋安全管理方式方法，开展房屋定期体检、房屋养老金和房屋质量保险试点，总结创新经验做法，健全房屋安全管理制度，加快出台地方性法规。各地要完善经营性自建房质量安全以及房屋检查、安全鉴定等相关标准。

（四）城市房屋室内装饰装修安全管理，按照谁所有谁负责、谁使用谁负责的原则，城市房屋所有人、使用人（以下统称装修人）是房屋室内装饰装修安全管理的第一责任人，实施房屋室内装饰装修活动应当严格遵守有关法律法规规章规定，严格执行法定情形下必须委托具有相应资质等级设计单位、装饰装修企业的规定。实施房屋室内装饰装修前应告知物业服务企业或者房屋管理机构（以下简称管理单位），办理登记手续，签订装饰装修管理服务协议。按照标准规范安装空调室外机，加强空调室外机安全管理，有坠落风险的应及时加固或更换。装修人及其委托的装饰装修企业违法违规开展装饰装修活动的，要承担整改拆除和恢复工程等相关费用。禁止以下影响建筑主体和承重结构的行为：未经原设计单位或者具有相应资质等级的设计单位提出设计方案，变动建筑主体和承重结构；未经原设计单位或者具有相应资质等级的设计单位提出设计方案，超过设计标准或规范增加楼面荷载；扩大承重墙上原有的门窗尺寸；拆除连接阳台的砖、混凝土墙体；其他影响建筑结构承载和使用安全的行为。设计单位承揽房屋室内装饰装修设计业务时，应按照工程建设强制性标准和其他技术标准进行设计。对于法律、法规、规章等明确有资质要求的，要具备相应资质，不得超越资质等级承揽业务。对于设计单位超越资质等级承揽业务、未按工程建设强制性标准设计等行为，要立即整改，视情节严重程度依法依规给予罚款、停业整顿、降低资质等级、吊销资质证书等处罚，并记入企业信用档案。对负有责任的相关从业人员依法处罚。装饰装修企业承揽房屋室内装饰装修施工业务时，应严格按照工程建设强制性标准和其他技术标准施工，按规定采取必要的安全防护措施保证作业人员和房屋建筑安全，确保装饰装修质量。涉及变动建筑主体和承重结构、超过设计标准或规范增加楼面荷载等情形的，未经原设计单位或者具有相应资质等级的设计单位提出设计方案不得施工。对于法律法规规章等明确有资质要求的，要具备相应资质，不得超越资质等级承揽。对于装饰装修企业超越资质等级承揽业务、擅自施工变动建筑主体和承重结构等行为，要立即停工整改，视情节严重程度依法依规给予罚款、停业整顿、降低资质等级、吊销资质证书等处罚，并记入企业信用档案。对负有责任的相关从业人员依法处罚。管理单位在为装修人办理房屋室内装饰装修登记手续时，要告知装饰装修禁止行为和注意事项，按照装饰装修管理服务协议约定加强装饰装修活动现场的巡查检查，发现违法违规行为的，要采取合理措施制止，并及时报告属地街道办事处、城管执法平台、有关部门或12345热线依法处理。对未事先告知、未签订装饰装修管理服务协议的，管理单位可依照《临时管理规约》或《管理规约》限制施工人员、施工机具、机械设备、材料等进入施工现场。对于物业服务企业未按规定告知禁止行为和注意事项、未按规定巡查检查、制止和报告的，视情节严重程度依法依规给予警告、罚款、吊销营业执照等处罚，并记入企业信用档案。对负有责任的相关从业人员依法处罚。街道办事处要加强装饰装修活动的监督检查，充分发动群众监督装饰装修活动，畅通投诉渠道，及时受理群众、物业服务企业等相关报告或投诉。属于街道办事处职责范围的，要及时处理；属于相关部门职责范围的，要依法移交相关部门处理。各地城市综合行政执法部门对群众和单位投诉、报告的装饰装修违法违规行为，属于本部门职责范围的，要依法予以查处；属于其他部门监管职责的，要移交有关部门依法查处。遇到阻碍执法、拒不配合执法及拒绝恢复变动建筑主体和承重结构等情况，应及时联络属地公安机关依据《治安管理处罚法》处罚。对擅自变动建筑主体和承重结构造成重大安全隐患危及公共安全，涉嫌构成犯罪的，移送属地公安机关依法处理。要畅通城管执法平台运行，高效处理群众和单位投诉、报告事项。各地住房和城乡建设部门要会同相关部门健全装饰装修管理制度和标准规范，建立权责清晰的接诉处置机制，加强监督管理，强化装饰装修相关企业的资质管理和指导监督，加大装饰装修安全管理所涉企业和人员的培训力度，保障人民群众生命财产安全。

二、企业安全生产费用提取和使用管理

（一）企业安全生产费用管理，适用于直接从事煤炭生产、非煤矿山开采、石油天然气开采、建设工程施工、危险品生产与储存、交通运输、烟花爆竹生产、民用爆炸物品生产、冶金、机械制造、武器装备研制生产与试验（含民用航空及核燃料）、电力生产与供应的企业及其他经济组织。企业安全生产费用是指企业按照规定标准提取，在成本（费用）中列支，专门用于完善和改进企业或者项目安全生产条件的资金。规定范围以外的企业为达到应当具备的安全生产条件所需的资金投入，从成本（费用）中列支。企业安全生产费用的会计处理，应当符合国家统一的会计制度规定。企业安全生产费用财务处理与税收规定不一致的，纳税时应当依法进行调整。企业安全生产费用管理遵循以下原则：筹措有章，统筹发展和安全，依法落实企业安全生产投入主体责任，足额提取。支出有据，企业根据生产经营实际需要，据实开支符合规定的安全生产费用。管理有序，企业专项核算和归集安全生产费用，真实反映安全生产条件改善投入，不得挤占、挪用。监督有效，建立健全企业安全生产费用提取和使用的内外部监督机制，按规定开展信息披露和社会责任报告。企业安全生产费用可由企业用于以下范围的支出：购置购建、更新改造、检测检验、检定校准、运行维护安全防护和紧急避险设施、设备支出不含按照“建设项目安全设施必须与主体工程同时设计、同时施工、同时投入生产和使用”规定投入的安全设施、设备；购置、开发、推广应用、更新升级、运行维护安全生产信息系统、软件、网络安全、技术支出；配备、更新、维护、保养安全防护用品和应急救援器材、设备支出；企业应急救援队伍建设（含建设应急救援队伍所需应急救援物资储备、人员培训等方面）、安全生产宣传教育培训、从业人员发现报告事故隐患的奖励支出；安全生产责任保险、承运人责任险等与安全生产直接相关的法定保险支出；安全生产检查检测、评估评价（不含新建、改建、扩建项目安全评价）、评审、咨询、标准化建设、应急预案制修订、应急演练支出；与安全生产直接相关的其他支出。

（二）建设工程施工企业安全生产费用的提取和使用，建设工程是指土木工程、建筑工程、线路管道和设备安装及装修工程，包括新建、扩建、改建。井巷工程、矿山建设参照建设工程执行。建设工程施工企业以建筑安装工程造价为依据，于月末按工程进度计算提取企业安全生产费用。提取标准如下：矿山工程 3.5%；铁路工程、房屋建筑工程、城市轨道交通工程 3%；水利水电工程、电力工程 2.5%；冶炼工程、机电安装工程、化工石油工程、通信工程 2%；市政公用工程、港口与航道工程、公路工程 1.5%。建设工程施工企业编制投标报价应当包含并单列企业安全生产费用，竞标时不得删减。国家对基本建设投资概算另有规定的，从其规定。办法实施前建设工程项目已经完成招投标并签订合同的，企业安全生产费用按照原规定提取标准执行。建设单位应当在合同中单独约定并于工程开工日一个月内向承包单位支付至少 50% 企业安全生产费用。总包单位应当在合同中单独约定并于分包工程开工日一个月内将至少 50% 企业安全生产费用直接支付分包单位并监督使用，分包单位不再重复提取。工程竣工决算后结余的企业安全生产费用，应当退回建设单位。建设工程施工企业安全生产费用应当用于以下支出：完善、改造和维护安全防护设施设备支出（不含“三同时”要求初期投入的安全设施），包括施工现场临时用电系统、洞口或临边防护、高处作业或交叉作业防护、临时安全防护、支护及防治边坡滑坡、工程有害气体监测和通风、保障安全的机械设备、防火、防爆、防触电、防尘、防毒、防雷、防台风、防地质灾害等设施设备支出；应急救援技术装备、设施配置及维护保养支出，事故逃生和紧急避难设施设备的配置和应急救援队伍建设、应急预案制修订与应急演练支出；开展施工现场重大危险源检测、评估、监控支出，安全风险分级管控和事故隐患排查整改支出，工程项目安全生产信息化建设、运维和网络安全支出；安全生产检查、评估评价（不含新建、改建、扩建项目安全评价）、咨询和标准化建设支出；配备和更新现场作业人员安全防护用品支出；安全生产宣传、教育、培训和从业人员发现并报告事故隐患的奖励支出；安全生产适用的新技术、新标准、新工艺、新装备的推广应用支出；安全设施及特种设备检测检验、检定校准支出；安全生产责任保险支出；与安全生产直接相关的其他支出。

（三）企业安全生产费用的管理和监督，企业应当建立健全内部企业安全生产费用管理制度，明确企业安全生产费用提取和使用的程序、职责及权限，落实责任，确保按规定提取和使用企业安全生产费用。企业应当加强安全生产费用管理，编制年度企业安全生产费用提取和使用计划，纳入企业财务预算，确保资金投入。企业提取的安全生产费用从成本（费用）中列支并专项核算。符合办法规定的企业安全生产费用支出应当取得发票、收据、转账凭证等真实凭证。本企业职工薪酬、福利不得从企业安全生产费用中支出。企业从业人员发现报告事故隐患的奖励支出从企业安全生产费用中列支。企业安全生产费用年度结余资金结转下年度使用。企业安全生产费用出现赤字（即当年计提企业安全生产费用加上年初结余小于年度实际支出）的，应当于年末补提企业安全生产费用。以上一年度营业收入为依据提取安全生产费用的企业，新建和投产不足一年的，当年企业安全生产费用据实列支，年末以当年营业收入为依据，按照规定标准计算提取企业安全生产费用。企业按办法规定标准连续两年补提安全生产费用的，可以按照最近一年补提数提高提取标准。办法公布前，地方各级人民政府已制定下发企业安全生产费用提取使用办法且其提取标准低于办法规定标准的，应当按照办法进行调整。企业安全生产费用月初结余达到上一年应计提金额三倍及以上的，自当月开始暂停提取企业安全生产费用，直至企业安全生产费用结余低于上一年应计提金额三倍时恢复提取。企业当年实际使用的安全生产费用不足年度应计提金额 60% 的，除按规定进行信息披露外，还应当于下一年度 4 月底前，按照属地监管权限向县级以上人民政府负有安全生产监督管理职责的部门提交经企业董事会、股东会等机构审议的书面说明。企业同时开展两项及两项以上以营业收入为安全生产费用计提依据的业务，能够按业务类别分别核算的，按各项业务计提标准分别提取企业安全生产费用；不能分别核算的，按营业收入占比最高业务对应的提取标准对各项合计营业收入计提企业安全生产费用。企业作为承揽人或承运人向客户提供纳入办法规定范围的服务，且外购材料和服务成本高于自客户取得营业收入 85% 以上的，可以将营业收入扣除相关外购材料和服务成本的净额，作为企业安全生产费用计提依据。企业内部有两个及两个以上独立核算的非法人主体，主体之间生产和转移产品和服务按办法规定需提取企业安全生产费用的，各主体可以以本主体营业收入扣除自其他主体采购产品和服务的成本（即剔除内部互供收入）的净额，作为企业安全生产费用计提依据。承担集团安全生产责任的企业集团母公司（一级，以下简称集团总部），可以对全资及控股子公司提取的企业安全生产费用按照一定比例集中管理，统筹使用。子公司转出资金作为企业安全生产费用支出处理，集团总部收到资金作为专项储备管理，不计入集团总部收入。集团总部统筹的企业安全生产费用应当用于办法规定的应急救援队伍建设、应急预案制修订与应急演练，安全生产检查、咨询和标准化建设，安全生产宣传、教育、培训，安全生产适用的新技术、新标准、新工艺、新装备的推广应用等安全生产直接相关支出。办法规定的使用范围内，企业安全生产费用应当优先用于达到法定安全生产标准所需支出和按各级应急管理部门、矿山安全监察机构及其他负有安全生产监督管理职责的部门要求开展的安全生产整改支出。

三、危险性较大的分部分项工程安全管控

（一）危险性较大的分部分项工程，是指房屋建筑和市政基础设施工程在施工过程中，容易导致人员群死群伤或者造成重大经济损失的分部分项工程。适用于房屋建筑和市政基础设施工程中危险性较大的分部分项工程安全管理。危大工程及超过一定规模的危大工程范围由国务院住房和城乡建设主管部门制定。省级住房和城乡建设主管部门可以结合本地区实际情况，补充本地区危大工程范围。国务院住房和城乡建设主管部门负责全国危大工程安全管理的指导监督。县级以上地方人民政府住房和城乡建设主管部门负责本行政区域内危大工程的安全监督管理。各地要督促工程建设各方主体严格执行危大工程安全管理制度，着力健全危大工程安全管控体系。建设单位应当依法提供真实、准确、完整的工程地质、水文地质和工程周边环境等资料。建设单位应当组织勘察、设计等单位在施工招标文件中列出危大工程清单，要求施工单位在投标时补充完善危大工程清单并明确相应的安全管理措施。建设单位应当按照施工合同约定及时支付危大工程施工技术措施费以及相应的安全防护文明施工措施费，保障危大工程施工安全。建设单位在申请办理施工许可手续时，应当提交危大工程清单及其安全管理措施等资料。勘察单位应当根据工程实际及工程周边环境资料，在勘察文件中说明地质条件可能造成的工程风险。设计单位应当在设计文件中注明涉及危大工程的重点部位和环节，提出保障工程周边环境安全和工程施工安全的意见，必要时进行专项设计。施工单位应当在施工前辨识危大工程，编制危大工程专项方案，加强全过程管控。监理单位应当将危大工程列入监理规划和监理实施细则，对施工单位危大工程管控情况进行监督。

住房和城乡建设部负责全国房屋市政工程危大工程专项施工方案专家论证管理的指导监督，专家库建立机关应当面向社会公布专家库管理办法和遴选通知，明确专家库专业设置、条件、任期、权利义务、申报及遴选程序、综合评定办法、公示要求等内容，定期更新专家库名单并向社会公示。专家库建立和管理机关应当建立专家诚信档案，专家任期届满前，专家库建立和管理机关应当对专家进行任期综合评定，评定合格后方可连任。定期资格评定、任期综合评定结果和失信行为记入诚信档案。省级住房和城乡建设主管部门应建立省级危大工程监管信息平台，并与全国工程质量安全监管信息平台实现数据互联互通，全面归集本地区专家信息、诚信记录和危大工程专项施工方案论证结论，并动态更新。专家库所设专业应包括基坑、模板及支撑体系、起重吊装及安装拆卸、脚手架、拆除、暗挖、建筑幕墙安装、人工挖孔桩和钢结构安装等，可增设水下作业、大型结构整体顶升（平移、转体）等专业。专家库人数应满足当地开展危大工程专项施工方案专家论证工作的需求，危大工程专项施工方案论证专家库专家任期为3年。专家应当满足以下基本条件：诚实守信、作风正派、学术严谨；从事相关专业工作15年以上或具有丰富的危大工程专业工作经验；具有相关专业高级技术职称(同时具有相关专业注册执业资格者可优先选用)；年龄原则上不超过70周岁，身体健康；未因对建筑施工生产安全事故负有责任而受到行政处罚；三年内未受到建设行政主管部门行政处罚，无不良行为记录。专家主要职责包括：参加专项施工方案论证、验收及相关活动；协助住房和城乡建设主管部门或施工安全监督机构开展危大工程施工安全监督检查、隐患排查、工程抢险及事故原因分析；专家库建立和管理机关规定的其他职责。施工单位应按照危大工程专业分类，从工程所在地设区市或省级专家库中选取不少于5名所涉专业专家，组成专项施工方案论证专家组，当本专业专项施工方案内容涉及其他专业时，可增选涉及专业1~2名专家共同组成专家组。专家组实行组长负责制，组长由组员自行选出。专项施工方案专家论证会的参会人员应当包括：危大工程所涉专业的专家；建设单位项目负责人；有关勘察、设计单位项目技术负责人及相关人员；总承包单位和分包单位技术负责人或授权委派的专业技术人员、项目负责人、项目技术负责人、专项施工方案编制人员、项目专职安全生产管理人员及相关人员；监理单位项目总监理工程师及专业监理工程师。危大工程论证会原则上应在施工现场召开，施工单位应在论证会召开前组织专家组进行现场踏勘；施工现场不具备组织会议条件的，施工单位应提供能够客观完整反映施工现场条件的影像资料。施工单位应全程视频记录会议过程，视频记录应保存至工程建设活动结束为止。专家论证包括资料完备性审核和技术性论证，资料经完备性审核通过后方可进行技术性论证。资料完备性审核内容包括流程合规性、专项施工方案签章和内容完整性。专项施工方案应当由施工单位技术负责人审核签字、加盖单位公章，并由总监理工程师审查签字、加盖执业印章。危大工程实行专业分包并由专业分包单位编制专项施工方案的，专项施工方案应当由总承包单位技术负责人及专业分包单位技术负责人（持有建筑施工企业主要负责人安全生产考核合格证书）共同审核签字并加盖单位公章。专项施工方案内容完整性应符合《危险性较大的分部分项工程专项施工方案编制指南》的要求。专家应按照下列技术要点开展论证工作：工程及周边环境条件描述是否全面、清晰、真实；编制依据是否齐全、有效；风险辨识及分级是否全面、准确，风险管控措施是否具有针对性和可操作性；施工计划（部署）是否合理；施工现场布置和资源配置是否合理；施工工艺流程、技术参数等是否满足设计工况和现场实际情况；施工保证措施是否具有针对性和可操作性；监测方案是否合理；危大工程验收要求是否符合相关规定及标准；应急处置措施是否具有针对性和有效性；计算书及相关施工图纸是否符合有关标准。专家论证会应当形成论证报告，对专项施工方案形成通过、修改后通过或者不通过的一致论证结论。专家对论证报告应签字确认，并对论证结论负责。专项施工方案中出现所列情形之一时，论证结论应为不通过。论证结论为不通过的专项施工方案须重新编制并组织专家论证，原则上由原论证专家组成专家组实施论证。专项施工方案中未出现所列情形，但专家组认为需要进行修改且提出明确修改意见时，论证结论应为修改后通过，相关修改意见应记入论证报告。论证结论为修改后通过的，施工单位应根据论证报告对专项施工方案进行修改，并依次由施工单位技术负责人审核签字、加盖单位公章，总监理工程师审查签字、加盖执业印章，专家组组长签字确认后方可实施。当专项施工方案中未出现所列情形且专家组未提出明确修改意见时，论证结论应为通过。论证结论为通过或修改后通过的专项施工方案，当其所依据的设计和施工条件发生重大（实质）变化时应当于施工前按照办法重新履行论证程序。

（二）严格危大工程安全管控流程。施工单位项目技术负责人应当组织相关技术人员针对危大工程单独编制专项方案，专项方案应当包括计算书及相关图纸。专项方案经施工单位技术负责人批准后，报项目总监审核签字。超过一定规模的危大工程，施工单位应当组织专家对专项方案进行论证。专项方案实施前，编制人员或项目技术负责人应当向现场管理人员进行专项方案交底，现场管理人员应当向施工作业班组、作业人员进行安全技术交底，并签字确认。施工单位必须严格按照专项方案组织施工，不得擅自修改专项方案。应当指定专人对专项方案实施情况进行现场监督，发现不按专项方案实施的，要立即整改；发现有危及人身安全情况的，立即组织人员撤离。对于按规定需要验收的危大工程，施工单位、监理单位应当组织相关人员进行验收。验收合格的，经施工单位项目技术负责人及项目总监理工程师签字后，方可进入下一道工序。验收完成后，应当在危大工程所在区域设置验收标识牌，公示验收时间及责任人。施工总承包单位对危大工程安全生产负总责，分包单位在各自范围内对分包的危大工程安全生产负责。施工单位项目经理是危大工程安全管控第一责任人，必须在危大工程施工期间现场带班，超过一定规模的危大工程施工时，施工单位负责人应当带班检查。监理单位对危大工程安全生产承担监理责任，项目总监理工程师或其委托的专业监理工程师必须对危大工程实施旁站监理。建设、勘察、设计等单位根据各自职责对危大工程安全生产承担相应责任。建设单位应当依法提供真实、准确、完整的工程地质、水文地质和工程周边环境等资料。勘察单位应当根据工程实际及工程周边环境资料，在勘察文件中说明地质条件可能造成的工程风险。设计单位应当在设计文件中注明涉及危大工程的重点部位和环节，提出保障工程周边环境安全和工程施工安全的意见，必要时进行专项设计。建设单位应当组织勘察、设计等单位在施工招标文件中列出危大工程清单，要求施工单位在投标时补充完善危大工程清单并明确相应的安全管理措施。建设单位应当按照施工合同约定及时支付危大工程施工技术措施费以及相应的安全防护文明施工措施费，保障危大工程施工安全。建设单位在申请办理安全监督手续时，应当提交危大工程清单及其安全管理措施等资料。施工单位应当在危大工程施工前组织工程技术人员编制专项施工方案。实行施工总承包的，专项施工方案应当由施工总承包单位组织编制。危大工程实行分包的，专项施工方案可以由相关专业分包单位组织编制。专项施工方案应当由施工单位技术负责人审核签字、加盖单位公章，并由总监理工程师审查签字、加盖执业印章后方可实施。危大工程实行分包并由分包单位编制专项施工方案的，专项施工方案应当由总承包单位技术负责人及分包单位技术负责人共同审核签字并加盖单位公章。对于超过一定规模的危大工程，施工单位应当组织召开专家论证会对专项施工方案进行论证。实行施工总承包的，由施工总承包单位组织召开专家论证会。专家论证前专项施工方案应当通过施工单位审核和总监理工程师审查。专家应当从地方人民政府住房和城乡建设主管部门建立的专家库中选取，符合专业要求且人数不得少于5名。与本工程有利害关系的人员不得以专家身份参加专家论证会。专家论证会后，应当形成论证报告，对专项施工方案提出通过、修改后通过或者不通过的一致意见。专家对论证报告负责并签字确认。专项施工方案经论证需修改后通过的，施工单位应当根据论证报告修改完善后，重新履行规定的程序。专项施工方案经论证不通过的，施工单位修改后应当按照规定的要求重新组织专家论证。

（三）危险性较大的分部分项工程施工方案编制技术要求、审查技术要点以及审查论证要求与程序，适用于本市基坑工程，模板工程及支撑体系，起重吊装及起重机械安装拆卸工程，脚手架工程，拆除工程，建筑幕墙安装工程，钢结构、网架和索膜结构安装工程，以及装配式建筑混凝土预制构件安装工程等危大工程专项施工方案的编制、审查以及论证管理。施工单位应在危大工程实施前完成专项施工方案的编制和审批。危大工程实行总承包的，专项施工方案应由总承包单位组织编制。由分包单位实施的，专项施工方案可由分包单位组织编制，并经总承包单位审核同意。当同一施工场所存在多个分包单位交叉施工的，应由总承包单位组织编制专项施工方案。危大工程专项施工方案应由施工单位技术负责人审定签字批准、加盖单位公章或同等法律效力的印章，并由总监理工程师审查签字批准、加盖执业印章后方可实施。专家论证前专项施工方案应当通过施工单位审核和总监理工程师审查，经专家论证的施工方案，根据专家意见对方案进行必要修改后，需再次通过施工单位审核和总监理工程师审查。专项施工方案论证可由施工总承包单位自行组织或委托论证机构组织，并应符合下列规定：论证专家应当从市住房和城乡建设管理委员会发布的专家库中选取。论证机构应经市住房和城乡建设管理委员会科技委登记，并应按季度上报论证总数及通过率。对于市属大型国有企业、央企或行业领先企业等具有一定评审能力的单位可自行组织开展危大工程的论证评审，对于技术力量较弱的中小型企业鼓励在第三方机构或市住建委科技委指导下进行论证评审。以下类型的建设工程，施工企业应在市住建委科技委事务中心指导下开展论证活动：政府投资项目以及市重大工程项目中超过一定规模的危险性较大的分部分项工程。采用新技术、新工艺、新材料、新设备等尚无相关技术标准的危险性较大的分部分项工程。风险特别大或对周边环境影响特别重大的危险性较大的分部分项工程。审查论证要求与程序应满足本要点内容。危大工程专项施工方案的内容应完整，编制应达到一定深度，且应符合现行国家标准。文字说明信息应表达准确、无遗漏，图纸应表达清晰、标注齐全，计算书应准确无误、安全可靠。危大工程专项施工方案应包括下列内容：工程概况的危大工程概况和特点、施工平面布置、施工要求和技术保证条件，施工区域及周边的管线、地基和气象等环境条件。编制依据的相关法律、法规、规范性文件、标准、规范及施工图设计文件、施工组织设计等。施工计划包括施工进度计划、材料与设备计划等。施工工艺技术的技术参数、工艺流程（含关键工况平立面图）、施工方法、操作要求、检查要求等。施工安全保证措施的组织保障措施、技术措施、监测监控措施等。施工管理及作业人员配备和分工：施工管理人员、专职安全生产管理人员、特种作业人员、其他作业人员等。验收要求的验收标准、验收程序、验收内容、验收人员等。应急处置措施。计算书及相关施工图纸。危大工程专项施工方案应明确项目管理体系、管理目标。项目经理、技术负责人、质量安全及其他管理人员等项目人员配置情况应明确，应落实具体姓名和联系方式。危大工程专项施工方案编制时，应在“施工工艺技术”中明确危大工程施工参数，并列清单，计算应取最不利构件及工况进行。危大工程专项施工方案应明确各工况的应急处置措施，包含事故风险分析、应急组织体系及职责、预防与预警、信息报告程序、应急处置措施等内容。明确组织体系人员名单、职责及联系方式，落实应急材料、物资、设备等清单。危大工程实施前，方案编制人员或项目技术负责人应根据已通过审批、论证的专项施工方案编制方案交底文件，经项目负责人审核通过后，向建设单位、监理单位及总分包单位施工现场主要管理人员进行方案交底。危大工程现场施工时，严禁随意变更施工方案。施工单位应指定专人对专项方案实施情况进行现场监督。建设、监理单位也应对专项方案实施情况进行监督和管控。

（四）危大工程专项施工方案的主要内容应当包括：工程概况；危大工程概况和特点、施工平面布置、施工要求和技术保证条件；编制依据：相关法律、法规、规范性文件、标准、规范及施工图设计文件、施工组织设计等；施工计划：包括施工进度计划、材料与设备计划；施工工艺技术：技术参数、工艺流程、施工方法、操作要求、检查要求等；施工安全保证措施：组织保障措施、技术措施、监测监控措施等；施工管理及作业人员配备和分工：施工管理人员、专职安全生产管理人员、特种作业人员、其他作业人员等；验收要求：验收标准、验收程序、验收内容、验收人员等；应急处置措施；计算书及相关施工图纸。超过一定规模的危大工程专项施工方案专家论证会的参会人员应当包括：专家；建设单位项目负责人；有关勘察、设计单位项目技术负责人及相关人员；总承包单位和分包单位技术负责人或授权委派的专业技术人员、项目负责人、项目技术负责人、专项施工方案编制人员、项目专职安全生产管理人员及相关人员；监理单位项目总监理工程师及专业监理工程师。对于超过一定规模的危大工程专项施工方案，专家论证的主要内容应当包括：专项施工方案内容是否完整、可行；专项施工方案计算书和验算依据、施工图是否符合有关标准规范；专项施工方案是否满足现场实际情况，并能够确保施工安全。超过一定规模的危大工程专项施工方案经专家论证后结论为“通过”的，施工单位可参考专家意见自行修改完善；结论为“修改后通过”的，专家意见要明确具体修改内容，施工单位应当按照专家意见进行修改，并履行有关审核和审查手续后方可实施，修改情况应及时告知专家。进行第三方监测的危大工程监测方案的主要内容应当包括工程概况、监测依据、监测内容、监测方法、人员及设备、测点布置与保护、监测频次、预警标准及监测成果报送等。危大工程验收人员应当包括：总承包单位和分包单位技术负责人或授权委派的专业技术人员、项目负责人、项目技术负责人、专项施工方案编制人员、项目专职安全生产管理人员及相关人员；监理单位项目总监理工程师及专业监理工程师；有关勘察、设计和监测单位项目技术负责人。设区的市级以上地方人民政府住房和城乡建设主管部门建立的专家库专家应当具备以下基本条件：诚实守信、作风正派、学术严谨；从事相关专业工作15年以上或具有丰富的专业经验；具有高级专业技术职称。设区的市级以上地方人民政府住房和城乡建设主管部门应当加强对专家库专家的管理，定期向社会公布专家业绩。起重机械、基坑工程等五项危险性较大的分部分项工程施工安全要点，为加强房屋建筑和市政基础设施工程中起重机械、基坑工程等危险性较大的分部分项工程安全管理，有效遏制建筑施工群死群伤事故的发生，根据有关规章制度和标准规范，组织制定起重机械安装拆卸作业、起重机械使用、基坑工程、脚手架、模板支架等五项危险性较大的分部分项工程施工安全要点。督促建筑施工企业制作标牌悬挂在施工现场显著位置，并严格贯彻执行。

（五）现场安全管理。施工单位应当在施工现场显著位置公告危大工程名称、施工时间和具体责任人员，并在危险区域设置安全警示标志。专项施工方案实施前，编制人员或者项目技术负责人应当向施工现场管理人员进行方案交底。施工现场管理人员应当向作业人员进行安全技术交底，并由双方和项目专职安全生产管理人员共同签字确认。施工单位应当严格按照专项施工方案组织施工，不得擅自修改专项施工方案。因规划调整、设计变更等原因确需调整的，修改后的专项施工方案应当按照本规定重新审核和论证。涉及资金或者工期调整的，建设单位应当按照约定予以调整。施工单位应当对危大工程施工作业人员进行登记，项目负责人应当在施工现场履职。项目专职安全生产管理人员应当对专项施工方案实施情况进行现场监督，对未按照专项施工方案施工的，应当要求立即整改，并及时报告项目负责人，项目负责人应当及时组织限期整改。施工单位应当按照规定对危大工程进行施工监测和安全巡视，发现危及人身安全的紧急情况，应当立即组织作业人员撤离危险区域。监理单位应当结合危大工程专项施工方案编制监理实施细则，并对危大工程施工实施专项巡视检查。监理单位发现施工单位未按照专项施工方案施工的，应当要求其进行整改；情节严重的，应当要求其暂停施工，并及时报告建设单位。施工单位拒不整改或者不停止施工的，监理单位应当及时报告建设单位和工程所在地住房和城乡建设主管部门。对于按照规定需要进行第三方监测的危大工程，建设单位应当委托具有相应勘察资质的单位进行监测。监测单位应当编制监测方案。监测方案由监测单位技术负责人审核签字并加盖单位公章，报送监理单位后方可实施。监测单位应当按照监测方案开展监测，及时向建设单位报送监测成果，并对监测成果负责；发现异常时，及时向建设、设计、施工、监理单位报告，建设单位应当立即组织相关单位采取处置措施。对于按照规定需要验收的危大工程，施工单位、监理单位应当组织相关人员进行验收。验收合格的，经施工单位项目技术负责人及总监理工程师签字确认后，方可进入下一道工序。危大工程验收合格后，施工单位应当在施工现场明显位置设置验收标识牌，公示验收时间及责任人员。危大工程发生险情或者事故时，施工单位应当立即采取应急处置措施，并报告工程所在地住房和城乡建设主管部门。建设、勘察、设计、监理等单位应当配合施工单位开展应急抢险工作。危大工程应急抢险结束后，建设单位应当组织勘察、设计、施工、监理等单位制定工程恢复方案，并对应急抢险工作进行后评估。施工、监理单位应当建立危大工程安全管理档案。

施工单位应当将专项施工方案及审核、专家论证、交底、现场检查、验收及整改等相关资料纳入档案管理。监理单位应当将监理实施细则、专项施工方案审查、专项巡视检查、验收及整改等相关资料纳入档案管理。

（六）危险性较大的分部分项工程安全管理实施细则适用于本市行政区域内新建、改建、扩建、装饰装修的房屋建筑和市政基础设施工程（非交通类）的危大工程安全管理，施工现场危大工程安全管理实施强化施工企业主体责任制、施工条件验收制度、作业人员登记制度和巡查巡视制度。本市危大工程范围在住房和城乡建设部有关规定基础上增设以下两类：包含有限空间作业的施工工程；改扩建工程中承重结构拆除工程。危险性较大的分部分项工程范围：基坑工程，开挖深度超过 3 米（含 3 米）的基坑（槽）的土方开挖、支护、降水工程。开挖深度虽未超过 3 米，但地质条件、周围环境和地下管线复杂，或影响毗邻建、构筑物安全的基坑（槽）的土方开挖、支护、降水工程。模板工程及支撑体系，各类工具式模板工程：包括滑模、爬模、飞模、隧道模等工程。混凝土模板支撑工程：搭设高度 5 米及以上，或搭设跨度 10 米及以上，或施工总荷载（荷载效应基本组合的设计值，以下简称设计值）$10kN/m^2$ 及以上，或集中线荷载（设计值）15kN/m 及以上，或高度大于支撑水平投影宽度且相对独立无联系构件的混凝土模板支撑工程。承重支撑体系：用于钢结构安装等满堂支撑体系。起重吊装及起重机械安装拆卸工程，采用非常规起重设备、方法，且单件起吊重量在 10kN 及以上的起重吊装工程。采用起重机械进行安装的工程。起重机械安装和拆卸工程。脚手架工程，）搭设高度 24 米及以上的落地式钢管脚手架工程（包括采光井、电梯井脚手架）。附着式升降脚手架工程。悬挑式脚手架工程。高处作业吊篮。卸料平台、操作平台工程。异型脚手架工程。拆除工程，可能影响行人、交通、电力设施、通讯设施或其他建、构筑物安全的拆除工程。改扩建工程中承重结构拆除工程。暗挖工程，采用矿山法、盾构法、顶管法施工的隧道、洞室工程。其他，建筑幕墙安装工程。钢结构、网架和索膜结构安装工程。人工挖孔桩工程。水下作业工程。装配式建筑混凝土预制构件安装工程。采用新技术、新工艺、新材料、新设备可能影响工程施工安全，尚无国家、行业及地方技术标准的分部分项工程。包含有限空间作业的施工工程。其中基坑工程的管理按照《基坑工程管理办法》实施。

（七）前期保障。建设单位风险管控，应当依法向勘察、设计、施工和监理等单位，提供真实、准确、完整的工程地质、水文地质和工程周边环境等资料。在建设单位和施工单位签订的工程承发包合同中应列出危大工程清单并明确相应的风险防范和控制措施。勘察设计风险，勘察单位应当根据工程实际及工程周边环境和风险管控资料，在勘察文件中说明地质条件可能造成的工程风险。设计单位应当在设计文件中注明涉及危大工程的重点部位和环节，提出保障工程周边环境安全和工程施工安全的意见，必要时进行专项设计。危大工程清单，建设单位应当组织勘察、设计等单位在施工招标文件中列出危大工程清单，要求施工单位在投标时补充完善危大工程清单并明确相应的安全管理措施。施工单位在投标时应根据施工招标文件中列出的危大工程清单，结合工程施工特点，对照规定的危大工程范围进行补充完善，明确相应的安全技术措施。技术、安全措施费，建设单位应当按照施工合同约定及时支付危大工程施工技术措施费以及相应的安全防护文明施工措施费，保障危大工程施工安全。危大工程信息申报，建设单位申领施工许可证时，应在提交的现场质量安全措施落实保证书中承诺具有危大工程清单及其安全管理措施。工程开工后，总承包企业应对照工程施工图进一步审核审定危大工程清单，由总承包单位项目负责人通过"安全生产标准化系统"的"危险性较大分部分项工程"栏目填报本工程涉及的所有危大工程相关信息，包括类别名称、危险性程度、范围、拟开始日期、分包单位等基础信息，专家论证信息，以及相关过程管理信息等内容。监理单位应当对施工单位上报的危大工程信息进行审核，并在施工监理过程中实施危大工程监理专报制度。

（八）专项施工方案。施工单位应当在危大工程施工前组织工程技术人员编制专项施工方案。实行总承包的，专项施工方案应当由总承包单位组织编制。危大工程由分包单位实施的，专项施工方案可由分包单位组织编制，并经总承包单位审核同意。当同一施工场所存在多个分包单位交叉施工时，应当由总承包单位组织编制专项施工方案。当两个相邻工地存在施工影响时，应由建设单位组织总承包单位编制相关专项施工方案。专项施工方案审核，施工单位技术负责人应组织本单位施工、技术、安全、质量、材料、设备等部门对专项施工方案进行审核，审核通过后专项施工方案应当由施工单位技术负责人审核签字、加盖单位公章，并由总监理工程师审查签字批准、加盖执业印章。危大工程实行分包并由分包单位编制专项施工方案的，专项施工方案应当由总承包单位技术负责人及分包单位技术负责人共同组织审核，签字批准并加盖单位公章。建设工程未委托监理单位时，专项施工方案应报建设单位审批。专项施工方案的主要内容应当包括：工程概况，危大工程概况和特点、施工平面布置、施工要求和技术保证条件；编制依据，相关法律、法规、规范性文件、标准、规范及施工图设计文件、施工组织设计等；施工计划，包括施工进度计划、材料与设备计划，施工工艺技术，技术参数、工艺流程、施工方法、操作要求、检查要求等；施工安全保证措施，组织保障措施、技术措施、监测监控措施、风险辨识内容等；施工管理及作业人员配备和分工，施工管理人员、专职安全生产管理人员、特种作业人员、其他作业人员等；验收要求，验收标准、验收程序、验收内容、验收人员等；应急处置措施；计算书及相关施工图纸。施工单位编制专项施工方案时，应在“施工工艺技术”中明确危大工程施工参数，并列清单，计算应取最不利工况进行。对于超过一定规模的危险性较大的分部分项，施工方案论证，施工单位应当组织召开专家论证会对专项施工方案进行论证，并出具论证报告。实行总承包的，由总承包单位组织召开专家论证会。专家论证前专项施工方案应当通过施工单位审核和总监理工程师审查。专家应当从市住房和城乡建设管理委发布的专家库中选取，专家论证管理办法按本市相关规定执行。其工程范围：深基坑工程，开挖深度超过 5 米（含 5 米）的基坑（槽）的土方开挖、支护、降水工程。模板工程及支撑体系，各类工具式模板工程：包括滑模、爬模、飞模、隧道模等工程。混凝土模板支撑工程：搭设高度 8 米及以上，或搭设跨度 18 米及以上，或施工总荷载（设计值）$15kN/m^2$ 及以上，或集中线荷载（设计值）20kN/m 及以上。承重支撑体系：用于钢结构安装等满堂支撑体系，承受单点集中荷载 7kN 及以上。起重吊装及起重机械安装拆卸工程，采用非常规起重设备、方法，且单件起吊重量在 100kN 及以上的起重吊装工程。起重量 300kN 及以上，或搭设总高度 200 米及以上，或搭设基础标高在 200 米及以上的起重机械安装和拆卸工程。脚手架工程，搭设高度 50 米及以上的落地式钢管脚手架工程。提升高度在 150 米及以上的附着式升降脚手架工程或附着式升降操作平台工程。分段架体搭设高度 20 米及以上的悬挑式脚手架工程。拆除工程，码头、桥梁、高架、烟囱、水塔或拆除中容易引起有毒有害气（液）体或粉尘扩散、易燃易爆事故发生的特殊建、构筑物的拆除工程。文物保护建筑、优秀历史建筑或历史文化风貌区影响范围内的拆除工程。暗挖工程，采用矿山法、盾构法、顶管法施工的隧道、洞室工程。其他施工高度 50 米及以上的建筑幕墙安装工程。跨度 36 米及以上的钢结构安装工程，或跨度 60 米及以上的网架和索膜结构安装工程。开挖深度 16 米及以上的人工挖孔桩工程。水下作业工程。重量 1000kN 及以上的大型结构整体顶升、平移、转体等施工工艺。采用新技术、新工艺、新材料、新设备可能影响工程施工安全，尚无国家、行业及地方技术标准的分部分项工程。

（九）现场安全管理，安全警示标志，施工单位应根据施工阶段及时辨识危大工程并实时关注危大工程进度，在施工现场显著位置公告危大工程名称、施工时间和具体责任人员，并在危险区域设置安全警示标志。方案交底及安全技术交底，专项施工方案实施前，编制人员或者项目技术负责人应当向施工现场工程建设单位项目经理，工程施工单位项目经理、安全员、质量员、施工员，工程监理单位总监、专业监理工程师等管理人员进行方案交底。方案交底应包括下列内容：工程名称、施工特点、危险程度及施工难点、工期等；施工技术参数、工序流程、施工工艺方法、质量要求及检查验收要求、常见问题及预防方法；施工进度计划、材料与设备配置计划、作业人员配置计划等；关键部位、工艺、环节与节点的安全技术防护措施及应急处置措施等；相关施工平面布置及施工节点详图等。施工现场管理人员应当向作业人员进行安全技术交底，交底内容应包括危大工程概况、危险部位和环节及可能导致安全事故的因素、具体预防措施、安全操作规程及注意事项、发现事故隐患采取的措施、发生事故后应采取的避险和救援措施，并由双方和项目专职安全生产管理人员共同签字确认。施工条件验收应当在危大工程实施前进行。施工条件应包括前期管理程序及环境、人员、设施设备等保障措施。施工条件验收应由施工单位项目负责人组织技术、施工、质量、安全、设备、材料等岗位负责人及分包单位相关负责人等实施，总监理工程师及相关监理工程师审核。对于超过一定规模的危大工程的施工条件验收，应有企业技术、施工、质量、安全、设备、材料等职能部门相关负责人参加验收。当涉及周边环境安全时，应邀请建设、勘察、设计、监测等相关单位共同参与，并可请原论证专家组成员参与指导。按方案组织施工，施工单位应当严格按照专项施工方案组织施工，不得擅自修改专项施工方案。因规划调整、设计变更、外部环境等原因确需调整的，修改后的专项施工方案应当重新履行规定和专家论证程序。涉及资金或者工期调整的，建设单位应当按照约定予以调整。作业人员登记，危大工程实施期间，危大工程施工单位应当对施工作业人员进行登记，记录作业人员姓名、作业时间、作业部位和带班负责人等信息，并将登记表于班前交总承包单位备案。建设单位专业发包的，施工单位将登记表于班前交建设单位。现场巡查巡视，危大工程实施期间，项目负责人应实施带班生产，落实各岗位安全生产责任。项目专职安全生产管理人员应当对施工条件保持情况进行现场监督，并填写监督记录表，对未保持施工条件的，应当要求立即整改，并及时报告项目负责人，项目负责人应当及时组织限期整改。监督及处理情况应当记入项目安全管理档案。施工单位应当按照规定对危大工程进行施工监测。对于按照规定需要进行第三方监测的危大工程，建设单位应当委托具有相应勘察资质的单位进行监测。施工单位技术负责人应定期组织企业技术、施工、质量、安全、材料等职能部门对专项方案的实施情况定期开展巡查，发现违反安全操作和规程的行为，应当要求立即整改；发现危及人身安全的紧急情况，应当立即组织作业人员撤离危险区域。巡查及处理情况应当记入企业安全管理档案并在项目留底。现场监理管理，监理单位应当结合危大工程专项施工方案编制监理实施细则，应包括相应工程概况、专业工程特点、相关的强制性标准要求、监督要点、检查方法、频率、措施以及验收要求、监理人员工作安排及分工、检查记录表等内容，并对危大工程施工实施专项巡视检查，抽查人员登记、带班、现场监督巡视情况，形成监理专报。监理单位发现施工单位未按照专项施工方案施工的，应当要求其进行整改；情节严重的，应当要求其暂停施工，并及时报告建设单位。施工单位拒不整改或者不停止施工的，监理单位应当及时按规定实行紧急报告。危大工程验收，模板工程及支撑体系、脚手架工程、起重机械安装拆卸工程等安全生产设施设备类危大工程，以及专项施工方案中要求验收的工程，施工单位、监理单位应当组织相关人员进行验收，经施工单位项目技术负责人及总监理工程师签字确认后，方可进入下一道工序。危大工程验收合格后，施工单位应当在施工现场明显位置设置验收标识牌，公示验收时间及责任人员。危大工程验收人员应当包括：总承包单位和分包单位技术负责人或授权委派的专业技术人员，以及项目负责人、项目技术负责人、专项施工方案编制人员、项目专职安全生产管理人员和相关人员；监理单位项目总监理工程师及专业监理工程师；建设单位项目负责人、有关勘察、设计和监测单位项目技术负责人。应急救援及处置，建设工程参建各方应建立应急救援体系，储备应急物资和设备，定期组织应急演练提高应急响应及处置能力。危大工程发生险情或者事故时，建设单位应牵头组织应急抢险，施工单位应当立即采取应急处置措施，并报告工程所在地住房和城乡建设主管部门，勘察、设计、监理等单位应当配合施工单位开展应急抢险工作。复工评估，危大工程应急抢险结束后，建设单位应当组织勘察、设计、施工、监理等单位制定工程恢复方案，并对应急抢险工作进行后评估。安全管理档案，施工、监理单位应当建立危大工程安全管理档案。施工单位应当将危大工程清单及其安全管理措施、专项施工方案及审核、专家论证、人员登记、交底、现场检查、验收及整改等相关资料纳入档案管理。监理单位应当将监理实施细则、专项施工方案审查、专项巡视检查、验收及整改等相关资料纳入档案管理。

（十）智慧工地建设指引主要目标，根据城市数字化转型的决策部署，以数字化方式统筹再造工地现场管理和监督流程，提升工地现场综合管理能级，进一步促进住建行业数字化转型发展。政府引导，企业落责。坚持政府组织协调，市、区各相关监管部门、企业共同参与，打通智慧工地建设过程中各监管环节信息流传递的通道。引导企业在施工过程中使用经过验证可行的各类数字化技术和智能化设备，逐步替代传统手段，并在场景应用中不断迭代优化新技术、新设备。政府监管部门与企业双向互动，共同推动工地数字化管理流程的再造和闭环管理。企业是智慧工地建设的实施主体，落实管理过程数据的有效采集、传输、存储和维护。统筹规划，分级建设。智慧工地建设需从不同的方面考虑，采取针对性的策略进行统筹规划，并进行分级管理。从政府监管方面统筹考虑跨区、跨部门、跨层级协同管理和服务。从项目的建设、勘察、设计、施工、监理五方责任主体方面统筹考虑各方诉求，建立协调机制。需求导向，科技赋能。智慧工地建设是一个复杂的系统工程，当前以探索建立科学有效的智慧工地管理机制为首要任务，聚焦在工地"智慧安全"建设，以高效防范化解重大质量安全风险和杜绝频发安全隐患为切入口。政府通过建立协调机制、验证可行措施、改进监管程序、推进全面实施、实施差异监管等手段，引导企业逐步有序推进智慧工地建设。分级管理，共建共享。坚持广纳群言、广集众智，确保智慧工地建设审慎适度、务求实效。集市、区、企业、项目等对工地现场管理的实际需求，以场景式开发运用为基本方向的方法，分类分级建立各层级管理平台的管理权限和责任边界，打通"产学研用"协作通道。以责任边界为基础建立场景共建、模块共用、数据共享、瓶颈共商的协调建设机制，协力解决智慧工地推进过程中遇到的数据孤岛和数据安全等难题。项目策划和迭代提升：智慧工地项目策划应综合考虑政府监管需求、企业管理需求以及项目部实施需求，功能框架可参考下图 6-1 所示。

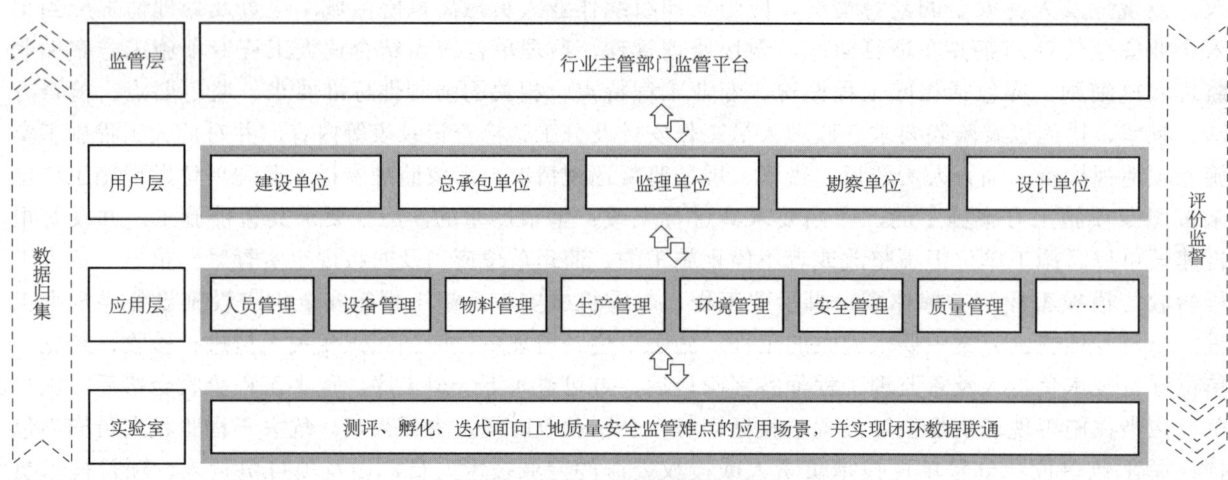

图 6-1　智慧工地框架设置示意图

近期目标（2023 年~2026 年）：完善智慧工地试验室场景孵化论证机制；建立智慧工地建设的管理机制；制定三年行动计划；形成智慧工地建设、管理和评价的标准体系；建立全市智慧工地各层级监管平台；工地"智慧安全"建设初见成效。市级智慧工地监管平台实现全市覆盖，并在各企业或工地管理平台接通方面做到能接尽接；采取政策引导和评优激励措施，发挥智慧工地试点项目引领示范作用；专业人才培养能力进一步提升，为智慧工地建设提供技术支撑；工地"智慧安全"建设模式基本形成，工地安全质量数字化管理效能显著提高；智慧监管模式逐步向安全以外领域融合、推广。中远期目标（2027年~2035年）：智慧工地全市普遍推广，智慧工地场景培育和应用等管理机制成熟，全市智慧工地发展水平大幅提升，住建行业涌现一批高潜力的数字新型企业，形成一批具有行业影响力的智慧工地"上海品牌"企业。智慧工地内涵和作用：智慧工地是指依托云计算、大数据、物联网、人工智能、移动互联网、BIM 及虚拟现实等新一代信息技术，建立在高度信息化、智能化基础上的一种支持对人和物全面感知、工艺工法智能化、工作互通互联、信息协同共享、决策数据赋能、风险智慧预控的建设工程工地。

（十一）房屋市政工程生产安全重大事故隐患判定标准（2022 版），重大事故隐患，指在房屋建筑和市政基础设施工程施工过程中，存在的危害程度较大、可能导致群死群伤或造成重大经济损失的生产安全事故隐患。适用于判定新建、扩建、改建、拆除房屋市政工程的生产安全重大事故隐患。县级及以上人民政府住房和城乡建设主管部门和施工安全监督机构在监督检查过程中可依照标准判定房屋市政工程生产安全重大事故隐患。施工安全管理有下列情形之一的，应判定为重大事故隐患：建筑施工企业未取得安全生产许可证擅自从事建筑施工活动；施工单位的主要负责人、项目负责人、专职安全生产管理人员未取得安全生产考核合格证书从事相关工作；建筑施工特种作业人员未取得特种作业人员操作资格证书上岗作业；危险性较大的分部分项工程未编制、未审核专项施工方案，或未按规定组织专家对“超过一定规模的危险性较大的分部分项工程范围”的专项施工方案进行论证。基坑工程有下列情形之一的，应判定为重大事故隐患：对因基坑工程施工可能造成损害的毗邻重要建筑物、构筑物和地下管线等，未采取专项防护措施；基坑土方超挖且未采取有效措施；深基坑施工未进行第三方监测；有下列基坑坍塌风险预兆之一，且未及时处理：支护结构或周边建筑物变形值超过设计变形控制值；基坑侧壁出现大量漏水、流土；基坑底部出现管涌；桩间土流失孔洞深度超过桩径。模板工程有下列情形之一的，应判定为重大事故隐患：模板工程的地基基础承载力和变形不满足设计要求；模板支架承受的施工荷载超过设计值；模板支架拆除及滑模、爬模爬升时，混凝土强度未达到设计或规范要求。脚手架工程有下列情形之一的，应判定为重大事故隐患：脚手架工程的地基基础承载力和变形不满足设计要求；未设置连墙件或连墙件整层缺失；附着式升降脚手架未经验收合格即投入使用；附着式升降脚手架的防倾覆、防坠落或同步升降控制装置不符合设计要求、失效、被人为拆除破坏；附着式升降脚手架使用过程中架体悬臂高度大于架体高度的 2/5 或大于 6 米。起重机械及吊装工程有下列情形之一的，应判定为重大事故隐患：塔式起重机、施工升降机、物料提升机等起重机械设备未经验收合格即投入使用，或未按规定办理使用登记；塔式起重机独立起升高度、附着间距和最高附着以上的最大悬高及垂直度不符合规范要求；施工升降机附着间距和最高附着以上的最大悬高及垂直度不符合规范要求；起重机械安装、拆卸、顶升加节以及附着前未对结构件、顶升机构和附着装置以及高强度螺栓、销轴、定位板等连接件及安全装置进行检查；建筑起重机械的安全装置不齐全、失效或者被违规拆除、破坏；施工升降机防坠安全器超过定期检验有效期，标准节连接螺栓缺失或失效；建筑起重机械的地基基础承载力和变形不满足设计要求。高处作业有下列情形之一的，应判定为重大事故隐患：钢结构、网架安装用支撑结构地基基础承载力和变形不满足设计要求，钢结构、网架安装用支撑结构未按设计要求设置防倾覆装置；单榀钢桁架（屋架）安装时未采取防失稳措施；悬挑式操作平台的搁置点、拉结点、支撑点未设置在稳定的主体结构上，且未做可靠连接。施工临时用电方面，特殊作业环境（隧道、人防工程，高温、有导电灰尘、比较潮湿等作业环境）照明未按规定使用安全电压的，应判定为重大事故隐患。有限空间作业有下列情形之一的，应判定为重大事故隐患：有限空间作业未履行“作业审批制度”，未对施工人员进行专项安全教育培训，未执行“先通风、再检测、后作业”原则；有限空间作业时现场未有专人负责监护工作。拆除工程方面，拆除施工作业顺序不符合规范和施工方案要求的，应判定为重大事故隐患。暗挖工程有下列情形之一的，应判定为重大事故隐患：作业面带水施工未采取相关措施，或地下水控制措施失效且继续施工；施工时出现涌水、涌沙、局部坍塌，支护结构扭曲变形或出现裂缝，且有不断增大趋势，未及时采取措施。使用危害程度较大、可能导致群死群伤或造成重大经济损失的施工工艺、设备和材料，应判定为重大事故隐患。其他严重违反房屋市政工程安全生产法律法规、部门规章及强制性标准，且存在危害程度较大、可能导致群死群伤或造成重大经济损失的现实危险，应判定为重大事故隐患。

（十二）房屋建筑和市政基础设施工程危及生产安全施工工艺、设备和材料淘汰目录（第一批），详见表 6-1。

房屋建筑和市政基础设施工程危及生产安全施工工艺、设备和材料淘汰目录（第一批）　　表6-1

名称	简要描述	淘汰类型	限制条件和范围	可替代的施工工艺、设备、材料
一、房屋建筑工程				
1. 施工工艺				
现场简易制作钢筋保护层垫块工艺	在施工现场采用拌制砂浆，通过切割成型等方法制作钢筋保护层垫块	禁止		专业化压制设备和标准模具生产垫块工艺等
卷扬机钢筋调直工艺	利用卷扬机拉直钢筋	禁止		普通钢筋调直机、数控钢筋调直切断机的钢筋调直工艺等
饰面砖水泥砂浆粘贴工艺	使用现场水泥拌砂浆粘贴外墙饰面砖	禁止		水泥基粘接材料粘贴工艺等
钢筋闪光对焊工艺	人工操作闪光对焊机进行钢筋焊接	限制	在非固定的专业预制厂（场）或钢筋加工厂（场）内，对直径大于或等于22毫米的钢筋进行连接作业时，不得使用钢筋闪光对焊工艺	套筒冷挤压连接、滚压直螺纹套筒连接等机械连接工艺
基桩人工挖孔工艺	采用人工开挖方式，进行基桩成孔	限制	存在下列条件之一的区域不得使用：1. 地下水丰富、软弱土层、流沙等不良地质条件的区域；2. 孔内空气污染物超标准；3. 机械成孔设备可以到达的区域	冲击钻、回转钻、旋挖钻等机械成孔工艺
沥青类防水卷材热熔工艺（明火施工）	使用明火热熔法施工的沥青类防水卷材	限制	不得用于地下密闭空间、通风不畅空间、易燃材料附近的防水工程	粘接剂施工工艺（冷粘、热粘、自粘）等
2. 施工设备				
竹（木）脚手架	采用竹（木）材料搭设的脚手架	禁止		承插型盘扣式钢管脚手架、扣件式非悬挑钢管脚手架等
门式钢管支撑架	主架呈“门”字型，主要由主框、横框、交叉斜撑、脚手板、可调底座等组成	限制	不得用于搭设满堂承重支撑架体系	承插型盘扣式钢管支撑架、钢管柱梁式支架、移动模架等
白炽灯、碘钨灯、卤素灯	施工工地用于照明的白炽灯、碘钨灯、卤素灯等非节能光源	限制	不得用于建设工地的生产、办公、生活等区域的照明	LED灯、节能灯等
龙门架、井架物料提升机	安装龙门架、井架物料提升机进行材料的垂直运输	限制	不得用于25米及以上的建设工程	人货两用施工升降机等
3. 工程材料				
有碱速凝剂	氧化钠当量含量大于1.0%且小于生产厂控制值的速凝剂	禁止		溶液型液体无碱速凝剂、悬浮液型液体无碱速凝剂等
二、市政基础设施工程				
1. 施工工艺				
盖梁（系梁）无漏油保险装置的液压千斤顶卸落模板工艺	盖梁或系梁施工时底模采用无保险装置液压千斤顶做支撑，通过液压千斤顶卸压脱模	禁止		砂筒、自锁式液压千斤顶等卸落模板工艺
空心板、箱型梁气囊内模工艺	用橡胶充气气囊作为空心梁板或箱型梁的内模	禁止		空心板、箱型梁预制刚性（钢质、PVC、高密度泡沫等）内模工艺等
污水检查井砖砌工艺	又称窨井，可分为砖砌矩形检查井和砖砌圆形检查井，采取砖砌的方式	禁止		检查井钢筋混凝土现浇工艺或一体式成品检查井等

续表

名称	简要描述	淘汰类型	限制条件和范围	可替代的施工工艺、设备、材料
顶管工作竖井钢木支架支护施工工艺	顶管工作竖井支护采用外侧竖插木质大板围护加内侧水平环向钢制围撑组合支护结构型式	限制	在下列任一条件下不得使用：1. 基坑深度超过3米；2. 地下水位超过基坑底板高度	钻孔护壁桩、地下连续墙、沉井、钢格栅锚喷护壁施工工艺等
桥梁悬浇挂篮上部与底篮精轧螺纹钢吊杆连接工艺	采用精轧螺纹钢作为吊点吊杆，将挂篮上部与底篮连接	限制	在下列任一条件下不得使用：1. 前吊点连接；2. 其他吊点连接：(1) 上下钢结构直接连接（未穿过混凝土结构）；(2) 与底篮连接未采用活动铰；(3) 吊杆未设外保护套	挂篮锰钢吊带连接工艺等
2. 施工设备				
桥梁悬浇配重式挂篮设备	挂篮后锚处设置配重块平衡前方荷载，以防止挂篮倾覆	禁止		自锚式挂篮设备等
非数控孔道压浆设备	采用人工手动操作进行孔道压浆的设备	限制	在二类以上市政工程项目预制场内进行后张法预应力构件施工时不得使用	数控压浆设备等
非数控预应力张拉设备	采用人工手动操作张拉油泵，从压力表读取张拉力，伸长量靠尺量测的张拉设备	限制	在二类以上市政工程项目预制场内进行后张法预应力构件施工时不得使用	数控预应力张拉设备等
3. 工程材料				
九格砖	利用混凝土和工业废料，或一些材料制成的人造水泥块材料	限制	不得用于市政道路工程	陶瓷透水砖、透水方砖等
防滑性能差的光面路面板（砖）	光面混凝土路面砖、光面天然石板、光面陶瓷砖、光面烧结路面砖等防滑性能差的路面板（砖）	限制	不得用于新建和维修广场、停车场、人行步道、慢行车道	陶瓷透水砖、预制混凝土大方砖等
平口混凝土排水管（含钢筋混凝土管）	采用混凝土制作而成（含里面配置钢筋骨架）、接口采取平接方式的排水圆管	限制	不得用于住宅小区、企事业单位和市政管网用的埋地排水工程	承插口排水管等

备注：发布之日起9个月后，全面停止在新开工项目中使用本《目录》所列禁止类施工工艺、设备和材料。发布之日起6个月后，新开工项目不得在限制条件和范围内使用本《目录》所列限制类施工工艺、设备和材料。可替代的工艺、设备、材料包括但不限于《目录》中所列名称。《目录》中列出的工艺、设备、材料淘汰范围，适用于新建、改建、扩建的房屋建筑和市政工程，不适用于限额以下工程、临时工程、日常维修养护工程。

第七节 建设财力项目管理

一、市级建设财力项目决策

市级财政一般公共预算内基本建设支出安排的固定资产投资项目，市级建设财力主要用于需要市级公共财政保障的城市基础设施、生态环境建设、社会事业发展和民生保障、城市公共安全、科技创新等领域。市级建设财力投资，可采取直接投资、资本金注入、投资补助、贷款贴息等方式。市主管部门（单位）应当依据本市国民经济和社会发展规划，结合实际需要和条件，拟定重要领域的专项规划、专项发展建设规划，明确指导思想、战略目标、总体布局、主要建设项目、建设内容、资金需求等。经市发展改革委会同有关部门论证和平衡，并报市政府批准的专项规划、专项发展建设规划，是市级建设财力投资决策的重要依据。市级建设财力采取直接投资、资本金注入方式投资的项目审批程序包括：项目建议书、可行性研究报告、初步设计及概算。申请投资补助、贷款贴息等方式投入的，按照市级建设财力投资补助和贴息项目管理办法等有关规定执行。市发展改革委会同有关部门建立市级建设财力项目储备库，统筹各领域项目的前期研究工作。项目建议书、可行性研究报告、初步设计及概算，经相关主管部门（单位）审核后上报或转报。主管部门（单位）或项目（法人）单位应当按规定组织编制项目建议书。建设内容简单、投资规模较小的项目，可以直接编制可行性研究报告，或者合并编报项目建议书。市发展改革委可以选择具有相应经验和能力的工程咨询单位对项目建议书进行评估。对符合有关规定且确有必要建设的项目，市发展改革委按程序审批项目建议书。列入国家、市政府批准的专项规划、专项发展建设规划的项目，实行项目建议书格式化、标准化管理，市发展改革委出具市级建设财力项目建议书批复表。项目（法人）单位凭批复表申请办理规划土地审批等手续。项目建议书自批复之日起，有效期2年。项目（法人）单位应当在项目建议书批复文件有效期届满的30个工作日之前，向市发展改革委申请延期。未按规定申请延期的，项目建议书批复自动失效。项目（法人）单位依据项目建议书批复，组织开展可行性研究，委托具有相应经验和能力的工程咨询单位编制可行性研究报告。可行性研究报告应当附具根据法律法规等规定需提交的文件。市发展改革委应当选择具有相应经验和能力的工程咨询单位对可行性研究报告进行评估。对符合有关规定、具备建设条件的项目，市发展改革委按程序批准可行性研究报告。根据项目实际情况，市发展改革委在项目建议书或可行性研究报告批复中，明确项目资金筹措方案和市级建设财力投资额度。其中，重大项目根据有关规定，上报市政府审议。项目（法人）单位应当按照招标投标法的有关要求，选择具有相应工程设计资质的机构，编制初步设计文件。设计单位必须严格按照批复的可行性研究报告中的建设内容、规模、标准、投资等要求，以及国家规定的设计规范、规程和技术标准进行设计。选择具有相应经验和能力的工程咨询单位对项目初步设计及概算进行评估后，根据有关规定，初步设计审批部门会同市发展改革委审批初步设计，投资概算由市发展改革委负责核定，委托初步设计审批部门在审批初步设计时一并批复。项目（法人）单位应当严格按照批复的项目初步设计及概算组织实施。在项目前期工作和实施过程中，发生以下情况之一的，应当报市发展改革委办理相应调整手续。由市级建设财力全额投资的项目，总投资发生变化；由市级建设财力部分投资或安排资本金的项目，总投资变化超过10%及以上的，或投资发生变化且需要调整市级建设财力投资；项目法人、建设地点、建设内容、建设规模、建设标准发生重大变更。部分领域市级建设财力项目开展可行性研究报告（初步设计深度）审批改革试点。每年第三季度，项目（法人）单位通过相关主管部门、市级政府性投资机构或国资授权控股集团公司，向市发展改革委报送下一年度续建项目、计划新开工项目市级建设财力资金需求。市发展改革委会同市财政局以及有关部门，研究提出市级建设财力年度投资计划的安排建议，上报市政府审批。市级建设财力年度投资计划的安排建议经市政府批准，必须严格执行，任何单位和个人不得擅自变更；确需调整年度市级建设财力计划额度、增减市级建设财力投资项目的，项目（法人）单位应通过相关主管部门、市级政府性投资机构或国资授权控股集团公司，在每年9月底前报市发展改革委，市发展改革委应当会同市财政局制定市级建设财力年度投资计划调整的建议，原则上10月底前上报市政府审批。市发展改革委根据市政府批准的市级建设财力年度投资计划安排建议，结合项目进度，分期下达项目年度投资计划。对纳入市政府批准的市级建设财力年度投资计划安排建议的新开工项目，在项目可行性研究报告批复后，下达项目年度投资计划。对市政府已经明确补助和贴息方案的项目，市发展改革委可以通过下达年度投资计划的方式，合并完成补助和贴息资金的审核和安排，不再单独审批资金申请报告。项目（法人）单位应当按照基本建设财务管理的规定，建立、健全本单位基本建设财务管理制度和内部控制制度。项目（法人）单位须按照政府会计制度的规定，根据批准的项目概算对项目进行单独核算，并按规定将核算情况纳入单位账簿和财务报表。主管部门（单位）应当会同市财政局，加强本部门或者本行业基本建设财务管理和监督，指导和督促项目（法人）单位做好基本建设财务管理的基础工作。项目（法人）单位使用市级建设财力资金，应当遵循专款专用原则，严格按照批准的项目概算执行，不得挤占挪用。市财政局应当会同相关主管部门（单位）加强项目市级建设财力资金的监督管理。项目（法人）单位应当按照程序并根据批准的项目概算、下达的项目年度投资计划、工程建设进度等，向市财政局申领资金。市财政局按照“按预算、按项目年度投资计划、按进度、按合同”原则及国库集中支付制度有关规定，拨付资金。

二、项目实施、竣工验收

涉密工程由项目（法人）单位按照保密管理相关规定做好定密工作，加强保密管理。使用市级建设财力的项目应当依法进行招标，依法必须进行招标的项目范围和规模标准，按照国家有关规定执行。非经营性市级建设财力项目推行实施代理建设制度。具体按照市级建设财力项目代理建设管理办法有关规定执行。项目基本建成或部分建成后，市发展改革委应当选取部分项目开展项目后评价。具体按市级建设财力项目后评价管理办法有关规定执行。使用市级建设财力的项目实行财务监理制。具体按照市级建设财力项目财务监理管理办法有关规定执行。加强市级建设财力项目全过程绩效管理。按本市政府投资项目绩效管理有关规定执行。使用市级建设财力的项目，应当严格执行工程监理制度，保障建设工程质量和安全。市审计局依法对使用市级建设财力的项目的预算执行情况和决算进行审计监督。市级建设财力项目各单项验收完成后，由市发展改革委自行或者委托相关主管部门（单位）组织项目竣工验收。基础设施项目使用市级建设财力1亿元（含）以下、其他领域使用市级建设财力5000万元（含）以下的项目，实行竣工验收备案制。项目（法人）单位完成所有单项验收后，报市发展改革委备案。项目（法人）单位应当按照规定和合同约定，及时进行市级建设财力项目工程价款结算。主管部门、市级政府性投资机构或国资授权控股集团公司应会同市财政局，加强对市级建设财力项目工程价款结算的监督。在完成工程价款结算后，项目（法人）单位应当按照规定，及时编制市级建设财力项目竣工财务决算。项目（法人）单位向主管部门、市级政府性投资机构或国资授权控股集团公司报送市级建设财力项目竣工财务决算。主管部门、市级政府性投资机构或国资授权控股集团公司初审后，向市发展改革委、市财政局提出项目竣工财务决算审计申请，并抄送市审计局。对于列入年度审计计划的市级建设财力项目，市审计局组织实施项目审计。涉密市级建设财力项目（纯设备购置除外）原则上安排列入年度审计计划。市发展改革委、市财政局对于未列入市审计局年度审计计划的市级建设财力项目，应当通过招标等竞争方式，选取专业能力突出、机构管理规范、执业信誉较好的第三方审计机构对项目竣工财务决算进行审计。审计服务费用由市级建设财力安排。参加市级建设财力项目招标代理、财务监理、工程监理、工程审价工作的社会中介机构，应当回避。第三方审计机构应当严格按照制定的规范程序、报告规范格式文本进行审计，出具审计报告，报送市发展改革委、市财政局，抄送市审计局。项目（法人）单位应当配合审计工作，向第三方审计机构及时提供项目前期、招标投标、合同、工程结算、竣工验收、财务决算等相关资料（含电子数据），并对所提供资料的真实性和完整性负责。市审计局进行审计或专项审计调查时，有权对第三方审计机构出具的相关审计报告进行核查，发现违纪违规行为的，应当移送有关主管部门依法追究责任。审计报告是项目概算调整、竣工财务决算审批的重要依据之一。市发展改革委结合审计结论和相关规定，批复市级建设财力项目概算调整。项目（法人）单位应当在市审计局出具审计报告或第三方审计机构出具审计报告后3个月内，申请办理项目竣工财务决算审批。

项目资产管理，采取直接投资方式的市级建设财力项目，项目竣工财务决算由市财政局审查批复。项目（法人）单位为国家部门直属单位的，项目竣工财务决算的审批执行国家和本市相关规定。采取投资补助方式安排市级建设财力的区级投资项目，项目竣工财务决算的审批管理由各区财政部门确定。采取投资补助方式安排市级建设财力的企业投资项目，项目（法人）单位应按照投资补助工作方案有关规定，做好项目竣工财务决算审计工作。项目（法人）单位应当在市级建设财力项目竣工验收后及时办理资产交付手续，尚未办理竣工财务决算审批手续的，按照估计价值入账。项目（法人）单位应及时办理竣工财务决算，办理竣工财务决算审批后按实际成本调整原来的暂估价值。项目（法人）单位应当按照国家有关规定加强市级建设财力项目档案管理，将项目审批和实施过程中的有关文件、资料存档备查。

三、项目代理建设

（一）代理建设制度，是指政府通过招标等方式，选择具有相应经验和能力的项目管理单位，负责市级建设财力项目的组织实施和投资管理工作，项目建成后交付项目（法人）单位的制度。市级建设财力投资项目，适用本办法。项目主要包括：社会公益服务、公共基础设施、农业、生态环境保护、重大科技进步，社会管理、国家安全等公共领域。由市发展改革委会同有关部门根据项目情况，研究确定是否实施代建制，并负责代建制的统筹协调。市财政局作为主管代建制财务工作的职能部门，对代建制项目的财务活动实施全过程管理和监督。代建单位，是指具有一定规模和相应经验、能力，能独立开展工作并承担法律责任的企事业法人。市级建设财力项目代建单位试行名录管理。代建单位名录按照“公开、公平、公正”的原则，通过招标方式选择产生。市发展改革委负责名录管理。在定期审查中认定为已不符合条件，或绩效考核未达标的代建单位，将调整出名录。申请进入名录的代建单位应当具备以下基本条件：具有工程咨询资信、工程设计资格、工程监理资格之一；具备相应的建设管理组织机构和项目管理能力；具有良好的工程项目管理业绩；具有与工程建设要求相适应的技术、造价、财务和管理等方面的专业人员。代建单位有下列情况之一的，不得参与代建项目：已被行政或司法机关责令停业或停止承接相关业务的；企业出现严重信用危机又未能提供相应担保的；近 3 年发生过重大建设项目责任事故的；无法履行代建职责的其他情形。代建单位承担项目建设期法人的相关责任，应当严格按照基本建设管理的有关规定，开展代建工作。代建单位不得在本单位承接的代建项目中，承担项目评估、勘察、设计、监理、施工、材料设备供应等其他相关业务，或与以上单位有隶属关系及其他直接利益关系。代建单位实行年度绩效考核，重点考核内容包括：项目组织实施的规范性、建设工程质量和进度、概算执行、安全文明生产、社会稳定风险防范、项目绩效管理、项目经理履职情况等。项目（法人）单位，是指项目建议书或可行性研究报告批复的项目主体。项目（法人）单位的主要职责包括：根据专项规划、专项发展规划需要，提出项目建设需求和功能定位。在代建单位确定前，组织编报项目建议书或可行性研究报告，组织办理项目相关前期审批手续；代建单位确定后，向代建单位移交已办理前期审批手续的资料，并协助代建单位办理后续项目相关前期审批手续；参与项目有关招投标工作；筹措自筹资金，参与申请项目用款拨付，加强项目会计核算和财务管理；监督代建管理工作；参与工程竣工验收；项目单位应承担的其他职责。项目代建期内，项目（法人）单位应当协助代建单位办理基本建设相关手续。在手续办理过程中，向规划资源、生态环境、建设管理等部门提交的相关申报材料须同时加盖项目（法人）单位和代建单位公章。代建期间，代建单位依法组织招投标活动，项目（法人）单位和代建单位共同作为合同当事人参与签订各类合同。项目（法人）单位、主管部门（单位）或市政府授权的出资人主体等应当对项目组织实施进行指导、协调、监管。

（二）代建制项目组织实施程序，对于项目（法人）单位缺乏相关技术人员和建设管理经验的，市发展改革委在项目建议书批复或者可行性研究报告批复中，明确要求实施代建制。项目明确实施代建制后，主管部门（单位）或市政府授权的出资人主体等组织项目（法人）单位根据“公平、择优、高效”原则，综合考虑代建单位的专业资质、技术能力、管理经验、信用状况等因素，在代建单位名录内选择确定代建单位。代建单位产生后，项目（法人）单位应当与代建单位签订项目代建合同，主管部门（单位）或市政府授权的出资人主体等作为合同见证方。项目代建合同报市发展改革委、市财政局备案。项目代建合同签订后，代建单位根据代建合同，约定代行项目（法人）单位的建设管理职责。代建单位不得向他人转包或分包该项目。项目代建合同主要包括工程建设管理的范围和内容，各方的权利和义务、代建费用、违约责任及各方约定的其他事项。代建单位应当严格按照项目初步设计和概算批复的要求组织实施，未经批准，不得擅自变更建设规模、建设标准、建设内容和概算投资。代建单位实施项目管理时，应当派驻项目管理机构。项目管理机构应当由项目经理和相关专业技术人员组成，人员数量应当满足代建工作需要。代建单位应当在代建合同中明确项目经理，项目经理最多只能同时承担两个项目。代建制项目建成后，必须按照有关法律法规和项目代建合同进行单项验收。代建单位应当会同项目（法人）单位组织项目试运行，办理项目结算、审计、决算等手续。代建单位应当按照档案管理方面的法律法规，加强项目档案管理。在向项目单位办理移交手续时，一并将工程档案、财务档案及相关资料向项目单位和有关部门移交。代建单位应当按照市财政局批复的项目竣工财务决算，向项目单位办理资产交付手续。

（三）代建项目财务和资金管理，项目（法人）单位应当按照基本建设财务管理要求，加强项目会计核算和财务管理。代建单位确定前，项目所需的前期工作经费，项目（法人）单位编制相应用款计划，报市发展改革委审核。市发展改革委审核下达投资计划，项目（法人）单位据此按照相应流程申请建设资金。代建单位确定后，项目（法人）单位应会同代建单位，根据实际工作进度和资金需求，经主管部门（单位）或市政府授权的出资人主体等审核，报市发展改革委安排年度投资计划。市发展改革委审核后下达年度投资计划，项目（法人）单位据此按照相应流程申请建设资金。项目（法人）单位收到建设资金用款应及时记账后拨付至代建单位。代建单位应按照基本建设财务管理要求，积极做好对所承担的代建项目建设成本会计核算和财务管理的基础工作，于每年按照项目（法人）单位要求的时间节点，及时提供项目明细支出、建设工程进度和项目建设成本等详细资料，通过对账的方式与项目（法人）单位确认在建工程成本。属于政府采购集中采购目录范围内的工程、货物、服务等，项目（法人）单位应当协助代建单位及时至市财政局办理政府采购审批手续。项目竣工投入使用或试运行合格后，代建单位应当及时组织编报项目竣工财务决算，并申请审计。市财政局批复项目竣工财务决算后30日内，代建单位应当协助项目（法人）单位办理资产移交等相关手续，并按照财政国库管理规定，将结余资金上缴国库。代建管理费实行总额控制，按照《代建管理费支出标准表》（详见附表）测算，并列入项目建设成本，具体金额在项目代建合同中明确。如由于不可抗力延长项目工期等因素，导致代建管理费确需超过批复金额的，项目（法人）单位及代建单位应当报市发展改革委审批。代建管理费由市财政局直接拨付至代建单位。代建管理费结合年度绩效考核，按照工程进度拨付。代建管理费支出标准（表6-2）。

代建管理费支出标准 **表6-2**

总投资（万元）	费率	算例	
		计费基数	代建管理费（万元）
1000以下	2.25%	1000	23
1001~5000	1.80%	5000	23＋（5000－1000）×1.80%=95
5001~10000	1.50%	10000	95＋（10000－5000）×1.50%=170
10001~50000	1.20%	50000	170＋（50000－10000）×1.20%=650
50001~100000	0.75%	100000	650＋（100000－50000）×0.75%=1025
100001~200000	0.30%	200000	1025＋（200000－100000）×0.30%=1325
200000以上	0.15%	280000	1325＋（280000－200000）×0.15%=1445

注：代建管理费的取费基数为项目可行性研究报告批复投资，包括建安工程费用、工程建设其他费用及预备费。非代建单位负责的部分项目建设内容，如征地动拆迁等投资，不计入取费基数。代建管理费的具体取费试行累进计算，公式为：代建管理费测算金额＝本档最低代建管理费＋（计费基数－本档最低工程投资额）×费率；批复投资在1000万元以下项目，代建管理费均按23万元计取。

第八节　政府投资管理和资源性指标统筹

一、市级政府投资管理

市级政府投资，是指使用市级预算安排的资金进行固定资产投资建设活动，包括新建、扩建、改建、技术改造等。市级政府投资机构投资，且由市级政府资金平衡的项目，纳入市级政府投资管理。直接投资，是指安排政府投资资金注入非经营性项目，并由政府有关机构或其指定、委托的机关、团体、事业单位、国有企业等作为项目（法人）单位组织建设实施的方式。资本金注入，是指安排政府投资资金作为项目的资本金，指定政府出资人代表行使所有者权益，项目建成后形成相应国有产权的方式。投资补助，是指安排政府投资资金，对项目予以补助的方式。贷款贴息，是指安排政府投资资金，对使用贷款的投资项目贷款利息予以补贴的方式。市级政府投资资金应当投向市场不能有效配置资源的社会公益服务、公共基础设施、农业农村、生态环境保护、重大科技进步、社会管理、国家安全等公共领域的项目。市级政府投资资金按照项目安排，采取直接投资和资本金注入方式为主；也可以采取投资补助、贷款贴息等方式。安排市级政府投资资金，应当符合推进市与区财政事权和支出责任划分改革的有关要求，平等对待各类投资主体，不得设置歧视性条件。市发展改革委依照国家有关规定和办法，作为投资主管部门履行市级政府投资综合管理职责。其他有关部门按照部门职能，履行相应的市级政府投资管理职责。除涉及国家秘密的项目外，市发展改革委和其他有关部门通过上海市投资项目在线审批监管平台，使用在线平台生成的项目代码办理市级政府投资项目审批手续。市发展改革委和其他有关部门通过在线平台，列明与市级政府投资有关的规划、宏观调控政策等，公开政府投资项目审批的办理流程，为项目单位提供相关咨询服务。政府投资决策，市发展改革委、市财政局会同有关部门根据国民经济和社会发展规划、中期财政规划、国家宏观调控政策和本市相关政策，结合财政收支状况，统筹安排使用市级政府投资资金的项目，规范使用各类政府投资资金。市级政府投资项目实行项目储备制，原则上从市级政府投资项目储备库中选取。市发展改革委会同有关部门建立市级政府投资项目储备库，负责储备项目的入库、管理和更新工作。经市发展改革委会同有关部门论证和平衡，并报市政府批准的专项规划、专项发展建设规划、产业政策等，是纳入市级政府投资项目储备库的重要依据。政府采取直接投资、资本金注入方式的市级政府投资项目审批程序包括：项目建议书审批、可行性研究报告审批、初步设计及概算审批。采取投资补助、贷款贴息等方式安排市级政府投资资金的，按照投资补助、贷款贴息有关规定执行。由国家投资主管部门或国务院其他有关部门管理的政府投资项目，按照国家有关规定执行。项目（法人）单位应当加强政府投资项目的前期工作，保证前期工作的深度达到规定的要求，组织编制项目建议书、可行性研究报告、初步设计及概算，经相关主管部门（单位）审核后报批。项目（法人）单位对项目建议书、可行性研究报告、初步设计及概算以及依法应当附具的其他文件的真实性负责。对下列政府投资项目，可以按照规定，简化需要报批的文件和审批程序：相关规划中已经明确的项目；部分扩建、改建项目；建设内容单一、投资规模较小、技术方案简单的项目；为应对自然灾害、事故灾难、公共卫生事件、社会安全事件等突发事件需要紧急建设的项目。主管部门（单位）或项目（法人）单位组织编制项目建议书，应当对项目建设的必要性、主要建设内容、拟建地点、拟建规模、投资匡算、资金筹措以及社会和经济效益等进行初步分析，并附相关文件资料。对符合有关规定并确有必要建设的项目，市发展改革委审批项目建议书。项目建议书自批复之日起，有效期 2 年。项目单位应当在项目建议书批复文件有效期届满的 30 个工作日之前，向市发展改革委申请延期。未按照规定申请延期的，项目建议书批复自动失效。项目（法人）单位依据项目建议书批复，组织开展可行性研究，委托具有相应经验和能力的工程咨询单位编制可行性研究报告。可行性研究报告对项目在技术和经济上的可行性以及社会效益、生态环境、资源利用、节能措施、社会稳定风险等进行全面分析论证，落实各项建设条件，并按照有关规定，取得相关许可、审查意见。对符合有关规定、具备建设条件的项目，市发展改革委批准可行性研究报告。根据项目实际情况，市发展改革委在项目建议书或可行性研究报告批复中，明确项目资金筹措方案和市级政府投资额度。项目（法人）单位应当按照招标投标法等有关要求，选择具有相应工程设计资质的机构，编制初步设计文件。设计单位应当严格按照可行性研究报告批复要求以及国家有关标准和规范进行设计。根据有关规定，市发展改革委或其他有关部门对初步设计是否符合可行性研究报告批复以及国家有关标准和规范的要求进行审查，作出是否批准的决定。投资概算由市发展改革委负责核定，委托初步设计审批部门在审批初步设计时一并批复。政府投资项目可以委托具有相应经验和能力的工程咨询单位评估论证。

对经济社会发展、社会公众利益有重大影响或者投资规模较大的政府投资项目，应当在工程咨询单位评估、公众参与、专家评议、风险评估的基础上，作出是否批准的决定。在项目前期工作中，发生以下情况之一的，应当报市发展改革委按照程序办理调整审批手续：由政府全额投资的项目，总投资发生变化的；由政府部分投资或安排资本金的项目，总投资变化超过10%及以上的，或投资发生变化且需要调整政府投资的；项目（法人）单位、建设地点、建设内容、建设规模、建设标准发生重大变更的。政府投资年度计划，市发展改革委及有关部门根据有关规定，组织编制市级政府投资年度计划。市级政府投资年度计划和市级预算相衔接，由市发展改革委负责下达。市级政府投资年度计划应当明确项目名称、建设内容及规模、建设工期、项目总投资、年度投资额及资金来源等事项。列入市级政府投资年度计划的项目，应当符合下列条件：采取直接投资、资本金注入方式的，可行性研究报告已经批准或者投资概算已经核定；采取投资补助、贷款贴息等方式的，已经按照国家和本市有关规定办理手续。市财政局应当根据经批准的预算和市级政府投资年度计划，按照法律、法规和国库管理的有关规定，及时、足额办理市级政府投资资金拨付。政府投资项目实施，政府投资项目开工建设，应当符合有关法律、法规、规章规定的建设条件；不符合规定的建设条件的，不得开工建设。市级政府投资必须专款专用，项目（法人）单位不得拆借，不得滞留，不得挪作他用。政府投资项目应当依法进行招标。属于政府采购目录内的货物、工程、服务等，应当依法进行政府采购。保密工程按照国家和本市有关规定管理。项目（法人）单位应当严格按照批复的项目初步设计及概算组织实施。在项目实施过程中，拟变更建设地点或者拟对建设规模、建设内容等作较大变更的，应当按照有关规定，报市发展改革委审批。涉及预算调整或者调剂的，依照有关预算的法律、法规规定办理。政府投资项目应当按照国家有关规定，合理确定并严格执行建设工期，任何单位和个人不得非法干预。政府投资项目建成后，应当按照国家和本市有关规定进行竣工验收，并在竣工验收合格后，及时办理竣工财务决算。政府投资项目结余的财政资金，应当按照国家有关规定缴回国库。市发展改革委可以选择有代表性的已建成政府投资项目开展项目后评价。后评价应当根据项目建成后的实际效果，对项目审批和实施进行全面评价并提出明确意见。监督管理，项目（法人）单位应当通过在线平台，如实报送政府投资项目开工建设、建设进度、竣工的基本信息。市发展改革委和依法对政府投资项目负有监督管理职责的其他部门应当建立政府投资项目信息共享机制，通过在线平台实现信息共享，采取在线监测、现场核查等方式，加强对政府投资项目实施情况的监督检查。项目（法人）单位应当按照国家有关规定，加强政府投资项目档案管理，将项目审批和实施过程中的有关文件、资料存档备查。政府投资项目的绩效管理、建设工程质量管理、安全生产管理等事项，依照有关法律、法规办理。主管部门（单位）、项目（法人）单位、社会中介机构及其工作人员应当严格执行法律、法规和办法的有关规定。相关单位及其工作人员失信信息，依法依规归集到市公共信用信息平台。

二、市级投资咨询评估管理

投资咨询评估单位适用于以下事项的投资咨询评估（评审）：市发展改革委审批或初审的项目建议书、可行性研究报告（初步设计深度、含社会稳定风险评估、项目节能报告）、初步设计和概算、资金申请报告；市发展改革委核准的企业投资项目申请报告（含社会稳定风险评估、项目节能报告）；市发展改革委委托的其他事项。市发展改革委定期通过招标投标或政府采购确定若干家投资咨询评估单位，形成评估单位名录。市发展改革委委托评估单位名录内的单位承担规定事项的投资咨询评估任务。进入名录的评估单位应当具备以下条件：通过全国投资项目在线审批监管平台备案并列入公示名录的工程咨询单位；具备所申请专业的甲级或乙级资信等级，或具有甲级综合资信等级；具有近3年所申请专业的投资项目评估评审业绩。节能评审单位符合《市固定资产投资项目节能审查实施办法》有关规定。除保密项目外，市发展改革委委托投资咨询评估任务时，应按照以下规则和程序进行：分专业对名录内的评估单位进行初始随机排队。按照初始随机排队的先后顺序，确定承担咨询评估任务的评估单位。向评估单位出具咨询评估委托函。评估单位接受委托任务，随即排到该专业排队顺序的队尾。评估单位如果提出回避申请，应提交书面说明，经市发展改革委同意后，轮空本次，并排到下一顺位。对保密项目的投资咨询评估任务，市发展改革委可以通过指定方式确定评估单位。对国民经济和社会发展有重要影响的项目，市发展改革委可以委托两家评估单位进行评估，或者委托另一评估单位复核。评估单位应当做好回避，以保证公平、公正地开展评估工作。承担某一项目投资咨询评估工作的评估单位，不得承担同一项目的可能影响客观公正评估的其他前期工作（事项编制、勘察设计等）；或者与承担前述项目其他相关前期工作的单位、项目业主单位之间不得存在控股、管理关系或者负责人为同一人的重大关联关系。评估单位接受委托时，如存在前款规定的情况，应当向市发展改革委进行说明。投资项目委托评估，市发展改革委在收到政府投资项目申请材料、企业投资项目申请报告、节能报告后，经核符合委托咨询评估条件、需要开展委托评估的，应当在4个工作日内出具委托评估函。委托评估函明确评估事项、评估重点、评估时限、评估费用、联系人员、联系电话等，并附委托评估报告和相关材料。对于具备多评合一条件的项目，市发展改革委在委托评估函中将委托评估事项、评估费用一并明确。投资咨询评估费用按表6-3、6-4为基准和工程复杂程度系数为测算标准。咨询评估费用的取费标准由市发展改革委商市财政局，适时调整。对社会稳定风险评估（篇章）、节能报告等咨询评估费用计费另有规定的，从其规定。评估单位应当按照委托要求，独立、公正、客观、科学地开展咨询评估工作，建立相应工作机制和制度安排，保证评估质量和效率，对评估结论承担责任。评估单位应当在收到委托评估函后立即确定项目负责人，成立评估小组，制定评估工作计划。项目负责人应当是经执业登记的咨询工程师（投资），参加评估小组的工作人员应当熟悉国家和行业发展有关政策法规规划、技术标准规范，评估小组应当具有一定数量的本专业高级技术职称人员。评估工作计划包括：专家评审会、现场踏勘、专家评审意见反馈、评估意见征询、出具评估报告等主要工作节点安排。经评估单位初步审核，需要项目单位补充提交相应说明材料的，应在收到委托评估函之日起3个工作日内书面通知项目单位补充提交。组织专家评审后，评估单位可根据专家意见要求，在专家评审会后3个工作日内书面通知项目单位补充说明材料。项目单位补充提交材料所需时间不计算在评估时限内。评估单位应当记录项目单位补充材料的时间。在承接咨询评估任务后，评估单位通过市投资项目在线审批监管平台向市发展改革委及时反馈负责人联系电话、评估工作计划及计划内主要节点工作情况。市发展改革委委托咨询评估的完成时限一般不超过30个工作日。受托的评估单位应当在规定时限内提出评估报告，并听取项目单位意见。如有重大意见分歧的，可提请市发展改革委专题协调。专题协调时间不计入评估时限。如评估单位因特殊情况确实难以在规定时限内完成咨询评估任务的，应在规定时限到期日5个工作日前向市发展改革委书面报告有关情况，经批准，可以延长30个工作日。评估报告的内容包括：标题及文号、目录、摘要、正文、附件。如在评估中有补正材料的，补正材料书面通知及补正材料应当一并送市发展改革委。评估报告应当附具项目负责人及评估小组成员名单，并加盖咨询评估单位公章和项目负责人的咨询工程师（投资）执业专用章。承担咨询评估任务的评估单位及其人员，不得收受市发展改革委支付评估经费之外的其他任何费用。承担咨询评估任务的评估单位及与其有重大关联关系的单位不得借承担咨询评估任务之机向有关单位承揽勘察、设计、造价、招标代理、监理等业务。

按建设项目投资额分档取费标准 **表6-3**

单位：万元

投资额咨询评估项目	1亿元以下	1亿元～5亿元	5亿元～10亿元	10亿元～50亿元	50亿元以上
一、评估项目建议书（含调整）	8	8~12	12~15	15~17	17~20
二、评估可行性研究报告、初步设计和概算、项目申请报告、资金申请报告（含调整）	10	10~15	15~20	20~25	25~35
三、评估可行性研究报告（初步设计深度）（含调整）	20	20~30	30~40	40~50	50~70

注：1. 投资额为上报申请报告的投资额。

2. 建设项目的具体取费标准，根据估算投资额在相对应的区间内用插入法计算。

3. 根据行业特点和各行业内部不同类别工程的复杂程度，计算咨询费用时可分别乘以行业调整系数和工程复杂程度调整系数（见表6-4）。

按建设项目投资额分档取费的调整系数 表6-4

行业	调整系数（以表一所列取费标准为1）
一、行业调整系数	
1. 石化、化工、钢铁	1.3
2. 石油、天然气、水利、水电、交通（水运）、化纤	1.2
3. 有色、黄金、纺织、轻工、邮电、广播电视、医药、煤炭、火电（含核电）、机械（含船舶、航空、航天、兵器）	1.0
4. 林业、商业、粮食、建筑	0.8
5. 建材、交通（公路）、铁道、市政公用工程	0.7
二、工程复杂程度调整系数	0.8~1.2

注：工程复杂程度调整系数由市发展改革委根据工程实际情况确定。

三、市级投资涉及资源性指标统筹

（一）总体目标和基本原则。加强市重大工程涉及土地、水面积、绿地、林地、工程渣土消纳和征收安置房源等六项资源性指标的统筹调配，通过提高项目前期工作深度、简化手续、优化流程等方式，建立资源性指标统筹使用新机制，完善资源性指标生成、储备、配置和统筹等环节管理工作，建立高效的项目推进模式，确保市重大工程快速审批和有序建设。节约优先，综合平衡。各部门将减少市重大工程对资源性指标占用作为指标平衡的前提，通过不断优化方案，从源头减少对指标消耗。权责明晰，机制明确。明确市有关部门、区政府和项目建设单位在推进资源性指标统筹中的责任分工，建立指标管理机制，充分调动各方积极性。提前谋划，占补平衡。结合市重大工程年度指标需求，对资源性指标适度超前储备，开展计划管理，统筹下达资源性指标项目建设任务，逐步实现指标占补分离。统筹保障，高效推进。建立资源性指标统筹管理和分类保障机制，实现资源性指标的综合平衡，有效落实市重大工程指标占补，做好新账不欠，老账尽快还，持续高效推进。适用范围。列为市重大工程的市级政府投资项目；市级保障房、租赁房等公益性项目；市委、市政府明确的其他重点项目。职责分工。市发展改革委：做实市级政府投资项目储备，配合相关部门推进市级政府投资重大工程的资源性指标统筹工作。市规划资源局：做深工程建设项目实施库，深化项目设计方案，落实土地供应，会同相关部门推进市级政府投资重大工程的资源性指标规划统筹工作。建立土地指标仓，做好指标的生成、储备、配置、统筹等管理工作。市重大办：根据市重大工程年度投资计划，做细建设计划，会同市指标主管部门梳理市重大工程资源性指标年度供应计划和资源性指标项目建设计划，督促市有关单位落实市重大工程资源性指标配置工作。市水务局、市绿化市容局、市房管局等市指标主管部门：分别建立水面积、绿地、林地、渣土消纳点、征收安置房源等指标仓，做好指标的规划、生成、储备、配置、统筹等管理工作。市行业主管部门：指导建设单位不断优化项目规划、设计和实施方案，推动重大工程实现指标节约和高效推进。各区政府：按照市有关部门要求，积极推进资源性指标项目的规划建设，建立区级指标仓，推动市级重大工程落地实施。建设单位：在市行业主管部门指导下，不断优化项目方案（专项规划、设计方案、实施方案），推动重大工程实现指标节约和高效推进。建立资源性指标管理机制：建立指标仓，市指标主管部门建立市级指标仓管理机制，形成资源性指标储备生成、认定核算、申请使用、统筹管理等规则，将资源性指标统筹工作贯穿于项目前期和实施全过程。指标归集储备，市指标主管部门指导各区、有关单位积极按规划实施资源性指标建设项目，推动指标形成。对使用市级资金建设的土地减量化，河道、绿地、林地，以及市属征收安置房源等项目，按投资比例分别抽取一定数量的指标纳入市、区两级指标仓。对使用市级资金建设的其他项目，在出现指标盈余时，盈余部分按投资比例分别纳入市、区指标仓。对企业投资的建设项目，在出现指标盈余时，按1∶1分别纳入市、区指标仓。指标使用论证，在项目前期，市行业主管部门及建设单位应在储备库和实施库阶段分别开展指标需求梳理，征求市指标主管部门意见。市指标主管部门对资源性指标使用情况进行指导，督促市行业主管部门和项目单位不断优化方案，优先进行红线内指标占补平衡；红线内无法占补平衡的，对红线外利用指标仓进行占补平衡反馈指导意见。指标审批许可，指标平衡方案明确后，市指标主管部门应尽量简化手续、优化流程，限时完成行政许可审批。市指标主管部门建立资源性指标分类保障机制，按市重大工程性质分类，分别纳入市级和区级保障范围。当市级指标规模不足时，由市指标主管部门对相关区实施指标周转暂借，或明确项目采用“告知承诺”方式完成审批，所欠指标在下一年度资源性指标项目建设计划中统筹实施。完善资源性指标在“两库、一计划”阶段统筹平衡，做实市级政府投资项目储备库在项目储备库阶段，市发展改革委会同市规划资源局，督促市行业主管部门及建设单位不断优化项目方案，市行业主管部门及建设单位初步梳理项目资源性指标占补需求，形成市重大工程年度指标需求，纳入项目专项规划和项目建议书报告。做深市重大工程项目实施库，在项目实施库阶段，市规划资源局会同市发展改革委，督促市行业主管部门及建设单位不断优化项目方案，按照市指标主管部门储备库，阶段反馈的指导意见，编制项目资源性指标占补平衡方案，进一步征求市指标主管部门意见后，纳入项目建设方案，报送可行性研究报告。做细重大工程建设计划，每年四季度市重大办会同市发展改革委等市有关部门，对当年市重大工程建设完成情况和资源性指标使用情况进行评估，梳理下一年度市重大工程建设计划和资源性指标需求，形成下一年度市重大工程建设计划和资源性指标年度供应、建设计划，积极推动资源性指标项目的建设。对于纳入年度清单的市重大工程和市级资源性指标项目，市重大办会同市行业主管部门指导建设单位编制详细的前期工作计划，予以推进和考核。构建资源性指标供应体系，包括：土地指标，市规划资源局负责建立土地指标仓，市净增空间余量和各区形成的减量化指标按比例纳入市级指标仓。水面积指标，市水行政主管部门负责水面积指标仓的建立和管理，指导各区建立区级水面积指标仓。绿地指标，市绿化市容局牵头建立绿地指标仓。林地指标，市绿化市容局牵头建立林地指标仓。征收安置房源指标，市房屋管理局和各区政府，编制市和区征收安置房源年度供应计划和建设计划。工程渣土消纳平衡指标，市绿化市容局完善本市建筑垃圾管理系统，健全工程渣土动态平衡调控机制，加强重大工程渣土托底保障。

（二）超低能耗建筑项目管理的相关规定，包含商品房住宅建筑的超低能耗建筑项目，应以建设工程设计方案批复中的所有建筑作为申报范围，其中计容建筑面积小于 2000 平方米和建筑高度超过 100 米的单体建筑原则上不列入申报范围。申报范围内的配套保障性房建筑和配套公共服务设施建筑均应落实超低能耗建筑技术要求；申报范围内其他建筑可申请全部落实超低能耗建筑技术要求，或在整个申报范围内落实计容建筑面积 5000 平方米（含）以上的智能建造 + 创新试点（包括但不限于零碳建筑和“光储直柔”建筑)。超低能耗建筑单体的实施范围应为地上整栋建筑，可包含地下具备正常活动功能且需供暖制冷的房间，不应包含地下人防、车库、设备机房等房间。落实超低能耗建筑技术要求的地下部分涉及建筑面积不纳入容积率计算范围。当超低能耗建筑的实施范围中有实验室、数据机房、冷库等功能房间，或因其他技术原因，实施范围需扣除地上建筑的局部楼层时，经专家论证后可不纳入超低能耗建筑用能统计范围，涉及建筑面积不纳入容积率计算范围。超低能耗公共建筑的实施范围为部分楼层时，超低能耗建筑的各项用能应单独上传至本市国家机关办公建筑和大型公共建筑能耗监测平台。超低能耗公共建筑在竣工时因出租出售等原因，无法对出租出售区域落实超低能耗建筑技术要求的，应由建设单位承诺，并在出租出售合同中明确相关超低能耗建筑技术措施要求。申报本市建筑节能和绿色建筑专项扶持资金的超低能耗公共建筑，应在所有超低能耗技术措施落实后进行申报。对于申报项目中的商品房住宅建筑，房地联动价 8 万元（含）到 10 万元的，应在超低能耗建筑的基础上，落实近零能耗建筑和智能建造中至少一项技术措施；房地联动价 10 万元（含）以上的，应同时落实近零能耗建筑和智能建造两项技术措施。对于申报项目中的商品房住宅建筑，房地联动价格在 4.5 万元（含）以下的项目，或在 5 万元（含）以下的非全装修别墅项目，并开展 2 项创新技术的，可申请开展建筑外墙保温一体化示范。在超低能耗建筑项目设计中应正确选用国家、行业、地方和经采信的团体标准，并在设计文件中注明所用标准和图集的名称和具体做法。如采用新型材料，应符合本市相关规定要求。不得仅以设备材料的检测报告和检测数据作为施工图设计依据。超低能耗建筑项目各专项设计，包含但不限于建筑门窗幕墙、预制构件、地板辐射系统、机电系统、可再生能源系统等，应与建筑主体施工图设计图纸同步进行施工图审查和施工图阶段评审，不得采取承诺后续补充方式，如专项设计未提供，不得进行施工图审查和施工图阶段评审；并应由建筑主体设计单位汇总相关专项设计，在建筑主体施工图设计中明确各专项设计图纸索引和主要相关专项要求。室内装修中应当落实超低能耗建筑相关专项设计内容。建筑供暖空调房间外墙主墙体传热系数不应大于非供暖空调房间外墙主墙体传热系数；建筑首层、底面接触室外空气的架空或外挑楼板所在的供暖空调房间外墙主墙体传热系数不应大于其余楼层供暖空调房间外墙主墙体传热系数。建筑外墙平均传热系数≤ 0.4W/（m^2·K），其中围护型幕墙采用单元式幕墙方式，对应立面面积占围护型幕墙表面积比例不小于 80%，且单元标准化率不小于 70%，可认定符合超低能耗建筑的外墙规定。超低能耗建筑项目中采用太阳能光伏发电系统时，应结合太阳遮挡分析合理布置屋顶光伏组件或立面光伏组件。当设置储能系统时，应进行消防审查，并明确发电、储能及用电的运行策略。超低能耗建筑项目中的商品房住宅建筑，在满足本市新建建筑可再生能源应用量和光伏安装面积的基础上，还应落实可再生能源替代率不小于 5% 的应用量的要求。

（三）市、区城乡建设管理部门将不定期组织对超低能耗建筑在建项目进行抽查检查，建设单位应当配合开展相关抽查检查，并根据项目施工进度提供以下待查资料：图纸资料包括通过施工图审查的图纸资料及竣工图纸资料。建筑构件或部件性能检测报告包括门窗或幕墙构件性能检测报告，保温材料性能检测报告以及其他影响本项目超低能耗指标可实现性的部品的性能证明材料。机电设备性能检测报告包括空气处理机组（新风机组、排风热回收机组）的产品性能检测报告，冷热源机组的性能参数检测报告，灯具规格书或选型样本，可再生能源设备性能检测报告，以及其他影响本项目超低能耗指标可实现性的设备的性能证明材料。超低能耗建筑关键节点专项施工方案及相应的施工检查记录包括关键节点施工方案，相应施工记录。建筑气密性检测报告包括建筑气密性检测报告，及气密性检测方法的适用性、检测房间选取的合理性进行说明的证明材料。第三方服务机构在开展超低能耗建筑的咨询、检测等技术服务时，应按照现行《市超低能耗建筑技术导则》以及本市其他相关政策及标准的要求开展工作。第三方服务机构及其工作人员有下列行为之一的，不按照导则及相关标准、规范开展工作的；弄虚作假、编造虚假技术方案、检测报告及模拟计算结论的；利用职务之便谋取非法利益的；违反建筑节能法律、法规和规章等其他规定的；随意转包超低能耗技术服务给其他第三方服务机构的。由市住房和城乡建设管理委在官方网站通报该服务机构名单，对其出具的技术方案等报告内容不予采信，并不得再开展相关技术服务工作。可供选择的创新技术清单：住宅空间可变设计（实现 3 种以上的空间变化或厨房、卫生间等空间可移动）。实现建筑设计的标准化、模数化（居住建筑中重复使用最多的 2 个基本单元面积之和占总建筑面积的比例不低于 70%；非居住建筑中重复使用最多的 3 个标准结构空间面积之和占总建筑面积的比例不低于 70%）。采用减震、隔震技术的装配式结构体系。主体结构连接节点采用干法连接、组合型连接或其他便于施工且受力合理的新型连接技术。或采用可靠创新的保温、防水、防火构造措施。采用预制预应力结构体系。采用工厂化生产、现场干式作业的内装工业化技术。采用 EPC 设计、采购、施工一体化工程总承包模式。采用高效、高精度的新型模板、支撑系统（应用比例不低于 80%）。采用光伏建筑一体化技术（光伏建筑一体化的落实楼栋数量不少于项目楼栋总数的 10%，且不少于 1 栋）。采用智能制造技术，项目利用自动化生产线生产的预制构件体积在项目预制构件总体积中的占比不应小于 35%；或项目采用面向智能制造的设计技术，生成基于通用数据格式的数据成果，且能直接驱动工厂自动化设备。项目采用至少两种智能化施工装备，每种装备的应用楼栋数量不少于项目楼栋总数的 2/3，且不少于 1 栋。装备包括但不限于砌筑、抹灰、乳胶漆喷涂、部品件安装、地砖铺贴等应用场景的机械化、自动化、智能化施工装备。其他在管理模式、新体系、新技术、新材料、新工艺等方面的创新应用。

第七章　工程项目招标投标施工许可

招标投标制度对于充分发挥市场在资源配置中的决定性作用，更好发挥政府作用，深化投融资体制改革，提高国有资金使用效益具有重要意义。优化工程招标投标领域营商环境，包括房屋建筑、市政公用、公路、水运、水利、电力等各专业建设工程的统一交易市场，实现了招投标平台统一、招投标交易规则统一，招投标监管标准统一，建设工程评标专家库统一。建设行政管理部门开展招标投标制度规则公平竞争审查、合法性审核，应当遵守《必须招标的工程项目规定》《必须招标的基础设施和公用事业项目范围规定》《国家发展改革委等部门关于严格执行招标投标法规制度进一步规范招标投标主体行为的若干意见》等文件规定的招投标范围和规模标准以及招标投标主体行为等，落实施工许可，并对符合政府采购目录的组织各项服务与评价，落实工程款结算和支付责任主体。本章包括：优化工程招标投标领域交易；建筑工程设计施工招标投标与计价；房建和市政项目工程总承包管理；建筑工程施工许可管理；政府采购需求管理及履职评价；政府采购信息发布和购买服务管理；政府采购框架协议采购方式管理；建设项目工程款施工过程结算和支付等。

第一节　优化工程招标投标领域交易

一、必须招标的工程项目规定

（一）为了确定必须招标的工程项目，规范招标投标活动，提高工作效率、降低企业成本、预防腐败，全部或者部分使用国有资金投资或者国家融资的项目包括：使用预算资金200万元人民币以上，并且该资金占投资额10%以上的项目；使用国有企业事业单位资金，并且该资金占控股或者主导地位的项目。

（二）使用国际组织或者外国政府贷款、援助资金的项目包括：使用世界银行、亚洲开发银行等国际组织贷款、援助资金的项目；使用外国政府及其机构贷款、援助资金的项目。

（三）不属于（一）（二）规定情形的大型基础设施、公用事业等关系社会公共利益、公众安全的项目，必须招标的具体范围由国务院发展改革部门会同国务院有关部门按照确有必要、严格限定的原则制订，报国务院批准。

（四）上述规定（一）（二）（三）的范围内的项目，其勘察、设计、施工、监理以及与工程建设有关的重要设备、材料等的采购达到下列标准之一的，必须招标：施工单项合同估算价在400万元人民币以上；重要设备、材料等货物的采购，单项合同估算价在200万元人民币以上；勘察、设计、监理等服务的采购，单项合同估算价在100万元人民币以上。同一项目中可以合并进行的勘察、设计、施工、监理以及与工程建设有关的重要设备、材料等的采购，合同估算价合计达到前款规定标准的，必须招标。

二、必须招标的基础设施和公用事业项目范围规定

（一）为明确必须招标的大型基础设施和公用事业项目范围，根据《招标投标法》和《必须招标的工程项目规定》，不属于《必须招标的工程项目规定》（二）（三）规定情形的大型基础设施、公用事业等关系社会公共利益、公众安全的项目，必须招标的具体范围包括：煤炭、石油、天然气、电力、新能源等能源基础设施项目；铁路、公路、管道、水运，以及公共航空和A1级通用机场等交通运输基础设施项目；电信枢纽、通信信息网络等通信基础设施项目；防洪、灌溉、排涝、引（供）水等水利基础设施项目；城市轨道交通等城建项目。

（二）关于使用国有资金的项目。《必须招标的工程项目规定》第（一）项中“预算资金”，是指《预算法》规定的预算资金，包括一般公共预算资金、政府性基金预算资金、国有资本经营预算资金、社会保险基金预算资金。第（二）项中“占控股或者主导地位”，参照《公司法》第二百一十六条关于控股股东和实际控制人的理解执行，即“其出资额占有限责任公司资本总额百分之五十以上或者其持有的股份占股份有限公司股本总额百分之五十以上的股东；出资额或者持有股份的比例虽然不足百分之五十，但依其出资额或者持有的股份所享有的表决权已足以对股东会、股东大会的决议产生重大影响的股东”；国有企业事业单位通过投资关系、协议或者其他安排，能够实际支配项目建设的，也属于占控股或者主导地位。项目中国有资金的比例，应当按照项目资金来源中所有国有资金之和计算。

（三）关于项目与单项采购的关系。《必须招标的工程项目规定》第（二）（三）（四）及《必须招标的基础设施和公用事业项目范围规定》（二）规定范围的项目，其勘察、设计、施工、监理以及与工程建设有关的重要设备、材料等的单项采购分别达到《必须招标的工程项目规定》的相应单项合同价估算标准的，该单项采购必须招标；该项目中未达到前述相应标准的单项采购，不属于《必须招标的工程项目规定》的必须招标范畴。

（四）关于招标范围列举事项。依法必须招标的工程建设项目范围和规模标准，应当严格执行《招标投标法》第三条和《必须招标的工程项目规定》和《必须招标的基础设施和公用事业项目范围规定》；法律、行政法规或者国务院对必须进行招标的其他项目范围有规定的，依照其规定。没有法律、行政法规或者国务院规定依据的，没有明确列举规定的服务事项的项目，不得强制要求招标。

（五）关于同一项目中的合并采购。《必须招标的工程项目规定》规定的“同一项目中可以合并进行的勘察、设计、施工、监理以及与工程建设有关的重要设备、材料等的采购，合同估算价合计达到前款规定标准的，必须招标”，目的是防止发包方通过化整为零方式规避招标。其中“同一项目中可以合并进行”，是指根据项目实际，以及行业标准或行业惯例，符合科学性、经济性、可操作性要求，同一项目中适宜放在一起进行采购的同类采购项目。

（六）关于总承包招标的规模标准。对于《必须招标的工程项目规定》规定范围内的项目，发包人依法对工程以及与工程建设有关的货物、服务全部或者部分实行总承包发包的，总承包中施工、货物、服务等各部分的估算价中，只要有一项达到《必须招标的工程项目规定》规定相应标准，即施工部分估算价达到400万元以上，或者货物部分达到200万元以上，或者服务部分达到100万元以上，则整个总承包发包应当招标。

三、招标投标政府采购领域深化改革

（一）《必须招标的工程项目规定》和《必须招标的基础设施和公用事业项目范围规定》范围的项目，其施工、货物、服务采购的单项合同估算价未达到《必须招标的工程项目规定》规模标准的，该单项采购由采购人依法自主选择采购方式，任何单位和个人不得违法干涉；其中，涉及政府采购的，按照政府采购法律法规规定执行。国有企业可以结合实际，建立健全规模标准以下工程建设项目采购制度，推进采购活动公开透明。应当严格执行《必须招标的工程项目规定》和《必须招标的基础设施和公用事业项目范围规定》的范围和规模标准，不得另行制定必须进行招标的范围和规模标准，也不得作出与《必须招标的工程项目规定》和《必须招标的基础设施和公用事业项目范围规定》相抵触的规定，持续深化招标投标领域“放管服”改革，努力营造良好市场环境。

（二）生态环境执法中建设项目“总投资额”认定问题，对实行审批制管理的政府投资项目，已经取得建设项目审批文件的，可以根据与该建设项目所处进度对应的有关审批文件中的投资匡算、投资估算或者投资概算认定总投资额。对实行核准制管理的企业投资项目，已经取得建设项目核准文件的，可以根据该建设项目核准文件确定的投资规模认定总投资额。对实行备案制管理的企业投资项目，可以根据备案的项目总投资额认定。有下列情形之一的建设项目，有关行使行政处罚权的主管部门可以委托工程咨询单位、资产评估机构、会计师事务所等专业机构进行评估确定其总投资额：备案的项目总投资额与实际情况存在明显差异的；未经审批、核准、备案的；产业政策禁止投资建设的。地方有关行使行政处罚权的主管部门可以根据实际情况，探索采取要求建设单位有关责任人出具证明文件、第三方询价等方式对建设项目总投资额进行认定。对正在建设过程中的建设项目，不能根据建设项目在建设过程中实际发生的投资额认定该建设项目总投资额。对已经全部建成并投入生产或者使用的建设项目，项目单位能够证明项目实际投资额与审批、核准文件或者备案信息不一致的，根据该建设项目实际全部投资额认定总投资额。

（三）规范地方招标投标制度规则制定活动，各地制定有关招标投标制度规则，要落实《优化营商环境条例》要求，认真开展公平竞争审查、合法性审核，充分听取市场主体、行业协会商会意见，并向社会公开征求意见一般不少于30日。没有法律、法规或者国务院决定和命令依据的，规范性文件不得减损市场主体合法权益或者增加其义务，不得设置市场准入和退出条件，不得设定证明事项，不得干预市场主体正常生产经营活动。要按照应减尽减、能统则统的原则，对各地市保留的招标投标制度规则类文件实行总量控制和增减挂钩；在省级公共资源交易平台、招标投标公共服务平台和省级行政监督部门网站专栏公布目录及全文（或网址链接）。各地招标投标行政监督部门要在依法必须招标项目的事中事后监管方面，全面推行“双随机一公开”模式，对招标公告、招标文件、资格审查、开标评标定标、异议答复、招标投标情况书面报告、招标代理等关键环节、载体，要合理确定抽查对象、比例、频次，向社会公布后执行，并同步归集至本级公共资源交易平台、招标投标公共服务平台和信用信息共享平台。各地招标投标行政监督部门要指导督促依法必须招标项目招标人在资格预审公告、资格预审文件、招标公告、招标文件中公布接收异议的联系方式，依法及时答复和处理有关主体依法提出的异议。要结合全面推行电子招标投标，实现依法必须招标项目均可通过电子招标投标交易系统在线提出异议和作出答复。

落实《政府采购法》等相关法律法规的要求，依法保障各类市场主体平等参与政府采购活动的权利。对于供应商法人代表已经出具委托书的，不得要求供应商法人代表亲自领购采购文件或者到场参加开标、谈判等。对于采购人、采购代理机构可以通过互联网或者相关信息系统查询的信息，不得要求供应商提供。对于供应商依照规定提交各类声明函、承诺函的，不得要求其再提供有关部门出具的相关证明文件。采购人允许采用分包方式履行合同的，应当在采购文件中明确可以分包履行的具体内容、金额或者比例。采购人、采购代理机构对投标（响应）文件的格式、形式要求应当简化明确，不得因非实质性的格式、形式问题限制和影响供应商投标（响应）。实现电子化采购，采购人、采购代理机构应当向供应商免费提供电子采购文件。采购人、采购代理机构应当允许供应商自主选择以支票、汇票、本票、保函等非现金形式缴纳或提交保证金。收取投标（响应）保证金的，采购人、采购代理机构约定的到账（保函提交）截止时间应当与投标（响应）截止时间一致，并按照规定及时退还供应商。收取履约保证金的，应当在采购合同中约定履约保证金退还的方式、时间、条件和不予退还的情形，明确逾期退还履约保证金的违约责任。政府采购合同应当约定资金支付的方式、时间和条件，明确逾期支付资金的违约责任。对于满足合同约定支付条件的，采购人应当自收到发票后30日内将资金支付到合同约定的供应商账户，不得将采购文件和合同中未规定的义务作为向供应商付款的条件。采购人和供应商应当在政府采购合同中明确约定双方的违约责任。对于因采购人原因导致变更、中止或者终止政府采购合同的，采购人应当依照合同约定对供应商受到的损失予以赔偿或者补偿。实现在线发布采购公告、提供采购文件、提交投标（响应）文件，实行电子开标、电子评审。建立电子化政府采购平台与财政业务、采购单位内部管理等信息系统的衔接，完善和优化合同签订、履约验收、信用评价、用户反馈、提交发票、资金支付等线上流程。采购意向包括主要采购项目、采购内容及需求概况、预算金额、预计采购时间等，实现各级预算单位采购意向公开。建立与“互联网+政府采购”相适应的快速裁决通道，为供应商提供标准统一、高效便捷的维权服务。在政府采购活动中落实平等对待内外资企业有关政策，保障内外资企业平等参与政府采购，政府采购依法对内外资企业在中国境内生产的产品（包括提供的服务，下同）平等对待。各级预算单位应当严格执行《政府采购法》和《外商投资法》等相关法律法规，在政府采购活动中，除涉及国家安全和国家秘密的采购项目外，不得区别对待内外资企业在中国境内生产的产品。在中国境内生产的产品，不论其供应商是内资还是外资企业，均应依法保障其平等参与政府采购活动的权利。在政府采购活动中落实平等对待内外资企业的要求，各级预算单位在政府采购活动中，不得在政府采购信息发布、供应商资格条件确定和资格审查、评审标准等方面，对内资企业或外商投资企业实行差别待遇或者歧视待遇，不得以所有制形式、组织形式、股权结构、投资者国别、产品品牌以及其他不合理的条件对供应商予以限定，切实保障内外资企业公平竞争。平等维护内外资企业的合法权益，内外资企业在政府采购活动中，凡认为采购文件、采购过程、中标或者成交结果使自身权益受到损害的，均可依照相关规定提起质疑和投诉。

共享公共资源交易的整合主要目标，积极推动整合分散设立的工程建设项目招标投标、土地使用权和矿业权出让、国有产权交易、政府采购等交易平台，全国范围内规则统一、公开透明、服务高效、监督规范的平台体系初步构建，为深化公共资源交易平台整合共享，适合以市场化方式配置的公共资源基本纳入统一的公共资源交易平台体系，实行目录管理；各级公共资源交易平台纵向全面贯通、横向互联互通，实现制度规则统一、技术标准统一、信息资源共享；电子化交易全面实施，公共资源交易实现全过程在线实时监管。公共资源交易流程更加科学高效，交易活动更加规范有序，统一开放、竞争有序的公共资源交易市场健康运行。制定和发布全国统一的公共资源交易目录指引。对于全民所有自然资源，特许经营权，农村集体产权等资产股权、排污权、碳排放权、用能权等环境权，健全出让或转让规则，引入招标投标、拍卖等竞争性方式，完善交易制度和价格形成机制，促进公共资源公平交易、高效利用。优化公共资源交易服务，加强公共资源交易平台电子系统建设，明确交易、服务、监管等各子系统的功能定位，实现互联互通和信息资源共享，并同步规划、建设、使用信息基础设施，完善相关安全技术措施，确保系统和数据安全。统筹公共资源交易评标、评审专家资源，通过远程异地评标、评审等方式加快推动优质专家资源跨地区、跨行业共享。促进数字证书（CA）跨平台、跨部门、跨区域互认，推动电子营业执照、电子担保保函在公共资源交易领域的应用，降低企业交易成本，提高交易效率。完善公共资源交易信用信息管理、共享、运用等制度，强化各类市场主体信用信息的公开和运用，把市场主体参与公共资源交易活动的信用信息归集到全国信用信息共享平台，作为实施监管的重要依据，依法依规开展守信联合激励和失信联合惩戒。运用大数据、云计算等现代信息技术手段，对公共资源交易活动进行监测分析，推进公共资源交易平台电子系统与全国投资项目在线审批监管平台对接。

（四）简化招标投标市场流程，招标人在招标项目资格预审公告、资格预审文件、招标公告、招标文件中不得以营业执照记载的经营范围作为确定投标人经营资质资格的依据，招标项目对投标人经营资质资格有明确要求的，应当对其是否被准予行政许可、取得相关资质资格情况进行审查，不应以对营业执照经营范围的审查代替，或以营业执照经营范围明确记载行政许可批准证件上的具体内容作为审查标准。建立以业绩、信用、履约能力为核心的投标人资格审查制度。全面推广电子招标投标，推进招标投标信息资源互联共享，推动电子营业执照在招标投标领域的应用，降低企业交易成本。工程招标投标活动依法应由招标人负责，招标人自主决定发起招标，自主选择工程建设项目招标代理机构、资格审查方式、招标人代表和评标方法。夯实招标投标活动中各方主体责任，政府投资工程鼓励集中建设管理方式。实施相对集中专业化管理，采用组建集中建设机构或竞争选择企业实行代建的模式，严格控制工程项目投资，科学确定并严格执行合理的工程建设周期，保障工程质量安全，竣工验收后移交使用单位。社会投资的房屋建筑工程，建设单位自主决定发包方式，社会投资的市政基础设施工程依法决定发包方式。政府投资工程鼓励采用全过程工程咨询、工程总承包方式，减少招标投标层级，依据合同约定或经招标人同意，由总承包单位自主决定专业分包。招标人应科学制定评标定标方法，组建评标委员会，通过资格审查强化对投标人的信用状况和履约能力审查，围绕高质量发展要求优先考虑创新、绿色等评审因素。评标委员会对投标文件的技术、质量、安全、工期的控制能力等因素提供技术咨询建议，向招标人推荐合格的中标候选人。全面推行招标投标交易全过程电子化和异地远程评标。招标投标交易平台应当与本地建筑市场监管平台实现数据对接，加快推动交易、监管数据互联共享。实施工程造价供给侧结构性改革，鼓励地方建立工程造价数据库和发布市场化的造价指标指数，促进通过市场竞争形成合同价。对标国际，建立工程计量计价体系，完善工程材料、机械、人工等各类价格市场化信息发布机制。改进最高投标限价编制方式，强化招标人工程造价管控责任，推行全过程工程造价咨询。严格合同履约管理和工程变更，强化工程进度款支付和工程结算管理，招标人不得将未完成审计作为延期工程结算、拖欠工程款的理由。完善全过程工程咨询机构从事招标投标活动的监管。中标人应严格按照投标承诺的技术力量和技术方案履约，对中标人拒不履行合同约定义务的，作为不良行为记入信用记录。招标人要求中标人提供履约担保的，招标人应当同时向中标人提供工程款支付担保。对采用最低价中标的探索实行高保额履约担保。公开招标的项目信息，应在招标公告发布的公共服务平台、交易平台向社会公开。开展建筑市场信用评价，健全招标人、投标人、招标代理机构及从业人员等市场主体信用档案，完善信用信息的分级管理制度，推动建筑市场信用评价结果在招标投标活动中规范应用。

（五）规范招标人主体责任，强化招标人主体责任，依法落实招标自主权。切实保障招标人在选择招标代理机构、编制招标文件、在统一的公共资源交易平台体系内选择电子交易系统和交易场所、组建评标委员会、委派代表参加评标、确定中标人、签订合同等方面依法享有的自主权。任何单位和个人不得以任何方式为招标人指定招标代理机构，不得违法限定招标人选择招标代理机构的方式，不得强制具有自行招标能力的招标人委托招标代理机构办理招标事宜。任何单位不得设定没有法律、行政法规依据的招标文件审查等前置审批或审核环节。对实行电子招标投标的项目，取消招标文件备案或者实行网上办理。严格执行强制招标制度，依法经项目审批、核准部门确定的招标范围、招标方式、招标组织形式，未经批准不得随意变更。依法必须招标项目拟不进行招标的、依法应当公开招标的项目拟邀请招标的，必须符合法律法规规定情形并履行规定程序；除涉及国家秘密或者商业秘密的外，应当在实施采购前公示具体理由和法律法规依据。不得以支解发包、化整为零、招小送大、设定不合理的暂估价或者通过虚构涉密项目、应急项目等形式规避招标；不得以战略合作、招商引资等理由搞“明招暗定”“先建后招”的虚假招标；不得通过集体决策、会议纪要、函复意见、备忘录等方式将依法必须招标项目转为采用谈判、询比、竞价或者直接采购等非招标方式。对于涉及应急抢险救灾、疫情防控等紧急情况，以及重大工程建设项目经批准增加的少量建设内容，可以按照《招标投标法》第六十六条和《招标投标法实施条例》第九条规定不进行招标，同时强化项目单位在资金使用、质量安全等方面责任。不得随意改变法定招标程序；不得采用抽签、摇号、抓阄等违规方式直接选择投标人、中标候选人或中标人。除交易平台暂不具备条件等特殊情形外，依法必须招标项目应当实行全流程电子化交易。规范招标文件编制和发布，招标人应当高质量编制招标文件，鼓励通过市场调研、专家咨询论证等方式，明确招标需求，优化招标方案；对于委托招标代理机构编制的招标文件，应当认真组织审查，确保合法合规、科学合理、符合需求；对于涉及公共利益、社会关注度较高的项目，以及技术复杂、专业性强的项目，鼓励就招标文件征求社会公众或行业意见。依法必须招标项目的招标文件，应当使用国家规定的标准文本，根据项目的具体特点与实际需要编制。招标文件中资质、业绩等投标人资格条件要求和评标标准应当以符合项目具体特点和满足实际需要为限度审慎设置，不得通过设置不合理条件排斥或者限制潜在投标人。依法必须招标项目不得提出注册地址、所有制性质、市场占有率、特定行政区域或者特定行业业绩、取得非强制资质认证、设立本地分支机构、本地缴纳税收社保等要求，不得套用特定生产供应者的条件设定投标人资格、技术、商务条件。简化投标文件形式要求，一般不得将装订、纸张、明显的文字错误等列为否决投标情形。鼓励参照《公平竞争审查制度实施细则》，建立依法必须招标项目招标文件公平竞争审查机制。鼓励建立依法必须招标项目招标文件公示或公开制度。严禁设置投标报名等没有法律法规依据的前置环节。规范招标人代表条件和行为，招标人应当选派或者委托责任心强、熟悉业务、公道正派的人员作为招标人代表参加评标，并遵守利益冲突回避原则。严禁招标人代表私下接触投标人、潜在投标人、评标专家或相关利害关系人；严禁在评标过程中发表带有倾向性、误导性的言论或者暗示性的意见建议，干扰或影响其他评标委员会成员公正独立评标。招标人代表发现其他评标委员会成员不按照招标文件规定的评标标准和方法评标的，应当及时提醒、劝阻并向有关招标投标行政监督部门（以下简称行政监督部门）报告。

加强评标报告审查，招标人应当在中标候选人公示前认真审查评标委员会提交的书面评标报告，发现异常情形的，依照法定程序进行复核，确认存在问题的，依照法定程序予以纠正。重点关注评标委员会是否按照招标文件规定的评标标准和方法进行评标；是否存在对客观评审因素评分不一致，或者评分畸高、畸低现象；是否对可能低于成本或者影响履约的异常低价投标和严重不平衡报价进行分析研判；是否依法通知投标人进行澄清、说明；是否存在随意否决投标的情况。加大评标情况公开力度，积极推进评分情况向社会公开、投标文件被否决原因向投标人公开。畅通异议渠道，招标人是异议处理的责任主体，应当畅通异议渠道，在招标公告和公示信息中公布受理异议的联系人和联系方式，在法定时限内答复和处理异议，积极引导招标投标活动当事人和利害关系人按照法定程序维护自身权益。实行电子招标投标的，应当支持系统在线提出异议、跟踪处理进程、接收异议答复。不得故意拖延、敷衍，无故回避实质性答复，或者在作出答复前继续进行招标投标活动。落实合同履约管理责任，招标人应当高度重视合同履约管理，健全管理机制，落实管理责任。依法必须招标项目的招标人应当按照《公共资源交易领域基层政务公开标准指引》要求，及时主动公开合同订立信息，并积极推进合同履行及变更信息公开。加强对依法必须招标项目合同订立、履行及变更的行政监督，强化信用管理，防止“阴阳合同”“低中高结”等违法违规行为发生，及时依法查处违法违规行为。加强招标档案管理，招标人应当按照有关规定加强招标档案管理，及时收集、整理、归档招标投标交易和合同履行过程中产生的各种文件资料和信息数据，并采取有效措施确保档案的完整和安全，不得篡改、损毁、伪造或者擅自销毁招标档案。加快推进招标档案电子化、数字化。招标人未按照规定进行归档，篡改、损毁、伪造、擅自销毁招标档案，或者在依法开展的监督检查中不如实提供招标档案的，由行政监督部门责令改正。强化内部控制管理，招标人应当建立健全招标投标事项集体研究、合法合规性审查等议事决策机制，积极发挥内部监督作用；对招标投标事项管理集中的部门和岗位实行分事行权、分岗设权、分级授权，强化内部控制。依法必须招标项目应当在组织招标前，按照权责匹配原则落实主要负责人和相关负责人。鼓励招标人建立招标项目绩效评价机制和招标采购专业化队伍，加大对招标项目管理人员的问责问效力度，将招标投标活动合法合规性、交易结果和履约绩效与履职评定、奖励惩处挂钩。

（六）完善招标投标交易担保制度降低招标投标交易成本。为深入贯彻落实《国务院关于印发扎实稳住经济一揽子政策措施的通知》要求，加快推动招标投标交易担保制度改革，降低招标投标市场主体特别是中小微企业交易成本，保障各方主体合法权益，优化招标投标领域营商环境，完善招标投标交易担保制度、进一步降低招标投标交易成本有关要求：严格规范招标投标交易担保行为，招标人、招标代理机构以及其他受委托提供保证金代收代管服务的平台和服务机构应当严格遵守招标投标交易担保规定，严禁巧立名目变相收取没有法律法规依据的保证金或其他费用。招标人应当同时接受现金保证金和银行保函等非现金交易担保方式，在招标文件中规范约定招标投标交易担保形式、金额或比例、收退时间等。依法必须招标项目的招标人不得强制要求投标人、中标人缴纳现金保证金。全面推广保函（保险），鼓励招标人接受担保机构的保函、保险机构的保单等其他非现金交易担保方式缴纳投标保证金、履约保证金、工程质量保证金。投标人、中标人在招标文件约定范围内，可以自行选择交易担保方式，招标人、招标代理机构和其他任何单位不得排斥、限制或拒绝。鼓励使用电子保函，降低电子保函费用。任何单位和个人不得为投标人、中标人指定出具保函、保单的银行、担保机构或保险机构。规范保证金收取和退还，招标人、招标代理机构以及其他受委托提供保证金代收代管服务的平台和服务机构应当严格按照法律规定、招标文件和合同中明确约定的保证金收退的具体方式和期限，及时退还保证金。任何单位不得非法扣押、拖欠、侵占、挪用各类保证金。以现金形式提交保证金的，应当同时退还保证金本金和银行同期存款利息。各地政府有关部门、各有关单位和企业要每年定期开展历史沉淀保证金清理工作，并通过相关公共服务平台网络、窗口或门户网站向社会公开清理结果。鼓励减免政府投资项目投标保证金，各省级招标投标指导协调工作牵头部门应当会同各有关行政监督部门，制定出台鼓励本地区政府投资项目招标人全面或阶段性停止收取投标保证金，或者分类减免投标保证金的政策措施，并完善保障招标人合法权益的配套机制。鼓励实行差异化缴纳投标保证金，对于政府投资项目以外的依法必须招标项目和非依法必须招标项目，各地要制定相应政策，鼓励招标人根据项目特点和投标人诚信状况，在招标文件中明确减免投标保证金的措施。鼓励招标人对无失信记录的中小微企业或信用记录良好的投标人，给予减免投标保证金的优惠待遇。鼓励国有企事业单位招标人制定实施分类减免投标保证金的相关措施。企事业单位实行集中招标采购制度的，可以探索试行与集中招标采购范围对应的集中交易担保机制，避免投标人重复提供投标保证金。加快完善招标投标交易担保服务体系，依托公共资源交易平台、招标投标公共服务平台、电子招标投标交易平台、信用信息共享平台等，依法依规公开市场主体资质资格、业绩、行为信用信息和担保信用信息等，为招标人减免投标保证金提供客观信息依据。推动建立银行、担保机构和保险机构间的招标投标市场主体履约信用信息共享机制，鼓励各类银行、担保机构、保险机构和电子招标投标交易平台对符合条件的投标人、中标人简化交易担保办理流程、降低服务手续费用。依法依规对银行、担保机构和保险机构加强信用监管，严格防范并依法惩戒交易担保违法失信行为。

第二节　建筑工程设计施工招标投标与计价

一、建筑工程设计招标管理

依法必须进行招标的各类房屋建筑工程，其设计招标投标活动，国务院住房和城乡建设主管部门依法对全国建筑工程设计招标投标活动实施监督。建筑工程设计招标范围和规模标准按照国家有关规定执行，有下列情形之一的，可以不进行招标：采用不可替代的专利或者专有技术的；对建筑艺术造型有特殊要求，并经有关主管部门批准的；建设单位依法能够自行设计的；建筑工程项目的改建、扩建或者技术改造，需要由原设计单位设计，否则将影响功能配套要求的；国家规定的其他特殊情形。建筑工程设计招标应当依法进行公开招标或者邀请招标。建筑工程设计招标可以采用设计方案招标或者设计团队招标，招标人可以根据项目特点和实际需要选择。设计方案招标，是指主要通过对投标人提交的设计方案进行评审确定中标人。设计团队招标，是指主要通过对投标人拟派设计团队的综合能力进行评审确定中标人。公开招标的，招标人应当发布招标公告。邀请招标的，招标人应当向 3 个以上潜在投标人发出投标邀请书。招标公告或者投标邀请书应当载明招标人名称和地址、招标项目的基本要求、投标人的资质要求以及获取招标文件的办法等事项。招标人一般应当将建筑工程的方案设计、初步设计和施工图设计一并招标。确需另行选择设计单位承担初步设计、施工图设计的，应当在招标公告或者投标邀请书中明确。鼓励建筑工程实行设计总包。实行设计总包的，按照合同约定或者经招标人同意，设计单位可以不通过招标方式将建筑工程非主体部分的设计进行分包。招标文件应当满足设计方案招标或者设计团队招标的不同需求，主要包括以下内容：项目基本情况；城乡规划和城市设计对项目的基本要求；项目工程经济技术要求；项目有关基础资料；招标内容；招标文件答疑、现场踏勘安排；投标文件编制要求；评标标准和方法；投标文件送达地点和截止时间；开标时间和地点；拟签订合同的主要条款；设计费或者计费方法；未中标方案补偿办法。设计招标投标，招标人应当在资格预审公告、招标公告或者投标邀请书中载明是否接受联合体投标。采用联合体形式投标的，联合体各方应当签订共同投标协议，明确约定各方承担的工作和责任，就中标项目向招标人承担连带责任。招标人可以对已发出的招标文件进行必要的澄清或者修改。澄清或者修改的内容可能影响投标文件编制的，招标人应当在投标截止时间至少 15 日前，以书面形式通知所有获取招标文件的潜在投标人，不足15日的，招标人应当顺延提交投标文件的截止时间。潜在投标人或者其他利害关系人对招标文件有异议的，应当在投标截止时间10日前提出。招标人应当自收到异议之日起3日内作出答复；作出答复前，应当暂停招标投标活动。招标人应当确定投标人编制投标文件所需要的合理时间，自招标文件开始发出之日起至投标人提交投标文件截止之日止，时限最短不少于20日。投标人应当具有与招标项目相适应的工程设计资质。境外设计单位参加国内建筑工程设计投标的，按照国家有关规定执行。投标人应当按照招标文件的要求编制投标文件。投标文件应当对招标文件提出的实质性要求和条件作出响应。设计评标定标，评标由评标委员会负责。评标委员会由招标人代表和有关专家组成。评标委员会人数为5人以上单数，其中技术和经济方面的专家不得少于成员总数的2/3。建筑工程设计方案评标时，建筑专业专家不得少于技术和经济方面专家总数的2/3。评标专家一般从专家库随机抽取，对于技术复杂、专业性强或者国家有特殊要求的项目，招标人也可以直接邀请相应专业的中国科学院院士、中国工程院院士、全国工程勘察设计大师以及境外具有相应资历的专家参加评标。投标人或者与投标人有利害关系的人员不得参加评标委员会。有下列情形之一的，评标委员会应当否决其投标：投标文件未按招标文件要求经投标人盖章和单位负责人签字；投标联合体没有提交共同投标协议；投标人不符合国家或者招标文件规定的资格条件；同一投标人提交两个以上不同的投标文件或者投标报价，但招标文件要求提交备选投标的除外；投标文件没有对招标文件的实质性要求和条件作出响应；投标人有串通投标、弄虚作假、行贿等违法行为；法律法规规定的其他应当否决投标的情形。评标委员会应当按照招标文件确定的评标标准和方法，对投标文件进行评审。采用设计方案招标的，评标委员会应当在符合城乡规划、城市设计以及安全、绿色、节能、环保要求的前提下，重点对功能、技术、经济和美观等进行评审。采用设计团队招标的，评标委员会应当对投标人拟从事项目设计的人员构成、人员业绩、人员从业经历、项目解读、设计构思、投标人信用情况和业绩等进行评审。评标委员会应当在评标完成后，向招标人提出书面评标报告，推荐不超过3个中标候选人，并标明顺序。招标人应当公示中标候选人。采用设计团队招标的，招标人应当公示中标候选人投标文件中所列主要人员、业绩等内容。招标人根据评标委员会的书面评标报告和推荐的中标候选人确定中标人。招标人也可以授权评标委员会直接确定中标人。采用设计方案招标的，招标人认为评标委员会推荐的候选方案不能最大限度满足招标文件规定的要求的，应当依法重新招标。招标人应当在确定中标人后及时向中标人发出中标通知书，并同时将中标结果通知所有未中标人。招标人应当自确定中标人之日起15日内，向县级以上地方人民政府住房和城乡建设主管部门提交招标投标情况的书面报告。县级以上地方人民政府住房和城乡建设主管部门应当自收到招标投标情况的书面报告之日起5个工作日内，公开专家评审意见等信息，涉及国家秘密、商业秘密的除外。招标人和中标人应当自中标通知书发出之日起30日内，按照招标文件和中标人的投标文件订立书面合同。招标人、中标人使用未中标方案的，应当征得提交方案的投标人同意并付给使用费。国务院住房和城乡建设主管部门，省、自治区、直辖市人民政府住房和城乡建设主管部门应当加强建筑工程设计评标专家和专家库的管理。建筑专业专家库应当按建筑工程类别细化分类。住房和城乡建设主管部门应当加快推进电子招标投标，完善招标投标信息平台建设，促进建筑工程设计招标投标信息化监管。

二、施工招标投标管理

（一）工程施工招标由招标人依法组织实施。招标人不得以不合理条件限制或者排斥潜在投标人，不得对潜在投标人实行歧视待遇，不得对潜在投标人提出与招标工程实际要求不符的过高的资质等级要求和其他要求。工程施工招标应当具备下列条件：按照国家有关规定需要履行项目审批手续的，已经履行审批手续；工程资金或者资金来源已经落实；有满足施工招标需要的设计文件及其他技术资料；法律、法规、规章规定的其他条件。工程施工招标分为公开招标和邀请招标。依法必须进行施工招标的工程，全部使用国有资金投资或者国有资金投资占控股或者主导地位的，应当公开招标，但经国家发改委或者省、自治区、直辖市人民政府依法批准可以进行邀请招标的重点建设项目除外；其他工程可以实行邀请招标。工程有下列情形之一的，经县级以上地方人民政府建设行政主管部门批准，可以不进行施工招标：停建或者缓建后恢复建设的单位工程，且承包人未发生变更的；施工企业自建自用的工程，且该施工企业资质等级符合工程要求的；在建工程追加的附属小型工程或者主体加层工程，且承包人未发生变更的；法律、法规、规章规定的其他情形。依法必须进行施工招标的工程，招标人自行办理施工招标事宜的，应当具有编制招标文件和组织评标的能力：有专门的施工招标组织机构；有与工程规模、复杂程度相适应并具有同类工程施工招标经验、熟悉有关工程施工招标法律法规的工程技术、概预算及工程管理的专业人员。不具备上述条件的，招标人应当委托工程招标代理机构代理施工招标。招标人自行办理施工招标事宜的，应当在发布招标公告或者发出投标邀请书的5日前，向工程所在地县级以上地方人民政府建设行政主管部门备案，并报送下列材料：按照国家有关规定办理审批手续的各项批准文件；所列条件的证明材料，包括专业技术人员的名单、职称证书或者执业资格证书及其工作经历的证明材料；法律、法规、规章规定的其他材料。招标人不具备自行办理施工招标事宜条件的，建设行政主管部门应当自收到备案材料之日起5日内责令招标人停止自行办理施工招标事宜。

全部使用国有资金投资或者国有资金投资占控股或者主导地位，依法必须进行施工招标的工程项目，应当进入有形建筑市场进行招标投标活动。政府有关管理机关可以在有形建筑市场集中办理有关手续，并依法实施监督。依法必须进行施工公开招标的工程项目，应当在国家或者地方指定的报刊、信息网络或者其他媒介上发布招标公告，并同时在中国工程建设和建筑业信息网上发布招标公告。招标公告应当载明招标人的名称和地址，招标工程的性质、规模、地点以及获取招标文件的办法等事项。招标人采用邀请招标方式的，应当向3个以上符合资质条件的施工企业发出投标邀请书。投标邀请书应当载明规定的事项。招标人可以根据招标工程的需要，对投标申请人进行资格预审，也可以委托工程招标代理机构对投标申请人进行资格预审。实行资格预审的招标工程，招标人应当在招标公告或者投标邀请书中载明资格预审的条件和获取资格预审文件的办法。资格预审文件一般应当包括资格预审申请书格式、申请人须知，以及需要投标申请人提供的企业资质、业绩、技术装备、财务状况和拟派出的项目经理与主要技术人员的简历、业绩等证明材料。经资格预审后，招标人应当向资格预审合格的投标申请人发出资格预审合格通知书，告知获取招标文件的时间、地点和方法，并同时向资格预审不合格的投标申请人告知资格预审结果。在资格预审合格的投标申请人过多时，可以由招标人从中选择不少于7家资格预审合格的投标申请人。招标人应当根据招标工程的特点和需要，自行或者委托工程招标代理机构编制招标文件。招标文件应当包括下列内容：投标须知，包括工程概况，招标范围，资格审查条件，工程资金来源或者落实情况，标段划分，工期要求，质量标准，现场踏勘和答疑安排，投标文件编制、提交、修改、撤回的要求，投标报价要求，投标有效期，开标的时间和地点，评标的方法和标准等；招标工程的技术要求和设计文件；采用工程量清单招标的，应当提供工程量清单；投标函的格式及附录；拟签订合同的主要条款；要求投标人提交的其他材料。依法必须进行施工招标的工程，招标人应当在招标文件发出的同时，将招标文件报工程所在地的县级以上地方人民政府建设行政主管部门备案。建设行政主管部门发现招标文件有违反法律、法规内容的，应当责令招标人改正。招标人对已发出的招标文件进行必要的澄清或者修改的，应当在招标文件要求提交投标文件截止时间至少15日前，以书面形式通知所有招标文件收受人，并同时报工程所在地的县级以上地方人民政府建设行政主管部门备案。该澄清或者修改的内容为招标文件的组成部分。招标人设有标底的，应当依据国家规定的工程量计算规则及招标文件规定的计价方法和要求编制标底，并在开标前保密。一个招标工程只能编制一个标底。招标人对于发出的招标文件可以酌收工本费。其中的设计文件，招标人可以酌收押金。对于开标后将设计文件退还的，招标人应当退还押金。

（二）施工投标。施工招标的投标人是响应施工招标、参与投标竞争的施工企业。投标人应当具备相应的施工企业资质，并在工程业绩、技术能力、项目经理资格条件、财务状况等方面满足招标文件提出的要求。投标人对招标文件有疑问需要澄清的，应当以书面形式向招标人提出。投标人应当按照招标文件的要求编制投标文件，对招标文件提出的实质性要求和条件作出响应。招标文件允许投标人提供备选标的，投标人可以按照招标文件的要求提交替代方案，并作出相应报价作备选标。投标文件应当包括下列内容：投标函；施工组织设计或者施工方案；投标报价；招标文件要求提供的其他材料。招标人可以在招标文件中要求投标人提交投标担保。投标担保可以采用投标保函或者投标保证金的方式。投标保证金可以使用支票、银行汇票等，一般不得超过投标总价的2%，最高不得超过50万元。投标人应当按照招标文件要求的方式和金额，将投标保函或者投标保证金随投标文件提交招标人。投标人应当在招标文件要求提交投标文件的截止时间前，将投标文件密封送达投标地点。招标人收到投标文件后，应当向投标人出具标明签收人和签收时间的凭证，并妥善保存投标文件。在开标前，任何单位和个人均不得开启投标文件。在招标文件要求提交投标文件的截止时间后送达的投标文件，为无效的投标文件，招标人应当拒收。提交投标文件的投标人少于3个的，招标人应当依法重新招标。投标人在招标文件要求提交投标文件的截止时间前，可以补充、修改或者撤回已提交的投标文件。补充、修改的内容为投标文件的组成部分，并应当按照办法第二十七条第一款的规定送达、签收和保管。在招标文件要求提交投标文件的截止时间后送达的补充或者修改的内容无效。两个以上施工企业可以组成一个联合体，签订共同投标协议，以一个投标人的身份共同投标。联合体各方均应当具备承担招标工程的相应资质条件。相同专业的施工企业组成的联合体，按照资质等级低的施工企业的业务许可范围承揽工程。招标人不得强制投标人组成联合体共同投标，不得限制投标人之间的竞争。投标人不得相互串通投标，不得排挤其他投标人的公平竞争，损害招标人或者其他投标人的合法权益。投标人不得与招标人串通投标，损害国家利益、社会公共利益或者他人的合法权益。禁止投标人以向招标人或者评标委员会成员行贿的手段谋取中标。投标人不得以低于其企业成本的报价竞标，不得以他人名义投标或者以其他方式弄虚作假，骗取中标。

（三）施工开标、评标和中标。开标应当在招标文件确定的提交投标文件截止时间的同一时间公开进行；开标地点应当为招标文件中预先确定的地点。开标由招标人主持，邀请所有投标人参加。开标应当按照下列规定进行：由投标人或者其推选的代表检查投标文件的密封情况，也可以由招标人委托的公证机构进行检查并公证。经确认无误后，由有关工作人员当众拆封，宣读投标人名称、投标价格和投标文件的其他主要内容。招标人在招标文件要求提交投标文件的截止时间前收到的所有投标文件，开标时都应当当众予以拆封、宣读。开标过程应当记录，并存档备查。在开标时，投标文件出现下列情形之一的，应当作为无效投标文件，不得进入评标：投标文件未按照招标文件的要求予以密封的；投标文件中的投标函未加盖投标人的企业及企业法定代表人印章的，或者企业法定代表人委托代理人没有合法、有效的委托书（原件）及委托代理人印章的；投标文件的关键内容字迹模糊、无法辨认的；投标人未按照招标文件的要求提供投标保函或者投标保证金的；组成联合体投标的，投标文件未附联合体各方共同投标协议的。评标由招标人依法组建的评标委员会负责。依法必须进行施工招标的工程，其评标委员会由招标人的代表和有关技术、经济等方面的专家组成，成员人数为5人以上单数，其中招标人、招标代理机构以外的技术、经济等方面专家不得少于成员总数的三分之二。评标委员会的专家成员，应当由招标人从建设行政主管部门及其他有关政府部门确定的专家名册或者工程招标代理机构的专家库内相关专业的专家名单中确定。确定专家成员一般应当采取随机抽取的方式。与投标人有利害关系的人不得进入相关工程的评标委员会。评标委员会成员的名单在中标结果确定前应当保密。建设行政主管部门的专家名册应当拥有一定数量规模并符合法定资格条件的专家。省、自治区、直辖市人民政府建设行政主管部门可以将专家数量少的地区的专家名册予以合并或者实行专家名册计算机联网。评标委员会应当按照招标文件确定的评标标准和方法，对投标文件进行评审和比较，并对评标结果签字确认；设有标底的，应当参考标底。评标委员会可以用书面形式要求投标人对投标文件中含义不明确的内容作必要的澄清或者说明。投标人应当采用书面形式进行澄清或者说明，其澄清或者说明不得超出投标文件的范围或者改变投标文件的实质性内容。评标委员会经评审，认为所有投标文件都不符合招标文件要求的，可以否决所有投标。依法必须进行施工招标工程的所有投标被否决的，招标人应当依法重新招标。

（四）评标可以采用综合评估法、经评审的最低投标标价法或者法律法规允许的其他评标方法。采用综合评估法的，应当对投标文件提出的工程质量、施工工期、投标价格、施工组织设计或者施工方案、投标人及项目经理业绩等，能否最大限度地满足招标文件中规定的各项要求和评价标准进行评审和比较。以评分方式进行评估的，对于各种评比奖项不得额外计分。采用经评审的最低投标价法的，应当在投标文件能够满足招标文件实质性要求的投标人中，评审出投标价格最低的投标人，但投标价格低于其企业成本的除外。评标委员会完成评标后，应当向招标人提出书面评标报告，阐明评标委员会对各投标文件的评审和比较意见，并按照招标文件中规定的评标方法，推荐不超过 3 名有排序的合格的中标候选人。招标人根据评标委员会提出的书面评标报告和推荐的中标候选人确定中标人。使用国有资金投资或者国家融资的工程项目，招标人应当按照中标候选人的排序确定中标人。当确定中标的中标候选人放弃中标或者因不可抗力提出不能履行合同的，招标人可以依序确定其他中标候选人为中标人。招标人也可以授权评标委员会直接确定中标人。有下列情形之一的，评标委员会可以要求投标人作出书面说明并提供相关材料：设有标底的，投标报价低于标底合理幅度的；不设标底的，投标报价明显低于其他投标报价，有可能低于其企业成本的。经评标委员会论证，认定该投标人的报价低于其企业成本的，不能推荐为中标候选人或者中标人。招标人应当在投标有效期截止时限 30 日前确定中标人。投标有效期应当在招标文件中载明。依法必须进行施工招标的工程，招标人应当自确定中标人之日起 15 日内，向工程所在地的县级以上地方人民政府建设行政主管部门提交施工招标投标情况的书面报告。书面报告应当包括下列内容：施工招标投标的基本情况，包括施工招标范围、施工招标方式、资格审查、开评标过程和确定中标人的方式及理由等。相关的文件资料，包括招标公告或者投标邀请书、投标报名表、资格预审文件、招标文件、评标委员会的评标报告（设有标底的，应当附标底）、中标人的投标文件。委托工程招标代理的，还应当附工程施工招标代理委托合同。前款中已按照规定办理了备案的文件资料，不再重复提交。建设行政主管部门自收到书面报告之日起 5 日内未通知招标人在招标投标活动中有违法行为的，招标人可以向中标人发出中标通知书，并将中标结果通知所有未中标的投标人。招标人和中标人应当自中标通知书发出之日起 30 日内，按照招标文件和中标人的投标文件订立书面合同；招标人和中标人不得再行订立背离合同实质性内容的其他协议。中标人不与招标人订立合同的，投标保证金不予退还并取消其中标资格，给招标人造成的损失超过投标保证金数额的，应当对超过部分予以赔偿；没有提交投标保证金的，应当对招标人的损失承担赔偿责任。招标人无正当理由不与中标人签订合同，给中标人造成损失的，招标人应当给予赔偿。招标文件要求中标人提交履约担保的，中标人应当提交。招标人应当同时向中标人提供工程款支付担保。

（五）房屋建筑和市政基础设施工程招标投标。工程招标投标活动依法应由招标人负责，招标人自主决定发起招标，自主选择工程建设项目招标代理机构、资格审查方式、招标人代表和评标方法。实施相对集中专业化管理，采用组建集中建设机构或竞争选择企业实行代建的模式，严格控制工程项目投资，科学确定并严格执行合理的工程建设周期，保障工程质量安全，竣工验收后移交使用单位，提高政府投资工程的专业化管理水平。社会投资的房屋建筑工程，建设单位自主决定发包方式，社会投资的市政基础设施工程依法决定发包方式。政府投资工程鼓励采用全过程工程咨询、工程总承包方式，减少招标投标层级，依据合同约定或经招标人同意，由总承包单位自主决定专业分包，招标人不得指定分包或肢解工程。招标人应科学制定评标定标方法，组建评标委员会，通过资格审查强化对投标人的信用状况和履约能力审查，围绕高质量发展要求优先考虑创新、绿色等评审因素。评标委员会对投标文件的技术、质量、安全、工期的控制能力等因素提供技术咨询建议，向招标人推荐合格的中标候选人。由招标人按照科学、民主决策原则，建立健全内部控制程序和决策约束机制，根据报价情况和技术咨询建议，择优确定中标人。全面推行招标投标交易全过程电子化和异地远程评标，实现招标投标活动信息公开。积极创新电子化行政监督，招标投标交易平台应当与本地建筑市场监管平台实现数据对接，加快推动交易、监管数据互联共享，加大全国建筑市场监管公共服务平台工程项目数据信息的归集和共享力度。实施工程造价供给侧结构性改革，建立工程造价数据库和发布市场化的造价指标指数，促进通过市场竞争形成合同价。建立工程计量计价体系，完善工程材料、机械、人工等各类价格市场化信息发布机制。改进最高投标限价编制方式，强化招标人工程造价管控责任，推行全过程工程造价咨询。严格合同履约管理和工程变更，强化工程进度款支付和工程结算管理，招标人不得将未完成审计作为延期工程结算、拖欠工程款的理由。加强建筑市场和施工现场联动，将履约行为纳入信用评价，中标人应严格按照投标承诺的技术力量和技术方案履约，对中标人拒不履行合同约定义务的，作为不良行为记入信用记录。推行银行保函制度，在有条件的地区推行工程担保公司保函和工程保证保险。招标人要求中标人提供履约担保的，招标人应当同时向中标人提供工程款支付担保。对采用最低价中标的探索实行高保额履约担保。公开招标的项目信息，包括资格预审公告、招标公告、评审委员会评审信息、资格审查不合格名单、评标结果、中标候选人、定标方法、受理投诉的联系方式等内容，应在招标公告发布的公共服务平台、交易平台向社会公开，接受社会公众的监督。积极开展建筑市场信用评价，健全招标人、投标人、招标代理机构及从业人员等市场主体信用档案，完善信用信息的分级管理制度。

三、建筑工程施工发包与承包计价管理

（一）工程发承包计价应当遵循公平、合法和诚实信用的原则。工程发承包计价包括编制工程量清单、最高投标限价、招标标底、投标报价，进行施工过程结算和竣工结算，以及确定和调整合同价款的计价活动。建筑工程是指房屋建筑和市政基础设施工程。建筑工程施工发包与承包价在政府宏观调控下，由市场竞争形成。国务院住房和城乡建设主管部门负责全国工程发承包计价工作的管理。县级以上地方人民政府住房和城乡建设主管部门负责本行政区域内工程发承包计价工作的管理，其具体工作可以委托工程造价管理机构负责。国家推广工程造价咨询制度，对建筑工程项目实行全过程造价管理。鼓励发包方委托工程造价咨询企业提供全过程工程咨询服务。全部使用国有资金投资或者以国有资金投资为主的建筑工程，应当采用工程量清单计价；非国有资金投资的建筑工程，鼓励采用工程量清单计价。国有资金投资的建筑工程招标的，应当设有最高投标限价；非国有资金投资的建筑工程招标的，可以设有最高投标限价或者招标标底。最高投标限价及其成果文件，应当由招标人报工程所在地县级以上地方人民政府住房和城乡建设主管部门备案。

（二）工程量清单应当依据国家制定的工程量清单计价标准、工程量计算标准等编制。工程量清单应当作为招标文件的组成部分。最高投标限价应当依据工程量清单、工程计价有关规定和市场价格信息等编制。招标人设有最高投标限价的，应当在招标时公布最高投标限价的总价、编制依据和方法。招标标底应当依据工程计价有关规定和市场价格信息等编制。投标报价不得低于工程成本，不得高于最高投标限价。投标人应当依据招标文件、工程量清单、工程计价有关规定、市场价格信息和企业对招标工程成本的分析与预测，自主确定投标报价并承担相应风险。投标报价低于工程成本或者高于最高投标限价总价的，评标委员会应当否决投标人的投标。对是否低于工程成本报价的异议，评标委员会可以参照国务院住房和城乡建设主管部门和省、自治区、直辖市人民政府住房和城乡建设主管部门发布的有关规定进行评审。招标人与中标人应当根据中标价订立合同。不实行招标投标的工程由发承包双方协商订立合同。合同价款的有关事项由发承包双方约定，一般包括合同价款约定方式，预付工程款、工程进度款、施工过程结算价款、工程竣工价款的支付和结算方式，以及合同价款的调整情形等。发承包双方在确定合同价款时，应当考虑市场环境、生产要素价格变化和工程变更对合同价款的影响。实行工程量清单计价的建筑工程，鼓励发承包双方采用单价方式确定合同价款。招标时，设计图纸完善、技术标准明确、工程变更风险小的建筑工程，发承包双方可以采用总价方式确定合同价款。紧急抢险、救灾以及施工技术特别复杂的建筑工程，发承包双方可以采用成本加酬金方式确定合同价款。发承包双方应当在合同中约定，发生下列情形时合同价款的调整方法：法律、法规、规章或者国家有关政策变化影响合同价款的；发包方和承包方在合同中约定的人工、材料和机械价格变动超出合同约定风险幅度的；经批准变更设计的；发包方更改经审定批准的施工组织设计造成费用变化的；双方约定的其他因素。发承包双方应当根据国务院住房和城乡建设主管部门和省、自治区、直辖市人民政府住房和城乡建设主管部门的规定，结合工程款、建设工期等情况在合同中约定预付工程款的具体事宜。预付工程款按照合同价款或者年度工程计划额度的一定比例确定和支付，并在工程进度款中予以抵扣。承包方应当按照合同约定向发包方提交已完成工程量报告。发包方收到工程量报告后，应当按照合同约定及时核对并确认。当年开工、当年不能竣工的工程全面推行施工过程结算和支付。发承包双方应当通过合同约定，按时间节点或进度节点对周期内已完成且无争议的工程量进行价款计算、确认，并按照合同约定比例支付。发承包双方在合同中对施工过程结算的期限应当有明确约定；没有约定的，可以认为其约定期限均为 28 日。经发承包双方签字确认的施工过程结算文件作为竣工结算文件的组成部分。未经对方同意，另一方不得就已确认的施工过程结算文件进行重复审核。

（三）工程完工后，应当按照下列规定进行竣工结算：承包方应当在工程完工后的约定期限内提交竣工结算文件。国有资金投资建筑工程的发包方，可以自行审核或委托工程造价咨询企业对竣工结算文件进行审核，并在收到竣工结算文件后的约定期限内向承包方提出竣工结算文件审核意见；逾期未答复的，按照合同约定处理，合同没有约定的，竣工结算文件视为已被认可。非国有资金投资的建筑工程发包方，应当在收到竣工结算文件后的约定期限内予以答复，逾期未答复的，按照合同约定处理，合同没有约定的，竣工结算文件视为已被认可；发包方对竣工结算文件有异议的，应当在答复期内向承包方提出，并可以在提出异议之日起的约定期限内与承包方协商；发包方在协商期内未与承包方协商或者经协商未能与承包方达成协议的，可以委托工程造价咨询企业进行竣工结算审核，并在协商期满后的约定期限内向承包方提出竣工结算文件审核意见。承包方对发包方提出的工程造价咨询企业竣工结算审核意见有异议的，在接到该审核意见后一个月内，可以向有关工程造价管理机构或者有关行业组织申请调解，也可以依法申请仲裁或者向人民法院提起诉讼。发承包双方在合同中对期限没有明确约定的，应当按照国家有关规定执行；国家没有规定的，可认为其约定期限均为 28 日。工程竣工结算文件经发承包双方签字确认的，应当作为工程决算的依据。如合同无相关约定，未经对方同意，另一方不得就已生效的竣工结算文件重复审核。发包方应当按照竣工结算文件及时支付竣工结算款，不得以未完成政府审计、财政评审作为延期工程结算、拖欠工程款的理由。竣工结算文件应当由发包方报工程所在地县级以上地方人民政府住房和城乡建设主管部门备案，作为工程竣工文件一并管理。工程造价咨询企业、注册造价工程师接受委托编制的工程量清单、最高投标限价、招标标底、投标报价、施工过程结算、竣工结算等工程造价成果文件，应由编制单位加盖单位公章，由编制人和审核人分别签字并加盖注册造价工程师执业专用章。工程造价成果文件的编制单位、编制人、审核人分别承担相应法律责任。建筑工程以外的工程施工发包与承包计价管理可以参照执行。

第三节　房建和市政项目工程总承包管理

一、建设项目工程总承包计价

（一）工程总承包。承包人按照与发包人订立的建设项目工程总承包合同，对约定范围内的设计、采购、施工或者设计、施工等阶段实行承包建设，并对工程的质量、安全、工期和造价等全面负责的工程建设组织实施方式。基本建设工程发承包一直是施工总承包占据主导地位，2017 年国务院办公厅提出推行工程总承包，并要求政府投资工程推行工程总承包，依据《民法典》第 4 条～第 10 条的规定确定了计价原则，《建设项目工程总承包计价规范》适用于建设项目采用工程总承包模式的计价活动与现行国家标准《建设工程工程量清单计价规范》GB 50500，为发承包双方了解、选择不同发承包模式下的计价规则提供指引，规定了工程总承包的计量依据，应明确工程总承包的计量不同于施工图项目计量。发承包人在建设项目工程总承包的计价活动中法律地位平等，应当遵循自愿、公平、诚信、守法、绿色的原则。处理纠纷时，法律没有规定的，可以适用交易习惯，但不得违背公序良俗。建设项目工程总承包的计量应依据各专业建设项目适用于工程总承包的计量规范。工程总承包项目的计价活动除应符合本规范外，尚应符合国家现行有关标准的规定。

（二）工程总承包模式条件。发包人宜根据建设项目的特点、自身管理能力和实际需要、风险控制能力选择工程总承包模式。工程总承包包括（但不限于）下列模式：设计采购施工总承包（EPC）；设计施工总承包（DB）。具有下列情形时，发包人不宜采用设计采购施工总承包（EPC），可采用设计施工总承包（DB）：投标人没有足够的时间或信息仔细审核发包人要求，或没有足够的时间或信息进行设计、风险评估和估价；施工涉及实质性地下工程或投标人无法检查的其他区域的工程；发包人要密切监督或控制承包人的工作，或审查大部分施工图纸。发包人以施工图项目进行工程计量和计价应采用施工总承包。建设项目工程总承包可在可行性研究报告、方案设计或初步设计批准后进行。发包人应当根据建设项目特点、实际需要和风险控制选择恰当的阶段进行工程总承包的发包。发包人确定建设项目工程总承包发包阶段后，可按下列规定选择工程总承包模式：可行性研究报告批准后发包的，宜采用设计采购施工总承包（EPC）模式；方案设计批准后发包的，可采用设计采购施工总承包（EPC）或设计施工总承包（DB）模式；初步设计批准后发包的，宜采用设计施工总承包（DB）模式。发包人采用工程总承包模式，应编制工程总承包合同中称为“发包人要求”的文件，在文件中明确建设项目工程总承包的目标、范围、功能需求、设计与其他技术标准。发包人没有编制“发包人要求”或编制的“发包人要求”不能实现工程建设的目标时，不宜采用工程总承包模式。发包人采用工程总承包模式，应依据相关法律规定，要求承包人提供履约担保，并在合同中约定履约保函占签约合同价的比例及数额。发包人应当向承包人提供工程款支付担保。采用工程总承包模式，发承包双方应实行工程保险，增强防范风险能力。

（三）工程总承包计价方式。发包人采用工程总承包模式时，应根据发包内容，按照下列规定作为建设项目控制投资的基础：在可行性研究报告批准或方案设计后，按照投资估算中与发包内容对应的总金额作为投资控制目标；在初步设计批准后，按照设计概算中与发包内容对应的总金额作为投资控制目标。发承包双方应按照国家勘察设计规范、技术标准或发包人要求中提出的标准和合同中约定的承包范围，完成各自职责范围内建设项目的勘察设计工作并提供勘察设计文件，并应对各自提供的勘察设计文件的质量负责。采用工程总承包，除发包人将全部勘察工作单独委托勘察人实施或合同另有约定外，发承包双方对勘察设计工作可按下列分工进行：可行性研究报告批准或方案设计后发包，由发包人负责可行性研究勘察和初步勘察；承包人负责详细勘察和施工勘察以及初步设计和施工图设计、专项设计工作，按规定取得相关部门的批准，并符合专用合同条件的约定；初步设计后发包的，由发包人负责详细勘察；承包人负责施工勘察以及施工图设计、专项设计工作，按规定取得相关部门的批准，并符合专用合同条件的约定。建设项目工程总承包应采用总价合同，除工程变更外，工程量不予调整。总价合同中也可在专用合同条件约定，将发承包时无法把握施工条件变化的某些项目单独列项，按照应予计量的实际工程量和单价进行结算支付。发承包双方可根据规范第六章的规定在合同中约定合同价款调整的内容，形成可调总价合同，据此进行调整，否则视为固定总价合同，合同价款不予调整。工程总承包中价格清单项目的价格应包括成本、利润。成本中的应纳税金由发包人按照下列规定在发包人要求中明确，并在合同中约定：由承包人结合具体工程测算，将应纳税金计入价格清单项目汇入合同总价；由承包人将应纳税金单列计算。除合同另有约定外，采用工程总承包模式发包，应由承包人负责材料和设备的采购、运输和保管。发包人要提供部分材料和设备时，应在发包人要求中提出，并应在合同中明确约定。发包人应按工程进度计划的要求保质保量按期提供。工程总承包范围的材料、设备需要加工定制时，承包人可以外包并负责采购策划、设计、招标、签约、催交、检验、运输、验收、入库等。承包人应按照合同约定的品牌、规格提供材料和设备，并应满足合同约定的质量标准。若需更换时，应报发包人核准；若承包人擅自更换时，承包人应进行改正，并应承担由此造成的返工损失，延误的工期应不予顺延。发包人发现后予以核准时，因更换而导致的费用增加，发包人不应另行支付。因更换而导致的费用减少，发包人应核减相应费用。发包人可根据工程具体情况，要求承包人在施工过程中更换相关材料或设备，对更换部分的价格变化应按合同约定的有关规定执行。对承包人造成影响的，由此导致的费用增加和工期延误应由发包人承担。采用工程总承包模式，发包人对建筑安装工程价款的计价，除专用合同条件约定的按照应予计量的实际工程量进行结算支付的单价项目外，不得以项目的施工图为基础对合同价款进行重新计量或调整。价格清单列出的建筑安装工程量仅为估算的数量，不得将其视为要求承包人实施工程的实际或准确的数量。价格清单中列出的建筑安装工程的任何工程量及其价格，除按规范规定在专用合同条件中约定的单价项目外，应仅限于作为合同约定的变更和支付的参考，不应作为结算依据。建设项目实施过程中的期中结算与支付应按照合同价款支付分解表，并应依据进度计划完成的里程碑节点进行支付。预备费按下列规定使用：工程总承包为可调总价合同，已签约合同价中的预备费应由发包人掌握使用，发包人按照合同约定支付后，预备费如有余额应归发包人所有；工程总承包为固定总价合同，预备费可作为风险包干费用，在合同专用条件中约定，预备费归承包人所有。

（四）工程总承包计价风险。建设项目工程总承包中，发包人应根据采用的工程总承包模式以及发承包依据的基础条件，按照权责对等和平衡风险分担的原则，在发包人要求、工程总承包合同中明确计价的风险范围。存在下列情形时，造成合同工期和价格的变化主要由发包人承担：国家法律发生变化；专用合同条款中约定的人工、主要材料等市场价格变化超过合同约定幅度；可行性研究报告批准或方案设计后发包，发包人要求和方案设计发生变更；初步设计后发包，发包人要求和初步设计发生变更；不可预见的地质条件、地下掩埋物等变化；不可抗力。具体风险分担内容由发承包双方根据采用的工程总承包模式在专用合同条件中约定。发包人应在基准日期前，将其取得的现场地形和地下、水文、气候及环境条件方面的所有相关现场数据，提供给承包人。发包人在基准日期后得到的所有此类数据，也应及时提供给承包人。原始测量控制点、基准线和基准标高等参考数据应在发包人要求中提出。承包人应负责验证和解释发包人提供的参考数据，按照合同约定对与参考数据有关的工程放线，并核实参考数据的准确性，纠正在工程的位置、标高、尺寸或定线中的错误，负责对工程的所有部分正确定位。对发包人提供的现场数据和参考数据的错误可按下列规定分担责任：采用设计采购施工总承包（EPC）模式时，发包人除按照合同约定或规范规定承担责任外，不对现场数据和参考数据的准确性、充分性和完整性承担责任。采用设计施工总承包（DB）模式时，承包人应及时将发现参考数据中的错误通知发包人，如果承包人因错误而遭受延误和（或）费用增加时，承包人有权获得工期的延长和（或）额外费用的增加及合理的利润。发包人要求中错误的责任可按下列规定分担：采用设计采购施工总承包（EPC）模式，承包人应复核发包人要求，发现错误应书面通知发包人。发包人做相应修改的，按照合同约定进行调整；如确有错误，发包人坚持不改，应承担由此导致承包人增加的费用和（或）延误的工期，以及合理的利润。承包人未发现发包人要求中存在错误和（或）未通知发包人提交说明文件的，除专用合同条件另有约定外，承包人自行承担由此导致的费用增加和（或）工期延误。无论承包人发现与否，发包人要求中的下列错误导致承包人增加的费用和（或）延误的工期，由发包人承担，并向承包人支付合理利润：发包人要求中或合同中约定由发包人负责的或不可变的数据和资料；对工程或其他任何部分的预期目的的说明；竣工工程的试验和性能的标准；除合同另有约定外，承包人不能核实的数据和资料。采用设计施工总承包（DB）模式，承包人应复核发包人要求，发现错误应书面通知发包人。发包人要求中的错误导致承包人增加费用和（或）工期延误的，应承担承包人由此增加的费用和（或）延误的工期以及合理的利润。工程总承包项目的承包人应按照合同约定范围统一 负责建设项目的勘察、设计、材料设备采购、施工等的组织、协调、进度控制等所有相关工作。设计单位和施工单位组成联合体的，应当根据项目特点和复杂程度，合理确定牵头单位，明确各自的权利和责任。若设计单位对合同约定范围内的施工图设计变更，施工单位不得向发包人申请合同价款调整。承包人在合同约定承包范围内实施设计时，应在满足发包人要求的前提下进行优化设计，并应从中选取最优设计方案；在满足发包人提供的设计文件技术标准的前提下进行深化设计，实现合同目标，优化设计和深化设计导致的盈亏均归承包人享有或承担。除规范规定的发包人要求的错误导致承包人文件出错的外，当承包人文件中存在错误、遗漏、含糊、不一致、不适当或其他缺陷，即使发包人作出了同意或批准，承包人仍应对前述问题带来的缺陷和工程问题进行改正，并应承担相应费用和工期延误。承包人应被认为已确信工程总承包合同约定的合同金额的正确性和充分性，除合同另有约定外，签约合同价应被视为包括承包人根据合同约定应承担的全部义务，以及按照合同约定为正确的实施工程所需的全部有关事项的费用。采用设计采购施工总承包（EPC）模式时，承包人应被认为已取得对承包工程可能产生影响或作用的有关风险、意外事件和其他情况的全部必要资料，接受为完成工程预见到的所有困难和费用的全部职责，除合同另有约定外，合同价款不予调整。当不可抗力发生影响合同价款时，除合同另有约定外，发承包双方责任的分担应符合规范的规定。

（五）工程总承包费用项目。建设项目工程总承包费用由工程费用和工程总承包其他费组成。工程费用包括建设项目总投资中的下列费用：建筑工程费；设备购置费；安装工程费。工程总承包其他费包括建设项目总投资中工程建设其他费中的下列部分费用；勘察费：详细勘察费、施工勘察费；设计费：初步设计费、施工图设计费；专项设计费；工程总承包管理费；研究试验费；临时用地及占道使用补偿费；场地准备及临时设施费；检验检测及试运转费。系统集成费；工程保险费；其他专项费。发包人应根据工程总承包项目的发包范围，对工程总承包其他费用按照规范的规定予以增加或减少。如发包人将建设项目的报建报批等其他服务工作列入发包范围，代办服务费应纳入工程总承包其他费。发包人应在建设项目总承包发包时对工程总承包费用项目编制项目清单列入招标文件。项目清单可根据不同的发承包阶段，分为可行性研究或方案设计后清单、初步设计后清单。编制项目清单应依据本规范和发包人要求，以及专业工程计量规范，按照不同发承包阶段的发包范围和内容，确定工程总承包费用项目。工程费用项目清单宜依据相关专业工程的工程总承包计量规范编制。工程总承包其他费清单应根据工程总承包范围和内容列项。发包人在建设项目工程总承包发包时，应将预备费列入工程总承包项目清单中。

（六）工程价款与工期约定。发包人应通过招标或直接发包等方式，择优选择承包人。依法必须招标的建设项目，应通过招标方式确定承包人。发承包双方应当按照招标文件和中标人的投标文件或谈判的结果，在合同中约定工程价款和工期。发包人采用工程总承包模式招标发包时，可自行决定是否选择设置标底或最高投标限价进行招标。发包人选择设置标底时，一个招标项目应只能有一个标底，标底应保密。发包人宜选择设置标底进行招标发包，以利于工程价款在充分竞争的基础上合理确定。发包人选择设置最高投标限价时，应在招标文件中明确最高投标限价。发包人对工程费用项目清单可只提供项目清单格式不列工程数量，由承包人根据招标文件和发包人要求填写工程数量并报价。标底或最高投标限价应依据拟定的招标文件、发包人要求，宜按下列规定形成：在可行性研究或方案设计后发包的，发包人宜采用投资估算中与发包范围一致的估算金额为限额按照规范的规定修订后计列；在初步设计后发包的，发包人宜采用初步设计概算中与发包范围一致的概算金额为限额按照规范的规定修订后计列。标底或最高投标限价中工程费用和工程总承包其他费用，应按下列规定计列：工程费用中的建筑工程费、设备购置费、安装工程费宜直接按投资估算或设计概算中的费用计列；工程总承包其他费应根据建设项目工程总承包发包的不同范围，按投资估算或设计概算中同类费用金额计列，并应符合下列规定：勘察费、设计费根据不同阶段发包的勘察、设计工作内容，按投资估算或设计概算中勘察、设计费对应的工程总承包中的勘察、设计工作的部分金额计列；工程总承包管理等其他费用在投资估算或设计概算中有同类项目费用金额的可根据发包内容全部或部分计列，没有项目的，参照同类或类似工程的此类费用计列；代办服务费根据发包人委托代办所发生的费用计列。预备费应根据不同阶段的发包内容，采用建设项目投资估算或设计概算中的预备费计列。发包人应根据相关规定或已完成同类或类似工程的建设工期，在招标文件中合理确定工期，不得任意压缩合理工期。投标人应依据招标文件和发包人要求，根据本企业专业技术水平和经营管理能力自主决定建设工期，并在投标函中作出承诺，中标后应在工程总承包合同中约定，并在工程实施中认真履行。投标人应依据招标文件、发包人要求、项目清单、补充通知、招标答疑、可行性研究、方案设计或初步设计文件、本企业积累的同类或类似工程的价格自主确定工程费用和工程总承包其他费用投标报价，但不得低于成本。初步设计后发包，发包人提供的工程费用项目清单应仅作为承包人投标报价的参考，投标人应依据发包人要求和初步设计文件、详细勘察文件按下列规定进行投标报价：对项目清单内容可增加或减少；对项目应进行细化，原项目下填写投标人认为需要的施工项目和工程数量及单价。项目清单中需要填写技术参数等产品品质的项目，投标人应列明符合条件的潜在供应商。工程总承包采用可调总价合同的，预备费应按招标文件中列出的金额填写，不得变动，并应计入投标总价中；采用固定总价合同的，预备费由投标人自主报价，合同价款不予调整。建设项目工程总承包招标设置标底，应在开标时公布。评标结果选择投标报价超过标底的中标候选人时，评标委员会应向发包人详细说明理由。建设项目工程总承包招标设置最高投标限价的，对投标人的投标报价高于招标文件设定的最高投标限价的，应否决其投标。工程总承包项目评标时，应对投标报价和工期进行认真评审，发现有疑问的，应书面通知投标人予以书面澄清，澄清不得超出投标文件的范围或改变投标文件的实质性内容。发承包双方应在合同中约定下列内容：工程费用和工程总承包其他费的总额，结算与支付方式；预付款的支付比例或金额、支付时间及抵扣方式；期中结算与支付的里程碑节点，进度款的支付比例；合同价款的调整因素、方法、程序及支付时间；竣工结算编制与核对、价款支付及时间；提前竣工的奖励及误期赔偿的计算与支付；质量保证金的比例或数额、采用方式及缺陷责任期；违约责任以及争议解决方法；与合同履行有关的其他事项。在合同中未按规范规定约定或约定不明的，如发承包双方在合同履行中发生争议由双方协商确定，当协商不能达成一致时，按规范的相关规定执行。承包人应在合同生效后 14 天内，编制工程总进度计划和工程项目管理及实施方案报送发包人，发包人如需审批时，应在收到计划和方案的 14 天内予以批准或提出修改建议。工程总进度计划和工程项目管理及实施方案应分工程准备、勘察、设计、采购、施工、初步验收、竣工验收、缺陷修复等阶段编制细目，应明确里程碑节点，并作为控制工程进度以及工程款支付分解的依据。采用工程量清单及其单价计算的单价项目，应列入工程总进度计划，明确里程碑节点。发承包双方应根据价格清单的价格构成、费用性质、工程进度计划和相应工作量等因素，按照下列分类和分解原则，形成合同价款支付分解表：建筑工程费应按照合同约定的工程进度计划划分的里程碑节点及对应的价款比例计算金额占比，进行支付分解。设备购置费和安装工程费应按订立采购合同、进场验收、安装就位等阶段约定的比例计算金额占比，进行支付分解。里程碑节点相邻之间超过一个月时，承包人应按照法规规定提出按月拨付人工费的比例。工程总承包其他费应按照约定的费用，结合工程进度计划拟完成的工作量或者比例计算金额占比，进行支付分解。其中：勘察费按照提供勘察阶段性成果文件的时间、对应的工作量进行支付分解；设计费按照提供设计阶段性成果文件的时间、对应的工作量进行支付分解；除勘察设计的其他专项费用按照其工作完成的时间顺序及其与相关工作的关系进行支付分解。承包人应在收到经发包人批复的工程总进度计划后 7 天内，将支付分解表以及形成支付分解表的支持性资料报发包人审批，发包人应在收到承包人报送的支付分解表后 7 天内给予批复或提出修改意见，经发包人批准的支付分解表应具有合同约束力。进行了工程总进度计划修订的，应相应修改支付分解表，并应按程序报发包人批复。发包人未能在前述时间内完成审批或不予答复的，视为发包人同意支付分解表。发承包双方可选择规范规定的方式之一，形成合同价款支付分解表。

二、建设项目工程总承包管理

（一）工程总承包，是指承包单位按照与建设单位签订的合同，对工程设计、采购、施工或者设计、施工等阶段实行总承包，并对工程的质量、安全、工期和造价等全面负责的工程建设组织实施方式。包括承包单位采用设计—采购—施工总承包（可含勘察）或者设计—施工总承包（可含勘察）模式，按照风险合理分担原则与建设单位签订工程总承包合同，对工程的质量、安全、工期和造价等进行全面负责的工程建设组织实施方式。适用本市行政区域内新建、改建、扩建的建设项目，采用工程总承包方式组织建设和监督管理的建设内容明确、技术方案成熟的项目，适宜推行工程总承包模式；鼓励市、区（特定地区管委会）重大建设项目、重点产业类项目带头推行工程总承包模式。市、区（特定地区管委会）行业管理部门应当积极倡导条件成熟的保障性住房、学校、医院等房屋建筑项目和中、小型市政基础设施、交通、园林绿化、水利项目选择推行工程总承包模式。推行工程总承包模式的项目，应当率先在规划、设计、施工等阶段全过程应用BIM技术。市住房和城乡建设管理委员会负责本市建设项目工程总承包活动的监督管理和综合协调。市住房和城乡建设管理委、市交通委、市绿化市容局、市水务局等部门按照职责权限，分别负责房屋建筑和市政基础设施、交通、园林绿化、水利等项目的现场监督管理。区建设管理委（特定地区管委会和授权委托管理单位）按照职责权限，负责所辖区域内建设项目工程总承包活动的监督管理。区建设管理委、交通委、绿化市容局、水务局等部门按照职责权限，分别负责所辖区域内房屋建筑和市政基础设施、交通、园林绿化、水利等项目的现场监督管理。

（二）承发包管理的发包条件：建设单位可以结合项目实际情况，自行选择工程总承包模式。建设单位应当完成项目审批、核准或者备案后，方可进行工程总承包发包。采用工程总承包方式的企业投资项目，应当在核准或者备案后进行工程总承包项目发包；采用工程总承包方式的政府投资项目，除下述情况外，原则上应当在初步设计批复完成后进行工程总承包项目发包：工程可行性研究报告（初步设计深度）获得批准的房屋建筑项目；工程可行性研究报告获得批准的以下项目：建设标准明确的中、小型市政基础设施、交通（不含公路）、园林绿化、水利等项目；此类项目，根据实际情况，可将勘察业务纳入工程总承包进行发包。对建设周期有特殊要求的重大建设项目。招标条件：采用工程总承包方式招标的，应具备下列条件：按要求已完成相应的项目审批、核准或者备案手续；建设资金来源已经落实；有招标所需的基础资料，包括毗邻区域内的供水、排水、供电、供气、通信等地下管线资料、气象和水文观测资料、地质勘察资料、相邻建筑物、构筑物和地下工程等有关基础资料；满足法律、法规及本市其他相关规定。工程总承包项目范围内的勘察、设计、采购或者施工中，有任一项属于依法必须进行招标的项目范围且达到国家规定规模标准的，应当采用招标的方式选择工程总承包单位。承包人资格：工程总承包单位应当同时具有与工程规模相适应的工程设计资质（工程设计专业和事务所资质除外）和施工总承包资质，或者由具有相应资质的设计单位和施工单位组成联合体；包含勘察业务的工程总承包项目，工程总承包单位还应具有与工程规模相适应的工程勘察资质或者与具备相应资质的勘察单位组成联合体。建设单位应当根据项目情况和自身管理能力等，合理选择上述承包人资格模式。工程总承包单位应当具有相应的组织机构、项目管理体系、项目管理专业人员、项目管理能力、财务和风险承担能力，以及与发包工程相类似的勘察（可含）、设计、施工或者工程总承包业绩。由勘察单位（可含）、设计单位和施工单位组成联合体的，应当根据项目的特点、复杂程度和承担能力，合理确定牵头单位，其中，勘察单位不得作为工程总承包的牵头单位。禁止条件：工程总承包单位不得是工程总承包项目的代建单位、全过程工程咨询单位（或项目管理单位）、监理单位、造价咨询单位、招标代理单位或者与前述单位有控股或者被控股关系的机构或单位。政府投资项目的项目建议书、可行性研究报告、初步设计文件编制单位及其评估单位，一般不得成为该项目的工程总承包单位。政府投资项目招标人在发布招标文件时，如公开已经完成并审批通过的全部成果资料（包括项目建议书、可行性研究报告、初步设计文件，格式要求为原始格式电子文件），上述单位可以参与该工程总承包项目的投标。项目经理资格：工程总承包项目经理应当具备下列条件：取得相应工程建设类注册执业资格，包括注册建筑师、勘察设计注册工程师、注册建造师或者注册监理工程师等一项或多项执业资格；未实施注册执业资格的，取得工程类高级及以上相关专业技术职称；担任过与拟建项目相类似的工程总承包项目经理、项目设计负责人、施工总承包项目经理或者项目总监理工程师；熟悉工程技术和工程总承包项目管理知识以及相关法律、法规、标准规范；具有较强的组织协调能力和良好的职业道德。工程总承包项目中标后，工程总承包项目经理不得同时在其他项目上担任任何职务。以设计和施工双资质承接的工程总承包单位，工程总承包项目经理满足相应条件的可以兼任本项目设计负责人或施工负责人；以联合体形式承接的工程总承包单位，工程总承包项目经理应由联合体牵头单位派员担任，满足相应条件的可以兼任其承接业务的设计负责人或施工负责人。招标文件编制：工程总承包项目招标文件的编制按照国家及本市相关规定执行：招标文件主要包括以下内容，投标人须知；评标办法和标准；拟签订合同的主要条款；发包人要求；建设单位提供的资料和条件；投标文件格式；要求投标人提交的其他材料。建设单位提供的资料和条件，包括发包前完成的水文地质、工程地质、地形等勘察资料，以及可行性研究报告、方案设计文件或者初步设计文件等；招标文件中应当列明项目的目标、内容、范围、设计和其他技术标准，包括对项目的内容、范围、规模、标准、功能、质量、安全、节约能源、生态环境保护、工期、验收等的明确要求；招标文件中应当明确建设单位和中标人的责任和权利，主要包括：工作范围、风险划分、项目目标、奖惩条款、计量支付条款、变更程序及变更价款的确定条款、价格调整条款、索赔程序及条款、工程保险、不可抗力处理条款等；招标文件中应当要求投标人在其投标文件中载明拟分包内容；按照本市规定应当采用 BIM 技术的，招标文件中应当有明确要求；建设单位应当在招标文件中明确最高投标限价。评标办法：工程总承包评标宜采用综合评估法，综合评估因素主要包括工程总承包报价、项目管理组织方案、设计技术方案、设备采购方案、施工组织设计或者施工计划、质量安全保证措施、工程总承包业绩及信用等。评标委员会的组成，评标委员会由建设单位代表和有关技术、经济等方面的专家组成，总人数为不少于 9 人的单数。提交投标文件截止时间，建设单位应当合理确定投标文件编制时间，依法必须进行招标的工程总承包项目，自招标文件开始发售之日起至投标人提交投标文件截止时间止，可行性研究（初步设计深度）批复或者初步设计批复完成后进行发包的工程总承包项目，最短不得少于 30 日；其余工程总承包项目，最短不得少于 45 日。分包：工程总承包单位应当完成自行承包工程范围内的主体工作，可根据法律、法规规定和合同约定将其承包工程范围内的非主体工作分包给具有相应资质的分包单位。工程总承包单位可以采用直接发包的方式进行分包。工程总承包单位对承包工程进行分包的，应当征得建设单位同意。禁止转包和违法分包，工程总承包单位不得将工程总承包项目进行转包，不得将工程总承包项目工程主体结构的勘察、设计、施工业务分包给其他单位。以设计和施工双资质承接的工程总承包单位，应当自行完成主体工程的设计和施工业务；以联合体形式承接的工程总承包单位，联合体各方应当按照合同约定分别自行完成主体工程的勘察、设计、施工业务。暂估价招标：以暂估价形式包括在总承包范围内的工程、货物、服务分包时，属于依法必须进行招标的项目范围且达到国家规定规模标准的，应当依法招标。工程总承包暂估价招标应当由建设单位，或者工程总承包单位，或者建设单位和工程总承包单位联合体作为招标人。建设单位在工程总承包招标文件中，应当明确暂估价工程的招标主体以及双方的权利义务。最高投标限价和概算，依法必须进行招标的工程总承包项目，应当设置合理的最高投标限价。可行性研究报告（初步设计深度）批复后发包的政府投资房屋建筑项目，最高投标限价不得高于批复的项目概算；可行性研究报告批复后发包的政府投资市政基础设施、交通、园林绿化、水利项目，最高投标限价不得高于批复的项目估算；初步设计批复后发包的市政基础设施、交通、园林绿化、水利项目，最高投标限价不得高于批复的项目概算。

（三）工程总承包的评标办法包括经评审的合理低价法和综合评估法两种。由招标人根据项目情况自行选择，两种评标办法均采用两阶段评标模式。经评审的合理低价法采用合格制评审，即在信用标、技术标合格且通过商务标评审的投标人中，以投标报价最低的投标人为第一中标候选人，次低的为第二中标候选人。根据计算机信用评价体系计分，在沪建筑业企业的信用评价大于等于 60 分的为合格，在沪建设工程勘察设计企业的信用评价大于等于 65 分的为合格。以联合体方式投标的，联合体各方的信用评价均应大于等于合格分。技术标初步评审，技术专家根据否决投标条款对技术投标文件进行初步评审，通过技术标初步评审的投标人才能进入技术标详细评审。方案分析报告评审（如有)：评标委员会对方案分析报告进行复核，经评标委员会集体讨论判定为不合格的技术投标文件，不再进入后续评审。设计方案（可含勘察）评审：采用百分制方式进行评审，分值区间为 50~100 分，权重 70%。以各评标委员会成员的评审分值经算术平均后为得分 A。施工方案（可含采购）评审：采用百分制方式进行评审，分值区间为 50~100 分，权重 30%。以各评标委员会成员的评审分值经算术平均后为得分 B。技术标得分 C 为 A 和 B 得分之和，C 大于等于合格分值的投标人为通过技术标评审，合格分值取值范围在60~80分之间，具体由招标人根据项目实际情况在招标文件中明确。技术专家认定技术标不合格的，均应书面详述理由。技术标评审合格的投标人才能进入商务标评审。经济专家根据否决投标条款对商务投标文件进行初步评审，通过商务标初步评审的投标人才能进入商务标详细评审。商务标详细评审经济专家对商务标进行详细评审，判断其投标报价组成的合理性。如投标报价与技术方案明显不匹配的则为不合理报价，应当判定该商务标评审不通过。招标文件应当载明投标报价与技术方案明显不匹配的具体情形：如投标报价中未包含技术方案中的相关内容；或者投标报价中虽包含技术方案中的相关内容，但该投标报价不足以实现招标项目具体的功能需求等。在通过技术标评审和商务标评审的投标人中，投标报价最低的投标人为第一中标候选人，次低的为第二中标候选人，依此类推。综合评估法采用百分制评审，即在通过信用标、技术标和商务标评审的投标人中，取技术标得分前5名的投标人进入商务标得分计算，以信用标、技术标及商务标得分之和最高的投标人为第一中标候选人，次高的为第二中标候选人。信用标满分5分，技术标满分30分，商务标满分65分。根据计算机信用评价体系计分，在沪建筑业企业的信用评价大于等于60分的为合格，在沪建设工程勘察设计企业的信用评价大于等于65分的为合格。以联合体方式投标的，联合体各方的信用评价均应大于等于合格分，且联合体投标人的信用标得分以联合体各方信用评价的算术平均值进行折算，满分为5分。通过信用标评审的投标人才能进入技术标评审。技术专家根据否决投标条款对技术投标文件进行初步评审，通过技术标初步评审的投标人才能进入技术标详细评审。方案分析报告评审（如有）：评标委员会对方案分析报告进行复核，经评标委员会集体讨论判定为不合格的技术投标文件，不再进入后续评审。设计方案（可含勘察）评审：采用百分制方式进行评审，分值区间为50~100分，权重70%。以各评标委员会成员的评审分值经算术平均后为得分A。施工方案（可含采购）评审：采用百分制方式进行评审，分值区间为50~100分，权重30%，以各评标委员会成员的评审分值经算术平均后为得分B。技术标得分C为A和B得分之和，C大于等于80分的为优良，折合得满分30分；C大于等于60分且小于80分的为合格，折合得基本分28分；C小于60分的为不合格，得0分。技术标评审合格的投标人才能进入商务标评审。经济专家根据否决投标条款对商务投标文件进行初步评审，通过商务标初步评审的投标人才能进入商务标详细评审。商务标详细评审经济专家对商务标进行详细评审，判断其投标报价组成的合理性。如投标报价与技术方案明显不匹配的则为不合理报价，应当判定该商务标评审不通过。招标文件应当载明投标报价与技术方案明显不匹配的具体情形：如投标报价中未包含技术方案中的相关内容；或者投标报价中虽包含技术方案中的相关内容，但该投标报价不足以实现招标项目具体的功能需求等。当通过商务标详细评审的投标人数大于5人时，取技术标得分由高到低的前5人（得分并列的取报价低者，如报价也相同则同时取）进入商务标得分计算，以5人中最低投标报价作为基准价，得满分65分，每高于基准价1%的扣1分（中间按线性插入法计算），扣至基本分，基本分由招标人在招标文件中明确，且不得高于50分；当通过商务标详细评审的投标人数小于等于5人时，则以最低投标报价作为基准价，得满分65分。每高于基准价1%的扣1分（中间按线性插入法计算），扣至基本分，基本分由招标人在招标文件中明确，且不得高于50分。总得分为信用标、技术标和商务标得分之和，总得分最高的投标人为第一中标候选人，总得分第二的为第二中标候选人，依此类推。

（四）资格预审。符合以下条件之一的，可以采用资格预审：应当由建筑业企业资质标准一级（甲级）及以上资质或者由工程设计企业资质标准甲级及以上资质承接的工程总承包项目；通过单位集体决策采用资格预审的非政府投资工程总承包项目；国家、本市有相关规定的从其规定。采用资格预审的项目，应当按照以下方式进行评审：当获取资格预审文件的申请人小于等于7家时，则不再进行资格预审；当提交资格预审申请文件的申请人小于等于7家时，则不再进行资格预审评审，招标人应确定所有申请人参加投标；当提交资格预审申请文件的申请人大于7家时，采用合格制或者有限数量制方式进行资格预审评审。合格制评审是指资格预审评审委员会根据资格审查标准对资格预审申请文件进行评审，根据各专家的评审结果以少数服从多数的方式确定合格申请人。招标人应当确定所有合格申请人为通过资格预审的申请人；当满足由建筑业企业资质标准一级（甲级）及以上资质或者由工程设计企业资质标准甲级及以上资质承接的工程总承包项目的情形，且合格申请人大于7家时，招标人可以通过单位集体决策机制，确定大于等于7家的合格申请人为通过资格预审的申请人，具体数量需在资格预审文件中明确。有限数量制评审是指资格预审评审委员会根据资格审查标准对资格预审申请文件进行评审，按评审得分由高到低（末位得分相同的同时进入）的方式确定通过资格预审的申请人，具体数量需在资格预审文件中明确，且该数量大于等于7家。同一集团公司下属所有公司同时通过资格预审的申请人不得超过两家。采用合格制评审的，可由招标人通过单位集体决策机制确定，也可以由资格预审评审委员会根据资格预审评审结果通过表决方式确定；采用有限数量制评审的，由资格预审评审委员会根据评审得分确定。采用资格预审的项目不再使用综合评估法。方案分析和专家组成，招标人在招标文件中明确采用方案分析的，开标后在技术标评标前，可以自行组织专家对技术投标文件进行方案分析，并形成方案分析报告，对不能满足招标文件要求的，应明确具体理由。评标时，评标委员会应对方案分析报告进行复核，经评标委员会集体讨论判定为不合格的技术投标文件，不再进入后续评审。评标委员会人数组成为不少于9人的单数，由招标人代表、有关技术和经济等方面的专家组成。评标专家的专业应包括设计和施工相关专业，如招标中含勘察、采购内容，应增加相应专业。资格预审评审委员会人数组成为不少于5人的单数。参加方案分析的专家不得作为评标委员会成员。

（五）否决投标规定与评定分离，招标人应在评标办法中分别集中单列技术标和商务标的否决投标条款，并可在“否决投标条款”的基础上，根据项目的具体情况进行增减。否决投标条款不得违反法律、法规和规章的规定。技术标否决投标条款，投标文件未经投标人盖章和单位法定代表人签字或盖章。投标联合体没有提交共同投标协议。即共同投标协议未按招标文件提供的格式签署、提交，未明确联合体牵头人和各方拟承担的工作和责任。投标人不符合国家或者招标文件规定的资格条件，具体包括以下情形的：投标人名称与营业执照、资质证书、安全生产许可证不一致，或前述证照无效；投标人资质条件不符合招标文件要求；项目经理资格不符合招标文件规定的要求或者非联合体牵头单位人员；项目经理（注册建造师或者注册监理工程师）、项目施工负责人在投标截止当日在其他项目担任项目负责人（以合同签订日期为准，同一工程相邻分段发包或者分期实施的除外）；项目经理、项目技术负责人、项目设计负责人、项目施工负责人、工程质量负责人、施工安全负责人的社保非本单位缴纳（已退休的人员除外）。社保在单位分支机构（非独立法人）缴纳的视同本单位缴纳；项目经理（注册建造师或者注册监理工程师）、项目施工负责人在履行合同过程中发生变更且变更后时间未满180天的；投标人相关专业注册建造师数量低于现行最低资质对建造师数量要求的（以该企业在本市备案的数据为准）；采用资格预审的项目，投标文件与资格预审申请文件的项目经理不一致（离职、重病、死亡的除外）；企业、项目经理类似项目业绩不符合招标文件的要求；投标人为招标人不具有独立法人资格的附属机构（单位）；投标人与招标人存在利害关系且可能影响招标公正性；投标人与本招标项目的其他投标人为同一个单位负责人；投标人与本招标项目的其他投标人存在控股、管理关系；投标人为本招标项目的代建单位、全过程工程咨询单位（或项目管理单位）、监理单位、造价咨询单位、招标代理机构；投标人与本招标项目的代建单位、全过程工程咨询单位（或项目管理单位）、监理单位、造价咨询单位、招标代理机构为同一法定代表人；投标人与本招标项目的代建单位、全过程工程咨询单位（或项目管理单位）、监理单位、造价咨询单位、招标代理机构存在管理关系、相互控股或参股关系；投标人被依法暂停或取消投标资格；投标人被责令停业，暂扣或吊销执照，或吊销资质证书；投标人进入清算程序，或被宣告破产，或其他丧失履约能力的情形；投标人在近三年内发生重大质量问题（以行政主管部门的行政处罚决定或司法机关出具的有关法律文书为准）；投标人被市场监管机关在国家企业信用信息公示系统中列入严重违法失信企业名单；投标人或其法定代表人、拟委任的项目经理被最高人民法院在信用中国网站或各级信用信息共享平台中列入失信被执行人名单；在近三年内投标人或其法定代表人、拟委任的项目经理有行贿犯罪行为；投标人拖欠工人工资，情节严重被本市建设行政管理部门向社会公布且在公布的期限内；政府投资项目的招标人在发布招标公告时，已经完成并审批通过的全部成果资料（包括项目建议书、可行性研究报告、初步设计文件，格式要求为原始格式电子文件）应如实公开而未公开的，原则上述文件编制单位不得参加本工程总承包项目的投标；投标人违反法律、法规、规章或无正当理由放弃投标、中标资格，造成招标人重新招标。招标人重新招标时，该投标人不得再参加该工程的投标。同一投标人提交两个以上不同的投标文件或投标报价，但招标文件要求提交备选投标的除外。

（六）投标文件没有对招标文件的实质性要求和条件作出响应，具体包括以下情形的：未按招标文件要求提交投标保证金；建设周期超过招标文件规定；质量不满足招标文件规定；投标文件的方案有明显错误，且无法实质性响应招标文件的要求；投标人不按评标委员会要求澄清、说明或补正；未按招标文件要求采用建筑信息模型技术（如有）；其他未响应招标文件的实质性要求和条件的情形。投标人在本标段有串通投标、弄虚作假、行贿等违法行为。商务标否决投标条款，投标文件未经投标人盖章和单位法定代表人签字或盖章。投标联合体没有提交共同投标协议，即共同投标协议未按招标文件提供的格式签署、提交，未明确联合体牵头人和各方拟承担的工作和责任。同一投标人提交两个以上不同的投标文件或者投标报价，但招标文件要求提交备选投标的除外。投标报价低于成本或者高于招标文件设定的最高投标限价。投标文件没有对招标文件的实质性要求和条件作出响应，具体包括以下情形的：改变专业工程暂估价、暂列金额的；规费、增值税未按照招标文件规定费率计取的；安全防护、文明施工措施费不满足招标文件规定；建设周期超过招标文件规定；质量不满足招标文件规定；投标人不按评标委员会要求澄清、说明或补正的。投标人有串通投标、弄虚作假、行贿等违法行为的。招标人可以采用评定分离的方式确定中标人，评标委员会应当推荐 2~3 名中标候选人。招标人应当复核第一中标候选人的投标报价是否能完成招标文件规定的所有工程内容，招标人可以要求中标候选人对投标文件进行澄清，但不得改变招标文件和投标文件实质性内容。第一中标候选人拒绝澄清或者投标文件澄清后被证明无法完成招标文件规定的所有工程内容，招标人可以取消其中标资格，并依序对其他中标候选人进行复核，最终确定中标人。招标人应当对定标过程进行书面记录，存档备查。招标人在中标候选人公示期满后的 30 日内无法确定中标人的，应当将评标委员会确定的第一中标候选人作为中标人。

技术标评审因素，设计方案评审因素（由招标人根据项目的具体情况，列出明确的评审指标，以下内容供参考）：设计文件是否完整，是否符合有关国家、行业及本市规范和标准；功能、设计指标、投资控制等是否符合规划及招标文件提出的各项要求；项目设计负责人任职资格与业绩，参与本项目的各专业负责人任职资格、专业配置与业绩；设计进度及建设周期安排的科学性、合理性；设计过程中对工程费用控制的措施；采用建筑信息模型（BIM）技术的实施方案（如有）。施工方案评审因素（由招标人根据项目的具体情况，列出明确的评审指标，以下内容供参考）：总承包工作的重点难点和相应的针对性措施；总承包进度计划和保证措施，开发期的重要节点和管控措施；总承包整体成本管控方案和措施，包括对风险成本的控制措施；总承包资源配置和管控措施；总承包内部与相关部门之间的协调方案；对分包的计划以及对分包工程的配合、协调、管理、服务方案；与发包人、全过程工程咨询单位（或项目管理单位）、监理（包括财务监理）的配合；总承包管理机构、项目施工负责人及其他主要人员资格与相关业绩；工程施工的方案与技术措施：质量、安全、文明施工及环境保护管理体系与措施、创优计划；危大工程清单及相应的安全管理措施；特殊情况下的应急预案、处理措施及相关承诺；施工总平面布置规划。采用建筑信息模型（BIM）技术的实施方案（如有）。

三、合同和结算及管理

（一）合同价款与工期调整。除工程总承包为固定总价合同外，发承包双方可按照本章的规定，在专用合同条件中约定调整合同价款，并在合同履行过程中实施。出现合同价款调增事项（不含工程签证、索赔）后的 14 天内，承包人应向发包人提交合同价款调增报告并附相关资料；承包人在 14 天内未提交报告的，应视为承包人对该事项放弃调整价款请求。出现合同价款调减事项（不含索赔）

后的14天内，发包人应向承包人提交合同价款调减报告并附相关资料；发包人在14天内未提交报告的，应视为发包人对该事项放弃调整价款请求。发（承）包人应在收到承（发）包人合同价款调增（减）报告及相关资料之日起14天内对其核实，予以确认的应书面通知承（发）包人；当有异议时，应向承（发）包人提出协商意见。发（承）包人在收到合同价款调增（减）报告之日起14天内未确认也未提出协商意见的，应视为承（发）包人提交的合同价款调增（减）报告已被发（承）包人认可。发（承）包人提出协商意见的，承（发）包人应在收到协商意见后的14天内对其核实，予以确认的应书面通知发（承）包人。承（发）包人在收到发（承）包人的协商意见后14天内既不确认也未提出不同意见的，应视为发（承）包人提出的意见已被承（发）包人认可。发包人与承包人对合同价款调整不能达成一致的，双方应按合同约定继续履行合同义务，直到其按照合同约定的争议解决方式得到处理。经发承包双方确认调整的合同价款，应作为追加（减）合同价款与工程进度款同期支付（扣减）。出现工期调整事项后的14天内，承包人应向发包人提交工期调整报告并附相关资料，发承包双方可根据合同约定，结合实际情况协商调整工期天数。基准日期后，因法律发生变化引起合同价款和（或）工期发生变化的，应按合同约定调整合同价款和工期。因承包人原因导致工期延误的，工期应不予顺延，合同价款调增的应不予调整，合同价款调减的应予以调整；因发包人原因导致工期延误的，工期应顺延，合同价款调增的应予以调整，合同价款调减的应不予调整。

（二）工程变更。因发包人变更，发包人要求或初步设计文件，导致承包人施工图设计修改并造成成本、工期增加的，应按照合同约定调整合同价款、工期，并应由承包人提出新的价格、工期报发包人确认后调整。发包人提出的工程变更引起施工方案改变并使措施项目发生变化时，承包人提出调整措施项目费，应事先将拟实施的方案提交发包人确认，并应详细说明与原方案措施项目相比的变化情况，拟实施的方案经发承包双方确认后执行，并应按照规范的规则确定措施项目费调整。若承包人未事先将拟实施的方案提交给发包人确认时，应视为工程变更不引起措施项目费的调整。承包人对方案设计或初步设计文件进行的设计优化，如满足发包人要求时，其形成的利益应归承包人享有；如需要改变发包人要求时，应以书面形式向发包人提出合理化建议，经发包人认为可以缩短工期、提高工程的经济效益或其他利益，并指示变更的，发包人应对承包人合理化建议形成的利益双方分享，并应调整合同价款和（或）工期。当发包人提出的工程变更因非承包人原因删减了合同中的某项原定工作或工程，致使承包人发生的费用或（和）得到的收益不能被包括在其他已支付或应支付的项目中，也未被包含在任何替代的工作或工程中时，承包人有权提出并应得到合理的费用及利润补偿。若工程变更引起建设工期变化时，发包人和承包人应协商确定建设工期的增减天数。市场价格变化，发承包双方可将人工、主要材料及其他认为应根据市场价格调整的项目列入价格指数权重表，按规定计算差额并调整合同价款；发承包双方应在合同中约定采用的价格指数或价格的来源；在计算调整差额时得不到现行价格指数的，可暂用上一次价格指数计算，并在以后的付款中再按实际价格指数进行调整；约定的变更导致原定合同中的权重不合理时，由承包人和发包人协商后进行调整；承（发）包人工期延误后的价格调整，由于承（发）包人原因未在约定的工期内竣工的，对原约定竣工日期后继续实施的工程，应采用原约定竣工日期与实际竣工日期的两个价格指数中较低（高）的一个作为现行价格指数。采用工程总承包模式，但又未在合同中约定"价格指数权重表"，可视为不因市场价格波动调整合同价款。当市场价格波动超出可预见的范围，发承包双方可依据有关情势变更的法律规定，重新协商调整合同价款或变更合同。因不可抗力事件导致的人员伤亡、财产损失及其费用增加和（或）工期延误，发承包双方应按下列原则分别承担并调整合同价款和工期：合同工程本身的损害、因工程损害导致第三方人员伤亡和财产损失以及运至施工场地的材料和工程设备的损害，由发包人承担；发包人、承包人的人员伤亡和其他财产损失各自承担；承包人的施工机械设备损坏及周转材料的损失，由承包人承担；导致承包人停工的费用损失由发承包双方合理分担。停工期间，承包人应发包人要求照管工程的人员费用由发包人承担；工程所需清理、修复费用由发包人承担。但因承包人原因导致工期延误后发生不可抗力，不免除承包人的违约责任。不可抗力解除后复工的，若不能按期竣工，应合理延长工期。发包人提出要求赶工的，赶工费用应由发包人承担。因不可抗力解除合同的，除合同另有约定外，结算可按规范的规定办理。发包人确需合同工程提前竣工的，应征得承包人同意后与承包人商定采取加快工程进度的措施，并应修订合同工程进度计划。发包人应承担承包人由此增加的提前竣工（赶工补偿）费用。发承包双方应在合同中约定提前竣工每日历天应补偿、奖励额度，此项费用应作为增加合同价款列入竣工结算文件中，与结算款一并支付。因承包人原因导致合同工程延误，承包人应赔偿发包人由此造成的损失，并按照合同约定向发包人支付误期赔偿费，同时不应免除承包人按照合同约定应承担的任何责任和应履行的任何义务。发承包双方应在合同中约定误期赔偿费，并应明确每日历天应赔额度。误期赔偿费应列入竣工结算文件中，在结算款中扣除。

（三）工程签证。承包人按照发包人通知完成合同以外的零星项目、非承包人责任事件等工作的，发包人应及时以书面形式向承包人发出指令，并应提供所需的相关资料；承包人在收到指令后，应及时向发包人提出工程签证要求。承包人应在收到发包人指令后的7天内向发包人提交工程签证报告，发包人应在收到工程签证报告后的48小时内对报告内容进行核实，予以确认或提出修改意见。发包人逾期未确认也未提出修改意见的，应视为承包人提交的工程签证报告已被发包人认可。发包人采用计日工计价的工作，承包人应按合同约定提交下列资料送发包人复核：工作名称、内容和数量；投入该工作所有人员的姓名、工种、级别和耗用工时；投入该工作的材料名称、类别和数量；投入该工作的施工设备名称、型号、台数和耗用台时；发包人要求提交的其他资料和凭证。任一计日工项目持续进行时，承包人应在该项工作实施结束后的24小时内向发包人提交有计日工记录汇总的签证报告。如工程签证的工作已有相应的计日工单价，工程签证中应列明完成该类项目所需的人工、材料和施工机械台班的数量。如工程签证的工作没有相应的计日工单价，应在工程签证报告中列明完成该签证工作所需的人工、材料和施工机械台班的数量及单价。除征得发包人书面同意外，合同工程发生工程签证事项，未经发包人签证确认，承包人便擅自施工的，发生的费用应由承包人承担。工程签证工作完成后的7天内，承包人应按照工程签证内容计算价款，报送发包人确认。每个支付期末，承包人应向发包人提交本期所有工程的签证汇总表，并应说明本期间有权得到的金额，调整合同价款，列入进度款周期同比例支付。

（四）索赔。当合同一方向另一方提出索赔时，应有正当的索赔理由和有效证据，并应符合合同的相关约定。根据合同约定，承包人认为其有权从发包人得到追加付款和（或）延长工期；发包人认为其有权从承包人得到减少付款和（或）延长缺陷责任期，应按下列程序向对方提出索赔：索赔方应在知道或应当知道索赔事件发生后28天内，向对方提交索赔通知书，说明发生索赔事件的事由。除专用合同条件另有约定外，索赔方逾期未发出索赔通知书的，索赔方无权获得追加／减少付款、延长工期／缺陷责任期，并免除对方与造成索赔事件有关的责任。索赔方应在发出索赔通知书后28天内，向对方正式提交索赔报告。索赔报告应详细说明索赔理由以及要求追加／减少付款的金额，延长工期／缺陷责任期的天数，并附必要的记录和证明材料。索赔事件具有连续影响时，索赔方应每月提交延续索赔通知，说明连续影响的实际情况和记录，列出累积的追加／减少付款的金额和（或）延长工期／缺陷责任期的天数。在索赔事件影响结束后的28天内，索赔方应向对方提交最终索赔报告，说明最终索赔要求的追加／减少付款的金额和（或）延长工期／缺陷责任期的天数，并附必要的记录和证明材料。索赔应按下列程序处理：被索赔方收到索赔方的索赔报告后，应及时审查索赔报告的内容，查验索赔方的记录和证明材料。被索赔方应在收到索赔报告或有关索赔的进一步证明材料后的42天内，将索赔处理结果答复索赔方。如果被索赔方逾期未作出答复，视为索赔已被认可。索赔方接受索赔处理结果，索赔款项在当期进度款中进行追加／减少；索赔方不接受索赔处理结果，应按合同约定的争议解决方式处理。当承包人就索赔事项同时提出费用索赔和工期索赔时，发包人认为二者具有关联性的，应结合工程延期，综合作出费用赔偿和工程延期的决定。发承包双方在按合同约定办理了竣工结算后，承包人在提交的最终结清申请中，只限于提出竣工结算后的索赔，提出索赔的期限应自发承包双方最终结清时终止。

（五）工程结算与支付。除合同另有约定外，发包人支付承包人预付款的比例应按签约合同价（扣除预备费）或年度资金计划计算不得低于10%。承包人应按合同约定向发包人提交预付款支付申请，并在发包人支付预付款7天前提供预付款担保，在预付款完全扣回之前，承包人应保证预付款担保持续有效。发包人应在收到支付申请的7天内进行核实，并在核实后的7天内向承包人支付预付款。预付款应按合同约定从应支付给承包人的进度款中扣回，直到扣回的金额达到发包人支付的预付款金额为止。在工程未完工之前解除合同时，预付款尚未扣清的余额，应纳入解除合同后的结算与支付。发承包双方应按照合同约定的时间、程序和方法，在合同履行过程中根据完成进度计划的里程碑节点办理期中价款结算，并按照合同价款支付分解表支付进度款，进度款支付比例不应低于80%。发承包双方可在确保承包人提供质量保证金的前提下，在合同中约定进度款支付比例。里程碑相邻节点之间超过一个月的，发包人应按照下一里程碑节点的工程价款，按月按约定比例预支付人工费。采用工程量清单计价的项目，应按合同约定对完成的里程碑节点应予计算的工程量及单价进行结算，支付进度款，如已预支付人工费的予以扣减。承包人应根据实际完成进度计划的里程碑节点到期后的7天内向发包人提出进度款支付申请，支付申请的内容应符合合同的约定。发包人应在收到承包人进度款支付申请后的7天内，对申请内容予以核实，确认后应向承包人出具进度款支付证书并在支付证书签发后7天内支付进度款。发包人逾期未签发进度款支付证书且未提出异议的，视为承包人提交的进度款支付申请已被发包人认可，承包人应向发包人发出要求付款的通知，发包人应在收到承包人通知14天内，按照承包人支付申请的金额向承包人支付进度款。发承包双方对进度款支付不能达成一致时，发包人应对无异议部分予以支付，有异议部分应按争议解决办法处理。发包人未按合同约定支付进度款的，可再次通知发包人支付，发包人收到承包人通知后仍不能按要求付款时，可与承包人协商签订延期付款协议，经承包人同意后可延期支付，协议应明确延期支付的时间和在应付期限逾期之日起应支付的应付款的利息。发包人不按合同约定支付进度款，双方又未达成延期付款协议，导致施工无法进行，承包人有权暂停施工，发包人应承担由此增加的费用和延误的工期，向承包人支付合理利润，并承担违约责任。在对已签发的进度款支付证书进行阶段汇总和复核中发现错误、遗漏或重复的，发包人和承包人均有权提出修正申请。经发包人和承包人同意的修正，应在下期过程结算进度款中支付或扣除。发包人应当按照合同约定及时向承包人发出开工通知，在合同工程实施过程中应避免发生影响承包人工期延误的情形，并应督促承包人按照工程总进度计划实施。合同工程完工后，发承包双方应根据合同约定对合同履约过程中的工期进行确认。除合同另有约定外，实际开工时间和竣工时间可按下列规定计算：实际开工时间应以发包人发出的开工通知或批准的开工报告上载明的开工时间起计算。实际竣工时间可按下列规定计算：工程经竣工验收合格的，以承包人提交竣工验收申请报告的时间为实际竣工时间；发包人在收到承包人竣工验收申请报告之日起，未在合同约定的时间内完成竣工验收的，以承包人提交竣工验收申请报告之日为实际竣工时间；工程未经竣工验收，发包人擅自使用的，以发包人占有建设工程之日为实际竣工时间。实际工期应为实际竣工时间减去实际开工时间的天数。合同约定工期加上发包人批准延长的工期减去实际工期，如为正数时，应为工期提前的天数；如为负数时，应为延误工期的天数。工期提前的，按照合同约定的补偿、奖励额度计算，应作为追加的合同价款列入竣工结算款一并支付。工期延误的，按照合同约定的赔偿额度计算误期赔偿费，应列入竣工结算，在结算款中扣除。

（六）竣工结算与支付。合同工程完工后，承包人可在提交工程竣工验收申请时向发包人提交竣工结算文件。竣工结算文件应包括下列内容，并应附证明文件：截止工程完工，按照合同约定完成的所有工作、工程的合同价款；按照合同约定的工期，确认工期提前或延后的天数和增加或减少的金额；按照合同约定，调整合同价款应增加或减少的金额；按照合同约定，确认工程变更、工程签证、索赔等应增加或减少的金额；实际已收到金额以及发包人还应支付的金额；其他主张及说明。发承包双方应在合同约定时间内办理工程竣工结算，在合同工程实施过程中已经办理并确认的期中结算的价款应直接进入竣工结算。竣工结算价可依据合同形式按照下列规定计算：可调总价合同的竣工结算价＝签约合同价—预备费±合同约定调整价款和索赔的金额；固定总价合同的竣工结算价＝签约合同价±索赔金额。未支付的价款＝竣工结算价格—已支付的合同价款。除合同另有约定外，发包人应在收到承包人提交的完整的竣工结算文件后的28天内审核完毕。发包人经核实，认为承包人还需进一步补充资料和修改结算文件，应在上述时限内向承包人提出核实意见，承包人在收到核实意见后的14天内按照发包人提出的要求补充资料，修改竣工结算文件，并应再次提交给发包人复核后批准。发包人应在收到承包人再次提交的竣工结算文件后的28天内予以复核，并应将复核结果通知承包人。除合同另有约定外，发包人在收到承包人竣工结算文件后的28天内，不审核竣工结算或未提出审核意见时，应视为承包人提交的竣工结算文件已被发包人认可，竣工结算办理完毕。承包人对发包人的核实意见有异议的，应在收到发包人提出的核实意见后的28天内提出异议；对于无异议部分，发包人应签发临时竣工付款证书，并按照合同约定完成付款；承包人逾期未提出异议的，应视为认可发包人的核实意见，竣工结算办理完毕。除合同另有约定外，发包人委托造价咨询人审核竣工结算时，工程造价咨询人应在收到发包人转交承包人竣工结算文件之日起28天内审核完毕，审核结论与承包人竣工结算文件不一致的，应提交给承包人复核，承包人应在14天内将同意审核结论或不同意见的说明提交工程造价咨询人，工程造价咨询人收到承包人提出的异议后，应在28天内再次复核完毕，并应将复核结果通知承包人。对于无异议部分，发包人应签发临时竣工付款证书，并按照合同约定完成付款；承包人逾期未提出书面异议的，应视为工程造价咨询人审核的竣工结算文件已被承包人认可。发承包双方对竣工结算不能达成一致时，发包人应对无异议部分结算支付，有异议部分应按争议解决办法处理。承包人应根据办理的竣工结算文件，向发包人提交竣工结算款支付申请。除合同另有约定外，发包人应在收到承包人提交竣工结算款支付申请后7天内予以核实，并向承包人支付结算款。发包人未按照合同约定支付竣工结算款的，承包人可催告发包人支付，并有权获得延迟支付的利息。利息计付标准有约定的，应按照约定处理。没有约定的，按照同期同类贷款利率或者同期贷款市场报价利率计息。逾期56天后仍未支付的，除法律另有规定外，承包人可与发包人协商将该工程折价，也可直接向人民法院申请将该工程依法拍卖。承包人就该工程折价或拍卖的价款优先受偿。承包人应按照合同约定提供质量保证金，保证金可采用下列方式：质量保证金银行保函；相应比例的工程款；工程质量保证担保；工程质量保险；双方约定的其他方式。缺陷责任期内，承包人未按照合同约定履行属于自身责任的工程缺陷的修复义务的，发包人有权从质量保证金中扣除用于缺陷修复的各项支出。在合同约定的缺陷责任期终止后，发包人应按照合同约定，将剩余的质量保证金返还给承包人。剩余质量保证金的返还，并不能免除承包人按照法律法规规定和（或）合同约定应承担的质量保修责任和应履行的质量保修义务。缺陷责任期终止后，承包人应按照合同约定的期限向发包人提交最终结清支付申请。发包人对最终结清支付申请有异议的，有权要求承包人进行修正和提供补充资料。承包人修正后，应再次向发包人提交修正后的最终结清支付申请。除合同另有约定外，发包人应在收到最终结清支付申请后的14天内予以核实，向承包人支付最终结清款。若发包人未在合同约定的时间内核实，又未提出具体意见的，视为承包人提交的最终结清支付申请已被发包人认可。发包人未按期最终结清支付的，承包人可催告发包人支付，并有权获得延迟支付的利息。承包人对发包人支付的最终结清款有异议的，应按照合同约定的争议解决方式处理。

（七）合同解除的结算与支付。工程总承包合同解除后，发承包双方应保护现场，及时采取下列措施做好清点与结算工作：清点已完成的勘察和设计工作以及总承包其他费的应付价款；清点已完成的里程碑节点以及相邻里程碑节点之间的工程部位、测量工程量；清点施工现场人员、材料、设备、施工机械数量以及采购合同；核对工程变更、工程签证、索赔所涉及的有关资料；将清点结果汇总造册，发承包双方签认；按照合同约定或规范的规定办理结算与支付。发承包双方不能一致做好清点工作的，任一方均应做好单方清点工作，必要时应采取拍照、摄像等方式留取证据材料。发承包双方办理结算合同价款支付时，应扣除发包人应向承包人收回的价款，应扣除的金额超过了应支付的金额，承包人应在结算办理后7天内将其差额退还给发包人；扣除后剩余的结算金额发包人应在结算办理后7天内向承包人支付。发承包双方不能就解除合同后的清点与结算达成一致的，应按照合同约定的争议解决方式处理。发承包双方协商一致解除工程总承包合同的，应按照达成的协议办理终止结算并支付结算价款。发承包双方虽对解除合同达成一致，但对合同解除后的终止结算发生争议时，应按照合同约定的争议解决方式处理。因承包人违约导致合同解除的，发包人应暂停向承包人支付任何价款。除合同另有约定外，发承包双方应在合同解除后28天内，清点合同解除时承包人已完成的合同工作并办理结算，结算应包括下列内容：已完成的勘察设计等总承包其他工作的价款；已完成的里程碑节点及相邻里程碑节点之间的工程合同价款；按工程进度计划已运至现场的材料和设备的价款；工程签证、发包人索赔的金额；按合同约定核算承包人应支付的违约金以及给发包人造成损失的赔偿金额；其他应由承包人承担的费用。因发包人违约导致合同解除的，除合同另有约定外，发承包双方应在28天内清点核实合同解除时承包人已完成的合同工作并办理结算，结算应包括下列内容：已完成的勘察设计等总承包其他工作的价款；已完成的里程碑节点及相邻里程碑节点之间的工程合同价款；承包人为本工程订购并已付款或外包加工定制的材料、设备和其他物品的价款，以及因本工程合同解除造成的损失（如承包人已签订采购合同但还未付款，如撤销合同应付的违约金）；工程签证、承包人索赔的金额；按合同约定核算发包人应支付的违约金以及给承包人造成损失的赔偿金额；承包人员工、机械设备撤离现场及遣散承包人员工的费用；其他应由发包人承担的费用。如工程停工后直至移交给发包人，由承包人负责的工地安全保卫，仓库看管等员工的费用；承包人主张合同解除后应由发包人给予合理的费用及预期利润等。由于不可抗力致使合同无法履行而解除合同的，发承包双方应办理清点与结算。除合同另有约定外，结算应包括下列内容：已完成的勘察设计等总承包其他工作的价款；已完成的里程碑节点及相邻里程碑节点之间的工程合同价款；规范规定的由发包人承担的费用；承包人为本工程订购并已付款或外包加工定制的材料、设备和其他物品的价款，以及发包人指示承包人退货或解除订货合同而产生的费用，或因不能退货或解除合同而产生的损失；承包人撤离现场所需的合理费用，包括员工遣送费和临时工程拆除、施工设备运离现场的费用；承包人为完成合同工程而预期开支的其他合理费用，且该项费用未包括在其他各项支付之内。

（八）合同价款与工期争议的解决。若发包人和承包人之间就工程进度、进度款结算与支付、工程变更、签证与索赔、价款与工期调整等发生争议，应首先根据合同约定，提交合同约定职责范围内的工程师解决，并抄送另一方。工程师在收到此件后14天内应将暂定结果通知发包人和承包人，发承包双方对暂定结果可按下列规定处理：发承包双方对暂定结果认可的，应以书面形式予以确认，暂定结果成为最终决定；发承包双方在收到工程师的暂定结果通知之后的14天内未对暂定结果予以确认也未提出不同意见的，应视为发承包双方已认可该暂定结果；发承包双方或一方不同意暂定结果的，应以书面形式向工程师提出，说明理由和自己认为正确的结果，同时抄送另一方，此时该暂定结果成为争议。在暂定结果对发承包双方履约不产生实质影响的前提下，发承包双方应实施该结果，直到按照发承包双方认可的争议解决办法改变暂定结果为止，由此导致承包人增加的费用和延误的工期应由责任方承担。合同争议发生后，发承包双方应首先选择协商和解，发承包双方任何时候都可进行协商，协商达成一致的，双方应签订书面和解协议，和解协议对发承包双方均有约束力。协商不能达成一致的，发包人或承包人均可选择合同约定的其他方式解决争议。合同争议发生后，发承包双方和解不成时，宜选择在仲裁或诉讼前进行调解，在调解人的协助下，争取达成调解协议。发承包双方宜选择在合同工程实施过程中委托调解人进行调解，促使争议及时得到解决。过程中的调解宜包括下列程序：发承包双方在合同中约定或在合同签订后约定争议调解人；发承包双方可协议调换或终止任何调解人，但双方都不能单独采取行动，除非双方另有协议，在最终结清后，调解人的任期即终止；发生合同争议后，任何一方可将该争议以书面形式提交调解人，并将副本抄送另一方，委托调解人调解；发承包双方应按照调解人提出的要求，为调解人提供所需要的资料、现场进入权及相应设施；调解人应在收到调解委托后28天内或由调解人建议并经发承包双方认可的其他期限内提出调解建议，发承包双方接受调解建议的，经双方签字后作为合同的补充文件，双方都应遵照执行；发承包双方中任一方不接受调解人的调解建议时，应继续按照合同实施工程，直到在后续发承包双方有认可的争议解决办法，再对调解建议进行改变。若发承包双方在工程完工后，就竣工结算、工期调整等发生争议时，发承包双方可选择下列方式委托调解：行政调解；行业调解；商事调解。合同争议发生后，若发承包双方进入仲裁或诉讼程序，宜选择仲裁调解或司法调解，争取达成调解协议。发承包双方的协商和解或调解均未达成一致意见，其中一方可就此争议事项根据合同约定的仲裁协议申请仲裁。在规范规定的期限之内，暂定结果或和解协议或调解书已经有约束力的情况下，当发承包中一方未能遵守暂定结果或和解协议或调解书时，另一方可将未能遵守暂定结果或不执行和解协议或调解书达成的事项提交仲裁或诉讼。发包人、承包人在履行合同时发生争议，双方不愿和解、调解或者和解、调解不成，又没有达成仲裁协议的，可依法向有管辖权的人民法院提起诉讼。

（九）工程总承包计价表式。工程总承包计价表格的设置应在满足工程总承包计价的需要、方便使用的前提下设置。规范附录 A 至附录 D 提供了工程总承包的主要计价表格，发承包双方使用时可调整补充。规范附录 A 为工程总承包项目 / 价格清单。适用于工程总承包交易过程中使用，包括总说明，标底（最高投标限价）/ 投标报价汇总表，工程费用项目 / 价格清单，工程总承包其他费项目 / 价格清单，预备费，发包人提供主要材料、设备一览表。规范附录 B 为价格指数权重表。使用时可在下列两种方式中选用：规范 B.1 价格指数权重表（投标人填报发包人确认）适用于承包人在投标阶段填报价格指数的权重范围及权重建议，由发承包双方在合同签订阶段确认最终权重；规范 B.2 价格指数权重表（发包人提出承包人确认）适用于发包人在招标文件中提供价格指数权重，投标人应在投标报价中考虑价格指数的权重与实际价格指数权重的差异。规范附录 C 为合同价款支付分解表。使用时可在下列两种方式中选用：合同价款支付分解表中的里程碑节点及对应的“金额占比”，由投标人在投标文件中根据工程进度计划设置里程碑节点，并计算里程碑节点对应的“金额占比”，由发承包双方在合同签订阶段确认；合同价款支付分解表中的里程碑节点及对应的“金额占比”由发包人在招标文件中提供里程碑节点及对应的“金额占比”；投标人应在投标报价中考虑里程碑节点“金额占比”与实际“金额占比”的差异，并向发包人提出，以便合理调整“金额占比”。规范附录 D 为合同价款结算、支付申请 / 核准表。适用于工程总承包合同履行过程中的预付款、单价项目计量计价、进度款、工程签证、索赔（费用和工期）、竣工结算、最终结清支付。

（十）工程总承包项目监督管理。企业投资的工程总承包项目宜采用总价合同，政府投资的工程总承包项目应当合理确定合同价格形式。采用总价合同的工程总承包项目，合同价格应当在充分竞争的基础上合理确定，除招标文件或者工程总承包合同中约定的调价原则外，合同价款一般不予调整。建设单位和工程总承包单位在合同中约定费用使用情况管理条款，可以包括费用使用计划、工程进度报告、工程变更核准等内容。风险分担原则，建设单位和工程总承包单位应当在招标文件以及工程总承包合同中约定总承包风险的合理分担。建设单位承担的风险包括：建设单位提出的工期或建设标准调整、设计变更、主要工艺标准或者工程规模的调整；建设单位提供原始资料不准确引起的工期或建设标准调整、设计变更、主要工艺标准或者工程规模的调整；因国家政策、法律、法规变化引起的工程费变化；主要工程材料、设备、人工价格和招标时基价相比，波动幅度超过总承包合同约定幅度的部分；难以预见的地质自然灾害、不可预知的地下溶洞、采空区或障碍物、有毒气体等重大地质变化，其损失与处置费由建设单位承担；其他不可抗力所造成的工程费的增加。除上述建设单位承担的风险外，其他风险由建设单位和工程总承包单位在合同中协商约定。鼓励建设单位和工程总承包单位通过购买保险的方式增强防范风险能力。结算和决算审核，采用固定总价合同的工程总承包项目在计价结算和竣工决算审核时，仅对符合工程总承包合同约定的变更调整部分进行审核，对工程总承包合同中的固定总价包干部分不再另行审核。主要参建单位的责任和义务，建设单位管理，建设单位根据自身资源和能力，可以自行对工程总承包项目进行管理，也可以委托符合条件的全过程工程咨询单位（或项目管理单位）等第三方服务机构，赋予相应权利，依照合同对工程总承包项目进行管理。建设单位责任，建设单位不得迫使工程总承包单位以低于成本的价格竞标，不得明示或者暗示工程总承包单位违反工程建设强制性标准、降低建设工程质量，不得明示或者暗示工程总承包单位使用不合格的建筑材料、建筑构配件和设备。建设单位不得对工程总承包单位提出不符合建设工程安全生产法律、法规和强制性标准规定的要求，不得明示或者暗示工程总承包单位购买、租赁、使用不符合安全施工要求的安全防护用具、机械设备、施工机具及配件、消防设施和器材。建设单位不得设置不合理工期，不得任意压缩合理工期。建设单位应当向工程总承包、工程监理等单位提供与建设工程有关的原始资料，原始资料应真实、准确、齐全。工程总承包项目正式开工前，建设单位应当做好与工程总承包项目实施相关的动拆迁、管线搬迁、三通一平等准备工作。建设单位应当向工程总承包单位提供工程款支付担保，约定工程款计量周期、工程款进度结算办法以及人工费用拨付周期，并按照保障农民工工资按时足额支付的要求约定人工费用。人工费用拨付周期不得超过 1 个月。工程总承包单位内部管理，工程总承包单位应当建立与工程总承包相适应的组织机构和管理制度，形成项目勘察（可含）、设计、采购、施工、试运行管理以及质量、安全、工期、造价、节约能源和生态环境保护管理等工程总承包综合管理能力。工程总承包单位责任，工程总承包单位应当按照工程总承包合同的约定，对总承包工程范围内的工程勘察（可含）、设计、施工质量、施工现场安全生产、工程进度、劳务用工管理、承发包市场行为等负总责，并且依法承担质量终身责任。由联合体形式承接工程总承包项目的，联合体各方应当共同与建设单位签订工程总承包合同，联合体牵头单位就联合体成员单位承担的工作内容承担连带责任，并在联合体协议中明确联合体成员单位的责任和权利。联合体牵头单位负工程总体组织推进责任，应当按规定或者工程管理实际配置项目负责人及技术、质量、安全等关键岗位人员，并会同联合体成员单位建立项目管理团队、健全工作机制，严格落实上述要求，全面履行联合体协议中明确的责任和义务。由设计和施工双资质承接工程总承包项目的，设计管理、现场质量安全管理参照现有制度执行。以联合体形式承接工程总承包项目的，联合体牵头单位应同时在联合体成员单位完成的勘察文件（可含）、设计文件、工程资料上共同签章，施工现场安全生产标准化、质量管理标准化、现场管理人员实名制和作业人员实名制等管理制度实施及其配套信息系统操作均由联合体牵头单位负责。分包单位责任，分包单位应按分包合同约定对其分包工程的质量负责，分包不免除工程总承包单位对其承包的全部建设工程所负的质量责任。分包单位应当服从工程总承包单位的安全生产管理，不服从管理导致生产安全事故的，由分包单位承担主要责任，分包不免除工程总承包单位的安全责任。工程总承包项目人员配备，工程总承包单位应当建立与工程总承包项目相适应的项目团队，实施工程总承包合同范围内的勘察（可含）、设计、采购、施工、性能检测、试运行、验收配合和交付等工程内容的总协调、总集成，督促分包单位加强现场管理，全面履行工程总承包项目管理职责。工程总承包单位应当配备项目经理、项目技术负责人、项目勘察负责人（可含）、项目设计负责人、项目施工负责人、工程质量负责人、施工安全负责人、项目造价负责人等主要项目管理人员和其他项目普通管理人员，上述人员应与工程总承包单位建立劳动关系。工程总承包项目经理责任，工程总承包单位项目经理负责工程总承包项目的勘察（可含）、设计、施工等工程内容的总体组织、协调和实施，对工程总承包项目的工程质量、施工安全、工程工期和工程造价等负全面管理责任，并且依法承担质量终身责任。分包单位项目经理，对分包合同内的质量安全负直接管理责任，总承包单位项目负责人负连带管理责任。监理单位责任，监理单位应当对工程总承包范围内的工程质量和施工安全实施监督管理，监理单位应当配备与监理工作相适应的监理人员，并承担相应监理责任。监理单位在项目实施过程中发现设计、施工行为违反法律、法规或者合同约定的，应当要求工程总承包单位予以改正；工程总承包单位拒不改正的，应当及时报告建设单位。合同信息报送，建设单位和工程总承包单位应当依托本市工程建设项目审批管理系统办理工程总承包合同信息报送。工程总承包单位和分包单位，按规定签订后续分包合同后，应当完成分包合同信息报送。施工图审查，工程总承包项目按照相关法规规定应当进行施工图审查的，建设单位可以根据项目实施情况，将施工图一次性或者分期、分阶段送审。工程总承包项目经理应在送审的施工图设计文件上签章。施工许可，建设单位可以在符合国家和本市相关规定的前提下，一次性申请领取工程总承包项目的施工许可证，也可以分标段申请领取施工许可证。以联合体形式承接工程总承包项目的，施工许可证的勘察单位（可含）、设计单位、施工单位一栏中按照各自承接的业务填写，并注明联合体牵头单位。在申领施工许可证过程中，除按照现行规定分别签署和上传五方责任主体的质量终身责任制承诺书外，还应签订上传全面负责勘察（可含）、设计、施工的工程总承包项目经理工程质量终身责任承诺书。过程资料，工程总承包项目的各类工程管理技术性文件、报验表格等资料应按工程总承包项目特点和相关规定进行调整；工程资料由建设单位、工程总承包单位、监理单位项目负责人根据各自职能签署意见。竣工验收和保修，工程总承包单位、监理单位等项目参建单位应参与建设单位组织的工程竣工验收；工程竣工验收中总承包范围内涉及勘察（可含）、设计、施工等由工程总承包单位全面负责。工程保修书由建设单位与工程总承包单位签署，保修期内工程总承包单位应当根据法律、法规、规定以及合同约定承担保修责任，工程总承包单位不得以其与分包单位之间保修责任划分而拒绝履行保修责任。业绩认定，经合同信息报送并履约完成的工程总承包合同计入工程业绩信息。其中，以设计和施工双资质承接的工程总承包单位，经合同信息报送并履约完成后按工程总承包业绩计入工程业绩信息；以联合体形式承接的工程总承包单位，经合同信息报送并履约完成后，联合体牵头单位按工程总承包业绩计入工程业绩信息，联合体成员单位按其完成的勘察（可含）、设计或施工业绩计入工程业绩信息。现场监管，本市各级质量监督管理部门对工程总承包项目开展现场安全、质量和消防监督检查时，应当按照本市有关管理要求，对工程总承包项目经理的到岗履职情况进行核查。发现工程总承包项目经理违反规定应当扣分或者依规处理的，按照有关规定执行。本市建筑装饰装修项目、城市基础设施维修改造项目，采用工程总承包方式组织建设和监督管理的，可参照执行。

第四节　建筑工程施工许可管理

一、申请领取施工许可证

从事各类房屋建筑及其附属设施的建造、装修装饰和与其配套的线路、管道、设备的安装，以及城镇市政基础设施工程的施工，建设单位在开工前应当依照规定，向工程所在地的县级以上地方人民政府住房和城乡建设主管部门申请领取施工许可证。工程投资额在30万元以下或者建筑面积在300平方米以下的建筑工程，可以不申请办理施工许可证。省、自治区、直辖市人民政府住房和城乡建设主管部门可以根据当地的实际情况，对限额进行调整，并报国务院住房和城乡建设主管部门备案。按照国务院规定的权限和程序批准开工报告的建筑工程，不再领取施工许可证。应当申请领取施工许可证的建筑工程未取得施工许可证的，一律不得开工。任何单位和个人不得将应当申请领取施工许可证的工程项目分解为若干限额以下的工程项目，规避申请领取施工许可证。建设单位申请领取施工许可证，应当具备下列条件，并提交相应的证明文件：依法应当办理用地批准手续的，已经办理该建筑工程用地批准手续。依法应当办理建设工程规划许可证的，已经取得建设工程规划许可证。施工场地已经基本具备施工条件，需要征收房屋的，其进度符合施工要求。已经确定施工企业。按照规定应当招标的工程没有招标，应当公开招标的工程没有公开招标，或者肢解发包工程，以及将工程发包给不具备相应资质条件的企业，所确定的施工企业无效。有满足施工需要的资金安排、施工图纸及技术资料，建设单位应当提供建设资金已经落实承诺书，施工图设计文件已按规定审查合格。有保证工程质量和安全的具体措施。施工企业编制的施工组织设计中有根据建筑工程特点制定的相应质量、安全技术措施。建立工程质量安全责任制并落实到人。专业性较强的工程项目编制了专项质量、安全施工组织设计，并按照规定办理了工程质量、安全监督手续。申请办理施工许可证，应当按照下列程序进行：建设单位向发证机关领取《建筑工程施工许可证申请表》。建设单位持加盖单位及法定代表人印鉴的《建筑工程施工许可证申请表》，并附规定的证明文件，向发证机关提出申请。发证机关在收到建设单位报送的《建筑工程施工许可证申请表》和所附证明文件后，对于符合条件的，应当自收到申请之日起七日内颁发施工许可证；对于证明文件不齐全或者失效的，应当当场或者五日内一次告知建设单位需要补正的全部内容，审批时间可以自证明文件补正齐全后作相应顺延；对于不符合条件的，应当自收到申请之日起七日内书面通知建设单位，并说明理由。建筑工程在施工过程中，建设单位或者施工单位发生变更的，应当重新申请领取施工许可证。

二、开工和复工管理

建设单位申请领取施工许可证的工程名称、地点、规模，应当符合依法签订的施工承包合同。施工许可证应当放置在施工现场备查，并按规定在施工现场公开。施工许可证不得伪造和涂改。建设单位应当自领取施工许可证之日起三个月内开工。因故不能按期开工的，应当在期满前向发证机关申请延期，并说明理由；延期以两次为限，每次不超过三个月。既不开工又不申请延期或者超过延期次数、时限的，施工许可证自行废止。在建的建筑工程因故中止施工的，建设单位应当自中止施工之日起一个月内向发证机关报告，报告内容包括中止施工的时间、原因、在施部位、维修管理措施等，并按照规定做好建筑工程的维护管理工作。建筑工程恢复施工时，应当向发证机关报告；中止施工满一年的工程恢复施工前，建设单位应当报发证机关核验施工许可证。发证机关应当将办理施工许可证的依据、条件、程序、期限以及需要提交的全部材料和申请表示范文本等，在办公场所和有关网站予以公示。发证机关作出的施工许可决定，应当予以公开，公众有权查阅。施工许可管理的规定适用于其他专业建筑工程。有关法律、行政法规有明确规定的，从其规定。工程总承包项目和政府采购项目办理施工许可手续，关于工程总承包项目施工许可，对采用工程总承包模式的工程建设项目，在施工许可证及其申请表中增加"工程总承包单位"和"工程总承包项目经理"栏目。各级住房和城乡建设主管部门可以根据工程总承包合同及分包合同确定设计、施工单位，依法办理施工许可证。对在工程总承包项目中承担分包工作，且已与工程总承包单位签订分包合同的设计单位或施工单位，各级住房和城乡建设主管部门不得要求其与建设单位签订设计合同或施工合同，也不得将上述要求作为申请领取施工许可证的前置条件。关于政府采购工程建设项目施工许可，对依法通过竞争性谈判或单一来源方式确定供应商的政府采购工程建设项目，应严格执行建筑法、《建筑工程施工许可管理办法》等规定，对符合申请条件的，颁发施工许可证。全面推行施工许可电子证照，全国范围内的房屋建筑和市政基础设施工程项目全面实行施工许可电子证照与纸质证照具有同等法律效力。地方施工许可发证机关要按照国务院办公厅电子政务办公室发布的《全国一体化在线政务服务平台电子证照建筑工程施工许可证》标准和住建部制定的《建筑工程施工许可证电子证照业务规程》要求，依托地方政务服务平台、工程建设项目审批管理系统或施工许可审批系统，完善相关信息功能，建立施工许可电子证照的制作、签发和信息归集业务流程，规范数据信息内容和证书样式，完善证书编号、二维码等编码规则，形成全国统一的电子证照版式。地方施工许可发证机关应在发证后5个工作日内，将电子证照文件（含电子印章）及业务信息上传至省级建筑市场监管一体化工作平台。省级建筑市场监管一体化工作平台每个工作日应对本行政区域内的信息进行汇总，并通过部省数据对接机制上传至全国建筑市场监管公共服务平台。公共服务平台进行归集和存档，并按要求向国家政务服务平台报送。公共服务平台及微信小程序向社会公众提供施工许可电子证照信息公开查询以及二维码扫描验证服务，并向各省级住房和城乡建设主管部门实时共享施工许可电子证照信息，实现施工许可电子证照跨地区的互联互通。

三、市建筑工程施工许可管理

（一）适用范围与职责分工。本市行政区域内从事各类房屋建筑及其附属设施的建造、装饰装修和市政基础设施工程的施工，建设单位在开工前应当依照管理规定，向市、区建设行政管理部门或者特定地区管委会申请领取建筑工程施工许可证。工程投资额在100万元以上的建筑工程，以及工程投资额在100万元以上或者建筑面积在300平方米以上的既有建筑装饰装修工程，应当申请领取施工许可证。根据本市建设工程分级管理原则，市住房和城乡建设管理委员会负责本市建筑工程施工许可的综合监督管理。市住房和城乡建设管理委员会行政服务中心受市住房和城乡建设管理委委托，负责本市建筑工程施工许可的具体监督管理，并承担国家和市级立项的新建、改建、扩建房屋建筑和市政基础设施（非交通类）工程，以及全市的文物工程、优秀历史建筑工程、保密工程施工许可的日常审批。区建设行政管理部门、特定地区管委会负责区（管委会）级立项的新建、改建和扩建建筑工程，以及所辖区域内既有建筑装饰装修工程施工许可的日常审批和监督管理。申请条件，建设单位申请领取建筑工程施工许可证，应当具备下列条件，并提交相应的证明文件：依法应当办理用地批准手续的，已经取得建设用地批准文件；依法应当办理建设工程规划许可手续的，已经取得建设工程规划许可证。规划自然资源部门另有规定的，按照其规定执行；施工场地已经基本具备施工条件，需要征收房屋的，其进度符合施工要求。有保证工程质量和安全的具体措施。建设单位应当提供施工场地已经基本具备施工条件的承诺书和现场质量安全措施落实的保证书；依法已经确定施工单位（或者工程总承包单位）。勘察单位、设计单位、施工单位（或者工程总承包单位）、监理单位（如有）应当按规定完成建设工程合同信息报送；有满足施工需要的资金安排。建设单位应当提供建设资金已经落实的承诺书；有满足施工需要的施工图纸及技术资料。依法应当进行施工图设计文件审查的，已按规定审查合格。免于施工图设计文件审查的，实行勘察、设计单位书面承诺制，施工图设计文件审查合格证书不再作为施工许可证核发的前置条件。既有建筑装饰装修工程施工许可的申请条件按照本市建筑装饰装修工程管理办法执行。除保密工程外，本市建筑工程施工许可证申请与审批实行全程网办。建设单位登陆市人民政府“一网通办”总门户下的“市工程建设项目审批管理系统”，在线办理施工许可证的申请、变更、中止等各类事宜，审批同意后在线获取施工许可证电子证照或者相关电子凭证。审批程序与信息公示，发证机关在收到建设单位的施工许可申请后，应当按照下列程序进行：对于申请材料不齐全的，应当自收到申请之日起二个工作日内一次性书面告知建设单位需要补正的全部内容；对于申请材料齐全、但不符合条件的，应当自受理之日起三个工作日内书面通知建设单位，并一次性书面告知理由；对于申请材料齐全、且符合条件的，应当自受理之日起三个工作日内核发施工许可证。施工许可证应当放置在施工现场备查。除保密工程外，建设单位应当在施工现场的施工铭牌向社会公示施工许可证信息。公示信息包括但不限于：建设单位、工程名称、建设地址、建设规模、合同工期、参建单位及其项目负责人、施工许可证编号、发证机关、单体（位）工程明细、二维验证码图片等。

（二）变更情形。施工许可证中载明的信息不得随意变更。施工许可证核发后，建筑工程的建设规模、单体（位）工程、合同工期、勘察、设计和监理（如有）等参建单位及其项目负责人等信息发生变更的，建设单位应当自变更事项发生之日起 15 个工作日内，通过工程审批系统向原发证机关提出变更申请，并上传相关变更证明材料。原发证机关在 3 个工作日内完成变更审核。建设单位或者施工单位发生变更的，建设单位应当向受监的工程质量安全监督机构报告，并按照本管理规定第四条的要求，向发证机关重新申领施工许可证，原施工许可证自行废止。延期情形，建设单位应当自施工许可证核发之日起 3 个月内开工。因故不能按期开工的，应当在期满前向发证机关申请延期，并说明理由；延期以两次为限，每次不超过 3 个月。既不开工又不申请延期或者超过延期次数、时限的，施工许可证自行废止。中止施工、复工核验情形，在建建筑工程因故中止施工的，建设单位应当自中止施工之日起 1 个月内向受监的工程质量安全监督机构报告。工程质量安全监督机构在收到建设单位提交的书面《工程中止施工报告》后，应当对停工措施进行抽查，符合要求后出具意见。建设单位凭工程质量安全监督机构出具的书面意见向发证机关申请办理施工许可证中止手续。报告内容包括：中止施工的时间、原因、在施部位、维护管理措施等，报告内容应当由建设单位、施工单位（或者工程总承包单位）、监理单位（如有）各方确认盖章。建设单位应当按规定组织做好施工中止期间建筑工程的维护管理工作。建筑工程恢复施工前，建设单位应当向受监的工程质量安全监督机构报告，申请质量安全措施现场审核。质量安全现场措施审核通过后，建设单位凭现场审核表向发证机关申请办理复工手续；审核不通过的，不予办理复工手续，现场整改达到复工条件后，方可重新办理复工手续。中止施工超过一年的，发证机关受理复工手续时，应当核验现场审核表中的建设单位、施工单位（或者工程总承包单位）、施工范围等内容与原施工许可证中载明的信息是否一致。核验一致的，当场审核通过；核验不一致的，施工许可证自行废止，建设单位应当在具备条件后重新申领施工许可证。监督检查，市、区建设行政管理部门和特定地区管委会应当加强施工许可的事中事后监管。重点监督检查的内容包括但不限于：是否取得施工许可证、是否具备施工条件、是否延期开工、开工后建设条件是否发生变化、是否配备现场管理人员、是否落实质量安全措施、抽查现场质量安全措施是否与建设单位申请施工许可时的承诺相符合、中止施工、恢复施工的程序是否合法等情形。发现未取得施工许可证，为规避办理施工许可证将工程项目分解后擅自施工，采用欺骗、贿赂等不正当手段取得施工许可证以及伪造或者涂改施工许可证等违法违规行为的，按照《建筑法》《建筑工程施工许可管理办法》等有关法律法规规定追究责任。建立建设单位、施工单位等各类企业的诚信档案，强化守信激励和失信惩戒措施。在事中事后监管中发现相关单位作出不实承诺或者承诺不履行等不良行为的，按照有关规定记入诚信档案。施工许可证补办，被依法查处无施工许可证施工的，建设单位应当按照本管理规定及时补办施工许可证。补发施工许可证应当满足以下条件：符合管理规定第四条施工许可证申请条件；违法责任主体已被实施行政处罚；已施工工程的质量符合要求。对于未取得施工许可擅自施工且已完工的建筑工程，相关责任主体被依法追究法律责任，并满足前款规定的条件后，发证机关在受理之日起三个工作日内出具处理意见，不再补发施工许可证。

（三）电子证照与信息共享，本市实行建筑工程施工许可证电子证照，发证机关不再制作和发放纸质《建筑工程施工许可证》。建筑工程施工许可证电子证照与纸质《建筑工程施工许可证》具有同等法律效力。建设单位可以通过工程审批系统查询施工许可办理情况，在办理完成后自行下载、打印和使用建筑工程施工许可证电子证照。建筑工程施工许可电子证照信息按本市“一网通办”要求进行统一归集。本市各类建设工程施工许可、开工信息应当加强互联共享，并通过部省（市）数据对接机制上传至全国建筑市场监管公共服务平台。一站式办理，本市推行工程建设项目施工许可阶段一站式办理，实行一口申请、并联审批。建设单位可以通过工程审批系统同步申请并获得施工图设计文件审查合格证书、建设工程规划许可证和建筑工程施工许可证。桩基础工程完成发包的，建设单位可凭设计方案批准文件以及施工许可证的其他法定要件，申请办理桩基础工程施工许可证，无需提供建设工程规划许可证，先行开展桩基础工程施工。其他规定，工程投资额在100万元以下的建筑工程，实行所辖区域属地备案和开工信息报送制度，具体办法出区建设行政管理部门、特定地区管委会结合所辖区域实际情况制定。市政基础设施（交通类）工程、居住类房屋修缮工程、既有多层住宅加装电梯工程、拆除工程、应急工程按照本市有关规定执行。

第五节　政府采购需求管理及履职评价

一、政府采购需求管理

（一）政府采购需求管理，是指采购人组织确定采购需求和编制采购实施计划，并实施相关风险控制管理的活动。适用政府采购货物、工程和服务项目的需求管理。采购需求管理应当遵循科学合理、厉行节约、规范高效、权责清晰的原则。采购人对采购需求管理负有主体责任，按照本办法的规定开展采购需求管理各项工作，对采购需求和采购实施计划的合法性、合规性、合理性负责。主管预算单位负责指导本部门采购需求管理工作。采购需求，是指采购人为实现项目目标，拟采购的标的及其需要满足的技术、商务要求。技术要求是指对采购标的的功能和质量要求，包括性能、材料、结构、外观、安全，或者服务内容和标准等。商务要求是指取得采购标的的时间、地点、财务和服务要求，包括交付（实施）的时间（期限）和地点（范围），付款条件（进度和方式），包装和运输，售后服务，保险等。采购需求应当符合法律法规、政府采购政策和国家有关规定，符合国家强制性标准，遵循预算、资产和财务等相关管理制度规定，符合采购项目特点和实际需要。采购需求应当依据部门预算（工程项目概预算）确定。确定采购需求应当明确实现项目目标的所有技术、商务要求，功能和质量指标的设置要充分考虑可能影响供应商报价和项目实施风险的因素。采购需求应当清楚明了、表述规范、含义准确。技术要求和商务要求应当客观，量化指标应当明确相应等次，有连续区间的按照区间划分等次。需由供应商提供设计方案、解决方案或者组织方案的采购项目，应当说明采购标的的功能、应用场景、目标等基本要求，并尽可能明确其中的客观、量化指标。采购需求可以直接引用相关国家标准、行业标准、地方标准等标准、规范，也可以根据项目目标提出更高的技术要求。采购人可以在确定采购需求前，通过咨询、论证、问卷调查等方式开展需求调查，了解相关产业发展、市场供给、同类采购项目历史成交信息，可能涉及的运行维护、升级更新、备品备件、耗材等后续采购，以及其他相关情况。面向市场主体开展需求调查时，选择的调查对象一般不少于 3 个，并应当具有代表性。对于下列采购项目，应当开展需求调查：1000 万元以上的货物、服务采购项目，3000 万元以上的工程采购项目；涉及公共利益、社会关注度较高的采购项目，包括政府向社会公众提供的公共服务项目等；技术复杂、专业性较强的项目，包括需定制开发的信息化建设项目、采购进口产品的项目等；主管预算单位或者采购人认为需要开展需求调查的其他采购项目。编制采购需求前一年内，采购人已就相关采购标的开展过需求调查的可以不再重复开展。按照法律法规的规定，对采购项目开展可行性研究等前期工作，已包含规定的需求调查内容的，可以不再重复调查；对在可行性研究等前期工作中未涉及的部分，应当按照办法的规定开展需求调查。

（二）采购实施计划，是指采购人围绕实现采购需求，对合同的订立和管理所做的安排。采购实施计划根据法律法规、政府采购政策和国家有关规定，结合采购需求的特点确定。采购实施计划主要包括以下内容：合同订立安排，包括采购项目预（概）算、最高限价，开展采购活动的时间安排，采购组织形式和委托代理安排，采购包划分与合同分包，供应商资格条件，采购方式、竞争范围和评审规则等。合同管理安排，包括合同类型、定价方式、合同文本的主要条款、履约验收方案、风险管控措施等。采购人应当通过确定供应商资格条件、设定评审规则等措施，落实支持创新、绿色发展、中小企业发展等政府采购政策功能。采购人要根据采购项目实施的要求，充分考虑采购活动所需时间和可能影响采购活动进行的因素，合理安排采购活动实施时间。采购人采购纳入政府集中采购目录的项目，必须委托集中采购机构采购。政府集中采购目录以外的项目可以自行采购，也可以自主选择委托集中采购机构，或者集中采购机构以外的采购代理机构采购。采购人要按照有利于采购项目实施的原则，明确采购包或者合同分包要求。采购项目划分采购包的，要分别确定每个采购包的采购方式、竞争范围、评审规则和合同类型、合同文本、定价方式等相关合同订立、管理安排。根据采购需求特点提出的供应商资格条件，要与采购标的的功能、质量和供应商履约能力直接相关，且属于履行合同必需的条件，包括特定的专业资格或者技术资格、设备设施、业绩情况、专业人才及其管理能力等。业绩情况作为资格条件时，要求供应商提供的同类业务合同一般不超过 2 个，并明确同类业务的具体范围。涉及政府采购政策支持的创新产品采购的，不得提出同类业务合同、生产台数、使用时长等业绩要求。采购方式、评审方法和定价方式的选择应当符合法定适用情形和采购需求特点，其中，达到公开招标数额标准，因特殊情况需要采用公开招标以外的采购方式的，应当依法获得批准。采购需求客观、明确且规格、标准统一的采购项目，如通用设备、物业管理等，一般采用招标或者询价方式采购，以价格作为授予合同的主要考虑因素，采用固定总价或者固定单价的定价方式。采购需求客观、明确，且技术较复杂或者专业性较强的采购项目，如大型装备、咨询服务等，一般采用招标、谈判（磋商）方式采购，通过综合性评审选择性价比最优的产品，采用固定总价或者固定单价的定价方式。不能完全确定客观指标，需由供应商提供设计方案、解决方案或者组织方案的采购项目，如首购订购、设计服务、政府和社会资本合作等，一般采用谈判（磋商）方式采购，综合考虑以单方案报价、多方案报价以及性价比要求等因素选择评审方法，并根据实现项目目标的要求，采取固定总价或者固定单价、成本补偿、绩效激励等单一或者组合定价方式。除法律法规规定可以在有限范围内竞争或者只能从唯一供应商处采购的情形外，一般采用公开方式邀请供应商参与政府采购活动。采用综合性评审方法的，评审因素应当按照采购需求和与实现项目目标相关的其他因素确定。采购需求客观、明确的采购项目，采购需求中客观但不可量化的指标应当作为实质性要求，不得作为评分项；参与评分的指标应当是采购需求中的量化指标，评分项应当按照量化指标的等次，设置对应的不同分值。不能完全确定客观指标，需由供应商提供设计方案、解决方案或者组织方案的采购项目，可以结合需求调查的情况，尽可能明确不同技术路线、组织形式及相关指标的重要性和优先级，设定客观、量化的评审因素、分值和权重。价格因素应当按照相关规定确定分值和权重。采购项目涉及后续采购的，如大型装备等，要考虑兼容性要求。可以要求供应商报出后续供应的价格，以及后续采购的可替代性、相关产品和估价，作为评审时考虑的因素。需由供应商提供设计方案、解决方案或者组织方案，且供应商经验和能力对履约有直接影响的，如订购、设计等采购项目，可以在评审因素中适当考虑供应商的履约能力要求，并合理设置分值和权重。需由供应商提供设计方案、解决方案或者组织方案，采购人认为有必要考虑全生命周期成本的，可以明确使用年限，要求供应商报出安装调试费用、使用期间能源管理、废弃处置等全生命周期成本，作为评审时考虑的因素。合同类型按照民法典规定的典型合同类别，结合采购标的的实际情况确定。

（三）合同文本应当包含法定必备条款和采购需求的所有内容，包括但不限于标的名称，采购标的质量、数量（规模），履行时间（期限）、地点和方式，包装方式，价款或者报酬、付款进度安排、资金支付方式，验收、交付标准和方法，质量保修范围和保修期，违约责任与解决争议的方法等。采购项目涉及采购标的的知识产权归属、处理的，如订购、设计、定制开发的信息化建设项目等，应当约定知识产权的归属和处理方式。采购人可以根据项目特点划分合同履行阶段，明确分期考核要求和对应的付款进度安排。对于长期运行的项目，要充分考虑成本、收益以及可能出现的重大市场风险，在合同中约定成本补偿、风险分担等事项。合同权利义务要围绕采购需求和合同履行设置。国务院有关部门依法制定了政府采购合同标准文本的，应当使用标准文本。属于规定范围的采购项目，合同文本应当经过采购人聘请的法律顾问审定。履约验收方案要明确履约验收的主体、时间、方式、程序、内容和验收标准等事项。采购人、采购代理机构可以邀请参加本项目的其他供应商或者第三方专业机构及专家参与验收，相关验收意见作为验收的参考资料。政府向社会公众提供的公共服务项目，验收时应当邀请服务对象参与并出具意见，验收结果应当向社会公告。验收内容要包括每一项技术和商务要求的履约情况，验收标准要包括所有客观、量化指标。不能明确客观标准、涉及主观判断的，可以通过在采购人、使用人中开展问卷调查等方式，转化为客观、量化的验收标准。分期实施的采购项目，应当结合分期考核的情况，明确分期验收要求。货物类项目可以根据需要设置出厂检验、到货检验、安装调试检验、配套服务检验等多重验收环节。工程类项目的验收方案应当符合行业管理部门规定的标准、方法和内容。履约验收方案应当在合同中约定。对于规定的采购项目，要研究采购过程和合同履行过程中的风险，判断风险发生的环节、可能性、影响程度和管控责任，提出有针对性的处置措施和替代方案。采购过程和合同履行过程中的风险包括国家政策变化、实施环境变化、重大技术变化、预算项目调整、因质疑投诉影响采购进度、采购失败、不按规定签订或者履行合同、出现损害国家利益和社会公共利益情形等。各级财政部门应当按照简便、必要的原则，明确报财政部门备案的采购实施计划具体内容，包括采购项目的类别、名称、采购标的、采购预算、采购数量（规模）、组织形式、采购方式、落实政府采购政策有关内容等。风险控制，采购人应当将采购需求管理作为政府采购内控管理的重要内容，建立健全采购需求管理制度，加强对采购需求的形成和实现过程的内部控制和风险管理。采购人可以自行组织确定采购需求和编制采购实施计划，也可以委托采购代理机构或者其他第三方机构开展。采购人应当建立审查工作机制，在采购活动开始前，针对采购需求管理中的重点风险事项，对采购需求和采购实施计划进行审查，审查分为一般性审查和重点审查。对于审查不通过的，应当修改采购需求和采购实施计划的内容并重新进行审查。一般性审查主要审查是否按照规定的程序和内容确定采购需求、编制采购实施计划。审查内容包括，采购需求是否符合预算、资产、财务等管理制度规定；对采购方式、评审规则、合同类型、定价方式的选择是否说明适用理由；属于按规定需要报相关监管部门批准、核准的事项，是否作出相关安排；采购实施计划是否完整。重点审查是在一般性审查的基础上，进行以下审查：非歧视性审查主要审查是否指向特定供应商或者特定产品，包括资格条件设置是否合理，要求供应商提供超过 2 个同类业务合同的，是否具有合理性；技术要求是否指向特定的专利、商标、品牌、技术路线等；评审因素设置是否具有倾向性，将有关履约能力作为评审因素是否适当。竞争性审查主要审查是否确保充分竞争，包括应当以公开方式邀请供应商的，是否依法采用公开竞争方式；采用单一来源采购方式的，是否符合法定情形；采购需求的内容是否完整、明确，是否考虑后续采购竞争性；评审方法、评审因素、价格权重等评审规则是否适当。采购政策审查主要审查进口产品的采购是否必要，是否落实支持创新、绿色发展、中小企业发展等政府采购政策要求。履约风险审查主要审查合同文本是否按规定由法律顾问审定，合同文本运用是否适当，是否围绕采购需求和合同履行设置权利义务，是否明确知识产权等方面的要求，履约验收方案是否完整、标准是否明确，风险处置措施和替代方案是否可行。采购人或者主管预算单位认为应当审查的其他内容。审查工作机制成员应当包括本部门、本单位的采购、财务、业务、监督等内部机构。采购人可以根据本单位实际情况，建立相关专家和第三方机构参与审查的工作机制。参与确定采购需求和编制采购实施计划的专家和第三方机构不得参与审查。一般性审查和重点审查的具体采购项目范围，由采购人根据实际情况确定。主管预算单位可以根据本部门实际情况，确定由主管预算单位统一组织重点审查的项目类别或者金额范围。属于规定范围的采购项目，应当开展重点审查。采购需求和采购实施计划的调查、确定、编制、审查等工作应当形成书面记录并存档。采购文件应当按照审核通过的采购需求和采购实施计划编制。

二、政府采购品目分类目录（2022版）说明

为完善政府采购基础分类标准，按照深化政府采购制度改革和实施预算管理一体化要求，财政部对《政府采购品目分类目录》进行了修订，并与《固定资产等资产基础分类与代码》统一为一套编码体系。修订的主要内容为：货物类品目的修订，修订后的货物类品目共8个门类，包括房屋和构筑物、设备、文物和陈列品、图书和档案、家具和用具、特种动植物、物资、无形资产。修订的主要内容为：与资产分类与代码保持一致。对货物类品目与资产分类进行一一对应，两者编码均由拉丁字母“A”和4级代码8位阿拉伯数字组成，为政府采购与资产管理的有效衔接提供基础保障。如资产分类与代码中“A03010000不可移动文物”项下的“古遗址”“古建筑”“石窟寺和石刻”“近代现代重要史迹和代表性建筑”，以及“A08000000无形资产”项下的“资质证明”“产品认证”“商誉”“管理经营”等类别，未纳入采购品目目录。工程类品目的修订，修订后的工程类品目共10个门类，包括房屋施工、Ⅲ构筑物施工、施工工程准备、预制构件组装和装配、专业施工、安装工程、装修工程、修缮工程、工程设备租赁（带操作员）、其他建筑工程。修订的主要内容为：与资产分类中的房屋分类保持一致，并对其下级品目进行同步更新。如将原房屋施工调整为“B01010000办公用房施工”和“B01020000业务用房施工”，并在“B01020000业务用房施工”下，同步更新了“警察业务用房施工”“司法业务用房施工”“教育用房施工”等品目。规范部分品目名称。如将“B01022400”的品目名称“城市公交用房施工”修改为“城市客运用房施工”，“B02080300城市地铁隧道工程施工”修改为“城市轨道交通隧道工程施工”；“B02140300荒山绿化工程施工”修改为“土地绿化工程施工”；“B02140400防沙工程施工”修改为“防沙治沙工程施工”；“B02140600人工湿地工程施工”修改为“湿地保护工程施工”等。服务类品目的修订，修订后的服务类品目共25个门类，包括科学研究和试验开发、教育服务、医疗卫生服务、社会服务、生态环境保护和治理服务、公共设施管理服务、农林牧渔服务等。修订的主要内容为：与政府购买服务相衔接。与框架协议采购相适应，根据《政府采购框架协议采购方式管理暂行办法》规定，新增“C20000000鉴证咨询服务”品目，包括“C20010000认证服务”（产品认证服务、服务认证服务等）、“C20020000鉴证服务”（会计鉴证服务、税务鉴证服务、工程造价鉴定服务、工程监理服务、资产评估服务等）和C20030000咨询服务（会计咨询服务、税务咨询服务、法律咨询服务、评审咨询服务等）。规范实施政府和社会资本合作项目采购。按照深化改革和政府采购法修订的总体思路，新增“C24000000政府和社会资本合作服务”品目。包括“公共设施类合作服务”“交通设施类合作服务”“水Ⅴ利设施类合作服务”“公园、景区及旅游类合作服务”“生态环境保护类合作服务”“农业、林业类合作服务”“教育类合作服务”“医疗卫生类合作服务”“社会保障类合作服务”“公共文化类合作服务”“信息技术、信息传输类合作服务”以及“城市、城镇发展类合作服务”等12个类别。为便于预算单位准确理解和使用品目，补充新增品目说明并对原有品目说明进行完善，保证每一个末级品目均有说明。

三、政府采购评审专家和采购代理机构履职评价

政府采购评审专家履职评价，评价主体和对象，采购人或其委托的采购代理机构应当依法从财政部设立的政府采购评审专家库中抽取评审专家，并对专家进行履职评价。评价方式，采购人或其委托的采购代理机构在评审活动结束后，通过中国政府采购网信用评价系统（以下简称评价系统），对评审专家的专业技术水平、遵守评审纪律、评审工作质量等情况逐项打分，作出评价。结果运用，财政部定期根据每位评审专家累计平均得分，对排名位于后1/3的评审专家，将其抽取概率降低50%。对政府采购评审专家履职情况的评价指标（表7-1），共18项合计100分。采购代理机构履职评价，评价主体和对象，对在财政部设立的评审专家库中抽取评审专家的采购代理机构，由被抽取的评审专家对其进行履职评价。评价方式，评审专家在评审活动结束后，通过评价系统对采购代理机构的采购文件编写质量、评审活动组织等情况逐项打分，作出评价。结果运用，财政部将采购代理机构年度平均得分计入“政府采购代理机构监督评价”得分，满分为5分。采购代理机构累计接受评价的次数和累计平均得分在中国政府采购网公开，供采购人在选取采购代理机构时参考。对采购代理机构履职情况的评价指标（表7-2），共16项合计100分。工作要求，采购人、采购代理机构和政府采购评审专家应当遵循诚实信用的原则，按规定在政府采购评审活动结束后五个工作日内完成评价工作，不得虚假评价。评审专家应当根据履职评价的得分情况，努力提高专业水平和职业道德素质，提升评审工作质量。采购代理机构应当不断加强内控管理，增强采购文件编制、评审活动组织等服务能力，提升采购代理专业化水平。各省级财政部门可以根据实际情况，参照规定的评价指标，在本地区组织开展对政府采购评审专家、采购代理机构的履职评价。

政府采购评审专家履职情况的评价指标 **表7-1**

序号	评价指标	分值	得分
1	熟悉政府采购法律法规和规章制度规定	7	
2	具备评审相关政府采购项目所需的专业知识	7	
3	确认参与评审后，无缺席现象。如有特殊情况不能参加，提前在系统中请假	6	
4	参加评审时，无迟到或早退现象	5	
5	迟到后未能参加评审的，不向采购代理机构或采购人索要报酬	5	
6	参与评审时，按要求出示有效身份证明，将手机等通讯设备交由管理人员统一保管	5	
7	评审期间服从现场管理，恪尽职守，不擅自与外界联系，不在评审现场高声喧哗或随意走动，遵守现场纪律	7	
8	评审时仔细阅读采购文件，准确理解采购文件要求，打分认真、客观、公正	5	
9	评审专家发现采购文件内容违反国家强制性规定或者采购文件存在歧义、重大缺陷导致评审工作无法进行时，停止评审并向采购人或者采购代理机构书面说明情况	5	
10	对供应商投标（响应）判定为不合格投标（响应）或者对供应商报价判定为无效报价时，详细说明理由	5	
11	按照规定不接受投标（响应）供应商提出的与投标（响应）文件不一致的澄清或者说明，不接受供应商口头澄清，不接受无法定代表人或其授权代表签字、盖章的澄清或说明	5	
12	未出现客观分评审错误	7	
13	未出现评分畸高、畸低现象	6	
14	无故意拖延评审时间行为	5	
15	在评审报告上签字。对报告有异议的，在评审报告签署不同意见并说明理由	5	
16	离开评审现场时未记录、复制或带走任何评审资料	5	
17	不超标准索要劳务报酬、差旅费	5	
18	配合采购人或者采购代理机构答复供应商的询问和质疑	5	
合计		100	

注：如专家因迟到或其他原因未能参与评审工作，采购代理机构只对第3项或第5项指标进行评价，评价结果换算为百分制后计入得分。采购代理机构原则上应当在评审工作结束后五个工作日内对评审专家进行评价。对第18项指标可以追加做出评价。

对采购代理机构履职情况的评价指标 **表7-2**

序号	评价指标	分值	得分
1	采购代理机构工作人员熟练掌握政府采购各项法律法规和规章制度	5	
2	采购代理机构向评审专家准确通知评审时间、地点。评审时间、地点改变后，及时通知评审专家	5	
3	在评审工作开始前，采购代理机构统一保管手机等通讯工具或相关电子设备	5	
4	采购代理机构人员核对评审专家身份和采购人代表授权函	5	
5	采购代理机构提供必要的评审条件及配套的评审环境	5	
6	采购代理机构保障评审活动不受外界干扰	5	
7	采购代理机构人员宣布评审纪律，告知评审专家应当回避的情形，介绍政府采购相关政策法规、采购文件	5	
8	采购文件编制规范、完整	9	
9	采购文件中评审方法和标准符合规定	5	
10	采购代理机构督促评审委员会按规定独立评审，及时纠正和制止倾向性言论等违法行为	5	
11	采购代理机构人员未发表任何存在歧视性、倾向性的意见，未非法干预采购评审活动	9	
12	采购代理机构采取必要措施禁止与评审工作无关的人员进入评审现场	5	
13	采购代理机构认真核对评审结果	9	
14	采购代理机构按规定对评审活动进行全程录音、录像	9	
15	采购代理机构人员服务过程细致耐心，严格规范	5	
16	集中采购机构及时按照规定向评审专家支付劳务报酬或异地评审差旅费（对集中采购机构代理项目的评价指标）；社会代理机构接受采购人委托及时按照规定向评审专家支付劳务报酬，或向评审专家说明劳务报酬由采购人支付（对社会代理机构代理项目的评价指标）	9	
合计		100	

注：评审专家原则上应当在评审工作结束后5个工作日内对采购代理机构进行评价，对第16项指标可以在评审活动结束后30个工作日内评价。

第六节　政府采购信息发布和购买服务管理

一、政府采购信息

政府采购信息，是指依照政府采购有关法律制度规定应予公开的公开招标公告、资格预审公告、单一来源采购公示、中标（成交）结果公告、政府采购合同公告等政府采购项目信息，以及投诉处理结果、监督检查处理结果、集中采购机构考核结果等政府采购监管信息。政府采购信息发布应当遵循格式规范统一、渠道相对集中、便于查找获得的原则。财政部指导和协调全国政府采购信息发布工作，并依照政府采购法律、行政法规有关规定，对中央预算单位的政府采购信息发布活动进行监督管理。地方各级人民政府财政部门对本级预算单位的政府采购信息发布活动进行监督管理。财政部对中国政府采购网进行监督管理。省级（自治区、直辖市、计划单列市）财政部门对中国政府采购网省级分网进行监督管理。政府采购信息应当按照财政部规定的格式编制。中央预算单位政府采购信息应当在中国政府采购网发布，地方预算单位政府采购信息应当在所在行政区域的中国政府采购网省级分网发布。除中国政府采购网及其省级分网以外，政府采购信息可以在省级以上财政部门指定的其他媒体同步发布。财政部门、采购人和其委托的采购代理机构（以下统称发布主体）应当对其提供的政府采购信息的真实性、准确性、合法性负责。中国政府采购网及其省级分网和省级以上财政部门指定的其他媒体应当对其收到的政府采购信息发布的及时性、完整性负责。发布主体应当确保其在不同媒体发布的同一政府采购信息内容一致。在不同媒体发布的同一政府采购信息内容、时间不一致的，以在中国政府采购网或者其省级分网发布的信息为准。同时在中国政府采购网和省级分网发布的，以在中国政府采购网上发布的信息为准。指定媒体应当采取必要措施，对政府采购信息发布主体的身份进行核验。指定媒体应当及时发布收到的政府采购信息。中国政府采购网或者其省级分网应当自收到政府采购信息起 1 个工作日内发布。指定媒体应当向发布主体免费提供信息发布服务，不得向市场主体和社会公众收取信息查阅费用。

二、政府采购意向公开工作的管理

中央预算单位的采购意向在中国政府采购网中央主网公开，地方预算单位的采购意向在中国政府采购网地方分网公开，采购意向也可在省级以上财政部门指定的其他媒体同步公开。主管预算单位可汇总本部门、系统所属预算单位的采购意向集中公开，有条件的部门可在其部门门户网站同步公开本部门、本系统的采购意向。除以协议供货、定点采购方式实施的小额零星采购和由集中采购机构统一组织的批量集中采购外，按项目实施的集中采购目录以内或者采购限额标准以上的货物、工程、服务采购均应当公开采购意向。采购意向公开的内容应当包括采购项目名称、采购需求概况、预算金额、预计采购时间等，政府采购意向公开参考文本。其中，采购需求概况应当包括采购标的名称，采购标需实现的主要功能或者目标，采购标的数量，以及采购标需满足的质量、服务、安全、时限等要求。采购意向应当尽可能清晰完整，便于供应商提前做好参与采购活动的准备。采购意向仅作为供应商了解各单位初步采购安排的参考，采购项目实际采购需求、预算金额和执行时间以预算单位最终发布的采购公告和采购文件为准。部门预算批复前公开的采购意向，以部门预算“二上”内容为依据；部门预算批复后公开的采购意向，以部门预算为依据。预算执行中新增采购项目应当及时公开采购意向。采购意向公开时间应当尽量提前，原则上不得晚于采购活动开始前 30 日公开采购意向。因预算单位不可预见的原因急需开展的采购项目，可不公开采购意向。

三、政府购买服务管理

政府购买服务，是指各级国家机关将属于自身职责范围且适合通过市场化方式提供的服务事项，按照政府采购方式和程序，交由符合条件的服务供应商承担，并根据服务数量和质量等因素向其支付费用的行为。政府购买服务应当遵循预算约束、以事定费、公开择优、诚实信用、讲求绩效原则。财政部负责制定全国性政府购买服务制度，指导和监督各地区、各部门政府购买服务工作。县级以上地方人民政府财政部门负责本行政区域政府购买服务管理。各级国家机关是政府购买服务的购买主体。依法成立的企业、社会组织（不含由财政拨款保障的群团组织），公益二类和从事生产经营活动的事业单位，农村集体经济组织，基层群众性自治组织，以及具备条件的个人可以作为政府购买服务的承接主体。政府购买服务的承接主体应当符合政府采购法律、行政法规规定的条件。购买主体可以结合购买服务项目的特点规定承接主体的具体条件，但不得违反政府采购法律、行政法规，以不合理的条件对承接主体实行差别待遇或者歧视待遇。公益一类事业单位、使用事业编制且由财政拨款保障的群团组织，不作为政府购买服务的购买主体和承接主体。政府购买服务的内容包括政府向社会公众提供的公共服务，以及政府履职所需辅助性服务。以下各项不得纳入政府购买服务范围：不属于政府职责范围的服务事项；应当由政府直接履职的事项；政府采购法律、行政法规规定的货物和工程，以及将工程和服务打包的项目；融资行为；购买主体的人员招、聘用，以劳务派遣方式用工，以及设置公益性岗位等事项；法律、行政法规以及国务院规定的其他不得作为政府购买服务内容的事项。政府购买服务的具体范围和内容实行指导性目录管理，指导性目录依法予以公开。政府购买服务指导性目录在中央和省两级实行分级管理，财政部和省级财政部门分别制定本级政府购买服务指导性目录，各部门在本级指导性目录范围内编制本部门政府购买服务指导性目录。省级财政部门根据本地区情况确定省以下政府购买服务指导性目录的编制方式和程序。有关部门应当根据经济社会发展实际、政府职能转变和基本公共服务均等化、标准化的要求，编制、调整指导性目录。编制、调整指导性目录应当充分征求相关部门意见，根据实际需要进行专家论证。纳入政府购买服务指导性目录的服务事项，已安排预算的，可以实施政府购买服务。政府购买服务应当突出公共性和公益性，重点考虑、优先安排与改善民生密切相关，有利于转变政府职能、提高财政资金绩效的项目。政府购买的基本公共服务项目的服务内容、水平、流程等标准要素，应当符合国家基本公共服务标准相关要求。政府购买服务项目所需资金应当在相关部门预算中统筹安排，并与中期财政规划相衔接，未列入预算的项目不得实施。

购买主体在编报年度部门预算时，应当反映政府购买服务支出情况。政府购买服务支出应当符合预算管理有关规定。购买主体应当根据购买内容及市场状况、相关供应商服务能力和信用状况等因素，通过公平竞争择优确定承接主体。购买主体向个人购买服务，应当限于确实适宜实施政府购买服务并且由个人承接的情形，不得以政府购买服务名义变相用工。政府购买服务项目采购环节的执行和监督管理，包括集中采购目录及标准、采购政策、采购方式和程序、信息公开、质疑投诉、失信惩戒等，按照政府采购法律、行政法规和相关制度执行。购买主体实施政府购买服务项目绩效管理，应当开展事前绩效评估，定期对所购服务实施情况开展绩效评价，具备条件的项目可以运用第三方评价评估。财政部门可以根据需要，对部门政府购买服务整体工作开展绩效评价，或者对部门实施的资金金额和社会影响大的政府购买服务项目开展重点绩效评价。购买主体及财政部门应当将绩效评价结果作为承接主体选择、预算安排和政策调整的重要依据。政府购买服务合同的签订、履行、变更，应当遵循《合同法》的相关规定。购买主体应当与确定的承接主体签订书面合同，合同约定的服务内容应当符合本办法第九条、第十条的规定。政府购买服务合同应当明确服务的内容、期限、数量、质量、价格，资金结算方式，各方权利义务事项和违约责任等内容。政府购买服务合同应当依法予以公告。政府购买服务合同履行期限一般不超过 1 年；在预算保障的前提下，对于购买内容相对固定、连续性强、经费来源稳定、价格变化幅度小的政府购买服务项目，可以签订履行期限不超过 3 年的政府购买服务合同。购买主体应当加强政府购买服务项目履约管理，开展绩效执行监控，及时掌握项目实施进度和绩效目标实现情况，督促承接主体严格履行合同，按照合同约定向承接主体支付款项。承接主体应当按照合同约定提供服务，不得将服务项目转包给其他主体。承接主体应当建立政府购买服务项目台账，依照有关规定或合同约定记录保存并向购买主体提供项目实施相关重要资料信息。承接主体应当严格遵守相关财务规定，规范管理和使用政府购买服务项目资金。承接主体应当配合相关部门对资金使用情况进行监督检查与绩效评价。承接主体可以依法依规使用政府购买服务合同向金融机构融资。购买主体不得以任何形式为承接主体的融资行为提供担保。有关部门应当建立健全政府购买服务监督管理机制。购买主体和承接主体应当自觉接受财政监督、审计监督、社会监督以及服务对象的监督。党的机关、政协机关、民主党派机关、承担行政职能的事业单位和使用行政编制的群团组织机关使用财政性资金购买服务的，参照执行。

第七节　政府采购框架协议采购方式管理

一、框架协议采购

（一）对多频次、小额度采购活动。提高政府采购项目绩效，框架协议采购是指集中采购机构或者主管预算单位对技术、服务等标准明确、统一，需要多次重复采购的货物和服务，通过公开征集程序，确定第一阶段入围供应商并订立框架协议，采购人或者服务对象按照框架协议约定规则，在入围供应商范围内确定第二阶段成交供应商并订立采购合同的采购方式。前款所称主管预算单位是指负有编制部门预算职责，向本级财政部门申报预算的国家机关、事业单位和团体组织。符合下列情形之一的，可以采用框架协议采购方式采购：集中采购目录以内品目，以及与之配套的必要耗材、配件等，属于小额零星采购的；集中采购目录以外，采购限额标准以上，本部门、本系统行政管理所需的法律、评估、会计、审计等鉴证咨询服务，属于小额零星采购的；集中采购目录以外，采购限额标准以上，为本部门、本系统以外的服务对象提供服务的政府购买服务项目，需要确定 2 家以上供应商由服务对象自主选择的；国务院财政部门规定的其他情形。前款所称采购限额标准以上，是指同一品目或者同一类别的货物、服务年度采购预算达到采购限额标准以上。主管预算单位能够归集需求形成单一项目进行采购，通过签订时间、地点、数量不确定的采购合同满足需求的，不得采用框架协议采购方式。

（二）框架协议采购包括封闭式框架协议采购和开放式框架协议采购。封闭式框架协议采购是框架协议采购的主要形式。除法律、行政法规或者本办法另有规定外，框架协议采购应当采用封闭式框架协议采购。集中采购目录以内品目以及与之配套的必要耗材、配件等，采用框架协议采购的，由集中采购机构负责征集程序和订立框架协议。集中采购目录以外品目采用框架协议采购的，由主管预算单位负责征集程序和订立框架协议。其他预算单位确有需要的，经其主管预算单位批准，可以采用框架协议采购方式采购。其他预算单位采用框架协议采购方式采购的，应当遵守本办法关于主管预算单位的规定。主管预算单位可以委托采购代理机构代理框架协议采购，采购代理机构应当在委托的范围内依法开展采购活动。集中采购机构、主管预算单位及其委托的采购代理机构，本办法统称征集人。框架协议采购遵循竞争择优、讲求绩效的原则，应当有明确的采购标的和定价机制，不得采用供应商符合资格条件即入围的方法。框架协议采购应当实行电子化采购。集中采购机构采用框架协议采购的，应当拟定采购方案，报本级财政部门审核后实施。主管预算单位采用框架协议采购的，应当在采购活动开始前将采购方案报本级财政部门备案。

（三）封闭式框架协议采购是指符合规定情形，通过公开竞争订立框架协议后，除经过框架协议约定的补充征集程序外，不得增加协议供应商的框架协议采购。封闭式框架协议的公开征集程序，按照政府采购公开招标的规定执行，另有规定的，从其规定。开放式框架协议采购是指符合规定情形，明确采购需求和付费标准等框架协议条件，愿意接受协议条件的供应商可以随时申请加入的框架协议采购。开放式框架协议的公开征集程序，按照本办法规定执行。符合下列情形之一的，可以采用开放式框架协议采购：因执行政府采购政策不宜淘汰供应商的，或者受基础设施、行政许可、知识产权等限制，供应商数量在 3 家以下且不宜淘汰供应商的；能够确定统一付费标准，因地域等服务便利性要求，需要接纳所有愿意接受协议条件的供应商加入框架协议，以供服务对象自主选择的。

（四）框架协议采购需求。集中采购机构或者主管预算单位应当确定框架协议采购需求。框架协议采购需求在框架协议有效期内不得变动。确定框架协议采购需求应当开展需求调查，听取采购人、供应商和专家等意见。面向采购人和供应商开展需求调查时，应当选择具有代表性的调查对象，调查对象一般各不少于 3 个。框架协议采购需求应当符合以下规定：满足采购人和服务对象实际需要，符合市场供应状况和市场公允标准，在确保功能、性能和必要采购要求的情况下促进竞争；符合预算标准、资产配置标准等有关规定，厉行节约，不得超标准采购；按照《政府采购品目分类目录》，将采购标的细化到底级品目，并细分不同等次、规格或者标准的采购需求，合理设置采购包；货物项目应当明确货物的技术和商务要求，包括功能、性能、材料、结构、外观、安全、包装、交货期限、交货的地域范围、售后服务等；服务项目应当明确服务内容、服务标准、技术保障、服务人员组成、服务交付或者实施的地域范围，以及所涉及的货物的质量标准、服务工作量的计量方式等。集中采购机构或者主管预算单位应当在征集公告和征集文件中确定框架协议采购的最高限制单价。征集文件中可以明确量价关系折扣，即达到一定采购数量，价格应当按照征集文件中明确的折扣降低。在开放式框架协议中，付费标准即为最高限制单价。最高限制单价是供应商第一阶段响应报价的最高限价。入围供应商第一阶段响应报价（有量价关系折扣的，包括量价关系折扣，以下统称协议价格）是采购人或者服务对象确定第二阶段成交供应商的最高限价。确定最高限制单价时，有政府定价的，执行政府定价；没有政府定价的，应当通过需求调查，并根据需求标准科学确定，属于规定情形的采购项目，需要订立开放式框架协议的，与供应商协商确定。货物项目单价按照台（套）等计量单位确定，其中包含售后服务等相关服务费用。服务项目单价按照单位采购标的价格或者人工单价等确定。服务项目所涉及的货物的费用，能够折算入服务项目单价的应当折入，需要按实结算的应当明确结算规则。框架协议应当包括以下内容：集中采购机构或者主管预算单位以及入围供应商的名称、地址和联系方式；采购项目名称、编号；采购需求以及最高限制单价；封闭式框架协议第一阶段的入围产品详细技术规格或者服务内容、服务标准，协议价格；入围产品升级换代规则；确定第二阶段成交供应商的方式；适用框架协议的采购人或者服务对象范围，以及履行合同的地域范围；资金支付方式、时间和条件；

采购合同文本，包括根据需要约定适用的简式合同或者具有合同性质的凭单、订单；框架协议期限；入围供应商清退和补充规则；协议方的权利和义务；需要约定的其他事项。

（五）货物项目框架协议有效期。集中采购机构或者主管预算单位应当根据工作需要和采购标的市场供应及价格变化情况，科学合理确定框架协议期限。货物项目框架协议有效期一般不超过 1 年，服务项目框架协议有效期一般不超过 2 年。集中采购机构或者主管预算单位应当根据框架协议约定，组织落实框架协议的履行，并履行下列职责：为第二阶段合同授予提供工作便利；对第二阶段最高限价和需求标准执行情况进行管理；对第二阶段确定成交供应商情况进行管理；根据框架协议约定，在质量不降低、价格不提高的前提下，对入围供应商因产品升级换代、用新产品替代原入围产品的情形进行审核；建立用户反馈和评价机制，接受采购人和服务对象对入围供应商履行框架协议和采购合同情况的反馈与评价，并将用户反馈和评价情况向采购人和服务对象公开，作为第二阶段直接选定成交供应商的参考；公开封闭式框架协议的第二阶段成交结果；办理入围供应商清退和补充相关事宜。采购人或者服务对象采购框架协议约定的货物、服务，应当将第二阶段的采购合同授予入围供应商，但是另有规定的除外。同一框架协议采购应当使用统一的采购合同文本，采购人、服务对象和供应商不得擅自改变框架协议约定的合同实质性条款。货物项目框架协议的入围供应商应当为入围产品生产厂家或者生产厂家唯一授权供应商。入围供应商可以委托一家或者多家代理商，按照框架协议约定接受采购人合同授予，并履行采购合同。入围供应商应当在框架协议中提供委托协议和委托的代理商名单。封闭式框架协议入围供应商无正当理由，不得主动放弃入围资格或者退出框架协议。开放式框架协议入围供应商可以随时申请退出框架协议。集中采购机构或者主管预算单位应当在收到退出申请 2 个工作日内，发布入围供应商退出公告。征集人应当建立真实完整的框架协议采购档案，妥善保存每项采购活动的采购文件资料。除征集人和采购人另有约定外，合同授予的采购文件资料由采购人负责保存。采购档案可以采用电子形式保存，电子档案和纸质档案具有同等效力。

（六）封闭式框架协议的订立。征集人应当发布征集公告。征集公告应当包括以下主要内容：征集人的名称、地址、联系人和联系方式；采购项目名称、编号，采购需求以及最高限制单价，适用框架协议的采购人或者服务对象范围，能预估采购数量的，还应当明确预估采购数量；供应商的资格条件；框架协议的期限；获取征集文件的时间、地点和方式；响应文件的提交方式、提交截止时间和地点，开启方式、时间和地点；公告期限；省级以上财政部门规定的其他事项。征集人应当编制征集文件。征集文件应当包括以下主要内容：参加征集活动的邀请；供应商应当提交的资格材料；资格审查方法和标准；采购需求以及最高限制单价；政府采购政策要求以及政策执行措施；框架协议的期限；报价要求；确定第一阶段入围供应商的评审方法、评审标准、确定入围供应商的淘汰率或者入围供应商数量上限和响应文件无效情形；响应文件的编制要求，提交方式、提交截止时间和地点，开启方式、时间和地点，以及响应文件有效期；拟签订的框架协议文本和采购合同文本；确定第二阶段成交供应商的方式；采购资金的支付方式、时间和条件；入围产品升级换代规则；用户反馈和评价机制；入围供应商的清退和补充规则；供应商信用信息查询渠道及截止时点、信用信息查询记录和证据留存的具体方式、信用信息的使用规则等；采购代理机构代理费用的收取标准和方式；省级以上财政部门规定的其他事项。

二、供应商编制响应文件与采购合同授予

（一）供应商应当按照征集文件要求编制响应文件，对响应文件的真实性和合法性承担法律责任。供应商响应的货物和服务的技术、商务等条件不得低于采购需求，货物原则上应当是市场上已有销售的规格型号，不得是专供政府采购的产品。对货物项目每个采购包只能用一个产品进行响应，征集文件有要求的，应当同时对产品的选配件、耗材进行报价。服务项目包含货物的，响应文件中应当列明货物清单及质量标准。确定第一阶段入围供应商的评审方法包括价格优先法和质量优先法。价格优先法是指对满足采购需求且响应报价不超过最高限制单价的货物、服务，按照响应报价从低到高排序，根据征集文件规定的淘汰率或者入围供应商数量上限，确定入围供应商的评审方法。质量优先法是指对满足采购需求且响应报价不超过最高限制单价的货物、服务进行质量综合评分，按照质量评分从高到低排序，根据征集文件规定的淘汰率或者入围供应商数量上限，确定入围供应商的评审方法。货物项目质量因素包括采购标的的技术水平、产品配置、售后服务等，服务项目质量因素包括服务内容、服务水平、供应商的履约能力、服务经验等。质量因素中的可量化指标应当划分等次，作为评分项；质量因素中的其他指标可以作为实质性要求，不得作为评分项。有政府定价、政府指导价的项目，以及对质量有特别要求的检测、实验等仪器设备，可以采用质量优先法，其他项目应当采用价格优先法。对耗材使用量大的复印、打印、实验、医疗等仪器设备进行框架协议采购的，应当要求供应商同时对 3 年以上约定期限内的专用耗材进行报价。评审时应当考虑约定期限的专用耗材使用成本，修正仪器设备的响应报价或者质量评分。征集人应当在征集文件、框架协议和采购合同中规定，入围供应商在约定期限内，应当以不高于其报价的价格向适用框架协议的采购人供应专用耗材。确定第一阶段入围供应商时，提交响应文件和符合资格条件、实质性要求的供应商应当均不少于 2 家，淘汰比例一般不得低于 20%，且至少淘汰一家供应商。采用质量优先法的检测、实验等仪器设备采购，淘汰比例不得低于 40%，且至少淘汰一家供应商。

（二）入围结果公告应当包括以下主要内容：采购项目名称、编号；征集人的名称、地址、联系人和联系方式；入围供应商名称、地址及排序；最高入围价格或者最低入围分值；入围产品名称、规格型号或者主要服务内容及服务标准，入围单价；评审小组成员名单；采购代理服务收费标准及金额；公告期限；省级以上财政部门规定的其他事项。集中采购机构或者主管预算单位应当在入围通知书发出之日起 30 日内和入围供应商签订框架协议，并在框架协议签订后 7 个工作日内，将框架协议副本报本级财政部门备案。框架协议不得对征集文件确定的事项以及入围供应商的响应文件作实质性修改。征集人应当在框架协议签订后 3 个工作日内通过电子化采购系统将入围信息告知适用框架协议的所有采购人或者服务对象。入围信息应当包括所有入围供应商的名称、地址、联系方式、入围产品信息和协议价格等内容。入围产品信息应当详细列明技术规格或者服务内容、服务标准等能反映产品质量特点的内容。征集人应当确保征集文件和入围信息在整个框架协议有效期内随时可供公众查阅。除剩余入围供应商不足入围供应商总数 70% 且影响框架协议执行的情形外，框架协议有效期内，征集人不得补充征集供应商。征集人补充征集供应商的，补充征集规则应当在框架协议中约定，补充征集的条件、程序、评审方法和淘汰比例应当与初次征集相同。补充征集应当遵守原框架协议的有效期。补充征集期间，原框架协议继续履行。

（三）采购合同的授予，确定第二阶段成交供应商的方式包括直接选定、二次竞价和顺序轮候。直接选定方式是确定第二阶段成交供应商的主要方式。除征集人根据采购项目特点和提高绩效等要求，在征集文件中载明采用二次竞价或者顺序轮候方式外，确定第二阶段成交供应商应当由采购人或者服务对象依据入围产品价格、质量以及服务便利性、用户评价等因素，从第一阶段入围供应商中直接选定。二次竞价方式是指以框架协议约定的入围产品、采购合同文本等为依据，以协议价格为最高限价，采购人明确第二阶段竞价需求，从入围供应商中选择所有符合竞价需求的供应商参与二次竞价，确定报价最低的为成交供应商的方式。进行二次竞价应当给予供应商必要的响应时间。二次竞价一般适用于采用价格优先法的采购项目。顺序轮候方式是指根据征集文件中确定的轮候顺序规则，对所有入围供应商依次授予采购合同的方式。每个入围供应商在一个顺序轮候期内，只有一次获得合同授予的机会。合同授予顺序确定后，应当书面告知所有入围供应商。除清退入围供应商和补充征集外，框架协议有效期内不得调整合同授予顺序。顺序轮候一般适用于服务项目。以二次竞价或者顺序轮候方式确定成交供应商的，征集人应当在确定成交供应商后 2 个工作日内逐笔发布成交结果公告。成交结果单笔公告可以在省级以上财政部门指定的媒体上发布，也可以在开展框架协议采购的电子化采购系统发布，发布成交结果公告的渠道应当在征集文件或者框架协议中告知供应商。单笔公告应当包括以下主要内容：采购人的名称、地址和联系方式；框架协议采购项目名称、编号；成交供应商名称、地址和成交金额；成交标的名称、规格型号或者主要服务内容及服务标准、数量、单价；公告期限。征集人应当在框架协议有效期满后10个工作日内发布成交结果汇总公告。汇总公告应当包括前款内容和所有成交供应商的名称、地址及其成交合同总数和总金额。框架协议采购应当订立固定价格合同。根据实际采购数量和协议价格确定合同总价的，合同中应当列明实际采购数量或者计量方式，包括服务项目用于计算合同价的工日数、服务工作量等详细工作量清单。采购人应当要求供应商提供能证明其按照合同约定数量或者工作量清单履约的相关记录或者凭证，作为验收资料一并存档。采购人证明能够以更低价格向非入围供应商采购相同货物，且入围供应商不同意将价格降至非入围供应商以下的，可以将合同授予非入围供应商。采购项目适用前款规定的，征集人应当在征集文件中载明并在框架协议中约定。采购人将合同授予非入围供应商的，应当在确定成交供应商后1个工作日内，将成交结果抄送征集人，由征集人按照单笔公告要求发布成交结果公告。采购人应当将相关证明材料和采购合同一并存档备查。

三、开放式框架协议采购

（一）开放式框架协议采购，订立开放式框架协议的，征集人应当发布征集公告，邀请供应商加入框架协议。征集公告应当包括以下主要内容：征集人的名称、地址、联系人和联系方式；采购项目名称、编号，采购需求以及最高限制单价，适用框架协议的采购人或者服务对象范围，能预估采购数量的，还应当明确预估采购数量；供应商的资格条件；框架协议的期限；供应商应当提交的资格材料；资格审查方法和标准；入围产品升级换代规则；用户反馈和评价机制；入围供应商的清退和补充规则；供应商信用信息查询渠道及截止时点、信用信息查询记录和证据留存的具体方式、信用信息的使用规则等；订立开放式框架协议的邀请；供应商提交加入框架协议申请的方式、地点，以及对申请文件的要求；履行合同的地域范围、协议方的权利和义务、入围供应商的清退机制等框架协议内容；采购合同文本；付费标准，费用结算及支付方式；省级以上财政部门规定的其他事项。

（二）征集公告发布后至框架协议期满前，供应商可以按照征集公告要求，随时提交加入框架协议的申请。征集人应当在收到供应商申请后7个工作日内完成审核，并将审核结果书面通知申请供应商。征集人应当在审核通过后2个工作日内，发布入围结果公告，公告入围供应商名称、地址、联系方式及付费标准，并动态更新入围供应商信息。征集人应当确保征集公告和入围结果公告在整个框架协议有效期内随时可供公众查阅。征集人可以根据采购项目特点，在征集公告中申明是否与供应商另行签订书面框架协议。申明不再签订书面框架协议的，发布入围结果公告，视为签订框架协议。第二阶段成交供应商由采购人或者服务对象从第一阶段入围供应商中直接选定。供应商履行合同后，依据框架协议约定的凭单、订单以及结算方式，与采购人进行费用结算。

（三）进一步加大政府采购支持中小企业力度，严格落实支持中小企业政府采购政策。各地区、各部门要按照国务院的统一部署，认真落实《政府采购促进中小企业发展管理办法》的规定，规范资格条件设置，降低中小企业参与门槛，灵活采取项目整体预留、合理预留采购包、要求大企业与中小企业组成联合体、要求大企业向中小企业分包等形式，确保中小企业合同份额。要通过提高预付款比例、引入信用担保、支持中小企业开展合同融资、免费提供电子采购文件等方式，为中小企业参与采购活动提供便利。要严格按规定及时支付采购资金，不得收取没有法律法规依据的保证金，有效减轻中小企业资金压力。调整对小微企业的价格评审优惠幅度，货物服务采购项目给予小微企业的价格扣除优惠，由文件规定的6%~10%提高至10%~20%。大中型企业与小微企业组成联合体或者大中型企业向小微企业分包的，评审优惠幅度由2%~3%提高至4%~6%。政府采购工程的价格评审优惠按照文件的规定执行。自本通知执行之日起发布采购公告或者发出采购邀请的货物服务采购项目，按照本通知规定的评审优惠幅度执行。提高政府采购工程面向中小企业预留份额，400万元以下的工程采购项目适宜由中小企业提供的，采购人应当专门面向中小企业采购。超过400万元的工程采购项目中适宜由中小企业提供的，在坚持公开公正、公平竞争原则和统一质量标准的前提下，2022年下半年面向中小企业的预留份额由30%以上阶段性提高至40%以上。

第八节　建设项目工程款施工过程结算和支付

一、实施工程款支付

（一）落实建设单位首要责任，建设单位是工程款结算和支付工作的第一责任主体，应当具有满足工程施工所需要的资金安排，按照施工合同的约定及时拨付工程款，并根据《保障农民工工资支付条例》等有关规定将人工费用按月足额拨付至施工总承包单位的农民工工资专用账户。建设单位应当建立保障农民工工资支付和工程款支付的协调机制，妥善处理相关矛盾纠纷。建设单位申请领取施工许可证或开工备案时，应当按照规定出具建设资金已经落实、无拖欠工程款的书面承诺。市、区建设管理、交通、水务、绿化市容部门和特定区域管委会应当加强对承诺事项的事中事后检查，对隐瞒有关情况或者提供虚假材料申请施工许可证或开工备案的，依法责令停止施工，限期整改；逾期未完成整改的，由原发证机关撤销施工许可证。

（二）实施工程款支付担保制度，建设工程开工前，建设单位应当以项目为单元向施工单位提供担保金额不低于签约合同价 10% 的工程款支付担保。工程款支付担保方式为连带责任保证，可以采用不可撤销的独立银行保函或者保证保险形式，担保期限届至竣工价款结清之日。建设单位提供工程款支付担保的，可以要求施工单位提供担保金额不高于签约合同价 10% 的履约担保。政府投资项目可依据项目可行性研究报告批复、初步设计批复、投资概算批复等文件确定的财政性资金出资金额抵扣相应的工程款支付担保金额。其中，全部由财政性资金出资的，免交工程款支付担保；由财政性资金和社会资金共同出资的，按照财政性资金所占比例，等比例扣减工程款支付担保金额。建设单位未提供工程款支付担保的，应在 3 个月内限期补充提供工程款支付担保，在建项目工程款支付担保额度根据实际完成支付的比例相应扣除。建设单位未按规定提供工程款支付担保的，按照《保障农民工工资支付条例》等有关规定给予相应行政处罚，并对相关责任单位和人员予以通报。

（三）推行施工过程结算，本市建设工程积极推行施工过程结算，施工总承包合同工期一年及以上或合同价 5000 万元及以上的建设工程，推行施工过程结算。施工过程结算节点可以结合项目实际确定，除桩基工程外，建设期间应至少进行一次施工过程结算。房屋建筑工程的施工过程结算节点划分，可以按照已完成质量验收的重点分部工程来确定，如桩基工程、±0.00 以下地下结构工程（含基坑围护工程）、±0.00 以上主体结构工程、装饰装修工程以及安装工程等。

（四）加强施工过程结算审核，建设单位应在合同约定期限内完成施工过程结算的核对、确认。施工合同未作约定或约定不明的，期限均为建设单位收到施工总承包单位递交的施工过程结算文件及相关资料之日起 28 天。建设单位不得以设计变更、工程洽商等理由变相拖延结算。施工过程结算中计量、计价有争议的，应当在除去争议部分后，作出暂定施工过程结算价。过程结算价在不影响合同履约的前提下，可作为施工过程结算支付依据，争议部分可在后续施工过程结算或者竣工结算时审核、确认。经双方确认的施工过程结算文件作为竣工结算文件的组成部分，竣工后原则上不再重复审核。

（五）强化施工过程结算信息报送，发承包双方应当依托本市建设市场管理信息平台完成工程招标投标文件、建设工程施工合同的信息归集，并如实提供施工过程价款结算约定的信息。施工过程结算文件确认后 30 天内，建设单位应当将双方确认的施工过程结算文件通过本市建设市场管理信息平台进行信息报送。工程综合竣工验收前，建设单位应当完成施工过程结算文件信息报送。

（六）规范办理竣工结算，工程竣工后建设单位应当依法依规办理竣工结算，除建设工程合同另有约定或者国家、本市另有规定外，不得以审计结果作为竣工结算或扣留工程价款的依据。建设单位应当按照施工合同约定对施工总承包单位递交的竣工结算文件出具审核意见；施工合同未作约定或约定不明的，对于实施施工过程结算的项目建设单位应当在收到施工总承包单位提交的竣工结算文件后的 45 天内完成审核；对于不实施过程结算的项目，审核期限不得超 60 天。

二、依法办理工程款支付

在工程进度款支付周期内，若已有经发承包双方确认的施工过程结算或竣工结算文件，建设单位应当依据该文件确定支付款项，并按照施工合同约定的支付比例进行支付，施工过程结算支付比例可参照竣工结算支付比例；若没有经发承包双方确认的施工过程结算或竣工结算文件，建设单位按照施工合同约定的原付款计划支付工程进度款，不得将与施工过程结算或竣工结算无关的事项（如专项验收等）作为支付前提。建设单位应在合同约定期限内完成工程款支付，施工合同未作约定或约定不明的期限均为建设单位收到施工总承包单位递交的付款申请后14天内。建设单位未按照约定的时间和要求提供资金或者未按照合同约定支付合同价款的，施工单位可以发出书面催告。建设单位经催告在合理期限内仍不履行且影响施工单位继续施工的，施工单位有权暂停施工并相应顺延工程日期，同时有权要求建设单位赔偿停工、窝工等损失。完善工程款支付方式，建设单位应当以货币支付作为支付工程款的基本方式，预付款必须以货币方式支付。建设单位（或施工总承包单位）不得强制施工总承包单位（或专业分包单位等）接受商业承兑汇票等非货币支付方式。建设单位（或施工总承包单位）使用商业承兑汇票等非货币支付方式支付工程款的，应当事先在招标文件或施工合同中作出明确、合理约定，并于每月前10天内主动在中国人民银行认可的票据信息披露平台披露承兑信用信息。施工总承包单位（或专业分包单位等）签收商业承兑汇票前，应通过票据信息披露平台查询票据承兑信息，加强风险识别与防范。

三、信用评价体系与结果应用

持续完善信用评价指标和应用体系，覆盖建筑市场各方参与主体和执业人员。健全建筑市场诚信激励和失信惩戒机制，强化信用评价结果在资质审批、执业资格注册、资质资格撤销（回）等市场准入退出，投标资格审查、评标定标、施工合同签订等承发包活动以及施工现场〞双随机、一公开〞执法检查活动中的应用。将建设单位工程款支付、施工总承包单位劳务用工、工资支付等情况作为企业诚信评价的重要依据，实行分类分级管理。实行违规信用信息的记录与公示，由建设管理、交通、水务、绿化市容部门或人力资源社会保障部门按照职责分工记入其信用记录，在本市建设市场管理信息平台或相关管理部门官方网站予以公示，并按规定推送至本市公共信用信息平台。

第八章　工程竣工验收和费用审计

根据《国务院办公厅关于全面开展工程建设项目审批制度改革的实施意见》要求，工程联合 / 综合竣工验收是指新建、改建、扩建房屋建筑和市政基础设施工程竣工后，对所涉及的质量、规划、土地、消防、人防、绿化、水务、环保、卫生防疫、档案等事项，实行限时联合 / 综合竣工验收；涉及工程项目建设费用结算备案、国有资产和评估管理、财务成本以及建设项目各阶段审计等事项。本章包括：工程综合竣工验收管理；建设工程消防设计审查验收管理；建设项目费用与竣工结算备案；行政事业性国有资产 / 评估管理；建设项目建设财务成本管理；建设项目组织审计概述；建设项目前期决策和采购审计；建设项目管理和工程造价及财务绩效审计等。

第一节　工程综合竣工验收管理

一、综合竣工验收

市行政区域内新建、改建、扩建的各类房屋建筑工程（社会投资小型项目除外）和市政基础设施非交通工程的综合竣工验收管理。政府投资、国有企事业投资小型项目综合竣工验收管理按照社会投资小型项目执行。市、区规划和资源、消防、城建档案、卫生、民防、交警、绿化市容、交通、气象等部门，根据职责分工做好各专项竣工验收管理和服务工作。建设、水务、绿化市容管理部门应当统一受理并牵头组织规划和资源、消防、城建档案等必验部门实施综合竣工验收，同时根据项目实际情况，增加卫生、交警、民防、绿化市容、交通、气象等选验部门，一并实施综合竣工验收。各专业验收管理部门验收通过后，由综合验收管理部门统一核发竣工验收备案证书。综合竣工验收申请，建设单位在工程建设项目具备所有法定验收条件后，应按照法律、法规规定组织竣工验收，通过后应统一申请政府部门组织的综合验收，申请前应当具备以下条件：法律、法规及规章规定的评价及检测工作已完成；各专业验收所需的竣工图纸已编制完成；“多测合一”各类测量测绘数据已完成，并与竣工图进行比对无误。建设单位在市工程建设项目审批管理系统上统一申请综合验收，并按相关规定上传相关资料。各专业验收管理部门在预审时应当明确是否需要参加现场综合验收。符合以下情况的专业验收管理部门可以不参加现场综合验收：专业验收管理部门已经提供提前现场查看服务并初步通过的；专业验收管理部门仅需对预审资料审核的；专业验收管理部门认为无需现场验收的其他情况。各专业验收管理部门应当严格按照法律法规、工程建设强制性标准的规定以及建设单位提交的竣工图纸进行验收（包括现场查看）。设计单位应按照国家有关规定编制工程竣工图，工程竣工图应与施工实际相符并包含施工过程中认可的工程变更文件。现场综合验收，竣工验收申请受理后，综合验收管理部门组织相应专业验收管理部门进行现场综合验收。相关专业验收管理部门在建设单位统一申请综合验收后，不再进行现场验收，直接出具验收通过意见。城建档案部门归档资料验收纳入综合竣工验收，建设单位保存的竣工档案验收经建设单位承诺后，应在竣工验收备案证书发放后的三个月内完成。建筑工程综合竣工验收资料清单（表 8-1），竣工验收备案手续申请渠道，房屋建筑工程的竣工验收备案手续通过市工程建设项目审批管理系统中审批管理系统入口统一申请。各相关部门不再通过单部门网上接收和受理竣工验收申请。建设单位按照《市房屋建筑工程综合竣工验收办事指南》《关于房屋建筑工程综合验收电子竣工资料（含图纸）平台上传及相关要求的通知》等规定，通过审批管理系统在线填写申请表和上传相关资料图纸。建设管理部门牵头组织相关专业验收部门完成综合竣工验收，并在线出具专业验收意见和竣工验收备案证书。建设财力项目综合竣工验收备案，对于基础设施项目使用市级建设财力1亿元以下、其他领域使用市级建设财力5000万元以下的项目，实行综合竣工验收备案制。项目（法人）单位完成所有单项验收后，填写《市级建设财力项目综合竣工验收备案表》，经相关主管部门（单位）审核后，上报或转报市发展改革委备案。

建筑工程综合竣工验收资料清单 **表8-1**

<table>
<tr><th>序号</th><th>文件名称</th><th>备注</th></tr>
<tr><td>1</td><td>建设工程综合验收及备案申请表</td><td></td></tr>
<tr><td>2</td><td>建设工程竣工验收报告</td><td></td></tr>
<tr><td>3</td><td>工程档案资料（城建档案归档资料）</td><td rowspan="2">城建档案</td></tr>
<tr><td>4</td><td>建设工程竣工档案限时办理归档承诺</td></tr>
<tr><td>5</td><td>土地、规划、房屋、绿化、民防等测绘成果报告书</td><td></td></tr>
<tr><td>6</td><td>各专业竣工图</td><td></td></tr>
<tr><td>7</td><td>《不动产权证书》或《上海市房地产权证》</td><td rowspan="2">规划和资源</td></tr>
<tr><td>8</td><td>土地价款缴纳凭证</td></tr>
<tr><td>9</td><td>建设工程竣工验收报告（消防）</td><td rowspan="3">消防</td></tr>
<tr><td>10</td><td>消防设施检测合格证明文件</td></tr>
<tr><td>11</td><td>消防产品清单和有防火性能要求的建筑构件、建筑材料、装修材料、保温材料清单</td></tr>
<tr><td>12</td><td>环境卫生设施竣工验收报告</td><td rowspan="2">绿化市容</td></tr>
<tr><td>13</td><td>环境卫生设施产权属性或移交说明</td></tr>
<tr><td>14</td><td>民防工程建设费缴纳凭证</td><td>民防</td></tr>
<tr><td>15</td><td>落实能反映所有交通安全设施的机动车出入口照片</td><td rowspan="7">交警</td></tr>
<tr><td>16</td><td>录像视频资料应完整反映项目沿道路的出入口设置、围墙等现场实际情况</td></tr>
<tr><td>17</td><td>《建筑工程交通设计审核通知书》中项目名称或道路名称发生变更，应提供地名办出具的建设项目地名使用批准书、道路命名通知和示意图</td></tr>
<tr><td>18</td><td>本次验收内容与《建筑工程交通设计审核通知书》审批内容不一致时的情况说明（如项目分期实施，应提供规土部门相应的分期批复材料及说明；如项目周边道路未同步建成，应提供相关说明，等等）</td></tr>
<tr><td>19</td><td>交通设施设置图</td></tr>
<tr><td>20</td><td>《建筑工程交通设计审核通知书》（仅针对前期未在审批管理系统上审批的项目）</td></tr>
<tr><td>21</td><td>审批的总平面图（仅针对前期未在审批管理系统上审批的项目）</td></tr>
<tr><td>22</td><td>职业病危害放射性防护控制效果评价报告</td><td rowspan="5">卫生</td></tr>
<tr><td>23</td><td>二次供水检测报告</td></tr>
<tr><td>24</td><td>公共场所集中空调通风系统竣工验收评价报告</td></tr>
<tr><td>25</td><td>集中供水单位竣工验收卫生学评价报告（含水源水、出厂水水质检测报告）</td></tr>
<tr><td>26</td><td>游泳场所卫生学评价报告</td></tr>
<tr><td>27</td><td>气象主管部门委托的检测机构所出具的检测报告</td><td rowspan="2">气象</td></tr>
<tr><td>28</td><td>防雷工程合同或者配套防雷产品供应合同（含产品清单）</td></tr>
<tr><td>29</td><td>公交枢纽部分建筑设计图及交通流线图</td><td rowspan="5">交通</td></tr>
<tr><td>30</td><td>机动车停车场（库）竣工验收测绘报告</td></tr>
<tr><td>31</td><td>机动车停车场（库）充电设施建设情况证明材料</td></tr>
<tr><td>32</td><td>机动车停车场（库）交通设施布置图</td></tr>
<tr><td>33</td><td>机动车停车场（库）竣工验收信息表</td></tr>
</table>

二、市工程建设项目竣工规划资源验收管理

（一）竣工规划资源验收定义。开工放样复验，是指新建、改建、扩建建设项目现场放样后，建设单位或者个人按照规定通知规划资源部门复验，并报告开工日期，规划资源部门对建设项目开工放

样情况进行检查。竣工规划资源验收，是指建设单位（个人）按照建设工程规划许可、国有土地有偿使用合同（或国有土地划拨决定书）等管理要求完成各项建设内容，向规划资源部门申请合并办理的竣工规划验收、土地核验、档案验收。规划资源部门在验收时进行地名核查、地质资料汇交核查。竣工规划验收是指根据《上海市城乡规划条例》等规定，对建设单位（个人）按照建设工程规划许可或乡村建设规划许可实施建设情况进行的验收。土地核验是指根据国务院《关于促进节约集约用地通知》、国土资源部《关于部署运行土地市场动态监测与监管系统的通知》等规定，对建设单位（个人）使用国有土地进行建设，履行国有土地有偿使用合同、国有建设用地划拨决定书、建设用地批准书等要求的情况进行的核验。集体建设用地的土地核验参照本规定执行。档案验收是指根据《城市建设档案管理规定》等规定，对建设单位（个人）报送市、区城建档案管理机构的工程建设项目竣工档案进行的验收。地名核查是指根据《上海市地名管理条例》等规定，对建设单位（个人）按照批准的地名批准文件，设置地名标志的情况进行核查。地质资料汇交核查是指根据《地质资料管理条例》《市地质资料管理办法》等规定，对建设单位（个人）汇交建设项目地质资料情况进行的核查。适用范围包括本市建设项目开工放样复验、竣工规划资源验收事项的办理工作程序，各事项的检查依据、检查标准应当符合相关的法规和规范要求。建设项目包括：建（构）筑工程、线性工程、管线工程、乡村建设工程。乡村建设工程（含农户建房）另有规定的，按照其规定执行。

（二）市规划资源部门是本市开工放样复验、竣工规划资源验收工作的主管部门，负责组织开展本市开工放样复验、竣工规划资源验收工作制度制订和机制建设工作，对各区规划资源部门、各派出机构业务进行指导及监督，并对市规划资源部门审批的建设项目组织开展开工放样复验、竣工规划资源验收，并实施过程监管。区规划资源部门负责对辖区内由本机关负责审批的建设项目组织开展开工放样复验、竣工规划资源验收，并实施过程监管。土地出让主体与建设工程规划许可审批主体不一致的建设项目，由核发建设工程规划许可证的市、区规划资源部门负责开工放样复验、竣工规划资源验收，并实施过程监管。市、区规划资源部门通过“一网通办”受理建设项目开工放样复验、竣工规划资源验收申请。办理结果应当及时上传大数据中心，实现信息资源共享。建设单位（个人）通过“一网通办”进行网上申报的，电子报件材料应加盖电子签章。开工放样复验申请条件，建设单位（个人）根据《建设工程规划许可证》及附图要求，完成道路规划红线、河道规划蓝线等规划控制线的现场定界，并进行现场放样检测后，应当向市、区规划资源部门申请开工放样复验，建设单位（个人）对同一建设工程规划许可证批准内容应一次性提出申请开工放样复验。建设项目申请开工放样复验应报送材料（略）。市、区规划资源部门在收到建设单位（个人）开工放样复验申请后，应当场出具收件凭证。建设项目开工放样复验后，经审查合格的，同意开工，由市、区规划资源部门核发《建设工程开工放样复验结论单》。下列项目开工放样复验可采用备案制，涉及国家秘密、商业秘密或者个人隐私等项目除外：产业基地和产业社区内的产业项目；市政线性工程；市政管线工程；建设工程设计方案公示无意见的重大项目；按规定设计方案可以免予公示的项目。选择开工放样复验备案的，建设单位（个人）应在现场开工建设前向市、区规划资源部门报送开工放样复验材料（略）。市或区规划资源部门在收到建设单位（个人）提交的备案材料后，经审查符合收件形式要求的，应当场出具《建设项目自主开工放样复验备案登记凭证》。采用电子报件的，在报件平台提交备案材料后，直接下载打印备案证明。市或区规划资源部门在收到建设单位（个人）提交的开工放样复验备案材料后，应当对建设项目实施情况进行核查。

（三）竣工规划资源验收申请条件，建设单位（个人）必须按照《建设工程规划许可证》及其附图和国有土地有偿使用合同或国有土地划拨决定书等批准内容全面完成建设工程规划许可证核准的建设范围内的各项建设和环境建设，拆除相关的临时建设和不予保留的旧建筑，完成批准的地名标志设置、竣工档案报送、地质资料汇交后，申请建设工程竣工规划资源验收。以划拨或出让方式取得国有土地使用权的建设项目，申请竣工规划资源验收前应取得《建设用地批准书》或合并后的《建设用地规划许可证》或《不动产权证》。申请竣工规划资源验收时，对于同一《建设工程规划许可证》批准的建设内容，应遵循“一次申请、一次验收”的原则。本市城市安全应急工程、重大产业项目、保障民生的公共项目，单幢建筑已竣工且满足使用功能，可按照建筑单体对一个《建设工程规划许可证》分批次进行竣工规划资源验收，实现“一证多验”，积极支持工程建设项目单体建筑尽快投入使用。同一工程建设项目多个《建设工程规划许可证》可以合并申请，一次验收。工业、研发、公共服务设施等建设项目按照建设工程规划许可证进行建设，因疫情防控等确需提前投入使用的，在满足消防、安全、环保等管理要求的前提下，规划资源部门可予以支持，以满足企业和人民群众生产、生活的实际需要。建设单位（个人）应在承诺时限内或条件具备时，完成“多测合一”成果报告，按规定编制竣工图，备齐相关申请材料后，及时申请竣工规划资源验收。建设单位在申请竣工规划资源验收时未按要求全面完成档案报送，可出具《市工程建设项目竣工限时办理归档承诺书》，承诺限期完成档案报送工作。申请竣工规划资源验收应提交材料。建设单位选择纸质申报的，提供的复印件需核对原件。建设单位选择电子申报的，上传文件需加盖电子签章，符合电子文件归档和电子档案管理的要求。市、区规划资源部门收到建设单位（个人）竣工规划资源验收申请后，应当场出具收件凭证。市、区规划资源部门应通过审查验收材料和现场检查，核查建设项目实施情况是否符合规划资源管理验收要求。市或区城建档案管理机构受市或区规划资源部门委托对建设单位（个人）报送市、区城建档案管理机构的工程建设项目竣工档案进行技术审查，向规划资源部门出具《市工程建设项目竣工档案审查意见单》。建设项目通过竣工规划资源验收后，市、区规划资源部门核发《市工程建设项目竣工规划资源验收合格证》、批准文件、合格证附图。对建设单位提交的竣工图中与规划审批相对应的内容，经审核符合项目实际建设情况，通过竣工规划资源验收后，在竣工图上加盖规划资源部门的竣工规划资源验收章，作为验收合格证的附图。建设单位（个人）凭验收合格证等材料依法办理不动产登记。申请验收时档案报送还未全面完成，采用“告知承诺”的方式予以通过竣工规划资源验收，建设单位应在《工程建设项目竣工档案限时办理归档承诺书》承诺的时限内完成报送。工业、仓储及科、教、文、卫、会展等公共建筑不涉及分割销售、共有面积分摊的情况下，项目完成建设竣工后，建设单位可以一并申请办理竣工规划资源验收和不动产登记。通过验收后，核发统一的《市工程建设项目竣工规划资源验收合格证》。

三、市建筑工程质量安全监督和综合竣工验收管理

（一）本市行政区域内新建、改建、扩建房屋建筑工程和市政基础设施非交通工程的质量安全监督和综合竣工验收管理，市、区建设管理部门或其委托的机构负责本市建筑工程质量安全监督管理，并牵头组织相关专业验收部门实施建筑工程综合验收管理。其中，社会投资建筑工程质量安全监督和综合验收管理工作在市、区社会投资项目审批审查中心的牵头下统筹实施、协调推进。本市建筑工程的质量安全应根据工程风险等级实施差别化管理。工程风险分为低风险、中低风险、中等风险、高风险和超高风险等五个等级。工程风险等级根据建筑物分类、建筑面积、建筑高度、建造技术要求、新技术使用情况、预期用途、所处区域、周边情况、人员密集情况等风险因素进行界定。具体风险等级见《市建筑工程风险分级及检查标准》（详见表 8-2）。在工程建设过程中，建设单位应组织施工单位、监理单位开展质量安全风险技术检查。建设单位对技术检查负首要责任，施工单位、监理单位根据职责分工对技术检查负相应主体责任。技术检查应基于桩基、基础、主体、装饰、幕墙、节能等各阶段的质量安全风险开展。其中，质量风险应根据项目关键部位、关键工序确定；安全风险应根据危险性较大的分部分项工程确定。技术检查可以和项目施工单位工序自查和监理旁站巡视同步实施。技术检查流程包括风险识别、检查实施、检查总结。具体要求如下：风险识别应在工程开工前完成，并形成质量安全风险清单。风险级别为低风险、中低风险、中等风险的项目，由建设单位项目负责人组织施工单位项目负责人、设计单位项目负责人、项目总监理工程师实施风险识别。风险级别为高风险和超高风险的项目，由建设单位项目负责人组织施工单位技术负责人、设计单位项目负责人和项目总监理工程师实施风险识别。检查实施，风险级别为低风险、中低风险、中等风险的项目，施工各阶段的质量安全风险由建设单位项目负责人组织施工单位项目负责人和项目总监理工程师实施检查。风险级别为高风险和超高风险的项目，施工各阶段的质量安全风险由建设单位项目负责人组织施工单位技术负责人（或其授权委派的专业技术人员、施工单位项目负责人）和项目总监理工程师实施检查。检查总结，各阶段技术检查之后，建设单位会同施工、监理单位形成技术检查报告。技术检查报告应当反映技术检查情况以及问题整改情况。在竣工验收阶段，建设单位、勘察单位、设计单位、施工单位、监理单位组成的竣工验收组应验看技术检查报告。

（二）建筑工程在建设过程中，建设管理部门的质量安全监督检查，应按照风险等级监督检查标准规定的检查频次和检查节点实施。工程各参建单位未按规定实施技术检查、工程发生质量安全事故、存在承诺不兑现等违法行为的，建设管理部门酌情增加随机检查次数，加强事中事后监管。上述质量安全监督检查应包括国家和本市有关建设工程质量和安全的法律、法规、规章和技术标准的执行情况；工程各参建单位的质量和安全行为，以及质量和安全管理体系和责任制落实情况。对于风险等级为低风险的项目，建设管理部门取消质量安全首次监督会议，在施工许可阶段，采取网上告知形式将工程质量安全监督事项以及要求告知建设单位。低风险项目在建设过程中，建设管理部门仅实施一次监督检查。其中，社会投资低风险工业建筑在主体结构封顶后、装饰装修施工前由社会投资项目审批审查中心牵头组织相关管理部门开展一次联合检查。上述检查中，建设管理部门重点检查结构工程安全、危险性较大的分部分项工程的施工、参建单位开展质量安全风险技术检查的情况和开工阶段落实工程现场质量安全措施的承诺履行情况等。项目完工后，建设单位应及时组织开展建筑工程竣工验收。竣工验收应包括审阅工程档案资料和实地查验工程质量等内容。其中，对于建筑面积低于 2000 平方米且无地下室的社会投资低风险产业类项目，无需审阅工程勘察内容；对于住宅工程，应对分户验收等内容进行查验。竣工验收合格后，建设单位应当及时组织编制竣工验收报告。工程竣工验收报告主要包括工程概况，建设单位执行基本建设程序情况，对工程勘察（建筑面积低于 2000 平方米且无地下室的除外）、设计、施工、监理等方面的评价，竣工验收时间、程序、内容和组织形式，工程竣工验收意见，技术检查报告验看情况等内容。建设管理部门不再对工程竣工验收的组织形式、验收程序、执行验收标准等情况进行现场监督，相关内容在综合验收时进行抽查。

（三）建筑工程竣工验收合格后，建设单位方可通过市工程建设项目审批管理系统统一向政府部门申请综合验收。对于低风险项目，建设管理部门或社会投资项目审批审查中心统一受理后，除规定的要求外，应当按照《关于进一步简化本市小型建筑工程竣工验收工作的通知》要求，在 5 个工作日内牵头完成综合验收工作。其中，对于社会投资低风险产业类项目，社会投资项目审批审查中心统一受理后，应当按照《关于进一步优化本市社会投资低风险产业类项目竣工验收、不动产登记办理流程的实施办法》要求，在 3.5 个工作日内牵头完成综合验收工作。对于低风险以外的项目，建设管理部门作为综合竣工验收牵头部门统一受理后，除规定的要求外，应当按照《市建筑工程综合竣工验收管理办法》要求，在 15 个工作日内牵头完成综合验收工作。本市积极鼓励一站式综合竣工验收实施范围延伸拓展至社会投资低风险产业类项目以外的其他建筑工程，企业竣工验收合格后通过审批管理系统在线一次性申请综合竣工验收，由审批审查中心牵头组织相关专业部门实施现场综合验收，验收通过后，在线一次性核发综合竣工验收合格通知书。建筑工程综合验收过程中，建设管理部门负责建筑工程质量验收，重点对工程竣工验收的组织形式进行要件审核，对执行验收标准进行抽查，对消防内容进行验收或备案。住宅工程应对功能性实体质量进行抽查比对。建筑工程综合验收通过后，建设管理部门或社会投资项目审批审查中心组织相关专业验收部门，依托审批管理系统统一向建设单位出具《建筑工程综合竣工验收合格通知书》《市建筑工程质量监督报告》（详见表 8-3）以及其他专业验收意见。

市建筑工程风险分级监督检查标准

表8-2

<table>
<tr><th>风险级别</th><th>建筑物分类</th><th>按照使用性质</th><th>建筑面积</th><th>建筑高度</th><th>建造技术要求</th><th>新技术使用情况</th><th>预期用途</th><th>所处区域</th><th>周边情况</th><th>人员密集情况</th><th>建设管理部门检查频次及检查节点</th></tr>
<tr><td rowspan="5">低风险</td><td rowspan="2">工业建筑</td><td>厂房</td><td rowspan="2">总建筑面积小于等于10000平方米</td><td rowspan="2">建筑高度不大于24米</td><td rowspan="2">1. 无基坑或地下工程；2. 混凝土模板支撑工程搭设高度8米以下，或搭设跨度18米以下，或施工总荷载15kN/m^2以下，或集中线荷载20kN/m以下；3. 钢结构安装工程跨度36米以下；4. 悬挑式脚手架工程（分段架体搭设高度20米以下）；5. 非常规起重且单件起吊重量100kN以下；6. 单跨跨度27米以下；7. 用于钢结构安装等满堂支撑体系，单点集中荷载7kN以下</td><td rowspan="2">未使用尚未制定国标、行标、地标的新技术、新工艺、新材料、新设备</td><td>不生产易燃、易爆、有毒、有害物品、不涉及生态环境影响大的厂房</td><td rowspan="2">不涉及风貌保护、轨道交通保护等特定区域</td><td rowspan="2">周边无人员密集的建筑（大型公交枢纽、儿童活动场所、老年人照料设施、学校），周边无人员密集的公共空间，周边无林地、化工厂、加油站、甲、乙、丙类液体和可燃气体储罐等建构筑物</td><td>总建筑面积不大于2500平方米的劳动密集型企业的生产加工车间</td><td rowspan="5">监督检查次数为1次。检查节点在主体结构封顶后，装饰装修施工前. 若工程参建方未实施技术检查、工程发生质量安全事故、存在承诺不兑现等违法行为的，则增加随机检查次数</td></tr>
<tr><td>仓库</td><td>不储存易燃、易爆、有毒、有害的，不涉及生态环境影响大的仓库</td><td>非人员密集场所</td></tr>
<tr><td rowspan="3">公共建筑</td><td>商场</td><td rowspan="3">总建筑面积小于等于10000平方米</td><td rowspan="3">建筑高度不大于24米</td><td rowspan="3">1. 无基坑或地下工程；2. 混凝土模板支撑工程搭设高度5米以下，或搭设跨度10米以下，或施工总荷载10kN/m^2以下，或集中线荷载15kN/m以下；3. 钢结构安装工程跨度36米以下，网架和索膜结构安装工程跨度60米以下；4. 无附着式升降脚手架、悬挑式脚手架工程；5. 非常规起重且单件起吊重量100kN以下；6. 单跨跨度27米以下；7. 用于钢结构安装等满堂支撑体系，单点集中荷载7kN以下</td><td rowspan="3">未使用尚未制定国标、行标、地标的新技术、新工艺、新材料、新设备</td><td>不销售易燃、易爆、有害、有毒物品，且总建筑面积不大于1000平方米的室内儿童活动场所的商场</td><td rowspan="3">不涉及风貌保护、轨道交通保护等特定区域</td><td rowspan="3">周边无人员密集的建筑（大型公交枢纽、儿童活动场所、老年人照料设施、学校），周边无人员密集的公共空间，周边无林地、甲、乙类厂（库）房、加油站、甲、乙、丙类液体和可燃气体储罐等建构筑物</td><td>总建筑面积不大于500平方米的歌舞厅、放映厅、卡拉OK厅、夜总会、游艺厅、桑拿浴室、网吧、酒吧，具有娱乐功能的餐馆、茶馆、咖啡厅</td></tr>
<tr><td>办公楼</td><td>未设置化学或生物实验室的办公楼，不包括国家机关办公楼、电力调度楼、电信楼、邮政楼、防灾指挥调度楼、广播电视楼、档案楼</td><td>总建筑面积不大于500平方米的具有娱乐功能的餐馆、茶馆、咖啡厅</td></tr>
<tr><td>宾馆酒店</td><td>无会议、健身等休闲娱乐设施的酒店、宾馆</td><td>四星级以下宾馆</td></tr>
</table>

续表

风险级别	建筑物分类	按照使用性质	建筑面积	建筑高度	建造技术要求	新技术使用情况	预期用途	所处区域	周边情况	人员密集情况	建设管理部门检查频次及检查节点
低风险	公共建筑	文化建筑	总建筑面积小于等于 10000 平方米	建筑高度不大于 24 米	1. 无基坑或地下工程；2. 混凝土模板支撑工程搭设高度 5 米以下，或搭设跨度 10 米以下，或施工总荷载 10kN/m² 以下，或集中线荷载 15kN/m 以下；3. 钢结构安装工程跨度 36 米以下，网架和索膜结构安装工程跨度 60 米以下；4. 无附着式升降脚手架、悬挑式脚手架工程；5. 非常规起重且单件起吊重量 100kN 以下；6. 单跨跨度 27 米以下；7. 用于钢结构安装等满堂支撑体系，单点集中荷载 7kN 以下	未使用尚未制定国标、行标、地标的新技术、新工艺、新材料、新设备	总面积不大于 1000 平方米的室内儿童活动场所的文化建筑，不包括寺庙、教堂	不涉及风貌保护、轨道交通保护等特定区域	周边无人员密集的建筑（大型公交枢纽、儿童活动场所、老年人照料设施、学校），周边无人员密集的公共空间，周边无林地、甲、乙、类厂（库）房、加油站、甲、乙、丙类液体和可燃气体储罐等建构筑物	不属于公共展览馆、博物馆的展示厅，总建筑面积不大于 500 平方米的歌舞厅、放映厅、游艺厅，总建筑面积不大于 2500 平方米的影剧院，公共图书馆的阅览室	监督检查次数为 1 次。检查节点在主体结构封顶后，装饰装修施工前．若工程参建方未实施技术检查、工程发生质量安全事故、存在承诺不兑现等违法行为的，则增加随机检查次数
		体育建筑					丙级体育建筑			体育场观众席容量 20000 人以下，体育馆观众席容量 3000 人以下	
中低风险	工业建筑	厂房	总建筑面积小于等于 10000 平方米	建筑高度不大于 24 米	1. 开挖深度不超过 5 米的基坑（槽）的土方开挖、支护、降水工程；2. 混凝土模板支撑工程搭设高度 8 米以下，或搭设跨度 18 米以下，或施工总荷载 15kN/m² 以下，或集中线荷载 20kN/m 以下；3. 钢结构安装工程跨度 36 米以下；4. 悬挑式脚手架工程（分段架体搭设高度 20 米以下）；5. 非常规起重且单件起吊重量 100kN 以下；6. 单跨跨度 27 米以下；7. 用于钢结构安装等满堂支撑体系，单点集中荷载 7kN 以下	未使用尚未制定国标、行标、地标的新技术、新工艺	不生产易燃、易爆、有毒、有害物品、不涉及生态环境影响大的厂房	不涉及风貌保护、轨道交通保护等特定区域	周边无人员密集建筑（大型公交枢纽、儿童活动场所、老年人照料设施、学校），周边无人员密集的公共空间，周边无林地、化工厂、加油站、甲、乙、丙类液体和可燃气体储罐等建构筑物	总建筑面积不大于 2500 平方米的劳动密集型企业的生产加工车间	监督检查次数为 2 次。检查节点在基坑开挖阶段实施第一次监督检查，在主体结构封顶后，装饰装修施工前实施第二次监督检查。若工程参建方未实施技术检查、工程发生质量安全事故、存在承诺不兑现等违法行为的，则增加随机检查次数
		仓库					不储存易燃、易爆、有毒、有害的，不涉及生态环境影响大的仓库			非人员密集场所	

续表

风险级别	建筑物分类	按照使用性质	建筑面积	建筑高度	建造技术要求	新技术使用情况	预期用途	所处区域	周边情况	人员密集情况	建设管理部门检查频次及检查节点
中低风险	公共建筑	商场	总建筑面积小于等于10000平方米	建筑高度不大于24米	1. 开挖深度不超过5米的基坑（槽）的土方开挖、支护、降水工程；2. 混凝土模板支撑工程搭设高度5米以下，或搭设跨度10米以下，或施工总荷载10kN/m²以下，或集中线荷载15kN/m以下；3. 钢结构安装工程跨度36米以下，网架和索膜结构安装工程跨度60米以下；4. 无附着升降式脚手架、悬挑式脚手架工程；5. 非常规起重且单件起吊重量100kN以下；6. 单跨跨度27米以下；7. 用于钢结构安装等满堂支撑体系，单点集中荷载7kN以下	未使用尚未制定国标、行标、地标的新技术、新工艺	不销售易燃、易爆、有害、有毒物品，且总建筑面积不大于1000平方米的室内儿童活动场所的商场	不涉及风貌保护、轨道交通保护等特定区域	周边无人员密集的建筑（大型公交枢纽、儿童活动场所、老年人照料设施、学校），周边无人员密集的公共空间，周边无林地、甲、乙类厂（库）房、加油站、甲、乙、丙类液体和可燃气体储罐等建构筑物	总建筑面积不大于500平方米的歌舞厅、放映厅、卡拉OK厅、夜总会、游艺厅、桑拿浴室、网吧、酒吧，具有娱乐功能的餐馆、茶馆、咖啡厅	监督检查次数为2次。检查节点在基坑开挖阶段实施第一次监督检查，在主体结构封顶后，装饰装修施工前实施第二次监督检查。若工程参建方未实施技术检查、工程发生质量安全事故、存在承诺不兑现等违法行为的，则增加随机检查次数
		办公楼					未设置化学或生物实验室的办公楼，不包括国家机关办公楼、电力调度楼、电信楼、邮政楼、防灾指挥调度楼、广播电视楼、档案楼			总建筑面积不大于500平方米的具有娱乐功能的餐馆、茶馆、咖啡厅	
		宾馆酒店					无会议、健身等休闲娱乐设施的酒店、宾馆			四星级以下宾馆	
		文化建筑					总面积不大于1000平方米的室内儿童活动场所的文化建筑，不包括寺庙、教堂			不属于公共展览馆、博物馆的展示厅，总建筑面积不大于500平方米的歌舞厅、放映厅、游艺厅，总建筑面积不大于2500平方米的影剧院，公共图书馆的阅览室	
		体育建筑					丙级体育建筑	不涉及风貌保护、轨道交通保护等特定区域		体育场观众席容量20000人以下，体育馆观众席容量3000人以下	

续表

风险级别	建筑物分类	按照使用性质	建筑面积	建筑高度	建造技术要求	新技术使用情况	预期用途	所处区域	周边情况	人员密集情况	建设管理部门检查频次及检查节点
中等风险	居住建筑	住宅工程	总建筑面积小于等于10000平方米	建筑高度不大于24米	—	未使用尚未制定国标、行标、地标的新技术、新工艺	单一住宅、商住混合	不涉及风貌保护、轨道交通保护等特定区域	周边无人员密集的建筑（大型公交枢纽、儿童活动场所、老年人照料设施、学校，高使用率的公共建筑），周边无林地、甲、乙类厂（库）房、加油站、甲、乙、丙类液体和可燃气体储罐等建构筑物	总建筑面积不大于1000平方米的学校集体宿舍或劳动密集型企业的员工集体宿舍	监督检查次数不少于2次。若工程参建方未实施技术检查、工程发生质量安全事故、存在承诺不兑现等违法行为的，则增加随机检查次数
	公共建筑	教育类工程					开展教育活动的公共建筑（室内儿童场所除外），未设置化学或生物实验室，功能单一		周边无人员密集的建筑（大型公交枢纽、儿童活动场所、老年人照料设施、学校），周边无人员密集的公共空间，周边无林地、甲、乙类厂（库）房、加油站、甲、乙、丙类液体和可燃气体储罐等建构筑物	总建筑面积不大于1000平方米的托儿所、幼儿园的儿童用房等室内儿童活动场所，中小学校的教学楼、图书馆及食堂，总建筑面积不大于2500平方米的大学教学楼、图书馆、食堂	
		医疗类工程					医疗卫生公共建筑，不储存有腐蚀性、放射性的医疗药品、器械，有毒有害的医疗废物，功能单一			总建筑面积不大于1000平方米的医院、疗养院的病房楼	
	特殊建筑	建成投入使用后非建设单位自己持有的项目					室内儿童活动场所、老年人照料设施除外，功能单一			非人员密集场所	

续表

风险级别	建筑物分类	按照使用性质	建筑面积	建筑高度	建造技术要求	新技术使用情况	预期用途	所处区域	周边情况	人员密集情况	建设管理部门检查频次及检查节点
中等风险	工业建筑	厂房	总建筑面积小于等于10000平方米	建筑高度不大于24米	1. 开挖深度超过5米（含5米）的基坑（槽）的土方开挖、支护、降水工程；2. 混凝土模板支撑工程搭设高度8米及以上，或搭设跨度18米及以上，或施工总荷载15kN/m²及以上，或集中线荷载20kN/m及以上；3. 钢结构安装工程跨度36米及以上；4. 悬挑式脚手架工程（分段架体搭设高度20米及以上）；5. 非常规起重且单件起吊重量100kN及以上；6. 单跨跨度27米及以上；7. 用于钢结构安装等满堂支撑体系，单点集中荷载7kN及以上	未使用尚未制定国标、行标、地标的新技术、新工艺	不生产易燃、易爆、有毒、有害物品、不涉及生态环境影响大的项目	不涉及风貌保护、轨道交通保护等特定区域	周边无人员密集的建筑（大型公交枢纽、儿童活动场所、老年人照料设施、学校），周边无人员密集的公共空间，周边无林地、化工厂、加油站、甲、乙、丙类液体和可燃气体储罐等建构筑物	总建筑面积不大于2500平方米的劳动密集型企业的生产加工车间	监督检查次数不少于2次。若工程参建方未实施技术检查、工程发生质量安全事故、存在承诺不兑现等违法行为的，则增加随机检查次数
		仓库								非人员密集场所	
	公共建筑	商场			1. 开挖深度超过5米（含5米）的基坑（槽）的土方开挖、支护、降水工程；2. 混凝土模板支撑工程搭设高度5米及以上，或搭设跨度10米及以上，或施工总荷载10kN/m²及以上，或集中线荷载15kN/m及以上；3. 钢结构安装工程跨度36米以下，网架和索膜结构安装工程跨度60米及以上；4. 无附着升降式脚手架、悬挑式脚手架工程；5. 非常规起重且单件起吊重量100kN及以上；6. 单跨跨度27米及以上；7. 用于钢结构安装等满堂支撑体系，单点集中荷载7kN以下		不销售易燃、易爆、有害、有毒物品，且总建筑面积不大于1000平方米的室内儿童活动场所的商场		周边无人员密集的建筑（大型公交枢纽、儿童活动场所、老年人照料设施、学校），周边无人员密集的公共空间，周边无林地、甲、乙、类厂（库）房、加油站、甲、乙、丙类液体和可燃气体储罐等建构筑物	总建筑面积不大于500平方米的歌舞厅、放映厅、卡拉OK厅、夜总会、游艺厅、桑拿浴室、网吧、酒吧，具有娱乐功能的餐馆、茶馆、咖啡厅	
		办公楼					未设置化学或生物实验室的办公楼，不包括国家机关办公楼、电力调度楼、电信楼、邮政楼、防灾指挥调度楼、广播电视楼、档案楼			总建筑面积不大于500平方米的具有娱乐功能的餐馆、茶馆、咖啡厅	
		宾馆酒店					无会议、健身等休闲娱乐设施的酒店、宾馆			四星级以下宾馆	

续表

风险级别	建筑物分类	按照使用性质	建筑面积	建筑高度	建造技术要求	新技术使用情况	预期用途	所处区域	周边情况	人员密集情况	建设管理部门检查频次及检查节点
中等风险	公共建筑	文化建筑	总建筑面积小于等于10000平方米	建筑高度不大于24米	1. 开挖深度超过5米（含5米）的基坑（槽）的土方开挖、支护、降水工程；2. 混凝土模板支撑工程搭设高度5米及以上，或搭设跨度10米及以上，或施工总荷载10kN/m²及以上，或集中线荷载15kN/m及以上；3. 钢结构安装工程跨度36米以下，网架和索膜结构安装工程跨度60米及以上；4. 无附着升降式脚手架、悬挑式脚手架工程；5. 非常规起重且单件起吊重量100kN及以上；6. 单跨跨度27米及以上；7. 用于钢结构安装等满堂支撑体系，单点集中荷载7kN以下	未使用尚未制定国标、行标、地标的新技术、新工艺	总面积不大于1000平方米的室内儿童活动场所的文化建筑，不包括寺庙、教堂	不涉及风貌保护、轨道交通保护等特定区域	周边无人员密集的建筑（大型公交枢纽、儿童活动场所、老年人照料设施、学校），周边无人员密集的公共空间，周边无林地、甲、乙类厂（库）房、加油站、甲、乙、丙类液体和可燃气体储罐等建构筑物	不属于公共展览馆、博物馆的展示厅，总建筑面积不大于500平方米的歌舞厅、放映厅、游艺厅，总建筑面积不大于2500平方米的影剧院，公共图书馆的阅览室	监督检查次数不少于2次。若工程参建方未实施技术检查、工程发生质量安全事故、存在承诺不兑现等违法行为的，则增加随机检查次数
		体育建筑					丙级体育建筑			体育场观众席容量20000人以下，体育馆观众席容量3000人以下	
高风险	特殊建筑	儿童活动场所	不限面积	不限高度	—	—	—	—	—	—	监督检查次数每季度不少于1次。有以下情形的工地应增加随机抽查次数：(1) 有超过一定规模的危险性较大的分部分项工程的；(2) 发生过生产安全事故或者质量事故的；(3) 有监理紧急报告涉及工程项目重点部位、关键工序和危险性较大的分部分项工程存在安全隐患并拒不整改的；(4) 施工现场管理状况较差的；(5) 工程参建方未实施技术检查
		老年人照料设施									
	工业建筑	厂房	总建筑面积超过10000平方米	建筑高度大于24米		使用尚未制定国标、行标、地标的新技术、新工艺	生产易燃、易爆、有毒、有害物品，涉及生态环境影响大的厂房	涉及风貌保护、轨道交通保护等特定区域	周边有人员密集的建筑（大型公交枢纽、儿童活动场所、老年人照料设施、学校），周边有人员密集的公共空间，周边有林地、化工厂、加油站、甲、乙、丙类液体和可燃气体储罐等建构筑物	总建筑面积大于2500平方米的劳动密集型企业的生产加工车间	
		仓库								人员密集场所	

续表

风险级别	建筑物分类	按照使用性质	建筑面积	建筑高度	建造技术要求	新技术使用情况	预期用途	所处区域	周边情况	人员密集情况	建设管理部门检查频次及检查节点
高风险	公共建筑	商场	总建筑面超过10000平方米	建筑高度大于24米	—	使用尚未制定国标、行标、地标的新技术、新工艺	销售易燃、易爆、有害、有毒物品，且总建筑面积大于1000平方米的室内儿童活动场所的商场	涉及风貌保护、轨道交通保护等特定区域	周边有人员密集的建筑（大型公交枢纽、儿童活动场所、老年人照料设施、学校），周边有人员密集的公共空间，周边有林地、甲、乙类厂（库）房、加油站、甲、乙、丙类液体和可燃气体储罐等建构筑物	总建筑面积大于500平方米的歌舞厅、放映厅、卡拉OK厅、夜总会、游艺厅、桑拿浴室、网吧、酒吧，具有娱乐功能的餐馆、茶馆、咖啡厅	监督检查次数每季度不少于1次。有以下情形的工地应增加随机抽查次数：(1) 有超过一定规模的危险性较大的分部分项工程的；(2) 发生过生产安全事故或者质量事故的；(3) 有监理紧急报告涉及工程项目重点部位、关键工序和危险性较大的分部分项工程存在安全隐患并拒不整改的；(4) 施工现场管理状况较差的；(5) 工程参建方未实施技术检查
		办公楼					设置化学或生物实验室的办公楼，包括国家机关办公楼、电力调度楼、电信楼、邮政楼、防灾指挥调度楼、广播电视楼、档案楼			总建筑面积大于500平方米的具有娱乐功能的餐馆、茶馆、咖啡厅	
		宾馆酒店					有会议、健身等休闲娱乐设施的酒店、宾馆			四星级及以上宾馆	
		文化建筑					总面积大于100平方米的室内儿童活动场所的文化建筑不包括寺庙、教堂			属于公共展览馆、博物馆的展示厅，总建筑面积大于500平方米的歌舞厅、放映厅、游艺厅，总建筑面积大于2500平方米的影剧院，公共图书馆的阅览室	

续表

风险级别	建筑物分类	按照使用性质	建筑面积	建筑高度	建造技术要求	新技术使用情况	预期用途	所处区域	周边情况	人员密集情况	建设管理部门检查频次及检查节点
高风险	公共建筑	体育建筑	总建筑面超过10000平方米	建筑高度大于24米	—	使用尚未制定国标、行标、地标的新技术、新工艺	丙级以上体育建筑	涉及风貌保护、轨道交通保护等特定区域	周边有人员密集的建筑（大型公交枢纽、儿童活动场所、老年人照料设施、学校），周边有人员密集的公共空间，周边有林地、甲、乙类厂（库）房、加油站、甲、乙、丙类液体和可燃气体储罐等建构筑物	体育场观众席容量20000人及以上，体育馆观众席容量3000人及以上	监督检查次数每季度不少于1次。有以下情形的工地应增加随机抽查次数：（1）有超过一定规模的危险性较大的分部分项工程的（2）发生过生产安全事故或者质量事故的；（3）有监理紧急报告涉及工程项目重点部位、关键工序和危险性较大的分部分项工程存在安全隐患并拒不整改的；（4）施工现场管理状况较差的；（5）工程参建方未实施技术检查
		教育类工程					带有室内儿童活动场所，设置化学或生物实验实验室，功能复杂			总建筑面积大于1000平方米的托儿所、幼儿园的儿童用房等室内儿童活动场所，中小学校的教学楼、图书馆及食堂，总建筑面积大于2500平方米的大学教学楼、图书馆、食堂	
		医疗类工程					医疗卫生公共建筑，储存有腐蚀性、放射性的医疗药品、器械，有毒有害的医疗废物，功能复杂			总建筑面积大于1000平方米的医院、疗养院的病房楼	
		建成投入使用后非建设单位自己持有的项目					有室内儿童活动场所、老年人照料设施除外，功能复杂			人员密集场所	
	居住建筑	住宅工程					单一住宅、商住混合			总建筑面积大于1000平方米的学校集体宿舍或劳动密集型企业的员工集体宿舍	

续表

风险级别	建筑物分类	按照使用性质	建筑面积	建筑高度	建造技术要求	新技术使用情况	预期用途	所处区域	周边情况	人员密集情况	建设管理部门检查频次及检查节点
超高风险	居住建筑	住宅工程	总建筑面积大于30万平方米，单体建筑面积大于10万平方米	建筑高度大于300米	—	—	—	—	—	—	监督检查次数每两月不少于1次，同时按照住建部《关于印发大型工程技术风险控制要点的通知》建质函〔2018〕28号实施监管，有以下情形的工地应增加随机抽查次数：有超过一定规模的危险性较大的分部分项工程的；发生过生产安全事故或者质量事故的；有监理紧急报告涉及工程项目重点部位、关键工序和危险性较大的分部分项工程存在安全隐患并拒不整改的；施工现场管理状况较差的；工程参建方未实施技术检查
	公共建筑	办公楼	总建筑面积大于30万平方米，单体建筑面积大于10万平方米	建筑高度大于300米	—	—	—	—	—	—	
		酒店	总建筑面积大于30万平方米，单体建筑面积大于10万平方米	建筑高度大于300米	—	—	—	—	—	—	

备注：1. 高或超高风险项目中，满足其中一条风险因素（不限除外）即为高或超高风险项目；2. 其他风险项目中同时满足所有风险因素即为对应的风险等级；3. 风险因素是指“建筑面积、建筑高度、建造技术要求、新技术使用情况、预期用途、所处区域、周边情况、人员密集情况。

市建筑工程质量监督报告 **表8-3**

编号：

<table>
<tr><td>项目名称</td><td colspan="3"></td></tr>
<tr><td>联审编号</td><td colspan="3"></td></tr>
<tr><td>建筑面积</td><td>（平方米）</td><td>工程造价</td><td>（万元）</td></tr>
<tr><td>开工日期</td><td>年 月 日</td><td>验收日期</td><td>年 月 日</td></tr>
<tr><td>建设单位</td><td colspan="3"></td></tr>
<tr><td>勘察单位</td><td colspan="3"></td></tr>
<tr><td>设计单位</td><td colspan="3"></td></tr>
<tr><td>施工单位</td><td colspan="3"></td></tr>
<tr><td>监理单位</td><td colspan="3"></td></tr>
<tr><td colspan="4">年 月 日，下列单位工程通过了建设单位组织的竣工验收。</td></tr>
<tr><td>序号</td><td>单位工程名称</td><td colspan="2">单位工程编号</td></tr>
<tr><td></td><td></td><td colspan="2"></td></tr>
<tr><td></td><td></td><td colspan="2"></td></tr>
<tr><td></td><td></td><td colspan="2"></td></tr>
<tr><td colspan="4">一、质量监督意见
本工程属于住宅工程。
经对建筑工程竣工验收的组织形式进行要件审核，对执行验收标准进行抽查，对功能性实体质量进行抽查比对，未发现有违反建设工程质量管理规定的行为。
本工程不属于住宅工程。
经对建筑工程竣工验收的组织形式进行要件审核，对执行验收标准进行抽查，未发现有违反建设工程质量管理规定的行为。
二、消防验收 / 备案意见
£经对建筑工程进行消防验收，该项目综合评定消防验收结论：合格。
£经审查，消防备案材料齐全，依法准予备案。
三、上述结论仅对当日监督检查和消防验收所涉及的部位、系统、设施情况负责。
建设管理部门（盖章） 年 月 日</td></tr>
</table>

第二节 建设工程消防设计审查验收管理

一、消防设计审查验收审验要求

各地建设工程消防设计审查验收主管部门要依法依规履行建设工程消防设计审查验收职责，审查验收工作应覆盖各类建设工程，做到应办尽办、程序合法、过程透明，不得擅自改变需进行消防设计审查验收的特殊建设工程范围，不得随意取消建设工程消防验收备案和抽查手续。落实国务院“放管服”改革和优化营商环境要求，向社会公开审查验收流程图、事项清单、办事指南、申报材料和内容要求，加强对工程建设单位的技术指导，提高服务意识和服务质量，主动靠前服务。充分依托工程建设项目审批管理系统等平台，实现建设工程消防设计审查验收在线办理；能够通过部门交换获取的信息，不要求申请单位或个人提供。结合实际积极推动开展联合审图和竣工联合验收。各地主管部门要认真查阅工程建设单位申请消防验收备案提交的建设工程资料，核对消防设计执行的国家工程建设消防技术标准内容，并作为抽查的依据。建设工程的消防设计、施工必须符合国家工程建设消防技术标准。既有建筑改造利用不改变使用功能、不增加建筑面积的，宜执行现行国家工程建设消防技术标准，不得低于原建筑物建成时的消防安全水平。历史文化街区、历史建筑改造确实无法满足现行国家工程建设消防技术标准要求的，应制定科学合理的技术方案，由当地主管部门会同有关部门，组织工程建设单位、业主单位、利害相关人等依法会商解决，确保满足消防安全需要。严格评审论证，组织特殊建设工程的特殊消防设计专家评审时，各省级主管部门应着重评审技术资料中的必要性论证、多方案比较、模拟数据或实验验证结论等内容。科学判定所采用国际标准、境外工程建设消防技术标准的成熟条件。拟采用新技术、新工艺、新材料的，提供的有关应用实例、产品说明等应与建设工程直接相关。要系统论证特殊消防设计内容和现行国家工程建设消防技术标准的关系，以及模拟数据或实验验证结论的可靠性。各地主管部门要推进建设工程消防设计技术审查、全过程消防技术咨询、竣工验收消防查验、建设工程消防验收现场评定、消防验收备案抽查的现场检查等技术服务市场化工作，促进公平竞争，提高审验效率。加强信息化手段在建设工程消防设计审查验收技术服务机构和人员管理中的应用，建立完善信用采集、失信惩戒、信用修复等各项措施。指导提供相关技术服务的机构加强行业自律，健全技术服务标准和质量保证体系，强化自我约束。各地主管部门要高度重视建设工程消防设计审查验收工作，系统梳理在建和投入使用建设工程的消防设计审查验收情况，建立台账，加强备案抽查项目的消防设计安全监管，合理确定抽查比例。加强高层建筑、健身休闲场所、社会教育培训机构、歌舞娱乐游艺场所、养老机构、危险化学品生产储存场所、老旧小区、物流仓储设施，以及利用原有建筑物改建改用为酒店、饭店、学校、体育馆等场所的消防设计审查验收管理。

二、市消防设计审查、消防验收备案

实施范围：特殊建设工程的消防设计审查、消防验收，以及其他建设工程的消防验收备案、抽查。特殊建设工程，是指符合《建设工程消防设计审查验收管理暂行规定》规定的新建、改建、扩建建设工程和装饰装修工程。其中，装饰装修工程应符合《市建筑装饰装修工程管理实施办法》“涉及消防设施变动的”规定。其他建设工程，是指特殊建设工程以外的其他按照国家工程建设消防技术标准需要进行消防设计的建设工程（包括装饰装修工程）职责分工，市住房和城乡建设管理委员会是本市建设工程消防设计审查验收工作的主管部门。市建设工程设计文件审查管理事务中心受市住房和城乡建设管理委委托，具体负责本市建设工程消防设计审查管理工作。市设计文件审查中心对各区建设管理部门及特定地区管委会的消防设计审查开展业务指导。市建设工程安全质量监督总站受市住房和城乡建设管理委委托，具体负责本市建设工程消防验收、备案和抽查管理工作及职责范围内建设工程消防验收、备案和抽查工作。市安质监总站对各区建设管理部门及特定地区管委会的消防验收、备案和抽查工作开展业务指导。市住房和城乡建设管理委员会科学技术委员会事务中心受市住房和城乡建设管理委委托，具体负责本市建设工程消防专家库建设和管理工作。各区建设管理部门及特定地区管委会或其委托的机构，具体负责本辖区内的建设工程消防设计审查、消防验收、备案和抽查工作。市建设工程的消防设计审查和消防验收、备案和抽查工作按具体分级管理规定执行：消防设计审查分级管理，市设计文件审查中心负责以下特殊建设工程的消防设计审查：市级立项的建设工程；市规划资源局负责审批的建设工程；建筑总面积大于 200000 平方米的公共建筑；建筑高度大于 100 米的公共建筑；跨行政区域的建设工程；根据相关规定应组织专家评审的特殊消防设计的建设工程；政府主管部门认为需要征询市级消防设计审查部门意见的其他技术复杂的建设工程。区级建设管理部门依职责承担所辖区域内的除市设计文件审查中心负责以外的特殊建设工程的消防设计审查工作，并按季度将各自审查情况书面报送市设计文件审查中心。消防验收、备案和抽查分级管理房屋建筑和市政基础设施（非交通类）的新建、改建、扩建建设工程，市安质监总站负责质量安全监督的，由市安质监总站实施消防验收、备案和抽查；区级建设管理部门负责质量安全监督的，由属地区级建设管理部门实施消防验收、备案和抽查。房屋建筑和市政基础设施（非交通类）以外的其他新建、改建、扩建建设工程，由属地区级建设管理部门实施消防验收、备案和抽查。装饰装修工程，由属地区级建设管理部门实施消防验收、备案和抽查。跨行政区域的建设工程，由市安质监总站实施消防验收、备案和抽查。上述规定中未予明确职责分工的建设工程的消防验收、备案和抽查，由市住房和城乡建设管理委指定实施。建设单位依法对建设工程消防设计、施工质量负首要责任。设计、施工、工程监理、技术服务等单位依法对建设工程消防设计、施工质量负主体责任。建设、设计、施工、工程监理、技术服务等单位的从业人员依法对建设工程消防设计、施工质量承担相应的个人责任。

三、市消防设计审查、消防验收流程

（一）对特殊建设工程实行消防设计审查制度。根据相关规定，特殊建设工程消防设计审查工作由施工图审查机构通过多图联审的方式一并完成，施工图审查机构出具的消防审查意见视作建设管理部门的审查意见。特殊建设工程未经消防设计审查或者审查不合格的，建设单位、施工单位不得施工。办理消防设计施工图审查需提供下列材料：符合《建筑工程设计文件编制深度规定》的施工图设计文件（包括图纸和计算书）；与项目建设有关的批准文件和技术咨询意见；文件所列的特殊消防设计技术资料和专家评审意见。施工图审查机构应严格按照相关规定要求开展消防设计审查，对建设工程的消防设计审查质量负责，承担审查责任。具有下列情形之一的特殊建设工程，市设计文件审查中心应当组织进行专家评审：国家工程建设消防技术标准没有规定，必须采用国际标准或者境外工程建设消防技术标准的；消防设计文件拟采用的新技术、新工艺、新材料不符合国家工程建设消防技术标准规定的。对具有上述情形之一的建设工程，市设计文件审查中心应当在收到申请材料之日起 10 个工作日内组织召开专家评审会，对建设单位提交的特殊消防设计技术资料进行评审。前款所称特殊消防设计的技术资料，应当包括特殊消防设计文件，设计采用的国际标准、境外工程建设消防技术标准的中文文本，以及有关的应用实例、产品说明等资料。评审专家应从专家库随机选取，对于技术复杂、专业性强或者国家有特殊要求的项目，可以直接邀请相应专业的中国科学院院士、中国工程院院士、全国工程勘察设计大师以及境外具有相应资历的专家参加评审；与特殊建设工程设计单位有利害关系的专家不得参加评审。评审专家应当符合相关专业要求，总数不得少于七人，且独立出具评审意见。特殊消防设计技术资料经四分之三以上评审专家同意即为评审通过，评审专家有不同意见的，应当注明。专家评审意见报国务院住房和城乡建设主管部门备案。技术咨询服务，建设项目取得设计方案批复后，如对消防设计无法把握时，建设单位可以通过市工程建设项目审批管理系统向项目所属建设管理部门提交咨询申请，咨询意见可作为施工图审查的参考。技术咨询服务的市、区两级分工同上。办理技术咨询服务需提供的材料：建设工程消防设计技术咨询服务申请表；消防设计文件。验收、备案申请方式，在审批管理系统上的工程，申请消防验收、备案和抽查的，应通过审批管理系统申请。其他工程申请消防验收、备案和抽查的，通过窗口申请。依法应当进行消防设计审查的特殊建设工程，未经消防设计审查或审查不合格的，不予消防验收。

（二）验收要求。特殊建设工程完工后，建设单位应组织设计、施工、工程监理和技术服务等单位开展竣工验收。竣工验收合格后，建设单位方可申请消防验收，并应符合下列条件：完成工程消防设计和合同约定的消防各项内容。有完整的工程消防技术档案和施工管理资料（含涉及消防的建筑材料、建筑构配件和设备的进场试验报告）。建设单位对工程涉及消防的各分部分项工程验收合格；施工、设计、工程监理、技术服务等单位确认工程消防质量符合有关标准。消防设施性能、系统功能联调联试等内容检测合格。经查验不符合前款规定的建设工程，建设单位不得编制工程竣工验收报告。验收申请要求，对于实施综合竣工验收的特殊建设工程，建设单位应按照本市综合竣工验收的规定提交预审资料。市安质监总站或区级建设管理部门收到建设单位提交的消防验收申请后，对申请资料齐全的，应在 2 个工作日内告知预审结论。对于未实施综合竣工验收的特殊建设工程，建设单位除需提交上述规定的预审资料外，还应提交施工许可证或开工报告、消防设计审查意见等材料。对申请资料齐全的，应当出具受理凭证。现场验收时限，对于实施综合竣工验收的特殊建设工程，消防验收部门应按照本市综合竣工验收规定的时限开展现场评定。对于未实施综合竣工验收的特殊建设工程，消防验收部门应当在消防验收申请受理后的五个工作日内开展现场评定。消防验收部门应当按照国家有关规定，对特殊建设工程进行现场评定。现场评定包括对建筑物防（灭）火设施的外观进行现场抽样查看；通过专业仪器设备对涉及距离、高度、宽度、长度、面积、厚度等可测量的指标进行现场抽样测量；对消防设施的功能进行抽样测试、联调联试消防设施的系统功能等内容。

（三）验收许可。对于实施综合竣工验收的特殊建设工程，消防验收部门应依据本市综合竣工验收规定的时限出具验收意见。对于未实施综合竣工验收的特殊建设工程，消防验收部门应当在受理后十五日内出具消防验收意见。消防备案，其他建设工程竣工验收合格之日起5个工作日内，建设单位应当报消防验收部门备案。对于通过审批管理系统申请消防备案的其他建设工程，消防验收部门应当在收到备案材料之日起2个工作日内，对备案材料齐全的，应当出具备案凭证。对于通过窗口申请备案的特殊建设工程，消防验收部门窗口负责人员当场审核。对备案材料齐全的，消防验收部门应当予以备案。企业投资技术改造项目建设工程消防审验，明确企业技改项目建设工程消防审验职责与范围，本市企业技改项目具备以下情形之一的，应办理建设工程消防设计审查、消防验收、备案和抽查。一是改变原生产火灾危险性且属于甲、乙类火灾危险性的；二是改变原总平面布局、建筑耐火等级和防火分区、消防设施系统等原消防设计的。建设单位申请企业技改项目的建设工程消防验收、备案和抽查时，应填写依法需要办理的建设工程施工许可证号、批准开工报告编号或证明文件编号。改变原生产火灾危险性且属于甲、乙类火灾危险性的企业技改项目，不得通过申报特殊类装修办理施工许可手续。

第三节　建设项目费用与竣工结算备案

一、工程项目建设费用管理

（一）在项目管理中，费用管理是和质量控制、进度控制、安全控制一起并称为项目的四大目标控制。目标控制是动态的，并且贯穿于工程项目实施的始终。建设项目费用管理是指以建设项目为对象，为在投资费用计划值内实现项目而对工程建设活动中的投资所进行的规划、控制和管理。立足全寿命周期的控制：要有效地控制建设项目的费用，应从组织、技术、经济、合同与信息管理等多个方面采取措施，尤其是将技术措施与经济措施相结合，是控制建设项目投资最有效的手段。建设项目费用控制，主要是对建设阶段发生的一次性投资进行控制。但是，费用控制不能只是着眼于建设期间产生的费用，更需要从建设项目全寿命周期内产生费用的角度审视费用控制的问题。费用控制，不仅仅是对工程项目建设直接投资的控制，只考虑一次投资的节约，还需要从项目建成以后使用和运行过程中可能发生的相关费用考虑，进行项目全寿命的经济分析，使建设项目在整个寿命周期内的总费用最小。建设项目费用控制的任务，在工程项目的建设实施中，费用控制的任务是对建设全过程的投资费用负责，是要严格按照批准的建设规模、建设内容、建设标准和相应的工程投资目标值等进行建设，努力把建设项目投资控制在计划的目标值以内。在工程项目的建设过程中，各阶段均有投资的规划与投资的控制等工作。立项决策阶段的主要任务：在建设项目的立项决策阶段，投资控制主要任务是按项目的构思和要求编制投资规划，深化投资估算，进行投资目标的分析、论证和分解，以作为建设项目实施阶段投资控制的重要依据。设计及准备阶段的主要任务：在建设项目的设计及准备阶段，投资控制的主要任务和工作是按批准的项目规模、内容、功能、标准和投资规划等指导和控制设计工作的开展，组织设计方案竞赛，进行方案比选和优化，编制及审查设计概算和施工图预算，采用各种技术方法控制各个设计阶段所形成的拟建项目的投资费用。实施阶段的主要任务：在建设项目的实施阶段，投资控制的任务和工作主要是以施工图预算或工程承包合同价格作为投资控制目标，控制工程实际费用的支出。竣工验收交付使用阶段的主要任务：在建设项目的竣工验收交付使用阶段，投资控制的任务和工作包括按有关规定编制项目竣工决算，计算确定整个建设项目从筹建到全部建成竣工为止的实际总投资，即归纳计算实际发生的建设项目投资。

（二）建设项目工程总承包费用项目组成，建设单位可以根据项目特点，在可行性研究、方案设计或者初步设计完成后，按照确定的建设规模、建设标准、功能需求、投资限额、工程质量和进度要求等进行工程总承包项目发包。按照规定编制最高投标限价，做好投资控制，依法必须招标的项目，应采用招标的方式，择优选择总承包单位。总承包单位应根据本企业专业技术能力和经营管理水平，自主决定报价，参与竞争，但其报价不得低于成本。确定的总承包单位应与建设单位签订工程总承包合同，建设单位与总承包单位的价款结算应按合同约定办理。工程总承包费用由建筑安装工程费、设备购置费、总承包其他费、暂列费用构成。详见表8-4：

工程总承包费用构成参照表 **表8-4**

费用名称	可行性研究	方案设计	初步设计
建筑安装工程费	√	√	√
设备购置费	√	√	√
勘察费	√	部分费用	—
设计费	√	除方案设计的费用	除方案设计、初步设计的费用
研究试验费	√	大部分费用	部分费用
土地租用及补偿费	根据工程建设期间是否需要定		
税费	根据工程具体情况计列应由总承包单位缴纳的税费		
总承包项目建设管理费	大部分费用	部分费用	小部分费用
临时设施费	√	√	部分费用
招标投标费	大部分费用	部分费用	部分费用
咨询和审计费	大部分费用	部分费用	部分费用
检验检测费	√	√	√
系统集成费	√	√	√
财务费	√	√	√
专利及专有技术使用费	根据工程建设是否需要定		
工程保险费	根据发包范围定		
法律费	根据发包范围定		
暂列费用	根据发包范围定，进入合同，但由建设单位掌握使用		

表中“√”指由建设单位计算出的全部费用；“大部分费用”“部分费用”指由建设单位参照现行规定或同类与类似工程计算出的费用扣除建设单位自留使用外的用于工程总承包的费用。建筑安装工程费指为完成建设项目发生的建筑工程和安装工程所需的费用，不包括应列入设备购置费的被安装设备本身的价值。该费用由建设单位按照合同约定支付给总承包单位。建设单位应根据建设项目工程发包在可行性研究或方案设计、初步设计后的不同要求和工作范围，分别按照现行的投资估算、设计概算或其他计价方法编制计列。设备购置费指为完成建设项目，需要采购设备和为生产准备的不够固定资产标准的工具、器具的价款，不包括应列入安装工程费的工程设备（建筑设备）本身的价值。该费用由建设单位按照合同约定支付给总承包单位（不包括工程抵扣的增值税进项税额）。建设单位应按照批准的设备选型，根据市场价格计列。批准采用进口设备的，包括相关进口、翻译等费用。计算：设备购置费 = 设备价格 + 设备运杂费 + 备品备件费。总承包其他费，建设单位应根据建设项目工程发包在可行性研究或方案设计或初步设计后的不同要求和工作范围计列。总承包其他费指建设单位应当分摊计入工程总承包相关项目的各项费用和税金支出，并按照合同约定支付给总承包单位的费用。主要包括：勘察费、设计费、研究试验费。计算：根据不同阶段的发包内容，参照同类或类似项目的勘察费、设计费、研究试验费计列。土地租用及补偿费指建设单位按照合同约定支付给总承包单位在建设期间因需要而用于租用土地使用权而发生的费用以及用于土地复垦、植被恢复等的费用。计算：土地租用费应参照工程所在地有权部门的规定计列；土地复垦费应按照《土地复垦条例》和《土地复垦条例实施办法》和工程所在地政府相关规定计列；植被恢复费应参照工程所在地有权部门的规定计列。税费指建设单位按照合同约定支付给总承包单位的应由其缴纳的各种税费（如印花税、应纳增值税及其在此基础上计算的附加税等）。计算：印花税按国家规定的印花税标准计列；增值税及附加税参照同类或类似项目的增值税及附加税计列。总承包项目建设管理费指建设单位按照合同约定支付给总承包单位用于项目建设期间发生的管理性质的费用。包括：工作人员工资及相关费用、办公费、办公场地租用费、差旅交通费、劳动保护费、工具用具使用费、固定资产使用费、招募生产工人费、技术图书资料

费（含软件）、业务招待费、施工现场津贴、竣工验收费和其他管理性质的费用。建设单位应按财政部规定的项目建设管理费计算，按照不同阶段的发包内容计列，详见表 8-5。

项目建设管理费总额控制数费率表　　表8-5

工程总概率	费率（%）	算　例	单位：万元
		工程总概算	项目建设管理费
1000 以下	2	1000	1000×2%=20
1001~5000	1.5	5000	20 +（5000－1000）×1.5%=80
5001~10000	1.2	10000	80 +（10000－5000）×1.2%=140
10001~50000	1	50000	140 +（50000－10000）×1%=540
50001~100000	0.8	100000	540 +（100000－50000）×0.8%=940
1000000 以上	0.4	200000	940 +（200000－100000）×0.4%=1340

（三）临时设施费指建设单位按照合同约定支付给总承包单位用于未列入建筑安装工程费的临时水、电、路、讯、气等工程和临时仓库、生活设施等建（构）筑物的建造、维修、拆除的摊销或租赁费用，以及铁路码头租赁等费用。应根据建设项目特点，参照同类或类似工程的临时设施计列，不包括已列入建筑安装工程费用中的施工企业临时设施费。招标投标费指建设单位按照合同约定支付给总承包单位用于材料、设备采购以及工程设计、施工分包等招标和总承包投标的费用。参照同类或类似工程的此类费用计列。咨询和审计费指建设单位按照合同约定支付给总承包单位用于社会中介机构的工程咨询、工程审计等的费用。计算参照同类或类似工程的此类费用计列。检验检测费指建设单位按照合同约定支付给总承包单位用于未列入建筑安装工程费的工程检测、设备检验、负荷联合试车费、联合试运转费及其他检验检测的费用。计算参照同类或类似工程的此类费用计列。系统集成费指建设单位按照合同约定支付给总承包单位用于系统集成等信息工程的费用（如网络租赁、BIM、系统运行维护等）。参照同类或类似工程的此类费用计列。其他专项费用指建设单位按照合同约定支付给总承包单位使用的费用（如财务费、专利及专有技术使用费、工程保险费、法律费用等）。计算：财务费是指在建设期内提供履约担保、预付款担保、工程款支付担保以及可能需要的筹集资金等所发生的费用。财务费用计算参照同类或类似工程的此类费用计列；专利及专有技术使用费：专利及专有技术使用费是指在建设期内取得专利、专有技术、商标以及特许经营使用权发生的费用。计算按专利使用许可或专有技术使用合同规定计列，专有技术的界定以省、部级鉴定批准为依据；工程保险费：工程保险费是指在建设期内对建筑工程、安装工程、机械设备和人身安全进行投保而发生的费用。包括建筑安装工程一切险、工程质量保险、人身意外伤害险等，不包括已列入建筑安装工程费中的施工企业的财产、车辆保险费。计算应按选择的投保品种，依据保险费率计算；法律费是指在建设期内聘请法律顾问、可能用于仲裁或诉讼以及律师代理等费用。计算参照同类或类似工程的此类费用计列。暂列费用指建设单位为工程总承包项目预备的用于建设期内不可预见的费用，包括基本预备费、价差预备费。根据工程总承包不同的发包阶段，分别参照现行估算或概算方法编制计列。对利率、汇率和价格等因素的变化，可按照风险合理分担的原则确定范围在合同中约定，约定范围内的不予调整。未在本项目组成列出，根据项目建设实际需要补充的项目，可分别列入其他专项费或暂列费用项目中。基本预备费是指在建设期内超过工程总承包发包范围增加的工程费用，以及一般自然灾害处理、地下障碍物处理、超规超限设备运输等，发生时按照合同约定支付给总承包单位的费用。价差预备费是指在建设期内超出合同约定风险范围外的利率、汇率或价格等因素变化而可能增加的，发生时按照合同约定支付给总承包单位的费用。

二、城市基础设施配套费征收标准和使用范围

凡在市城镇国有土地上新建、改建、扩建的住宅项目，配套费征收标准从每平方米住宅建筑面积

430 元调整为 550 元。配套费的使用范围为：每平方米 30 元由市统筹用于轨道交通建设。住宅项目市政公建配套建设。市政配套设施包括住宅项目建筑区划红线外相关城市道路、雨污水系统，供水、供电、供气接入等市政公用设施建设、居住区集中绿化。公建配套包括为住宅项目配套的中、小学和幼儿园等教育用房；街道、居委会等地区管理用房；社区卫生、文化、为老等社区公共服务用房；环卫、公交等市政公用管理用房以及公益性室内菜市场等内容。在优先确保住宅项目配套前提下，可以用于补贴以保障性住房为主的大型居住社区外围大市政配套以及市政府同意的其他配套设施建设。市政公建配套设施资金安排标准为：市政配套中，水电气接入工程按征收配套费住宅建筑面积供水每平方米 25 元、供电每平方米 62 元、供气每平方米 30 元定额安排资金，城市道路、雨污水系统等按实投资，居住区集中绿化按核定面积每平方米 300 元安排资金。公建设施按核定面积每平方米 2800 元安排资金。缴纳配套费的住宅项目，按接入工程项目及相关定额标准拨付给相关供水、供电、供气企业包干使用。独立选址的免缴配套费住宅项目，水电气接入费用在本规定征收的配套费收入中按定额标准统筹安排。城中村项目、大型居住社区和其他配套费包干项目，水电气接入费用可以由负责实施市政公建配套建设的相关单位，参照定额标准直接付给供水、供电、供气企业。供水、供电、供气企业应将相关接入工程费实施专账管理，资金专款专用，确保住宅项目相关接入工程按时保质完成。

三、建设工程竣工结算文件备案管理

为加强建筑市场监督管理，规范工程计价行为，维护建设工程发包方与承包方合法权益，根据《市建筑市场管理条例》《建筑工程施工发包与承包计价管理办法》《建设工程工程量清单计价规范》及《关于完善建设工程价款结算有关办法的通知》等法规、规章及有关规定，制定建设工程竣工结算文件备案管理办法适用于本市行政区域内使用国有资金投资的建设工程竣工结算文件备案、管理及监督。使用国有资金投资的建设工程是指使用各级财政预算资金的建设工程、使用纳入财政管理的各种政府性专项建设资金的建设工程、国有企事业单位使用自有资金并且国有资产投资者实际拥有控制权的建设工程、使用国家融资资金等其他国有资金投资的建设工程。建设工程竣工结算文件，指建设工程竣工后，由承包方编制、经发包方审核后并经双方确认作为建设工程最终价款支付依据的工程造价文件，包括建设工程竣工结算价确认单、建设工程竣工结算清单电子文件等，采用过程结算的建设工程竣工结算文件应当包括过程结算确认单及过程结算清单电子文件等。市住房和城乡建设管理委、相关行业行政管理部门、各区建设行政管理部门、特定园区管委会分别负责其招投标监管范围内的建设工程竣工结算文件备案的监督管理。市住房和城乡建设管理委负责全市竣工结算文件备案管理的平台建设及业务指导，并由市建筑建材业市场管理总站负责日常管理及数据分析。建设工程竣工后，发、承包双方应当按照《建筑工程施工发包与承包计价管理办法》《建设工程工程量清单计价规范》等规定及时进行竣工结算。发包方应从市住房和城乡建设管理委网站下载《建设工程竣工结算价确认单》（详见表 8-6）。发、承包双方确认竣工结算价后，应在《建设工程竣工结算价确认单》上加盖单位公章，并由法定代表人或授权代理人签字或盖章，工程造价咨询企业应加盖单位公章，并由法定代表人或授权代理人签字或盖章。《建设工程竣工结算价确认单》上承包方编制人应当签字并加盖造价工程师执业专用章，发包方审核人应当签字并加盖造价工程师执业专用章。竣工结算文件经发、承包双方确认后 30 日内，发包方应使用本单位数字证书登录市住房和城乡建设管理委网站进行网上备案。填写建设工程项目基本信息；上传已签字盖章的《建设工程竣工结算价确认单》；上传《建设工程竣工结算清单》电子文件。采用过程结算的建设工程需同时上传建设工程过程结算清单电子文件。电子文件格式参照工程建设规范《建设工程造价数据标准》DG/TJ 08-2300 中竣工结算电子文件要求。发包方对报送竣工结算文件的真实性和准确性负责。市建筑建材业市场管理总站、区建设行政管理部门、相关行业行政管理部门、特定园区管委会应对上传备案的竣工结算文件资料是否齐全、签字盖章手续是否完备、表格内容是否遗漏等进行核对。经核对发包方上传数据和资料齐全、符合要求的，市建筑建材业市场管理总站、区建设行政管理部门、相关行业行政管理部门、特定园区管委会应在 5 个工作日内予以备案通过。对于上传数据和资料不齐需要补正的，应在 5 个工作日内在备案平台上一次性告知发包方需要补正的全部内容，受理时间以发包方补齐资料并再次上传的时间为准；未告知的，自收到网上备案上传数据和资料之日起即为受理。竣工结算文件备案通过后，发包方可以在市住房和城乡建设管理委网站上进行备案结果查询或打印《建设工程竣工结算文件备案表》（详见表 8-7），也可以通过结算价确认单附带的二维码核验项目备案信息。《建设工程竣工结算文件备案表》应作为项目决算的基础资料。使用国有资金投资的建设工程竣工结算价应当与最高投标限价、中标价一起在市住房和城乡建设管理委网站上进行“三价”公开，接受社会监督。注册造价工程师在竣工结算文件编制、审核中，签署有虚假记载、误导性陈述的工程造价成果文件的，记入造价工程师信用档案，依据《注册造价工程师管理办法》予以处罚。工程造价咨询企业在竣工结算文件编制、审核中，出具有虚假记载、误导性陈述的工程造价成果文件的，记入造价企业信用档案，依照《建筑工程施工发包与承包计价管理办法》予以处罚。使用其他资金投资的建设工程，可以参照执行。

建设工程竣工结算价确认单 **表8-6**

<table>
<tr><td>项目名称</td><td></td><td>报建号</td><td></td><td>标段号</td><td></td></tr>
<tr><td>标段工程名称</td><td></td><td>工程地址</td><td colspan="3"></td></tr>
<tr><td>发包方</td><td></td><td>承包方</td><td colspan="3"></td></tr>
<tr><td>委托合同书编号</td><td></td><td>结算价确认日期</td><td colspan="3"></td></tr>
<tr><td>送审结算价</td><td></td><td>竣工结算确认价</td><td colspan="3"></td></tr>
<tr><td colspan="2">发包方公章</td><td colspan="2">承包方公章</td><td colspan="2">工程造价咨询企业公章</td></tr>
<tr><td colspan="2">法定代表人或
授权人签字或盖章</td><td colspan="2">法定代表人或
授权人签字或盖章</td><td colspan="2">法定代表人或
授权人签字或盖章</td></tr>
<tr><td colspan="3">发包方审核人签章：
（发包方或其委托的造价咨询企业注册造价工程师）</td><td colspan="3">承包方编制人签章：
（注册造价工程师）</td></tr>
</table>

填报人： 填报日期： 年 月 日

注：竣工结算文件经发、承包双方确认后 30 天内，应当进行网上竣工结算文件备案；备案情况可扫二维码进行查询。

建设工程竣工结算文件备案 **表8-7**

<table>
<tr><td colspan="2">工程报建号：</td><td colspan="2">标段号：</td></tr>
<tr><td>工程名称</td><td colspan="3"></td></tr>
<tr><td>标段工程名称</td><td colspan="3"></td></tr>
<tr><td>发包方</td><td colspan="3"></td></tr>
<tr><td>承包方</td><td colspan="3"></td></tr>
<tr><td>工程地址</td><td colspan="3"></td></tr>
<tr><td>实际开工日期</td><td></td><td>实际竣工日期</td><td></td></tr>
<tr><td>签约合同价（万元）</td><td>小写：</td><td colspan="2">大写：</td></tr>
<tr><td>竣工结算确认价（万元）</td><td>小写：</td><td colspan="2">大写：</td></tr>
<tr><td colspan="4">备案管理部门： 年 月 日</td></tr>
</table>

第四节 行政事业性国有资产/评估管理

一、行政事业性国有资产

行政事业性国有资产，是指行政单位、事业单位通过以下方式取得或者形成的资产：使用财政资金形成的资产；接受调拨或者划转、置换形成的资产；接受捐赠并确认为国有的资产；其他国有资产。行政事业性国有资产属于国家所有，实行政府分级监管、各部门及其所属单位直接支配的管理体制。各级人民政府应当建立健全行政事业性国有资产管理机制，加强对本级行政事业性国有资产的管理，审查、批准重大行政事业性国有资产管理事项。国务院财政部门负责制定行政事业单位国有资产管理规章制度并负责组织实施和监督检查，牵头编制行政事业性国有资产管理情况报告。国务院机关事务管理部门和有关机关事务管理部门会同有关部门依法依规履行相关中央行政事业单位国有资产管理职责，制定中央行政事业单位国有资产管理具体制度和办法并组织实施，接受国务院财政部门的指导和监督检查。相关部门根据职责规定，按照集中统一、分类分级原则，加强中央行政事业单位国有资产管理，优化管理手段，提高管理效率。各部门根据职责负责本部门及其所属单位国有资产管理工作，应当明确管理责任，指导、监督所属单位国有资产管理工作。各部门所属单位负责本单位行政事业性国有资产的具体管理，应当建立和完善内部控制管理制度。各部门及其所属单位管理行政事业性国有资产应当遵循安全规范、节约高效、公开透明、权责一致的原则，实现实物管理与价值管理相统一，资产管理与预算管理、财务管理相结合。

（一）事业单位财务资产管理。资产是指事业单位依法直接支配的各类经济资源。事业单位的资产包括流动资产、固定资产、在建工程、无形资产、对外投资、公共基础设施、政府储备物资、文物文化资产、保障性住房等。事业单位应当建立健全单位资产管理制度，明确资产使用人和管理人的岗位责任，按照国家规定设置国有资产台账，加强和规范资产配置、使用和处置管理，维护资产安全完整，提高资产使用效率。涉及资产评估的，按照国家有关规定执行。事业单位应当汇总编制本单位行政事业性国有资产管理情况报告。事业单位对需要办理权属登记的资产应当依法及时办理。事业单位应当根据依法履行职能和事业发展的需要，结合资产存量、资产配置标准、绩效目标和财政承受能力配置资产。优先通过调剂方式配置资产。不能调剂的，可以采用购置、建设、租用等方式。固定资产是指使用期限超过一年，单位价值在 1000 元以上，并在使用过程中基本保持原有物质形态的资产。单位价值虽未达到规定标准，但是耐用时间在一年以上的大批同类物资，作为固定资产管理。行业事业单位的固定资产明细目录由国务院主管部门制定，报国务院财政部门备案。在建工程是指已经发生必要支出，但尚未达到交付使用状态的建设工程。在建工程达到交付使用状态时，应当按照规定办理工程竣工财务决算和资产交付使用，期限最长不得超过 1 年。事业单位资产处置应当遵循公开、公平、公正和竞争、择优的原则，严格履行相关审批程序。事业单位出租、出借资产应当严格履行相关审批程序。事业单位应当在确保安全使用的前提下，推进本单位大型设备等国有资产共享共用工作，可以对提供方给予合理补偿。事业单位应当按国家有关规定向主管部门和财政部门以及其他有关的报告使用者提供财务报告、决算报告。事业单位财务会计和预算会计要素的确认、计量、记录、报告应当遵循政府会计准则制度的规定。财务报告主要以权责发生制为基础编制，综合反映事业单位特定日期财务状况和一定时期运行情况等信息。财务报告由财务报表和财务分析两部分组成。财务报表主要包括资产负债表、收入费用表等会计报表和报表附注。财务分析的内容主要包括财务状况分析、运行情况分析和财务管理情况等。决算报告主要以收付实现制为基础编制，综合反映事业单位年度预算收支执行结果等信息。决算报告由决算报表和决算分析两部分组成。决算报表主要包括收入支出表、财政拨款收入支出表等。决算分析的内容主要包括收支预算执行分析、资金使用效益分析和机构人员情况等。

（二）国有资产报告编报工作。根据《行政事业性国有资产管理条例》《企业财务通则》《金融企业财务通则》以及自然资源有关法律法规等规定，建立健全国有资产报告制度，规范国有资产报告编报工作，国有资产报告制度适用于财政部门根据国务院授权牵头编制国有资产管理情况的报告（以下简称国有资产报告）相关工作。财政部门要建立国有资产报告工作协调机制，会商有关部门和单位解决国有资产报告工作中的问题，统筹推进国有资产报告编报工作。国有资产报告编制要实现全口径、全覆盖，采取价值量与实物量相结合的方式，全面、科学反映各级各类国有资产管理情况。国有资产报告采取综合报告和专项报告相结合方式。综合报告全面反映各级各类国有资产管理情况。专项报告分别反映企业国有资产（不含金融企业）、金融企业国有资产、行政事业性国有资产、国有自然资源四类国有资产管理情况。企业国有资产（不含金融企业）专项报告的范围包括各履行出资人职责的部门和机构管理企业、党政机关和事业单位所办企业等国有资产。金融企业国有资产专项报告的范围包括国家及其授权投资主体直接或间接对金融机构出资所形成的资本和应享有的权益，凭借国家权力和信用支持的金融机构所形成的资本和应享有的权益等国有金融资本。行政事业性国有资产专项报告的范围包括各类行政事业单位依法直接支配的各类资产，包括固定资产、在建工程、无形资产、对外投资以及流动资产等，还包括由行政事业单位用于提供公共服务的公共基础设施、保障性住房、政府储备物资、文物文化资产等。国有自然资源专项报告的范围包括全民所有土地、矿产、森林、草原、湿地、水流、海洋等自然资源资产。国有资产报告应当根据各类国有资产性质和管理目标，真实反映国有资产管理情况、管理成效、存在的问题，提出改进工作安排意见等。国有资产报告应当突出报告重点，重点报告本级人大常委会审议关注的内容，以及与其相关的重要情况。国有资产报告按照公历年度编制，反映上一年度 1 月 1 日至 12 月 31 日国有资产监督管理情况。财政部每年向各省、自治区、直辖市人民政府财政部门以及有关中央部门和单位印发开展年度国有资产报告编报工作的通知，布置年度报告工作，明确报告工作具体安排、编报要求和报送时限等。各有关部门和单位应当依法依规认真、如实编写国有资产报告，不得瞒报、虚报、漏报国有资产情况，并对资产报告的真实性、准确性和完整性负责。财政部在有关中央部门和单位以及各省级人民政府报送的报告基础上，经过审核汇总，编制全国国有资产综合报告和有关专项报告，按照程序呈报国务院。县级以上地方各级财政部门按照财政部和本级人民政府部署要求，开展本地区综合报告和有关专项报告编制工作。财政部门应当按照规定及时公开国有资产报告有关信息，自觉接受社会监督。财政部牵头推进全口径国有资产信息共享平台建设，全面完整反映各类国有资产配置、使用、处置和效益等基本情况。

（三）部门决算管理。部门决算，是指各部门依据国家有关法律法规规定及其履行职能情况编制，反映部门所有预算收支和结余执行结果及绩效等情况的综合性年度报告，是改进部门预算执行以及编制后续年度部门预算的参考和依据。部门决算由本部门及其所属单位决算组成。适用于各级政府财政部门、各部门、各单位的部门决算管理工作。各部门是指与本级政府财政部门直接发生预算缴拨款关系的国家机关、政党组织、事业单位、社会团体和其他单位，涵盖范围与部门预算相对应。各单位是指部门所属预算单位，含经费自理事业单位。部门决算管理按照“依法依规、科学规范、统一高效”的原则，由财政部实施统一管理，各级政府财政部门、各部门、各单位依据预算管理关系分别组织实施。部门决算管理事项主要包括：部门决算的工作组织、报告体系设计、编制审核、汇总报送、批复、信息公开、分析应用以及数据资料管理等。报告体系设计，部门决算报告体系包括决算报表、报表说明和决算分析等。决算报表包括报表封面、主表、附表等，反映部门和单位收支预算执行结果以及与预算管理相关的机构人员、存量资产等信息。报表说明包括报表编制基本情况、数据审核情况，以及需要说明的重要事项等，主要反映决算报表编制的相关情况。决算分析包括收支预算执行、机构人员、预算绩效等情况分析，以及决算管理工作开展情况，主要反映部门预决算管理及预算执行情况。编制审核和汇总报送，每一预算年度终了，各部门、各单位应当按照本级政府财政部门的工作部署，依法依规编制决算，做到收支真实、数额准确、内容完整、报送及时。各部门、各单位应当全面清理核实收入、支出等情况，并在办理年终结账的基础上编制决算。具体程序：清理收支账目、往来款项，核对年度预算收支和各项缴拨款项，做到账实相符、账证相符、账表相符、表表相符。按照规定的时间结账，不得提前或者延迟。根据预算会计核算生成的数据、财政部门对预算的批复文件等编制决算，如实反映年度内全部收支，不得以估计数据替代，不得弄虚作假。各级政府财政部门、各部门、各单位应当按规定审核部门决算，主要内容包括：审核决算编制范围是否完整，是否有漏报和重复编报情况。审核决算报表是否合规、准确、完整。审核报表说明和决算分析是否符合决算编制规定。各部门对所属各单位的纸质报表、电子数据以及相关资料，按照相关规定及要求组织审核。各级政府财政部门对本级各部门以及下级政府财政部门汇总的部门决算纸质报表、电子数据以及相关资料，按照相关规定及要求组织审核。各部门在审核汇总所属各单位决算基础上，连同本部门自身的决算收入和支出等数据，汇编成本部门决算并附报表说明和决算分析等资料，经部门负责人签章后，在规定期限内报本级政府财政部门。财政部依法依规组织中央部门编制决算草案，报经国务院审定后提请全国人民代表大会常务委员会审查和批准。地方各级政府财政部门根据本级人民代表大会常务委员会规定，组织本级部门编制、报送决算草案。地方各级政府财政部门应当逐级汇总本级各部门和下一级政府财政部门报送的部门决算，在规定期限内报送上一级政府财政部门。批复和信息公开，各级政府财政部门应当在本级人民代表大会常务委员会批准本级政府决算后二十日内，向本级各部门批复决算。各部门应当在接到本级政府财政部门批复的本部门决算后十五日内，向所属单位批复决算。决算批复内容应当与预算批复相衔接，主要包括收入、支出、结转和结余，以及其他相关决算数据。各级政府财政部门、各部门根据管理需要，在决算批复文件中提出决算审核中发现的主要问题及改进财政财务管理的意见。各部门、各单位应当根据决算批复文件、审核审计意见等，办理预算执行调整事项，并按照政府会计准则制度规定进行会计处理。各级人民代表大会常务委员会批准本级决算后，按照相关制度规定，部门决算数据确需变动的，调整下一年度决算报表年初数。各部门、各单位是决算公开的主体。除涉及国家秘密的内容外，各部门、各单位应当按照有关规定，向社会公开经批复的决算。各部门应当自本级政府财政部门批复决算后二十日内向社会公开决算。各单位应当自部门批复本单位决算后二十日内向社会公开决算。各部门、各单位应当以本部门、本单位门户网站为主要平台公开决算，并保持长期公开状态。未设置门户网站的，通过本级政府门户网站、上级部门门户网站公开决算，或通过政府公报、报刊、广播、电视等公开决算。各部门应当制定有关工作规范和工作方案，明确单位决算公开的时间、内容、方式、程序等，指导单位妥善处理涉密信息。各级政府财政部门应当加强对决算信息公开工作的协调和业务指导。各部门应当根据本级政府财政部门要求，报告本部门的决算公开情况。地方各级政府财政部门应当根据上一级政府财政部门要求，报告本地区的部门决算公开情况。分析应用和数据资料管理，各级政府财政部门、各部门、各单位应当加强对决算数据和预算绩效的分析，汇编分析资料，撰写分析报告，强化决算分析结果的反馈和运用，及时解决决算反映的问题，发挥决算对预算编制、执行以及财务管理的促进作用。各级政府财政部门、各部门、各单位应当充分利用信息技术，推动部门决算数据共享工作，提高决算数据的应用质效。各级政府财政部门、各部门、各单位应当按照《会计档案管理办法》有关规定，对部门决算数据资料进行管理和维护。部门决算数据资料包括以各种介质存放的决算报表、报表说明、决算分析等。

根据《基本建设财务规则》《基本建设项目竣工财务决算管理暂行办法》会计准则制度等有关规定，加快办理具备转固条件的竣工项目转固手续。《基本建设财务规则》第四十二条规定，项目竣工验收合格后应当及时办理资产交付使用手续，即基建项目并非竣工财务决算批复后才能进行在建工程转固，已交付使用但尚未办理竣工决算手续的固定资产，应当按照估计价值入账，待办理竣工决算后再按实际成本调整原来的暂估价值。《基本建设财务规则》第二十八条规定，竣工价款结算一般应当在项目竣工验收后 2 个月内完成，大型项目一般不得超过 3 个月。项目主管部门应当指导和督促项目建设单位，完成项目竣工验收、工程竣工价款结算、资产交付使用后，按规定及时办理在建工程转固手续。《基本建设项目竣工财务决算管理暂行办法》第二条规定，基本建设项目完工可投入使用或者试运行合格后，应当在 3 个月内编报竣工财务决算，特殊情况确需延长的，中小型项目不得超过 2 个月，大型项目不得超过 6 个月。《基本建设财务规则》第三十七条规定，项目主管部门对项目竣工财务决算实行先审核、后批复的办法，对符合批复条件的项目，应当在 6 个月内批复。项目主管部门要及时批复符合条件的基建项目竣工财务决算。项目建设单位要及时依据批复的项目竣工财务决算，按照政府会计准则制度进行转固资产账务调整处理。项目单位要进一步规范和加强基建管理，全面清理基建会计账务。对于尚不具备转固条件、计入在建工程科目核算的实际成本，进行核实、确认；对于已交付使用的建设项目，应按规定及时办理基建项目竣工财务决算相关手续，确认固定资产入账成本等。项目主管部门要加强对长期已使用在建工程转固工作的监督管理，按照财政部《关于及时报送中央基本建设项目竣工财务决算工作进度和结余财政资金上交情况的通知》，及时掌握项目竣工财务决算编制、批复、长期已使用在建工程转固工作进度，按时将有关情况报送财政部。各单位将长期已使用在建工程转固情况纳入本单位年度资产报告，并重点对在建工程未转固定资产等问题进行说明。

二、国有资产评估管理

国有资产评估。为了正确体现国有资产的价值量，保护国有资产所有者和经营者、使用者的合法权益，除法律、法规另有规定外，适用国有资产评估管理办法。国有资产占有单位有下列情形之一的，应当进行资产评估：资产拍卖、转让；企业兼并、出售、联营、股份经营；与外国公司、企业和其他经济组织或者个人开办外商投资企业；企业清算；依照国家有关规定需要进行资产评估的其他情形。占有单位有下列情形之一，当事人认为需要的，可以进行资产评估：资产抵押及其他担保；企业租赁；需要进行资产评估的其他情形。全国或者特定行业的国有资产评估，由国务院决定。国有资产评估范围包括：固定资产、流动资产、无形资产和其他资产。国有资产评估应当遵循真实性、科学性、可行性原则，依照国家规定的标准、程序和方法进行评定和估算。国有资产评估工作组织管理，按照国有资产管理权限，由国有资产管理行政主管部门负责管理和监督。国有资产评估组织工作，按照占有单位的隶属关系，由行业主管部门负责。国有资产管理行政主管部门和行业主管部门不直接从事国有资产评估业务。持有国务院或者省、自治区、直辖市人民政府国有资产管理行政主管部门颁发的国有资产评估资格证书的资产评估公司、会计师事务所、审计事务所、财务咨询公司，经国务院或者省、自治区、直辖市人民政府国有资产管理行政主管部门认可的临时评估机构（以下统称资产评估机构），可以接受占有单位的委托，从事国有资产评估业务。占有单位委托资产评估机构进行资产评估时，应当如实提供有关情况和资料。资产评估机构应当对占有单位提供的有关情况和资料保守秘密。资产评估机构进行资产评估，实行有偿服务。资产评估收费办法，由国务院国有资产管理行政主管部门会同财政部门、物价主管部门制定。国有资产评估按照下列程序进行：申请立项；资产清查；评定估算；验证确认。依照规定进行资产评估的占有单位，经其主管部门审查同意后，应当向同级国有资产管理行政主管部门提交资产评估立项申请书，并附财产目录和有关会计报表等资料。经国有资产管理行政主管部门授权或者委托，占有单位的主管部门可以审批资产评估立项申请。国有资产管理行政主管部门应当自收到资产评估立项申请书之日起十日内进行审核，并作出是否准予资产评估立项的决定，通知申请单位及其主管部门。国务院决定对全国或者特定行业进行国有资产评估的，视为已经准予资产评估立项。申请单位收到准予资产评估立项通知书后，可以委托资产评估机构评估资产。受占有单位委托的资产评估机构应当在对委托单位的资产、债权、债务进行全面清查的基础上，核实资产账面与实际是否相符，经营成果是否真实，据以作出鉴定。受占有单位委托的资产评估机构应当根据本办法的规定，对委托单位被评估资产的价值进行评定和估算，并向委托单位提出资产评估结果报告书。委托单位收到资产评估机构的资产评估结果报告书后，应当报其主管部门审查；主管部门审查同意后，报同级国有资产管理行政主管部门确认资产评估结果。经国有资产管理行政主管部门授权或者委托，占有单位的主管部门可以确认资产评估结果。国有资产管理行政主管部门应当自收到占有单位报送的资产评估结果报告书之日起四十五日内组织审核、验证、协商，确认资产评估结果，并下达确认通知书。占有单位对确认通知书有异议的，可以自收到通知书之日起十五日内向上一级国有资产管理行政主管部门申请复核。上一级国有资产管理行政主管部门应当自收到复核申请之日起三十日内作出裁定，并下达裁定通知书。占有单位收到确认通知书或者裁定通知书后，应当根据国家有关财务、会计制度进行账务处理。评估方法，国有资产重估价值，根据资产原值、净值、新旧程度、重置成本、获利能力等因素和办法规定的资产评估方法评定。国有资产评估方法包括：收益现值法；重置成本法；现行市价法；清算价格法；国务院国有资产管理行政主管部门规定的其他评估方法。用收益现值法进行资产评估的，应当根据被评估资产合理的预期获利能力和适当的折现率，计算出资产的现值，并以此评定重估价值。用重置成本法进行资产评估的，应当根据该项资产在全新情况下的重置成本，减去按重置成本计算的已使用年限的累积折旧额，考虑资产功能变化、成新率等因素，评定重估价值；或者根据资产的使用期限，考虑资产功能变化等因素重新确定成新率，评定重估价值。用现行市价法进行资产评估的，应当参照相同或者类似资产的市场价格，评定重估价值。用清算价格法进行资产评估的，应当根据企业清算时其资产可变现的价值，评定重估价值。对流动资产中的原材料、在制品、协作件、库存商品、低值易耗品等进行评估时，应当根据该项资产的现行市场价格、计划价格，考虑购置费用、产品完工程度、损耗等因素，评定重估价值。对有价证券的评估，参照市场价格评定重估价值；没有市场价格的，考虑票面价值、预期收益等因素，评定重估价值。对占有单位的无形资产，区别下列情况评定重估价值：外购的无形资产，根据购入成本及该项资产具有的获利能力；自创或者自身拥有的无形资产，根据其形成时所需实际成本及该项资产具有的获利能力；自创或者自身拥有的未单独计算成本的无形资产，根据该项资产具有的获利能力。

三、企业国有资产评估管理

各级国有资产监督管理机构履行出资人职责的企业及其各级子企业涉及的资产评估，适用企业国有资产评估管理暂行办法。各级国有资产监督管理机构负责其所出资企业的国有资产评估监管工作。国务院国有资产监督管理机构负责对全国企业国有资产评估监管工作进行指导和监督。企业国有资产评估项目实行核准制和备案制。经各级人民政府批准经济行为的事项涉及的资产评估项目，分别由其国有资产监督管理机构负责核准。经国务院国有资产监督管理机构批准经济行为的事项涉及的资产评估项目，由国务院国有资产监督管理机构负责备案；经国务院国有资产监督管理机构所出资企业及其各级子企业批准经济行为的事项涉及的资产评估项目，由中央企业负责备案。地方国有资产监督管理机构及其所出资企业的资产评估项目备案管理工作的职责分工，由地方国有资产监督管理机构根据各地实际情况自行规定。各级国有资产监督管理机构及其所出资企业，应当建立企业国有资产评估管理工作制度，完善资产评估项目的档案管理，做好项目统计分析报告工作。省级国有资产监督管理机构和中央企业应当于每年度终了30个工作日内将其资产评估项目情况的统计分析资料上报国务院国有资产监督管理机构。资产评估，企业有下列行为之一的，应当对相关资产进行评估：整体或者部分改建为有限责任公司或者股份有限公司；以非货币资产对外投资；合并、分立、破产、解散；非上市公司国有股东股权比例变动；产权转让；资产转让、置换；整体资产或者部分资产租赁给非国有单位；以非货币资产偿还债务；资产涉讼；收购非国有单位的资产；接受非国有单位以非货币资产出资；接受非国有单位以非货币资产抵债；法律、行政法规规定的其他需要进行资产评估的事项。企业有下列行为之一的，可以不对相关国有资产进行评估：经各级人民政府或其国有资产监督管理机构批准，对企业整体或者部分资产实施无偿划转；国有独资企业与其下属独资企业（事业单位）之间或其下属独资企业（事业单位）之间的合并、资产（产权）置换和无偿划转。企业发生企业国有资产评估管理暂行办法第六条所列行为的，应当由其产权持有单位委托具有相应资质的资产评估机构进行评估。企业产权持有单位委托的资产评估机构应当具备下列基本条件：遵守国家有关法律、法规、规章以及企业国有资产评估的政策规定，严格履行法定职责，近3年内没有违法、违规记录；具有与评估对象相适应的资质条件；具有与评估对象相适应的专业人员和专业特长；与企业负责人无经济利益关系；未向同一经济行为提供审计业务服务。企业应当向资产评估机构如实提供有关情况和资料，并对所提供情况和资料的真实性、合法性和完整性负责，不得隐匿或虚报资产。企业应当积极配合资产评估机构开展工作，不得以任何形式干预其正常执业行为。核准与备案，凡需经核准的资产评估项目，企业在资产评估前应当向国有资产监督管理机构报告下列有关事项：相关经济行为批准情况；评估基准日的选择情况；资产评估范围的确定情况；选择资产评估机构的条件、范围、程序及拟选定机构的资质、专业特长情况；资产评估的时间进度安排情况。企业应当及时向国有资产监督管理机构报告资产评估项目的工作进展情况。国有资产监督管理机构认为必要时，可以对该项目进行跟踪指导和现场检查。资产评估项目的核准按照下列程序进行：企业收到资产评估机构出具的评估报告后应当逐级上报初审，经初审同意后，自评估基准日起8个月内向国有资产监督管理机构提出核准申请；国有资产监督管理机构收到核准申请后，对符合核准要求的，及时组织有关专家审核，在20个工作日内完成对评估报告的核准；对不符合核准要求的，予以退回。企业提出资产评估项目核准申请时，应当向国有资产监督管理机构报送下列文件材料：资产评估项目核准申请文件；资产评估项目核准申请表；与评估目的相对应的经济行为批准文件或有效材料；所涉及的资产重组方案或者改制方案、发起人协议等材料；资产评估机构提交的资产评估报告（包括评估报告书、评估说明、评估明细表及其电子文档）；与经济行为相对应的审计报告；资产评估各当事方的相关承诺函；其他有关材料。国有资产监督管理机构应当对下列事项进行审核：资产评估项目所涉及的经济行为是否获得批准；资产评估机构是否具备相应评估资质；评估人员是否具备相应执业资格；评估基准日的选择是否适当，评估结果的使用有效期是否明示；资产评估范围与经济行为批准文件确定的资产范围是否一致；评估依据是否适当；企业是否就所提供的资产权属证明文件、财务会计资料及生产经营管理资料的真实性、合法性和完整性作出承诺；评估过程是否符合相关评估准则的规定；参与审核的专家是否达成一致意见。

资产评估项目的备案按照下列程序进行：企业收到资产评估机构出具的评估报告后，将备案材料逐级报送给国有资产监督管理机构或其所出资企业，自评估基准日起 9 个月内提出备案申请；国有资产监督管理机构或者所出资企业收到备案材料后，对材料齐全的，在 20 个工作日内办理备案手续，必要时可组织有关专家参与备案评审。资产评估项目备案需报送下列文件材料：国有资产评估项目备案表一式三份；资产评估报告（评估报告书、评估说明和评估明细表及其电子文档）；与资产评估项目相对应的经济行为批准文件；其他有关材料。国有资产监督管理机构及所出资企业根据下列情况确定是否对资产评估项目予以备案：资产评估所涉及的经济行为是否获得批准；资产评估机构是否具备相应评估资质，评估人员是否具备相应执业资格；评估基准日的选择是否适当，评估结果的使用有效期是否明示；资产评估范围与经济行为批准文件确定的资产范围是否一致；企业是否就所提供的资产权属证明文件、财务会计资料及生产经营管理资料的真实性、合法性和完整性作出承诺；评估程序是否符合相关评估准则的规定。国有资产监督管理机构下达的资产评估项目核准文件和经国有资产监督管理机构或所出资企业备案的资产评估项目备案表是企业办理产权登记、股权设置和产权转让等相关手续的必备文件。经核准或备案的资产评估结果使用有效期为自评估基准日起一年。企业进行与资产评估相应的经济行为时，应当以经核准或备案的资产评估结果为作价参考依据；当交易价格低于评估结果的 90% 时，应当暂停交易，在获得原经济行为批准机构同意后方可继续交易。监督检查，各级国有资产监督管理机构对企业资产评估项目进行抽查的内容包括：企业经济行为的合规性；评估的资产范围与有关经济行为所涉及的资产范围是否一致；企业提供的资产权属证明文件、财务会计资料及生产经营管理资料的真实性、合法性和完整性；资产评估机构的执业资质和评估人员的执业资格；资产账面价值与评估结果的差异；经济行为的实际成交价与评估结果的差异；评估工作底稿；评估依据的合理性；评估报告对重大事项及其对评估结果影响的披露程度，以及该披露与实际情况的差异；其他有关情况。省级国有资产监督管理机构应当于每年度终了 30 个工作日内将检查、抽查及处理情况上报国务院国有资产监督管理机构。国有资产监督管理机构应当将资产评估项目的抽查结果通报相关部门。境外国有资产评估，遵照相关法规执行。企业国有资产评估管理工作有关问题：中央企业国有资产评估项目备案管理有关事项，经国务院国有资产监督管理机构批准经济行为的事项涉及的资产评估项目，其中包括采用协议方式转让企业国有产权事项涉及的资产评估项目和股份有限公司国有股权设置事项涉及的资产评估项目，由国务院国有资产监督管理机构负责备案。经国务院国有资产监督管理机构批准进行主辅分离辅业改制项目中，按限额专项委托中央企业办理相关资产评估项目备案。其中，属于国家授权投资机构的中央企业负责办理资产总额账面值 5000 万元（不含）以下资产评估项目的备案，5000 万元以上的资产评估项目由国务院国有资产监督管理机构办理备案；其他中央企业负责办理资产总额账面值 2000 万元（不含）以下资产评估项目的备案，2000 万元以上的资产评估项目由国务院国有资产监督管理机构办理备案。资产评估项目的委托，根据规定，企业发生应当进行资产评估的经济行为时，应当由其产权持有单位委托具有相应资质的资产评估机构进行评估。针对不同经济行为，资产评估工作的委托按以下情况处理：经济行为事项涉及的评估对象属于企业法人财产权范围的，由企业委托；经济行为事项涉及的评估对象属于企业产权等出资人权利的，按照产权关系，由企业的出资人委托。企业接受非国有资产等涉及非国有资产评估的，一般由接受非国有资产的企业委托。涉及多个国有产权主体的资产评估项目的管理方式，有多个国有股东的企业发生资产评估事项，经协商一致可由国有股最大股东依照其产权关系办理核准或备案手续；国有股股东持股比例相等的，经协商一致可由其中一方依照其产权关系办理核准或备案手续。国务院批准的重大经济事项同时涉及中央和地方的资产评估项目，可由国有股最大股东依照其产权关系，逐级报送国务院国有资产监督管理机构进行核准。涉及非国有资产评估项目的核准或备案，企业发生办法所列经济行为，需要对接受的非国有资产进行评估的，接受企业应依照其产权关系将评估项目报国有资产监督管理机构或其所出资企业备案；如果该经济行为属于各级人民政府批准实施的，接受企业应依照其产权关系按规定程序将评估项目报同级国有资产监督管理机构核准。资产评估备案表及其分类，为适应办法所列各类经济行为资产评估项目备案的需要，将资产评估项目备案表分为国有资产评估项目备案表和接受非国有资产评估项目备案表两类。各级企业进行资产评估项目备案时，应按附件的格式和内容填报办理。企业价值评估，涉及企业价值的资产评估项目，以持续经营为前提进行评估时，原则上要求采用两种以上方法进行评估，并在评估报告中列示，依据实际状况充分、全面分析后，确定其中一个评估结果作为评估报告使用结果。同时，对企业进行价值评估，企业应当提供与经济行为相对应的评估基准日审计报告。

第五节　建设项目建设财务成本管理

一、基本建设财务管理

（一）项目建设单位应当做好以下基本建设财务管理的基础工作：建立、健全本单位基本建设财务管理制度和内部控制制度；按项目单独核算，按照规定将核算情况纳入单位账簿和财务报表；按照规定编制项目资金预算，根据批准的项目概（预）算做好核算管理，及时掌握建设进度，定期进行财产物资清查，做好核算资料档案管理；按照规定向财政部门、项目主管部门报送基本建设财务报表和资料；及时办理工程价款结算，编报项目竣工财务决算，办理资产交付使用手续；财政部门和项目主管部门要求的其他工作。按照规定实行代理记账和项目代建制的，代理记账单位和代建单位应当配合项目建设单位做好项目财务管理的基础工作。建设资金与财政资金处理，建设资金是指为满足项目建设需要筹集和使用的资金，按照来源分为财政资金和自筹资金。其中，财政资金包括一般公共预算安排的基本建设投资资金和其他专项建设资金，政府性基金预算安排的建设资金，政府依法举债取得的建设资金，以及国有资本经营预算安排的基本建设项目资金。财政资金管理应当遵循专款专用原则，严格按照批准的项目预算执行，不得挤占挪用。财政资金的支付，按照国库集中支付制度有关规定和合同约定，综合考虑项目财政资金预算、建设进度等因素执行。项目建设单位应当根据批准的项目概（预）算、年度投资计划和预算、建设进度等控制项目投资规模。项目建设单位在决策阶段应当明确建设资金来源，落实建设资金，合理控制筹资成本。非经营性项目建设资金按照国家有关规定筹集；经营性项目在防范风险的前提下，可以多渠道筹集。具体项目的经营性和非经营性性质划分，由项目主管部门会同财政部门根据项目建设目的、运营模式和盈利能力等因素核定。核定为经营性项目的，项目建设单位应当按照国家有关固定资产投资项目资本管理的规定，筹集一定比例的非债务性资金作为项目资本。在项目建设期间，项目资本的投资者除依法转让、依法终止外，不得以任何方式抽走出资。经营性项目的投资者以实物、知识产权、土地使用权等非货币财产作价出资的，应当委托具有专业能力的资产评估机构依法评估作价。项目建设单位取得的财政资金，区分以下情况处理：经营性项目具备企业法人资格的，按照国家有关企业财务规定处理。不具备企业法人资格的，属于国家直接投资的，作为项目国家资本管理；属于投资补助的，国家拨款时对权属有规定的，按照规定执行，没有规定的，由项目投资者享有；属于有偿性资助的，作为项目负债管理。经营性项目取得的财政贴息，项目建设期间收到的，冲减项目建设成本；项目竣工后收到的，按照国家财务、会计制度的有关规定处理。非经营性项目取得的财政资金，按照国家行政、事业单位财务、会计制度的有关规定处理。项目收到的社会捐赠，有捐赠协议或者捐赠者有指定要求的，按照协议或者要求处理；无协议和要求的，按照国家财务、会计制度的有关规定处理。项目预算与建设成本管理，项目建设单位编制项目预算应当以批准的概算为基础，按照项目实际建设资金需求编制，并控制在批准的概算总投资规模、范围和标准以内。项目建设单位应当细化项目预算，分解项目各年度预算和财政资金预算需求。涉及政府采购的，应当按照规定编制政府采购预算。项目资金预算应当纳入项目主管部门的部门预算或者国有资本经营预算统一管理。列入部门预算的项目，一般应当从项目库中产生。项目建设单位应当根据项目概算、建设工期、年度投资和自筹资金计划、以前年度项目各类资金结转情况等，提出项目财政资金预算建议数，按照规定程序经项目主管部门审核汇总报财政部门。项目建设单位根据财政部门下达预算控制数编制预算，由项目主管部门审核汇总报财政部门，经法定程序审核批复后执行。项目建设单位应当严格执行项目财政资金预算。对发生停建、缓建、迁移、合并、分立、重大设计变更等变动事项和其他特殊情况确需调整的项目，项目建设单位应当按照规定程序报项目主管部门审核后，向财政部门申请调整项目财政资金预算。财政部门应当加强财政资金预算审核和执行管理，严格预算约束。财政资金预算安排应当以项目以前年度财政资金预算执行情况、项目预算评审意见和绩效评价结果作为重要依据。项目财政资金未按预算要求执行的，按照有关规定调减或者收回。项目主管部门应当按照预算管理规定，督促和指导项目建设单位做好项目财政资金预算编制、执行和调整，严格审核项目财政资金预算、细化预算和预算调整的申请，及时掌握项目预算执行动态，跟踪分析项目进度，按照要求向财政部门报送执行情况。建设成本是指按照批准的建设内容由项目建设资金安排的各项支出，包括建筑安装工程投资支出、设备投资支出、待摊投资支出和其他投资支出。建筑安装工程投资支出是指项目建设单位按照批准的建设内容发生的建筑工程和安装工程的实际成本。设备投资支出是指项目建设单位按照批准的建设内容发生的各种设备的实际成本。待摊投资支出是指项目建设单位按照批准的建设内容发生的，应当分摊计入相关资产价值的各项费用和税金支出。其他投资支出是指项目建设单位按照批准的建设内容发生的房屋购置支出，基本畜禽、林木等的购置、饲养、培育支出，办公生活用家具、器具购置支出，软件研发和不能计入设备投资的软件购置等支出。项目建设单位应当严格控制建设成本的范围、标准和支出责任，以下支出不得列入项目建设成本：超过批准建设内容发生的支出；不符合合同协议的支出；非法收费和摊派；无发票或者发票项目不全、无审批手续、无责任人员签字的支出；因设计单位、施工单位、供货单位等原因造成的工程报废等损失，以及未按照规定报经批准的损失；项目符合规定的验收条件之日起 3 个月后发生的支出；其他不属于本项目应当负担的支出。财政资金用于项目前期工作经费部分，在项目批准建设后，列入项目建设成本。没有被批准或者批准后又被取消的项目，财政资金如有结余，全部缴回国库。

（二）基建收入、工程价款结算与竣工财务决算管理。基建收入是指在基本建设过程中形成的各项工程建设副产品变价收入、负荷试车和试运行收入以及其他收入。工程建设副产品变价收入包括矿山建设中的矿产品收入，油气、油田钻井建设中的原油气收入，林业工程建设中的路影材收入，以及其他项目建设过程中产生或者伴生的副产品、试验产品的变价收入。负荷试车和试运行收入包括水利、电力建设移交生产前的供水、供电、供热收入，原材料、机电轻纺、农林建设移交生产前的产品收入，交通临时运营收入等。其他收入包括项目总体建设尚未完成或者移交生产，但其中部分工程简易投产而发生的经营性收入等。符合验收条件而未按照规定及时办理竣工验收的经营性项目所实现的收入，不得作为项目基建收入管理。项目所取得的基建收入扣除相关费用并依法纳税后，其净收入按照国家财务、会计制度的有关规定处理。项目发生的各项索赔、违约金等收入，首先用于弥补工程损失，结余部分按照国家财务、会计制度的有关规定处理。工程价款结算是指依据基本建设工程发承包合同等进行工程预付款、进度款、竣工价款结算的活动。项目建设单位应当严格按照合同约定和工程价款结算程序支付工程款。竣工价款结算一般应当在项目竣工验收后 2 个月内完成，大型项目一般不得超过 3 个月。项目建设单位可以与施工单位在合同中约定按照不超过工程价款结算总额的 5% 预留工程质量保证金，待工程交付使用缺陷责任期满后清算。资信好的施工单位可以用银行保函替代工程质量保证金。项目主管部门应当会同财政部门加强工程价款结算的监督，重点审查工程招投标文件、工程量及各项费用的计取、合同协议、施工变更签证、人工和材料价差、工程索赔等。项目竣工财务决算是正确核定项目资产价值、反映竣工项目建设成果的文件，是办理资产移交和产权登记的依据，包括竣工财务决算报表、竣工财务决算说明书以及相关材料。项目年度资金使用情况应当按照要求编入部门决算或者国有资本经营决算。项目建设单位在项目竣工后，应当及时编制项目竣工财务决算，并按照规定报送项目主管部门。项目设计、施工、监理等单位应当配合项目建设单位做好相关工作。建设周期长、建设内容多的大型项目，单项工程竣工具备交付使用条件的，可以编报单项工程竣工财务决算，项目全部竣工后应当编报竣工财务总决算。在编制项目竣工财务决算前，项目建设单位应当认真做好各项清理工作，包括账目核对及账务调整、财产物资核实处理、债权实现和债务清偿、档案资料归集整理等。在编制项目竣工财务决算时，项目建设单位应当按照规定将待摊投资支出按合理比例分摊计入交付使用资产价值、转出投资价值和待核销基建支出。财政部门和项目主管部门对项目竣工财务决算实行先审核、后批复的办法，可以委托预算评审机构或者有专业能力的社会中介机构进行审核。对符合条件的，应当在6个月内批复。项目一般不得预留尾工工程，确需预留尾工工程的，尾工工程投资不得超过批准的项目概（预）算总投资的5%。项目主管部门应当督促项目建设单位抓紧实施项目尾工工程，加强对尾工工程资金使用的监督管理。已具备竣工验收条件的项目，应当及时组织验收，移交生产和使用。项目隶属关系发生变化时，应当按照规定及时办理财务关系划转，主要包括各项资金来源、已交付使用资产、在建工程、结余资金、各项债权及债务等的清理交接。

（三）资产交付、结余资金管理与绩效评价。资产交付是指项目竣工验收合格后，将形成的资产交付或者转交生产使用单位的行为。交付使用的资产包括固定资产、流动资产、无形资产等。项目竣工验收合格后应当及时办理资产交付使用手续，并依据批复的项目竣工财务决算进行账务调整。非经营性项目发生的江河清障疏浚、航道整治、飞播造林、退耕还林（草）、封山（沙）育林（草）、水土保持、城市绿化、毁损道路修复、护坡及清理等不能形成资产的支出，以及项目未被批准、项目取消和项目报废前已发生的支出，作为待核销基建支出处理；形成资产产权归属本单位的，计入交付使用资产价值；形成资产产权不归属本单位的，作为转出投资处理。非经营性项目发生的农村沼气工程、农村安全饮水工程、农村危房改造工程、游牧民定居工程、渔民上岸工程等涉及家庭或者个人的支出，形成资产产权归属家庭或者个人的，作为待核销基建支出处理；形成资产产权归属本单位的，计入交付使用资产价值；形成资产产权归属其他单位的，作为转出投资处理。非经营性项目为项目配套建设的专用设施，包括专用道路、专用通讯设施、专用电力设施、地下管道等，产权归属本单位的，计入交付使用资产价值；产权不归属本单位的，作为转出投资处理。非经营性项目移民安置补偿中由项目建设单位负责建设并形成的实物资产，产权归属集体或者单位的，作为转出投资处理；产权归属移民的，作为待核销基建支出处理。经营性项目发生的项目取消和报废等不能形成资产的支出，以及设备采购和系统集成（软件）中包含的交付使用后运行维护等费用，按照国家财务、会计制度的有关规定处理。经营性项目为项目配套建设的专用设施，包括专用铁路线、专用道路、专用通讯设施、专用电力设施、地下管道、专用码头等，项目建设单位应当与有关部门明确产权关系，并按照国家财务、会计制度的有关规定处理。结余资金是指项目竣工结余的建设资金，不包括工程抵扣的增值税进项税额资金。经营性项目结余资金，转入单位的相关资产。非经营性项目结余资金，首先用于归还项目贷款。如有结余，按照项目资金来源属于财政资金的部分，应当在项目竣工验收合格后3个月内，按照预算管理制度有关规定收回财政。项目终止、报废或者未按照批准的建设内容建设形成的剩余建设资金中，按照项目实际资金来源比例确认的财政资金应当收回财政。项目绩效评价是指财政部门、项目主管部门根据设定的项目绩效目标，运用科学合理的评价方法和评价标准，对项目建设全过程中资金筹集、使用及核算的规范性、有效性，以及投入运营效果等进行评价的活动。项目绩效评价应当坚持科学规范、公正公开、分级分类和绩效相关的原则，坚持经济效益、社会效益和生态效益相结合的原则。项目绩效评价应当重点对项目建设成本、工程造价、投资控制、达产能力与设计能力差异、偿债能力、持续经营能力等实施绩效评价，根据管理需要和项目特点选用社会效益指标、财务效益指标、工程质量指标、建设工期指标、资金来源指标、资金使用指标、实际投资回收期指标、实际单位生产（营运）能力投资指标等评价指标。绩效评价结果作为项目财政资金预算安排和资金拨付的重要依据。建立具体的绩效评价指标体系，确定项目绩效目标，具体组织实施本部门或者本行业绩效评价工作，并向财政部门报送绩效评价结果。项目监督管理主要包括对项目资金筹集与使用、预算编制与执行、建设成本控制、工程价款结算、竣工财务决算编报审核、资产交付等的监督管理。项目建设单位应当建立、健全内部控制和项目财务信息报告制度，依法接受财政部门和项目主管部门等的财务监督管理。财政部门和项目主管部门采取事前、事中、事后相结合，日常监督与专项监督相结合的方式，对项目财务行为实施全过程监督管理。财政部门应当加强对基本建设财政资金形成的资产的管理，按照规定对项目资产开展登记、核算、评估、处置、统计、报告等资产管理基础工作。经营性项目的项目资本中，财政资金所占比例未超过50%的，项目建设单位可以简化执行规则，但应当按照要求向财政部门、项目主管部门报送相关财务资料。

二、建设项目工程投资支出、项目建设管理费

建筑安装工程投资支出是指基本建设项目建设单位按照批准的建设内容发生的建筑工程和安装工程的实际成本，其中不包括被安装设备本身的价值，以及按照合同规定支付给施工单位的预付备料款和预付工程款。设备投资支出是指项目建设单位按照批准的建设内容发生的各种设备的实际成本（不包括工程抵扣的增值税进项税额），包括需要安装设备、不需要安装设备和为生产准备的不够固定资产标准的工具、器具的实际成本。需要安装设备是指必须将其整体或几个部位装配起来，安装在基础上或建筑物支架上才能使用的设备。不需要安装设备是指不必固定在一定位置或支架上就可以使用的设备。待摊投资支出是指项目建设单位按照批准的建设内容发生的，应当分摊计入相关资产价值的各项费用和税金支出。主要包括：勘察费、设计费、研究试验费、可行性研究费及项目其他前期费用；土地征用及迁移补偿费、土地复垦及补偿费、森林植被恢复费及其他为取得或租用土地使用权而发生的费用；土地使用税、耕地占用税、契税、车船税、印花税及按规定缴纳的其他税费；项目建设管理费、代建管理费、临时设施费、监理费、招标投标费、社会中介机构审查费及其他管理性质的费用；项目建设期间发生的各类借款利息、债券利息、贷款评估费、国外借款手续费及承诺费、汇兑损益、债券发行费用及其他债务利息支出或融资费用；工程检测费、设备检验费、负荷联合试车费及其他检验检测类费用；固定资产损失、器材处理亏损、设备盘亏及毁损、报废工程净损失及其他损失；系统集成等信息工程的费用支出；其他待摊投资性质支出。项目在建设期间的建设资金存款利息收入冲减债务利息支出，利息收入超过利息支出的部分，冲减待摊投资总支出。项目建设管理费是指项目建设单位从项目筹建之日起，至办理竣工财务决算之日止发生的管理性质的支出。包括：不在原单位发工资的工作人员工资及相关费用、办公费、办公场地租用费、差旅交通费、劳动保护费、工具用具使用费、固定资产使用费、招募生产工人费、技术图书资料费（含软件）、业务招待费、施工现场津贴、竣工验收费和其他管理性质开支。行政事业单位项目建设管理费实行总额控制，分年度据实列支。总额控制数以项目审批部门批准的项目总投资（经批准的动态投资，不含项目建设管理费）扣除土地征用、迁移补偿等为取得或租用土地使用权而发生的费用为基数分档计算。建设地点分散、点多面广、建设工期长以及使用新技术、新工艺等的项目，项目建设管理费确需超过上述开支标准的，中央级项目，应当事前报项目主管部门审核批准，并报财政部备案，未经批准的，超标准发生的项目建设管理费由项目建设单位用自有资金弥补；地方级项目，由同级财政部门确定审核批准的要求和程序。施工现场管理人员津贴标准比照当地财政部门制定的差旅费标准执行；一般不得发生业务招待费，确需列支的，项目业务招待费支出应当严格按照国家有关规定执行，并不得超过项目建设管理费的5%。使用财政资金的国有和国有控股企业的项目建设管理费，比照上述规定执行。国有和国有控股企业经营性项目的项目资本中，财政资金所占比例未超过50%的项目建设管理费可不执行上述规定。政府设立（或授权）、政府招标产生的代建制项目，代建管理费由同级财政部门根据代建内容和要求，按照不高于本规定项目建设管理费标准核定，计入项目建设成本。实行代建制管理的项目，一般不得同时列支代建管理费和项目建设管理费，确需同时发生的，两项费用之和不得高于本规定的项目建设管理费限额。建设地点分散、点多面广以及使用新技术、新工艺等的项目，代建管理费确需超过本规定确定的开支标准的，行政单位和使用财政资金建设的事业单位中央项目，应当事前报项目主管部门审核批准，并报财政部备案；地方项目，由同级财政部门确定审核批准的要求和程序。代建管理费核定和支付应当与工程进度、建设质量结合，与代建内容、代建绩效挂钩，实行奖优罚劣。同时满足按时完成项目代建任务、工程质量优良、项目投资控制在批准概算总投资范围3个条件的，可以支付代建单位利润或奖励资金，代建单位利润或奖励资金一般不得超过代建管理费的10%，需使用财政资金支付的，应当事前报同级财政部门审核批准；未完成代建任务的，应当扣减代建管理费。项目单项工程报废净损失计入待摊投资支出。单项工程报废应当经有关部门或专业机构鉴定。非经营性项目以及使用财政资金所占比例超过项目资本50%的经营性项目，发生的单项工程报废经鉴定后，报项目竣工财务决算批复部门审核批准。因设计单位、施工单位、供货单位等原因造成的单项工程报废损失，由责任单位承担。

三、其他投资支出

其他投资支出是指项目建设单位按照批准的项目建设内容发生的房屋购置支出，基本畜禽、林木等的购置、饲养、培育支出，办公生活用家具、器具购置支出，软件研发及不能计入设备投资的软件购置等支出。

第六节　建设项目组织审计概述

建设项目各项主要业务与审计内容。围绕建设项目审计可能涉及的各参建单位，贯穿建设项目准备、实施、竣工的全过程，覆盖建设项目合同管理、造价管理、进度管理、质量管理、资金管理等多条业务主线，基本涵盖了大中型建设项目审计可能涉及的所有主要方面。每个建设项目都有建设目标，不同类型、不同管理模式的建设项目各有其特点，内部审计机构对建设项目开展审计，要根据项目建设目标，结合项目类型、管理模式，有重点地开展审计。包括：建设项目组织审计概述；建设项目前期决策审计；建设项目采购审计；建设项目工程管理审计；建设项目工程造价审计；建设项目财务绩效审计等。

一、完善和规范投资审计工作

坚持依法审计，认真履行审计监督职责。各级审计机关要牢固树立依法审计意识，坚持在法定职责权限范围内开展审计工作，依法确定审计对象和范围，严格规范审计取证、资料获取、账户查询、延伸审计、审计处理等行为。审计机关和审计人员要依法独立行使审计监督权，不得参与工程项目建设决策和审批、征地拆迁、工程招标、物资采购、质量评价、工程结算等管理活动。坚持突出重点，切实提高投资审计工作质量和效果。各级审计机关要根据本地区公共投资项目情况，按照围绕中心、服务大局、突出重点、量力而行、确保质量的原则，统筹制定年度投资审计项目计划。要按照国家审计准则要求，严格执行审计项目计划，履行规定流程和审批复核程序，严格审计报告和公告制度。加强对政府投资为主，关系全局性、战略性、基础性的重大公共基础设施工程的审计监督，紧紧围绕重大项目审批、征地拆迁、环境保护、工程招投标、物资采购、工程结算、资金管理等关键环节，合理确定审计重点，运用先进技术方法，提高审计工作质量和效率。各省级审计机关要加强对本地区投资审计工作的领导和指导，加强审计质量监督检查。健全完善制度机制，有效运用投资审计结果。各级审计机关要严格遵守审计法等法律法规，进一步健全和完善投资审计制度，认真履行工程结算审计法定职责，促进相关单位履职尽责，提高投资绩效。对平等民事主体在合同中约定采用审计结果作为竣工结算依据的，审计机关应依照合同法等有关规定，尊重双方意愿。审计项目结束后，审计机关应依法独立出具投资项目审计报告，对审计发现的结算不实等问题，应作出审计决定，责令建设单位整改；对审计发现的违纪违法、损失浪费等问题线索，应依法移送有关部门处理。要健全审计查出问题整改督查机制，促进整改落实和追责问责。严格遵守审计纪律，加强廉政风险防控。为进一步严格依法规范投资审计工作，更好发挥国家审计在促进稳投资、深化“放管服”改革、优化营商环境等重大政策措施落实中的作用。要牢固树立依法审计观念，严格按照审计法、民法、合同法、《政府投资条例》等法律法规要求，在法定职责权限范围内开展投资审计工作。对政府投资和以政府投资为主的建设项目的预算执行情况和决算进行审计监督，是审计机关的法定职责；注重发挥好审计在推动做好稳增长、促改革、调结构、惠民生、防风险各项工作，推动优化营商环境、清理拖欠民营企业中小企业账款、激发市场主体活力等方面的积极作用，促进国家重大决策部署落地见效。进一步厘清建设单位的管理责任和国家审计的监督责任，不得强制或变相强制要求以国家审计结果作为工程结算依据。严格区分建设单位结算审核与审计机关投资审计的不同性质，“以审代结”不符合审计独立性要求，也超越了审计机关的法定职责权限，并明确告知有关部门和建设单位：对合同已约定以国家审计结果作为工程结算依据的，按进度支付的工程价款不受审计影响，审计机关难以及时开展审计的，应及时告知合同双方调整结算审核方式，不得以未完成审计为借口拖延支付工程款；对新签订合同，不得强制或变相强制要求以国家审计结果作为结算依据。

（一）在履行法定程序方面，未按规定程序将投资审计项目纳入年度审计项目计划管理，在审计项目计划外开展投资审计事项；未按规定送达审计通知书；审计报告相关事项未按规定在审计组内讨论，或未经复核、审理；实施审计后，未按规定出具审计报告、下达审计决定。按照《审计法》《国家审计准则》和《关于进一步完善和规范投资审计工作的意见》要求，各级各类投资审计均应严格依照法定程序实施。要根据法定职责权限，在调查审计需求和评估审计资源的基础上，编制年度审计项目计划，报经本级审计委员会批准并向上一级审计机关报告。年度审计项目计划一经制定，各单位应当严格执行，未经批准机关同意不得擅自变更。确需调整的，应先履行审计项目计划审批调整程序，并向上级审计机关报告（省审计机关另有规定的除外）。要严格遵守审计业务规范流程，按规定及时向被审计单位送达审计通知书。审计组在起草审计报告前，对重大事项要进行集体讨论并形成明确意见，审计组的审计报告在书面征求被审计单位意见的基础上，应依次提交审计机关业务部门复核、审理部门审理。审计机关应当向被审计单位提出审计报告、作出审计决定，督促被审计单位整改。

（二）在审计职责权限方面，超越审计权限对被审计单位进行处理；介入工程项目管理活动，参与投资项目概（预）算编制、标底审核、材料价格认定、隐蔽工程验收签字等决策和管理环节。按照《审计法》《审计法实施条例》《国家审计准则》和《关于进一步完善和规范投资审计工作的意见》要求，审计机关要在法定职责权限范围内开展审计。对被审计单位和个人违反国家相关法律和党的纪律规定的事项，应及时移送有关部门查处。审计机关不得参与各类与审计法定职责无关的、可能影响依法独立进行审计监督的议事协调机构或工作。各级审计机关要厘清工程项目管理职责和审计监督职责界限，坚决退出各类带有管理职能的议事协调机构，不得参与工程项目建设决策和审批、征地拆迁、工程招标、物资采购、质量评价、工程结算等管理活动。要依法履行审计职责，加强对政府投资、以政府投资为主的建设项目以及其他重大公共工程项目的审计监督，揭示政府投资管理中存在的突出问题，规范投融资及建设管理秩序，促进营商环境的改善，提高政府投资绩效。

（三）在审计对象范围方面，超越审计工作实际需要，随意扩大审计对象范围、收集个人信息、查询个人银行账户和扩大审计追溯时间等。按照《审计法》和《关于进一步完善和规范投资审计工作的意见》要求，审计机关要依照法定职责、权限和程序确定审计对象、时间和范围，严格规范审计取证、资料获取、账户查询、延伸审计、审计处理等行为。

（四）在投资审计“从数量规模向质量效益转变”中，部分审计机关脱离实际，片面强调数量任务，审计项目数量严重超过审计资源承受能力，审计质量难以保证。按照《国家审计准则》和《关于进一步完善和规范投资审计工作的意见》要求，审计机关要坚持“围绕中心、服务大局、突出重点、量力而行、确保质量”的原则，加强审计项目审计组织方式统筹，优化审计资源配置，对政府投资和以政府投资为主的建设项目进行审计，促进深化投融资体制改革、扩大有效投资、优化供给结构、提高投资绩效。

（五）在投资审计“从单一工程造价审计向全面投资审计转变”中，部分审计机关专注于造价审计，对重大政策贯彻落实、招标投标、设备材料采购、征地拆迁等审计的深度不够、广度不宽，审计项目资源环境保护情况、地方政府债务风险等内容关注不够，工程建设领域重大违纪违法问题线索揭示力度不够。按照《关于进一步完善和规范投资审计工作的意见》要求，审计机关要依法全面履行审计监督职责。投资审计应涵盖重大政策贯彻落实、投资决策、工程项目建设程序、工程项目建设财务、招标投标、工程质量管理、材料设备管理、建设用地和征地拆迁、环境保护和水土保持、工程结算、公共投资绩效审计等主要内容。积极开展对政府投资和以政府投资为主的建设项目的审计监督，努力做到应审尽审、凡审必严、严肃问责。坚持问题导向，通过揭示和反映问题推动国家重大政策措施贯彻落实，督促项目投资和建设管理单位落实责任，促进深化投融资体制机制改革；加大对重大违纪违法问题线索揭示力度，促进反腐倡廉建设。

（六）在“从传统投资审计向现代投资审计转变”中，“发展、法治、改革、绩效、绿色”的投资审计理念尚未完全树牢；运用现代工程建设和信息化新技术解决投资审计实际问题的成效不够显著；缺少既懂工程审计又懂数字化审计的复合型人才。按照《审计法》《关于完善审计制度若干重大问题的框架意见》及相关配套文件等要求，审计机关要不断创新审计理念、技术方法，实现投资审计理念、理论、制度、技术的现代化，努力向现代投资审计转变。要以“金审工程”三期为依托，积极开展工程建设项目的信息化、智能化、模块化审计，大力推进大数据在投资审计中的运用，提高投资审计的质量和效率。要通过引进人才、培训交流等方式，加强工程审计和信息化审计复合型人才培养，使审计人员具备相应的专业胜任能力。

（七）部分审计机关代替建设单位承担工程结算审核等管理职责，以审计单位的审计结果直接作为甲乙双方结算的依据。按照《审计法》要求，审计机关要坚决杜绝“以审代结”的错误做法。“以审代结”混淆了建设单位的管理责任和国家审计的监督责任。结算审核是建设单位的管理责任，审计机关是在建设单位完成结算审核的基础上进行审计监督，审计不能代替管理，否则既违反了独立性原则，又因介入平等主体的民事关系而超越了审计机关的法定职责权限。投资审计依法独立对建设单位的工程价款审定情况进行审计监督，通过审计反映工程结算管理中可能存在的问题，督促建设单位今后认真履行职责，提高投资绩效。部分审计机关参与拦标价制定、审查等管理活动，介入工程项目建设管理。按照《审计法》要求，审计机关要准确把握审计职责边界，规范行使审计职权，不得参与拦标价制定、审查等管理活动。

（八）建设工程审计中涉及工程价款的审核，建设单位和施工单位已完成工程价款结算，审计中查出多付的工程价款难以追回；建设单位合同签订不规范或存在其他问题，多支付工程款等。按照《审计法》要求，审计机关要推动建设单位落实多付工程价款问题的纠正。除合同已有约定外，审计机关应明确告知建设单位，不得直接将审计报告和审计决定作为调整其与施工单位结算的依据，审计报告和审计决定也不得对施工单位设定义务。对审计发现的超概算（预算）以及建设单位决策失误、履职不到位、多支付工程款等问题，应向主管部门（单位）如实报告并提出审计建议。发现建设单位和施工单位恶意串通骗取国家资金的，可以建议相关部门或单位通过解除无效合同等法定程序来解决，对构成犯罪的单位和个人，应及时移送相关部门处理。

（九）在审计查出问题整改落实中，对审计查出问题整改缺乏跟踪和督促机制；被审计单位对审计查出问题整改不到位。按照中央办公厅、国务院办公厅《关于完善审计制度若干重大问题的框架意见》及相关配套文件、《国家审计准则》等要求，审计机关要认真研究分析，着眼宏观、立足长远，提出操作性强的对策建议，消除问题产生的根源。要按照“谁审计、谁负责督促”原则，跟踪被审计单位的整改情况，及时督促被审计单位落实整改责任。审计中，要把以前年度审计查出问题整改情况作为重要内容，对未整改、假整改和整改不到位的，要予以揭示反映。要加强沟通协调，推动建立健全审计与组织人事、纪检监察以及其他有关主管单位的工作协调机制，把审计结果及整改情况作为考核、任免、奖惩领导干部的重要依据。审计发现的违纪违法问题线索要及时移送有关部门和单位处理。对承诺优先安排审计项目；将工程审减额，审计发现的问题等作为向被审计单位、施工单位和个人索贿的筹码；向被审计单位推荐施工单位、材料设备供应商、中介机构等谋取利益；出具审计报告前，向被审计单位通风报信谋取利益等。建立健全审计机关内控机制和廉政风险防范措施；严格规范审计业务流程，严格履行复核、审理职责，确保审计过程公正、公开、透明。定期组织开展内部巡视，通过问题清单、责任清单和任务清单等形式，确保巡视发现的廉政问题及时整改到位。聘请社会中介机构和人员参与投资审计需要注意哪些事项，部分审计机关选聘中介机构过程中，对购买的中介机构审计服务的质量不复核不审查，直接以审计机关名义出具审计报告；因中介机构（人员）与被审计单位（人员）之间可能存在的利益交换，审计机关面临着较大质量和廉政风险。按照《审计法》《关于完善审计制度若干重大问题的框架意见》及相关配套文件等要求，购买审计服务时要强化管理。选聘中介机构应当遵循公平、公开、公正原则，建立健全选聘工作制度，严格监督执行。开展投资审计项目时，可以根据工作需要，把部分工作委托给中介机构，但不得将整个审计项目外包；对外聘人员的审计取证等材料进行复核把关。确需外聘人员参与审计时，应将外聘人员编入审计组，与审计人员共同开展审计。在聘请中介机构费用支付方面，聘请中介机构费用由建设单位部分或全部支付；照搬照抄社会中介机构实施造价咨询审计的收费方式搞“协审收费”。按照《审计法》《审计署办公厅关于进一步规范聘请中介机构参与投资审计工作的通知》要求，审计机关应当按照“谁委托谁付费”的原则，协调财政部门将购买服务费用列入年度预算，不得以任何方式向审计对象及其他单位转嫁聘请中介机构的费用，确保审计监督的独立性和客观性。要依法向政府有关部门通报或者向社会公告审计结果。督促被审计单位公告整改结果，自觉接受社会监督。

二、建设项目审计目标和内容范围及组织模式

（一）建设项目审计的总体目标，是通过对建设项目建设全过程各项技术经济活动进行监督和评价，确认建设项目建设与管理活动的真实性、合法性和效益性，促进项目建设质量、工期、成本等建设目标顺利实现，促进提升项目绩效，增加建设项目价值。规范建设管理内部审计机构以促进项目管理机构和参建单位提升管理水平，理顺建设项目内外部关系，规范建设行为，提升项目质量和效益为目标。揭示建设风险内部审计机构关注建设项目在建设各阶段，在工期、质量、成本、安全、环境等管理中可能存在的薄弱环节、偏差和风险，协助项目管理单位查找漏洞和缺陷，促进规范管理和风险防范。提升建设项目绩效内部审计机构在审计中应当检验建设目标实现程度，提升项目效益，从而增加项目投资人的回报。通过对项目造价控制提出切实可行的审计意见和建议，完成阶段性或单项工程造价审计，能直接节约投资，提高项目绩效。建设项目审计内容主要包括：建设项目前期决策审计、建设项目内部控制与风险管理审计、建设项目采购审计、建设项目工程管理审计、建设项目工程造价审计、建设项目财务审计、建设项目绩效审计等。具体到每个审计项目时，审计内容视开展审计的时间和项目建设进展情况而有所不同。在项目前期、建设期、完工验收阶段的审计内容主要包括：基本建设程序的规范性，基本建设程序主要包括项目建议书、可行性研究、设计工作阶段、建设准备阶段、建设实施阶段、竣工验收阶段、后评价阶段等，具体阶段划分和审批要求视项目所处行业、投资大小、是否使用财政资金等条件各有不同。对建设程序和前期工作进行审计时需要关注的问题主要是违反基本建设程序搞建设、逃避国家审批等。审计时要按照建设投资管理规定，审查项目立项决策的程序，确定项目论证是否充分，有无违反建设管理程序虚报项目和投资等问题。项目前期文件的真实性、科学性和完整性项目投资估算、概算来自前期工作形成的设计文件。因此，前期文件的真实性、编制的科学性，直接决定了项目能申请到的建设资金数额，应当加以重点关注。同时，项目前期文件中提到的内外部建设条件是否落实、对项目建成后效益的预测是否科学等，也是审计的重要内容。前期工作成果的有效性，前期阶段审计除了关注合规性外，也要更多关注前期工作成果的有效性。要通过对初步设计、施工图设计的复核，发现设计工作中可能存在的错误。项目资金来源的可靠性全额政府投资的项目一般主要依据投资计划，审计资金到位的及时性。主要查处不按承诺筹集、安排配套建设资金，导致工程建设资金严重不足，从而造成建设内容大幅缩水等问题。融资建设的项目审计中要详细审核融资条件，确认利率和相关约束条款是否高于当时的市场平均水平。对于使用了股权融资方式的项目，需要依据相关法律法规审核股权发起、转让的合规性。工程承发包过程的规范性和合同签订的合法性，工程采用招标投标等方式确定供应商之后，工程建设甲乙双方应当按照招标结果签订承包合同。审计在此阶段应当关注的问题有：一是未按招标结果签订合同，包括建设单位招标范围或金额小、合同范围或金额大、单位无正当理由未按评标委员会推荐顺序选择中标人、单位违反招标文件实质性约定与中标单位签订补充协议等。二是违规转分包及挂靠。项目业主单位和承包单位违反住建部发布的《建筑工程施工发包与承包违法行为认定查处管理办法》的规定。业主单位违法发包，违规指定工程施工分包单位和物资供应单位等，由关联或者关系单位及人员操控工程，谋取利益造成工程建设成本增高、资金流失；承包单位非法转、分包及挂靠，层层截留建设资金，导致建设资金的流失以及工程质量的降低。三是合同不完善。工程在签订承发包合同时，不确定单价，或者采取暂定单价，为在工程价款结算中留下人为操作空间；以“原设计漏项、赶工、提高工程质量”等为由，通过设计变更增加工程量或改变原施工处理方式，以提高工程造价。

（二）项目建设期审计内容，项目建设期即业主、施工、设计、监理等参建各方在合同框架下紧密配合，将各类建设资源的投入转变为建设产品的过程。建设期审计的主要内容包括：工程管理的规范性和有效性对工期、质量、安全管理进行审计是建设项目审计的重点和难点。首先，审计项目是否按计划编制工期及施工组织设计并有效执行，是否存在各种因素影响项目工期进展现象；其次，审计项目是否按规定执行各项工程质量控制和验收规范、规程、标准，做好质量管理工作；最后，审计项目是否贯彻落实各项安全管理规定，落实安全生产责任等内容。工程结算的真实性与规范性审计工程月度和年度结算的编制情况。首先，审计工程造价管理是否规范，各类资料是否齐全，结算办理制度是否完整，结算程序是否规范；其次，审计月度、年度结算工程量和费用内容是否真实，计算方法是否正确；最后，审计结算办理的依据是否齐全，内容是否真实，重点关注合同完工结算和变更签证的真实性。资金管理和会计核算的真实性与合规性审计建设项目业主会计账簿和财务报告的核算和披露是否真实、合法。通过检查财务资料发现各类建设业务的不合理支出问题。项目建设的过程伴随着大量采购工作，采购对象包括工程以及与工程建设有关的货物、服务。对采购工作开展审计的重点在于工程建设所需的工程、货物或服务的采购方式的选择及其运用情况，如是否按规定履行招标投标或询价等采购程序，是否保证所采购工程、货物、服务的成本、供货周期和质量。项目完工验收阶段审计内容在工程完工结算和竣工验收阶段，审计工作主要围绕承包单位编制的完工结算的真实性和业主单位编制的竣工决算的真实性、合规性，开展工程造价审计和工程财务审计。审计内容主要包括：工程竣工结算的真实性，审计竣工结算中是否存在虚列工程、不实签证、高估冒算等，如竞争性费用是否按合同约定计价、不可竞争费用是否按法规政策计取等；审计合同文件与招投标文件中的计价约定是否存在实质性不一致等；审计竣工结算中的计价事项有无需要进一步优化的情况，如设计变更不必要、施工方案偏保守等。工程财务竣工决算的真实性和完整性依据财务账表和工程竣工报告、竣工图及竣工验收单、施工合同、各种施工签证或施工记录和国家或地区颁布的有关规定，审计工程财务竣工决算编制依据是否符合国家有关规定，资料是否齐全，手续是否完备，对遗留问题处理是否合规。竣工验收的真实性和规范性审计竣工验收报告是否真实、完整、合法、有效，相关单项验收资料是否经有关主管单项验收的部门认可，工程立项文件、财务资料、合同资料、现场签证资料、结算资料和竣工验收资料是否完整，竣工验收程序是否符合规定，验收委员会会议记录和签字是否完整等。投资效益的真实性依据项目立项和可行性研究报告，对照项目各项建设目标，逐项审计项目建成后投资效益是否真实达成。建设目标随项目各异，但通常至少包括成本、进度、质量等三大目标，各大目标又都可以分解成若干项小目标。对这些目标的实现程度，需要逐项核实。建设项目审计程序，开展审前调查，编制项目审计方案；制定并送达审计通知书；收集资料和了解情况；检查并测试内部控制；执行审计程序并获取证据；编制审计工作底稿；出具并报送审计报告；后续审计。

（三）内部审计机构制订内部审计中长期规划、年度计划时，应充分考虑组织和建设项目的风险状况、管理需要及建设项目审计所需专门审计资源的配置情况来选择审计范围和组织模式。内部审计机构既可以对建设项目开展全面审计，也可以选择项目部分环节、部分时段建设内容开展专项审计。对重大项目，内部审计机构可以采取全过程跟踪审计方式对各项具体建设活动过程进行审计。建设项目全面审计建设项目全面审计涵盖建设程序合规性、建设管理、建设质量、建设成本等多项内容。因此，所需审计资源较多，审计的时点一般应当选择在项目建设中后期或完工之后，每个建设项目完成之前，一般审计 1~2 次。通过建设项目全面审计，发现项目建设中存在的管理缺陷、工程隐患和潜在风险，以促进建设项目改进管理，提高质量，加快进度，节约成本，提升效益。实施建设项目全面审计时，可调配或聘请专业技术人员或技术服务机构参加。由于建设项目各阶段工作任务、工作目标不同，对重要建设项目的全面审计也可以以全过程跟踪审计的方式实现。跟踪审计的本质就是将审计工作贯穿在项目建设过程中的各个重要业务环节，增加审计频次，甚至对项目开展持续不间断派驻式审计的做法。跟踪审计的优点包括：一是有助于规范管理，提高建设管理水平。实行项目跟踪审计，实行审计关口前移，实现事先控制，有利于提高项目论证的可靠性、投资决策的科学性和设计方案的合理性，从而在源头上保证建设项目的投资效益。二是有助于提高建设项目的投资效益，保证资金的安全性、效益性。审计人员提前介入到项目建设的各个重要环节，及时发现项目建设管理中的缺陷和问题，并提出审计意见和建议，从而促进建设单位提高建设管理水平，避免造成损失浪费。三是有助于预防腐败。跟踪审计中，审计人员提前介入到项目建设的一些关键环节中，形成了全过程、经常性的监督制约机制，有利于将建设项目领域舞弊行为遏制在萌芽阶段。跟踪审计对于审计资源的配置也提出了较高要求，所以内部审计机构应当合理配置审计资源。建设项目专项审计内部审计服务于组织总体战略目标和阶段性工作计划，内部审计机构应当按照组织当前阶段的工作重心、管控要求，对部分建设项目开展专项审计。对建设项目开展专项审计是内部审计常用做法，相对于全面审计，内部审计机构开展建设项目专项审计的优点主要是可以节约审计资源，发现同类项目存在的共性问题，为组织提供更加有效的咨询服务。内部审计机构开展的建设项目专项审计一般包括：工程造价专项审计、工程管理专项审计、竣工决算专项审计等。近年，政府与社会资本合作（PPP）项目兴起后，还可以组织项目融资专项审计、项目回购专项审计等。建设项目审计的组织模式包括内部审计机构自主审计和委托外部机构审计两种。内部审计机构自主开展建设项目审计时，审计组应尽可能配齐工程技术、工程造价、工程管理、工程经济等专业人员，部分人员也可以外聘或从其他部门借用。委托外部机构开展建设项目审计时，内部审计机构仍需要对委托审计项目的质量承担责任，故需对拟选择的受托机构的执业能力和质量进行必要的调查，对审计目标和具体要求提出清晰明确的意见，对受托机构派出的审计组人员组成和专业结构以及审计实施方案审核把关，对受托机构的审计实施工作加强业务督导和检查，对受托机构的质量控制体系进行抽查，对受托机构出具的审计报告进行复核和完善。

根据审计专业人员职称制度改革要求和国家职业资格制度，适用在国家机关、企事业单位、社会团体等组织中从事审计及相关工作的审计专业人员。国家设置审计专业技术资格，分为初级、中级、高级三个级别，列入国家职业资格目录。审计署、人力资源在审计及相关合规、稽核、内部控制、风险管理等岗位工作；或在会计、经济、统计、工程或教育科研等岗位工作，且有相关审计实践经验的；可以视同从事审计相关工作（下同）。具备高级审计师以上职称人员跨地区任职的，其职称应当按照当地职称管理部门认可的方式认定，鼓励跨地区审计职称互通互认。企事业单位、社会组织等用人单位可以在审计相关工作岗位上聘用具备审计专业技术资格及相应职称的人员；可以在总审计师等审计管理岗位上优先聘用具备高级审计师职称以上人员。审计专业人员应当认真履行工作职责，按照专业技术人员继续教育的有关规定接受继续教育，不断提高专业能力和业务水平。用人单位应当按照规定对审计专业人员参加继续教育予以保障。获得审计专业博士学位人员经全国审计专业技术资格考试办公室审核，可以免予考试，取得中级审计专业技术资格。取得二级造价工程师职业资格证书，可对应初级审计专业技术资格，报考中级审计专业技术资格考试。取得注册会计师全国统一考试合格证书、一级造价工程师职业资格证书，可对应中级审计专业技术资格，报考高级审计专业技术资格考试。取得资产评估师、税务师职业资格证书，符合相应的学历、年限条件，可对应初级或中级审计专业技术资格，报考高一级审计专业技术资格考试。具备其他系列副高级职称以上资格，在审计相关工作岗位从事审计相关工作满 2 年，可以视作符合《审计专业人员职称评价基本标准》规定的学历、年限条件，报名参加高级审计专业技术资格考试，符合条件人员相应参加审计系列高级职称评审。从事审计相关工作的公务员参加高级审计专业技术资格考试取得合格证明，按照规定接受继续教育且未参加审计职称评审，后续首次转入企事业单位、社会组织等任职的，自转入企事业单位、社会组织等任职之日起 5 年内可以参加高级审计师职称评审。

三、建设项目内部控制与风险管理审计

（一）建设项目内部控制与风险管理审计，是指内部审计机构对建设项目管理机构内部控制设计和运行的有效性，以及对项目在工期、质量、安全、成本、环境等各类风险的管控情况进行的审查和评价。建设项目内部控制审计，内部控制包括内部环境、风险评估、控制活动、信息与沟通、内部监督等五要素。对于建设项目管理机构（主要指业主方）而言，这些要素应涵盖以下内容：内部环境建设项目管理机构，内部环境包括项目治理结构、机构设置及权责分配、人力资源政策、项目团队文化建设等内容。良好的内部环境能够促进权责分明，提升效率，和谐合作。风险评估建设项目，风险评估是项目建设活动应当持续开展的工作，特别是项目工期和质量的风险，需要结合每一项建设行为的开展加以评估并与预定目标比较，以便合理确定风险应对策略。建设项目投资控制风险一般采取定期评估或合同结算里程碑结点评估的做法。控制活动建设项目管理机构应当根据工期、质量、投资控制风险评估结果，采用调整资源投入、更换建设队伍、设计变更、调整结算方式等相应的控制措施，将风险控制在可承受度之内。信息与沟通建设项目管理机构应当及时、准确地收集、传递与项目管理控制相关的信息，包括建设市场供求信息、建筑材料价格信息、建设项目所在地政策信息、地理环境和气候信息等，并确保信息在项目内部、业主与参建单位之间进行有效传递。内部监督是建设项目管理机构对项目自身内部控制建立与实施情况进行监督检查，评价内部控制的有效性，发现内部控制缺陷，及时加以改进。主要手段包括项目审计、项目质量验收和定期不定期抽检、项目安全管理检查、标底和结算等工程造价审核等。审计目标：内部环境主要审查评价项目机构是否健全、不相容职责是否恰当分工；机构人员配备是否齐全，专业是否齐备；工作流程是否覆盖了建设项目前期论证、设计、施工、验收等各主要业务环节。建设项目管理机构与各参建单位的管理体系是否衔接等。风险评估主要审查评价项目是否具备工期、质量、投资风险评估机制。对工程进度情况是否对照施工组织计划开展定期考核评估；是否制定了隐蔽工程和关键部位工程质量验收和不合格工程返工整改机制，对工程质量开展定期抽检；是否开展项目经济活动分析或概算执行情况比对等投资控制措施。控制活动主要审查评价项目是否针对风险评估设置了响应机制。如工程质量修补是否跟进检测，施工组织计划调整是否落实到具体措施，单项工程投资超概算是否制定并落实了投资控制措施等。信息与沟通主要审查评价项目是否安排信息收集任务并反馈到各相关部门。要检查项目各类报表报告等信息报送流程是否完善，信息质量是否符合规定，是否及时传递到需求部门。内部监督主要审查评价项目管理机构是否制定了内部审计、定期检查和造价审核等相关制度。包括检查工作是否深入项目现场、结合项目实际，是否覆盖项目管理主要方面等。

（二）建设项目内部控制和风险管理审计的主要内容包括：对建设项目管理机构合同控制、资金控制、进度控制、质量控制、安全控制等各项内部控制体系设计与运行的有效性进行审查和评价，对建设项目在各个阶段面临的主要风险进行识别和控制的有效性进行确认。包括：对建设项目内部环境进行审查，包括对建设项目管理机构的组织架构设立是否符合项目管理需要，对职责分工与授权批准体系建立情况进行审查，包括重点分析各关键不兼容职责是否在不同部门、不同岗位、不同人员分离设置，并设置了防火墙等。典型的不相容职责应当包括项目建议和可行性研究与项目决策、概预算编制与审核、项目实施与价款结算，工程款结算与支付、工程结算和决算编制与审计等。对是否组建了满足项目建设管理需要的人力资源，是否建立了适应建设工程管理的文化等进行审查和评价等。对建设项目风险评估进行审查，包括对建设项目前期评审、勘察设计、工程施工、初步验收等过程中的风险识别、风险分析、应对策略等措施是否存在，安排是否完善，是否得到执行进行审查和评价。对建设项目控制活动进行审查，包括以建设项目合同执行、投资完成、工程结算、资金拨付为主线，对各个业务循环所制定的管理制度进行梳理，评价各项具体建设活动控制措施的设计和运行的情况，发现并提示可能存在的管理失控风险。对信息与沟通进行审查，包括关注建设项目工程图纸等文件中包含的设计信息，施工组织方案和施工日记等文件中包含的施工过程信息，材料设备存储收发和检验检测文件中包含的物资管理信息，工程管理统计等工作中形成的投资信息，会计账目报表等文件中包含的财务信息等信息，以及信息收集、传递的真实性、完整性和及时性，并对不同信息系统产生的信息进行相互印证，对信息系统安全性、有效性进行审查和评价。对内部监督进行审查，包括将建设项目建立的内部控制制度、风险管理制度与项目物资进场检验、隐蔽工程验收、监理、质检等工作程序相结合，对建设项目内部监督机制的有效性进行审查和评价。开展建设项目内部控制和风险管理审计时，审计人员应当深入了解被审计建设项目的情况，审查和评价各项建设活动及项目管理机构内部控制、风险管理的适当性和有效性，并关注建设项目勘察、设计、施工、供货、监理、咨询等各参建单位各项建设行为开展情况及其对建设项目内部控制、风险管理的影响。在开展建设项目内部控制和风险管理审计时，审计人员应当关注被审计单位业务活动及内部控制、风险管理中的舞弊风险，协助组织预防、检查和报告舞弊行为。建设项目风险管理审计，风险是人们因对未来行为的决策及客观条件的不确定性，而可能引起的后果与预定目标发生多种负偏离的综合。作为损失发生的不确定性，风险是不以人们的意志为转移并超越人们主观意识的客观存在。建设项目周期长、规模大、涉及范围广，因而面临的风险相对较多且种类繁杂。

（三）在工程建设过程中，风险是普遍存在的。风险管理是建设项目管理中不可或缺的重要环节。项目建设过程中存在的不确定因素主要来自两方面：建设工程本身无法确定的因素，如建设工程施工技术的高低、所用建筑材料质量的好坏以及所在地地质条件的不同等原因，引起的不可预见的问题给建设工程施工过程中所带来的一些障碍和干扰因素；建设工程外部无法抗拒的、不可预见的因素，主要包括自然环境风险，以及人文方面（诸如物价、政府部门、国家政策、合同风险转移等）的风险。建设项目风险管理的目标是将因风险带来的经济损失最大限度地降低，所以要正确认识和识别风险，提前制定相应的防范措施，进行有效风险管理。建设项目风险主要来自四个方面：设计及施工技术、自然环境、政治经济以及社会、合同方面的风险。设计及施工技术方面的风险工程建设的核心是工程设计。如果设计上存在不合理或者结构不完善，必然会给工程建设带来不可避免的经济损失。如施工中发现设计不完善，可能需要进行大量的变更设计以致后续发生工程索赔。如竣工后发现设计不合理，则会导致工程使用寿命、效果或安全性受到重大限制。自然环境方面的风险，各种自然灾害都有可能给工程建设带来风险，例如来自气象灾害的（台风、雷电、寒潮等），来自自然灾害的（洪水等）以及建设工程本身所在复杂的地质条件、所在地恶劣的气候条件、工程建设过程中对周围环境施加的影响等，都是工程建设施工阶段潜在的风险因素。对这些必然存在的风险，应有恰当的管理措施。如果招标人员在制定招标文件时没有充分考虑分析上述各种因素，或者对那些来自自然的不可抗拒影响的级别没有加以限定，更容易给工程建设和施工阶段带来风险。政治经济及社会方面的风险由于工程建设本身的复杂性以及建设周期长等特点，工程建设和施工阶段会受到政治经济及社会各种因素变动带来的风险。工程延期使得招标人要承担工期延误及工程延期索赔的双重风险。建设项目合同方面的风险，建设项目风险管理的依据主要是工程合同，合同的缺陷会给项目建设带来难以规避的风险。项目的管理者起草合同文件时应当具备强烈的风险管理意识。合同的每一个条款都要从风险管理和风险分析这两个角度进行研究。建设项目管理者要努力识别上述的风险，并采取强有力措施来最大限度降低因这些不可避免风险带来的各种经济损失。运用风险管理方法，系统地研究和分析施工中常见的风险，提高危机意识和防范意识；采用正确的风险预测、有效进行风险防范，控制各种隐患、预测施工风险、降低经济损失。审计目标建设项目风险管理审计的主要目标，是协助组织和建设项目高级管理层评估现有风险管理措施的不足，通过发现并评价重要风险，协助高级管理层在项目建设周期内提升风险管理能力，进而最大限度地识别风险、应对风险，并将管理风险的成本降至最低。审计内容，项目建设管理机构对项目建设过程中出现未曾预料的新情况是否制定了风险预案，是否安排了足够资源来实施风险管理手段和措施。针对建设项目某些必须限时实现的目标，项目管理机构是否做好了资源调配冗余安排，对不利因素考虑是否充分。对项目建设出现转折点或提出重大设计变更时，项目风险应对方案是否合理，实施是否及时到位，结果是否在可控范围内。对边科研、边设计、边施工、边修改以及采用新技术的建设项目，项目是否针对不利因素作出了风险控制安排，是否能保证建设目标总体实现。对某一时段投入资金数额较大的项目，项目资金流安排是否顺畅，有无存在资金缺口导致支付困难的风险。对政府有关政策发生重要调整的建设项目，要关注项目建设安排是否会受到重大影响，项目进度是否可能严重滞后，是否存在调整设计和施工方案达成建设目标的可能。可能对社会产生影响的敏感问题，如环保政策、资源配置等，要重点关注项目是否作出充分考虑和安排，是否安排专门预算，是否聘请了专业机构和人员实施管理。

第七节　建设项目前期决策和采购审计

一、建设项目前期决策审计

（一）建设项目前期决策审计，是指内部审计机构对建设项目投资方（业主）及建设管理方在项目建设前组织开展研究、论证、决策、准备等工作的合规性、效率性和效果性开展的审计。建设项目的前期决策主要是项目投资方内部研究和论证，而后按照国家、地方政府及有关部门规定的程序，以及投资方内部规定履行审批流程的过程。前期决策包括了项目立项、论证、审批、报建等一系列复杂的工作，涵盖了项目投资决策单位按照规定的建设程序，以及根据所在组织的宏观战略要求，结合拟建项目相关情况，通过多方面的技术经济分析、综合分析，选择拟建项目是否投资以及投资的位置、最优开发方案、开发时机等因素的决定过程。建设项目前期决策业务包括投资主体内部决策和向政府、上级主管单位的外部报批两部分。内外部业务在时间上是重叠搭接的，在操作中也是互为前提、交叉进展的。投资主体内部决策建设项目投资主体内部决策工作可分为项目建议和项目决策两个阶段。项目建议阶段的任务是甄别和发现建设项目投资机会，项目决策阶段的任务是判断建设项目是否应当投资，并确定建设内容、规模和时机。外部报批，我国政府机关对建设项目的报批流程规定，对于企业不使用政府投资建设的项目，一律不再实行审批制，区别不同情况实行核准制和备案制。企业投资项目适用于《企业投资项目核准和备案管理条例》。政府仅对重大项目和限制类项目从维护社会公共利益角度进行核准，从维护经济安全、合理开发利用资源、保护生态环境、优化重大布局、保障公共利益、防止出现垄断等方面进行核准。对于外商投资项目，政府还要从市场准入、资本项目管理等方面进行核准。其他项目无论规模大小，均改为备案制。对于企业使用政府补助、转贷、贴息投资建设的项目，政府也只审批资金申请报告。前期决策程序，建设项目前期决策中，战略、法律、市场、技术和商务等方面的论证，是项目成败的重要决定因素，但这些论证的内容与各项目自身所处行业、建设规模、投资方式、建设时机息息相关，不能一概而论，重点介绍所有建设项目都应当履行的立项审批和报建程序，也称基本建设程序。政府投资项目审批流程，政府投资项目实行审批制，主要由政府或其发展改革部门审批项目建议书、可行性研究报告、初步设计。对情况特殊、影响重大的项目，还需要审批开工报告。对规划中已经明确、前期工作深度达到项目建议书要求、建设内容简单、投资规模较小的项目，可以直接编报可行性研究报告，或者合并编报项目建议书。编制完成可行性研究报告后，项目单位应当按照规定程序报送项目审批部门审批，并应当附相关文件：城乡规划行政主管部门出具的选址意见书；国土资源行政主管部门出具的用地预审意见；环境保护行政主管部门出具的环境影响评价审批文件；项目的节能评估报告书、节能评估报告表或者节能登记表（由中央有关部门审批的项目，需附国家发展改革委出具的节能审查意见）；根据有关规定应当提交的其他文件。项目单位可以依据可行性研究报告批复文件，按照规定向城乡规划、国土资源等部门申请办理规划许可、正式用地手续等，并委托具有相应资质的设计单位进行初步设计。初步设计应当符合国家有关规定和可行性研究报告批复文件的有关要求，明确各单项工程或者单位工程的建设内容、建设规模、建设标准、用地规模、主要材料、设备规格和技术参数等设计方案，并据此编制投资概算。投资概算应当包括国家规定的项目建设所需的全部费用。初步设计文件一般要通过有关中央部门和地方政府部门的审批。初步设计总概算超过可研报告总概算 10% 以上或其他主要指标需要更改时，要重新报批可研报告。建设准备阶段要做好建设项目开工前的各项准备工作，并报批开工报告。建设项目开工必须达到很多条件，如项目法人已经设立；初步设计及总概算已经批准；资金已经落实；“七通一平”已经完成等。企业投资项目核准和备案流程企业投资建设项目，应当遵守国家法律法规，符合国民经济和社会发展总体规划、专项规划、区域规划、产业政策、市场准入标准、资源开发、能耗与环境管理等要求，依法履行项目核准或者备案及其他相关手续，并依法办理城乡规划、土地（海域）使用、环境保护、能源资源利用、安全生产等相关手续，如实提供相关材料，报告相关信息。企业投资项目的核准程序：项目单位分别向有关部门申请办理相关前置审批文件；项目单位向项目核准机关报送项目申请报告，并附相关前置审批文件；项目单位依据项目核准文件向相关部门申请办理开工前的报建手续。

（二）项目建议书编制审计，在项目确定阶段，投资主体应当设立专门团队，通过系统规划排查、设计市场接触、现有项目扩展、市场收集等方式获得资源信息的相关信息人，提交潜在项目建议。项目建议需包括项目区域情况、项目技术条件、项目前期业主设计及上报情况等基本信息。根据项目建议提供信息，投资主体会集合项目管理、技术、经济部门专业人才收集项目信息，开展机会研究，审查和讨论相关资料。项目建议书应对项目建设的必要性、主要建设内容、拟建地点、拟建规模、投资匡算、资金筹措以及社会效益和经济效益等进行初步分析，并附相关文件资料。项目建议书的编制格式、内容和深度应当达到规定要求。投资主体对于潜在投资机会研究报告均需开展投资评审。评审内容包括：粗略评估项目自身技术经济条件；粗略评估项目环境背景状况；粗略评估项目投资与企业自身状况是否相适应；具体落实投资机会的措施。投资评审的结论需要明确是否同意开展投资前期研究工作。同意开展前期工作的项目方可准许开展现场前期准备，委托设计部门开展可研设计，并与项目拟建地地方政府对接，取得地方政府支持开展前期工作的协议，上报审批、核准或备案。审计目标，核实建设条件的真实性项目建议书所依据的市场调研资料、技术分析资料、建设条件调查资料应真实、完整地反映项目建设条件，不得存在对投资主体的立项决策构成重大误导现象。项目确定阶段拟定的建设资金筹措方案应可靠，投资来源应落实。项目出资各方承诺内容应真实，不得有超越自身能力承诺问题。查实项目比选推荐程序合规性项目，建议阶段各项工作应符合组织内部关于市场调研、项目发现、项目比选、项目推荐工作的内部流程规定；项目建议书应得到管理层和治理层的批准；项目建议阶段历次评审中利益相关方所提意见应得到落实。审查项目建议阶段应按规定取得政府相关部门的审批、许可，按规定聘请有资质的中介机构承担相关文件的编制、评审职责。确认项目评审结论科学有效性，项目甄别和比选工作应获取足够信息提供决策参考，评审专家应科学、专业、合理地确定建设方案，有利于项目运行，最大限度地提升投资绩效。审计内容审计人员应当根据项目建议工作流程，检查市场调查团队是否及时获取潜在项目的信息，对备选项目的调研是否到位，对建设环境是否足够了解，以备决策参考；检查各阶段上报的方案资料是否依据充分翔实，计算是否准确，结论是否客观，风险评估是否到位；了解项目咨询机构的资质能力，评估其是否具备编制相关文件的能力，是否尽职尽责。

（三）建设项目可行性研究或核准备案审计，政府投资项目可行性研究报告编制工作简介对于政府投资项目（包括企业承担，但有政府投资的项目）而言，项目建议书批复后，项目单位组织开展可行性研究。可行性研究阶段的主要任务是对项目在技术和经济上的可行性以及社会效益、节能、资源综合利用、生态环境影响、社会稳定风险等进行全面分析论证，落实各项建设和运行保障条件，并按照有关规定取得相关许可、审查意见。可行性研究报告的编制格式、内容和深度应当达到规定要求。可行性研究报告的审批文件是项目决策，即最终确定项目是否能开展的重要文件，也是进行初步设计的重要依据。因此，报告一经审查批准，项目单位不得随意修改和变更。可行性研究报告应当经过必要审查。投资主体内部需要召集相关部门，有时包括外部审查机构和投资机构、融资机构，对项目的可行性及颠覆性因素进行论证，并给出审查意见和修改建议。项目团队则需要针对审查意见进行修改完善。项目审批单位在必要时也会组织专家或委托中介机构对项目单位上报的可行性研究报告进行审查。根据审查收口的可行性研究报告，应当编制投资项目风险评估报告。可行性研究报告的审批，就是项目的决策评审过程。立项决策一般分为，专家组成的投资评审委员会进行的技术评审决策，组织内部决策机构履行决策职能进行的行政决策。投资评审委员会的专家对建设项目的政策及战略分析、技术可行性与经济收益性、实施能力及资金筹措、风险评估及对策作出评估，并给出结论是否建议项目立项、组建项目筹备团队。专家意见提交后，进入组织内部行政决策流程。行政决策流程因组织治理结构的不同而有较大区别，如国有企业一般履行“三重一大”决策流程，公司一般履行经理层决策、董事会决策、股东大会决策等流程，行政事业单位一般履行的是责任部门、分管领导、主要领导、上级主管单位等逐级层层上报审批的流程。通过投资决策的项目，需开展项目建设准备工作，内容包括：与政府有关部门对接，与地方政府签订特许权协议（如有）；下达任务委托设计部门开展可研报告编制及核准前服务总承包工作；成立项目筹备小组，负责项目公司成立前的核准工作；将项目投资概况及组建项目公司的申请上报上级组织；配合政府有关机构完成项目审批（或核准、备案）和各项专项审批。企业投资项目核准和备案工作根据《国务院关于投资体制改革的决定》，企业投资项目不再报批可行性研究报告，实行核准或备案制。具体而言，企业在中国境内投资建设的固定资产投资项目中，关系国家安全、涉及全国重大生产力布局、战略性资源开发和重大公共利益等项目，实行核准管理。具体项目范围以及核准机关、核准权限依照政府核准的投资项目目录执行。其他项目实行备案管理。除国务院另有规定的，实行备案管理的项目按照属地原则备案。

（四）企业办理项目核准手续，应当按照国家有关要求编制项目申请报告并报送有关部门。组织编制和报送项目申请报告的项目单位，应当对项目申请报告以及依法应当附具文件的真实性、合法性和完整性负责。项目的市场前景、经济效益、资金来源和产品技术方案等，应当依法由企业自主决策并自担风险，项目核准、备案机关及其他行政机关不得非法干预企业的投资自主权。项目单位或者其委托的工程咨询单位应当按照项目申请报告通用文本和行业示范文本的要求，编写项目申请报告。项目申请报告主要包括以下内容：项目单位情况；拟建项目情况，包括项目名称、建设地点、建设规模、建设内容等；项目资源利用情况分析以及对生态环境的影响分析；项目对经济和社会的影响分析。项目申请使用政府投资补助、贷款贴息的，应在履行核准或备案手续后，提出资金申请报告。项目核准机关在正式受理项目申请报告后，需要评估的，可委托具有相应资质的工程咨询机构进行评估。项目建设可能对公众利益构成重大影响的，项目核准机关在作出核准决定前，应当采取适当方式征求公众意见。相关部门对直接涉及群众切身利益的用地（用海）、环境影响、移民安置、社会稳定风险等事项已经进行实质性审查并出具了相关审批文件的，项目核准机关可不再就相关内容重复征求公众意见。对于特别重大的项目，可以实行专家评议制度。项目核准机关应当从以下方面对项目进行审查：是否危害经济安全、社会安全、生态安全等国家安全；是否符合相关发展建设规划、产业政策和技术标准；是否合理开发并有效利用资源；是否对重大公共利益产生不利影响。对按照国家规定应当核准的项目，项目单位在向核准机关报送项目申请报告时，应当根据国家法律法规的规定报送的文件包括：城乡规划行政主管部门出具的选址意见书（仅指以划拨方式提供国有土地使用权的项目）；国土资源（海洋）行政主管部门出具的用地（用海）预审意见（国土资源主管部门明确可以不进行用地预审的情形除外）；法律、行政法规规定需要办理的其他相关手续。对实行备案管理的项目，项目单位应当在开工建设前，通过在线平台将相关信息告知项目备案机关，依法履行投资项目信息告知义务，并遵循诚信和规范原则。项目单位应当对备案项目信息的真实性、合法性和完整性负责。项目备案机关收到全部信息即为备案。项目备案基本信息包括：项目单位基本情况，项目名称、建设地点、建设规模、建设内容，项目总投资额；项目符合产业政策声明。审计目标，核查资料依据充分可靠性可行性研究报告所依据的市场调研资料、技术分析资料、建设条件调查资料应真实、完整地反映项目建设条件，不得存在对投资主体的立项决策构成重大误导现象。对核准项目，项目申请报告内容应真实，各项建设条件、建设内容应符合实际情况。对备案项目，项目备案资料应真实，相关信息应反映项目实际建设内容。确认比选过程合规性、可行性研究报告和项目申请报告的编制流程应符合国家相关规定；项目备案资料应通过线上平台按规定提交。可行性研究报告、项目申请报告应按规定经过必要的专家评审、公众评议、评估、公示，得到政府机构、企业治理层和管理层的批准；评审、评估、评议和公示中收集到的利益相关方所提意见应得到落实。评价可行性研究报告等文件的有效性项目可行性研究工作应获取足够信息提供决策参考。评审专家应科学、合理地确定建设方案，以有利于项目运行，最大限度地提升投资绩效；要结合可行性研究报告及其编制依据，对照项目实际情况及建设中发现的各类问题，对可行性研究报告有效性作出评价。审计内容审计人员应当根据项目投资来源、所属行业、规模大小，确定项目应当执行审批、核准、备案何种决策流程，并根据可行性研究报告编制和评审、项目申请报告核准或项目信息备案相应工作流程，对每个环节工作是否合规、尽责，是否达到最佳效果进行跟踪检查。审计应当复核各阶段上报的方案资料是否充分翔实，计算是否准确，结论是否客观，风险评估是否到位。要了解项目咨询机构的资质能力，评估其是否具备编制相关文件的能力，是否尽职尽责。

（五）建设项目报批报建审计。建设项目报批报建审计是指内部审计机构和内部审计人员对建设项目完成内部决策之后，按规定取得政府有关部门和相关机构审批审核、核准批准、评估评审、检验验收等行政许可或审批情况的确认。外部行政审批事项投资项目报建审批事项是投资项目申请报告核准或者可行性研究报告批复之后、开工之前，由相关部门和单位依据法律法规向项目单位作出的行政审批事项。投资项目开工前通常都需要办理的事项包括：建设用地（含临时用地）规划许可证（住房和城乡建设部门）；建设工程（含临时建设）规划类许可证核发（住房和城乡建设部门）；建筑工程施工许可证核发（住房和城乡建设部门）；市政设施建设类审批（住房和城乡建设部门）；供地方案审批（国土资源部门）；防雷装置设计审核（气象部门）；应建防空地下室民用建筑项目报建审批（人民防空部门）；非重特大项目环评审批（环境保护部门）；节能审查意见（发展改革部门）；建设工程消防设计审核（消防部门）。建设项目由于自身功能、行业、规模特点，涉及交通、水利、风景名胜区、海洋、民航、水土保持、煤矿、宗教、国家安全、核设施、文物等事项的，还需要办理其他审批手续，见表8-8。

需要办理其他报批事项 **表8-8**

主管部门	项数	报批事项
住房和城乡建设部门	5	乡村建设规划许可证核发 超限高层建筑工程抗震设防审批 风景名胜区内建设活动审批 工程建设涉及城市绿地、树木审批 因工程建设需要拆除、改动、迁移供水、排水与污水处理设施审核
交通运输部门	5	水运工程设计文件审查 公路建设项目设计审批 公路建设项目施工许可 航道通航条件影响评价审核 港口岸线使用审批
国土资源部门	3	农用地转用审批 土地征收审批 建设项目压覆重要矿床审批

续表

主管部门	项数	报批事项
水利部门	5	农业灌排影响意见书 生产建设项目水土保持方案审批 水利基建项目初步设计文件审批 洪水影响评价审批 取水许可
海洋部门	3	海域使用权证书核发 无居民海岛开发利用审核 海洋工程建设项目环境影响报告书核准（非重特大项目）
环境保护部门	2	非重特大项目环评审批 核设施建造许可证核发
气象部门	1	新建、扩建、改建建设工程避免危害气象探测环境审批
能源部门	2	煤矿项目核准后开工前地方煤炭行业管理部门实施的初步设计审批 核电厂工程消防初步设计审批
文物部门	1	建设工程文物保护和考古许可
林业部门	1	建设项目使用林地及在林业部门管理的自然保护区、沙化土地封禁保护区建设审批（核）
发展改革部门	1	节能审查意见
公安部门	1	建设工程消防设计审核
安全部门	1	涉及国家安全事项的建设项目审批
国防科技工业部门	1	军用核设施（含铀尾矿〔渣〕库选址、建造）安全许可
民航部门	1	民航专业工程及含有中央投资的民航建设项目初步设计审批
宗教部门	1	宗教活动场所内改建或者新建建筑物审批
移民管理机构	1	移民安置规划及审核意见
人民防空部门	1	应建防空地下室的民用建筑项目报建审批

（六）此外，不需要建设项目申报审批，但需要政府部门间征求意见的，主要是军队有关部门贯彻国防要求、军事设施保护意见。除许可、审批项目外，建设项目还需要申报涉及安全的强制性评估：安全监管部门职业病危害预评价、建设项目安全预评价；国土资源部门地质灾害危险性评估；气象部门重大规划、重点工程项目气候可行性论证；地震部门地震安全性评价。内部报批流程建设项目除满足外部立项、核准、报批报建要求外，也必须满足内部审批流程。常见的建设项目内部审批流程包括内部投资评审、国有企业“三重一大”会议决策、投资估算评审、投资计划上报和下达等。审计目标，核实报批报建提交资料的真实性、可靠性和完整性。建设项目所办理的各项报批报建手续应真实存在，上报文件应真实、可靠、完整，各审批文件应由相关政府机关出具，内容应符合建设项目实际情况。查实报批报建程序合规性，批复恰当性。建设项目应按规定程序、时间要求履行所有必要的报批报建手续，各项报批报建手续应按照法定或规定程序，由相关部门核发。确认报建手续完成及时性，审批要求合理性。审计也要确认各项报批报建手续办理是否及时，审批中如提出过高要求给项目建设增加成本或建设周期，影响项目可行性，应提交决策部门重新决策。审计内容，建设项目行政许可审批程序的规范性。审查建设项目是否取得或办理项目选址规划意见书、建设用地规划许可证、工程规划许可证、土地使用审批、环保审批、消防、工程质量监督和施工许可证等行政许可文件。建设项目行政许可批复的真实性。审计建设项目办理或取得上述行政许可文件的过程和程序是否符合国家有关规定。建设项目行政许可的时效性。审计建设项目办理或取得上述行政许可文件是否制约项目建设进度，导致项目不能按计划投入使用，从而影响项目发挥其经济性和效益性。建设项目内部审批流程完备性。审计项目是否按组织内部规定履行审批并取得了必要批复文件，是否按照批复内容执行。

二、建设项目采购

（一）建设项目的建设过程就是业主单位完成“建设项目”这一产品的采购过程。由于建设项目具有单一、定制、独有的特点，对该产品的采购较其他标准化产品的采购更加复杂。建设项目一般将材料物资等产品、工程设计和施工劳务等服务分开来，采用多种方式分散采购，然后综合利用各参建单位的管理力量，建成符合设计要求的产品。因此，采购行为贯穿建设全过程，是审计的重点。建设项目采购产品和劳务常用的方式，主要包括公开招标、邀请招标、竞争性谈判、单一来源采购、询价采购等方式。其中，公开招标指的是招标人以招标公告的方式邀请特定的法人或其他组织投标。公开招标是一种最能充分实现信息公开性、程序规范性、竞争公平性的采购方式，是国家和省（市）重点建设项目、全部使用或者部分使用国有资金投资或者国家融资的项目、使用国际组织或外国政府贷款、援助资金的项目，以及依据法律法规规定应当公开招标的项目进行采购的主要方式。邀请招标指的是招标人以邀请投标书的方式邀请特定的法人或者其他组织投标。竞争性谈判是采购人向符合相应资格条件的多家（一般不少于三家）供应商或承包人发出谈判文件，分别通过报价、还价、承诺等谈判商定价格、实施方案和合同条件，并依据谈判文件确定的采购需求及质量和服务要求，且报价最低的原则（政府采购的原则）从谈判对象中确定交易对象的采购方式。单一来源采购指的是采购人直接与唯一的供应商进行谈判采购，商定价格和合同条件的采购方式，也称直接采购。询价指的是采购人一般向三个及以上符合相应资格条件的供应商或承包人就采购的货物或服务发出询价通知书让其报价（一般为一次报价，不得更改），且主要通过价格评审比较，选择符合采购需求，质量服务相等，且报价最低的交易对象的采购方式。上述采购方式并非随意选择，而是各有其适用条件。如公开招标采购，程序最繁杂，是建设项目大宗采购的主要方式。邀请招标属于有限竞争招标，是在技术复杂、有特殊要求或者受自然环境限制，只有少量潜在投标人可供选择；或者采用公开招标方式的费用占项目合同金额的比例过大时采用的采购方式，必须满足自然条件、地域条件、保密条件等一定条件，并经过核准或备案方可采用。竞争性谈判受采购时间、技术标准、市场范围限制，采购供应双方对采购物及对方意图都缺少了解，采购人只能通过与有限和特定的供应商或承包人进行灵活、充分的谈判，才能充分、正确地表达、沟通与确定采购的意图要求、供应服务的能力、实施方案及其技术标准规格，从而选择满意的采购物及交易对象。与招标相比，谈判采购程序简单，周期短，可以避免盲目竞争。但是，竞争性弱，透明性、规范性差，容易作弊。一般要求满足条件：招标后没有供应商投标或者没有合格的供应商，或者重新招标未能成立的；技术复杂或者性质特殊，不能确定详细规格的；采用招标所需时间不能满足用户需求的；不能事先计算出价格总额的。单一来源采购适用特点和条件与竞争性谈判采购相似，且程序更加简单，没有竞争性。一般要求满足下述条件：只能从唯一供应商处采购的；发生了不可预见的紧急情况不能从其他供应商处采购的；必须保证原有采购项目一致性的。询价采购则要求采购标的规格、标准统一，货源充足且价格变化幅度小，且主要比较价格，而无须进一步考察评价供应商能力和实施方案的货物和服务采购。询价采购程序简单、节约采购时间和费用，但竞争性、规范性弱，选择范围窄。议标，实质上即为谈判性采购，是采购人和被采购人之间通过一对一谈判而最终达到采购目的的一种采购方式，不具有公开性和竞争性，因而不属于招投标法所称的招标投标采购方式。国家机关、事业单位和社会团体使用财政性资金采购工程、货物及服务时，应当遵循《政府采购法》。其中，政府采购工程以及与工程建设有关的货物、服务，采用招标方式采购的，适用《招标投标法》及其实施条例；采用其他方式采购的，适用《政府采购法》及其实施条例。

（二）建设项目招标投标审计。招标投标是建设项目采购的主要方式。国有资金、国有企业投资建设项目受法律限定，强制采用招标投标方式进行采购。法定范围之外，多数建设项目也自愿选用了招标投标方式。因此，建设项目采购审计的工作重点是对招标投标过程及其成果的审计。建设项目招标投标过程主要包括招标准备、招标申请、招标控制价编制、刊登资格预审通告和招标通告、资格预审、发放招标文件、勘查现场、召开投标预备会、投标人编送投标文件等环节。对工程招标投标过程情况的审计，主要是跟踪检查上述各个环节执行国家政策、遵守国家和行业有关法律法规规范的情况。招标范围按照国家有关规定需要履行项目审批、核准手续，依法必须进行招标的项目，其招标范围、招标方式、招标组织形式应当报项目审批、核准部门审批、核准。项目审批、核准部门应当及时将审批、核准确定的招标范围、招标方式、招标组织形式通报有关行政监督部门。全部或者部分使用国有资金投资或者国家融资的项目（包括使用预算资金 200 万元人民币以上，并且该资金占投资额 10% 以上的项目，及国有企业事业单位通过投资关系、协议或者其他安排，能够实际支配项目建设的情形），使用国际组织或者外国政府贷款、援助资金的项目，大型基础设施、公用事业等关系社会公共利益、公众安全的项目，如果同一项目中可以合并进行的勘察、设计、施工、监理以及与工程建设有关的重要设备、材料等的采购，合同估算价合计达到规定标准，其单项采购或整个项目的总承包采购必须招标。在技术复杂、有特殊要求或者受自然环境限制，只有少量潜在投标人可供选择；或者采用公开招标方式的费用占项目合同金额的比例过大，并经过有关部门批准可以采用邀请招标。具备法定条件，如采用不可替代的专利或者专有技术；采购人依法能够自行建设、生产或者提供的，可以不进行招标。招标组织招标人具有与招标项目规模和复杂程度相适应的技术、经济等方面的专业人员，可自行组织招标；也可选择招标代理机构组织招标，招标代理机构在招标人委托的范围内开展招标代理业务，不得在所代理的招标项目中投标或者代理投标，也不得为所代理的招标项目的投标人提供咨询。招标准备公开招标的项目应当在国务院发展改革部门依法指定的媒介发布招标公告。在不同媒介发布的同一招标项目的资格预审公告或者招标公告的内容应当一致，同时编制招标文件。招标人在招标文件中可要求投标人提交投标保证金，投标保证金不得超过招标项目估算价的 2%，有效期应当与投标有效期一致。招标人设有最高投标限价的，应当在招标文件中明确最高投标限价或者最高投标限价的计算方法。资格预审结束后，招标人应当及时向资格预审申请人发出资格预审结果通知书。未通过资格预审的申请人不具有投标资格。通过资格预审的申请人少于 3 个的应当重新招标。招标人采用资格后审办法对投标人进行资格审查的，应当在开标后由评标委员会按照招标文件规定的标准和方法对投标人的资格进行审查。投标投标人参加依法必须进行招标项目的投标，不受地区或者部门的限制，任何单位和个人不得非法干涉。投标人应在投标截止时间前提交投标文件，并提交投标保证金。未通过资格预审的申请人提交的投标文件，以及逾期送达或者不按照招标文件要求密封的投标文件，招标人应当拒收。招标人应当如实记载投标文件的送达时间和密封情况，并存档备查。开标、评标和定标招标人应当按照招标文件规定的时间、地点开标。如投标人少于 3 个不得开标，应当重新招标。

开标后，招标人应当组织评标委员会进行评标。评标委员会的专家成员应当从评标专家库内相关专业的专家名单中以随机抽取方式确定。评标委员会成员应当依照《招标投标法》规定，按照招标文件规定的评标标准和方法，客观、公正地对投标文件提出评审意见。招标项目设有标底的，招标人应当在开标时公布。评标完成后，评标委员会应当向招标人提交书面评标报告和中标候选人名单，评标报告应当由评标委员会全体成员签字。对评标结果有不同意见和理由的应在评标报告中注明。中标候选人应当不超过 3 个，并标明排序。招标人应当自收到评标报告之日起三日内公示中标候选人。招标人应当确定排名第一的中标候选人为中标人。排名第一的中标候选人放弃中标、因不可抗力不能履行合同、不按照招标文件要求提交履约保证金，或者被查实存在影响中标结果的违法行为等情形，不符合中标条件的，招标人可以依次确定其他中标候选人为中标人，也可以重新招标。定标签约确定中标人后，招标人和中标人应当依照《招标投标法》及其实施条例的规定签订书面合同，合同的标的、价款、质量、履行期限等主要条款应当与招标文件和中标人的投标文件内容一致。招标人和中标人不得再行订立背离合同实质性内容的其他协议。招标文件要求中标人提交履约保证金的，中标人应当按照招标文件的要求提交。履约保证金不得超过中标合同金额的 10%。审计目标，核实招标资料的真实性和可靠性建设项目的招标范围、招标方式、招标组织形式应报政府有关部门审批或核准，各项审批、备案资料应齐全。建设项目应按规定程序组织招标投标工作，各个环节记录文件应真实存在。开标应在招标文件规定的时间、地点进行；审查评标委员会应按照招标文件确定的评标标准和方法，对投标文件进行评审；招标人应接受评标委员会推荐的中标候选人。审核招标过程合规性建设项目的招标范围、招标方式、招标组织形式应符合国家法律法规要求；招标投标过程应遵守国家和行业有关程序。项目的开标、评标和定标应符合国家和行业有关法律法规要求，满足招标文件的相关要求。确认招标工作完成及时性，结果最优化建设项目招标前期准备、招标投标过程应在国家和行业相关规定的时间内进行，遵循经济效益性原则。项目的开标、评标和定标环节应在国家和行业有关规定的期限范围内完成；选定的中标人应为投标技术方案最优、报价合理的投标人。审计内容，项目招标前期准备情况。审查各项招标前期审批手续是否完备，审查招标标段划分、招标范围和方式是否合规。项目招标、投标程序。审查建设单位或招标代理机构是否具备相关能力和资质，检查招标申请及其批准情况；审查招标程序是否合规；投标人和投标文件是否满足国家和行业有关规定，是否对招标文件提出的实质性要求和条件作出响应；审查招标投标过程是否在法律法规要求的期限内完成，是否遵循经济效益性原则。

（三）建设项目询价及竞争性谈判采购审计。与招标投标相比，询价采购和通过竞争性谈判采购是相对简捷高效的采购方式，适用于非法定招标采购事项。询价采购是《政府采购法》规定的政府采购方式之一，其主要适用于采购的货物规格、标准统一、货源充足且价格变化幅度小的政府采购项目，它既能满足采购单位的一些数量不多、金额较小、时间要求紧的采购需求，同时也能有效地节约采购过程的成本，对于采购规模不大、采购任务相对较少、招标方式难以实施的地区和中小城市的集中采购机构来说，是一种较为常用的政府采购方式。为了使询价采购能充分体现公开、公平、公正及竞争和效益原则，在询价准备阶段，采购单位要进行采购项目分析，制定采购方案，确定采购项目清单，编写询价书，采取公开方式和有限邀请方式邀请供应商参与询价。各供应商应在规定的时间内提交报价文件，报价文件中应一次报出一个不可更改的最终报价，以确保公平竞争。报价文件要求密封报送，一般不应接受传真或电话报价。报价文件提交后，供应商不得对报价文件进行修改。采购机构在报价时间截止后，要公开唱标，对各供应商提供的报价文件中的报价表进行公开报价。询价小组进行综合评价后，推荐预成交供应商，出具询价结果报告，经批准后，签发询价结果通知书，签订采购合同。竞争性谈判采购采用竞争性谈判方式采购，主要包括五个步骤：成立谈判小组、制定谈判文件、确定邀请参加谈判的供应商名单、谈判、确定成交供应商。通常可以把这五个步骤归纳为两个阶段，即谈判前的准备阶段和谈判阶段。在准备阶段，应注意做好以下几项工作：一是从资金、技术、生产、市场等几个方面对采购项目进行全方位综合分析。二是确定项目采购清单。三是编制竞争性谈判邀请函。四是制作竞争性谈判文件。五是邀请参加谈判的供应商。六是对参加谈判的供应商进行资格预审。七是根据资格审查情况，确定参加谈判的供应商名单，并发售竞争性谈判文件。八是成立由技术专家、采购单位和有关方面的代表组成的谈判小组。九是确定工作人员。十是邀请监督机关、公证机关对谈判过程实施监督。谈判阶段需要做的工作主要包括：一是报价文件递交时间截止后，在规定的时间、地点对各供应商提交的报价文件中的报价表进行公开报价。二是在公开报价后，谈判小组要对各谈判方递交的报价文件进行审阅，以判定谈判方资格的有效性，确定进入谈判阶段的供应商名单。三是谈判小组与各谈判方就技术方案进行谈判，技术谈判结束后，要确定进入下一轮谈判即商务谈判的供应商名单。四是谈判小组与各谈判方分别就商务方案进行谈判，确定进入最终承诺报价的供应商名单。五是组织技术、商务方案均符合要求的各谈判方进行最终承诺报价，最终承诺报价结束后，谈判小组要对最终承诺报价进行综合评审。六是经过对最终承诺报价进行综合评审、评断，并汇总出综合评审结果，最后由谈判小组出具最终谈判结果，推荐预成交供应商。七是采购代理机构根据谈判小组出具的谈判结果报告和确定成交的意见，综合审查相关资料，确定最终成交供应商。审计目标，核实询价过程记录完整可靠性。建设项目询价采购事项应属于建设项目概算内采购内容，采购过程应完整记录，各个环节记录文件应真实存在。查实询价工作流程合规性。建设项目采用询价采购形式应符合国家法律法规要求；采购过程应遵守国家和本单位有关程序。询价采购过程不得有串通作假或未尽责情形。确认选定供应商报价合理最优化。建设项目采用询价方式采购应按国家和行业相关规定的时间进行，遵循经济效益性原则。选定的供应商报价合理并满足质量和时间要求。

第八节　建设项目管理和工程造价及财务绩效审计

一、建设项目工程管理

（一）在项目建设过程中，相关参建单位应当依据国家和政府颁布的有关法律法规和行业规范，以及工程建设的有关设计合同文件，加强工程建设质量、安全和进度管理。对工程建设质量、安全和进度的审计，首先，要关注工程质量、安全和进度内部管理制度的建立健全情况；其次，要对实体质量、相关管理措施等进行现场抽查。除下列各节中对各专项管理工作的审计内容外，内部审计机构要统筹平衡各项管理目标之间的关系，根据工程建设需要，了解建设项目管理体系的建立情况，主要包括：上级组织对建设项目管理单位的授权是否明确而充分，是否建立了恰当的目标考核机制并切实执行，建设目标是否明确、是否分解下达并进行了考核。建设项目管理单位的组织结构是否能适应工程建设指挥需要，各部门分工是否清晰并相互衔接。建设项目主要管理人员是否具备建设项目管理所需专业知识和管理经验，相关部门工作人员是否具备从事建设管理各有关专业工作的知识结构和背景，项目管理机构人力资源配置总体是否能满足项目建设高峰期管理需要。是否根据建设项目特点建立并培育了适应工程所处行业、地域等特性和项目管理需要的管理文化。是否建立了与建设承包合同模式相适应的甲乙方沟通机制，沟通是否及时、顺畅、充分。对建设项目开展工程管理审计时，审计人员应当充分认识工程管理涉及专业多、参建单位多、外部影响因素多、突发情况多等复杂态势，与建设项目管理人员充分沟通，努力了解项目管理的架构、模式、方式和管理文化，必要时要对相关参建单位进行调查，以了解管理人员实施各项工程管理行为时所面临的环境和情势，并在此基础上作出专业判断。对建设项目开展工程管理审计时，除应当对建设项目管理机构（业主）及其部门、人员实施的各项具体建设行为的有效性和效率性进行审计之外，还应当关注建设项目管理机构通过调配建设资源、落实建设计划、协调建设工作等方式，对项目勘察、设计、施工、供货、监理、咨询等参建单位履约提供产品或服务工作实施的组织和管理行为的有效性和效率性。项目建设中出现因参建单位未能充分履约等各种外部原因影响工程建设目标实现的情况时，审计人员应当加以关注，并深入分析原因，判断是否存在建设项目管理机构工程管理能力不足、管理措施不当、管理效率不高导致对参建单位相关工作督导不足等问题。

（二）建设项目工期管理审计。建设项目工期管理，或称进度管理，指的是保证项目准时完工所必需的一系列管理过程和活动。项目进度管理的目的是对建设项目进行计划、组织、协调、控制。项目进度管理是建设项目能否按期建成并投入使用的关键，也制约着工期、成本两大管理目标的实现。审计目标，核实工期管理资料的真实性和完整性。项目进度管理计划编制和执行以及项目进度款支付使用等环节各项进度管理工作应真实存在，各项关于项目进度管理记录资料应真实、完整。确认工程进度是否满足合同要求，工期变更和索赔是否合理，审查进度计划编制是否以安全生产、厉行节约为前提，工程设计、施工进度、工程款到位、各类资源配置是否与进度计划相匹配；审查进度计划变更是否按规定程序通过相关部门审批，是否经济合理；审查进度款支付是否以实际完成工程量为依据，变更索赔日期和金额是否合理。审计内容，建设项目进度管理计划编制情况。审查各合同文件、施工方案关于工期和项目进度的规定是否一致；是否建立了进度计划管理的体系和制度，进度计划编制是否以安全生产、厉行节约为前提，满足合同要求。建设项目进度管理计划执行情况。检查建设单位和监理进度检查报告、施工组织设计、各种进度管理计划、已完工程量统计表等资料，审查进度计划的落实情况；审查计划变更的原因是否属实，变更后的进度计划是否合规、完整可行，进度计划变更是否按规定程序通过相关部门审批。

（三）建设项目质量管理审计。工程质量管理是指建设项目确立和实现工程预定质量标准的全部职能及其工作内容，也包括对工程质量成果进行评价和改进的一系列活动，包括相关参建单位围绕工程质量所进行的指挥、协调和控制等活动。工程质量管理的目的是预防、减少或消除质量缺陷，建设质量合格的工程项目，保证投资效益的实现。工程质量管理的基本模式是策划、实施、检查和改进。

工程质量的好坏是建设、勘察、设计、施工、监理、物资供应等单位各方面、各环节工作质量的综合反映。工程质量管理的主要工作，包括质量管理体系的建立和质量管理措施的实施。质量管理体系涵盖各个参建单位，包括制定建设项目质量管理目标，设置质量管理专职机构、明确质量责任和权限、建立质量管理制度体系、确立员工培训上岗机制等工作。质量管理措施的实施，应当建立在各参建单位质量责任的基础上，各司其职，共同对工程质量进行控制、检测和完善。建设项目审计中应当关注工程质量管理情况，促进相关参建单位加强工程质量管理，确保建设项目建设质量。审计目标，核实参建单位履行质量管理职责充分性，记录完整性。参建单位应履行质量管理、质量事故处理和施工过程质量验收等职责，各项质量管理工作真实，项目质量管理记录资料完整。查实质量管理行为合规性。参建单位质量管理职责履行、质量事故处理和施工过程质量验收等环节各项质量管理工作应符合国家和行业有关法律法规的规定。审计内容，建设项目参建单位质量管理职责履行情况。审查各参建单位确定的质量管理事项是否落实；监理工作、合同管理以及分包合同管理是否符合国家法律法规和行业规范；检查工程变更的审批程序、索赔申报与审批程序等约定是否明确及得到履行。建设项目质量事故处理过程。审查相关机构是否对质量事故的原因进行调查分析；审查质量事故的技术处理方案是否严格执行相应的工程质量标准，事故处理技术方案是否切实可行、经济合理。建设项目施工过程验收。审查施工单位是否落实施工工序的质量自检工作；抽查检验批质量验收记录，检查检验批验收程序是否符合规定，主控项目和一般项目的质量经抽样检验是否合格；抽查各层级质量验收记录，重点跟踪验收中出现的不合格情况的处理记录，检查施工过程质量验收不合格的处理是否符合规定。

（四）建设项目安全管理审计。项目安全管理的任务是发现、分析和消除生产过程中的各种危险，防止发生事故和职业病，避免各种损失，保障员工的安全健康，从而推动项目建设的顺利进行，促进提高建设项目的经济效益和社会效益。主要包括项目安全生产责任制执行、项目现场安全管理以及项目安全防护、文明施工措施费用管理使用等。审计目标，确认项目各参建单位安全管理职责履行项目各参建单位安全生产责任制执行、项目现场安全管理以及项目安全防护、文明施工措施费用管理使用等工作应到位，符合国家和行业有关法律法规和规范的要求。安全管理制度和岗位安全操作规程的培训应及时，安全事故处理方案应得到有关单位审批。确认记录完整性项目安全管理记录资料应真实、完整。必要的资料包括对安全管理规章制度及安全操作规程的执行情况、施工组织中安全技术措施和危险作业施工专项措施的制定审核和对施工人员的技术交底情况、大型和特种机械的使用、保养、检修情况和员工安全教育培训与持证上岗记录资料等。审计内容，建设项目安全生产责任制执行情况。审查安全管理组织的建立情况、安全管理岗位的设置情况、安全生产制度建立和落实情况，上述各个环节的设立和执行是否符合国家法律法规和行业规范；审查项目建设过程中是否发生过安全生产责任事故，对事故的调查、分析和处理是否及时、合规，是否贯彻了“事故原因分析不清不放过，事故责任者和群众没有受到教育不放过，没有采取切实可行的防范措施不放过”的原则。建设项目现场安全管理情况。抽查项目负责人、安全管理人员及特种作业人员是否持有相应资格证书，是否进行全员安全教育，安全管理制度和岗位安全操作规程的培训是否及时；检查安全设备材料的使用是否符合国家法律法规、行业规范以及合同规定；审查是否制订安全事故的技术处理方案，技术处理方案是否切实可行、经济合理。建设项目安全防护、文明施工措施费用管理使用情况。审查检查安全防护、文明施工措施费用实际提取金额与应提取金额是否一致；审查安全生产费用提取金额、会计处理和会计报表的反映是否正确；审查落实安全生产费用的具体使用范围是否符合规定。

二、工程造价审计

（一）工程造价审计是指内部审计机构和内部审计人员依据相关法规和合同协议，对建设项目成本的组成及其真实性、合理性进行审查，对项目成本控制作出评价，以及对改进和完善工程成本管理工作提出意见和建议。建设项目造价管理就是对工程成本的管理。建设项目的成本呈单向累加趋势，随建设工程的逐步进展而增加。在建设项目前期阶段，一般根据工程规模、地点等主要条件编制工程估算；在初步设计编制完成后，应根据初步设计工程量编制工程概算；在施工图设计和工程施工阶段，应当依据工程施工图纸详细计算工程量，编制工程预算；在工程完成阶段，应对相关合同进行结算后，最终汇总编制工程结算；在工程竣工阶段，投资方应当按规定汇总建设安装工程投资、设备投资、待摊投资、其他投资等费用，编制工程决算。各阶段工程造价核算的范围和精细程度略有不同，如工程概算中，最小单位子目一般在单位工程级别，在工程预算和结算中，则精细到分部分项工程级别。工程造价不是一成不变的，根据工程进展中各种内外部因素变化的需要，工程造价会因为实际工程量、工程设计变更、工程索赔等原因出现较大变化。因此，工程变更管理、索赔管理也是工程造价管理的重要组成部分。投资估算是在建设项目前期对项目投资额进行的估计，是多方案比选，优化设计，合理确定项目投资的基础，是审批项目的依据之一。编制估算的方法主要包括比例估算、指标估算、系数估算等。审计应当根据需要对投资估算编制基础、编制方法的选择、编制过程进行逐项审查。初步设计概算是在初步设计或扩大初步设计阶段，由设计单位根据初步设计或扩大初步设计图纸，概算定额、指标，工程量计算规则，材料、设备的预算单价，建设主管部门颁发的有关费用定额或取费标准等资料预先计算工程从筹建至竣工验收交付使用全过程建设费用的经济文件。初步设计概算是初步设计文件的重要组成部分，是在投资估算的控制下由设计单位根据初步设计、概算定额（概算指标）等资料，编制和确定的建设项目从筹建至竣工交付使用所需全部建设费用的经济文件。按照国家规定采用两阶段设计的建设项目，初步设计阶段要编制初步设计概算；采用三阶段设计的，技术设计阶段还要编制修正概算。施工图预算是指拟建工程在开工之前，根据已批准并经会审后的施工图纸、施工组织设计、现行工程预算定额、工程量计算规则、材料和设备的预算单价、各项取费标准，预先计算工程建设费用的经济文件。施工图预算是设计单位完成施工图设计后，根据施工图纸、预算定额、各项取费标准、建设地区的自然及技术经济条件等资料编制的建筑安装工程预算造价文件。在实行招标承包制的情况下，施工图预算是建设单位确定标底和施工单位投标报价的依据，关系到建设单位和施工单位经济利益。设计变更是指设计单位依据建设单位要求调整，或对原设计内容进行修改、完善、优化。设计变更关系到建设项目建设进度、质量和投资控制。

（二）工程造价管理审计，工程造价管理，指的是项目投资方（业主）及建设管理方在项目建设全生命周期内围绕项目成本控制开展的一系列管理工作。工程造价管理审计主要针对工程造价管理工作的合规性、完整性进行审查和评价。审计目标，核实工程价款结算合规性。工程造价控制体系应有效，工程结算应符合招标文件和合同约定，工程索赔条件合规，索赔证据充分、及时，索赔费用内容合理。工程价款结算相关工程量计算应准确，定额套用、材料价格应合规。确认结算支付及时性。工程价款结算支付应及时，进度适当。工程索赔及反索赔办理应及时、全面。审计内容，初步设计概算审查初步设计概算编制人员资格是否适当，编制依据是否合法、有效、适用，编制深度是否符合规定。审查投资规模、设计标准是否符合可行性研究报告或立项批复文件。施工图预算审查工程造价编制单位、人员资质是否符合要求。设计变更审查设计变更的提出是否真实、合规。审查设计变更审批程序是否合规，变更原因是否合理，变更方案是否优选。竣工结算及支付审查竣工结算和资金支付是否及时，是否存在违反工信部《及时支付中小企业款项管理办法》。“国家机关、事业单位不得以审计作为支付中小企业款项的条件，不得以审计结果作为结算依据”等相关规定现象。政府投资项目是否存在违反全国人大常委会法工委在回复中国建筑业协会作出《关于对地方性法规中以审计结果作为政府投资建设项目竣工结算依据有关规定提出的审查建议的复函》关于“地方性法规中直接以审计结果作为竣工结算依据和应当在招标文件中载明或者在合同中约定以审计结果作为竣工结算依据的规定，限制民事权利，超越地方立法权限，应当予以纠正”和住建部办公厅《关于加强新冠肺炎疫情防控有序推动企业开复工工作通知》关于“规范工程价款结算，政府和国有投资工程不得以审计机关的审计结论作为工程结算依据，建设单位不得以未完成决算审计为由，拒绝或拖延办理工程结算和工程款支付”等相关规定的现象。

（三）工程造价真实性审计。工程造价是建设各方依照设计文件和合同约定分别发生，由项目业主直接或间接支付并承担的各类成本的总额。对工程造价真实性的审计，主要在工程各类合同结算、完工结算、竣工结算和决算环节完成。审计目标，查实投资完成情况真实性。完成投资额应真实，不得有虚列工程、套取资金等行为。确认工程价款结算真实性。工程各类合同结算及其变更不得有弄虚作假、高估冒算等行为。核实索赔签证真实性。工程索赔证据、签证单内容应真实。审计内容，初步设计概算审查工程量计算是否准确，概算定额套用、有关费用计取是否正确。施工图预算审查施工图预算分部分项工程费用计算是否正确，措施费清单列项和计算是否合理，其他项目费中暂列金额、暂估价、计日工等确定是否合规，相关规费和税金计取是否正确。审查施工图预算工程量计算是否准确，综合单价计算是否正确。设计变更审查变更工程量计算是否准确，相关取费是否符合规定，价格是否合理。工程索赔审查经济补偿和工期顺延的要求是否真实，计算是否合理。

三、建设项目财务与绩效审计

（一）建设项目财务管理和会计核算工作的总体目标，是依法筹集和使用基本建设项目建设资金，防范财务风险；合理编制建设项目资金预算，加强预算审核，严格预算执行；加强建设项目核算管理，规范和控制建设成本；及时准确编制建设项目竣工财务决算，全面反映基本建设活动的财务状况；加强对建设项目活动的财务控制和监督，实施绩效评价。做好建设项目财务管理工作，应当加强财务管理的基础工作，按规定设置独立的财务管理机构或指定专人负责基本建设项目财务工作；要严格按照批准的概预算内容，做好账务设置和账务管理，建立健全内部财务管理制度；对基本建设活动中的材料、设备采购、存货、各项财产物资及时做好原始记录；要及时掌握工程进度，定期进行财产物资清查；并要按规定向上级报送基建财务报表等。建设项目财务审计需要针对建设项目财务管理和会计核算工作各项目标，依据国家、组织各项财务会计管理制度要求，对建设项目资金管理、会计核算等工作及其结果进行审计，就财务报告的真实性和相关工作的合规性、效益性提出审计意见。审计目标，核实建设资金筹集的及时性和完整性建设资金应及时足额到位并完全用于本项目，按项目批准的立项文件进行资金筹集。资金使用应符合法律法规，并应在设计文件规定范围内。确认资金管理和使用的合法合规性资金支付程序应完整有效，支出受到概算、预算恰当控制，财务报告应符合相关会计准则。审计内容，建设项目建设资金来源情况。与项目可行性研究报告、初步设计概算等批复文件中规定的资金来源对比，审查项目是否按批复文件要求进行资金筹集。建设项目各类建设资金到位情况。审查建设项目各类建设资金到位情况，重点关注项目资本金到位情况，有无挤占挪用其他项目资金；获取或编制上级拨入资金明细表，与有关明细账、总账和报表相核对，审查上级资金拨入情况；审查其他资金到位情况。

（二）建设项目会计核算审计，审计目标。确认建设项目财务报告是否真实、完整地反映了项目建设成本状况和资金使用情况。建筑安装工程、设备投资、待摊投资等管理使用是否真实，是否全部用于本项目范围之内。审查项目竣工财务决算报表编制是否完整，能否真实全部反映项目建设情况。审计内容，建设项目建筑安装工程支出情况。审查建筑安装工程结算的真实性，建设单位支付工程款是否合理；资金支付是否按规定进行了审批，付款手续是否合法、齐全；是否按合同约定支付预付工程款、备料款、工程进度款，有无因付款不及时，导致项目建设成本增大的问题。建设项目设备投资支出情况。审查设备投资支出的真实性，是否全部用于本项目范围之内；资金支付是否按规定进行了审批，付款手续是否合法、齐全；是否按合同约定支付预付款、进度款，有无因付款不及时，导致项目建设成本增大的问题。建设项目待摊投资支出情况。审查各项待摊投资支出的真实性，是否全部用于本项目范围之内；资金支付是否按规定进行了审批，付款手续是否合法、齐全；是否按合同约定支付，有无因付款不及时，导致项目建设成本增大的问题。建设项目竣工财务决算报表。审查竣工决算报表是否按规定的期限编制，竣工决算各种报表是否填列齐全，有无漏报、缺报；已报的决算各表中项目的填列是否正确完整，各表之间勾稽关系是否正确，报表中有关概算数和计划数是否与批准的概算数和计划数相一致；竣工决算表中的主要项目金额是否与其历年批准的财务决算报表中的主要项目金额相符；审查结余资金的合理性、合法性。

（三）建设项目绩效审计是指内部审计机构和内部审计人员依据相关标准，综合运用各种技术和方法，对建设项目的经济性、效率性和效果性进行检查和评价的活动。建设项目绩效审计中所采用的工作方法、技术与建设项目主管部门和管理单位组织开展的建设项目绩效评价、建设项目后评价工作内容大体相似，但建设项目绩效审计工作往往因审计部门的数据收集、处理、分析能力提升了评价结果的准确性，审计人员的独立立场和职业道德素养提升了评价结果的客观性。建设项目效益包括经济效益、社会效益、环境效益等多个方面。根据受益对象范围不同，经济效益又可以分为建设项目自身财务效益和考虑外部性之后的国民经济效益。对建设项目全面开展绩效审计的内容应当包括项目目标达成情况评价、项目绩效评价、项目影响评价、项目可持续性评价、项目管理评价等几个方面。实践中，上述内容可根据项目特点和管理层需要有所取舍。项目目标达成情况评价，即评定项目立项时各项预期目标的实现程度，并要对项目原定决策目标的正确性、合理性和实践性进行分析评价。项目绩效评价，即财务评价和经济评价。项目影响评价，主要有经济影响评价、环境影响评价、社会影响评价。项目可持续性评价，是指在项目的资金投入全部完成之后，对项目的既定目标能否按期实现，项目业主能否依靠自己的力量独立实现既定目标，项目是否具有可重复性等方面作出评价。项目管理评价，即以项目目标和绩效评价为基础，结合其他相关资料，对项目管理机构在整个项目生命周期中各阶段管理工作进行评价。审计目标，经济性指在充分考虑工程质量的前提下尽量减少投资成本，包括项目立项、勘察、设计、施工、监理、供货等环节的资金投入和工程造价控制情况。效率性指项目建设与其所用的资源（如土地、建筑材料、机械、人工等）之间的关系，即一定的投入所能得到的最大产出，或一定的产出所需的最少投入，包括项目立项、勘察、设计、施工、监理、供货等环节的管理措施、资金使用及项目执行情况。效果性指项目的预期结果和实际结果之间的关系，也就是说，项目在多大程度上达到政策目标、经营目标以及其他预期效果。包括项目的预期目标实现情况、经济效益、社会效益、生态效益等情况。审计内容，项目建设经济性审查和评价，包括项目立项、招标、设计、施工等各环节的质量、投入和项目造价控制；后评价中还需要考虑项目运营成本是否节约。项目建设行为效率性审查和评价，包括项目立项、招投标、设计、施工等各环节的管理政策、原则、制度、措施、组织结构、资金利用及其执行情况；后评价中还需要考虑建成的项目是否有利于提高运营效率。项目建设效果审查和评价，包括项目的预期目标、经济效益、社会效益以及环境保护设施与工程建设的同步性、有效性。

结合型绩效审计，建设项目绩效审计可以单独开展，也可以与对建设项目各阶段工作的合规审计、财务审计、造价审计等结合进行。开展结合型建设项目绩效审计的方式主要包括：在项目决策审计中，要评价投资项目立项是否符合国家的方针政策和社会发展需求、是否存在后期投产即面临市场萎缩或关停并转等要求的风险。在工程管理审计中，要评价项目各参建单位是否勤勉尽责，是否具备较高管理能力，是否提升了项目各项资源的运用效率，是否按期或提前完工。在工程造价审计中，要评价项目投资是否控制在概算内，是否采取得力措施降低了工程造价，避免了投资浪费和损失。在工程质量审计中，要评价项目建设质量是否合格，工作能力和寿命是否满足设计要求。在工程竣工决算审计中，要结合工程验收工作，考核项目性能指标是否达到设计目标，运营效率是否达到预期，外部市场和资源条件是否符合预期。在项目后评价中，要测算项目投资回收期、财务净现值、内部收益率、投资收益率等经济指标，评价项目投资的获利能力和偿债能力。要对投资项目的社会效益、环境效益作出评价。分析投资项目建成投产后，对当地乃至周边地区的经济建设、社会发展、人民生活改善、劳动就业、节能降耗、资源利用、防灾减灾、环境保护、生态平衡等的影响。要高度重视对项目未来若干年份的运营中经营现金流所作预测固有的不确定性和经营风险不可控给审计工作带来的风险。要综合考虑建设过程中内外部环境因素变化情况，提出改进项目管理工作，提高建设项目综合绩效的意见或建议。

第九章　预算项目绩效管理

2023年强化预算绩效管理，持续推进预算绩效管理，将绩效理念和方法深度融入预算管理全过程。将落实党中央、国务院重大决策部署作为预算绩效管理重点，加强对新出台重大政策、项目事前绩效评估，增强政策可行性和财政可持续性。严格绩效目标管理，提高绩效指标体系的系统性、精准性、实用性。完善重大政策、项目预算绩效评价机制，充分运用绩效评价结果，将评价结果作为完善政策、安排预算和改进管理的重要依据。进一步引导和规范第三方机构参与预算绩效管理工作。积极推进绩效信息公开，主动接受社会公众监督。预算指标核算是指政府财政部门采用复式记账法，对预算指标管理业务或事项进行核算，通过对预算指标的批复、分解、下达、生成、调整、调剂、执行和结转结余等全生命周期过程记录，实时反映预算指标的来源、增减及状态，实现预算指标管理全流程"顺向可控，逆向可溯"。绩效评价应当遵循科学公正，绩效评价应当运用科学合理的方法，按照规范的程序，对项目绩效进行客观、公正的反映。绩效评价结果应依法依规公开，并自觉接受社会监督。本章包括：预算指标核算管理；中央部门预算绩效目标管理；项目支出绩效评价管理；投资项目财政政策预算绩效管理；政府和社会资本合作项目绩效管理；中央财政补助资金绩效评价；财政项目支出预算绩效管理；项目支出核心绩效目标和指标设置及取值指引等。

第一节　预算指标核算管理

一、预算指标核算

预算指标核算是指政府财政部门采用复式记账法，对预算指标管理业务或事项进行核算，通过对预算指标的批复、分解、下达、生成、调整、调剂、执行和结转结余等全生命周期过程记录，实时反映预算指标的来源、增减及状态，实现预算指标管理全流程"顺向可控，逆向可溯"。预算指标核算管理办法适用于中央，省、自治区、直辖市，设区的市、自治州，县、自治县、不设区的市、市辖区，乡、民族乡、镇等各级政府财政部门。衔接中央、省、市、县、乡镇五级财政预算。预算指标核算范围包含一般公共预算资金、政府性基金预算资金、国有资本经营预算资金、财政专户管理资金（教育收费）和单位资金等。核算对象既包括纳入本年度收支预算的资金、也包含上年结转结余的资金。预算指标核算按资金性质分别核算、分别平衡。政府财政部门是预算指标核算管理的主体。保证预算指标核算管理数据的合法性、完整性和准确性。政府财政部门和预算单位通过预算管理和资金支付业务操作自动触发核算体系记账，对数据等有关要素的合法性、完整性、准确性、真实性负责。预算指标核算管理通过全国统一的核算科目和管理规则，统一的核算控制要素，统一的核算口径，全面反映预算指标的来源、增减及状态，实现对各级政府财政部门预算管理全过程的记录、控制和反映。预算指标核算应当划分核算期间，分期结算，按规定编制报表。核算期间至少分为月度和年度。核算月度、年度等核算期间的起讫日期采用公历日期。年度终了后，可根据工作需要设置一定期限的上年核算清理期。预算指标核算应当遵循以下基本原则：加强政府收支预算约束，实施财政收支总额控制。按照"先有预算、再有指标、后有支出"的原则，"支出预算余额控制支出指标、支出指标余额控制资金支付"的控制机制，严禁无预算或超预算支出。预算变动必须按照业务规范进行核算，确保预算的严肃性。将预算全口径（除社会保险基金预算）纳入核算范围，通过复式记账的规则，实现以可动用的财政资源（财力类科目）控制年度财政总支出规模（指标来源类科目）。以年度财政总支出规模（指标来源类科目）控制支出指标的生成和使用（支出指标类、支付申请类、支付类以及结转核销类科目）等后续流程。从而实现预算严格控制指标，年度财政总支出规模控制分部门的财政支出预算。将各级政府预算数据全部纳入核算范围，并通过预算指标核算环环相扣，建立上下级财政间预算管理衔接机制。预算指标核算科目包括财政资金预算指标核算科目和单位资金预算指标核算科目，其中单位资金预算指标核算科目是财政资金预算指标核算科目的简化。财政资金预算指标核算科目包括指标来源类、提前安排类、结转结余类、财力类、支出指标类、收入类、支付申请类、支付类和结转核销类。单位资金预算指标核算科目包括单位资金支出预算类、提前安排类、结转结余类、单位资金收入预算类、支出指标类、收入类、支付申请类、支付类和结转核销类。核算规则如下：指标来源类科目用以核算年度总支出预算，并通过本科目控制支出指标生成及后续流程。包括政府支出预算、安排国库集中支付结余。提前安排类科目用以核算在各级人民代表大会批准预算之前按相关法规可以提前安排的支出指标，并在人大批准预算后予以核销。包括本级财力提前下达指标、本级财力年初控制数和其他预拨指标。结转结余类科目用以核算确认收入和确认支付相抵后的结转结余。财力类科目用以核算年度总收入预算。包括政府收入预算和应付国库集中支付结余。支出指标类科目用以核算在指标来源类科目和提前安排类科目控制下生成的支出指标，并通过本科目控制支付申请类及后续流程。包括待下达指标、可执行指标和可执行指标冻结。支付申请类科目用以核算财政和单位在支出指标控制下的支付申请，并通过本科目控制确认支付及后续流程。包括支付申请。支付类科目用以核算在指标来源类、支出指标类和支付申请类科目控制下的确认支付，并通过本科目进行结转结余核算。收入类科目用以核算财力类科目的确认收入，并通过本科目进行结转结余核算。结转核销类科目用以核算根据预算指标结转结余规定，指标来源类、支出指标类的指标结转结余。并通过本科目和结转结余类科目进行年终结账。包括指标结转和指标结余。单位资金预算指标核算科目中单位资金支出预算类参照财政资金预算指标核算科目的指标来源类科目，单位资金收入预算类参照财政资金预算指标核算科目的财力类科目。预算指标核算应当按照以下规定运用核算科目：各级政府财政部门应当对有关法律、法规允许进行的经济活动，按照办法的规定设置和使用核算科目，不得以办法规定的科目及使用说明作为进行有关经济活动的依据。以便于监督管理、生成报表和实行信息化管理。预算指标核算应当设置明细科目进行核算，并使用对应核算控制要素和辅助核算要素。政府收支分类科目、支出经济分类科目原则上需到末级科目。支出指标类必须使用末级科目。各级政府财政部门应当按照下列规定编制报表，财政部根据管理需要适时调整报表样式。预算指标核算报表包括预算指标核算管理总表、预算收入预算变动及执行情况表和预算支出预算变动及执行情况表。主要反映收支总体情况、收支预算变动及结转结余等事项，按资金性质分别编制，报表由系统自动生成。预算指标核算报表应当按照月和年度编制，也可以根据管理需要按时点编制。预算指标核算报表应当根据完整、无误的核算记录自动生成，做到数字真实、计算准确、内容完整、编报及时。各级政府财政部门可根据实际管理需要，生成符合各自地方特点的报表以及向财政部报送的其他报表。预算指标核算应通过现代信息技术应用与预算制度改革紧密结合，衔接五级财政预算，动态反映预算指标管理业务全貌，建立业务协同、规范管理、统筹协调的指标核算管理运行机制。

二、预算指标核算科目

财政资金预算指标核算科目（表 9-1)，单位资金预算指标核算科目（表 9-2)。

财政资金预算指标核算科目 **表9-1**

借方	贷方
一、指标来源类	二、提前安排类
1001 政府支出预算	2001 本级财力提前下达指标
100101 本级支出预算	2002 本级财力年初控制数
100102 补助支出预算	2003 其他预拨指标
100103 预备费	

续表

借方	贷方
100104 上解支出	三、结转结余类
100105 地区间援助支出预算	3001 结转结余
100106 调出资金	
100107 安排预算稳定调节基金	四、财力类
100108 债务还本支出预算	4001 政府收入预算
100109 债务转贷支出预算	400101 本级收入预算
100110 补充预算周转金	400102 补助收入预算
100111 结转下年支出	400103 上解收入
100199 待分预算	400104 地区间援助收入预算
1002 安排国库集中支付结余	400105 调入资金
	400106 动用预算稳定调节基金
五、支出指标类	400107 债务收入预算
5001 待下达指标	400108 债务转贷收入预算
5002 可执行指标	400109 上年结转收入
500201 本级支出指标	400110 上年结余收入
500202 补助支出指标	4002 应付国库集中支付结余
500203 上解支出指标	
500204 地区间援助支出指标	六、收入类
500205 债务还本支出指标	6001 确认收入
500206 债务转贷支出指标	
5003 可执行指标冻结	
七、支付申请类	
7001 支付申请	
八、支付类	
8001 确认支付	
九、结转核销类	
9001 指标结转	
9002 指标结余	

单位资金预算指标核算科目 **表9-2**

借方	贷方
一、单位资金支出预算类	二、提前安排类
1601 单位资金支出预算	2601 年初控制数
五、支出指标类	三、结转结余类
5601 待下达指标	3601 结转结余
5602 可执行指标	
5603 可执行指标冻结	四、单位资金收入预算类
	4601 单位资金收入预算
七、支付申请类	460101 事业收入预算
7601 支付申请	460102 经营收入预算
	460103 上级补助收入预算
八、支付类	460104 附属单位上缴收入
8601 确认支付	460105 上年结转结余收入
	460106 财政专户管理资金收入（教育收费）
九、结转核销类	460199 其他收入预算

续表

借方	贷方
9601 指标结转结余	
	六、收入类
	6601 确认收入

注：预算指标核算科目，应根据政府收支分类科目以及项目，通过辅助核算要素进行明细核算。在核销提前安排类科目要素不一致时采用反向冲销法核算；其他反向业务均采用红字冲销法以负数核算。460106 财政专户管理资金收入（教育收费）科目由地方根据各自管理模式决定是否启用。如果财政专户管理资金（教育收费）视同财政资金管理则使用财政资金预算指标核算科目体系，如果视同单位资金管理则使用本科目。

三、预算指标核算科目说明

（一）财政资金预算指标核算科目使用说明，包括：指标来源类、提前安排类、结转结余类、财力类、支出指标类、收入类、支付申请类、支付类、结转核销类（略）。单位资金预算指标核算科目使用说明，包括：单位资金支出预算类、提前安排类、结转结余类、单位资金收入预算类、支出指标类、收入类、支付申请类、支付类、结转核销类（略）。预算指标核算要素（表 9-3）。

预算指标核算要素 **表9-3**

序号	要素名称	备注
1	预算年度	
2	财政区划	
3	本级指标文号	
4	预算项目代码	
5	预算单位	
6	资金性质	
7	业务主管处室	
8	指标管理处室	
9	收入分类科目	
10	转移支付支出功能分类科目	
11	支出功能分类科目	
12	政府支出经济分类	
13	部门支出经济分类	
14	指标类型	
15	预算来源	注 2
16	是否提前安排	注 2
17	接收方财政区划	
18	预算级次	
19	上级指标文号	
20	是否政府采购	
21	支付方式	
22	是否工资统发	
23	直达资金标识	
24	是否科研	
25	是否债务	
26	是否基建	

备注：1. 预算指标核算要素和预算管理一体化要素保持一致。2. “预算来源”和“是否提前安排”为本次新增要素。代码及明细选项暂定如下，待预算管理一体化要素更新后保持一致；预算来源：年初预算、预算调整、预算调剂；是否提前安排：1 是 2 否。

（二）预算指标核算管理业务场景仅供各级政府财政部门在预算指标核算管理时参考，不得以此作为进行有关经济活动的依据。本章节中的“上级”是指有对下转移支付的中央、省、市、县级政府财政部门，本章节中的“下级”是指接收上级转移支付的省、市、县、乡镇级政府财政部门；本章节中的“金额流向一致”指的是资金支付的收款方和金额同预算指标一致。财政资金、单位资金预算指标核算管理具体业务场景（略）。

（三）报表格式及报表编报说明，XX 年 XX（一般公共预算 / 政府性基金预算 / 国有资本经营预算）指标核算管理总表；XX 年 XX 一般公共预算收入预算变动及执行情况表；XX 年 XX 一般公共预算支出预算变动及执行情况表；XX 年 XX 政府性基金预算收入预算变动及执行情况表；XX 年 XX 政府性基金预算支出预算变动及执行情况表；XX 年 XX 国有资本经营预算收入预算变动及执行情况表；XX 年 XX 国有资本经营预算支出预算变动及执行情况表；XX 年 XX 单位资金指标核算管理总表（略）。报表编报说明，预算指标核算报表体系共有八张样表，报表格式固定，编报时不得增加（减少）报表科目，为零值的行不得隐藏过滤，报表通过预算指标核算取数，不得直接从业务数据表中取数。财政部根据管理需要适时调整报表样式。

第二节　中央部门预算绩效目标管理

一、绩效目标的设定

绩效目标是指财政预算资金计划在一定期限内达到的产出和效果。绩效目标是建设项目库、编制部门预算、实施绩效监控、开展绩效评价等的重要基础和依据。绩效目标按照预算支出的范围和内容划分，包括基本支出绩效目标、项目支出绩效目标和部门（单位）整体支出绩效目标。基本支出绩效目标，是指中央部门预算中安排的基本支出在一定期限内对本部门（单位）正常运转的预期保障程度。一般不单独设定，而是纳入部门（单位）整体支出绩效目标统筹考虑。项目支出绩效目标是指中央部门依据部门职责和事业发展要求，设立并通过预算安排的项目支出在一定期限内预期达到的产出和效果。部门（单位）整体支出绩效目标是指中央部门及其所属单位按照确定的职责，利用全部部门预算资金在一定期限内预期达到的总体产出和效果。按照时效性划分，包括中长期绩效目标和年度绩效目标。中长期绩效目标是指中央部门预算资金在跨度多年的计划期内预期达到的产出和效果。年度绩效目标是指中央部门预算资金在一个预算年度内预期达到的产出和效果。绩效目标管理是指财政部和中央部门及其所属单位以绩效目标为对象，以绩效目标的设定、审核、批复等为主要内容所开展的预算管理活动。财政部和中央部门及其所属单位是绩效目标管理的主体。绩效目标管理的对象是纳入中央部门预算管理的全部资金。绩效目标设定是指中央部门或其所属单位按照部门预算管理和绩效目标管理的要求，编制绩效目标并向财政部或中央部门报送绩效目标的过程。绩效目标是部门预算安排的重要依据。未按要求设定绩效目标的项目支出，不得纳入项目库管理，也不得申请部门预算资金。按照“谁申请资金，谁设定目标”的原则，绩效目标由中央部门及其所属单位设定。项目支出绩效目标，在该项目纳入中央部门项目库之前编制，并按要求随同中央部门项目库提交财政部；部门（单位）整体支出绩效目标，在申报部门预算时编制，并按要求提交财政部。绩效目标要能清晰反映预算资金的预期产出和效果，并以相应的绩效指标予以细化、量化描述。主要包括：预期产出，是指预算资金在一定期限内预期提供的公共产品和服务情况；预期效果，是指上述产出可能对经济、社会、环境等带来的影响情况，以及服务对象或项目受益人对该项产出和影响的满意程度等。绩效指标是绩效目标的细化和量化描述，主要包括产出指标、效益指标和满意度指标等：产出指标是对预期产出的描述，包括数量指标、质量指标、时效指标、成本指标等。效益指标是对预期效果的描述，包括经济效益指标、社会效益指标、生态效益指标、可持续影响指标等。满意度指标是反映服务对象或项目受益人的认可程度的指标。绩效标准是设定绩效指标时所依据或参考的标准。一般包括：历史标准，是指同类指标的历史数据等；行业标准，是指国家公布的行业指标数据等；计划标准，是指预先制定的目标、计划、预算、定额等数据；财政部认可的其他标准。绩效目标设定的依据包括：国家相关法律、法规和规章制度，国民经济和社会发展规划；部门职能、中长期发展规划、年度工作计划或项目规划；中央部门中期财政规划；财政部中期和年度预算管理要求；相关历史数据、行业标准、计划标准等；符合财政部要求的其他依据。设定的绩效目标应当符合以下要求：指向明确。绩效目标要符合国民经济和社会发展规划、部门职能及事业发展规划等要求，并与相应的预算支出内容、范围、方向、效果等紧密相关。细化量化。绩效目标应当从数量、质量、成本、时效以及经济效益、社会效益、生态效益、可持续影响、满意度等方面进行细化，尽量进行定量表述。不能以量化形式表述的，可采用定性表述，但应具有可衡量性。合理可行。设定绩效目标时要经过调查研究和科学论证，符合客观实际，能够在一定期限内如期实现。相应匹配。绩效目标要与计划期内的任务数或计划数相对应，与预算确定的投资额或资金量相匹配。绩效目标申报表是所设定绩效目标的表现形式。其中，项目支出绩效目标涉及内容的相关信息，纳入项目文本中，通过提取信息的方式以确定格式生成；部门（单位）整体支出绩效目标，按照确定格式和内容填报，纳入部门预算编报说明中。绩效目标设定的方法包括：项目支出绩效目标的设定对项目的功能进行梳理，包括资金性质、预期投入、支出范围、实施内容、工作任务、受益对象等，明确项目的功能特性。依据项目的功能特性，预计项目实施在一定时期内所要达到的总体产出和效果，确定项目所要实现的总体目标，并以定量和定性相结合的方式进行表述。对项目支出总体目标进行细化分解，从中概括、提炼出最能反映总体目标预期实现程度的关键性指标，并将其确定为相应的绩效指标。通过收集相关基准数据，确定绩效标准，并结合项目预期进展、预计投入等情况，确定绩效指标的具体数值。部门（单位）整体支出绩效目标的设定对部门（单位）的职能进行梳理，确定部门（单位）的各项具体工作职责。结合部门（单位）中长期规划和年度工作计划，明确年度主要工作任务，预计部门（单位）在本年度内履职所要达到的总体产出和效果，将其确定为部门（单位）总体目标，并以定量和定性相结合的方式进行表述。依据部门（单位）总体目标，结合部门（单位）的各项具体工作职责和工作任务，确定每项工作任务预计要达到的产出和效果，从中概括、提炼出最能反映工作任务预期实现程度的关键性指标，并将其确定为相应的绩效指标。通过收集相关基准数据，确定绩效标准，并结合年度预算安排等情况，确定绩效指标的具体数值。绩效目标设定程序为：基层单位设定绩效目标。申请预算资金的基层单位按照要求设定绩效目标，随同本单位预算提交上级单位；根据上级单位审核意见，对绩效目标进行修改完善，按程序逐级上报。中央部门设定绩效目标。中央部门按要求设定本级支出绩效目标，审核、汇总所属单位绩效目标，提交财政部；根据财政部审核意见对绩效目标进行修改完善，按程序提交财政部。

二、绩效目标的审核、批复、调整与应用

绩效目标审核是指财政部或中央部门对相关部门或单位报送的绩效目标进行审查核实，并将审核意见反馈相关单位，指导其修改完善绩效目标的过程。按照“谁分配资金，谁审核目标”的原则，绩效目标由财政部或中央部门按照预算管理级次进行审核。根据工作需要，绩效目标可委托第三方予以审核。绩效目标审核是部门预算审核的有机组成部分。绩效目标不符合要求的，财政部或中央部门应要求报送单位及时修改、完善。审核符合要求后，方可进入项目库，并进入下一步预算编审流程。中央部门对所属单位报送的项目支出绩效目标和单位整体支出绩效目标进行审核。有预算分配权的部门应对预算部门提交的有关项目支出绩效目标进行审核，并据此提出资金分配建议。经审核的项目支出绩效目标，报财政部备案。财政部根据部门预算审核的范围和内容，对中央部门报送的项目支出绩效目标和部门（单位）整体支出绩效目标进行审核。对经有预算分配权的部门审核后的横向分配项目的绩效目标，财政部可根据需要进行再审核。绩效目标审核的主要内容：完整性审核。绩效目标的内容是否完整，绩效目标是否明确、清晰。相关性审核。绩效目标的设定与部门职能、事业发展规划是否相关，是否对申报的绩效目标设定了相关联的绩效指标，绩效指标是否细化、量化。适当性审核。资金规模与绩效目标之间是否匹配，在既定资金规模下，绩效目标是否过高或过低；或者要完成既定绩效目标，资金规模是否过大或过小。可行性审核。绩效目标是否经过充分论证和合理测算；所采取的措施是否切实可行，并能确保绩效目标如期实现。综合考虑成本效益，是否有必要安排财政资金。对一般性项目，由财政部或中央部门结合部门预算管理流程进行审核，提出审核意见。对社会关注程度高、对经济社会发展具有重要影响、关系重大民生领域或专业技术复杂的重点项目，财政部或中央部门可根据需要将其委托给第三方，组织相关部门、专家学者、科研院所、中介机构、社会公众代表等共同参与审核，提出审核意见。对项目支出绩效目标的审核，采用“项目支出绩效目标审核表”（详见附3）。其中，对一般性项目，采取定性审核的方式；对重点项目，采取定性审核和定量审核相结合的方式。部门（单位）整体支出绩效目标的审核，可参考项目支出绩效目标的审核工具，提出审核意见。项目支出绩效目标审核结果分为“优”“良”“中”“差”四个等级，作为项目预算安排的重要参考因素。审核结果为“优”的，直接进入下一步预算安排流程；审核结果为“良”的，可与相关部门或单位进行协商，直接对其绩效目标进行完善后，进入下一步预算安排流程；审核结果为“中”的，由相关部门或单位对其绩效目标进行修改完善，按程序重新报送审核；审核结果为“差”的，不得进入下一步预算安排流程。绩效目标审核程序如下：中央部门及其所属单位审核。中央部门及其所属单位对下级单位报送的绩效目标进行审核，提出审核意见并反馈给下级单位。下级单位根据审核意见对相关绩效目标进行修改完善，重新提交上级单位审核，审核通过后按程序报送财政部。财政部审核。财政部对中央部门报送的绩效目标进行审核，提出审核意见并反馈给中央部门。中央部门根据财政部审核意见对相关绩效目标进行修改完善，重新报送财政部审核。财政部根据绩效目标审核情况提出预算安排意见，随预算资金一并下达中央部门。按照“谁批复预算，谁批复目标”的原则，财政部和中央部门在批复年初部门预算或调整预算时，一并批复绩效目标。原则上，中央部门整体支出绩效目标、纳入绩效评价范围的项目支出绩效目标和一级项目绩效目标，由财政部批复；中央部门所属单位整体支出绩效目标和二级项目绩效目标，由中央部门或所属单位按预算管理级次批复。绩效目标确定后，一般不予调整。预算执行中因特殊原因确需调整的，应按照绩效目标管理要求和预算调整流程报批。中央部门及所属单位应按照批复的绩效目标组织预算执行，并根据设定的绩效目标开展绩效监控、绩效自评和绩效评价。绩效监控。预算执行中，中央部门及所属单位应对资金运行状况和绩效目标预期实现程度开展绩效监控，及时发现并纠正绩效运行中存在的问题，力保绩效目标如期实现。绩效自评。预算执行结束后，资金使用单位应对照确定的绩效目标开展绩效自评，分别填写“项目支出绩效自评表”和“部门（单位）整体支出绩效自评表”，形成相应的自评结果，作为部门（单位）预、决算的组成内容和以后年度预算申请、安排的重要基础。绩效评价。财政部或中央部门要有针对地选择部分重点项目或部门（单位），在资金使用单位绩效自评的基础上，开展项目支出或部门（单位）整体支出绩效评价，并对部分重大专项资金或财政政策开展中期绩效评价试点，形成相应的评价结果。中央部门应按照有关法律、法规要求，逐步将有关绩效目标随同部门预算予以公开。中央部门预算绩效目标管理流程详见图 9-1。

三、中央部门预算绩效运行监控管理

绩效监控是指在预算执行过程中，财政部、中央部门及其所属单位依照职责，对预算执行情况和绩效目标实现程度开展的监督、控制和管理活动。绩效监控按照“全面覆盖、突出重点，权责对等、约束有力，结果运用、及时纠偏”的原则，由财政部统一组织、中央部门分级实施。财政部主要职责包括：负责对中央部门开展绩效监控的总体组织和指导工作；研究制定绩效监控管理制度办法；根据工作需要开展重点绩效监控；督促绩效监控结果应用；应当履行的其他绩效监控职责。中央部门是实施预算绩效监控的主体。中央部门主要职责包括：牵头负责组织部门本级开展预算绩效监控工作，对所属单位的绩效监控情况进行指导和监督，明确工作要求，加强绩效监控结果应用等。按照要求向财政部报送绩效监控结果。按照“谁支出，谁负责”的原则，预算执行单位负责开展预算绩效日常监控，并定期对绩效监控信息进行收集、审核、分析、汇总、填报；分析偏离绩效目标的原因，并及时采取纠偏措施。应当履行的其他绩效监控职责。中央部门绩效监控范围涵盖中央部门一般公共预算、政府性基金预算和国有资本经营预算所有项目支出。中央部门应对重点政策和重大项目，以及巡视、审计、有关监督检查、重点绩效评价和日常管理中发现问题较多、绩效水平不高、管理薄弱的项目予以重点监控，并逐步开展中央

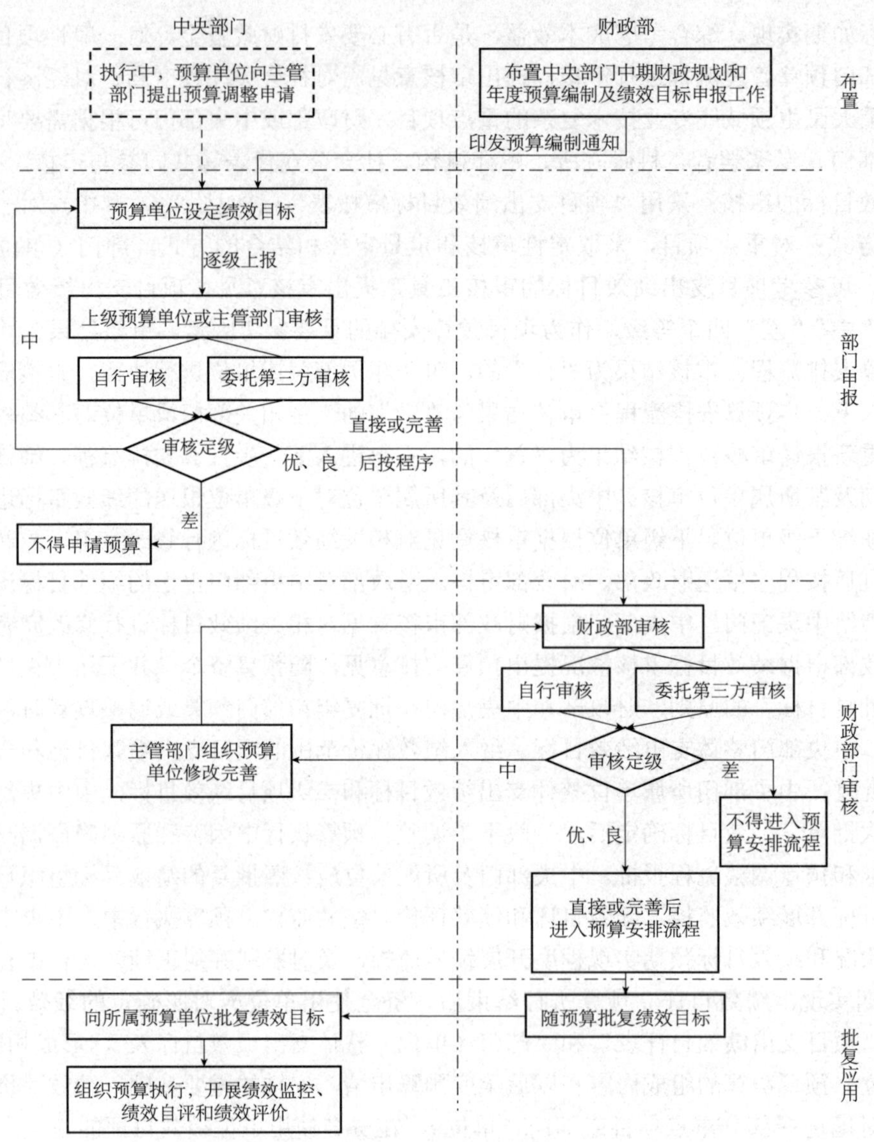

图 9-1　中央部门预算绩效目标管理流程

部门及其所属单位整体预算绩效监控。绩效监控内容主要包括：绩效目标完成情况。一是预计产出的完成进度及趋势，包括数量、质量、时效、成本等。二是预计效果的实现进度及趋势，包括经济效益、社会效益、生态效益和可持续影响等。三是跟踪服务对象满意度及趋势。预算资金执行情况，包括预算资金拨付情况、预算执行单位实际支出情况以及预计结转结余情况。重点政策和重大项目绩效延伸监控。必要时，可对重点政策和重大项目支出具体工作任务开展、发展趋势、实施计划调整等情况进行延伸监控。具体内容包括：政府采购、工程招标、监理和验收、信息公示、资产管理以及有关预算资金会计核算等。其他情况。除上述内容外其他需要实施绩效监控的内容。监控方式和流程，绩效监控采用目标比较法，用定量分析和定性分析相结合的方式，将绩效实现情况与预期绩效目标进行比较，对目标完成、预算执行、组织实施、资金管理等情况进行分析评判。绩效监控包括及时性、合规性和有效性监控。及时性监控重点关注上年结转资金较大、当年新增预算且前期准备不充分，以及预算执行环境发生重大变化等情况。合规性监控重点关注相关预算管理制度落实情况、项目预算资金使用过程中的无预算开支、超预算开支、挤占挪用预算资金、超标准配置资产等情况。有效性监控重点关注项目执行是否与绩效目标一致、执行效果能否达到预期等。绩效监控工作是全流程的持续性管理，具体采取中央部门日常监控和财政部定期监控相结合的方式开展。对科研类项目可暂不开展年度中的绩效监控，但应在实施期内结合项目检查等方式强化绩效监控，更加注重项目绩效目标实现程度和可持续性。条件具备时，财政部门对中央部门预算绩效运行情况开展在线监控。每年 8 月，中央部门要集中对 1~7 月预算执行情况和绩效目标实现程度开展一次绩效监控汇总分析，具体工作程序：收集绩效监控信息。预算执行单位对照批复的绩效目标，以绩效目标执行情况为重点收集绩效监控信息。分析绩效监控信息。预算执行单位在收集上述绩效信息的基础上，对偏离绩效目标的原因进行分析，对全年绩效目标完成情况进行预计，并对预计年底不能完成目标的原因及拟采取的改进措施做出说明。填报绩效监控情况表。预算执行单位在分析绩效监控信息的基础上填写《项目支出绩效目标执行监控表》，并作为年度预算执行完成后绩效评价的依据。报送绩效监控报告。中央部门年度集中绩效监控工作完成后，及时总结经验、发现问题、提出下一步改进措施，形成本部门绩效监控报告，并将所有一级项目《项目支出绩效目标执行监控表》于 8 月 31 日前报送财政部对口部门司和预算司。结果应用，绩效监控结果作为以后年度预算安排和政策制定的参考，绩效监控工作情况作为中央部门预算绩效管理工作考核的内容。中央部门通过绩效监控信息深入分析预算执行进度慢、绩效水平不高的具体原因，对绩效监控中发现的绩效目标执行偏差和管理漏洞，应及时采取分类处置措施予以纠正：对于因政策变化、突发事件等客观因素导致预算执行进度缓慢或预计无法实现绩效目标的，要本着实事求是的原则，及时按程序调减预算，并同步调整绩效目标。对于绩效监控中发现严重问题的，如预算执行与绩效目标偏离较大、已经或预计造成重大损失浪费或风险等情况，应暂停项目实施，相应按照有关程序调减预算并停止拨付资金，及时纠偏止损。已开始执行的政府采购项目应当按照相关程序办理。财政部要加强绩效监控结果应用。对中央部门绩效监控结果进行审核分析，对发现的问题和风险进行研判，督促相关部门改进管理，确保预算资金安全有效，保障重大战略部署和政策目标如期实现。

第三节　项目支出绩效评价管理

一、项目支出绩效评价

项目支出绩效评价是指财政部门、预算部门和单位，依据设定的绩效目标，对项目支出的经济性、效率性、效益性和公平性进行客观、公正的测量、分析和评判。一般公共预算、政府性基金预算、国有资本经营预算项目支出的绩效评价，涉及预算资金及相关管理活动，如政府投资基金、主权财富基金、政府和社会资本合作（PPP）、政府购买服务、政府债务项目等绩效评价可参照项目支出绩效评价管理办法执行。绩效评价分为单位自评、部门评价和财政评价三种方式。单位自评是指预算部门组织部门本级和所属单位对预算批复的项目绩效目标完成情况进行自我评价。部门评价是指预算部门根据相关要求，运用科学、合理的绩效评价指标、评价标准和方法，对本部门的项目组织开展的绩效评价。财政评价是财政部门对预算部门的项目组织开展的绩效评价。绩效评价应当遵循以下基本原则：科学公正。绩效评价应当运用科学合理的方法，按照规范的程序，对项目绩效进行客观、公正的反映。统筹兼顾。单位自评、部门评价和财政评价应职责明确，各有侧重，相互衔接。单位自评应由项目单位自主实施，即“谁支出、谁自评”。部门评价和财政评价应在单位自评的基础上开展，必要时可委托第三方机构实施。激励约束。绩效评价结果应与预算安排、政策调整、改进管理实质性挂钩，体现奖优罚劣和激励相容导向，有效要安排、低效要压减、无效要问责。公开透明。绩效评价结果应依法依规公开，并自觉接受社会监督。绩效评价的主要依据：国家相关法律、法规和规章制度；党中央、国务院重大决策部署，经济社会发展目标，地方各级党委和政府重点任务要求；部门职责相关规定；相关行业政策、行业标准及专业技术规范；预算管理制度及办法，项目及资金管理办法、财务和会计资料；项目设立的政策依据和目标，预算执行情况，年度决算报告、项目决算或验收报告等相关材料；本级人大审查结果报告、审计报告及决定，财政监督稽核报告等；其他相关资料。绩效评价期限包括年度、中期及项目实施期结束后；对于实施期 5 年及以上的项目，应适时开展中期和实施期后绩效评价。单位自评的对象包括纳入政府预算管理的所有项目支出。部门评价对象应根据工作需要，优先选择部门履职的重大改革发展项目，随机选择一般性项目。原则上应以5年为周期，实现部门评价重点项目全覆盖。财政评价对象应根据工作需要，优先选择贯彻落实党中央、国务院重大方针政策和决策部署的项目，覆盖面广、影响力大、社会关注度高、实施期长的项目。对重点项目应周期性组织开展绩效评价。单位自评的内容主要包括项目总体绩效目标、各项绩效指标完成情况以及预算执行情况。对未完成绩效目标或偏离绩效目标较大的项目要分析并说明原因，研究提出改进措施。财政和部门评价的内容主要包括：决策情况；资金管理和使用情况；相关管理制度办法的健全性及执行情况；实现的产出情况；取得的效益情况；其他相关内容。

二、绩效评价指标、评价标准和方法

单位自评指标是指预算批复时确定的绩效指标，包括项目的产出数量、质量、时效、成本，以及经济效益、社会效益、生态效益、可持续影响、服务对象满意度等。单位自评指标的权重由各单位根据项目实际情况确定。原则上预算执行率和一级指标权重统一设置为：预算执行率10%、产出指标50%、效益指标30%、服务对象满意度指标10%。如有特殊情况，一级指标权重可做适当调整。二、三级指标应当根据指标重要程度、项目实施阶段等因素综合确定，准确反映项目的产出和效益。财政和部门绩效评价指标的确定应当符合以下要求：与评价对象密切相关，全面反映项目决策、项目和资金管理、产出和效益；优先选取最具代表性、最能直接反映产出和效益的核心指标，精简实用；指标内涵应当明确、具体、可衡量，数据及佐证资料应当可采集、可获得；同类项目绩效评价指标和标准应具有一致性，便于评价结果相互比较。财政和部门评价指标的权重根据各项指标在评价体系中的重要程度确定，应当突出结果导向，原则上产出、效益指标权重不低于60%。同一评价对象处于不同实施阶段时，指标权重应体现差异性，其中，实施期间的评价更加注重决策、过程和产出，实施期结束后的评价更加注重产出和效益。绩效评价标准通常包括计划标准、行业标准、历史标准等，用于对绩效指标完成情况进行比较。计划标准。指以预先制定的目标、计划、预算、定额等作为评价标准。行业标准。指参照国家公布的行业指标数据制定的评价标准。历史标准。指参照历史数据制定的评价标准，为体现绩效改进的原则，在可实现的条件下应当确定相对较高的评价标准。财政部门和预算部门确认或认可的其他标准。单位自评采用定量与定性评价相结合的比较法，总分由各项指标得分汇总形成。定量指标得分按照以下方法评定：与年初指标值相比，完成指标值的，记该指标所赋全部分值；对完成值高于指标值较多的，要分析原因，如果是由于年初指标值设定明显偏低造成的，要按照偏离度适度调减分值；未完成指标值的，按照完成值与指标值的比例记分。定性指标得分按照以下方法评定：根据指标完成情况分为达成年度指标、部分达成年度指标并具有一定效果、未达成年度指标且效果较差三档，分别按照该指标对应分值区间100%—80%（含）、80%—60%（含）、60%—0合理确定分值。绩效评价结果采取评分和评级相结合的方式，具体分值和等级可根据不同评价内容设定。总分一般设置为100分，等级一般划分为四档：90（含）~100分为优、80（含）~90分为良、60（含）~80分为中、60分以下为差。

三、绩效评价结果应用及公开

单位自评结果主要通过项目支出绩效自评表的形式反映，做到内容完整、权重合理、数据真实、结果客观。财政和部门评价结果主要以绩效评价报告的形式体现，绩效评价报告应当依据充分、分析透彻、逻辑清晰、客观公正。绩效评价工作和结果应依法自觉接受审计监督。各部门应当按照要求随同部门决算向本级财政部门报送绩效自评结果。部门和单位应切实加强自评结果的整理、分析，将自评结果作为本部门、本单位完善政策和改进管理的重要依据。对预算执行率偏低、自评结果较差的项目，要单独说明原因，提出整改措施。财政部门和预算部门应在绩效评价工作完成后，及时将评价结果反馈被评价部门（单位），并明确整改时限；被评价部门（单位）应当按要求向财政部门或主管部门报送整改落实情况。各部门应按要求将部门评价结果报送本级财政部门，评价结果作为本部门安排预算、完善政策和改进管理的重要依据；财政评价结果作为安排政府预算、完善政策和改进管理的重要依据。原则上，对评价等级为优、良的，根据情况予以支持；对评价等级为中、差的，要完善政策、改进管理，根据情况核减预算。各级财政部门、预算部门应当按照要求将绩效评价结果分别编入政府决算和本部门决算，并依法予以公开。项目支出绩效评价指标体系框架（表9-4）。

项目支出绩效评价指标体系框架 **表9-4**

一级指标	二级指标	三级指标	指标解释	指标说明
决策	项目立项	立项依据充分性	项目立项是否符合法律法规、相关政策、发展规划以及部门职责，用以反映和考核项目立项依据情况	评价要点： ①项目立项是否符合国家法律法规、国民经济发展规划和相关政策； ②项目立项是否符合行业发展规划和政策要求； ③项目立项是否与部门职责范围相符，属于部门履职所需； ④项目是否属于公共财政支持范围，是否符合中央、地方事权支出责任划分原则； ⑤项目是否与相关部门同类项目或部门内部相关项目重复
		立项程序规范性	项目申请、设立过程是否符合相关要求，用以反映和考核项目立项的规范情况	评价要点： ①项目是否按照规定的程序申请设立； ②审批文件、材料是否符合相关要求； ③事前是否已经过必要的可行性研究、专家论证、风险评估、绩效评估、集体决策
	绩效目标	绩效目标合理性	项目所设定的绩效目标是否依据充分，是否符合客观实际，用以反映和考核项目绩效目标与项目实施的相符情况	评价要点： （如未设定预算绩效目标，也可考核其他工作任务目标） ①项目是否有绩效目标； ②项目绩效目标与实际工作内容是否具有相关性； ③项目预期产出效益和效果是否符合正常的业绩水平； ④是否与预算确定的项目投资额或资金量相匹配
		绩效指标明确性	依据绩效目标设定的绩效指标是否清晰、细化、可衡量等，用以反映和考核项目绩效目标的明细化情况	评价要点： ①是否将项目绩效目标细化分解为具体的绩效指标； ②是否通过清晰、可衡量的指标值予以体现； ③是否与项目目标任务数或计划数相对应
	资金投入	预算编制科学性	项目预算编制是否经过科学论证、有明确标准，资金额度与年度目标是否相适应，用以反映和考核项目预算编制的科学性、合理性情况	评价要点： ①预算编制是否经过科学论证； ②预算内容与项目内容是否匹配； ③预算额度测算依据是否充分，是否按照标准编制； ④预算确定的项目投资额或资金量是否与工作任务相匹配
		资金分配合理性	项目预算资金分配是否有测算依据，与补助单位或地方实际是否相适应，用以反映和考核项目预算资金分配的科学性、合理性情况	评价要点： ①预算资金分配依据是否充分； ②资金分配额度是否合理，与项目单位或地方实际是否相适应
过程	资金管理	资金到位率	实际到位资金与预算资金的七率，用以反映和考核资金落实情况对项目实施的总体保障程度	资金到位率 =（实际到位资金 / 预算资金）×100%; 实际到位资金：一定时期（本年度或项目期）内落实到具体项目的资金； 预算资金：一定时期（本年度或项目期）内预算安排到具体项目的资金
		预算执行率	项目预算资金是否按照计划执行，用以反映或考核项目预算执行情况	预算执行率 =（实际支出资金 / 实际到位资金）×100%; 实际支出资金：一定时期（本年度或项目期）内项目实际拨付的资金

续表

一级指标	二级指标	三级指标	指标解释	指标说明
过程	资金管理	资金使用合规性	项目资金使用是否符合相关的财务管理制度规定，用以反映和考核项目资金的规范运行情况	评价要点： ①是否符合国家财经法规和财务管理制度以及有关专项资金管理办法的规定； ②资金的拨付是否有完整的审批程序和手续； ③是否符合项目预算批复或合同规定的用途； ④是否存在截留、挤占、挪用、虚列支出等情况
	组织实施	管理制度健全性	项目实施单位的财务和业务管理制度是否健全，用以反映和考核财务和业务管理制度对项目顺利实施的保障情况	评价要点： ①是否已制定或具有相应的财务和业务管理制度； ②财务和业务管理制度是否合法、合规、完整
		制度执行有效性	项目实施是否符合相关管理规定，用以反映和考核相关管理制度的有效执行情况	评价要点： ①是否遵守相关法律法规和相关管理规定； ②项目调整及支出调整手续是否完备； ③项目合同书、验收报告、技术鉴定等资料是否齐全并及时归档； ④项目实施的人员条件、场地设备、信息支撑等是否落实到位
产出	产出数量	实际完成率	项目实施的实际产出数与计划产出数的比率，用以反映和考核项目产出数量目标的实现程度	实际完成率 =（实际产出数 / 计划产出数）×100%； 实际产出数：一定时期（本年度或项目期）内项目实际产出的产品或提供的服务数量； 计划产出数：项目绩效目标确定的在一定时期（本年度或项目期）内计划产出的产品或提供的服务数量
	产出质量	质量达标率	项目完成的质量达标产出数与实际产出数的比率，用以反映和考核项目产出质量目标的实现程度	质量达标率 =（质量达标产出数 / 实际产出数）×100%； 质量达标产出数：一定时期（本年度或项目期）内实际达到既定质量标准的产品或服务数量。既定质量标准是指项目实施单位设立绩效目标时依据计划标准、行业标准、历史标准或其他标准而设定的绩效指标值
	产出时效	完成及时性	项目实际完成时间与计划完成时间的比较，用以反映和考核项目产出时效目标的实现程度	实际完成时间：项目实施单位完成该项目实际所耗用的时间； 计划完成时间：按照项目实施计划或相关规定完成该项目所需的时间
	产出成本	成本节约率	完成项目计划工作目标的实际节约成本与计划成本的比率，用以反映和考核项目的成本节约程度	成本节约率 =[（计划成本 − 实际成本）/ 计划成本]×100%； 实际成本：项目实施单位如期、保质、保量完成既定工作目标实际所耗费的支出； 计划成本：项目实施单位为完成工作目标计划安排的支出，一般以项目预算为参考
效益	项目效益	实施效益	项目实施所产生的效益	项目实施所产生的社会效益、经济效益、生态效益、可持续影响等。可根据项目实际情况有选择地设置和细化
		满意度	社会公众或服务对象对项目实施效果的满意程度	社会公众或服务对象是指因该项目实施而受到影响的部门（单位）、群体或个人。一般采取社会调查的方式

第四节　投资项目财政政策预算绩效管理

中央部门和省级层面要基本建成全方位、全过程、全覆盖的预算绩效管理体系，既要提高本级财政资源配置效率和使用效益，又要加强对下转移支付的绩效管理，防止财政资金损失浪费；同时，市县层面要基本建成全方位、全过程、全覆盖的预算绩效管理体系，大幅提升预算管理水平和政策实施效果。

一、预算绩效管理目标

坚持以供给侧结构性改革为主线，创新预算管理方式，更加注重结果导向、强调成本效益、硬化责任约束，用3~5年时间基本建成全方位、全过程、全覆盖的预算绩效管理体系，实现预算和绩效管理一体化，着力提高财政资源配置效率和使用效益，改变预算资金分配的固化格局，提高预算管理水平和政策实施效果，为经济社会发展提供有力保障。按照深化财税体制改革和建立现代财政制度的总体要求，统筹谋划全面实施预算绩效管理的路径和制度体系。预算绩效管理既要全面推进，将绩效理念和方法深度融入预算编制、执行、监督全过程，构建事前事中事后绩效管理闭环系统，健全科学规范的管理制度，完善绩效目标、绩效监控、绩效评价、结果应用等管理流程，健全共性的绩效指标框架和分行业领域的绩效指标体系，推动预算绩效管理标准科学、程序规范、方法合理、结果可信。大力推进绩效信息公开透明，主动向同级人大报告、向社会公开，自觉接受人大和社会各界监督。建立责任约束制度，明确各方预算绩效管理职责，清晰界定权责边界。健全激励约束机制，实现绩效评价结果与预算安排和政策调整挂钩。增强预算统筹能力，优化预算管理流程，调动地方和部门的积极性、主动性。将各级政府收支预算全面纳入绩效管理。各级政府预算收入要实事求是、积极稳妥、讲求质量，必须与经济社会发展水平相适应，严格落实各项减税降费政策。各级政府预算支出要统筹兼顾、突出重点、量力而行，着力支持国家重大发展战略和重点领域改革，提高保障和改善民生水平，同时不得设定过高民生标准和擅自扩大保障范围，确保财政资源高效配置，增强财政可持续性。将部门和单位预算收支全面纳入绩效管理，赋予部门和资金使用单位更多的管理自主权，围绕部门和单位职责、行业发展规划，以预算资金管理为主线，统筹考虑资产和业务活动，从运行成本、管理效率、履职效能、社会效应、可持续发展能力和服务对象满意度等方面，衡量部门和单位整体及核心业务实施效果，推动提高部门和单位整体绩效水平。将政策和项目全面纳入绩效管理，从数量、质量、时效、成本、效益等方面，综合衡量政策和项目预算资金使用效果。对实施期超过一年的重大政策和项目实行全周期跟踪问效，建立动态评价调整机制，政策到期、绩效低下的政策和项目要及时清理退出。各部门各单位要结合预算评审、项目审批等，对新出台重大政策、项目开展事前绩效评估，重点论证立项必要性、投入经济性、绩效目标合理性、实施方案可行性、筹资合规性等，投资主管部门要加强基建投资绩效评估，评估结果作为申请预算的必备要件。各级财政部门要加强新增重大政策和项目预算审核，必要时可以组织第三方机构独立开展绩效评估，审核和评估结果作为预算安排的重要参考依据。各地区各部门编制预算时全面设置部门和单位整体绩效目标、政策及项目绩效目标。绩效目标不仅要包括产出、成本，还要包括经济效益、社会效益、生态效益、可持续影响和服务对象满意度等绩效指标。各级财政部门要将绩效目标设置作为预算安排的前置条件，加强绩效目标审核，将绩效目标与预算同步批复下达。各级政府和各部门各单位对绩效目标实现程度和预算执行进度实行“双监控”，发现问题要及时纠正，确保绩效目标如期保质保量实现。各级财政部门建立重大政策、项目绩效跟踪机制，对存在严重问题的政策、项目要暂缓或停止预算拨款，督促及时整改落实。各级财政部门要按照预算绩效管理要求，加强国库现金管理，降低资金运行成本。通过自评和外部评价相结合的方式，对预算执行情况开展绩效评价。各部门各单位对预算执行情况以及政策、项目实施效果开展绩效自评，评价结果报送本级财政部门。各级财政部门建立重大政策、项目预算绩效评价机制，逐步开展部门整体绩效评价，对下级政府财政运行情况实施综合绩效评价，必要时可以引入第三方机构参与绩效评价。健全绩效评价结果反馈制度和绩效问题整改责任制，加强绩效评价结果应用。各级政府要加强一般公共预算绩效管理。收入方面，要重点关注收入结构、征收效率和优惠政策实施效果。支出方面，要重点关注预算资金配置效率、使用效益，特别是重大政策和项目实施效果，其中转移支付预算绩效管理要符合财政事权和支出责任划分规定，重点关注促进地区间财力协调和区域均衡发展。同时，积极开展涉及一般公共预算等财政资金的政府投资基金、主权财富基金、政府和社会资本合作（PPP）、政府采购、政府购买服务、政府债务项目绩效管理。除一般公共预算外，各级政府还要将政府性基金预算、国有资本经营预算、社会保险基金预算全部纳入绩效管理，加强四本预算之间的衔接。政府性基金预算绩效管理，要重点关注基金政策设立延续依据、征收标准、使用效果等情况，地方政府还要关注其对专项债务的支撑能力。国有资本经营预算绩效管理，要重点关注贯彻国家战略、收益上缴、支出结构、使用效果等情况。社会保险基金预算绩效管理，要重点关注各类社会保险基金收支政策效果、基金管理、精算平衡、地区结构、运行风险等情况。围绕预算管理的主要内容和环节，完善涵盖绩效目标管理、绩效运行监控、绩效评价管理、评价结果应用等各环节的管理流程，制定预算绩效管理制度和实施细则。建立专家咨询机制，引导和规范第三方机构参与预算绩效管理，严格执业质量监督管理。加快预算绩效管理信息化建设，促进各级政府和各部门各单位的业务、财务、资产等信息互联互通。各级财政部门要建立健全定量和定性相结合的共性绩效指标框架。各行业主管部门要加快构建分行业、分领域、分层次的核心绩效指标和标准体系，实现科学合理、细化量化、可比可测、动态调整、共建共享。绩效指标和标准体系要与基本公共服务标准、部门预算项目支出标准等衔接匹配，突出结果导向，重点考核实绩。创新评估评价方法，立足多维视角和多元数据，依托大数据分析技术，运用成本效益分析法、比较法、因素分析法、公众评判法、标杆管理法等，提高绩效评估评价结果的客观性和准确性。财政部要完善绩效管理的责任约束机制，地方各级政府和各部门各单位是预算绩效管理的责任主体。各级财政部门要抓紧建立绩效评价结果与预算安排和政策调整挂钩机制，将本级部门整体绩效与部门预算安排挂钩，将下级政府财政运行综合绩效与转移支付分配挂钩。

二、预算绩效管理的重点环节

将绩效关口前移，各部门各单位要对新出台重大政策、项目，结合预算评审、项目审批等开展事前绩效评估，评估结果作为申请预算的必备要件，从源头上提高预算编制的科学性和精准性。加快实现本级政策和项目、对下共同事权分类分档转移支付、专项转移支付绩效目标管理全覆盖，加快设立部门和单位整体绩效目标。财政部门要严格绩效目标审核，未按要求设定绩效目标或审核未通过的，不得安排预算。按照“谁支出、谁负责”的原则，完善用款计划管理，对绩效目标实现程度和预算执行进度实行“双监控”，发现问题要分析原因并及时纠正。逐步建立重大政策、项目绩效跟踪机制，按照项目进度和绩效情况拨款，对存在严重问题的要暂缓或停止预算拨款。加强预算执行监测，科学调度资金，简化审核材料，缩短审核时间，推进国库集中支付电子化管理，切实提高预算执行效率。加快实现政策和项目绩效自评全覆盖，如实反映绩效目标实现结果，对绩效目标未达成或目标制定明显不合理的，要作出说明并提出改进措施。逐步推动预算部门和单位开展整体绩效自评，提高部门履职效能和公共服务供给质量。建立健全重点绩效评价常态机制，对重大政策和项目定期组织开展重点绩效评价，不断创新评价方法，提高评价质量。健全绩效评价结果反馈制度和绩效问题整改责任制，形成反馈、整改、提升绩效的良性循环。各级财政部门要会同有关部门抓紧建立绩效评价结果与预算安排和政策调整挂钩机制，按照奖优罚劣的原则，对绩效好的政策和项目原则上优先保障，对绩效一般的政策和项目要督促改进，对低效无效资金一律削减或取消，对长期沉淀的资金一律收回，并按照有关规定统筹用于亟需支持的领域。绩效管理要覆盖所有财政资金，延伸到基层单位和资金使用终端，确保不留死角。推动绩效管理覆盖“四本预算”，并根据不同预算资金的性质和特点统筹实施。加快对政府投资基金、主权财富基金、政府和社会资本合作（PPP）、政府购买服务、政府债务项目等各项政府投融资活动实施绩效管理，实现全过程跟踪问效。积极推动绩效管理实施对象从政策和项目预算向部门和单位预算、政府预算拓展，稳步提升预算绩效管理层级，逐步增强整体性和协调性。

三、第三方机构预算绩效评价业务监督管理

为引导和规范第三方机构从事预算绩效评价业务，严格第三方机构执业质量监督管理，促进提高财政资源配置效率和使用效益，根据《财政部关于委托第三方机构参与预算绩效管理的指导意见》等有关规定，所称第三方机构是指依法设立并向各级财政部门、预算部门和单位等管理、使用财政资金的主体提供预算绩效评价服务，独立于委托方和预算绩效评价对象的组织，主要包括专业咨询机构、会计师事务所、资产评估机构、律师事务所、科研院所、高等院校等。预算绩效评价服务是指第三方机构接受委托方委托，对预算绩效评价对象进行评价，并出具预算绩效评价报告的专业服务行为。县级以上人民政府财政部门依法依规对第三方机构及其工作人员从事预算绩效评价业务进行管理和监督。第三方机构及其工作人员对财政部门的管理和监督工作应当予以配合。财政部门加强对第三方机构及其工作人员从事预算绩效评价业务的培训和指导。鼓励社会力量依法依规开展预算绩效评价业务培训。第三方机构应当遵守法律、法规等有关规定，并按照以下原则从事预算绩效评价业务：独立原则，第三方机构应当在委托方和被评价对象提供工作便利条件和相关资料情况下独立完成委托事项。客观原则，第三方机构应当按照协议（合同）约定事项客观公正、实事求是地开展预算绩效评价，不得出具不实预算绩效评价报告。规范原则，第三方机构应当履行必要评价程序，合理选取具有代表性的样本，对原始资料进行必要的核查验证，形成结论并出具预算绩效评价报告。第三方机构出具预算绩效评价报告应当由其主评人签字确认。绩效评价主评人由第三方机构根据以下条件择优评定：遵守法律、行政法规和本办法的规定，具有良好的职业道德；具有与预算绩效评价业务相适应的学历、能力；具备中高级职称或注册会计师、评估师、律师、内审师、注册造价工程师、注册咨询工程师等相关行业管理部门认可的专业资质；具有5年以上工作经验，其中从事预算绩效评价工作3年以上；具有较强的政策理解、项目管理和沟通协调能力；未被追究过刑事责任，或者从事评估、财务、会计、审计活动中因过失犯罪而受刑事处罚，刑罚执行期满逾5年。第三方机构自领取营业执照或者法人证书之日起，可以通过财政部门户网站“预算绩效评价第三方机构信用管理平台”，录入本机构下列信息：机构名称、统一社会信用代码、办公场所、通讯地址、法定代表人或首席合伙人、从事预算绩效评价业务人员、联系方式等信息；主评人的资质证书、学历证书、主评人与第三方机构的劳动合同等信息；合作的预算绩效评价专家信息；分支机构相关信息；签署或参与的主要预算绩效评价项目信息；不良诚信记录和3年内在预算绩效评价活动中重大违法记录信息；内部管理制度；财政部和省级财政部门要求提供的其他信息。信息发生变更的，第三方机构应当在信息变更之日起30个工作日内予以更新。第三方机构非独立法人性质的分支机构信息，由总部机构统一录入。第三方机构独立法人性质的分支机构信息，由该分支机构录入。应当对其填报的信息真实性负责。委托方可以从“预算绩效评价第三方机构信用管理平台”查询第三方机构有关信息，并在遵守政府采购和政府购买服务有关规定的前提下，按照下列条件择优选择第三方机构：具备开展预算绩效评价工作所必需的人员力量、设备和专业技术能力；治理结构健全，内部质量控制完备，具有规范健全的财务会计、资产管理、保密管理、业务培训等管理制度；具有良好信誉，3年内在预算绩效评价活动中没有重大违法记录。委托方可以根据所委托预算绩效评价工作的特殊需求，增加选聘第三方机构的特定条件，但不得以不合理的条件对第三方机构实行差别待遇或者歧视待遇。对于涉及国家秘密、国家安全的预算绩效评价事项，委托方应当按照《保守国家秘密法》《国家安全法》等规定，合理确定第三方机构参与预算绩效评价的具体范围；涉及商业秘密的，按照商业秘密保护有关规定办理。

第三方机构从事预算绩效评价业务的工作人员应当严格遵守国家相关法律制度规定，遵守职业道德，合理使用并妥善保管有关资料，严格保守工作中知悉的国家秘密、商业秘密和个人隐私，并有权拒绝项目单位和个人的非法干预。第三方机构应当在了解被评价对象基本情况的基础上，充分考虑自身胜任能力以及能否保持独立性，决定是否接受预算绩效评价委托。确定接受委托的，第三方机构应当与委托方签订书面业务协议（合同），明确当事人的名称和住所、委托评价的项目和内容、履行期限、费用、支付方式、双方的权利义务、归档责任、违约责任、争议解决的方式等内容，并严格按

协议（合同）条款执行。第三方机构开展预算绩效评价业务，应当成立由至少 1 名主评人和其他工作人员组成的工作组，并在评价过程中保持工作组成员的相对稳定。第三方机构应当加强与委托方及被评价对象的沟通，在调研、全面了解被评价对象相关情况和委托方意图的基础上，按照有关规定拟订科学可行的预算绩效评价实施方案。预算绩效评价实施方案应当包括人员配置、时间安排、评价目的、评价内容、评价依据、评价方法、指标体系、评价标准、样本确定、调查问卷、资料清单以及工作纪律等要素。第三方机构可以组织评议专家组对预算绩效评价实施方案进行评议。第三方机构未组织对预算绩效评价实施方案进行评议的，应当将预算绩效评价实施方案报送委托方审核确定。评议专家组一般应由委托方代表、第三方机构代表、预算绩效评价专家、被评价领域行业专家等共同组成。第三方机构及其工作人员应当根据预算绩效评价实施方案开展现场调查和资料收集整理工作，通过座谈、现场调研、问卷发放等方式，获取评价工作所需要的有关数据和资料。在特殊情况下，经委托方同意，第三方机构开展评价工作可以采取非现场评价方式进行。委托方和被评价对象对其提供材料的真实性、准确性负责。第三方机构在完成相关评价工作后，按照以下程序向委托方提交预算绩效评价报告：按照规定要求和文本格式，撰写预算绩效评价报告初稿，力求做到逻辑清晰、内容完整、依据充分、数据详实、分析透彻、结论准确、建议可行。评价报告初稿撰写完成后，第三方机构应当书面征求被评价对象和委托方的意见。委托方或被评价对象可以组织评议专家组对评价报告进行评议，向第三方机构反馈书面意见。第三方机构应当对反馈的意见逐一核实，逐条说明采纳或不予采纳的理由，并根据反馈的有效意见对评价报告初稿进行修改。指定内部有关职能部门或者专门人员，对修改后的评价报告进行内部审核。经内部审核通过的评价报告，由该项目主评人签名，加盖第三方机构公章后，形成正式评价报告，提交委托方。第三方机构及其签名的主评人应当对所出具预算绩效评价报告的真实性和准确性负责。第三方机构在出具预算绩效评价报告后，应当根据财政部有关规定，通过“预算绩效评价第三方机构信用管理平台”上传预算绩效评价报告有关信息。第三方机构和委托方应根据协议（合同）确定的归档责任，及时对评价业务资料进行建档、存放、保管管理，确保档案资料的原始、完整和安全。归档资料主要包括立项性材料（委托评价业务协议或合同等）、证明性材料（预算绩效评价实施方案、基础数据报表、数据核查确认报告、预算绩效评价工作底稿及附件、调查问卷等）、结论性材料（评价报告、被评价项目单位和委托方的反馈意见、评价工作组的说明等）。财政部门应当依法依规加强对第三方机构预算绩效评价执业质量的监督检查，监督检查包括以下内容：第三方机构及其工作人员的执业情况；第三方机构录入信息的情况；第三方机构的评价报告信息上传及档案管理情况；第三方机构预算绩效评价主评人的评定管理情况；第三方机构的内部管理和执业质量控制制度建立与执行情况；第三方机构对分支机构实施管理的情况；法律、行政法规规定的与第三方机构预算绩效评价工作相关的其他情况。

第五节　政府和社会资本合作项目绩效管理

一、政府和社会资本合作项目绩效

PPP 项目绩效管理是指在 PPP 项目全生命周期开展的绩效目标和指标管理、绩效监控、绩效评价及结果应用等项目管理活动。项目实施机构应在项目所属行业主管部门的指导下开展 PPP 项目绩效管理工作，必要时可委托第三方机构协助。各级财政部门负责 PPP 项目绩效管理制度建设、业务指导及再评价、后评价工作。所有 PPP 项目，包括政府付费、可行性缺口补助和使用者付费项目。各参与方应当按照科学规范、公开透明、物有所值、风险分担、诚信履约、按效付费等原则开展 PPP 项目全生命周期绩效管理。项目实施机构负责编制 PPP 项目绩效目标与绩效指标，报项目所属行业主管部门、财政部门审核。PPP 项目绩效目标包括总体绩效目标和年度绩效目标。总体绩效目标是 PPP 项目在全生命周期内预期达到的产出和效果；年度绩效目标是根据总体绩效目标和项目实际确定的具体年度预期达到的产出和效果，应当具体、可衡量、可实现。PPP 项目绩效目标编制应符合以下要求：指向明确。绩效目标应符合区域经济、社会与行业发展规划，与当地财政收支状况相适应，以结果为导向，反映项目应当提供的公共服务，体现环境－社会－公司治理责任（ESG）理念。细化量化。绩效目标应从产出、效果、管理等方面进行细化，尽量进行定量表述；不能以量化形式表述的，可采用定性表述，但应具有可衡量性。合理可行。绩效目标应经过调查研究和科学论证，符合客观实际，既具有前瞻性，又有可实现性。物有所值。绩效目标应符合物有所值的理念，体现成本效益的要求。PPP 项目绩效目标应包括预期产出、预期效果及项目管理等内容。预期产出是指项目在一定期限内提供公共服务的数量、质量、时效等。预期效果是指项目可能对经济、社会、生态环境等带来的影响情况，物有所值实现程度，可持续发展能力及各方满意程度等。项目管理是指项目全生命周期内的预算、监督、组织、财务、制度、档案、信息公开等管理情况。PPP 项目绩效指标是衡量绩效目标实现程度的工具，应按照系统性、重要性、相关性、可比性和经济性的原则，结合预期产出、预期效果和项目管理等绩效目标细化量化后合理设定。PPP 项目绩效指标体系由绩效指标、指标解释、指标权重、数据来源、评价标准与评分方法构成。指标权重是指标在评价体系中的相对重要程度。确定指标权重的方法通常包括专家调查法、层次分析法、主成分分析法、熵值法等。数据来源是在具体指标评价过程中获得可靠和真实数据或信息的载体或途径。获取数据的方法通常包括案卷研究、资料收集与数据填报、实地调研、座谈会、问卷调查等。评价标准是指衡量绩效目标完成程度的尺度。绩效评价标准具体包括计划标准、行业标准、历史标准或其他经相关主管部门确认的标准。评分方法是结合指标权重，衡量实际绩效值与评价标准值偏离程度，对不同的等级赋予不同分值的方法。PPP 项目绩效目标与绩效指标各阶段管理应符合以下要求：PPP 项目准备阶段，项目实施机构应根据项目立项文件、历史资料，结合 PPP 模式特点，在项目实施方案中编制总体绩效目标和绩效指标体系并充分征求相关部门、潜在社会资本等相关方面的意见。财政部门应会同相关主管部门从依据充分性、设置合理性和目标实现保障度等方面进行审核。PPP 项目采购阶段，项目实施机构可结合社会资本响应及合同谈判情况对绩效指标体系中非实质性内容进行合理调整。PPP 项目绩效目标和指标体系应在项目合同中予以明确。PPP 项目执行阶段，绩效目标和指标体系原则上不予调整。但因项目实施内容、相关政策、行业标准发生变化或突发事件、不可抗力等无法预见的重大变化影响绩效目标实现而确需调整的，由项目实施机构和项目公司（未设立项目公司时为社会资本）协商确定，经财政部门及相关主管部门审核通过后报本级人民政府批准。PPP 项目移交完成后，财政部门应会同有关部门针对项目总体绩效目标实现情况，从全生命周期的项目产出、成本效益、物有所值实现情况、按效付费执行情况及对本地区财政承受能力的影响、监管成效、可持续性、PPP 模式应用等方面编制绩效评价（即后评价）指标体系。项目公司（社会资本）对绩效目标或指标体系调整结果有异议的，可申请召开评审会，就调整结果的科学性、合理性、可行性等进行评审。双方对评审意见无异议的，按评审意见完善后履行报批程序；仍有异议的，按照合同约定的争议解决机制处理。编制政府付费和可行性缺口补助 PPP 项目年度支出预算时，应将年度绩效目标和指标连同编制的预算申报材料一并报送财政部门审核。使用者付费 PPP 项目参照执行。

二、政府和社会资本合作项目绩效监控与评价

项目实施机构应根据项目合同约定定期开展 PPP 项目绩效监控，项目公司（社会资本）负责日常绩效监控。PPP 项目绩效监控是对项目日常运行情况及年度绩效目标实现程度进行的跟踪、监测和管理，通常包括目标实现程度、目标保障措施、目标偏差和纠偏情况等。PPP 项目绩效监控应符合以下要求：严格遵照国家规定、行业标准、项目合同约定，按照科学规范、真实客观、重点突出等原则开展绩效监控。重点关注最能代表和反映项目产出及效果的年度绩效目标与指标，客观反映项目运行情况和执行偏差，及时纠偏，改进绩效。项目实施机构应根据 PPP 项目特点，考虑绩效评价和付费时点，合理选择监控时间、设定监控计划，原则上每年至少开展一次绩效监控。PPP 项目绩效监控工作通常按照以下程序进行：开展绩效监控。项目公司（社会资本）开展 PPP 项目日常绩效监控，按照项目实施机构要求，定期报送监控结果。项目实施机构应对照绩效监控目标，查找项目绩效运行偏差，分析偏差原因，结合项目实际，提出实施纠偏的路径和方法，并做好信息记录。反馈、纠偏与报告。项目实施机构应根据绩效监控发现的偏差情况及时向项目公司（社会资本）和相关部门反馈，并督促其纠偏；偏差原因涉及自身的，项目实施机构应及时纠偏；偏差较大的，应撰写《绩效监控报告》报送相关主管部门和财政部门。项目实施机构应根据项目合同约定，在执行阶段结合年度绩效目标和指标体系开展PPP项目绩效评价。财政部门应会同相关主管部门、项目实施机构等在项目移交完成后开展PPP项目后评价。PPP项目绩效评价应符合以下要求：严格按照规定程序，遵循真实、客观、公正的要求，采用定量与定性分析相结合的方法。结合PPP项目实施进度及按效付费的需要确定绩效评价时点。原则上项目建设期应结合竣工验收开展一次绩效评价，分期建设的项目应当结合各期子项目竣工验收开展绩效评价；项目运营期每年度应至少开展一次绩效评价，每3~5年应结合年度绩效评价情况对项目开展中期评估；移交完成后应开展一次后评价。绩效评价结果依法依规公开并接受监督。PPP项目绩效评价工作通常按照以下程序进行：下达绩效评价通知。项目实施机构确定绩效评价工作开展时间后，应至少提前5个工作日通知项目公司（社会资本）及相关部门做好准备和配合工作。制定绩效评价工作方案。项目实施机构应根据政策要求及项目实际组织编制绩效评价工作方案，内容通常包括项目基本情况、绩效目标和指标体系、评价目的和依据、评价对象和范围、评价方法、组织与实施计划、资料收集与调查等。项目实施机构应组织专家对项目建设期、运营期首次及移交完成后绩效评价工作方案进行评审。组织实施绩效评价。项目实施机构应根据绩效评价工作方案对PPP项目绩效情况进行客观、公正的评价。通过综合分析、意见征询，区分责任主体，形成客观、公正、全面的绩效评价结果。对于不属于项目公司或社会资本责任造成的绩效偏差，不应影响项目公司（社会资本）绩效评价结果。编制绩效评价报告。PPP项目绩效评价报告应当依据充分、真实完整、数据准确、客观公正，内容通常包括项目基本情况、绩效评价工作情况、评价结论和绩效分析、存在问题及原因分析、相关建议、其他需要说明的问题。资料归档。项目实施机构应将绩效评价过程中收集的全部有效资料，主要包括绩效评价工作方案、专家论证意见和建议、实地调研和座谈会记录、调查问卷、绩效评价报告等一并归档，并按照有关档案管理规定妥善管理。评价结果反馈。项目实施机构应及时向项目公司（社会资本）和相关部门反馈绩效评价结果。项目公司对绩效评价结果有异议的，应在5个工作日内明确提出并提供有效的佐证材料，向项目实施机构解释说明并达成一致意见。无法达成一致的，应组织召开评审会，双方对评审意见无异议的，根据评审意见确定最终评价结果；仍有异议的，按照合同约定的争议解决机制处理。项目实施机构应将PPP项目绩效评价报告报送相关主管部门、财政部门复核，复核重点关注绩效评价工作方案是否落实、引用数据是否真实合理、揭示的问题是否客观公正、提出的改进措施是否有针对性和可操作性等。PPP项目绩效评价结果是按效付费、落实整改、监督问责的重要依据。按效付费。政府付费和可行性缺口补助项目，政府承担的年度运营补贴支出应与当年项目公司（社会资本）绩效评价结果完全挂钩。财政部门应按照绩效评价结果安排相应支出，项目实施机构应按照项目合同约定及时支付。使用者付费项目，项目公司（社会资本）获得的项目收益应与当年项目公司（社会资本）绩效评价结果挂钩。绩效评价结果优于约定标准的，项目实施机构应执行项目合同约定的奖励条款。绩效评价结果未达到约定标准的，项目实施机构应执行项目合同约定的违约条款，可通过设置影响项目收益的违约金、项目展期限制或影响调价机制等方式实现。绩效评价结果可作为项目期满合同是否展期的考量因素。落实整改。项目实施机构应根据绩效评价过程中发现的问题统筹开展整改工作，并将整改结果报送相关主管部门和财政部门。涉及自身问题的，项目实施机构应及时整改；涉及项目公司（社会资本）或其他相关部门问题的，项目实施机构应及时督促整改。监督问责。项目实施机构应及时公开绩效评价结果并接受社会监督；项目实施机构绩效评价结果应纳入其工作考核范畴。

三、政府和社会资本合作项目全生命周期绩效管理

PPP项目全生命周期绩效管理导图（图9-2）、PPP项目建设期绩效评价共性指标框架（表9-5）、PPP项目运营期绩效评价共性指标框架（表9-6）。

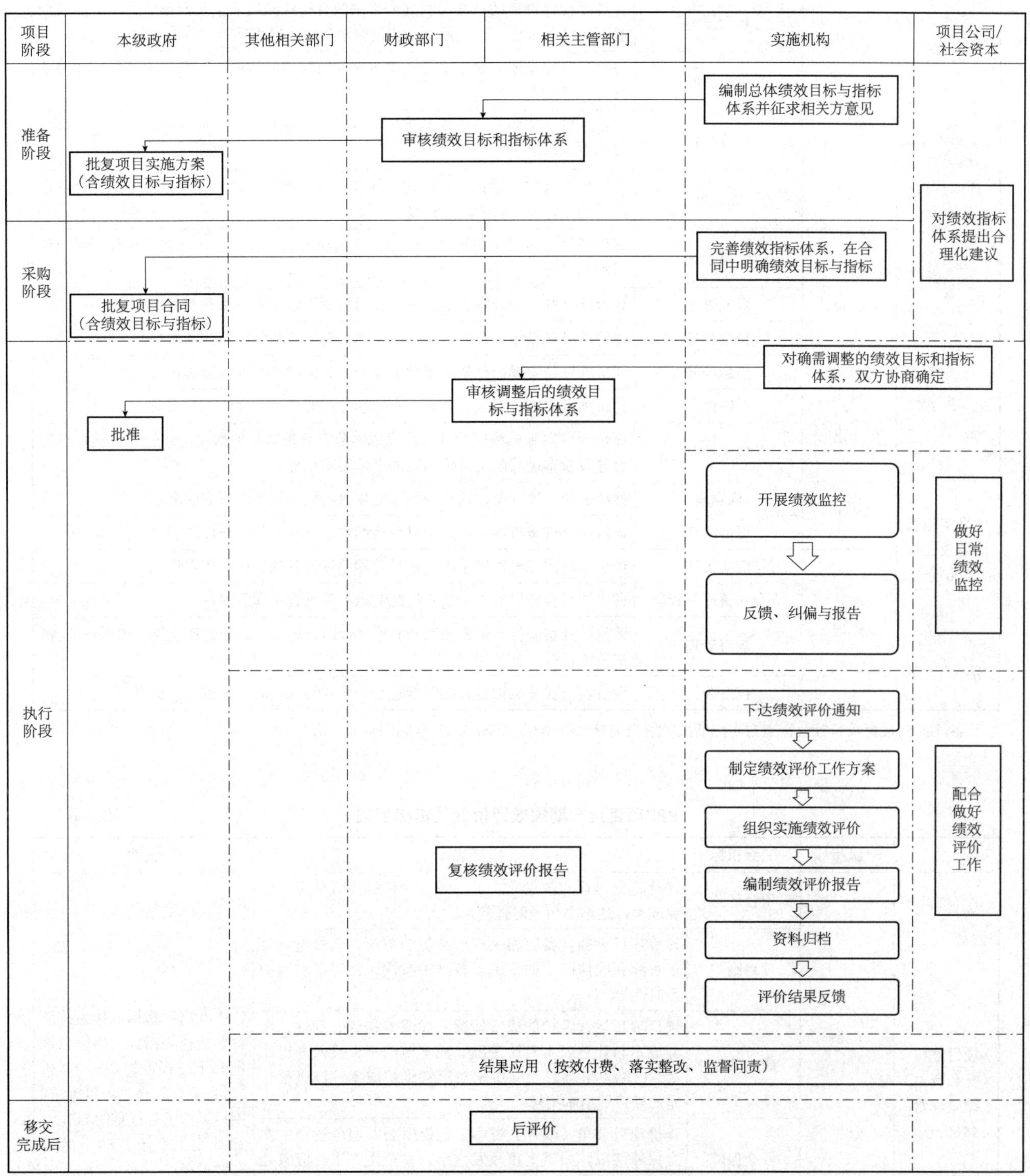

图 9-2　PPP 项目全生命周期绩效管理导图

PPP项目建设期绩效评价共性指标框架 **表9-5**

	一级指标	二级指标	指标解释
项目公司（社会资本）绩效评价（100分）	产出	竣工验收	评价项目是否通过竣工验收及竣工验收情况
	效果	社会影响	评价项目建设活动对社会发展所带来的直接或间接的正负面影响情况。如新增就业、社会荣誉、重大诉讼、公众舆情与群体性事件等
		生态影响	评价项目建设期间对生态环境所带来的直接或间接的正负面影响情况。如节能减排、环保处罚等
		可持续性	评价项目公司或社会资本是否做好项目运营准备工作，如资源配置、潜在风险及沟通协调机制等
		满意度	政府相关部门、项目实施机构、社会公众（服务对象）对项目公司或社会资本建设期间相关工作的满意程度
	管理	组织管理	评价项目公司组织架构是否健全、人员配置是否合理，能否满足项目日常运作需求
		资金管理	评价社会资本项目资本金及项目公司融资资金的到位率和及时性
		档案管理	评价项目建设相关资料的完整性、真实性以及归集整理的及时性
		信息公开	评价项目公司或社会资本履行信息公开义务的及时性与准确性
项目实施机构绩效评价（100分）	产出	履约情况	评价项目实施机构是否及时、有效履行PPP项目合同约定的义务
		成本控制	评价项目实施机构履行项目建设成本监督管控责任的情况。（注：PPP项目合同对建设成本进行固定总价约定的不适用本指标）
	效果	满意度	社会公众、项目公司或社会资本对项目实施机构工作开展的满意程度
		可持续性	评价项目实施机构是否为项目可持续性建立有效的工作保障和沟通协调机制
	管理	前期工作	评价项目实施机构应承担的项目前期手续及各项工作的落实情况
		资金（资产）管理	评价项目实施机构股权投入、配套投入等到位率和及时性
		监督管理	评价项目实施机构是否按照PPP项目合同约定履行监督管理职能，如质量监督、财务监督及日常管理等
		信息公开	评价项目实施机构是否按照信息公开相关要求及时、准确公开信息

备注：应根据项目行业特点与实际情况等适当调整二级指标，细化形成三级指标。

PPP项目运营期绩效评价共性指标框架 **表9-6**

	一级指标	二级指标	指标解释	说明
项目公司（社会资本）绩效评价（100分）	产出	项目运营	评价项目运营的数量、质量与时效等目标完成情况。如完成率、达标率与及时性等	1. “产出”指标应作为按效付费的核心指标，指标权重不低于总权重的80%，其中“项目运营”与“项目维护”指标不低于总权重的60%； 2. 原则上不低于80分才可全额付费
		项目维护	评价项目设施设备等相关资产维护的数量、质量与时效等目标完成情况。如设施设备维护频次、完好率与维护及时性等	
		成本效益	评价项目运营维护的成本情况。如成本构成合理性、实际成本与计划成本对比情况、成本节约率、投入产出比等。（注：PPP项目合同中未对运营维护成本控制进行约定的项目适用本指标）	
		安全保障	评价项目公司（或社会资本）在提供公共服务过程中安全保障情况。如重大事故发生率、安全生产率、应急处理情况等	
	效果	经济影响	评价项目实施对经济发展所带来的直接或间接的正负面影响情况。如对产业带动及区域经济影响等	
		生态影响	评价项目实施对生态环境所带来的直接或间接的正负面影响情况。如节能减排、环保处罚等	

续表

<table>
<tr><th></th><th>一级指标</th><th>二级指标</th><th>指标解释</th><th>说明</th></tr>
<tr><td rowspan="8">项目公司（社会资本）绩效评价（100分）</td><td rowspan="3">效果</td><td>社会影响</td><td>评价项目实施对社会发展所带来的直接或间接的正负面影响情况。如新增就业、社会荣誉、重大诉讼、公众舆情与群体性事件等</td><td rowspan="8">1.“产出”指标应作为按效付费的核心指标，指标权重不低于总权重的80%，其中“项目运营”与“项目维护”指标不低于总权重的60%；
2. 原则上不低于80分才可全额付费</td></tr>
<tr><td>可持续性</td><td>评价项目在发展、运行管理及财务状况等方面的可持续性情况</td></tr>
<tr><td>满意度</td><td>政府相关部门、项目实施机构、社会公众（服务对象）对项目公司或社会资本提供公共服务质量和效率的满意程度</td></tr>
<tr><td rowspan="5">管理</td><td>组织管理</td><td>评价项目运营管理实施及组织保障等情况。如组织架构、人员管理及决策审批流程等</td></tr>
<tr><td>财务管理</td><td>评价项目资金管理、会计核算等财务管理内容的合规性</td></tr>
<tr><td>制度管理</td><td>评价内控制度的健全程度及执行效率</td></tr>
<tr><td>档案管理</td><td>评价项目运营、维护等相关资料的完整性、真实性以及归集整理的及时性</td></tr>
<tr><td>信息公开</td><td>评价项目公司或社会资本履行信息公开义务的及时性与准确性</td></tr>
<tr><td rowspan="9">项目实施机构绩效评价（100分）</td><td rowspan="2">产出</td><td>按效付费</td><td>评价项目实施机构是否及时、充分按照PPP项目合同约定履行按效付费义务</td><td rowspan="9">“物有所值”指标可结合中期评估等工作定期开展</td></tr>
<tr><td>其他履约情况</td><td>评价项目实施机构是否及时、有效履行PPP项目合同约定的其他义务</td></tr>
<tr><td rowspan="3">效果</td><td>满意度</td><td>社会公众、项目公司或社会资本对项目实施机构工作开展的满意程度</td></tr>
<tr><td>可持续性</td><td>评价项目实施机构是否为项目可持续性建立有效的工作保障和沟通协调机制</td></tr>
<tr><td>物有所值</td><td>评价项目物有所值实现程度</td></tr>
<tr><td rowspan="4">管理</td><td>预算编制</td><td>评价项目实施机构是否及时、准确将PPP项目支出责任纳入年度预算</td></tr>
<tr><td>绩效目标与指标</td><td>评价项目实施机构是否编制合理、明确的年度绩效目标和绩效指标</td></tr>
<tr><td>监督管理</td><td>评价项目实施机构是否按照PPP项目合同约定履行监督管理职能，如质量监督、财务监督及日常管理等</td></tr>
<tr><td>信息公开</td><td>评价项目实施机构是否按照信息公开相关要求及时、准确公开信息</td></tr>
</table>

备注：应根据项目行业特点与实际情况等适当调整二级指标，细化形成三级指标。

第六节　中央财政补助资金绩效评价

一、中央财政海绵城市建设示范补助资金

中央财政海绵城市建设示范补助资金，是指中央财政通过城市管网及污水处理补助资金安排的，支持地方开展系统化全域推进海绵城市建设示范的资金。绩效评价，是指各级财政部门、住房和城乡建设部门、水利部门根据设定的绩效目标和标准，运用科学、合理的评价方法，对海绵城市建设的成效以及财政资金的经济性、效率性、效益性和公平性进行客观公正的评价，形成评价结果的过程。年度绩效评价以预算年度为周期，由住房和城乡建设部、水利部、财政部组织开展。在年度绩效评价的基础上，财政部根据工作需要，适时组织对补助资金政策总体绩效情况开展重点评价。评价依据和内容，绩效评价的依据包括：《预算法》相关规定；预算绩效管理相关规定；海绵城市、地下空间、防

洪排涝等方面技术标准、制度规定等；财政部、住房和城乡建设部、水利部审核并下达的示范期总体绩效目标和分年度绩效目标；《城市管网及污水处理补助资金管理办法》等相关规定；中央有关部门出具的相关审计报告、财政监督检查报告及处理决定等；其他相关材料。年度绩效评价的主要内容是绩效目标的实现程度及效果，为实现绩效目标制定的制度和采取的措施，资金投入和使用情况等。具体内容包括：产出数量和质量。包括相关政策和长效机制的制定情况，示范城市绩效目标完成情况，示范城市承诺的相关指标完成情况。资金管理。包括资金分配是否科学合理，资金拨付是否及时，是否符合项目序时进度，项目预算资金是否按照计划执行，资金使用是否规范，以及资金管理措施是否健全有效等；示范城市资金投入情况，以及带动社会资本投入情况等。项目效益。包括海绵城市理念在规划建设管理全过程中的落实情况，是否全域系统化推广，城市水安全等预期经济社会效益目标实现情况，人民群众满意度等。组织实施、评价结果及应用，财政部指导、督促地方开展财政资金绩效运行监控，对示范城市资金管理进行绩效评价。住房和城乡建设部、水利部、财政部根据系统化全域推进海绵城市建设示范工作要求制定绩效评价指标体系；审核示范城市制定的示范期总体绩效目标和分年度绩效目标，指导督促示范城市依据绩效目标做好自评价；对示范城市产出数量和质量、项目效益等海绵城市建设成效进行评价。住房和城乡建设部、水利部、财政部组织开展年度绩效评价。根据需要，绩效评价工作可委托专家、中介机构等第三方实施。绩效评价方法的选用应坚持简便有效的原则，根据专项资金所支持各项工作具体情况操作。绩效评价的工作程序如下：各示范城市于每年 2 月底前向所在省份省级财政部门、住房和城乡建设部门、水利部门报送上年度绩效评价报告等绩效自评材料。示范城市绩效自评材料应客观、公正，同时应附带能够佐证绩效自评结果的相关材料。省级财政部门、住房和城乡建设部门、水利部门对示范城市绩效自评材料进行审核，并于每年 3 月 15 日前将各示范城市绩效自评报告报送财政部、住房和城乡建设部、水利部，同时抄送财政部当地监管局。各部组织专家或第三方机构对各示范城市绩效自评报告进行审核，并结合工作需要选取部分城市开展实地检查，根据相关数据资料和现场检查情况，整理形成全国绩效评价报告。地方各级财政部门、住房和城乡建设部门、水利部门根据职责分工按要求具体负责绩效自评工作，并对本级提供的绩效自评报告和数据的真实性、合法性、完整性负责。各示范城市应按要求将年度绩效目标申报表报省级财政部门、住房和城乡建设部门、水利部门审核。省级有关部门审核后，报财政部、住房和城乡建设部、水利部。各部对地方申报的绩效目标进行审核后，财政部将补助资金下达到示范城市。绩效评价结果实行分级制，根据指标因素进行评价，评价结果按照排序划分为 A、B、C、D 四个等级。财政部、住房和城乡建设部、水利部于每年 4 月底前向各地区反馈绩效评价结果，并向社会公布。年度绩效评价结果将作为拨付补助资金、确定各省份示范城市推荐名额的重要依据。对年度绩效评价结果等级为 A、示范期总体绩效目标完成情况较好的，予以通报表扬，在拨付资金时适当加快进度。对年度绩效评价结果等级为 C 和 D、示范期总体绩效目标完成滞后的，适当缓拨、扣拨补助资金，并作为示范城市所在省份下一年度参与示范评审的重要依据。总体绩效评价结果作为完善政策、安排预算和改进管理的重要依据。省级财政部门、住房和城乡建设部门、水利部门制定的本地区绩效评价实施细则，应报财政部、住房城和乡建设部、水利部和财政部当地监管局备案。

二、中央财政城镇保障性安居工程补助资金

补助资金，是指中央财政安排用于支持符合条件的城镇居民保障基本居住需求、改善居住条件的共同财政事权转移支付资金。补助资金由财政部、住房和城乡建设部按职责分工管理。财政部负责编制补助资金年度预算，提出三年支出规划建议，确定补助资金分配方案、下达补助资金预算，对补助资金的使用管理情况进行监督和绩效管理。财政部各地监管局按照工作职责和财政部要求，对补助资金管理使用情况加强属地监管。住房和城乡建设部负责住房保障计划编制，提供各地保障性安居工程年度计划数据，督促指导地方开展城镇保障性安居工程工作，组织做好绩效目标制定、绩效监控和评价等。省级财政部门、住房和城乡建设部门负责明确省级及以下各级财政部门、住房和城乡建设部门在资金分配、住房保障计划编制、绩效管理等方面的责任，切实加强资金管理。补助资金管理遵循公平公正、公开透明、突出重点、注重绩效、强化监督的原则。补助资金实施期限至2025年，期满后，根据法律、行政法规和国务院有关规定及城镇保障性安居工程形势需要，评估确定是否继续实施和延续期限。

（一）补助资金支持范围

租赁住房保障。主要用于支持公租房、保障性租赁住房等租赁住房的筹集，向符合条件的在市场租赁住房的城镇住房保障对象发放租赁补贴等相关支出。其中，中央财政支持住房租赁市场发展试点资金主要用于支持试点城市多渠道筹集租赁住房房源、建设住房租赁管理服务平台等与住房租赁市场发展相关的支出。城镇老旧小区改造主要用于小区内水电路气等配套基础设施和公共服务设施建设改造，小区内房屋公共区域修缮、建筑节能改造，支持有条件的加装电梯等支出。城市棚户区改造主要用于城市棚户区改造项目中的征收补偿、安置房建设（购买）和相关配套基础设施建设等支出，不得用于城市棚户区改造中安置房之外的住房开发、配套建设的商业和服务业等经营性设施建设支出。年度租赁住房保障、城镇老旧小区改造、城市棚户区改造资金规模由财政部会同住房和城乡建设部根据财政收支形势、年度城镇保障性安居工程任务状况等因素确定。租赁住房保障资金采取因素法，按照各省年度租赁住房筹集套数、租赁补贴户数等因素以及相应权重分配，并通过绩效评价结果、财政困难程度进行调节。租赁补贴户数、租赁住房筹集套数由住房和城乡建设部根据各地申报数提供。其中，租赁住房包括公租房和保障性租赁住房。租赁补贴和租赁住房筹集的相应权重，由财政部会同住房和城乡建设部根据年度租赁补贴和租赁住房筹集计划情况确定。具体计算公式如下：

分配给某省的租赁住房保障资金=〔（该省租赁补贴户数×该省财政困难程度系数×年度绩效评价调节系数）÷Σ（各省租赁补贴户数×相应省财政困难程度系数×年度绩效评价调节系数）×相应权重＋（该省租赁住房筹集套数×该省财政困难程度系数×年度绩效评价调节系数）÷Σ（各省租赁住房筹集套数×相应省财政困难程度系数×年度绩效评价调节系数）×相应权重〕×年度租赁住房保障资金

（二）城镇老旧小区改造资金采取因素法

按照各省年度老旧小区改造面积、改造户数、改造楼栋数、改造小区个数等因素以及相应权重分配，并通过绩效评价结果、财政困难程度进行调节。老旧小区改造面积、改造户数、改造楼栋数、改造小区个数因素权重分别为40%、40%、10%、10%。老旧小区改造面积、改造户数、改造楼栋数、改造小区个数由住房和城乡建设部根据各地申报数提供。具体计算公式如下：

分配给某省的老旧小区改造资金=〔（该省老旧小区改造面积×该省财政困难程度系数×年度绩效评价调节系数）÷Σ（各省老旧小区改造面积×相应省财政困难程度系数×年度绩效评价调节系数）×相应权重＋（该省老旧小区改造户数×该省财政困难程度系数×年度绩效评价调节系数）÷Σ（各省老旧小区改造户数×相应省财政困难程度系数×年度绩效评价调节系数）×相应权重＋（该省老旧小区改造楼栋数×该省财政困难程度系数×年度绩效评价调节系数）÷Σ（各省老旧小区改造楼栋数×相应省财政困难程度系数×年度绩效评价调节系数）×相应权重＋（该省老旧小区改造个数×该省财政困难程度系数×年度绩效评价调节系数）÷Σ（各省老旧小区改造个数×相应省财政困难程度系数×年度绩效评价调节系数）×相应权重〕×年度老旧小区改造资金

（三）城市棚户区改造资金采取因素法

按照各省城市棚户区改造套数因素分配，并通过绩效评价结果、财政困难程度进行调节。具体计算公式如下：

分配给某省的城市棚户区改造资金=（该省城市棚户区改造套数×该省财政困难程度系数×年度绩效评价调节系数）÷Σ（各省城市棚户区改造套数×相应省财政困难程度系数×年度绩效评价调节系数）×年度城市棚户区改造资金

城市棚户区改造套数由住房和城乡建设部根据各地申报数提供。上述中年度绩效评价调节系数，由财政部在经财政部各地监管局审核认定的绩效评价结果基础上设置。年度绩效评价审核结果在90分

（含）以上的，绩效评价调节系数为1；年度绩效评价审核结果在80分（含）至90分之间的，绩效评价调节系数0.95；年度绩效评价审核结果在60分（含）至80分之间的，绩效评价调节系数为0.9；年度绩效评价审核结果在60分以下的，绩效评价调节系数为0.85。财政部、住房和城乡建设部根据党中央、国务院有关决策部署和城镇保障性安居工程新形势、新情况等，适时调整完善相关分配因素、权重、计算公式、调节系数等。对于发生重大自然灾害等特殊情况的省，以及党中央、国务院确定需要重点支持和激励的省和项目，财政部会同住房和城乡建设部按程序报批后在补助资金分配时予以适当倾斜。

三、资金预算下达与资金绩效管理

财政部会同住房和城乡建设部在全国人大审查批准中央预算后30日内，将补助资金预算分配下达省级财政部门，并抄送财政部当地监管局。每年10月31日前，提前下达下一年度补助资金预计数。省级财政部门在接到补助资金预算后，应当会同同级住房和城乡建设部门在30日内，按照预算级次合理分配、及时下达本行政区域县级以上各级政府财政部门，并抄送财政部当地监管局。市县财政部门接到补助资金预算后，应当会同同级住房和城乡建设部门及时将资金预算分解或明确到具体项目，并将分配结果报上级财政部门、住房和城乡建设部门备案。在分配补助资金时，应当结合本地区年度重点工作加大中央、省、市县财政安排相关资金的统筹力度，要做好与发展改革部门安排基本建设项目等各渠道资金的统筹和对接，防止资金、项目安排重复交叉或缺位。各地要切实做好项目前期准备工作，强化项目管理，市县住房和城乡建设部门应当督促项目实施单位加快项目进度，切实提高资金使用效率。结转结余的资金，按照《预算法》和其他有关结转结余资金管理的相关规定处理。补助资金支付按照国库集中支付制度有关规定执行。属于政府采购管理范围的，按照政府采购有关规定执行。补助资金根据支持内容不同，可以采取投资补助、项目资本金注入、贷款贴息等方式，发挥财政资金引导作用，吸引社会资本参与城镇保障性安居工程投资建设和运营管理。地方各级财政部门应当对补助资金实行专项管理、分账核算，严格按照规定用途使用，严禁将补助资金用于平衡预算、偿还债务、支付利息等支出。各地住房和城乡建设部门、财政部门应当按照全面实施预算绩效管理的有关规定，强化绩效目标管理，严格审核绩效目标，做好绩效运行监控和绩效评价，并加强绩效评价结果应用。以预算年度为周期开展绩效评价，在年度绩效评价的基础上，适时开展中期绩效评价。绩效评价的内容包括：决策情况、资金管理和使用情况、相关管理制度办法的健全性及执行情况、实现的产出情况、取得的效益情况、其他相关内容以及评价指标体系。省级评价指标由财政部会同住房和城乡建设部设置，市县绩效评价指标由省级财政部门会同住房和城乡建设部门参考省级绩效评价指标体系，结合实际情况设置。省级住房和城乡建设部门、财政部门负责组织开展本地区绩效评价工作，指导督促市县开展绩效评价工作，加强绩效评价结果运用，按规定向财政部、住房和城乡建设部报送本地区上年度绩效评价报告和自评表。市县财政部门、住房和城乡建设部门具体实施市县绩效评价工作，加强绩效评价结果应用，按规定向省级财政部门、住房和城乡建设部门报送本市县绩效评价报告。省级以下住房和城乡建设部门、财政部门对所提供的绩效评价相关材料的真实性、完整性负责。各地区可以根据需要，委托专家、中介机构等第三方参与绩效评价工作。年度绩效评价的工作程序如下：省级财政部门会同同级住房和城乡建设部门将本地区上年度绩效评价报告、自评表（逐项说明评分理由），附带能够佐证绩效评价结果的相关材料，于每年2月28日前将评价报告及附件加盖两部门印章后报送财政部、住房和城乡建设部和财政部当地监管局；对于无故不按时提交绩效评价自评表及相关证明材料的省，该省绩效评价得分按零分认定。财政部各地监管局对地方报送的上年度绩效评价报告、自评表及相关证明材料进行审核和实地抽查后，于每年3月20日之前将审核总结报告和审核意见表报送财政部，抄送住房和城乡建设部和省级财政、住房和城乡建设部门。其中，实地抽查审核比例原则上不少于3个地级市（含省直管县），抽查各项数据所占资金比例原则上不低于该地区申报资金的20%。各级财政部门会同住房和城乡建设部门将绩效评价结果及有关问题整改情况作为分配补助资金、制定调整相关政策以及加强保障性安居工程建设和运营管理的参考依据。租赁住房保障绩效评价指标（表9-7）、城镇老旧小区改造绩效评价指标（表9-8）、城市棚户区改造绩效评价指标（表9-9）。

租赁住房保障绩效评价指标 **表9-7**

填报单位：__________省（自治区、直辖市、计划单列市）

评价指标				评分标准	地区评价得分	监管局评分
一级指标	分值	二级指标	分值			
资金管理	25	资金筹集	5	地方财政安排资金用于筹集保障性租赁住房、公租房，向符合条件的在市场租赁住房的城镇住房保障对象发放租赁补贴等租赁住房保障支出的（5分）；没有安排的（0分）		
		资金分配	5	资金管理办法健全规范（2分）；资金按规定时间分配下达到市（县）财政部门或项目单位（3分），否则扣减相应分数		
		预算执行	10	建立了预算执行、绩效监控机制（2分），否则扣减相应分数；预算执行（8分），预算执行率每低5个百分点扣1分，最多扣8分		
		资金使用管理	5	没有违规违纪情况的（5分）；通过审计、财政等部门检查存在资金截留、挪用、交叉重复等违规违纪行为，或经群众举报、新闻媒体曝光，经查实存在违规违纪行为的，每发现1项扣0.5分，最多扣5分。对性质恶劣、有重大不良影响的违规违纪项目一次性扣除5分		
项目管理	15	项目库储备	10	建立租赁住房项目储备库（4分），对入库项目建立档案、根据项目成熟度进行排序并纳入年度计划（6分），否则扣减相应分数		
		评价报告报送及时、完整性	5	编制了绩效目标、及时开展绩效评价工作，按时报送绩效评价报告且内容完整的，得5分；内容不完整的扣2分；无故不按时提交绩效评价报告的，不得分；存在弄虚作假等情形的，不得分		
产出效益	60	保障性租赁住房计划完成率	10	项目实际筹集数量大于或等于年度计划的，得10分；未达到年度计划的，每低一个百分点扣1分，最多扣10分		
		新筹集公租房年度计划完成率	8	项目实际筹集数量大于或等于年度计划的，得8分；未达到年度计划的，每低一个百分点扣1分，最多扣8分		
		租赁补贴年度计划完成率	5	实际发放补贴户数大于或等于计划发放数量的，得5分；未完成年度计划的，每低一个百分点扣1分，最多扣5分。通过审计、财政等部门检查，或经群众举报、新闻媒体曝光，经查实存在违规发放补贴的，根据情节严重程度酌情扣分，最多扣5分		
		城镇户籍低保、低收入住房困难家庭申请公租房的保障率	5	对申请公租房保障并审核通过的城镇户籍低保、低收入住房困难家庭，在6个月轮候期内，通过配租公租房或发放租赁补贴给予公租房保障的比例达到100%的，得5分；低于100%比率的，每低一个百分点扣1分，最多扣5分		
		确定保障性租赁住房发展目标	7	新市民和青年人多、房价偏高或上涨压力较大的大城市，在“十四五”期间应大力增加保障性租赁住房供给。未公布建设目标或新增保障性租赁住房占新增住房供应总量比例低于10%均不得分，占比10%~20%得3分，占比20%~30%得5分，达到30%及以上得7分		
		落实保障性租赁住房支持政策和工作机制	7	人口净流入的大城市和省级人民政府确定发展保障性租赁住房的城市出台落实《国务院办公厅关于加快发展保障性租赁住房的意见》（国办发〔2021〕22号）的具体操作办法（2分），未建立与相关部门单位联动机制的扣1分，存在相关项目符合税收优惠和民用水电气等支持政策条件却不能落实的，每一个扣0.5分，最多扣2分；对现有各类政策支持租赁住房进行梳理，符合规定的均纳入保障性租赁住房规范管理（2分），存在相关项目符合规定不纳入保障性租赁住房的，每一个扣0.5分，最多扣2分；建立保障性租赁住房工作领导和推进机制对保障性租赁住房项目建设方案进行联合审查，授权有关部门出具保障性租赁住房项目认定书后，相关部门按规定办理审批手续，落实集中式租赁住房建设适用标准（2分）；引导市场主体与银行业金融机构沟通对接，加大保障性租赁住房建设运营的信贷支持力度（1分）		

续表

评价指标				评分标准	地区评价得分	监管局评分
一级指标	分值	二级指标	分值			
产出效益	60	租赁住房运营管理	8	企业和其他机构参与运营公租房占比分别达到30%及以上的得4分，占比20%~30%的得3分，占比10%~20%的得2分，10%以下的不得分；人口净流入的大城市和省级人民政府确定发展保障性租赁住房的城市建立健全住房租赁管理服务平台，将保障性租赁住房项目纳入平台统一管理（1分）；将保障性租赁住房纳入工程建设质量安全监管，并作为监督检查的重点（1分）；明确保障性租赁住房准入和退出的具体条件、小户型的具体面积标准以及低租金的具体标准，并抓好落实（1分）；加强运营管理，出台具体措施，坚决防止保障性租赁住房上市销售或变相销售，严禁以保障性租赁住房为名违规经营或骗取优惠政策（1分）		
		工程质量	5	工程质量符合标准的（5分）。通过住房和城乡建设等部门检查、审计发现存在工程质量问题，或经群众举报、媒体曝光，经查实存在工程质量问题的，每发现1项扣1分，最多扣5分		
		租赁住房保障满意度	5	满意度指标达到80%以上的，得5分；低于80%的，每低1个百分点扣1分，对于群众信访没有及时处置的，每一次扣1分，最多扣5分		
合计			100			

备注：2021年度资金绩效评价保障性租赁住房计划完成率指标不纳入评价范围，均按10分计算。

城镇老旧小区改造绩效评价指标 **表9-8**

填报单位：__________省（自治区、直辖市、计划单列市）

评价指标				评分标准	地区评价得分	监管局评分
一级指标	分值	二级指标	分值			
资金管理	30	资金筹集	10	由市场化运作的规模化实施运营主体实施的小区占年度计划改造小区比例30%以上的（1分）。实际到位资金中，企业、产权单位（原产权单位）、专业经营单位等社会力量及居民出资占比在20%及以上的（2分），中央补助资金占比40%及以下的（2分）。30%以上的地级及以上城市有改造项目通过银行贷款、企业债券等方式筹集资金的（1分）。地方财政安排资金用于城镇老旧小区改造的（2分）。30%以上的地级及以上城市发行地方政府专项债券或一般债券用于城镇老旧小区改造的（1分）。居民参与出资改造的小区占年度计划改造小区比例达到60%以上的（1分）。未达到目标的，按实际完成任务情况，按比例扣减相应得分，扣完为止		
		资金分配	5	资金管理办法健全规范（2分）；资金按规定时间分配下达到市（县）财政部门或项目单位（3分），否则扣减相应分数		
		预算执行	10	建立了预算执行、绩效监控机制（2分），否则扣减相应分数；预算执行（8分），预算执行率每低5个百分点扣1分，最多扣8分		
		资金使用管理	5	没有违规违纪情况的（5分）；通过审计、财政等部门检查存在资金截留、挪用、交叉重复等违规违纪行为，或经群众举报、新闻媒体曝光，经查实存在违规违纪行为的，每发现1项扣0.5分，最多扣5分。对性质恶劣、有重大不良影响的违规违纪项目一次性扣除5分		
项目管理	10	项目储备库	3	建立城镇老旧小区改造项目储备库（1分），对入库项目建立档案、实现同步录入改造项目基本情况、居民改造意愿、改造方案、工程进度、改造前后效果的数据、图片信息（1分）；根据小区配套设施状况，改造方案的完整性、针对性、居民改造意愿等，对入库项目初步实施方案进行量化计分、排序，明确纳入年度改造计划的优先顺序（1分），否则扣减相应分数		

续表

评价指标				评分标准	地区评价得分	监管局评分
一级指标	分值	二级指标	分值			
项目管理	10	统筹协调机制	2	市（县）均建立政府统筹、条块协作、各部门齐抓共管的专门工作机制，形成工作合力（1分）；省级、市（县）年度改造计划均与水电气热信等相关专营设施增设或改造计划有效衔接，对需改造水电气热信等设施的小区，开工改造前均就水电气热信等设施形成统筹施工方案的（1分）；未达到目标的，根据未完成任务小区情况，按比例扣减相应得分，扣完为止		
		评价报告报送	5	编制了绩效目标、及时开展绩效评价工作，按时报送绩效评价报告且内容完整的，得5分；内容不完整的扣2分；无故不按时提交绩效评价报告的，不得分；存在弄虚作假等情形的，不得分		
产出效益	60	改造计划完成率	30	以小区数计，项目实际开工量大于或等于年度计划的（10分）；以户数计，项目实际开工量大于或等于年度计划的（10分）；以建筑面积数计，项目实际开工量大于或等于年度计划的（5分）；以楼栋数计，项目实际开工量大于或等于年度计划的（5分）；未达到计划的，每低1个百分点扣1分，最多扣30分		
		居民参与	5	成立党组织的小区占年度计划改造小区比例60%以上的（1分）。选举业主委员会的小区占年度计划改造小区比例60%以上的（1分）。改造方案（含改造后小区物业管理模式、居民缴纳必要的物业服务费用等）经法定比例以上居民书面（线上）表决同意的小区占年度计划改造小区比例100%的（2分）；60%以上的地级及以上城市引导居民利用“互联网+共建共治共享”等线上手段，对改造中共同决定事项进行表决，提高居民协商议事效率的（1分）。未达到目标的，根据完成任务情况，按比例扣减相应得分，扣完为止		
		改造内容	10	对于在老旧管线等市政配套基础设施、小区内建筑物本体公共部位维修、北方采暖区建筑节能改造以及公共区域无障碍设施、适老化改造、适儿化改造等方面存在短板的小区，将相关设施短板均纳入改造方案的小区占比85%以上的（5分，其中北方采暖区对建筑节能改造按1分单独核分，其他内容占4分）；对于存在停车、加装电梯、体育健身、充电、安防、照明、智能信包箱及快件箱等完善类设施短板的小区，均有相关内容纳入改造方案的小区占比85%以上的（2分）；对存在养老、托育、助餐等提升类设施短板的小区，有相关设施短板纳入改造方案，拟在片区层面统筹实施的小区占比60%以上的（2分）；与相邻小区及周边地区联动、连片实施改造小区占年度计划改造小区比例50%以上的（1分）；未达到目标的，根据未完成任务小区情况，按比例扣减相应得分，扣完为止		
		工程质量安全	4	完善城镇老旧小区改造质量安全事中事后监管机制、制定城镇老旧小区改造工程质量通病防治导则并强化运用，压实建设单位、设计单位、施工单位、监理单位等参建单位质量安全责任的（4分）。经群众信访投诉、审计发现、媒体曝光，城镇老旧小区改造项目存在工程质量安全问题，每发现1个项目存在问题扣0.5分，最多扣4分		
		长效管理机制	4	将改造后水电气热信等专营设施设备产权依照法定程序移交给专业经营单位，由其负责维护管理的小区，占年度计划改造小区比例60%以上的（2分）；建立健全住宅专项维修资金归集、使用、续筹机制的小区，占年度计划改造小区比例60%以上的（2分）。未达到目标的，根据未完成任务小区情况，按比例扣减相应得分，扣完为止		
		完善配套政策制度	2	省级、市（县）均出台精简改造项目审批、整合利用小区及周边存量资源、改造中既有土地集约混合利用和存量房屋设施兼容转换等方面配套政策，省级因地制宜完善适应改造需要标准体系的（2分）		
		完成改造小区居民满意度	5	满意度指标平均达到80%以上的（5分），低于80%的，每低1个百分点扣1分；对于群众信访没有及时处置的，每1次扣1分，最多扣5分		
合计			100			

备注：绩效指标纳入《全国城镇老旧小区改造统计调查制度》的，地区评价得分应根据统计调查数据直接计算得分。

城市棚户区改造绩效评价指标 表9-9

填报单位：__________省（自治区、直辖市、计划单列市）

评价指标				评分标准	地区评价得分	监管局评分
一级指标	分值	二级指标	分值			
资金管理	25	资金筹集	5	地方财政安排资金用于棚户区改造的（5分）；没有安排的（0分）		
		资金分配	5	资金管理办法健全规范（2分）；资金按规定时间分配下达到市（县）财政部门或项目单位（3分），否则扣减相应分数		
		预算执行	10	建立了预算执行、绩效监控机制（2分），否则扣减相应分数；预算执行（8分），预算执行率每低5个百分点扣1分，最多扣8分		
		资金使用管理	5	没有违规违纪情况的（5分）；通过审计、财政等部门检查存在资金截留、挪用、交叉重复等违规违纪行为，或经群众举报、新闻媒体曝光，经查实存在违规违纪行为的，每发现1项扣0.5分，最多扣5分。对性质恶劣、有重大不良影响的违规违纪项目一次性扣除5分		
项目管理	15	项目库储备	10	建立棚户区改造项目储备库（4分），对入库项目建立档案、根据项目成熟度进行排序并纳入年度计划（6分），否则扣减相应分数		
		评价报告报送及时、完整性	5	按时报送绩效评价报告且内容完整的，得5分；内容不完整的扣2分；无故不按时提交绩效评价报告的，不得分		
产出效益	60	年度计划完成率	30	项目实际开工数量大于或等于年度计划的，得30分；未达到年度计划的，每低一个百分点扣1分，最多扣30分		
		当年达到交付使用条件的棚改安置住房分配率	20	分配率达到60%以上的，得20分；以60%为基数，每低一个百分点扣1分，最多扣20分		
		工程质量	5	工程质量符合标准的（5分）。通过住房和城乡建设等部门检查、审计发现存在工程质量问题，或经群众举报、媒体曝光，经查实存在工程质量问题的，每发现1项扣1分，最多扣5分		
		棚户区改造拆迁居民满意度	5	满意度指标达到80%以上的，得5分；低于80%的，每低一个百分点扣1分，对于群众信访没有及时处置的，每一次扣1分，最多扣5分		
合计			100			

第七节 财政项目支出预算绩效管理

一、绩效评价

财政政策是指在一定时间内，由财政预算安排，具有专门用途和政策目标的财政专项资金政策，以及市对区的专项转移支付政策。政策范围由财政部门确定。适用于预算主管部门和财政部门对财政政策组织开展的事前绩效评估、绩效目标、绩效跟踪、绩效评价及评价结果应用等管理活动。预算主管部门开展政策绩效目标管理、绩效跟踪和绩效评价，应通过财政预算和绩效管理信息系统实施，并对相关结果真实性和准确性负责。预算主管部门负责建立本部门实施财政政策绩效管理制度，负责对本部门的财政政策进行绩效管理，健全本部门财务和业务之间的工作协同机制；财政部门负责制定财政政策绩效管理制度，指导、推进本级预算主管部门开展财政政策绩效管理工作。政策绩效管理的主要依据包括：国家和本市相关法律、法规和规章制度；部门职能、中长期发展规划、部门中期规划情况，年度工作计划；财政政策资金管理办法、实施细则和申报指南等；预算部门（单位）相关的预算、决算情况；政策实施过程中的管理制度和信息公开等记录；反映政策效果的书面材料；相关历史数据标准、行业标准和计划标准；人大审查结果、审计、财政监督检查报告；符合财政部门要求的其他依据。事前绩效评估，预算主管部门出台新增重大政策时，要结合预算评审、项目审批等，开展事前绩效评估，形成评估报告报送财政部门。事前政策评估应当包括以下主要内容：政策制定必要性。即政策需要解决的社会需求和目标，政策与部门职能、社会需求、财政投入和产出与效果的相关性。政策投入经济性。即财政投入是否取得合理的效果。绩效目标合理性。即政策预期可实现程度，包括绩效目标细化量化程度和政策预期效益可实现程度等。实施方案可行性。即包括政策内容是否明确、决策程序是否规范、预算编制和技术方案是否科学合理，组织机构、资金保障条件、政策管理制度和管控措施是否健全有效。筹资合规性。即资金的筹集是否合法合规。事前评估应用，预算主管部门组织开展的政策事前绩效评估报告，作为向财政部门申请预算的必备要件，未按要求开展绩效评估或者绩效评估结果未通过的，不得安排预算。财政部门结合预算评审，对预算主管部门报送的事前政策评估报告进行审核，并提出审核意见，将审核意见作为预算安排的重要依据，审核未通过的，不得纳入财政支出项目库，不得安排预算。各预算主管部门申请政策年度预算时，应依据政策文件规定和有关要求编报政策的绩效目标。政策目标的内容应反映预期产出、效益和满意度等，并以相应的绩效指标予以细化、量化，主要包括：产出指标，是指政策实施的规模、政策覆盖面、受益人数等数量指标；政策实施管理需要符合规定要求和标准的质量指标；政策实施时间要求的时效指标；政策在实施过程中，预计需要发生和利用的资金、资产和资源等情况。效益指标，是指政策的实施，对经济、社会和环境所带来的直接或间接影响，其中：经济效益指标是指政策实施中，以尽量少的劳动耗费取得尽量多的预期经营成果，或者以同等的劳动消耗取得更多的预期经营成果。如利润增加、产能提高等生产经营成果指标。社会效益是指政策实施对社会发展所起的积极作用或产生的有益效果，具体表现为促进社会进步，带动地方就业等。生态效益是指政策实施对促进生态平衡的影响。可持续影响指标是指保障政策实施效果的持续影响。满意度指标，是指社会公众和受益对象等对政策实施效果的满意度。财政政策绩效目标设置应当符合以下要求：编制绩效目标应符合国家发展规划和事业发展计划，应与财政支出内容和效果相匹配，通过归纳和总结政策内容，梳理、分析和提炼符合政策主要内容的核心指标。编制绩效目标应从数量、质量、时效、成本等方面进行细化，尽量进行定量表述，不能以量化形式表述的，可以采用定性的分级分档形式表述；要理顺政策绩效目标与具体项目绩效目标的汇总流程，政策的绩效目标应与具体项目绩效目标相对应、相衔接。编制绩效目标要以结果为导向，要经过调查研究和科学论证，符合客观实际；要结合投入产出，进行成本效益分析，科学编制预算。财政部门应加强对绩效目标的审核，重点审核绩效目标的可行性、合理性，以及产出和效果与预算的匹配性。预算经同级人大批准后，绩效目标与预算同步批复下达。在政策实施中，因政策变化等因素需调整绩效目标的，应由预算主管部门向财政部门提出调整申请。在预算执行期间，预算主管部门要对政策绩效目标实现程度和预算执行进度实行“双监控”，原则上每年至少跟踪一次，并可根据需要增加跟踪频次。涉及跨部门的政策，原则上按预算执行单位分别进行跟踪。预算主管部门实施绩效跟踪，发现与绩效目标有较大偏差的或存在问题的，要及时分析原因进行纠偏和整改，对有重大偏差的或难以继续实施的政策，应及时与财政部门及相关部门沟通。财政部门要建立重大政策绩效跟踪机制，按照项目进度和绩效情况拨款，对存在严重问题的，要暂缓执行或停止预算拨款；对实施中与绩效目标有较大偏差或问题的，要及时分析原因，进行纠偏和整改，对于整改不及时、不到位的，酌情暂缓执行或停止预算拨款。

二、政策绩效评价

政策绩效评价分为自评价和重点评价两种形式。预算主管部门在年度预算执行完成后要对绩效目标实现情况进行自评价，并可结合管理要求和政策执行情况实施重点评价；在政策执行到期后要组织开展重点评价。财政部门根据管理需要，对到期延续政策、涉及重大调整的政策，组织开展重点评价；对于到期延续的政策，到期前半年开展政策评价，根据政策评价结果，确定项目是否延续，并相应调整预算安排和政策规定；对于涉及重大调整的政策，提前开展政策绩效评价，根据绩效评价结果，完善政策调整的范围、标准等内容。自评价和重点评价的结果采用综合评分结合定级的方法，确定绩效评级分优、良、合格、不合格。得分高于90分（含90分）的为优；得分在75（含75分）~90分的为良；得分在60（含60分）~75分的为合格；得分在60分以下的为不合格。预算主管部门应根据政策绩效目标，结合以下评价内容，开展绩效自评价，并填写《财政政策绩效自评表》。自评价内容：预算执行率。即实际预算执行数／预算资金总和。年度总体政策绩效目标完成情况。对照年初设定的年度总目标，填报全年实际完成情况。政策各项绩效指标的完成情况，对照各指标的年度指标值，逐项填写全年实际完成值。其中：定量指标，资金使用单位填写本部门实际完成数。定性指标，完成情况分为：基本完成预期指标、部分完成预期指标、未完成指标三档，分别按照100%~80%（含）、80%~60%（含）、60%~0合理填写分值。对政策内容涉及市、区两级或跨部门、跨区域时，牵头预算主管部门要组织各资金使用单位分别填写《财政政策绩效自评表》。资金使用单位按项目填报，预算主管部门汇总时，定量指标分类处理，对绝对值直接累加计算，相对值按照资金额度加权平均计算；定性指标以资金额度为权重，对分值进行加权平均计算。绩效自评价采用百分制，原则上在一级指标中，产出指标35分，效益指标45分，满意度指标20分；二级、三级指标分值在上一级指标权重范围内，按重要性原则由预算主管部门设置指标的权重。分析问题原因，提出改进措施：对未完成政策绩效目标，或超过年初设定的绩效指标值较多（30%及以上）的，逐条分析原因说明情况，提出改进措施。预算主管部门在完成自评表的填报后，完成相应的自评报告，并于次年3月底前，将自评报告报送财政部门。根据管理要求，预算主管部门和财政部门可对政策进行重点评价。重点评价应系统反应政策制定、政策实施和政策绩效等方面的内容，并通过绩效分析为完善政策提供依据。设置指标和权重，根据绩效评价指标框架《财政政策绩效指标体系表》，设计符合财政政策绩效特点和政策实施要求的政策绩效指标，在聚焦政策的产出和效益指标的同时，分析、提炼政策制定和政策实施应具备的核心指标。在权重设置中，原则上在一级指标中，政策制定指标20分，政策实施指标35分，政策绩效指标45分，二级、三级指标分值在上一级指标权重范围内，按指标的重要性原则设置权重。根据绩效评价指标体系，运用科学合理的方法，收集、梳理、统计、分析评价数据。要注重与历史数据的纵向比较，注重与相关部门、同类政策、相近区域的横向比较。根据效果指标的实现程度，开展绩效分析，形成评价结论，评价结论包括继续执行（适合）、需要完善（一般或需要修订）和清理退出（退出）。根据绩效评价结论，从政策制定、政策实施和政策效果等方面撰写政策分析报告。要提炼政策实施中的经验做法，对未达标的指标，分析财政预算绩效存在问题的原因，提出完善政策和改进管理的建议。预算主管部门应对照自评和重点评价中发现的问题，及时落实整改措施，并进一步完善政策设计、促进政策管理、合理安排预算、提高财政预算绩效。财政部门对预算主管部门自评情况和整改落实情况进行抽查。按照奖优罚劣的原则，对绩效较好的政策优先予以资金上的保障；对绩效一般的政策要督促整改；对低效或无效的政策应削减或取消预算资金安排；对长期沉淀在下级财政部门或预算单位的财政资金按相关规定予以收回。预算主管部门、财政部门组织开展的财政政策绩效自评价结果和重点评价结果，逐步向同级人大报送，并按照政府信息公开的要求予以公开。

三、市财政项目支出预算绩效

（一）市财政项目支出预算绩效适用于本市预算部门和预算单位、财政部门对一般公共预算、政府性基金预算、国有资本经营预算、社会保险基金预算安排的财政项目支出所开展的事前绩效评估、绩效目标管理、绩效跟踪、绩效评价及评价结果应用等管理活动。预算部门（单位）开展项目绩效目标管理、绩效跟踪和绩效评价，应按照相关要求通过财政预算绩效管理信息系统实施，并对相关结果的真实性和准确性负责。预算部门（单位）负责制定本预算部门（单位）的项目绩效管理办法，对本预算部门（单位）的项目开展预算绩效管理，加强预算绩效管理的结果应用，落实整改意见；积极配合财政部门开展预算绩效管理工作。财政部门负责制定项目预算绩效管理制度，指导本级预算部门（单位）和下级财政部门开展项目预算绩效管理；会同有关部门对预算部门（单位）的项目绩效管理工作情况进行抽查复核，督促预算部门（单位）充分落实预算绩效管理结果。绩效管理的主要依据包括：国家和本市相关法律、法规和规章制度；党中央、国务院重大决策部署，经济社会发展目标，市委、市政府重点任务要求；预算部门（单位）职责相关规定、中长期发展规划、年度工作计划；相关行业政策、行业标准及专业技术规范；预算绩效管理制度及办法、项目及资金管理办法、财务和会计资料；项目设立的政策依据和目标、预算批复材料和预算执行情况、年度决算报告、项目决算或验收报告等相关材料；人大审查结果报告、审计报告及决定、财政监督稽核报告等；其他相关资料。事前绩效评估，预算部门（单位）新增重点项目时，应结合预算评审、项目立项审批等工作开展事前绩效评估，重点论证项目立项必要性、投入经济性、绩效目标合理性、实施方案可行性、筹资合规性等内容，并形成评估结论。重点项目是指贯彻落实政策和决策部署的项目，贯彻落实市委、市政府重点任务要求的项目，覆盖面广、影响力大、社会关注度高、实施期长的项目。评估结果应用，事前绩效评估结论作为预算部门（单位）向财政部门申请新增重点项目预算的必备条件，未按照要求开展事前绩效评估或评估未通过的，不得申请预算。财政部门可结合预算评审，对新增重点项目的事前绩效评估结论进行审核。审核意见作为预算安排的重要依据，审核未通过的，不得纳入财政支出项目库，不得安排预算。绩效目标申报，预算部门（单位）申请项目年度预算时，应按照规定要求申报绩效目标。未按照规定申报绩效目标的项目，不得安排预算。绩效目标的内容应反映项目预期的产出、效果、满意度等，并以相应的绩效指标予以细化和量化，主要包括：产出指标，包括提供公共产品和服务的数量、质量、时效指标，以及达到预期产出所需要的成本和资源等。效益指标，包括经济效益、社会效益、生态效益、可持续影响指标等。满意度指标，包括服务对象满意度指标等。指标值，即上述指标预期达到的绩效目标具体值。绩效目标编报时应当符合以下要求：绩效目标要符合国民经济和社会发展规划、部门职能及事业发展规划，并与相应的财政支出范围、方向、效果相匹配，通过归纳和总结项目内容，梳理、分析和提炼最具代表性、最能直接反映产出和效果的核心目标。绩效目标应从数量、质量、时效、成本等方面进行细化，尽量进行定量表述；不能定量的，可采用定性的分级分档形式表述。绩效目标要以结果为导向，要经过调查研究和科学论证，符合客观实际；要与预算编制有机结合，要结合不同对象管理的基本要素和要求，进行成本效益分析。预算部门和财政部门应加强对绩效目标的审核，重点审核绩效目标的完整性、规范性、可行性、合理性，以及目标与预算的匹配性、关联性。绩效目标审核未通过的，不得安排预算。预算经人大批准后，绩效目标与预算同步批复下达。在项目实施过程中，因项目变化等因素确需调整绩效目标的，应由预算部门（单位）向财政部门提出调整申请。在预算执行期间，预算部门（单位）要对绩效目标的实现程度和预算执行进度实行“双监控”，并填报绩效跟踪表。原则上绩效跟踪每年应至少开展一次，并可根据需要增加跟踪频次。绩效跟踪是预算部门（单位）改进项目管理、合理安排预算、提高财政预算绩效的重要依据。绩效跟踪结果与绩效目标有较大偏差的或存在问题的，预算部门（单位）要及时分析原因进行纠偏和整改，如需调整预算和绩效目标的，应当按照规定程序调整。财政部门可根据管理需要对重点项目进行绩效跟踪，对实施中存在严重问题的项目，应暂缓执行或停止预算拨款，对问题整改不到位的予以调减或收回预算资金。

（二）支出预算绩效评价，绩效评价应当遵循“科学公正、统筹兼顾、激励约束、公开透明”的基本原则实施。绩效评价分为单位自评、部门评价和财政评价三种方式。单位自评是指预算部门组织部门本级和所属单位对预算批复的项目绩效目标完成情况进行自我评价。单位自评的对象包括纳入政府预算管理的所有项目支出。部门评价是指预算部门根据相关要求，运用科学、合理的绩效评价指标、评价标准和方法，对本部门的项目组织开展的绩效评价。部门评价的对象应根据工作需要，优先选择部门履职的重大发展改革项目，随机选择一般性项目。原则上应以5年为周期，实现部门评价重点项目全覆盖。财政评价是财政部门对预算部门的项目组织开展的绩效评价。财政评价的对象应根据工作需要优先选择重点项目，并对重点项目周期性组织开展绩效评价。单位自评应由项目单位自主实施，即“谁支出、谁自评”。部门和财政评价应在单位自评的基础上开展，必要时可委托第三方机构或相关领域专家参与实施，并加强对第三方的指导，对第三方工作质量进行监督管理，推动提高评价的客观性和公正性。预算部门委托第三方开展绩效评价的，要体现委托人与项目实施主体相分离的原则，一般由主管财务的机构委托，确保绩效评价的独立、客观、公正。绩效评价方法主要包括成本效益分析法、比较法、因素分析法、最低成本法、公众评判法、标杆管理法等。单位自评采用定量与定性评价相结合的比较法；部门和财政评价根据评价对象的具体情况，可采用一种或多种方法。成本效益分析法。是指将投入与产出、效益进行关联性分析的方法。比较法。是指将实施情况与绩效目标、历史情况、不同部门和地区同类支出情况进行比较的方法。因素分析法。是指综合分析影响绩效目标实现、实施效果的内外部因素的方法。最低成本法。是指在绩效目标确定的前提下，成本最小者为优的办法。公众评判法。是指通过专家评估、公众问卷及抽样调查等方式进行评判的方法。标杆管理法。是指以国内外同行业中较高的绩效水平为标杆进行评判的方法。其他评价方法。绩效评价标准通常包括计划标准、行业标准、历史标准等，用于对绩效指标完成情况进行比较。计划标准。指以预先制定的目标、计划、预算、定额等作为评价标准。行业标准。指参照国家公布的行业指标数据制定的评价标准。历史标准。指参照历史数据制定的评价标准，为体现绩效改进的原则，在可实现的条件下应当确定相对较高的评价标准。财政部门和预算部门确认或认可的其他标准。绩效指标中的定量指标得分评定：与设定的指标值相比，完成指标值的，记该指标所赋全部分值；对完成值高于指标值较多的，要分析原因，如果是由于原指标值设定明显偏低造成的，要按照偏离度适度调减分值；未完成指标值的，按照完成值与指标值的比例记分。定性指标得分按照以下方法评定：根据指标完成情况分为达成指标、部分达成指标并具有一定效果、未达成指标且效果较差三档，分别按照该指标对应分值区间 100%~80%（含）、80%~60%（含）、60%~0 合理确定分值。绩效评价结果采取评分和评级相结合的方式，具体分值和等级可根据不同评价内容设定。总分一般设置为 100 分，等级一般划分为四档：90（含）~100 分为优、80（含）~90 分为良、60（含）~80 分为中、60 分以下为差。

单位自评与评价结果应用，预算部门（单位）原则上应在项目年度预算安排后的次年 3 月底前完成自评工作。单位自评结果主要通过绩效自评表的形式反映，做到内容完整、权重合理、数据真实、结果客观。单位自评的内容主要包括项目总体绩效目标、各项绩效指标完成情况以及预算执行情况。单位自评指标是指预算批复时确定的绩效指标，包括项目的产出数量、质量、时效、成本，以及经济效益、社会效益、生态效益、可持续影响、服务对象满意度等。单位自评指标的权重原则上统一设置为：预算执行率 10%、产出指标 50%、效益指标 30%、满意度指标 10%。如有特殊情况，一级指标权重可做适当调整。二、三级指标应当根据指标重要程度、项目实施阶段等因素综合确定，准确反映项目的产出和效益。预算部门（单位）对照预算批复的绩效目标和绩效指标，通过收集并分析项目实施完成情况、相应效果等数据和信息，对定量指标和定性指标的得分进行评定，完成绩效自评表的填报。对预算执行率偏低、未完成绩效目标或偏离绩效目标较大、自评结果较差的项目要分析并说明原因，研究提出整改措施。预算部门（单位）应当按照要求随同部门（单位）决算向本级财政部门报送绩效自评结果，并切实加强自评结果整理、分析，对自评发现的问题要及时进行整改，并将自评结果作为本部门（单位）完善政策和改进管理的重要依据。预算部门和财政部门根据管理需要及相关工作要求，适时开展部门和财政评价。部门和财政评价结果主要通过绩效评价报告的形式反映，绩效评价报告应当依据充分、分析透彻、逻辑清晰、客观公正。部门和财政评价的内容主要包括项目的决策情况、资金管理和使用情况、相关管理制度办法的健全性及执行情况、实现的产出情况、取得的效益情况以及其他相关内容。部门和财政评价绩效指标以财政项目支出绩效评价指标体系框架为基础，在确定时应当符合以下要求：与评价对象密切相关，全面反映项目决策、项目和资金管理、产出和效益；优先选取最具代表性、最能直接反映产出和效益的核心指标，精简实用；指标内涵应当明确、具体、可衡量，数据及佐证资料应当可采集、可获得；同类项目绩效评价指标和标准应具有一致性，便于评价结果相互比较。部门和财政评价指标的权重根据各项指标在评价体系中的重要程度确定，应当突出结果导向，原则上统一设置为：决策指标 20%，过程指标 20%，产出指标 30%，效益指标 30%。同一评价对象处于不同实施阶段时，指标权重应体现差异性，其中项目实施期间的评价更加注重决策、过程和产出，实施期结束后的评价更加注重产出和效益。部门和财政评价工作主要包括以下环节：确定绩效评价对象和范围；下达绩效评价通知；研究制订绩效评价工作方案；收集绩效评价相关数据资料，并进行现场调研、座谈；核实有关情况，分析形成初步结论；与被评价部门（单位）交换意见；综合分析并形成最终结论；提交绩效评价报告；建立绩效评价档案。预算部门和财政部门应在绩效评价工作完成后，及时将评价结果反馈至被评价部门（单位），并明确整改时限；被评价部门（单位）应当按要求向主管部门或财政部门报送整改落实情况。预算部门应按照要求将部门评价结果报送本级财政部门，评价结果作为本部门安排预算、完善政策和改进管理的重要依据。财政评价结果作为安排政府预算、完善政策和改进管理的重要依据。原则上，对评价等级为优、良的，根据情况予以支持；对评价等级为中、差的，要完善政策、改进管理，根据情况核减预算。对不进行整改或整改不到位的，根据情况相应调减预算或整改到位后再予安排。预算部门和财政部门应按照要求将绩效评价结果分别编入部门决算和政府决算，相关信息按照政府信息公开的有关规定予以公开。项目绩效管理工作和结果应依法自觉接受审计监督。

（三）市政府性基金预算绩效管理，预算绩效适用于本市政府性基金使用部门和单位、分配政府性基金的预算主管部门、财政部门对政府性基金预算组织开展的事前绩效评估、绩效目标管理、绩效跟踪、绩效评价及评价结果应用等管理活动。政府性基金，是指各级人民政府及其所属部门根据法律、行政法规和国务院文件规定，为支持特定公共基础设施建设和公共事业发展，向公民、法人和其他组织无偿征收的具有专项用途的财政资金。政府性基金使用单位、分配部门和财政部门应遵循“全覆盖”和“全过程”的管理要求，在预算决策、编制、执行、决算等各环节中，对本市政府性基金预算开展事前、事中、事后绩效管理，加强预算绩效管理的结果应用，推动绩效水平的提升。政府性基金使用单位在新增需使用政府性基金的重点项目时，应结合预算评审、项目立项审批等工作开展事前绩效评估，并形成事前绩效评估结论。事前绩效评估要重点关注项目是否符合政府性基金规定的用途、支出范围和支出标准，项目是否具有立项的必要性，产出和效果与投入是否匹配，项目方案是否具有可行性，筹资方案是否合规，筹资风险是否可控等。重点项目是指贯彻落实党中央、国务院重大方针政策和决策部署的项目，贯彻落实市委、市政府重点任务要求的项目，覆盖面广、影响力大、社会关注度高、实施期长的项目。事前绩效评估结论是审核安排重点项目政府性基金预算的必备条件，政府性基金分配部门和财政部门要按照“以收定支、专款专用、收支平衡”的原则，加强对政府性基金使用单位事前绩效评估结论的审核。凡未按照要求开展事前绩效评估或评估审核未通过的，项目不得纳入财政支出项目库，不得安排预算。绩效目标包括整体绩效目标和项目绩效目标。整体绩效目标指政府性基金在一定时期内预期取得的总体产出、效果等内容；项目绩效目标指使用政府性基金的具体项目在一定时期内预期达到的产出、效果等内容。项目绩效目标汇总后，应与其对应的整体绩效目标保持一致。整体绩效目标由政府性基金分配部门负责设定，项目绩效目标由政府性基金使用单位负责设定。整体绩效目标由财政部门负责审核，项目绩效目标由政府性基金分配部门会财政部门审核。审核时应当充分考虑本年度政府性基金征收任务的完成情况和结余结转情况、下一年度计划完成的征收任务数额、已分配资金的项目实施进展情况等因素，加强对绩效目标的完整性、规范性、可行性、合理性、匹配性、关联性等方面的审核。绩效目标审核不通过的，不得安排预算。政府性基金分配部门和财政部门应在项目立项审批、明确资金分配方案或下达政府性基金预算时，确定对应的绩效目标。绩效目标确定后，原则上不予调整和变更。对因客观条件变化确需调整绩效目标的，应及时按程序向财政部门提出调整申请。在预算执行期间，政府性基金使用单位和分配部门要加强对政府性基金的预算执行进度、绩效目标实现程度的跟踪监控，形成对应的绩效跟踪结论。绩效跟踪结论应及时报送政府性基金分配部门、财政部门。其中：政府性基金使用单位要对本部门政府性基金支出预算执行进度和项目绩效目标实现程度进行跟踪监控，并说明支出增减的变动原因和项目绩效目标产生偏差的主要原因。政府性基金分配部门要对所分配政府性基金的整体绩效目标实现程度进行跟踪监控，并分析整体绩效目标产生偏差的主要原因。绩效跟踪可结合《上海市政府性基金预算管理办法》所要求的预算执行分析工作一并实施，原则上每年应至少开展一次，并可根据工作需要增加跟踪频次。绩效跟踪结果与绩效目标存在较大偏差的或存在问题的，政府性基金使用单位和分配部门要及时分析原因进行绩效运行偏差纠正和整改，如需调整预算、绩效目标或政府性基金分配方案的，应当按照规定程序调整。财政部门可根据管理需要选择重点的政府性基金整体收支情况或项目实施情况开展绩效跟踪。对跟踪发现政府性基金收入预算执行存在较大变动风险的，应督促政府性基金使用单位和分配部门加强对预算的合理安排使用；对实施中存在严重问题的项目，应暂缓执行或停止预算拨款，对问题整改不到位的予以调减或收回预算资金。绩效评价，政府性基金使用单位、分配部门和财政部门要运用科学合理的评价方法，以结果为导向，加强成本效益分析，通过单位自评、部门评价、财政评价三种形式开展绩效评价。其中：单位自评由政府性基金使用单位对照确定的项目绩效目标自主实施。单位自评的对象是纳入政府性基金预算管理的所有项目支出。部门评价由政府性基金分配部门运用科学、合理的绩效评价指标、评价标准和方法，在单位自评的基础上组织实施。部门评价的对象应根据管理需要，优先选择部门履职的重点发展改革项目，并可选择一定时期内的政府性基金整体支出情况适时开展绩效评价。财政评价由财政部门根据管理需要组织实施。财政评价的对象包括政府性基金的整体收支情况和重点项目支出。同时财政部门可以对政府性基金使用单位、分配部门组织开展的绩效评价工作、整改落实情况进行抽查复核，必要时组织实施财政再评价。绩效评价的内容应聚焦政府性基金安排使用的经济性、效率性、效益性和公平性。其中：单位自评的内容主要包括项目绩效目标、各项绩效指标的完成情况以及预算执行情况。部门评价的内容主要包括项目的决策情况、政府性基金的管理和使用情况、相关管理制度办法的健全性及执行情况、实现的产出情况、取得的效益情况以及其他相关内容；选择整体支出情况进行评价时，还要重点关注资金分配方案是否符合政府性基金规定的开支范围和标准，是否达到了预期的目标导向和实施效果，是否实现了资金的有效合理分配等内容。财政评价除上述内容外，还要重点关注政府性基金征收行为的依法合规性、政府性基金设立延续依据和征收标准的合理性、政府性基金收入对专项债务的支撑能力、政府性基金征收和分配使用间的整体平衡性、政府性基金分配使用的科学性、政府性基金所需要解决的社会需求和目标的实现程度等内容。政府性基金使用单位、分配部门和财政部门应将评价结果作为优化政府性基金分配使用、安排预算、完善政策、改进管理的重要依据。绩效评价发现政府性基金存在需要变更调整征收对象、征收范围、征收标准、征收期限等征收要素的，或者存在需要减征、免征、缓征、停征等情况的，应按照财政部及本市的相关规定执行。

第八节　项目支出核心绩效目标和指标设置及取值指引

一、绩效目标及指标设置思路和原则

指引所指项目支出绩效目标，是指依据部门职责和事业发展要求设立并通过预算安排的项目支出，在一定期限内预期达到的产出和效果以及相应的成本控制要求。绩效目标通过具体绩效指标予以细化、量化描述。设置绩效目标遵循确定项目总目标并逐步分解的方式，确保不同层级的绩效目标和指标相互衔接、协调配套。绩效指标设置思路，确定项目绩效目标，在项目立项阶段，应明确项目总体政策目标。在此基础上，根据有关中长期工作规划、项目实施方案等，特别是与项目立项直接相关的依据文件，分析重点工作任务、需要解决的主要问题和相关财政支出的政策意图，研究明确项目的总体绩效目标，即总任务、总产出、总效益等。分解细化指标，分析、归纳总体绩效目标，明确完成的工作任务，将其分解成多个子目标，细化任务清单。根据任务内容，分析投入资源、开展活动、质量标准、成本要求、产出内容、产生效果，设置绩效指标。设置指标值，绩效指标选定后，应参考相关历史数据、行业标准、计划标准等，科学设定指标值。指标值的设定要在考虑可实现性的基础上，尽量从严、从高设定，以充分发挥绩效目标对预算编制执行的引导约束和控制作用。避免选用难以确

定具体指标值、标准不明确或缺乏约束力的指标。加强指标衔接，强化一级项目绩效目标的统领性，二级项目是一级项目支出的细化和具体化，反映一级项目部分任务和效果。加强一、二级项目之间绩效指标的有机衔接，确保任务相互匹配、指标逻辑对应、数据相互支撑。经部门审核确定后的一级项目绩效目标及指标，随部门预算报财政部审核批复。二级项目绩效目标及指标，由部门负责审核。绩效指标设置原则，高度关联，绩效指标应指向明确，与支出方向、政策依据相关联，与部门职责及其事业发展规划相关，与总体绩效目标的内容直接关联。不应设置如常规性的项目管理要求等与产出、效益和成本明显无关联的指标。重点突出，绩效指标应涵盖政策目标、支出方向主体内容，应选取能体现项目主要产出和核心效果的指标，突出重点。量化易评，绩效指标应细化、量化，具有明确的评价标准，绩效指标值一般对应已有统计数据，或在成本可控的前提下，通过统计、调查、评判等便于获取。确难以量化的，可采用定性表述，但应具有可衡量性，可使用分析评级（好、一般、差）的评价方式评判。

二、绩效指标的类型和设置要求

绩效指标包括成本指标、产出指标、效益指标和满意度指标四类一级指标。原则上每一项目均应设置产出指标和效益指标。工程基建类项目和大型修缮及购置项目等应设置成本指标，并逐步推广到其他具备条件的项目。满意度指标根据实际需要选用。成本指标，为加强成本管理和成本控制，应当设置成本指标，以反映预期提供的公共产品或服务所产生的成本。项目支出首先要强化成本的概念，加强成本效益分析。对单位成本无法拆分核算的任务，可设定分项成本控制数。对于具有负外部性的支出项目，还应选取负作用成本指标，体现相关活动对生态环境、社会公众福利等方面可能产生的负面影响，以综合衡量项目支出的整体效益。成本指标包括经济成本指标、社会成本指标和生态环境成本指标等二级指标，分别反映项目实施产生的各方面成本的预期控制范围。经济成本指标，反映实施相关项目所产生的直接经济成本。社会成本指标，反映实施相关项目对社会发展、公共福利等方面可能造成的负面影响。生态环境成本指标，反映实施相关项目对自然生态环境可能造成的负面影响。产出指标是对预期产出的描述，包括数量指标、质量指标、时效指标等二级指标。数量指标，反映预期提供的公共产品或服务数量，应根据项目活动设定相应的指标内容。数量指标应突出重点，力求以较少的指标涵盖体现主要工作内容。质量指标，反映预期提供的公共产品或服务达到的标准和水平，原则上工程基建类、信息化建设类等有明确质量标准的项目应设置质量指标，如“设备故障率”“项目竣工验收合格率”等。时效指标，反映预期提供的公共产品或服务的及时程度和效率情况。设置时效指标，需确定整体完成时间。对于有时限完成要求、关键性时间节点明确的项目，还需要分解设置约束性时效指标；对于内容相对较多并且复杂的项目，可根据工作开展周期或频次设定相应指标，如“工程按时完工率”“助学金发放周期”等。产出指标的设置应当与主要支出方向相对应，原则上不应存在重大缺项、漏项。数量指标和质量指标原则上均需设置，时效指标根据项目实际设置，不作强制要求。效益指标是对预期效果的描述，包括经济效益指标、社会效益指标、生态效益指标等二级指标。经济效益指标，反映相关产出对经济效益带来的影响和效果，包括相关产出在当年及以后若干年持续形成的经济效益，以及自身创造的直接经济效益和引领行业带来的间接经济效益。社会效益指标，反映相关产出对社会发展带来的影响和效果，用于体现项目实施当年及以后若干年在提升治理水平、落实国家政策、推动行业发展、服务民生大众、维持社会稳定、维护社会公平正义、提高履职或服务效率等方面的效益。生态效益指标，反映相关产出对自然生态环境带来的影响和效果，即对生产、生活条件和环境条件产生的有益影响和有利效果。包括相关产出在当年及以后若干年持续形成的生态效益。对于一些特定项目，应结合管理需要确定必设指标的限定要求。如工程基建类项目和大型修缮及购置项目，考虑使用期限，必须在相关指标中明确当年及以后一段时期内预期效益发挥情况。对于具备条件的社会效益指标和生态效益指标，应尽可能通过科学合理的方式，在予以货币化等量化反映的基础上，转列为经济效益指标，以便于进行成本效益分析比较。满意度指标是对预期产出和效果的满意情况的描述，反映服务对象或项目受益人及其他相关群体的认可程度。对申报满意度指标的项目，在项目执行过程中应开展满意度调查或者其他收集满意度反馈的工作。如“展览观众满意度”“补贴对象满意度”等。满意度指标一般适用于直接面向社会主体及公众提供公共服务，以及其他事关群众切身利益的项目支出，其他项目根据实际情况可不设满意度指标。

三、绩效指标的具体编制

绩效指标名称及解释，指标名称指末级指标的名称，是对指标含义的简要描述，要求简洁明确、通俗易懂。如“房屋修缮面积”“设备更新改造数量”“验收合格率”等。指标解释是对末级指标名称的概念性定义，反映该指标衡量的具体内容、计算方法和数据口径等。绩效指标来源，政策文件，部门和单位可以从党中央、国务院或本部门在某一个领域明确制定的目标、规划、计划、工作要求中提炼绩效指标。此类指标主要是有明确的统计口径和获取规范的统计指标，有较高数据质量和权威性。如国民经济和社会发展五年规划提出的经济社会发展主要指标、城镇调查失业率、每千人口拥有执业（助理）医师数、森林覆盖率等。部门日常工作统计指标，此类指标在部门日常工作中约定俗成、经常使用，并且有统计数据支撑，可以作为绩效指标。部门管理（考核）指标，中央部门对下属单位、地方各类考核中明确的考核指标，可以作为绩效指标。如国家教育主管部门组织的对高校、学科、教师的考核评比等。部门工作计划和项目实施方案，中央部门对实施项目的考虑和工作安排，经规范程序履行审批手续后，可以作为绩效指标。如开展调研次数、培训人次等。社会机构评比、新闻媒体报道等，具有社会公信力的非政府组织、公益机构、新闻媒体等对公共服务质量和舆论情况等长期或不定期跟踪调查，形成的具有一定权威性和公认度的指标。其他参考指标，甄别使用开展重点绩效评价采用的指标、已纳入绩效指标库管理和应用的指标。如按照上述来源难以获取适宜指标，部门应当根据工作需要科学合理创设指标。如可以立足我国管理实际，借鉴国外政府绩效管理、学术研究、管理实践等经验，合理创设相关指标。绩效指标值设定依据，绩效指标值通常用绝对值和相对值表示，主要依据或参考计划标准、行业标准、历史标准或财政部和业务主管部门认可的其他标准进行设定。计划标准根据计划依据可再细分为国家级、中央部门级计划或要求。如党中央和国务院文件、政府工作报告、各类规划、部门正式文件、有关会议纪要提及的计划或考核要求等。行业标准包括行业国际标准、行业国家标准、行业省级标准等。如涉及工艺、技术等指标时可采用。历史标准可参考近三年绩效指标平均值、上年值、历史极值等。预算支出标准主要用于成本指标的取值，不得超出规定的预算支出标准设置目标值。其他标准，其他参考数值、类似项目的情况等。绩效指标完成值取值方式，根据绩效指标具体数值（情况）的特点、来源等明确取值方式。部门应在设置绩效指标时一并明确有关取值要求和方法。常用的方式有：直接证明法指可以根据外部权威部门出具的数据、鉴证、报告证明的方法，通常适用于常见的官方统计数据等。情况统计法指按规定口径对有关数据和情况进行清点、核实、计算、对比、汇总等整理的方法。多数产出指标适用于本方法。情况说明法对于定性指标等难以通过量化指标衡量的情况，由部门根据设置绩效目标时明确的绩效指标来源和指标值设定依据，对指标完成的程度、进度、质量等情况进行说明并证明，并依据说明对完成等次进行判断。问卷调查法指运用统一设计的问卷向被选取的调查对象了解情况或征询意见的调查方法。一般适用于满意度调查等。部门可以根据必要性、成本和实施可行性，明确由实施单位在项目实施过程中开展。趋势判断法指运用大数据思维，结合项目实施期总体目标，对指标历史数据进行整理、修正、分析，预判项目在全生命周期不同阶段的数据趋势。绩效指标完成值数据来源，统计部门统计数据，如GDP、工业增加值、常住人口等。权威机构调查（统计），如基本科学指标数据库（ESI）高校学科排名、科学引文索引（SCI）收录论文数等。部门统计年鉴，如在校学生数、基本医疗保险参保率等。部门业务统计，如培训人数、网站访问量、完成课题数、满意度等。部门业务记录，如能够反映重大文化活动、演出展览现场的音像、视频资料等。部门业务评判，如项目成效、工作效果等定性指标。问卷调查报告，如满意度等。媒体舆论，如满意度等。其他数据来源。指标分值权重，绩效指标分值权重根据项目实际情况确定。原则上一级指标权重统一按以下方式设置：对于设置成本指标的项目，成本指标20%、产出指标40%、效益指标20%、满意度指标10%（其余10%的分值权重为预算执行率指标，编制预算时暂不设置，部门或单位开展自评时使用，下同）；对于未设置成本指标的项目，产出指标 50%、效益指标 30%、满意度指标 10%；对于不需设置满意度指标的项目，其效益指标分值权重相应可调增 10%。各指标分值权重依据指标的重要程度合理设置，在预算批复中予以明确，设立后原则上不得调整。绩效指标赋分规则，直接赋分主要适用于进行“是”或“否”判断的单一评判指标。符合要求的得满分，不符合要求的不得分或者扣相应的分数。按照完成比例赋分，同时设置及格门槛。主要适用于量化的统计类等定量指标。具体可根据指标目标值的精细程度、数据变化区间进行设定。预算执行率按区间赋分，并设置及格门槛。如：项目完成，且执行数控制在年度预算规模之内的，得 10 分；项目尚未完成，预算执行率小于 100% 且大于等于 80% 的得 7 分，预算执行率小于 80% 且大于等于 60% 的得 5 分，预算执行率小于 60% 的不得分。其他定量指标按比例赋分，并设置及格门槛。如：完成率小于 60% 为不及格，不得分；大于等于 60% 的，按超过的比重赋分，计算公式为：得分 =（实际完成率 -60%）/（1-60%）× 指标分值。按评判等级赋分主要适用于情况说明类的定性指标。分为基本达成目标、部分实现目标、实现目标程度较低三个档次，并分别按照该指标对应分值区间 100%~80%（含）、80%~60%（含）、60%~0 合理确定分值。满意度赋分适用于对服务对象、受益群体的满意程度询问调查，一般按照区间进行赋分。如：满意度大于等于 90% 的得 10 分，满意度小于 90% 且大于等于 80% 的得 8 分，满意度小于 80% 且大于等于 60% 的得 5 分，满意度小于 60% 不得分。绩效指标佐证资料要求，按照数据来源提供对应的佐证材料。主要包括以下类型：正式资料，统计年鉴、文件、证书、专业机构意见（标准文书）等。工作资料，部门总结、统计报表、部门内部签报、专家论证意见、满意度调查报告、相关业务资料等，对于过程性资料，部门和单位应当在项目实施过程中及时保存整理。原始凭证，预决算报表、财务账、资产账、合同、签到表、验收凭证、网站截屏等。说明材料，针对确无直接佐证材料或者综合性的内容，由相关单位、人员出具正式的说明。

第十章　工程勘察设计企业资质资格管理

2022年全国工程勘察设计统计公报，全国共有27611个工程勘察设计企业参加了统计。其中工程勘察企业2885个，工程设计企业24726个。工程勘察设计企业年末从业人员488万人。其中从事勘察的人员16.2万人，从事设计的人员108.6万人。年末专业技术人员235.5万人。其中具有高级职称人员53.4万人，具有中级职称人员84.5万人。勘察设计企业工程勘察新签合同额合计1489.6亿元；工程设计新签合同额合计7277.6亿元，其中房屋建筑工程设计新签合同额2142.7亿元，市政工程设计新签合同额1078.6亿元。工程总承包新签合同额合计65780.7亿元，其中房屋建筑工程总承包新签合同额25575.5亿元，市政工程总承包新签合同额8266.9亿元。其他工程咨询业务新签合同额合计1354.5亿元。勘察设计企业营业收入总计89148.3亿元，净利润2794.3亿元。其中工程勘察收入1077.7亿元；工程设计收入5629.3亿元；工程总承包收入45077.6亿元；其他工程咨询业务收入1014.5亿元。工程勘察设计企业科技活动费用支出总额为2594.2亿元；企业累计拥有专利47.3万项；企业累计拥有专有技术8.6万项。根据国务院深化“证照分离”改革进一步激发市场主体发展活力的要求，在全国范围内实施涉企经营许可事项全覆盖清单管理，按照直接取消审批、审批改为备案、实行告知承诺、优化审批服务等四种方式分类推进审批制度改革，建立简约高效、公正透明、宽进严管的行业准营规则，大幅提高市场主体办事的便利度和可预期性。将工程勘察企业资质由三级调整为两级，取消丙级资质；工程设计企业资质由三级或者四级调整为两级，取消丙级、丁级资质；同时，相应调整乙级资质的许可条件。实施工程勘察设计单位诚信评估管理，注册建筑师、勘察设计注册工程师职业资格管理，相关工程勘察设计行业各个奖项评选管理。本章包括：工程勘察设计企业资质管理；工程勘察设计单位诚信评估管理；注册建筑师执业资格管理；建筑师负责制试点管理；勘察设计注册工程师执业资格管理；梁思成建筑奖评选；建筑设计奖与科技进步奖评选；优秀工程勘察设计奖评选；工程勘察设计大师评选与管理等。

第一节　工程勘察设计企业资质管理

一、资质管理

从事建设工程勘察、工程设计活动的企业，应当按照其拥有的注册资本、专业技术人员、技术装备和勘察设计业绩等条件申请资质，经审查合格，取得建设工程勘察、工程设计资质证书后，方可在资质许可的范围内从事建设工程勘察、工程设计活动。国务院建设主管部门负责全国建设工程勘察、工程设计资质的统一监督管理。国务院铁路、交通、水利、信息产业、民航等有关部门配合国务院建设主管部门实施相应行业的建设工程勘察、工程设计资质管理工作。省、自治区、直辖市人民政府建设主管部门负责本行政区域内建设工程勘察、工程设计资质的统一监督管理。省、自治区、直辖市人民政府交通、水利、信息产业等有关部门配合同级建设主管部门实施本行政区域内相应行业的建设工程勘察、工程设计资质管理工作。工程勘察资质分为工程勘察综合资质、工程勘察专业资质、工程勘察劳务资质。工程勘察综合资质只设甲级；工程勘察专业资质设甲级、乙级；工程勘察劳务资质不分等级。取得工程勘察综合资质的企业，可以承接各专业（海洋工程勘察除外）、各等级工程勘察业务；取得工程勘察专业资质的企业，可以承接相应等级相应专业的工程勘察业务；取得工程勘察劳务资质的企业，可以承接岩土工程治理、工程钻探、凿井等工程勘察劳务业务。工程设计资质分为工程设计综合资质、工程设计行业资质、工程设计专业资质和工程设计专项资质。工程设计综合资质只设甲级；工程设计行业资质、工程设计专业资质、工程设计专项资质设甲级、乙级。取得工程设计综合资质的企业，可以承接各行业、各等级的建设工程设计业务；取得工程设计行业资质的企业，可以承接相应行业相应等级的工程设计业务及本行业范围内同级别的相应专业、专项工程设计业务；取得工程设计专业资质的企业，可以承接本专业相应等级的专业工程设计业务及同级别的相应专项工程设计业务；取得工程设计专项资质的企业，可以承接本专项相应等级的专项工程设计业务。

二、资质申请和审批及管理

（一）申请工程勘察甲级资质、工程设计甲级资质，以及涉及铁路、交通、水利、信息产业、民航等方面的工程设计乙级资质的，应当向企业工商注册所在地的省、自治区、直辖市人民政府建设主管部门提出申请。其中，国务院国资委管理的企业应当向国务院建设主管部门提出申请；国务院国资委管理的企业下属一层级的企业申请资质，应当由国务院国资委管理的企业向国务院建设主管部门提出申请。省、自治区、直辖市人民政府建设主管部门应当自受理申请之日起20日内初审完毕，并将初审意见和申请材料报国务院建设主管部门。国务院建设主管部门应当自省、自治区、直辖市人民政府建设主管部门受理申请材料之日起60日内完成审查，公示审查意见，公示时间为10日。其中，涉及铁路、交通、水利、信息产业、民航等方面的工程设计资质，由国务院建设主管部门送国务院有关部门审核，国务院有关部门在20日内审核完毕，并将审核意见送国务院建设主管部门。工程勘察乙级及以下资质、劳务资质、工程设计乙级（涉及铁路、交通、水利、信息产业、民航等方面的工程设计乙级资质除外）及以下资质许可由省、自治区、直辖市人民政府建设主管部门实施。具体实施程序由省、自治区、直辖市人民政府建设主管部门依法确定。省、自治区、直辖市人民政府建设主管部门应当自作出决定之日起30日内，将准予资质许可的决定报国务院建设主管部门备案。资质申请条件，凡在中华人民共和国境内，依法取得工商行政管理部门颁发的企业法人营业执照的企业，均可申请建设工程勘察、工程设计资质。依法取得合伙企业营业执照的企业，只可申请建筑工程设计事务所资质。工程设计综合资质涵盖所有工程设计行业、专业和专项资质，凡具有工程设计综合资质的企业不需单独申请工程设计行业、专业或专项资质证书。工程设计行业资质涵盖该行业资质标准中的全部设计类型的设计资质。凡具有工程设计某行业资质的企业不需单独申请该行业内的各专业资质证书。具备建筑工程行业或专业设计资质的企业，可承担相应范围相应等级的建筑装饰工程设计、建筑幕墙工程设计、轻型钢结构工程设计、建筑智能化系统设计、照明工程设计和消防设施工程设计等专项工程设计业务，不需单独申请以上专项工程设计资质。有下列资质情形之一的，资质审批部门按照升级申请办理：具有工程设计行业、专业、专项乙级资质的企业，申请与其行业、专业、专项资质对应的甲级资质的；具有工程设计行业乙级资质或专业乙级资质的企业，申请现有资质范围内的一个或多个专业甲级资质的；具有工程设计某行业或专业甲、乙级资质的企业，其本行业和本专业工程设计内容中包含了某专项工程设计内容，申请相应的专项甲级资质。具有一级及以上施工总承包资质的企业可直接申请同类别或相近类别的工程设计甲级资质。具有一级及以上施工总承包资质的企业申请不同类别的工程设计资质的，应从乙级资质开始申请（不设乙级的除外）。企业的专业技术人员、工程业绩、技术装备等资质条件，均是以独立企业法人为审核单位。企业（集团）的母、子公司在申请资质时，各项指标不得重复计算。允许每个大专院校有一家所属勘察设计企业可以聘请本校在职教师和科研人员作为企业的主要专业技术人员，但是其人数不得大于资质标准中要求的专业技术人员总数的三分之一，且聘期不得少于2年。在职教师和科研人员作为非注册人员考核时，其职称应满足讲师/助理研究员及以上要求，从事相应专业的教学、科研和设计时间10年及以上。

（二）企业业绩信用档案，企业首次申请、增项申请工程勘察、工程设计资质，其申请资质等级最高不超过乙级，且不考核企业工程勘察、工程设计业绩。已具备施工资质的企业首次申请同类别或相近类别的工程勘察、工程设计资质的，可以将相应规模的工程总承包业绩作为工程业绩予以申报。其申请资质等级最高不超过其现有施工资质等级。建设工程勘察包括建设工程项目的岩土工程、工程测量、勘探测试等。建设工程设计包括建设工程项目的主体工程和配套工程（含厂（矿）区内的自备电站、道路、专用铁路、通信、各种管网管线和配套的建筑物等全部配套工程）以及与主体工程、配套工程相关的工艺、土木、建筑、环境保护、水土保持、消防、安全、卫生、节能、防雷、抗震、照明工程等的设计。建筑工程建设用地规划许可证范围内的室外工程设计、建筑物构筑物设计、民用建筑修建的地下工程设计及住宅小区、工厂厂前区、工厂生活区、小区规划设计及单体设计等，以及上述建筑工程所包含的相关专业的设计内容（包括总平面布置、竖向设计、各类管网管线设计、景观设计、室内外环境设计及建筑装饰、道路、消防、安保、通信、防雷、人防、供配电、照明、废水治理、空调设施、抗震加固等）。企业应当按照有关规定，向资质许可机关提供真实、准确、完整的企业信用档案信息。企业的信用档案应当包括企业基本情况、业绩、工程质量和安全、合同违约等情况，企业的信用档案信息按照有关规定向社会公示。向部申请勘察设计注册工程师初始注册、延续注册、变更注册、注销注册时，须通过“全国一级注册建筑师、注册工程师注册管理信息系统”进行网上申报，不再提交纸质申报材料。企业向部申请勘察设计资质时，须报送由社会保险机构出具的注册人员在本企业缴纳社会保险费的证明。对申请建筑行业、市政行业及其相应专业（人防工程专业除外）工程设计甲级资质（包括申请施工总承包特级资质的企业同时申请的相应设计资质）的企业，未进入全国建筑市场监管公共服务平台的企业业绩和个人业绩，在资质审查时不作为有效业绩认定。申请资质企业和申请注册人员电子申报材料格式和内容应当分别符合建设工程企业资质网上申报和审批系统、“注册管理信息系统”要求。资质受理审查程序，资质受理部门应在规定时限内对工程勘察、工程设计提出的资质申请做出是否受理的决定。依据《建设工程勘察设计资质规定》第八条，各有关资质初审部门应当对申请甲级资质以及涉及铁路、交通、水利、信息产业、民航等方面的工程设计乙级资质企业所提交的材料是否齐全、是否与原件相符、是否具有不良行为记录以及个人业绩材料等进行核查，提出初审意见，并填写初审部门审查意见表。各有关资质初审部门应在规定初审时限内，将初审部门审查意见表、《工程勘察、工程设计资质申请表》、附件材料和报送公函一并报国务院建设主管部门。资质有效期届满，企业需要延续资质证书有效期的，应当在资质证书有效期届满60日前，向原资质许可机关提出资质延续申请。对在资质有效期内遵守有关法律、法规、规章、技术标准，信用档案中无不良行为记录，且专业技术人员满足资质标准要求的企业，经资质许可机关同意，有效期延续5年。省级人民政府建设主管部门应当自决定之日起30日内，将准予资质许可的决定报国务院建设主管部门备案，备案材料包括：准予资质许可的批准文件，批准企业的工程勘察、工程设计资质基本信息的电子文档。资质证书有效期为5年。各序列、各级别建设工程勘察、工程设计资质证书全国通用，各地不得以任何名义设置审批性准入条件、收取费用。

（三）国务院建设主管部门对全国的建设工程勘察、设计资质实施统一的监督管理。国务院铁路、交通、水利、信息产业、民航等有关部门配合国务院建设主管部门对相应的行业资质进行监督管理。县级以上地方人民政府建设主管部门负责对本行政区域内的建设工程勘察、设计资质实施监督管理。县级以上人民政府交通、水利、信息产业等有关部门配合同级建设主管部门对相应的行业资质进行监督管理。地方各级建设主管部门和有关部门对本辖区内从事工程勘察、工程设计的企业资质实施动态监督管理。按照《建设工程勘察设计资质规定》对企业的市场行为以及满足相应资质标准条件等方面加强检查，并将检查和处理结果记入企业信用档案。

三、资质资格实施事项

（一）工程勘察资质标准实施事项，资质申请条件和审批程序，建设工程勘察资质申请条件和审批程序按照《建设工程勘察设计资质管理规定》和《建设工程勘察设计资质管理规定实施意见》有关规定执行。申请工程勘察综合资质，须具有岩土工程专业甲级资质，及水文地质勘察专业甲级资质或工程测量专业甲级资质。工程勘察综合资质涵盖所有专业类别，取得工程勘察综合资质的企业，不需单独申请工程勘察专业资质。岩土工程专业资质涵盖岩土工程勘察、岩土工程设计、岩土工程物探测试检测监测三类岩土工程（分项）专业资质，取得岩土工程专业资质的企业，不需单独申请同级别及以下级别岩土工程（分项）专业资质。《工程勘察资质标准》有关内容解释，标准中所称主要专业技术人员是指下列人员：注册人员是指参加中华人民共和国统一考试或考核认定，取得执业资格证书，并按照规定注册，取得注册证书和执业印章的人员。包括：注册土木工程师（岩土）、一级注册结构工程师。非注册人员是指按照“工程勘察行业主要专业技术人员配备表”要求，不考核其是否具备注册执业资格的人员。注册人员作为非注册人员申报时，可提供注册证书认定其专业，其学历水平、职称等级、从业经历、个人业绩等条件仍需按新《标准》有关要求考核。标准中所称企业主要技术负责人（或总工程师），是指企业中对工程勘察业务在技术上负总责的人员。标准中所称专业技术负责人，是指企业中对某一工程勘察项目中的某个专业在技术上负总责的人员。标准中所称学历，是指国务院教育主管部门认可的高等教育学历。标准中所称专业技术职称，是指经国务院人事主管部门授权的部门、行业、中央企业颁发的，或者省级人事主管部门颁发（或授权颁发）的工程系列专业技术职称。具有教学、研究系列职称的人员从事工程勘察时，讲师、助理研究员可按工程系列中级职称考核；副教授、教授、副研究员、研究员可按工程系列高级职称考核。标准“工程勘察行业主要专业技术人员配备表”的专业设置，是指为完成工程勘察项目所设置的专业技术岗位。非注册人员的学历专业、职称证书专业范围应满足岗位要求，符合下列条件之一的，可作为有效专业人员认定：学历专业与岗位要求的专业不一致，职称证书专业范围与岗位要求的专业一致，个人资历和业绩符合资质标准对主导专业非注册人员资历和业绩要求的；学历专业与岗位要求的专业一致，职称证书专业范围空缺或与岗位要求的专业不一致，个人资历和业绩符合资质标准对主导专业非注册人员资历和业绩要求的；学历专业、职称证书专业范围均与岗位要求的专业不一致，但取得高等院校一年以上本专业学习结业证书，从事工程勘察 10 年以上，个人资历和业绩符合资质标准对主导专业非注册人员资历和业绩要求的。企业业绩，标准中要求的企业业绩应为独立完成的非涉密工程勘察项目业绩。申请工程勘察综合资质、专业甲级资质的，须考核企业业绩；申请工程勘察乙级资质的，不考核企业业绩。标准中要求的个人业绩应为近 5 年完成的非涉密工程勘察项目业绩。主要技术负责人（或总工程师）个人业绩应为所申请工程勘察类型项目业绩；申请综合资质或两个及以上工程勘察专业资质时，主要技术负责人（或总工程师）业绩可为其中某一工程勘察类型项目业绩。主导专业非注册人员业绩，应为该专业独立项目业绩。如，申请工程勘察综合资质时，工程物探专业技术人员业绩应为工程物探项目业绩。申请工程勘察综合资质、岩土工程专业资质时，注册人员业绩总和应涵盖所有岩土工程（分项）专业资质业绩类型。申请工程勘察资质时，每个专业技术人员只可作为 1 个专业技术岗位人员申报。标准及实施办法中所称近 5 年，是指自申报年度起逆推 5 年。标准中所称主要专业技术人员（包括企业主要技术负责人或总工程师、注册人员、非注册人员）和技术工人，年龄限 60 周岁及以下。具有工程勘察综合资质、专业资质企业从事工程钻探、凿井业务时，须取得相应工程勘察劳务资质。工程勘察项目中的工程钻探、凿井业务需要分包时，应由承揽该工程勘察项目的工程勘察综合资质、专业资质企业与具有相应资质的工程勘察劳务企业依法签订劳务分包合同；工程勘察综合资质、专业资质企业对整个工程勘察项目负总责。工程勘察企业从事地基与基础施工业务时，需取得相应施工资质。

（二）促进建筑工程设计事务所发展有关事项，简化建筑工程设计事务所资质标准指标，减少建筑师等注册人员数量，放宽注册人员年龄限制，取消技术装备、标准体系等指标的考核；招标人不得以不合理的条件限制或排斥建筑工程设计事务所参加资质许可范围内各类建筑工程设计投标。各级住房和城乡建设主管部门要进一步完善建筑工程设计事务所相关配套政策，建立健全工程设计责任保险制度，促进建筑工程设计事务所健康发展。建筑工程设计事务所资质标准，建筑工程设计事务所是指由具备注册执业资格的专业设计人员依照《合伙企业法》合伙设立的普通合伙企业或依照《公司法》成立的有限责任公司（股份有限公司），从事建筑工程某一专业设计业务。设计事务所分为建筑设计事务所、结构设计事务所、机电设计事务所，均只设甲级。设计事务所名称中应当标明“建筑设计事务所”“结构设计事务所”或“机电设计事务所”字样。建筑工程设计事务所资质标准，依照《合伙企业法》设立的普通合伙企业形式的设计事务所：建筑设计事务所由合伙人出资总额不少于 50 万元人民币；合伙人中至少有 1 名具有良好职业道德的一级注册建筑师，且从事工程设计工作 10 年以上，在中国境内主持完成过两项大型建筑工程项目设计，近3年无因过错造成一般及以上质量安全责任事故的行为，其年龄不受60周岁以下的限制；有固定的工作场所。结构设计事务所由合伙人出资总额不少于50万元人民币；合伙人中至少有2名具有良好职业道德的一级注册结构工程师，近3年无因过错造成一般及以上质量安全责任事故的行为；其中至少有1名一级注册结构工程师从事工程设计工作10年以上，且在中国境内主持完成过两项大型建筑工程项目设计；有固定的工作场所。机电设计事务所由合伙人出资总额不少于50万元人民币；合伙人中至少有具有良好职业道德的注册公用设备工程师（给水排水）、注册公用设备工程师（暖通空调）和注册电气工程师（供配电）三个专业各不少于1名，且从事工程设计工作10年以上，在中国境内主持完成过两项大型建筑工程项目设计，近3年无因过错造成一般及以上质量安全责任事故的行为；其中有1名注册工程师年龄可以不受60周岁以下的限制；有固定的工作场所。建筑工程设计事务所资质标准，由依照《公司法》成立的有限责任公司（股份有限公司）形式的设计事务所：建筑设计事务所具有独立企业法人资格；社会信誉良好，净资产不少于300万元人民币；股东中至少有3名具有良好职业道德的一级注册建筑师，近3年无因过错造成一般及以上质量安全责任事故的行为。其中有1名一级注册建筑师年龄可以不受60周岁以下的限制；至少有1名一级注册建筑师从事工程设计工作10年以上，且在中国境内主持完成过两项大型建筑工程项目设计；有固定的工作场所。结构设计事务所具有独立企业法人资格；社会信誉良好，净资产不少于300万元人民币；股东中至少有3名具有良好职业道德的一级注册结构工程师，近3年无因过错造成一般及以上质量安全责任事故的行为；其中至少有1名一级注册结构工程师从事工程设计工作10年以上，且在中国境内主持完成过两项大型建筑工程项目设计；有固定的工作场所。机电设计事务所具有独立企业法人资格；社会信誉良好，净资产不少于300万元人民币；股东中至少有具有良好职业道德的注册公用设备工程师（给水排水）、注册公用设备工程师（暖通空调）和注册电气工程师（供配电）三个专业各不少于2名，近3年无因过错造成一般及以上质量安全责任事故的行为；其中从事工程设计工作10年以上的人员每个专业各不少于1名，且在中国境内主持完成过两项大型建筑工程项目设计；有固定的工作场所。承担业务范围，建筑设计事务所可以承接所有等级的各类建筑工程项目方案设计、初步设计及施工图设计中的建筑专业设计与技术服务。结构设计事务所可以承接所有等级的各类建筑工程项目方案设计、初步设计及施工图设计中的结构专业（包括轻钢结构）设计与技术服务。机电设计事务所可以承接所有等级的各类建筑工程（包括建筑智能化设计）方案设计、初步设计及施工图设计中的机电设备专业的设计与技术服务。取得设计事务所资质的企业可以根据工程的类别和性质作为承包方对建筑工程项目的设计实行总包。承包方应当自行完成建筑工程本专业的设计业务，并在保证整个建筑工程项目完整性的前提下，经发包方同意，将其他部分专业设计业务发包给具有相应资质的分包方。建筑行业（建筑工程）建设项目设计规模划分见《工程设计资质标准》中附件3—21—1。标准所考核的注册人员应当为在本设计事务所注册的专职人员，除标准另有规定，其年龄限60周岁以下。

（三）建设工程勘察设计企业人员资质资格行政审批实施事项细则，详见第十八章第四节、第五节。

第二节　工程勘察设计单位诚信评估管理

一、诚信评估

凡中国勘察设计协会和分支机构会员以及各部门、各省级地方勘察设计同业协会的会员，自愿遵守《全国勘察设计行业从业公约》《全国勘察设计行业职业道德准则》和《诚信宣言》，均可申请参加诚信评估。评估依据：国家工程建设法律法规；工程建设有关标准规范；国家社会信用体系建设方针政策。中设协建立“全国工程勘察设计行业诚信信息管理平台”，主要功能包括：接受评估申报，发布全国工程勘察设计行业诚信单位名单，管理诚信信息，发布失信行为处理公告，接受社会公众投诉，接受第三方信息查询，在线打印诚信单位证书等。诚信平台常年接收诚信评估申报，原则上每半年进行一次集中评估。经同业协会初审，中设协审定合格的工程勘察设计单位将授予诚信单位称号，并对诚信信息进行动态管理。中设协成立诚信评估专家委员会，负责诚信评估和失信判罚申诉意见的审定，以及《全国工程勘察设计单位诚信评估标准》和《诚信单位失信行为判罚参考标准》的完善和修订等工作。各同业协会成立诚信评估专家组，负责诚信评估的初审和投诉信息的调查核实等工作。评估内容：履约能力包括建立并有效实施质量管理、环境管理和职业健康安全管理体系；各项工程验收均符合标准，无安全质量责任事故；单位财务状况满足履约要求。道德规范包括无违反国家工程建设政策法规的不正当竞争行为记录；无违反国家劳动和财税法规的行为记录；无违约失信行为记录。

二、诚信评估标准

全国工程勘察设计单位诚信评估标准，详见表 10-1，诚信单位失信行为判罚参考标准，详见表 10-2。

全国工程勘察设计单位诚信评估标准 **表10-1**

评估项	评估标准	审查方式
基本情况	符合参评的基本身份条件	查证营业执照和勘察设计咨询证书齐全、有效；对其会员身份予以确认
履约能力	具有完善的质量、环境和职业健康安全管理体系，并有效实施	根据申报单位提供的有效期内的质量、环境和职业健康安全管理体系认证证书及上一年度获得的保持认证通知书和审核报告，或本单位相关管理体系文件，进行评判
	近 3 年无安全质量投诉和安全质量纠纷，未发生安全质量责任事故	查询近 3 年相关主管部门安全质量事故通报等予以判定
	上一年度财务状况良好	根据单位提供的加盖公章的上一年度财务审计报告进行评判
道德规范	遵守国家工程建设政策和法规。无挂靠或出借本单位资质，非本单位注册人员资质挂靠或本单位注册人员资质对外挂靠，参与围标、串标、骗标，违反工程建设流程有关规定等不良行为记录	通过以下平台进行不良行为记录查询： 1. 全国建筑市场监管公共服务平台； 2. 中国执行信息公开网； 3. “信用中国”网； 4. 各省、自治区、直辖市信用信息共享平台； 5. 地市级以上税务机关的门户网站，“公众参与”栏目中的“税收违法黑名单”模块； 6. 其他相关公共平台
	遵守国家劳动和财税法规。无违反劳动法规或偷税漏税等不良行为记录	
	信守合同。无不按时、按质、按量提交咨询成果或提供虚假咨询成果，拖欠合同款等违约行为记录	

诚信单位失信行为判罚参考标准 **表10-2**

<table>
<tr><th>序号</th><th>失信类别</th><th>失信行为</th><th>程度界定</th><th>判罚标准</th></tr>
<tr><td rowspan="4">1</td><td rowspan="4">无安全质量责任事故</td><td rowspan="4">发生质量安全事故，且勘察设计单位为主要责任的</td><td>一般事故</td><td>警告</td></tr>
<tr><td>较大事故</td><td>留库察看：给予三个月～半年的留库察看期，限期提交整改报告</td></tr>
<tr><td>重大事故</td><td rowspan="2">出库：移出“诚信单位库”</td></tr>
<tr><td>特别重大事故</td></tr>
<tr><td rowspan="4">2</td><td rowspan="4">遵守国家工程建设政策和法规</td><td colspan="2">挂靠外单位资质或出借本单位资质</td><td rowspan="6">视后果严重程度给予判罚：
1. 后果较轻的，警告；
2. 后果较严重的，留库察看：给予三个月～半年的留库察看期，限期提交整改报告；
3. 后果非常严重的，出库：从“诚信单位库”中移出</td></tr>
<tr><td colspan="2">非本单位注册人员执业资格挂靠，或本单位注册人员执业资格对外挂靠</td></tr>
<tr><td colspan="2">违反工程建设流程有关规定</td></tr>
<tr><td colspan="2">参与围标、串标、骗标等不正当竞争</td></tr>
<tr><td rowspan="2">3</td><td rowspan="2">遵守国家劳动和财税法规</td><td colspan="2">偷税漏税</td></tr>
<tr><td colspan="2">违反劳动法</td></tr>
</table>

续表

<table>
<tr><th>序号</th><th>失信类别</th><th>失信行为</th><th>程度界定</th><th>判罚标准</th></tr>
<tr><td rowspan="3">4</td><td rowspan="3">公平竞争，信诺践约，无不正当竞争行为</td><td colspan="2">未按时、按质、按量提交咨询成果</td><td rowspan="4">视后果严重程度给予判罚：
1. 后果较轻的，警告；
2. 后果较严重的，留库察看：给予三个月～半年的留库察看期，限期提交整改报告；
3. 后果非常严重的，出库：从“诚信单位库”中移出</td></tr>
<tr><td colspan="2">拖欠合同款</td></tr>
<tr><td colspan="2">提供虚假咨询成果</td></tr>
<tr><td>5</td><td>其他失信行为</td><td colspan="2">（待补充）</td></tr>
</table>

备注：目前仅列出几种主要失信行为，在实施过程中，将对新出现的失信行为进行界定，并对本参考标准不断补充完善。

三、评估、诚信信息管理

符合条件的工程勘察设计单位，可自愿通过诚信平台填写上传《全国工程勘察设计行业诚信单位申报表》和相关材料的扫描件，参加诚信单位评估。各同业协会通过诚信平台接收勘察设计单位申报信息。在对申报单位的基本信息和申报单位是否存在不良行为进行核查后，组织诚信评估专家组依据评估标准进行初评，并提出客观、公正的初评意见。中设协诚信评估专家委员会对经过初审的申报信息和初评意见进行审定，形成诚信单位公示名单。中设协对诚信单位公示名单进行公示，接受社会监督，公示期为 20 个工作日。任何单位或个人如有异议，可在公示期内提出意见，单位意见需上传加盖公章的扫描件，个人意见需实名提交。公示结束后，中设协诚信评估专家委员会将对有关单位或个人在公示期内提出的意见组织复议和核查，并作出相应处理。如发现申报单位有虚报、造假等行为，将取消其申报资格。通过公示的诚信单位名单经中设协理事长办公会议批准后在诚信平台上公布，进入诚信单位库。未通过评估的单位可于下一评估周期重新提出申请。诚信单位需每两年完成一次复审，复审流程和首次评估相同。中设协将从以下失信行为信息的征信渠道获取诚信单位相关信息，对其诚信信息实行动态管理，将采取以下措施推动诚信评估成果的市场应用：诚信单位作为中设协表彰先进单位／企业和优秀企业家的重要条件之一；诚信单位在协会宣传、维权、推优等活动中有优先权；诚信单位在行政审批、招商引资、公共服务等方面将获得中设协支持；诚信单位在跨地区、跨行业经营时，中设协可以提供支持或优先推荐。

第三节　注册建筑师执业资格管理

一、注册建筑师

注册建筑师，是指依法取得注册建筑师证书并从事房屋建筑设计及相关业务的人员。注册建筑师分为一级注册建筑师和二级注册建筑师。注册建筑师，是指经考试、特许、考核认定取得注册建筑师执业资格证书，或者经资格互认方式取得建筑师互认资格证书，取得注册建筑师注册证书和注册建筑师执业印章，从事建筑设计及相关业务活动的专业技术人员。国务院建设主管部门、人事主管部门按职责分工对全国注册建筑师考试、注册、执业和继续教育实施指导和监督。省、自治区、直辖市人民政府建设主管部门、人事主管部门按职责分工对本行政区域内注册建筑师考试、注册、执业和继续教育实施指导和监督。全国注册建筑师管理委员会负责注册建筑师考试、一级注册建筑师注册、制定颁布注册建筑师有关标准以及相关国际交流等具体工作。省、自治区、直辖市注册建筑师管理委员会负责本行政区域内注册建筑师考试、注册以及协助全国注册建筑师管理委员会选派专家等具体工作。全国注册建筑师管理委员会委员由国务院建设主管部门商人事主管部门聘任。全国注册建筑师管理委员会由国务院建设主管部门、人事主管部门、其他有关主管部门的代表和建筑设计专家组成，全国注册建筑师管理委员会秘书处设在建设部执业资格注册中心。全国注册建筑师管理委员会秘书处承担全国注册建筑师管理委员会的日常工作职责，并承担相应的法律责任。省、自治区、直辖市注册建筑师管理委员会由省、自治区、直辖市人民政府建设主管部门商同级人事主管部门参照规定成立。

二、注册

注册建筑师实行注册执业管理制度。注册建筑师考试合格，取得相应的注册建筑师资格的，可以申请注册。取得执业资格证书或者互认资格证书的人员，必须经过注册方可以注册建筑师的名义执业。取得一级注册建筑师资格证书并受聘于一个相关单位的人员，应当通过聘用单位向单位工商注册所在地的省、自治区、直辖市注册建筑师管理委员会提出申请；省、自治区、直辖市注册建筑师管理委员会受理后提出初审意见，并将初审意见和申请材料报全国注册建筑师管理委员会审批；符合条件的，由全国注册建筑师管理委员会颁发一级注册建筑师注册证书和执业印章。对申请变更注册、延续注册的，省、自治区、直辖市注册建筑师管理委员会应当自受理申请之日起10日内审查完毕。注册证书和执业印章是注册建筑师的执业凭证，由注册建筑师本人保管、使用。申请注册建筑师初始注册，应当具备以下条件：依法取得执业资格证书或者互认资格证书；只受聘于一个建设工程勘察、设计、施工、监理、招标代理、造价咨询、施工图审查、城乡规划编制等单位；近3年内从事建筑设计及相关业务一年以上；达到继续教育要求。初始注册者可以自执业资格证书签发之日起3年内提出申请。注册建筑师每一注册有效期为2年。注册建筑师注册有效期满需继续执业的，应在注册有效期届满30日前，按照规定的程序申请延续注册。延续注册有效期为二年。变更注册后，仍延续原注册有效期。原注册有效期届满在半年以内的，可以同时提出延续注册申请。准予延续的，注册有效期重新计算。高等学校（院）从事教学、科研并具有注册建筑师资格的人员，只能受聘于本校（院）所属建筑设计单位从事建筑设计，不得受聘于其他建筑设计单位。在受聘于本校（院）所属建筑设计单位工作期间，允许申请注册。获准注册的人员，在本校（院）所属建筑设计单位连续工作不得少于2年。

三、执业

取得资格证书的人员，应当受聘于中华人民共和国境内的一个建设工程勘察、设计、施工、监理、招标代理、造价咨询、施工图审查、城乡规划编制等单位，经注册后方可从事相应的执业活动。从事建筑工程设计执业活动的，应当受聘并注册于中华人民共和国境内一个具有工程设计资质的单位。注册建筑师的执业范围具体为：建筑设计；建筑设计技术咨询；建筑物调查与鉴定；对本人主持设计的项目进行施工指导和监督；国务院建设主管部门规定的其他业务。建筑设计技术咨询包括建筑工程技术咨询，建筑工程招标、采购咨询，建筑工程项目管理，建筑工程设计文件及施工图审查，工程质量评估，以及国务院建设主管部门规定的其他建筑技术咨询业务。一级注册建筑师的执业范围不受工程项目规模和工程复杂程度的限制。二级注册建筑师的执业范围只限于承担工程设计资质标准中建设项目设计规模划分规定的小型规模的项目。注册建筑师的执业范围与其聘用单位的业务范围不符时，个人执业范围服从聘用单位的业务范围。注册建筑师所在单位承担民用建筑设计项目，应当由注册建筑师任工程项目设计主持人或设计总负责人；工业建筑设计项目，须由注册建筑师任工程项目建筑专业负责人。凡属工程设计资质标准中建筑工程建设项目设计规模划分表规定的工程项目，在建筑工程设计的主要文件（图纸）中，须由主持该项设计的注册建筑师签字并加盖其执业印章，方为有效。修改经注册建筑师签字盖章的设计文件，应当由原注册建筑师进行；因特殊情况，原注册建筑师不能进行修改的，可以由设计单位的法人代表书面委托其他符合条件的注册建筑师修改，并签字、加盖执业印章，对修改部分承担责任。注册建筑师执行业务，应当加入建筑设计单位，包括专门从事建筑设计的工程设计单位和其他从事建筑设计的工程设计单位。注册建筑师从事执业活动，由聘用单位接受委托并统一收费。因设计质量造成的经济损失，由建筑设计单位承担赔偿责任；建筑设计单位有权向签字的注册建筑师追偿。注册建筑师有权以注册建筑师的名义执行注册建筑师业务。二级注册建筑师不得以一级注册建筑师的名义执行业务，也不得超越国家规定的二级注册建筑师的执业范围执行业务。国家规定的一定跨度、跨径和高度以上的房屋建筑，应当由注册建筑师进行设计。任何单位和个人修改注册建筑师的设计图纸，应当征得该注册建筑师同意；但是，因特殊情况不能征得该注册建筑师同意的除外。注册建筑师应当履行下列义务：遵守法律、法规和职业道德，维护社会公共利益；

保证建筑设计的质量，并在其负责的设计图纸上签字；保守在执业中知悉的单位和个人的秘密；不得同时受聘于二个以上建筑设计单位执行业务；不得准许他人以本人名义执行业务。注册建筑师继续教育网上申报制度，注册建筑师在每一注册有效期内应当达到全国注册建筑师管理委员会制定的继续教育标准。继续教育作为注册建筑师逾期初始注册、延续注册、重新申请注册的条件之一。继续教育分为必修课和选修课。注册建筑师继续教育及时了解和掌握国内外建筑设计技术、经济、管理、法规等方面的动态，以完善其知识结构，提高技术、艺术素质和执业能力，提高自身的执业素质和服务水平，是注册建筑师的权利和义务。注册建筑师每年参加继续教育的时间累计不得少于 40 学时，二年注册有效期内不得少于 80 学时。注册建筑师继续教育的 40 学时选修内容可结合实际情况累计计算，在代培单位参加继续教育授课按学时计算。注册建筑师继续教育实行继续教育登记制度，注册建筑师参加代培单位继续教育必修内容培训，考核合格后，由代培单位在证书栏目中填写并盖章。申请一级注册建筑师初始注册、延续注册、变更注册等，须通过“全国一级注册建筑师、注册工程师注册管理信息系统”进行网上申报，申请注册人员和企业应当对申报材料的真实性和有效性负责。取得内地注册建筑师资格的香港、澳门专业人士注册执业有关事项：取得内地一级注册建筑师的香港、澳门专业人士，可向全国注册建筑师管理委员会申请注册，执业要求与内地注册人员一致。

第四节　建筑师负责制试点管理

一、北京市建筑师负责制试点管理

（一）定义及内涵，建筑师负责制是以担任民用和低风险工业建筑工程项目设计主持人或设计总负责人的注册建筑师（含内地认可的港澳地区建筑师）为主导的设计咨询团队，依托所在设计企业为实施主体，依据合同约定，开展设计咨询及管理服务，提供符合建设单位使用要求和社会公共利益的建筑产品和服务的一种工作模式。建筑师是设计咨询团队的总负责人，由所在设计单位推荐，接受建设单位委托，代表建设单位对项目建设全过程及建筑产品的总体质量和品质进行全程监督。建筑师团队包含建筑、结构、机电等专业，也可含有参与工程建设的项目管理、造价咨询、工程监理等各类专业技术顾问和咨询机构；团队的构成可采用建筑师所在设计单位设计总包加专业分包模式，或设计单位牵头多单位联合体模式，并具备法律法规要求的各项资质条件；团队成员由建筑师自行选聘。为落实北京城市总体规划，践行创新、协调、绿色、开放、共享的发展理念，遵循适用、经济、绿色、美观的建筑方针，改革现行工程建设管理流程和工程建设组织模式，优化营商环境，在民用建筑和低风险工业建筑项目中推行建筑师负责制，充分发挥建筑师的专业优势和技术主导作用，传承和发展优秀建筑文化，鼓励设计创新，加快工程建设领域与国际接轨的步伐。借鉴国际通行的建筑师负责制做法，改革完善现行工程建设管理流程和组织模式，分析借鉴其他试点城市的经验和做法，提出符合北京特点的建筑师负责制制度设计。遵循工程建设的客观规律和实际，以政策支持为引导，鼓励多种投资主体积极参与，激发市场活力，统一规划、分步实施，逐步建立和完善与建筑师负责制相关的招投标、项目审批、信用评价、职业保险、教育培训等配套制度。以给建筑师赋权作为前提，以合理化取酬作为保障，以信用监督落实责任。加强建筑师对建筑设计的综合协调与统筹把控，鼓励开展建筑师主导的全过程工程咨询，探索提供建筑全生命期的管理与服务。鼓励参建各方在本指导意见的原则框架下，自主选择具体的合作方式，发挥各自优势，加强交流反馈和工作协同，促进设计咨询和施工运维的深度融合，推动建筑业高质量发展。基本服务内容，建筑师团队的服务范围为建筑工程全过程或部分阶段（至少包含工程设计、招标采购、合同管理三个阶段）。鼓励试点项目委托建筑师团队完成规划设计、策划咨询、工程设计、招标采购、合同管理、运营维护等六个阶段及其他附加服务的全部或部分服务内容。规划设计，提供修建性详细规划设计和城市设计编制服务，促进建筑设计和城市设计协调统一。策划咨询，提供项目建议书、可行性研究报告与建筑策划的编制服务，完成投资决策咨询，提供概念性设计方案，提出建筑的总体要求。工程设计，提供方案设计、初步设计、施工图设计和施工现场技术配合等服务。综合协调幕墙、装饰、智能化、风景园林、照明等各类专项设计。承担承包商完成的施工图深化设计审核服务。建筑师负责的施工图设计重点解决建筑使用功能、品质价值与投资控制。承包商负责的施工图深化设计重点解决设计施工一体化，准确控制施工节点大样详图，促进建筑设计精细化。招标采购，代理建设单位进行承包商招标管理或非招标工程的采购管理。组织编制招标采购文件，组织招标采购答疑，审定承包商招标采购合同文本，可以代表建设单位参与评标、定标，提供成本控制，协助建设单位签署合同等服务。合同管理，在施工阶段代理建设单位进行施工合同管理服务，对总承包商、分包商、供应商和其他咨询机构履行监督职责，通过检查、签证、验收、指令、确认付款等方式，对施工进度、质量、成本进行总体指导、优化和协调。负责设计技术交底，签署材料、设备以及工程进度、工程款支付确认单，依照法律、法规以及有关技术标准、设计文件和建设工程承包合同，代表建设单位对施工质量实施监督，代理建设单位完成工程报批和验收。在竣工交付及工程质量保修期内，辅助调试，组织编制竣工图、建筑使用说明书和维修手册，协助完成竣工文件归档及项目决算。运营维护，根据建筑使用状况及建设单位或使用单位要求，提出运营维护计划，开展项目使用后评估服务，提供建筑全生命期的品质管理服务，提供建筑更新改造和扩建的设计咨询服务。其他附加服务，包括城市设计、工程勘察、室内精装设计、标识标牌设计、文物建筑保护设计、公用事业方案设计、BIM设计与咨询、绿色建筑设计及其调试和认证、超低能耗建筑设计、预制装配式建筑设计、无障碍与适老化设计等。

（二）责任划分，建设单位对建设工程质量负首要责任。建设单位应审慎选择和委托建筑师作为其项目技术及管理的代表，确保建设活动满足法律法规和技术规范要求。在与其他设计、咨询、监理、施工等参建单位的合同中明确建筑师的责任、权利和义务，并切实保障其权力的有效实施。与建筑师协商确定合理工期，保障并及时支付建筑师团队合理的工作报酬，为其创造良好的工作环境和条件。建筑师作为建设单位委托的授权代理，向建设单位负责并及时汇报工作，负责统合勘察、设计、招标采购、造价咨询、工程监理、合同管理等各个专业、专项设计、咨询及管理服务，与建设单位共同发布指令、认可工程、签证付款，保证建筑品质和建设单位的利益。建筑师及团队责任由建筑师所在单位按照合同约定承担，并有权向签字盖章的建筑师及其团队成员、咨询机构进行追偿。在现行建筑法确定的责任框架下，建筑师的审核、确认、同意、签证、验收等不能免除、转移或减轻施工总承包、分包、供应和其他咨询等所有参建单位应负的法律责任和合同义务。服务招标与收费，建设单位按照国家相关规定可采用招投标或直接委托的方式选聘建筑师团队。按质择优采购设计咨询服务，主要参考建筑师及其团队的工程业绩、专业经验、对项目的策划提案等，工程设计报价在招投标评标中的权重可适度减低或不予考虑，以鼓励建筑师加大投入，提升项目价值，增加投资回报。试点项目应结合项目规模、服务内容和复杂程度，按照责权利对等、优质优价的原则，合理确定建筑师服务收费。建筑师的全程服务收费应在项目投资中列支。各专项服务（投资咨询、招标代理、工程勘察、工程设计、工程监理、造价咨询等）应采用工程造价比率法计费，总服务收费按各个专项服务分别计费，累加后再加上建设项目管理费计算；附加服务、零星服务或变更等，推荐按照人工时法计费。建筑师的设计服务收费以目前国内通用的收费标准为依据，并根据服务质量合理适度上浮，上浮比例应根据项目验收及评估结果，在委托合同中明确约定。保险担保，探索建立完善的建筑师负责制保险体系。推动试点项目的建设单位投保工程质量潜在缺陷保险，设计单位投保工程设计责任险，实现建设流程保险全覆盖。试点项目探索采用高保额履约担保。中标人或被委托方在签约后限期提交履约保函，总承包单位及其分包商和供应商均应凭履约担保入场。建设单位向设计与施工单位提供设计咨询费及工程款支付担保。借鉴国际上专业人士职业责任保险制度，探索推行建筑师等专业人士的个人职业责任保险，鼓励设计单位积极为建筑师团队投保，将其纳入企业设计责任保险体系。整合行业力量，探索建立建筑业专业人士的相互保险制度，提升设计咨询行业的工程信用和风险保障能力。

（三）试点政策，优先在国家服务业扩大开放综合示范区和中国（北京）自由贸易试验区的项目试行，重点在中小规模的商业文化服务、教育、医疗、康养设施及低风险工业建筑等项目中试点。全过程工程咨询和工程总承包项目中以设计单位主导或担任技术统合和管理的项目，在签署建筑师的服务协议时，内容和要求参照本指导意见执行，可纳入试点。其他项目可参照指导意见执行。鼓励取得内地认可的香港和澳门地区建筑师积极参与北京市建筑师负责制试点项目，加强与北京市城市建设领域的交流合作，助力试点工作高标准落地。鼓励北京市优化营商环境相关政策在试点项目中先行先试，对试点项目优化审批方式：依建设单位申请，试点项目在取得地块控规或“多规合一”协同平台初审意见后，即可开展方案阶段招标，委托建筑师团队开展咨询服务和建筑设计，并办理立项、规划审批和开工手续。试点项目在取得规划综合实施方案批复和相关土地许可后，依建设单位申请核发建设工程规划许可证。试点项目的施工图审查可采用自审或施工图审查机构审查的方式。采用自审方式的，由建筑师提出申请，承诺对设计成果符合法律法规、规划许可要求和技术规范负责，并于开工前上传全部施工图进行备案。试点项目如施工过程中有设计变更的也应上传相应施工图进行备案。备案的施工图纸与矢量化的规划审批图纸比对无误后，有关部门依据备案图纸进行监督检查和项目验收。试点项目采用告知承诺方式，可免建筑单体的规划验线、施工放线复验、施工安全核验等工作。试点项目竣工后，建设单位可按照“多测合一”的方式委托具有相应资质的测绘单位开展竣工测量和不动产测绘。依据多测合一的成果报告，单项工程竣工后可随申请、随验收。不动产首次登记的实地查看可提前至联合验收阶段完成。建设单位可依法申请办理产权登记，并通过联合验收（含不动产测绘成果审核备案），实现“验登合一”。北京市规划和自然资源委员会应会同北京市发展和改革委员会、北京市住房和城乡建设委员会、北京银保监局、项目主管部门和行业组织，共同推进试点工作，对试点项目的实施做好全过程跟踪服务和绩效评估，各部门按照职责对试点项目加强事中事后监管。依托注册建筑师管理的常设机构，在行业组织内设置行业咨询委员会，在北京市规划和自然资源委员会的指导下，为建筑师负责制的实施提供服务，具体包括：本指导意见相关改革措施的调研、建议、制定和调整；组织建筑师及其团队的培训与考核；试点项目的全程跟踪指导、评估和奖励；技术法规的解释及审批标准的明确；建筑师团队及设计单位信用信息（诚信档案）的记录与公开；纠纷调解、法律咨询及援助；职业责任保险、保证担保等的保障支持等。加强对试点项目及建筑师团队的诚信管理。建筑师及其团队受注册建筑师管理机构统一管理，应遵守职业道德规范，并接受服务对象、行业组织和行政主管部门的监督。

二、深圳市建筑师负责制试点管理

（一）建筑师负责制的定义，建筑师负责制是以担任民用建筑工程项目设计主持人或设计总负责人的注册建筑师（以下称为责任建筑师）为核心的设计团队，依托所在的设计企业为实施主体，依据合同约定，对民用建筑工程全过程或部分阶段提供设计咨询管理服务，最终将符合建设单位要求的建筑产品和服务提供给建设单位的一种工作模式。责任建筑师及团队可以对工程项目的规划策划、报批报建、设计及设计管理、招标管理、采购管理、施工管理和竣工验收、评先创优等项目建设提供全过程管理服务，并对质量、安全、进度、费用、合同、信息、行政审批、技术审查等承担相关责任。推进与国际接轨的工程建设模式，对接国际通行规则、香港认可人士制度以及国内先进城市做法，研究探索建筑师负责制的服务模式、监管方式和管理手段，明确建筑师权利和责任，深入推进建筑师负责制服务体系建设。整合建筑师及其团队在前期咨询、设计服务、专业协同、工程造价和质量控制等方面的技术优势，抓好试点项目的落地，探索建筑师负责制与工程总承包、代建制、全过程工程咨询相结合的建设项目组织方式，形成可复制、可推广的实践工作经验。提升工程质量、打造精品城市。充分发挥建筑师及其团队在工程全过程中的主导作用，引导和鼓励建筑师依据合同约定提供全过程服务，注重与规划和城市设计衔接，并在项目实施中逐步建立确保质量、安全和效率相结合的工作机制。培育复合型专业人才。培养一批既有国际视野又有民族自信的建筑师队伍，为一带一路建设提供专业人才。试点范围及要求，政府投资项目择优试点，市工务署、各区择优确定不少于 2 个项目作为建筑师负责制试点项目，原则上各重点区域应安排不少于 1 个项目。鼓励采用设计单位牵头的工程总承包（EPC）+ 建筑师负责制模式推进试点项目。前海合作区内新建政府投资建筑工程项目试点实行建筑师负责制，试点项目需经前海管理局认定。由设计单位代建的新建政府投资项目应实行建筑师负责制。社会投资项目自主申报，坚持自主、自愿的原则，鼓励市内有意向实施建筑师负责制的项目业主自主申报试点，并制定试点工作实施方案。明确建设单位和建筑师各自职责、权力、义务的原则，实现责权利对等。各试点项目要在现有法律法规框架内开展相关工作，依法试点，规范实施。鼓励各试点项目在管理体制机制、项目运营模式等方面进行大胆创新，为建筑师负责制模式发展探索经验。

（二）试点内容，试点建筑师负责制的建设项目，责任建筑师及其团队应当按照双方委托合同约定，在项目实施过程中承诺负责以下全部或部分工作：参与规划，根据委托参与城市修建性详细规划和城市设计，统筹建筑设计和城市设计协调统一。提出策划，参与项目建议书、可行性研究报告与开发计划的制定，确认环境与规划条件、提出建筑总体要求、提供项目策划咨询报告、概念性设计方案及任务书，代理建设单位完成前期报批手续。完成设计，责任建筑师带领团队完成建筑设计各阶段和施工现场设计服务。综合统筹协调设计咨询团队专项设计，落实设计咨询团队的技术协调和质量管理。并完成规划报建以及其他相关设计审查。施工图阶段设计重点解决建筑使用功能、品质价值与投资控制，促进建筑精细化。监督施工，在负责试点项目建设过程中，参与与设计质量、品质、设计效果实现等有关的施工管理，如主导项目工程招标技术文件、主要建筑材料选取等重大事项的决策；项目建设过程中，对设计调整、变更内容审核并组织对设计调整变更内容具体实施；对监理、施工单位是否按照既定设计文件要求实施建设的技术监督，并签署现场工程指令，开展施工现场的驻场服务，在工程现场例会、关键节点验收、材料审核等方面发挥主导作用；负责试点项目竣工档案验收报送。指导运维，对项目进行质保跟踪；组织编制房屋建筑使用说明书，督促、核查承包商编制房屋维修手册，指导编制使用后维护计划；受建设方或业主使用方委托，与之建立专业顾问关系，在建筑竣工交付后的使用过程中，提供专业技术咨询服务，参与建筑竣工交付后使用中的运行与维护指导。更新改造，参与制定建筑更新改造、扩建与翻新计划，为实施城市修补、城市更新和生态修复提供设计咨询管理服务。辅助拆除，提供建筑全寿命期的各部分到期提示制度；为使用方提供拆除技术咨询服务，参与提供建筑各项使用安全性评估，及在建筑拆除前后的相关评价；为拆除公司提供专业技术支持，协助制定安全、绿色环保的拆除方案。

（三）组织实施与保障措施，实施建筑师负责制的建设项目，建设单位与责任建筑师签订授权委托协议已经约定权利义务的，责任建筑师签署、加盖印章提交的设计文件、施工文件及申报资料与建设单位提交的资料具有同等法律效力。以公开招标的方式为主选择责任建筑师及其团队的，在编制招标文件时，应增加建筑师负责制的内容和要求。符合相关法律法规的，可以采用邀请招标等方式，由委托单位提出，并报主管部门审定。鼓励实行建筑师负责制的项目按照国际惯例制订相应的取费标准，也可部分参考代建项目执行或采取人工时的指导价格协商确定。设计咨询费另行收取，不计入建筑师负责制费用中。实施建筑师负责制的建设项目，可采取前期告知承诺审批，后期监督管理备案的方式。在建筑工程施工许可证办理环节，可以由建设单位和责任建筑师主动申请采用告知承诺方式，先行豁免提供施工图审查合格证书。建设行政主管部门对施工许可证标注“实行告知承诺方式审批”区别于一般项目的有关内容，先行予以核发。建设单位和责任建筑师应当自领取施工许可证之日起 3 个月内向建设行政主管部门提交办理施工图设计文件审查备案，未提交或不符合要求的，建设行政主管部门可责令暂停施工或撤销施工许可。逐步完善工程全过程质量管控体系，建立建设过程中关键节点的责任建筑师工地实名制制度，保证建筑师对施工过程的管控。加强事中事后监管，建立建筑师负责制诚信体系。按告知承诺审批方式予以核发施工许可的建设项目，建设行政管理部门委托第三方机构开展监督检查，实施定向事中事后监督管理。监督检查主要查验建设项目的程序合法性、勘察设计质量合规性及责任建筑师工作内容的落实情况，对检查结果依法及时作出处理，并向社会通报。在事中事后监督管理过程中如发现建筑师存在违法违规、违反执业道德的行为，按有关法律法规，视其违规性质、严重程度依法予以处罚，记入本市建筑市场诚信系统，并向社会公布。推进建筑师负责制的鼓励措施，支持设计企业和建筑师积极开展建筑师负责制业务，探索建筑师负责制项目后评估机制，对采用建筑师负责制的项目可单独设立奖项，对担任过建筑师负责制的建筑师，经申请可以减免继续教育学时要求，并在国际互认、评优评奖中，同等条件下优先推荐。探索建筑师执业保险制度以及建筑师责任纠纷仲裁制度。明确相关法律责任和合同义务，责任建筑师在提供建筑师负责制的项目中，应承担相应法定责任和合同义务，因设计质量造成的经济损失，由设计企业承担符合合同约定的赔偿责任，并有权向责任建筑师进行追偿。建筑师负责制不能免除总承包商、分包商、供应商和指定服务商的法律责任和合同义务。

三、上海市建筑师负责制扩大试点管理

（一）建筑师负责制，是指以担任工程建设设计主持人或设计总负责人的注册建筑师（以下简称为责任建筑师）为主导的团队，依托所在设计企业为实施主体，依据合同约定，开展设计咨询与管理服务，提供符合社会公共利益和建设单位使用要求的建筑产品和服务的工作模式。当项目主导专业为非建筑专业时，可由项目负责人作为团队核心，参照执行。本市行政区域内，采用建筑师负责制模式的新建、改建、扩建房屋建筑和市政基础设施工程，以及既有建筑（非居住类）装饰装修工程等适用本办法。鼓励在以下项目中先行先试：乡村建设类项目；城市更新类项目；政府投资的科教文卫项目（原则上大型或技术难度复杂项目除外）；“五个新城”、“南北转型”等区域内的建设项目。交通、园林绿化、水利项目以及城市基础设施维修改造项目等可参照执行。上海市住房和城乡建设管理委员会会同上海市规划和自然资源局负责本市行政区域内建筑师负责制试点工作的统筹协调和监督指导。上海市建设工程勘察设计管理事务中心负责本市行政区域内建筑师负责制试点工作的具体协调推进和监督指导。市、区建设管理部门、规划自然资源部门、其他相关行业管理部门以及特定地区管理委员会根据职责分工，负责所辖区域内建筑师负责制试点项目的具体协调和推进工作。有意愿实施建筑师负责制模式的项目，建设单位通过本市工程建设项目审批管理系统，向项目所辖区建设管理部门在线提交建筑师负责制试点项目申请表，并在项目信息报送时勾选按照建筑师负责制模式实施。辖区建设管理部门会同规划自然资源部门加强事中事后监管，每季度末将项目申报及其实施进展情况报市住房和城乡建设管理委。建筑师及其团队，团队的构成可采用责任建筑师所在设计企业设计总包加专业分包模式，或设计企业牵头多单位联合体模式。责任建筑师及其团队所依托的设计企业（含分包、联合体企业）应具有与所承接服务内容相对应的资质。责任建筑师及其团队应包含建筑、结构、给水排水、暖通、电气等专业设计人员。也可包含参与工程建设的项目管理、造价咨询、工程监理、招标代理等各类专业技术顾问人员。责任建筑师由所在设计企业推荐，团队成员由责任建筑师择优选聘。责任建筑师及其团队的组成人员应有与所承接服务内容相对应的职业资格和工作经验。责任建筑师应同时具备下列基本条件：原则上应为国家一级注册建筑师；当项目主导专业为非建筑专业时，项目负责人应具有与项目类型、规模相匹配的专业任职资格及工作经验。有相关专业高级职称，10 年以上设计工作经验，担任过 5 个及以上相应工程设计项目负责人。满足国家、上海市现行设计执业资格管理的有关规定。乡村建设类项目、城市更新类项目以及新建、改建、扩建的小型工程建设项目等，可由符合国家和本市有关规定的建筑师（或设计师）担任责任建筑师，具备 3 个以上同等类型、规模项目的设计与指导施工经验，并同时满足上述条件的国家、上海市现行设计执业资格管理的有关规定。

（二）建筑师负责制工作内容，建筑师负责制试点项目的责任建筑师及其团队依托所在企业，受建设单位委托，代表建设单位对项目建设全过程以及建筑产品的总体质量和品质进行管理。依据合同约定，责任建筑师及其团队提供下列工程建设项目全部或部分的服务内容（责任建筑师及其团队至少应参与工程设计、采购管理、施工管理三项工作）。规划设计，鼓励建筑师协助行业管理部门，参与城市设计编制、城市更新指引编制等服务，促进建筑设计和城市设计协调统一策划咨询。提供项目建议书、可行性研究报告编制服务，参与投资决策咨询。完成建筑策划，提出建筑总体要求，提供概念性设计方案。工程设计，提供方案设计、初步设计、施工图设计等技术成果和施工现场技术服务。综合协调幕墙、装饰、智能化、风景园林、节能、照明等各类专项设计。承担承包单位完成的施工图深化设计审核服务。建筑师负责的施工图设计重点解决建筑使用功能、品质价值与投资控制。采购管理，协助建设单位开展采购管理工作，参与审定承包单位采购合同文本，进行技术控制、协助或参与成本控制，协助建设单位签署合同，协助选择信誉良好、质量安全管控能力较强的施工单位。针对招标采购的，提供或参与招标采购文件编制服务，制定技术规格书，协助组织招标采购答疑，参与或代表建设单位进行评标、定标。施工管理，代理建设单位开展相关报批报建工作及进行施工各阶段合同管理服务，对总承包商、分包商、供应商和其他咨询机构履行监督职责，协助建设单位签发指令，对施工进度、质量、成本进行总体监督指导、优化和协调；参与与设计质量、品质、设计效果实现等有关的施工工程技术、主要建筑材料选取等重大事项决策。监督工程建设项目按照设计文件要求进行施工，确认施工服务进度，签署材料、设备以及工程进度、工程款支付确认单，确保材料、设备及建筑成品质量满足设计意图，协助建设单位组织工程验收。运营维护，根据建筑使用状况以及建设单位或使用单位要求，组织编制建筑使用说明书，提出运营维护计划，开展项目使用后评估服务，提供建筑全生命期的品质管理服务建议书。可延续提供建筑更新改造和扩建的设计咨询服务。其他附加服务，根据合同约定，可提供包括其他专项设计、BIM设计与咨询、投资咨询、招标代理、工程勘察、工程监理、造价咨询等。鼓励推行注册建筑师职业责任保险（项目型）。由责任建筑师所依托的设计企业为责任建筑师及其团队投保，提高责任建筑师及其团队的抗风险能力。职业责任保险（项目型）应承担责任建筑师及其团队在提供服务时，因其过失导致的工程质量事故所造成的人身损害或直接经济损失。试点项目宜结合项目规模、复杂程度和服务内容，按照责权利对等、优质优价的原则，合理确定建筑师及其团队服务收费。建筑师及其团队的服务收费应在项目总投资中列支。工程设计以及其他附加服务应采用工程造价比率法计费，当服务收费按各个专项服务和建筑师负责制管理服务分别计费累加。建筑师负责制管理服务费从建设单位管理费中列支，按照付款周期定期支付，专款专用，并在合同中约定付款周期；其他零星服务或变更，推荐按照人工时法计费。相关责任，建设单位对建设工程质量负首要责任。建设单位应审慎选择和委托责任建筑师及其团队，确保建设活动满足法律法规和技术规范要求。建设单位应与责任建筑师协商确定合理工期，保障并及时支付建筑师及其团队的工作报酬，为其创造良好的工作环境和条件。建设单位应在与其他承包商的合同中明确赋予责任建筑师及其团队责任、权利和义务，并保障其管理服务工作的有效开展。设计企业对设计质量负责，责任建筑师作为项目负责人受设计企业委托，承担设计质量终身责任。责任建筑师应自觉遵守国家法律法规，诚信执业，公正维护社会公众利益和建设单位合法权益。作为建设单位委托的授权代理，责任建筑师及其团队应向建设单位负责，统筹合同约定的各个专业、专项设计、咨询以及管理服务。责任建筑师及其团队应当按照建设单位的授权行使其权利，保证建筑品质、功能和造价控制目标的实现。责任建筑师及其团队应根据合同约定，在所承担工作的关键节点书面签字确认。责任建筑师及其团队不履行或者不完全履行职责，造成建设单位利益损害的，由责任建筑师所在设计企业按照合同约定承担相应的违约责任，并有权向签字盖章的责任建筑师及其团队成员、咨询机构进行追偿；情节严重甚至危害工程质量安全的，或违反告知承诺事项的，应当依法承担相应责任。责任建筑师及其团队的审核、确认、同意、签证、验收等不能免除、转移或减轻施工总承包单位、分包单位、供应商和其他咨询单位等参建单位的法律责任和合同义务。

（三）试点措施，设计招标发包项目，建设单位可在立项前提前开展设计招投标，在招标文件中明确负责制服务内容以及团队组成的要求，确定设计企业（含分包、联合体企业）后，明确试点项目的责任建筑师及其团队。市住房和城乡建设管理委修订本市建设工程招标文件示范文本和合同示范文本，增列满足建筑师负责制实施的相应条件和服务合同签订后，建设单位和责任建筑师所依托的设计企业，应当通过本市“一网通办”的工程建设项目审批管理系统，向建设管理部门报送合同信息，注明项目的责任建筑师及其团队组成。服务合同一经签订，责任建筑师不得更换；因特殊情况责任建筑师有关信息发生变更时，建设单位和责任建筑师所依托的单位应当在变更后的十个工作日内向建设管理部门申报变更。纳入建筑师负责制试点项目，市、区规划自然资源部门主动跨前指导，对建设项目设计方案审查开展提前服务。经责任建筑师告知承诺，优化设计方案审查及规划许可相应内容和流程。建设单位凭设计方案和相关要件向规划自然资源部门申请设计方案审核。规划自然资源部门按照规定组织设计方案公示和意见收集后，审核设计方案/设计方案批准后，建设单位凭设计企业、责任签章的图纸及相关要件，向规划自然资源部门申请核发建设工程规划许可证。纳入建筑师负责制试点且已投保注册建筑师职业责任保险的项目，按规定需开展基坑工程评审、玻璃幕墙结构安全性论证的，可授权由责任建筑师组织符合要求的专家进行论证。纳入建筑师负责制试点且已投保注册建筑师职业责任保险的项目，经责任建筑师告知承诺，在具备相关审批要件后，施工图审查合格证书不再作为建设工程施工许可核发前置条件。施工现场按照经设计企业、责任建筑师签章的整套施工图纸进行施工。建筑师负责制试点项目，经责任建筑师告知承诺，建设单位可自主选择开工放样复验或者开工放样复验备案。市、区质量安全监督机构，根据建筑师负责制服务内容和项目特点，优化施工现场监管方式，制定现场监督要点，加强对责任建筑师及其团队在施工现场履职的监管。乡村建设项目鼓励从全市乡村建筑师名录中择优选择建筑师担任责任，提供全过程设计咨询和管理服务。鼓励责任建筑师参与村庄设计编制工作，落实上位规划要求；结合本市村镇风貌管控要求，为农户建房提供技术咨询和指导服务；参与村镇集体建房、人居环境建设、休闲农业等乡村建设项目策划、设计、技术咨询等工作；为农户个人、乡村建设项目提供设计服务，为选择通用图集的农户提供个性化施工图设计服务；协助农户选择、购买经济、实用、绿色的建筑材料、建筑构配件和设备；协助属地政府，加强对农户建房实施过程的质量和安全监督。旧区改造、旧住房更新、“城中村”改造等城市更新类工程建设项目，按照相关文件要求组织实施，进一步落实“放管服”改革和优化营商环境要求，参照新建、改建、扩建项目试点措施，优化规划、建设审批流程，充分发挥建筑师设计主导作用，指导监督现场施工质量，提升改造工程安全和品质。事中事后监管保障措施，市、区建设管理部门、规划自然资源部门及特定地区管理委员会，依据法律法规和告知承诺管理要求，对建筑师负责制试点项目，实施事中事后监督管理。对于不满足试点要求且拒不改正的，报请市住房和城乡建设管理委同意后，取消其试点项目资格并予以公布；经监督检查发现有不符合建设、规划有关要求的，依法进行处理。责任建筑师及其团队受到建设管理部门或其他有关部门行政处理的，应当按照本市信用管理规定，记录责任建筑师及其团队以及所在企业的不良信用信息。市住房和城乡建设管理委、市规划自然资源局会同相关行业管理部门、行业协会，加强试点工作的组织领导和统筹推进，配套制定工作指引，完善审批管理系统。定期组织开展建筑师技术培训和交流研讨，每年公布本市建筑师负责制试点项目名录和进展情况，宣传推广优秀典型案例，扩大建筑师负责制试点工作的社会影响力。各区建设管理部门、特定地区管委会应主动跟踪辖区内试，项目的开展情况，及时梳理存在问题和建议，总结试点成效，每季度末向市住房和城乡建设管理委报送建筑师负责制试点进展情况。支持鼓励设计企业和建筑师和极开展建筑师负责制业务，对从事过建筑师负责制的建筑师，经申请可以减免继续教育学时要求，并在国际互认、评优评奖、职称评审中，可同等条件下优先选择。经市、区部门认定有示范意义的建筑师负责制试点项目，在本市各类评选中优先推荐、优先考虑。本办法由市住房和城乡建设管理委会同市规划自然资源局根据职责分工进行解释。浦东新区可在本办法的基础上加大改革力度，进一步先行先试，鼓励探索开展香港、澳门、台湾地区建筑师执业资格互认等举措，适时出台相应创新制度，固化改革成果，形成可复制推广的经验。

（四）建筑师负责制试点项目招标，建筑师负责制试点项目招标文件包括：招标公告、投标邀请书、投标人须知、评标办法、合同条款及格式、发包人要求（任务书）、投标文件组成及格式等章。责任建筑师：具有国家一级注册建筑师执业资格；（项目主导专业为建筑专业时勾选此项）；具有与项目类型、规模相匹配的设计专业任职资格及工作经验：（项目类型及规模具体要求）；（项目主导专业非建筑专业时勾选此项）；符合国家和本市有关规定的建筑师（或设计师）；（乡村建设类项目、城市更新类项目以及新建、改建、扩建的小型工程建设项目勾选此项）；具有相关专业高级职称，10年以上设计工作经验，担任过5个及以上类似工程设计项目负责人；具备3个以上同等类型、规模项目的设计与指导施工经验：（同等类型及规模具体要求）；（乡村建设类项目、城市更新类项目以及新建、改建、扩建的小型工程建设项目勾选此项）；满足国家、上海市现行设计执业资格管理的有关规定；责任建筑师团队，（列举职业资格和/或工作经验要求）。项目采用建筑师负责制模式，服务内容包括：规划设计、策划咨询、工程设计、采购管理 、施工管理、运营维护；其他附加服务：专项设计、BIM设计与咨询、投资咨询、招标代理工程勘察、工程监理造价咨询等。商务标、技术标评分细则，详见表10-3、表10-4。

商务标评分细则 **表10-3**

条款分类	条款号	评审因素	评审因素细分项	评审因素分值下限	评审因素分值上限
商务标详细评审（50分）	1	责任建筑师及其团队成员（20分）	（如：责任建筑师的证书、培训/从业经历、业绩、论文、专利、奖项等）		
	2		（如：责任建筑师团队成员的证书、培训/从业经历、业绩、论文、专利、奖项等）		
	3	责任建筑师及其团队所依托的设计企业（20分）	（如：责任建筑师所在企业的信用、财务状况、业绩、荣誉、技术能力等）		
	4		（如：专业分包单位/联合体单位的信用、财务状况、业绩、荣誉、技术能力等）		
	5	服务收费（10分）	按经评审的有效报价作算术平均，将该平均值作为基准价6分，各投标人报价与基准价相比，每上浮1%扣__分（最多扣至2分），每下浮1%加__分（最多加至10分）		

技术标评分细则 **表10-4**

<table>
<tr><th>条款分类</th><th>条款号</th><th colspan="2">评审因素</th><th>评审因素分值下限</th><th>评审因素分值上限</th></tr>
<tr><td rowspan="8">技术标详细评审（50分）</td><td>1</td><td colspan="2">对项目的理解和项目重点难点分析</td><td></td><td></td></tr>
<tr><td>2</td><td colspan="2">责任建筑师团队组成方案</td><td></td><td></td></tr>
<tr><td>3</td><td colspan="2">服务工作大纲</td><td></td><td></td></tr>
<tr><td>3.1</td><td colspan="2">建筑师责任制管理服务方案</td><td></td><td></td></tr>
<tr><td rowspan="4">3.2</td><td rowspan="4">专项服务方案</td><td>工程设计服务方案</td><td></td><td></td></tr>
<tr><td>采购管理服务方案</td><td></td><td></td></tr>
<tr><td>施工管理服务方案</td><td></td><td></td></tr>
<tr><td>……（其他自行补充）</td><td></td><td></td></tr>
<tr><td></td><td>4</td><td colspan="2">□类似项目服务工作及效果介绍</td><td></td><td></td></tr>
</table>

责任建筑师承诺书，本单位及本人承诺在工程建设过程中和建筑物设计使用年限内，承担因设计导致的工程质量事故或质量问题责任。在工程建设过程中认真履行列职责：严格遵守相关法律法规和规范标准，认真履行建设工程合同所规定的责任和义务。严格按照核定的工程设计资质等级和业务范围开展设计业务，不超越资质等级许可的范围承揽工程，不转包或违法分包所承揽的设计业务。严格依据勘察成果文件进行工程设计，保证设计文件符合工程建设强制性标准要求，达到国家规定的文件编制深度要求，并经过严格的内部校对、审核。提供的设计文件加盖有设计企业出图专用章和执业人员印章。承担法律法规和标准规范规定的相应质量责任。如存在违反相关法律法规、规范标准和建设管理（含消防）、卫生、民防、水务、抗震等部门文件规定以及承诺事项行为的，愿意承担一切法律责任。具体如下：承担建设单位在设计方案审核、施工许可办理过程中无法收件、撤销已批准的相关行政许可或合格证书、停工整改的连带责任。接受管理部门依法做出的行政处罚，并按要求进行整改。接受管理部门将行政处罚、不履行承诺等经认定不良行为记入本单位信用档案，并按规定公开：

情节严重的，接受管理部门联合惩戒，依法限期限制承接任务，对在建或后续建设的工程项目取消告知承诺权利，实行严格审批和监管。建筑师负责制服务范围，本项目责任建筑师及其团队需提供下列工程建设项目全部或部分的服务内容，并提供相应成果文件，具体内容详见表 10-5：

建筑师负责制服务内容 **表10-5**

序号	服务阶段		建筑师服务	工作内容	成果要求
1.1	□	一、规划设计	□	修建性详细规划设计（总图设计）	
1.2			□	城市设计	
1.3			□	……（自行补充）	
2.1	□	二、策划咨询	□	项目建议书	
2.2			□	可行性研究报告	
2.3			□	投资决策咨询	
2.4			□	建筑策划	
2.5			□	概念方案设计	
2.6			□	……（自行补充）	
3.1	■	三、工程设计	□	方案设计	
3.2			□	初步设计	
3.3			□	施工图设计	
3.4			□	施工现场技术服务	
3.5			□	专项设计协调服务	
3.6			□	施工图深化设计深化服务	
3.7			□	……（自行补充）	
4.1	■	四、采购管理	□	审定承包单位采购合同文本	
4.2			□	参与技术控制	
4.3			□	协助或参与成本控制	
4.4			□	协助建设单位签署合同	
4.5			□	协助选择施工单位	
4.6			□	为招标项目提供或参与招标采购文件编制服务、制定技术规格书、协助组织招标采购答疑	
4.7			□	代表建设单位进行评标、定标	
4.8			□	……（自行补充）	
5.1	■	五、施工管理	□	报批报建	
5.2			□	施工各阶段合同管理	
5.3			□	监督总承包商、分包商、供应商和其他咨询机构	
5.4			□	协助建设单位签发指令	
5.5			□	监督指导、优化和协调施工进度、质量和成本	
5.6			□	参与施工工程技术、主要建筑材料选取	
5.7			□	监督工程建设项目按设计文件要求施工，确认施工进度	
5.8			□	签署材料、设备以及工程进度、工程款支付确认单	
5.9			□	协助建设单位组织工程验收	
5.10			□	……（自行补充）	
6.1	□	六、运营维护	□	编制建筑使用说明书	
6.2			□	提出运营维护计划	
6.3			□	开展项目使用后评估	

续表

序号	服务阶段		建筑师服务	工作内容	成果要求
6.4	□	六、运营维护	□	提供建筑全生命期的品质管理服务建议书	
6.5			□	建筑更新改造和扩建咨询	
6.6			□	……（自行补充）	
7.1	□	七、其他附加服务	□	专项设计	
7.2			□	BIM 设计与咨询	
7.3			□	投资咨询	
7.4			□	招标代理	
7.5			□	工程勘察	
7.6			□	工程监理	
7.7			□	造价咨询	
7.8			□	……（自行补充）	

四、建筑师负责制工作指引概述

（一）建筑师负责制是国际工程建设的通行做法。建筑师负责制模式中，建筑师的角色从国内传统的设计师变成了项目总负责人（责任建筑师），受建设单位委托，负责从项目规划、策划、设计、施工到运维全过程的技术工作与技术管理。开展建筑师负责制等改革创新试点，充分发挥建筑师及其团队在前期咨询、设计服务、专业协同、工程造价和质量控制等方面的作用。试点项目共计 19 个，涵盖医疗、住宅、办公、商业等多种类型。试点内容主要包括审批方式改革、委托监理机制、个人执业责任保险制度、全过程监管等。试点项目审批流程明显加快，设计调整的灵活性得到释放，项目建设效率得到提升；同时，施工过程管理和质量管控方面得到强化，受到了参建各方的肯定。指引适用于试点建筑师负责制的建设项目，在项目决策、试点方案编制、试点应用等过程中作为参考依据，以指导和规范建筑师负责制项目的试点推进。同时，建筑师负责制工作指引是建筑师负责制试点工作推进的阶段性成果文件，为上海乃至全国建筑工程组织模式改革创新提供可复制可推广的试点经验，并为国家修订完善相关法律法规提供决策参考。指引主要明确了责任建筑师在规划设计、策划咨询、工程设计、采购质量管理、施工技术管理、运营维护等方面的工作内容，细化了每项工作的服务范围、职责权利、责任义务等具体细则。同时，兼顾与现行国家法律、行政法规、部门规章等管理要求相衔接，通过组织开展建筑师负责制试点，研究探索建筑师负责制的服务模式、监管方式和管理手段，探索建立建筑师负责制服务体系；全面整合责任建筑师及其团队在前期咨询、设计服务、专业协同、工程造价和质量控制等方面的技术优势，抓好试点项目的落地，指导建设单位、设计单位及其他参建单位在项目全过程或部分阶段中用好建筑师负责制模式。建筑师负责制的实施主体，建筑师负责制，是指以担任工程建设设计主持人或设计总负责人的注册建筑师（以下简称为责任建筑师）为主导的团队，依托所在设计单位为实施主体，依据合同约定，开展设计咨询与管理服务，提供符合社会公共利益和建设单位使用要求的建筑产品和服务的工作模式。当项目主导专业为非建筑专业时，可由项目负责人作为团队核心参照执行。工作指引中的“建筑师”是“广义建筑师”概念，不是一个单独个人，也不只是一个机构，而是责任建筑师为主导的团队。实行建筑师负责制的项目，责任建筑师担任项目牵头人和统筹人，具体的技术责任由具体的技术专业责任人承担。责任建筑师可以在委任或授权相关专业技术责任人时对责、权、利予以明确。建筑师负责制的实施范围，本市行政区域内，采用建筑师负责制模式的新建、改建、扩建房屋建筑和市政基础设施工程，以及既有建筑（非居住类）装饰装修工程等适用本办法。鼓励在以下项目中先行先试：乡村建设类项目，包括宅基地农户建房、集体建设用地上的项目建设，特别是支持人居环境优化、美丽乡村示范村或乡村振兴示范村创建的项目。

城市更新类项目，包括一江一河沿岸修缮改造项目、两旧一村改造、拆落地、文物保护建筑修缮、优秀历史建筑修缮、历史风貌区保护项目等。文化、教育、医疗、科研等项目。五个新城（即南汇新城、青浦新城、奉贤新城、松江新城、嘉定新城）、南北转型（即宝山区、金山区）等区域内的建设项目。列入市重大工程的基础设施类建设项目。其他交通市政、园林绿化、水务水利项目，城市基础设施维修改造项目，以及列入区重大工程的建设项目等，可参照执行。此外，为进一步聚焦城市更新等任务，扩大试点工作的影响力和项目覆盖率，"一江一河"沿岸地区（中心城区段）新改扩建项目、文物和历史建筑保护修缮项目、历史风貌保护区域内保留保护项目，以及限额以下项目（即总投资5000万元或总建筑面积1万平方米以下），包括但不限于工业园区提质增效项目、商务楼宇改造升级项目、美丽乡村等建设项目应当率先推行建筑师负责制试点。实施招标的建设项目，宜在开展设计招标前申请建筑师负责制试点；直接发包的建设项目，宜在设计合同或咨询服务合同签订前申请建筑师负责制试点；已完成施工图设计文件审查，或已开工的建设项目，不宜再申请建筑师负责制试点。试点建筑师负责制的建设项目，建设单位与建筑师可以根据项目的实际情况和工程进展，在规划设计、策划咨询、工程设计、采购质量管理、施工技术管理、运营维护等六个阶段及其他附加服务的各项内容中，选取全部或者部分工作内容开展试点（其中工程设计、采购质量管理、施工技术管理三阶段为试点必选项；对于城市更新类项目，规划设计、策划咨询、工程设计、采购质量管理、施工技术管理五阶段为试点必选项）。根据项目实际情况编制具体的试点实施方案，在合同条款约定、建筑师工作流程、各阶段具体主导工作内容等方面作出详细说明，并在建设单位与建筑师所属的设计单位签订的设计咨询合同中予以明确。对于采用建筑师负责制试点的建设项目，建设单位应当与建筑师所属的设计单位签订设计咨询合同建立委托关系，可根据项目实际需求约定委托内容，明确建筑师在项目建设过程中承担的职责与权利。参与试点的责任建筑师由所在设计单位推荐，团队成员由责任建筑师择优选聘。

（二）责任建筑师需满足以下条件：品行端正、遵纪守法，具有良好职业道德和社会责任感；原则上应为国家一级注册建筑师；当项目主导专业为非建筑专业时，项目负责人（相当于建筑专业为主导专业项目中的责任建筑师）应具有与项目类型、规模相匹配的专业任职资格及工作经验；有相关专业高级职称，10年以上设计工作经验，担任过5个及以上同类型、类似规模工程的设计项目负责人或设计总负责人；能投入充足的时间与精力履行试点项目责任建筑师的职责；满足国家、上海市现行设计执业资格管理的有关规定。乡村建设类项目以及新建、改建、扩建的小型工程建设项目等，可由符合国家和本市有关规定的建筑师担任责任建筑师。责任建筑师应根据咨询服务合同中明确的服务范围组建技术及管理团队，组建模式可以采用责任建筑师所在设计单位牵头的设计总包模式。责任建筑师及其团队所依托的设计单位（含分包）应具有与所承接服务内容相对应的资质。试点项目应实施设计总包，建筑师团队应统筹试点项目的各专业、专项设计咨询等，承担工程设计工作的统筹、协调和管理职责。责任建筑师及其团队应配备与试点项目服务内容相匹配的人员，包含建筑、结构、机电等专业设计人员，也可包含参与工程建设的项目管理、造价咨询、工程监理、招标代理等各类专业技术顾问人员。责任建筑师须承诺试点项目严格执行国家和地方颁布的各项技术准则，符合本项目的规划控制性指标及设计方案相关要求，设计成果合法合规。建筑师应当按照双方委托合同约定，在试点过程中可承诺负责以下工作：负责试点项目的设计准备及协助任务书制作；负责试点项目的方案设计；负责试点项目的初步设计；负责试点项目的施工图设计；负责试点项目设计总包，协调和统筹所有专业设计和咨询工作，落实设计咨询团队的技术协调和质量管理；协助试点项目规划报建及其他相关设计审批审查；负责或协助试点项目招标采购文件的编制；负责或协助试点项目中组织招标采购的发起与答疑；负责或协助试点项目招标采购的评议、标底澄清和确认；负责试点项目建设过程中的设计管控、设计变更管理；负责试点项目建设过程中施工详图、施工深化设计、加工图、样品、样墙的审核；试点项目建设过程中参与协调或协助统筹施工质量、进度、成本；参与试点项目建设过程中工程进度款请款文件的审核；参与试点项目的工程验收与竣工交付；协助编制、审核试点项目的工程归档文件。建筑师负责制试点项目在规划管理、建设管理审批手续方面可享有以下扶持政策：建设单位可在立项前提前开展设计招投标，在招标文件中明确建筑师负责制服务内容以及对团队组成的要求，确定设计单位（含分包）后，明确试点项目的责任建筑师及其团队。经责任建筑师告知承诺，优化设计方案审查及规划许可相应内容和流程。建设单位凭设计方案和相关要件向规划自然资源部门申请设计方案审核。规划自然资源部门按规定组织设计方案公示和意见收集后，审核设计方案。设计方案批准后，建设单位凭设计单位、责任建筑师签章的图纸及相关要件，向规划自然资源部门申请核发建设工程规划许可证。涉及历史建筑保护性卸解的，建设单位可在设计方案获批后，凭责任建筑师签字同意的技术审核意见向房屋管理部门申请拆房备案手续。纳入建筑师负责制试点且已投保注册建筑师执业责任保险的项目，按规定需开展非特别重要的基坑工程论证（即开挖深度小于 7 米且环境保护等级未达到一级的基坑工程）、玻璃幕墙结构安全性论证的，可授权由责任建筑师组织符合要求的专家进行论证或申报论证。纳入建筑师负责制试点且已投保注册建筑师职业责任保险的项目，经责任建筑师告知承诺，在具备相关审批要件后，施工图审查合格证书不再作为建设工程施工许可核发前置条件。施工现场按照经设计单位、责任建筑师签章的整套施工图纸进行施工。市、区建设管理部门及特定地区管理委员会，参照《关于进一步推进本市工程建设项目施工图设计文件审查改革工作的通知》，委托施工图审查机构对施工图设计文件进行全覆盖质量检查。其中，规模较大、技术难度复杂的试点项目，经责任建筑师论证后，由建设单位向所辖区域建设管理部门申请，按照《工程建设项目施工图设计文件“多图联审”管理办法》以及延期文件要求进行施工图设计文件审查。建筑师负责制试点项目，经责任建筑师告知承诺，建设单位可自主选择开工放样复验或者开工放样复验备案。市、区建设管理部门、规划自然资源部门及特定地区管理委员会，依据法律法规和告知承诺管理要求，对建筑师负责制试点项目，实施事中事后监督管理。

（三）试点项目的配套管理流程，项目信息报送阶段，建设单位应向项目所辖建设管理部门提交建筑师负责制试点项目申请表，明确项目采用建筑师负责制模式。实施招标的试点项目，在招投标阶段，建设单位应明确项目的服务内容，编制与服务内容相对应的建筑师负责制试点项目招标文件和合同文件示范文本。鼓励试点项目采用评定分离的招标方式，由评标委员会按照招标文件规定，不排序推荐 2~3 名中标候选人，招标人可要求中标候选人复核澄清后进行定标。合同信息报送阶段，建设单位和责任建筑师所依托的设计企业，应通过本市工程建设项目审批管理系统，向建设管理部门报送合同信息，明确项目的责任建筑师（项目负责人）及其团队组成、服务内容。甲乙双方签章后，生成建筑师负责制附表。服务合同一经签订，责任建筑师不得更换；因特殊情况责任建筑师有关信息需要发生变更时，建设单位应向项目所辖建设管理部门报备。施工许可办理阶段，建设单位需填写本次申领施工许可项目的单体信息，责任建筑师（设计项目负责人）应上传责任建筑师承诺书，承诺书需附项目单体信息。建设单位和责任建筑师填写的项目单体信息应准确一致。建筑师负责制主要服务内容，建筑师负责制试点项目的责任建筑师及其团队依托所在设计单位，受建设单位委托，代表建设单位在项目建设全过程或主要阶段对建筑产品的总体质量和品质进行管理。按照合同约定，责任建筑师及其团队负责提供规划设计、策划咨询、工程设计、采购质量管理、施工技术管理、运营维护及其他附加服务的全部或部分服务内容。建筑师负责制试点项目共包含以下四种服务类型，在项目规划设计、策划咨询、工程设计、采购质量管理、施工技术管理、运营维护的不同阶段包含其中三种或四种类型，并随着项目的推进逐步增加所需的附加服务：专业技术咨询：建筑工程项目全生命周期中，除常规工程设计外的各专业技术咨询服务及各类专项技术咨询服务。常规工程设计：常规建筑工程设计中的分阶段设计，包括方案及报审方案设计、初步设计、施工图设计。施工技术管理（建设实施）：建筑工程项目施工阶段的技术落实监管与品质控制监管，可包括对建造实物的技术与品质确认。项目管理（技术管理）：建筑工程项目全生命周期中，所有对接技术团队及技术对接的总体项目管理工作，包括设计总包管理及技术顾问协调管理。建筑师负责制试点项目的建筑师，按照合同约定，负责工程所需的所有技术总控与设计，领导、组织、管理和协调所需的所有专业技术咨询与设计。各专业技术服务人员、设计师以及相关咨询服务单位由建筑师负责统筹，建筑师由建设单位负责统筹。技术与管理总控：在建筑师负责制管理模式的项目中，对于不是由建筑师完成的设计工作和内容，建筑师有责任和权力领导、组织、管理和协调所有专业工程师、设计师和艺术家，为工程提供任何所需的设计，在建筑师服务的工程设计、采购质量管理和施工技术管理等各阶段拥有建设单位所赋予的领导权和技术决策权。建设单位代理：依据建设单位在咨询服务合同中的授权及合同约定的服务范围，建筑师对建筑工程全过程进行技术监管，及时向建设单位汇报与专业利益密切相关的重要信息，确保建筑工程专业品质，保障建设单位合法权益。公共利益代言：建筑师必须兼顾公众利益和建设单位利益，并自觉遵守社会道德及国家政策法律，督促建设单位和各参建方在合同执行中自觉维护社会公众利益。各服务阶段的实际工作内容，建筑师负责制试点项目各服务阶段实际工作内容如表10-6所述。

建筑师负责制试点项目各服务阶段的实际工作内容 **表10-6**

序号	服务阶段	建筑师服务（■必选项□可选项）	工作内容
A01	一、规划设计	□	控制性详细规划设计
A02		□	城市设计
B01	二、策划咨询	□	项目建议书
B02		□	可行性研究报告
B03		□	建筑策划
B04		□	专项评估与行政审批
C01	三、工程设计	□	工程勘察、测量
C02		■	设计准备及任务书制作
C03		■	方案设计
C04		■	初步设计
C05		■	施工图设计
C06		□	工程预算（含工程量清单）
C07		■	设计总包，整合协调专项设计
C08		■	协助报批报建
C09		□	代理建设单位完成行政审批
D01	四、采购管理	■	负责或协助编制招标采购文件
D02		■	负责或协助招标采购发起与答疑
D03		■	负责或协助招标采购评议，澄清标底并确认
D04		□	协助建设单位合同谈判并签署合同
E01	五、施工管理	□	协助或代理办理开工行政许可
E02		□	监督施工准备，制定监管计划
E03		□	统筹协调或审核施工总体计划
E04		■	设计管控、设计变更管理
E05		■	审核施工详图、施工深化设计、加工图、样品、样墙
E06		■	参与协调或协助统筹施工质量、进度、成本
E07		■	参与审核工程进度款的拨付
E08		□	组织竣工验收
E09		■	参与工程验收与竣工交付
E10		■	审核并协助归档竣工文件
E11		□	编制竣工图和使用手册
E12		□	竣工结算

续表

序号	服务阶段	建筑师服务（■必选项□可选项）	工作内容
F01	六、运营维护	□	缺陷评估及保修期检查
F02		□	监督工程修补整改
F03		□	工程总结及质保金审核
F04		□	项目使用后评估服务
F05		□	维修计划
F06		□	既有建筑结构检测与评估
F07		□	既有建筑价值评估与更新策划
F08		□	既有建筑更新改造与扩建设计
G01	七、其他附加服务（依据项目实际需求增减）	□	室内精装设计
G02		□	景观园林设计
G03		□	建筑幕墙设计
G04		□	建筑智能化设计
G05		□	文物建筑保护设计
G06		□	人防工程设计
G07		□	基坑围护工程设计
G08		□	BIM 设计与咨询
G09		□	夜景照明设计
G10		□	标识标牌设计
G11		□	绿色建筑的调试与认证
G12		□	造价全过程咨询
G13		□	项目管理（技术）：常驻现场服务

说明：对于城市更新类项目，必选项除表格中已标明的外，应包含规划设计阶段中的 A02，及策划咨询阶段中的 B01、B02 和 B03。以下标注“*”的内容为试点项目建设单位与设计单位及其责任建筑师应选择的约定内容，其他内容应在建筑师负责制试点的相关合同或委托文件中予以明确，并制定相应的管理程序。试点项目以实际项目进度作为纳入试点的启动节点，在上述表格中对照选择相应的内容试点，已经完成的阶段不做要求。

五、项目规划设计策划与工程设计

（一）在项目规划设计阶段，建筑师的工作主要包含：专业技术咨询、常规规划设计、项目技术管理三种服务。规划设计专业技术咨询，汇总梳理项目属地的相关城市总体规划资料，根据行业管理部门要求，评估、解读项目用地及周边的规划条件和指标，确定可调整或更新的规划条件，开展控制性详细规划（或调整）的设计任务书及设计指引等研究、编制的咨询服务。城市设计（包括城市更新等）的设计条件、设计任务书及设计指引等研究、编制的咨询服务。常规规划设计，确保设计符合项目所在地总体或区域规划要求，并满足国家及现行的设计标准与规范。完成项目所在区域的规划调整。编制符合审批要求的项目控制性详细规划。完成符合城市或区域规划要求的城市设计。配合建设单位、相关职能部门完成总体规划调整评审及指标确认。规划阶段项目技术管理，协助建设单位获得并整理项目所在区域的规划调整条件及相关审批流程等信息，协助建设单位完成规划调整审批相关信息的汇总整理，协助建设单位完成规划调整的报审意见征询。协助建设单位获得并整理城市设计条件及相关审批流程等信息，协助建设单位完成城市设计审批与相关信息的汇总整理，协助建设单位完成项目的城市设计调整的报审意见征询。协助建设单位获得并整理项目控制性详细规划的设计条件及相关审批流程等信息，协助建设单位完成项目控制性详细规划审批与相关信息的汇总整理，助建设单位完成项目控制性详细规划的报审意见征询。

（二）项目策划咨询，项目策划咨询，审阅及评估建设单位提供的项目相关资料，根据建设单位初步要求、投资预算、卖地规划条款，预估项目可行的发展规模，协助建设单位研究和制定项目的经济技术指标、确定设计任务内容和范围，编制项目建议书。环境评价、风险评价、交通评价、现有建筑测绘与检测、财务咨询、投资决策咨询等专项评估。调查现场条件，协助建设单位编制项目概要、可行性研究报告、项目策划报告；协助建设单位完成选址意见书、项目总体规划概念方案、可行性研究审批，以及其他项目相关专项报告。常规建筑设计，确保设计符合项目所在地总体或区域规划要求，并满足国家及本市现行的设计标准与规范。完成项目总体规划概念方案设计。配合建设单位、相关职能部门完成项目总体规划概念方案的设计评审，并根据评审决议，完成项目总体规划概念方案的设计修改及技术确认。咨询阶段项目技术管理，结合建设单位的进度要求，编制项目设计的主要节点计划。协助建设单位整理项目用地规划条件及相关审批流程等信息资料，协助建设单位完成前期审批与相关信息的汇总整理，协助建设单位获得规划审批或完成概念方案的报审意见征询。研究顾问服务的必须内容，协助建设单位筹备顾问名单及聘请主要顾问。

（三）项目工程设计，设计阶段工作按照常规基本分为：方案设计、初步设计（政府投资项目）、施工图设计三个阶段。建筑师负责制试点项目需依据项目审批程序要求，按照上述三阶段或两阶段编制设计文件、落实对应阶段的服务内容。在项目工程设计阶段，建筑师的工作主要包含：专业技术咨询、常规工程设计、项目技术管理、施工技术管理四种服务。

1. 设计阶段技术咨询，专业设计协调总控（设计总包管理）：根据建设单位建造标准与目标，制定设计方案，并在整个设计阶段逐步完善更新。配合建设单位委派的其他单位及顾问的工作，提供相关设计资料。负责整合提交各专业设计及所有顾问公司的施工图文件及其他设计成果（包括公共部位、绿化园林、室内精装修及标志平面等），并负责协调、配合、审查，确保各专业及所有顾问公司提交的施工图符合设计意图，保证设计整体质量并控制工程进度。总协调其他由建设单位直接或独立聘请的顾问公司，协助建设单位向规划资源等审批部门进行设计解释，以使总体设计通过规划资源等审批部门的书面批准。如有需要应根据管理部门和建设单位的要求进行一定的设计调整。审查各承包单位所提及的资料样本、样品、深化图纸等，审查的目的仅限于是否符合设计文件所提出的可直接判断的技术要求。对已批准的设计文件的修改，如建设单位要求、规范发生变化、政府和规划提出的新要求等非设计原因需进行的修改，进行技术评估与研判。对各承包单位提交的资料样本、样品、深化图纸等加以审查，但审查的目的仅限于是否符合设计文件所提出的可直接判断的技术要求。专项设计咨询：依据建设单位的需求，以下专项设计可作为附加服务内容（包含但不限于以下内容）。配合造价顾问或造价工程师编制工程量清单、技术规格书。配合或完成地质勘察、测量工作：提供地质勘察条件资料，审核地质勘察单位的投标方案，配合完成地质勘察报告。配合或完成基坑支护设计，提供基坑支护设计的相关条件，负责审核基坑支护设计与主体设计的协调性及其本身的合理性。参与公用事业及配套部门征询。全程配合建设单位完成供电、供水、通讯、煤气等公用事业及配套部门征询，提供征询方案，汇总配套部门要求。配合并审核人防专项设计成果，或完成人防专项设计。组织或完成室内装饰装修设计，各专业审核室内设计的图纸，使其能够同时满足规范和建设单位需求，并与土建设计相衔接。组织或完成景观设计。结构专业审核景观的结构设计，主要审核景观对于主体结构安全性的影响。机电专业在设计过程中与景观设计协调，并审核景观的机电设计，使其与土建系统无缝衔接。组织或完成幕墙设计，各专业审核幕墙设计的图纸，使其能够同时满足规范和建设单位需求，并于土建设计相衔接。组织或完成智能化深化，审核智能化深化图纸，落实安全防范的规范要求，必要时由建筑师团队出图。按照绿色建筑、装配式建筑的设计要求，整合并落实各专业设计内容在绿色建筑和装配式建筑设计方面的要求，确保整体设计品质要求。组织或完成泛光照明、标识等深化设计，审核泛光照明和标识深化图纸，必要时由建筑师团队出图。根据建设单位实际需要，组织BIM设计团队开展BIM模型设计，随时根据BIM验证结果调整土建设计，降低项目实施的返工率。

2. 常规建筑设计，方案设计：完成建设工程设计方案，配合建设单位、相关职能部门完成总体规划方案评审，并根据评审决议，修改并确认设计方案。完成项目单体平面、立面的方案设计，配合建设单位完成单体方案设计评审及单体方案报建文本和图纸。统筹协调项目方案设计过程中建筑、结构、暖通、给水排水、强电、弱电等专业设计内容，并在方案设计成果中予以平衡。确认方案设计报审需满足规划部门的相关规划要求，以及在土地出让合同、方案并联审批征询过程中交通，消防、卫生、绿化、环境保护等方面的具体设计要求。按规划部门要求报送各设计方案的文本、效果图等正式文件。为建设单位提供技术支持，校审与项目总平面布局有关的专业设计单位完成的方案。按建设单位的计划、进度与工程造价预算的要求，编制设计说明并签字盖章，提交有关政府主管部门进行审批，并使方案设计评审通过。组织或完成景观总体规划方案设计，配合建设单位完成景观总体方案评审，协助完成景观方案设计任务书。初步设计：编制及提供初步设计图纸、说明及概算、抗震、节能低碳、消防安全、海绵城市等有关设计有关内容，供提交管理部门进行审批，并使初步设计评审通过。统筹协调项目初步设计过程中建筑、结构、暖通、给排水、强电、弱电等专业设计内容，并在初步设计成果中予以平衡。确认初步设计报审需满足建设管理部门的相关技术指标和要求，以及在初步设计征询过程中消防、抗震、节能、装配式、绿色建筑等方面的具体设计要求，提供符合审批、审查要求的初步设计文件及相关计算书。编制或组织专业机构编制深基坑专项评审、超限高层建筑抗震专项审查及玻璃幕墙结构安全性和光反射影响专项论证等特定审批前置中介服务事项的设计文本、报告，并使设计资料内容得到相关评审通过。整合各管理部门审批、审查意见及专项评审评估对设计的具体要求，在初步设计深化过程中补充完善，以满足相关设计要求，并为施工图设计提供设计指导。施工图设计：编制及提供施工图设计图纸、说明，以及结构、机电、节能低碳、采光通风、消防安全等方面的计算或验算结论，确保施工图设计文件及资料内容满足相关规范、标准要求，并整理存档资料备查。统筹协调项目施工图设计过程中建筑、结构、暖通、给排水、强电，弱电等专业设计内容，并在施工图设计成果中予以平衡。确认施工图设计满足工程建设强制性条文要求，以及土地出让、方案征询、初步设计阶段的具体设计要求，按合同约定完成施工图设计成果的正式文件。配合建设单位开展施工图设计的内审、成本测算等工作。配合造价顾问、造价工程师编制工程预算。配合样板模型的制作，提供相关设计资料。完成建筑单体主要材料部品的设计定样。组织或完成各分期景观施工图设计及景观部品的施工定样。对工程、设备、材料承包、供应商的深化图纸进行审核，确保符合设计意图及国家、上海市的标准与规范。项目工程设计阶段技术管理：根据建设单位的要求，编制项目设计的详细计划，包括对各个主要顾问的控制节点计划，及时调整、更新计划，监管相关各方的设计计划落实。协助建设单位管理各设计顾问，协调各类顾问工作的开展及相互提资，协助建设单位筹备顾问名单和遴选工作，协助建设单位聘请顾问（该项工作内容依据项目推进计划开展，直至项目开工初期）。协助建设单位组织各类设计会议，召集主持设计例会、设计交底，负责会议纪要的记录、整合和发放，督促各顾问方落实会议纪要明确的内容。参加各专项设计顾问向建设单位重要的汇报会议，提出专业意见，及时提出对原设计有重大影响或因规范要求不可行的内容，督促达成一致意见。协助建设单位开展报批工作和进度安排。详细了解项目全过程审批的相关规定、审核时间、提交内容和流程。参加或组织相关单位参与各类专项审批、审查，做好相应的汇报、解释、落实工作。参与或指派专人落实相关审批、审查和质量监督的全部手续。完成或组织相关顾问向相关审批审查部门和机构的设计解释、技术征询工作。在项目审批过程中，统筹对接管理部门和相关中介服务机构的技术要求（包括规划、供电、消防、环保、卫生防疫等）。

3. 项目工程设计阶段的施工技术管理，在工程设计后期，依据项目推进的整体计划，应及时开展以下施工技术管理相关工作：依据建设单位项目总计划、设计的技术要求，对施工工艺、施工周期做初步评估，为施工招标做准备。依据开发周期初步评估施工计划，配合建设单位启动编制施工管理（技术）策划书。

六、项目采购质量、施工技术与运营维护管理

（一）采购质量管理常规基本分为：技术顾问采购、施工承包与设备材料采购。技术顾问采购按照惯例可依据建设单位需求及项目进展包含在规划设计、策划咨询、工程设计等阶段的建筑师负责制服务范畴内。本指引的采购质量管理专指超出常规工程设计工作范畴的项目施工承包与设备材料采购相关服务。采购质量管理一般分为工程招投标、设备及材料采购决策两个阶段，建筑师的工作在两个阶段中提供专业技术咨询、常规工程设计、项目技术管理、施工技术管理等四种服务。项目工程招投标阶段，根据前期相关批文、施工图设计文件以及建设单位在计划、进度与工程造价预算方面的调整内容，编制或协助编制招标文件，明确建筑师在法律上、设计上的相关责任。协助建设单位协调督导其他专业或顾问，为机电系统、灯光照明、标志平面及智能化小区系统、园林绿化及室内装潢等的招标文件提供可供报价的详细技术要求说明，编制设备 / 材料清单。审核各专业、各专项的设计成果，确保各专项顾问公司提交的图纸符合设计意图，保证设计整体质量及进度。协助建设单位与投标单位进行谈判或商议。组织编制工程承包合同中的合同图纸。协助建设单位做好各专业、各专项设计任务书的编制，根据工程特点，合理地划定项目标段。协助建设单位进行资格预审、现场踏勘、答疑和询标等工作，并准备技术问卷，协助建设单位进行技术评选。提交技术分析报告供建设单位审核。招标前需对建设单位的施工界面划分作必要的补充及提醒，特别需要明确土建总包施工范围。明确施工界面划分，以便后期施工配合管理。在前一阶段经批准的成果基础上，根据建设单位在计划、进度和工程造价预算方面的意见进行调整。协助建设单位准备招标文件：包括招标书要求以及所建议的合同文件。协助建设单位接收竞争性投标的投标书或议定的报价书。协助建设单位确认投标书或报价书（对招标文件）的响应情况。项目工程及材料采购决策，协助建设单位确定潜在承包商的清单。参与建设单位、施工承包单位委托单位的选择与招标，负责材料工程样板的确定、成本的平衡。参与监理单位及各施工承包商资源考察工作，结合项目目标提供相关的工程服务、材料的采购决策的技术意见。参与项目重要采购资源的技术标评定、答疑及商务标评定等工作，以及合同签订工作。负责或参与主要设备材料的选型、封样工作。负责工程工法样板、交付样板的深化图制作或审核确认工作。在建设单位批准中标的投标书或报价书后，协助建设单位起草施工合同。

（二）项目施工技术管理，项目施工技术管理阶段，建筑师根据建设单位委托和合同约定，对建设单位与施工单位的施工合同的履行、变更等进行管理和控制，协助建设单位办理工程施工许可、竣工验收、竣工归档等手续。在施工的过程中，建筑师可在授权范围内代表建设单位行使权利，向建设单位提出建议，并与建设单位协商有关问题。建筑师可作为建设单位在工地现场的授权代表，巡察工地施工现场、解释设计、审核二次深化施工图和加工图等文件，验收工程签证施工付款，监督工地在施工单位的管理下运行顺畅，落实工程建设的设计控制、质量控制、投资控制和进度控制等各项要求。建筑师不负责施工的措施、方法、技术、工序，不负责与工程有关的安全预防措施和计划，也不对施工单位的履约情况负责。建筑师应对自己的失职行为或者疏忽负责，但对施工单位或履行项目部分工程的其他主体的行为没有管理权，也不对其行为负责。

1. 项目计划与会议管理，协助或代理建设单位办理施工许可。监督施工准备工作，制定监管流程与计划。基于批准的施工图设计文件，根据建设单位的要求，签署施工方案，签发工程指令。监控或统筹协调施工总计划，及时反馈工期延迟风险。制定施工实物样板要求，明确施工深化图、材料设备报审要求。组织施工过程的工程技术例会，定期总结施工进展，统筹技术实施计划，整理并负责向建设单位、建设单位顾问、施工单位、监理人、造价咨询工程师和其他各参会单位分发，并督促各方执行会议纪要明确的内容。根据项目各专项技术评审的需要，协助建设单位与相关部门和人员的沟通，保证相关技术评审的顺利开展。施工技术管理和监督，建筑师负责监管施工单位等在项目实施过程中设计品质与技术的实现和管理。建筑师应当在施工开始之前向施工单位说明施工图的设计意图，解释设计文件中的品质控制要点。建设单位批准总体施工组织计划且施工合同约定进场条件均已满足后，建筑师应当根据建设单位的要求和施工合同的约定，向施工单位签发进场通知（开工指令）。建筑师与建设单位应当约定建筑师派员驻场服务的时间和频次。建筑师应定期巡查施工现场，掌握工程各部分的进展情况，与监理人紧密联系，以确保施工单位的工程质量满足国家规范及设计的技术要求。在定期巡查施工现场的基础上，建筑师应当根据与建设单位合同的约定，向建设单位提交巡查报告，报告应包含已完工部分的进展情况和结果；已完工部分和施工图的偏差；已完工部分的缺陷和不足之处。建筑师有权拒绝不符合施工图的工程。根据建设单位的授权，建筑师有权在发现工程存在缺陷、不足、不符合施工图或者不符合施工合同时，签发停工通知，并立即书面通知建设单位和监理人。建筑师有权根据建设单位的授权，要求施工单位在施工合同规定的期限内提交工程缺陷报告和缺陷整改方案，经建筑师审核通过后实施，并由建筑师签发复工通知，具体授权范围由合同中予以约定。建设单位可以授权建筑师在认为必要或者适当的时候，要求监理人一起对工程进行检验或者检测（无论工程是否已经制作、安装或者完工），具体可在合同中予以约定。建筑师对工程的检验或检测，均不免除施工单位、施工分包商、材料供应商、设备供应商及其他执行部分工程的人员或者主体的责任和义务。施工过程中发现场地周围及临近影响施工的建筑物、构筑物、文物建筑、古树、名木，以及地下管线、线缆、构筑物、文物、化石和坟墓等（“新发现的施工障碍”）时，建筑师应及时通知建设单位，并评估新发现的施工障碍对工程工期和总投资的影响，形成报告并提交建设单位。监督或协助控制工程的进度。因施工单位的原因导致工程进度落后于总体施工组织计划或者施工单位其他进度计划的，应书面通知施工单位，自行投入人力和物力赶上项目进度计划，并抄送建设单位和监理单位。造价控制，与造价工程师（如有）保持紧密联系，预先向建设单位报告任何设计变更可能引起的总投资变化。协调室内、景观、幕墙、建筑智能化、人防、照明等专项设计，结合项目设计的实际情况提出成本控制的建议（包括建筑、结构、机电、室内精装潢、绿化、灯光、标识标志、智能化以及市政配套等）；主导或协助造价工程师（如有）分析工程造价，预测超支因素（如设计变更、生产资料价格大幅浮动等），主导或协助造价工程师（如有）准备成本变化评估报告，并向建设单位提供书面意见。综合考虑项目品质控制目标、建筑材料与设备型号比选等多方面因素，选择优质优价的方案，配合造价工程师（如有）的工作，并提供相关设计资料或样本。工程结果的确认和付款证明，根据工程实际进展审核工作量，签发付款证明交建设单位审定。建筑师应根据与建设单位的合同，结合专业判断，签发付款证明，并说明以下内容：工程已经到达的节点；工程是否符合施工图的要求；工程的检测和检验结果；巡查中发现的偏差、缺陷和不足之处的校正和整改结果；建筑师的其他要求和说明。建筑师签发的付款证明不代表建筑师已经完成以下工作：对工程进行了完整的或连续的工程检查，审查了施工手段、方法、技术、工序或程序，审查了施工分包单位和材料供应单位提交的请购单复印件，以及建设单位要求的承包单位申请工程款的其他资料，查明了施工单位如何使用建设单位根据施工合同之前已经支付的款项。建筑师与建设单位可以约定由建筑师和投资监理签发付款证明后，是否需建设单位完成审定流程后再向施工单位付款。做好工程款申请和付款证明的记录，妥善归档备查。

2. 对施工单位提交文件、样板的审查，对施工单位根据施工合同提交的总体施工组织计划进行审查，并向建设单位提出建议，供建设单位批准时参考。建筑师的建议和要求，不免除施工单位的任何责任。对施工单位根据施工合同提交的“职业健康、安全、环境保护”管理计划进行审核，并向建设单位提出建议，供建设单位参考。建筑师有权在工程施工过程中对“职业健康、安全、环境保护”管理计划的实施情况进行检查并向建设单位提出整改建议，经建设单位批准或者授权后通知施工单位整改。在与建设单位合同约定的期限内，对施工单位提交的资料，如施工图深化图纸、产品数据和样品等资料进行审核，确保符合设计意图以及国家和地方的标准与规范，无需对尺寸、数量的准确性和完整性，设备或系统的安装或性能负责。建筑师的审核不构成对施工单位安全措施的批准，也不代表对任何施工手段、方法、技术、工序或者程序的批准。建筑师的审核不免除施工单位在施工合同项下的义务和责任。如果施工合同约定，部分系统、材料或设备需要由施工单位聘请第三方专业设计人员提供专业设计服务或者相关资料的，建筑师提前将这些服务需要满足的标准和性能要求提交建设单位，并由建设单位给施工单位交底，或者经建设单位授权，直接给施工单位交底。建筑师在与建设单位的合同约定的期限内，审核由施工单位聘请的专业设计人员设计或者提交的相关资料（专业设计人员应盖章和签名），确保其符合设计意图以及国家和地方的标准与规范，但建筑师不负责对资料充分性、完整性和准确性进行确认，不免除施工单位在施工合同项下的义务和责任。施工单位对其聘请的专业人士所完成的或者提供的服务、资料、证明等负责。以书面方式在合理的时间内，或与建设单位合同另行规定的期间内，对建设单位或者施工单位提出的与施工过程中的有关技术问题作出答复。技术问题的具体内容和要求由合同当事人予以约定，应包括需要澄清的具体图纸或规范，以及需要澄清内容的详细书面材料。以编制补充图纸和书面说明的方式，对技术问题进行答复。如构成额外服务的，建设单位和建筑师应就合同额外服务所需时间和费用达成一致后执行。建筑师做出的解释和决定应当与设计单位和建设单位合同预期目标相一致，并应以书面或图纸的形式做出。在做出解释或决定时，建筑师不应对任意一方有所偏袒，且对其合法合规的解释或决定产生的结果不承担责任。建筑师对与美学效果有关事宜的决定，如果与设计单位和建设单位合同中预期目标一致，可作为最终决定。施工方完成的施工实物样板进行或组织审核，对不符合设计要求内容提出整改要求，对满足设计要求的进行书面确认。汇总施工单位提交文件、审核结果、技术问题和答复等的记录，并妥善归档备查。

3. 施工过程中的设计变更，编制工程变更通知单和施工变更指示，由建设单位批准通过后按照施工合同执行；建筑师与建设单位也可以约定，建筑师是否有权直接批准符合施工图意图且不涉及施工合同总金额或者工期的微小工程变更。根据建设单位及管理部门的要求进行一定的设计调整，配合投资监理提交成本变化评估，并同步提交设计进度调整计划以配合工程施工。建筑师在施工实施过程中发现问题的，应当及时完成或组织设计变更，具体在合同中约定。工程验收，隐蔽工程验收：参与或协助组织项目地基基础与主体结构实施过程中，土方工程、基坑支护工程、桩基工程、地基处理、地下防水工程、砌体工程、预应力工程、钢结构工程等隐蔽工程的检查、监督和验收。参与或协助组织项目建筑装饰装修工程实施过程中，地面工程、抹灰工程、门窗工程、吊顶工程、轻质隔墙工程、饰面板（砖）工程、幕墙工程、建筑屋面等隐蔽工程的检查、监督和验收。参与或协助组织项目建筑给水排水及采暖实施过程中，直埋于地下或结构中暗敷的管道和相关设备，及有防水要求的套管，有绝热、防腐要求的管道和相关设备，埋地的采暖、热水管道等隐蔽工程内容的检查、监督和验收。参与或协助组织项目建筑电气工程实施过程中，埋于结构内的各种导管、利用结构钢筋做的防雷引下线、金属门窗、幕墙与防雷引下线的连接、等电位及均压环暗埋、接地极装置埋设、不进入吊顶内的电线导管和线槽、直埋电缆、不进入的电缆沟敷设电缆等等隐蔽工程的检查、监督和验收。参与或协助组织项目通风与空调工程实施过程中，敷设于竖井内、不进入吊顶内的风道，有绝热、防腐要求的风管、空调水管及设备等隐蔽工程的检查、监督和验收。参与或协助组织项目电梯工程实施过程中，电梯承重梁、起重吊环埋设，电梯钢丝绳头灌筑，电梯井道内导轨、层门的支架、螺栓埋设等隐蔽工程的检查、监督和验收。参与或协助组织项目中其他完工后无法进行检查的工程、重要结构部位和有特殊要求的隐蔽工程的检查、监督和验收。分项工程验收：参与项目实施过程中分项工程的质量评定。参与或协助组织对地基与基础工程、主体结构工程、建筑装饰装修工程、建筑屋面工程、建筑给排水及采暖工程、建筑电气工程、通风与空调工程、电梯安装工程、智能建筑工程以及景观绿化工程等分项工程的验收。参与或协助组织项目中各种设备的调试、试运行审核及验收。竣工验收：参与或协助组织竣工验收条件检查，包含以下内容设计和合同约定内容的完成情况；分部工程的质量评定情况；工程技术档案、施工技术管理资料、质量保证资料的准备情况；勘察、设计、施工监理等单位分别签署的质量文件的准备情况；规划、公安消防、技术监督、环保等有关部门专项验收资料准备情况；工程建设过程中质量问题的整改情况；工程质量保修书的签署情况。协助建设单位检查工程是否按批准的设计文件施工，配套、辅助工程是否与主体工程同步完工。协助建设单位检查工程质量是否符合国家和上海市颁布的相关设计规范及工程施工质量验收标准。协助建设单位检查工程设备及配套设备的安装、调试情况，国外引进设备的合同完成情况。协助建设单位检查概算执行情况及财务竣工决算编制情况。协助建设单位检查联调联试、动态检测、运行试验情况。协助建设单位检查环保、水保、劳动、安全、卫生、消防、防灾安全监控系统、安全防护、应急疏散通道、办公生产生活房屋等设施是否按批准的设计文件完工，复测是否完成，复测成果和相关资料是否移交设备管理单位，工机具、常备材料是否按工程合同要求配备到位，地质灾害整治及建筑抗震设防是否符合规定。协助建设单位检查工程竣工文件编制完成情况，竣工文件是否齐全、准确。协助建设单位检查建设用地权属来源是否合法，面积是否准确，界址是否清楚，手续是否齐备。对各施工单位的竣工图进行审核，核准竣工图与最终版设计文件版本的一致性，协助建设单位完成存档竣工图。编制项目运营使用手册（专供建设单位使用）。协助建设单位完成竣工结算。完成项目的总结报告，包括但不限于：汇总整理对项目全过程的设计管理资料；总结主要必选内容的工作落实情况；总结项目管理与实际操作经验；总结建设管理模式中的主要冲突与障碍；总结项目中积累的可行解决策略或方案，提出具体的完善建议，从而实现本指引最佳的实践。总结报告应作为试点项目评估报告的基础材料。

（三）项目运营维护，运营维护阶段，建筑师需提供质保跟踪服务。该阶段的服务是验证建设项目投入使用后建筑设计与施工是否满足使用需求的关键环节，也是建筑师负责制试点提升建筑产品用户体验的重要辅助与支撑。根据国家现行有关规定和分部分项工程性质，质保跟踪服务一般在竣工验收后 1 到 3 年不等，直到质保期满施工单位的质量保证金结算完毕为止。建筑师服务工作范围包含：跟踪工程的质量，监督设计顾问运维服务（如有），施工后续服务监督及工程修补和整改，协助开展设计修改或调整（如需），以及工程总结和结算审核。运营辅助配合，运营前设计配合：配合建设单位完成项目模型制作、效果图制作。配合完成合同附图的制作及审核。配合处理与设计、工程质量等内容相关的客户投诉，并完成相应的设计变更。投入使用前的设计完善与优化：结合项目实际需求为建设单位提供修改建议，必要时修改设计，最大限度保障工程成果。如建设单位根据运营需要有新的重大修改需求，需提供相关工程信息和技术资料，或直接参与顾问、咨询和设计工作，或协助建设单位及其新设计单位修改设计工作，必要时开展或协助相关的报批审查手续。交付说明及培训：组织施工单位及相关设备、材料供应商编制《建筑使用用户（专指最终用户）手册》，对房屋各部位材料及设备的使用方法和注意事项进行说明，指导使用方正确进行二次装修。组织施工单位及相关设备、材料供应商编制《操作与维修手册》，对各部位材料及设备的使用方法和注意事项进行说明，保障工程在投入使用后可以满足建筑和设备的正常使用。组织相关单位为物业管理人员提供技术和操作维护培训，对电梯系统、消防系统、动力系统、空调系统、给排水系统、弱电系统、自动化系统、照明系统的使用进行专门培训，并进行试运行。协助建设单位编制维修计划。施工后续服务监督，提供技术支持，协助建设单位与各施工承包商、产品供应商和制造商签订质量保证协议、维修服务协议等。跟踪工程质量，监督工程各施工承包商、产品供应商和制造商的质量保证跟踪服务。协助建设单位查找质量缺陷及其原因，监督工程修补和整改，追溯施工质量责任。工程总结和结算审核，负责审核工程质量保证金的结算。质保期满后，对工程作出最终总结。若合同中无此阶段，则需在竣工阶段完成。完成项目的总体评估报告，在项目总结报告基础上，对项目全过程的设计服务进行全面复盘，重点可从设计服务的多维度考量，尤其需要评估试点项目与常规设计项目的差异，包括但不限于：服务范围变化的影响、各主要相关方职责变化的影响、审图制度等行政管理流程变化的影响、项目取得的经济与社会效益、项目过程中的困难与教训等（若建筑师负责制服务合同中无该阶段，则需在竣工阶段完成）。工作指引其他附加服务，根据合同约定，建筑师可依据所在企业资质，或联合其他具备相应资质的团队或企业提供其他专项服务。投资与成本测算（QS/ 工程预算）：把控施工图 / 招标设计文件的深度与准度，在主体设计或专项设计调整后，及时准确调整预算，并报建设单位审核。BIM 模型设计：需与主体设计同步开展，及时协调 BIM 验证结果、及时反馈至主体设计与相关专项顾问。涉及工程勘察、招标代理、工程监理、室内精装设计、景观园林设计、建筑幕墙设计、建筑智能化设计、文物建筑保护设计、人防工程设计、基坑围护工程设计、标识标牌设计、绿色建筑的调试与认证。项目管理（技术）：常驻现场管理。既有建筑价值评估与更新改造策划。既有建筑更新改造与扩建设计。其他专项：风洞试验，震动试验地震试验，弹塑性时程分析，加固设计、逆作法结构设计等结构和机电专项设计。重点确保技术对接的及时性、合理性。

执业责任保险与收费后评估，参照国际通行做法，引入全新的、适用于建筑师负责制的保险制度，是消除建设单位和建筑师顾虑、促进建筑市场健康有序发展的有效保障。基本原则，对于在中华人民共和国境内（港澳台除外）依法执业的建筑师个人、以责任建筑师为总负责人的设计团队及建筑师执业的设计单位，作为主体在从事其职业工作过程中因疏忽、过失、过错所导致的民事赔偿责任，通过职业责任保险机制覆盖其相关风险。保险机制，注册建筑师执业责任保险（项目型），宜采用市场化的商业保险制度，以设计商业保险对整个项目进行保障。承保范围，建筑师负责制试点项目中，因被保险人在提供专业服务过程中的过失而造成的下列损失，包括但不限于：建设工程本身的损失；第三者的人身伤害或财产损失；法律费用；侵犯知识产权；网络安全事故；文件、图纸、账册等材料遗失或灭失；其员工或代表的任何欺诈及不诚实行为。保险人免责情形，不可抗力；被保险人的故意行为，但被保险人的员工个人的故意行为且被保险人不知情的除外；被保险人超出资质等级承接工程的情形；被保险人违法转包或者分包的情形；被保险人违反强制性的法律、法规、规范、相关审批部门审批意见进行设计的情形；法律、法规规定的其他情形；保险期，保险期自被保险人所承接工程项目设计立项开始，至质保期结束终止。风险评估机制，引入风险评估机制，保险公司在设计相关产品时，将项目自身风险、设计单位和建筑师团队、责任建筑师的过往业绩、履约能力等设定为费率调整因子，以市场化的方式计算保费。保险额和保险费，注册建筑师执业责任保险（项目型）一般不设不计免赔额，保额上限按照建安费的一定比例确定。由建设单位和设计单位在试点项目合同中约定具体的投保人、被保险人、保险人和保险费。保险费应在项目总投资中列支。试点项目宜结合项目规模、复杂程度和服务内容，按照责权利对等、优质优价的原则，合理确定建筑师及其团队服务收费。试点项目的收费模式可采用造价比例或人工时法。工程设计以及其他附加服务应采用工程造价比率法计费，总服务收费按各个专项服务和建筑师负责制管理服务分别计费累加；其他零星服务或变更等，推荐按照人工时法计费。建筑师及其团队的服务收费应在项目总投资中列支，在建筑师负责制服务合同中明确。原则上，政府投资、国有投资试点项目，按照投资主管部门核定的金额足额支付建筑师及其团队的服务费，评标时主要以技术标作为评分依据。社会投资试点项目，按照项目规模、技术难度、服务内容等在工程设计费用基础上给予一定比例提高。在不降低建筑品质和质量安全的前提下，鼓励建设单位按照节约投资额的一定比例对建筑师负责制团队提出的合理化建议给予奖励，奖励比例由双方在合同中约定。项目后评估，本指引完成项目的总结报告，完成项目的总体评估报告，均作为试点项目的必选内容，后评估则是在项目运营一段时间后，基于上述两份报告，对建筑师团队的工作进行的再评估。后评估的内容与深度可扩展至（包括但不限于）收集建设单位、施工单位、监理单位等合作方及最终用户的意见反馈汇总分析、对标指引及相关试点政策文件分析等，以便更全面地对项目的全过程进行分析、总结。

第五节　勘察设计注册工程师执业资格管理

一、注册工程师执业管理

注册工程师，是指经考试取得注册工程师资格证书，并按照规定注册，取得注册工程师注册执业证书和执业印章，从事建设工程勘察、设计及有关业务活动的专业技术人员。中华人民共和国境内建设工程勘察设计注册工程师的注册、执业、继续教育和监督管理，注册工程师按专业类别设置，具体专业划分由国务院建设主管部门和人事主管部门商国务院有关部门制定。注册结构工程师分为一级和二级外，其他专业注册工程师不分级别。国务院建设主管部门对全国的注册工程师的注册、执业活动实施统一监督管理；国务院铁路、交通、水利等有关部门按照国务院规定的职责分工，负责全国有关专业工程注册工程师执业活动的监督管理。注册工程师实行注册执业管理制度。取得资格证书的人员，必须经过注册方能以注册工程师的名义执业。取得资格证书的人员申请注册，由国务院住房和城乡建设主管部门审批；其中涉及有关部门的专业注册工程师的注册，由国务院住房和城乡建设主管部门和有关部门审批。取得资格证书并受聘于一个建设工程勘察、设计、施工、监理、招标代理、造价咨询等单位的人员，应当通过聘用单位提出注册申请，并可以向单位工商注册所在地的省、自治区、直辖市人民政府住房和城乡建设主管部门提交申请材料；省、自治区、直辖市人民政府住房和城乡建设主管部门收到申请材料后，应当在5日内将全部申请材料报审批部门。国务院住房和城乡建设主管部门在收到申请材料后，应当依法作出是否受理的决定，并出具凭证；申请材料不齐全或者不符合法定形式的，应当在5日内一次性告知需要补正的全部内容。逾期不告知的，自收到申请材料之日起即为受理。申请初始注册的，国务院住房和城乡建设主管部门应当自受理之日起20日内审批完毕并作出书面决定。自作出决定之日起10日内公告审批结果。由国务院住房和城乡建设主管部门和有关部门共同审批的，国务院有关部门应当在15日内审核完毕，并将审核意见报国务院住房和城乡建设主管部门。对申请变更注册、延续注册的，国务院住房和城乡建设主管部门应当自受理之日起10日内审批完毕并作出书面决定。符合条件的，由审批部门核发由国务院住房和城乡建设主管部门统一制作、国务院住房和城乡建设主管部门或者国务院住房和城乡建设主管部门和有关部门共同用印的注册证书，并核定执业印章编号。对不予批准的，应当说明理由，并告知申请人享有依法申请行政复议或者提起行政诉讼的权利。二级注册结构工程师的注册受理和审批，由省、自治区、直辖市人民政府建设主管部门负责。注册证书和执业印章是注册工程师的执业凭证，由注册工程师本人保管、使用。注册证书和执业印章的有效期为3年。初始注册者，可自资格证书签发之日起3年内提出申请。逾期未申请者，须符合本专业继续教育的要求后方可申请初始注册。注册工程师每一注册期为3年，注册期满需继续执业的，应在注册期满前30日，按照规定的程序申请延续注册。在注册有效期内，注册工程师变更执业单位，按规定的程序办理变更注册手续，变更注册后仍延续原注册有效期。取得资格证书的人员，应受聘于一个具有建设工程勘察、设计、施工、监理、招标代理、造价咨询等一项或多项资质的单位，经注册后方可从事相应的执业活动。但从事建设工程勘察、设计执业活动的，应受聘并注册于一个具有建设工程勘察、设计资质的单位。社会公众可通过全国建筑市场监管公共服务平台，查询勘察设计注册工程师、注册监理工程师的注册信息、执业单位变更记录信息。

注册工程师的执业范围：工程勘察或者本专业工程设计；本专业工程技术咨询；本专业工程招标、采购咨询；本专业工程的项目管理；对工程勘察或者本专业工程设计项目的施工进行指导和监督；国务院有关部门规定的其他业务。建设工程勘察、设计活动中形成的勘察、设计文件由相应专业注册工程师按照规定签字盖章后方可生效。修改经注册工程师签字盖章的勘察、设计文件，应当由该注册工程师进行；因特殊情况，该注册工程师不能进行修改的，应由同专业其他注册工程师修改，并签字、加盖执业印章，对修改部分承担责任。注册工程师从事执业活动，由所在单位接受委托并统一收费。因建设工程勘察、设计事故及相关业务造成的经济损失，聘用单位应承担赔偿责任；聘用单位承担赔偿责任后，可依法向负有过错的注册工程师追偿。继续教育，注册工程师在每一注册期内应达到国务院建设主管部门规定的本专业继续教育要求。继续教育作为注册工程师逾期初始注册、延续注册和重新申请注册的条件。继续教育按照注册工程师专业类别设置，分为必修课和选修课，每注册期各为60学时。注册工程师享有下列权利：使用注册工程师称谓；在规定范围内从事执业活动；依据本人能力从事相应的执业活动；保管和使用本人的注册证书和执业印章；对本人执业活动进行解释和辩护；接受继续教育；获得相应的劳动报酬；对侵犯本人权利的行为进行申诉。注册工程师应当履行下列义务：遵守法律、法规和有关管理规定；执行工程建设标准规范；保证执业活动成果的质量，并承担相应责任；接受继续教育，努力提高执业水准；在本人执业活动所形成的勘察、设计文件上签字、加盖执业印章；保守在执业中知悉的国家秘密和他人的商业、技术秘密；不得涂改、出租、出借或者以其他形式非法转让注册证书或者执业印章；不得同时在两个或两个以上单位受聘或者执业；在本专业规定的执业范围和聘用单位业务范围内从事执业活动；协助注册管理机构完成相关工作。向住建部申请勘察设计注册工程师初始注册、延续注册、变更注册、注销注册时，须通过全国一级注册建筑师、注册工程师注册管理信息系统进行网上申报，要按照《勘察设计注册工程师管理规定》，并在规定期限内将电子申报材料通过信息系统上报住建部。企业向住建部申请勘察设计资质时，须报送由社会保险机构出具的注册人员在本企业缴纳社会保险费的证明。对申请建筑行业、市政行业及其相应专业（人防工程专业除外）工程设计甲级资质的企业，未进入全国建筑市场监管公共服务平台的企业业绩和个人业绩，在资质审查时不作为有效业绩认定。申请资质企业和申请注册人员电子申报材料格式和内容应当分别符合建设工程企业资质网上申报和审批系统、注册管理信息系统要求。申请注册人员和申请资质企业应当对申报材料的真实性和有效性负责，并将其行为记入全国建筑市场监管公共服务平台。取得内地勘察设计注册工程师（二级注册结构工程师除外）资格的香港、澳门专业人士，住建部申请注册时，应按照《勘察设计注册工程师管理规定》相关规定办理。对于已启动执业的专业，在内地注册的香港、澳门专业人士的执业要求与同专业内地注册人员一致。

二、注册公用设备工程师执业资格管理

注册公用设备工程师，是指取得《注册公用设备工程师执业资格证书》和《注册公用设备工程师执业资格注册证书》，从事公用设备专业工程设计及相关业务的专业技术人员。为加强对公用设备专业工程设计人员的管理，保证工程质量，维护社会公共利益和人民生命财产安全，依据《建筑法》《建设工程勘察设计管理条例》等法律法规和国家有关执业资格制度的规定，国家对从事公用设备专业工程设计活动的专业技术人员实行执业资格注册管理制度，纳入全国专业技术人员执业资格制度统一规划。适用于从事暖通空调、给水排水、动力等专业工程设计及相关业务活动的专业技术人员。全国勘察设计注册工程师管理委员会下设全国勘察设计注册工程师公用设备专业管理委员会，由住建部、人事部和有关行业协会及公用设备专业工程设计的专家组成，具体负责注册公用设备工程师执业资格的考试、注册和管理等工作。各省、自治区、直辖市的勘察设计注册工程师管理委员会，负责本地区注册公用设备工程师执业资格的考试组织、取得资格人员的管理和办理注册申报等工作。取得《注册公用设备工程师执业资格证书》者，可向所在省、自治区、直辖市勘察设计注册工程师管理委员会提出申请，公用设备专业委员会向准予注册的申请人核发由建设部统一制作，全国勘察设计注册工程师管理委员会和公用设备专业委员会用印的《注册公用设备工程师执业资格注册证书》和执业印章。申请人经注册后，方可在规定的业务范围内执业。公用设备专业委员会应将准予注册的注册公用设备工程师名单报全国勘察设计注册工程师管理委员会备案。注册公用设备工程师执业资格注册有效期为 2 年。注册公用设备工程师的执业范围：公用设备专业工程设计（含本专业环保工程）；公用设备专业工程技术咨询（含本专业环保工程）；公用设备专业工程设备招标、采购咨询；公用设备工程的项目管理业务；对本专业设计项目的施工进行指导和监督；国务院有关部门规定的其他业务。注册公用设备工程师执业，由其所在单位接受委托并统一收费。因公用设备专业工程设计质量事故及相关业务造成的经济损失，接受委托单位应承担赔偿责任，并有权根据合约向签章的注册公用设备工程师追偿。注册公用设备工程师有权以注册公用设备工程师的名义从事规定的专业活动。在公用设备专业工程设计、咨询及相关业务工作中形成的主要技术文件，应当由注册公用设备工程师签字盖章后生效。任何单位和个人修改注册公用设备工程师签字盖章的技术文件，须征得该注册公用设备工程师同意；因特殊情况不能征得其同意的，可由其他注册公用设备工程师签字盖章并承担责任。注册公用设备工程师应履行下列义务：遵守法律、法规和职业道德，维护社会公众利益；保证执业工作的质量，并在其负责的技术文件上签字盖章；保守在执业中知悉的商业技术秘密。注册公用设备工程师应按规定接受继续教育，并作为再次注册的依据条件之一。

三、注册电气工程师执业资格管理

注册电气工程师，是指取得《注册电气工程师执业资格证书》和《注册电气工程师执业资格注册证书》，从事电气专业工程设计及相关业务的专业技术人员，适用于从事发电、输变电、供配电、建筑电气、电气传动、电力系统等工程设计及相关业务的专业技术人员。国家对从事电气专业工程设计活动的专业技术人员实行执业资格注册管理制度，纳入全国专业技术人员执业资格制度统一规划。全国勘察设计注册工程师管理委员会下设全国勘察设计注册工程师电气专业管理委员会，由住建部、人事部和国务院有关部门及电气专业工程设计的专家组成，具体负责注册电气工程师执业资格制度的考试和注册等工作。各省、自治区、直辖市的勘察设计注册工程师管理委员会，负责本地区注册电气工程师执业资格的考试组织、取得资格人员的管理和办理注册申报等具体工作。取得《注册电气工程师执业资格证书》者，可向所在省、自治区、直辖市勘察设计注册工程师管理委员会提出申请，电气专业委员会向准予注册的申请人核发由住建部统一制作，全国勘察设计注册工程师管理委员会和电气专业委员会用印的《注册电气工程师执业资格注册证书》和执业印章。申请人经注册后，方可在规定的业务范围内执业。电气专业委员会应将准予注册的注册电气工程师名单报全国勘察设计注册工程师管理委员会备案。注册电气工程师执业资格注册有效期为2年。注册电气工程师的执业范围：电气专业工程设计；电气专业工程技术咨询；电气专业工程设备招标、采购咨询；电气工程的项目管理；对本专业设计项目的施工进行指导和监督；国务院有关部门规定的其他业务。注册电气工程师只能受聘于一个具有工程设计资质的单位。注册电气工程师执业，由其所在设计单位接受委托并统一收费。因电气专业工程设计技术质量事故及相关业务造成的经济损失，接受委托单位应承担赔偿责任，并有权根据合约向签字盖章的注册电气工程师追偿。注册电气工程师有权以注册电气工程师的名义从事规定的专业活动。在电气专业工程设计、咨询及相关业务工作中形成的主要技术文件，应当由注册电气工程师签字盖章后生效。任何单位和个人修改注册电气工程师签字盖章的技术文件，须征得该注册电气工程师同意；因特殊情况不能征得其同意的，可由其他注册电气工程师签字盖章并承担相应责任。注册电气工程师应当履行下列义务：遵守法律、法规和职业道德，维护社会公众利益；保证执业工作的质量，并在其负责的技术文件上签字盖章；保守在执业中知悉的商业技术秘密。注册电气工程师应按规定接受继续教育，并作为再次注册的依据。

四、注册化工工程师执业资格管理

注册化工工程师，是指取得《注册化工工程师执业资格证书》和《注册化工工程师执业资格注册证书》，从事化工工程设计及相关业务的专业技术人员，适用于从事化工工程（包括化工、石化、化纤、医药和轻化）设计及相关业务活动的专业技术人员。国家对从事化工工程设计活动的专业技术人员实行执业资格注册管理制度，纳入全国专业技术人员执业资格制度统一规划。全国勘察设计注册工程师管理委员会下设全国勘察设计注册工程师化工专业管理委员会，由建设部、人事部和有关行业协会及化工工程的专家组成，具体负责注册化工工程师执业资格的考试、注册和管理等工作。各省、自治区、直辖市的勘察设计注册工程师管理委员会，负责本地区注册化工工程师执业资格的考试组织、取得资格人员的管理和办理注册申报等具体工作。取得《注册化工工程师执业资格证书》者，可向所在省、自治区、直辖市勘察设计注册工程师管理委员会提出申请，化工专业委员会向准予注册的申请人核发由建设部统一制作，全国勘察设计注册工程师管理委员会和化工专业委员会用印的《注册化工工程师执业资格注册证书》和执业印章。申请人经注册后，方可在规定的业务范围内执业。化工专业委员会应将准予注册的注册化工工程师名单报全国勘察设计注册工程师管理委员会备案。注册化工工程师执业资格注册有效期为2年。注册化工工程师的执业范围：化工工程设计（含本专业环保工程）；化工工程技术咨询（含本专业环保工程）；化工工程设备招标、采购咨询；化工工程的项目管理业务；对本专业设计项目的施工进行指导和监督；国务院有关部门规定的其他业务。注册化工工程师只能受聘于一个具有工程设计资质的单位。注册化工工程师执业，由其所在单位接受委托并统一收费。因化工工程设计质量事故及相关业务造成的经济损失，接受委托单位应承担赔偿责任，并有权根据合约向签章的注册化工工程师追偿。注册化工工程师有权以注册化工工程师的名义从事规定的专业活动。在化工工程设计、咨询及相关业务工作中形成的主要技术文件，应当由注册化工工程师签字盖章后生效。任何单位和个人修改注册化工工程师签字盖章的技术文件，须征得该注册化工工程师同意；因特殊情况不能征得其同意的，可由其他注册化工工程师签字盖章并承担责任。注册化工工程师应履行下列义务：遵守法律、法规和职业道德，维护社会公众利益；保证执业工作的质量，并在其负责的技术文件上签字盖章；保守在执业中知悉的商业技术秘密。注册化工工程师应按规定接受继续教育，并作为再次注册的依据条件之一。注册公用设备工程师、注册电气工程师、注册化工工程师注册管理，申请注册的人员，应当具备以下条件：通过考试、考核认定方式取得注册公用设备工程师、注册电气工程师、注册化工工程师等执业资格证书；只受聘于中华人民共和国境内建设工程勘察、设计、施工、监理、招标代理、造价咨询、施工图审查、城乡规划编制等其中一个单位；达到继续教育要求。申请注册的人员应当通过聘用单位向单位工商注册所在地的省、自治区、直辖市住房和城乡建设行政主管部门或者其委托的管理机构提出申请。住房和城乡建设部按照《勘察设计注册工程师管理规定》规定的期限作出审批决定，各专业委员会根据公告结果打印注册执业证书；准予注册人员的执业印章由各省、自治区、直辖市住房和城乡建设行政主管部门或总后营房部工程局根据各专业委员会提供的注册人员名单和印章编号，按照统一规则进行制作并颁发。注册申请材料包括书面材料和相对应的申报数据电子文档。注册公用设备工程师、注册电气工程师、注册化工工程师注册有效期为 3 年，有效期满需继续执业的，应在注册有效期届满 30 日前办理延续注册，延续注册有效期为 3 年；延续注册和变更注册申请材料依照《勘察设计注册工程师管理规定》的有关规定执行。

五、注册结构工程师执业资格管理

注册结构工程师资格制度纳入专业技术人员执业资格制度，由国家确认批准注册结构工程师，是指取得注册结构工程师执业资格证书和注册证书，从事房屋结构、桥梁结构及塔架结构等工程设计及相关业务的专业技术人员。注册结构工程师分为一级注册结构工程师和二级注册结构工程师。全国注册结构工程师管理委员会由建设部、人事部和国务院有关部门的代表及工程设计专家组成。省、自治区、直辖市可成立相应的注册结构工程师管理委员会。各级注册结构工程师管理委员会可依照规定及建设部、人事部有关规定，负责或参照注册结构工程师的考试和注册等具体工作。取得注册结构工程师执业资格证书者，要从事结构工程设计业务的，须申请注册。各级注册结构工程师管理委员会按照职责分工应将准予注册的注册结构工程师名单报同级建设行政主管部门备案。准予注册的申请人，分别由全国注册结构工程师管理委员会和省、自治区、直辖市注册结构工程师管理委员会核发由建设部统一制作的注册结构工程师注册证书。注册结构工程师注册有效期为 2 年。注册结构工程师的执业范围：结构工程设计；结构工程设计技术咨询；建筑物、构筑物、工程设施等调查和鉴定；对本人主持设计的项目进行施工指导和监督；建设部和国务院有关部门规定的其他业务。一级注册结构工程师的执业范围不受工程规模及工程复杂程度的限制。注册结构工程师执行业务，应当加入一个勘察设计单位。注册结构工程师执行业务。由勘察设计单位统一接受委托并统一收费。因结构设计质量造成的经济损失，由勘察设计单位承担赔偿责任；勘察设计单位有权向签字的注册结构工程师追偿。注册结构工程师有权以注册结构工程师的名义执行注册结构工程师业务。非注册结构工程师不得以注册结构工程师的名义执行注册结构工程师业务。国家规定的一定跨度、高度等以上的结构工程设计，应当由注册结构工程师主持设计。任何单位和个人修改注册结构工程师的设计图纸，应当征得该注册结构工程师同意；但是因特殊情况不能征得该注册结构工程师同意的除外。注册结构工程师应当履行下列义务：遵守法律、法规和职业道德，维护社会公众利益；保证工程设计的质量，并在其负责的设计图纸上签字盖章；保守在执业中知悉的单位和个人的秘密。注册结构工程师按规定接受必要的继续教育，并作为重新注册的依据。

六、注册土木工程师岩土执业资格管理

注册土木工程师（岩土）执业资格制度纳入国家专业技术人员执业资格制度，由人事部、建设部批准建立。注册土木工程师（岩土），是指取得《注册土木工程师（岩土）执业资格证书》和《注册土木工程师（岩土）执业资格注册证书》，从事岩土工程工作的专业技术人员。建设部、人事部、国务院各有关部门和省、自治区、直辖市人民政府建设行政部门、人事行政部门依照规定对注册土木工程师（岩土）执业资格的考试、注册和执业进行指导、监督和检查。全国勘察设计注册工程师管理委员会下设全国勘察设计注册工程师岩土工程专业管理委员会，具体负责注册土木工程师（岩土）执业资格的考试和注册等工作。各省、自治区、直辖市的勘察设计注册工程师管理委员会，负责本地区注册土木工程师（岩土）执业资格的考试组织、取得资格人员的管理和办理注册手续等具体工作。取得《注册土木工程师（岩土）执业资格证书》者，应向所在省、自治区、直辖市勘察设计注册工程师管理委员会提出申请，由该委员会向岩土工程专业委员会报送办理注册的有关材料。由岩土工程专业委员会向准予注册的申请人核发由全国勘察设计注册工程师管理委员会统一制作的《注册土木工程师（岩土）执业资格注册证书》和执业印章，经注册后，方可在规定的业务范围内执业。岩土工程专业委员会应将准予注册的注册土木工程师（岩土）名单报全国勘察设计注册工程师管理委员会备案。注册土木工程师（岩土）执业资格注册有效期为 2 年。有效期满需继续执业的，应在期满前 30 日内办理再次注册手续。注册土木工程师（岩土）可在下列范围内开展执业工作：岩土工程勘察，与各类建设工程项目相关的岩土工程勘察、工程地质勘察、工程水文地质勘察、环境岩土工程勘察、固体废弃物堆填勘察、地质灾害与防治勘察、地震工程勘察。岩土工程设计，与各类建设工程项目相关的地基基础设计、岩土加固与改良设计、边坡与支护工程设计、开挖与填方工程设计、地质灾害防治设计、地下水控制设计（包括施工降水、隔水、回灌设计及工程抗浮措施设计等）、土工结构设计、环境岩土工程设计、地下空间开发岩土工程设计以及与岩土工程、环境岩土工程相关其他技术设计。岩土工程检验、监测的分析与评价，与各类建设工程项目相关的地基基础工程、岩土加固与改良工程、边坡与支护工程、开挖与填方工程、地质灾害防治工程、土工构筑物工程、环境岩土工程以及地下空间开发工程的施工、使用阶段相关岩土工程质量检验及工程性状监测；地下水水位、水压力、水质、水量等的监测；建设工程对建设场地周边相邻建筑物、构筑物、道路、基础设施、边坡等的环境影响监测；其他岩土工程治理质量检验与工程性状监测。岩土工程咨询，上述各类岩土工程勘察、设计、检验、监测等方面的相关咨询；岩土工程、环境岩土工程专项研究、论证和优化；施工图文件审查；岩土工程、环境岩土工程项目管理咨询；岩土工程、环境岩土工程风险管理咨询；岩土工程质量安全事故分析；岩土工程、环境岩土工程项目招标文件编制与审查；岩土工程、环境岩土工程项目投标文件审查。住房和城乡建设主管部门对岩土工程专业规定的其他业务。注册土木工程师（岩土）有权以注册土木工程师（岩土）的名义从事规定的专业活动。在岩土工程勘察、设计、咨询及相关专业工作中形成的主要技术文件，应当由注册土木工程师（岩土）签字盖章后生效。任何单位和个人修改注册土木工程师（岩土）签字盖章的技术文件，须征得该注册土木工程师（岩土）同意；因特殊情况不能征得签字盖章的注册土木工程师（岩土）同意的，可由其他注册土木工程师（岩土）签字盖章并承担责任。注册土木工程师（岩土）应履行下列义务：遵守法律、法规和职业道德，维护社会公众利益；保证执业工作的质量，并在其负责的技术文件上签字盖章；保守在执业中知悉的商业技术秘密；不得同时受聘于二个及以上单位执业；不得准许他人以本人名义执业。注册土木工程师（岩土）应按规定接受继续教育，并作为再次注册的依据。在实施注册土木工程师（岩土）执业资格考试之前，对已经达到注册土木工程师（岩土）执业资格条件的，可经特许或考核认定，获得《注册土木工程师（岩土）执业资格证书》。经国务院有关部门同意，获准在中华人民共和国境内就业的外籍人员及港、澳、台地区的专业人员，符合本规定要求的，也可按规定的程序申请参加考试、注册和执业。注册土木工程师（岩土）必须受聘并注册于一个建设工程勘察、设计、检测、施工、监理、施工图审查、招标代理、造价咨询等单位方能执业。未取得注册证书和执业印章的人员，不得以注册土木工程师（岩土）的名义从事岩土工程及相关业务活动。注册土木工程师（岩土）可在规定的执业范围内，以注册土木工程师（岩土）的名义在全国范围内从事相关执业活动。注册土木工程师（岩土）执业范围不得超越其聘用单位的业务范围，当与其聘用单位的业务范围不符时，个人执业范围应服从聘用单位的业务范围。在规定的执业范围内，甲、乙级岩土工程的项目负责人须由本单位聘用的注册土木工程师（岩土）承担。注册土木工程师（岩土）应在规定的技术文件上签字并加盖执业印章。凡未经注册土木工程师（岩土）签章的技术文件，不得作为岩土工程项目实施的依据。注册土木工程师（岩土）承担《勘察设计注册工程师管理规定》规定的责任与义务，对其签章技术文件的技术质量负责。注册证书和执业印章是注册土木工程师（岩土）的执业凭证，由注册土木工程师（岩土）本人保管和使用。注册土木工程师（岩土）在注册有效期内完成的主要项目须填写《注册土木工程师（岩土）执业登记表》，在申请延续注册时报省级住房和城乡建设主管部门。注册土木工程师（岩土）在注册有效期内调离聘用单位，应按照相关规定办理变更注册后方可执业。注册土木工程师（岩土）办理退休手续后，可受聘于一个单位继续执业。受聘于原单位的，原执业印章继续有效；受聘于其他单位的，须提供退休证明和同新聘用单位签订聘用合同，并办理变更注册后方可执业。执业管理按照《勘察设计注册工程师管理规定》执行。

第六节　梁思成建筑奖评选管理

一、梁思成建筑奖

梁思成建筑奖是由中国建筑学会主办、国际建筑师协会大力支持、面向世界引领国际建筑方向的奖项，是授予建筑师和建筑学者的最高荣誉。梁思成建筑奖以激励建筑师和建筑学者的创新精神，繁荣建筑创作，提高建筑设计、理论研究和建筑教育水平为宗旨。梁思成建筑奖由建设部和中国建筑学会于2000年创立并设立梁思成建筑奖专项奖励基金，以表彰、奖励在建筑界做出重大成绩和卓越贡献的杰出建筑师、建筑理论家和建筑教育家。梁思成先生是中国著名的建筑师、建筑历史学家、建筑教育家，是中国建筑历史研究与中国现代建筑教育体系的开拓者和奠基者。他是将西方现代建筑学与城市规划体系引入中国，并试图在当时中国的经济、文化、技术背景下创立中国建筑学体系的关键性人物，同时也是将中国建筑与艺术成就系统地介绍到西方世界的中国学者。梁思成参与组建了中国建筑学会，并担任第一届理事会副理事长。他致力于推动中国与国际建筑界的学术交流，梁思成作为中国政府派遣的代表，参与了联合国大厦等重要国际合作设计项目。梁思成的著作与研究成果在20世纪中叶以后，成为西方认识中国建筑与艺术的重要桥梁。梁思成建筑奖得到了中国建筑界的高度认可，极大地提高了建筑界的影响力和建筑师的知名度。从2016年开始，梁思成建筑奖在世界范围内展开评选活动，每两年评选一次，每次设梁思成建筑奖获奖者两名。获奖者将获得中国建筑学会颁发的获奖证书和奖牌，并奖励每人10万元人民币。梁思成建筑奖的候选人应致力于促进建筑文化的传承和创新，对建筑文化的发展有重要推动作用；其建筑设计代表作品能得到国际建筑界的普遍认可并具有良好的社会、经济和环境效益；其建筑学术成就，对建筑学研究和建筑教育的发展做出卓越贡献。梁思成建筑奖的产生，采取专家提名与提名委员会提名推荐相结合的方式，由提名委员会投票确定候选人名单，然后由评选委员会进行评选。在评选结束后1个月内在中国建筑学会网站和相关媒体上公布获奖名单。

二、梁思成基金管理

梁思成基金是国家为表彰、奖励在建筑设计创作中取得重大成绩、作出突出贡献的杰出建筑师而设立的专项奖励基金；设立梁思成基金的同时，设立梁思成建筑奖。梁思成基金由建设部负责管理，执行财政部制定的有关财务制度。梁思成建筑奖由建设部组织评选、颁发。梁思成基金实行专户管理，具体工作由建设部综合财务司负责。梁思成建筑奖的评选管理工作由建设部勘察设计司具体负责。为了保证梁思成建筑奖评选工作的科学、公开、公正，成立梁思成建筑奖评选工作专家委员会。资金来源，梁思成基金首期资金的主要来源是国际建筑师协会20届大会结转经费700万元人民币，其中600万元作为以后年度本金。梁思成基金的本金可以通过以下方式扩大和补充：国内热心于发展中国建筑设计事业的社会团体、企事业单位及个人的捐赠；国际或港、澳、台地区友好团体、机构或个人的捐赠；其他来源。梁思成基金本金增加时，报财政部备案。资金的使用与管理，梁思成基金的本金原则上不能动用；如确需使用，建设部应商财政部同意。首届梁思成建筑奖使用不超过100万元，用于奖励建国50年来对我国建筑设计的发展和在建筑设计创作中作出杰出贡献的10名以内的建筑师，每人10万元。从2001年起，每年将本金获得的利息等收益作为当年梁思成建筑奖的奖金及梁思成建筑奖评选工作专家委员会的专家评选经费，余额结转下年滚存使用。每年奖金的额度和评选工作经费预算需报经财政部批准。梁思成基金的本金必须专户存入国家银行或以购买国库券等低风险方式进行运作，以保证基金的安全和增值。梁思成基金单独核算，接受财政、审计部门的监督检查。根据《个人所得税法》第四条，梁思成建筑奖奖金所得免纳个人所得税。

三、梁思成建筑奖评选

为表彰在建筑界做出重大成绩和卓越贡献的建筑师、建筑理论家和建筑教育家，经国务院批准，建设部和中国建筑学会在2000年共同设立了以中国近代著名的建筑师和教育家梁思成先生命名的梁思成建筑奖。梁思成建筑奖原由中华人民共和国建设部主办，2014年交由中国建筑学会主办。2016年在国际建筑师协会的大力支持下，梁思成建筑奖评选扩大至国际范围，成为面向世界的重要建筑奖项，是授予中外建筑师和建筑学者的终身荣誉奖。奖项设置和评选条件，梁思成建筑奖每两年评选一次，每次选出获奖者2名。中国建筑学会将向获奖者颁发证书和奖牌及梁思成基金颁发的奖金。梁思成建筑奖获奖人应具备下列条件：热爱和平，诚信友好，没有政治偏见；致力于促进建筑文化的传承和创新，对建筑文化的发展有重要推动作用和突出贡献；其建筑设计作品应为时代精品，在建筑设计领域中有广泛的影响力，有良好的社会、经济和环境效益；其学术成就应有很高的专业声誉，对建筑学研究和建筑教育的发展做出突出贡献。提名和评选程序，本奖候选人须由2位专家提名，并经梁思成建筑奖提名委员会评选产生，不接受个人和单位申报。提名专家应为建筑学科领域的两院院士、全国工程勘察设计大师或梁思成建筑奖获奖者，被提名人不受国籍与年龄限制；提名人向提名委员会提交本人签名的推荐信（中英文），被提名人向提名委员会提交个人信息材料；提名委员会对所有被提名人选进行无记名投票，获得提名委员会半数以上赞同票且排名前8名的被提名人成为候选人；若票数过半的人选不足8名，不再补选；候选人产生后，候选人的主要业绩在中国建筑学会网站上公示7个工作日。获奖者的产生，公示后的候选人名单提交梁思成建筑奖评选委员会。评选委员会对入围候选人进行全面评议，并采用无记名投票方式，对候选人进行多轮投票，以每轮减半数的淘汰方式产生晋级名单及其顺序，最终评选出2名获奖者。未能获奖的候选人可以成为下一届候选人。候选人连续三届未能当选者，需隔一届后方能再被提名。梁思成建筑奖的提名采取专家提名与提名委员会提名推荐相结合的方式。世界范围内，活跃在建筑领域的任何人（除现任梁思成建筑奖提名委员和评选委员），凡符合条件的，均可以成为本奖项的被提名人。专家提名，梁思成建筑奖的往届获奖者、建筑师、学者、建筑评论家、建筑师团体或建筑设计机构，均有资格推荐提名符合条件的人选。提名时应向中国建筑学会提交所有资料（略），可以用中文或英文提交。提名委员会提名推荐并确定候选人名单，梁思成建筑奖提名委员会通过会议投票（或邮件、网络投票）对上述由专家提名的人员名单进行审议，并对符合规定条件而未被提名的建筑师和建筑学者进行补充推荐，提出被提名人总名单。经过提名委员会全体委员投票，获得提名委员会半数以上赞同票的被提名人进入候选人名单。通知候选人，由中国建筑学会通知候选人提交详细的个人背景材料和作品项目资料，参加评选委员会的评选。候选人需要提交的评审材料，候选人需向中国建筑学会提交一份详细的个人信息表（略），可以使用中文或英文。提名委员会和评选委员会，提名委员会由中国建筑学会邀请国内建筑领域知名专家组成，人数为9至13位的奇数，专家应具有一定专业代表性、地域性和广泛性。提名委员会的委员不应成为本届被提名人。评选委员会由中国建筑学会在世界范围内邀请认同本奖项核心价值的具有良好专业声誉的建筑师和相关领域专家组成，人数为9至13位的奇数，其中包括国际建筑师协会的代表。为保持奖项的延续性，上一届的获奖者将有责任担任本届评选委员会委员，经提名委员会确定的候选人不应成为本届评选委员会委员。当届提名委员会委员也可被邀请作为评选委员会委员。评选工作坚持公开、公正和公平的原则，坚持高标准、严要求，促发展。由中国建筑学会组织梁思成建筑奖评选委员会进行评选。评选委员会对候选人进行全面评议，并采用无记名投票，以每轮半数淘汰的方式产生获奖者名单及其排序，最后评选出两名获奖者。每届的评选年度发布梁思成建筑奖接受提名信息；评选结果和评选委员名单在评选结束后一个月内在中国建筑学会官方网站及国际和国内相关媒体平台上发布公告；颁奖仪式在评选年度的第二年举行。评选信息在中国建筑学会官方网站及国内外相关媒体上发布。梁思成建筑奖获得者用于参加本奖项评选提交的作品资料，中国建筑学会对其拥有无偿的使用权，且仅用于梁思成建筑奖相关图书的出版发行以及媒体、网络和展览的宣传推介。

第七节 建筑设计奖与科技进步奖评选

一、建筑设计奖评选范围及设置

为贯彻国家城乡建设发展战略，在建筑领域不断激励建筑创作，提升建筑设计水平，推动科技进步，鼓励探索实践，中国建筑学会建筑设计奖是我国建筑行业领域重要荣誉奖项之一，包括建筑创作奖、建筑创作大奖、专项奖、专业奖、技术奖、20年奖、人物奖共7类。建筑设计奖每两年评选一次（其中建筑创作大奖每十年评选一次）。建筑设计奖评选工作遵循尊重创作、尊重实践、实事求是、科学严谨和公开、公平、公正的原则。建筑创作奖为综合设计奖，旨在奖励整体品质优秀的建筑项目，获奖项目学会将推荐参加有关国家级奖项的评选。获得专项奖二等奖以上，并同时获得至少1个专业奖或技术奖的项目方可入围创作奖评选。奖项由评审委员会遴选、评定产生。设金奖、银奖两个等级，每届获奖数量原则上应控制在入围项目的30%以内。为配合建国庆典，按照公元纪年个位数每逢9举办一次建筑创作大奖评选，以回顾和总结十年间中国建筑创作成果，每次评选出100个经典优秀项目。专项奖是针对不同建筑类型的设计奖项，包括公共建筑、住宅建筑、工业建筑、乡村建筑、城市设计、园林景观和室内设计等设计项目。设一等奖、二等奖和三等奖三个级别，每届获奖数量按照申报项目总数的30%控制。专业奖是各相关专业的设计奖项，包括结构、给水排水、暖通空调、电气工程等专业。设一等奖、二等奖和三等奖三个级别，每届每个专业获奖数量按照申报项目总数的30%控制。技术奖是应用新技术新材料新工艺的建筑设计奖项，包括绿色生态技术、智能技术、装配式技术、幕墙技术、新材料应用技术等专项技术设计项目。设一等奖、二等奖和三等奖三个级别，每届获奖数量按照申报项目总数的20%控制。20年奖为建筑后评估奖项，旨在奖励经过20年及以上使用后仍然保持优秀品质、良好运行的建筑项目，每届获奖数量按照申报项目总数的30%控制。人物奖是奖励为建筑设计行业培养人才和激励新人的人物奖，包括建筑教育奖、青年建筑师奖和青年工程师奖。人物奖不设等级。每届获奖人数建筑教育奖3人以内，青年建筑师奖、青年工程师奖各10人以内。

二、评选条件和标准

设计项目评选条件及评选标准，申报项目可以是在中国境内的项目（包括境外建筑师合作设计），也可以是在中国境外的项目（由境内建筑师设计），项目包括新建、改扩建、保护与更新等类别。申报项目应符合国家“适用、经济、绿色、美观”建筑方针和有关国家标准规范，有较好的设计品质和创新成果，在城乡建设中发挥积极的示范作用。金奖（一等奖）达到国际先进水平或国内领先水平，银奖（二等奖）应达到国内先进水平，三等奖应达到省级先进水平。相关专业和专项技术应有创新性、适用性、经济性，取得良好的社会效益、经济效益和生态环境效益。申报项目需经竣工验收合格，且为投入使用一年以上的非临时性建筑，工程整体性能与运行状况良好。申报建筑创作大奖，应是获得建筑创作奖金奖、银奖的项目，或者经提名委员会提名，达到建筑创作金奖、银奖相应水平的项目。申报城市设计奖，应是经规定程序审查批准并付诸实施的项目，包括城市总体城市设计、分区城市设计以及城市综合体，城市交通枢纽，城市公共建筑群等项目，城市设计作为总体进行申报，不影响申报其他专项奖。申报20年奖，在符合上述规定评审条件和标准基础上，还应对申报项目20年以来的使用情况、运维管理等方面做出评价。人物奖评选条件及评选标准，申报人须是中国籍公民；申报人应自觉践行社会主义核心价值观，品行端正、遵纪守法、崇尚科学、学风正派，爱岗敬业、甘于奉献。建筑教育奖申报人，需从事建筑教学和研究工作20年以上，对建筑教育事业做出了突出贡献，在建筑教育领域具有较高威信并获得广泛认可，具有教授级职称。青年建筑师奖和青年工程师奖申请人，年龄应不超过45周岁（按申报年度45周岁计），从事建筑及有关专业的设计、科研等工作，在工作实践中专业能力强，综合素质好，工作业绩突出，具有中级及以上技术职称。

三、申报事项及受理

申报单位应是法人单位且为中国建筑学会团体会员，申报项目主要完成人员均应为中国建筑学会个人会员（合作项目中的境外人员除外），并填写《中国建筑学会建筑设计奖申报书》。申报设计项目单位应为项目主持单位。若项目为二个及以上单位合作项目，应由参加单位协商，落实知识产权等各项事宜，由主持单位组织联合申报；项目申报单位按照主要完成单位排序，原则上不超过5个。主要完成人员应为专业负责人及主要设计人员。多单位、多专业合作时，应如实按照全过程全专业的贡献大小顺序排名。同一项目可根据其特点同时申报不同奖项，申报资料应分别符合相应奖项的要求。存在下列任一情况均不得申报：凡在知识产权以及有关完成单位、完成人员等方面有争议的；参与过往届建筑设计奖评选的；涉及国防、国家安全保密的；在社会上造成不良影响的。人物奖候选人须由所在单位推荐申报，不受理个人名义申报。建筑设计奖各奖项的申报受理单位为中国建筑学会秘书处或由学会委托的二级组织或地方建筑学会（土木建筑学会）。学会在奖项评选周期的第一个年度4月通过学会网站统一发布信息，申报单位或申报人应于8月底前经建筑设计奖申报系统平台报送电子文件并按要求将纸质文件资料报送相关受理单位，同一项目只能向一个受理单位申报。申报20年奖的单位或个人，还需提供由中国建筑学会认定的第三方评估认证机构出具的对申报项目的使用后评估报告。奖项申报受理单位负责申报单位或申报人的资格审查和申报材料的形式审查，对不符合要求的，通知申报单位或申报人限时补正，逾期将视为无效申报。各地方学会可推荐当地优秀项目或人物参加中国建筑学会建筑设计奖评选。

四、评审办法及评审程序

中国建筑学会成立建筑设计奖评审委员会负责奖项评审工作。评审委员会根据评审奖项类别需要可下设若干评审组或委托学会二级组织成立评审组。评审专家均由中国建筑学会专家库产生，建筑设计奖评审分为初评和终评两个阶段。各评审组负责相应奖项的初评工作；评审委员会负责全部奖项的终评工作，必要时也可负责部分奖项的初评工作。评审组应按照评选办法和奖项申报具体情况制定初评工作细则。初评采取记名投票或评分等方式，按得票或得分高低排出候选项目名次，并提出等级和数量建议，报评审委员会。评审委员会应按照评选办法和奖项申报及初评情况制定终评工作细则。终评会议听取各评审组汇报，采取记名投票或评分等方式，按得票或得分高低排出各奖项项目名次，确定各奖项获奖项目的等级和数量。评审专家采取回避制度。对重大奖项的拟获奖项目，必要时，评审委员会专家可进行现场考察。评选获奖结果将在中国建筑学会网站公示7个工作日，公示结束后且无异议，中国建筑学会向社会发布获奖项目公告。未获奖项目不再另发通知，申报材料不予退回。中国建筑学会向获奖项目和获奖人颁发建筑设计奖奖牌和荣誉证书，并在中国建筑学会网站等新闻媒体上予以宣传报道。获奖者提交的用于本奖项评选的资料，中国建筑学会对其拥有无偿使用权，且仅用于评奖相关图书的出版发行以及媒体、网络和展览的宣传推介。

五、科技进步奖评选

为了奖励在建筑科学研究与技术进步活动中做出突出贡献的组织和个人，调动广大建筑科技工作者的积极性和创造性，推动我国建筑科技事业蓬勃发展，根据科技部《社会力量设立科技进步奖管理办法》，中国建筑学会设立中国建筑学会科技进步奖。为维护奖项的严肃性和权威性，中国建筑学会成立科技进步奖评审委员会，负责该奖项的评审工作，评审工作实行公开、公平、公正原则，评审程序分为初评和审定两个阶段。本奖项每年评审一次，奖励范围为在我国建筑领域科学研究、技术创新与开发、科技成果推广应用方面做出突出贡献的科技工作者和科技群体。申报项目成果是在建筑科技领域中取得的理论研究、技术开发、推广应用、建设实践等方面的优秀科技成果：理论研究前沿成果，在建筑科技基础研究、应用研究方面有科学发现，丰富和发展了学科理论，带动该学科或相关学科领域的进步，对科技发展和社会进步做出贡献的。创新及推广应用成果，在建筑设计、研究、施工、管理等方面有所创新，并经过实践检验具有推广性，创造较大经济效益或社会效益的。实用新产品或新技术，在新产品或新技术研发、推广等方面带动该领域技术的发展，创造较大经济效益或社会效益，包括但不限于：在实施技术开发项目中，完成科技创新、科技成果转化，创造较大经济效益和社会效益；在科技成果推广应用中，推动科技成果产业化，促进技术发展或行业结构优化，创造较大经济效益或社会效益的。重大工程建设项目，在设计、施工以及工程管理等方面有所创新和突破，有较高的科技含量，保障工程完成并创造显著经济或社会效益。已建成或使用一年以上，没有发现质量问题和隐患。这些工程项目包括但不仅限于高层 / 超高层 / 大跨度建筑工程，公共建筑和市政、园林工程，住宅工程，工业建设项目等。

六、科技进步奖审定

中国建筑学会科技进步奖评审委员会是本奖项的领导机构，由我国建筑科研、教学、勘察、设计、施工或管理工作的专家组成。评审委员会确定各专业领域的授奖数量、推荐项目的评选和审定等工作。中国建筑学会各专业分会以及各省、自治区、直辖市建筑（土木）学会负责本奖项初评及推荐工作。各有关单位依照《中国建筑学会科技进步奖评选办法》，根据实际情况开展初评工作，并推荐优秀项目为本奖项的候选项目。本奖项申报主体应是从事建筑科技工作的高等院校、科研院所以及勘察、设计、施工等单位或个人，申报单位和个人应是中国建筑学会团体会员和会员。重大工程建设项目申报主体可以是项目的设计单位、建设单位、施工单位。凡独家完成的项目由单位组织申报；两个或两个以上单位合作完成项目，由主持单位与参加单位协商一致后，由项目主持单位组织联合申报；个人项目需有 3 名以上具有高级技术职称专家书面推荐后，由个人申报。如该项目完成人为在职人员，需项目完成所在单位提供项目证明。申报本奖项需填写《中国建筑学会科技进步奖申报书》并附以下附件：科技成果研究报告；科技成果鉴定证书或验收报告或专家评估报告，专利证书；用户使用或社会效益证明；科技成果查新报告。申报项目按专业类别分别报送至中国建筑学会相应专业分会或地方学会。所有申报项目经初评后，由择优推荐至中国建筑学会科技进步奖评审委员会，评审委员会组织专家对推荐项目进行审定。中国建筑学会科技进步奖评审委员会受理各专业分会推荐奖项时间为每年 9 月 30 日前，逾期不予受理。本奖项评审工作本着公平、公正、公开的原则，评审委员会采取无记名投票方式进行评审和审定。必要时，评委将进行现场考查。获奖项目将在中国建筑学会网站上公示，未获奖项目不发通告，申报材料不予退回。缓评项目通知申报单位（个人），补充修改后转入下届评审。本奖项奖励采取中国建筑学会奖励和获奖项目及获奖人员所在单位辅助奖励的办法。获奖名单将在中国建筑学会网站和相关媒体上公布，并通报获奖者所在单位，提请所在单位予以表彰。中国建筑学会对获奖的组织和个人颁发奖杯、奖牌和荣誉证书，并推荐给获奖者所在单位或上级部门，建议予以表彰奖励并作为业绩计入档案。同时遴选部分奖项向国家相关部门推荐。

第八节　优秀工程勘察设计奖评选

一、优秀工程勘察设计奖

优秀工程勘察设计奖是工程勘察设计行业国家级最高奖项，包括优秀工程勘察、优秀工程设计、优秀工程建设标准设计、优秀工程勘察设计计算机软件，分设金质奖和银质奖。每次评选的获奖项目总数不超过 200 项，其中金质奖与银质奖的比例原则上为 30% 和 70%。达不到评定等级标准的奖项可空缺。优秀工程勘察设计奖每两年评选一次。住建部负责优秀工程勘察设计奖的评选工作，委托中国勘察设计协会等相关协会办理具体事务工作。优秀工程勘察奖评选范围包括：结构主体工程完成两年以上（以项目业主或有关部门证明的日期为准）的岩土工程（工程地质）勘察项目，地下工程竣工后经两年以上时间检验的岩土工程设计、治理项目。规划、建设方验收后的工程测量项目（含城市规划测量项目）。地下水开采达到设计要求，或暂未达到设计水平但有开采性抽水试验（试验抽水能力大于设计水量）或经两年以上长期观测资料验证，并经相关机构认可的水资源评价（论证）、钻井工程、专门水文地质勘察（评价）等水文地质勘察项目。地质条件复杂的大型水利、铁道、公路等工程勘察，可按批准立项文件或批准的初步设计分期、分单项或以单位工程申报。全国优秀工程设计奖评选范围包括：建成并经过交（竣）工验收，且经过两年及以上（以项目业主或有关部门验收证明的日期为准）生产运营（使用）；季节性生产的项目，还需经过一个完整生产考核期的生产运营，已形成生产能力或独立功能的整体工程设计项目（包括新建、扩建和改建项目）。大型工程设计项目如矿井、水利工程、铁道、公路等，可按批准立项文件或批准的初步设计分期、分单项或以单位工程申报。经规定程序审查批准并付诸实施的城乡规划项目及其他规划项目（如江河流域规划、水利工程专项规划等）。全国优秀工程建设标准设计奖评选范围包括：经省、自治区、直辖市住房和城乡建设主管部门，国务院有关部门或行业协会审查批准出版的工程建设标准设计。经地方或行业标办审查、批准，出版发行的工程建设标准设计。申报项目须经过两年以上实际应用，且使用效果显著。全国优秀工程勘察设计计算机软件奖评选范围包括：具有自主知识产权，适用于工程勘察设计行业的国产软件。引进后经二次开发，适用于工程勘察设计行业的软件。申报软件应通过鉴定和行业测评，经过两年以上实际应用，且具有显著经济效益或能提高管理效率。引进国外（境外）技术或者中外合作设计建在我国境内的工程设计项目，由中方进行基础设计（建筑方案设计、初步设计）的项目可以申报。我国工程勘察设计单位在国外（境外）独立承接的工程勘察、工程设计项目可以申报。申报材料需附项目合同、上级主管部门或业主对工程勘察、工程设计的评价证明及竣工质量验收证明，以及当地有关主管部门的环保、消防、安全证明材料。

二、评选条件和标准

申报优秀工程勘察设计奖评选的项目必须具备下列条件：符合国家工程建设的法律、法规和方针、政策，严格执行工程建设强制性标准。采用突破国家技术标准的新技术、新材料，须按照规定通过技术审定。严格贯彻执行国家的产业政策，具有先进的勘察设计理念，其主导专业或多个专业采用适用、安全、经济、可靠和促进可持续发展的新技术，经实践检验取得良好的经济、社会和环境效益。获得省、自治区、直辖市住房和城乡建设主管部门，国务院有关部门或行业协会优秀工程勘察设计一等奖及以上奖项。符合基本建设程序，各项手续完备，取得建设规划、环保、节能、安全、消防、卫生、城建档案管理等相关审批、验收文件，以及项目业主、生产运行单位对工程勘察设计的书面评价意见。申报优秀工程勘察和优秀工程设计的单位，必须具有相应的工程勘察设计资质证书，且最近 3 年内没有发生过重大勘察设计质量安全事故。获奖项目应对推动工程建设行业技术进步具有示范作用。金质奖项目主要技术成果指标应达到同期国际先进水平（申报单位应附查新报告），在技术创新方面有公认的突出成就；银质奖项目主要技术成果指标应达到同期国内领先水平（申报单位应附查新报告），在技术创新上有显著成就。

三、申报、评审及评选结果的公布

申请参加优秀工程勘察设计奖评选的项目，由申报单位根据奖项类别填写申报表，单位法定代表人签署意见，加盖单位公章。优秀工程勘察设计奖项目申报材料由申报单位报省、自治区、直辖市住房和城乡建设行政主管部门、国务院有关部门或行业协会。省、自治区、直辖市住房和城乡建设行政主管部门、国务院有关部门或行业协会对申报材料进行复核，并根据评选条件择优排序，按专业分组分别填写项目次序表后报送住房和城乡建设部。住房和城乡建设部委托中国勘察设计协会组织全国优秀工程勘察设计各专业评审组，负责相应专业项目的初评工作。全国优秀工程勘察设计奖评审程序：专业评审组对申报材料进行初步评审，采取记名投票方式，提出本专业组的优秀工程勘察设计获奖项目建议名单。住房和城乡建设部组织专家对各专业评审组提交的建议名单进行综合评审，采用记名投票方式，提出优秀工程勘察设计获奖项目提名名单。住房和城乡建设部将全国优秀工程勘察设计奖提名名单在网上进行公示，公示期限为 15 个工作日。根据公示情况，住房和城乡建设部常务会议对全国优秀工程勘察设计奖提名名单进行审定，全国优秀工程勘察设计项目由住房和城乡建设部公布。对获全国优秀工程勘察设计奖的项目，住房和城乡建设部向获奖单位颁发奖牌、证书，向主要勘察设计人员颁发个人荣誉证书。对获全国优秀工程勘察设计奖的主要勘察设计人员，所在单位应将其业绩记入本人技术档案，并可予以表彰和奖励。

第九节　工程勘察设计大师评选与管理

一、工程勘察设计大师

工程勘察设计大师是工程勘察设计行业的最高荣誉称号。评选工作坚持公开、公平、公正和总量控制的原则，全国工程勘察设计大师每两年评选一次，每次评选名额一般不超过35名。具体评选名额和分配根据相关领域科技进步水平、技术力量、产业规模和申报情况确定。当评选周期因故延长时，可适当增加评选名额。住房和城乡建设部组织成立工程勘察设计大师评选委员会，负责具体评选工作。

二、申报

工程勘察设计大师申报人应当同时具备以下条件：拥护中国共产党领导，热爱祖国，遵纪守法，品行端正，具有高尚职业道德、严谨科学精神和强烈社会责任感，拥有中国国籍；具有深厚专业理论功底和丰富的实践经验，在工程勘察设计领域取得卓著成绩，为工程勘察设计行业相关专业学术、技术带头人，在国内外享有较高声誉；取得大学本科学历后，累计从事工程勘察或工程设计工作（含相关专业研究生就读期间）20年以上，具有正高级技术职称，国家已实施执业注册制度的专业还须具有相应的执业注册资格；作为项目技术负责人主持过本行业至少3项大型工程建设项目的勘察或设计，或者作为专业负责人完成至少6项本行业大型工程建设项目的勘察或设计，项目技术水平达到同期、同类型项目的国际先进水平或国内领先水平，效益良好，个人贡献突出；年龄一般不超过65周岁（按截至评选当年12月31日实足年龄计算）。申报人应经推荐单位或不少于2位推荐人书面推荐。推荐单位应为相关领域国务院主管部门（国务院直属机构）及国务院部委管理的国家局。推荐人应为相近专业全国工程勘察设计大师或中国工程院土木、水利与建筑工程学部院士（非资深院士）。每个推荐单位每次最多可推荐3名申报人。每位推荐人每次最多可推荐2名申报人。推荐单位和推荐人应对其推荐意见的真实性负责。有下列情形之一的，在评选中优先考虑：作为项目技术负责人或专业负责人完成的工程项目获得过全国优秀工程勘察设计奖银质奖及以上奖项、国家科学技术奖二等奖及以上奖项等国内外知名奖项的；在本专业领域拥有专利、专有技术或其他科技成果，并在工程项目中得到应用，创造了显著的经济效益、社会效益和环境效益的；在设计理念、技术创新、新技术推广应用以及解决重大工程建设技术难题方面成效显著的；在本专业领域出版发表过重要学术专著或科研论文，主编过工程建设国家（行业）标准或者多项国家（行业）标准设计，对推动行业技术进步做出重要贡献的；在行业法规制度建设、抗灾救灾、重大事故处理等方面发挥重要技术支撑作用的。各省、自治区、直辖市住房和城乡建设主管部门对申报材料审核并上网公示不少于10个工作日后，汇总报住建部。申报人对申报材料真实性负责。

三、评选管理

工程勘察设计大师评选分为专业组初评和综合评选两个阶段。初评时，全国工程勘察设计大师评选委员会在勘察设计专家库中随机抽取专家组成各初评组。各初评组评选出候选人名单，总候选人数不超过最终评选名额的120%。全国工程勘察设计大师评选委员会评选出本届全国工程勘察设计大师提名名单。全国工程勘察设计大师提名名单及其基本信息和推荐信息，在住房和城乡建设部门户网站和有关媒体上公示10个工作日，并报住房和城乡建设部审定。提名名单通过审定后，住房和城乡建设部发文公告，授予全国工程勘察设计大师荣誉称号，颁发证书。全国工程勘察设计大师应积极参加以下工作：国家和行业组织的学术交流和人才培养；行业法规制度建设、国家工程建设标准制定和政府决策咨询；相关技术性检查、事故处理、抗灾救灾等。鼓励全国工程勘察设计大师所在单位对获评的全国工程勘察设计大师给予奖励及提供相应待遇。全国工程勘察设计大师所在单位应发挥学术交流平台作用，为工程勘察设计大师开展相关工作提供必要条件。鼓励重大工程勘察设计项目和科技攻关项目优先由全国工程勘察设计大师承担。对于技术复杂、专业性强或者国家有特殊要求的建筑工程勘察设计项目，招标人可以直接邀请相应专业的全国工程勘察设计大师参加评标。年满80周岁的全国工程勘察设计大师成为资深全国工程勘察设计大师。资深全国工程勘察设计大师不再参加对申报人的评选。全国工程勘察设计大师个人状态、工作单位、联系方式等事项发生改变时，应及时将有关信息告知所在地省、自治区、直辖市住房和城乡建设主管部门。项目技术负责人，是指在项目中承担总体技术责任的技术人员，包括技术负责人、审定人等。项目专业负责人，是指在项目中承担本专业主要技术责任的技术人员。

第十一章　建筑业（施工）企业资质资格管理

据统计，2022 年全国建筑业总产值 311980 亿元（指具有资质等级的总承包和专业承包建筑业企业，不含劳务分包建筑业企业），同比增长 6.5%，完成竣工产值 136463.34 亿元，建筑业增加值 83383 亿元，全国具有资质等级的总承包和专业承包建筑业企业利润 8369 亿元，对外承包工程完成营业额 10425 亿元。全国建筑业房屋建筑施工面积 156.45 亿平方米，房屋建筑竣工面积 40.55 亿平方米。按建筑业总产值计算的劳动生产率为 493526 元／人，建筑企业单位数 143621 家，建筑业企业人员数 5184.02 万人，全国注册一级建造师超过 74 万人。根据国务院深化"证照分离"改革进一步激发市场主体发展活力的要求，在全国范围内实施涉企经营许可事项全覆盖清单管理，按照直接取消审批、审批改为备案、实行告知承诺、优化审批服务等四种方式分类推进审批制度改革，建立简约高效、公正透明、宽进严管的行业准营规则，大幅提高市场主体办事的便利度和可预期性。将施工企业资质由三级调整为两级，取消三级资质，相应调整二级资质的许可条件。实施建筑施工企业安全生产许可证管理，对外援助项目企业资格认定。开展注册建造师职业资格管理，相关建筑业（施工）行业各个奖项评选管理。本章包括：建筑业（施工）企业资质管理；建筑施工企业安全生产许可证管理；对外援助项目企业资格认定管理；建筑业企业信用评价；注册建造师执业资格管理；中国建设工程鲁班奖（国家优质工程）评选；中国土木工程詹天佑奖评选；中国钢结构金奖评选与管理；中国建筑工程装饰奖评选；中国安装工程优质奖与科学技术进步奖评选等。

第一节　建筑业（施工）企业资质管理

一、资质管理

建筑业企业，是指从事土木工程、建筑工程、线路管道设备安装工程的新建、扩建、改建等施工活动的企业。企业应当按照其拥有的资产、主要人员、已完成的工程业绩和技术装备等条件申请建筑业企业资质，经审查合格，取得建筑业企业资质证书后，方可在资质许可的范围内从事建筑施工活动。国务院住房和城乡建设主管部门负责全国建筑业企业资质的统一监督管理。国务院交通运输、水利、工业信息化等有关部门配合国务院住房和城乡建设主管部门实施相关资质类别建筑业企业资质的管理工作。省、自治区、直辖市人民政府住房和城乡建设主管部门负责本行政区域内建筑业企业资质的统一监督管理。省、自治区、直辖市人民政府交通运输、水利、通信等有关部门配合同级住房和城乡建设主管部门实施本行政区域内相关资质类别建筑业企业资质的管理工作。建筑业企业资质分为施工总承包资质、专业承包资质、施工劳务资质三个序列。施工总承包资质、专业承包资质按照工程性质和技术特点分别划分为若干资质类别，各资质类别按照规定的条件划分为若干资质等级。施工劳务资质不分类别与等级。建筑业企业资质标准和取得相应资质的企业可以承担工程的具体范围，由国务院住房和城乡建设主管部门会同国务院有关部门制定。国家鼓励取得施工总承包资质的企业拥有全资或者控股的劳务企业。建筑业企业应当加强技术创新和人员培训，使用先进的建造技术、建筑材料，开展绿色施工。依据《建筑业企业资质管理规定》《建筑业企业资质标准》和《建筑业企业资质管理规定和资质标准实施意见》，企业可以申请一项或多项建筑业企业资质。企业首次申请或增项申请资质，应当申请最低等级资质。下列建筑业企业资质，由国务院住房和城乡建设主管部门许可：施工总承包资质序列特级资质、一级资质及铁路工程施工总承包二级资质；专业承包资质序列公路、水运、水利、铁路、民航方面的专业承包一级资质及铁路、民航方面的专业承包二级资质；涉及多个专业的专业承包一级资质。其他建筑业企业资质，由企业工商注册所在地省、自治区、直辖市人民政府住房和城乡建设主管部门许可及企业工商注册所在地设区的市人民政府住房和城乡建设主管部门许可；燃气燃烧器具安装、维修企业资质。省、自治区、直辖市人民政府住房和城乡建设主管部门应当自受理申请之日起20个工作日内初审完毕，并将初审意见和申请材料报国务院住房和城乡建设主管部门。国务院住房和城乡建设主管部门应当自省、自治区、直辖市人民政府住房和城乡建设主管部门受理申请材料之日起60个工作日内完成审查，公示审查意见，公示时间为10个工作日。其中，涉及公路、水运、水利、通信、铁路、民航等方面资质的，由国务院住房和城乡建设主管部门会同国务院有关部门审查。企业申请建筑业企业资质，应当如实提交有关申请材料。资质许可机关收到申请材料后，应当按照《行政许可法》的规定办理受理手续。资质许可机关应当及时将资质许可决定向社会公开，并为公众查询提供便利。资质证书有效期为5年，证书有效期是指自企业取得本套证书的首个建筑业企业资质时起算，期间企业除延续、重新核定外，证书有效期不变；重新核定资质的，有效期自核定之日起重新计算（按简化审批手续办理的除外）。

二、资质申请和许可管理

（一）申请建筑业企业资质的，应依法取得工商行政管理部门颁发的公司法人《营业执照》。企业申请住房和城乡建设部许可的建筑业企业资质应按照《建筑业企业资质管理规定》第十二条规定的申请程序提出申请。企业申请省、自治区、直辖市人民政府住房和城乡建设主管部门许可的建筑业企业资质，按照省级住房和城乡建设主管部门规定的程序提出申请。省级住房和城乡建设主管部门应在其门户网站公布有关审批程序。企业申请设区的市人民政府住房和城乡建设主管部门许可的建筑业企业资质，按照设区的市人民政府住房和城乡建设主管部门规定的程序提出申请。设区的市人民政府住房和城乡建设主管部门应在其门户网站公布有关审批程序。企业首次申请或增项申请建筑业企业资质，其资质按照最低等级资质核定。企业可以申请施工总承包、专业承包、施工劳务资质三个序列的各类别资质，申请资质数量不受限制。企业申请资质升级（含一级升特级）、资质增项的，资质许可机关应当核查其申请之日起前一年至资质许可决定作出前有无《建筑业企业资质管理规定》第二十三条所列违法违规行为，并将核查结果作为资质许可的依据。企业申请资质升级不受年限限制，资质许可机关应当在其门户网站公布企业资质许可结果。资质许可机关对建筑业企业的所有申请、审查等书面材料应当至少保存5年。已取得工程设计综合资质、行业甲级资质，但未取得建筑业企业资质的企业，可以直接申请相应类别施工总承包一级资质，企业完成的相应规模工程总承包业绩可以作为其工程业绩申报。其他工程设计企业申请建筑业企业资质按照首次申请的要求办理。住房和城乡建设部负责许可的建筑业企业资质的中级及以上职称人员（涉及公路、水运、水利、通信、铁路、民航等方面资质除外）、现场管理人员、技术工人、企业资产的审核，由企业工商注册地省级住房和城乡建设主管部门负责，省级住房和城乡建设主管部门以及中央建筑企业将审核结果与企业申报材料一并上报，住房和城乡建设部将审核结果与企业基本信息一并在住房和城乡建设部网站公示，并组织抽查。企业发生合并、分立、改制、重组以及跨省变更等事项，承继原资质的企业应当同时申请重新核定，并按照有关规定办理。

（二）延续与变更，建筑业企业资质证书有效期届满，企业继续从事建筑施工活动的，应当于资质证书有效期届满3个月前，向原资质许可机关提出延续申请。资质许可机关应当在建筑业企业资质证书有效期届满前做出是否准予延续的决定；逾期未做出决定的，视为准予延续。企业在建筑业企业资质证书有效期内名称、地址、注册资本、法定代表人等发生变更的，应当在工商部门办理变更手续后1个月内办理资质证书变更手续。由国务院住房和城乡建设主管部门颁发的建筑业企业资质证书的变更，企业应当向企业工商注册所在地省、自治区、直辖市人民政府住房和城乡建设主管部门提出变更申请，省、自治区、直辖市人民政府住房和城乡建设主管部门应当自受理申请之日起2日内将有关变更证明材料报国务院住房和城乡建设主管部门，由国务院住房和城乡建设主管部门在2日内办理变更手续。前款规定以外的资质证书的变更，由企业工商注册所在地的省、自治区、直辖市人民政府住房和城乡建设主管部门或者设区的市人民政府住房和城乡建设主管部门依法另行规定。变更结果应当在资质证书变更后15日内，报国务院住房和城乡建设主管部门备案。涉及公路、水运、水利、通信、铁路、民航等方面的建筑业企业资质证书的变更，办理变更手续的住房和城乡建设主管部门应当将建筑业企业资质证书变更情况告知同级有关部门。企业发生合并、分立、重组以及改制等事项，需承继原建筑业企业资质的，应当申请重新核定建筑业企业资质等级。企业需更换、遗失补办建筑业企业资质证书的，应当持建筑业企业资质证书更换、遗失补办申请等材料向资质许可机关申请办理。资质许可机关应当在2个工作日内办理完毕。资质证书的延续，企业应于资质证书有效期届满3个月前，按原资质申报途径申请资质证书有效期延续。企业净资产和主要人员满足现有资质标准要求的，经资质许可机关核准，更换有效期5年的资质证书，有效期自批准延续之日起计算。企业在资质证书有效期届满前3个月内申请资质延续的，资质受理部门应受理其申请；资质证书有效期届满之日至批准延续之日内，企业不得承接相应资质范围内的工程。企业不再满足资质标准要求的，资质许可机关不批准其相应资质延续，企业可在资质许可结果公布后3个月内申请重新核定低于原资质等级的同类别资质。超过3个月仍未提出申请，从最低等级资质申请。资质证书有效期届满，企业仍未提出延续申请的，其资质证书自动失效。如需继续开展建筑施工活动，企业应从最低等级资质重新申请。

（三）监督管理，县级以上人民政府住房和城乡建设主管部门和其他有关部门应当依照有关法律、法规和规定，加强对企业取得建筑业企业资质后是否满足资质标准和市场行为的监督管理，将监督检查的处理结果向社会公布。要求被检查企业提供建筑业企业资质证书、企业有关人员的注册执业证书、职称证书、岗位证书和考核或者培训合格证书，有关施工业务的文档，有关质量管理、安全生产管理、合同管理、档案管理、财务管理等企业内部管理制度的文件；进入被检查企业进行检查，查阅相关资料。取得建筑业企业资质证书的企业，应当保持资产、主要人员、技术装备等方面满足相应建筑业企业资质标准要求的条件。企业申请资质升级（含一级升特级）、资质增项的，资质许可机关应对其既有全部建筑业企业资质要求的资产和主要人员是否满足标准要求进行检查。企业应当接受资质许可机关，以及企业注册所在地、承接工程项目所在地住房和城乡建设主管部门和其他有关部门的监督管理。

三、资质资格实施事项

支持民营建筑企业发展，建筑业民营和中小企业必须坚守“绿色化、工业化、智能化”转型方向，以数字化为引领，用绿色建造的方式建造绿色建筑，用数字建造的方式建造智能建筑。同时，向“专精特新”方向发展，发挥灵活优势，在业务选择上放弃对大型重点项目的争夺；在中型项目上尝试与央企、国企联合投标，发挥特长，占领一片市场；集中精力抢占小型项目，占得发展先机。此外，还要盯住住宅建设和城市更新、老旧小区改造提升工程，向管理要创新、要活力、要效益。地方各级住房和城乡建设主管部门要全面排查建筑市场监管地方性法规、地方政府规章、规范性文件，重点对涉及行政审批、市场准入、招标投标、施工许可等的条款或规定进行合法性合规性审查，全面清理对民营建筑企业生产经营活动设置的不平等限制条件和要求，切实保障民营企业平等竞争地位。为促进企业公平竞争，民营建筑企业在注册地以外的地区承揽业务时，地方各级住房和城乡建设主管部门要给予外地民营建筑企业与本地建筑企业同等待遇，不得擅自设置任何审批和备案事项，不得要求民营建筑企业在本地区注册设立独立子公司或分公司。地方各级住房和城乡建设主管部门要规范建筑市场管理，优化服务，改善本地区营商环境。招标人不得排斥民营建筑企业参与房屋建筑和市政基础设施工程招投标活动，对依法必须进行招标的项目不得非法限定潜在投标人或者投标人的所有制形式或者组织形式，不得对民营建筑企业与国有建筑企业采取不同的资格审查或者评标标准等。各级住房和城乡建设主管部门要加强监管，对招标人的上述行为依法责令改正。除投标保证金、履约保证金、工程质量保证金和农民工工资保证金外，严禁向民营建筑业企业收取其他保证金。对于保留的上述四类保证金，推行银行保函制度，民营建筑业企业可以银行保函方式缴纳。未按规定或合同约定返还保证金的，保证金收取方应向民营建筑业企业支付逾期返还违约金。各级住房和城乡建设主管部门在开展建筑企业诚信评价时，对民营建筑企业与国有建筑企业要采用同一评价标准，不得设置歧视民营建筑企业的信用评价指标，不得对民营建筑企业设置信用壁垒。及时清理歧视、限制、排斥民营建筑企业的诚信评价标准。各级住房和城乡建设主管部门制定涉及民营建筑企业的重大政策措施时，要广泛、充分听取民营建筑企业意见，做好政策衔接与协调；政策实施后，要加强宣传解读，确保措施落到实处。健全投诉举报处理机制，及时受理并处理民营建筑企业的举报投诉，保护民营建筑企业的合法权益。建筑业（施工）企业人员资质资格行政审批实施事项细则，详见第十八章第四节、第六节。

第二节　建筑施工企业安全生产许可证管理

一、安全生产许可制度

国家对建筑施工企业实行安全生产许可制度。建筑施工企业未取得安全生产许可证的，不得从事建筑施工活动。建筑施工企业，是指从事土木工程、建筑工程、线路管道和设备安装工程及装修工程的新建、扩建、改建和拆除等有关活动的企业。国务院建设主管部门负责中央管理的建筑施工企业安全生产许可证的颁发和管理。省、自治区、直辖市人民政府建设主管部门负责本行政区域内前款规定以外的建筑施工企业安全生产许可证的颁发和管理，并接受国务院建设主管部门的指导和监督。市、县人民政府建设主管部门负责本行政区域内建筑施工企业安全生产许可证的监督管理，并将监督检查中发现的企业违法行为及时报告安全生产许可证颁发管理机关。建筑施工企业取得安全生产许可证，应当具备下列安全生产条件：建立、健全安全生产责任制，制定完备的安全生产规章制度和操作规程；保证本单位安全生产条件所需资金的投入；设置安全生产管理机构，按照国家有关规定配备专职安全生产管理人员；主要负责人、项目负责人、专职安全生产管理人员经建设主管部门或者其他有关部门考核合格；特种作业人员经有关业务主管部门考核合格，取得特种作业操作资格证书；管理人员和作业人员每年至少进行一次安全生产教育培训并考核合格；依法参加工伤保险，依法为施工现场从事危险作业的人员办理意外伤害保险，为从业人员交纳保险费；施工现场的办公、生活区及作业场所和安全防护用具、机械设备、施工机具及配件符合有关安全生产法律、法规、标准和规程的要求；有职业危害防治措施，并为作业人员配备符合国家标准或者行业标准的安全防护用具和安全防护服装；有对危险性较大的分部分项工程及施工现场易发生重大事故的部位、环节的预防、监控措施和应急预案；有生产安全事故应急救援预案、应急救援组织或者应急救援人员，配备必要的应急救援器材、设备；法律、法规规定的其他条件。

二、安全生产许可证的申请与颁发

建筑施工企业从事建筑施工活动前，应当依照规定向省级以上建设主管部门申请领取安全生产许可证。中央管理的建筑施工企业向国务院建设主管部门申请领取安全生产许可证。规定以外的其他建筑施工企业，包括中央管理的建筑施工企业下属的建筑施工企业，应当向企业注册所在地省、自治区、直辖市人民政府建设主管部门申请领取安全生产许可证。建设主管部门应当自受理建筑施工企业的申请之日起 45 日内审查完毕；经审查符合安全生产条件的，颁发安全生产许可证。建设主管部门审查建筑施工企业安全生产许可证申请，涉及铁路、交通、水利等有关专业工程时，可以征求铁路、交通、水利等有关部门的意见。安全生产许可证的有效期为 3 年。企业在安全生产许可证有效期内，严格遵守有关安全生产的法律法规，未发生死亡事故的，安全生产许可证有效期届满时，经原安全生产许可证颁发管理机关同意，不再审查，安全生产许可证有效期延期 3 年。建筑施工企业变更名称、地址、法定代表人等，应当在变更后 10 日内，到原安全生产许可证颁发管理机关办理安全生产许可证变更手续。安全生产许可证申请表采用建设部规定的统一式样，安全生产许可证采用国务院安全生产监督管理部门规定的统一式样。安全生产许可证分正本和副本，正、副本具有同等法律效力。

三、建筑施工企业主要负责人、项目负责人和专职安全生产管理人员安全生产管理

在中华人民共和国境内从事房屋建筑和市政基础设施工程施工活动的建筑施工企业的安管人员，

参加安全生产考核，履行安全生产责任，以及对其实施安全生产监督管理。企业主要负责人，是指对本企业生产经营活动和安全生产工作具有决策权的领导人员。项目负责人，是指取得相应注册执业资格，由企业法定代表人授权，负责具体工程项目管理的人员。专职安全生产管理人员，是指在企业专职从事安全生产管理工作的人员，包括企业安全生产管理机构的人员和工程项目专职从事安全生产管理工作的人员。安管人员应当通过其受聘企业，向企业工商注册地的省、自治区、直辖市人民政府住房和城乡建设主管部门申请安全生产考核，并取得安全生产考核合格证书。申请参加安全生产考核的安管人员，应当具备相应文化程度、专业技术职称和一定安全生产工作经历，与企业确立劳动关系，并经企业年度安全生产教育培训合格。安全生产考核包括安全生产知识考核和管理能力考核。安全生产知识考核内容包括：建筑施工安全的法律法规、规章制度、标准规范，建筑施工安全管理基本理论等。安全生产管理能力考核内容包括：建立和落实安全生产管理制度、辨识和监控危险性较大的分部分项工程、发现和消除安全事故隐患、报告和处置生产安全事故等方面的能力。对安全生产考核合格的，考核机关应当在 20 个工作日内核发安全生产考核合格证书，并予以公告；安全生产考核合格证书有效期为 3 年，证书在全国范围内有效。安全生产考核合格证书有效期届满需要延续的，由本人通过受聘企业向原考核机关申请证书延续。准予证书延续的，证书有效期延续 3 年。安管人员变更受聘企业的，应当通过新聘用企业到考核机关申请办理证书变更手续。主要负责人对本企业安全生产工作全面负责，应当建立健全企业安全生产管理体系，设置安全生产管理机构，配备专职安全生产管理人员，保证安全生产投入，督促检查本企业安全生产工作，及时消除安全事故隐患，落实安全生产责任。主要负责人应当与项目负责人签订安全生产责任书，确定项目安全生产考核目标、奖惩措施，以及企业为项目提供的安全管理和技术保障措施。工程项目实行总承包的，总承包企业应当与分包企业签订安全生产协议，明确双方安全生产责任。主要负责人应当按规定检查企业所承担的工程项目，考核项目负责人安全生产管理能力。项目负责人对本项目安全生产管理全面负责，应当建立项目安全生产管理体系，明确项目管理人员安全职责，落实安全生产管理制度，确保项目安全生产费用有效使用。项目负责人应当按规定实施项目安全生产管理，监控危险性较大分部分项工程，及时排查处理施工现场安全事故隐患，隐患排查处理情况应当记入项目安全管理档案；发生事故时，应当按规定及时报告并开展现场救援。工程项目实行总承包的，总承包企业项目负责人应当定期考核分包企业安全生产管理情况。企业安全生产管理机构专职安全生产管理人员应当检查在建项目安全生产管理情况，重点检查项目负责人、项目专职安全生产管理人员履责情况，处理在建项目违规违章行为，并记入企业安全管理档案。项目专职安全生产管理人员应当每天在施工现场开展安全检查，现场监督危险性较大的分部分项工程安全专项施工方案实施。对检查中发现的安全事故隐患，应当立即处理；不能处理的，应当及时报告项目负责人和企业安全生产管理机构。项目负责人应当及时处理。检查及处理情况应当记入项目安全管理档案。建筑施工企业应当建立安全生产教育培训制度，制定年度培训计划，每年对安管人员进行培训和考核，培训情况应当记入企业安全生产教育培训档案。

建筑施工企业安全生产管理机构和工程项目应当按规定配备相应数量和相关专业的专职安全生产管理人员。危险性较大的分部分项工程施工时，应当安排专职安全生产管理人员现场监督。企业主要负责人包括法定代表人、总经理（总裁）、分管安全生产的副总经理（副总裁）、分管生产经营的副总经理（副总裁）、技术负责人、安全总监等。专职安全生产管理人员分为机械、土建、综合三类。机械类专职安全生产管理人员可以从事起重机械、土石方机械、桩工机械等安全生产管理工作。土建类专职安全生产管理人员可以从事除起重机械、土石方机械、桩工机械等安全生产管理工作以外的安全生产管理工作。综合类专职安全生产管理人员可以从事全部安全生产管理工作。新申请专职安全生产管理人员安全生产考核只可以在机械、土建、综合三类中选择一类。机械类专职安全生产管理人员在参加土建类安全生产管理专业考试合格后，可以申请取得综合类专职安全生产管理人员安全生产考核合格证书。土建类专职安全生产管理人员在参加机械类安全生产管理专业考试合格后，可以申请取得综合类专职安全生产管理人员安全生产考核合格证书。申请建筑施工企业主要负责人安全生产考核，应当具备下列条件：具有相应的文化程度、专业技术职称（法定代表人除外）；与所在企业确立劳动关系；经所在企业年度安全生产教育培训合格。申请建筑施工企业项目负责人安全生产考核，应当具备下列条件：取得相应注册执业资格；与所在企业确立劳动关系；经所在企业年度安全生产教育培训合格。申请专职安全生产管理人员安全生产考核，应当具备下列条件：年龄已满18周岁未满60周岁，身体健康；具有中专（含高中、中技、职高）及以上文化程度或初级及以上技术职称；与所在企业确立劳动关系，从事施工管理工作两年以上；经所在企业年度安全生产教育培训合格。安全生产考核包括安全生产知识考核和安全生产管理能力考核。建筑施工企业主要负责人、项目负责人和专职安全生产管理人员的安全生产考核合格证书由住建部统一规定样式。安全生产考核合格证书的延续换发，建筑施工企业主要负责人、项目负责人和专职安全生产管理人员应当在安全生产考核合格证书有效期届满前3个月内，经所在企业向原考核机关申请证书延续。符合下列条件的准予证书延续：在证书有效期内未因生产安全事故或者安全生产违法违规行为受到行政处罚；信用档案中无安全生产不良行为记录；企业年度安全生产教育培训合格，且在证书有效期内参加县级以上住房和城乡建设主管部门组织的安全生产教育培训时间满24学时。已经取得专职安全生产管理人员安全生产考核合格证书且证书在有效期内的人员，可以选择换发土建类专职安全生产管理人员安全生产考核合格证书或者机械类专职安全生产管理人员安全生产考核合格证书。建筑施工企业主要负责人、项目负责人和专职安全生产管理人员跨省更换受聘企业的，应到原考核发证机关办理证书转出手续。建筑施工企业主要负责人、项目负责人和专职安全生产管理人员持相关证明通过新受聘企业到该企业工商注册所在地的考核发证机关办理新证书。建筑施工企业应当按照《建筑施工企业安全生产管理机构设置及专职安全生产管理人员配备办法》的有关规定配备专职安全生产管理人员。建筑施工企业安全生产管理机构和建设工程项目中，应当既有可以从事起重机械、土石方机械、桩工机械等安全生产管理工作的专职安全生产管理人员，也有可以从事除起重机械、土石方机械、桩工机械等安全生产管理工作以外的安全生产管理工作的专职安全生产管理人员。

第三节　对外援助项目企业资格认定管理

一、援外项目企业资格条件及认定方式

援外项目实施企业是指经资格认定，可承担中国政府对外援助项目实施任务的企业和其他组织。援外项目实施企业包括：对外援助成套项目总承包企业和项目管理企业；对外援助物资项目总承包企业；对外技术援助项目实施单位；对外人力资源开发合作项目实施单位；对外援助项目咨询服务单位。商务部负责援外项目实施企业的资格认定和资格管理。省、自治区、直辖市及新疆生产建设兵团商务主管部门协助商务部进行援外项目实施企业资格认定；援外项目管理机构协助商务部对援外项目实施企业进行资格管理。商务部根据援外项目实施企业的不同类别，分别采用资格审查或资格招标方式进行援外项目实施企业资格认定。经资格认定的援外项目实施企业可在相应的资格类别范围内承担援外项目具体实施任务。援外项目实施企业应具备基本资格条件：系依照中国法律在中国境内设立的法人；所有出资人均为中国投资者；前3个会计年度未出现亏损；前3年未受过刑事处罚、未因进行非法经营活动或违反有关援外管理规章受过行政处罚；依法纳税和缴纳社会保险费。商务部通过资格审查方式认定成套项目总承包企业资格。申请成套项目总承包企业资格的，除具备规定的基本资格条件外，还应具备以下条件：具备特级施工总承包资质；或具备一级施工总承包或相应等级的技术资质，申请前3年均列入商务部统计对外承包工程营业额前100强。具备对外承包工程经营资格。通过质量管理体系、环境管理体系、职业健康安全管理体系认证且认证资格有效。具有良好的金融资信条件。具有良好的经营诚信表现。商务部通过资格招标方式认定成套项目管理企业资格。参与成套项目管理企业资格招标的，除具备规定的基本资格条件外，还应具备以下条件：具备国务院建设主管部门颁发的可从事项目管理服务的工程设计甲级资质，或国务院发展改革主管部门颁发的工程项目管

理（全过程管理或全过程策划和准备阶段管理类别）甲级资格；具备国务院建设主管部门颁发的工程监理甲级资质，或与具备工程监理甲级资质法人单位签订长期合作协议；具备在境外开展相关业务的业绩；具有工程项目的项目管理经验。商务部通过资格审查方式认定物资项目总承包企业资格。申请物资项目总承包企业资格的，除具备规定的基本资格条件外，还应具备以下条件：系符合《对外贸易法》规定的对外贸易经营者；具有良好的金融资信条件；申请前3年在受援国有进出口业绩；具有良好的经营诚信表现。商务部通过资格招标方式认定技术援助项目实施单位资格。参与技术援助项目实施单位资格招标的，除具备的基本资格条件外，还应具备以下条件：具备相关专业的技术能力；具备在境外开展相关业务的业绩；具备相关项目的实施经验。商务部通过资格招标方式认定人力资源项目实施单位资格。参与人力资源项目实施单位资格招标的，除具备规定的基本资格条件外，还应具备以下条件：具备丰富的对外培训经验和较强的外事接待能力；具备开展培训所需的师资力量、培训场所和其他软硬件；在相关行业、专业或领域内，具有较高的科研能力和影响力。商务部通过资格招标方式认定咨询服务单位资格。参与咨询服务单位资格招标的，除具备规定的基本资格条件外，还应具备以下条件：具备国务院有关行政主管部门核准的咨询资质或其他技术资质；具备开展境外项目咨询服务的相关业绩；具备项目咨询服务经验。

二、援外项目企业资格管理

采取资格审查方式认定资格的，申请人应提交以下文件：申请书；企业法人营业执照和法定代表人身份证明文件；出资人身份证明文件；企业出资情况的证明文件；前3个年度企业会计报表；本企业关于前3年未受过刑事处罚、未因进行非法经营活动或违反有关援外管理规章受过行政处罚的声明；税务机关出具的前3年完税证明；社会保险经办机构出具的前3年缴费证明。除上述文件外，申请成套项目总承包企业资格还须提交技术资质证书、对外承包工程经营资格证书、质量管理体系认证证书、环境管理体系认证证书、职业健康安全管理体系认证证书和具有良好的经营诚信表现说明；申请物资项目总承包企业资格还须提交对外贸易经营者备案登记证明、海关统计信息部门出具的货物进出口业绩证明和具有良好的经营诚信表现说明及证明。中央企业和其他在国务院工商行政主管部门登记的企业直接向商务部提交申请，其他企业向所在地省级商务主管部门提交申请。准予许可的，商务部颁发有效期为3年的许可文件。准予延期的，商务部颁发准予延期3年的许可文件。采用资格招标方式认定资格的，商务部自施行之日起每3年组织一次公开资格招标。商务部依法委托招标代理机构组织招标。商务部应在组织资格招标前1个月发布招标公告，申请参与资格招标的单位应按照招标文件要求编制投标文件，并在招标文件规定的截止时间前，将投标文件经单位法定代表人或其授权代表签字、加盖公章并密封后，送达指定地点。商务部依法组建评标委员会。评标委员会应当按照招标文件规定的评标标准和方法，对投标文件进行评审。评标委员会应自评标结束之日起2日内将评标报告提交商务部，评标报告主要包括评标结果和中标候选单位排序。商务部自收到评标报告之日起5日内在评标报告推荐的中标候选单位中确定中标单位。通过资格招标的，取得相应类别的援外项目实施企业资格，商务部颁发有效期为3年的许可文件。援外项目实施企业发生企业名称、企业类型、法定代表人、注册资本和出资人变更的，应在变更之日起1个月内向商务部备案，原企业注销的，改制、合并或分立后的企业可继承原企业的援外业绩。商务部建立援外项目实施企业诚信评价体系，根据企业遵守援外管理规章和履行项目实施合同情况将企业诚信状况分为良好、合格和不合格3个等级。在采取资格招标方式认定资格的援外项目实施企业类别项下，部分技术类别、业务类别因行业特点或其他限制条件暂时不能组织资格招标的，该技术类别或业务类别援外项目实施企业的选定按照援外项目采购规定执行。援外资格认定的类别及认定方式，商务部采用资格审查和资格招标两种方式对援外项目实施企业进行资格认定。成套项目总承包企业规定“通过质量管理体系、环境管理体系、职业健康安全管理体系认证且认证资格有效”，具体认证标准是指：质量管理体系应符合《质量管理体系要求》GB/T 19001和《工程建设施工企业质量管理规范》GB/T 50430；环境管理体系应符合《环境管理体系要求及使用指南》GB/T 24001；职业健康安全管理体系应符合《职业健康安全管理体系要求》GB/T 28001。规定“具有良好的金融资信条件”是指：所有者权益合计不低于1亿元人民币；年末现金及现金等价物余额不低于3亿元人民币。规定“具有良好的经营诚信表现”是指：未列入有关国际组织和国务院主管部门制定的禁止性名单；未列入“失信联合惩戒对象名单”。根据“对外承包工程经营资格”已取消，不再要求规定的“具备对外承包工程经营资格”。物资项目总承包企业规定的“具有良好的金融资信条件”是指：所有者权益合计不低于1亿元人民币；年末现金及现金等价物余额不低于5000万元人民币。规定的“具有良好的经营诚信表现”是指：通过海关一般信用企业认定；未列入有关国际组织和国务院主管部门制定的禁止性名单。未列入“失信联合惩戒对象名单”。资格审查类认定工作安排，申请援外成套项目总承包企业和物资项目总承包企业资格的，以及原获得资格需要延续资格有效期的企业，可根据规定和以上要求准备资格申请文件后，随时向地方商务主管部门或商务部提交。

三、对外援助项目咨询服务单位资格认定

（一）援外项目咨询服务单位是指经资格认定，可承担中国政府对外援助项目咨询服务任务的法人组织。援外项目咨询服务单位包括：可行性研究单位，承担援外项目可行性研究任务。具体分为：工程类可行性研究单位，承担援外成套项目、以附带工程为主的技术援助项目的可行性研究任务。物资类可行性研究单位，承担援外物资项目、以提供物资为主的技术援助项目的可行性研究任务。服务类可行性研究单位，承担规划编制、政策咨询、教育培训、技术服务等以派遣专家为主的技术援助项目的可行性研究任务。项目咨询单位，承担援外项目预可行性研究、准备性技术研究、项目建议书编制、援外优惠贷款申请报告编制、重大战略项目融资方案编制和项目申请等立项前期咨询服务任务。评估咨询单位，承担援外项目可行性研究报告和项目建议书评估、援外优惠贷款申请报告评审、重大战略项目融资方案和项目申请报告评估、项目实施情况后评估任务。经济技术咨询单位，承担援外项目概预决算的编制和审查、合同价款审定任务。国家国际发展合作署负责援外项目咨询服务单位的资格认定和资格管理。省、自治区、直辖市人民政府及新疆生产建设兵团负责对外援助工作的具体部门协助国际发展合作署进行援外项目咨询服务单位资格认定。经资格认定的援外项目咨询服务单位可在相应的资格类别范围内承担援外项目咨询服务任务。

（二）援外项目咨询服务单位应具备以下基本资格条件：系依照中国法律在中国境内设立的法人，包括企业、事业单位和社会团体；所有出资人均为中国投资者，不包括外商投资企业；具备能够从事对外援助工作的专业部门（既可以是申请单位专门从事对外援助工作的部门，也可以是非专门从事但归口负责对外援助工作的部门）和五名以上咨询工作人员（与本单位具有劳动关系或人事关系，并且满足以下条件之一的人员：具有工程咨询（投资）专业技术人员职业资格；具有工程类或经济类中级专业技术职称；从事咨询工作的年限不低于五年），其中主要业务负责人从事咨询业务不少于十年；具备相应类别的境内（外）咨询服务业绩，具体是指具备相应类别的境外咨询服务业绩，同时，境内（外）咨询服务业绩应符合以下标准：可行性研究单位申请工程类可行性研究单位，前两年相应类别境内（外）业绩累计不低于1500万元人民币；申请物资类或服务类可行性研究单位，前两年相应类别境内（外）业绩累计不低于100万元。项目咨询单位申请前两年相应类别境内（外）业绩累计不低于1000万元。评估咨询单位申请前两年相应类别境内（外）业绩累计不低于1500万元。经济技术咨询单位申请前两年相应类别境内（外）业绩累计不低于500万元；前两个会计年度未出现亏损；前两年未受过刑事处罚、未因进行非法经营活动或违反有关援外管理规章受过行政处罚；依法纳税和缴纳社会保险费；具有良好的经营诚信表现，未列入有关国际组织和国务院主管部门制定的禁止性名单。申请工程类可行性研究单位资格的，除具备规定的基本资格条件外，还应具备国务院相关行业主管部门颁发的工程设计综合甲级或行业甲级资质，且符合国务院相关行业主管部门指导认定的工程咨询单位甲级资信评价标准。申请项目咨询单位资格的，除具备规定的基本资格条件外，还应符合国务院相关行业主管部门指导认定的工程咨询单位甲级资信评价标准。申请评估咨询单位资格的，除具备规定的基本资格条件外，还应符合国务院相关行业主管部门指导认定的工程咨询单位综合甲级资信评价标准。申请经济技术咨询单位资格的，除具备规定的基本资格条件外，还应具备国务院相关主管部门颁发的工程造价咨询企业甲级资质。

（三）对外援助项目咨询服务单位资格审查管理，咨询服务单位申请援外项目咨询服务单位资格，应向国际发展合作署提交以下文件：申请书；单位法人及其法定代表人身份证明文件；企业出资情况证明文件和出资人身份证明文件，事业单位法人登记有关证明文件，或社会团体登记有关证明文件；专业技术力量情况说明，包括单位能够从事对外援助工作的专业部门及其工作人员名单，以及主要业务负责人的工作履历；开展境内（外）项目咨询服务的业绩证明材料；前两个年度单位会计报表；本单位关于前两年未受过刑事处罚、未因进行非法经营活动或违反有关援外管理规章受过行政处罚的声明；税务机关出具的前两年完税证明；社会保险经办机构出具的前两年缴费证明。除上述文件外，申请工程类可行性研究单位资格还需提交国务院相关行业主管部门颁发的工程设计综合甲级或行业甲级资质证书，以及国务院相关行业主管部门指导认定的工程咨询单位甲级资信评价证书；申请项目咨询单位资格还需提交国务院相关行业主管部门指导认定的工程咨询单位甲级资信评价证书；申请评估咨询单位资格还需提交国务院相关行业主管部门指导认定的工程咨询单位综合甲级资信评价证书；申请经济技术咨询单位资格还需提交国务院相关行业主管部门颁发的工程造价咨询企业甲级资质证书。在国务院相关主管部门和机构登记的咨询服务单位直接向国际发展合作署提交申请，其他单位向所在地省级主管部门提交申请。向省级主管部门申请的，省级主管部门应当在收到申请文件之日起 5 个工作日内完成初核，将申请文件连同初核意见一并报国际发展合作署审核。国际发展合作署应在收到完备申请文件之日起 20 个工作日内或收到省级主管部门初核意见之日起 15 个工作日内完成审核，作出许可与否的决定。准予许可的，国际发展合作署颁发有效期为两年的许可文件；不予许可的，国际发展合作署应当说明理由，并告知申请人享有依法申请行政复议或者提起行政诉讼的权利。国际发展合作署应公布经资格认定取得资格的援外项目咨询服务单位名单。取得资格的咨询服务单位需要延续资格许可有效期的，应当在有效期届满 60 日前，向国际发展合作署或所在地省级主管部门提出申请。省级主管部门和国际发展合作署根据规定的期限对申请进行初核或审核，国际发展合作署在许可有效期届满前作出是否准予延期的决定。准予延期的，国际发展合作署颁发准予延期的许可文件；不予延期的，国际发展合作署应当说明理由，并告知咨询服务单位享有依法申请行政复议或者提起行政诉讼的权利。援外项目咨询服务单位发生单位名称、单位类型、法定代表人、出资情况变更的，应在变更之日起 1 个月内向国际发展合作署备案，提供以下文件：变更申请表；变更登记证明文件；变更后的相关证明文件。援外项目咨询服务单位发生改制、分立或合并情形的，改制、分立或合并后新成立的单位应按照本办法规定重新申请资格认定。国际发展合作署建立援外项目咨询服务单位诚信评价体系，对咨询服务单位遵守援外管理规章和履行咨询服务合同等情况进行评价。援外项目咨询服务单位因有效期届满而丧失资格，不影响已中标项目的实施。

第四节　建筑业企业信用评价

一、组织机构和职责

建筑业企业信用评价工作遵循为企业服务、不以营利为目的和自愿、客观、公开、公正的原则。中国建筑业协会成立全国建筑业企业信用评价指导委员会，其主要职责是：根据国家有关法律法规，在政府主管部门的指导下，研究制订建筑业企业信用体系建设的发展规划和工作方案。研究起草中国建筑业协会信用体系建设工作的有关文件，包括信用评价指标体系和评分标准。具体组织实施全国建筑业 AAA 级信用企业评价工作。指导分支机构开展专项信用评价工作。研究建筑业企业信用体系建设的其他事项。指导委员会下设办公室。办公室设在中国建筑业协会会员管理部，是指导委员会的日常办事机构，负责组织信用评价具体工作。

二、信用等级标准指标

建筑业企业信用评价包括企业基本素质、经营能力及财务指标、管理指标、竞争力指标、市场行为指标等内容，按照《建筑业企业信用评价指标》（表 11-1）评分，其中市场行为指标按照《建筑业企业不良行为记分标准》（表 11-2）进行评分。不良行为是指建筑业企业在工程建设过程中，违反有关工程建设的法律、法规、规章或强制性标准和执业行为规范，经县级以上建设主管部门或其委托的执法监督机构查实并作出行政处罚的行为。建筑业企业信用等级分为 AAA、AA、A、B、C 三等五级。AAA 级：信用很好。表示受信单位诚信度很高，各项指标优秀，企业素质很高、诚信意识很强、经营状况很好、履约能力很强、社会信誉很好。AA 级：信用良好。表示受信单位诚信度高，各项指标优良，企业素质高、诚信意识强、经营状况好、履约能力强、社会信誉好。A 级：信用较好。表示受信单位诚信度较高，各项指标良好，企业素质较高、诚信意识较强、经营状况较好、履约能力较强、社会信誉较好。B 级：信用一般。表示受信单位诚信度一般，各项指标一般，企业素质一般、诚信意识一般、经营状况一般、履约能力一般、社会信誉一般。C 级：信用差。表示受信单位诚信度差，各项指标落后，企业素质低、诚信意识淡薄、经营状况不良、履约能力弱、社会信誉差。建筑业企业信用等级划分标准为：AAA 级信用企业：企业综合得分在 90 分（含）以上，且评价期内不得发生《建筑业企业不良行为记分标准》中单项为 10 分的不良行为；AA 级信用企业：企业综合得分在 80（含）~90 分，且评价期内不得发生《建筑业企业不良行为记分标准》中单项为 10 分的不良行为；A 级信用企业：企业综合得分在 70（含）~80 分，且评价期内不得发生《建筑业企业不良行为记分标准》中单项为 10 分的不良行为；B 级信用企业：企业综合得分在 60（含）~70 分；C 级信用企业：企业综合得分在 60 分以下。

三、评价实施

建筑业企业信用评价工作在中国建筑业协会团体会员和单位会员中组织实施。其中，A、AA、AAA 级信用企业评价采取层级组织的方式。团体会员中的市（区、县）建筑业协会可作 A 级信用企业评价并发布评价结果。团体会员中的省、自治区、直辖市建筑业协会可作 AA 级信用企业评价并发布评价结果。团体会员中的有关行业建设协会、解放军工程建设协会和有关单位可作 A、AA 级信用企业评价并发布评价结果。有关单位是指没有成立建筑业（建设）协会，并与中国建筑业协会商妥的归口本系统申报企业的单位。中国建筑业协会负责全国建筑业 AAA 级信用企业评价并发布评价结果。中国建筑业协会组织的全国建筑业 AAA 级信用企业评价的对象是，中国建筑业协会单位会员并取得施工总承包或专业承包一级以上（含一级）资质的具有独立法人资格的建筑业企业。对于不具有独立法人资格的单位不进行信用评价。全国建筑业 AAA 级信用企业评价的程序是：申报企业按照全国建筑业 AAA 级信用企业网上申报流程操作，填报相关数据，扫描上传相关证书，打印《建筑业企业信用评价申请表》。申报企业将加盖本单位公章的《建筑业企业信用评价申请表》及电子材料报送所在省、自治区、直辖市建筑业协会或有关行业建设协会审核盖章。申报企业将审核盖章后的《建筑业企业信用评价申请表》及电子材料报送指导委员会办公室。指导委员会办公室对申报材料进行复核，计算出分数。指导委员会办公室组织召开评审会，对分数为 90 分（含）以上的申报企业进行审定，并在中国建筑业协会官网公示，公示期为 7 天。对于公示期满且没有异议的，由中国建筑业协会向社会公布参评企业信用等级，并颁发证书。申请 AAA 级信用评价的建筑业企业应当提供以下电子材料：建筑业企业信用评价申请表。企业简介（历史沿革、经营范围、组织机构、企业诚信建设及成效等）。企业法人营业执照、资质证书、安全生产许可证、相关认证证书、获奖证书等扫描件。企业最新的质量、安全、文明施工、合同、设备、材料采购、劳资、信用管理等规章制度的目录及文号。企业发展战略、技术创新规划或技术创新措施。近 3 年资产负债表、利润表、现金流量表。参评企业对提交材料的真实性、有效性负责，并应接受必要的现场调查和验证工作。建筑业企业信用评价工作原则上每年组织开展一次，考核期为申请年度的前 3 年。中国建筑业协会组织的全国建筑业 AAA 级信用企业评价结果有效期为 3 年。在有效期内如果企业发生重大不良行为的，中国建筑业协会可取消其信用等级，并在中国建筑业协会官网予以公布。全国建筑业 AAA 级信用企业评价结果有效期满后，企业可申请复评，重新确定信用等级。

建筑业企业信用评价指标 **表11-1**

评价内容	主要评价指标	标准	分数	评分办法
一、基本素质（15分）	1. 企业资质等	取得营业执照、资质证书、安全生产许可证等且在有效期内	3分	取得相应证书且在有效期内、近三年安全生产许可证连续取得无断档者得3分。近三年安全生产许可证未连续取得者不得分
	2. 公司组织机构及各项规章制度建设	组织机构健全、合理； 规章制度完备，运行有效	7分	组织机构健全、合理，职责明确；各项规章制度严谨、健全，能认真执行并持续改进者得7分。质量、安全、合同、财务、设备、材料采购、劳资等管理制度，每缺少一项减1分，减完为止
	3. 管理体系建立	质量管理体系认证； 环境管理体系认证； 职业健康安全管理体系认证	3分	获得国家认可的认证证书，实施效果良好，能持续改进者得3分。缺一项不得分
	4. 管理、技术人员专业结构配置	配置齐全、合理，符合相应资质要求	2分	最高资质等级对应的一级注册建造师少于9人者不得分；中级以上职称人员少于30人者不得分；大专以上学历者占职工总数（不含劳务队伍）大于40%者得1分；大专以上学历者占职工总数（不含劳务队伍）每降低5%减0.5分，减完为止
二、经营能力及财务指标（20分）	1. 企业净资产	符合相应的资质标准	5分	达到相应的资质标准得5分，否则不得分
	2. 资本保值增值率	大于或等于1	5分	资本保值率大于或等于1者得5分，否则不得分
	3. 净资产收益率	大于（等于）8%	5分	净资产收益率大于（等于）8%者得5分，每减低1%减1分，减完为止
	4. 资产负债率	小于（等于）80%	5分	资产负债率小于（等于）80%者得5分，每增加5%减1分，大于90%者不得分
三、管理指标（15分）	1. 工程质量管理	工程质量合格率100%；无经济损失50万元以上的质量事故	3分	工程质量合格率低于100%者不得分；每发生一起经济损失50万元以上的质量事故者减1分，减完为止
	2. 安全生产、文明施工管理	无生产安全较大事故发生；企业建立文明施工的标准、监督、考评制度；无环保、卫生、治安、消防等部门的重大处罚	3分	发生生产安全较大事故者不得分；企业未建立文明施工的标准、监督、考评制度的不得分；每受到一次环保、卫生、治安、消防等重大处罚的减1分，减完为止
	3. 劳资管理	依法与劳动者签订劳动合同，按照规定为劳动者建立保险制度，不拖欠或克扣劳动者工资	2分	每发生1人次未签订劳动合同或未投保的，扣0.5分，减完为止。因劳资纠纷发生影响重大的群体事件且负有责任者，不得分
	4. 材料采购、构配件管理	材料采购、构配件检验验收制度健全	2分	有材料采购、构配件检验管理制度和专门的检验验收机构，记录真实、完整者得2分。无专门机构者不得分；无管理制度，检验、试验记录不完整、不真实者不得分
	5. 人力资源管理	职工继续教育经费占企业总产值比率大于0.5%；建立职工绩效考核与激励制度；企业成立劳务公司	3分	职工继续教育经费占企业总产值比率大于0.5%，建立合理有效的职工绩效考核与激励制度，企业成立劳务公司者得3分。每一项不合格减1分，减完为止
	6. 信息化管理	建立办公自动化系统及单位网站，信息发布及时、有效	2分	建立办公自动化系统及单位网站，信息沟通渠道顺畅者得2分。缺少一项减1分
四、竞争力指标（20分）	1. 企业发展战略	建立企业发展战略	3分	建立企业发展战略，规划科学，目标明确，且有支撑保障体系者得3分。无企业发展战略者不得分
	2. 技术与管理创新规划	有技术创新规划或年度技术与管理创新措施，有技术开发机构	4分	有技术创新规划、年度技术创新措施、技术开发机构者得4分。每缺少一项减2分

续表

评价内容	主要评价指标	标准	分数	评分办法
四、竞争力指标（20分）	3. 研发经费投入	研发经费投入占企业总产值大于0.5%	4分	研发经费投入占企业总产值大于0.5%者得4分。每降低0.1%减1分
	4. 技术与管理创新成果	有科技进步奖、工法	4分	近3年曾获得省（部）级工法者得4分，没有者不得分。近3年曾获得省（部）级以上科技进步奖、国家级工法者，另加2分
	5. 标准化工作	企业具有科学严谨的技术和管理标准，并得到有效实施；参与过省（部）级或省（部）级以上标准的制订	5分	无科学严谨的技术和管理标准者，减3分。近3年未参与省（部）级标准的制订者，减2分。近3年参与过国家标准制订者另加3分
	6. 加分项	鲁班奖；省级诚信企业；抗震救灾、公益助学、社会救助等相关奖项		近3年获得鲁班奖者（仅限承建单位）加3分；近3年获得省级诚信企业者加1分；近3年获得抗震救灾、公益助学、社会救助等相关奖项者加1分
五、市场行为指标（30分）	具体指标见《建筑业企业不良行为记分标准》		30分	市场行为指标得分=（100－企业因不良行为累计记分）×30%

备注：本表所称生产安全较大事故，是指《生产安全事故报告和调查处理条例》（国务院令第493号）规定的“造成3人（含3人）以上10人以下死亡，或者10人（含10人）以上50人以下重伤，或者1000万元以上5000万元以下直接经济损失的事故”。

建筑业企业不良行为记分标准 **表11-2**

行为类别	序号	不良行为	记分标准
资质	1	未取得资质证书承揽工程的，或超越本单位资质等级承揽工程的	10
	2	以欺骗手段取得资质证书承揽工程的	10
	3	允许其他单位或个人以本单位名义承揽工程的	10
	4	未在规定期限内办理资质变更手续的	2
	5	涂改、伪造、出借、转让《建筑企业资质证书》	10
	6	按照国家规定需要持证上岗的管理和作业人员持证率未达到100%的	持证率每降低10%记5分
承揽业务	7	利用向发包单位及其工作人员行贿、提供回扣或者给予其他好处等不正当手段承揽工程的	10
	8	相互串通投标或者与招标人串通投标的	10
	9	以向招标人或者评标委员会成员行贿的手段谋取中标的	10
	10	以他人名义投标或者以其他方式弄虚作假，骗取中标的	10
履行合同	11	不按照与招标人订立的合同履行义务，情节严重的	10
	12	将承包的工程转包或者违法分包的	10
	13	违反合同约定拖欠分包商及材料商工程款的	5
	14	对分包单位不进行监督管理的	5
工程质量	15	在施工中偷工减料的，使用不合格的建筑材料、建筑构配件和设备的	10
	16	不按照工程设计图纸或者施工技术标准施工的	5
	17	未按照节能设计进行施工的	5
	18	未对建筑材料、建筑构配件、设备和商品混凝土进行检验，或者未对涉及结构安全的试块、试件以及有关材料取样检测的	5
	19	工程竣工验收后，不向建设单位出具质量保修书的，或质量保修的内容、期限违反规定的	3
	20	不履行保修义务或者拖延履行保修义务的	5
工程安全	21	主要负责人在本单位发生重大生产安全事故时，不立即组织抢救或者在事故调查处理期间擅离职守或者逃匿的；主要负责人对生产安全事故隐瞒不报、谎报或者拖延不报的	10
	22	对建筑安全事故隐患不采取措施予以消除的	5

续表

行为类别	序号	不良行为	记分标准
工程安全	23	未设立安全生产管理机构、配备专职安全生产管理人员或者分部分项工程施工时无专职安全生产管理人员现场监督的	10
	24	主要负责人、项目负责人、专职安全生产管理人员、作业人员，未经安全教育培训或者虽经安全教育培训而考核不合格即从事相关工作的	5
	25	未在施工现场的危险部位设置明显的安全警示标志，或者未按照国家有关规定在施工现场设置消防通道、消防水源、配备消防设施和灭火器材的	5
	26	未向作业人员提供安全防护用具和安全防护服装的	5
	27	未按照规定在施工起重机械和整体提升脚手架、模板等自升式架设设施验收合格后登记的	2
	28	使用国家明令淘汰、禁止使用的危及施工安全的工艺、设备、材料的	10
	29	违法挪用列入建设工程概算的安全生产作业环境及安全施工措施所需费用的	5
	30	施工前未对有关安全施工的技术要求做出详细交底的	4
	31	未根据不同施工阶段和周围环境及季节、气候的变化，在施工现场采取相应的安全施工措施，或者在城市市区内的建设工程的施工现场未实行封闭围挡的	2
	32	在尚未竣工的建筑物内设置员工集体宿舍的	2
	33	施工现场临时搭建的建筑物不符合安全使用要求的	2
	34	未对因建设工程施工可能造成损害的毗邻建筑物、构筑物和地下管线等采取专项防护措施的	2
	35	安全防护用具、机械设备、施工机具及配件在进入施工现场前未经查验或者查验不合格即投入使用的	10
	36	使用未经验收或者验收不合格的施工起重机械和整体提升脚手架、模板等自升式架设设施的	10
	37	委托不具有相应资质的单位承担施工现场安装、拆卸施工起重机械和整体提升脚手架、模板等自升式架设设施的	10
	38	在施工组织设计中未编制安全技术措施、施工现场临时用电方案或者专项施工方案的	2
	39	主要负责人、项目负责人未履行安全生产管理职责的，或操作人员不服从管理、违反规章制度和操作规程冒险作业的	10
	40	施工单位取得资质证书后，降低安全生产条件的；或经整改仍未达到与其资质等级相适应的安全生产条件的	10
	41	取得安全生产许可证发生生产安全事故的	每发生一起较大事故记 10 分，每发生一起一般事故记 5 分
	42	未取得安全生产许可证擅自进行生产的	10
	43	安全生产许可证有效期满未办理延期手续，继续进行生产的，或逾期不办理延期手续，继续进行生产的	10
	44	转让安全生产许可证的；接受转让的；冒用或者使用伪造的安全生产许可证的	10
劳动者权益	45	拖欠或克扣劳动者工资	记 3 分；总包单位负有直接责任，造成集体上访事件，影响恶劣的记 10 分
	46	企业与劳动者发生劳动合同纠纷，企业负有主要责任的	每发生一起记 1 分
	47	不按规定按时足额为劳动者投保的	5
纳税	48	不照章纳税，有偷税漏税行为的	10
银行信贷	49	编造虚假材料，骗取银行贷款的	10
	50	不履行借贷合同，逾期未还贷款的	5
其他	51	发布虚假信息，情节严重的	10
	52	伪造检测数据，提供虚假检测报告的	10
	53	不及时建立、收集工程文件资料，采取事后补填、补签文件资料的或工程档案日常管理工作没有纳入项目管理中的，没有进行日常归档的	2

第五节　注册建造师执业资格管理

一、注册建造师

建造师分为一级建造师和二级建造师。国家对建设工程项目总承包和施工管理关键岗位的专业技术人员实行执业资格制度，纳入全国专业技术人员执业资格制度统一规划，适用于从事建设工程项目总承包、施工管理的专业技术人员。注册建造师，是指通过考核认定或考试合格取得建造师资格证书，并按照规定注册，取得建造师注册证书和执业印章，担任施工单位项目负责人及从事相关活动的专业技术人员。适用中华人民共和国境内注册建造师的注册、执业、继续教育和监督管理。国务院建设主管部门对全国注册建造师的注册、执业活动实施统一监督管理；国务院铁路、交通、水利、信息产业、民航等有关部门按照国务院规定的职责分工，对全国有关专业工程注册建造师的执业活动实施监督管理。县级以上地方人民政府建设主管部门对本行政区域内的注册建造师的注册、执业活动实施监督管理；县级以上地方人民政府交通、水利、通信等有关部门在各自职责范围内，对本行政区域内有关专业工程注册建造师的执业活动实施监督管理。注册建造师实行注册执业管理制度，注册建造师分为一级注册建造师和二级注册建造师。取得资格证书的人员，经过注册方能以注册建造师的名义执业。申请初始注册时应当具备以下条件：经考核认定或考试合格取得资格证书；受聘于一个相关单位；达到继续教育要求。取得一级建造师资格证书并受聘于一个建设工程勘察、设计、施工、监理、招标代理、造价咨询等单位的人员，应当通过聘用单位提出注册申请，并可以向单位工商注册所在地的省、自治区、直辖市人民政府住房和城乡建设主管部门提交申请材料。省、自治区、直辖市人民政府住房和城乡建设主管部门收到申请材料后，应当在5日内将全部申请材料报国务院住房和城乡建设主管部门审批。国务院住房和城乡建设主管部门在收到申请材料后，应当依法作出是否受理的决定，并出具凭证；申请材料不齐全或者不符合法定形式的，应当在5日内一次性告知申请人需要补正的全部内容。逾期不告知的，自收到申请材料之日起即为受理。涉及铁路、公路、港口与航道、水利水电、通信与广电、民航专业的，国务院住房和城乡建设主管部门应当将全部申报材料送同级有关部门审核。符合条件的，由国务院住房和城乡建设主管部门核发《一级建造师注册证书》，并核定执业印章编号。对申请初始注册的，国务院住房和城乡建设主管部门应当自受理之日起20日内作出审批决定。自作出决定之日起10日内公告审批结果。国务院有关部门收到国务院住房和城乡建设主管部门移送的申请材料后，应当在10日内审核完毕，并将审核意见送国务院住房和城乡建设主管部门。对申请变更注册、延续注册的，国务院住房和城乡建设主管部门应当自受理之日起10日内作出审批决定。自作出决定之日起10日内公告审批结果。国务院有关部门收到国务院住房和城乡建设主管部门移送的申请材料后，应当在5日内审核完毕，并将审核意见送国务院住房和城乡建设主管部门。取得二级建造师资格证书的人员申请注册，由省、自治区、直辖市人民政府建设主管部门负责受理和审批。对批准注册的，核发由国务院建设主管部门统一样式的《二级建造师注册证书》和执业印章，并在核发证书后送国务院建设主管部门备案。注册证书和执业印章是注册建造师的执业凭证，由注册建造师本人保管、使用。注册证书与执业印章有效期为3年。初始注册者，可自资格证书签发之日起3年内提出申请。逾期未申请者，须符合本专业继续教育的要求后方可申请初始注册。注册有效期满需继续执业的，按照规定申请延续注册。延续注册的，有效期为3年。在注册有效期内，注册建造师变更执业单位，应当与原聘用单位解除劳动关系，并按照规定办理变更注册手续，变更注册后仍延续原注册有效期。注册建造师需要增加执业专业的，应当按照规定申请专业增项注册，并提供相应的资格证明。注册建造师因遗失、污损注册证书或执业印章，需要补办的，向原注册机关申请补办。

二、执业

取得资格证书的人员应当受聘于一个具有建设工程勘察、设计、施工、监理、招标代理、造价咨询等一项或者多项资质的单位，经注册后方可从事相应的执业活动。担任施工单位项目负责人的，应当受聘并注册于一个具有施工资质的企业。注册建造师的具体执业范围按照《注册建造师执业工程规模标准》执行。注册建造师可以从事建设工程项目总承包管理或施工管理，建设工程项目管理服务，建设工程技术经济咨询，以及法律、行政法规和国务院建设主管部门规定的其他业务。建设工程施工活动中形成的有关工程施工管理文件，应当由注册建造师签字并加盖执业印章。施工单位签署质量合格的文件上，必须有注册建造师的签字盖章。注册建造师在每一个注册有效期内应当达到国务院建设主管部门规定的继续教育要求。继续教育分为必修课和选修课，在每一注册有效期内各为60学时。注册建造师享有下列权利：使用注册建造师名称；在规定范围内从事执业活动；在本人执业活动中形成的文件上签字并加盖执业印章；保管和使用本人注册证书、执业印章；对本人执业活动进行解释和辩护；接受继续教育；获得相应的劳动报酬；对侵犯本人权利的行为进行申述。注册建造师应当履行下列义务：遵守法律、法规和有关管理规定，恪守职业道德；执行技术标准、规范和规程；保证执业成果的质量，并承担相应责任；接受继续教育，努力提高执业水准；保守在执业中知悉的国家秘密和他人的商业、技术等秘密；与当事人有利害关系的，应当主动回避；协助注册管理机关完成相关工作。建造师经注册后，有权以建造师名义担任建设工程项目施工的项目经理及从事其他施工活动的管理。建造师在工作中，必须严格遵守法律、法规和行业管理的各项规定，恪守职业道德。建造师的执业范围：担任建设工程项目施工的项目经理。从事其他施工活动的管理工作。法律、行政法规或国务院建设行政主管部门规定的其他业务。一级建造师的执业技术能力：具有一定的工程技术、工程管理理论和相关经济理论水平，并具有丰富的施工管理专业知识。能够熟练掌握和运用与施工管理业务相关的法律、法规、工程建设强制性标准和行业管理的各项规定。具有丰富的施工管理实践经验和资历，有较强的施工组织能力，能保证工程质量和安全生产。有一定的外语水平。二级建造师的执业技术能力：了解工程建设的法律、法规、工程建设强制性标准及有关行业管理的规定。具有一定的施工管理专业知识。具有一定的施工管理实践经验和资历，有一定的施工组织能力，能保证工程质量和安全生产。按照建设部颁布的《建筑业企业资质等级标准》，一级建造师可以担任特级、一级建筑业企业资质的建设工程项目施工的项目经理；二级建造师可以担任二级及以下建筑业企业资质的建设工程项目施工的项目经理。建造师必须接受继续教育，更新知识，不断提高业务水平。一级建造师执业资格实行电子化申报和审批，申请人和其聘用企业对申报信息真实性和有效性进行承诺，并承担相应法律责任。取得一级建造师执业资格证书或取得一级建造师注册证书的人员及其聘用企业在办理注册业务前，须在系统中完成实名认证。取得一级建造师执业资格证书的人员应通过系统提出注册申请，其聘用企业确认后，通过系统上报住房和城乡建设部。涉及铁路、公路、港口与航道、水利水电、通信与广电、民航专业的，住房和城乡建设部会同国务院有关部门审查。一级注册建造师变更执业单位，应通过系统先完成注销手续再申请重新注册。对于注册人员或企业基本信息变更的，须通过系统提交相关材料。一级注册建造师办理注销手续的，应通过系统提交注销申请，其聘用企业完成确认后，即为完成注销。实名认证分为个人实名认证和企业实名认证。具体要求如下：个人实名认证包括现场认证和系统网上认证两种方式。企业认证包括现场认证和身份锁认证。

关于二级建造师注册，《关于印发〈建造师执业资格制度暂行规定〉的通知》第十五条规定，“二级建造师执业资格考试合格者，由省、自治区、直辖市人事部门颁发由人事部、建设部统一格式的《二级建造师执业资格证书》。该证书在所在行政区域内有效”。《注册建造师管理规定》第九条规定，“取得二级建造师资格证书的人员申请注册，由省、自治区、直辖市人民政府建设主管部门负责受理和审批，对批准注册的，核发由国务院建设主管部门统一样式的《二级建造师注册证书》。”二级建造师应在考试取得执业资格的省、自治区、直辖市申请注册。关于二级建造师执业，《关于印发〈注册建造师执业管理办法〉（试行）的通知》第六条规定，通过考核认定或参加考试取得二级建造师资格证书并经注册人员，可在全国范围内以二级注册建造师名义执业。因此，二级注册建造师可随注册企业在全国范围内执业。

三、注册建造师继续教育管理

注册建造师应通过继续教育，掌握工程建设有关法律法规、标准规范，增强职业道德和诚信守法意识，熟悉工程建设项目管理新方法、新技术，总结工作中的经验教训，不断提高综合素质和执业能力。注册建造师按规定参加继续教育，是申请初始注册、延续注册、增项注册和重新注册的必要条件。注册建造师参加继续教育的组织工作采取分级与分专业相结合的原则。国务院住房和城乡建设、铁路、交通、水利、工业信息化、民航等部门或其委托的行业协会，组织本专业一级注册建造师参加继续教育，各省级住房和城乡建设主管部门组织二级注册建造师参加继续教育。国务院住房和城乡建设主管部门会同国务院有关部门组织制定注册建造师继续教育教学大纲，并组织必修课教材的编写。各专业牵头部门负责本专业一级建造师选修课教材的编写，各省级住房和城乡建设主管部门负责二级建造师选修课教材的编写。国务院住房和城乡建设主管部门负责一级建造师继续教育必修课课程安排的编制，各专业牵头部门负责本专业一级注册建造师继续教育选修课课程安排的编制并报国务院住房和城乡建设主管部门汇总，各省级住房和城乡建设主管部门负责本行政区域内的二级建造师继续教育课程安排的编制并报国务院住房和城乡建设主管部门备案。注册建造师应在企业注册所在地选择中国建造师网公布的培训单位接受继续教育。在企业注册所在地外担任项目负责人的一级注册建造师，报专业牵头部门备案后可在工程所在地接受继续教育。注册一个专业的建造师在每一注册有效期内应参加继续教育不少于 120 学时，其中必修课 60 学时，选修课 60 学时。注册两个及以上专业的，每增加一个专业还应参加所增加专业 60 学时的继续教育，其中必修课 30 学时，选修课 30 学时。完成规定学时并测试合格后取得的《注册建造师继续教育证书》是建造师申请注册的重要依据。

第六节　中国建设工程鲁班奖（国家优质工程）评选

一、建设工程鲁班奖

鲁班奖是我国建设工程质量的最高奖，规范中国建设工程鲁班奖（国家优质工程）的评选活动，工程质量应达到国内领先水平。鲁班奖的评选工作在住建部指导下由中国建筑业协会组织实施，评选结果报住建部。鲁班奖的评选工作坚持“优中选优”和公开、公正、公平的原则。鲁班奖每两年评选一次，获奖工程数额不超过 240 项。获奖单位为获奖工程的主要承建单位、参建单位。鲁班奖由建筑业企业自愿申报，经省、自治区、直辖市建筑业协会、有关行业建设协会或有关单位择优推荐后进行评选。鲁班奖的评选工程为我国境内已经建成并投入使用的各类新（扩）建工程。鲁班奖的评选工程分为：住宅工程；公共建筑工程；工业交通水利工程；市政园林工程。各类工程的获奖比例视当年实际情况确定。已参加过鲁班奖评选而未获奖的工程，不再列入评选范围。申报工程应具备以下条件：符合法定建设程序、国家工程建设强制性标准和有关省地、节能、环保的规定，工程设计先进合理，并已获得本地区或本行业最高质量奖；工程项目已完成竣工验收备案，并经过一年以上使用没有发现质量缺陷和质量隐患；工业交通水利工程、市政园林工程除符合条件外，其技术指标、经济效益及社会效益应达到本专业工程国内领先水平；住宅工程除符合条件外，入住率应达到 40% 以上；申报单位应没有不符合诚信的行为。申报工程原则上应已列入省（部）级的建筑业新技术应用示范工程或绿色施工示范工程，并验收合格。积极采用新技术、新工艺、新材料、新设备，其中有一项国内领先水平的创新技术或采用建筑业 10 项新技术不少于 6 项。对于已开展优质结构工程评选的地区和行业，申报工程须获得该地区或行业结构质量最高奖；尚未开展优质结构工程评选的地区、行业，对纳入创鲁班奖计划的工程应设专人负责，在施工过程中组织 3~5 名相关专业的专家，对其地基基础、主体结构施工进行不少于两次的中间质量检查，并有完备的检查记录和评价结论。申报工程的主要承建单位，是指与申报工程的建设单位签订施工承包合同的独立法人单位。在工业建设项目中，应是承建主要生产设备和管线、仪器、仪表的安装单位或是承建主厂房和与生产相关的主要建筑物、构筑物的施工单位；在交通水利、市政园林工程中，应是承建主体工程或是工程主要部位的施工单位；在公共建筑和住宅工程中，应是承建主体结构的施工单位。申报工程的主要参建单位，是指与承建单位签订分包合同的独立法人单位，其完成的建安工作量应占 10% 以上且超过 3000 万元。两家以上建筑业企业联合承包一项工程，并签订联合承包合同的，可以联合申报鲁班奖。对于分标段发包的大型建设工程，两家以上建筑业企业分别与建设单位签订不同标段的施工承包合同，原则上每家建筑业企业完成的工作量均在20%以上，且不少于2亿元的，可作为承建单位共同申报。与建设单位签订分标段施工承包合同的建筑业企业，其完成的工作量不满足上述要求，但超过1亿元的，可申报参建单位。对于投资20亿元以上的超大型建设工程，可由建设单位牵头组织，由各施工总承包单位共同申报。

二、申报和初审

申报工程由承建单位提出申请，主要参建单位的资料由承建单位统一汇总申报。地方建筑业企业通过所在省、自治区、直辖市建筑业协会申报；有关行业的建筑业企业通过该行业建设协会申报；有关单位系统的建筑业企业通过该单位申报。有关行业的建筑业企业申报非本专业工程的，其公共建筑和住宅工程应征求工程所在地的省、自治区、直辖市建筑业协会的意见，其他专业工程应征求相关行业建设协会的意见；地方建筑业企业申报专业工程的，应征求有关行业建设协会或行业主管部门的意见。受理申报的省、自治区、直辖市建筑业协会、有关行业建设协会和有关单位，应依据规定对申报资料进行审查，在鲁班奖申报表中签署意见，加盖公章，并征求省级建设行政主管部门或行业主管部门的意见后，正式行文向中国建筑业协会推荐。申报资料的主要内容和要求如下：申报工程、申报单位及相关单位的基本情况；工程立项批复、承包合同及竣工验收备案等资料；工程彩色数码照片20张及5分钟工程影像资料。申报资料由申报单位通过中国建筑业协会网传送电子版，并提供鲁班奖申报表原件2份和书面申报资料1套；鲁班奖申报表中需由相关单位签署意见的栏目，应写明对工程质量具体评价意见；申报资料中提供的文件、证明材料和印章应清晰，容易辨认；申报资料要准确、真实，如有变更应有相应的文字说明和变更文件；工程影像资料的内容主要是施工特点、施工关键技术、施工过程控制、新技术推广应用等情况，要充分反映工程质量过程控制和隐蔽工程的检验情况。中国建筑业协会秘书处依据办法规定的申报条件和要求对当年申报的工程进行初审，并将初审结果告知推荐单位。

三、工程复查与评审表彰

中国建筑业协会组成若干复查组对通过初审的工程进行复查。工程复查专家由建设行政主管部门、建筑业（建设）协会和中国建筑业协会直属会员企业按条件推荐，经中国建筑业协会遴选后组成鲁班奖工程复查专家库，每年根据需要从专家库中抽取。工程复查的内容和要求：听取申报单位对工程施工和质量的情况介绍。听取建设、使用、设计、监理及质量监督单位对工程质量的评价意见。复查组与上述单位座谈时，受检单位的人员应当回避。查阅工程建设的前期文件、施工技术资料及竣工验收资料等。实地检查工程质量。复查组要求查看的工程内容和部位应予满足，不得以任何理由回避或拒绝。复查组对工程复查情况进行现场讲评。复查组向评审委员会提交复查报告。复查报告要对工程的整体质量状况做出“上好”“好”“较好”三类的评价，并提出“推荐”或“不推荐”的意见。评审委员须是具有高级技术职称，有丰富实践经验，并在业内有一定知名度的专家。评审委员由建设行政主管部门、建筑业（建设）协会和中国建筑业协会直属会员企业按条件推荐，经中国建筑业协会遴选后组成鲁班奖工程评审专家库，中国建筑业协会每年根据需要从专家库中抽取。评审委员会通过听取复查组汇报、观看工程录像、审查申报资料、质询评议，最终以投票方式评出入选鲁班奖工程，报会长会议审定后，在中国建筑业协会网或有关媒体上公示。中国建筑业协会每两年召开颁奖大会，向荣获鲁班奖的主要承建单位授予鲁班金像和获奖证书；向荣获鲁班奖的主要参建单位颁发奖牌和获奖证书。地方建筑业协会、有关行业建设协会和获奖单位可根据本地区、本部门和本单位的实际情况，对获奖单位和有关人员给予奖励。获奖工程的建设单位可向中国建筑业协会申请颁发鲁班金像作为纪念。

第七节　中国土木工程詹天佑奖评选

一、中国土木工程詹天佑奖

中国土木工程詹天佑奖是经国家批准、住房和城乡建设部认定、科技部首批核准登记，由中国土木工程学会和北京詹天佑土木工程科学技术发展基金会于1999年联合设立，是詹天佑土木工程科学技术奖的主要奖项（詹天佑土木工程科学技术奖包括詹天佑大奖、中国土木工程学会优秀论文奖、中国土木工程学会优秀毕业生奖），是住房和城乡建设部认定的全国建设系统工程奖励项目之一。本奖项是我国土木工程领域工程建设项目科技创新的最高荣誉奖，在住建部、交通运输部、水利部、中国铁路总公司（原铁道部）等建设主管部门的支持与指导下进行，由詹天佑大奖指导委员会和詹天佑大奖评选委员会评定。奖项的奖励对象是：在科技创新（尤其是自主创新）和科技应用方面成绩显著的优秀土木工程建设项目。本奖项应充分体现创新性、先进性和权威性。本奖项每年评选一次，每次评选获奖工程一般不超过30项，必要时可设立特别奖。本奖项评选范围包括下列各类工程：建筑工程（含高层建筑、大跨度公共建筑、工业建筑、住宅小区工程等）；桥梁工程（含公路、铁路及城市桥梁）；铁路工程；隧道及地下工程、岩土工程；公路及场道工程；水利、水电工程；水运、港工及海洋工程；城市公共交通工程（含轨道交通工程）；市政工程（含给排水、燃气热力工程）；特种工程（含军工工程）。申报条件，申报本奖项的单位必须是中国土木工程学会团体会员。申报本奖项的工程需具备下列条件：在勘察、设计、施工以及工程管理等方面有所创新和突破（尤其是自主创新），整体水平达到国内同类工程领先水平。突出体现应用先进的科学技术成果，有较高的科技含量，具有一定的规模和代表性。贯彻执行“适用、经济、绿色、美观”的建筑方针，突出建筑使用功能以及节能、节水、节地、节材和环境保护等可持续发展理念。工程质量达到优质工程，通过竣工验收。对建筑、市政等实行一次性竣工验收的工程，是已经完成竣工验收并经过一年以上使用核验的工程；对铁路、公路、港口、水利等实行交工验收或初验与正式竣工验收两阶段验收的工程，是已经完成正式竣工验收的工程。

二、参选工程的推荐与申报

提名推荐根据评选工程范围及申报条件，由下述几个推荐渠道各相关单位，组织对所属专业领域（地区）的工程项目进行遴选后推荐，每家推荐单位最多可以推荐参选工程3项。建设、交通、水利、铁道等有关部委（单位）主管部门；省、自治区、直辖市土木工程学会或土木建筑学会（会同当地建设行政主管部门），港澳台地区受委托的相应组织；中国土木工程学会专业分会（委员会）分支机构；中国建筑集团有限公司、中国交通建设集团有限公司、中国铁路工程集团有限公司、中国铁道建筑集团有限公司、中国冶金科工集团有限公司等央企；中国公路学会、中国水运建设行业协会、中国铁道工程建设协会、中国大坝工程学会、中国电力建设企业协会等学协会。推荐单位应根据参选工程范围和参选工程条件，组织相关领域专家，对所属专业范围（或地区）内的工程项目进行遴选后推荐。严格审查申报材料的真实性、可靠性，对推荐的参选工程应总结概括1000字以内的推荐意见。登陆詹天佑奖申报系统在线填写推荐意见表，同时将加盖推荐单位公章的书面推荐意见表寄送给被推荐项目的主申报单位。申报单位必须是中国土木工程学会单位会员，每项工程的报奖单位原则上限报5家（其中施工单位的建安工作量应超过5000万元），对特殊工程可适当增减。申报单位必须是在工程项目技术创新与先进科技成果应用方面做出重要贡献的主要完成单位（包括工程的勘察、设计、施工、科研和建设、监理单位等），工程决算20亿元以内的项目最多可申报5家参建单位，工程决算20至50亿元的项目最多可申报7家参建单位，工程决算50亿元以上的项目最多可申报10家参建单位。每个申报项目指定一家单位作为本项目的主申报单位，负责与其他各家申报单位的联系、协调、沟通以及与学会的对接。创新集体人员必须是对本工程做出突出贡献的科技人员，与工程评选同时进行，工程获奖后创新集体一并获奖。工程决算在50亿元以内的项目创新集体申报人数最多限报10人，工程决算在50亿元以上的项目创新集体申报人数最多限报15人，其中工程管理人员不得超过总人数的50%。申报在推荐单位同意推荐的条件下，由参选工程的主要完成单位（报奖单位）共同协商填报参选工程推荐申报书，并提交相关的申报附件材料。由第一报奖单位（即主申报单位）负责协调并提交推荐申报书及相关申报附件材料，并负责日后与各家报奖单位的联系和沟通。参选工程的报奖单位应为该工程项目在技术创新与先进科技成果应用方面的主要完成单位（包括工程的勘察、设计、施工、科研和建设、监理单位等）。申报程序和递交材料，登陆詹天佑奖网络申报系统完成在线填报，按照《詹天佑大奖推荐申报书》具体要求，逐项完成在线填报和有关附件材料的上传工作。推荐单位意见由推荐单位填写，将签字盖章后的推荐申报书原件扫描成 PDF 文件，上传至申报系统。

三、评选、奖励与颁奖

评选原则，评选要坚持数量少、质量高、程序规范以及公开、公正、公平的原则，建立回避制和监督制，坚持优中选优、宁缺毋滥。评选机构，设立詹天佑大奖评选委员会，由各专业的土木工程资深专家组成；建立评委专家库，每届选取部分专家组成，由中国土木工程学会和北京詹天佑土木工程科学技术发展基金会共同聘任。设立詹天佑大奖指导委员会，负责工程评选的指导和监督。詹天佑大奖指导委员会由住房和城乡建设部、交通运输部、水利部、中国铁路总公司（原铁道部）等有关部门以及中国土木工程学会和北京詹天佑土木工程科学技术发展基金会的领导组成。专业预选，根据参选工程类型，按相近专业分成若干专业组，由预选评审组进行专业预选，提出候选工程报评选委员会。发挥专业专家的技术把关作用。预选由中国土木工程学会各专业分会协办；预选评审组原则上以本学会的专业分会或其他相应专业领域的学会（或相近专业分会联合）为基础，聘请有关专家组成。必要时，对于选出的工程可组织有关专家进行实地考察。评审大会评审，组织召开詹天佑大奖指导委员会和詹天佑大奖评选委员会联席会议，对各专业组提出的候选工程进行审查。由詹天佑大奖指导委员会根据候选工程情况研究确定入选工程数量。宣读投票规则，与会人员以无记名投票方式选出本届入选工程。必要时，对于国计民生具有重大意义和影响的国家特大型工程可以授予特别奖。公示，入选工程名单在中国土木工程学会网站进行 15 个自然日的公示，必要时可有重点地对某些入选工程组织核查。入选工程经公示无异议即确定为获奖工程。对获奖工程的每个主要完成单位（报奖单位），授予詹天佑大奖荣誉奖杯、纪念奖牌及获奖证书。在科技、建设及学术报刊以及学会网站上，公告获奖名单，在新闻媒体上介绍获奖工程，展示科技创新成果。对每届获奖工程组织编辑出版《中国土木工程詹天佑奖获奖工程集锦》大型图集等宣传材料。在评奖年度（或次年初）隆重举行颁奖仪式。

第八节　中国钢结构金奖评选与管理

一、中国钢结构金奖

中国钢结构金奖是根据国务院原行业纠风办公室批准、住建部《关于评比达标保留项目的通知》要求设立的，中国钢结构金奖是我国钢结构工程领域的最高质量奖，获奖项目的工程质量应达到国内领先水平。中国钢结构金奖的主办单位为中国建筑金属结构协会；周期为两年一届，每届获奖工程数量不超过 300 项；获奖单位为获奖工程的施工单位、监理单位、设计单位及有关参建单位，获奖个人为获奖工程负责人。香港、澳门、台湾地区的中国钢结构金奖评选由该地区自行组织，其评选办法须报中国建筑金属结构协会批准，评选结果须报中国建筑金属结构协会批准。中国建筑金属结构协会设立中国钢结构金奖评审委员会，评审委员由钢结构行业从事项目管理、施工技术、质量管理、结构设计和科研教学等方面的专家组成。中国钢结构金奖评审委员会，由建筑钢结构分会提名推荐，经中国建筑金属结构协会考核聘用，每届任期 2 年。设委员若干，从中国建筑金属结构协会钢结构专家库中随机选聘。中国钢结构金奖评审委员会下设秘书处，负责评审的组织工作。秘书处设在中国建筑金属结构协会建筑钢结构分会，秘书长由分会会长兼任。中国钢结构金奖评审工作由评审委员会秘书处负责组织实施，工作程序如下：项目申报，中国建筑金属结构协会发文组织申报。参评中国钢结构金奖的工程由企业自愿如实申报，经省级或以上相关行业协会组织、建设主管部门或上级集团公司推荐后参加评选。上报资料与初审，整理资料：申报单位根据要求整理与上报工程项目评审的相关资料；受理资料：中国钢结构金奖评审委员会秘书处受理申报资料；项目初审：中国钢结构金奖初审组根据申报资料，进行工程分类，核查工程规模、施工概况、验收证明资料和无质量安全事故情况证明；并按照《住房和城乡建设部关于印发建筑工程施工发包与承包违法行为认定查处管理办法的通知》等核对申报项目的合法性、合规性，对存疑的问题与相关单位进行反馈、沟通。对通过初审的工程，由评审委员会秘书处通知申报单位准备现场核查考评。项目初审项目初审由秘书处和部分专家组成的初审组采取函审或视频或现场会议等多种形式，对申报工程的合法性、合规性和工程规模等资料进行初步审查，给出初审意见，并通知申报单位。现场考评，对初审合格的项目组织现场考评。项目汇报：主申报单位项目负责人向现场考评专家组进行项目钢结构工程建造施工与质量总体汇报。施工单位、监理单位、设计单位、建设单位、总包单位依次向现场考评专家组汇报说明项目的钢结构施工建造与质量情况以及对申报中国钢金奖的意见。现场考评：专家组进行工程质量现场检查、资料审查和考核评分。考评总结：专家组对现场核查情况进行总结和评分汇总，专家从中国建筑金属结构协会钢结构专家库中抽选。专家组按照考评要求负责工程项目现场考评，撰写考评报告，提出考评建议、意见，并对项目进行考核评分。会议评审，中国钢结构金奖评审委员会每年对完成现场考评的工程项目进行一次会议评审。会议评审工作包括：审阅工程项目资料和现场考评报告、咨询考评专家组意见、对项目进行复审评议、以投票方式评出入选中国钢结构金奖的工程项目。推荐工程名单：由评审委员会秘书处根据现场考核评分结果提出金奖推荐工程名单。评审委员会委员进行会议评审，确定入选中国钢结构金奖工程名单。表彰，对专家评审会评审通过的工程中国建筑金属结构协会官方网站对入选中国钢结构金奖的工程项目进行为期 7 天的公示。公示期间反映有问题的工程项目，一经查实，取消其中国钢结构金奖入选资格；公示期间社会各界无异议的工程项目，将颁发中国钢结构金奖奖杯、证书，并进行表彰、宣传。

二、评选条件语现场考评

申报参评中国钢结构金奖的工程项目，必须符合我国法律、法规的相关要求和规定，且应满足以下基本条件：符合政府规定的基本建设程序，且工程项目取得施工许可文件；钢结构工程已通过施工验收，质量符合有关要求和规定；项目经理资格符合有关规定。参评工程项目规模应符合以下要求：多高层钢结构（不包括住宅）建筑：钢结构工程量在 6000 吨（含）以上，或建筑高度 200 米（含）以上。大跨度与空间钢结构公共建筑：钢结构最大覆盖投影面积在 8000 平方米（含）以上。工业钢结构建筑：跨度大于 36 米（含）且钢结构量 2000 吨（含）以上，或建筑面积 30000 平方米（含）以上。钢结构住宅：单体建筑面积 10000 平方米（含）以上或住宅小区工程 50000 平方米（含）以上，经过一个采暖期使用且无质量问题。钢结构桥梁：桥梁长度 300 米（含）以上且钢结构工程量 2000 吨（含）以上；或跨度 60 米（含）以上且钢结构工程量 2000 吨（含）以上；或钢结构工程量 5000 吨（含）以上。构筑物或其他钢结构建筑：未包含在上述项中的钢结构（如塔桅钢结构、电厂钢结构、水工钢结构、海洋钢结构等），原则上单体结构用钢量 2000 吨（含）以上或高度 200 米（含）以上或投影面积 8000 平方米（含）以上。中国钢结构金奖的现场考评采用评分制。现场考评时间为工程主体结构验收后、钢构件被覆盖之前，以便于专家组能够根据考核内容查验钢结构质量状况。现场考评工作程序为：听取申报单位关于钢结构工程施工与质量情况汇报。听取建设、总包、设计、监理、质检等单位对钢结构工程质量的评价以及对申报中国钢结构金奖的意见。实地复查钢结构工程施工质量。查阅钢结构工程管理文件、施工技术文件及验收记录等资料。考评组对各项考核指标打分、对考评内容进行点评，撰写现场考评报告，公布现场考评结果。现场考评内容包括：工程质量与管控、施工难度、技术创新、工程管理等四个方面，其中：工程质量与管控满分为 100 分，施工难度满分为 10 分，技术创新满分为 25 分，工程管理满分为 15 分，现场考评总满分为 150 分。考评内容与评分标准如下：工程质量与管控：根据工程材料、钢结构建造质量是否符合国家现行规范、标准和设计要求及合同约定，质量管理是否科学高效，施工资料记录是否规范齐全等进行考评。最高得分为 100 分。施工难度：根据工程建筑造型或结构体系复杂程度、焊接难度、构件制造与现场安装难度等方面进行考评。最高得分为 10 分。技术创新：根据项目推动技术进步取得的专利、工法、论文等科技成果、获得的科技奖励以及项目应用 BIM 技术、装配化建造等新技术、开展 QC 活动取得的成果等进行考评。最高得分 25 分。工程项目管理：根据管理体系（质量、安全、劳务等）健全程度与运行效率、工程管理人员和关键岗位操作人员的资格证书、企业管理层对项目的管控效果、现场安全、文明、绿色环保情况等进行考评。最高得分15分。现场考评总分低于120分或工程质量与管控项考评低于85分的工程项目，不具备推荐参加金奖年度会议评审资格。对中国企业（包括港澳台）申报的在境外建设的钢结构工程，采用同样方法进行评选表彰。境外工程评选要求：境外工程项目申报评选“中国钢结构金奖”，除遵循上述评选办法外，且其70%的加工制造应由国内企业完成。申报工程项目属于当地标志性建筑或重大工程，技术含量较高，有较大的社会影响。

三、年度杰出工程大奖评选、表彰

年度杰出工程大奖项目从当年获得中国钢结构金奖的项目中遴选，每届评选数量原则上不超过6项。年度杰出工程大奖评选要求：遴选推荐的钢结构工程应具有规模大、技术含量高、行业影响大的特点，且是采用先进施工技术建造的钢结构建筑。年度杰出大奖工程项目由企业自愿申报，经过严格考评产生。项目的综合技术水平已经通过省部级（含）以上的科技成果鉴定或评价，并且达到国际先进或领先水平。项目已获得有关工程技术、施工管理等方面的国家、省、市级以上（非企业自评）各类荣誉和表彰二项以上。项目形成的工法被评为省部级或以上的工法。项目获得发明专利二项以上且论文已在核心期刊上发表。工程项目现场考评总分不低于147分，其中工程质量与管控得分不低于97分。中国建筑金属结构协会组织召开颁奖大会，对获奖工程进行表彰，向获奖单位、个人颁发奖杯及证书。地方相关部门和获奖企业可根据实际情况，对获奖企业及有关人员给予奖励。中国建筑金属结构协会将在协会官网和行业主流媒体上公布中国钢结构金奖获奖工程、获奖单位及个人名单。中国钢结构金奖申报程序及申报资料要求，申报参评中国钢结构金奖的工程项目，应由一个主申报单位（业主、总包、设计、监理、施工等）进行申报。由多个标段或多个单位共同完成的工程，可商定其中一个单位为主申报单位，其他参与工程建设的单位（需提交合同文件）由主申报单位一并上报。申报中国钢结构金奖工程，须按照要求填写《中国钢结构金奖参评申报表》。每个申报工程项目，应附工程不同阶段的施工照片，并附简要说明。项目钢结构工程建造总结拟申报金奖的工程项目，须提供项目钢结构工程建造总结汇报文件。中国钢结构金奖申报材料由以下四部分组成：申报表；项目钢结构工程建造总结（拟申报参评金奖工程）；不同阶段的施工照片等音像资料；其他资料等。境外工程申报程序及申报资料要求（略）。

第九节　中国建筑工程装饰奖评选

一、中国建筑工程装饰奖

为推动我国建筑装饰行业整体水平的不断提高，建设资源节约型和环境友好型社会，引导行业发展，设立全国建筑装饰行业最高荣誉奖中国建筑工程装饰奖，由中国建筑装饰协会主办，装饰奖每二年评比表彰一次。申报装饰奖的建筑装饰工程是指为使建筑、构筑物内、外空间达到一定的环境质量要求，使用装饰装修材料，对建筑物、构筑物外表和内部进行修饰处理的工程。包括新建、改建、扩建的各类公共建筑装饰和建筑幕墙工程，与建筑室内外装饰密切相关的室外景观与环境改造工程，以及我国企业在境外施工的工程。并且是设计与施工完美结合，符合国家及工程所在地的各项标准和规范要求，备案手续完善，设计创意和施工工艺达到国内先进水平的装饰精品。装饰奖包括公共建筑装饰类、公共建筑装饰设计类、建筑幕墙类。为控制获奖工程的质量与数量，本着优中选优的原则，装饰奖主承建项目（公共建筑装饰类与建筑幕墙类合并计算，公共建筑装饰设计类不算指标）按企业分配指标申报，但申报工程数量不是最终获奖工程数量。装饰奖的申报范围：申报的公共建筑装饰类工程（主承建奖和并列承建奖），施工合同金额或工程结算金额不低于人民币1000万元（不含设备购置和安装费用）且面积不低于2000平方米，且为申报单位自行施工，工程质量、环保要求达到国家标准。申报的建筑幕墙类工程，施工合同金额或工程结算金额不低于人民币1500万元（不含设备购置和安装费用），且申报的建筑幕墙类工程面积（含采光顶）不低于15000平方米，金属屋面（含采光顶）不低于20000平方米，建筑幕墙和金属屋面（含采光顶）不低于20000平方米，且为申报单位自行施工，工程质量、环保要求达到国家标准。并同时满足下列规定：单体工程不得肢解申报，可以联合申报，承建规模大的一家为主承建单位，其余为参建单位；建筑幕墙面积大于立面外围护结构面积的60%。古建筑、保护性建筑的装饰工程建筑面积不低于1500平方米，且应为整体装饰装修。主承建及并列承建单位均需单独填写申报表，单独报送相应的申报资料。无主承建奖申报的工程不得单独申报并列承建奖。申报公共建筑装饰设计类装饰奖、建筑幕墙和金属屋面（含采光顶）的单位，单独填写申报表，报送相应的申报资料。未申报公共建奖装饰类的工程不得单独申报公共建筑装饰设计类。申报的建筑装饰工程必须通过竣工验收并使用一年以上，且已通过消防验收和环保检测并达到节能要求，无工程施工质量问题和事故隐患。验收时有整改内容的工程应完成整改后并达到合格。境外建筑装饰工程应符合工程所在国（地区）的有关质量安全方面的规范和相关法规，并取得相应的合规批准文件及验收证明。申报的建筑装饰工程所使用的各种材料应符合国家相关规定，并符合国家室内外环境控制指标。申报工程应根据国家标准进行室内环境污染检测。申报的建筑装饰工程必须符合国家节能减排的相关标准。申报单位应具有建设行政主管部门颁发的相应工程施工、设计的资质证书，且与有关单位签订有效的建筑装饰施工合同。申报单位应通过质量体系认证，并有相应的部门和人员落实认证措施。为推动建筑装饰行业实施创新驱动发展战略，激发建筑装饰企业科技创新活力，评估和推广应用科技创新成果，如申报项目已获得我会科技创新成果，可予以加分。申报单位必须为中国建筑装饰协会会员单位。

二、申报程序和申报资料

装饰奖的申报程序：符合装饰奖申报范围和条件的工程，由建筑装饰工程项目的施工、设计单位统一从网上下载装饰奖申报表，并向工程所在地的省、自治区、直辖市建筑装饰协会进行申报。各省、自治区、直辖市建筑装饰协会负责接受装饰奖的申报，并对申报材料进行认真初评，优中选优，在当地公示15日后，如无异议，出具正式推荐文件，并将所有有效的纸质申报表报送至中国建筑工程装饰奖办公室。公共建筑装饰类、建筑幕墙类及公共建筑装饰设计类项目请登录中装新网，进行网上申报。省、自治区、直辖市建筑装饰协会，对本地区推荐的工程项目进行初审、初查，并排序。符合装饰奖申报条件的境外施工项目，施工单位填写申报表后直接报送中国建筑装饰协会，不受名额限制。装饰奖的申报资料和要求：申报单位提供的资料分为书面申报表、电子文件及上网资料。需要书面申报的资料（递送)：《中国建筑工程装饰奖申报表》一份，分为公共建筑装饰类、公共建筑装饰设计类、建筑幕墙类，由申报单位根据附件样表及填表说明。境外建筑装饰工程必须有由业主方出具同意推荐并同意复查的函件，工程立项、开工、竣工验收文件，业主国（地区）消防部门的验收文件，工程监理单位的推荐文件，我国涉外机构出具的批准文件。建筑幕墙企业申报的资料（略）电子文件：申报中国建筑工程装饰奖（公共建筑装饰类、建筑幕墙类)，请将以下三个部分的资料电子文件分五个文件夹做成电子文档。申报中国建筑工程装饰奖（公共建筑装饰设计类)，请将以下部分的资料电子文件做成电子文档。申报表：申报方案设计的尚需提供：装饰工程所在的建筑情况；设计范围；设计构想及创意；设计的风格及特点；方案设计图（包括平面图，主要部位立面、剖面图)；主要部位效果图各一张；申报深化设计的尚需提供：装饰工程所在的建筑情况；设计范围；设计构想及创意；设计的风格及特点；新技术、新工艺、新材料的使用；水、电、暖、空、智能等各专业设计；设计的经济和社会效益；其他应说明的情况。请各申报单位将原件自行留底，以备工程复查时查验。

三、专家评审、奖类调整与奖励

评审专家组受评奖监察小组领导开展评奖工作，专家组成员定期调换。评审专家需对评审项目进行现场讲评并结合评奖给予相关技术咨询服务。评审为评选工作的重要环节，为保证申报工程的质量水平，评审包括初评、推荐、资料审查、工程复查和专家评审等五个阶段。初评、推荐两个阶段由各省、自治区、直辖市建筑装饰协会进行，并对推荐工程的所有资料的真实性负责。为确保申报工程的质量，中国建筑装饰协会组织对所有申报资料进行资料审查，对资料审查合格的工程进行复查。工程所在地的建筑装饰协会和有关单位应配合工程复查工作。工程复查对公司营业执照、资质证书、项目经理身份证、项目经理资质证书、设计师职称证书和身份证、施工合同、结算书、施工日志、竣工图纸、隐蔽工程及各阶段和竣工验收文件、消防验收文件、室内环境污染检测报告、主要材料的检测报告（建筑幕墙类尚需报幕墙计算书和各种试验报告）等原件的合规性进行查验，对工程现场进行检查，并听取业主或使用单位对装饰装修工程的使用意见。境外建筑装饰工程复查工作由中国建筑装饰协会专家及申报企业所在地的专家组成联合专家审查组进行，申报单位须承担全部复查费用和经办出境手续。工程复查结束后，由中国建筑工程装饰奖办公室组织专家进行综合评审，根据综合评审结果，确定获奖的工程项目及获奖单位，报中国建筑装饰协会审批并公告。每年的3~4月为评选工作的布置阶段；5~6月为各单位申报时间及地方协会初评、推荐阶段；6月中旬为中国建筑装饰协会接受各地推荐申报截止的时间；7月中国建筑装饰协会组织资料审查；8~9月进行工程复查；11月完成专家评审，将评选结果进行公示后向社会公布，装饰奖的评选为每两年一次。中国建筑装饰协会组织召开颁奖大会，通报表彰获奖企业，并颁发给企业获奖证书、奖杯和奖牌。中国建筑装饰协会组织编辑制作年度《中国建筑工程装饰奖获奖工程作品集》。各地区和获奖单位可根据本地区和本单位的实际情况，对获奖单位和个人给予精神和物质上的奖励。根据全国建筑装饰行业发展的实际情况，中国建筑工程装饰奖分为三大类：公共建筑装饰类、公共建筑装饰设计类、建筑幕墙类。其中公共建筑装饰类与建筑幕墙类申报分主承建和并列承建，主承建为企业申报名额统计项（公共建筑装饰类与建筑幕墙类合并统计），并列承建不占用企业申报分配名额。获奖工程公告时均统一为承建奖。公共建筑装饰类、公共建筑装饰设计类、建筑幕墙类分别按其评选办法和申报表的要求进行申报。各类别均需根据要求单独报送全套申报材料。各地区在推荐过程中一定要考虑外埠企业在本地施工的优秀工程。根据住建部关于《工程质量治理两年行动方案》的通知精神为加强重特大工程的过程监控，经研究决定，装饰工程施工合同额达到或超过1亿元以上的项目（仅限公共建筑装饰类）在工程中标后一个月内，施工单位填写装饰奖申报表（公共建筑装饰类），由项目所在地协会推荐，报中装协备案。对于已备案项目，在施工过程中中装协将组织中间过程质量检查，并留存完备的检查记录，待工程竣工验收后，且符合相应年度装饰奖申报条件，直接进入工程复查阶段，不受分配名额限制。

第十节　中国安装工程优质奖与科学技术进步奖评选

一、中国安装工程优质奖

为推动我国安装工程建设管理和质量水平提高，根据国家清理整顿评比达标表彰联席会批复，决定开展中国安装工程优质奖（中国安装之星）评选活动，安装之星是我国安装行业的最高工程质量奖，获奖工程质量水平应达到国内先进。安装之星评选数额按评审数量90%~95%优选。安装之星评选活动在中国安装协会会员范围内开展，坚持质量第一、优中选优和公开、公正、公平、科学的原则。安装之星评选活动包括申报推荐、复查评审、公示表彰，周期为2年。为及时、准确反映工程实际，保证获奖工程质量水平，每年进行一次申报推荐、复查评审和公示，每两年集中对获奖工程进行表彰。参加安装之星评选活动，由企业自愿申报，经省、自治区、直辖市安装协会（分会），中国安装协会（会员单位）地区联络组，有关行业建设协会，或有关单位择优推荐，中国安装协会组织复查评审、公示表彰。

（一）评选范围，申报工程应是我国境内已经建成使用或投入生产一年以上三年以内新建、扩建、改建，通过竣工验收的民用建设项目和工业生产、交通运输建设项目中的机电安装工程。机电安装工程指能够形成使用功能或发挥生产效能的设备、电气、装置、输送管线或系统等安装工程。执行中国标准的境外工程，具备本办法规定评审条件要求的，也可参加评选活动。申报工程范围和规模要求应符合《中国安装工程优质奖（中国安装之星）申报工程分类及规模要求》的规定。不列入评选范围的工程：境内工程未执行中国相关技术标准的外资工程、中外合作工程和中外合资工程。保密工程。参加过安装之星评选的工程。工程建设及运营过程中发生过一般及以上质量事故或安全责任事故的工程。发生过重大环境污染事故或重大不良社会影响事件的工程。申报要求，安装之星一般由主要承担施工任务的企业申报。申报工程由两家施工企业共同承包完成的，允许联合申报（机电总承包工程除外）；申报工程由多家施工企业共同承包完成的，按完成工作量多少，由排序靠前的最多不超过三家企业联合申报。联合申报的，每家施工单位完成的工作量应不低于申报工程总工作量的 30% 。申报单位应是与建设单位或总承包单位签订了总承包合同或专业承包合同，具备相应资质的法人单位。鼓励由建设单位牵头组织建设相关方共同申报。参与工程建设的建设单位、设计单位、监理单位及其他相关单位，可列为参建单位，由申报单位统一填入《中国安装工程优质奖（中国安装之星）申报表》。参建的设计单位、监理单位，应是申报工程的主要设计单位、监理单位；参建的施工单位，完成的工程量应不低于申报工程总工程量的 10% 。申报工程应符合国家法定建设程序、工程建设强制性条文、相关工程建设技术标准、质量验收规范和消防、安全、节能、环保的相关规定，工程设计先进合理，已获得本行业或本地区省级工程质量奖。没有开展优质安装工程评选活动的地区，经征得中国安装协会确认，可组织中国安装协会专家库的专家对申报工程进行质量检查评议，形成检查记录和评价结论，有关机构或单位出具达到省级优质工程水平的文件，可视同获得省级优质工程。申报工程的技术指标、经济效益应达到本行业或本地区同类同期工程先进水平。鼓励申报单位在申报工程建设过程中推广应用 BIM 与信息化等新技术，通过科技创新，总结并形成科技成果。申报工程已完成竣工验收（备案），经过一年以上时间投产或运行后，管线、管网、设备及系统运转正常，没有发现影响使用功能或生产效能的质量缺陷和安全隐患。一家申报单位每年可申报一项工程。遇有特殊工程或申报单位经营规模较大，经申报单位商得中国安装协会同意，可申报两项工程。受到省、自治区、直辖市或国务院有关部门资质降级、诚信缺失等行政处罚的企业，两年内不能申报。

（二）程序和资料，申报程序：地方企业向所在省（自治区、直辖市）安装协会（分会）、中国安装协会（会员单位）地区联络组或经中国安装协会确认的有关协会申报，也可向申报工程所在省（自治区、直辖市）安装协会（分会）或中国安装协会（会员单位）地区联络组申报。有关行业企业向相关行业建设协会申报；国务院国有资产管理委员会所属企业向相关行业建设协会申报，没有成立行业协会的，可通过所属上级集团公司或向所在地省级安装协会（分会）申报。受理申报的单位，应依据本办法对申报资料进行审查，审查同意的，在安装之星申报表相关栏内签署对申报工程的质量评价及是否推荐意见，加盖印章，以文件形式向中国安装协会推荐。安装之星申报资料通过互联网在线上传和纸质报送。资料要求：略。复查和评审，中国安装协会秘书处依据本办法对申报工程的资料进行初步审查，并及时将审查结果反馈推荐单位。中国安装协会秘书处根据申报工程情况，从中国安装协会专家库中遴选专家，组织若干工程复查组对通过初步审查的申报工程进行现场复查。复查专家实行轮换制，每年更换三分之一左右；原则上每位复查专家不能连续三年参加现场复查工作。工程复查的内容和要求：听取申报单位对工程施工和质量的情况介绍。听取建设、使用、设计、监理等单位对工程质量的评价意见。受检单位人员应当回避。查阅申报工程的前期文件、施工管理、工程技术、竣工验收等资料。实地抽查工程实体质量状况。复查组要求查看的工程部位和内容应予满足，不得以任何理由回避或拒绝。复查组撰写工程复查报告。复查报告要对受检工程的质量状况做出“上好（A 类）”或“好（B 类）”或“较好（C 类）”的评价，按工程质量水平由高到低排序，明确“推荐”或“不推荐”。中国安装协会秘书处根据当年申报工程情况和评审工作需要，对评审委员会组成人员作适当调整。评审委员会通过听取工程复查组汇报、观看工程 PPT 或 DVD 录像、审查工程复查报告和质询评议，最终以无记名投票方式评出入选工程。公布和表彰，评审结果在中国安装协会网站或有关媒体公示。公示期限为 7 个自然日。公示期满无异议后，中国安装协会对通过评审的工程项目进行公布。中国安装协会每两年召开一次颁奖大会，向获得安装之星的主要承建单位颁发奖杯、奖牌和荣誉证书；向获得安装之星的参建单位颁发奖牌和荣誉证书；向在创优活动中做出突出成绩的企业和人员颁发荣誉证书，并通报表彰。为交流和推广安装之星创优经验，促进安装工程质量水平的提高，发挥评优活动的示范效应，推动安装行业整体质量水平的提高和技术进步，中国安装协会组织编纂创精品安装工程经验汇编、专辑。

（三）中国安装工程优质奖（中国安装之星）申报工程规模要求

1. 民用建筑安装工程：民用建筑安装工程是指居住建筑和公共建筑工程配套的建筑给水排水及供暖、通风与空调、建筑电气、建筑智能化等安装工程。工程合同额3000万元及以上，含两个及以上分部的安装工程。申报工程对应的建筑工程投入使用率或入住率应达到70%及以上。

2. 电力工程：单机容量125兆瓦及以上的火力发电工程（含燃机）、核电站（核岛、常规岛）主体工程；135兆瓦及以上循环流化床机组工程；电压等级220千伏及以上的变电站工程（投资额8000万元及以上）；电压等级220千伏及以上的输电线路工程（线路长度50千米及以上）；装机容量150兆瓦及以上的水力发电工程；装机容量25兆瓦及以上的风力发电工程；容量为20兆瓦及以上的光伏发电工程；工程造价1.5亿元及以上或建安工作量2500万元及以上（可含甲供设备、主材）的脱硫、脱硝、海水淡化、直接空冷、垃圾发电、生物质发电、储能工程等其他电力工程；工程建安工作量2500万元及以上，且具有独立使用功能的单项工程，如燃料工程、管网工程、环保工程、海水淡化工程、直接空冷岛等电力配套工程。电力工程是指与电能的生产、输送及分配有关能独立发挥效能的工程。包括火力发电、水力发电、核能发电、风电、太阳能及其他能源发电、输配电等工程及其配套工程。

3. 石油化工工程，25万吨/年或3亿立方米/年及以上生产能力或海上投资8亿元及以上的油（气）田配套机电安装工程；25万吨 /年及以上原油处理机电安装工程；25万立方米/日及以上的气体处理机电安装工程；长度100千米（含）以上，设有首末站及中间加压泵站，管径273~813毫米的长输油气管道工程；长度80千米（含）以上，设有1座（含）以上泵站（首站、中间站、末站），管径813毫米及以上的长输油气管道工程；总库容8万立方米（含）以上，单罐容积1万立方米（含）以上的钢制成品油立式储罐及配套工程；总库容20万立方米（含）以上，单罐容积5万立方米（含）以上的钢制原油立式储罐及配套工程；总库容2万立方米（含）以上，单罐容积2千立方米（含）以上的钢制球罐及配套工程；300万吨/年及以上的炼油工程，或者与其配套的常减压、脱硫、催化、重整、制氢、加氢、气分、焦化等生产装置；30万吨 /年及以上的乙烯工程，或者与其配套的对二甲苯（PX）、甲醇、精对苯二甲酸（PTA）、丁二烯、己内酰胺、乙二醇、苯乙烯、醋酸、醋酸乙烯、环氧乙烷/乙二醇（EO/EG）、丁辛醇、聚酯、聚乙烯、聚丙烯、ABS等生产装置；18万吨/年及以上的合成氨工程或相应的主生产装置；20万吨/年及以上的复肥工程或相应的主生产装置；30万立方米/日及以上的煤气气源工程；40万吨/年及以上的炼焦化工工程或相应的主生产装置；16万吨/年及以上的硫酸工程或相应的主生产装置；30万吨/年及以上的纯碱工程，5万吨/年及以上的烧碱工程或相应的主生产装置；4万吨/年及以上的合成橡胶、合成树脂及塑料和化纤工程或相应的主生产装置；投资额1.5亿元及以上的有机原料、医药、无机盐、染料、中间体、农药、助剂、试剂等其他石油化工工程或相应的主生产装置；30万套/年及以上的轮胎工程或相应的主生产装置；20万吨/年及以上的甲醇或类似产品的生产装置机电安装工程；4亿标立方米/年及以上的煤气化、5亿立方米/年及以上煤制天然气、20万吨/年及以上的煤制甲醇、16万吨/年及以上煤制油、10万吨/年及以上煤基烯烃等煤化工工程或相应的主生产装置；6万吨/年及以上的有机硅项目、53万吨 /年及以上的PTA装置、240万套全钢载重子午胎生产线、90万吨/年芳烃项目、10万吨/丁苯橡胶生产线、40万吨/芳烃提取装置、10万吨/年离子膜烧碱项目、10万吨/年聚氯乙烯项目等配套机电安装工程；投资额1亿元及以上或单项工程合同额3000万元及以上、技术含量高的其他石油化工机电设备安装工程。石油化工工程是指油气田地面、油气储运（管道、储库等）、石油、石化、化工、煤化工等除主体工程以外的配套安装工程及生产辅助附属安装工程。包含石油天然气建设项目；石油化工、有机化工项目（石油炼制工程，石油产品深加工，石油化工、有机化工项目中的原料及单体、合成树脂、合成橡胶、高效低毒农药）；无机化工、医药化工项目；化纤工程等配套安装工程及生产辅助附属安装工程。

4. 冶金工程，冶金工业安装工程包括冶金、有色、建材工业除主体工程以外的配套机电安装工程及生产辅助附属机电安装工程。包括选矿、焦化、烧结、炼铁、炼钢、轧机、液压润滑和气动系统、冶金电气设备工程和工艺钢结构安装工程等，含工业安装工程七个分部中的五个及以上分部的冶金工业安装工程。30 万吨 / 年及以上的炼钢或连铸工程；30 万吨 / 年及以上的轧钢工程；1000 立方米及以上的炼铁高炉工程；90 平方米及以上的烧结工程；碳化室高度 7 米及以上的焦炉炼焦工程；6000 立方米 / 小时及以上的制氧工程；50 万吨 / 年及以上的氧化铝加工工程；10 万吨 / 年及以上的铜或铝、铅、锌、镍等有色金属冶炼或电解工程；3 万吨 / 年及以上的有色金属加工或生产 2500 吨及以上金属箔材工程；2000 吨 / 日及以上的水泥生产线工程；2000 吨 / 日及以上的新型干法水泥生产线预热器系统或水泥烧成系统工程；日熔量 400 吨及以上的浮法玻璃工程或年产 60 万吨及以上水泥粉磨工程；日处理 100 吨及以上的金精矿冶炼工程；其他大型冶炼机电安装工程。

5. 城市轨道交通配套的机电工程，一个区间或多个区间轨道交通、城市地铁设备机电工程，含该区间的给排水、电气、通风空调、智能化等两个及以上分部的机电设备安装工程，且工程合同额 3000 万元及以上；单项工程合同额 1 亿元及以上或轨道安装线路总长 5 千米及以上的城市轨道交通轨道安装工程；其他与机电安装工程有关，单项工程合同额 3000 万元及以上，含两个及以上分部的机电安装工程。

6. 交通工程（公路工程、铁路工程、港口与航道工程）配套的机电工程公路工程施工总承包、铁路工程施工总承包、港口与航道工程施工总承包工程配套的管网、管线、设备等机电系统及配套设备的机电工程：工程合同额 2000 万元及以上的通信、监控、收费、干线传输系统、移动通信系统、光（电）缆敷设工程、紧急电话系统、交通信息采集系统、信息发布系统、中央控制系统、供配电、照明、智能交通管理等配套机电系统及配套设备的机电安装工程；公路桥梁及隧道工程健康监测、通风、通信管道等配套机电工程；工程合同额 2000 万元及以上的机场空中管制工程；工程合同额 2000 万元及以上的机场目视助航工程；300 吨级以上的船闸或 50 吨级以上的升船机等设备安装工程；工程合同额 2000 万元及以上的公路、铁路、民航、水运、造船厂等交通机电工程；工程合同额 2000 万元及以上的架设工程；工程合同额 2000 万元及以上的其他配套综合机电工程。

7. 水利水电工程配套的机电工程，装机流量 50 立方米 / 秒以上或装机功率 1 万千瓦以上的灌溉工程或排水泵站工程；装机容量 150 兆瓦及以上的水电站（含抽水蓄能）、单机容量 100 兆瓦及以上的泵站主机及其附属设备和水电（泵）站电气设备的安装工程；单项水利工程合同额 3000 万元及以上；单项水电工程合同额 3000 万元及以上；水工金属结构制作安装工程：单项水电工程金属结构安装合同 3000 万元及以上的金属结构制作安装工程。FH ＞ 200 的中型或单扇 25 吨以上的闸门制作安装工程；单项 1500 吨以上的压力钢管制作安装工程 1 项，或 DH ＞ 200 的中型或单项 700 吨以上的压力钢管制作安装工程；2 台及以上 2×60 吨以上或 4 台及以上 2×30 吨以上启闭机安装工程；单扇中型拦污栅制作安装工程；其他大、中型水利水电机电工程（规模划分见《建筑业企业资质标准》）。水利水电工程是指以防洪、灌溉、发电、供水、治涝、水环境治理等为目的的各类工程及其配套与附属工程。配套的机电安装工程，包括：水工建筑物、水电站、水泵站等及其附属建筑物配套的机电安装工程，水力机械设备、管线安装、水工金属结构制造及安装、电气设备安装、自动化信息系统等两个或多个安装专业、安装分部工程。

8. 市政公用工程，10 万吨 / 日及以上、单项工程合同额 3000 万元及以上的供水工程；管径 1600 毫米及以上、管线长度 10 千米及以上的供水或排水管道系统工程；4.8 万吨 / 日及以上、单项工程合同额 2500 万元及以上（不含设备费用）的污水处理工程；3 立方米 / 秒及以上给水、污水泵站；15 立方米 / 秒及以上的雨水泵站；30 万立方米 / 日及以上、单项工程合同额 3000 万元及以上的燃气气源厂工程；中压以上管径 300 毫米及以上、管线长度 10 千米及以上的燃气管道、调压站工程；500 万平方米及以上、单项工程合同额 3000 万元及以上的供热工程；管径 500 毫米及以上、管线长度 10 千米及以上的热力管道系统工程；焚烧量 300 吨 / 日及以上、单项工程合同额 2000 万元以上的生活垃圾焚烧场工程；其他大型市政公用机电设备安装工程。

9. 矿山工程，100 万吨 / 年及以上的铁矿或有色砂矿机电设备安装工程；60 万吨 / 年及以上的磷矿或硫铁矿、有色脉矿机电设备安装工程；120 万吨 / 年及以上的煤矿机电设备安装工程；30 万吨 / 年及以上的铀矿机电设备安装工程；100 万吨 / 年及以上的铁矿或有色砂矿选矿厂机电设备安装工程；60 万吨 / 年及以上的有色脉矿选矿厂机电设备安装工程；120 万吨 / 年及以上的煤矿选煤厂机电设备安装工程；其他大型矿山工程配套的机电设备安装工程。

10. 通信工程，工程合同额 2500 万元及以上的通信、信息网络工程；省际通信干线工程，或省际微波通讯、长度 50 公里以上海缆工程；4 万门以上市话交换或 2500 路端以上长途交换工程；省会局或 50 个基站以上移动通讯及无线寻呼工程；省际通信干线传输终端工程；C 频段天线直径 10 米以上及 KU 频段天线直径 5 米以上卫星地球站工程，或高度 100 米以上天线铁塔工程；省际或 10 个节点以上的数据网或分组交换网等非话业务网工程，或一类工程的配套电源工程；自制节目 5 套以上的电视中心工程，或自制节目 3 套以上的广播中心台工程，或自制节目 6 套以上的广播电视中心台工程；单机发射功率在 100 千瓦以上或短波天线发射功率在 50 千瓦以上的中波、短波发射台工程；用户终端超过 1 万户以上的有线广播台或电视台（站）或传播方向超过 10 个的微波站工程，或投资额在 4000 万元以上的光传输网络及网络中心工程。

11. 钢结构工程，包括：石化厂房设施、电厂厂房、大跨度的体育场馆、展览中心，高层或超高层钢结构工程。满足以下规模条件之一的单项合同额 3000 万元及以上的钢结构工程。钢结构高度 50 米以上；钢结构单跨 30 米以上；网壳、网架结构短边边跨跨度 40 米以上；单体钢结构建筑面积 2 万平方米以上；单体钢结构工程钢结构重量 2000 吨以上。

12. 地下综合管廊配套的机电工程，单项工程合同额 2000 万元及以上，含两个及以上分部的地下综合管廊配套机电安装工程。

13. 环保工程配套的机电工程单项工程，合同额 3000 万元及以上（不含设备价）的污染修复工程、生活垃圾处理处置工程中型及以上环保工程配套的机电安装工程。

14. 轻工配套的机电工程，15 万吨 / 年及以上的草浆生产线机电工程、50 万吨 / 年及以上的木浆生产线机电工程、30 万吨 / 年及以上的造纸生产线机电工程。申报境外安装之星，工程规模为 10 万吨 / 年及以上的草浆生产线机电工程、30 万吨 / 年及以上的木浆生产线机电工程、20 万吨 / 年及以上的造纸生产线机电工程。20 万吨 / 年及以上的制盐生产线配套的机电工程。8000 吨 / 日甘蔗处理量的制糖生产线机电工程。申报境外安装之星，工程规模为 4000 吨 / 日甘蔗处理量。单项合同额 2500 万元及以上的家用电器、电子产品、奶制品、酿酒、包装品、卷烟等生产线配套的机电工程。

15. 境外的机电工程除特别说明外，申报工程规模同境内同类别的机电工程。工程投资、建造、验收、投产、运维等，建设手续、程序符合工程所在国和当地的法律、法规要求，工程建设质量、管理、技术水平等得到当地建设单位、建设相关方及我国驻外使馆或主管部门的质量评价和认可，申报资料、合约或中标通知书、施工过程质量检查验收等举证材料齐全、合规、有效、可追溯（提交翻译成中文的影、像和文字材料）。

二、中国安装协会科学技术进步奖评选

经国家科学技术部批准，中国安装协会设立并承办中国安装协会科学技术进步奖。科技进步奖是机电安装工程建设领域最高技术荣誉奖，每两年评选一次，评选数额不超过申报数量的 50%。评选对象为建设领域优秀机电安装工程科技成果，奖励对象是为获奖成果作出贡献的组织和个人。评选活动包括申报推荐、审查、评审、表彰。中国安装协会科学技术委员会负责科技进步奖评选活动具体工作的组织实施。评选活动坚持自愿参加、宁缺毋滥、不收费用，遵循公开、公平、公正、科学的评审原则。

（一）评选项目和要求，科技进步奖的评选项目分为技术开发类、技术创新与应用类和管理类。技术开发类，机电安装领域，取得一定经济效益和社会效益的新产品、新材料、新技术、新工艺、新装备等研究开发的科学技术成果；为机电安装工程设计、产品、建造、运维等，提供科学管理、精益建造、智慧服务的软科学研究成果，具有一定的推广和应用价值，如软件开发、信息化管理平台建设、大数据、云技术、互联网+技术等；机电安装领域其他技术开发类研究成果。技术创新与应用类，在工程建设实践中，为提高效率和质量水平，解决关键技术和难点而研发或创新应用的新技术、新工艺、新材料、新设备；在完成高、大、精、尖、特、难的各类机电工程中，关键施工环节中形成的创新技术成果或成套技术成果；引进国外先进技术或设备，经消化吸收，形成的具有创新和发展的安装工艺和技术；采用技术创新成果完成的大型装备制造项目、装配式、模块化安装项目等。管理类，该类项目指企业为适应市场竞争和提升企业管理水平而形成的独创管理方法和管理技术；可以是企业管理方面的，可以是工程项目管理方面的，也可以是企业、社会团体形成的标准、办法等。参加评选项目的基本要求：技术先进、创新特点突出，主要技术经济指标先进，总体技术水平先进；已取得一定经济效益或社会效益，有潜在应用前景，有转化、推广、应用价值；有利于行业发展和技术进步；经过一年以上，并在两个（含两个）以上项目得到应用。

科技进步奖分为一等奖、二等奖和三等奖。各等级评选标准：一等奖主要技术经济指标达到国内领先水平。技术开发类成果项目，在技术集成、开发研究方面有较大突破；技术创新与应用类成果项目，对解决机电工程技术难题发挥了重要作用，经济效益和社会效益显著；管理类成果项目，填补了工程建设和企业管理中某一领域管理的空白，社会评价高。二等奖主要技术经济指标达到国内先进水平。技术开发类成果项目，在技术集成、开发研究方面有一定突破；技术创新与应用类项目，对解决机电工程技术难题发挥了较大作用，经济效益和社会效益明显；管理类项目，充实了工程建设和企业管理中某一领域的管理环节，社会评价较高。三等奖主要技术经济指标达到行业或地区（省级）先进水平。技术开发类成果项目，在技术集成、开发研究方面有创新；技术创新与应用类成果项目，对解决安装工程技术难题、保证工程进度和质量、实现设计意图发挥了明显作用；管理类成果项目，完善了企业管理或项目管理工作，对社会产生了一定积极影响。申报科技进步奖限于中国安装协会会员单位，个人申报科技进步奖，限于非职务成果。科技进步奖主要完成单位应是申报项目在研发、应用和推广中，发挥组织、实施和协调主要作用的单位。多个单位合作完成的项目由第一完成单位申报。主要完成单位应符合下列条件：在项目的总体研究、决策、完成过程中起到主导作用；在解决关键技术和技术难点中发挥重要作用；在技术成果集成和推广应用过程中做出突出贡献；为实现管理科学化和技术成果产业化方面做出突出成绩。科技进步奖项目完成人必须是直接参加该项目的技术人员，并在成果项目形成中发挥重要作用。下列项目不能申报科技进步奖：涉及国防、国家安全的保密项目；参与过科技进步奖评选的项目；不能重复实现或没有推广意义的项目；有争议的项目。获奖项目的主要完成单位和完成人数额：一等奖获奖项目主要完成单位不超过4个，完成人不超过15人；二等奖获奖项目主要完成单位不超过3个，完成人不超过10人；三等奖获奖项目主要完成单位不超过2个，完成人不超过6人。以个人名义申报科技进步奖，主要完成单位即是第一完成人。如申报的主要完成单位或完成人数量超出规定数量，按申报书填报的顺序从前至后截取。

（二）申报与推荐，符合申报条件的单位或个人，应填报《中国安装协会科学技术进步奖申报书》，并提供有关证明材料：科技成果报告；科技成果评价书或评审报告；申报一等奖和二等奖的项目必须包括：科技查新报告；知识产权证明；第三方评价意见。经济效益、社会效益证明；主要推广应用证明；项目的有关图像、影像资料（申报一等奖项目必须有）；其他证明材料。科技进步奖的申报须经推荐人推荐。推荐人指推荐单位或推荐专家。推荐单位：指各省、自治区、直辖市安装协会（分会），有关行业建设协会，中国安装协会（会员单位）地区联络组，以及商定的有关社团组织、中央管理的大型企业集团。推荐专家：指中国安装协会专家库的专家。推荐要求：以单位名义申报的项目，由推荐单位推荐；以个人名义申报的项目，可以由推荐单位推荐，也可以由3名及以上推荐专家推荐。推荐单位或推荐专家应按要求，认真核查申报材料的完整性和真实性，在《中国安装协会科学技术进步奖申报书》中明确填写推荐意见和建议授奖等级。申报方式采取网上在线结合纸质版申报方式。申报单位（人）应当在规定的时间内按照申报通知要求，网上在线填报并向协会科技委提交《中国安装协会科学技术进步奖申报书》、推荐单位意见及有关材料。审查，科技进步奖审查工作是指对申报材料进行形式审查和专业审查。形式审查主要审核申报单位的资格，审查申报材料的完整性、符合性和正确性。专业审查是对形式审查合格的项目进行专业技术审查。形式审查发现的问题，应及时通知申报单位（人）限期补正，逾期或补正后仍达不到规定要求的，该项目形式审查不合格。针对申报项目专业和数量情况，组成若干专业审查组，对形式审查合格的项目进行专业审查工作。专业审查采取网络电子版审查和会议集中审查相结合的形式。专业审查组专家依据规定的条件、标准、要求对申报项目逐一进行审查，提出书面审查意见和建议评选等级。科技委组织各专业审查组组长，对申报项目进行交叉审查。由各专业审查组向评审委员会提交审查结果资料，提出候选获奖项目及等级的建议。评审，设立评审委员会，负责科技进步奖的评审工作。评审委员会在专业审查基础上，评审确定获奖项目及等级。听取科技进步奖申报推荐、审查情况汇报；就候选项目的相关问题进行质询、讨论、评议；以无记名方式投票表决入选项目及等级；签署评审委员会会议纪要；对科技进步奖评选工作提出建议和意见。根据工作需要，评审委员会可以要求一等奖、二等奖的候选项目申报单位接受现场陈述汇报、质询提问，候选项目的申报单位应指派专人予以配合。评审委员会投票准则：评审委员会分等级以无记名投票方式表决；获一等奖的项目，需得到评审委员三分之二以上投票同意；获二、三等奖的项目，需得到评审委员半数以上投票同意；候选一等奖项目如在评审会上落选，则自动降低一个等级，不再重新投票；专业审查组推荐为二等奖排名靠前的项目，经现场陈述、汇报、评委无记名投票，也可参选一等奖。

（三）表彰，评审结果在中国安装协会网站或其他媒体公示。公示期限为 7 个自然日。公示期满无异议后，中国安装协会对通过评审的项目进行核准，公布评审结果。中国安装协会召开表彰会议，向获奖单位和个人颁发荣誉证书、奖牌，总结、交流获奖单位和个人先进经验，宣传、促进优秀成果转化。科技进步奖评选工作建立评审信誉记录制度。中国安装协会对参加评审活动的专家、学者建立信誉档案，作为今后遴选评审委员会委员和审查组专家的重要依据。有关证明材料，科技成果报告指技术成果验收或结题文件。科技成果评价书或评审报告，经业内专家评价的科技成果报告或由专业评审单位提供的技术报告。其中应包括：科技查新报告申报二等奖及以上的项目必须有。经国家科学技术管理部门认定的科技信息机构，于推荐前一年内出具的对本项目进行的查新结果报告书。尽可能提供省（部）级的专业技术部门出具的科技查新报告。知识产权证明申报二等奖及以上的项目必须有。指该项目已取得的主要专利权、其他知识产权证明。第三方评价意见申报二等奖及以上的项目必须有。指有关部门出具的技术成果试验、检验（检测）报告、评价结论或意见等。有关部门指省（部）级以上部门或国家授权的大型建筑安装企业集团、行业协会出具的科技成果评价报告。经济效益与社会效益证明应填写近三年由技术创新工程实施所带来的经济效益。社会效益应说明本项目在推动科学技术进步、保护自然资源和生态环境、保障国家和社会安全、改善人民物质文化生活、提升健康水平、提高国民科学文化素质和培养人才等方面所起的作用。该项目成果推广应用后取得的新增直接效益，由税务部门或完成单位财务部门核准后出具证明。证明材料可以是验收报告、合同或单独的证明材料，须盖章。主要应用证明指该项技术成果应用单位出具的证明材料。包括：应用单位名称、技术应用的起止时间、应用单位联系人 / 电话、经济效益（万元）；证明材料须由应用单位盖章。项目的有关图像、影像资料申报一等奖及以上的项目必须有。提供 PPT 或影像资料，重点介绍项目概况以及技术难点、创新点等研究成果。其他证明材料指主要完成单位或主要完成人对本项目所做贡献的其他相关技术证明材料，如论文、专著、获奖材料等。

第十二章　工程监理咨询企业资质资格管理

住建部2022年全国建设工程监理统计公报，全国共有16270个建设工程监理企业参加了统计，甲级资质企业5149个，乙级资质企业9662个，丙级资质企业1165个，事务所资质企业1个，无增减。工程监理企业年末从业人员193.1万人，专业技术人员117.8万人，其中高级职称人员20.9万人，中级职称人员48.8万人，初级职称人员26.0万人，其他人员22.0万人。注册执业人员为60.0万人，其中注册监理工程师为28.8万人，其他注册执业人员为31.2万人。工程监理企业承揽合同额18108.3亿元，其中工程监理合同额2056.7亿元，工程勘察设计、工程招标代理、工程造价咨询、工程项目管理与咨询服务、全过程工程咨询、工程施工及其他业务合同额16051.6亿元。工程监理企业全年营业收入12809.6亿元，其中工程监理收入1677.5亿元，工程勘察设计、工程招标代理、工程造价咨询、工程项目管理与咨询服务、全过程工程咨询、工程施工及其他业务收入11132.1亿元。其中40个企业工程监理收入超过3亿元，97个企业工程监理收入超过2亿元，288个企业工程监理收入超过1亿元。根据国务院深化"证照分离"改革进一步激发市场主体发展活力的要求，在全国范围内实施涉企经营许可事项全覆盖清单管理，按照直接取消审批、审批改为备案、实行告知承诺、优化审批服务等四种方式分类推进审批制度改革，建立简约高效、公正透明、宽进严管的行业准营规则，大幅提高市场主体办事的便利度和可预期性。将工程监理企业资质由三级调整为两级，取消丙级资质，相应调整乙级资质的许可条件；取消住房和城乡建设部门审批的监理事务所资质和公路、水利水电、港口与航道、农林工程专业监理资质。将地质灾害治理工程监理单位资质由三级调整为两级，取消丙级资质，相应调整乙级资质的许可条件；将水运工程监理企业资质由三级调整为两级，取消丙级资质，相应调整乙级资质的许可条件；将公路工程专业监理资质由三级调整为两级，取消丙级资质，相应调整乙级资质的许可条件；将水利工程建设监理单位资质由三级调整为两级，取消丙级资质，将乙级资质的许可条件调整为目前丙级资质的许可条件，开展企业信用评估与注册监理工程师、咨询工程师（投资）执业资格管理。全过程工程咨询在经济社会发展、境内外投资建设项目决策与实施活动中，为投资者和政府部门提供阶段性或全过程咨询和管理的智力服务。本章包括：工程监理企业资质管理；公路水运工程监理企业资质管理；水利工程建设监理单位资质管理；中国建设监理企业信用评估管理；注册监理工程师执业资格管理；工程咨询单位资信评价管理；注册咨询工程师（投资）执业资格管理；全过程工程咨询服务；PPP项目全生命周期咨询业务等。

第一节　工程监理企业资质管理

一、资质管理

从事建设工程监理活动的企业，应当按照工程监理企业资质管理规定取得工程监理企业资质，并在工程监理企业资质证书许可的范围内从事工程监理活动。国务院建设主管部门负责全国工程监理企业资质的统一监督管理工作。国务院铁路、交通、水利、信息产业、民航等有关部门配合国务院建设主管部门实施相关资质类别工程监理企业资质的监督管理工作。省、自治区、直辖市人民政府建设主管部门负责本行政区域内工程监理企业资质的统一监督管理工作。省、自治区、直辖市人民政府交通、水利、信息产业等有关部门配合同级建设主管部门实施相关资质类别工程监理企业资质的监督管理工作。工程监理行业组织应当加强工程监理行业自律管理，鼓励工程监理企业加入工程监理行业组织。资质等级和业务范围，工程监理企业资质分为综合资质、专业资质和事务所资质。其中，专业资质按照工程性质和技术特点划分为若干工程类别。综合资质、事务所资质不分级别。专业资质分为甲级、乙级。工程监理企业的资质等级标准如下：综合资质标准，具有独立法人资格且注册资本不少于600万元。企业技术负责人应为注册监理工程师，并具有15年以上从事工程建设工作的经历或者具有工程类高级职称。具有5个以上工程类别的专业甲级工程监理资质。注册监理工程师不少于60人，注册造价工程师不少于5人，一级注册建造师、一级注册建筑师、一级注册结构工程师或者其他勘察设计注册工程师合计不少于15人次。企业具有完善的组织结构和质量管理体系，有健全的技术、档案等管理制度。企业具有必要的工程试验检测设备。申请工程监理资质之日前一年内没有工程监理企业资质管理规定第十六条禁止的行为。申请工程监理资质之日前一年内没有因本企业监理责任造成重大质量事故。申请工程监理资质之日前一年内没有因本企业监理责任发生三级以上工程建设重大安全事故或者发生两起以上四级工程建设安全事故。专业资质标准，甲级具有独立法人资格且注册资本不少于300万元。企业技术负责人应为注册监理工程师，并具有15年以上从事工程建设工作的经历或者具有工程类高级职称。注册监理工程师、注册造价工程师、一级注册建造师、一级注册建筑师、一级注册结构工程师或者其他勘察设计注册工程师合计不少于25人次；其中，相应专业注册监理工程师不少于《专业资质注册监理工程师人数配备表》中要求配备的人数，注册造价工程师不少于2人。企业近2年内独立监理过3个以上相应专业的二级工程项目，但是，具有甲级设计资质或一级及以上施工总承包资质的企业申请本专业工程类别甲级资质的除外。企业具有完善的组织结构和质量管理体系，有健全的技术、档案等管理制度。企业具有必要的工程试验检测设备。申请工程监理资质之日前一年内没有工程监理企业资质管理规定第十六条禁止的行为。申请工程监理资质之日前一年内没有因本企业监理责任造成重大质量事故。申请工程监理资质之日前一年内没有因本企业监理责任发生三级以上工程建设重大安全事故或者发生两起以上四级工程建设安全事故。乙级具有独立法人资格且注册资本不少于100万元。企业技术负责人应为注册监理工程师，并具有10年以上从事工程建设工作的经历。注册监理工程师、注册造价工程师、一级注册建造师、一级注册建筑师、一级注册结构工程师或者其他勘察设计注册工程师合计不少于15人次。其中，相应专业注册监理工程师不少于《专业资质注册监理工程师人数配备表》中要求配备的人数，注册造价工程师不少于1人。有较完善的组织结构和质量管理体系，有技术、档案等管理制度。有必要的工程试验检测设备。申请工程监理资质之日前一年内没有工程监理企业资质管理规定第十六条禁止的行为。申请工程监理资质之日前一年内没有因本企业监理责任造成重大质量事故。申请工程监理资质之日前一年内没有因本企业监理责任发生三级以上工程建设重大安全事故或者发生两起以上四级工程建设安全事故。事务所资质标准，取得合伙企业营业执照，具有书面合作协议书。合伙人中有3名以上注册监理工程师，合伙人均有5年以上从事建设工程监理的工作经历。有固定的工作场所。有必要的质量管理体系和规章制度。有必要的工程试验检测设备。工程监理企业资质相应许可的业务范围如下：综合资质可以承担所有专业工程类别建设工程项目的工程监理业务。专业甲级资质可承担相应专业工程类别建设工程项目的工程监理业务。专业乙级资质可承担相应专业工程类别二级以下（含二级）建设工程项目的工程监理业务。事务所资质可承担三级建设工程项目的工程监理业务，但是，国家规定必须实行强制监理的工程除外。工程监理企业可以开展相应类别建设工程的项目管理、技术咨询等业务。

二、资质申请和审批

企业申请工程监理企业资质，在资质许可机关的网站或审批平台提出申请事项，提交专业技术人员、技术装备和已完成业绩等电子材料。申请综合资质、专业甲级资质的，应当向企业工商注册所在地的省、自治区、直辖市人民政府建设主管部门提出申请。省、自治区、直辖市人民政府建设主管部门应当自受理申请之日起20日内初审完毕，并将初审意见和申请材料报国务院建设主管部门。国务院建设主管部门应当自省、自治区、直辖市人民政府建设主管部门受理申请材料之日起60日内完成审查，公示审查意见，公示时间为10日。其中，涉及铁路、交通、水利、通信、民航等专业工程监理资质的，由国务院建设主管部门送国务院有关部门审核。国务院有关部门应当在20日内审核完毕，并将审核意见报国务院建设主管部门。国务院建设主管部门根据初审意见审批。专业乙级和事务所资质由企业所在地省、自治区、直辖市人民政府建设主管部门审批。专业乙级和事务所资质许可。延续的实施程序由省、自治区、直辖市人民政府建设主管部门依法确定。省、自治区、直辖市人民政府建设主管部门应当自作出决定之日起10日内，将准予资质许可的决定报国务院建设主管部门备案。工程监理企业资质证书的有效期为5年，有效期的计算时间以资质证书最后的核定日期为准。工程监理企业资质证书由国务院建设主管部门统一印制并发放，工程监理企业资质证书全国通用。资质有效期届满，工程监理企业需要继续从事工程监理活动的，应当在资质证书有效期届满60日前，向原资质许可机关申请办理延续手续。对在资质有效期内遵守有关法律、法规、规章、技术标准，信用档案中无不良记录，且专业技术人员满足资质标准要求的企业，经资质许可机关同意，有效期延续5年。工程监理企业在资质证书有效期内名称、地址、注册资本、法定代表人等发生变更的，应当在工商行政管理部门办理变更手续后30日内办理资质证书变更手续。涉及综合资质、专业甲级资质证书中企业名称变更的，由国务院建设主管部门负责办理，并自受理申请之日起3日内办理变更手续。前款规定以外的资质证书变更手续，由省、自治区、直辖市人民政府建设主管部门负责办理。省、自治区、直辖市人民政府建设主管部门应当自受理申请之日起3日内办理变更手续，并在办理资质证书变更手续后15日内将变更结果报国务院建设主管部门备案。工程监理企业合并的，合并后存续或者新设立的工程监理企业可以承继合并前各方中较高的资质等级，但应当符合相应的资质等级条件。工程监理企业分立的，分立后企业的资质等级，根据实际达到的资质条件，按照规定的审批程序核定。从事建设工程监理活动的企业，应当按照规定取得工程监理企业资质，并在工程监理企业资质证书许可的范围内从事工程监理活动。国务院建设主管部门负责全国工程监理企业资质的统一监督管理工作。国务院铁路、交通、水利、信息产业、民航等有关部门配合国务院建设主管部门实施相关资质类别工程监理企业资质的监督管理工作。省、自治区、直辖市人民政府建设主管部门负责本行政区域内工程监理企业资质的统一监督管理工作。省、自治区、直辖市人民政府交通、水利、信息产业等有关部门配合同级建设主管部门实施相关资质类别工程监理企业资质的监督管理工作。

三、资质资格实施事项

（一）县级以上人民政府建设主管部门和其他有关部门应当依照有关法律、法规和本规定，加强对工程监理企业资质的监督管理。建设主管部门履行监督检查职责时，有权采取下列措施：要求被检查单位提供工程监理企业资质证书、注册监理工程师注册执业证书，有关工程监理业务的文档，有关质量管理、安全生产管理、档案管理等企业内部管理制度的文件；进入被检查单位进行检查，查阅相关资料；纠正违反有关法律、法规和规定及有关规范和标准的行为。监督检查机关应当将监督检查的处理结果向社会公布，并将检查和处理结果记入企业信用档案。监督检查可以采取下列形式：集中监督检查，由县级以上人民政府建设主管部门或者有关部门统一部署的监督检查；抽查和巡查，县级以上人民政府建设主管部门或者有关部门随机进行的监督检查。县级以上人民政府建设主管部门和有关部门应按以下程序实施监督检查：制定监督检查方案，其中集中监督检查方案应予以公布；检查应出具相应的检查文件或证件；当地建设主管部门和有关部门应当配合上级部门的监督检查；实施检查时，应首先明确监督检查内容，被检企业应如实提供相关文件资料。对于提供虚假材料的企业，予以通报；对于不符合相应资质条件要求的监理企业，应及时上报资质许可机关，资质许可机关可以责令其限期改正，逾期不改的，撤回其相应工程监理企业资质；对于拒不提供被检资料的企业，予以通报，并责令其限期提供被检资料；检查人员应当将检查情况予以记录，并由被检企业负责人和检查人员签字确认；检查人员应当将检查情况汇总，连同有关行政处理或者行政处罚建议书面告知当地建设主管部门。

（二）工程监理行业转型升级创新发展主要目标任务，工程监理服务多元化水平显著提升，服务模式得到有效创新，逐步形成以市场化为基础、国际化为方向、信息化为支撑的工程监理服务市场体系。行业组织结构更趋优化，形成以主要从事施工现场监理服务的企业为主体，以提供全过程工程咨询服务的综合性企业为骨干，各类工程监理企业分工合理、竞争有序、协调发展的行业布局。监理行业核心竞争力显著增强，培育一批智力密集型、技术复合型、管理集约型的大型工程建设咨询服务企业。推动监理企业依法履行职责，工程监理企业应当根据建设单位的委托，客观、公正地执行监理任务，依照法律、行政法规及有关技术标准、设计文件和建筑工程承包合同，对承包单位实施监督。建设单位应当严格按照相关法律法规要求，选择合格的监理企业，依照委托合同约定，按时足额支付监理费用，授权并支持监理企业开展监理工作，充分发挥监理的作用。施工单位应当积极配合监理企业的工作，服从监理企业的监督和管理。引导监理企业服务主体多元化，鼓励支持监理企业为建设单位做好委托服务的同时，进一步拓展服务主体范围，积极为市场各方主体提供专业化服务。适应政府加强工程质量安全管理的工作要求，按照政府购买社会服务的方式，接受政府质量安全监督机构的委托，对工程项目关键环节、关键部位进行工程质量安全检查。适应推行工程质量保险制度要求，接受保险机构的委托，开展施工过程中风险分析评估、质量安全检查等工作。创新工程监理服务模式，鼓励监理企业在立足施工阶段监理的基础上，向“上下游”拓展服务领域，提供项目咨询、招标代理、造价咨询、项目管理、现场监督等多元化的“菜单式”咨询服务。对于选择具有相应工程监理资质的企业开展全过程工程咨询服务的工程，可不再另行委托监理。适应发挥建筑师主导作用的改革要求，结合有条件的建设项目试行建筑师团队对施工质量进行指导和监督的新型管理模式，试点由建筑师委托工程监理实施驻场质量技术监督。鼓励监理企业积极探索政府和社会资本合作（PPP）等新型融资方式下的咨询服务内容、模式。提高监理企业核心竞争力，引导监理企业加大科技投入，采用先进检测工具和信息化手段，创新工程监理技术、管理、组织和流程，提升工程监理服务能力和水平。鼓励大型监理企业采取跨行业、跨地域的联合经营、并购重组等方式发展全过程工程咨询，培育一批具有国际水平的全过程工程咨询企业。支持中小监理企业、监理事务所进一步提高技术水平和服务水平，为市场提供特色化、专业化的监理服务。推进建筑信息模型（BIM）在工程监理服务中的应用，不断提高工程监理信息化水平。鼓励工程监理企业抓住“一带一路”的国家战略机遇，主动参与国际市场竞争，提升企业的国际竞争力。优化工程监理市场环境，加快以简化企业资质类别和等级设置、强化个人执业资格为核心的行政审批制度改革，推动企业资质标准与注册执业人员数量要求适度分离，健全完善注册监理工程师签章制度，强化注册监理工程师执业责任落实，推动建立监理工程师个人执业责任保险制度。加快推进监理行业诚信机制建设，完善企业、人员、项目及诚信行为数据库信息的采集和应用，建立黑名单制度，依法依规公开企业和个人信用记录。强化对工程监理的监管，工程监理企业发现安全事故隐患严重且施工单位拒不整改或者不停止施工的，应及时向政府主管部门报告。开展监理企业向政府报告质量监理情况的试点，建立健全监理报告制度。建立企业资质和人员资格电子化审查及动态核查制度，加大对重点监控企业现场人员到岗履职情况的监督检查。充分发挥行业协会作用，监理行业协会要加强自身建设，健全行业自律机制，提升为监理企业和从业人员服务能力，切实维护监理企业和人员的合法权益。鼓励各级监理行业协会围绕监理服务成本、服务质量、市场供求状况等进行深入调查研究，开展工程监理服务收费价格信息的收集和发布，促进公平竞争。监理行业协会应及时向政府主管部门反映企业诉求，反馈政策落实情况，为政府有关部门制订法规政策、行业发展规划及标准提出建议。

（三）工程监理企业人员资质资格行政审批实施事项细则，详见第十八章第四节、第七节。

第二节　公路水运工程监理企业资质管理

一、公路水运工程监理企业资质

从事公路、水运工程监理活动，应当按照规定取得相应的公路工程监理企业资质、水运工程监理企业资质，并在业务范围内开展监理业务。交通运输部负责全国公路、水运工程监理企业资质监督管理工作。县级以上地方人民政府交通运输主管部门根据职责负责本行政区域内公路、水运工程监理企业资质监督管理工作。公路、水运工程监理企业资质均分为甲级、乙级和机电专项。公路工程监理企业资质的业务范围分为：甲级资质可在全国范围内从事一、二、三类公路工程的监理业务；乙级资质可在全国范围内从事二、三类公路工程的监理业务；机电专项资质可在全国范围内从事各类型公路机电工程的监理业务。水运工程监理企业资质的业务范围分为：甲级资质可在全国范围内从事大、中、小型水运工程的监理业务；乙级资质可在全国范围内从事中、小型水运工程的监理业务；机电专项资质可在全国范围内从事各类型水运机电工程的监理业务。公路、水运工程监理业务的分类标准（表 12-1、表 12-2），公路水运工程监理企业资质试验检测仪器设备配备要求（略）。

公路工程监理业务分类标准 **表12-1**

	一类	二类	三类
1. 路基路面工程	高速公路	一级公路	除高速公路、一级公路外的其他公路
2. 桥梁工程	特大桥	大桥、中桥	小桥、涵洞
3. 隧道工程	特长隧道、长隧道	中隧道	短隧道

备注：本标准使用术语含义与交通运输部《公路工程技术标准》JTG B01 规定一致。分类标准中的工程，包含配套的交通安全设施、服务设施和管理养护设施，但不包含公路机电工程的内容。

水运工程监理业务分类标准 **表12-2**

序号	建设项目			单位	大型	中型	小型
1	港口工程	集装箱码头	沿海	吨级	≥ 100000	10000~100000	＜ 10000
			内河	吨级	≥ 1000	＜ 1000	—
		散货码头	沿海	吨级	≥ 50000	10000~50000	＜ 10000
			内河	吨级	≥ 1000	500~1000	＜ 500
		件杂货、滚装、客运等多用途码头	沿海	吨级	≥ 10000	3000~10000	＜ 3000
			内河	吨级	≥ 1000	500~1000	＜ 500
		原油码头	沿海	吨级	≥ 50000	10000~50000	＜ 10000
			内河	吨级	≥ 1000	＜ 1000	—
		化学品、成品油、气等危险品码头		吨级	≥ 3000	＜ 3000	—
		舾装码头		吨级	≥ 50000	10000~50000	＜ 10000
		防波堤、导流堤、海上人工岛等水上建筑		最大水深（米）	≥ 6	＜ 6	—
		护岸、引堤、海墙等建筑防护		最大水深（米）	≥ 5	3~5	＜ 3
		船坞		船舶吨位	≥ 50000	10000~50000	＜ 10000
		船台、滑道		船体重量（吨）	≥ 5000	1000~5000	＜1000
		港区堆场	沿海	万平方米	≥ 20	10~20	＜ 10
			内河	万平方米	≥ 10	5~10	＜ 5
		港口装卸工艺		港口项目规模	大型港口工程中相应装卸工艺	中型港口工程中相应装卸工艺	小型港口工程中相应装卸工艺
2	航道工程	沿海		通航吨级	≥ 100000	10000~100000	＜ 10000
		内河整治		通航吨级	≥ 1000	500~1000	＜ 500
		疏浚与吹填		工程量（万方）	≥ 200	50~200	＜ 50
		渠化枢纽、船闸		通航吨级	≥ 1000	500~1000	＜ 500
		升船机		通航吨级	≥ 1000	500~1000	＜ 500
		航标工程		投资（万元）	≥ 1000	＜ 1000	—
		船舶交通管理系统工程		投资（万元）	≥ 3000	＜ 3000	—

备注：天然河流港口与航道工程中，潮汐河口的河口潮流段和口外海滨段的工程为沿海工程。
分类标准中的工程不包含水运机电工程的内容。

二、资质申请条件

申请公路、水运工程监理企业资质的单位，应当是经依法登记注册的企业法人，并具备规定的相应资质条件。申请人作为工程质量安全事故当事人的，应当经有关主管部门认定无责任，或者虽受相关行政处罚但已履行完毕。

（一）申请公路工程甲级监理企业资质的单位，人员同时满足下列要求：企业负责人中不少于1人具备10年及以上公路工程建设经历，具备监理工程师资格；技术负责人中不少于1人具备15年及以上公路工程建设经历，具备一类公路工程监理业绩的总监理工程师经历，具备公路或者相关专业高级技术职称和监理工程师资格。上述人员与企业签订的劳动合同期限均不少于3年。企业拥有中级及以上技术职称专业技术人员不少于50人，其中持监理工程师资格证书的人员不少于30人，工程系列高级技术职称人员不少于10人，经济师、会计师或者造价工程师不少于3人。上述各类人员中，与企业签订3年及以上劳动合同的人数均不低于70%。业绩满足下列要求之一：企业具备不少于5项二类公路工程监理业绩，其中桥梁、隧道工程监理业绩不超过2项。持监理工程师资格证书的人员中，不少于10人具备2项一类公路工程监理业绩，不少于3人具备一类公路工程监理业绩的总监理工程师或者驻地监理工程师经历，上述人员与企业签订的劳动合同期限均不少于3年。企业具备1项一类和不少于2项二类公路工程监理业绩。企业具备不少于2项一类公路工程监理业绩。拥有与业务范围相适应的试验检测仪器设备。企业信誉良好有两期及以上公路建设市场全国综合信用评价结果的，最近两期评价等级均不低于B级且其中一期不低于A级；只有一期评价结果的，评价等级不低于B级且申请前一年内未发现存在严重不良行为；无评价结果的，申请前一年内未发现存在严重不良行为。

（二）申请公路工程乙级监理企业资质的单位，人员同时满足下列要求：企业负责人中不少于1人具备5年及以上公路工程建设经历，具备监理工程师资格；技术负责人中不少于1人具备8年及以上公路工程建设经历，具备公路工程监理业绩的总监理工程师经历，具备监理工程师资格。上述人员与企业签订的劳动合同期限均不少于3年。企业拥有中级及以上技术职称专业技术人员不少于20人，其中持监理工程师资格证书的人员不少于10人，工程系列高级技术职称人员不少于3人，经济师、会计师或者造价工程师不少于1人。上述各类人员中，与企业签订3年及以上劳动合同的人数均不低于70%。业绩满足下列要求之一：持监理工程师资格证书的人员中，不少于4人具备2项公路工程监理业绩，且与企业签订的劳动合同期限不少于3年。企业具备不少于1项二类公路工程监理业绩或者不少于2项三类公路工程监理业绩。拥有与业务范围相适应的试验检测仪器设备。企业信誉良好有两期及以上公路建设市场全国综合信用评价结果的，最近两期评价等级均不低于B级；只有一期评价结果的，评价等级不低于B级且申请前一年内未发现存在严重不良行为；无评价结果的，申请前一年内或者企业成立至申请前未发现存在严重不良行为。

（三）申请公路工程机电专项监理企业资质的单位，人员同时满足下列要求：企业负责人中不少于1人具备10年及以上公路机电工程建设经历，具备监理工程师资格；技术负责人中不少于1人具备15年及以上公路机电工程建设经历，具备公路机电工程监理业绩的总监理工程师经历，具备机电专业高级技术职称和监理工程师资格。上述人员与企业签订的劳动合同期限均不少于3年。企业拥有中级及以上技术职称专业技术人员不少于30人，其中持监理工程师资格证书的人员不少于12人，工程系列高级技术职称人员不少于10人，经济师、会计师或者造价工程师不少于2人。上述各类人员中，与企业签订3年及以上劳动合同的人数均不低于70%。业绩满足下列要求之一：持监理工程师资格证书的人员中，不少于6人具备公路机电工程监理业绩，不少于3人具备公路机电工程监理业绩的总监理工程师或者驻地监理工程师经历，上述人员与企业签订的劳动合同期限均不少于3年。企业具备不少于2项公路机电工程监理业绩。拥有与业务范围相适应的试验检测仪器设备。企业信誉良好有两期及以上公路建设市场全国综合信用评价结果的，最近两期评价等级均不低于B级；只有一期评价结果的，评价等级不低于B级且申请前一年内未发现存在严重不良行为；无评价结果的，申请前一年内或者企业成立至申请前未发现存在严重不良行为。

（四）申请水运工程甲级监理企业资质的单位，人员同时满足下列要求：企业负责人中不少于1人具备10年及以上水运工程建设经历，具备监理工程师资格；技术负责人中不少于1人具备15年及以上水运工程建设经历，具备大型水运工程监理业绩的总监理工程师经历，具备水运或者相关专业高级技术职称和监理工程师资格。上述人员与企业签订的劳动合同期限均不少于3年。企业拥有中级及以上技术职称专业技术人员不少于40人，其中持监理工程师资格证书的人员不少于25人，工程系列高级技术职称人员不少于10人，经济师、会计师或者造价工程师不少于2人。上述各类人员中，与企业签订3年及以上劳动合同的人数均不低于70%。业绩满足下列要求之一：企业具备不少于5项中型水运工程监理业绩。持监理工程师资格证书的人员中，不少于9人具备大型水运工程监理业绩，不少于3人具备大型水运工程监理业绩的总监理工程师或者总监理工程师代表经历，上述人员与企业签订的劳动合同期限均不少于3年。企业具备1项大型和不少于2项中型水运工程监理业绩。企业具备不少于2项大型水运工程监理业绩。拥有与业务范围相适应的试验检测仪器设备。企业信誉良好有两期及以上水运建设市场全国综合信用评价结果的，最近两期评价等级均不低于B级且其中一期不低于A级；只有一期评价结果的，评价等级不低于B级且申请前一年内未发现存在严重不良行为；无评价结果的，申请前一年内未发现存在严重不良行为。

（五）申请水运工程乙级监理企业资质的单位，人员同时满足下列要求：企业负责人中不少于1人具备5年及以上水运工程建设经历，具备监理工程师资格；技术负责人中不少于1人具备8年及以上水运工程建设经历，具备水运工程监理业绩的总监理工程师经历，具备监理工程师资格。上述人员与企业签订的劳动合同期限均不少于3年。企业拥有中级及以上技术职称专业技术人员不少于20人，其中持监理工程师资格证书的人员不少于10人，工程系列高级技术职称人员不少于3人，经济师、会计师或者造价工程师不少于1人。上述各类人员中，与企业签订3年及以上劳动合同的人数均不低于70%。业绩满足下列要求之一：持监理工程师资格证书的人员中，不少于4人具备水运工程监理业绩，不少于2人具备水运工程监理业绩的总监理工程师或者总监理工程师代表经历，不少于1人具备中型及以上水运工程监理业绩的总监理工程师或者总监理工程师代表经历。上述人员与企业签订的劳动合同期限均不少于3年。企业具备不少于1项中型水运工程监理业绩或者不少于2项小型水运工程监理业绩。拥有与业务范围相适应的试验检测仪器设备。企业信誉良好有两期及以上水运建设市场全国综合信用评价结果的，最近两期评价等级均不低于B级；只有一期评价结果的，评价等级不低于B级且申请前一年内未发现存在严重不良行为；无评价结果的，申请前一年内或者企业成立至申请前未发现存在严重不良行为。

（六）申请水运工程机电专项监理企业资质的单位，人员同时满足下列要求：企业负责人中不少于1人具备10年及以上水运机电工程建设经历，具备监理工程师资格；技术负责人中不少于1人具备15年及以上水运机电工程建设经历，具备水运机电工程监理业绩的总监理工程师经历，具备机电专业高级技术职称和监理工程师资格。上述人员与企业签订的劳动合同期限均不少于3年。企业拥有中级及以上技术职称专业技术人员不少于25人，其中持监理工程师资格证书的人员不少于12人，工程系列高级技术职称人员不少于10人，经济师、会计师或者造价工程师不少于2人。上述各类人员中，与企业签订3年及以上劳动合同的人数均不低于70%。业绩满足下列要求之一：持监理工程师资格证书的人员中，不少于6人具备水运机电工程监理业绩，不少于3人具备水运机电工程监理业绩的总监理工程师或者总监理工程师代表经历，上述人员与企业签订的劳动合同期限均不少于3年。企业具备不少于2项水运机电工程监理业绩。拥有与业务范围相适应的试验检测仪器设备。企业信誉良好有两期及以上水运建设市场全国综合信用评价结果的，最近两期评价等级均不低于B级；只有一期评价结果的，评价等级不低于B级且申请前一年内未发现存在严重不良行为；无评价结果的，申请前一年内或者企业成立至申请前未发现存在严重不良行为。

三、申请与许可

交通运输部负责公路工程甲级和机电专项监理企业资质的行政许可工作。申请人注册地的省级人民政府交通运输主管部门负责公路工程乙级监理企业资质，水运工程甲级、乙级和机电专项监理企业资质的行政许可工作。申请人申请公路、水运工程监理企业资质，应当向规定的许可机关提交下列申请材料或者信息：公路水运工程监理企业资质申请表；企业统一社会信用代码；相关的企业负责人、技术负责人以及专业技术人员名单；企业、人员从业业绩清单；试验检测仪器设备清单。申请人应当通过全国公路、水运相关管理系统在线申请，将前款规定的材料或者信息相应录入系统，并对其提交材料或者信息的真实性负责。全国公路、水运相关管理系统应当向社会公开，接受社会监督。许可机关应当按照《交通行政许可实施程序规定》开展许可工作。准予许可的，颁发相应的公路、水运工程监理企业资质纸质证书和电子证书。电子证书与纸质证书全国通用，具有同等法律效力。许可机关在作出行政许可决定的过程中可以聘请专家对申请材料进行评审，并且将评审结果向社会公示。专家评审的时间不计算在许可期限内，但应当将专家评审需要的时间告知申请人。专家评审的时间最长不得超过 30 日。许可机关应当组建资质评审专家库，做好专家库的维护、使用和监督管理工作。许可机关聘请的评审专家应当从其建立的资质评审专家库中选定，并符合回避要求。因回避等原因资质评审专家库难以满足需要的，许可机关可以从其他资质评审专家库中确定评审专家。许可机关作出的准予许可决定，应当向社会公开，公众有权查阅。资质证书有效期为 5 年。资质证书有效期届满，企业拟继续从事监理业务的，应当在资质证书有效期届满 60 日前，向许可机关提出延续申请。许可机关对提出资质证书延续申请企业的各项条件进行审查，自收到申请之日起 20 个工作日内作出是否准予延续的决定。符合资质条件的，许可机关准予资质证书延续五年。监理企业在领取新的资质证书时，应当将原资质证书交回许可机关。公路工程乙级监理企业资质、水运工程乙级监理企业资质、水运工程机电专项监理企业资质实行告知承诺制，许可机关制作并公布告知承诺书格式文本，申请人可自主选择是否采用告知承诺制方式办理。申请人自愿承诺符合资质条件并按要求提交材料的，许可机关应当当场作出许可决定。申请人不愿承诺或者无法承诺的，按照规定的一般程序办理。许可机关以告知承诺方式作出许可决定的，应当及时组织对申请人履行承诺情况进行检查。监理企业遗失资质证书，应当在公开媒体和许可机关指定的网站上声明作废，并向许可机关申请办理补证手续。监理企业的名称、住所、法定代表人等一般事项发生变更的，应当在变更事项发生后十日内向许可机关申请签注变更。监理企业发生合并、分立、重组、改制等情形需要承继原资质证书的，应当在 10 日内向许可机关申请重大事项变更。许可机关受理申请后，应当对申请人是否符合原资质条件进行核定，符合原资质条件的，可以承继原资质证书，但不得超过注明的有效期；不符合原资质条件的，应当重新提交资质申请。

第三节　水利工程建设监理单位资质管理

一、水利工程建设监理单位

从事水利工程建设监理业务的单位，应当按照规定取得资质，并在资质等级许可的范围内承揽水利工程建设监理业务。申请监理资质的单位，应当按照其拥有的技术负责人、专业技术人员和工程监理业绩等条件，申请相应的资质等级。水利部负责监理单位资质的认定与管理工作。水利部所属流域管理机构和省、自治区、直辖市人民政府水行政主管部门依照管理权限，负责有关的监理单位资质申请材料的接收、转报以及相关管理工作。

二、资质等级和业务范围

监理单位资质分为水利工程施工监理、水土保持工程施工监理、机电及金属结构设备制造监理和水利工程建设环境保护监理四个专业。其中，水利工程施工监理专业资质和水土保持工程施工监理专业资质分为甲级、乙级二个等级，机电及金属结构设备制造监理专业资质分为甲级、乙级两个等级，水利工程建设环境保护监理专业资质暂不分级。各专业资质等级可以承担的业务范围如下：水利工程施工监理专业资质，甲级可以承担各等级水利工程的施工监理业务。乙级可以承担Ⅱ等（堤防 2 级）以下各等级水利工程的施工监理业务。适用的水利工程等级划分标准按照《水利水电工程等级划分及洪水标准》SL252 执行。水土保持工程施工监理专业资质，甲级可以承担各等级水土保持工程的施工监理业务。乙级可以承担Ⅱ等以下各等级水土保持工程的施工监理业务。丙级可以承担Ⅲ等水土保持工程的施工监理业务。同时具备水利工程施工监理专业资质和乙级以上水土保持工程施工监理专业资质的，方可承担淤地坝中的骨干坝施工监理业务。适用的水土保持工程等级划分标准Ⅰ等：500 平方公里以上的水土保持综合治理项目；总库容 100 万立方米以上、小于 500 万立方米的沟道治理工程；征占地面积 500 公顷以上的开发建设项目的水土保持工程。Ⅱ等：150 平方公里以上、小于 500 平方公里的水土保持综合治理项目；总库容 50 万立方米以上、小于 100 万立方米的沟道治理工程：征占地面积 50 公顷以上、小于 500 公顷的开发建设项目的水土保持工程。Ⅲ等：小于 150 平方公里的水土保持综合治理项目；总库容小于 50 万立方米的沟道治理工程；征占地面积小于 50 公顷的开发建设项目的水土保持工程。机电及金属结构设备制造监理专业资质，甲级可以承担水利工程中的各类型机电及金属结构设备制造监理业务。乙级可以承担水利工程中的中、小型机电及金属结构设备制造监理业务。适用的机电及金属结构设备等级划分标准，发电机组、水轮机组等级划分标准（表 12-3）、水工金属结构设备（闸门、压力钢管、拦污设备）等级划分标准（表 12-4）、起重设备等级划分标准（表 12-5）。水利工程建设环境保护监理专业资质，可以承担各类各等级水利工程建设环境保护监理业务。

发电机组、水轮机组等级划分标准 　　**表12-3**

工程规模	划分标准（装机容量 10^4kW）
大型	≥ 30
中型	5~30
小型	＜ 5

水工金属结构设备（闸门、压力钢管、拦污设备）等级划分标准 　　**表12-4**

	规格分档	参数标准 *FH* = 门叶面积（平方米）× 设计水头（m）	
闸门	大型	$FH \geqslant 1000$	
	中型	$200 \leqslant FH < 1000$	
	小型	$FH < 200$	
压力钢管	规格分档	参数标准 *DH* = 直径（m）× 设计水头（m）	
	大型	$DH \geqslant 300$	
	中型	$50 \leqslant DH < 300$	
	小型	$DH < 50$	
拦污设备	规格分档	参数标准	
		耙斗式	回转式
	大型	耙斗容积 ≥ $3m^3$	齿耙宽度（m）× 清污深度（m）≥ 100
	中型	$1m^3$ ≤ 耙斗容积 ＜ $3m^3$	30 ≤ 齿耙宽度（m）× 清污深度（m）＜ 100
	小型	耙斗容积 ＜ $1m^3$	齿耙宽度（m）× 清污深度（m）＜ 30

起重设备等级划分标准 　　**表12-5**

规格分档	划分标准（起重量 *G*）
大型	$G \geqslant 100t$
中型	$30T \leqslant G < 100t$
小型	$G < 30t$

三、资质的申请、受理和认定

申请监理单位资质，应当具备水利工程建设监理单位资质等级标准规定的资质条件。监理单位资质一般按照专业逐级申请。申请人可以申请一个或者两个以上专业资质。甲级监理单位资质条件：具有健全的组织机构、完善的组织章程和管理制度。技术负责人具有高级专业技术职称，并取得监理工程师资格证书。专业技术人员。监理工程师以及其中具有高级专业技术职称的人员，均不少于附表1规定的人数。造价工程师不少于3人。具有五年以上水利工程建设监理经历，且近三年监理业绩分别为：申请水利工程施工监理专业资质，应当承担过（含正在承担，下同）1项Ⅱ等水利枢纽工程，或者2项Ⅱ等（堤防2级）其他水利工程的施工监理业务；该专业资质许可的监理范围内的近三年累计合同额不少于600万元。承担过水利枢纽工程中的挡、泄、导流、发电工程之一的，可视为承担过水利枢纽工程。申请水土保持工程施工监理专业资质，应当承担过2项Ⅱ等水土保持工程的施工监理业务；该专业资质许可的监理范围内的近三年累计合同额不少于350万元。申请机电及金属结构设备制造监理专业资质，应当承担过4项中型机电及金属结构设备制造监理业务；该专业资质许可的监理范围内的近三年累计合同额不少于300万元。能运用先进技术和科学管理方法完成建设监理任务。乙级监理单位资质条件：具有健全的组织机构、完善的组织章程和管理制度。技术负责人具有高级专业技术职称，并取得监理工程师资格证书。专业技术人员。监理工程师以及其中具有高级专业技术职称的人员，均不少于规定的人数。造价工程师不少于2人。具有三年以上水利工程建设监理经历，且近三年监理业绩分别为：申请水利工程施工监理专业资质，应当承担过3项Ⅲ等（堤防3级）水利工程的施工监理业务；该专业资质许可的监理范围内的近三年累计合同额不少于400万元。申请水土保持工程施工监理专业资质，应当承担过4项Ⅲ等水土保持工程的施工监理业务；该专业资质许可的监理范围内的近三年累计合同额不少于200万元。能运用先进技术和科学管理方法完成建设监理任务。首次申请机电及金属结构设备制造监理专业乙级资质，只需满足第制度、人员、管理项；申请重新认定、延续或者核定机电及金属结构设备制造监理专业乙级资质，还须该专业资质许可的监理范围内的近三年年均监理合同额不少于30万元。各专业资质等级配备监理工程师（表12-6）。

各专业资质等级配备监理工程师一览表 **表12-6**

监理单位资质等级	水利工程施工监理专业资质		水土保持工程施工监理专业资质		机电及金属结构设备制造监理专业资质		水利工程建设环境保护监理专业资质	
	监理工程师	其中高级职称人员	监理工程师	其中高级职称人员	监理工程师	其中高级职称人员	监理工程师	其中高级职称人员
甲级	40	8	25	5	25	5	—	—
乙级	25	5	15	3	12	3	—	—
不定级	—	—	—	—	—	—	10	3

备注：监理工程师的监理专业必须为各专业资质要求的相关专业。具有两个以上不同类别监理专业的监理工程师，监理单位申请不同专业资质等级时可分别计算人数。

监理单位资质每年集中认定一次，受理时间由水利部提前3个月向社会公告。监理单位分立后申请重新认定监理单位资质以及监理单位申请资质证书变更或者资质延续的，不适用前款规定。申请人应当向其注册地的省、自治区、直辖市人民政府水行政主管部门提交申请材料。但是，水利部直属单位独资或者控股成立的企业申请监理单位资质的，应当向水利部提交申请材料；流域管理机构直属单位独资或者控股成立的企业申请监理单位资质的，应当向该流域管理机构提交申请材料。省、自治区、直辖市人民政府水行政主管部门和流域管理机构应当自收到申请材料之日起20个工作日内提出意见，并连同申请材料转报水利部。水利部按照规定办理受理手续。水利部应当自受理申请之日起20个工作日内作出认定或者不予认定的决定；20个工作日内不能作出决定的，经本机关负责人批准，可以延长10个工作日。决定予以认定的，应当在10个工作日内颁发《水利工程建设监理单位资质等级证书》。水利部在作出决定前，应当组织对申请材料进行评审，并将评审结果在水利部网站公示，公示时间不少于7日。资质有效期为5年，资质等级证书有效期内，监理单位的名称、地址、法定代表人等工商注册事项发生变更的，应当向水利部提交水利工程监理单位资质等级证书变更申请，办理资质等级证书变更手续。水利部自收到变更申请材料之日起3个工作日内办理变更手续。监理单位发生合并、重组、分立的，可以确定由一家单位承继原单位资质，该单位应当自合并、重组、分立之日起30个工作日内，按照规定提交有关申请材料以及合并、重组、分立决议和监理业绩分割协议。经审核，注册人员等事项满足资质标准要求的，直接进行证书变更。重组、分立后其他单位申请获得水利工程建设监理单位资质的，按照首次申请办理。资质等级证书有效期届满，需要延续的，按照规定向水利部提出延续资质等级的申请。水利部在资质等级证书有效期届满前，作出是否准予延续的决定。水利部应当将资质等级证书的发放、变更、延续等情况及时通知有关省、自治区、直辖市人民政府水行政主管部门或者流域管理机构，并定期在水利部网站公告。

第四节　中国建设监理企业信用管理

一、会员信用管理

（一）中国建设监理协会作为信用管理办法具体实施和管理组织，加强与政府有关行政主管部门的联系，互通信用信息，通过全国和省级及行业建筑市场监管公共服务平台、政府有关部门网站等了解会员信用信息。会员信用管理适用于中国建设监理协会团体会员、单位会员和个人会员的信用管理。会员信用信息采集与申报应合法、真实、有效、公开。会员自报信用信息，包括基本信息、社保信息、优良信用信息、不良信用信息。基本信息指注册、登记、年检信息、资质信息、工程项目信息、注册执业人员信息等。优良信用信息指获得的县级以上政府有关行政主管部门、社团组织表彰信息、纳税评级信息、项目获奖信息等。不良信用信息指受到的县级以上政府有关行政主管部门通报批评信息、行政处罚信息、有关社团组织认定的其他不良信用信息等。会员在信用信息变更后30日内，将变更后的信息通过网络上报。会员自报信用信息情况与全国和省级及行业建筑市场监管公共服务平台信息不一致的，会员应自查自纠。会员信用信息以中国建设监理协会或省、自治区、直辖市建设监理协会、行业监理专业委员会、分会公布的信息为准。会员优良信用信息公开时限一般为3年；不良信用信息公开时限一般为6个月至3年，公开时限内的信用信息为有效信息。会员信用信息每年更新。为推进监理行业信用建设，规范会员信用管理行为，加强行业自律，进一步促进监理行业健康发展，中国建设监理协会会员信用管理工作，由中国建设监理协会与各省、自治区、直辖市监理协会和行业监理专业委员会、分会共同管理。各省、自治区、直辖市监理协会和行业监理专业委员会、分会建立会员信用管理平台，与中国建设监理协会联网，实现信息共享。各省、自治区、直辖市监理协会和行业监理专业委员会、分会对单位会员和个人会员诚信信用信息和不良信用信息进行采集、输入、管理。涉及重要表扬信息、严重不良信息，应及时书面上报中国建设监理协会。各省、自治区、直辖市监理协会和行业监理专业委员会、分会，应当确定人员负责此项工作，根据各自实际情况适时申请与中国建设监理协会会员信用管理平台联网。开展单位会员信用评估，各省、自治区、直辖市建设监理协会和各分会做好单位会员信用评估准备工作，单位会员信用评估；各省、自治区、直辖市建设监理协会或各分会负责本地区或本行业单位会员自评估结果的公示，公示期不少于5个工作日。公示期内如对单位会员信用真实情况有反映的，应责成相关单位核实、纠正，公示期结束后请将单位会员自评估分数和公示情况报中国建设监理协会联络部；在单位会员自评估并经省级建设监理协会或各分会公示后，报中国建设监理协会汇总，并记入单位会员信用档案，在会员内部适用。评估内容：基本信息，主要包括：企业资质、团队建设、依法纳税、员工权益保障、员工教育投入、技术装备；优良信用信息，主要包括：获奖、表扬、科学技术创新成果与应用、三体系认证、社会贡献、协会活动；不良信用信息，主要包括：违规行为、质量和安全生产监管考核缺项、黑名单、恶性竞争、信息失真、外地分支机构管理缺失。评估要求，单位会员要本着实事求是的原则，按照信用评估标准自行评估，不得弄虚作假；单位会员自评估结果须按规定公示。各省、自治区、直辖市建设监理协会和各分会要重视此项工作，要安排人员负责和指导此项工作的开展。协会将成立诚信建设指导组，负责指导信用评估工作。严格执行《中国建设监理协会会员信用管理办法》及实施细则，依法依规加强信用管理。

（二）会员自律公约所称建设工程监理是指工程监理单位受业主委托，根据法律法规、工程建设标准、勘察设计文件及合同，在施工阶段对建设工程质量、造价、进度进行控制，对合同、信息进行管理，对工程建设相关方的关系进行协调，并履行建设工程安全生产管理法定职责的服务活动，适用于中国建设监理协会单位会员和个人会员。中国建设监理协会行业自律机构，引导地方和行业协会探索建立健全与建设工程监理行业发展相适应的行业自律机制和诚信体系。牢固树立新发展理念，积极适应建筑业改革发展形势，以优良的监理服务，不断提升建设工程品质总体水平。单位会员，遵守国家的法律法规和地方性法规及相关政策，依法从业，依规经营，严格执行有关标准规范，公平、独立、诚信、科学地开展监理工作。在监理招投标活动中，坚守诚信、公平、竞争，不得弄虚作假，不得超越资质或挂靠承揽监理业务，不得把监理资质转让给其他企业或个人使用，不得转包或接受挂靠的监理业务，自觉抵制违反相关法规及损害行业利益的行为。遵守国家和行业管理有关规定，实行有偿服务，与委托方约定服务项目、服务内容、服务质量，确定服务价格，促进优质优价。依照有关法规与委托方签订《建设工程监理合同》，不得签订有损国家、集体或他人利益的虚假合同或附加条款，严禁签订阴阳合同。执行《建设工程监理规范》，设立项目监理机构，任命总监理工程师，配备监理人员和相关设施，认真履行监理职责，保证监理服务质量。不得与被监理工程的施工单位以及建筑材料、建筑构配件和设备供应单位有隶属关系或者其他利害关系。加强内部管理和教育培训，健全考评体系，恪守《中国建设监理协会单位会员诚信守则》，推进服务创新，塑造监理品牌。个人会员，遵守法规，按授权开展监理工作，恪守《中国建设监理协会个人会员职业道德行为准则》，依据合同维护有关方面的权益和公共利益。不得转借、出租、伪造、涂改监理工程师注册执业证书及其他相关资信证明。遵守保密规定，履行保密义务，行使保密权利，不泄露保密工程信息。执行监理工作标准，落实监理质量责任，履行国家建设工程安全生产管理法定职责，为建设单位提供专业化、规范化监理服务。落实监理质量安全责任，拒绝在不符合工程质量安全标准或强制性条文要求的建设工程、材料、构配件及设备的验收文件上签字。诚实守信，廉洁执业，不得以权谋私。

（三）单位会员诚信守则，贯彻诚信理念，建立诚信体系，把守法诚信作为企业安身立命之本，激励诚信，惩戒失信，公平、独立、诚信、科学地开展监理工作。遵守法规及相关政策，依照企业资质范围开展经营业务活动，不转让、出租、出卖企业资质及监理工程师注册执业证书。在投标过程中不串标、不围标，不以降低监理工作质量等手段压价承揽业务，抵制不正当竞争行为，诚实守信，公平竞争。依据《建设工程监理规范》及合同约定，组建项目监理机构和派遣项目监理人员，明确监理职责，定期检查项目监理部工作，发现问题及时处理。加强职工教育和管理，不得以吃、拿、卡、要等手段向建设方、施工方谋取不正当利益。按规定进行检查验证，按标准进行工程验收，认真审查项目承包人的报审资料，确保企业各项监理资料的真实性、时效性和完整性。承担社会责任，践行社会公德，不泄露商业秘密及涉密工程的相关信息，不用虚假资料申报各类奖项、荣誉，不参与非法社团组织的各类评奖等活动。遵守《中国建设监理协会会员自律公约》，自觉接受政府主管部门和行业协会对监理工作的监督。职业道德行为准则，遵法守规，诚实守信。遵守法规和《建设监理行业自律公约》，讲信誉，守承诺，敢担当，公平、独立、诚信、科学地开展监理工作。恪尽职守，严格监理。履行合同义务，提供专业化服务，坚守标准、规范、规程和制度，保证工程质量，维护业主权益和公共利益。爱岗敬业，优质服务。履行岗位职责，做好本职工作，热爱监理事业，维护监理信誉，以优质服务塑造行业良好形象。团结协作，尊重他人。相互沟通，协调配合，不诋毁他人声誉，不损害他人利益，与项目参建方建立良好的合作关系。加强学习，增强能力。积极参加专业培训，不断更新技术知识，扩展专业结构范围，提升综合服务水平。廉洁自律，保守秘密。不以个人名义承揽业务，不同时在两个或两个以上单位注册及兼职，抵制不正之风，保守商业秘密。钻研科技，多做贡献。不抄袭他人监理成果，不盗用他人技术信息，尊重知识产权，立足实践，自主创新。支持协会工作，履行会员义务。关心行业发展，参加协会活动，针对热点问题提出建议。

二、会员信用评估内容组成和评估标准

中国建设监理协会会员信用评估标准适用于中国建设监理协会单位会员和个人会员。中国建设监理协会负责会员信用评估的管理，诚信建设指导组负责单位会员和个人会员信用评估指导工作。省级监理协会、行业监理专业委员会或分会负责单位会员信用和个人会员信用评估。会员信息分为基本信息、优良信用信息和不良信用信息三类。会员信用信息评估权重。基本信息为 30%；优良信用信息为 30%；不良信用信息为 40%。会员信用评估周期为两年。会员信用有效期自公告之日起至下一轮信用评估结果公告之日止。中国建设监理协会依据标准制定评估程序。评估程序主要包括：下发信用评估通知（提交参评资料截止时间、内容和要求、注意事项等）、受理信用评估申请、评估、结果公示、受理申诉和举报事项、结果公告发布。评估结果公示期一般为 5 个工作日。公示期如对单位会员信用真实性有反映，请责成相关单位自行纠正，并将自行纠正情况上报。单位会员，基本信息主要包括：企业资质、团队建设、依法纳税、员工权益保障、员工教育投入、技术装备。优良信用信息主要包括：获奖、表扬、科学技术创新成果与应用、三体系认证、社会贡献、协会活动。不良信用信息主要包括：违规行为、质量和安全生产监管考核缺项、黑名单、恶性竞争、信息失真、外地分支机构管理缺失。个人会员，基本信息包括：从业年限、承担项目数量、继续教育、学历、职称。优良信用信息包括：获奖、表扬、科学技术创新成果与应用、协会活动。不良信用信息包括：不良行为、质量和安全生产监管考核缺项、黑名单、信息失真、职业道德缺失。会员信用评估最后得分计算方式。

最后得分 X= 基本信息得分 ×30% ＋优良信用信息得分 ×30% ＋不良信用信息得分 ×40%。最后得分保留小数点后两位数（四舍五入）。会员信用评估实行计分制，暂不实施等级评定。会员信用评估监督。会员信用评估坚持公平、公正、公开原则。中国建设监理协会诚信建设指导组，负责评估全过程指导，受理申诉和举报。单位会员可向中国建设监理协会申诉或举报信用评估违规事件，个人会员可向省级监理协会、行业监理专业委员会或分会申诉或举报信用评估违规事件。申诉或举报应以书面形式提交材料，是单位申诉或举报的加盖单位公章，是个人申诉或举报的，应署实名并留联系电话。对在信用评估过程中使用弄虚作假等不正当手段的会员，视情节轻重分别予以批评教育、通报批评并降低信用分数。在信用有效期内，诚信建设指导组对会员信用行为实施全过程动态管理和信用信息采集，会员信用信息发生变化的，报请省级监理协会、行业监理专业委员会或分会依据本标准开展动态评估。当动态评估结果与会员原信用分数出现差异时，诚信建设指导组告知会员后 5 个工作日内调整其信用分数。信用管理实行“行业主导、权威发布、统一管理、信息共享”原则。中国建设监理协会建立会员信用档案，负责统一管理会员信用信息。单位会员信用评估标准（表 12-7~ 表 12-9），个人会员信用评估标准（表 12-10~ 表 12-12）。

单位会员基本信息评估标准 **表12-7**

评估内容	评估内容子项	评估标准	备注
基本信息 100 分	企业资质 20 分	企业各项注册条件满足规定计 20 分（每缺一名注册工程师扣 2 分）	对多个资质的企业扣分项进行叠加
	团队建设 15 分	高级职称人员占员工总数比例达到 20% 以上的计 5 分，低于 20% 的计 3 分；国家注册工程师人员占员工总数比例达到 20% 以上的计 5 分，低于 20% 的计 3 分；大学本科以上人员占员工总数比例达到 30% 以上的计 5 分，低于 30% 的计 3 分	国家二级注册工程师不在计算之列
	依法纳税 15 分	依法纳税的计 15 分（每出现一次违规纳税行为的扣 5 分）	
	员工权益保障 20 分	员工权益得到保障的计 20 分；没有全部办理员工“五险一金”的扣 5 分；员工工资平均水平低于当地市（州）级在职职工平均工资水平的扣 5 分	

续表

评估内容	评估内容子项	评估标准	备注
基本信息100分	员工教育投入15分	教育资金投入占公司员工工资总额达到2%以上的计15分，低于2%的计10分	
	技术装备15分	企业信息化管理建设、检测仪器设备、管理和技术软件等每年投入达到标准的（标准：综合资质30万元，甲级资质15万元，乙级资质及以下5万元）计15分，达不到标准的计10分	

注：评估内容子项中的指标按评估前近2年内的平均值记取。评估时必须提供相关证明材料，相关证明材料能提供原件的必须提供原件备查或查询网址，不能提供原件或查询网址的要提供扫描件或复印件并加盖单位公章。每项评估内容子项计分不得超过规定的分值。提供与评估有关的财务信息必须是经过审计的财务报表。

单位会员优良信用信息评估标准 **表12-8**

评估内容	评估内容子项	评估标准	备注
优良信用信息100分	获奖30分	每获得一项全国性奖项计8分；每获得一项省（部）级奖项计5分；每获得一项市（州）级奖项计3分；每获得一项县（区）级奖项计1分	包括政府和行业协会颁发的
	表扬10分	每获得一项国家级书面表扬计6分；每获得一项省（部）级书面表扬计5分；每获得一项市（州）级书面表扬计3分；每获得一项县（区）级书面表扬计1分	包括政府和行业协会给予的
	科学技术创新成果与应用15分	每获得一项国家（国际）级奖项计8分；每获得一项省（部）级奖项计5分；每获得一项市（州）级奖项计2分；每获得一项县（区）级奖项计1分	包括政府和行业协会颁发的
	三体系认证15分	完成三体系认证的计15分（每缺一项扣2分）	
	社会贡献15分	每参加一次抢险救灾、扶贫、捐款等公益性活动的计5分（同一个对象或活动内容的计一次）	
	协会活动15分	积极缴纳会费的计5分，为行业做出贡献的计5分，积极参加协会活动的计5分。所有分支机构参加当地协会活动的计2分	协会活动：课题研究、标准制定、赛事等

注：奖项、表扬及其他计分项必须是评估前近2年内获得或开展的活动，奖项、表扬以发文时间为准，活动时间以提供的有效证明为准。每项评估内容子项计分不得超过规定的分值。评估时必须提供相关证明材料，相关证明材料能提供原件的必须提供原件备查或查询网址，不能提供原件或查询网址的要提供扫描件或复印件并加盖单位公章。获奖和科技成果中计分是按最高级别计分，有等级之分的每低一个等级的计分按1分标准递减。

单位会员不良信用信息评估标准 **表12-9**

评估内容	评估内容子项	评估标准	备注
不良信用信息100分	违规行为35分	每出现一次资质挂靠行为的扣10分，每一次停业整顿扣10分；每一次严重不良行为记录扣5分；每一次一般不良行为记录扣3分；每一次县级以上书面通报批评扣3分。每发生一项相关信息资料造假扣5分	省级监理协会、行业监理专业委员会或分会可增加评估项
	质量和安全生产考核25分	该项根据实际情况由省级监理协会、行业监理专业委员会或分会制定评估规则，按照考核等级制定不同扣分标准	没有开展考核的扣10分
	黑名单15分	每一次被省（部）级部门列入黑名单的扣10分、市州级部门的扣5分	
	恶性竞争15分	每出现一次围标、串标、低于成本价竞争行为的扣5分。每出现一次履约不到位的扣1分	
	对外地分支机构管理缺失10分	每出现一次企业对外地分支机构的无效管理扣5分，每出现一次被当地建设主管部门或行业协会的处罚、惩戒、通报批评的扣5分	

注：扣分项是评估前近2年内发生的，以发文时间为准。每项评估内容子项扣分不得超过规定的分值。评估时必须如实提供相关不良信息材料，无相关不良信息的提供“无相关不良信用信息承诺书”，并加盖单位行政公章。恶性竞争事件由县级以上建设主管部门或行业协会认定的。评估对外地分公司管理时必须提供公司管理制度和对应的检查、考核记录等相关证明材料，出现缺失有效管理证明材料或有当地行业主管部门、行业协会、专业分会提供的处罚、惩戒、通报批评时，被认定对外地分支机构管理缺失。

个人会员基本信息评估标准 **表12-10**

评估内容	评估内容子项	评估标准	备注
基本信息100分	从业年限20分	从业25年以上计20分，20~24年计19分，15~19年计18分，10~14年计17分，10年以下计16分	
	承担项目数量20分	从业以来承担10个以上项目计20分，承担5~9个项目计18分，承担1~4项目计16分	自始至终完成的
	继续教育20分	按时参加继续教育计20分	
	学历20分	博士计20分，硕士计19分，大学本科计18分，其他计15分	
	职称20分	正高级计20分，高级计18分，中级计16分，初级计10分	

备注：从业年限以年为单位，超过6个月的算一年，不足6个月的不计算年限。承担项目数量是指已竣工验收的项目。学历必须是工程技术、经济或管理类专业的毕业学历。每项评估内容子项扣分不得超过规定的分值。评估时必须提供相关证明材料，相关证明材料能提供原件的必须提供原件备查或查询网址，不能提供原件或查询网址的要提供扫描件或复印件并加盖单位公章。

个人会员优良信用信息评估标准 **表12-11**

评估内容	评估内容子项	评估标准	备注
优良信用信息100分	获奖40分	每获得一项全国性奖项计20分；每获得省（部）级奖项计10分；每获得市（州）级奖项计6分；每获得县（区）级奖项计2分	包括政府和行业协会颁发的
	表扬20分	每获得省（部）级书面表扬计10分；每获得市（州）级书面表扬计5分；每获得县（区）级书面表扬计2分；每获得一次企业年终书面表扬计10分	包括政府、行业协会、企业
	科学技术创新成果与应用等25分	每获得一项国际、国家级奖项计20分；每获得省（部）级奖项计10分；每获得市（州）级奖项计6分；每获得县（区）级奖项计2分；在有刊号刊物每发表一篇论文计10分，在国家级协会刊物每发表一篇论文计8分，在地方省级或专业分会每发表一篇论文计5分，每参加一次中监协课题研究计10分，每参加一次地方协会或专业分会课题研究计5分，每参加编审、出版一本工程类专业书籍（含标准）计15分	包括政府和行业协会颁发的奖项
	协会活动15分	履行会员义务、按时交纳会费、积极参加协会各项活动（相关协会可制定具体评估标准）	

备注：奖项、表扬计分及其他计分项必须是评估前近2年内获得，奖项、表扬以发文时间为准，其他计分项的时间以提供有效证明为准。每项评估内容子项计分不得超过规定的分值。获奖和科技成果中计分是按最高级别计分，有等级之分的每低一个等级的计分按1分标准递减。评估时必须提供相关证明材料，相关证明材料能提供原件的必须提供原件备查或查询网址，不能提供原件或查询网址的要提供扫描件或复印件并加盖单位公章。同一项目奖项或表扬的计分，仅按最高级别部门发奖的标准计分（不叠加）。企业年终书面表扬须提供企业开展表扬活动规定的制度和当次年度表扬活动的文件。论文指有关工程技术、工程经济和管理、行业发展的论文（包括中国建设监理协会组织征文比赛的获奖文章）。

个人会员不良信用信息评估标准 **表12-12**

评估内容	评估内容子项	评估标准	备注
不良信用信息100分	不良行为30分	执业证挂靠扣10分；每一次严重不良行为记录扣5分；每一次一般不良行为记录扣3分；每一次县级政府及以上主管部门书面通报批评扣3分	总监含项目和个人
	质量和安全生产考核30分	该项根据实际情况由省级监理协会、行业监理专业委员会或分会制定评估规则，按照考核等级制定不同扣分标准	没有开展考核的扣10分
	黑名单15分	每一次被列入黑名单扣15分	包括政府和行业协会
	信息失真15分	每发生一项相关信息资料造假扣5分	
	职业道德缺失10分	每发生一次职业道德缺失行为的扣10分	

备注：违规及其他扣分项必须是评估前近2年内的处罚，处罚以发文时间为准。每项评估内容子项扣分不得超过规定的分值。评估时必须如实提供相关不良信息材料，无相关不良信息的由所在单位提供“无相关不良信用信息承诺书”，并加盖单位行政公章。

信用评估标准说明，基本信息指会员登记、注册、资质信息、工程项目信息、注册执业人员相关信息等。优良信用信息指会员获得县级以上政府行政主管部门、社会团体组织的表彰等信息。不良信用信息指因会员执业行为受到县级以上政府行政主管部门的行政处罚信息，有关社团组织认定的其他不良信用信息。记分和扣分原则指在信用评估中基本信息和优良信用信息采取子项计分累积方法，不良信用信息采取子项扣分累积方法。单位会员信用评估标准表、个人会员信用评估标准表中“评估内容”栏满分均为100分，基本信息和优良信息评估计分用累积各子项得分方式得出实质分数，不良信用信息评估用100分减去累积各子项扣分数得出实质分数。各子项当计分或扣分达到标准分值时，不再计分或扣分。企业资质指单位会员企业资质在有效期内，评估企业现资质条件是否满足《工程监理企业资质管理规定》标准。团队建设指单位会员的员工队伍建设。以员工职称、员工国家注册工程师、员工学历等参数，评估单位会员团队建设。依法纳税指单位会员依法纳税行为和情况。员工权益保障指单位会员员工的合法权益应得到保障。员工教育投入指单位会员投入员工教育资金占企业员工工资总额的比例。范围包括继续教育、参加外部培训、内部培训、外派学习和交流等。技术装备指单位会员每年在工程监理检测设备、仪器、技术软件等资金投入。从业年限指个人会员从事工程建设类技术及管理工作的年限。承担项目数量指个人会员参与并完成工程监理和项目管理的项目总数。继续教育指个人会员是否按规定参加继续教育培训。学历指个人会员获得工程技术或工程经济、管理专业类的最高学历。职称指个人会员获得工程技术或工程经济、管理专业类的最高职称。获奖与表扬指获得县级以上党委、政府有关部门或行业协会颁发的各类奖项、表扬。包括工程质量、安全生产及其他与工程监理相关的荣誉奖项、表扬。专业分会的主管单位是企业性质的，其授奖的单位级别按省、市、县行政级别对应评估。全国性奖项指国家级（国际）或由国务院某部、委颁发，各行业通用的奖项，如鲁班奖、国家优质工程奖、詹天佑奖、大禹奖、科学技术奖、全国五一劳模、先进单位等奖项。其他级别奖项依次按省（部）、市（州）、县（区）级排序。科学技术创新成果与应用指会员取得课题研究、技术发明、著作权（著书、专利）成果和应用的奖项，发表技术或管理论文，参与国家、地方、行业、社会团体标准和规程规范编审等（不含企业）。社会贡献指单位会员参与救灾、扶贫、捐款等公益性活动。协会活动指会员参与协会和省级监理协会、行业监理专业委员会或分会活动。三体系认证指质量管理体系、职业健康安全管理体系、环境管理体系认证证书。违规行为指单位会员违反法律法规、规程规范、技术标准、行业自律公约等违规行为。奖、受处罚时效以发文时间为准，标准规定的有效时间段。调节评估单项内容的规定，在评估内容中的质量安全生产考核缺项可采取因地制宜的评估方法，在该项评估分值不改变的前提下，省级监理协会、行业监理专业委员会或分会根据各自执行的质量和安全生产监管考核方式可对评估标准进行相应调整，调整方案在评估前需报中国建设监理协会备案。

三、项目监理机构人员配置

项目监理机构人员设施配置及考核标准主要包括：项目监理机构人员配置标准、项目监理机构设施配置标准和项目监理机构考核标准。《项目监理机构人员配置标准》应充分结合专业工程特点和项目监理机构职责，明确项目监理机构各类人员配置要求。《项目监理机构设施配置标准》应充分结合专业工程特点和项目监理机构职责，明确项目监理机构各类设施配置要求。《项目监理机构考核标准》应充分结合项目监理机构工作职责和内容，明确项目监理机构考核指标和考核方法。房屋建筑工程监理工作标准化，项目监理机构人员配置标准（房屋建筑工程部分）适用于施工阶段房屋建筑工程的新建、扩建、改建建设工程监理与相关服务活动，并可作为其招标投标、合同签订、考核评价、市场监督、企业内控等参考标准。标准所指房屋建筑工程主要包括住宅工程、一般公共建筑（Ⅰ）和一般公共建筑（Ⅱ）等三类工程，高耸构筑物工程未列入本标准系列。工程监理单位应结合房屋建筑工程特点，根据建设项目的建设规模、建设投资、建设工期、监理服务费用、不同施工阶段高峰期工作强度等进行项目监理机构人员配置。住宅工程，工程监理单位在按表12-13配置，应根据建设项目基础、主体结构形式、施工阶段监理工作具体内容和范围等，设置项目监理机构岗位、配置相应人员数量。一般公共建筑工程（Ⅰ）是指具备使用上公共开放性、功能多样性、人流交通大量性、建筑结构复杂性、建筑风格时代性等特点的单体或群体建筑。工程监理单位在按表 12-14 所列工程概算投资额配置项目监理机构人员数量时，应考虑一般公共建筑（Ⅰ）建设标准高、专业种类多、建设周期长、社会影响大、公众普遍关注等特点。一般公共建筑工程（Ⅱ）是指一般状态下生产的单层和多层工业厂房建筑以及仓储类建筑。单层工业厂房建筑一般指机械、冶金、纺织、化工等行业厂房；多层工业厂房建筑一般是指为轻工、电子、仪表、通信、医药等生产和配套服务项目，人员配置见表 12-15。

住宅工程项目监理机构人员配置表　　表12-13

总建筑面积（M：m^2）		各岗位人员配置数量（人）			
区间值		总监理工程师	专业监理工程师	监理员	合计
M ≤ 60000	单栋	（1）	1	0~1	2~3
	多栋	（1）	1	0~2	2~4
60000 ＜ M ≤ 120000		（1）	1~2	2~3	4~6
120000 ＜ M ≤ 200000		1	2~3	3~5	6~9
200000 ＜ M ≤ 300000		1	3~6	5~8	9~15
300000 ＜ M ≤ 500000		1	6~9	8~12	15~22
500000 ＜ M ≤ 800000		1	9~12	12~16	22~29
800000 ＜ M		建筑面积每增加 3 万m²，需增加专业监理工程师 1 名，增加监理员 1 名			

一般公共建筑工程（Ⅰ）项目监理机构人员配置表　　表12-14

工程概算投资额（N：万元）	各岗位人员配置数量（人）			
区间值	总监理工程师	专业监理工程师	监理员	合计
N ≤ 3000	（1）	1	0~1	2~3
3000 ＜ N ≤ 5000	（1）	1	1~2	3~4
5000 ＜ N ≤ 10000	（1）	1~2	2~3	4~6
10000 ＜ N ≤ 30000	（1）	2~3	3~4	6~8
30000 ＜ N ≤ 60000	1	3~5	4~5	8~11
60000 ＜ N ≤ 100000	1	5~6	5~9	11~16
100000 ＜ N	工程概算投资额每增加 1.5 亿，增加专业监理工程师 1 名，增加监理员 1 名			

一般公共建筑工程（口）项目监理机构人员配置表　　表12-15

工程概算投资额（N：万元）	岗位人员配置数量（人）			
区间值	总监理工程师	专业监理工程师	监理员	合计
N ≤ 3000	（1）	1	0~1	2~3
3000 ＜ N ≤ 5000	（1）	1	1~2	3~4
5000 ＜ N ≤ 10000	（1）	1~2	2~3	4~6
10000 ＜ N ≤ 30000	（1）	2~3	3	6~7
30000 ＜ N ≤ 60000	1	3~4	3~5	7~10
60000 ＜ N ≤ 100000	1	4~6	5~8	10~15
100000 ＜ N	工程概算投资额每增加 2 亿，增加专业监理工程师 1 名，增加监理员 1 名			

配置说明，标准中住宅工程是指住宅小区建筑面积 6 万平方米以下、单项工程 14 层以下；住宅小区 6 万平方米以上 12 万平方米以下、单项工程 14 层以上 28 层以下；住宅小区建筑面积 12 万平方米以上、单项工程 28 层以上的住宅类建设工程。一般公共建筑工程（Ⅰ）标准中一般公共建筑（Ⅰ）是指建筑层数 14 层以下、单栋建筑面积 1 万平方米以下；建筑层数 14 层以上 28 层以下、单栋建筑面积 1 万平方米以上 3 万平方米以下；建筑层数 28 层以上、单栋建筑面积 3 万平方米以上的如办公楼、写字楼、宾馆、酒店、教学实验楼、文化体育场馆、博物馆、图书馆、科技馆、艺术馆、会展中心、医疗建筑及大中型商业综合体等。一般公共建筑（Ⅱ）是指跨度小于 24m；24m 到 36m；36m 以上的单层工业厂房、多层工业建筑和仓储类建筑工程。不包含爆炸和火灾危险性生产厂房、处于恶劣环境下（如多尘、潮湿、高温或有蒸汽、震动、烟雾、酸碱腐蚀性气体、有辐射性物质）生产厂房等。

第五节　注册监理工程师执业资格管理

一、监理工程师注册执业

监理工程师，是指通过职业资格考试取得监理工程师职业资格证书，并经注册后从事建设工程监理及相关业务活动的专业技术人员。为确保建设工程质量，保护人民生命和财产安全，充分发挥监理工程师对施工质量、建设工期和建设资金使用等方面的监督作用，国家设置监理工程师准入类职业资格，纳入国家职业资格目录。凡从事工程监理活动的单位，应当配备监理工程师。住房和城乡建设部、交通运输部、水利部、人力资源社会保障部共同制定监理工程师职业资格制度，并按照职责分工分别负责监理工程师职业资格制度的实施与监管。各省、自治区、直辖市住房和城乡建设、交通运输、水利、人力资源社会保障行政主管部门，按照职责分工负责本行政区域内监理工程师职业资格制度的实施与监管。国家对监理工程师职业资格实行执业注册管理制度。取得监理工程师职业资格证书且从事工程监理及相关业务活动的人员，经注册方可以监理工程师名义执业。住房和城乡建设部、交通运输部、水利部按照职责分工，制定相应监理工程师注册管理办法并监督执行。住建部、交通运输部、水利部按专业类别分别负责监理工程师注册及相关工作。经批准注册的申请人，由住房和城乡建设部、交通运输部、水利部分别核发《监理工程师注册证》（或电子证书）。监理工程师执业时应持注册证书和执业印章。注册证书、执业印章样式以及注册证书编号规则由住房和城乡建设部会同交通运输部、水利部统一制定。执业印章由监理工程师按照统一规定自行制作。注册证书和执业印章由监理工程师本人保管和使用。住房和城乡建设部、交通运输部、水利部按照职责分工建立监理工程师注册管理信息平台，保持通用数据标准统一。住房和城乡建设部负责归集全国监理工程师注册信息，促进监理工程师注册、执业和信用信息互通共享。注册监理工程师，是指经考试取得监理工程师资格证书，并按照规定注册，取得注册监理工程师注册执业证书和执业印章，从事工程监理及相关业务活动的专业技术人员。为了加强对注册监理工程师的管理，维护公共利益和建筑市场秩序，提高工程监理质量与水平，根据《建筑法》《建设工程质量管理条例》等法律法规，适用于中华人民共和国境内注册监理工程师的注册、执业、继续教育和监督管理。国务院住房和城乡建设主管部门对全国注册监理工程师的注册、执业活动实施统一监督管理。县级以上地方人民政府住房和城乡建设主管部门对本行政区域内的注册监理工程师的注册、执业活动实施监督管理。取得资格证书的人员申请注册，由国务院住房和城乡建设主管部门审批。取得资格证书并受聘于一个建设工程勘察、设计、施工、监理、招标代理、造价咨询等单位的人员，应当通过聘用单位提出注册申请，并可以向单位工商注册所在地的省、自治区、直辖市人民政府住房和城乡建设主管部门提交申请材料；省、自治区、直辖市人民政府住房和城乡建设主管部门收到申请材料后，应当在 5 日内将全部申请材料报审批部门。国务院住房和城乡建设主管部门在收到申请材料后，应当依法作出是否受理的决定，并出具凭证；申请材料不齐全或者不符合法定形式的，应当在 5 日内一次性告知申请人需要补正的全部内容。逾期不告知的，自收到申请材料之日起即为受理。对申请初始注册的，国务院住房和城乡建设主管部门应当自受理申请之日起20日内审批完毕并作出书面决定。自作出决定之日起10日内公告审批结果。对申请变更注册、延续注册的，国务院住房和城乡建设主管部门应当自受理申请之日起10日内审批完毕并作出书面决定。符合条件的，由国务院住房和城乡建设主管部门核发注册证书，并核定执业印章编号。对不予批准的，应当说明理由，并告知申请人享有依法申请行政复议或者提起行政诉讼的权利。注册证书和执业印章是注册监理工程师的执业凭证，由注册监理工程师本人保管、使用。注册证书和执业印章的有效期为3年。初始注册者，可自资格证书签发之日起3年内提出申请。逾期未申请者，须符合继续教育的要求后方可申请初始注册。申请初始注册，应当具备以下条件：经全国注册监理工程师执业资格统一考试合格，取得资格证书；受聘于一个相关单位；达到继续教育要求；没有规定所列情形。注册监理工程师每一注册有效期为3年，注册有效期满需继续执业的，应当在注册有效期满30日前，按照规定的程序申请延续注册。延续注册有效期3年。在注册有效期内，注册监理工程师变更执业单位，应当与原聘用单位解除劳动关系，并按规定的程序办理变更注册手续，变更注册后仍延续原注册有效期。

监理工程师在工作中，必须遵纪守法，恪守职业道德和从业规范，诚信执业，主动接受有关部门的监督检查，加强行业自律。住房和城乡建设部、交通运输部、水利部按照职责分工建立健全监理工程师诚信体系，制定相关规章制度或从业标准规范，并指导监督信用评价工作。监理工程师依据职责开展工作，在本人执业活动中形成的工程监理文件上签章，并承担相应责任。监理工程师未执行法律、法规和工程建设强制性标准实施监理，造成质量安全事故的，依据相关法律法规进行处罚；构成犯罪的，依法追究刑事责任。取得监理工程师注册证书的人员，应当按照国家专业技术人员继续教育的有关规定接受继续教育，更新专业知识，提高业务水平。专业技术人员取得监理工程师职业资格，可认定其具备工程师职称，并可作为申报高一级职称的条件。取得资格证书的人员，应当受聘于一个具有建设工程勘察、设计、施工、监理、招标代理、造价咨询等一项或者多项资质的单位，经注册后方可从事相应的执业活动。从事工程监理执业活动的，应当受聘并注册于一个具有工程监理资质的单位。注册监理工程师可以从事工程监理、工程经济与技术咨询、工程招标与采购咨询、工程项目管理服务以及国务院有关部门规定的其他业务。工程监理活动中形成的监理文件由注册监理工程师按照规定签字盖章后方可生效。修改经注册监理工程师签字盖章的工程监理文件，应当由该注册监理工程师进行；因特殊情况，该注册监理工程师不能进行修改的，应当由其他注册监理工程师修改，并签字、加盖执业印章，对修改部分承担责任。注册监理工程师从事执业活动，由所在单位接受委托并统一收费。因工程监理事故及相关业务造成的经济损失，聘用单位应当承担赔偿责任；聘用单位承担赔偿责任后，可依法向负有过错的注册监理工程师追偿。注册监理工程师在每一注册有效期内应当达到国务院住房和城乡建设主管部门规定的继续教育要求。继续教育作为注册监理工程师逾期初始注册、延续注册和重新申请注册的条件之一。继续教育分为必修课和选修课，在每一注册有效期内各为48学时。有条件的监理企业、高等院校和社会培训机构都可以开展继续教育工作，用人企业和有关机构开展继续教育的要求。用人企业、高等院校和有关社会培训机构均应依法依规按照继续教育标准和要求开展注册监理工程师继续教育。培训机构应具有相应场所、设施、合格的师资、健全组织机构、严格的培训管理和考核制度等，按照注册监理工程师继续教育规定学时、培训大纲的内容要求组织开展继续教育。社会培训机构应具有社会力量办学许可证方可开展培训。地方监理协会或有关注册管理机构、行业协会结合本省或行业的实际情况，做好注册监理工程师继续教育工作。企业、高等院校和社会培训机构继续教育成果需经地方或有关注册管理机构、行业协会审核认可后方有效，承认其成果，由协会和注册管理机构报中国建设监理协会。注册监理工程师享有权利：使用注册监理工程师称谓；在规定范围内从事执业活动；依据本人能力从事相应的执业活动；保管和使用本人的注册证书和执业印章；对本人执业活动进行解释和辩护；接受继续教育；获得相应的劳动报酬；对侵犯本人权利的行为进行申诉。注册监理工程师应当履行义务：遵守法律、法规和有关管理规定；履行管理职责，执行技术标准、规范和规程；保证执业活动成果的质量，并承担相应责任；接受继续教育，努力提高执业水准；在本人执业活动所形成的工程监理文件上签字、加盖执业印章；在规定的执业范围和聘用单位业务范围内从事执业活动；协助注册管理机构完成相关工作。

二、注册监理工程师（水利工程）管理

注册监理工程师（水利工程），是指通过水利工程专业类别监理工程师职业资格考试取得中华人民共和国监理工程师职业资格证书，并按照办法注册后，从事水利工程建设监理执业活动的人员。水利部实施水利监理工程师注册，并对全国水利监理工程师的执业活动实施监督管理。各省、自治区、直辖市人民政府水行政主管部门对本行政区域内水利监理工程师的执业活动实施监督管理。相关水利行业自律组织应当加强水利监理工程师自律管理，鼓励水利监理工程师加入相关行业自律组织。注册水利监理工程师的注册条件为：取得职业资格证书；受聘于一家水利工程建设监理单位或者水利水电工程勘察、设计、施工、招标代理、造价咨询、项目管理单位；符合办法关于继续教育的要求；无规定的不予注册情形。2013 年 12 月 31 日以前取得中国水利工程协会颁发的水利工程建设监理工程师资格证书的人员，可按照办法注册为水利监理工程师。水利监理工程师分为水利工程施工监理、水土保持工程施工监理、机电及金属结构设备制造监理、水利工程建设环境保护监理四个专业。水利监理工程师最多申请注册两个专业，在注册后可申请变更专业，机电及金属结构设备制造监理专业与其他专业不得同时注册。取得协会资格证书的人员，在其协会资格证书专业类别范围内申请注册、变更专业。2023 年以后取得职业资格证书的人员，通过水利工程施工监理、水土保持工程施工监理、水利工程建设环境保护监理专业考试的，在水利工程施工监理、水土保持工程施工监理、水利工程建设环境保护监理三个专业范围内申请注册、变更专业；通过机电及金属结构设备制造监理专业考试的，申请注册机电及金属结构设备制造监理专业。水利监理工程师注册分为初始注册、延续注册、变更注册及注销注册。注册的申请、受理和办理在水利部政务服务平台进行。水利部公开注册信息，提供查询服务。符合注册条件的人员本人须在水利部政务服务平台进行注册，填报申请材料，对材料的真实性、有效性承诺并负责。水利部收到申请材料后，对申请材料不齐全或不符合形式要求的，在 5 个工作日内一次性告知申请人需要补正的全部内容；逾期不告知的，自收到申请材料之日起即为受理。申请材料齐全、符合形式要求的，水利部自受理之日起 15 个工作日内予以注册并核发水利监理工程师注册证书。符合注册条件的人员，应当自取得职业资格证书之日起 1 年内申请初始注册；取得职业资格证书超出 1 年期限申请初始注册的，应当满足继续教育要求。在 2023 年 1 月 1 日以后申请初始注册的，应当满足继续教育要求。初始注册的有效期为 4 年。

申请初始注册应当提交下列材料：承诺书；初始注册申请表；劳动合同和社会保险参保缴费材料（退休人员应当提供有效的退休证明相关材料、劳务合同和意外伤害保险投保缴费材料）；超出前款规定期限申请初始注册的，应当提供符合办法规定的继续教育合格证明。水利监理工程师注册有效期届满需继续执业的，应当在有效期届满 30 日前申请延续注册。延续注册的有效期为 4 年。申请延续注册应当提交材料（略）。水利监理工程师在注册有效期内需要变更注册专业的，应当申请变更注册；需要变更执业单位或者执业单位名称发生变更的，应当自与现聘用单位签订劳动合同（或劳务合同）或执业单位名称变更之日起 30 日内申请变更注册。变更注册后，原注册有效期届满时间不变。申请变更注册应当提交材料（略）。水利监理工程师在注册有效期内停止执业的，应当申请注销注册，提交注销注册申请表。水利部自受理之日起 15 个工作日内办理注销注册手续。水利部全面应用水利监理工程师注册证书电子证照。水利监理工程师按照有关规定自行制作执业印章。水利监理工程师在执业中必须遵守国家有关法律、法规和规定，恪守职业道德和从业规范，提高服务意识和社会责任感，诚实守信，独立、客观、公正履行监理工作职责，切实维护社会公共利益和公共安全，主动接受各级水行政主管部门的监督检查，执行行业自律相关规定。水利监理工程师从事水利工程建设监理执业活动，应当受聘并注册于一个具有水利工程建设监理资质的单位。水利监理工程师的执业范围是注册专业对应的水利工程建设监理业务，具体工作内容执行《水利工程建设监理规定》《水利工程建设监理单位资质管理办法》等制度及相关技术标准。水利监理工程师应当按照规定在本人执业活动中所形成的监理文件上签字并加盖执业印章，承担相应法律责任。修改经水利监理工程师签字和加盖执业印章的监理文件，应当由本人进行；因特殊情况，本人不能进行修改的，应当由其他水利监理工程师修改，并签字和加盖执业印章，修改人对修改部分承担相应法律责任。水利监理工程师享有下列权利：以水利监理工程师名义依法从事水利工程建设监理业务；保管和使用本人的注册证书和执业印章，任何单位和个人不得强制代替本人保管和使用；在本人执业活动中形成的监理文件上签字和加盖执业印章。水利监理工程师应当履行下列义务：履行监理职责，执行相关技术标准；保证执业活动成果的质量；接受继续教育，提高执业水平；与被监理的施工单位、机电及金属结构设备制造单位以及建筑材料、建筑构配件和设备供应单位等相关当事人有利害关系的，应当主动回避；保守在执业中知悉的国家秘密和他人的商业秘密。水利监理工程师应当按照国家专业技术人员继续教育的有关规定接受继续教育，更新理论知识，提升职业技能和专业水平，以适应岗位需要和职业发展要求。水利监理工程师继续教育的内容包括监理专业技术人员应当掌握的法律法规、政策理论、职业道德、技术信息等基本知识；水利工程建设监理相关技术标准，水利工程建设监理新理论、新技术、新方法等专业知识。水利监理工程师继续教育每年应不少于 30 学时。取得职业资格证书超出 1 年期限申请初始注册的人员，申请当年继续教育应不少于 30 学时。水利监理工程师的继续教育形式包括面授培训、远程（网络）培训及学术会议、学术报告、专业论坛等。为水利监理工程师提供继续教育服务的机构，应当具备与继续教育目的任务相适应的场所、设施、教材和人员，建立健全组织机构和管理制度，如实出具继续教育证明，载明继续教育的内容和学时，并加盖机构印章。水利监理工程师应当本着诚信原则参加继续教育。

三、设备监理师职业资格制度

国家设置设备监理师水平评价类职业资格，纳入国家职业资格目录，适用于从事重大工程设备监理业务的专业技术人员。重大工程设备的范围，由国家市场监督管理总局等部门另行规定。通过设备监理师职业资格考试并取得职业资格证书的人员，表明其已具备从事设备监理专业技术岗位工作的职业能力和水平。国家市场监督管理总局、人力资源社会保障部共同负责设备监理师职业资格制度的政策制定，并按职责分工负责设备监理师职业资格制度的实施与监管。各省、自治区、直辖市市场监管部门和人力资源社会保障部门，按照职责分工负责本行政区域内设备监理师职业资格制度的实施与监管。设备监理师职业资格实行全国统一大纲、统一命题、统一组织的考试制度。原则上每年举行 1 次考试。国家市场监督管理总局组织成立设备监理师职业资格考试专家委员会，研究拟定考试科目、考试大纲、考试试题和考试合格标准。人力资源社会保障部负责审定设备监理师职业资格考试科目、考试大纲，负责设备监理师职业资格考试考务工作，并会同国家市场监督管理总局确定考试合格标准，对设备监理师职业资格考试工作进行指导、监督、检查。遵守中华人民共和国宪法、法律、法规，恪守职业道德，诚实守信，并符合下列条件之一的人员，可以申请参加设备监理师职业资格考试：具备工学、理学、管理学或经济学学科门类专业的大专学历，从事设备监理相关业务工作满 4 年；具备工学、理学、管理学或经济学学科门类专业的本科学历或学位，从事设备监理相关业务工作满 3 年；具备工学、理学、管理学或经济学学科门类专业的硕士学位或专业学位，从事设备监理相关业务工作满 2 年；具备设备监理方向工程硕士学位（专业硕士），从事设备监理相关业务工作满 1 年；具备工学、理学、管理学或经济学学科门类专业的博士学位。设备监理师职业资格考试合格人员，由各省、自治区、直辖市人力资源社会保障部门颁发中华人民共和国设备监理师职业资格证书。其中，纸质证书由人力资源社会保障部统一印制，国家市场监督管理总局、人力资源社会保障部用印，在全国范围内有效；电子证书由人力资源社会保障部制作，与纸质证书具有同等法律效力。设备监理师应当具备以下职业能力：熟悉设备监理行业相关法律法规、规章制度，掌握行业相关标准规范，了解相关产业政策、行业规划；具有设备工程、质量管理与检验、项目管理的专业知识和实践经验，具备良好沟通协调能力和专业判断能力；具备策划、组织、实施、协调和报告设备监理工作的能力；具备对设备形成过程及招标采购、合同管理等提供专业技术咨询的能力。取得设备监理师职业资格证书的人员，应当按照国家专业技术人员继续教育的有关规定，参加继续教育，不断更新专业知识，提高职业素质和业务能力。设备监理师职业资格证书实行登记服务管理，由国家市场监督管理总局委托全国性设备监理行业组织负责具体工作。职业资格证书登记应当简化程序、优化服务，实行电子网络登记，重点登记设备监理师职业资格证书管理号、从业单位、行业自律承诺、继续教育等信息。全国性设备监理行业组织定期向社会公布设备监理师的登记情况，建立登记人员诚信档案，并为用人单位提供登记人员信息查询服务。取得设备监理师职业资格证书的人员，应当自觉接受行业自律管理，遵守相关法律、法规、规章、职业道德和行为规范。违反上述要求并造成不良影响的，由全国性设备监理行业组织取消登记，并将违法违规线索提交有关部门查处。专业技术人员取得设备监理师职业资格，可认定其具备工程师职称，并可作为申报高一级职称的条件。境外人员参加设备监理师职业资格考试的，按照国家有关规定执行。

第六节　工程咨询单位资信评价管理

一、工程咨询单位管理

（一）工程咨询单位是指在中国境内设立的从事工程咨询业务并具有独立法人资格的企业、事业单位。工程咨询单位及其从业人员应当遵守国家法律法规和政策要求，恪守行业规范和职业道德，积极参与和接受行业自律管理加强对工程咨询行业的管理，规范从业行为，保障工程咨询服务质量，促进投资科学决策、规范实施，发挥投资对优化供给结构的关键性作用。国家发展改革委负责指导和规范全国工程咨询行业发展，制定工程咨询单位从业规则和标准，组织开展对工程咨询单位及其人员执业行为的监督管理。地方各级发展改革部门负责指导和规范本行政区域内工程咨询行业发展，实施对工程咨询单位及其人员执业行为的监督管理。对工程咨询单位实行告知性备案管理，工程咨询单位应当通过全国投资项目在线审批监管平台备案以下信息：基本情况，包括企业营业执照、在岗人员及技术力量、从事工程咨询业务年限、联系方式等；从事的工程咨询专业和服务范围；备案专业领域的专业技术人员配备情况；非涉密的咨询成果简介。工程咨询单位应当保证所备案信息真实、准确、完整。备案信息有变化的，工程咨询单位应及时通过在线平台告知。工程咨询单位基本信息由国家发展改革委通过在线平台向社会公布。工程咨询业务按照以下专业划分：农业、林业；水利水电；电力（火电、水电、核电、新能源）；煤炭；石油天然气；公路；铁路、城市轨道交通；民航；水运（港口河海工程）；电子、信息工程（通信、广电、信息化）；冶金（钢铁、有色）；石化、化工、医药；核工业；机械（智能制造）；轻工、纺织；建材；建筑；市政公用工程；生态建设和环境工程；水文地质、工程测量、岩土工程；其他（以实际专业为准）。工程咨询服务范围包括：规划咨询含总体规划、专项规划、区域规划及行业规划的编制；项目咨询含项目投资机会研究、投融资策划，项目建议书（预可行性研究）、项目可行性研究报告、项目申请报告、资金申请报告的编制，政府和社会资本合作（PPP）项目咨询等；评估咨询各级政府及有关部门委托的对规划、项目建议书、可行性研究报告、项目申请报告、资金申请报告、PPP项目实施方案、初步设计的评估，规划和项目中期评价、后评价，项目概预决算审查，及其他履行投资管理职能所需的专业技术服务；全过程工程咨询采用多种服务方式组合，为项目决策、实施和运营持续提供局部或整体解决方案以及管理服务。有关工程设计、工程造价、工程监理等资格，由国务院有关主管部门认定。工程咨询单位订立服务合同和开展相应的咨询业务，应当与备案的专业和服务范围一致。工程咨询单位应当建立健全咨询质量管理制度，建立和实行咨询成果质量、成果文件审核等岗位人员责任制。工程咨询单位应当和委托方订立书面合同，约定各方权利义务并共同遵守。合同中应明确咨询活动形成的知识产权归属。工程咨询实行有偿服务。工程咨询服务价格由双方协商确定，促进优质优价。编写咨询成果文件应当依据法律法规、有关发展建设规划、技术标准、产业政策以及政府部门发布的标准规范等。咨询成果文件上应当加盖工程咨询单位公章和咨询工程师（投资）执业专用章。工程咨询单位对咨询质量负总责。主持该咨询业务的人员对咨询成果文件质量负主要直接责任，参与人员对其编写的篇章内容负责。实行咨询成果质量终身负责制。工程咨询单位在开展项目咨询业务时，应在咨询成果文件中符合要求，及独立、公正、科学的原则作出信用承诺。工程项目在设计使用年限内，因工程咨询质量导致项目单位重大损失的，应倒查咨询成果质量责任，并根据规定进行处理，形成工程咨询成果质量追溯机制。工程咨询单位应当建立从业档案制度，将委托合同、咨询成果文件等存档备查。承担编制任务的工程咨询单位，不得承担同一事项的评估咨询任务。承担评估咨询任务的工程咨询单位，与同一事项的编制单位、项目业主单位之间不得存在控股、管理关系或者负责人为同一人的重大关联关系。

（二）从业人员管理，国家设立工程咨询（投资）专业技术人员水平评价类职业资格制度。通过咨询工程师（投资）职业资格考试并取得职业资格证书的人员，表明其已具备从事工程咨询（投资）专业技术岗位工作的职业能力和水平。取得咨询工程师（投资）职业资格证书的人员从事工程咨询工作的，应当选择且仅能同时选择一个工程咨询单位作为其执业单位，进行执业登记并取得登记证书。咨询工程师（投资）是工程咨询行业的核心技术力量。工程咨询单位应当配备一定数量的咨询工程师（投资）。国家发展改革委和人力资源社会保障部按职责分工负责工程咨询（投资）专业技术人员职业资格制度实施的指导、监督、检查工作。中国工程咨询协会具体承担咨询工程师（投资）的管理工作，开展考试、执业登记、继续教育、执业检查等管理事务。执业登记分为初始登记、变更登记、继续登记和注销登记四类。申请登记的人员，应当选择已通过在线平台备案的工程咨询单位，按照规定划分的专业申请登记。申请人最多可以申请两个专业。申请人登记合格取得《咨询工程师（投资）登记证书》和执业专用章，登记证书和执业专用章是咨询工程师（投资）的执业证明。登记的有效期为3年。

（三）行业自律和监督检查，工程咨询单位应具备良好信誉和相应能力。国家发展改革委应当推进工程咨询单位资信管理体系建设，指导监督行业组织开展资信评价，为委托单位择优选择工程咨询单位和政府部门实施重点监督提供参考依据。工程咨询单位资信评价等级以一定时期内的合同业绩、守法信用记录和专业技术力量为主要指标，分为甲级和乙级两个级别。甲级资信工程咨询单位的评定工作，由国家发展改革委指导有关行业组织开展。乙级资信工程咨询单位的评定工作，由省级发展改革委指导有关行业组织开展。开展工程咨询单位资信评价工作的行业组织，应当根据办法及资信评价标准开展资信评价工作，并向获得资信评价的工程咨询单位颁发资信评价等级证书。工程咨询单位的资信评价结果，由国家和省级发展改革委通过在线平台和“信用中国”网站向社会公布。行业自律性质的资信评价等级，仅作为委托咨询业务的参考。国家和省级发展改革委应当依照法律法规、办法及有关规定，制订工程咨询单位监督检查计划，按照一定比例开展抽查，并及时公布抽查结果。监督检查内容主要包括：遵守国家法律法规及有关规定的情况；信息备案情况；咨询质量管理制度建立情况；咨询成果质量情况；咨询成果文件档案建立情况；其他应当检查的内容。中国工程咨询协会应当对咨询工程师（投资）执业情况进行检查。检查内容包括：遵守国家法律法规及有关规定的情况；登记申请材料的真实性；遵守职业道德、廉洁从业情况；行使权利、履行义务情况；接受继续教育情况；其他应当检查的情况。国家和省级发展改革委对实施行业自律管理的工程咨询行业组织开展年度评估，提出加强和改进自律管理的建议。

二、工程咨询单位资信评价

建立工程咨询单位资信评价制度，是推进工程咨询行业自律管理、优化行业服务供给的改革举措，是贯彻“放管服”改革要求、取消执业限制、将工作重心向事中事后监管转变的制度安排，是以市场和用户体现价值、以事后评价引领行业健康发展的重要手段。工程咨询单位资信评价，是指根据《工程咨询行业管理办法》，由国家和省级发展改革委分别指导监督行业组织对工程咨询单位开展的行业自律性质的资信评价。开展资信评价的目的，是为工程咨询行业提供健康发展导向，以及为委托单位选择工程咨询单位提供参考。开展资信评价，应统一执行标准：工程咨询单位资信评价标准以近3年的专业技术力量、合同业绩、守法信用记录为主要指标，资信评价等级分为甲级和乙级两个级别。资信评价类别分为专业资信、专项资信、综合资信。专业资信、专项资信设甲级和乙级，综合资信只设甲级。专业资信按照《工程咨询行业管理办法》划分的21个专业进行评定；PPP咨询专项资信、综合资信不分专业。工程咨询单位资信评价每年度集中申请和评定，已获得资信评价等级的单位满3年后重新申请和评定，期间对发现不再达到相应标准的单位进行动态调整。申请资信评价的工程咨询单位应当通过全国投资项目在线审批监管平台备案并列入公示名录。

（一）甲级专业资信：专业技术力量。单位咨询工程师（投资）不少于12人；申请评价的专业应配备至少4名咨询工程师（投资）和至少2名具有本专业高级技术职称的人员，两者不重复计算；单位主要技术负责人为咨询工程师（投资），具有工程或工程经济类高级技术职称，且从事工程咨询业务不少于8年。合同业绩。申请评价的专业近3年合同业绩应满足以下条件之一：主持完成国家级规划咨询不少于1项或省级规划咨询不少于2项或市级规划咨询不少于4项，且全部服务范围内（规划咨询、项目咨询、评估咨询、全过程工程咨询，下同）业绩累计不少于10项；单一服务范围内完成的业绩累计不少于40项，或覆盖两个及以上服务范围的业绩累计不少于30项；项目咨询、评估咨询、全过程工程咨询等三项服务范围内完成的单个项目投资额15亿元及以上业绩不少于10项。守法信用记录。工程咨询单位及其专业技术人员应具有良好的声誉和信用，单位从事工程咨询业务不少于5年。PPP咨询甲级专项资信：专业技术力量。单位从事PPP咨询业务的咨询工程师（投资）不少于6人，法律、财务、金融等专业人员不少于8人，两者不重复计算。合同业绩。近3年完成PPP咨询合同业绩不少于40项。PPP咨询合同业绩的认定范围及要求见附注。满足甲级专业资信守法信用记录要求。单位从事PPP咨询业务不少于3年。甲级综合资信：申请甲级综合资信评价的单位，应具备以下条件之一：甲级专业资信12个或以上；甲级专业资信6个或以上，同时咨询工程师（投资）不少于35人、12个及以上专业近3年均有业绩、12个及以上专业均至少配备咨询工程师（投资）和本专业高级技术职称人员各1名。甲级综合资信可以作为所有专业规划咨询和评估咨询业务能力的参考。

（二）乙级专业资信：专业技术力量。单位咨询工程师（投资）不少于6人；申请评价的专业应配备至少3名咨询工程师（投资）和至少1名具有本专业高级技术职称的人员，两者不重复计算；单位主要技术负责人为咨询工程师（投资），具有工程或工程经济类高级技术职称，且从事工程咨询业务不少于6年。合同业绩。申请评价的专业近3年全部服务范围内完成的业绩累计不少于15项。守法信用记录。工程咨询单位及其专业技术人员应具有良好的声誉和信用，单位从事工程咨询业务不少于3年。考虑到工程咨询市场实际情况，未达到上述标准的工程咨询单位可以申请乙级专业资信预评价。预评价的标准为：单位咨询工程师（投资）不少于4人；申请评价的专业应配备至少3名咨询工程师（投资）和至少1名具有本专业高级技术职称的人员，两者不重复计算；满足乙级专业资信守法信用记录要求。同一单位只可申请一次预评价，预评价结果满1年后自动失效。PPP咨询乙级专项资信：专业技术力量。单位从事PPP咨询业务的咨询工程师（投资）不少于4人，法律、财务、金融等专业人员不少于6人，两者不重复计算。合同业绩。近3年完成PPP咨询合同业绩不少于20项。满足乙级专业资信守法信用记录要求。单位从事PPP咨询业务不少于2年。考虑到PPP咨询市场实际情况，未达到上述标准的工程咨询单位可以申请PPP咨询乙级专项资信预评价。预评价的标准为：单位从事PPP咨询业务的咨询工程师（投资）不少于2人，法律、财务、金融等专业人员不少于6人，两者不重复计算；满足乙级专业资信守法信用记录要求。同一单位只可申请一次预评价，预评价结果满1年后自动失效。核定申请PPP咨询资信评价的工程咨询单位的合同业绩时，本单位从事PPP咨询业务的专业人员在入职本单位之前主持并签字的合同业绩可以计入。标准所称PPP咨询合同业绩包括，县级以上PPP项目规划的编制、含有PPP项目实施专章的可行性研究报告的编制、PPP项目实施方案的编制、PPP项目合同（含特许经营协议）的编制、PPP项目绩效评价报告的编制、PPP项目物有所值论证或财政承受能力论证方案的编制（计为一项业绩）。PPP咨询合同业绩用以申请专业资信、综合资信时，仅限于含有PPP项目实施专章的可行性研究报告的编制及审批部门委托的评估、PPP项目实施方案的编制。

三、投资咨询评估管理

（一）国家发展改革委在进行相关投资决策时，应当坚持“先评估、后决策”原则，委托有关工程咨询单位开展评审评估，并在充分考虑咨询评估意见的基础上作出决策决定。工程咨询单位应按照专业、独立、客观、公正的原则提出咨询评估意见，促进投资决策更加科学、规范、高效，助力投资高质量发展。国家发展改革委委托的投资咨询评估纳入投资决策程序、为投资决策服务，咨询评估范围、咨询评估机构由国家发展改革委确定，咨询评估费用由国家发展改革委支付，咨询评估质量评价由国家发展改革委管理。国家发展改革委建立投资咨询委托评估信息管理系统。除绝密事项外，主办司局应当通过委托评估系统办理咨询评估的申请、审批、质量评价等事项。国家发展改革委投资司应当建立平时有交流、年中有检查、年度有考核的咨询评估工作机制，指导和督促咨询评估机构不断提升咨询评估质量。国家发展改革委委托的投资咨询评估包括事项：投资决策咨询评估，具体包括：相关规划（含规划调整），指国家发展改革委审批、编制或核报国务院审批的涉及重大建设项目和政府投资资金安排的规划；项目建议书，指国家发展改革委审批或核报国务院审批的政府投资项目建议书；可行性研究报告，指国家发展改革委审批或核报国务院审批的政府投资项目可行性研究报告；项目申请书，指国家发展改革委核准或核报国务院核准的企业投资项目申请书；资金申请报告，限于按具体项目安排中央预算内投资资金时，确有必要对拟安排项目、资金额度进行评估的资金申请报告，主办司局应当在有关专项管理办法或政策文件中对具体适用情形予以明确；党中央、国务院授权开展的其他投资前期工作审核评估。投资决策中期评估和后评价，具体包括：对投资决策咨询评估中相关规划的中期评估和后评价；政府投资项目后评价；中央预算内投资专项实施情况评估、投资效益评价。国家发展改革委审批政府投资项目初步设计和核定投资概算，原则上由国家投资项目评审中心实行专业评审。安排中央预算内投资额度较大的地方政府投资项目、企业投资项目资金申请报告等，也可由国家投资项目评审中心实行专业评估、评审。

（二）咨询评估机构管理，承担具体专业咨询评估任务的咨询评估机构，应当具备以下条件：通过全国投资项目在线审批监管平台备案并列入公示名录；具有所申请专业的甲级资信等级，或具有甲级综合资信等级；近3年完成所申请专业国家级规划，以及总投资3亿元以上项目可行性研究报告、项目申请书编制，项目建议书、可行性研究报告、项目申请书、项目资金申请报告及规划的评估业绩共不少于20项（特殊行业除外）。国家发展改革委按照以下程序确定咨询评估机构：根据有关司局的需求，确定咨询评估专业；根据确定的咨询评估专业，除特殊专业或事项外，原则上经过公开招标采购程序，提出咨询评估机构名单，报请委领导审核；确定咨询评估机构并予以公告。国家发展改革委根据投资管理需要，结合咨询评估工作情况，对咨询评估机构进行动态调整，原则上每三年调整一次，也可根据实际业务需求，对个别专业的咨询评估机构进行适时调整。国家发展改革委投资司应当加强对咨询评估机构的培训和指导，督促咨询评估机构及时了解、掌握与咨询评估密切相关的法律制度、政策文件、工作要求等。各专业司局应当就相关行业或领域的法律制度、政策要求、标准规范等，加强对相应专业的咨询评估机构的指导和交流，不断提升评估工作质量。国家发展改革委投资司每年可选择一定数量的咨询评估机构，对其向国家发展改革委出具的咨询评估报告的质量，以及专业能力、人员配备等情况，组织第三方机构或专家进行评价、核查和监督检查。就具体评估事项选取咨询评估机构时，按照以下规则确定选取顺序：分专业对咨询评估机构进行随机初始排队；按照初始顺序和相关原则，确定承担咨询评估任务的机构；咨询评估机构接受任务后，即排至队尾；咨询评估机构确因客观原因不能承担该任务的，应当与主办司局沟通一致并提交书面说明，然后排至队尾。除涉及国家安全、经济安全等特别重要的项目或特殊事项外，选取承担咨询任务的评估机构，按照以下流程进行：按照投资决策职责分工，由主办司局通过委托评估系统提出咨询评估申请，按要求填写相关事项，委托评估系统自动生成咨询评估机构名单；选取咨询评估机构应当符合回避原则，承担某一事项编制工作的机构，不得承担该事项的咨询评估任务；承担咨询评估任务的机构，与同一事项的编制单位、项目业主单位之间不得存在控股、管理关系或者负责人为同一人的重大关联关系；主办司局对自动生成的咨询评估机构名单，按照回避原则进行核实，对符合回避原则的予以确认；对不符合回避原则的，再次自动生成咨询评估机构名单，直至符合回避原则；确定咨询评估机构后，将委托评估申请发送投资司，投资司对委托评估的必要性、咨询评估范围、咨询评估机构选取等是否符合本办法规定进行审核，审核同意后，发回主办司局；主办司局根据审核后的委托评估申请，办理咨询评估委托书发文事宜。主办司局应当为咨询评估机构依法、独立、客观、公正开展咨询评估工作提供必要便利和保障，不得干预咨询评估机构正常开展工作，不得干预咨询评估机构出具的咨询评估意见。对国民经济和社会发展有重要影响的相关规划和重大项目的项目申请书、项目建议书、项目可行性研究报告等，可以委托多家评估机构承担咨询评估任务。

咨询评估机构、参与咨询评估相关工作人员应当按照规定格式签订承诺书，并报投资司存档备查。咨询评估机构的承诺书由其法定代表人签署、咨询评估机构盖章，参与咨询评估的相关工作人员承诺书由本人亲笔签署。外聘专家应当按照规定格式签署承诺书，并由咨询评估机构存档备查。接受咨询评估任务后，咨询评估机构应当确定项目负责人，成立工作小组，制定工作计划，定期反馈工作进度，在规定时限内提交评估报告。项目负责人应当是经执业登记的咨询工程师（投资）。参加工作小组的人员应当熟悉国家和行业发展有关法规、政策、规划，以及技术标准规范，工作小组应当具有一定数量的本专业高级技术职称人员。对涉密项目的咨询评估任务，咨询评估机构应当严格按照《保守国家秘密法》及其实施条例规定加强保密管理。国家发展改革委委托咨询评估任务的完成时限一般不超过 30 个工作日，规划评估不超过 45 个工作日。咨询评估机构因特殊情况确实难以在规定时限内完成的，应当在规定时限到期日的 5 个工作日之前向国家发展改革委主办司局书面报告有关情况，征得主办司局书面同意后，可以延长完成时限，但延长的期限不得超过 60 个工作日。主办司局应当在委托评估系统中上传咨询评估机构延期申请书面文件和主办司局同意延期书面文件。评估过程中，有关单位提供补充说明等材料的时间，不作为计时时间。补充材料时间以咨询评估机构提供书面说明和相应证明材料为准。在咨询评估工作过程中，专家有重要不同意见时，咨询评估机构应当如实记录并在咨询评估报告中予以反映。国家发展改革委应当加强对咨询评估评审专家的保密和日常管理。未经国家发展改革委投资司同意，有关专家不得擅自就评估评审事项接受采访、撰写文章等；确有必要的，应符合党中央、国务院有关精神，并事先报经国家发展改革委投资司同意。咨询评估报告的内容包括：标题及文号、目录、摘要、正文、附件。咨询评估机构在评估工作中要求补充相关资料时，应当以书面形式通知评估事项的项目单位，并将该书面通知及补充资料作为咨询评估报告的附件。咨询评估报告应当附具项目负责人及评估小组成员名单，加盖咨询评估机构公章和项目负责人的咨询工程师（投资）执业专用章。国家发展改革委根据咨询评估质量评价和年度考核等情况，按年度安排中央预算内投资结算咨询评估费用。咨询评估机构及其工作人员，不得向所评估事项的项目单位收取任何费用，不得向项目单位摊支成本。咨询评估机构应当建立咨询评估任务专项档案制度，将咨询评估报告、承诺书以及专家意见等存档备查。咨询评估机构应当建立健全内部管理制度，优化评估工作流程，完善评估专家库，加强专家、保密和财务管理，不断提升评估工作的质量和效率。

（三）咨询评估质量评价和监督，咨询评估机构和参与评估评审的专家应当认真履行职责，遵守保密纪律，保证公平公正，严格廉洁自律，不得有以下行为：违背独立公正原则，帮助有关单位骗取批准文件和国家资金；弄虚作假以及采取不正当竞争手段损害其他单位利益；泄露咨询评估过程中所接触和知悉的有关国家秘密、商业秘密；利用咨询评估工作便利，通过任何方式谋取不当利益；擅自对外发表与评估评审工作有关的意见和言论；其他违反法律法规的行为。咨询评估任务完成后，国家发展改革委主办司局应当在收到咨询评估报告后 10 个工作日内，通过委托评估系统对咨询评估报告进行质量评价，并对作出评价结果的理由予以说明。投资司对咨询评估报告质量同步进行评价，并对作出评价结果的理由予以说明。对咨询评估报告的评价分为较好、一般、较差。质量评价结果与咨询评估服务费用、咨询评估机构动态管理相挂钩。对咨询评估报告首次被评价为较差的咨询评估机构，由投资司进行约谈、警告；对累计两次被评价为较差的咨询机构，由投资司暂停其咨询评估机构资格一年；对累计三次被评价为较差的咨询机构，由投资司将其从咨询评估机构名单中删除。咨询评估机构应当于每年1月底前向国家发展改革委投资司报送上一年度评估工作总结报告。评估工作总结报告内容主要包括：上一年度承接、完成国家发展改革委委托的咨询评估任务情况；人员配备、相关处罚和奖励情况；评估工作中遇到的问题及有关意见建议等。国家发展改革委投资司商主办司局，结合咨询评估机构任务完成情况、咨询评估报告质量评价、投诉举报等核实情况，相关抽查、核查结果，以及评估工作总结等情况，对咨询评估机构进行年度考核。中央财政科研项目专家咨询费管理，专家咨询费是指科研项目（课题）承担单位在项目（课题）实施过程中支付给临时聘请的咨询专家的费用。由中央财政科研项目资金列支的专家咨询费。专家是指精通某一领域业务，或对相关科技业务的某一方面有独到见解，已取得高级专业技术职称的人员或被科研项目（课题）承担单位认可的其他专业人员。单位应当结合实际制定统一、合理、规范的咨询专家遴选办法，并在单位内部公开。具备条件的单位应当建立多领域、多学科的咨询专家库。高级专业技术职称人员的专家咨询费标准为1500~2400元/人天（税后）；其他专业人员的专家咨询费标准为900~1500元/人天（税后）。院士、全国知名专家，可按照高级专业技术职称人员的专家咨询费标准上浮50%执行。专家咨询活动的组织形式主要有会议、现场访谈或者勘察、通讯三种形式。以会议形式组织的咨询，是指通过召开专家参加的会议，征询专家的意见和建议。以现场访谈或者勘察形式组织的咨询，是指通过组织现场谈话，或者查看实地、实物、原始业务资料等方式征询专家的意见和建议。以通讯形式组织的咨询，是指通过信函、邮件等方式征询专家的意见和建议。不同形式组织的专家咨询活动适用专家咨询费标准（表12-16），不同领域、相同专业技术职称的专家咨询费标准应当保持一致。根据国家经济社会发展水平和物价变动等情况，财政部适时对专家咨询费标准进行调整。专家咨询费不得支付给参与项目（课题）研究及其管理的相关人员。专家咨询费的发放应当按照国家有关规定由单位代扣代缴个人所得税。单位发放专家咨询费原则上采用银行转账方式。单位应当建立专家咨询费的支付审核机制，负责核实专家咨询行为及专家咨询费发放的真实性、合规性，并及时向代理银行办理支付手续。单位应当对专家咨询费的开支做好财务记录，并及时归档，定期对专家咨询费支付情况进行检查。地方财政科研项目开支的专家咨询费可参照执行。

咨询活动专家咨询费标准 **表12-16**

会期 / 组织形式	半天	不超过两天（含两天）	超过两天
会议	按照本办法第六条所规定标准的60%执行	按照本办法第六条所规定的标准执行	第一天、第二天：按照本办法第六条所规定的标准执行； 第三天及以后：按照本办法第六条所规定标准的50%执行
现场访谈或者勘察	按照上述以会议形式组织的专家咨询费相关标准执行		
通讯	按次计算，每次按照规定标准的20%~50%执行		

第七节 注册咨询工程师（投资）执业资格管理

一、咨询工程师（投资）

咨询工程师（投资）是指合法取得《咨询工程师（投资）职业水平证书》后，在中国工程咨询协会登记合格并取得《咨询工程师（投资）登记证书》的人员。咨询工程师（投资）是工程咨询行业的核心技术力量，其所提供的工程咨询服务质量，关系到投资决策科学化水平，关系到投资建设质量和效益，关系到经济社会可持续发展。咨询工程师（投资）应当遵守国家有关法律法规和规定，恪守行业公约和职业道德准则，增强服务意识和社会责任感，坚持独立、公正、客观、科学的原则，认真履行工程咨询服务合同。咨询工程师（投资）的管理工作包括登记服务、执业检查、继续教育以及其他管理事项。咨询工程师（投资）应当自觉参加继续教育，学习和掌握工程咨询新理论、新技术、新方法以及与工程咨询相关的新政策，不断提高专业素质和业务水平。国家发改委负责指导全国工程咨询行业发展。各省、自治区、直辖市及计划单列市、新疆生产建设兵团发展改革委负责指导本行政区域内工程咨询行业发展。中咨协会是工程咨询行业自律组织，负责全国咨询工程师（投资）的管理工作。各省、自治区、直辖市及计划单列市、新疆生产建设兵团工程咨询协会按照中咨协会的要求，负责本行政区域内咨询工程师（投资）的相关管理工作，并接受中咨协会的监督检查。登记服务，取得水平证书并申请登记的人员，应当选择且仅能同时选择一个工程咨询单位作为其执业单位。执业单位不具备工程咨询资格的，符合登记条件的人员将取得有效期一年的预登记资格。登记服务分为初始登记、变更登记、继续登记和注销登记四类。登记服务每年集中办理，办理时间及相关具体要求由中咨协会提前两个月向社会公告。各省、自治区、直辖市及计划单列市、新疆生产建设兵团工程咨询协会是咨询工程师（投资）登记服务的初审机构，负责本行政区域内咨询工程师（投资）登记申请的受理、初审工作。申请登记的人员应当在规定时间内将申请材料报送初审机构。申请材料不齐全或者不符合规定形式的，初审机构应当及时告知申请人需要补正的全部内容。初审机构受理申请后提出初审意见，在规定时间内报送中咨协会。中咨协会组织专家对申请材料进行评审，对评审合格的人员予以登记并颁发登记证书和执业专用章。初始登记申请人依据其所学专业、工作经历和工程咨询业绩，申请初始登记。申请人最多可以申请两个专业。专业类别划分：公路；铁路；城市轨道交通；民航；核电；核工业；水电；火电；煤炭；新能源；石油天然气；石化；化工医药；建筑材料；机械；电子；通信信息；广播电影电视；轻工；纺织化纤；钢铁；有色冶金；农业；林业；水利工程；港口河海工程；工程勘察（水文地质、工程测量和岩土工程）；生态建设和环境工程；市政公用工程（按市政交通、给排水、燃气热力、风景园林、环境卫生等具体专业分别申请）；建筑；城市规划；工程技术经济；其他（按旅游工程、商物粮、邮政工程、气象工程、矿产开发、土地整理、减贫工程、移民工程、海洋工程等具体专业分别申请）。初始登记有效期为 3 年。变更登记咨询工程师（投资）需要变更执业单位或专业的，应当申请变更登记。变更登记不改变原登记有效期。继续登记咨询工程师（投资）登记有效期满需继续执业的，应当在登记期满前按公告规定时间申请继续登记。申请人要求变更登记的，应当同时提出申请。继续登记的有效期为 3 年。中咨协会对被注销登记的人员名单予以公告。被注销登记的人员在具备初始登记条件后，可以重新申请初始登记。登记证书和执业专用章是咨询工程师（投资）的执业证明。咨询工程师（投资）应当对其出具的工程咨询成果签名，加盖本人执业专用章，并承担相应责任。咨询工程师（投资）需妥善保管和使用本人的登记证书和执业专用章。如有损坏或丢失，应当按规定程序向中咨协会申请补发。咨询工程师（投资）可以从事工程咨询业务：规划咨询；编制项目建议书；编制项目可行性研究报告、项目申请报告和资金申请报告；评估咨询；工程项目管理；国家发展改革委规定的其他工程咨询业务。咨询工程师（投资）的权利：以咨询工程师（投资）的名义执业；受托主持政府投资项目和实行核准制的企业投资项目的工程咨询业务；任何单位和个人修改咨询工程师（投资）主持完成的工程咨询成果，应当征得该咨询工程师（投资）同意并签名盖章；特殊情况下，可以由其他咨询工程师（投资）修改、签名盖章，并对修改部分承担相应责任。咨询工程师（投资）的义务：遵守国家法律法规，服从行业自律管理，维护国家、社会利益和业主合法利益；秉持行业行为准则，保证工程咨询服务质量；严格遵守保密规定；廉洁执业；自觉接受执业检查。中咨协会负责组织各初审机构对咨询工程师（投资）执业情况进行检查，内容包括：遵守国家法律法规及有关规定的情况；登记申请材料的真实性；遵守职业道德、廉洁从业情况；行使权利、履行义务情况；接受继续教育情况；其他应当检查的情况。

二、咨询（投资）专业技术人员执业资格登记管理

国家设立工程咨询（投资）专业技术人员水平评价类职业资格制度，面向全社会提供工程咨询（投资）专业技术人员能力水平评价的服务，纳入全国专业技术人员职业资格证书制度统一规划。评价结果与经济系列或者工程系列相应级别职称衔接，是用人单位使用本专业人才的依据。工程咨询（投资）专业技术人员职业资格分为咨询工程师（投资）和高级咨询工程师（投资）两个级别。咨询工程师（投资）职业资格实行考试的评价方式。适用于在工程咨询机构从事工程咨询（投资）业务的专业技术人员。通过咨询工程师（投资）职业资格考试并取得职业资格证书的人员，表明其已具备从事工程咨询（投资）专业技术岗位工作的职业能力和水平。中国工程咨询协会具体承担工程咨询（投资）专业技术人员职业资格评价工作。取得咨询工程师（投资）资格证书的人员，应当遵守国家法律和相关法规，维护国家和社会公共利益，恪守职业道德。取得咨询工程师（投资）资格证书的人员，应当具备的职业能力：经济社会发展规划、计划咨询；行业发展规划和产业政策咨询；经济建设专题咨询；投资机会研究；工程项目建议书的编制；工程项目可行性研究报告的编制；工程项目评估；工程项目融资咨询、绩效追踪评价、后评价及培训咨询服务；工程项目招投标技术咨询；国家发展改革委规定的其他工程咨询业务。取得咨询工程师（投资）资格证书的人员，应当按照国家专业技术人员继续教育有关规定，参加继续教育，不断更新专业知识，提高职业素质和业务能力。咨询工程师（投资）资格证书实行登记服务制度。登记服务的具体工作由中国工程咨询协会负责。中国工程咨询协会定期向社会公布咨询工程师（投资）资格证书的登记情况，建立持证人员的诚信档案，并为用人单位提供取得咨询工程师（投资）资格证书人员信息的查询服务。通过考试取得咨询工程师（投资）资格证书，且符合《经济专业人员职务试行条例》经济师职务任职条件，或者符合《工程技术人员职务试行条例》工程师职务任职条件的人员，用人单位可根据工作需要择优聘任相应系列专业技术职务。

咨询工程师（投资）执业登记，咨询工程师（投资）实行执业登记制度。加强对咨询工程师（投资）的管理，规范执业登记行为，明确法律责任，且在工程咨询单位从事工程咨询业务的咨询工程师（投资）。执业登记服务的具体工作由中国工程咨询协会负责，并接受国家发展改革委的指导、监督、检查。取得咨询工程师（投资）资格证书的人员从事工程咨询工作的，应当选择且仅能同时选择一个已通过全国投资项目在线审批监管平台备案的工程咨询单位作为其执业单位，申请执业登记并取得登记证书和执业专用章。未在在线平台备案的大专院校、科研院所等事业单位，其咨询工程师（投资）经所在工作单位同意可以选择且仅能同时选择一个已通过在线平台备案的工程咨询单位申请执业登记。各省、自治区、直辖市及计划单列市、新疆生产建设兵团工程咨询（行业）协会接受中咨协会的委托，承担咨询工程师（投资）执业登记的预审，并接受中咨协会的业务指导和监督检查。执业登记均通过咨询工程师（投资）执业登记系统在线进行申请。预审单位受理申请、提出预审意见后提交中咨协会。中咨协会组织专家对申请材料进行评审，对评审合格的人员予以执业登记并颁发登记证书和执业专用章。中咨协会建立咨询工程师（投资）执业档案，对咨询工程师（投资）执业登记期间的职业能力、诚信记录进行动态评价。执业登记分为初始登记、变更登记、继续登记和注销登记四类。咨询工程师（投资）可自咨询工程师（投资）资格证书签发之日起1年内申请初始登记。初始登记随时申请，每季度末公布结果。申请人依据其所学专业、工作经历申请初始登记，最多可以申请两个专业。专业划分如下：农业、林业；水利水电；电力（含火电、水电、核电、新能源）；煤炭；石油天然气；公路；铁路、城市轨道交通；民航；水运（含港口河海工程）；电子、信息工程（含通信、广电、信息化）；冶金（含钢铁、有色）；石化、化工、医药；核工业；机械（含智能制造）；轻工、纺织；建材；建筑；市政公用工程；生态建设和环境工程；水文地质、工程测量、岩土工程；其他（以实际专业为准）。初始登记有效期为3年。咨询工程师（投资）需要变更执业单位或专业的，应当申请变更登记。变更登记随时申请，变更执业单位每月末公布结果，变更专业每季度末公布结果。变更登记不改变原登记有效期。咨询工程师（投资）执业登记有效期满需继续执业的，可以在有效期满之日的2个月前申请继续登记。继续登记有效期为3年。中咨协会通过执业登记系统定期向社会公布咨询工程师（投资）执业登记情况，执业登记事项结果均以执业登记系统实时信息为准。

三、咨询工程师（投资）继续教育规程

国家发展改革委员会负责全国咨询工程师（投资）继续教育的规划、管理和实施工作。中国工程咨询协会承担全国咨询工程师（投资）继续教育具体工作，接受人力资源社会保障部、国家发展改革委员会的指导监督。规程适用于合法取得《咨询工程师（投资）职业资格证书》或《注册咨询工程师（投资）执业资格证书》的咨询工程师（投资）。咨询工程师（投资）继续教育应以服务经济社会发展为导向，以职业道德和能力建设为核心，突出针对性、实用性和前瞻性，坚持理论联系实际、按需施教、注重实效，为经济社会和工程咨询行业发展提供人才保障。咨询工程师（投资）应当适应岗位需要和职业发展的要求，积极参加继续教育，完善知识结构、增强创新能力、提高专业水平。咨询工程师（投资）参加继续教育是逾期初始登记、继续登记的必要条件。内容和方式，咨询工程师（投资）继续教育内容由公需科目和专业科目组成。公需科目是指咨询工程师（投资）应当普遍掌握的法律法规、理论政策、标准规范、职业道德、技术信息等基本知识。专业科目是指咨询工程师（投资）从事专业工作应当掌握的新理论、新知识、新技术、新方法等专业知识。咨询工程师（投资）每年参加继续教育应不少于 90 学时，其中，专业科目不少于总学时的三分之二。咨询工程师（投资）继续教育包括远程教育、面授教育、企业内部培训和其他形式四种方式。远程教育由中咨协会提供教育平台，统一组织实施。远程教育内容包括公需科目和专业科目。面授教育包括中咨协会、地方工程咨询（行业）协会以及其他培训机构根据各自制定的年度培训计划举办的培训班、研讨班、论坛及学术讲座等。面授教育应当围绕完善知识结构、增强创新能力、提高专业水平，紧密结合工程咨询业务实际需要开展，内容以专业科目为主。开展面授教育的机构应与工程咨询行业相关、满足《专业技术人员继续教育规定》的相关要求，经中咨协会确认方可开展工作。

企业内部培训，工程咨询单位可以根据本规程，自行组织适合本单位发展需要和岗位要求的教育培训活动，并计入专业科目学时。其他形式，以下情形可以折算继续教育学时，获得国家发展改革委员会优秀研究成果奖。受国家发展改革委员会、国家行业管理部门或国务院继续教育管理部门委托，承担与工程咨询有关的战略规划政策类课题研究等。受中咨协会或地方工程咨询（行业）协会委托，承担行业相关工作。获得中咨协会或地方工程咨询（行业）协会评选的优秀工程咨询成果奖。获得菲迪克工程项目奖。参加国家承认学历的大专及以上工程或经济专业学历（学位）教育。完成工程咨询方面的专著或论文等。其他。组织管理和实施，中咨协会承担全国咨询工程师（投资）继续教育组织管理与实施的具体工作，并负责咨询工程师（投资）继续教育平台的建设与维护。咨询工程师（投资）继续教育平台登录入口设在中国工程咨询网。各地方工程咨询（行业）协会协助中咨协会做好本地区咨询工程师（投资）继续教育的相关工作，符合第八条要求的可根据需要组织与本地区工程咨询业务相关的面授教育。中咨协会负责做好远程教育课程的编写和录制，根据需要组织相关的面授教育。符合要求的地方工程咨询（行业）协会和其他培训机构应制定年度继续教育培训计划。具体培训方案（包括培训内容、培训时间和授课老师等）经中咨协会审定后通过咨询工程师（投资）继续教育平台向社会公布。培训结束后，组织单位应及时将培训合格人员信息上传至咨询工程师（投资）继续教育平台。工程咨询单位应把咨询工程师（投资）参加继续教育情况作为考核评价、岗位聘用的重要依据。组织开展咨询工程师（投资）继续教育活动可按成本收取必要的费用，并实行专款专用、统一管理，主要用于组织管理，课程建设，师资酬劳，培训场地租赁，远程教育平台的建设、运行和维护，以及与咨询工程师（投资）继续教育相关的其他工作。咨询工程师（投资）参加继续教育情况纳入执业资格检查事项，并记入个人执业档案。

第八节　全过程工程咨询服务

一、全过程工程咨询服务发展

我国工程咨询服务市场化快速发展，形成了投资咨询、招标代理、勘察、设计、监理、造价、项目管理等专业化的咨询服务业态，部分专业咨询服务建立了执业准入制度，促进了我国工程咨询服务专业化水平提升。随着我国固定资产投资项目建设水平逐步提高，为更好地实现投资建设意图，投资者或建设单位在固定资产投资项目决策、工程建设、项目运营过程中，对综合性、跨阶段、一体化的咨询服务需求日益增强。国家发展改革委住房和城乡建设部《关于推进全过程工程咨询服务发展的指导意见》明确，深化工程领域咨询服务供给侧结构性改革，破解工程咨询市场供需矛盾，必须完善政策措施，创新咨询服务组织实施方式，大力发展以市场需求为导向、满足委托方多样化需求的全过程工程咨询服务模式。特别是要遵循项目周期规律和建设程序的客观要求，在项目决策和建设实施两个阶段，着力破除制度性障碍，重点培育发展投资决策综合性咨询和工程建设全过程咨询，为固定资产投资及工程建设活动提供高质量智力技术服务，全面提升投资效益、工程建设质量和运营效率，推动高质量发展。以投资决策综合性咨询促进投资决策科学化，大力提升投资决策综合性咨询水平。投资决策环节在项目建设程序中具有统领作用，对项目顺利实施、有效控制和高效利用投资至关重要。鼓励投资者在投资决策环节委托工程咨询单位提供综合性咨询服务，统筹考虑影响项目可行性的各种因素，增强决策论证的协调性。综合性工程咨询单位接受投资者委托，就投资项目的市场、技术、经济、生态环境、能源、资源、安全等影响可行性的要素，结合国家、地区、行业发展规划及相关重大专项建设规划、产业政策、技术标准及相关审批要求进行分析研究和论证，为投资者提供决策依据和建议。规范投资决策综合性咨询服务方式。投资决策综合性咨询服务可由工程咨询单位采取市场合作、委托专业服务等方式牵头提供，或由其会同具备相应资格的服务机构联合提供。牵头提供投资决策综合性咨询服务的机构，根据与委托方合同约定对服务成果承担总体责任；联合提供投资决策综合性咨询服务的，各合作方承担相应责任。鼓励纳入有关行业自律管理体系的工程咨询单位发挥投资机会研究、项目可行性研究等特长，开展综合性咨询服务。投资决策综合性咨询应当充分发挥咨询工程师（投资）的作用，鼓励其作为综合性咨询项目负责人，提高统筹服务水平。充分发挥投资决策综合性咨询在促进投资高质量发展和投资审批制度改革中的支撑作用。落实项目单位投资决策自主权和主体责任，鼓励项目单位加强可行性研究，对国家法律法规和产业政策、行政审批中要求的专项评价评估等一并纳入可行性研究统筹论证，提高决策科学化，促进投资高质量发展。单独开展的各专项评价评估结论应当与可行性研究报告相关内容保持一致，各审批部门应当加强审查要求和标准的协调，避免对相同事项的管理要求相冲突。鼓励项目单位采用投资决策综合性咨询，减少分散专项评价评估，避免可行性研究论证碎片化。各地要建立并联审批、联合审批机制，提高审批效率，并通过通用综合性咨询成果、审查一套综合性申报材料，提高并联审批、联合审批的操作性。政府投资项目要优先开展综合性咨询。为增强政府投资决策科学性，提高政府投资效益，政府投资项目要优先采取综合性咨询服务方式。政府投资项目要围绕可行性研究报告，充分论证建设内容、建设规模，并按照相关法律法规、技术标准要求，深入分析影响投资决策的各项因素，将其影响分析形成专门篇章纳入可行性研究报告；可行性研究报告包括其他专项审批要求的论证评价内容的，有关审批部门可以将可行性研究报告作为申报材料进行审查。以全过程咨询推动完善工程建设组织模式，以工程建设环节为重点推进全过程咨询。在房屋建筑、市政基础设施等工程建设中，鼓励建设单位委托咨询单位提供招标代理、勘察、设计、监理、造价、项目管理等全过程咨询服务，满足建设单位一体化服务需求，增强工程建设过程的协同性。全过程咨询单位应当以工程质量和安全为前提，帮助建设单位提高建设效率、节约建设资金。探索工程建设全过程咨询服务实施方式。工程建设全过程咨询服务应当由一家具有综合能力的咨询单位实施，也可由多家具有招标代理、勘察、设计、监理、造价、项目管理等不同能力的咨询单位联合实施。由多家咨询单位联合实施的，应当明确牵头单位及各单位的权利、义务和责任。要充分发挥政府投资项目和国有企业投资项目的示范引领作用，引导一批有影响力、有示范作用的政府投资项目和国有企业投资项目带头推行工程建设全过程咨询。鼓励民间投资项目的建设单位根据项目规模和特点，本着信誉可靠、综合能力和效率优先的原则，依法选择优秀团队实施工程建设全过程咨询。促进工程建设全过程咨询服务发展。全过程咨询单位提供勘察、设计、监理或造价咨询服务时，应当具有与工程规模及委托内容相适应的资质条件。全过程咨询服务单位应当自行完成自有资质证书许可范围内的业务，在保证整个工程项目完整性的前提下，按照合同约定或经建设单位同意，可将自有资质证书许可范围外的咨询业务依法依规择优委托给具有相应资质或能力的单位，全过程咨询服务单位应对被委托单位的委托业务负总责。建设单位选择具有相应工程勘察、设计、监理或造价咨询资质的单位开展全过程咨询服务的，除法律法规另有规定外，可不再另行委托勘察、设计、监理或造价咨询单位。明确工程建设全过程咨询服务人员要求。工程建设全过程咨询项目负责人应当取得工程建设类注册执业资格且具有工程类、工程经济类高级职称，并具有类似工程经验。对于工程建设全过程咨询服务中承担工程勘察、设计、监理或造价咨询业务的负责人，应具有法律法规规定的相应执业资格。全过程咨询服务单位应根据项目管理需要配备具有相应执业能力的专业技术人员和管理人员。设计单位在民用建筑中实施全过程咨询的，要充分发挥建筑师的主导作用。

二、全过程工程咨询服务市场化发展

鼓励多种形式全过程工程咨询服务模式。除投资决策综合性咨询和工程建设全过程咨询外，咨询单位可根据市场需求，从投资决策、工程建设、运营等项目全生命周期角度，开展跨阶段咨询服务组合或同一阶段内不同类型咨询服务组合。鼓励和支持咨询单位创新全过程工程咨询服务模式，为投资者或建设单位提供多样化的服务。同一项目的全过程工程咨询单位与工程总承包、施工、材料设备供应单位之间不得有利害关系。创新咨询单位和人员管理方式。要逐步减少投资决策环节和工程建设领域对从业单位和人员实施的资质资格许可事项，精简和取消强制性中介服务事项，打破行业壁垒和部门垄断，放开市场准入，加快咨询服务市场化进程。将政府管理重心从事前的资质资格证书核发转向事中事后监管，建立以政府监管、信用约束、行业自律为主要内容的管理体系，强化单位和人员从业行为监管。引导全过程工程咨询服务健康发展。全过程工程咨询单位应当在技术、经济、管理、法律等方面具有丰富经验，具有与全过程工程咨询业务相适应的服务能力，同时具有良好的信誉。全过程工程咨询单位应当建立与其咨询业务相适应的专业部门及组织机构，配备结构合理的专业咨询人员，提升核心竞争力，培育综合性多元化服务及系统性问题一站式整合服务能力。鼓励投资咨询、招标代理、勘察、设计、监理、造价、项目管理等企业，采取联合经营、并购重组等方式发展全过程工程咨询。优化全过程工程咨询服务市场环境，建立全过程工程咨询服务技术标准和合同体系。研究建立投资决策综合性咨询和工程建设全过程咨询服务技术标准体系，促进全过程工程咨询服务科学化、标准化和规范化；以服务合同管理为重点，加快构建适合我国投资决策和工程建设咨询服务的招标文件及合同示范文本，科学制定合同条款，促进合同双方履约。全过程工程咨询单位要切实履行合同约定的各项义务、承担相应责任，并对咨询成果的真实性、有效性和科学性负责。完善全过程工程咨询服务酬金计取方式。全过程工程咨询服务酬金可在项目投资中列支，也可根据所包含的具体服务事项，通过项目投资中列支的投资咨询、招标代理、勘察、设计、监理、造价、项目管理等费用进行支付。全过程工程咨询服务酬金在项目投资中列支的，所对应的单项咨询服务费用不再列支。投资者或建设单位应当根据工程项目的规模和复杂程度，咨询服务的范围、内容和期限等与咨询单位确定服务酬金。全过程工程咨询服务酬金可按各专项服务酬金叠加后再增加相应统筹管理费用计取，也可按人工成本加酬金方式计取。全过程工程咨询单位应努力提升服务能力和水平，通过为所咨询的工程建设或运行增值来体现其自身市场价值，禁止恶意低价竞争行为。鼓励投资者或建设单位根据咨询服务节约的投资额对咨询单位予以奖励。建立全过程工程咨询服务管理体系。咨询单位要建立自身的服务技术标准、管理标准，不断完善质量管理体系、职业健康安全和环境管理体系，通过积累咨询服务实践经验，建立具有自身特色的全过程工程咨询服务管理体系及标准。大力开发和利用建筑信息模型（BIM)、大数据、物联网等现代信息技术和资源，努力提高信息化管理与应用水平，为开展全过程工程咨询业务提供保障。加强咨询人才队伍建设和国际交流。咨询单位要高度重视全过程工程咨询项目负责人及相关专业人才的培养，加强技术、经济、管理及法律等方面的理论知识培训，培养一批符合全过程工程咨询服务需求的综合型人才，为开展全过程工程咨询业务提供人才支撑。鼓励咨询单位与国际著名的工程顾问公司开展多种形式的合作，提高业务水平，提升咨询单位的国际竞争力。国务院投资主管部门负责指导投资决策综合性咨询，国务院住房和城乡建设主管部门负责指导工程建设全过程咨询。各级投资主管部门、住房和城乡建设主管部门要高度重视全过程工程咨询服务的推进和发展，创新投资决策机制和工程建设管理机制，完善相关配套政策，加强对全过程工程咨询服务活动的引导和支持，加强与财政、税务、审计等有关部门的沟通协调，切实解决制约全过程工程咨询实施中的实际问题。各级政府主管部门要引导和鼓励工程决策和建设采用全过程工程咨询模式，通过示范项目的引领作用，逐步培育一批全过程工程咨询骨干企业，提高全过程工程咨询的供给质量和能力；鼓励各地区和企业积极探索和开展全过程工程咨询，及时总结和推广经验，扩大全过程工程咨询的影响力。加强政府监管和行业自律。有关部门要根据职责分工，建立全过程工程咨询监管制度，创新全过程监管方式，实施综合监管、联动监管，建立信用档案和公开不良行为信息，推动咨询单位切实提高服务质量和效率。有关行业协会应当充分发挥专业优势，协助政府开展相关政策和标准体系研究，引导咨询单位提升全过程工程咨询服务能力；加强行业诚信自律体系建设，规范咨询单位和从业人员的市场行为，引导市场合理竞争。

三、全过程工程咨询服务合同

为贯彻落实《国务院办公厅关于促进建筑业持续健康发展的意见》以及《国家发改委住建部关于推进全过程工程咨询服务发展的指导意见》的要求，加快推进全过程工程咨询服务发展，完善配套制度，合同示范文本主要适用于房屋建筑和市政基础设施项目，兼顾了不同阶段、不同方式的咨询服务及费用计取等需求。合同示范文本由协议书、通用合同条件和专用合同条件三部分组成，其中：合同协议书主要包括项目概况、服务范围、期限、费用等，集中约定了协议双方的基本权利义务；通用合同条件对咨询服务的实施及相关事项、双方的权利义务作出原则性约定，包括一般规定、委托人、咨询人、服务要求和成果、服务费用和支付、违约责任等；专用合同条件可对相应通用条件中的原则性约定进行细化、完善、补充、修改或另行约定，包括服务范围、服务费用和支付、进度计划以及咨询人主要咨询人员等。

第一部分服务范围

（合同当事人应在此附件中规定经双方协商同意的咨询服务范围，相关描述应尽量全面准确，并可在有利于理解的前提下明确不包括的服务内容或对服务内容的限制。双方可参考全过程工程咨询服务相关技术标准编制本附件内容。对服务范围的描述可包括但不限于如下内容。）

一、投资决策综合性咨询服务

1.____________________（该项服务名称）

工作内容：__________；（可包括对该项服务下具体工作内容的罗列和描述等）

成果文件：__________；（可包括成果文件的具体罗列、份数、载体和形式等）

标准和要求：__________；（可包括该项服务及相应成果文件所应达到的，可测量、可核验的质量标准、主要技术指标等）

相关管理和配合服务（如有）：__________；（可包括咨询人将配合和管理的工程合同形式、咨询人的管理权限、咨询服务和其他方所提供服务之间的界面管理责任等）

其他：__________。（可包括委托人应该进行的协调和提供的资料、咨询人应履行的相关程序及其他要求等）

2.____________________

工作内容：__________；成果文件：__________；标准和要求：__________；

相关管理和配合服务（如有）：__________；其他：__________。

二、工程建设全过程咨询服务

1.____________________

工作内容：__________；成果文件：__________；标准和要求：__________；

相关管理和配合服务（如有）：__________；其他：__________。

三、其他工程单项咨询服务

1.____________________

工作内容:__________；成果文件:__________；标准和要求:__________；

相关管理和配合服务（如有):__________；其他:__________。

四、对政府投资项目全过程工程咨询服务的特别约定

对于政府投资项目，咨询服务范围的描述还应包括如下内容:

1.咨询人提交的服务成果除应符合本合同其他关于服务成果的约定外，还应符合在专用合同条件［服务要求和服务成果］中约定的行政主管部门关于工作深度的要求，如因未达到深度要求而被要求补充修改的，由咨询人承担责任，不适用［变更和服务费用调整］的约定；

2.咨询人在提供咨询服务时，应当以经批准的投资概算为限额，避免提供的服务成果突破经批准的投资概算，如因咨询人原因导致提供的服务成果突破经批准的投资概算，不适用第7条［变更和服务费用调整］的约定；

3.委托人和咨询人或者咨询人作为委托人招标代理人开展招标工作时，应采取正确的招标形式，符合《政府采购法》《招标投标法》等法律法规及其他规范性文件的规定；

4.咨询人负责造价咨询时，应确保其编制的投资概算、施工图预算，及审核的竣工结算具备真实性、准确性、完整性和具有时效性，并对项目建设全过程的造价控制进行监督管理，及时向委托人提示存在的造价超出概算的风险；

5.咨询人应协助委托人配合行政管理部门开展项目的财政投资评审、审计、后评价等工作，对于行政管理部门提出的整改要求，应协助委托人进行整改；

6.咨询人应协助委托人配合人大、纪检监察、司法、行政等相关部门对项目的事中事后监管工作，对于提出的意见、建议或要求，应协助委托人进行整改。

第二部分服务费用和支付

一、服务费用的计取

合同所列的服务费用均______________包含国家规定的增值税税金，税率为______________。服务费用包括服务酬金、服务开支和奖励金额。具体计取方式如下:

1.服务酬金

双方同意按以下第____种方式计算服务酬金。服务酬金的取费基价为____元，总费率为______%。

（1）按单项服务酬金加统筹管理（项目管理）费用计取

①对委托的__________（列出委托服务内容）单项服务酬金，可按相关取费标准和收费管理规定计算（此类计费方法适用于可执行国家、地方、行业的相关收费标准或收费管理规定的单项咨询服务）：具体计算标准为:__________；__________；

本项合计服务酬金为__________。对委托的__________（列出委托服务内容）单项服务酬金，可按照以下标准计算（此类计费方法适用于无相关取费标准和收费管理规定的单项咨询服务，具体收费标准可由双方协商一致自行约定）：具体费率标准为:__________；__________；

本项合计服务酬金为__________。

②对统筹管理（项目管理）费用，可按照以下方式计取：具体计取方式为__________；本项合计费用为__________。

（2）按人工成本加酬金方式计取

即按照咨询服务的人工成本加一定比例酬金（以综合计算系数表示），并根据所耗工日计算服务酬金，具体收费标准如下，该收费标准每年1月1日应按__________进行必要调整。

人员	数量	工日单价	工月单价	工日	工月	酬金比例	总价

（3）按其他方式计取

双方约定的服务酬金其他计取方式为：__________。

2.服务开支

上述服务酬金中已包含的服务开支包括__________。委托人应补偿咨询人除上述服务开支外为履行合同发生的其他合理服务开支，双方同意按__________计取，预计为__________元。

3. 奖励金额

委托人对咨询人进行奖励采取以下第__________种方式。

（1）由于咨询人的服务导致委托人的投资节约而对咨询人奖励的计取和支付方式

由于咨询人的服务导致委托人的投资节约而对咨询人奖励的计取：__________；

由于咨询人的服务导致委托人的投资节约而对咨询人奖励的支付：__________。

（2）双方约定的其他奖励方式

进行奖励条件：__________；奖励金额的计取：__________；奖励金额的支付：__________。

二、服务费用的变更和调整

委托人与咨询人双方同意，按照以下第____种方式计算［变更和服务费用调整］的服务费用：

1.对__________服务（列出委托服务内容）按照咨询人员工日收费标准____元/天；

2.对__________服务（列出委托服务内容）按照附件2（服务费用和支付）约定的相同或类似项目的取费标准确定；

3.双方约定的其他标准__________。

4.对于约定额服务费用以外发生的费用，双方约定的计算标准__________。

三、服务费用的支付

双方约定按照以下方式支付服务费用：

支付次序	支付时间	支付额	备注
第一次支付			
第二次支付			
第三次支付			
……			
最终支付			

四、推进工程咨询业高质量发展

据统计，截至2023年7月31日，全国投资项目在线审批监管平台备案的工程咨询单位有30466家；其中甲级资信单位1866家，乙级资信单位3726家。平台备案单位职工总人数为352.2万人，其中专业技术人员89.5万人，有效登记咨询工程师（投资）9.68万名。随着国家投融资体制改革、行政审批制度改革和行业咨询服务供给侧结构性改革的不断深入，工程咨询业规模不断扩大，新业态不断涌现，行业规范不断健全，形成了一批综合实力显著、新型专业智库特色鲜明的工程咨询单位和平台，行业服务能力与发展水平达到新的高度，为新发展阶段行业高质量服务社会主义现代化国家建设打下坚实基础。把握行业贯彻新发展理念的总体要求，坚持独立、科学、公正的工程咨询服务宗旨，以提升服务能力和服务质量为核心，深化工程咨询业改革开放，促进实现我国“创新成为第一动力、协调成为内生特点、绿色成为普遍形态、开放成为必由之路、共享成为根本目的”的经济社会高质量发展。作为国民经济的先导产业，工程咨询业必须主动作为，加快适应新发展阶段，遵循“市场化、专业化、品牌化、数字化、法治化、国际化”的总体要求，以高质量服务供给适应和满足新发展阶段的新特征、新需求，为加快构建新发展格局做好服务支撑，为全面建设社会主义现代化国家做好智力支撑。工程咨询业高质量发展遵循原则：坚持高点站位，国家战略为先。以推动行业实现高质量发展为目标，以服务国家重大战略和重大关切为牵引，主动跨前开展前瞻性与战略性研究，始终为各级党委政府提供高水平决策咨询服务。坚持创新引领，持续改革为本。将创新作为高质量发展的第一动力，坚持与时代同频共振，强化科技赋能、数据赋能、管理赋能，促进理论方法、技术应用与体制机制的改革创新，提供可满足经济和社会中长期发展的优质服务。坚持质量变革，人力资本为基。坚守职业道德准则，不断提升咨询服务能力与价值贡献。建立健全行业终身学习与素质提升体系，以高素质人才队伍保障行业高质量发展，实现更有效率、更加公平、更为安全的高质量发展。坚持系统谋划，规范发展为要。统筹发挥不同地区、不同类型工程咨询单位的主体作用，加快做强做优做精，注重协同发展，推动完善政府指导、行业自律、发展规范的行业管理体系，实现工程咨询市场统一开放、竞争有效。推动行业服务新发展格局落到实处。加快构建新发展格局是关系我国中长期发展全局的一项重大战略任务，工程咨询业要自觉将各项工作纳入新发展格局中统筹考虑和谋划，进一步找准行业服务新发展格局的切入点和重点工作，破除不利于行业高质量发展的体制机制障碍，扫除阻碍国内大循环和国内国际双循环畅通的制度、观念和利益羁绊，在服务新发展格局的生动实践中实现行业的高质量发展。制定发布行之有效的标准信用体系，加快行业标准体系建设进程，滚动推进基础性标准、行业规范、业务指南的编制与发布，形成政府指导、行业自律、企业自主相结合的行业标准体系。以行业资信评价为抓手，加快建立健全行业诚信评价体系，有序组织开展行业信用评价，发挥信用评价结果在招投标、信用建设领域的导向作用，引导行业强化和巩固守信激励、失信惩戒的良好氛围。构建体现行业时代特点的指标体系，行业协会应组织行业以新发展理念为根本遵循，加快构建符合工程咨询业高质量发展特点的指标评价体系，加强行业信息调查和年度统计，研究发布工程咨询业高质量发展指数，推动发展指数成为引领行业高质量发展的风向标。取得工程咨询资信等级的咨询机构作为行业信息调查和年度统计的责任主体应切实履行信息报送义务。倡导以价值为导向的咨询服务价格体系，深化行业供给侧结构性改革，不断提升行业服务质量水平，坚持“选优汰劣”，倡导以价值为导向的“优质优价”市场化机制，尽快建立与高质量发展相适应的咨询服务价格体系，维护公平、高效、有序的市场竞争环境，凝聚推动行业高质量发展的强大正能量。推动战略规划和重大项目有效落地，根据国家及区域中长期发展战略，以及各级国民经济和社会发展五年规划的部署要求，发挥工程咨询业在重大战略项目谋划策划的优势，围绕区域协调发展、乡村振兴战略、科技重大攻关等，推动新型基础设施、新型城镇化、交通水利、社会民生、战略性新兴产业等领域重大工程建设落地推进，为国家和地方经济的高质量发展注入强劲动能。推动出台行业高质量发展的支持政策，积极推动各级政府遴选优秀工程咨询单位列入新型专业智库名单，推动成熟有效的行业规范纳入国家强制标准范畴，推动行业管理法治化。针对工程咨询单位开展的理论、方法和技术创新，推动各级政府研究出台配套的专项资金或税收优惠政策。推动工程咨询单位服务“一带一路”工作中享受金融、资金、人才、出入境便利化等国家相关支持政策。防范重大风险统筹发展和安全，坚持底线思维，统筹开放和安全，统筹发展和安全，切实提升行业自身风险识别、预警和防范化解能力，帮助排除政府和社会重大投资和工程领域各类重大风险和隐患，确保国家经济安全，保障人民生命健康，维护社会稳定团结。

五、落实行业高质量发展的重点举措

深化咨询理论、方法与技术协同创新，加强对行业现有理论与方法的提炼提升，鼓励具有行业引领力的领军企业、创新型企业加大基础理论创新投入，推动行业创新在“量”的积累中实现“质”的飞跃。瞄准各级党委政府与其他市场主体的新需求，加快探索和运用5G、人工智能、大数据、云计算、区块链等新一代信息技术，推进工程咨询方法技术创新及应用推广力度。促进跨行业、跨地区和产学研协同创新，支持更多工程咨询单位申报高新技术企业，不断完善创新成果知识产权保护，推动创新成果有偿交易与应用转化。主动融入数字化转型浪潮，深入推进“数字化+”工程咨询，加速提升工程咨询业数字化能力与水平，共同培育数字化咨询服务新产品、新业态、新模式，探寻行业新的增长动能与发展路径，提升服务质量、效率与满意度。开展服务领域、模式与产品多维创新，遵循独立、公正、科学的原则，始终当好各类客户的智囊参谋，切实把好投资项目“准入关”，进一步提升规划咨询、项目咨询、评估咨询等前期决策咨询业务的价值取向，发挥其对工程咨询中后段业务的引领带动作用，做好投资项目中期评价和后评价工作。鼓励规划咨询、项目咨询、项目管理、项目运营以及各类专项咨询等工程咨询产业链不同环节业务集成发展和融合创新，推动工程咨询服务新业态加速成熟定型。引导资本市场更好地服务实体经济，有效推进政府和社会资本合作（PPP）咨询业务，支持开展不动产投资信托基金（REITs）、项目收益专项债等投融资咨询业务，推动工程咨询业向专业化和价值链高端延伸。大力推进全过程咨询服务，进一步发挥全过程工程咨询对工程建设项目审批制度改革的支撑作用。引导政府（国有）投资项目和社会投资项目开展全过程工程咨询服务，鼓励工程咨询单位探索创新多种组合形式的全过程工程咨询服务模式。发挥重大建设项目对全过程工程咨询的示范作用，发挥全过程工程咨询在提高投资效益、建设质量和运营效率中的综合效应，及时做好经验规律的总结与推广。工程咨询单位体制机制持续创新，推动有效市场与有为政府更好结合，支持各类工程咨询单位加快构建符合自身特点与需求的运作体制机制，打造具有行业引领力的领军企业，打造更多具有创新能力和特色优势的品牌企业，促进大中小各类工程咨询单位平等竞争、互鉴互学、协同发展。事业性质的工程咨询单位应加快革新发展观念，加快建立健全符合市场化要求的经营机制。选择脱钩改制的工程咨询单位，应把准改制要求与改革红利，引导社会资本参与改制重组。发挥国有大中型工程咨询企业对行业高质量发展的带动作用，有序推进国有工程咨询企业的混合所有制改革。鼓励对经营业务和持续发展有较大贡献的关键骨干持股，形成资本所有者和劳动者利益共同体。借鉴相关行业经验，探索采用合伙人制，进一步激活各类工程咨询单位的经营活力。加快智库建设与研究成果应用创新，打造具有工程咨询业行业特色的新型专业智库，是新发展阶段扩大行业影响力和打造企业品牌的必然之举。充分发挥工程咨询业综合优势与专业特色，紧密服务国家重大战略，坚持出思想、出成果、出精品，行业新型专业智库应提出战略性思路，为各级政府破解改革发展难题和应对复杂艰巨任务提供高价值的决策咨询建议与解决方案，同时注重智库研究成果的可操作、可落地、可转化。鼓励各类工程咨询单位开展智库建设，不断加大智库投入，壮大智库人才队伍，创新智库运行机制。支持行业领军企业整合内外部资源，打造智库型咨询机构。支持组建跨界融合的全国和区域性智库联盟，发挥行业协会桥梁纽带作用，搭建合作交流与宣传平台，分享专业智慧，扩大工程咨询智库影响力。实现各类工程咨询单位协调平衡发展，打破部门和地区界限，反对地方保护、反对垄断和不正当竞争，保障不同所有制与法人类型、不同规模、不同区域的工程咨询单位平等参与竞争，进一步打破行业、地区和所有制界限，鼓励采用战略联盟、合资合作、并购重组等形式，推动行业实现规模化、集约化和专业化发展。鼓励有实力的咨询企业实现整体或分拆上市，壮大企业发展实力，带动行业能级提升。东、中、西部地区各类工程咨询单位应结合自身特点，完整、准确、全面贯彻新发展理念，按照国家投融资体制改革和行业改革发展最新要求，结合所在区域国家战略和城市发展最新形势，以供给侧结构性改革为主线，深度挖掘传统型工程咨询业务增长潜力，加快拓展创新型工程咨询业务新领地，永葆企业生命线和经营活力，推动全行业实现平衡与协调发展。发展绿色咨询业务，助力如期实现碳达峰、碳中和。深入贯彻“绿水青山就是金山银山”理念，严格贯彻落实绿色标准，全力做好碳市场、碳交易、碳核查等绿色咨询新业务，推动能源绿色低碳转型，促进绿色消费，体现行业担当，助力我国如期实现碳达峰、碳中和。深入践行绿色、低碳、循环发展的理念，研究借鉴“环境、社会和治理”（ESG）等国际先进理念，工程咨询单位要将经济产业绿色化和咨询服务绿色化深度融合，在建设生态城市和美丽乡村中展现行业作为。创新提供绿色规划、绿色设计、绿色建设、绿色建造、绿色运行等一揽子绿色咨询服务，拓展土壤污染修复、能源管理、智慧城市等高附加值业务，服务经济与社会实现全面绿色转型。稳妥拓展海外市场，推进“中国标准”国际化。聚焦“一带一路”倡议、“国际产能合作”等国家对外开放的重大机遇，支持有实力企业稳妥“走出去”，重点拓展“一带一路”沿线国家和地区咨询服务市场，联合亚洲基础设施投资银行、金砖银行、丝路基金等金融机构，加强与国外当地机构全方位合作，为“走出去”的中国企业在当地高质量发展提供切实所需的产业规划、市场研究、信息咨询、税务审计等咨询服务，有力提升行业国际竞争力。加强与各类国际机构、国际组织、国外工程咨询同业的交往交流，逐步构建和推广中国工程咨询最新标准，探索形成一条中国咨询标准国际化路径，以中国标准“走出去”带动中国咨询服务“走出去”，逐步形成自主引领的国际咨询标准体系，不断提高行业国际话语权。重视人才培养使用，发挥人才第一资源作用。工程咨询单位应树立“人才强咨”观念，重视人才发展规划，营造识才爱才敬才用才的环境，持续深化人才发展体制机制，加快培养一批综合型、高水平、国际化的战略型咨询人才，全方位培育、引进和用好各类专业人才。合理采用绩效薪酬、股权、期权、分红和合伙人制等激励措施，让广大从业者共享高质量发展带来的获得感和幸福感，增强企业凝聚力和竞争力。加大对行业高质量发展作出突出贡献的企业家和技术带头人宣传力度，开展重大咨询理论方法技术创新成果的发布，开展行业知识库建设，鼓励开展形式多样的经验交流与知识分享。行业协会应进一步完善咨询工程师（投资）职业资格考试、登记和继续教育制度，实施知识更新与技能再提升行动，全面持续提升咨询工程师（投资）和相关从业人员的业务能力与综合素养，以高素质人才队伍推动行业高质量发展事业再上新台阶。

六、全国优秀工程咨询成果奖评选

（一）全国优秀工程咨询成果奖是对工程咨询行业的单位或个人为主完成的、在国内同类成果中具有创新和推广作用的工程咨询成果授予的奖励。中国工程咨询协会统一组织开展，维护其严肃性、权威性，并对获奖单位和个人给予荣誉奖励。全国优秀工程咨询成果奖坚持尊重知识、尊重人才的原则；坚持公平、公正、公开的原则；坚持重点奖励具有开拓性和创新性，对经济建设和社会发展具有重大积极作用的原则。中国工程咨询协会成立由会长牵头的评奖工作委员会，负责全国优秀工程咨询成果奖的组织评审、确定获奖成果、处理异议、推广交流等工作。评奖工作委员会中专家人数占比不低于 70%。各省、自治区、直辖市、计划单列市、新疆生产建设兵团工程咨询（行业）协会，各专业委员会或中国工程咨询协会指定的工程咨询相关机构，为全国优秀工程咨询成果奖的初审机构，负责本地区、本行业的初审推荐工作。全国优秀工程咨询成果奖设置一、二、三等奖，每两年组织评选一次。对于符合一等奖标准、工程咨询理论或方法创新突出，效果特别显著，具有重大影响，在全行业有很好的推广应用前景的咨询成果，评奖工作委员会可临时决定设立特等奖，予以特别奖励。中国工程咨询协会对单位完成的获奖成果主要完成人数量最高限额为：一等奖 10 人，二等奖 7 人，三等奖 5 人。工程咨询成果的专业有：农业、林业；水利水电；电力（含火电、水电、核电、新能源）；煤炭；石油天然气；公路；铁路、城市轨道交通；民航；水运（含港口河海工程）；电子、信息工程（含通信、广电、信息化）；冶金（含钢铁、有色）；石化、化工、医药；核工业；机械（含智能制造）；轻工、纺织；建材；建筑；市政公用工程；生态建设和环境工程；水文地质、工程测量、岩土工程；其他（以实际专业为准）。

（二）工程咨询成果的服务范围主要有：规划咨询含总体规划、专项规划、区域规划及行业规划的编制。项目咨询含项目投资机会研究、投融资策划，项目建议书（预可行性研究报告）、项目可行性研究报告、项目申请报告、资金申请报告的编制，政府和社会资本合作（PPP）项目咨询等。评估咨询含各级政府及有关部门委托的对规划、项目建议书、可行性研究报告、项目申请报告、资金申请报告、PPP 项目实施方案、初步设计的评估，规划和项目中期评价、后评价，项目概预决算审查，及其他履行投资管理职能所需的专业技术服务。全过程工程咨询，采用多种服务方式组合，为项目决策、实施和运营持续提供局部或整体解决方案以及管理服务。政策研究，为鼓励工程咨询单位积极开展智库建设，工程咨询单位自行开展或接受有关部门委托开展的政策研究专题报告，也可申请评奖。接受有关部门委托开展的政策研究专题报告申请评奖，需经委托部门同意。工程咨询理论方法创新，工程咨询理论、方法等研发创新成果。工程咨询行业标准，具有重大推广价值、解决社会及行业急需难题，且取得良好社会效益和应用价值的行业标准。优秀工程咨询成果应是上述范围内的专著、报告、标准和规范等。凡申报全国优秀工程咨询成果奖的成果，都需按成果水平和应用价值两个方面综合评定：规划研究类成果（含政策研究专题报告），按照成果水平（创新程度、研究深度、研究方法先进性）和应用价值（对规划或行业的影响程度、社会反响程度、可操作性、推广前景）等标准，综合评定工程咨询成果水平的高低。适用于总体规划、专项规划、区域规划、行业规划成果及规划评估报告；咨询理论和方法研究，包括规划咨询、咨询评估、全过程工程咨询和标准规范等服务领域的应用理论与方法研究成果。项目咨询评估类成果，按照成果水平（论证完整性、项目复杂难易程度、分析论证严谨性和方法先进性）和应用价值（结论和建议的合理性、可持续性及推广应用前景、成果的采纳程度等）等标准，综合评定工程咨询成果水平的高低。适用于项目投资机会研究、投融资策划，项目建议书（预可行性研究报告）、项目可行性研究报告、项目申请报告、资金申请报告及其评估报告，规划和项目的中期评价、后期评价，项目概预决算审查，PPP 项目咨询、全过程工程咨询报告。对上述标准采用科学的指标体系，定量和定性评价相结合的方法确定获奖等级。

（三）申报条件及审核授予，列入“全国投资项目在线审批监管平台”备案名录且加入中国工程咨询协会的单位，均可参加申报。申报全国优秀工程咨询成果奖的成果，其申报单位须为第一完成单位，且成果的第一完成人为该单位的正式员工。工程咨询新理论、新方法研究类成果，须出具在国内外学术会议或有重要学术影响的专业刊物或内参上发表，并获得了高度评价的证明，或者是获得了实际应用效果的权威证明。属于专题研究报告，须出具专家评审、鉴定意见，有关单位采纳成果的证明，实施或应用证明。规划类、项目咨询类成果，必须出具评估或评审意见，上级审批意见或业主认可意见；属于全过程工程咨询报告须出具建设单位验收及评价意见；已开展建设或建成投产的项目还须出具建设单位的开工建设证明或使用效果证明；开展后评价的项目还须出具已开展后评价的意见或报告。评估咨询类成果，须出具委托方对成果质量的评价；规划和项目的中期或后期评价、项目概预决算审查报告，须出具专家评审、鉴定意见。全国优秀工程咨询成果奖采取网上申报方式。申报单位需登录全国优秀工程咨询成果奖申报与评审系统提交相关材料。中国工程咨询协会按下列内容审查申报成果：是否符合全国优秀工程咨询成果奖申报条件；申报书填写是否合格，附件材料是否齐全；是否属于重复报奖；有无违反评奖办法原则的问题等。未通过资格审查的申报成果及原因，可在评奖结果公告后告知相关单位。评奖工作委员会根据申报成果的情况，可指定初审机构协助开展有关合规性审核和初审推荐工作。评奖工作委员会根据初审推荐情况，组成专家评审组负责对初审推荐成果进行评审。专家评审组按照评奖标准提出获得一、二、三等奖获奖成果的建议，提交评奖工作委员会审定。评奖工作委员会根据专家评审组的评审意见，集体审定批准全国优秀工程咨询成果奖的评审结果。集体审定时，评奖工作委员会成员至少有三分之二以上参加会议，采用无记名投票的方式，按到会成员多数通过的原则，确定获奖项目及其等级。评奖工作委员会对于提名一等奖成果的申报材料中阐述不清的内容，可邀请成果主要完成人员当面答辩，并按三分之二以上到会成员多数通过的原则确定结果。评奖工作委员会对专家评审组提出的特等奖提名成果，要进行专题评定。评奖工作委员会通过的获奖咨询成果，须先向社会公示。对公示结果有异议的，由评奖工作委员会组织复核，形成最终获奖名单，由中国工程咨询协会向社会公告。中国工程咨询协会对获奖单位和个人颁发电子证书奖状。

第九节　PPP 项目全生命周期咨询业务

一、PPP 项目咨询任务、内容和阶段划分

（一）PPP 项目咨询的任务是咨询企业依据国家有关规定、按照合同约定为项目提供咨询服务。PPP 项目全生命周期咨询服务可划分为立项、识别、准备、采购、执行、移交六个咨询服务阶段。立项阶段，咨询企业可开展下列咨询业务：编写项目建议书；进行项目可行性研究，编制和审核可行性研究报告、投资估算、经济评价。识别阶段，咨询企业可开展下列咨询业务：项目发起与筛选；项目实施的尽职调查；项目初步实施方案的编制；物有所值评价；财政承受能力论证。准备阶段，咨询企业可开展下列咨询业务：项目实施方案的编制；项目实施方案的评审。采购阶段，咨询企业可开展下列咨询业务：资格预审文件编制和协助资格预审；采购文件编制与评审；协助社会资本方编制项

目响应文件；组织采购和响应文件的评审；协助合同谈判和签署。执行阶段，咨询企业可开展下列咨询业务：协助设立项目公司；融资咨询；设计文件的适配性与经济性评价；项目概算编制及评审；协助项目公司进行项目建设全过程造价咨询；代表政府方对项目总投资进行全过程监管；项目竣工结（决）算编制与审计；项目绩效监管与支付评审；项目中期评价；项目再谈判的相关咨询。移交阶段，咨询企业可开展下列咨询业务：项目移交（终止）方案编制；资产清查、性能测试及估值；项目后评价。

（二）咨询企业 PPP 项目咨询业务实施主要包括以下基本程序：接受 PPP 项目相关方的委托，签订 PPP 项目咨询合同；成立 PPP 项目咨询项目组；制定 PPP 项目咨询方案；通过案卷研究、政策分析、数据填报、实地调研、座谈会及问卷调查等方法收集相关业务数据及资料；对数据及资料进行甄别、汇总和分析；编制成果文件，包括报告、方案、咨询意见或建议书等；与委托方就 PPP 项目成果文件进行充分沟通，并根据委托方的合理意见对成果文件进行完善；咨询企业内部对成果文件进行审核；提交 PPP 项目成果文件，根据政府及财政部门的评审意见进行修改；咨询文件归档；客户回访与评价。咨询企业承担 PPP 项目咨询业务后，应根据项目特点和 PPP 项目咨询合同等编制咨询方案。咨询方案的内容应包括项目概况、咨询服务范围和要求、工作组织、工作程序、工作方法、进度计划、人员安排、技术方案、质量管理、后续服务等。咨询企业应按 PPP 项目咨询合同的要求制定详细的工作进度计划，各类咨询成果文件的提交时间应与总体进度相协调，咨询的工作进度计划除应服从咨询合同的要求外，还应满足各类咨询成果文件编制的合理工期要求。咨询企业应建立咨询项目组织机构，明确咨询项目工作人员的职责。PPP 项目咨询的工作人员应包括工程技术、工程经济、项目管理、法律、金融、财务、采购、资产评估编制、审核等相关专业人员。各类咨询人员的安排除应符合 PPP 项目咨询合同要求外，还应符合项目质量管理和档案管理等其他方面要求。同时应完善 PPP 项目咨询业务的流程管理。咨询企业应建立有效的内部组织管理和外部组织协调体系，并应符合规定：内部组织管理体系应包括承担咨询项目的管理模式、企业各级组织管理的职责与分工、现场管理和非现场管理的协调方式，项目负责人和各专业负责人的职责等；外部组织协调体系应以咨询合同约定的服务内容为核心，明确协调人员，在确保 PPP 项目参与各方权利与义务的前提下，协调好与委托方及参与各方的关系，促进咨询工作的顺利实施。

（三）合同与信息管理，由于 PPP 项目的复杂性、长期性和多变性，需要建立复杂而全面的合同体系，咨询企业通过合同管理旨在加强对 PPP 合同的起草、谈判、履行、变更、解除、转让、移交（终止）的全过程管理，更好地支持 PPP 的实际运作。咨询企业应针对 PPP 项目咨询的业务特点和委托内容，建立全面的合同管理和评价体系，并应通过流程控制、企业标准等措施来保证咨询质量，使项目运行顺畅，达到 PPP 项目物有所值、物超所值的目标。PPP 项目合同管理应遵行以下原则：平等合作。政府方与社会资本方是基于 PPP 项目合同的平等法律主体，双方应在充分协商、互利互惠的基础上订立合同，并依法平等地主张合同权利、履行合同义务。维护公益。PPP 项目合同中除应规定社会资本方的绩效监测和质量控制等义务外，还应保证政府方合理的监督权和介入权，以加强对社会资本方的履约管理，优先保障公共安全和公共利益。诚实守信。政府方和社会资本方应在 PPP 项目合同中明确界定双方在项目融资、建设、运营、移交等全生命周期内的权利义务，并在合同管理的全过程中真实表达意思表示，认真恪守合同约定，妥善履行合同义务，依法承担违约责任。公平效率。在 PPP 项目合同中要始终贯彻物有所值原则，在风险分担和利益分配方面兼顾公平与效率：既要通过在政府方和社会资本方之间合理分配项目风险，实现公共服务供给效率和资金使用效益的提升，又要在设置合作期限、方式和投资回报机制时，统筹考虑社会资本方的合理收益预期、政府方的财政承受能力以及使用者的支付能力，防止任何一方因此过分受损或超额获益。兼顾灵活。鉴于 PPP 项目的生命周期通常较长，在合同订立时既要充分考虑项目全生命周期内的实际需求，保证合同内容的完整性和相对稳定性，也要合理设置一些关于期限变更（延期和提前终止）、内容变更（产出标准调整、价格调整等）、主体变更（合同转让）的灵活调整机制，为未来可能长达 20-30 年的合同执行期预留调整和变更空间。PPP 项目合同管理要关注以下几个方面：根据政府的实际履约能力作出明确的可执行的操作模式；为便于项目的实施与运营，需要确保合同主体的稳定性；对投资规模、投资计划与资金到位方案等进行系统、科学的核算和评估；针对特许经营权，要强化监管措施，防止垄断利益损害；拥有有效的争议解决机制。信息管理应包括 PPP 项目全生命周期各个阶段的信息数据库的建立、项目管理软件的使用及咨询企业管理系统的建设，利用计算机网络通讯技术、建筑信息模型（BIM）技术等为 PPP 项目提供全生命周期的信息化管理服务。信息管理应贯穿 PPP 项目咨询的全过程，信息管理的内容主要包括项目融资、运作方式、交易结构、回报机制、风险管理、合同及履约监管、投资估算、设计概算、施工图预算、合同价款确定、工程计量与支付及竣工结（决）算、项目运营维护、资产管理、移交管理等，并对过程中收集的工程造价信息资料应及时处理。咨询企业应利用现代化的信息管理手段，自行建立或利用相关工程信息资料、各类典型项目数据库，以及在 PPP 项目咨询业务中积累的数据，建立并完善 PPP 项目咨询数据库。咨询企业应逐步建立项目管理系统和企业管理系统，项目管理系统涉及咨询合同管理、咨询业务管理等。企业管理系统在项目管理系统基础上，考虑自动化办公（OA）、人力资源及财务管理等内容。

二、质量与风险档案管理

（一）咨询企业应针对 PPP 项目咨询的业务特点建立质量管理和评价体系，并应通过流程控制、企业标准等措施来保证咨询质量。咨询企业提交的各类成果文件应由项目组成员编制，并应由审核人、审定人进行审核和审定。承担咨询业务的编制人应审核委托人提供书面资料的完整性、有效性、合规性，并应对自身所收集的 PPP 项目基础资料、编制依据和方法参数的全面性、真实性和适用性负责，按照相关规范和 PPP 项目咨询合同的要求，编制工程咨询成果文件，并整理过程文件。承担咨询业务审核人应审核委托人提供书面资料的完整性、有效性、合规性，应审核编制人所收集 PPP 项目基础资料、编制依据和方法参数的全面性、真实性和适用性，并对编制人过程文件及成果文件进行复核。承担咨询业务审定人应审核委托人提供书面资料的完整性、有效性、合规性，应审核编制人及审核人所使用基础资料、编制依据和方法参数的全面性、真实性和适用性，并应依据规范和咨询的要求，重点审核咨询的方法和过程是否科学合理，项目实施方案内容是否完整，交易边界、产出范围及绩效标准是否清晰，风险识别和分配是否充分、合理，利益共享机制能否实现激励相容，运作方式及采购方式选择是否合理、合规、合法，合同体系、监管架构是否健全等，对 PPP 项目咨询质量进行整体控制。

（二）咨询企业应建立包括风险识别、风险估测、风险评价和风险应对在内的企业风险管理体系。咨询企业应采用系统的、科学的方法对 PPP 项目咨询各类风险进行识别和分析，明确全面的风险管理范围，围绕全生命周期开展风险控制和管理。咨询企业要将风险应对措施落实到企业的制度、组织、流程和职能当中，开展全程的风险管理。咨询企业要采用积极的措施来控制 PPP 项目咨询风险。制定切实可行的风险防范预案，最大限度地对 PPP 项目咨询所面临的风险做好充分的准备，严格按风险防范预案实施，将 PPP 项目咨询风险降至最低。

（三）咨询企业应依照《档案法》和《建设工程造价咨询规范》的有关规定，建立、健全档案管理的各项规章制度，包括：档案收集制度、统计制度、保密制度、借阅制度、库房管理制度以及档案管理人员守则等。PPP 项目全生命周期技术档案可分为过程文件和成果文件。过程文件一般包括：项目合同、股东合同、融资合同、工程承包合同、运营服务合同、原料供应合同、产品采购合同和保险合同、工程施工合同或协议书、补充合同或补充协议书；投标文件及其附件、招标文件及招标补遗文件；竣工验收报告及完整的竣工验收资料；工程结算书及完整的结算资料、图纸会审记录、工程的洽商、变更、会议纪要等书面协议或文件、施工过程中项目公司确认的材料、设备价款、甲供材料、设备清单、承包人的营业执照及资质等级证书等。成果文件一般包括：项目建议书、项目可行性研究报告、投资估算、工程概算、工程预算、工程量清单、招标控制价、工程计量支付文件、工程索赔处理报告、工程结算、PPP 项目初步实施方案、物有所值评价、物有所值专家评分表和专家意见表、财政承受能力论证、PPP 项目实施方案、实施方案论证专家意见表、实施方案的批复、财务测算表等。PPP 项目全生命周期技术档案应按委托服务合同建立，按服务项目分类整理归纳。PPP 项目全生命周期成果文件保存期应符合相关行政管理部门的有关规定。咨询企业应加强咨询档案现代化管理，运用计算机对档案进行编目、检索、借阅管理和综合利用，为 PPP 项目咨询工作提供准确、方便和快捷的信息与服务。

三、项目各阶段咨询业务

（一）咨询企业在项目立项阶段咨询业务范围主要包括：项目建议书；项目可行性研究。项目立项阶段咨询企业接受政府部门的委托开展咨询业务，通常需要关注下列事项：项目建议书是为项目筹建单位或项目法人根据国民经济的发展、国家和地方中长期规划、产业政策、生产力布局、国内外市场、所在地的内外部条件，提出的具体项目建议文件，是专门对拟建项目提出的框架性总体设想。编制时要从宏观上论述项目设立的必要性和可能性，把项目投资的设想变为概略的投资建议，深度上要可以供项目审批机关作出初步决策，进而减少项目选择的盲目性，同时为下一步项目可行性研究打下基础。项目可行性研究是建设项目的首要环节，对投资建设项目能否取得预期的经济、社会效益起着关键作用，决定投资项目的具体建设规模、项目方案、建设方式，决定采用何种建设形式和标准，以及建设哪些主体工程和配套工程、建设进度安排、资金筹措等事项，其中任何一项决策的失误，都有可能导致项目的失败。项目可行性研究应对项目的市场前景、建设规模、工艺路线、设备选型、环境影响、资金筹措、盈利前期等方面进行研究，应从技术、经济、工程等角度对项目进行调查研究和分析比较，应对拟建项目进行全面技术经济分析的科学论证工作，才能为项目决策提供咨询意见。项目可行性研究报告编制的优劣将直接关系到整个项目建设的盈利水平，甚至关系到项目的最终成败。项目可行性研究应具有公正性、可靠性、科学性、预见性的特点。项目可行性研究的主要咨询工作一般包括：建设项目投资策划、编制建设项目投资估算及建设项目财务评价报告等，目的是对拟建项目的必要性和可行性进行技术、经济论证，对不同建设方案进行技术、经济比选，并最终作出判断和决定。PPP 项目可行性研究与传统可行性研究比较，其区别主要体现在：PPP 项目可行性研究需要为是否采用 PPP 模式提出指导意见；PPP 项目可行性研究侧重运营维护成本的测算；PPP 项目可行性研究需要对未来的市场及盈利进行更严谨的预测。立项阶段咨询业务的要求一般包括：经济论证充分，确保其科学性和真实性；工程经济效益、社会效益、环境效益分析方法得当、符合实际，内容达到现行的规定与要求；客观的建设方案技术、经济比选；投资估算项目齐全、有深度、指标得当、计算正确；计价依据使用得当，附表、附图完整；报告编制内容、依据、深度、格式等要求应符合现行国家发展改革委等部门的规定。以城市设施为例，项目建议书的主要内容包括：总论；市场预测；建设规模；项目选址；技术方案、设备方案和工程方案；投资估算及资金筹措；效益分析；结论。咨询企业接受政府相关部门及项目实施机构的委托对项目进行初步可行性评估，应涵盖 PPP 项目前期、设计、融资、建造、运营、维护至终止移交的全生命周期的各个阶段。PPP 项目建设投资估算包括项目建设总投资（如建设投资、工程建设其他费用、建设期贷款利息等）、政府方在项目前期筹划的费用以及政府方投资人在项目管理过程中发生的各项投资费用（包括不能从项目公司收益中获得补偿的费用）。可行性研究报告属于新建或改建项目必须提交的资料，项目初步实施方案和产出说明的编写应以可行性研究报告或预可行性研究报告为依据。项目可行性研究报告的主要内容包括：总论；项目背景和发展概况；市场分析与建设规模；建设条件与地址选择；工程技术方案；环境保护与劳动安全；企业组织和劳动定员；项目实施进度安排；投资估算与资金筹措；财务、经济和社会效益评价；可行性研究结论与建议。PPP 项目实施方案，内容主要包括：项目概况；运作方式；社会资本方遴选方案；投融资和财务方案；建设运营和移交方案；合同结构与主要内容；风险分担；保障与监管措施等。

（二）咨询企业在项目识别阶段咨询业务范围主要包括：项目发起与筛选；项目实施的尽职调查；编制项目初步实施方案；物有所值评价；财政承受能力论证。项目发起与筛选：PPP 项目按发起人不同可以分为由政府方发起和社会资本方发起两种形式，通常以政府方发起为主。该阶段主要工作组织完成PPP储备项目的立项、用地、环评审批、核准、备案。咨询企业该阶段的咨询工作是协助政府方或社会资本方发起项目。PPP项目筛选路径：项目需求初步分析、投资区域全面调研、项目资料准备。适宜采用PPP模式的项目现行主要有以下19个行业：能源、交通运输、水利建设、生态建设和环境保护、市政工程、片区开发、农业、林业、科技、保障性安居工程、旅游、医疗卫生、养老、教育、文化、体育、社会保障、政府基础设施和其他。项目实施的尽职调查：在PPP项目实施过程中，常见的尽职调查通常包括新建项目尽职调查、存量项目（包括改建或扩建等）尽职调查及社会资本尽职调查三种形式。尽职调查小组应当对政府承诺的内容、提供相应的配套投入进行调查和明确，在防止国有资产恶意流失、确保资产保值增值、人民群众利益不受损失的前提下，审核各类政府承诺及配套投入的合法合规性。编制项目初步实施方案：咨询企业接受政府相关部门或社会资本的委托，通过收集相关法律法规、发展规划、批文、规划方案、可行性研究报告等相关资料，编制项目初步实施方案。项目初步实施方案一般要求内容完整、结论合理、语言简明扼要。物有所值评价方法包括定性评价法和定量评价法。物有所值定性评价，一般采用专家评判法，按评价准备、组成专家组、设置评价指标、拟定评分标准、制作评价会议材料、召开专家组会议、形成定性评价结论等步骤实施。物有所值定量评价是在假定采用PPP模式与政府传统模式产出绩效相同的前提下，对政府方净成本的现值（PPP值）和公共部门比较值（PSC值）进行比较，形成物有所值量值、物有所值指数。判断PPP模式能否降低项目全生命周期成本，认定通过或者未通过的定量评价方法。定性评价的补充指标，物有所值定性评价补充评价指标主要是基本评价指标未涵盖的其他影响PPP项目实现物有所值的因素。补充评价指标通常包括项目规模、预期使用寿命、主要固定资产种类、全生命周期成本测算准确性、运营收入增长潜力以及行业示范性，也可以根据项目所在地区及所处行业的具体情况设置有利于评价PPP项目是否能实现物有所值的其他补充评价指标。定性评价程序，采用专家评判法进行PPP项目物有所值定性评价，评价过程主要包括评价准备、组成专家组、设置评价指标、拟定评分标准、制作评价会议材料、召开专家组会议、形成定性评价结论等。

财政承受能力论证，按照财政部《政府和社会资本合作项目财政承受能力论证指引》要求，财政部门应根据PPP项目全生命周期内的财政支出、政府债务等因素，对部分政府付费或政府补贴的项目，开展财政承受能力论证，每年政府付费或政府补贴等财政支出不得超出当年财政收入的一定比例。财政承受能力论证包括责任识别、支出测算、能力评估、报告编制及信息披露。

（三）咨询企业在项目准备阶段咨询业务范围主要包括：项目实施方案的编制；项目实施方案的评审。项目实施方案的编制：方案编写前的资料收集，咨询企业在编写实施方案时通常包括以下内容：项目概况；风险分配基本框架；项目运作方式；交易结构；合同体系；监管架构；采购方式选择及财务测算。项目实施方案需要以项目建议书、可行性研究报告和初步实施方案为基础进行编制。项目实施方案的评审：咨询企业接受政府相关部门、项目实施机构或社会资本的委托，对PPP项目实施方案进行评审。评审应对项目实施方案进行物有所值和财政承受能力验证，通过验证的，由项目实施机构报政府审核；未通过验证的，可在实施方案调整后重新验证；经重新验证仍不能通过的，不再采用PPP模式。通过验证的实施方案经项目实施机构报地方政府进行方案审核，经过审批后才能组织实施。地方政府或授权的PPP项目工作小组可邀请相关部门和行业专家、法律专家、财务专家对实施方案进行审核，并按照要求对实施方案进行公示。

（四）咨询企业在项目采购阶段咨询业务范围主要包括：资格预审文件编制和协助资格预审；采购文件编制与评审（采购控制价）；响应文件的编制（为社会资本服务）；组织采购和响应文件的评审；合同文件设计、协助谈判和签署。PPP项目采购方式包括公开招标、邀请招标、竞争性谈判、竞争性磋商和单一来源采购。项目实施机构应当根据PPP项目的采购需求特点，依法选择适当的采购方式。公开招标主要适用于采购需求中核心边界条件和技术经济参数明确、完整、符合国家法律法规及政府采购政策，且采购过程中不作更改的项目。PPP项目实施机构可以委托政府采购代理机构办理 PPP 项目采购事宜。PPP 项目咨询服务机构从事 PPP 项目采购业务的，应当按照政府采购代理机构管理的有关要求及时进行网上登记。资格预审文件编制。资格预审文件的主要内容包括：项目授权主体；项目实施机构和项目名称；采购需求；对社会资本的资格要求；是否允许联合体参与；拟确定参与竞争的合格社会资本的数量和确定方法；社会资本提交资格预审申请文件的时间和地点等。资格预审评审阶段需要考察投标人的技术能力与财务能力。资格预审评审报告中需要写明项目的概况、资格预审文件发售及递交情况、资格预审审查情况、资格预审审查结果。其他相关信息，如项目实施负责人、招标代理确认等可作为附件。采购文件编制：采购文件的内容应完整、文字应清楚、准确、精练。采购文件一般按下列部分编写：采购邀请；投标人须知；PPP 项目合同（草案）；项目采购需求；评审方法：投标文件格式。采用竞争性谈判或者竞争性磋商采购方式的，项目采购文件除上款规定的内容外，还应当明确评审小组根据与社会资本谈判情况可能实质性变动的内容，包括采购需求中的技术、服务要求以及项目合同草案条款。采用单一来源采购方式的应说明采用此方式的理由。采购文件评审：咨询企业协助政府或项目实施机构审核项目采购文件时，应当依据《政府采购法》、《政府采购法实施条例》等的具体要求，结合项目实施方案、物有所值评价报告及财政承受能力论证报告等具体内容进行评审。广泛开展市场分析和调研，并依据项目可行性研究报告、项目实施方案、项目规划及物有所值评价报告、财政承受能力论证报告等资料，对项目投资回报（收益）进行分析测算，对采购清单及控制价的编制进行审核，为采购人设定采购底价提供参考。响应文件的编制：响应文件需要内容完整，通常包含全部采购文件要求的资料，其分为商务部分和技术部分。咨询企业要重点协助社会资本对项目总投资审核和复核。要广泛开展市场调研，建立技术经济评价模型对项目投资回报（收益）及其风险进行多因素分析测算。为社会资本投标决策提供相关数据。协助社会资本编制项目响应文件时，重点要关注下列事项：对采购文件响应程度和对评分标准的满足程度；响应文件需要客观体现社会资本的实力和信誉状况、竞争优势；投标报价要经过充分测算，极具竞争力。组织采购和响应文件的评审：发布采购公告；发售采购文件；组织现场考察或召开采购答疑会；成立评审小组；接收社会资本提交的响应文件；组织开标；组织评审。采购结果确认谈判。评审结束后，进行采购结果确认谈判，经谈判后再确定中标、成交候选社会资本，是 PPP 项目区别于一般政府采购项目的另一特点。签署确认谈判备忘录；公告采购结果。项目实施机构应当在中标、成交通知书发出后 30 日内，与中标、成交社会资本签订经本级人民政府审核同意的 PPP 项目合同。

（五）咨询企业在项目执行阶段咨询业务范围主要包括：协助设立项目公司；融资咨询；设计文件的适配性与经济性评价；项目概算编制及评审；项目建设的全过程造价咨询；项目建设的全过程项目监管；项目竣工决算编制与审计；项目绩效监管与支付评审；项目中期评价；项目再谈判的相关咨询。项目公司是依法设立的自主运营、自负盈亏的具有独立法人资格的经营实体。PPP 项目执行时，社会资本可依法设立项目公司，政府相关部门可指定相关机构依法参股项目公司。但政府在项目公司中的持股比例应当低于 50% 且不具有实际控制力及管理权。咨询企业在协助设立项目公司时，应重点关注下列事项：股东协议；公司章程；内控制度体系。PPP 项目主要融资方式包括：银行融资、产业投资基金、保险和信托资金、融资租赁、发行专项债券以及资产证券化等。咨询企业为项目实施机构或社会资本提供融资咨询服务，主要任务是制定融资策划方案。融资策划方案主要包括项目概况、融资组织与机构、融资方式、资金来源以及融资监管，融资策划方案应保证公平性、融资效率、风险可接受性。咨询企业接受政府相关部门或社会资本委托对项目的设计文件进行适配性评价，可通过对设计文件与可行性研究报告、采购文件、PPP 合同文件适配性的审查，对设计文件的适配性做出评价。设计文件的经济性评价应执行国家发改委、住建部发布的《建设项目经济评价方法和参数》的有关规定，主要内容为财务评价。财务评价的内容应包括财务分析与财务评价两个部分，财务分析与评价工作包括盈利能力分析、清偿能力分析和不确定性分析。项目概算编制及评审，项目概算的建设项目总投资包括建设投资、建设期利息及流动资金。建设投资应包括工程费用、工程建设其他费用和预备费。工程费用应由建筑工程费、设备购置费、安装工程费组成。项目概算的编制应符合《建设项目设计概算编审规程》(CECA/GC2)，并根据项目情况具体确定。概算审核的主要内容包括：概算的编制依据是否符合法律、法规及其他规定要求；概算的编制方法是否正确；概算所反映的建设规模、建设标准、建设内容是否与设计内容、可行性研究报告及项目合同相符；设备规格、数量和配置是否和设计要求一致；概算定额、概算指标、各项费用定额及取费标准是否符合相关规定；概算是否超规模、超标准或存在多项、漏项等；严格审查概算的真实性和准确性。

项目建设的全过程造价咨询：咨询企业接受项目公司（SPV 公司）等的委托开展全过程造价咨询，应符合《建设项目全过程造价咨询规程》(CECAGC4)、《建设工程造价咨询规范》(GB/T51095）等法律、法规、规章和规范性文件的要求。咨询企业根据咨询合同约定及自身条件，负责或参与 PPP 项目建设阶段全过程造价咨询的工作内容一般包括：投资估算；设计概算；施工图预算的编制或审核；工程招标文件的编制；施工合同的相关造价条款的拟定；各类招标项目投标价合理性的分析；建设项目工程造价相关合同履行过程的管理；工程计量支付的确定，审核工程款支付申请，提出资金使用计划建议；施工过程的设计变更、工程签证和工程索赔的处理；提出工程设计、施工方案的优化建议，负责各方案工程造价的编制与比选；协助建设单位进行设计阶段投资分析及控制（估算及概算编制或审核、总体方案技术经济比较)、投资分析、风险控制，提出融资方案的建议；各类工程的竣工结算审核；竣工决算的编制与审核；运营及维护绩效考评；建设项目后评价；建设单位委托的其他工作。咨询企业承担 PPP 项目建设阶段全过程造价咨询服务应树立以价值管理为核心的项目管理理念，发挥造价管理的核心作用；应针对 PPP 项目的交易、实施、结算、决算等不同阶段，依据相关标准编制各阶段的工程造价成果文件，真实反映各阶段的工程造价；咨询企业应主动地配合项目管理人员和设计人员通过方案比选、优化设计等手段，进行工程造价控制与分析，确保 PPP 项目在经济合理的前提下技术先进。项目建设的全过程项目监管：咨询企业接受政府部门的委托，开展项目建设阶段的全过程监管，主要涵盖 PPP 项目从开工建设到竣工整个过程的监管。咨询企业开展建设全过程项目监管的主要工作内容包括：对 PPP 项目合同及其相关合同的执行情况进行监管；设计方案和设计文件的适配监管；施工图预算的审批监管；对发包和招投标进行监管，防范转包和违法分包；对成本、质量和进度进行监管，对工程款支付和工程造价的跟踪监管：竣工工程结算监管，审核工程结算的真实性、合规性、准确性；项目竣工验收的监管；对建设期项目公司的财务状况进行监管。项目建设期重点监管内容是工程进度、建设质量和资金使用。咨询企业在对项目进度进行监管时，可以要求项目公司定期提交《建设工程进度报告》，确保项目施工进度与合同中约定进程安排的相一致。在工程质量和资金监管方面，要求项目公司委托的监理和咨询企业定期向监管单位提交相关报告。负责 PPP 项目监管的咨询企业应定期向政府方提交 PPP 项目监管报告。项目竣工决算编制与审计：工程竣工决算应综合反映竣工项目从筹建开始到项目竣工交付使用为止的全部建设费用、投资效果，正确核定新增资产价值。竣工决算的内容应包括竣工财务决算说明书、竣工财务决算报表。主要内容包括：竣工决算报告说明书；竣工财务决算报表。项目竣工财务决算审计重点：竣工决算编制依据；项目建设及概算执行情况；交付使用财产和在建工程；转出投资、应核销投资及应核销其他支出；尾项工程；结余资金；基建收入；投资包干结余；竣工决算报表；审查报表的真实性、完整性、合规性；投资效益评价；其他专项审计，可视项目特点确定。项目绩效监管与支付评审：项目绩效监管是指咨询企业接受政府相关单位的委托并根据 PPP 项目合同所约定的绩效目标，对项目产出、实际效果、成本收益、可持续性等方面进行评价，并出具绩效监管报告。支付评审是根据 PPP 项目合同约定及绩效监管结果对项目公司或社会资本方提出的支付申请进行评审，并出具支付建议。其中：对于绩效监管结果达标的项目，建议政府相关部门按照合同约定，向项目公司或社会资本方及时足额安排相关支出；对于绩效监管结果不达标的项目，建议政府相关部门按照合同约定扣减相应费用或补贴支出。项目中期评价的工作要求：PPP 项目中期评估包括了较为广泛的内容。中期评价需要严格执行规定的程序，按照科学可行的要求，采用定量与定性分析相结合的方法。中期评价的工作内容项目中期评价需要重点分析项目运行状况和项目合同的合规性、适应性和合理性。中期评价报告的主要内容：项目概况；项目财务投资情况；项目管理情况；项目产出与效果；存在的问题以及原因分析；相关建议。

（六）咨询企业在项目移交阶段业务范围主要包括：项目移交方案编制；资产评估、性能测试及估值；绩效评价。项目移交（终止）方案编制：咨询企业在PPP项目移交阶段，根据资产清查及评估结果、项目相关合同及约定、绩效评价结果、相关法律法规等资料协助政府、项目实施机构、社会资本方或项目公司制定项目移交（终止）方案。项目移交的范围通常包括：项目设施，项目土地使用权及项目用地相关的其他权利，与项目设施相关的设备、机器、装置、零部件、备品备件以及其他动产，项目实施相关人员，运营维护项目设施所要求的技术信息，与项目设施有关的手册、图纸、文件和资料（书面文件和电子文档），移交项目所需的其他文件。移交程序：评估和测试；移交手续办理；移交费用（含税费）承担；因为一方违约导致项目终止并需要提前移交时，政府或项目实施机构按照协议要求收购项目公司的资产，移交方案中通常还包含补偿原则及标准。资产评估及性能测试：资产评估旨在确定项目的经济价值，为项目移交至政府公共部门提供决策依据。资产评估应由项目移交工作组委托咨询企业，按照合同约定的评价方法对项目的设施质量和资产的完好程度进行评价和验收，合理确定资产转让范围及转让数额。项目实施机构或政府指定的其他机构应组建项目移交工作组，移交工作组负责项目的性能测试。性能测试应明确项目各设备和功能的运行状况，了解目前所处的状态是否能够达到《PPP项目合同》运行标准或国家有关规定的性能标准。性能测试方案包括测试目的、测试依据、测试范围、测试内容、测试流程、测试实施与记录、结果分析、处理意见等内容。项目后评价：咨询企业受委托开展PPP项目后评价工作时，应当结合PPP项目的特点，对项目绩效进行科学、客观、公正的评价。绩效评价工作通常结合PPP项目预先设定绩效目标，运用科学的评价标准、指标和方法开展评价。项目绩效评价通常以项目目标为导向，对项目全过程进行综合评价，全面考察项目的设计、实施、管理、结果及影响，旨在为改进项目设计、完善项目管理、提升项目绩效、优化政府决策和有效推广PPP模式提供信息。绩效评价基本内容：项目立项，是指项目目标与国家、行业和所在区域的发展战略、政策重点以及需求的相符程度；成本效益，是指项目投入和产出的对比关系，即能否以更低的成本或者更快的速度取得预计产出；监管成效，是指项目管理和内部控制能否确保项目有效实施；项目产出，是指项目预期产出的完成程度，包括数量、质量和时效；项目效果，是指实际产生的效果和相关目标群体的获益程度；可持续性，是指项目实施完工后，其独立运行的能力和产生效益的持续性；物有所值，是指与政府提供公共产品或者公共服务的传统模式相比，PPP模式能否促使项目真正达到物有所值；PPP模式应用，是指政府和社会资本合作模式应用情况，以及此类项目在行业内的示范性和可推广性。绩效评价的方法：绩效评价方法主要采用成本效益分析法、比较法、因素分析法、最低成本法、公众评判法等。绩效评价方法的选用，需要坚持定量优先、简便有效的原则。确实不能以客观的量化指标评价的，可以在定性分析的基础上，根据绩效情况予以评价，以提高绩效评价质量。根据评价对象的具体情况，可以采用一种或者多种方法进行绩效评价。评价报告的编制及信息披露：评价报告包括摘要、评价报告正文、相关附件三部分，绩效评价结果可作为科学安排预算、调整支出结构、完善财政政策、加强制度建设、实施绩效监督的重要依据，也可作为PPP项目移交阶段支付对价的重要支撑。PPP项目的评价结果可为政府开展政府和社会资本合作管理工作决策提供参考，能够有效地促进政府更加合理与完善地加强PPP项目的管理。

（七）参考模板，PPP项目产出说明：产出说明是指项目建成后项目资产所应达到的经济、技术标准，以及公共产品和服务的交付范围、标准和绩效水平等。PPP项目产出说明由项目发起人按照经财政部门（政府和社会资本合作中心）要求编写。包括：项目资产的标准（经济标准、技术标准）；公共产品和服务的交付标准（产品和服务的质量、产品和服务的数量、产品和服务的价格、特许经营期限、项目的可持续性、政府方的收益）。物有所值评价：PPP项目物有所值评价包括定性分析和定量分析。其中，物有所值定性分析只需在项目识别阶段开展，而物有所值定量分析贯穿于项目立项、识别、准备、采购、执行和移交阶段。财政部门（或政府和社会资本合作中心，PPP中心）会同行业主管部门，利用第三方专业机构开展物有所值评价工作。包括：物有所值定性论证；物有所值定量论证、附表。财政承受能力论证报告：PPP 项目财政承受能力论证包括责任识别、支出测算、能力评估以及信息披露。财政部门（或政府和社会资本合作中心，PPP 中心）会同行业主管部门，共同开展 PPP 项目财政承受能力论证工作，必要时可通过政府采购方式聘请专业中介机构协助。为了科学评价项目实施对当前及今后年度财政收支平衡状况的影响，并为 PPP 项目财政预算管理提供依据，需要对项目的各项财政支出责任清晰的识别和测算。包括：序言；基本概况；责任识别；支出测算。

（八）政府和社会资本合作合同管理，PPP 模式是在基础设施和公共服务领域政府和社会资本基于合同建立的一种合作关系。“按合同办事”不仅是 PPP 模式的精神实质，也是依法治国、依法行政的内在要求。加强对 PPP 合同的起草、谈判、履行、变更、解除、转让、终止直至失效的全过程管理，通过合同正确表达意愿、合理分配风险、妥善履行义务、有效主张权利，是政府和社会资本长期友好合作的重要基础，也是 PPP 项目顺利实施的重要保障。遵循 PPP 合同管理的核心原则，在依法行政的框架下，充分发挥市场在资源配置中的决定性作用，允许政府和社会资本依法自由选择合作伙伴，充分尊重双方在合同订立和履行过程中的契约自由，依法保护 PPP 项目各参与方的合法权益，共同维护法律权威和公平正义。在 PPP 模式下，政府与社会资本是基于 PPP 项目合同的平等法律主体，双方法律地位平等、权利义务对等，应在充分协商、互利互惠的基础上订立合同，并依法平等地主张合同权利、履行合同义务。建立履约管理、行政监管和社会监督“三位一体”的监管架构，优先保障公共安全和公共利益。PPP 项目合同中除应规定社会资本方的绩效监测和质量控制等义务外，还应保证政府方合理的监督权和介入权，以加强对社会资本的履约管理。与此同时，政府还应依法严格履行行政管理职能，建立健全及时有效的项目信息公开和公众监督机制。政府和社会资本应在 PPP 项目合同中明确界定双方在项目融资、建设、运营、移交等全生命周期内的权利义务，并在合同管理的全过程中真实表达意思表示，认真恪守合同约定，妥善履行合同义务，依法承担违约责任。在 PPP 项目合同中要始终贯彻物有所值原则，在风险分担和利益分配方面兼顾公平与效率：既要通过在政府和社会资本之间合理分配项目风险，实现公共服务供给效率和资金使用效益的提升，又要在设置合作期限、方式和投资回报机制时，统筹考虑社会资本方的合理收益预期、政府方的财政承受能力以及使用者的支付能力，防止任何一方因此过分受损或超额获益。鉴于 PPP 项目的生命周期通常较长，在合同订立时既要充分考虑项目全生命周期内的实际需求，保证合同内容的完整性和相对稳定性，也要合理设置一些关于期限变更（展期和提前终止）、内容变更（产出标准调整、价格调整等）、主体变更（合同转让）的灵活调整机制，为未来可能长达 20-30 年的合同执行期预留调整和变更空间。为了适应权责发生制政府综合财务报告制度改革需要，规范政府方对政府和社会资本合作项目合同的确认、计量和相关信息的列报，提高会计信息质量，根据《政府会计准则——基本准则》，财政部制定了《政府会计准则第 10 号——政府和社会资本合作项目合同》（略）。

第十三章　工程造价企业资信资格管理

2022年工程造价咨询统计公报，2022年末，全国共有14069家开展工程造价咨询业务的企业参加了统计，因取消工程造价咨询企业资质，统计范围由原具有工程造价咨询资质的企业变为开展工程造价咨询业务的企业。开展工程造价咨询业务的企业共有从业人员1144875人，工程造价咨询人员310224人，占比27.1%。共有注册造价工程师147597人，占全部从业人员的12.9%。其中，一级注册造价工程师116960人，占比79.2%；二级注册造价工程师30637人，占比20.8%。共有专业技术人员701514人，占全部从业人员的61.3%。其中，高级职称人员189433人，占比27.0%；中级职称人员323746人，占比46.1%；初级职称人员188335人，占比26.9%。新吸纳就业人员68981人，占全部从业人员的6.0%。2022年，开展工程造价咨询业务的企业营业收入合计15298.17亿元。其中，工程造价咨询业务收入1144.98亿元，占比7.5%；招标代理业务收入326.10亿元，占比2.1%；项目管理业务收入623.23亿元，占比4.1%；工程咨询业务收入236.51亿元，占比1.5%；工程监理业务收入858.12亿元，占比5.6%；勘察设计业务收入2373.89亿元，占比15.5%；全过程工程咨询业务收入200.45亿元，占比1.3%；会计审计业务收入8.43亿元，占比0.1%；银行金融业务收入3816.18亿元，占比24.9%；其他类型业务收入5710.28亿元，占比37.4%。上述工程造价咨询业务收入按专业分类：房屋建筑工程专业收入670.50亿元，占比58.6%；市政工程专业收入196.34亿元，占比17.1%；公路工程专业收入55.67亿元，占比4.9%；城市轨道交通工程专业收入21.08亿元，占比1.8%；火电工程专业收入27.01亿元，占比2.4%；水电工程专业收入18.02亿元，占比1.6%；新能源工程专业收入11.46亿元，占比1.0%；水利工程专业收入30.40亿元，占比2.7%；其他工程专业收入114.50亿元，占比9.9%。上述工程造价咨询业务收入按业务范围分类：前期决策阶段咨询业务收入98.40亿元，占比8.6%；实施阶段咨询业务收入229.39亿元，占比20.0%；竣工结（决）算阶段咨询业务收入377.45亿元，占比33.0%；全过程工程造价咨询业务收入375.90亿元，占比32.8%；工程造价经济纠纷的鉴定和仲裁的咨询业务收入35.78亿元，占比3.1%；其他业务范围业务收入28.06亿元，占比2.5%。2022年，开展工程造价咨询业务的企业实现营业利润2257.39亿元，应交所得税合计465.96亿元。根据国务院深化“证照分离”改革进一步激发市场主体发展活力的要求，在全国范围内实施涉企经营许可事项全覆盖清单管理，按照直接取消审批、审批改为备案、实行告知承诺、优化审批服务等四种方式分类推进审批制度改革，建立简约高效、公正透明、宽进严管的行业准营规则，取消工程造价咨询企业甲级、乙级资质认定。工程造价咨询行业高质量发展，开展工程造价咨询企业信用评价，实施注册造价工程师职业资格管理，纠纷调解与适用法律以及工程造价成果奖项评选管理。本章包括：工程造价咨询企业事中事后监管；工程造价咨询行业高质量发展；工程造价咨询企业信用评价管理；注册造价工程师执业资格管理；工程造价纠纷调解管理；完善建设工程价款结算有关办法；审理建设工程施工合同纠纷案件适用法律问题的解释；优秀工程造价成果奖评选等。

第一节　工程造价咨询企业事中事后监管

一、工程造价咨询企业管理

工程造价咨询企业，是指接受委托，对建设项目投资、工程造价的确定与控制提供专业咨询服务的企业。工程造价咨询企业从事工程造价咨询活动，应当遵循独立、客观、公正、诚实信用的原则，不得损害社会公共利益和他人的合法权益。在中华人民共和国境内从事工程造价咨询活动，实施对工程造价咨询企业的监督管理，任何单位和个人不得非法干预依法进行的工程造价咨询活动。国务院住房和城乡建设主管部门负责全国工程造价咨询企业的统一监督管理工作，省、自治区、直辖市人民政府住房和城乡建设主管部门负责本行政区域内工程造价咨询企业的监督管理工作，有关专业部门负责对本专业工程造价咨询企业实施监督管理。工程造价咨询行业组织应当加强行业自律管理，鼓励工程造价咨询企业加入工程造价咨询行业组织。工程造价咨询管理，工程造价咨询企业依法从事工程造价咨询活动，不受行政区域限制。工程造价咨询业务范围包括：建设项目建议书及可行性研究投资估算、项目经济评价报告的编制和审核；建设项目概预算的编制与审核，并配合设计方案比选、优化设计、限额设计等工作进行工程造价分析与控制；建设项目合同价款的确定（包括招标工程工程量清单和标底、投标报价的编制和审核）；合同价款的签订与调整（包括工程变更、工程洽商和索赔费用的计算）及工程款支付，工程结算及竣工结（决）算报告的编制与审核等；工程造价经济纠纷的鉴定和仲裁的咨询；提供工程造价信息服务等。工程造价咨询企业可以对建设项目的组织实施进行全过程或者若干阶段的管理和服务。工程造价咨询企业在承接各类建设项目的工程造价咨询业务时，应当与委托人订立书面工程造价咨询合同。工程造价咨询企业与委托人可以参照《建设工程造价咨询合同》（示范文本）订立合同。工程造价咨询企业从事工程造价咨询业务，应当按照有关规定的要求出具工程造价成果文件。工程造价成果文件应当由工程造价咨询企业加盖有企业名称、资质等级及证书编号的执业印章，并由执行咨询业务的注册造价工程师签字、加盖执业印章。工程造价咨询企业跨省、自治区、直辖市承接工程造价咨询业务的，应当自承接业务之日起 30 日内到建设工程所在地省、自治区、直辖市人民政府住房和城乡建设主管部门备案。工程造价咨询收费应当按照有关规定，由当事人在建设工程造价咨询合同中约定。监督检查机关履行监督检查职责时，有权采取下列措施：要求被检查单位提供工程造价咨询企业资质证书、造价工程师注册证书，有关工程造价咨询业务的文档，有关技术档案管理制度、质量控制制度、财务管理制度的文件；进入被检查单位进行检查，查阅工程造价咨询成果文件以及工程造价咨询合同等相关资料；纠正违反有关法律、法规和办法及执业规程规定的行为。监督检查机关应当将监督检查的处理结果向社会公布。有关单位和个人对依法进行的监督检查应当协助与配合，工程造价咨询企业应当按照有关规定，向资质许可机关提供真实、准确、完整的工程造价咨询企业信用档案信息。工程造价咨询企业信用档案应当包括工程造价咨询企业的基本情况、业绩、良好行为、不良行为等内容。取消工程造价咨询企业资质审批，为持续深入推进“放管服”改革，创新和完善工程造价咨询监管方式，加强事中事后监管，住房和城乡建设主管部门停止工程造价咨询企业资质审批，工程造价咨询企业按照其营业执照经营范围开展业务，行政机关、企事业单位、行业组织不得要求企业提供工程造价咨询企业资质证明。

二、企业信息管理制度

各级住房和城乡建设主管部门要加强与市场监管等有关部门沟通协调，结合工程造价咨询统计调查数据，健全工程造价咨询企业名录，积极做好行政区域内企业信息的归集、共享和公开工作。鼓励企业自愿在全国工程造价咨询管理系统完善并及时更新相关信息，供委托方根据工程项目实际情况选择参考。企业对所填写信息的真实性和准确性负责，并接受社会监督。对于提供虚假信息的工程造价咨询企业，不良行为记入企业社会信用档案。各级住房和城乡建设主管部门要进一步完善工程造价咨询企业诚信长效机制，加强信用管理，及时将行政处罚、生效的司法判决等信息归集至全国工程造价咨询管理系统，充分运用信息化手段实行动态监管。依法实施失信惩戒，提高工程造价咨询企业诚信意识，努力营造诚实守信的市场环境。健全政府主导、企业自治、行业自律、社会监督的协同监管格局。探索建立企业信用与执业人员信用挂钩机制，强化个人执业资格管理，落实工程造价咨询成果质量终身责任制，推广职业保险制度。支持行业协会提升自律水平，完善会员自律公约和职业道德准则，做好会员信用评价工作，加强会员行为约束和管理。充分发挥社会监督力量参与市场秩序治理。鼓励第三方信用服务机构开展信用业务。提升工程造价咨询服务能力，继续落实《关于推进全过程工程咨询服务发展的指导意见》精神，深化工程领域咨询服务供给侧结构性改革，积极培育具有全过程咨询能力的工程造价咨询企业，提高企业服务水平和国际竞争力。各级住房和城乡建设主管部门要高度重视工程造价咨询企业资质取消后的事中事后监管工作，落实放管结合的要求，健全审管衔接机制，完善工作机制，创新监管手段，加大监管力度，依法履行监管职责。全面推行“双随机、一公开”监管，根据企业信用风险分类结果实施差异化监管措施，及时查处相关违法、违规行为，并将监督检查结果向社会公布。

三、建设工程造价咨询

服务范围及工作内容、酬金（表 13-1），全过程服务范围、服务内容和服务要求清单（表 13-2）。

服务范围及工作内容、酬金一览表 **表13-1**

服务阶段	服务范围及工作内容		酬金			备注
	服务范围	工作内容	收费基数	收费标准（比例）	酬金数额（单位：万元）	
决策阶段	投资估算	□编制□审核□调整				
	经济评价	□编制□审核□调整				
	其他：					
设计阶段	设计概算	□编制□审核□调整				
	施工图预算	□编制□审核□调整				
	其他：					
发承包阶段	工程量清单	□编制□审核□调整				
	最高投标限价	□编制□审核□调整				
	投标报价分析	□编制□审核□调整				
	清标报告	□编制□审核□调整				
	其他：					
实施阶段	资金使用计划	□编制				
	工程计量与工程款审核	□编制□审核□调整				
	合同价款调整	□编制□审核□调整				
	工程变更、索赔、签证	□审核				
	工程实施阶段造价控制					
	其他：					
竣工阶段	竣工结算	□编制□审核□调整				
	竣工决算	□编制□审核□调整				
	其他：					
其他服务	工程造价鉴定					

注：1. 服务范围及工作内容未涉及的可在“其他”项中列明。

2. 实行全过程造价咨询的工程，服务范围及工作内容按上表，酬金及计取方式为：____。

表13-2

全过程服务范围、服务内容和服务要求清单

<table>
<tr><th rowspan="2">服务阶段</th><th rowspan="2" colspan="2">服务范围</th><th rowspan="2">服务内容</th><th rowspan="2">成果文件</th><th colspan="4">服务要求</th><th rowspan="2">备注</th></tr>
<tr><th>整体要求</th><th>审查性要求</th><th>规范性要求</th><th>其他要求</th></tr>
<tr><td rowspan="9">决策阶段</td><td colspan="2">项目建议书（商业计划书）</td><td>□编制 □审核
□配合
□其他：______</td><td>《项目建议书（或评估报告）》</td><td rowspan="2">依据全面真实有效，结果准确合理</td><td>通过委托人上级主管部门专业审核或相关行政管理部门审批</td><td>符合现行《投资项目可行性研究指南》的相关规定</td><td></td><td></td></tr>
<tr><td colspan="2">项目可行性研究</td><td>□编制 □审核
□配合
□其他：______</td><td>《项目可行性研究报告（或评估报告）》</td><td>通过委托人上级主管部门专业审核或相关行政管理部门审批</td><td>符合现行《投资项目可行性研究指南》的相关规定</td><td></td><td></td></tr>
<tr><td colspan="2">投资估算</td><td>□编制 □审核
□配合
□其他：______</td><td>《投资估算编制书（或审核报告）》</td><td>依据全面真实有效，结果客观合理</td><td>通过委托人上级主管部门专业审核或相关行政管理部门审批</td><td>符合现行《建设项目投资估算编审规程》（CECA/GC1）的相关规定</td><td></td><td></td></tr>
<tr><td colspan="2">项目申请报告</td><td>□编制 □审核
□配合
□其他：______</td><td>《项目申请报告（或评估报告）》</td><td>依据全面真实有效，结果准确合理</td><td>获得项目核准机关对拟建项目的行政许可</td><td>符合现行《项目申请报告通用文本》的相关规定</td><td></td><td></td></tr>
<tr><td colspan="2">资金申请报告</td><td>□编制 □审核
□配合
□其他：______</td><td>《项目资金申请报告（或评估报告）》</td><td>依据全面真实有效，结果准确合理</td><td>通过委托人上级主管部门专业审核或相关行政管理部门审批</td><td>国际金融组织贷款项目符合现行《国际金融组织贷款项目资金申请报告编制大纲》的相关规定；中央预算内投资补助和贴息项目符合现行《中央预算内投资补助和贴息项目管理办法》的相关规定；高技术产业发展项目符合现行《高技术产业发展项目中央预算内投资（补助）暂行管理办法》的相关规定</td><td></td><td></td></tr>
<tr><td rowspan="3">PPP项目咨询</td><td>物有所值评价</td><td>□编制 □审核
□配合
□其他：______</td><td>《PPP项目物有所值评价报告（或评估报告）》</td><td>依据全面真实有效，结果准确合理</td><td>通过财政部门审批</td><td>符合现行《PPP物有所值评价指引（试行）》的相关规定</td><td></td><td></td></tr>
<tr><td>财政承受能力论证</td><td>□编制 □审核
□配合
□其他：______</td><td>《PPP项目财政承受能力论证报告（或评估报告）》</td><td>依据全面真实有效，结果准确合理</td><td>通过财政部门审批</td><td>符合现行《政府和社会资本合作项目财政承受能力论证指引》的相关规定</td><td></td><td></td></tr>
<tr><td>PPP项目实施方案</td><td>□编制 □审核
□配合
□其他：______</td><td>《PPP项目实施方案（或评估报告）》</td><td>依据全面真实有效，结果准确合理</td><td>通过同级人民政府审核同意</td><td>符合现行《政府和社会资本合作模式操作指南（试行）》的相关规定</td><td></td><td></td></tr>
<tr><td colspan="2">决策阶段投资管控</td><td>□动态造价分析
□技术方案经济分析
□相关合同管理
□相关信息管理
□其他：______</td><td>与服务内容相关的成果文件</td><td colspan="3">1. 依据全面真实有效，底稿完整清晰，结果准确合理
2. 资料齐全、规范、可追溯
3. 沟通顺畅，反馈及时</td><td></td><td></td></tr>
</table>

续表

服务阶段	服务范围	服务内容	成果文件	服务要求				备注
				整体要求	审查性要求	规范性要求	其他要求	
设计阶段	设计方案经济分析（含限额设计经济分析）	□编制 □审核 □配合 □其他：______	《设计方案经济分析报告》、《设计优化建议报告》、《设计文件造价测算报告》等	依据全面真实有效，底稿完整清晰，结果准确合理	符合限额设计要求	符合现行《建设项目全过程造价咨询规程》（CECA/GC4）的相关规定		
	设计概算	□编制 □审核 □配合 □其他：______	《设计概算编制书（或审核报告）》	依据全面真实有效，底稿完整清晰，结果准确合理；	通过委托人上级主管部门专业审核或相关行政管理部门审批；控制在已批准的投资估算范围内	符合现行《建设项目设计概算编审规程》（CECA/GC2）的相关规定		
	施工图预算	□编制 □审核 □配合 □其他：______	《施工图预算编制书（或审核报告）》	依据全面真实有效，底稿完整清晰，结果准确合理；	通过委托人上级主管部门专业审核，控制在已批准的设计概算范围内	符合现行《建设项目施工图预算编审规程》（CECA/GC5）的相关规定		
	设计阶段BIM造价咨询	□应用 □审核 □其他：______	审核报告\BIM模型、应用分析报告或其他相关成果文件	模型精度、深度满足造价管理要求	通过委托方验收或其组织的专家会审	符合现行国家、行业、地区的BIM相关标准的规定		
	设计阶段投资管控	□动态造价分析 □技术方案经济分析 □相关合同管理 □相关信息管理 □其他：______	与服务内容相关的成果文件	1. 依据全面真实有效，底稿完整清晰，结果准确合理 2. 资料齐全、规范、可追溯 3. 沟通顺畅，反馈及时				
发承包阶段	招标采购代理	□实施 □配合 □其他：______	《招标咨询报告》、《项目招标报告》、《招标采购策划及合约规划报告》	项目信息真实准确，交易过程规范合理	接受招标投标管理部门的监督检查，按规定完成招标采购相关审核和备案手续	符合现行国家、行业、地区的招标代理监督主管部门的有关规定		
	项目清单	□编制 □审核 □配合 □其他：______	《项目清单（或审核报告）》	依据全面真实有效，底稿完整清晰，结果准确合理	施工总承包项目，项目特征描述错误的子目数量占工程量清单全部子目数量的比例应小于3%；因工程量清单错误造成该招标项目招标控制价的综合误差率应小于5%	工程总承包项目清单符合现行工程总承包计价规范和工程量计算规范的有关规定； 施工总承包项目符合现行《建设工程工程量计算规范》的有关规定；		

续表

服务阶段	服务范围	服务内容	成果文件	服务要求				备注
				整体要求	审查性要求	规范性要求	其他要求	
发承包阶段	最高投标限价	□编制 □审核 □配合 □其他:______	《最高投标限价编制书（或审核报告）》	依据全面真实有效，底稿完整清晰，结果准确合理	施工总承包项目，采用招标人提供的工程量清单单独编制最高投标限价的，最高投标限价的综合误差率应小于3%； 同时编制工程量清单和最高投标限价的，最高投标限价的综合误差率应小于5%； 控制在已批准的设计概算范围内	工程总承包项目符合现行工程总承包计价规范的有关规定； 施工总承包项目符合现行《建设工程工程量清单计价规范》和《建设工程招标控制价编审规程》(CECA/GC6)的相关规定		
	清标	□编制 □审核 □配合 □其他:______	《项目清标报告》	依据全面真实有效，底稿完整清晰，结果准确合理	通过委托人审核	符合现行《建设项目全过程造价咨询规程》(CECA/GC4)的相关规定		
	发承包阶段BIM造价咨询	□应用 □审核 □其他:______	审核报告\BIM模型、应用分析报告或其他相关成果文件	模型精度、深度满足造价管理要求	通过委托人验收或其组织的专家会审	符合现行国家、行业、地区的BIM相关标准的规定		
	发承包阶段投资管控	□动态造价分析 □技术方案经济分析 □相关合同管理 □相关信息管理 □其他:______	与服务内容相关的成果文件	1. 依据全面真实有效，底稿完整清晰，结果准确合理 2. 资料齐全、规范、可追溯 3. 沟通顺畅，反馈及时				
施工阶段	资金使用计划	□编制 □审核 □配合 □其他:______	《项目资金使用计划报告（或审核报告）》	依据全面真实有效，底稿完整清晰，结果准确合理	通过委托人审核	符合现行《建设项目全过程造价咨询规程》(CECA/GC4)的相关规定		
	重计量	□编制 □审核 □配合 □其他:______	《重计量报告（或审核报告）》	依据全面真实有效，底稿完整清晰，结果准确合理	重计量的综合误差率应小于5%	—		
	工程计量与工程款审核	□编制 □审核 □配合 □其他:______	《工程计量与工程款审核报告》	依据全面真实有效，底稿完整清晰，结果准确合理	通过委托人审核	符合现行《建设项目全过程造价咨询规程》(CECA/GC4)的相关规定		

续表

服务阶段	服务范围	服务内容	成果文件	服务要求				备注
				整体要求	审查性要求	规范性要求	其他要求	
施工阶段	工程变更、工程索赔与工程签证	□编制 □审核 □配合 □其他：______	《工程变更、工程索赔与工程签证审核报告》	依据全面真实有效，底稿完整清晰，结果准确合理	通过委托人审核	符合现行《建设项目全过程造价咨询规程》(CECA/GC4）的相关规定		
	询价与核价	□编制 □审核 □配合 □其他：______	《询价与核价报告》	依据全面真实有效，底稿完整清晰，结果准确合理	通过委托人审核	符合现行《建设项目全过程造价咨询规程》(CECA/GC4）的相关规定		
	过程结算	□编制 □审核 □配合 □其他：______	《过程结算审核报告》	依据全面真实有效，底稿完整清晰，结果准确合理	过程结算的综合误差率应小于3%	符合现行《建设项目全过程造价咨询规程》(CECA/GC4）的相关规定		
	施工阶段BIM造价咨询	□应用 □审核 □其他：______	审核报告\BIM模型、应用分析报告或其他相关成果文件	模型精度、深度满足造价管理要求	通过委托人验收或其组织的专家会审	符合现行国家、行业、地区的BIM相关标准的规定		
	施工阶段投资管控	□动态造价分析 □技术方案经济分析 □相关合同管理 □相关信息管理 □其他：______	与服务内容相关的成果文件	1. 依据全面真实有效，底稿完整清晰，结果准确合理 2. 资料齐全、规范、可追溯 3. 沟通顺畅，反馈及时				
竣工阶段	工程结算	□编制 □审核 □配合 □其他：______	《工程结算审核报告》	依据全面真实有效，底稿完整清晰，结果准确合理	竣工结算审核结果综合误差率应小于3%	符合现行《建设项目工程结算编审规程》(CECA/GC3）的相关规定		
	工程竣工决算	□编制 □审核 □配合 □其他：______	《工程竣工决算报告》	依据全面真实有效，底稿完整清晰，结果准确合理	通过委托人上级主管部门专业审核或相关行政管理部门审批	符合现行《建设项目工程竣工决算编制规程》(CECA/GC9）的相关规定		
	竣工阶段BIM造价咨询	□应用 □审核 □其他：______	审核报告\BIM模型、应用分析报告或其他相关成果文件	模型精度、深度满足造价管理要求	通过委托人验收或其组织的专家会审	符合现行国家、行业、地区的BIM相关标准的规定		
	竣工阶段投资管控	□动态造价分析 □技术方案经济分析 □相关合同管理 □相关信息管理 □其他：______	与服务内容相关的成果文件	1. 依据全面真实有效，底稿完整清晰，结果准确合理 2. 资料齐全、规范、可追溯 3. 沟通顺畅，反馈及时				

续表

服务阶段	服务范围	服务内容	成果文件	服务要求				备注
				整体要求	审查性要求	规范性要求	其他要求	
其他	信息化平台服务	□建设 □维护 □迭代升级 □其他：______	数字化标准、信息化平台、平台应用手册等	平台服务实现三端应用，保证安全性、稳定性、流畅性和兼容性	通过委托人验收或专家评审	符合相关行业现行规范、标准的有关规定		增项服务
	造价风险管理	□编制 □审核 □配合 □其他：______	《项目投资风险控制报告（审核报告）》等	依据全面真实有效，结果准确合理	—	符合现行《建设项目全过程造价咨询规程》（CECA/GC4）的相关规定		
	其他							

注：1. 咨询人和委托人应根据项目实际服务需求，对服务项目及对应的服务内容的一项或多项进行勾选，以满足委托人服务需求。
2. “投资估算”项仅适用委托人仅委托“投资估算”，没有委托“项目建议书”和“可行性研究报告”的情况。
3. 表中未涉及的服务项目，委托人和咨询人可根据具体服务要求详细列举在“其他”项中。
4. 表中涉及的整体性要求、审查性要求、规范性要求，委托人和咨询人可根据项目实际需要，协商一致后自行细化、补充和完善修改。
5. 表中未涉及的其他服务要求，委托人和咨询人可协商列举在“其他要求”项中。
6. 表中的其他未尽事项或辅助要求，委托人和咨询人可协商列举在“备注”栏中。
7. 本合同涉及的服务项目，除需满足个性化规范性要求和现行《建设项目全过程造价咨询规程》（CECA/GC4）的相关规定外，还需满足《建设工程造价咨询规范》（GB/T 51095）、《建设工程造价咨询成果文件质量标准》（CECA/GC7）、《建设工程全过程造价咨询管理标准》等文件的相关规定。

第二节 工程造价咨询行业高质量发展

为适应新时代发展要求，切实履行社会组织行业管理职责，规范市场秩序，激发市场主体活力，推动工程造价咨询行业持续健康发展，按照国务院深化“证照分离”改革精神以及住房和城乡建设部加强事中事后监管通知要求，适应工程造价咨询企业资质取消审批的改革新举措，紧跟政策和市场变化，中价协要求各级造价管理协会（专业工作委员会）认真贯彻落实国务院决策部署，根据住房和城乡建设部有关要求，统一思想，提高认识，主动适应新形势发展要求，不断提升行业自治能力。工程造价咨询企业及从业人员要积极转变思路，持续开拓创新，实现新的跨越，共同推进工程造价行业高质量发展。

一、内生动力谋求新发展空间

激发协会内生动力，主动谋求新发展空间。当前，行业面临重大变革，全行业要转变思路，凝聚共识，主动作为，勇于担当，“固工程造价之本，强工程技术之基”，发挥专业引领作用，提升咨询服务能力。协会面对新形势，要立足新发展阶段，贯彻新发展理念，构建新发展格局，加强思想政治引领，创新管理方式，充分发挥行业协会在参与社会治理中的作用。行业自律营造良好市场，提升行业自律水平，营造良好市场氛围。切实担负起实施行业自律的重要职责，引导企业有序竞争。建立健全行业经营自律规范、自律公约和职业道德准则，搭建全国自律信息平台，依规开展行业惩戒，规范经营和执业行为。建立健全行业自律体系，形成协会与政府、市场、社会等各方联动的约束机制，净化市场环境。

二、信用评价满足市场择优

完善信用评价体系，满足市场择优需求。搭建全国统一的信用信息管理平台，优化评价指标，突出反映企业经营业绩、技术力量、履约能力等综合实力，动态开展适应市场需求的评价工作，满足委托方择优选择工程造价咨询企业的需求。建立健全企业和从业人员信用档案，研究注册造价工程师个人信用与企业信用挂钩机制，做好行业信用建设和管理相关工作。公布企业信用风险分类结果，为政府部门实施差异化监管提供依据。职业责任保险抵御风险，推广企业职业责任保险，增强抵御风险能力。压实企业主体责任，逐步实现职业责任保险全覆盖，引导工程造价咨询企业加强自身职业责任保险意识，鼓励委托方优先选择已投保的企业。加强职业责任保险与企业信用评价的联动，提高信用评价指标中职业责任保险的权重，为会员单位在保险事故认定、保险理赔等事项中建立绿色通道。探索研究造价咨询从业人员的职业责任保险，多维度保障委托方合法权益。

三、优秀企业带动行业发展

推介优秀咨询企业，带动行业整体发展。推动行业品牌建设，培育一批具有影响力的优质企业。扶持具有综合能力的工程造价咨询企业，拓展全过程咨询业务。丰富工程造价咨询企业营业收入、特色专业等排名排序方式，分享工程咨询典型案例，展现标杆企业实力和风采，推广特色项目先进经验，促进企业国内外交流与合作，引领行业整体实力提升。执业能力提升咨询服务，强化个人执业能力，提升咨询服务水平。重视专业人才队伍培养，构建以学历教育为基础、以职业教育为核心、以高端人才为引领的人才培养体系，逐步形成行业梯队型人才队伍。通过内容新颖丰富、形式灵活多样的培训，引导从业人员提高专业素养。建立工程造价咨询成果质量检查制度，使造价工程师执业行为和成果可追溯、可复查，提升行业的服务质量。

第三节 工程造价咨询企业信用评价管理

一、企业信用评价组织

工程造价咨询企业信用是企业履约能力、履约意愿、历史信用记录等的综合反映。中国建设工程造价管理协会的单位会员可自愿参加信用评价，中价协对其信用进行评价及监督管理。信用评价是指对工程造价咨询企业的基本情况、经营管理、良好行为及不良行为等开展评价、确定信用等级及对信用信息进行记录、发布等的活动。中价协负责工程造价咨询企业信用评价的组织和管理工作，具体工作可委托省级工程造价行业协会及中价协专业工作委员会实施。中价协负责信用评价系统的开发、运行和维护，确保信用评价系统运行可靠、信息共享、数据安全。受委托的省级造价管理协会是信用评价的初评机构，负责本地区、本专业信用评价的初评、上报及相应的监督、核查等工作。中价协负责评价结果的复核、确认和发布。中价协和省级造价管理协会开展信用评价工作应设立信用评价工作组，负责工程造价咨询企业信用信息的采集、核查、评分、公示、发布、评价资料的管理等相关工作。

二、信用评价的依据和原则及信用评价标准

信用评价工作的依据：国家有关法律、法规、规章等；行业规范性文件、规定及标准等；政府有关部门和工程造价行业管理机构及行业协会的表彰、表扬、奖励、专项检查、核查、抽查结果等；已生效的判决书或仲裁裁决书；已生效的行政或司法机关的处罚决定书；工程造价咨询统计调查制度；各级工程造价咨询监管系统中的有关信息；企业在住建部和各省、自治区、直辖市主管部门及专业委员会系统中上报的相关数据；企业在各级政府机关或部门的信用档案信息；企业从业人员在各级政府机关或部门的信用档案信息；其他相关信用信息等。信用评价工作遵循以下原则：独立、客观、公正、科学；保护国家秘密、商业秘密和个人隐私；社会需求和行业发展导向相结合；充分利用信息化手段，减轻企业负担；能力与信用相结合；企业自愿。信用评价采用百分制对评价内容进行评分，评价内容分为基本情况及经营管理得分、良好行为加分和不良行为扣分等。其中：良好行为加分限额 10 分，不良行为扣分不限额。良好行为是指工程造价咨询企业在工程造价从业活动中遵守有关工程建设的法律、法规、规章、规范、标准及相关文件的规定，行为规范，诚信经营，自觉维护市场秩序，积极履行社会责任，受到各级人民政府、工程建设行政主管部门等相关政府部门、造价行业管理机构及造价行业协会等的表彰、奖励和表扬等的行为。不良行为是指工程造价咨询企业在工程造价从业活动中违反有关工程建设的法律、法规、规章、规范、标准及相关文件的规定，受到司法机关处罚或受到各级人民政府、工程建设行政主管部门等相关政府部门、造价行业管理机构等的行政处罚、通报批评、责令整改、约谈等，或受到投诉举报被查实等的行为，或违反行业自律规定受到行业协会惩戒或通报的行为。基本情况及经营管理得分评价项满足或超过要求的，评价时按项计分，每项得分不超过该项得分满分；基本情况及经营管理得分评价项不满足要求或违反相关规定的，评价时按项扣分，每一评价项的扣分不超过本项扣分限额；良好行为加分和不良行为扣分分别按附件 3 加分和附件 4 扣分标准评价。良好行为有效期一般为取得之日起三年，不良行为有效期为其处罚期，无处罚期的一般为认定日期后两年。工程造价咨询企业信用等级分为 AAA、AA、A、B、C 三等五级。AAA 表示信用很好，履约能力很强，AA 表示信用好，履约能力强，A 表示信用较好，履约能力较强，B 表示信用较好，履约能力一般，C 表示信用一般，履约能力较弱。信用评价实行评分制，评价结果采用按分值区间确定的原则，信用等级实行动态评价、动态管理。信用等级根据信用评价标准得分结果确定，信用等级与信用评价得分对应关系如表 13-3 所示。

信用等级与信用评价得分对应关系 **表13-3**

序号	信用等级	评价得分	备注
1	AAA	100~80（含）	
2	AA	80~70（含）	
3	A	70~60（含）	
4	B	60~50（含）	
5	C	＜ 50	

三、信用评价要求与程序及信用等级

参评企业应为中价协单位会员，从事工程造价咨询业务 1 年（含）以上，且有造价咨询业务经营收入。参评企业应登录中价协工程造价咨询企业信用评价系统，提出申请并建立档案。信用评价工作实行动态评价，申请评价的工程造价咨询企业应根据中价协相关工作通知要求时间上报申请，已取得信用等级的工程造价咨询企业可随时更新相关信息。工程造价咨询企业申请信用评价，必须包含其所有的分支机构，分支机构的良好行为和不良行为纳入其所属法人企业评价。信用评价的内容主要包括：基本情况：人员结构、各类组织等；经营管理：经营能力、管理能力、教育培训、信息化、成果质量、社会评价、文化建设与社会责任等；良好行为和不良行为：良好行为加分、不良行为扣分。参评企业自愿申请信用评价。首次申请信用评价的企业应在中价协信用评价系统中注册，并在线填报信用评价的相关信息。中价协根据信用评价工作的布置和要求，将其信用评价系统向授权省级造价管理协会开放初评权限。信用评价系统自动从全国工程造价咨询管理系统、工程造价咨询统计调查系统、中价协会员服务系统等获取相关数据并自动对相应评价指标赋分。不能从以上系统中获取的指标或从以上系统中获取的指标不完整、不准确的，由参评企业根据实际情况在系统中自行填报，并准备相应的基础资料备查。信用评价工作组对其认为需要到参评企业现场核实的评价内容，可进行现场核实，根据实际核实情况进行评分，企业应予配合。派员到参评企业现场核实，应成立不少于 3 人组成的工作小组。良好行为和不良行为。良好行为和不良行为可由各参评企业、中价协、省级造价管理协会录入，并在信用评价系统中及时更新。中价协、省级造价管理协会按信用评价标准的规定，对工程造价咨询企业信用评价得分进行加分和扣分。省级造价管理协会对企业评价申请进行初评，并将初评结果上传中价协。中价协收到省级造价管理协会的评价结果后，组织专家进行终评确认。中价协公示评价结果。中价协将最终评价结果在中价协网站进行公示，公示期 5 个工作日。公示期内接受投诉、举报及异议申请，并按规定的流程进行处理。对评价结果有异议的企业可向中价协、省级造价管理协会申请复核，中价协、省级造价管理协会收到复核申请后组织复核，应将复核意见告知申请复核的企业。中价协公布最终评价结果。中价协对经公示无异议的企业信用等级向社会发布。工程造价咨询企业信用等级实行动态评价，动态管理，每评定周期末中价协向社会发布的信用等级记入历史信用记录。中价协、省级造价管理协会应结合行业自律、质量检查等制度加强监督检查，强化对工程造价咨询企业的动态管理，及时查处不良行为，进行行业惩戒，并及时归集企业不良行为信息，录入信用评价系统，调整信用评价分值及相应信用等级。工程造价咨询企业信用评价等级证书有效期为三年，企业应至少在有效期满前根据中价协当年信用评价工作安排，重新进行信用评价申请或延续。已取得信用等级的工程造价咨询企业如发生企业名称、企业地址、联系人等信息变更应及时更新信用评价系统内信息；企业发生分立、合并且统一社会信用代码变更的，应重新申请信用评价。信用评价内容分为静态指标和动态指标：静态指标指各类组织、管理能力、教育培训、信息化、文化建设与社会责任、良好行为和不良行为等无法从相应系统获取的指标。静态指标需企业主动更新相关指标，涉及评价等级变化的，可重新申请信用评价。动态指标指人员结构、经营能力等可以从全国工程造价咨询管理系统、工程造价咨询统计调查系统、中价协会员服务系统等获取的指标。动态指标定期更新并自动计算出相应分数，当分数无法满足当前等级标准时，系统将予降级处理，企业可重新申请信用评价。取得信用等级的工程造价咨询企业，发生严重不良行为的，中价协应给予降低信用等级处理。被降低信用等级的企业由中价协在信用评价系统中进行及时调整，省级造价管理协会在杂志（包括自办刊物）、报纸、网站等新闻媒介予以公布。中价协鼓励企业通过整改，主动纠正失信行为、消除不良影响，实现信用修复。信用修复是指信用主体为积极改善自身信用状况，在整改纠正失信行为、消除不良影响后，向认定失信信息的单位或归集失信信息的信用平台、网站的运行机构提出申请，由认定单位或归集机构按照有关规定，将信用主体移出失信主体名单，终止失信信息公示，以及标注、屏蔽或删除失信信息等行为。企业信用修复后在系统内上传已修复的证明材料，中价协将恢复其相应分值和等级。企业动态信用分值、信用等级、各项信用记录可在信用评价系统实时查看，往期信用等级及能力也可在系统中公开查询。信用评价结果的运用：根据需要上报政府信用管理相关部门；与政府其他职能部门及银行、保险机构、信用机构等共享；鼓励社会主体在委托工程造价咨询业务时使用本评价结果作为重要评价指标之一；由于信用等级实行动态管理，社会主体在使用信用等级作为招标或直接选取造价咨询企业指标的，应明确信用等级的时点；公布参评企业的造价咨询项目专业特色，供社会主体选择造价咨询中介机构时参考。中价协、省级造价管理协会对其评价的信用等级高、能力范围广的企业，给予激励措施；给予更多机会参与造价行业管理机构或协会组织的调研、学术研究等活动；优先承担团体标准的编制及行业相关课题的研究等工作；向需求单位推荐。申请信用评价的工程造价咨询企业，对申报内容的真实性、合法性、有效性负责。参评企业在中价协信用评价系统已建立的信用档案内容与申报内容有差异的，以评价系统记录的信息内容作为评价依据。工程造价咨询企业信用评价标准见表13-4；工程造价咨询企业营业收入及造价咨询业务收入评分见表13-5；工程造价咨询企业良好行为加分见表13-6；工程造价咨询企业不良行为扣分见表13-7。

工程造价咨询企业信用评价标准　　表13-4

一级指标	二级指标	三级指标	评价标准	计算公式	得分限额	得分	扣分限额	扣分	说明	数据来源
1. 基本情况	1.1 人员结构	1.1.1 技术负责人	具有一级注册造价工程师职业资格		1					全国工程造价咨询管理系统。
			具有一级造价工程师以外的与造价相关的其他职业资格或工程类、经济类高级职称		1				与造价相关的其他职业资格是指咨询师、建造师、建筑师、监理工程师、规划师、勘察设计注册师（注册结构工程师、注册土木工程师、注册电气工程师等）、注册会计师、资产评估师、房地产估价师、职业律师等相关职业资格	1. 全国工程造价咨询管理系统 2. 未在全国工程造价咨询管理系统中填报的由企业自行填报
		1.1.2 注册造价工程师	每有1名一级注册造价工程师得0.8分 每有1名二级注册造价工程师得0.4分	$0.8\times X_1+0.4\times X_2$	20				1. "X_1"指注册在该企业的一级注册造价工程师的人数，"X_2"指注册在该企业的二级注册造价工程师的人数 2. 二级注册造价工程师最多可得8分	全国工程造价咨询管理系统中自动获取
		1.1.3 职工职称学历	每有1名高级（及以上）职称人员得0.5分 每有1名硕士研究生及以上学历人员得0.5分	$0.5\times X_1+0.5\times X_2$	3				1. "X_1"为高级（及以上）职称的人员数量高级职称指高级工程师、高级经济师、高级会计师等与造价相关的职称 2. "X_2"为硕士研究生及以上学历的人员数量	
	1.2 各类组织	1.2.1 党组织	党组织健全或党建活动正常		2				未建立党组织的，上一年度正常开展或参加党建活动的也可得分	

续表

一级指标	二级指标	三级指标	评价标准	计算公式	得分限额	得分	扣分限额	扣分	说明	数据来源
1. 基本情况	1.2 各类组织	1.2.2 其他组织	有工会或妇联等组织，活动正常		1				未建立工会或妇联等组织的，上一年度正常开展相关活动的也可得分	
2. 经营管理	2.1 经营能力	2.1.1 营业收入	按地区排名评分，详见附件2《工程造价咨询企业营业收入及造价咨询业务收入评分表》	0~6	6				1. 营业收入=工程造价咨询业务收入+其他业务收入 2. 其他业务收入=招标代理业务收入+项目管理业务收入+工程咨询业务收入 3. 均采用上年度的年收入	根据国家“工程造价咨询统计调查制度”由信用评价系统从“工程造价咨询统计调查系统”导入企业上年度相关数据
		2.1.2 工程造价咨询业务收入		0~12	12					
		2.1.3 全员劳动生产率	企业全员劳动生产率每5万元得0.5分	0.5×X/5	4				1. “X”指企业全员劳动生产率 2. 全员劳动生产率=上年营业收入合计/企业员工总人数	根据国家“工程造价咨询统计调查制度”由信用评价系统从“工程造价咨询统计调查系统”导入企业上年度相关数据自动计算
		2.1.4 业务开拓和创新	企业承揽境外项目、创新业务，每个项目得1分	0~4	4				企业业务创新：业务范围涉及BIM咨询、PPP咨询、全过程咨询等涉及新技术新领域的	
	2.2 管理能力	2.2.1 质量管理体系	企业有职业标准指南或自行编制的咨询业务操作指导规程、范本（模板）或作业指导书，得1~2分	0~2	2		2		根据职业标准或指南内容完整、规范、指导作用的程度，加1~2分，没有的扣2分	
			企业有完善的质量管理制度和可行的质量奖惩办法，得0.5~2分 通过ISO质量管理体系认证，得1分	0~3	3		1		1. 根据质量管理制度和奖惩办法完整、规范、操作性程度，加0.5~2分，没有的扣1分 2. 质量管理认证证书应在有效期内	
		2.2.2 造价咨询业务成果文件档案管理	有专用档案室，得0.5分 有专职档案管理员，得0.5分	0~1	1				专用档案室照片、专职档案员聘任合同或聘任协议	
			档案室中至少保存前五年完整的档案，得2分 无档案台账扣2分，台账不完整，扣1分	0~2	2		2		1. 咨询项目登记表、档案台账和档案三者比对 2. 成立不足5年的企业，历年档案应保存完整	

续表

一级指标	二级指标	三级指标	评价标准	计算公式	得分限额	得分	扣分限额	扣分	说明	数据来源
2. 经营管理	2.3 教育培训	2.3.1 业务培训	企业员工参加业务培训的，每次得0.3分（不含注册造价工程师资格延续需要的继续教育）	0.3×X	3				1. "X"为企业造价咨询从业人员上一年度参加工程造价相关业务培训的次数 2. 可以是外部机构组织的，也可以是企业自行组织的培训	
		2.3.2 廉洁教育	对员工进行廉洁教育或组织参观廉政教育基地，得1分 与员工签订廉洁协议，得1分		2				企业上一年度对员工进行廉洁教育或组织参观廉政教育基地	
	2.4 信息化	2.4.1 对外平台	企业自建网站或公众号		2				网站及公众号应每月正常更新	
		2.4.2 办公自动化及企业业务管理系统	企业投用办公自动化系统，运行正常，得1分 具有咨询业务管理系统并使用正常，得1分	0~2	2				1. 业务系统能实现基本业务流程、成果文件系统的集成的，得1分 2. 能够满足客户管理、合同管理、业务流程管理、档案管理、绩效统计、成本管控等多种业务流的集成，得1分	
		2.4.3 已完工程数据库	企业已完工程数据库（指标库、材料价格库等）建立完善并投入应用，每项得1.5分	1.5×X	3				1. "X"为指标库或材料价格库等数据库 2. 已完项目已录入数据库系统中或有已完项目的数据统计指标	
		2.4.4 加入"中国造价"	企业加入"中国造价"企业微信平台		2				企业是否注册并关联全国工程造价行业数字化服务平台	"中国造价"是由中国建设工程造价管理协会联合腾讯共同打造的数字化产业互联网平台。企业可登录中价协官网查询相关工作通知按流程加入
	2.5 成果质量	2.5.1 造价咨询业务流程管理	有完整的项目咨询方案或计划书，得2分 有复核流程单且保存完整、内容详实，得2分	0~4	4				原则上抽取评价期上一年度3个国有资金投资项目，项目规模1000万元以上，项目类型包括土建、安装、装饰、市政等至少两种，咨询类型包括结算审核、工程量清单及招标控制价编制等	企业在信用评价系统填写相关业绩内容
		2.5.2 造价咨询业务成果质量情况	造价咨询成果文件内容准确，得2分 报告书内容完整、规范，得2分	0~4	4				同上	同上

续表

一级指标	二级指标	三级指标	评价标准	计算公式	得分限额	得分	扣分限额	扣分	说明	数据来源
2. 经营管理	2.6 社会评价	2.6.1 客户社会评价	造价咨询项目业主对企业成果质量、专业水平、履约情况、收费合理性满意的，得2分	0~2	2		2	2	抽取两个1000万元以上项目，均为满意记录得2分。每有一项“一般”的扣0.25分，每有一项“不满意”的扣0.5分	企业在信用评价系统中下载工程造价咨询企业信用评价客户社会评价意见表
	2.7 文化建设与社会责任	2.7.1 文化建设	企业积极举办或参与造价协会举办的精神文明、文化建设等活动，每次得0.4分	0.4×X	2				“X”为举办或参加活动的次数	
		2.7.2 企业纳税信用等级	企业纳税信用等级为A的得2分，为B的得1分		2				正常纳税企业，税务机关每年4月会确定上一年度纳税评价结果	
3. 良好行为和不良行为	3.1 良好行为加分	3.1.1 良好行为	见良好行为加分表（附件3）		10				最高得分限10分	
	3.2 不良行为扣分	3.2.1 不良行为	见不良行为扣分表（附件4）						最高减分不限	
合计					100					

注：数据来源栏没有说明的，均为“企业填报相关信息，准备相关材料备查，接受社会监督”；上述评价标准中提及的“上一年度”：除经营能力数据及企业纳税等级信息外，均为企业申报日期前12个月；得分合计100分，所有得分小数点后保留2位。

工程造价咨询企业营业收入及造价咨询业务收入评分　　表13-5

序号	收入排名	营业收入分值	造价咨询收入分值	备注
1	前10%（含）	6	12	
2	前10%~20%（含）	5	10	
3	前20% ~30%（含）	4	8	
4	前30% ~40%（含）	3	6	
5	前40% ~60%（含）	2	4	
6	前60% ~80%（含）	1	2	
7	前80%~100%（含）	0.5	1	
8	无收入	0	0	

注：工程造价咨询企业营业收入及造价咨询业务收入均从工程造价咨询统计调查系统导入；营业收入分值对应营业收入排名，造价咨询业务收入分值对应造价咨询收入排名；收入排名按企业在注册所在地（省、市、自治区）进行排名，各行业按所属行业进行排名。

工程造价咨询企业良好行为加分　　表13-6

序号	良好行为加分项内容	加分限额	得分	合计加分限额
1.1	企业在造价咨询活动中获得市级及以上人民政府的表彰、表扬或奖励，每获国家级加2分／项，每获省（直辖市）级加1.5分／项，每获市级加1分／项	3		10
1.2	企业在造价咨询活动中获得市级以上建设行政主管部门、行业管理机构或行业协会的表彰、表扬或奖励，每获国家级加1分／项，每获省（直辖市）级加0.8分／项，每获市级加0.5分／项；获得市级以上审计、财政、发改等政府部门的表彰或奖励，获省级及以上的加0.5分／项，获市级的加0.3分／项，获得委托方奖励的加0.5分／项	4		

续表

序号	良好行为加分项内容	加分限额	得分	合计加分限额
1.3	企业有中价协个人会员0.2分/人；有中价协资深会员0.5分/人	4		10
1.4	企业有造价行业专家，如中价协专家委员会成员，省造价协会专家委员会成员，省建设厅、财政局评标专家等。中价协0.5分/人，省（直辖市）级0.3分/人，市级0.2分/人	3		
1.5	企业在参加造价行业组织的专业技能类竞赛中获奖，每获国家级加2分/项，每获省（直辖市）级加1.5分/项，每获市级加1分/项；员工获奖按相应级别减半加分	3		
1.6	企业在参加造价行业协会组织的文体活动竞赛等各类活动中获奖，每获国家级加1分/项，每获省（直辖市）级加0.8分/项，每获市级加0.5分/项	4		
1.7	发表与工程造价相关论文、案例，国家级（国际）刊物加1分/项，省（直辖市）级刊物加0.5分/项，市级刊物加0.3分/项获得行业优秀论文、典型案例的加0.5分/项	3		
1.8	参与市级以上行业管理机构组织的计价依据的修编（或补充定额的编制）教材修编、试卷命题等，加1分/人	3		
1.9	参与造价相关的课题研究及规范、标准编制，系主编的，住建部标准定额司或中价协加1分/人，省（直辖市）级加0.8分/人，市级0.5分/人，系参编的，按主编标准减半加分	4		
1.10	参加造价行业组织的检查、评审、命题、阅卷等，加0.5分/人次	4		
1.11	提供在校学生、应届大学生等实习、实训机会的加0.1分/人；与高等院校或职业学院达成校企联合实训基地的加1分	2		
1.12	参与救灾、捐款、物资捐赠、助教、助残、扶贫等慈善公益活动，加0.5分/次	2		
1.13	企业投保工程造价咨询企业职业责任保险的加4分	4		

注：企业填报相关信息，准备相关材料备查，接受社会监督；同一项良好行为不得重复计分。

工程造价咨询企业不良行为扣分 **表13-7**

序号	不良行为扣分项内容	说明	每次扣分	扣分
	I			
1.1	企业法定代表人、技术负责人因本企业职务行为受到刑事处罚或严重的行政处罚	1. 企业如发生此类不良行为的，信用级别直接降为最低级 2. 应说明不良行为的具体内容，相应文书、文件的名称或文号等		
1.2	企业或企业的法定代表人、技术负责人受到行业协会公开谴责惩戒			
1.3	企业以其他企业名义或同意其他企业以自身名义进行投标或承接造价咨询业务			
1.4	企业提供虚假评价材料或拒绝接受造价行业管理机构及中价协、省级造价管理协会监督检查，情节严重，经查属实			
1.5	有法律、法规、规章及行业规定的其他严重违法、违规行为			
	II			
2.1	在本企业的人员因本企业职务行为受到严重刑事处罚或行政处罚	1. 企业如发生此类不良行为的，按相应条目进行扣分，分值可累计 2. 不良行为信息根据政府主管部门、造价行业管理机构、造价行业协会记录或经查实的举报、投诉等 3. 应说明不良行为的具体内容，相应文书、文件的名称或文号等	5	
2.2	被县级及以上建设行政主管部门、相关行政主管部门、行业管理机构、行业协会处以通报、责令整改或其他处罚		5	
2.3	企业未按照现行国家相关标准规范开展工程造价咨询活动和出具成果文件，给委托人造成重大业务质量事故或重大经济损失		5	
2.4	企业在造价咨询活动中未按合同约定时间保质保量提交成果文件，并给委托方造成较大损失		5	
2.5	企业相互串通投标或者与招标人串通投标的，投标人以向招标人或者评标委员会成员行贿的手段谋取中标		5	
2.6	企业采用给予回扣、低于成本恶意压低服务价格等不正当竞争方式承接业务		5	
2.7	企业与委托方对同一工程签订两份或两份以上内容有重大差异或咨询收费标准不同的合同；与当事人签订的工程造价咨询合同存在欺骗性条款		5	

续表

序号	不良行为扣分项内容	说明	每次扣分	扣分
2.8	企业在工程造价咨询活动中，工程造价咨询合同约定的执业人员与实际执业人员、成果文件签章人员不一致，且未经委托人同意	1. 企业如发生此类不良行为的，按相应条目进行扣分，分值可累计 2. 不良行为信息根据政府主管部门、造价行业管理机构、造价行业协会记录或经查实的举报、投诉等 3. 应说明不良行为的具体内容，相应文书、文件的名称或文号等	4	
2.9	企业在工程造价咨询活动中，出具有虚假记载、误导性陈述的工程造价成果文件		4	
2.10	企业泄露、窃取委托方及业务实施中相关方的商业秘密、技术秘密和业务资料		4	
2.11	企业抄袭、盗用其他单位的成果文件		4	
2.12	企业在工程造价咨询合同约定以外直接或间接索取或收受馈赠、贿赂等现金和其他财物		4	
2.13	企业采用不正当手段诋毁、排挤其他工程造价咨询企业，损害客户和相关各方的合法利益		3	
2.14	企业非法用工被投诉查实；企业无故扣押已解除劳动合同关系员工的相关证件，阻碍员工正常流动；企业拖欠员工工资和社保；企业职业人员存在挂靠行为		3	
2.15	企业在“信用中国”等权威信用机构有不良信用记录		3	

注：同一事项被不同部门处罚或通报，按最高扣分计扣一次；本表“不良行为”内容和扣分，适用企业（法人），也适用企业的分支机构。

依法设立具有工商行政管理部门核发的《企业法人营业执照》的企业，应按照《建设工程造价咨询合同（示范文本）》与委托方签订咨询合同，并在承接工程造价咨询业务时向委托方收取工程造价咨询服务费。工程造价咨询服务收费是指工程造价咨询企业接受社会委托，从事投资估算、工程概算、工程量清单、招标控制价、工程预算、工程结算、竣工决算的编制与审核，建设项目各阶段的工程造价控制等与工程造价业务有关的咨询服务，并出具工程造价咨询成果文件等业务活动所收取的费用。工程造价咨询服务应当遵循公平公正、诚实守信、自愿有偿、委托方付费的原则（法律、法规另有规定的除外）。工程造价咨询企业应遵守国家法律、法规和有关标准，并应严格按照行业的执业准则、管理规范、操作规程、造价咨询成果文件质量标准等提供质量合格的服务。工程造价咨询企业因提交的工程造价咨询成果文件达不到合同规定的要求或质量标准，应负责修改完善，委托方不应另行支付咨询费。工程造价咨询合同履行过程中，由于委托方或工程造价咨询企业失误造成对方损失或达不到合同约定要求的，应按双方合同约定中的相应条款予以赔偿。签订工程造价咨询合同时，地方有关部门已发布收费标准的按其规定执行；地方没有发布或收费标准中项目不全的，可参照执行。建设工程造价咨询收费基准价（表 13-8）。

建设工程造价咨询收费基准价 **表13-8**

序号	咨询项目名称	工作内容	收费基数（X）	划分标准（万元）					
				X≤200	200＜X≤500	500＜X≤2000	2000＜X≤10000	10000＜X≤50000	X＞50000
1	工程概算编制	依据初步设计文件计算工程量，套用概算定额，编制工程概算。	建安工程费用	3‰	2.5‰	2‰	1.8‰	1.6‰	1.5‰
2	工程量清单编制	依据施工图设计计算工程量，按工程量清单计价规范编制工程量清单，包括工程量和特征描述。	建安工程费用	5‰	4‰	3‰	2.2‰	1.8‰	1.5‰
3	招标控制价编制	依据发布的工程量清单，编制招标控制价。	建安工程费用	2.0‰	1.8‰	1.6‰	1.4‰	1.2‰	1.0‰

续表

序号	咨询项目名称	工作内容	收费基数（X）	划分标准（万元）					
				X≤200	200＜X≤500	500＜X≤2000	2000＜X≤10000	10000＜X≤50000	X＞50000
4	工程预算编制	依据施工图设计计算工程量，套用预算定额，编制工程预算。	建安工程费用	4‰	3.5‰	3‰	2.5‰	2‰	1.5‰
5	工程结算审查	依据发承包合同，进行工程量价调整，确定工程结算金额。	建安工程费用	8‰	7‰	6‰	5‰	4‰	3‰
6	全过程造价咨询	编制工程量清单、招标控制价、施工过程造价管理、进行工程结算审查。	建安工程费用	—	—	—	12‰	10‰	8‰
7	竣工决算编制	依据工程结算成果文件和财务资料编制竣工决算	建安工程费用	2.0‰	1.5‰	1.2‰	1.0‰	0.8‰	0.6‰
8	工程造价纠纷鉴定	对纠纷项目的工程造价以及由此延伸而引起的经济问题，进行鉴别和判断并提供鉴定意见。依据工程结算成果文件和财务资料编制竣工决算	鉴定标的额	12‰	10‰	8‰	6‰	5‰	4‰

说明：工程造价咨询收费基准价根据项目的类别、工程造价金额等因素采取差额费率分档累进方法计算；工程造价咨询服务收费，地区调整系数为0.9~1.1之间；工程造价咨询服务收费，可针对不同专业工程进行调整，见表13-9；需要进行钢筋工程精细计算的，另计取工程造价咨询附加收费，见表13-10。

建设工程造价咨询收费专业工程调整系数表　　表13-9

序号	工程类别	专业调整系数
1	市政工程	0.8
2	水利电力工程	0.9
3	机场场道工程	0.7
4	公路、道路工程	0.8
5	城市轨道工程	0.8
6	桥梁、隧道工程	0.7
7	港口工程	0.8
8	井巷矿山工程	1.1
9	园林绿化工程	1.1
10	装饰装修工程	1.2
11	仿古建筑工程	1.2
12	安装工程	1.2
13	其他工程	1.0

使用说明：房屋建筑工程和其他未涵盖的专业工程调整系数为1.0；投资额较大，计量和计价相对简单的市政、水利电力、机场、港口、城市轨道等工程，降低其收费系数；投资额较小，计量和计价相对复杂的园林、装饰装修、仿古、安装、井巷矿山等工程，提高其收费系数。

建设工程造价咨询附加收费表 **表13-10**

序号	咨询项目名称	收费基数（吨）	收费标准（元/吨）
1	工程量清单钢筋精细计量	钢筋重量	12
2	结算审查钢筋精细计量	钢筋重量	18

第四节　注册造价工程师执业资格管理

一、造价工程师执业资格注册

（一）造价工程师，是指通过职业资格考试取得造价工程师职业资格证书，并经注册后从事建设工程造价工作的专业技术人员。为提高固定资产投资效益，维护国家、社会和公共利益，充分发挥造价工程师在工程建设经济活动中合理确定和有效控制工程造价的作用，国家设置造价工程师准入类职业资格，纳入国家职业资格目录。工程造价咨询企业应配备造价工程师；工程建设活动中有关工程造价管理岗位按需要配备造价工程师。造价工程师分为一级造价工程师和二级造价工程师。住房和城乡建设部、交通运输部、水利部、人力资源社会保障部共同制定造价工程师职业资格制度，并按照职责分工负责造价工程师职业资格制度的实施与监管。各省、自治区、直辖市住房和城乡建设、交通运输、水利、人力资源社会保障行政主管部门，按照职责分工负责本行政区域内造价工程师职业资格制度的实施与监管。一级造价工程师职业资格考试合格者，由各省、自治区、直辖市人力资源社会保障行政主管部门颁发一级造价工程师职业资格证书。该证书由人力资源社会保障部统一印制，住房和城乡建设部、交通运输部、水利部按专业类别分别与人力资源社会保障部用印，在全国范围内有效。二级造价工程师职业资格考试合格者，由各省、自治区、直辖市人力资源社会保障行政主管部门颁发二级造价工程师职业资格证书。该证书由各省、自治区、直辖市住房和城乡建设、交通运输、水利行政主管部门按专业类别分别与人力资源社会保障行政主管部门用印，原则上在所在行政区域内有效。各省、自治区、直辖市人力资源社会保障行政主管部门会同住房和城乡建设、交通运输、水利行政主管部门应加强学历、从业经历等造价工程师职业资格考试资格条件的审核。国家对造价工程师职业资格实行执业注册管理制度。取得造价工程师职业资格证书且从事工程造价相关工作的人员，经注册方可以造价工程师名义执业。住房和城乡建设部、交通运输部、水利部按照职责分工，制定相应注册造价工程师管理办法并监督执行。住房和城乡建设部、交通运输部、水利部分别负责一级造价工程师注册及相关工作。各省、自治区、直辖市住房和城乡建设、交通运输、水利行政主管部门按专业类别分别负责二级造价工程师注册及相关工作。经批准注册的申请人，由住建部、交通运输部、水利部核发《一级造价工程师注册证》（或电子证书）；或由各省、自治区、直辖市住房和城乡建设、交通运输、水利行政主管部门核发《二级造价工程师注册证》（或电子证书）。造价工程师执业时应持注册证书和执业印章。住房和城乡建设部、交通运输部、水利部按照职责分工建立造价工程师注册管理信息平台，保持通用数据标准统一。住房和城乡建设部负责归集全国造价工程师注册信息，促进造价工程师注册、执业和信用信息互通共享。住房和城乡建设部、交通运输部、水利部负责造价工程师的注册和退出机制。取得执业资格的人员申请注册的，可以向聘用单位工商注册所在地的省、自治区、直辖市人民政府住房和城乡建设主管部门或者国务院有关专业部门提交申请材料。国务院住房和城乡建设主管部门在收到申请材料后，应当依法作出是否受理的决定，并出具凭证；申请材料不齐全或者不符合法定形式的，应当在5日内一次性告知申请人需要补正的全部内容。逾期不告知的，自收到申请材料之日起即为受理。对申请初始注册的，省、自治区、直辖市人民政府住房和城乡建设主管部门或者国务院有关专业部门收到申请材料后，应当在5日内将全部申请材料报国务院住房和城乡建设主管部门，注册机关应当自受理之日起20日内作出决定。对申请变更注册、延续注册的，省、自治区、直辖市人民政府住房和城乡建设主管部门或者国务院有关专业部门收到申请材料后，应当在5日内将全部申请材料报注册机关，注册机关应当自受理之日起10日内作出决定。注册造价工程师的初始、变更、延续注册，实行网上申报、受理和审批。

（二）注册造价工程师的管理，国务院住房和城乡建设主管部门对全国注册造价工程师的注册、执业活动实施统一监督管理，负责实施全国一级注册造价工程师的注册，并负责建立全国统一的注册造价工程师注册信息管理平台；国务院有关专业部门按照国务院规定的职责分工，对本行业注册造价工程师的执业活动实施监督管理。省、自治区、直辖市人民政府住房和城乡建设主管部门对本行政区域内注册造价工程师的执业活动实施监督管理，并实施本行政区域二级注册造价工程师的注册。工程造价行业组织应当加强造价工程师自律管理，鼓励注册造价工程师加入工程造价行业组织。注册造价工程师实行注册执业管理制度，取得职业资格的人员，经过注册方能以注册造价工程师的名义执业。注册造价工程师的注册条件为：取得职业资格；受聘于一个工程造价咨询企业或者工程建设领域的建设、勘察设计、施工、招标代理、工程监理、工程造价管理等单位；无不予注册的情形。符合注册条件的人员申请注册的，可以向聘用单位工商注册所在地的省、自治区、直辖市人民政府住房和城乡建设主管部门或者国务院有关专业部门提交申请材料。申请一级注册造价工程师初始注册，省、自治区、直辖市人民政府住房和城乡建设主管部门或者国务院有关专业部门收到申请材料后，应当在5日内将申请材料报国务院住房和城乡建设主管部门。国务院住房和城乡建设主管部门在收到申请材料后，应当依法做出是否受理的决定，并出具凭证；申请材料不齐全或者不符合法定形式的，应当在5日内一次性告知申请人需要补正的全部内容。申请二级注册造价工程师初始注册，省、自治区、直辖市人民政府住房和城乡建设主管部门收到申请材料后，应当依法做出是否受理的决定，并出具凭证；申请材料不齐全或者不符合法定形式的，应当在5日内一次性告知申请人需要补正的全部内容。注册造价工程师的初始、变更、延续注册，通过全国统一的注册造价工程师注册信息管理平台实行网上申报、受理和审批。准予注册的，由国务院住房和城乡建设主管部门或者省、自治区、直辖市人民政府住房和城乡建设主管部门核发注册造价工程师注册证书，注册造价工程师按照规定自行制作执业印章。注册证书和执业印章是注册造价工程师的执业凭证，由注册造价工程师本人保管、使用。注册证书、执业印章的样式以及编码规则由国务院住房和城乡建设主管部门统一制定。一级注册造价工程师注册证书由国务院住房和城乡建设主管部门印制；二级注册造价工程师注册证书由省、自治区、直辖市人民政府住房和城乡建设主管部门按照规定分别印制。注册造价工程师遗失注册证书，应当按照规定的延续注册程序申请补发，并由注册机关在官网发布信息。取得职业资格证书的人员，可自职业资格证书签发之日起1年内申请初始注册。逾期未申请者，须符合继续教育的要求后方可申请初始注册。初始注册的有效期为4年。申请延续注册时，造价工程师本人和单位应对其前一个注册的工作业绩进行承诺，并由注册机关调查核实。

（三）一级注册造价工程师执业范围包括建设项目全过程的工程造价管理与工程造价咨询等，具体工作内容：项目建议书、可行性研究投资估算与审核，项目评价造价分析；建设工程设计概算、施工预算编制和审核；建设工程招标投标文件工程量和造价的编制与审核；建设工程合同价款、结算价款、竣工决算价款的编制与管理；建设工程审计、仲裁、诉讼、保险中的造价鉴定，工程造价纠纷调解；建设工程计价依据、造价指标的编制与管理；与工程造价管理有关的其他事项。二级注册造价工程师协助一级注册造价工程师开展相关工作，并可以独立开展以下工作：建设工程工料分析、计划、组织与成本管理，施工图预算、设计概算编制；建设工程量清单、最高投标限价、投标报价编制；建设工程合同价款、结算价款和竣工决算价款的编制。注册造价工程师享有下列权利：使用注册造价工程师名称；依法从事工程造价业务；在本人执业活动中形成的工程造价成果文件上签字并加盖执业印章；发起设立工程造价咨询企业；保管和使用本人的注册证书和执业印章；参加继续教育。注册造价工程师应当履行下列义务：遵守法律、法规、有关管理规定，恪守职业道德；保证执业活动成果的质量；接受继续教育，提高执业水平；执行工程造价计价标准和计价方法；与当事人有利害关系的，应当主动回避；保守在执业中知悉的国家秘密和他人的商业、技术秘密。注册造价工程师应当根据执业范围，在本人形成的工程造价成果文件上签字并加盖执业印章，并承担相应的法律责任。最终出具的工程造价成果文件应当由一级注册造价工程师审核并签字盖章。修改经注册造价工程师签字盖章的工程造价成果文件，应当由签字盖章的注册造价工程师本人进行；注册造价工程师本人因特殊情况不能进行修改的，应当由其他注册造价工程师修改，并签字盖章；修改工程造价成果文件的注册造价工程师对修改部分承担相应的法律责任。在注册有效期内，注册造价工程师因特殊原因需要暂停执业的，应当到注册机关办理暂停执业手续，并交回注册证书和执业印章。注册造价工程师应当适应岗位需要和职业发展的要求，按照国家专业技术人员继续教育的有关规定接受继续教育，更新专业知识，提高专业水平。县级以上人民政府住房和城乡建设主管部门和其他有关部门应当依照有关法律、法规和本办法的规定，对注册造价工程师的注册、执业和继续教育实施监督检查。国务院住房和城乡建设主管部门应当将造价工程师注册信息告知省、自治区、直辖市人民政府住房和城乡建设主管部门和国务院有关专业部门。省、自治区、直辖市人民政府住房和城乡建设主管部门应当将造价工程师注册信息告知本行政区域内市、县人民政府住房和城乡建设主管部门。县级以上人民政府住房和城乡建设主管部门和其他有关部门依法履行监督检查职责时，有权采取下列措施：要求被检查人员提供注册证书；要求被检查人员所在聘用单位提供有关人员签署的工程造价成果文件及相关业务文档；就有关问题询问签署工程造价成果文件的人员；纠正违反有关法律、法规和办法及工程造价计价标准和计价办法的行为。注册造价工程师及其聘用单位应当按照有关规定，向注册机关提供真实、准确、完整的注册造价工程师信用档案信息。注册造价工程师信用档案应当包括造价工程师的基本情况、业绩、良好行为、不良行为等内容。违法违规行为、被投诉举报处理、行政处罚等情况应当作为造价工程师的不良行为记入其信用档案。注册造价工程师信用档案信息按有关规定向社会公示。

（四）简化造价工程师注册审核流程，各省、自治区、直辖市住房和城乡建设主管部门，国务院有关专业部门造价工程师注册管理机构受理造价工程师的注册申报材料，并按有关规定报送住房和城乡建设部。住房和城乡建设部随时接收注册管理机构报送材料，每月公布审核结果。造价工程师注册实施电子化申报和审批，申请人通过全国造价工程师管理系统上传，除注册申请表外，不再提供书面材料。注册管理机构应将初审意见函和注册人员汇总表报送住房和城乡建设部，并上传申报数据。造价工程师申请跨省或跨部门变更注册的，可通过管理系统提交变更申请，到新聘用单位所属注册管理机构直接办理调入手续，新聘用单位所属注册管理机构审核通过后，在其证书上登记变更信息，不再换发证书。变更信息将通过管理系统自动向原注册管理机构备案。暂停执业、恢复执业的，由注册管理机构通过管理系统审批处理，管理系统将自动上传相关信息。同一企业内造价工程师跨地区变更注册，不受一年注册变更期限的限制。取得造价工程师考试合格证书1年以后办理初始注册，或注册证书失效申请重新注册的人员，应出具近一年的继续教育证明。注册管理机构应对申请人提交的符合继续教育形式、标准和要求的各类学习证明予以认可。进一步规范土木建筑工程和安装工程专业一级造价工程师初始注册、变更注册、延续注册、增项注册、注销注册和遗失补办等注册管理工作：一级造价工程师注册实行网上申请，申请人登录注册造价工程师管理系统，按照提示要求在线填写申请信息，自动生成申请表，打印并签字、加盖聘用单位印章，上传相关材料扫描件。管理系统收到申请人提交的网上申请材料即为受理。部自受理之日起20日内对申请一级造价工程师初始注册的材料提出审批意见，并在住建部门户网站公示、公告。部自受理之日起10日内对申请延续注册、注销注册和遗失补办的一级造价工程师作出决定，申请人可在管理系统中查询审核状态及结果。一级造价工程师注册证书由住房和城乡建设部用印，加盖省级住房和城乡建设主管部门或国务院有关部门造价工程师注册管理机构钢印。已注册一个专业的一级造价工程师，申请第二专业注册时，注册程序按照初始注册办理。第二专业准予注册的，单独核发造价工程师注册证书，两本证书有效期分别计算。变更包括变更聘用单位、身份证号码正常升位和变更聘用单位资质证书情况。省级住房和城乡建设主管部门或国务院有关部门造价工程师注册管理机构收到网上申请材料后，10日内通过管理系统作出决定。准予变更注册的，由省级住房和城乡建设主管部门或国务院有关部门造价工程师注册管理机构在其注册证书变更注册登记栏填写变更信息，加盖印章。注册两个专业的一级造价工程师注册信息发生变化，应同时提交两本证书变更注册申请，省级住房和城乡建设主管部门或国务院有关部门造价工程师注册管理机构应合并办理变更手续。一级造价工程师一个注册有效期内继续教育学时不少于120学时。注册两个专业的一级造价工程师继续教育学时可重复计算。继续教育包括：有关国家机关、行业协会等单位组织面授培训、远程教育（网络）培训、学术会议、学术报告、专业论坛等活动。注销注册或注册证书失效后重新申请注册的一级造价工程师，自重新申请注册之日起算，近4年继续教育学时应不少于120学时；自职业资格证书签发之日起至重新申请初始注册之日止不足4年的，应提供每满1个年度不少于30学时继续教育学习证明。职业资格证书签发之日起1年后首次申请初始注册的一级造价工程师，应提供自申请注册之日起算，近1年的继续教育合格证明，继续教育学时不少于30学时。外国人和港澳台地区居民在内地大陆申请一级造价工程师注册要求及申请与内地大陆注册人员一致，外国人还应提供外国人就业许可证书。执业，造价工程师在工作中，必须遵纪守法，恪守职业道德和从业规范，诚信执业，主动接受有关主管部门的监督检查，加强行业自律。住房和城乡建设部、交通运输部、水利部共同建立健全造价工程师执业诚信体系，制定相关规章制度或从业标准规范，并指导监督信用评价工作。造价工程师不得同时受聘于两个或两个以上单位执业，不得允许他人以本人名义执业。取得造价工程师注册证书的人员，应当按照国家专业技术人员继续教育的有关规定接受继续教育，更新专业知识，提高业务水平。取得的造价工程师执业资格证书与本规定中一级造价工程师职业资格证书效用等同。取得的全国建设工程造价员资格证书、公路水运工程造价人员资格证书以及水利工程造价工程师资格证书，效用不变。专业技术人员取得一级造价工程师、二级造价工程师职业资格，可认定其具备工程师、助理工程师职称，并可作为申报高一级职称的条件。

（五）为规范注册造价工程师继续教育工作，提高注册造价工程师的专业水平和综合能力，注册造价工程师继续教育是注册造价工程师持续执业资格的必备条件之一，应贯穿于注册造价工程师整个执业过程。注册造价工程师有义务接受并按要求完成继续教育，注册造价工程师所在单位有责任督促本单位注册造价工程师按要求接受继续教育，任何单位及个人不得以任何理由限制或剥夺注册造价工程师参加继续教育的权利。中国建设工程造价管理协会负责组织开展全国注册造价工程师继续教育工作，并对各省、自治区、直辖市及部门注册造价工程师继续教育管理机构继续教育工作进行检查和指导。各省级和部门管理机构应在中价协的组织下，负责开展本地区和本部门注册造价工程师继续教育工作。注册造价工程师继续教育学习内容主要是：与工程造价有关的方针政策、法律法规和标准规范，工程造价管理的新理论、新方法、新技术等。注册造价工程师在每一注册有效期内应接受必修课和选修课各为60学时的继续教育。各省级和部门管理机构应按照每两年完成30学时必修课和30学时选修课的要求，组织注册造价工程师参加规定形式的继续教育学习。继续教育必修课以中价协确定的学习内容和编制的培训教材为主，各省级和部门管理机构可适当补充学习内容；选修课学习内容及培训教材由各省级和部门管理机构自行确定，并提前报送中价协备案。注册造价工程师继续教育学习的形式：参加中价协或各省级和部门管理机构组织的注册造价工程师网络继续教育学习和集中面授培训；参加中价协或各省级和部门管理机构举办的各种类型的注册造价工程师培训班、研讨会；中价协认可的其他形式。注册造价工程师继续教育按下列标准认定学时：参加中价协或各省级和部门管理机构组织的注册造价工程师网络继续教育学习，按在线学习课件记录的时间计算学时；参加中价协或各省级和部门管理机构组织的注册造价工程师集中面授培训及各种类型的培训班、研讨会等，每半天可认定4个学时；其他中价协认定的学时。申请初始注册获得批准的注册造价工程师，在取得《造价工程师注册执业证书》的当年应参加所在省级和部门管理机构组织的初始注册教育培训。培训内容主要是：《注册造价工程师管理办法》、执业道德规范及相关法律法规等。注册造价工程师继续教育学时，取得《造价工程师执业资格证书》超过一年，但少于一个注册有效期（4年）申请初始注册的人员，在申请初始注册时，应提供自执业资格证书签发之日起至申请初始注册年度止，每满1个年度不少于30学时继续教育学习证明。超过一个注册有效期的，应按规定完成继续教育的补习。未参加继续教育学习的注册造价工程师申请恢复执业时，应补习暂停执业之日起至申请恢复执业年度止的继续教育学习课程，超过一个延续注册有效期（4 年）申请的，应按规定完成继续教育的补习。超过一个注册有效期或者一个延续注册有效期未参加继续教育学习的造价工程师，申请初始注册或恢复执业申请时，应参加中价协组织的继续教育补习学习班，考核合格者由中价协出具相关继续教育合格证明。注册造价工程师应按规定完成继续教育学习，应在注册造价工程师个人信用档案中予以记录。办理跨省级或部门变更注册的注册造价工程师，转出机构已经认定的继续教育学时，转入机构应予以认可。各省级和部门管理机构负责认定和考核注册造价工程师参加继续教育的情况，并登记在由中价协统一印制的《注册造价工程师继续教育证书》上。中价协改进造价工程师继续教育形式意见，参加中价协、各省级和部门管理机构、省级造价协会组织的注册造价工程师集中面授培训，并取得学时证明的，均予以认可。参加中价协、各省级和部门管理机构、省级造价协会组织的造价工程师网络继续教育学习，并取得学时证明的，均予以认可。参加中价协、各省级和部门管理机构、省级造价协会组织的各种课题研究、标准编制、教材编写等工作，培训或继续教育授课，国内外学术交流、研讨，考试命题、阅卷等考务工作，咨询成果质量监督、检查，并取得学时证明的，均予以认可。参加经中价协、各省级和部门管理机构批准或授权的工程造价咨询企业公开组织的造价工程师继续教育培训，并取得学时证明的，均予以认可，以个人署名且公开发表（以正式刊号为准）的工程造价相关论文、专著，并取得学时证明的，均予以认可。造价工程师继续教育学时认定标准，参加中价协、各省级和部门管理机构、省级造价协会组织的造价工程师网络继续教育学习，按在线学习课程记录的时间计算学时；参加中价协、各省级和部门管理机构、省级造价协会组织的注册造价工程师集中面授培训及各种类型的培训班、研讨会等，每半天可认定 4 个学时；参加中价协、各省级和部门造价工程师、造价员继续教育授课，每半天可认定 10 个学时；参加中价协和省级课题研究、行业标准编制、教材编写，每项每年认定 30 学时；参加中价协、省级造价管理机构或造价协会组织的工程造价咨询成果质量监督检查，每半天可认定 10 个学时，每年最高可认定 30 学时；参加全国造价工程师执业资格考试教材编写以及命题、审题、评卷，每年可认定 30 学时；以个人署名且公开发表（以正式刊号为准）的工程造价相关专业论文、著作。出版著作每万字认定 12 学时；在国家级刊物上发表论文每千字认定 8 学时，在省级刊物上发表论文每千字认定 5 学时，在市级刊物上发表论文每千字认定 3 学时；参加国际工程造价学术会议，每半天可认定 4 个学时；参加经中价协、各省级和部门管理机构、省级造价协会批准或授权的工程造价咨询企业组织的可以面向社会的公开培训（企业一般的管理和技能培训除外），每半天可认定 4 个学时，每年最高可认定 30 学时。

二、水利工程造价管理与一级造价工程师（水利工程）注册

（一）水利工程造价，是指水利工程建设项目从项目建议书到竣工验收阶段发生的全部建设费用。全部或者部分使用国有资金投资或者国家融资的水利工程造价管理活动，应当遵守水利工程造价管理。水利工程造价管理应当遵循依规编制、合理确定、科学管理、有效控制的原则，确保水利工程质量安全，有利于提高投资效益。水利部负责全国水利工程造价的监督管理。水利部所属流域管理机构（以下简称流域管理机构）依照水利部授权，负责所管辖范围内水利工程造价的监督管理。县级以上地方人民政府水利行政主管部门在职责范围内负责本行政区域水利工程造价的监督管理。水利工程造价管理相关单位应当积极应用信息技术，提高水利工程造价管理水平和效率。水利工程造价计价依据，是指编制各阶段水利工程造价文件所依据的编制规定、定额、价格信息以及其他相关计价文件和标准。水利工程造价计价依据应当符合有关政策、技术标准。水利工程造价计价依据应当进行动态管理，与经济社会发展和工程技术水平相适应，确保经济合理，促进水利工程建设领域科学技术成果的推广和应用。水利部负责制定水利工程行业造价编制规定。省级人民政府水利行政主管部门依据水利工程行业造价编制规定，可以结合实际情况制定水利工程地方造价编制规定，并报水利部备案。水利部负责制定水利工程行业定额。流域管理机构和省级人民政府水利行政主管部门可以结合实际组织制定补充定额，并报水利部备案。省级人民政府水利行政主管部门应当加强水利工程造价信息管理，推动水利工程造价数据采集、价格信息发布。计价依据编制工作可以通过购买技术服务等方式，发挥企事业单位、科研机构和社团组织的专业技术支撑作用。水利工程建设项目法人、勘察设计、施工、监理、造价咨询等单位应当加强基础资料收集，配合做好计价依据编制工作。水利工程施工企业应当逐步建立企业成本数据库，编制能反映自身技术及管理水平的企业定额，用于企业投标报价和成本管理等。

（二）造价的确定与控制，水利工程应当按照基本建设程序分阶段实施造价管理，注重技术经济比选，合理确定各阶段工程造价，实现全过程造价控制。水利工程项目建议书阶段，应当依据《水利水电工程项目建议书编制规程》、造价编制规定、概算定额、价格信息及其他有关规定编制投资估算。水利工程可行性研究报告阶段，应当依据《水利水电工程可行性研究报告编制规程》、造价编制规定、概算定额、价格信息及其他有关规定编制投资估算。可行性研究报告投资估算按照经批准的项目建议书投资估算控制。水利工程初步设计阶段，应当依据《水利水电工程初步设计报告编制规程》、造价编制规定、概算定额、价格信息及其他有关规定编制设计概算。设计概算应当按照经批准的可行性研究报告投资估算控制。初步设计提出的设计概算超过经批准的可行性研究报告投资估算10%的，项目主管部门应当向可行性研究报告审批部门报告，并按审批部门要求重新报送可行性研究报告。水利工程招标设有最高投标限价或标底的，最高投标限价或标底应当依据相关法规确定。招标人不得迫使投标人以低于成本的报价竞标。投标人不得以低于成本的报价竞标。水利工程发包方和承包方应当在合同中明确约定合同价款及支付方式，并合理约定计价的风险内容及其范围。实行招标投标的水利工程，合同价款等主要条款应当与招标文件和中标人的投标文件的内容一致。在工程建设实施中，发包方和承包方应当按照合同约定办理工程价款结算。合同未作约定或约定不明的，承包方和发包方应当依据相关法律、法规、规章、技术标准、计价依据等协商确定结算原则。合同工程完工后，发包方和承包方应当根据合同约定的计价和调价方法、确认的工程量、变更及索赔事项处理结果等，进行完工结算。设计概算中计列的预备费由项目法人在造价编制规定允许范围内使用。预备费的使用由项目法人申请，报项目主管部门审批。水利工程建设投资原则上不得超过经批准或者核定的设计概算。由于建设期国家政策调整、价格上涨、地质条件及工程设计发生重大变化等原因确需增加设计概算的，项目法人应当提出调整方案及资金来源，组织编制修改概算，按照规定程序上报原初步设计审批部门批准，或者经原初步设计审批部门审核后报概算核定部门核定。鼓励具备条件的水利工程推行"静态控制、动态管理"的工程造价管理模式。水利工程建设完成后，项目法人应当依据经批准的设计概算和有关规定编制竣工财务决算。鼓励推行水利工程全过程造价咨询服务，充分发挥咨询、设计等专业机构和水利造价工程师的作用，实现水利工程造价的合理确定与全过程控制。造价管理责任，项目法人对水利工程造价管理履行以下职责：贯彻执行水利工程造价管理的法律、法规、规章、规范性文件、技术标准及计价依据；建立造价管理制度，明确水利工程造价人员，加强造价管理，实现投资控制目标；按照规定组织编制、报审、审批或报备有关造价文件；按照水行政主管部门要求报送有关造价数据；依据规定应当履行的其他职责。勘察设计单位应当做好设计方案的技术经济比选，依据项目建议书、可行性研究报告、初步设计等阶段编制规程、设计变更相关规定、计价依据等编制造价文件，并对其编制的造价文件负责。施工单位应当按照合同约定，根据工程建设进度，编制工程计量与支付、变更费用、价格调整、完工结算等造价文件，并对其编制的造价文件负责。监理单位应当按照合同约定，审核工程计量与支付、变更费用、价格调整、完工结算等造价文件，并对其签认的造价文件负责。采用工程总承包等工程建设组织模式的水利工程，相关单位应当按照合同约定承担相应造价管理责任。造价咨询单位及其他从事水利工程造价咨询业务的专业机构应当依据相关法律、法规、技术标准、计价依据、合同文件等开展造价文件的编制、审核等咨询业务，并对其咨询成果负责。水利工程造价从业人员应当具备相应的专业技术技能，遵纪守法、诚信执业，并对其承担的造价业务负责。水利造价工程师应当按照相关规定注册、执业并接受继续教育。水利工程造价文件应当由水利造价工程师按照规定签字并加盖执业印章。水利工程造价监督检查的主要内容包括：贯彻执行水利工程造价管理相关的法律、法规、规章、规范性文件、技术标准和计价依据情况；造价管理制度的建立和执行情况，造价人员明确情况；有关造价文件编制、报审、审批或报备情况；工程建设资金使用情况；水利造价工程师按照相关规定注册、执业和接受继续教育情况；其他相关事项。水利工程建设涉及的公路、铁路、电力、水运、房屋、市政等专业工程建设项目的造价管理，另有相关规定的，从其规定。水利工程建设征地补偿和移民安置专项的造价管理，按照国家有关规定执行。

（三）水利部受理范围，一级造价工程师（水利工程）初始注册、延续注册、变更注册和注销注册。符合注册条件的人员，应当自取得中华人民共和国一级造价工程师（水利工程）职业资格证书之日起 1 年内申请初始注册。初始注册的有效期为 4 年，申请人应当提交下列材料：承诺书；初始注册申请表；劳动合同（退休人员应当提供有效的退休证明、劳务合同）；社会保险参保缴费材料（退休人员应当提供有效的意外伤害保险参保缴费材料）；申请初始注册距取得职业资格证书之日已超出 1 年期限的，应当提供申请当年不少于 30 个学时的继续教育合格证明。一级造价工程师（水利工程）注册有效期届满需继续执业的，应当在有效期届满三十日前申请延续注册。延续注册的有效期为 4 年。申请人应当提交下列材料：承诺书；延续注册申请表；劳动合同（退休人员应当提供有效的退休证明、劳务合同）；社会保险参保缴费材料（退休人员应当提供有效的意外伤害保险参保缴费材料）；注册有效期内每年不少于 30 个学时的继续教育合格证明。一级造价工程师（水利工程）在注册有效期内变更执业单位或执业单位名称发生变更的，应当自与现聘用单位签订劳动合同之日或执业单位名称变更之日起三十日内申请变更注册。变更注册后，原注册有效期届满时间不变。申请人应当提交下列材料：承诺书；变更注册申请表；变更执业单位的，应当提交与现聘用单位签订的劳动合同（退休人员应当提供有效的退休证明、劳务合同）；变更执业单位的，应当提交社会保险参保缴费材料（退休人员应当提供意外伤害保险参保缴费材料）。一级造价工程师（水利工程）在注册有效期内停止执业的，应当申请注销注册，提交注销注册申请表。一级造价工程师（水利工程）有《注册造价工程师（水利工程）管理办法》第十八条所列情形之一的，本人应当及时向水利部申请注销注册。办理程序，一级造价工程师（水利工程）注册的申请、受理和许可全流程在水利部政务服务平台进行。申请人登录水利部政务服务平台，在线提交申请材料。水利部自收到申请材料之日起 5 个工作日内决定是否受理，自受理之日起 10 个工作日内决定是否准予注册，对准予注册的申请人核发注册证书。申请人可通过水利部政务服务平台查询办理进度和结果。自本公告印发之日起，水利部启用“中华人民共和国水利部一级造价工程师（水利工程）注册专用章”电子印章，专用于一级造价工程师（水利工程）注册事项。按照《国务院办公厅关于加快推进电子证照扩大应用领域和全国互通互认的意见》等要求，一级造价工程师（水利工程）注册证书实行电子化，电子注册证书式样执行《全国一体化在线政务服务平台电子证照造价工程师（水利工程）注册证书》（C0291—2022）标准。一级造价工程师（水利工程）可登录水利部政务服务平台查看和下载电子注册证书，并加注使用场景和有效期等信息，防止电子注册证书在非本人授权情形下的使用。电子注册证书信息发生变更的，需重新下载。有关单位和个人可通过水利部政务服务平台的“查询服务”栏目，查询和验证一级造价工程师（水利工程）注册信息。一级造价工程师（水利工程）应当按照《住房和城乡建设部办公厅、交通运输部办公厅、水利部办公厅关于印发造价工程师注册证书、执业印章编码规则及样式的通知》自行制作执业印章。一级造价工程师（水利工程）应按规定接受继续教育，每年不少于 30 学时；形式包括面授培训、远程（网络）培训及学术会议、学术报告、专业论坛等；内容包括造价专业技术人员应当掌握的法律法规、政策理论、职业道德、技术信息等基本知识，水利工程造价相关标准规范，水利工程造价新理论、新技术、新方法，水利工程造价案例分析等专业知识。中国水利水电勘测设计协会为一级造价工程师（水利工程）免费提供网络培训，一级造价工程师（水利工程）可登录中国水利水电勘测设计协会培训系统接受继续教育。水利部鼓励其他单位和社会团体为一级造价工程师（水利工程）免费提供远程（网络）培训。水利部依托全国水利建设市场监管平台建立一级造价工程师（水利工程）信用档案，归集、共享和应用相关信用信息。

三、交通运输工程造价工程师注册管理

（一）交通运输工程造价工程师，是指通过交通运输工程造价工程师职业资格考试，经依法注册后从事交通运输工程相关造价活动的专业技术人员。交通运输部负责全国交通运输工程造价工程师注册的监督管理。县级以上地方人民政府交通运输主管部门根据职责负责本行政区域内交通运输工程造价工程师注册的监督管理。交通运输工程造价工程师分为公路、水运工程两个类别。每个类别均分为一级造价工程师和二级造价工程师。一级造价工程师执业范围为交通运输工程建设项目全过程的造价管理与咨询等，具体包括：项目建议书、可行性研究投资估算编制与审核，项目评价造价分析；工程设计概算、施工预算编制与审核；工程招标投标文件工程量和造价的编制与审核；工程合同价款、结算价款、竣工决算价款的编制与管理；工程审计、仲裁、诉讼、保险中的造价鉴定，工程造价纠纷调解；工程计价依据、造价指标的编制与管理。二级造价工程师主要协助一级造价工程师开展相关工作，并可独立开展以下具体工作：工程工料分析、计划、组织与成本管理，施工图预算、设计概算编制；工程量清单、最高投标限价、投标报价编制；工程合同价款、结算价款、竣工决算价款的编制。2023 年 8 月 1 日起施行，交通运输工程造价工程师实行执业注册管理制度。通过交通运输工程造价工程师职业资格考试且拟从事工程造价相关工作的人员，经注册后方可以造价工程师名义执业。申请注册交通运输工程造价工程师的人员，应当具备下列条件：通过相应类别、等级的造价工程师职业资格考试；受聘于一家工程造价咨询企业或者从事交通运输工程相关业务的企业、事业单位；未受刑事处罚，或者刑事处罚已执行完毕。交通运输部负责交通运输工程一级造价工程师的注册工作。省级人民政府交通运输主管部门负责交通运输工程二级造价工程师的注册工作。申请人应当自取得交通运输工程造价工程师职业资格考试合格证明之日起 1 年内，向第七条规定的许可机关申请注册。逾期未申请的，应当在符合本办法规定的继续教育要求后方可申请。申请人在申请注册时，应当提交下列材料或者信息：申请人身份证明；注册申请表；职业资格考试合格证明；与聘用单位签订的劳动合同或者劳务合同；逾期申请的，还应当提供符合继续教育要求的相关材料。交通运输部、省级人民政府交通运输主管部门应当通过全国交通运输工程造价工程师相关管理系统，在线办理造价工程师注册申请、受理、审批等相关工作。申请人通过全国交通运输工程造价工程师相关管理系统在线申请造价工程师注册的，应当将规定的材料或者信息录入系统，并对提交材料或者信息的真实性负责。许可机关应当按照《交通行政许可实施程序规定》开展许可工作。准予许可的，颁发电子或者纸质造价工程师注册证书。电子证书与纸质证书具有同等法律效力，式样由交通运输部统一规定。注册证书有效期 4 年，在全国范围内适用。交通运输工程造价工程师可以在注册证书有效期届满 3 个月之前，向原许可机关提交延续申请，并提交以下材料：延续申请；与聘用单位签订的劳动合同或者劳务合同；符合规定的继续教育相关材料。许可机关收到延续申请后，应当在交通运输工程造价工程师注册许可有效期届满前，对造价工程师是否符合本办法规定的资格条件进行审查。符合条件的，许可机关应当作出准予延续的决定；不符合条件的，应当责令限期整改，整改后仍不符合条件的，许可机关应当作出不予延续的决定。交通运输工程造价工程师的执业单位发生变更的，应当自变更之日起 60 日内向原许可机关申请变更注册。交通运输工程造价工程师申请注销注册证书或者有《行政许可法》第七十条规定情形的，原许可机关应当依法办理注销手续并予以公告。

（二）交通运输工程造价工程师应当在注册证书明确的等级及执业范围内进行执业。交通运输工程造价工程师应当在本人形成的工程造价成果文件上签字并加盖执业印章。执业印章由交通运输工程造价工程师按照国家有关规定自行制作。交通运输工程造价工程师不得同时受聘于两个或者两个以上单位执业，不得允许他人以本人名义执业。交通运输工程造价工程师在执业期间，应当按照国家有关规定接受继续教育，更新专业知识，提高专业水平。交通运输工程造价工程师参加继续教育的方式按照人力资源和社会保障部门有关规定执行。县级以上人民政府交通运输主管部门应当依照职责，加强对交通运输工程造价工程师注册活动的监督管理。县级以上人民政府交通运输主管部门实施监督检查时，可以询问当事人，向造价工程师所在的执业单位或者相关人员了解情况，查阅、复制工程造价成

果文件等有关资料。县级以上人民政府交通运输主管部门应当对交通运输工程造价工程师实施信用管理，并按照规定将有关信息纳入信用信息共享平台。注册类型及有关事项，交通运输工程造价工程师注册由申请人提出申请，包括初始注册、延续注册、变更注册和注销注册。初始注册是通过造价工程师职业资格考试后首次申请注册；注册有效期届满拟继续从事交通运输工程造价相关工作，可在届满3个月之前申请延续注册；变更注册。注册有效期内变更聘用单位或聘用单位名称发生变更，应当自变更之日起60日内申请变更注册。申请材料如下：申请人身份证明。变更执业单位的，应提交与新聘用单位签订的劳动合同或劳务合同；执业单位名称发生变更的，应提交执业单位新名称的营业执照和工商核准通知书。注册两个类别（公路工程类别或水运工程类别）的造价工程师聘用单位或聘用单位名称变更，应同时提交两个类别的变更注册申请。变更注册不改变注册有效期。交通运输工程造价工程师停止执业的，应当申请注销注册。注销注册后符合条件再次申请注册的，按规定办理。交通运输工程一级造价工程师的注册工作由交通运输部公路局、交通运输部水运局按类别分别组织实施。已注册一个类别的造价工程师，通过第二类别考试后可申请注册第二类别，注册程序按照初始注册办理。第二类别准予注册的，单独计算有效期。注册实行告知承诺制，申请人和聘用单位对申请材料的真实性和有效性负责。对不符合相关注册条件虚假填报申请材料的，一经核实原许可机关有权撤销注册。

（三）注册流程，交通运输工程造价工程师注册实行在线办理，可在全国交通运输工程造价工程师相关管理系统进行注册的申请、受理和查询。一级造价工程师注册可登录交通运输部行政许可网上办理平台，在线提交申请材料。二级造价工程师注册按省级交通运输主管部门的规定执行。许可机关自受理之日起20个工作日内作出是否予以注册的决定。对准予注册的申请人，由许可机关公开准予注册人员名单。颁发注册证书。其中，交通运输工程一级造价工程师注册证书由交通运输部颁发；交通运输工程二级造价工程师注册证书由省级交通运输主管部门颁发。申请人可登录注册系统查询注册结果，接收电子注册证书或纸质注册证书。注册证书与执业印章，施行前通过造价工程师职业资格考试，或取得公路水运工程造价人员资格证书，按要求完成注册且在注册有效期内的，可继续执业。施行前通过造价工程师职业资格考试，或取得公路水运工程造价人员资格证书，尚未完成注册或已注册但不在有效期内的，经当事人申请、符合规定条件的，给予颁发相应等级的注册证书。其中，已取得公路工程造价人员（甲级）或水运工程造价人员资格证书的，可申请一级造价工程师注册；已取得公路工程造价人员（乙级）资格证书的，可申请二级造价工程师（公路工程）注册。施行前已取得不同类别、等级的公路水运工程造价人员资格证书和造价工程师职业资格考试合格证明的人员，可以申请注册相应类别、等级的造价工程师。施行后通过造价工程师职业资格考试的，注册工作按照规定开展。交通运输工程造价工程师注册后按《住房和城乡建设部办公厅交通运输部办公厅水利部办公厅关于印发造价工程师注册证书、执业印章编码规则及样式的通知》要求自行制作执业印章。交通运输工程造价工程师的继续教育方式按人力资源和社会保障部有关规定执行。注册两个类别的交通运输工程造价工程师，继续教育学时应按类别分别计算；如有公共科目，公共科目学时可以计入两个类别的继续教育学时。

第五节　工程造价纠纷调解管理

一、建设工程造价纠纷调解

（一）国内外平等主体的自然人、法人或其他组织之间因建设工程及建设工程相关的合同履行中发生造价及财产性权益相关纠纷，均可提交中国建设工程造价管理协会工程造价纠纷调解中心调解。为鼓励当事人利用调解方式解决纠纷，充分发挥行业调解在多元化解决建设工程造价纠纷中专业优势，规范建设工程造价纠纷的调解行为，公平、公正、高效地解决争议，建设工程造价纠纷调解遵循平等自愿、诚实守信、互谅互让、高效便捷的原则。调解员应运用专业知识，分析当事人提供的资料，客观听取各方当事人意见，按照调解规则，依据有关法律、法规、规范进行调解，促进当事人达成和解协议或调解协议。调解中心接受当事人申请调解；亦可接受人民法院、仲裁机构、行政机关、其他调解组织的委派、委托调解。经当事人共同申请，调解中心可决定与其他争议解决机构进行联合调解；亦可接受人民法院、仲裁机构及其他调解组织邀请，对争议事项进行诉（裁）前调解或联合调解。当事人可以委托代理人参加调解，不限定调解代理人人数。代理人的授权委托书必须由委托人签名或者盖章，并应当载明委托事项和权限。代理人代为承认、放弃、变更权利主张，签署调解协议，申请司法机关确认调解协议的，须在授权委托书中载明。调解案件的工作语言为中文。当事人约定使用其他调解语言或者提出其他语种要求的，应承担相应费用。除当事人另有约定外，调解不公开进行。调解员、当事人及其代理人、证人、专家、调解中心工作人员以及其他参加调解过程的人员应当遵守保密规则，不得对外透露调解有关事项；法律法规另有规定或者双方当事人同意的除外。经当事人本人同意，调解员可将其单独单方所作陈述内容告知其他当事人，并听取其他当事人的解释说明。调解中心设置调解员名册。调解在调解中心所在地或相应调解室进行。当事人另有约定或者调解中心建议且当经事人一致同意的，调解也可在其他地点进行，由此产生的费用由当事人承担。

（二）调解程序，当事人向调解中心书面申请调解，应当提交下列材料：调解申请书；相关证据材料；身份证明材料；委托代理人参与调解的，须提交书面授权委托文件。调解申请书应载明各方当事人姓名或者名称、住所、邮政编码、联系电话、传真、电子邮件以及其他便捷的联系方式，调解请求及事实理由等事项，并由当事人签字或者盖章。调解中心根据当事人一方或者各方申请受理调解。当事人之间已订立调解协议或在合同及其他协议中约定调解条款的，调解中心可根据相关约定受理一方提出的调解申请。当事人之间无任何调解协议或者调解条款的，调解中心收到一方当事人调解申请的，征得其他当事人同意后方予受理。调解中心应自收到当事人调解申请之日起七日内，向各方当事人发送预受理通知书及调解规则、调解员名册以及收费标准。当事人同意调解的，应自收到预受理通知书之日起七日内，向调解中心提交下列材料：对调解请求的书面意见；相关证据材料；身份证明文件；委托代理人参与调解的，应提交书面授权委托文件。调解中心对当事人提交的上述书面材料进行审查，在七日内做出受理决定并通知当事人。调解工作结束前，当事人可以向调解中心补充提交新的证据材料。当事人增加调解事项，或者当事人同意在本调解案件中增加当事人的，应当按照本规则规定提供相关材料，并按照调解中心规定的收费标准，就增加的调解事项补交相关费用。当事人未声明其提供的材料仅供调解员查阅的，应当提交材料一式两份。当事人为二人以上（含二人）或者调解员为二人以上的（含二人），增加提交相应份数。当事人书面声明其提供的材料仅供调解员查阅的，应当提交一式一份材料。调解员为二人以上的（含二人），增加提交相应份数。调解程序开始前，各方当事人已达成将相关争议提交调解中心的协议或者调解条款的，申请人未在本调解规则规定的期限内提交书面意见，不影响调解程序进行。如各方当事人在调解程序开始前，未达成将相关争议提交调解中心的协议或者调解条款的，或申请人未在本调解规则规定的期限内明确表示接受调解的，视为拒绝调解；双方申请人在期限届满后方表示接受调解的，由调解中心决定调解程序是否继续。申请人未在本调解规则规定的期限内提交书面意见，但仍按本调解规则参与调解活动的，视为接受调解，调解程序继续进行。

调解中心发送的各项通知及书面文件，可以采用邮寄、传真、电子邮件、短信、微信、电话等方式送达。

（三）调解费，调解中心自行受理调解纠纷的，按照调解中心收费标准收取调解费用。人民法院、仲裁机构、行政机关等委派调解中心调解纠纷的，以委派单位的收费标准为准。当事人同意调解的，应自收到调解中心发送的预受理通知之日起十日内，按照调解中心规定的收费标准预交调解费。当事人对调解相关费用的承担比例有约定的，按其约定承担；无约定的，由各方当事人协商承担；协商不成的，调解员根据案情和调解结果，确定当事人承担具体比例。当事人未按期缴纳调解费，视为不同意调解，调解中心退还有关资料。调解中心对工程造价纠纷原则上不进行工程造价鉴定，调解过程中确实必须发生的鉴定费、勘验费、专家评审费以及其他第三方收取的费用，当事人有约定的，按其约定承担；无约定的，由当事人协商承担；协商不成的，由申请鉴定、勘验、评审等事项的当事人预交。当事人不交纳鉴定费、勘验费、专家评审费以及其他相关费用的，视为不要求进行前述工作，调解工作可继续进行。

二、调解员组成、调解方式

除非当事人另有约定或调解中心另有规定外，调解由一名调解员进行。调解中心认为应当增加调解员的，可向当事人提出建议，并经当事人同意后增加。争议金额超过人民币3000万元的建设工程造价纠纷，调解员人数原则上不得少于三人。当事人可自行从调解员名册中选择调解员；也可设定调解员选择条件，委托调解中心选择。对国有资金为主的建设项目，当事人必须在调解员名册中选择调解员；调解中心还可以邀请负责建设项目的财政、审计等人员参与调解。当事人自收到调解通知之日起十日内未选定调解员，或各方当事人自收到调解通知之日起十日内未能共同选定一名调解员的，由调解中心指定一名或者数名调解员进行调解。当事人要求多名调解员进行调解的，除在调解员名册中选定调解员外，也可从其他调解组织选择调解员。由多名调解员进行调解的，应至少有一名调解中心调解员参与调解。当事人从其他调解组织选定调解员的，应书面告知调解中心其所选调解员的联系方式。各方当事人自收到调解通知之日起十日内，未选定或未委托调解中心选定调解员，且拒绝接受调解中心指定调解员的，视为当事人拒绝调解；但本调解规则另有规定的除外。调解员接受选定或者指定的，应保证其独立、公正地履行调解员的职责，并披露可能影响其在该案中担任调解员的独立性、公正性的相关情形。发生下列情形之一的，调解员应当退出案件调解：调解员因自身原因无法继续履行调解员职责的；调解员与案件有利害关系或未按本规则规定进行披露的；当事人申请更换调解员且经调解中心同意的。调解员退出调解后，调解中心应及时通知各方当事人。各方当事人应当自收到重新选定调解员通知之日起十日内，按照规则规定重新选定调解员，或由调解中心重新选定调解员。各方当事人自收到重新选定调解员通知之日起十日内，未重新选定或委托调解中心重新选定调解员，且拒绝调解中心重新指定的调解员或者要求再次更换调解员的，视为当事人拒绝继续调解。调解员确定后，调解中心应将申请人提交的调解申请书、被申请人提交的对调解请求的书面意见以及各方当事人提交的相关材料，及时转送给调解员。调解员应在收到前述材料之日起十四日内，组织各方当事人进行调解。调解方式，调解开始前，调解员应对双方或一方申请人提供的调解申请书，以及各方当事人提交的相关证据材料进行研究分析，了解产生纠纷的原因和各方当事人的意见和理由，查询与纠纷事项有关的法律、法规等相关规定，为调解做好资料准备工作。调解过程中，调解员应当公平、公正地对待各方当事人，充分听取各方当事人的意见，充分了解纠纷缘由、各方主张，研究各方提供的材料，按照公平、公正原则，促成各方当事人达成调解协议。在充分考虑案情、当事人意愿以及便利性等因素的情况下，调解员可以采取其认为合适的方式进行调解，包括但不限于：调解可以同时在双方当事人之间进行，也可以分别进行；调解的时间、地点由调解员征得当事人同意后确定；调解员可以提出调解方案供当事人参考，当事人对调解员提出的方案可以接受、不接受或者提出修正意见；调解员可以建议当事人补充提交材料或者书面意见；调解员可以建议当事人提出书面或者口头解决争议方案；调解员可以向当事人提出解决争议的建议或者意见；调解员经当事人同意或委派方的要求，可以向当事人提出纠纷案件中无争议部分的先行处理建议或意见，有争议部分的各方观点与意见，便于仲裁或诉讼解决；其他有利于当事人达成调解协议的方式。在调解员的主持下，调解一般按照以下流程进行：一方申请人发言，提出主张；另一方申请人发言，提出意见；调解员了解情况，就证据材料询问当事人有关情况；调解员总结双方观点，征询双方意见，并提出调解意见；填写《调解记录》，当事人、调解员签字确认。调解员不得有下列行为：强迫调解；违法调解；接受当事人请托或收受财物；泄露调解过程中的相关情况或调解协议内容；其他违反调解员职业道德的行为。当事人发现调解员有上述行为的，可以向调解中心投诉。经查属实的，调解中心应当予以纠正，并对被投诉的调解员作出警告、通报、除名等相应处理。当事人应对所提供证据材料的真实有效性负责。当事人提供的资料，若其他任一方当事人对该材料有异议，并提供相反证据的，调解员可以不将其作为调解依据。当事人提供的资料不足的，调解员可以向当事人发出《资料补充表》，要求当事人进一步提供相关补充资料。提供补充资料的时间不计入调解期限。当事人无法对其主张的事实、请求提供证据材料，但其他当事人对此认可或者无异议的，调解员可以将其记入《调解记录》，经当事人签字或者盖章确认后作为调解依据。建设工程纠纷事项涉及工程实际完成项目、工作内容、施工工艺和施工做法，并且没有相关书面材料时，当事人可以共同提交《现场勘验申请表》，由调解员组织现场勘验。《现场勘验申请表》中应包含勘验时间、勘验地点、勘验行程安排、勘验内容以及参加勘验的人员名单等。现场勘验结束后，调解员应组织填写《现场勘验记录表》，记录勘验结果，由各方当事人和调解员共同签字认可。调解员在调解过程中原则上只负责对纠纷案件给出解决问题的原则性意见，不负责具体工程价款的计算和组价。当事人在工程计量、单价方面有争议，且不能按照调解员提出的定性鉴定意见或者计价原则达成一致的，可以共同委托调解中心进行辅助性工程价款计算，由此产生的其他费用，由当事人另行承担。当事人可以约定调解期限。经当事人同意后，调解员也可以确定必要的调解期限。当事人未约定且调解员亦未确定调解期限的，调解员应自接受选定或者指定后的三十个工作日内完成调解，因资料不齐等原因或当事人同意延期的除外。一次调解不能促成当事人形成调解协议的，可以根据当事人意愿，再次进行调解。

三、调解终止与效力

（一）经调解，当事人就全部事项或者部分事项达成一致意见的，调解员应指导当事人就达成一致意见的事项签订《调解协议书》；当事人认为无需制作《调解协议书》的，也可以采用口头协议方式，由调解员将达成一致意见的事项记入《调解记录》。《调解协议书》经各方当事人及调解员签字，并加盖公章后，由调解中心送达各方当事人。《调解协议书》的内容应当包括但不限于：申请人的纠纷调解申请事项和各方当事人的主张；调解意见以及所依据的事实及理由；调解时间、调解地点以及参与调解的人员；协议的权利义务，履行方式、期限，违约责任等；《调解协议书》的签订日期。经各方当事人同意后，调解协议书可不写入各方当事人的主张以及依据的事实及理由。出现下列情况之一的，调解程序终止：当事人自行达成和解协议或者由调解员主持达成调解协议的；一方当事人声明终止调解程序的。但当事人为多方时，一方退出调解程序，不影响其他各方继续调解，该后续调解活动不得损害退出方的权益；当事人以实际行为拒绝调解或者放弃调解的；调解员认为已无调解成功可能，书面声明终止调解程序的；调解期限届满尚未调解成功，当事人不同意延期的；其他导致调解无法继续进行的情形。当事人提供的资料不足，且现场勘验结果无法佐证，致使调解员无法对纠纷事项作出确定性调解意见时，调解中心应当终止调解并书面告知当事人。调解中心根据前款终止调解后，可以根据调解进程，将部分调解费退还当事人。调解结束前，调解员发现当事人存在虚假调解可能的，应当中止调解，并向调解中心报告。调解中心接到报告后，应当及时审查，并依据相关规定作出处理。调解结束后，调解中心发现当事人在调解过程中提供虚假资料，误导调解员给出错误的调解意见并基于该意见促使各方当事人达成《调解协议书》的，调解中心有权撤销已经作出的《调解协议书》并依法追究相关当事人的责任，对方当事人知晓事实后明确表示认可《调解协议书》的除外。经调解后达成的具有民事权利义务内容的调解协议，经各方当事人在调解协议上签字或者盖章后，具有民事合同性质，对各方当事人具有约束力。《调解协议书》生效后，当事人可以依法向有管辖权的人民法院申请司法确认。人民法院确认《调解协议书》有效的，一方当事人拒绝履行或者未完全履行的，对方当事人可以依法向人民法院申请强制执行。当事人可以将已达成的具有合同效力和以金钱或者有价证券为给付内容的《调解协议书》，依法向有管辖权的人民法院申请支付令。当事人可依照《公证法》规定，就达成的具有给付内容的《调解协议书》，申请公证机关依法赋予强制执行效力。债务人拒绝履行或者未完全履行具有强制执行效力的公证文书的，债权人可以依法向人民法院申请强制执行。调解程序结束后，调解中心应由专人负责完成调解工作资料的归档工作。归档内容应包括以下内容：当事人提交调解申请书和书面意见；各方当事人提交的证据材料；第三方就调解事项作出的有关结论、报告等；调解中心就调解事项作出的通知、决定等程序性资料；《调解记录》和《调解协议书》；其他需要归档的材料。

（二）诉调对接的特别规定，当事人起诉至人民法院的民商事纠纷案件或向仲裁机构提起仲裁的案件，经人民法院、仲裁机构诉（裁）前委派、诉（裁）中委托调解中心调解解决的，适用特别规定。人民法院、仲裁机构、行政机关委派调解中心调解的纠纷案件，调解中心应予受理。调解中心接到人民法院、仲裁机构、行政机关委派调解的通知后，应当从委派人民法院、仲裁机构接收调解所需的案件材料。调解中心接受人民法院、仲裁机构、行政机关委派的调解案件后，应及时向各方当事人送达或告知下列事项：调解案件受理通知；调解中心调解规则；调解中心调解员名册。各方当事人应在收到《调解案件受理通知书》之日起十日内，根据本规则规定确定调解员，或由调解中心直接指定调解员。经调解当事人达成调解协议的案件，调解中心按照相关规定及时制作《调解成功通知函》，并附调解协议一并送交委委派单位。经调解当事人未达成一致意见的案件，调解中心按照相关规定制作《调解未果结案报告》附案件情况说明，一并送交委派单位。不能达成调解协议的，任何一方当事人均不得在之后的诉讼、仲裁或者其他任何司法程序中，援引对方当事人或者调解员在调解过程中的任何陈述、意见、观点或者建议，作为其诉讼请求、仲裁请求、答辩或者反诉、反请求的依据。当事人不得要求调解员在上述程序中作为证人作证。除非当事人另有约定或者经各方当事人一致同意外，参与争议调解的调解员，不得就该争议事项在之后的诉讼、仲裁或者其他任何程序中担任案件审理人员或者作为一方当事人的代理人。调解协议以日计算期间的，期间开始之日不计算在期间内；期间届满的最后一日是节假日的，以节假日后的第一日为期间届满的日期。当事人向调解中心申请通过专家评审的方式解决争议的，参照规则适用。当事人同意将争议提交本中心调解的，适用规则。当事人就调解程序和调解适用的规则另有约定或一致同意排除或部分排除适用调解规则的，从其约定，但该约定无法执行或者与强制性法律规定相抵触的除外。

（三）工程造价纠纷调解收费管理，中国建设工程造价管理协会工程造价纠纷调解中心受理的调解案件，其调解的相关收费，调解中心收取的调解的相关费用包括案件注册费、案件调解费，用于支付调解员报酬和维持调解中心的正常运转。案件注册费按照争议金额交纳。争议金额在100万元以下的，注册费为2000元；争议金额在100万元以上（含100万元）的，注册费为4000元。案件调解费按照争议金额分段计算交纳。当事人自行申请的案件，争议金额在100万元以下的部分，调解费为7000元；案件争议金额在100万元以上（含100万元）的部分，参照人民法院诉讼收费标准减半收取。人民法院、仲裁机构委派调解的案件，按照委派人民法院诉讼收费标准或仲裁机构相应收费标准减半收取。当事人自行申请纠纷调解的案件，调解不成功或当事人申请终止调解程序的，由调解中心按照调解进度决定退还相应的调解费，注册费不予退还。人民法院、仲裁机构、行政机关、其他调解组织委托调解委派调解的案件，不收取注册费。案件调解不成的，不向当事人收取调解费。调解费以争议金额为基数计算。争议金额以当事人调解申请书中的具体请求数额为准；请求数额与实际争议金额不一致的，以实际争议金额为准。案件没有争议金额或调解时争议金额未确定的，由调解中心根据案件的复杂程度、争议所涉及权益的具体情况以及其他有关因素，综合考虑决定收费数额。当事人应在收到调解中心发送的预受理通知之日起10日内，按照本办法规定的收费标准交纳调解相关费用。当事人需要聘请调解员以外的行业专家参与调解工作的，或者需委托造价咨询机构对涉及工程造价定量问题进行鉴定，由当事人承担相应费用。调解员认为确有必要到外地调查并经当事人同意的，由当事人承担相应的差旅费用。调解应在调解中心所在地或相应办事机构进行。当事人另有约定的，调解可在其约定的地点进行，由当事人承担相应的费用。调解中心的工作语言为中文。当事人约定使用其他调解语言或者提出其他语种要求的，由当事人承担相应的费用。当事人对调解相关费用的承担比例有约定的，按其约定承担；无约定的，由各方当事人协商承担；协商不成的，由调解员根据案情和调解结果，确定当事人承担具体比例。调解案件受理后，当事人双方选定或调解中心指定调解员前，当事人一方或各方不同意继续调解的，退还全部调解费。当事人各方选定或调解中心指定调解员后，达成调解协议前，不同意继续调解的，根据调解进程退还调解费用。达成调解协议后，不再退还调解费。调解费用的收取和支出，应执行国家规定的会计制度，依法进行会计核算。调解中心收取案件费应当以人民币为单位进行计算和收取。调解中心受理争议标的为外币的案件，应以该标的额为基础，按照调解中心书面通知当事人交纳案件费当日的汇率折算成人民币后，计算应交纳的案件费数额。当事人向调解中心申请通过专家评审的方式解决争议的，参照办法收取评审相关的费用。工程造价纠纷调解收费标准参考表13-11、表13-12。

工程造价纠纷调解收费标准 **表13-11**

争议标的额	调解费标准（按比例分段累计）	注册费标准按件交纳
不超过100万元的部分	每件7000元	2000元
100万元（含100万元）至200万元的部分	按照0.45%交纳	4000元
200万元（含200万元）至500万元的部分	按照0.4%交纳	
500万元（含500万元）至1000万元的部分	按照0.35%交纳	
1000万元（含1000万元）至2000万元的部分	按照0.3%交纳	
超过2000万元（含2000万元）的部分	按照0.25%交纳	

工程造价纠纷调解收费速算 **表13-12**

争议标的额	调解费速算方法	注册费
不超过100万元	每件7000元	2000元
100万元（含100万元）至200万元	2500元+争议金额×0.45%	4000元
200万元（含200万元）至500万元	3500元+争议金额×0.4%	
500万元（含500万元）至1000万元	6000元+争议金额×0.35%	
1000万元（含1000万元）至2000万元	11000元+争议金额×0.3%	
超过2000万元（含2000万元）	21000元+争议金额×0.25%	

第六节　完善建设工程价款结算有关办法

为进一步完善建设工程价款结算有关办法，维护建设市场秩序，减轻建筑企业负担，保障农民工权益，根据《基本建设财务规则》（财政部令第81号）、《建设工程价款结算暂行办法》（财建〔2004〕369号）等有关规定，2022年6月财政部会同住建部颁发《关于完善建设工程价款结算有关办法的通知》。

关于完善建设工程价款结算有关办法的通知

财建〔2022〕183号

党中央有关部门，国务院各部委、各直属机构，全国人大常委会办公厅，全国政协办公厅，最高人民法院，最高人民检察院，各民主党派中央，有关人民团体，各中央管理企业，各省、自治区、直辖市、计划单列市财政厅（局）、住房和城乡建设厅（委、管委、局），新疆生产建设兵团财政局、住房和城乡建设局：

为进一步完善建设工程价款结算有关办法，维护建设市场秩序，减轻建筑企业负担，保障农民工权益，根据《基本建设财务规则》（财政部令第81号）、《建设工程价款结算暂行办法》（财建〔2004〕369号）等有关规定，现就有关工作通知如下：

一、提高建设工程进度款支付比例。政府机关、事业单位、国有企业建设工程进度款支付应不低于已完成工程价款的80%；同时，在确保不超出工程总概（预）算以及工程决（结）算工作顺利开展的前提下，除按合同约定保留不超过工程价款总额3%的质量保证金外，进度款支付比例可由发承包双方根据项目实际情况自行确定。在结算过程中，若发生进度款支付超出实际已完成工程价款的情况，承包单位应按规定在结算后30日内向发包单位返还多收到的工程进度款。

二、当年开工、当年不能竣工的新开工项目可以推行过程结算。发承包双方通过合同约定，将施工过程按时间或进度节点划分施工周期，对周期内已完成且无争议的工程量（含变更、签证、索赔等）进行价款计算、确认和支付，支付金额不得超出已完工部分对应的批复概（预）算。经双方确认的过程结算文件作为竣工结算文件的组成部分，竣工后原则上不再重复审核。

三、本通知自2022年8月1日起施行。自此日期起签订的工程合同应按照本通知执行。除本通知所规范事项外，其它有关事项继续按照《建设工程价款结算暂行办法》（财建〔2004〕369号）执行。

财政部　住房和城乡建设部

2022年6月14日

财政部建设部关于印发《建设工程价款结算暂行办法》的通知

财建〔2004〕369号

党中央有关部门，国务院各部委、各直属机构，有关人民团体，各中央管理企业，各省、自治区、直辖市、计划单列市财政厅（局）、建设厅（委、局），新疆生产建设兵团财务局：

为了维护建设市场秩序，规范建设工程价款结算活动，按照国家有关法律、法规，我们制定了《建设工程价款结算暂行办法》。现印发给你们，请贯彻执行。

附件：建设工程价款结算暂行办法

附件：

建设工程价款结算暂行办法

第一章　总则

第一条　为加强和规范建设工程价款结算，维护建设市场正常秩序，根据《中华人民共和国合同法》、《中华人民共和国建筑法》、《中华人民共和国招标投标法》、《中华人民共和国预算法》、《中华人民共和国政府采购法》、《中华人民共和国预算法实施条例》等有关法律、行政法规制定本办法。

第二条　凡在中华人民共和国境内的建设工程价款结算活动，均适用本办法。国家法律法规另有规定的，从其规定。

第三条　本办法所称建设工程价款结算（以下简称“工程价款结算”），是指对建设工程的发承包合同价款进行约定和依据合同约定进行工程预付款、工程进度款、工程竣工价款结算的活动。

第四条　国务院财政部门、各级地方政府财政部门和国务院建设行政主管部门、各级地方政府建设行政主管部门在各自职责范围内负责工程价款结算的监督管理。

第五条　从事工程价款结算活动，应当遵循合法、平等、诚信的原则，并符合国家有关法律、法规和政策。

第二章　工程合同价款的约定与调整

第六条　招标工程的合同价款应当在规定时间内，依据招标文件、中标人的投标文件，由发包人与承包人（以下简称“发、承包人”）订立书面合同约定。

非招标工程的合同价款依据审定的工程预（概）算书由发、承包人在合同中约定。

合同价款在合同中约定后，任何一方不得擅自改变。

第七条　发包人、承包人应当在合同条款中对涉及工程价款结算的下列事项进行约定：

（一）预付工程款的数额、支付时限及抵扣方式；

（二）工程进度款的支付方式、数额及时限；

（三）工程施工中发生变更时，工程价款的调整方法、索赔方式、时限要求及金额支付方式；

（四）发生工程价款纠纷的解决方法；

（五）约定承担风险的范围及幅度以及超出约定范围和幅度的调整办法；

（六）工程竣工价款的结算与支付方式、数额及时限；

（七）工程质量保证（保修）金的数额、预扣方式及时限；

（八）安全措施和意外伤害保险费用；

（九）工期及工期提前或延后的奖惩办法；

（十）与履行合同、支付价款相关的担保事项。

第八条 发、承包人在签订合同时对于工程价款的约定，可选用下列一种约定方式：

（一）固定总价。合同工期较短且工程合同总价较低的工程，可以采用固定总价合同方式。

（二）固定单价。双方在合同中约定综合单价包含的风险范围和风险费用的计算方法，在约定的风险范围内综合单价不再调整。风险范围以外的综合单价调整方法，应当在合同中约定。

（三）可调价格。可调价格包括可调综合单价和措施费等，双方应在合同中约定综合单价和措施费的调整方法，调整因素包括：

1.法律、行政法规和国家有关政策变化影响合同价款；

2.工程造价管理机构的价格调整；

3.经批准的设计变更；

4.发包人更改经审定批准的施工组织设计（修正错误除外）造成费用增加；

5.双方约定的其他因素。

第九条 承包人应当在合同规定的调整情况发生后14天内，将调整原因、金额以书面形式通知发包人，发包人确认调整金额后将其作为追加合同价款，与工程进度款同期支付。发包人收到承包人通知后14天内不予确认也不提出修改意见，视为已经同意该项调整。

当合同规定的调整合同价款的调整情况发生后，承包人未在规定时间内通知发包人，或者未在规定时间内提出调整报告，发包人可以根据有关资料，决定是否调整和调整的金额，并书面通知承包人。

第十条 工程设计变更价款调整

（一）施工中发生工程变更，承包人按照经发包人认可的变更设计文件，进行变更施工，其中，政府投资项目重大变更，需按基本建设程序报批后方可施工。

（二）在工程设计变更确定后14天内，设计变更涉及工程价款调整的，由承包人向发包人提出，经发包人审核同意后调整合同价款。变更合同价款按下列方法进行：

1.合同中已有适用于变更工程的价格，按合同已有的价格变更合同价款；

2.合同中只有类似于变更工程的价格，可以参照类似价格变更合同价款；

3.合同中没有适用或类似于变更工程的价格，由承包人或发包人提出适当的变更价格，经对方确认后执行。如双方不能达成一致的，双方可提请工程所在地工程造价管理机构进行咨询或按合同约定的争议或纠纷解决程序办理。

（三）工程设计变更确定后14天内，如承包人未提出变更工程价款报告，则发包人可根据所掌握的资料决定是否调整合同价款和调整的具体金额。重大工程变更涉及工程价款变更报告和确认的时限由发、承包双方协商确定。

收到变更工程价款报告一方，应在收到之日起14天内予以确认或提出协商意见，自变更工程价款报告送达之日起14天内，对方未确认也未提出协商意见时，视为变更工程价款报告已被确认。

确认增（减）的工程变更价款作为追加（减）合同价款与工程进度款同期支付。

第三章　工程价款结算

第十一条 工程价款结算应按合同约定办理，合同未作约定或约定不明的，发、承包双方应依照下列规定与文件协商处理：

（一）国家有关法律、法规和规章制度；

（二）国务院建设行政主管部门，省、自治区、直辖市或有关部门发布的工程造价计价标准、计价办法等有关规定；

（三）建设项目的合同、补充协议、变更签证和现场签证，以及经发、承包人认可的其他有效文件；

（四）其他可依据的材料。

第十二条 工程预付款结算应符合下列规定：

（一）包工包料工程的预付款按合同约定拨付，原则上预付比例不低于合同金额的10%，不高于合同金额的30%，对重大工程项目，按年度工程计划逐年预付。计价执行《建设工程工程量清单计价规范》（GB 50500）的工程，实体性消耗和非实体性消耗部分应在合同中分别约定预付款比例。

（二）在具备施工条件的前提下，发包人应在双方签订合同后的1个月内或不迟于约定的开工日期前的7天内预付工程款，发包人不按约定预付，承包人应在预付时间到期后10天内向发包人发出要求预付的通知，发包人收到通知后仍不按要求预付，承包人可在发出通知14天后停止施工，发包人应从约定应付之日起向承包人支付应付款的利息（利率按同期银行贷款利率计），并承担违约责任。

（三）预付的工程款必须在合同中约定抵扣方式，并在工程进度款中进行抵扣。

（四）凡是没有签订合同或不具备施工条件的工程，发包人不得预付工程款，不得以预付款为名转移资金。

第十三条 工程进度款结算与支付应当符合下列规定：

（一）工程进度款结算方式

1. 按月结算与支付。即实行按月支付进度款，竣工后清算的办法。合同工期在两个年度以上的工程，在年终进行工程盘点，办理年度结算。

2. 分段结算与支付。即当年开工、当年不能竣工的工程按照工程形象进度，划分不同阶段支付工程进度款。具体划分在合同中明确。

（二）工程量计算

1. 承包人应当按照合同约定的方法和时间，向发包人提交已完工程量的报告。发包人接到报告后14天内核实已完工程量，并在核实前1天通知承包人，承包人应提供条件并派人参加核实；承包人收到通知后不参加核实，以发包人核实的工程量作为工程价款支付的依据。发包人不按约定时间通知承包人，致使承包人未能参加核实，核实结果无效。

2. 发包人收到承包人报告后14天内未核实完工程量，从第15天起，承包人报告的工程量即视为被确认，作为工程价款支付的依据；双方合同另有约定的，按合同执行。

3. 对承包人超出设计图纸（含设计变更）范围和因承包人原因造成返工的工程量，发包人不予计量。

（三）工程进度款支付

1. 根据确定的工程计量结果，承包人向发包人提出支付工程进度款申请，14天内，发包人应按不低于工程价款的60%，不高于工程价款的90%向承包人支付工程进度款。按约定时间发包人应扣回的预付款，与工程进度款同期结算抵扣。

2. 发包人超过约定的支付时间不支付工程进度款，承包人应及时向发包人发出要求付款的通知，发包人收到承包人通知后仍不能按要求付款，可与承包人协商签订延期付款协议，经承包人同意后可延期支付，协议应明确延期支付的时间和从工程计量结果确认后第15天起计算应付款的利息（利率按同期银行贷款利率计）。

3. 发包人不按合同约定支付工程进度款，双方又未达成延期付款协议，导致施工无法进行，承包人可停止施工，由发包人承担违约责任。

第十四条　工程完工后，双方应按照约定的合同价款及合同价款调整内容以及索赔事项，进行工程竣工结算。

（一）工程竣工结算方式

工程竣工结算分为单位工程竣工结算、单项工程竣工结算和建设项目竣工总结算。

（二）工程竣工结算编审

1.单位工程竣工结算由承包人编制，发包人审查；实行总承包的工程，由具体承包人编制，在总承包人审查的基础上，发包人审查。

2.单项工程竣工结算或建设项目竣工总结算由总（承）包人编制，发包人可直接进行审查，也可以委托具有相应资质的工程造价咨询机构进行审查。政府投资项目，由同级财政部门审查。单项工程竣工结算或建设项目竣工总结算经发、承包人签字盖章后有效。

承包人应在合同约定期限内完成项目竣工结算编制工作，未在规定期限内完成的并且提不出正当理由延期的，责任自负。

（三）工程竣工结算审查期限

单项工程竣工后，承包人应在提交竣工验收报告的同时，向发包人递交竣工结算报告及完整的结算资料，发包人应按以下规定时限进行核对（审查）并提出审查意见。

	工程竣工结算报告金额	审查时间
1	500万元以下	从接到竣工结算报告和完整的竣工结算资料之日起20天
2	500万元~2000万元	从接到竣工结算报告和完整的竣工结算资料之日起30天
3	2000万元~5000万元	从接到竣工结算报告和完整的竣工结算资料之日起45天
4	5000万元以上	从接到竣工结算报告和完整的竣工结算资料之日起60天

建设项目竣工总结算在最后一个单项工程竣工结算审查确认后15天内汇总，送发包人后30天内审查完成。

（四）工程竣工价款结算

发包人收到承包人递交的竣工结算报告及完整的结算资料后，应按本办法规定的期限（合同约定有期限的，从其约定）进行核实，给予确认或者提出修改意见。发包人根据确认的竣工结算报告向承包人支付工程竣工结算价款，保留5%左右的质量保证（保修）金，待工程交付使用1年质保期到期后清算（合同另有约定的，从其约定），质保期内如有返修，发生费用应在质量保证（保修）金内扣除。

（五）索赔价款结算

发、承包人未能按合同约定履行自己的各项义务或发生错误，给另一方造成经济损失的，由受损方按合同约定提出索赔，索赔金额按合同约定支付。

（六）合同以外零星项目工程价款结算

发包人要求承包人完成合同以外零星项目，承包人应在接受发包人要求的7天内就用工数量和单价、机械台班数量和单价、使用材料和金额等向发包人提出施工签证，发包人签证后施工。如发包人未签证，承包人施工后发生争议的，责任由承包人自负。

第十五条　发包人和承包人要加强施工现场的造价控制，及时对工程合同外的事项如实记录并履行书面手续。凡由发、承包双方授权的现场代表签字的现场签证以及发、承包双方协商确定的索赔等费用，应在工程竣工结算中如实办理，不得因发、承包双方现场代表的中途变更改变其有效性。

第十六条　发包人收到竣工结算报告及完整的结算资料后，在本办法规定或合同约定期限内，对结算报告及资料没有提出意见，则视同认可。

承包人如未在规定时间内提供完整的工程竣工结算资料，经发包人催促后14天内仍未提供或没有明确答复，发包人有权根据已有资料进行审查，责任由承包人自负。

根据确认的竣工结算报告，承包人向发包人申请支付工程竣工结算款。发包人应在收到申请后15天内支付结算款，到期没有支付的应承担违约责任。承包人可以催告发包人支付结算价款，如达成延期支付协议，发包人应按同期银行贷款利率支付拖欠工程价款的利息。如未达成延期支付协议，承包人可以与发包人协商将该工程折价，或申请人民法院将该工程依法拍卖，承包人就该工程折价或者拍卖的价款优先受偿。

第十七条 工程竣工结算以合同工期为准，实际施工工期比合同工期提前或延后，发、承包双方应按合同约定的奖惩办法执行。

第四章 工程价款结算争议处理

第十八条 工程造价咨询机构接受发包人或承包人委托编审工程竣工结算，应按合同约定和实际履约事项认真办理，出具的竣工结算报告经发、承包双方签字后生效。当事人一方对报告有异议的，可对工程结算中有异议部分，向有关部门申请咨询后协商处理，若不能达成一致的，双方可按合同约定的争议或纠纷解决程序办理。

第十九条 发包人对工程质量有异议，已竣工验收或已竣工未验收但实际投入使用的工程，其质量争议按该工程保修合同执行；已竣工未验收且未实际投入使用的工程以及停工、停建工程的质量争议，应当就有争议部分的竣工结算暂缓办理，双方可就有争议的工程委托有资质的检测鉴定机构进行检测，根据检测结果确定解决方案，或按工程质量监督机构的处理决定执行，其余部分的竣工结算依照约定办理。

第二十条 当事人对工程造价发生合同纠纷时，可通过下列办法解决：

（一）双方协商确定；

（二）按合同条款约定的办法提请调解；

（三）向有关仲裁机构申请仲裁或向人民法院起诉。

第五章 工程价款结算管理

第二十一条 工程竣工后，发、承包双方应及时办清工程竣工结算，否则，工程不得交付使用，有关部门不予办理权属登记。

第二十二条 发包人与中标的承包人不按照招标文件和中标的承包人的投标文件订立合同的，或者发包人、中标的承包人背离合同实质性内容另行订立协议，造成工程价款结算纠纷的，另行订立的协议无效，由建设行政主管部门责令改正，并按《中华人民共和国招标投标法》第五十九条进行处罚。

第二十三条 接受委托承接有关工程结算咨询业务的工程造价咨询机构应具有工程造价咨询单位资质，其出具的办理拨付工程价款和工程结算的文件，应当由造价工程师签字，并应加盖执业专用章和单位公章。

第六章 附 则

第二十四条 建设工程施工专业分包或劳务分包，总（承）包人与分包人必须依法订立专业分包或劳务分包合同，按照本办法的规定在合同中约定工程价款及其结算办法。

第二十五条 政府投资项目除执行本办法有关规定外，地方政府或地方政府财政部门对政府投资项目合同价款约定与调整、工程价款结算、工程价款结算争议处理等事项，如另有特殊规定的，从其规定。

第二十六条 凡实行监理的工程项目，工程价款结算过程中涉及监理工程师签证事项，应按工程监理合同约定执行。

第二十七条 有关主管部门、地方政府财政部门和地方政府建设行政主管部门可参照本办法，结合本部门、本地区实际情况，另行制定具体办法，并报财政部、建设部备案。

第二十八条 合同示范文本内容如与本办法不一致，以本办法为准。

第二十九条 本办法自公布之日起施行。

第七节　审理建设工程施工合同纠纷案件适用法律问题的解释

民法典建设工程合同司法解释（一）的主要条款可以归纳为以下方面内容，详见表13-13：

民法典建设工程合同司法解释（一）的主要内容　　**表13-13**

民法典建设工程合同司法解释（一）主要内容		
序号	主要内容	对应的条款
1	合同效力问题	第1-7条
2	工期问题	第8-11条
3	工程质量问题	第12-18条
4	工程计价结算、垫资和欠付工程款问题	第19-27条
5	工程鉴定问题	第28-34条
6	工程款优先受偿权问题	第35-42条
7	实际施工人及其他问题	第43-45条

一、合同效力内容包括：规定建设工程施工合同无效的情形；规定建设工程施工合同因无效导致损失的责任承担问题；规定在新“黑白合同”情况下，合同内容以中标合同为准。

二、工期内容包括：规定开工日期的认定标准；规定实际竣工日期的认定标准；规定工期顺延的认定问题。

三、工程质量内容包括：规定工程质量缺陷责任的承担问题；规定承包人工程质量诉讼与发包人反诉的审理程序问题；规定缺陷责任期和质保金返还问题：缺陷责任期满，发包人应返还工程质保金。当事人未约定缺陷责任期的，该期限为自通过竣工验收之日起满2年；因发包人原因未按约定期限进行竣工验收的，自承包人提交工程竣工验收报告九十日后满二年。

四、工程计价结算、垫资和欠付工程款内容包括：工程计价结算的标准和方式，合同有约定的，按照约定方式计价结算。设计变更部分的计价。工程量计量争议的问题。“黑白合同”情况下如何结算的问题。数份合同全部无效的计价依据。结算文件审核中的“默认”制度。承包商垫资利息的计算，垫资利息有约定的，按约定；垫资利息没有约定的，不能计取利息。没有约定垫资的，视为工程欠款。发包人欠付承包商工程款的利息计算，欠付工程款的利息标准。欠付工程款利息的起算日。

五、工程鉴定内容包括：当事人双方在诉讼仲裁过程中就合同价款达不成一致，当事人可以申请进行造价鉴定，合同规定无需鉴定部分除外。签署诉前结算协议的，一般无需再做造价鉴定。诉前造价咨询意见的效力，要看双方明确的意思表示。鉴定的范围为争议事实。一审未鉴定，二审是否能够鉴定由法院依法确定。法院依法确定委托鉴定的事项、范围和期限。应当对双方有争议的鉴定依据进行质证。

六、工程款优先受偿权内容包括：享有工程款优先受偿权的主体与发包人订立建设工程施工合同的承包人和装饰装修工程的承包人，享有工程款优先受偿权。工程款优先受偿权优先效力建设工程价款优先受偿权优于抵押权和其他债权。行使工程款优先受偿权的前提条件行使优先受偿权的前提条件是建设工程质量合格；未竣工的建设工程质量合格，承包人也可以行使优先受偿权。装饰装修工程的承包人请求将装饰装修工程折价或者拍卖并优先受偿的，装饰装修工程应当具备折价或者拍卖条件。工程款优先受偿的范围工程款优先受偿的范围依照国务院有关行政主管部门关于建设工程价款范围的规定确定，逾期支付建设工程价款的利息、违约金、损害赔偿金等不能主张优先受偿。享有工程款优先受偿权的期限承包人应当在合理期限内行使建设工程价款优先受偿权，但最长不得超过十八个月，自发包人应当给付建设工程价款之日起算。放弃工程款优先受偿权的效力发包人与承包人约定放弃或者限制建设工程价款优先受偿权一般情况下是有效的，但是如果损害建筑工人利益的，则约定无效。

七、实际施工人及其他内容包括：转包人、违法分包实际施工人可以突破合同相对性根据本司法解释规定，转包人、违法分包的实际施工人可以突破合同相对性。实际施工人以转包人、违法分包人为被告起诉的，人民法院应当依法受理。实际施工人以发包人为被告主张权利的，人民法院应当追加转包人或者违法分包人为本案第三人，在查明发包人欠付转包人或者违法分包人建设工程价款的数额后，判决发包人在欠付建设工程价款范围内对实际施工人承担责任。转包或者违法分包的实际施工人享有代位权实际施工人以转包人或者违法分包人怠于向发包人行使到期债权或者与该债权有关的从权利，影响其到期债权实现，实际施工人可以向发包人提起代位权诉讼。

八、《民法典》和司法解释适用的问题民法典建设工程合同司法解释（一）规定，本司法解释自2021年1月1日起施行；本规定施行后，人民法院尚未审结的一审、二审案件适用本规定。同时注意《最高人民法院关于适用〈中华人民共和国民法典〉时间效力的若干规定》（法释〔2020〕15号）的相关规定。《最高人民法院关于废止部分司法解释及相关规范性文件的决定（附目录)》（法释〔2020〕16号）2020年1月1日起施行，包括废止目录序号22、23、24:《最高人民法院关于建设工程价款优先受偿权问题的批复》（法释〔2002〕16号)、《最高人民法院关于审理建设工程施工合同纠纷案件适用法律问题的解释》（法释〔2004〕14号)、《最高人民法院关于审理建设工程施工合同纠纷案件适用法律问题的解释（二)》（法释〔2018〕20号)。

最高人民法院关于审理建设工程施工合同纠纷案件适用法律问题的解释（一）

《最高人民法院关于审理建设工程施工合同纠纷案件适用法律问题的解释（一)》已于2020年12月25日由最高人民法院审判委员会第1825次会议通过，现予公布，自2021年1月1日起施行。

最高人民法院

2020年12月29日

最高人民法院关于审理建设工程施工合同纠纷案件适用法律问题的解释（一）

法释〔2020〕25号

为正确审理建设工程施工合同纠纷案件，依法保护当事人合法权益，维护建筑市场秩序，促进建筑市场健康发展，根据《中华人民共和国民法典》《中华人民共和国建筑法》《中华人民共和国招标投标法》《中华人民共和国民事诉讼法》等相关法律规定，结合审判实践，制定本解释。

第一条建设工程施工合同具有下列情形之一的，应当依据民法典第一百五十三条第一款的规定，认定无效：

（一）承包人未取得建筑业企业资质或者超越资质等级的；

（二）没有资质的实际施工人借用有资质的建筑施工企业名义的；

（三）建设工程必须进行招标而未招标或者中标无效的。

承包人因转包、违法分包建设工程与他人签订的建设工程施工合同，应当依据民法典第一百五十三条第一款及第七百九十一条第二款、第三款的规定，认定无效。

第二条招标人和中标人另行签订的建设工程施工合同约定的工程范围、建设工期、工程质量、工程价款等实质性内容，与中标合同不一致，一方当事人请求按照中标合同确定权利义务的，人民法院应予支持。

招标人和中标人在中标合同之外就明显高于市场价格购买承建房产、无偿建设住房配套设施、让利、向建设单位捐赠财物等另行签订合同，变相降低工程价款，一方当事人以该合同背离中标合同实质性内容为由请求确认无效的，人民法院应予支持。

第三条当事人以发包人未取得建设工程规划许可证等规划审批手续为由，请求确认建设工程施工合同无效的，人民法院应予支持，但发包人在起诉前取得建设工程规划许可证等规划审批手续的除外。

发包人能够办理审批手续而未办理，并以未办理审批手续为由请求确认建设工程施工合同无效的，人民法院不予支持。

第四条承包人超越资质等级许可的业务范围签订建设工程施工合同，在建设工程竣工前取得相应资质等级，当事人请求按照无效合同处理的，人民法院不予支持。

第五条具有劳务作业法定资质的承包人与总承包人、分包人签订的劳务分包合同，当事人请求确认无效的，人民法院依法不予支持。

第六条建设工程施工合同无效，一方当事人请求对方赔偿损失的，应当就对方过错、损失大小、过错与损失之间的因果关系承担举证责任。

损失大小无法确定，一方当事人请求参照合同约定的质量标准、建设工期、工程价款支付时间等内容确定损失大小的，人民法院可以结合双方过错程度、过错与损失之间的因果关系等因素作出裁判。

第七条缺乏资质的单位或者个人借用有资质的建筑施工企业名义签订建设工程施工合同，发包人请求出借方与借用方对建设工程质量不合格等因出借资质造成的损失承担连带赔偿责任的，人民法院应予支持。

第八条当事人对建设工程开工日期有争议的，人民法院应当分别按照以下情形予以认定：

（一）开工日期为发包人或者监理人发出的开工通知载明的开工日期；开工通知发出后，尚不具备开工条件的，以开工条件具备的时间为开工日期；因承包人原因导致开工时间推迟的，以开工通知载明的时间为开工日期。

（二）承包人经发包人同意已经实际进场施工的，以实际进场施工时间为开工日期。

（三）发包人或者监理人未发出开工通知，亦无相关证据证明实际开工日期的，应当综合考虑开工报告、合同、施工许可证、竣工验收报告或者竣工验收备案表等载明的时间，并结合是否具备开工条件的事实，认定开工日期。

第九条当事人对建设工程实际竣工日期有争议的，人民法院应当分别按照以下情形予以认定：

（一）建设工程经竣工验收合格的，以竣工验收合格之日为竣工日期；

（二）承包人已经提交竣工验收报告，发包人拖延验收的，以承包人提交验收报告之日为竣工日期；

（三）建设工程未经竣工验收，发包人擅自使用的，以转移占有建设工程之日为竣工日期。

第十条当事人约定顺延工期应当经发包人或者监理人签证等方式确认，承包人虽未取得工期顺延的确认，但能够证明在合同约定的期限内向发包人或者监理人申请过工期顺延且顺延事由符合合同约定，承包人以此为由主张工期顺延的，人民法院应予支持。

当事人约定承包人未在约定期限内提出工期顺延申请视为工期不顺延的，按照约定处理，但发包人在约定期限后同意工期顺延或者承包人提出合理抗辩的除外。

第十一条建设工程竣工前，当事人对工程质量发生争议，工程质量经鉴定合格的，鉴定期间为顺延工期期间。

第十二条因承包人的原因造成建设工程质量不符合约定，承包人拒绝修理、返工或者改建，发包人请求减少支付工程价款的，人民法院应予支持。

第十三条发包人具有下列情形之一，造成建设工程质量缺陷，应当承担过错责任：

（一）提供的设计有缺陷；

（二）提供或者指定购买的建筑材料、建筑构配件、设备不符合强制性标准；

（三）直接指定分包人分包专业工程。

承包人有过错的，也应当承担相应的过错责任。

第十四条建设工程未经竣工验收，发包人擅自使用后，又以使用部分质量不符合约定为由主张权利的，人民法院不予支持；但是承包人应当在建设工程的合理使用寿命内对地基基础工程和主体结构质量承担民事责任。

第十五条因建设工程质量发生争议的，发包人可以以总承包人、分包人和实际施工人为共同被告提起诉讼。

第十六条发包人在承包人提起的建设工程施工合同纠纷案件中，以建设工程质量不符合合同约定或者法律规定为由，就承包人支付违约金或者赔偿修理、返工、改建的合理费用等损失提出反诉的，人民法院可以合并审理。

第十七条有下列情形之一，承包人请求发包人返还工程质量保证金的，人民法院应予支持：

（一）当事人约定的工程质量保证金返还期限届满；

（二）当事人未约定工程质量保证金返还期限的，自建设工程通过竣工验收之日起满二年；

（三）因发包人原因建设工程未按约定期限进行竣工验收的，自承包人提交工程竣工验收报告九十日后当事人约定的工程质量保证金返还期限届满；当事人未约定工程质量保证金返还期限的，自承包人提交工程竣工验收报告九十日后起满二年。

发包人返还工程质量保证金后，不影响承包人根据合同约定或者法律规定履行工程保修义务。

第十八条因保修人未及时履行保修义务，导致建筑物毁损或者造成人身损害、财产损失的，保修人应当承担赔偿责任。

保修人与建筑物所有人或者发包人对建筑物毁损均有过错的，各自承担相应的责任。

第十九条当事人对建设工程的计价标准或者计价方法有约定的，按照约定结算工程价款。

因设计变更导致建设工程的工程量或者质量标准发生变化，当事人对该部分工程价款不能协商一致的，可以参照签订建设工程施工合同时当地建设行政主管部门发布的计价方法或者计价标准结算工程价款。

建设工程施工合同有效，但建设工程经竣工验收不合格的，依照民法典第五百七十七条规定处理。

第二十条当事人对工程量有争议的，按照施工过程中形成的签证等书面文件确认。承包人能够证明发包人同意其施工，但未能提供签证文件证明工程量发生的，可以按照当事人提供的其他证据确认实际发生的工程量。

第二十一条当事人约定，发包人收到竣工结算文件后，在约定期限内不予答复，视为认可竣工结算文件的，按照约定处理。承包人请求按照竣工结算文件结算工程价款的，人民法院应予支持。

第二十二条当事人签订的建设工程施工合同与招标文件、投标文件、中标通知书载明的工程范围、建设工期、工程质量、工程价款不一致，一方当事人请求将招标文件、投标文件、中标通知书作为结算工程价款的依据的，人民法院应予支持。

第二十三条发包人将依法不属于必须招标的建设工程进行招标后，与承包人另行订立的建设工程施工合同背离中标合同的实质性内容，当事人请求以中标合同作为结算建设工程价款依据的，人民法院应予支持，但发包人与承包人因客观情况发生了在招标投标时难以预见的变化而另行订立建设工程施工合同的除外。

第二十四条当事人就同一建设工程订立的数份建设工程施工合同均无效，但建设工程质量合格，一方当事人请求参照实际履行的合同关于工程价款的约定折价补偿承包人的，人民法院应予支持。

实际履行的合同难以确定，当事人请求参照最后签订的合同关于工程价款的约定折价补偿承包人的，人民法院应予支持。

第二十五条当事人对垫资和垫资利息有约定，承包人请求按照约定返还垫资及其利息的，人民法院应予支持，但是约定的利息计算标准高于垫资时的同类贷款利率或者同期贷款市场报价利率的部分除外。

当事人对垫资没有约定的，按照工程欠款处理。

当事人对垫资利息没有约定，承包人请求支付利息的，人民法院不予支持。

第二十六条当事人对欠付工程价款利息计付标准有约定的，按照约定处理。没有约定的，按照同期同类贷款利率或者同期贷款市场报价利率计息。

第二十七条利息从应付工程价款之日开始计付。当事人对付款时间没有约定或者约定不明的，下列时间视为应付款时间：

（一）建设工程已实际交付的，为交付之日；

（二）建设工程没有交付的，为提交竣工结算文件之日；

（三）建设工程未交付，工程价款也未结算的，为当事人起诉之日。

第二十八条当事人约定按照固定价结算工程价款，一方当事人请求对建设工程造价进行鉴定的，人民法院不予支持。

第二十九条当事人在诉讼前已经对建设工程价款结算达成协议，诉讼中一方当事人申请对工程造价进行鉴定的，人民法院不予准许。

第三十条当事人在诉讼前共同委托有关机构、人员对建设工程造价出具咨询意见，诉讼中一方当事人不认可该咨询意见申请鉴定的，人民法院应予准许，但双方当事人明确表示受该咨询意见约束的除外。

第三十一条当事人对部分案件事实有争议的，仅对有争议的事实进行鉴定，但争议事实范围不能确定，或者双方当事人请求对全部事实鉴定的除外。

第三十二条当事人对工程造价、质量、修复费用等专门性问题有争议，人民法院认为需要鉴定的，应当向负有举证责任的当事人释明。当事人经释明未申请鉴定，虽申请鉴定但未支付鉴定费用或者拒不提供相关材料的，应当承担举证不能的法律后果。

一审诉讼中负有举证责任的当事人未申请鉴定，虽申请鉴定但未支付鉴定费用或者拒不提供相关材料，二审诉讼中申请鉴定，人民法院认为确有必要的，应当依照民事诉讼法第一百七十条第一款第三项的规定处理。

第三十三条人民法院准许当事人的鉴定申请后，应当根据当事人申请及查明案件事实的需要，确定委托鉴定的事项、范围、鉴定期限等，并组织当事人对争议的鉴定材料进行质证。

第三十四条人民法院应当组织当事人对鉴定意见进行质证。鉴定人将当事人有争议且未经质证的材料作为鉴定依据的，人民法院应当组织当事人就该部分材料进行质证。经质证认为不能作为鉴定依据的，根据该材料作出的鉴定意见不得作为认定案件事实的依据。

第三十五条与发包人订立建设工程施工合同的承包人，依据民法典第八百零七条的规定请求其承建工程的价款就工程折价或者拍卖的价款优先受偿的，人民法院应予支持。

第三十六条承包人根据民法典第八百零七条规定享有的建设工程价款优先受偿权优于抵押权和其他债权。

第三十七条装饰装修工程具备折价或者拍卖条件，装饰装修工程的承包人请求工程价款就该装饰装修工程折价或者拍卖的价款优先受偿的，人民法院应予支持。

第三十八条建设工程质量合格，承包人请求其承建工程的价款就工程折价或者拍卖的价款优先受偿的，人民法院应予支持。

第三十九条未竣工的建设工程质量合格，承包人请求其承建工程的价款就其承建工程部分折价或者拍卖的价款优先受偿的，人民法院应予支持。

第四十条承包人建设工程价款优先受偿的范围依照国务院有关行政主管部门关于建设工程价款范围的规定确定。

承包人就逾期支付建设工程价款的利息、违约金、损害赔偿金等主张优先受偿的，人民法院不予支持。

第四十一条承包人应当在合理期限内行使建设工程价款优先受偿权，但最长不得超过十八个月，自发包人应当给付建设工程价款之日起算。

第四十二条发包人与承包人约定放弃或者限制建设工程价款优先受偿权，损害建筑工人利益，发包人根据该约定主张承包人不享有建设工程价款优先受偿权的，人民法院不予支持。

第四十三条实际施工人以转包人、违法分包人为被告起诉的，人民法院应当依法受理。

实际施工人以发包人为被告主张权利的，人民法院应当追加转包人或者违法分包人为本案第三人，在查明发包人欠付转包人或者违法分包人建设工程价款的数额后，判决发包人在欠付建设工程价款范围内对实际施工人承担责任。

第四十四条实际施工人依据民法典第五百三十五条规定，以转包人或者违法分包人怠于向发包人行使到期债权或者与该债权有关的从权利，影响其到期债权实现，提起代位权诉讼的，人民法院应予支持。

第四十五条本解释自2021年1月1日起施行。

第八节　优秀工程造价成果奖评选

一、优秀工程造价成果奖

为推动工程造价成果质量和服务水平的提高，促进工程造价行业可持续发展，表彰和奖励在工程造价行业从事咨询、研究等活动中获得优秀成果的单位和个人，优秀工程造价成果奖是由中国建设工程造价管理协会设立，为全国工程造价行业最高奖项。优秀工程造价成果奖包括四大类奖项：咨询成果奖、研究成果奖、PPP项目成果奖和应用软件成果奖。每类奖项分别设立一、二、三等奖。

二、申报范围、条件与标准

优秀工程造价成果奖申报范围包括：对申报咨询成果及研究成果文件的项目，申报范围如下：已经建成并投入使用一年以上（以使用单位或有关部门证明的日期为准），工程费用在6000万元以上的工程项目，且该项目造价咨询成果文件完成，工程造价鉴定成果文件须为已经使用并结案的项目）。该工程造价咨询项目应以建设项目申报，不得以单位工程或单项工程申报；同一工程建设总项目和子项目不得重复申报。其中，对申报PPP咨询成果文件的项目，PPP项目实施方案、物有所值评价报告和财政承受能力论证已审核通过，且投资额在1亿元以上的项目。由国内工程造价管理机构、工程造价咨询单位和专业人员等完成的工程造价成果项目，以及国内咨询单位在海外承接的工程造价成果项目。国内、外工程造价咨询单位合作完成的项目，仅评选以国内工程造价咨询单位为主的项目。具有全国影响力以及理论创新性，并具有较好社会效益的工程造价理论研究成果。该理论研究成果应以完整的课题项目进行申报，并应有相关鉴定报告。省级或行业工程造价管理标准和其他工程计价依据。其他符合申报条件的咨询成果文件。优秀工程造价成果奖的申报单位须是中价协的单位会员。其中，申报单位必须是所申报项目第一完成单位，申报项目必须是经各省、自治区、直辖市相关专业协会、各专业及工作委员会推荐的工程造价成果项目。申报优秀工程造价成果奖的项目应具备下列条件：申报项目能够贯彻执行国家和地方的有关规定，符合国家或行业工程建设标准及规范的要求；申报项目应达到编制规范、依据合理、计算准确的要求，且申报项目应具有技术先进、经济合理的特点他具有较先进的工程造价理念；中报项日需达到国家（地区）较先进技术水平，具有同期同类项目的示范作用，具有较显著的社会和经济效益；申报项目的成果文件，应在内容、质量、技术等方面无任何争议。优秀工程造价成果奖奖项等级标准：一等奖所采用的主要技术具有很高的咨询水平和研究价值，有突出的创新性；社会和经济效益显著，达到国内领先水平。二等奖所采用的主要技术具有较高的咨询水平和一定的研究价值，有一定的创新性；社会和经济效益较好，达到国内先进水平。三等奖所采用的主要技术具有较好的咨询水平；社会和经济效益较好，达到行业或专业领域较先进水平。

三、组织与实施

优秀工程造价成果奖的评选工作，由中价协组织的工程造价成果奖评选委员会具体实施。评选委员会由工程造价行业专家组成。行业专家的资格应满足条件：从事工程造价管理、咨询或教学工作满15年以上；具有高级及以上专业技术职务，在本专业领域具有一定的权威性。评选委员会专家委员优先从中价协专家委员会和专家库抽选。优秀工程造价成果奖评选按照下列程序和要求进行：各省、自治区、直辖市工程造价管理协会、中价协各专业及工作委员会，按当届中价协发布的优秀工程造价成果奖评选活动通知的要求，可依据办法组织本地区或本部门的优秀工程造价成果奖的评选活动，并在规定日期内向中价协推荐优秀工程造价成果奖参评项目；根据评分标准，评选委员会对推荐的参评项目进行初评和复评。其中，对申报项目是获得各省、自治区、直辖市工程造价管理协会、中价协各专业及工作委员会组织的咨询成果评选活动并获得二等奖以上的项目，可直接进入复评。同时，对复评后入围的一等奖参评项目将进行抽查，并对抽查项目组织实地核查。评选委员会根据对该项目核查报告进行最终评定。评选委员会将评选结果上报中价协。中价协将评选结果在中价协网站首页进行公示。无异议后，最终评选结果由中价协批准、公布。申报优秀工程造价成果奖的项目，需依据不同成果文件的类别采取不同申报方式：申报“咨询成果奖”项目统一登陆中价协网站首页的“中价协优秀工程造价成果奖申报系统”进行网上信息登记及成果申报；申报“研究成果奖”和“PPP 项目成果奖”项目，采用书面文档形式报送至中价协。同时，需登陆“中价协优秀工程造价成果奖申报系统”进行网上信息登记。“咨询成果奖”成果文件申报全过程工程造价管理咨询成果文件：造价咨询项目委托书或咨询合同；投资估算；批准的可行性研究报告或评审报告；批准的初步设计概算书、评审意见；修正初步设计概算书；施工图预算书、审核意见；招标文件（含工程量清单）、招标控制价或标底；施工合同中与造价控制有关的条款和内容；过程造价控制文件；竣工结算审核报告；使用单位或委托方综合评价意见；成果参与人员的身份证、职称证和执业资格证等证件复印件；其他需补充或说明的材料。“咨询成果奖”成果文件申报阶段性工程造价咨询成果文件：投资估算成果文件造价咨询项目委托书或咨询合同；投资估算书；评审报告；投资估算批准文件；使用单位或委托方综合评价意见；成果参与人员的身份证、职称证和执业资格证等证件复印件；其他需补充或说明的材料。“咨询成果奖”成果文件申报概算（预算）成果文件：造价咨询项目委托书或咨询合同（设计合同）；概算书或预算书；概算书或预算书批准文件；使用单位或委托方综合评价意见；成果参与人员的身份证、职称证、执业资格证等证件复印件；其他需补充或说明的材料。咨询成果奖成果文件申报最高投标限价（招标控制价）或工程量清单计价成果文件：造价咨询项目委托书或咨询合同；招标文件（含工程量清单）；最高投标限价（招标控制价）或标底；使用单位或委托方综合评价意见；成果参与人员的身份证、职称证、执业资格证等证件复印件；其他需补充或说明的材料。咨询成果奖成果文件申报施工结算类成果文件：造价咨询项目委托书或咨询合同；施工结算书；结算审核报告书；施工合同中与造价有关的条款和内容；使用单位或委托方综合评价意见；成果参与人员的身份证、职称证、执业资格证等证件复印件；其他需补充或说明的材料。咨询成果奖成果文件申报造价鉴定类成果文件：造价鉴定委托书或咨询合同；造价鉴定意见书；已生效半年以上的判决书、裁决书或调解书等；成果参与人员的身份证、职称证、执业资格证等证件复印件；其他需补充或说明的材料。研究成果奖成果文件申报标准、规范成果文件：项目任务书或合同文件复印件；已发布的全套标准、规范文件原文；完成单位或者完成人的证明材料；标准、规范编制工作大纲；实践检验证明或成果鉴定材料；成果参与人员身份证、职称证、执业资格证等证件复印件；其他需补充或说明的材料。研究成果奖成果文件申报理论研究、课题成果文件：项目任务书或合同文件复印件；研究成果文件原文；理论研究、课题的开题（立项）报告；理论、课题研究组人员构成情况，主要包括项目负责人及成员身份证、毕业证、职称证、执业资格证等证件复印件；理论研究、课题研究过程中发表的相关论文等复印件；课题评审或鉴定意见；其他需补充或说明的材料。PPP 项目成果奖成果文件申报：咨询项目委托书或咨询合同；PPP 项目实施方案；物有所值评价报告；财政承受能力论证报告；PPP 项目合同及相关资料；项目采购文件资料；已通过财政审批并落地实施，且在相关财政部门项目库内可查询的证明材料；项目承担单位对所申报资料真实性的声明（需加盖企业公章）；成果参与人员的身份证、职称证、执业资格证等证件复印件；其他需补充或说明的材料。评选委员会依据办法确定评选初步结果，包括奖励项目、奖励等级、奖励单位和奖励人员。中价协将评选初步结果在中价协网站上进行公示，为期两周。公示期间，无异议的项目或虽有异议经查实无问题的项目确定为获奖项目，并由中价协公布最终获奖名单。获得优秀工程造价成果奖的单位，由中价协颁发优秀工程造价成果奖奖状和证书。对获得优秀工程造价成果奖项目的个人，按照获奖人数不超过 5 人的原则，由中价协颁发个人荣誉证书，并将获奖情况记入个人业绩考核档案。

第十四章　房地产开发企业资质资格管理

据统计，2022年房地产开发投资132895亿元，其中住宅投资100646亿元，办公楼投资5291亿元，商业营业用房投资10647亿元。年末商品房待售面积56366万平方米，比上年末增加5343万平方米，其中商品住宅待售面积26947万平方米，增加4186万平方米。全年全国各类棚户区改造开工134万套，基本建成181万套；全国保障性租赁住房开工建设和筹集265万套（间）。全年全国新开工改造城镇老旧小区5.25万个，涉及居民876万户。根据国务院深化“证照分离”改革进一步激发市场主体发展活力的要求，在全国范围内实施涉企经营许可事项全覆盖清单管理，按照直接取消审批、审批改为备案、实行告知承诺、优化审批服务等四种方式分类推进审批制度改革，建立简约高效、公正透明、宽进严管的行业准营规则，大幅提高市场主体办事的便利度和可预期性。将房地产开发企业资质由四级调整为两级，取消三、四级资质，相应调整二级资质的许可条件；将测绘资质由四级调整为两级，取消丙、丁级资质，相应调整乙级资质的许可条件。开展资产评估机构资质资格管理，相关房地产行业奖项评选以及注册房地产估价师等职业资格管理。本章包括：房地产开发企业资质管理；房地产开发企业信用评价管理；房产测绘单位管理；房地产估价机构管理；房地产经纪管理；资产评估机构资质资格管理；注册房地产估价师执业资格管理；不动产登记代理和房地产经纪人员资格管理；广厦奖项目评审管理等。

第一节　房地产开发企业资质管理

一、房地产开发企业

房地产开发企业是指依法设立、具有企业法人资格的经济实体。房地产开发企业应当按照规定申请核定企业资质等级。未取得房地产开发资质等级证书的企业，不得从事房地产开发经营业务。国务院建设行政主管部门负责全国房地产开发企业的资质管理工作；县级以上地方人民政府房地产开发主管部门负责本行政区域内房地产开发企业的资质管理工作。房地产开发企业按照企业条件分为一、二两个资质等级。一级资质：从事房地产开发经营5年以上；近3年房屋建筑面积累计竣工30万平方米以上，或者累计完成与此相当的房地产开发投资额；连续5年建筑工程质量合格率达100%；上一年房屋建筑施工面积15万平方米以上，或者完成与此相当的房地产开发投资额；有职称的建筑、结构、财务、房地产及有关经济类的专业管理人员不少于40人，其中具有中级以上职称的管理人员不少于20人，专职会计人员不少于4人；工程技术、财务、统计等业务负责人具有相应专业中级以上职称；具有完善的质量保证体系，商品住宅销售中实行了《住宅质量保证书》和《住宅使用说明书》制度；未发生过重大工程质量事故。二级资质：有职称的建筑、结构、财务、房地产及有关经济类的专业管理人员不少于5人，其中专职会计人员不少于2人；工程技术负责人具有相应专业中级以上职称，财务负责人具有相应专业初级以上职称，配有统计人员；具有完善的质量保证体系。临时聘用或者兼职的管理、技术人员不得计入企业管理、技术人员总数。

二、申请核定资质分级审批

新设立的房地产开发企业应当自领取营业执照之日起30日内，在资质审批部门的网站或平台提出申请备案事项，提交营业执照、企业章程、专业技术人员资格证书和劳动合同的电子材料。申请核定资质等级的房地产开发企业，应当提交下列材料：一级资质企业资质等级申报表；专业管理、技术人员的职称证件；已开发经营项目的有关材料；《住宅质量保证书》《住宅使用说明书》执行情况报告，建立质量管理制度、具有质量管理部门及相应质量管理人员等质量保证体系情况说明。二级资质企业资质等级申报表；专业管理、技术人员的职称证件；建立质量管理制度、具有质量管理部门及相应质量管理人员等质量保证体系情况说明。房地产开发企业资质等级实行分级审批。一级资质由省、自治区、直辖市人民政府建设行政主管部门初审，报国务院建设行政主管部门审批。二级资质及二级资质以下企业的审批办法由省、自治区、直辖市人民政府建设行政主管部门制定。二级资质由省、自治区、直辖市人民政府住房和城乡建设主管部门或者其确定的设区的市级人民政府房地产开发主管部门审批。经资质审查合格的企业，由资质审批部门发给相应等级的资质证书，资质证书有效期为3年。申请核定资质的房地产开发企业，应当通过相应的政务服务平台提出申请。资质证书由国务院建设行政主管部门统一制作。资质证书分为正本和副本，资质审批部门可以根据需要核发资质证书副本若干份。企业发生分立、合并的，应当在向市场监督管理部门办理变更手续后的30日内，到原资质审批部门申请办理资质证书注销手续，并重新申请资质等级。企业变更名称、法定代表人和主要管理、技术负责人，应当在变更30日内，向原资质审批部门办理变更手续。企业破产、歇业或者因其他原因终止业务时，应当在向市场监督管理部门办理注销营业执照后的15日内，到原资质审批部门注销资质证书。一级资质的房地产开发企业承担房地产项目的建筑规模不受限制。二级资质的房地产开发企业可以承担建筑面积25万平方米以下的开发建设项目。各资质等级企业应当在规定的业务范围内从事房地产开发经营业务，不得越级承担任务。

三、资质资格实施事项

房地产开发企业人员资质资格行政审批实施事项细则，详见第十八章第四节、第八节。

第二节　房地产开发企业信用评价管理

一、房地产开发企业信用评价

为加强房地产行业信用体系建设，完善行业信用制度，营造行业良好信用环境，中国房地产业协会组织开展房地产开发企业信用评价工作。房地产开发企业，是指依法设立的、以房地产开发与经营业务作为主营业务且取得房地产开发资质的、具有企业法人资格的经济实体。信用评价工作的目的：推进房地产行业信用体系建设，引导房地产开发企业诚信自律，增强信用意识，提高信用管理水平和风险防控能力，强化行业信用约束和信用监督，促进行业规范健康持续发展。信用评价工作遵循自愿、公开、公平、公正的原则，委托第三方评价机构进行评价，保证评价结果的权威性和公信力。信用评价工作在中国房协和各省、自治区、直辖市房地产业协会（开发协会）房协的会员中开展，每年组织开展一次。为加强信用评价工作管理，设立中国房协信用建设管理委员会，由中国房协主要领导、行业权威专家和相关部门负责人组成。主要职责是：研究行业信用制度建设；制定行业信用建设发展规划和目标；制定行业信用建设工作事项和内容；制定信用评价工作管理办法、评价标准和实施细则；审定和公布信用评价结果、信用等级企业动态监测结果；审定第三方评价机构招标选取等。设立中国房协信用建设专家委员会，由中国房协主要领导、行业权威专家和相关部门负责人组成。主要职责是：参与研究行业信用制度建设；指导行业信用建设工作开展；为行业信用建设工作提供智库支持；参与制定信用评价标准、工作制度；审议信用评价结果和信用等级企业动态监测结果及评价中的异议问题；为推动行业信用体系建设提出意见和建议等。设立中国房协信用建设办公室，负责行业信用体系建设、制度建设、信用信息管理、信用评价等日常工作；负责联系各省、自治区、直辖市房地产业协会（开发协会）组织本地区房地产开发企业参加信用评价工作。中国房协委托第三方评价机构实施评价工作。第三方评价机构通过招标方式选取。招标条件为：获得省、部级（含计划单列市）以上政府信用评级主管部门认可；从事过房地产及相关行业的信用评价工作，有较高的社会信誉度；工作费用收费合理。信用评价工作按照中国房地产业协会《房地产开发企业信用评价标准》T/CREA011对房地产开发企业进行评价。房地产开发企业信用等级分为三等（A、B、C）五级（AAA、AA、A、B、

C）。A 等表明企业信用较好，B 等表明企业信用一般，C 等表明企业信用存在较多问题。其中：AAA 级：信用很好；AA 级：信用良好；A 级：信用较好；B 级：信用一般；C 级：信用差。信用等级划分标准为：AAA 级信用企业：评价得分在 90 分（含）以上；AA 级信用企业：评价得分满 80 分，不足 90 分；A 级信用企业：评价得分满 70 分，不足 80 分；B 级信用企业：评价得分满 60 分，不足 70 分；C 级信用企业：评价得分不足 60 分。信用评价结果自公布之日起计有效期三年。有效期届满后企业信用等级自动失效。企业可申请再次评价，重新确定信用等级。申请参评企业应是具有独立法人资格的房地产开发企业（不含项目公司），成立满三年，且近两年房地产业务收入不低于总收入的百分之五十。以集团公司申请参评的，须满足跨区域经营（含 5 个区域以上），同时须对全部区域公司进行评价。中国房协也可根据需要对房地产开发企业信用状况做出自动评价。申请参评企业登录中房网进行申报。各省、自治区、直辖市房地产业协会（开发协会）对本地区参评企业申报材料进行初审，中国房协信用建设办公室复核材料，第三方评价机构对参评企业实地核查。中国房协开展信用评价工作不收取任何费用。参评企业需向第三方评价机构支付评价工作费用（包括人工费和服务费）。第三方评价机构依据《房地产开发企业信用评价标准》对参评企业评价打分并得出评价结果。集团公司的评价结果由区域公司、集团公司的评价结果按比例合并计算。中国房协信用建设专家委员会审议信用评价结果。中国房协信用建设管理委员会审定信用评价结果。信用评价结果在公开渠道公示，公示期为 7 个工作日。公示期内有实名对企业信用评价结果提出异议的，信用建设办公室组织复查，再行确定其信用评价结果。公示期结束，在公开渠道正式公布信用等级结果。对获得信用等级 A 级以上的企业颁发牌匾和证书。对成绩突出的各地房协（开发协会）和工作人员予以表彰。信用等级结果可在中房网查询。中国房协信用建设办公室、第三方评价机构对信用等级有效期内的企业的信用状况进行动态监测。动态监测中，若发现企业因失信行为或受到行政处罚或有实名对企业进行投诉举报的，经核实后将视情节轻重对其信用等级进行调整或摘牌。动态监测中，对司法或行政机关立案尚未作出处罚决定的，企业原信用等级暂时中止，待司法或行政机关作出决定后，再行确定其信用等级，或视情节轻重对其信用等级进行调整或摘牌。信用等级有效期内的企业，如遇重大业绩调整等，可申请复评重新确认企业信用等级。中国房协每年公布信用等级企业动态监测结果。参评企业必须保证申报材料的真实性和合法性，如发现申报虚假材料，取消参评资格。第三方评价机构要严格遵守信用评价程序，保证信用评价的独立、客观、公正、完整。不得弄虚作假，不得擅自披露、使用或许可他人使用在信用评价过程中获取的参评企业相关信息。

二、房地产开发集团公司信用评价指标体系

指标体系适用范围，“集团公司”评价范围定义：指具有在工商部门合法登记注册的集团法人主体，在 5 个及以上不同省、市拥有独立法人且主营业务为房地产开发业务的控股子公司或区域公司（以下简称区域公司）（不包含项目公司）的集团企业。参评的集团公司需具有以下职能：制定总体战略发展规划和年度计划；制定和实施各项管理制度，并对下属公司进行考核；对内外部资源统一管控和协调，对下属公司进行资金管控；对下属企业的人事任免及奖惩；有统一的集团公司品牌。集团公司参加评价时，其所属全部从事房地产开发的区域公司均须按照《房地产行业（开发企业）信用评价指标体系》进行信用评价。集团公司的评价结果由全部从事房地产开发的区域公司初评结果的算术平均值和集团公司初评结果得分按 6：4 比例合并计算后确定。相关财务比率计算公式详见表 14-1。

相关财务比率计算公式 **表14-1**

指标	计算公式
流动比率	流动资产合计 / 流动负债合计
速动比率	（流动资产合计－存货）/ 流动负债合计
销售净利润率	净利润 / 营业收入 ×100%
净资产收益率	净利润 / 平均净资产 ×100%

续表

指标	计算公式
总资产周转率	主营业务收入 / 平均资产总额
资产负债率	负债总额 / 资产总额 ×100%，剔除预收账款和对应资产
平均偿债备付率	集团可用于还本付息的资金 / 当期应还本付息的金额 其中，可用于还本付息的资金＝税前利润＋折旧摊销－企业所得税
营业收入增长率	[（企业最后一年营业收入 / 首年营业收入）(1/（年数－1））－1]×100%
净资产增长率	[（企业最后一年末净资产 / 首年末净资产）(1/（年数－1））－1]×100%
主营业务收现比率	销售商品、提供劳务收到的现金 / 主营业务收入
盈余现金保障倍数	经营活动产生的现金流量净额 / 净利润

本指标体系中财务绩效评价标准的制定，主要以中国房地产业协会及上海易居房地产研究院中国房地产评测中心发布的中国房地产开发企业500强测评研究报告、中国房地产上市公司测评研究报告为依据，参考了国务院国资委财务监督与考核评价局制定的《企业绩效评价标准值》、Wind数据库中上市房地产开发企业的相关数据及信息。房地产开发集团公司信用评价指标体系详见表14-2。

三、房地产开发企业信用评价工作规程

为促进房地产业信用体系建设高质量发展，规范房地产开发企业信用评价工作行为，提高评价效率和评价质量，根据《中国房地产业协会房地产开发企业信用评价管理办法》（2022年修订稿）、《中国房地产业协会房地产开发企业信用评价标准》T/CREA011，制定房地产开发企业信用评价工作规程，包括企业申报、初审、第三方机构评价、信用等级企业动态监测四个部分，就相关具体操作事项作了进一步明确和细化，以指导开展评价工作。

（一）企业申报条件、流程及提交资料，企业应是具有独立法人资格的、以房地产开发与经营作为主营业务的企业（不含项目公司）；企业成立满三年（以工商登记注册日期为准），近两年房地产业务收入不低于总收入50%（含房地产开发、经营、物业管理和服务等收入）；企业处于正常经营、非即将关停状态；企业不涉《房地产开发企业信用评价标准》“一票否决项”所列项（详见《中国房地产业协会房地产开发企业信用评价标准》T/CREA011）。以集团公司申报除满足上述条件外，还需满足跨区域经营（含5个区域以上），同时各区域公司需单独参评。登录中房网注册、填报；准备以下资料填报时上传提交（证照类需原件扫描或复印件加盖公章，10~16项选填，没有可不提交）《营业执照》;《房地产开发企业等级资质证书》；公司介绍（包含公司历史沿革、分子公司情况、组织架构图、各部门职责、主要经营范围、市场定位、市场占有率、竞争优劣势、股东背景、近三年土地储备、累计竣工及在建项目情况、销售去化情况，安全生产情况等内容）；在职高级管理人员简历（副总级以上人员）；在职人员名册（包含员工姓名、职务、学历、专业、职称、入职日期、在司工龄，并标明截止日期）；公司管理制度清单（包含公司管理、考核、奖惩、资金管控、人事任免等）；近三年经审计的财务报告、主要合作方调查表（在建项目 / 竣工项目）；近三个月人民银行出具的征信报告；近三年公益慈善证明材料、近三年内向社会公开的信用承诺证明；近三年企业和项目获得表彰、奖项证明；近三年参建保障性住房、租赁住房证明；近三年装配式建筑（装配率）、绿色建筑（绿色节能建筑认定证书）证明；近三年科技创新与科研成果证明（专利、技术或产品性能认定等）；风险管理与保险保障证明（有效期内的财产险、责任险等）。上述材料均在网上填报、提交；填报完成后请与本省（区、市）房地产业协会（开发协会）联系确认申报完成。各省（区、市）房地产业协会（开发协会）对本地区申报企业进行初审。审核内容：企业是否符合申报要求；企业申报资料是否完整及准确；核查企业不良记录，登录中房网－信用房地产－信用查询，如查到企业有失信记录请通知企业修复。上述核查完成，在【申报企业省级房协初审意见】中选择通过，并在【初审意见盖章文件】栏下载审核意见表，填写盖章后上传。如审核未通过，在【未通过原因】栏中填写未通过原因。

（二）第三方机构对申报企业进行申报资料核实、现场核查、评价打分、出具信用评价报告。申报资料核实，核查内容：核查企业申报资料的有效性、准确性、完整性；复查企业不良信用记录、失信行为，指导企业信用修复。现场核查，包括现场访谈、项目调查、资料核实与留档三个方面。与企业主要领导访谈，内容包括但不限于：公司经营年限、历史沿革、股东背景、近年股权和资本金变更等情况；公司经营区域范围，开发项目类型（住宅、商业、写字楼、物业管理等）；房地产开发资质等级，近三年拿地情况，主要开发项目、竣工项目，近三年累计竣工量及上一年度施工量，开发项目竣工验收等情况；公司组织架构，内部管理制度建立情况（包含人事、行政、财务、党建、投资计划、项目启动、规划设计、造价预算、材料设备、项目施工、营销销售等）；各项制度执行、过程留痕情况；风控体系建立情况；财务审计情况；未来经营战略及确定的重大项目建设计划；所在区域市场竞争力、优劣势；获取土地方式、购地资金来源；开发项目规划许可合规情况；供应商选取方式（包括材料设备供应商和承包商等）；在建工程施工承包情况；项目营销情况，合规风险处置与管理措施；自营物业公司或招标外包物业管理情况、前期物业选聘情况；业主投诉处理程序及结果；消费者服务平台建立及运行情况（企业网站、微信平台、APP 平台或客服热线等）；近三年企业参与公益慈善情况；近三年获得地级市以上人民政府、行政主管部门或全国性行业协会表彰、授牌的企业荣誉；近三年开发项目获得的省、自治区、直辖市住房和城乡建设领域最高奖项或获得地级市以上人民政府、住房和城乡建设主管部门表彰、项目获得广厦奖、房地产科学技术奖、鲁班奖、詹天佑奖；是否向社会公开作出信用承诺（包含企业官网、发布会、宣传媒体等便于公众知晓的方式）；参加行业组织情况（中国房协、省市房协），参加行业组织举办的活动等；参与保障性住房、租赁住房建设情况；参建绿色建筑与环保节能情况（绿色节能材料应用，施工过程节能、节水、减排措施应用，取得绿色节能建筑认定证书等情况）；科技创新研究成果（近三年自主完成的科技创新学术论文或相关专利，运用大数据平台 / 建筑信息模型 / 智能建造 / 智慧建造等高新技术实践证明或记录）；风险管理或保险保障情况（企业风险防范管理措施、制度，或利用商业保险完善企业风险管理与财务保障措施等）。人力资源部门访谈，内容包括但不限于：在职管理层人员构成、管理经验、在司年限、管理层人员信用记录情况；在职员工数量、社保参保比例、员工工龄、企业近三年为员工缴纳五险一金和参保比例情况、缴纳公积金比例；专业管理人员情况，中级以上职称管理人员，持有资格证书的专业人员数量；企业各部门设置情况，部门制度建立与执行情况，各部门工作职责。财务部门访谈，内容包括但不限于：财务部门主要职责；企业财务状况；企业收入结构、投资回报情况；企业负债情况，有息债务占比等；资金管理，应收、应付账款情况；企业融资方式和融资渠道；纳税情况；财务部门参与重大投资决策情况。售后服务（在售、售后）部门访谈，内容包括但不限于：售后部门组织架构情况；岗位职责和制度执行情况；服务工作流程；服务记录留痕。

项目调查，项目现场访谈（施工现场、已建项目），内容包括但不限于：抽查在建、竣工项目“五证”（办理时间），在建项目、施工、销售情况（竣工时间、交房时间、工程进度等）；项目施工方情况（招标方式、招标程序是否合规）；工程款结算和结算周期，是否存在拖欠情况；施工期间是否有拖延工期或不合理赶工期情况（因政策或应主管部门要求影响工期的除外）；近三年是否有安全事故及事故等级、人员伤亡、数量等；现场抽查监理日志、月报，建筑材料合格证明，隐蔽工程验收合格证书、竣工项目验收证明 / 备案文件等。售楼处现场核查，内容包括但不限于：销售广告发布是否合规；查看“五证”公开情况、中介机构代理销售资质、商品房买卖合同示范文本公开情况、房源公开及销售展示情况等；查看商品房网签备案，查看《住宅质量保证书》《住宅使用说明书》；核查租赁收入与销售收入比例，查看租赁合同，核查租赁过程中是否合规。物业公司访谈与核查（已竣工项目），内容包括但不限于：核实前期物业管理情况，选聘物业公司方式，签署《前期物业服务合同》情况；小区容积率，入住率；小区物业费情况，结算周期，物业费收缴率；开发商是否按合同向物业公司支付服务费；有无业主服务平台或业主服务热线，业主服务记录、维修记录、处理记录，维、保修制度，服务收费制度（非物业费）；现场核查《住宅质量保证书》《前期物业服务合同》

《业主临时公约》；涉及租赁业务，核查《租赁合同》；查看小区环境、物业管理情况、物业管理用房等。资料核实与留档，核查企业及其下述公司的公共信用记录，如发现不良信用记录需要截图保留；现场工作注意拍照留痕；资料核查注意事项：访谈现场抽查企业制度及执行留痕，抽查员工职称证书；核实被抽查项目在获取土地过程中的执行程序（提供被抽到项目的土地转让合同、土地出让金支付凭证，核实是否按时足额支付土地转让金，根据出让合同核查按时规划开发情况）；核实被抽查项目《建设用地规划许可证》《国有土地使用权证》《建设工程规划许可证》《建筑工程施工许可证》《商品房预（销）售许可证》《建筑工程竣工验收备案证》办理情况（提供被抽到项目的"五证"，核实"五证"发证时间顺序、正面信息是否有补办、罚款等异常情况。如有异常，需提供说明文件并盖章。被抽到项目资料复印件需随核查人员带回）；被抽查项目需提供工程招标文件（包含工程总包合同，材料、设备采购合同、工程监理合同）；提供被抽查项目的监理日志，核查工程进度、工程质量，建材使用合格证明；核实被抽查项目的建筑工程验收备案文件，核查工程质量及验收备案情况。核实是否存在未按规定办理规划、消防、配套设施等验收的；提供被抽查项目的《合作方满意度调查表》，合作方包括设计单位、建筑施工方、材料供应商、监理单位及上下游合作企业，出具满意度证明文件（加盖合作方公章）；核查过程中，发现异常情况，请经企业允许后，拍照或复印、扫描留存相关证明文件。关于加分项的打分标准，企业提供证明资料，包括但不限于证书、协议、发票、公开发表研究成果等。评价打分，按照《房地产开发企业信用评价打分表》对评价企业打分；撰写初评结果说明。信用评价报告，按照房地产开发企业信用评价公布结果出具企业信用评价报告。

（三）信用等级企业动态监测，中国房协信用建设办公室、第三方机构监测信用等级有效期内的企业信用状况。监测范围，有效期内的信用等级企业信用状况，包括其下属房地产开发板块控股子公司，其中"房地产开发板块"是指主营业务为房地产相关业务，包括物业经营、服务公司；"控股子公司"指持股 50% 以上的子公司。监测时间，监测企业上一年 10 月 1 日起至当年 9 月 30 日信用状况。监测内容，重点是否触碰"红线"问题，如非法侵占耕地、拖欠农民工工资、重大安全事故、违规建设等；统计失信记录数量、失信行为金额、被处罚金额等；可通过以下网址查询被监测企业及其房地产板块控股子公司的失信记录及重大负面舆情。工作要点，如是控股子公司失信信息，要注明母公司对控股子公司的持股比例；查询到的企业失信记录，需全部登记并做截图。具有处罚记录的需登记如下信息：信息来源；处罚单位；处罚文号；处罚时间（或信息时间）；处罚内容（含事件内容、金额）。无处罚记录的失信记录或负面舆情，如安全事故、资金冻结等负面信息，需记录：信息来源、发生时间、事件内容、涉及人员伤亡或涉案金额等。监测结果处理，中国房协信用建设办公室按照下述标准监测信用等级企业，督促企业保持良好信用、做好信用修复。失信情形指被评主体及其房地产控股子公司，在监测期内的失信记录。监测说明，关于企业合作、代建项目等信息，是根据所能得到的采信合理证据来判断并统计；财务指标：以并表财报为采信依据并进行统计，合作项目收入能得到反映；合规性：以章、证、照的归属主体判断是否采信，有据可查，避免主观因素影响；行政处罚：以被处罚主体为依据判断是否采信。

房地产开发集团公司信用评价指标体系 **表14-2**

一级指标	二级指标	三级指标	分值	指标说明	评价标准
1. 集团客观信用能力（22）	1.1 企业规模及实力（11）	1.1.1 净资产规模	3	考察企业实有净资产规模，评价企业经济实力水平	（1）150 亿元以上（含 150 亿元）得 3 分 （2）100 亿 ~150 亿元（含 100 亿元）得 2 分 （3）50 亿 ~100 亿元（含 50 亿元）得 1 分 （4）50 亿元以下得 0.5 分
		1.1.2 主营业务收入	3	考察企业主营业务收入，评价企业的经济实力水平	（1）200 亿元以上（含 200 亿元）得 3 分 （2）100 亿 ~200 亿元（含 100 亿元）得 2 分 （3）50 亿 ~100 亿元（含 50 亿元）得 1 分 （4）50 亿元以下得 0.5 分

续表

一级指标	二级指标	三级指标	分值	指标说明	评价标准
1. 集团客观信用能力 （22）	1.1 企业规模及实力 （11）	1.1.3 集团业务覆盖面	3	考察企业房地产开发业务在全国地区覆盖面，评价企业知名度和影响力	（1）覆盖全国15个以上（含15个）地级市得3分 （2）覆盖全国10个以上（含10个）地级市得2分 （3）覆盖全国5个以上（含5个）地级市得1分 （4）覆盖全国5个以下地级市得0.5分
		1.1.4 集团发展年限	2	考察集团成立年限，评价其行业地位及发展稳定	（1）成立时间20年以上（含20年）得2分 （2）成立时间10~20年（含10年）得1分 （3）成立时间5~10年（含5年）得0.5分 （4）成立时间5年以下得0.1分
	1.2 公司管理与治理 （11）	1.2.1 内控水平	4	考察企业机构设置、规章制度等方面建设、执行及内部操作规范情况，评价企业内控管理的完备性、科学性	（1）集团对区域公司进行管理、考核、奖惩、资金管控、人事任免等各项制度健全，制度执行过程均有留痕得4分 （2）集团对区域公司进行管理、考核、奖惩、资金管控、人事任免等各项制度健全，但有1~2项制度在执行过程中无留痕得2.5分 （3）集团对区域公司进行管理、考核、奖惩、资金管控、人事任免等各项制度健全，但有3~4项制度在执行过程中无留痕得1.5分 （4）集团对区域公司进行管理、考核、奖惩、资金管控、人事任免等各项制度不健全，制度在执行过程中基本无留痕得0分
		1.2.2 风控水平	4	考察企业风险控制体系的完善性，评价企业在经营风险、财务风险及法律风险等方面的控制水平 注：此项从A、B两方面进行评价	A:（1）建立了全流程风险识别、度量、处理、预警机制，有相关风险管理制度得3分 （2）风险控制体系缺少1~2项相关机制，相关风险管理制度不全面得2分 （3）基本无风险控制体系及相关制度得0分 B:（1）建立了风控相关部门，配有相关人员得1分 （2）未建立风控部门，但配有相关人员得0.5分 （3）未建立风控部门无相关人员得0分
		1.2.3 股东分红	3	考察企业是否按规定每年向股东分红，评价企业保障股东权益的能力	（1）连续3年分红得3分 （2）有2年分红得2分 （3）有1年分红得1分 （4）未分红，但有股东大会决议得0.5分 （5）对股东权益无保障能力得0分
2. 财务状况 （35）	2.1 盈利能力 （9）	2.1.1 销售净利率	6	考察企业三年平均销售净利率水平，评价企业盈利能力	（1）10%以上（含10%）得6分 （2）7%~10%（含7%）得5分 （3）4%~7%（含4%）得3分 （4）1%~4%（含1%）得1分 （5）1%以下得0.5分
		2.1.2 净资产收益率	3	考察企业三年平均净资产收益率水平，评价企业盈利能力	（1）10%以上（含10%）得3分 （2）8%~10%（含8%）得2.5分 （3）5%~8%（含5%）得2分 （4）1%~5%（含1%）得1分 （5）1%以下得0.1分
	2.2 偿债能力 （9）	2.2.1 流动比率	2	考察企业最近一年流动比率水平，并结合近三年流动比率变化情况评价企业短期偿债能力	（1）2以上（含2）得2分 （2）1.5~2（含1.5）得1.5分 （3）1~1.5（含1）得1分 （4）0.5~1（含0.5）得0.5分 （5）0.5以下得0.1分
		2.2.2 速动比率	2	考察企业最近一年速动比率水平，并结合近三年速动比率变化情况评价企业短期偿债能力	（1）1以上（含1）得2分 （2）0.8~1（含0.8）得1.5分 （3）0.6~0.8（含0.6）得1分 （4）0.4~0.6（含0.4）得0.5分 （5）0.4以下得0.1分

续表

一级指标	二级指标	三级指标	分值	指标说明	评价标准
2. 财务状况 (35)	2.2 偿债能力 (9)	2.2.3 资产负债比率	3	考察企业三年平均资产负债率水平，评价企业的长期偿债能力	(1) 60%以下（含60%）得3分 (2) 60%~70%（含70%）得2.5分 (3) 70%~80%（含80%）得2分 (4) 80%~90%（含90%）得1分 (5) 90%以上得0分
		2.2.4 偿债备付率	2	考察企业最近一年偿本付息的资金与应还本息比率，评价企业的偿债能力	(1) 1.2以上（含1.2）得2分 (2) 1.1~1.2（含1.1）得1分 (3) 1.0~1.1（含1.0）得0.5分 (4) 1以下得0分
	2.3 融资能力 (3)	2.3.1 融资情况	3	考察企业能够获得的包括但不限于股权质押、增资扩股、私募、银行贷款、债券融资、租赁融资、信用担保融资等融资方式，考察企业融资渠道的多样性，评价企业的融资能力	直接融资： (1) 在国内或国外上市得1分 (2) 未在国内或国外上市得0分 间接融资： (1) 融资方式3种及以上得2分 (2) 融资方式2种得1.5分 (3) 融资方式1种得1分 (4) 无任何方式的融资渠道得0分
	2.4 营运能力 (2)	2.4.1 总资产周转率	2	考察企业总资产周转率水平，评价企业经济运行能力	(1) 0.6次以上（含0.6）得2分 (2) 0.4~0.6次（含0.4）得1.5分 (3) 0.2~0.4次（含0.2）得1分 (4) 0.1~0.2次（含0.1）得0.5分 (5) 0.1次以下得0.1分
	2.5 发展能力 (6)	2.5.1 营业收入增长率	3	考察企业近三年营业收入复合增长率水平，评价企业的发展能力	(1) 15%以上（含15%）得3分 (2) 10%~15%（含10%）得2分 (3) 5%~10%（含5%）得1分 (4) 2%~5%（含2%）得0.5分 (5) 2%以下得0.1分
		2.5.2 净资产增长率	3	考察企业近三年净资产复合增长率水平，评价企业的发展能力	(1) 15%以上（含15%）得3分 (2) 10%~15%（含10%）得2分 (3) 5%~10%（含5%）得1分 (4) 2%~5%（含2%）得0.5分 (5) 2%以下得0.1分
	2.6 现金流管理能力 (6)	2.6.1 盈余现金保障倍数	3	考察企业近三年盈余现金保障倍数，评价企业收益的质量	(1) 1以上（含1）得3分 (2) 0.8~1（含0.8）得2.5分 (3) 0.6~0.8（含0.6）得2分 (4) 0.4~0.6（含0.4）得1分 (5) 0.4以下得0.5分
		2.6.2 主营业务收现比率	3	考察企业近三年主营业务收现比率，评价企业当期主营业务收入的变现能力	(1) 120%以上（含120%）得3分 (2) 100%~120%（含100%）得2分 (3) 60%~100%（含60%）得1.5分 (4) 40%~60%（含40%）得1分 (5) 40%以下得0.5分
3. 信用建设与管理 (30)	3.1 信用管理 (16)	3.1.1 信用管理职能设置	4	考察企业是否建立了信用管理制度、信用管理职能及流程是否健全、是否配备专职信用管理人员，评价其在信用建设方面的成熟度	(1) 建立信用管理部门或在相关部门设立信用管理岗位，并配备负责人和专职人员，且信用管理职能设定及流程清晰得4分 (2) 未在相关部门设立信用管理岗位，但配有专职人员，信用管理职能设定及流程较清晰得3分 (3) 未设立信用管理岗位，也未配有专职人员，有简单的信用管理职能及流程得2分 (4) 无信用管理部门及相关工作人员，信用管理职能设定及流程不健全得0分

续表

一级指标	二级指标	三级指标	分值	指标说明	评价标准
3. 信用建设与管理 （30）	3.1 信用管理 （16）	3.1.2 信用制度健全情况	4	考察企业是否建立信用管理制度，包括但不限于合作方资信档案管理制度、授信管理制度、应付账款管理制度、信用风险处置等制度，评价企业信用管理制度的完善性	（1）有4项及以上相关管理制度得4分 （2）有3项相关管理制度得3分 （3）有2项相关管理制度得2分 （4）有1项相关管理制度得1分 （5）无任何相关管理制度得0分
		3.1.3 信用制度执行情况	4	考察企业对信用管理制度执行情况，评价企业信用职能执行是否到位	（1）认真执行企业信用管理制度且过程有留痕，处理有结果；近三年在信用建设方面的工作持续开展得4分 （2）认真执行企业信用管理制度且过程有留痕，处理有结果；近两年在信用建设方面的工作持续开展得3分 （3）执行企业信用管理制度且过程有留痕，处理有结果；近一年在信用建设方面的工作有一定进展得2分 （4）不能按照信用管理制度贯彻实施且近三年在信用建设方面基本无相关进展得0分
		3.1.4 对下属公司的信用管理情况	4	考察企业对下属公司信用管理体系建立、贯彻、实施及管理情况，评价其信用管理职能实施表现	（1）能够指导下属企业建立、落实信用管理工作，对下属企业实施的信用管理标准统一，过程有留痕，处理有结果得4分 （2）能够指导下属企业建立、落实信用管理工作，过程能够较好留痕，处理有结果得3分 （3）指导下属企业简单开展信用管理工作，过程留痕和处理结果不详细得2分 （4）未对下属企业信用管理工作有指导，过程无留痕，处理无结果得0分
	3.2 第三方信用信息 （10）	3.2.1 公共信用记录	6	考察企业近三年在行政、监管部门（包括但不限于金融、工商、税务、消协、住建、国土、质监、安监等）官方公开信用情况，评价其在公用信用方面的表现	（1）在各行政、监管部门及其他第三方官方公开信息无不良记录得6分 （2）在各行政、监管部门及其他第三方官方公开信息出现过不良记录，且目前已纠正得3分 （3）在各行政、监管部门及其他第三方官方公开信息出现过不良记录，且未纠正得0分
		3.2.2 司法信用记录	4	考察企业近三年被执行人、失信被执行人、法院判决、法院公告记录信息，评价其在司法信用方面的表现	（1）在司法部门官方渠道无不良记录得4分 （2）在司法部门官方渠道有不良信息记录，但情节较轻得2分 （3）在司法部门官方渠道有一项以上不良信息，且情节严重得0分 注：情节严重是指涉及金额大，影响范围广，被列入失信被执行人名单或其他黑名单等情况
	3.3 企业自律表现 （4）	3.3.1 遵守行规行约表现	2	考察企业在行业协会的相关信息，评价企业履行会员义务、做出突出贡献的表现	（1）积极参与国家行业主管部门及行业协会倡导的行业规范和承诺制度，遵守行业规范且签署信用承诺，无不良记录得2分 （2）积极参与省级行业主管部门及行业协会倡导的行业规范和承诺制度，遵守行业规范且签署信用承诺，无不良记录得1分 （3）出现过违反行业规范行为，且情节严重得0分
		3.3.2 社会舆情监测	2	考察企业近三年是否被曝光过对社会造成恶劣影响的重大不良事件、对下属公司出现负面舆情的应对措施，评价企业诚信经营及集团的舆情管控能力	（1）对下属公司舆情进行监测，对负面舆情能够及时应对或进行相关说明，具有良好的舆情处理机制得2分 （2）对下属公司舆情进行监测，对负面舆情有一定的处理能力但处理效果不佳得1分 （3）基本无相关舆情监测机制，对负面舆情基本无处理机制得0分

续表

一级指标	二级指标	三级指标	分值	指标说明	评价标准
4. 履行社会责任情况 （13）	4.1 保护消费者权益 （4）	4.1.1 消费者服务	4	考察企业为消费者服务方面所做的工作，评价企业对消费者权益的保护力度	（1）设置有消费者服务、维权等机构或配置负责人和专职人员，消费者投诉反馈及处理机制流畅、高效，过程有留痕，处理有结果得4分 （2）有专职人员负责消费者投诉，过程有留痕，处理有结果得3分 （3）有专职人员负责消费者投诉，过程留痕及处理结果不详细得1分 （4）基本无消费者服务机制得0分
	4.2 社会责任承担情况 （5）	4.2.1 社会公益	5	考察企业近三年参与扶贫及其他公益慈善活动的数量、规模，评价企业承担社会责任情况	（1）参与扶贫活动或其他公益慈善活动4次及以上，累计金额在500万元及以上得5分 （2）参与扶贫活动或其他公益慈善活动3次及以上，累计金额在300万元及以上得3分 （3）参与扶贫活动或其他公益慈善活动2次及以上得1分 （4）未参与过任何公益活动得0分
	4.3 荣誉情况 （4）	4.3.1 获得荣誉情况	4	考察企业以集团名义在经国家批准有权颁布相关奖项的政府部门及相关行业组织获得的荣誉及奖项情况，评价企业信用方面的表现	（1）集团获得省、部级以上荣誉奖项4个及以上得4分 （2）集团获得省、部级以上荣誉奖项4个以下得2分 （3）集团未获得任何省、部级以上荣誉奖项得0分

分值调整项				
序号	调整指标		分值	指标说明
1	500强测评	中国房地产开发企业500强测评	3	由中国房地产业协会发布，三年均入围，三年的平均名次及对应得分如下： [1，80] 名得3分；[80，150] 名得2.5分；[150，250] 名得2分；[250，350] 名得1.5分；[350，450] 名得1分；[450，500] 名得0.5分
2	社会责任报告	近三年连续发布了社会责任报告或诚信报告	2.5	（1）连续三年发布社会责任报告或诚信报告得2.5分 （2）连续二年发布社会责任报告或诚信报告得2分 （3）连续一年发布社会责任报告或诚信报告得1分
3	绿色建筑	在绿色建筑节能环保方面投入较大，具有良好成果，作为国家积极推广的标杆企业	2	参考中华人民共和国国家标准《绿色建筑评价标准》
4	业务区域	房地产开发业务区域跨省情况	1.5	（1）集团或其区域公司房地产开发业务在集团经营地以外5个及以上省份开展得1.5分 （2）集团或其区域公司房地产开发业务在集团经营地以外2~5个省份开展得1分 （3）集团或其区域公司房地产开发业务在集团经营地以外2个以下省份开展得0.5分
5	征信记录	在中国人民银行征信系统有不良记录	-4	（1）企业在中国人民银行征信系统有3条以上不良记录 -4 （2）企业在中国人民银行征信系统有1条以上不良记录 -2
6	财务报告质量	参评企业财务审计报告持有保留意见	-1	会计师事务所对参评企业财务报表出具保留意见
		参评企业提供的财务报表有1年未经审计部门审计	-2	
7	对外担保	参评企业对外提供的有效担保额占其净资产的比例超过50%	-2	

续表

房地产开发集团公司存在下列严重失信行为的，一票否决
1. 三年财报未经审计，审计机构出具否定意见或无法表示意见的审计报告
2. 所属的区域公司出现重大经营问题导致区域公司无法维系经营面临关闭
3. 集团法定代表人或执行合伙人、主要股东或合伙人被依法追究刑事责任
4. 被有关机关或行业协会认定，采取不正当手段恶性竞争，严重损害行业或同行声誉、利益的，在投标过程中串标、围标等舞弊行为
5. 威胁、恐吓、殴打行政执法人员或者采取其他方式阻碍行政执法人员依法履行职责
6. 在贷款、担保等融资活动中出现重大失信行为
7. 三年内有偷、逃、抗税记录
8. 近三年发生特别重大安全事故（伤亡在30人以上），造成重大影响的

第三节　房产测绘单位管理

一、房产测绘管理

为加强房产测绘管理，规范房产测绘行为，保护房屋权利人的合法权益，实施房产测绘管理，房产测绘单位应当严格遵守国家有关法律、法规，执行国家房产测量规范和有关技术标准、规定，对其完成的房产测绘成果质量负责，接受房地产行政主管部门和测绘行政主管部门的技术指导和业务监督。国务院测绘行政主管部门和国务院建设行政主管部门根据国务院确定的职责分工负责房产测绘及成果应用的监督管理。省、自治区、直辖市人民政府测绘行政主管部门和省、自治区人民政府建设行政主管部门、直辖市人民政府房地产行政主管部门根据省、自治区、直辖市人民政府确定的职责分工负责房产测绘及成果应用的监督管理。

二、房产测绘的委托

有下列情形之一的，房屋权利申请人、房屋权利人或者其他利害关系人应当委托房产测绘单位进行房产测绘：申请产权初始登记的房屋；自然状况发生变化的房屋；房屋权利人或者其他利害关系人要求测绘的房屋。房产管理中需要的房产测绘，由房地产行政主管部门委托房产测绘单位进行。房产测绘成果资料应当与房产自然状况保持一致。房产自然状况发生变化时，应当及时实施房产变更测量。委托房产测绘的，委托人与房产测绘单位应当签订书面房产测绘合同。房产测绘单位应当是独立的经济实体，与委托人不得有利害关系。房产测绘所需费用由委托人支付。房产测绘收费标准按照国家有关规定执行。

三、资格和成果管理

国家实行房产测绘单位资格审查认证制度。房产测绘单位应当依照《中华人民共和国测绘法》（以下简称《测绘法》）的规定，取得省级以上人民政府测绘行政主管部门颁发的载明房产测绘业务的《测绘资格证书》。除另有规定外、房产测绘资格审查、分级标准、作业限额、年度检验等按照国家有关规定执行。申请房产测绘资格的单位应当向所在地省级测绘行政主管部门提出书面申请，并按照测绘资格审查管理的要求提交有关材料。省级测绘行政主管部门在决定受理之日起5日内，转省级房地产行政主管部门初审。省级房地产行政主管部门应当在15日内，提出书面初审意见，并反馈省级测绘行政主管部门；其中，对申请甲级房产测绘资格的初审意见应当同时报国务院建设行政主管部门备案。申请甲级房产测绘资格的，由省级测绘行政主管部门报国务院测绘行政主管部门审批发证；申请乙级以下房产测绘资格的，由省级测绘行政主管部门审批发证。取得甲级房产测绘资格的单位，由国务院测绘行政主管部门和国务院建设行政主管部门联合向社会公告。取得乙级以下房产测绘资格的单位，由省级测绘行政主管部门和省级房地产行政主管部门联合向社会公告。《测绘资格证书》有效期为5年，期满3个月前，由持证单位提请复审，发证机关负责审查和换证。对有房产测绘项目的，发证机关在审查和换证时，应当征求同级房地产行政主管部门的意见。在《测绘资格证书》有效期内申请房产测绘资格升级的，依照规定重新办理资格审查手续。房产测绘成果包括：房产簿册、房产数据和房产图集等。当事人对房产测绘成果有异议的，可以委托国家认定的房产测绘成果鉴定机构鉴定。用于房屋权属登记等房产管理的房产测绘成果，房地产行政主管部门应当对施测单位的资格、测绘成果的适用性、界址点准确性、面积测算依据与方法等内容进行审核。审核后的房产测绘成果纳入房产档案统一管理。向国（境）外团体和个人提供、赠送、出售未公开的房产测绘成果资料，委托国（境）外机构印制房产测绘图件，应当按照《测绘法》和《测绘成果管理规定》以及国家安全、保密等有关规定办理。

第四节　房地产估价机构管理

一、房地产估价机构

据统计，2022年12月31日之前取得一级的房地产估价机构共1047家。房地产估价机构，是指依法设立并取得房地产估价机构资质，从事房地产估价活动的中介服务机构。在中华人民共和国境内申请房地产估价机构资质，从事房地产估价活动，对房地产估价机构实施监督管理。房地产估价活动，包括土地、建筑物、构筑物、在建工程、以房地产为主的企业整体资产、企业整体资产中的房地产等各类房地产评估，以及因转让、抵押、房屋征收、司法鉴定、课税、公司上市、企业改制、企业清算、资产重组、资产处置等需要进行的房地产评估。房地产估价机构从事房地产估价活动，应当坚持独立、客观、公正的原则，执行房地产估价规范和标准。房地产估价机构依法从事房地产估价活动，不受行政区域、行业限制。任何组织或者个人不得非法干预房地产估价活动和估价结果。国务院住房和城乡建设主管部门负责全国房地产估价机构的监督管理工作。省、自治区人民政府住房和城乡建设主管部门、直辖市人民政府房地产主管部门负责本行政区域内房地产估价机构的监督管理工作。市、县人民政府房地产主管部门负责本行政区域内房地产估价机构的监督管理工作。房地产估价行业组织应当加强房地产估价行业自律管理。鼓励房地产估价机构加入房地产估价行业组织。国家建立全国统一的房地产估价行业管理信息平台，实现房地产估价机构资质核准、人员注册、信用档案管理等信息关联共享。

二、估价机构资质核准

房地产估价机构资质等级分为一、二、三级。省、自治区人民政府住房和城乡建设主管部门、直辖市人民政府房地产主管部门负责房地产估价机构资质许可。省、自治区人民政府住房和城乡建设主管部门、直辖市人民政府房地产主管部门应当执行国家统一的资质许可条件，加强房地产估价机构资质许可管理，营造公平竞争的市场环境。国务院住房和城乡建设主管部门应当加强对省、自治区人民政府住房和城乡建设主管部门、直辖市人民政府房地产主管部门资质许可工作的指导和监督检查，及时纠正资质许可中的违法行为。房地产估价机构应当由自然人出资，以有限责任公司或者合伙企业形式设立。各资质等级房地产估价机构的条件：

（一）一级资质，机构名称有房地产估价或者房地产评估字样；从事房地产估价活动连续6年以上，且取得二级房地产估价机构资质3年以上；有15名以上专职注册房地产估价师；在申请核定资质等级之日前3年平均每年完成估价标的物建筑面积50万平方米以上或者土地面积25万平方米以上；法定代表人或者执行合伙人是注册后从事房地产估价工作3年以上的专职注册房地产估价师；有限责任公司的股东中有3名以上、合伙企业的合伙人中有2名以上专职注册房地产估价师，股东或者合伙人中有一半以上是注册后从事房地产估价工作3年以上的专职注册房地产估价师；有限责任公司的股份或者合伙企业的出资额中专职注册房地产估价师的股份或者出资额合计不低于60%；有固定的经营服务场所；估价质量管理、估价档案管理、财务管理等各项企业内部管理制度健全；随机抽查的1份房地产估价报告符合《房地产估价规范》GB/T 50291的要求；在申请核定资质等级之日前3年内无办法禁止的行为。

（二）二级资质，机构名称有房地产估价或者房地产评估字样；取得三级房地产估价机构资质后从事房地产估价活动连续4年以上；有8名以上专职注册房地产估价师；在申请核定资质等级之日前3年平均每年完成估价标的物建筑面积30万平方米以上或者土地面积15万平方米以上；法定代表人或者执行合伙人是注册后从事房地产估价工作3年以上的专职注册房地产估价师；有限责任公司的股东中有3名以上、合伙企业的合伙人中有2名以上专职注册房地产估价师，股东或者合伙人中有一半以上是注册后从事房地产估价工作3年以上的专职注册房地产估价师；有限责任公司的股份或者合伙企业的出资额中专职注册房地产估价师的股份或者出资额合计不低于60%；有固定的经营服务场所；估价质量管理、估价档案管理、财务管理等各项企业内部管理制度健全；随机抽查的1份房地产估价报告符合《房地产估价规范》GB/T 50291的要求；在申请核定资质等级之日前3年内无办法禁止的行为。

（三）三级资质，机构名称有房地产估价或者房地产评估字样；有3名以上专职注册房地产估价师；在暂定期内完成估价标的物建筑面积8万平方米以上或者土地面积3万平方米以上；法定代表人或者执行合伙人是注册后从事房地产估价工作3年以上的专职注册房地产估价师；有限责任公司的股东中有2名以上、合伙企业的合伙人中有2名以上专职注册房地产估价师，股东或者合伙人中有一半以上是注册后从事房地产估价工作3年以上的专职注册房地产估价师；有限责任公司的股份或者合伙企业的出资额中专职注册房地产估价师的股份或者出资额合计不低于60%；有固定的经营服务场所；估价质量管理、估价档案管理、财务管理等各项企业内部管理制度健全；随机抽查的1份房地产估价报告符合《房地产估价规范》GB/T 50291的要求；在申请核定资质等级之日前3年内无办法禁止的行为。

申请核定房地产估价机构资质等级，应当如实向资质许可机关提交下列材料：房地产估价机构资质等级申请表；房地产估价机构原资质证书正本复印件、副本原件；营业执照正、副本复印件；法定代表人或者执行合伙人的任职文件复印件；专职注册房地产估价师证明；固定经营服务场所的证明；经工商行政管理部门备案的公司章程或者合伙协议复印件（加盖申报机构公章）及有关估价质量管理、估价档案管理、财务管理等企业内部管理制度的文件、申报机构信用档案信息；随机抽查的在申请核定资质等级之日前3年内申报机构所完成的1份房地产估价报告复印件。申请人应当对其提交的申请材料实质内容的真实性负责。新设立中介服务机构的房地产估价机构资质等级应当核定为三级资质，设1年的暂定期。房地产估价机构资质核准中的房地产估价报告抽查，应当执行全国统一的标准。申请核定房地产估价机构资质的，应当向设区的市人民政府房地产主管部门提出申请，并提交办法规定的材料。设区的市人民政府房地产主管部门应当自受理申请之日起20日内审查完毕，并将初审意见和全部申请材料报省、自治区人民政府住房和城乡建设主管部门、直辖市人民政府房地产主管部门。省、自治区人民政府住房和城乡建设主管部门、直辖市人民政府房地产主管部门应当自受理申请材料之日起20日内作出决定。省、自治区人民政府住房和城乡建设主管部门、直辖市人民政府房地产主管部门应当在作出资质许可决定之日起10日内，将准予资质许可的决定报国务院住房和城乡建设主管部门备案。房地产估价机构资质证书分为正本和副本，由国务院住房和城乡建设主管部门统一印制，正、副本具有同等法律效力。房地产估价机构遗失资质证书的，应当在公众媒体上声明作废后，申请补办。房地产估价机构资质有效期为3年。资质有效期届满，房地产估价机构需要继续从事房地产估价活动的，应当在资质有效期届满30日前向资质许可机关提出资质延续申请。资质许可机关应当根据申请作出是否准予延续的决定。准予延续的，有效期延续3年。在资质有效期内遵守有关房地产估价的法律、法规、规章、技术标准和职业道德的房地产估价机构，经原资质许可机关同意，不再审查，有效期延续3年。房地产估价机构的名称、法定代表人或者执行合伙人、组织形式、住所等事项发生变更的，应当在工商行政管理部门办理变更手续后30日内，到资质许可机关办理资质证书变更手续。房地产估价机构合并的，合并后存续或者新设立的房地产估价机构可以承继合并前各方中较高的资质等级，但应当符合相应的资质等级条件。房地产估价机构分立的，只能由分立后的一方房地产估价机构承继原房地产估价机构资质，但应当符合原房地产估价机构资质等级条件。承继原房地产估价机构资质的一方由各方协商确定；其他各方按照新设立的中介服务机构申请房地产估价机构资质。房地产估价机构的工商登记注销后，其资质证书失效。

一级资质房地产估价机构可以按照办法规定设立分支机构。二、三级资质房地产估价机构不得设立分支机构。分支机构应当以设立该分支机构的房地产估价机构的名义出具估价报告，并加盖该房地产估价机构公章。分支机构应当具备下列条件：名称采用“房地产估价机构名称＋分支机构所在地行政区划名＋分公司（分所）”的形式；分支机构负责人应当是注册后从事房地产估价工作3年以上并无不良执业记录的专职注册房地产估价师；在分支机构所在地有3名以上专职注册房地产估价师；有固定的经营服务场所；估价质量管理、估价档案管理、财务管理等各项内部管理制度健全。注册于分支机构的专职注册房地产估价师，不计入设立分支机构的房地产估价机构的专职注册房地产估价师人数。新设立的分支机构，应当自领取分支机构营业执照之日起30日内，到分支机构工商注册所在地的省、自治区人民政府住房和城乡建设主管部门、直辖市人民政府房地产主管部门备案。省、自治区人民政府住房和城乡建设主管部门、直辖市人民政府房地产主管部门应当在接受备案后10日内，告知分支机构工商注册所在地的市、县人民政府房地产主管部门，并报国务院住房和城乡建设主管部门备案。分支机构备案，应当提交下列材料：分支机构的营业执照复印件；房地产估价机构资质证书正本复印件；分支机构及设立该分支机构的房地产估价机构负责人的身份证明；拟在分支机构执业的专职注册房地产估价师注册证书复印件。分支机构变更名称、负责人、住所等事项或房地产估价机构撤销分支机构，应当在工商行政管理部门办理变更或者注销登记手续后30日内，报原备案机关备案。

三、估价行业管理

从事房地产估价活动的机构，应当依法取得房地产估价机构资质，并在其资质等级许可范围内从事估价业务。一级资质房地产估价机构可以从事各类房地产估价业务。二级资质房地产估价机构可以从事除公司上市、企业清算以外的房地产估价业务。三级资质房地产估价机构可以从事除公司上市、企业清算、司法鉴定以外的房地产估价业务。暂定期内的三级资质房地产估价机构可以从事除公司上市、企业清算、司法鉴定、房屋征收、在建工程抵押以外的房地产估价业务。房地产估价业务应当由房地产估价机构统一接受委托，统一收取费用。房地产估价师不得以个人名义承揽估价业务，分支机构应当以设立该分支机构的房地产估价机构名义承揽估价业务。房地产估价机构及执行房地产估价业务的估价人员与委托人或者估价业务相对人有利害关系的，应当回避。房地产估价机构承揽房地产估价业务，应当与委托人签订书面估价委托合同。估价委托合同应当包括下列内容：委托人的名称或者姓名和住所；估价机构的名称和住所；估价对象；估价目的；价值时点；委托人的协助义务；估价服务费及其支付方式；估价报告交付的日期和方式；违约责任；解决争议的方法。房地产估价机构未经委托人书面同意，不得转让受托的估价业务。经委托人书面同意，房地产估价机构可以与其他房地产估价机构合作完成估价业务，以合作双方的名义共同出具估价报告。委托人及相关当事人应当协助房地产估价机构进行实地查勘，如实向房地产估价机构提供估价所必需的资料，并对其所提供资料的真实性负责。房地产估价机构和注册房地产估价师因估价需要向房地产主管部门查询房地产交易、登记信息时，房地产主管部门应当提供查询服务，但涉及国家秘密、商业秘密和个人隐私的内容除外。房地产估价报告应当由房地产估价机构出具，加盖房地产估价机构公章，并有至少2名专职注册房地产估价师签字。房地产估价机构应当妥善保管房地产估价报告及相关资料。房地产估价报告及相关资料的保管期限自估价报告出具之日起不得少于10年。保管期限届满而估价服务的行为尚未结束的，应当保管到估价服务的行为结束为止。除法律、法规另有规定外，未经委托人书面同意，房地产估价机构不得对外提供估价过程中获知的当事人的商业秘密和业务资料。房地产估价机构应当加强对执业人员的职业道德教育和业务培训，为本机构的房地产估价师参加继续教育提供必要的条件。县级以上人民政府房地产主管部门应当依照有关法律、法规和本办法的规定，对房地产估价机构和分支机构的设立、估价业务及执行房地产估价规范和标准的情况实施监督检查。县级以上人民政府房地产主管部门履行监督检查职责时，有权采取下列措施：要求被检查单位提供房地产估价机构资质证书、房地产估价师注册证书，有关房地产估价业务的文档，有关估价质量管理、估价档案管理、财务管理企业内部管理制度的文件；进入被检查单位进行检查，查阅房地产估价报告以及估价委托合同、实地查勘记录等估价相关资料；纠正违反有关法律、法规和本办法及房地产估价规范和标准的行为。资质许可机关或者房地产估价行业组织应当建立房地产估价机构信用档案。房地产估价机构应当按照要求提供真实、准确、完整的房地产估价信用档案信息，信用档案应当包括房地产估价机构的基本情况、业绩、良好行为、不良行为等内容。房地产估价行业管理，资产评估法是规范评估行业的一部重要法律。各级住房和城乡建设（房地产）主管部门、房地产估价行业组织要充分认识贯彻落实资产评估法的重要性和紧迫性，并以贯彻落实资产评估法为契机，进一步规范房地产估价行业管理，有序做好制度衔接工作，全面提升房地产估价行业管理水平。自 2016 年 12 月 1 日起，对房地产估价机构实行备案管理制度，不再实行资质核准。设立房地产评估机构，应当符合资产评估法第十五条、二十七条、二十八条规定。对符合规定的，省级住房和城乡建设（房地产）主管部门应当予以备案，核发统一格式的备案证明；符合《房地产估价机构管理办法》中相应等级标准的，在备案证明中予以标注。对于已取得资质等级的房地产估价机构，在资质有效期内，原资质继续有效；资质有效期满 30 日前，应向省级住房和城乡建设（房地产）主管部门提出备案申请。符合备案条件的，省级住房和城乡建设（房地产）主管部门核发备案证明，标注相应等级，原有资质证书收回。逾期未申请的，不得开展房地产估价活动。对于已取得资质等级的房地产估价机构的名称、法定代表人或者执行合伙人、组织形式、住所等事项发生变更的，申请办理变更事项时，不再颁发资质证书，改核发备案证明。对于现有三级资质房地产估价机构，资质有效期满后未达到资产评估法规定条件的，不予备案，不得开展房地产估价活动。房地产估价人员继续实行准入类管理制度，根据城市房地产管理法的规定，房地产估价人员继续实行准入类职业资格管理，管理机构、管理办法保持不变，取得房地产估价师职业资格并经注册后方可从事房地产估价活动。各类房地产估价业务都应当由 2 名以上注册房地产估价师承办和签署房地产估价报告。对于违反上述规定的，有关住房和城乡建设（房地产）主管部门依据城市房地产管理法、资产评估法和《注册房地产估价师管理办法》进行处罚。根据城市房地产管理法和资产评估法制定房地产估价行业监督管理办法，对房地产估价基本准则（国家标准《房地产估价规范》GB/T 50291）适时进行修订。土地估价机构备案工作，备案信息填报，从事土地估价业务且符合《中华人民共和国资产评估法》（以下简称《资产评估法》）第五条、第十五条等规定的评估机构，应登录“土地估价行业备案系统”，向工商登记所在地的省级自然资源主管部门进行土地估价机构备案，如实填报有关信息，按要求上传营业执照、经工商行政管理机关登记的合伙协议或公司章程、机构法定代表人或者执行事务合伙人的任职文件及相关证明、机构合伙人或者股东相关证明、在本机构执业的评估师资质及相关证明等材料电子扫描件（原土地估价师上传的电子扫描件格式不变）。备案信息核验，各省级自然资源主管部门应在收到土地估价机构备案信息后 15 个工作日内核验。对备案信息不全或不符合《资产评估法》相关规定的，省级自然资源主管部门应一次性告知需补正的全部内容。土地估价机构应在收到核验意见后按要求提交补正备案信息，超过 30 天仍未按要求补正的，视同未备案。对备案信息完备且符合相关规定的机构，省级自然资源主管部门完成备案。备案信息公示和变更，土地估价机构备案完成后，其机构名称、备案编号、法定代表人或执行事务合伙人、执业评估师等信息，由省级自然资源主管部门以编号公函形式通过备案系统向社会公示。土地估价机构的名称、法定代表人或执行事务合伙人、股东或合伙人、组织形式、执业评估师等重大事项发生变更的，应当自变更之日起 15 个工作日内登录备案系统向省级自然资源主管部门提交变更信息。省级自然资源主管部门应自收到变更信息后 15 个工作日内完成变更信息的核验。土地估价机构注销工商登记或被工商行政管理部门吊销营业执照或其他注销情形的，省级自然资源主管部门应及时注销其土地估价机构备案信息并向社会公示。系统密钥管理，新设立的土地估价机构，可直接登录备案系统，机构备案完成后，由自然资源部统一制作、省级自然资源主管部门统一配发机构管理密钥，该密钥用于识别机构身份，并可用于土地估价报告备案。已备案机构变更信息时，需凭机构管理密钥登录备案系统。对未完成土地估价机构备案开展土地估价业务的评估机构，由省级自然资源主管部门依照《资产评估法》第四十七条等规定进行处理。

第五节　资产评估机构资质资格管理

一、资产评估管理

资产评估，是指评估机构及其评估专业人员根据委托对不动产、动产、无形资产、企业价值、资产损失或者其他经济权益进行评定、估算，并出具评估报告的专业服务行为。自然人、法人或者其他组织需要确定评估对象价值的，可以自愿委托评估机构评估。涉及国有资产或者公共利益等事项，法律、行政法规规定需要评估的，应当依法委托评估机构评估。评估机构及其评估专业人员开展业务应当遵守法律、行政法规和评估准则，遵循独立、客观、公正的原则。评估机构及其评估专业人员依法开展业务，受法律保护。评估专业人员从事评估业务，应当加入评估机构，并且只能在一个评估机构从事业务。评估行业可以按照专业领域依法设立行业协会，实行自律管理，并接受有关评估行政管理部门的监督和社会监督。国务院有关评估行政管理部门按照各自职责分工，对评估行业进行监督管理。设区的市级以上地方人民政府有关评估行政管理部门按照各自职责分工，对本行政区域内的评估行业进行监督管理。评估专业人员包括评估师和其他具有评估专业知识及实践经验的评估从业人员。

评估师是指通过评估师资格考试的评估专业人员。国家根据经济社会发展需要确定评估师专业类别。有关全国性评估行业协会按照国家规定组织实施评估师资格全国统一考试。具有高等院校专科以上学历的公民，可以参加评估师资格全国统一考试。有关全国性评估行业协会应当在其网站上公布评估师名单，并实时更新。评估专业人员享有下列权利：要求委托人提供相关的权属证明、财务会计信息和其他资料，以及为执行公允的评估程序所需的必要协助；依法向有关国家机关或者其他组织查阅从事业务所需的文件、证明和资料；拒绝委托人或者其他组织、个人对评估行为和评估结果的非法干预；依法签署评估报告；法律、行政法规规定的其他权利。评估专业人员应当履行下列义务：诚实守信，依法独立、客观、公正从事业务；遵守评估准则，履行调查职责，独立分析估算，勤勉谨慎从事业务；完成规定的继续教育，保持和提高专业能力；对评估活动中使用的有关文件、证明和资料的真实性、准确性、完整性进行核查和验证；对评估活动中知悉的国家秘密、商业秘密和个人隐私予以保密；与委托人或者其他相关当事人及评估对象有利害关系的，应当回避；接受行业协会的自律管理，履行行业协会章程规定的义务；法律、行政法规规定的其他义务。评估机构应当依法采用合伙或者公司形式，聘用评估专业人员开展评估业务。合伙形式的评估机构，应当有两名以上评估师；其合伙人三分之二以上应当是具有三年以上从业经历且最近三年内未受停止从业处罚的评估师。公司形式的评估机构，应当有八名以上评估师和两名以上股东，其中三分之二以上股东应当是具有三年以上从业经历且最近三年内未受停止从业处罚的评估师。评估机构的合伙人或者股东为两名的，两名合伙人或者股东都应当是具有三年以上从业经历且最近三年内未受停止从业处罚的评估师。设立评估机构，应当向工商行政管理部门申请办理登记。评估机构应当自领取营业执照之日起三十日内向有关评估行政管理部门备案。评估行政管理部门应当及时将评估机构备案情况向社会公告。评估机构应当依法独立、客观、公正开展业务，建立健全质量控制制度，保证评估报告的客观、真实、合理。评估机构应当建立健全内部管理制度，对本机构的评估专业人员遵守法律、行政法规和评估准则的情况进行监督，并对其从业行为负责。评估机构应当依法接受监督检查，如实提供评估档案以及相关情况。委托人拒绝提供或者不如实提供执行评估业务所需的权属证明、财务会计信息和其他资料的，评估机构有权依法拒绝其履行合同的要求。委托人要求出具虚假评估报告或者有其他非法干预评估结果情形的，评估机构有权解除合同。评估机构根据业务需要建立职业风险基金，或者自愿办理职业责任保险，完善风险防范机制。评估程序，委托人有权自主选择符合法律规定的评估机构，任何组织或者个人不得非法限制或者干预。评估事项涉及两个以上当事人的，由全体当事人协商委托评估机构。委托开展法定评估业务，应当依法选择评估机构。委托人应当与评估机构订立委托合同，约定双方的权利和义务。委托人应当按照合同约定向评估机构支付费用，应当对其提供的权属证明、财务会计信息和其他资料的真实性、完整性和合法性负责。对受理的评估业务，评估机构应当指定至少两名评估专业人员承办。评估专业人员应当根据评估业务具体情况，对评估对象进行现场调查，收集权属证明、财务会计信息和其他资料并进行核查验证、分析整理，作为评估的依据。评估专业人员应当恰当选择评估方法，除依据评估执业准则只能选择一种评估方法的外，应当选择两种以上评估方法，经综合分析，形成评估结论，编制评估报告。评估机构应当对评估报告进行内部审核。评估报告应当由至少两名承办该项业务的评估专业人员签名并加盖评估机构印章。评估机构及其评估专业人员对其出具的评估报告依法承担责任。委托人不得串通、唆使评估机构或者评估专业人员出具虚假评估报告。评估机构开展法定评估业务，应当指定至少两名相应专业类别的评估师承办，评估报告应当由至少两名承办该项业务的评估师签名并加盖评估机构印章。评估档案的保存期限不少于十五年，属于法定评估业务的，保存期限不少于三十年。委托人对评估报告有异议的，可以要求评估机构解释。委托人或者评估报告使用人应当按照法律规定和评估报告载明的使用范围使用评估报告。评估行业协会是评估机构和评估专业人员的自律性组织，依照法律、行政法规和章程实行自律管理。评估行业按照专业领域设立全国性评估行业协会，根据需要设立地方性评估行业协会。评估行业协会的章程由会员代表大会制定，报登记管理机关核准，并报有关评估行政管理部门备案。评估机构、评估专业人员加入有关评估行业协会，平等享有章程规定的权利，履行章程规定的义务。有关评估行业协会公布加入本协会的评估机构、评估专业人员名单。评估行业协会履行下列职责：制定会员自律管理办法，对会员实行自律管理；依据评估基本准则制定评估执业准则和职业道德准则；组织开展会员继续教育；建立会员信用档案，将会员遵守法律、行政法规和评估准则的情况记入信用档案，并向社会公开；检查会员建立风险防范机制的情况；受理对会员的投诉、举报，受理会员的申诉，调解会员执业纠纷；规范会员从业行为，定期对会员出具的评估报告进行检查，按照章程规定对会员给予奖惩，并将奖惩情况及时报告有关评估行政管理部门；保障会员依法开展业务，维护会员合法权益；法律、行政法规和章程规定的其他职责。有关评估行业协会应当建立沟通协作和信息共享机制，根据需要制定共同的行为规范，促进评估行业健康有序发展。评估行业协会收取会员会费标准，由会员代表大会通过，并向社会公开。

二、资产评估行业财政监督管理

（一）资产评估机构及其资产评估专业人员根据委托对单项资产、资产组合、企业价值、金融权益、资产损失或者其他经济权益进行评定、估算，并出具资产评估报告的专业服务行为和财政部门对资产评估行业实施监督管理。资产评估机构及其资产评估专业人员从事前款规定业务，涉及法律、行政法规和国务院规定由其他评估行政管理部门管理的，按照其他有关规定执行。涉及国有资产或者公共利益等事项，属于规定范围有法律、行政法规规定需要评估的法定资产评估业务，委托人应当按照资产评估法和有关法律、行政法规的规定，委托资产评估机构进行评估。财政部门对资产评估行业的监督管理，实行行政监管、行业自律与机构自主管理相结合的原则。财政部负责统筹财政部门对全国资产评估行业的监督管理，制定有关监督管理办法和资产评估基本准则，指导和督促地方财政部门实施监督管理。财政部门对资产评估机构从事证券期货相关资产评估业务实施的监督管理，由财政部负责。各省、自治区、直辖市、计划单列市财政厅（局）负责对本行政区域内资产评估行业实施监督管理。中国资产评估协会依照法律、行政法规、本办法和其协会章程的规定，负责全国资产评估行业的自律管理。地方资产评估协会依照法律、法规、本办法和其协会章程的规定，负责本地区资产评估行业的自律管理。资产评估机构从事资产评估业务，除规定外，依法不受行政区域、行业限制，任何组织或者个人不得非法干预。资产评估行业、资产评估专业人员、资产评估机构和资产评估协会是指根据资产评估法和国务院规定，按照职责分工由财政部门监管的资产评估行业、资产评估专业人员、资产评估机构和资产评估协会。外商投资者在中华人民共和国境内设立、参股、入伙资产评估机构或者开展法定资产评估业务，应当依法履行国家安全审查程序。

（二）资产评估专业人员包括资产评估师和具有资产评估专业知识及实践经验的其他资产评估从业人员。资产评估师是指通过中国资产评估协会组织实施的资产评估师资格全国统一考试的资产评估专业人员。其他资产评估从业人员从事规定的资产评估业务，应当接受财政部门的监管。除从事法定资产评估业务外，其所需的资产评估专业知识及实践经验，由资产评估机构自主评价认定。由其他评估行政管理部门管理的其他专业领域评估师从事规定的资产评估业务，按照规定执行。资产评估专业人员从事资产评估业务，应当加入资产评估机构，并且只能在一个资产评估机构从事业务。资产评估专业人员应当与资产评估机构签订劳动合同，建立社会保险缴纳关系，按照国家有关规定办理人事档案存放手续。资产评估专业人员从事资产评估业务，应当遵守法律、行政法规和本办法的规定，执行资产评估准则及资产评估机构的各项规章制度，依法签署资产评估报告，不得签署本人未承办业务的资产评估报告或者有重大遗漏的资产评估报告。未取得资产评估师资格的人员，不得签署法定资产评估业务资产评估报告，其签署的法定资产评估业务资产评估报告无效。资产评估专业人员应当接受资产评估协会的自律管理和所在资产评估机构的自主管理，不得从事损害资产评估机构合法利益的活动。加入资产评估协会的资产评估专业人员，平等享有章程规定的权利，履行章程规定的义务。

（三）资产评估机构，机构自主管理的资产评估机构应当依法采用合伙或者公司形式，并符合资产评估法第十五条规定的条件。不符合资产评估法第十五条规定条件的资产评估机构不得承接资产评估业务。资产评估机构从事资产评估业务，应当遵守资产评估准则，履行资产评估程序，加强内部审核，严格控制执业风险。资产评估机构开展法定资产评估业务，应当指定至少两名资产评估师承办。不具备两名以上资产评估师条件的资产评估机构，不得开展法定资产评估业务。法定资产评估业务资产评估报告应当由两名以上承办业务的资产评估师签署，并履行内部程序后加盖资产评估机构印章，资产评估机构及签字资产评估师依法承担责任。资产评估机构应当遵守独立性原则和资产评估准则规定的资产评估业务回避要求，不得受理与其合伙人或者股东存在利害关系的业务。资产评估机构应当建立健全质量控制制度和内部管理制度。其中，内部管理制度包括资产评估业务管理制度、业务档案管理制度、人事管理制度、继续教育制度、财务管理制度等。资产评估机构应当指定一名取得资产评估师资格的本机构合伙人或者股东专门负责执业质量控制。资产评估机构根据业务需要建立职业风险基金管理制度，或者自愿购买职业责任保险，完善职业风险防范机制。资产评估机构建立职业风险基金管理制度的，按照财政部的具体规定提取、管理和使用职业风险基金。实行集团化发展的资产评估机构，应当在质量控制、内部管理、客户服务、企业形象、信息化等方面，对设立的分支机构实行统一管理，或者对集团成员实行统一政策。分支机构应当在资产评估机构授权范围内，依法从事资产评估业务，并以资产评估机构的名义出具资产评估报告。资产评估机构和分支机构加入资产评估协会，平等享有章程规定的权利，履行章程规定的义务。资产评估机构和分支机构应当在每年 3 月 31 日之前，分别向所加入的资产评估协会报送下列材料：资产评估机构或分支机构基本情况；上年度资产评估项目重要信息；资产评估机构建立职业风险基金或者购买职业责任保险情况。购买职业责任保险的，应当提供职业责任保险保单复印件。机构备案管理，省级财政部门负责本地区资产评估机构和分支机构的备案管理。资产评估机构应当自领取营业执照之日起 30 日内，通过备案信息管理系统向所在地省级财政部门备案，同时提交下列纸质材料：资产评估机构备案表；营业执照复印件；经工商行政管理机关登记的合伙协议或公司章程；资产评估机构合伙人或者股东以及执行合伙事务的合伙人或者法定代表人三年以上从业经历、最近三年接受处罚信息等基本情况；在该机构从业的资产评估师、其他专业领域的评估师和其他资产评估从业人员情况；资产评估机构质量控制制度和内部管理制度。资产评估机构的备案信息不齐全或者备案材料不符合要求的，省级财政部门应当在接到备案材料 5 个工作日内一次性告知需要补正的全部内容，并给予指导。资产评估机构应当根据要求，在 15 个工作日内补正。逾期不补正的，视同未备案。备案材料完备且符合要求的，省级财政部门收齐备案材料即完成备案，并在 20 个工作日内将下列信息以公函编号向社会公开：资产评估机构名称及组织形式；资产评估机构的合伙人或者股东的基本情况；资产评估机构执行合伙事务的合伙人或者法定代表人；申报的资产评估专业人员基本情况。对于资产评估机构申报的资产评估师信息，省级财政部门应当在公开前向有关资产评估协会核实。资产评估机构设立分支机构的，应当比照规定，由资产评估机构向其分支机构所在地省级财政部门备案，同时提交下列纸质材料：资产评估机构设立分支机构备案表；分支机构营业执照复印件；资产评估机构授权分支机构的业务范围；分支机构负责人三年以上从业经历、最近三年接受处罚信息等基本情况；在该分支机构从业的资产评估师、其他专业领域评估师和其他资产评估从业人员情况。完成分支机构备案的省级财政部门应当将分支机构备案情况向社会公开，同时告知资产评估机构所在地省级财政部门。资产评估机构的名称、执行合伙事务的合伙人或者法定代表人、合伙人或者股东、分支机构的名称或者负责人发生变更，以及发生机构分立、合并、转制、撤销等重大事项，应当自变更之日起 15 个工作日内，向有关省级财政部门办理变更手续。需要变更工商登记的，自工商变更登记完成之日起 15 个工作日内向有关省级财政部门办理变更手续。资产评估机构办理合并或者分立变更手续的，应当提供合并或者分立协议。合并或者分立协议应当包括以下事项：合并或者分立前资产评估机构评估业务档案保管方案；合并或者分立前资产评估机构职业风险基金或者执业责任保险的处理方案；合并或者分立前资产评估机构资产评估业务、执业责任的承继关系。合伙制资产评估机构转为公司制资产评估机构，或者公司制资产评估机构转为合伙制资产评估机构，办理变更手续应当提供合伙人会议或股东（大）会审议通过的转制决议。转制决议应当载明转制后机构与转制前机构的债权债务、档案保管、资产评估业务、执业责任等承继关系。资产评估机构跨省级行政区划迁移经营场所，应当书面告知迁出地省级财政部门。资产评估机构在办理完迁入地工商登记手续后 15 个工作日内，比照规定，向迁入地省级财政部门办理迁入备案手续。迁入地省级财政部门办理迁入备案手续后通知迁出地的省级财政部门，迁出地的省级财政部门应同时予以公告。已完成备案的资产评估机构或者分支机构有下列行为之一的，省级财政部门予以注销备案，并向社会公开：注销工商登记的；被工商行政管理机关吊销营业执照的；主动要求注销备案的。注销备案的资产评估机构及其分支机构的资产评估业务档案，应当按照《中华人民共和国档案法》（以下简称《档案法》）和资产评估档案管理的有关规定予以妥善保存。财政部建立统一的备案信息管理系统。备案信息管理系统实行全国联网，并与其他相关行政管理部门实行信息共享。

三、资产评估基本准则

（一）资产评估机构及其资产评估专业人员是指根据《资产评估法》和国务院规定，按照职责分工由财政部门监管的资产评估机构及其资产评估专业人员。基本遵循，资产评估机构及其资产评估专业人员开展资产评估业务应当遵守法律、行政法规的规定，坚持独立、客观、公正的原则。资产评估机构及其资产评估专业人员应当诚实守信，勤勉尽责，谨慎从业，遵守职业道德规范，自觉维护职业形象，不得从事损害职业形象的活动。资产评估机构及其资产评估专业人员开展资产评估业务，应当独立进行分析和估算并形成专业意见，拒绝委托人或者其他相关当事人的干预，不得直接以预先设定的价值作为评估结论。资产评估专业人员应当具备相应的资产评估专业知识和实践经验，能够胜任所执行的资产评估业务，保持和提高专业能力。资产评估程序，资产评估机构及其资产评估专业人员开展资产评估业务，履行下列基本程序：明确业务基本事项、订立业务委托合同、编制资产评估计划、进行评估现场调查、收集整理评估资料、评定估算形成结论、编制出具评估报告、整理归集评估档案。资产评估机构及其资产评估专业人员不得随意减少资产评估基本程序。资产评估机构受理资产评估业务前，应当明确下列资产评估业务基本事项：委托人、产权持有人和委托人以外的其他资产评估报告使用人；评估目的；评估对象和评估范围；价值类型；评估基准日；资产评估报告使用范围；资产评估报告提交期限及方式；评估服务费及支付方式；委托人、其他相关当事人与资产评估机构及其资产评估专业人员工作配合和协助等需要明确的重要事项。资产评估机构应当对专业能力、独立性和业务风险进行综合分析和评价。受理资产评估业务应当满足专业能力、独立性和业务风险控制要求，否则不得受理。资产评估机构执行某项特定业务缺乏特定的专业知识和经验时，应当采取弥补措施，包括利用专家工作等。资产评估机构受理资产评估业务应当与委托人依法订立资产评估委托合同，约定资产评估机构和委托人权利、义务、违约责任和争议解决等内容。资产评估专业人员应当根据资产评估业务具体情况编制资产评估计划，包括资产评估业务实施的主要过程及时间进度、人员安排等。执行资产评估业务，应当对评估对象进行现场调查，获取资产评估业务需要的资料，了解评估对象现状，关注评估对象法律权属。资产评估专业人员应当根据资产评估业务具体情况收集资产评估业务需要的资料。包括：委托人或者其他相关当事人提供的涉及评估对象和评估范围等资料；从政府部门、各类专业机构以及市场等渠道获取的其他资料。委托人和其他相关当事人依法提供并保证资料的真实性、完整性、合法性。资产评估专业人员应当依法对资产评估活动中使用的资料进行核查和验证。确定资产价值的评估方法包括市场法、收益法和成本法三种基本方法及其衍生方法。资产评估专业人员应当根据评估目的、评估对象、价值类型、资料收集等情况，分析上述三种基本方法的适用性，依法选择评估方法。资产评估专业人员应当在评定、估算形成评估结论后，编制初步资产评估报告。资产评估机构应当对初步资产评估报告进行内部审核后出具资产评估报告。资产评估机构应当对工作底稿、资产评估报告及其他相关资料进行整理，形成资产评估档案。资产评估报告，资产评估机构及其资产评估专业人员出具的资产评估报告应当符合法律、行政法规等相关规定。资产评估报告的内容包括：标题及文号、目录、声明、摘要、正文、附件。资产评估报告正文应当包括下列内容：委托人及其他资产评估报告使用人；评估目的；评估对象和评估范围；价值类型；评估基准日；评估依据；评估方法；评估程序实施过程和情况；评估假设；评估结论；特别事项说明；资产评估报告使用限制说明；资产评估报告日；资产评估专业人员签名和资产评估机构印章。资产评估报告载明的评估目的应当唯一。资产评估报告应当说明选择价值类型的理由，并明确其定义。资产评估报告载明的评估基准日应当与资产评估委托合同约定的评估基准日一致，可以是过去、现在或者未来的时点。资产评估报告应当以文字和数字形式表述评估结论，并明确评估结论的使用有效期。资产评估报告的特别事项说明包括：权属等主要资料不完整或者存在瑕疵的情形；未决事项、法律纠纷等不确定因素；重要的利用专家工作情况；重大期后事项。资产评估报告使用限制说明应当载明：使用范围。委托人或者其他资产评估报告使用人未按照法律、行政法规规定和资产评估报告载明的使用范围使用资产评估报告的，资产评估机构及其资产评估专业人员不承担责任。除委托人、资产评估委托合同中约定的其他资产评估报告使用人和法律、行政法规规定的资产评估报告使用人之外，其他任何机构和个人不能成为资产评估报告的使用人。资产评估报告使用人应当正确理解评估结论。评估结论不等同于评估对象可实现价格，评估结论不应当被认为是对评估对象可实现价格的保证。资产评估报告应当履行内部审核程序，由至少 2 名承办该项资产评估业务的资产评估专业人员签名并加盖资产评估机构印章。法定评估业务资产评估报告应当履行内部审核程序，由至少 2 名承办该项资产评估业务的资产评估师签名并加盖资产评估机构印章。资产评估档案，资产评估档案包括工作底稿、资产评估报告以及其他相关资料。资产评估档案应当由资产评估机构妥善管理。工作底稿应当真实完整、重点突出、记录清晰，能够反映资产评估程序实施情况、支持评估结论。工作底稿分为管理类工作底稿和操作类工作底稿。管理类工作底稿是指在执行资产评估业务过程中，为受理、计划、控制和管理资产评估业务所形成的工作记录及相关资料。操作类工作底稿是指在履行现场调查、收集资产评估资料和评定估算程序时所形成的工作记录及相关资料。资产评估档案保存期限不少于 15 年。属于法定资产评估业务的，不少于 30 年。资产评估档案的管理应当严格执行保密制度。除下列情形外，资产评估档案不得对外提供：财政部门依法调阅的；资产评估协会依法依规调阅的；其他依法依规查阅的。

（二）资产评估职业道德准则，职业道德是指资产评估机构及其资产评估专业人员开展资产评估业务应当具备的道德品质和体现的道德行为。资产评估机构及其资产评估专业人员开展资产评估业务，应当遵守本准则。基本遵循，资产评估机构及其资产评估专业人员应当诚实守信，勤勉尽责，谨慎从业，坚持独立、客观、公正的原则，不得出具或者签署虚假资产评估报告或者有重大遗漏的资产评估报告。资产评估机构及其资产评估专业人员开展资产评估业务，应当遵守法律、行政法规和资产评估准则，履行资产评估委托合同规定的义务。资产评估机构应当对本机构的资产评估专业人员遵守法律、行政法规和资产评估准则的情况进行监督。资产评估机构及其资产评估专业人员应当自觉维护职业形象，不得从事损害职业形象的活动。专业能力，资产评估专业人员应当具备相应的评估专业知识和实践经验，能够胜任所执行的资产评估业务。资产评估专业人员应当完成规定的继续教育，保持和提高专业能力。资产评估机构及其资产评估专业人员应当如实声明其具有的专业能力和执业经验，不得对其专业能力和执业经验进行夸张、虚假和误导性宣传。资产评估机构执行某项特定业务缺乏特定的专业知识和经验时，应当采取弥补措施，包括利用专家工作及相关报告等。独立性，资产评估机构及其资产评估专业人员开展资产评估业务，应当采取恰当措施保持独立性。资产评估机构不得受理与自身有利害关系的资产评估业务。资产评估机构及其资产评估专业人员开展资产评估业务，应当识别可能影响独立性的情形，合理判断其对独立性的影响。可能影响独立性的情形通常包括资产评估机构及其资产评估专业人员或者其亲属与委托人或者其他相关当事人之间存在经济利益关联、人员关联或者业务关联。经济利益关联是指资产评估机构及其资产评估专业人员或者其亲属拥有委托人或者其他相关当事人的股权、债权、有价证券、债务，或者存在担保等可能影响独立性的经济利益关系。人员关联是指资产评估专业人员或者其亲属在委托人或者其他相关当事人担任董事、监事、高级管理人员或者其他可能对评估结论施加重大影响的特定职务。业务关联是指资产评估机构从事的不同业务之间可能存在利益输送或者利益冲突关系。资产评估机构不得分别接受利益冲突双方的委托，对同一评估对象进行评估。与委托人和其他相关当事人的关系，资产评估机构及其资产评估专业人员不得以恶性压价、支付回扣、虚假宣传，或者采用欺骗、利诱、胁迫等不正当手段招揽业务。资产评估专业人员不得私自接受委托从事资产评估业务并收取费用。资产评估机构及其资产评估专业人员执行资产评估业务，应当保持公正的态度，以客观事实为依据，实事求是地进行分析和判断，拒绝委托人或者其他相关当事人的非法干预，不得直接以预先设定的价值作为评估结论。资产评估机构及其资产评估专业人员执行资产评估业务，应当与委托人进行必要沟通，提醒资产评估报告使用人正确理解评估结论。资产评估机构及其资产评估专业人员应当遵守保密原则，对评估活动中知悉的国家秘密、商业秘密和个人隐私予以保密，不得在保密期限内向委托人以外的第三方提供保密信息，除非得到委托人的同意或者属于法律、行政法规允许的范围。与其他资产评估机构及资产评估专业人员的关系，资产评估机构不得允许其他资产评估机构以本机构名义开展资产评估业务，或者冒用其他资产评估机构名义开展资产评估业务。资产评估机构及其资产评估专业人员在开展资产评估业务过程中，应当与其他资产评估专业人员保持良好的工作关系。资产评估机构及其资产评估专业人员不得贬损或者诋毁其他资产评估机构及资产评估专业人员。资产评估机构及其资产评估专业人员在执行资产评估业务过程中，应当指导专家和相关业务助理人员遵守本准则相关条款。

（三）资产评估师职业资格制度，规范资产评估行业管理，资产评估师职业资格适用于从事资产评估业务的专业人员。国家设立资产评估师水平评价类职业资格制度，面向全社会提供资产评估师能力水平评价服务，纳入全国专业技术人员职业资格证书制度统一规划。资产评估师职业资格实行考试的评价方式。通过资产评估师职业资格考试并取得职业资格证书的人员，表明其已达到承办法定评估业务的要求和水平。人力资源社会保障部、财政部共同负责资产评估师职业资格制度的政策制定，并按职责分工对资产评估师职业资格制度的实施进行指导、监督和检查。中国资产评估协会具体承担资产评估师职业资格的评价与管理工作。资产评估师职业资格增设珠宝评估专业，其资格名称为资产评估师。资产评估师职业资格实行全国统一大纲、统一命题、统一组织的考试制度。中国资产评估协会负责资产评估师职业资格考试的组织和实施工作。组织成立资产评估师职业资格考试专家委员会，研究制定资产评估师职业资格考试科目、考试大纲、考试试题和考试合格标准。人力资源社会保障部、财政部对中国资产评估协会实施的考试工作进行监督和检查，指导中国资产评估协会确定资产评估师职业资格考试科目、考试大纲、考试试题和考试合格标准。具有高等院校专科以上学历的公民，可以参加资产评估师职业资格考试。资产评估师职业资格考试合格，由中国资产评估协会颁发人力资源社会保障部、财政部监制，中国资产评估协会用印的《资产评估师职业资格证书》。该证书在全国范围有效。中国资产评估协会应当在其网站上公布资产评估师名单，并实时更新。对以不正当手段取得资产评估师职业资格证书的，按照国家专业技术人员资格考试违纪违规行为处理规定处理。取得资产评估师职业资格证书的人员，应当遵守国家法律、法规及资产评估行业相关制度准则，恪守职业道德，秉承客观公正原则，维护国家和社会公共利益。取得资产评估师职业资格证书的人员，应当具备的职业能力：熟悉资产评估行业相关法律、法规和行业制度、准则；跟踪国内外评估技术方法和评估市场的发展趋势，具有较强的开拓创新能力；运用评估专业理论与方法，较好完成资产评估业务；独立解决资产评估业务中的疑难问题。取得资产评估师职业资格证书的人员，应当按照国家专业技术人员继续教育以及资产评估行业管理的有关规定，参加继续教育，不断更新专业知识，提高职业素质和业务能力。通过考试取得资产评估师职业资格证书的，用人单位可根据工作需要按照经济系列相应级别职称择优聘任。按照国家有关规定取得的注册资产评估师执业资格证书和资产评估师职业资格证书继续有效。

第六节　房地产经纪管理

一、房地产经纪

房地产经纪，是指房地产经纪机构和房地产经纪人员为促成房地产交易，向委托人提供房地产居间、代理等服务并收取佣金的行为。在中华人民共和国境内从事房地产经纪活动，根据《城市房地产管理法》等法律法规，保护房地产交易及经纪活动当事人的合法权益，促进房地产市场健康发展。从事房地产经纪活动应当遵循自愿、平等、公平和诚实信用的原则，遵守职业规范，恪守职业道德。县级以上人民政府建设（房地产）主管部门、价格主管部门、人力资源和社会保障主管部门应当按照职责分工，分别负责房地产经纪活动的监督和管理。房地产经纪行业组织应当按照章程实行自律管理，向有关部门反映行业发展的意见和建议，促进房地产经纪行业发展和人员素质提高。

二、房地产经纪机构和人员

房地产经纪机构，是指依法设立，从事房地产经纪活动的中介服务机构。房地产经纪机构可以设立分支机构。设立房地产经纪机构和分支机构，应当具有足够数量的房地产经纪人员。房地产经纪人员，是指从事房地产经纪活动的房地产经纪人和房地产经纪人协理。房地产经纪机构和分支机构与其招用的房地产经纪人员，应当按照《中华人民共和国劳动合同法》（以下简称《劳动合同法》）的规定签订劳动合同。国家对房地产经纪人员实行职业资格制度，纳入全国专业技术人员职业资格制度统一规划和管理。房地产经纪人协理和房地产经纪人职业资格实行全国统一大纲、统一命题、统一组织的考试制度，由房地产经纪行业组织负责管理和实施考试工作，原则上每年举行一次考试。国务院住房和城乡建设主管部门、人力资源社会保障部门负责对房地产经纪人协理和房地产经纪人职业资格考试进行指导、监督和检查。房地产经纪人协理实行全国统一大纲，由各省、自治区、直辖市人民政府建设（房地产）主管部门、人力资源和社会保障主管部门命题并组织考试的制度，每年的考试次数根据行业发展需要确定。房地产经纪机构及其分支机构应当自领取营业执照之日起 30 日内，到所在直辖市、市、县人民政府建设（房地产）主管部门备案。直辖市、市、县人民政府建设（房地产）主管部门应当将房地产经纪机构及其分支机构的名称、住所、法定代表人（执行合伙人）或者负责人、注册资本、房地产经纪人员等备案信息向社会公示。房地产经纪机构及其分支机构变更或者终止的，应当自变更或者终止之日起 30 日内，办理备案变更或者注销手续。

三、房地产经纪活动

房地产经纪业务应当由房地产经纪机构统一承接，服务报酬由房地产经纪机构统一收取。分支机构应当以设立该分支机构的房地产经纪机构名义承揽业务。房地产经纪人员不得以个人名义承接房地产经纪业务和收取费用。房地产经纪机构及其分支机构应当在其经营场所醒目位置公示下列内容：营业执照和备案证明文件；服务项目、内容、标准；业务流程；收费项目、依据、标准；交易资金监管方式；信用档案查询方式、投诉电话及 12358 价格举报电话；政府主管部门或者行业组织制定的房地产经纪服务合同、房屋买卖合同、房屋租赁合同示范文本；法律、法规、规章规定的其他事项。分支机构还应当公示设立该分支机构的房地产经纪机构的经营地址及联系方式。房地产经纪机构代理销售商品房项目的，还应当在销售现场明显位置明示商品房销售委托书和批准销售商品房的有关证明文件。房地产经纪机构接受委托提供房地产信息、实地看房、代拟合同等房地产经纪服务的，应当与委托人签订书面房地产经纪服务合同。房地产经纪服务合同应当包含下列内容：房地产经纪服务双方当事人的姓名（名称）、住所等情况和从事业务的房地产经纪人员情况；房地产经纪服务的项目、内容、要求以及完成的标准；服务费用及其支付方式；合同当事人的权利和义务；违约责任和纠纷解决方式。建设（房地产）主管部门或者房地产经纪行业组织可以制定房地产经纪服务合同示范文本，供当事人选用。房地产经纪机构提供代办贷款、代办房地产登记等其他服务的，应当向委托人说明服务内容、收费标准等情况，经委托人同意后，另行签订合同。房地产经纪服务实行明码标价制度。房地产经纪机构应当遵守价格法律、法规和规章规定，在经营场所醒目位置标明房地产经纪服务项目、服务内容、收费标准以及相关房地产价格和信息。房地产经纪机构不得收取任何未予标明的费用；不得利用虚假或者使人误解的标价内容和标价方式进行价格欺诈；一项服务可以分解为多个项目和标准的，应当明确标示每一个项目和标准，不得混合标价、捆绑标价。房地产经纪机构未完成房地产经纪服务合同约定事项，或者服务未达到房地产经纪服务合同约定标准的，不得收取佣金。两家或者两家以上房地产经纪机构合作开展同一宗房地产经纪业务的，只能按照一宗业务收取佣金，不得向委托人增加收费。房地产经纪机构签订的房地产经纪服务合同，应当加盖房地产经纪机构印章，并由从事该业务的一名房地产经纪人或者两名房地产经纪人协理签名。房地产经纪机构签订房地产经纪服务合同前，应当向委托人说明房地产经纪服务合同和房屋买卖合同或者房屋租赁合同的相关内容，并书面告知下列事项：是否与委托房屋有利害关系；应当由委托人协助的事宜、提供的资料；委托房屋的市场参考价格；房屋交易的一般程序及可能存在的风险；房屋交易涉及的税费；经纪服务的内容及完成标准；经纪服务收费标准和支付时间；其他需要告知的事项。房地产经纪机构根据交易当事人需要提供房地产经纪服务以外的其他服务的，应当事先经当事人书面同意并告知服务内容及收费标准。书面告知材料应当经委托人签名（盖章）确认。房地产经纪机构与委托人签订房屋出售、出租经纪服务合同，应当查看委托出售、出租的房屋及房屋权属证书，委托人的身份证明等有关资料，并应当编制房屋状况说明书。经委托人书面同意后，方可以对外发布相应的房源信息。房地产经纪机构与委托人签订房屋承购、承租经纪服务合同，应当查看委托人身份证明等有关资料。委托人与房地产经纪机构签订房地产经纪服务合同，应当向房地产经纪机构提供真实有效的身份证明。委托出售、出租房屋的，还应当向房地产经纪机构提供真实有效的房屋权属证书。委托人未提供规定资料或者提供资料与实际不符的，房地产经纪机构应当拒绝接受委托。房地产交易当事人约定由房地产经纪机构代收代付交易资金的，应当通过房地产经纪机构在银行开设的客户交易结算资金专用存款账户划转交易资金。交易资金的划转应当经过房地产交易资金支付方和房地产经纪机构的签字和盖章。房地产经纪机构应当建立业务记录制度，如实记录业务情况。房地产经纪机构应当保存房地产经纪服务合同，保存期不少于5年。房地产经纪行业组织应当制定房地产经纪从业规程，逐步建立并完善资信评价体系和房地产经纪房源、客源信息共享系统。建设（房地产）主管部门、价格主管部门应当通过现场巡查、合同抽查、投诉受理等方式，采取约谈、记入信用档案、媒体曝光等措施，对房地产经纪机构和房地产经纪人员进行监督。被检查的房地产经纪机构和房地产经纪人员应当予以配合，并根据要求提供检查所需的资料。建设（房地产）主管部门、价格主管部门、人力资源和社会保障主管部门应当建立房地产经纪机构和房地产经纪人员信息共享制度。建设（房地产）主管部门应当定期将备案的房地产经纪机构情况通报同级价格主管部门、人力资源和社会保障主管部门。直辖市、市、县人民政府建设（房地产）主管部门应当构建统一的房地产经纪网上管理和服务平台，为备案的房地产经纪机构提供下列服务：房地产经纪机构备案信息公示；房地产交易与登记信息查询；房地产交易合同网上签订；房地产经纪信用档案公示；法律、法规和规章规定的其他事项。经备案的房地产经纪机构可以取得网上签约资格。县级以上人民政府建设（房地产）主管部门应当建立房地产经纪信用档案，并向社会公示。房地产经纪机构和房地产经纪人员应当按照规定提供真实、完整的信用档案信息。

第七节 注册房地产估价师执业资格管理

一、房地产估价师

房地产估价师，是指通过国家职业资格考试取得房地产估价师职业资格证书，并经注册后从事房地产估价（含土地估价）业务的专业技术人员。国家设置房地产估价师准入类职业资格，纳入国家职业资格目录，实行统一考试、统一注册、分工监管。住房和城乡建设部会同自然资源部按照本规定确定的职责分工负责房地产估价师职业资格制度的实施。房地产估价师职业资格考试实行全国统一大纲、统一试题、统一组织。住房和城乡建设部会同自然资源部负责审定房地产估价师职业资格考试科目，对考试工作进行指导、监督、检查。房地产估价师职业资格考试设置 4 个科目，原则上每年举行 1 次。住房和城乡建设部会同自然资源部负责《房地产制度法规政策》《房地产估价原理与方法》科目的考试大纲编制、命审题、阅卷等工作。住房和城乡建设部、自然资源部分别负责《房地产估价基础与实务》《土地估价基础与实务》科目的考试大纲编制、命审题、阅卷等工作。考试大纲编写、命审题、阅卷等具体考务工作委托有关行业组织承担。全国房地产估价师职业资格考试办公室由住房和城乡建设部会同自然资源部组建，负责考试的组织实施工作，考试办公室设在住房和城乡建设部房地产市场监管司。

二、房地产估价师职业资格考试

具备下列考试报名条件的公民，可以申请参加房地产估价师职业资格考试：拥护中国共产党领导和社会主义制度；遵守中华人民共和国宪法、法律、法规，具有良好的业务素质和道德品行；具有高等院校专科以上学历。房地产估价师职业资格考试合格人员，由各省、自治区、直辖市考试管理机构颁发房地产估价师职业资格证书。该证书由住房和城乡建设部统一印制，住房和城乡建设部、自然资源部共同用印，全国范围内有效。各省、自治区、直辖市考试管理机构应当加强对报考人员的学历等房地产估价师职业资格考试报名条件的审核。

三、房地产估价师执业注册管理

国家对房地产估价师职业资格实行执业注册管理制度。房地产估价师从事房地产估价或者土地估价业务应当遵纪守法，诚信执业，恪守职业道德和执业准则、标准，主动接受有关主管部门的监督检查，自觉接受行业自律管理。住房和城乡建设部负责制定房地产估价的准则和标准，自然资源部负责制定土地估价的准则和标准。取得房地产估价师职业资格并经注册的，可以依法从事房地产估价业务和土地估价业务，签署房地产估价报告和土地估价报告。房地产估价师应当按照国家专业技术人员继续教育的有关规定接受相应行业组织的继续教育，更新专业知识，提高业务水平。《房地产估价师职业资格制度规定》实施之前，取得的房地产估价师资格证书、土地估价师资格证书效力不变；同时取得房地产估价师资格证书和土地估价师资格证书的人员，可以换领规定的房地产估价师职业资格证书。取得房地产估价师职业资格，可以根据《经济专业人员职称评价基本标准条件》规定的学历资历条件对应初级或者中级职称，并可以作为申报高一级职称的条件。国务院住房和城乡建设主管部门对全国注册房地产估价师注册、执业活动实施统一监督管理。省、自治区、直辖市人民政府住房和城乡建设（房地产）主管部门对本行政区域内注册房地产估价师的执业活动实施监督管理。申请注册的，应当向国务院住房和城乡建设主管部门提出注册申请。对申请初始注册、变更注册、延续注册和注销注册的，国务院住房和城乡建设主管部门应当自受理之日起 15 日内作出决定。注册房地产估价师的初始注册、变更注册、延续注册和注销注册，实行网上申报、受理和审批。

第八节 不动产登记代理和房地产经纪人员资格管理

一、不动产登记代理专业人员

国家设立不动产登记代理专业人员水平评价类职业资格制度，面向全社会提供不动产登记代理专业人员能力水平评价的服务，纳入国家职业资格目录。不动产登记代理专业人员职业资格设不动产登记代理人一个层级。适用于在不动产登记代理服务机构，从事水流、森林、山岭、草原、荒地、滩涂等自然资源和土地、海域以及房屋、林木等定着物的不动产登记代理相关业务的专业人员。通过不动产登记代理专业人员职业资格考试并取得职业资格证书的人员，表明其已具备从事水流、森林、山岭、草原、荒地、滩涂等自然资源和土地、海域以及房屋、林木等定着物的不动产登记代理专业岗位工作的职业能力和水平。自然资源部按照国家职业资格制度有关规定，负责制定不动产登记代理专业人员职业资格制度，并对实施情况进行指导、监督和检查。中国土地估价师与土地登记代理人协会具体承担不动产登记代理专业人员职业资格的评价与管理工作。不动产登记代理专业人员应当遵守国家法律、相关法规和行业管理规范，维护国家和社会公共利益及委托人的合法权益，对从事业务中知悉的不动产信息以及其他应当保密的信息等予以保密，恪守职业道德。不动产登记代理专业人员在登记代理活动中，应当以委托人自愿委托为前提，独立、公正、平等、诚信地代理登记业务。取得不动产登记代理人资格证书，表明其应当具备以下职业能力：代理登记申请、确权指界、地籍调查，领取不动产权证书等；收集、整理权属来源证明及其他相关材料；协助权利人办理权属争议相关事项；依法查询登记资料、查证产权；提供登记及地籍管理相关法律政策和技术咨询；提供整合和整理不动产登记资料、开发建设和升级维护不动产登记信息管理基础平台、地籍数据库等服务；与登记业务相关的其他受托事项。不动产登记代理专业人员应当遵守国家专业技术人员继续教育有关规定，接受不动产登记代理行业组织等的继续教育，不断更新专业知识，提高职业素质和业务能力。不动产登记代理专业人员实行登记服务制度。登记服务的具体工作由中国土地估价师与土地登记代理人协会负责。不动产登记代理专业人员应依托不动产登记代理服务机构从事不动产登记代理业务。中国土地估价师与土地登记代理人协会定期向社会公布不动产登记代理专业人员的登记情况，建立持证人员的诚信档案，制定执业准则和职业道德准则，为用人单位提供取得不动产登记代理人资格证书人员信息的查询服务。不动产登记代理专业人员应自觉接受中国土地估价师与土地登记代理人协会的自律性管理，其在工作中违反相关法律、法规、规章或者职业道德，造成不良影响的，由中国土地估价师与土地登记代理人协会取消登记，并收回其职业资格证书。不动产登记代理服务机构应当严格遵守国家和本行业的各项管理规定，主动接受有关主管部门的监督检查，自觉接受行业自律管理。取得不动产登记代理人资格证书的人员，用人单位可根据工作需要按经济系列相应级别职称择优聘任。

二、房地产经纪专业人员职业能力

国家设立房地产经纪专业人员水平评价类职业资格制度，面向全社会提供房地产经纪专业人员能力水平评价服务，纳入全国专业技术人员职业资格证书制度统一规划，适用于在房地产交易活动中，为促成房地产公平交易，从事存量房和新建商品房居间、代理等房地产经纪活动的专业人员。房地产经纪专业人员职业资格分为房地产经纪人协理、房地产经纪人和高级房地产经纪人3个级别。房地产经纪人协理和房地产经纪人职业资格实行统一考试的评价方式。通过房地产经纪人协理、房地产经纪人职业资格考试，取得相应级别职业资格证书的人员，表明其已具备从事房地产经纪专业相应级别专业岗位工作的职业能力和水平。人力资源社会保障部、住房和城乡建设部共同负责房地产经纪专业人员职业资格制度的政策制定，并按职责分工对房地产经纪专业人员职业资格制度的实施进行指导、监督和检查。中国房地产估价师与房地产经纪人学会具体承担房地产经纪专业人员职业资格的评价与管理工作。房地产经纪人协理、房地产经纪人职业资格考试合格，由中国房地产估价师与房地产经纪人学会颁发人力资源社会保障部、住房和城乡建设部监制，中国房地产估价师与房地产经纪人学会用印的相应级别《房地产经纪专业人员职业资格证书》。该证书在全国范围有效。取得相应级别房地产经纪专业人员资格证书的人员，应当遵守国家法律、法规及房地产经纪行业相关制度规则，坚持诚信、公平、公正的原则，保守商业秘密，保障委托人合法权益，恪守职业道德。取得房地产经纪人协理职业资格证书的人员应当具备的职业能力：了解房地产经纪行业的法律法规和管理规定；基本掌握房地产交易流程，具有一定的房地产交易运作能力；独立完成房地产经纪业务的一般性工作；在房地产经纪人的指导下，完成较复杂的房地产经纪业务。取得房地产经纪人职业资格证书的人员应当具备的职业能力：熟悉房地产经纪行业的法律法规和管理规定；熟悉房地产交易流程，能完成较为复杂的房地产经纪工作，处理解决房地产经纪业务的疑难问题；运用丰富的房地产经纪实践经验，分析判断房地产经纪市场的发展趋势，开拓创新房地产经纪业务；指导房地产经纪人协理和协助高级房地产经纪人工作。取得相应级别房地产经纪专业人员资格证书的人员，应当按照国家专业技术人员继续教育及房地产经纪行业管理的有关规定，参加继续教育，不断更新专业知识，提高职业素质和业务能力。

三、房地产经纪专业人员登记

房地产经纪专业人员资格证书实行登记服务制度。登记服务的具体工作由中国房地产估价师与房地产经纪人学会负责。中国房地产估价师与房地产经纪人学会定期向社会公布房地产经纪专业人员资格证书的登记情况，建立持证人员的诚信档案，并为用人单位提供取得房地产经纪专业人员资格证书的信息查询服务。取得房地产经纪专业人员资格证书的人员，应当自觉接受中国房地产估价师与房地产经纪人学会的管理和社会公众的监督。房地产经纪专业人员登记服务机构在登记服务工作中，应当严格遵守国家和本行业的各项管理规定以及学会章程。通过考试取得相应级别房地产经纪专业人员资格证书，且符合《经济专业人员职务试行条例》中助理经济师、经济师任职条件的人员，用人单位可根据工作需要聘任相应级别经济专业职务。

第九节　广厦奖项目评审管理

一、房地产行业广厦奖申报条件

为了进一步提高房地产产品综合品质，经国家批准，中国房地产业协会、住房和城乡建设部住宅产业化促进中心共同在房地产行业开展广厦奖评选活动，每两年一届。广厦奖是我国房地产行业的综合性奖项。评选的目的是：贯彻“创新、协调、绿色、开放、共享”发展理念，引领房地产行业高质量发展。获奖项目应当是规划设计水平高、环境好、质量优、性能好，人民群众满意的好房子。在推进绿色、健康、产业化发展方面起示范带动作用。评选活动遵循公开、公平、公正、公益性的原则，保证广厦奖的权威性和公信力。广厦奖评选项目包括住宅与非住宅两大类。住宅类项目以普通商品住房为主，兼顾保障性住房和中高档住房；以新建住宅为主，兼顾旧城改造项目；以城市项目为主，兼顾新农村项目。非住宅类项目以经营性项目为主，兼顾公益性项目。广厦奖评选项目每年评审一次，评审通过的项目，发布表彰决定，每两年召开一次表彰大会。广厦奖评选活动在中国房地产业协会或地方房地产业协会的会员中开展。广厦奖的申报单位是具有房地产开发资质的房地产开发企业。申报的广厦奖评选项目应符合国家现行法律、法规，符合国家强制性标准，符合广厦奖评价指标体系的各项要求。其中住宅类项目按住宅的适用性能、环境性能、经济性能、安全性能、耐久性能五类评价指标体系评价；非住宅类项目按规划与建筑设计、施工质量、产业化技术应用、公共配套与运营服务四类评价指标体系评价。评选项目申报条件：项目配套完整，住宅类项目总建筑面积一般在5万平方米以上，其中旧城改造项目、小城镇建设项目、新农村建设项目可根据具体情况适当降低；非住宅类项目总建筑面积一般在2万平方米以上；工程经当地住房和城乡建设行政主管部门验收备案，交付使用一年以上；住宅类项目应符合国家《住宅性能评定标准》GB/T 50362规定的2A级及以上等级标准，或符合国家《绿色建筑评价标准》GB/T 50378规定的绿色建筑二星级及以上等级标准，并符合国家对住宅小区配套设施的有关规定；非住宅类项目应达到各类相应行业评价标准中等及以上水平，或符合国家《绿色建筑评价标准》GB/T 50378规定的绿色建筑二星级及以上等级标准；住宅全装修比例（按套数计算）东部地区原则上为100%，中、西部地区原则上为60%以上；住户对工程质量满意度、物业服务满意度均在85%以上；入住率达到60%。已获得国家、省级住房和城乡建设行政主管部门或国家、省级住房和城乡建设行业协会的相关奖项的项目，可作为广厦奖评选优先项一并申报。有下列情况之一的，不得申报：不符合国家现行开发建设政策的；规划、设计、施工不符合规范、标准的；

建设和使用中出现过重大质量安全事故或存在安全隐患的；项目使用了明文规定淘汰的材料和技术的或使用了假冒伪劣材料、部品的；申报单位在项目开发过程中有重大不良记录或引发影响社会稳定的群体投诉并经核实负有主要责任的。中国房地产业协会、住房和城乡建设部住宅产业化促进中心联合设立广厦奖评审委员会。评委会负责提出广厦奖评审标准及要求、监督广厦奖评选程序公正性、处理评选中出现的有关问题、审定广厦奖入围项目。评委会委员由中国房地产业协会、住房和城乡建设部住宅产业化促进中心等单位推荐的相关人员组成。设立广厦奖评审专家组，其工作对评委会负责，向评委会汇报评审情况，提出广厦奖入围项目名单。成员从中国房地产业协会、住房和城乡建设部住宅产业化促进中心的专家库中选取。中国房地产业协会、住房和城乡建设部住宅产业化促进中心共同设立广厦奖评选活动办公室，负责广厦奖评选活动的日常工作，由中国房地产业协会、住房和城乡建设部住宅产业化促进中心双方派员组成，地点设在中国房地产业协会秘书处。各省、自治区、直辖市房地产业协会、住宅产业化促进中心设立广厦奖评选机构，下设省级评审专家组。省级评选机构的工作职责是负责本地区各城市广厦奖评选项目的申报和初审组织工作；将初审合格的项目推荐到广厦奖办公室。省级评审专家组具体负责本地区各城市申报项目的审核、考察等初审工作。省级评选机构应在本地区各城市设立市级评选机构，其工作职责是向省级评选机构推荐符合申报条件的项目。

二、申报评选、候选与表彰

省级和市级评选机构应当组织好本地区广厦奖评选工作。申报单位应当根据广厦奖管理办法，结合本地区评选机构要求，向市级评选机构申报；没设立市级评选机构的，直接向省级评选机构申报。申报单位填写广厦奖评选项目申报表，并按要求提供相关材料，通过广厦奖指定网站提交申报材料。申报单位应向全体住户公示，告知申报广厦奖事宜，征求住户对工程质量、物业服务的满意度。省级评选机构接到市级评选机构推荐的评选项目或企业直接申报的项目后，应当组织省级评审专家组初审。初审通过的评选项目资料推荐到广厦奖办公室。广厦奖办公室收到省级评选机构的推荐资料后，组织进行现场评审。评选项目符合规定条件的，应附有关机构出具的证明材料。评审专家组每年召开一次终审会。终审会如提出需补充项目资料时，由广厦奖办公室发文至省级评选机构，由申报单位提供补充资料。评委会在听取评审专家组意见后，审定广厦奖入围项目名单。广厦奖入围项目名单在中国房地产业协会官网、住房和城乡建设部住宅产业化促进中心官网公示。同时各省级、市级评选机构也要将本地区入围项目名单在本地区住房和城乡建设行业相关网站或媒体上公示（公示期为10个工作日），公示结束后将公示结果报广厦奖办公室汇总。评委会根据公示情况，确定广厦奖获奖项目名单，并报住房和城乡建设部备案。为确保获奖项目质量，广厦奖实行评选项目候选制度。项目从规划设计阶段开始即可以申报广厦奖候选项目，可随时申报。主体已竣工的项目原则上不应申报候选项目。省级评选机构组织省级评审专家组按广厦奖标准进行评审。评审合格的项目或已通过住宅性能评定初评2A级及以上的住宅类项目，报广厦奖办公室，评审专家组和评委会审定后，颁发广厦奖候选项目标识和证书。省级、市级评选机构应对广厦奖候选项目的开发全过程进行培育和指导，省级评审专家组应定期检查，并提供技术指导。广厦奖候选项目开发企业要严格依照广厦奖的标准继续进行开发建设与管理，定期向省级评选机构报送项目进展情况，并接受省级评审专家组的指导和检查，接受社会各界群众监督。广厦奖候选项目竣工交付使用一年后，候选项目标识和证书自动废止。经检查出现不符合广厦奖标准并不改进的，将取消其候选项目资格，并收回标识和证书。省级评选机构要根据广厦奖候选项目的核查情况和培育情况，达到评选项目条件时，在补充资料后，及时推荐评选项目。为保证广厦奖的权威性，对已获奖项目出现问题并经查实的实行召回制度，并在相关媒体上公示。中国房地产业协会、住房和城乡建设部住宅产业化促进中心向获得广厦奖评选项目的开发单位颁发广厦奖奖杯和获奖证书。对获奖项目在规划与建筑设计、施工质量、产业化技术应用、物业管理（公共配套与运营服务）表现突出的开发单位颁发单项优秀奖。对成绩突出的广厦奖省级、市级评选机构，专家和工作人员，予以表彰。获奖项目开发单位可自行制作由中国房地产业协会、住房和城乡建设部住宅产业化促进中心统一设计的雕塑，安置在获奖项目明显位置。

三、广厦奖项目评审方法与相关表式

（一）“广厦奖”项目评审方法，省级评选机构组织省级评审专家组进行初审。初审内容包括：审核申报项目资料。申报资料包括《“广厦奖”评选项目申报表》、按照提交资料要求提供的电子资料；审核申报项目是否具备“广厦奖”申报条件；审核申报项目是否存在违规情况；审查住户对工程质量满意度、物业服务满意度调查结果；审核项目新技术、新材料、新工艺应用情况；进行项目现场查勘、入户访问。评审专家组和省级评选机构、省级评审专家组共同进行现场评审。现场评审内容包括：听取申报项目情况介绍；进行项目现场核实、入户抽查；审核省级评选机构和省级评审专家组初审内容；住宅类项目按照《住宅性能评定标准》GB/T 50362 住宅适用性能、环境性能、经济性能、安全性能、耐久性能五类性能评价指标体系，进行现场打分并写出评语；非住宅类项目按照规划与建筑设计、施工质量、产业化技术应用、公共配套与运营服务四个评价指标体系，进行现场打分并写出评语。已通过国家《住宅性能评定标准》GB/T 50362 或《绿色建筑评价标准》GB/T 50378 评定终审，达到 2A 级及以上等级或二星级及以上等级的住宅类项目；已通过国家《绿色建筑评价标准》GB/T 50378 评定终审，达到绿色建筑二星级及以上等级的非住宅类项目，不需要进行现场评审。评审专家组进行终审，终审内容包括：审查项目申报资料；审核省级评选机构初审意见和推荐意见、现场评审结果；写出终审评语并推选单项优秀奖；评审专家组组长进行平衡及择优选拔，提出《“广厦奖”入围项目名单》。

（二）评审标准，“广厦奖”评选项目（住宅类）评价指标体系，《住宅性能评定标准》GB/T 50362 住宅适用性能、环境性能、经济性能、安全性能、耐久性能五类性能评价指标体系：住宅适用性能评价指标体系（250 分）；住宅环境性能评价指标体系（250 分）；住宅经济性能评价指标体系（200 分）；住宅安全性能评价指标体系（200 分）；住宅耐久性能评价指标体系（100 分）。五个评价指标满分 1000 分，其合计实得分值计入该项目“综合评价总分值表”中。“广厦奖”评选项目（非住宅类）评价指标体系，非住宅类项目按规划与建筑设计、施工质量、产业化技术应用、公共配套与运营服务四类评价指标体系评价。规划与建筑设计评价指标体系，申报项目的规划设计要符合城镇规划的要求，并符合当地商业规划要求，与城镇空间和街道景观相协调，具有较大影响力的建筑；申报项目应能反映出建筑的功能特征，体现出时代风格和鲜明的个性，在同类公建中具有突出的代表性；整体建筑能有效发挥功能价值、空间价值和设备价值，能全方位满足人们现代化的使用需求；申报项目坚持可持续发展战略，注重所规划项目使用全寿命过程中节约资源（节能、节水、节材、提高土地利用率），保护环境和减少污染，为使用者提供健康、适用和高效，与自然和谐共生的居住环境；规划与建筑设计评价指标满分 100 分，其合计实得分值计入该项目“综合评价总分值表”中。施工质量评价指标体系，申报项目施工质量符合国家有关的质量检验评定标准和质量管理条例要求，并处于当地或全国同类项目的领先水平；对施工质量的评价要贯穿于工程建设的全过程中。要通过查阅备案材料，了解施工管理和施工资料备案的水平；要通过实地勘察单体工程、室外工程，了解工程的施工质量实际水平；要通过收集（住户）用户的反馈信息，了解工程验收竣工交付使用后状况；综合起来得出对施工质量的全面正确评价；工程质量应达到国标《建筑工程施工质量评价标准》GB/T 50375 中规定的优良工程质量评价指标要求。荣获国家、省住房和城乡建设行业主管部门或协会颁发的施工质量奖的项目每项获奖加 3 分，直接计入；施工质量评价指标满分 100+ 加分，其合计实得分值计入该项目“综合评价总分值表”中。产业化技术应用评价指标体系，申报项目应具备较高的科技含量。能应用成熟先进的新技术、新材料、新设备、新工艺，较大幅度地将科技成果向现实生产力转化，并能带动区域性建筑业的发展；申报项目建设中采用的技术体系，要满足国家规定的相关技术政策和经济政策；突出解决工程建设中节能减排、环境保护的关键技术；强调技术的配套集成和系统整合，有效地优化各种资源配置，为提高工程的综合品质、延长使用寿命提供了坚实的技术保障；申报项目在建设过程中注重建筑部品的配套应用，大力推广通用化、标准化、系列化的建筑部品，提高了工程建设的工业化水平；产业化技术应用评价指标满分 100 分。工程中采用的产业化技术包括在本评价指标体系之内的，按标准分值得分。其合计实得分值计入该项目“综合评定总分值表”中。公共配套与运营服务评价指标体系，申报项目应设置必要的公共设施，以保证人们的使用（出行）活动方便和安全。设施的选择标准既要满足当前使用要求，又要适应未来发展需求，应具有一定的前瞻性；申报项目应考核其公益性和社会服务意识，重点评价设施的配置数量和配套完善程度，能保障公共设施发挥公益效应；申报项目应根据功能特点设置相应的公共场所，为人们提供系统的服务，营造有益于丰富人们文化生活和身心健康，有益于社会和谐的氛围；对于一些特定专业场所的设计，应符合相应的设计规范、标准要求，尤其对人员集中的场所必须通过防火、环保和卫生主管部门的审查，以确保人身财产的安全；申报项目建设应在建筑设备选型和功能配置方面处于较先进水平，能达到高的性能标准、高的技术集成和高的质量保障要求，实现高的舒适程度和高效的现代化管理；申报项目应在设备运行管理方面有所创新。重点评价设备在节能降耗方面的优势和取得的效果，突出对采暖、空调、照明和电梯运行管理的评价；公共配套与运营服务评价指标满分 100 分，其合计实得分值计入该项目“综合评定总分值表”中。综合评价，上述四个评价指标体系的评价合计实得分值分别乘以各项权重系数得到权重得分。四项权重得分相加即为该申报项目“综合评价总分值”，“综合评价总分值”是确定入选项目排序的依据。广厦奖评选项目（住宅类）审核表 14-3；广厦奖评选项目（非住宅类）审核表 14-4；广厦奖评选项目（住宅类）/（非住宅类）初审意见表 14-5；综合评价总分值表 14-6；规划与建筑设计评价指标及分值统计表 14-7；施工质量评价指标及分值统计表 14-8；产业化技术应用评价指标体系表 14-9；公共配套与运营服务评价指标及分值统计表 14-10；综合评价总分值表 14-11。

广厦奖评选项目（住宅类）审核 **表14-3**

项目名称			
申报单位		项目所在地	
序号	内容	实际情况	达标情况
1	申报资料提交情况（申报表和电子资料）		
2	总建筑面积		
3	竣工备案时间		
4	住宅性能评定等级		
	绿色建筑评价等级		
5	住宅全装修比例（%）		
6	住户对工程质量满意度（%）		
7	住户对物业服务满意度（%）		
8	入住率（%）		
9	是否有不符合国家现行开发建设政策的情况		
10	规划、设计、施工是否有不符合规范、标准的情况		
11	建设和使用过程中是否出现过重大质量安全事故		
12	是否有使用了明文规定淘汰的材料和技术的或使用了假冒伪劣材料、部品的情况		
13	是否有不良记录或引发影响社会稳定的群体投诉并经核实负有主要责任的情况		
14	新技术、新材料、新工艺应用情况		

广厦奖评选项目（非住宅类）审核 **表14-4**

项目名称			
申报单位		项目所在地	
序号	内容	实际情况	达标情况
1	申报资料提交情况（申报表和电子资料）		
2	总建筑面积		
3	竣工备案时间		

续表

项目名称			
申报单位		项目所在地	
序号	内容	实际情况	达标情况
4	绿色建筑评价等级		
5	客户对工程质量满意度（%）		
6	客户对物业服务满意度（%）		
7	入住率（%）		
8	是否有不符合国家现行开发建设政策的情况		
9	规划、设计、施工是否有不符合规范、标准的情况		
10	建设和使用过程中是否出现过重大质量安全事故		
11	是否有使用了明文规定淘汰的材料和技术的或使用了假冒伪劣材料、部品的情况		
12	是否有不良记录或引发影响社会稳定的群体投诉并经核实负有主要责任的情况		
13	新技术、新材料、新工艺应用情况		

广厦奖评选项目（住宅类）/（非住宅类）初审意见 **表14-5**

项目名称	
初审评语：（300 字左右，突出项目特点）	
省级评审专家组初审意见： 专家组组长签字： 年 月 日	
省级评选机构推荐意见： 负责人签字： 年 月 日	

综合评价总分值 **表14-6**

序号	评价体系	标准分值	实得分值
1	住宅适用性能评价指标体系	250	
2	住宅环境性能评价指标体系	250	
3	住宅经济性能评价指标体系	200	
4	住宅安全性能评价指标体系	200	
5	住宅耐久性能评价指标体系	100	
综合评价总分值		1000	

规划与建筑设计评价指标及分值统计 **表14-7**

序号	项目	主要评价内容（需提供书面资料）	标准分值	实得分值
1	规划结构	规划合理、布局紧凑，场地内人、车、物交通组织结构清晰且与外部交通衔接顺畅。满足各主要安全、防护、救助、救援的需要。（评价主要方面：总体规划平面、建筑与周边关系、环境评估成果、密度控制指标、消防救援及无障碍设计等）	20	
2	城市设施	区位特点明显，周边城镇道路设施完善。公共交通便捷，场地的出入口选择合理（正确）、停车方式与数量满足要求。日常所需的商务和生活服务设施齐全。（评价主要方面：区域规划、商务和服务设施、道路和公共交通）	20	

续表

序号	项目	主要评价内容（需提供书面资料）	标准分值	实得分值
3	功能空间	功能分区合理、空间布局适度，交通流线清晰、通畅、便捷；室内通风、光照、隔声等条件良好；空间构成特点明显，舒适宜人，满足工作（生产）、观赏、游览、休闲、娱乐、购物、消费等环境要求。设备、设备配置完善、实用。（主要评价方面：功能分区、空间组合、面积分配与楼、电梯等指标、公共空间、功能空间及服务空间的展示与标识系统、水平与垂直空间人、车、货流组织、人文关怀设计等）	30	
4	造型风格	建筑尺度适宜，造型明确，色彩与质感丰富，体现地方文化与历史发展，能够实现商业功能，同时兼顾经济性和审美性需要。（主要评价方面：造型效果、建筑色彩、艺术表现、文化内涵、商业功能等）	20	
5	环境景观	建筑与景观一体化设计、建筑与场地互为依存、室内与室外空间相融合。满足使用者户外展示、聚会、交往、休闲、娱乐等需要。（评价主要内容：景观与绿化、场地与交通、小品与标识、各类自然与气象条件利用与防护等）	10	
合计分值			满分 100	

施工质量评价指标及分值统计 **表14-8**

序号	项目	主要评价内容	标准分值	实得分值
1	结构工程	结构梁、板、柱、墙等尺寸、平整度；表面及细部质量；防护涂层（钢结构）；地下防水工程等是否达到优良工程评价标准要求	10	
2	屋面工程	防水材料质量及防水效果；排水坡度；屋面板瓦材料铺设质量；细部构造等质量是否达到优良工程评价标准要求	6	
3	装饰装修工程	地面、抹灰、吊顶、隔墙、饰面板（砖）表面及细部质量；门窗、幕墙安装质量；装修细部工程质量；外墙墙面横竖线角、散水、台阶外观等质量是否达到优良工程评价标准要求	6	
4	给排水采暖工程	管道坡度及支架安装；卫生洁具及给水配件安装；散热器及设备、配件安装；消火栓安装；管道及设备防腐和保温；地面排水口及地漏施工等质量是否达到优良工程评价标准要求	5	
5	电气安装工程	电线管、桥架、线槽及吊架安装；导线及电缆敷设；接地防雷装置安装；照明灯具开关、插座安装；配电箱柜安装质量是否达到优良工程评价标准要求	6	
6	智能建筑工程	综合布线、电源和接地线安装；动力监控中心设备布局；机柜、机架及配线安装；模块及信息插座安装质量等质量是否达到优良工程评价标准要求	5	
7	通风空调工程	风管制作及部件支架安装；设备及配件安装；空调水管、管道保温；机组安装质量等质量是否达到优良工程评价标准要求	6	
8	电梯安装工程	轿箱运行；开关门和平层系统；信号系统；机房设备安装质量等质量是否达到优良工程评价标准要求	6	
9	消防系统	室外消防给水系统、防火间距、消防交通道路及扑救面质量符合国家现行规范的规定	5	
10	道路、广场、庭院	硬铺装色调和谐、材质均匀、接缝平直	4	
11	台阶、坡道	表面平整，符合无障碍设计要求	4	
12	散水、排水沟	施工细致，符合排水要求	4	
13	绿化种植、水体、建筑小品等	细部处理到位，整体观感良好	4	
14	市政设施、管井等	施工质量均好，符合规范和环境景观要求	4	
15	建筑及广场照明	安装规范，安全可靠。并烘托建筑整体效果	4	
16	施工资料备案质量评价指标和分值统计表	材料、产品、构配件出厂质量合格证明文件	3	
		施工试验报告、见证取样和送检记录	3	
		地基、基础、主体结构验收和施工记录	3	
		施工图设计文件修改、变更、交底记录	3	

续表

序号	项目	主要评价内容	标准分值	实得分值
16	施工资料备案质量评价指标和分值统计表	施工组织设计施工日志	3	
		管道试压资料	3	
		电气绝缘接地资料	3	
17	加分项	荣获国家、省住房和城乡建设行业主管部门或协会颁发的施工质量奖	每项获奖加3分	
合计分值			满分100+加分	

产业化技术应用评价指标体系 **表14-9**

序号	分类	技术分类	分值		得分
1	建筑与结构	1. 新型有效结构体系应用	20	10	
		2. 有效建筑围护体系应用		5	
		3. 室内隔墙标准化体系应用		5	
2	节能与新能源利用	1. 建筑外围护构造节能及措施	20	6	
		2. 设备、设施节能与能源回收技术		4	
		3. 新能源技术利用		6	
		4. 综合能效水平		4	
3	节材与工业化水平	1. 可再生建材利用	9	3	
		2. 工业化部品集成应用		4	
		3. 全装修率		2	
4	交通设备与管线技术	1. 新型建筑管材应用	3	1	
		2. 交通设施节能技术		2	
5	环境保障技术	1. 水资源节约与合理利用	20	5	
		2. 建筑再生台地（屋顶、平台等）再利用		5	
		3. 有害排出物处理与在回收技术应用		5	
		4. 环境能动优化与绿化景观		5	
6	智能化管理技术	1. 设备集成技术应用	13	4	
		2. 安全与防护管理技术应用		4	
		3. 信息与网络化技术应用		5	
7	施工建造技术	1. 新型高效施工与安装技术应用	10	4	
		2. 建筑信息模型技术应用		3	
		3. 无污染施工技术与环境保护措施		3	
8	其他	其他新技术、新材料、新工艺应用	5	5	
分值合计			满分100		

公共配套与运营服务评价指标及分值统计 **表14-10**

序号	项目	主要评价内容	标准分值	实得分值
1	公共服务设施	配套齐全、设施完善、使用便捷、标准适当	10	
2	停车场（库）设施	车位充足、标识醒目，系统完善。各类通行道路分合有度，行（驶）顺畅	10	
3	标识指示设施	标识系统表达清晰、位置醒目、可视性强	8	
4	安全、应急设备	设备先进、应急启动灵敏，全面满足安全使用要求	6	
5	照明与亮化环境	照明与光线清晰、满足商业需要	6	

续表

序号	项目	主要评价内容	标准分值	实得分值
6	运营管理评价	项目运营对物业升值的影响。(重点评价年营业额、客流量、出租率等)	10	
7	区位评价	该地区发展商业地产的潜力。(重点评价所在区域经济指标、人口构成等)	10	
8	招商与品牌评价	项目招商与定位的匹配程度以及吸引知名品牌的能力(重点评价业态组合、租金、消费者的满意度等)。商业项目的营销推广和品牌塑造	10	
9	物业产权	产权是否相对集中,由一家专业物业管理公司统一管理	6	
10	管理制度运营与服务方式	评价项目有科学完备的运营与服务组织架构及规章制度体系,岗位职责明确,制度无缺项。建立客户服务中心或客户管家制度,创新服务模式	10	
11	环境管理	景观维护、交通组织与路面(广场)维护、公共配套设施维护与保洁等	6	
12	设备设施管理	设备运行、维护保养实行岗位责任制,设施设备运行正常;一年内无重大操作及管理责任事故。(重点评价供电系统、消防系统、电梯系统、给排水系统等)	8	
合计分值			满分 100	

综合评价总分值 **表14-11**

序号	评价体系	权重系数	分项合计实得分值	权重得分(分项合计实得分值 × 权重系数)
1	规划与建筑设计评价指标体系	20%		
2	施工质量评价指标体系	20%		
3	产业化技术应用评价指标体系	20%		
4	公共配套与运营服务评价指标体系	40%		
综合评价总分值		100%		

(三)第十一届(2023—2024年度)"广厦奖"评选工作,评选项目申报条件:项目配套完整,住宅类项目住宅总建筑面积一般在5万平方米以上,鼓励城市更新、新农村建设、保障性住房项目申报;非住宅类项目总建筑面积一般在2万平方米以上;工程经当地建设行政主管部门验收备案,交付使用一年以上;住宅类项目应符合国家《住宅性能评定标准》GB/T 50362规定的2A级及以上等级标准,或符合国家《绿色建筑评价标准》GB/T 50378规定的绿色建筑二星级(运行标识)及以上等级标准,并符合国家对住宅小区配套设施的有关规定;非住宅类项目应达到各类相应行业评价标准中等及以上水平,或符合国家《绿色建筑评价标准》GB/T 50378规定的绿色建筑二星级(运行标识)及以上等级标准;住宅全装修比例(按套数计算)东部地区原则上为100%,中、西部地区原则上为60%以上;住户对工程质量满意度、物业服务满意度均在85%以上;入住率达到60%;分期申报的项目须公建配套完整,同一个项目不能分期重复申报;城市住宅建筑高度不超过26层(80米);县城住宅建筑高度不超过18层;非住宅类项目以大型公建、综合性商业建筑为主,数量为当年评选项目数量的10%左右。候选项目申报条件,从规划设计阶段至主体尚未竣工阶段的项目;有意愿按照"广厦奖"评审标准开发建设与管理的项目。向项目所在地"广厦奖"省级评选机构申报,"广厦奖"评选活动在会员单位范围内进行,如申报单位不是会员单位,应办理加入中国房地产业协会手续。评选项目经初审、现场评审、终审及公示后,由"广厦奖"评审委员会确定入围。每年评审一次,评审通过的项目,发布表彰决定,每两年召开一次表彰大会。候选项目可随时申报,经省级评选机构评审、"广厦奖"评审委员会审定后,颁发标识牌、证书,颁牌仪式由各地评选机构结合本地区活动自行安排。当项目达到评选条件时,转成评选项目。进一步创新项目评审方法,简化评审程序。

四、科学技术成果评价

评价原则及重点,科学技术成果评价活动遵循"实事求是、科学民主、客观公正、注重实效"的原则,以鼓励原始性创新、发现和培育人才、促进科学技术成果转化和产业化为宗旨,以创新程度、技术水平、在房地产项目的应用前景及对促进科学技术进步的作用和意义为评价重点。评价对象及范围，包括房地产业及其相关行业的单位或个人完成的各类科学技术项目所产生的具有一定学术价值或应用价值，具备科学性、创造性、先进性、适用性等属性的新理论、新方法、新技术、新产品、新设备和新工艺等。评价内容，主要对房地产行业相关新技术、新产品、新工艺、新设备在房地产项目上推广应用的合理性进行评价。包括技术创新程度、技术指标先进程度，技术难度和复杂程度，成果的成熟程度，成果应用价值与效果，取得的经济效益与社会效益，进一步推广的条件和前景，存在的问题及改进意见等。工作流程，委托方填写《科学技术成果评价申请表》及相关申报材料，向协会提出成果评价需求。收到申请后，初步审查委托方提交的技术资料，做出是否接受评价委托的决定。如接受评价委托，则与委托方签订委托评价合同，约定评价的要求、完成时间和费用等有关事项。按照合同约定，委托方提供评价所需的相关材料，并支付评价费用；制定评价工作方案，指定一名负责人，并由其推选相关专家组成评审委员会。按照合同或双方口头约定的时间，召开专家评审会议或寄发函审材料；专家评审会需现场形成评价意见，并由评价委员会签署；函评成果每位咨询专家进行独立评价，提出评价意见，由协会负责汇总。根据专家评审会的意见或函评意见，撰写《科学技术成果评价报告》，加盖协会公章交付委托方。对于在评价活动中有较好评价结果的科学技术成果，按照《科学技术成果登记办法》，由协会负责办理科学技术成果登记手续。科学技术成果评价指标和评分详见表 14-12。

科学技术成果评价指标 表14-12

评价指标和评分（技术开发类）	
技术创新程度	
技术经济指标的先进程度	
技术难度和复杂程度	
技术重现性和成熟度	
技术创新对推动科技进步和提高市场竞争能力的作用	
经济或社会效益	
评分结果	
评价指标和评分（社会公益类）	
技术创新程度	
技术指标的先进程度	
技术难度和复杂程度	
推广、应用程度	
对相关领域科技进步的推动作用	
社会效益	
评分结果	
评价指标和评分（软科学类）	
创新程度	
研究难度与复杂程度	
科学价值与学术水平	
对决策科学化和管理现代化的影响程度	
取得的经济效益和社会效益	
与国民经济、社会、科技发展战略的紧密程度	
评分结果	
评价指标和评分（技术开发类）	
技术创新程度	

续表

评价指标和评分（技术开发类）	
技术经济指标的先进程度	
技术难度和复杂程度	
技术重现性和成熟度	
技术创新对推动科技进步和提高市场竞争能力的作用	
经济或社会效益	
评分结果	

五、科学技术奖项目

（一）中国房地产业协会科学技术奖项目奖励范围包括能够显著提升房地产项目设计水平、建造水平、质量水平、宜居（品质）水平，促进房地产行业技术进步和转型升级的下列科技成果：新技术、新产品、新工艺、新方法、新材料、智能化管理、计算机软件等科技成果；引进、消化、吸收后再创新的国外先进技术和工艺；为行业服务的标准、规范、科技信息等科技基础性研究成果。奖励条件，以住宅应用为主，能够显著提升住宅品质。在技术（或方法）上有重要创新，技术难度较大，重点解决了房地产行业发展中的热点、难点和关键问题，总体技术水平和技术经济指标达到行业领先水平；经过较大规模的推广应用，有助于“双碳”目标实现，经济效益、社会效益和环境效益显著；成果转化程度高，具有较强的示范作用和推广应用价值，对提高行业或技术领域的科技含量，推动行业或技术领域科技进步作用明显。科技奖采取推荐制，推荐指标不限。各推荐单位应当建立科学合理的遴选机制，推荐本行业、本地区和本单位的优秀项目。一般单位申报由各省、自治区、直辖市房地产业协会（开发协会），国有企业申报由上一级单位推荐。具体推荐要求如下：推荐单位应对推荐项目进行认真审查，并填写由我会制作的推荐书，提出推荐意见和奖励等级建议，并加盖公章。推荐项目提供的证明材料（申报书附件）应当完整、真实、可靠，并说明推荐项目的主要创新点、社会与经济效益分析、第三方评价意见、学术及专利技术等情况。推荐项目的主要完成单位和主要完成人应按贡献大小排序，名额应按照相应的奖励等级推荐。两个或两个以上单位共同完成的项目，由项目主持单位或第一完成单位与其他完成单位协商一致后共同向推荐单位申报，鼓励房地产企业、部品企业、施工企业等联合申报。推荐项目必须无知识产权争议，有争议的项目需于推荐前得到妥善解决。有下列情况之一的推荐项目不予受理：已获得国家或省、自治区、直辖市科技奖励以及相当的社会科技奖励的；同时推荐国家或省、自治区、直辖市科技奖励以及相当的社会科技奖励的；不符合“科技奖”奖励范围和条件的；项目未通过科技成果评价（评估）、验收或科技成果评价（评估）、验收不满一年（软件类六个月）的；以及标准规范颁布实施不满六个月的；有工程依托的项目，未提供工程验收报告的；推荐书及其附件材料不齐全或未按要求填写的。

（二）根据住建部关于防治质量通病和发展高品质住宅的重点工作，在中国房地产业协会科学技术奖授奖类别中专门设立高品质住宅技术专项奖。申报范围和条件：以一个或多个住宅工程项目为依托，为消除渗漏、空鼓、开裂、隔声效果差、尺寸不精准等质量通病而形成的有效的管理制度，施工工艺方法要求，推广先进适用的绿色技术和产品等系统性成果；项目配套完整，住宅面积一般在5万平方米以上；项目交付使用一年以上，入住率达80%以上；项目全装修比例（按套数计算）原则上为100%；质量通病投诉率不高于入住户数的10%。申报材料：包括但不限于竣工验收证明；物业公司提供的渗水漏水、墙皮空鼓开裂脱落、楼板墙板隔声效果不好、门窗密封性能差、尺寸不精准等质量通病的投诉记录流水证明；相关管理制度；施工专项方案；工艺工法等。申报单位：鼓励项目开发单位联合设计、施工、监理、物业等单位共同申报。等级设置：此专项奖不分等级。其他申报要求：按照《关于协助推荐2022年度“中国房地产业协会科学技术奖”项目的通知》文件执行。

（三）推荐程序，各推荐单位应按照《中国房地产业协会科学技术奖奖励章程》的要求，严格审查申报材料的真实性、可靠性，提出推荐意见和奖励等级建议，同时在书面推荐材料上加盖公章，报送中国房地产业协会科学技术奖励委员会办公室。推荐材料要求书面推荐材料和电子版推荐材料同时报送，请按照填写说明填写申报推荐材料。书面推荐材料包括“中国房地产业协会科学技术奖”推荐书正文及附件一式3套。正文、附件应合并装订，具体盖章要求参照填写说明。

六、智慧建筑、碳中和建筑评价

随着物联网、云计算、大数据、人工智能等新一代信息技术的发展，以及我国新型智慧城市发展的深入，建筑作为城市的基本组成单元，也在绿色化、健康化、智能化等基础上进一步向智慧化发展。为贯彻实施国家创新驱动发展战略，大力发展智慧建筑，我协会经研究，决定依据《中国房地产业协会智慧建筑评价管理办法》、中国房地产业协会和国家建筑信息模型（BIM）产业技术创新战略联盟共同颁布的团体标准《智慧建筑评价标准》T/CREA 002、T/CBIMU 14，开展全国智慧建筑评价工作。智慧建筑标识的申请遵循自愿原则，智慧建筑标识的评审遵循科学、公开、公平和公正的原则。智慧建筑的评价应遵循以人为本、因用制宜、融合创新的原则，结合建筑功能、用户需求、内外环境、技术发展等因素，对建筑全生命周期内的智慧性能进行综合评价。中房协住宅技术委员会负责全国智慧建筑评价工作的日常管理，主要包括：智慧建筑评价合作机构的审核，智慧建筑评价结果的复核、公示和公告，智慧建筑标识编号的核发和标识的制作，智慧建筑评价专家组的组建和管理。中房协将适时选择符合条件的单位通过签订合作协议的方式共同开展一定范围内的智慧建筑评价工作。申请智慧建筑评价应由业主单位、房地产开发单位向技术委或评价合作机构提出。鼓励设计单位、咨询单位、施工单位和物业管理单位等相关单位共同参与申请。申报条件，预评价项目应当完成施工图设计并通过施工图审查、取得施工许可，符合国家基本建设程序和管理规定，以及相关的技术标准规范。评价项目应在建筑通过竣工验收并投入使用，符合国家相关政策，未发生重大质量安全事故，无拖欠工资和工程款。申请单位应根据评价要求，提交相应申报材料，并对提交材料的真实性、准确性和完整性负责。申报材料包括：智慧建筑标识申报书及申报声明；智慧建筑性能自评估报告及相关声明；智慧建筑标识申报材料清单中的各项文件、报告。评价流程，技术委或评价合作机构在收到申请资料后10个工作日内进行形式审查和技术预审，若资料齐全，且通过技术预审，则进行评价工作；若预审不合格，申请单位需对材料进行整改后再次提交申请。正式受理标识申请后，技术委或评价合作机构组建评价专家组。由评价合作机构组织评审的，评审前至少5个工作日将申请资料、推荐评价专家名单、评审议程报技术委，经技术委批准同意后实施。由评价合作机构组织评审并通过的项目，由评价合作机构在10个工作日内将资料报送技术委；对原则上通过，但需要补充解释性材料或部分内容修改的项目，由申请单位5个工作日内根据评审意见提交补充材料或修改内容后函复评价合作机构；未通过的项目，评价合作机构在评审结论做出后5个工作日内通知申请单位。由技术委组织评审并通过的项目，参照办理。通过评价的项目在中房协官网进行公示，公示期为7天，公示期结束，无异议项目由中国房地产业协会发文公告并颁发智慧建筑标识。监督管理，技术委统一制定智慧建筑标识的格式、内容、样式、种类；鼓励获得智慧建筑标识的项目运营单位或业主积极参加协会组织的智慧建筑运行效果调查研究工作和有关活动；获得标识的项目名称变化或者获证项目的申请单位名称及地址名称发生变更的，经评价机构核实后，变更证书；获得预评价标识的项目施工过程中设计变更，需经专家组重新确认后，变更证书；对于违规取得标识的项目，技术委将按照规定对智慧建筑证书等标识进行暂停使用、撤销。被撤销证书等标识的建筑物和有关单位，自撤销之日起三年内不得再次提出标识申请。碳中和建筑评价，为支持城乡规划建设管理各环节全面落实绿色低碳要求，进一步提升建筑节能低碳水平，优化建筑用能结构，支撑可再生能源创新应用和绿色建筑高质量发展，依据《碳中和建筑评价导则》开展碳中和建筑评价工作。中房协住宅技术委员会负责碳中和建筑评价工作的组织实施，请各有关单位积极组织申报。申请碳中和建筑评价应由项目建设单位、运营单位或业主单位提出，鼓励设计、咨询和物业管理等相关单位参与。申请评价的项目应满足绿色建筑的要求，并应获得下列标准的预评价结果或评价标识：《绿色建筑评价标准》GB/T 50378、《既有建筑绿色改造评价标准》GB/T 51141、《绿色工业建筑评价标准》GB/T 50878：一星级及以上；与中国绿色建筑评价标准要求性能等同的或经过互认的其他国家和地区绿色建筑评价标准；工程项目施工图设计完成后可申请碳中和建筑预评价，工程项目通过竣工验收并投入使用一年后可申请碳中和建筑评价。申请单位应根据评价要求，提交相应申报材料，并对提交材料的真实性、准确性和完整性负责。申报材料包括：碳中和建筑评价申报书；碳中和建筑自评估报告及相关声明；碳中和建筑申报材料清单中的各项文件、报告。各等级碳中和建筑的技术要求详见表 14-13，关键评价指标情况详见表 14-14，增量成本情况详见表 14-15。

各等级碳中和建筑的技术要求 **表14-13**

等级	能耗强度	建筑负荷调节能力	可再生能源电力替代率	绿色建材应用比例	绿容率
铜级	满足现行国家建筑节能标准要求	—	≥ 2%	—	—
银级	相比现行国家建筑节能标准要求降低 20% 以上	≥ 20%	≥ 4%	≥ 30%	≥ 0.5
金级	相比现行国家建筑节能标准要求降低 25% 以上	≥ 30%	≥ 8%	≥ 50%	≥ 0.8
铂金级	相比现行国家建筑节能标准要求降低 30% 以上	≥ 40%	≥ 15%	≥ 70%	≥ 1.0

关键评价指标情况 **表14-14**

关键评价指标情况		
指标	单位	数据（保留两位小数）
用地面积	平方米	
建筑面积	平方米	
建筑总电耗	万 kWh/a	
建筑总气耗	m^3	
建筑总热耗（市政供暖）	GJ	
建筑总能耗	吨标煤	
建筑负荷调节能力	%	
可再生能源电力用电量	kWh	
建筑运行使用电力用量	kWh	
可再生能源电力替代率	%	
绿色建材应用比例	%	
场地内灌木占地面积	平方米	
场地内草地占地面积	平方米	
绿容率	%	
材料生产阶段的碳排放量	tCO_2	
建造阶段的碳排放量	tCO_2	
使用阶段的碳排放量	tCO_2	
报废阶段的碳排放量	tCO_2	
建筑隐含碳排放量	tCO_2	
建筑运行碳排放量	tCO_2	
建筑运行净碳排放量	tCO_2	

增量成本情况　　表14-15

<table>
<tr><td colspan="8">增量成本情况（小数点后保留两位）</td></tr>
<tr><td colspan="8">项目总投资（万元）：
为实现碳中和建筑而增加的投资成本（万元）：
单位面积增量成本（元 / 平方米）：
年可节约的运行费用（万元 / 年）：</td></tr>
<tr><td>实现碳中和建筑采取的措施</td><td>单价</td><td>标准建筑采用的常规技术和产品</td><td>单价</td><td>应用量</td><td>应用面积（平方米）</td><td>增量成本（万元）</td><td>备注</td></tr>
<tr><td></td><td></td><td></td><td></td><td></td><td></td><td></td><td></td></tr>
<tr><td></td><td></td><td></td><td></td><td></td><td></td><td></td><td></td></tr>
<tr><td></td><td></td><td></td><td></td><td></td><td></td><td></td><td></td></tr>
<tr><td colspan="6">合计</td><td colspan="2"></td></tr>
<tr><td colspan="8">注：1 成本增量的基准点是满足现行相关标准（含地方标准）要求的“标准建筑”
2 对于部分减少了初投资的技术应用，其增量成本按负数计
3 备注部分填写是否有政府补贴 / 优惠政策及依据</td></tr>
</table>

第十五章　城市规划编制单位资质资格管理

根据国务院深化“证照分离”改革进一步激发市场主体发展活力的要求，在全国范围内实施涉企经营许可事项全覆盖清单管理，按照直接取消审批、审批改为备案、实行告知承诺、优化审批服务等四种方式分类推进审批制度改革，建立简约高效、公正透明、宽进严管的行业准营规则，大幅提高市场主体办事的便利度和可预期性。将城市规划编制单位资质由三级调整为两级，取消丙级资质，相应调整乙级资质的许可条件，修订《城乡规划编制单位资质管理办法》。实施注册城市规划师职业资格管理，开展相关城市规划行业各个奖项评选。本章包括：城乡规划编制单位资质管理；地质灾害防治单位资质管理；建设用地土壤污染风险管控和修复信用管理；测绘资质管理；注册城市规划师执业资格管理；注册测绘师执业资格管理；优秀城乡规划设计奖评选；中国城市规划科技奖评选等。

第一节　城乡规划编制单位资质管理

一、城乡规划编制单位资质监督管理

申请城乡规划编制单位资质，实施对城乡规划编制单位资质监督管理，城乡规划组织编制机关应当委托具有相应资质等级的单位承担城乡规划的具体编制工作。从事城乡规划编制的单位，应当取得相应等级的资质证书，并在资质等级许可的范围内从事城乡规划编制工作。城乡规划编制单位资质分为甲级、乙级。甲级城乡规划编制单位资质标准：有法人资格；注册资本金不少于100万元人民币；专业技术人员不少于40人，其中具有城乡规划专业高级技术职称的不少于4人，具有其他专业高级技术职称的不少于4人（建筑、道路交通、给排水专业各不少于1人）；具有城乡规划专业中级技术职称的不少于8人，具有其他专业中级技术职称的不少于15人；注册规划师不少于10人；具备符合业务要求的计算机图形输入输出设备及软件；有400平方米以上的固定工作场所，以及完善的技术、质量、财务管理制度。乙级城乡规划编制单位资质标准：有法人资格；注册资本金不少于50万元人民币；专业技术人员不少于25人，其中具有城乡规划专业高级技术职称的不少于2人，具有高级建筑师不少于1人、具有高级工程师不少于1人；具有城乡规划专业中级技术职称的不少于5人，具有其他专业中级技术职称的不少于10人；注册规划师不少于4人；具备符合业务要求的计算机图形输入输出设备；有200平方米以上的固定工作场所，以及完善的技术、质量、财务管理制度。城乡规划编制单位的高级职称技术人员或注册规划师年龄应当在70岁以下，其中，甲级城乡规划编制单位60岁以上高级职称技术人员或注册规划师不应超过4人，乙级城乡规划编制单位60岁以上高级职称技术人员或注册规划师不应超过2人。城乡规划编制单位的其他专业技术人员年龄应当在60岁以下。高等院校的城乡规划编制单位中专职从事城乡规划编制的人员不得低于技术人员总数的70%。甲级城乡规划编制单位承担城乡规划编制业务的范围不受限制。乙级城乡规划编制单位可以在全国承担下列业务：镇、20万现状人口以下城市总体规划的编制；镇、登记注册所在地城市和100万现状人口以下城市相关专项规划的编制；详细规划的编制；乡、村庄规划的编制；建设工程项目规划选址的可行性研究。丙级城乡规划编制单位可以在全国承担下列业务：镇总体规划（县人民政府所在地镇除外）的编制；镇、登记注册所在地城市和20万现状人口以下城市的相关专项规划及控制性详细规划的编制；修建性详细规划的编制；乡、村庄规划的编制；中、小型建设工程项目规划选址的可行性研究。省、自治区、直辖市人民政府城乡规划主管部门可以根据实际情况，设立专门从事乡和村庄规划编制单位的资质，并将资质标准报国务院城乡规划主管部门备案。外商投资企业可以依照规定申请取得城乡规划编制单位

资质证书，在相应资质等级许可范围内，承揽城市、镇总体规划服务以外的城乡规划编制工作。资质许可机关应当在外商投资企业的资质证书中注明：城市、镇总体规划服务除外。

二、资质申请与审批

城乡规划编制单位申请甲级资质的，应当向登记注册所在地省、自治区、直辖市人民政府城乡规划主管部门提出申请。省、自治区、直辖市人民政府城乡规划主管部门应当自受理申请之日起20日内初审完毕并将初审意见和申请材料报国务院城乡规划主管部门。国务院城乡规划主管部门应当自受理申请材料之日起20日内完成审查，公示审查意见，公示时间为10日。资质证书有效期为5年。资质证书有效期届满，城乡规划编制单位需要延续资质证书有效期的，应当在资质证书有效期届满前3个月，申请办理资质延续手续。对在资质证书有效期内遵守有关法律、法规、规章、技术标准，信用档案中无不良行为记录，满足资质标准要求的城乡规划编制单位，经资质许可机关同意，有效期延续5年。两个以上城乡规划编制单位合作编制城乡规划，资质等级较高的一方应对编制成果质量负责。编制城乡规划以及所提交的规划编制成果，应当符合国家有关城乡规划的法律、法规和规章，符合与城乡规划编制有关的标准、规范。城乡规划编制单位提交的城乡规划编制成果，应当在文件扉页注明单位资质等级和证书编号。调整后甲乙两级资质标准，查询自然资源部颁布的相关文件。

三、自然资源部规划资质管理

（一）申报单位可通过自然资源部政务服务门户提交核定申请，各省（区、市）自然资源主管部门应同步启动相关工作。依据现行城乡规划编制单位资质管理规定开展核定，重点对编制单位工作是否贯彻落实党中央精神、注册的规划师等技术力量配备进行审查。经核定的城乡规划编制单位资质证书有效期至2023年12月31日。新的规划资质申报标准出台后，将面向各规划编制单位全面开展资质认定工作。通过本轮城乡规划资质核定的规划编制单位，可在原证书有效期到期前申请核发新证。城乡规划编制资质申请单位：信息填报用于填写、保存单位基本信息、资质证书、获奖情况、技术成果、技术装备、资质检查情况等，包括各类扫描件。人员管理用于对注册规划师和专业技术人员的管理，包括人员信息的填报、人员调离调入管理等。人员信息需要与注册规划师系统进行对接，让单位直接可以下载注册规划师的相关信息。项目管理用于填写项目基本信息、项目参与人员等内容。申报管理用于资质申请表的填写、上报、打印等功能。信用档案用于填报单位或人员的良好行为与不良行为。查询管理用于查询资质申报结果。统计管理用于城乡规划编制单位对本单位的人员、合同及项目信息进行统计。用户管理用于对单位隶属管理机构、密码等信息进行维护。地市级自然资源主管部门：资质受理地市级自然资源主管部门可以对单位上报的乙、丙级资质申报数据进行预受理，并填写受理人、受理时间、受理结论、受理意见，可以查看资质申报数据中的内容和相关扫描件。资质上报地市级自然资源主管部门通过该功能可以将甲级资质申报数据和预受理通过的乙、丙级资质申报数据进行上报，上报至省级自然资源主管部门。查询统计地市级自然资源主管部门通过该功能可以对本地市所有资质申报数据、人员数据、项目数据进行查询。可以通过固定报表进行统计，并可按一定条件进行报表定制。用户管理对城乡规划单位名称、联系人、联系电话、登录密码等信息进行维护。单位管理地市级自然资源主管部门对本行政区的单位进行管理，包括单位信息管理、人员信息管理、人员调动查询以及年调动3次人员的管理查看。省级自然资源主管部门：省级自然资源主管部门对甲级资质申报数据进行预受理、上报部级主管部门、查询；对乙级资质申报数据进行受理、专家库建立、专家分配、专家审查、省级审核、公示、公告、证书打印、查询，具体功能可以根据各省市的不同要求进行流程调整和配置，具体功能：资质受理省级自然资源主管部门通过该功能可以对甲级资质申报数据进行预受理，对乙级资质申报数据进行受理，并填写受理人、受理时间、受理结论、受理意见，并且受理时，可以查看资质申报数据中的内容和相关扫描件，同时受理时可以选择是否进行专家审查，此处由省级主管部门自行选择。人员核查部级自然资源主管部门可以对城乡规划编制单位上报的人员进行重复、超龄及身份核查。

（二）专家分配省级自然资源主管部门通过该功能可以对已受理的乙级资质申报数据进行专家抽取，同时可以分配专家，并自动生成专家的登录账号和密码，以及审核时限。专家审查资质审查专家通过该功能可以看到分配给自己的单位申报数据，对其进行审查，并提出审查意见，提交给省级自然资源主管部门。省级审核省级自然资源主管部门通过该功能可以对专家已提交意见的资质申报数据填写审核人、审核时间、审核结论、审核意见，同时可以查看资质申报数据中的内容和相关扫描件。资质公示和配发证号省级自然资源主管部门通过该功能可以对已审核的资质申报数据添加公示意见等信息，并发布公示意见。对于通过公示的申请，按证号生成规则进行统一的证号配发。资质公告省级自然资源主管部门通过该功能可以对已公示完毕及陈述审核后的资质申报数据添加公告意见等信息，并发布公告意见。证书打印省级自然资源主管部门通过该功能可以对已审核通过的资质证书进行证书打印。资质上报省级自然资源主管部门通过该功能可以将预受理的甲级资质申报数据进行上报，上报至部级自然资源主管部门。查询统计省级自然资源主管部门通过该功能可以对本省所有资质申报数据、人员数据、项目数据进行查询。可以通过固定报表进行统计，并可按一定条件进行报表定制。部级自然资源主管部门：部级自然资源主管部门可以对省级上报的甲级资质申报数据进行受理、专家分配、专家审查、部级审核、公示、公告、证书打印、查询，具体功能可以根据自然资源部的要求进行流程调整和配置，资质受理：部级自然资源主管部门通过该功能可以对单位上报的甲级资质申报数据进行受理，并填写受理人、受理时间、受理结论、受理意见，并且受理时，可以查看资质申报数据中的内容和相关扫描件。人员核查部级自然资源主管部门可以对城乡规划编制单位上报的人员进行重复、超龄及身份核查。专家分配部级自然资源主管部门通过该功能可以对已受理的甲级资质申报数据进行专家抽取，同时可以分配专家，并自动生成专家的登录账号和密码，以及审核时限。专家审查资质审查专家通过该功能可以看到分配给自己的单位申报数据，进行审查，并提出审查意见，提交给省级自然资源主管部门。省级审核部级自然资源主管部门通过该功能可以对专家已提交意见的资质申报数据填写审核人、审核时间、审核结论、审核意见，同时可以查看资质申报数据中的内容和相关扫描件。资质公示和配发证号部级自然资源主管部门通过该功能可以对已审核的资质申报数据添加公示意见等信息，并发布公示意见。对于通过公示的申请，按照证号生成规则进行统一的证号配发。资质公告部级自然资源主管部门通过该功能可以对已公示完毕及陈述审核后的资质申报数据添加公告意见等信息，并发布公告意见。证书管理可以对单位资质证书进行管理，包含单位资质证书的打印、注销等，并及时对证书信息进行发布。查询统计部级自然资源主管部门通过该功能可以对全国所有资质申报数据、人员数据、项目数据进行查询。可以通过固定报表进行统计，并可按一定条件进行报表定制。

（三）城乡规划编制单位资质认定“放管服”改革，照后减证和简化审批，直接取消城乡规划编制单位丙级资质认定涉企经营许可事项审批。2021 年 7 月 1 日前已审批或批准延续的丙级城乡规划编制资质在有效期内继续有效；丙级城乡规划编制资质不再进行延续、变更和重新核定等。对城乡规划编制单位乙级资质认定涉企经营许可事项实行告知承诺。乙级资质认定统一使用全国国土空间规划行业管理信息系统，按现行资质标准提交资质申请。各地确需使用自建信息系统管理的，应与行业管理系统互联互通，做到审批内容、审批结果实时传送。省级自然资源主管部门确定本地区乙级资质认定启动时间和具体要求。根据各地职称、社保等相关信息电子化核验水平和监督管理需要，依法依规确定申报乙级资质单位承诺事项清单、明确监管规则和违反承诺后果。对于申报单位按要求提交资质申请资料并自愿作出承诺的，应在一个工作日内，对材料是否符合要求进行审查并作出审批决定。申报单位有较严重的不良信用记录或者存在曾作出虚假承诺等情形的，在信用修复前不适用告知承诺制，需按规定提交所有证明材料。优化城乡规划编制单位甲级资质认定涉企经营许可事项审批服务。优化审批流程，缩短审批时限，精简申请材料，实行一网通办，全流程网上办理。通过自然资源部公告取得资质证书的规划编制单位，应当在资质证书有效期届满前 3 个月，申请办理资质延续手续，申报单位法定代表人通过行业管理系统提交承诺书，承诺单位所有信息真实有效并提交，经核定合格的单位，可换发新的资质证书。事中事后监管，自然资源部负责全国城乡规划编制单位的资质管理工作。县级以上地方人民政府自然资源主管部门负责本行政区域内城乡规划编制单位的资质管理工作。规划编制单位及法定代表人对法定的国土空间规划编制成果是否符合法律法规、标准规范、相关政策以及上位国土空间规划强制性内容要求负终身责任。两个及以上规划编制单位合作编制国土空间规划的，牵头单位对编制成果质量负总责，其他单位按照合同约定对项目承担相应责任。对于取得资质的规划编制单位，批后半年内由省级自然资源主管部门组织完成全覆盖实地核查。建立规划编制单位信用档案，并按照有关规定向社会公示，发挥社会监督作用。推行甲级城乡规划编制资质电子证书，启用“中华人民共和国自然资源部城乡规划编制资质登记专用章”，专用于制发甲级城乡规划编制资质电子证书。规划编制单位可登录全国国土空间规划行业管理信息系统，下载本单位的电子证书。打印的电子证书与资质证书正本、副本具有同等法律效力。资质证书附有二维码，可扫码登录自然资源部门户网站查询验证。推行电子证书后，可同步使用纸质证书。已制发的纸质证书遗失、损毁的，不再办理补发。乙级城乡规划编制资质电子证书启用时间，由各省级自然资源主管部门具体确定；样式应符合《全国一体化政务服务平台城乡规划编制资质证书电子证照标准》C 0305 有关要求。

第二节　地质灾害防治单位资质管理

一、地质灾害防治单位

在中华人民共和国境内从事地质灾害危险性评估以及地质灾害治理工程勘查、设计、施工、监理等地质灾害防治活动的单位，应当依照规定取得地质灾害防治单位资质，并在资质等级许可的范围内从事地质灾害防治活动。地质灾害危险性评估，是指在地质灾害易发区进行工程建设或者编制地质灾害易发区内的国土空间规划时，对建设工程或者规划区遭受山体崩塌、滑坡、泥石流、地面塌陷、地裂缝、地面沉降等地质灾害的可能性和建设工程引发地质灾害的可能性作出评估，提出具体预防治理措施的活动。地质灾害治理工程，是指开展勘查、设计、施工、监理等专项地质工程措施，控制或者减轻山体崩塌、滑坡、泥石流、地面塌陷、地裂缝、地面沉降等地质灾害或者地质灾害隐患的工程。地质灾害防治单位资质分为甲、乙两个等级。地质灾害防治单位资质分为以下专业类别：地质灾害评估和治理工程勘查设计资质；地质灾害治理工程施工资质；地质灾害治理工程监理资质。自然资源部负责全国地质灾害防治单位资质工作的监督管理。省级人民政府自然资源主管部门负责本行政区域内地质灾害防治单位甲级、乙级资质的审批和监督管理。

二、地质灾害防治单位资质申请

申请地质灾害防治单位资质的单位应当符合下列条件：具有企业法人或者事业单位法人资格，其中申请地质灾害治理工程施工资质应当具有企业法人资格；具有资源与环境类、土木水利类相关专业技术人员，其中单位技术负责人应当具有高级技术职称；专业技术人员中退休人员数量不超过规定的专业技术人员最低数量要求的百分之十；具有与从事的地质灾害防治活动相适应的技术装备和设施，其中申请地质灾害评估和治理工程勘查设计资质应当具备全站仪、水准仪、探地雷达等设备，申请地质灾害治理工程施工资质应当具备全站仪、水准仪、锚杆锚索钻机、凿岩机等设备；具有健全的安全管理体系和质量管理体系。除上述规定的条件外，申请地质灾害防治单位资质的单位还应当具备以下人员和业绩条件，甲级资质人员条件：申请地质灾害评估和治理工程勘查设计资质、地质灾害治理工程施工资质的单位，资源与环境类、土木水利类相关专业技术人员总数不少于五十人，其中高级、中级技术职称人员总数不少于二十五人，高级技术职称人员不少于十人；申请地质灾害治理工程监理资质的单位，资源与环境类、土木水利类相关专业技术人员总数不少于三十人，其中高级、中级技术职称人员总数不少于十五人，高级技术职称人员不少于五人。业绩条件：申请地质灾害评估和治理工程勘查设计资质的单位，在申请之日前五年内应当独立承担并完成地质灾害危险性评估项目、地质灾害治理工程勘查项目、地质灾害治理工程设计项目总数不少于五项，完成项目总经费不少于六十万元；申请地质灾害治理工程施工资质的单位，在申请之日前五年内应当独立承担并完成地质灾害治理工程施工项目不少于五项，完成项目总经费不少于五千万元；申请地质灾害治理工程监理资质的单位，在申请之日前五年内应当独立承担并完成地质灾害治理工程监理项目不少于五项，完成项目总经费不少于三十万元。乙级资质人员条件：申请地质灾害评估和治理工程勘查设计资质、地质灾害治理工程监理资质的单位，资源与环境类、土木水利类相关专业技术人员总数不少于十人，其中高级技术职称人员不少于三人；申请地质灾害治理工程施工资质的单位，资源与环境类、土木水利类相关专业技术人员总数不少于二十人，其中高级技术职称人员不少于五人。地质灾害危险性评估项目分为一级、二级两个级别。从事下列活动之一的，其地质灾害危险性评估的项目级别属于一级：在地质环境条件复杂地区进行建设项目；在地质环境条件中等复杂地区进行较为重要建设项目；编制地质灾害易发区内的国土空间规划。前款规定以外的其他建设项目地质灾害危险性评估的项目级别属于二级。建设项目重要性和地质环境条件复杂程度的分类，按照地质灾害危险性评估技术规范有关国家标准执行。地质灾害治理工程项目分为一级、二级两个级别。符合下列条件之一的，为一级地质灾害治理工程项目：地质灾害治理工程施工经费在五百万元及以上；单独立项的地质灾害治理工程勘查项目经费在二十万元及以上；地质灾害治理工程勘查、设计项目总经费在四十万元及以上；对于治理特大型、大型地质灾害而开展的地质灾害治理工程。前款规定以外的地质灾害治理工程项目级别属于二级。具有甲级资质的地质灾害防治单位，可以承揽相应一级、二级地质灾害危险性评估项目及地质灾害治理工程项目。具有乙级资质的地质灾害防治单位，仅可以承揽相应二级地质灾害危险性评估项目及地质灾害治理工程项目。同一地质灾害治理工程的监理单位与施工单位不得具有隶属关系或者其他利害关系。资源与环境类相关专业包括水文地质、工程地质、环境地质、地质工程、勘查技术与工程、资源勘查工程、地下水科学与工程、地质资源与地质工程、地质矿产、地质勘查、地质勘探、地质学等专业。土木水利类相关专业包括岩土工程、结构工程、防灾减灾工程及防护工程、水利水电工程、水工结构工程等专业。申请地质灾害防治单位资质的单位，应当向单位登记注册地的省级人民政府自然资源主管部门提出申请，并提交以下材料：资质申请书；营业执照或者事业单位法人证书；有关专业技术人员名单、身份证、职称证书、学历证书、申请前连续三个月由本单位缴纳社会保险记录文件，技术负责人的任命或者聘任文件；本单位设备的所有权材料；职业健康安全管理体系认证证书或者安全管理制度文件；质量管理体系认证证书或者质量管理制度文件。除前款规定的条件外，申请地质灾害评估和治理工程勘查设计甲级资质的单位，还应当提供相关业绩的项目合同、验收报告或者专家评审意见；申请地质灾害治理工程施工甲级资质、地质灾害治理工程监理甲级资质的单位，还应当提供相关业绩的项目合同、验收报告。申请材料中涉及国家秘密的信息应当进行脱密处理后提交。省级人民政府自然资源主管部门对申请单位提出的地质灾害防治单位资质申请，应当根据下列情形分别作出处理：申请材料齐全并符合法定形式的，应当决定受理并发放受理通知书；申请材料不齐全或者不符合法定形式的，应当当场或者在五个工作日内一次告知申请单位需要补正的全部内容，逾期不告知的，自收到申请材料之日起即为受理；申请事项依法不属于本机关职责范围的，应当即时作出不予受理的决定，并告知申请单位向有关机关提出申请。省级人民政府自然资源主管部门可以网上受理、审查地质灾害防治单位资质申请。省级人民政府自然资源主管部门受理申请后，应当依据规定的条件，对申请材料进行审查。省级人民政府自然资源主管部门可以组织专家对申请材料进行评审。必要时可以进行实地核查。省级人民政府自然资源主管部门在作出准予行政许可的决定前，应当对拟批准或者不予批准的单位进行公示，公示时间不得少于五个工作日。公示期满，对公示内容无异议的，省级人民政府自然资源主管部门应当作出审批决定；对公示内容有异议的，省级人民政府自然资源主管部门应当予以复核。省级人民政府自然资源主管部门应当结合地方实际，细化审批标准和流程，明确核查重点和核查方式。省级人民政府自然资源主管部门应当自受理地质灾害防治单位资质申请之日起二十个工作日内作出是否批准的书面决定。因特殊情况在二十个工作日内不能作出决定的，经本单位负责人批准，可以延长十个工作日，并应当将延长期限的理由告知申请单位。省级人民政府自然资源主管部门作出批准地质灾害防治单位资质决定的，应当向申请单位颁发资质证书，并予以公告。省级人民政府自然资源主管部门作出不予批准决定的，应当说明理由，并告知申请单位享有依法申请行政复议或者提起行政诉讼的权利。

三、地质灾害防治单位资质管理

地质灾害防治单位资质证书有效期为五年。电子地质灾害防治单位资质证书和纸质地质灾害防治单位资质证书具有同等法律效力。地质灾害防治单位资质证书样式由自然资源部统一规定，实行统一编号。地质灾害防治单位资质证书有效期届满需要继续从业的，地质灾害防治单位应当在有效期届满六十个工作日前向单位登记注册地的省级人民政府自然资源主管部门提出延续申请，并依照有关规定提交申请材料。受理延续申请的省级人民政府自然资源主管部门应当在地质灾害防治单位资质证书有效期届满前作出是否准予延续的决定；逾期未作出决定的，视为准予延续。地质灾害防治单位名称、住所发生变更的，应当在有关事项变更后三十个工作日内向单位登记注册地的省级人民政府自然资源主管部门提交有关部门的核准材料，申请换发新的地质灾害防治单位资质证书。地质灾害防治单位有下列情形之一的，单位登记注册地的省级人民政府自然资源主管部门应当依法予以注销资质：地质灾害防治单位资质证书有效期届满未延续的；地质灾害防治单位依法终止的；地质灾害防治单位资质依法被撤销、撤回的；地质灾害防治单位资质证书依法被吊销的；地质灾害防治单位申请注销地质灾害防治单位资质的。地质灾害防治单位资质证书遗失、损毁的，可以向单位登记注册地的省级人民政府自然资源主管部门申请补领。地质灾害防治单位在获得地质灾害防治单位乙级资质证书两年后，符合规定的甲级资质条件的，可以申请相应甲级资质。地质灾害防治单位与其他单位发生合并或者由事业单位整体转制为企业，需要变更单位名称的，应当向单位登记注册地的省级人民政府自然资源主管部门申请换发新的地质灾害防治单位资质证书。除办法规定材料外，申请单位还应当提交上级单位或者主管部门关于合并或者转制的批复文件；企业无上级单位或者主管部门的，应当提交企业合并方案及企业股东大会、董事会决议。地质灾害防治单位发生分立的，应当及时向单位登记注册地的省级人民政府自然资源主管部门申请办理地质灾害防治单位资质证书注销手续。分立后需要继续从业的，应当重新申请地质灾害防治单位资质。地质灾害防治单位资质管理办法施行前取得的地质灾害防治单位甲级、乙级资质证书，在资质证书有效期内继续有效；施行前取得地质灾害防治单位丙级资质的单位已经承揽地质灾害危险性评估项目、地质灾害治理工程项目的，可以按照原规定的从业范围继续完成相关项目；需要承揽新的地质灾害危险性评估项目、地质灾害治理工程项目的，应当依据规定申请地质灾害防治单位乙级资质。省级人民政府自然资源主管部门应当在全国地质勘查行业监管服务平台填报地质灾害防治单位有关管理信息。自然资源部可以采取网上审查和实地核查等方式，对省级人民政府自然资源主管部门实施地质灾害防治单位资质审批情况进行监督检查。地质灾害防治单位应当在全国地质勘查行业监管服务平台填报单位基本情况、地质灾害危险性评估项目、地质灾害治理工程项目等地质灾害防治活动等信息，并向社会公示。地质灾害防治单位应当建立健全内部管理制度，明确质量安全管控职责及工作流程，保障地质灾害危险性评估和地质灾害治理工程质量。省级人民政府自然资源主管部门应当按照“双随机、一公开”监管要求，采取随机摇号的方式，按照不低于百分之十的比例确定抽查的地质灾害防治单位，组织对地质灾害防治单位资质情况和从事地质灾害防治活动情况进行监督检查。省级人民政府自然资源主管部门负责本行政区域内地质灾害防治单位资质情况的监督管理，重点对地质灾害防治单位的专业技术人员、项目业绩真实性、质量安全管理体系等情况进行检查。市、县级人民政府自然资源主管部门负责本行政区域内地质灾害防治活动的日常监督管理。地质灾害防治单位应当配合自然资源主管部门开展监督检查，如实提供有关文件、资料。

第三节　建设用地土壤污染风险管控和修复信用管理

一、从业单位和个人执业情况的信用记录管理

生态环境部为规范和加强建设用地土壤污染风险管控和修复从业单位和个人执业情况的信用记录管理，增强从业单位和个人诚信自律意识和信用水平，营造公平诚信的市场环境和社会环境，制定《建设用地土壤污染风险管控和修复从业单位和个人执业情况信用记录管理办法（试行）》，建设用地土壤污

染风险管控和修复从业单位和个人执业情况的记录、公开、应用等管理活动，应当遵守。法律法规另有规定的，从其规定。建设用地土壤污染风险管控和修复从业单位是指从事土壤污染状况调查、土壤污染风险评估、风险管控方案编制、修复方案编制、风险管控施工、修复施工、风险管控效果评估、修复效果评估、后期管理、相关工程监理、相关土壤和地下水监测等活动的单位。建设用地土壤污染风险管控和修复从业个人是指在上述从业单位中直接负责的主管人员和其他直接责任人员。建设用地土壤污染风险管控和修复从业单位和个人执业情况信用记录管理遵循依法合规、保护权益、审慎适度、清单管理的原则。生态环境部负责指导建设用地土壤污染风险管控和修复从业单位和个人执业情况信用记录系统建设和信用记录管理等工作，将信用记录系统纳入全国土壤环境信息平台管理。组织评审建设用地土壤污染状况调查、风险评估、风险管控及修复效果评估等报告的地方人民政府生态环境主管部门负责在信用记录系统中记录涉及从业单位和个人的有关评审信息、虚假业绩信息举报核实情况。从业单位负责在信用记录系统中统一记录本单位和从业个人基本情况信息、业绩情况信息，并对相关信息的真实性、准确性和完整性负责。业主单位，是指与从业单位签订合同，委托从业单位开展建设用地土壤污染风险管控和修复的单位，包括土壤污染责任人、土地使用权人、地方人民政府及其指定的有关部门和单位等。在岗，是指个人与从业单位订立劳动合同（非全日制用工合同除外），并由该单位缴纳社会保险，或者签订劳务合同或劳务派遣合同，在从业单位全日制从事建设用地土壤污染风险管控和修复活动。

二、纳入范围

建设用地土壤污染风险管控和修复从业单位和个人执业情况信用信息实行清单管理，由基本情况信息、业绩情况信息、报告评审信息、行政处罚信息和虚假业绩信息举报核实情况等目录构成。从业单位基本情况信息是指能够确认、区分从业单位身份的信息，具体包括：注册登记、备案基本情况，包括单位名称、组织机构类型、法定代表人（负责人）姓名及其身份证件类型和号码、统一社会信用代码、注册资本、住所和联系电话。专业资质信息，包括资质类型、发证机关、证书编号和证书有效期限。专业资质信息一般适用于监测单位。风险管控、修复施工单位、工程监理单位可以录入说明其自身能力水平的相关资质信息。变更情况，包括上述单位基本情况等的变更。其他。从业个人基本情况信息是指能够确认、区分从业个人身份的信息，具体包括：个人基本情况，包括姓名、国籍、身份证件类型和号码、所在单位名称、在岗情况及其证明材料等。变更情况，包括上述个人基本情况等的变更。其他。从业单位业绩情况信息是指从业单位从事建设用地土壤污染风险管控和修复相关项目业绩信息：从事土壤污染状况调查、土壤污染风险评估、风险管控效果评估、修复效果评估的单位，业绩情况信息包括：项目类别、项目名称、项目所在地、地块上原经营活动所属行业类别、地块面积、项目合同约定完成期限及实际完成期限（附证明材料）、所委托的土壤和地下水监测单位、业主单位等。从事风险管控方案编制、修复方案编制、风险管控施工、修复施工、后期管理、工程监理、土壤和地下水监测单位，业绩情况信息包括：项目类别、项目名称、项目所在地、地块上原经营活动所属行业类别、地块面积、项目合同约定完成期限及实际完成期限（附证明材料）、业主单位等。其他。从业个人业绩情况信息是指从业个人从事建设用地土壤污染风险管控和修复相关项目业绩信息：从事土壤污染状况调查、土壤污染风险评估、风险管控效果评估、修复效果评估的个人，业绩情况信息包括：项目类别、项目名称、项目所在地、地块上原经营活动所属行业类别、地块面积、项目合同约定完成期限及实际完成期限（附证明材料）、担任直接负责的主管人员和其他直接责任人员情况及负责篇章等。从事风险管控方案编制、修复方案编制、风险管控施工、修复施工、后期管理、工程监理、土壤和地下水监测单位的个人，业绩情况信息包括：项目类别、项目名称、项目所在地、地块上原经营活动所属行业类别、地块面积、项目合同约定完成期限及实际完成期限（附证明材料）、担任直接负责的主管人员和其他直接责任人员情况等。其他。报告评审信息是指负责组织评审土壤污染状况调查报告、风险评估报告、风险管控效果评估报告、修复效果评估报告的地方人民政府生态环境主管部门，依据有关规定对从业单位每次提交的相关报告组织评审后，报告是否通过情况；关于风险管控效果评估报告、修复效果评估报告，报告评审信息还应当包括是否达到土壤污染风险评估报告确定的风险管控、修复目标且可以安全利用的意见和结论。行政处罚信息是指地方各级生态环境主管部门依据《中华人民共和国环境保护法》《中华人民共和国土壤污染防治法》（以下简称《环境保护法》《土壤污染防治法》）等法律法规，对从业单位和个人环境违法行为作出行政处罚决定，并出具具有法律效力文书的情况。虚假业绩信息举报核实情况是指有关地方生态环境主管部门对虚假业绩信息举报材料核查属实的，在信用记录系统中对相关从业单位和个人的有关行为予以记录的情况。

三、信息记录和公开及应用

从业单位应当向住所所在地设区的市级生态环境主管部门提交以下材料，申请分配信用记录系统账号。申请书；营业执照（事业单位法人证书）复印件加盖公章；法定代表人（负责人）身份证复印件加盖公章。从业单位使用分配的信用记录系统账号，通过信用记录系统记录单位基本情况信息，在信用记录系统中提交从业单位承诺书。从业人员基本情况信息由从业单位统一记录，并提交从业个人承诺书。从业单位和个人基本情况信息发生变化的，应当自信息变化之日起 15 个工作日内在信用记录系统变更其基本情况信息。从业单位在信用记录系统中填报从业单位和个人业绩情况信息，并附有关证明材料。土壤污染状况调查、土壤污染风险评估、风险管控方案编制、修复方案编制、风险管控效果评估、修复效果评估、风险管控施工、修复施工、工程监理、土壤和地下水监测的从业单位，应当在项目实施所涉及的土壤污染状况调查报告、风险评估报告、效果评估报告，以及风险管控与修复方案依据《土壤污染防治法》提交评审或备案前，在信用记录系统记录单位和个人业绩情况信息。后期管理的从业单位，应当在委托合同签订后 15 个工作日内在信用记录系统记录单位和个人业绩情况信息。地方人民政府生态环境主管部门应当在每次完成土壤污染状况调查报告、风险评估报告、风险管控效果评估报告、修复效果评估报告评审后的 30 个工作日内，在全国土壤环境信息平台记录本次报告评审情况。全国土壤环境信息平台与信用记录系统共享报告评审情况。对于未在信用记录系统记录单位和个人基本情况信息、业绩情况信息的从业单位和个人，地方人民政府生态环境主管部门可在记录报告评审情况的同时，在信用记录系统记录从业单位和个人的如下信息：从业单位名称、统一社会信用代码；从业个人姓名、身份证件类型及号码；项目类别、项目名称、项目所在地。行政处罚信息按有关规定与信用记录系统共享。信用记录系统向社会公开从业单位和个人基本情况信息、业绩情况信息、报告评审信息、行政处罚情况信息和虚假业绩信息举报核实情况。环境信用评价、信用修复活动，按照国家有关规定执行。省级以上人民政府生态环境主管部门按照国家有关规定与相关部门建立信息共享机制，将信用记录等信息纳入全国信用信息共享平台和国家企业信用信息公示系统向社会公布。鼓励组织实施建设用地土壤污染风险管控和修复的业主单位登录信用记录系统，查询执业情况，选择合适的从业单位和个人。鼓励在招标文件中将从业单位在信用记录系统是否存在信用记录，评审一次性通过率等纳入对投标人资格审查的标准、评标标准。

第四节　测绘资质管理

一、测绘资质申请

在中华人民共和国领域和中华人民共和国管辖的其他海域从事测绘活动的单位，应当依照办法的规定取得测绘资质证书，并在测绘资质等级许可的专业类别和作业限制范围内从事测绘活动。测绘资质分为甲、乙两个等级。测绘资质的专业类别分为大地测量、测绘航空摄影、摄影测量与遥感、工程测量、海洋测绘、界线与不动产测绘、地理信息系统工程、地图编制、导航电子地图制作、互联网地图服务。导航电子地图制作甲级测绘资质的审批和管理，由自然资源部负责。前款规定以外的测绘资质的审批和管理，由省、自治区、直辖市人民政府自然资源主管部门负责。审批机关应当将申请测绘资质的方式、依据、条件、程序、期限、材料目录、审批结果等向社会公开。申请测绘资质的单位应当符合下列条件：有法人资格；有与从事的测绘活动相适应的测绘专业技术人员和测绘相关专业技术人员；有与从事的测绘活动相适应的技术装备和设施；有健全的技术和质量保证体系、安全保障措施、信息安全保密管理制度以及测绘成果和资料档案管理制度。测绘资质等级专业类别的申请条件和申请材料的具体要求，由《测绘资质分类分级标准》规定。

二、测绘资质审批

省、自治区、直辖市人民政府自然资源主管部门可以根据本地实际，适当提高测绘资质分类分级标准中的专业技术人员、技术装备的数量要求，并于发布之日起三十日内报送自然资源部备案。审批机关对申请单位提出的测绘资质申请，应当根据下列情形分别作出处理：申请材料齐全并符合法定形式的，应当决定受理并出具受理通知书；申请材料不齐全或者不符合法定形式的，应当当场或者在五个工作日内一次告知申请单位需要补正的全部内容，逾期不告知的，自收到申请材料之日起即为受理；申请事项依法不属于本审批机关职责范围的，应当即时作出不予受理的决定，并告知申请单位向有关审批机关申请。对导航电子地图制作甲级测绘资质的审批，自然资源部将通过网上受理，并采用以下方式对申请材料进行审查：将申请单位的基本信息、所申请测绘资质类别等级及除涉及国家秘密、商业秘密和个人隐私外的申请信息等通过本机关网站公开。引入第三方机构做技术性审查。必要时，进行实地核查或专家评议。自然资源部机关内部会审。审批机关自受理之日起十五个工作日内作出是否批准测绘资质的书面决定。因特殊情况在十五个工作日内不能作出决定的，经本审批机关负责人批准，可以延长十个工作日，并将延长期限的理由告知申请单位。审批机关作出批准测绘资质决定的，应当自作出决定之日起十个工作日内，向申请单位颁发测绘资质证书；审批机关作出不予批准测绘资质决定的，应当说明理由，并告知申请单位享有依法申请行政复议或者提起行政诉讼的权利。测绘资质证书有效期五年。测绘资质证书包括纸质证书和电子证书，纸质证书和电子证书具有同等法律效力。测绘资质证书样式由自然资源部统一规定。测绘单位需要延续依法取得的测绘资质证书有效期的，应当在测绘资质证书有效期届满三十日前，向审批机关提出延续申请。审批机关应当根据测绘单位的申请，在测绘资质证书有效期届满前作出是否准予延续的决定；逾期未作出决定的，视为准予延续。测绘单位变更测绘资质等级或者专业类别的，应当按照规定的审批权限和程序重新申请办理测绘资质审批。测绘单位名称、注册地址、法定代表人发生变更的，应当向审批机关提交有关部门的核准材料，申请换发新的测绘资质证书。测绘单位申请注销测绘资质证书的，审批机关应当及时办理测绘资质证书注销手续。测绘单位合并的，可以承继合并前的测绘资质等级和专业类别。测绘单位转制或者分立的，应当向相应的审批机关重新申请测绘资质。测绘单位可以监理同一专业类别的同等级或者低等级测绘单位实施的该专业类别的测绘项目。测绘单位取得测绘资质后，变更专业技术人员或者技术装备的，应当在三十日内通过全国测绘资质管理信息系统申请更新有关信息。测绘单位应当按照规定，定期在全国测绘资质管理信息系统中报送测绘项目清单。县级以上人民政府自然资源主管部门应当建立健全随机抽查机制，依法对测绘单位的安全保障措施、信息安全保密管理制度、测绘成果和资料档案管理制度、技术和质量保证体系、专业技术人员、技术装备等测绘资质情况进行检查，并将抽查结果向社会公布。县级以上人民政府自然资源主管部门应当合理确定随机抽查比例；对于投诉举报多、有相关不良信用记录的测绘单位，可以加大抽查比例和频次。县级以上人民政府自然资源主管部门应当加强测绘单位信用体系建设，及时将随机抽查结果纳入测绘单位信用记录，依法将测绘单位信用信息予以公示。测绘单位在测绘行业信用惩戒期内不得申请晋升测绘资质等级和增加专业类别。外商投资企业测绘资质的申请、受理和审查，依据外国的组织或者个人来华测绘管理有关规定办理。

三、测绘资质分类分级标准

本标准分为通用标准、专业标准两部分。凡申请测绘资质的单位，应当有法人资格，并同时达到通用标准和所申请专业类别的专业标准要求。取得乙级测绘资质的测绘单位应在专业标准规定的作业限制范围内从事测绘活动，甲级测绘资质无作业范围限制。申请单位应当提交下列材料的原件扫描件，并对申请材料实质内容的真实性负责：法人资格证书。符合专业标准规定的专业技术人员身份证及依法缴纳社会保险的材料，退休的专业技术人员的退休材料和劳务合同；测绘专业技术人员的学历证书和职称证书，测绘相关专业技术人员的学历证书或职称证书。符合专业标准规定的技术装备的所有权材料。符合通用标准规定的材料。申请甲级测绘资质的，应当提供符合专业标准规定的测绘业绩材料。对在本标准实施前测绘单位已有的用于申请测绘资质的专业技术人员，在不离开本单位的前提下，原有专业和职称等级继续有效。没有测绘专业高级职称的注册测绘师可以计入中级测绘专业技术人员。通用标准（表 15-1），专业标准（表 15-2）。

通用标准 **表15-1**

一、测绘地理信息安全保障措施和管理制度要求	
基本要求	1. 设立测绘地理信息安全保密工作机构
	2. 从事涉密测绘业务的人员应当具有中华人民共和国国籍，签订保密责任书，接受保密教育
	3. 建立健全测绘地理信息安全保密管理制度。明确涉密人员管理、保密要害部门部位管理、涉密设备与存储介质管理、涉密测绘成果全流程保密、保密自查等要求
	4. 明确涉密测绘成果使用审批流程和责任人，未经批准，涉密测绘成果不得带离保密要害部门部位
	5. 涉密存储介质专人管理，建立台账；涉密设备与存储介质应粘贴密级标识；涉密计算机、涉密存储介质不得接入互联网或其他公共信息网络；涉密网络与互联网或其他公共信息网络之间实行物理隔离；涉密计算机外接端口封闭管理
	6. 建立健全涉密测绘外业安全保密管理制度，落实监管人员和保密责任，外业所用涉密计算机纳入涉密单机进行管理
	7. 对属于国家秘密的地理信息的获取、持有、提供、利用情况进行登记并长期保存，实行可追溯管理
	8. 从事测绘活动，应当遵守保密法律法规规章等有关规定
导航电子地图制作补充要求	1. 涉密网络应配备系统管理员、安全保密管理员和安全审计员
	2. 保密要害部门部位应当确定安全控制区域，采取电子监控、防盗报警等必要的安全防范措施
	3. 配置符合要求的安全保密专用产品，包括身份鉴别、访问控制、安全审计、保密技术防护（三合一）、漏洞扫描、计算机病毒查杀、边界安全防护和数据库安全等产品
	4. 软件开发不得在保密要害部门部位内进行
	5. 未经单位安全保密工作机构批准，单位内部涉密测绘成果不得采用移动存储介质进行交换，应基于涉密网络操作，并进行审计
	6. 涉密测绘成果对外提供应配置专人专机。专机需安装安全审计软件，进行实时审计
	7. 配置红黑电源
互联网地图服务补充要求	存放地图数据的服务器设在中华人民共和国境内
二、技术和质量保证体系要求	
机构人员	1. 设立技术和质量管理机构
	2. 明确技术和质量管理工作的主管领导、技术和质量管理机构的负责人。技术和质量管理机构负责人应当具备中级及以上测绘专业技术职称
	3. 配备与业务相适应的质检人员。质检人员应当是测绘专业技术人员
管理制度	4. 建立健全技术管理制度，明确技术设计、技术处理和技术总结等要求。其中简单、日常性的测绘项目可以制定《作业指导书》
	5. 建立健全质量检查管理制度，明确过程检查、最终检查、质量评定、检查记录和检查报告等要求
	6. 建立健全人员培训与岗位管理制度，明确岗位职责、岗前培训考核、继续教育等要求
	7. 建立健全测绘仪器设备检定、校准管理制度，明确测绘仪器设备的检定、校准、日常管理等要求
其他	测绘技术和质量保证体系应当遵守法律法规规章等有关规定
三、测绘成果和资料档案管理制度要求	
机构人员	1. 设立测绘成果和资料档案管理机构
	2. 明确测绘成果和资料档案管理工作的主管领导、工作人员及岗位职责
管理制度	3. 建立健全测绘成果和资料档案管理制度，明确测绘成果接收、整理、保管、使用、销毁以及建立台账等管理要求
	4. 建立健全测绘成果和资料档案信息化管理的安全保护制度
设施设备	5. 有专门的测绘成果和资料档案库房，具备防盗、防火、防潮、防光、防尘、防磁、防有害生物和污染等安全措施
	6. 配有与业务相适应的测绘成果和资料档案专用柜架、专用数据存储设备
其他	测绘成果和资料档案管理应当遵守法律法规规章等有关规定

专业标准

表15-2

序号	专业类别		甲级							乙级						
			专业技术人员					技术装备	测绘业绩	专业技术人员					技术装备	作业限制范围
	名称	业务类型	总数	测绘专业			测绘相关专业			总数	测绘专业			测绘相关专业		
				高级	中级	初级					高级	中级	初级			
1	大地测量	卫星定位测量、卫星导航定位基准站网位置数据服务、水准测量、三角测量、天文测量、重力测量、基线测量、大地测量数据处理	60	4	7	13	36	GNSS接收机（扼流圈天线）、全站仪、水准仪、重力仪合计30台	取得相应专业类别乙级测绘资质满2年。所申请的每个专业类别近2年完成测绘服务总值不少于600万元，且完成至少一个金额不低于50万元的测绘项目	25	1	4	5	15	GNSS接收机、全站仪、水准仪合计15台	不得从事二等及以上水准、三角、天文测量；不得从事B级及以上卫星定位测量；不得从事专业重力测量；不得承担卫星导航定位基准站建设和坐标参考框架服务
2	测绘航空摄影	一般航摄、无人飞行器航摄、倾斜航摄	30	2	4	6	18	无人飞行测量采集系统、专业测绘航摄仪及其他测绘传感器合计4台（套）		15	1	2	3	9	无人飞行测量采集系统、专业测绘航摄仪及其他测绘传感器合计2台（套）	不得承揽两个及以上省级行政区域范围的项目
3	摄影测量与遥感	摄影测量与遥感外业、摄影测量与遥感内业、摄影测量与遥感监理	40	4	7	13	16	1. GNSS接收机、全站仪合计12台或者三维激光扫描仪2台； 2. 摄影测量系统、遥感图像处理系统合计8套		8	—	2	3	3	1. GNSS接收机、全站仪合计3台或者三维激光扫描仪1台； 2. 摄影测量系统、遥感图像处理系统合计2套	不得承揽两个及以上省级行政区域范围的项目（线状项目除外）
4	工程测量	控制测量、地形测量、规划测量、建筑工程测量、变形形变与精密测量、市政工程测量、水利工程测量、线路与桥隧测量、地下管线测量、矿山测量、工程测量监理	40	4	7	13	16	GNSS接收机、全站仪、水准仪、地下管线探测仪合计20台		6	—	2	2	2	GNSS接收机、全站仪、水准仪、地下管线探测仪合计4台	不得从事二等及以上控制测量、国家建设重点工程的规划测量、单个建筑物10万平方米及以上的建筑工程测量、特大型水利水电工程测量、4千米及以上隧道工程测量
5	海洋测绘	海岸地形测量、水深测量、水文观测、海洋工程测量、扫海测量、深度基准测量、海图编制、海洋测绘监理	40	4	7	13	16	1. GNSS接收机、全站仪合计10台； 2. 浅地层剖面仪、侧扫声呐、海洋磁力仪、测深仪、声速仪、水位计、验流计合计14台或者多波束测深系统2套		6	—	2	2	2	1. 全站仪1台； 2. 测深仪1台	不得从事深度基准测量、海图编制；不得从事连片区域100平方千米及以上的海岸地形测量、水深测量、水文观测、海洋工程测量和扫海测量

续表

序号	专业类别		甲级							乙级						
			专业技术人员							专业技术人员						
	名称	业务类型	总数	测绘专业			测绘相关专业	技术装备	测绘业绩	总数	测绘专业			测绘相关专业	技术装备	作业限制范围
				高级	中级	初级					高级	中级	初级			
6	界线与不动产测绘	行政区域界线测绘，地籍测绘、房产测绘、海域权属测绘等不动产测绘，不动产测绘监理	40	4	7	13	16	GNSS 接收机、全站仪合计 10 台	取得相应专业类别乙级测绘资质满 2 年。所申请的每个专业类别近 2 年完成测绘服务总值不少于 600 万元，且完成至少一个金额不低于 50 万元的测绘项目	6	—	2	2	2	GNSS 接收机、全站仪、手持测距仪合计 2 台	不得从事国界线测绘、规划许可证载单栋建筑 10 万平方米及以上的房产测绘
7	地理信息系统工程	地理信息数据采集、地理信息数据处理、地理信息系统及数据库建设、地面移动测量、地理信息软件开发、地理信息系统工程监理	40	4	7	13	16	1. GNSS 接收机、三维激光扫描仪合计 6 台； 2. 地理信息处理软件、地理信息系统平台软件合计 12 套		8	—	2	3	3	1. GNSS 接收机、三维激光扫描仪合计 2 台； 2. 地理信息处理软件、地理信息系统平台软件合计 2 套	不得承揽两个及以上省级行政区域范围的项目
8	地图编制	地形图、教学地图、世界政区地图、全国及地方政区地图、电子地图、真三维地图、其他专用地图	60	4	7	13	36	1. 数据服务器 2 台； 2. 图形输出设备（A0 幅面）1 台		25	1	4	5	15	数据服务器 1 台	不得从事世界和全国政区地图、超出省级行政区域范围的教学地图编制
9	导航电子地图制作	导航电子地图制作	100	4	8	28	60	1. 外业数据采集设备 30 台（套）（定位精度≤10m）； 2. 具备导航地图编辑系统	—	15	1	2	3	9	外业数据采集设备 5 台（套）（定位精度≤10m）	不得在相关政府部门划定的自动驾驶区域外从事导航电子地图制作
10	互联网地图服务	地理位置定位、地理信息上传标注、地图数据库开发	20	—	2	—	18	有独立地图引擎		12	—	1	—	11	—	不得从事地图数据库开发

续表

<table>
<tr><td rowspan="4">序号</td><td colspan="2" rowspan="2">专业类别</td><td colspan="7">甲级</td><td colspan="7">乙级</td></tr>
<tr><td colspan="5">专业技术人员</td><td rowspan="3">技术装备</td><td rowspan="3">测绘业绩</td><td colspan="5">专业技术人员</td><td rowspan="3">技术装备</td><td rowspan="3">作业限制范围</td></tr>
<tr><td rowspan="2">名称</td><td rowspan="2">业务类型</td><td rowspan="2">总数</td><td colspan="3">测绘专业</td><td rowspan="2">测绘相关专业</td><td rowspan="2">总数</td><td colspan="3">测绘专业</td><td rowspan="2">测绘相关专业</td></tr>
<tr><td>高级</td><td>中级</td><td>初级</td><td>高级</td><td>中级</td><td>初级</td></tr>
<tr><td colspan="17">专业标准说明</td></tr>
<tr><td colspan="2">关于专业技术人员</td><td colspan="15">1. 专业技术人员包括测绘专业技术人员和测绘相关专业技术人员。专业技术人员应当具有中华人民共和国国籍，不得兼职，测绘专业技术人员具有测绘专业职称，测绘相关专业技术人员具有测绘相关专业学历或职称。用于申请甲、乙级测绘资质的专业技术人员中，退休的专业技术人员分别不得超过2人、1人。
2. 测绘专业是指大地测量、工程测量、摄影测量、遥感、地图制图、地理信息、地籍测绘、测绘工程、矿山测量、海洋测绘、导航工程、土地管理、地理国情监测等专业。测绘相关专业是指地理、地质、工程勘察、资源勘查、土木、建筑、规划、市政、水利、电力、道桥、工民建、海洋、计算机、软件、电子、信息、通信、物联网、统计、生态、印刷、人工智能、大数据、云计算、保密、档案等专业。
3. 本标准规定的专业技术人员数量为最低要求。高级别测绘专业技术人员可以冲抵低级别测绘专业技术人员，测绘专业技术人员可以冲抵测绘相关专业技术人员</td></tr>
<tr><td colspan="2">关于技术装备</td><td colspan="15">1. 技术装备要求的“合计”，不需要每种技术装备都具备。
2. GNSS 接收机、全站仪、水准仪精度应当分别不低于 5mm+1×10^{-6}D、2"、S1。
3. 无人飞行测量采集系统：至少同时具备飞行平台和航摄传感器（包括相机、机载激光扫描仪、机载 SAR）。
4. 专业测绘航摄仪及其他测绘传感器：包括航摄仪、机载激光扫描仪、航空重力仪、机载 SAR。
5. 摄影测量系统：从影像、点云等数据获取到过程数据处理、成果输出，均采用数字化或智能化等形式进行的摄影测量系统。
6. 遥感图像处理系统：能够对遥感图像信息进行数字化、复原、几何校正、增强、统计分析、信息提出、分类、识别等图像加工的系统。
7. 地理信息处理软件：用于处理和分析地理信息的软件。
8. 地理信息系统平台软件：用于地理信息系统及数据库建设的基础软件，具备地理信息的获取、存储、编辑、处理、分析和显示等功能，并可支持软件定制开发。
9. 独立地图引擎：部署于服务器上，能够向用户提供地图显示、空间搜索、上传标注、接口调用等服务的软件系统。
10. 外业数据采集设备：至少同时具备 GNSS 接收机和数据获取设备。
11. 本标准规定的技术装备数量为最低要求</td></tr>
<tr><td colspan="2">关于测绘业绩</td><td colspan="15">增加甲级测绘资质专业类别的，应当符合专业标准规定的甲级测绘业绩要求。测绘单位转制或分立的，申请原资质等级和专业类别不受本标准规定的甲级测绘业绩要求限制</td></tr>
<tr><td colspan="2">其他</td><td colspan="15">申请两个及以上专业类别的，应当符合所有申请专业类别的条件，对专业技术人员、技术装备的数量要求不累加计算</td></tr>
</table>

第五节　注册城市规划师执业资格管理

一、注册城乡规划师执业资格

国家对注册城乡规划师实行准入类职业资格制度，纳入全国专业技术人员职业资格证书制度统一规划。注册城乡规划师，是指通过全国统一考试取得注册城乡规划师职业资格证书，并依法注册后，从事城乡规划编制及相关工作的专业人员。从事城乡规划实施、管理、研究工作的国家工作人员及相关人员，可以通过考试取得注册城乡规划师职业资格证书。人力资源社会保障部、住房和城乡建设部共同负责注册城乡规划师职业资格制度的政策制定，并按职责分工对制度的实施进行指导、监督和检查。各省、自治区、直辖市人力资源社会保障行政主管部门和城乡规划行政主管部门，按照职责分工负责本行政区域内注册城乡规划师职业资格制度实施的监督管理。国家对注册城乡规划师职业资格实行注册执业管理制度。取得注册城乡规划师职业资格证书且从事城乡规划编制及相关工作的人员，经注册方可以注册城乡规划师名义执业。中国城市规划协会负责注册城乡规划师注册及相关工作。申请注册的人员必须同时具备以下条件：遵纪守法，恪守职业道德和从业规范；取得注册城乡规划师职业资格证书；受聘于一家城乡规划编制机构；注册管理机构规定的其他条件。经批准注册的申请人，由中国城市规划协会核发该协会用印的《注册城乡规划师注册证书》。注册证书的每一注册有效期为3年。注册证书在有效期内是注册城乡规划师的执业凭证，由注册城乡规划师本人保管、使用。申请初始注册的，应当自取得注册城乡规划师职业资格证书之日起3年内提出申请。逾期申请初始注册的，应符合继续教育有关要求。中国城市规划协会应当及时向社会公告注册城乡规划师注册有关情况，并于每年年底将注册人员信息报住房和城乡建设部备案。继续教育是注册城乡规划师延续注册、重新注册和逾期初始注册的必备条件。在每个注册有效期内，注册城乡规划师应当按照规定完成相应的继续教育。

二、注册城乡规划师执业

注册城乡规划师的执业范围：城乡规划编制；城乡规划技术政策研究与咨询；城乡规划技术分析；住房和城乡建设部规定的其他工作。注册城乡规划师的执业能力：熟悉相关法律、法规及规章；熟悉我国城乡规划相关技术标准与规范体系，并能熟练运用；具有良好的与社会公众、相关管理部门沟通协调的能力；具有较强的科研和技术创新能力；了解国际相关标准和技术规范，及时掌握技术前沿发展动态。《中华人民共和国城乡规划法》（以下简称《城乡规划法》）要求编制的城镇体系规划、城市规划、镇规划、乡规划和村庄规划的成果应有注册城乡规划师签字。注册城乡规划师在执业活动中，须对所签字的城乡规划编制成果中的图件、文本的图文一致、标准规范的落实等负责，并承担相应责任。注册城乡规划师享有下列权利：使用注册城乡规划师称谓；对违反相关法律、法规和技术规范的要求及决定提出劝告，并可在拒绝执行的同时向注册管理机构或者上级城乡规划主管部门报告；接受继续教育；获得与执业责任相应的劳动报酬；对侵犯本人权利的行为进行申诉；其他法定权利。注册城乡规划师履行下列义务：遵守法律、法规和有关管理规定，恪守职业道德和从业规范；执行城乡规划相关法律、法规、规章及技术标准、规范；履行岗位职责，保证执业活动质量，并承担相应责任；不得同时受聘于两个或两个以上单位执业，不得允许他人以本人名义执业；不断更新专业知识，提高技术能力；保守在工作中知悉的国家秘密和聘用单位的商业、技术秘密；协助城乡规划主管部门及注册管理机构开展相关工作。对通过考试取得注册城乡规划师职业资格证书，且符合《工程技术人员职务试行条例》规定的工程师职务任职条件的人员，用人单位可根据工作需要聘任工程师技术职务。个人经全国注册城乡规划师职业资格考试，取得《注册城乡规划师职业资格证书》，可以向中国城市规划协会申请《注册城乡规划师注册证书》。在具有城乡规划编制资质的单位从事城乡规划编制、咨询等专业技术工作的人员，凭据资格证书申请注册并取得注册证书，作为城乡规划执业资格的凭据。其他机构工作的人员，可以凭据资格证书申请注册，取得注册证书。从事城乡规划实施、管理、研究工作的国家工作人员，可以凭据资格证书申请登记，取得《注册城乡规划师登记证书》。注册城乡规划师注册证书管理，《城乡规划法》要求编制的城镇体系规划、城市规划、镇规划、乡规划和村庄规划的成果，必须由取得注册证书的注册城乡规划师签字。取得注册证书的注册城乡规划师只能对其注册单位的规划成果行使签字权。注册城乡规划师的注册等相关业务均应通过全国注册城乡规划师管理系统申请。中国城市规划协会定期向社会公告注册情况。取得注册证书的注册城乡规划师，应当按规定接受继续教育。注册城乡规划师初始注册，个人在取得资格证书后的三年内，可以申请初始注册。取得资格证书三年后申请初始注册的，其超出三年的时间部分符合继续教育标准的要求。申请初始注册，按以下程序办理：申请人在全国注册城乡规划师管理系统上提出初始注册申请，填写注册城乡规划师初始注册申请信息，经其所在单位审核相关材料后上报；中国城市规划协会负责对报送材料进行审核，并对符合条件的材料予以公示。公示期满后颁发注册证书。注册城乡规划师初始注册的有效期为三年，自批准注册之日起计算。注册城乡规划师应当在注册证书有效期到期前三个月内申请延续注册。过期未申请延续的，暂停注册执业资格。申请延续注册按下列程序办理：申请人在全国注册城乡规划师管理系统上提出延续注册申请并填写延续注册信息，经其所在单位审核后上报；中国城市规划协会负责对报送材料进行审核，并对符合条件的材料予以公示。公示期满后换发注册证书。延续注册的有效期限为三年，自准予延续注册之日起计算。注册城乡规划师只能注册于受聘的一家工作单位；涉及变更注册业务时，注册城乡规划师本人应提出申请变更注册。注册城乡规划师本人可以申请注销注册，由中国城市规划协会审核后予以注销。注销后申请重新注册，注销期内时间必须符合继续教育标准的要求。在有效的注册周期内，注册城乡规划师未完成规定的继续教育学时，或本人到期后未申请延续注册的，相关人员的注册执业资格将自动暂停。自动暂停后申请注册的，原注册周期和暂停期内时间必须符合继续教育标准的要求。因工作单位变更，注册城乡规划师所从事的城乡规划相关技术工作性质发生变化，需要转换注册类型，应当申请注册类型转换。中国城市规划协会将对注册城乡规划师证书推行电子化管理，电子化管理的证书包括由中国城市规划协会印发并用章的注册证书、登记证书。电子证书自启用之日起，注册城乡规划师电子证书由系统自动生成。

三、注册城市规划师继续教育管理

注册城市规划师继续教育旨在使其适应城市规划领域发展的需要，及时了解和掌握国内外城市规划在编制设计、技术管理等方面的动态，使注册城市规划师的知识和技能不断得到更新、补充、拓展和提高，以完善其知识结构，保证其在行业内的长期执业水平。参加和接受继续教育是专业技术人员的权利和义务。凡通过注册城市规划师初始注册和非初始注册的人员、延时注册的人员、暂停后重新执业的人员均应按规定参加继续教育，完成相应的学时。中国城市规划协会负责对继续教育的课程计划和课程质量进行评估。注册城市规划师的继续教育学时制度以一天课程计算 6 学时，每个五年注册有效周期内不得少于 180 学时，其中 90 学时为必修课学时，90 学时为选修课学时。原则上注册城市规划师每半年应完成 20 学时，其中必修课和选修课各 10 学时。每一年参加继续教育原则上不得少于 30 学时。一个注册有效周期内的继续教育学时可按次计算，也可累计计算。一个注册有效周期内，必修课超出 90 学时的超出部分可计入选修课学时。注册城市规划师继续教育的学时计算中，参加注册城市规划师继续教育课程培训、在注册城市规划师继续教育培训课程中主讲授课、在全国优秀城乡规划设计奖评选中获奖所获得的学时计为必修课学时；其他学时均计为选修课学时。

第六节　注册测绘师执业资格管理

一、注册测绘师

国家对从事测绘活动的专业技术人员，实行职业准入制度，纳入全国专业技术人员职业资格证书制度统一规划。注册测绘师，是指经考试取得《注册测绘师资格证书》，并依法注册后，从事测绘活动的专业技术人员。适用于在具有测绘资质的机构中，从事测绘活动的专业技术人员的注册测绘师的注册、执业、继续教育和监督管理。国家测绘地理信息局负责全国注册测绘师的执业管理工作。县级以上地方测绘地理信息行政主管部门负责本行政区域内注册测绘师的执业管理工作，具体职责分工由省级测绘地理信息行政主管部门确定。国务院有关部门所属单位和中央管理企业的注册测绘师按照属地原则进行管理。依法取得中华人民共和国注册测绘师资格证书的人员，通过一个且只能是一个具有测绘资质的单位办理注册手续，并取得《注册测绘师注册证》和执业印章后，方可以注册测绘师名义开展执业活动。注册单位与注册测绘师人事关系所在单位或聘用单位可以不一致。申请注册测绘师注册程序如下：申请人填写注册申请表；注册单位审核后，报省级测绘地理信息行政主管部门；省级测绘地理信息行政主管部门审查并提出意见后报国家测绘地理信息局；国家测绘地理信息局审批；国家测绘地理信息局作出批准注册决定后在国家测绘地理信息局网站公布。受理、审查和审批的具体要求遵照《注册测绘师制度暂行规定》执行。注册证和执业印章每一注册有效期为3年，期满需要继续执业的，应在期满30个工作日前提出延续注册申请。变更注册单位须及时办理变更注册手续，距离原注册有效期满半年以内申请变更注册的，可同时申请延续注册。准予延续注册的，注册有效期重新计算。申请注册测绘师注册应提交初始（延续、变更）注册申请表及与注册单位签订的聘用（劳动）合同或相关证明。提供上述材料的同时，申请初始注册，须同时提交资格证书及身份证明；申请延续注册或逾期初始注册，须同时提交注册测绘师继续教育证书；申请变更注册，须同时提交与原注册单位解除聘用（劳动）或合作关系的证明材料。超过70周岁申请初始注册、延续注册及变更注册，均须提供身体健康证明。取得资格证书超过1年以上不满3年提出申请初始注册者，须提供不少于30学时继续教育必修内容培训的证明。取得资格证书3年以上提出申请初始注册者，须提供相当于一个注册有效期要求的继续教育证明。注册测绘师注册通过注册系统进行在线申请。有关材料原件通过系统扫描报送电子文件。申请人和注册单位对相关材料的真实性负责并承担相应法律责任。注册测绘师注册证或执业印章遗失或污损，需要补办的，应当持在省级以上公众媒体上刊登的遗失声明或污损的原注册证或执业印章，经注册地省级测绘地理信息行政主管部门审核后，向国家测绘地理信息局申请补办。申请人以不正当手段取得注册的，按照《注册测绘师制度暂行规定》的有关规定予以处理。注册测绘师注册证和执业印章的注销、吊销、撤销、失效、收回以及不予注册等，遵照《注册测绘师制度暂行规定》的规定执行。注册测绘师个人或注册单位对有关处理决定有异议的，可依法申请行政复议或者提起行政诉讼。重新具备注册条件的，可按照规定程序重新申请注册。

二、注册测绘师执业

注册测绘师开展执业活动，必须依托注册单位并与注册单位的资质等级和业务许可范围相适应。测绘地理信息项目的技术和质检负责人等关键岗位须由注册测绘师充任。测绘地理信息项目的设计文件、成果质量检查报告、最终成果文件以及产品测试报告、项目监理报告等，须注册测绘师签字并加盖执业印章后生效。注册测绘师签字盖章的文件修改原则上由注册测绘师本人进行，因特殊情况该注册测绘师不能进行修改的，应由其他注册测绘师修改，并签字、加盖执业盖章，同时对修改部分承担责任。因测绘地理信息成果质量问题造成的经济损失，由注册单位承担赔偿责任。注册单位依法向承担该业务的注册测绘师追责。建立注册测绘师执业责任保险制度。测绘资质单位须配备一定数量的注册测绘师，具体数量要求根据单位的资质等级、业务性质和范围、人员规模等，由国家测绘地理信息局在《测绘资质分级标准》中规定。省级测绘地理信息主管部门可探索建立注册测绘师事务所管理制度，在征得国家测绘地理信息局同意后实施。注册测绘师应恪守职业道德，严守国家秘密和委托单位的商业、技术秘密，保证执业活动中相应的测绘地理信息成果质量并承担终身责任。任何组织和个人不得以任何理由要求注册测绘师在不符合质量要求的项目文件上签字盖章，建立注册测绘师执业责任鉴定机制。建立注册测绘师信用档案，注册测绘师信用档案应包括注册测绘师执业业绩记录、学术研究及项目获奖情况、被举报投诉核实处理情况、违法违纪行为处罚情况及其他需要记入档案的信息。注册测绘师信用信息按照规定程序向社会公开。单位和个人可以通过注册测绘师姓名和注册证编号或执业印章编号查询注册测绘师的有关信息。注册证、执业印章和注册测绘师继续教育证书样式由国家测绘地理信息局统一确定。

三、继续教育及学时认定和登记

注册测绘师延续注册、重新申请注册和逾期初始注册，应当完成本专业的继续教育。注册测绘师继续教育分为必修内容和选修内容，在一个注册有效期内，必修内容和选修内容均不得少于60学时。注册测绘师继续教育必修内容通过培训的形式进行，由国家测绘地理信息局推荐的机构承担。必修内容培训每次30学时，注册测绘师须在一个注册有效期内参加2次不同内容的培训。注册测绘师继续教育选修内容通过参加指定的网络学习获得40学时，另外20学时通过出版专业著作、承担科研课题、获得科技奖励、发表学术论文、参加学习等方式取得。国家测绘地理信息局在人力资源和社会保障部指导下，负责组织编写必修课培训大纲，审查培训教材，评估培训机构，下达年度继续教育培训计划。注册测绘师继续教育实行登记制度。注册单位应积极为注册测绘师提供继续教育学习经费和学习时间，以及参加继续教育的其他必要条件。注册测绘师延续注册、重新申请注册和逾期初始注册，应当完成规定的继续教育。在一个注册有效期内，继续教育的必修内容和选修内容均不得少于60学时。注册测绘师继续教育必修内容通过参加注册测绘师继续教育培训计划中的培训完成，每次培训计30学时。参与全国注册测绘师资格考试命题1次，可确认必修课内容30学时。参加国家测绘地理信息局有关司局举办的与培训大纲内容一致的业务培训，经国家测绘地理信息局人事司审核认可后，可按实际培训时间确认必修内容学时。注册测绘师继续教育选修内容通过参加国家测绘地理信息局指定的网络学习获得40学时，另外20学时通过以下方式获得：担当注册测绘师继续教育培训班的授课人，每授课1次，可确认20学时；公开出版测绘地理信息相关专业著作、承担地市级以上测绘地理信息科研课题，每项可确认20学时；在国外、国内省级以上公开出版刊物发表测绘地理信息相关专业的学术论文，每篇可确认20学时；参加测绘地理信息相关专业在职学位、学历教育，获得学位或学历当年可确认20学时；参加中国测绘地理信息学会注册测绘师工作委员会组织的学术活动，每次可确认20学时。参加与测绘地理信息有关的国际组织或国家级社团组织的学术会议并提交论文，每篇可确认20学时。参与国家、行业或省级地方测绘地理信息标准、规范的制定工作，每项可确认20学时。获得与测绘地理信息专业相关的国家级、省级科技奖励，或省级测绘地理信息行政主管部门、省级以上测绘地理信息社团组织的科技奖励（前3名），每项可确认20学时。参加省级测绘地理信息行政主管部门以及国家测绘地理信息局认可的其他部门、单位组织的技术培训，按实际培训时间确认学时。注册测绘师继续教育实行登记制度。注册测绘师参加继续教育必修内容培训，经考核合格的，由培训机构在注册测绘师继续教育证书中登记。注册测绘师参加学术会议、学术活动、参加授课或参加国家测绘地理信息局认可的技术培训，由举办单位出具证明并附相关通知文件；发表专著、论文、获得奖励、攻读学历学位的，提供专著、论文、奖励证书、学历学位证书或入学证明原件；参与制定标准规范或参加全国注册测绘师资格考试命题的，由组织单位统一出具证明。上述证明材料由省级测绘地理信息行政主管部门确认并在注册测绘师继续教育证书中登记。

第七节　优秀城乡规划设计奖评选

一、优秀城乡规划设计奖

优秀城乡规划设计奖是城乡规划设计领域的最高奖项，包括城镇体系规划、城市规划、村镇规划、专项规划及有关城乡规划研究等符合《城乡规划法》规定范围的项目。优秀城乡规划设计奖分设一等奖、二等奖、三等奖和表扬奖。获奖项目总数原则上不超过申报数量的三分之一，其中一等奖、二等奖、三等奖的获奖比例为1∶3∶6，表扬奖数量不超过申报数量的十分之一。对于在特殊时期、特定背景条件下，具有重大社会影响改革创新意义和实践代表性的城乡规划业绩成果，优秀城乡规划设计奖可以设置特别命名的特殊贡献奖。特殊贡献奖为专门决定和组织，每届设置不超过二个，从每届一等奖中选出。优秀城乡规划设计奖每两年评选一次。根据需要，可以从获得优秀城乡规划设计奖二等奖以上的项目中，选择部分项目参加优秀工程勘察设计奖评选。优秀城乡规划设计奖坚持规划的科学性和理论联系实际的原则，贯彻尊重知识、尊重人才的方针。按照国家保护知识产权的相关规定，保护相关单位或个人的知识产权，尊重有关规划编制单位和个人的原创性。优秀城乡规划设计奖的评选工作本着公开、公正、公平的原则，保障评选工作的科学性、规范性和严肃性。优秀城乡规划设计奖评选工作由中国城市规划协会负责。优秀城乡规划设计奖评选工作接受住房和城乡建设部的指导和社会的监督。

二、评选范围和评选标准

优秀城乡规划设计奖评选范围：城市规划：包括城镇体系规划、总体规划、控制性详细规划、修建性详细规划、历史文化名城名镇名村保护规划、专项规划、近期建设规划、城市设计及有关规划研究项目；村镇规划：包括镇村体系规划、镇（乡）总体规划、镇详细规划、小城镇规划、村庄规划、村镇整治规划及有关研究类项目；城市勘测专项：包括为城乡规划服务的城市测绘地理信息与勘察项目；规划信息专项：包括城乡规划信息化系统开发、应用及研究等项目；风景名胜区规划专项：包括风景名胜区总体规划和详细规划、风景名胜区其他规划设计及规划研究类项目。优秀城乡规划设计奖应坚持中国特色新型城镇化道路，坚持城乡统筹，节约和集约利用资源，保护生态环境和人文资源，尊重历史文化，因地制宜确定城市发展目标与战略，促进城乡全面、协调、可持续发展的原则。全国优秀城乡规划设计奖各奖项水平应达到以下标准：一等奖达到同类项目的国内领先水平，技术难度很大，在规划理念和方法方面有突出的创新，对提升行业技术进步作用重大，取得显著的经济、社会和环境效益。二等奖达到同类项目的国内先进水平，技术难度较大，在规划理念和方法方面有所创新，对提升行业技术进步作用较大，取得较大经济、社会和环境效益。三等奖达到同类项目的国内较高水平，对行业的技术进步和提高经济、社会、环境效益起到明显的推动作用。表扬奖在某些方面具有同类项目的国内较高水平，对行业的技术进步和提高经济、社会、环境效益起到一定的推动作用。

三、申报条件、评审及评选结果

申报优秀城乡规划设计奖评选的项目必须具备条件：申报的城乡规划编制项目，申报单位必须是持有由国家、省级城市规划行政主管部门或省级规划行业组织按规定颁发的相应等级城乡规划编制资质证书及相应等级认定证书的法人单位。申报项目必须符合国家城乡规划法律法规、相关政策以及技术标准和技术规范规定。申报项目应是评选年度前一年的 12 月 31 日以前，经规定程序审查批准的项目。其中修建性规划项目应具备较完整的实施效果。申报项目材料应包括申报表、规定所要求的相关证明和获得省级评优二等奖以上申报项目的择优排序推荐名单等。国内规划设计单位与境外规划设计单位合作完成的规划项目可以申报，申报要求与前款一致。申报项目必须附有项目所在地规划行政主管部门的评价证明或专家会评审最终意见，由申报单位向省级规划行政主管部门（或规划行业组织）申报，经核实后，由省级规划行政主管部门（或规划行业组织）将申报材料统一向中国城市规划协会推荐报送。住房和城乡建设部直属的规划设计科研单位申报项目应由本单位进行审查，提出推荐意见并加盖单位公章后，附项目所在地规划行政主管部门的评价证明一并申报。申报项目为多个单位合作完成的，牵头单位必须在申报前先行征求合作单位意见，并在申报时附有合作单位出具的认可证明材料。评审工作正式开始后，申报项目的合作单位与人员名单不得修改。申报单位承担由此造成的相应责任。单位申报的同类型项目数量不宜超过 10 项。同一项目只能申报一次，不得通过不同渠道重复申报。国内规划设计单位在国外（境外）承接的规划设计项目可以申报，但申报材料需附项目上级主管部门或业主对该项目的评价证明。中国城市规划协会负责组织建立全国优秀城乡规划设计奖评选组织委员会，组委会下设评审组和监审组。组委会按照优秀城乡规划设计奖评选组织委员会工作规则进行工作，负责对评优过程中相关问题做出决定，对特殊贡献奖评选的组织，对参加优秀工程勘察设计奖评选项目的选择。评审组在中国城市规划协会的专家库中遴选的专家组成。优秀城乡规划设计奖评审程序：中国城市规划协会会同的相关单位组织项目的评审工作。各评审组人数为不少于 7 人的奇数。专业评审组成专业评审组，对申报材料进行专业评审，采取记名打分方式，提出本类优秀城乡规划设计奖获奖项目的建议名单。综合评审组织专家对各专业评审组提交的建议名单项目进行综合评审，采取记名打分方式，提出全国优秀城乡规划设计奖获奖项目的提名名单。将全国优秀城乡规划设计奖项目提名名单及项目主要编制人员名单在有关媒体和中国城市规划协会网站上公示 15 个工作日，广泛征求意见。组委会会议审定。根据公示情况，按有关规定将优秀城乡规划设计奖提名名单报组委会会议审定，提出终审意见。中国城市规划协会根据组委会的终审意见，批准并公布全国优秀城乡规划设计奖。对获全国优秀城乡规划设计奖的项目，向获奖单位颁发奖状，向主要规划设计人员颁发获奖证书。获全国优秀城乡规划设计奖项目的完成人原则上不超过15人，特大型合作项目原则上不超过20人。

第八节　中国城市规划科技奖评选

一、中国城市规划学会科技奖

为激励在规划行业科技进步中做出杰出贡献的个人和组织、推动规划事业的进步发展，中国城市规划学会发起设立中国城市规划学会科技奖。中国城市规划学会科技奖评选周期为两年，分人才奖和项目奖每年间隔进行。学会发挥专家优势，聘请专家成立专家评审委员会，负责评审工作。日常办事机构设在学会组织工作委员会。中国城市规划学会科技奖下设：中国城市规划学会领军人才奖、中国城市规划学会青年人才奖、中国城市规划学会科技进步奖、中国城市规划学会科技专项奖。规划领军人才奖和规划青年人才奖为荣誉称号，对被提名者只授予一次。规划科技进步奖和规划科技专项奖设一等奖、二等奖、三等奖三级。规划领军人才表彰对象为工作在规划科研生产一线，在科技决策咨询、科学研究、技术开发、科技人才培养、科技管理、科学普及与传播、科技成果转化等方面取得了创新性成果，产生了良好的经济效益或社会效益的资深科技工作者。公务员和参照公务员法管理的党政机构处级以上领导干部原则上不作为候选人。如中国科学院院士或中国工程院院士被提名，可认定为领军人才。规划青年人才奖表彰工作在规划科研生产一线，在科技决策咨询、科学研究、技术开发、科技人才培养、科技管理、科技普及与传播、科技成果转化等方面崭露头角，具有创新发展潜力，取得一定社会影响的青年规划科技工作者。其中，男性候选人年龄不超过40周岁，女性候选人年龄不超过45周岁。规划科技进步奖主要奖励在我国规划技术创新与开发、规划科技成果推广与应用、规划技术管理标准和计量工作中做出了创造性贡献并取得重大经济效益或社会效益的项目。规划科技专项奖主要奖励在规划科学技术理论与实践研究、科技普及与传播、科学技术情报以及推动我国规划事业发展开展学会活动等方面做出创造性贡献并取得特别显著效果的工作成果。中国城市规划学会科技奖评奖对象为全体中国规划行业从业者。中国城市规划学会科技奖以第三方提名的形式为主。具有提名资格的个人：学会理事长和副理事长、两院院士及具有社会影响力的知名规划专家学者。具有提名资格的单位：本会二级组织、本会会员单位、地方学会。第三方提名应坚持优中选优，具有提名资格的个人和单位每评审年度、每子类奖项不超过3项。提名人和单位承担提名、保密、异议答复等责任，并对相关材料的真实性和准确性负责。学会对各提名单位建立合理的遴选机制，提名单位连续两个提名周期无获奖情况的，暂停一次提名资格。学会组织工作委员会受理提名材料并做形式审查。形式审查主要包括：提名人或提名单位是否符合规定要求；被提名人或成果是否符合规定的奖励范围和完成年限；提名书中有关内容的填写是否符合规定要求；工作报告和技术报告、评价证明、效益证明等附件材料是否齐全有效；提名单位是否承诺承担保密、异议答复等责任。经形式审查认为不符合规定的提名材料，应当在规定的时间内予以补正，逾期不补正或经补正仍不符合要求的，不予受理。

二、评审、公示与授奖

学会成立专家评审委员会，主任委员由学会主要负责人担任，委员由具备教授级高级技术职称、20年以上工作经验的业内知名专家，以及往届“中国城市规划学会终身成就奖”和“全国优秀城市规划科技工作者”获奖者组成。专家评审委员会实行动态更新制，组织工作委员会对所有参与工作的专家建立个人信誉档案，作为连任聘请的重要依据。本着务实、审慎、宁缺毋滥的原则，评审程序实行四级把关：组织工作委员会形式审查、专业初评小组初评、专家评审委员会终评、学会常务理事会审定。学会组织工作委员会负责将通过形式审查的、不署提名者（或单位）信息的材料送交专家评审委员会。中国城市规划学会科技奖依照下列三个标准综合评定：技术创新程度和先进程度；经济效益和社会效益；推动行业科技进步的示范性和影响力。专家评审委员会下设2个专业初评小组，分别就人才奖和项目奖进行初评。每个初评小组由至少5名专家组成。对一些学科性强的项目，可采取特邀专家的方式参加初评。初评小组负责召开小组会对该类别内的提名材料进行筛选，通过记名、限额投票表决产生初评结果。专家评审委员会负责召开终评会，参会人数为不少于11人的奇数。在听取形式审查和初评结果的基础上，专家集体表决评出结果。评审投票表决规则如下：人才奖的授奖人选应当由三分之二（含三分之二）以上多数评审委员会委员通过；项目奖的一等奖和二等奖项目应当由三分之二（含三分之二）以上多数评审委员会委员通过，三等奖项目应当由二分之一（不含二分之一）以上多数评审委员会委员通过。专家评审委员会的终评结果向社会公示，公示期为五天，接受社会监督。公示期结束无异议的，报学会常务理事会审定，并以学会的名义授奖。提出异议的，提交佐证材料交学会组织工作委员会核实后经学会常务理事会审定，做相应处理并予以公告。公示期结束无异议的，报学会理事长会审定通过。中国城市规划学会科技奖坚持“精神鼓励为主、物质奖励为辅”的原则。中国城市规划年会期间，由学会对科技人才奖获奖者、科技项目奖获奖成果的主要完成单位和个人公开授奖，颁发证书和奖金。学会对于获得中国城市规划学会科技奖的优秀人才和项目将适时择优推荐给相关部门。中国城市规划学会科技奖评选工作坚持公平、公开、公正，不收取费用。

三、规划科技进步奖推荐

为奖励在规划领域中完成和应用推广创新性科学技术成果，为推动规划领域科学技术进步和经济社会发展做出突出贡献的个人、组织，中国城市规划学会设立中国城市规划学会科技进步奖。规划科技进步奖是中国城市规划学会科技奖的子奖项，每两年评选一次。中国城市规划学会科技奖已向国家科学技术奖励工作办公室进行书面报告。获规划科技进步奖的一等奖项目将有资格作为推荐项目，经中国科协参加国家科学技术奖励的评审。规划科技进步奖励范围包括不同空间层级的规划领域的下列科技成果：先进科学技术成果的应用、推广和转化；标准、规范、科技信息、科技档案、科学技术普及等科学技术基础性研究；为国家重大综合性规划项目提供的关键技术咨询；为支撑决策科学化与管理现代化服务的软科学研究成果；环境保护、自然资源调查和合理利用、自然灾害监测预报和防治、科技扶贫等社会公益性科学技术研究；新产品、新技术、新工艺、新设计和新智能信息技术的开发。鼓励多学科的交叉融合，重点奖励具有跨领域、跨行业实用价值的项目和成果。推荐的规划科技进步奖项目应符合下列条件：在技术或方法上有重要创新，技术难度较大，解决了行业发展中的热点、难点和关键问题，总体技术水平和技术经济指标达到行业领先水平。经济效益、社会效益和环境效益显著，并经过较大规模的推广应用，取得明显效益。成果转化程度高，具有较强的示范作用和推广应用价值，对规划领域提升技术水平、推动科技进步作用明显。规划科技进步奖只接受第三方推荐。具有推荐资格的个人：两院院士、本会理事及其他具有社会影响力的知名规划专家学者。具有推荐资格的单位：本会二级委员会、本会会员单位、地方规划学会。推荐坚持优中选优原则，具有推荐资格的个人或单位每奖励周期推荐项目数量不超过3项。学会对推荐者建立合理的遴选机制，推荐者连续三个奖励周期无获奖情况的，暂停一次推荐资格。规划科技进步奖设一、二、三等奖三个等级，授奖项目数量为受理项目总数的30%，一、二、三等奖授奖项目数量比例为1∶2∶4，一等奖授奖项目不超过10项。推荐工作及材料要求，推荐个人或单位应征得项目主要完成人和主要完成单位的同意，应对推荐项目进行认真审查，确保推荐书及证明材料完整、真实、可靠，严把质量关，推荐创新性突出、经济效益和社会效益显著的优秀项目；推荐个人或单位须确保推荐项目符合形式审查要求，且该项目不再通过其他渠道推荐；推荐项目的主要完成单位和主要完成人应按贡献大小排序，项目的主要完成单位不超过10家，主要完成人不超过15人。两个或两个以上单位共同完成的项目，由项目主持单位或第一完成单位与其他完成单位协商一致后，共同向推荐个人或单位申报。项目的主要完成单位应满足以下条件：主要完成单位应当是在国内注册的独立法人；主要完成单位应当在项目研制、开发、投产和推广应用过程中提供重要的技术、设备和人员等条件，对项目的完成起到关键的组织、管理和协调作用；各级政府部门一般不得作为规划科技进步奖的主要完成单位。项目的主要完成人应具备下列条件之一：在项目总体技术方案的设计中做出重要贡献；在关键技术和疑难问题解决过程中做出重大技术创新；在成果转化和推广应用过程中做出创造性贡献。项目第一完成人的责任：项目的主要技术负责人，负责设计总体技术方案、解决关键技术和疑难问题、成果转化和推广应用；在项目推荐环节，确保项目符合奖励范围，推荐书及证明材料完整、真实、可靠，文字描述准确、客观；在项目评审环节，负责项目汇报与答辩。在项目中仅从事组织管理和辅助服务的工作人员，不得作为规划科技进步奖的主要完成人。公务员和参照公务员法管理的党政机构处级以上领导干部原则上不作为规划科技进步奖的主要完成人。规划科技进步奖候选项目的主要完成人应是本会个人会员。推荐项目必须无知识产权、主要完成人、主要完成单位及其排序的争议，有争议的项目需于推荐前得到妥善解决。推荐项目不得涉及保密项目。推荐材料：《中国城市规划学会科技进步奖推荐书》，分为电子版和纸质版，要求电子版和纸质版推荐书内容必须一致。电子版：登陆中国城市规划学会科技进步奖推荐系统，按要求填写完成推荐书提交。提交后不得修改。纸质版：纸质版推荐书包括主件和附件。推荐书是评审的主要依据，请仔细阅读《中国城市规划学会科技进步奖推荐书填写要求》，严格按照要求完成推荐书。内容应当完整、真实、可靠，文字描述要准确、客观，重点突出推选项目的科技创新内容和科技价值、经济效益和社会效益及其推动规划领域科技进步的重要作用。项目在推荐系统提交完成后，应在项目所有主要完成单位和主要完成人所在单位进行公示，公示时间不少于5天。项目公示情况及结果加盖单位公章（2份）后装订在纸质版推荐书最后，并寄送到奖励办。规划领军人才奖，规划领军人才奖主要奖励在规划领域做出系统性和创新性科技成就和重大贡献，产生显著经济效益或社会效益，工作在规划科研生产一线的资深科技工作者。规划领军人才奖候选人应当具备下列条件：热爱祖国，品行端正，学风正派；对规划领域科学技术发展和社会进步作出了重要贡献，在科学技术创新、科学技术成果转化和高技术产业化中，创造显著的经济效益、社会效益、生态环境效益；具有中国国籍（含居住在香港、澳门特别行政区和台湾省以及侨居他国的中国公民）的研究员、教授或同等职称的学者、专家；候选人是本会个人会员。规划青年人才奖，规划青年人才奖主要奖励在规划领域做出系统性和创新性科技成就和贡献，产生良好经济效益或社会效益，具有创新发展潜力，工作在规划科研生产一线的青年规划科技工作者。规划青年人才奖候选人应当具备下列条件：热爱祖国，品行端正，学风正派，在青年规划科技工作者中堪称榜样和楷模；候选人应符合条件之一：对规划领域科学技术发展和社会进步作出了重要贡献；在科学技术创新、科学技术成果转化和高技术产业化中，创造显著的经济效益、社会效益、生态环境效益。男性候选人年龄不超过40周岁，女性候选人年龄不超过45周岁；具有中国国籍的青年学者、专家；候选人是本会个人会员。在项目中仅从事组织管理和辅助服务的工作人员，不得作为候选人。公务员和参照公务员法管理的党政机构处级以上领导干部原则上不作为候选人。候选人为中国科学院院士或中国工程院院士的，可认定为规划领军人才。推荐渠道及名额，规划领军人才奖、规划青年人才奖只接受第三方推荐。具有推荐资格的个人：两院院士、本会理事及其他具有社会影响力的知名规划专家学者。具有推荐资格的单位：本会二级组织、本会会员单位、地方规划学会。具有推荐资格的个人或单位推荐人数不超过3人。规划领军人才奖和规划青年人才奖为荣誉称号，对候选人只授予一次，不分等级，授予人数不超过5名。推荐工作及材料要求，推荐个人或单位应征得候选人的同意，应对候选人进行认真审查，候选人应为所列科技成果的主要完成人或主要贡献者。推荐材料是评审的主要依据，应简明扼要，重点突出候选人的创新性成就和贡献。推荐个人或单位及候选人要自觉恪守科学道德和学术规范，仔细阅读《中国城市规划学会科技奖励办法》《中国城市规划学会领军人才奖、青年人才奖推荐书填写要求》，严格按照要求完成推荐材料，推荐材料要客观、真实、准确、完整。候选人的推荐材料存在知识产权以及有关完成单位、完成人及其排序争议的，在争议解决前不得推荐参加规划领军人才奖和规划青年人才奖评选。候选人只接受单一渠道推荐参加规划领军人才奖、规划青年人才奖的评选。推荐材料：《年度中国城市规划学会领军人才奖推荐书》《年度中国城市规划学会青年人才奖推荐书》，按结构分为主件和附件，按提交方式分为电子版和纸质版。将2份纸质版推荐书寄到奖励办，电子版推荐书发送到奖励办，逾期不予受理。

第十六章　检测安全消防、文保工程企业资质资格管理

建设工程质量检测，是指工程质量检测机构接受委托，依据国家有关法律、法规和工程建设强制性标准，对涉及结构安全项目的抽样检测和对进入施工现场的建筑材料、构配件的见证取样检测。实施检测检验机构管理，通过消防执法改革，予以安全评估。实施的文保工程资质审改，公路水运工程质量检测管理，自律展览（会展）工程水平等级评定，承装（修、试）电力设施许可，公路养护作业单位资质管理以及相关行业注册执业资格管理。本章包括：建设工程质量检测管理；安全评价检测检验机构管理；公路水运工程质量检测管理；水利工程质量检测管理；文物保护工程管理及资质管理制度改革；展览场馆工程水平等级管理；承装（修、试）电力设施许可证管理；公路养护作业单位资质管理；注册安全工程师执业资格管理；注册消防工程师执业资格管理等。

第一节　建设工程质量检测管理

一、建设工程质量检测机构资质管理

（一）为了加强对建设工程质量检测的管理，根据《建筑法》《建设工程质量管理条例》《建设工程抗震管理条例》等法律、行政法规，从事建设工程质量检测相关活动及其监督管理，适用《建设工程质量检测管理办法》。建设工程质量检测，是指在新建、扩建、改建房屋建筑和市政基础设施工程活动中，建设工程质量检测机构接受委托，依据国家有关法律、法规和标准，对建设工程涉及结构安全、主要使用功能的检测项目，进入施工现场的建筑材料、建筑构配件、设备，以及工程实体质量等进行的检测。检测机构应当按照办法取得建设工程质量检测机构资质，并在资质许可的范围内从事建设工程质量检测活动。未取得相应资质证书的，不得承担本办法规定的建设工程质量检测业务。国务院住房和城乡建设主管部门负责全国建设工程质量检测活动的监督管理。县级以上地方人民政府住房和城乡建设主管部门负责本行政区域内建设工程质量检测活动的监督管理，可以委托所属的建设工程质量监督机构具体实施。检测机构资质分为综合类资质、专项类资质。检测机构资质标准和业务范围，由国务院住房和城乡建设主管部门制定。申请检测机构资质的单位应当是具有独立法人资格的企业、事业单位，或者依法设立的合伙企业，并具备相应的人员、仪器设备、检测场所、质量保证体系等条件。省、自治区、直辖市人民政府住房和城乡建设主管部门负责本行政区域内检测机构的资质许可。申请检测机构资质应当向登记地所在省、自治区、直辖市人民政府住房和城乡建设主管部门提出，并提交下列材料：检测机构资质申请表；主要检测仪器、设备清单；检测场所不动产权属证书或者租赁合同；技术人员的职称证书；检测机构管理制度以及质量控制措施。检测机构资质申请表由国务院住房和城乡建设主管部门制定格式。资质许可机关受理申请后，应当进行材料审查和专家评审，在20个工作日内完成审查并作出书面决定。对符合资质标准的，自作出决定之日起10个工作日内颁发检测机构资质证书，并报国务院住房和城乡建设主管部门备案。专家评审时间不计算在资质许可期限内。检测机构资质证书实行电子证照，由国务院住房和城乡建设主管部门制定格式。资质证书有效期为5年。申请综合类资质或者资质增项的检测机构，在申请之日起前一年内有办法第三十条规定行为的，资质许可机关不予批准其申请。取得资质的检测机构，按照办法第三十五条应当整改但尚未完成整改的，对其综合类资质或者资质增项申请，资质许可机关不予批准。检测机构需要延续资质证书有效期的，应当在资质证书有效期届满30个工作日前向资质许可机关提出资质延续申请。对符合资质标准且在资质证书有效期内无办法第三十条规定行为的检测机构，经资质许可机关同意，有

效期延续5年。检测机构在资质证书有效期内名称、地址、法定代表人等发生变更的，应当在办理营业执照或者法人证书变更手续后30个工作日内办理资质证书变更手续。资质许可机关应当在2个工作日内办理完毕。检测机构检测场所、技术人员、仪器设备等事项发生变更影响其符合资质标准的，应当在变更后30个工作日内向资质许可机关提出资质重新核定申请，资质许可机关应当在20个工作日内完成审查，并作出书面决定。

（二）资质许可机关收到申请材料后，应核查申请材料是否齐全、是否符合要求，并作出书面受理或不受理的决定。受理后，资质许可机关应及时组织专家评审，专家评审时间应书面通知申请人。检测机构申请资质增项、变更的，省级住房和城乡建设行政主管部门可适当简化申请材料。具体材料清单由省级住房和城乡建设行政主管部门确定。检测机构合并的，合并后存续或者新设立的检测机构可以承继合并前检测机构的资质，但应按照规定申请重新核定资质。检测机构发生重组以及改制等事项的，应当按照规定申请重新核定资质。检测机构发生分立的，新设立单位申请资质时按首次申请办理，原单位应当按照规定申请重新核定资质。资质许可机关应建立专家库，并组织实施专家评审。专家评审应遵循回避原则，专家评审组成员应当客观、公正，遵守职业道德，并对所提出的评审意见承担责任，资质许可机关应对专家评审过程进行监督指导。对已通过市场监管部门资质认定且尚在有效期内的检测参数，可适当简化专家评审内容。资质增项是指已取得专项资质的检测机构申请其他专项资质，其批准后的增项资质有效期与原资质证书有效期一致。检测机构申请资质增项的，应符合相应的资质标准要求。检测机构应于资质证书有效期届满30个工作日前向资质许可机关提出资质延续申请。逾期不申请资质延续的，有效期届满后，其资质证书自动失效。检测机构资质延续、变更未通过的，其未履行完毕的检测合同经委托方同意可继续履行，不具备检测技术能力的检测参数除外。检测机构法定代表人或者其授权的签字人为报告批准人。报告批准人应取得工程类专业中级及以上技术职称，且应经资质许可机关考核确认。未经报告批准人签署的检测报告无效。检测机构跨省、自治区、直辖市承担检测业务的，应向工程所在地的省级住房和城乡建设主管部门备案，并纳入当地检测监管系统。工程所在地住房和城乡建设主管部门应对其在当地的人员、仪器设备、检测场所、质量保证体系等是否满足开展相应检测活动的要求进行查验。省级住房和城乡建设主管部门应向社会公开办理备案的方式、流程、内容及相关要求，备案办理结果应同步向社会公布。省级以下相关部门不得重复设置备案程序。各省级住房和城乡建设主管部门应加强协作配合，规范跨省开展检测业务的检测机构及与其所开展业务有关的建设、施工、监理等单位的相关检测行为。省级住房和城乡建设主管部门应建立检测信息化监管系统，指导检测机构建立信息化管理系统，推进检测报告电子化，保证检测活动全过程可追溯。

（三）从事建设工程质量检测活动，应当遵守相关法律、法规和标准，相关人员应当具备相应的建设工程质量检测知识和专业能力。检测机构与所检测建设工程相关的建设、施工、监理单位，以及建筑材料、建筑构配件和设备供应单位不得有隶属关系或者其他利害关系。检测机构及其工作人员不得推荐或者监制建筑材料、建筑构配件和设备。委托方应当委托具有相应资质的检测机构开展建设工程质量检测业务。检测机构应当按照法律、法规和标准进行建设工程质量检测，并出具检测报告。建设单位应当在编制工程概预算时合理核算建设工程质量检测费用，单独列支并按照合同约定及时支付。建设单位委托检测机构开展建设工程质量检测活动的，建设单位或者监理单位应当对建设工程质量检测活动实施见证。见证人员应当制作见证记录，记录取样、制样、标识、封志、送检以及现场检测等情况，并签字确认。提供检测试样的单位和个人，应当对检测试样的符合性、真实性及代表性负责。检测试样应当具有清晰的、不易脱落的唯一性标识、封志。建设单位委托检测机构开展建设工程质量检测活动的，施工人员应当在建设单位或者监理单位的见证人员监督下现场取样。现场检测或者检测试样送检时，应当由检测内容提供单位、送检单位等填写委托单。委托单应当由送检人员、见证人员等签字确认。检测机构接收检测试样时，应当对试样状况、标识、封志等符合性进行检查，确认无误后方可进行检测。检测报告经检测人员、审核人员、检测机构法定代表人或者其授权的签字人等签署，并加盖检测专用章后方可生效。检测报告中应当包括检测项目代表数量（批次）、检测依据、检测场所地址、检测数据、检测结果、见证人员单位及姓名等相关信息。非建设单位委托的检测机构出具的检测报告不得作为工程质量验收资料。检测机构应当建立建设工程过程数据和结果数据、检测影像资料及检测报告记录与留存制度，对检测数据和检测报告的真实性、准确性负责。任何单位和个人不得明示或者暗示检测机构出具虚假检测报告，不得篡改或者伪造检测报告。检测机构在检测过程中发现建设、施工、监理单位存在违反有关法律法规规定和工程建设强制性标准等行为，以及检测项目涉及结构安全、主要使用功能检测结果不合格的，应当及时报告建设工程所在地县级以上地方人民政府住房和城乡建设主管部门。检测结果利害关系人对检测结果存在争议的，可以委托共同认可的检测机构复检。检测机构应当建立档案管理制度。检测合同、委托单、检测数据原始记录、检测报告按照年度统一编号，编号应当连续，不得随意抽撤、涂改。检测机构应当单独建立检测结果不合格项目台账。检测机构应当建立信息化管理系统，对检测业务受理、检测数据采集、检测信息上传、检测报告出具、检测档案管理等活动进行信息化管理，保证建设工程质量检测活动全过程可追溯。检测机构应当保持人员、仪器设备、检测场所、质量保证体系等方面符合建设工程质量检测资质标准，加强检测人员培训，按照有关规定对仪器设备进行定期检定或者校准，确保检测技术能力持续满足所开展建设工程质量检测活动的要求。检测机构跨省、自治区、直辖市承担检测业务的，应当向建设工程所在地的省、自治区、直辖市人民政府住房和城乡建设主管部门备案。检测机构在承担检测业务所在地的人员、仪器设备、检测场所、质量保证体系等应当满足开展相应建设工程质量检测活动的要求。检测机构应按照许可的资质证书中专业类别及检测参数范围从事相应的检测活动。未取得相应资质、资质证书已过有效期或者超出资质许可范围从事检测活动的，其检测报告无效，不得作为建设工程质量验收资料。委托方应委托具有相应资质的检测机构开展检测业务，并与其签订合同。检测机构隶属关系或者其他利害关系，是指检测机构与所检测建设工程相关的建设、施工、监理单位，以及建筑材料、建筑构配件和设备供应单位存在直接行政上下级关系等，或者存在可能直接影响检测机构工作公正性的经济或其他利益关系，如参股、联营等关系。转包是指检测机构将其资质证书范围内的检测参数转让其他检测机构检测的行为。对于检测项目中未取得相关专项资质的可选参数，属于检测设备昂贵或使用率低的，经委托方书面同意，可以分包给其他具备相应资质要求的检测机构进行检测，其他的检测参数不得分包。预拌混凝土（砂浆）、预制构配件等生产企业内部试验室是企业内部质量保证体系的组成部分，负责对本企业的生产过程质量控制及其半成品（或产品）的出厂检验出具试验报告，应对试验报告的真实性、有效性、准确性负责。其试验室管理、检测试验行为、检测设备设施、场所环境及其监督管理等可参照办法的相关规定执行。

二、建设工程质量检测机构资质标准

（一）建设工程质量检测机构资质标准包括检测机构资历及信誉、主要人员、检测设备及场所、管理水平等内容（见表 16-1 主要人员配备表；表 16-2 检测专项及检测能力表）。检测机构资质分为二个类别：综合资质是指包括全部专项资质的检测机构资质。专项资质包括：建筑材料及构配件、主体结构及装饰装修、钢结构、地基基础、建筑节能、建筑幕墙、市政工程材料、道路工程、桥梁及地下工程等 9 个检测机构专项资质。检测机构资质不分等级。业务范围：综合资质承担全部专项资质中已取得检测参数的检测业务，专项资质承担所取得专项资质范围内已取得检测参数的检测业务。标准规定的技术人员是指从事检测试验、检测数据处理、检测报告出具和检测活动技术管理的人员。标准中的人员应不超过法定退休年龄，“以上”“不少于” 均含本数。综合资质标准：包括资历及信誉，有独立法人资格的企业、事业单位，或依法设立的合伙企业，且均具有 15 年以上质量检测经历。具有建筑材料及构配件（或市政工程材料）、主体结构及装饰装修、建筑节能、钢结构、地基基础 5 个专项资质和其他 2 个专项资质。具备 9 个专项资质全部必备检测参数。社会信誉良好，近 3 年未发生过一般及以上工程质量安全责任事故。主要人员，技术负责人应具有工程类专业正高级技术职称，质量负责人应具有工程类专业高级及以上技术职称，且均具有 8 年以上质量检测工作经历。注册结构工程师不少于4名（其中，一级注册结构工程师不少于2名），注册土木工程师（岩土）不少于2名，且均具有2年以上质量检测工作经历。技术人员不少于150人，其中具有3年以上质量检测工作经历的工程类专业中级及以上技术职称人员不少于60人、工程类专业高级及以上技术职称人员不少于30人。检测设备及场所，质量检测设备设施齐全，检测仪器设备功能、量程、精度，配套设备设施满足9个专项资质全部必备检测参数要求。有满足工作需要的固定工作场所及质量检测场所。管理水平，有完善的组织机构和质量管理体系，并满足《检测和校准实验室能力的通用要求》GB/T 27025要求。有完善的信息化管理系统，检测业务受理、检测数据采集、检测信息上传、检测报告出具、检测档案管理等质量检测活动全过程可追溯。专项资质标准：资历及信誉，有独立法人资格的企业、事业单位，或依法设立的合伙企业。主体结构及装饰装修、钢结构、地基基础、建筑幕墙、道路工程、桥梁及地下工程等6项专项资质，应当具有3年以上质量检测经历。具备所申请专项资质的全部必备检测参数。社会信誉良好，近3年未发生过一般及以上工程质量安全责任事故。主要人员，技术负责人应具有工程类专业高级及以上技术职称，质量负责人应具有工程类专业中级及以上技术职称，且均具有5年以上质量检测工作经历。主要人员数量不少于《主要人员配备表》规定要求。检测设备及场所，质量检测设备设施基本齐全，检测设备仪器功能、量程、精度，配套设备设施满足所申请专项资质的全部必备检测参数要求。有满足工作需要的固定工作场所及质量检测场所。管理水平，有完善的组织机构和质量管理体系，有健全的技术、档案等管理制度。有信息化管理系统，质量检测活动全过程可追溯。建设工程质量检测机构新旧资质标准过渡工作，《建设工程质量检测机构资质标准》发布之日起，申请建设工程质量检测机构资质的单位应按照新标准提出申请。对于新标准发布之日前已经受理尚未作出许可决定的资质申请事项，申请建设工程质量检测机构资质的单位可以按照原标准要求继续申请，或者按照新标准重新提出申请。按照原标准要求进行办理的，颁发的资质证书有效期至2024年7月31日；按照新标准要求进行办理的，资质证书有效期5年。自新标准发布之日起至2024年7月31日为过渡期。过渡期内，建设工程质量检测机构资质证书到期的，资质证书统一延期至2024年7月31日。按照原标准取得建设工程质量检测机构资质的检测机构应在2024年7月31日前按新标准申请重新核定。逾期未办理重新核定的检测机构，原资质证书作废。

（二）资质标准有关说明，检测机构资历中的质量检测经历年限，自首次取得建设工程质量检测机构资质之日起计算。技术负责人是指全面负责检测机构技术工作的人员，质量负责人是指负责检测机构质量体系管理的人员。检测机构的技术负责人和质量负责人不得为同一人。同一技术人员和注册人员在检测专项资质认定中不得超过2个专项资质。对于无检测机构的偏远县（市、区），登记地址在本县（市、区）的申请人申请检测机构资质时，经省级住房和城乡建设主管部门同意，可以适当降低其申请专项资质中主要人员数量标准，但建筑材料及构配件、建筑节能、市政工程材料3个专项资质，技术人员不少于15人，其中工程类专业中级及以上技术职称人员不少于3人；主体结构及装饰装修、钢结构、地基基础、建筑幕墙、道路工程、桥梁及地下工程6个专项资质，技术人员不少于12人，其中工程类专业中级及以上技术职称人员不少于3人，工程类专业高级及以上技术职称人员不少于1人。上述检测机构仅可在登记地址所在县（市、区）行政区域内承揽检测业务。

主要人员配备表 **表16-1**

序号	专项资质类别	主要人员	
		注册人员	技术人员
1	建筑材料及构配件	无	不少于20人，其中具有3年以上质量检测工作经历的工程类专业中级及以上技术职称人员不少于4人
2	主体结构及装饰装修	不少于1名二级注册结构工程师，且具有2年以上质量检测工作经历	不少于15人，其中具有3年以上质量检测工作经历的工程类专业中级及以上技术职称人员不少于4人、工程类专业高级及以上技术职称人员不少于2人

续表

序号	专项资质类别	主要人员	
		注册人员	技术人员
3	钢结构	不少于1名二级注册结构工程师，且具有2年以上质量检测工作经历	不少于15人，其中具有3年以上质量检测工作经历的工程类专业中级及以上技术职称人员不少于4人、工程类专业高级及以上技术职称人员不少于2人
4	地基基础	不少于1名注册土木工程师（岩土），且具有2年以上质量检测工作经历	不少于15人，其中具有3年以上质量检测工作经历的工程类专业中级及以上技术职称人员不少于4人、工程类专业高级及以上技术职称人员不少于2人
5	建筑节能	无	不少于20人，其中具有3年以上质量检测工作经历的工程类专业中级及以上技术职称人员不少于4人
6	建筑幕墙	无	不少于15人，其中具有3年以上质量检测工作经历的工程类专业中级及以上技术职称人员不少于4人、工程类专业高级及以上技术职称人员不少于2人
7	市政工程材料	无	不少于20人，其中具有3年以上质量检测工作经历的工程类专业中级及以上技术职称人员不少于4人
8	道路工程	无	不少于15人，其中具有3年以上质量检测工作经历的工程类专业中级及以上技术职称人员不少于4人、工程类专业高级及以上技术职称人员不少于2人
9	桥梁及地下工程	不少于1名一级注册结构工程师、1名注册土木工程师（岩土），且具有2年以上质量检测工作经历	不少于15人，其中具有3年以上质量检测工作经历的工程类专业中级及以上技术职称人员不少于4人、工程类专业高级及以上技术职称人员不少于2人

（三）建设工程质量风险管理机构管理。为进一步加强本市工程质量潜在缺陷保险（IDI）和风险管理机构（TIS）管理，建设工程质量风险管理机构管理规定所称的风险管理机构，是指受保险公司委托，对被保险的建设工程项目实施风险辨识、分析、评估、报告、提出处理建议并跟踪问题整改落实，促进工程质量提高，减少和避免工程质量事故发生，并最终对保险公司承担相应责任的机构。风险管理机构应为独立对外承担民事赔偿责任的主体，应当满足下列条件之一：具有大型建筑工程管理经验，拥有建筑工程监理综合级资质的建设工程管理机构；具有5年以上受保险公司委托开展国内外建设工程质量风险管理经验，并按专业要求配备相应注册工程师的境外工程管理机构；其他符合按专业要求配备相应注册工程师条件和具有大型建筑工程管理经验的工程管理咨询机构。鼓励现有工程监理、设计审图、检测等机构通过改组、合并等方式发展成为风险管理机构。市住房和城乡建设管理委员会应当对风险管理机构是否符合条件进行核实，并分析全市建设工程质量潜在缺陷保险市场发展规模，向保险公司提供征询服务。保险公司可以就风险管理机构是否符合条件等情况向市住房和城乡建设管理委进行征询。风险管理机构应具有与其所承担建设工程风险管理相匹配的技术能力和人力资源条件。风险管理机构应当按照委托合同的约定，组建项目风险管理团队，包括风险管理机构技术负责人、项目风险管理负责人、风险管理工程师、风险管理专家及其他辅助人员。团队人员确定后，不得擅自变更；确因正当事由更换负责人的，应征得保险公司的书面确认，且更换的项目负责人不低于原项目负责人条件。风险管理机构应建立对风险管理团队的培训考核制度。项目风险管理负责人应当由取得注册执业资格的专业技术人员担任，并应具有15年以上从事工程建设工作经历，且不得同时兼任10个以上风险管理项目的负责人。业务委托与定位：风险管理机构应由主承保险公司委托，依据法律法规、工程建设标准、施工图设计文件以及委托合同的要求，对被保险建设工程项目实施质量风险管理工作。风险管理机构与主承保险公司签订的书面委托合同应当明确项目风险管理机构的名称、项目风险

检测专项及检测能力表 **表16-2**

序号	检测专项	编号	检测项目	必备检测参数	可选检测参数
一	建筑材料及构配件	1	水泥	凝结时间、安定性、胶砂强度、氯离子含量	保水率、氧化镁含量、碱含量、三氧化硫含量
		2	钢筋（含焊接与机械连接）	屈服强度、抗拉强度、断后伸长率、最大力下总延伸率、反向弯曲、重量偏差、残余变形	弯曲性能
		3	骨料、集料	细骨料：颗粒级配、含泥量、泥块含量、亚甲蓝值与石粉含量（人工砂）、压碎指标（人工砂）、氯离子含量	表观密度、吸水率、坚固性、碱活性、硫化物和硫酸盐含量、轻物质含量、有机物含量、贝壳含量
				粗骨料：颗粒级配、含泥量、泥块含量、压碎值指标、针片状颗粒含量	坚固性、碱活性、表观密度、堆积密度、空隙率
				轻集料：/	筒压强度、堆积密度、吸水率、粒型系数、筛分析
		4	砖、砌块、瓦、墙板	抗压强度、抗折强度	干密度、吸水率、抗渗性能、抗弯曲性能（或承载力）、耐急冷急热性、抗冲击性能、抗弯破坏荷载、吊挂力、抗冻性能
		5	混凝土及拌合用水	抗压强度、抗渗等级、坍落度、氯离子含量、拌合用水（氯离子含量）	限制膨胀率、抗冻性能、表观密度、含气量、凝结时间、抗折强度、劈裂抗拉强度、静力受压弹性模量、抑制碱－骨料反应有效性、碱含量、配合比设计、拌合用水（pH 值、硫酸根离子含量、不溶物含量、可溶物含量）
		6	混凝土外加剂	减水率、pH 值、密度（或细度）、抗压强度比、凝结时间（差）、含气量、固体含量（或含水率）、限制膨胀率、泌水率比、氯离子含量	相对耐久性指标、含气量 1h 经时变化量（坍落度、含气量）、硫酸钠含量、收缩率比、碱含量
		7	混凝土掺合料	细度、烧失量、需水量比、比表面积、活性指数、流动度比、氯离子含量	含水率、三氧化硫含量、放射性
		8	砂浆	抗压强度、稠度、保水率、拉伸粘结强度（抹灰、砌筑）	分层度、配合比设计、凝结时间、抗渗性能
		9	土	最大干密度、最优含水率、压实系数	/
		10	防水材料及防水密封材料	防水卷材：可溶物含量、拉力、延伸率（或最大力时延伸率）、低温柔度、热老化后低温柔度、不透水性、耐热度、断裂拉伸强度、断裂伸长率、撕裂强度	接缝剥离强度、搭接缝不透水性
				防水涂料：固体含量、拉伸强度、耐热性、低温柔性、不透水性、断裂伸长率	涂膜抗渗性、浸水 168h 后拉伸强度 、浸水 168h 后断裂伸长率、耐水性、抗压强度、抗折强度、粘结强度、抗渗性
				防水密封材料及其他防水材料：/	耐热性、低温柔性、拉伸粘结性、施工度、表干时间、挤出性、弹性恢复率、浸水后定伸粘结性、流动性、单位面积质量、膨润土膨胀指数、渗透系数、滤失量、拉伸强度、撕裂强度、硬度、7d 膨胀率、最终膨胀率、耐水性、体积膨胀倍率、压缩永久变形、低温弯折、剥离强度、浸水 168h 后的剥离强度保持率、拉力、延伸率、固体含量、7d 粘结强度、7d 抗渗性、拉伸模量、定伸粘结性、断裂伸长率、剪切性能、剥离性能
		11	瓷砖及石材	吸水率、弯曲强度	抗冻性（耐冻融性）、放射性

续表

序号	检测专项	编号	检测项目	必备检测参数	可选检测参数
一	建筑材料及构配件	12	塑料及金属管材*	塑料管材：/	静液压强度、落锤冲击试验、外观质量、截面尺寸、纵向回缩率、交联度、熔融温度、简支梁冲击、炭黑分散度、炭黑含量、拉伸屈服应力、密度、爆破压力、管环剥离力、熔体质量流动速率、氧化诱导时间、维卡软化温度、热变形温度、拉伸断裂伸长率、拉伸弹性模量、拉伸强度、灰分、烘箱试验、坠落试验
				金属管材：/	屈服强度、抗拉强度、伸长率、厚度偏差、截面尺寸
		13	预制混凝土构件*	/	承载力、挠度、裂缝宽度、抗裂检验、外观质量、构件尺寸、保护层厚度
		14	预应力钢绞线*	/	整根钢绞线最大力、最大力总伸长率、抗拉强度、0.2%屈服力、弹性模量、松弛率
		15	预应力混凝土用锚具夹具及连接器*	/	外观质量、尺寸、静载锚固性能、疲劳荷载性能、硬度
		16	预应力混凝土用波纹管*	金属波纹管：/	外观质量、尺寸、局部横向荷载、弯曲后抗渗漏性能
				塑料波纹管：/	环刚度、局部横向载荷、纵向载荷、柔韧性、抗冲击性能、拉伸性能、拉拔力、密封性
		17	材料中有害物质*	/	放射性、游离甲醛、VOC、苯、甲苯、二甲苯、乙苯、游离甲苯二异氰酸酯（TDI）、氨
		18	建筑消能减震装置*	位移相关型阻尼器：/	屈服承载力、弹性刚度、设计承载力、延性系数、滞回曲线面积、极限位移、极限承载力
				速度相关型阻尼器：/	最大阻尼力、阻尼力与速度相关规律、滞回曲线、极限位移
		19	建筑隔震装置*	叠层橡胶隔震支座：/	竖向压缩刚度、竖向变形性能、竖向极限压应力、当水平位移为支座内部橡胶直径0.55倍状态时的极限压应力、竖向极限拉应力、竖向拉伸刚度、侧向不均匀变形、水平等效刚度、屈服后水平刚度、等效阻尼比、屈服力、水平极限变形能力
				建筑摩擦摆隔震支座：/	竖向压缩变形、竖向承载力、静摩擦系数、动摩擦系数、屈服后刚度、极限剪切变形
		20	铝塑复合板*	/	剥离强度
		21	木材料及构配件*	/	含水率、弹性模量、静曲强度、钉抗弯强度
		22	加固材料*	/	抗拉强度、抗剪强度、正拉粘结强度、抗拉强度标准值（纤维复合材）、弹性模量（纤维复合材）、极限伸长率（纤维复合材）、不挥发物含量（结构胶粘剂）、耐湿热老化性能（结构胶粘剂）、单位面积质量（纤维织物）、纤维体积含量（预成型板）、K数（碳纤维织物）
		23	焊接材料*	/	抗拉强度、屈服强度、断后伸长率、化学成分

续表

序号	检测专项	编号	检测项目	必备检测参数	可选检测参数
二	主体结构及装饰装修	1	混凝土结构构件强度、砌体结构构件强度	混凝土强度（回弹法 / 钻芯法 / 回弹 - 钻芯综合法 / 超声回弹综合法等）、砂浆强度（推出法 / 筒压法 / 砂浆片剪切法 / 回弹法 / 点荷法 / 贯入法等）、砖强度（回弹法）	砌体抗压强度（原位轴压法 / 扁顶法）、砌体抗剪强度（原位单剪法 / 原位单砖双剪法）
		2	钢筋及保护层厚度	钢筋保护层厚度	钢筋数量、间距、直径、锈蚀状况
		3	植筋锚固力	锚固承载力	/
		4	构件位置和尺寸*（涵盖砌体、混凝土、木结构）	/	轴线位置、标高、截面尺寸、预埋件位置、预留插筋位置及外露长度、垂直度、平整度、构件挠度、平面外变形
		5	外观质量及内部缺陷*	/	外观质量、内部缺陷
		6	装配式混凝土结构节点*	/	钢筋套筒灌浆连接灌浆饱满性、钢筋浆锚搭接连接灌浆饱满性、外墙板接缝防水性能
		7	结构构件性能*（涵盖砌体、混凝土、木结构）	/	静载试验、动力测试
		8	装饰装修工程*	/	后置埋件现场拉拔力、饰面砖粘结强度、抹灰砂浆拉伸粘接强度
		9	室内环境污染物*	/	甲醛、氨、TVOC、苯、氡、甲苯、二甲苯、土壤中的氡
三	钢结构	1	钢材及焊接材料	屈服强度、抗拉强度、伸长率、厚度偏差	断面收缩率、硬度、冲击韧性、冷弯性能、钢材元素含量（钢材化学分析 C、S、P）
		2	焊缝	外观质量、内部缺陷探伤（超声法 / 射线法）	尺寸
		3	钢结构防腐及防火涂装	涂层厚度	涂料粘结强度、涂料抗压强度、涂层附着力
		4	高强度螺栓及普通紧固件	抗滑移系数、硬度	紧固轴力、扭矩系数、最小拉力载荷（普通紧固件）
		5	构件位置与尺寸*	/	垂直度、弯曲矢高、侧向弯曲、结构挠度、轴线位置、标高、截面尺寸

续表

序号	检测专项	编号	检测项目	必备检测参数	可选检测参数
三	钢结构	6	结构构件性能*	/	静载试验、动力测试
		7	金属屋面*	/	静态压力抗风掀、动态压力抗风掀
四	地基基础	1	地基及复合地基	承载力（静载试验 / 动力触探试验等）	压实系数（环刀法 / 灌砂法等）、地基土强度、密实度（动力触探试验 / 标准贯入试验）、变形模量（原位测试）、增强体强度（钻芯法）
		2	桩的承载力	水平承载力（静载试验）、竖向抗压承载力（静载试验 / 自平衡 / 高应变法等）、竖向抗拔承载力（抗拔静载试验）	/
		3	桩身完整性	桩身完整性（低应变法 / 声波透射法 / 钻芯法等）	/
		4	锚杆抗拔承载力	拉拔试验	/
		5	地下连续墙*	/	墙身完整性（声波透射法 / 钻芯法等）、墙身混凝土强度（钻芯法）
五	建筑节能	1	保温、绝热材料	导热系数或热阻、密度、压缩强度或抗压强度、垂直于板面方向的抗拉强度、吸水率、传热系数及热阻、单位面积质量、拉伸粘结强度	燃烧性能
		2	粘接材料	拉伸粘接强度	/
		3	增强加固材料	力学性能、抗腐蚀性能	网孔中心距偏差、钢丝网丝径、单位面积质量、断裂伸长率
		4	保温砂浆	抗压强度、干密度、导热系数	剪切强度、拉伸粘结强度
		5	抹面材料	拉伸粘结强度、压折比（或柔韧性）	/
		6	隔热型材	抗拉强度、抗剪强度	/
		7	建筑外窗	气密性能、水密性能、抗风压性能	传热系数、玻璃的太阳得热系数、可见光透射比、中空玻璃密封性能
		8	节能工程	外墙节能构造及保温层厚度（钻芯法）、保温板与基层的拉伸粘结强度、锚固件的锚固力、外窗气密性能	室内平均温度、风口风量、通风与空调系统总风量、风道系统单位风量耗功率空调机组水流量、空调系统冷热水、冷却水循环流量、室外供热管网水力平衡度、室外供热管网热损失率、照度与照明功率密度、外墙传热系数或热阻
		9	电线电缆	导体电阻值	燃烧性能
		10	反射隔热材料*	/	半球发射率、太阳光反射比
		11	供暖通风空调节能工程用材料、构件和设备*	风机盘管机组：/	供冷量、供热量、风量、水阻力、噪声及输入功率
				采暖散热器：/	单位散热量、金属热强度
				绝热材料：/	导热系数或热阻、密度、吸水率

续表

序号	检测专项	编号	检测项目	必备检测参数	可选检测参数
五	建筑节能	12	配电与照明节能工程用材料、构件和设备*	/	照明光源初始光效
				照明灯具：/	镇流器能效值、效率或能效
				照明设备：/	功率、功率因数、谐波含量值
		13	可再生能源应用系统*	太阳能集热器：/	安全性能、热性能
				太阳能热利用系统的太阳能集热系统：/	得热量、集热效率、太阳能保证率
				太阳能光伏组件：/	发电功率、发电效率
				太阳能光伏发电系统：/	年发电量、组件背板最高工作温度
六	建筑幕墙	1	密封胶	邵氏硬度、结构胶标准条件下的拉伸粘结强度、相容性、剥离粘结性、石材用密封胶的污染性	耐候胶标准状态下的拉伸模量、石材用密封胶的拉伸模量
		2	幕墙玻璃	传热系数、可见光透射比、太阳得热系数、中空玻璃的密封性能	/
		3	幕墙	气密性能、水密性能、抗风压性能、层间变形性能、后置埋件抗拔承载力	保温隔热性能、隔声性能、采光性能、耐撞击性能、防火性能
七	市政工程材料	1	土、无机结合稳定材料	含水率、液限、塑限、击实、粗粒土和巨粒土最大干密度、承载比（CBR）试验、无侧限抗压强度、水泥或石灰剂量	塑性指数、不均匀系数、0.6mm 以下颗粒含量、颗粒分析、有机质含量、易溶盐含量
		2	土工合成材料	拉伸强度、延伸率、梯形撕裂强度、CBR 顶破强力、厚度、单位面积质量	垂直渗透系数、刺破强力
		3	掺合料（粉煤灰、钢渣）	SiO_2 含量、Al_2O_3 含量、Fe_2O_3 含量、烧失量、细度、比表面积	游离氧化钙含量、粉化率、压碎值、颗粒组成
		4	沥青及乳化沥青	针入度、软化点、延度、质量变化、残留针入度比、残留延度、破乳速度、标准黏度、蒸发残留物、弹性恢复	运动黏度、布氏旋转黏度、针入度指数、蜡含量、闪点、动力黏度、溶解度、密度、粒子电荷、1.18mm 筛筛上残留物、恩格拉黏度、与粗集料的粘附性
		5	沥青混合料用粗集料、细集料、矿粉、木质素纤维	粗集料：压碎值、洛杉矶磨耗损失、表观相对密度、吸水率、沥青黏附性、颗粒级配	坚固性、软弱颗粒或软石含量、磨光值、针片状颗粒含量、＜0.075mm 颗粒含量
				细集料：表观相对密度、砂当量、颗粒级配	棱角性、坚固性、含泥量、亚甲蓝值
				矿粉：表观相对密度、亲水系数、塑性指数、加热安定性、筛分、含水率	/
				木质素纤维：长度、灰分含量、吸油率	pH 值、含水率
		6	沥青混合料	马歇尔稳定度、流值、矿料级配、油石比、密度	动稳定度、残留稳定度、冻融劈裂强度比、配合比设计
		7	路面砖及路缘石	抗压强度、抗折强度、防滑性能、耐磨性	抗冻性、透水系数、吸水率 、抗盐冻性

续表

序号	检测专项	编号	检测项目	必备检测参数	可选检测参数
七	市政工程材料	8	检查井盖、水篦、混凝土模块、防撞墩、隔离墩	抗压强度、试验荷载、残余变形	/
		9	水泥	凝结时间、安定性、胶砂强度、氯离子含量	保水率、氧化镁含量、碱含量、三氧化硫含量
		10	骨料、集料	细骨料：颗粒级配、含泥量、泥块含量、亚甲蓝值与石粉含量（人工砂）、压碎指标（人工砂）、氯离子含量	表观密度、吸水率、坚固性、碱活性、硫化物和硫酸盐含量、轻物质含量、有机物含量、贝壳含量
				粗骨料：颗粒级配、含泥量、泥块含量、压碎值指标、针片状颗粒含量	坚固性、碱活性、表观密度、堆积密度、空隙率
				轻集料：/	筒压强度、堆积密度、吸水率、粒型系数、筛分析
		11	钢筋（含焊接与机械连接）	屈服强度、抗拉强度、断后伸长率、最大力下总延伸率、反向弯曲、重量偏差、残余变形	弯曲性能
		12	外加剂	减水率、pH 值、密度（或细度）、抗压强度比、凝结时间（差）、含气量、固体含量（或含水率）、限制膨胀率、泌水率比、氯离子含量	相对耐久性指标、含气量1h经时变化量（坍落度、含气量）、硫酸钠含量、收缩率比、碱含量
		13	砂浆	抗压强度、稠度、保水率、拉伸粘接强度（抹灰、砌筑）	分层度、配合比设计、凝结时间、抗渗性能
		14	混凝土	抗压强度、抗渗等级、坍落度、氯离子含量	限制膨胀率、抗冻性能、表观密度、含气量、凝结时间、抗折强度、劈裂抗拉强度、静力受压弹性模量、抑制碱－骨料反应有效性、碱含量、配合比设计
		15	防水材料及防水密封材料	防水卷材：可溶物含量、拉力、延伸率（或最大力时延伸率）、低温柔度、热老化后低温柔度、不透水性、耐热度、断裂拉伸强度、断裂伸长率、撕裂强度	胶粘剂：剪切性能、剥离性能；胶粘带：剪切性能、剥离性能；防水卷材：接缝剥离强度、搭接缝不透水性
				防水涂料：固体含量、拉伸强度、耐热性、低温柔性、不透水性、断裂伸长率	涂膜抗渗性、浸水 168h 后拉伸强度 、浸水 168h 后断裂伸长率、耐水性、抗压强度、抗折强度、粘结强度、抗渗性
				防水密封材料及其他防水材料：/	耐热性、低温柔性、拉伸粘结性、施工度、表干时间、挤出性、弹性恢复率、浸水后定伸粘结性、流动性、单位面积质量、膨润土膨胀指数、渗透系数、滤失量、拉伸强度、撕裂强度、硬度、7d 膨胀率、最终膨胀率、耐水性、体积膨胀倍率、压缩永久变形、低温弯折、剥离强度、浸水 168h 后的剥离强度保持率、拉力、延伸率、固体含量、7d 粘结强度、7d 抗渗性、拉伸模量、定伸粘结性、断裂伸长率
		16	水	氯离子含量	pH 值、硫酸根离子含量、不溶物含量、可溶物含量、凝结时间差、抗压强度比、碱含量
		17	石灰*	/	有效氧化钙和氧化镁含量、氧化镁含量、未消化残渣含量、含水率、细度
		18	石材*	/	干燥压缩强度、水饱和压缩强度、干燥弯曲强度、水饱和弯曲强度、体积密度、吸水率

续表

序号	检测专项	编号	检测项目	必备检测参数	可选检测参数
七	市政工程材料	19	螺栓、锚具夹具及连接器*	/	抗滑移系数、外观质量、尺寸、静载锚固性能、疲劳荷载性能、硬度、紧固轴力、扭矩系数、最小拉力载荷（普通紧固件）
八	道路工程	1	沥青混合料路面	厚度、压实度、弯沉值	平整度、渗水系数、抗滑性能
		2	基层及底基层	厚度、压实度、弯沉值	平整度、无侧限抗压强度
		3	土路基	弯沉值、压实度	土基回弹模量
		4	排水管道工程*	/	地基承载力、回填土压实度、背后土体密实性、严密性试验
		5	水泥混凝土路面*	/	平整度、构造深度、厚度
九	桥梁与地下工程	1	桥梁结构与构件	静态应变（应力）、动态应变（应力）、位移、模态参数（频率、振型、阻尼比）、索力、承载能力、桥梁线形、动态挠度、静态挠度、结构尺寸、轴线偏位、竖直度、混凝土强度（回弹法 / 钻芯法 / 回弹 - 钻芯综合法 / 超声回弹综合法等）、混凝土碳化深度、钢筋位置及保护层厚度、氯离子含量	外观质量、内部缺陷、预应力孔道摩阻损失、有效预应力、孔道压浆密实性、风速、温度、加速度、速度、冲击性能、混凝土电阻率、钢筋锈蚀状况
		2	隧道主体结构	断面尺寸、锚杆拉拔力、衬砌厚度、衬砌及背后密实状况、墙面平整度、钢筋网格尺寸、锚杆长度、锚杆锚固密实度、管片几何尺寸、错台、椭圆度、混凝土强度（回弹法 / 钻芯法 / 回弹 - 钻芯综合法 / 超声回弹综合法等）、钢筋位置及保护层厚度	外观质量、内部缺陷、衬砌内钢筋间距、仰拱厚度、渗漏水、钢筋锈蚀状况
		3	桥梁及附属物*	/	桥面系外观质量、桥梁上部外观质量、桥梁下部外观质量、桥梁附属设施外观质量
		4	桥梁支座*	/	外观质量、内在质量、竖向压缩变形、抗压弹性模量、极限抗压强度、盆环径向变形、抗剪弹性模量、抗剪粘结性能、抗剪老化、承载力、摩擦系数、转动性能、尺寸偏差、转角试验
		5	桥梁伸缩装置*	/	外观质量、尺寸偏差、焊缝尺寸、焊缝探伤、涂层附着力、涂层厚度、橡胶密封带夹持性能、装配公差、变形性能、防水性能、承载性能
		6	隧道环境*	/	照度、噪声、风速、一氧化碳浓度、二氧化碳浓度、二氧化硫浓度、氧浓度、一氧化氮浓度、二氧化氮浓度、瓦斯浓度、硫化氢浓度、烟尘浓度
		7	人行天桥及地下通道*	/	自振频率、桥面线形、地基承载力、变形缝质量、防水层的缝宽和搭接长度、尺寸、栏杆水平推力
		8	综合管廊主体结构*	/	断面尺寸、衬砌厚度、衬砌密实性、墙面平整度、衬砌内钢筋间距、混凝土强度（回弹法 / 钻芯法 / 回弹 - 钻芯综合法 / 超声回弹综合法等）、钢筋保护层厚度、钢筋锈蚀状况
		9	涵洞主体结构*	/	外观质量、地基承载力、回填土压实度、混凝土强度（回弹法 / 钻芯法 / 回弹 - 钻芯综合法 / 超声回弹综合法等）、钢筋保护层厚度、断面尺寸、接缝宽度、错台、钢筋锈蚀状况

备注：带“*”的检测项目为本专项资质的可选检测项目。

管理负责人选、风险管理服务内容和风险管理服务期限，以及委托人的费用支付、委托人为风险管理工作开展所提供的资料和其他便利条件等内容。风险管理机构应当作为独立、公正的第三方质量管控机构，提供专业化的质量风险预判、检查和评估等服务，并不得与该工程参建单位存有关联关系，不得直接或间接参与该工程的勘察、设计、施工、监理、材料供应等服务内容。风险管理机构应当遵守建设工程相关法律法规和技术标准，通过合同与主承保险公司约定，工作范围可以涉及工程建设的全过程、全生命周期的质量管控，包含且不限于勘察、设计、施工、回访和理赔等相关内容。风险管理机构应协助主承保险公司对质量舆情和信访投诉进行现场核实处理。主承保险公司应按照国家和本市有关法律、法规、技术标准等，制定相关管理导则，对风险管理机构从业人员实行“实名制”管理，并定期对从业人员进行培训及再评估，全过程规范风险管理机构的工作行为。风险管理机构应根据委托合同及前期制定的风险管理方案，向主承保险公司提供“初步风险分析、过程检查、阶段风险评估、专项检查、竣工最终风险评估、回访风险评估”等报告。保险公司应当为风险管理机构提供督促有关单位对现场各等级质量风险整改，直至风险管理闭合的必要工作条件。建设单位接到风险管理机构出具的相关检查报告后，应当责成施工单位及时整改质量缺陷。现场严重技术风险未整改或质量管理程序未闭合，风险管理机构不出具最终风险评估报告，建设单位不组织竣工验收。工程参建各方、保险公司及风险管理机构应做好技术风险信息的采集、处置等工作。主承保险公司应在IDI监管平台下建立IDI业务管理平台，通过该平台实现全过程质量风险管控的信息化管理。保险公司会同风险管理机构应及时向建设单位以及其他有关单位推送相关信息，各有关单位应按照信息管理规定，对风险事件及时进行处理。风险管理机构与主承保险公司签订的委托合同中应当明确有关违约责任，依据相关规定和约定承担相应赔偿责任。风险管理机构在检查中应当发现的质量问题而未发现，或者发现了问题未按照规定进行处理，造成后果的，承担有关规定和合同约定的相应连带责任。机构评估与诚信管理：主承保险公司应对风险管理机构及其管辖的每个项目，建立常态化的考评管理制度。考评结果将作为主承保险公司对风险管理机构进行差异化管理的依据之一。考评结果应及时报送市住房和城乡建设管理委员会。市住房和城乡建设管理委员会和其他有关单位应加强诚信管理，及时记录风险管理机构和技术管理人员的信用信息，对其进行失信惩戒与守信激励。市、区建设行政管理部门负责本市风险管理机构的相关业务活动的指导、监督管理。保险公司应及时将相关情况向市住房和城乡建设管理委员会报告，经核实予以记录，并将该风险管理机构列入重点观察企业名单。存在以下情形的，市住房和城乡建设管理委员会给予其如下处理：第一次责任认定后，责令其限期改正、黄牌警示；第二次责任认定后，对其新承接业务进行重点监管；第三次责任认定后，其不再作为符合风控管理机构条件的单位。转包、违规分包质量风险管理业务；与已投保建设工程的参建单位（包括其集团公司及下级公司）存有利害关系及其他可能影响公正性的情况，直接或间接参与该工程的勘察、设计、施工、监理、材料供应、检测等工作；以任何形式允许其他单位和个人以本机构名义承接质量风险管理业务；与有关单位串通，损害其他单位利益，降低工程质量；明示或者暗示参建单位违反法律法规或工程建设强制性标准，降低工程质量；风险管理机构及相关人员存在弄虚作假或虚假承诺行为；风险管理机构及相关人员以权谋私，徇私舞弊；风险管理机构人员配备不符合相关规定或项目主要人员未按规定到岗履职的；现场检查中发现的技术风险问题照片、视频影像资料和相关说明材料，未按规定要求上传至IDI业务管理平台；拒绝接受调查或者拒绝提供过程风险管理情况和资料，或者不配合检查、调查；按照规定和标准应当检查发现的技术风险问题未发现，或者发现技术风险问题后未按照规定程序处理；风险管理机构项目风险管理负责人、风险管理工程师兼任其他建设项目的总监理工程师、项目总监代表、监理工程师或施工单位项目经理等关键管理岗位；恶意报价竞争等扰乱市场的其他违法违规行为；风险管理机构存在的其他违法违规行为。

第二节　安全评价检测检验机构管理

一、安全评价检测检验机构资质认可

（一）申请安全评价检测检验机构资质，从事法定的安全评价、检测检验服务，以及应急管理部门、煤矿安全生产监督管理部门实施安全评价检测检验机构资质认可和监督管理。国务院应急管理部门负责指导全国安全评价检测检验机构管理工作，建立安全评价检测检验机构信息查询系统，完善安全评价、检测检验标准体系。省级人民政府应急管理部门、煤矿安全生产监督管理部门按照各自的职责，分别负责安全评价检测检验机构资质认可和监督管理工作。安全评价检测检验机构及其从业人员应当依照法律、法规、规章、标准，遵循科学公正、独立客观、安全准确、诚实守信的原则和执业准则，独立开展安全评价和检测检验，并对其作出的安全评价和检测检验结果负责。国家支持发展安全评价、检测检验技术服务的行业组织，鼓励有关行业组织建立安全评价检测检验机构信用评定制度，健全技术服务能力评定体系，完善技术仲裁工作机制，强化行业自律，规范执业行为，维护行业秩序。

（二）申请安全评价机构资质应当具备条件：独立法人资格，固定资产不少于800万元；工作场所建筑面积不少于1000平方米，其中档案室不少于100平方米，设施、设备、软件等技术支撑条件满足工作需求；承担矿山、金属冶炼、危险化学品生产和储存、烟花爆竹等业务范围安全评价的机构，其专职安全评价师不低于本办法规定的配备标准；承担单一业务范围的安全评价机构，其专职安全评价师不少于25人；每增加一个行业（领域），按照专业配备标准至少增加5名专职安全评价师；专职安全评价师中，一级安全评价师比例不低于20%，一级和二级安全评价师的总数比例不低于50%，且中级及以上注册安全工程师比例不低于30%；健全的内部管理制度和安全评价过程控制体系；法定代表人出具知悉并承担安全评价的法律责任、义务、权利和风险的承诺书；配备专职技术负责人和过程控制负责人；专职技术负责人具有一级安全评价师职业资格，并具有与所开展业务相匹配的高级专业技术职称，在本行业领域工作8年以上；专职过程控制负责人具有安全评价师职业资格；正常运行并可以供公众查询机构信息的网站；截至申请之日3年内无重大违法失信记录；法律、行政法规规定的其他条件。申请安全生产检测检验机构资质应当具备条件：独立法人资格，固定资产不少于1000万元；工作场所建筑面积不少于1000平方米，有与从事安全生产检测检验相适应的设施、设备和环境，检测检验设施、设备原值不少于800万元；承担单一业务范围的安全生产检测检验机构，其专业技术人员不少于25人；每增加一个行业（领域），至少增加5名专业技术人员；专业技术人员中，中级及以上注册安全工程师比例不低于30%，中级及以上技术职称比例不低于50%，且高级技术职称人员比例不低于25%；专业技术人员具有与承担安全生产检测检验相适应的专业技能，以及在本行业领域工作2年以上；法定代表人出具知悉并承担安全生产检测检验的法律责任、义务、权利和风险的承诺书；主持安全生产检测检验工作的负责人、技术负责人、质量负责人具有高级技术职称，在本行业领域工作8年以上；符合安全生产检测检验机构能力通用要求等相关标准和规范性文件规定的文件化管理体系；正常运行并可以供公众查询机构信息的网站；截至申请之日三年内无重大违法失信记录；法律、行政法规规定的其他条件。资质认可机关自收到申请材料之日起五个工作日内，对材料齐全、符合规定形式的申请，应当予以受理，并出具书面受理文书。资质认可机关应当自受理之日起二十个工作日内，对审查合格的，在本部门网站予以公告，公开有关信息，颁发资质证书，并将相关信息纳入安全评价检测检验机构信息查询系统。安全评价检测检验机构的名称、注册地址、实验室条件、法定代表人、专职技术负责人、授权签字人发生变化的，应当自发生变化之日起三十日内向原资质认可机关提出书面变更申请。资质认可机关经审查后符合条件的，在本部门网站予以公告，并及时更新安全评价检测检验机构信息查询系统相关信息。安全评价检测检验机构因改制、分立或者合并等原因发生变化的，应当自发生变化之日起三十日内向原资质认可机关书面申请重新核定资质条件和业务范围。安全评价检测检验机构取得资质一年以上，需要变更业务范围的，应当向原资质认可机关提出书面申请。资质认可机关收到申请后应当按照规定办理。安全评价检测检验机构资质证书有效期五年。资质证书有效期届满需要延续的，应当在有效期届满三个月前向原资质

认可机关提出申请。原资质认可机关应当按照规定办理。

（三）生产经营单位可以自主选择具备规定资质的安全评价检测检验机构，接受其资质认可范围内的安全评价、检测检验服务。生产经营单位委托安全评价检测检验机构开展技术服务时，应当签订委托技术服务合同，明确服务对象、范围、权利、义务和责任。生产经营单位委托安全评价检测检验机构为其提供安全生产技术服务的，保证安全生产的责任仍由本单位负责。应急管理部门、煤矿安全生产监督管理部门以安全评价报告、检测检验报告为依据，作出相关行政许可、行政处罚决定的，应当对其决定承担相应法律责任。安全评价检测检验机构应当建立信息公开制度，加强内部管理，严格自我约束。专职技术负责人和过程控制负责人应当按照法规标准的规定，加强安全评价、检测检验活动的管理。安全评价项目组组长应当具有与业务相关的二级以上安全评价师资格，并在本行业领域工作三年以上。项目组其他组成人员应当符合安全评价项目专职安全评价师专业能力配备标准。安全评价检测检验机构开展技术服务时，应当如实记录过程控制、现场勘验和检测检验的情况，并与现场图像影像等证明资料一并及时归档。安全评价检测检验机构应当按照有关规定在网上公开安全评价报告、安全生产检测检验报告相关信息及现场勘验图像影像。安全评价检测检验机构应当在开展现场技术服务前七个工作日内，书面告知项目实施地资质认可机关，接受资质认可机关及其下级部门的监督抽查。生产经营单位应当对本单位安全评价、检测检验过程进行监督，并对本单位所提供资料、安全评价和检测检验对象的真实性、可靠性负责，承担有关法律责任。生产经营单位对安全评价检测检验机构提出的事故预防、隐患整改意见，应当及时落实。安全评价、检测检验的技术服务收费按照有关规定执行。实行政府指导价或者政府定价管理的，严格执行政府指导价或者政府定价政策；实行市场调节价的，由委托方和受托方通过合同协商确定。安全评价检测检验机构应当主动公开服务收费标准，方便用户和社会公众查询。审批部门在审批过程中委托开展的安全评价检测检验技术服务，服务费用一律由审批部门支付并纳入部门预算，对审批对象免费。

二、检验检测机构资质改革管理

（一）检验检测机构资质认定改革。依法界定检验检测机构资质认定范围，逐步实现资质认定范围清单管理，法律、法规未明确规定应当取得检验检测机构资质认定的，无需取得资质认定。对于仅从事科研、医学及保健、职业卫生技术评价服务、动植物检疫以及建设工程质量鉴定、房屋鉴定、消防设施维护保养检测等领域的机构，不再颁发资质认定证书。已取得资质认定证书的，有效期内不再受理相关资质认定事项申请，不再延续资质认定证书有效期。法律、行政法规对检验检测机构资质管理另有规定的，应当按照国务院有关要求实施检验检测机构资质认定，避免相同事项的重复认定、评审。试点推行告知承诺制度，在检验检测机构资质认定工作中，对于检验检测机构能够自我承诺符合告知的法定资质认定条件，市场监管总局和省级市场监管部门通过事中事后予以核查纠正的许可事项，采取告知承诺方式实施资质认定。市场监管总局负责的检验检测机构资质认定事项和省级市场监管部门负责的涉及本行政区域内自由贸易试验区检验检测机构资质认定事项，先行试点实施告知承诺制度。根据试点工作情况，待条件成熟后，在全国范围内推行。优化准入服务，便利机构取证。检验检测机构申请延续资质认定证书有效期时，对于上一许可周期内无违法违规行为，未列入失信名单，并且申请事项无实质变化的，市场监管总局和省级市场监管部门可以采取形式审查方式，对于符合要求的，予以延续资质认定证书有效期，无需实施现场评审。检验检测机构申请无需现场确认的机构法定代表人、最高管理者、技术负责人、授权签字人等人员变更或者无实质变化的有关标准变更时，可以自我声明符合资质认定相关要求，并向市场监管总局或者省级市场监管部门报备。对于选择一般资质认定程序的，许可时限压缩四分之一，即：15 个工作日内作出许可决定、7 个工作日内颁发资质认定证书；全面推行检验检测机构资质认定网上许可系统，逐步实现申请、许可、发证全过程电子化。整合检验检测机构资质认定证书，实现检验检测机构“一家一证”。逐步取消检验检测机构以授权名称取得的资质认定证书，以在机构实体取得的资质认定证书上背书的形式保留其授权名称；检验检测机构与其依法设立的分支机构实行统一质量体系管理的，按照机构自愿申请原则，试点推行证书“一体化”管理，资质认定证书附分支机构地点以及检验检测能力。检验检测机构具有的检验检测基本条件、技术能力、资质认定信息等相关内容统一接入对外公布的全国检验检测机构大数据平台，纳入全国检验检测服务业统计工作。各省级市场监管部门要高度重视资质认定改革工作，积极组织做好相关改革措施的宣传、解读工作。加强相关资质认定工作人员和监管人员培训，加快完善网上许可系统、信息系统建设，确保资质认定改革工作顺利推进。各省级市场监管部门要依法推进检验检测机构资质认定相关改革措施，切实履行相关职责，充分释放改革红利。积极配合市场监管总局做好相关法律法规立法协调和修订工作，不断完善法制保障。各省级市场监管部门要全面落实“双随机、一公开”监管要求，对社会关注度高、风险等级高、投诉举报多、暗访问题多的领域实施重点监管，加大抽查比例，严查伪造、出具虚假检验检测数据和结果等违法行为；积极运用信用监管手段，逐步完善“互联网+监管”系统，落实检验检测机构主体责任和相关产品质量连带责任；对以告知承诺方式取得资质认定的机构承诺的真实性进行重点核查，发现虚假承诺或者承诺严重不实的，应当撤销相应资质认定事项，予以公布并记入其信用档案。

（二）检验检测机构资质认定告知承诺，是指检验检测机构提出资质认定申请，国家市场监督管理总局或者省级市场监督管理部门一次性告知其所需资质认定条件和要求以及相关材料，检验检测机构以书面形式承诺其符合法定条件和技术能力要求，由资质认定部门作出资质认定决定的方式。检验检测机构首次申请资质认定、申请延续资质认定证书有效期、增加检验检测项目、检验检测场所变更时，可以选择以告知承诺方式取得相应资质认定。特殊食品、医疗器械检验检测除外。国家市场监督管理总局负责检验检测机构资质认定告知承诺统一管理、组织实施、后续核查监督工作。各省级市场监督管理部门负责实施所辖区域内检验检测机构资质认定告知承诺、后续核查监督工作。对实行检验检测机构资质认定告知承诺的事项，资质认定部门应当向申请机构告知下列内容：资质认定事项所依据的主要法律、法规、规章的名称和相关条款；检验检测机构应当具备的条件和技术能力要求；需要提交的相关材料；申请机构作出虚假承诺或者承诺内容严重不实的法律后果；资质认定部门认为应当告知的其他内容。申请机构愿意作出承诺的，应当对下列内容作出承诺：所填写的相关信息真实、准确；已经知悉资质认定部门告知的全部内容；本机构能够符合资质认定部门告知的条件和技术能力要求，并按照规定接受后续核查；本机构能够提交资质认定部门告知的相关材料；愿意承担虚假承诺或者承诺内容严重不实所引发的相应法律责任；所作承诺是本机构的真实意思表示。对实行检验检测机构资质认定告知承诺的事项，应当由资质认定部门提供告知承诺书。资质认定部门应当在其政务大厅或者网站上公示告知承诺书，便于检验检测机构索取或者下载。检验检测机构可以通过登录资质认定部门网上审批系统或者现场提交加盖机构公章的告知承诺书以及符合要求的相关申请材料，资质认定部门应当自收到机构申请之日起5个工作日内作出是否受理的决定，告知承诺书和相关申请材料不齐全或者不符合法定形式的，资质认定部门应当一次性告知申请机构需要补正的全部内容。告知承诺书一式两份，由资质认定部门和申请机构各自留档保存，鼓励申请机构主动公开告知承诺书。申请机构在规定时间内提交的申请材料齐全、符合法定形式的，资质认定部门应当当场作出资质认定决定。资质认定部门应当自作出资质认定决定之日起7个工作日内，向申请机构颁发资质认定证书。资质认定部门作出资质认定决定后，应当在3个月内组织相关人员按照《检验检测机构资质认定管理办法》有关技术评审管理的规定以及评审准则的相关要求，对机构承诺内容是否属实进行现场核查，并作出相应核查判定；对于机构首次申请或者检验检测项目涉及强制性标准、技术规范的，应当及时进行现场核查。现场核查人员应当在规定时限内出具现场核查结论，并对其承担的核查工作和核查结论的真实性、符合性负责，依法承担相应法律责任。对实行告知承诺的相关资质认定事项，检验检测机构不选择告知承诺方式的，资质认定部门应当依照《检验检测机构资质认定管理办法》的有关规定实施资质认定。

（三）检验检测机构资质认定管理。检验检测机构，是指依法成立，依据相关标准或者技术规范，利用仪器设备、环境设施等技术条件和专业技能，对产品或者法律法规规定的特定对象进行检验检测的专业技术组织。资质认定，是指市场监督管理部门依照法律、行政法规规定，对向社会出具具有证明作用的数据、结果的检验检测机构的基本条件和技术能力是否符合法定要求实施的评价许可。国家市场监督管理总局主管全国检验检测机构资质认定工作，并负责检验检测机构资质认定的统一管理、组织实施、综合协调工作。省级市场监督管理部门负责本行政区域内检验检测机构的资质认定工作。法律、行政法规规定应当取得资质认定的事项清单，由市场监管总局制定并公布，并根据法律、行政法规的调整实行动态管理。市场监管总局依据国家有关法律法规和标准、技术规范的规定，制定检验检测机构资质认定基本规范、评审准则以及资质认定证书和标志的式样，并予以公布。检验检测机构资质认定工作应当遵循统一规范、客观公正、科学准确、公平公开、便利高效的原则。资质认定条件和程序，国务院有关部门以及相关行业主管部门依法成立的检验检测机构，其资质认定由市场监管总局负责组织实施；其他检验检测机构的资质认定，由其所在行政区域的省级市场监督管理部门负责组织实施。申请资质认定的检验检测机构应当符合以下条件：依法成立并能够承担相应法律责任的法人或者其他组织；具有与其从事检验检测活动相适应的检验检测技术人员和管理人员；具有固定的工作场所，工作环境满足检验检测要求；具备从事检验检测活动所必需的检验检测设备设施；具有并有效运行保证其检验检测活动独立、公正、科学、诚信的管理体系；符合有关法律法规或者标准、技术规范规定的特殊要求。检验检测机构资质认定程序分为一般程序和告知承诺程序。除法律、行政法规或者国务院规定必须采用一般程序或者告知承诺程序外，检验检测机构可以自主选择资质认定程序。检验检测机构资质认定推行网上审批，有条件的市场监督管理部门可以颁发资质认定电子证书。检验检测机构资质认定一般程序：申请资质认定的检验检测机构，应当向市场监管总局或者省级市场监督管理部门提交书面申请和相关材料，并对其真实性负责；资质认定部门应当对申请人提交的申请和相关材料进行初审，自收到申请之日起5个工作日内作出受理或者不予受理的决定，并书面告知申请人；资质认定部门自受理申请之日起，应当在30个工作日内，依据检验检测机构资质认定基本规范、评审准则的要求，完成对申请人的技术评审。技术评审包括书面审查和现场评审（或者远程评审）。技术评审时间不计算在资质认定期限内，资质认定部门应当将技术评审时间告知申请人。由于申请人整改或者其他自身原因导致无法在规定时间内完成的情况除外；资质认定部门自收到技术评审结论之日起，应当在10个工作日内，作出是否准予许可的决定。准予许可的，自作出决定之日起7个工作日内，向申请人颁发资质认定证书。不予许可的，应当书面通知申请人，并说明理由。资质认定部门作出许可决定前，申请人有合理理由的，可以撤回告知承诺申请。告知承诺申请撤回后，申请人再次提出申请的，应当按照一般程序办理。资质认定证书有效期为6年。需要延续资质认定证书有效期的，应当在其有效期届满3个月前提出申请。资质认定部门根据检验检测机构的申请事项、信用信息、分类监管等情况，采取书面审查、现场评审（或者远程评审）的方式进行技术评审，并作出是否准予延续的决定。对上一许可周期内无违反市场监管法律、法规、规章行为的检验检测机构，资质认定部门可以采取书面审查方式，对于符合要求的，予以延续资质认定证书有效期。检验检测机构依法设立的从事检验检测活动的分支机构，应当依法取得资质认定后，方可从事相关检验检测活动。资质认定部门可以根据具体情况简化技术评审程序、缩短技术评审时间。检验检测机构应当定期审查和完善管理体系，保证其基本条件和技术能力能够持续符合资质认定条件和要求，并确保质量管理措施有效实施。检验检测机构应当在资质认定证书规定的检验检测能力范围内，依据相关标准或者技术规范规定的程序和要求，出具检验检测数据、结果。检验检测机构向社会出具具有证明作用的检验检测数据、结果的，应当在其检验检测报告上标注资质认定标志。资质认定部门应当在其官方网站上公布取得资质认定的检验检测机构信息，并注明资质认定证书状态。技术评审管理，资质认定部门根据技术评审需要和专业要求，可以自行或者委托专业技术评价机构组织实施技术评审。资质认定部门或者其委托的专业技术评价机构组织现场评审（或者远程评审）时，应当指派两名以上与技术评审内容相适应的评审人员组成评审组，并确定评审组组长。必要时，可以聘请相关技术专家参加技术评审。评审组应当严格按照资质认定基本规范、评审准则开展技术评审活动，在规定时间内出具技术评审结论。专业技术评价机构、评审组应当对其承担的技术评审活动和技术评审结论的真实性、符合性负责，并承担相应法律责任。

三、消防技术服务机构管理

（一）消防执法改革主要任务。取消公众聚集场所投入使用、营业前消防安全检查。消防部门制定公众聚集场所消防安全标准并向社会公布。公众聚集场所取得营业执照，通过互联网向消防部门作出符合消防安全标准的承诺后，即可投入使用、营业。消防部门对公众聚集场所进行抽查，发现未作出承诺或承诺失实的，依法责令改正并予以处罚，记入售用档案；对存在严重违法违规行为的，依法责令停止使用、营业。取消一般建设工程消防验收和备案。仅对国家和省级重大建设项目，建筑高度24米以上的医疗建筑和其他建筑高度100米以上的高层建筑，单体建筑面积5万平方米以上的公共建筑，单体建筑面积2500平方米以上的室内儿童活动场所、老年人照料设施，以及生产和储存甲、乙类易燃易爆危险物品的多层厂房、仓库等涉反重大公共安全的建设工程实施消防验收，审批时限缩减一半，不再对其他建设工程实施消防验收和备案。加强对建设工程投入使用后的抽查。意见下发前消防部门已经受理尚未办结的建设工程项目，除属于前建应纳入消防验收范围的，不再实施消防验收和备案。取消消防技术服务机构资质许可。取消消防设施维护保养检测、消防安全评估机构资质许可制度，企业办理营业执照后即可开展经营活动。消防技术服务结论不再作为消防审批的前置条件，消防部门制定消防技术服务机构从业条件和服务标准，加强对相关从业行为的监督抽查，依法惩处不具备从业条件、弄虚作假等违法违规行为，对严重违法违规的消防技术服务机构和人员实行行业退出、永久禁入。取消消防产品市场准入限制。将列入《产业结构调整指导目录》限制类的所有消防产品全部取消限制，放开产业政策限制，允许企业自主申报投资新建项目。将列入的16类消防产品全部取消强制性产品认证，改为自愿性认证，开放消防产品认证检验市场，凡是具备法定条件的认证检验机构均可开展认证、检验工作，检测中对出具文件负责并承担相应法律责任。市场监管部门对生产和销售领域，消防部门对使用领域的消防产品质量实施监督，发现产品质质量问题，依法查处并纳入“黑名单”，向社会公布。推行消防监管“一网通办”。完善“互联网+监管”执法工作机制，运用物联网和大数据技术，全时段、可视化监测消防安全状况，实时化、智能化评估消防安全风险，实现差异化精准监管。将消防审批、监督执法等信息全部纳入消防监督管理信息系统管理，实现所有环节网上流转、全程留痕、闭环管理。将立案标准、自由裁量基准、判罚案例等嵌入系统，自动生成立案和量裁意见。

（二）消防设施维护保养检测、消防安全评估。消防技术服务机构是指从事消防设施维护保养检测、消防安全评估等社会消防技术服务活动的企业。消防技术服务从业人员是指在消防技术服务机构中执业的注册消防工程师，以及取得消防设施操作员国家职业资格证书、在消防技术服务机构中从事消防技术服务活动的人员。从事消防设施维护保养检测服务的消防技术服务机构，具备条件：企业法人资格；工作场所建筑面积不少于200平方米；消防技术服务基础设备和消防设施维护保养检测设备配备符合规定的要求；注册消防工程师不少于2人，且企业技术负责人由一级注册消防工程师担任；取得消防设施操作员国家职业资格证书的人员不少于6人，其中中级技能等级以上的不少于2人；健全的质量管理体系。从事消防安全评估服务的消防技术服务机构，具备条件：企业法人资格；工作场所建筑面积不少于100平方米；消防技术服务基础设备和消防安全评估设备配备符合规定的要求；注册消防工程师不少于2人，且企业技术负责人由一级注册消防工程师担任；健全的消防安全评估过程控制体系。消防设施维护保养检测、消防安全评估，同时从事消防设施维护保养检测、消防安全评估的消防技术服务机构，具备条件：企业法人资格；工作场所建筑面积不少于200平方米；消防技术服务基础设备和消防设施维护保养检测、消防安全评估设备配备符合规定要求；注册消防工程师不少于2人，且企业技术负责人由一级注册消防工程师担任；取得消防设施操作员国家职业资格证书的人员不少于6人，其中中级技能等级以上的不少于2人；健全的质量管理和消防安全评估过程控制体系。在消防技术服务机构执业注册消防工程师，不得在其他机关、团体、企业、事业单位兼职。消防技术服务机构应当将机构和从业人员的基本信息，以及消防技术服务项目情况录入社会消防技术服务信息系统。

（三）消防技术服务机构可以在全国范围内从业。消防技术服务机构及其从业人员应当依照法律法规、技术标准和从业准则，开展下列社会消防技术服务活动，并对服务质量负责：消防设施维护保养检测机构可以从事建筑消防设施维护保养、检测活动；消防安全评估机构可以从事区域消防安全评估、社会单位消防安全评估、大型活动消防安全评估等活动，以及消防法律法规、消防技术标准、火灾隐患整改、消防安全管理、消防宣传教育等方面的咨询活动。消防技术服务机构出具的结论文件，可以作为消防救援机构实施消防监督管理和单位（场所）开展消防安全管理的依据。消防设施维护保养检测机构应当按照国家标准、行业标准规定的工艺、流程开展维护保养检测，保证经维护保养的建筑消防设施符合国家标准、行业标准。消防技术服务机构应当依法与从业人员签订劳动合同，加强对所属从业人员的管理。注册消防工程师不得同时在两个以上社会组织执业。消防技术服务机构应当设立技术负责人，对本机构的消防技术服务实施质量监督管理，对出具的书面结论文件进行技术审核。技术负责人应当具备一级注册消防工程师资格。消防技术服务机构承接业务，应当与委托人签订消防技术服务合同，并明确项目负责人。项目负责人应当具备相应的注册消防工程师资格。消防技术服务机构不得转包、分包消防技术服务项目。消防技术服务机构出具的书面结论文件应当由技术负责人、项目负责人签名并加盖执业印章，同时加盖消防技术服务机构印章。消防设施维护保养检测机构对建筑消防设施进行维护保养后，应当制作包含消防技术服务机构名称及项目负责人、维护保养日期等信息的标识，在消防设施所在建筑的醒目位置上予以公示。消防技术服务机构应当对服务情况作出客观、真实、完整的记录，按消防技术服务项目建立消防技术服务档案。消防技术服务档案保管期限为6年。消防技术服务机构应当在其经营场所的醒目位置公示营业执照、工作程序、收费标准、从业守则、注册消防工程师注册证书、投诉电话等事项。消防技术服务机构收费应当遵守价格管理法律法规的规定。

第三节　公路水运工程质量检测管理

一、公路水运工程质量检测

公路水运工程质量检测，是指按照办法规定取得公路水运工程质量检测机构资质的公路水运工程质量检测机构，根据国家有关法律、法规的规定，依据相关技术标准、规范、规程，对公路水运工程所用材料、构件、工程制品、工程实体等进行的质量检测活动。公路水运工程质量检测活动应当遵循科学、客观、严谨、公正的原则。交通运输部负责全国公路水运工程质量检测活动的监督管理。县级以上地方人民政府交通运输主管部门按照职责负责本行政区域内的公路水运工程质量检测活动的监督管理。

二、检测机构资质管理

检测机构从事公路水运工程质量检测活动，应当按照资质等级对应的许可范围承担相应的质量检测业务。检测机构资质分为公路工程和水运工程专业。公路工程专业设甲级、乙级、丙级资质和交通工程专项、桥梁隧道工程专项资质。水运工程专业分为材料类和结构类。水运工程材料类设甲级、乙级、丙级资质。水运工程结构类设甲级、乙级资质。申请公路工程甲级、交通工程专项，水运工程材料类甲级、结构类甲级检测机构资质的，应当按照办法规定向交通运输部提交申请。申请公路工程乙级和丙级、桥梁隧道工程专项，水运工程材料类乙级和丙级、结构类乙级检测机构资质的，应当按照办法规定向注册地的省级人民政府交通运输主管部门提交申请。申请检测机构资质的检测机构应当具备以下条件：依法成立的法人；具有一定数量的具备公路水运工程试验检测专业技术能力的人员（以下简称检测人员）；拥有与申请资质相适应的质量检测仪器设备和设施；具备固定的质量检测场所，且环境条件满足质量检测要求；具有有效运行的质量保证体系。申请人可以同时申请不同专业、不同等级的检测机构资质。申请人应当按照办法规定向许可机关提交以下申请材料：检测机构资质申请书；检测人员、仪器设备和设施、质量检测场所证明材料；质量保证体系文件。申请人应当通过公路水运工程质量检测管理信息系统提交申请材料，并对其申请材料实质内容的真实性负责。许可机关不得要求申请人提交与其申请资质无关的技术资料和其他材料。许可机关受理申请后，应当组织开展专家技术评审。专家技术评审由技术评审专家组承担，实行专家组组长负责制。参与评审的专家应当由许可机关从其建立的质量检测专家库中随机抽取，并符合回避要求。

专家应当客观、独立、公正开展评审，保守申请人商业秘密。专家技术评审包括书面审查和现场核查两个阶段，所用时间不计算在行政许可期限内，但许可机关应当将专家技术评审时间安排书面告知申请人。专家技术评审的时间最长不得超过60个工作日。专家技术评审应当对申请人提交的全部材料进行书面审查，并对实际状况与申请材料的符合性、申请人完成质量检测项目的实际能力、质量保证体系运行等情况进行现场核查。专家组应当在专家技术评审时限内向许可机关报送专家技术评审报告。专家技术评审报告应当包括对申请人资质条件等事项的核查抽查情况和存在问题，是否存在实际状况与申请材料严重不符、伪造质量检测报告、出具虚假数据等严重违法违规问题，以及评审总体意见等。许可机关可以将专家技术评审情况向社会公示。许可机关应当自受理申请之日起20个工作日内作出是否准予行政许可的决定。许可机关准予行政许可的，应当向申请人颁发检测机构资质证书；不予行政许可的，应当作出书面决定并说明理由。检测机构资质证书由正本和副本组成。正本上应当注明机构名称，发证机关，资质专业、类别、等级，发证日期，有效期，证书编号，检测资质标识等；副本上还应当注明注册地址、检测场所地址、机构性质、法定代表人、行政负责人、技术负责人、质量负责人、检测项目及参数、资质延续记录、变更记录等。检测机构资质证书分为纸质证书和电子证书。纸质证书与电子证书全国通用，具有同等效力。检测机构资质证书有效期为5年。有效期满拟继续从事质量检测业务的，检测机构应当提前90个工作日向许可机关提出资质延续申请。申请人申请资质延续审批的，应当符合规定的条件。申请人应当按照规定，提交资质延续审批申请材料。许可机关应当对申请资质延续审批的申请人进行专家技术评审，并在检测机构资质证书有效期满前，作出是否准予延续的决定。符合资质条件的，许可机关准予检测机构资质证书延续5年。资质延续审批中的专家技术评审以专家组书面审查为主，但申请人存在规定的违法行为，以及许可机关认为需要核查的情形的，应当进行现场核查。检测机构的名称、注册地址、检测场所地址、法定代表人、行政负责人、技术负责人和质量负责人等事项发生变更的，检测机构应当在完成变更后10个工作日内向原许可机关申请变更。发生检测场所地址变更的，许可机关应当选派2名以上专家进行现场核查，并在15个工作日内办理完毕；其他变更事项许可机关应当在5个工作日内办理完毕。检测机构发生合并、分立、重组、改制等情形的，应当按照本办法的规定重新提交资质申请。检测机构需要终止经营的，应当在终止经营之日15日前告知许可机关，并按照规定办理有关注销手续。许可机关开展检测机构资质行政许可和专家技术评审不得收费。检测机构资质证书遗失或者污损的，可以向许可机关申请补发。

三、检测活动管理

取得资质的检测机构应当根据需要设立公路水运工程质量检测工地试验室。工地试验室是检测机构设置在公路水运工程施工现场，提供设备、派驻人员，承担相应质量检测业务的临时工作场所。负有工程建设项目质量监督管理责任的交通运输主管部门应当对工地试验室进行监督管理。检测机构和检测人员应当独立开展检测工作，不受任何干扰和影响，保证检测数据客观、公正、准确。检测机构应当保证质量保证体系有效运行。检测机构应当按照有关规定对仪器设备进行正常维护，定期检定与校准。检测机构应当建立样品管理制度，提倡盲样管理。检测机构应当建立健全档案制度，原始记录和质量检测报告内容必须清晰、完整、规范，保证档案齐备和检测数据可追溯。检测机构应当重视科技进步，及时更新质量检测仪器设备和设施。检测机构应当加强公路水运工程质量检测信息化建设，不断提升质量检测信息化水平。检测机构出具的质量检测报告应当符合规范要求，包括检测项目、参数数量（批次）、检测依据、检测场所地址、检测数据、检测结果等相关信息。检测机构不得出具虚假检测报告，不得篡改或者伪造检测报告。检测机构在同一公路水运工程项目标段中不得同时接受建设、监理、施工等多方的质量检测委托。检测机构依据合同承担公路水运工程质量检测业务，不得转包、违规分包。在检测过程中发现检测项目不合格且涉及工程主体结构安全的，检测机构应当及时向负有工程建设项目质量监督管理责任的交通运输主管部门报告。检测机构的技术负责人和质量负责人应当由公路水运工程试验检测师担任。质量检测报告应当由公路水运工程试验检测师审核、签发。检测机构应当加强检测人员培训，不断提高质量检测业务水平。检测人员不得同时在两家或者两家以上检测机构从事检测活动，不得借工作之便推销建设材料、构配件和设备。检测机构资质证书不得转让、出租。监督管理，县级以上人民政府交通运输主管部门（以下简称交通运输主管部门）应当加强对质量检测工作的监督检查，及时纠正、查处违反办法的行为。交通运输主管部门开展监督检查工作，主要包括下列内容：检测机构资质证书使用的规范性，有无转包、违规分包、超许可范围承揽业务、涂改和租借资质证书等行为；检测机构能力的符合性，工地试验室设立和施工现场检测情况；原始记录、质量检测报告的真实性、规范性和完整性；采用的技术标准、规范和规程是否合法有效，样品的管理是否符合要求；仪器设备的运行、检定和校准情况；质量保证体系运行的有效性；检测机构和检测人员质量检测活动的规范性、合法性和真实性；依据职责应当监督检查的其他内容。交通运输主管部门实施监督检查时，有权采取以下措施：要求被检查的检测机构或者有关单位提供相关文件和资料；查阅、记录、录音、录像、照相和复制与检查相关的事项和资料；进入检测机构的检测工作场地进行抽查；发现有不符合有关标准、规范、规程和办法的质量检测行为，责令立即改正或者限期整改。检测机构应当予以配合，如实说明情况和提供相关资料。交通运输部、省级人民政府交通运输主管部门应当组织比对试验，验证检测机构的能力，比对试验情况录入公路水运工程质量检测管理信息系统。检测机构应当按照规定参加比对试验并按照要求提供相关资料。任何单位和个人都有权向交通运输主管部门投诉或者举报违法违规的质量检测行为。交通运输主管部门收到投诉或者举报后，应当及时核实处理。交通运输部建立健全质量检测信用管理制度。质量检测信用管理实行统一领导，分级负责。各级交通运输主管部门依据职责定期对检测机构和检测人员的从业行为开展信用管理，并向社会公开。检测机构取得资质后，不再符合相应资质条件的，许可机关应当责令其限期整改并向社会公开。检测机构完成整改后，应当向许可机关提出资质重新核定申请。检测机构资质等级条件、专家技术评审工作程序由交通运输部制定。检测机构资质证书由许可机关按照交通运输部规定的统一格式制作。

第四节　水利工程质量检测管理

一、水利工程质量检测管理

（一）水利工程质量检测，是指水利工程质量检测单位依据国家有关法律、法规和标准，对水利工程实体以及用于水利工程的原材料、中间产品、金属结构和机电设备等进行的检查、测量、试验或者度量，并将结果与有关标准、要求进行比较以确定工程质量是否合格所进行的活动。水利工程质量检测管理规定适用于从事水利工程质量检测活动以及对水利工程质量检测实施监督管理。检测单位应当按照规定取得资质，并在资质等级许可的范围内承担质量检测业务。检测单位资质分为岩土工程、混凝土工程、金属结构、机械电气和量测共 5 个类别，每个类别分为甲级、乙级 2 个等级。检测单位资质等级标准由水利部另行制定并向社会公告。取得甲级资质的检测单位可以承担各等级水利工程的质量检测业务。大型水利工程（含一级堤防）主要建筑物以及水利工程质量与安全事故鉴定的质量检测业务，必须由具有甲级资质的检测单位承担。取得乙级资质的检测单位可以承担除大型水利工程（含一级堤防）主要建筑物以外的其他各等级水利工程的质量检测业务。前款所称主要建筑物是指失事以后将造成下游灾害或者严重影响工程功能和效益的建筑物，如堤坝、泄洪建筑物、输水建筑物、电站厂房和泵站等。从事水利工程质量检测的专业技术人员，应当具备相应的质量检测知识和能力，并按照国家职业资格管理的规定取得从业资格。水利部负责审批检测单位甲级资质；省、自治区、直辖市人民政府水行政主管部门负责审批检测单位乙级资质。检测单位资质原则上采用集中审批方式，受理时间由审批机关提前 3 个月向社会公告。

（二）检测单位应当向审批机关提交下列申请材料：《水利工程质量检测单位资质等级申请表》；计量认证资质证书和证书附表复印件；主要试验检测仪器、设备清单；主要负责人、技术负责人的职称证书复印件；管理制度及质量控制措施。具有乙级资质的检测单位申请甲级资质的，还需提交近3年承担质量检测业务的业绩及相关证明材料。检测单位可以同时申请不同专业类别的资质。审批机关收到检测单位的申请材料后，应当依法作出是否受理的决定，并向检测单位出具书面凭证；申请材料不齐全或者不符合法定形式的，应当在5日内一次告知检测单位需要补正的全部内容。审批机关应当在法定期限内作出批准或者不予批准的决定。听证、专家评审及公示所需时间不计算在法定期限内，行政机关应当将所需时间书面告知申请人。决定予以批准的，颁发《水利工程质量检测单位资质等级证书》；不予批准的，应当书面通知检测单位并说明理由。审批机关在作出决定前，应当组织对申请材料进行评审，必要时可以组织专家进行现场评审，并将评审结果公示，公示时间不少于7日。《资质等级证书》有效期为3年。有效期届满，需要延续的，检测单位应当在有效期届满30日前，向原审批机关提出申请。原审批机关应当在有效期届满前作出是否延续的决定。原审批机关应当重点核查检测单位仪器设备、检测人员、场所的变动情况，检测工作的开展情况以及质量保证体系的执行情况，必要时，可以组织专家进行现场核查。检测单位变更名称、地址、法定代表人、技术负责人的，应当自发生变更之日起60日内到原审批机关办理资质等级证书变更手续。检测单位发生分立的，应当按照本规定重新申请资质等级。任何单位和个人不得涂改、倒卖、出租、出借或者以其他形式非法转让《资质等级证书》。

（三）检测单位应当建立健全质量保证体系，采用先进、实用的检测设备和工艺，完善检测手段，提高检测人员的技术水平，确保质量检测工作的科学、准确和公正。检测单位不得转包质量检测业务；未经委托方同意，不得分包质量检测业务。检测单位应当按照国家和行业标准开展质量检测活动；没有国家和行业标准的，由检测单位提出方案，经委托方确认后实施。检测单位违反法律、法规和强制性标准，给他人造成损失的，应当依法承担赔偿责任。质量检测试样的取样应当严格执行国家和行业标准以及有关规定。提供质量检测试样的单位和个人，应当对试样的真实性负责。检测单位应当按照合同和有关标准及时、准确地向委托方提交质量检测报告并对质量检测报告负责。任何单位和个人不得明示或者暗示检测单位出具虚假质量检测报告，不得篡改或者伪造质量检测报告。检测单位应当将存在工程安全问题、可能形成质量隐患或者影响工程正常运行的检测结果以及检测过程中发现的项目法人（建设单位）、勘测设计单位、施工单位、监理单位违反法律、法规和强制性标准的情况，及时报告委托方和具有管辖权的水行政主管部门或者流域管理机构。检测单位应当建立档案管理制度。检测合同、委托单、原始记录、质量检测报告应当按年度统一编号，编号应当连续，不得随意抽撤、涂改。检测单位应当单独建立检测结果不合格项目台账。检测人员应当按照法律、法规和标准开展质量检测工作，并对质量检测结果负责。县级以上人民政府水行政主管部门应当加强对检测单位及其质量检测活动的监督检查，主要检查下列内容：是否符合资质等级标准；是否有涂改、倒卖、出租、出借或者以其他形式非法转让《资质等级证书》的行为；是否存在转包、违规分包检测业务及租借、挂靠资质等违规行为；是否按照有关标准和规定进行检测；是否按照规定在质量检测报告上签字盖章，质量检测报告是否真实；仪器设备的运行、检定和校准情况；法律、法规规定的其他事项。流域管理机构应当加强对所管辖的水利工程的质量检测活动的监督检查。县级以上人民政府水行政主管部门和流域管理机构实施监督检查时，有权采取下列措施：要求检测单位或者委托方提供相关的文件和资料；进入检测单位的工作场地（包括施工现场）进行抽查；组织进行比对试验以验证检测单位的检测能力；发现有不符合国家有关法律、法规和标准的检测行为时，责令改正。县级以上人民政府水行政主管部门和流域管理机构在监督检查中，可以根据需要对有关试样和检测资料采取抽样取证的方法；在证据可能灭失或者以后难以取得的情况下，经负责人批准，可以先行登记保存，并在5日内作出处理，在此期间，当事人和其他有关人员不得销毁或者转移试样和检测资料。

二、水利工程质量检测单位资质等级标准

水利工程质量检测单位资质分为岩土工程、混凝土工程、金属结构、机械电气和量测5个类别，每个类别分为甲级、乙级2个等级。所有类别的人员配备、业绩、管理体系和质量保证体系要求见表16-3。各个类别的检测能力要求见表16-4。

人员配备、业绩、管理体系和质量保证体系要求 **表16-3**

等级		甲级	乙级
人员配备	技术负责人	具有10年以上从事水利水电工程建设相关工作经历，并具有水利水电专业高级以上技术职称	具有8年以上从事水利水电工程建设相关工作经历，并具有水利水电专业高级以上技术职称
	检测人员	具有水利工程质量检测员职业资格或者具备水利水电工程及相关专业中级以上技术职称人员不少于15人	具有水利工程质量检测员职业资格或者具备水利水电工程及相关专业中级以上技术职称人员不少于10人
业绩	延续	近3年内至少承担过3个大型水利水电工程（含一级堤防）或6个中型水利水电工程（含二级堤防）的主要检测任务	
	新申请	近3年内至少承担6个中型水利水电工程（含二级堤防）的主要检测任务	
管理体系和质量保证体系		有健全的技术管理和质量保证体系，有计量认证资质证书	

检测能力要求 **表16-4**

类别		主要检测项目及参数
岩土工程类	甲级	（一）土工指标检测15项 含水率、比重、密度、颗粒级配、相对密度、最大干密度、最优含水率、三轴压缩强度、直剪强度、渗透系数、渗透临界坡降、压缩系数、有机质含量、液限、塑限 （二）岩石（体）指标检测8项 块体密度、含水率、单轴抗压强度、抗剪强度、弹性模量、岩块声波速度、岩体声波速度、变形模量 （三）基础处理工程检测12项 原位密度、标准贯入击数、地基承载力、单桩承载力、桩身完整性、防渗墙墙身完整性、锚索锚固力、锚杆拉拔力、锚杆杆体入孔长度、锚杆注浆饱满度、透水率（压水）、渗透系数（注水） （四）土工合成材料检测11项 单位面积质量、厚度、拉伸强度、撕裂强力、圆柱顶破强力、落锥穿透孔径、伸长率、等效孔径、垂直渗透系数、耐静水压力、老化特性
岩土工程类	乙级	（一）土工指标检测12项 含水率、比重、密度、颗粒级配、相对密度、最大干密度、最优含水率、渗透系数、渗透临界坡降、直剪强度、液限、塑限 （二）岩石（体）指标检测5项 块体密度、含水率、单轴抗压强度、弹性模量、变形模量 （三）基础处理工程检测4项 原位密度、标准贯入击数、地基承载力、单桩承载力 （四）土工合成材料检测6项 单位面积质量、厚度、拉伸强度、撕裂强力、圆柱顶破强力、伸长率
混凝土工程类	甲级	（一）水泥10项 细度、标准稠度用水量、凝结时间、安定性、胶砂流动度、胶砂强度、比表面积、烧失量、碱含量、三氧化硫含量 （二）粉煤灰7项 强度活性指数、需水量比、细度、安定性、烧失量、三氧化硫含量、含水量 （三）混凝土骨料14项 细度模数、（砂、石）饱和面干吸水率、含泥量、堆积密度、表观密度、针片状颗粒含量、软弱颗粒含量、坚固性、压碎指标、碱活性、硫酸盐及硫化物含量、有机质含量、云母含量、超逊径颗粒含量 （四）混凝土和混凝土结构18项 拌和物坍落度、拌和物泌水率、拌和物均匀性、拌和物含气量、拌和物表观密度、拌和物凝结时间、拌和物水胶比、抗压强度、轴向抗拉强度、抗折强度、弹性模量、抗渗等级、抗冻等级、钢筋间距、混凝土保护层厚度、碳化深度、回弹强度、内部缺陷 （五）钢筋5项 抗拉强度、屈服强度、断后伸长率、接头抗拉强度、反复弯曲 （六）砂浆5项 稠度、泌水率、表观密度、抗压强度、抗渗

续表

类别		主要检测项目及参数
混凝土工程类	甲级	（七）外加剂 12 项 减水率、固体含量（含固量）、含水率、含气量、pH 值、细度、氯离子含量、总碱量、收缩率比、泌水率比、抗压强度比、凝结时间差 （八）沥青 4 项 密度、针入度、延度、软化点 （九）止水带材料检测 4 项 拉伸强度、拉断伸长率、撕裂强度、压缩永久变形
	乙级	（一）水泥 6 项 细度、标准稠度用水量、凝结时间、安定性、胶砂流动度、胶砂强度 （二）混凝土骨料 9 项 细度模数、（砂、石）饱和面干吸水率、含泥量、堆积密度、表观密度、针片状颗粒含量、坚固性、压碎指标、软弱颗粒含量 （三）混凝土和混凝土结构 9 项 拌和物坍落度、拌和物泌水率、拌和物均匀性、拌和物含气量、拌和物表观密度、拌和物凝结时间、拌和物水胶比、抗压强度、抗折强度 （四）钢筋 5 项 抗拉强度、屈服强度、断后伸长率、接头抗拉强度、反复弯曲 （五）砂浆 4 项 稠度、泌水率、表观密度、抗压强度 （六）外加剂 7 项 减水率、固体含量（含固量）、含气量、pH 值、细度、抗压强度比、凝结时间差
金属结构类	甲级	（一）铸锻、焊接、材料质量与防腐涂层质量检测 16 项 铸锻件表面缺陷、钢板表面缺陷、铸锻件内部缺陷、钢板内部缺陷、焊缝表面缺陷、焊缝内部缺陷、抗拉强度、伸长率、硬度、弯曲、表面清洁度、涂料涂层厚度、涂料涂层附着力、金属涂层厚度、金属涂层结合强度、腐蚀深度与面积 （二）制造安装与在役质量检测 8 项 几何尺寸、表面缺陷、温度、变形量、振动频率、振幅、橡胶硬度、水压试验 （三）启闭机与清污机检测 14 项 电压、电流、电阻、启门力、闭门力、钢丝绳缺陷、硬度、上拱度、上翘度、挠度、行程、压力、表面粗糙度、负荷试验
金属结构类	乙级	（一）铸锻、焊接、材料质量与防腐涂层质量检测 7 项 铸锻件表面缺陷、钢板表面缺陷、焊缝表面缺陷、焊缝内部缺陷、表面清洁度、涂料涂层厚度、涂料涂层附着力 （二）制造安装与在役质量检测 4 项 几何尺寸、表面缺陷、温度、水压试验 （三）启闭机与清污机检测 7 项 钢丝绳缺陷、硬度、主梁上拱度、上翘度、挠度、行程、压力
机械电气类	甲级	（一）水力机械 21 项 流量、流速、水头（扬程）、水位、压力、压差、真空度、压力脉动、空蚀及磨损、温度、效率、转速、振动位移、振动速度、振动加速度、噪声、形位公差、粗糙度、硬度、振动频率、材料力学性能（抗拉强度、弯曲及延伸率） （二）电气设备 16 项 频率、电流、电压、电阻、绝缘电阻、交流耐压、直流耐压、励磁特性、变比及组别测量、相位检查、合分闸同期性、密封性试验、绝缘油介电强度、介质损耗因数、电气间隙和爬电距离、开关操作机构机械性能
	乙级	（一）水力机械 10 项 流量、水头（扬程）、水位、压力、空蚀及磨损、效率、转速、噪声、粗糙度、材料力学性能（抗拉强度、弯曲及延伸率） （二）电气设备 8 项 频率、电流、电压、电阻、绝缘电阻、励磁特性、相位检查、开关操作机构机械性能
量测类	甲级	（一）量测类 24 项 高程、平面位置、建筑物纵横轴线、建筑物断面几何尺寸、结构构件几何尺寸、角度、坡度、平整度、水平位移、垂直位移、振动频率、加速度、速度、接缝和裂缝开合度、倾斜、渗流量、扬压力、渗透压力、孔隙水压力、温度、应力、应变、地下水位、土压力
	乙级	（一）量测类 17 项 高程、平面位置、建筑物纵横轴线、建筑物断面几何尺寸、结构构件几何尺寸、坡度、平整度、水平位移、垂直位移、接缝和裂缝开合度、渗流量、扬压力、渗透压力、孔隙水压力、应力、应变、地下水位

三、水利工程甲级质量检测单位资质认定有关事项

技术负责人提供材料包括职称证书、劳动合同及自申请当月之前 3 个月的社会保险参保缴费材料。社会保险应包括《社会保险法》等法律法规规定应缴纳的基本养老、基本医疗、失业和工伤等险种，缴费单位原则上应与申报单位一致。除《住房和城乡建设部办公厅关于做好工程建设领域专业技术人员职业资格“挂证”等违法违规行为专项整治工作的补充通知》规定的六种情形外，申报单位上级公司、子公司、所属事业单位、人力资源服务机构等其他单位缴纳或个人缴纳社会保险不予认可，分公司缴纳的社会保险予以认可，但需作出情况说明，与其他申请材料一并提交（下同）。技术负责人的“水利水电工程建设相关工作经历”是指从事水利水电工程规划、勘测、设计、施工、监理、检测、咨询、科研等工作的经历。检测人员提供材料包括职称证书、劳动合同及自申请当月之前 3 个月的社会保险参保缴费材料。申报单位可聘用技术能力符合要求的退休人员，但不得担任技术负责人，年龄不得超过 70 周岁。退休人员无法提供符合规定的劳动合同及社会保险参保缴费材料的，可提供劳务合同、意外伤害保险投保缴费材料作为替代，并需作出情况说明，与其他申请材料一并提交。检测人员具有的水利工程质量检测员资格专业应与申报资质专业类别一致，水利水电工程及相关专业中级以上技术职称应与申报资质专业类别相对应。检测人员具有水利工程质量检测员职业资格且包含多个专业的，在申请相应类别甲级资质时，可重复计算申报人员数量。技术负责人在其他单位缴纳社会保险或者注册其他职业资格的，人员配备认定为不达标，一般人员在其他单位缴纳社会保险或者注册其他职业资格的，申报人员数量按扣除有关人员数量后认定。“近 3 年内承担过”指自申请资质当月起逆推 3 年期间承担过或正在承担的工程质量检测业绩。如申请资质当月为 2023 年 8 月，“近 3 年内”的业绩是指 2020 年 1 月 1 日至 2023 年 8 月承担过或正在承担的工程质量检测业绩。超过此时限的工程业绩不予认可。超越资质等级许可范围承揽工程、转包、违法违规分包的业绩不予认可。往年未通过资质延续的单位，在原资质有效期内承揽的符合原资质许可的业务范围并满足“近 3 年内”要求的大型水利水电工程业绩，可认定为有效业绩。检测业绩证明材料包括检测合同、检测工程等级证明及代表性检测成果（加盖 CMA 章的检测报告），不符合申报资质类型的业绩不予认定。检验检测机构资质认定（计量认证）证书和证书附表中所列参数应包含《水利部关于发布水利工程质量检测单位资质等级标准的公告》规定的申请专业类别所需的全部参数。参数依据的标准需优先采用水利行业标准，无水利行业标准的，可采用国家标准和规范或其他相关行业标准（具体要求见各专业类别主要检测项目、参数及必须依据标准对应表，略）。各专业类别可使用的技术职称证书专业清单：

1. 岩土工程类别

①水利工程类：水利水电工程，水文与水资源工程，水务工程，水利科学与工程，农业水利工程，水工材料，水工结构，水利工程施工，农田水利工程，防洪工程等。②土木工程类：土木工程，道路桥梁与渡河工程，土木、水利与海洋工程，土木、水利与交通工程，建筑材料，工程结构，土木建筑结构，土木建筑工程设计，土木建筑工程施工等。③地质类：地质工程，勘查技术与工程，地下水科学与工程，地球物理（含工程物探），地质力学，岩石学，岩土力学，勘查地质，实验地质，工程地质等。④材料类：材料科学与工程，高分子材料与工程，复合材料与工程，复合材料成型工程，材料检测与分析技术，材料实验，有机高分子材料，复合材料等。

2. 混凝土工程类别

①水利工程类：水利水电工程，水文与水资源工程，港口航道与海岸工程，水务工程，水利科学与工程，农业水利工程，水工材料，水工结构，水利工程施工，河流泥沙工程，农田水利工程，防洪工程等。②土木工程类：土木工程，道路桥梁与渡河工程，土木、水利与海洋工程，土木、水利与交通工程，城市水系统工程，建筑材料，工程结构，土木建筑结构，土木建筑工程施工等。③材料类：材料科学与工程，材料物理，材料化学，金属材料工程，无机非金属材料工程，高分子材料与工程，复合材料与工程，粉体材料科学与工程，功能材料，复合材料成型工程，智能材料与结构，材料表面

与界面，材料失效与保护，材料检测与分析技术，材料实验，材料合成与加工工艺，无机非金属材料，有机高分子材料，复合材料等。

3. 金属结构类别

①水利工程类：水利水电工程，水务工程，水利科学与工程，农业水利工程能源与动力工程（水动方向），水工材料，水工结构，水力机械，水利工程施工，农田水利工程，机电排灌工程，防洪工程等。②土木工程类：金属建筑材料，金属结构等。③材料类：材料科学与工程，材料物理，材料化学，金属材料工程，焊接技术与工程，材料表面与界面，材料失效与保护，材料检测与分析技术，材料实验，材料合成与加工工艺，金属材料等。④机械类：材料成型及控制工程，机电技术，机械制造工艺与设备，机械制造自动化，流体机械及流体动力工程等。

4. 机械电气类别

①水利工程类：水利水电工程，农业水利工程，水工结构，水力机械，农田水利工程，机电排灌工程等。②机械类：机械工程，材料成型及控制工程，机械电子工程，机电技术，机械制造工艺与设备，流体传动与控制，机械制造自动化，流体机械及流体动力工程等。③电气类：电气工程及其自动化，电气工程与智能控制，电机电器智能化，发电工程，电气工程，输配电工程，电力系统及其自动化等。

5. 量测类别

①水利工程类：水利水电工程，水文与水资源工程，水务工程，水利科学与工程，农业水利工程，水利工程测量，水工结构，水利工程施工，农田水利工程，防洪工程等。②土木工程类：土木工程，道路桥梁与渡河工程，土木、水利与海洋工程，土木、水利与交通工程，土木建筑工程测量，工程结构，土木建筑结构，土木建筑工程施工等。③地质类：地质工程，勘查技术与工程，资源勘查工程，地下水科学与工程，地球物理（含工程物探），智能地球探测，岩土力学，勘查地质，实验地质，工程地质等。④测绘类：测绘工程，地理国情监测，地理空间信息工程，大地测量定位，航空摄影测量，遥感信息工程，水利工程测量，土木建筑工程测量，测绘仪器等。

第五节　文物保护工程管理及资质管理制度改革

一、文物保护工程管理

文物保护工程，是指对核定为文物保护单位的和其他具有文物价值的古文化遗址、古墓葬、古建筑、石窟寺和石刻、近现代重要史迹及代表性建筑、壁画等不可移动文物进行的保护工程。文物保护工程必须遵守不改变文物原状的原则，全面地保存、延续文物的真实历史信息和价值；按照国际、国内公认的准则，保护文物本体及与之相关的历史、人文和自然环境。文物保护单位应当制定专项的总体保护规划，文物保护工程应当依据批准的规划进行。文物保护工程分为：保养维护工程、抢险加固工程、修缮工程、保护性设施建设工程、迁移工程等。保养维护工程，系指针对文物的轻微损害所做的日常性、季节性的养护。抢险加固工程，系指文物突发严重危险时，由于时间、技术、经费等条件的限制，不能进行彻底修缮而对文物采取具有可逆性的临时抢险加固措施的工程。修缮工程，系指为保护文物本体所必需的结构加固处理和维修，包括结合结构加固而进行的局部复原工程。保护性设施建设工程，系指为保护文物而附加安全防护设施的工程。迁移工程，系指因保护工作特别需要，并无其他更为有效的手段时所采取的将文物整体或局部搬迁、异地保护的工程。国家文物局负责全国文物保护工程的管理，并组织制定文物保护工程的相关规范、标准和定额。具有法人资格的文物管理或使用单位，包括经国家批准，使用文物保护单位的机关、团体、部队、学校、宗教组织和其他企事业单位，为文物保护工程的业主单位。承担文物保护工程的勘察、设计、施工、监理单位必须具有国家文物局认定的文物保护工程资质。文物保护工程管理主要指立项、勘察设计、施工、监理及验收管理。立项与勘察设计，文物保护工程按照文物保护单位级别实行分级管理，并按以下规定履行报批程序：

全国重点文物保护单位保护工程，以省、自治区、直辖市文物行政部门为申报机关，国家文物局为审批机关。省、自治区、直辖市级文物保护单位保护工程以文物所在地的市、县级文物行政部门为申报机关，省、自治区、直辖市文物行政部门为审批机关。市县级文物保护单位及未核定为文物保护单位的不可移动文物的保护工程的申报机关、审批机关由省级文物行政部门确定。保养维护工程由文物使用单位列入每年的工作计划和经费预算，并报省、自治区、直辖市文物行政部门备案。抢险加固工程、修缮工程、保护性设施建设工程的立项与勘察设计方案按办法的规定履行报批程序。抢险加固工程中确因情况紧急需要即刻实施的，可在实施的同时补报。

迁移工程按《文物保护法》第二十条的规定获得批准后，按规定报批勘察设计方案。因特殊情况需要在原址重建已经全部毁坏的不可移动文物的，按《文物保护法》第二十二条的规定获得批准后，按规定报批勘察设计方案。工程项目的立项申报资料包括以下内容：工程业主单位及上级主管部门名称；拟立项目名称、地点，文物保护单位级别、时代，保护范围与建设控制地带的划定、公布与执行情况；保护工程必要性与实施可能性的技术文件与形象资料（录像或照片）；经费估算、来源及计划工期安排；拟聘请的勘察设计单位名称及资信。已立项的文物保护工程应当申报勘察、方案设计和施工技术设计文件。重大工程要在方案获得批准后，再进行技术设计。勘察和方案设计文件包括：反映文物历史状况、固有特征和损害情况的勘察报告、实测图、照片；保护工程方案、设计图及相关技术文件；工程设计概算；必要时应提供考古勘探发掘资料、材料试验报告书、环境污染情况报告书、工程地质和水文地质资料及勘探报告。施工技术设计文件包括：施工图、设计说明书、施工图预算、相关材料试验报告及检测鉴定结果。施工、监理与验收，文物保护工程中的修缮工程、保护性设施建设工程和迁移工程实行招投标和工程监理。重要文物保护工程按本规定的程序报批招标文件及拟选用的施工单位。文物保护工程必须遵守国家有关施工的法律、法规和规章、规范，购置的工程材料应当符合文物保护工程质量的要求。施工单位应当严格按照设计文件的要求进行施工，其工作程序为：依据设计文件，编制施工方案；施工人员进场前要接受文物保护相关知识的培训；按文物保护工程的要求作好施工记录和施工统计文件，收集有关文物资料；进行质量自检，对工程的隐蔽部分必须与业主单位、设计单位、监理单位共同检验并做好记录；提交竣工资料；按合同约定负责保修，保修期限自竣工验收之日起计算，除保养维护、抢险加固工程以外，不少于 5 年。施工过程中如发现新的文物、有关资料或其他影响文物保护的重大问题，要立即记录，保护现场，并经原申报机关向原审批机关报告，请示处理办法。施工过程中如需变更或补充已批准的技术设计，由工程业主单位、设计单位和施工单位共同现场洽商，并报原申报机关备案；如需变更已批准的工程项目或方案设计中的重要内容，必须经原申报机关报审批机关批准。文物保护工程应当按工序分阶段验收。重大工程告一段落时，项目的审批机关应当组织或者委托有关单位进行阶段验收。工程竣工后，由业主单位会同设计单位、施工单位、监理单位对工程质量进行验评，并提交工程总结报告、竣工报告、竣工图纸、财务决算书及说明等资料，经原申报机关初验合格后报审批机关。项目的审批机关视工程项目的实际情况成立验收小组或者委托有关单位，组织竣工验收。对工程验收中发现的质量问题，由业主单位及时组织整改。文物保护工程的业主单位、勘察设计单位、施工单位、申报机关和审批机关应当建立有关工程行政、技术和财务文件的档案管理制度。所有工程资料应当立卷存档并归入文物保护单位记录档案。重要工程应当在验收后 3 年内发表技术报告。

二、简化文物保护工程类、珍贵文物修复类、安防消防防雷工程类审批事项

（一）文物保护工程类，立项报告编报，简化立项报告的填写内容，必要性、相关平面图、工程实施范围（规划范围）、拟采取的措施（技术路线）等作为必填项。经费预（估）算只作为工程或规划立项的选填项。立项报告由文物保护单位的管理机构独立编写，亦可委托有资质的文物保护工程勘察设计单位编写。简化申报环节，项目单位可直接向省级文物行政部门提交立项申请，不必再通过市、县级文物行政部门，但申报时应抄送市、县级文物行政部门。进一步拉大立项报审与方案报审的时间间隔（一般应不少于 2 个月），以提高方案的编写质量，同时缓解每年的集中评审压力。增强工程项目统筹和针对性，同一国保单位同类型工程可一次性跨年度申报立项，但应附年度实施计划（年度实施范围）。壁画、彩塑、石质文物保护、白蚁防治、展示利用工程可与本体修缮工程一并申报立项，但要单独表述。环境整治、保护设施建设、数字化、监测等项目仍应单独申报立项。大遗址保护范围内的拆除和整治项目应以环境整治工程申报立项，环境整治工程主要包括：不合理占压文物的建构筑物等现代设施的拆除、垃圾清运、道路改线、电线迁埋、建筑外立面整饬、现有基础设施改造、适当绿化等；根据文物保护展示需要所进行的参观道路、标识牌、附属服务设施及其配套基础设施等建设应纳入文物保护展示工程中统筹考虑，不纳入环境整治工程。其他国保单位保护范围和建设控制地带内的整治项目按行政许可报审。保护规划立项，由省级文物行政部门根据本省国保单位的具体情况统筹安排，一年分两次集中申报本省国保单位保护规划编制计划，将各国保单位保护规划立项报告作为附件。

（二）珍贵文物修复类，项目申请单位提出馆藏珍贵文物修复申请，申请材料包括文物修复方案（方案编制单位应具备可移动文物修复资质，方案应按照相关文物保护行业标准编制），并通过网报网审系统进行填报。省级文物行政部门对方案进行初核，明确意见，将符合审批要求的方案，通过网报网审系统报送国家文物局。国家文物局受理流程，形式审查，审查申报材料是否完备；技术审查，国家文物局组织第三方机构（或专家）对申报材料进行技术审核；作出决定，符合条件的，作出同意批复。审批标准，文物修复方案应当由具有资质的单位编制；文物修复事项属于修复资质单位业务范围；文物信息、修复的必要性和工作目标明确；修复程序及修复技术路线科学合理；预防性保护措施明确。

（三）安防消防防雷工程类，编制项目实施计划，安防消防防雷工程类不再履行立项申报程序。为加强工程管理，由省级文物行政部门按照轻重缓急，分年度组织编制本省拟实施的国保单位安防消防防雷工程项目实施计划，填写《安防消防防雷工程项目申报表》，明确拟实施的具体项目，初步提出每个项目的防护范围、防护对象、防护措施，报我局确认。各地应将国保单位中被盗或者被破坏风险较大的古遗址、古墓葬、石窟寺等作为安防工程重点，火灾风险大的古城镇、古村落、古建筑群作为消防工程重点，将高大古建筑作为防雷工程重点。各省级文物行政部门应将下一年度的项目实施计划于本年度10月31日前报至国家文物局。方案编制和评审，安防消防防雷工程类的实施计划经我局确认后，由具体项目的国保单位管理使用机构按照《关于加强全国重点文物保护单位安全防护工程申报审批与管理工作的通知》要求组织编制工程实施方案，通过网报网审系统送第三方评估机构进行技术审核。第三方评估机构重点审查以下内容：工程实施方案材料是否完备，要件是否齐全，方案设计内容是否符合实施计划提出的防护范围、对象，提出的具体措施是否合理适度，是否对文物本体及其周边环境产生负面影响等。正式申报行政许可，工程实施方案经第三方评估机构评审通过且已按照评审意见修改完善后，由项目单位填写安防消防防雷工程行政许可申报书，并将通过评审且修改完善的方案送省级文物行政部门确认。省级文物行政部门重点核查以下内容：是否符合实施计划、是否按照评审意见修改完善。如无异议，省级文物行政部门出具初核意见，并通过网报网审系统正式提交行政许可申请。国家文物局正式受理安防消防防雷工程行政许可后，将在20个工作日内作出决定。

（四）文物保护工程绿色低碳，加强城乡文物保护，坚持节约优先。文物是不可再生、不可替代的宝贵资源。各级文物行政部门要积极参与城乡建设绿色低碳转型，将文物保护与城市更新、城镇老旧小区改造、城中村改造、集中成片开发等相结合，始终把保护放在第一位，确保文物本体安全，维护文物周边环境安全，保护和延续以文物资源为载体的城乡历史文化风貌。特别是在保存文物丰富、老旧建筑集中的地区，严厉杜绝大拆大建、拆真建假，加大保护修缮力度，促进活化利用、开放共享，支持文物建筑、革命旧址开辟为公共设施或文化场所、因地制宜提供公共服务，鼓励依托老旧建筑改建博物馆纪念馆。提高文物领域节能降碳水平。科学规划确定博物馆纪念馆、文博数据中心、文物安消防工程、考古遗址公园等建设规模，加强设计、施工和运行管理，推行绿色低碳建造方式，推广应用绿色建材。合理布局建设革命纪念设施，体现应有功能和内在精神，严厉杜绝贪大求洋。积极引进应用先进适用技术，有序开展既有建筑和设施的节能改造、功能提升、整合优化，不断降低运营维护成本。在文物保护工程中积极推行绿色施工，注意保护周边环境。鼓励博物馆纪念馆和开放的文物保护单位实施分区分时等精细化管理，推进节约用能、节水护水、资源循环利用。倡导绿色低碳生产生活方式，稳步推进绿色办公、绿色出行、绿色采购，坚决遏制奢侈浪费和不合理消费。深入挖掘阐释文物价值，积极开展绿色低碳宣传普及。

（五）关于文物保护工程专业人员有关工作，国家文物局颁布实施了《文物保护工程勘察设计资质管理办法（试行）》《文物保护工程施工资质管理办法（试行）》《文物保护工程监理资质管理办法（试行）》。根据新试行的资质管理办法，文物保护工程勘察设计、施工、监理人员经培训、考核合格后，由国家文物局认定的全国性文物保护行业协会颁发相应的专业人员证书。中国古迹遗址保护协会作为在国内具有广泛影响的全国性文物保护行业协会，承担文物保护工程责任设计师、责任工程师、责任监理师的考核工作，对经培训、考核合格的人员颁发相应的文物保护工程专业人员证书。《关于颁发首批文物保护工程勘察设计、施工个人从业资格证书的通知》中，已经认定了首批文物保护工程勘察设计、施工单位个人从业资格人员。为此，中国古迹遗址保护协会对已认定的文物保护工程从业资格人员，将根据其本人申请，授予相应的文物保护工程专业人员证书。其中，文物保护工程勘察设计从业资格人员按照新试行的资质管理办法授予文物保护工程责任设计师证书；文物保护工程施工单位技术负责人、项目负责人从业资格人员按照新试行的资质管理办法授予文物保护工程责任工程师证书；文物保护工程施工各工种技术人员从业资格人员按照新试行的资质管理办法授予文物保护工程施工技术人员证书。已认定的文物保护工程从业资格人员，申请取得文物保护工程专业人员证书的，应当由本人填写证书申请表一式三份（根据本人情况选择《文物保护工程责任设计师证书申请表》《文物保护工程责任工程师证书申请表》或《文物保护工程施工技术人员证书申请表》填写），如实申报个人信息和从业业绩。其中，申请取得文物保护工程责任设计师、责任工程师证书的，应当根据本人专业特长和从业业绩，申报个人从业范围。申请取得文物保护工程专业人员证书的人员，目前在文物保护工程资质单位从业的，应当将其证书申请表报送所在单位注册地的省级文物主管部门初审；目前未在文物保护工程资质单位从业的，应当将其证书申请表报送户籍所在地的省级文物主管部门初审。省级文物主管部门应当对文物保护工程专业人员证书申请表进行初审并出具意见，重点核实相关人员遵守文物保护法律法规情况和从业业绩。对于近5年内承担文物保护勘察设计、施工工程发生文物损坏或者人员伤亡的重大责任事故，且负有直接责任的人员，或申报业绩弄虚作假的人员，应当认定初审不合格。国家文物局将会同中国古迹遗址保护协会，对相关申请材料进行审核。中国古迹遗址保护协会对审核合格的人员，颁发相应的文物保护工程专业人员证书。为加快推进文物保护工程专业人员培养，国家文物局将指导协调有关省级文物主管部门，组织开展文物保护工程甲、一级资质单位专业人员的集中培训。参加培训人员应当是文物保护工程甲、一级资质单位的现职专业技术骨干，申请参加文物保护工程勘察设计、施工、监理三类培训中的一类。其中，申请参加勘察设计培训的，应当是文物保护工程勘察设计甲级资质单位的从业人员，并符合文物保护工程责任设计师的相关条件；申请参加施工培训的，应当是文物保护工程施工一级资质单位的从业人员，并符合文物保护工程责任工程师的相关条件；申请参加监理培训的，应当是文物保护工程监理甲级资质单位的从业人员，并符合文物保护工程责任监理师的相关条件。已经认定的首批文物保护工程勘察设计、施工单位个人从业资格人员不参加培训。参加培训人员应由本人填写相应类别的培训申请表一式三份（选择《文物保护工程责任设计师培训申请表》《文物保护工程责任工程师培训申请表》或《文物保护工程责任监理师培训申请表》中的一类填写），经所在的文物保护工程甲、一级资质单位同意，并由所在单位注册地的省级文物主管部门推荐。省级文物主管部门对推荐参加培训人员，应当认真核实其遵守文物保护法律法规情况和从业经历、主要业绩。有违反文物保护法律法规行为，或不符合文物保护工程责任设计师、责任工程师、责任监理师相关条件，或从业经历、业绩等弄虚作假的人员，不得列入推荐范围。同时，根据《文物保护法实施条例》《文物保护工程管理办法》《文物保护工程勘察设计资质管理办法（试行）》《文物保护工程施工资质管理办法（试行）》《文物保护工程监理资质管理办法（试行）》，文物保护工程从业资格已纳入水平评价类国家职业资格目录（2021 年版）。

三、文物保护工程资质改革内容

调整资质等级，文物保护工程勘察设计资质、监理资质由甲、乙、丙三级调整为甲、乙两级。文物保护工程施工资质由一、二、三级调整为一、二两级。调整资质标准，对现行《文物保护工程勘察设计资质管理办法（试行）》《文物保护工程施工资质管理办法（试行）》《文物保护工程监理资质管理办法（试行）》中关于资质标准的部分内容进行调整。《文物保护工程勘察设计资质管理办法（试行）》第十六条第（四）款，“文物保护工程责任设计师不少于 3 人”调整为“文物保护工程责任设计师不少于 2 人”。删除第十七条。《文物保护工程施工资质管理办法（试行）》第十八条第（四）款，“文物保护工程责任工程师不少于 3 人”调整为“文物保护工程责任工程师不少于 2 人”。第（五）款“具有 10 名以上文物保护工程施工技术人员”调整为“具有 8 名以上文物保护工程施工技术人员”。删除第十九条。《文物保护工程监理资质管理办法（试行）》第十七条第（四）款，“文物保护工程责任监理师不少于 3 人”调整为“文物保护工程责任监理师不少于 2 人”。删除第十八条。优化资质审批服务，文物保护工程甲、一级资质审批机关为国家文物局，实行全程网上申报和审批。申请单位按照《国家文物局关于上线试运行全国文物保护工程资质单位数据库和甲、一级资质单位在线管理系统的通知》有关要求填报数据库，所报信息经审核通过后，可直接在线提交甲、一级资质申请，国家文物局依法审批办理。文物保护工程乙、二级资质审批机关为省级文物行政部门。申请乙、二级资质的单位直接报请相应省级文物行政部门审批。省级文物行政部门负责制定文物保护工程乙、二级资质申报审批相关流程、方式和要求，并向社会公布。优化市场准入，调整文物保护工程分级及资质等级要求。三级工程（即尚未核定公布为文物保护单位的不可移动文物的保养维护工程、抢险加固工程、修缮工程、迁移工程、重建工程），其承担单位取消资质限定要求，鼓励具有文物保护专业能力和从业经验的单位参与。做好过渡衔接。设置新旧政策过渡期，过渡期截至 2023 年 12 月 31 日。过渡期内简单换证，即：原文物保护工程甲、一级和乙、二级资质证书不变，不重新换发证书（资质证书信息变更除外）；原文物保护工程丙、三级资质证书由省级文物行政部门直接换发为相同资质类型和业务范围的乙、二级资质证书，无须核定资质单位人员和业绩等信息。过渡期结束后，根据本次调整后的资质标准，对所有资质单位重新核定换发资质证书，资质证书有效期为 6 年。加强事中事后监管。坚持放管结合，开展资质改革实施情况评估，加大资质审批后的动态监管力度。抽查省级文物行政部门文物保护工程资质审批工作，对违规审批行为严肃处理。完善全国文物保护工程资质单位数据库。加大专业人员培养力度，组织开展文物保护工程从业资格考试，推动考试常态化，编制印发文物保护工程从业资格考试教材。推进文物修复领域职业技能等级制度，制定国家职业技能标准。鼓励专业机构针对各类文物保护工程从业人员开展培训，提升行业人员专业能力。健全信用体系，依托文物保护工程资质单位数据库和在线管理系统，构建资质资格信用管理体系，逐步建立资质资格信用大数据查询系统，面向全社会开放。强化信用信息在文物保护工程各环节的应用。文物保护工程分级及资质等级要求，文物保护工程（勘察设计）分级及资质等级要求（表 16-5），文物保护工程（施工）分级及资质等级要求（表 16-6），文物保护工程（监理）分级及资质等级要求（表 16-7）。

文物保护工程（勘察设计）分级及资质等级要求 **表16-5**

工程级别	工程主要内容	资质等级要求
一级	1. 全国重点文物保护单位和国家文物局指定的重要文物修缮工程、迁移工程、重建工程的方案及施工图设计	无
	2. 全国重点文物保护单位保护规划编制	勘察设计甲级

续表

工程级别	工程主要内容	资质等级要求
二级	1. 全国重点文物保护单位保养维护工程、抢险加固工程的方案及施工图设计。 2. 省、市、县级文物保护单位保养维护工程、抢险加固工程、修缮工程、迁移工程、重建工程的方案及施工图设计	无
	3. 省、市、县级文物保护单位保护规划编制	勘察设计甲级、勘察设计乙级
三级	尚未核定公布为文物保护单位的不可移动文物保养维护工程、抢险加固工程、修缮工程、迁移工程、重建工程的方案及施工图设计，保护规划编制	无

注：壁画保护涵盖壁画、彩塑保护，古建筑保护涵盖彩画保护。

文物保护工程（施工）分级及资质等级要求 **表16-6**

工程级别	工程主要内容	资质等级要求
一级	全国重点文物保护单位和国家文物局指定的重要文物修缮工程、迁移工程、重建工程	施工一级
二级	1. 全国重点文物保护单位保养维护工程、抢险加固工程。 2. 省、市、县级文物保护单位保养维护工程、抢险加固工程、修缮工程、迁移工程、重建工程	施工一级、施工二级
三级	尚未核定公布为文物保护单位的不可移动文物保养维护工程、抢险加固工程、修缮工程、迁移工程、重建工程	无

注：壁画保护涵盖壁画、彩塑保护，古建筑保护涵盖彩画保护。

文物保护工程（监理）分级及资质等级要求 **表16-7**

工程级别	工程主要内容	资质等级要求
一级	全国重点文物保护单位和国家文物局指定的重要文物的修缮工程、迁移工程、重建工程	监理甲级
二级	1. 全国重点文物保护单位保养维护工程、抢险加固工程。 2. 省、市、县级文物保护单位保养维护工程、抢险加固工程、修缮工程、迁移工程、重建工程	监理甲级、监理乙级
三级	尚未核定公布为文物保护单位的不可移动文物保养维护工程、抢险加固工程、修缮工程、迁移工程、重建工程	无

注：壁画保护涵盖壁画、彩塑保护，古建筑保护涵盖彩画保护。

（一）文物保护工程勘察设计资质管理。从事古文化遗址、古墓葬、古建筑、石窟寺和石刻、近现代重要史迹及代表性建筑、壁画等不可移动文物的保护工程勘察设计资质纳入管理，文物保护工程勘察设计是指为文物保护工程而进行的调查、研究、勘察测绘、制定保护方案、工程设计及工程必要性可行性分析、技术经济分析，编制保护规划，并提供勘察成果资料、设计文件及规划文件的活动。文物保护工程勘察设计单位应当按照办法的规定申请资质及业务范围，取得相应等级的资质证书后，在许可的业务范围内从事文物保护工程勘察设计活动。文物保护工程勘察设计资质等级分为甲、乙两级。国家文物局负责审定文物保护工程勘察设计甲级资质，颁发甲级资质证书。省级文物主管部门负责审定本辖区注册企、事业单位的文物保护工程勘察设计乙级资质，颁发相应的资质证书。省级文物主管部门负责文物保护工程勘察设计资质的年检和日常管理工作。文物保护工程勘察设计资质的业务范围分为古文化遗址古墓葬、古建筑、石窟寺和石刻、近现代重要史迹及代表性建筑、壁画、保护规划等六类。专业人员，文物保护工程责任设计师是指经过文物保护工程勘察设计的相关培训，并通过考核，取得相应从业范围证书的文物保护工程勘察设计专业人员。文物保护工程责任设计师不得同时受聘于两家或两家以上文物保护工程资质单位。文物保护工程勘察设计实行责任设计师负责制。责任设计师在主持文物保护工程勘察设计中，应当全面负责所承担项目的组织管理和质量控制，在勘察设计文件上签字并对文件质量负直接责任。文物保护工程责任设计师应当具备以下条件：熟悉文物保护法律法规，具有较强的文物保护意识，遵循文物保护的基本原则、科学理念、行业准则和职业操守；

从事文物保护工程勘察设计相关技术工作8年以上；主持完成至少二项工程等级为一级，或至少四项工程等级为二级，且通过相应文物主管部门审批的文物保护工程勘察设计项目；或者作为主要技术人员参与完成至少四项工程等级为一级，或至少八项工程等级为二级，且通过相应文物主管部门审批的文物保护工程勘察设计项目；近5年内主持完成的文物保护工程勘察设计，没有发生因勘察设计质量问题对文物造成损坏或人员伤亡等重大责任事故。近5年内，主持完成的文物保护工程勘察设计或相关科研项目因工程质量、管理创新、科技创新，获得国家级、省部级奖项的专业人员，申请担任文物保护工程责任设计师的，可适当放宽前款标准。文物保护工程责任设计师的从业范围分为古文化遗址古墓葬、古建筑、石窟寺和石刻、近现代重要史迹及代表性建筑、壁画、保护规划等六类。省级文物主管部门负责组织开展文物保护工程责任设计师的培训和继续教育工作。文物保护工程责任设计师的培训内容应当包括文物保护的法律法规、保护原则、标准规范等相关专业知识，培训时间不得少于40课时。文物保护工程责任设计师由全国性文物保护行业协会组织考核。经考核合格的人员，由全国性文物保护行业协会颁发文物保护工程责任设计师证书，并将名单向社会公布，同时报国家文物局备案。全国性文物保护行业协会由国家文物局向社会公布。

资质标准，甲级资质标准：法定代表人与文物保护工程责任设计师均熟悉文物保护法律法规，具有较强的文物保护意识，遵循文物保护的基本原则、科学理念、行业准则和职业操守；经主管机关核准登记的法人单位，独立承担完成不少于十项、工程等级为二级的文物保护工程勘察设计，并已通过相应文物主管部门审批；近3年内完成的文物保护工程勘察设计中，没有发生因勘察设计质量问题造成文物损坏或人员伤亡等重大责任事故；文物保护工程责任设计师不少于5人（其中应聘并固定在该单位的离退休人员不超过20%）；其中，每一项业务范围都应有2名以上具有相应从业范围的文物保护工程责任设计师；有协助责任设计师从事文物保护工程勘察设计工作的必要的专职技术人员。乙级资质标准：法定代表人与文物保护工程责任设计师均熟悉文物保护法律法规，具有较强的文物保护意识，遵循文物保护的基本原则、科学理念、行业准则和职业操守；经主管机关核准登记的法人单位，独立承担完成不少于十项、工程等级为三级的文物保护工程勘察设计，并已通过相应文物主管部门审批；近3年内完成的文物保护工程勘察设计中，没有发生因勘察设计质量问题造成文物损坏或人员伤亡的重大责任事故；文物保护工程责任设计师不少于2人（其中应聘并固定在该单位的离退休人员不超过20%）；其中，每一项业务范围都应有1名以上具有相应从业范围的文物保护工程责任设计师；有协助责任设计师从事文物保护工程勘察设计工作的必要的专职技术人员。文物保护工程勘察设计单位应当根据自身资质等级和业务范围承担相应的勘察设计项目。资质申请与审批，申请文物保护工程勘察设计甲级资质或申请增加甲级资质业务范围的单位，应当报请所在地省级文物主管部门初审合格后报国家文物局审批。申请乙级及以下文物保护工程勘察设计资质或申请增加乙级及以下资质业务范围的单位，应当报请所在地市、县级文物主管部门初审合格后报省级文物主管部门审批。近5年内，因工程质量、管理创新、科技创新获得与文物保护工程勘察设计相关的国家级、省部级奖项的文物保护工程勘察设计单位，经所在地省级文物主管部门推荐，申请文物保护工程勘察设计甲级资质的，可适当放宽标准。申请文物保护工程勘察设计资质或申请增加业务范围的，应当提交以下材料：文物保护工程勘察设计资质申请表；企业单位法人营业执照副本；事业单位主管机关颁发的单位法人证书或文件；法定代表人任职文件、身份证复印件；文物保护工程责任设计师的劳动合同（事业单位为聘任合同）、任职文件、文物保护工程责任设计师证书、社会保险证明、身份证复印件；完成的具有代表性的文物保护工程勘察设计合同及审批文件。国家文物局和省级文物主管部门每年第一季度组织审定文物保护工程勘察设计资质，并颁发相应的资质证书和勘察设计图纸报审章。监督管理，文物保护工程勘察设计资质证书是从事文物保护工程勘察设计的凭证，只限本单位使用，不得涂改、伪造、转让、出借。文物保护工程勘察设计单位出具的设计文件均应加盖勘察设计图纸报审章。文物保护工程勘察设计资质证书由国家文物局监制，分为正本和副本，正本1本，副本6本，正、副本具有同等法律效力，有效期为12年。在资质证书有效期内，文物保护工程勘察设计单位名称、地址、法定代表人、经济性质等发生变更的，应当在工商部门办理变更手续后30日内，到文物保护工程资质证书发证机关办理资质证书变更手续。原证书应交回发证机关注销。办理名称、地址、法定代表人、经济性质等变更手续的，应当提交相应材料。文物保护工程勘察设计资质单位改制、合并、分立的，应当按照办法规定重新申报材料，申请取得文物保护工程勘察设计资质。省级文物主管部门每2年进行一次文物保护工程勘察设计资质年检，一般在当年第四季度进行。文物保护工程勘察设计资质单位参加年检，应当提交材料（略）。省级文物主管部门对符合相应资质等级标准的文物保护工程勘察设计资质单位，应当认定年检合格，并在其资质证书副本上加盖年检合格章。省级文物主管部门应当将甲级资质单位的年检结论，报国家文物局备案。年检合格的文物保护工程勘察设计资质单位由文物保护工程资质证书发证机关颁发勘察设计图纸报审章。

（二）文物保护工程施工资质管理，从事古文化遗址、古墓葬、古建筑、石窟寺和石刻、近现代重要史迹及代表性建筑、壁画等不可移动文物的保护工程施工资质纳入管理，文物保护工程施工单位应当按照办法的规定申请资质及业务范围，取得相应等级的资质证书后，在许可的业务范围内从事文物保护工程施工活动。文物保护工程施工资质等级分为一、二级。国家文物局负责审定文物保护工程施工一级资质，颁发一级资质证书。省级文物主管部门负责审定本辖区注册企、事业单位的文物保护工程施工二级资质，颁发相应的资质证书。省级文物主管部门负责文物保护工程施工资质的年检和日常管理工作。文物保护工程施工资质的业务范围分为古文化遗址古墓葬、古建筑、石窟寺和石刻、近现代重要史迹及代表性建筑、壁画等五类。专业人员，文物保护工程施工专业人员是指经过文物保护工程施工的相关培训，并通过考核，取得相应类别和从业范围证书的专业人员。文物保护工程施工专业人员分为文物保护工程施工技术人员和责任工程师。文物保护工程施工专业人员不得同时受聘于两家或两家以上文物保护工程资质单位。文物保护工程施工技术人员包括各专业工种技术人员、资料员、安全员等。文物保护工程施工技术人员应当参与文物保护工程施工相关专业技术工作3年以上，或者具有文物保护工程施工相关专业的初级技术职务。文物保护工程施工实行责任工程师负责制。责任工程师应当全面负责所承担的文物保护工程项目施工的现场组织管理和质量控制，并对文物安全和工程质量负直接责任。责任工程师不得同时承担两个或两个以上文物保护工程项目施工的管理工作。文物保护工程责任工程师应当具备以下条件：熟悉文物保护法律法规，具有较强的文物保护意识，遵循文物保护的基本原则、科学理念、行业准则和职业操守；从事文物保护工程施工管理8年以上；主持完成至少两项工程等级为一级，或至少四项工程等级为二级，且工程验收合格的文物保护工程施工项目；或者作为主要技术人员参与管理至少四项工程等级为一级，或至少八项工程等级为二级，且工程验收合格的文物保护工程施工项目；近5年内主持完成的文物保护工程施工中，没有发生文物损坏或者人员伤亡等重大责任事故。近5年内，主持完成的文物保护工程施工或相关科研项目因工程质量、管理创新、科技创新，获得国家级、省部级奖项的专业人员，申请担任文物保护工程责任工程师的，可适当放宽标准。文物保护工程责任工程师的从业范围分为古文化遗址古墓葬、古建筑、石窟寺和石刻、近现代重要史迹及代表性建筑、壁画等五类。省级文物主管部门负责组织开展文物保护工程施工专业人员的培训和继续教育工作。文物保护工程施工专业人员的培训内容应当包括文物保护的法律法规、保护原则、标准规范等相关专业知识，培训时间不得少于40课时。文物保护工程责任工程师由全国性文物保护行业协会组织考核。经考核合格的人员，由全国性文物保护行业协会颁发文物保护工程责任工程师证书，并将名单向社会公布，同时报国家文物局备案。全国性文物保护行业协会由国家文物局向社会公布。省级文物主管部门或受其委托的专业机构负责组织文物保护工程施工技术人员考核，考核合格的人员由国家文物局公布的全国性文物保护行业协会颁发文物保护工程施工技术人员证书。省级文物主管部门对本地区长期从事文物保护工程施工，熟练掌握传统工艺技术，经文物保护工程施工专业人员培训、年龄在50周岁以上的老工匠，可决定免予考核，由国家文物局公布的全国性文物保护行业协会颁发文物保护工程施工技术人员证书。

资质标准，一级资质标准：法定代表人与专业人员均熟悉文物保护法律法规，具有较强的文物保护意识，遵循文物保护的基本原则、科学理念、行业准则和职业操守；经主管机关核准登记的法人单位，独立承担完成不少于十项、工程等级为二级的文物保护工程，工程质量合格，通过验收；近3年内完成的文物保护工程施工中，没有发生文物损坏或人员伤亡等重大责任事故；文物保护工程责任工程师不少于5人；其中，每一项业务范围都应有2名以上具有相应从业范围的文物保护工程责任工程师；具有15名以上文物保护工程施工技术人员，各专业工种技术人员、资料员、安全员等配置齐全；具有文物保护工程所需的专业技术装备。二级资质标准：法定代表人与专业人员均熟悉文物保护法律法规，具有较强的文物保护意识，遵循文物保护的基本原则、科学理念、行业准则和职业操守；经主管机关核准登记的法人单位，独立承担完成不少于十项、工程等级为三级的文物保护工程，工程质量合格，通过验收；近3年内完成的文物保护工程施工中，没有发生文物损坏或人员伤亡的重大责任事故；文物保护工程责任工程师不少于2人；其中，每一项业务范围都应有1名以上具有相应从业范围的文物保护工程责任工程师；具有8名以上文物保护工程施工技术人员；具有文物保护工程所需的专业技术装备。文物保护工程施工单位应当根据自身资质等级和业务范围承担相应的施工项目。资质申请与审批，申请文物保护工程施工一级资质或申请增加一级资质业务范围的单位，应当报请所在地省级文物主管部门初审合格后报国家文物局审批。申请二级文物保护工程施工资质或申请增加二级资质业务范围的单位，应当报请所在地市、县级文物主管部门初审合格后报省级文物主管部门审批。长期在特定区域从事特定类型文物保护工程施工，熟练掌握传统特色工艺技术，业绩突出的文物保护工程施工单位，经所在地省级文物主管部门推荐，可以向国家文物局申请取得特定范围文物保护工程施工一级资质。申请上述特定范围一级资质的单位，可适当放宽标准。省级文物主管部门可以参照规定，对申请特定范围文物保护工程施工二级资质的单位，适当放宽相关标准。近5年内，因工程质量、管理创新、科技创新获得与文物保护工程施工相关的国家级、省部级奖项的文物保护工程施工单位，经所在地省级文物主管部门推荐，申请文物保护工程施工一级资质的，可适当放宽标准。申请文物保护工程施工资质或申请增加业务范围的，应当提交材料（略）。国家文物局和省级文物主管部门每年第一季度组织审定文物保护工程施工资质，并颁发相应的资质证书。监督管理，文物保护工程施工资质证书是从事文物保护工程施工的凭证，只限本单位使用，不得涂改、伪造、转让、出借。文物保护工程施工资质证书由国家文物局监制，分为正本和副本，正本1本，副本6本，正、副本具有同等法律效力，有效期为12年。在资质证书有效期内，文物保护工程施工单位名称、地址、法定代表人、经济性质等发生变更的，应当在工商部门办理变更手续后30日内，到文物保护工程资质证书发证机关办理资质证书变更手续。原证书应交回发证机关注销。办理名称、地址、法定代表人、经济性质等变更手续的，应当提交以下材料：资质证书变更申请；资质证书原件；变更后的企业法人营业执照或事业单位法人证书及文件；一级施工资质单位办理变更的，应提交所在地省级文物主管部门初审文件。文物保护工程施工资质单位改制、合并、分立的，应当按照办法规定重新申报材料，申请取得文物保护工程施工资质。省级文物主管部门每两年进行一次文物保护工程施工资质年检，一般在当年第四季度进行。文物保护工程施工资质单位参加年检，应当提交材料（略）。省级文物主管部门对符合相应资质等级标准的文物保护工程施工资质单位，应当认定年检合格，并在其资质证书副本上加盖年检合格章。省级文物主管部门应当将一级资质单位的年检结论，报国家文物局备案。文物保护工程施工资质证书遗失的，应当于30日内在媒体上声明作废，并向文物保护工程资质证书发证机关申请补发证书。文物保护工程施工资质单位撤销、破产倒闭的，应在30日内将原资质证书交回原发证机关，办理注销手续。在规定时间内没有参加资质年检或逾期不办理资质证书变更手续的，其资质证书自行失效。

（三）文物保护工程监理资质管理，从事古文化遗址、古墓葬、古建筑、石窟寺和石刻、近现代重要史迹及代表性建筑、壁画等不可移动文物的保护工程监理资质纳入管理，文物保护工程监理单位应当按照办法的规定申请资质及业务范围，取得相应等级的资质证书后，在许可的业务范围内从事文物保护工程监理活动。文物保护工程监理资质等级分为甲、乙级。国家文物局负责审定文物保护工程监理甲级资质，颁发甲级资质证书。省级文物主管部门负责审定本辖区注册企、事业单位的文物保护工程监理乙级资质，颁发相应的资质证书。省级文物主管部门负责文物保护工程监理资质的年检和日常管理工作。文物保护工程监理资质的业务范围分为古文化遗址古墓葬、古建筑、石窟寺和石刻、近现代重要史迹及代表性建筑、壁画等五类。专业人员，文物保护工程监理专业人员是指经过文物保护工程监理的相关培训，并通过考核，取得相应类别和从业范围证书的专业人员。文物保护工程监理专业人员分为文物保护工程监理员和责任监理师。文物保护工程监理专业人员不得同时受聘于两家或两家以上文物保护工程资质单位。文物保护工程监理员包括各专业工种监理人员、资料员、检测员等。文物保护工程监理员应当参与文物保护工程监理相关专业技术工作 3 年以上，或者具有文物保护工程监理相关专业的初级技术职务。文物保护工程监理实行责任监理师负责制。责任监理师对所负责监理的文物保护工程负有全面的监理责任，对文物安全和工程质量负监管责任。文物保护工程责任监理师应当具备以下条件：熟悉文物保护法律法规，具有较强的文物保护意识，遵循文物保护的基本原则、科学理念、行业准则和职业操守；从事文物保护工程监理管理 8 年以上；主持监理至少两项工程等级为一级，或至少四项工程等级为二级，且工程验收合格的文物保护工程项目；或者作为主要人员参与监理至少四项工程等级为一级，或至少八项工程等级为二级，且工程验收合格的文物保护工程项目；近 5 年内主持完成监理的文物保护工程中，没有发生文物损坏或者人员伤亡等重大责任事故。文物保护工程责任监理师的从业范围分为古文化遗址古墓葬、古建筑、石窟寺和石刻、近现代重要史迹及代表性建筑、壁画等五类。省级文物主管部门负责组织开展文物保护工程监理专业人员的培训和继续教育工作。文物保护工程监理专业人员的培训内容应当包括文物保护的法律法规、保护原则、标准规范等相关专业知识，培训时间不得少于 40 课时。文物保护工程责任监理师由全国性文物保护行业协会组织考核。经考核合格的人员，由全国性文物保护行业协会颁发文物保护工程责任监理师证书，并将名单向社会公布，同时报国家文物局备案。全国性文物保护协会由国家文物局向社会公布。省级文物主管部门或受其委托的专业机构负责组织文物保护工程监理员考核，考核合格的人员由国家文物局公布的全国性文物保护行业协会颁发文物保护工程监理员证书。

资质标准，甲级资质标准：法定代表人与专业人员均熟悉文物保护法律法规，具有较强的文物保护意识，遵循文物保护的基本原则、科学理念、行业准则和职业操守；经主管机关核准登记的法人单位，独立承担完成不少于十项、工程等级为二级的文物保护工程监理，工程质量合格，通过验收；近 3 年内监理的文物保护工程中，没有发生文物损坏或人员伤亡等重大责任事故；文物保护工程责任监理师不少于 5 人；其中，每一项业务范围都应有 2 名以上具有相应从业范围的文物保护工程责任监理师；具有 10 名以上文物保护工程监理员，各专业工种监理人员、资料员、检测员等配置齐全。乙级资质标准：法定代表人与专业人员均熟悉文物保护法律法规，具有较强的文物保护意识，遵循文物保护的基本原则、科学理念、行业准则和职业操守；经主管机关核准登记的法人单位，独立承担完成不少于十项、工程等级为三级的文物保护工程的监理，工程质量合格，通过验收；近 3 年内监理的文物保护工程中，没有发生文物损坏或人员伤亡等重大责任事故；文物保护工程责任监理师不少于 2 人；其中，每一项业务范围都应有 1 名以上具有相应从业范围的文物保护工程责任监理师；具有 8 名以上文物保护工程监理员。文物保护工程监理单位应当根据自身资质等级和业务范围承担相应的监理项目。资质申请与审批，申请文物保护工程监理甲级资质或申请增加甲级资质业务范围的单位，应当报请所在地省级文物主管部门初审合格后报国家文物局审批。申请乙级文物保护工程监理资质或申请增加乙级资质业务范围的单位，应当报请所在地市、县级文物主管部门初审合格后报省级文物主管部门审批。申请文物保护工程监理资质或申请增加业务范围的，应当提交材料（略）。国家文物局和省级文物主管部门每年第一季度组织审定文物保护工程监理资质，并颁发相应的资质证书。监督管理，文物保护工程监理资质证书是从事文物保护工程监理的凭证，只限本单位使用，不得涂改、伪造、转让、出借。文物保护工程监理资质证书由国家文物局监制，分为正本和副本，正本 1 本，副本 6 本，正、副本具有同等法律效力，有效期为 12 年。在资质证书有效期内，文物保护工程监理单位名称、地址、法定代表人、经济性质等发生变更的，应当在工商部门办理变更手续后30日内，到文物保护工程资质证书发证机关办理资质证书变更手续。原证书应交回发证机关注销。办理名称、地址、法定代表人、经济性质等变更手续的，应当提交以下材料：资质证书变更申请；资质证书原件；变更后的企业法人营业执照或事业单位法人证书及文件；甲级监理资质单位办理变更的，应提交所在地省级文物主管部门初审文件。文物保护工程监理资质单位改制、合并、分立的，应当按照办法规定重新申报材料，申请取得文物保护工程监理资质。文物保护工程监理单位与施工单位有隶属关系或其他有碍监理公正利害关系者，不得承担该项保护工程的监理业务。省级文物主管部门每两年进行一次文物保护工程监理资质年检，一般在当年第四季度进行。文物保护工程监理资质单位参加年检，应当提交材料（略）。省级文物主管部门对符合相应资质等级标准的文物保护工程监理资质单位，应当认定年检合格，并在其资质证书副本上加盖年检合格章。省级文物主管部门应当将甲级资质单位的年检结论，报国家文物局备案。文物保护工程监理资质证书遗失的，应当于30日内在媒体上声明作废，并向文物保护工程资质证书发证机关申请补发证书。文物保护工程监理资质单位撤销、破产、倒闭的，应在30日内将原资质证书交回原发证机关，办理注销手续。在规定时间内没有参加资质年检或逾期不办理资质证书变更手续的，其资质证书自行失效。

第六节　展览场馆工程水平等级管理

一、展览场馆工程水平等级适用范围

为提高展览工程的技术和施工水平，确保展览工程的质量和安全，中国展览馆协会制定展览工程企业暨展览场馆工程部门水平等级标准。标准适用范围：为各类展览、会议以及各类与展览展示相关活动提供服务的展览工程企业；展览馆所属的、非企业法人、为各类展览和会议提供服务的展览场馆工程部门。服务范围为：与展览展示工程相关的服务内容。审定规定业务范围的展览工程企业和展览场馆工程部门的从业和执业资格；作为中国展览馆协会向中国展览馆协会会员单位的展览场馆推荐制定管理费用标准以及按照标准收取相应费用的参考依据；作为中国展览馆协会向中国展览馆协会下属会员单位、展览组织者、相关的各行业协会和地方协会、展览场馆和参展商推荐作为会议、展览、博物馆、陈列馆、展览馆和商业陈列场所，以及事件活动的承办者、协办者、承包商、服务商的依据。标准包含展览工程企业通用标准、三个等级标准和展览场馆工程部门通用标准、三个等级标准。

二、水平等级标准与申请审批

（一）展览工程企业通用标准：符合并达到此款规定的展览工程企业可申报资质等级。参评企业必须为中国展览馆协会会员单位，并于入会之日始认真履行会员义务，每年按时缴纳会费等；参加中国展览馆协会组织的《展会活动安全培训》，并取得培训结业证书；经工商行政管理部门正式批准登记注册，具有独立法人资格；从事标准规定服务范围的展览工程经营活动；同意公开企业相关参评信息（公开的信息包括企业名称、地址、法人代表、ISO认证号、主要业绩项目、注册资金、年度净资产等）；提交行业自律声明。

1. 一级水平标准

工商注册资本不少于500万元（含500万元）；从事标准规定展览工程服务范围的经营活动5年以上（含5年，以企业登记注册时间为准）；自正式申请水平等级评选之日起前24个自然月期间，独立承担过不少于2项500万元以上、面积5000平方米以上的展览工程项目（临展特装或展厅搭建），并已建成（须提供相应的合同书及对应收款凭据（银行对账单）复印件）；或不少于5项100万元以上、面积1000平方米以上的展览工程项目（临展特装或展厅搭建），并已建成（须提供相应的合同书及对应收款凭据（银行对账单）复印件）；或不少于2项50000平方米以上的展览会主场项目（临展标准展位搭建或特装）（须提供相应的合同书及对应收款凭据（银行对账单）复印件）；已通过ISO质量管理体系与14000环境认证并且在认证有效期内；自正式申请参加水平等级评选日期起计算的上

一年度净资产在500万以上（含500万），与展览展示工程相关的主营业务收入达到2000万元以上（含2000万元）（需提交上两年度经当地工商税务机关认可的会计师事务所出具的年度财务审计报告复印件。复印件需加盖该会计师事务所红章。所提交审计报告中应包含资产、负债各科目余额的简要说明）。自正式申请参加水平等级评选的日期起计算的前36个自然月内，在所从事的展览工程经营活动中没有严重安全、质量事故和涉及企业诚信的不良记录；企业总人数不少于20人，企业内的部门经理、主管和从事项目管理、工程管理的高、中级管理人员中，具有大学本科以上学历和中、高级职称（或相当于中、高级技术职称）的不少于6人；企业内专职技术骨干人员不少于12人。其中：具有大学本科以上学历、从事展示设计、室内设计、环境艺术、工艺美术、艺术设计等专业的设计人员不少于6人，其中具有中级以上职称的设计人员不少于2人；具有大学本科以上学历、从事结构、电气、机械等工程类专业工作的技术人员不少于4人，其中具有中级以上技术职称的技术人员不少于2人；具有大学本科以上学历、具有会计师、经济师职称的管理人员不少于2人（以上须提供必须人数的社保证明）；有固定综合加工场所与仓储用房，建筑和场地的总体面积不少于3000平方米；有必要的技术装备及固定的工作场所；具有完善的技术、安全、合同、财务、档案等管理制度；参评企业截止到申请之日前的24个自然月内所获得的市级以上涉及经营活动的荣誉证书、证明等资料。

2. 二级水平标准

工商注册资本不少于300万元（含300万元）；从事标准规定展览工程服务范围的经营活动3年以上（含3年，以企业登记注册时间为准）；自正式申请水平等级之日起前24个自然月期间，独立承担过：不少于2项200万元以上、面积1500平方米以上的展览工程项目（临展特装或展厅搭建），并已建成（须提供相应的合同书及对应收款凭据（银行对账单）复印件）；或不少于5项80万元以上、面积600平方米以上的展览工程项目（临展特装或展厅搭建），并已建成（须提供相应的合同书及对应收款凭据（银行对账单）复印件）；或不少于2项30000平方米以上的展览会主场项目（临展标准展位搭建或特装）（须提供相应的合同书及对应收款凭据（银行对账单）复印件）；已通过ISO质量管理体系与14000环境认证并且在认证有效期内；自正式申请参加水平等级评选日期起计算的上一年度净资产在300万以上（含300万），与展览展示工程相关的主营业务收入达到1200万元以上（含1200万元）（需提交上两年度经当地工商税务机关认可的会计师事务所出具的年度财务审计报告复印件。复印件需加盖该会计师事务所红章。所提交审计报告中应包含资产、负债各科目余额的简要说明）。自正式申请参加水平等级评选的日期起计算的前24个自然月内，在所从事的展览工程经营活动中没有严重安全、质量事故和涉及企业诚信的不良记录；企业总人数不少于15人，企业内的部门经理、主管和从事项目管理、工程管理的高、中级管理人员中具有大学本科以上学历和中、高级职称（或相当于中、高级技术职称）的不少于4人；企业内专职技术骨干人员不少于10人。其中：具有大学本科以上学历、从事展示设计、室内设计、环境艺术、工艺美术、艺术设计等专业的设计人员不少于5人、其中具有中级以上职称的设计人员不少于2人；具有大学本科以上学历、从事结构、电气、机械等工程类专业工作的技术人员不少于3人、其中具有中级以上技术职称的技术人员不少于2人；具有大学本科以上学历、具有会计师、经济师职称的管理人员不少于2人（以上须提供必须人数的社保证明）；有固定加工场所与仓储用房，建筑和场地面积总体不少于2000平方米；有必要的技术装备及固定的工作场所；具有完善的技术、安全、合同、财务、档案等管理制度；参评企业截止到申请之日前的24个自然月内所获得的市级以上涉及经营活动的荣誉证书、证明等资料。

3. 三级水平标准

工商注册资本不少于100万元（含100万元）；从事标准规定展览工程服务范围的经营活动2年以上（含2年，以企业登记注册时间为准）；自正式申请水平等级之日起前24个月期间，独立承担过：不少于2项100万元以上、面积1000平方米以上的展览工程项目（临展特装或展厅搭建），并已建成（须提供相应的合同书及对应收款凭据（银行对账单）复印件）；或不少于5项20万元以上、面积200平方米以上的展览工程项目（临展特装或展厅搭建），并已建成（须提供相应的合同书及对应收款凭据（银行对账单）复印件）；或不少于2项20000平方米以上的展览会主场项目临展标准展位搭建或特装（须提供相应的合同书及对应收款凭据（银行对账单）复印件）；自正式申请参加水平等级评选日期起计算的上一年度净资产在100万以上（含100万），与展览展示工程相关的主营业务收入达到500万元以上（含500万元）。（需提交上两年度经当地工商税务机关认可的会计师事务所出具的年度财务审计报告复印件。复印件需加盖该会计师事务所红章。所提交审计报告中应包含资产、负债各科目余额的简要说明。）自正式申请参加水平等级评选的日期起计算的前12个自然月内，在所从事的展览工程经营活动中没有严重安全、质量事故和涉及企业诚信的不良记录；企业总人数不少于10人，企业内的部门经理、主管和从事项目管理、工程管理的高、中级管理人员中具有大学本科以上学历和中、高级职称（或相当于中、高级技术职称）的不少于3人；企业内专职技术骨干人员不少于8人。其中：具有大学本科以上学历、从事展示设计、室内设计、环境艺术、工艺美术、艺术设计等专业的设计人员不少于4人、其中具有中级以上职称的设计人员不少于2人；具有大学本科以上学历、从事结构、电气、机械等工程类专业工作的技术人员不少于3人、其中具有中级以上技术职称的技术人员不少于2人；具有大学本科以上学历、具有会计师、经济师职称的管理人员不少于1人（以上须提供必须人数的社保证明）；有固定加工场所与仓储用房，建筑和场地面积总体不少于1000平方米；有必要的技术装备及固定的工作场所；具有完善的技术、安全、合同、财务、档案等管理制度；参评企业截止到申请之日前的24个自然月内所获得的市级以上涉及经营活动的荣誉证书、证明等资料。

（二）展览场馆工程部门通用标准：符合并达到此款规定的展览场馆工程部门可申报水平等级。所属展览场馆必须为中国展览馆协会会员单位，并于入会之日始认真履行会员义务，每年按时缴纳会费等；参加中国展览馆协会组织的《展会活动安全培训》，并取得培训结业证书；非企业法人资格（具有企业法人资格的展览场馆所属工程公司纳入《中国展览馆协会展览工程企业水平等级标准》管理范畴）；从事本标准1~2款规定服务范围的展览工程经营活动；同意公开企业相关参评信息（公开的信息包括企业名称、地址、法人代表、ISO认证号、主要业绩项目、注册资金、年度净资产等）。提交行业自律声明。

1. 一级水平标准

所属展览场馆的工商注册资本5000万元以上（含5000万元）；从事标准所规定展览工程服务范围的经营活动在5年以上（含5年，以部门正式设立的时间为准）。须提供相关的证明文件（如机构设置决定决议、文件批复、任命等）；自正式申请水平等级之日起前24个自然月期间，独立承担过：不少于2项、营业额100万元以上或面积20000平方米以上的展览会主场承建工程项目，并已实施（须提供相应的合同书及对应收款凭据（银行对账单）复印件）；或不少于5项、单项合同展览会标准展位（按照国际标准3×3展位配套计）搭建面积5000平方米以上的工程项目，并已实施（须提供相应的合同书及对应收款凭据（银行对账单）复印件）；不少于2项500平方米以上、或5项300平方米以上的展览会特装项目（须提供相应的合同书及对应收款凭据（银行对账单）复印件）；自有或可支配的标准展具数量1000套（按照国际标准3×3展位配套计）。须提供相应的证明文件；所属展览馆已通过ISO质量管理体系与14000环境认证并且在认证有效期内；递交申报水平等级资料时间起上一年度，主营业务收入达到2000万元以上（含2000万元）（需提交上两年度经当地工商税务机关认可的会计师事务所出具的年度财务审计报告复印件。复印件需加盖该会计师事务所红章。所提交审计报告中应包含资产、负债各科目余额的简要说明）。递交申报水平等级资料时间起前36个自然月内，在所从事的展览工程经营活动中没有严重安全、质量事故和涉及诚信的不良记录；具有规范的管理组织机构。须提供有关管理机构设立、设置的相关证明文件（如决定、决议、文件批复、任命、机构设置说明、人员编制等）；工程部门总人数不少于20人，工程部门内的经理、主管和从事项目管理、工程管理的高、中级管理人员中，具有大学本科以上学历和中、高级职称（或相当于中、高级技术职称）的不少于6人；工程部门内的专职技术骨干人员总数不少于12人。其中：具有大学本科以上学历、从事展示设计、室内设计、环境艺术、工艺美术、艺术设计等专业的专职设计人员不少于6人，其中，具有中级以上职称的设计人员不少于2人；具有大学本科以上学历、从事结构、电气、机械等工程类专业工作的技术人员不少于4人，其中，具有中级以上技术职称的技术人员不少于2人；具有大学本科以上学历、具有会计师、经济师职称的管理人员不少于2人（以上须提供必须人数的社保证明）；有固定的或可支配使用的综合加工场所与仓储用房，建筑和场地的总体面积不少于3000平方米。须提供相应的证明文件或说明；有必要的技术装备及固定的工作场所；具有完善的技术、安全、合同、财务、档案等管理制度；参评企业截止到申请之日前的24个自然月内所获得的市级以上涉及经营活动的荣誉证书、证明等资料。

2. 二级水平标准

所属展览馆的工商注册资本2000万~4000万元；从事标准1~2款所规定展览工程服务范围的经营活动在3年以上（含3年，以部门正式设立的时间为准）。须提供相关的证明文件（如决定决议、文件批复、任命等）；递交申报水平等级资料时间起前24个自然月期间，独立承担过：不少于2项、营业额50万元以上或面积5000平方米以上的展览会主场承建工程项目，并已实施［须提供相应的合同书及对应收款凭据（银行对账单）复印件］；或不少于5项、单项合同展览会标准展位（按照国际标准3×3展位配套计）搭建面积3000平方米以上的工程项目，并已实施［须提供相应的合同书及对应收款凭据（银行对账单）复印件］；不少于2项200平方米以上或5项100平方米以上的展览会特装项目［须提供相应的合同书及对应收款凭据（银行对账单）复印件］自有或可支配的标准展具数量500套（按照国际标准3×3展位配套计）。须提供相应的证明文件；递交申报水平等级资料时间起上一年度，主营业务收入达到1200万元以上（含1200万元）（需提交上两年度经当地工商税务机关认可的会计师事务所出具的年度财务审计报告复印件。复印件需加盖该会计师事务所红章。所提交审计报告中应包含资产、负债各科目余额的简要说明）。递交申报水平等级资料时间起前24个自然月内，在所从事的展览工程经营活动中没有严重安全、质量事故和涉及诚信的不良记录；具有规范的管理组织机构。须提供有关管理机构设立、设置的相关证明文件（如决定、决议、文件批复、任命、机构设置说明、人员编制等）；工程部门总人数不少于15人，工程部门内的经理、主管和从事项目管理、工程管理的高、中级管理人员中，具有大学本科以上学历和中、高级职称（或相当于中、高级技术职称）的不少于4人；工程部门内的专职技术骨干人员总数不少于10人。其中：具有大学本科以上学历、从事展示设计、室内设计、环境艺术、工艺美术、艺术设计等专业的专职设计人员不少于5人，其中，具有中级以上职称的设计人员不少于2人；具有大学本科以上学历、从事结构、电气、机械等工程类专业工作的技术人员不少于3人，其中，具有中级以上技术职称的技术人员不少于2人；具有大学本科以上学历、具有会计师、经济师职称的管理人员不少于2人（以上须提供必须人数的社保证明）；有固定的或可支配使用的综合加工场所与仓储用房，建筑和场地的总体面积不少于2000平方米。须提供相应的证明文件或说明；有必要的技术装备及固定的工作场所；具有完善的技术、安全、合同、财务、档案等管理制度；参评企业截止到申请之日前的24个自然月内所获得的市级以上涉及经营活动的荣誉证书、证明等资料。

3. 三级水平标准

所属展览馆的工商注册资本1000万元以下；从事标准规定展览工程服务范围的经营活动。须提供相关的证明文件（如部门正式设立时间的决定决议、文件批复、任命等）；递交申报水平等级资料时间起前24个自然月期间，独立承担过：不少于3项、营业额20万元以上或面积200平方米以上的展览会主场承建工程项目，并已实施［须提供相应的合同书及对应收款凭据（银行对账单）复印件］；或不少于5项、单项合同展览会标准展位（按照国际标准3×3展位配套计）搭建面积100平方米以上的工程项目，并已实施［须提供相应的合同书及对应收款凭据（银行对账单）复印件］；自有或可支配的标准展具数量200套（按照国际标准3×3展位配套计）。须提供相应的证明文件；递交申报水平等级资料时间起上一年度，主营业务收入达到500万元以上（含500万元）（需提交上两年度经当地工商税务机关认可的会计师事务所出具的年度财务审计报告复印件。复印件需加盖该会计师事务所红章。所提交审计报告中应包含资产、负债各科目余额的简要说明）。递交申报水平等级资料时间起前12个自然月内，在所从事的展览工程经营活动中没有严重安全、质量事故和涉及诚信的不良记录；具有规范的管理组织机构。须提供有关管理机构设立、设置的相关证明文件（如决定、决议、文件批复、任命、机构设置说明、人员编制等）；工程部门总人数不少于10人，工程部门内经理、主管和从事项目管理、工程管理的高、中级管理人员中，具有大学本科以上学历和中、高级职称（或相当于中、高级技术职称）的不少于3人；工程部门内的专职技术骨干人员总数不少于8人（此人数为基本标准，为必达项）。其中：具有大学本科以上学历、从事展示设计、室内设计、环境艺术、工艺美术、艺术设计等专业的设计人员不少于4人、其中具有中级以上职称的设计人员不少于2人；具有大学本科以上学历、从事结构、电气、机械等工程类专业工作的技术人员不少于3人、其中具有中级以上技术职称的技术人员不少于2人；具有大学本科以上学历、具有会计师、经济师职称的管理人员不少于1人；有固定的或可支配使用的综合加工场所与仓储用房，建筑和场地的总体面积不少于1000平方米。须提供相应的证明文件或说明；有必要的技术装备及固定的工作场所；具有完善的技术、安全、合同、财务、档案等管理制度；参评企业截止到申请之日前的24个自然月内所获得的市级以上涉及经营活动的荣誉证书、证明等资料。

（三）符合标准规定的适用条件和符合通用标准规定的展览工程企业和展览场馆工程部门可根据本单位情况，对照水平等级标准，选择所需要申报的水平等级，向中国展览馆协会秘书处提请申报。展览工程企业和展览场馆工程部门在申报水平等级时应提交中国展览馆协会规定的资料、数据、证书等文件。评选工作由中国展览馆协会秘书处组织经抽签产生的，各展馆选派的评选组成水平评选委员会，独立公正开展评选工作，评选委员会按照《中国展览馆协会展览工程企业暨展览场馆工程部门水平等级评选流程》对企业水平进行评选。评选结果由中国展览馆协会批准公示、公布。通过水平等级评选的展览工程企业将获得水平证书，并获准进入规定的程序。展览工程企业水平等级的管理由中国展览馆协会及中国展览馆协会设立的水平评选委员会负责。

三、会展工程企业资质等级评定管理

会展工程企业资质等级评定目的依据，会展业是会议业和展览业、节事活动、奖励旅游的总称，作为重要的新兴服务行业，在现代经济体系建设中发挥着越来越重要的作用。全国城贸联会展工作委员会为切实推进“标准化+会展业”战略，适应会展业高速发展形势需求，进一步规范会展行业发展环境和市场秩序，提升会展工程企业的技术和施工水平，确保会展工程的质量安全，推动行业进步与繁荣。为规范会展工程企业资质管理，优化行业市场环境，广泛听取行业意见，联合行业各方代表，制定出台了《会展工程企业资质等级评定管理规范》T/QGCML 224—2021团体标准。标准规定会展工程企业一级、二级、三级三个等级的企业资质要求，面向全国发布，适用于行业内对会展工程企业资质等级的评定及管理。可作为会展项目工程投标，会展项目工程采购的选择依据，以及全国城市工业品贸易中心联合会进行行业推荐的依据。申报与评定，参评资格及原则，凡从事会展工程业务的企业均可遵循“自愿参评、自主申报”的原则自愿参与相应等级企业的申报。各参评企业应向评定机构提交书面申请并按要求提供相关的证明资料。自觉遵守并维护资质等级评定工作程序及有关规定，对申报内容的真实性、完整性和有效性负责，自行承担因申报材料及信息不全、失真或无效所引发的一切法律责任。评定机构，由全国城贸联会展工作委员会组建“资质等级评定专家组”，以公正、公平、公开为原则对申报企业进行评定工作，保证评定结果的可信性。专家组由行政管理部门、会展场馆、会展主办方等各方专业技术人员组成。企业资质等级评定工作办公室为专家组常设办事机构，“评定办”设在全国城贸联会展工作委员会，负责评定的日常工作。评定程序，评定流程简述：企业申报→材料提交受理→专家评定→审查企业资料原件→抽查企业实际情况→网站公示→通过评定→发放证书。评定机构集中开展每年一次定期评定工作，每2年定期复审一次。资质证书及牌照发放：中国会展品牌发展大会同期。报企业可登录会展工程资质申报端口按要求提交申报资料，进行初审，通过初

审后将全部纸质材料寄送至全国城贸联会展工作委员会。申报资料管理，参评单位一旦提交资料将不得修改、补充申报资料，请各参评单位认真阅读《会展工程企业资质等级评定管理规范》并按要求准备申报材料。参评申报资料，各参评单位须确保所提交资料信息完整、真实、合法、有效。参评单位须严格遵照《会展工程企业资质等级评定管理规范》及办法中的要求，提供相关资料。申报资料应分别、单独装订，一式一份，资料内容及装订顺序（略）。申报单位在密封袋的正面标明：资质名称、申报等级、申报企业名称（加盖公章）、联系人、联系方式、邮箱。公示结果，评定结果将在全国城贸联会展工作委员会网站予以公示，并上报上级管理组织备案，由全国城贸联会展工作委员会颁发资质等级证书。会展工程企业资质证书有效期4年，有效期满应按照规定程序重新申请、评定和认证。

第七节　承装（修、试）电力设施许可证管理

一、承装（修、试）电力设施许可证

为了加强承装（修、试）电力设施许可管理，规范承装（修、试）电力设施许可行为，维护承装、承修、承试电力设施市场秩序，促进电力安全，根据有关规定，国家发改委制定了《承装（修、试）电力设施许可证管理办法》，适用于承装（修、试）电力设施许可证（以下简称许可证）的申请、受理、审查、颁发、管理和监督。国家能源局负责指导、监督全国许可证的颁发和管理。国家能源局派出机构负责辖区内许可证的受理、审查、颁发和日常监督管理。在境内从事承装、承修、承试电力设施活动的，应当按照规定取得许可证。承装、承修、承试电力设施，是指对输电、供电、受电电力设施的安装、维修和试验。

二、分类分级与申请条件

许可证分为承装、承修、承试三个类别。取得承装类许可证的，可以从事电力设施的安装活动。取得承修类许可证的，可以从事电力设施的维修活动。取得承试类许可证的，可以从事电力设施的试验活动。许可证分为一级、二级、三级、四级和五级。取得一级许可证的，可以从事所有电压等级电力设施的安装、维修或者试验活动。取得二级许可证的，可以从事330千伏以下电压等级电力设施的安装、维修或者试验活动。取得三级许可证的，可以从事110千伏以下电压等级电力设施的安装、维修或者试验活动。取得四级许可证的，可以从事35千伏以下电压等级电力设施的安装、维修或者试验活动。取得五级许可证的，可以从事10千伏以下电压等级电力设施的安装、维修或者试验活动。申请许可证应当具备法人资格及健全有效的安全生产组织和制度，并符合下列条件：净资产具有与开展承装（修、试）电力设施活动相适应的净资产，其所占总资产比例不低于15%。技术负责人、安全负责人：申请一级至三级许可证的，分别拥有5年以上与所申请许可证类别相适应的电力设施安装、维修或试验管理工作经历，具有电力相关专业中级以上职称；其中申请一级许可证的，应具有电力相关专业高级职称；申请四级至五级许可证的，分别拥有3年以上与所申请许可证类别相适应的电力设施安装、维修或试验管理工作经历，具有电力相关专业初级以上职称。专业技术及技能人员：申请一级至三级许可证的，电力相关专业技术人员分别不少于50人、30人和15人，其中具有中级以上技术任职资格的分别不少于30人、15人和5人；电力相关专业技能人员分别不少于60人、30人和20人，其中高压电工分别不少于30人、15人和10人；申请四级至五级许可证的，电力相关专业技术人员分别不少于10人和5人；电力相关专业技能人员分别不少于15人和5人，其中高压电工分别不少于8人和3人。前款规定的各类人员均不得同时在其他单位任职；技术负责人可由本单位专业技术人员兼任，安全负责人应专人专岗。申请一级至三级许可证的，除具备规定的相应条件外，还应具有下列与申请的许可证类别和等级相适应的业绩：申请一级至三级承装类许可证的，最近3年内应分别具有从事330（220）千伏、110（66）千伏、35千伏以下10千伏以上电压等级变（配）电及线路设施的安装活动业绩，且质量合格；在此期间从事电力设施安装业务的最高年度工程结算收入分别不少于2亿元、1亿元和3000万元；申请一级至三级承修类或承试类许可证的，最近2年均应分别具有

从事330（220）千伏、110（66）千伏、35千伏以下10千伏以上电压等级变（配）电及线路设施的维修或试验活动业绩。

三、申请、受理、审查与决定

申请许可证，应当向申请人所在地的派出机构提出，并提交申请表；申请一级至三级许可证的，还需要提交相关业绩材料。取得许可证的单位合并或分立后新设单位申请许可证的，应当提交申请表以及合并或分立相关材料。分立后至多一个单位可承继分立前单位从事同类活动的业绩；其他新设单位同时申请该类别许可证的，按首次申请办理。派出机构收到申请，应当对申请材料是否齐全、是否符合法定形式进行审查。派出机构有权要求申请人就申请事项作出解释或者说明。派出机构对申请人提出的申请，应当根据下列情况分别作出处理：申请材料存在可以当场更正的错误的，应当允许申请人当场更正；申请材料不齐全或者不符合法定形式的，应当当场或者5日内向申请人发出申请材料补正通知书，并一次告知需要补正的全部内容；申请材料齐全并符合法定形式的，或者申请人按照派出机构的要求提交全部补正申请材料的，应当向申请人发出受理通知书。派出机构应当自受理之日起15日内完成申请审查，并按下列规定作出是否许可的决定：经审查，申请人的条件符合法定条件、标准的，派出机构应当依法作出准予许可的书面决定，并自作出决定之日起5日内向申请人颁发、送达许可证；经审查，申请人的条件不符合法定条件、标准的，派出机构应当依法作出不予许可的决定，以书面形式通知申请人，通知书中应当说明不予许可的理由。派出机构在审查过程中认为需要对申请材料的实质性内容进行核实的，应当指派两名以上的工作人员进行现场核查。派出机构自受理通知书发出之日起15日内不能作出决定的，经派出机构负责人批准，可以延长10日，并将延长期限的理由告知申请人。派出机构应当按照国家有关规定建立信息公开工作制度，向社会公开承装（修、试）电力设施许可的依据、条件、程序、期限、办理情况以及申请材料目录、申请材料示范文本等信息。许可证的变更分为许可事项变更和登记事项变更。许可事项变更是指许可证类别和等级的变更。登记事项变更是指承装（修、试）电力设施单位名称、住所、法定代表人等事项的变更。变更后的许可证，有效期限不变。申请许可事项变更，应当提交规定的相关材料；派出机构按照规定的程序予以办理。申请增加许可证类别或者提高许可证等级的，在申请之日起前1年内未出现下列情形的，应予受理：发生较大以上生产安全事故或者2次以上一般生产安全事故的；发生重大质量责任事故的；超越许可范围从事承装（修、试）电力设施活动的；涂改、倒卖、出租、出借许可证，或者以其他形式非法转让许可证的；违反国家有关规定将本单位承包的承装（修、试）电力设施业务转包或者分包的。承装（修、试）电力设施单位名称、住所或者法定代表人发生变化的，应当自市场监督管理部门依法办理变更登记之日起30日内，提出登记事项变更申请，并提交登记事项变更申请表。变更后的住所与原住所属于不同派出机构管辖的，应当向变更后住所地的派出机构提出登记事项变更申请。派出机构应当自收到登记事项变更申请之日起10日内，办理变更手续。许可证有效期为6年。有效期届满需要延续的，应当在有效期届满30日前提出申请，并提交申请表；申请一级至三级许可证有效期延续的，还应分别提供在其许可范围内的330（220）千伏以上、110（66）千伏以上、10千伏以上电压等级相关业绩材料。派出机构应当在许可证有效期届满前作出是否准予延续的决定。逾期未作出决定的，视为同意延续并补办相应手续。许可证损毁或遗失的，应当及时向颁发许可证的派出机构申请补办，并提交下列材料：许可证补办申请表；损毁许可证原件或者许可证遗失声明。派出机构应当自收到许可证补办申请之日起3日内补发许可证。

第八节　公路养护作业单位资质管理

一、公路养护作业单位资质

公路养护作业，是指为保证已建公路符合相关技术要求而采取的预防或者修复作业活动，不包括公路日常养护。交通运输部主管全国公路养护作业单位资质的管理工作。省、自治区、直辖市人民政府交通运输主管部门负责本行政区域内公路养护作业单位资质的许可和管理工作。市、县人民政府交通运输主管部门在职责范围内对公路养护作业单位资质进行监督管理。从事路基路面、桥梁、隧道、交通安全设施养护作业的单位应当按照办法的规定取得公路养护作业资质。公路养护作业单位资质管理应当遵循公开、公平、公正、有序竞争的原则。

二、资质分类与条件

公路养护作业单位资质分为路基路面、桥梁、隧道、交通安全设施养护四个序列。路基路面、桥梁、隧道养护资质下设甲、乙两个等级，交通安全设施养护资质不分等级。申请公路养护作业资质的单位应当是经依法登记注册的企业法人。路基路面养护甲级资质可以承担各等级公路路基路面（含绿化）的各类养护工程。申请路基路面养护甲级资质的单位，应当具备下列条件：技术人员要求企业技术负责人具有10年以上从事公路工程管理的工作经历，且具有公路工程相关专业高级职称；近10年累计完成公路路基路面各类养护工程不少于100公里，其中二级及以上公路不少于50公里，且工程质量合格。企业具有专业技术人员（包括注册建造师、造价工程师、中级及以上职称人员，下同）不少于20人，其中具有公路工程专业一级注册建造师不少于1人或者二级及以上注册建造师不少于4人；公路工程相关专业中级及以上职称人员不少于10人，高级职称人员不少于2人；中高级会计师不少于1人，中高级经济师或者二级及以上造价工程师不少于1人。企业具有从事公路工程的技术工人不少于30人，其中高级工不少于6人，中级工不少于12人。有与业务范围相适应的技术设备。企业净资产3000万元以上，近3年财务主要指标状况良好。企业近5年累计完成公路路基路面修复养护工程不少于150公里，其中一级及以上公路不少于50公里或者二级及以上公路不少于100公里，且工程质量合格。路基路面养护乙级资质可以承担二级及以下等级公路路基路面（含绿化）的各类养护工程。申请路基路面养护乙级资质的单位，应当具备下列条件：技术人员要求企业技术负责人具有6年以上从事公路工程管理的工作经历，且具有公路工程相关专业高级职称；近10年累计完成公路路基路面各类养护工程不少于70公里，其中二级及以上公路不少于30公里，且工程质量合格。企业具有专业技术人员不少于10人，其中具有公路工程专业二级及以上注册建造师不少于2人；公路工程相关专业中级及以上职称人员不少于5人；中高级会计师不少于1人。企业具有从事公路工程的技术工人不少于20人，其中高级工不少于3人，中级工不少于6人。有与业务范围相适应的技术设备。企业净资产1000万元以上，近3年财务主要指标状况良好。桥梁养护甲级资质可以承担所有公路桥梁的各类养护工程。申请桥梁养护甲级资质的单位，应当具备下列条件：技术人员要求企业技术负责人具有10年以上从事公路工程管理的工作经历，且具有公路工程相关专业高级职称；近10年累计完成大桥及以上公路桥梁修复养护工程不少于2座，其中特大桥不少于1座，且工程质量合格。企业具有专业技术人员不少于15人，其中具有公路工程专业一级注册建造师不少于1人；公路工程相关专业中级及以上职称人员不少于8人，高级职称人员不少于2人；中高级会计师不少于1人，中高级经济师或者二级及以上造价工程师不少于1人。企业具有从事公路工程的技术工人不少于20人，其中高级工不少于4人，中级工不少于8人。有与业务范围相适应的技术设备。企业净资产2000万元以上，近3年财务主要指标状况良好。企业近5年累计完成公路桥梁养护工程不少于10座，其中特大桥养护工程不少于1座、大桥及以上修复养护工程不少于2座，且工程质量合格；或者完成中桥及以上修复养护工程不少于10座，且工程质量合格。桥梁养护乙级资质可以承担所有公路桥梁的预防养护工程，以及中、小公路桥梁的修复养护工程。申请桥梁养护乙级资质的单位，应当具备下列条件：技术人员要求企业技术负责人具有6年以上从事公路工程管理的工作经历，且具有公路工程相关专业高级职称；近10年累计完成大桥及以上预防养护工程不少于1座、中桥及以上修复养护工程不少于1座，且工程质量合格。企业具有专业技术人员不少于10人，其中具有公路工程专业二级及以上注册建造师不少于2人；公路工程相关专业中级及以上职称人员不少于3人；中高级会计师不少于1人。企业具有从事公路工程的技术工人不少于10人，其中高级工不少于2人，中级工不少于3人。有与业务范围相适应的技术设备。企业净资产800万元以上，近3年财务主要指标状况良好。隧道养护甲级资质可以承担所有公路隧道土建结构的各类养护工程。申请隧道养护甲级资质的单位，应当具备下列条件：技术人员要求企业技术负责人具有10年以上从事公路工程管理的工作经历，且具有公路工程相关专业高级职称；近10年累计完成公路隧道土建结构修复养护工程不少于2座，其中长或者特长隧道不少于1座，且工程质量合格。企业具有专业技术人员不少于15人，其中具有公路工程专业一级注册建造师不少于1人；公路工程相关专业中级及以上职称人员不少于8人，高级职称人员不少于2人；中高级会计师不少于1人，中高级经济师或者二级及以上造价工程师不少于1人。企业具有从事公路工程的技术工人不少于20人，其中高级工不少于4人，中级工不少于8人。有与业务范围相适应的技术设备。企业净资产2000万元以上，近3年财务主要指标状况良好。企业近5年累计完成公路隧道土建结构养护工程不少于6座，其中长或者特长隧道养护工程不少于1座、中隧道及以上修复养护工程不少于3座，且工程质量合格；或者完成短隧道及以上修复养护工程不少于6座，且工程质量合格。隧道养护乙级资质可以承担所有公路隧道土建结构的预防养护工程，以及中、短公路隧道（不良或者特殊地质条件隧道除外）土建结构的修复养护工程。申请隧道养护乙级资质的单位，应当具备下列条件：技术人员要求企业技术负责人具有6年以上从事公路工程管理的工作经历，且具有公路工程相关专业高级职称；近10年累计完成公路长隧道及以上土建结构养护工程不少于1座、中隧道及以上土建结构修复养护工程不少于1座，且工程质量合格。企业具有专业技术人员不少于10人，其中具有公路工程专业二级及以上注册建造师不少于3人；公路工程相关专业中级及以上职称人员不少于5人；中高级会计师不少于1人。企业具有从事公路工程的技术工人不少于10人，其中高级工不少于2人，中级工不少于3人。有与业务范围相适应的技术设备。企业净资产800万元以上，近3年财务主要指标状况良好。交通安全设施养护资质可以承担各等级公路交通安全设施的各类养护工程。申请交通安全设施养护资质的单位，应当具备下列条件：技术人员要求企业技术负责人具有10年以上从事公路工程管理的工作经历，且具有公路工程相关专业高级职称；近10年累计完成公路交通安全设施养护工程不少于100公里，其中一级及以上公路不少于40公里。企业具有专业技术人员不少于10人，其中具有公路工程专业二级及以上注册建造师不少于2人；公路工程相关专业中级及以上职称人员不少于6人；中高级会计师不少于1人。企业具有从事公路工程的技术工人不少于10人，其中高级工不少于2人，中级工不少于3人。有与业务范围相适应的技术设备。企业净资产1500万元以上，近3年财务主要指标状况良好。企业近5年累计完成公路交通安全设施养护工程不少于150公里，其中一级及以上公路不少于50公里或者二级及以上公路不少于100公里，且工程质量合格。申请交通安全设施养护资质的单位具备前款第1至3项条件但不具备第4项条件的，可以承担二级及以下公路交通安全设施的各类养护工程。

三、资质申请与许可

拟从事公路养护作业的单位，应当向所在地的省、自治区、直辖市人民政府交通运输主管部门提出申请。公路养护作业单位可以申请一项或者多项公路养护作业资质。申请公路养护作业资质的单位，应当提交以下材料：公路养护作业单位资质申请表；企业财务报表；企业法定代表人身份文件；企业技术人员、技术设备及从业经历等相关材料。对于能够通过部门间信息共享、内部核查等方式获取的材料，省、自治区、直辖市人民政府交通运输主管部门应当不再要求申请人提供。申请人应当如实向省、自治区、直辖市人民政府交通运输主管部门提交有关材料、反映真实情况，并对其提交材料的真实性负责。省、自治区、直辖市人民政府交通运输主管部门应当自收到完整齐备的申请材料之日起20个工作日内作出许可或者不予许可的决定。省、自治区、直辖市人民政府交通运输主管部门可以聘请专家对申请材料进行评审，并且将评审结果向社会公示。专家评审的时间不计算在许可期限内，但应当将专家评审需要的时间书面告知申请人。专家评审的时间最长不得超过60日。注册地在自由贸易试验区的单位拟申请路基路面养护乙级资质的，只需提交公路养护作业单位资质申请表和已具备办法规定条件的承诺书。省、自治区、直辖市人民政府交通运输主管部门应当经形式审查后当场作出许可或者不予许可的决定。准予许可的，许可机关应当在作出许可决定后30日内，按照告知承诺有关要求开展情况核查。省、自治区、直辖市人民政府交通运输主管部门准予许可的，应当自作出决定之日起10个工作日内向申请人颁发相应的资质证书。资质许可有效期5年，并在全国范围内适用。省、自治区、直辖市人民政府交通运输主管部门应当及时将许可决定向社会公开，并为公众查询提供便利。省、自治区、直辖市人民政府交通运输主管部门应当建立公路养护作业单位资质网上申报、审批和监管平台；交通运输部应当建立公路养护作业单位资质网上监管和服务平台。取得公路养护作业资质的单位，应当按照所取得的资质类别开展养护作业活动。禁止公路养护作业单位从事下列活动：超越本单位资质等级或者以其他单位的名义承揽业务，或者允许其他单位、个人以本单位的名义承揽业务的；伪造、变造、倒卖、出租、出借或者以其他形式非法转让公路养护作业单位资质证书的。公路养护作业单位资质许可有效期届满，拟继续从事公路养护作业的，应当在资质许可有效期届满3个月之前，向原许可机关提交延续申请，并按照本办法第三章的规定报送相关材料。许可机关接到延续申请后，应当在公路养护作业单位资质许可有效期届满前，对作业单位是否符合本办法规定的资质条件进行审查。符合条件的，许可机关应当作出准予延续的决定；不符合条件的，应当责令限期整改，整改后仍不符合条件的，许可机关应当作出不予延续的决定。在公路养护作业单位资质许可有效期内，养护作业单位的名称、地址、法定代表人、技术负责人等发生变更的，应当在变更事项发生后30日内向原许可机关提交变更申请，办理资质证书变更手续。公路养护作业单位发生合并、分立等事项，且需承继原单位资质的，应当申请重新核定公路养护作业单位资质。公路养护作业单位需要更换、补办公路养护作业单位资质证书的，应当向原许可机关申请办理。许可机关应当自受理申请之日起10个工作日内办结。公路养护作业单位资质证书遗失的，养护作业单位应当在原许可机关指定的公开媒体和网站上刊登遗失声明。

第九节　注册安全工程师执业资格管理

一、注册安全工程师

注册安全工程师，是指通过职业资格考试取得注册安全工程师职业资格证书，经注册后从事安全生产管理、安全工程技术工作或提供安全生产专业服务的专业技术人员。国家设置注册安全工程师准入类职业资格，纳入国家职业资格目录。注册安全工程师级别设置为：高级、中级、初级。注册安全工程师专业类别划分为：煤矿安全、金属非金属矿山安全、化工安全、金属冶炼安全、建筑施工安全、道路运输安全、其他安全（不包括消防安全）。应急管理部、人力资源和社会保障部共同制定注册安全工程师职业资格制度，并按照职责分工负责注册安全工程师职业资格制度的实施与监管。各省、自治区、直辖市应急管理、人力资源和社会保障部门，按照职责分工负责本行政区域内注册安全工程师职业资格制度的实施与监管。中级注册安全工程师职业资格考试合格者，由各省、自治区、直辖市人力资源和社会保障部门颁发注册安全工程师职业资格证书（中级）。该证书由人力资源和社会保障部统一印制，应急管理部、人力资源和社会保障部共同用印，在全国范围有效。初级注册安全工程师职业资格考试合格者，由各省、自治区、直辖市人力资源和社会保障部门颁发注册安全工程师职业资格证书（初级）。该证书由各省、自治区、直辖市应急管理、人力资源和社会保障部门共同用印，原则上在所在行政区域内有效。各地可根据实际情况制定跨区域认可办法。对以不正当手段取得注册安全工程师职业资格证书的，按照国家专业技术人员资格考试违纪违规行为处理规定进行处理。

二、注册

国家对注册安全工程师职业资格实行执业注册管理制度，按照专业类别进行注册。取得注册安全工程师职业资格证书的人员，经注册后方可以注册安全工程师名义执业。住房和城乡建设部、交通运输部或其授权的机构按照职责分工，分别负责相应范围内建筑施工安全、道路运输安全类别中级注册安全工程师的注册初审工作。各省、自治区、直辖市应急管理部门和经应急管理部授权的机构，负责其他中级注册安全工程师的注册初审工作。应急管理部负责中级注册安全工程师的注册终审工作，具体工作由中国安全生产科学研究院实施。终审通过的建筑施工安全、道路运输安全类别中级注册安全工程师名单分别抄送住房和城乡建设部、交通运输部。申请注册的人员，必须同时具备下列基本条件：取得注册安全工程师职业资格证书；遵纪守法，恪守职业道德；受聘于生产经营单位安全生产管理、安全工程技术类岗位或安全生产专业服务机构从事安全生产专业服务；具有完全民事行为能力，年龄不超过70周岁。申请中级注册安全工程师初始注册的，应当自取得中级注册安全工程师职业资格证书之日起5年内由本人向注册初审机构提出。规定施行前取得注册安全工程师职业资格证书，申请初始注册的，应当在本规定施行之日起5年内由本人向注册初审机构提出。超过规定时间申请初始注册的，按逾期初始注册办理。准予注册的申请人，由应急管理部核发中级注册安全工程师注册证书（纸质或电子证书）。中级注册安全工程师注册有效期为5年。有效期满前3个月，需要延续注册的，应向注册初审机构提出延续注册申请。有效期满未延续注册的，可根据需要申请重新注册。中级注册安全工程师在注册有效期内变更注册的，须及时向注册初审机构提出申请。中级注册安全工程师初始注册、延续注册、变更注册、重新注册和逾期初始注册的具体要求按相关规定执行。以不正当手段取得注册证书的，由发证机构撤销其注册证书，5年内不予重新注册；构成犯罪的，依法追究刑事责任。注册安全工程师注册有关情况应当由注册证书发证机构向社会公布，促进信息共享。初级注册安全工程师注册管理办法由各省、自治区、直辖市应急管理部门会同有关部门依法制定。

三、执业

注册安全工程师在执业活动中，必须遵纪守法，恪守职业道德和从业规范，诚信执业，主动接受有关主管部门的监督检查，加强行业自律。注册安全工程师不得同时受聘于两个或两个以上单位执业，不得允许他人以本人名义执业，不得出租出借证书。违反上述规定的，由发证机构撤销其注册证书，5年内不予重新注册；构成犯罪的，依法追究刑事责任。注册安全工程师的执业范围包括：安全生产管理；安全生产技术；生产安全事故调查与分析；安全评估评价、咨询、论证、检测、检验、教育、培训及其他安全生产专业服务。中级注册安全工程师按照专业类别可在各类规模的危险物品生产、储存以及矿山、金属冶炼等单位中执业，初级注册安全工程师的执业单位规模由各地结合实际依法制定。各专业类别注册安全工程师执业行业见表16-8。注册安全工程师应在本人执业成果文件上签字，并承担相应责任。注册安全工程师享有下列权利：按规定使用注册安全工程师称谓和本人注册证书；从事规定范围内的执业活动；对执业中发现的不符合相关法律、法规和技术规范要求的情形提出意见和建议，并向相关行业主管部门报告；参加继续教育；获得相应的劳动报酬；对侵犯本人权利的行为进行申诉；法律、法规规定的其他权利。注册安全工程师应当履行下列义务：遵守国家有关安全生产的法律、法规和标准；遵守职业道德，客观、公正执业，不弄虚作假，并承担在相应报告上签署意见的法律责任；维护国家、集体、公众的利益和受聘单位的合法权益；严格保守在执业中知悉的单位、个人技术和商业秘密。取得注册安全工程师注册证书的人员，应当按照国家专业技术人员继续教育的有关规定接受继续教育，更新专业知识，提高业务水平。施行前取得的注册安全工程师执业资格证书、注册助理安全工程师资格证书，分别与按照规定取得的中级、初级注册安全工程师职业资格证书效用等同。专业技术人员取得中级注册安全工程师、初级注册安全工程师职业资格，即视其具备工程师、助理工程师职称，并可作为申报高一级职称的条件。加强注册安全工程师国际交流与合作，推进注册安全工程师职业资格国际化。注册安全工程师职业资格考试安全工程及相关专业参考目录（表16-9）。

各专业类别注册安全工程师执业行业界定 **表16-8**

序号	专业类别	执业行业
1	煤矿安全	煤炭行业
2	金属非金属矿山安全	金属非金属矿山行业
3	化工安全	化工、医药等行业（包括危险化学品生产、储存，石油天然气储存）
4	金属冶炼安全	冶金、有色冶炼行业

续表

序号	专业类别	执业行业
5	建筑施工安全	建设工程各行业
6	道路运输安全	道路旅客运输、道路危险货物运输、道路普通货物运输、机动车维修和机动车驾驶培训行业
7	其他安全（不包括消防安全）	除上述行业以外的烟花爆竹、民用爆炸物品、石油天然气开采、燃气、电力等其他行业

注册安全工程师职业资格考试安全工程及相关专业参考目录 **表16-9**

序号	学历（学位）	安全工程及相关专业
1	中专学历	农林牧渔类、资源环境类、能源与新能源类、土木水利类、加工制造类、石油化工类、轻纺食品类、交通运输类、信息技术类
2	大学专科学历	农业类、林业类、资源勘查类、地质类、测绘地理信息类、石油与天然气类、煤炭类、金属与非金属矿类、环境保护类、安全类、电力技术类、热能与发电工程类、新能源发电工程类、黑色金属材料类、有色金属材料类、非金属材料类、建筑材料类、建筑设计类、城乡规划与管理类、土建施工类、建筑设备类、建设工程管理类、市政工程类、房地产类、水利工程与管理类、水利水电设备类、水土保持与水环境类、机械设计制造类、机电设备类、自动化类、铁道装备类、船舶与海洋工程装备类、航空装备类、汽车制造类、生物技术类、化工技术类、轻化工类、包装类、印刷类、纺织服装类、食品工业类、药品制造类、粮食工业类、粮食储检类、铁道运输类、道路运输类、水上运输类、航空运输类、管道运输类、城市轨道交通类、电子信息类、计算机类、通信类、物流类、公安管理类、公安指挥类、司法技术类
3	大学本科学历	工学门类的所有专业类；公安学类、化学类、管理科学与工程类、物流管理与工程类、工业工程类
4	第二学士学位	
5	硕士学位	工学门类的所有学科；工程硕士、工程博士以及2018年对应调整后的电子信息、机械、材料与化工、资源与环境、能源动力、土木水利、生物与医药、交通运输等8种专业学位类别；管理学门类中的管理科学与工程学科
6	博士学位	

注：中专泛指普通中等专业学校、成人中等专业学校、职业高中、技工学校。

第十节　注册消防工程师执业资格管理

一、注册消防工程师

注册消防工程师，是指取得相应级别注册消防工程师资格证书并依法注册后，从事消防设施维护保养检测、消防安全评估和消防安全管理等工作的专业技术人员。取得注册消防工程师资格证书人员的注册、执业和继续教育及其监督管理。注册消防工程师实行注册执业管理制度。注册消防工程师分为一级注册消防工程师和二级注册消防工程师。公安部消防局对全国注册消防工程师的注册、执业和继续教育实施指导和监督管理。县级以上地方公安机关消防机构对本行政区域内注册消防工程师的注册、执业和继续教育实施指导和监督管理。注册消防工程师应当严格遵守有关法律、法规和国家标准、行业标准，恪守职业道德和执业准则，增强服务意识和社会责任感，不断提高专业素质和业务水平。依托消防协会成立注册消防工程师行业协会。注册消防工程师行业协会应当依法登记和开展活动，加强行业自律管理，规范执业行为，促进行业健康发展。

二、注册

取得注册消防工程师资格证书的人员，必须经过注册，方能以相应级别注册消防工程师的名义执业。未经注册，不得以注册消防工程师的名义开展执业活动。省、自治区、直辖市公安机关消防机构是一级、二级注册消防工程师的注册审批部门。注册消防工程师的注册分为初始注册、延续注册和变更注册。申请注册的人员，应当同时具备以下条件：依法取得注册消防工程师资格证书；受聘于一个消防技术服务机构或者消防安全重点单位，并担任技术负责人、项目负责人或者消防安全管理人；无不予注册所列情形。申请注册的人员，应当通过聘用单位向单位所在地（企业工商注册地）的省级或者地市级公安机关消防机构提交注册申请材料。申请注册的人员，拟在消防技术服务机构的分支机构所在地开展执业活动，应当通过该分支机构向其所在地的省级或者地市级公安机关消防机构提交注册申请材料。公安机关消防机构收到注册申请材料后，对申请材料齐全、符合法定形式的，应当出具受理凭证。地市级公安机关消防机构受理注册申请后，应当在3日内将申请材料送至省级公安机关消防机构。省级公安机关消防机构应当自受理之日起20日内对申请人条件和注册申请材料进行审查并作出注册决定。在规定的期限内不能作出注册决定的，经省级公安机关消防机构负责人批准，可以延长10日，并应当将延长期限的理由告知申请人。省级公安机关消防机构应当自作出注册决定之日起10日内颁发相应级别的注册证、执业印章，并向社会公告。注册证、执业印章的有效期为3年，自作出注册决定之日起计算。申请人领取一级注册消防工程师注册证、执业印章时，已经取得二级注册消防工程师注册证、执业印章的，应当同时将二级注册消防工程师注册证、执业印章交回。申请初始注册的，应当自取得注册消防工程师资格证书之日起1年内提出。规定施行前已经取得注册消防工程师资格但尚未注册的，应当在本规定施行之日起1年内提出申请。逾期未申请初始注册的，应当参加继续教育，并在达到继续教育的要求后方可申请初始注册。注册有效期满需继续执业的，应当在注册有效期届满3个月前，按照规定申请延续注册。注册消防工程师在注册有效期内发生下列情形之一的，应当按照规定申请变更注册：变更聘用单位的；聘用单位名称变更的；注册消防工程师姓名变更的。申请变更注册，应当提交变更注册申请表、原注册证和执业印章，变更注册后，有效期仍延续原注册有效期。原注册有效期届满在半年以内的，可以同时提出延续注册申请；准予延续的，注册有效期重新计算。注册消防工程师在申请变更注册之日起，至注册审批部门准予其变更注册之前不得执业。注册消防工程师注册证、执业印章遗失的，应当及时向原注册审批部门备案。注册消防工程师注册证或者执业印章遗失、污损需要补办、更换的，应当持聘用单位和本人共同出具的遗失说明，或者污损的原注册证、执业印章，向原注册审批部门申请补办、更换。原注册审批部门应当自受理之日起10日内办理完毕。补办、更换的注册证、执业印章有效期延续原注册有效期。

三、执业

注册证、执业印章是注册消防工程师的执业凭证，由注册消防工程师本人保管、使用。一级注册消防工程师可以在全国范围内执业；二级注册消防工程师可以在注册所在省、自治区、直辖市范围内执业。一级注册消防工程师的执业范围包括：消防技术咨询与消防安全评估；消防安全管理与消防技术培训；消防设施维护保养检测（含灭火器维修）；消防安全监测与检查；火灾事故技术分析；公安部或者省级公安机关规定的其他消防安全技术工作。二级注册消防工程师的执业范围包括：除100米以上公共建筑、大型的人员密集场所、大型的危险化学品单位外的火灾高危单位消防安全评估；除250米以上公共建筑、大型的危险化学品单位外的消防安全管理；单体建筑面积4万平方米以下建筑的消防设施维护保养检测（含灭火器维修）；消防安全监测与检查；公安部或者省级公安机关规定的其他消防安全技术工作。省级公安机关消防机构应当结合实际，根据上款规定确定本地区二级注册消防工程师的具体执业范围。注册消防工程师的执业范围应当与其聘用单位业务范围和本人注册级别相符合，本人的执业范围不得超越其聘用单位的业务范围。受聘于消防技术服务机构的注册消防工程师，每个注册有效期应当至少参与完成3个消防技术服务项目；受聘于消防安全重点单位的注册消防工程师，1个年度内应当至少签署1个消防安全技术文件。注册消防工程师的聘用单位应当加强对本单位注册消防工程师的管理，对其执业活动依法承担法律责任。下列消防安全技术文件应当以注册消防工程师聘用单位的名义出具，并由担任技术负责人、项目负责人或者消防安全管理人的注册消防工程师签名，加盖执业印章：消防技术咨询、消防安全评估、火灾事故技术分析等书面结论文件；消防安全重点单位年度消防工作综合报告；消防设施维护保养检测书面结论文件；灭火器维修合格证；法律、法规规定的其他消防安全技术文件。修改经注册消防工程师签名盖章的消防安全技术文件，应当由原注册消防工程师进行；因特殊情况，原注册消防工程师不能进行修改的，应当由其他相应级别的注册消防工程师修改，并签名、加盖执业盖章，对修改部分承担相应的法律责任。注册消防工程师享有下列权利：使用注册消防工程师称谓；保管和使用注册证和执业印章；在规定的范围内开展执业活动；对违反相关法律、法规和国家标准、行业标准的行为提出劝告，拒绝签署违反国家标准、行业标准的消防安全技术文件；参加继续教育；依法维护本人的合法执业权利。注册消防工程师应当履行下列义务：遵守和执行法律、法规和国家标准、行业标准；接受继续教育，不断提高消防安全技术能力；保证执业活动质量，承担相应的法律责任；保守知悉的国家秘密和聘用单位的商业、技术秘密。注册消防工程师在每个注册有效期内应当达到继续教育要求。具有注册消防工程师资格证书的非注册人员，应当持续参加继续教育，并达到继续教育要求。公安部消防局统一管理全国注册消防工程师的继续教育工作，组织制定一级注册消防工程师的继续教育规划和计划。省级公安机关消防机构负责本行政区域内一级、二级注册消防工程师继续教育的组织实施和管理，组织制定二级注册消防工程师的继续教育规划和计划。省级公安机关消防机构可以委托教育培训机构实施继续教育。对达到继续教育要求的注册消防工程师，实施继续教育培训的机构应当出具证明材料。

第十七章　科技企业认定评价与标准创新

深化科技供给侧结构性改革，提升我国重点区域和关键领域技术创新能力，支撑高质量发展，推进国家技术创新中心建设运行。鼓励和支持企业建立技术中心给予政策支持，开展对高新技术企业认定，并实施科技型中小企业评价。2022 年制定、修订国家标准 2266 项，其中新制定 1382 项。国家科学技术奖励实施创新驱动发展战略，华夏奖奖励原则是鼓励科技创新、推动科技进步、提升技术水平、培养科技人才。深化标准化工作改革方案，实施工程建设强制性标准监督管理，开展标准创新贡献奖评选。本章包括：国家企业技术中心认定评价；高新技术企业认定与科技型中小企业评价；国家科学技术奖管理；华夏建设科学技术奖奖励管理；国家标准体系建设规划；工程建设标准化工作改革；中国标准创新贡献奖评审、工程建设标准科技创新奖评审等。

第一节　国家企业技术中心认定评价

一、企业技术中心

企业技术中心，是指企业根据市场竞争需要设立的技术研发与创新机构，负责制定企业技术创新规划、开展产业技术研发、创造运用知识产权、建立技术标准体系、凝聚培养创新人才、构建协同创新网络、推进技术创新全过程实施。国家鼓励和支持企业建立技术中心，发挥企业在技术创新中的主体作用，建立健全企业主导产业技术研发创新的体制机制。国家根据创新驱动发展要求和经济结构调整需要，对创新能力强、创新机制好、引领示范作用大、符合条件的企业技术中心予以认定，并给予政策支持，鼓励引导行业骨干企业带动产业技术进步和创新能力提高。国家发展和改革委员会、科技部、财政部、海关总署、税务总局负责指导协调国家企业技术中心相关工作。国家发展和改革委员会牵头开展国家企业技术中心的认定与运行评价。各省、自治区、直辖市、计划单列市及新疆生产建设兵团发展改革部门或地方人民政府指定的部门会同同级管理部门，负责国家企业技术中心的申报、管理等事项。

二、国家企业技术中心认定

国家企业技术中心的认定，原则上每年进行一次。地方政府主管部门根据国家发展和改革委员会通知要求报送申请材料，受理截止日期为当年 5 月 31 日。国家企业技术中心应当具备以下基本条件：企业在行业中具有显著的发展优势和竞争优势，具有行业领先的技术创新能力和水平；企业具有较好的技术创新机制，企业技术中心组织体系健全，创新效率和效益显著；有较高的研究开发投入，年度研究与试验发展经费支出额不低于 1500 万元；拥有技术水平高、实践经验丰富的技术带头人，专职研究与试验发展人员数不少于 150 人；具有比较完善的研究、开发、试验条件，技术开发仪器设备原值不低于 2000 万元；有较好的技术积累，重视前沿技术开发，具有开展高水平技术创新活动的能力；具有省级企业技术中心资格两年以上。企业在申请受理截止日期前 3 年内，不得存在下列情况：因违反海关法及有关法律、行政法规，构成走私行为，受到刑事、行政处罚，或因严重违反海关监管规定受到行政处罚；因违反税收征管法及有关法律、行政法规，构成偷税、骗取出口退税等严重税收违法行为；司法、行政机关认定的其他严重违法失信行为。地方政府主管部门会同同级管理部门，根据办法及当年国家发展和改革委员会发布的通知，推荐符合条件的企业技术中心，并将推荐企业技术中心名单及其申请材料报送国家发展和改革委员会。申请材料主要包括企业技术中心申请报告、评价表及必要的证明材料。母公司技术中心已是国家企业技术中心的，地方政府主管部门不得再推荐其下属子公司申请国家企业技术中心。但从事业务领域与母公司不同的子公司，可推荐其申请母公司国家企业技术中心分中心。子公司技术中心已是国家企业技术中心的，地方政府主管部门在推荐其母公司申请国家企业技术中心时，应在推荐意见中明确提出将其子公司国家企业技术中心调整为分中心或撤销的意见。国家企业技术中心分中心的申请程序和要求与国家企业技术中心相同。国家发展和改革委员会委托第三方机构，依据评价指标体系对地方政府主管部门推荐的企业技术中心申请材料进行初评，并根据初评结果委托第三方机构组织专家评审。国家发展和改革委员会会同科技部、财政部、海关总署、税务总局，根据专家评审意见以及国家产业政策、国家进口税收税式支出的总体原则及年度方案等综合评估，确认认定结果，并通过国家发展改革委官方网站予以公示。国家发展和改革委员会会同科技部、财政部、海关总署、税务总局，在受理地方政府主管部门申报材料之日起 90 个工作日之内联合发文，向地方政府主管部门及同级管理部门通报认定结果。

三、运行评价与鼓励政策

（一）国家发展和改革委员会会同科技部、财政部、海关总署、税务总局，原则上每两年组织一次国家企业技术中心运行评价。国家发展和改革委员会于评价年度下发评价通知。地方政府主管部门对国家企业技术中心评价材料真实性出具意见，并于评价年度的 5 月 31 日前将评价材料报送国家发展和改革委员会。评价材料主要包括国家企业技术中心工作总结、评价表及必要的证明材料。国家发展和改革委员会委托第三方机构，依据评价指标体系，对地方政府主管部门报送的评价材料进行评价，并形成评价结果和评价报告。评价结果分为优秀、良好、基本合格和不合格：评价得分 90 分及以上为优秀；评价得分 65 分至 90 分（不含 90 分）为良好；评价得分 60 分至 65 分（不含 65 分）为基本合格；评价得分低于 60 分为不合格。国家发展和改革委员会会同科技部、财政部、海关总署、税务总局对评价结果进行确认。国家发展和改革委员会在受理评价材料之日起 70 个工作日内，向地方政府主管部门通报评价结果。国家企业技术中心和国家企业技术中心分中心进口科技开发用品按照国家相关税收政策执行。经海关确认后，国家企业技术中心可按有关规定，将免税进口的科技开发用品放置在其异地非独立法人分支机构使用。国家发展和改革委员会结合企业技术中心创新能力建设、高技术产业化、战略性新兴产业发展等工作，对国家企业技术中心予以支持。国家支持国家企业技术中心承担中央财政科技计划（专项、基金等）的研发任务。地方政府主管部门应于每年 8 月 30 日前，将国家企业技术中心所在企业发生更名、重组等变更情况报送国家发展改革委，同时抄送地方同级管理部门。国家发展和改革委员会会同科技部、财政部、海关总署、税务总局，每年对地方政府主管部门报送的企业变更情况进行确认。其中，对经确认取消国家企业技术中心资格的，自该国家企业技术中心所在企业发生更名、重组等变更之日起，停止享受科技开发用品免征进口税收政策。自国家企业技术中心所在企业发生更名、重组等变更之日起，该企业所属国家企业技术中心进口的有关科技开发用品，经海关审核符合有关规定，可办理凭税款担保放行手续。待国家企业技术中心所在企业更名情况确认后，根据确认结果办理已凭税款担保放行的有关进口科技开发用品的税款征免手续。母公司技术中心已认定为国家企业技术中心的，其子公司原有国家企业技术中心的资格应予调整。其中，从事业务领域与母公司不同的，可调整为其母公司国家企业技术中心分中心；业务领域与母公司一致的，取消其国家企业技术中心资格。地方政府主管部门推荐母公司申请国家企业技术中心时，没有提出对其子公司国家企业技术中心调整意见的，视同母公司与子公司业务领域相同。地方政府主管部门报送的企业材料和数据应当真实可靠。企业提供虚假材料和数据的行为，经核实，将纳入国家统一的信用信息平台。国家发展和改革委员会会同科技部、财政部、海关总署、税务总局联合发文，向地方政府主管部门及同级管理部门通报国家企业技术中心调整、撤销和更名结果。依据《政府信息公开条例》，国家企业技术中心认定的相关信息向社会公开。

（二）申请报告编写提纲与评价材料，申请国家企业技术中心的企业，需根据《国家企业技术中心认定管理办法》和当年国家发展和改革委员会通知要求，参照工作指南编制申请材料。申请材料内容应包括：国家企业技术中心申请报告、评价表及必要证明材料。已认定的国家企业技术中心和国家企业技术中心分中心，需参加每两年一次的国家企业技术中心运行评价，参照工作指南编制评价材料。评价材料内容应包括：国家企业技术中心工作总结、评价表及必要证明材料、享受国家企业技术中心政策情况。国家发展和改革委员会将委托第三方机构，依据评价指标体系，对企业技术中心申请材料和评价材料进行评价。申请报告编写提纲包括企业的地位和作用：企业基本情况，包括所有制性质、主要下属企业，职工人数、企业总资产、资产负债率、银行信用等级、销售收入、利润、主导产品及市场占有率等。企业的行业地位和竞争力，结合行业集中度和企业在行业中的综合排序，分析企业在本行业的领先地位和竞争优势，与国际同行业企业相比所具有的规模和技术优势。企业对本行业技术创新的引领作用，包括企业对行业技术进步、结构调整、节能减排、资源节约综合利用等方面的示范和带动作用。企业技术创新的现状和成绩，企业技术中心基本情况，包括企业技术中心的建设与发展历程、组织架构；创新体系建设和运行机制，包括组织管理体系建设、规章制度建立、研发项目组织管理机制、研发经费管理机制、人才激励机制、内外部合作机制等。企业技术中心创新资源整合情况，包括企业技术中心技术带头人及创新团队建设情况、研发经费投入情况、研究开发和试验基础条件建设情况、信息化建设情况等。企业技术中心研究开发工作开展情况，包括重大产品创新、工艺创新、商业模式创新、产学研合作、企业间合作、国际化研发活动等。企业技术中心取得的主要创新成果。形成的核心技术及自主知识产权情况，重点介绍相关技术成果对企业核心产品研发、核心竞争力提升的支撑作用，以及取得的经济社会效益。企业技术创新战略和规划，企业制定未来5~10年技术创新发展战略情况，及该战略对企业总体发展目标的支撑情况。企业近期在技术创新方面拟实施的重点举措，包括创新条件建设、创新人才集聚、重点研发项目部署等。国家企业技术中心评价数据（表17-1），需提供的附件及证明材料，企业对报送资料的真实性、完整性承诺。相关统计和财务报表（略）。

国家企业技术中心评价数据 **表17-1**

企业名称			
通讯地址		下属企业数量	
主营业务		统计行业代码	
企业负责人		联系电话	
技术中心负责人		联系电话	
联系人		联系电话	
电子邮件		联系传真	
企业网址		报告年度	
序号	指标名称	单位	数据值
1	主营业务收入	万元	
2	研究与试验发展经费支出	万元	
3	研究与试验发展人员数	人	
4	企业职工总数	人	
5	技术中心高级专家人数	人	
6	技术中心博士人数	人	
7	来技术中心从事研发工作的外部专家人数	人月	
8	企业全部研发项目数	项	
	其中：基础研究和应用研究项目数	项	
9	国家级研发平台数	个	
10	省级研发平台数	个	
11	通过国家（国际组织）认证的实验室和检测机构数	个	
12	企业技术开发仪器设备原值	万元	

续表

序号	指标名称	单位	数据值
13	企业拥有的全部有效发明专利数	项	
14	当年被受理的专利申请数	项	
	其中：当年被受理的发明专利申请数	项	
15	最近三年主持和参加制定的国际、国家和行业标准数	项	
16	新产品销售收入	万元	
17	新产品销售利润	万元	
18	利润总额	万元	
19	获国家自然科学、技术发明、科技进步奖项目数	项	

填写说明，企业名称：参评企业需在此表上加盖公章，填写企业名称需与企业公章一致。统计行业代码：对照《国民经济行业分类与代码》GB/T 4754，填写企业主营业务对应的统计“大类”（二位码）编号，如主营业务为“农副食品加工业”的企业，填写“13”。报告年度：指表中指标统计年度，时间范围从填写评价表的上一年1月1日至12月31日；所有指标的填报时间范围，如无特殊说明，均为报告年度。

（三）享受国家企业技术中心政策统计，已认定的国家企业技术中心需在评价年度提交工作总结，以全面总结报告年度和报告年度前一年度企业技术创新与技术中心工作情况。主要包括如下内容：简要分析企业所在行业创新趋势和特点，以及企业在该行业中的地位和竞争优势。企业技术创新体系建设情况，包括企业技术创新体系基本情况、技术中心组织建设、技术中心创新机制建设、产学研合作创新机制建设、国际化创新合作网络建设、企业技术创新基础设施建设等。企业技术创新活动开展情况，包括重点创新项目的组织实施、关键核心技术和产品开发等。企业技术中心取得的主要创新成果，形成的核心技术及自主知识产权情况，重点介绍相关技术成果对企业核心产品研发、核心竞争力提升的支撑作用，以及取得的经济社会效益。其他有特色的工作情况。国家企业技术中心（分中心）名称；获得国家认定时间；过去两年享受支持科技创新进口税收政策免税情况统计。国家企业技术中心评价指标体系（表17-2），行业系数（表17-3），限定性指标的最低标准，年度研究与试验发展经费支出额不低于1500万元。年度研究与试验发展人员数不少于150人。年度技术开发仪器设备原值不低于2000万元。

指标体系 **表17-2**

一级指标	二级指标	权重	三级指标	单位	权重	基本要求
创新投入	创新经费	20	研发人员人均研发经费支出	万元	8	≥5
			研发经费支出占主营业务收入的比重	%	12	分档
	创新人才	15	研发人员占企业职工总数的比重	%	7	≥3
			技术中心拥有的高级专家和博士人数	人	4	≥5
			来技术中心从事研发工作的外部专家人数	人月	4	≥20
创新条件	技术积累	13	企业拥有的全部有效发明专利数	项	5	≥5
			企业全部研发项目数	项	4	≥10
			基础研究和应用研究项目数占全部研发项目数的比重	%	4	≥3
	创新平台	12	企业技术开发仪器设备原值	万元	4	≥3000
			国家级研发平台数	个	3	≥1
			省级研发平台数	个	2	≥1
			通过国家（国际组织）认证的实验室和检测机构数	个	3	≥1

续表

一级指标	二级指标	权重	三级指标	单位	权重	基本要求
创新绩效	技术产出	15	当年被受理的专利申请数	项	5	≥10
			当年被受理的发明专利申请数	项	6	≥5
			最近三年主持和参加制定的国际、国家和行业标准数	项	4	≥1
	创新效益	25	新产品销售收入占主营业务收入的比重	%	10	≥20
			新产品销售利润占利润总额的比重	%	10	≥15
			利润率	%	5	≥5
加分	加分		获国家自然科学、技术发明、科技进步奖项目数	项	≤5	

说明：考虑到不同规模企业在研发投入强度上存在显著差异，对"研发经费支出占主营业务收入的比重"这一指标的基本要求按照企业规模划分为4档：主营业务收入500亿元及以上的企业为1.0%，主营业务收入100~500亿元（含100亿元）的企业为1.5%，主营业务收入10~100亿元（含10亿元）的企业为2.0%，主营业务收入10亿元以下的企业为3.0%。企业作为主要完成单位或企业员工作为主要完成人获国家自然科学、技术发明、科技进步奖项目，特等奖每项加5分，一等奖每项加3分，二等奖每项加1分，累计不超过5分。

行业系数 **表17-3**

行业名称	研发经费支出占主营业务收入的比重	新产品销售收入占主营业务收入的比重	新产品销售利润占利润总额的比重
农业	1.5	1.5	1.5
煤炭开采和洗选业	2.0	3.0	3.0
石油和天然气开采业	2.0	3.0	3.0
有色金属矿采选业	2.0	3.0	3.0
农副食品加工业	1.5	1.5	1.0
食品制造业	1.5	1.5	1.0
酒、饮料和精制茶制造业	1.2	1.5	1.5
烟草制品业	3.0	1.5	2.0
纺织业	1.2	1.0	1.0
纺织服装、服饰业	1.2	1.0	1.0
皮革、毛皮、羽毛及其制品和制鞋业	1.5	1.2	1.0
木材加工和木、竹、藤、棕、草制品业	1.0	1.5	1.2
家具制造业	1.2	1.0	1.0
造纸和纸制品业	1.0	1.0	1.0
印刷和记录媒介复制业	1.0	1.0	1.2
文教、工美、体育和娱乐用品制造业	1.5	1.2	1.2
石油加工、炼焦和核燃料加工业	2.5	2.0	1.0
化学原料和化学制品制造业	1.0	1.0	1.0
医药制造业	0.8	0.8	1.0
化学纤维制造业	1.0	1.0	1.0
橡胶和塑料制品业	1.0	1.0	1.0
非金属矿物制品业	1.0	1.0	1.0
黑色金属冶炼和压延加工业	1.2	1.5	1.5
有色金属冶炼和压延加工业	1.2	1.2	1.0

续表

行业名称	研发经费支出占主营业务收入的比重	新产品销售收入占主营业务收入的比重	新产品销售利润占利润总额的比重
金属制品业	1.0	1.0	1.0
通用设备制造业	1.0	1.0	1.0
专用设备制造业	1.0	1.0	1.0
汽车制造业	1.0	0.8	1.0
铁路、船舶、航空航天和其他运输设备制造业	0.8	0.8	1.0
电气机械和器材制造业	0.8	0.8	1.0
计算机、通信和其他电子设备制造业	0.8	0.8	0.8
仪器仪表制造业	0.8	0.8	0.8
电力、热力生产和供应业	2.5	3.0	3.0
房屋建筑业	2.0	1.5	1.5
土木工程建筑业	2.0	1.5	1.5
建筑安装业	2.0	1.5	1.5
软件和信息技术服务业	0.6	1.0	1.0
专业技术服务业	1.0	1.0	1.0
其他	1.5	1.5	1.0

说明：由于不同行业在研发投入与产出方面存在较大差异，技术中心评估时，对不同行业企业“研发经费支出占主营业务收入的比重”“新产品销售收入占主营业务收入的比重”“新产品销售利润占利润总额的比重”三个指标引入行业系数加以调节。行业系数主要依据已认定国家企业技术中心评价数据、大型工业企业统计数据测算得到。行业系数只作为第三方评估机构评价时使用，企业填报时无需考虑行业系数，按实际数据填报。评价时，根据企业填报的实际数据计算得出上述指标的比重，再乘以行业系数，得出指标的评价值。行业系数表中的“其他”行业包括“交通运输、仓储和邮政业”“文化、体育和娱乐业”等行业。

第二节　高新技术企业认定与科技型中小企业评价

一、高新技术企业认定

高新技术企业是指在《国家重点支持的高新技术领域》内，持续进行研究开发与技术成果转化，形成企业核心自主知识产权，并以此为基础开展经营活动，在中国境内（不包括港、澳、台地区）注册的居民企业。高新技术企业认定管理工作应遵循突出企业主体、鼓励技术创新、实施动态管理、坚持公平公正的原则。依据办法认定的高新技术企业，可依照《企业所得税法》及其《实施条例》《税收征收管理法》《税收征收管理法实施细则》等有关规定，申报享受税收优惠政策。科技部、财政部、税务总局负责全国高新技术企业认定工作的指导、管理和监督。科技部、财政部、税务总局组成全国高新技术企业认定管理工作领导小组，其主要职责为：确定全国高新技术企业认定管理工作方向，审议高新技术企业认定管理工作报告；协调、解决认定管理及相关政策落实中的重大问题；裁决高新技术企业认定管理事项中的重大争议，监督、检查各地区认定管理工作，对发现的问题指导整改。领导小组下设办公室，由科技部、财政部、税务总局相关人员组成，办公室设在科技部，其主要职责为：提交高新技术企业认定管理工作报告，研究提出政策完善建议；指导各地区高新技术企业认定管理工作，组织开展对高新技术企业认定管理工作的监督检查，对发现的问题提出整改处理建议；负责各地区高新技术企业认定工作的备案管理，公布认定的高新技术企业名单，核发高新技术企业证书编号；建设并管理“高新技术企业认定管理工作网”；完成领导小组交办的其他工作。各省、自治区、直辖市、计划单列市科技行政管理部门同本级财政、税务部门组成本地区高新技术企业认定管理机构。认定机构下设办公室，由省级、计划单列市科技、财政、税务部门相关人员组成，办公室设在省级、计划单列市科技行政主管部门。认定机构主要职责为：负责本行政区域内的高新技术企业认定工作，每年向领导小组办公室提交本地区高新技术企业认定管理工作报告；负责将认定后的高新技术企业按要求报领导小组办公室备案，对通过备案的企业颁发高新技术企业证书；负责遴选参与认定工作的评审专家（包括技术专家和财务专家），并加强监督管理；负责对已认定企业进行监督检查，受理、核实并处理复核申请及有关举报等事项，落实领导小组及其办公室提出的整改建议；完成领导小组办公室交办的其他工作。通过认定的高新技术企业，其资格自颁发证书之日起有效期为 3 年。企业获得高新技术企业资格后，自高新技术企业证书颁发之日所在年度起享受税收优惠，可依照办法规定到主管税务机关办理税收优惠手续。

二、认定条件与程序

认定为高新技术企业须同时满足以下条件：企业申请认定时须注册成立 1 年以上；企业通过自主研发、受让、受赠、并购等方式，获得对其主要产品（服务）在技术上发挥核心支持作用的知识产权的所有权；对企业主要产品（服务）发挥核心支持作用的技术属于《国家重点支持的高新技术领域》规定的范围；企业从事研发和相关技术创新活动的科技人员占企业当年职工总数的比例不低于 10%；企业近 3 个会计年度（实际经营期不满 3 年的按实际经营时间计算，下同）的研究开发费用总额占同期销售收入总额的比例符合如下要求：最近一年销售收入小于 5000 万元（含）的企业，比例不低于 5%；最近一年销售收入在 5000 万元至 2 亿元（含）的企业，比例不低于 4%；最近一年销售收入在 2 亿元以上的企业，比例不低于 3%。其中，企业在中国境内发生的研究开发费用总额占全部研究开发费用总额的比例不低于 60%；近一年高新技术产品（服务）收入占企业同期总收入的比例不低于 60%；企业创新能力评价应达到相应要求；企业申请认定前一年内未发生重大安全、重大质量事故或严重环境违法行为。高新技术企业认定程序如下：企业申请，企业对照办法进行自我评价。认为符合认定条件的在“高新技术企业认定管理工作网”注册登记，向认定机构提出认定申请。申请时提交下列材料：高新技术企业认定申请书；证明企业依法成立的相关注册登记证件；知识产权相关材料、科研项目立项证明、科技成果转化、研究开发的组织管理等相关材料；企业高新技术产品（服务）的关键技术和技术指标、生产批文、认证认可和相关资质证书、产品质量检验报告等相关材料；企业职工和科技人员情况说明材料；经具有资质的中介机构出具的企业近 3 个会计年度研究开发费用和近 1 个会计年度高新技术产品（服务）收入专项审计或鉴证报告，并附研究开发活动说明材料；经具有资质的中介机构鉴证的企业近 3 个会计年度的财务会计报告（包括会计报表、会计报表附注和财务情况说明书）；近 3 个会计年度企业所得税年度纳税申报表。专家评审，认定机构应在符合评审要求的专家中，随机抽取组成专家组。专家组对企业申报材料进行评审，提出评审意见。审查认定，认定机构结合专家组评审意见，对申请企业进行综合审查，提出认定意见并报领导小组办公室。认定企业由领导小组办公室在“高新技术企业认定管理工作网”公示 10 个工作日，无异议的，予以备案，并在“高新技术企业认定管理工作网”公告，由认定机构向企业颁发统一印制的“高新技术企业证书”；有异议的，由认定机构进行核实处理。企业获得高新技术企业资格后，应每年 5 月底前在“高新技术企业认定管理工作网”填报上一年度知识产权、科技人员、研发费用、经营收入等年度发展情况报表。对于涉密企业，按照国家有关保密工作规定，在确保涉密信息安全的前提下，按认定工作程序组织认定。科技部、财政部、税务总局建立随机抽查和重点检查机制，加强对各地高新技术企业认定管理工作的监督检查。国家重点支持的高新技术领域包括：电子信息；生物与新医药；航空航天；新材料；高技术服务；新能源与节能；资源与环境；先进制造与自动化。部分涉项技术例如：工程设计技术，应用新技术、新工艺、新材料、新创意开展工程勘察、设计、规划编制、测绘、咨询服务的关键技术等。专业设计技术，基于新创意、新技术、新工艺、新材料面向社会和生产生活提供服务的专业设计技术等。

三、科技型中小企业评价

科技型中小企业是指依托一定数量的科技人员从事科学技术研究开发活动，取得自主知识产权并将其转化为高新技术产品或服务，从而实现可持续发展的中小企业。科技型中小企业评价工作采取企业自主评价、省级科技管理部门组织实施、科技部服务监督的工作模式，坚持服务引领、放管结合、公开透明的原则。科技部负责建设“全国科技型中小企业信息服务平台”和“全国科技型中小企业信息库”。科技部火炬高技术产业开发中心负责服务平台和信息库建设与运行的日常工作。企业可根据科技型中小企业评价办法进行自主评价，并按照自愿原则到服务平台填报企业信息，经公示无异议的，纳入信息库。各有关部门和各级人民政府应当对纳入信息库的科技型中小企业提供精准支持和精准服务，制定的支持企业技术创新的政策措施应优先支持纳入信息库的企业。科技型中小企业须同时满足以下条件：在中国境内（不包括港、澳、台地区）注册的居民企业。职工总数不超过 500 人、年销售收入不超过 2 亿元、资产总额不超过 2 亿元。企业提供的产品和服务不属于国家规定的禁止、限制和淘汰类。企业在填报上一年及当年内未发生重大安全、重大质量事故和严重环境违法、科研严重失信行为，且企业未列入经营异常名录和严重违法失信企业名单。企业根据科技型中小企业评价指标进行综合评价所得分值不低于 60 分，且科技人员指标得分不得为 0 分。

科技型中小企业评价指标具体包括科技人员、研发投入、科技成果三类，满分 100 分。科技人员指标（满分 20 分），按科技人员数占企业职工总数的比例分档评价，30%（含）以上（20 分）；25%（含）~30%（16 分）；20%（含）~25%（12 分）；15%（含）~20%（8 分）；10%（含）~15%（4 分）；10% 以下（0 分）研发投入指标（满分 50 分）。企业从两项指标中选择一个指标进行评分。按企业研发费用总额占销售收入总额的比例分档评价，6%（含）以上（50 分）；5%（含）~6%（40 分）；4%（含）~5%（30 分）；3%（含）~4%（20 分）；2%（含）~3%（10 分）；2% 以下（0 分）按企业研发费用总额占成本费用支出总额的比例分档评价，30%（含）以上（50 分）；25%（含）~30%（40 分）；20%（含）~25%（30 分）；15%（含）~20%（20 分）；10%（含）~15%（10 分）；10% 以下（0 分）。科技成果指标（满分 30 分），按企业拥有的在有效期内的与主要产品（或服务）相关的知识产权类别和数量（知识产权应没有争议或纠纷）分档评价。1 项及以上Ⅰ类知识产权（30 分）；4 项及以上Ⅱ类知识产权（24 分）；3 项Ⅱ类知识产权（18 分）；2 项Ⅱ类知识产权（12 分）；1 项Ⅱ类知识产权（6 分）；没有知识产权（0 分）。符合基本条件（除分值外）的企业，若同时符合下列条件中的一项，则可直接确认符合科技型中小企业条件：企业拥有有效期内高新技术企业资格证书；企业近 5 年内获得过国家级科技奖励，并在获奖单位中排在前三名；企业拥有经认定的省部级以上研发机构；企业近 5 年内主导制定过国际标准、国家标准或行业标准。科技型中小企业评价指标的说明：企业科技人员是指企业直接从事研发和相关技术创新活动，以及专门从事上述活动管理和提供直接服务的人员，包括在职、兼职和临时聘用人员，兼职、临时聘用人员全年须在企业累计工作 6 个月以上。企业职工总数包括企业在职、兼职和临时聘用人员。在职人员通过企业是否签订了劳动合同或缴纳社会保险费来鉴别，兼职、临时聘用人员全年须在企业累计工作 6 个月以上。企业研发费用是指企业研发活动中发生的相关费用，具体按照财政部、国家税务总局、科技部《关于完善研究开发费用税前加计扣除政策的通知》有关规定进行归集。企业销售收入为主营业务与其他业务收入之和。知识产权采用分类评价，其中：发明专利、植物新品种、国家级农作物品种、国家新药、国家一级中药保护品种、集成电路布图设计专有权按Ⅰ类评价；实用新型专利、外观设计专利、软件著作权按Ⅱ类评价。企业主导制定国际标准、国家标准或行业标准是指企业在国家标准化委员会、工业和信息化部、国际标准化组织等主管部门的相关文件中排名起草单位前五名。省部级以上研发机构包括国家（省、部）重点实验室、国家（省、部）工程技术研究中心、国家（省、部）工程实验室、国家（省、部）工程研究中心、国家（省、部）企业技术中心、国家（省、部）国际联合研究中心等。信息填报与登记入库，企业可对照科技型中小企业评价办法自主评价是否符合科技型中小企业条件，认为符合条件的，可自愿在服务平台上注册登记企业基本信息，在线填报《科技型中小企业信息表》(略)。各省级科技管理部门组织有关单位对企业填报的《科技型中小企业信息表》内容是否完整进行确认。信息完整且符合条件的，由省级科技管理部门在服务平台公示10个工作日。公示无异议的企业，纳入信息库并在服务平台公告；有异议的，由省级科技管理部门组织有关单位进行核实处理。省级科技管理部门为入库企业赋予科技型中小企业入库登记编号。有关单位可通过服务平台查验企业的登记编号。已入库企业应在每年3月底前通过服务平台对《科技型中小企业信息表》中的信息进行更新，并对本企业是否仍符合科技型中小企业条件进行自主评价，仍符合条件的，由省级科技管理部门按办法规定程序办理。已入库企业发生更名或与办法规定条件有关重大变化的，应在三个月内通过服务平台填报变化情况。

第三节　国家科学技术奖管理

一、国家科学技术奖的设置

国务院设立下列国家科学技术奖：国家最高科学技术奖；国家自然科学奖；国家技术发明奖；国家科学技术进步奖；国际科学技术合作奖。国家科学技术奖应当与国家重大战略需要和中长期科技发展规划紧密结合。国家加大对自然科学基础研究和应用基础研究的奖励。国家自然科学奖应当注重前瞻性、理论性，国家技术发明奖应当注重原创性、实用性，国家科学技术进步奖应当注重创新性、效益性。国家科学技术奖励实施创新驱动发展战略，贯彻尊重劳动、尊重知识、尊重人才、尊重创造的方针，培育和践行社会主义核心价值观。国家维护国家科学技术奖的公正性、严肃性、权威性和荣誉性，将国家科学技术奖授予追求真理、潜心研究、学有所长、研有所专、敢于超越、勇攀高峰的科技工作者。国家科学技术奖励应当实施绩效管理，国家设立国家科学技术奖励委员会。国家科学技术奖励委员会聘请有关方面的专家、学者等组成评审委员会和监督委员会，负责国家科学技术奖的评审和监督工作。国家最高科学技术奖授予下列中国公民：在当代科学技术前沿取得重大突破或者在科学技术发展中有卓越建树的；在科学技术创新、科学技术成果转化和高技术产业化中，创造巨大经济效益、社会效益、生态环境效益或者对维护国家安全作出巨大贡献的。国家最高科学技术奖不分等级，每次授予人数不超过2名。国家自然科学奖授予在基础研究和应用基础研究中阐明自然现象、特征和规律，做出重大科学发现的个人。重大科学发现，应当具备下列条件：前人尚未发现或者尚未阐明；具有重大科学价值；得到国内外自然科学界公认。国家技术发明奖授予运用科学技术知识做出产品、工艺、材料、器件及其系统等重大技术发明的个人。重大技术发明，应当具备下列条件：前人尚未发明或者尚未公开；具有先进性、创造性、实用性；经实施，创造显著经济效益、社会效益、生态环境效益或者对维护国家安全作出显著贡献，且具有良好的应用前景。国家科学技术进步奖授予完成和应用推广创新性科学技术成果，为推动科学技术进步和经济社会发展作出突出贡献的个人、组织。创新性科学技术成果，应当具备下列条件：技术创新性突出，技术经济指标先进；经应用推广，创造显著经济效益、社会效益、生态环境效益或者对维护国家安全作出显著贡献；在推动行业科学技术进步等方面有重大贡献。国家自然科学奖、国家技术发明奖、国家科学技术进步奖分为一等奖、二等奖2个等级；对取得特别重大的科学发现、技术发明或者创新性科学技术成果的，可以授予特等奖。国际科学技术合作奖授予对中国科学技术事业作出重要贡献的下列外国人或者外国组织：同中国的公民或者组织合作研究、开发，取得重大科学技术成果的；向中国的公民或者组织传授先进科学技术、培养人才，成效特别显著的；为促进中国与外国的国际科学技术交流与合作，作出重要贡献的。国际科学技术合作奖不分等级。

二、国家科学技术奖的提名、评审和授予

(一)国家科学技术奖实行提名制度，不受理自荐。候选者由下列单位或者个人提名：符合国务院科学技术行政部门规定的资格条件的专家、学者、组织机构；中央和国家机关有关部门，中央军事委员会科学技术部门，省、自治区、直辖市、计划单列市人民政府。香港特别行政区、澳门

特别行政区、台湾地区的有关个人、组织的提名资格条件，由国务院科学技术行政部门规定。驻外使馆、领馆可以提名国际科学技术合作奖的候选者。提名者应当严格按照提名办法提名，提供提名材料，对材料的真实性和准确性负责，并按照规定承担相应责任。国务院科学技术行政部门应当建立覆盖各学科、各领域的评审专家库，并及时更新。评审专家应当精通所从事学科、领域的专业知识，具有较高的学术水平和良好的科学道德。评审活动应当坚持公开、公平、公正的原则。评审委员会设立评审组进行初评，评审组负责提出初评建议并提交评审委员会。参与初评的评审专家从评审专家库中抽取产生。评审委员会根据相关办法对初评建议进行评审，并向国家科学技术奖励委员会提出各奖种获奖者和奖励等级的建议。监督委员会根据相关办法对提名、评审和异议处理工作全程进行监督，并向国家科学技术奖励委员会报告监督情况。国家科学技术奖励委员会根据评审委员会的建议和监督委员会的报告，作出各奖种获奖者和奖励等级的决议。国务院科学技术行政部门对国家科学技术奖励委员会作出的各奖种获奖者和奖励等级的决议进行审核，报国务院批准。国家最高科学技术奖报请国家主席签署并颁发奖章、证书和奖金。国家自然科学奖、国家技术发明奖、国家科学技术进步奖由国务院颁发证书和奖金。国际科学技术合作奖由国务院颁发奖章和证书。国家科学技术奖提名和评审的办法、奖励总数、奖励结果等信息应当向社会公布，接受社会监督。涉及国家安全的保密项目，应当严格遵守国家保密法律法规的有关规定，加强项目内容的保密管理，在适当范围内公布。国家科学技术奖励工作实行科研诚信审核制度。国务院科学技术行政部门负责建立提名专家、学者、组织机构和评审委员、评审专家、候选者的科研诚信严重失信行为数据库。国家最高科学技术奖的奖金数额由国务院规定。国家自然科学奖、国家技术发明奖、国家科学技术进步奖的奖金数额由国务院科学技术行政部门会同财政部门规定。国家科学技术奖的奖励经费列入中央预算。有关部门根据国家安全领域的特殊情况，可以设立部级科学技术奖；省、自治区、直辖市、计划单列市人民政府可以设立一项省级科学技术奖。具体办法由设奖部门或者地方人民政府制定，并报国务院科学技术行政部门及有关单位备案。设立省部级科学技术奖，应当按照精简原则，严格控制奖励数量，提高奖励质量，优化奖励程序。其他国家机关、群众团体，以及参照公务员法管理的事业单位，不得设立科学技术奖。国家鼓励社会力量设立科学技术奖。社会力量设立科学技术奖的，在奖励活动中不得收取任何费用。国务院科学技术行政部门应当对社会力量设立科学技术奖的有关活动进行指导服务和监督管理。

国家科学技术奖励实施，《国家科学技术奖励实施细则》适用于国家最高科学技术奖、国家自然科学奖、国家技术发明奖、国家科学技术进步奖和国际科学技术合作奖的推荐、评审、授奖等各项活动。国家科学技术奖励工作深入贯彻落实科学发展观和“尊重劳动、尊重知识、尊重人才、尊重创造”的方针，鼓励团结协作、联合攻关，鼓励自主创新，鼓励攀登科学技术高峰，促进科学研究、技术开发与经济、社会发展密切结合，促进科技成果向现实生产力转化，促进国家创新体系建设，营造鼓励创新的环境，努力造就和培养世界一流科学家、科技领军人才和一线创新人才，加速科教兴国、人才强国和可持续发展战略的实施，推进创新型国家建设。国家科学技术奖的推荐、评审和授奖，遵循公开、公平、公正的原则，实行科学的评审制度，不受任何组织或者个人的非法干涉。国家科学技术奖授予在科学发现、技术发明和促进科学技术进步等方面作出创造性突出贡献的公民或者组织，并对同一项目授奖的公民、组织按照贡献大小排序。在科学研究、技术开发项目中仅从事组织管理和辅助服务的工作人员，不得作为国家科学技术奖的候选人。国家科学技术奖是国家授予公民或者组织的荣誉，授奖证书不作为确定科学技术成果权属的直接依据。国家科学技术奖励委员会负责国家科学技术奖的宏观管理和指导。科学技术部负责国家科学技术奖评审的组织工作。国家科学技术奖励工作办公室（以下称奖励办公室）负责日常工作。

（二）技术奖。在当代科学技术前沿取得重大突破或者在科学技术发展中有卓越建树，是指候选人在基础研究、应用基础研究方面取得系列或者特别重大发现，丰富和拓展了学科的理论，引起该学科或者相关学科领域的突破性发展，为国内外同行所公认，对科学技术发展和社会进步作出了特别重大的贡献。在科学技术创新、科学技术成果转化和高技术产业化中，创造巨大经济效益或者社会效益，是指候选人在科学技术活动中，特别是在高新技术领域取得系列或者特别重大技术发明，并以市场为导向，积极推动科技成果转化，实现产业化，引起该领域技术的跨越发展，促进了产业结构的变革，创造了巨大的经济效益或者社会效益，对促进经济、社会发展和保障国家安全作出了特别重大的贡献。国家最高科学技术奖的候选人应当热爱祖国，具有良好的科学道德，并仍活跃在当代科学技术前沿，从事科学研究或者技术开发工作。

（三）国家自然科学奖。前人尚未发现或者尚未阐明，是指该项自然科学发现为国内外首次提出，或者其科学理论在国内外首次阐明，且主要论著为国内外首次发表。具有重大科学价值，是指：该发现在科学理论、学说上有创见，或者在研究方法、手段上有创新；对于推动学科发展有重大意义，或者对于经济建设和社会发展具有重要影响。得到国内外自然科学界公认，是指主要论著已在国内外公开发行的学术刊物上发表或者作为学术专著出版 3 年以上，其重要科学结论已为国内外同行在重要国际学术会议、公开发行的学术刊物，尤其是重要学术刊物以及学术专著所正面引用或者应用。国家自然科学奖的候选人应当是相关科学技术论著的主要作者，并具备下列条件之一：提出总体学术思想、研究方案；发现重要科学现象、特性和规律，并阐明科学理论和学说；提出研究方法和手段，解决关键性学术疑难问题或者实验技术难点，以及对重要基础数据的系统收集和综合分析等。国家自然科学奖一等奖、二等奖单项授奖人数不超过 5 人，特等奖除外。特等奖项目的具体授奖人数经国家自然科学奖评审委员会评审后，由国家科学技术奖励委员会确定。国家自然科学奖授奖等级根据候选人所做出的科学发现进行综合评定，评定标准如下：在科学上取得突破性进展，发现的自然现象、揭示的科学规律、提出的学术观点或者其研究方法为国内外学术界所公认和广泛引用，推动了本学科或者相关学科的发展，或者对经济建设、社会发展有重大影响的，可以评为一等奖。在科学上取得重要进展，发现的自然现象、揭示的科学规律、提出的学术观点或者其研究方法为国内外学术界所公认和引用，推动了本学科或者其分支学科的发展，或者对经济建设、社会发展有重要影响的，可以评为二等奖。对于原始性创新特别突出、具有特别重大科学价值、在国内外自然科学界有重大影响的特别重大的科学发现，可以评为特等奖。

（四）国家技术发明奖，产品包括各种仪器、设备、器械、工具、零部件以及生物新品种等；工艺包括工业、农业、医疗卫生和国家安全等领域的各种技术方法；材料包括用各种技术方法获得的新物质等系统，是指产品、工艺和材料的技术综合。国家技术发明奖的授奖范围不包括仅依赖个人经验和技能、技巧又不可重复实现的技术。前人尚未发明或者尚未公开，是指该项技术发明为国内外首创，或者虽然国内外已有但主要技术内容尚未在国内外各种公开出版物、媒体及其他公众信息渠道发表或者公开，也未曾公开使用过。具有先进性和创造性，是指该项技术发明与国内外已有同类技术相比较，其技术思路、技术原理或者技术方法有创新，技术上有实质性的特点和显著的进步，主要性能（性状）、技术经济指标、科学技术水平及其促进科学技术进步的作用和意义等方面综合优于同类技术。经实施，创造显著经济效益或者社会效益，是指该项技术发明成熟，并实施应用 3 年以上，取得良好的应用效果。国家技术发明奖的候选人应当是该项技术发明的全部或者部分创造性技术内容的独立完成人。国家技术发明奖一等奖、二等奖单项授奖人数不超过 6 人，特等奖除外。特等奖项目的具体授奖人数经国家技术发明奖评审委员会评审后，由国家科学技术奖励委员会确定。国家技术发明奖授奖等级根据候选人所做出的技术发明进行综合评定，评定标准如下：属国内外首创的重大技术发明，技术思路独特，主要技术上有重大的创新，技术经济指标达到了同类技术的领先水平，推动了相关领域的技术进步，已产生了显著的经济效益或者社会效益，可以评为一等奖。属国内外首创的重大技术发明，技术思路新颖，主要技术上有较大的创新，技术经济指标达到了同类技术的先进水平，对本领域的技术进步有推动作用，并产生了明显的经济效益或者社会效益，可以评为二等奖。对原始性创新特别突出、主要技术经济指标显著优于国内外同类技术或者产品，并取得重大经济或者社会效益的特别重大的技术发明，可以评为特等奖。

（五）进步奖。技术开发项目，是指在科学研究和技术开发活动中，完成具有重大市场实用价值的产品、技术、工艺、材料、设计和生物品种及其推广应用。社会公益项目，是指在标准、计量、科技信息、科技档案、科学技术普及等科学技术基础性工作和环境保护、医疗卫生、自然资源调查和合理利用、自然灾害监测预报和防治等社会公益性科学技术事业中取得的重大成果及其应用推广。国家安全项目，是指在军队建设、国防科研、国家安全及相关活动中产生，并在一定时期内仅用于国防、国家安全目的，对推进国防现代化建设、增强国防实力和保障国家安全具有重要意义的科学技术成果。重大工程项目，是指重大综合性基本建设工程、科学技术工程、国防工程及企业技术创新工程等。国家科学技术进步奖重大工程类奖项仅授予组织。在完成重大工程中做出科学发现、技术发明的公民，符合奖励条例和细则规定条件的，可另行推荐国家自然科学奖、技术发明奖。国家科学技术进步奖候选人应当具备下列条件之一：在设计项目的总体技术方案中作出重要贡献；在关键技术和疑难问题的解决中做出重大技术创新；在成果转化和推广应用过程中作出创造性贡献；在高技术产业化方面作出重要贡献。国家科学技术进步奖候选单位应当是在项目研制、开发、投产、应用和推广过程中提供技术、设备和人员等条件，对项目的完成起到组织、管理和协调作用的主要完成单位。各级政府部门一般不得作为国家科学技术进步奖的候选单位。国家科学技术进步奖一等奖单项授奖人数不超过 15 人，授奖单位不超过 10 个；二等奖单项授奖人数不超过 10 人，授奖单位不超过 7 个；特等奖单项授奖人数不超过 50 人，授奖单位不超过 30 个。国家科学技术进步奖候选人或者候选单位所完成的项目应当总体符合下列条件：技术创新性突出：在技术上有重要的创新，特别是在高新技术领域进行自主创新，形成了产业的主导技术和名牌产品，或者应用高新技术对传统产业进行装备和改造，通过技术创新，提升传统产业，增加行业的技术含量，提高产品附加值；技术难度较大，解决了行业发展中的热点、难点和关键问题；总体技术水平和技术经济指标达到了行业的领先水平。经济效益或者社会效益显著：所开发的项目经过 3 年以上较大规模的实施应用，产生了很大的经济效益或者社会效益，实现了技术创新的市场价值或者社会价值，为经济建设、社会发展和国家安全作出了很大贡献。推动行业科技进步作用明显：项目的转化程度高，具有较强的示范、带动和扩散能力，促进了产业结构的调整、优化、升级及产品的更新换代，对行业的发展具有很大作用。国家科学技术进步奖授奖等级根据候选人或者候选单位所完成的项目进行综合评定，评定标准如下：技术开发与社会公益项目类，市场竞争力强，成果转化程度高，创造了重大的经济效益，对行业的技术进步和产业结构优化升级有重大作用的，可以评为一等奖。在关键技术或者系统集成上有较大创新，技术难度较大，总体技术水平和主要技术经济指标达到国际同类技术或者产品的水平，市场竞争力较强，成果转化程度较高，创造了较大的经济效益，对行业的技术进步和产业结构调整有较大意义的，可以评为二等奖。在关键技术或者系统集成上有重大创新，技术难度大，总体技术水平和主要技术经济指标达到了国际同类技术或者产品的先进水平，并在行业得到广泛应用，取得了重大的社会效益，对科技发展和社会进步有重大意义的，可以评为一等奖。在关键技术或者系统集成上有较大创新，技术难度较大，总体技术水平和技术经济指标达到国际同类技术或者产品的水平，在行业较大范围应用，取得了较大的社会效益，对科技发展和社会进步有较大意义的，可以评为二等奖。国家安全项目类，在关键技术或者系统集成上有重大创新，技术难度很大，总体技术达到国际同类技术或者产品的先进水平，应用效果十分突出，对国防建设和保障国家安全具有重大作用的，可以评为一等奖。在关键技术或者系统集成上有较大创新，技术难度较大，总体技术达到国际同类技术或者产品的水平，应用效果突出，对国防建设和保障国家安全有较大作用的，可以评为二等奖。重大工程项目类，团结协作、联合攻关，在关键技术、系统集成和系统管理方面有重大创新，技术难度和工程复杂程度大，总体技术水平、主要技术经济指标达到国际同类项目的先进水平，取得了重大的经济效益或者社会效益，对推动本领域的科技发展有重大意义，对经济建设、社会发展和国家安全具有重大战略意义的，可以评为一等奖。团结协作、联合攻关，在关键技术、系统集成和系统管理方面有较大创新，技术难度和工程复杂程度较大，总体技术水平、主要技术经济指标达到国际同类项目的水平，取得了较大的经济效益或者社会效益，对推动本领域的科技发展有较大意义，对经济建设、社会发展和国家安全具有战略意义的，可以评为二等奖。对于技术创新性特别突出、经济效益或者社会效益特别显著、推动行业科技进步作用特别明显的项目，可以评为特等奖。

（六）国际科技合作奖。外国人或者外国组织，是指在双边或者多边国际科技合作中对中国科学技术事业作出重要贡献的外国科学家、工程技术人员、科技管理人员和科学技术研究、开发、管理等组织。被授予国际科技合作奖的外国人或者组织，应当具备下列条件之一：在与中国的公民或者组织进行合作研究、开发等方面取得重大科技成果，对中国经济与社会发展有重要推动作用，并取得显著的经济效益或者社会效益。在向中国的公民或者组织传授先进科学技术、提出重要科技发展建议与对策、培养科技人才或者管理人才等方面作出了重要贡献，推进了中国科学技术事业的发展，并取得显著的社会效益或者经济效益。在促进中国与其他国家或者国际组织的科技交流与合作方面作出重要贡献，并对中国的科学技术发展有重要推动作用。国际科技合作奖每年授奖数额不超过 10 个。

（七）评审组织、推荐和受理。国家科学技术奖励委员会的主要职责是：聘请有关专家组成国家科学技术奖评审委员会；审定国家科学技术奖评审委员会的评审结果；对国家科学技术奖的推荐、评审和异议处理工作进行监督；为完善国家科学技术奖励工作提供政策性意见和建议；研究、解决国家科学技术奖评审工作中出现的其他重大问题。国家科学技术奖励委员会委员由科技、教育、经济等领域的著名专家、学者和行政部门领导组成，下设国家最高科学技术奖、国家自然科学奖、国家技术发明奖、国家科学技术进步奖和国际科技合作奖等国家科学技术奖评审委员会。其主要职责是：负责各国家科学技术奖的评审工作；向国家科学技术奖励委员会报告评审结果；对国家科学技术奖评审工作中出现的有关问题进行处理；对完善国家科学技术奖励工作提供咨询意见。国家技术发明奖、国家科学技术进步奖评审委员会内设专用项目小组，负责国防、国家安全等保密项目的评审，并将评审结果向评审委员会报告。根据评审工作需要，国家科学技术奖各评审委员会可以设立若干评审组，对相关国家科学技术奖的候选人及项目进行初评，初评结果报相应的国家科学技术奖评审委员会。所列推荐单位的推荐工作，由其科学技术主管机构负责。其他单位，是指经科学技术部认定，具备推荐条件的国务院直属事业单位、中央有关部门及其他特定的机关、企事业单位和社会团体等。科学技术专家，是指国家最高科学技术奖获奖人、中国科学院院士、中国工程院院士。国家科学技术奖实行限额推荐制度。各推荐单位在奖励办公室当年下达的限额范围内进行推荐。国家最高科学技术奖获奖人每人每年度可推荐 1 名（项）所熟悉专业的国家科学技术奖。中国科学院院士、中国工程院院士每年度可 3 人以上共同推荐 1 名（项）所熟悉专业的国家科学技术奖。推荐单位推荐国家自然科学奖、国家技术发明奖和国家科学技术进步奖特等奖的，应当在推荐前征得 5 名以上熟悉该项目的院士的同意。国家自然科学奖、国家技术发明奖和国家科学技术进步奖特等奖的推荐单位、推荐人，应当按照本细则规定的条件严格控制候选人、候选单位的数量。推荐单位、推荐人推荐国家科学技术奖的候选人、候选单位应当征得候选人和候选单位的同意，并填写由奖励办公室制作的统一格式的推荐书，提供必要的证明或者评价材料。推荐书及有关材料应当完整、真实、可靠。推荐单位、推荐人认为有关专家学者参加评审可能影响评审公正性的，可以要求其回避，并在推荐时书面提出理由及相关的证明材料。每项推荐所提出的回避专家人数不得超过 3 人。凡存在知识产权以及有关完成单位、完成人员等方面争议并正处于诉讼、仲裁或行政裁决、行政复议程序中的，在争议解决前不得推荐参加国家科学技术奖评审。法律、行政法规规定必须取得有关许可证的项目，如动植物新品种、食品、药品、基因工程技术和产品等，在未获得主管行政机关批准之前，不得推荐参加国家科学技术奖评审。同一技术内容不得在同一年度重复推荐参加国家自然科学奖、国家技术发明奖和国家科学技术进步奖的评审。经评定未授奖的国家自然科学奖、国家技术发明奖和国家科学技术进步奖候选人、候选单位，如果再次以相关项目技术内容推荐须隔 1 年进行。我国公民或者组织在国外以及我国公民在中国的外资机构，单独或者合作取得重大科学技术成果，符合奖励条例和本细则规定的条件，且成果的主要学术思想、技术路线和研究工作由我国公民或者组织提出和完成，并享有有关的知识产权，可以推荐为国家科学技术奖候选人或者候选组织。对科学技术进步、经济建设、社会发展和国家安全具有特别意义或者重大影响的科学技术成果，可适时推荐国家科学技术奖励。符合规定的推荐单位和推荐人，应当在规定的时间内向奖励办公室提交推荐书及相关材料。奖励办公室负责对推荐材料进行形式审查。经审查不符合规定的推荐材料，不予受理并退回推荐单位或推荐人。奖励办公室应当在其官方网站等媒体上公布通过形式审查的国家自然科学奖、国家技术发明奖、国家科学技术进步奖的候选人、候选单位及项目。涉及国防、国家安全的保密项目，在适当范围内公布。候选人、候选单位及其项目如被发现存在规定不得推荐的情形的，不提交评审。候选人、候选单位及其项目经奖励办公室公告受理后要求退出评审的，由推荐单位（推荐人）以书面方式向奖励办公室提出。经批准退出评审的，如再次以相关项目技术内容推荐国家科学技术奖，须隔1年以上进行。国家科学技术奖励接受社会的监督，国家自然科学奖、国家技术发明奖和国家科学技术进步奖的评审工作实行异议制度。任何单位或者个人对国家科学技术奖候选人、候选单位及其项目的创新性、先进性、实用性及推荐材料真实性等持有异议的，应当在受理项目公布之日起60日内向奖励办公室提出，逾期不予受理。

（八）评审、批准和授奖。对形式审查合格的推荐材料，由奖励办公室提交相应评审组进行初评。初评可以采取定量和定性评价相结合的方式进行。奖励办公室负责制订国家科学技术奖的定量评价指标体系。在保障国家安全和候选人、候选单位合法权益的情况下，奖励办公室可以邀请海外同行专家对国家科学技术奖候选人、候选单位及项目进行评议，并将有关意见提交相关评审组织。对通过初评的国家最高科学技术奖、国际科技合作奖人选，及通过初评且没有异议或者虽有异议但已在规定时间内处理的国家自然科学奖、国家技术发明奖、国家科学技术进步奖人选及项目，提交相应的国家科学技术奖评审委员会进行评审。必要时，奖励办公室可以组织国家科学技术奖有关评审组织的评审委员对候选人、候选单位及其项目进行实地考察。国际科技合作奖的评审结果应当征询我国有关驻外使、领馆或者派出机构的意见。国家科学技术奖励委员会对国家科学技术奖各评审委员会的评审结果进行审定。国家科学技术奖的评审表决规则如下：初评以网络评审或者会议评审方式进行，以记名限额投票表决产生初评结果。国家科学技术奖各评审委员会以会议方式进行评审，以记名投票表决产生评审结果。国家科学技术奖励委员会以会议方式对各评审委员会的评审结果进行审定。其中，对国家最高科学技术奖以及国家自然科学奖、国家技术发明奖和国家科学技术进步奖的特等奖以记名投票表决方式进行审定。国家科学技术奖励委员会及各评审委员会、评审组的评审表决应当有2/3以上多数（含2/3）委员参加，表决结果有效。国家最高科学技术奖、国际科技合作奖的人选，以及国家自然科学奖、国家技术发明奖和国家科学技术进步奖的特等奖、一等奖应当由到会委员的2/3以上多数（含2/3）通过。国家自然科学奖、国家技术发明奖和国家科学技术进步奖的二等奖应当由到会委员的1/2以上多数（不含1/2）通过。国家科学技术奖评审实行回避制度，与被评审的候选人、候选单位或者项目有利害关系的评审专家应当回避。奖励办公室应当在其官方网站等媒体上公布通过初评和评审的国家自然科学奖、国家技术发明奖、国家科学技术进步奖的候选人、候选单位及项目。

（九）科学技术部对国家科学技术奖励委员会做出的获奖人选、项目及等级的决议进行审核，报国务院批准。国家最高科学技术奖由国务院报请国家主席签署并颁发证书和奖金。国家最高科学技术奖奖金数额为500万元。其中50万元属获奖人个人所得，450万元由获奖人自主选题，用作科学研究经费。国家自然科学奖、国家技术发明奖、国家科学技术进步奖由国务院颁发证书和奖金。国家自然科学奖、国家技术发明奖、国家科学技术进步奖奖金数额经国务院同意，由科学技术部会同财政部调整国家科学技术奖奖金标准，对国家科学技术奖奖金标准进行调整。国家最高科学技术奖的奖金标准由500万元/人调整为800万元/人，全部属获奖人个人所得；国家自然科学奖、国家技术发明奖、国家科学技术进步奖的特等奖奖金标准由100万元/项调整为150万元/项，一等奖奖金标准由20万元/项调整为30万元/项，二等奖奖金标准由10万元/项调整为15万元/项；调整后的国家科学技术奖奖金标准自2018年度国家科学技术奖起实施。国际科技合作奖由国务院颁发证书。国家自然科学奖、国家技术发明奖和国家科技进步奖每年奖励项目总数不超过400项。其中，每个奖种的特等奖项目不超过3项，一等奖项目不超过该奖种奖励项目总数的15%。国家科学技术奖励委员会设立的科学技术奖励监督委员会负责对国家科学技术奖的推荐、评审和异议处理工作进行监督。科学技术奖励监督委员会组成人选由科学技术部提出，报国家科学技术奖励委员会批准。国家科学技术奖各评审委员会和奖励办公室应当定期向科学技术奖励监督委员会报告有关国家科学技术奖的推荐、评审和异议处理的工作情况。国家科学技术奖的推荐、评审、授奖的经费管理，按照国家有关规定执行。

三、深化科技奖励制度改革的方案

改革完善国家科技奖励制度，坚持公开提名、科学评议、公正透明、诚实守信、质量优先、突出功绩，进一步增强学术性、突出导向性、提升权威性、提高公信力、彰显荣誉性。实行提名制，改革现行由行政部门下达推荐指标、科技人员申请报奖、推荐单位筛选推荐的方式，实行由专家学者、组织机构、相关部门提名的制度，进一步简化提名程序。提名者承担推荐、答辩、异议答复等责任，并对相关材料的真实性和准确性负责。提名者应具备相应的资格条件，遵守提名规则和程序。建立对提名专家、提名机构的信用管理和动态调整机制。建立定标定额的评审制度。定标：自然科学奖围绕原创性、公认度和科学价值，技术发明奖围绕首创性、先进性和技术价值，科技进步奖围绕创新性、应用效益和经济社会价值，分类制定以科技创新质量、贡献为导向的评价指标体系。自然科学奖、技术发明奖、科技进步奖一、二等奖项目实行按等级标准提名、独立评审表决的机制。提名者严格依据标准条件提名，说明被提名者的贡献程度及奖项、等级建议。评审专家严格遵照评价标准评审，分别对一等奖、二等奖独立投票表决，一等奖评审落选项目不再降格参评二等奖。定额：大幅减少奖励数量，三大奖总数由不超过400项减少到不超过300项，鼓励科技人员潜心研究。改变现行各奖种及其各领域奖励指标与受理数量按既定比例挂钩的做法，根据我国科研投入产出、科技发展水平等实际状况分别限定三大奖一、二等奖的授奖数量，进一步优化奖励结构。调整奖励对象要求，三大奖奖励对象由“公民”改为“个人”，同时调整每项获奖成果的授奖人数和单位数要求。分类确定被提名科技成果的实践检验年限要求，杜绝中间成果评奖，同一成果不得重复报奖。明晰专家评审委员会和政府部门的职责。各级专家评审委员会履行对候选成果（人）的科技评审职责，对评审结果负责，充分发挥同行专家独立评审的作用。政府部门负责制定规则、标准和程序，履行对评审活动的组织、服务和监督职能。增强奖励活动的公开透明度，以公开为常态、不公开为例外，向全社会公开奖励政策、评审制度、评审流程和指标数量，对三大奖候选项目及其提名者实行全程公示，接受社会各界特别是科技界监督。建立科技奖励工作后评估制度，每年国家科学技术奖励大会后，委托第三方机构对年度奖励工作进行评估，促进科技奖励工作不断完善。健全科技奖励诚信制度，充分发挥科学技术奖励监督委员会作用，全程监督科技奖励活动。建立评价责任和信誉制度，实行诚信承诺机制，为各奖励活动主体建立科技奖励诚信档案，纳入科研信用体系。合理运用奖励结果，适当提高国家科学技术奖奖金标准。引导省部级科学技术奖高质量发展，省、自治区、直辖市人民政府可设立一项省级科学技术奖（计划单列市人民政府可单独设立一项）。省部级科学技术奖要进一步研究完善推荐提名制度和评审规则，控制奖励数量，提高奖励质量。鼓励社会力量设立的科学技术奖健康发展，坚持公益化、非营利性原则，引导社会力量设立目标定位准确、专业特色鲜明、遵守国家法规、维护国家安全、严格自律管理的科技奖项，在奖励活动中不得收取任何费用。对于具备一定资金实力和组织保障的奖励，鼓励向国际化方向发展，逐步培育若干在国际上具有较大影响力的知名奖项。研究制定扶持政策，鼓励学术团体、行业协会、企业、基金会及个人等各种社会力量设立科学技术奖，鼓励民间资金支持科技奖励活动。加强事中事后监管，逐步构建信息公开、行业自律、政府指导、第三方评价、社会监督的有效模式，提升社会力量科技奖励的整体实力和社会美誉度。

鼓励和规范社会力量设立科学技术奖，社会力量设立科学技术奖是指社会组织或个人利用非国家财政性经费，在中华人民共和国境内设立，奖励为促进科技进步作出突出贡献的个人或组织的科学技术奖。总体目标，探索建立信息公开、行业自律、政府指导、第三方评价、社会监督、合作竞争的社会科技奖励发展新模式；引导社会力量设立定位准确、学科或行业特色鲜明的科技奖，规范社会科技奖励的运行，努力提高社会科技奖励的整体水平；鼓励若干具备一定资金实力和组织保障的奖励向国际化方向发展，培育若干在国际上具有较大影响力的知名奖励。坚持依法办奖，设立社会科技奖励的组织或个人必须遵守宪法、法律、法规、规章，遵守我国科学技术政策和人才政策。所设奖励应符合社会公德和科学伦理，有利于科学技术进步和人类社会的发展。坚持公益为本，社会科技奖励应坚持公益性、非营利性原则，坚持以促进学科发展或行业科技进步为目的，不得以任何形式收取或变相收取评选对象的任何费用。坚持诚实守信，社会科技奖励应加强自律、诚实守信，如实向社会公开奖励相关信息。社会力量设立科学技术奖应当按照一定的周期连续开展授奖活动并具备以下条件：设奖者具备完全民事行为能力；承办机构是独立法人；资金来源合法稳定；规章制度科学完备；评审组织权威公正。承办机构是社会科技奖励的责任主体，应熟悉奖励所涉学科或行业领域发展态势，具备开展奖励活动的能力，并配备人力资源和开展奖励活动的其他必要条件。境外的组织或个人单独或联合国内社会力量在我国境内设立社会科技奖励，须遵守我国对境外组织或个人在境内活动的相关法律法规，并委托我国境内法人机构承办。奖励名称应当确切、简洁，不得冠以“中国”“中华”“全国”“国家”“国际”“世界”等字样。带有“中国”“中华”“全国”“国家”“国际”“世界”等字样的组织设奖并在奖励名称中使用组织名称的，应当使用全称。社会科技奖励须制订奖励章程并明确以下事项：明确奖励名称、设奖目的、设奖者、承办机构、资金来源等基本信息；明确奖励范围与对象，重点奖励重大原创成果、重大战略性技术、重大示范转化工程的突出贡献者，重点鼓励青年科技人员；科学设置奖项，明确评审标准、评审程序及评审方式；设立奖励等级的，一般不超过三级；明确奖励的受理方式，鼓励实行候选人第三方推荐制度；明确授奖数量和奖励方式，鼓励实行物质奖励与精神奖励相结合的奖励方式。社会科技奖励要坚持公平公正公开的原则，设立由本学科或行业权威专家组成的专家委员会。社会科技奖励应当在相对固定的网站如实向全社会公开奖励相关信息，包括奖励名称、奖励章程、资金来源、设奖时间、设奖者、承办机构及其负责人、联系人及联系方式等，及时公开每一周期的奖励进展、获奖名单等动态信息。面向全国或跨国境的社会科技奖励由科学技术部负责监管和指导，国家科学技术奖励工作办公室负责日常工作；区域性社会科技奖励由承办机构所在省、自治区、直辖市科学技术行政部门负责监管和指导。鼓励专业化的第三方机构对社会科技奖励进行科学合理、信息公开的评价，逐步建立科学公正的社会科技奖励第三方评价制度。积极落实相关政策，规范社会科技奖励的设立和运行；引导民间资金支持科技奖励活动，帮助社会科技奖励拓宽资金渠道；鼓励有条件的奖励建立奖励专项基金，实行基金化运作。重点加强政策咨询服务，在制定奖励章程、优化评审程序、专家库建设等方面提供必要的业务帮扶，推动社会科技奖励的规范化发展。建立统一的社会科技奖励信息公开平台，及时发布科技奖励相关政策并提供必要的咨询服务，公布社会科技奖励信息及变更情况，公开奖励评审进展。社会力量设立科学技术奖管理办法适用于社会科技奖的设立、运行、指导服务和监督管理等工作。

第四节　华夏建设科学技术奖奖励管理

一、华夏建设科学技术奖

为促进住房和城乡建设领域科技成果转化为生产力，表彰和鼓励为技术进步作出突出贡献的公民和组织，设立华夏建设科学技术奖。华夏奖奖励原则是鼓励科技创新、推动科技进步、提升技术水平、培养科技人才。华夏奖的推荐、受理、评审和授奖遵循公开、公正、公平的原则，实行科学的评审制度。华夏奖由中国建设科技集团股份有限公司、中国建筑科学研究院有限公司、中国城市规划设计研究院、上海建科集团股份有限公司、中建科技集团有限公司、住房和城乡建设部科技与产业化发展中心共同设立，住房和城乡建设部科技与产业化发展中心承办。资金来源由设奖单位赞助以及社会捐赠等。为加强对华夏奖的管理，设立华夏奖奖励委员会、华夏奖评审委员会和专业评审组。华夏奖采取单位推荐、受理、专业评审组初评、评审委员会评审、奖励委员会审定、公示、奖励委员会审核批准及公告授奖制度。奖励委员会由设奖者、奖励资金捐赠者、住房和城乡建设领域知名专家、学者和管理部门有关人员等组成。评审委员会的主要职责：负责专业评审组推荐授奖项目的评审；向奖励委员会报告评审结果；对华夏奖评审工作中出现的有关问题进行处理；为完善华夏奖奖励工作提供咨询意见。评审委员会下设建筑工程、城乡建设、城乡规划、智能信息、软科学五个专业评审组。个别专业评审组根据项目数量可设置若干专业评审小组。专业评审组的主要职责：负责华夏奖受理项目的初评；按评审标准和规定的授奖数量向评审委员会推荐授奖项目；对华夏奖初评工作中出现的有关问题进行处理；为完善华夏奖奖励工作提供咨询意见。

二、奖励范围和条件及受理评审

华夏奖奖励范围包括住房和城乡建设领域城乡规划、城市建设、村镇建设、工程建设、建筑业、房地产业、工程勘察设计咨询业、市政公用事业等行业的下列科技成果：新技术、新产品、新工艺、新方法、新材料、智能化管理、计算机软件等科技成果；引进、消化、吸收后再创新的国外先进技术和工艺；为行业服务的标准、规范、科技信息、科技档案等科技基础性研究成果；为支撑决策科学化与管理现代化服务的软科学研究成果；有组织有措施进行大规模推广应用的科技成果；采用技术创新成果完成的重大工程项目。推荐华夏奖的项目应符合下列条件：在技术（或方法）上有重要创新，技术难度较大，解决了行业发展中的热点、难点和关键问题，总体技术水平和技术经济指标达到行业领先水平。经济效益、社会效益和环境效益显著，并经过较大规模的推广应用，取得明显效益。成果转化程度高，具有较强的示范作用和推广应用价值，对提高行业或技术领域的技术含量，推动行业或技术领域科技进步作用明显。推荐华夏奖的项目主要完成单位和个人应满足以下条件：主要完成单位应当是在国内注册的独立法人；主要完成单位应当在项目研制、开发、投产和推广应用过程中提供重要的技术、设备和人员等条件，对项目的完成起到关键的组织、管理和协调作用；主要完成人应具备下列条件之一：在项目总体技术方案的设计中作出重要贡献；在关键技术和疑难问题解决过程中做出重要技术创新；在成果转化和推广应用过程中作出突出贡献。各省、自治区、直辖市住房和城乡建设厅（建委）或相关建设科技机构，新疆生产建设兵团建设局，住房和城乡建设部有关直属单位及学（协）会，国务院国资委管理的有关企业，有关大专院校可作为申报华夏奖项目的推荐单位。推荐单位应对推荐项目进行认真审查，并填写由华夏奖励办制作的统一格式的推荐书，提出推荐意见，依据华夏奖奖励等级标准推荐奖励等级，并加盖公章。推荐单位推荐项目及推荐奖励等级须征得项目主要完成人及主要完成单位的同意。推荐奖励等级分为一等奖、二等奖、三等奖。推荐项目提供的证明材料应当完整、真实、可靠，并说明推荐项目的主要创新点、社会、经济与环境效益分析、第三方评价意见、学术及专利技术等情况。推荐项目的主要完成单位和主要完成人应按贡献大小排序，名额应按照相应的奖励等级推荐。两个或两个以上单位共同完成的项目，由项目主持单位或第一完成单位与其他完成单位协商一致后，共同向推荐单位申报。同一人作为项目第一完成人的项目，每年度只能推荐 1 项。连续两年推荐未获得授奖的项目，再次推荐须间隔 1 年以上。华夏奖励办负责推荐项目的形式审查。经审查不符合规定的推荐项目不予受理，对形式审查合格的推荐项目予以受理，并在承办机构网站等媒体上予以公布。华夏奖每年评审一次，设一等奖、二等奖、三等奖三个奖励等级，对于特别优秀项目可授予特等奖。授奖比例不超过受理项目的 45% 且数量不超过 200 项。其中：一等奖不超过授奖项目的 15%（含特等奖 1 项），二等奖不超过授奖项目的 30%，三等奖不超过授奖项目的 55%。华夏奖评审按推荐奖励等级分类评审，上一等级评审落选项目不再降格参评下一等级。华夏奖评审标准：在关键技术或系统集成上有较大技术创新，技术难度大，总体技术水平和主要技术经济指标达到国际同类技术的水平或国内同类技术领先水平的；推广应用、产业化程度较高，取得显著经济、社会和环境效益，对行业技术进步起到较大推动作用的，可评为一等奖。在关键技术或系统集成上有较大技术创新，技术难度较大，总体技术水平和主要技术经济指标达到国内同类技术领先水平的；推广应用、产业化程度较高，取得较大经济、社会和环境效益，对行业技术进步起到一定推动作用的，可评为二等奖。在关键技术上有创新，有技术难度，总体技术水平和主要技术经济指标达到国内同类技术领先水平的；通过推广应用，取得一定的经济、社会和环境效益，对行业技术进步起到一定推动作用的，可评为三等奖。对技术创新性特别突出、带动行业科技进步作用特别巨大、经济社会效益或者环境效益特别显著的成果，可以评为特等奖。形式审查合格的推荐项目，由华夏奖励办提交相应的专业评审组进行初评。初评采取定量和定性评价相结合，以网络评审方式为主，通过记名、限额投票产生评审结果。通过初评的推荐项目，提交评审委员会进行评审。评审委员会评审采取网络评审与会议评审相结合的方式，通过记名投票产生评审结果。一等奖和二等奖项目需 2/3 以上委员同意，三等奖项目需 1/2 以上委员同意，特等奖项目需 4/5 以上委员同意。奖励委员会对评审委员会的评审结果进行审定，且应有 2/3 以上委员同意方为有效。奖励委员会审定的推荐授奖项目，通过承办机构网站等媒体向社会公示，公示期 15 天。

三、批准和授奖

奖励委员会对公示期结束后没有异议或异议处理完毕的推荐授奖项目进行审核和批准，并发布公告。授奖项目奖励主要完成单位和主要完成人的名额为：特等奖授奖人数不超过 20 人，授奖单位不超过 12 个；一等奖授奖人数不超过 15 人，授奖单位不超过 10 个；二等奖授奖人数不超过 12 人，授奖单位不超过 8 个；三等奖授奖人数不超过 8 人，授奖单位不超过 5 个。奖励委员会向授奖项目的单位和个人分别颁发奖励证书，向单位或个人发放奖金。获得一等奖以上的项目，可作为备选项目推荐参加国家科学技术奖评审。华夏奖接受国家科技部和国家科学技术奖励工作办公室的监督和指导，接受社会科技奖励第三方评价，接受住房和城乡建设行业科技主管部门的指导，并向其报告推荐项目、评审和异议处理等工作。华夏奖实行评审信誉制度，信誉记录作为选定评审委员会委员和专业评审组委员人选的重要依据。推荐年度“华夏建设科学技术奖”项目，华夏奖奖励范围包括住房和城乡建设领域城乡规划、城市建设、村镇建设、工程建设、建筑业、房地产业、工程勘察设计咨询业、市政公用事业等行业的下列科技成果：新技术、新产品、新工艺、新方法、新材料、智能化管理、计算机软件等科技成果；引进、消化、吸收后再创新的国外先进技术和工艺；为行业服务的标准、规范、科技信息、科技档案等科技基础性研究成果；为支撑决策科学化与管理现代化服务的软科学研究成果；有组织有措施进行大规模推广应用的科技成果；采用技术创新成果完成的重大工程项目。推荐项目应满足下列条件：在技术（或方法）上有重要创新，技术难度较大，解决了行业发展中的热点、难点和关键问题，总体技术水平和技术经济指标达到行业领先水平。经济效益、社会效益和环境效益显著，并经过较大规模的推广应用，取得明显效益。成果转化程度高，具有较强的示范作用和推广应用价值，对提高行业或技术领域的技术含量，推动行业或技术领域科技进步作用明显。年度华夏奖仍采取单位申报和主管机构推荐的方式，推荐指标不限。各推荐单位应当建立科学合理的遴选机制，推荐本地区、本部门的优秀项目。推荐单位推荐项目及推荐奖励等级须征得项目主要完成人及主要完成单位的同意。推荐奖励等级分为一等奖、二等奖、三等奖，评审时将按推荐奖励等级分类评审，上一等级评审落选项目不再降格参评下一等级。推荐项目提供的证明材料（推荐书）应当完整、真实、可靠，并说明推荐项目的主要创新点、社会、经济与环境效益分析、第三方评价意见、学术及专利技术等情况。推荐项目的主要完成单位和主要完成人应按贡献大小排序，名额应按照相应的奖励等级推荐。同一人作为项目第一完成人的项目，本年度只能推荐 1 项。推荐材料要求电子版推荐材料网络提交和书面推荐材料报送。请申报单位登录华夏建设科学技术奖推荐系统平台按照填写说明填写申报推荐材料，按照《华夏建设科学技术奖奖励章程》的要求，严格审查推荐材料的真实性、可靠性，提出推荐意见和推荐奖励等级建议，同时在书面推荐材料上加盖公章，报送华夏奖励办。推荐材料包括华夏建设科学技术奖推荐书正文及附件。华夏建设科学技术奖推荐书评审专业分类详见表 17-4。

华夏建设科学技术奖推荐书评审专业分类 表17-4

组别代码	评审组名称	评审范围	
		专业分类及代码	范围
A	建筑工程组	A1 建筑结构	建筑结构技术，新型建筑结构，建筑结构设计，钢结构建筑技术等
		A2 施工技术	建筑结构工程施工技术，建筑装饰装修工程技术，质量安全技术，建筑结构工程质量检测，古建筑修复技术等
		A3 抗震	建筑结构抗震设计，建筑结构抗震研究，抗震加固技术等
		A4 建筑节能	新型保温隔热墙体材料、门窗，建筑采暖空调技术，建筑照明，新能源开发利用技术等
		A5 建筑材料	节材与材料资源合理利用，新型建材制品，建材外加剂等
		A6 建筑设计	建筑技术，建筑物理，建筑防火、通风设计等
		A7 城镇与住宅	城镇化，住宅建设与产业化技术等
		A8 地基基础	建筑地基，基础工程，岩土工程等
		A9 城市地下空间	城市地下空间设计与施工，城市地铁隧道设计与施工等
		A10 城市道桥	城市道路设计与施工，城市桥梁设计与施工等
B	城市建设组	B1 城市水资源	城镇供水，节水，水资源开发利用，水资源保护等
		B2 城市污水	城镇排水，城市污水处理，污水再生利用，污水处理施工技术等
		B3 城市垃圾	垃圾处理，固体废弃物处理等
		B4 城市燃气	城镇燃气
		B5 城市供热	城镇供热
		B6 城市交通	城市公共交通，城市轨道交通等
		B7 园林绿化	城市绿化，园林植物等
		B8 城市环境	城市环境，市政设施，城市灾害防治等
C	城乡规划组	C1 城市规划	区域规划，城市规划，城区规划，乡镇规划等
		C2 专项规划	交通规划，供水规划，供热规划，风景区规划等专项规划
D	智能信息组	D1 管理信息系统	数字城市管理，信息化应用技术等
		D2 智能建筑	建筑智能化设计与设备等
E	软科学组	E1 基础科学	建筑科技信息，科技档案等
		E2 政策研究	决策科学化等
		E3 工程管理	应用于工程建设的软科学研究等
		E4 房地产	房地产研究，房地产评估等

第五节 国家标准体系建设规划

一、国家标准体系和城市标准化行动方案

（一）标准是经济活动和社会发展的技术支撑，是国家基础性制度的重要方面。标准化工作改革深入推进，标准化协调机制不断完善，强制性标准更加精简，推荐性标准持续优化，标准样品体系逐步完善，团体标准不断培育壮大，企业标准进一步放开搞活，标准国际化水平不断提升，政府颁布标准与市场自主制定标准协同发展、协调配套的新型标准体系逐步建立，标准化服务支撑高质量发展的能力显著增强。为落实《国家标准化发展纲要》，指导国家标准的制定与实施，加快构建推动高质量发展的国家标准体系，助力高技术创新、促进高水平开放、引领高质量发展，全面支撑社会主义现代化国家建设，《“十四五”推动高质量的国家标准体系建设规划》立足新发展阶段，完整、准确、全面贯彻新发展理念，构建新发展格局，坚持以人民为中心的发展思想，统筹发展和安全，深化标准领域供给侧结构性改革，增加国家标准有效供给，进一步加强强制性国家标准、推荐性国家标准和国家

标准样品的管理，着力构建推动高质量发展的国家标准体系，以标准促进科技创新成果转化，助推产业升级、绿色发展、城乡建设和社会建设，支撑国内大循环、国内国际双循环建设，充分发挥标准化在推进国家治理体系和治理能力现代化建设中的基础性、引领性作用。坚持创新引领、需求导向、体系衔接、开放融合、质量效益。推进国家标准制定的公开性和透明度，积极采用国际标准，提高国家标准与国际标准的一致性程度，支撑形成以国内大循环为主体、国内国际双循环相互促进的新发展格局。坚持强化国家标准制定实施全过程追溯、监督和纠错，全面提高标准质量水平，加强标准实施效果评估，提升国家标准实施效能，推动标准化发展从数量规模型向质量效益型转变。到 2025 年，推动高质量发展的国家标准体系基本建成，国家标准供给和保障能力明显提升，国家标准体系的系统性、协调性、开放性和适用性显著增强，标准化质量效益不断显现。国家标准体系实现全域覆盖，国家标准体系结构更加优化，国家标准质量水平大幅提升，国家标准制定效率稳步提升，平均制定周期缩短至 18 个月以内，复审周期平均控制在 5 年。国家标准开放程度越来越高，国际标准转化率达到 85%以上，国家标准外文版更好满足国际合作交流需要。国际标准组织技术机构在全国专业标准化技术委员会中的对应程度达到 85%。国家标准体系建设能力显著增强，国家标准验证制度基本建立，建成国家级标准验证检验检测点 50 个。建成国家技术标准创新基地 50 个。国家标准实施应用更为高效，新增各类标准化试点示范 500 个。

（二）城市标准化行动方案总体要求，提高城市规划、建设、治理水平，打造宜居、韧性、智慧城市，加快构建推动城市高质量发展的标准体系，为城市科学化、精细化、智能化治理提供有力支撑，助力提升城市韧性和可持续发展水平，加快推进城市治理体系和能力现代化。到 2027 年，基本建成具有中国特色的城市高质量发展标准体系，城市治理标准供给显著增加，标准协同和国际化程度显著增强，城市标准化发展基础更加牢固，标准化融入城市社会治理的基础性、战略性、引领性作用更加凸显。城市高质量发展标准体系基本建成，坚持系统思想，强化标准与城市治理深度融合，聚焦人民群众对改善城市公共服务、提升城市治理水平、优化城市品质的新期待，切实增加标准供给，形成层次清晰、动态优化的城市高质量发展标准体系。在城市可持续发展、新型城镇化建设、智慧城市、公共服务、城市治理、应急管理、绿色低碳、生态环境、文化服务、基础设施等领域制修订国家标准、行业标准 150 项以上，实现城市标准化全领域覆盖、全流程控制、全手段运用。城市全域标准化引领带动作用显著增强，坚持创新引领，突出城市自然、经济、文化发展特色，探索开展城市标准化创新综合试点，推进标准化全域应用，深入实施标准国际化创新型城市建设，持续加强城市重点领域国际标准化创新与交流。启动新型城镇化、城市治理和公共服务等领域国家标准的试验验证。与 5 个以上省份开展城市标准化省部合作，发布 30 个以上城市标准化典型案例，着力打造一批城市标准“全域制定”与“全域实施”标杆。城市标准化国际影响力持续提升，坚持国际接轨，标准制度型开放加快推进，国际标准化合作交流更加深入，积极参与制定一批城市可持续发展、智慧城市领域国际标准，举办城市标准化高端论坛，定期发布城市标准化发展白皮书，持续推进城市间标准化国际交流与合作，为全球城市治理标准化提供中国方案。城市标准化工作联动机制初步形成，坚持多元参与，充分发挥标准化协调推进机制作用，形成城市标准化工作部、省、市三级联动机制，建设城市标准化联席机制，搭建城市标准化工作协同平台、经验分享平台、国际合作平台，为统筹推进城市标准化构建协调有序、良性互动的运行机制和保障体系。

（三）加快建设城市高质量发展标准体系，进一步完善城市可持续发展标准体系，围绕落实联合国可持续发展目标，结合我国新型城镇化建设需求，构建目标明确、层次分明、统一完善、国际接轨的城市可持续发展标准体系。研制综合管理、实施指南、评价改进、数据资源、基础设施管理等标准。建立统一普适、横向可比的城市可持续发展评价指标库，引导城市可持续发展。推动建立区域协调发展标准体系和发展路线图，落实国家区域重大战略，围绕城乡统筹发展、城市群和都市圈建设，探索建立区域协同发展标准体系和运行机制，制定标准化发展路线图，围绕基础设施建设、公共服务共享、关键生产要素市场化配置、产业衔接配套等领域制定标准，打造区域标准协同创新高地，促进区域协调发展。加快推进智慧城市领域标准研制，深化云计算、物联网、大数据、人工智能等新一代信息技术赋能智慧城市建设，研制智慧城市分类分级、基础设施智能化改造、数据治理、城市大脑、城市数字孪生等关键技术标准，完善智慧养老、智慧园区、智慧社区、智慧交通等典型应用领域标准，深化智慧城市标准在城市治理、规划建设、产业经济、公共服务、生态环境等方面实施应用，推动智慧城市与数字乡村标准协调建设。持续推进城市政务服务领域标准化建设，完善城市行政管理和政务服务标准体系，健全行政审批便民化、政务服务中心、政务服务平台、政务服务事项管理和集成化办理、便民热线运行等领域标准，加快推进政务服务标准化、规范化、便利化。加快推动知识产权保护、公共资源交易、反垄断、执法监管等领域标准化发展，维护公平竞争的市场秩序。建立健全城市营商环境标准体系，持续优化城市营商环境。着力夯实城市基层治理标准化工作基础，围绕基层公共服务建设、基层治理建设、基层法治建设、基层社区服务管理，加强标准研制。大力推进城市市政管理、物业服务、流动人口服务管理、社会组织培育、志愿服务重点领域标准化建设，以标准实施推进基层组织管理和服务规范化、法治化、智慧化。深化推进城市经济发展的标准化建设，将城市规划与城市自然禀赋、经济发展紧密结合，建立与城市经济发展相适应的标准体系，提升城市经济发展效能。充分发挥标准化在新旧动能转换推进产业转型升级方面基础性、战略性和引领性作用，加快关键环节、领域、产品的技术创新和标准研制应用。深入实施增品种、提品质、创品牌活动，健全数字化助力“三品”战略实施标准体系，进一步释放消费需求，促进城市消费发展。继续深化基本公共服务标准化建设，围绕幼有所育、学有所教、劳有所得、病有所医、老有所养、住有所居、弱有所扶等方面，完善基本公共服务标准体系。加快推进研制社保经办服务、劳动用工指导、就业创业指导、社会工作、养老服务、托育服务、儿童福利、残疾人服务、社会救助公共服务以及公共教育、住房等领域技术标准，以标准推进城镇基本公共服务均等化，为提升公共服务品质和效率提供支撑。加快构建城市安全风险应急保障标准体系，完善重大疫情防控、安全生产、食品安全、特种设备安全、风险防控、应急救援、防灾减灾、消防安全、物资储备、城市安全风险评估监测预警等领域标准体系，加快制定韧性城市等关键领域安全和应急管理标准，为提升城市运行安全保障水平提供标准支撑。巩固提升城市生态环境标准化建设，对标美丽中国建设要求，完善城市生态环境保护相关标准规范，加快制定城市生态系统监测、城市生态修复、生态承载力评估、生物多样性保护、减污降碳协同等相关领域标准，制定城市生态环境治理效能评估技术标准及管理规程，支撑美丽城市建设。倡导绿色生活方式，研制绿色采购、绿色出行、绿色食品等标准。提升产业共生能力，完善固体废物综合利用相关标准规范，加强城市低碳数字化标准化管理水平，构建产业绿色评价体系，促进城市实现“双碳”目标。深入推进城乡文化保护与创新服务标准化建设，围绕公共文化设施建设、历史文脉传承与创新、文化旅游融合发展、非物质文化遗产保护、公共文化服务、历史文化古镇古城区等领域，开展标准研制和标准化试点，提升文化保护及文化服务品质。加快制定文化资源保护和利用、公共文化服务保障、管理和评价，文化旅游市场管理与评价等标准，建立健全普惠型、多样化、高质量的公共文化服务标准体系，以标准助力城乡建设中历史文化保护传承，提高公共文化服务效能。大力加强城市公共设施管理与服务标准供给，优化和提升城市存量公共设施服务能力和水平，完善城市新型公共设施服务标准，改善城市公共设施设置和布局，优化城市光环境设施服务效能，围绕城市出行场景、消费场景、工作场景和生活场景等公共设施开展标准化研究，建立全要素覆盖的城市公共设施服务标准体系，重点开展服务功能、设施运维、数字运营和评估评价等标准研制，提升城市精细化管理水平。不断强化新型城镇化标准化建设，加快完善新型城镇化标准体系，重点围绕城乡要素配置、城乡基本公共服务、城乡基础设施建设等城乡融合发展领域开展标准化研究，推进县城城镇化相关标准研制，不断增强县城综合承载能力和辐射带动能力，提升县城城镇化发展质量。系统推进城市标准化，深入开展城市标准化试点建设，持续推进标准国际化创新型城市建设，鼓励试点城市积极参与城市可持续发展国际标准的制定、实施和转化，支撑城市实施创新驱动发展战略，提升城市标准国际化能力和水平。开展城市标准化创新综合试点，推动标准融入城市建设与运行管理、产业链供应链发展，探索城市全域推进标准化的方法模式。鼓励城市在政务服务、营商环境、新型城镇化建设等重点领域开展标准的试验验证，打造一批可展示标准化创新成果的标准化最佳应用场景。研究建立城市标准化发展评价指标体系，推动开展城市标准化工作效益评价，遴选、树立一批城市标准化工作标杆，总结、提炼城市标准化工作先进经验，在全国复制推广。深化拓展城市标准化国际合作，深度参与智慧城市基础设施和智慧城市关键技术等领域国际标准制定，加大城市高质量发展标准中外文版同步制定力度。深入推进城市标准化国际交流合作，增强我国在城市国际标准化工作上的参与度和影响力。打造城市标准化经验交流合作平台，指导建设城市标准化联席机制，加强城市标准化的合作交流、共享成果、共赢发展。举办城市标准化高端论坛，发布城市标准化发展白皮书，打造城市标准化学术研讨、案例分享、形势分析、热点解读综合性平台。持续推动城市可持续发展标准化国际合作平台建设，支持建立跨国城市间标准化双多边合作机制。探索开展重点领域标准化专项行动，围绕城市功能定位，聚焦碳达峰碳中和、节约用水、安全生产等重点领域，发挥标准化协调机制作用，探索开展多部门联合推动的标准化专项行动，系统开展标准化工作，为城市高质量发展提供有力支撑。

二、完善绿色发展标准化保障

建立健全碳达峰、碳中和标准，加快节能标准更新升级，抓紧修订一批能耗限额、产品设备能效强制性国家标准，提升重点产品能耗限额要求，扩大能耗限额标准覆盖范围，完善能源核算、检测认证、评估、审计等配套标准。加快完善地区、行业、企业、产品等碳排放核查核算标准。制定重点行业和产品温室气体排放标准，完善低碳产品标准标识制度。完善可再生能源标准，研究制定生态碳汇、碳捕集利用与封存标准。实施碳达峰、碳中和标准化提升工程。持续优化生态系统建设和保护标准，不断完善生态环境质量和生态环境风险管控标准，持续改善生态环境质量。进一步完善污染防治标准，健全污染物排放、监管及防治标准，筑牢污染排放控制底线。统筹完善应对气候变化标准，制定修订应对气候变化减缓、适应、监测评估等标准。制定山水林田湖草沙多生态系统质量与经营利用标准，制定水土流失综合防治、生态保护修复、生态系统服务与评价、生态承载力评估、生态资源评价与监测、生物多样性保护及生态效益评估与生态产品价值实现等标准。推进自然资源节约集约利用，构建自然资源统一调查、登记、评价、评估、监测等系列标准，制定土地、矿产资源等自然资源节约集约开发利用标准，推进能源资源绿色勘查与开发标准化。制定统一的国土空间规划技术标准，完善资源环境承载能力和国土空间开发适宜性评价机制。建立健全清洁生产标准，不断完善资源循环利用、产品绿色设计、绿色包装和绿色供应链、产业废弃物综合利用等标准。建立健全绿色金融、生态旅游等绿色发展标准。建立绿色建造标准，完善绿色建筑设计、施工、运维、管理标准。建立覆盖各类绿色生活设施的绿色社区、村庄建设标准。强化绿色消费标准引领，完善绿色产品标准，建立绿色产品分类和评价标准，规范绿色产品、有机产品标识。构建节能节水、绿色采购、垃圾分类、制止餐饮浪费、绿色出行、绿色居住等绿色生活标准。分类建立绿色公共机构评价标准，合理制定消耗定额和垃圾排放指标。推动新型城镇化标准化建设，制定公共资源配置标准，建立县城建设标准、小城镇公共设施建设标准。制定城市体检评估标准，健全城镇人居环境建设与质量评价标准。完善城市生态修复与功能完善、城市信息模型平台、建设工程防灾、更新改造及海绵城市建设等标准。推进城市设计、城市历史文化保护传承与风貌塑造、老旧小区改造等标准化建设，健全街区和公共设施配建标准。建立智能化城市基础设施建设、运行、管理、服务等系列标准，制定城市休闲慢行系统和综合管理服务等标准，制定新一代信息技术在城市基础设施规划建设、城市管理、应急处置等方面的应用标准。健全住房标准，完善房地产信息数据、物业服务等标准。推动智能建造标准化，完善建筑信息模型技术、施工现场监控等标准。开展城市标准化行动，健全智慧城市标准，推进城市可持续发展。推动行政管理和社会治理标准化建设，开展行政管理标准建设和应用试点，重点推进行政审批、政务服务、政务公开、财政支出、智慧监管、法庭科学、审判执行、法律服务、公共资源交易等标准制定与推广，加快数字社会、数字政府、营商环境标准化建设，完善市场要素交易标准，促进高标准市场体系建设。

三、深化标准化工作改革方案

坚持简政放权、放管结合。把该放的放开放到位，培育发展团体标准，放开搞活企业标准，激发市场主体活力；把该管的管住管好，强化强制性标准管理，保证公益类推荐性标准的基本供给。坚持国际接轨、适合国情。借鉴发达国家标准化管理的先进经验和做法，结合我国发展实际，建立完善具有中国特色的标准体系和标准化管理体制。坚持统一管理、分工负责。既发挥好国务院标准化主管部门的综合协调职责，又充分发挥国务院各部门在相关领域内标准制定、实施及监督的作用。坚持依法行政、统筹推进。加快标准化法治建设，做好标准化重大改革与标准化法律法规修改完善的有机衔接；合理统筹改革优先领域、关键环节和实施步骤，通过市场自主制定标准的增量带动现行标准的存量改革。改革的总体目标：建立政府主导制定的标准与市场自主制定的标准协同发展、协调配套的新型标准体系，健全统一协调、运行高效、政府与市场共治的标准化管理体制，形成政府引导、市场驱动、社会参与、协同推进的标准化工作格局，有效支撑统一市场体系建设，让标准成为对质量的"硬约束"，推动中国经济迈向中高端水平。通过改革，把政府单一供给的现行标准体系，转变为由政府主导制定的标准和市场自主制定的标准共同构成的新型标准体系。政府主导制定的标准由6类整合精简为4类，分别是强制性国家标准和推荐性国家标准、推荐性行业标准、推荐性地方标准；市场自主制定的标准分为团体标准和企业标准。政府主导制定的标准侧重于保基本，市场自主制定的标准侧重于提高竞争力。同时建立完善与新型标准体系配套的标准化管理体制。建立高效权威的标准化统筹协调机制，整合精简强制性标准。在标准体系上，逐步将现行强制性国家标准、行业标准和地方标准整合为强制性国家标准。在标准范围上，将强制性国家标准严格限定在保障人身健康和生命财产安全、国家安全、生态环境安全和满足社会经济管理基本要求的范围之内。在标准管理上，国务院各有关部门负责强制性国家标准项目提出、组织起草、征求意见、技术审查、组织实施和监督；国务院标准化主管部门负责强制性国家标准的统一立项和编号，并按照世界贸易组织规则开展对外通报；强制性国家标准由国务院批准发布或授权批准发布。强化依据强制性国家标准开展监督检查和行政执法。免费向社会公开强制性国家标准文本。建立强制性国家标准实施情况统计分析报告制度，环境保护、工程建设、医药卫生强制性国家标准、强制性行业标准和强制性地方标准，按现有模式管理。优化完善推荐性标准，在标准体系上，进一步优化推荐性国家标准、行业标准、地方标准体系结构，推动向政府职责范围内的公益类标准过渡，逐步缩减现有推荐性标准的数量和规模。在标准范围上，合理界定各层级、各领域推荐性标准的制定范围，推荐性国家标准重点制定基础通用、与强制性国家标准配套的标准；推荐性行业标准重点制定本行业领域的重要产品、工程技术、服务和行业管理标准；推荐性地方标准可制定满足地方自然条件、民族风俗习惯的特殊技术要求。在标准管理上，国务院标准化主管部门、国务院各有关部门和地方政府标准化主管部门分别负责统筹管理推荐性国家标准、行业标准和地方标准制修订工作。充分运用信息化手段，建立制修订全过程信息公开和共享平台，强化制修订流程中的信息共享、社会监督和自查自纠，有效避免推荐性国家标准、行业标准、地方标准在立项、制定过程中的交叉重复矛盾。简化制修订程序，提高审批效率，缩短制修订周期。推动免费向社会公开公益类推荐性标准文本。建立标准实施信息反馈和评估机制，及时开展标准复审和维护更新。加强标准化技术委员会管理，提高广泛性、代表性，保证标准制定的科学性、公正性。培育发展团体标准，在标准制定主体上，鼓励具备相应能力的学会、协会、商会、联合会等社会组织和产业技术联盟协调相关市场主体共同制定满足市场和创新需要的标准，供市场自愿选用，增加标准的有效供给。在标准管理上，对团体标准不设行政许可，由社会组织和产业技术联盟自主制定发布，通过市场竞争优胜劣汰。国务院标准化主管部门会同国务院有关部门制定团体标准发展指导意见和标准化良好行为规范，对团体标准进行必要的规范、引导和监督。在工作推进上，选择市场化程度高、技术创新活跃、产品类标准较多的领域，先行开展团体标准试点工作。支持专利融入团体标准，推动技术进步。放开搞活企业标准，企业根据需要自主制定、实施企业标准。鼓励企业制定高于国家标准、行业标准、地方标准，具有竞争力的企业标准。建立企业产品和服务标准自我声明公开和监督制度，逐步取消政府对企业产品标准的备案管理，落实企业标准化主体责任。鼓励标准化专业机构对企业公开的标准开展比对和评价，强化社会监督。

第六节　工程建设标准化工作改革

一、工程建设标准化工作目标

我国工程建设标准经过60余年发展，国家、行业和地方标准已达7000余项，形成了覆盖经济社会各领域、工程建设各环节的标准体系，在保障工程质量安全、促进产业转型升级、强化生态环境保护、推动经济提质增效、提升国际竞争力等方面发挥了重要作用。到2025年，以强制性标准为核心、推荐性标准和团体标准相配套的标准体系初步建立，标准有效性、先进性、适用性进一步增强，标准国际影响力和贡献力进一步提升。改革强制性标准，加快制定全文强制性标准，逐步用全文强制性标准取代现行标准中分散的强制性条文。新制定标准原则上不再设置强制性条文。强制性标准具有强制约束力，是保障人民生命财产安全、人身健康、工程安全、生态环境安全、公众权益和公共利益，以及促进能源资源节约利用、满足社会经济管理等方面的控制性底线要求。强制性标准项目名称统称为技术规范。技术规范分为工程项目类和通用技术类。工程项目类规范，是以工程项目为对象，以总量规模、规划布局，以及项目功能、性能和关键技术措施为主要内容的强制性标准。通用技术类规范，是以技术专业为对象，以规划、勘察、测量、设计、施工等通用技术要求为主要内容的强制性标准。构建强制性标准体系，强制性标准体系框架，应覆盖各类工程项目和建设环节，实行动态更新维护。体系框架由框架图、项目表和项目说明组成。框架图应细化到具体标准项目，项目表应明确标准的状态和编号，项目说明应包括适用范围、主要内容等。国家标准体系框架中未有的项目，行业、地方根据特点和需求，可以编制补充性标准体系框架，并制定相应的行业和地方标准。国家标准体系框架中尚未编制国家标准的项目，可先行编制行业或地方标准。国家标准没有规定的内容，行业标准可制定补充条款。国家标准、行业标准或补充条款均没有规定的内容，地方标准可制定补充条款。制定强制性标准和补充条款时，通过严格论证，可以引用推荐性标准和团体标准中的相关规定，被引用内容作为强制性标准的组成部分，具有强制效力。鼓励地方采用国家和行业更高水平的推荐性标准，在本地区强制执行。强制性标准的内容，应符合法律和行政法规的规定但不得重复其规定。优化完善推荐性标准，推荐性国家标准、行业标准、地方标准体系要形成有机整体，合理界定各领域、各层级推荐性标准的制定范围。要清理现行标准，缩减推荐性标准数量和规模，逐步向政府职责范围内的公益类标准过渡。推荐性国家标准重点制定基础性、通用性和重大影响的专用标准，突出公共服务的基本要求。推荐性行业标准重点制定本行业的基础性、通用性和重要的专用标准，推动产业政策、战略规划贯彻实施。推荐性地方标准重点制定具有地域特点的标准，突出资源禀赋和民俗习惯，促进特色经济发展、生态资源保护、文化和自然遗产传承。推荐性标准不得与强制性标准相抵触。培育发展团体标准，改变标准由政府单一供给模式，对团体标准制定不设行政审批。鼓励具有社团法人资格和相应能力的协会、学会等社会组织，根据行业发展和市场需求，按照公开、透明、协商一致原则，主动承接政府转移的标准，制定新技术和市场缺失的标准，供市场自愿选用。团体标准要与政府标准相配套和衔接，形成优势互补、良性互动、协同发展的工作模式。要符合法律、法规和强制性标准要求。要严格团体标准的制定程序，明确制定团体标准的相关责任。团体标准经合同相关方协商选用后，可作为工程建设活动的技术依据。鼓励政府标准引用团体标准。全面提升标准水平，增强能源资源节约、生态环境保护和长远发展意识，妥善处理好标准水平与固定资产投资的关系，更加注重标准先进性和前瞻性，适度提高标准对安全、质量、性能、健康、节能等强制性指标要求。要建立倒逼机制，鼓励创新，淘汰落后。通过标准水平提升，促进城乡发展模式转变，提高人居环境质量；促进产业转型升级和产品更新换代，推动中国经济向中高端发展。要跟踪科技创新和新成果应用，缩短标准复审周期，加快标准修订节奏。要处理好标准编制与专利技术的关系，规范专利信息披露、专利实施许可程序。要加强标准重要技术和关键性指标研究，强化标准与科研互动。根据产业发展和市场需求，可制定高于强制性标准要求的推荐性标准，鼓励制定高于国家标准和行业标准的地方标准，以及具有创新性和竞争性的高水平团体标准。鼓励企业结合自身需要，自主制定更加细化、更加先进的企业标准。企业标准实行自我声明，不需报政府备案管理。强化标准质量管理和信息公开，要加强标准编制管理，改进标准起草、技术审查机制，完善政策性、协调性审核制度，规范工作规则和流程，明确工作要求和责任，避免标准内容重复矛盾。对同一事项做规定的，行业标准要严于国家标准，地方标准要严于行业标准和国家标准。充分运用信息化手段，强化标准制修订信息共享，加大标准立项、专利技术采用等标准编制工作透明度和信息公开力度，严格标准草案网上公开征求意见，强化社会监督，保证标准内容及相关技术指标的科学性和公正性。完善已发布标准的信息公开机制，除公开出版外，要提供网上免费查询。强制性标准和推荐性国家标准，必须在政府官方网站全文公开。推荐性行业标准逐步实现网上全文公开。团体标准要及时公开相关标准信息。

二、工程建设国家标准

对需要在全国范围内统一的下列技术要求，应当制定国家标准：工程建设勘察、规划、设计、施工（包括安装）及验收等通用的质量要求；工程建设通用的有关安全、卫生和环境保护的技术要求；工程建设通用的术语、符号、代号、量与单位、建筑模数和制图方法；工程建设通用的试验、检验和评定等方法；工程建设通用的信息技术要求；国家需要控制的其他工程建设通用的技术要求。法律另有规定的，依照法律的规定执行。国家标准分为强制性标准和推荐性标准。下列标准属于强制性标准：工程建设勘察、规划、设计、施工（包括安装）及验收等通用的综合标准和重要的通用的质量标准；工程建设通用的有关安全、卫生和环境保护的标准；工程建设重要的通用的术语、符号、代号、量与单位、建筑模数和制图方法标准；工程建设重要的通用的试验、检验和评定方法等标准；工程建设重要的通用的信息技术标准；国家需要控制的其他工程建设通用的标准。强制性标准以外的标准是推荐性标准。国家标准的计划分为五年计划和年度计划。五年计划是编制年度计划的依据；年度计划是确定工作任务和组织编制标准的依据。编制国家标准的计划，应当遵循下列原则：在国民经济发展的总目标和总方针的指导下进行，体现国家的技术、经济政策；适应工程建设和科学技术发展的需要；在充分做好调查研究和认真总结经验的基础上，根据工程建设标准体系表的要求，综合考虑相关标准之间的构成和协调配套；从实际出发，保证重点，统筹兼顾，根据需要和可能，分别轻重缓急，做好计划的综合平衡。五年计划由计划编制纲要和计划项目两部分组成。其内容应当符合下列要求：计划编制纲要包括计划编制的依据、指导思想、预期目标、工作重点和实施计划的主要措施等；计划项目的内容包括标准名称、制订或修订、适用范围及其主要技术内容、主编部门、主编单位和起始年限等。列入五年计划的国家标准制订项目应当落实主编单位，主编单位应当具备下列条件：承担过与该国家标准项目相应的工程建设勘察、规划、设计、施工或科研任务的企业、事业单位；具有较丰富的工程建设经验、较高的技术水平和组织管理水平，能组织解决国家标准编制中的重大技术问题。列入五年计划的国家标准修订项目，其主编单位一般由原国家标准的管理单位承担。五年计划的编制工作应当按下列程序进行：国务院工程建设行政主管部门根据国家编制国民经济和社会发展五年计划的原则和要求，统一部署编制国家标准五年计划的任务；国务院有关行政主管部门和省、自治区、直辖市工程建设行政主管部门，根据国务院工程建设行政主管部门统一部署的要求，提出五年计划建议草案，报国务院工程建设行政主管部门；国务院工程建设行政主管部门对五年计划建议草案进行汇总，在与各有关方面充分协商的基础上进行综合平衡，并提出五年计划草案，报国务院计划行政主管部门批准下达。年度计划由计划编制的简要说明和计划项目两部分组成。计划项目的内容包括标准名称、制订或修订、适用范围及其主要技术内容、主编部门和主编单位、参加单位、起止年限、进度要求等。年度计划应当在五年计划的基础上进行编制。国家标准项目在列入年度计划之前由主编单位做好年度计划的前期工作，并提出前期工作报告。前期工作报告应当包括：国家标准项目名称、目的和作用、技术条件和成熟程度、与各类现行标准的关系、预期的经济效益和社会效益、建议参编单位和起止年限。列入年度计划的国家标准项目，应当具备下列条件：有年度计划的前期工作报告；有生产和建设的实践经验；相应的科研成果经过鉴定和验证，具备推广应用的条件；不与相关的国家标准重复或矛盾；参编单位已落实。年度计划的编制工作应当按下列程序进行：国务院有关行政主管部门和省、自治区、直辖市工程建设行政主管部门，应当根据五年计划的要求，分期分批地安排各国家标准项目的主编单位进行年度计划的前期工作。由主编单位提出的前期工作报告和年度计划项目表，报主管部门审查；国务院有关行政主管部门和省、自治区、直辖市工程建设行政主管部门，根据国务院工程建设行政主管部门当年的统一部署，做好所承担年度计划项目的落实工作并在规定期限前报国务院工程建设行政主管部门；国务院工程建设行政主管部门根据各主管部门提出的计划项目，经综合平衡后，编制工程建设国家标准的年度计划草案，在规定期限前报国务院计划行政主管部门批准下达。列入年度计划国家标准项目的主编单位应当按计划要求组织实施。在计划执行中遇有特殊情况，不能按原计划实施时，应当向主管部门提交申请变更计划的报告。各主管部门可根据实际情况提出调整计划的建议，经国务院工程建设行政主管部门批准后，按调整的计划组织实施。国务院各有关行政主管部门和省、自治区、直辖市工程建设行政主管部门对主管的国家标准项目计划执行情况负有监督和检查的责任，并负责协调解决计划执行中的重大问题。各主编单位在每年年底前将本年度计划执行情况和下年度的工作安排报行政主管部门，并报国务院工程建设行政主管部门备案。

三、实施工程建设强制性标准监督

（一）在中华人民共和国境内从事新建、扩建、改建等工程建设活动，必须执行工程建设强制性标准。工程建设强制性标准是指直接涉及工程质量、安全、卫生及环境保护等方面的工程建设标准强制性条文。国家工程建设标准强制性条文由国务院住房和城乡建设主管部门会同国务院有关主管部门确定。国务院住房和城乡建设主管部门负责全国实施工程建设强制性标准的监督管理工作。国务院有关主管部门按照国务院的职能分工负责实施工程建设强制性标准的监督管理工作。县级以上地方人民政府住房和城乡建设主管部门负责本行政区域内实施工程建设强制性标准的监督管理工作。建设工程勘察、设计文件中规定采用的新技术、新材料，可能影响建设工程质量和安全，又没有国家技术标准的，应当由国家认可的检测机构进行试验、论证，出具检测报告，并经国务院有关主管部门或者省、自治区、直辖市人民政府有关主管部门组织的建设工程技术专家委员会审定后，方可使用。建设项目规划审查机构应当对工程建设规划阶段执行强制性标准的情况实施监督。施工图设计文件审查单位应当对工程建设勘察、设计阶段执行强制性标准的情况实施监督。建筑安全监督管理机构应当对工程建设施工阶段执行施工安全强制性标准的情况实施监督。工程质量监督机构应当对工程建设施工、监理、验收等阶段执行强制性标准的情况实施监督。建设项目规划审查机关、施工设计图设计文件审查单位、建筑安全监督管理机构、工程质量监督机构的技术人员必须熟悉、掌握工程建设强制性标准。工程建设标准批准部门应当定期对建设项目规划审查机关、施工图设计文件审查单位、建筑安全监督管理机构、工程质量监督机构实施强制性标准的监督进行检查，对监督不力的单位和个人，给予通报批评，建议有关部门处理。工程建设标准批准部门应当对工程项目执行强制性标准情况进行监督检查。监督检查可以采取重点检查、抽查和专项检查的方式。强制性标准监督检查的内容包括：有关工程技术人员是否熟悉、掌握强制性标准；工程项目的规划、勘察、设计、施工、验收等是否符合强制性标准的规定；工程项目采用的材料、设备是否符合强制性标准的规定；工程项目的安全、质量是否符合强制性标准的规定；工程中采用的导则、指南、手册、计算机软件的内容是否符合强制性标准的规定。工程建设标准批准部门应当将强制性标准监督检查结果在一定范围内公告。工程建设强制性标准的解释由工程建设标准批准部门负责。有关标准具体技术内容的解释，工程建设标准批准部门可以委托该标准的编制管理单位负责。工程技术人员应当参加有关工程建设强制性标准的培训，并可以计入继续教育学时。住房和城乡建设主管部门或者有关主管部门在处理重大工程事故时，应当有工程建设标准方面的专家参加；工程事故报告应当包括是否符合工程建设强制性标准的意见。

（二）工程建设行业标准管理。对没有国家标准而需要在全国某个行业范围内统一的下列技术要求，可以制定行业标准：工程建设勘察、规划、设计、施工（包括安装）及验收等行业专用的质量要求；工程建设行业专用的有关安全、卫生和环境保护的技术要求；工程建设行业专用的术语、符号、代号、量与单位和制图方法；工程建设行业专用的试验、检验和评定等方法；工程建设行业专用的信息技术要求；其他工程建设行业专用的技术要求。行业标准分为强制性标准和推荐性标准。下列标准属于强制性标准：工程建设勘察、规划、设计、施工（包括安装）及验收等行业专用的综合性标准和重要的行业专用的质量标准；工程建设行业专用的有关安全、卫生和环境保护的标准；工程建设重要的行业专用的术语、符号、代号、量与单位和制图方法标准；工程建设重要的行业专用的试验、检验和评定方法等标准；工程建设重要的行业专用的信息技术标准；行业需要控制的其他工程建设标准。强制性标准以外的标准是推荐性标准。国务院有关行政主管部门根据《标准化法》和国务院工程建设行政主管部门确定的行业标准管理范围，履行行业标准的管理职责。行业标准的计划根据国务院工程建设行政主管部门的统一部署由国务院有关行政主管部门组织编制和下达，并报国务院工程建设行政主管部门备案。与两个以上国务院行政主管部门有关的行业标准，其主编部门由相关的行政主管部门协商确定或由国务院工程建设行政主管部门协调确定，其计划由被确定的主编部门下达。行业标准不得与国家标准相抵触。有关行业标准之间应当协调、统一，避免重复。制定、修订行业标准的工作程序，可以按准备、征求意见、送审和报批四个阶段进行。行业标准的编写应当符合工程建设标准编写的统一规定。行业标准由国务院有关行政主管部门审批、编号和发布。其中，两个以上部门共同制定的行业标准，由有关的行政主管部门联合审批、发布，并由其主编部门负责编号。行业标准的某些规定与国家标准不一致时，必须有充分的科学依据和理由，并经国家标准的审批部门批准。行业标准在相应的国家标准实施后，应当及时修订或废止。行业标准实施后，该标准的批准部门应当根据科学技术的发展和工程建设的实际需要适时进行复审，确认其继续有效或予以修订、废止。一般五年复审一次，复审结果报国务院工程建设行政主管部门备案。行业标准的编号由行业标准的代号、标准发布的顺序号和批准标准的年号组成，并应当符合统一格式。行业标准发布后，应当报国务院工程建设行政主管部门备案。行业标准由标准的批准部门负责组织出版，并应当符合工程建设标准出版印刷的统一规定。行业标准属于科技成果。对技术水平高，取得显著经济效益、社会效益和环境效益的行业标准，应当纳入各级科学技术进步奖励范围，并予以奖励。

（三）工程建设标准涉及专利管理。为规范工程建设标准涉及专利的管理，鼓励创新和合理采用新技术，保护公众和专利权人及相关权利人合法权益，依据标准化法、专利法等有关规定，工程建设标准涉及专利管理办法适用于工程建设国家标准、行业标准和地方标准的立项、编制、实施过程中涉及专利相关事项的管理。专利包括有效的专利和专利申请。标准中涉及的专利应当是必要专利，并应经工程实践检验，在该项标准适用范围内具有先进性和适用性。必要专利是指实施该标准必不可少的专利。强制性标准一般不涉及收费许可使用的专利。标准涉及专利相关事项的管理，应当坚持科学、公开、公平、公正、统一的原则。国务院有关部门和省、自治区、直辖市人民政府有关部门，负责对所批准标准涉及专利相关事项的管理。提交标准立项申请的单位在立项申请时，应同时提交所申请标准涉及专利的检索情况。在标准的初稿、征求意见稿、送审稿封面上，应当标注征集潜在专利信息的提示。在标准的初稿、征求意见稿、送审稿、报批稿前言中，应当标注标准涉及专利的信息。在标准制修订任何阶段，标准起草单位或者个人应当及时向标准第一起草单位告知其拥有或知悉的必要专利，同时提供专利信息及相应证明材料，并对其真实性负责。鼓励未参与标准起草的单位或者个人，在标准制修订任何阶段披露其拥有和知悉的必要专利，同时将专利信息及相应的证明材料提交标准第一起草单位，并对其真实性负责。标准第一起草单位应当及时核实本单位拥有及获得的专利信息，并对专利的必要性、先进性、适用性进行论证。任何单位或者个人可以直接将其知悉的专利信息和相关材料，寄送标准批准部门。标准在制修订过程中涉及专利的，标准第一起草单位应当及时联系专利权人或者专利申请人，告知本标准制修订预计完成时间和商请签署专利实施许可声明的要求，并请专利权人或者专利申请人按照下列选项签署书面专利实施许可声明：同意在公平、合理、无歧视基础上，免费许可任何单位或者个人在实施该标准时实施其专利；同意在公平、合理、无歧视基础上，收费许可任何单位或者个人在实施该标准时实施其专利。未获得专利权人或者专利申请人签署的专利实施许可声明的，标准内容不得包括基于该专利的条款。当标准修订导致已签署的许可声明不再适用时，应当按照规定重新签署书面专利实施许可声明。当标准废止时，已签署的专利实施许可声明同时终止。对于已经向标准第一起草单位提交实施许可声明的专利，专利权人或者专利申请人转让或者转移该专利时，应当保证受让人同意受该专利实施许可声明的约束，并将专利转让或转移情况及相应证明材料书面告知标准第一起草单位。涉及专利的标准报批时，标准第一起草单位应当同时提交涉及专利的证明材料、专利实施许可声明、论证报告等相关文件。标准批准部门应当对标准第一起草单位提交的有关文件进行审核。标准发布后，对涉及专利但没有专利实施许可声明的，标准批准部门应当责成标准第一起草单位在规定时间内，获得专利权人或者专利申请人签署的专利实施许可声明，并提交标准批准部门。未能在规定时间内获得专利实施许可声明的，标准批准部门视情况采取暂停实施该标准、启动标准修订或废止程序等措施。标准发布后，涉及专利的信息发生变化时，标准第一起草单位应当及时提出处置方案，经标准批准部门审核后对该标准进行相应处置。标准实施过程中，涉及专利实施许可费问题，由标准使用人与专利权人或者专利申请人依据签署的专利实施许可声明协商处理。在标准制修订过程中引用涉及专利的标准条款时，由标准第一起草单位办理专利实施许可声明。工程建设团体标准的立项、编制、实施过程中涉及专利相关事项可参照办法执行。

（四）工程建设标准解释管理。为加强工程建设标准实施管理，规范工程建设标准解释工作，根据《标准化法》《标准化法实施条例》和《实施工程建设强制性标准监督规定》等有关规定，制定工程建设标准解释管理办法。工程建设标准解释是指具有标准解释权的部门（单位）按照解释权限和工作程序，对标准规定的依据、涵义以及适用条件等所作的书面说明。适用于工程建设国家标准、行业标准和地方标准的解释工作。国务院住房和城乡建设主管部门负责全国标准解释的管理工作，国务院有关主管部门负责本行业标准解释的管理工作，省级住房和城乡建设主管部门负责本行政区域标准解释的管理工作。标准解释应按照“谁批准、谁解释”的原则，做到科学、准确、公正、规范。标准解释由标准批准部门负责。对涉及强制性条文的，标准批准部门可指定有关单位出具意见，并作出标准解释。对涉及标准具体技术内容的，可由标准主编单位或技术依托单位出具解释意见。当申请人对解释意见有异议时，可提请标准批准部门作出标准解释。申请标准解释应以书面形式提出，申请人应提供真实身份、姓名和联系方式。符合办法规定的标准解释申请应予受理，但下列情况除外：不属于标准规定的内容；执行标准的符合性判定；尚未发布的标准。标准解释申请受理后，应在 15 个工作日内给予答复。对于情况复杂或需要技术论证，在规定期限内不能答复的，应及时告知申请人延期理由和答复时间。标准解释应以标准条文规定为准，不得扩展或延伸标准条文的规定，如有必要可组织专题论证。办理答复前，应听取标准主编单位或主要起草人员的意见和建议。标准解释应加盖负责部门（单位）的公章。标准解释过程中的全部资料和记录，应由负责解释的部门（单位）存档。对申请人提出的问题及答复情况应定期进行分析、整理和汇总。对标准解释中的共性问题及答复内容，经标准批准部门同意，可在相关专业期刊、官方网站上予以公布。标准修订后，原已作出的标准解释不适用于新标准。

（五）工程建设领域标准和规范体系分为：国标—行业标准—团体标准（协会）—地标（省、市）—其他。国标：GB，代表的是 G（国）B（标），GB（强制性标准）和 GB/T（推荐性标准），工程建设类标准则从 50001 开始（即将原顺序号加 50000）。行业标准：CJJ，城镇建设行业工程建设，代号：C（城镇）J（建设行业工程）J（建设）；JGJ，建筑工程行业工程建设，代号：J（建筑）G（工程行业工程）J（建设）；JTG，交通行业工程标准，代号：J（交）T（通）G（工程）；JC，建材行业标准，代号：J（建）C（材）；JG，建筑工业行业标准，代号：J（建筑）G（工业）；CJ，城镇建设行业标准，代号：C（城镇）J（建设）；GA，公共安全行业标准，代号：G（公共）A（安全）；建设标准，代号：建标。团体（协会）标准，中国工程建设标准化协会（简称中国建设标协，英文缩写 CECS）；中国建筑装饰协会（英文缩写 CBDA）。地方标准（××）：地方标准（×× 省份），代号：D（地）B（标），DB 系列根据不同的省市有后缀编号行政区划代码，例如北京的地标为：DB11。后缀数字，例如：天津为 12、河北为 13、上海为 31。注：纯 DB，代表的是地震（DB）行业标准，由中国地震局归口管理。其他：企业标准，没有国家标准、行业标准和地方标准的，企业应当制定相应的企业标准，企业标准应报当地政府标准化行政主管部门和有关行政主管部门备案。企业标准在该企业内部适用，是作为补充标准的一种管理方式。注：规范和图集的关系，规范主要是以文字说明的形式表达的，而图集则是以常用做法案例的形式表达规范内容的一种手段。规范体系之间的关系，下一级标准必须遵守上一级标准，只能在上一级标准允许范围内作出规定。下级标准的规定不得宽于上级标准，但可严于上级标准。

（六）强制性工程建设规范主要规定保障人身健康和生命财产安全、国家安全、生态环境安全以及满足经济社会管理基本需要的技术要求。强制性工程建设规范体系覆盖工程建设领域各类建设工程项目，分为工程项目类规范和通用技术类规范。在强制性工程建设规范体系中，工程项目类规范为主干，通用技术类规范是对各类项目共性的、通用的专业性关键技术措施的规定。截至 2023 年 6 月，住建部发布了 37 项强制性工程建设规范（清单详见表 17-5），要求全部条文必须严格执行。现行工程建设标准相关强制性条文同时废止。现行工程建设标准中有关规定与本规范不一致的，以本规范的规定为准。废止的现行工程建设标准相关强制性条文，详见住建部强制性工程建设规范的公告。全文强制性工程建设规范发布公告中废止的强制性条文，不再强制执行。与强制性工程建设规范配套衔接的相关国、行标正在修订中。当前现行标准中被废止的强制性条文，如与工程规范要求一致，属落实规范要求的措施方法的，可作为推荐性条文执行。2023 年工程建设规范标准编制及相关工作计划，还包括 2025 年完成的幼儿园项目规范、中小学项目规范等 6 项工程建设强制性国家规范。

强制性工程建设规范清单 **表17-5**

序号	标准名称	标准编号	发布日期	实施日期
1	工程结构通用规范	GB 55001—2021	2021/4/9	2022/1/1
2	建筑与市政工程抗震通用规范	GB 55002—2021	2021/4/9	2022/1/1
3	建筑与市政地基基础通用规范	GB 55003—2021	2021/4/9	2022/1/1
4	组合结构通用规范	GB 55004—2021	2021/4/9	2022/1/1
5	木结构通用规范	GB 55005—2021	2021/4/12	2022/1/1
6	钢结构通用规范	GB 55006—2021	2021/4/9	2022/1/1
7	砌体结构通用规范	GB 55007—2021	2021/4/9	2022/1/1
8	混凝土结构通用规范	GB 55008—2021	2021/9/8	2022/4/1
9	燃气工程项目规范	GB 55009—2021	2021/4/9	2022/1/1
10	供热工程项目规范	GB 55010—2021	2021/4/9	2022/1/1
11	城市道路交通工程项目规范	GB 55011—2021	2021/4/9	2022/1/1
12	生活垃圾处理处置工程项目规范	GB 55012—2021	2021/4/9	2022/1/1
13	市容环卫工程项目规范	GB 55013—2021	2021/4/9	2022/1/1
14	园林绿化工程项目规范	GB 55014—2021	2021/4/9	2022/1/1
15	建筑节能与可再生能源利用通用规范	GB 55015—2021	2021/9/8	2022/4/1
16	建筑环境通用规范	GB 55016—2021	2021/9/8	2022/1/1
17	工程勘察通用规范	GB 55017—2021	2021/9/8	2022/1/1
18	工程测量通用规范	GB 55018—2021	2021/9/8	2022/4/1
19	建筑与市政工程无障碍通用规范	GB 55019—2021	2021/9/8	2022/4/1
20	建筑给水排水与节水通用规范	GB 55020—2021	2021/9/8	2022/4/1

续表

序号	标准名称	标准编号	发布日期	实施日期
21	既有建筑鉴定与加固通用规范	GB 55021—2021	2021/9/8	2022/4/1
22	既有建筑维护与改造通用规范	GB 55022—2021	2021/9/8	2022/4/1
23	施工脚手架通用规范	GB 55023—2022	2022/3/10	2022/10/1
24	建筑电气与智能化通用规范	GB 55024—2022	2022/3/10	2022/10/1
25	宿舍、旅馆建筑项目规范	GB 55025—2022	2022/3/10	2022/10/1
26	城市给水工程项目规范	GB 55026—2022	2022/3/10	2022/10/1
27	城乡排水工程项目规范	GB 55027—2022	2022/3/10	2022/10/1
28	特殊设施工程项目规范	GB 55028—2022	2022/3/10	2022/10/1
29	安全防范工程通用规范	GB 55029—2022	2022/3/10	2022/10/1
30	建筑与市政工程防水通用规范	GB 55030—2022	2022/9/27	2023/4/1
31	民用建筑通用规范	GB 55031—2022	2022/7/1	2023/3/1
32	建筑与市政工程施工质量控制通用规范	GB 55032—2022	2022/7/15	2023/3/1
33	城市轨道交通工程项目规范	GB 55033—2022	2022/7/15	2023/3/1
34	建筑与市政施工现场安全卫生与职业健康通用规范	GB 55034—2022	2022/10/31	2023/6/1
35	城乡历史文化保护利用项目规范	GB 55035—2023	2023/5/23	2023/12/1
36	消防设施通用规范	GB 55036—2022	2022/7/15	2023/3/1
37	建筑防火通用规范	GB 55037—2022	2022/12/27	2023/6/1

第七节　中国标准创新贡献奖评审

一、中国标准创新贡献奖

中国标准创新贡献奖是由国家市场监督管理总局（国家标准化管理委员会）设立，并经中央批准的奖项。中国标准创新贡献奖分为标准项目奖、组织奖和个人奖，每 2 年评选 1 次。中国标准创新贡献奖评选表彰面向基层和工作一线，一般不评选副司局级或相当于副司局级以上的个人和集体，不评选县级以上党委、政府，评选处级或相当于处级干部比例原则上不超过表彰总数的 20%。中国标准创新贡献奖的提名、评审和授奖，遵循公开、公平、公正的原则，坚持突出先进性、代表性、时代性，坚持以德为先、依法守规、注重实绩、群众公认，不收取任何费用。市场监管总局（标准委）负责中国标准创新贡献奖评选表彰的组织工作，并设立中国标准创新贡献奖领导小组、评审委员会及监督委员会。中国标准创新贡献奖领导小组由市场监管总局（标准委）领导及有关司局等方面代表组成，主要职责是：审议评选表彰工作方案；审议评审结果；研究解决评选表彰工作中出现的重大问题。领导小组办公室设在市场监管总局标准创新司，主要负责评选活动的具体组织协调，研究提出评选表彰工作方案、规则等相关政策制度建议，承办领导小组交办的工作。中国标准创新贡献奖评审委员会由中国标准化专家委员会专家等组成，主要职责是：负责中国标准创新贡献奖评审工作；向领导小组报告评审情况；提出完善评审工作的意见建议。中国标准创新贡献奖标准项目奖的表彰范围是现行有效且实施 2 年以上（含 2 年）的下列标准：国家标准、国家军用标准，在标准委备案的行业标准、地方标准，在全国团体标准信息平台或企业标准信息公共服务平台进行自我声明公开的团体标准或企业标准，由我国专家牵头起草并由国际标准化组织（ISO）、国际电工委员会（IEC）、国际电信联盟（ITU）等发布的国际标准。组织奖的表彰对象是：在中华人民共和国境内依法设立的企业、科研机构、社会团体、高等院校等组织，全国专业标准化技术委员会（TC）、标准化分技术委员会（SC）、标准化工作组（SWG）和产业技术联盟，全国军用专业标准化技术委员会，以及 ISO、IEC、ITU 技术机构的秘书处承担单位或国内技术对口单位。个人奖的表彰对象是从事或参与标准化工作，为我国标准化事业作出突出贡献的中华人民共和国公民。

二、评审标准

标准项目奖设一等奖、二等奖、三等奖 3 个等级，各等级奖项评审标准：一等奖标准所包含主要内容的技术水平达到国际领先水平，聚焦原始创新技术、集成创新技术或重大瓶颈问题，创新性突出，标准实施后取得重大的经济效益、社会效益或生态效益，对促进我国国民经济和社会发展、保障健康安全、保护生态环境、维护国家利益有重大作用；二等奖标准所包含主要内容的技术水平达到国际先进水平，聚焦关键共性技术，创新性明显，标准实施后取得显着的经济效益、社会效益或生态效益，对促进我国国民经济和社会发展、保障健康安全、保护生态环境、维护国家利益有很大作用；三等奖标准所包含主要内容的技术水平达到国内领先水平，聚焦具体产品、服务、过程和管理创新，创新性比较明显，标准实施后取得较大的经济效益、社会效益或生态效益，对促进我国国民经济和社会发展、保障健康安全、保护生态环境、维护国家利益有较大作用。组织奖不分等级，组织奖候选组织需满足要求：认真贯彻党中央、国务院关于标准化工作的决策部署，遵守标准化法律法规和规章制度，将标准化工作纳入本组织机构的工作规划、计划，在国际国内标准化工作中贡献突出，有效促进相关行业、领域的发展；科学运用标准化方法，创造性地开展工作，取得创新性成果；注重标准化人才培养，具有一支结构合理、稳步发展的标准化人才队伍；在标准化科研、标准化教育、标准制修订、标准推广实施和国际标准化等某一方面或多方面取得重要创新性成果，贡献突出。个人奖设终身成就奖、突出贡献奖和优秀青年奖，个人奖候选人需满足要求：政治坚定。坚决执行党的路线、方针、政策，遵守国家法律法规和标准化规章制度；作风过硬。坚持全心全意为人民服务宗旨，恪守职业道德规范，作风正派，品行端正，清正廉洁；业绩显着。热爱标准化事业，有较强的专业素养，求实奉献，勇于创新，具有较高威信或影响力，取得公认的业绩。终身成就奖候选人应当在标准化理论研究、标准研制、标准推广实施、国际标准化或标准化综合管理、国际标准组织治理方面取得重大创新成就，并符合条件之一：获得 3 次以上中国标准创新贡献奖标准项目奖一等奖；担任 ISO、IEC、ITU 等国际标准组织高级管理职务，在推动中国专家参与国际标准化工作或推广应用国际标准方面作出巨大贡献；担任 TC 主任委员或秘书长满 10 年，任期内所在 TC 考核结果均达到二级以上，且为本领域标准化工作作出巨大贡献；在标准化战略、法规、政策方面作出巨大贡献。突出贡献奖候选人应当在标准化理论研究、标准研制、标准推广实施、国际标准化等某一方面或多方面作出突出贡献，具有较高的影响力和知名度。优秀青年奖候选人应当在标准化研究与应用方面作出创新性工作，取得显着成效，并具有突出的发展潜力，年龄不超过 40 周岁。

三、提名受理和评审批准及授奖

领导小组办公室制定中国标准创新贡献奖评选表彰工作方案，按程序报市场监管总局党组审议通过后，报全国评比达标表彰工作协调小组办公室审核后实施。市场监管总局（标准委）制定发布中国标准创新贡献奖提名工作通知。提名单位、提名专家根据提名工作通知的要求开展提名工作。提名单位为：国务院有关行政主管部门，具有标准化管理职能的行业协会，各省级人民政府标准化行政主管部门。提名专家应当符合以下条件之一：中国标准创新贡献奖终身成就奖获得者；担任 TC 委员的中国科学院院士、中国工程院院士（以下简称院士）；最新一轮考核结果为二级及以上的 TC 的主任委员；在 ISO、IEC、ITU 技术机构担任或曾经担任主席的中国专家。提名专家年龄不超过 70 岁，院士年龄不超过 75 岁，中国标准创新贡献奖终身成就奖获得者不受年龄限制。提名单位可提名标准项目奖、组织奖、终身成就奖、突出贡献奖、优秀青年奖，提名专家可提名标准项目奖、终身成就奖。中国标准创新贡献奖终身成就奖获得者每届可以独立提名 1 项标准项目奖或终身成就奖。其他提名专家每届需 3 人以上联合提名 1 项标准项目奖或终身成就奖，联合提名时列第一位的为联系专家，联系专家牵头负责相关事项。标准项目奖的提名专家应当在本人所从事的专业领域（二级学科）范围内进行提名。提名专家不能作为当届提名项目完成人，并应回避相关评审活动。提名专家不能与被提名项目完成人来自同一单位。提名单位应当建立规范的提名遴选机制。提名专家在提名前，应当征得被提名个人或被提名标准项目主要完成人和完成单位的同意，确保提名项目相关材料真实可靠。提名单位、提名专家应当督促被提名组织、个人或被提名标准项目的主要完成人和完成单位在本单位进行公示。公示时间不少于5个工作日。被提名标准项目的主要完成人和完成单位应当与标准文本或相关证明材料所列主要起草人和起草单位一致。已获得中国标准创新贡献奖的标准项目，不得再次参评。提交当届评审但未获奖的标准项目，再次参评须隔1届以上且有新的证明材料。已获得组织奖的组织机构，再次参评同一奖项须隔1届以上。已获得终身成就奖的人员，不得再次参评；已获得突出贡献奖和优秀青年奖的人员，再次参评同一奖项须隔1届以上。提名单位、提名专家应当填写统一格式的提名书，并根据中国标准创新贡献奖的标准和条件，对提名严格把关。提名单位还应当在本单位对符合条件的标准项目、组织和个人进行公示，公示时间不少于5个工作日。公示无异议后，提名单位按要求向领导小组办公室提交各奖项提名材料，并提供必要的证明或者评价材料。提名材料应当完整、真实、可靠。领导小组办公室组织对提名材料进行形式审查。经审查不符合规定的提名材料不予受理。市场监管总局（标准委）在其官方网站上公示通过形式审查的标准项目奖、组织奖及个人奖受理名单及相关信息，公示时间不少于5个工作日。公示后要求退出评审的，提名单位、提名专家应当以书面方式提出申请并说明理由。经批准退出评审的，再次参评中国标准创新贡献奖须隔1届以上。各奖项细化评分标准和评审工作规则，经评审委员会审定后执行。根据提名和受理情况，领导小组办公室确定标准项目奖专业评审组及组织奖和个人奖评审组成员名单。公示后无异议或异议处理完毕符合要求的提名材料，提交相应评审组进行初评，提出各等级标准项目奖和组织奖、个人奖候选名单。必要时，领导小组办公室组织专家对通过初评的组织奖和个人奖候选者进行现场评审，深入考察候选组织和个人的业绩、影响力等，并对提名材料中有疑义的重要信息进行复核。领导小组办公室将通过初评的标准项目奖、组织奖、个人奖候选者提交评审委员会评审，以投票方式进行表决，形成标准项目奖、组织奖和个人奖评审委员会建议名单。提名单位组织对进入组织奖和个人奖建议名单的组织和个人征求公安部门意见，对机关事业单位及其工作人员按照管理权限征求组织人事、纪检监察等部门意见；对进入组织奖和个人奖建议名单的企业和企业负责人，应当征求生态环境、人力资源和社会保障、税务、市场监管、应急管理等有关主管部门意见。提名单位负责在一定范围内公示，公示时间不少于5个工作日。对进入建议名单的由提名专家提名的终身成就奖候选人，由领导小组办公室按程序征求相关部门意见。市场监管总局（标准委）在其官方网站上公示标准项目奖、组织奖和个人奖评审委员会建议名单及评审委员会专家名单，公示时间不少于5个工作日。标准项目奖、组织奖和个人奖评审委员会建议名单经领导小组审议通过后，按程序报市场监管总局党组审定。市场监管总局（标准委）发布表彰决定，并颁发获奖证书。中国标准创新贡献奖授奖数量、授奖人数和授奖单位限定数额。每届标准项目奖授奖限额为一等奖10个、二等奖20个、三等奖30个。一等奖单项授奖人数不超过15人，授奖单位不超过10个；二等奖单项授奖人数不超过10人，授奖单位不超过7个；三等奖单项授奖人数不超过8人，授奖单位不超过5个。组织奖授奖限额为5个。终身成就奖、突出贡献奖和优秀青年奖限额分别为1个、4个和3个。

第八节　工程建设标准科技创新奖评审

一、标准科技创新奖

（一）工程建设标准定额和科技创新高质量发展目标，加强科技引领，坚持科技是第一生产力，把科技创新摆在住房和城乡建设事业发展的突出位置，围绕巩固提升世界领先技术、攻关突破技术、大力推广应用惠民实用技术的工作主线，推动开展创新能力提升、关键技术攻关、惠民技术推广三大行动，认真落实创新平台建设、布局实施重大科技项目等重点工作。拓展国际合作渠道，扩大国际科技交流合作，继续加快发展“数字家庭”。强化标准支撑，紧紧抓住让人民安居与生活品质的多层次需求，转化为可量化、可感知、可考核的指标。继续深化工程建设标准化工作改革，逐步完善以强制性标准为核心、推荐性标准和团体标准相配套的新型工程建设标准体系，加快完成38项全文强制性工程规范编制与宣贯。加强急需重点推荐性标准的编制工作，梳理修订现有推荐性国家标准、行业标准，加强与全文强制性工程规范有效配套，指导地方结合实际完善地方标准体系。加快推进工程建设标准，增强中国标准的影响力。推动绿色低碳转型，紧紧围绕城乡建设领域2030碳达峰目标，立足城乡建设绿色发展，加快推进建筑节能降碳，不断提升新建建筑节能水平，鼓励超低能耗建筑、零碳建筑建设，加快既有建筑节能改造，加大新型建材研发推广力度，加强绿色建材应用，大力发展装配式工业化建造方式，推动高星级绿色建筑规模化发展，力促城乡建设绿色低碳转型。推进工程造价改革，稳步推进工程造价市场化改革，逐步停止发布预算定额。改革工程量清单计量计价规则，合理确定清单项目划分原则。加强调查研究，总结推广试点地区的经验做法。加强工程造价咨询行业监管，加快工程造价咨询行业信用体系建设，强化个人执业资格管理。

（二）标准科技创新奖（奖励编号：0292）是科技部国家科学技术奖励工作办公室批准设立的社会科技奖，由中国工程建设标准化协会组织实施。标准科技创新奖分为标准项目奖、优秀青年人才奖、领军人才奖、标准大师奖和卓越贡献奖，每年评选一次。标准科技创新奖的推荐、评审和授奖，遵循公开、公平、公正原则，坚持突出先进性、代表性、时代性，坚持依法守规、注重实绩。标准科技创新奖的推荐包括以下单位：各有关行业工程建设标准化管理机构，各省、自治区、直辖市及计划单列市、副省级市的住房和城乡建设行政主管部门和有关行业标准化主管部门；中国工程建设标准化协会各分支机构；工程建设领域各有关学会、协会；各有关全国及行业标准化技术委员会，国家技术标准创新基地；国务院国资委直接管理的有关企业；有关大专院校。中国工程建设标准化协会负责标准科技创新奖的评奖工作，并设立标准科技创新奖评审委员会。标准科技创新奖评审委员会由中国工程建设标准化协会及有关方面专家组成，主要职责是：审议标准科技创新奖相关制度；审议评审结果；研究决定评选工作中的重大事项。评审委员会下设评审办公室，具体负责评选活动的具体组织协调，评审相关文件的起草，申报和推荐材料的接收、形式审查、评审系统的维护、评审专家的确定等过程和程序性工作。评审办公室设在中国工程建设标准化协会秘书处。

（三）标准项目奖申报应符合下列条件：实施1年及以上的国家标准项目；实施1年及以上并已报国务院标准化行政主管部门或国务院建设行政主管部门备案的行业标准项目；实施1年及以上并已报国务院标准化行政主管部门或国务院建设行政主管部门备案的地方标准项目；实施1年及以上相关计划单列市住房和建设行政主管部门发布的地方标准项目；实施1年及以上的团体标准项目；实施2年及以上的国家重点支持的重要行业、战略性新兴产业、关键共性技术等领域利用自主创新技术制定的企业标准项目；由我国牵头起草，经国际标准化组织（ISO）、国际电工委员会（IEC）或国际电信联盟（ITU）等发布1年及以上的国际标准项目。标准项目奖的申报，不接受已获得国家级奖励的标准项目参评；已获得标准科技创新项目奖的标准项目，在获奖后5年内不得再次申请参评。

（四）标准项目奖授奖等级评定标准：参评一等奖的标准项目，其主要内容的技术水平应当达到国际先进水平，具有重大创新，标准实施后取得重大的经济效益、生态效益或社会效益，对促进我国国民经济和社会发展有重大作用。企业标准项目应当具有自主核心技术和专利，标准实施后已产生显著的经济效益、生态效益或社会效益，且具有重大的行业推广价值。参评二等奖的标准项目，其主要内容的技术水平应当达到国内领先水平，创新性突出，标准实施后取得显著的经济效益、生态效益或社会效益，对促进我国国民经济和社会发展有很大作用。企业标准项目应当具有自主核心技术和专利，标准实施后已产生明显的经济效益，且具有广泛的行业推广价值。参评三等奖的标准项目，其主要内容的技术水平应当达到国内先进水平或地区区域及专业行业特有的，创新性明显，标准实施后取得明显的经济效益或社会效益，对促进我国国民经济和社会发展有较大作用。企业标准项目应当具有自主核心技术，标准实施后已产生较大的经济效益，且具有广泛的市场推广前景。

（五）优秀青年人才奖、领军人才奖、标准大师奖的申请人员应坚持社会主义核心价值观，拥护中国共产党领导，热爱祖国，遵纪守法，品行端正，具有高尚职业道德、严谨科学精神和强烈社会责任感。优秀青年人才奖申请人应符合下列条件：从事标准化工作5年以上，年龄不超过45周岁（以申报截止日期为准），原则上应具有高级技术职称；主编或主要参编（排名前5）国家标准、行业标准、团体标准、地方标准、国际标准制修订等不少于5项，其中至少1项为第一或第二主编人；在标准化研究、标准实施应用等方面做出创新性工作，在《工程建设标准化》等国家级学术期刊及相关核心期刊上发表有关标准化学术论文2篇以上（第一或第二作者）。领军人才奖申请人应符合下列条件：从事标准化工作15年以上，原则年龄不低于45周岁（以申报截止日期为准），原则上应具有正高级技术职称。在标准化研究、标准编制、标准推广实施、标准国际化方面发挥积极作用，做出重要成绩，取得显著成效，并应符合以下条件之一。主编或主要参编（排名前5）国家标准、行业标准、团体标准、地方标准、国际标准制修订等不少于10项，其中至少5项为第一或第二主编人；主编或主要参编的标准获得过标准科技创新奖标准项目奖者同等条件下优先。主持的省部级以上标准化科研项目、主编的标准化书籍、主持制定的行业标准化政策制度等不少于6项；主编或参编的国家标准、行业标准、团体标准、地方标准不少于3项。在《工程建设标准化》等国家级学术期刊及相关核心期刊上发表有关标准化学术论文5篇以上（第一或第二作者）。标准大师奖申请人应符合下列条件：从事标准化工作原则上20年以上，具有正高级技术职称；在相关专业技术领域具有德艺双馨的学术地位和影响力，技术精湛；标准化工作符合相关条款的规定，在标准化理论研究、标准研制、标准推广实施、国际标准化或标准化综合管理某方面取得重大创新成就，作出杰出贡献，在推动行业技术进步与标准创新中发挥重要引领作用。

（六）获得领军人才奖的人员，满3年后可申请标准大师奖。中国工程院院士、中国科学院院士、全国工程勘察设计大师可直接申请标准大师奖。申请优秀青年人才奖、领军人才奖、标准大师奖的人员，主持的省部级（含）及以上科研项目、主编的标准化书籍、主持制定的行业标准化政策制度，每部（项）可相当于主编1项标准。申报优秀青年人才奖、领军人才奖、标准大师奖的人员，具有以下标准化工作业绩或经历的，同等条件下予以优先：参与多项重要国家标准、行业标准和团体标准审查工作，对工程建设标准化改革发展和标准质量水平提升作出重要贡献。积极参与各类标准化会议及论坛，并做主旨报告，对丰富和发展工程建设标准化的理论与实践作出重要贡献。担任国际、国内相关标准化技术机构或中国工程建设标准化协会分支机构负责人职务。

二、卓越贡献奖评奖范围和评审标准

（一）申请卓越贡献奖的申报单位，要在政治上与党中央保持高度一致，近5年未发生重大违法违纪行为，未发生重大质量安全、环境污染、安全生产、公共卫生等事故，在工程建设标准化事业改革与发展中发挥示范带动作用。申报卓越贡献奖，应当符合以下基本要求：模范遵守标准化法律法规和规章制度，积极实施标准化战略，深入实施国家标准化发展纲要，认真贯彻执行国家技术经济政策，在国际国内标准化工作中贡献突出；将标准化工作纳入本单位整体规划、计划，建立有较完善的标准化体系，积极组织和参与各类工程建设标准的制订、实施和推广，有效促进相关行业、领域的发展；运用科学的标准化方法和原理，创造性地开展工作，取得一批创新性标准化成果；注重标准化人才培养，具有一支规模适中、结构合理的标准化人才队伍，具有一定数量的标准领军人才和青年人才。

（二）卓越贡献奖在以下方面表现突出：标准化科研，承担省部级及以上科研项目，在关键技术领域取得重大突破，研制的标准或相关成果具有重大创新意义；研制的标准和相关成果应用实施后，对提升我国相关领域核心竞争力、促进行业发展发挥了重要支撑和引领作用，取得显著的经济社会效益。标准制修订：标准制修订程序规范，过程公开透明，各利益相关方充分参与，为相关方提供详实准确的信息咨询和服务，出色完成标准制修订计划任务；制修订的标准具有广泛影响力和深远意义，实施后对促进相关领域、行业发展发挥了重要支撑和引领作用，取得显著的经济社会效益。标准实施：从战略高度推进标准化工作，标准研制与技术创新和产业发展一体化推进，有完善的标准研制、标准实施、效果反馈等标准化管理运行机制和工作平台；企业产品或服务所采用的标准均达到或优于国家标准、国际标准水平，在行业内具有极高的影响力和市场占有率，以标准促进自身竞争力提升、带动相关行业发展的成效显著，贡献突出。积极参与或承办相关标准化重要会议及论坛活动。国际标准化，积极参与国际标准化活动，在国际标准研制、推动中国标准国际化、提升我国国际标准化影响力等方面作出突出贡献。承担以下至少一项国际国内相关标准化技术机构工作：全国及行业标准化技术委员会、分技术委员会秘书处；ISO、IEC 等国内技术对口单位工作；ISO、IEC 等国际标准化组织技术机构主席、秘书职务；中国工程建设标准化协会等行业协会、学会分支机构依托单位或担任负责人职务。

三、评审、批准和表彰

标准科技创新奖评审工作分为形式审查、初评、终评和公示四个阶段。评审办公室负责对推荐的申报书及相关材料进行形式审查，审查合格的申报材料方可提交初评。项目奖初评以线上评审方式进行，初评专家对每项申报材料进行评分、提出授奖等级建议，初评结果由评审专家签字后报评审委员会；人才奖和卓越贡献奖以线上评审方式进行，初评专家按评分细则进行投票，并按票数进行排序，初评结果报评审委员会。终评采用会议评审方式进行，经专家审查材料、质询、讨论、评议，项目奖以评分的方式、人才奖和卓越贡献奖以投票方式评出入选奖项，报评审委员会。评审结果经评审委员会审定后，在中国工程建设标准化网、《工程建设标准化》杂志、国家工程建设标准化信息网、中国工程建设标准化协会公众号或相关媒体上公示，公示期为 10 个工作日。中国工程建设标准化协会对通过评审的项目进行核准，印发文件公布评审结果，并在《工程建设标准化》杂志、中国工程建设标准化协会网站、国家工程建设标准化信息网、中国工程建设标准化协会公众号或相关媒体上公布，予以褒扬鼓励。标准科技创新奖奖项设置及标准：标准项目奖设一、二、三等奖。一等奖获奖名额原则上不超过 10 项，二等奖获奖名额原则上不超过 12 项，三等奖获奖名额原则上不超过 18 项。每个获奖项目获奖证书人数不超过 10 人，单位不超过 8 家。卓越贡献奖不分等级，获奖名额原则上不超过 6 家；优秀青年人才获奖名额原则上不超过 15 名，领军人才获奖名额原则上不超过 12 名，标准大师获奖名额原则上不超过 5 名。中国工程建设标准化协会向获奖单位和个人颁发获奖证书和奖牌。中国工程建设标准化协会负责对标准科技创新奖的申报、推荐、评审和异议进行处理。标准科技创新奖实行评审信誉制度。

第十八章　行政审批清单和企业资质人员资格审批事项

为便于了解查询、贯彻落实涉企营商持续发展的行政许可事项、涉企经营许可事项改革清单、住建部行政处罚程序、住房和城乡建设部主管的行政许可事项实施规范、建设工程企业资质行政审批事项、民法典合同编（建设工程相关内容）等重要事项要旨。本章主要包括：法律、行政法规、国务院决定设定的行政许可事项清单；中央层面设定的涉企经营许可事项改革清单；住房和城乡建设行政处罚程序规定；建设工程企业资质行政审批事项；建设工程勘察设计企业人员行政审批事项；建筑业企业人员行政审批事项；工程监理企业人员行政审批事项；房地产开发企业人员行政审批事项；民法典合同编（建设工程相关内容）等。

第一节　法律、行政法规、国务院决定设定的行政许可事项清单

法律、行政法规、国务院决定设定的行政许可事项清单（2023 年版）共 991 项，其中涉项部分（工程项目全过程投资建设、建设工程企业资质资格管理等事项清单）如表 18-1 所示：

法律、行政法规、国务院决定设定的行政许可事项清单（2023年版）（991项，其中涉项部分）

表18-1

序号	中央主管部门	事项名称	实施机关	设定和实施依据
1	国家发展和改革委员会	固定资产投资项目核准（含国发〔2016〕72 号文件规定的外商投资项目）	国家发展和改革委员会；省级、设区的市级、县级政府	《企业投资项目核准和备案管理条例》《国务院关于发布政府核准的投资项目目录（2016 年本）的通知》（国发〔2016〕72 号）
2	国家发展和改革委员会	固定资产投资项目节能审查	省级、设区的市级、县级节能审查机关	《节约能源法》《固定资产投资项目节能审查办法》
4	国家发展和改革委员会	境外投资项目许可	国家发展和改革委员会；省级发展改革部门	《国务院对确需保留的行政审批项目设定行政许可的决定》《国务院关于发布政府核准的投资项目目录（2016 年本）的通知》（国发〔2016〕72 号）、《企业境外投资管理办法》
32	工业和信息化部	全国性信息网络工程建设项目审批	工业和信息化部	《电信条例》
45	工业和信息化部	国家电信网、互联网网络安全技术平台配套设施建设项目核准	工业和信息化部	《企业投资项目核准和备案管理条例》《国务院关于发布政府核准的投资项目目录（2016 年本）的通知》（国发〔2016〕72 号）
67	工业和信息化部	通信工程施工企业主要负责人、项目负责人和专职安全生产管理人员安全生产考核	省、自治区、直辖市通信管理局	《安全生产法》《建设工程安全生产管理条例》《通信工程施工企业主要负责人项目负责人和专职安全生产管理人员安全生产考核管理规定》（工信部通信〔2016〕255 号）
92	公安部	爆破作业单位许可	省级、设区的市级公安机关	《民用爆炸物品安全管理条例》《爆破作业单位资质条件和管理要求》GA 990
93	公安部	爆破作业人员资格认定	设区的市级公安机关	《民用爆炸物品安全管理条例》
94	公安部	城市、风景名胜区和重要工程设施附近实施爆破作业审批	设区的市级公安机关	《民用爆炸物品安全管理条例》

续表

序号	中央主管部门	事项名称	实施机关	设定和实施依据
101	公安部	金融机构营业场所和金库安全防范设施建设方案审批	省级设区的市级、县级公安机关	《国务院对确需保留的行政审批项目设定行政许可的决定》《金融机构营业场所和金库安全防范设施建设许可实施办法》
102	公安部	金融机构营业场所和金库安全防范设施建设工程验收	省级、设区的市级、县级公安机关	《国务院对确需保留的行政审批项目设定行政许可的决定》《金融机构营业场所和金库安全防范设施建设许可实施办法》
110	公安部	涉路施工交通安全审查	省级、设区的市级、县级公安机关	《道路交通安全法》《公路法》《城市道路管理条例》
113	国家安全部	涉及国家安全事项的建设项目审批	设区的市级国家安全机关	《国家安全法》《国务院对确需保留的行政审批项目设定行政许可的决定》
160	自然资源部	填海项目竣工验收	自然资源部；省级自然资源（海洋）部门	《海域使用管理法》《填海项目竣工海域使用验收管理办法》（国海规范〔2016〕3号）
162	自然资源部	注册城乡规划师注册	自然资源部、人力资源社会保障部、相关行业协会	《城乡规划法》《国家职业资格目录（2021年版）》《人力资源社会保障部 住房和城乡建设部关于印发〈注册城乡规划师职业资格制度规定〉和〈注册城乡规划师职业资格考试实施办法〉的通知》（人社部规〔2017〕6号）
163	自然资源部	城乡规划编制单位资质认定	自然资源部、省级自然资源部门	《城乡规划法》
164	自然资源部	注册测绘师注册	自然资源部、人力资源社会保障部	《测绘法》《国家职业资格目录（2021年版）》
165	自然资源部	从事测绘活动的单位测绘资质审批	自然资源部；省级自然资源部门	《测绘法》
171	自然资源部	建设项目用地预审与选址意见书核发	自然资源部；省级、设区的市级、县级自然资源部门	《城乡规划法》《土地管理法》《土地管理法实施条例》《建设项目用地预审管理办法》
172	自然资源部	地质灾害防治单位资质审批	自然资源部；省级自然资源部门	《地质灾害防治条例》《地质灾害防治单位资质管理办法》
182	自然资源部	国有建设用地使用权出让后土地使用权分割转让批准	设区的市级、县级自然资源部门	《城镇国有土地使用权出让和转让暂行条例》
183	自然资源部	乡（镇）村企业使用集体建设用地审批	省级、设区的市级、县级政府（由自然资源部门承办）	《土地管理法》
184	自然资源部	乡（镇）村公共设施、公益事业使用集体建设用地审批	省级、设区的市级、县级政府（由自然资源部门承办）	《土地管理法》
185	自然资源部	临时用地审批	省级、设区的市级、县级自然资源部门	《土地管理法》
186	自然资源部	建设用地、临时建设用地规划许可	直辖市、设区的市级、县级自然资源部门	《城乡规划法》
188	生态环境部	一般建设项目环境影响评价审批	生态环境部；省级、设区的市级、县级生态环境部门	《环境保护法》《环境影响评价法》《水污染防治法》《大气污染防治法》《土壤污染防治法》《固体废物污染环境防治法》《噪声污染防治法》《建设项目环境保护管理条例》
189	生态环境部	海洋工程建设项目环境影响评价审批	生态环境部；省级、设区的市级、县级生态环境部门	《环境保护法》《环境影响评价法》《海洋环境保护法》《防治海洋工程建设项目污染损害海洋环境管理条例》
190	生态环境部	核与辐射类建设项目环境影响评价审批	生态环境部；省级、设区的市级、县级生态环境部门	《环境保护法》《环境影响评价法》《放射性污染防治法》《核安全法》
191	生态环境部	海洋工程建设项目环境保护设施竣工验收	生态环境部；省级、设区的市级、县级生态环境部门	《海洋环境保护法》《防治海洋工程建设项目污染损害海洋环境管理条例》

续表

序号	中央主管部门	事项名称	实施机关	设定和实施依据
192	生态环境部	排污许可	省级、设区的市级生态环境部门	《环境保护法》《水污染防治法》《大气污染防治法》《固体废物污染环境防治法》《土壤污染防治法》《噪声污染防治法》《排污许可管理条例》
193	生态环境部	江河、湖泊新建、改建或者扩大排污口审批	生态环境部流域海域生态环境监督管理机构；省级、设区的市级、县级生态环境部门	《水法》《水污染防治法》《长江保护法》《中央编办关于生态环境部流域生态环境监管机构设置有关事项的通知》（中央编办发〔2019〕26号）
197	生态环境部	拆除或闲置海洋工程环境保护设施审批	生态环境部；省级、设区的市级、县级生态环境部门	《环境保护法》《海洋环境保护法》《防治海洋工程建设项目污染损害海洋环境管理条例》
229	住房和城乡建设部	建筑业企业资质认定	住房和城乡建设部（涉及公路、水运、水利、电子通信、铁路、民航总承包和专业承包资质的，审批时征求有关行业主管部门意见）；省级、设区的市级住房和城乡建设部门（涉及公路、水运、水利、电子通信、铁路、民航总承包和专业承包资质的，审批时征求有关行业主管部门意见）	《建筑法》《建设工程质量管理条例》《建筑业企业资质管理规定》
230	住房和城乡建设部	建设工程勘察企业资质认定	住房和城乡建设部；省级、设区的市级住房和城乡建设部门	《建筑法》《建设工程勘察设计管理条例》《建设工程质量管理条例》《建设工程勘察设计资质管理规定》
231	住房和城乡建设部	建设工程设计企业资质认定	住房和城乡建设部（涉及公路、水运、水利、电子通信、铁路、民航行业和专业资质的，审批时征求有关行业主管部门意见）；省级、设区的市级住房和城乡建设部门（涉及公路、水运、水利、电子通信、铁路、民航行业和专业资质的，审批时征求有关行业主管部门意见）	《建筑法》《建设工程勘察设计管理条例》《建设工程质量管理条例》《建设工程勘察设计资质管理规定》
232	住房和城乡建设部	工程监理企业资质认定	住房和城乡建设部（涉及电子通信、铁路、民航专业资质的，审批时征求有关行业主管部门意见省级）；设区的市级住房和城乡建设部门（涉及电子通信、铁路、民航专业资质的审批时征求有关行业主管部门意见）	《建筑法》《建设工程质量管理条例》《工程监理企业资质管理规定》
233	住房和城乡建设部	勘察设计注册工程师执业资格认定	住房和城乡建设部（土木工程师（水利水电工程）由住房和城乡建设部、水利部审批，土木工程师（港口与航道工程、道路工程）由住房和城乡建设部、交通运输部审批，环保工程师由住房和城乡建设部、生态环境部审批）；省级住房和城乡建设部门	《建筑法》《建设工程勘察设计管理条例》《勘察设计注册工程师管理规定》《国家职业资格目录（2021年版）》
234	住房和城乡建设部	监理工程师执业资格认定	住房和城乡建设部	《建筑法》《注册监理工程师管理规定》《国家职业资格目录（2021年版）》

续表

序号	中央主管部门	事项名称	实施机关	设定和实施依据
235	住房和城乡建设部	建造师执业资格认定	住房和城乡建设部（部分专业会同国务院有关部门审批）省级住房和城乡建设部门（部分专业会同同级有关部门审批）	《建筑法》《注册建造师管理规定》《国家职业资格目录（2021年版）》
236	住房和城乡建设部	注册建筑师执业资格认定	全国、省级注册建筑师管理委员会	《建筑法》《建设工程勘察设计管理条例》《注册建筑师条例》《注册建筑师条例实施细则》《国家职业资格目录（2021年版）》
237	住房和城乡建设部	建筑工程施工许可	省级、设区的市级、县级住房和城乡建设部门	《建筑法》《建筑工程施工许可管理办法》
238	住房和城乡建设部	注册造价工程师注册	住房和城乡建设部；省级住房和城乡建设部门	《建筑法》《注册造价工程师管理办法》《国家职业资格目录（2021年版）》
239	住房和城乡建设部	建设工程质量检测机构资质审批	省级住房和城乡建设部门	《建设工程质量管理条例》《建设工程质量检测管理办法》
240	住房和城乡建设部	建筑施工企业安全生产许可	省级住房和城乡建设部门	《安全生产许可证条例》《建筑施工企业安全生产许可证管理规定》
241	住房和城乡建设部	建筑施工企业主要负责人、项目负责人和专职安全生产管理人员安全生产考核	省级住房和城乡建设部门	《安全生产法》《建设工程安全生产管理条例》《建筑施工企业主要负责人、项目负责人和专职安全生产管理人员安全生产管理规定》
242	住房和城乡建设部	建筑施工特种作业人员职业资格认定	省级住房和城乡建设部门	《安全生产法》《建设工程安全生产管理条例》《建筑起重机械安全监督管理规定》《国家职业资格目录（2021年版）》
243	住房和城乡建设部	超限高层建筑工程抗震设防审批	省级住房和城乡建设部门	《建设工程抗震管理条例》《国务院对确需保留的行政审批项目设定行政许可的决定》
244	住房和城乡建设部	房地产估价师注册	住房和城乡建设部会同自然资源部	《城市房地产管理法》《国家职业资格目录（2021年版）》
245	住房和城乡建设部	商品房预售许可	直辖市、设区的市级、县级住房和城乡建设（房产）部门	《城市房地产管理法》
246	住房和城乡建设部	房地产开发企业资质核定	住房和城乡建设部（由省级住房和城乡建设部门受理省级、设区的市级住房和城乡建设部门）	《城市房地产开发经营管理条例》《房地产开发企业资质管理规定》
247	住房和城乡建设部	关闭、闲置、拆除城市环境卫生设施许可	直辖市、设区的市级、县级环境卫生部门会同生态环境部门	《固体废物污染环境防治法》
248	住房和城乡建设部	拆除环境卫生设施许可	城市政府环境卫生部门	《城市市容和环境卫生管理条例》
249	住房和城乡建设部	从事城市生活垃圾经营性清扫、收集、运输、处理服务审批	城市政府环境卫生部门	《国务院对确需保留的行政审批项目设定行政许可的决定》
250	住房和城乡建设部	城市建筑垃圾处置核准	城市政府环境卫生部门	《国务院对确需保留的行政审批项目设定行政许可的决定》
251	住房和城乡建设部	城镇污水排入排水管网许可	直辖市、设区的市级、县级城镇排水部门	《城市排水与污水处理条例》
252	住房和城乡建设部	拆除、改动、迁移城市公共供水设施审批	直辖市、设区的市级，县级城市供水部门	《城市供水条例》
253	住房和城乡建设部	拆除、改动城镇排水与污水处理设施审批	直辖市、设区的市级、县级城镇排水部门	《城镇排水与污水处理条例》

续表

序号	中央主管部门	事项名称	实施机关	设定和实施依据
254	住房和城乡建设部	由于工程施工、设备维修等原因确需停止供水的审批	城市政府供水部门	《城市供水条例》
256	住房和城乡建设部	燃气经营者改动市政燃气设施审批	设区的市级、县级燃气管理部门	《城镇燃气管理条例》《国务院关于第六批取消和调整行政审批项目的决定》国发〔2012〕52号
257	住房和城乡建设部	市政设施建设类审批	直辖市、设区的市级、县级政府（由市政工程部门承办）；直辖市、设区的市级、县级市政工程部门	《城市道路管理条例》
259	住房和城乡建设部	改变绿化规划、绿化用地的使用性质审批	城市政府绿化部门	《国务院对确需保留的行政审批项目设定行政许可的决定》
260	住房和城乡建设部	工程建设涉及城市绿地、树木审批	城市政府绿化部门	《城市绿化条例》
261	住房和城乡建设部	历史建筑实施原址保护审批	城市、县政府依法确定的部门会同文物部门	《历史文化名城名镇名村保护条例》
262	住房和城乡建设部	历史文化街区、名镇、名村核心保护范围内拆除历史建筑以外的建筑物、构筑物或者其他设施审批	城市、县政府依法确定的部门会同文物部门	《历史文化名城名镇名村保护条例》
263	住房和城乡建设部	历史建筑外部修缮装饰、添加设施以及改变历史建筑的结构或者使用性质审批	城市、县政府依法确定的部门会同文物部门	《历史文化名城名镇名村保护条例》
264	住房和城乡建设部	建设工程消防设计审查	省级、设区的市级、县级住房和城乡建设部门	《消防法》《建设工程消防设计审查验收管理暂行规定》
265	住房和城乡建设部	建设工程消防验收	省级、设区的市级、县级住房和城乡建设部门	《消防法》《建设工程消防设计审查验收管理暂行规定》
266	住房和城乡建设部	在村庄、集镇规划区内公共场所修建临时建筑等设施审批	乡级政府	《村庄和集镇规划建设管理条例》
267	住房和城乡建设部	设置大型户外广告及在城市建筑物、设施上悬挂、张贴宣传品审批	城市政府市容环境卫生部门	《城市市和环境卫生管理条例》
268	住房和城乡建设部	临时性建筑物搭建、堆放物料、占道施工审批	城市政府市容环境卫生部门	《城市市容和环境卫生管理条例》
269	住房和城乡建设部	建筑起重机械使用登记	直辖市、设区的市级、县级住房和城乡建设部门	《特种设备安全法》《建设工程安全生产管理条例》
270	交通运输部	公路、水运投资项目立项审批	交通运输部	《国务院对确需保留的行政审批项目设定行政许可的决定》
271	交通运输部	公路建设项目设计文件审批	交通运输部；省级、设区的市级、县级交通运输部门	《公路法》《建设工程质量管理条例》《建设工程勘察设计管理条例》《农村公路建设管理办法》
272	交通运输部	公路建设项目施工许可	省级、设区的市级、县级交通运输部门	《公路法》《公路建设市场管理办法》
273	交通运输部	公路建设项目竣工验收	交通运输部；省级、设区的市级、县级交通运输部门	《公路法》《收费公路管理条例》《公路工程竣（交）工验收办法》《农村公路建设管理办法》
274	交通运输部	公路水运施工单位主要负责人、项目负责人和专职安全生产管理人员安全生产考核	省级交通运输部门	《安全生产法》《建设工程安全生产管理条例》《公路水运工程安全生产监督管理办法》
276	交通运输部	涉路施工许可	省级、设区的市级、县级交通运输部门	《公路法》《公路安全保护条例》《路政管理规定》

续表

序号	中央主管部门	事项名称	实施机关	设定和实施依据
277	交通运输部	公路周边修筑堤坝、压缩或者拓宽河床许可	省级交通运输部门会同水利部门	《公路法》《公路安全保护条例》《路政管理规定》
278	交通运输部	更新采伐护路林审批	省级、设区的市级、县级交通运输部门或者政府指定部门	《公路法》《公路安全保护条例》《路政管理规定》
279	交通运输部	公路工程监理企业资质许可	交通运输部	《公路法》《建设工程质量管理条例》《公路水运工程监理企业资质管理规定》《国务院关于深化“证照分离”改革进一步激发市场主体发展活力的通知》（国发〔2021〕7号）
280	交通运输部	公路养护作业单位资质审批	省级交通运输部门	《公路安全保护条例》
281	交通运输部	公路水运工程质量检测机构资质审批	交通运输部；省级交通运输部门	《建设工程质量管理条例》
290	交通运输部	港口岸线使用审批	交通运输部会同国家发展和改革委员会；省级、设区的市级、县级港口行政管理部门	《港口法》《港口岸线使用审批管理办法》
291	交通运输部	水运建设项目设计文件审批	交通运输部；省级、设区的市级、县级交通运输部门	《港口法》《航道法》《航道管理条例》《建设工程质量管理条例》《建设工程勘察设计管理条例》《港口工程建设管理规定》《航道工程建设管理规定》
292	交通运输部	通航建筑物运行方案审批	交通运输部长江航务管理局；省级、设区的市级、县级交通运输部门	《航道法》《通航建筑物运行管理办法》
293	交通运输部	航道通航条件影响评价审核	交通运输部；交通运输部长江航务管理局；省级、设区的市级、县级交通运输部门	《航道法》《航道通航条件影响评价审核管理办法》
294	交通运输部	水运工程建设项目竣工验收	省级、设区的市级、县级交通运输部门	《港口法》《航道法》《航道管理条例》《港口工程建设管理规定》《航道工程建设管理规定》
303	交通运输部	危险货物港口建设项目安全设施设计审查	省级、设区的市级、县级港口行政管理部门	《港口法》《安全生产法》《港口危险货物安全管理规定》
304	交通运输部	港口采掘、爆破施工作业许可	省级、设区的市级、县级港口行政管理部门	《港口法》
309	交通运输部	水运工程监理企业资质许可	省级交通运输部门	《建设工程质量管理条例》《公路水运工程监理企业资质管理规定》《国务院关于深化“证照分离”改革进一步激发市场主体发展活力的通知》（国发〔2021〕7号）
318	交通运输部	海域或者内河通航水域、岸线施工作业许可	分支海事局；设区的市级、县级交通运输部门	《海上交通安全法》《内河交通安全管理条例》
334	交通运输部	造价工程师（交通运输工程）注册	交通运输部；省级交通运输部门	《建筑法》《住房和城乡建设部 交通运输部 水利部 人力资源社会保障部关于印发〈造价工程师职业资格制度规定〉〈造价工程师职业资格考试实施办法〉的通知》（建人〔2018〕67号）《国家职业资格目录（2021年版）》
335	交通运输部	监理工程师（交通运输工程）注册	交通运输部	《建筑法》《建设工程质量管理条例》《公路水运工程监理企业资质管理规定》《住房和城乡建设部 交通运输部 水利部 人力资源社会保障部关于印发〈监理工程师职业资格制度规定〉〈监理工程师职业资格考试实施办法〉的通知》（建人规〔2020〕3号）、《国家职业资格目录（2021年版）》
337	水利部	水利基建项目初步设计文件审批	水利部；省级、设区的市级、县级水利部门	《国务院对确需保留的行政审批项目设定行政许可的决定》

续表

序号	中央主管部门	事项名称	实施机关	设定和实施依据
338	水利部	取水许可	水利部各流域管理机构；省级、设区的市级、县级水利部门	《水法》《取水许可和水资源费征收管理条例》
339	水利部	洪水影响评价类审批	水利部；水利部各流域管理机构；省级、设区的市级、县级水利部门	《水法》《防洪法》《河道管理条例》《水文条例》
340	水利部	河道管理范围内特定活动审批	水利部黄河、淮河、海河水利委员会；省级、设区的市级、县级水利部门	《河道管理条例》
341	水利部	河道采砂许可	水利部长江、黄河、淮河、海河水利委员会；省级、设区的市级、县级水利部门	《水法》《长江保护法》《河道管理条例》《长江河道采砂管理条例》
342	水利部	生产建设项目水土保持方案审批	水利部；省级、设区的市级、县级水利部门	《水土保持法》
346	水利部	水利工程建设监理单位资质认定	水利部	《国务院对确需保留的行政审批项目设定行政许可的决定》《水利工程建设监理单位资质管理办法》
347	水利部	水利工程质量检测单位资质认定	水利部；省级水利部门	《国务院对确需保留的行政审批项目设定行政许可的决定》《建设工程质量管理条例》《水利工程质量检测管理规定》
348	水利部	造价工程师（水利工程）注册	水利部；省级水利部门	《建筑法》《住房和城乡建设部 交通运输部 水利部 人力资源社会保障部关于印发〈造价工程师职业资格制度规定〉〈造价工程师职业资格考试实施办法〉的通知》（建人〔2018〕67号）、《国家职业资格目录（2021年版）》
349	水利部	监理工程师（水利工程）注册	水利部	《建筑法》《住房和城乡建设部 交通运输部 水利部 人力资源社会保障部关于印发〈监理工程师职业资格制度规定〉〈监理工程师职业资格考试实施办法〉的通知》（建人规〔2020〕3号）、《国家职业资格目录（2021年版）》
350	水利部	水利水电工程施工企业主要负责人、项目负责人和专职安全生产管理人员安全生产考核	水利部；省级水利部门	《安全生产法》《建设工程安全生产管理条例》《水利水电工程施工企业主要负责人、项目负责人和专职安全生产管理人员安全生产考试管理办法》（水安监〔2011〕374号）
351	水利部	农村集体经济组织修建水库审批	省级、设区的市级、县级水利部门	《水法》
352	水利部	城市建设填堵水域、废除围堤审批	直辖市、设区的市级、县级政府（由水利部门承办）	《防洪法》
353	水利部	占用农业灌溉水源、灌排工程设施审批	省级、设区的市级、县级水利部门	《国务院对确需保留的行政审批项目设定行政许可的决定》
354	水利部	利用堤顶、戗台兼做公路审批	省级、设区的市级、县级河道主管机关	《河道管理条例》
355	水利部	坝顶兼做公路审批	省级、设区的市级、县级大坝主管部门	《水库大坝安全管理条例》
356	水利部	蓄滞洪区避洪设施建设审批	省级、设区的市级、县级水利部门	《国务院对确需保留的行政审批项目设定行政许可的决定》
358	水利部	大坝管理和保护范围内修建码头、渔塘许可	水利部；水利部长江、黄河、海河、珠江、松辽水利委员会；省级、设区的市级、县级大坝主管部门	《水库大坝安全管理条例》

续表

序号	中央主管部门	事项名称	实施机关	设定和实施依据
359	水利部	围垦河道审核	省级政府（由水利部门承办）	《水法》《防洪法》
407	农业农村部	农村村民宅基地审批	乡镇政府	《土地管理法》
418	农业农村部	围垦沿海滩涂审批	省级、设区的市级、县级政府（由其指定部门承办）	《渔业法》
423	农业农村部	渔港内新建、改建、扩建设施或者其他水上、水下施工审批	省级、设区的市级、县级渔业部门	《渔港水域交通安全管理条例》
439	商务部	援外项目实施企业资格认定	商务部	《国务院对确需保留的行政审批项目设定行政许可的决定》
468	国家卫生健康委员会	医疗机构建设项目放射性职业病危害预评价报告审核	省级、设区的市级、县级卫生健康部门	《职业病防治法》《放射诊疗管理规定》
469	国家卫生健康委员会	医疗机构建设项目放射性职业病防护设施竣工验收	省级、设区的市级、县级卫生健康部门	《职业病防治法》《放射诊疗管理规定》
491	应急管理部	石油天然气建设项目安全设施设计审查	应急管理部；省级、设区的市级、县级应急管理部门	《安全生产法》《建设项目安全设施“三同时”监督管理办法》《国家安全监管总局办公厅关于明确非煤矿山建设项目安全监管职责等事项的通知》（安监总厅管一〔2013〕143 号）
493	应急管理部	金属冶炼建设项目安全设施设计审查	应急管理部；省级、设区的市级、县级应急管理部门	《安全生产法》《建设项目安全设施“三同时”监督管理办法》《冶金企业和有色金属企业安全生产规定》
494	应急管理部	生产、储存危险化学品建设项目安全条件审查	应急管理部；省级、设区的市级应急管理部门	《危险化学品安全管理条例》《危险化学品建设项目安全监督管理办法》
495	应急管理部	生产、储存危险化学品建设项目安全设施设计审查	应急管理部；省级、设区的市级应急管理部门	《安全生产法》《危险化学品建设项目安全监督管理办法》
499	应急管理部	生产、储存烟花爆竹建设项目安全设施设计审查	省级、设区的市级、县级应急管理部门	《安全生产法》《建设项目安全设施“三同时”监督管理办法》
504	应急管理部	安全评价检测检验机构资质认定	应急管理部；省级应急管理部门或者省级煤矿安全监管部门	《安全生产法》《海洋石油安全生产规定》《安全评价检测检验机构管理办法》
506	应急管理部	注册消防工程师注册	应急管理部；省级消防救援机构	《消防法》《国家职业资格目录（2021 年版）》
507	应急管理部	消防设施操作员职业资格认定	应急管理部消防救援局、省级消防行业职业技能鉴定机构	《消防法》《国家职业资格目录（2021 年版）》
508	应急管理部	注册安全工程师注册	应急管理部省级应急管理部门	《安全生产法》《国家职业资格目录（2021 年版）》
509	应急管理部	特种作业人员职业资格认定	省级应急管理部门	《安全生产法》《特种作业人员安全技术培训考核管理规定》《国家职业资格目录（2021 年版）》
510	应急管理部	重大工程抗震设防要求审定	中国地震局；省级地震部门	《防震减灾法》《地震安全性评价管理条例》
547	市场监管总局	特种设备使用登记	直辖市市场监管部门；设区的市级市场监管部门	《特种设备安全法》《特种设备安全监察条例》
548	市场监管总局	特种设备检验、检测机构核准	市场监管总局；省级市场监管部门	《特种设备安全法》《特种设备安全监察条例》
549	市场监管总局	特种设备检验、检测人员资格认定	市场监管总局；省级市场监管部门	《特种设备安全法》《特种设备安全监察条例》《国家职业资格目录（2021 年版）》
550	市场监管总局	特种设备安全管理和作业人员资格认定	省级、设区的市级、县级市场监管部门	《特种设备安全法》《特种设备安全监察条例》《特种设备作业人员监督管理办法》《国家职业资格目录（2021 年版）》
551	市场监管总局	特种设备采用新材料、新技术、新工艺审批	市场监管总局	《特种设备安全法》

续表

序号	中央主管部门	事项名称	实施机关	设定和实施依据
555	市场监管总局	注册计量师注册	市场监管总局；省级市场监管部门	《计量法》《计量法实施细则》《国家职业资格目录（2021年版）》
608	国际发展合作署	援外项目实施企业资格认定	国际发展合作署	《国务院对确需保留的行政审批项目设定行政许可的决定》
609	国家机关事务管理局	中央国家机关人防工程使用审批	国家机关事务管理局	《人民防空法》《国务院办公厅关于印发国务院机关事务管理局主要职责内设机构和人员编制规定的通知》（国办发〔2008〕56号）、《中央国家机关人民防空工程和普通地下室安全使用管理办法》（国管人防〔2020〕38号）
648	国家宗教局	宗教活动场所内改建或者新建建筑物许可	省级宗教部门（由设区的市级、县级宗教部门初审）；设区的市级宗教部门（由县级宗教部门初审）；县级宗教部门	《宗教事务条例》《宗教事务部分行政许可项目实地办法》（国宗发〔2018〕11号）
665	中国气象局	雷电防护装置检测单位资质认定	中国气象局和国家能源局；中国气象局和工业和信息化部；省级气象主管机构	《气象灾害防御条例》
666	中国气象局	雷电防护装置设计审核	省级、设区的市级、县级气象主管机构	《气象灾害防御条例》
667	中国气象局	雷电防护装置竣工验收	省级、设区的市级、县级气象主管机构	《气象灾害防御条例》
670	中国气象局	新建、扩建、改建建设工程避免危害气象探测环境审批	省级气象主管机构	《气象法》《气象设施和气象探测环境保护条例》
671	中国气象局	气象台站迁建审批	中国气象局（由省级气象主管机构初审）；省级气象主管机构	《气象法》《气象设施和气象探测环境保护条例》
714	国家能源局	在电力设施周围或者电力设施保护区内进行可能危及电力设施安全作业审批	设区的市级、县级电力管理部门	《电力法》《电力设施保护条例》
715	国家能源局	承装（修、试）电力设施许可	国家能源局派出机构	《电力供应与使用条例》《承装（修、试）电力设施许可证管理办法》《国务院关于第三批取消和调整行政审批项目的决定》（国发〔2004〕16号）
716	国家能源局	核电厂建设工程消防设计审批	国家能源局	《消防法》
717	国家能源局	核电厂建设工程消防验收审批	国家能源局	《消防法》
719	国家能源局	煤矿建设项目设计文件审批	省级、设区的市级煤炭管理部门	《矿山安全法》《国矿产资源法实施细则》
720	国家能源局	国家重点建设和国家核准水电站项目竣工验收	省级能源部门	《水库大坝安全管理条例》《国务院关于取消和调整一批行政审批项目等事项的决定》（国发〔2014〕50号）
722	国家能源局	固定资产投资项目核准	国家能源局；省级、设区的市级、县级政府（由其指定部门承办）	《企业投资项目核准和备案管理条例》《国务院关于发布政府核准的投资项目目录（2016年本）的通知》（国发〔2016〕72号）
723	国家能源局	新建不能满足管道保护要求的石油天然气管道防护方案审批	省级、设区的市级、县级管道保护主管部门	《石油天然气管道保护法》
724	国家能源局	可能影响石油天然气管道保护的施工作业审批	县级管道保护主管部门	《石油天然气管道保护法》
725	国家国防科工局	固定资产投资项目核准（国防科技工业）	国家国防科工局	《企业投资项目核准和备案管理条例》《国务院关于深化国防科技工业投资体制改革若干意见的批复》（国函〔2007〕9号）

续表

序号	中央主管部门	事项名称	实施机关	设定和实施依据
774	国家林草局	建设项目使用林地及在森林和野生动物类型国家级自然保护区建设审批	国家林草局；省级、设区的市级、县级林草部门	《森林法》《森林法实施条例》《森林和野生动物类型自然保护区管理办法》
775	国家林草局	建设项目使用草原审批	国家林草局，省级、设区的市级、县级林草部门	《草原法》
778	国家林草局	在国家级风景名胜区内修建缆车、索道等重大建设工程项目选址方案核准	省级林草部门	《风景名胜区条例》
779	国家林草局	在风景名胜区内从事建设、设置广告、举办大型游乐活动以及其他影响生态和景观活动许可	风景名胜区管理机构	《风景名胜区条例》
789	国家林草局	森林草原防火期内在森林草原防火区爆破、勘察和施工等活动审批	省级、设区的市级、县级林草部门	《森林防火条例》《草原防火条例》
791	国家林草局	工商企业等社会资本通过流转取得林地经营权审批	省级、设区的市级、县级政府（由林草部门承办）	《农村土地承包法》
824	中国民航局	民用机场场址及总体规划审批	中国民航局；民航地区管理局	《民用机场管理条例》《国务院对确需保留的行政审批项目设定行政许可的决定》
825	中国民航局	民航专业工程及含有中央投资的民航建设项目初步设计审批	中国民航局；民航地区管理局	《民用机场管理条例》《国务院对确需保留的行政审批项目设定行政许可的决定》
826	中国民航局	规定权限内新建、改建和扩建民用机场审批	中国民航局	《民用航空法》
827	中国民航局	运输机场专业工程验收	民航地区管理局	《民用机场管理条例》
829	中国民航局	民用机场不停航施工审批	民航地区管理局	《民用机场管理条例》《国务院对确需保留的行政审批项目设定行政许可的决定》
852	国家文物局	建设工程文物保护许可	国家文物局；省级、设区的市级、县级政府（由文物部门承办，征得上一级文物部门同意）；省级、设区的市级、县级文物部门	《文物保护法》
853	国家文物局	文物保护单位原址保护措施审批	国家文物局；省级、设区的市级、县级文物部门	《文物保护法》
854	国家文物局	文物保护单位的迁移、拆除或者不可移动文物的原址重建审批	省级政府（由文物部门承办，迁移或者原址重建全国重点文物保护单位批准前报国务院同意，迁移或者拆除省级文物保护单位批准前征得国家文物局同意）	《文物保护法》
855	国家文物局	核定为文物保护单位的属于国家所有的纪念建筑物或者古建筑改变用途审批	省级政府（由文物部门承办）；设区的市级政府（由文物部门承办，征得省级文物部门同意）；县级政府（由文物部门承办，征得设区的市级文物部门同意）	《文物保护法》
856	国家文物局	不可移动文物修缮审批	国家文物局；省级、设区的市级、县级文物部门	《文物保护法》
857	国家文物局	文物保护工程资质审批	国家文物局；省级文物部门	《文物保护法》《文物保护法实施条例》

续表

序号	中央主管部门	事项名称	实施机关	设定和实施依据
888	国家矿山安全监察局	矿山建设项目安全设施设计审查	国家矿山安全监察局；省级应急管理部门（各类煤矿安全设施设计审查由省级煤矿安全监管部门实施）；设区的市级、县级应急管理部门	《安全生产法》《煤矿安全监察条例》《煤矿建设项目安全设施监察规定》《建设项目安全设施“三同时”监督管理办法》《国家安全监管总局办公厅关于切实做好国家取消和下放投资审批有关建设项目安全监管工作的通知》（安监总厅政法〔2013〕120号）《国家安全监管总局办公厅关于明确非煤矿山建设项目安全监管职责等事项的通知》（安监总厅管一〔2013〕143号）《应急管理部公告》（2021年第1号）
889	国家矿山安全监察局	矿山企业安全生产许可	省级应急管理部门或者煤矿安全监管部门	《安全生产许可证条例》《非煤矿矿山企业安全生产许可证实施办法》
890	国家矿山安全监察局	矿山特种作业人员职业资格认定	省级应急管理部门或者煤矿安全监管部门	《安全生产法》《特种作业人员安全技术培训考核管理规定》《国家职业资格目录（2021年版）》
979	国家人民防空办公室	应建防空地下室的民用建筑项目报建审批	省级、设区的市级、县级人防主管部门	《中共中央 国务院 中央军委关于加强人民防空工作的决定》
980	国家人民防空办公室	拆除人民防空工程审批	省级、设区的市级、县级人防主管部门	《人民防空法》
981	国家交通战备办公室	国防交通工程设施建设项目和有关贯彻国防要求建设项目设计审定	国家交通战备办公室；省级，设区的市级国防交通主管机构	《国防交通法》《国防交通条例》
982	国家交通战备办公室	国防交通工程设施建设项目和有关贯彻国防要求建设项目竣工验收	国家交通战备办公室；省级、设区的市级国防交通主管机构	《国防交通法》《国防交通条例》
988	国家交通战备办公室	占用国防交通控制范围土地审批	国家交通战备办公室；省级、设区的市级、县级国防交通主管机构	《国防交通法》《国防交通条例》
990	国务院城乡规划主管部门	建设工程、临时建设工程规划许可	城市、县城乡规划部门；省级政府确定的镇政府	《城乡规划法》
991	国务院城乡规划主管部门	乡村建设规划许可	城市、县城乡规划部门	《城乡规划法》

第二节　中央层面设定的涉企经营许可事项改革清单

中央层面设定的涉企经营许可事项改革清单共523项，其中涉项部分（工程项目全过程投资建设、建设工程企业资质资格管理等事项清单）如表18-2所示：

中央层面设定的涉企经营许可事项改革清单（共523项，其中涉项部分） **表18-2**

序号	主管部门	改革事项	许可证件名称	设定依据	审批层级和部门	改革方式				具体改革举措	加强事中事后监管措施
						直接取消审批	审批改为备案	实行告知承诺	优化审批服务		
6	自然资源部	城乡规划编制单位丙级资质认定	城乡规划编制资质证书	《中华人民共和国城乡规划法》	省级自然资源部门	√				将城乡规划编制单位资质由三级调整为两级，取消丙级资质，相应调整乙级资质的许可条件	开展“双随机、一公开”监管，发现违法违规行为要依法查处并公开结果。对违反国土空间规划、未落实约束性指标和刚性管控要求的机构，实施重点监管。加强信用监管，建立有关企业信用记录，依法依规对失信主体开展失信惩戒。发挥行业协会自律作用
7	自然资源部	地质灾害危险性评估单位丙级资质审批	地质灾害防治单位资质证书	《地质灾害防治条例》	省级自然资源部门	√				将地质灾害危险性评估单位资质由三级调整为两级，取消丙级资质，相应调整乙级资质的许可条件	制定完善标准和规范，对企业执行标准规范情况加强监管。开展“双随机、一公开”监管，对违法违规企业依法查处并公开结果。强化信用监管，向社会公布企业信用状况，依法依规建立黑名单制度，并对失信主体开展失信惩戒。充分发挥行业自律作用
8	自然资源部	地质灾害治理工程勘查单位丙级资质审批	地质灾害防治单位资质证书	《地质灾害防治条例》	省级自然资源部门	√				将地质灾害治理工程勘查单位资质由三级调整为两级，取消丙级资质，相应调整乙级资质的许可条件	制定完善标准和规范，对企业执行标准规范情况加强监管。开展“双随机、一公开”监管，对违法违规企业依法查处并公开结果。强化信用监管，向社会公布企业信用状况，依法依规建立黑名单制度，并对失信主体开展失信惩戒。充分发挥行业自律作用
9	自然资源部	地质灾害治理工程设计单位丙级资质审批	地质灾害防治单位资质证书	《地质灾害防治条例》	省级自然资源部门	√				将地质灾害治理工程设计单位资质由三级调整为两级，取消丙级资质，相应调整乙级资质的许可条件	制定完善标准和规范，对企业执行标准规范情况加强监管。开展“双随机、一公开”监管，对违法违规企业依法查处并公开结果。强化信用监管，向社会公布企业信用状况，依法依规建立黑名单制度，并对失信主体开展失信惩戒。充分发挥行业自律作用
10	自然资源部	地质灾害治理工程施工单位丙级资质审批	地质灾害防治单位资质证书	《地质灾害防治条例》	省级自然资源部门	√				将地质灾害治理工程施工单位资质由三级调整为两级，取消丙级资质，相应调整乙级资质的许可条件	制定完善标准和规范，对企业执行标准规范情况加强监管。开展“双随机、一公开”监管，对违法违规企业依法查处并公开结果。强化信用监管，向社会公布企业信用状况，依法依规建立黑名单制度，并对失信主体开展失信惩戒。充分发挥行业自律作用
11	自然资源部	地质灾害治理工程监理单位丙级资质审批	地质灾害防治单位资质证书	《地质灾害防治条例》	省级自然资源部门	√				将地质灾害治理工程监理单位资质由三级调整为两级，取消丙级资质，相应调整乙级资质的许可条件	制定完善标准和规范，对企业执行标准规范情况加强监管。开展“双随机、一公开”监管，对违法违规企业依法查处并公开结果。强化信用监管，向社会公布企业信用状况，依法依规建立黑名单制度，并对失信主体开展失信惩戒。充分发挥行业自律作用

续表

序号	主管部门	改革事项	许可证件名称	设定依据	审批层级和部门	改革方式				具体改革举措	加强事中事后监管措施
						直接取消审批	审批改为备案	实行告知承诺	优化审批服务		
12	自然资源部	从事测绘活动的单位丙级资质审批	测绘资质证书	《中华人民共和国测绘法》	省级自然资源部门	√				将从事测绘活动的单位资质由四级调整为两级，取消丙级资质，相应调整乙级资质的许可条件	开展“双随机、一公开”监管，发现违法违规行为要依法查处并公开结果。对通过投诉举报等渠道反映问题多的测绘单位实施重点监管。加强信用监管，依法向社会公布测绘单位信用状况，依法依规对失信主体开展失信惩戒
13	自然资源部	从事测绘活动的单位丁级资质审批	测绘资质证书	《中华人民共和国测绘法》	省级自然资源部门	√				将从事测绘活动的单位资质由四级调整为两级，取消丁级资质，相应调整乙级资质的许可条件	开展“双随机、一公开”监管，发现违法违规行为要依法查处并公开结果。对通过投诉举报等渠道反映问题多的测绘单位实施重点监管。加强信用监管，依法向社会公布测绘单位信用状况，依法依规对失信主体开展失信惩戒
15	住房和城乡建设部	工程造价咨询企业甲级资质认定	工程造价咨询企业甲级资质证书	《国务院对确需保留的行政审批项目设定行政许可的决定》	住房和城乡建设部	√				取消“工程造价咨询企业甲级资质认定”	开展“双随机、一公开”监管，依法查处违法违规行为并公开结果。加强信用监管，完善工程造价咨询企业信用体系，依法向社会公布企业信用状况，依法依规开展失信惩戒。推广应用职业保险制度，增强工程造价咨询企业的风险抵御能力，有效保障委托方合法权益
16	住房和城乡建设部	工程造价咨询企业乙级资质认定	工程造价咨询企业乙级资质证书	《国务院对确需保留的行政审批项目设定行政许可的决定》	省级住房和城乡建设部门	√				取消“工程造价咨询企业乙级资质认定”	开展“双随机、一公开”监管，依法查处违法违规行为并公开结果。加强信用监管，完善工程造价咨询企业信用体系，依法向社会公布企业信用状况，依法依规开展失信惩戒。推广应用职业保险制度，增强工程造价咨询企业的风险抵御能力，有效保障委托方合法权益
17	住房和城乡建设部	房地产开发企业三级资质核定	房地产开发企业资质证书	《中华人民共和国城市房地产管理法》《城市房地产开发经营管理条例》	县级以上地方住房和城乡建设部门	√				将房地产开发企业资质由四级调整为两级，取消三级资质，相应调整二级资质的许可条件	开展“双随机、一公开”监管，依法查处违法违规行为并公开结果。加强信用监管，依法依规对失信主体开展失信惩戒。发挥行业协会自律作用

续表

序号	主管部门	改革事项	许可证件名称	设定依据	审批层级和部门	改革方式				具体改革举措	加强事中事后监管措施
						直接取消审批	审批改为备案	实行告知承诺	优化审批服务		
18	住房和城乡建设部	房地产开发企业四级资质核定	房地产开发企业资质证书	《中华人民共和国城市房地产管理法》《城市房地产开发经营管理条例》	县级以上地方住房和城乡建设部门	√				将房地产开发企业资质由四级调整为两级，取消四级资质，相应调整二级资质的许可条件	开展“双随机、一公开”监管，依法查处违法违规行为并公开结果。加强信用监管，依法依规对失信主体开展失信惩戒。发挥行业协会自律作用
19	住房和城乡建设部	建设工程勘察企业资质认定（丙级资质）	工程勘察资质证书	《中华人民共和国建筑法》《建设工程勘察设计管理条例》	省级住房和城乡建设部门	√				将建设工程勘察企业资质由三级调整为两级，取消丙级资质，相应调整乙级资质的许可条件	开展“双随机、一公开”监管，对在建工程项目实施重点监管，依法查处违法违规行为并公开结果。严厉打击资质申报弄虚作假行为，对弄虚作假的企业依法予以通报或撤销其资质。加强信用监管，依法依规对失信主体开展失信惩戒
20	住房和城乡建设部	建设工程设计企业资质认定（丙级资质、丁级资质）	工程设计资质证书	《中华人民共和国建筑法》《建设工程勘察设计管理条例》	省级住房和城乡建设部门	√				将建设工程设计企业资质由三级或者四级调整为两级，取消丙级、丁级资质，相应调整乙级资质的许可条件	开展“双随机、一公开”监管，对在建工程项目实施重点监管，依法查处违法违规行为并公开结果。严厉打击资质申报弄虚作假行为，对弄虚作假的企业依法予以通报或撤销其资质。加强信用监管，依法依规对失信主体开展失信惩戒
21	住房和城乡建设部	施工企业资质认定（三级）	建筑业企业资质证书	《中华人民共和国建筑法》《建设工程安全生产管理条例》	省级、设区的市级住房和城乡建设部门	√				将施工企业资质由三级调整为两级，取消三级资质，相应调整二级资质的许可条件	开展“双随机、一公开”监管，对在建工程项目实施重点监管，依法查处违法违规行为并公开结果。严厉打击资质申报弄虚作假行为，对弄虚作假的企业依法予以通报或撤销其资质。加强信用监管，依法依规对失信主体开展失信惩戒
22	住房和城乡建设部	工程监理企业资质认定（丙级资质，事务所资质，公路、水利水电、港口与航道、农林工程专业资质）	工程监理资质证书	《中华人民共和国建筑法》	住房和城乡建设部；省级住房和城乡建设部门	√				将工程监理企业资质由三级调整为两级，取消丙级资质，相应调整乙级资质的许可条件。取消住房和城乡建设部门审批的监理事务所资质和公路、水利水电、港口与航道、农林工程专业监理资质	开展“双随机、一公开”监管，对在建工程项目实施重点监管，依法查处违法违规行为并公开结果。严厉打击资质申报弄虚作假行为，对弄虚作假的企业依法予以通报或撤销其资质。加强信用监管，依法依规对失信主体开展失信惩戒

续表

序号	主管部门	改革事项	许可证件名称	设定依据	审批层级和部门	改革方式				具体改革举措	加强事中事后监管措施
						直接取消审批	审批改为备案	实行告知承诺	优化审批服务		
25	交通运输部	水运工程监理企业丙级资质认定	交通建设工程监理企业资质等级证书	《建设工程质量管理条例》	省级交通运输部门	√				将水运工程监理企业资质由三级调整为两级，取消丙级资质，相应调整乙级资质的许可条件	加强市场检查，开展“双随机、一公开”监管，发现违法违规行为要依法查处并公开结果。强化信用监管，加强相关信用信息在工程招标投标、企业资质审核等方面的应用。充分利用信息化手段加强社会监督，通过全国水运建设市场信用信息管理系统公示企业业绩、人员资格等信息，接受社会监督。发挥行业协会自律作用
26	交通运输部	公路工程专业丙级监理资质认定	交通建设工程监理企业资质等级证书	《中华人民共和国公路法》	省级交通运输部门	√				将公路工程监理企业资质由三级调整为两级，取消丙级资质，相应调整乙级资质的许可条件	开展“双随机、一公开”监管，发现违法违规行为要依法查处并公开结果。加强“互联网＋监管”，通过信息化手段强化对企业投标及履约行为的监管。加强信用监管，依法向社会公布公路工程监理企业信用状况，拓展信用评价结果应用范围，依法依规开展失信惩戒。依法及时处理投诉举报。发挥行业协会自律作用
27	水利部	水利工程建设监理单位丙级资质认定	水利工程建设监理单位资质等级证书（丙级）	《国务院对确需保留的行政审批项目设定行政许可的决定》	水利部	√				将水利工程建设监理单位资质由三级调整为两级，取消丙级资质，将乙级资质的许可条件调整为目前丙级资质的许可条件	开展“双随机、一公开”监管，合理确定抽查比例。依法及时处理投诉举报。加强信用监管，依法向社会公布水利工程建设监理单位信用状况，依法依规建立行业黑名单制度，对失信主体加大抽查比例并开展失信惩戒
43	应急管理部	消防技术服务机构资质审批	消防技术服务机构资质证书	《中华人民共和国消防法》	省级消防救援机构	√				取消“消防技术服务机构资质审批”	制定消防技术服务机构从业条件和服务标准，引导加强行业自律、规范从业行为、落实主体责任。加强对从业行为的监督抽查，对不具备从业条件、弄虚作假等违法违规行为要依法查处。对投诉举报多的机构实施重点监管。对造成人员死亡或重大社会影响的火灾，倒查中介服务机构主体责任，依法严肃查处
59	国家文物局	文物保护工程勘察设计丙级资质审批	文物保护工程勘察设计资质证书	《中华人民共和国文物保护法》《中华人民共和国文物保护法实施条例》	省级文物部门	√				将文物保护工程勘察设计资质由三级调整为两级，取消丙级资质，相应调整乙级资质的许可条件	依法及时处理投诉举报。加强对文物保护工程实施单位的日常监督管理，针对发现的普遍性和突出问题开展专项检查

续表

序号	主管部门	改革事项	许可证件名称	设定依据	审批层级和部门	改革方式				具体改革举措	加强事中事后监管措施
						直接取消审批	审批改为备案	实行告知承诺	优化审批服务		
60	国家文物局	文物保护工程施工三级资质审批	文物保护工程施工资质证书	《中华人民共和国文物保护法》《中华人民共和国文物保护法实施条例》	省级文物部门	√				将文物保护工程施工单位资质由三级调整为两级，取消三级资质，相应调整二级资质的许可条件。对尚未核定公布为文物保护单位的不可移动文物的保养维护工程、抢险加固工程、修缮工程，取消对施工单位资质的限定要求	依法及时处理投诉举报。加强对文物保护工程实施单位的日常监督管理，针对发现的普遍性和突出问题开展专项检查
61	国家文物局	文物保护工程监理丙级资质审批	文物保护工程监理资质证书	《中华人民共和国文物保护法》《中华人民共和国文物保护法实施条例》	省级文物部门	√				将文物保护工程监理单位资质由三级调整为两级，取消丙级资质，相应调整乙级资质的许可条件。对尚未核定公布为文物保护单位的不可移动文物的保养维护工程、抢险加固工程、修缮工程，取消对监理单位资质的限定要求	依法及时处理投诉举报。加强对文物保护工程实施单位的日常监督管理，针对发现的普遍性和突出问题开展专项检查
64	国家人防办	人民防空工程设计甲级资质认定	人民防空工程建设设计资质证书（甲级）	《国务院对确需保留的行政审批项目设定行政许可的决定》	国家人防办	√				取消“人民防空工程设计甲级资质认定”，取得住房和城乡建设部门认定的建设工程设计企业人防工程专业资质即可开展人民防空工程设计	开展“双随机、一公开”监管，根据不同风险程度、信用水平，合理确定抽查比例。对有投诉举报和质量问题的企业实施重点监管。对人防设计企业的从业行为和服务质量实施“互联网＋监管”，针对发现的普遍性问题和突发风险开展专项检查。加强信用监管，依法依规建立黑名单制度，并建立相关失信惩戒制度
65	国家人防办	人民防空工程设计乙级资质认定	人民防空工程建设设计资质证书（乙级）	《国务院对确需保留的行政审批项目设定行政许可的决定》	省级人防主管部门	√				取消“人民防空工程设计乙级资质认定”，取得住房和城乡建设部门认定的建设工程设计企业人防工程专业资质即可开展人民防空工程设计	开展“双随机、一公开”监管，根据不同风险程度、信用水平，合理确定抽查比例。对有投诉举报和质量问题的企业实施重点监管。对人防设计企业的从业行为和服务质量实施“互联网＋监管”，针对发现的普遍性问题和突发风险开展专项检查。加强信用监管，依法依规建立黑名单制度，并建立相关失信惩戒制度
66	国家人防办	人民防空工程监理甲级资质认定	人民防空工程建设监理单位资质等级证书（甲级）	《国务院对确需保留的行政审批项目设定行政许可的决定》	国家人防办	√				取消“人民防空工程监理甲级资质认定”，取得住房和城乡建设部门认定的工程监理企业相应资质即可开展人民防空工程监理	开展“双随机、一公开”监管，根据不同风险程度、信用水平，合理确定抽查比例。对有投诉举报和质量问题的企业实施重点监管。对人防监理企业的从业行为和服务质量实施“互联网＋监管”，针对发现的普遍性问题和突发风险开展专项检查。加强信用监管，依法依规建立黑名单制度，并建立相关失信惩戒制度

续表

序号	主管部门	改革事项	许可证件名称	设定依据	审批层级和部门	改革方式				具体改革举措	加强事中事后监管措施
						直接取消审批	审批改为备案	实行告知承诺	优化审批服务		
67	国家人防办	人民防空工程监理乙级资质认定	人民防空工程建设监理单位资质等级证书（乙级）	《国务院对确需保留的行政审批项目设定行政许可的决定》	省级人防主管部门	√				取消“人民防空工程监理乙级资质认定”，取得住房和城乡建设部门认定的工程监理企业相应资质即可开展人民防空工程监理	开展“双随机、一公开”监管，根据不同风险程度、信用水平，合理确定抽查比例。对有投诉举报和质量问题的企业实施重点监管。对人防监理企业的从业行为和服务质量实施“互联网+监管”，针对发现的普遍性问题和突发风险开展专项检查。加强信用监管，依法依规建立黑名单制度，并建立相关失信惩戒制度
68	国家人防办	人民防空工程监理丙级资质认定	人民防空工程建设监理单位资质等级证书（丙级）	《国务院对确需保留的行政审批项目设定行政许可的决定》	省级人防主管部门	√				取消“人民防空工程监理丙级资质认定”，取得住房和城乡建设部门认定的工程监理企业相应资质即可开展人民防空工程监理	开展“双随机、一公开”监管，根据不同风险程度、信用水平，合理确定抽查比例。对有投诉举报和质量问题的企业实施重点监管。对人防监理企业的从业行为和服务质量实施“互联网+监管”，针对发现的普遍性问题和突发风险开展专项检查。加强信用监管，依法依规建立黑名单制度，并建立相关失信惩戒制度
92	自然资源部	城乡规划编制单位乙级资质认定	城乡规划编制资质证书	《中华人民共和国城乡规划法》	省级自然资源部门			√		制作并公布告知承诺书格式文本，一次性告知申请人许可条件和所需材料。对申请人自愿承诺符合许可条件并按要求提交材料的，当场作出许可决定	开展“双随机、一公开”监管，发现违法违规行为要依法查处并公开结果。对违反国土空间规划、未落实约束性指标和刚性管控要求的机构，实施重点监管。加强信用监管，建立有关企业信用记录，依法依规对失信主体开展失信惩戒。发挥行业协会自律作用。修改完善城乡规划编制单位资质管理规定
94	交通运输部	水运工程监理企业乙级资质认定	交通建设工程监理企业资质等级证书	《建设工程质量管理条例》	省级交通运输部门			√		制作并公布告知承诺书格式文本，一次性告知申请人许可条件和所需材料。对申请人自愿承诺符合许可条件并按要求提交材料的，当场作出许可决定	对通过告知承诺方式取得资质认定的企业在一定期限内开展许可条件核查，发现虚假承诺或者承诺严重不实的要依法处理。开展“双随机、一公开”监管，发现违法违规行为要依法查处并公开结果。加强信用监管，依法向社会公布水运工程监理企业信用状况，依法依规建立健全水运工程监理企业黑名单制度。发挥行业协会自律作用
95	交通运输部	水运工程监理企业机电专项资质认定	交通建设工程监理企业资质等级证书	《建设工程质量管理条例》	省级交通运输部门			√		制作并公布告知承诺书格式文本，一次性告知申请人许可条件和所需材料。对申请人自愿承诺符合许可条件并按要求提交材料的，当场作出许可决定	对通过告知承诺方式取得资质认定的企业在一定期限内开展许可条件核查，发现虚假承诺或者承诺严重不实的要依法处理。开展“双随机、一公开”监管，发现违法违规行为要依法查处并公开结果。加强信用监管，依法向社会公布水运工程监理企业信用状况，依法依规建立水运工程监理企业黑名单制度。发挥行业协会自律作用

续表

序号	主管部门	改革事项	许可证件名称	设定依据	审批层级和部门	改革方式				具体改革举措	加强事中事后监管措施
						直接取消审批	审批改为备案	实行告知承诺	优化审批服务		
99	交通运输部	公路工程专业乙级监理资质认定	交通建设工程监理企业资质等级证书	《中华人民共和国公路法》	交通运输部			√		制作并公布告知承诺书格式文本，一次性告知申请人许可条件和所需材料。对申请人自愿承诺符合许可条件并按要求提交材料的，当场作出许可决定	加强对承诺内容真实性的核查，发现虚假承诺行为要依法处理。开展“双随机、一公开”监管，发现违法违规行为要依法查处并公开结果。加强“互联网＋监管”，通过信息化手段强化对企业投标及履约行为的监管。加强信用监管，依法向社会公布公路工程监理企业信用状况，拓展信用评价结果应用范围，依法依规开展失信惩戒。依法及时处理投诉举报。发挥行业协会自律作用
100	水利部	水利工程质量检测单位资质认定（乙级）	水利工程质量检测单位资质等级证书（乙级）	《国务院对确需保留的行政审批项目设定行政许可的决定》	省级水利部门			√		制作并公布告知承诺书格式文本，一次性告知申请人许可条件和所需材料。对申请人自愿承诺符合许可条件并按要求提交材料的，当场作出许可决定	开展“双随机、一公开”监管，对投诉举报多的单位实施重点监管，加强对企业承诺内容真实性的核查，发现虚假承诺或者承诺严重不实的要依法处理。加强信用监管，依法向社会公布水利工程质量检测单位（乙级）信用状况，依法依规对失信主体加大抽查比例并开展失信惩戒
113	国家能源局	承装（修、试）电力设施许可证核发	承装（修、试）电力设施许可证	《中华人民共和国电力法》《电力供应与使用条例》	国家能源局派出机构			√		制作并公布告知承诺书格式文本，一次性告知申请人许可条件和所需材料。对申请人自愿承诺符合许可条件并按要求提交材料的，当场作出许可决定	开展“双随机、一公开”监管，依法查处违规行为。推进部门间信息共享应用，加强信用监管，健全信用告知预警机制，依法依规对失信主体开展失信惩戒。发现企业不符合承诺条件开展经营的责令限期整改，逾期不整改或整改后仍达不到要求的依法撤销许可证件
153	自然资源部	地质灾害危险性评估单位甲级资质审批	地质灾害防治单位资质证书	《地质灾害防治条例》	自然资源部				√	不再要求申请人提供设立单位批准文件、法定代表人和技术负责人简历、法定代表人任命和聘任文件、技术人员从事地质灾害防治技术工作5年以上证明文件等材料	制定完善标准和规范，对企业执行标准规范情况加强监管。开展“双随机、一公开”监管，对违法违规企业依法查处并公开结果。强化信用监管，向社会公布企业信用状况，依法依规建立黑名单制度，并对失信主体开展失信惩戒。充分发挥行业自律作用
154	自然资源部	地质灾害治理工程勘查单位甲级资质审批	地质灾害防治单位资质证书	《地质灾害防治条例》	自然资源部				√	不再要求申请人提供设立单位批准文件、法定代表人和技术负责人简历、法定代表人任命和聘任文件等材料	制定完善标准和规范，对企业执行标准规范情况加强监管。开展“双随机、一公开”监管，对违法违规企业依法查处并公开结果。强化信用监管，向社会公布企业信用状况，依法依规建立黑名单制度，并对失信主体开展失信惩戒。充分发挥行业自律作用

续表

序号	主管部门	改革事项	许可证件名称	设定依据	审批层级和部门	改革方式				具体改革举措	加强事中事后监管措施
						直接取消审批	审批改为备案	实行告知承诺	优化审批服务		
155	自然资源部	地质灾害治理工程设计单位甲级资质审批	地质灾害防治单位资质证书	《地质灾害防治条例》	自然资源部				√	不再要求申请人提供设立单位批准文件、法定代表人和技术负责人简历、法定代表人任命和聘任文件等材料	制定完善标准和规范，对企业执行标准规范情况加强监管。开展“双随机、一公开”监管，对违法违规企业依法查处并公开结果。强化信用监管，向社会公布企业信用状况，依法依规建立黑名单制度，并对失信主体开展失信惩戒。充分发挥行业自律作用
156	自然资源部	地质灾害治理工程施工单位甲级资质审批	地质灾害防治单位资质证书	《地质灾害防治条例》	自然资源部				√	不再要求申请人提供设立单位批准文件、法定代表人和技术负责人简历、法定代表人任命和聘任文件等材料	制定完善标准和规范，对企业执行标准规范情况加强监管。开展“双随机、一公开”监管，对违法违规企业依法查处并公开结果。强化信用监管，向社会公布企业信用状况，依法依规建立黑名单制度，并对失信主体开展失信惩戒。充分发挥行业自律作用
157	自然资源部	地质灾害治理工程监理单位甲级资质审批	地质灾害防治单位资质证书	《地质灾害防治条例》	自然资源部				√	不再要求申请人提供设立单位批准文件、法定代表人和技术负责人简历、法定代表人任命和聘任文件等材料	制定完善标准和规范，对企业执行标准规范情况加强监管。开展“双随机、一公开”监管，对违法违规企业依法查处并公开结果。强化信用监管，向社会公布企业信用状况，依法依规建立黑名单制度，并对失信主体开展失信惩戒。充分发挥行业自律作用
158	自然资源部	地质灾害危险性评估单位乙级资质审批	地质灾害防治单位资质证书	《地质灾害防治条例》	省级自然资源部门				√	不再要求申请人提供设立单位批准文件、法定代表人和技术负责人简历、法定代表人任命和聘任文件、技术人员从事地质灾害防治技术工作5年以上证明文件等材料	制定完善标准和规范，对企业执行标准规范情况加强监管。开展“双随机、一公开”监管，对违法违规企业依法查处并公开结果。强化信用监管，向社会公布企业信用状况，依法依规建立黑名单制度，并对失信主体开展失信惩戒。充分发挥行业自律作用
159	自然资源部	地质灾害治理工程勘查单位乙级资质审批	地质灾害防治单位资质证书	《地质灾害防治条例》	省级自然资源部门				√	不再要求申请人提供设立单位批准文件、法定代表人和技术负责人简历、法定代表人任命和聘任文件等材料	制定完善标准和规范，对企业执行标准规范情况加强监管。开展“双随机、一公开”监管，对违法违规企业依法查处并公开结果。强化信用监管，向社会公布企业信用状况，依法依规建立黑名单制度，并对失信主体开展失信惩戒。充分发挥行业自律作用
160	自然资源部	地质灾害治理工程设计单位乙级资质审批	地质灾害防治单位资质证书	《地质灾害防治条例》	省级自然资源部门				√	不再要求申请人提供设立单位批准文件、法定代表人和技术负责人简历、法定代表人任命和聘任文件等材料	制定完善标准和规范，对企业执行标准规范情况加强监管。开展“双随机、一公开”监管，对违法违规企业依法查处并公开结果。强化信用监管，向社会公布企业信用状况，依法依规建立黑名单制度，并对失信主体开展失信惩戒。充分发挥行业自律作用

续表

序号	主管部门	改革事项	许可证件名称	设定依据	审批层级和部门	改革方式				具体改革举措	加强事中事后监管措施
						直接取消审批	审批改为备案	实行告知承诺	优化审批服务		
161	自然资源部	地质灾害治理工程施工单位乙级资质审批	地质灾害防治单位资质证书	《地质灾害防治条例》	省级自然资源部门				√	不再要求申请人提供设立单位批准文件、法定代表人和技术负责人简历、法定代表人任命和聘任文件等材料	制定完善标准和规范，对企业执行标准规范情况加强监管。开展“双随机、一公开”监管，对违法违规企业依法查处并公开结果。强化信用监管，向社会公布企业信用状况，依法依规建立黑名单制度，并对失信主体开展失信惩戒。充分发挥行业自律作用
162	自然资源部	地质灾害治理工程监理单位乙级资质审批	地质灾害防治单位资质证书	《地质灾害防治条例》	省级自然资源部门				√	不再要求申请人提供设立单位批准文件、法定代表人和技术负责人简历、法定代表人任命和聘任文件等材料	制定完善标准和规范，对企业执行标准规范情况加强监管。开展“双随机、一公开”监管，对违法违规企业依法查处并公开结果。强化信用监管，向社会公布企业信用状况，依法依规建立黑名单制度，并对失信主体开展失信惩戒。充分发挥行业自律作用
163	自然资源部	城乡规划编制单位甲级资质认定	城乡规划编制资质证书	《中华人民共和国城乡规划法》	自然资源部				√	修改完善城乡规划编制单位资质管理规定。实现申请、审批全程网上办理并在网上公布审批程序、受理条件、办理标准。将审批时限由20个工作日压减至15个工作日	开展“双随机、一公开”监管，对违法违规行为要依法查处并公开结果。对有投诉举报和质量问题的企业实施重点监管
166	自然资源部	从事测绘活动的单位甲级资质审批	测绘资质证书	《中华人民共和国测绘法》	自然资源部；省级自然资源部门				√	取消测绘资质10个专业类别下的55个子项。将除导航电子地图制作以外的其余9个甲级资质的审批权限，由自然资源部下放至省级自然资源部门	开展“双随机、一公开”监管，发现违法违规行为要依法查处并公开结果。对通过投诉举报等渠道反映问题多的测绘单位实施重点监管。加强信用监管，依法向社会公布测绘单位信用状况，依法依规对失信主体开展失信惩戒
167	自然资源部	从事测绘活动的单位乙级资质审批	测绘资质证书	《中华人民共和国测绘法》	省级自然资源部门				√	取消测绘资质10个专业类别下的55个子项	开展“双随机、一公开”监管，发现违法违规行为要依法查处并公开结果。对通过投诉举报等渠道反映问题多的测绘单位实施重点监管。加强信用监管，依法向社会公布测绘单位信用状况，依法依规对失信主体开展失信惩戒
170	生态环境部	民用核安全设备设计单位许可证核发	民用核安全设备设计许可证	《中华人民共和国核安全法》《民用核安全设备监督管理条例》	生态环境部				√	实现申请、审批全程网上办理。不再要求申请单位提交营业执照、核级焊工焊接操作工资格证书、核级无损检验人员资格证书和计量人员、理化检验人员资格证书复印件等材料	严格执行相关法律法规规定，对违法违规企业依法查处。依法及时处理举报、信访问题，调查处理结果向社会公开，对投诉举报和反映质量问题较多的企业实施重点监管

续表

序号	主管部门	改革事项	许可证件名称	设定依据	审批层级和部门	改革方式				具体改革举措	加强事中事后监管措施
						直接取消审批	审批改为备案	实行告知承诺	优化审批服务		
171	生态环境部	民用核安全设备制造单位许可证核发	民用核安全设备制造许可证	《中华人民共和国核安全法》《民用核安全设备监督管理条例》	生态环境部				√	实现申请、审批全程网上办理。不再要求申请单位提交营业执照、核级焊工焊接操作工资格证书、核级无损检验人员资格证书和计量人员、理化检验人员资格证书复印件等材料	严格执行相关法律法规规定，对违法违规企业依法查处。依法及时处理举报、信访问题，调查处理结果向社会公开，对投诉举报和反映质量问题较多的企业实施重点监管
172	生态环境部	民用核安全设备安装单位许可证核发	民用核安全设备安装许可证	《中华人民共和国核安全法》《民用核安全设备监督管理条例》	生态环境部				√	实现申请、审批全程网上办理。不再要求申请单位提交营业执照、核级焊工焊接操作工资格证书、核级无损检验人员资格证书和计量人员、理化检验人员资格证书复印件等材料	严格执行相关法律法规规定，对违法违规企业依法查处。依法及时处理举报、信访问题，调查处理结果向社会公开，对投诉举报和反映质量问题较多的企业实施重点监管
173	生态环境部	民用核安全设备无损检验单位许可证核发	民用核安全设备无损检验许可证	《中华人民共和国核安全法》《民用核安全设备监督管理条例》	生态环境部				√	实现申请、审批全程网上办理。不再要求申请单位提交营业执照、核级焊工焊接操作工资格证书、核级无损检验人员资格证书和计量人员、理化检验人员资格证书复印件等材料	严格执行相关法律法规规定，对违法违规企业依法查处。依法及时处理举报、信访问题，调查处理结果向社会公开，对投诉举报和反映质量问题较多的企业实施重点监管
185	生态环境部	排污许可	排污许可证	《中华人民共和国环境保护法》《中华人民共和国大气污染防治法》《中华人民共和国水污染防治法》《中华人民共和国土壤污染防治法》	县级以上地方生态环境部门				√	通过建设项目行业特征表实现有关信息系统的衔接，推动环境影响评价与排污许可之间的信息共享，不再要求企业重复填报有关信息	开展“双随机、一公开”监管，依法查处无证排污行为和未按证排污行为。畅通投诉举报渠道，对反映问题多的排污单位实施重点监管。加强信用监管，将企业环境信用信息通过有关信息共享平台向各地区、各部门共享，依法向社会公开信用信息，并对失信主体开展失信惩戒

续表

序号	主管部门	改革事项	许可证件名称	设定依据	审批层级和部门	改革方式				具体改革举措	加强事中事后监管措施
						直接取消审批	审批改为备案	实行告知承诺	优化审批服务		
186	住房和城乡建设部	建筑施工企业安全生产许可证核发	建筑施工企业安全生产许可证	《安全生产许可证条例》	省级住房和城乡建设部门				√	依托相关政务服务平台，实行电子化申报和审批。积极推进与有关部门信息共享，对能够通过信息共享方式获取、核验的材料，不再要求申请人提供	通过开展电子化核验、企业安全生产条件动态监管以及工程项目监督检查等措施，对企业及其项目安全生产条件进行核查，对不具备安全生产条件的企业，依法实施暂扣或吊销安全生产许可证等处罚。严格落实事故企业安全生产条件复核制度，对安全生产条件降低的企业，依法实施暂扣或吊销安全生产许可证等处罚。强化信用监管，依法依规对失信主体开展失信惩戒
187	住房和城乡建设部	房地产开发企业一级资质核定	房地产开发企业资质证书	《中华人民共和国城市房地产管理法》《城市房地产开发经营管理条例》	住房和城乡建设部				√	精简申报材料，不再要求申请人提供法定代表人和高级管理人员任职文件、身份证及专业管理人员劳动合同、上一年度财务报告、近3年房地产开发统计年报基层表、项目房地产开发项目手册及在建项目进度说明等。对于能与登记注册、社会保险缴纳实现共享的信息，不再要求企业重复提供。依托全国一体化政务服务平台身份认证、数据共享、电子印章、电子证照等基础支撑，按照“一网通办”要求办理房地产开发企业资质核定工作，全面实行电子化评审	开展“双随机、一公开”监管，依法查处违法违规行为并公开结果。加强信用监管，依法依规对失信主体开展失信惩戒。发挥行业协会自律作用

续表

序号	主管部门	改革事项	许可证件名称	设定依据	审批层级和部门	改革方式				具体改革举措	加强事中事后监管措施
						直接取消审批	审批改为备案	实行告知承诺	优化审批服务		
188	住房和城乡建设部	房地产开发企业二级资质核定	房地产开发企业资质证书	《中华人民共和国城市房地产管理法》《城市房地产开发经营管理条例》	县级以上地方住房和城乡建设部门				√	精简申报材料，不再要求申请人提供法定代表人和高级管理人员任职文件、身份证及专业管理人员劳动合同、上一年度财务报告、近3年房地产开发统计年报基层表、项目房地产开发项目手册及在建项目进度说明等。对于能与登记注册、社会保险缴纳实现共享的信息，不再要求企业重复提供。依托全国一体化政务服务平台身份认证、数据共享、电子印章、电子证照等基础支撑，按照“一网通办”要求办理房地产开发企业资质核定工作，全面实行电子化评审	开展“双随机、一公开”监管，依法查处违法违规行为并公开结果。加强信用监管，依法依规对失信主体开展失信惩戒。发挥行业协会自律作用
189	住房和城乡建设部	建设工程质量检测机构资质核准	建设工程质量检测机构资质证书	《建设工程质量管理条例》	省级住房和城乡建设部门				√	实行电子化申报和审批。加快推动信息共享，不再要求申请人提供人员身份证明、社保证明、资质资格证书等材料	开展“双随机、一公开”监管，依法查处违法违规行为并公开结果。加强信用监管，依法向社会公布建设工程质量检测机构信用状况，依法依规对失信主体开展失信惩戒
191	住房和城乡建设部	建设工程勘察企业资质认定（综合资质）	工程勘察资质证书	《中华人民共和国建筑法》《建设工程勘察设计管理条例》	住房和城乡建设部				√	精简申报材料，实行电子化申报和审批。不再要求申请人提供人员身份证明、社保证明、企业资质和注册人员资格证书等材料	开展“双随机、一公开”监管，对在建工程项目实施重点监管，依法查处违法违规行为并公开结果。严厉打击资质申报弄虚作假行为，对弄虚作假的企业依法予以通报或撤销其资质。加强信用监管，依法依规对失信主体开展失信惩戒
192	住房和城乡建设部	建设工程勘察企业资质认定（专业甲级）	工程勘察资质证书	《中华人民共和国建筑法》《建设工程勘察设计管理条例》	省级住房和城乡建设部门				√	精简申报材料，实行电子化申报和审批。加快推动信息共享，不再要求申请人提供人员身份证明、社保证明、企业资质和注册人员资格证书等材料	开展“双随机、一公开”监管，对在建工程项目实施重点监管，依法查处违法违规行为并公开结果。严厉打击资质申报弄虚作假行为，对弄虚作假的企业依法予以通报或撤销其资质。加强信用监管，依法依规对失信主体开展失信惩戒

续表

序号	主管部门	改革事项	许可证件名称	设定依据	审批层级和部门	改革方式				具体改革举措	加强事中事后监管措施
						直接取消审批	审批改为备案	实行告知承诺	优化审批服务		
193	住房和城乡建设部	建设工程勘察企业资质认定（专业乙级）	工程勘察资质证书	《中华人民共和国建筑法》《建设工程勘察设计管理条例》	设区的市级住房和城乡建设部门				√	精简申报材料，实行电子化申报和审批。不再要求申请人提供人员身份证明、社保证明、企业资质和注册人员资格证书等材料	开展“双随机、一公开”监管，对在建工程项目实施重点监管，依法查处违法违规行为并公开结果。加强信用监管，依法依规对失信主体开展失信惩戒
194	住房和城乡建设部	建设工程设计企业资质认定（综合资质，部分行业甲级及部分专业甲级）	工程设计资质证书	《中华人民共和国建筑法》《建设工程勘察设计管理条例》	住房和城乡建设部				√	精简申报材料，实行电子化申报和审批。不再要求申请人提供人员身份证明、社保证明、企业资质和注册人员资格证书等材料	开展“双随机、一公开”监管，对在建工程项目实施重点监管，依法查处违法违规行为并公开结果。严厉打击资质申报弄虚作假行为，对弄虚作假的企业依法予以通报或撤销其资质。加强信用监管，依法依规对失信主体开展失信惩戒
195	住房和城乡建设部	建设工程设计企业资质认定（部分行业甲级、乙级，部分专业甲级、乙级，事务所）	工程设计资质证书	《中华人民共和国建筑法》《建设工程勘察设计管理条例》	省级住房和城乡建设部门				√	精简申报材料，实行电子化申报和审批。加快推动信息共享，不再要求申请人提供人员身份证明、社保证明、企业资质和注册人员资格证书等材料	开展“双随机、一公开”监管，对在建工程项目实施重点监管，依法查处违法违规行为并公开结果。严厉打击资质申报弄虚作假行为，对弄虚作假的企业依法予以通报或撤销其资质。加强信用监管，依法依规对失信主体开展失信惩戒
196	住房和城乡建设部	建设工程设计企业资质认定（部分行业乙级及部分专业乙级）	工程设计资质证书	《中华人民共和国建筑法》《建设工程勘察设计管理条例》	设区的市级住房和城乡建设部门				√	精简申报材料，实行电子化申报和审批。不再要求申请人提供人员身份证明、社保证明、企业资质和注册人员资格证书等材料	开展“双随机、一公开”监管，对在建工程项目实施重点监管，依法查处违法违规行为并公开结果。加强信用监管，依法依规对失信主体开展失信惩戒
197	住房和城乡建设部	施工企业资质认定（综合资质，部分施工总承包甲级、乙级，部分专业承包）	建筑业企业资质证书	《中华人民共和国建筑法》《建设工程安全生产管理条例》	住房和城乡建设部				√	精简申报材料，实行电子化申报和审批。不再要求申请人提供人员身份证明、社保证明、企业资质和注册人员资格证书等材料	开展“双随机、一公开”监管，对在建工程项目实施重点监管，依法查处违法违规行为并公开结果。严厉打击资质申报弄虚作假行为，对弄虚作假的企业依法予以通报或撤销其资质。加强信用监管，依法依规对失信主体开展失信惩戒

续表

序号	主管部门	改革事项	许可证件名称	设定依据	审批层级和部门	改革方式				具体改革举措	加强事中事后监管措施
						直接取消审批	审批改为备案	实行告知承诺	优化审批服务		
198	住房和城乡建设部	施工企业资质认定（部分施工总承包甲级、乙级，部分专业承包）	建筑业企业资质证书	《中华人民共和国建筑法》《建设工程安全生产管理条例》	省级住房和城乡建设部门				√	精简申报材料，实行电子化申报和审批。加快推动信息共享，不再要求申请人提供人员身份证明、社保证明、企业资质和注册人员资格证书等材料	开展“双随机、一公开”监管，对在建工程项目实施重点监管，依法查处违法违规行为并公开结果。严厉打击资质申报弄虚作假行为，对弄虚作假的企业依法予以通报或撤销其资质。加强信用监管，依法依规对失信主体开展失信惩戒
199	住房和城乡建设部	施工企业资质认定（部分施工总承包乙级，部分专业承包，燃气燃烧器具安装维修企业）	建筑业企业资质证书	《中华人民共和国建筑法》《建设工程安全生产管理条例》	设区的市级住房和城乡建设部门				√	精简申报材料，实行电子化申报和审批。不再要求申请人提供人员身份证明、社保证明、企业资质和注册人员资格证书等材料	开展“双随机、一公开”监管，对在建工程项目实施重点监管，依法查处违法违规行为并公开结果。加强信用监管，依法依规对失信主体开展失信惩戒
200	住房和城乡建设部	工程监理企业资质认定（综合资质，部分专业甲级）	工程监理资质证书	《中华人民共和国建筑法》	住房和城乡建设部				√	精简申报材料，实行电子化申报和审批。不再要求申请人提供人员身份证明、社保证明、企业资质和注册人员资格证书等材料	开展“双随机、一公开”监管，对在建工程项目实施重点监管，依法查处违法违规行为并公开结果。严厉打击资质申报弄虚作假行为，对弄虚作假的企业依法予以通报或撤销其资质。加强信用监管，依法依规对失信主体开展失信惩戒
201	住房和城乡建设部	工程监理企业资质认定（部分专业甲级，部分专业乙级）	工程监理资质证书	《中华人民共和国建筑法》	省级住房和城乡建设部门				√	精简申报材料，实行电子化申报和审批。加快推动信息共享，不再要求申请人提供人员身份证明、社保证明、企业资质和注册人员资格证书等材料	开展“双随机、一公开”监管，对在建工程项目实施重点监管，依法查处违法违规行为并公开结果。严厉打击资质申报弄虚作假行为，对弄虚作假的企业依法予以通报或撤销其资质。加强信用监管，依法依规对失信主体开展失信惩戒
202	住房和城乡建设部	工程监理企业资质认定（部分专业乙级）	工程监理资质证书	《中华人民共和国建筑法》	设区的市级住房和城乡建设部门				√	精简申报材料，实行电子化申报和审批。不再要求申请人提供人员身份证明、社保证明、企业资质和注册人员资格证书等材料	开展“双随机、一公开”监管，对在建工程项目实施重点监管，依法查处违法违规行为并公开结果。加强信用监管，依法依规对失信主体开展失信惩戒
203	交通运输部	公路工程专业甲级监理资质认定	交通建设工程监理企业资质等级证书	《中华人民共和国公路法》	交通运输部				√	实现申请、审批全程网上办理并在网上公布认定条件、办理流程、审查要点，公开办理进度。不再要求申请人提供营业执照和业绩证明材料	开展“双随机、一公开”监管，发现违法违规行为要依法查处并公开结果。加强“互联网＋监管”，通过信息化手段强化对企业投标及履约行为的监管。加强信用监管，依法向社会公布公路工程监理企业信用状况，拓展信用评价结果应用范围，依法依规开展失信惩戒。依法及时处理投诉举报。发挥行业协会自律作用

续表

序号	主管部门	改革事项	许可证件名称	设定依据	审批层级和部门	改革方式				具体改革举措	加强事中事后监管措施
						直接取消审批	审批改为备案	实行告知承诺	优化审批服务		
204	交通运输部	公路工程专业公路机电工程专项监理资质认定	交通建设工程监理企业资质等级证书	《中华人民共和国公路法》	交通运输部				√	实现申请、审批全程网上办理并在网上公布认定条件、办理流程、审查要点，公开办理进度。不再要求申请人提供营业执照和业绩证明材料	开展“双随机、一公开”监管，发现违法违规行为要依法查处并公开结果。加强“互联网+监管”，通过信息化手段强化对企业投标及履约行为的监管。加强信用监管，依法向社会公布公路工程监理企业信用状况，拓展信用评价结果应用范围，依法依规开展失信惩戒。依法及时处理投诉举报。发挥行业协会自律作用
205	交通运输部	公路工程专业特殊独立大桥专项监理资质认定	交通建设工程监理企业资质等级证书	《中华人民共和国公路法》	交通运输部				√	实现申请、审批全程网上办理并在网上公布认定条件、办理流程、审查要点，公开办理进度。不再要求申请人提供营业执照和业绩证明材料	开展“双随机、一公开”监管，发现违法违规行为要依法查处并公开结果。加强“互联网+监管”，通过信息化手段强化对企业投标及履约行为的监管。加强信用监管，依法向社会公布公路工程监理企业信用状况，拓展信用评价结果应用范围，依法依规开展失信惩戒。依法及时处理投诉举报。发挥行业协会自律作用
206	交通运输部	公路工程专业特殊独立隧道专项监理资质认定	交通建设工程监理企业资质等级证书	《中华人民共和国公路法》	交通运输部				√	实现申请、审批全程网上办理并在网上公布认定条件、办理流程、审查要点，公开办理进度。不再要求申请人提供营业执照和业绩证明材料	开展“双随机、一公开”监管，发现违法违规行为要依法查处并公开结果。加强“互联网+监管”，通过信息化手段强化对企业投标及履约行为的监管。加强信用监管，依法向社会公布公路工程监理企业信用状况，拓展信用评价结果应用范围，依法依规开展失信惩戒。依法及时处理投诉举报。发挥行业协会自律作用
224	交通运输部	水运工程监理企业甲级资质认定	交通建设工程监理企业资质等级证书	《建设工程质量管理条例》	省级交通运输部门				√	实现申请、审批全程网上办理并在网上公布认定条件、办理流程、审查要点，公开办理进度。不再要求申请人提供营业执照复印件、企业章程和制度等材料。将专家评审时限由60天压减至40天	开展“双随机、一公开”监管，发现违法违规行为要依法查处并公开结果。加强信用监管，依法依规开展失信惩戒。发挥行业协会自律作用
232	水利部	水利工程建设监理单位甲级资质认定	水利工程建设监理单位资质等级证书（甲级）	《国务院对确需保留的行政审批项目设定行政许可的决定》	水利部				√	实现申请、审批全程网上办理。不再要求申请人提供营业执照复印件、有关人员资格证明等材料。直接邮寄或由企业自取证书，实现企业“最多跑一次”	开展“双随机、一公开”监管，合理确定抽查比例。依法及时处理投诉举报。加强信用监管，依法向社会公布水利工程建设监理单位信用状况，依法依规建立行业黑名单制度，对失信主体加大抽查比例并开展失信惩戒

续表

序号	主管部门	改革事项	许可证件名称	设定依据	审批层级和部门	改革方式				具体改革举措	加强事中事后监管措施
						直接取消审批	审批改为备案	实行告知承诺	优化审批服务		
233	水利部	水利工程建设监理单位乙级资质认定	水利工程建设监理单位资质等级证书（乙级）	《国务院对确需保留的行政审批项目设定行政许可的决定》	水利部				√	实现申请、审批全程网上办理。不再要求申请人提供营业执照复印件、有关人员资格证明等材料。直接邮寄或由企业自取证书，实现企业“最多跑一次”	开展“双随机、一公开”监管，合理确定抽查比例。依法及时处理投诉举报。加强信用监管，依法向社会公布水利工程建设监理单位信用状况，依法依规建立行业黑名单制度，对失信主体加大抽查比例并开展失信惩戒
234	水利部	水利工程质量检测单位资质认定（甲级）	水利工程质量检测单位资质等级证书（甲级）	《国务院对确需保留的行政审批项目设定行政许可的决定》	水利部				√	实现申请、审批全程网上办理。不再要求申请人提供营业执照复印件、有关人员资格证明等材料。直接邮寄或由企业自取证书，实现企业“最多跑一次”	开展“双随机、一公开”监管，合理确定抽查比例。依法及时处理投诉举报。加强信用监管，依法向社会公布水利工程质量检测单位（甲级）信用状况，依法依规建立行业黑名单制度，对失信主体加大抽查比例并开展失信惩戒
236	水利部	取水许可	取水许可证	《中华人民共和国水法》《取水许可和水资源费征收管理条例》	流域管理机构；县级以上地方水利部门				√	在各类开发区、工业园区、新区和其他有条件的区域，推行水资源论证区域评估，对已实施水资源论证区域评估范围内的建设项目推行取水许可告知承诺制。按国务院统一部署，推广取水许可电子许可证，实现申请、审批全程网上办理。简化优化建设项目水资源论证管理要求，实行报告表、报告书分类管理，对取水量较小、用水工艺简单且取退水影响小的项目推行报告表管理。简化技术审查环节，细化明确报告书技术审查标准，报告书技术审查时限由30个工作日压减至20个工作日（不含报告书修改时间）。对报告表实行备案承诺制，不再组织技术审查，由水利部门直接审核	开展“双随机、一公开”监管，发现取水单位和个人取用水、有关技术单位编制报告中存在违法行为的，要依法查处并向社会公开。加强信用监管，将取水单位和个人的相关违法信息纳入社会征信体系，依法依规对失信主体开展失信惩戒

续表

序号	主管部门	改革事项	许可证件名称	设定依据	审批层级和部门	改革方式				具体改革举措	加强事中事后监管措施
						直接取消审批	审批改为备案	实行告知承诺	优化审批服务		
374	国际发展合作署	对外援助项目咨询服务单位资格认定	资格认定批件	《国务院对确需保留的行政审批项目设定行政许可的决定》	国际发展合作署				√	对纳税信用等级为A级的申请单位，不再要求提供税务部门出具的完税证明	建立援外项目咨询服务单位信用记录，依法依规对失信主体开展失信惩戒。开展重点审计，对重点关注单位、重点项目咨询服务单位进行审计
395	中国气象局	雷电防护装置检测单位资质认定	雷电防护装置检测资质证	《国务院对确需保留的行政审批项目设定行政许可的决定》《气象灾害防御条例》	中国气象局会同国务院电力或通信主管部门；省级气象主管机构				√	实现申请、审批全程网上办理。不再要求申请人提供营业执照原件和经营场所产权证明原件等材料	开展“双随机、一公开”监管，发现违法违规行为要依法查处并公开结果。加强信用监管，依法依规对失信主体开展失信惩戒。依法及时处理投诉举报
480	国家文物局	文物保护工程勘察设计甲级资质审批	文物保护工程勘察设计甲级资质证书	《中华人民共和国文物保护法》《中华人民共和国文物保护法实施条例》	国家文物局				√	实现申请、审批全程网上办理。不再要求申请人提供企业章程、主要设备发票等材料	加强“互联网＋监管”，发现违法违规行为要依法查处并公开结果。依法及时处理投诉举报。针对发现的普遍性和突出问题开展专项检查
481	国家文物局	文物保护工程施工一级资质审批	文物保护工程施工一级资质证书	《中华人民共和国文物保护法》《中华人民共和国文物保护法实施条例》	国家文物局				√	实现申请、审批全程网上办理。不再要求申请人提供企业章程、主要设备发票等材料	加强“互联网＋监管”，发现违法违规行为要依法查处并公开结果。依法及时处理投诉举报。针对发现的普遍性和突出问题开展专项检查
482	国家文物局	文物保护工程监理甲级资质审批	文物保护工程监理甲级资质证书	《中华人民共和国文物保护法》《中华人民共和国文物保护法实施条例》	国家文物局				√	实现申请、审批全程网上办理。不再要求申请人提供企业章程、主要设备发票等材料	加强“互联网＋监管”，发现违法违规行为要依法查处并公开结果。依法及时处理投诉举报。针对发现的普遍性和突出问题开展专项检查

续表

序号	主管部门	改革事项	许可证件名称	设定依据	审批层级和部门	改革方式				具体改革举措	加强事中事后监管措施
						直接取消审批	审批改为备案	实行告知承诺	优化审批服务		
483	国家文物局	文物保护工程勘察设计乙级资质审批	文物保护工程勘察设计资质证书	《中华人民共和国文物保护法》《中华人民共和国文物保护法实施条例》	省级文物部门				√	不再要求申请人提供企业章程、主要设备发票等材料	依法及时处理投诉举报。加强对文物保护工程实施单位的日常监督管理，针对发现的普遍性和突出问题开展专项检查
484	国家文物局	文物保护工程施工二级资质审批	文物保护工程施工资质证书	《中华人民共和国文物保护法》《中华人民共和国文物保护法实施条例》	省级文物部门				√	不再要求申请人提供企业章程、主要设备发票等材料	依法及时处理投诉举报。加强对文物保护工程实施单位的日常监督管理，针对发现的普遍性和突出问题开展专项检查
485	国家文物局	文物保护工程监理乙级资质审批	文物保护工程监理资质证书	《中华人民共和国文物保护法》《中华人民共和国文物保护法实施条例》	省级文物部门				√	不再要求申请人提供企业章程、主要设备发票等材料	依法及时处理投诉举报。加强对文物保护工程实施单位的日常监督管理，针对发现的普遍性和突出问题开展专项检查
523	国家人防办	人民防空工程防护设备定点生产企业资格认定	人民防空工程防护设备定点生产安装企业资格认定证书	《国务院对确需保留的行政审批项目设定行政许可的决定》	国家人防办				√	根据行业发展状况和技术特点，按照必要性和最简化原则，对防护设备实行目录管理。将审批时限由20个工作日压减至15个工作日	开展“双随机、一公开”监管，根据不同风险程度、信用水平，合理确定抽查比例。对有投诉举报和质量问题的企业实施重点监管。对人防企业的从业行为和产品质量实施“互联网+监管”，针对发现的普遍性问题和突发风险开展专项检查。加强信用监管，依法依规建立黑名单制度，并建立相关失信惩戒制度

第三节　住房和城乡建设行政处罚程序规定

住房和城乡建设行政处罚程序规定，2022年3月10日中华人民共和国住房和城乡建设部令第55号公布，自2022年5月1日起施行。

第一章　总则

第一条　为保障和监督住房和城乡建设行政执法机关有效实施行政处罚，保护公民、法人或者其他组织的合法权益，促进住房和城乡建设行政执法工作规范化，根据《中华人民共和国行政处罚法》等法律法规，结合住房和城乡建设工作实际，制定本规定。

第二条　住房和城乡建设行政执法机关（以下简称执法机关）对违反相关法律、法规、规章的公民、法人或者其他组织依法实施行政处罚，适用本规定。

第三条　本规定适用的行政处罚种类包括：

（一）警告、通报批评；

（二）罚款、没收违法所得、没收非法财物；

（三）暂扣许可证件、降低资质等级、吊销许可证件；

（四）限制开展生产经营活动、责令停业整顿、责令停止执业、限制从业；

（五）法律、行政法规规定的其他行政处罚。

第四条　执法机关实施行政处罚，应当遵循公正、公开的原则，坚持处罚与教育相结合，做到认定事实清楚、证据合法充分、适用依据准确、程序合法、处罚适当。

第二章　行政处罚的管辖

第五条　行政处罚由违法行为发生地的执法机关管辖。法律、行政法规、部门规章另有规定的，从其规定。

行政处罚由县级以上地方人民政府执法机关管辖。法律、行政法规另有规定的，从其规定。

第六条　执法机关发现案件不属于本机关管辖的，应当将案件移送有管辖权的行政机关。

行政处罚过程中发生的管辖权争议，应当自发生争议之日起七日内协商解决，并制作保存协商记录；协商不成的，报请共同的上一级行政机关指定管辖。上一级执法机关应当自收到报请材料之日起七日内指定案件的管辖机关。

第七条　执法机关发现违法行为涉嫌犯罪的，应当依法将案件移送司法机关。

第三章　行政处罚的决定

第一节　基本规定

第八条　执法机关应当将本机关负责实施的行政处罚事项、立案依据、实施程序和救济渠道等信息予以公示。

第九条　执法机关应当依法以文字、音像等形式，对行政处罚的启动、调查取证、审核、决定、送达、执行等进行全过程记录，归档保存。

住房和城乡建设行政处罚文书示范文本，由国务院住房和城乡建设主管部门制定。省、自治区、直辖市人民政府执法机关可以参照制定适用于本行政区域的行政处罚文书示范文本。

第十条　执法机关作出具有一定社会影响的行政处罚决定，应当自作出决定之日起七日内依法公开。公开的行政处罚决定信息不得泄露国家秘密。涉及商业秘密和个人隐私的，应当依照有关法律法规规定处理。

公开的行政处罚决定被依法变更、撤销、确认违法或者确认无效的，执法机关应当在三日内撤回行政处罚决定信息并公开说明理由；相关行政处罚决定信息已推送至其他行政机关或者有关信用信息平台的，应当依照有关规定及时处理。

第十一条　行政处罚应当由两名以上具有行政执法资格的执法人员实施，法律另有规定的除外。

执法人员应当依照有关规定参加执法培训和考核，取得执法证件。

执法人员在案件调查取证、听取陈述申辩、参加听证、送达执法文书等直接面对当事人或者有关人员的活动中，应当主动出示执法证件。配备统一执法制式服装或者执法标志标识的，应当按照规定着装或者佩戴执法标志标识。

第二节　简易程序

第十二条　违法事实确凿并有法定依据，对公民处以二百元以下、对法人或者其他组织处以三千元以下罚款或者警告的行政处罚的，可以当场作出行政处罚决定。法律另有规定的，从其规定。

第十三条　当场作出行政处罚决定的，执法人员应当向当事人出示执法证件，填写预定格式、编有号码的行政处罚决定书，并当场交付当事人。当事人拒绝签收的，应当在行政处罚决定书上注明。

当事人提出陈述、申辩的，执法人员应当听取当事人的意见，并复核事实、理由和证据。

第十四条　当场作出的行政处罚决定书应当载明当事人的违法行为，行政处罚的种类和依据、罚款数额、时间、地点，申请行政复议、提起行政诉讼的途径和期限以及执法机关名称，并由执法人员签名或者盖章。

执法人员当场作出的行政处罚决定，应当在三日内报所属执法机关备案。

第三节　普通程序

第十五条　执法机关对依据监督检查职权或者通过投诉、举报等途径发现的违法行为线索，应当在十五日内予以核查，情况复杂确实无法按期完成的，经本机关负责人批准，可以延长十日。

经核查，符合下列条件的，应当予以立案：

（一）有初步证据证明存在违法行为；

（二）违法行为属于本机关管辖；

（三）违法行为未超过行政处罚时效。

立案应当填写立案审批表，附上相关材料，报本机关负责人批准。

立案前核查或者监督检查过程中依法取得的证据材料，可以作为案件的证据使用。

第十六条　执法人员询问当事人及有关人员，应当个别进行并制作笔录，笔录经被询问人核对、修改差错、补充遗漏后，由被询问人逐页签名或者盖章。

第十七条　执法人员收集、调取的书证、物证应当是原件、原物。调取原件、原物有困难的，可以提取复制件、影印件或者抄录件，也可以拍摄或者制作足以反映原件、原物外形或者内容的照片、录像。复制件、影印件、抄录件和照片、录像应当标明经核对与原件或者原物一致，并由证据提供人、执法人员签名或者盖章。

提取物证应当有当事人在场，对所提取的物证应当开具物品清单，由执法人员和当事人签名或者盖章，各执一份。无法找到当事人，或者当事人在场确有困难、拒绝到场、拒绝签字的，执法人员可以邀请有关基层组织的代表或者无利害关系的其他人到场见证，也可以用录像等方式进行记录，依照有关规定提取物证。

对违法嫌疑物品或者场所进行检查时，应当通知当事人在场，并制作现场笔录，载明时间、地点、事件等内容，由执法人员、当事人签名或者盖章。无法找到当事人，或者当事人在场确有困难、拒绝到场、拒绝签字的，应当用录像等方式记录检查过程并在现场笔录中注明。

第十八条　为了查明案情，需要进行检测、检验、鉴定的，执法机关应当依法委托具备相应条件的机构进行。检测、检验、鉴定结果应当告知当事人。

执法机关因实施行政处罚的需要，可以向有关机关出具协助函，请求有关机关协助进行调查取证等。

第十九条　执法机关查处违法行为过程中，在证据可能灭失或者以后难以取得的情况下，经本机关负责人批准，可以对证据先行登记保存。

先行登记保存证据，应当当场清点，开具清单，标注物品的名称、数量、规格、型号、保存地点等信息，清单由执法人员和当事人签名或者盖章，各执一份。当事人拒绝签字的，执法人员在执法文书中注明，并通过录像等方式保留相应证据。先行登记保存期间，当事人或者有关人员不得销毁或者转移证据。

对于先行登记保存的证据，应当在七日内作出以下处理决定：

（一）根据情况及时采取记录、复制、拍照、录像等证据保全措施；

（二）需要检测、检验、鉴定的，送交检测、检验、鉴定；

（三）依据有关法律、法规规定应当采取查封、扣押等行政强制措施的，决定采取行政强制措施；

（四）违法事实成立，依法应当予以没收的，依照法定程序处理；

（五）违法事实不成立，或者违法事实成立但依法不应当予以查封、扣押或者没收的，决定解除先行登记保存措施。

逾期未作出处理决定的，先行登记保存措施自动解除。

第二十条　案件调查终结，执法人员应当制作书面案件调查终结报告。

案件调查终结报告的内容包括：当事人的基本情况、案件来源及调查经过、调查认定的事实及主要证据、行政处罚意见及依据、裁量基准的运用及理由等。

对涉及生产安全事故的案件，执法人员应当依据经批复的事故调查报告认定有关情况。

第二十一条　行政处罚决定作出前，执法机关应当制作行政处罚意见告知文书，告知当事人拟作出的行政处罚内容及事实、理由、依据以及当事人依法享有的陈述权、申辩权。拟作出的行政处罚属于听证范围的，还应当告知当事人有要求听证的权利。

第二十二条　执法机关必须充分听取当事人的意见，对当事人提出的事实、理由和证据进行复核，并制作书面复核意见。当事人提出的事实、理由或者证据成立的，执法机关应当予以采纳，不得因当事人陈述、申辩而给予更重的处罚。

当事人自行政处罚意见告知文书送达之日起五日内，未行使陈述权、申辩权，视为放弃此权利。

第二十三条　在作出《中华人民共和国行政处罚法》第五十八条规定情形的行政处罚决定前，执法人员应当将案件调查终结报告连同案件材料，提交执法机关负责法制审核工作的机构，由法制审核人员进行重大执法决定法制审核。未经法制审核或者审核未通过的，不得作出决定。

第二十四条　执法机关负责法制审核工作的机构接到审核材料后，应当登记并审核以下内容：

（一）行政处罚主体是否合法，行政执法人员是否具备执法资格；

（二）行政处罚程序是否合法；

（三）当事人基本情况、案件事实是否清楚，证据是否合法充分；

（四）适用法律、法规、规章是否准确，裁量基准运用是否适当；

（五）是否超越执法机关法定权限；

（六）行政处罚文书是否完备、规范；

（七）违法行为是否涉嫌犯罪、需要移送司法机关；

（八）法律、法规规定应当审核的其他内容。

第二十五条　执法机关负责法制审核工作的机构应当自收到审核材料之日起十日内完成审核，并提出以下书面意见：

（一）对事实清楚、证据合法充分、适用依据准确、处罚适当、程序合法的案件，同意处罚意见；

（二）对事实不清、证据不足的案件，建议补充调查；

（三）对适用依据不准确、处罚不当、程序不合法的案件，建议改正；

（四）对超出法定权限的案件，建议按有关规定移送。

对执法机关负责法制审核工作的机构提出的意见，执法人员应当进行研究，作出相应处理后再次报送法制审核。

第二十六条　执法机关负责人应当对案件调查结果进行审查，根据不同情况，分别作出如下决定：

（一）确有应受行政处罚的违法行为的，根据情节轻重及具体情况，作出行政处罚决定；

（二）违法行为轻微，依法可以不予行政处罚的，不予行政处罚；

（三）违法事实不能成立的，不予行政处罚；

（四）违法行为涉嫌犯罪的，移送司法机关。

对情节复杂或者重大违法行为给予行政处罚，执法机关负责人应当集体讨论决定。

第二十七条　执法机关对当事人作出行政处罚，应当制作行政处罚决定书。行政处罚决定书应当载明下列事项：

（一）当事人的姓名或者名称、地址；

（二）违反法律、法规、规章的事实和证据；

（三）行政处罚的种类和依据；

（四）行政处罚的履行方式和期限；

（五）申请行政复议、提起行政诉讼的途径和期限；

（六）作出行政处罚决定的执法机关名称和作出决定的日期。

行政处罚决定书必须盖有作出行政处罚决定的执法机关的印章。

第二十八条　行政处罚决定生效后，任何人不得擅自变更或者撤销。作出行政处罚决定的执法机关发现确需变更或者撤销的，应当依法办理。

行政处罚决定存在未载明决定作出日期等遗漏，对公民、法人或者其他组织的合法权益没有实际影响等情形的，应当予以补正。

行政处罚决定存在文字表述错误或者计算错误等情形，应当予以更正。

执法机关作出补正或者更正的，应当制作补正或者更正文书。

第二十九条　执法机关应当自立案之日起九十日内作出行政处罚决定。因案情复杂或者其他原因，不能在规定期限内作出行政处罚决定的，经本机关负责人批准，可以延长三十日。案情特别复杂或者有其他特殊情况，经延期仍不能作出行政处罚决定的，应当由本机关负责人集体讨论决定是否再次延期，决定再次延期的，再次延长的期限不得超过六十日。

案件处理过程中，听证、检测、检验、鉴定等时间不计入前款规定的期限。

第三十条　案件处理过程中，有下列情形之一，经执法机关负责人批准，中止案件调查：

（一）行政处罚决定须以相关案件的裁判结果或者其他行政决定为依据，而相关案件尚未审结或者其他行政决定尚未作出的；

（二）涉及法律适用等问题，需要报请有权机关作出解释或者确认的；

（三）因不可抗力致使案件暂时无法调查的；

（四）因当事人下落不明致使案件暂时无法调查的；

（五）其他应当中止调查的情形。

中止调查情形消失，执法机关应当及时恢复调查程序。中止调查的时间不计入案件办理期限。

第三十一条　行政处罚案件有下列情形之一，执法人员应当在十五日内填写结案审批表，经本机关负责人批准后，予以结案：

（一）行政处罚决定执行完毕的；

（二）依法终结执行的；

（三）因不能认定违法事实或者违法行为已过行政处罚时效等情形，案件终止调查的；

（四）依法作出不予行政处罚决定的；

（五）其他应予结案的情形。

第四节　听证程序

第三十二条　执法机关在作出较大数额罚款、没收较大数额违法所得、没收较大价值非法财物、降低资质等级、吊销许可证件、责令停业整顿、责令停止执业、限制从业等较重行政处罚决定之前，应当告知当事人有要求听证的权利。

第三十三条　当事人要求听证的，应当自行政处罚意见告知文书送达之日起五日内以书面或者口头方式向执法机关提出。

第三十四条　执法机关应当在举行听证的七日前，通知当事人及有关人员听证的时间、地点。

听证由执法机关指定的非本案调查人员主持，并按以下程序进行：

（一）听证主持人宣布听证纪律和流程，并告知当事人申请回避的权利；

（二）调查人员提出当事人违法的事实、证据和行政处罚建议，并向当事人出示证据；

（三）当事人进行申辩，并对证据的真实性、合法性和关联性进行质证；

（四）调查人员和当事人分别进行总结陈述。

听证应当制作笔录，全面、准确记录调查人员和当事人陈述内容、出示证据和质证等情况。笔录应当由当事人或者其代理人核对无误后签字或者盖章。当事人或者其代理人拒绝签字或者盖章的，由听证主持人在笔录中注明。执法机关应当根据听证笔录，依法作出决定。

第四章　送达与执行

第三十五条　执法机关应当依照《中华人民共和国行政处罚法》《中华人民共和国民事诉讼法》的有关规定送达行政处罚意见告知文书和行政处罚决定书。

执法机关送达行政处罚意见告知文书或者行政处罚决定书，应当直接送交受送达人，由受送达人在送达回证上签名或者盖章，并注明签收日期。签收日期为送达日期。

受送达人拒绝接收行政处罚意见告知文书或者行政处罚决定书的，送达人可以邀请有关基层组织或者所在单位的代表到场见证，在送达回证上注明拒收事由和日期，由送达人、见证人签名或者盖章，把行政处罚意见告知文书或者行政处罚决定书留在受送达人的住所；也可以将行政处罚意见告知文书或者行政处罚决定书留在受送达人的住所，并采取拍照、录像等方式记录送达过程，即视为送达。

第三十六条　行政处罚意见告知文书或者行政处罚决定书直接送达有困难的，按照下列方式送达：

（一）委托当地执法机关代为送达的，依照本规定第三十五条执行；

（二）邮寄送达的，交由邮政企业邮寄。挂号回执上注明的收件日期或者通过中国邮政网站等查询到的收件日期为送达日期。

受送达人下落不明，或者采用本章其他方式无法送达的，执法机关可以通过本机关或者本级人民政府网站公告送达，也可以根据需要在当地主要新闻媒体公告或者在受送达人住所地、经营场所公告送达。

第三十七条　当事人同意以电子方式送达的，应当签订确认书，准确提供用于接收行政处罚意见告知文书、行政处罚决定书和有关文书的传真号码、电子邮箱地址或者即时通讯账号，并提供特定系统发生故障时的备用联系方式。联系方式发生变更的，当事人应当在五日内书面告知执法机关。

当事人同意并签订确认书的，执法机关可以采取相应电子方式送达，并通过拍照、截屏、录音、录像等方式予以记录，传真、电子邮件、即时通讯信息等到达受送达人特定系统的日期为送达日期。

第三十八条　当事人不履行行政处罚决定，执法机关可以依法强制执行或者申请人民法院强制执行。

第三十九条　当事人不服执法机关作出的行政处罚决定，可以依法申请行政复议，也可以依法直接向人民法院提起行政诉讼。

行政复议和行政诉讼期间，行政处罚不停止执行，法律另有规定的除外。

第五章　监督管理

第四十条　结案后，执法人员应当将案件材料依照档案管理的有关规定立卷归档。案卷归档应当一案一卷、材料齐全、规范有序。

案卷材料按照下列类别归档，每一类别按照归档材料形成的时间先后顺序排列：

（一）案源材料、立案审批表；
（二）案件调查终结报告、行政处罚意见告知文书、行政处罚决定书等行政处罚文书及送达回证；
（三）证据材料；
（四）当事人陈述、申辩材料；
（五）听证笔录；
（六）书面复核意见、法制审核意见、集体讨论记录；
（七）执行情况记录、财物处理单据；
（八）其他有关材料。

执法机关应当依照有关规定对本机关和下级执法机关的行政处罚案卷进行评查。

第四十一条　执法机关及其执法人员应当在法定职权范围内依照法定程序从事行政处罚活动。行政处罚没有依据或者实施主体不具有行政主体资格的，行政处罚无效。违反法定程序构成重大且明显违法的，行政处罚无效。

第四十二条　执法机关从事行政处罚活动，应当自觉接受上级执法机关或者有关机关的监督管理。上级执法机关或者有关机关发现下级执法机关违法违规实施行政处罚的，应当依法责令改正，对直接负责的主管人员和有关执法人员给予处分。

第四十三条　对于阻碍执法人员依法行使职权，打击报复执法人员的单位或者个人，由执法机关或者有关机关视情节轻重，依法追究其责任。

第四十四条　执法机关应当对本行政区域内行政处罚案件进行统计。省、自治区、直辖市人民政府执法机关应当在每年3月底前，向国务院住房和城乡建设主管部门报送上一年度行政处罚案件统计数据。

第六章　附则

第四十五条　本规定中有关期间以日计算的，期间开始的日不计算在内。期间不包括行政处罚文书送达在途时间。期间届满的最后一日为法定节假日的，以法定节假日后的第一日为期间届满的日期。

本规定中“三日”“五日”“七日”“十日”“十五日”的规定，是指工作日，不含法定节假日。

第四十六条　本规定自2022年5月1日起施行。1999年2月3日原建设部公布的《建设行政处罚程序暂行规定》同时废止。

第四节　建设工程企业资质行政审批事项

一、建设工程企业资质审批事项

为进一步加强建设工程企业资质审批管理工作（建市规〔2023〕3号），提高资质审批效率，住房和城乡建设主管部门和有关专业部门要积极完善企业资质审批机制，提高企业资质审查信息化水平，提升审批效率，确保按时作出审批决定。住房和城乡建设部负责审批的企业资质，2个月内完成专家评审、公示审查结果，企业可登录住房和城乡建设部政务服务门户，点击“申请事项办理进度查询（受理发证信息查询）”栏目查询审批进度和结果。统一全国资质审批权限，自本通知施行之日起，企业资质审批权限下放试点地区不再受理试点资质申请事项，统一由住房和城乡建设部实施。试点地区已受理的申请事项应在规定时间内审批办结。试点期间颁发的资质，在资质证书有效期届满前继续有效，对企业依法处以停业整顿、降低资质等级、吊销或撤销资质证书的，由试点地区住房和城乡建设主管部门实施。加强企业重组分立及合并资质核定，企业因发生重组分立申请资质核定的，需对原企业和资质承继企业按资质标准进行考核。企业因发生合并申请资质核定的，需对企业资产、人员及相关法律关系等情况进行考核。完善业绩认定方式，申请由住房和城乡建设部负责审批的企业资质，其企业业绩应当是在全国建筑市场监管公共服务平台上满足资质标准要求的A级工程项目，专业技术人员个人业绩应当是在全国建筑市场平台上满足资质标准要求的A级或B级工程项目。业绩未录入全国建筑市场平台的，申请企业需在提交资质申请前由业绩项目所在地省级住房和城乡建设主管部门确认业绩指标真实性。自 2024 年 1 月 1 日起，申请资质企业的业绩应当录入全国建筑市场平台。申请由有关专业部门配合实施审查的企业资质，相关业绩由有关专业部门负责确认。加大企业资质动态核查力度，住房和城乡建设主管部门要完善信息化手段，对企业注册人员等开展动态核查，及时公开核查信息。经核查，企业不满足资质标准要求的，在全国建筑市场平台上标注资质异常，并限期整改。企业整改后满足资质标准要求的，取消标注。标注期间，企业不得申请办理企业资质许可事项。强化建筑业企业资质注册人员考核要求，申请施工总承包一级资质、专业承包一级资质的企业，应当满足《建筑业企业资质标准》要求的注册建造师人数等指标要求。加强信用管理，对存在资质申请弄虚作假行为、发生工程质量安全责任事故、拖欠农民工工资等违反法律法规和工程建设强制性标准的企业和从业人员，住房和城乡建设主管部门要加大惩戒力度，依法依规限制或禁止从业，并列入信用记录。企业在申请资质时，应当对法定代表人、实际控制人、技术负责人、项目负责人、注册人员等申报材料的真实性进行承诺，并授权住房和城乡建设主管部门核查社保、纳税等信息。建立函询制度，住房和城乡建设主管部门可就资质申请相关投诉举报、申报材料等问题向企业发函问询，被函询的企业应如实对有关问题进行说明。经函询，企业承认在资质申请中填报内容不实的，按不予许可办结。强化平台数据监管责任，住房和城乡建设主管部门要加强对全国建筑市场平台数据的监管，落实平台数据录入审核人员责任，加强对项目和人员业绩信息的核实。全国建筑市场平台项目信息数据不得擅自变更、删除，数据变化记录永久保存。住房和城乡建设部将以实地核查、遥感卫星监测等方式抽查复核项目信息，加大对虚假信息的处理力度，并按有关规定追究责任。住房和城乡建设主管部门要完善企业资质审批权力运行和制约监督机制，严格审批程序，强化对审批工作人员、资质审查专家的廉政教育和监督管理，建立健全追责机制。推进企业资质智能化审批，实现审批工作全程留痕，切实防止发生企业资质审批违法违纪违规行为。自 2023 年 9 月 15 日起施行，《住房和城乡建设部关于建设工程企业发生重组、合并、分立等情况资质核定有关问题的通知》（建市〔2014〕79 号）、《住房和城乡建设部办公厅关于开展建设工程企业资质审批权限下放试点的通知》（建办市函〔2020〕654 号）和《住房和城乡建设部办公厅关于扩大建设工程企业资质审批权限下放试点范围的通知》（建办市函〔2021〕93 号）同时废止。《住房和城乡建设部关于简化建筑业企业资质标准部分指标的通知》（建市〔2016〕226 号）、《住房和城乡建设部办公厅关于做好建筑业“证照分离”改革衔接有关工作的通知》（建办市〔2021〕30 号）与本通知规定不一致的，以本通知为准。

二、建设工程企业资质核定有关事项

（一）建设工程企业资质延续有关事项（建司局函市〔2023〕116 号），住建部核发的工程勘察、工程设计、建筑业企业、工程监理企业资质（以下简称企业资质），资质证书有效期于 2023 年 12 月 31 日前届满的，即日起可向住建部申请资质证书有效期延续。企业资质有效期于 2023 年 12 月 31 日后届满的，按照有关资质管理规定向住建部申请资质证书有效期延续。企业于资质证书有效期届满后再申请资质证书有效期延续的，住建部不予受理。资质延续申请企业按照有关资质管理规定及资质标准有关要求提交申请，对材料真实性、合法性作出承诺，并对承诺内容负责，承担全部法律责任。收到企业资质延续申请后，住建部按照资质标准对企业注册人员等内容进行核查，经核查合格的，准予延续。

（二）建设工程企业资质管理有关事项（2022 年 10 月），为认真落实《国务院关于深化“证照分离”改革进一步激发市场主体发展活力的通知》（国发〔2021〕7 号）要求，进一步优化建筑市场营商环境，减轻企业负担，激发市场主体活力，现将有关事项通知如下：住建部核发的工程勘察、工程设计、建筑业企业、工程监理企业资质，资质证书有效期于 2023 年 12 月 30 日前期满的，统一延期至 2023 年 12 月 31 日。上述资质有效期将在全国建筑市场监管公共服务平台自动延期，企业无需换领资质证书，原资质证书仍可用于工程招标投标等活动。企业通过合并、跨省变更事项取得有效期 1 年资质证书的，不适用上款规定，企业应在 1 年资质证书有效期届满前，按相关规定申请重新核定。地方各级住房和城乡建设主管部门核发的工程勘察、工程设计、建筑业企业、工程监理企业资质，资质延续有关政策由各省级住房和城乡建设主管部门确定，相关企业资质证书信息应及时报送至全国建筑市场监管公共服务平台。具有法人资格的企业可直接申请施工总承包、专业承包二级资质。企业按照新申请或增项提交相关材料，企业资产、技术负责人需满足《建筑业企业资质标准》（建市〔2014〕159号）规定的相应类别二级资质标准要求，其他指标需满足相应类别三级资质标准要求。持有施工总承包、专业承包三级资质的企业，可按照现行二级资质标准要求申请升级，也可按照上述要求直接申请二级资质。

（三）实行建设工程企业申请无纸化接收事项（2020年9月），为深入落实国务院“放管服”改革要求，不断推进“互联网+政务服务”，决定自2020年9月1日起，实行建设工程企业和工程造价咨询企业资质证书变更申请无纸化接收、工程造价咨询企业资质申请无纸化受理。无纸化办理事项范围，住建部核发的工程勘察、工程设计、建筑业企业、工程监理企业资质证书的变更事项（含工程勘察、工程设计、建筑业企业、工程监理企业发生重组、合并、分立等情况涉及的资质申报事项），均实行无纸化接收。无纸化办理方式，住建部核发的工程勘察、工程设计、建筑业企业、工程监理资质证书变更申请事项，在部门户网站首页—政务服务平台—企业行政审批事项模块，从对应资质及事项的在线办理进入，按照系统要求的无纸化材料上报。上述事项通过系统报送后，住建部行政审批集中受理办公室即进行接收、受理，企业不需向部受理办报送纸质材料。企业可在部门户网站首页—政务服务平台—办事服务—受理发证信息查询—企业用户登录栏目查询上述事项办理及证书制发进度。新申请的设计事务所资质（表18-3）领证，提交领证材料后，先发放新证书复印件。企业在证书复印件上加盖执业印章后，再发放新证。

新申请的设计事务所资质注册人员 **表18-3**

	普通合伙企业	有限责任公司（股份有限公司）
建筑设计事务所	1名一级注册建筑师	3名一级注册建筑师
结构设计事务所	2名一级注册结构工程师	3名一级注册结构工程师
机电设计事务所	注册公用设备工程师（给水排水）、注册公用设备工程师（暖通空调）、注册电气工程师（供配电）三个专业各1名	注册公用设备工程师（给水排水）、注册公用设备工程师（暖通空调）、注册电气工程师（供配电）三个专业各2名

三、建设工程企业行政许可通用问题（行政审批集中受理办公室）

1. 建设工程企业行政许可有哪几项？

答：建设工程企业资质行政许可包括：工程勘察资质、工程设计资质、建筑业企业资质、工程监理企业资质。

2. 建设工程企业资质标准如何获取？

答：可在住房和城乡建设部网站上获取。具体获取方式为：住房和城乡建设部网站（www.mohurd.gov.cn）→建设工程企业资质行政审批专栏→资质标准，即可获取拟申报资质的相应资质标准。如申报工程设计资质，点击“工程设计资质标准”。

3. 建设工程企业资质的申报渠道是什么？

答：申请住房和城乡建设部审批的资质，可以通过企业工商注册所在地省级住房和城乡建设主管部门提出申请，其中国务院国资委直接监管的企业及其下属一层级的企业申请工程勘察资质、工程设计资质和建筑业企业资质的（建筑业企业资质仅限国务院国有资产管理部门直接监管的12家建筑企业），可以通过国务院国资委直接监管的企业向住房和城乡建设部提出申请。申请省级及以下住房和城乡建设主管部门审批的资质，申报程序由省级住房和城乡建设主管部门依法确定。

4. 建设工程企业资质申请等级有何要求？

答：企业首次申请、增项申请资质，其资质等级按照最低等级核定。但符合以下几种情形，可以受理其资质申请：具有一级及以上施工总承包资质的企业申请相应类别工程设计甲级资质；已取得工程设计综合资质、行业甲级资质、建筑工程专业甲级资质的企业，申请相应类别建筑业企业一级资质；具有甲级设计资质或一级及以上施工总承包资质的企业申请与主营业务相对应的专业工程类别甲级工程监理企业资质。

5. 建设工程企业申请资质升级有年限要求吗？

答：建设工程企业申请工程设计资质、建筑业企业资质、工程监理企业资质等升级时没有年限限制，只需达到相应资质标准即可。建设工程企业申请工程勘察资质升级时有年限限制，工程勘察专业资质乙级升级甲级，申报企业需要具有5年及以上工程勘察资历；工程勘察专业资质升级工程勘察综合资质，申报企业需要具有10年及以上工程勘察资历。

6. 建设工程企业资质审批流程是什么？

答：住房和城乡建设部审批建设工程企业资质的基本流程是：企业申报—住房和城乡建设部集中受理办公室接受申报材料—专家审查—公示审查意见—公告审批结果。公示意见不同意企业资质申请事项的，企业可以在规定时限内针对公示意见提交陈述材料，逾期未提出陈述材料的，视为企业对公示意见无疑义，且资质许可机关不再接受任何补充材料。自2023年6月起，公示期为7个工作日。

7. 企业首次申请、增项申请、升级申请建设工程企业资质，审查公示意见为“业绩、人员不达标”，企业在陈述时可否补充新的业绩和人员材料？

答：不允许。企业的陈述只能针对原有材料作出说明，不能增加新的业绩或补充新的人员。

8. 企业针对公示意见提交了陈述材料，如何获知最终审查结论？

答：可在住房和城乡建设部网站上获取。具体获取方式为：住房和城乡建设部网站（www.mohurd.gov.cn）→政务服务平台→受理发证信息查询。

9. 建设工程企业资质证书全国通用吗？

答：各级住房和城乡建设主管部门依法颁发的建设工程企业资质证书全国有效。各地区不得另行设置附加市场准入条件，限制外地企业依法承揽业务。

10. 企业信息发生变化，如何办理资质证书变更？

答：企业在资质证书有效期内名称、地址、注册资本、法定代表人等信息发生变更的，应当在工商部门办理变更手续后30日内办理资质证书变更手续。工程勘察资质、工程设计资质、工程监理企业资质证书由住房和城乡建设部颁发，且涉及企业名称变更的，由住房和城乡建设部负责办理。除此以外的资质证书变更，由企业工商注册所在地的省级或设区的市级住房和城乡建设主管部门负责办理。建筑业企业资质证书由住房和城乡建设部颁发的，证书内容变更由住房和城乡建设部负责办理。

11. 企业申请注册地址跨省变更，如何办理资质变更手续？

答：企业资质证书由住房和城乡建设部颁发的，按照《住房和城乡建设部关于建设工程企业发生重组、合并、分立等情况资质核定有关问题的通知》（建市〔2014〕79号）的规定，可简化审批手续，发放有效期1年的证书。企业通过申报软件提交以下材料扫描件：经企业主管部门同意的企业跨省变更的文件（企业有主管部门的）；企业股东大会（董事会）的决议、国有企业的职工代表大会的决议；所有企业（包括原企业和新企业）的企业章程；原企业工商营业执照注销证明或变更通知书；原企业资质注销申请；新企业工商营业执照正、副本；《企业资质申请表》1份。发放有效期1年的证书后，企业应在有效期内将有关人员变更到位，按规定申请重新核定，并提交首次申请资质的全部材料。省级及以下住房和城乡建设主管部门颁发的资质的跨省变更，由省级住房和城乡建设主管部门参照上述程序办理。

12. 企业营业执照发生变更后，资质证书多长时间内必须变更？若资质证书未及时变更，有什么后果？

答：企业在资质证书有效期内名称、地址、注册资本、法定代表人等发生变更的，应当在工商部门办理变更手续后30日内办理资质证书变更手续。其他日常资质证书变更事项，也需在30日内办理变更手续。企业未按照规定及时办理资质证书变更手续的，由县级以上地方人民政府建设主管部门责令限期办理；逾期不办理的，处以1000元以上1万元以下的罚款。

13. 企业发生重组分立、合并、国企改制（含事业单位改制）以及跨省变更的，如何申请重新核定建设工程企业资质？

答：（一）企业由于经营结构调整，在企业与其全资子公司之间，或各全资子公司间进行重组分立，需申请资质证书的，应当进行重新核定企业资质。对原企业相应资质证书上记载的全部资质按照资质标准及有关规定重新核定企业的净资产、人员、设备、代表工程业绩等内容。对新企业拟承继资质按照资质标准及有关规定重新核定企业的净资产、人员等内容。申请的工程设计资质、施工总承包资质、工程监理企业资质是通过具备相应的施工总承包资质或工程设计资质直接申请取得的，还应对原企业相应资质重新核定。施工总承包特级资质的工程设计资质、施工总承包资质不得单独申请办理上述事项。

（二）建设工程企业发生合并、国企改制（含事业单位改制）以及工商注册地跨省变更的，应当按照拟承继资质相应资质标准和有关规定重新核定新企业的净资产、人员等。被吸收企业未办理工商注销登记的，合并后企业可取得有效期1年的资质证书。有效期内完成工商注销登记的，可按规定申请换发有效期5年的资质证书；逾期未注销或未提出换证申请的，其资质证书作废。企业申请办理工商注册地跨省变更的，发放有效期1年的资质证书，企业应当在证书有效期内将有关人员变更到位。有效期内人员变更到位的，可按规定申请换发有效期5年的资质证书；逾期人员未变更到位或未提出换证申请的，其资质证书作废。

（三）企业发生重组分立、合并、国企改制（含事业单位改制）以及跨省变更的，申请重新核定资质的，需提供以下材料（表18-4）：

申报材料清单 **表18-4**

序号	申报材料	企业重组分立	企业合并	国有企业改制	企业跨省变更
1	《企业资质申请表》（原企业、新企业）	√	√	√	√
2	能够反映企业净资产的合法的财务报表或审计报告（原企业、新企业）	√	√	√	√
3	设备清单及发票（原企业、新企业）	√			
4	企业代表工程业绩清单及相应材料（原企业）	√			
5	专业技术人员基本情况及业绩表（原企业、新企业）	√	√	√	√
6	企业上级主管部门或国有资产监管部门的批复文件			√	
7	改制、重组、分立等方案	√	√	√	
8	企业股东大会（董事会）的决议和职工代表大会的决议	√	√	√	√
9	原企业法律承续或分割情况的说明材料（含债权债务情况说明、无在建工程项目承诺等，需双方企业签署）	√	√	√	

（四）企业完成重组分立并重新核定资质后，原企业、新企业均不得以资质转移前承揽的工程项目作为代表工程业绩申请相应资质。

14. 企业重组、分立后，一家企业承继原企业某项资质的，其他企业同时申请该项资质的如何办理？

答：企业重组、分立后，一家企业承继原企业某项资质的，其他企业同时申请该项资质时按首次申请办理。

15. 持有试点地区下发的资质证书如何办理相关资质证书变更及资质许可事项？

答：省级住房和城乡建设主管部门在试点期间颁发的试点资质，在资质证书有效期届满前继续有效。企业办理资质证书变更、注销、遗失补办的，由发放证书的省级住房和城乡建设主管部门办理。企业申请资质升级（含新申请）、增项、延续，以及发生重组分立、合并、跨省变更、国企改制（含事业单位改制）资质重新核定的，由我部办理。申请上述事项前，需由原发放证书的省级住房和城乡建设主管部门按要求出具企业资质核查意见。因办理合并、跨省变更等事项，试点地区发放 1 年有效期资质证书的企业，按规定申请换发 5 年有效期资质证书的，由发放证书的省级住房和城乡建设主管部门办理。

16. 施工总承包特级资质企业申请重组、分立事项需要审核哪些指标？

答：按照《建筑业企业资质管理规定》（住房和城乡建设部令第 22 号发布，第 32 号、第 45 号修正）第二十一条和《住房和城乡建设部关于建设工程企业发生重组、合并、分立等情况资质核定有关问题的通知》（建市〔2014〕79 号）有关规定，施工总承包特级资质企业申请重组、分立，需审核《施工总承包企业特级资质标准》（建市〔2007〕72 号）《住房和城乡建设部关于建筑业企业资质管理有关问题的通知》（建市〔2015〕154 号）规定的“企业资信能力”“企业主要管理人员和专业技术人员要求”“科技进步水平”三方面指标。

17. 建设工程企业资质证书的有效期为几年？有效期满后如何办理延续？资质证书上的所有资质需同时提出延续申请吗？

答：建设工程企业资质证书的有效期为 5 年。企业应在资质证书载明的有效期届满 60 日前，向原资质许可机关按原申报程序申请办理资质证书有效期延续手续。资质证书上的所有资质应同时提出延续申请。逾期未提出延续申请的，资质证书自动失效。

18. 新设立企业，改制、分立、合并产生的新公司，及跨省变更的新企业，因尚未取得建设工程企业资质，注册人员无法注册或变更，申请资质怎么办？

答：注册人员可提供企业注册所在地省级注册管理部门出具的初始注册表或变更注册申请表。资质批准后，企业应在 3 个月内完成注册人员初始注册或变更注册工作，逾期未完成的，其批准的资质无效。

19. 企业申报资质需要提供社保证明材料吗？

答：企业在申请工程勘察资质、工程设计资质、建筑业企业资质（含新申请、升级、延续、变更）时，不需提供人员社保证明材料。由资质申报企业的法定代表人对人员社保真实性、有效性签字承诺，并承担相应法律责任。资质审批部门根据工作需要对企业申报资质人员缴纳社保情况进行核查。工程监理企业资质不考核人员社保。

20. 社会保险必须以申报企业名义为员工缴纳吗？社会保险能否以个人名义缴纳？社会保险必须在申报企业注册所在地缴纳吗？

答：用于申请资质的人员社会保险必须以申报企业或申报企业分支机构名义缴纳，以个人名义缴纳无效。

21. 注册执业人员是否必须注册在申报企业，是否可以注册在无建设工程资质的关联企业？

答：注册执业人员必须注册在申报企业，注册在其他企业，包括申报企业的上级公司、下级公司、控股公司或参股公司，其注册执业资格均不予认可。

22. 企业申报材料中所列的个别注册执业人员存在重复注册问题，但剔除该注册执业人员后，企业注册执业人员数量仍然达标，其资质申请是否可以认可？

答：不可以。当申报企业存在注册执业人员重复注册问题没有纠正之前，不批准该企业的资质申请。

23. 存在违法违规行为或发生质量安全事故的企业和个人业绩是否认可？

答：存在违法违规行为或发生质量安全事故的项目，作为企业和个人业绩申报时，不予认可。

24. 外商投资企业申请建设工程企业资质有何规定？

答：外商投资企业申请建设工程企业资质的申请条件和申报材料与内资企业要求一致。

25. 在建设工程企业资质审查中，哪些中、高级职称证书能够予以认可？

答：对于有地市级人力资源和社会保障主管部门授权文件，且符合授权文件要求评定的中级职称可予以认可。对于有省级人力资源和社会保障主管部门授权文件，且符合授权文件要求评定的高级职称可予以认可。

26. 申报建设工程企业资质，取得建造师临时执业证书人员作为建造师申报，是否认可？

答：取得建造师临时执业证书人员作为企业注册人员申报不予认可。

27. 企业净资产指标如何考核？

答：企业净资产就是企业所有者（即投资方或股东）权益，是指所有者在企业资产中享有的经济利益，其金额为资产减去负债后的余额，即企业年度财务报表中的“所有者权益”。所有者权益包括实收资本（或者股本）、资本公积、盈余公积和未分配利润等。企业应提供申请资质的上年度或当期合法的财务报表（全套报告）。首次申请资质的，以提供的企业《营业执照》所载注册资本考核净资产。申请多类资质的，企业净资产不累加计算考核，按企业所申请资质和已拥有资质标准要求的净资产指标最高值为准。

28. 在何处可以查询公示意见中发生过质量安全事故的具体情况？

答：质量安全事故情况可登录我部网站→工程质量安全监管→事故快报栏目查询。

29. 专家审查意见公示为不同意的企业，如何查询具体意见？

答：专家审查意见公示为不同意的企业，可通过以下方式查询具体意见：住房和城乡建设部网站（www.mohurd.gov.cn）→政务服务平台→受理发证信息查询。

30. 被列为“失信被执行人”的企业可否按照建市〔2014〕79 号办理重组、合并、分立事项？

答：按照中共中央办公厅、国务院办公厅《关于加快推进失信被执行人信用监督、警示和惩戒机制建设的意见》，被列为“失信被执行人”的企业，除企业外资退出、国有企业改制两种情形外，不予办理重组、合并、分立事项。

31. 如何下载建设工程企业资质申报软件？

答：建设工程企业资质申报软件下载网址：jsb.justonetech.com。

32.《住房和城乡建设部办公厅关于进一步推进勘察设计资质资格电子化管理工作的通知》（建办市〔2017〕67 号）第三条“未进入全国建筑市场监管公共服务平台的企业业绩和个人业绩，在资质审查时不作为有效业绩认定的”，涉及哪些资质项？

答：申请建筑行业、市政行业及其相应专业（人防工程专业除外）工程设计甲级资质，具体如下：建筑行业甲级、市政行业甲级、市政行业（燃气工程、轨道交通工程除外）甲级；建筑行业（建筑工程）甲级、建筑设计事务所甲级、结构设计事务所甲级、机电设计事务所甲级、市政行业（给水工程、排水工程、城镇燃气工程、热力工程、道路工程、桥梁工程、城市隧道工程、公共交通工程、载人索道工程、轨道交通工程、环境卫生工程）专业甲级；申请上述资质升级、增项、新申请，未进入全国建筑市场监管公共服务平台的企业业绩和个人业绩，在资质审查时不作为有效业绩认定。

33. 2018 年 1 月 1 日后，如何填报企业业绩和个人业绩？

答：申报企业应按照建设工程企业资质申报软件提示要求，填报企业业绩和个人业绩资料，并填写全国建筑市场监管公共服务平台相应工程项目的 16 位项目编号，未要求在全国建筑市场监管公共服务平台发布企业业绩和个人业绩的可不填写项目编号。个人业绩需上传本人亲笔签名并加盖申报企业公章的“专业技术人员基本情况及业绩表”原件扫描件，不需提交其他证明材料。

34. 建设工程企业资质延续如何申报？

答：按照《住房和城乡建设部办公厅关于建设工程企业资质延续有关事项的通知》（建办市函〔2020〕334 号），建设工程企业资质延续有关事项按如下规定执行：住建部核发的工程勘察资质、工程设计资质、建筑业企业资质、工程监理企业资质，资质证书有效期于 2020 年 7 月 1 日至 2021 年

12月30日届满的，统一延期至2021年12月31日；2020年7月1日前，住建部已受理的资质延续申请事项，不再进行审批，相关资质证书有效期延期至2021年12月31日；上述资质证书有效期将在全国建筑市场监管公共服务平台自动延期，企业无需换领资质证书，原资质证书仍可用于工程招标投标等活动；企业按照《住房和城乡建设部关于建设工程企业发生重组、合并、分立等情况资质核定有关问题的通知》（建市〔2014〕79号）申请办理企业合并、跨省变更事项取得有效期1年资质证书的，不适用前述规定，企业应在1年资质证书有效期届满前，按相关规定申请重新核定；地方各级住房和城乡建设主管部门核发的工程勘察资质、工程设计资质、建筑业企业资质、工程监理企业资质，资质延续有关政策由各省级住房和城乡建设主管部门确定，相关企业资质证书信息应及时报送至全国建筑市场监管公共服务平台；自本通知印发之日起，住建部不再受理资质证书有效期于2020年7月1日至2021年12月30日届满的工程勘察资质、工程设计资质、建筑业企业资质、工程监理企业资质延续申请事项。

四、住房和城乡建设部政务服务门户操作要旨（V1.0 2023年8月）

（一）软件环境，操作系统：WINDOWS XP/WINDOWS 7及以上操作系统。推荐浏览器：IE10以上，谷歌，360极速浏览器等主流浏览器。

（二）用户管理

1. 用户注册，登录“住房和城乡建设部政务服务门户”网站（点击登录），点击页面右上角【注册】按钮，会弹出个人注册和法人注册选项，用户可根据实际需求进行注册。选择个人注册时，需选择本人的证件类型，目前住房和城乡建设部政务服务门户个人用户认证支持的证件类型包括居民身份证、普通护照、台湾居民来往大陆通行证、港澳居民来往内地通行证、外国人永久居留身份证。用户需按照页面提示填写本人的证件信息以及个人账号信息，信息填写完毕且确认无误后点击下方【注册】，即可完成个人账号注册。选择法人注册时，需选择法人类型以及法定代表人证件类型，目前住房和城乡建设部政务服务门户法人用户认证支持的法人类型包括企业法人、社团法人、机关事业单位法人、个体工商户、普通合伙企业。法定代表人支持的证件类型包括居民身份证、普通护照、台湾居民来往大陆通行证、港澳居民来往内地通行证、外国人永久居留身份证。用户需按照页面提示填写企业基本信息和法定代表人基本信息，信息填写完毕且确认无误后点击下方【注册】，即可完成法人账号注册。

2. 用户登录，用户登录“住房和城乡建设部政务服务门户”网站（点击登录），点击页面右上角【登录】，进入登录界面。进入登录界面后，在“个人用户登录”或“法人用户登录”页面中输入相应的信息，完成账号登录。如未在“住房和城乡建设部政务服务门户”注册过账号，请先点击“立即注册账号”，按照提示完成注册账号。

3. 密码重置，用户进入“住房和城乡建设部政务服务门户”后，如忘记个人密码，可进行密码重置操作，在登录页面中点击【忘记密码】，根据页面提示进行相关信息录入，可完成密码重置。

4. 账号注销，用户进入“住房和城乡建设部政务服务门户”后，如需要账号注销，可点击忘记密码，在安全验证页面点击下方标注按钮进行账号注销操作。

5. 法人变更，用户进入“住房和城乡建设部政务服务门户”后，若企业账号法人信息发生变更后，用户可以通过法人账号信息变更页面进行调整。用户先点击忘记密码后，需如实填写法人账号所绑定的企业信息及企业法人信息，在信息填写完成确认无误后点击实名认证，若认证失败则需要核对企业信息是否变更成功（此项需联系企业所在地方主管部门核验），若地方主管部门核验无误仍认证失败请联系技术电话咨询（010-58934213/010-58934446），若实名认证成功则按照页面提示进行账号注销或法人信息更换。

（三）个人行政审批事项，用户进入“住房和城乡建设部政务服务门户”后，点击【办事服务】→【个人行政审批事项】，根据自己的需求进行相关事项办理即可，以下各流程以一级建造师为例。

1. 个人行政审批事项办理，用户登录“住房和城乡建设部政务服务门户”网站（点击登录），点击【办事服务】→【个人行政审批事项】→【建造师】，将鼠标放置【一级建造师执业资格认定（初始注册）】后，自动弹出各操作按钮，其中【办事指南】中涵盖了本事项的各类信息，用户可在【办事指南】中查询该事项的具体每类相关信息。相关信息了解确认后，用户可点击【在线办理】进行该事项办理，点击后需要进行人脸识别，目前支持使用支付宝、微信小程序扫码完成人脸识别确认进行办理（注：如扫码无反应，可将页面放大后重新尝试）。进入扫描识别页面后，请先用手机扫描使用支付宝或微信打开住房和城乡建设部政务服务门户小程序，登录微信或支付宝"住房和城乡建设部政务服务门户"小程序，点击小程序界面上方的扫描图标，扫描页面的下方二维码（若左侧二维码未出现，请重启浏览器至此页面），点击"住房和城乡建设部政务服务门户"小程序中的【下一步】按钮，按要求进行人脸识别，识别无误后，提示"认证成功"。

2. 信息修改及材料补充，登录"住房和城乡建设部政务服务门户"网站（点击登录），点击"住房和城乡建设部政务服务门户"右上角的【登录】按钮，进入登录界面，在"个人用户登录"页面中输入相应的信息，完成账号登录。用户登录后，点击【办事服务】→【个人行政审批事项】→【建造师】，将鼠标放置【一级建造师执业资格认定任意事项】后会自动弹出各操作按钮，点击在线办理进入到人脸识别页面图。目前支持使用支付宝、微信小程序扫码完成人脸识别确认进行办理（注：如扫码无反应，可将页面放大后重新尝试）。进入扫描识别页面后，请先用手机扫描使用支付宝或微信打开住房和城乡建设部政务服务门户小程序，登录微信或支付宝"住房和城乡建设部政务服务门户"小程序，点击小程序界面上方的扫描图标，扫描页面的下方二维码（若左侧二维码未出现，请重启浏览器至此页面），点击"住房和城乡建设部政务服务门户"小程序中的【下一步】按钮，按要求进行人脸识别，识别无误后，提示"认证成功"。人脸识别认证成功后，在自动跳转的一级建造师注册办理事项页面中（若未自动跳转，请点击"手动跳转"或重启浏览器至此页面），点击【信息修改或材料补充】按钮，进入一级建造师执业资格认定个人信息修改页面图。

3. 最新业务办理进度查询，登录"住房和城乡建设部政务服务门户"网站（点击登录），点击"住房和城乡建设部政务服务门户"右上角的【登录】按钮进入登录界面，在"个人用户登录"页面中输入相应的信息，完成账号登录。用户登录后，点击【办事服务】→【个人行政审批事项】→【建造师】，将鼠标放置【一级建造师执业资格认定任意事项】后会自动弹出各操作按钮，点击在线办理进入到人脸识别页面图。目前支持使用支付宝、微信小程序扫码完成人脸识别确认进行办理（注：如扫码无反应，可将页面放大后重新尝试）。进入扫描识别页面后，请先用手机扫描使用支付宝或微信打开住房和城乡建设部政务服务门户小程序，登录微信或支付宝"住房和城乡建设部政务服务门户"小程序，点击小程序界面上方的扫描图标，扫描页面的下方二维码（若左侧二维码未出现，请重启浏览器至此页面），点击"住房和城乡建设部政务服务门户"小程序中的【下一步】按钮，按要求进行人脸识别，识别无误后，提示认证成功。人脸识别认证成功后，在自动跳转的一级建造师注册办理事项页面中（若未自动跳转，请点击"手动跳转"或重启浏览器至此页面），点击【最新业务办理进度】按钮，进入一级建造师执业资格认定进度查询页面。一级建造师其他事项（延续注册、增项注册、注销手续、重新注册），以及其他证书办理流程大致相似，均可参考上述操作流程，不再赘述。

（四）企业行政审批事项，登录进入"住房和城乡建设部政务服务门户"后，点击【办事服务】→【企业行政审批事项】，根据自己的需求进行相关事项办理即可，以下各流程以建筑业企业资质认定（变更－遗失补办，企业名称、地址、注册资本、法定代表人等发生变更）为例。

1. 建筑业企业行政审批事项办理，登录后，点击【办事服务】→【企业行政审批事项】→【建筑业企业】，将鼠标放置【建筑业企业资质认定（变更－遗失补办，企业名称、地址、注册资本、法定代表人等发生变更）】后，自动弹出各操作按钮，其中【办事指南】中涵盖了本事项的各类信息，用户可在【办事指南】中查询该事项的具体每类相关信息。点击在线办理后，可根据页面具体信息进行办理操作。

2. 房地产开发企业行政审批事项办理，用户通过法人账号登录后，点击【办事服务】→【企业行政审批事项】→【房地产开发企业】，将鼠标放置【房地产开发企业一级资质核定】相关事项后，自动弹出各操作按钮，其中【办事指南】中涵盖了本事项的各类信息，用户可在【办事指南】中查询该事项的具体每类相关信息。相关信息了解确认后，用户可点击【在线办理】进行该事项办理，点击后会跳转到房地产开发企业一级资质核定系统页面，用户根据实际情况进行信息填写申报即可。

（五）信息查询

1. 各栏目信息查询，用户进入“住房和城乡建设部政务服务门户”后，可在【公示公告】、【政策发布】、【制度法规】栏目中查看最新的公示信息以及以往公示信息查询。

2. 申请事项办理进度查询（受理发证信息查询），用户进入“住房和城乡建设部政务服务门户”后，在热门服务板块中，点击【申请事项办理进度查询（受理发证信息查询）】，输入相关信息后即可进行查询。

3. 企业资质查询，用户进入“住房和城乡建设部政务服务门户”后，在热门服务板块中，点击【企业资质查询】，然后选择需要查询的事项，输入相关信息后即可进行查询。

4. 人员资格查询，用户进入“住房和城乡建设部政务服务门户”后，在热门服务板块中，点击【人员资格查询】，输入相关信息后即可进行查询。

（六）电子证照下载（目前仅适用一级建造师和注册建筑师），用户登录“住房和城乡建设部政务服务门户”网站（点击登录），点击“住房和城乡建设部政务服务门户”右上角的【登录】按钮，进入登录界面，在“个人用户登录”页面中输入相应的信息，完成账号登录。账号登录后，点击【用户中心】，进入“用户中心页面”。进入“用户中心”页面后，点击【我的证照】，系统会跳转到人脸识别页面。目前支持使用支付宝、微信小程序扫码完成人脸识别确认进行办理（注：如扫码无反应，可将页面放大后重新尝试）。进入扫描识别页面后，请先用手机扫描使用支付宝或微信打开住房和城乡建设部政务服务门户小程序，登录微信或支付宝“住房和城乡建设部政务服务门户”小程序，点击小程序界面上方的扫描图标，扫描页面的下方二维码（若左侧二维码未出现，请重启浏览器至此页面），点击“住房和城乡建设部政务服务门户”小程序中的【下一步】按钮，按要求进行人脸识别，识别无误后，提示“认证成功”。进入电子证照管理页面后，如为首次使用或加注已过期的，需先点击【证照加注】按钮，然后在弹窗页面点击【加注】按钮，提示“加注成功！”表示电子证照加注完成。加注完成或已加注的，将鼠标移至电子证照预览图上，点击【下载】，即可下载电子证照。

五、建筑业企业资质延续操作流程说明

住房和城乡建设部政务服务平台近期进行了系统升级，已注册国家政务服务平台账户的用户需要在住建部平台重新注册。要求承诺技术负责人和注册类人员社保必须唯一，本次延续严查注册人员、技术负责人唯一社保等，其他人员不做强制考核。依据住房和城乡建设部关于印发《建筑业企业资质标准》的通知（建市〔2014〕159号）、住房和城乡建设部关于建筑业企业资质管理有关问题的通知（建市〔2015〕154号）、住房和城乡建设部关于调整建筑业企业资质标准中净资产指标考核有关问题的通知（建市〔2015〕177号）、住房和城乡建设部关于建设工程企业资质管理资产考核有关问题的通知（建市〔2016〕122号），本轮资质延续重点考核企业净资产、人员（注册人员、技术负责人，必须唯一社保）、设备（部分专业资质标准要求的提供，没要求的无需提供）。《住房和城乡建设部建筑市场监管司关于建设工程企业资质延续有关事项的通知》（建司局函市〔2023〕116号）也明确提出：住建部按照资质标准对企业注册人员等内容进行核查，经核查合格的，准予延续。办理业务需承诺以下条件才能进行业务办理，请自检是否满足，符合请打勾（请务必认真对比是否满足资质标准，这将影响您的审批）：☑企业资产满足本次申请资质事项延续标准要求。□企业主要人员满足本次申请资质事项延续标准要求。☑本企业此次填报的《建筑业企业资质申请表》及承诺的全部数据、内容是真实的。本企业依法与申报的技术负责人及专业技术人员签订了劳动合同，并缴纳了社保，且上述人员不存在在其他单位兼职的情况。☑本企业申请前一年内不存在《建筑业企业资质管理规定》第二十三条所列违法行为，同样我在此所做的声明也是真实有效的。我知道隐瞒有关真实情况和填报虚假材料是严重的违法行为，此次资质申请提供的资料如有虚假，本企业及本人愿接受住房和城乡建设行政主管部门及其他有关部门依据有关法律法规给予的处罚。因本企业弄虚作假骗取资质造成的所有后果，由本企业自行承担。企业资质延续操作流程说明：

第一章　企业登录

1.1 住房和城乡建设部政务服务门户登录使用浏览器，地址栏中输入

http://zwfw.mohurd.gov.cn:8070/zjblogincheck/qjd/index.html?checktype=1 进入住房和城乡建设部政务服务门户，点击“注册”-“法人注册”按钮。

1.2 法人注册，填写法人注册信息。

1.3 法人登录，进入住房和城乡建设部政务服务门户首页，选择“法人用户登录”。

第二章　进入申报平台

2.1 进入申报平台流程

2.1.1 申请资质，选择企业资质需要申报的内容，并点击进入。

2.1.2 资质延续，例如监理企业申报资质延续，点击工程监理企业资质认定（延续）。

2.1.3 在线办理，点击“在线办理”，进入企业申报资质平台。

第三章　资质申报平台

3.1 企业资质申请

3.1.1 操作栏，点击修改对该条资质延续填写的企业基本信息、企业主要人员、联系方式、领证方式，注册人员等信息进行修改操作。点击上传附件上传资质延续申请表等附件；点击打印打印该条资质延续申请表（申请表不带条形码），点击上报上报该条资质延续申请。点击删除删除该条资质延续申请。点击复制复制该条资质延续申请，新建该条资质申报事项（如被退回，可复制原资质申请所填信息，无需填写企业基本信息与人员信息，重新上传附件即可）。

3.1.2 新建资质申请，企业资质申报页面，显示企业已建立申请的资质，及资质修改、上传附件、打印，上报和删除操作，点击按钮，新建资质申报。

3.1.3 企业现有资质，企业现有资质页面，显示企业现有资质信息，企业现有资质信息来源于住房和城乡建设部监管平台，如数据有问题，请联系主管部门修改。查看我的申请点击按钮，返回上一页面。下一步点击按钮，进入本次申请事项页面。

3.1.4 本次申请事项，本次申请事项页面，通过下拉框分别选择本次申请资质类别、申请事项、资质序列、专业及等级，带星号为必填项，本次申请事项，资质类别：建筑业，申请事项：资质延续，资质序列：施工总承包，专业：建筑工程，等级：特级。企业现有资质信息来源于住房和城乡建设部监管平台，如数据有问题，请联系主管部门。本系统只支持住房城乡建设部核发的工程勘察、工程设计、建筑业企业、工程监理企业资质延续事项申报。持有省级住房和城乡建设主管部门核发的资质审批权限下放试点资质的企业，申请资质延续的，需提交《企业资质核查意见》，参考：建设工程企业资质行政审批专栏资质申报常见问题（通用问题：第十五条附表）。

3.1.5 特级延续，申请特级延续需再次添加设计资质，本次申请事项操作建筑业资质延续，施工总承包建筑工程特级，资质类别：工程设计，申请事项：资质延续，资质序列：建筑行业，专业：建筑行业，等级：甲级。添加【如特级资质没有设计资质无需添加，点击下一步即可】

3.2 资质内容填报

3.2.1 申报须知，申请资质延续需承诺相关条件，符合条件请打勾，完成勾选后点击“下一步”，建筑业企业资质核准（总承包特级、一级、部分二级，部分专业承包一级、二级），办理该业务，需承诺以下条件才能进行业务办理，请自检是否满足，符合请打勾，请务必认真对比是否满足资质标准，这将影响您的审批。☑企业资产满足本次申请资质事项延续标准要求，☑企业主要人员满足本次申请资质事项延续标准要求。☑本企业此次填报的《建筑业企业资质申请表》及承诺的全部数据、内容是真实的。本企业依法与申报的技术负责人及专业技术人员签订了劳动合同，并缴纳了社保，且上

述人员不存在在其他单位兼职的情况。☑本企业申请前一年内不存在《建筑业企业资质管理规定》第二十三条所列违法行为，同样我在此所做的声明也是真实有效的。我知道隐瞒有关真实情况和填报虚假资料是严重的违法行为，此次资质申请提供的资料如有虚假，本企业及本人愿接受住房和城乡建设行政主管部门及其他有关部门依据有关法律法规给予的处罚。因本企业弄虚作假骗取资质造成的所有后果，由本企业自行承担。

3.2.2 向导栏，向导栏位于页面右侧，点击可快速跳转至对应界面，企业现有资质、企业基本信息、技术负责人、注册人员、非注册（主导）人员、非注册（非主导）人员、证明材料。点击跳转至企业资质申报页面。点击跳转至企业现有资质页面，如现有资质信息有误或缺失资质等情况，点击按钮，将重新获取企业现有资质信息。点击跳转至企业基本信息页面（填写企业基本信息、企业主要人员、联系方式、证书打证信息，领证方式信息），点击技术负责人跳转至技术负责人信息页面（填写技术负责人信息及项目业绩信息），点击注册人员跳转至注册人员页面（选择注册人员），点击非注册（主导）人员跳转至非注册（主导）人员信息页面（填写非注册（主导）人员及项目业绩信息），点击非注册（非主导）人员跳转至非注册（非主导）人员信息页面（填写非注册（非主导）人员信息），点击证明材料跳转至证明材料页面（打印上传资质延续表或企业资质核查意见表）。

3.2.3 企业基本信息，企业基本信息填写，统一信用代码及企业名称不可填写，如企业名称有误请至住房和城乡建设部政务服务门户－用户中心修改。带星号为必填项，填写内容，以企业法人营业执照的信息为准，企业应如实填写。法定代表人姓名不可修改，带星号为必填项，企业应如实填写，证件类型默认为身份证，可通过右边的下拉框进行其他选择。

3.2.4 企业主要人员，企业主要人员填写，法定代表人姓名不可修改，带星号为必填项，企业应如实填写，证件类型默认为身份证，可通过右边的下拉框进行其他选择。

3.2.5 联系方式，联系方式填写，企业应确保联系方式真实，如有虚假填报可能影响资质延续申请。带星号为必填项。

3.2.6 证书打证信息，证书打证信息填写，技术负责人职称/执业资技术（施工资质无该界面，无需填写），完成全部填写后点击上报，请确认打证信息提示，建筑业资质延续无需填报打证信息中技术负责人以及职称/执业资格信息。请按原部发资质证书内容（含变更栏内容）填写，如已按变更栏最新内容填写，请联系省厅向住建部推送电子数据后再上报资质申请。（施工资质技术负责人与职称/执业资格信息无需填写，将显示为空，不影响申报）

3.2.7 领证方式，领证方式填写，领取方式分为邮寄，建设部受理办现场领取。保存并下一步带星号为必填项，点击进入技术负责人填写页面。

3.2.8 技术负责人，技术负责人填写，带星号为必填项，企业应如实填写。

3.2.9 人员项目业绩，点击项目业绩跳转至人员项目页面，添加人员项目业绩。返回保存。点击页面将保存信息并自动关闭返回人员项目业绩页面。保存并下一步点击进入注册人员页面。

3.2.10 注册人员，注册人员页面，建筑业企业资质核准（总承包特级、一级、部分二级，部分专业承包一级、二级），选择注册人员，注册人员页面，初始无人员信息，点击“选择注册人员”自动跳转至注册人员页面。

3.2.11 选择注册人员，选择注册人员页面，选择注册人员请勾选，选择完后点击按钮，页面将自动关闭返回注册人员页面，注册人员栏将显示已选择的注册人员数量及注册专业。

3.2.12 非注册（主导专业）人员，非注册（主导专业）人员信息页面，添加人员点击填写非注册（主导专业）人员信息，点击页面将保存信息并自动关闭返回非注册（主导专业）人员页面，请根据设计企业资质标准要求填报企业非注册（主导专业）人员。点击项目业绩添加非注册（主导专业）人员项目业绩信息。

3.2.13 非注册（非主导专业）人员，非注册（非主导专业）人员页面，具体操作同上，无需填写人员项目业绩信息，完成填写后，进入申请表上传页面。

3.3 资质申请表

3.3.1 打印申请表，建筑业企业资质核准（总承包特级、一级、部分二级，部分专业承包一级、二级），需要提交的材料为：企业资质申请表材料合格标准：通过本资质申报平台打印。法人签字；企业盖章。资质申请表只能是一个 PDF 文件，PDF 文件小于 5M。持有省级住房和城乡建设主管部门核发的资质审批权限下放试点资质的企业，申请资质延续的，需提交《企业资质核查意见》。点击打印资质延续申请表，法人签字，企业盖章后（首页、承诺信息页，骑缝章），点击扫描成 PDF 文件，点击选择 PDF 文件上传，上传至平台。查看申请点击按钮，跳转至企业资质申报页面，可点击“打印”打印申请表。点击按钮，完成本次申报。

3.3.2 资质核查意见，持有省级住房和城乡建设主管部门核发的资质审批权限下放试点资质的企业，申请资质延续的，需提交《企业资质核查意见》，材料合格标准：持有省级住房和城乡建设主管部门核发的资质审批权限下放试点资质的企业，申请资质延续的，需提交《企业资质核查意见》。企业资质核查意见只能是一个 PDF 文件，PDF 文件小于 5M。

第五节　建设工程勘察设计企业人员行政审批事项

一、建设工程勘察企业资质认定

住建部建设工程勘察企业资质认定，包括：新申请、增项、升级、重新核定；企业名称变更、增加副本、更换证书、遗失补办、注销资质；重组、合并、分立等情况（含国有企业改制、跨省变更）资质核定；延续等事项。

（一）设定依据，《建筑法》（1997 年 11 月 1 日主席令第九十一号，2011 年 4 月 22 日予以修改）第十三条：从事建筑活动的建筑施工企业、勘察单位、设计单位和工程监理单位，按照其拥有的注册资本、专业技术人员、技术装备和已完成的建筑工程业绩等资质条件，划分为不同的资质等级，经资质审查合格，取得相应等级的资质证书后，方可在其资质等级许可的范围内从事建筑活动。《建设工程勘察设计管理条例》（2000 年 9 月 25 日国务院令第 293 号，2015 年 6 月 12 日予以修改）第七条：国家对从事建设工程勘察、设计活动的单位，实行资质管理制度。具体办法由国务院建设行政主管部门商国务院有关部门制定。第八条：建设工程勘察、设计单位应当在其资质等级许可的范围内承揽建设工程勘察、设计业务。《建设工程勘察设计资质管理规定》（2007 年 6 月 26 日建设部令第 160 号，2015 年 5 月 4 日、2016 年 9 月 13 日、2018 年 12 月 22 日予以修改）第八条：申请工程勘察甲级资质、工程设计甲级资质，以及涉及铁路、交通、水利、信息产业、民航等方面的工程设计乙级资质的，可以向企业工商注册所在地的省、自治区、直辖市人民政府住房和城乡建设主管部门提交申请材料。省、自治区、直辖市人民政府住房和城乡建设主管部门收到申请材料后，应当在 5 日内将全部申请材料报审批部门。国务院住房和城乡建设主管部门在收到申请材料后，应当依法作出是否受理的决定，并出具凭证；申请材料不齐全或者不符合法定形式的，应当在 5 日内一次性告知申请人需要补正的全部内容。逾期不告知的，自收到申请材料之日起即为受理。国务院住房和城乡建设主管部门应当自受理之日起 20 日内完成审查。自作出决定之日起 10 日内公告审批结果。其中，涉及铁路、交通、水利、信息产业、民航等方面的工程设计资质，由国务院住房和城乡建设主管部门送国务院有关部门审核，国务院有关部门应当在 15 日内审核完毕，并将审核意见送国务院住房和城乡建设主管部门。组织专家评审所需时间不计算在上述时限内，但应当明确告知申请人。

（二）申请核定受理条件，国务院住房和城乡建设主管部门在收到申请材料后，应当依法作出是否受理的决定，并出具凭证；申请材料不齐全或者不符合法定形式的，应当在 5 日内一次性告知申请人需要补正的全部内容。逾期不告知的，自收到申请材料之日起即为受理。

（三）工程勘察企业资质认定受理常见问题（行政审批集中受理办公室）：

1. 具有岩土工程勘察、岩土工程设计、岩土工程物探测试检测监测三类岩土工程（分项）乙级专业资质的一项或两项，可以申请岩土工程专业甲级资质吗？

答：不可以。具有三项岩土工程（分项）专业乙级以上资质，可申请岩土工程专业甲级资质。

2. 企业主要专业技术人员年龄是如何规定的？

答：企业主要专业技术人员包括企业主要技术负责人（或总工程师）、注册人员、非注册人员和技术工人，年龄限60周岁及以下。

3. 企业主要专业技术人员的专业技术职称是如何要求的？

答：企业主要专业技术人员的专业技术职称，是指经国务院人事主管部门授权的部门、行业、中央企业颁发的，或省级人事主管部门颁发（或授权颁发）的工程系列专业技术职称。

4. 企业主要技术负责人（或总工程师）只需申报1人吗？

答：是的。企业主要技术负责人（或总工程师）是指企业中对工程勘察业务在技术上负总责的人员。对于企业申报工程勘察综合资质或申报两个及以上工程勘察专业资质的，只需申报1人，此人的个人业绩应为本次申报的资质类型中的一种。

5. 企业主要技术负责人（或总工程师）必须是注册土木工程师（岩土）吗？

答：不是。但企业主要技术负责人（或总工程师）不是注册土木工程师（岩土）的，应具备本专业高级专业技术职称。

6. 企业主要技术负责人（或总工程师）对个人业绩是如何要求的？

答：企业主要技术负责人（或总工程师）的个人业绩应为所申请工程勘察类型，作为项目负责人主持完成的本专业工程勘察业绩。申请综合资质或两个及以上工程勘察专业资质时，应提供其中某一工程勘察类型项目业绩。

7. 企业主要技术负责人（或总工程师）可以同时作为注册人员或非注册人员之一进行申报吗？

答：可以。但其学历、职称、工程勘察经历、个人业绩等指标，要分别满足企业主要技术负责人（或总工程师）、注册人员（或非注册人员）的要求。

8. 一个注册人员同时具备两个及以上注册执业资格，在资质申报时，是否可以重复计算？

答：不可以。当一个注册人员同时具有两个及以上注册执业资格，作为注册人员考核时，只认定一个专业的注册执业资格，其他注册执业资格不再作为相关专业的注册人员予以认定。如一个注册人员同时具有注册土木工程师（岩土）、一级注册结构工程师两个注册执业资格，资质申报时，只能选用其一，不能同时作为注册土木工程师（岩土）和一级注册结构工程师进行申报。

9. 申报工程勘察资质时，是否可以将注册执业人员作为非注册人员进行申报？

答：可以。注册人员作为非注册人员申报时，其学历、职称、工程勘察经历、个人业绩等指标需满足《工程勘察资质标准》对非注册人员的要求。

10. 涉密的项目业绩是否认可？

答：涉密项目不予认定。

11. 已办退休手续，但尚未到60周岁的人员是否可以作为资质标准要求的人员予以认定吗？

答：可以。除按照工程勘察资质标准所称主要专业技术人员要求提供学历、职称、合同等证明材料，填写“专业技术人员基本情况及业绩表”外，还需要提供原聘用单位出具的退休证明。

12. 企业业绩、个人业绩为近5年完成的非涉密工程勘察项目业绩，时间如何计算？

答：近5年是指自企业申报年度起逆推5年。如企业申报年度为2015年，则近5年业绩年限从2010年1月1日起算起。

13. 申请工程勘察综合资质、岩土工程专业资质、岩土工程物探测试检测监测分项专业资质，对企业的岩土工程物探测试检测监测业绩是如何要求的？

答：岩土工程物探测试检测监测业务包括物探、测试、检测、监测四个业务，企业业绩类型应至少涵盖上述4个业务中的2个，应是与建设单位（业主）独立签订的合同业绩。

14. 非本单位独立完成的工程勘察项目业绩是否认可？

答：不认可。

15. 申请工程勘察综合甲级资质，对固定工作场所及室内试验场所是如何要求的？

答：申请工程勘察综合甲级资质的企业，主要固定工作场所建筑面积不少于3000平方米。工作场所属于自有产权的，需提供产权证书；属于租用的，需提供出租方产权证书和双方签订的租赁合同。

二、建设工程设计企业资质认定

住建部建设工程勘察企业资质认定，包括：新申请、增项、升级、重新核定；企业名称变更、增加副本、更换证书、遗失补办、注销资质；重组、合并、分立等情况（含国有企业改制、跨省变更）资质核定；延续等事项。

（一）设定依据，《建筑法》（1997年11月1日主席令第九十一号，2011年4月22日予以修改）第十三条：从事建筑活动的建筑施工企业、勘察单位、设计单位和工程监理单位，按照其拥有的注册资本、专业技术人员、技术装备和已完成的建筑工程业绩等资质条件，划分为不同的资质等级，经资质审查合格，取得相应等级的资质证书后，方可在其资质等级许可的范围内从事建筑活动。《建设工程勘察设计管理条例》（2000年9月25日国务院令第293号，2015年6月12日予以修改）第七条：国家对从事建设工程勘察、设计活动的单位，实行资质管理制度。具体办法由国务院建设行政主管部门商国务院有关部门制定。第八条：建设工程勘察、设计单位应当在其资质等级许可的范围内承揽建设工程勘察、设计业务。《建设工程勘察设计资质管理规定》（2007年6月26日建设部令第160号，2015年5月4日、2016年9月13日、2018年12月22日予以修改）第八条：申请工程勘察甲级资质、工程设计甲级资质，以及涉及铁路、交通、水利、信息产业、民航等方面的工程设计乙级资质的，可以向企业工商注册所在地的省、自治区、直辖市人民政府住房和城乡建设主管部门提交申请材料。省、自治区、直辖市人民政府住房和城乡建设主管部门收到申请材料后，应当在5日内将全部申请材料报审批部门。国务院住房和城乡建设主管部门在收到申请材料后，应当依法作出是否受理的决定，并出具凭证；申请材料不齐全或者不符合法定形式的，应当在5日内一次性告知申请人需要补正的全部内容。逾期不告知的，自收到申请材料之日起即为受理。国务院住房和城乡建设主管部门应当自受理之日起20日内完成审查。自作出决定之日起10日内公告审批结果。其中，涉及铁路、交通、水利、信息产业、民航等方面的工程设计资质，由国务院住房和城乡建设主管部门送国务院有关部门审核，国务院有关部门应当在15日内审核完毕，并将审核意见送国务院住房和城乡建设主管部门。组织专家评审所需时间不计算在上述时限内，但应当明确告知申请人。

（二）申请核定受理条件，国务院住房和城乡建设主管部门在收到申请材料后，应当依法作出是否受理的决定，并出具凭证；申请材料不齐全或者不符合法定形式的，应当在5日内一次性告知申请人需要补正的全部内容。逾期不告知的，自收到申请材料之日起即为受理。

（三）工程设计企业资质认定受理常见问题（行政审批集中受理办公室）：

1. 企业申报工程设计资质，应提供哪些材料？

答：企业申报工程设计资质，其申报材料依据申请类别的不同而不同，企业首次申请、升级申请、增项申请或延续申请的具体申报材料内容详见《建设工程勘察设计资质管理规定实施意见》（建市〔2007〕202号）第十一条、第十二条、第十三条、第十五条，其中申请工程设计综合资质的详见第十四条。

2. 外商投资企业是否可以申报工程设计资质？应提供哪些材料？

答：外商投资企业可以申报工程设计资质。外商投资企业申请工程设计资质的条件和申报材料与内资企业一致。

3. 工程设计企业申报资质延续，是否需要提供企业业绩证明材料？

答：不需要。

4. 建筑工程设计事务所可以是有限公司吗？

答：可以。

5. 一个企业可以同时持有建筑工程事务所资质和建筑工程设计专业资质证书吗？

答：不可以。

6. 持有建筑工程事务所资质的企业是否可以直接申请核定为建筑工程设计专业甲级资质？

答：不可以。已持有建筑工程事务所的企业若需申请建筑工程设计专业资质，应先注销建筑工程事务所资质，再申请建筑工程设计专业资质，按照首次申请办理，最高不超过乙级。

7. 施工企业可否直接申请工程设计甲级资质？企业业绩如何认定？

答：具有施工总承包一级及以上资质的施工企业可以申请相应类别工程设计甲级资质，按照工程设计资质的相同申报渠道申请，按照工程设计甲级资质标准的相同条件进行考核。

工程设计甲级资质标准要求的企业业绩可以由涵盖工程设计业务的工程总承包业绩替代。其中，具有建筑工程、市政公用工程施工总承包一级资质的企业，直接申请相应的建筑行业甲级资质、市政行业甲级资质、市政行业（燃气工程、轨道交通工程除外）甲级资质时，企业自行完成或者以联合体形式完成的工程总承包业绩，可以作为企业业绩申报。企业业绩、个人业绩执行《住房和城乡建设部办公厅关于进一步推进勘察设计资质资格电子化管理工作的通知》（建办市〔2017〕67号）第三条的规定，申请建筑行业甲级资质、市政行业甲级资质、市政行业（燃气工程、轨道交通工程除外）甲级资质的企业，未进入全国建筑市场监管公共服务平台的企业业绩和个人业绩，在资质审查时不作为有效业绩认定。

8. 什么样的专业技术人员才能作为有效的专业人员申报？

答：《建设工程勘察设计资质管理规定实施意见》（建市〔2007〕202号）第三十五条第六款规定：在确定主要专业技术人员为有效专业人员时，除具备有效劳动关系以外，主要专业技术人员中的非注册人员学历专业、职称证书的专业范围，应与岗位要求的本专业和称谓一致和相符。符合下列条件之一的，也可作为有效专业人员认定：（1）学历专业与岗位要求的本专业不一致，职称证书专业范围与岗位称谓相符，个人资历和业绩符合资质标准对主导专业非注册人员的资历和业绩要求的；（2）学历专业与岗位要求的本专业一致，职称证书专业范围空缺或与岗位称谓不相符，个人资历和业绩符合资质标准对主导专业非注册人员的资历和业绩要求的；（3）学历专业为相近专业，职称证书专业范围与岗位称谓相近，个人资历和业绩符合资质标准对主导专业非注册人员的资历和业绩要求的；（4）学历专业、职称证书专业范围均与岗位要求的不一致，但取得高等院校一年以上本专业学习结业证书，从事工程设计10年及以上，个人资历和业绩符合资质标准对主导专业非注册人员的资历和业绩要求的。

9. 申报工程设计资质时，是否可以由注册执业人员替代非注册人员进行申报？

答：注册执业人员可以替代本专业岗位的非注册人员，但该注册执业人员须满足工程设计资质标准对该专业岗位非注册人员的要求。如注册建筑师可以替代建筑专业岗位的非注册人员，但其仍应满足中级及以上技术职称，10年以上工程设计经历的要求。该专业作为主导专业考核的，还应提供个人业绩。

10. 一个注册人员同时具备两个及以上注册执业资格，在资质申报时，是否可以重复计算？

答：不可以。当一个注册人员同时具有两个及以上注册执业资格，作为注册人员考核时，只认定一个专业的注册执业资格，其他注册执业资格不再作为相关专业的注册人员予以认定。如一个注册人员同时具有一级注册建筑师、一级注册结构工程师两个注册执业资格，资质申报时只能选用其一，不能同时作为建筑、结构专业的注册执业人员进行申报。

11. 一个一级注册建筑师或一级注册结构工程师是否可以作为两个二级注册建筑师或二级结构工程师予以认定？

答：不可以。一个一级注册建筑师或一级注册结构工程师只可替代一个二级注册建筑师或二级结构工程师。

12. 申请化工石化医药、市政等工程设计行业资质时，标准要求个人业绩需涵盖本行业中的若干设计类型，是否要求每个技术人员提供的个人业绩都需涵盖上述设计类型呢？

答：不需要。企业配备技术人员提供的个人业绩覆盖了标准要求的设计类型即可，并不需要每个技术人员都要满足标准要求的全部设计类型的要求。

13. 工程设计资质延续是否考核注册电气工程师、注册公用设备工程和注册化工工程师？

答：暂不考核。

14. 目前有些专业虽然已经开始了注册考试或已经取得了执业资格，但国家还没有启动注册，这些专业的技术人员应该如何考核？

答：经考核认定或考试取得了某个专业注册工程师资格证书，但还没有启动该专业注册的人员和标准“专业设置”范围内还没有建立注册执业资格制度的专业技术人员，按非注册人员考核，不需要填写在《申请表》的注册人员一览表中。这类人员需具备中级以上职称、10年以上设计经历、大专以上学历即可。作为主导专业的，还需提供个人业绩。

15. 资质申报中所有人员的年龄是否必须在60周岁及以下？

答：除申请建筑设计事务所资质允许有一名一级注册建筑师超过60周岁以外，申请其他工程设计资质所要求的人员年龄均须在60周岁及以下。

16. 已办理退休手续，但尚未到60周岁的人员是否可以作为资质标准要求的人员予以认定？

答：可以。除按工程设计资质标准要求提供有关学历、职称、合同等证明材料，填写“专业技术人员基本情况及业绩表”外，还需提供原聘用单位出具的退休证明。

17. 资质标准要求的企业业绩可否是已完成设计工作，但尚未建成的项目？需提供什么证明材料？

答：未建成的项目不能认定。企业业绩必须是竣工投产的或者是已经试运行的。其证明材料包括：建设单位（业主）出具的工程竣工、移交、试运行证明文件，或工程竣工验收文件的。

18. 建筑行业或建筑行业建筑工程专业资质要求的企业主要技术负责人必须是一级注册建筑师吗？

答：是。

19. 工程设计综合甲级资质中要求的10名从事工程项目管理且具备建造师或监理工程师注册执业资格的人员是否可以为二级建造师？

答：不可以。符合标准要求的工程项目管理人员须为一级建造师或注册监理工程师。

20. 申请工程设计综合资质企业“勘察设计营业收入”和“营业税金及附加”两项指标的前50名排序如何考核？

答：由于国家已完成营业税改增值税工作，自2012年全国勘察设计统计年报工作开始，不再对“营业税金及附加”指标进行排序，资质申报中不再考核“营业税金及附加”排名情况，对“勘察设计营业收入”排名的考核要求，仍按标准规定执行，维持不变。

21. 申请工程设计行业甲级资质的企业需具备那些条件？

答：申请工程设计行业甲级资质的企业需具备以下资质条件之一：具备所申请行业乙级行业资质；具备所申请行业技术人员配备表中所要求设计类型对应的专业甲级资质。具备所申请行业技术人员配备表中所要求设计类型中部分设计类型具有专业甲级资质，另外的部分设计类型具备专业乙级资质。

22. 设计资质标准中对于总图专业人员所学专业、职称专业如何要求？

答：工艺、规划、建筑专业可以作为总图专业的相近专业认可。结构专业不作为总图专业的相近专业予以认可。

三、一级注册建筑师执业资格认定

一级注册建筑师执业资格认定，包括：初始注册、变更注册、延续注册、更改补办、注销注册、聘用企业等事项。

（一）设定依据，《建筑法》（1997年11月1日主席令第九十一号，2011年4月22日予以修改）第十四条：从事建筑活动的专业技术人员，应当依法取得相应的执业资格证书，并在执业资格证书许可的范围内从事建筑活动。《建设工程勘察设计管理条例》（2000年9月25日国务院令第293号，2015年6月12日予以修改）第九条：国家对从事建设工程勘察、设计活动的专业技术人员，实行执业资格注册管理制度。未经注册的建设工程勘察、设计人员，不得以注册执业人员的名义从事建设工程勘察、设计活动。《注册建筑师条例》（1995年9月23日国务院令第184号）第四条：国务院建设行政主管部门、人事行政主管部门和省、自治区、直辖市人民政府建设行政主管部门、人事行政主管部门依照本条例的规定对注册建筑师的考试、注册和执业实施指导和监督。第十二条：一级注册建筑师的注册，由全国注册建筑师管理委员会负责。《注册建筑师条例实施细则》（2008年1月29日建设部令第167号）第五条：全国注册建筑师管理委员会负责注册建筑师考试、一级注册建筑师注册、制定颁布注册建筑师有关标准以及相关国际交流等具体工作。

（二）初始注册受理条件，依法取得一级注册建筑师执业资格证书或者互认资格证书；只受聘于中华人民共和国境内的一个建设工程勘察、设计、施工、监理、招标代理、造价咨询等单位；达到继续教育要求。

（三）一级注册建筑师执业资格认定受理常见问题（行政审批集中受理办公室）：

1. 审批文件的领取方式与领取凭证是什么？

审批文件通过全国一级注册建筑师、工程师管理信息系统可自行查询。

2. 如何了解申请材料是否已齐全？

申请材料不齐全，全国一级注册建筑师、工程师管理信息系统企业版补正材料网上通知。

3. 如何查询申请材料目录？

登录全国一级注册建筑师、工程师管理信息系统查询；在住房和城乡建设部执业资格注册中心官网申报须知中查询。

四、一级注册结构工程师和其他专业勘察设计注册工程师执业资格认定

一级注册结构工程师和其他专业勘察设计注册工程师执业资格认定，包括：初始注册、变更注册、延续注册、更改补办、注销注册、聘用单位等事项。

（一）设定依据，《建筑法》（1997年11月1日主席令第九十一号，2011年4月22日予以修改）第十四条：从事建筑活动的专业技术人员，应当依法取得相应的执业资格证书，并在执业资格证书许可的范围内从事建筑活动。《建设工程勘察设计管理条例》（2000年9月25日国务院令第293号，2015年6月12日予以修改）第九条：国家对从事建设工程勘察、设计活动的专业技术人员，实行执业资格注册管理制度。未经注册的建设工程勘察、设计人员，不得以注册执业人员的名义从事建设工程勘察、设计活动。《勘察设计注册工程师管理规定》（2005年2月4日建设部令第137号，2016年9月13日予以修改）第七条：取得资格证书的人员申请注册，由国务院住房和城乡建设主管部门审批；其中涉及有关部门的专业注册工程师的注册，由国务院住房和城乡建设主管部门和有关部门审批。

（二）初始注册受理条件，依法取得勘察设计注册工程师相应专业执业资格证书或者互认资格证书；只受聘于中华人民共和国境内的一个建设工程勘察、设计、施工、监理、招标代理、造价咨询等单位。

（三）一级注册结构工程师和其他专业勘察设计注册工程师执业资格认定受理常见问题（行政审批集中受理办公室）：

1. 如何查询申请材料目录？

登录全国一级注册建筑师、工程师管理信息系统查询；在住房和城乡建设部执业资格注册中心官网申报须知中查询。

2. 审批文件的领取方式与领取凭证是什么？

审批文件通过全国一级注册建筑师、工程师管理信息系统可自行查询。

3. 如何了解申请材料是否已齐全？

申请材料不齐全，全国一级注册建筑师、工程师管理信息系统企业版补正材料网上通知。

第六节　建筑业企业人员行政审批事项

一、建筑业企业资质认定

住建部建筑业企业资质认定，包括：新申请、增项、升级、重新核定；遗失补办，企业名称、地址、注册资本、法定代表人等发生变更；重组、合并、分立等情况（含国有企业改制、跨省变更）资质核定；延续等事项。

（一）设定依据《建筑法》（1997 年 11 月 1 日主席令第九十一号，2011 年 4 月 22 日予以修改）第十三条：从事建筑活动的建筑施工企业、勘察单位、设计单位和工程监理单位，按照其拥有的注册资本、专业技术人员、技术装备和已完成的建筑工程业绩等资质条件，划分为不同的资质等级，经资质审查合格，取得相应等级的资质证书后，方可在其资质等级许可的范围内从事建筑活动。《建设工程安全生产管理条例》（2003 年 11 月 24 日国务院令第 393 号）第二十条：施工单位从事建设工程的新建、扩建、改建和拆除等活动，应当具备国家规定的注册资本、专业技术人员、技术装备和安全生产等条件，依法取得相应等级的资质证书，并在其资质等级许可的范围内承揽工程。《建筑业企业资质管理规定》（2015 年 1 月 22 日住房和城乡建设部令第 22 号，2016 年 9 月 13 日、2018 年 12 月 22 日予以修改）第九条：下列建筑业企业资质，由国务院住房和城乡建设主管部门许可：（一）施工总承包资质序列特级资质、一级资质及铁路工程施工总承包二级资质；（二）专业承包资质序列公路、水运、水利、铁路、民航方面的专业承包一级资质及铁路、民航专业方面的专业承包二级资质；涉及多个专业的专业承包一级资质。

（二）申请核定受理条件，国务院住房和城乡建设主管部门在收到申请材料后，应当依法作出是否受理的决定，并出具凭证；申请材料不齐全或者不符合法定形式的，应当在 5 日内一次性告知申请人需要补正的全部内容。逾期不告知的，自收到申请材料之日起即为受理。

（三）建筑业企业资质认定受理常见问题（行政审批集中受理办公室）：

1. 如何查找《建筑业企业资质管理规定》（以下简称《规定》）、《建筑业企业资质标准》（以下简称《标准》）、《建筑业企业资质管理规定和资质标准实施意见》（以下简称《实施意见》）？

答：可以到住房和城乡建设部网站查找：住房和城乡建设部网站（http://www.mohurd.gov.cn）→建设工程企业资质行政审批专栏→部门规章、资质标准、政策文件。

2. 各级资质许可机关（住房和城乡建设部、省级城乡建设主管部门、设区的市城乡建设主管部门）审批的资质类别和等级具体有哪些？

答：各级资质许可机关审批的资质类别和等级具体见《规定》的第九、十、十一条款。

3. 企业申请资质的类别、等级、数量、年限有何要求？

答：企业可以申请施工总承包、专业承包、施工劳务资质三个序列的各类别资质，申请资质序列、类别、数量不受限制。企业首次申请（即不具有建筑业企业资质的企业，申请建筑业企业资质的）或增项申请（即已具有建筑业企业资质的企业，申请增加其他类别的建筑业企业资质的）资质的，应从最低等级申请。企业申请资质升级（即已具有建筑业企业资质的企业，申请同类别高一等级资质的）不受年限限制，但需逐级申请资质升级。

4. 企业申请资质需要提供什么申请材料？有何要求？

企业申请资质应按照首次、增项、升级、延续、简单变更、遗失补办、重新核定等申请事项和要求，提交相应材料，见《实施意见》附件 2：《建筑业企业资质申报材料清单》。申请材料要求：对同一审批机关许可的资质，企业应按照《实施意见》附件 1-1 提供《建筑业企业资质申请表》一式一份，附件材料一套。其中涉及公路、水运、水利、通信、铁路、民航等方面资质的（见《实施意见》

的“五、有关说明和指标解释”中第（三十五）条款），每涉及一个方面的，须另增加《建筑业企业资质申请表》一份、附件材料一套。附件材料应按“综合资料、人员资料、工程业绩资料”的顺序装订，规格为A4（210mm×297mm）型纸（但不得对资料原件放大或缩小），并有标明页码的总目录及申报说明，采用软封面封底，逐页编写页码。申报材料必须数据齐全、填表规范、印鉴齐全、字迹清晰，材料必须清晰、可辨。企业的申报材料必须使用中文，材料原文是其他文字的，须同时附翻译准确的中文译本。资质受理机关受理后，申报材料不得修改更换。

5. 申请表中的每一项都要填写吗？

答：考核企业申请资质的指标是以企业资质申请表中申报的各项指标为准。凡申请表中未填报的人员、业绩等，均不能作为有效指标认定。申请表中的每一项应据实填报，确无某一项的应填写为“—”。

6. 企业申请资质时可以利用其母公司、子公司、管理公司等相应资源吗？

答：不可以。企业申请资质应以独立企业法人所拥有的主要人员、资本、业绩、技术装备等情况进行申报，不能使用其母公司、子公司、管理公司等相应资源，如人员、资产、设备、业绩等。

7. 事业单位可以申请建筑业企业资质吗？资质申报中有事业编制的人员可以吗？

答：不可以。资质申报单位需具有独立企业法人资格。资质申报中有事业编制的人员不予认定。

8. 资质标准中的“以上”“以下”“不少于”“超过”“不超过”如何理解？

答：“以上”“不少于”“超过”是下限，“以下”“不超过”是上限。“以上”“以下”“不少于”“超过”“不超过”均包含本数。比如：标准中的“净资产1000万元以上”是指净资产最少为1000万元（含）；标准中的“开挖深度不超过12米的基坑围护工程”是指可承接开挖深度最大为12米（含）的基坑围护工程。

9. 标准中要求的生产厂房，可以是租赁的吗？提供什么证明材料？企业具有多处厂房的，可以累计考核吗？

答：可以是租赁的。标准中有明确要求的生产厂房，属企业自有的，需提供厂房面积符合要求的不动产权证等材料；属企业租赁的，需提供厂房面积符合要求的租赁协议和出租方的不动产权证等材料，且租赁到期日期应不早于企业资质申请受理之日。企业具有多处厂房的，可以累计考核。

10. 标准中要求的设备，可以是租赁的吗？上级划拨的是否可以？提供什么证明材料？

答：不可以是租赁的。

标准中明确要求的设备应为企业自有设备，需提供企业设备购置发票（除港口与航道施工总承包资质外）。上级单位划拨的应同时提供划拨或分割证明，否则不予认可。标准中对设备的规格、性能、数量有要求的，发票上不能体现的，企业应延伸提供相关证明材料，如设备使用说明书等。港口与航道施工总承包资质要求的设备，应提供所属权证明和检验合格证明。标准中未明确要求的设备，申请表中可以不填写，也不需要提供证明材料。

11. 标准中企业主要人员有哪些？年龄有要求吗？

答：企业主要人员包括：注册执业人员、技术职称人员（含技术负责人）、现场管理人员、技术工人等4类。企业主要人员年龄均为60周岁及以下且由企业为其缴纳社会保险。

12. 企业主要人员可以受聘或注册于两家或以上单位吗？其证书中的单位必须与申报单位一致吗？

答：企业主要人员不能同时受聘或注册于两家或以上单位。除注册执业人员外，主要人员的证书上单位和申报单位可以不一致，但社会保险必须在申报单位。

13. 企业申请某一类别资质时，某一个人具有多个证书，能否分别申报考核？

答：企业申请某一类别资质时，主要人员中每类人员数量、专业、工种均应满足《标准》要求。某一个人具有注册证书、技术职称、岗位证书、技术工人培训合格证书或职业技能等级证书中两个及以上的，只能作为一人申报考核；但一个人同时拥有注册证书和技术职称的，可同时作为注册人员和技术职称人员申报考核。

14. 企业申请多个类别资质时，某一个人具有多个证书，能否分别在各类别资质中申报考核？

答：企业申请多个类别资质时，主要人员中每类人员数量、专业、工种等应分别满足所申请类别资质《标准》要求，不需累加每类人员数量指标。某一个人具有注册证书、技术职称、岗位证书、技术工人培训合格证书或职业技能等级证书中两个及以上的，可分别在各类别资质中申报考核，如一个人同时具有建筑工程职称证书和道路工程毕业证书，可分别作为建筑工程和市政公用工程施工总承包资质要求的职称人员申报考核，但在申报市政公用工程施工总承包资质时，应提交其毕业证书。

15. 标准中要求的技术负责人必须是企业的总工程师吗？企业如何明确技术负责人？

答：《标准》中要求的技术负责人不一定是企业的总工程师。企业的总工程师可以是某类资质要求的技术负责人。企业申请1个或多个类别资质的，技术负责人的资历、专业、职称、业绩、注册执业资格（如要求）应满足各类资质标准要求，应在申请表中明确每个类别资质的1名技术负责人。同一个技术负责人只要分别满足所申请类别资质的相应标准要求，可以同时明确为多个类别资质的技术负责人。《标准》中对技术负责人有个人业绩要求的，应提供《实施意见》中的附件3：技术负责人（或注册人员）基本情况及业绩表，不需再提供个人业绩的其他材料。

16. 技术职称人员包括经济类及教学、研究人员吗？技术职称人员的专业如何考核认定？

职称是指设区的市级及以上人事主管部门或其授权的单位评审的工程系列专业技术职称。技术职称人员是指取得有职称评审权限部门颁发的职称证书的人员，不包括经济类人员，也不包括具有教学、研究等系列职称的人员。《标准》中的职称人员均指中级及以上工程系列职称人员，其专业按职称证书的岗位专业或毕业证书中所学专业为准。《标准》中对职称人员专业作了限定，且要求专业齐全的，按照申报人员应由具有相应专业的技术职称人员组成，且每个专业至少有1人；《标准》中对技术职称人员专业作了限定，但未要求专业齐全的，按照相应专业的申报人员数量达到标准要求即可，每一类专业人员数量不作要求；《标准》中未对技术职称人员专业作限定，但要求部分专业齐全的，按照要求齐全的专业至少有1人，其余申报人员专业不作限定。

17. 提供的技术职称人员的专业与标准要求的专业相近，能否申报认定？

答：提供的技术职称人员的专业与标准要求的专业相近，且资质许可部门认可的是可以申报的。如：《标准》中结构专业包括：土木工程、工民建、结构、建筑施工、建筑工程等专业；岩土专业包括：岩土工程、地下工程、水文地质工程、隧道工程、矿山工程、地质勘探与矿山等专业；机械专业包括：机械工程、自动化、机电工程、设备工程、自动控制、机械设计、机械制造、机械设备、机械电气等专业；焊接专业包括：焊接技术与工程、压力容器、金属材料、热工（热处理）、机械制造（制造工程）、锅炉、材料力学、材料科学与工程等专业；光源与照明专业包括：电光源、光电子技术科学、光电信息工程、光学、光学工程等专业。

18. 企业申请资质一般应提供代表工程业绩的什么材料？必须提供图纸、工程结算单等材料吗？若需要，应提供什么样的材料？

答：企业申请资质一般应提供代表工程业绩的中标通知书、工程合同（协议书）、竣工验收证明等材料。建筑工程施工总承包资质标准中涉及的业绩指标（层数、高度、单体建筑面积、跨度），均应提供能反映技术指标的图纸；除建筑工程施工总承包资质外的资质标准中涉及的业绩指标，中标通知书、工程合同（协议书）、竣工验收证明等材料中能明确反映业绩考核指标的，不需要提供图纸、工程结算单等材料，不能明确反映指标的，需要提供能反映该项技术指标的图纸或其他有效的证明材料。

19. 企业提供的代表工程业绩图纸有何规定要求？

答：规定要求主要有：提供的图纸能清楚有效反映代表工程业绩的技术指标；工程图纸至少应含图签、设计单位出图章，有些图纸按照相关要求还应包含注册人员签章等；图签中的工程项目名称、图纸名称、设计人员签字、出图时间、出图版本应是齐全、有效的；设计单位出图章和注册人员签章的编号应该一致；注册人员签章应按其专业签盖在相应专业图纸上；设计单位出图章和注册人员签章、印签章的有效期与图纸的出图时间均应符合相应逻辑关系。

20. 如何理解标准中代表工程业绩要求的“近5年”或“近10年”？

答：《标准》中代表工程业绩要求的“近5年”或“近10年”，是指自申请资质年度起逆推5年或10年期间竣工验收合格的工程业绩。如：申报年度为2015年，“近5年”的业绩是指2010年1月1日之后竣工（交工）验收合格的工程项目。超过此时限的代表工程业绩不能认可。

21. 企业申报的某项代表工程业绩，同时满足业绩标准中的多项技术指标，能否作为多项代表工程业绩申报？

答：《实施意见》中明确为：一项单位工程业绩同时满足多项技术指标的，只能作为一项工程业绩指标申报。企业申报的该项代表工程业绩是一项单位工程，无论满足多少项技术指标，只能作为一项业绩申报；由多个单位工程组成的单项工程，且每一单位工程分别满足不同的技术指标，可以作为多项业绩申报。

22. 同一工程业绩可否同时按照《标准》中的累计指标和单项技术指标作为代表工程业绩申报？

答：《标准》中分别为累计和单项技术指标的，同一工程业绩可同时作为代表工程业绩申报，但铁路方面资质除外。

23. 企业可否以总承包资质承接的工程业绩中的某项专业工程作为专业承包资质的代表工程业绩申报？

答：不可以。申请专业承包资质的企业应提供其依法单独承接的所申请资质类别的专业工程业绩。

24. 配套工程可否单独作为企业施工总承包或专业承包资质的代表工程业绩申报？

答：不可以。

25. 标准中“单项合同额”指标的代表工程业绩，需要提供结算单吗？同一工程项目分期发包，签订多个施工合同的，可以按照累加的合同额作为代表工程业绩申报吗？

答：需要提供结算单。单项合同额是指一个承包合同所载合同价。以承包合同价为准，工程结算单作为工程完成且工程款已到位的验证；承包合同未载明合同价的，以工程结算单为准。同一工程项目分期发包，签订多个施工合同的，不可以作为考核合同额指标的代表工程业绩申报。

26. 标准中建筑工程高度、层数如何计算的？

答：建筑工程高度应从标高正负零算起至檐口的高度。建筑工程层数是指正负零到檐口之间的楼层数，其中，设备层不计算在内，跃层按单层计算。

27. 重组、分立后的企业再申请资质时，原企业的业绩是否可以作为代表工程业绩申报？

答：重组、分立后的企业再申请资质的，应申报重组、分立后承接的工程项目作为代表工程业绩；合并后的新企业再申请资质的，原企业在合并前承接的工程项目可作为代表工程业绩申报。

28. 建筑工程中的轻钢、网架结构跨度业绩能否作为建筑工程施工总承包业绩申报？

答：不可以。

29. 什么是超资质范围承接的工程？此类工程是否可以作为代表工程业绩？

答：超资质范围承接的工程是指超越本企业资质等级中工程承接范围的工程，包括不是在企业所取得的资质等级所对应的承包工程范围内的、超出所取得资质等级时间的、超出所取得的资质等级有设限要求的等。此类工程不能作为代表工程业绩申报。但企业以境外承包工程作为代表工程业绩的，无论其是否超越资质承包工程范围均可以申报。

30. 保密工程能否作为代表工程业绩申报？

答：不可以。

31. 企业因某项工程的问题受到相关处理的，该项业绩还可以作为代表工程业绩申报吗？

答：不可以。具体情况有：企业因该工程负有工程质量、生产安全事故责任被降级、吊销、撤销资质、停业整顿，或因该工程业绩弄虚作假申报资质被通报批评或撤销资质的，相应工程业绩不应作为代表工程业绩申报。

32. 企业申报的代表工程业绩中的该项目负责人是否需要考核？考核什么？

答：需要考核。考核企业申报的代表工程业绩中的项目负责人是否存在违反有关规定同时在两个及以上项目担任项目负责人，或在项目实施时（限 2008 年 3 月 1 日以后中标承接的工程）为非本企业建造师，或不具备建造师资格，或超越建造师执业范围执业。如果存在以上情况，不予认定该项代表工程业绩，也就是该项工程业绩不能作为代表工程业绩申报。

33. 建筑装修装饰工程专业承包资质的代表工程业绩可以包括建筑幕墙工程吗？

答：不可以。

34. 某工程项目没有中标通知书，是否可以不提供该代表工程业绩的中标通知书？

答：不可以。每项代表工程业绩均应提供中标通知书。依法可以不进行招标的项目，可以提供业主单位或招标代理机构出具的有关中标文件，如直接发包通知书等。

35. 代表工程业绩的合同（协议书）是否需要全部提供？

答：不需要。每项代表工程业绩合同均应提供施工承包合同协议书和专用条款。提供合同的基本组成要素（甲乙方的基本信息、基本约定、双方签章等）、反映主体内容及技术指标的部分主要内容，合同通用条款不需要提供。

36. 代表工程业绩竣工（交工）证明材料是什么？需要哪些单位认可签章？

答：每项代表工程业绩均应提供相应的竣工验收证明材料即工程竣工（交工）验收文件或有关部门出具的工程质量鉴定书，境外工程还应包括驻外使领馆经商部门出具的工程真实性证明文件。竣工验收证明材料需包含参与验收的单位及人员签章、验收的内容、验收的结论、验收的时间等内容。参与验收的单位一般有：建设（业主）、勘察设计、监理、施工等单位。申报建筑工程施工总承包资质的，单位工程竣工验收合格后，方可作为代表工程业绩申报。

37. 已取得工程勘察资质的单位，是否可以申请地基基础工程施工专业承包资质？

答：可以。但应从最低等级开始申请。

38. 具有设计资质的企业能否申请建筑业企业资质？

答：已取得工程设计综合资质、行业甲级资质的企业，可以直接申请相应类别施工总承包一级资质，企业自行完成或者以联合体形式完成的相应规模工程总承包业绩可以作为其工程业绩申报。工程设计资质与施工总承包资质类别对照表见《实施意见》附件 4-1。其中，具有工程设计综合资质、建筑行业甲级资质、建筑工程专业甲级资质、市政行业甲级资质、市政行业（燃气工程、轨道交通工程除外）甲级资质的企业，可以直接申请相应的建筑工程、市政公用工程施工总承包一级资质，企业自行完成或者以联合体形式完成的工程总承包业绩，可以作为其工程业绩申报。除以上两种情形外，工程设计企业应按照《实施意见》中首次申请的要求申请建筑业企业资质。

39. 外商独资企业是否可以申请建筑业企业资质，其承包工程范围有何要求？

答：外商独资企业可以申请建筑业企业资质，其承包范围以其取得的资质许可为准。

40. 取得建筑工程施工总承包一级（限钢结构主体工程）资质企业业务承揽范围是什么？

答：可承担以钢结构为主体的各类建筑工程的施工。包括：单层建筑体系中的排架、框架、刚架结构的柱、梁为钢构件的工程；单层、多层轻钢龙骨房屋；多高层建筑体系中框架、筒体结构中的柱、梁、支撑为钢构件的工程（包括钢结构住宅等）；大跨度建筑中钢结构覆盖建筑面积大于其单体建筑面积 70%（含）以上的工程，且其中的拱、桁架、网架、网壳、悬索、索网及其组合形成结构中的构件为钢构件的工程；全钢结构的构筑物（包括钢结构立体停车库等）等。

41. 以建筑装修装饰、建筑幕墙等专业承包资质承接项目（工程内容包含模板脚手架）时，是否必须同时具有模板脚手架专业承包资质？

答：以建筑装修装饰、建筑幕墙等专业承包资质承接项目（工程内容包含模板脚手架）时，企业可以对承接的专业工程全部自行组织施工，不要求同时具有模板脚手架专业承包资质。

42. 施工总承包企业承接工程后，可将劳务作业分包给劳务企业，材料均由施工总承包企业提供，劳务企业不具有相关的专业承包资质，此类发承包方式是否合法？

答：施工总承包企业承接工程后，可将劳务作业分包给劳务企业，材料均由施工总承包企业提供，不要求劳务企业具有相关的专业承包资质，但必须具有施工劳务资质。

43. 企业以建筑装修装饰专业承包资质承接工程后，可否将施工范围内的消防、机电等内容分包给具备相应资质的专业承包企业？

答：企业以建筑装修装饰专业承包资质承接工程后，不得将工程再分包给具备相应资质的专业承包企业。

44.《国务院关于取消一批职业资格许可和认定事项的决定》取消了造价员资格认定后，是否还考核造价员？

答：建筑业企业资质不再考核造价员指标。

45. 建筑工程施工总承包三级资质的技术负责人业绩有什么要求？

答：技术负责人主持完成过的业绩不少于 2 项。对于建筑工程施工总承包业绩标准，需满足建筑施工总承包二级或建筑施工总承包一级的业绩标准 4 类中的 2 类即可，不考核技术负责人申报业绩年限，不限制技术负责人所在企业资质等级。

46. 建办市函〔2022〕361 号文印发后，企业直接申请施工总承包、专业承包二级资质的具体考核指标是什么？

答：按照《住房和城乡建设部办公厅关于建设工程企业资质有关事宜的通知》（建办市函〔2022〕361 号）规定，具有法人资格的企业可直接申请施工总承包、专业承包二级资质。企业按照新申请或增项提交相关材料，企业资产、技术负责人需满足《建筑业企业资质标准》（建市〔2014〕159 号）规定的相应类别二级资质标准要求，注册建造师、职称人员、技术工人、个人业绩等其他指标需满足相应类别三级资质标准要求。

以企业直接申请建筑工程施工总承包二级资质为例，考核如下指标：企业资产净资产 4000 万元以上。企业主要人员，建筑工程、机电工程专业注册建造师合计不少于 5 人，其中建筑工程专业注册建造师不少于 4 人；技术负责人具有 8 年以上从事工程施工技术管理工作经历，且具有结构专业高级职称或建筑工程专业一级注册建造师执业资格；建筑工程相关专业中级以上职称人员不少于 6 人，且结构、给排水、电气等专业齐全；经考核或培训合格的中级工以上技术工人不少于 30 人；技术负责人（或注册建造师）主持完成过本类别资质二级以上标准要求的工程业绩不少于 2 项。

二、一级建造师执业资格认定

住建部一级建造师执业资格认定，包括：初始注册、延续注册、增项注册、注销手续、重新注册等事项。

（一）设定依据。《建筑法》（1997 年 11 月 1 日主席令第九十一号，2011 年 4 月 22 日予以修改）第十四条：从事建筑活动的专业技术人员，应当依法取得相应的执业资格证书，并在执业资格证书许可的范围内从事建筑活动。《注册建造师管理规定》（建设部令第 153 号发布，住房和城乡建设部令第 32 号修改）第四条：国务院建设主管部门对全国注册建造师的注册、执业活动实施统一监督管理；国务院铁路、交通、水利、信息产业、民航等有关部门按照国务院规定的职责分工，对全国有关专业工程注册建造师的执业活动实施监督管理。

（二）初始注册受理条件。通过考核认定或考试合格取得中华人民共和国一级建造师执业资格证书；受聘于一个具有建设工程施工或勘察、设计、监理、招标代理、造价咨询资质的企业；逾期申请注册的，应当提供达到继续教育要求的证明材料。

（三）一级建造师执业资格认定受理常见问题（行政审批集中受理办公室）：

1. 初始注册操作流程是怎样的？

登录“中国建造师网”，点击“注册建造师管理信息系统”，然后依次选择“一级建造师”→“个人入口”后，跳转至“住房和城乡建设部政务服务门户”，点击“登录”进入登录界面输入相应的信息，完成账号登录后在“人员行政审批事项”中依次选择“建造师”→“一级建造师执业资格认定（初始注册）”→点击“在线办理”按钮→进入扫描识别页面后，使用“国家政务服务平台”APP扫描页面左侧二维码，点击“国家政务服务平台”APP中的“开始人脸识别”按钮，人脸识别认证成功后，在自动跳转的一级建造师注册办理事项页面中，点击“注册业务申请”按钮，进入一级建造师执业资格认定（初始注册）申报须知页面后，认真阅读“注册须知”“收取材料”，勾选“注册须知”栏目中的复选框，点击“下一步”按钮，进入申报信息填写页面。

2. 注册进度如何查询？

登录“中国建造师网”，点击“注册建造师管理信息系统”，然后依次选择“一级建造师”→“个人入口”后，跳转至“住房和城乡建设部政务服务门户”，点击“登录”进入登录界面输入相应的信息，完成账号登录后在“人员行政审批事项”中依次选择“建造师”→“一级建造师执业资格认定（初始注册）”→点击“在线办理”按钮→进入扫描识别页面后，使用“国家政务服务平台”APP扫描页面左侧二维码，点击“国家政务服务平台”APP中的“开始人脸识别”按钮，人脸识别认证成功后，在自动跳转的一级建造师注册办理事项页面中，点击“注册业务申请”按钮，进入一级建造师执业资格认定（初始注册）申报须知页面后，认真阅读“注册须知”“收取材料”，勾选“注册须知”栏目中的复选框，点击“下一步”按钮，进入申报信息填写页面。

3. 什么情况下需要申请初始注册？

已取得资格证书，首次申请注册的，应当提出初始注册申请。距资格证书签发之日超过3年的，应当达到继续教育要求。

第七节　工程监理企业人员行政审批事项

一、工程监理企业资质认定

住建部工程监理企业资质认定，包括：新申请、增项、升级、重新核定；企业名称变更、增加副本、更换证书、遗失补办、注销资质；重组、合并、分立等情况（含国有企业改制、跨省变更）资质核定；延续等事项。

（一）设定依据。《建筑法》（1997年11月1日主席令第九十一号，2011年4月22日予以修改）第十三条：从事建筑活动的建筑施工企业、勘察单位、设计单位和工程监理单位，按照其拥有的注册资本、专业技术人员、技术装备和已完成的建筑工程业绩等资质条件，划分为不同的资质等级，经资质审查合格，取得相应等级的资质证书后，方可在其资质等级许可的范围内从事建筑活动。《工程监理企业资质管理规定》（2007年6月26日建设部令第158号，2015年5月4日、2016年9月13日、2018年12月22日予以修改）第九条：申请综合资质、专业甲级资质的，可以向企业工商注册所在地的省、自治区、直辖市人民政府住房和城乡建设主管部门提交申请材料。省、自治区、直辖市人民政府住房和城乡建设主管部门收到申请材料后，应当在5日内将全部申请材料报审批部门。国务院住房和城乡建设主管部门在收到申请材料后，应当依法作出是否受理的决定，并出具凭证；申请材料不齐全或者不符合法定形式的，应当在5日内一次性告知申请人需要补正的全部内容。逾期不告知的，自收到申请材料之日起即为受理。国务院住房和城乡建设主管部门应当自受理之日起20日内完成审查。自作出决定之日起10日内公告审批结果。其中，涉及铁路、交通、水利、通信、民航等方面的工程监理资质，由国务院住房和城乡建设主管部门送国务院有关部门审核，国务院有关部门应当在15日内审核完毕，并将审核意见送国务院住房和城乡建设主管部门。组织专家评审所需时间不计算在上述时限内，但应当明确告知申请人。

（二）申请核定受理条件。国务院住房和城乡建设主管部门在收到申请材料后，应当依法作出是否受理的决定，并出具凭证；申请材料不齐全或者不符合法定形式的，应当在5日内一次性告知申请人需要补正的全部内容。逾期不告知的，自收到申请材料之日起即为受理。

（三）工程监理企业资质认定受理常见问题（行政审批集中受理办公室）：

1. 工程监理企业资质等级如何划分？

答：工程监理企业资质分为综合资质、专业资质和事务所资质三个类别。综合资质、事务所资质不分等级。专业资质分为甲级、乙级。

2. 企业初次申请监理资质可以直接申请专业甲级吗？

答：企业初次申请工程监理资质只能从专业乙级及以下开始。但具有甲级设计资质或一级及以上施工总承包资质的企业可以直接申请与主营业务相对应的专业工程类别甲级工程监理企业资质。

3. 企业初次申请可以直接申请综合资质吗？

答：不可以。企业具有 5 个以上工程类别的专业甲级工程监理资质后，方有资格申请综合资质。

4. 新设立企业申请专业监理资质，只能从最低等级申请吗？

答：新设立企业申请专业监理资质，应从最低等级专业资质开始申请。但申请房屋建筑、水利水电、公路和市政公用工程专业监理资质的，可以直接申请专业乙级资质。具有工程设计甲级资质或施工总承包一级及以上资质的企业，首次申请相应监理专业资质的，可以直接申请专业甲级资质 。

5. 企业可以同时具有工程监理综合资质证书、专业资质证书及事务所资质证书吗？

答：不可以。具有工程监理综合资质的企业不得申请专业资质及事务所资质。具有工程监理专业资质的企业在取得综合资质后需交回专业资质证书。具有工程监理专业资质的企业不得申请事务所资质。具有工程监理事务所资质的企业，不得申请综合资质及专业资质。

6. 企业可以同时持有多个不同级别的工程监理专业资质证书吗？

答：可以。依据《工程监理企业资质管理规定》（建设部令第 158 号）的规定，监理企业资质取消原主增项的设定，即企业同时具有的不同级别的专业资质不再载明在一本证书上，取而代之的是，不同级别的专业资质载明在对应级别的证书上。例如企业现有专业资质情况为房屋建筑工程甲级、机电安装工程甲级、电力工程乙级、铁路工程乙级，那么企业将同时持有甲级（载明房建、机电）、乙级（载明电力、铁路）三本专业资质证书。

7. 工程监理企业资质标准中涉及注册人员的指标要求有“人”与“人次”的概念，如何理解？

答：工程监理企业资质标准中，涉及注册人员的指标要求有：“人”的含义，是指企业申报的注册人员数量。“人次”含义，是指企业申报的注册人员所持注册证书的数量，如某人同时具备注册监理工程师和建造师，那么在计算人次的时候，可以计为 2 人次。

8. 工程监理企业的法定代表人、经理及技术负责人是否可以为同一个人？

答：可以。

9. 企业申请由专业乙级晋升专业甲级，是否只需满足申请的专业甲级资质要求？

答：工程监理企业申请专业资质升级、增加其他专业资质的，相应专业的注册监理工程师人数需满足已有监理资质所要求的注册监理工程师等人员标准后，方可申请。如：企业现持有房屋建筑工程乙级、公路工程乙级资质。若企业房屋建筑工程甲级资质达标，但公路工程乙级资质不达标，也不批准其由房屋建筑工程专业乙级晋升为甲级。

10. 企业现已取得综合资质，还需要满足 5 个专业甲级的资质条件吗？

答：需要。已取得综合资质的监理企业，在对公司的日常管理中，应保证满足不少于 5 个专业监理甲级资质条件，但不限于申请综合资质时申报的 5 个专业甲级资质。

11. 工程监理企业资质标准中，房屋建筑工程技术指标涉及的“单项工程”是何含义？

答：指建设单位与工程监理企业所签订监理合同的一个委托项目。

12. 企业现有 60 名注册监理工程师，其中有 5 人兼有注册造价工程师资格，请问这种情况符合综合资质条件吗？

答：不符合。综合资质标准中的“注册监理工程师不少于 60 人，注册造价工程师不少于 5 人”是指人数要求，企业申报的人员不可重复计算，如作为监理工程师申报，就不能再作为造价工程师申报。

13. 企业申请工程监理企业综合资质，可用注册造价工程师代替建造师或其他注册资格吗？

答：不可以。综合资质标准要求具有一级建造师、一级注册建筑师、一级注册结构工程师或者其他勘察设计注册工程师合计应不少于15人次，且具有一级建造师不少于1人次；具有一级注册结构工程师或其他勘察设计注册工程师或一级注册建筑师不少于1人次。

14. 二级建造师可用于申请工程监理企业资质吗？

答：不可以。

15. 资质标准中要求有“近2年”工程业绩，“近2年”如何理解？

答：“近2年”是指用于申请资质的工程业绩的有效期，有效期通常从申报当年的前一年逆推2年。如：2022年10月申请资质，则从2021年开始逆推2年（即2020年1月1日~2022年10月）的业绩均在有效期内。

16. 房屋建筑工程的“小区”项目的技术指标如何理解？

答：房屋建筑工程的“小区”，一般是指住宅小区、建筑物群体，一个小区往往由数个建筑物组成，小区建筑面积是指数个建筑物的建筑面积之和。作为工程业绩申报时，需提供所有建筑物的竣工验收材料。

17. 烟囱工程是否可作为房屋建筑工程监理的工程业绩申报？

答：可以。

18. 企业申报工程监理企业资质，需提供工作场所证明和财务报表吗？

答：申请工程监理企业资质一般不需提供工作场所证明。但申请事务所资质的企业需提供“自有房屋产权证明或房屋租赁合同”。申请工程监理企业资质，不需提供财务报表。

19. 已取得工程设计资质的企业，是否可以同时申请工程监理企业资质？如可以，是否可以直接申请本专业工程类别监理甲级资质？

答：已取得工程设计资质的企业，可以同时申请工程监理企业资质。具有甲级设计资质（不含建筑事务所、专项甲级、设计施工一体化一级）的企业可以直接申请与主营业务相对应的专业工程类别甲级工程监理企业资质。具有乙级设计资质，或具有甲级设计资质申请主营业务以外的专业工程类别监理企业资质的企业，应从专业乙级及以下资质开始申请。

20. 企业具有建筑业企业专业承包一级资质，是否可以直接申请本专业工程类别监理甲级资质？

答：不可以。只有具有一级及以上施工总承包资质的企业才可以直接申请与本企业主营业务相对应的专业工程类别甲级工程监理企业资质。

21. 外商投资企业可以申请工程监理企业资质吗？

答：可以。

22. 企业技术负责人同时具备注册监理工程师和注册造价师两项注册执业资格，是否可以作为注册造价师单独申报？

答：不可以。

二、监理工程师执业资格认定

监理工程师执业资格认定：包括：初始注册、变更注册、延续注册、遗失破损补办注册、注销注册等事项。

（一）设定依据。《建筑法》第十四条：从事建筑活动的专业技术人员，应当依法取得相应的执业资格证书，并在执业资格证书许可的范围内从事建筑活动。第六条：国务院建设行政主管部门对全国的建筑活动实施统一监督管理。《注册监理工程师管理规定》第七条：取得资格证书的人员申请注册，由国务院住房和城乡建设主管部门审批。

（二）初始注册受理条件。经中华人民共和国人力资源和社会保障部、住房和城乡建设部组织统一的注册监理工程师执业资格考试合格，取得监理工程师执业资格证书；受聘于一个建设工程勘察、设计、施工、监理、招标代理、造价咨询等单位从事工程监理工作。

（三）监理工程师执业资格认定受理常见问题（行政审批集中受理办公室）：

1. 如何了解申请材料是否已齐全？

申请人可通过国家政务服务平台进行网上申报，系统将根据申请人填报内容提示是否齐全及缺少内容。

2. 如何查询申请材料目录？

申请人可通过国家政务服务平台材料清单查询；登录国家政务服务平台，根据系统提示填报申请材料。

3. 审批文件的领取方式与领取凭证是什么？

审批公告通过住房和城乡建设部网站公布；申请人可携带身份证件领取注册执业证书。

三、一级造价工程师执业资格认定

住建部一级造价工程师执业资格认定，包括：初始注册、变更注册、挂失补证、恢复注册、信息更正等事项。

（一）设定依据。《建筑法》第十四条：从事建筑活动的专业技术人员，应当依法取得相应的执业资格证书，并在执业资格证书许可的范围内从事建筑活动。第六条：国务院建设行政主管部门对全国的建筑活动实施统一监督管理。《注册造价工程师管理办法》（建设部令第150号）第四条：国务院建设主管部门对全国注册造价工程师的注册、执业活动实施统一监督管理……第六条：注册造价工程师实行注册执业管理制度。取得执业资格的人员，经过注册方能以注册造价工程师的名义执业。第八条：取得执业资格的人员申请注册的，……并将申请材料和初审意见报国务院建设主管部门……《造价工程师职业资格制度规定》（建人〔2018〕67号）第三条：国家设置造价工程师准入类职业资格，纳入国家职业资格目录。第十七条：国家对造价工程师职业资格实行执业注册管理制度……第十八条：……住房和城乡建设部、交通运输部、水利部分别负责一级造价工程师注册及相关工作。

（二）初始注册受理条件，取得执业资格；受聘于一个工程造价咨询企业或者工程建设领域的建设、勘察设计、施工、招标代理、工程监理、工程造价管理等单位；无本办法第十二条不予注册的情形。不具有完全民事行为能力的；申请在两个或者两个以上单位注册的；未达到造价工程师继续教育合格标准的；前一个注册期内工作业绩达不到规定标准或未办理暂停执业手续而脱离工程造价业务岗位的；受刑事处罚，刑事处罚尚未执行完毕的；因工程造价业务活动受刑事处罚，自刑事处罚执行完毕之日起至申请注册之日止不满5年的；因前项规定以外原因受刑事处罚，自处罚决定之日起至申请注册之日止不满3年的；被吊销注册证书，自被处罚决定之日起至申请注册之日止不满3年的；以欺骗、贿赂等不正当手段获准注册被撤销，自被撤销注册之日起至申请注册之日止不满3年的；法律、法规规定不予注册的其他情形。

（三）一级造价工程师执业资格认定受理常见问题（行政审批集中受理办公室）：

1. 如何了解申请材料是否已齐全？

申请材料不齐全，将通过管理系统通知申请人需要补充的材料，待补齐材料后再次办理。

2. 如何查询申请材料目录？

住房和城乡建设部网站办事大厅有造价工程师执业资格注册办事指南。登录注册造价工程师管理系统也可以看到申请材料目录提示。

第八节　房地产开发企业人员行政审批事项

一、房地产开发企业一级资质核定

房地产开发企业一级资质核定，包括升级、变更、延续、注销等事项。

（一）认定依据。《城市房地产开发经营管理条例》（国务院令第248号）第九条：房地产开发主管部门应当根据房地产开发企业的资产、专业技术人员和开发经营业绩等，对备案的房地产开发企业核定资质等级。……具体办法由国务院建设行政主管部门制定。《房地产开发企业资质管理规定》（建设部令第77号）第十一条：房地产开发企业资质等级实行分级审批。一级资质由省、自治区、直辖市人民政府建设行政主管部门初审，报国务院建设行政主管部门审批。

（二）升级受理条件。根据《房地产开发企业资质管理规定》（建设部令第77号），房地产开发企业一级资质申报条件为：从事房地产开发经营5年以上；近3年房屋建筑面积累计竣工30万平方米以上，或者累计完成与此相当的房地产开发投资额；连续5年建筑工程质量合格率达100%；上一年房屋建筑施工面积15万平方米以上，或者完成与此相当的房地产开发投资额；有职称的建筑、结构、财务、房地产及有关经济类的专业管理人员不少于40人，其中具有中级以上职称的管理人员不少于20人，持有资格证书的专职会计人员不少于4人；工程技术、财务、统计等业务负责人具有相应专业中级以上职称；具有完善的质量保证体系，商品住宅销售中实行了《住宅质量保证书》和《住宅使用说明书》制度；未发生过重大工程质量事故。

二、房地产价格评估人员注册执业资格认定

住建部房地产价格评估人员注册执业资格认定，包括：初始注册、变更注册、延续注册、注销注册、证书补办更换等事项。

（一）设定依据。《城市房地产管理法》第五十九条：国家实行房地产价格评估人员资格认证制度。《国务院对确需保留的行政审批项目设定行政许可的决定》（国务院令第412号）第84项：列入政府管理范围的专业技术人员职业资格审批。实施机关：人事部、国务院各有关主管部门。

（二）初始注册受理条件，根据《注册房地产估价师管理办法》第七条规定，注册房地产估价师的注册条件为：取得执业资格；达到继续教育合格标准；受聘于具有资质的房地产估价机构；无《注册房地产估价师管理办法》第十四条规定不予注册的情形。

（三）房地产价格评估人员注册执业资格认定受理常见问题（行政审批集中受理办公室）：

1. 如何查询申请材料目录？

住房和城乡建设部网站的办事大厅栏目内，房地产估价师执业资格注册频道—办理指南内有申请需要的材料目录。

2. 如何提交申请材料？

无需提交纸质申请材料。申请人使用姓名、身份证件号码登录“房地产估价师注册系统”，在线填写申请信息，并按系统提示要求上传申请材料原件的电子影印件即可。

3. 如何查询申请办理进度？

申请人通过“房地产估价师注册系统”的“受理状态查询”栏目实时查询注册办理进度。

4. 如何领取房地产估价师注册证书？

申请人通过“房地产估价师注册系统”在线提出注册申请时，通过系统填写证书接收地址、申请人姓名及联系方式。审批通过后，注册证书采用快递方式邮寄申请人。

第九节　民法典合同编（建设工程相关内容）

一、适用《中华人民共和国民法典》时间效力

民法典合同编，2020年12月14日最高人民法院审判委员会第1821次会议通过，自2021年1月1日起施行。最高人民法院关于适用《中华人民共和国民法典》时间效力的若干规定，自2021年1月1日起施行，相关内容如下：

最高人民法院关于适用《中华人民共和国民法典》时间效力的若干规定（法释〔2020〕15号）（2020年12月14日最高人民法院审判委员会第1821次会议通过，自2021年1月1日起施行）

根据《中华人民共和国立法法》《中华人民共和国民法典》等法律规定，就人民法院在审理民事纠纷案件中有关适用民法典时间效力问题作出如下规定。

一、一般规定

第一条　民法典施行后的法律事实引起的民事纠纷案件，适用民法典的规定。

民法典施行前的法律事实引起的民事纠纷案件，适用当时的法律、司法解释的规定，但是法律、司法解释另有规定的除外。

民法典施行前的法律事实持续至民法典施行后，该法律事实引起的民事纠纷案件，适用民法典的规定，但是法律、司法解释另有规定的除外。

第二条　民法典施行前的法律事实引起的民事纠纷案件，当时的法律、司法解释有规定，适用当时的法律、司法解释的规定，但是适用民法典的规定更有利于保护民事主体合法权益，更有利于维护社会和经济秩序，更有利于弘扬社会主义核心价值观的除外。

第三条　民法典施行前的法律事实引起的民事纠纷案件，当时的法律、司法解释没有规定而民法典有规定的，可以适用民法典的规定，但是明显减损当事人合法权益、增加当事人法定义务或者背离当事人合理预期的除外。

第四条　民法典施行前的法律事实引起的民事纠纷案件，当时的法律、司法解释仅有原则性规定而民法典有具体规定的，适用当时的法律、司法解释的规定，但是可以依据民法典具体规定进行裁判说理。

第五条　民法典施行前已经终审的案件，当事人申请再审或者按照审判监督程序决定再审的，不适用民法典的规定。

二、溯及适用的具体规定

第六条《中华人民共和国民法总则》施行前，侵害英雄烈士等的姓名、肖像、名誉、荣誉，损害社会公共利益引起的民事纠纷案件，适用民法典第一百八十五条的规定。

第七条　民法典施行前，当事人在债务履行期限届满前约定债务人不履行到期债务时抵押财产或者质押财产归债权人所有的，适用民法典第四百零一条和第四百二十八条的规定。

第八条　民法典施行前成立的合同，适用当时的法律、司法解释的规定合同无效而适用民法典的规定合同有效的，适用民法典的相关规定。

第九条　民法典施行前订立的合同，提供格式条款一方未履行提示或者说明义务，涉及格式条款效力认定的，适用民法典第四百九十六条的规定。

第十条　民法典施行前，当事人一方未通知对方而直接以提起诉讼方式依法主张解除合同的，适用民法典第五百六十五条第二款的规定。

第十一条　民法典施行前成立的合同，当事人一方不履行非金钱债务或者履行非金钱债务不符合约定，对方可以请求履行，但是有民法典第五百八十条第一款第一项、第二项、第三项除外情形之一，致使不能实现合同目的，当事人请求终止合同权利义务关系的，适用民法典第五百八十条第二款的规定。

第十二条　民法典施行前订立的保理合同发生争议的，适用民法典第三编第十六章的规定。

第十三条　民法典施行前，继承人有民法典第一千一百二十五条第一款第四项和第五项规定行为之一，对该继承人是否丧失继承权发生争议的，适用民法典第一千一百二十五条第一款和第二款的规定。

民法典施行前，受遗赠人有民法典第一千一百二十五条第一款规定行为之一，对受遗赠人是否丧失受遗赠权发生争议的，适用民法典第一千一百二十五条第一款和第三款的规定。

第十四条　被继承人在民法典施行前死亡，遗产无人继承又无人受遗赠，其兄弟姐妹的子女请求代位继承的，适用民法典第一千一百二十八条第二款和第三款的规定，但是遗产已经在民法典施行前处理完毕的除外。

第十五条　民法典施行前，遗嘱人以打印方式立的遗嘱，当事人对该遗嘱效力发生争议的，适用民法典第一千一百三十六条的规定，但是遗产已经在民法典施行前处理完毕的除外。

第十六条　民法典施行前，受害人自愿参加具有一定风险的文体活动受到损害引起的民事纠纷案件，适用民法典第一千一百七十六条的规定。

第十七条　民法典施行前，受害人为保护自己合法权益采取扣留侵权人的财物等措施引起的民事纠纷案件，适用民法典第一千一百七十七条的规定。

第十八条　民法典施行前，因非营运机动车发生交通事故造成无偿搭乘人损害引起的民事纠纷案件，适用民法典第一千二百一十七条的规定。

第十九条　民法典施行前，从建筑物中抛掷物品或者从建筑物上坠落的物品造成他人损害引起的民事纠纷案件，适用民法典第一千二百五十四条的规定。

三、衔接适用的具体规定

第二十条　民法典施行前成立的合同，依照法律规定或者当事人约定该合同的履行持续至民法典施行后，因民法典施行前履行合同发生争议的，适用当时的法律、司法解释的规定；因民法典施行后履行合同发生争议的，适用民法典第三编第四章和第五章的相关规定。

第二十一条　民法典施行前租赁期限届满，当事人主张适用民法典第七百三十四条第二款规定的，人民法院不予支持；租赁期限在民法典施行后届满，当事人主张适用民法典第七百三十四条第二款规定的，人民法院依法予以支持。

第二十二条　民法典施行前，经人民法院判决不准离婚后，双方又分居满一年，一方再次提起离婚诉讼的，适用民法典第一千零七十九条第五款的规定。

第二十三条　被继承人在民法典施行前立有公证遗嘱，民法典施行后又立有新遗嘱，其死亡后，因该数份遗嘱内容相抵触发生争议的，适用民法典第一千一百四十二条第三款的规定。

第二十四条　侵权行为发生在民法典施行前，但是损害后果出现在民法典施行后的民事纠纷案件，适用民法典的规定。

第二十五条　民法典施行前成立的合同，当时的法律、司法解释没有规定且当事人没有约定解除权行使期限，对方当事人也未催告的，解除权人在民法典施行前知道或者应当知道解除事由，自民法典施行之日起一年内不行使的，人民法院应当依法认定该解除权消灭；解除权人在民法典施行后知道或者应当知道解除事由的，适用民法典第五百六十四条第二款关于解除权行使期限的规定。

第二十六条　当事人以民法典施行前受胁迫结婚为由请求人民法院撤销婚姻的，撤销权的行使期限适用民法典第一千零五十二条第二款的规定。

第二十七条　民法典施行前成立的保证合同，当事人对保证期间约定不明确，主债务履行期限届满至民法典施行之日不满二年，当事人主张保证期间为主债务履行期限届满之日起二年的，人民法院依法予以支持；当事人对保证期间没有约定，主债务履行期限届满至民法典施行之日不满六个月，当事人主张保证期间为主债务履行期限届满之日起六个月的，人民法院依法予以支持。

四、附则

第二十八条　本规定自 2021 年 1 月 1 日起施行。

本规定施行后，人民法院尚未审结的一审、二审案件适用本规定。

二、民法典与建设工程合同有关的内容

2021 年 1 月 1 日实施的民法典全文共计 1260 条，包括总则、物权编、合同编、人格编、婚姻家庭编、继承编、侵权编。与建设工程相关的内容主要包括民法典的合同编第二分编典型合同（第十七章承揽合同、第十八章建设工程合同）；民法典附则等。民法典与建设工程有关的内容节录如下：

民法典第三编合同第二分编典型合同

第十七章　承揽合同

第七百七十条　承揽合同是承揽人按照定作人的要求完成工作，交付工作成果，定作人支付报酬的合同。承揽包括加工、定作、修理、复制、测试、检验等工作。

第七百七十一条　承揽合同的内容一般包括承揽的标的、数量、质量、报酬，承揽方式，材料的提供，履行期限，验收标准和方法等条款。

第七百七十二条　承揽人应当以自己的设备、技术和劳力，完成主要工作，但是当事人另有约定的除外。承揽人将其承揽的主要工作交由第三人完成的，应当就该第三人完成的工作成果向定作人负责；未经定作人同意的，定作人也可以解除合同。

第七百七十三条　承揽人可以将其承揽的辅助工作交由第三人完成。承揽人将其承揽的辅助工作交由第三人完成的，应当就该第三人完成的工作成果向定作人负责。

第七百七十四条　承揽人提供材料的，应当按照约定选用材料，并接受定作人检验。

第七百七十五条　定作人提供材料的，应当按照约定提供材料。承揽人对定作人提供的材料应当及时检验，发现不符合约定时，应当及时通知定作人更换、补齐或者采取其他补救措施。承揽人不得擅自更换定作人提供的材料，不得更换不需要修理的零部件。

第七百七十六条　承揽人发现定作人提供的图纸或者技术要求不合理的，应当及时通知定作人。因定作人怠于答复等原因造成承揽人损失的，应当赔偿损失。

第七百七十七条　定作人中途变更承揽工作的要求，造成承揽人损失的，应当赔偿损失。

第七百七十八条　承揽工作需要定作人协助的，定作人有协助的义务。定作人不履行协助义务致使承揽工作不能完成的，承揽人可以催告定作人在合理期限内履行义务，并可以顺延履行期限；定作人逾期不履行的，承揽人可以解除合同。

第七百七十九条　承揽人在工作期间，应当接受定作人必要的监督检验。定作人不得因监督检验妨碍承揽人的正常工作。

第七百八十条　承揽人完成工作的，应当向定作人交付工作成果，并提交必要的技术资料和有关质量证明。定作人应当验收该工作成果。

第七百八十一条　承揽人交付的工作成果不符合质量要求的，定作人可以合理选择请求承揽人承担修理、重作、减少报酬、赔偿损失等违约责任。

第七百八十二条　定作人应当按照约定的期限支付报酬。对支付报酬的期限没有约定或者约定不明确，依据本法第五百一十条的规定仍不能确定的，定作人应当在承揽人交付工作成果时支付；工作成果部分交付的，定作人应当相应支付。

第七百八十三条　定作人未向承揽人支付报酬或者材料费等价款的，承揽人对完成的工作成果享有留置权或者有权拒绝交付，但是当事人另有约定的除外。

第七百八十四条　承揽人应当妥善保管定作人提供的材料以及完成的工作成果，因保管不善造成毁损、灭失的，应当承担赔偿责任。

第七百八十五条　承揽人应当按照定作人的要求保守秘密，未经定作人许可，不得留存复制品或者技术资料。

第七百八十六条　共同承揽人对定作人承担连带责任，但是当事人另有约定的除外。

第七百八十七条　定作人在承揽人完成工作前可以随时解除合同，造成承揽人损失的，应当赔偿损失。

第十八章　建设工程合同

第七百八十八条　建设工程合同是承包人进行工程建设，发包人支付价款的合同。建设工程合同包括工程勘察、设计、施工合同。

第七百八十九条　建设工程合同应当采用书面形式。

第七百九十条　建设工程的招标投标活动，应当依照有关法律的规定公开、公平、公正进行。

第七百九十一条　发包人可以与总承包人订立建设工程合同，也可以分别与勘察人、设计人、施工人订立勘察、设计、施工承包合同。发包人不得将应当由一个承包人完成的建设工程支解成若干部分发包给数个承包人。总承包人或者勘察、设计、施工承包人经发包人同意，可以将自己承包的部分工作交由第三人完成。第三人就其完成的工作成果与总承包人或者勘察、设计、施工承包人向发包人承担连带责任。承包人不得将其承包的全部建设工程转包给第三人或者将其承包的全部建设工程支解以后以分包的名义分别转包给第三人。禁止承包人将工程分包给不具备相应资质条件的单位。禁止分包单位将其承包的工程再分包。建设工程主体结构的施工必须由承包人自行完成。

第七百九十二条　国家重大建设工程合同，应当按照国家规定的程序和国家批准的投资计划、可行性研究报告等文件订立。

第七百九十三条　建设工程施工合同无效，但是建设工程经验收合格的，可以参照合同关于工程价款的约定折价补偿承包人。建设工程施工合同无效，且建设工程经验收不合格的，按照以下情形处理：

（一）修复后的建设工程经验收合格的，发包人可以请求承包人承担修复费用；

（二）修复后的建设工程经验收不合格的，承包人无权请求参照合同关于工程价款的约定折价补偿。

发包人对因建设工程不合格造成的损失有过错的，应当承担相应的责任。

第七百九十四条　勘察、设计合同的内容一般包括提交有关基础资料和概预算等文件的期限、质量要求、费用以及其他协作条件等条款。

第七百九十五条　施工合同的内容一般包括工程范围、建设工期、中间交工工程的开工和竣工时间、工程质量、工程造价、技术资料交付时间、材料和设备供应责任、拨款和结算、竣工验收、质量保修范围和质量保证期、相互协作等条款。

第七百九十六条　建设工程实行监理的，发包人应当与监理人采用书面形式订立委托监理合同。发包人与监理人的权利和义务以及法律责任，应当依照本编委托合同以及其他有关法律、行政法规的规定。

第七百九十七条　发包人在不妨碍承包人正常作业的情况下，可以随时对作业进度、质量进行检查。

第七百九十八条　隐蔽工程在隐蔽以前，承包人应当通知发包人检查。发包人没有及时检查的，承包人可以顺延工程日期，并有权请求赔偿停工、窝工等损失。

第七百九十九条　建设工程竣工后，发包人应当根据施工图纸及说明书、国家颁发的施工验收规范和质量检验标准及时进行验收。验收合格的，发包人应当按照约定支付价款，并接收该建设工程。建设工程竣工经验收合格后，方可交付使用；未经验收或者验收不合格的，不得交付使用。

第八百条　勘察、设计的质量不符合要求或者未按照期限提交勘察、设计文件拖延工期，造成发包人损失的，勘察人、设计人应当继续完善勘察、设计，减收或者免收勘察、设计费并赔偿损失。

第八百零一条　因施工人的原因致使建设工程质量不符合约定的，发包人有权请求施工人在合理期限内无偿修理或者返工、改建。经过修理或者返工、改建后，造成逾期交付的，施工人应当承担违约责任。

第八百零二条　因承包人的原因致使建设工程在合理使用期限内造成人身损害和财产损失的，承包人应当承担赔偿责任。

第八百零三条　发包人未按照约定的时间和要求提供原材料、设备、场地、资金、技术资料的，承包人可以顺延工程日期，并有权请求赔偿停工、窝工等损失。

第八百零四条　因发包人的原因致使工程中途停建、缓建的，发包人应当采取措施弥补或者减少损失，赔偿承包人因此造成的停工、窝工、倒运、机械设备调迁、材料和构件积压等损失和实际费用。

第八百零五条　因发包人变更计划，提供的资料不准确，或者未按照期限提供必需的勘察、设计工作条件而造成勘察、设计的返工、停工或者修改设计，发包人应当按照勘察人、设计人实际消耗的工作量增付费用。

第八百零六条　承包人将建设工程转包、违法分包的，发包人可以解除合同。发包人提供的主要建筑材料、建筑构配件和设备不符合强制性标准或者不履行协助义务，致使承包人无法施工，经催告后在合理期限内仍未履行相应义务的，承包人可以解除合同。合同解除后，已经完成的建设工程质量合格的，发包人应当按照约定支付相应的工程价款；已经完成的建设工程质量不合格的，参照本法第七百九十三条的规定处理。

第八百零七条　发包人未按照约定支付价款的，承包人可以催告发包人在合理期限内支付价款。发包人逾期不支付的，除根据建设工程的性质不宜折价、拍卖外，承包人可以与发包人协议将该工程折价，也可以请求人民法院将该工程依法拍卖。建设工程的价款就该工程折价或者拍卖的价款优先受偿。

第八百零八条　本章没有规定的，适用承揽合同的有关规定。

民法典附则

第一千二百五十九条　民法所称的“以上”“以下”“以内”“届满”，包括本数；所称的“不满”“超过”“以外”，不包括本数。

第一千二百六十条　本法自2021年1月1日起施行。《中华人民共和国婚姻法》《中华人民共和国继承法》《中华人民共和国民法通则》《中华人民共和国收养法》《中华人民共和国担保法》《中华人民共和国合同法》《中华人民共和国物权法》《中华人民共和国侵权责任法》《中华人民共和国民法总则》同时废止。

三、适用《中华人民共和国民法典》合同编通则若干问题的解释

《最高人民法院关于适用〈中华人民共和国民法典〉合同编通则若干问题的解释》已于2023年5月23日由最高人民法院审判委员会第1889次会议通过，现予公布，自2023年12月5日起施行。相关内容如下：

最高人民法院关于适用《中华人民共和国民法典》合同编通则若干问题的解释

法释〔2023〕13号

为正确审理合同纠纷案件以及非因合同产生的债权债务关系纠纷案件，依法保护当事人的合法权益，根据《中华人民共和国民法典》、《中华人民共和国民事诉讼法》等相关法律规定，结合审判实践，制定本解释。

一、一般规定

第一条　人民法院依据民法典第一百四十二条第一款、第四百六十六条第一款的规定解释合同条款时，应当以词句的通常含义为基础，结合相关条款、合同的性质和目的、习惯以及诚信原则，参考缔约背景、磋商过程、履行行为等因素确定争议条款的含义。

有证据证明当事人之间对合同条款有不同于词句的通常含义的其他共同理解，一方主张按照词句的通常含义理解合同条款的，人民法院不予支持。

对合同条款有两种以上解释，可能影响该条款效力的，人民法院应当选择有利于该条款有效的解释；属于无偿合同的，应当选择对债务人负担较轻的解释。

第二条　下列情形，不违反法律、行政法规的强制性规定且不违背公序良俗的，人民法院可以认定为民法典所称的“交易习惯”：

（一）当事人之间在交易活动中的惯常做法；

（二）在交易行为当地或者某一领域、某一行业通常采用并为交易对方订立合同时所知道或者应当知道的做法。

对于交易习惯，由提出主张的当事人一方承担举证责任。

二、合同的订立

第三条　当事人对合同是否成立存在争议，人民法院能够确定当事人姓名或者名称、标的和数量的，一般应当认定合同成立。但是，法律另有规定或者当事人另有约定的除外。

根据前款规定能够认定合同已经成立的，对合同欠缺的内容，人民法院应当依据民法典第五百一十条、第五百一十一条等规定予以确定。

当事人主张合同无效或者请求撤销、解除合同等，人民法院认为合同不成立的，应当依据《最高人民法院关于民事诉讼证据的若干规定》第五十三条的规定将合同是否成立作为焦点问题进行审理，并可以根据案件的具体情况重新指定举证期限。

第四条　采取招标方式订立合同，当事人请求确认合同自中标通知书到达中标人时成立的，人民法院应予支持。合同成立后，当事人拒绝签订书面合同的，人民法院应当依据招标文件、投标文件和中标通知书等确定合同内容。

采取现场拍卖、网络拍卖等公开竞价方式订立合同，当事人请求确认合同自拍卖师落槌、电子交易系统确认成交时成立的，人民法院应予支持。合同成立后，当事人拒绝签订成交确认书的，人民法院应当依据拍卖公告、竞买人的报价等确定合同内容。

产权交易所等机构主持拍卖、挂牌交易，其公布的拍卖公告、交易规则等文件公开确定了合同成立需要具备的条件，当事人请求确认合同自该条件具备时成立的，人民法院应予支持。

第五条　第三人实施欺诈、胁迫行为，使当事人在违背真实意思的情况下订立合同，受到损失的当事人请求第三人承担赔偿责任的，人民法院依法予以支持；当事人亦有违背诚信原则的行为的，人民法院应当根据各自的过错确定相应的责任。但是，法律、司法解释对当事人与第三人的民事责任另有规定的，依照其规定。

第六条　当事人以认购书、订购书、预订书等形式约定在将来一定期限内订立合同，或者为担保在将来一定期限内订立合同交付了定金，能够确定将来所要订立合同的主体、标的等内容的，人民法院应当认定预约合同成立。

当事人通过签订意向书或者备忘录等方式，仅表达交易的意向，未约定在将来一定期限内订立合同，或者虽然有约定但是难以确定将来所要订立合同的主体、标的等内容，一方主张预约合同成立的，人民法院不予支持。

当事人订立的认购书、订购书、预订书等已就合同标的、数量、价款或者报酬等主要内容达成合意，符合本解释第三条第一款规定的合同成立条件，未明确约定在将来一定期限内另行订立合同，或者虽然有约定但是当事人一方已实施履行行为且对方接受的，人民法院应当认定本约合同成立。

第七条　预约合同生效后，当事人一方拒绝订立本约合同或者在磋商订立本约合同时违背诚信原则导致未能订立本约合同的，人民法院应当认定该当事人不履行预约合同约定的义务。

人民法院认定当事人一方在磋商订立本约合同时是否违背诚信原则，应当综合考虑该当事人在磋商时提出的条件是否明显背离预约合同约定的内容以及是否已尽合理努力进行协商等因素。

第八条　预约合同生效后，当事人一方不履行订立本约合同的义务，对方请求其赔偿因此造成的损失的，人民法院依法予以支持。

前款规定的损失赔偿，当事人有约定的，按照约定；没有约定的，人民法院应当综合考虑预约合同在内容上的完备程度以及订立本约合同的条件的成就程度等因素酌定。

第九条　合同条款符合民法典第四百九十六条第一款规定的情形，当事人仅以合同系依据合同示范文本制作或者双方已经明确约定合同条款不属于格式条款为由主张该条款不是格式条款的，人民法院不予支持。

从事经营活动的当事人一方仅以未实际重复使用为由主张其预先拟定且未与对方协商的合同条款不是格式条款的，人民法院不予支持。但是，有证据证明该条款不是为了重复使用而预先拟定的除外。

第十条　提供格式条款的一方在合同订立时采用通常足以引起对方注意的文字、符号、字体等明显标识，提示对方注意免除或者减轻其责任、排除或者限制对方权利等与对方有重大利害关系的异常条款的，人民法院可以认定其已经履行民法典第四百九十六条第二款规定的提示义务。

提供格式条款的一方按照对方的要求，就与对方有重大利害关系的异常条款的概念、内容及其法律后果以书面或者口头形式向对方作出通常能够理解的解释说明的，人民法院可以认定其已经履行民法典第四百九十六条第二款规定的说明义务。

提供格式条款的一方对其已经尽到提示义务或者说明义务承担举证责任。对于通过互联网等信息网络订立的电子合同，提供格式条款的一方仅以采取了设置勾选、弹窗等方式为由主张其已经履行提示义务或者说明义务的，人民法院不予支持，但是其举证符合前两款规定的除外。

三、合同的效力

第十一条　当事人一方是自然人，根据该当事人的年龄、智力、知识、经验并结合交易的复杂程度，能够认定其对合同的性质、合同订立的法律后果或者交易中存在的特定风险缺乏应有的认知能力的，人民法院可以认定该情形构成民法典第一百五十一条规定的“缺乏判断能力”。

第十二条　合同依法成立后，负有报批义务的当事人不履行报批义务或者履行报批义务不符合合同的约定或者法律、行政法规的规定，对方请求其继续履行报批义务的，人民法院应予支持；对方主张解除合同并请求其承担违反报批义务的赔偿责任的，人民法院应予支持。

人民法院判决当事人一方履行报批义务后，其仍不履行，对方主张解除合同并参照违反合同的违约责任请求其承担赔偿责任的，人民法院应予支持。

合同获得批准前，当事人一方起诉请求对方履行合同约定的主要义务，经释明后拒绝变更诉讼请求的，人民法院应当判决驳回其诉讼请求，但是不影响其另行提起诉讼。

负有报批义务的当事人已经办理申请批准等手续或者已经履行生效判决确定的报批义务，批准机关决定不予批准，对方请求其承担赔偿责任的，人民法院不予支持。但是，因迟延履行报批义务等可归责于当事人的原因导致合同未获批准，对方请求赔偿因此受到的损失的，人民法院应当依据民法典第一百五十七条的规定处理。

第十三条　合同存在无效或者可撤销的情形，当事人以该合同已在有关行政管理部门办理备案、已经批准机关批准或者已依据该合同办理财产权利的变更登记、移转登记等为由主张合同有效的，人民法院不予支持。

第十四条　当事人之间就同一交易订立多份合同，人民法院应当认定其中以虚假意思表示订立的合同无效。当事人为规避法律、行政法规的强制性规定，以虚假意思表示隐藏真实意思表示的，人民法院应当依据民法典第一百五十三条第一款的规定认定被隐藏合同的效力；当事人为规避法律、行政法规关于合同应当办理批准等手续的规定，以虚假意思表示隐藏真实意思表示的，人民法院应当依据民法典第五百零二条第二款的规定认定被隐藏合同的效力。

依据前款规定认定被隐藏合同无效或者确定不发生效力的，人民法院应当以被隐藏合同为事实基础，依据民法典第一百五十七条的规定确定当事人的民事责任。但是，法律另有规定的除外。

当事人就同一交易订立的多份合同均系真实意思表示，且不存在其他影响合同效力情形的，人民法院应当在查明各合同成立先后顺序和实际履行情况的基础上，认定合同内容是否发生变更。法律、行政法规禁止变更合同内容的，人民法院应当认定合同的相应变更无效。

第十五条　人民法院认定当事人之间的权利义务关系，不应当拘泥于合同使用的名称，而应当根据合同约定的内容。当事人主张的权利义务关系与根据合同内容认定的权利义务关系不一致的，人民法院应当结合缔约背景、交易目的、交易结构、履行行为以及当事人是否存在虚构交易标的等事实认定当事人之间的实际民事法律关系。

第十六条　合同违反法律、行政法规的强制性规定，有下列情形之一，由行为人承担行政责任或者刑事责任能够实现强制性规定的立法目的的，人民法院可以依据民法典第一百五十三条第一款关于“该强制性规定不导致该民事法律行为无效的除外”的规定认定该合同不因违反强制性规定无效：

（一）强制性规定虽然旨在维护社会公共秩序，但是合同的实际履行对社会公共秩序造成的影响显著轻微，认定合同无效将导致案件处理结果有失公平公正；

（二）强制性规定旨在维护政府的税收、土地出让金等国家利益或者其他民事主体的合法利益而非合同当事人的民事权益，认定合同有效不会影响该规范目的的实现；

（三）强制性规定旨在要求当事人一方加强风险控制、内部管理等，对方无能力或者无义务审查合同是否违反强制性规定，认定合同无效将使其承担不利后果；

（四）当事人一方虽然在订立合同时违反强制性规定，但是在合同订立后其已经具备补正违反强制性规定的条件却违背诚信原则不予补正；

（五）法律、司法解释规定的其他情形。

法律、行政法规的强制性规定旨在规制合同订立后的履行行为，当事人以合同违反强制性规定为由请求认定合同无效的，人民法院不予支持。但是，合同履行必然导致违反强制性规定或者法律、司法解释另有规定的除外。

依据前两款认定合同有效，但是当事人的违法行为未经处理的，人民法院应当向有关行政管理部门提出司法建议。当事人的行为涉嫌犯罪的，应当将案件线索移送刑事侦查机关；属于刑事自诉案件的，应当告知当事人可以向有管辖权的人民法院另行提起诉讼。

第十七条　合同虽然不违反法律、行政法规的强制性规定，但是有下列情形之一，人民法院应当依据民法典第一百五十三条第二款的规定认定合同无效：

（一）合同影响政治安全、经济安全、军事安全等国家安全的；

（二）合同影响社会稳定、公平竞争秩序或者损害社会公共利益等违背社会公共秩序的；

（三）合同背离社会公德、家庭伦理或者有损人格尊严等违背善良风俗的。

人民法院在认定合同是否违背公序良俗时，应当以社会主义核心价值观为导向，综合考虑当事人的主观动机和交易目的、政府部门的监管强度、一定期限内当事人从事类似交易的频次、行为的社会后果等因素，并在裁判文书中充分说理。当事人确因生活需要进行交易，未给社会公共秩序造成重大影响，且不影响国家安全，也不违背善良风俗的，人民法院不应当认定合同无效。

第十八条　法律、行政法规的规定虽然有“应当”“必须”或者“不得”等表述，但是该规定旨在限制或者赋予民事权利，行为人违反该规定将构成无权处分、无权代理、越权代表等，或者导致合同相对人、第三人因此获得撤销权、解除权等民事权利的，人民法院应当依据法律、行政法规规定的关于违反该规定的民事法律后果认定合同效力。

第十九条　以转让或者设定财产权利为目的订立的合同，当事人或者真正权利人仅以让与人在订立合同时对标的物没有所有权或者处分权为由主张合同无效的，人民法院不予支持；因未取得真正权利人事后同意或者让与人事后未取得处分权导致合同不能履行，受让人主张解除合同并请求让与人承担违反合同的赔偿责任的，人民法院依法予以支持。

前款规定的合同被认定有效，且让与人已经将财产交付或者移转登记至受让人，真正权利人请求认定财产权利未发生变动或者请求返还财产的，人民法院应予支持。但是，受让人依据民法典第三百一十一条等规定善意取得财产权利的除外。

第二十条　法律、行政法规为限制法人的法定代表人或者非法人组织的负责人的代表权，规定合同所涉事项应当由法人、非法人组织的权力机构或者决策机构决议，或者应当由法人、非法人组织的执行机构决定，法定代表人、负责人未取得授权而以法人、非法人组织的名义订立合同，未尽到合理审查义务的相对人主张该合同对法人、非法人组织发生效力并由其承担违约责任的，人民法院不予支持，但是法人、非法人组织有过错的，可以参照民法典第一百五十七条的规定判决其承担相应的赔偿责任。相对人已尽到合理审查义务，构成表见代表的，人民法院应当依据民法典第五百零四条的规定处理。

合同所涉事项未超越法律、行政法规规定的法定代表人或者负责人的代表权限，但是超越法人、非法人组织的章程或者权力机构等对代表权的限制，相对人主张该合同对法人、非法人组织发生效力并由其承担违约责任的，人民法院依法予以支持。但是，法人、非法人组织举证证明相对人知道或者应当知道该限制的除外。

法人、非法人组织承担民事责任后，向有过错的法定代表人、负责人追偿因越权代表行为造成的损失的，人民法院依法予以支持。法律、司法解释对法定代表人、负责人的民事责任另有规定的，依照其规定。

第二十一条　法人、非法人组织的工作人员就超越其职权范围的事项以法人、非法人组织的名义订立合同，相对人主张该合同对法人、非法人组织发生效力并由其承担违约责任的，人民法院不予支持。但是，法人、非法人组织有过错的，人民法院可以参照民法典第一百五十七条的规定判决其承担相应的赔偿责任。前述情形，构成表见代理的，人民法院应当依据民法典第一百七十二条的规定处理。

合同所涉事项有下列情形之一的，人民法院应当认定法人、非法人组织的工作人员在订立合同时超越其职权范围：

（一）依法应当由法人、非法人组织的权力机构或者决策机构决议的事项；

（二）依法应当由法人、非法人组织的执行机构决定的事项；

（三）依法应当由法定代表人、负责人代表法人、非法人组织实施的事项；

（四）不属于通常情形下依其职权可以处理的事项。

合同所涉事项未超越依据前款确定的职权范围，但是超越法人、非法人组织对工作人员职权范围的限制，相对人主张该合同对法人、非法人组织发生效力并由其承担违约责任的，人民法院应予支持。但是，法人、非法人组织举证证明相对人知道或者应当知道该限制的除外。

法人、非法人组织承担民事责任后，向故意或者有重大过失的工作人员追偿的，人民法院依法予以支持。

第二十二条　法定代表人、负责人或者工作人员以法人、非法人组织的名义订立合同且未超越权限，法人、非法人组织仅以合同加盖的印章不是备案印章或者系伪造的印章为由主张该合同对其不发生效力的，人民法院不予支持。

合同系以法人、非法人组织的名义订立，但是仅有法定代表人、负责人或者工作人员签名或者按指印而未加盖法人、非法人组织的印章，相对人能够证明法定代表人、负责人或者工作人员在订立合同时未超越权限的，人民法院应当认定合同对法人、非法人组织发生效力。但是，当事人约定以加盖印章作为合同成立条件的除外。

合同仅加盖法人、非法人组织的印章而无人员签名或者按指印，相对人能够证明合同系法定代表人、负责人或者工作人员在其权限范围内订立的，人民法院应当认定该合同对法人、非法人组织发生效力。

在前三款规定的情形下，法定代表人、负责人或者工作人员在订立合同时虽然超越代表或者代理权限，但是依据民法典第五百零四条的规定构成表见代表，或者依据民法典第一百七十二条的规定构成表见代理的，人民法院应当认定合同对法人、非法人组织发生效力。

第二十三条　法定代表人、负责人或者代理人与相对人恶意串通，以法人、非法人组织的名义订立合同，损害法人、非法人组织的合法权益，法人、非法人组织主张不承担民事责任的，人民法院应予支持。法人、非法人组织请求法定代表人、负责人或者代理人与相对人对因此受到的损失承担连带赔偿责任的，人民法院应予支持。

根据法人、非法人组织的举证，综合考虑当事人之间的交易习惯、合同在订立时是否显失公平、相关人员是否获取了不正当利益、合同的履行情况等因素，人民法院能够认定法定代表人、负责人或者代理人与相对人存在恶意串通的高度可能性的，可以要求前述人员就合同订立、履行的过程等相关事实作出陈述或者提供相应的证据。其无正当理由拒绝作出陈述，或者所作陈述不具合理性又不能提供相应证据的，人民法院可以认定恶意串通的事实成立。

第二十四条　合同不成立、无效、被撤销或者确定不发生效力，当事人请求返还财产，经审查财产能够返还的，人民法院应当根据案件具体情况，单独或者合并适用返还占有的标的物、更正登记簿册记载等方式；经审查财产不能返还或者没有必要返还的，人民法院应当以认定合同不成立、无效、被撤销或者确定不发生效力之日该财产的市场价值或者以其他合理方式计算的价值为基准判决折价补偿。

除前款规定的情形外，当事人还请求赔偿损失的，人民法院应当结合财产返还或者折价补偿的情况，综合考虑财产增值收益和贬值损失、交易成本的支出等事实，按照双方当事人的过错程度及原因力大小，根据诚信原则和公平原则，合理确定损失赔偿额。

合同不成立、无效、被撤销或者确定不发生效力，当事人的行为涉嫌违法且未经处理，可能导致一方或者双方通过违法行为获得不当利益的，人民法院应当向有关行政管理部门提出司法建议。当事人的行为涉嫌犯罪的，应当将案件线索移送刑事侦查机关；属于刑事自诉案件的，应当告知当事人可以向有管辖权的人民法院另行提起诉讼。

第二十五条　合同不成立、无效、被撤销或者确定不发生效力，有权请求返还价款或者报酬的当事人一方请求对方支付资金占用费的，人民法院应当在当事人请求的范围内按照中国人民银行授权全国银行间同业拆借中心公布的一年期贷款市场报价利率（LPR）计算。但是，占用资金的当事人对于合同不成立、无效、被撤销或者确定不发生效力没有过错的，应当以中国人民银行公布的同期同类存款基准利率计算。

双方互负返还义务，当事人主张同时履行的，人民法院应予支持；占有标的物的一方对标的物存在使用或者依法可以使用的情形，对方请求将其应支付的资金占用费与应收取的标的物使用费相互抵销的，人民法院应予支持，但是法律另有规定的除外。

四、合同的履行

第二十六条　当事人一方未根据法律规定或者合同约定履行开具发票、提供证明文件等非主要债务，对方请求继续履行该债务并赔偿因怠于履行该债务造成的损失的，人民法院依法予以支持；对方请求解除合同的，人民法院不予支持，但是不履行该债务致使不能实现合同目的或者当事人另有约定的除外。

第二十七条　债务人或者第三人与债权人在债务履行期限届满后达成以物抵债协议，不存在影响合同效力情形的，人民法院应当认定该协议自当事人意思表示一致时生效。

债务人或者第三人履行以物抵债协议后，人民法院应当认定相应的原债务同时消灭；债务人或者第三人未按照约定履行以物抵债协议，经催告后在合理期限内仍不履行，债权人选择请求履行原债务或者以物抵债协议的，人民法院应予支持，但是法律另有规定或者当事人另有约定的除外。

前款规定的以物抵债协议经人民法院确认或者人民法院根据当事人达成的以物抵债协议制作成调解书，债权人主张财产权利自确认书、调解书生效时发生变动或者具有对抗善意第三人效力的，人民法院不予支持。

债务人或者第三人以自己不享有所有权或者处分权的财产权利订立以物抵债协议的，依据本解释第十九条的规定处理。

第二十八条　债务人或者第三人与债权人在债务履行期限届满前达成以物抵债协议的，人民法院应当在审理债权债务关系的基础上认定该协议的效力。

当事人约定债务人到期没有清偿债务，债权人可以对抵债财产拍卖、变卖、折价以实现债权的，人民法院应当认定该约定有效。当事人约定债务人到期没有清偿债务，抵债财产归债权人所有的，人民法院应当认定该约定无效，但是不影响其他部分的效力；债权人请求对抵债财产拍卖、变卖、折价以实现债权的，人民法院应予支持。

当事人订立前款规定的以物抵债协议后，债务人或者第三人未将财产权利转移至债权人名下，债权人主张优先受偿的，人民法院不予支持；债务人或者第三人已将财产权利转移至债权人名下的，依据《最高人民法院关于适用〈中华人民共和国民法典〉有关担保制度的解释》第六十八条的规定处理。

第二十九条　民法典第五百二十二条第二款规定的第三人请求债务人向自己履行债务的，人民法院应予支持；请求行使撤销权、解除权等民事权利的，人民法院不予支持，但是法律另有规定的除外。

合同依法被撤销或者被解除，债务人请求债权人返还财产的，人民法院应予支持。

债务人按照约定向第三人履行债务，第三人拒绝受领，债权人请求债务人向自己履行债务的，人民法院应予支持，但是债务人已经采取提存等方式消灭债务的除外。第三人拒绝受领或者受领迟延，债务人请求债权人赔偿因此造成的损失的，人民法院依法予以支持。

第三十条　下列民事主体，人民法院可以认定为民法典第五百二十四条第一款规定的对履行债务具有合法利益的第三人：

（一）保证人或者提供物的担保的第三人；

（二）担保财产的受让人、用益物权人、合法占有人；

（三）担保财产上的后顺位担保权人；

（四）对债务人的财产享有合法权益且该权益将因财产被强制执行而丧失的第三人；

（五）债务人为法人或者非法人组织的，其出资人或者设立人；

（六）债务人为自然人的，其近亲属；

（七）其他对履行债务具有合法利益的第三人。

第三人在其已经代为履行的范围内取得对债务人的债权，但是不得损害债权人的利益。

担保人代为履行债务取得债权后，向其他担保人主张担保权利的，依据《最高人民法院关于适用〈中华人民共和国民法典〉有关担保制度的解释》第十三条、第十四条、第十八条第二款等规定处理。

第三十一条　当事人互负债务，一方以对方没有履行非主要债务为由拒绝履行自己的主要债务的，人民法院不予支持。但是，对方不履行非主要债务致使不能实现合同目的或者当事人另有约定的除外。

当事人一方起诉请求对方履行债务，被告依据民法典第五百二十五条的规定主张双方同时履行的抗辩且抗辩成立，被告未提起反诉的，人民法院应当判决被告在原告履行债务的同时履行自己的债务，并在判项中明确原告申请强制执行的，人民法院应当在原告履行自己的债务后对被告采取执行行为；被告提起反诉的，人民法院应当判决双方同时履行自己的债务，并在判项中明确任何一方申请强制执行的，人民法院应当在该当事人履行自己的债务后对对方采取执行行为。

当事人一方起诉请求对方履行债务，被告依据民法典第五百二十六条的规定主张原告应先履行的抗辩且抗辩成立的，人民法院应当驳回原告的诉讼请求，但是不影响原告履行债务后另行提起诉讼。

第三十二条　合同成立后，因政策调整或者市场供求关系异常变动等原因导致价格发生当事人在订立合同时无法预见的、不属于商业风险的涨跌，继续履行合同对于当事人一方明显不公平的，人民法院应当认定合同的基础条件发生了民法典第五百三十三条第一款规定的“重大变化”。但是，合同涉及市场属性活跃、长期以来价格波动较大的大宗商品以及股票、期货等风险投资型金融产品的除外。

合同的基础条件发生了民法典第五百三十三条第一款规定的重大变化，当事人请求变更合同的，人民法院不得解除合同；当事人一方请求变更合同，对方请求解除合同的，或者当事人一方请求解除合同，对方请求变更合同的，人民法院应当结合案件的实际情况，根据公平原则判决变更或者解除合同。

人民法院依据民法典第五百三十三条的规定判决变更或者解除合同的，应当综合考虑合同基础条件发生重大变化的时间、当事人重新协商的情况以及因合同变更或者解除给当事人造成的损失等因素，在判项中明确合同变更或者解除的时间。

当事人事先约定排除民法典第五百三十三条适用的，人民法院应当认定该约定无效。

五、合同的保全

第三十三条　债务人不履行其对债权人的到期债务，又不以诉讼或者仲裁方式向相对人主张其享有的债权或者与该债权有关的从权利，致使债权人的到期债权未能实现的，人民法院可以认定为民法典第五百三十五条规定的“债务人怠于行使其债权或者与该债权有关的从权利，影响债权人的到期债权实现”。

第三十四条　下列权利，人民法院可以认定为民法典第五百三十五条第一款规定的专属于债务人自身的权利：

（一）抚养费、赡养费或者扶养费请求权；

（二）人身损害赔偿请求权；

（三）劳动报酬请求权，但是超过债务人及其所扶养家属的生活必需费用的部分除外；

（四）请求支付基本养老保险金、失业保险金、最低生活保障金等保障当事人基本生活的权利；

（五）其他专属于债务人自身的权利。

第三十五条　债权人依据民法典第五百三十五条的规定对债务人的相对人提起代位权诉讼的，由被告住所地人民法院管辖，但是依法应当适用专属管辖规定的除外。

债务人或者相对人以双方之间的债权债务关系订有管辖协议为由提出异议的，人民法院不予支持。

第三十六条　债权人提起代位权诉讼后，债务人或者相对人以双方之间的债权债务关系订有仲裁协议为由对法院主管提出异议的，人民法院不予支持。但是，债务人或者相对人在首次开庭前就债务人与相对人之间的债权债务关系申请仲裁的，人民法院可以依法中止代位权诉讼。

第三十七条　债权人以债务人的相对人为被告向人民法院提起代位权诉讼，未将债务人列为第三人的，人民法院应当追加债务人为第三人。

两个以上债权人以债务人的同一相对人为被告提起代位权诉讼的，人民法院可以合并审理。债务人对相对人享有的债权不足以清偿其对两个以上债权人负担的债务的，人民法院应当按照债权人享有的债权比例确定相对人的履行份额，但是法律另有规定的除外。

第三十八条　债权人向人民法院起诉债务人后，又向同一人民法院对债务人的相对人提起代位权诉讼，属于该人民法院管辖的，可以合并审理。不属于该人民法院管辖的，应当告知其向有管辖权的人民法院另行起诉；在起诉债务人的诉讼终结前，代位权诉讼应当中止。

第三十九条　在代位权诉讼中，债务人对超过债权人代位请求数额的债权部分起诉相对人，属于同一人民法院管辖的，可以合并审理。不属于同一人民法院管辖的，应当告知其向有管辖权的人民法院另行起诉；在代位权诉讼终结前，债务人对相对人的诉讼应当中止。

第四十条　代位权诉讼中，人民法院经审理认为债权人的主张不符合代位权行使条件的，应当驳回诉讼请求，但是不影响债权人根据新的事实再次起诉。

债务人的相对人仅以债权人提起代位权诉讼时债权人与债务人之间的债权债务关系未经生效法律文书确认为由，主张债权人提起的诉讼不符合代位权行使条件的，人民法院不予支持。

第四十一条　债权人提起代位权诉讼后，债务人无正当理由减免相对人的债务或者延长相对人的履行期限，相对人以此向债权人抗辩的，人民法院不予支持。

第四十二条　对于民法典第五百三十九条规定的“明显不合理”的低价或者高价，人民法院应当按照交易当地一般经营者的判断，并参考交易时交易地的市场交易价或者物价部门指导价予以认定。

转让价格未达到交易时交易地的市场交易价或者指导价百分之七十的，一般可以认定为“明显不合理的低价”；受让价格高于交易时交易地的市场交易价或者指导价百分之三十的，一般可以认定为“明显不合理的高价”。

债务人与相对人存在亲属关系、关联关系的，不受前款规定的百分之七十、百分之三十的限制。

第四十三条　债务人以明显不合理的价格，实施互易财产、以物抵债、出租或者承租财产、知识产权许可使用等行为，影响债权人的债权实现，债务人的相对人知道或者应当知道该情形，债权人请求撤销债务人的行为的，人民法院应当依据民法典第五百三十九条的规定予以支持。

第四十四条　债权人依据民法典第五百三十八条、第五百三十九条的规定提起撤销权诉讼的，应当以债务人和债务人的相对人为共同被告，由债务人或者相对人的住所地人民法院管辖，但是依法应当适用专属管辖规定的除外。

两个以上债权人就债务人的同一行为提起撤销权诉讼的，人民法院可以合并审理。

第四十五条　在债权人撤销权诉讼中，被撤销行为的标的可分，当事人主张在受影响的债权范围内撤销债务人的行为的，人民法院应予支持；被撤销行为的标的不可分，债权人主张将债务人的行为全部撤销的，人民法院应予支持。

债权人行使撤销权所支付的合理的律师代理费、差旅费等费用，可以认定为民法典第五百四十条规定的“必要费用”。

第四十六条　债权人在撤销权诉讼中同时请求债务人的相对人向债务人承担返还财产、折价补偿、履行到期债务等法律后果的，人民法院依法予以支持。

债权人请求受理撤销权诉讼的人民法院一并审理其与债务人之间的债权债务关系，属于该人民法院管辖的，可以合并审理。不属于该人民法院管辖的，应当告知其向有管辖权的人民法院另行起诉。

债权人依据其与债务人的诉讼、撤销权诉讼产生的生效法律文书申请强制执行的，人民法院可以就债务人对相对人享有的权利采取强制执行措施以实现债权人的债权。债权人在撤销权诉讼中，申请对相对人的财产采取保全措施的，人民法院依法予以准许。

六、合同的变更和转让

第四十七条　债权转让后，债务人向受让人主张其对让与人的抗辩的，人民法院可以追加让与人为第三人。

债务转移后，新债务人主张原债务人对债权人的抗辩的，人民法院可以追加原债务人为第三人。

当事人一方将合同权利义务一并转让后，对方就合同权利义务向受让人主张抗辩或者受让人就合同权利义务向对方主张抗辩的，人民法院可以追加让与人为第三人。

第四十八条　债务人在接到债权转让通知前已经向让与人履行，受让人请求债务人履行的，人民法院不予支持；债务人接到债权转让通知后仍然向让与人履行，受让人请求债务人履行的，人民法院应予支持。

让与人未通知债务人，受让人直接起诉债务人请求履行债务，人民法院经审理确认债权转让事实的，应当认定债权转让自起诉状副本送达时对债务人发生效力。债务人主张因未通知而给其增加的费用或者造成的损失从认定的债权数额中扣除的，人民法院依法予以支持。

第四十九条　债务人接到债权转让通知后，让与人以债权转让合同不成立、无效、被撤销或者确定不发生效力为由请求债务人向其履行的，人民法院不予支持。但是，该债权转让通知被依法撤销的除外。

受让人基于债务人对债权真实存在的确认受让债权后，债务人又以该债权不存在为由拒绝向受让人履行的，人民法院不予支持。但是，受让人知道或者应当知道该债权不存在的除外。

第五十条　让与人将同一债权转让给两个以上受让人，债务人以已经向最先通知的受让人履行为由主张其不再履行债务的，人民法院应予支持。债务人明知接受履行的受让人不是最先通知的受让人，最先通知的受让人请求债务人继续履行债务或者依据债权转让协议请求让与人承担违约责任的，人民法院应予支持；最先通知的受让人请求接受履行的受让人返还其接受的财产的，人民法院不予支持，但是接受履行的受让人明知该债权在其受让前已经转让给其他受让人的除外。

前款所称最先通知的受让人，是指最先到达债务人的转让通知中载明的受让人。当事人之间对通知到达时间有争议的，人民法院应当结合通知的方式等因素综合判断，而不能仅根据债务人认可的通知时间或者通知记载的时间予以认定。当事人采用邮寄、通讯电子系统等方式发出通知的，人民法院应当以邮戳时间或者通讯电子系统记载的时间等作为认定通知到达时间的依据。

第五十一条　第三人加入债务并与债务人约定了追偿权，其履行债务后主张向债务人追偿的，人民法院应予支持；没有约定追偿权，第三人依照民法典关于不当得利等的规定，在其已经向债权人履行债务的范围内请求债务人向其履行的，人民法院应予支持，但是第三人知道或者应当知道加入债务会损害债务人利益的除外。

债务人就其对债权人享有的抗辩向加入债务的第三人主张的，人民法院应予支持。

七、合同的权利义务终止

第五十二条　当事人就解除合同协商一致时未对合同解除后的违约责任、结算和清理等问题作出处理，一方主张合同已经解除的，人民法院应予支持。但是，当事人另有约定的除外。

有下列情形之一的，除当事人一方另有意思表示外，人民法院可以认定合同解除：

（一）当事人一方主张行使法律规定或者合同约定的解除权，经审理认为不符合解除权行使条件但是对方同意解除；

（二）双方当事人均不符合解除权行使的条件但是均主张解除合同。

前两款情形下的违约责任、结算和清理等问题，人民法院应当依据民法典第五百六十六条、第五百六十七条和有关违约责任的规定处理。

第五十三条　当事人一方以通知方式解除合同，并以对方未在约定的异议期限或者其他合理期限内提出异议为由主张合同已经解除的，人民法院应当对其是否享有法律规定或者合同约定的解除权进行审查。经审查，享有解除权的，合同自通知到达对方时解除；不享有解除权的，不发生合同解除的效力。

第五十四条　当事人一方未通知对方，直接以提起诉讼的方式主张解除合同，撤诉后再次起诉主张解除合同，人民法院经审理支持该主张的，合同自再次起诉的起诉状副本送达对方时解除。但是，当事人一方撤诉后又通知对方解除合同且该通知已经到达对方的除外。

第五十五条　当事人一方依据民法典第五百六十八条的规定主张抵销，人民法院经审理认为抵销权成立的，应当认定通知到达对方时双方互负的主债务、利息、违约金或者损害赔偿金等债务在同等数额内消灭。

第五十六条　行使抵销权的一方负担的数项债务种类相同，但是享有的债权不足以抵销全部债务，当事人因抵销的顺序发生争议的，人民法院可以参照民法典第五百六十条的规定处理。

行使抵销权的一方享有的债权不足以抵销其负担的包括主债务、利息、实现债权的有关费用在内的全部债务，当事人因抵销的顺序发生争议的，人民法院可以参照民法典第五百六十一条的规定处理。

第五十七条　因侵害自然人人身权益，或者故意、重大过失侵害他人财产权益产生的损害赔偿债务，侵权人主张抵销的，人民法院不予支持。

第五十八条　当事人互负债务，一方以其诉讼时效期间已经届满的债权通知对方主张抵销，对方提出诉讼时效抗辩的，人民法院对该抗辩应予支持。一方的债权诉讼时效期间已经届满，对方主张抵销的，人民法院应予支持。

八、违约责任

第五十九条　当事人一方依据民法典第五百八十条第二款的规定请求终止合同权利义务关系的，人民法院一般应当以起诉状副本送达对方的时间作为合同权利义务关系终止的时间。根据案件的具体情况，以其他时间作为合同权利义务关系终止的时间更加符合公平原则和诚信原则的，人民法院可以以该时间作为合同权利义务关系终止的时间，但是应当在裁判文书中充分说明理由。

第六十条　人民法院依据民法典第五百八十四条的规定确定合同履行后可以获得的利益时，可以在扣除非违约方为订立、履行合同支出的费用等合理成本后，按照非违约方能够获得的生产利润、经营利润或者转售利润等计算。

非违约方依法行使合同解除权并实施了替代交易，主张按照替代交易价格与合同价格的差额确定合同履行后可以获得的利益的，人民法院依法予以支持；替代交易价格明显偏离替代交易发生时当地的市场价格，违约方主张按照市场价格与合同价格的差额确定合同履行后可以获得的利益的，人民法院应予支持。

非违约方依法行使合同解除权但是未实施替代交易，主张按照违约行为发生后合理期间内合同履行地的市场价格与合同价格的差额确定合同履行后可以获得的利益的，人民法院应予支持。

第六十一条　在以持续履行的债务为内容的定期合同中，一方不履行支付价款、租金等金钱债务，对方请求解除合同，人民法院经审理认为合同应当依法解除的，可以根据当事人的主张，参考合同主体、交易类型、市场价格变化、剩余履行期限等因素确定非违约方寻找替代交易的合理期限，并按照该期限对应的价款、租金等扣除非违约方应当支付的相应履约成本确定合同履行后可以获得的利益。

非违约方主张按照合同解除后剩余履行期限相应的价款、租金等扣除履约成本确定合同履行后可以获得的利益的，人民法院不予支持。但是，剩余履行期限少于寻找替代交易的合理期限的除外。

第六十二条　非违约方在合同履行后可以获得的利益难以根据本解释第六十条、第六十一条的规定予以确定的，人民法院可以综合考虑违约方因违约获得的利益、违约方的过错程度、其他违约情节等因素，遵循公平原则和诚信原则确定。

第六十三条　在认定民法典第五百八十四条规定的“违约一方订立合同时预见到或者应当预见到的因违约可能造成的损失”时，人民法院应当根据当事人订立合同的目的，综合考虑合同主体、合同内容、交易类型、交易习惯、磋商过程等因素，按照与违约方处于相同或者类似情况的民事主体在订立合同时预见到或者应当预见到的损失予以确定。

除合同履行后可以获得的利益外，非违约方主张还有其向第三人承担违约责任应当支出的额外费用等其他因违约所造成的损失，并请求违约方赔偿，经审理认为该损失系违约一方订立合同时预见到或者应当预见到的，人民法院应予支持。

在确定违约损失赔偿额时，违约方主张扣除非违约方未采取适当措施导致的扩大损失、非违约方也有过错造成的相应损失、非违约方因违约获得的额外利益或者减少的必要支出的，人民法院依法予以支持。

第六十四条　当事人一方通过反诉或者抗辩的方式，请求调整违约金的，人民法院依法予以支持。

违约方主张约定的违约金过分高于违约造成的损失，请求予以适当减少的，应当承担举证责任。非违约方主张约定的违约金合理的，也应当提供相应的证据。

当事人仅以合同约定不得对违约金进行调整为由主张不予调整违约金的，人民法院不予支持。

第六十五条　当事人主张约定的违约金过分高于违约造成的损失，请求予以适当减少的，人民法院应当以民法典第五百八十四条规定的损失为基础，兼顾合同主体、交易类型、合同的履行情况、当事人的过错程度、履约背景等因素，遵循公平原则和诚信原则进行衡量，并作出裁判。

约定的违约金超过造成损失的百分之三十的，人民法院一般可以认定为过分高于造成的损失。

恶意违约的当事人一方请求减少违约金的，人民法院一般不予支持。

第六十六条　当事人一方请求对方支付违约金，对方以合同不成立、无效、被撤销、确定不发生效力、不构成违约或者非违约方不存在损失等为由抗辩，未主张调整过高的违约金的，人民法院应当就若不支持该抗辩，当事人是否请求调整违约金进行释明。第一审人民法院认为抗辩成立且未予释明，第二审人民法院认为应当判决支付违约金的，可以直接释明，并根据当事人的请求，在当事人就是否应当调整违约金充分举证、质证、辩论后，依法判决适当减少违约金。

被告因客观原因在第一审程序中未到庭参加诉讼，但是在第二审程序中到庭参加诉讼并请求减少违约金的，第二审人民法院可以在当事人就是否应当调整违约金充分举证、质证、辩论后，依法判决适当减少违约金。

第六十七条　当事人交付留置金、担保金、保证金、订约金、押金或者订金等，但是没有约定定金性质，一方主张适用民法典第五百八十七条规定的定金罚则的，人民法院不予支持。当事人约定了定金性质，但是未约定定金类型或者约定不明，一方主张为违约定金的，人民法院应予支持。

当事人约定以交付定金作为订立合同的担保，一方拒绝订立合同或者在磋商订立合同时违背诚信原则导致未能订立合同，对方主张适用民法典第五百八十七条规定的定金罚则的，人民法院应予支持。

当事人约定以交付定金作为合同成立或者生效条件，应当交付定金的一方未交付定金，但是合同主要义务已经履行完毕并为对方所接受的，人民法院应当认定合同在对方接受履行时已经成立或者生效。

当事人约定定金性质为解约定金，交付定金的一方主张以丧失定金为代价解除合同的，或者收受定金的一方主张以双倍返还定金为代价解除合同的，人民法院应予支持。

第六十八条　双方当事人均具有致使不能实现合同目的的违约行为，其中一方请求适用定金罚则的，人民法院不予支持。当事人一方仅有轻微违约，对方具有致使不能实现合同目的的违约行为，轻微违约方主张适用定金罚则，对方以轻微违约方也构成违约为由抗辩的，人民法院对该抗辩不予支持。

当事人一方已经部分履行合同，对方接受并主张按照未履行部分所占比例适用定金罚则的，人民法院应予支持。对方主张按照合同整体适用定金罚则的，人民法院不予支持，但是部分未履行致使不能实现合同目的的除外。

因不可抗力致使合同不能履行，非违约方主张适用定金罚则的，人民法院不予支持。

九、附则

第六十九条　本解释自2023年12月5日起施行。

民法典施行后的法律事实引起的民事案件，本解释施行后尚未终审的，适用本解释；本解释施行前已经终审，当事人申请再审或者按照审判监督程序决定再审的，不适用本解释。